SÆCULUM XI.

S. PETRI DAMIANI

S. R. E. CARDINALIS

EPISCOPI OSTIENSIS, ORDINIS S. BENEDICTI, E CONGREGATIONE FONTIS-AVELLANÆ,

OPERA OMNIA,

COLLECTA PRIMUM AC ARGUMENTIS ET NOTATIONIBUS ILLUSTRATA

STUDIO AC LABORE

DOMNI CONSTANTINI CAJETANI

SYRACUSANI,

ABBATIS SANCTI BARONTIS CONGREGATIONIS CASINENSIS.

ACCESSERE

S. PETRI DAMIANI OPUSCULA NONNULLA

Ab eminentissimo cardinale MAIO

RECENS EDITA.

TOMUS SECUNDUS.

VENIT 7 FRANCIS GALLICIS.

EXCUDEBATUR ET VENIT APUD J.-P. MIGNE EDITOREM,
IN VIA DICTA *D'AMBOISE*, PROPE PORTAM LUTETIÆ PARISIORUM VULGO *D'ENFER* NOMINATAM,
SEU PETIT-MONTROUGE.

1853

ELENCHUS

AUCTORUM ET OPERUM QUI IN HOC TOMO CXLV CONTINENTUR.

SANCTUS PETRUS DAMIANUS SANCTÆ ECCLESIÆ ROMANÆ CARDINALIS

Operum tomus seu pars III.

Opuscula. *Col.*	20
Alexandri II diploma de legatione S. Petri Damiani in Gallias.	857
De adventu S. Petri Damiani ad Cluniacensem ecclesiam.	858
Acta synodi in Galliis celebratæ a B. Petro Damiano.	860
Hymnus de gloria paradisi.	861

Additio ad tom. III Operum S. Petri Damiani.

De Gallica profectione S. Petri Damiani.	866
Expositio Canonis missæ.	880
Testimonia Novi Testamenti ex operibus S. Petri Damiani excerpta.	892

Operum tomus seu pars IV.

Carmina sacra et preces.	917
Collectanea in Vetus Testamentum ex operibus S. Petri Damiani.	985

Ex typis MIGNE, au Petit-Montrouge.

PATROLOGIÆ
CURSUS COMPLETUS

SIVE

BIBLIOTHECA UNIVERSALIS, INTEGRA, UNIFORMIS, COMMODA, OECONOMICA,

OMNIUM SS. PATRUM, DOCTORUM SCRIPTORUMQUE ECCLESIASTICORUM

QUI

AB ÆVO APOSTOLICO AD INNOCENTII III TEMPORA

FLORUERUNT;

RECUSIO CHRONOLOGICA

OMNIUM QUÆ EXSTITERE MONUMENTORUM CATHOLICÆ TRADITIONIS PER DUODECIM PRIORA ECCLESIÆ SÆCULA,

JUXTA EDITIONES ACCURATISSIMAS, INTER SE CUMQUE NONNULLIS CODICIBUS MANUSCRIPTIS COLLATAS, PERQUAM DILIGENTER CASTIGATA;
DISSERTATIONIBUS, COMMENTARIIS LECTIONIBUSQUE VARIANTIBUS CONTINENTER ILLUSTRATA;
OMNIBUS OPERIBUS POST AMPLISSIMAS EDITIONES QUÆ TRIBUS NOVISSIMIS SÆCULIS DEBENTUR ABSOLUTAS DETECTIS, AUCTA;
INDICIBUS PARTICULARIBUS ANALYTICIS, SINGULOS SIVE TOMOS, SIVE AUCTORES ALICUJUS MOMENTI SUBSEQUENTIBUS, DONATA;
CAPITULIS INTRA IPSUM TEXTUM RITE DISPOSITIS, NECNON ET TITULIS SINGULARUM PAGINARUM MARGINEM SUPERIOREM DISTINGUENTIBUS SUBJECTAMQUE MATERIAM SIGNIFICANTIBUS, ADORNATA;
OPERIBUS CUM DUBIIS TUM APOCRYPHIS, ALIQUA VERO AUCTORITATE IN ORDINE AD TRADITIONEM ECCLESIASTICAM POLLENTIBUS, AMPLIFICATA;
DUOBUS INDICIBUS GENERALIBUS LOCUPLETATA : ALTERO SCILICET RERUM, QUO CONSULTO, QUIDQUID UNUSQUISQUE PATRUM IN QUODLIBET THEMA SCRIPSERIT UNO INTUITU CONSPICIATUR; ALTERO SCRIPTURÆ SACRÆ, EX QUO LECTORI COMPERIRE SIT OBVIUM QUINAM PATRES ET IN QUIBUS OPERUM SUORUM LOCIS SINGULOS SINGULORUM LIBRORUM SCRIPTURÆ TEXTUS COMMENTATI SINT.
EDITIO ACCURATISSIMA, CÆTERISQUE OMNIBUS FACILE ANTEPONENDA, SI PERPENDANTUR : CHARACTERUM NITIDITAS CHARTÆ QUALITAS, INTEGRITAS TEXTUS, PERFECTIO CORRECTIONIS, OPERUM RECUSORUM TUM VARIETAS TUM NUMERUS, FORMA VOLUMINUM PERQUAM COMMODA SIBIQUE IN TOTO OPERIS DECURSU CONSTANTER SIMILIS, PRETII EXIGUITAS, PRÆSERTIMQUE ISTA COLLECTIO, UNA, METHODICA ET CHRONOLOGICA, SEXCENTORUM FRAGMENTORUM OPUSCULORUMQUE HACTENUS HIC ILLIC SPARSORUM, PRIMUM AUTEM IN NOSTRA BIBLIOTHECA, EX OPERIBUS AD OMNES ÆTATES, LOCOS, LINGUAS FORMASQUE PERTINENTIBUS, COADUNATORUM.

SERIES SECUNDA,

IN QUA PRODEUNT PATRES, DOCTORES SCRIPTORESQUE ECCLESIÆ LATINÆ
A GREGORIO MAGNO AD INNOCENTIUM III.

Accurante J.-P. Migne,

BIBLIOTHECÆ CLERI UNIVERSÆ,

SIVE

CURSUUM COMPLETORUM IN SINGULOS SCIENTIÆ ECCLESIASTICÆ RAMOS EDITORE.

PATROLOGIA BINA EDITIONE TYPIS MANDATA EST, ALIA NEMPE LATINA, ALIA GRÆCO-LATINA. — VENEUNT MILLE FRANCIS DUCENTA VOLUMINA EDITIONIS LATINÆ; OCTINGENTIS ET MILLE TRECENTA GRÆCO-LATINÆ. — MERE LATINA UNIVERSOS AUCTORES TUM OCCIDENTALES, TUM ORIENTALES EQUIDEM AMPLECTITUR; HI AUTEM, IN EA, SOLA VERSIONE LATINA DONANTUR.

PATROLOGIÆ TOMUS CXLV.

S. PETRI DAMIANI TOMUS SECUNDUS.

EXCUDEBATUR ET VENIT APUD J.-P. MIGNE EDITOREM,
IN VIA DICTA *D'AMBOISE*, PROPE PORTAM LUTETIÆ PARISIORUM VULGO *D'ENFER* NOMINATAM,
SEU PETIT-MONTROUGE.

1853

OPERUM SANCTI PETRI DAMIANI

IN EDITIONE CAJETANI

TOMUS TERTIUS

OPUSCULA VARIA COMPLECTENS.

CAJETANI EPISTOLA NUNCUPATORIA.

S. D. N. PAULO V, pontifici maximo, domnus CONSTANTINUS CAJETANUS, abbas Casinensis S. Barontis, sempiternam felicitatem.

Sacræ litteræ et monumenta sanctorum, beatissime Pater, ejus pretii ac indolis esse solent, ut si diu in tenebris jacere, silentioque involvi, et oblivione deleri videantur, nihilominus ob eorum famam opinionemque sanctitatis, ac cœlestis doctrinæ præstantiam, lucem in tenebris, linguam in silentio, memoriam in oblivione sempiternam obtineant; in mystico hoc cœlo Ecclesiæ tanquam solem occultari, nunquam tamen interire potuerunt. Etenim summi pontifices, qui Christianum hunc orbem moderantur, Spiritu Dei acti et impulsi, post noctem et occasum, solem ei suum oriri et splendere faciunt : eo tamen gloriosius atque divinius, quo magis id per debile ac exiguum instrumentum operantur. Hoc sane mihi a te contigit, beatissime Pater, quem in hæc sacra litterarum monumenta incumbere jussisti, ac perenni munificentiæ tuæ fonte excitas, ne quid de ejusmodi studio prætermittam, sed mearum lucubrationum labor appareat, et uberem tuam in me gratiam, si non attingere, saltem sequi et odorari videatur. Cum ergo hanc curam et diligentiam in B. Petri Damiani cardinalis, episcopi Ostiensis, opuscula, quæ in caliginoso vetustatis sinu latuerant, collocassem, ut ea sparsa collegerim, turbata digesserim, quatuorque in tomos diviserim : post primum et secundum jam editos, tuoque magno, et singulari patrocinio tam benigne susceptos, tertius hic ac penultimus eisdem quoque tenebris erumpens, quasi fratribus eam invidens gloriam, prodit in lucem; et cum diem aspiciat, nihil majus existimat quam dies videre tuos, tecumque vivere et lætari. Tu igitur, beatissime Pater, illum accipere et fovere ne desinas, eo maxime quod filii tui partus existat, illius nempe cardinalis de sede apostolica, et repub. Christiana optime meriti : quem adhuc viventem Alexander II ejusdem apostolicæ sedis oculum, et firmamentum immobile, jam tunc apostolico calculo sanctitatem et doctrinam ipsius approbans, scriptis appellavit. Eo enim pietatis et religionis studio deflagrabat, ut eloquio, libris et exemplo, animis virtutes inserere, et vitia exstirpare, bonorum mentes augere, et improborum infringere audaciam noverit. Quem non solum in privata, sed in hac etiam communi Ecclesia nunc exhortando, nunc docendo, nunc moderando ac protegendo, nunc operando supra vires naturæ proficere, vulgus aspiciens, unanimi consensu, uno ore beatum prædicavit.

Benedictinæ etiam religionis juvabit auctoritas, quæ de suo hoc alumno et doctore adeo gloriatur, ut nume; rosa sua antiqua novaque pignora quasi despiciens, unum Petrum Damiani suscipiat, eique quasi unico filio blandiatur; quod eo potissimum antiquæ suæ familiæ splendore excitari, laborumque merita, quæ pro Ecclesia semper Romana suscepit, renovari videat. Petri etiam hujus sui nomine, sanctissimi Petri apostolorum principis, qui eamdem Benedictinorum gentem per tam multa sæcula ad Ecclesiam turbulentis temporibus instaurandam sua in sede constituit, nomen in memoriam reducens. Nam Petrus diaconus diserte commemorat (*Tract. mirac. S. Benéd.* ex Biblioth. Casinen. ap. me ms.) Petrum ipsum apostolorum principem, cum Ecclesiæ suæ navem impiorum turbinibus agitatam conspiceret, ad Benedictum tanquam cum eo accerrimum ipsius vindicem contendisse, et Casini quietam sibi sedem quæsiisse : « Vado, inquit Petrus sanctissimus quibusdam peregrinis sibi occurrentibus, ad fratrem meum Benedictum, ut cum eo passionis meæ diem celebrem : variis enim procellis Ecclesia mea deprimitur. » Quis ergo Petro cum Benedicto ex amore fraternitatis et contubernii communia cuncta esse conspiciens, non eumdem Benedictum per suos perpetuis multisque post, sicut et antea, sæculis vices Petri suscepturum non speraret?

PATROL. CXLV. 1

Eventus quidem rem ipsam confirmavit : nam ab eo tempore, quo S. Benedictus, instituto choro, alumnos suos in Urbis basilicas ecclesiasque alias introduxit usque ad millesimum centesimum quadragesimum quartum annum, clero ipso tunc creante et eligente pontifices, continenter summum pontificatum gerere consueverant. Quod si postea serie interrupta nonnulli, ut Silvester II, Clemens quoque II et alii, non ex clero Romano ad supremam illam dignitatem assumpti fuerint, non est tamen dubium quin ipsi ejusdem Benedictini ordinis professores exstiterint. Præterea posteriores sexdecim, qui centum annos Dei Ecclesiam gubernarunt, centum fere quindecim prioribus superadditos, hos et illos omnes vel in sanctorum numerum relatos veneramur, vel omnium virtutum genere eminentes suspicimus. Quid referam quot quantosque S. R. E. cardinales habuerit ? cum nulli aut pauci fuerint qui ea tempestate ex Benedictinorum claustris ad illam amplitudinem non ascenderint. Tacco innumerabilem hujus sanctæ propaginis per totum terrarum orbem multitudinem. Non memoro quantum Italia, Anglia, Germania, Belgium, Vasconia, Bohemia, Ungaria, Suevia, Gothia, Polonia, Benedictinis tot eo missis apostolis : ac tandem India Occidentalis Bartholomæo Buylt, Tarraconensi, Montisferrati monacho (quinquaginta pene annis antequam B. Fr. Xaverius a B. Ignatio illuc mitteretur) primo ab Alexandro VI ad eum apostolo delegato, debeant. Non refero quot per omnem ætatem sexumque martyres atque virgines; quod per omnem gradum confessores, quot per omnes Ecclesias pastores, perque omnes academias insignes doctores adepta fuerit. In Petro tamen Damiani hæc omnia in subs olim divisa singulari Dei beneficio conjuncta et copulata jam videt; et quem in carne viventem tractare non potest, eumdem in scriptis spirantem admirari non desinit.

Cum hæ sint potissimæ causæ, beatissime Pater, quare tanti viri doctrinam hoc in libro contentam non minori quam alios patrocinio pretioque suscipias, ultimam tamen adjiciam; quam etiam tibi gratam fore non dubito. Etenim si a Benedictino capite ad membra transire ac descendere fas est, me ipsum novissimum invenio, non per me ipsum (sentio namque quam sim inutilis et exiguus), sed per majores meos, quos etiam aliquod nomen decusque pro sede apostolica gessisse non negarim. Gentilium enim, mihi indigno Cajetanorum domus antiquissima, quæ Roma, et Cajeta, cujus principatum ad quingentos fere annos obtinuit, Pisas demigrans, non oblita majorum suorum erga Romanos pontifices observantiæ, ibi eos sancte et intrepide ab imperatorum illius temporis vi et multorum insolentia non semel defensavit, eorumque auctoritatem diu sartam tectamque conservavit. Cujus et meritorum magnitudo ex eo colligitur quod ab eo tempore hæc una Cajetana, tot tantisque sedis apostolicæ aucta titulis et honoribus, cæteras fere Pisanæ reipub. familias antecelluit : ter enim, ut alia prætermittam, cardinalitia dignitate perfulsit. Porro ex eadem multo antea Romam sibi patriam incolente nonnullos summum pontificatum obtinuisse, et diversis temporibus complures ad cardinalatum pervenisse, atque etiam tam Romanæ reipub. quam Campaniæ et Patrimonii præfectura donatos esse constat. In quibus Cajetæ duces ac Fundorum, comitesque Ciccanensium, atque Signiæ, necnon et Vicani principes, ipsius gentis soboles, complurium civitatum et oppidorum perpetuo jure fruebantur : idque potissimum Leonardo Aretino, viro gravissimo, cum vetustis Annalibus, quod pro Romanis pontificibus quamplurimos labores subierint, attestantibus.

Verum jam nil amplius tuis antecessoribus collata obsequia commemorans, propitius tuas ad res accedam, quo tuam in me gratiam nunquam minuendam, imo magis augendam fore confido. Noveris, beatissime Pater, Ursinorum familiam genere et rebus gestis nobilissimam, pro tuenda pontificum libertate suam cum meæ gentis ope et virtute strenuam, ut pro sancta sede communem periculi et laboris gloriam compararent, fidem et robur conjunxisse : atque ut hanc pietatis ac virtutis concordiam naturæ viribus confirmarent, mutuis matrimonii nexibus sæpenumero colligasse. Hinc vero hæ duæ plantæ sibi invicem insitæ et connexæ, Cajetanæ simul et Ursinæ gentis splendorem nomenque edere incœperunt, inter quæ (ut nunc de posteris Cajetanis taceam) Joannes ille exstitit, Urbis senator amplissimus, etsi patre Ursino natus, a matre tamen Perna Cajetana ducum, et Gelasii II gentili, Cajetanus appellari voluit, quem etiam sequitur Joannes alter Cajetanus, magni Matthæi Ursini Romanorum senatoris, et Pernæ gentis ejusdem Cajetanæ filius, qui divina quadam morum indole Nicolaus III in pontificatu sublimis emicuit. Denique, ut plura quæ generis hujus suppetunt, exempla prætereami, Neapoleoni Cajetano ejusdem magni Matthæi filio, quotquot hodie supersunt ex Ursinis principes, originem suam referre debent.

Quamobrem, sanctissime Pater, cum ex Benedictina religione, et meis majoribus totum me apostolicæ sedis agnoverim, eumdem me tibi etiam singulari beneficentia tam arcte devinxisti, ut pro nominis tui gloria et dignitate vitam exponere, beneficiorum et hæreditatis mihi jure obtigisse crediderim. Deus omnipotens te ad Ecclesiæ suæ firmamentum diutissime servet incolumem.

CAJETANI PRÆFATIO.

Cum duo potissimum sint, studiose Lector, quæ sacri doctoris scripta extollere ac illustrare possunt: alterum vitæ innocentia et integritas, alterum doctrinæ orthodoxæ fides et auctoritas; non dubito quin in Petro Damiani, cardinali sanctissimo et doctissimo, utrumque reperias. Si vitam illius, quam in terris egit, aspicias, cœlestem prorsus et angelicam dixeris, dignamque ideo qua Ecclesia hæc militans ad sui temporis evertenda vitia, errores debellandos, virtutes exstruendas, mores instaurandos frueretur. Etenim omnes qui ipsum eloquio, opere et exemplo miranda dicere et patrare viderant, qui ejus admirabilem erga Deum ac homines pietatem, incredibilem sapientiam, cum potentia submissionem, cum opibus ac divitiis abdicationem, cum fomite carnisque illecebra puritatem conjunctam agnoverunt, beatum uno ore prædicantes, atque quemdam fere angelum credentes, ex quanam suprema hierarchia spiritus iste in terras descenderit, dijudicare non poterant. Si vulgi communi opinione et præconio nescio quid veritatis ac numinis continetur, quid gloriosius et divinius quam unius vices Dei gerentis in terris testimonio commendari? Alexander namque secundus Damianum viventem, suum oculum et immobile sedis Apostolicæ firmamentum per litteras appellavit. Vere quidem oculus, vere Ecclesiæ firmamentum ille dicitur, in quo veluti in firmamento justitiæ immortale lumen, et fixa omnium virtutum sidera relucebant, quæ purpura illum magis pretiosum, Deoque et hominibus spectabilem exhibebant. Lucernam hanc lucidam et ardentem, quæ in Benedictinæ religionis medio latitare et abscondi contenta erat, Deus Opt. Max. ab excelso gloriæ suæ solio respiciens, in Ecclesiæ suæ candelabro, loco edito et eminenti collocavit; unde conspicua miraculorum et sanctitatis luce claresceret, atque ita sedi apostolicæ subsidium, purpuratis exemplum, pastoribus regulam, tandem viam cæteris salutarem ministraret. Hic Petrus Damiani exstitit, Lector humanissime, quem si viventem populum ejus cœlestis doctrinæ pabulo recreatus, miraculis stupefactus, vitæque exemplo confirmatus, sanctum et beatum prædicavit, et summus pontifex tali eumdem, ut vidisti, encomio illustravit, nihil est quod de ejusdem post obitum sanctitate dubites, atque etiam quo pacto et tempore Petrus Damiani in sanctorum numerum ascriptus fuerit, curiosius inscrutieris. Etenim ex tot annorum sæculis nihil usquam invenimus, quam duarum Ecclesiarum Ravennatis et Faventinæ irrefragabile testimonium, cujus vis omnis ac veritas in veteri consuetudine et immemorabili traditione consistit.

In primis sanctissimi viri patria Ravenna sua in civitate universaque diœcesi illum inviolabili festo duplicique officio concelebrat.

Deinde Faventia, ubi obiit et sacrum sui corporis spolium dereliquit, ex eo jam tempore quo singulari hujus sancti patrocinio Gallorum obsidione liberata fuit, ipsum cumdem (quem suis unum ex quatuor protectoribus multo antea susceperat) anniversario cum tribus aliis festo inviolabili celebrare decrevit : atque eadem celebritate et officio veneratur, die nempe 22 Februarii; qui tamen, quod festo S. Petri Antiochenæ cathedræ occupatur, semper in sequentem transfertur. Quo die cum clero religiosorumque ordinibus et magistratuum comitatu ab Ecclesia Majori usque ad ædem S. Mariæ de Angelis, ubi depositum est corpus, solemniter proceditur.

Præterea singulis fere annis, quibus ordo officii recitandi excluditur, in eo per hæc verba reponitur: *Vicesima tertia die Februarii, Petri Damiani episcopi et confessoris Ravenn. dupl. fuit heri.* Quo etiam ordine cum sanctis episcopis confessoribus aliisque cœlitibus ab antiquis temporibus in Litania positus invocatus est. Atque in vetustissimis earumdem, Ravennatis præcipue ac Faventinæ Ecclesiarum tabulis, monumentisque Damiani nomen inter sanctos perpetuo connumeratum fuisse, compertum etiam habeo.

Hujus quoque nostri beatissimi doctoris sanctitatem commendat tumulus ante trecentos fere annos candido ex marmore, loco post majus altare edito et sublimi constructus, hujusmodi inter alia verbis in marmore incisis: *A. D. MCCCLIII, die XIII Aprilis translatum fuit corpus S. Petri Damiani in sancta scriptura doctor. et Ostiensis episcopi, ac apost. sed. legati.* Ibidem etiam : *Obiit confessor Christi Petrus Damiani, Ostiensis episcopus, et Cardinalis sanctissimus,* VIII *Kal. Martii.* Quem tumulum, quamvis antiquissimum, pius ille populus viva ac recenti religione colit, osculatur et amplectitur, suisque in rebus præsens experitur auxilium. Unde non immerito votivis tabellis donariisque appensis, ac accensis luminibus nobilitatur. Necnon et in sancti hujus viri celebritate, ejus effigies, quæ tumulo inhæret, pastorali induitur ornamento populique frequentia visitatur. Hæc omnia authenticis præfatæ utriusque ecclesiæ ac civitatis testimoniis ad me transmissis confirmantur.

Nec minus erit argumentum complurium religiosorum fides, qui testatissime et oculate testantur, cum ab hinc fere annis viginti hoc sepulcrum aperiretur, inventum fuisse Petri Damiani corpus incorruptum. Ne vero oculos deceptos fuisse quis existijnet, ipsimet monachi, qui rem totam curiosius inspexerunt, affirmant, eumdem Dei virum parva esse corporis statura: unumque ab eo tunc illi abstraxere brachium, ut hoc cum aliis sanctorum reliquiis ad festorum solemnia altari majori, quemadmodum in hanc usque diem consuete servatur, exponerent.

Ultimo accedit veterum ac recentiorum auctorias, qui Petrum hunc nostrum sanctitatis et doctrinæ laude conspicuum appellare non dubitant, qui et quoties illius sententiam suis inserere scriptis et concionibus volunt, eumdem eo sancti titulo præmuniunt. Quæ omnia si minus sufficere videantur, eadem dubitationis ratio multis in sanctis insurgeret, quos tamen vel privatæ, vel communis Ecclesiæ consensus celebrat; cum nihil aliud quam vetus consuetudo et traditio pro eorum fide ac testimonio militet.

Quoad vero sancti viri doctrinam attinet, hoc animo Lector infigat, atque eam parem pondere et pretio veterum Patrum monumentis esse non ignoret. Hac enim orthodoxa fides roboratur, religio catholica illustratur, pietas accenditur, humanus error et impietas evanescit, atque in cœlum via munitur et ostenditur. Præterea unice et singulariter commendandus est noster hic doctor, quod inaffectato et simplici stylo copiosa et varia intexere documenta noverit, ex quibus tanquam ex fontibus diversi scientiæ professores utilia ac necessaria haurire poterunt. Quapropter non parum industriæ et laboris insumpsimus hasce margaritas suo singulas loco disponere, quas sanctus doctor, prout tempus, locus ratioque postulabat, effundere consueverat. Cum ergo primum opusculorum tomum qua i politica continentem politicis; secundum ubi sacræ loca paginæ exponuntur, concionatoribus dedissemus: hunc tertium, qui quasi contentiosam theologiam cum hæreticis ac schismaticis agitatam complectitur, theologis scholasticis assignamus. Ne vero qui eruditionis studio delectantur, sua voluptate defraudare videamur, quartum et ultimum, qui diversi generis carmina et sacras preces continet, viris ipsis eruditis asservabimus. Non tamen singuli exacte rem hinc suam eruere posse existiment, quia vir sanctus non ex professo, ut diximus, argumenta hæc varia pertractavit, nec tanti viri mens unquam fuit suam velle doctrinam hominum applausui, sed communi potius saluti, Deique gloriæ potissimum commendare. Quamobrem nostrum inserviendi omnibus animum, quæso, gratus ac lætus accipias, et viri sanctissimi doctrinam, quam his ejus in scriptis exhibemus, totis viribus assequi, et in ea vitam imitari ne desinas. Vale.

COROLLARIA QUÆDAM

DE VITÆ LAUDE AC SANCTITATE B. PETRI DAMIANI.

I.

Leo IX papa in diplomate ei adhuc viventi concesso.

Leo episcopus, servus servorum Dei.

Apostolicæ sedis competit auctoritati et legaliter ordinata statuere, et Deo semel oblata, ut inconvulsa serventur, in posterum providere: ne quod priorum devota Deo pietas inchoat, sequentium pravitas sacrilega, quod absit, temeritate subvertat. Quapropter Eremum quæ dicitur Ocri, in Saxeno videlicet territorio constitutam, tibi, Petre Damiane prior ejusdem Eremi, tuisque successoribus adjudicamus: et ipsam Eremum in suo statu persistere, et in perpetuum valere decernimus. Nec liceat ulli mortalium, non pravæ, non magnæ personæ ipsam quandoque Eremum ad sæculi jura redigere, vel alicui prorsus monasterio subjugare. Enim vero prædictum locum per semetipsum quidem fieri monasterium, si congruum visum fuerit, non abnuimus; juri vero alterius monasterii subjici, omnimodis prohibemus. Non enim ignoramus, quia hujusmodi suppositio plerumque loci est absque dubietate destructio. Sancimus etiam, ut Plebem S. Mariæ positam in loco, qui dicitur Vineole, præfata Eremus perpetuo jure possideat. Sed et prædia, si qua nunc sunt, vel deinceps acquisitura est, absque injusta cujuscumque molestia, quiete et tranquille detineat. Nec ulli hominum liceat in ipsam Eremum per hostilem impetum violenter irrumpere, et servos Dei, qui illic habitaverint, vel expellere, vel deprædationibus infestare; salvo tamen jure fidelium laicorum, qui ejusdem Eremi patroni sunt, et eam pro animarum suarum remedio condiderunt. Si quis autem hujus nostri apostolici decreti temerator exstiterit, nisi resipiscat atque in omnibus apertus Dei inimicus emendare contemnat, anathematis se vinculis obligandum indubitanter agnoscat.

II.

Alexander II. in litteris ad Galliarum præsules apostolicis, de B. Petro Damiani legationem iisdem in partibus obeunte, sic magnifice loquitur.

Alexander episcopus, servus servorum Dei, Gervasio Remensi archiepiscopo cum suis suffraganeis, si obedierint, salutem et apostolicam benedictionem.

Si quod officii vestri est, exsequeremini, non abbatem, sed maleficum Reginaldum, a Petro Ostiensi episcopo, et a vobis in conciliis justa ratione, ut nobis relatum est, condemnatum, ab ipso sancti Medardi, quod simoniace invasit, coenobio penitus eliminaretis. Quod si causa cupiditatis, aut amore, vel timore alicujus potentis personæ, explere renuistis, hæc omnia Dei omnipotentis timori præposuistis, et nullum dispersis monachis solatium regrediendi præbuistis : quapropter ejusdem Rainaldi malitia magis multiplicatur et crescit. Hæc vero idcirco mandare curavimus, quia ex iisdem dispersis monachis quidam ad nos venerunt, flentes et ejulantes; alii litteras direxerunt lamentabiles, justitiam sancti Petri, nostramque consolationem pro tali injustitia requirentes. Unde supradicti Petri, vestramque nostra auctoritate corroboramus sententiam; eumdemque Rainaldum et consentaneos ejus anathematizamus; ipsumque coenobium, quandiu in eo manserit, interdicimus, et ut idem faciatis, vobis mandamus.

III.

ALEXANDER episcopus, servus servorum Dei, charissimo fratri GERVASIO Remensi archiepiscopo salutem et apostolicam benedictionem.

Debitas fraternitati tuæ grates rependimus, quod in ejectione Hy, a nobis damnati, quod Carnotensem Ecclesiam simoniace invaserat, promptum te sollicitumque ostendisti : quodque ut alter dignus et idoneus eidem Ecclesiæ canonice substitueretur, charissimo filio nostro Philippo Francorum regi consilium dedisti. Cui nimirum suisque optimatibus, ut dignas super hoc grates rependas, prudentiam tuam invitamus. Noverit etiam fraternitas tua nos confratrem nostrum Senonensem archiepiscopum admonuisse, quatenus Aurelianensis Ecclesiæ invasorem nostra apostolica auctoritate excommunicet. Claret enim ipsum simoniace episcopatum obtinere, et ad obtegendam reatus sui improbitatem, perjurium in Cabillonensi synodo incurrisse, suaque fraudulentia confratrem nostrum Petrum Ostiensem episcopum, a quo eadem synodus celebrata est, decepisse. Super hæc etiam ad augmentum criminum suorum litteras apostolicas nostri, quibus ad hæc examinanda vocabatur, omnino refutavit. Quapropter charitatem tuam apostolica auctoritate admonemus, ut præfato Senonensi archiepiscopo in damnatione Aurelianensis invasoris, contempto timore et gratia omnium, te socium et adjutorem adhibeas.

IV.

Desiderius abbas Montis Casini, S. Q. R. E. card., postea vero Victor III papa, in epistola ad eum missa.

Domno PETRO DAMIANI, venerabili episcopo, DESIDERIUS abbas, Dei gratiam et salutem.

Quoniam satis clare innotuit quod hoc monasterium S. Benedicti, cui præesse videor, plus omnibus aliis circumquaque fundatis, diligas (cunctis

(1) Juxta sanctam hanc Desiderii abb. ejusque monachorum promissionem, Petri Damiani celeberrimi viri memoriam singulis annis Casinus recolebat : sic enim in eorumdem Kalendario, quod post Martyrologium legitur, notatum vidimus : VIII *Kal.*

fratribus nostris laudantibus et libenter consentientibus, promittimus tibi, venerabilis frater Petre, ego frater Desiderius cum tota congregatione hujus sancti coenobii, memoriam obitus tui annualiter nos habituros : posteros quoque nostros hoc idem observare fideliter cupientes, sicut consuetudinaliter prædecessorum nostrorum abbatum, qui noviter de hac luce migraverunt, officiosissime celebramus. Satis quippe dignum et honestum nobis videtur, quibus tantam dilectionem impendis, tantam benevolentiam ostendis, aliquid emolumenti rependamus, ut quos ita incoeperis amare semper dum vixeris, amor tuus crescat in nobis, dum aliquid devotionis et amoris præter solitum a nobis te speras consecuturum. Si quis autem hujus nostræ pollicitationis violator exstiterit, vel nobiscum viventium, aut succedentium, ante tribunal Christi reus Judicii præsentetur (1).

Ego, qui supra Desiderius abbas, subscripsi.
Ego Frater Rainerius subscripsi.

V.

Petri Damiani tumuli, qui, et hodie accensis pie luminibus illustratur, et populi frequentia, qui præsertim ad capitis sanandas illius contactu ægritudines eo concurrit, visitatur, inscriptio in marmore excisa. Hujus tamen litteras nunc ibidem ob usum candelarum abolitas, antea vero integras, Hieronymus Rubeus, vir doctissimus mihique amicissimus, miserat.

A. D. MCCCLIV. die xiij. April. translatum fuit corpus S. Petri Dam. Raven. in sancta Scriptura Doct. et Ostien. Episcopi, ac Apost. Sed. Legati, Ord. S. Benedicti in Eremo S. Crucis Fontis Avellanæ, in præsentem Arcam a Rev. P. D. Matthæo de Callio hic Abb.

Sub eadem arca.

Quinque denis mille tercentis, et quattuor annis,
Tertius Aprilis cum decimo fluxerat ortus,
Transtulit te clerus doctum in pagina sacra
Ostiensis præsul, quem dotat cardinalatus.
O Petre Damiane, te Crux in ordine Fontis
Avellanæ beat, ut legatus quoque tandem
Sedis apostolicæ, petra nunc clauderis ista.
Instituit abbas Matthæus de Callio natus.

VI.

Inscriptio votiva, quam ecclesia Faventiæ cathedralis in una suis ex columnis adhuc retinet et conservat ab eo tempore quo Deus sanctorum Savini episc. et mart., Æmiliani episc. et conf., Terentii diac. ac Petri Dam. meritis, civitatem illam Gallorum obsidione liberavit; eadem civitas ex grati animi argumento, votique officio Petrum Dam. quem una cum eisdem sanctis multo antea patronum susceperat, anniversario omnes festo inviolabili celebrare constituit.

Imminente civitati ex Gallis periculo cædis, exitii et flammæ, vovit universus populo Faventinus agere non minus solemniter diebus festis sanctorum Sa-

Martii obiit venerandæ memoriæ domnus Petrus, Ostiensis episcopus. Qui sane titulus, venerandæ, viris plerumque sanctitate conspicuis dari consueverat, ut ex eodem Casinensi Kalendario potissimum constat.

vini, Æmiliani, Terentii et Petri Damiani officium, quam diebus Dominicis agi solitum, debitumque sit; A si modo omnipotens Deus ruinam averteret. Quod fecit. MDXII.

ILLUSTRISS. AC REVERENDISS. D. D.

SCIPIONI S. R. E. CARDINALI BURGHESIO,

MAJORI POENITENTIARIO AC SEDIS APOSTOLICÆ BIBLIOTHECARIO.

DOMN. CONSTANTINUS CAJETANUS, ABBAS CASINENSIS S. BARONTIS, SAL. PL. FEL. Q.

Quemadmodum qui diu in tenebris jacuere, card. amplissime, tandem aliquando erumpentes in lucem, subito lucem ipsam intueri non possunt, sed prævio indigent adminiculo, quo ejus intrepidi et inoffensi splendorem sustineant: ita sane huic tertio ex opusculis tomo B. Petri Damiani card. episc. Ostien. evenit, qui quod hactenus in vetustatis caligine situque delituit, ut prodeat in lucem, ac potissimum ut illud tam eminens sanctissimi D. N. Pauli V tui avunculi lumen aspiciat, tuum, Scipio card. amplissime, præsidium, tuum nomen exposcit, quo suffultus ante ipsius tanti principis conspectum venire non timeat. Etenim probi intelligent, quanta tuo huic nomini virtutum, ac litterarum ornamenta respondeant; tanti id æstimant, ut æque cum sui nomine auctoris componant. Te igitur quærit, te convenit, te ducem amplectitur ut eo, quo tendit, manu ducere ne graveris, non immemor, idem et quoque deberi ex officio: cum fetus viri illius existat, cui tecum fraterna aliquando dignitas intercessit, quem sicut et alios, qui in Dei Ecclesia cœlesti doctrina et pietate floruerunt, adeo sequi et imitari non desinis. Ac me etiam (quæ tanta est tua benignitas) a quo ipse proponitur, non dubito, quin gratiose respicias, tuoque obsequio, magis adhibeas. Deus Opt. Max. amplitudinem tuam sua in Ecclesia felicem semper ac sospitem tueatur.

S. PETRI DAMIANI

S. R. E. CARDINALIS

OPUSCULA VARIA.

1-2 OPUSCULUM PRIMUM.

DE FIDE CATHOLICA, AD AMBROSIUM.

ARGUMENTUM. De Trinitatis essentia, hoc est, de distinctione personarum; et unitate substantiæ; et de vera Christi humanitate, et divinitate; de Spiritus sancti processione; de B. Virginis incorrupta virginitate; et denique de totius orthodoxæ fidei mysteriis luculenter disserit: quid credendum sit a fidelibus, quid sentiendum juxta universalis ecclesiæ traditionem, et sanctorum Patrum sententias, demonstrans.

Sanctæ spei dilecto filio AMBROSIO, PETRUS peccator monachus, orthodoxæ fidei veritatem.

Exigis, fili charissime, ut aliquid tibi de catholica fide conscribam: et vel pauca eorum, quæ a Patribus diffusius explicantur, succincte percurram. Speras enim te, sicut perhibes, efficacius instrui, et hoc memoriæ tuæ tenacius inculcari, si quod in antiquorum doctorum vulgatum est paginis, nunc ex ore nostro, velut ex domestico proferatur armario. Licet enim ex una prodeat tinna, quod miscetur; magis tamen delectat manus vernacula quæ præbetur. Et sæpe plus eorum nobis medicamenta proficiunt qui nostri languoris incommodum per assiduæ familiaritatis contubernium recognoscunt. Nam quia mihi notissimus es per unanimem fraternæ dilectionis affectum, confidis, me illic potissimum malagma salutis apponere, ubi fidei tuæ nervos a certitudinis robore noverim paulo debilius vacillare. Et hoc irreprehensibiliter agis, ut quasi fundamentum fidei inter ipsa novæ conversionis tuæ rudimenta constituas, in quo securi operis, tanquam spiritualis ædificii machina, nunquam lapsura consurgat. Laudanda certe petitio : et quod exigitur, non otiosum, sed apprime est necessarium. Proinde sancta tuæ devotionis instantia, quia rem flagitat justam, non meretur in sua petitione repulsam. Sine fide quippe nec in Christo vivere, nec Deo possumus ulla penitus operatione placere. Quod et apostolica, simul et prophetica testatur auctoritas. Nam Apostoli vox est : « Sine fide impossibile est placere Deo (*Hebr.* xi). » Per prophetam vero dicitur « Justus autem ex fide vivit : quod si subtraxit se, non placebit animæ meæ (*Habac.* xxi ; *Hebr.* x). »

Igitur secundum utramque sententiam placere Deo non possumus, nisi rectam veræ fidei regulam teneamus. Fides est origo virtutum, fides bonorum operum fundamentum, fides est totius humanæ salutis exordium. Per cujus semitæ lineam quisquis caute non graditur, erroris laqueo, necesse est, capiatur. Quapropter si quispiam videatur arripere boni operis institutum, tamen absque recta fide, nullo modo potest ad filiorum Dei pertinere consortium. Et qui non novit ambulare per fidem, nequaquam pertingere valebit ad speciem : atque, ut brevi cuncta concludam, sine recta fide quis nec justificationis consequitur gratiam, nec vitam promeretur æternam. Jam igitur ad vivum rei, atque ad propositæ materiæ centrum, ipso duce, de quo loquimur, accedamus.

CAPUT PRIMUM.
Quæ credenda sint.

In primis ergo quicunque verus, atque perfectus vult esse catholicus, credat necesse est, in Deum Patrem omnipotentem, cunctorum visibilium, atque invisibilium conditorem. Credat et in Filium ejus unigenitum, Verbum scilicet, virtutem atque sapientiam, per quem creata sunt universa. Qui non creatus, sed ante sæcula genitus; verus Deus per omnia, sicut Pater, et unius cum Patre substantiæ, quamvis alterius sit personæ. Nec posterior tempore, vel inferior dignitate, vel impotentior est virtute; sed omnino tantus est genitus, quantus et ille, qui genuit. Et quanquam genitus a Patre Filius asseratur, nullum tamen ei, sicut nec Patri, tempus ascribitur. Nam qui Patrem confitetur æternum, necessarium est, ut et Filium ei perhibeat coæternum. Nimirum qui [quia] Pater ante sæcula semper exstitit, absque ullo prorsus initio, et Filium semper habuit. Neque enim esse Pater æternaliter potuisset, si Filium æternaliter non haberet. Credat et in Spiritum sanctum, verum utique Deum, ex Patre, simul ac Filio procedentem; et utrique substantia, potentia, voluntate, atque æternitate semper æqualem. Qui profecto non de Patre procedit in Filium, et de Filio procedit ad sanctificandam creaturam, sicut quidam impie ac pestilenter intelligunt; sed simul ab utroque procedit. Pater enim talem genuit Filium, ut quemadmodum de se, ita quoque de illo procedat Spiritus veritatis.

Constanter itaque, fili charissime, ac firmiter crede, Patrem, et Filium, et Spiritum sanctum unum esse solum, et verum Deum, omnipotentem, æternum, incommutabilem, impassibilem. Sola est enim incommutabilis, et absque ulla prorsus varietatis alternitate substantia, vel essentia, quæ Deus est. Cui profecto ipsum esse, unde essentia vocabulum trahit, permaxime ac verissime competit. Cui scilicet summæ ac singulari substantiæ nomen illud proprie ac singulariter congruit, quod Græci dicunt, *ou*; Latine dicitur, est. Unde et Apostolus ait : « Non est in illo est, et non : sed est in illo, est (*II Cor.* 1). » Ipse quoque Dominus ad Moysen : « Ego, inquit, sum, qui sum. Et : Sic dices filiis Israel : qui est, misit me ad vos (*Exod.* iii). » Quamobrem dum unam, simplicem, atque invisibilem Dei substantiam dicimus, Trinitatem vero in vocabulis discernamus, unumque confiteamur Deum Patrem, et Filium, et Spiritum sanctum, omnino sciendum est : quia et quique singulus horum Deus, et simul omnes unus est Deus. Singulus quisque horum plena, et perfecta, et æterna substantia : et simul omnes æque simplex et una substantia. Unde non est majus aliquid, vel plenius Pater, et Filius, et Spiritus sanctus simul dicti, quam cum dicitur una quælibet ex eadem sancta Trinitate persona. Omnipotens enim Deus per immensitatem naturæ suæ, totam creaturam suam et implet, et continet : atque ideo totum, quidquid est, implet Pater, totum Filius, totum Spiritus sanctus : quia Pater, et Filius, et Spiritus sanctus naturaliter unus est Deus.

Quocirca, fili mi, cum litaniis, vel orationibus te contingit insistere, noli facere, quod quidam simplices magis ignoranter, quam infideliter faciunt, ut nomen Patris, vel Filii, vel Spiritus sancti semel invoces : nomen vero sanctæ Trinitatis tanquam plus aliquid; et ad majorem reverentiam sæpius iteres : ut sicut plus est multitudo sanctorum, quam unus sit Sanctus, ita, quod absit, majus aliquid sit Trinitas tota, quam ejusdem sanctæ Trinitatis una persona. Quod itaque fidelium pietas abjicit, et orthodoxæ fidei regula non admittit. Absque ulla nimirum dubietate credendum est, quod Pater plenus, et perfectus est Deus; Filius plenus et perfectus est Deus; Spiritus sanctus plenus, et perfectus est Deus. Non tamen tres dii, Pater, et Filius, et Spiritus sanctus, sed unus est Deus plenus atque perfectus. Nec aliquid majus significant tres simul dicti, Pater, et Filius, et Spiritus sanctus, quam quilibet unus, sive Pater, sive Filius, sive Spiritus sanctus singulariter nominetur. Eadem quippe magnitudo est in unaquaque persona singulariter dicta, quæ est in tota Trinitate communiter nominata: alioquin cum jure dicatur, Pater Deus, Filius Deus, Spiritus sanctus Deus, singulus horum imperfectus esset Deus : si plenior Deus in tribus, quam in una videretur esse persona. Sed absit hoc a pietate fidelium, qui simplici naturæ divinitatis majus, vel minus aliquid non ascribunt.

Cum itaque tantus solus sit Pater, vel solus Filius, vel solus Spiritus sanctus quantus est simul Pater, et Filius, et Spiritus sanctus, nullo modo triplex dicendus est Deus, quia cum minui nequeat, non est etiam, quo semper eadem illa summæ Trinitatis perfectio crescat. Plenus igitur, atque perfectus Deus, sive Pater singillatim dicatur, sive Filius, sive Spiritus sanctus et plenus, atque perfectus Deus est simul Pater, et Filius, et Spiritus sanctus : ideoque trinus Deus, non triplex esse dicendus est.

Præterea non est in hac sancta Trinitate gradus temporis, non discretio magnitudinis, non varietas dignitatis. Nihil enim illic est antiquius tempore, nil quod quantitate differat, nil quod honore præcellat : sed tota illa divinitatis essentia ita simplicis est naturæ, ut exceptis vocabulis quæ proprietatem indicant personarum, quidquid de una persona potest essentialiter dici de tribus etiam valeat indifferenter intelligi. Notandum sane, quod homo non ad unius personæ, sed ad totius Trinitatis sit creatus imaginem. Unde non legitur : Faciam ad imaginem meam, sed : « Faciamus, inquit, hominem ad imaginem nostram (Gen. 1). »

CAPUT II.
Hæresis Arii et Sabellii confutatur.

Porro, sicut confundentes Arium, unam eamdemque totius Trinitatis esse substantiam confitemur; ita nihilominus et impietatem Sabellii declinantes, tres personas inconfusas et signanter expressas, sub sua cujusque proprietate distinguimus. Non enim, ut hæretica commentatur impietas, ipse Deus Pater, quando vult, Pater est; quando vult, Filius est; quando vult, Spiritus sanctus est : sed unaquæque persona, sic quadam ab aliis proprietate distinguitur, ut Pater semper sit Pater, et nunquam Filius, vel Spiritus sanctus; Filius autem semper sit Filius, et nunquam sit Pater, vel Spiritus sanctus; Spiritus sanctus vero nunquam sit Pater, vel Filius, sed semper Spiritus sanctus. Quamobrem non attendenda est nuda duntaxat diversitas nominum, sed subtiliter distinguenda proprietas personarum.

Pater itaque hoc habet proprium, quod ex omnibus quæcumque sunt, solus est, qui ab alio non est : ac per hoc solus agnoscitur in paternitatis esse persona, non solus est in deitatis essentia. Unigenitus vero Dei Filius hoc proprium habet, quod solus ex solo, id est, a Patre consubstantialiter, et coessentialiter solus est genitus : et hæc Filii proprietas est. Spiritus autem sancti proprium est, quod simul a Patre procedit et Filio, et est utriusque Spiritus consubstantialis utique, et coæ-

ternus, ejusdem immensitatis et potentiæ, ejusdem voluntatis inseparabilisque naturæ. Quia nequaquam illis in aliquo minor est, a quibus ipse procedit : sed cum illis simul ut revera Deus omnipotens colitur, cum illis æqualiter adoratur. Totus enim manet in Patre, totus in Filio; totus procedit a Patre, totus procedit a Filio. In quibus sic manet, ut semper ab utroque procedat; sic procedit, ut in eis inseparabiliter manet. Cum quibus scilicet naturalem, et coessentialem habet et unitatis plenitudinem, et plenitudinis unitatem. Et hæc summa illa charitas est, qua genitus a gignente diligitur suumque diligit genitorem. Ideoque non amplius quam tria sunt, et essentialiter indivisa, et tripartita proprietate distincta. Unus diligens eum, qui de illo est; et unus diligens eum, a quo est; et ipsa dilectio, de qua dicitur : « Quia Deus charitas est (II Joan. IV). » Et hæc est summa, ineffabilis et incomprehensibilis Trinitas, non dicam unius Dei, sed unus Deus. Nec unus vertitur, vel mutatur in alterum ; sed quod est, sine qualibet mutatione, jugiter permanet illibatum. Ait enim propheta : « Egredietur de ore meo justitiæ verbum, et non revertetur (Isai. XLV). » Quid est « non revertetur ? » Ne Sabellianus dicat quia ipse est Pater, qui et Filius est : vel Patripassianus, quando, inquit, vult, Pater est, et quando vult, Filius est. Egressum igitur verbum non revertitur, quia Pater semper Pater est, et Filius semper Filius est.

CAPUT III.
De sacramento Dominicæ Incarnationis.

Credimus etiam, quia Dei Filius, quem ex propria substantia Deus Pater ante sæcula genuit, verum naturæ nostræ hominem induit, ac de maternis visceribus intemerata virginitate processit. Nam qui de Deo Deus, de omnipotente erat omnipotens; non posteriori tempore, non inferior majestate, non certe dissimilis gloria, non divisus essentia; idem sempiterni Genitoris unigenitus sempiternus, natus est de Spiritu sancto et virgine Maria. Quia sic assumpsit hominem, ut non permutaret in aliquo deitatem : veram scilicet carnem, et veram sibimet animam substantialiter counivit, ut secundum ipsam humanitatem mortem moriendo destrueret, et diabolum, qui mortis habebat imperium, superaret. Non enim sic intelligenda est illa generatio singulariter admirabilis, et mirabiliter singularis, ut per novitatem creationis proprietas ablata sit generis. Virgineo scilicet utero Spiritus sanctus fecunditatem contulit, veritas tamen corporis ex maternæ naturæ conditione processit, quam mox rationalis vitæ spiritus animavit. Condemnamus enim Apollinarem, qui non hominis mentem, sed solam sine ratione animam suscepisse perhibet Salvatorem. Dogmatizat enim, quia sufficere potuit sola divinitas, ut mentem daret, et consilium sapientiæ rationalis infunderet. Quod procul dubio tantumdem est, ac si dicat : Redemptor noster non homo fuit, sed membra duntaxat humani corporis habuit. Animam scilicet et corpus habent et animalia bruta, sed rationem non habent, quæ mentis est propria.

Sed si detestandi sunt Manichæi, qui eum verum corpus habuisse, quod infimum est in hominem, denegant : quanto magis isti condemnandi sunt, qui scilicet hoc eum, quod optimum est in homine, non habuisse confirmant? Absit igitur, ut credamus, quod confinxit temeraria cæcitas, et superba loquacitas. Absit, inquam, Dei Filius minus aliquid de humana suscepisse natura, et vel in carne, vel in anima, vel in sensu assumptum hominem nobis fuisse dissimilem; quem absque sola peccati macula, quæ naturalis non est his, propter quos assumptus est, confiteamur omnino fuisse conformem. Nam idcirco Dei mediator, et hominum dicitur : quia sicut verus Deus, ita verus est homo habens eamdem cum Patre in divinitate naturam, et in nullo diversam humanitatis cum matre substantiam; habens ex nobis usque ad mortem iniquitatis nostræ pœnam, habens incommutabilem ex Deo Patre justitiam, « qui crucifixus est ex infirmitate nostra, sed vivit ex virtute sua (*I Cor.* XIII). » Sensit enim participatione humani affectus mortem, quam sponte susceperat; non naturæ suæ potestatem perdens, per quam cuncta vivificat. Ipse scilicet auctor, et opus auctoris, quia ipse se quasi sacerdos sacrificium obtulit; et idem ipse velut hostia suavitatis in cruce pependit. Salva nimirum proprietate utriusque naturæ, et in unam coeunte personam suscepta est a majestate humilitas, a virtute infirmitas, ab æternitate mortalitas : et ad persolvendum conditionis nostræ debitum, naturæ inviolabili natura est unita passibilis : ut, unus, idemque mediator Dei et hominum et mori posset ex uno, et mori non posset ex altero.

CAPUT IV.
Quomodo solus Filius carnem suscepit, et mortem subivit.

Sed hic tibi, fili, cogitatio fortassis obrepat, quæ velut ex consequentia rationis objiciat : dum Filius, inquiens, unius cum Patre substantiæ, et inseparabilis credatur esse naturæ, quomodo sine Patre Filius, vel humanitatis potuit induere formam, vel solus passionis toleravit injuriam? Quod quia divinum et inaccessibile est, quod ab ipsius ineffabilis materiæ manifestis comprehendi nequit indiciis, a catholicis sæpe doctoribus visibilium rerum declaratur exemplis. Unde et beatus loquitur August. : « Aliud est, inquit, anima, aliud ratio; et tamen in anima est ratio : et una quidem est anima, sed aliud anima agit, aliud ratio. Nam anima vivit, et ratio sapit, et ad animam pertinet vita, ad rationem pertinet sapientia ; et tamen nec anima sine ratione, nec ratio sine anima. Et cum unum sint, anima sola suscepit vitam, ratio sola suscepit sapientiam. Sic et Pater et Filius, licet unum sint, et unus Deus sit, ad solum Christum pertinet caro, sicut ad solam rationem pertinet sapientia, licet non recedat ab anima. » Ecce iterum aliud præbet exemplum : « In sole calor, et splendor in uno radio sunt, sed calor exsiccat, splendor illuminat ; et cum aliud calor agit, aliud splendor, et tamen ab invicem nequeunt separari. Sic et Filius suscepit carnem, et non deseruit Patrem. In Cithara quoque cum ars, manus et chorda cooperari non dubitentur, unus tamen sonus auditur. Ita Pater, et Filius, et Spiritus sanctus, simul Christi cooperati sunt humanitatem, sed solus Filius suscepit humanitatem. »

Quod si et hoc forte movet, quomodo verum Christi corpus fuit, quod salva virginitate, ex maternis visceribus egredi potuit. Quod in promptu est, oculis adhibe, et ex minimis immensa perpende. Solis radius ita specular penetrat, et ut obicem ejus insensibili subtilitate pertranseat, et tamen ejus soliditatem aliquatenus non infringat : et talis intrinsecus cernitur, qualis videtur extrinsecus. Itaque cum ingreditur, neque cum egreditur dissipat : quia et ingressu, et egressu ejus specular integrum perseverat. Specular itaque non frangit radius solis, et integritatem virginis conservare non potuit nascentis omnipotentia Redemptoris? Nam virginalis integritas sic incorrupta peperit, sicut inviolata concepit. Verus enim, et plenus Deus est; sicut verus, et plenus homo, qui ex ea natus est: Nullumque est in hac unitate mendacium, dum invicem connexa sunt, et humilitas hominis, et sublimitas deitatis. Sicut enim Deus non minuitur inclinatione, sic homo non consumitur dignitate. Agit enim utraque natura, quod proprium est, Verbo scilicet operante, quod Verbi est, et carne naturaliter exsequente, quod carnis est. Unum enim horum coruscat miraculis, alterum succumbit injuriis. Sed nec creatura in divinitatem versa, nec in creaturam divinitas est mutata. Ex duabus enim, et in duabus naturis sic mediatoris Dei, et hominum persona consistit; ut postquam Dei Filius factus est homo, nequaquam sicut hæretica blasphemat impietas, vel humanam naturam divinitatis plenitudo consumeret, vel in humanitatis essentiam divinitas demigraret. Nam cum hominem Deus assumpsit, incommutabilis omnino, et impassibilis divina ejus natura permansit. Ex duabus itaque naturis ; quoniam utramque indivisibiliter counivit; in duabus autem, quoniam incorruptam utramque servavit. Unigenitus enim Dei Filius perfectam hominis animam, carnemque suscipiens, et consubstantialis est Patri in forma Dei, et consubstantialis est matri, in forma servi. Nec quia infirmitatis suscepit humanæ consortium, ideo nostrorum particeps factus est delictorum. Assumpsit enim formam servi sine contagione servili, divina non minuit, humana provexit. Assumpta siquidem est de matre Domini natura, non culpa. Nec propria potuit errata contrahere, qui venit aliena mundare. Sic enim in eo cognoscitur humanæ, atque divinæ naturæ proprietas individua permanere; ut cum videamus in eo naturaliter aliud Verbum esse, quam carnem, unum tamen Dei Filium, et Verbum profiteamur, et carnem. Est enim verus Deus et verus homo, Deus videlicet, per id, quod, « In principio erat Verbum, et Verbum erat apud Deum, et Deus erat Verbum (*Joan.* 1); » homo vero per id, quod, « Verbum caro factum est, et habitavit in nobis (*Ibid.*). » Deus per id, quod, « Omnia per ipsum facta sunt, et sine ipso factum est nihil (*Ibid.*); » homo per id, quod, « Factus est ex muliere, factus sub lege (*Gal.* IV). » Infantia parvuli ostenditur in humilitate cunarum, sublimitas Altissimi declaratur in vocibus angelorum.

CAPUT V.
In Trinitate quomodo distinguantur personæ.

Super hoc præterea summo negotio disputantem, necesse est, et discretam tenere cautelam, et cautam librare substantiam. Distinguere quippe compellimur in divinitate personas, cum divinam non audeamus separare substantiam. Patris enim, et Filii, et Spiritus sancti tres credimus esse personas, cum unam tantum simplicem, ac prorsus inseparabilem confitemur essentiam. E contra vero duas in Christo integras, atque perfectas divinitatis et humanitatis perhibemus esse substantias, cum solam unam asseramus eum habere personam. Nec fas est dicere, de Patre, et Filio, et Spiritu sancto aliud, cum una sit omnium eademque natura; sed alius tantum, cum non ambigatur in eis personarum esse distantia. In Christo autem non alius, cum Dei et hominis una tantummodo sit persona; sed aliud dici debet, cum gemina diversæ substantiæ sit natura. E contra Nestorius episcopus, et Eutyches archimandrita cum Dioscoro hac invicem inter se discrepatione compugnant; ut ille Christum purum hominem esse perhibeat, isti vero solam illi naturam divinitatis ascribant. Quos merito sancta Ecclesia a liminibus suis curavit excludere, ut soli foris sine multorum pernicie compellantur ad invicem litigare. Nos autem sic mysterium Dominicæ incarnationis indubitanter intelligimus, ut quamvis una veraciter persona Dei credatur, et hominis, non tamen una sit in eo natura divinitatis et carnis. Neque in Christo divinitas hoc est quod caro, vel caro hoc esse quod divinitas potuit; sed divinitatis et humanitatis utraque natura incommutabilis, et inconfusa in sua nihilominus proprietate permansit. Humanam itaque substantiam, id est, veram carnem, et rationalem animam a Dei Filio confitemur fuisse susceptam in unitate personæ, non in unitate naturæ.

Incarnationis ergo Dominicæ sacramentum sicut in Christo personam non fecit duplicem, sic humanæ naturæ susceptionem sanctæ Trinitati non fecit esse communem : permanente duntaxat utriusque proprietate substantiæ, perseverante nihilominus et individua semper unitate personæ. Ad personam quippe Filii tantummodo servilis illa formæ susceptio pertinet, cui tamen nihil divinæ plenitudinis abstulit, nihil inexhaustæ majestatis ademit. Hinc est, quod in uno, eodemque Redemptore nostro et humanæ naturæ veritas claruit, et divinæ potentiæ incommutabilitas æterna permansit. In Christo igitur naturarum discretionem dicimus, non personæ; in sancta vero Trinitate personarum confitemur esse distantiam, non naturæ. Quamvis enim ut homo intra unius corpusculi latuisset angustias, omnium tamen rerum ut Deus, regebat et visibilium, et invisibilium creaturas. Nec alius est, per quem facta sunt omnia; alius, qui creatus est homo; idem creator et creatura; idem medicus et medicina : idem sacerdos et hostia. Immensitas quippe divinæ magnitudinis ista est, ut intelligamus eum intra omnia, sed non inclusum; extra omnia, sed non exclusum. Ideo scilicet interior, ut cuncta contineat; ideo exterior, ut omnia incircumscriptæ suæ magnitudinis immensitate concludat. Per id ergo quod exterior est, esse creator ostenditur; per id, quod interior, gubernator, et rector rerum omnium demonstratur.

CAPUT VI.
Quomodo Verbum a Patre generetur.

Nonnulli vero dum divinæ generationis indagare mysterium cupiunt, corporalium cogitationum phantasmatibus illuduntur. Nunquid, inquiunt, omnipotens Deus duxit uxorem, quia genuit prolem? Sed ex nostra possumus infirmitate colligere, quid in arcana divini operis debeamus profunditate pensare. Prius enim in architecti corde consilium nascitur, ut futuræ domus ædificium construatur. Cor ergo suo latet consilium generat, ut domus fabrica per diversa parietum et angulorum lineamenta consurgat. Consilium ergo quasi filius est cordis humani, quod videlicet et ad construendum ædificium in exteriora prorupit, et nihilominus tamen totum in cogitantis corde permansit. Si ergo per consilium quasi cordis filium, domus erigitur fabrica, qualem putamus Dei Filium, Verbum videlicet, per quod creata sunt universa? Cum ergo cor hominis sine matre valeat generare consilium, quanto magis omnipotens Pater de se solo gignere valuit ineffabiliter Verbum? Quod nimirum cum humana membra suscepit, nequaquam paternæ Deitatis arcana deseruit; et cum velamine est nostræ carnis indutus, virginali utero receptus est, non inclusus. Et quid hoc mirum de Verbo Dei, cum et sermo iste, quem carnis lingua depromimus, ita uber sensibus influat, ut eum cor audientium capiat, sed non includat; nam nisi caperetur, neminem prorsus instrueret; si includeretur, ad alios non veniret.

Multo itaque plenius, et, ut ita loquar, ineffabilius Dei Filius ad nos per Incarnationis mysterium venit, et nihilominus apud Patrem in divinitate permansit. Qui veram carnem ex virginalis uteri visceribus induens, sic utramque voluit unire naturam, ut idem esset homo verus qui veraciter erat Deus : et idem, qui erat homo, esset procul dubio Deus. Talis enim fuit illa susceptio, quæ et Deum hominem faceret, et hominem Deum. Dum ergo formam servi Dei forma suscepit, utrumque Deus, utrumque verus est homo propter acceptum hominem. Quamquam igitur excellentium quisque sanctorum præcipuam a Deo meruerit assequi gratiam, nemo tamen cum Deo in unam potuit convenire personam. Sola vero anima, simul et caro Christi cum Verbo, unus Christus, unus est Filius. Ut itaque beatus Apostolus distantiam poneret inter sanctorum omnium multitudinem, et ipsum sanctorum, ac totius sanctitatis auctorem, ait : « Multifariam, multisque modis olim Deus loquens patribus in prophetis, novissime diebus istis locutus est nobis in Filio, quem constituit hæredem universorum, per quem fecit et sæcula (*Hebr.* I). » Sed aliud est Deum loqui per ora prophetarum ; aliud per ipsum coæternum sibi, et consubstantiale ante sæcula, Verbum. Aliud est enim Verbum in carne, aliud est Verbum caro factum. Aliud est Deus in homine, aliud Deus homo. Aliud est verbi minister, aliud magister. Alius fidei dicendus est auctor, alius prædicator. Aliud est præterea Spiritum sanctum per Prophetalem suscipere gratiam, aliud eum habere substantialiter per naturam (*Matth.* III). Quamvis enim Spiritus in Christum per columbinam descenderit speciem, non tamen cum potuit divinitas Redemptoris accipere, quoniam secundum divinitatis essentiam Pater, et Filius, et Spiritus sanctus, unus est Deus.

Constat ergo, quia Spiritum sanctum Christus in anima suscepit humana, non in divinitate, qua videlicet cum eodem Spiritu sancto unus est in natura. Igitur æterna divinitas Filii cum plena humanitate sua, et eadem plena humanitas Filii cum æterna divinitate sua, una est in sancta Trinitate persona, et hæc non adoptiva, sed propria ; non nuncupativa, sed coessentialis, atque perfecta. Et ipse totus in divinitate, atque humanitate sua unigenitus, et verus Dei Filius : idemque totus in divinitate, atque humanitate sua verus est hominis filius, non utique nuncupativus, sicut Hispanica hæresis asserere impia temeritate præsumpsit; perhibens, Dei Filium in divina natura Deum esse verum, in humana nuncupativum, vel adoptivum ; ut quasi duæ in Christo videantur esse personæ. Et ipse per divinitatem verus Dei sit Filius, sed in humanitate sit adoptivus. Cum constet utique juxta catholicæ fidei regulam, unigenitum Dei Filium in unitate sui humanam suscepisse naturam, servata quidem utriusque proprietate substantiæ, sed indivisa prorsus, ac simplici permanente unitate personæ : ideoque nec duo Christi, vel duo sunt Filii; sed Deus, et homo, unus Christus, unus est singulariter Filius. Non enim locali motu ad beatam Virginem Verbi divinitas venit, sed ineffabili potentiæ suæ mysterio Dei Filius et uterum Matris gignendus implevit; et nihilominus in paternæ divinitatis unitate permansit. Veniens ad nos, ut auferret a nobis quod invenit in nobis : et offerret ipse pro nobis, quod sumpsit ex nobis. Nec enim Verbi divinitas, vel in partes dividi, vel a Patre potuit separari : sed ubique totus, ubique perfectus. Ita non deseruit Patrem, cum descendit ad Virginem, sicut non deseruit mundum, cum victor mortis ascendit in cœlum. Hinc est quod ait : « Nemo ascendit in cœlum, nisi qui descendit de cœlo, Filius hominis, qui est in cœlo (*Joan.* III). » In terra sane loquitur, et in cœlo se esse fatetur, quia cum de cœlo descendit, nihilominus in cœlo permansit. Et sicut Filius hominis est, qui de cœlo descendisse dicitur, ita Filius Dei est, qui corporeus in carne videtur.

CAPUT VII.
In Christo divina et humana natura sese manifestavit.

In Christo igitur et unitas est personæ, et duæ sunt inconfusa semper, atque distincta proprietate naturæ : una scilicet in eo natura est quæ ducit originem ex utero virginali ; altera, quæ sine ullo prorsus initio coæterna est Deo Patri. Una qua vagiebat in cunis ; altera est, per quam adorabatur a Magis (*Matth.* I, *Luc.* II). Una qua ætate proficiebat et sapientia; altera, qua Dei virtus ipsa ac Dei est sapientia (*1 Cor.* XIII). Una, qua post continentiæ quadragesimalis inediam jejunus esuriit (*Matth.* IV), altera, cui per subjectionis officium protinus angelica sublimitas ministravit. Una, qua dormiebat in navi, et excitatus est a discipulis (*Marc.* IV); altera, qua procellarum tempestatibus imperabat, et ventis. Una, qua fusis lacrymis mortuum deflebat amicum ; altera, qua animam ejus revocat ab inferno, et quatriduanum cadaver incolume resuscitat de sepulcro (*Joan.* XI). Una est, qua tristatur usque ad mortem (*Matth.* XXVI); altera, qua ponendi, et resumendi animam suam habere se perhibet potestatem (*Joan.* XVI). Una, qua tumentia maris, et confragosa volumina siccis potuit calcare vestigiis (*Matth.* XIV); altera, qua fugiens in Ægyptum, sævitiam declinavit Herodis. Una est, qua velut Sol in monte transfiguratus effulsit (*Matth.* XVII); altera, per quam recedente visione, sola infirmitatis humanæ forma remansit (*Matth.* II). Una præterea illi natura est, per quam ei dicitur : « Filius meus es tu, ego hodie genui te (*Psalm.* II); » altera per quam, alio propheta testante, dictum est : « Servus meus es tu, quia in te gloriabor (*Isa.* XLIX). » Nam secundum aliud est illa vox, qua dicitur : « Ex utero ante luciferum genui te (*Psalm.* CIX); » et secundum aliud illa : « Parum est, inquit, ut sis mihi servus ad suscitandas tribus Jacob, et fines Israel convertendos (*Isa.* XLIX). » Una igitur est in Christo substantia, vel persona, sed non una substantia, vel natura. Ut quamquam aliud divina, aliud substantia sit humana, in Christo tamen nullo modo alius filius hominis, alius credatur esse filius Dei. Ab ipso quippe Dominicæ Incarnationis exordio et Deus in hominem transiit, et homo in Deum; ut et is, qui ex Deo Patre ante sæcula natus est, et vere sit hominis filius, et vere sit homo : et is, qui in fine sæculorum de virgine natus est, et vere sit Dei filius, et verus sit procul dubio Deus.

Duas ergo nativitates recte confitemur in Christo, unam de Patre sine initio, et sine tempore sempiternam, et coæternam per omnia genitori ; alteram de materna substantia sub curriculo temporali.

Convenerunt enim sibimet invicem in Christo divinitas, et humana conditio; ut et Verbum caro fieret, et in Deum caro transiret, quatenus unus Emmanuel ex utraque substantia proveniret, qui Dei et hominum idoneus mediator existeret. In quo videlicet naturalia proprii vigoris jura servantur, et sublimitas Deitatis et humilitas carnis. Non ergo alius, sed unus idemque duas operationes exercuit, et utraque operata est forma vel natura cum alterius communione, quod proprium habuit : Divinitate scilicet communicante operibus carnis, et carne communicante operibus divinitatis. Idem itaque Deus, et homo in una subsistentia, vel persona, sed gemina utriusque servata proprietas substantiæ, permanente natura, ut utramque videlicet neque dividat, nec unitio facta confundat. Verbum enim Verbum est, et non caro : et caro caro est, et non Verbum est. Sed una est operatio carnis, et Verbi, quia et una est persona Dei et hominis. Unde Joannes : « Quod fuit, inquit, ab initio, quod audivimus, et vidimus, et perspeximus, et manus nostræ tractaverunt in Verbo vitæ (*I Joan.* I). » Cum tamen nisi per sacramentum uniti hominis, Deum nemo valeat cernere, vel quod impossibilius est, manibus contrectare. Divinitas enim humanitati sic inseparabiliter est unita, quod eam postquam in unitate personæ semel accepit, ab illa postmodum aliquatenus non recessit. Nam Deus homo factus, de maternis visceribus prodiit; Deus homo factus, in crucis ligno pependit. Sed et idem Deus homo secundum solam carnem in sepulcro iacuit, idem Deus homo secundum solam animam ad inferni profunda descendit. Divinitas enim, quæ in conceptione utramque suscepit, in morte quoque ab utraque se suscepti hominis substantia non abjunxit.

Quis est ergo, per quem factus est mundus? Christus Jesus : sed in forma Dei. Quis est, per quem redemptus est mundus? Christus Jesus, sed in forma servi. Quisnam est derelictus in inferno? Christus Jesus, sed in anima sola. Quis resurrecturus triduo jacuit in sepulcro ? Christus Jesus, sed in carne sola. Ergo in his singulis Christus, et in omnibus non duo, sed unus est Christus. Ergo unus, idemque gemina vigente natura conspicitur, et quæ sunt utriusque substantiæ naturaliter operatur, et quæque substantia cum communione alterius, quod suum erat, agebat, secundum unicuique videlicet insitam essentialem qualitatem, vel naturalem proprietatem. Sic igitur nos oportet omnia caute perpendere, quatenus et plena humanitas in Deum creditatur assumpta, et plena divinitas homini intelligatur unita. Hoc tantummodo ut Deo reddamus quæ Dei sunt : et homini, quæ sunt hominis.

CAPUT VIII.
Quare Spiritus sanctus natus non dicitur ex columba, in cujus specie apparuit.

Quamobrem cum super hujusmodi themate sæpe quæstio ventiletur, non parva distantia est inter illam susceptionem columbæ, in cujus Spiritus sanctus visus est specie, et tanquam Dei Filius in veritate carnis dignatus est apparere (*Matth.* III). Quidam namque persuadere conati sunt, Dei Filium non fuisse natum ex femina, sicut nec Spiritus sanctus natus est de columba (*Marc.* I). Non enim, aiunt, columba illa de ovo est nata, cum tamen humanis oculis corporaliter sit conspecta (*Joan.* I). Quibus nimirum a recte credentibus respondetur : quia illic Spiritus sanctus apparuisse Joanni in columbæ specie legimus, ubi et Christum natum fuisse de femina reperimus (*Luc.* III). Et non oportet ex parte Evangelio credere, et ex parte non credere. Quod si credimus Evangelio , Spiritum sanctum in columbæ forma conspectum, credamus quoque necesse est, Redemptorem nostrum de virgine fuisse progenitum. Quare autem Spiritus sanctus nequaquam natus ex columba, sicut Christus agnoscitur natus esse de femina? Hæc est procul dubio causa, quia Spiritus sanctus non venit, ut sua columbas apparitione redimeret : sed ut per hanc speciem spiritualem amorem , et innocentiam visibiliter designaret. Dei vero Filius, qui naturam nostram, et lapsam venit erigere, et inveteratam in vitiis originalibus renovare, hoc debuit naturaliter et essentialiter in unitate personæ suscipere, quod venit per passionis et resurrectionis suæ mysterium liberare.

Nec tamen hoc dicimus, ut solum Redemptorem nostrum carnem assumpsisse veram, Spiritum vero sanctum speciem fateamur induisse phantasticam. Sicut enim non oportuit ut oculos hominum Dei Filius falleret, sic omnino non decuit, ut aliquid Spiritus sanctus mendacio simularet. Nimirum, cum sicut ille est veritas, ita nihilominus et iste sit Spiritus veritatis. Utraque igitur illa corpora, columbinum scilicet, et humanum, ita fuerunt in veritatis essentia, sicut humanis obtutibus sunt conspecta. Sed illa columbæ species, peracto, quod imminebat, utilitatis ministerio, desiit : corpus vero Dominicum in suscipientis utique Verbi stabili semper unitate permansit. Confiteamur ergo necesse est, verum Deum Emmanuelem ex duabus substantiis inconfuse, atque indivisibiliter existentem : atque ideo beatam Virginem non modo hominis, sed et Dei asseramus veraciter Genitricem. Naturaliter enim atque carnaliter genuit carnem factum Dei Verbum. Confiteamur etiam Verbum carni secundum substantiam naturaliter congenitum, unumque esse Christum : sed potius cum ipsa carne simul et anima verum Deum et vere unicum, et naturalem Dei Filium, ita ut nequaquam præsumamus asserere assumptum hominem coadorari, vel conglorificari Deo Verbo debere : videlicet tanquam alter veneretur in altero. Hoc enim, eo, superadjectam syllabam persuadet intelligi. Sed una potius ac simplici adoratione colamus Emmanuelem, verum scilicet Deum, et hominem. Quod etiam in Anathematismis B. Cyrilli reperitur insertum : « Nec item dicamus, Deus operatur in homine : ut quasi alius sit, qui exterius cernitur; alius, qui intrinsecus operatur. Sed unum potius voneremur Deum, et qui subjectus est oculis, hominem ; et quæ latet interius, majestatem. Ideo quippe mediator est, quoniam idem Deus, et homo verus, habens una divinitatis cum Patre naturam, et non diversam humanitatis cum Matre substantiam. In utraque scilicet natura idem est Dei Filius, nostra suscipiens, et propria non amittens, in homine hominem renovans, in semetipso semper incommutabilis perseverans. » Secundum formam quippe Dei dictum est : « Ante omnes colles genuit me (*Prov.* VIII), » id est, ante omnia tempora, et temporalia; secundum vero formam servi dictum est : « Dominus creavit me in initio viarum suarum (*Ibid.*). » Secundum formam Dei dixit : « Ego sum veritas et vita (*Joan.* XVI); » secundum formam servi : *Ego sum via.* (*Ibid.*). Quod enim « Verbum caro factum est, » non hoc significat, quod in carnem divina sit natura mutata : sed, quod a Verbo in unitate personæ sit caro suscepta. Majestati quippe divinæ corporea de Matre nativitas nil abstulit, nihil contulit, nihil ex ea in aliud permutavit. Incommutabilis nempe substantia sicut nequaquam in diversa converti, sic nec minui potuit, nec augeri.

Igitur utriusque naturæ cognoscentes indicia; et Verbum in homine Christo, et Christum hominem adoramus in Verbo. Verbum enim caro factum in duabus essentiis unus est Christus; ubi scilicet nihil est utriuslibet naturæ, quod non sit utriusque. Idem est in forma Dei, qui in forma conspicitur servi; idem passibilis in fragilitate nostra, et inviolabilis in virtute divina; idem incorporeus manens, et corpus assumens; idem est qui et paternæ majestatis non divisus est solio, et tamen ab impiis est crucifixus in ligno. Constat enim utramque substantiam in unam concurrisse personam : atque ideo unus idemque est super cœli celsitudinem victor mortis ascendens, et usque ad consummationem sæculi universam Ecclesiam non relinquens. Utrique siquidem naturæ in suis utique proprietatibus permanenti, tanta est unitatis facta communio, ut quidquid ibi Dei est, non sit ab homine separatum : et quidquid est hominis, non sit a divinitate divisum. Concepto nimirum in utero virginis, animæ simul et carni ne puncto quidem temporis virtus defuit Verbi : nec ante formata, vel animata est vestis, quam sibi Rex supernus indueret, sed per ipsum, et in ipso cepit illud humani corporis templum, quod sibi Dei Filius essentialiter couniret. Dei quippe Filius in utero virginis concipiendus accessit, ibique domum sui corporis (sicut scriptum est) sapientia fabricavit (*Prov.* IX).

De creatione itaque futuræ sobolis nihil illic erat inceptum, sed post introitum Verbi in unitate sui, novus homo concepit initium. In unam Christi personam gemina conveniente natura, cui et divina virtus inesset ad mirabilia operum, et humanitatis infirmitas ad tolerantiam passionum. Sed utrumque Deus de potestate suscipientis, utrumque homo de humilitate suscepti.

Cavendum est ergo, ne suppareni Patri credamus Filii majestatem, his decepti, quæ ad formam sunt referenda servilem, quam scilicet humanitatis formam, ut ostendat in se Dei Filius non discretæ, nec a terius esse personæ, et cum ea simul dicit : « Pater major me est (*Joan.* XIV) ; » et cum eadem nihilominus dicit . « Ego et Pater unum sumus (*Joan.* X) ; » Deus utique dicit : « Pater major me est, » sed ex infirmitate nostra : et homo dicit : « Ego et Pater unum sumus ; » sed ex virtute divina.

CAPUT IX.
Christus naturam suscepit humanam, non personam.

Movet autem, cum Dei Filius nil minus de humanitate, sed totum atque integrum hominem suscepisse credatur, cur unam dumtaxat habere personam Deus homo factus asseritur. Nam quomodo totum suscepit hominem, si personam hominis non accepit? Aut si Dei Filius, qui est una in Trinitate persona, cum hominis persona conjungitur, quomodo in unam convenisse personam Dei simul et hominis substantia perhibetur ? Quod cum solerter inquirerem, et quid hic iniretur a Patribus diligentius indagarem, reperi Alcuinum scripsisse ad Carolum imperatorem, quod « Dei Filius non humanam personam suscepit, sed naturam. » Juxta cujus sententiam restat, ut persona Filii humanitatis essentiam sine humanitatis persona susceperit. Magnus autem Leo Romanæ præsul Ecclesiæ, et doctor uberrimus fidei Christianæ in cujusdam declaratione sermonis his utitur verbis (*Vide Scholia ad calcem opusculi*) : « Hic, ait, mirabilis sacræ Virginis partus vere humanam, vereque divinam unam edidit in prole personam : quia non ita proprietates suas tenuit utraque substantia, ut personarum in eis possit esse discretio. Nec sic creatura in societatem sui Creatoris assumpta est, ut ille habitator, et illa esset habitaculum ; sed ita ut naturæ alteri altera misceretur. » Quod nimirum et luculenter est dictum, et cautissima verborum suspensione libratum. Emmanuel enim nobiscum Deus, una semper est in sancta Trinitate persona, quæ sicut nunquam a plenitudine suæ virtutis imminui, ita nec potuit per copulam susceptæ humanitatis augeri. Hæc itaque persona. Hæc interim exempla proponere : tuæ vero relinquatur industriæ, si quis catholicorum doctorum super hoc elimatius scripserit, invenire.

Epilogus hic sic nova denuntiat, ut quæ superius dicta sunt comprehendat. Sed quoniam in rebus mysticis ac profundis, rudes audientium animos styli prolixitas hebetat, et sæpe dum illuminare mentem conatur, obscurat; novitati tuæ, fili mi charissime, consulentes, noluimus in his te diutius protrahi, ut brevi decursa compendio valeam à te tenacius comprehendi. Quamvis enim vigor in te polleat vivacis ingenii, conversionis autem tuæ prospiciendum est novitati, ne si cervicibus tuis longæ disputationis onus imponitur , teneriores adhuc vires ante sub fasce deficiant, quam portare sarcinam discant. Adhuc etiam imbecillitati tuæ nihilominus prospicientes, epilogum in fine subnectimus; ut, quæ præmissa sunt uberioribus verbis, nunc in unum contracta reperias : et quasi non tam replicata, quam addita facilius apprehendas.

Crede igitur, fili, Deum omnipotentem substantialiter unum, personaliter trinum. Quæ nimirum personæ quamvis sua sint proprietate distinctæ, in suis tamen operibus nullatenus sunt divisæ. Et personarum quidem distantiam nunquam clarius manifestiusque perpendimus, quam cum baptismum Domini ad memoriam revocamus. Videmus enim, et tanquam proposito divino spectaculo contuemur, apud Jordanici fluminis gurgitem, commendari nobis divinarum personarum individuam Trinitatem. Nam cum baptizatus esset Agnus ille, qui tollit peccata mundi, protinus aperti sunt cœli, et Spiritus sanctus super eum in specie columbæ descendit : deinde vox Patris intonuit : « Hic est, inquiens, Filius meus dilectus, in quo mihi bene complacui (*Matth*. III). » Habemus ergo distinctam perspicue Trinitatem. In voce Patrem, in homine Filium, in columba Spiritum sanctum.

Hæc itaque sancta Trinitas, sicut in suis vocabulis est distincta, sic in hoc loco quantum ad litteram in sua videtur operatione divisa. Nec dici potest ut Filius, qui videbatur in forma servi, sit Pater, aut Spiritus sanctus; aut vox illa quæ de cœlo facta est, sit Filii, vel Spiritus sancti, aut columba sit Patris, vel Filii; cum ipsum perhibeat Evangelium : « Quia descendit super eum Spiritus sanctus in specie columbæ (*Ibid*.). » Sed fides recta, fides vera, non scilicet opinione præsumptionis incerta, sed lectionis testimonio roborata; nec hæretica temeritate fluctivaga, sed apostolica potius veritate fundata, hoc patenter insinuat, quod quidquid divinitus agitur, hoc tota sancta Trinitas inseparabiliter operatur. Nam cum solus Filius sit natus ex Maria virgine, solus Filius sit suspensus in cruce, solus de morte surrexit; ipsum tamen Incarnationis divinæ mysterium, passionis, ac resurrectionis, Pater, simul ac Filius, et Spiritus sanctus operatus est. Nam quod cum Pater misit, hoc est, incarnari constituit, dicit Apostolus : « Cum autem venit plenitudo temporis, misit Deus Filium suum factum ex muliere, factum sub lege (*Gal*. IV). » Misit namque Pater Filium, misit et Spiritus sanctus. Quod ipse Filius per prophetam perhibet, dicens : « Spiritus Domini super me, eo quod unxit me, ad annuntiandum mansuetis misit me, ut mederer contritis corde, et prædicarem captivis indulgentiam, et clausis aperitionem (*Isai* LXI). » De Filio quoque dicit Apostolus : « Quia cum in forma Dei esset, non rapinam arbitratus est esse se æqualem Deo, sed semetipsum exinanivit, formam servi accipiens (*Philipp*. II). »

Cum ergo solus sit Filius incarnatus, incarnationem tamen Filii Pater, et Filius, et Spiritus sanctus simul est operatus. Passionem quoque Filii Pater fecit, sicut dicitur : « Qui proprio filio non pepercit, sed pro nobis omnibus tradidit illum (*Rom*. VIII). » Fecit et Filius, sicut dicitur : « Qui me dilexit, et tradidit semetipsum pro me (*Galat*. II). » Fecit etiam et Spiritus sanctus, de quo scriptum est : « Benignus est Spiritus sapientiæ, et non liberavit maledictum a labiis suis (*Sap*. I). » Maledictus vero dictus est Christus quia pependit in cruce, de quo dicit Apostolus : « Christus ut nos liberaret a maledicto legis, factus est maledictus (*Galat*. III). » Spiritus ergo non liberavit maledictum a labiis suis; quia passionis mortisque supplicia, quæ per prophetarum ora prædixit, omnia Christum subire permisit. Enimvero resurrectionem Filii fecit Pater, sicut dicitur : « Propter quod illum exaltavit, et donavit illi nomen, quod est super omne nomen (*Philipp*. II). »

Resuscitavit ergo Pater Filium, quem a mortuis excitans, super omnes singulariter exaltavit. Resuscitavit et semetipsum Christus, sicut ipse in figura sui corporis dicit : « Solvite templum hoc, et in triduo suscitabo illud (*Joan*. II). » Porro autem, ut ipse se evidenter ostendat suæ passionis, ac resurrectionis auctorem, una breviter sententia comprehendit : « Potestatem, inquit, habeo ponendi animam meam, et potestatem habeo iterum sumendi eam (*Joan*. X). » Quod rursus inculcat dicens : « Nemo tollit eam a me, sed ego pono eam, et iterum sumo eam (*Ibid*.). » Quod autem et Spiritus sanctus cum Patre et Filio resurrectionis auctor sit, testatur Apostolus, dicens : « Quod si Spiritus ejus, qui suscitavit Jesum a mortuis, habitat in vobis : qui suscitavit Jesum Christum a mortuis, vivificabit et mortalia corpora vestra propter inhabitantem Spiritum ejus in vobis (*Rom*. VIII). »

Nam si nos propter inhabitantem nobis Spiritum in fine vivificandi sumus, constat quia hoc jam egit Spiritus sanctus in Ecclesiæ capite, quod est acturus in corpore.

De miraculis quoque, vel quibuslibet aliis operibus idem per omnia sentiendum est, ut tota sancta Trinitas illud absque dubio creditur efficere, quidquid ad unam personam videtur specialiter pertinere. Virtutes vero, et signa quæ Christus exhibuit, Pater, et Filius, et Spiritus sanctus, inseparabiliter fecit. Hinc illud est : « Pater in me manens, ipse facit opera (*Joan*. XIV). » Hinc de Spiritu sancto dicit : « Si in digito Dei ejicio dæmonia, profecto venit in vos regnum Dei (*Luc*. XI). » Hanc igitur incomprehensibilem Trinitatem non brevitatis limes includit, non latitudo localis extendit, nusquam deest, ubique semper, et inseparabiliter adest. Non in parte major, non in parte minor, sed ubique tota, semper indivisa. Pater a nullo, Filius a Patre solo, Spiritus sanctus ab utroque. Quem plurimi Græcorum, quia in Dominicis sermonibus quasi perspicuam reperire nequeant auctoritatem, arbitrentur a solo Patre, et non a Filio procedentem (*Vide Scholia*). Quorum doctrinam beatus quoque Hieronymus sequens, in expositione fidei suæ sic ait : « Credimus et in Spiritum sanctum, Deum verum ex Patre procedentem.» Ubi, quia procederet a Filio, tacuit. In symbolo quoque Nicæni concilii reperitur : « Credimus et in Spiritum sanctum, qui de Patre procedit proprie; et Deus est verus, sicut Filius. »

CAPUT X.
Quod Spiritus sanctus indubitanter a Filio, sicut et a Patre, procedit.

Nos autem, quia beatorum doctorum Augustini atque Gregorii, aliorumque catholicorum patrum doctrinis instruimur, quod Spiritum sanctum a Patre, simul et a Filio procedentem credere debeamus, ut fides de cætero non compellatur nutare credentium, vel pauca non gravemur apponere testimonia Scripturarum. Spiritum itaque sanctum de Patre, Filioque procedere, et prophetica testantur oracula, et apostolica confitetur auctoritas. Isaïas enim de Filio dicit : « Percutiet terram virga oris sui, et spiritu labiorum suorum interficiet impium (*Isai.* xi).» De quo et Apostolus ait : « Quem interficiet Dominus Jesus Christus spiritu oris sui, et destruet illustratione adventus sui (*II Thess.* viii). » Quem profecto Spiritum a se procedere perspicue Salvator innotuit, cum discipulis præsentibus insufflavit. «Accipite, inquiens, Spiritum sanctum (*Joan.* x). » Joannes vero in Apocalypsi dicit : « Quia de ore Jesu gladius bis acutus exibat (*Apoc.* i).» Spiritus itaque, quem illic labiis exsufflavit, ipse est utique gladius, qui hic ex ejus ore procedit. Dicit quoque Pater ad Filium per prophetam : « Spiritus, inquit, meus, qui est in te, et verba mea, quæ posui in te, non recedent de ore tuo, et de ore seminis tui amodo; et usque in sempiternum (*Isai.* lix).» Et Apostolus ait : « Si quis Spiritum Christi non habet, hic non est ejus (*Rom.* viii). » Et ad Galatas : « Quoniam, ait, estis filii Dei, misit Deus Spiritum Filii sui in corda vestra clamantem, Abba, Pater (*Gal.* iv).» Beatus etiam Petrus Spiritum Sanctum Filii, sicut et Patris esse designat, cum ait : «De qua salute exquisierunt, atque scrutati sunt Prophetæ, qui de futura in vobis gloria prophetaverunt: scrutantes in quod, vel quale tempus significaret, qui in eis erat spiritus Christi, prænuntians eas, quæ in Christo sunt passiones, et posteriores glorias (*I Pet.* 1).» Et Dominus in Evangelio : « Cum venerit, inquit, Paracletus Spiritus veritatis, qui a Patre procedit (*Joan.* xv).» Nam cum Christus ipse sit veritas, suum esse procul dubio spiritum docuit, cum eum spiritum veritatis esse perhibuit. Joannes autem dicit : « In hoc intelligimus, quia in eo manemus, et ipse in nobis, quia de Spiritu suo dedit nobis (*I Joan.* iv). » In libro quoque beati Job legitur : « Et audiet auditionem in terrore vocis ejus, et sonum de ore illius procedentem (*Job* xxxvii). » Ubi scilicet os Patris intelligendus est absque dubio Filius; sonus autem ex ejus ore procedens est Spiritus sanctus : Qui nimirum recte sonus appellatur, quoniam et cum sonitu super Apostolos venit, et ex corde, quod replet, in verba mox sanctæ prædicationis erumpit (*Act.* ii.) Quod autem os Patris intelligendus sit utique Filius, et ex hoc ore procedit Spiritus sanctus, testatur Psalmista cum dicit : « Verbo Domini cœli firmati sunt, et spiritu oris ejus omnis virtus eorum (*Psal.* xxxiv.)» Nam quod a Patre procedat Spiritus sanctus, exempla proponere superfluum judicamus, quorum copiam per tot Scripturarum paginas exuberare conspicimus, sicut est illud : « Non vos estis, qui loquimini, sed spiritus Patris vestri qui loquitur in vobis (*Matth.* x).» Et in secunda ad Corinthios Epistola dicit Apostolus: «Qui autem confirmat nos, nobiscum in Christo, et qui unxit nos Deus, et qui signavit nos, et dedit plenum spiritum in cordibus nostris (*II Cor.* 1) » Et ad Thessalonicenses prima : « Itaque qui hæc spernit, non hominem spernit, sed Deum : qui etiam dedit Spiritum suum sanctum in nobis (*I Thess.* iv). » Porro quod Spiritum sanctum effudit Pater in discipulos, scriptum est in epistola quæ destinatur ad Titum : « Per lavacrum regenerationis, et renovationis Spiritus sancti, quem effudit in nobis abunde per Jesum Christum Salvatorem nostrum (*Tit.* iii).» Quod autem et Filius eumdem effuderit Spiritum, in Actibus scribitur apostolorum. Dicit enim Petrus de Christo : « Dextera Dei exaltatus, et promissione Spiritus sancti accepta a Patre, effudit hoc donum, quod vos videtis, et auditis (*Act.* ii). « Quod etiam eumdem Spiritum et Pater, et Filius simul effudit, utriusque vox per Joelis oraculum clamat : « Effundam de Spiritu meo super omnem carnem (*Joel.* ii).» Licet autem, sicut præfati sumus, Græcorum plurimi non credant Spiritum sanctum a Filio, sicut a Patre procedere; beatus tamen Athanasius Alexandrinæ sedis episcopus, in libro, quem adversus Arium scripsit, inter cætera sic ait : « Ego, inquit, credo Filium in Patre, et Patrem in Filio : Spiritum quoque Paracletum, qui procedit a Patre et Filii esse, et Patris, quia et a Filio procedit, sicut in Evangelio scriptum est, quod per insufflationem suam dederit discipulis suis Spiritum sanctum dicens : Accipite Spiritum sanctum (*Joan.* xx). » Sanctus Cyrillus etiam de hac ipsa Spiritus sancti processione contra Nestorium dicit : « Quamvis enim in sua sit substantia Spiritus ejus : haud dubium quin Patris, ut intelligatur in persona proprietas, juxta id quod Spiritus est, et non Filius, attamen alienus non ab illo. Nam Spiritus appellatus est veritatis, et veritas Christus est. Unde et ab ipso similiter sicut a Deo Patre, procedit. » Et beatus inter multa sic ait Ambrosius : « Non enim quasi ex loco mittitur Spiritus, aut quasi ex loco procedit, quando procedit ex Filio. » Augustinus etiam adversus Maximum [Maximinum] scribit hæreticum : « Quæris, inquit, a me si de substantia Patris est Filius, de substantia Patris est etiam Spiritus sanctus, cur unus Filius, et alius non sit Filius? » Moxque subjungit : « Ecce respondeo, sive capias, sive non capias; de Patre est Filius, de Patre est Spiritus sanctus : sed ille genitus est, iste procedens. Ideo ille Filius est Patris, de quo est genitus; iste autem Spiritus utriusque, quoniam de utroque procedit. » Et paulo post : « Amborum est ergo Spiritus procedendo de ambobus. » Ut ergo nostram concludamus ex ejusdem conspicui doctoris auctoritate sententiam, in illa sancta Trinitate unus Pater, qui solus de seipso essentialiter unicum genuit Filium : et unus Filius, qui de uno Patre solus est essentialiter natus : et unus Spiritus, qui solus essentialiter de Patre Filioque procedit. Sed cum de processione Spiritus ex Patre et Filio veterum simul atque novorum permaxima multitudo concordet, et per omnes fere sacri eloquii paginas exempla sufficienter exuberent, superfluum ducimus hic acervata congerere, cùm ipse valeas et ultra quam sufficiant, invenire.

EPILOGUS.

Hæc itaque de fide catholica disputatio, fili charissime, satis est congrua, et mihi jam stadium peracti fere cursus emenso, et tibi spiritualis militiæ gymnasium nuper ingresso; sublimitatem quippe tam incomprehensibilis, et incomparabilis materiæ, sicut inter ipsa certaminis rudimenta novus debet miles inquirere; ita nisi is, qui in sacris est attritus et exercitatus eloquiis, non debet facile respondere. Ille scilicet, ut rectæ fidei fundamentum ponat, super quod boni operis ædificium construat; iste ut per longæ conversationis industriam mysterii cœlestis arcanum subtiliter cernat. Fides enim et bene operantium est initium, et perfectio consummata virtutum. Sicut de Christo dicit Apostolus : « Quia fundamentum nemo potest ponere præter id quod positum est, quod est Christus Jesus (*I Cor.* III). » Quod contra, de eodem per Prophetam dicitur : « Lapidem quem reprobaverunt ædificantes, hic factus est in caput anguli (*Psal.* CXVII). » Nam qui ad sustentandum tanquam basis ædificii in fundamento supponitur, ipse vel cacumen et cardo supremus Ecclesiæ principatur.

Deus omnipotens, fili carissime, sic pedes tuos in catholicæ fidei petra constituat, ut et **21** aciem mentis in suæ contemplationis culmen attollat.

Sit nomen Domini benedictum.

SCHOLIA.

Hic, ait, mirabilis sacræ Virginis partus vere humanam, vereque divinam unam edidit in prole personam. Sententia est sancti Leonis (Ser. 3, *in Nativit. Domini*), pro qua in primis animadvertendum est, Damiani lectionem nonnihil variare a verbis ipsius S. Leonis, qui sic habet : « Hic enim mirabilis S. Virginis partus vere humanam, vereque divinam una edidit prole naturam. » Crediderim tamen sensum esse eumdem, et facilioris explicationis causa sancti Leonis sententiam aliis verbis cardinalem nostrum expressisse : ni potius dixerimus, Damianum in aliud sancti Leonis sic dicentis exemplar incidisse. Quæ vero verba inferius sequuntur ubi sanctus Leo ait : « Sed ita ut naturæ alteri altera misceretur, » nullus aures offendere possunt, cum sanctus Leo catholici dogmatis strenuus assertor, tot in sermonibus, ac epistolis et præsertim in Encyclica illa omnium celeberrima ad Flavianum Constantinopolitanum episcopum (LEON. *epist.* 10, al. 12) : Nec enim sic naturam naturæ misceri, ait, ut ambarum fiat confusio, sicut quidam hæretici impie dixerunt, sed ut hæresim Nestorii confutaret, ea phrasi usus est. Is enim affirmabat (quod etiam sanctus Thomas III part., quæst. 2, art. 6, in corpore scribit) Verbum carnis unitum fuisse secundum inhabitationem; ac si Verbum Dei inhabitaret in illo homine, sicut in templo. Quare sanctus Leo id expresse confutans, cum dixisset; « Nec sic creatura in societatem sui Creatoris est assumpta, ut iste habitator, et illa habitaculum esset, » mox subdit : « Sed ita ut naturæ alteri altera misceretur, » id est uniretur; assumpta nimirum natura humana a Verbo ad unionem hypostaticam. Hanc autem sancti Leonis sententiam ita intelligendam esse, ipsemet in adducta superius epistola sic declarat; salva igitur proprietate utriusque naturæ, et in unam coeunte personam, suscepta est a majestate humilitas; a virtute infirmitas; ab æternitate mortalitas; et ad resolvendum condiionis nostræ debitum, natura inviolabilis naturæ est unita passibili.

22 *Pater a nullo, Filius a Patre solo, Spiritus sanctus ab utroque.* Plurimi Græcorum, quia in Dominicis sermonibus, quasi perspicuam reperire nequeant auctoritatem, arbitrantur a solo Patre, et non a Filio procedentem. Non possunt Græci, qui contendunt Spiritum sanctum a Filio non procedere, auctoritatibus vel Patrum, vel conciliorum uti, quæ aliquando asserant Spiritum sanctum a Patre procedere : quæ phrasis fortasse reperitur in locis tam concilii Nicæni quam Hieronymi, quos noster cardinalis citat. Nam ex Patrum declaratione, disputatione facta et in concilio Lugdunensi sub Gregorio X, et in concilio Florentino sub Eugenio IV, constat ex eo, quod in sacris litteris dicitur, de Spiritu sancto qui a Patre procedit, consequenter sequi eum etiam a Filio procedere; Christus enim explicans seipsum ait : « Omnia quæ habet Pater, mea sunt (*Joan.* XVI); propterea dixi, quia de meo accipiet, et annuntiabit vobis (*Ibid.*). » Quo sensu in concilio Florentino citatur Epiphanius in Ancorato, Cyrillus in Epistola ad Nestorium post Dydimum et Athanasium. In litteris vero unionis cap. 6 et 7 omnes doctorum Græcorum phrases, ubi de sancti Spiritus processione loquuntur, idem significare ostendunt : eos nimirum censuisse Spiritum sanctum, ut a Patre, ita etiam a Filio procedere. Nec ab hac sententia discrepasse sanctum Hieronymum omnino credendum est, quandoquidem hic passim in Opusculis de Spiritus sancti processione, sensu catholico et phrasi Latinis usitata semper loquitur. Unde (ut alia nunc omittam) ad Hebidiam scribens (HIER. *epist.* 150, quæst. 9, prope fin.) : Quando dicit Dominus alium Paracletum mittam vobis (*Joan.* XIV), et se ostendit esse Paracletum, qui appellatur consolator. Unde Deus Pater hoc censetur nomine, Deus miserationum et totius consolationis. Si autem et Pater consolator, et Filius consolator, et Spiritus sanctus consolator est : et in nomine Patris et Filii et Spiritus sancti, quod intelligitur Deus, baptizantur credentes : quorum unum divinitatis, et consolator est nomen, eorum et una natura est. Et paulo post : « Nec sine Spiritu sancto prophetaverunt prophetæ : et Verbo Domini cœli firmati sunt, et Spiritu oris ejus omnis virtus eorum : et quidquid Patris et Filii est, hoc idem et Spiritus sancti est : et ipse Spiritus sanctus cum mittitur, a Patre et Filio mittitur : in alio atque alio loco Spiritus Dei Patris, et Christi Spiritus appellatur. »

23-24 OPUSCULUM SECUNDUM.

ANTILOGUS CONTRA JUDÆOS, AD HONESTUM VIRUM CLARISSIMUM.

Argumentum. — Hunc libellum ad confutandos Judæos conscripsit, in quo plurimis sacrarum litterarum testimoniis probat ea, quæ ab illis impie negantur, hoc est, Trinitatem personarum in Divina essentia : Christum, quem illi Messiam vocant, Deum et hominem fuisse, cumque jam in mundum venisse : et denique omnia illis subterfugia intercludit, quibus contra Christianos subdole uti possent.

Domno honesto clarissimo secundum Ægypti hujus tenebras viro, Petrus ultimus monachorum servus, perpetuam charitatem in Christo.

Dilectissime, deprecatoria nobis verba per fratrem nostrum Leonem nuper misisti, quatenus tibi aliquid scriberemus, quo sæpe decertantium tibi Judæorum ora rationalibus argumentis obstruere; et de Christo ad controversiam venientes, evidentissimis posses sacræ Scripturæ testimoniis superare. Sed si Christi miles esse, et pro eo viriliter pugnare desideras, contra carnis vitia, contra diaboli machinas insignis bellator arma potius corripe; hostes videlicet, qui nunquam moriuntur : quam contra Judæos, qui jam de terra pene deleti sunt: Verumtamen et huic studio ego nequaquam derogo, imo et vestræ petitioni satisfacere, æquum esse decerno. Inhonestum quippe est, ut ecclesiasticus vir his, qui foris sunt, calumniantibus, per ignorantiam conticescat : et Christianus de Christo reddere rationem nesciens, inimicis insultantibus victus et confusus abscedat. Huc accedit, quod sæpe hujus rei noxia imperitia, et cavenda simplicitas non solum audaciam incredulis suggerit, sed etiam errorem et dubietatem in cordibus fidelium gignit.

Et cum hæc scientia ad fidem certe tota pertineat, fides autem omnium virtutum sit proculdubio fundamentum ; ubi fundamentum quatitur, tota mox ædificii fabrica præcipitium ruitura minatur. Sciendum tamen est, quia non vanæ gloriæ causa, vel solo contentionis amore debet Christianus vir ad hoc certamen accedere : sed ob id potius si se sperat aliquid de conversionis gratia apud litigantis animum posse prodesse. Unde et Paulus ait : « Si quis vult contentiosus esse ; nos hujusmodi consuetudinem non habemus (*I Cor.* II). » Et ad Titum : « Stultas autem quæstiones, et genealogias, et contentiones, et pugnas legis devita : sunt enim inutiles et vanæ (*Tit.* II). » Et cum quis de hoc negotio litem movet, admonendus est ut non contumeliæ jurgio, vel superbiæ typho contendentem exasperet : sed ejus mentem charitate benevola, et patientissima gravitate demulceat : quatenus lapideum cor, quod effusa amaritudine deterius poterat obdurescere, modesta verborum dulcedo ad credendum forsitan valeat emollire. Hinc est, quod idem Apostolus ad Timotheum cum præmisisset : « Stultas autem et sine disciplina quæstiones devita (*II Tim.* II) ; » protinus addidit : « Servum autem Domini non oportet litigare, sed mansuetum esse ad omnes, docibilem, patientem, cum omni modestia corripientem eos, qui resistunt, ne quando det illis Deus pœnitentiam ad cognoscendam veritatem, et resipiscant a diaboli laqueis, a quo captivi tenentur, ad ipsius voluntatem (*Ibid.*). » Sed cum omnia pene Veteris Testamenti volumina testimonium Christo perhibeant, nos postposita verborum multitudine, pauca et apertiora prophetarum testimonia curamus apponere, quibus tamen contra omnem judaicæ pravitatis insaniam, et eorum ventosa commenta valeas cum Dei adjutorio obtinere victoriam. Et quia sagitta directius mittitur, si meta, cui infigi debeat, e diverso primitus opponatur; nos ipsum confligentem Judæum hic introducimus, ut verborum nostrorum spicula non in ventum effusa inaniter defluant, sed ad certam potius materiam jaculata pertingant.

25 *In nomine Domini, incipit ipsa congressio.*

Dic igitur, o Judæe (qui dum Trinitatem negas, et unitatem consequenter ignoras) si Deus, ut asseris, unus est in persona, cui dixit : « Faciamus hominem ad imaginem, et similitudinem nostram? (*Gen.* I.) » Nam si una esset in deitate persona, non diceret « faciamus, » sed faciam. Si tres essent substantiæ, non diceret singulariter « imaginem nostram, » sed potius imagines nostras. Dum igitur « faciamus » asserat trinum, « imaginem nostram » declaret unum, constat evidentissime Deum essentialiter unum tribus constare personis. Eia, Judæe, perge per silvas divini eloquii; mecum simul incede, legis tuæ paginas studiose revolve, nunquid in eis aliquid huic nostræ assertioni reperies discrepare ? Audi quid tuus Moyses iterum dicat : « Hic est liber generationis Adam in die qua creavit Deus hominem, ad imaginem Dei fecit illum : masculum et feminam creavit eos (*Gen.* I). » Quid est, quod non dicitur, quia Deus creavit hominem ad imaginem et similitudinem suam : sed Deus creavit hominem ad imaginem Dei; nisi ut perspicue distinguatur persona Patris et Filii? Cui simile est illud, quod per eumdem Moysem iterum dicitur : « Descendit autem Dominus ut videret civitatem, et turrim, quam ædificant filii Adam (*Gen.* XI). » Et paulo post subditur : : « Venite, descendamus, et confundamus ibi linguam eorum (*Gen.* xi). »

Vides igitur, quia, « descendit Dominus » unam divinitatis declaret essentiam; « venite » autem « descendamus » tres doceat esse personas. Interroga etiam Abraham, quare tres vidit, et unum adoravit? Scriptum quippe est : « Apparuit ei Dominus in convalle Mambre sedenti in ostio tabernaculi sui in ipso fervore diei (*Gen.* xviii) ; » deinde subditur: « Cumque elevasset oculos suos, apparuerunt ei tres viri stantes prope illum (*Ibid.*). » Ecce cum præmissum sit, apparuit ei Dominus; ubi causa redditur, non dicitur, apparuit ei vir, sed apparuerunt ei tres viri. Ubi patenter ostenditur, quia is, qui sibi apparuit, et unus in substantia deitatis, et trinus est in personis. Quod ipsius quoque Abrahæ verba testantur, cum dicit :-« Domine, inquit, si inveni gratiam in oculis tuis, ne transeas servum tuum : sed offeram pauxillum aquæ, et laventur pedes vestri, et requiescite sub arbore (*Ibid.*). »
Cui etiam aptissime congruit illud, quod de Loth scribitur, quia cum eum duo angeli ex Sodomis mox subvertendis educerent, ait ad eos Loth : « Quæso, Domine mi, quia invenit servus tuus gratiam coram te (*Gen.* xix); » ubi etiam paulo post subditur : « Pluit igitur Dominus super Sodomam, et Gomorrham sulphur, et ignem a Domino de cœlo (*Ibid.*). » Cum enim Dominus a Domino pluere dicitur, patet profecto, quia utraque, Patris videlicet et Filii, persona signatur. Hinc est enim, quod ad Moysen dicit : « Ego sum Deus Abraham, Deus Isaac et Deus Jacob. » Quid est enim, quod se trium solummodo Patrum Deum esse commemorat, et non etiam cæterorum? Nunquid non etiam Deus Enoch? Nunquid non Deus Noe, et aliorum innumerabilium justorum? Quid est, inquam, quod prætermissis aliis Patribus, trium se virorum solummodo Deum vocat, nisi ut se, qui unus est in substantia, trinum esse in personis ostendat? Hanc quoque Trinitatem personarum, atque unitatem naturæ propheta Isaias manifeste perdocuit, cum seraphim perhibuit se vidisse clamantia : « Sanctus, Sanctus, Sanctus, Dominus Deus Sabaoth (*Isai.* iv). » Ut enim personarum Trinitas monstraretur, tertio sanctus dicitur. Sed ut unam esse substantiam Trinitatis appareat, non Domini Sabaoth, sed Dominus esse perhibetur. Quod David quoque similiter sentiens ait : « Verbo Domini cœli firmati sunt (*Psal.* xxxiii). » Verbum enim Domini Filius est Patris.

Sed ut eosdem cœlos tota simul Trinitas ostendatur operata, repente de sancti Spiritus divinitate subjungitur : « Et Spiritu oris ejus omnis virtus eorum (*Ibid.*). » De quo videlicet Spiritu alibi legitur : « Spiritus ejus ornavit cœlos (*Job* xxvi). » In alio quoque psalmo idem David ait : « Benedicat nos Deus, Deus noster, benedicat nos Deus (*Psal.* lxvi). » Qui cum tertio dixisset Deum, ut unum hunc esse ostenderet, subdidit : « Et metuant eum omnes fines terræ (*Ibid.*). » Et, ut huic, quam per os David Spiritus sanctus eloquitur, aliam quoque Dei benedictionem similem demonstremus, ad librum Numeri recurramus. Ibi denique scriptum est : « Locutus est Dominus ad Moysen, » dicens: « Loquere Aaron et filiis ejus : Sic benedicetis filiis Israel, et dicetis eis : Benedicat tibi Dominus, et custodiat te ; ostendat Dominus faciem suam tibi, et misereatur tui ; convertat Dominus vultum suum ad te, et det tibi pacem (*Num.* vi). » Et, ut clarescat, quia unus est Deus, cujus nomen trina super populum vocatione repetitur, illico subinfertur : « Invocabunt nomen meum super filios Israel, et ego benedicam eis. »

Ecce, o Judæe, dum cuncta pene legis tuæ volumina revolvendo percurrimus, unitatem divinæ essentiæ, et Trinitatem personarum aptissime reperimus. Et si cuncta, quæ nobis ex tuis libris testimonia suppetunt, ad hoc affirmandum colligere volumus, prius forsitan lingua fatiscente deficimus, quam exemplorum copia careamus. Sed quoniam omnis vestræ partis assertio in hoc præcipue solertes incumbit, ut Christum Deum esse, vel Dei Filium negare contendat, nunc quoque nostræ allegationis articulus hoc itinere directus incedat. Tu autem nolim mihi, ut vester mos est, subdolis tergiversationibus, velut in variarum te formarum monstra convertas, nisi ut lubricus anguis, cum captus fueris, manus evadere gestias, sed cuncta ad intelligendum tuorum sensuum viscera pateant, cor antiquum ignorantiæ velamen abjiciat, mentis aures vigilanter intendant. Cum vero mihi obviare non poterit, rationabiliter obticescat; ut, si possibile est, qui mihi, imperito videlicet homini, ad astruendam veritatem suam argumentorum materiam præstat, ipse quoque mentis tuæ tenebris ad credendum sapientiæ suæ lumen infundat.

CAPUT PRIMUM.
De Christo, qui est Filius Dei.

Incipiamus igitur, et ejus, de quo loquimur, torium fiducialiter imploremus, dicentes : « Exsurgat Deus, et dissipentur inimici ejus ; et fugiant a facie ejus, qui oderunt eum (*Psal.* lxvii). » Deum itaque Patrem omnipotentem Verbum de se ante omnia sæcula genuisse legimus, credimus, et probamus. Quod si tu, Judæe, negare contendis, procul dubio contra ipsum, quem te recolere asseris, Deum pugnare convinceris. Ipse enim dicit : « Eructavit cor meum verbum bonum (*Psal.* xliv). » De hoc verbo per prophetam alium dicitur : « Verbum Domini validum, et forte, quis poterit comprehendere illud ? » (*Isai.* lv.) De hoc iterum Isaias loquitur, ubi ait : « Sic erit verbum, quod egredietur de ore meo : non revertetur ad me vacuum, sed faciet quæcunque volui, et prosperabitur in his, ad quæ misi illud. » Qui utique si de transitorio verbo diceret, non illud ad se reversurum, vel facturum aliquid nuntiaret. Cujus virtute Verbi terra fundata est, et cœlo cum suis luminaribus solidatum, et mare in sinu suo diffusum. De quo, ut superius dictum est, legitur : « Verbo Domini cœli firmati sunt (*Psal.* xxxii). » Hoc Verbum de Patre ante sæcula genitum, in utero Virginis homo fieri voluit in fine sæculorum. De cujus Verbi incarnatione Habacuc loquitur, dicens : « Ante faciem ejus ibit Verbum, et exibit in campis (*Habac.* iii). »

Quid autem sit hoc verbum, si solerter inquiritur, paulo post inferius invenitur, cum dicit : « Ego autem in Domino gloriabor, et gaudebo in Deo Jesu meo (*Ibid.*). » Unde et Isaias apertissime clamat, dicens : « Ecce, inquit, virgo in utero concipiet, et pariet Filium : et vocabitur nomen ejus Emmanuel, quod interpretatur nobiscum Deus (*Isai.* vii). » De quo per eumdem prophetam alibi dicitur : « Dominus dilexit eum, faciet voluntatem suam in Babylone, et brachium suum in Chaldæis. Ego, ego locutus sum, et feci : vocavi eum, adduxi eum, et directa est via ejus (*Isai.* xlviii). » Et mox ex ipsius Filii persona subjungitur : « Accedite ad me, et audite hoc : non a principio in abscondito locutus sum : ex tempore antequam fierent ibi eram : et nunc Dominus Deus misit me, et spiritus ejus. Hæc dicit Dominus Deus redemptor sanctus Israel : Ego Dominus Deus tuus docens te utilia, gubernans te in via qua ambulas : utinam attendisses mandata mea, » et reliqua (*Ibid.*). Audi adhuc etiam Michææ prophetæ testimonium de Christo : « Erit, inquit, in novissimo dierum præparatus mons domus Domini in vertice montium, et sublimis super colles, et fluent ad eum populi, et properabunt gentes multæ, et dicent : Venite, ascendamus ad montem Domini et ad domum Dei Jacob, et docebit nos de viis suis, et ibimus in semitis ejus : quia de Sion exibit lex, et verbum Domini de Hierusalem : et judicabit inter populos multos, et corripiet gentes fortes usque in longinquum (*Mich.* v). » Quod videlicet Isaias non modo sub eodem sensu, sed ejusdem pene syllabis protulit : nec nos ad roborandum assertionis nostræ sententiam piget denuo scribere, quod per ora duorum prophetarum Spiritus sanctus voluit geminare. Ait ergo : « Erit, inquit, in novissimis diebus præparatus mons domus Domini in vertice montium, et elevabitur super colles, et fluent ad eum omnes gentes, et ibunt populi, et dicent : Venite, ascendamus ad montem Domini, et ad domum Dei Jacob : et docebit nos vias suas, et ambulabimus in semitis ejus; quia de Sion exibit lex, et verbum Domini de Hierusalem : et judicabit gentes, et arguet populos multos (*Isai.* ii); » ubi et paulo post additur : « Domus Jacob, venite, et ambulemus in lumine Domini (*Ibid.*). » Neque enim alter ab altero hanc sententiam mutuatus esse merito creditur, cum uterque propheta uno tempore, et sub eisdem regibus prophetasse noscatur.

Quod si omnes ii veritatis testes needum tibi, Judæe, sufficiunt, audi tuum quoque Baruch dicentem : « Hic est, inquit, Deus, et non æstimabitur alius absque illo : qui invenit omnem viam scientiæ, et dedit eam Jacob puero suo, et Israel dilecto suo : post hæc in terris visus est, et cum hominibus conversatus est (*Baruch.* iii). » Nam si Christus, ut asseris, Deus non est, ostende mihi ex tuis libris, quando post datam legem Jacob, Deus in terra visus sit, et cum hominibus conversatus. Sed cum invenire non poteris, convictum te in omnibus necesse est, fatearis.

Sed ne potius meis verbis circumvenire, quam prophetarum exemplis superare te videar, accedat etiam Daniel, et testimonium de Christo perhibeat : « Cum venerit, inquit, Sanctus sanctorum, cessabit unctio. Dicetis : Nondum venit Sanctus sanctorum, nondum venit Messias, venturus est autem, ostendite unctionem (*Dan.* vi) : » si autem, quod verum est, cessavit vestra unctio (non enim jam habetis templum, non regem, non sacerdotes), agnoscite venisse Sanctum sanctorum, de quo per Isaiam dicitur : « Ego sum Deus vocans ab Oriente avem, et de terra longinqua virum voluntatis meæ : et locutus sum, et adducam illud, creavi et faciam illud. Audite me duro corde, qui longe estis a justitia, prope feci justitiam meam (*Isai.* xlvi). » Adhuc autem et patriarcha Jacob accedat in medium : « Non auferetur sceptrum de Juda, et dux de femoribus ejus, donec veniat qui mittendus est : et ipse erit exspectatio gentium (*Gen.* xlix). »

Si ergo jam per mille annos, et eo amplius sine rege vixistis, et sub pedibus gentium jacuistis, unde nunc exspectationem gentium exspectatis? Ex eo enim tempore, quo dixistis ad Pilatum, clamantes : « Non habemus regem, nisi Cæsarem (*Joan.* xix); » regem non habuistis : et qui Regem regum audire noluistis, regnum simul cum patria perdidistis. Quod bene Moyses præviderat, cum dicebat : « Prophetam vobis suscitabit Dominus de fratribus vestris : omnis anima, quæ non audierit prophetam illum exterminabitur de populo suo (*Deut.* xviii). » Et iterum idem Moyses dicit : « Dabit enim tibi Dominus cor pavidum, et deficientes oculos, et animam mœrore consumptam, et erit vita tua pendens ante te : timebis nocte, ac die, et non credes vitæ tuæ (*Ibid.*). » Quando autem fuit vita tua pendens ante te, nisi tunc cum moventes caput ante crucem dicebatis : « Alios salvos fecit, seipsum non potest salvum facere? (*Matth.* xvii.) Si Filius Dei est, descendat nunc de cruce, et credimus ei (*Marc.* lxv). » Quod manifestissime per os David ipse Dei Filius loquitur, dicens : « Omnes, qui videbant me, aspernabantur me (*Luc.* xxiii); locuti sunt labiis, et moverunt caput. Speravit in Domino, eripiat eum, salvum faciat eum, quoniam vult eum (*Psal.* xxi). » In quo etiam psalmo fixuras clavorum in manibus suis et pedibus luce clarius ostendit, dicens : « Foderunt manus meas et pedes meos : dinumeraverunt omnia ossa mea (*Ibid.*). » Si nescis, ille erat bos tuus, Judæe, qui tunc in ara crucis coram te immolabatur, sed exigentibus tuis meritis, a te necdum comedetur. De quo Moyses adversum te in Deuteronomio loquitur, dicens : « Bos, inquit, tuus immoletur coram te, et non comedas ex eo (*Deut.* xxviii). » Ille erat asinus, de quo iterum dicit : « Asinus tuus rapiatur in conspectu tuo, et non reddatur tibi (*Ibid.*). » Jure quippe Redemptor noster per figuram asinus dicitur, qui ad suscipienda nostræ pravitatis onera, quodammodo terga supposuit; quia sicut per prophetam dicitur : « Peccata nostra ipse portavit (*Isai.* liii). » Ubi adhuc apte subjungitur : « Oves, inquit, tuæ dentur inimicis tuis : et non sit qui te adjuvet (*Ibid.*). »

Quæ autem sint oves a quibus adjuvari synagoga debuerat, manifeste declaratur, cum subditur : « Filii tui et filiæ tuæ tradantur alteri populo, videntibus oculis tuis, et deficientibus ad conspectum eorum tota die, et non sit fortitudo in manu tua. » Sancti enim apostoli, qui oves per innocentiam dicuntur, Israeliticæ gentis filii sunt, quia ex eorum progenie originem ducunt. Qui videlicet alteri populo tunc traduntur, cum Judæis persequentibus dicunt : « Vobis oportebat primum loqui verbum Dei; sed quia repellitis, illud, et indignos vos judicatis æternæ vitæ, ecce convertimur ad gentes. Vos autem hæc videntes non vidistis, et audientes non intellexistis (*Act.* xiii). » Quod bene idem Moyses usque hodie vobis improperat, dicens : « Non dedit vobis Dominus cor intelligens et oculos videntes, et aures quæ possent audire usque in præsentem diem (*Deut.* xxviii). » Idipsum etiam imprecatur adversum vos dicens : « Percutiat te Deus amentia, et cæcitate, ac furore mentis : et palpes in meridie, sicut palpare solet cæcus in tenebris, et non dirigas vias tuas (*Ibid.*). » Et Isaias : « Audite, inquit, audientes, et nolite intelligere : et videte visionem, et nolite cognoscere. Excæca cor populi hujus, et aures ejus aggrava, et oculos ejus claude; ne forte videat oculis, et auribus suis audiat, et corde suo intelligat : et convertatur, et sanem eum (*Isai.* vi). »

Vis adhuc aliud Isaiæ testimonium de Christo? « Ego, inquit, suscitavi eum ad justitiam, et omnes vias ejus dirigam : ipse ædificabit civitatem meam, et captivitatem meam dimittet, non in pretio, neque in muneribus, dicit Dominus exercituum. Hæc dicit Dominus : Labor Ægypti, negotiatio Æthiopiæ, et Sabaim; viri sublimes ad te transibunt, et tui erunt, et post te ambulabunt; vincti manicis pergent, et te adorabunt, teque deprecabuntur. Tantum in te est Deus, et non est absque te Deus. Vere tu es Deus absconditus, Deus Israel Salvator (*Isai.* xlv). » Loquere, Judæe, responde, quis est ille, qui dicit : « Ego suscitavi eum ad justitiam? » Sed si nescis, perge, flecte oculos ad finem prioris sententiæ, et vide, quia dicit, « Dominus Deus exercituum. »

Sed jam si nosti, quia Deus loquitur : considera etiam cui loquitur. Descende igitur ad finem sequentis lineæ et vide, quod dicitur : « Tantum in te est Deus, et non est absque te Deus. Vere tu es Deus absconditus, Deus Israel Salvator. » Si ergo Deus est ipse, qui loquitur; Deus cui dicit : « Tu es Deus; » constat profecto, quia Patris ad Filium persona loquitur. Nam et quod non dicitur, simpliciter tu es Deus, sed in te est Deus, et tu es Deus absconditus, humanitatem nostri Redemptoris manifeste designat. In Christo enim Jesu, ut noster ait Apostolus, habitat omnis plenitudo divinitatis corporaliter. Quod autem dicit : « Labor Ægypti, et negotiatio Æthiopiæ et Sabaim, viri sublimes ad te transibunt, et te adorabunt (*Coloss.* ii); » aperte denuntiat ad fidem Christi omnes nationes gentium convertendas. Unde et paulo post subditur : « Convertimini ad me, et salvi eritis omnes fines terræ; quia ego Deus et non est alius. In memetipsum juravi : egredietur de ore meo justitiæ verbum, et non revertetur; quia mihi curvabunt omnes genu, et jurabit omnis lingua (*Isa.* xlv). » Et mox ipse, qui loquitur Pater manifestum de Filio perhibet testimonium, cum subjungit : « Ergo in Domino dicent : meæ sunt justitiæ, et imperium : Ad cum venient, et confundentur omnes, qui repugnant ei. In Domino justificabitur, et laudabitur omne semen Israel (*Ibid.*). » Cui simile est illud, quod per eumdem prophetam alibi dicitur : « Parum est, inquit, ut sis mihi servus ad suscitandas tribus Jacob, et fæces Israel convertendas : Dedi te in lucem gentium, ut sis salus mea usque ad extremum terræ (*Isai.* xlix). » Servus autem Christus ideo dicitur, quia servi formam suscepit; unde ex parte humanitatis in psalmo Patrem exorat, dicens : « Custodi animam meam, quoniam sanctus sum : salvum fac servum tuum, Deus meus, sperantem in te (*Psal.* lxxxv). » Quis est enim iste, qui se sanctum esse constanter affirmat, et salvum se fieri humiliter exorat, nisi ille, quem per Isaiam Dominus venturum esse promittit, dicens : « Prope est justus meus, egressus est Salvator meus? (*Isai* li.) »

Ecce, ut et humanitatis infirmitas, et divinitatis potentia in uno mediatore Dei, et hominum ostendatur, qui illic sibimet ipsi salutem poposcerat, hic Salvator esse perhibetur. De quo idem Isaias alibi testatur, dicens : « Ecce dies veniunt, dicit Dominus, et suscitabo David germen justum : et regnabit rex, et sapiens erit, et faciet judicium, et justitiam in terra (*Jer.* xxii); » deinde subjungit : « In diebus illis salvabitur Juda, et Israel habitabit confidenter : et hoc est nomen, quod vocabunt eum, Dominus justus noster (*Ibid.*). » Hic est justus, ad cujus adventum idem propheta totis visceribus æstuat, et anhelat, dicens : « Rorate, cœli desuper, et nubes pluant justum; aperiatur terra, et germinet Salvatorem, et justitia oriatur simul; ego Dominus creavi eum (*Isai.* xlv). » Et alibi : « Utinam, inquit, dirumperes cœlos, et descenderes : a facie tua montes defluerent, sicut exustio ignis tabescerent, atque arderent igni, ut notum fieret nomen tuum inimicis tuis (*Isai.* lxiv). » Et iterum : « Propter Sion non tacebo, et propter Hierusalem non quiescam, donec egrediatur, ut splendor justus ejus, et Salvator ejus, ut lampas accendatur (*Isai.* LXII). » De eodem Christi adventu, et Habacuc testimonium perhibet, dicens : « Et respondit Dominus, et dixit ad me : Scribe visum in buxu aperte, ut assequatur, qui legit ea; quia adhuc visio ad tempus; et orietur in fine, et non in vacuum; si tardaverit, sustine eum, quia veniens veniet, et non morabitur (*Habac.* II). » Ad perhibendum adhuc testimonium Christo prophetæ quoque Abdias accedat : « Quo modo enim, inquit, bibistis super montem sanctum meum, bibent omnes jugiter; et bibent et absorbebunt, et erunt, quasi non sint; et in monte Sion erit salvatio, et erit sanctus; et possidebit domus Jacob eos, qui se possederant : et erit domus Jacob ignis, et domus Joseph flamma, et domus Esau stipula (*Abdias*). » Quid enim per domum Jacob, et Joseph, nisi Ecclesia Christi? Quid per domum Esau debet intelligi, nisi infidelium populi? Domus ergo Jacob, et Joseph ignis facta est; quia sancta Ecclesia igne sancti Spiritus inflammata, ad amorem Dei frigida dudum carnalium corda succendit : et sic a concupiscentia præsentis sæculi ad desiderium Creatoris domum Esau velut stipulam concremavit. De quo videlicet igne in nostro Evangelio Veritas dicit : « Ignem veni mittere in terram, et quid volo, nisi ut ardeat? » (*Luc.* XII.)

CAPUT II.
De Christo, qui est lapis angularis.

Dic mihi hoc etiam, o Judæe, quis est iste lapis, quem Dominus pollicetur se positurum in fundamento Sion? Unde Isaias ait : « Ecce ego mittam in fundamento Sion lapidem probatum, angularem, pretiosum, in fundamento fundatum (*Isai.* XXVIII). » Quis est, inquam, iste lapis, nisi ille, de quo David canit : « Lapidem, quem reprobaverunt ædificantes, hic factus est in caput anguli? (*Psal.* CXVII.) » Quod si lapideum cor tuum lapidem materialem ab Isaia dictum existimat, audi quod sequitur : « Super quem qui ceciderit, confringetur : super quem vero ceciderit, conteret eum. » Lapidem enim, qui in fundamento parietis ponitur, non posse super aliquem cadere, liquido comprobatur. Hic est utique lapis ille, quem Daniel vidit abscissum de monte sine manibus (*Dan.* II); Christus videlicet sine opere complectentium, de incorrupta virgine procreatus. Audi adhuc testimonium, quod idem Isaias de Christo profert, dicens : « Egredietur, inquit, virga de radice Jesse, et flos de radice ejus ascendet, et requiescet super eum spiritus Domini, spiritus sapientiæ et intellectus, spiritus consilii et fortitudinis, spiritus scientiæ et pietatis, et replebit eum spiritus timoris Domini (*Isai.* XI). » Jam quid apertius eo, quod de Christo David canit in psalmo? « Dominus dixit ad me : Filius meus es tu, ego hodie genui te; **32** postula a me, et dabo tibi gentes hæreditatem tuam, et possessionem tuam terminos terræ (*Psal.* II). » Nunquid ipse David Dei Filius dici potuit, aut super solum Israelitici populi solium constitutus, omnia terrarum regna possedit? Quia ergo David mortali videlicet regi hæc prophetia convenire posse non cernitur, consequens est ut de Christo Dei Filio indubitanter dicta credatur. De quo, videlicet æterno David, Isaias ait : « Feriam vobiscum pactum sempiternum, misericordias David fidelis. Ecce testem populi dedi eum, ducem, ac præceptorem gentibus. Ecce gentem, quam nesciebas, vocabis; et gentes, quæ non cognoverunt te, ad te current. Propter Dominum Deum tuum, et sanctum Israel, quia glorificavit te (*Isai* LV). » Nunquid non jam David ex hac luce migraverat, cum hæc propheta dicebat? Quomodo igitur de eo diceretur, quia vocaturus esset gentes, et ad eum gentes concurrerent, qui jam exutus corpore cum mortalibus non maneret? Si igitur hoc propheticæ promissionis oraculum nequaquam de eo, qui jam obierat, David dici potuisse cognoscitur, restat ut de eo, qui necdum venerat, prolata fuisse credatur.

Rursum etiam de reprobatione Judæorum, et vocatione gentium manifestissimam per Zachariam Dominus protulit sententiam, dicens : « Non est mihi voluntas in vobis, dicit Dominus exercituum, et munus non suscipiam de manu vestra. Ab ortu enim solis usque ad occasum magnum est nomen meum in gentibus, et in omni loco sacrificatur et offertur nomini meo oblatio munda; quia magnum est nomen meum in gentibus, dicit Dominus exercituum (*Malach.* I). » Et paulo post : « Et in die illa dicit Dominus exercituum, disperdam nomina idolorum de terra, et non memorabuntur ultra, et spiritum pseudoprophetarum, et spiritum immundum auferam de terra (*Ibid.*). » Dic etiam, Judæe, de quo intelligis, dictum fuisse, quod legis : « Deus, judicium tuum regi da, et justitiam tuam filio regis? (*Psal.* LXXI.) » Quis est iste rex regis filii pater? Nunquid David Salomonis? Sed lege per ordinem psalmum, et vide quid sequitur : « Et permanebit cum sole, et ante lunam in sæculum sæculi. » Nunquid Salomon permanere in sæculum sæculi dici veraciter potuit, qui vix per quadraginta annorum curriculum regni gubernacula tenuit?

Lege adhuc, et continua totum psalmum, et considera quomodo a Salomone reperiatur alienus, maxime illic ubi dicitur : « Ex usuris et iniquitate liberabit animas eorum (*Ibid.*). » Nam quomodo Salomon ex iniquitate liberare animas potuit, quia ex justitia, quam primitus cepit, idem ipse ad iniquitatem postmodum declinavit? Illud etiam cui convenit, nisi soli Deo, quod dicitur : « Sit nomen ejus benedictum in sæcula? » Sequitur adhuc psalmus, et dicit : « Et benedicentur in eo omnes tribus terræ, omnes gentes magnificabunt eum. » Hoc idem jam olim Deus promiserat Abrahæ, dicens : « In semine tuo benedicentur omnes gentes (*Gen.* XXVI).» Et alibi ad David : « Juravit Dominus David veritatem, et non frustrabitur eam. De fructu ventris tui ponam super sedem tuam. (*Psal.* CXXXI). » **33** Et in libro Regum secundo legitur : « Hæc autem sunt verba novissima, quæ dixit David filius Isai:

dixit vir cui constitutum est de Christo Jacob (*II Reg.* XXIII). » In libro Paralipomenon: « Et factum est, inquit, verbum Domini David ad Nathan prophetam, dicens : Vade, et dic servo meo David : Hæc dicit Dominus : Annuntio tibi, quod ædificaturus sit domum tibi Dominus. Cumque impleveris dies tuos, ut vadas ad patres tuos, suscitabo semen tuum post te, quod erit de filiis tuis, et stabiliam regnum ejus; ipse ædificabit mihi domum, et firmabo solium ejus usque in sempiternum. Ego ero ei in patrem, et ipse erit mihi in filium, et misericordiam meam non auferam ab eo, sicut abstuli ab eo, qui ante te fuit, et statuam eum in domo mea, et in regno meo usque in sempiternum, et thronus ejus erit firmissimus in perpetuum (*I Par.* XVII). »

CAPUT III.
Refutantur Judæorum errores.

Quis autem ita desipiat, quis ita insaniat, ut hæc omnia credat in Salomone fuisse completa ? Nam qualiter in Salomone intelligendum est, quod dicitur: « Postquam dormieris cum patribus tuis, suscitabo semen tuum post te, quod erit de filiis tuis, et stabiliam regnum ejus (*II Reg.* VII). » Qualiter, inquam, dici hoc de Salomone potuit, qui non post mortem David natus est, vel regnare cœpit, sed adhuc patre vivente regnavit? Quid est ergo quod dicitur: « Postquam dormieris cum patribus tuis, suscitabo semen tuum post te; » nisi quod Christus est in hac promissione signatus, qui non ante mortem David, sed longe post ejus obitum fuerat suscitandus? Qui videlicet ædificaret domum Domino de parietibus non manufactis, sed de lapidibus vivis, et pretiosis, hoc est, sanctis et justis. Illud quoque quod subditur: « Fidelis erit domus ejus, et regnum ejus usque in sempiternum coram me (*Ibid.*). » Quis de Salomone dictum intelligat, cum domum ejus alienigenis mulieribus plenam fuisse legat? Quo enim pacto domus Salomonis Deo fidelis exstitit, quæ gentilibus mulieribus, et colentibus idola plena fuit? Ipse etiam ab eis seductus in idololatriam corruit, et bonus initio, proh dolor! malos exitus habuit. Aut quomodo thronus ejus firmissimus in perpetuum jure dicitur, dum constet quia de Salomonis semine rex nusquam hodie reperitur?

Necesse est ergo, Judæe, ut cuncta hæc, quæ Salomoni vides nequaquam posse congruere, Christo fatearis per omnia convenire. De quo etiam Zacharias testatur, dicens: « Hæc dicit Dominus Deus exercituum : Ecce vir oriens nomen ejus, et subter eum orietur, et ædificabitur templum Domino : ipse exstruet templum, et ipse portabit gloriam, et sedebit, et dominabitur super solium suum, et erit sacerdos super solio suo (*Zach.* VI). » Et iterum : « Ecce, inquit, ego adducam servum meum Orientem, quia ecce lapis, quem dedi coram Jesu (*Zach.* III). » Super lapidem unum septem oculi sunt, quibus videlicet oculis septem sancti Spiritus dona signantur. Quod si necdum te omnia hæc prophetarum exempla convincunt, interroga adhuc octogesi-

mum psalmum, et considera manifestum Domini ad David de Christo promissum : « Juravi, inquit, David servo meo, usque in æternum præparabo semen tuum ; et ædificabo in sæculum sæculi sedem tuam (*Psal.* LXXXVIII). » Et paulo post : « Ponam, inquit, in mari manum ejus, et in fluminibus dexteram ejus. Ipse invocabit me, Pater meus es tu, Deus meus, et susceptor salutis meæ ; et ego primogenitum ponam illum et excelsum præ regibus terræ ; in æternum servabo illi misericordiam meam, et testamentum meum fidele ipsi ; et ponam in sæculum sæculi semen ejus ; et thronum ejus sicut dies cœli. » Et iterum : « Semel juravi in sancto meo si David mentiar, semen ejus in æternum manebit, et thronus ejus sicut sol in conspectu meo, et sicut luna perfecta in æternum, et testis in cœlo fidelis. »

Has igitur omnes promissiones ad David factas subtiliter inspice, et vel regem de David progenie in ejus solio præcedentem ostende, vel omnia de Christo prædicta, et in ipso completa necessario confitere. Perge adhuc, et discute alium psalmum. Quis enim est ille , de quo dicitur : « Mater Sion dicet : Homo, et homo factus est in ea, et ipse fundavit eam Altissimus? (*Psal.* LXXXVIII.) Quis est iste Altissimus, qui et homo dicitur, et altissimus ? Scrutare, inspice, revolve, si placet, omnes sacri eloquii paginas, et perpende, quia Altissimus ubique de Deo dicitur, nusquam dictum de simplici homine reperitur. Restat ergo ut cum Altissimus, et homo simul jungatur; Deus, et homo una persona dictus intelligatur, de quo mirabiliter dicitur, quia is, qui natus est in ea, hoc est in Sion, ipse fundavit eam. Necesse est quippe prius civitatem fundari, et sic postmodum in ea hominem nasci. Sed quis valet prius urbem construere, et in ea postmodum de ventre matris exire? Quis, inquam, nisi Redemptor noster, qui in his quæ fecit, dignatus est fieri ?

Quid ad hæc, Judæe, jam tentabis objicere ? Qua inverecundæ mentis audacia tam claris, tam apertis, tam divinis poteris assertionibus obviare ? Esto, quod blasphemantes dicitis, Christum de se potuisse mendacia fingere ; nunquid, et antequam nasceretur, si Deus non esset, per aliorum ora semetipsum valuit prophetare? Illud etiam qualiter intelligas, audire delectat : « Eructavit cor meum verbum bonum, dico ego opera mea regi (*Psal.* XLIV). » Quis est ille rex, cui Deus opera sua dicat. Dicis mihi fortasse : David ; sed lege sextum psalmum per ordinem, et sensus intellige veritatem : descende paululum inferius, et interroga non me, sed ipsum Dominum, quis sit rex, cui ipse opera sua dicat. Audi quid prædicto regi Deus ipse loquatur : « Sedes, inquit, tua, Deus, in sæculum sæculi ; virga directionis, virga regni tui (*Ibid.*). » Si igitur Deus est ipse, qui loquitur, Deus, ad quem sermo dirigitur ; consequens est, ut non temporalis ille David, sed coæternus Patri Filius, qui vere est manu fortis, intelligatur. Illud etiam quod similiter interpretaris in David silentio prætereundum esse non arbitror : « Dixit

Dominus Domino meo : **35** Sede a dextris meis (*Psal.* cix). » Si enim hoc de David, ut asseris, debet intelligi, illud, quod sequitur, qua ratione David poterit coaptari? « Tecum principium in die virtutis tuæ, in splendoribus sanctorum, ex utero ante Luciferum genui te. » Et iterum : « Juravit Dominus, et non pœnitebit eum. Tu es sacerdos in æternum secundum ordinem Melchisedech. » Igitur si sequentia ad intellectum David non vales inflectere, cogeris etiam superiora de Christo, cui apertissime congruunt, dicta firmare. De quo Isaias manifeste pronuntiat, dicens : « In die illa erit radix Jesse, qui stat in signum populorum : ipsum gentes deprecabuntur, et erit sepulcrum ejus gloriosum (*Isa.* xi). » Radix quippe Jesse in signum stat populorum, quando Christus signaculum crucis imprimit frontibus hominum. Sepulcrum autem ejus in tantum est gloriosum, ut salvo eo, quod redempti per ejus mortem sibi gloriam totis visceribus exhibemus, etiam cum ipsum miraculis coruscantem gloriæ suæ causa ad se omnem mundum provocare cernamus.

CAPUT IV.

Confirmatur Christum vere esse Filium Dei.

Jam vero inter tot prophetarum oracula, inter tot evidentissima sanctorum testimonia, nunquid tu, Jesu fili Sirach, omnino tacebis, et inter cæteros tu quoque testimonium de Christo non proferes? Accedat jam facundissima sapientia tua in medium, et fortiorem Jesum, fontem videlicet paradisi, in orbem terrarum sub evangelistarum figura cum quatuor suis fluminibus introducat : « Legem, inquit, mandavit Moyses in præceptis justitiarum, et hæreditate domui Jacob, et Israel promissionis. Posuit David puero suo excitare regem ex ipso fortissimum in throno honoris sedentem in sempiternum. Qui implet quasi Phison sapientia, et sicut Tigris in diebus novorum : qui implet quasi Euphrates sensum, qui multiplicat quasi Jordanis in tempore messis, qui mittit disciplinam sicut lucem, et assistens quasi Gehon in die vindemiæ (*Eccli.* xxiv). » Ecce, bone Jesu, unum de Christo testimonium, da consequenter et aliud : « In sermone, inquit, ejus siluit ventus, cogitatione sua placavit abyssum, et plantavit illum Dominus Jesus : propter ipsum consummatus est itineris finis, et in sermone ejus consummata sunt omnia (*Eccli.* xliii). » Multa dicemus et deficiemus verbis. Consummatio autem sermonum ipse est. In omnibus gloriantes, ad quid valebimus? Ipse enim omnipotens super omnia opera sua ; terribilis Dominus, et magnus vehementer, et mirabilis potentia ipsius. Glorificantes Dominum quantumcunque poteritis, supervalebit adhuc et admirabilis magnificentia ejus. Benedicentes Dominum, exaltate illum quantum potestis : major est enim laude omni. Exaltantes replemini virtute, ne laboretis : non enim habetis. Quis vidit eum, et enarravit? Et quis magnificavit eum sicut ab initio? Multa abscondita sunt majora his : pauca enim vidimus operum ejus. **36** Quæ videlicet cuncta Redemptori nostro congruere, qui Scripturæ considerat ordinem, quis poterit dubitare? Addat adhuc Jesus tertium de Salvatore nostro testimonium, quatenus, ut ita dixerim, in ore duorum, vel trium imo testimoniorum, stet omne verbum. Ait ergo : « Christus purgavit peccata ipsius, et exaltavit in æternum cornu ipsius, et dedit illi testamentum regum, et sedem gloriæ in Israel (*Eccli.* xlvii). » Si ergo Christus, qui secundum carnem de David originem duxit, ipse David peccata purgavit, ipse cornu David in perpetuum exaltavit, et ei sedem gloriæ contulit ; constat profecto, quia filius est David, et ipse est etiam creator David. De David enim dici lector ista consideret, si superioris textus ordinem oculo continuante percurrat.

Non cesset adhuc Isaias perhibere testimonium de Christo : « Ponam, inquit, super his, qui fugerunt de Moab, leonem et reliquias terræ. Emitte agnum, Domine, dominatorem terræ de petra deserti ad montem filiæ Sion (*Isai.* xvi). » De hac enim gente Moabitarum egressus est Agnus immaculatus, qui tollit peccata mundi, qui dominatur in orbe terrarum. Nam qui leo propter fortitudinem dicitur, ipse agnus propter mansuetudinem perhibetur. Petra autem deserti Ruth intelligitur, quæ deserta prioris morte conjugis, Obed de Booz genuit, de quorum etiam Christus stirpe descendit. Quod autem ergo hic prophetarum dicta permisceo, et nunc hujus testimonia profero, nunc ad illius, quem jam reliqueram, verba recurro, hoc ex tædio agere, vitandæ videlicet satietatis causa, contendo ; ne si unius plura simul testimonia congerantur, audientibus fastidium generetur. Per singula quoque testimonia prophetarum nomina ponere studeo, quatenus, si ubi, quid dicatur, forlasse locus inquiritur, ad evitandam calumniam facile reperiatur. Rursus igitur Daniel testis accedat, et quid de Christo cognoverit, in medium proferat ; sed prius narret quid rex Nabuchodonosor viderit, postquam tres pueros in caminum ignis jactari præcepit : « Ecce, inquit, video viros quatuor solutos ambulantes in medio ignis, et nihil corruptionis in eis, et species quarti similis est Filio Dei (*Dan.* iii). » Ecce, Judæe, habes Filium Dei, cur ultra negare niteris Filium Dei? Loquere, responde ; quid perspicacius, quid manifestius exprimi potuit de Filio Dei, quam dicere Filium Dei? Quod si jam nihil objicere, nullum vales aufugium invenire, da manus, temetipsum victori humiliter trade, victumque te, et superatum funditus confitere. Nunc etiam quid ipse Daniel de Christo, de Filio viderit, dicat : « Aspiciebam in visione noctis, et ecce cum nubibus cœli quasi Filius hominis veniebat, et usque ad dierum antiquum pervenit : et in conspectu ejus obtulerunt eum, et dedit ei potestatem, et honorem, et regnum : et omnes populi, tribus, et linguæ ipsi servient. Potestas ejus potestas æterna, quæ non auferetur : et regnum ejus, quod non corrumpetur (*Dan.* vii). » Et iterum in visione octava idem Daniel : « Scito, inquit, et planta aurem, et animadverte ab exitu sermonis, ut iterum ædificetur Hierusalem usque ad Christum ducem hebdomadas septem, et muri in angustia temporum : et post hebdomadas sexaginta occidetur Christus : et non erit ejus populus, qui eum negaturus est (*Dan.* 12). » Quid apertius, quid expressius de morte Christi dici potest eo, quod dicitur, «occidetur Christus»? Non hic mystica latet figura, non occulta sententia, sed aperta potius, licet de futuris jam nunc narratur historia. Cui etiam Danieli Gabriel angelus paulo superius iterum dicit : « Tu autem animadverte sermonem, et intellige visionem : septuaginta hebdomadæ abbreviatæ sunt super populum tuum, et super urbem sanctam tuam : ut consumetur prævaricatio, et finem accipiat peccatum, et deleatur iniquitas, et adducatur justitia sempiterna, et impleatur visio, et prophetia, et ungatur Sanctus sanctorum (*Ibid.*). » Quod si de præfinito temporum numero dubitas, lege Tertullianum, et manifeste reperies quadringentos nonaginta annos fuisse a primo anno Darii regis Persarum usque ad excidium Hierusalem, quod factum est per Vespasianum Romani imperii principem. Septingentæ autem hebdomadæ quadringentos nonaginta annos absque ulla dubietate perficiunt. Dicitis autem necdum venisse Christum, et adhuc eum vos exspectare venturum. Sed quis ambigat hunc annorum numerum a tempore Danielis esse transactum? cum jam mille quadraginta annos huic summæ superadditos esse non ignorem?

Impudentissimum ergo est, post tam longum tempus, prophetico numero superadditum, futurum adhuc asserere Salvatoris adventum. Nam ipso tempore, quo Dominus agebat inter homines, poterat forsitan malitia Judæorum veritati contradicere, approbans se de expleto tanti temporis spatio dubitare. Nunc autem cum supra præfatum numerum tam multiplicia annorum curricula supercreverint, quis jam de præfixo numero se dicat ambigere cum superaddita tot temporum spatia vix valeat supputare?

Rursus de passione Christi, et morte ejus Isaias apertissime loquitur, dicens : « Domine, quis credidit auditui nostro, et brachium Domini cui revelatum est? Et ascendit sicut virgultum coram eo, et sicut radix de terra sitienti : et non est species ei, neque decor; et vidimus eum, et non erat aspectus, et desideravimus eum despectum, et novissimum virorum, virum dolorum, et scientem infirmitatem, et quasi absconditus est vultus ejus, et despectus; unde nec reputavimus eum. Vere languores nostros ipse tulit, et dolores nostros ipse portavit : et nos putavimus eum quasi leprosum, et percussum a Deo, et humiliatum; ipse autem vulneratus est propter iniquitates nostras, attritus est propter scelera nostra; disciplina pacis nostræ super eum, et livore ejus sanati sumus. Omnes nos quasi oves erravimus : unusquisque in viam suam declinavit; et Dominus posuit in eo iniquitatem omnium nostrum. Oblatus est, quia ipse voluit, et non aperuit os suum : sicut ovis ad occisionem ducetur, et quasi agnus coram tondente se obmutescet, et non aperiet os suum, de angustia et de judicio sublatus est. Generationem ejus quis enarrabit? Quia abscissus est de terra viventium propter scelus populi mei percussi eum. Et dabit impios pro sepultura, et divitem pro morte sua, eo quod iniquitatem non fecerit, nec dolus fuerit in ore ejus, et Dominus voluit eum conterere in infirmitate. Si posuerit pro peccato animam suam, videbit semen longævum; et voluntas Domini in manu ejus dirigetur, pro eo quod tradidit in morte animam suam, et cum sceleratis deputatus est; et ipse peccata multorum tulit, et pro transgressoribus rogavit, ut non perirent. »

Vis adhuc audire alia atque alia de morte Christi lucidissima testimonia, et absque ulla prorsus obscuritate prolata? Audi itaque quid Salomon de Judæis contra Christum machinantibus, et de ejus nece tractantibus, asserat : « Dixerunt, inquit, impii apud semetipsos : Venite, circumveniamus justum, quoniam inutilis est nobis, et contrarius est operibus nostris, et improperat nobis peccata legis, et diffamat in nos peccata disciplinæ nostræ. Promittit se scientiam Dei habere, et Filium Dei se nominat. Factus est nobis in traductionem cogitationum animarum nostrarum. Gravis est nobis etiam ad videndum, quoniam dissimilis est aliis vita illius, et immutatæ sunt viæ ejus. Tanquam nugaces æstimati sumus ab illo, et abstinet se a viis nostris tanquam ab immunditiis, et præfert novissima justorum, et gloriatur patrem se Deum habere. Videamus ergo si sermones illius veri sunt, et tentemus quæ ventura sunt illi, et sciemus quæ erunt novissima illius. Si enim est verus Dei Filius, suscipiet illum, et liberabit eum de manu contrariorum. Contumelia et tormento interrogemus illum, ut sciamus reverentiam ejus. Morte turpissima condemnemus illum; erit enim respectus ex sermonibus illius. Hæc cogitaverunt, et erraverunt : excæcavit enim illos malitia eorum, et nescierunt sacramentum Dei, et neque speraverunt mercedem justitiæ, nec judicaverunt honorem animarum suarum (*Sap.* 11). » Et Hieremias : « Spiritus, inquit, oris nostri Christus Dominus captus est in peccatis nostris : cui diximus : In umbra tua vivemus in gentibus (*Thren.* IV). » Et per beatum Job ipse Dominus in passione positus conqueritur, dicens : « Rugæ meæ testimonium dicunt contra me, et suscitatur falsiloquus adversum faciem meam contradicens mihi. Colligit etiam furorem suum in me, et comminans mihi, infremuit contra me dentibus suis : hostis meus terribilibus oculis me intuitus est. Aperuerunt super me ora sua, exprobrantes percusserunt maxillam meam, satiati sunt pœnis meis. Conclusit me Deus apud iniquum, et manibus impiorum me tradidit. Circumdedit me lanceis suis, et convulneravit lumbos meos; non pepercit, et effudit in terram viscera mea (*Job* XVI). » Quæ videlicet omnia a beato Job prorsus extranea, in Christo reperiuntur luce clarius fuisse completa.

Ecce qui post tam perspicuam exemplorum lucem adhuc testimoniis indiget, restat ut ad contemplandum radiantem in meridie solem lucernæ lumen efflagitet. Nam cum tot astrorum cœlestium radios coram te, Judææ, videas enitescere, miror, quæ tam densæ tenebræ cæcitatis locum etiam in vacuis oculorum orbibus **39** valeant obtinere. Hæc enim perspicua lux veritatis illum quoque latere non potuit, qui tenebrosæ cupiditatis caligine oculos cordis amisit, Balaam videlicet, qui dum lucem aliorumve fastidiis prætulit, ipse in tenebris ambulavit. Si ergo, Judææ, ad veritatis viam videntium non vis habere ducatum, saltem cæcus cæcum hunc sequere præ- vium. Audi igitur, quid ipse dicat : « Dixit Balaam filius Behor : dixit homo cujus obturatus est oculus : **40** dixit auditor sermonum Dei qui novit doctrinam Altissimi, et visionum Omnipotentis videt, qui cadens apertos habet oculos : Videbo eum, sed non modo : intuebor illum, sed non prope. ORIETUR STELLA ex Jacob, et consurget virga de Israel, et percutiet duces Moab, vastabitque omnes filios Seth. Et erit Idumæa possessio ejus, hæreditas Seir cedet inimicis suis : Israel vero fortiter aget. De Jacob erit qui dominetur, et perdat reliquias civitatis (*Num.* XXIV). »

Sit nomen Domini benedictum.

41-42 OPUSCULUM TERTIUM.

DIALOGUS INTER JUDÆUM REQUIRENTEM, ET CHRISTIANUM E CONTRARIO RESPONDENTEM. AD EUMDEM HONESTUM.

ARGUMENTUM. — Eorumdem Judæorum pertinaciam adhuc vehementius coarguit, dum quasdam captiosas quæstiones, quas frivole in Christianos objiciunt, dissolvit. Pendent autem omnes ex illo capite, cur si Christus legem non solvere, sed adimplere venisset, legis Mosaicæ cæremoniæ a Christianis negliguntur. Ostendit igitur legis Mosaicæ præcepta, mystica et futurorum præsagia fuisse, ideoque in Christo finem accepisse.

Nunc autem de quibusdam cæremoniis, super quibus sæpe scrupulosissime quæritis, et garrulis ambagibus quæstionum lucem movetis, sub quodam inquisitionis, responsionisque dialogo brevis inter nos contexatur oratio, ut cum tibi fuerit ex omnibus satisfactum, aut compellaris manus dare convictus, aut cum ignominiosa tua recedas infidelitate confusus. Age igitur.

Quæstio 1. Si Christus non venit legem solvere, sed implere, cur carne non circumciditur Christianus?

Responsio. Imo jam se ideo Christianus minime circumcidit, quia quod circumcisione prophetabatur, Christus implevit. Exspoliatio quippe vitæ carnalis, quæ in veteri lege fuerat figurata, in Christi jam cernitur resurrectione completa : et quod exspectamus in nostra resurrectione futurum, jam in sacri baptismatis mysterio commendatur. Carnalis itaque circumcisio tanquam superflua jure contemnitur, cum jam spiritualis, propter quam significandam illa præcesserat, celebratur

Quæstio 2. Cur omittit Christianus Sabbatum colere, si Christus non venit legem solvere, sed implere?

Responsio. A nobis Sabbatum ideo non servatur, quia quod tunc erat in figura præmissum, per exhibitionem rei jam videmus impletum. In Christo quippe verum spiritualis otii Sabbatum colimus, cum in eo solo spem ponimus, et sic in illo, toto cordis amore ac devotione quiescimus, ut ab omni vitiorum servili opere ac terrenarum rerum ambi- tione cessemus. Ad quod Sabbatum celebrandum ipse provocat, dum clamat : « Venite, inquit, ad me, omnes qui laboratis, et onerati estis, et ego reficiam vos. Tollite jugum meum super vos, et discite a me quia mitis sum et humilis corde, et invenietis requiem animabus vestris. » Carnalis ergo Sabbati cultum supervacuum ducimus, cum jam illud verum et salutiferum, propter quod institutum est, celebramus.

Quæstio 3. Si Christus non venit legem solvere, sed implere, cur Christianus negligit ciborum differentiam, quæ in lege præcipitur observari?

Responsio. Imo idcirco hæc a Christianis ciborum differentia non admittitur, quoniam a Christo, quod per hanc figurabatur, impletur. Immunditia quippe, quæ tunc cavebatur in cibis, nunc in moribus reprobatur humanis. Sicut enim sancti quique, ac justi transferuntur in corpus Christi : sic ab eo reprobi et iniqui tanquam cibi repelluntur immundi.

Postquam ergo ipsa Veritas, quæ significabatur, advenit : merito significationis umbra cessavit.

Quæstio 4. Si Christus non venit legem solvere, sed implere, cur et animalium carnibus sacrificium Deo Christianus non curat offerre?

Responsio. Imo idcirco a Christianis hujusmodi sacrificium non offertur, quia quidquid in illis hostiis typice gerebatur, totum in immolatione Agni, qui tollit peccata mundi (*Joan.* 1), veraciter adimpletur, et quia omnia illa nil aliud salutis habebant, nisi ut ad hoc nostrum sacrificium unanimiter tenderent, hoc unum omnis cæremoniarum diversitas designaiot, postquam hostia singularis illuxit, multiplex umbra, quæ præcedebat, evanuit. Quis enim nesciat eadem sacrificia potius ad hoc inobedienti populo, ne cum idolis fornicaretur, imposita, quam Deo, tanquam ipse desideraret, oblata?

Quæstio 5. Si Christus non venit legem solvere, sed implere, cur Christianus azymam quam lex præcipit, non observat?

Responsio. Idcirco a Christianis visibilis illa, et corporalis azyma floccipenditur, quoniam expurgato veteris vitæ fermento, nova conspersio spiritualiter adimpletur. Tunc enim erat legis Scriptura præceptum, nunc est testimonium : et postquam id quod significabatur, advenit; hoc quod significabat, interiit.

Quæstio 6. Si Christus legem venit implere, cur Christianus paschalis agni sanguine Pascha non celebrat, cum hoc tantopere lex ipsa decernat?

Responsio. Hic id ipsum respondendum, quod jam superius dictum est ; quia postquam verus ille Agnus qui significabatur, advenisse cognoscitur; ille, qui significabat, superfluus judicatur. Cujus utique sanguinis non jam lignea, sive lapideas fores inungimus, sed interioris potius hominis viscera consignamus.

Quæstio 7. Si non solvit legem Christus, cur lege mandatam non celebrat neomeniam Christianus?

Responsio. Propter hoc etiam Christianus celebrare contemnit, quoniam id totum, propter quod olim celebratum est, Christus implevit. Novæ quippe lunæ solemnitas novam designat in homine fieri creaturam, de qua dicit Apostolus : « Si qua igitur in Christo nova creatura, vetera transierunt : et ecce facta sunt omnia nova (*II Cor.* v). »

Quæstio 8. Si Christus non venit legem solvere, cur Christianus illa ablutionum baptismata, quæ lex præcipit, non observat?

Responsio. Ideo hæc Christianæ non merentur observantiæ cultum, quia tunc umbræ fuerunt futurorum, quorum nunc perspicuum possidemus effectum. Consepulti enim sumus Christo per baptismum in morte (*Rom.* vi) ; ut quomodo surrexit Christus a mortuis per gloriam Patris, sic et nos in novitate vitæ ambulemus.

Quæstio 9. Si lex a Christo impleta est, non soluta, quid rationis objicitur, ut a Christianis Scenopegiæ solemnitas non colatur?

Responsio. Tabernaculum Dei societas est populi Christiani, et quoniam illud tabernaculum sanctam præfigurabat Ecclesiam, contemnitur signum, postquam venit, quod fuerat præsignatum. Nec enim diceretur tabernaculum testimonii, nisi attestaretur alicui, quæ declaranda erant suo tempore veritatis. Quod itaque tunc agebatur præcepto figuratum, nunc præsentialiter cernitur testimonio revelatum : et cum jam id, quod figurabatur, aspicitur; quod figurabat, superfluum per omnia judicatur.

Quæstio 10. Si Christus legem solvere noluit, sed implere, quare Christianus septimum remissionis annum vel etiam veritas, ac sapientia Dei, quæ cum doceat angelos in cœlo, homines etiam docere venit in terra : quod prius jusserat carnaliter sub ænigmatis umbra servari, postmodum discipulis suis spiritualiter mandavit intelligi.

Responsio. Sic enim dies septimus feriatus esse præcipitur, ut æterna per eum requies designetur. Sic et in anno septimo, sic et in Jubilæo, qui per annorum circulum septenario numero septies replicato, et monade superaddita in quinquagenarium ducitur, secura quies perpetuæ beatitudinis intimatur. Incipiente quippe Jubilæo, tubis canitur, omnesque ad possessiones proprias revertuntur ; quia sicut dicit Apostolus : « Ipse Dominus in jussu, et in voce archangeli, et in tuba Dei descendet de cœlo ; canet enim tuba, et mortui resurgent incorrupti. » Ad possessiones autem suas unumquemque redire, est corpora sua protinus incorrupta recipere. Tunc revertetur Adam ad antiquam carnis suæ terram, in qua primitus habitaverat : tunc Noe, Abraham, Moysi, cunctisque propria possessio redditur, dum corpus illis incorruptibile reformatur. Redemptor itaque noster, qui discipulis aperuit sensum, ut intelligerent mysteria Scripturarum, noluit Jubilæum, noluit septimum remissionis annum, vel cæteras legalis ritus cæremonias carnaliter observari.

Postquam hæc omnia spiritualiter fecit intelligi, tunc enim mandata legalia veraciter adimplentur, cum juxta spiritualem intelligentiam ad quam instituta sunt, fiunt. Nam tunc erant vacua, umbra scilicet et imago rei, non ipsa res, cum carnaliter servabantur. Vis audire quomodo erant vacua et vana, et non veritas ipsa, sed veritatis exempla ? audi quid in Exodo Dominus ad Moysen dicat : « Eruntque vectes ex utroque latere altaris ad portandum : non solidum, sed inane, et vacuum facies illud, sicut tibi in monte monstratum est (*Exod.* xxvii). » Quod ergo Moyses vidit in monte, sancta Ecclesia est, ipsa rei veritas est. Tabernaculum autem illud in deserto constructum, umbra, et imago ejusdem Ecclesiæ est, ad cujus exemplum factum est. Est scilicet homo, ad cujus imaginem fit sigillum, sed in comparatione vicaria, homo quidem res, et veritas dicitur, cum sigillum similitudo tantum rei, et forma videatur. Postquam ergo venit plenitudo temporis, implevit, dum ea spiritualiter exhibenda mandavit. Unde factum est, ut post adventum Domini terrena illa Hierusalem cum suo templo funditus eversa corrueret, quatenus sola per mundum sancta universalis Ecclesia coruscaret. Sicut enim evangelista refert, quibusdam dicentibus de templo, quod lapidibus bonis et donis exornatum esset, dixit : « Hæc, quæ videtis, venient dies, quibus non relinquetur lapis super lapidem, qui non destruatur (*Matth.* xxiv ; *Matth.* xiii ; *Luc.* xxi). » Erat namque Hierusalem urbs illa magna regalis, ubi templum famosissimum Deo fuerat exstructum, postea vero quam venit ille, qui erat verum templum Dei, et cœlestis Hierusalem cœpit aperire mysteria ; deleta est illa terrena, ubi cœlestis apparuit, et in templo illo non remansit lapis super lapidem. Erat prius pontifex sanguine taurorum, et hircorum, purificans populum : sed ex quo venit verus pontifex, qui sanguine suo purificaret credentes, nusquam est ille pontifex prior, nec ullus ei relictus est locus. Altare fuit prius, sacrificia celebrabantur, sed ut venit verus Agnus, qui se ipsum obtulit hostiam Deo, cuncta illa velut pro tempore posita cessavere : propterea sane hoc divina dispensatio procuravit, ut et civitas ipsa et templum, et omnia illa pariter subverterentur, ne quis forte adhuc parvulus, et lactans in fide, si videret illa constare dum sacrificiorum ritum, dum ministrorum ordinem attonitus stuperet, ipso diversarum formarum raperetur intuitu. Sed providens infirmitati nostræ, et videns multiplicari Ecclesiam suam, omnia illa subverti fecit, et penitus auferri, ut sine ulla cunctatione cessantibus umbris, et typicis imaginibus, vetus superesset : et everso materiali templo, Ecclesia per orbem sola regnaret.

Epilogus. Sed jam post tantam testium nubem, Judææ, tibi epilogum faciam, et incipiens ab exordio humanitatis Christi per incrementa temporum usque ad consummationem, prophetica testimonia tibi, si habes, ante oculos ponam, ut quasi sub uno aspectu collecta breviter videas, quæ me diffuse, et sparsim ponere superius attendebas. Nam quod Dei Filius humanitatem nostram suscepturus esset, testatur Jeremias, dicens : « Faciet, inquit, Dominus novum super terram, et mulier circumdabit virum (*Jer.* xxxi). » Si enim de simplici homine diceret, superfluo poneretur novum, quod ubique in humano genere cernitur usitatum. Quod autem mulier illa Virgo foret, per quam Dei Filius velut per cœlestem portam de sinu Patris ad publicum nostrum exiret, ostendit Ezechiel, qui ait : « Convertit me, inquit, ad viam portæ sanctuarii exterioris, quæ respiciebat ad orientem, et hæc erat clausa ; et dixit Dominus ad me : Porta hæc, quam vides, clausa erit, et non aperietur, et vir non transiet per eam, sed semper erit clausa (*Ezech.* xliv). » Beata enim virgo Maria semper est clausa, quia et ante partum, et post partum semper incorrupta. De qua etiam David canit, dicens : « In sole posuit tabernaculum suum, et ipse tanquam sponsus procedens de thalamo suo (*Psal.* xviii). »

Quod autem parvulus futurus esset in substantia humanitatis, ut nos magnos efficeret ex virtute divinitatis, Isaias perhibet, qui ait : « Parvulus enim natus est nobis, et filius datus est nobis ; et factus est principatus super humerum ejus, et vocabitur nomen ejus admirabilis, consiliarius, Deus, fortis, pater futuri sæculi, princeps pacis : multiplicabitur ejus imperium, et pacis non erit finis : super solium David, et super regnum ejus sedebit, ut confirmet illud, et corroboret in judicio, et justitia amodo et usque in sempiternum (*Isa.* ix). » Nam cum eum, quem parvulum ante descripserat, postmodum Deum fortem, et patrem futuri sæculi vocandum esse perhibeat, profecto Deum et hominem clarius manifestat. Et iterum quoque Isaias ait : « Habitabit, inquit, lupus cum agno, et pardus cum hædo accubabit ; vitulus, et leo, et ovis simul morabuntur, et puer parvulus minabit eos (*Isa.* xi). » Nam per sanctæ charitatis viscera lupus cum agno habitabit, quia qui in sæculo raptores fuerunt, cum mansuetis et mitibus in pace conquiescunt, et pardus cum hædo accubat, quia qui peccatorum suorum maculis varius fuit, cum eo, qui se despicit, et peccatorem fatetur, humiliari consentit. Ubi et subditur : « Vitulus et leo, et ovis simul morabuntur ; » quia et is, qui per contritum cor ad quotidianum se Deo sacrificium præparat, et alius, qui tanquam leo ex crudelitate sæviebat, et ille qui velut ovis innocentiæ suæ simplicitate perdurat, in caulis sanctæ Ecclesiæ convenerunt. Quæ videlicet animalia puer parvulus minat, quia is, qui paulo minus ab angelis minoratus est, ne corda nostra terrenis rebus inhæreant, per internum desiderium quotidie invisibiliter inflammat. Qui per charitatem suam, quam nobis tribuit, nos in hoc mundo mentes figere non permittit. Atque hoc ipsum ejus minare, est ad suum nos amorem incessanter accendere, ne cum nos vicissim diligimus, mente in hoc exsilio remaneamus. Hoc quoque, quod ad templum deferendus esset, Malachias propheta denuntiat, dicens : « Hæc dicit Dominus : Ecce ego mitto angelum meum, et præparabit viam ante faciem meam ; et statim veniet ad templum suum dominator, quem vos quæritis, et angelus testamenti, quem vos vultis. Ecce venit dicit Dominus exercituum, et quis poterit cogitare diem adventus ejus ? » (*Malach.* iii.) Quia vero adhuc parvulus in Ægyptum deducendus et reducendus esset, Osee manifestat, cum dicit : « Sicut mane transit, pertransiet rex Israel, quia puer Israel, et dilexi eum, et ex Ægypto vocavi filium meum (*Osee* xi). »

Quod autem super asinam sedens Jerusalem venturus esset, Zacharias declarat, dicens : « Exsulta satis filia Sion, jubila filia Jerusalem, ecce Rex tuus veniet tibi justus, et salvator : ipse pauper, et ascendens super asinam, et super filium asinæ ; et disperdam quadrigam Ephraim, et equum de Jerusalem, et dissipabitur arcus belli : et loquetur pacem gentibus, et potestas ejus a mari usque ad mare, et a flumine usque ad fines terræ (*Zach.* ix). » Quod autem arguturus esset Judæos et eorum malitiam correpturus, Isaias declarat, cum ait : « Non secundum visionem oculorum judicabit, neque secundum auditum aurium arguet ; sed judicabit in justitia pauperes, et arguet in æquitate pro mansuetis terræ, et percutiet terram virga oris sui, et spiritu labiorum suorum interficiet impium, et erit justitia cingulum lumborum ejus, et fides cinctorium renum ejus (*Isa.* xi). » Porro quod in Jordane baptizandus erit Isaias denuntiat, cum ait : « Exsultet desertum, et exsultent solitudines Jordanis, et populus meus videbit altitudinem Domini et majestatem Domini (*Isa.* xxxv). » Et paulo post : « Et aperiam montibus flumina, et montes disrumpam et terram sitientem sine aqua confundam (*Isa.* XLIV).» Quod a suo discipulo tradendus esset, testatur ipse Dominus, qui per os David conqueritur, dicens: « Etenim homo pacis meæ, in quo sperabam, qui edebat panes meos, magnificavit super me supplantationem (*Psal.* XL).» Et iterum: « Si inimicus, inquit, meus maledixisset mihi, supportassem utique; et si is, qui oderat me, super me magna locutus fuisset, absconderem me utique ab eo: tu vero homo unanimis, dux meus, et notus meus (*Psal.* LIV).» Nam quod argento vendendus esset, Amos perhibet, qui ait: « Super tribus sceleribus Israel, et super quatuor non convertam eum, pro eo quod vendiderit pro argento justum (*Amos* II).» Quod vero triginta argenteis, Zacharias enumerat, dicens: « Appenderunt, inquit, mercedem meam triginta argenteis (*Zach.* XI).»

Et quia iidem argentei ab Juda post acceptionem projecti sint, hoc etiam idem propheta subtiliter exsequitur, cum subjungit: « Et dixit Dominus ad me: Projice illud ad statuarium, decorum pretium, quo appretiatus sum ab eis. Et tuli triginta argenteos, et projeci illos in domum Domini ad statuarium decorum (*Ibid.*).» Ubi etiam paulo post de Judæorum damnatione subjungitur: « Aspicient, inquit, in me, quem confixerunt, et plangent planctum quasi super unigenitum, et dolebunt, ut doleri solet in morte primogeniti (*Zach.* XII).» Ibi etiam clavorum figuras in manibus Domini manifeste denuntiat, cum ait: « Et dicetur: Et quid sunt plagæ istæ in medio manuum tuarum? Et dicet: His plagatus sum in domo eorum, qui diligebant me (*Zach.* XIII);» ubi adhuc additur: « Framea suscitare super pastorem meum, et super virum cohærentem mihi, dicit Dominus exercituum. Percute pastorem, et dispergentur oves (*Ibid.*).» Quod autem in ligno suspendendus esset, Jeremias manifestat, dicens: « Domine, demonstrasti mihi et cognovi, tu ostendisti mihi studia eorum, et ego quasi agnus mansuetus, qui portatur ad victimam. Et non cognovi, quia cogitaverunt super me consilia, dicentes: mittamus lignum in panem ejus, et eradamus eum de terra viventium, et nomen ejus non memoretur amplius (*Jer.* XI).» Quod vestimenta illius sorte divisa sunt, testatur ipse per os David, inquiens: « Diviserunt sibi vestimenta mea, et super vestem meam miserunt sortem (*Psal.* XXI).» Nam quod felle cibandus, aceto potandus esset, per eumdem David perhibet, cum ait: « Dederunt in escam meam fel, et in siti mea potaverunt me aceto (*Psal.* LXVIII). « Quia vero conspuendus esset, et lanceis perforandus, Jeremias (?) insinuat, dicens: « Insurrexerunt in me viri iniqui absque misericordia, quæsierunt me interficere, et non pepercerunt in faciem meam spuere, et lanceis suis vulneraverunt me.»

De descensione ejus ad inferos, et ereptione sanctorum per Osee loquitur hoc modo: « De manu, inquit, mortis liberabo eos, de morte redimam eos: et ero mors tua, o mors: ero morsus tuus, inferne (*Osee* XIII).» Quod vero tertia die resurrecturus esset, et non alia diei hora nisi diluculo, idem Oseas manifeste clamat, dicens: « Venite, et revertamur ad Dominum, quia ipse cepit, et sanabit nos, percutiet et curabit nos, vivificabit nos post duos dies, in die tertia suscitabit nos; et vivemus in conspectu ejus, sciemus, sequemurque ut cognoscamus Dominum, quasi diluculum præparatus est egressus ejus, et veniet quasi imber nobis temporaneus et serotinus terræ (*Osee.* VI).» De lege autem novi Testamenti, quam per mundum diffusurus erat, per Jeremiam pollicetur, dicens: « Ecce venient dies, dicit Dominus, et feriam domui Israel et domui Juda fœdus novum: non secundum pactum, quod pepigi cum patribus vestris in die quando apprehendi manum eorum, ut educerem eos de terra Ægypti: pactum, quod irritum fecerunt, et ego dominatus sum eorum, dicit Dominus. Sed hoc erit pactum, quod feriam cum domo Israel post dies illos, dicit Dominus, dabo legem meam in visceribus eorum, et in cordibus eorum scribam eam, et ero eis in Deum, et ipsi erunt mihi in populum (*Jer.* XXXI).»

Quod ascensurus esset in cœlum, et super apostolos missurus est Spiritum sanctum David uno versiculo breviter comprehendit, dicens: « Ascendens in altum captivam duxit captivitatem, dedit dona hominibus (*Psal.* LXVII; *Eph.* IV).» Ascendens quippe Christus in altum captivam duxit captivitatem, quia corruptionem nostram virtute suæ incorruptionis absorbuit; dedit vero dona hominibus, quia effuso desuper Spiritu, diversa discipulis suis cœlestium charismatum dona concessit. Et Joel dicit: « Et erit post hæc, effundam Spiritum meum super omnem carnem, et prophetabunt filii vestri et filiæ vestræ, seniores vestri somnia somniabunt, et juvenes vestri visiones videbunt. Sed et super servos meos et ancillas meas in diebus illis effundam spiritum meum (*Joel.* II).» De hac eadem effusione Spiritus Isaias perhibet, dicens: « Noli timere, serve meus Jacob electissime, quem elegi: effundam enim aquam super sitientem, et fluenta super aridam. Effundam spiritum meum super semen tuum, et benedictionem meam super stirpem tuam (*Isa.* XLIV).» De baptismo autem, quem per mundum fieri præcepturus erat, per Ezechiel pollicetur dicens: « Effundam, inquit, super vos aquam mundam, et mundabimini ab omnibus inquinamentis vestris, et ab universis idolis vestris mundabo vos (*Ezech.* XXXVI).» Quia vero ipse judicaturus sit mundum, testatur Psalmista, qui postquam præmisit, « Dominus regnavit a ligno;» de eodem Domino, qui a ligno regnavit, in fine subjungit dicens: « Judicabit orbem terræ in æquitate, et populos in veritate sua (*Psal.* XCV).»

Nunc igitur, Judæe, sicut sacræ Scripturæ testimonia ad fidem te Christi non attrahunt, si omnium te prophetarum tam perspicua, et clara dicta non flectunt, libet adhuc, postpositis scilicet prophetarum exemplis, sola tecum ratiocinatione contendere, et unam tecum in calce hujus opusculi quæstiunculam breviter agitare; quatenus quod tuæ conversioni sit congruum, nihil videatur nostris studiis intentatum. Age igitur, responde mihi, quod gravius peccatum patres vestri perpetrasse noscuntur, unde Dei iram magis accenderent, et ejus in se vindictam acrius provocarent? Murmurationem, inquies, idololatriam, fornicationem. Nam et ego hoc tecum sentio, et hæc tria illorum delicta damnabiliora fuisse perpendo: verumtamen hæc omnia apud misericordem Dei justitiam non irrevocabilem pertulere vindictam. Siquidem ut ad vestræ antiquitatis recurramus historiam, de murmuratione in libro Numeri legitur: « Quia vociferans omnis turba flevit nocte illa, et murmurati sunt contra Moysen et Aaron cuncti filii Israel, dicentes: Utinam mortui essemus in Ægypto, et non in hac vasta solitudine: utinam pereamus, et non inducat nos Dominus in terram istam, ne cadamus gladio, et uxores, ac liberi nostri ducantur captivi. Et dixerunt alter ad alterum: constituamus nobis ducem, et revertamur in Ægyptum (*Num.* xiv). » Propter hoc tamen, murmurationis videlicet immane peccatum, non amplius quam per quadraginta annos divinæ severitatis in eos vindicta desævit, sicut illis Dominus dixisse legitur: « Filii, inquit, vestri vagi erunt quadraginta annis, et portabunt iniquitates patrum, donec consumantur cadavera vestra in deserto juxta numerum quadraginta dierum, quibus considerastis terram. Annus pro die imputabitur, et quadraginta annis recipietis iniquitates vestras (*Ibid.*). » Pro vitulo etiam, quem adoraverunt juxta montem Sinai, non amplius quam viginti tria millia hominum novimus fuisse gladiis interempta, sicut in libro Exodi legitur; ait illis Moyses: « Ponat vir gladium super femur suum, et ite, et redite de porta ad portam per medium castrorum, et occidat unusquisque fratrem, et amicum, et proximum suum. Fecerunt filii Levi juxta sermonem Moysi, et ceciderunt in die illa quasi viginti tria millia hominum. Et ait Moyses: Consecrastis manus vestras Domino, unusquisque in filio, et fratre suo, ut detur vobis benedictio (*Exod.* xxxii). »

Pro fornicatione quoque, quam cum Madianitarum filiabus exercuerunt, similiter non plus quam viginti tria millia hominum gladio ceciderunt, sicut in libro Numeri rursus scriptum est: « Cessavitque plaga a filiis Israel, et occisi sunt viginti tria millia hominum (*Num* xxv). » Quid ergo est, quod tam brevem vindictam de peccatis patrum vestrorum Deus recepisse legitur; vestra autem hæc servitus, et per totum mundum dispersio jam per tot sæcula protelatur. Lege etiam Josephum tuum (*De Bell. Jud.*), ibi reperies pro vindicta mortis Christi, quam cum Vespasiano Titus exercuit, de populo Judæorum decies centena millia gladiis corruisse, et undecies centena millia ducta fuisse captiva: et post hæc quicunque estis gladio devorante residui, omnium gentium pedibus videmini servitute substrati; nempe patres vestri, quicunque in captivitate ducti sunt, in ipso quoque exsilio positi, nunquam fuerunt prophetarum consortio penitus destituti, videlicet ut pro peccatis eorum jugiter intercederent, et legem Domini semper eis ad memoriam revocarent, magnumque eis præsentium calamitatum solamen afferrent; dum sibi certum futuræ reversionis ad patriam articulum nuntiarent. Sicut per Zachariam dicitur: « Angelus Domini dixit: Domine exercituum, usquequo non misereberis Jerusalem, et urbium Juda, quibus iratus es? Iste septuagesimus annus est. Et respondit Dominus angelo qui loquebatur in me verba bona, verba consolatoria (*Zach.* 1). » Et per Jeremiam: « Servient, inquit, omnes gentes istæ regi Babylonis septuaginta annis: cumque impleti fuerint anni septuaginta, visitabo super regem Babylonis (*Hier.* xxv), » et reliqua.

Patet igitur, quia patres vestri, licet plerumque fuerint divina ultione percussi, refovebantur tamen aliquando impensis consolationibus recreati: vos autem a passione Christi usque hodie in tam longissimis calamitatibus positi, prophetam inter vos alicubi terrarum non cernitis; sed et futuræ prosperitatis nuntium divinitus vobis missum penitus non auditis. Quæ est ergo hæc vestra tam insanabilis culpa? Unde vobis tam irremediabilis pœna? Unde, inquam, nisi quia Christum Dei Filium occidistis, et post peractum facinus ad fontem vitæ recurrere noluistis? Hoc enim profundissimum vestræ iniquitatis baratrum omnium flagitiorum transcendit modum, omnium superat immanitates criminum. Plane hoc peccatum vestrum Moyses prævidebat, cum adversum vos iratus dicebat: « Congregate ad me omnes majores natu per tribus vestras atque doctores, et loquar audientibus eis sermones istos, et invocabo contra eos cœlum, et terram. Novi enim quod post mortem meam inique agetis, et declinabitis cito de via, quam præcepi vobis, et occurrent vobis mala in extremo tempore, quando feceritis malum in conspectu Domini, ut irritetis eum per opera manuum vestrarum (*Deut.* xxxi). »

Nunc igitur, Judæe, audi meum consilium, ut Deum, quem iratum habes, possis habere propitium: depone veteris hominis indumentum, et novæ gratiæ suscipe sacramentum; placeant tibi benedictiones Garizim, ut maledictiones Hebal (*Deut.* xxvii) possis evadere: desere Judaicæ cæcitatis errorem, et te ad Evangelicæ gratiæ dirige veritatem: esto procul dubio securus de venia, si ad Christi fidem conversus, sacri baptismatis fueris unda perfusus. Sed quoniam apud animum tuum plus forsitan valeo Deum deprecando, quam apud te prædicando, Deus patrum tuorum a corde tuo vetustum ignorantiæ velamen abjiciat, et depulsis errorum tenebris, nova te cognitionis suæ luce perfundat, qui per prophetam suum pollicetur, dicens: « Si fuerit numerus filiorum Israel velut arena maris, reliquiæ Israel salvæ fient (*Isai.* x; *Osee* 1; *Rom.* ix).

Epilogus. Ecce perpendis ipse, charissime frater Honeste, quia dum imbecillitati tuæ consulere studui, non coloratos rhetoricæ facundiæ flosculos, non acuta dialecticorum ponere argumenta curavi. Salvo enim eo, quod mihi sæcularis sapientiæ phaleras sequi non libet, quia te etiam negotiis sæcularibus implicatum novi multa non posse perlegere, nolui te prolixis argumentorum distinctionibus onerare. Quapropter dum nuda pene tibi Scripturarum exempla proposui, velut sagittarum fasciculum in pharetram misi. Et quia ex verbis contrariis suggeritur copia respondendi, arma quidem præbui; quo vero te invictum effundere debeas, quo clypeum circumvolvere, quia bella necdum imminent, ad plenum docere non potui. Habes igitur coram posita, quæ ad hujusmodi conflictum sunt necessaria. Utere paratis, ut expedire decreveris.

Omnipotens Deus, dilectissime frater, ab invisibilium te insidiis hostium misericorditer protegat et immunem te de hujusmodi certamine ad cœlestia regna perducat. Amen.

Sit nomen Domini benedictum.

OPUSCULUM QUARTUM.

DISCEPTATIO SYNODALIS INTER REGIS ADVOCATUM ET ROMANÆ ECCLESIÆ DEFENSOREM.

ARGUMENTUM. — In hoc libello Romanæ Ecclesiæ defensor et regis Henrici advocatus [altercantes inducuntur. Causa autem eorum altercationis hæc erat: Inoleverat prava consuetudo, ut Romanus pontifex eligi non posset, nisi ab imperatore prius confirmaretur. Cum igitur tunc temporis Henricus III puer esset, et adhuc sub tutela constitutus, sine illius assensu pontifex electus est: quod cum ab Henrici legatis in crimen vocaretur, in hac disputatione cuncta eorum objecta refelluntur, ut paulatim cogatur regius advocatus rationibus convictus, in contrariam transire sententiam. Fingitur autem hæc disceptatio habita coram synodo Episcoporum qui, ut hac de re pronuntiarent, in unum convenerant. Cadaloum antipapam sequentibus verbis compellat S. auctor.

Sed ad hæc gloriaris et jactas: Rex me, et imperatrix mater eligit, ad hunc apicem me regia celsitudo provexit: sed cum hinc aula regia suum tueatur electum, illinc Romana Ecclesia proprium defendat antistitem, jam in solio constitutum; dignum est, ut sanctorum atque prudentium sacerdotum multitudo conveniat: et hanc quæstionem ventilans sub canonici juris auctoritate discernat. Et quoniam in proximo, ut speramus, fiet hinc Osboriense concilium, hic jam ejusdem concilii constituamus velut in quadam tabellæ pictura præludium. Juxta visionem ergo Danielis (*Dan.* VII), patrum throni sint positi, judicium sedeat, libri aperiantur, et solutionis indiga quæstio in medium deducatur. Hinc itaque Romanæ defensor Ecclesiæ suas allegationes inferat: illinc advocatus regius propriæ partis argumenta depromat. Taceat Parma cum suo hæresiarcha, advocatio tantum regia, et Romana invicem obloquatur Ecclesia; sanctorum vero sacerdotum erecti sint animi, ut et quæ utrinque dicenda sunt, conferant, et peroratæ causæ judicialis sententiæ calculum ponant. Age igitur, defensor apostolicæ sedis incipiat, deinde regius advocatus, quæ sibi videbuntur obtendat.

Defensor Romanæ Ecclesiæ.

Cum Beatitudo vestra, venerabiles patres, super apostolicæ sedis negotio disputat, ad cunctas Ecclesias pertinere, quod versatur in manibus, non ignorat. Hac enim stante, reliquæ stant; sin autem hæc, quæ omnium fundamentum est, et basis obruitur: cæterarum quoque status necesse est collabatur. Omnes autem sive patriarchivi cujuslibet apicem, sive metropoleon primatus, aut episcopatuum cathedras, vel Ecclesiarum cujuscunque ordinis dignitates, sive rex, sive imperator, sive cujuslibet conditionis homo purus instituit, et (prout voluntas, aut facultas tulit) specialium sibi prærogativarum jura præfixit; Romanam autem Ecclesiam solus ille fundavit, et super petram fidei mox nascentis erexit: Qui beato vitæ æternæ clavigero, terreni, simul et cœlestis imperii jura commisit (*Matth.* XVI). Non ergo quælibet terrena sententia, sed illud Verbum, per quod conditum est cœlum et terra, per quod denique omnia condita sunt elementa, Romanam fundavit Ecclesiam; illius certe privilegio fungitur, illius auctoritate fulcitur. Unde non dubium, quia quisquis cuilibet Ecclesiæ jus suum detraxit, injusitiam facit: qui autem Romanæ Ecclesiæ privilegium ab ipso summo omnium Ecclesiarum capite traditum auferre conatur, hic procul dubio in hæresim labitur. et cum ille notetur injustus, hic est procul dubio dicendus hæreticus. Fidem quippe violat, qui adversus illam agit, quæ mater est fidei, et illi contumax invenitur, qui eam cunctis Ecclesiis prætulisse cognoscitur. Cum hæc igitur vestra Sanctitas indubitanter agnoscat, vos, qui non quilibet, sed nobiliores, et egregii estis filii Romanæ Ecclesiæ, pietatis viscera circa matrem vestram compatientes ostendite: et utrum destrui debeat, sibimet eligendo pontificem, judicate. Mirum quippe est, si quod minoribus Ecclesiis canonicus vigor attribuit, illi soli, quæ caput est omnium, non permisit.

Regius advocatus.

Prolixa declamatio dedit attentionem, benevolentiam, atque docilitatem: et hoc potius juxta consuetudinem fori judicialis, quam secundum regulam concilii synodalis: ubi scilicet non magnopere curare debemus elucubratæ locutionis urbanitatem, sed vivæ potius sententiæ puritatem. Ad querelam ergo coram sanctis sacerdotibus deponendam, sufficiat nobis dicere: quoniam inthronizastis papam sine consensu domini nostri regis, ad injuriam scilicet atque contemptum regiæ majestatis.

Defensor Romanæ Ecclesiæ.

Ordinationem papæ factam diffiteri nec possumus, nec debemus; regis autem injuriam modis omnibus propulsamus. Sed videamus primo, si placet, utrum papa sine rege potuerit fieri, et sic postmodum de regis disputemus injuria.

Regius advocatus.

Certe liquido novimus, quia illi debent pontificem, cum ordinatur, eligere, quos sibi, postquam ordinatus fuerit, canonica decernit auctoritas obedire; papæ vero, quia universalis est pontifex, non modo Romanus populus, sed et Romanus imperator, qui caput est populi, obedientiam debet. Censendum ergo est, ut papam sine capite suo populus eligat, et ei, quem non elegit imperator, obediat. Constat ergo, quia nisi Romani regis assensus accesserit, Romani pontificis electio perfecta non erit.

Defensor Romanæ Ecclesiæ.

Perhibendum est itaque juxta vestræ disputationis articulum, quia neque Stephanus, neque Sixtus, neque Cornelius, non denique Clemens, non Sylvester, non ipse B. Petrus apostolus papali nomine digni sunt, qui ab imperatoribus eorumdem tempore electi non sunt.

Regius advocatus.

Gentiles reges non sunt adhibendi ad hujus, de quo loquimur, electionis exemplum; qui quoniam Christianam ignorabant fidem, Christianorum non poterant ordinare pontificem. Cæterum Christiani principes semper Romanos elegere pontifices.

Defensor Romanæ Ecclesiæ.

Qui mentitur in communi colloquio, mendax dicitur, qui autem in præsentia venerabilium sacerdotum falsa protulerit, sacrilegii procul dubio crimen incurrit. Dixisti, 54 Christianos principes, Romanos semper elegisse pontifices; percurre mecum ecclesiasticæ antiquitatis historias, Romanorum præsulum catalogum studiose disquire; et cum perpaucis inveneris in electione sua regium accessisse consensum, confitere te perspicuum protulisse mendacium. Quis enim rex, Antonii filium Damasum Hispanensem? quis Innocentium Innocentii filium Albanensem? quis denique Zosimum Græcum Ebramii filium elegit? quis præterea Leonem Quiriani filium de Tuscia? quis Hilarium Crispini filium de Sardinia? quis Cœlestinum Prisci Romani civis filium? quis Bonifacium, quis Anastasium æque Romanos? Denique multos attexerem, nisi fastidium generarem. Sed ne me putes non habentem copiam ab eorum enumeratione desicere; quis imperatorum elegit Simplicium Tiburtinum? Felicem natione Romanum? quis Gelasium Afrum Valerii filium? quis Symmachum Sardiniæ provinciæ filium Fortunati? quis Hormisdam filium Justi natione Campanum, Joannem ordine Tuscum; Felicem natione Samnitem, Bonifacium Sigibaldi filium, Mercurium Projecti, Agapitum Cordiani natura Romanos? Quis enim regum electioni cujuslibet istorum suum legitur adhibuisse consensum? cum eorum temporibus Romanæ reipublicæ Christiani principes præfuisse legantur, id est, Valentinianus Senior; Valens frater ejus, qui occisus est in pugna Gothica prope Adrianopolim; Gratianus, qui a Maximo tyranno peremptus est; Valentinianus Junior, qui necatus est a comite suo Viennæ; deinde Arcadius, Honorius, Theodosius; Joannes ille, qui apud Ravennam occisus est; Valentinianus tertius, qui in campo Martio est peremptus, Martianus, Leo, Majorianus, Severus, Anthemius, Olybrius, Glycerius, Zeno; Nepos ille, qui in villa sua occisus est juxta Salonas; Augustulus, Anastasius, Justinus, et cæteri Romani imperatores, quos vitandi laciniosi styli causa prætereo. Da mihi ergo eorum, quos enumeravimus, aliquem, vel præsulum requirentem, vel principem assensum in electione præbentem: et ego do manum, ac te perhibeo laureandum: alioquin si dare non poteris, in hoc te convictum per omnia necesse est fatearis. Quod autem B. Gregorio legitur adhibuisse Mauritius imperator assensum, et perpauci alii principes aliis promovendis: hoc dictavit perturbatio temporum, et tempestas horrenda bellorum.

Regius advocatus.

Si mentiri est contra mentem loqui, temerarium est me mendacii tam procaciter argui, qui non utique falsum, sed verum me dixisse putavi: tamen assentior et in hoc superatum me dixissem on abnuo.

Defensor Ecclesiæ.

Ut autem idipsum adhuc manifestius pateat, et te super hac dimicandi materia perdidisse, tibimetipsi clarius innotescat: lege Constantini imperatoris edictum, ubi sedis apostolicæ constituit super omnes in orbe 55 terrarum Ecclesias principatum. Nam postquam supra corpus B. Petri basilicam fundator erexit, postquam patriarchium Lateranense in beati Salvatoris honorem construxit, mox per imperialis rescripti seriem Romanæ ecclesiæ constituit dignitatem. Ubi nimirum B. Sylvestro, suisque successoribus obtulit, ut regali more et aurea corona plecterentur in capite, et cæteras regii cultus infulas usurparent (*vide notas ad calcem opusculi*). Verum B. Sylvester ornamenta, quæ sacerdotali congruere judicabat officio, in proprios usus assumpsit: coronam vero, vel cætera, quæ magis ambitiosa quam mystica videbantur, omisit. Cui etiam Constantinus Lateransense palatium, quod eatenus aula regalis exstiterat, perpetuo jure concessit; regnum Italiæ judicandum tradidit. Nam et ipsius regis hæc verba sunt: Unde congruum, inquit, prospeximus, nostrum imperium, et regni potestatem orientalibus transferri, ac transmutari regionibus, et in Bysantia provincia, in optimo loco nomini nostro civitatem ædificari, et nostrum illic constitui imperium; quoniam ubi principatus sacerdotum, et Christianæ religionis caput ab imperatore cœlesti constitutum est, justum non est, ut illic imperator terrenus habeat potestatem. Audisti, quia terrenus imperator non habet in Romana Ecclesia potestatem: quomodo ergo sine illius arbitrio, qui ibi potestatem non habet, non licet eligi sacerdotem? ipse vero Constantinopolim, velut in secunda Roma, perpetuo regnaturus abscessit. Longe vero post Theodosius imperator, beati Pauli basilicam cœpit, quo defuncto, filius ejus Honorius eamdem basilicam ad calcem usque perduxit. Hi quoque Romanæ Ecclesiæ privilegium nihilominus firmaverunt. Quomodo ergo prærogativam sibi in Romani pontificis electione relinquerent qui Romanam Ecclesiam nequaquam sibi studuerunt subdere, sed præferre? non præcipere, sed parere; non præcellere, sed subesse?

Regius advocatus.

Assentior plane, et re actum duco, quod loqueris: sed esto, quod nunc regia celsitudo ex antiquorum consuetudine principum hoc sibimet allegare non possit: verumtamen tu hoc negare non potes, quod pater domini mei regis piæ memoriæ Henricus imperator factus est patricius Romanorum, a quibus etiam accepit, in electione semper ordinandi pontificis principatum. Huc accedit quod præstantius est, quia Nicolaus papa hoc domino meo Regi privilegium, quod ex paterno jam jure successerat, præbuit, et per synodalis insuper decreti paginam confirmavit. Cum ergo privatus quisque a suo decidere jure non debeat, donec ventilato negotio judicialis in eum sententia promulgetur: quo pacto majestas regia prærogativam hanc suæ dignitatis amisit, quam et ex apostolicæ sedis liberalitate percepit, et ex paterno imperialis fastigii jure successit? Quo, inquam, modo in Romana Ecclesia dignitatis adeptæ locum sine judicio perdidit, qui Romanam Ecclesiam non offendit?

56 *Defensor Romanæ Ecclesiæ.*

Privilegium invictissimo regi nostro ipsi quoque defendimus, et ut semper plenum, illibatumque possideat, vehementer optamus. Porro autem Romana Ecclesia multo nobilius, atque sublimius, quam mater carnis, mater est regis. Illa siquidem peperit, ut per ejus traducem revertatur in pulverem, ista genuit, ut Christi sine fine regnantis efficiat cohæredem. Et cuncti liquido novimus, quia rex, licet egregiæ indolis, tamen adhuc puer est. Quid ergo mali Romana facit Ecclesia, si filio suo, cum adhuc impubes esset, cum adhuc tutore egeret, ipsa tutoris officium subiit, et jus quod illi competebat implevit? Quis enim nesciat, quia sacerdotem eligere puer ignorat? Sæpe mater judicis tribunal irrumpit, testes adsciscit, notarios convocat, sicque per astipulationes, et rata, insuper et apicum monumenta omnia bonorum suorum filio jura delegat: interim tamen, usque dum ille ad juvenilis ætatis incrementa perveniat, et rationis capax fiat, illa cuncta dispensat, omnia ordinat: sicque quod jam alieni juris est patrimonium ad propriæ disponit provisionis arbitrium. Nunquid ob hoc dicenda est mulier illa filio suo concessa subtrahere? imo verius perhibetur, ut puto, pietatis studio deservire; quia quæ rudis adhuc filius dilapidare ac prodigere poterat; hæc illa sibimet apte disposita, caute retenta, rationabiliter ordinata conservat. Carnalis ergo mater adjuvat filium in rebus terrenis; et mater Ecclesia filio suo regi præbere non debet auxilium in spiritualibus donis? Obmutescat ergo plectenda versutia, quæ scilicet hoc damnat, quod prædicare debuerat; illi crimen imponere nititur, quæ pro benefactis gloriæ titulum promereretur. Huc accedit, quia nonnunquam ob varietatem temporum sæpe mutandus est ordo causarum. Tunc enim quando pontificem Romana sibi præfecit Ecclesia, tantæ simultatis fomes in seditionem cives accenderat, tantus livor, et odium tumultuantis populi corda turbaverat, ut de tam longinquis terrarum spatiis nequaquam regiæ clementiæ præstolari possemus oraculum. Nisi enim quantocius ordinaretur antistes, perniciosus in populo gladius mutuis vulneribus desæviret; et non parva Romanorum civium strages fieret.

Regius advocatus.

Obtende quod vis, argumenteris quod placet, dummodo constet, quia nullatenus debuit immutari, quod papa concessit, quod decreto constituit, quod scriptione firmavit.

Defensor Romanæ Ecclesiæ.

Quid mirum si hominis, carnis adhuc fragilitate circumdati, statuta mutentur, quando etiam omnipotens Deus, qui videlicet omnia, quæ futura sunt, novit: ea quoque, quæ a semetipso constituuntur, immutat? **57** Nam ex eo, quod promittit, aliquando aliquid minuit, vel etiam totum subtrahit: aliquando mala minatur, et non infligit.

Regius advocatus.

Ea, quæ proposuisti, Scripturæ declarentur exemplis. Quid est ergo quod Deus unquam promisit et minuit?

Defensor Romanæ Ecclesiæ.

Si non excidit, reminisci potes, quia dixit Dominus ad Noe: « Non permanebit Spiritus meus in homine in æternum, quia caro est, eruntque dies illius centum viginti annorum (*Gen.* vi). » Sed cum Scriptura commemoret quingentorum tunc annorum exstitisse Noe, quando hæc sibi Dominus loquebatur, sexcentorum vero tunc jam esse, cum cataclysmus erupuit: liquido patet, viginti annos de præscripti numeri spatio fuisse subtractos. Vitæ itaque spatium, quod humano generi Deus promisit, imminuit, quia perversitatis eorum reatus excrevit. Judæ quoque per os patriarchæ Jacob promisit Spiritus sanctus, dicens: « Non auferetur sceptrum de

Juda, et dux de femore ejus, donec veniat qui mittendus est (*Gen.* XLIX). » Et tamen nec temporibus Judicum legimus viros de tribu Juda semper super Israel tenuisse ducatum, nec reges ex eadem tribu principatum tenuisse usque ad Christi reperiuntur adventum. Constat ergo, quia sæpe Deus omnipotens, quod homini promisit, imminuit; quoniam homo, quod Deo debuerat, non implevit.

Regius advocatus.

Doce etiam ubi Deus promisit bonum aliquod, et efficaciter non implevit.

Defensor Romanæ Ecclesiæ.

Recordare quia dicit Dominus ad Josiam regem Juda : « Pro eo, inquit, quod vidisti verba voluminis, et perterritum est cor tuum, et humiliatus es coram Domino, auditis sermonibus contra locum istum, et habitatores ejus, et scidisti vestimenta tua, et flevisti coram me : idcirco colligam te ad patres tuos, et colligeris ad sepulcrum tuum in pace (*IV Reg.* XXII). » Et tamen paulo post Scriptura dicit : « In diebus ejus ascendet Pharao Necho [Nechao] rex Ægypti contra regem Assyriorum ad flumen Euphratem, et abiit Josias in occursum ejus, et occisus est in Magedo [Mageddo], cum vidisset eum [*IV Reg.* XXIII] » Ad Sedechiam quoque regem Juda per Jeremiam dicitur: « Audi verbum Domini, Sedecia rex Juda : Hæc dicit Dominus ad te : Non morieris in gladio, sed in pace morieris, et secundum combustiones patrum tuorum, regum priorum, qui fuerunt ante te, sic comburent te : et væ, Domine, plangent te : qua verbum hoc ego locutus sum, dicit Dominus (*Jer.* XXXIV). » Quod nimirum quomodo potuerit fieri, qui seriem scrutatur historiæ, nunquam poterit invenire. Nam postquam a rege Babylonis semel est captus, Babyloniamque translatus, ulterius nunquam legitur **58** ab ejus vinculis absolutus. Justo ergo judicio subtrahit Deus homini nonnunquam bona quæ promisit, cum rebellis homo illius servare mandata contemnit.

Regius advocatus.

Prosequere etiam quomodo Deus, quod minatus est, non infligit.

Defensor Romanæ Ecclesiæ.

Nemo, qui limen Ecclesiæ terit, ignorat, quia Jonas ad Niniven a Domino missus, exclamavit, dicens : « Adhuc quadraginta dies, et Ninive subvertetur (*Jonæ* III). » Sed quia civitas illa ad Deum toto est corde conversa, nequaquam juxta minacem Domini sententiam excidii est eversione deleta. Cum ergo Deus omnipotens non modo verax, sed et ipsa sit veritas, inviolato consilii sui manente proposito, exterioris judicii sui sæpe variat ordinem, juxta humani sive probi, sive improbi meriti qualitatem ; quatenus et a pravitate correctus, quod Deus juste minatur, evadat : et prolapsus in culpam, nullatenus, quæ pollicetur, bona percipiat. Hinc est, quod per Jeremiam dicit : « Bonas facite vias vestras, et studia vestra, et audite vocem Domini Dei vestri : et pœnitebit Dominum mali, quod locutus est adversum vos (*Jer.* XVII). » Hinc est, quod Heli quoque per virum Dei Dominus ait : « Loquens locutus sum, ut domus tua, et domus patris tui ministraret in conspectu meo usque in sempiternum. Nunc autem, dicit Dominus, absit hoc a me, sed quicunque glorificaverit me, glorificabo eum : qui autem contemnunt me, erunt ignobiles (*I Reg.* II). »

Regius advocatus.

Recte plane cuncta, quæ proposueras, perspicuis roborasti testimoniis Scripturarum; nunc autem paulisper ad superiora revertere, et juxta tuæ sponsionis elogium, de Domini regis injuria rationem redde.

Defensor Romanæ Ecclesiæ.

Glorioso regi, nobis eligendo pontificem, absit, ut nos intulissemus injuriam, cum ad hoc nos, sicut superius dictum est, necessitas impulerit, non rapina : ad hoc, inquam, nos invitos attraxit imminens periculum civilis belli, non lædendi, vel minuendi livor imperii.

Regius advocatus.

Civile bellum objicis, imminens periculum in tuæ allegationis defensione prætendis ; dicatur etiam, si placet, quia cœlum rueret, terra cædem civium pateretur, perge adhuc addens, quia pontus aresceret, terra diluvium inundaret, quid mihi omnia hæc, dum constet, quia quidquid accidet, nullo pacto sancti papæ sententiam debuisti infringere, nulla ratione synodalis decreti mysterium licuit **59** violare? Sicut enim Scriptura perhibet : « Melius est ut oriatur scandalum, quam ut veritas relinquatur. » Nam si hoc bellum timuissent beati martyres, fierent procul dubio sanctæ militiæ desertores.

Defensor Romanæ Ecclesiæ.

Non ignoras, quod inter omnes sanctos martyres Petrus et Paulus in apostolici senatus culmine possident principatum.

Regius advocatus.

Hoc sicut negare sacrilegum est, ita et affirmare superfluum.

Defensor Romanæ Ecclesiæ.

Eorum sunt nobis tenenda vestigia, eorum forma nostris est actibus imprimenda, sub eorum magistra debemus vivere disciplina.

Regius advocatus.

Hoc utique clarum est ac perspicuum. Sed quid a te portenti, quid præstigii sub hoc funiculo inductionis alatur, ignoro.

Defensor Romanæ Ecclesiæ.

Tolle præstigium, intellige veritatem : times me tanquam tibi tendiculas substruentem, audi Paulum de coapostolo suo Petro veraciter perhibentem : « Priusquam venirent quidam a Jacobo, cum gentibus edebat : cum autem venissent, subtrahebat se, et segregabat, timens eos qui ex circumcisione erant. » Cernimus ergo Petrum non rigidum, sed discretum. Timebat enim Judæos, ne per occasionem gentium a fide recederent Christianorum, et ne perderet gregem creditum, boni pastoris est imitatus exemplum. Factus est enim Judæis tanquam Judæus, ut Judæos lucrifaceret. Sic Christus apparuit in forma carnis peccati, ut a peccatis hominem liberaret: et cum legem Moysi non ambigeret abolendam, consulens tamen adhuc rudibus et infirmis fratribus, tenuit ad tempus umbram legis, ut eos quandoque proveheret ad perfecte noscendam plenitudinem veritatis. In hoc ergo B. Petrus discretionis nobis regulam dedit, quatenus aliquando ubi tamen non plurimum noceat, declinemus aliquantulum a tramite rectitudinis, ut consulere valeamus infirmis.

Regius advocatus.

Qui dicis, quod Petrus aliquando legem Judaicam tenuit, cur non etiam dicis, quod in eadem Epistola legitur, nimirum, quia Paulus eum in faciem reprehendit? « In faciem, inquit, ei restiti, quia reprehensibilis erat. » Eique dixit : « Si tu, cum sis Judæus, gentiliter, et non Judaice vivis, quomodo cogis gentes judaizare? » (*Galat.* II.) Cum ergo illud præmisisti? istud quare silentio suppressisti?

60 *Defensor Romanæ Ecclesiæ.*

Quod Petrus egit compassione misericordiæ, hoc Paulus arguit pro magisterio disciplinæ. Ille quod fecit dispensative, ut infirmis tolleret scandalum; hoc iste corripuit, ne indiscretus quilibet passim adduceret in exemplum. In Petro discamus, ut periculo simus imminente discreti; in Pauli sermonibus instruamur, ut sanis rebus vita nostra mire deserviat rectitudini.

Regius advocatus.

Laudo quidem redditam rationem, sed cum duorum apostolorum proposueris magisterium, mirum cur, prætermisso Paulo, solum Petrum adduxeris in exemplum.

Defensor Romanæ Ecclesiæ.

Noli, frater, pueriliter currere, imo noli volare, sed perge; pro gravitate quippe negotii prolatio est quoque moderanda sermonis. Audi etiam consequenter et Paulum, discretionis aureæ lineam nostris oculis opponentem, ejusdem dispensativæ compassionis auctorem. Sicut enim apostolicorum Actuum testatur historia: « Perambulabat Paulus Syriam, et Ciliciam, confirmans Ecclesias, pervenitque in Derben, et Lystram. Et ecce discipulus quidam erat, nomine Timotheus, filius mulieris viduæ fidelis, patre autem gentili (*Act.* XVI). » Hunc ergo, ut ad compendium veniamus, Apostolus circumcidit, quoniam Judæos, imo Judæis, qui in illis erant regionibus, timuit. Cur itaque circumcidit fidelem hominem non Judæum, qui videlicet incircumcisus erat, sed natione gentilem, nisi discretionis studio deserviret, ne Judæi fideles, in scandalum corruentes, a fide recederent? Hoc etiam nunc ad memoriam redit, quoniam aliquando juxta morem Nazaræorum comam ex voto nutrivit, et postquam navigasset in Syriam, in Cenchris positus, caput juxta legis mandata totondit. Refert adhuc Lucas, sacræ scriptor Historiæ: « Cum venissemus, inquit, Hierosolymam, libenter susceperunt nos fratres, et sequenti die Jacobus, et omnes seniores, qui cum eo erant, Evangelio illius comprobato, dixerunt ei : Vides, frater, quot millia sunt Judæi, qui crediderunt in Christum, et ii omnes æmulatores sunt legis. Audierunt autem de te, quod discessionem doceas a Moyse, eorum qui per gentes sunt Judæorum, dicens non debere eos circumcidere filios suos, neque secundum consuetudinem ingredi. Quid ergo est? utique oportet convenire multitudinem : audient enim te supervenisse. Hoc ergo fac, quod tibi dicimus : sunt nobis viri quatuor votum habentes super se : his assumptis, sanctifica te cum ipsis, et impende in eos, ut radant capita, et sciant omnes, quia quæ de te audierunt, falsa sunt, sed ambulas et ipse custodiens legem. Tunc Paulus, assumptis viris, posteriori die purificatus cum illis intravit in templum, annuntians expletionem **61** dierum purificationis; donec offerretur pro unoquoque eorum oblatio (*Act.* XVIII *et* XXI). »

Cur itaque Paulus juxta cæremonias Judæorum caput rasit, nudipedalia exercuit, sacrificia obtulit, et legem destruens, legis præcepta observavit? Cur, inquam, hæc omnia, nisi ut his, qui ex Judæis fideles exstiterant, scandalum tolleretur? formam suscepit ægritudinis, ut morbos auferret ægrotis; servavit cæremonias legis, de quibus tamen in Epistola sua dicit : « Quæ mihi fuerunt lucra facta sunt detrimenta, et propter Christum arbitror velut stercora (*Philip.* III). » Circumcidit hominem, et tamen hoc terribiliter clamat : « Dico, inquit, vobis, quia si circumcidamini, Christus nihil vobis proderit (*Gal.* v). » Quod, quæso, majus peccatum esse poterit, quam Christum perdere, Christianæ religionis regulam violare, Judaicæ legis ritus inducere, novam Evangelii gratiam impugnare? Et tamen hæc apostolus Paulus in superficie fecisse conspicitur, ne in ipsis novæ fidei rudimentis mentes adhuc teneræ scandala paterentur. Quantum namque in exterioribus cernitur, Cerinthus et Ebion nil pene pejus inveniuntur egisse quam Paulus. Qui nimirum in Christum credentes, propter hoc solum a parentibus anathematizati sunt, quia legis cæremonias Christi Evangelio miscuerunt; et sic nova confessi sunt, ut vetera non mutarent. Sed ecce cum dicitur, quoniam Jacobus et omnes seniores hoc Paulo consilium dederunt; omnes ergo discipuli, quod Paulus fecit, pariter fecerunt; unum scilicet in hoc habent meritum, et qui fecit, et qui faciendi dedere consilium.

Si ergo ipsi principes mundi, quorum legibus parent, non modo regna terrarum, sed ultro etiam celsitudo cœlorum, non dubitavere perpaucis, qui tunc erant hominibus in tam periculoso negotio conscendere, cur nobis utique parvulis, et infra illorum vestigia longe jacentibus non licuit innumerabili Romanæ Urbis multitudini subvenire? Sed quid apostolos loquimur scandalum cavisse debilium, et noviter conversorum; cum et ipse illorum magister et Dominus, cujus nimirum omnia sæcula substernuntur imperio, ad nostræ imitationis exemplum, scandalum præcaverit Judæorum?— « Simon, inquit, reges terrarum a quibus accipiunt tributum, a filiis suis, an ab alienis? quo respondente : ab alienis; i præsto subjungit : « Ergo liberi sunt filii. Ut autem non scandalizemus eos, vade ad mare, mitte hamum, et eum piscem, qui prius ascenderit, tolle, et aperto ore ejus invenies staterem : illum sumens, da eis pro me et te (*Matth.* xvii). » Ad moliendum ergo rigorem rectitudinis ad tenendam virtutem discretionis, si tibi Petrus non sufficit ad exemplum, junge simul et Paulum. Quod si procaci contumaciæ nequeunt uterque sufficere, pudeat te ultra Jesum per dicacitatis ineptiam prosilire : « Finis enim legis Christus ad justitiam omni credenti (*Rom.* x). »

Regis advocatus.

Discretionis virtutem tot Scripturarum testimoniis approbatam improbare non ¨ sumus; sed absit, ut ulla virtus sit tam sublimis **62** tamve præcipua, cujus tenendæ studio in anathematis barathrum corruere debeamus. Nam cum omne, quod nobis ex divina lege præcipitur, ad hoc procul dubio tendat, ut nos Creatori nostro societas æterna conjungat : si nos ab eo, quod absit, per maledictionis sententiam contingat abscedere, quæ virtus, quæ discretio, quæ, sicut dicitur, pia compassio tam incomparabile damnum nobis potegit compensare? Sane si propter hoc solum virtus appetitur, ut omnipotentis Dei societas acquiratur, qualis jam illa virtus erit, quæ nos a divini contubernii societate repellat.

Defensor Romanæ Ecclesiæ.

Hæc cur prosequaris, quia nobis occulta sunt, evidenter expone.

Regius advocatus.

Synodalis enim decreti pagina, quam cum concilii totius assensu beatus Nicolaus papa constituit, cui propriæ manus articulum indidit, quam tot episcoporum venerandus, celebrisque conventus subscriptione firmavit, anathematis vinculo juxta morem carere non potuit. Unde vos pro compassione, vel condescensione, nescio, quam dicitis furentis populi, nequaquam vosmetipsos deberetis tam inenodalibus sententiæ nexibus irretire. Ridiculum quippe est, sic obrutum de voragine marini fluctus eruere, ut ipse compelletur ereptor sub undosis procellarum spumantium cumulis remanere.

Defensor Romanæ Ecclesiæ.

Cum hæc inconsultius loqueris, andabatarum adversum me more confligis (*vide scholia*), qui nimirum dum clausis semper oculis pugnant, alios quidem vulnerant, sed quomodo semetipsos a vulneribus tueantur, ignorant. Dicis quia nequaquam debemus in anathema corruere, etiam si per hoc valeamus infirmis fratribus subvenire. Ecce vibrasti gladium, tentasti vulnus infligere, sed tibimet ubi clypeum opponeres, non vidisti. Nunquid tibi jam de memoria excidit, quod superius protuli, quoniam B. Paulus in Epistola sua dicit : « Quia si circumcidamini, Christus vobis nil proderit? » (*Gal.* v.) Et tamen, quod tam districte prohibuit, ipse pro charitate fratrum infirmantium, ne scandalum paterentur, implevit. Quod enim majus, sive deterius poterit quis anathema subire, quam cui negatum est, Christum pro sui reatus damnatione prodesse? Nam cui Christus non prodest, procul dubio anathema est, nihilque est aliud anathema quemlibet fieri, nisi a Christi, in quo benedicuntur omnes gentes, societate repelli. Si ergo Paulus hoc anathema pro charitate fratrum subire non timuit, imo prorsus evasit, cum non qualemcunque hominem, sed Christianum utique discipulum circumcidit; tu, quæso, ubi cordis oculos amisisti, qui, quod Apostolus fecit, non faciendum esse testaris? Ipse enim dicit : « Quæcunque scripta sunt, ad nostram doctrinam scripta sunt (*Rom.* xv). »

63 *Regius advocatus.*

Verisimile est quia, sicut Paulus coapostolus suum Petrum de judaizandi rediviva usurpatione corripuit; ita nihilominus et in semetipsum, postquam discipulum circumciderat, reprehendit : nec mihi hoc aliter unquam poterit persuaderi, nisi fortassis in ejus verbis aliquatenus valeat inveniri.

Defensor Romanæ Ecclesiæ.

Ut nullus ambiguitatis nævus in tua mente remaneat, ut nulla cor tuum super hoc negotio deinceps caligo confundat, audi quid idem Paulus ad Romanos dicat : « Veritatem dico in Christo, non mentior, testimonium mihi perhibente conscientia mea in Spiritu sancto, quoniam tristitia est mihi magna, et continuus dolor cordi meo; optabam enim ipse anathema esse a Christo pro fratribus meis, qui sunt cognati mei secundum carnem, qui sunt Israelitæ (*Rom.* ix). » Ecce Paulus, cum non sit sicut nos necessitate coactus, sponte ac voluntarie desiderat anathema esse pro fratribus; et tu mihi proponis anathema timendum, ubi me perspicis, et inevitabili prorsus necessitate fuisse constrictum, et charitatis studio, ne tanta fratrum multitudo corrueret, inclinatum. Audi etiam quid Moyses pro populo Israelitico postulans dicat : « Obsecro, Domine, peccavit populus iste peccatum magnum, fecerunt sibi deos aureos : aut dimitte eis hanc noxam, aut si non facias, dele me de libro tuo quem scripsisti (*Exod.* xxiii). » Quod nimirum tunc pleniter fiet, cum reprobis in judicio dicit : « Ite, maledicti, in ignem æternum (*Matth.* xxv). » Ecce hinc Paulus optat anathema pro fratribus fieri; ecce illinc Moyses postulat ex Dei libro pro populi, quem ducebat, charitate deleri, et sola Romana Ecclesia, quæ pietatem, et charitatem toto terrarum orbe specialiter, et principaliter docet, ex imminentibus et jam vibratis undique gladiis filios suos, quos quotidie per sacri baptismatis mysterium generat, liberare non audet? « Maledictus vir, ait Saul, qui comederit panem usque ad vesperam, donec ulciscar me de inimicis meis (*I Reg.* xiv). » In hoc, sicut legitur, anathemate Jonathas cecidit; sed eum ab imminenti mortis sententia, charitas, qua pro populo strenue dimicaverat, liberavit. Vis audire quid etiam de ipso Jesu, totius benedictionis auctore, idem Apostolus dicat? « Christus, inquit, nos liberaret a maledictio legis, factus est maledictum (*Gal.* III). » Si ergo ipse auctor benedictionis æternæ, ut nos a vinculo maledictionis absolveret, maledictioni non est dedignatus subjacere : si sancti quique vel Novi vel Veteris Testamenti, dum sui capitis imitantur exemplum, et infirmis subvenire fratribus in periculis concupiscunt, et anathematis subire sententiam nullatenus perhorrescunt : cur unum mihi niteris imputare peccatum, et charitatem ad hoc induxisse non perspicis, quæ operit multitudinem peccatorum? (*I Pet.* IV.) Quomodo autem me cujuslibet hominis sententia ligat, quem charitas ipsa, quæ Deus est (*I Joan.* IV), liberat? Erubescat ergo humani anathematis imputator, cum per charitatis gratiam mecum sit æternæ benedictionis indultor.

Regius advocatus.

Cuicunque in disputatione certanti veritas ipsa defecerit, ineptum est adhuc per ambages atque versutias pertinaciter niti; ridiculum est diutius verbis prolixioribus immorari : de vinculo siquidem anathematis, quo te hactenus arbitrabar astringi, ita te naviter expedisti, ut nihil de cætero tibi valeat objici, nil super hoc capitulo rationabiliter possit opponi. Verumtamen adhuc mihi video materiam superesse, quam tibi valeam non sine causa reluctator objicere. Dicitis, quia necessitate constricti, et velut angusti temporis brevi spatio coarctati, nequaquam potuistis in electione pontificis exspectare consensum regiæ majestatis, quod profecto frivolum esse perspicuum est. Constat enim tres plus minus menses interim decurrisse ex quo sanctæ memoriæ papa Nicolaus occubuit, usque ad Kalendas Octobris cum iste successit. Videamus ergo si per tam morosam longitudinem, trimestris videlicet spatii, non potuerit ab aula regia pragmaticæ sanctionis vobis apocha reportari.

Defensor Romanæ Ecclesiæ.

Ecce compellis me vulgato sermone depromere quod ob imperialis palatii reverentiam decreveram silentio præterire; sed juxta vestræ scilicet exactionis instantiam, jam proferatur in medium opus egregium vestrum, sæculis omnibus inauditum. Rectores enim aulæ regiæ cum nonnullis Teutonici regni sanctis, ut ita loquar, episcopis conspirantes contra Romanam Ecclesiam, concilium collegistis, quo papam quasi per synodalem sententiam condemnastis, et omnia, quæ ab eo fuerant statuta, cassare incredibili prorsus audacia præsumpsistis : in quo nimirum non dicam judicio, sed præjudicio, idipsum quoque privilegium, quod regi prædictus papa contulerat, si dicere liceat, vacuastis. Nam dum, quidquid ille constituit, vestra sententia decernente, destruitur; consequenter etiam id, quod ab eo regi præstitum fuerat, aboletur. Sed absit a nobis, ut propter cujuslibet hominis insolentiam rex, qui innocens erat, quantum ad nos, rem sui juris amittat; et quem auctore Deo votis omnibus præstolamur ad imperiale fastigium, non permittimus ob alienam culpam regiæ dignitatis incurrere detrimentum.

Sed ut totam inauditæ calamitatis nostræ percurramus historiam, Stephanus cardinalis presbyter apostolicæ sedis, vir videlicet tantæ gravitatis et honestatis nitore conspicuus; tantis denique, sicut non obscurum est, virtutum floribus insignitus, cum apostolicis litteris ad aulam regiam missus, ab aulicis administratoribus non est admissus; sed per quinque fere dies, ad B. Petri et apostolicæ sedis injuriam, præ foribus mansit exclusus. Quod ille, utpote vir gravis, et patiens, æquanimiter tulit; legati tamen officium, quo fungebatur, implere non potuit. Clausum itaque, signatumque mysterium concilii, cujus erat gerulus, retulit, quia regis eum præsentari conspectibus curialium plectenda temeritas non permisit. In qua nimirum inopinatæ præsumptionis audacia tanta disputandi videretur inesse materia, ut et Demosthenis eloquentiam vincat, et copiam Tullianæ facultatis excedat. Unde si vellemus injuriam nostram districtius persequi, jure possemus obtendere, quia vos Romanæ Ecclesiæ, vosmetipsos ipso dono privastis, qui scilicet ei præjudicii vestri gratis contumeliam intulistis. Ille quippe fœdus amicitiæ violat, qui gratis amicum per offensionis molestiam pulsat. Nam et Dominus Judæis per Jeremiam ait : « Ecce feriam domui Israel, et domui Juda fœdus novum, non secundum pactum quod pepigi cum patribus eorum, pactum quod irritum fecerunt (*Jer.* XXXI). » Ille ergo irritum reddit beneficii pactum, qui prior violat amicitiæ sacramentum. Verumtamen Romana Ecclesia non vult exagerare quod pertulit; sed perseverare cupit in munere quod regio culmini liberaliter prærogavit.

Regius advocatus.

Quod domino nostro regi reverenter ascribis innocentiam, digne facis : quod autem administratoribus aulæ publicæ devolvis e diverso calumniam, videtur injustum. Quidquid enim circa vos in hujusmodi casibus actum est, ad hoc nos regiæ matris impulit imperiale præceptum, non propriæ libertatis arbitrium.

Defensor Romanæ Ecclesiæ.

Et ego tibi secundum cordis tui duritiam respondebo : dico enim quia Dei omnipotentis obtemperare sermonibus aliquando peccatum est.

Regius advocatus.

Ad hoc, quod asseris, mens humana concutitur, et Christianæ pietatis ferre non valet auditus.

Defensor Romanæ Ecclesiæ.

Quia hoc tantopere miraris, illud etiam consequenter adjicio, quia propter hoc, quod Deo quidam promptus obedivit, funditus periit : alius ob id, quia obtemperare contempsit, ad cumulum gratiæ plenioris ascendit.

OPUSC. IV. — DISCEPTATIO SYNODALIS.

Regius advocatus.

Incredibile est valde, quod dicis : verumtamen si voles exemplis approbare quod loqueris, dic quis unquam Deo obedivit, ac propterea periit?

Defensor Romanæ Ecclesiæ.

Non te latet, quia Judæ Iscarioti, qui jam accepto consilio eum traditurus erat, **66** Dominus ait : « Quod facis, fac citius (*Joan.* xiii). » Postmodum quoque, cum ad ejus osculum accedere præsumpsisset, adjecit : « Amice, ad quid venisti? » subauditur, perfice. Sed quia miser his sermonibus efficaciter obedivit, irrevocabiliter periit.

Regius advocatus.

Hujus propositionis ratione reddita, redde consequenter alterius, quis scilicet Dei omnipotentis obedientiam sprevit, et propter hoc copiosiorem gratiam meruit?

Defensor Romanæ Ecclesiæ.

Si placet hoc in memoriam revoca quod Dominus ad Jeremiam dixit : « Vade ad domum Rechabitarum, et loquere eis, et introduces in domum Domini in unam exedram thesaurorum, et dabis eis bibere vinum (*Jer.* xxxv). » Et paulo post propheta subjungit : « Et posui coram filiis Rechabitarum scyphos plenos vino, et calices, et dixi ad eos : Bibite vinum ; qui responderunt : Non bibemus vinum, quia Jonadab pater noster præcepit nobis, dicens : Non bibetis vinum vos et filii vestri usque in sempiternum. » Unde postmodum Jeremias ait eis : « Hæc dicit Dominus Deus exercituum : Non deficiet vir de stirpe Jonadab filii Rechab, stans in conspectu meo cunctis diebus. » Ecce ille male obediens, perfunctus obedientiæ munere cucurrit ad laqueum ; isti feliciter inobedientes, perpetuum Conditoris sui meruere conspectum. Hoc etiam ad hoc valet, quod superius dictum est, quia cum papam sine consensu regis eligimus, non præsto, quod extrinsecus actum est dijudicare, sed potius quo animo, et qua intentione sit factum, deberetis diligenter attendere.

Regius advocatus.

Hæc argumenta nobis domestica sunt, et nunquam deficiunt, quia de promptuariis proferuntur ; semper enim possumus in pravi operis exhibitione delinquere, et quia occulta est ad puræ mentis debemus patrocinium convolare.

Defensor Romanæ Ecclesiæ.

Censesne semper debere juxta rerum, atque verborum superficiem judicari? quid enim juxta verborum strepitum magis est absonum, quam cum Deus Pater, et Filius, et Spiritus sanctus mediatorem Dei et hominum dicitur tradidisse. Ecce Christum tradidit Judas, tradidit et Deus Pater ; nunquid non quasi simile factum videtur? Ergone traditor est Judas, et traditor Deus Pater?

Regius advocatus.

Unde probas, quia Pater, et Filius, et Spiritus sanctus tradiderint Salvatorem?

67 *Defensor Romanæ Ecclesiæ.*

Audi Apostolum dicentem : « Qui proprio Filio A suo non pepercit, sed pro nobis omnibus tradidit illum (*Rom.* viii). » Cui et Salomon ait : « Cum sis justus, et omnia juste disponas, ipsum quoque, qui non debet puniri, condemnas (*Sap.* ii). » Quod autem se Filius tradiderit idem dicit Apostolus : « Qui me dilexit, et tradidit seipsum pro me. » Quod autem et Spiritus sanctus tradiderit Filium Sapientia perhibet, dicens : « Benignus est enim Spiritus sapientiæ, et non liberabit maledictum a labiis suis (*Sap.* i). » Maledicti apud veteres dicebantur omnes qui pendebant in ligno. Christus autem, ut Apostolus dicit, ut nos liberaret a maledicto, factus est maledictum (*Gal.* iii). Spiritus vero sanctus non liberavit maledictum a labiis suis, quia quæ per ora prophetarum de Christi passione locu-
B tus est, non prohibuit ; sed super eum sine diminutione compléri cuncta permisit. Ergo secundum te, qui non de cordis intentione, sed semper ex operis vis superficie judicare : si Pater tradidit Filium, et ipse se tradidit Filius, insuper et Spiritus sanctus, Judas quid mali fecit? Facta est traditio a Patre, facta est a Filio, nec non a Spiritu sancto, facta est et a Juda. Una res a pluribus facta est, sed eadem res in operatoribus discernenda est. Quod enim Deus omnipotens ex charitate, hoc Judas fecit ex pecuniæ acquirendæ cupidine. Quod Deus fecit ad salutis nostræ remedium, hoc ille fecit ad explendum insatiabilis avaritiæ votum. Vides ergo quia non quid homo faciat, debemus attendere ; sed quo animo et voluntate faciat, diligenter examinare. Nam-
C mo si sola duntaxat exteriora perpendimus, invenimus ipsum Dominum Salvatorem et dixisse quod prohibet, et aliter fecisse quam jubet. « Quisquis, ait, dixerit fratri suo, Fatue, reus erit gehennæ ignis (*Matth.* v). » et tamen ipse resurrectionis suæ die duobus de se dubitative loquentibus ait : « O stulti, et tardi corde ad credendum ! (*Matth.* xxv.) » Dixerat etiam in monte discipulis : « Si, quis te percusserit in dexteram maxillam, præbe illi et alteram (*Matth.* v). » In passione vero positus percutienti se in maxillam puero sacerdotis non modo non alteram præbuit, sed insuper dixit : « Si male locutus sum, exprobra de malo ; sin autem bene, cur me cædis? » (*Joan.* xviii.) Et quomodo jam verum erit quod de illo Lucas ait : « Quia cœpit facere, et docere (*Act.*
D i), » si quod docuit non implevit? Sed procul dubio intelligendum est hoc eum præcepisse ad præparationem cordis, non ad ostentationem operis. Quotmodo enim paratus corde non fuit in maxillam alteram cædi, qui pro hominum salute decreverat toto corpore crucifigi? Paulus etiam palma percussus jussione pontificis, ait : « Percutiet te Deus, paries dealbate (*Act.* xxiii). » Quod minus intelligentibus videtur in verbo convicium, sed in sensu prophetici tenet oraculi sacramentum. Paries enim dealbatus hypocrisis est, sacerdotalem sub hoc nomine præferens dignitatem, sed occultans intrinsecus luteam malitiæ turpitudinem : nam quod humilitatis fuit, mirabiliter custodivit. Cum enim illi diceretur :

« Principi sacerdotum maledicis? » respondit : « Nescivi, frater, quia princeps esset sacerdotum : Scriptum est enim : Principem populi tui non maledices (*Act.* xxiii). » Ubi patenter ostenditur, quanta illud tranquillitate dixisset, quod iratus intulisse videbatur. Quibus Scripturarum testimoniis quid aliud edocemur, nisi quia no. juxta nuda verba semper debemus sententias judicare : sed quo animo, qua mentis intentione proferantur, inspicere?

Regius advocatus.

Dubia, quæ proponis, luculenter elucidas per exempla, quæ subjicis : sed quæso, te, ut ad superiora paulisper redeas, et cur nos calumnieris, vobis præjudicium intulisse, qui regiæ ditioni paruimus, patenter exponas.

Defensor Romanæ Ecclesiæ.

Recte, plane, ordinabiliter et congruenter, postquam omnis vestræ partis objectio non rhetoricis argumentis, non coloribus oratoriis, non denique dialecticis syllogismis, sed vivæ potius, atque perspicuæ veritatis est ratione purgata : versa vice jam dignum est, ut de vestris excessibus vel breviter disseratur. Enimvero damnatio papæ tam gravis, et inexplicabilis est, ut non humano, sed divino duntaxat sit tractanda judicio. Reges autem nostros cum ætatis infirmitas, tum fragilitas sexus excusat; quibus utique non reatus ascribitur, sed eorum consiliariis, ut dignum est, imputatur. Omissis itaque perversitatibus cæteris, ut quid ignorante Roma reprobum hominem in Romanum pontificem eligere præsumpsistis?

Regius advocatus.

Electionem quidem, ut palam est, fecimus : sed longe prius Gerardo comite, aliisque Romanis, ut dicebatur, civibus infatigabiliter insistentibus, ad hoc inducti sumus. Nam et abbas monasterii, quod dicitur Clivus Scauri, non defuit. Non ergo, ut asseris, ignorante Roma, sed præsente atque petente, Romani pontificis electio facta est.

Defensor Romanæ Ecclesiæ.

In hoc pro me facis, dum Gerardo sub anathemate constituto te communicasse testaris : nam ut de abbate, et aliis interim sileamus, de Gerardo liceat tantummodo dicere, Ecclesiæ hominem non fuisse, et Christi nequaquam pertinuisse fidelibus. Illud enim unum caput anathemati, maledictionique su'jacuit omnium fere pontificum, quicumque Romanæ Ecclesiæ suis temporibus præfuerunt : demum paulo antequam moreretur, propter ducem, et archiepiscopum Anglorum, quos a beati Petri liminibus redeuntes invasit, spoliavit, et usque ad mille Papiensis monetæ libras appendentia rapuit. Propter hoc itaque in plenaria synodo, papa Nicolao præsidente, excommunicatus est, et exstinctis luminaribus sub perpetuo fuit anathemate condemnatus. Perpendat igitur sancta synodus, si illius ejusque complicum rata jure videatur electio, qui tam terribiliter atque irrevocabiliter est ab Ecclesiæ visceribus evangelica

(2) Cadaloum antipapam intelligit.

atque canonica falce præcisus, ut ne in morte quidem ad Christianitatis fuerit titulum reformatus : et sic per eum ordinari Romanam Ecclesiam dignum fuit, qui ejus semper cruentus exstitit inimicus, qui eam semper est feraliter persecutus. Et quomodo summam debet Ecclesiam ordinare, cujuscumque limen Ecclesiæ non licet attingere? Clamat Dominus ad Israel : « Anathema in medio tui, Israel; nec poteris stare contra hostes tuos, donec deleatur ex te, qui hoc contaminatus est scelere. » Et hoc quare? Quoniam Achar filius Charmi de anathemate Jericho ducentos duntaxat argenti siclos, regulamque auream quinquaginta siclorum, et coccineum abstulerat pallium : et ob hanc vilem videlicet summam auctor sceleris non modo lapidatur, sed et lapidum acervis obruitur. Si propter illum hominem, qui duntaxat unum sacrilegium fraude commiserat, Israel ante suorum hostium faciem ruiturus erat : quomodo stabit Ecclesia, si per virum tot criminibus involutum, fuerit ordinata? præsertim eum et talem elegerit, in quem, teste mundo, omnium vitiorum sentina confluxit pseudoepiscopum, apostolum Antichristi, adversarium Christi, animam puellarum, mangonem ecclesiarum (2). Quis ergo istorum justo videbitur examine præferendus? utrum is, quem elegit unus vir perpetuæ maledictionis anathemate condemnatus; an ille potius, quem cardinales episcopi unanimiter vocaverunt : quem clerus elegit, quem populus expetivit non in extremitate terrarum, sed intra mœnia Romanorum, et in ipsius sedis apostolicæ gremio.

Regius advocatus.

Tot a te rationibus redditis, possemus fortassis adhibere consensum, si semel emissam deceret regiam majestatem mutare sententiam, principali quippe gloriæ velut inconstantiæ nævus imprimitur, si quodcunque suæ constitutionis edictum leviter annuletur.

Defensor Romanæ Ecclesiæ.

Quis nesciat rege Deum esse majorem? Et tamen dicere non erubescit : « Pœnitet me, quod constituerim Saul regem (*I Reg.*, xv); » et per Samuelem ei denuntiat dicens : « Projecit te Dominus, ne sis rex super Israel (*Ibid.*). » Si pœnitere se Deus asseruit, qui futura cuncta cognoverat : cum homo suam commutare in melius sententiam erubescat, qui qualis, et ipse quoque sit futurus, ignorat? Ille de bono factus est malus; iste videlicet Cadalous, de malo utique, quod jam erat, sit quotidie diaboli more deterior.

Regius advocatus.

Quam inconsulte nunc loqueris, qui diabolum deteriorari posse testaris, qui certe tam malus est, ut deterior esse non possit.

Defensor Romanæ Ecclesiæ.

Mentior, si quod proposui, Scripturæ testimoniis comprobare non valeo. Nam, Isaia teste, dicebat superbus in mundi principio : « Ascendam super altitudinem nubium, similis ero Altissimo (*Isai.* xiv). » Paulus autem dicit : « Qui in fine mundi veniens, adversarius, et extollitur supra omne, quod dicitur Deus, aut quod colitur (*II Thess.* ii). » Quia ergo tunc affectavit Deo se similem esse, in fine mundi jam deterior factus, vult quasi superior eminere. Per quod manifeste colligitur, diabolum adhuc in deteriora posse corruere; quia diabolus interpretatur *deorsum fluens*. Cadalous a cadendo dictus, *ruinam populi* sonat, ipsis quoque nominibus aptissime invicem uterque concordat. Dic ergo quomodo iste pontifex erit, quem non Romanus populus, sed unus homo cum suis complicibus, idemque non Romanus, sed suburbanus (2'), et non Ecclesiæ filius, sed maledictus, et anathematizatus elegit? Illene erit tuo judicio pontifex, qui suam vendidit, ut Romanam Ecclesiam obtineret? qui Romanos occidit in ore gladii, ut Romanus Pontifex fieret? Dicis non debuisse me pontificem sine consensu Regis eligere, et magnipendendum mihi non fuisse, ut populus non periret. Ecce hinc B. Augustinus Hipponensi Ecclesiæ, Valerio vivente, præficitur : ecce illinc Ambrosius octavo die postquam baptizatus est, perceptis cunctis ecclesiasticis gradibus, episcopus ordinatur. In quibus utique ob nil aliud canonicæ auctoritatis ordo deseritur, nisi duntaxat ut saluti populi consulatur. Et tu mihi dicis, in servando populo ipsi regi me non debuisse consulere, ut sibimet in dando consensu unius epistolæ gloria proveniret. Nam unde postmodum Romanus imperator fieret, si tunc se Romanus populus mutuis vulneribus peremisset? Porro autem, quia in constituendo pontifice Romana Ecclesia a charitate regia non recessit, hoc etiam indicio est, quia cum in clero suo religiosis viris et sapientibus abundaret, non de propriis, sed eum, qui regi tanquam domesticus et familiaris erat, elegit.

Regius advocatus.

Quisquis veritati, postquam patefacta claruerit, obstinate renititur, Dei omnipotentis adversarius non immerito judicatur, cujus adversum se iram inextinguibiliter provocat (*I Joan.* v), si veritatem, quæ ipse est, pertinaciter et arroganter impugnat. Nam ut ipse disputationi tuæ velut epilogum faciam, cum inter nos quæstio moveretur, utrum sine regis assensu Romani pontificis fieri possit electio, recensitis historiarum catalogis, tantam Romanorum imperatorum atque pontificum copiam coacervasti, et velut nubem mihi testium opposuisti, ut his conspectis ne nutum quidem me adversum te sub hoc ulterius facere libuisset. De anathemate vero, quod Nicolaus papa constituit, ubi, ut jam verum fatear, totam victoriæ vim intentio nostra posuerat, tam invictis Scripturarum testimoniis, **71** tam lucidis certe modo beatorum apostolorum, modo ipsius Domini Salvatoris tuæ disputationis assertio se purga-

(2') *Gerardus* is est Galeriæ dominus; est enim Galeriæ oppidulum prope Urbem situm, ideoque suburbanum appellatum.

vit exemplis; ut nos eatenus ignota doceret, et vos ab illius sententiæ vinculo potenter absolveret. Deinde a domini mei regis, quam dicebamus, injuria, quæ scilicet nos adversum vos acrius accendebat, tam strenue tua se purgavit oratorio, ut evidenti clarescat indicio, quia in eo, quod sibi pontificem populus Romanus elegit, majestati regiæ potissimum ministravit, nec ei, sicut dicebatur, privilegium tulit, sed potius roboravit, dum non de Romana Ecclesia, sed ex aula regia sacerdotem ad apostolicæ sedis culmen evexit. Postremo de electione Parmensis episcopi quid dicemus? loquar, an sileam? Sed, juxta Scripturam, « conceptum sermonem tenere quis possit? (*Job* iv.) » Et certe ubi nuda veritas cernitur, turpis ignominiæ est, si commento. fallaciæ deservitur. Ipsi plane liquido novimus. anathematizatum esse Gerardum, nec ignoramus ejus instinctu potissimum hunc episcopum in hoc negotium fuisse pellectum. Ut igitur ita loquar, arbor, quæ de venenata radice anathematis oritur, antequam perniciosum prorumpat in fructum modis omnibus, necesse est evellatur, testante Veritate, quæ dicit : « Omnis arbor quæ non facit fructum bonum, excidetur, et in ignem mittetur (*Matth.* iii). »

Defensor Romanæ Ecclesiæ.

Ecce audivit beatitudo vestra, venerabiles Patres, quoniam qui inspector est mentium, confœderat nos in concertatione verborum. Vidit enim nos non malitiæ causa confligere, sed inveniendæ veritatis studio deservire (*Ephes.* ii), ideoque dignatus est modo tam inter nos sopire querelam, et suam nobis inspirare concordiam. Pax enim nostra, quæ fecit utraque unum, conflavit in eodem sensu corda duorum. Agamus illi gratias, qui prius sagenam (3) Petro periclitari permisit, et turbine ventorum, et procellis undarum : sed ecce ut regrediens manum tetendit, Petrum erexit, ventis imperavit (*Marc.* vi), et discrimina maritima compescuit, confestim mare, quod in cumulos erigebatur, obruitur, tempestatis procella sedatur, ventorum turbo reprimitur, et aurea cœli facies serenatur.

Clausula dictionis.

Amodo igitur, dilectissimi, illinc regalis aulæ consiliarii, hinc sedis apostolicæ comministri, utraque pars in hoc uno studio conspiremus elaborantes, ut summum sacerdotium et Romanum simul confœderetur imperium; quatenus humanum genus, quod per hos duos aspices in utraque substantia regitur, nullis, quod absit, partibus, quod per Cadaloum nuper factum est, rescindatur : sicque mundi vertices in perpetuæ charitatis unionem concurrant, ut inferiora membra per eorum discordiam non resiliant; quatenus sicut in uno mediatore Dei, et hominum hæc duo, regnum scilicet et sacerdotium, divino sunt conflata mysterio; ita sublimes istæ duæ personæ **72** tanta sibimet invicem unanimitate jungan-

(3) *Sagena* vro *navicula* sæpius usurpata a S. Duct.

tur, ut quodam mutuæ charitatis glutino et rex in Romano pontifice, et Romanus pontifex inveniatur in rege; salvo scilicet suo privilegio papæ, quod nemo [nemini] præter eum usurpare permittitur. Cæterum et ipse delinquentes, cum causa dictaverit, forensi lege coerceat, et rex cum suis episcopis super animarum statu, prolata sacrorum canonum auctoritate, decernat. Ille tanquam parens paterno semper jure præmineat; iste velut unicus ac singularis filius in amoris illius amplexibus requiescat. Attalus plane rex Asiæ et Nicomedes rex Bithyniæ in tantum Romanam rempublicam dilexerunt, ut uterque moriens Romanum populum testamento reliquisset [reliquerit] hæredem. Sanctæ ergo Ecclesiæ principes quam propensiori invicem debent charitate congruere, quibus injunctum est charitatem præcipue Christiano populo prædicare; ut ex eorum, quæ procedat ex pietate concordia, sancta universalis gratuletur Ecclesia, ac gemino utriusque studio Christianæ religionis reflorescat disciplina. Verum nos piscatoris nostri naviculam ex hiatu scyllææ voraginis trahentes, dum successorem Petri fidei labente vestigio mersum ad littora quieta deducimus, pium Ereptori nostro celeuma cantemus:

Te Deum laudamus: Te Dominum confitemur.

Ultio divina, populi Cadaloe ruina,

Te manet, ut diro medium transverberet ictu.

Altipetax Simonem sequeris Simon astra petentem.

Te quoque Tartareus simul absorbebit hiatus.

Sit nomen Domini benedictum.

SCHOLIA.

« Beato Sylvestro (Constantinus imp.) suisque successoribus obtulit, ut regali more, et aurea corona plecterentur in capite, et cæteras regii cultus infulas usurparent. Verum B. Sylvester ornamenta, quæ sacerdotali congruere judicabat officio, in proprios usus assumpsit. Coronam vero, vel cætera, quæ magis ambitiosa quam mystica videbantur, omisit. » Dum sanctus cardinalis ait, S. Sylvestrum oblata a Magno Constantino principatus in ignia repudiasse, ea vero ornamenta sibi desumpsisse, quæ dignitatem pontificiam eondec orarent, a vero abhorrere non videtur. Nam quæ fuit ardens ejusdem Constantini ad fidem præcipue Christianam recenter-conversi pietas, ut voluisset omnia imperii decora in pontificem summum conferre. Fuit tamen singularis cujusdam prudentiæ in S. Sylvestro ea tantum deligere, quæ spiritualis potestatis culmen, ac fastigium significarent. Id quod etiam habetur cap. *Constantinus* dist. 96, verbis istis : B. Sylvestro et omnibus successoribus ejus de præsenti tradidimus palatium imperii nostri Lateranense; d inde diadema, videlicet coronam capitis nostri, simulque phrygium, nec non et superhumerale, videlicet lorum quod imperiale circumdare assolet collum. Et nonnullis intejectis : Ipse vero beatissimus papa super coronam clericatus, quam gerit ad gloriam beatissimi Petri, ipsa ex auro non est passus uti corona; phrygium vero candido nitore splendidum, resurrectionem Dominicam designans, ejus sacratissimo vertici manibus nostris imposuimus. Sancti Sylvestri porro mitræ Platina hunc in modum meminit : «Eugenius IV S. Sylvestri mitram, Romam Avenione delatam, ipsemet e Vaticano ad Lateranum detulit. » Hujus autem, vel alterius ejusdem S. Sylvetri mitræ me-

A pietas, coloris viridis holoserica, et phrygiata, in qua beatissimæ Virginis in gremio Filium gestantis imago picta, et alatis puerulis, ac stellis circumsepta cernitur, Romæ ad S. Martinum in Montibus inter reliquias honorifice custoditur.

Neque hoc sic intelligas velim, ut pontificalis dignitatis ornamenta tunc primum in Ecclesiam invecta fuerint, quidquid dicant Aimonius, atque Sigebertus, vel etiam alii (AIMON. *Hist. Fr.* l. 1, c. 24; SIGEB. *Chron. ad* an. Christi 550). Nam quod Constantinus gentilium vanitatem detestatus, B. Sylvestro videtur concessisse, hoc ipsum sanctissimos ejus antecessores ob immanem, atque frequentem aliorum imperatorum persecutionem deposuisse apparet. Jacobus enim Alphæi, cognomento Justus, idemque frater Domini nominatus, a Petro apostolorum principe, ut optime Chrysostomus animadvertit (CHRYSOST. in *Joan.*, hom. 87), ordinatus Hierosolymorum episcopus, laminam, seu bracteam auream in capite
B gestare consuevit : ut testatum reliquere Epiphanius, Hieronymus, ac omnes alii fere scriptores ecclesiastici (EPIPH. *hæres.* 29 et 78; HIER. *de script. eccl. in Jac. et in Epist. ad Galat. II*; EPIPH. *hæres.* 29). Hujus vero rei hanc affert rationem idem Epiphanius: folium, sive bracteam in capite gestare ipsi licebat, quemadmodum relati fide digni viri Clemens et Eusebius in suis commentariis testati sunt : « Sacerdos itaque est, velut dixi, Jesus Christus in æternum, secundum ordinem Melchisedech : simulque rex juxta ordinem ex supernis, ut transferat sacerdotium simul cum lege : ex semine vero David propter Mariam sedens in throno in æternum, et Regni ejus non erit finis. Oportebat enim ipsum nunc transferre ordinem tum sacerdotii, tum regni. » Et quibusdam interjectis : « Largitus est autem sub se constitutis Regnum, ut ne diceretur a parvis ad majora procedere : manet enim thronus ipsius, et regni ejus non erit finis : et sedit super thronum David, ita ut regnum David, una cum pontificatu
C transtulerit, ac largitus sit servis suis, hoc est, pontificibus catholicæ Ecclesiæ. » Plura de his apud eumdem Epiphanium habes. In signum igitur regalis sacerdotii (sic ipsum appellat Petrus [*I Petr.* 11]) ejusmodi capiti ornamentum gestare consuevisse, non Jacobum tantum, sed et cæteros apostolos par est credere (POLYCH. ep. ap. Euseb. *Hist.* lib. v, c. 25; HIER. *De script. ecc.* in Polycr.). Nam etsi hæc de singulis non scribantur, satis tamen ad veritatem rei demonstrandam esse videtur, quod non modo Jacobus, ut vidimus, sed et Joannes Evangelista eo usus est capitis ornamento. Testatur id Polycrates Ephesiorum episcopus ad Victorem papam inter alia ita scribens : « His accedit Joannes, qui supra pectus Domini recubuit, qui sacerdos fuit, qui laminam auream gestavit. Erat autem ejusmodi capitis ornamentum, quod in amplius atque perfectius Christianæ legis sacerdotium translatum est antiquæ legis sacerdotibus olim a Deo concessum.
D Sic namque sacra Scriptura : « Facies et laminam « de auro purissimo, in qua sculpes opere, cælatoris sanctum Domino : ligabisque eam vitta hia« cynthina, et erit super tiaram imminens fronti « pontificis (*Exod.* XXVIII, XXIX et XXXIX ; *Levit.* VIII). » Quale autem fuerit capitis ornamentum summi sacerdotis, Josephus exacte describit (JOSEPH. *Antiq.* l. III, c. 8), monstratque non tantum lamina aurea, sed et corona aurea triplici ordine ducta mitram ornatam fuisse : sunt ejus verba : « Porro pileo (ita vocat cydarim, seu mitram communem pariter cæteris sacerdotibus) utebatur, quali cæteri sacerdotes, super quem exstabat alius consutilis ex hiacyntho variatus : hunc aurea corona triplici ordine circumdabat, in qua spectabantur calculi aurei, quales videmus in herba, quæ apud nos vocatur daccharus : apud Græcos herbarios hyoscyamus. » Sed et divina Scriptura pulchre quidem hoc ipsum innuisse videtur sub illis verbis : « Co-

rona aurea super mitram ejus, expressa signo sanctitatis (*Eccli.* XLV). » Nam cum sacerdotibus aliis uti cydari, seu mitra concessum esset : lamina tamen aurea, ut dicebam; ornari caput, sumpi tantum pontificis erat peculiare : quod mitræ ornamentum cum tribus aureis coronis intexeretur, corona etiam in sacris Litteris jure merito appellatur (4). Cæterum cum omnia fere Veteris Legis Pontificum ornamenta una cum summo sacerdotio. in Ecclesiam Romanam jure optimo translata fuerint, illud etiam scitu dignum videtur, quod Bonifacius ejusdem Ecclesiæ pont. max. (præter salutarem Jubilæi, sacramque institutionem centesimo quoque anno celebrandam) hujusmodi etiam tiaram, quam regnum vulgo appellant, tribus distinctam ornatamque coronis (5) (cum eamdem antea tiaram una tantum corona insignitam ejus antecessores deferrent) ad pontificum Romanorum usum primus revocavit. Hic est ille Octavus Bonifacius ex nobili ac vetusta Cajetanorum familia, patre Livifredo equite, matre Alexandri IV nepte, progenitus : qui (ut inter alios Antoninus archiepiscopus Florentinus sanctitate ac doctrina conspicuus testatur) æmulator magnus, et jurium Ecclesiæ conservator, propter sedis apostolicæ patrocinium, adversus ditionis ac bonorum illius detentores animo fortissimo susceptum, et ad finem constanter perductum innumeris malevolorum calumniis se obnoxium reddidit.

(4) S. Petrum tres etiam claves manu tenentem fuisse designatum vetustissima Urbis monumenta me docuerunt.

(5) De tribus Romanorum pontificum coronis M. Antonius Mazaionius libellum conscripsit.

OPUSCULUM QUINTUM.

ACTUS MEDIOLANI, DE PRIVILEGIO ROMANÆ ECCLESIÆ, AD HILDEBRANDUM S. R. E. CARDINALEM ARCHIDIACONUM.

ARGUMENTUM. — Hoc opusculum de privilegio Romanæ Ecclesiæ inscribitur : est autem brevis narratio eorum, quæ ipsi sanctissimo doctori in legatione Mediolanensi contigerunt; cum scilicet contra ejusdem Ecclesiæ clericos Nicolaitas pariter et Simoniacos, legatus a sede apostolica missus, non minus castitatis, quam Romanæ Ecclesiæ jura tuenda, suscepisset.

Domino HILDEBRANDO venerabili archidiacono, PETRUS peccator monachus, sincerissimæ devotionis affectum.

Privilegium Romanæ Ecclesiæ quantas habeat vires ad servandam canonicæ æquitatis et justitiæ regulam, quantumque vigorem ad disponendam ecclesiastici status contineat disciplinam, solus ille dilucide comprehendit, qui ecclesiasticis consuevit insudare negotiis. Quod utique privilegium, qui inexpertus est, parvipendit, exercitatus amplectitur. Quia sicut arma non curat, qui certamen ignorat; sic e diverso telis inhianter accingitur, qui ad reportandos ex inere victoriarum titulos animatur. Armis autem privilegium Romanæ Ecclesiæ non incongrue comparaverim, quia dum hæc una per cathedram beati Petri totius Christianæ religionis caput effecta, cunctis in orbe terrarum principatur Ecclesiis, velut dux ante aciem fidelium cuneis fulta, ac specialis præroqativæ auctoritate munita, et Evangelico mucrone veritati resistentium cervices obtruncat, et ad invictissimum dimicandum totam Christi militiam in unius charitatis, ac fidei unanimitate conspirat. Hoc tu subtiliter, ut et alia multa perpendens, frequenter a me charitate, quæ superat omnia, postulasti; ut Romanorum pontificum decreta, vel gesta percurrens, quidquid apostolicæ sedis auctoritati specialiter competere videretur, hinc inde curiosus exscerperem, atque in parvi voluminis unionem novæ compilationis arte conflarem. Hanc itaque tuæ petitionis instantiam cum ego negligens floccipenderem, magisque superstitioni quam necessitati obnoxium judicarem; divinitus, ut reor, actum est, ut Mediolanensem urbem, beatissimi Nicolai papæ legatione functus, adirem.

Erat enim inter clerum et populum, propter duas hæreses, Simoniacam videlicet, et Nicolaitarum, satis turbulenta seditio. Nicolaitæ autem dicuntur clerici, qui contra castitatis ecclesiasticæ regulam feminis admiscentur. Qui plane tunc fornicatores fiunt, cum fœdi commercii copulas ineunt; tunc Nicolaitæ jure vocantur, cum hanc lethiferam pestem velut ex auctoritate defendunt. Vitium quippe in hæresim vertitur, cum perversi dogmatis assertione firmatur. Quid plura ? nobis digna sedis apostolicæ veneratione recepti, ac negotiis, quæ nos attraxerant, intimatis, post diem alterum factione clericorum repente in populo murmur exoritur, non debere Ambrosianam Ecclesiam Romanis legibus subjacere, nullumque judicandi, vel disponendi jus Romano pontifici in illa sede competere. Nimis indignum, inquiunt, ut quæ sub progenitoribus nostris semper exstitit libera, ad nostræ confusionis opprobrium nunc alteri, quod absit, Ecclesiæ sit subjecta. Postremo tumultuantium clamor attollitur, ex diversis partibus ad episcopale palatium conveniunt : dein tintinnabula perstrepunt, prægrandis æreæ tubæ, quæ illic est, tota civitas clangoribus intonatur. Intentabant mihi, ut ita loquar, omnia mortem, et ut ab amicis meis mihi sæpe suggestum est, nonnulli meum sanguinem sitiebant. Augebat autem hujus ignis incendium hoc permaxime, quia congregatis quasi ad synodum totius Ambrosianæ parochiæ clericis, ego in medio residens, sive potius præsidens, reverendissimum Mediolanensem archiepiscopum ad sinistram; prudentia quoque, ac sanctitate conspicuum Anselmum Lucensem episcopum posuisse mihi accusabar ad dexteram. Hinc porro quanta a frementi populo dici potuerint, non necesse est apicibus tradi, quod nimirum per se valet intelligi. Et revera ipse dominus archiepiscopus mox ut nostræ est præsessionis admonitus, impiger obtulit, ultro etiam, ut si ego præciperem, in scabello, quod nostris suberat pedibus, sine controversia resideret. Dicant id non simplici factum intentione, qui volunt; nos autem non hoc irritationi populi zelantis, ut fertur, adscribimus, sed apostolicæ sedis reverentiæ deputamus. Ut autem ad compendium veniam, ascendi pulpitum, ac, sedato vix populo, hujusmodi sum verbis exorsus.

SERMO

Noverit charitas vestra, dilectissimi, non me pro Romanæ Ecclesiæ huc honore venisse, sed vestram gloriam quærere, vobis salutem et gratiam, quæ in Christo est, cum ejus auxilio, si permittitis, providere. Quo enim pacto honore indiget parvuli hominis, quæ laudes atque præconia ex ipsius ore sortita est Salvatoris? Quæ autem provincia per omnia regna terrarum ab ejus ditione extranea reperitur, cujus arbitrio ipsum quoque cœlum et ligatur et solvitur? Omnes autem sive patriarchivi cujuslibet apicem, sive metropoleon primatus, aut episcopatuum cathedras, vel Ecclesiarum cujuscunque ordinis dignitatem, sive rex, sive imperator, sive cujuslibet conditionis homo purus instituit, et prout voluntas, aut facultas erat, specialium sibi prærogativarum jura præfixit : Romanam autem Ecclesiam solus ipse fundavit, super petram fidei mox nascentis erexit (*Matth.* xvi), qui beato vitæ æternæ Clavigero terreni simul et cœlestis imperii jura commisit. Non ergo qualibet terrena sententia, sed illud verbum, quo constructum est cœlum, et terra : per quod denique omnia condita sunt elementa, Romanam fundavit Ecclesiam. Illius certe privilegio fungitur, illius auctoritate fulcitur. Unde non dubium, quia quisquis cuilibet Ecclesiæ jus suum detrahit, injustitiam facit : qui autem Romanæ Ecclesiæ privilegium ab ipso summo omnium Ecclesiarum capite traditum auferre conatur, hic procul dubio in hæresim labitur : et cum ille notetur injustus; hic est dicendus hæreticus. Fidem quippe violat, qui adversus illam agit, quæ mater est fidei; et illi contumax invenitur, qui eam cunctis Ecclesiis prætulisse cognoscitur.

Ut autem, omissis aliis, ad id, quod nunc agitur, veniamus, non debet ignorare sancta vestra devotio, quia beati apostolorum principes Petrus et Paulus, sicut per suum sanguinem Romanam Ecclesiam consecrarunt; ita mox inter ipsa nascentis fidei rudimenta hanc Mediolanensem Ecclesiam per suos discipulos lucrati sunt Christo : Nazarius quippe martyr insignis, sicut Scripturæ testantur, Petri auctoritate, baptisma a Lino ejus successore suscepit : qui postmodum cum B. Celso in hac sancta urbe martyrio coronatus est. Sancti vero martyres Protasius atque Gervasius beatum Paulum apostolum magistrum ac præceptorem habuisse noscuntur; sicut B. Ambrosio et ipse testatur : Isti sunt, inquit, qui monita mea secuti respuentes prædia, et divitias secuti sunt Domini nostri vestigia. Sicut ergo Salvator noster binos ante faciem suam discipulos misit (*Luc.* xix); ita quodammodo uterque sanctus apostolus ex magisterio suo in hanc urbem prædicatores sanctæ fidei geminos destinavit.

Cum ergo vestræ salutis auctores ex Romanæ Ecclesiæ prodierint disciplina, consequens est, juxta æquitatis ordinem, ut Ecclesia Romana mater Ambrosiana sit filia. Ut autem hic ordo inter utramque, Ambrosianam videlicet et apostolicam sedem non noviter oriri, sed antiquitus tenuisse non dubitetur, B. Ambrosius cum hanc Nicolaitarum sordem ad multorum fœtere perniciem in hac urbe doleret, eamque per se solus coercere non posset, sedis Apostolicæ mox quæsivit auxilium; cui videlicet is, qui tunc præerat, papa Siricius tres personas, presbyterum, diaconum, et subdiaconum, ad correctionem ulciscendi hujus sceleris destinavit. Cum his itaque beatissimus pontifex, quos corrigere non potuit, velut scatentem vermibus sentinam ex urbis hujus sagena projecit. Unde et ipse S. Ambrosius in omnibus sequi se magistram sanctam Romanam profitetur Ecclesiam. Scrutamini itaque Scripturas vestras, et per quod vultis diligenter inquirite; et si non potestis apud vosmetipsos invenire quod loquimur, mendacii arguite : si autem potestis, nolite veritati resistere, nolite matrem vestram crudeliter impugnare, sed ex cujus uberibus lac suxistis apostolicæ fidei, ejus semper gaudete solidis doctrinæ cœlestis dapibus recreari.

Quantum profuerit ratio reddita.

His itaque rationibus de prærogativa et principatu sedis apostolicæ redditis, populus omnino benevolus redditur, et exsecuturum se, quidquid injungerem, unanimiter pollicetur. Tunc nimirum liquido persensi, in ecclesiasticis causis quantum Romanæ Ecclesiæ nosse privilegium valeat; quamque hoc sancta tua prudentia non otiose deposcat. Quod utique, Deo annuente, implere studebimus, si tamen hujus rei gestæ prius ordinem digeramus. Quid multis moror? Adest clericorum perplurimus ille conventus, communiter, et singillatim quisque perquiritur, vix e tanto numero quispiam promotus ad ordinem sine pretio reperitur. Erat enim genuinus, imo inordinatus ordo, et inevasibilis regula illius Ecclesiæ, ut quicunque ad quemlibet ordinem, vel etiam ad episcopatum consecrandus accederet, præfixum prius absque ulla controversia canonem daret. Hic plane quot curis afflictus, quot sim cogitationum stimulis tædiatus, quot denique suspiria ex imis visceribus traxerim, facunda etiam lingua non explicat. Tam latæ siquidem diœcesis, tam nobilis urbis omnes Ecclesias sacris mysteriis profanare, quodammodo Christianæ religionis videbatur eversio. Sed et litigiosum erat indulgere paucis, cum fere omnium esset culpa communis, nec legitimum videbatur, diversa in eos prodire sententia, cum esset una omnibus causa. Hoc etiam nostras augmentabat **79** angustias, quia nisi qualemcunque decisionis calculum causa ista susciperet, nisi cum magna hominum strage, furentis populi se jurgia non sedarent.

De reconciliandis hæreticis.

Tunc inter multas disceptationes processit in medium illa Innocentii papæ sententia, ab antiquioribus inventa, quod a multis peccatur, inultum est. Illa quoque discretio ad memoriam rediit, quam sancti pontifices, et authentici canonum conditores de Donatistis, et Novatianis, ac reliquis, qui apud diversas hæreses ordinati sunt, invenerunt. Id etiam nos non præterit, quod nostræ memoriæ nonus Leo papa plerosque Simoniacos, et male promotos tanquam noviter ordinavit. Hæc et alia plurima meditantibus, et invicem conferentibus, illud etiam devenit in manus, quod insignis papa Leo I Januario scripsit episcopo : « Lectis, ait, fraternitatis tuæ litteris, vigorem fidei tuæ, quem olim noveramus, congratulantes tibi, quod a custodiam gregis Christi pastoralem curam vigilanter exsequeris, ne lupi, qui sub specie ovium subintraverunt. (*Matth.* VII), bestiali sævitia simplices quosque dilacerent, et non solum ipsi nulla correctione proficiant, sed etiam, quæ sunt sacra corrumpant. Quod ne viperea possit obtinere fallacia, dilectionem tuam duximus commonendam, insinuantes ad animæ periculum pertinere, si quisquam de his, qui a nobis in hæreticorum atque schismaticorum sectam delapsis, et se utcunque hæreticæ communionis contagione macularit resipiscens, in communione catholica sine professione legitimæ satisfactionis habeatur. Saluberrimum enim, et spiritualis medicinæ utilitate plenissimum est, ut sive presbyteri, sive diaconi, aut cujuslibet ordinis clerici, qui se correctos videri volunt, atque ad catholicam fidem, jampridem admiserant, rursum reverti ambiunt, prius errores suos et ipsos auctores errorum damnatos sine ambiguitate fateantur. Ut sensibus pravis etiam peremptis nulla spe randi supersit occasio, ne ullum membrum talium possit societate violari, cum per omnia illis professio propria cœperit obviare. Circa quos etiam illam canonum constitutionem præcipimus custodiri, ut in magno habeant beneficio, si adempta sibi omni promotionis spe, in quo inveniuntur, stabilitate perpetua maneant, tamen iterata tinctione non fuerint maculati. Non ob hoc levem apud Dominum noxam incurrit, qui de talibus ad sacros promovendis ordines judicarit. Quod si cum grandi examinatione promotio conceditur inculpatis, multo magis non debet licere suspectus. » Idem quoque Leo in hæreticorum receptione Anatolio Constantinopolitano episcopo sic mandavit : « Qui plenis satisfactionibus male gesta condemnant, et accusare magis se eligunt, quam tueri, pacis, et communis nostræ unitate lætentur, ita ut digno prius anathemate, quæ contra fidem catholicam sunt recepta, damnentur. Aliter enim in Ecclesia Dei, quæ corpus est Christi, nec rata sunt sacerdotia, nec vera sunt sacrificia, nisi in nostræ proprietate naturæ verus nos pontifex **80** reconciliet, verus immaculati Agni sanguis emundet. Nec aspere igitur communionis nostræ gratia deneganda est, nec temere est largienda. » Idem vero Aquileiensi episcopo scribens, ait : « Damnent apertis promissionibus sui superbi erroris auctores, et quod in doctrina eorum universalis Ecclesia exhorruit, detestentur. Omnia decreta synodalia, quæ ad excisionem Simoniacæ hæreseos apostolicæ sedis confirmavit auctoritas, amplecti se, et in omnibus approbare plenis, et apertis, ac propria manu scriptis protestationibus eloquantur. Illud etiam nos non aufugit, ubi Fulbertus Carnotensis episcopus primati suo super presbytero per pecuniam ordinato, ex auctoritate Toletani concilii tale reperitur dedisse consilium (aliis quippe præmissis hoc intulit). Propterea, inquit, depositum non reordinabitis, sed reddetis ei suos gradus per instrumenta, et per vestimenta, quæ ad ipsos gradus pertinent, ita dicendo : Reddo tibi gradum ostiarii, et te in illum gradum restituo, et cætera ; In nomine Dei Patris, et Filii, et Spiritus sancti. Novissime autem benedictione lætificabitis eum, sic concludendo : Benedictio Dei Patris, et Filii, et Spiritus sancti super te descendat, ut sis restitutus in ordine sacerdotali, et offeras placabiles hostias laudis pro peccatis, atque offensionibus populi omnipotenti Deo, cui est honor et gloria in sæcula sæculorum. » Hoc etiam nostram memoriam non pertransiit, quod beatus papa Gregorius neophytis Anglis dispensative ad tempus conjugia canonibus interdicta, permisit. Apostolica etiam illa discretio nobis ad memoriam est reducta, quæ Gentilibus nuper conversis ad fidem, nihil aliud oneris imposuerunt, nisi ut ab immolatis simulacrorum, et sanguine, et suffocato, et fornicatione, se tantummodo custodirent. In arcto itaque positi, quia non poteramus mala illius Ecclesiæ mera canonum auctoritate corrigere, studuimus saltem perversis ejus usibus finem imponere, ac gratuitæ promotionis ordinem futuris temporibus providere. Exegimus igitur extunc et deinceps gratuitæ promotionis inviolabilem sponsionem, prius per monumenta litterarum, deinde per manum, postremo per Evangelicum sacramentum. Et quidem sponsio stylo digesta, ut apud nos habetur, hic simpliciter transcribatur.

Sponsio archiepiscopi Mediolanensis.

Wido divina gratia Medolanensis Ecclesiæ archiepiscopus, omnibus Christi fidelibus ejusdem Ecclesiæ clero, et populo æternam salutem in Domino.

Non ignorat sancta devotio vestra, dilectissimi fratres, et filii, quam reproba, quam detestabilis,

Deo odibilis, ignominiosa, atque perversa, omniumque sanctorum canonum auctoritate damnata consuetudo in hac sancta Ecclesia; cui, Deo auctore, deservio antiquitus inoleverit, quamque lethalis, atque pestiferæ lepræ animas innocentum contaminatione perfuderit, Simoniacæ videlicet hæresis damnata, semperque damnanda venalitas, et perniciosa negotiatio hujusmodi, quæ in hac sancta Ecclesia consuetudinaliter obtinebat, ut quisquis 81 ad clericales ordines provehendus accederet de subdiaconatu quidam duodecim nummos, de diaconatu vero decem et octo, postremo de presbyteratu suscipiendo viginti quatuor, quasi per præfixam conditionis regulam daret. Hoc itaque modo Simon Magus, heu! proh dolor! hanc sanctam Ambrosianam ecclesiam perversitatis suæ velut officinam fecerat. Follem, malleos, et incudem trapezita ac monetarius iniquitatis habebat; nihilque aliud nisi animarum omnium commune periculum fabricabat. Nostris vero temporibus, quia Salvator noster pius ac misericors plebem suam, quam pio cruore redemerat, sub hac mortiferi languoris atrophia perire condoluit, velut ad obviandum, ac viriliter obsistendum voraci ac virulento draconi, vestros animos, visitante Spiritus sancti gratia, concorditer incitavit: ita ut quibusdam ex nostris sedem apostolicam adeuntibus, tantum hujus terræ periculum sanctus ad Deo dignus Nicolaus papa cognosceret, atque ad compescendum, et funditus exstirpandum hoc facinus dominum Ostiensem Petrum episcopum destinaret.

Quapropter, dilectissimi fratres, in conspectu Dei omnipotentis, et Filii ejus Christi Jesu, qui judicaturus est vivos et mortuos, et Spiritus sancti, qui hanc pestem specialiter damnat ac destruit, sub testimonio omnium angelorum cunctorumque sanctorum Dei, præsente jam dicto domino Petro episcopo, et etiam venerando domino Anselmo Lucensi episcopo, et omnibus vobis, damno, detestor ac reprobam judico hanc perversam, quæ hactenus viguit in hac ecclesia, negotiandi consuetudinem, omnemque Simoniacam hæresim. Insuper obligo non solum me, sed et omnes clericos meos, qui nunc sunt, omnesque successores nostros, et inviolabili nodo firmissimæ promissionis astringo, ut nec ego, nec quisquam successor meus, nec inquisitor, nec Rodolarius, nec aliquis hujusmodi de promovendis ad ecclesiasticos ordines aliquid tollat. Quod si suadente diabolo, sive aliquis nostrum, qui nunc sumus, sive successorum nostrorum, qui post nos futuri sunt, hujus saluberrimæ promissionis violator exstiterit, et aliquid in conferendis ordinibus tollere pestifera negotiatione præsumpserit: dator simul et acceptor cum ipso hæresis hujus auctore Simone perpetuo anathematis vinculo constringatur, et a Dei omnipotentis, omniumque sanctorum consortio separatus, cum Juda et Caipha, cum Dathan et Abiron sub æternæ damnationis atrocitate damnetur. Nicolaitarum quoque hæresim, nihilominus condemnamus, et non modo presbyteros, sed et diaconos, et subdiaconos ab uxorum et concubinarum fœdo consortio, nostris studiis, in quantum nobis possibilitas fuerit, sub eodem quo supra testimonio arcendos esse promittimus. Quod, ut verius credatur, nos cum nostris clericis propria manu subscribendo firmamus, sigilli quoque nostri formam imprimi jubemus. Insuper hoc addentes ac sub ejusdem sponsionis vinculo inviolabiliter promittentes, ut neque de abbatiis ordinandis, neque de capellis, vel quibuslibet ecclesiis investiendis, vel ordinandis, sive tradendis, neque 82 de episcopis promovendis, neque de sacrosancto chrismate, neque de consecratione ecclesiarum vel nos, vel nostri familiares aliquid omnino tollamus. Spiritus sanctus, qui sanctorum chrismatum auctor est, nos nostrosque successores ab omni vinculo præfatæ maledictionis eripiat: ita tamen ut hanc saluberrimam constitutionem perseveranter implere concedat, qui cum Patre, et Filio vivit in sæcula sæculorum. Amen.

Ego Dei gratia Wido, Mediolanensis Ecclesiæ archiepiscopus, hanc sponsionem a me factam firmavi, roboravi, atque subscripsi. Odaldericus vicedominus, et presbyter subscripsi. Griberius presbyter subscripsi. Arderatus presbyter subscripsi. Atto presbyter subscripsi. Ariprandus indigne diaconus subscripsi. Ardericus diaconus subscripsi. Ambrosius diaconus subscripsi. Acto diaconus subscripsi. Adam subdiaconus subscripsi. Lyprandus subdiaconus subscripsi. Landulphus subdiaconus subscripsi. Acto subdiaconus subscripsi, et alii subscripsere.

Jusjurandum archiepiscopi.

Postmodum accedens idem archiepiscopus ante sanctum altare, præsente domino Lucense, juravit in manum meam, dicens: Si hæc, inquit, de Simoniaca et Nicolaitarum hæresi delenda, et funditus destruenda fideliter non observavero, ab omnipotenti Deo et omnibus sanctis sim excommunicatus, et anathematizatus, et ab omni Christianorum consortio inveniar alienus. Similiter et vicedominus, et cancellarius ejus, et omnes alii qui aderant clerici manus suas in manum meam dederunt, et hæc eadem excommunicationis et anathematis verba dixerunt. Deinde accessit Arnulphus nepos archiepiscopi, honestus videlicet et prudens clericus, cujus unam manum archiepiscopus tenuit, alteram ipse super sanctum Evangelium posuit, et juravit, dicens: Dominus meus Wido archiepiscopus, qui hic est, ab hodie in antea, et quod promisit de castitate clericorum, fideliter observabit: et insuper nunquam consecrabit alicujus ordinis clericum suæ diœcesis præter monachos, quem ante promotionem non faciet jurare, quod in hoc breviculo scriptum est. Sic me Deus adjuvet, et ista sancta Evangelia.

Indiculus sacramenti eorum qui promoventur.

Pro suscipiendis ecclesiasticis gradibus, sive per me, sive per submissam personam, seu per quodlibet ingenium, neque dedi, neque promisi, neque per promissiones daturus sum aliquid. Sic me Deus adjuvet, et ita sancta Evangelia.

Pœnitentia archiepiscopi.

Hoc facto dominus archiepiscopus illico in pavimentum cum omni humilitate prosternitur, et injungi sibi pœnitentiam pro venalitatis hujus nefando commercio deprecatur : cujus videlicet sceleris licet in illa Ecclesia non ipse primus exstiterit auctor ; non tamen ut debuit, fuerat exstirpator. Centum itaque annorum sibi pœnitentiam indicit, **83** redemptionemque ejus taxatam per unumquemque annum pecuniæ quantitate præfixit.

Jusjurandum archiepiscopi et populi non diversum.

Mox majorem ecclesiam simul ingressi, pulpitum ascendimus. Tunc coram copioso populo civitatis, et clero, clericum suum, tactis sacrosanctis Evangeliis, jurare feci, quod ipse archiepiscopus donec adviveret, in quantum posset (excepta suorum bonorum datione, si nollet) istas duas, Nicolaitarum videlicet, ac Simoniacorum hæreses, omni studio totisque viribus sincere ac fideliter exstirpare contenderet : ita ut neque presbytero, neque diacono, neque subdiacono, feminam cum gradu simul habere permitteret: a conferendis etiam ecclesiasticis sacramentis venalitatis omne commercium funditus prohiberet. Idipsum jusjurandum contra Simoniacos et Nicolaitas permaxima pars populi non modo civilis, sed et suburbani jam dederat, quorum videlicet multitudo millenarium, ut fertur, numerum excedebat. His ita gestis, consideratisque sanctorum Patrum sententiis, quos superius memoravimus, aliorumque, quos studio brevitatis omisimus, visum est nobis, ut omnes illi clerici, accepta pœnitentia, inter missarum solemnia reconciliarentur, ornamenta de manu episcopi recipientis, sicut Fulbertum episcopum, supra narravimus, dedisse consilium ; hoc tamen prius, quod infra scriptum est, ante sanctum altare legentes.

Jusjurandum clericorum.

Ego Arialdus dictus diaconus de capella Mediolanensis archiepiscopi hac scriptura, quam manu mea scripsi, profiteor me eam fidem tenere, quam sacrosancta septem concilia evangelica, et apostolica auctoritate firmarunt, et quam beatissimi pontifices Romani ad diversos data prædicatione lucidissimæ veritatis exposuerunt. Anathematizo quoque generaliter omnes hæreses, extollentes se adversus sanctam catholicam et apostolicam Ecclesiam, et specialiter vero atque nominatim Simoniscam hæresim, quæ in ipsam Ecclesiam conatur introducere sacrorum ordinum, sive officiorum maledictam venalitatem: deinde Nicolaitarum æque abominabilem hæresim, quæ impudenter latrat sacri altaris ministros debere, vel posse licenter uti conjugibus, quomodo vel laicos : unde quia his diebus hæ duæ hæreses, scilicet Simoniacorum et Nicolaitarum, gravius Ecclesiam Dei vexant et impugnant; Simoniacos omnes, et Nicolaitas cum dogmatibus, auctoribus sectatoribusque suis æterno anathemate dignos esse pronuntio, jurans per sanctam omoousion Trinitatem.

Pœnitentia clericorum.

Pœnitentia autem clericorum talis est. Ii nimirum, A qui solum constitutæ a diabolo **84** regulæ canonem dederunt, ita ut nonnulli eorum vix peccatum hoc esse cognoscerent, quinque annorum pœnitentiam acceperunt. Hoc modo ut omni tempore, æstate, simul et hieme, duos dies, duabus autem anni Quadragesimis, Natalem videlicet, et sanctum Pascha præcedentibus, tres dies per hebdomadam jejunarent in pane et aqua. Eorum autem, qui plus dederunt, septem annorum est pœnitentia, sub eadem scilicet jejunii quantitate distincta ; postque septennium quandiu vixerint, sextam feriam jejunabant. Qui autem jejunare facile non potest, unum ex his diebus per omnem hebdomadam redimere licentiam habet, ita ut unum psalterium meditetur, aut medium cum quinquaginta metanœis, aut unum pauperem pascat, B et lotis pedibus nummum porrigat. Hoc insuper domino archiepiscopo promittente quod omnes orationis causa procul ipse dirigeret, sive videlicet Romam, sive Turonum ; ipse autem archiepiscopus profecturum se ad B. Jacobi venerabilem tumulum, qui est in Hispania, disponebat.

His itaque tali modo reconciliatis, decretum est, ut non mox passim omnibus reddetur officium, sed his duntaxat, qui et litteris eruditi, et casti, et morum gravitate viderentur honesti ; cæteris autem sufficeret, quod sanctæ Ecclesiæ per divinam gratiam essent rursus inserti, a qua eatenus fuerant divinæ sententiæ falce præcisi. Illi etiam ipsi, quibus ministrandi licentia redditur, non ex male mercata veteri ordinatione ad amissum reparantur officium : C sed ex illa potius beati apostolorum principis efficacissima auctoritate, qua in beatum Apollinarem repente usus est, dicens : Surge, inquit, accipe Spiritum sanctum, simulque pontificatum.

Ecce omnem discretionis illius ordinem apud Mediolanensem urbem habitum, breviter exposuimus : adhuc tamen utrum sedis apostolicæ judicio placeat, ignoravimus. Nos enim, si quid erravimus, ad Petri magisterium corrigendi libenter accedimus, et retractationis opprobrium non veremur. Hæc est enim illa, ut ita loquar, officina fabrilis cui nimirum is, qui fabri dicebatur filius præsidet, ad cujus regulam omnis merito moneta reducitur : ad cujus rectitudinis lineam quidquid uspiam depravatum fuerit, reformatur. Utrum autem ego in reconciliatione illorum D erraverim, nescio. Unum autem per omnipotentis Dei clementiam spero, quia post tot jurationem genera, quibus archiepiscopus hæc promissa firmavit, post sacramenta tam multiplicis populi per Evangelium data, post juramenta certe omnium clericorum ante sanctum altare litteris, et proprio ore prolata, utræque istæ hæreses sic in illa Ecclesia sunt per argumenta providæ coercitionis attritæ, ut auctore Deo nostris temporibus non sint ad rediviva certamina reparandæ. Apostolica tamen sedes hæc apud se retractanda discutiat : et utrum puncto an lima digna sint, ex auctoritatis suæ censura decernat.

Sit nomen Domini benedictum.

OPUSCULUM SEXTUM.

LIBER QUI APPELLATUR *GRATISSIMUS*. AD HENRICUM ARCHIEPISCOPUM RAVENNATEM.

ARGUMENTUM. — In hoc tractatu prolixe ostendit non esse eos, qui a Simoniacis episcopis consecrati sunt, iterum consecrandos: quod multis rationibus et sanctorum Patrum auctoritatibus confirmat. Controversia autem tunc temporis super hac quæstione vertebatur in concilio episcoporum; propterea scribit hoc loco ad archiepiscopum Ravennatem, ut simul cum aliis hoc Romano pontifici persuadeat, ne innocentes simul cum noxiis pœna afficerentur, depositis scilicet ab ecclesiasticis ordinibus, quos sine ulla negotiatione acceperant.

VERSUS DE SIMONIACIS.

Incudem Simonis fabrilis, et antra monetæ
Damnat pestiferas Deus evertendo cathedras:
Nam postea latro per diverticula repit,
Pervia gratuito pastor petit ostia gressu.
Ast ubi mangonum scelerata negotia desunt,
Nec gravem corbonam turget venale talentum.
Non distractor obest, quia non commercia sordent.
Nam quid nummati nequeunt ubi lædere numini?
Imo quid arboreis manu obsit squalida plantis?
Sæpe salutiferam medicus dedit æger origam,
Mancipites pugilem, cæci genuere videntem,
Clerica procerum peperit male fœda venustum,
Nec soboles noxis est addicenda paternis;
Quisque sua premitur, socii nec labe tenetur.

Domino HENRICO venerabili Ravennaticæ sedis antistiti, PETRUS vivificæ crucis Christi humillimus servus, salutem in idipsum.

Qui sacerdotium, auctore Deo noviter suscepisti, nullum tibi inprimis offerendum munus, quam quod de sacerdotibus factum est, congruentius credidi. De iis itaque, qui gratis sunt a Simoniacis consecrati, quanta jam per triennium in tribus Romanis conciliis fuerit disceptatio, quanque perplexa atque confusa dubietas: et in iis partibus quotidie ventiletur, sanctitatem vestram latuisse non arbitror; præsertim, cum crescente fluctuationis ambiguo, eatenus sit processum, ut nonnullos constet episcopos ab illis ordinatos clericos denuo consecrasse. Unde mihi plerique fratres quadam præsumptivæ charitatis instantia familiariter exigunt, et violenta, ut ita fatear, supplicatione compellunt; ut in tantæ necessitatis articulo subvenire, vel compendiosum quid scribendo non pigeat, atque quid mihi super hac sententia videatur, exponam. Quod quidem diutius detrectavi, sperans me videlicet a beatissimo prius apostolicæ sedis antistite licentiam accepturum: hac siquidem transiturus in proximo ferebatur. Sic namque integram decernebam ecclesiasticam quamlibet tractare materiam, si ab ipso Ecclesiæ principe tractandi mihi auctoritas aspiraret. Sed cum mihi recurreret in memoriam, quia jam venerabilis papa in postrema synodo omnes episcopos ex divina obtestatione rogaverit, quatenus Dei misericordiam in commune deposcerent; ut quid super hoc scrupuloso negotio decernendum esset, nutantibus revelaret; ejus me arbitratus obsecundare prorsus imperio, si vel orando, vel scribendo tam difficilem nodum de Ecclesia solvere, superna illucescente gratia, potuissem. Quapropter in illum fideliter sperans qui aperit librum, et solvit signacula ejus (*Apoc.* VIII), solvendæ hujus quæstionis iter aggrediar; et quia copia dicendi non suppetit, delegatæ mihi obedientiæ studio, qui loqui nescio, nutibus saltem gestire tentabo.

CAPUT PRIMUM.

Quod Christus, etsi per plures sua dona discernat, in ipso tamen omnis gratiæ plenitudo permaneat.

Constat plane mediatorem Dei, et hominum Christum Jesum Ecclesiam suam sic ordinasse ab ipso redemptionis humanæ primordio; ut et per ministros verbi sui charismatum dona distingueret, et tamen in seipso omnium gratiarum plenitudinem principaliter retineret. Nam is qui dicit apostolis: « Habemus thesaurum istum in vasis fictilibus (*I Cor.* IV); » idem etiam confitetur: «Quia in pectore Jesu sunt omnes thesauri sapientiæ absconditi (*Coloss.* II). » Si autem in pectore Jesu omnes thesauri sunt, et nihil excipitur; quid ergo relinquitur, quod in vasis hominum fictilibus recondatur? Sed quod ille totum naturaliter possidet, hoc illi per gratiam participatione illius juxta mensuras habent. De illis enim dicitur: « Quia operatur unus atque idem Spiritus, dividens singulis prout vult (*I Cor.* XII); » at de unigenito Filio dicit Joannes Baptista: « Non, inquit, ad mensuram dat Deus Spiritum. » Et iterum: « De plenitudine ejus omnes accepimus (*Joan.* I).»

Quia ergo ab illo uno fonte omnes justi hauriunt unde vivant; ad illum necesse est, semper gratias agendo, recurrant; nec supernæ gratiæ dona ab alio se posse percipere credant, nisi ipso largiente, a quo hæc certum est emanare. Qui enim divini luminis non Deo, sed homini se debitores existimant, tanquam a sui fontis irrigatione siccati, necesse est, ut deficientes arescant; nec in semetipsis valent fluere, dum ab originali plenitudine fontis obliviscuntur ubertatem suæ vegetationis haurire. Unde non incongrue per Salomonem dicitur : « Omnia, inquit, flumina intrant in mare, et mare non redundat : ad locum unde exeunt, flumina revertuntur, ut iterum fluant (*Eccle.* I).» Hunc excursum, atque recursum spiritualium fluminum mystice Lucas evangelista describit, cum ait : « Quia, convocatis Jesus duodecim aposfolis, dedit illis virtutem et potestatem super omnia dæmonia, et ut languores curarent, et misit illos prædicare regnum Dei (*Luc.* IX).» Ecce egressus fluminum ; ac postmodum subdit : « Et reversi apostoli narraverunt illi quæcunque fecerunt (*Ibid.*).» Ecce reditum fluminum. « Ad locum ergo, unde exeunt, flumina revertuntur; » quia electi quique illi se debitores esse non ambigunt, a quo videlicet hauserant omne quod spiritualiter fluunt. Unde et Paulus ait : « Divisiones vero gratiarum sunt, idem autem Spiritus ; et divisiones ministrationum sunt, idem autem Dominus ; et divisiones operatiónum sunt, idem vero Deus, qui operatur omnia in omnibus.» Nempe cum primum ponat Spiritum, deinde subjungat Dominum, postremo Deum, ostendit sanctam Trinitatem, unum scilicet Deum, omnium gratiarum esse indubitanter auctorem. Ipse enim sua dona distribuit, qui singulorum merita, et operum diversitates occulta provisione discernit.

88 CAPUT II.

Quod sacerdos exterius ministrat, sed Deus invisibiliter consecrat.

Quapropter plena fide credendum est, quod sic ministris suis Christus ecclesiasticæ consecrationis delegat officium, ut tamen apud se omnium ordinum contineat principaliter sacramentum ; sicque servis promovendi conservos ministerium prærogat, ut in neminem ipsum consecrandi jus, virtutemque transfundat. Licet enim pontifices per injunctæ administrationis officium consecrare videantur ; sed ille veraciter consecrat, qui Spiritum sanctum invisibiliter dat. Alius namque est, qui orat ; alius, qui exaudit. Alter ille, qui petit ; alter, qui petitionibus annuit. Quis est enim, qui se Petro et Joanni audeat comparare ? Et tamen de ipsis dicitur : « Quia missi Samariam, imponentes manus iis, qui baptizati fuerant, oraverunt pro ipsis, et illi acceperunt Spiritum sanctum (*Act.* VIII). » Non ergo eorum largitate, sed ministerio, ac proinde non illis donantibus, sed orantibus, Spiritus sanctus super credentes illapsus est (*Hebr.* IX). Unus est enim sacerdos magnus, unus pontifex summus, qui introivit semel, non in quælibet sancta sanctorum, sed in ipsum cœlum, ut appareat vultui Dei pro nobis. Ex quo videlicet, tanquam quodam vertice, omne Sacerdotium per Ecclesiæ membra diffunditur ; omne, quod sacrum est, ineffabiliter propagatur. Unde cum discipulos ad baptizandum misit, non in eos sacramenti virtutem transtulit, sed obedientiam indidit ; et non auctores baptismi sed ministros effecit. Nam cum dicit : « Ite in orbem universum, baptizate omnes in nomine Patris, et Filii, et Spiritus sancti (*Matth.* XXVIII) ; » evidenter ostendit, quia non ipsi, sed ille procul dubio baptismatis auctor erat, in cujus illi nomine baptizabant. Unde et Joannes Baptista dicit : « Qui me misit baptizare in aqua, ille mihi dixit : Super quem videris Spiritum descendentem, et manentem super eum, hic est, qui baptizat (*Joan.* XI).» Et tamen evangelista Joannes ait : « Quanquam Jesus non baptizaret, sed discipuli ejus.» Ecce Dominus non baptizat, et tamen de illo dicitur : « Hic est, qui baptizat ; » quia quisquis baptizandi exhibet ministerium, ille tamen operatur virtutis intimæ sacramentum.

CAPUT III.

Quod sicut unus est, qui baptizat; ita unus idem est, qui principaliter consecrat.

Si quis autem mihi fortassis objiciat, aliud esse baptismum humanæ regenerationis, aliud consecrationis ecclesiasticæ dignitatem ; nos quidquid in hac parte de baptismo credimus, totum nihilominus et de consecratione sentimus. Nam cum baptismus totius ecclesiastici sacramenti origo sit, atque primordium, sicut baptismus Dei est et non hominis, ita nimirum omnis ecclesiastica consecratio illi specialiter competit, a quo omnium benedictionum **89** plenitudo profluxit. De quo videlicet Apostolus : « Qui benedixit nos, inquit, omni benedictione spirituali in cœlestibus (*Ephes.* I) : » Neque enim vel ipse baptismus, vel prorsus aliqua consecratio magnum aliquid diceretur, nisi intuitu Spiritus sancti, qui per exercitia illa tribuitur. Nam, ut dicitur, quid est aqua, nisi aqua ? Sed accedit verbum ad elementum, et descendente Spiritu, fit sacramentum.

Cum ergo in utroque sanctificationis genere hoc sit totum atque magnificum, quod sive ab iis, qui baptizantur, sive ab iis, qui consecrantur, Spiritus sanctus accipitur, sicut non humanæ virtuti, vel potestati, sed auctori Deo baptismus adscribitur : ita nihilominus et quælibet ecclesiastica consecratio ad illum per omnia, necesse est, referatur, operante siquidem in utrisque multiformi gratia Dei ; et ut illi absolutionem obtineant peccatorum, et isti provehantur ad spiritualium ordines dignitatum. Illi exuti veterem cum actibus erroris, novum induant hominem ; isti tanquam sacerdotes Dei induantur justitia. Illi quasi modo geniti infantes rationabiles sine dolo lac concupiscant ; isti ut perveniant in mensuram ætatis plenitudinis Christi. Operatur in illis, ut fiant filii adoptionis, in istis autem ut sint ministri et dispensatores ministeriorum Dei. Illi namque per Spiritum renascuntur : isti eodem disponente Spiritu, jam, ut filios Dei generent, præferuntur (*Ephes.* IV ; *Coloss.* III ; *Psal.* CXXXI ; *I Petr.* II ; *Ephes.* IV ; *Rom.* VIII ; *Galat.* IV ; *Ephes.* I ; *I Cor.* IV).

CAPUT IV.

Quod Dominus cum baptismo simul et sacerdotii jura suscepit.

Sincera igitur atque integra fides habet, quod

sicut baptismus, ita et nihilominus sacerdotalis consecratio; nulla sordentium ministrorum labe polluitur, nullo alieni reatus crimine violatur: sed quantumvis facinorosus, quantislibet sit criminibus involutus ille, qui consecrat; is, qui consecratur, nullo propter hoc sacri muneris detrimento percellitur, nec aliqua coelestis gratiae diminutione fraudatur. Non enim ex merito sacerdotis, sed ex officio, quo fungitur, consecrationis mysterium in alterum propagatur: nec expedit in consecratore considerare, qualiter vixit, sed ministerium tantummodo attendendum est, quod accepit. Sicut enim multi sunt, qui baptizandi funguntur officio; et tamen unus est, qui baptizat: ita licet multi sint sacerdotes, unus tamen est, qui proprie, ac specialiter consecrat. In illa nempe columba, quae super Dominum post baptisma descendit (*Matth.* III; *Marc.* I; *Luc.* III; *Joan.* I), ipse cum sacramento baptismatis et veri sacerdotii jura suscepit, fuso videlicet super eum oleo exsultationis, de quo Psalmista canit: (*Psal.* XLIV;) « Unxit te, inquit, Deus, Deus tuus oleo laetitiae prae consortibus tuis. » Probatur autem Redemptor noster cum baptismo simul et sacerdotii suscepisse ministerium: quia baptizatus, mox praedicare, discipulos eligere, novisque coepit miraculis coruscare, quod eatenus profecto fecisse non legitur, si diligenter Evangelici textus series recenseatur. Hinc est quod sancta Ecclesia ab ipso suo capite hujus normam institutionis arripuit, et fideliter servat; ut ad instar ipsius Domini infra tricennium ad sacerdotium quemlibet non admittat. Nisi enim certa fides haberet, cum baptismo Dominum simul et sacerdotium suscepisse, ut quid tantopere canonica prohiberet auctoritas, ante illius aetatis tempus, quo ipse baptizatus est, quempiam ad sacerdotales infulas aspirare? Imo cur ad accipiendum sacerdotale fastigium Dominicae aetatis adhiberetur exemplum, si minime crederetur tunc Dominus non sine sacerdotio suscepisse baptismum? Sicut enim baptismum, ita et sacerdotium ex parte humanitatis pro nostra salute suscepit, cujus videlicet utriusque Sacramenti in eo, quod Deus est auctor, et consecrator existit. De quo Apostolus dicit: « Ubi praecursor pro nobis introivit secundum ordinem Melchisedech, pontifex factus in aeternum (*Heb.* VI). » Nam et ipsi sancti Apostoli non reperiuntur alibi fuisse a Domino consecrati, nisi in perceptione baptismi: qui tamen non aquae baptismatis manifeste leguntur immersi, sed injunctam potius exsecuti sunt obedientiam baptizandi. Qua nimirum jussi sunt baptizare credentes in nomine Patris, et Filii, et Spiritus sancti. Praeterea cum illis dictum sit a Domino: Joannes quidem baptizavit aqua, vos autem baptizabimini Spiritu sancto non post multos hos dies: constat eos tunc perfecti baptismatis, atque omnigenae simul consecrationis accepisse mysterium, cum super eos Spiritus sanctus venit in diversitate linguarum. Cum ergo in ipso humanae redemptionis exordio utriusque sacramenti genus, vel a Domino, vel ab apostolis simul videatur acceptum, claret bapt'smum sic esse consecrationis ecclesiasticae fundamentum atque principium: ut qui baptismi principatum tenere cognoscitur, ipse nihilominus consecrationis auctor absque ulla pronus ambiguitate credatur.

CAPUT V.

Quod nulla sit causa, cum rebaptizari quisque non audeat, cur debeat iterum consecrari.

Quod cum ita sit, quid causae sit, ego non video, cum baptizatus etiam ab haeretico, non rebaptizetur: cur promotus a Simoniaco, sicut dicitur, vel deponantur, vel denuo consecretur? Si enim baptismus per homicidium, vel adulterum, vel etiam haereticum datus, ratus habendus est; nimirum propter illud Evangelicum: « Super quem, inquit, videris Spiritum descendentem, et manentem super eum, hic est, qui baptizat (*Joan.* I); » nil omnino causae est, cur non et in consecrationibus ad eumdem utriusque sacramenti redeamus auctorem, ut aeque dicamus: hic est, qui consecrat. Nunquid enim columba illa super mediatorem Dei et hominum cum virtute baptizandi venit, et cum consecrandi virtute non venit? (*Matth.* III; *Marc.* I.) Quid enim accipit, qui baptizatur, nisi Spiritum sanctum? Et rursum, quid ille, qui consecratur, nisi Spiritum sanctum? Si ergo propterea quis a quocunque flagitioso baptizatus, non rebaptizatur, quia Spiritum sanctum accepisse creditur, non per illius meritum, sed per ejus officium: et non ab illo, sed a Christo, de quo videlicet solo specialiter dicitur: « Hic est qui baptizat (*Joan.* I); » cum et is qui consecratur, non aliud, nisi eumdem Spiritum sanctum, et ab ipso utique Christo suscipiat: quae inter baptizatum atque consecratum sit in hac parte diversitas, penitus non videtur.

Quorum igitur una est causa, eadem debet esse sententia, nisi forte alius esse censendus est Spiritus qui in consecrationibus datur: alius qui in baptismo tribuitur. Sed quis hoc sacrilega temeritate praesumat, cum manifeste clamet Apostolus: « Unus Deus, una fides, unum baptisma (*Eph.* IV). » Et iterum: « Si is, qui venit, alium Christum praedicat, quem non praedicavimus, aut alium Spiritum accepit, quem non accepistis, aut aliud Evangelium, quod non accepistis, recte pateremini (*II Cor.* XI). » Huc accedit, quod sicut canonica testatur auctoritas, idcirco prohibetur rebaptizatio fieri, ne sanctae Trinitatis nomen, in quo baptizatus est videatur annullari. Quod si haec est causa cur rebaptizari quisque non debeat, cui manifestius, quam ordinato cuilibet a Simoniaco congruit, qui non modo in sanctae Trinitatis nomine consecrat: sed et omnem prorsus ordinem catholicae consecrationis observat. Simoniacus namque licet perverso commercio efficiatur haereticus, est tamen fide catholicus; ejusque damnatio magis ex ambitione descendere, quam videatur ad perfidiam pertinere. Quanquam et si jaculata in Simonem Petri sententia diligenter inspicitur, nec ipsa Simonis fides innocens invenitur : « Pecunia, inquit, tua tecum sit in perditionem, qui donum Dei existimasti pecunia possideri (*Act.* viii). » Nam cum dicit, existimasti donum Dei pecunia possideri, evidenter ostendit talem tunc fuisse Simonis fidem, ut si pretium daret, non immerito ad facienda miracula Spiritum sanctum negotiatus acciperet.

CAPUT VI.
Quod ordinatio, si sit catholica, sit etiam rata.

Moderni autem temporis Simoniaci, quia miraculis se clarescere posse non sperant, non Spiritum sanctum, non ejus dona desiderant : sed obtinendi principatus ambitione succensi, ad culmen tantummodo dignitatis anhelant. Itaque quantum ad fidem integri sunt, tantum vero ad monetæ fabrilia Simoniacæ damnationis laqueis innectuntur. Hujus autem hæresis duo leguntur auctores, alter sub prophetica (*IV Reg.* v), alter sub apostolica pestilenter emersisse doctrina (*Act.* viii) : Gezi nimirum, qui magister esse vendentium : Simon quoque, qui auctor videtur esse emptorum. Horum igitur sectatores sicut non sunt in errore diversi, ita nec in damnatione discreti : quibus tamen si catholica fiat ordinatio, sacræ dignitatis officium, ad quod non merentes accedunt, perfecte suscipiunt. Ejusdem namque virtutis est Spiritus sanctus, cum ejus gratia venditur, cujus est et cum gratis datur : nec propter perversitatis humanæ commercium divina potentia propriæ potestatis **92** perdit effectum. Plane et Salvator noster cum venditus esset, et pestilentissimi talenti summa proditoris jam crumena turgeret, inter ipsas persecutorum manus præcisam servo Malcho auriculam reddit (*Joan.* xviii; *Luc.* xxiii; *Matth.* xxvii; *Marc.* xv;). Itaque quantæ super eos virtutis esset, quorum manibus subjacebat, aperte monstravit. Quod autem flagitanti Herodi miracula non exhibuit, dispensationis fuit ratio, non defectio potestatis. Erat enim is, qui optabat, indignus ; nam ei, a quo sperabatur, non deerat potestatis effectus. Porro et in cruce suspensus postquam spiritum reddidit, dum terra movetur, dum sol obscuratur, veli insuper facta divisio, scissio lapidum, resurrectio mortuorum ; cuncta hæc liquido testantur, quod non inferioris potentiæ fuerit inter supplicia positus, quam nunc videlicet in dextera paternæ gloriæ sublimatus. Eodem itaque modo etiam de Spiritu sancto credendum est : quia unius virtutis est, et cum venalitati quodammodo subjacere cernitur, et cum gratuita manus impositione præbetur. Sicut igitur Redemptor noster dum venderetur, dum pateretur, a sua non potuit majestate deficere (*Joan.* xiii), ita etiam Spiritus sanctus licet amaritudo venalitatis obrepat, dispendium tamen pati propriæ virtutis ignorat. Licet enim sacerdos quilibet videatur operari exterius, sed ipse Christus, qui verus Sacerdos, et summus est Pontifex, accedentibus ad diversos exitus sua dona dispensat. Quæ nimirum aliis, quidem ad salutem, aliis quidem proveniunt ad damnationem. Id tamen, quod datur, omnino bonum est; licet reus sit ille qui accipit. Neque enim bonus medicus venenum propinaret ægroto. Nunquid enim buccella illa, quam Judæ Dominus porrexit, bona non fuit ? Sed quod erat causa salutis, illi factum est materia damnationis : quia instrumentum pacis non pacatus accepit. Cuncti etiam liquido novimus, quia mysterium Eucharistiæ, quod de sacrosancto altari sive justi, sive peccatores accipimus, utique bonum est. Nec bonus melius, nec malus accipit pejus. Et tamen dicit Apostolus : Quia indignus « judicium sibi manducat, et bibit, non dijudicans « corpus Domini (*I Cor.* xi). » Si ergo et illud corpus Domini est quod indignus accipit, perspicuum est quia res bona malo vertitur in perniciem, quæ bono utique provisa est ad salutem : nec tamen res mala est dicenda, quia nocet ; nec ideo esse sacramentum desiit, quia exsecrandus accepit : sed potius asserendum est quia indigno eadem res facta est occasio mortis, quæ bonis procurata est ad remedium salutis. Indubitanter igitur credendum est quod si consecratio cujuslibet ecclesiastici ordinis intra catholicam fiat Ecclesiam, in unitate videlicet orthodoxæ fidei, ut in utroque nimirum recta sit fides ; quidquid bono per bonum traditur, hoc etiam malo per malum efficaciter exhibetur : quia sacramentum hoc non ministrantis vel ministraturi pendet ex merito, sed ex ordine ecclesiasticæ institutionis et invocatione divini nominis. Et quoniam sicut unus est, qui baptizat, ita procul dubio unus, idemque qui consecrat ; hoc est, larga Christi benignitate tribuitur quod is, qui accipit, non meretur. « Qui enim oriri facit solem suum super **93** bonos et malos, et pluit super justos et injustos (*Matth.* v), » quid mirum si imbrem gratiæ suæ et in arenosum littus effundat ? Quid novum, si etiam ipsos cæcorum oculos splendoris sui radiis feriat ? Ut et ipsi merito cantare possint, quod infelix ille Balaam : « Dixit homo, inquit, cujus obturatus est oculus : dixit auditor sermonum Dei, qui novit doctrinam Altissimi, et visionem Omnipotentis videt, qui cadens apertos habet oculos (*Num.* xxiv). »

CAPUT VII.
Quod Balaam Simoniacus fuit, et tamen prophetiæ spiritum non amisit.

Ecce, unde hic avaritiæ filius tanta potuit magnalia cernere, et redemptionem mundi longissime post futuram tam expresse, tam lucide nuntiare, si Spiritus sancti præsentiam non haberet ? Sicut enim egregius doctor ait : Quis novit quæ sunt hominis, nisi spiritus hominis, qui in ipso est ? (*I Cor.* ii). Ita et quæ Dei sunt, nemo novit nisi Spiritus Dei ; præsertim cum eadem Scriptura dicat : « Quia irruente in se Spiritu Dei, assumpta parabola ait (*Num.* xxiv), » videlicet quod modo præmisimus ; dicimus, quod per Simoniacum donum Spiritus sancti non datur. Nunquid non in Balaam isto Simoniaca hæresis jam tunc viguisse cognoscitur ? Nunquid non sancti Spiritus gratiam vendere conabatur, cum ad promissionem pretii hariolatus sui depromebat oraculum? Sic enim Scriptura testatur quia seniores Moab rogabant eum, « habentes pretium divinationis in manibus (*Num.* XXII). » Et rursus per alios nuntios misit ad eum, inquit, Balac filius Sephor, dicens: « Ne cuncteris venire ad me; paratum habeo honorare te, et quidquid volueris, dabo tibi (*Ibid.*). » Amore quidem pecuniae succensus aestuabat, et tamen per eum Spiritus sanctus profunda mysteria loquebatur. Balaam denique, et Balac, uterque Deo manifeste contrarius, uterque Dei populo exstitisse probatur infestus, donumque divinae gratiae alter emere, alter venditare nihilominus gestiebat: attamen propheticae revelationis arcanum, et iste extra meritum protulit, et ille utique indignus audivit: atque, ut magis largitatem divini muneris admiremur, maledicere nitebatur Balaam, et tamen invitus e contrario benedicebat: « Ad benedicendum, inquit, adductus sum, benedictionem prohibere non valeo (*Num.* XXIII). » Chamus quippe divinae virtutis ori ejus erat innixus, nec poterat aliorsum impetum linguae dirigere, nisi quo Spiritus sanctus praesidens intorsisset. Cum voluntate siquidem lingua pugnabat, et turbulentam salsuginem, quam mens praedamnata conceperat, per oris alveum effluere non valebat. Unde quoniam sicut petebatur, jaculari in populum Dei maledicta non potuit, ad deceptionis se argumenta convertit, ac Madianitidum coram eis offendiculum posuit. Si ergo ille, qui etiam maledicere concupit, nequaquam tamen ut maledicere posset, obtinuit; quid nisi hoc ipsum sentire de Simoniacis valeat, ubi certe mens cum linguae benedictione concordat? Sed qui propheticae dignitatis officio irreverenter abusus est, quo tandem collatae gratiae praerogativam fine conclusit? Nam post digestam Israelitici populi victoriam Scriptura mox intulit, dicens: « Balaam quoque filium Beor interfecerunt gladio (*Num.* XXXI). » Sic nimirum sive Simoniaci, seu quilibet criminosi suscipiendis se ecclesiasticis ministeriis applicant: et donum quidem supernae gratiae ex benignitate largitoris accipiunt, et dignum tamen proprii excessus stipendium non evadunt. Hoc enim illis vertitur in perniciem, quod dignis provisum est ad salutem. Atque inde illi in aeternae mortis periculum corruunt, unde et alii ad capessenda vitae praemia vegetius convalescunt. Certe qui illam sacrae Scripturae paginam, quae de praefato Balaam loquitur, oculo vigilante percurrit, nullatenus dubitat hunc infelicem virum, ut revera per omnia Simoniacum, excepto quod Simon needum fuerat, ex quo detestabile illud mutuaretur agnomen, et prophetiae suae gratiam venalem habuisse, et tamen per hunc manifestissime Spiritum sanctum fuisse locutum: atque, quod non minus stupendum est, cum jam cor ejus concupiscentiae ignibus ureretur, Deus sibi nihilominus per diem, atque per noctem locutus quasi familiariter invenitur. Et ne fortassis idcirco Spiritum sanctum minus habuisse

A credatur, quia per Moysen appellatur hariolus, vigilanter ejusdem historiae verba percurre, et eodem Moyse perspicue testante, reperies: Quia cum vidisset Israel in tentoriis commorantem, protinus in illum Dei Spiritus irruit (*Num.* XXIV), et ut revera prophetam in vaticiniis mox oraculum excitavit. Et hariolus ergo appellatur et propheta est; quia quem ad propheticam dignitatem gratia superna provexerat, obscoeno hariolatus nomine propria pravitas deturpabat. Ubi considerandum est, quam profundum sit, atque subtile Dei judicium: imo quam terribilis sit Deus in consiliis super filios hominum (*Psal.* LXV); cum videlicet miserabilis ille vir neque propter reatus sui nequitiam, gratiam, quam semel acquisierat, perdidit: et tamen propter ipsam gratiam, quam usurpabat, indignus, divinae ultionis sententiam declinare non potuit. Quid ergo mirum si omnipotens Deus, qui semper est quod est, et mutari non novit, nihilominus adhuc antiqua examinis sui jura custodiat, et eamdem assuetae discretionis regulam teneat; ut quod in Balaam fecit, hodieque in suis similibus non dissimiliter operetur: quatenus et pro largitate clementiae dona sua indignis, et pro censura justitiae dignae eos ultionis animadversione percellat.

CAPUT VIII.
Quod reprobum Saulem cum satellitibus suis propheticus spiritus occupavit.

Illud quoque obscurum non est, quod cum Saul direxisset lictores ad rapiendum David, atque illi juxta fidem historiae vidissent cum eo prophetarum vaticinantium cuneum, et Samuel stantem super eos, factus est etiam in illis Spiritus Domini, et prophetare coeperunt: cumque Saul secundo et tertio alios, atque alios mitteret, et illos nihilominus propheticus Spiritus invasisset, tandem, ut Scriptura testatur (*I Reg.* XIX,) iratus ipse Saul abiit in Ramatha: sed antequam pervenisset, factus est etiam super eum Spiritus Dei, et prophetavit tota die nudus cum caeteris coram Samuel. Quid ergo mirum si perversi homines dona Dei, quibus indigni sunt, ad cumulum suae damnationis accipiant; cum et Sauli isti, quem jam daemon agitare saepissime consueverat, non modo Spiritum Dei ad horam suscipere, sed etiam cum suis officiis concessum sit diutius prophetare? Iracundiae nempe felle commotus, et livoris simul et odii erat ardore succensus: atque, ut non diutius immorer, Deo vacuus, malo spiritui fuerat irrevocabiliter mancipatus: tamen cum ad locum chori vaticinantis accessit, repente super eum divinus Spiritus irruit, et velut appositam materiam ignis insiliens occupavit. Non ergo incredibile videri debet, si in sancta Ecclesia, quae procul dubio thronus Dei, sacrarium est Spiritus sancti, omniumque coelestium charismatum receptaculum, illud gratiae sacramentum et indignus accipiat, cui per intentionem, vel vitae meritum non concordat: nimirum, quia non dantis hominis, vel accipientis est meritum, sed summi largitoris est beneficium. Non enim legitur : Quia Spiritus, ubi dignum est spirat; sed potius dictum est : « Ubi vult, spirat (*Joan*. III); » ut profecto spiritualis gratia, quæ ex ecclesiastica institutione tribuitur, divinæ potius voluntati, quam humanis meritis ascribatur. Enimvero Spiritus sanctus non pro meritis semper venit, sed pro meritis in quolibet, ad salutem videlicet, semper manet. Hinc est illud quod Veritas dicit : « Si quis, inquit, diligit me, sermonem meum servabit, et Pater meus diligit eum, et ad eum veniemus, et mansionem apud eum faciemus (*Joan*. XIV). » Qui enim in dilectorem suum, postquam venturum se esse promisit, mansionem quoque facturum protinus addidit; patet profecto, quia in aliis habitat Deus, in aliis hospitatur. Huic etiam illud simile est quod ait : « Super quem, inquit, requiescet Spiritus meus, nisi super humilem, et quietum; et trementem sermones meos? » (*Isa*. LXVI.) Ac si patenter dicat : Et super alios quidem veniet, sed super hunc videlicet requiescet, quia dignus est. Nam sicut et ante nos dictum est, Spiritus sanctus sicut conciliatus, et placatus requiem præstat mitibus et humilibus corde : ita contrarius, et adversus immitibus, ac superbis inquietudinem exagitat, quam scilicet inquietudinem sciniphes illæ brevissimæ significabant, sub quibus magi Pharaonis defecerunt, dicentes : « Digitus Dei est hic (*Exod*. VIII); » fatentes sibi adversum esse Spiritum sanctum, qui erat in Moyse. Apte nimirum tertio loco, ubi sciniphum plaga ponitur, Spiritus sanctus, qui tertia est in sancta Trinitate persona, inquietis hominibus fuisse contrarius perhibetur. Hanc inquietudinem expertus est Jehu, qui divino zelo ductus, ad ulciscendos quidem Dei inimicos, et præcipue cultores Baal, vehementer incanduit : ipse tamen eos, quos Jeroboam coluerat, deos aureos non reliquit (*IV Reg*. X).

CAPUT IX.
Quid doctores de baptismo, et Dominici corporis Eucharistia sentiant.

(1, q. 1, c. *Sic autem*, etc. seq. *Nonne*.) Tria profecto præcipua sacramenta in sancta frequentantur Ecclesia, baptismum videlicet, corporis quoque et sanguinis Dominici salutare mysterium, et ordinatio clericorum. Et de baptismo quidem B. Augustinus in expositione Joannis evangelistæ; de Eucharistia vero Dominici corporis in libro suo Paschasius ita concorditer disputant, ut neque per bonos sacerdotes meliora illa mysteria, neque per malos fieri pejora, testentur. Nimirum sive per fures, sive per adulteros, sive etiam per homicidas hæc sacramenta fiant, nil prorsus ab his, quæ sancti dedicant sacerdotes, mysteriis differant; quod qui prædictis libris operam dedit, enucleatius absolutum esse non ambigit. Super ordinationibus autem clericorum frequens idcirco disputatio non processit, quia duobus illis sacramentis evidenter expositis, hæsitandi de tertio locum dubietas non invenit : nunc autem modum excedens curiositas hominum,

novam mundo ingerit quæstionem, et perspicua duci plus intendendo, minusque videndo, conatur inferre caliginem. Quomodo, inquiunt, gratia sancti Spiritus vel per malos datur, vel a malis accipitur? non attendentes, quia gratia sancti Spiritus ipse ordo ecclesiasticæ dignitatis accipitur : quem videlicet sive indignus præbeat, sive indignus accipiat, Spiritus sanctus, qui Ecclesiæ suæ jura disponit, ratum esse decernit. Ut enim ait B. Hieronymus (lib. I *adversus Jovinianum*) : « Episcopus, presbyter et diaconus non sunt meritorum nomina, sed officiorum. » Tanquam si vel tribunus ipse degener sit, vel degenerem quempiam ad militiæ suæ ordinem provehat, ad conservandum tamen militiæ suæ ordinem imperator omne, quod factum est, firmum esse constituit; nec enim tribunitii juris statuta convellit, qui ipsum tribunum, quem necdum a proprii ordinis dignitate dejecit, sed dicitur e diverso, ecce Evangelium clamat : « Qui non intrat per ostium, sed ingreditur aliunde, ille fur est et latro (*Joan*. Esto, ut ille, qui aliunde clandestinus irrepsit, et latrocinii constanter arguatur; me tamen, qui per ostium intromisit, sui procul dubio criminis participem non effecit. Ille itaque perpetrati sceleris supplicium luat, dummodo me alieni reatus præjudicium non involvat, nec alterius me exhibeat culpa damnabilem, quem propriæ innocentiæ puritas reddit immunem. Porro de eo, quod dicitur, quoniam gratiam sancti Spiritus indignus homo accipere nequeat, constat procul dubio, quia corpus Domini, quod in sacris altaribus per sancti sacerdotis dedicatur officium, concepta sancti Spiritus virtute, vivificatur, et sanctificatur; ut nos vivificare valeat, et sanctificare. Sicut in ipsis venerandis missarum secretis dicitur : *Per quem hæc omnia, Domine, semper bona creas, sanctificas, vivificas, benedicis*. Neque enim aliter vivificare posse creditur nisi per Spiritum sanctum; cum, testante Veritate (*Joan*. VI), Spiritus sit, qui vivificat. Quæro ergo, cum sanctus sacerdos cœleste illud munus, quod virtute sancti Spiritus vivificatum est, et sanctificatum, atque, ut confidenter loquar, ejusdem divini Spiritus gratia veraciter plenum, scelerato forte cuilibet porrigit, numquid propterea Spiritus sanctus Dominicum corpus deserit, et tanquam squalorem sordidi vasis nauseatus abscedit? Sed si ita est, quomodo verum est, quod per Apostolum dicitur : Quia indigne percipiens, « judicium sibi manducat, et bibit, non dijudicans corpus Domini? » (*I Cor*. II.) Si enim abscedente Spiritu, non illud jam corpus Domini, sed simpliciter communis est panis, non incidit in judicium, qui nullum accipit sacramentum : quod si absurdum videtur et impium propter indigne suscipientes, sanctum Spiritum a Christi corpore separare; non durum videatur malos etiam homines ad dignos meritorum exitus Spiritum sanctum posse suscipere. Hinc est quod B. Augustinus (1, q. 1 *Multi*) in expositione Epistolæ S. Joannis apostoli sic loquitur, dicens : « Habere baptismum et malus potest, habere prophetiam et malus potest. » Invenimus Saul regem habuisse prophetiam, qui persequebatur sanctum David, impletus est spiritu prophetiæ, et prophetare cœpit (*I Reg.* x, xviii, xix, xxiii). Accipere sacramentum corporis et sanguinis Domini etiam malus potest. Nam de talibus dictum est : « Qui manducat et bibit indigne, judicium sibi manducat et bibit (*I Cor.* xi). » Habere nomen Christi et malus potest, id est, Christianus vocari et malus potest ; de quibus dictum est : « Polluebant nomen Dei sui (*Ezech.* xxxvi). » Ergo habere sacramenta omnia et malus potest : habere autem charitatem, et malum esse, non potest. Si juxta tanti doctoris sententiam, omnia sacramenta malus habet, quomodo ridenda fatuitas hominum impudenter blacterat, quia Simoniacus sacramenta non habet? Audiamus quid idem præclarus doctor ex eadem re alibi (q. 11, l. *Quæst novi et vet. Test.*) dicat, ut nimirum quam sententiam in hac, quam ventilamus, quæstione tenuerit, tanto liquidius, quanto frequentius innotescat. Nam cum de benedictione Isaac in filium (*Gen.* xxii) loqueretur, adjecit : « Justi, inquit, hominis quantum ad conscientiam pertinet, voluntas bona est ; quantum autem ad præscientiam, immunis est ab adversis; Deus enim solus est, qui de futuris judicat. Ac per hoc Isaac justus, quantum ad præsentem humanitatem dignum est, majorem filium suum benedicendum magis putabat, sed Deus, qui occultorum cognitor est, minorem benedictionem mereri ostendit ; ut in benedictione non hominis ostenderet esse beneficium, sed Dei; quia officii dignitas est, non hominis meritum, quam Dei sequitur benedictio. Denique dictum a Deo in Numeris ad Moysen et Aaron sacerdotes : Vos ponite nomen meum super filios Israel ; ego Dominus benedicam eis (*Num.* vi) : ut gratiam traditio per ministerium ordinatis transfundat hominibus ; nec voluntas sacerdotis obesse aut prodesse possit, sed meritum benedictionem poscentis. » Quanta autem dignitas sit ordinis sacerdotalis, hinc advertamus (1 q. 1 *Dictum est*) : Dictum est autem de nequissimo Caipha interfectore Salvatoris inter cætera : « Hoc autem a semetipso non dixit, sed cum esset princeps sacerdotum anni illius, prophetavit (*Joan.* ii). » per quod ostenditur Spiritus gratiarum non personam sequi, aut dignitatem, sed ordinationis traditionis ; ut quamvis aliquis boni meriti sit, non possit benedicere, nisi fuerit ordinatus, ut officium ministerii exhibeat : Dei autem est, effectum tribuere benedictionis. Hæc itaque beati viri (B. Petrus Damianus auctor hujus libri) verba tam plana sunt, tamque perspicua, ut quisquis hæc postquam semel attenderit, pertinaci tamen animo parat adhuc obstinate contendere, non jam Petrum, qui nihil est, sed magnum potius Augustinum convincitur impugnare. Quid enim apertius eo, quod dicitur : Quia in benedictione sacerdotis non hominis est beneficium, sed Dei ; et officii dignitas est, quam Dei sequitur benedictio, non ho- minis meritum ; postremo Spiritum gratiarum, non personam sequi, aut dignitatem, sed ordinationem traditionis. Et revera quid mea interest, cujus meriti meus sit ordinator, dummodo quod ille forte mercatus est, mihi gratis impertiatur : et quo ipse clandestinus irrepsit ostiatim, me civem exsul, exter domesticum, hæredem mercenarius introducat ? Neque enim a quo, sed ad quod provehor, magnipendo. Constat igitur, quia quod duo illa, quæ superius dicta sunt, baptismus videlicet, et salutaris Eucharistiæ sacramentum, neque meliora per bonos, neque deteriora per malos fiunt : ita nihilominus et ordinatio clericorum.

CAPUT X.

Quod Spiritus sanctus non ex merito sacerdotum, sed ex ministerio datur.

Nunquid denique et Caiphas ille dignus fuerat, per quem Spiritus sanctus vivificæ mortis Christi mysterium loqueretur ? Nam cum dixisset : « Expedit ut unus moriatur homo pro populo, ne tota gens pereat (*Joan.* xi) ; » protinus evangelista subjunxit : « Hoc autem a semetipso non dixit, sed cum esset pontifex anni illius prophetavit (*Ibid.*). » Propheticum plane spiritum ad momentum accepit, non ut ipse, quod vaticinabatur, agnosceret ; sed ad hoc potius, ut conspiratores suos ad accelerandam mortem Dominicam avidius incitaret. Nobis nempe, non sibi vidit, et occultum sapientiæ thesaurum, quem ipse ignorabat, aperuit. Nam et a Simoniacis Caiphas iste non prorsus extraneus reperitur, si vigilanter veteris Historiæ series recensetur ; nimirum sicut Eusebius Cæsariensis in Ecclesiastica narrat historia (lib. i, c. 10, et Niceph. *Hist.* lib. i, c. 18 et 19), ut eadem hic quoque verba ponantur : « Legalibus præceptis jam per illud tempus vi, et ambitione cessantibus, nulli quippe pontificatus honor vitæ, vel generis merito reddebatur, ita ut annuis jam successionibus mutarentur ; » deinde, Josepho in testimonium deducto (*Antiq.*, c. 3), per unius quadriennii spatium quatuor pontifices annali quousque sacerdotio perfunctos sibi invicem successisse, testatur : « Valerius, inquit, Gratus, Annæ sacerdotio deturbato, Ismaelem pontificem designavit, filium Baffi : sed et hunc non multo post abjiciens, Eleazarum Ananiæ pontificis filium pontificatui subrogavit. Post annum vero etiam hunc arcet officio, et Simoni cuidam Camphi filio, pontificatus tradidit ministerium, quo non amplius et ipse, quam unius anni spatio perfunctus, Josephum, cui et Caiphas nomen fuit, accepit successorem. » Ecce Caiphas neque gratis, neque legaliter intelligitur sacerdotium suscepisse, nimirum, qui deturbatis aliis, et violenter electis, ipse in locum alienæ dignitatis obrepsit ; et tamen prophetiæ spiritum indignus accepit. Unde et B. Hieronymus in Commentario evangelistæ Matthæi (lib. iv, c. 26) : « Moyses, inquit, Deo jubente, præceperat, ut pontifices patribus succederent, et generis series texeretur in sacerdotibus. » Refert Joseph (*Ant.*, l. xviii, c. 8) istum

Caipham unius tantum anni pontificatum ab Herode pretio redemisse. Nam, ut ita loquar, in manu cæci positum est lumen, non quod illo conspiceret, sed quod aliis ministraret. Non enim ex merito ille propheticum spiritum, sed ex ministerio, quo fungebatur, accepit. Regnum namque, et sacerdotium a Deo cognoscitur institutum : et ideo licet administratoris persona prorsus inveniatur indigna, officium tamen, quod utique bonum est, competens aliquando gratia comitatur. Hinc est enim, quod Nabuchodonosor, postquam tres pueros in caminum misit incendii, quamvis alii plures adessent, solus tamen quartum, cujus species erat similis Filio Dei, conspicere potuit (*Dan.* III). Nam Spiritus sanctus oculos mentis ejus aperuisse credendus est, ut, quod alios latebat, solus aspiceret, et quod aspexit, ultro etiam agnovisset. Hinc Pharao somnium vidit, per quod venturæ sterilitati, ne famis impatiens Ægyptus profligaretur, occurrit (*Gen.* XLI). Hinc Abimelech divinæ allocutionis oraculum meruit, et ut Saram viro redderet, ne repente moreretur audivit (*Gen.* XX). Reges enim et sacerdotes licet nonnulli eorum reprobi sint per notabilis vitæ meritum, dii tamen et christi dici reperiuntur propter accepti ministerii sacramentum. Hinc est quod servus Hebræus diis applicari ex lege præcipitur, hoc est, sacerdotibus præsentari (*Exod.* XXI). Hinc alibi dicitur : « Ne detrahas diis (*Exod.* XXII), » id est, ne sacerdotibus deroges. Hinc Saul, cum jam divina sententia regalis solii fuisset arce dejectus, nihilominus adhuc christus Domini usque ad obitum dicebatur (*I Reg.* XXIV, XXVI). In lege quoque præcipitur, ut omne primogenitum masculini sexus sanctum Domino vocaretur (*Exod.* XXII). Sed si meritum cujusque diligenter attenditur, nunquid Esau sanctus jure vocabitur? De quo nimirum divina voce dicitur : « Esau odio habui (*Malach.* I ; *Rom.* IX). » Nunquid Amnon sanctus erit, qui dum in sororis concubitum impudenter exarsit, fratris Absalon gladium ultorem videlicet incestuosi criminis proprio sanguine madefecit ? (*II Reg.* XIII.) Nunquid Manasses, nunquid Ochozias recte sancti dici possunt, quorum alter, Scriptura teste, omnem cœli militiam coluit (*IV Reg.* XXI), alter, dum Beelzebub deum Accaron de vitæ diuturnitate consuluit, miserando exitu vitam in perfidiæ suæ desperatione conclusit? (*Ibid.* I.) Aliud namque est ex vitæ meritis sanctum esse, aliud ex ministerio conditionis dici.

CAPUT XI.
Non mirum si Spiritus sanctus ab indignis accipitur, cum et Dei Filius sit ab impiis comprehensus.

Et sanctitatis quidem meritum in alium non transfertur, ordo autem ministerii in plures, prout ecclesiastica postulat institutio, propagatur ; ubi nimirum non discernendum, quis consecrationis officium habeat, sed quid habeat. Aliud namque est gratiæ sacramentum, aliud ipsa est gratia sacramenti. Siquidem gratiam dat omnipotens Deus etiam per malos, ipsis autem gratiam non nisi per semetipsum. Sæpe namque Deus, ut dictum est, et illis Spiritum suum ex largitate suæ clementiæ prærogat, quos tamen per merituin pravæ conversationis ignorat. An non et illi Spiritum Dei indubitanter habuerant, qui venientes ante tribunal Judicis clamabunt : « Domine, nonne in nomine tuo prophetavimus, et in nomine tuo dæmonia ejecimus, et in nomine tuo virtutes multas fecimus ? » (*Matth.* VII, 22). Quibus videlicet illico respondetur : « Discedite a me, operarii iniquitatis, nescio vos (*Ibid*). » Qui nimirum, dum se et prophetiæ spiritum habuisse testantur, et tamen repulsionis sententiam subeunt, patenter ostenditur, quia in quibusdam neque propter pravitatem vitæ Spiritus sanctus excluditur, neque propter Spiritum sanctum quo irreverenter abusi sunt, vita damnabilis excusatur. Sicut enim, testante Domino : « Nescis unde Spiritus veniat, aut quo vadat (*Joan.* III), » sic etiam scire non potes, cur aliquando et in reprobos homines veniat, atque per eos suæ voluntatis judicium promat. Nam cum Apostolus dicat : « Quia spiritualis homo judicat omnia, et a nemine judicatur (*I Cor.* II); » quis judicet ipsum Spiritum sanctum, si et in pravos non abhorreat arcana quadam, quam ipse novit, discretione descendere : qui etiam coessentialem et coæternum sibi Dei Filium noluit ex impiorum manibus liberare ? Unde per Salomonem dicitur : « Benignus est enim Spiritus sapientiæ, et non liberabit maledictum a labiis suis (*Sap.* I). » Benignus namque Spiritus sanctus congrue dicitur, quia mala merentibus bona retribuit, et dignis supplicio gratiæ suæ munus impertit. Quis autem hoc loco maledicti nomine, nisi Redemptor noster debet intelligi, qui ut nos a maledictionis vinculo solveret, ipse non respuit maledictionibus subjacere ? Unde et Paulus dicit (*Galat.* III) : « Christus nos redemit de maledicto legis, factus pro nobis maledictum, quia scriptum est (*Deut.* XXI) : Maledictus omnis, qui pendet in ligno : ut in gentibus benedictio Abrahæ fieret in Christo Jesu, ut pollicitationem Spiritus accipiamus per fidem. » Benignus ergo Spiritus sanctus non liberavit maledictum a labiis suis : quia cuncta dominicæ passionis mortisque supplicia, quæ de Christo per ora prophetarum ante prædixerat, congruo tempore per exhibitionem operum efficaciter adimplevit. Tunc enim quodammodo a suis eum labiis liberaret, si quod de illo propheticis enuntiaret oraculis, per rerum ordinem non implesset. Ubi notandum, quam profunde, quam mystice simul congruat doctoris utriusque sententia. Quod enim unus dixit, quia spiritus non liberabit maledictum a labiis suis, hoc est, quod alter asseruit ut pollicitationem Spiritus accipiamus per fidem ; atque ut ostendat vir sapiens, de quo maledicto loqueretur, præmissa sententia protinus addidit : « Quoniam renum illius testis est Deus, et cordis illius scrutator est verus, et linguæ illius auditor (*Sap.* I). » Quia enim Patris, et Filii inseparabilis et coessentialis est unitas, renum Filii testis, et cordis ejus scrutator jure Pater asseritur : cujus nimirum virtus et sapientia ipse Filius nulla ab eo creditur inæqualitate diversus, nulla probatur abjunctione semotus. Linguæ etiam illius auditor est, sicut ipse testatur : « Pater, inquit, gratias ago tibi, quoniam audisti me, ego autem sciebam quia semper me audis (*Joan.* XI). » Idcirco igitur spiritus non liberavit maledictum a labiis suis, quia Deus testis, atque scrutator est cordis illius, et linguæ auditor. Ac si patenter diceret : Ideo Dei Filius passionis supplicia pertulit, quia ipse Filius, cui cum Patre, et eodem Spiritu sancto una voluntas, una est providentia, id fieri pro humani generis salute decrevit. De quo nimirum Apostolus : « Qui dilexit me, inquit, et tradidit semetipsum pro me (*Galat.* II). » Ut ergo ad proposita redeamus, quid mirum si Spiritus sanctus aliquando in reprobos veniat, cum et Filius ejusdem cum eo naturæ atque potentiæ impiorum se manibus tradidit, et non solum se eorum verberibus affici, sed et inferri sibi mortis atrociam non contempsit?

CAPUT XII.
Quod donum Dei nulla ministrorum contagione polluitur.

Si enim visibilis solis hujus radius nullas caliginosæ cujuslibet scrobis tenebras patitur, nullis cloacarum sordibus inquinatur; quid mirum si summus et incircumscriptus Spiritus tenebrosa vel sordida quorumdam pectora suo splendore perstringat, ipse tamen nihilominus in munditia sua et puritate permaneat. Cujuscunque ergo criminis reus exstiterit ille, qui consecrat : nimirum sive superbus, sive luxuriosus, sive homicida, sive etiam Simoniacus; ipse quidem pollutus est, et lethali procul dubio lepra perfusus : sed donum Dei, quod per illum transit, nullius labe polluitur, nullius contagione fœdatur. Purum namque est quod per illum fluit, mundum et liquidum ad terram fertilem transit. Sancta namque Ecclesia hortus deliciarum, et spiritualis est paradisus, charismatum videlicet supernorum fluentis irriguus. Ponamus ergo ut mali sacerdotes quodammodo lapidei sint canales : in lapideis autem canalibus aqua nil germinat; donec per eos decurrens, in fecundas se areolas fundat. Licet enim plures reprobos sacerdotes seriatim temporum vices attulerint, videlicet ut et consecrantes et consecrati æque reperiantur indigni; fons tamen ille vivus non restringitur, quominus usque ad finem sæculi per nemus Ecclesiæ profluat : ut non solus ille sacerdotalis ordo, sed et omnes in Christo renati salutis suæ poculum hauriant. **102** Per sacerdotes siquidem baptismus et chrisma tribuitur, et omne ecclesiastici sacramenti ministerium exhibetur. Si ergo sacerdotum pravitas divina posset dona reprimere; illis certe prævaricantibus, necesse erat totum genus humanum a divinis beneficiis resilire. Quod si illis stantibus, homines munera superna susciperent, labentibus autem nullatenus impetrarent, necessario jam non Deo, sed sacerdotibus utique causam, atque omnem vim propriæ salutis ascriberent; sed absit,

ut mihi obesse valeat minister malus, ubi procul dubio bonus est Dominus, aut malitiosus præco ubi est benevolus judex. Non enim exhorreat columba, non nauseat sordentium quorumlibet ministerium, dum ille, in quem tota descendit, solus consecrationis teneat principatum. Per hoc enim unitas Ecclesiæ stat, quia Christus apud se consecrandi virtutem tenuit, et in neminem ministrorum consecrationum jura transfudit. Nam si consecratio ex sacerdotis merito, vel virtute procederet, ad Christum profecto nullatenus pertineret. Sed quamvis pontifex manus imponat, et benedictionis verba per injunctum sibi ministerium proferat, Christus est certe, qui consecrat, et arcana majestatis suæ virtute sanctificat. Hinc est quod ad Moysen divina voce præcipitur : « Loquere Aaron, et filiis ejus : sic benedicetis filiis Israel, et dicetis eis : Benedicat tibi Dominus, et custodiat te : ostendat Dominus faciem suam tibi, et misereatur tibi : convertat Dominus vultum suum ad te, et det tibi pacem (*Num.* VI); » moxque subjungitur : « Invocabunt, inquit, nomen meum super filios Israel, et ego benedicam eis (*Ibid.*). » Sacerdotum ergo est divinum nomen super eos, qui consecrandi sunt, invocare; sed ipsius Dei proprium est interius benedicere. Ministris plane, exterior consecrationis ordo tribuitur, sed soli Domino ipsius consecrationis efficacia reservatur. Unde est, quod ipse dixit in Exodo : « Ego Dominus, qui sanctifico vos (*Exod.* XXXI). » Si igitur Dominus est, qui sanctificat, cur timendum ne plectibilis cujusquam servi reatus obsistat?

CAPUT XIII.
Quod sive verbi, sive sacramenti minister, Dei donis non possit obsistere.

Conqueritur autem Apostolus, quia quidam falsi fratres propter invidiam, et contentionem Christum prædicarent non sincere (*Philip.* I). Sed quid ad hæc? Nunquid prohibendos esse decernit? Audi ergo quid sequitur : « Quid enim, inquit, dum omni modo sive per occasionem, sive per veritatem Christus annuntietur; et in hoc gaudeo, sed et gaudebo (*Ibid.*). » Porro autem habet Christus ministros verbi, habet ministros nihilominus sacramenti : utriusque profecto muneris alios fideles et bonos; alios nequam et perfidos : sed neque a bonis melius, nec a malis accipitur pejus. Ministri siquidem sunt diversi, sed unum est utique quod præbetur. Bonus plane est auctor munerum, et quod dat, nullas contrahit maculas ex obsequio ministrorum. Pura fluit vena, et superfluo leprosa manus propinantis attenditur; ubi clarum, **103** atque perspicuum est, quod hauritur. Quid enim ad momentum rei sive bonus, sive malus sit qui ministrat, dummodo unus idemque semper sit, qui sive verbi, sive sacramenti principalis auctor existit? In exhibendis sane miraculorum signis, vel in prophetiæ oraculis, sive etiam in habendis virtutibus piæ religionis gratia sancti Spiritus minuitur, vel augetur. Sicut a magistro Eliseus petiit, dicens : « Peto, inquit, ut fiat duplex spiritus tuus in me (*IV Reg.* n). » Quæ nimirum petitio in Elisei miraculis impleta fuisse dignoscitur, in quibus certe et major virtus, quam in Eliæ signis, et duplex numerus invenitur : quod qui eorum historias studiose considerat, non ignorat. At non in officiorum gradibus fit ista diversitas : neque enim alius alio magis est presbyter, sive diaconus, aut quodlibet horum. Illic plane fides atque devotio postulantis attenditur; hic solummodo ecclesiasticæ institutionis servatur ordo. Audiamus quid de malis prædicatoribus Dominus dicat : « Super cathedram, inquit, Moysi sederunt Scribæ, et Pharisei : omnia quæcunque dixerint vobis, servate et facite; secundum vero opera eorum nolite facere (*Matth.* xxiii). » Si ergo sacerdotis cujuslibet pravitas non præjudicat verbo, quod per illum audientibus datur; quo pacto obesse valeat sacramento quod non homine, sed Deo auctore tribuatur? Uterque nimirum et is qui prædicat, et ille qui consecrat, ministrator est, non donator. Unde fit plerumque ut una quidem sit doctoris lingua, sed non uno modo apud auditorum mentes ejus fructificent verba, dum alterius cor velut glaciali frigore torpeat, alterius vero spiritus audito verbo mox divini amoris igne fervescat. Unde ergo fit, quod verba, quæ ex uno ore prodeunt, multorumque aures informiter feriunt, non uno modo ad cordium arcana pertingunt; nisi quia alius est, qui extrinsecus ex officio linguæ ministrat; alius qui propria virtute voces prædicantis per interiora dispensat? Sive ergo in erogandis doctrinæ verbis, sive in ecclesiasticis conferendis, nequaquam sacerdos suis virtutibus utitur, sed solum exsequitur injunctæ administrationis officium, quo potitur : alioquin si ex merito sacerdotis ista procederent, omnem profecto fidem divinæ gratiæ vacuarent.

CAPUT XIV.
Quod de spiritu suo non per se Moyses, sed Deus dedit septuaginta viris.

Neque enim homo dat quod divinum est, sed qui malis bene utitur, unus est Deus, qui sive per bonos, sive etiam per malos solus sua dona largitur : atque ideo divinæ gratiæ donum neque ex malorum administratione minuitur, neque per bonorum exsecutionem prorsus augetur. Quod nimirum manifeste cognoscitur, si ille sacræ tenor historiæ ad memoriam revocetur. Dixit enim Dominus Moysi : « Congrega mihi septuaginta viros de senioribus Israel, quos tu nosti quod senes populi sint, ac magistri, et duces eos ad ostium tabernaculi fœderis, faciesque ibi stare tecum, ut descendam, et loquar tibi : et auferam de spiritu tuo, tradamque eis (*Num.* xi). » Ubi notandum, quod non ait, auferes de spiritu tuo, tradesque eis; sed potius, auferam, et tradam; ut profecto ostenderet, quia non homo homini Spiritum sanctum tradit : sed solus ipse est, qui, prout vult, gratiæ suæ dona distribuit. Unde et paulo post subditur : « Descenditque Dominus per nubem, et locutus est ad eum, auferens de spiritu, qui erat in Moyse, et dans septuaginta viris (*Ibid.*). » De spiritu autem Moysi viris dedisse Dominus dicitur; ut et ordinatores, et ordinatos unum debere spiritum habere perspicuum doceatur : quatenus rectores Ecclesiæ nequaquam inter se diversa sentiant, unde schismata, quod absit, aut hæreses pestilenter emergant; sed unum omnes concorditer doceant, atque in unitate spiritus unanimiter vivant. Porro autem, sicut septuaginta illi, quos Dominus post apostolos ordinavit (*Luc.* x), totidemque fere isti, quos cum Moyse sustentare populi onus voluit, typum prætendebant presbyterorum; ita nihilominus Moyses primum, et post apostoli dignitatem videntur obtinuisse pontificum : et sicut neque illi ab apostolis, neque isti a Moyse Spiritum sanctum accipere potuerunt; sic etiam de episcopis, cæterisque ecclesiasticæ dignitatis ordinibus procul dubio sentiendum est : nimirum quia unus omnipotens Deus, qui eos per diversos ordinum gradus moderaminis sui dispensatione distinxit; solus etiam, prout ipse novit, Spiritus sui gratiam in unumquemque diffudit. Neque enim in illa Spiritus datione aliud sibi Moyses arrogare privilegium potuit, quam quod illi vox divina præcepit; nimirum, ut viros eligeret, eosque ducens ad ostium tabernaculi, cum eis staret : hæc est summa operis Moysi. Quid ergo suæ virtutis in hoc Dei munere Moyses recognoscere potuit, cum insuper et duo ex his, qui descripti fuerant, Scriptura teste, in castris positi, ad tabernaculum non venerunt : et tamen, eo nesciente, æque, ut cæteri, Spiritum perceperunt? In eo sane, quod de spiritu Moysi tolli dicitur, atque aliis dari, nullum Moyses dispendium sui spiritus pertulisse credendus est; velut ab ardente lucerna lumen quælibet materia mutuetur, nullo propter hoc lucerna proprii splendoris detrimento minuitur.

CAPUT XV.
Quod ii qui consecrandi accedunt, jam habeant Spiritum sanctum.

Enim vero ad instar septem donorum Spiritus sancti, septem nihilominus sunt ordines ecclesiasticæ dignitatis : quod autem his omnibus gradibus adhuc et alii præferuntur, videlicet ut sunt patriarchæ, archiepiscopi, vel episcopi, ab his non tam novus ordo suscipi, quam in eodem ipsi sacerdotio videntur excellentius sublimari. Nam cum sacerdos idcirco dicatur, quia sacrum det, hoc est, quia Deo sacrificium offerat; quid in Ecclesia sublimius, quid eminentius sacerdotio poterit inveniri, per quod videlicet mysterium Dominici corporis et sanguinis probatur offerri? Licet igitur illi quibusdam privilegiis pro suo quisque ministerio specialiter potiantur, quia tamen id, quod omnibus majus est, commune cum reliquis sacerdotibus habent, cum eis etiam, et ipsi non immerito sacerdotii nomen tenent (dist. 21, c. *Clericos*); ad hos nempe gradus cum ministri Ecclesiæ provehuntur, non ita credendi sunt Spiritum sanctum noviter ac repente suscipere, ut ipsos tanquam eotenus vacuos domus ille supernus habitator tunc primum incipiat visitare; sed hoc potius modo, ut quos jam inhabitat, per ampliorem gratiam ad altioris quoque gradus incrementa perducat; alioquin quomodo quis in subeundis honoribus noviter illum posset accipere, cum et ipsi gradus per morosa temporum intervalla regulariter conferantur (dist. 75, c. *Ordinationes*): et baptismus, cui primitiæ spiritus ascribuntur, longe prius susceptus fuisse videatur? Nam et in apostolis eadem non ambigitur discretio fuisse servata, videlicet ut Spiritum sanctum, quem jam habebant, rursus acciperent; et de gratia ad gratiam suis aucti provectibus aspirarent. Salvo plane mysterio, quod divina providentia primitus occulte in eorum cordibus intelligitur operata, bis manifesto munere Spiritum sanctum suscepisse leguntur: primo scilicet tunc cum Dominus insufflavit, et dixit: « Accipite Spiritum sanctum (*Joan.* xx); » secundo cum super eos in figura linguarum ignis apparuit (*Act.* ii). Verumtamen et ante hæc tam perspicuæ donationis indicia, inter ipsa videlicet vocationis primordia divinitus inspirati fuisse noscuntur. Nam quomodo possent cuncta, quæ corporaliter intuebantur, abjicere, ac sub unius vocis imperio ad invisibilia festinare, nisi jam interioribus eorum oculis gratia Spiritus sancti infulsisset? Unde et Paulus ait: « Qui Spiritum Christi non habet, hic non est ejus (*Rom.* viii): » quæ nimirum apostolica sententia licet necdum fuerit scripta, jam tamen erat procul dubio vera. Nequaquam ergo ut Christi essent, Christi se discipulatui tradidissent, si jam Spiritus ejus primitias non haberent. Munus itaque divinæ largitatis, quod jam fidelibus suis dederat, iterum atque iterum dedit, ut frigida atque arentia corda suum munus iterando, et ferventius accenderent, et affluentius inundarent. Sic nimirum, sic humana natura, quæ longe fuerat noxiæ vetustatis squalore consumpta, ad florem novæ vitæ quibus erat incrementorum processibus reformanda. Si ergo secundum ea, quæ superius comprehensa sunt, non modo in inferiori quolibet gradu quis constitui, sed ne baptizari quidem sine Spiritu sancto potuit; quisquis ad officium sacerdotale provehitur, non noviter Spiritum sanctum, sed ejus utique, quem jam habet, suscipit incrementum. Sicut enim una anima per omnia corporis membra diffunditur; sic uno Dei Spiritu sancto universalis Ecclesia vegetatur. Unde et Paulus Corinthiis dicit: « Sicut enim corpus unum est, et membra habet multa; omnia autem membra corporis cum sint multa, unum tamen corpus sunt; ita et Christus (*I Cor.* xii). » Etenim in uno spiritu omnes nos in unum corpus baptizati sumus. At vero anima cum sit una, omnia quidem membra vivificat, sed non unam, eamdemque vim membris omnibus administrat; quibusdam nempe quasi quadam prærogativa concedit, quod aliis non impertit: nam cum **106** cætera membra per eam communiter vivant, oculus ab ea spiritualiter accipit, non solum ut vivat, sed etiam ut videat; auris ut audiat; cor ut sapiat; naris ut olfaciat; lingua ut loquatur; cumque eadem anima nullatenus sit diversa, diversa tamen singulis membris injungit officia. Sic etiam Spiritus sanctus dum universis in Christo renatis fidem tribuit, quasi vitam cunctis Ecclesiæ membris infundit, sicut divina voce dicitur: « Justus autem meus ex fide vivit (*Heb.* x). » Cum ergo nonnullos ad ecclesiasticæ dignitatis ministeria provehit, velut quibusdam superioribus membris specialia dona concedit. Præterea utrum lucidi sibi sint oculi, camuræ [*f.* sonores] aures, sive etiam nares, anima non discernit; sed sive honesta, sive fœda sint hæc, proprii juris officium cuique distribuit; ut quodammodo non magnipendere videatur, cujusmodi ipsa sint membra, sed loca potius, in quibus sunt naturaliter constituta. Ita quoque Spiritus sanctus ad conferendum spiritualis gratiæ sacramentum non tam vitæ meritum, quam injuncti gradus attendit officium; ut non magnopere ad momentum rei hujus attineat, quod Ecclesiæ membra deformiter sint, honesteve composita, sed id potius ubi sint posita; et a nobis non tam merita sint consideranda, quam loca, præsertim cum Apostolus dicat: « Posuit Deus membra, unumquodque eorum in corpore, sicut voluit (*I Cor.* xii). » Sed sæpe contingit, ut membra ipsa, quibus potiora sensuum prærogantur officia, deformitati reperiantur obnoxia, cum cætera scilicet conspicua sint venustate decora, quæ nimirum illorum officiis communi simul utilitate participant, cum tamen in se nullum prorsus nævum eorum deformitatis admittant. Unde idem dicit Apostolus: « Quæ inhonesta sunt nostra, abundantiorem honestatem habent (*Ibid.*). » Ita profecto clerici quod specialiter habent, non magis sibi quam usui totius Ecclesiæ communiter debent: sicque fit, ut si indigni sint, et privilegium, quo præferuntur, aliis debeant, et reatus quo premuntur judicium non evadant. Nam si pro se tantummodo ministerium sacerdotale susciperent, non abs re homines de illorum meritis disputarent; sed quoniam pro communi omnium salute gratia illa tribuitur, non attendendum qualibus datur, sed pro quibus datur. Porro autem Veritas dicit: « Ego sum vitis, vos palmites (*Joan.* xv). » Ex hac vite diversi prodeunt palmites, alii quidem aliquando præcidendi, alii germinandis fructibus perpetuo reservandi; sed qui præcidendi sunt, quandiu falx evangelica, vel canonica non accesserit, quidquid afferunt, a bonorum palmitum fructibus non secernjtur, sed indifferenter habetur.

CAPUT XVI.
De nequissimis episcopis, quorum tamen ordinatio rata fuerit.

Hinc est enim, quod omnes ordinationes, quæ a Liberio, hæretico videlicet, et seditioso, sunt factæ, in sui status noscuntur immobilitate servatæ (*consule scholia ad calcem opusculi*). Porro Liberius perfidiæ deceptus errore, Arianæ hæresi subscripsisse dignoscitur, **107** ac per ejus transgressionem nefandissima scelera sunt commissa: multi quoque

sacerdotes, et clerici per ejus malitiam sunt perempti; residui vero catholici non ab Ecclesiis, sed
etiam a locis suis prohibiti. Liberius itaque factus
apostata, sex annorum spatia supervixit: quidquid
tamen super ordinationibus egit, fixum et ratum in
sui vigoris stabilitate permansit. Quid de papa Vigilio dicam? qui nimirum sceleratus et impius, quidquid ordinando constituit, nemo pontificum cassare
præsumpsit. Istum denique noveris esse Vigilium
qui prius Bonifacio papæ molitus est insidias, quatenus eo vidente, apostolicam sedem sacrilegus obtineret; sed resistente senatu, conatus illicitos et
nefarios implere non potuit. Postmodum vero solitis
machinationibus Sylverium papam aggressus est
apostolica dignitate privare, quod ille mox animadvertens, synodale concilium congregavit, ubi auctoritate Spiritus sancti, et apostolica potestate
eum, ut revera Simoniacum et invasorem Ecclesiæ
vinculis ablegavit. Vigilius tamen, ut sacrilega
mente conceperat, per imperialem potentiam datamque pecuniam et falsorum adminiculo testium
prædictum papam Sylverium nequiter condemnavit,
monachicis vestibus induit, et ad Pontias in exsilium destinavit, sustentans eum pane tribulationis,
et aqua angustiæ: ibique felix papa ille confessor
factus, defunctus ac sepultus est: ad cujus tumulum nonnulli sanabantur infirmi. Vigilius autem
dignis anathematis nexibus irretitus, reus insuper
homicidii, nefariis ausibus se papam instituit. Sed,
o inæstimabilem divinæ clementiæ pietatem! Vigilius, qui jam desperatus erat ad culpam, servatur
ad pœnitentiam, Antimum scilicet hæreticum patriarcham, quem reconciliare spoponderat, inthronizare noluit: propterea longo detrusus exsilio
dirisque afflictionibus maceratus, factis digna
recepit, et sic demum procul a patria expulsus,
defunctus quievit in Domino. Ordinationes tamen
ejus, ut dictum est, in sua perpetim stabilitate permanserunt. Hæc autem, quæ de Sylverio Vigilioque retulimus, partim in synodali decreto ejusdem
Sylverii, partim in pontificali codice digesta leguntur. Si ergo nec tam flagitiosorum pontificum statuta cassantur, quo pacto innocenti homini Simoniaci manus officiant, quem propria sententia non
condemnat; quomodo aliena pravitas a divina gratia separat, quem propria vita Deo commendat?
Spiritus enim sanctus per eum datur, a quo procul
dubio non habetur. Sed ut nostræ imbecillitatis
assertio fidem audientibus præbeat, beatus etiam
Augustinus (contra Parmenianum l. II, cap. 11) ad
medium idoneus suffragator accedat; contra Parmenianum enim Donatistam his alloquitur verbis:
Quod autem, inquit, in libro Sapientiæ legitur:
Spiritus sanctus disciplinæ effugiet fictum, et auferet se a cogitationibus, quæ sunt sine intellectu
(Sap. 1); ita intelligendum est, ut desit saluti ejus,
ministerium tamen non deserat, quod per eum salutem operatur aliorum. Unde ait Apostolus: « Si
enim volens hoc facio, mercedem habeo; si autem invitus, dispensatio mihi credita est (I
Cor. IX). » Ac si dicat: Illis prodest, quibus dispenso; non mihi, qui facio. Ideo quoque
doctor egregius in expositione beati Joannis
evangelistæ sic loquitur: « Jam vos mundi estis
propter verbum, quod locutus sum vobis (Joan. xv). »
Quare non ait, mundi estis propter baptismum,
quo abluti estis, sed propter verbum, quod locutus
sum vobis: nisi quia et in aqua verbum mundat.
Detrahe verbum, et quid est aqua, nisi aqua? Accedit verbum ad elementum, et fit sacramentum
etiam ipsum tanquam visibile verbum. Nam et hoc
utique dixerat, quando discipulorum pedes lavit:
« Qui lotus est, non indiget nisi ut pedes lavet, sed
est mundus totus (Joan. XIII). » Unde ista tanta
virtus aquæ est, ut corpus tangat, et cor abluat
nisi faciente verbo? Non quia dicitur, sed quia creditur. Nam et in ipso verbo aliud est sonus transiens,
aliud virtus manens, hoc est verbum fidei, quod
prædicamus, ait Apostolus: « Quia si confessus
fueris in ore tuo, quia Dominus est Jesus, et credideris in corde tuo, quia Deus illum suscitavit a
mortuis, salvus eris. Corde enim creditur ad justitiam, ore autem confessio fit ad salutem (Rom. X;
Isa. VIII). » Unde in Actibus apostolorum legitur:
« Fide mundans corda eorum (Act. XIII). » Et in
Epistola sua B. Petrus: « Sic et nos, inquit, baptisma salvos facit, non carnis depositio sordium, sed
conscientiæ bonæ interrogatio in Deum (I Petr.
III); » hoc est verbum fidei, quod prædicamus, quo
sine dubio, ut mundare possit, consecratur et baptismus. Christus quippe nobiscum vitis, cum Patre
agricola, dilexit Ecclesiam, et semetipsum tradidit
pro ea. Lege Apostolum, et vide quid adjungat:
« Ut eam sanctificaret, inquit, mundans eam lavacro
aquæ in verbo (Ephes. V). » Mundatio igitur fluxo et
labili non tribueretur elemento, nisi adderetur in
verbo. Hoc verbum fidei tantum valet in Ecclesia,
ut per ipsam credentem, offerentem, benedicentem,
tingentem, etiam tantillum mundet infantem, quantumvis nondum valentem corde credere ad justitiam
et ore confiteri ad salutem. Totum hoc fit per verbum; de quo Dominus ait: « Jam vos mundi estis
propter verbum, quod locutus sum vobis (Joan. XII). »
Secundum ergo beati hujus viri sententiam, imo
secundum ipsius Redemptoris nostri salutarem doctrinam, sacramenti cujusque mysterium non ex
consecrantis est merito, sed in consecrationis est
verbo; ut non magnopere perpendatur quid in consecratione per meritum lateat; sed quid in eum, qui
consecrandus est, per verba descendat. Idem quoque
ipse in expositione decimi psalmi, sic ait: Justus
autem quid? Si vos Cæcilianus offendit, Christus quid
vobis fecit? Qui traditorem suum, quem diabolum nominavit, qui ante traditionem Domini nec loculis Dominicis fidem potuit exhibere, cum cæteris discipulis
ad prædicandum regnum cœlorum misit; ut demonstraret dona Dei pervenire ad eos, qui cum fide accipiunt;
et si talis sit, per quem accipiunt, qualis Judas fuit.

CAPUT XVII.

De Anatolio, et Polychronio, qui post scelerata primordia bene conversi dignos se suis ordinibus ostenderunt.

Cur ergo vana hominum temeritas jactat, quod innocentis munditiam aliena valeant fœdare contagia : et eos negotiatorum crimen obruat, qui contractum penitus negotiationis ignorant, cum hi sæpe, qui male cœperunt, bene consument : et sinistra principia ad bonos exitus emendationis vitæ satisfactione proveniant? Sed ut quod sermone proferimus, firmemus exemplo, non obscurum est, quod S. Flaviano Constantinopolitano episcopo ob catholicam fidem in exsilium destinato, Anatolius, eo vivente, in loco ejus ab hæreticis ordinatus est. Ad quem sanctus papa Leo ita loquitur : Decessore enim tuo beatæ memoriæ Flaviano propter defensionem catholicæ veritatis ejecto, non immerito credebatur, quod ordinatores tui contra sanctorum canonum constituta viderentur sui similem consecrasse : sed affluit misericordia Dei in hoc te dirigens, atque confirmans, ut malis principiis bene utereris, et non te judicio provectum, sed Dei benignitate monstrares. Quod vere ita accipiendum est, si hanc divini muneris gratiam mala confessione non perdas. Præterea quid et de Polychronio Hierosolymitano videlicet loquar episcopo? Qui profecto sicut in gestis pontificalibus invenitur, dum Jerusalem primam sedem superbus assereret, summumque pontificem se contumaciter perhiberet, in Simoniacæ quoque hæreseos voraginem lapsus est; ita ut nec clericos sine pecunia promoveret, nec ex cujuslibet dedicatione Ecclesiæ minus quam decem auri libras male mercatus acciperet. Quid plura? Tandem Sixtus Romanæ sedis episcopus collecto concilio, cum septuaginta sex episcopis depulsum propria sede damnavit, eique tria duntaxat Ecclesiæ prædia usufructuario jure constituit. Locum tamen ejus intactum servari præcepit, ordinationem suspendit, et episcopum quemdam, Theodolum nomine, in sede ejus vicarium dereliquit. Post menses autem novem, cum Hierosolymitana civitas famis inopia premeretur, Polychronius prædia ipsa, quæ fruenda perceperat, vendidit, eorumque pretium legaliter pauperibus erogavit. Quod cum Sixtus, episcopo accusante, et pium crimen impingente, a Prisco diacono didicisset (aiebat enim, quia Ecclesiæ bona distrahere illi non licuit, quæ ad tempus duntaxat utenda suscepit), sanctus papa gavisus est valde, et mox Valentiniano Augusto pium facinus intimavit. Deinde congregata synodo, Romanus pontifex Valentiniano pariter considente, tractare cœperunt, quid digne de Polychronio fieret, qui in ipsa dejectionis suæ paupere cuncta distribuens, evangelicam viduam Redemptoris ore laudatam laudabiliter imitatus esset (*Marc.* xii; *Luc.* xxi). Competenti itaque censura decretum est : Ut is non viduaret qui viduam victum suum pie largiendo, secutus est. Sic igitur Polychronius, qui digne gradum suum prius superbus, et a varus amisit, postmodum largus factus et humilis pristinæ sibi dignitatis infulas reparavit. Si ergo Anatolium, qui, ut superius dictum est, et vivente, ac depulso episcopo, et ab hæreticis insuper ordinatus est, sancta conversatio potuit excusare, si Polychronium perspicue Simoniacum una potuit eleemosyna honori pristino restituere, quo pacto dicitur, quia promotus a Simoniaco suscepti honoris fructum nullatenus consequetur?

CAPUT XVIII.

Quod per indignos etiam sacerdotes sæpe exhibentur miracula.

Imo quid mirum, si per malos ministros omnipotens Deus in Ecclesia sua propagari officium sacerdotale permittat, cum per eosdem etiam virtutum signa frequenter exhibeat, non videlicet ob religiosæ vitæ meritum, sed propter acceptum sacerdotalis mysterii sacramentum? Nam, ut ex multis pauca perstringam, Fesulanus episcopus, Raimbaldus nomine, erat manifestissime Simoniacus, quia videlicet non solum ipse per pecuniam pontificatus culmen obtinuit, sed et vix aliquando gratis aut clericos, aut ullas consecravit Ecclesias. Huc accedebat, quod præter alias, unam habebat publice ac familiarius adhærentem, et tanquam legitimæ desponsationis uxorem, quorum filii et filiæ adhuc plures exstant; et fœderati conjugio, et succrescentibus liberis cumulati. Per hunc itaque talem plura perhibentur exhibita fuisse miracula, ex quibus videlicet unicum hic referre sufficiat, ut in uno mens colligat quid etiam ex aliis, quæ fama vulgavit, probabiliter credat. Rozo namque, qui dicitur magister cantorum, Florentinæ Ecclesiæ presbyter, vir apprime litteralibus studiis eruditus, in magno clericorum suorum conventu, præsente quoque reverendissimo domino Gerardo suo episcopo, hoc mihi per ordinem retulit : Dæmoniaca, inquit, aliquando ducta est ad nostri episcopatus ecclesiam, forte tunc Inventionis Dominicæ crucis solemnitas agebatur; cum vero ad offertorium perventum esset, quod nimirum dicitur : Veniens vir splendidissimus ad Constantinum; nescio quo casu repente clericis oblivio modulationis obrepsit. Protinus illa tanquam in adjutorium lapsis accurrens, in medium festina prosiluit, in organum mox excellentissimæ vocis erupit, et tam naviter, ut omnes mirarentur, suavis melodiæ regulam tenuit. Adjuratus autem dæmon, ut exiret, respondit, quia a Romulo duntaxat deberet expelli. Hoc audientes miseræ mulieris comites, mox ad Fesulanam properant festinanter Ecclesiam : ibique ante altare B. Romuli divinam misericordiam præstolantur. Sed et illic inquisitus dæmon, respondit se nullatenus egredi, nisi Raimbaldus adveniret episcopus. Cumque præfatus episcopus venire satageret, dicebat interim dæmon : Væ, ecce episcopus nunc ascendit equum, ecce illic in tali loco jam est : ecce ante illam vel illam domum modo pertransit, et illi notantes loca probabant cuncta sic se habere veraciter, sicut mendax spiritus asserebat.

111 Tandem episcopus veniens, invocato Christi nomine, ab obsesso corpore malignum spiritum protinus expulit, et mulierem ad propria liberam incolumemque remisit.

Eodem quoque tempore, cum videlicet Simoniaca pestis per totum corpus Ecclesiæ lethaliter serperet, passimque per omnes gradus ecclesiasticos libere pullularet, Marinus quidam presbyter erat, hujus videlicet Eleuchadii reverendissimi atque honestissimi viri pater, qui monasterio nunc præest beatæ Dei Genitricis sempérque Virginis Mariæ, juxta Farentinæ urbis moenia constituto. Hic itaque hujus, quem prædiximus, Eleuchadii matrem publice, tanquam legitimam possidere non reverebatur uxorem. Huic presbytero plane tantam divina dispensatio contulerat gratiam, ut cum sanctificatam a se aquam frugibus per agros aspergeret, non ulterius vermiculorum, non erucarum, non denique locustarum fruges læsura pestis aliqua remaneret; sed mox agmine facto, omnes abscederent, postquam eos aquæ sanctificatio conspersisset. Aliquando autem ejusdem Marini presbyteri dominus, Jeremias nomine, adversus æmulum suum generis affinitate propinquum, sed voluntate prorsus adversum gravissimæ simultatis odio laborabat, qui videlicet inter cætera inimicitiarum timens ne etiam venatoribus deditam canum suorum sagacitatem hostile præstigium fascinaret, petiit a jam dicto presbytero, ut situlam aquæ plenam per exorcismum sanctificaret; sibique deferret, quia suis quibusdam usibus satis necessariam judicaret. Cumque ille simplici animo, quod imperatum fuerat, peregisset, Jeremias sapiens quidem ut mala faciat, virtutem vero sacramenti, quia prorsus ignorat, margaritas ante porcos projicere non formidat. Nam sanctificatam aquam cantabro stultus immiscuit; et canibus suis per maleficium, ne incantari possent, ad devorandum obtulit. Sed aliter sentiente divina providentia, in contrarium versa est ejus sententia: malum siquidem, quod male cavere volebat, incurrit: et dum brutis animalibus inconsulte consulere studuit, suam potius animam læsit: Nam ad vescendum canes admissi, cum ad primos impetus avida vix dum ora laxarent, et ferales cibos necdum lingua contingerent, primo naribus odore percepto, protinus in terram omnes mortui corruerunt. Tunc dupliciter ille confusus, nimirum et peccati reus, et facultatis amissæ damno percussus, Marino presbytero omnem rei seriem, prout se habebat veritas, innotescit, et tantæ audaciæ, tantique sacrilegii dari sibi poenitentiam flebiliter quærit. Abnegat Marinus tanti criminis sibimet arrogare judicium, nec aliud semper illud statuere, quibuslibet hinc inde pulsatus precibus acquievit, nisi, ut si poenitentiam veraciter quæreret, ad Apostolicæ sedis apicem necessario properaret. Cui tandem ille necessitate compulsus paruit, atque apud Romanam Ecclesiam poenitentiæ judicium, quod flagitabat, accepit.

Alio quoque tempore puellam quamdam quam idem Marinus presbyter baptizaverat, lupus rapuit, atque in silvarum condensa, saltuumque secreta, multis insequentibus asportavit. **112** Cumque post eam et mater exanimata concurreret, repente Marinum presbyterum sibimet obvium reperit, eique cum magnis ejulatibus flebilis querelæ singultus expressit: Heu, heu Pater, inquit, nunquam suspicari sic potui, ut miseræ matris infelicior filia, quam de sacro fonte ipse traxisti, cruentis belluis rapina fieret; et cibus facta lupis, ferinæ rapacitatis ingluviem satiaret; cui presbyter ait : Noli timere, mulier; quia si illa veraciter est, quam ego baptizavi, nunquam bestia devorandi eam accipiet potestatem. Deinde audax, ac temerarius hoc etiam insipienter adjecit : Si enim, ego illam lavacro sacri baptismatis ablui, et eam bestia laceraverit, jam non credam quod Deus regnet in coelis. Mira res, post quatuor fere horas ultra octo propemodum milliaria inter fruteta silvarum illæsa, et incolumis reperta est, juxta quam et lupus innocens stabat. Et sicut leoni cadaver prophetæ de Samaria redeuntis violare non licuit (*III Reg.* xiii), ita et lupus iste puellam non ausus est lædere; sed quantum datur intelligi; ultro etiam visus est custodire. In puella itaque nulla penitus læsio est inventa, nisi quod crura ejus, et brachia spinarum ruborumque videbantur aculeis cruentata.

Alius quoque presbyter nuper in his partibus fuit, hujus scilicet reverendissimi viri Gerardi frater, qui nunc præest monasterio S. Donati in suburbio Imolensis oppidi constituto : et presbyter ille communis quidem, ac pene sæcularis erat vitæ, sed tantam a Domino consecutus erat gratiam, ut si quis sibi nuntiaretur a serpente percussus, mox sanctificatam a se aquam nuntianti porrigebat, ut biberet; qua hausta, tanta protinus divinæ virtutis efficacia clarescebat, ut is, qui biberat, tanquam si cum anguis specialiter momordisset, omnes vulnerati virus evomeret : et ille, qui percussus fuerat, funditus veneno vacuus, et totis visceribus humore pestifero defæcatis liber et incolumis remaneret.

Alius quoque presbyter erat nullius pene momenti, ita ut sæcularis prudentiæ ne tenui quidem calleret ingenio, litteras autem vix syllabatim ac rustice balbutiret; aliquando vero gallinam ejus hora vespertina rapuit accipiter; quæ scilicet injuria amarissimo eum felle iracundiæ commovit, et ita plane, ut minaretur sancto; in cujus nomine dedicatam regebat ecclesiam, quia nisi sibimet altile suum, quod perdiderat, redderet, nequaquam sibi de cætero ecclesiastica officia celebraret. Et tanquam linguæ vesania non plene sufficeret, manibus est ausus excidere, et ipsum altare virgis verberare aggressus est. Quid plura? Mane die altero, gallina rediit, et exceptis alis, et capite, omnibus aliis deplumata pennis; nullum læsionis in toto corpore vestigium reportavit, ut liquido monstraretur, quia presbyteri licet insani voces divina pietas omnino non respuit, dum in ejus perniciem devolandi licentiam accipiter non accepit. Et quid mirum si divina dispensatio per qualescunque sacerdotes, orthodoxos tamen, miraculorum virtutes ostendat, cum per ipsos quoque hæreticos sæpe signa suæ potentiæ manifestet? Nam, ut de cæteris sileam, quod in Tripartita historia legitur, non absurdum videtur, si eisdem verbis simpliciter inferatur : « Interea, inquit, incendium in civitate Constantinopolitana factum, paulatim pervenit ad thermas, quæ vocantur Achilleæ, demum ad locum, qui dicitur Pelargus, ita ut Novatianorum comprehenderetur ecclesia. Tunc fertur Paulum eorum episcopum inter flammas restitisse ecclesiæ, supplicantem Deo, ne ecclesia pariter concremaretur. Qui locus ereptus est, et hactenus stat illæsus, in quo loco septima decima die mensis Augusti apud Novatianos collectio celebratur. Hunc itaque locum non solum Christiani, sed et pagani ex tempore venerantur. » Sed hæc virtutum signa, quæ vel per hæreticos, vel per indignos rectæ fidei sacerdotes operatur divina dispensatio, sacerdotes (quia non cujuslibet eorum merito, sed ministerio conceduntur) nequaquam eos, vel ab his, quæ merentur, suppliciis liberant, vel apud districtum Judicem perpetrati reatus excusant. Unde enim aucupantur gloriam, in confusionis decidunt ignominiam : et quo magis extolluntur favoribus adulantium, eo proclivius in damnationis æternæ præcipitia demerguntur. Et sæpe tales terribili morte percussi, luce clarius indicant, quam revera reprobi fuerint, qui specie tenus quasi mirabiles apparebant. Nam et is, cujus paulo ante meminimus, Fesulanus episcopus cum tantæ pravitatis esset, ut et laicus ejus frater honestæ ac modestæ vitæ cum eo familiaritatem habere minime dignaretur, signorum tamen adeo virtutibus coruscabat, ut in dedicatione unius duntaxat ecclesiæ quinque coram omni populo dæmoniacos curasse constanter a perhibentibus asseratur. Sed quia non suis, sed alienis miraculis claruit, ad obitum veniens, ultrici ante ignem igniti corporis animadversione signavit. Pabula siquidem perniciosæ uredinis in pede ejus pestilenter exorta, sic totam plantam, tibiam, coxamque cum inguine simul ac genitalibus comprehendit; ut usque ad vitalia serpendo procederet, et velut aridi materiam stipitis viscera ejus interna depascens, occultis eum vaporibus conflagraret, quatenus hic jam primitivus igni accenderet, quem flamma postmodum nunquam deficiens absorberet. Tam quippe intolerabilis, atque immanissimi languoris nimietate constrictus, nec dignam cognoscitur pœnitentiam suscepisse, nec mulierum a se contubernium, quarum etiam tunc impudenter uti ministerio non verebatur, voluit absentare.

Porro autem cum Redemptor noster dicat, « quia in digito Dei ejiceret ipse dæmonia (*Luc.* xi), » digitus autem Dei procul dubio Spiritus sanctus accipitur; evidenter agnoscitur, quia nunquam dæmones e corporibus hominum nisi per virtutem Spiritus sancti expelluntur. Unde liquido manifestum est quia episcopus ille licet indignus, licet fuerit Simoniacus, et illecebrosæ luxuriæ spurcitia maculatus, dæmones tamen effugare nullatenus potuisset, si virtutem in se sancti Spiritus non habuisset. Nam et Samson, qui contra legis divinæ præcepta alienigenæ nationis meretricibus utebatur, nunquam tam durissima vincula evadere potuisset, totque 114 hominum millia solus trucidare, nisi eum fortitudo sancti Spiritus roborasset (*Judic.* xiv). Præterea et prophetes ille falsus sine prophetica sancti Spiritus revelatione non fuit, qui fallendi artifex virum Dei Bethel revertentem contra divina præcepta comedere per accurata mendacia persuasit, asserens : « Angelus, inquit, locutus est mihi in sermone Domini, dicens : Reduc eum tecum in domum tuam, ut comedat panem, et bibat aquam (*III Reg.* xiii); » moxque Scriptura sequitur : « Fefellit eum, inquit, et duxit secum (*Ibid.*); » et paulo post : « Cumque sederent ad mensam, factus est sermo Domini ad prophetam, qui reduxerat eum, et exclamavit (*Ibid.*), » rei videlicet ordinem, quo perimendus erat, quoniam voti Domini inobediens fuerat. Ubi notandum quod, quem fefellisse fratrem Scriptura prius evidenter accusat, ad eumdem mox sermonem Domini factum, ac verissima prophetasse, indubitanter affirmat. Et certe, si facti hujus ordo diligenter pensatur, deceptor iste procul dubio viri innocentis homicida fuisse convincitur : in talem tamen Spiritus sanctus venire non renuit, et in ipso captiosæ deceptionis articulo, dum curat per mendacium fallere, coactus est per veritatis oraculum prophetare. (*Vide scholia.*) Enimvero quis Heli sacerdotem nesciat reprobum, et tam pro lenitate sua, quam pro liberorum effrenata licentia divinæ animadversionis sententia condemnatum? Ejus tamen benedictione non fuit sterilis uterus Annæ, cui nimirum fecunditatem imprecatus est vulvæ. Ait enim Scriptura : « Benedixit Heli Elcanæ, et uxori ejus, et dixit : Reddat tibi Dominus semen de muliere hac pro fœnore quod commodasti Domino; » moxque subjungit : « Visitavit ergo Dominus Annam, et concepit, et peperit tres filios et duas filias (*I Reg.* ii). » Hanc itaque benedictionem efficacem reddidit non meritum hominis, sed officium sacerdotis : et quod non habebat causa ministri, virtus exhibuit ministerii.

CAPUT XIX.
Quod sæpe sinistra principia ad felices proveniunt exitus.

Quid denique officiat Simoniacus, si ordinandis manus imponat, cum neque id quod habetur, auferre, neque quod divinitus augetur, prævalet inhibere? Illud siquidem cœlestis gratiæ munus non de marsupio extrinsecus satagentis, sed de thesauro profertur invisibiliter præsidentis. Nam etsi fur sit ille qui seminat; terra tamen, auctore Deo, vires germinandis frugibus administrat. Licet sordida sit manus, aut leprosa, quæ plantat; mundus certe fructus decerpitur, cum ad maturitatis plenitudinem pervenitur. Ex adulterino sæpe conjugio pulchra soboles nascitur, et ex obscena voluptate parentum spectabilis oritur species liberorum. Alios quidem filios Jacob ex legitimis uxoribus genuit, alios ex concubinarum servili conditione suscepit : at cum ad capessendam hæreditatem utrique perveniunt, parili inter se distribuendarum sortium jure ceduntur (*Gen.* xxx). Phares de Theristrata et exposita in bivio nascitur, sed non minimus inter Israelitarum cognationum principes invenitur (*Gen.* xxxviii). Salomon ex ea, quæ fuit Uriæ; cognoscitur habuisse principium, qui tamen regalis sceptri tenuit incomparabiliter principatum (*II Reg.* x; *I Par.* iii). Obed certe ex Ruth Moabitide duxit originem, sed egregium regem David, magnum videlicet meruit habere nepotem. Booz quoque Rahab meretrix genuit, qui tamen in regali Dominicæ genealogiæ catalogo meruit numerari (*Matth.* 1). (*Vide scholia.*) Et quid alios memorem? Quandoquidem et ipse Dei mediator, et hominum, de peccatoribus originem duxit, et de fermentata massa sinceritatis azymam absque ulla vetustatis infectione suscepit : imo, ut expressius dicam, ex ipsa carne virginis, quæ de peccato concepta est, caro sine peccato prodiit, quæ ultro etiam carnis peccata delevit.

Quid ergo mirum, si valida manus Domini, atque ad quodcunque voluerit, efficax, hoc faciat in Spiritu, qui vivificat, quod agere probatur etiam in carne, quæ non prodest quidquam? (*Joan.* vi.) Qui enim facit, ut sinistra principia ad faustos proveniant exitus, et hoc in rebus utique terrenis, quomodo credendus est idipsum propensiori dispensatione non agere in spiritualibus sacramentis? Nimirum qui præcipit arborem sordidi plantatoris nescire contagium, cur etiam negetur ab his, qui consecrantur, omnem scelerati consecratoris prorsus habere reatum? Qui manseres cum legitimis, ancillarum filios cum herilibus, in consortium velut nanciscendæ hæreditatis adscivit, nec aliqua eos ab his inæqualitate discrevit; quid mirum si et eos, qui a pravis sacerdotibus sunt promoti, cum iis simul, qui a bonis ordinati sunt, parili faciat sacerdotalis officii dignitate potiri? Quod plane nequaquam fit per meritum consecrantis, sed per verbum potius Dei vivi, et permanentis. Verbo denique Dei Patris dictum est : « Germinet terra herbam virentem, et facientem semen, et lignum pomiferum faciens fructum juxta genus suum (*Gen.* 1). » Et ecce hoc verbum ita hodie permanet illibatum, ut nequaquam diversitatem agricolarum imitetur proventus fructuum, sed juxta uniuscujusque genus proprium semen in herbis, proprium reperiatur in pomis. Quod profecto semen rursus terræ committitur, ac postmodum non diversum, sed juxta sui generis speciem præparatur. Si ergo ex verbi divini virtute, terra, quod accipit, ad eamdem similitudinem reddit; quid mirum, si sacerdotalis illa benedictio, quæ tanquam semen in accedentis animam jacitur, sacerdotium per afflatum Spiritus sancti invisibiliter operetur, atque ideo non jam seminantis imago digne requiratur in fructu, sed sola, ut ita dixerim, seminis similitudo procedat? Dixit etiam animalibus Deus : « Crescite, et multiplicamini (*Ibid.*). » Ex cujus videlicet efficacia verbi, cuncta usque nunc creantur animantia : non certe principaliter nova, sed ex eodem originali semine per traducem propagata.

Cum igitur verba illa, quæ nimirum semel prolata sunt, tam immobiliter vigent, quid ex illis sacerdotalium benedictionum verbis est sentiendum, quæ sacra prorsus, atque divina idcirco semper in promovendis exterius repetuntur, ut mysterium intrinsecus operentur? Nam cum incantatorum verbis inesse tanta virtus asseratur, ut eis tanquam lapidibus injectis serpens percussa frangatur; quid mirum si sacerdotalis benedictio sacramentum in se virtutis divinæ contineat, unde ille sacerdos, qui admotus, est fiat? Nunquid enim majoris sunt virtutis incantatoria verba, quam illa efficacia prorsus, et mystica, ac divini nominis invocatione sacrata?

CAPUT XX.

Quod per Simoniacum, ut Spiritus sanctus dari baptizando possit, consecrando non possit, ratio non admittit.

Illud sane mirandum, cur tanta stoliditate desipiant, qui Simoniacos baptizare efficaciter posse, consecrare autem nullatenus posse, impudenter affirmant? Et quanquam de hoc jam superius sit breviter disputatum, non abs re videtur adhuc enucleatius disserendum. Ponamus ergo in medium Simoniacum baptizantem, eumdem quoque nihilominus consecrantem, et discernamus, si possumus, cum baptismus per eum traditus valeat; cur consecratio in irritum cedat, ac sicut dicitur, sacramenti vires amittat? Ecce is, qui baptizat, post prima fidei rudimenta, quæ catechumenum docuit, juxta ecclesiasticæ institutionis morem mox orationes super eum dicit, quæ videlicet in hoc ipsum sacerdotali sunt auctoritate compositæ, sicque per exorcismi gratiam malignum hostem, qui eotenus in eo tyrannidem exercebat, expellit, et Spiritum paracletum invocando piis in eum precibus introducit. Sed quid aliud etiam consecrator agit, quam quod orationes nihilominus dicendo canonicas, eumdem Spiritum sanctum super eum, qui provehitur, invocat : atque ut in eum descendere dignetur, exorat; nisi quod majus quid per baptizantem agitur, quam id sit, quod per consecratoris officium exhibetur? Plus est enim Spiritum sanctum in eum, in quo nondum fuerat, nova dignatione descendere, quam eum, cui per fidem jam inerat, ad superioris gradus ordinem promovere. Per catechizantis namque, sive baptizantis officium et spiritus immundus expellitur, et in novo homine advenienti Deo habitaculum præparatur; sicut videlicet ejusdem exorcismi verba testantur, quibus per adjurationis imperium ad iniquum spiritum dicitur : *Tu autem effugare, diabole, appropinquabit enim judicium Dei.* In consecrationibus autem non malum, quod jam deletum abesse videbatur, expellitur; sed bonum, quod collatum fuerat, per cumulum gratiæ plenioris augetur. Credendumne est ergo, ut unus idemque homo, et quod majus est, agere : et quod minus est, non possit implere? At fortassis e contrario dicitur : Quia nulla videntur inesse illis initiandæ fidei rudimentis, quæ nequaquam adhibentur consecrationis peragendæ mysteriis, ut videlicet sal, quod in neophytos mittitur; aqua, cui baptizandus immergitur; chrisma etiam quo linitur. Sed hæc quidem per se considerata, nuda sunt elementa, nullumque habere noscuntur mysticæ dignitatis arcanum; ad orationem autem sacerdotis, **117** et invocationem divini nominis, virtutis intimæ concipiunt sacramentum.

Non ergo in rebus materialibus, atque terrenis, sed in precibus sacerdotum, et invocatione divinitatis, sive consecrandi, sive baptizandi sacramenta consistunt : quanquam et in consecrationibus sacerdotum sanctificatum oleum videatur nihilominus adhiberi. Cum ergo unus, idemque videlicet Simoniacus utrobique canonicarum orationum ordinem expleat, utrobique nomen divinitatis regulariter invocet, quando per eum in baptismo Spiritus sanctus datur, quomodo in sacerdotali promotione non detur, non rationis penetrat sensus, non humanus discernit intuitus. Sed dicitur e contra : quia Simoniacus, quod non habet, dare non potest.

Age ergo, quid est, quod in faciem catechumeni sacerdos insufflat, dicens : *Exi ab eo, immunde Satana ; da honorem Deo vivo et vero, da honorem Spiritui sancto.* Quibus utique verbis patenter ostenditur, quia per illam hominis insufflationem, arcano nimirum divinæ virtutis agente mysterio, et spiritus malus expellitur, et Spiritus sanctus introire dignatur. Quod nimirum totum si ita per insufflationem nihilominus Simoniaci, sicut et per boni sacerdotis impletur officium ; cur quod in uno sacramento posse conceditur, posse etiam consequenter in altero denegetur? Nam etsi baptismus, quod absit, venaliter præbeatur, tametsi sacro canoni sit vehementer adversum, nequaquam credendum est plenæ atque perfectæ regenerationis non habuisse mysterium : ideoque is, qui baptismum sub hac pecuniæ præstatione suscepit, nec digne rebaptizandus asseritur, nec expers divini muneris judicatur. Quod si ad tantæ pervicaciæ prorumpatur insaniam, ut Simoniacorum etiam baptismus irritus judicetur, hic non nostra fatigetur instantia, sed generaliter occurrat omnis catholicæ fidei disciplina, et universalis adversus eum armetur Ecclesia : quia nimirum omnia sanctorum Patrum convellere nititur instituta.

CAPUT XXI.

Quod attendendum sit quid sumitur, non unde sumatur.

At fortassis illud objicitur, quod beatus papa Gregorius de Simoniacorum damnatione testatur, dicens : « Benedictio, inquit, illi in maledictionem convertitur, quia ad hoc promovetur, ut hæreticus fiat. » Probamus nempe sententiam, nec ab ea fas ducimus dissentire. Ille siquidem maledictus, ille hæreticus est ; qui male, quod bonum erat, accepit. Quod acceptum est autem, in se quidem bonum est, sed accipienti factum est malum : nam et buccella, illa videlicet Judæ porrecta (*Joan.* xiii), non de bona facta est mala : sed illi facta est malum, qui bonum non bene, quia indigne suscepit : atque ideo si eamdem buccellam Judas alii tradidisset, nullam sacrum munus in se maculam ex dantis culpa contrahere, nullum necesse fuerat in accipientem contagium redundare. Hodieque etiam si de sacrosancto altari Dominicum corpus quilibet indignus accipiat, aliique contradat, **118** mundum est procul dubio quod accipitur, nec divinæ gratiæ munus sordentis ministri labe fœdatur. Et licet pravus quisque sibi judicium manducet, et bibat (*I Cor.* xi), illud tamen, quod manducatur et bibitur, gratia Dei est. Gratia enim Dei gustavit mortem, quæ est humanitas Christi. Omnia siquidem munda mundis, contaminatis autem et immundis nihil est mundum (*Tit.* i).

Si ergo quod mundum est, idipsum est contaminatis immundum, fatendum est, quia sacerdotium, quod bono scilicet causa spiritualis est dignitatis, Simoniaco factum materia damnationis : ut inde sit iste sacerdos certe catholicus, inde ille veraciter asseratur hæreticus. Nec mirum hoc in spiritualibus fieri, cum et in rebus corporeis facile possit eadem diversitas inveniri. Sæpe enim cibus, qui alterum vegetat, alterum gravat, et ex eodem curæ medicinalis antidoto, alius interit, alius convalescit. Porro unus est ignis, quo simul et cera liquescit, et terra siccatur, et eadem candela, quæ igne consumitur, et qua accedentes utiliter illustrantur, lumenque quod ad suum præbet interitum, inter tenebras videndi nobis factum est instrumentum ; quid ergo mea interest, quod candela in cineres vertitur, dummodo lumen, quod ab ea mutuatus sum, mihi indeficiens perseveret? Ardeat, ardeat Simoniacus, unde catholicus illustratur : et eodem lumine, quo aliis ministrat, ipse ad defectus sui tenebras tendat, quatenus quod ardet, intereat ; et quod illuminatum est, vivat. Sacerdotum quippe lumen quærentibus lumen est : æstu vero ambitionis ardentibus, incendium est. Quod ergo alter possidet ad propriæ defectionis interitum, alter accipit ad salutis augendæ provectum. Samson nempe de ore mortui leonis favum mellis eduxit, et ex arenti mandibula asini, aquis se profluentibus satiavit (*Judic.* xiv) ; sed nec aselli in aqua desidiam, nec belluinam gustavit in melle ferociam : utrobique nimirum, quod sumptum est juxta proprietatem suam in ore sapuit. Unde sumptum fuerit, ratio magnopere non discrevit. Quid etiam mirum, si quod fieri in aqua baptismatis cernimus, non dissimile quid fieri de Simoniacis arbitremur? Per eam nos novi in Christo renascimur, cum eadem aqua post expletum opus in cloacam despicibilem effundatur.

CAPUT XXII.

Quod nec Novatiani sint deponendi; nec Ariani denuo baptizandi.

Sed jam sacros canones, quo vacat compendio, perscrutemur : et licet manifesta propositæ quæstionis crebro non reperiatur inesse sententia, quid tenendum sit, quibusdam rerum collationibus approbemus. Novimus namque Nicæno statutum esse concilio, ut Cathari, qui ad Catholicam revertuntur Ecclesiam, impositionem solummodo manus accipientes, in suis recipiantur ordinibus. Cur hoc, nisi quia illud hæreticorum genus in catholicæ fidei integritate persisteret, licet in quibusdam aliis superstitionibus oberrarent? Notum namque **119** est, quod Novatus, cujus ii sequebantur errorem, dogmatizaverat, neque bigamis communicare, neque in persecutione lapsis, etiam post pœnitentiam, veniam dare oportere. Si ergo et hi, qui jam ab his sunt hæreticis ordinati, nequaquam suo sunt honore privandi, ob id scilicet, quia eorum consecratores in fide non titubant, quid de Simoniacorum ordinationibus sentiendum, qui et omnia fere institutionis ecclesiasticæ jura conservant?

At fortassis objicitur quia Simoniaci nequaquam sunt in fide perfecti, nimirum peccantes in Spiritum sanctum, quem arbitrantur pecuniis coemendum. Ad quod facile respondemus, quia si hæc districtæ censuræ subtilitas teneatur, etiam in Novatianis contra Spiritum sanctum quodammodo culpa perfidiæ reperitur. Nam cum per Spiritum sanctum, qui est remissio peccatorum, venia pœnitentibus concedatur, constat procul dubio quia contra Spiritum sanctum pugnat, qui lapsis per pœnitentiam non communicat. Sed aliud est in fide peccare, aliud est a fide recedere. Aliter nempe redarguendus est miles, qui in belli conflictibus enerviter cecidit, aliter ille plectendus, qui abjuratis militiæ sacramentis, ad hostium castra dedititius transfugit. Non cadem servo pœna debetur, qui in domesticis rebus sub domini sui imperio peccat, et illi, qui jugum servitutis excussit, ac jus extraneæ dominationis elegit. Licet enim isti in regula fidei ex aliquo videantur offendere, non tamen eatenus, ut Spiritum sanctum arguendi sint hæretica pravitate negare. Atque ideo cum revertuntur, quoniam peccaverunt, manus illis imponuntur; quia vero minime negaverunt, sacerdotalis gradus officio non privantur. At contra Ariani, qui adversus Spiritus sancti divinitatem manifesta prorsus impietate confligunt, ad catholicam fidem redeuntes, in mali accepti ordinis persistere dignitate non possunt. Credunt enim, sicut eorum sacrilega professio manifestat, quod Pater creator sit, Filius creatura, Spiritum vero sanctum creaturam creaturæ damnabiliter asseverant.

Quia igitur virtutem sancti Spiritus in fide non habent, qua videlicet omnis Ecclesiæ dignitatis ordo perficitur, apud eos facta ordinatio canonicis sanctionibus irrita judicatur. Sed non abs re fieri credimus, si quid de iis in suis Decretis Innocentius papa reliquerit, hoc etiam sub ejusdem litteris inseramus. Arianos, inquit, cæterasque hujusmodi pestes detestamur : quia eorum laicos conversos ad Dominum sub imagine pœnitentiæ, ac sancti Spiritus sanctificatione per manus impositionem suscipimus : non videtur clericos eorum cum sacerdotio ministerii cujuspiam suscipere dignitatem. Quoniam quibus solum baptismum ratum esse permittimus, qui utique in nomine Patris, et Filii, et Spiritus sancti perficitur, nec sanctum Spiritum eos habere ex illo eorum baptismate, illisque mysteriis arbitramur? quoniam cum a catholica fide eorum auctores discederent, perfectionem Spiritus, quam acceperant, amiserunt, nec dare ejus plenitudinem possunt, quæ maxime in ordinationibus operatur ; quoniam per impietatis suæ perfidiam potius **120** quam fidem dixerim, perdiderunt ; nec fieri potest, ut eorum profanos sacerdotes dignos Christi honoribus arbitremur, quorum laicos imperfectos, ut dixi, ad sancti Spiritus percipiendam gratiam cum pœnitentiæ imagine recipiamus. In quibus nimirum decretalibus verbis manifeste datur intelligi, quia in promotionibus clericorum, non immerito fides ordinantis attenditur, ex qua videlicet pendet, ut ordinatio ipsa sive rata, sive irrita judicetur. Quod enim tenet ordinator in fide, accipit ordinatus in munere. Enimvero si Arianis recta fides inesset, etiamsi eos cujuslibet diversæ pravitatis error involverit, facta apud eos consecratio non periret. (*Vide schol.*) Ubi notandum, quanta invocationi divini nominis reverentia debeatur, cum et ab eis baptizati, quos tam perfida, ut ita dixerim, fides damnat, rebaptizari tamen omnino non audeant. Nam quia auctores eorum, ut dicitur, fidem rectam non habuerunt ad percipiendam sancti Spiritus gratiam, manus illis imponitur; quia vero in aquam sunt sub invocatione sanctæ Trinitatis immersi, non sunt denuo baptizandi. Cum itaque sola sine fide verba sub hæretica Arianorum superstitione prolata, non audeant irrita judicari, quo pacto Simoniacorum consecratio robur non habeat, in qua cum fide, et cætera observantiæ regularis sacramenta concordant?

CAPUT XXIII.

Quod consecrationis effectus fidei nititur fundamento.

De Donatistis quoque novimus (Aug *contra Cresc. gram.*, lib. II, c. 9.) Carthaginensi concilio fuisse concessum, ut cum ad unitatem catholicam quilibet eorum redire disponeret, si hoc paci Christianæ prodesse videretur, cum suo reciperetur honore. Sicut autem in generali hæreseon enumeratione didicimus, Donatistæ non admodum sunt fidei errore traducti, sed irati potius, quia Cæcilianus quidam contra eorum votum in Carthaginensi inthronizatus sit sede, schisma fecerunt, et ab ecclesiastica communione præcisi sunt : et quanquam certum sit, quod Spiritum sanctum, nisi intra sanctam Ecclesiam catholicam nemo possit accipere : apud eos tamen quilibet ordinatus, si paci hoc consulat, non privatur honore, quia perseverat in fide. Cum ergo

Donatista, qui procul dubio schismaticus est, et dono sancti Spiritus probatur alienus, in percepti honoris ordine valeat aliquoties permanere, luce clarius constat, quia consecratio non ordinati, vel ordinatoris est meritum, sed ad utriusque potius fidem totum respicit sacramentum. Alias sive Donatista Donatistam, sive Novatianus Novatianum ad clericatus jura promoveat, quæ est in utrolibet dignitas meritorum, ut divinæ gratiæ mysterium vel iste dare, vel iste possit accipere? Sed inter malum, et malum, dantem videlicet, et accipientem, bonum versatur in medio, quod neutrius vitio a sua novit generositate deterreri. Nimirum, si leprosus leproso præbet aurum, quod profecto rutilat, nulla scabrosarum manuum est varietate perfusum. Si cæcus cæco lucernam porrigat, **121** lux cæcitatem nesciens, ex bajulorum manibus tenebras non admittit. Quapropter si recta fides adsit, videlicet ut in Patrem, et Filium, et Spiritum sanctum recte credatur, indigni etiam cujuslibet sacerdotis consecratio indifferenter impletur: nec propter indignum ministrantis meritum divinæ gratiæ munus perfectionis suæ patitur detrimentum.

Unde prædictus papa Innocentius, cum de duabus hæresibus, Paulianistis videlicet, et Novatianis communiter disputaret, cur a Paulianistis venientes baptizandos esse decerneret, a Novatianis autem funditus prohiberet, causam his reddidit verbis, dicens : « Quia Paulianistæ, inquit, in nomine Patris, et Filii, et Spiritus sancti minime baptizant, nec apud istos (videlicet Novatianos) de unitate Patris, et Filii, et Spiritus sancti quæstio aliquando mota est. » Et ideo de omnibus segregatis hæc sola electa est, cui istud crederent concedendum : quia nihil in Patris, et Filii, et Spiritus sancti sacramento peccarent.

Hæc itaque venerabilis Innocentii verba ita definitiva sunt, atque perspicua, ut omnem nostris mentibus scrupulum auferant, nodumque propositæ quæstionis indubitanter absolvant. Si autem per Paulianistas sacramentum idcirco dari non potest, quia fidem sanctæ Trinitatis non habent; per Novatianos autem ideo potest, quia licet aliotenus hæretici sint, orthodoxæ tamen fidei plenitudinem tenent : constat profecto quia si fides stat, consecratio robur obtineat : nec actionis labefactatur vitio, quæ fidei nititur fundamento.

CAPUT XXIV.
Quod male ordinati episcopi consecrationis gratiam aliis habeant, sed sibi non habeant.

Esto igitur, concedamus, vel potius asseramus, ut Simoniacus sit hæreticus, sit et Novatianus hæreticus, et Donatista simul hæreticus : sed Simoniacus in Spiritum sanctum peccat, quia donum Dei comparat, et Novatianus certe in eumdem Spiritum sanctum peccat, quia lapsus etiam post pœnitentiam de ejus remissione desperat; nihilominus etiam Donatista peccat in Spiritum sanctum, qui se ab Ecclesia segregat, extra quam videlicet Spiritus sanctus inveniri non potest. Quid ergo causæ est, ut cum illorum ordinatio rata esse decernitur, istorum frivola judicetur, præsertim cum nos non elaboremus, ut Simoniaci in eo, quem male mercati sunt, honore permaneant : sed id potius ne hi, qui ab eis gratuito ordinati sunt, locum sui gradus amittant? Ubi notandum, quanta sit in eorum, de quibus loquimur, conditione distantia; nimirum cum Donatistæ Donatistas, Novatiani Novatianos eisdem videlicet erroribus irretitos, ad ecclesiastici gradus augmenta promoveant, Simoniaci autem non Simoniacos, sed innocentes potius ordinent et catholicos. Illis denique non hoc solum valeat opponi, quod fuerint ab hæreticis ordinati, verum hoc insuper quod et ipsi fuissent indifferenter hæretici : isti autem nequaquam sunt Simoniacæ hæresi obnoxii, etiam si a Simoniacis **122** omni venalitatis remoto commercio, regulariter sint promoti atque in eisdem Ecclesiis sortiti sunt administrationis officium, ubi et sacri baptismatis percepere mysterium.

Utrum vero tales merito a suis arceantur honoribus, ex B. Leonis facile possumus auctoritate perpendere, si decretalem ejus sententiam suis hic verbis non pigeat annotare. Ait enim (dist. 62, c. *Nulla ratio*) : « Nulla ratio sinit, ut inter episcopos habeantur, qui nec a clericis sunt electi, nec a plebibus expetiti, nec a provincialibus episcopis cum metropolitani judicio consecrati. Unde cum sæpe quæstio de male accepto honore nascatur, quis ambigat nequaquam ab istis esse tribuendum, quod nec doceatur fuisse collatum? Si qui tamen clerici ab istis pseudoepiscopis in eorum Ecclesiis ordinati sunt, quæ ad proprios episcopos pertinebant, et ordinatio eorum cum consensu et judicio præsidentium facta est, potest rata haberi, ita ut in ipsis Ecclesiis perseverent, aliter vana habenda est talis ordinatio. » Ecce authentico Leonis papæ judicio, quos neque cleri, neque plebis consensus elegit, nec cum metropolitani judicio provincialium episcoporum concordia consecravit, inter episcopos non habentur : et tamen hi, qui ab eis sunt in propriis Ecclesiis judicio præsidentium ordinati, nequaquam sunt injuncti gradus honore privandi; videlicet ut is, qui ad episcopatus officium cum tanta usurpatione prorupit, ut adversus eum omnium fere vota concurrant, et sibi, quod accepit, prodesse nil valeat, utpote qui inter episcopos non habetur, et aliis prosit, quatenus qui ab eo promoti sunt, a suis nequaquam arceantur honoribus. Sed quis neget potuisse illic etiam venalitatis intervenire commercium, ubi ad honoris culmen tam obstinata, tam inopportuna fuerit ambitione subreptum? Qui tamen aliis habet, quod sibi non habet : quia videlicet alios consecrare permittitur, cum et ipse inter episcopos non habeatur. Sæpe sterili trunco secundus ramus inseritur, qui nimirum in eo, quod germinat, non trunci, sed propriæ naturæ jura conservat.

CAPUT XXV.

Quod ab impiis sæpe hæreticis ordinati, a suis non removeantur officiis.

Quid dicam, quod ex his, qui ab impiissimis sunt hæreticis ordinati ecclesiastica videatur subvenire auctoritas, et in promulgandis super hac disceptatione judiciis, non tam veterem perfidiam promoventium, quàm novam fidem, et resipiscentiam consideret promotorum? Qui enim decretis pontificum solerter incumbit, non ignorat eumdem, cujus supra paulo ante meminimus, Innocentium papam licentiam permisisse, ut omnes, qui ante damnationem Bonosi hæretici ab eo fuerant ordinati, si relicto atque damnato ejus errore, ecclesiasticæ unitati se sociare disponerent, in suis honoribus permanerent. Et quidem Bonosus, prout in ejusdem decretis invenitur, Photinianus fuisse dignoscitur. Photiniani autem negant Christum Deum antè sæcula ex Patris substantia genitum extitisse. Ii nimirum, quia cum Judæis Dei Filium negare non metuunt, cum eisdem quoque participium non diversæ damnationis incurrunt.

Cum ergo ii, qui non modo a tam pernicioso consecrati referuntur hæretico, sed ejus insuper involuti erroribus, in acceptis permanere gradibus permittuntur; facile deprehenditur, quid de iis, qui a Simoniacis non simoniace sunt provecti, meritoque judicetur. Cui non dissimile etiam illud est, quod Anastasius papa de hæretico Acacio decrevit, cujus nimirum decretales sententiæ tam elimate digestæ sunt, nostrisque allegationibus per omnia congruentes, ut etiamsi quæ a nobis prolixius exarata sunt, cuncta deessent, ad comprobandum quod in præsenti disputatione versamur, plene sufficiant. Quapropter nec nos pigeat de stylo ejus hic aliquando productius recensere, ut quod loquimur, non ex propriis adinventionibus, sed ex Patrum regulis videamur excerpere. Ait namque inter cætera (*Dist.* 19, *c.* 1) Anastasio imperatori : « Secundum Ecclesiæ, inquit, catholicæ consuetudinem, sacratissimum serenitatis tuæ pectus agnoscat, quod nullum de his, vel quos baptizavit Acacius, vel quos sacerdotes, sive levitas, secundum canones ordinavit, ulla ex nomine Acacii portio læsionis attingat, quo forsitan per iniquum tradita sacramenti gratia minus firma videatur. Nam et baptisma, quod procul sit ab Ecclesia, sive ab adultero, sive a fure fuerit datum, ad percipientem minus pervenit illibatum, quia vox illa, quæ sonuit per columbam, omnem maculam humanæ pollutionis excludit; » quod declaratur cum dicitur : « Hic est, qui baptizat in Spiritu sancto et igne (*Matth.* xxiii). » Nam si visibilis solis istius radii cum per loca fetidissima transeunt, nulla contactus maculatione inquinantur : multo magis illius, qui istum visibilem fecit, virtus nulla ministerii indignitate contingitur. Nam et Judas, cum fuerit sacrilegus atque fur (*Joan.* xxiii), quidquid egit inter apostolos pro dignitate commissa, non est reprobatum : et beneficia, per indignum data, nulla ex hoc detrimenta senserunt, declarante hoc ipsum Domino manifestissima voce : « Sederunt, inquit, Scribæ et Pharisæi super cathedram Moysi; quæ dicunt vobis, facite; quæ antem faciunt, nolite facere : dicunt enim, et non faciunt (*Matth.* xxiii). »

Quidquid ergo ad hominum provectum quilibet in Ecclesia minister pro officio suo videtur operari, hoc totum contineri implendo divinitatis effectu, ita ille, per quem Christus loquitur, Paulus affirmat : « Ego plantavi : Apollo rigavit, sed Deus incrementum dedit (*I Cor.* iii), » et paulo post idem Anastasius : « Ideo ergo et hic, cujus nomen dicimus esse reticendum : male bona ministrando, sibi tantum nocuit. Nam inviolabile sacramentum, quod per illum datum est, in aliis perfectionem suæ virtutis obtinuit. » Ecce vir apostolicus tanquam pro nobis staret, nostram in se causam suscepisse perpenditur, ita ut pene nihil nobis dicendum super hujus quæstionis materia videatur reliquisse. Eatur ergo et tantæ auctoritati improbe resistatur, nec sufficiet censoribus novis, quod principibus videbatur antiquis; ut dum discretio non tenetur, etiam pietas amittatur. Quidam namque dum sancti, plusquam sunt, videri appetunt, sic corrupta conantur abscindere, ut aggrediantur etiam, quæ sincera sunt lacerare : utque ad plausus hominum videantur in censura justitiæ districte persistere, non verentur a pietatis tramite crudeliter aberrare.

CAPUT XXVI.

Quod ii etiam, quos post damnationem suam ordinavit Acacius, honoribus non priventur.

Quid isti dicturi sunt, audiant de his quoque, quos post damnationem Acacius ordinavit, quid idem papa decreverit : non enim eos arbitror ista legisse, quod constat ab iis temerario dissonare judicio. Audiant igitur pietatem apostolicæ sedis, et a duritia proprii emolliantur examinis. Post illa siquidem, quæ præmisimus et ista subjungit : Quod si aliquorum, inquit, in tantum se extendit curiosa suspectio, ut imaginentur prolato a papa Felice judicio, postea inefficaciter in sacramentis, quæ Acacius usurpavit, egisse : ac proinde oportet eos metuere, qui vel in consecrationibus, vel in baptismate mysteria tradita susceperunt, ne irrita beneficia divina videantur : meminerint in hanc quoque partem similiter tractatum prævalere superiorem, quia non sine usurpatione sacerdotii adjudicati hoc egit, in quo virtutem suam obtinentibus mysteriis in hoc quoque aliis rea sibi persona non nocuit. Nam ad illum pertinuit, quod tuba Davidica ita canitur : « Verumtamen Deus conquassabit capita inimicorum suorum, verticem capilli perambulantium in delictis suis (*Psal.* lxii). » Nam superbia semper sibi, non aliis facit ruinam. Quod universa Scripturarum sententia cœlestium testatur auctoritas, sicut etiam per Spiritum sanctum dicitur in Propheta : « Non habitabit in medio domus meæ, qui facit superbiam (*Psal.* c). » Unde cum sibi sacerdotis nomen vindicaverit, condemnatus in ipsius verticem superbiæ tumor inflictus est;

quia non populus, qui in ministeriis donum ipsius sitiebat, exclusus est; sed anima illa, quæ peccaverat, justo judicio proprie erat obnoxia, quod ubique numerosa Scripturarum testatur instructio.

Quid jam dicetur ad ista? Quæ adversus hæc poterit callere versutia, quæ veritati repugnantibus suppetere poterunt argumenta? Ecce de una hic persona specialiter agitur, sed universalis est causa quæ generaliter definitur : non tamen nos tanquam pro hæreticis stantes, ad hoc ipsa præscribimus, ut reliquas sanctorum Patrum sententias, quæ in eos, eorumque ministerium severius vindicant, destruamus : sed ideo plane, ut dum, quæ in prioribus sanctis fuerit, moderatio discretionis attenditur, ab his quoque, qui nunc sunt, nequaquam per immoderatam justitiam limes recti examinis excedatur : ne iis etiam illud congruere videatur, quod de quibusdam eorum similibus per Apostolum dicitur : « Quia zelum Dei habent, sed non secundum scientiam (*Rom.* x). » Qui igitur ab hæretico, **125** eodemque sedis apostolicæ auctoritate damnato, promoti sunt, a sui gradus administratione non corruunt : et qui a Simoniacis non Simoniaci consecrati sunt, honoris accepti periculum sustinebunt? Dura certe sententia, et indiscreti examinis prorsus inhumana censura : ut quos conscientia reddit innocuos illata redarguat pœna plectendos, et in eos severitas judicialis extendatur, quos præsumpti piaculi temeritas non accusat. Ubi enim non est admissum crimen, cur inferatur pœnale supplicium? Ubi non est reatus, cur innocens exhibeatur ut reus? Quod præjudiciale censeretur etiam in tribunalibus judicum, cur rectum videatur in sanctorum concilio sacerdotum? Solent certe pii pontifices ad depositionem unius cujuslibet sacerdotis ex intimis visceribus suspirium reddere, uberibus lacrymarum rivis tristia ora perfundere, cunctique astantes piæ compassionis coguntur studio condolere.

Ecce nunc tota pene Christi Ecclesia ad unius sententiæ calculum sacerdotibus destituitur, et ut tolerabile videatur, sacerdotum populus in commune deponitur, et risus habetur. Cur non illud saltem reducitur ad memoriam, quod per Ezechielem divina vox clamat, dicens : « Anima, quæ peccaverit, ipsa morietur : pater non portabit iniquitatem filii, filius non portabit iniquitatem patris : justitia justi super eum erit, et impietas impii erit super eum? » (*Ezech.* xviii.) Isti autem fraternæ calamitatis avari hoc satagunt, ad hoc enituntur, ut anima, quæ non peccaverit, intereat : et alieni facinoris innocens, pœnas exsolvat. Anhelant enim, ut filii addicantur iniquitatibus patrum, et justi proscribantur criminibus impiorum, atque ut manifestius eloquar, eos, qui Simoniaci non sunt, Simoniacorum pœnis adjudicant, et pro illorum negotiatione condemnant qui exsecrabilis negotii crimen prorsus ignorant.

CAPUT XXVII.
Quod usque ad hoc tempus Simoniaca hæresis viguit.

Quis enim nesciat usque ad hujus Henrici clementissimi regis imperium, præsulatumque reverendæ memoriæ Clementis papæ, istiusque beatissimi Leonis apostolici, quo nunc videlicet præsule, sancta se gubernari gratulatur Ecclesia, per occidentalia regna virus Simoniacæ hæreseos lethaliter ebullisse, ita ut quod passim fiebat licenter admissum, ultoriæ animadversioni nequaquam duceretur obnoxium, et quod erat fere omnibus consentaneum, pro regula tenebatur, tanquam legali sanctione decretum? Quid ergo commeruit, quid peccavit, qui matrem suam Ecclesiam, in qua nimirum ex aqua et Spiritu sancto renatus est, simpliciter adiit, atque ubi baptismum, illic etiam gratiam consecrationis accepit? Suum quippe non erat, ut de consecraturi se persona disputare debuerit, propterea quem apud Ecclesiam suam præsidere in episcopali cathedra reperit, ab eo ad ordinem promoveri integrum duxit. Quid enim faceret, cui et nomen dare in professione sacræ militiæ **126** necessitas imminebat, et migrare tamen ad alienæ diœcesis episcopum non licebat? Cur non antiqua sanctorum Patrum gesta, sive præcepta subtilius pertractantur : ut dum judicii censura depromitur, eadem semper discreti moderaminis linea teneatur? Nam et is qui supra, magnificus Leo, omnes clericos ab hæreticis venientes, in iis quidem, quos jam adepti sunt, præcepit ordinibus recipi, ad altiores autem gradus prohibet promoveri. Cujus decreti nos titulum contenti sumus hic breviter adhibere, ad texturam autem mittimus, quibus vacat diffusius illic exarata perlegere : « Quod omnis, inquit (1, q. 1, c. *Si quis hæreticæ*), cujuslibet ordinis clericus, qui catholicam deserens, hæreticæ communioni miscuerit se, si ad Ecclesiam reversus fuerit, in eo gradu, quo erat, sine promotione permaneat. » Ponamus itaque, ut Simoniaci in nullo a cæteris hæreticis differant, atque per schismaticam sectam similiter, cum se ab ecclesiastica communione procul recedant; in sacerdotio tamen, vel cæteris gradibus quicunque jam ab eis promoti sunt, Leoniano decernuntur permanere judicio.

CAPUT XXVIII.
Hic manifeste probatur, quia per simoniacos Spiritus sanctus accipitur.

Sed dicitur e diverso, ecce B. papa Gregorius clamat : « Si quis, inquit (ii, quæst. 1, *Quisquis*), ad Simoniacæ hæreseos, vel neophytorum facinus emendandum officii sui consideratione vehementer non exarserit, cum illo se non dubitet habere portionem, a quo hoc piaculare flagitium sumpsit exordium. » Concedimus, inquam, et a sancto viro, quod absit, non diversa sentimus, nimirum, ut unusquisque fidelium ad emendandum pestis utriusque flagitium pro viribus satagat, atque ut Simoniaci cum neophytis pariter deponantur, recti examinis zelo inardescat. Nos itaque non pro Simoniacis stamus, quos nimirum damnandos esse omnis sacri eloquii testatur auctoritas : sed sicut ex sanctorum Patrum multimoda sanctione colligimus, gratis a Simoniacis ordinatos, jure in suis ordinibus retinendos esse libere profitemur. Itaque qui Gregorium ad suæ probationis indicium devocat (Greg. *Hom. in Evang.*), Gregorianum quoque testimonium admittere reciproca vicissitudine non contemnat, et non qualecunque, sed pro ipsa re, ut dicitur, ad vivum tangat, ac litigandi terminum de cætero verbosis imponat. Denique dum in homilia quadam de Simoniacis loqueretur, adjecit : « Qui namque sunt in templo Dei hodie, qui columbas vendunt, nisi qui in Ecclesia pretium de impositione manus accipiunt, per quam videlicet impositionem Spiritus sanctus cœlitus datur? » Ecce si sancti hujus viri auctoritati fides adhibenda decernitur, non est cur disceptationis controversia ulterius protrahatur. Quid enim liquidius, quid apertius, quam quod dicitur, quia videlicet manus impositione, qui venditur Spiritus sanctus, cœlitus datur?

Atque, ut idipsum adhuc arctius inculcaret, tardioremque sensum plenius eo, quod dicebatur, instrueret, quod manifeste præmiserat, replicare **127** non piguit, dicens : « Columba igitur venditur, quia manus impositio per quam Spiritus sanctus accipitur, ad pretium præbetur. » Si ergo per illam manus impositionem, quæ ad pretium præbetur, Spiritus sanctus accipitur; quid minus sacramenti in Simoniacis, quam in gratuito promotis sacerdotibus invenitur, nisi quia fonte, quem aliis salubriter influunt, ipsi damnabiliter irrigantur : et viperarum more, dum filios pariunt, ipsi moriuntur? Quid enim mirum, si in ministeriis spiritualibus ex malis ordinatoribus boni ministri fiant, cum et in generatione carnali non dissimile quid sæpe contingat? Certum namque est, quod videntes filii ex cæcis genitoribus prodeant, et gibberosis atque debilibus integra membris soboles et procera succedat. Plane nec virtus ordinantium eis augmento est, qui per sinistra gradi non metuunt : nec rursus eorum pravitas illis officit, qui per lineam rectæ conversationis incedunt. Quid enim Samueli præjudicasse cognoscitur, quia Heli discipulus fuit? (*I Reg.* II, 3.) Aut quid profuit Nicolao, quia apostolica eum electio in gradum leviticæ administrationis assumpsit? Ille siquidem cum Stephano simul impositionem apostolicæ manus accepit et periit (*Act.* VI); iste in Ophni et Phinees pravitate convixit : et quia propheta Deo fidelis esset, cunctis innotuit. Unde par fuerat, ut ii, qui omnes æstuant in commune deponere, illud saltem Innocentii superius memorati, prælata moderaminis dispensatione servarent. Nam cum de his, qui ab hæreticis ordinati sunt, disputaret, post multa subjunxit, dicens : « Quoties, inquit, a populis, aut a turba peccatur, quia in omnes propter multitudinem non potest vindicari, inultum solet transiri. »

CAPUT XXIX.
Quod qui promoti fuerant a Simoniacis, miraculis coruscant.

Illud quoque, quod crebrius iterari multis referentibus audio, tacite prætereundum non duco. Quid enim quod nonnullos venerabiles viros, quos constat proculdubio a Simoniacis ad sacerdotium provectos, et usque ad obitum novimus offerendis indesinenter sacrificiis instituisse; et nunc perspicue videmus insignibus miraculorum virtutibus coruscare? Nostra quippe ætate beati viri, videlicet, Rondaldus Camarinensis, Amitus Ramibonensis, Guido Pomposianus, Firmanus Firmensis, et quamplures alii sanctæ conversationis studio floruerunt. Super quorum videlicet veneranda cadavera ex sacerdotalis auctoritate concilii sacra altaria sunt erecta, ubi nimirum divina mysteria miraculis exigentibus offeruntur. Evidens ergo clarescit indicium ex eorum manibus sacrificium divino conspectui quam suaviter sit, et acceptum, atque per eos divina dispensatio luce clarius innotescit; quia neminem caligo alienæ perversitatis obnubilat, quem fulgor propriæ religionis et honestatis illustrat : nec reatus obruit promoventium ubi stat puritas et innocentia promotorum.

Sed dum hæc aliquando cum religiosis quibusdam **128** episcopis agerem, ecce nunc in memoriam redit quod Ubertus Ariminensis, reverendissimus videlicet et honestissimus præsul, attulit : « Æquivocus, inquit, prædecessor meus Ubertus episcopus in sacræ sedis acquirendæ commercio, teste provincia, nongentas Papiensis monetæ libras appendit, qui tamen postmodum B. Arduinum, per quem omnipotens tot Deus exhibet stupenda miracula, in presbyterum consecravit, quem cum perquisissem e vestigio, utrum beatæ memoriæ vir ab offerendo in sua incolumitate perstiterit, usque ad ultimæ decubationis articulum offerendo salutaribus hostiis sedulum insudasse respondit. » Cum igitur omnes isti quorum supra meminimus, et consecrati a Simoniacis asserantur, et tamen acceptis usque ad finem vitæ officiis permanentes, ita divino examini placuerint ut admirandis eorum meritis miranda testimonia signum perhibeant : constat procul dubio, quia promovendis coemptio non præjudicat, ubi promotus contractus venalitatis ignorat : nec distractoris in eum culpa transfunditur, qui distractionis crimine non tenetur.

Et quidem tolerabile fortassis utcunque videretur, si falsitatis assertio ordinem tantummodo præsentis vitæ confunderet, nisi et præterito sæculo omnem funditus spem atque materiam Christianæ pietatis auferret. Dicunt enim, quod, quæ tunc videbatur Ecclesia, domus erat simplex; quod credebatur altare, purus lapis erat; sacerdotes, et qui reliquis cernebantur ordinibus constituti, prorsus laici erant, cunctisque spiritualis sacramenti viribus alieni; quod corpus et sanguis Domini credebatur, simpliciter panis erat et vinum; terrena substantia nulli sancti Spiritus virtute suffusa. Cuncta ergo falsa ferebantur, et frivola, et a Christianæ redemptionis veritate penitus remota. Unde consequitur, ut patres nostri, sive hæc falsa fuisse cognoverunt, sive veritatem fuisse, mendacium æstimaverunt, indifferenter omnes inevitabili necessitate perierint. Quid enim prodest periculum nosse quod non datur evadere? Aut quomodo valeat quis ad fontem veritatis attingere, si per devios anfractus gestiat, licet nescius, oberrare? Solus ergo Simon potuit fluenta restinguere, tanquam obex medius inter Deum, et homines, humanum genus a Creatoris sui consortio seperare? Absit, absit, ut falsus homo rescindat quod verus Deus et homo confœderat. Absit, ut omnes homines obruere, et divina beneficia valeat perversitas humana delere.

Sed quid, quæso, dicemus de his, quos post negotiationis nefandæ commercium, per quadragenos, vel quinquagenos annos usque hodie aspicimus pontificales infulas obsidere? Nam, ut de eorum prædecessoribus taceamus sive proximis, sive longinquis, quos idem aliunde fures exhibuit, omnes qui istis obrepentibus tunc fuerunt ordinati, vel jam sunt ex hac luce subtracti, vel caliginosæ senectutis obstaculo ab exercendis officiis sunt remoti; unde necesse est, ut in eorum diœcesibus ab his tamen clericis sacra mysteria peragantur, qui ab iis, qui adhuc vivunt, Simoniacis ordinem susceperunt. Quid ergo de iis sentiendum est? Quid fatendum? Nunquidnam sub eis tot millia hominum perire credenda sunt, qui ab eisdem sacramenti gratiam non habentibus, vana sacramenti specie deluduntur? Dicendumne est populo, ut vel aliarum diœcesium sacerdotes acquirant, vel ipsi transmigrantes ab iis, qui non a Simoniacis ordinati sunt, sacramenta percipiant? Sed ecce sacri canones vehementer obsistunt, et sine forma pontificis parochiarum limitem transcendentes, a communione repellunt. His igitur quandoque consulti, quod consilium dabimus? Quibus nimirum juxta dispensatoriæ assertionis inertiam nec indigenæ possint mysteria sacra tradere, nec ad extraneos canonica permittatur auctoritate transire. Ad largissimæ ergo divinæ pietatis injuriam inevitabilis pereundi necessitas illis imponitur, quibus videlicet undique circumclusis nullo salutaris confugii remedio subvenitur. Verum nos diutius persequi ista postponimus, ut quæ auditui saltem pavenda sunt, intelligenda potius, quam legenda sanæ mentis judicio relinquimus; ut paucis sobrius lector agnoscat, dogmatis hujus auctores quantæ impossibilitatis error involvat.

CAPUT XXX.

Quod rebaptizatio, et reconsecratio par crimen est.

Quia igitur, ut de reconsecrationibus loqueremur, congruenter occurrit, atque id solum huic nostræ lucubratiunculæ demum restat, super hoc etiam themate, vel succincte nos tractare non pigeat. Plane qui sacri eloquii limen consuevit atterere, rebaptizationem et reconsecrationem sub ejusdem examinis didicit lance pensare. Sicut enim rebaptizatus Christum, quem induerat, exuisse convincitur; ita nimirum, et reconsecratus Spiritum sanctum, quem acceperat, evidenter probatur amisisse: et cum summi Verbi atque Paracleti una divinitas, eadem proculdubio creditur essentia, qui unum perdit alterum non habebit; atque ideo sicut nefarium est, si quis per iterationem baptismi Christum a se præsumat expellere: ita nihilominus exsecrandum,

si per reconsecrationem Spiritum sanctum non timeat abnegare.

Sed si ex decreto Felicis papæ, ubi nimirum de rebaptizatis loquitur, breve quid apponere non gravemur, illic manifeste possumus colligere quid debeamus etiam de reconsecratione sentire. Inter alia siquidem ita prosequitur (*De consecr. dist. 4*, cap. *Eos quos*): « Eos, inquit, quos episcopos, presbyteros, vel diaconos fuisse constiterit, et seu optantes forsitan seu coactos lavacri illius unici claruerit fecisse jacturam, et Christum, quem non solum dono regenerationis, verum etiam gratia percepti honoris induerant, exuisse, cum constet neminem ad secundam tinctionem venire potuisse, nisi se palam Christianum negaverit, et professus fuerit esse paganum, quod cum generaliter sit in omnibus exsecrandum, multo magis in episcopis, presbyteris et diaconibus auditu saltem dictuque probatur horrendum. Sed quia idem Dominus atque Salvator clementissimus, et neminem vult perire, usque ad exitus sui diem, in pœnitentia, si resipiscunt, jacere conveniat. Nec orationi non modo fidelium, sed nec catechumenorum quidem omnimodis interesse, quibus communio laica in morte redhibenda est. » In quibus profecto verbis illud est solertius intuendum, quia si rebaptizatus idcirco Christum negasse dicendus est, quia post acceptum baptismum se negaverit Christianum; is etiam, qui reconsecrandus accedit, ideo Spiritum sanctum negasse convincitur, quia cum post consecrationem Spiritum sanctum se non accepisse testatur.

Reconsecratus ergo a rebaptizato nequaquam diversa damnatione dividitur, cum nimirum pari impietatis piaculo sociatur, nisi fortassis et hunc sceleratius peccare quis asserat propter hoc, quod Veritas dicit: « Quia qui peccat in Patrem, et Filium, remittitur ei; qui autem peccat in Spiritum sanctum, neque hic remittitur, neque in futuro (*Matth.* XII; *Luc.* XII). » Et revera si catholicorum edicta pontificum propensiori subtilitate discutimus, invenimus aliquam licentiam in rebaptizatione permissam, quam certe videmus reconsecrationi funditus denegatam (1, quæst. 1, *Quod quidam*; 1, q. 1, *Si qui*). Nam si quæ superius dicta sunt memoria non patiamur excidere, animadvertimus a Paulianistis, aliisque hæreticis Spiritum sanctum non habentibus, baptizatos rebaptizari regulariter oportere. Ubi tamen baptismus iterari non dicitur, quia baptismus fuisse immunda prior ablutio non videtur. Reconsecrari autem a quocunque hæreticorum genere veniant, prorsus nequeunt; quia hoc sacri canones omnino refugiunt. Quapropter satis miramur, cur tam prodigiosa quidam cæcitate vesaniant, ut a Simoniacis ordinatos, denuo consecrandos esse decernent. Illud siquidem promulgant super Simoniacorum ordinatione decretum, quod illis etiam absonum probatur hæreticis, qui orthodoxæ fidei ne perexiguum quidem videntur habere vestigium. Hæreticorum nempe alii rectæ fidei sunt, et in suis gradibus recipiendi, alii recta fide carent, ei in suo persistere honore non debent.

Et quoniam a Simoniacis hæreseos notam propulsare non possumus, jure quibus assignari videantur hæreticis perspicue discernamus. Aut enim rectam fidem habere dicendi sunt, sicut Novatiani; aut perfidiæ erroribus detinentur, sicut Paulianistæ, vel Ariani. Sed si rectæ fidei cum Novatianis sunt, sicut a Novatianis venientes in suis præcipiuntur honoribus recipi, ita etiam ab his ordinari non debent ab injuncti gradus officio removeri. Quod si cum Arianis, sive Paulianistis perfidiæ involvuntur erroribus sicut ab illis egressi reconsecrari nullatenus permittuntur, quod nimirum Innocentio papa omnimodis prohibente, paulo ante didicimus; sic etiam isti, qui a Simoniacis sunt promoti, nulla possunt ratione denuo consecrari. Restat igitur, ut sive recte credant, sive recte non credant, denuo consecrari non debeant. Necesse est itaque secundum ea quæ dicta sunt, ut a Simoniacis ordinati, aut catholice dicantur credere, et in suis debeant officiis permanere; aut perfidiæ convincantur obnoxii, et sic quod acceptum est perdant. Verum quis nesciat, eos non solum in orthodoxæ fidei soliditate persistere, sed plerosque eorum insuper, ut revera catholicos per omnia viros sanctæ conversationis studio, cunctarumque virtutum honestate florere? Consequitur igitur, ut in acceptis honoribus jure permaneant, in quibus nimirum cum integritate fidei et conversatio sancta concordat. Abjiciatur ergo blasphema temeritas, ausus illicitus reprimatur, et qui arguunt Christum rebaptizatos exuere, exsecrentur etiam reconsecratos pari Spiritum sanctum impietate negare.

CAPUT XXXI.
Quod sicut rebaptizari, ita et denuo consecrari quisque non potest.

Age igitur, qui astruunt quomodolibet consecratos secundam manus impositionem posse suscipere, non sua contenti, canonicæ auctoritatis id studeant testimoniis approbare. Dicant itaque qui sanctorum Patrum ista præsumpserint, qui saltem præsumenda dictaverint? Et cum ad probationis indicium authentici veterum defecerint apices, necessarios semetipsos novi dogmatis fateantur auctores. Quod nimirum cum sanctione doctorum nusquam reperiatur esse præceptum, invenitur etiam ultro prohibitum. Nam beatissimus papa Gregorius Joanni episcopo Ravennatis Ecclesiæ, sicut neminem rebaptizari, ita etiam nec ipsum denuo consecrari posse, his asseruit verbis (*Regist*. lib. II epist. cap. 32) : « Illud autem, inquit, quod dicitis, ut is qui ordinatus est iterum ordinetur, valde ridiculum est, et ab ingenii vestri consideratione videtur extraneum, nisi forte quod illud exemplum ad medium deducitur, de quo et ille judicatis est, qui tale aliquid fecisse perhibetur. Absit autem a fraternitate vestra sic sapere. Sicut autem baptizatus semel, iterum baptizari non debet, ita consecratus semel in eodem ordine non valet iterum consecrari. »

His itaque verbis evidenter ostenditur, quia sicut in rebaptizatione Christus exuitur, ita et in reconsecratione Spiritus sancti gratia qui male provectus est, evacuatur. Quid enim sacrilega illa consecratio nisi duplex est depositio? Qua nimirum, dum unus exsecrabiliter consecratur, uterque jure deponitur. Unde non immerito in canonibus apostolorum legitur (Distin. 68, cap. *Sicut semel*) : « Si quis episcopus, aut presbyter, aut diaconus secundam manus impositionem acceperit ab aliquo, deponatur et ipse, et qui eum ordinare tentaverit. Nam eos, qui ab hujusmodi baptizati fuerint, vel ordinati, neque fideles, neque clericos esse possibile est. » Quod si quisquam objecerit, post depositionem reconciliatum fuisse Formosum, Romanæ videlicet sedis episcopum, noverit plurimos sacerdotum reconciliatos quidem fuisse, qui tamen nusquam leguntur in idipsum denuo consecrati. Aliud est enim quemlibet per synodalem sententiam in amissi ordinis jura restitui; aliud per consecrationis mysterium, quod iterari non potest, Spiritus sancti gratiam promereri : præsertim cum in eo, qui deponitur, quanquam dignitatis utendæ perdat exstrinsecus privilegium, manet tamen nihilominus semel adepti ordinis sacramentum; sicut etiam manente in se sacramento regenerationis, excommunicatur reus cujuslibet criminis, nec caret eodem sacramento, etiam si nunquam reconcilietur Deo.

CAPUT XXXII.
Quod falsum sit, ut quilibet a Simoniaco consecratus, a laico nihil differat.

Sed de reconsecrationis impietate, licet nos plura dixerimus, ne tamen res in dubium pendeat, si et gestorum quoque auctoritas non accedat, de ecclesiastica historia (EUSEB. lib. X, c. 15) præbeamus exemplum, ut nonnihil videatur, ut dicitur, quorumlibet consecratio sacerdotum. Nam ut eadem hic verba ponantur : Tempore quo apud Alexandriam Petri martyris diem Alexander episcopus agebat, cum post expleta solemnia conventuros ad convivium suum clericos exspectaret, in loco mari vicino videt eminus puerorum cœtum super oram maris ludum imitantium, ut fieri solet, episcopum atque ea quæ in Ecclesiis geri mos est. Sed cum intentu diutino pueros inspectaret, videt ab his geri quædam etiam secretiora et mystica. Perturbatus illico vocari ad se clericos jubet, atque eis quid eminus ipse videret ostendit. Tum abire eos, et comprehensos ad se perducere omnes pueros imperat. Cumque adessent, quis eis ludus, et quid egissent, vel quomodo percunctatur. Illi, ut tales habet ætas, pavidi negare primo, dein rem gestam per ordinem pandunt, et baptizatos a se esse quosdam catechumenos confitentur per Athanasium, qui ludi illius puerulus episcopus fuerat simulatus. Tum ille diligenter inquirens ab his qui baptizati dicebantur, quid interrogati fuerint, quidve responderint, simul et ab eo, qui interrogaverat; ubi videt secundum religionis nostræ ritum cuncta constare, collocutus cum concilio clericorum, statuisse traditur illis, quibus integris interrogationibus, et responsionibus, aqua fuerat infusa, iterari baptismum non debere, sed adimpleri ea quæ a sacerdotibus mos est; Athanasium vero atque eos, quos ludus ille vel presbyteros habere visus fuerat, vel ministros, convocatis parentibus, sub Dei obtestatione tradidit Ecclesiæ nutriendos, et reliqua, quibus videlicet narratur Athanasius revera episcopus factus, sicut a puero fuerat simulatus. Quod nimirum antiquitatis exemplum adversus eos adhibere curavimus, qui consecrationem a Simoniacis factam nihil esse penitus asserunt, atque ab illis ordinatos, nihil a laicis distare contendunt. Si enim proludium illud, quo videlicet pueri presbyteros se simulaverant, vel ministros, tanti est habitum, ut eos episcopus sub Dei obtestatione parentibus suis traderet Ecclesiæ nutriendos, nec integrum arbitratus sit eos etiam in sæculari ordine permanere, qui se per adumbratæ simulationis speciem confixerant clericos exstitisse; ut illi perhibentur a laicis non distare, quos constat a quibuscunque consecrationis mysterium juxta morem ecclesiasticum percepisse? Sed illos a laicis sola simulatio segregat, quo pactos istos, qui revera omnia regulariter acceperunt, ab eis nihil differre, falsa hominum **133** vanitas jactat? « Quæcunque enim, ut ait Apostolus, scripta sunt, ad nostram doctrinam scripta sunt (*Rom.* xv). » Nam et in Moralibus suis, si recte teneo, beatus reperitur dixisse Gregorius, inter duo pericula Simoniacum constitutum, ut videlicet, sive gregem commissum deserat, sive in male accepto honore permaneat, peccati laqueos evadat: nec utramlibet rem expresse definiens, tantummodo ubi videtur facilior casus, asserit quantocius enarrandum.

Si itaque Simoniacus, ut dicitur, laicus est, in quo, quæso, inquit, delinquit, si sacerdotalis dignitatis officium deserit? Si sacerdotii sacramentum utcunque non habet, ut quid a pastorali ministerio cum culpa dividitur, cui debitor per sacramenti vinculum non tenetur? Sed dicite mihi, fratres, cum pace vestra loquar: si Simoniaci, vel ab eis ordinati, a laicis, ut asseritis, nihil differunt, quid est, quod sacri canones Simoniacos in synodali concilio deponendos esse decernunt? Nunquid si laicus sacerdotale jus usurpasse convincitur, synodali eget causa conventu, ut ille solemniter deponatur? Nunquid non satis erit, si privata qualibet districtione corripitur, ut vel simplicibus verbis a præsumpta temeritate frangatur? Nunquid post depositionem Simoniacus remedium pœnitentiæ per manus impositionem suscipere, sæcularem militiam bajulare, conjugem ducere, negotiorum commerciis tuto poterit inservire? Nam si exercitium perdunt, sacramentum tamen ordinationis amittere nequeunt. Itaque cum hæc omnia necessario censeatis Simoniacis non posse congruere, quæ tamen non negatis quibuslibet laicis convenire; fateamini necesse est, alterutra a semetipsis varietate differre, quibus perspicue videtis diversa competere.

CAPUT XXXIII.
Quid Innocentius de reconsecratione censeat.

Videamus etiam quid jam memoratus Innocentius papa, licet in transitu, sentire de reconsecratione signaverit. Ait enim in decreto, quod Nahisitano scribit episcopo: Superiori tempore, si tamen recte recordor, memini tam ad dilectionem tuam, quam ad fratres et coepiscopos nostros, Rufum et cæteros, hujusmodi litteras de clericis Nahisensibus transmisisse, his videlicet, qui se ante damnationem Bonosi, asserunt ab eodem tam presbyteros, quam diaconos ordinatos, ut si relicto atque damnato ejus errore, vellent Ecclesiæ copulari, libenter reciperentur, ne forte qui essent digni recuperandæ salutis in eodem errore deperirent. Verum nunc in Ravennati urbe mihi constituto, propter Romani populi necessitates creberrimas, Germanius qui se esse asserit presbyterum, atque Lupensius qui se diaconum dicit, multorum talium quasi legationem susceptam prece fusa dolores proprios exprimere gestiverunt, asserentes se quidem Ecclesias in dilectionis tuæ constitutas parochias retinere; sed tuam communionem non potuisse mereri, ea videlicet ratione, quia Rusticus quidam nomine, iterata ordinatione **134** presbyterium suscepisset, et non levi impedimento sit, dum aut illi dolent hujusmodi hominem in Ecclesia retineri, aut ille sic peccare debere in alios arbitratur, quemadmodum in se agnoscit esse peccatum.

Ecce hic manifeste agnoscitur, quam habuerit Innocentius de reconsecratione sententiam, cum illos satageret in sui episcopi communionem restitui, qui zelo justitiæ dolebant reconsecratum hominem in Ecclesia retineri: illum perhibet arbitrari, quia sicut episcopus peccare deberet in alios, quemadmodum et in se peccaverat, qui eum denuo consecrarat, familiari quippe reproborum studio, ejusdem damnationis laqueo, et alios conabatur innectere, quo semetipsum primus non timuerat irretire. Unde illi non immerito arbitrabantur hujusmodi tanquam damnabilem prorsus hæreticum de Ecclesia repellendum, qui, et sibi non parceret, et aliis periculum provideret.

Ne quis autem nos involuti voluminis arguat, dum admisceri his prolixiora canonum fortassis exempla conqueritur, hanc noverit procul dubio causam; quia nimirum hos cum quibus agimus, ad inspiciendos sacros canones sæpissime suadendo, vel exhortando compellere non valemus; atque idcirco hic apponendas sanctorum Patrum sententias dignum ducimus, ut vel excerptas delicatis ac teneris eorum oculis opponamus; quatenus dum, quod sentimus in his, quæ a nobis sunt prolata, considerant, auctoritati etiam, cui innitimur, cedant. Sed ut omnia illis constet provenire confusa, hoc etiam adversus canones agunt, quia cunctos simul gradus in reconsecratione suscipiunt. Unde cum de quodam mihi noto, qui nuper consecratus fuerat, comperissem, fateor, exhorrui facinus. Quid plura? Tandem conveni hominem. Nunquid, inquam, jam in te erat aliquid ex his gradibus, quos nuper ab episcopo suscepisti? Nihil prorsus, ait; ut quid enim acciperem, si me habere constaret? Et adjeci : Ergo a laico nihil distabas, imo laicus prorsus eras. Etiam, inquit, purus profecto laicus, ut puta, qui de clerico nihil habuerim. Sed si laicus, inquam, ipso die quo laicus est, ad sacerdotii jura proruperit, tuo quoque judicio fit neophytus, ac perinde procul dubio deponendus. Ad hæc ille confusus erubuit, et conclusionis necessitatem, quia labefactare non potuit, tacendo firmavit. Illud quoque non levioris videtur esse vesaniæ, quia reconsecratores novi præfixa canonibus jejunia curant, non Sabbata conferendis sacris officiis dedicata conservant; sed quocunque mense, vel feria munus inordinatæ ordinationis indifferenter usurpant, tanquam prima consecratio hanc secundæ consecrationis licentiam præbeat; ut confusis ordinibus, utpote simul datis, etiam temporum statuta confundat : et hoc in reconsecratione fit licitum, quod ipsi etiam in consecratione omnimodis testantur absurdum.

135 CAPUT XXXIV.
Episcopos alloquitur, ut per eos summæ sedi discretio suggeratur.

Unde, quæso vos, o pii pontifices, adversus impium dogma divino sancti zeli fervore concurrite, et emergenti nunc primum novæ hæresi unanimiter obviate. « Obstruatur os iniqua loquentium, » et peccatorum manus apostolicæ fidei non quatiat fundamentum. Servetur ecclesiastica in sua puritate doctrina, nec eam vexare permittatur terrena sapientium turbulenta versutia. Surgit inimicus noctu per agrum Christi zizania conspergere; vos in die, quo ambulatis, sanæ doctrinæ sarculo male sata radicitus exstirpate (*Matth.* XIII). Noctu Allophyli puteos ruderibus implent; in die Isaac evacuare festinet (*Gen.* XXVI). Sacrarium Christi nocturnus fur tentat irrumpere; excitetur lingua canum ejus salubriter oblatrare. Quod si ex vestro fortassis ordine quisquam prodeat, qui dogmatizare tam nefanda præsumat; tanto illum durius debetis arguere, quanto et is, qui Ecclesiæ tutor esse debuerat, eam nititur oppugnare.

Suggerite igitur domino nostro papæ beatissimo, quatenus sic in reos vigorem ecclesiasticæ severitatis extendat, ut juxta indiscrètorum hominum vota, innocentes quosque eadem sententia non involvat. Videtur enim luxuriare judicium; quod in filiorum necem pro paterno fuerit crimine promulgatum, et Simoniacos quidem, ut jam cœperat, divinis animatus viribus, destruat; sed non eotenus, ut eorum ordinationem immoderato quorumdam judicio subjacere permittat. Imo qui vice Petri claves tenet Ecclesiæ (*Matth.* XIII), ipse potissimum adversus novum dogma consurgat, et introductores pravitatis dignæ sententiæ jaculatio confodiat : et qui clavum sagenæ regit, quæ piscatoribus est commissa, malos pisces a bonis studeat sub hac dispensatione secernere, ut cum eis simul etiam bonos non adjiciat reprobare. Dicat ergo hominibus indiscretis, quod paterfamilias dixisse legitur servis : « Ne forte, inquit, colligentes zizania, eradicetis simul cum eis et triticum (*Ibid.*). » Nimirum ut sic postmodum zizania ad comburendum in fasciculum colligantur, quatenus triticum in horreum congregetur. Nunquid enim beatus apostolus cum Ananiam et Sapphiram (*Act.* V) dignæ animadversionis sententia perculit, in filios quoque, vel necessarios ulciscendum esse decrevit? In ipsum quoque Simonem vibrata sententia, non in eos usque pertransiit, qui aliquid veritatis ab eo potuerunt fortassis exsculpere; nam cum dicitur : « Pecunia tua tecum sit in perditionem (*Act.* I), » pecunia cum negotiatore percutitur : at ubi deest pecunia, percussio non timetur. Et vos itaque, venerabiles Patres, cum beatissimo summo pontifice, sic cuncta sub discreti examinis æquitate disponite, ut traditam tanti doctoris regulam in vestra quoque videamini censura servare, quatenus in Ecclesiæ corpore sic ferrum, quæ corrupta sunt, sentiant : ut tamen in proprii vigoris robore sincera quæque permaneant; sic plectibiles puniantur excessus, ut dum reatum 136 severitas legalis persequitur, sua innocentiæ immunitas reservetur; sic arbor vitiata securibus sit obnoxia, ut plantæ ab illa transpositæ, in sui vigoris gratia radicitus coalescant.

CAPUT XXXV.
Quid de his, qui gratis a Simoniacis sunt promoti, tandem Leo papa statuerit.

Verumtamen et hoc otiosum esse non credimus, si quid super hoc negotio idem venerabilis Leo papa statuerit, exponamus. Nam cum omnes Simoniacorum ordinationes synodalis vigoris auctoritate cassasset, protinus a Romanorum multitudine sacerdotum magnæ seditionis tumultus exortus est, ita ut non solum ab ipsis, sed a plerisque diceretur episcopis, omnes pene basilicas sacerdotalibus officiis destitutas, et præcipue missarum solemnia ad subversionem Christianæ religionis et desperationem omnium circumquaque fidelium funditus omittenda. Quid plura? Post longa sane disceptationum hinc inde volumina, tandem suggestum est, reverendæ memoriæ nuper ejusdem sedis episcopum decrevisse Clementem : Ut quicunque a Simoniaco consecratus esset, in ipso ordinationis suæ tempore non ignorans Simoniacum cui se obtulerat promovendum, quadraginta nunc dierum pœnitentiam ageret, et sic in accepti ordinis officio ministraret. Quam nimirum sententiam protinus venerabilis Leo ratam percensuit, et sub hujusmodi pœnitentia omnes in acceptis officiis de cætero perseverare mandavit. Nam et nonnullos hodieque conspicitis, qui dum a talibus per diversos gradus fuerant ordinati, ab eodem summo pontifice ad episcopatus apicem sunt provecti. Nec id perperam, quia cum canonica decernat auctoritas (I, quæst. 1, *Si quis episcopus*) : « Ut quicunque per pecuniam sacram obtinuerit dignitatem, dejiciatur ipse, et ordinator ejus; » patet procul dubio, quia simoniace ordinatum, ordinatoremque condemnans, hic protinus judicii metam fixit : nec sententiæ calculum in eum quoque, qui ab hujusmodi promoveri potuisset, extendit. Nam si canonis hujus auctor provectum quemlibet a Simoniaco dejiciendum duceret, ipsum ordinatoremque illius notans, consequenter etiam de his, qui ab eo promoveri poterant, non taceret ut nimirum diceret : Dejiciatur ipse et ordinator ejus, ac præsto subjungeret : « Et quicunque fuerit ordinatus ab eo; » quod profecto quia non dixit, nec nobis etiam sentiendum esse signavit.

CAPUT XXXVI.
Ubi imperator Heinricus gloriæ dignæ laudis attollitur.

Præterea dum venerabilis papæ gesta recolimus, consequenter ratio suadet ut ad considerandum quoque magni hujus Heinrici regis insigne præconium animum transferamus. Post Deum scilicet ipse nos ex insatiabilis ore draconis eripuit, ipse Simoniacæ hæreseos ut **137** revera multiplicis hydræ omnia capita divinæ virtutis mucrone truncavit. Qui videlicet ad Christi gloriam non immerito potest dicere : Quotquot ante me venerunt, fures fuerunt et latrones. Nam usque ad sui tempus imperii sacerdotum falsitatis inexplebiles, ut ita fatear, Babylonico Beli præbebat impensas : at postquam hic, auctore Deo, paternum obtinuit principatum, draconteis mox faucibus offam pius injecit, et sic immanem bestiam, quasi Daniel alter exstinxit. Per picem namque, quæ ardet et stringit, non immerito potest amor pecuniæ designari. Qui videlicet sic in camino avari pectoris æstuat, ut ab impendendæ misericordiæ, piæque compassionis largitate constringat. Quid est igitur offam picis in draconis ora projicere, nisi manifeste cum Petro dicere : « Pecunia tua tecum sit in perditionem? » (*Act.* VIII.) Quod profecto princeps iste tunc veraciter protulit, cum cathedras distrahentium columbas evertit (*Matth.* XXI), cum trapezitas expulit, cum in templo Dei fieri venale commercium recusavit. Nec illud etiam ab hac significatione discrepare videtur, quod Daniel cum pice etiam adipem, et pilos admiscuisse, describitur. Quid enim per adipem nisi carnis accipimus voluptatem? Quid per pilos, qui corporibus animalium extra sunt, nisi exterior substantia designatur?

Cum pice ergo rex adipem, pilosque commiscuit, et sic draconem rupit, quia Simoniacum virus omnino detestans, non solum avaritiæ non succubuit, sed ad nullas carnis illecebras, vel exterioris lucri quæstum in dispensanda prorsus ecclesiastica dignitate quæsivit. Ut jam perempto draconi de cœlo projecto, et in abysso per angelum catena ligato (qui nimirum ante cum Michaele pugnaverat, qui tertiam stellarum partem post se traxerat (*Apoc.* XII) cum Isaia plausibiliter insultemus : « O Lucifer, qui mane oriebaris, quomodo cecidisti de cœlo, corruisti in terram, qui vulnerabas gentes? » (*Isa.* XVI.) Usque ad hujus sane tempus Augusti cuncta canonum decreta, quæ super hujusmodi peste fuerant a Patribus edita, de multorum memoria longa jam videbantur oblivione deleta. Sed hic tanquam olim insignis ille Josias, mox ut librum legis Domini reperit, vestimenta scidit, condoluit; aras subruit, idola abominanda dejecit, omnesque priorum regum sacrilegas superstitiones evertit (*IV Reg.* XXIII). Et quoniam ipse anteriorum tenere regulam noluit, ut æterni Regis præcepta servaret, hoc sibi non ingrata divina dispensatio contulit, quod plerisque decessoribus suis eatenus non concessit; ut videlicet ad ejus nutum sancta Romana Ecclesia nunc ordinetur, ac præter ejus auctoritatem apostolicæ sedi nemo prorsus eligat sacerdotem. Plane si David propter Philisthæi Goliath stragem, regis filiam in sponsalitium sibi fœderare promeruit (*I Reg.* XVII); quid mirum si et imperator iste sanctam Ecclesiam, quæ nimirum summi Regis est filia, Simoni hæresiarchæ, qui veraciter exprobrat aciem Dei viventis, victor accepit?

Atque ut David ex aliqua parte non immerito compararetur, ille aquam de cisterna Bethlehemitica, quæ inter hostiles habebatur cuneos, concupivit; sed cum ab obsequentibus militibus fuisset oblata, bibere nolens, effudit. **138** Unde mox scriptum est : « Libavit eam Domino (*II Reg.* XXIII). » Si igitur in Dei sacrificium versa est aqua contempta, quam pretiosius Deo munus fuisse credendum est, pecunia recusata. Ille nimirum aquam fundendo libavit; iste nihilominus suave Deo sacrificium obtulit, dum non aquam, sed aurum pro ejus amore contempsit. Et quia non defuerunt, qui regalibus soliis præditi, commissum regimen administrare se posse diffiderent, si Ecclesiarum venalitatibus publica æraria non augerent; ecce omnipotens Deus, in cujus manu est victoria triumphantium, sceptra regnantium, absque hujus acquisitionis inhonestæ stipendiis, fideli famulo suo plerasque nationes exteras subdidit, tyrannicam adversantium feritatem sub ejus ditione perdomuit, superborumque hostium tumentium sibi colla substravit; barbaras debellare per circuitum gentes, et rebelles infideliter subjectorum dedit calcare cervices. Ut liquido pateat, quia victoria de cœlo est, et non probatur ex donativis pendere pecuniæ, sed ex supernæ gratiæ descendere largitate.

Videtur itaque imperator iste Constantino Cæsari adversus catholicæ hostes Ecclesiæ non supparem obtinuisse victoriam. Ille nimirum Arianæ sectæ dogma orthodoxæ fidei armis attrivit; iste Simoniacæ hæreseos pestes avaritiam calcando delevit. Ille fidei propugnator obstitit ne Arius unitatem scinderet; hic concupiscentiæ triumphator occurrit ne Simon in Ecclesia pestilentiæ cathedram possideret. Desudent alii triumphos regum stylo historiæ texere; insignes bellorum titulos, et eorum fortia gesta præconiis exquisitæ laudis efferre; nihil videtur victoria ista, quam supra meminimus, longe nobilior, et incomparabiliter gloriosior : ubi nimirum non humanus sanguis effunditur, non militum multitudo minuitur, sed omnis Ecclesia catholica per Romani fines imperii circumquaque diffusa de vinculis antiquæ damnationis vel ut ex horrendo ac profundissimo carcere liberatur; ut per Augustum divinitus erepta, libera Deo possit voce cantare : « Dirupisti, inquiens, Domine, vincula mea, tibi sacrificabo hostiam laudis (*Psal.* cxxv). »

CAPUT XXXVII.
Invehitur scriptor in Simoniacos.

Queror adversum vos, Simoniaci, qui gravem nobis elucubrationis hujus molestiam intulistis. Et quidem nostra defendimus, sed ita duntaxat, ut vos perpetuo condemnemus; sic ea, quæ per vos aguntur, admittimus, ut vos abominabiles, omniumque perditorum extremis dignos suppliciis arbitremur. Nimirum Judas Dominum purum hominem credens, vendidit (*Matth.* xxvii); sed mox pretium sanguinis, digna luiturus, abjecit. Vos autem nihil de divinitate sancti Spiritus ambigentes, commercium illi venalitatis ascribitis, et perpetrati sacrilegii commodum possidetis; quique fueratis ultione plectendi, scelera commissa lucramini. Quibus ergo vos merito comparaverim, qui divina munera, non vobis, sed aliis habetis; et quæ illis ad salutis proveniunt cumulum, vobis in judicium perditionemque vertuntur. Judæis plane vos similes video, qui medullitus divinæ legis ignari, Christi fidelibus per orbem ubique facti sunt scriniarii. Apum quoque formam propemodum tenere videmini, quæ dum obdulcandis faucibus hominum elaborata mella transmittunt, ipsæ mox periturae famis inopia contabescunt.

Denique perpendite, infelices et miseri, quam immanissimo perditionis barathro sitis immersi, quorum non solum mala, mala sunt; sed ipsa etiam bona a vobis facta sunt mala : quibus nimirum benedictio in maledictionem, charismata in hæresim, sacramenta in sacrilegium, honor in contumeliam, provectio versa est in ruinam. Huc accedit, quia et de tot animabus estis reddendæ rationi obnoxii, quod nunc videmini fidelibus esse prælati. Affluite nunc divitiis, constipamini tumescentes obsequentium cuneis, prope est, ut videatis omnes angelorum exercitus adversum vos vehementer iratos, apostolos, martyres, omniumque sanctorum agmina contra vos terribiliter insurgere, et in damnationis vestræ sententiam concordi simul ac pari judicio convenire. Illum quippe habetis offensum, atque ideo consequenter infestum, cujus offensio neque hic remittitur, neque in futuro. Immanitate porro cruenti, ac sceleratissimi criminis vestri adulteros vincitis, homicidas exceditis, raptores, sacrilegos, incestos, parricidas atque omnium pene reorum flagitia superatis. Adhuc parum est : nam si res digna, ut est, existimatione perpenditur, ipsa Judaica perfidia, omnisque prorsus hæretica pravitas vestris excessibus non æquatur. Orta est vobis nox in meridie, tempestas in serenitate, fit vobis cœlum ferreum, et terra ænea ; quia et ad superna mole nequitiæ non assurgitis, et inter homines, quod conscientia teste commissum est, non celatis.

Sane si nunc etiam, sicut Patrum testatur auctoritas (1, q. 1, *Quicunque*), benedictio vobis in maledictionem vertitur, cum benedici sacerdotis ore videmini; quid vobis tunc fiet, cum ipsa vox divina vos maledictos appellat, et reprobat; et a conspectu suo vos judicis furor abjicit, et tortoribus tradit? Tunc profecto discetis, quanti constet transacti honoris amara coemptio, cum jam necesse erit, ut vos tartarus infinite patens absorbeat, et gehennæ crudelis olla concludat. Tunc ossa vestra medullis pinguibus irrigata, crepitans stridensque flamma depascet; tunc edax incendium velut eructans de clibano per ora vobis, per oculos, per aures, et nares vaporibus eructare non desinet. Sic, sic dignum erit jam, ut cum illo duce vestro, hæresiarcha videlicet Simone, participium sortiamini : et quibus non suffecerat paradisus gratis a Christo promissus, satisfaciat infernus a diabolo pecunia comparatus. Quanquam et ipso vestri erroris auctore, et pestilentis cathedræ præside vos non incongrue damnabiliores intelligam : ut eum videlicet digne præcedatis in pœna, quem nequiter excessistis in culpa. Ille siquidem cœleste munus duntaxat emere voluit, sed voti compos ad effectum fulminandæ concupiscentiæ non pervenit; vos autem et voluistis et confecistis; accessistis, et irrepsistis. Structa est fabrica, prodiit et moneta. Ille denique dum se Deum simulat, canis ostenditur; dum elevatur, obruitur; dum scandere cœlum videtur, in tartarum labitur. Consequenter et vos dum petitis alta, corruitis; dum æquales videri cæteris hominibus contenti non estis, divino simul et humano despecti judicio, ad immundorum canum similitudinem festinatis. Verum nos nugas terimus, si ossa arida ad vitam reducere corripiendo, quasi vaticinando tentemus; solummodo orandum est, ut honore deposito, carnes nervosque reinduant, et sic per afflatum sancti Spiritus denuo reviviscant. Sed jam emenso pelago, clavum stringentes, vela submittimus ; quia duce Christo littus aspicientes, portui propinquamus.

CAPUT XXXVIII.
Ubi in Ravennatem pontificem peracti operis summa concluditur.

Postremo ad te, Heinrice venerabilis pater, redeo, et a quo cœpi, jam in ipsius opusculi calce recurro : non hic, quæso, elucubratæ dictionis phalerata discutiatur urbanitas, non accuratæ dicacitatis acrimonia requiratur, sed rudis simplicitas, et sermo pauperculus, qui vix queat explicare quod sentit. Proposui enim serias quasdam, ac necessarias res fratrum meorum cordibus magis utiliter quam luculenter exponere, nec verborum inanium lenociniis aurium illecebris deservire. Non enim ignoratis quia vivacitatem sententiarum sermo ex industria cultus evacuat, et dictorum vim splendor elaboratus enervat. Illi sane grandiloquis et trutinatis verbis inserviant, qui favorabiles plausus hominum aucupari delenificæ locutionis amœna quadam venustate desudant. Nos autem, qui nudis pedibus ire præcipimur, cothurnati scribere non debemus; quibus censura taciturnitatis indicitur, luxuriantis eloquentiæ laciniosa prolixitas congruere non videtur. Quapropter, charissime, hæc rustica, et rudi stylo composita tuis manibus offero, tanquam videlicet vilia poma; quia tamen rus meliora non attulit, ne despicias, quæso. Plane quia, ut ita loquar, unde genus duxi (6), summum conscendis honorem, te potissimum elegi, cui hoc munusculum traderem, et ut revera proprio pastori perexilis ovicula fructum non ventris, sed mentis afferrem.

Novi denique, quia Ecclesia vestra ad instar apostolici senatus non tam numeroso, quam venerando ac mystico sanctorum episcoporum pollet ornata collegio; quorum videlicet studio ita rectam apostolicæ traditionis lineam servat, sic in puritate sincerissimæ fidei immobiliter perseverat, ut omni hæretica pravitate remota, novam illam, quæ sub apostolis fuerat, hodieque repræsentet Ecclesiam, sive etiam sedem fidei ipsam videatur germinare Nicæam. Ex his itaque, quos visum fuerit, sanctitas vestra consciscat, et cum eis simul hoc opus utcunque catholicæ fidei sanæque doctrinæ congruat, solerter indaget, prudenter examinet. Quod si liber hic venialiter reprehensibilis invenitur, vestra eum prudentia corrigat, et sic etiam beatissimo papæ, si per vos transierit, ut fama dispersit, ostendat; ut quod ex opificis inepta compositione despicitur, tanti laboris obsequio commendetur. At si, quod non credimus, sic lituræ usquequaque videatur obnoxius, ut corrigi nequeat, antequam in publicam notitiam proferatur, edax eum flamma consumat. Ut illud hic non incongrue possit aptari, habetis Aaron, et Hur vobiscum, si quid natum fuerit quæstionis, referetis ad eos. Non enim mihi pudoris est oblitterare quod scribo, dum, non erubescam libere confiteri quod credo; ut qui notat elinguem, possit compensare fidelem.

Sit nomen Domini benedictum.

CAPUT XXXIX.
Superiori Opusculo superadditum.

Libellum hunc ego rudis et imperitus sub quadam scrupulosæ ambiguitatis suspensione descripsi, atque ut in calce conspicitur, auctoritatis apostolicæ. Tempore autem Nicolai (7) venerabilis papæ, rursus hæc quæstio mota est, ac diutius ventilata; verum post plurimos certaminum fluctus, post nutantium denique quæstionum perplexa ac sinuosa volumina, ad hunc tandem judicialis sententiæ limitem res expedita pervenit; ut hactenus a Simoniacis gratuito consecrati, in adeptæ dignitatis honore persisterent; necdum vero promoti, ab illis ad ordinem provehi de cætero licentiam non haberent. Hac scilicet consideratione servata, ut nec pro severitate sententiæ totus simul ecclesiasticus ordo corrueret; nec pro remissione clementiæ Simoniaca pestis in conferendis honorum gradibus vim roboris obtineret, dispensatorio quodam jure; utque est in præteritis ratum, de futuris sit omnino prohibitum. Nos itaque non proprias allegationes pervicaciter astruentes, sed synodalibus decretis humiliter obtemperantes, apostolicæ sedis edictum, vel quod jam promulgatum est, sequimur; vel si quid adhuc elimatius atque salubrius in posterum statuendum est, obedientibus profitemur. Ut sicut a beatis apostolis Evangelio coruscante, nascentis fidei rudimenta percepimus; ita deinceps ab apostolicis viris traditam omnem vivendi, vel sentiendi regulam teneamus.

Porro autem Ravennas ille episcopus, cui libellus hic principio missus est, quia nuper promotus, atque ideo mihi erat incognitus, Scripturarum habere scientiam putabatur; sed quoniam ab eo super hac quæstione ne tenuem quidem scintillam solutionis exsculpere potui, auctoritate sedis apostolicæ me contentum esse decrevi: ut quid ei synodalis fuerit censura præfixum, hoc mihi procul dubio sit authenticum, hoc certe canonicæ videatur auctoritatis vigore subnixum.

SCHOLIA.

« Cæterum et ipse pontifex delinquentes, cum causa dictaverit, forensi lege coerceat; et rex cum suis episcopis super animarum causis prolata sacrorum canonum auctoritate decernat (Ant. FLOR. *Chron.* p. III, tit. 20, cap. 7, paragr. 1.) » Hoc in loco in manuscriptis codicibus librariorum procul dubio oscitantia mendum irrepsisse omnino credendum est. Quandoquidem cum sancti doctoris sententia esset, cum summi pontificis, tum regis vel imperatoris munus circa populorum regimen ostendere, non est putandum, ea quæ sunt pontificis attribuere regi voluisse; cum ambæ potestates jure divino ab invicem sint distinctæ, ut patet ex c. Duo sunt, et distinct. 93, cap. *Si imperator*, et cap. *Solitæ*, de majoritat. et obedien. Quamobrem ubi in textu Damiani dicitur, et rex cum suis episcopis, etc., necessario legendum est: (et pontifex cum suis episcopis,) ut cuivis constare potest antecedentia cum subsequentibus accurate conferenti. Sed et textum modo allatum (ut aliquid amplius hic dicamus) corruptum fuisse ex eo potissimum apparet, quod idem ipse Damianus postquam ea protulisset verba, de Romano pontifice statim subjecit: Ille tanquam parens paterno semper jure præmineat; iste velut unicus ac singularis filius in amoris illius amplexibus requiescat.

« Nisi enim certa fides haberet, cum baptismo Dominum simul et sacerdotium suscepisse, » etc. Quoniam certissimum est sacerdotium Christo, ut homini convenire, et illi omnia dona, et charismata in instanti unionis hypostaticæ collata fuisse, non potest sustineri, quod Damianus hoc loco refert Christum in baptismo sacerdotem factum fuisse, nisi forte intelligere voluerit, Christi sacerdotium non quidem in baptismo collatum, sed aliquo modo manifestari cœpisse; sicut theologi verba illa interpretantur: (Et Jesus proficiebat sapientia, et ætate, et gratia apud Deum, et homines [*Luc.* II]); non quod

---

(6) Ravennam natale solum, intelligit S. doctor.
(7) Leonis IX cujus epistolam, manu exaratos secuti codices, in opusculi principio posuimus.

revera ex parte rei sapientia Christi augeretur, quam totam simul acceperat; sed quia crescente ætate, multo magis clarescebat. Sanctus quoque Thomas ait (1 p., q. 22, art. 2 ad 3), ipsam Christi humanam naturam, cum in passione Deo offerretur, novo modo sanctificatam fuisse, scilicet ut hostiam actualiter tunc exhibitam : acquisivit enim actualem hostiæ sanctificationem tunc ex antiqua charitate et gratia unionis hostiam absolute eam sanctificante.

« Licet igitur illi (episcopos intelligit) quibusdam privilegiis pro suo quisque ministerio specialiter potiantur; quia tamen id, quod omnibus majus est, commune cum reliquis sacerdotibus habent, cum eis etiam et ipsi non immerito sacerdotii nomen tenent. » In hæc verba id animadvertendum censeo, sanctum cardinalem non inficiari episcopatum a presbyteratu jure divino differre, tametsi prima fronte videatur dicere, ob aliqua privilegia, episcopos presbyteris majores esse. Tantum enim discrimen ponitur inter hos et illos, quantum inter subditos et principes. Hinc est, **143** quod S. Ignatius suis omnibus fere epistolis, principis titulo episcopos sæpe condecoret : unde et ad Trallianos scribit : (Quid enim aliud est episcopus, quam is qui omni principatu et potestate superior est, et quoad homini licet, pro viribus imitator Christi Dei factus ? Quid vero sacerdotium aliud est, quam sacer cœtus consiliarii et assessoris episcopo : quid vero diaconi, quam imitatores angelicarum virtutum, quæ purum et inculpatum ministerium illis exhibent ; ut S. Stephanus B. Jacobo, Timotheus et Linus Paulo, Anacletus et Clemens Petro. Qui igitur his non obedit, atheus prorsus et impius est, et Christum contemnit, et constitutiones ejus imminuit). Et ad Philadelphienses : (Principes obediant Cæsari, milites principibus, diaconi presbyteris, sacrorum præfectis presbyteri ; diaconi et reliquus clerus una cum populo universo, militibus , et Cæsare, ipsi episcopo pareant ; episcopus Christo, ut Christus Patri obedivit. Et hac ratione per omnia conservabitur unitas). Hoc ipsum confirmat S. Hieronymus, prout habes dist. 35, c. *Ecclesiæ principes*. Est item expressa sententia Dionysii Areop. De Eccles. hierarch. cap. 5, quibus etiam suffragantur omnes scholastici in 4 sent., dist. 24, et præsertim S. Thom. 2-2, q. 184, art. 6, his adde et canonistas, ut inter alios, cardinalis Turrecremata recenset lib. 1 Summ. eccl., cap. 69. Quare Aetiani hæretici habiti sunt apud Epiphanium hæres. 75, et Augustinum hæres. 53, quia negabant episcopos presbyteris esse superiores.

« Nam et ipsi sancti apostoli non reperiuntur alibi fuisse a Domino consecrati, nisi in perceptione baptismi ; qui tamen non aquæ baptismatis manifeste leguntur immersi, sed injunctam potius exsecuti sunt obedientiam baptizandi. » Pro declaratione totius hujus periodi usque ad illius capitis finem, ut confusio evitetur, tria, quæ certissima sunt, de apostolis dicimus : Primum apostolos fuisse baptizatos juxta formam ac modum, quo ipsi postmodum cæteros baptizare jussi sunt, ut S. Aug. (epist. 109) (post Tertullianum lib. de Baptismate) pluribus ostendit. Est autem vetus traditio accepta ex Evodio episcopo Antiocheno, apostolorum successore, apud Nicephorum lib. II, Hist. cap. 3, Christum manibus suis Petrum tantummodo baptizasse ; Petrum porro Andream et filios Zebedæi ; hos vero reliquos apostolos : Septuaginta autem illos Petrum et Joannem baptizasse (*Luc.* xxII). Hoc ipsum colligitur ex c. Quando de consecr. d. 4, et ibi Gl. quibus adduntur cardinalis de Turrecremata, et inter alios etiam multos, Augustinus Triumphus de potest. Eccl., quæst. 84, art. 4. Secundo certum est apostolos fuisse consecratos sacerdotes a Christo in ultima cœna, cum instituens sacram Eucharistiam illis præcepit, ut eam offerrent in sacrificium per hæc verba : (Hoc facite in meam commemorationem), ut expresse docet conc. Trident. sess. 22, cap. 1. Tertio dico, apostolos fuisse post Resurrectionem a Christo creatos episcopos, cum illis in unum congregatis apparuisset, ut Joannes habet verbis **144** istis : Sicut misit me Pater , et ego mitto vos (*Joan.* xxI). Quem locum ita explicant Chrysostomus, Cyrillus Alexandrinus , et Theophylactus atque recentiores multi, tametsi alii opinentur, a Christo solum Petrum episc. ante Ascensionem creatum, post autem sancti Spiritus missionem, Petrum consecrasse episcopum tantummodo Joannem, hosque ambos Jacobum Zebedæi : ac deinceps decretum fuisse, ne ordinetur episcopus nisi a tribus similiter episcopis, ut dicitur in cap. Porro, dist. 66, ac fuse demonstrat cardinalis a Turrecremata, in c. In novo, dist. 21, art. 3 et summ. Eccl. lib. II, cap. 54 ; cardinalis Jacobatius de concil. lib. x, art. 7, atque alii.

« Liberius perfidiæ deceptus errore, Arianæ hæresi subscripsisse dignoscitur. » Quod ait hic Damianus Liberium papam hæreticum fuisse, declaratione indiget, tametsi ille excusari possit , cum alii Patres gravissimi idem censuerint, Athanasius apolog. 2, et epist. ad solitarios, Hilarius contra Constantinum, Hieronymus De scriptoribus ecclesiast. in Fortunatiano, Notkerus antiquus S. Galli cœnobita in suo Martyrol. ad xvIII Kal. Sept. Et revera ipse Liberius in causa fuit, ut de hæresi diffamaretur ; quoniam in subscriptione formulæ fidei, quæ probe intellecta catholica erat, quia tamen reticuit vocem consubstantialitatis, qua utitur conc. Nicænum primum, in Arianam perfidiam incidisse vulgo existimatus est. Quem tamen nulla prorsus Arianismi, nec ullius hæresis nota contaminatum , vel ex iis potissimum apparet, quæ pro catholica fide contra Constantium imp. sic invicte disseruit , egitque cum eo tam ante suum exsilium , ut habes apud Rufinum Hist. Eccl. lib. I, cap. 21 ; Socratem lib. II, c. 29 in fine , et lib. IV, c. 11 ; Sozomenum lib. IV, cap. 10 et 14 ; Theodoretum lib II, c. 15, 16 et 17, quam post exsilium, dum scripsit ad episc. Macedonas ; apud Socratem lib IV, c. 11 et 12. Sed et has in Liberium injurias Aetianorum calumniis commentas fuisse, diserte scribit Sozomenus lib. IV, c. 14. Quod autem Damianus etiam , inquit , eumdem Liberium excitasse persecutiones in clero , dextre intelligendum est. Is n. decreto Constantii imp. cum ab exsilio in Urbem revocaretur, ac clerus illum recipere nollet, eo quod in Oriente moratus damnationi Athanasii subscripsisset , magistratus adversum eumdem Romanæ Ecclesiæ clerum persecutionem excitarunt. Qua de re Liberii culpæ ascriptum est , quod ejusdem causa factum esse videretur. Cæterum Liberius quantæ laudis ac sanctitatis etiam post obitum æstimatus sit a præstantissimis quibusque viris docent in primis Ambr. l. III Comment. de Virgg. ; Basilius epist. 74 ; Epiph. hæres. 75 ; Beda vero in Martyrologio ad vIII Kal. Oct., et Wandelbertus ad IX Kal. ejusdem mensis, Liberii memoriam cum aliis sanctis anniversario die Natali publice recolendam contestantur. Alia præter hæc pro Liberio fuse ac diserte conscripta præsertim habes apud illustrissimos cardinales, Baronium in Annalibus , et Bellarminum in Controversiis.

« **145** Enimvero quis Heli sacerdotem nesciat reprobum, et tam pro lenitate sua, quam pro liberorum effrenata licentia divinæ animadversionis sententia condemnatum. » Hanc de Heli sententiam nostro cardinali placuisse non mirum est, quandoquidem et illam amplexati sunt Tertullianus lib. De pudicit. ; Hieronym. lib. I, adversus Jovinian. ; Joan. Chrysost., lib. II, adversus vituperat. vitæ monast. ; Isidorus Pelusiota epist. 370 ad Cyrillum. ; Innocentius III in cap. Licet Heli, de monia. Contraria tamen sententia probabilis etiam est. Hanc tuetur Alphonsus Abulensis in lib. 1 Regum, c. 4. Et fortasse hoc ipsum Patres sensere, quoniam ex eorum verbis nihil amplius colligitur, quam quod Heli ob non increpata filiorum flagitia, eo mortis genere periit.

« Animadvertimus a Paulianistis, aliisque hæreticis Spiritum sanctum non habentibus baptizatos baptizari regulariter. » Quod asserit **146** hoc in loco sanctus doctor, baptizatos a Paulianistis et Cataphrygibus (quorum mentio fit in c. Si quis 1, q. 1) si ad Ecclesiam rediissent, ex concilii Nicæni decreto verum est, quoniam neque Christum credebant esse hominem, neque Spiritum sanctum confitebantur; ac proinde cum eorum baptismus in nomine sanctæ Trinitatis non conferretur, merito ad Ecclesiam catholicam redeuntes baptizandi erant. Non tamen generaliter censendum est baptizatos ab hæreticis rebaptizandos esse, ut Donatistarum hæresis, contra quam sanctus Augustinus strenue decertavit, impie affirmabat. Porro quam vera doctrina sit ab hæreticis etiam baptizatos in forma Ecclesiæ, non esse rebaptizandos, evidenter demonstrant scholastici in 4 sent. dist. 4, quæst. unic., et sanctus Thom. part. III, quæst. 66, art. 9, atque etiam in cap. de Arianis, cap. *Ab antiqua*, De consecr. dist. 4, quam sententiam cardinalem nostrum amplexatum quoque fuisse, ex ejus verbis certissimum redditur.

Sit nomen Domini benedictum.

OPUSCULUM SEPTIMUM

LIBER GOMORRHIANUS, AD LEONEM IX ROM. PONT.

ARGUMENTUM. — Nefandum et detestabile crimen, in quod Deo dicati sui temporis prolabebantur, deplorat; eosque utpote indignos a sacris ordinibus removendos esse contendit; Leonemque pontificem Romanum implorat, ut tam fœde peccantes sua auctoritate coerceat.

LEONIS IX EPISTOLA,
Qua hic sancti viri libellus confirmatur.

LEO episcopus, servus servorum Dei, dilecto in Christo filio PETRO eremitæ, æternæ beatitudinis gaudium.

Ad splendentis nitentis pudicitiæ torum, fili charissime, pio certamine intentionem tuæ mentis pervenisse, libellus, quem contra quadrimodam carnalis contagionis pollutionem, honesto quidem stylo, sed honestiori ratione edidisti, manifestis documentis commendat. Subegisti siquidem carnis barbariem, qui sic erexisti brachium spiritus adversus libidinis obscœnitatem. Exsecrabile quidem vitium, longeque segregans ab auctore virtutum, qui cum sit mundus, nihil admittit immundum; nec de sorte ejus esse poterit, qui sordidis illecebris subjacebit. Clerici vero, de quorum vita spurcissima flebiliter pariterque rationabiliter tua prudentia disputavit, vere, et omnino vere ad funiculum hæreditatis ejus non pertinent, de quo ipsi voluptuosis se oblectationibus submovent; qui si pudice conversarentur, non solum templum Dei sanctum, sed ipsum etiam sanctuarium dicerentur: in quo niveo candore conspicuus ille Dei Agnus immolatur, per quem fœda totius orbis lues lavatur. Tales nimirum clerici etsi non verborum, tamen operum testimonio profitentur, quia non existunt, quod censentur. Quo enim modo clericus possit esse, vel nominari, qui proprio arbitrio non metuit se inquinare? De qualibus, quia sancto furore permotus, quæ tibi videbantur scripseras; oportet, sicut desideras, apostolicam nostram interponamus auctoritatem, quatenus scrupulosam legentibus auferamus dubietatem; et constet omnibus certum nostro judicio placuisse quæcunque continet ipse libellus diabolico igni velut aqua oppositus.

Igitur ne cœnosæ libidinis impunita licentia pervagetur, necesse est apostolicæ severitatis congrua reprehensione refelletur, et tamen aliquod tentamentum in austeritate ponatur.

Ecce omnes illi, qui quavis quatuor generum quæ dicta sunt, fœditate polluuntur, prospecta æquitatis censura, ab omnibus immaculatæ Ecclesiæ gradibus, tam sacrorum canonum quam nostro judicio depelluntur. Sed nos humanius agentes, eos, qui vel propriis manibus, vel invicem inter se egerunt semen, vel etiam qui inter femora profuderunt, et non longo usu, nec cum pluribus, si voluptatem refrenaverint, et digna pœnitudine probrosa commissa fuerint, admitti ad eosdem gradus, in quibus in scelere manentes, non permanentes fuerant, divinæ miserationi confisi, volumus, atque etiam jubemus; ablata aliis spe recuperationis sui ordinis, qui vel per longa tempora secum, sive cum aliis vel cum pluribus, brevi licet tempore, quolibet duorum fœditatis genere, quæ descripseras maculati: vel, quod est horrendum dictu et auditu, in terga prolapsi sunt. Contra quod nostrum apostolicæ sanctionis decretum, si quis ausus fuerit vel judicare vel latrare, ordinis sui se noverit periculo agere. Qui enim non pungit vitium, sed palpat, cum eo qui vitio moritur, ipse quoque mortis reus merito judicatur. Sed, o fili charissime, inenarrabiliter gaudeo, quia exemplo tuæ conversationis instruis, quidquid oratoria facultate docuisti. Plus est enim opere docere, quam voce. Quapropter auctore Deo palmam obtinebis victoriæ, et cum Deo, et Virginis Filio, lætaberis in cœlesti mansione tot mercedibus cumulatus, quot ereptis per te a diaboli laqueis fueris constipatus et quodammodo coronatus.

PRÆFATIO.

Beatissimo papæ LEONI, PETRUS ultimus monachorum servus, debitæ venerationis obsequium.

Quoniam apostolica sedes omnium Ecclesiarum mater esse ex ipso Veritatis ore cognoscitur, dignum est, ut si quid uspiam dubitationis emerserit, quod ad animarum videatur pertinere negotium, ad ipsam, velut ad magistram, et quodammodo fontem cœlestis sapientiæ recurratur, quatenus ex illo uno capite ecclesiasticæ disciplinæ lumen prodeat, quo discussis ambiguitatum tenebris, totum corpus Ecclesiæ perspicuo veritatis nitore clarescat. Quoddam autem nefandum et ignominiosum valde vitium in nostris partibus inolevit, cui nisi districtæ animadversionis manus quantocius obviet, certum est, quod divini furoris gladius in multorum perniciem immaniter grassaturus impendet. Heu! pudet dicere, pudet tam turpe flagitium sacris auribus intimare; sed si medicus horret virus plagarum, quis curabit adhibere cauterium? Si is, qui curaturus est, nauseat, quis ad incolumitatis statum pectora ægrota reducat? Vitium igitur contra naturam velut cancer ita serpit, ut sacrorum hominum ordinem attingat; et interdum ut cruenta bestia inter ovile Christi cum tantæ libertatis sævit audacia, ut quampluribus multo salubrius fuerit in mundanæ militiæ jugo deprimi, quam sub religionis obtentu tam libere ferreo juri diabolicæ tyrannidis mancipari, præsertim cum aliorum scandalo; cum Veritas dicat: « Qui scandalizaverit unum ex his pusillis, expedit ei ut suspendatur mola asinaria in collo ejus, et demergatur in profundum maris (Matth. XVIII). » Et nisi quantocius sedis apostolicæ vigor occurrat, non est dubium, quin effrenata nequitia cum restringi voluerit, a cursus sui impetu desistere nequeat.

CAPUT PRIMUM.
De diversitate peccantium contra naturam.

Ut autem res vobis tota per ordinem pateat, ex hujus nequitiæ scelere quatuor diversitates fiunt. Alii siquidem secum, alii aliorum manibus, alii inter femora, alii denique consummato actu contra naturam delinquunt; et in his ita per gradus ascenditur, ut quæque posteriora præcedentibus graviora judicentur. Major siquidem pœnitentia illis imponitur qui cum aliis cadunt, quam iis qui per semetipsos sordescunt; et districtius judicantur qui actum consummant, quam ii qui inter femora coinquinantur. Hos itaque corruendi gradus artifex diaboli machinatio reperit, ut quo altius per eos ascenditur, eo proclivius infelix anima ad gehennalis barathri profunda mergatur.

CAPUT II.
Quod inordinata rectorum pietas lapsos ab ordine non compescat.

Hujus sane perditionis obnoxii sæpe largiente divina clementia resipiscunt, atque ad satisfactionem veniunt, et pœnitentiæ quidem pondus quamlibet grave devote suscipiunt, ecclesiasticum vero ordinem perdere vehementer perhorrescunt. Quidam namque rectores Ecclesiarum circa hoc vitium humaniores forsitan quam expediat, absolute decernunt propter tres illos gradus, qui superius enumerati sunt, neminem a suo ordine debere deponi; hos autem solummodo non abnuunt degradari, quos ultimo actu cecidisse constiterit. Unde fit, ut qui cum octo, vel etiam decem aliis æque sordidis in hanc nequitiam lapsus esse cognoscitur, nihilominus in suo ordine permanere videatur. Quæ procul dubio impia pietas non vulnus amputat, sed ut augeatur, fomitem subministrat; non perpetrati illiciti actus prohibet amaritudinem, sed perpetrandi potius tribuit libertatem. Carnalis quippe cujuslibet ordinis homo magis formidat, et expavescit in conspectu hominum despici, quam in superni Judicis examine condemnari; ac per hoc mavult quamlibet districtæ, quamlibet animosæ pœnitentiæ sustinere laborem, quam sui gradus periculo subjacere: et dum per indiscretam discretionem non timet statum sui honoris amittere, incitatur et inexperta præsumere, et in his quæ invite præsumpsit, diutius permanere; atque, ut ita dixerim, dum illic non feritur, ubi acrius dolet, in eo, in quo semel corruit, cœnosæ obscœnitatis volutabro molliter jacet.

CAPUT III.
Quod usibus immunditiæ dediti, nec ad ordinem provehi, nec persistere debeant jam promoti.

Sed, ut nobis videtur, valde præposterum est, ut consuetudinaliter hac purulenta contagione fœdati, vel ad ordinem provehi, vel in gradu persistere audeant jam promoti. Quia et rationi contrarium, et canonicis Patrum sanctionibus probatur adversum. Hoc autem non ad hoc assero, ut in majestatis vestræ præsentia definitivæ sententiæ calculum proferam, sed ut propriæ opinionis arbitrium pandam. Hoc nempe flagitium inter cætera crimina non immerito deterrimum creditur; quandoquidem illud omnipotens Deus semper uno modo exosum habuisse legitur, et cum reliquis vitiis necdum per legale præceptum frena posuerat, jam hoc districtæ ultionis animadversione damnabat. Nam, ut taceamus, quod Sodomam et Gomorrham (Gen. XIX), duas videlicet egregias civitates, omnesque finitimas regiones, misso cœlitus sulphure et igne subvertit; Onan Judæ filium propter hoc nefarium scelus immatura morte percussit, teste Scriptura, quæ dicit: « Sciens Onan non sibi nasci filios, introiens ad uxorem fratris sui; semen fundebat in terram, ne liberi fratris nomine nascerentur: et idcirco percussit eum Dominus, eo quod rem detestabilem faceret (Gen. XXXVIII). » In lege quoque dicitur: « Qui dormierit cum masculo coitu femineo, uterque operati sunt nefas, morte moriantur; sanguis eorum sit super eos (Levit. XX). »

Quod autem ad ecclesiasticum ordinem promoveri non debeat, qui in illud crimen lapsus est, quod vetus lex præcipit morte damnari, testatur beatus papa Gregorius (lib. X, epist. 13), qui in suis epistolis

Passivo episcopo scribit, dicens : « Bene novit fraternitas vestra, quam longo tempore Aprutium pastorali sollicitudine sit destitutum : ubi diu quæsivimus, qui ordinari debuisset, et nequaquam potuimus invenire; sed quia Importunus mihi suis in moribus, in psalmodiæ studio, in amore orationis valde laudatur, et religiosam vitam agere dicitur; hunc volumus ut fraternitas vestra ad se faciat venire, et de anima sua admoneat, quatenus in bonis studiis crescat : et si nulla ei crimina, quæ per legis sacræ regulam morte multata sunt, obviant; tunc ordinandus est, ut vel monachus, vel a vobis subdiaconus fiat; et post aliquantum temporis, si Deo placuerit, ipse ad pastoralem curam debeat promoveri. » Ecce hic aperte colligitur, quia quisquis vir cum viro labitur, quod nimirum scelus, ut supra docuimus, per vetustæ legis sententiam morte mulctatur, etiamsi honestis moribus polleat, si psalmodiæ studio ferveat, si in amore orationis enitescat, et omnino religiosam vitam sub approbatæ famæ testimonio ducat; reatus quidem indulgentiam plene potest accipere, ad ecclesiasticum vero ordinem nequaquam permittitur aspirare. Nam cum de illo venerabili viro, videlicet Importuno, qui primum tanto fervore laudis attollitur, tot religiosæ, et honestæ vitæ infulis redimitur, tot virtutum præconiis decoratur; tamen postmodum dicitur : « Si nulla ei crimina, quæ per sacræ legis regulam morte mulctata sunt, objiciant, tunc ordinandus est. » Patet profecto, quia quem dignum morte crimen abjecerat, quælibet religiosa vita subsequens ad suscipiendum ecclesiastici gradus ordinem non reformat. Nec valet ad obtinendum honoris culmen assurgere, qui in mortalis culpæ barathrum non ambigitur cecidisse. Luce ergo clarius constat, quia quicunque dicto modo lapsus esse convincitur, quod sine dubio mortale crimen est, omnino contra sacræ legis normam, omnino contra divinæ auctoritatis regulam ad ecclesiasticum ordinem promovetur.

CAPUT IV.
Si ecclesiastica necessitas poscat, utrum talibus hoc officium peragere liceat.

Sed fortasse dicitur, necessitas imminet, persona, quæ sacrum in Ecclesia officium peragat, deest; et congrue sententia, quæ prius divina justitia dictante depromitur, oblata rerum necessitate mollitur. Ad hæc ego compendiose respondeo : Nunquid et necessitas non incubuerat, cum pontificalis sedes pastore vacabat? An pro utilitate unius hominis censura debebitur, quæ in destitutione unius populi inconcussa servatur? Et quæ non solvitur ad profectum innumeræ multitudinis, violabitur ob personæ commodum singularis? Sed jam ipse quoque prædicator egregius accedat ad medium, et quid de hoc vitio sentiat expressius innotescat. Ait enim in Epistola ad Ephesios : « Hoc autem scitote intelligentes, quod omnis fornicator, aut immundus, aut avarus, non habet hæreditatem in regno Christi et Dei (*Ephes.* v). » Si ergo immundus in cœlo nec a qualemcunque habet hæreditatem, qua præsumptione, quo temerario fastu in Ecclesia, quæ nihilominus est regnum Dei, obtinea insuper dignitatem? Nunquid qui divinam legem in facinus cadendo postposuit, ascendendo etiam ad ecclesiasticæ dignitatis officium contemnere non timebit? Et nihil sibi reservat, quia Deum contemnere in omnibus non formidat.

Sed illis profecto hæc lex specialiter est indicta, a quibus exstitit violata, teste Paulo, qui ad Timotheum scribens, ait : « Justo lex non est posita, sed injustis, impiis et peccatoribus, sceleratis et contaminatis, patricidis et matricidis, homicidis, fornicariis, et masculorum concubitoribus, plagiariis, mendacibus, perjuris, et si quid aliud sanæ doctrinæ adversatur (*I Tim.* 1). » Dum igitur masculorum concubitoribus, ut ostensum est, lex illa sit posita, ut sacros ordines temerare non audeant, a quibus, rogo, lex ista servabitur, si ab his præcipue, quibus indicta est, contemnatur? Et si fortasse persona utilis dicitur, justum est, ut quo prudentius ingeniorum studiis viget, eo cautius authenticæ sanctionis mandata conservet. Unusquisque enim quo melius sapit, eo deterius delinquit. Quia inevitabiliter mereretur supplicium qui prudenter, si voluisset, potuit evitare peccatum. Nam ut beatus ait Jacobus : « Scienti bonum, et non facienti, peccatum est illi (*Jac.* IV). » Et Veritas dicit : « Cui plus committitur, plus ab eo requiratur. » Nam si in erudito quolibet viro ecclesiasticæ disciplinæ ordo confunditur, mirum si ab ignorante servatur. Si enim peritus quisque inordinate ad ordinem ducitur, videtur quodammodo se sequentibus, et, ut ita dicam, simplicioribus erroris semitam sternere, quam ipse aggressus est, tumido superbiæ pede calcare : et non solum judicandus est, quia peccavit; sed etiam quia propriæ præsumptionis exemplo ad æmulationem peccandi et alios invitavit.

CAPUT V.
Quod in reprobum sensum lapsi sunt, qui post hoc vitium habere sacrum ordinem concupiscunt.

Quis enim surda aure præstereat, imo quis non medullitus contremiscat, quod de talibus Apostolus, velut tuba vehemens, intonat, dicens : « Tradidit illos Deus in desideria cordis eorum, in immunditiam, ut contumeliis afficiant corpora sua in semetipsis (*Rom.* 1). » Et paulo post : « Propterea tradidit illos Deus in passione ignominiæ. Nam feminæ eorum immutaverunt naturalem usum in eum usum, qui est contra naturam; similiter autem et masculi, relicto naturali usu feminæ, exarserunt in desideriis suis in invicem, masculi in masculos turpitudinem operantes : et mercedem, quam oportuit, erroris sui, in semetipsos recipientes : et sicut non probaverunt habere Deum in notitia, tradidit illos Deus in reprobum sensum, ut faciant quæ non conveniunt (*Ibid.*). » Quid est enim quod post tam gravem lapsum tantopere sublimitatem ecclesiastici ordinis ambiunt? Quid opinandum est, quid credendum est, nisi quod eos Deus in reprobum sensum tradidit? Nec ea, quæ illis necessaria sunt, peccatis exigentibus, videre permittit. Quia enim illis occidit sol, ille scilicet, qui ascendit super occasum (*Psal.* LXVII), amissis interioribus oculis, nec considerare prævalent quod gravia sint mala, quæ per immunditiam perpetrarunt; neque quam deterius adhuc sit, quod contra voluntatem Dei inordinate habere concupiscunt; et hoc ex divinæ justitiæ regula consueto more procedit, ut hi qui se hac perditissima sorde commaculant, digna perculsi animadversione judicii, tenebras cæcitatis incurrant. Sicut de antiquis illis hujus fœditatis auctoribus legitur: « Cum justo Loth vim vehementissime facerent, jamque prope essent ut effringerent fores. Et ecce, inquit Scriptura, miserunt manum viri, et introduxerunt ad se Loth, clauseruntque ostium, et eos, qui foris erant percusserunt cæcitate a minimo usque ad maximum, ita ut ostium invenire non possent (*Gen.* XIX). Constat autem, quia per illos duos angelos, qui ad B. Loth venisse leguntur, persona Patris, et Filii non incongrue designatur. Quod per hoc evidenter ostenditur, quod ad eos ipse Loth loquens, dicit: « Quæso, Domine mi; quia invenit servus tuus gratiam coram te, et magnificasti misericordiam tuam, quam fecisti mecum, ut salvares animam meam (*Ibid.*). » Qui enim sic duobus quasi uni singulariter loquitur, certum est quia in duabus personis unam substantiam veneratur.

Sodomitæ ergo ad angelos conantur violenter irrumpere, cum immundi homines ad Deum tentant per sacri ordinis officia propinquare. Sed hi profecto cæcitate percutiuntur, quia justo Dei judicio in tenebras interiores cadunt; ita ut nec ostium invenire prævaleant, quia a Deo peccando divisi, unde ad eum revertuntur ignorant. Qui enim non per humilitatis, sed per arrogantiæ, et tumoris anfractus ad Deum accedere gestiunt, patet profecto, quia unde ingressionis aditus pateat non agnoscunt; vel etiam quia ostium Christus est, sicut ipse dicit: « Ego sum ostium (*Joan.* x). » Qui Christum peccatis exigentibus amittunt, quasi intrare cœlestium civium habitaculum non possint, ostium non inveniunt.

In reprobum ergo sensum traditi sunt, quia dum reatus sui pondus in propriæ mentis statera non trutinant, gravissimam plumbi massam, pœnarum inanium levitatem putant. Quod ergo illic dicitur: « Percusserunt eos, qui foris erant cæcitate (*Gen.* XIX); » hoc Apostolus manifeste declarat, cum dicit: « Tradidit eos Deus in reprobum sensum; » et quod illic subjungitur: « Ut ostium invenire non possent; » hoc etiam patenter exponit, cum ait: « Ut faciant quæ non conveniunt. » Ac si diceret: ut intrare tentent, unde non debent. **154** Qui enim indignus ordine ad sacri altaris officium conatur irrumpere, quid aliud quam relicto januæ limine, per immeabilem parietis obicem nititur introire? Et quia liber pedibus non patet ingressus, hi tales dum sibi spondent ad sacrarium posse pertingere, sua præsumptione frustrari coguntur potius in exteriori vestibulo remanere. Et frontem quidem possunt in sacræ Scripturæ saxa percutere, sed per divinæ auctoritatis aditum nequaquam permittuntur intrare; atque dum ingredi, quo non sinuntur, attentant, nihil aliud faciunt, quam obtectum parietem inaniter palpant. Quibus non immerito congruit, quod per prophetam dicitur: « Sicut in nocte ita palpabunt in meridie (*Job* v). » Et qui recti aditus limen transcendere nequeunt, pererrando in circuitum insania rotante volvuntur. De quibus per Psalmistam dicitur: « Deus meus, pone illos ut rotam (*Psal.* LXXXII). » Et item: « In circuitu impii ambulant (*Psal.* XI). » De quibus etiam Paulus, cum superius memorata loqueretur, paulo post subdit, dicens: « Qui talia agunt, digni sunt morte, non solum qui illa faciunt, sed qui consentiunt facientibus (*Rom.* I). »

Plane qui ad tam terribile apostolicæ invectionis tonitru non expergiscitur, hic projecto non dormiens, sed mortuus congrue judicatur. Et cum Apostolus non de Judæis utcunque fidelibus, sed de gentilibus, et Deum ignorantibus tanto studio sententiam districtæ animadversionis exaggeret; quid, rogo, dixisset, si tale hoc vulnus in ipso corpore sanctæ Ecclesiæ fetere conspiceret? Præsertim quis dolor, quis compassionis ardor pium istud pectus accenderet, si hanc peremptoriam pestem grassari et in sacro ordine didicisset? Audiant desides clericorum, sacerdotumque rectores; audiant, et licet de suo securi sint, alieni reatus se esse participes pertimescant. Illi nimirum, qui ad corrigenda subditorum peccata connivent, et inconsiderato silentio subditis peccandi licentiam præbent. Audiant, inquam, et prudenter intelligant, quia omnes uniformiter digni sunt morte; videlicet non solum qui illa faciunt, sed et qui consentiunt facientibus.

CAPUT VI.
De spiritualibus patribus qui cum filiis suis coinquinantur.

Sed, o scelus inauditum! o facinus toto lacrymarum fonte lugendum! Si hi morte plectendi sunt, qui facientibus ista consentiunt, quod dignum illis poterit excogitari supplicium, qui cum suis spiritualibus filiis hæc mala extrema damnatione punienda committunt? Quis jam in gregibus reperiri valeat fructus, cum pastor in ventrem diaboli tam profunda sit præcipitatione demersus? Quis jam sub ejus imperio maneat, quem tam hostiliter a Deo extraneum non ignorat? Qui de pœnitente facit pellicem, et quem spiritualiter Deo genuerat filium, ferreo diabolicæ tyrannidis imperio per suæ carnis immunditiam subjungat servum? Si mulierem quis violat, quam de sacro fonte levavit, nunquid non absque ullo cunctationis obstaculo communione privandus esse decernitur, **155** et sacrorum censura canonum per publicam pœnitentiam transire jubetur? Scriptum namque est: Quia major est generatio spiritualis, quam carnalis.

Sequitur ergo, ut eadem sententia digne feriatur et qui carnalem filiam perdidit, et qui spiritualem sacrilega commistione corrupit ; nisi forte in hoc utriusque criminis qualitas discernatur, quod uterque, licet incestuose, naturaliter tamen, quia cum muliere peccavit ; ille autem sacrilegium commisit in filium, incestus crimen incurrit in masculum, naturæ jura dissolvit. Et, ut mihi videtur, tolerabilius est cum pecude, quam cum viro in luxuriæ flagitium labi. Quanto videlicet levius judicatur quemlibet solum perire, quam secum quoque alium ad interitus perniciem trahere. Miserabilis quippe conditio est, ubi sic unius ruina pendet ex altero ; ut dum unus exstinguitur, alter in mortem necessario subsequatur.

CAPUT VII.

De illis, qui eisdem, cum quibus lapsi sunt, sua crimina confitentur.

Ut autem diabolicæ machinationis argumenta non lateant, sed quæ in officina veteris malitiæ secreto fabricantur, in lucem me pallificante procedant; illud absconsum iri non patior, quod quidam hujus veneno criminis satiati, dum quasi ad cor redeunt, ne reatus ad aliorum notitiam prodeat, inter se invicem confitentur : et dum hominum faciem erubescunt, qui reatus auctores existunt, ipsi judices fiunt: et indiscretam indulgentiam, quam sibi quisque affectat impendi, gaudeat alteri vicaria permutatione largiri. Unde fit, ut et magnorum criminum pœnitentes sint, et tamen nec ora jejunio palleant, nec corpora macie contabescant ; et dum nullo modo venter ab immoderata alimentorum perceptione restringitur, in ardorem consuetæ libidinis animus turpiter inflammatur. Quo fit, ut qui commissa necdum fleverat, adhuc deterius lugenda committat.

Sed legis præceptum est, ut cum quis lepra perfunditur, sacerdotibus ostendatur ; tunc autem non sacerdotibus sed leproso potius ostenditur, cum immundus immundo peractam communem nequitiam confitetur. Sed cum confessio utique manifestatio sit, quid, obsecro, manifestat, qui audienti cognitum narrat, aut quo pacto confessio illa dicenda est, ubi nihil a confitente manifestatur, nisi quod jampridem ab audiente cognoscitur ? Et qui sociali vinculo peractæ iniquitatis astringitur, qua lege, quo jure alterum poterit ligare vel solvere ? Frustra enim quis alium solvere nititur, qui et ipse vinculis irretitur. Et qui cæco vult fieri dux itineris, necesse est ut ipse videat, ne sequenti se auctor præcipitationis fiat, sicut voce Veritatis dicitur, ubi ait : « Si cæcus cæcum duxerit, ambo in foveam cadunt (*Matth.* xv) ; » et iterum : « Vides festucam in oculo fratris tui, trabem autem, quæ in oculo tuo est, non consideras (*Matth.* vii) : Hypocrita, ejice primum trabem de oculo tuo et tunc perspicies, ut educas festucam de oculo fratris tui (*Luc.* vi). »

His evangelicis testimoniis apertissime declaratur, quia qui ejusdem reatus tenebris premitur, frustra alium ad lumen pœnitentiæ revocare conatur; et dum supra vires suas alium errando perire non metuit, cum eo simul, qui sequitur, præsentis ruinæ foveam non evadit.

CAPUT VIII.

Quod sicut sacrilegus virginis violator, ita quoque filii spiritualis prostitutor jure sit deponendus.

Sed jam te ore ad os, quisquis es, carnalis homo, convenio. Nunquidnam ideo spiritualibus viris confiteri commissa detrectas ; quia et ab ecclesiastico gradu cessare formidas ? Sed quanto salubrius erat in conspectu hominum temporalem perpeti verecundiam, quam ante tribunal superni Judicis æternam subire vindictam ? Dicis forsitan mihi : Si solummodo inter femora vir cum viro ceciderit, pœnitentiam quidem aget, sed piæ humanitatis intuitu irrevocabiliter a suo gradu dejici non debet. Quæro abs te : Si quis sacrilege cum virgine periclitatus fuerit, nunquid in suo gradu tuo judicio permanebit ? Sed non est ambiguum, quin hujusmodi censeas deponendum ; consequens igitur est, ut quod de sacra virgine rationabiliter asseris, de filio spirituali etiam inevitabiliter fatearis ; ac per hoc, quod de spiritualibus patribus videris asserere, idipsum te, necesse est, de clericis definire. Hac tamen, ut dictum est, diversitate servata, quia hoc tanto perpenditur esse deterius, quanto per identitatem sexuum naturæ probatur adversum, et tum in judicandis excessibus jure ad delinquentis semper recurratur arbitrium, qui masculina femora polluit, si natura permitteret, quidquid in mulieribus agitur, totum in masculo per effrenatæ libidinis insaniam perpetraret, fecit quod potuit : ad hæc usque perveniens quæ natura negavit, et illic invitus metam criminis fixit, ubi naturæ necessitas intransmeabilem facultatis terminum collocavit. Quia ergo eadem lex est utriusque sexus viris sacris, et clericis; concludamus necesse est, ut sicut virginis sacrilegus violator jure deponitur, ita etiam filii spiritualis prostitutor modis omnibus a suo nihilominus arceatur officio.

CAPUT IX.

Quod ejusdem criminis reus sit, et qui cum carnali, vel baptismatis filia labitur.

Et ut ad sacros, id est, exsecrabiles confessores adhuc se disputationis sermo retorqueat : si quilibet canonicus presbyter cum muliere cecidit, cui pœnitentiæ judicium vel semel indixit, a nemine prorsus ambigitur, quin synodalis censura judicii degradetur ; si autem religiosus cum religioso labitur, cui videlicet vel in danda pœnitentia judex exstitit, vel in accipiendo judicatus fuit, nunquid non dictante justitia sui ordinis honore carebit? Ita namque vulgata consuetudine dicitur filius pœnitentiæ, sicut filius baptismi. Unde et de B. Marco evangelista legitur : « Quia Petri est in baptismate filius (*I Cor.* 1). » Et egregius prædicator dicit: « Non enim misit me Christus baptizare, sed evangelizare ; » ipse item dicit : « Quæ est enim gloria mea ante Dominum? nonne vos? in Christo enim Jesu per Evangelium ego vos genui (*I Cor.* iv). » Rursumque ad Galatas ait : « Filioli mei, quos iterum parturio, donec formetur Christus in vobis (*Gal.* IV). » Si ergo ille genuit, ille parturiit, qui non est missus baptizare, sed evangelizare, ac per hoc pœnitentiam provocare, congrue dicitur et ille filius, qui accipit; et ille pater, qui pœnitentiam imponit. Jam ergo, si superius dicta subtiliter attenduntur, luce clarius constat, quia ejusdem criminis reus est, et qui cum carnali, vel baptismatis filia fornicatur; et is, qui cum filio pœnitentiæ turpitudinem operatur. Et sicut is, qui cum ea lapsus est, quam carnaliter genuit, vel quam de baptismo suscepit, vel cui pœnitentiæ judicium posuit; ita etiam qui cum filio pœnitentiæ per immunditiam labitur, justum est ab eo cujus administrator est ordine omnimodis segregetur.

CAPUT X.
De apocryphis canonibus, in quibus quicunque confidunt, omnino decipiuntur.

Sed quoniam quædam næniæ sacris canonibus reperiuntur admistæ, in quibus perditi homines vana præsumptione confidunt, ex ipsis aliquas hic apponimus, ut non solum eas, sed et omnes alias sibi similes scriptas, ubicunque repertæ fuerint, falsas et omnino apocryphas liquido demonstremus. Dicitur enim inter cætera : Presbyter non prolato monachi voto, cum puella, vel meretrice peccans, annos duos, et tribus quadragesimis, secunda, quarta, et sexta feria et Sabbato semper cum sicco pane pœniteat; si cum ancilla Dei, aut masculo, addatur jejunium, id est, quinque annos, si in consuetudine est. Similiter diaconi, si monachi non sunt, duos annos; sicut et monachi, qui sine gradu sunt. Paulo post subditur : Clericus cum puella si sine voto monachi, fornicatus fuerit, dimidium annum pœniteat; si canonicus, similiter; si frequenter, duos annos. Item si quis peccaverit, sicut Sodomitæ, quidam dicunt decem annos pœnitentiæ : qui in consuetudine habet, amplius plecti debet; si est in gradu, degradetur, et sicut laicus pœniteat. Vir, qui inter femora fornicatus fuerit, uno anno pœniteat; si iteraverit, duobus annis; si autem in terga fornicatus fuerit, tres annos pœniteat; si puer; duos annos pœniteat; si cum pecude fuerit fornicatus vel jumento, decem annos pœniteat. Item, episcopus cum quadrupede peccans, decem annos pœniteat, et gradum amittat; presbyter quinque; diaconus tres; clericus duo : et multa alia mendosa, atque sacrilega versutia diaboli sacris canonibus reperiuntur inserta, quæ nobis magis libet obliterare, quam scribere; magis conspuere, quam tam vana ludibria schedulis inculcare. Ecce his deliramentis carnales homines confidunt, his velut somniorum portentis fidem attribuunt, 158 et vanæ se spei securitate deludunt. Sed videamus, si canonicæ auctoritati ista conveniant; et utrum tenenda sint, an vitanda, non tam verbis, quam rebus attestantibus innotescant.

CAPUT XI.
Probabilis reprobatio supradictorum canonum.

Igitur, ut ad principium hujus captiosi capituli redeamus, dicitur : Quia presbyter non prolato monachi voto, cum puella, vel meretrice peccans, annos duos pœniteat. Et quis tam hebes, quis tam insanus reperiri valeat, qui duorum annorum pœnitentiam, deprehenso in fornicatione presbytero, idoneam credat? Si quis enim quantulamcunque scientiam canonicæ auctoritatis vel summotenus attigit, ut districtiora judicia taceamus, quia lapso in fornicatione presbytero, saltem decem annorum pœnitentia decernatur, patenter agnoscit. Hæc autem duorum annorum de fornicatione pœnitentia non modo non sacerdotum, sed nec laicorum esse perpenditur, quibus nimirum ex hac ruina ad satisfactionem currentibus, triennium judicatur. Deinde additur : Si cum ancilla Dei, aut masculo, subauditur presbyter, peccaverit, addatur jejunium, id est, quinque annorum, si in consuetudine est : similiter diaconi, si monachi non sunt, duobus annis, sicut et monachi qui sine gradu sunt, pœniteant. Unum in capite hujus insensatæ sententiæ, quam expono, alacriter video, libenter attendo ; nimirum quod dicitur : Si cum ancilla Dei, aut cum masculo. Ecce, o bone vir Sodomita, in ipsa tua scriptura, quam singulariter diligis, quam inhianter amplecteris, quam tibi velut clypeum defensionis opponis, aperte consideras, quia sive cum ancilla Dei quis peccet, sive cum masculo, nihil differt; sed æquale peccatum, par decernitur esse judicium. Jam nihil est unde mecum confligere, nihil unde a meis jure possis allegationibus dissentire.

Sed quis tam vesanæ desipiat, quis tam profundæ tenebras cæcitatis incurrat, ut de lapsu cum ancilla Dei, hoc est, sanctimoniali, vel presbytero, quinque; vel diacono, sive monacho, duorum annorum imponendam pœnitentiam censeat? Nonne hæc est insidiatrix tendicula pereuntium? Nonne hic est errantium laqueus animarum? Illud autem quis non poterit improbare, quod dicitur : Quia clericus cum puella si sine voto monachi fornicatus fuerit, dimidium annum pœniteat? Et quis ita sacræ Scripturæ scientia polleat, quis ita vel in dialecticæ subtilitatis acumine argumentosus existat, ut tam ex lege legem, tam laudabiliter detestandæ auctoritatis judicabile præjudicium condemnare præsumat? Unde laico triennium datur, inde clericus dimidio anno pœnitere præcipitur? Beati ergo clerici, qui fornicantur, Sodomitarum si arbitrio judicentur : eadem quippe mensura qua metiuntur aliis, remetiri cupiunt sibimetipsis. Satis iste auctor erroris ad lucrandas diabolo animas avidus exstitit, qui dum monachos perdere studuit, usque 159 ad ordinem clericorum dogma suæ perversitatis extendit; et animarum homicida, dum sola monachorum morte stomachum suæ malitiæ gulatenus explere non potuit, satiare se vel ex alio ord'ne concupivit.

Jam vero quod sequitur, videamus : Si quis peccaverit sicut Sodomitæ, quidam decem annos dicunt pœnitentiæ; qui in consuetudine habet, amplius plecti debet; si in gradu est, degradetur, et sicut laicus pœniteat. Vir, qui inter femora fornicatus fuerit, uno anno pœniteat; si iteraverit, duobus annis pœniteat; si autem in terga fornicatus fuerit, tribus annis pœniteat. Et cum peccare sicut Sodomita, ut ipsi perhibetis, nihil aliud sit, quam fornicari in terga; quid est, quod vestri canones in uno pene versiculo tam multiformes inveniuntur et varii; ut peccantibus sicut Sodomitæ, decennii pondus injungant; in terga vero fornicantibus, quod idem est, infra triennii compendium pœnitentiæ lamenta coerceant? Nonne hæc monstris merito comparantur, non natura prolatis, sed industria humana compositis, quorum quædam a capitibus equinis incipiunt, et in hircorum ungulas terminantur? Quibus ergo canonibus, quibus Patrum decretis ludibrio ista conveniant, quæ a semetipsis tam dissona, et ultra cornuta fronte resultant? Quæquæ semetipsa convellunt, quibus auctoritatibus fulciantur? « Omne enim regnum, ait Salvator, in seipsum divisum desolabitur, et domus supra domum cadet, et si Satanas in seipsum divisus est, quomodo stabit doctrina ipsius?» (Luc. XI.) Modo enim judicium districtionis intendere, modo crudelem videntur quasi misericordiam exhibere : et velut in chimerali monstro hinc minas leonis specie terribiliter intonat, inde vilis capella humiliter beat; et hac velut variarum diversitate formarum in risum potius excitant, quam ad pœnitentiæ lamenta compungant.

Quibus quoque in errore similia sunt, quæ sequuntur : Qui cum pecude fuerit fornicatus, vel jumento, decem annis pœniteat; item episcopus cum quadrupedibus peccans, decem annis pœniteat, et gradum amittat; presbyter quinque, diaconus tres, clericus duos; cum prius absolute dicat : Quia quicunque cum pecude vel jumento fuerit fornicatus, decem annorum satisfactione multabitur; quomodo consequens est, quod subjungitur : ut presbytero quinque, diacono trium, clerico duorum annorum de pecuali concubitu pœnitentia indicetur? Unde quicunque, hoc est, quilibet etiam laicus et decennalis spatii afflictione constringitur, inde presbytero quinquennium ponitur, id est, dimidium totius pœnitentiæ relaxatur. Quibus, rogo, sacri eloquii paginis hæc frivola insomnia congruunt, quæ semetipsa tam evidenter impugnant? Quis non perpendat, quis aperte non videat, quia hæc, et his similia sacris canonibus fraudulenter immista, figmenta sunt diabolica, atque ad decipiendas simplicium animas callidis machinationibus instituta? Sicut enim melli, vel quibuslibet esculentioribus cibis venenum fraudulenter immittitur, ut dum ad comedendum alimentorum suavitas provocat, virus, quod latet, facilius in hominis interiora se transfundat; ita hæc subdola et mendosa commenta sacris inseruntur eloquiis, ut suspicionem effugiant falsitatis; et quodam quasi melle sunt oblinita, dum falsæ pietatis videntur dulcedine saporata. Sed cave ab his, quicunque es, ne te Sirenarum carmen mortifera suavitate demulceat; ne navim tuæ mentis in Scyllææ voraginis profunda demergat : non te sanctorum conciliorum pelagus prolata forsitan austeritate perterreat; non te vadosi syrtes apocryphorum canonum promissa lenitate fluctuum trahant. Sæpe enim navis procellosos fugiens fluctus, dum littoreis propinquaret arenis, naufragium pertulit; et sæpe alta pelagi sulcans, sine jactura oneris, incolumis enatavit.

CAPUT XII.
Quod hæc ludibria jure a numero canonum excluduntur, quod certum habere non videantur auctorem.

Verumtamen quis istos canones fabricavit? quis in purpureo Ecclesiæ nemore tam spinosos, tam aculeatos paliuri tribulos seminare præsumpsit? Constat nimirum, quod omnes authentici canones, aut in venerandis synodalibus conciliis sunt inventi, aut a sanctis Patribus sedis apostolicæ pontificibus promulgati : nec cuiquam soli homini licet canones edere, sed illi tantummodo hoc competit privilegium, qui in B. Petri cathedra cernitur præsidere. Hæc autem, de quibus loquimur, spuria canonum vitulamina, et a sacris conciliis noscuntur exclusa, et a decretis Patrum omnino probantur extranea : sequitur ergo, ut nequaquam inter canones habeantur, quæ nec decretalibus Patrum edictis, nec a sacris videntur prodire conciliis. Quidquid enim inter species non annumeratur, a genere procul dubio alienum esse decernitur. Quod si nomen auctoris inquiritur, certum non valet dici, quia nec poterat in variis codicibus uniformiter inveniri. Alibi enim scribitur, Theodorus dicit; alibi, Pœnitentialis Romanus dicit; alibi, Canones apostolorum; aliter hic, aliter titulantur illic : et dum unum habere non merentur auctorem, omnem perdunt sine dubio auctoritatem. Quæ enim sub tot incertis auctoribus nutant, nullum certa auctoritate confirmant. Et necesse est, ut quæ dubietatis caliginem legentibus generant, a luce sacrarum Scripturarum, remota omni dubietate, recedant. Jam vero his scenicis deliramentis, de quibus carnales homines præsumebant, ex numero canonum eliminatis, ac perspicua argumentorum ratione convictis, illos canones apponamus, de quorum fide et auctoritate nulla prorsus ambiguitate diffidimus. In Ancyrano quippe concilio reperitur.

CAPUT XIII.
De his, qui fornicantur irrationabiliter, id est, qui miscentur pecoribus, aut cum masculis polluuntur.

De his qui irrationabiliter versati sunt, sive versantur : quotquot ante vigesimum annum tale crimen commiserunt, quindecim annis exactis in pœnitentia, communionem mereantur orationum ; deinde quinquennio in hac communione durantes, tunc demum oblationis sacramenta contingant. Discutiatur autem et vita eorum, qualis tempore pœnitudinis exstiterit, et ita misericordiam consequantur. Quod si inexplebiliter his hæsere criminibus, ad agendam pœnitentiam prolixius tempus insumant. Quotquot autem peracta viginti annorum ætate, et uxorem habentes, hoc peccato prolapsi sunt, viginti quinque annorum pœnitudinem gerentes, in communionem recipiantur orationum, in qua quinquennio perdurantes, tunc demum oblationis sacramenta percipiant. Quod si qui et uxores habentes, et transcendentes quinquagesimum annum ætatis ita deliquerint, ad exitum vitæ communionis gratiam consequantur.

Ecce in ipso hujus venerandæ auctoritatis titulo manifeste perpendimus, quia non solum hi, qui consummato actu contra naturam delinquunt; sed et hi, qui quolibet ingenio cum masculis polluuntur, concubitoribus pecorum per omnia comparantur. Si enim ad interjecta verba respicimus, caute et cum magnæ discretionis libramine posita pervidemus, cum dicitur : Qui miscentur pecoribus, aut cum masculis polluuntur. Nam si per hoc, quod dicitur, qui cum masculis polluuntur, eos tantummodo, qui consummato actu contra naturam peccant, exprimere voluisset, nequaquam ei necesse fuisset duo verba proponere, qui cum solo eo, quod est, miscentur, potuisset suæ intentionis dicta complere. Sufficeret quippe ad styli compendium, si totam sententiam uno verbo comprehenderet, dicens : Qui miscentur pecoribus, aut masculis. Miscentur enim uno modo et hi, qui pecora, et hi, qui masculos vio lant. Sed cum alios misceri pecoribus, alios non misceri, sed pollui cum masculis dicat; patet profecto, quia in fine commatis non de corruptoribus tantummodo masculorum, sed et de quolibet modo pollutoribus sententiam proferat. Notandum autem hujus constitutionis edictum præcipue de laicis institutum, quod facile perpenditur in eo, quod in sequentibus subinfertur : Quotquot autem peracta viginti annorum ætate, et uxorem habentes, hoc peccato prolapsi sunt, viginti quinque annorum pœnitudinem gerentes, in communionem recipiantur orationum, in qua quinquennio perdurantes, tunc demum oblationis sacramenta percipiant.

Si ergo quilibet sæcularis hujus facinoris reus, peracta viginti quinque annorum pœnitentia, in communionem quidem orationum, necdum autem ad percipienda oblationum sacramenta admittuntur; quo pacto religiosus non solum ad percipienda, sed etiam ad offerenda, et consecranda ipsa sacra mysteria idoneus judicabitur? Si vix illi permittitur, ut ecclesiam cum aliis oraturus introeat; qualiter isti dabitur, ut ad altare Domini pro aliis intercessurus accedat? Si ille antequam tam prolixum pœnitentiæ spatium transigat, non meretur audire; iste quomodo dignus est sacra missarum solemnia celebrare? Si ille qui minus peccavit, ut puta per latum sæculi iter incedens, **162** indignus est cœlestis Eucharistiæ munus ore percipere; qualiter iste merebitur tam terribile mysterium pollutis manibus contrectare? Videamus adhuc idem Ancyranum concilium, quid ex eodem crimine iterum definierit.

CAPUT XIV.
De his qui in pecudes, vel in masculos aut olim polluti sunt, aut hactenus hoc vitio tabescunt.

Eos qui irrationabiliter vixerunt, et lepra injusti criminis alios polluerunt, præcepit sancta synodus inter eos orare, qui spiritu periclitantur immundo. Plane dum non dicit, qui lepra injusti criminis alios corruperunt, sed polluerunt, quod etiam cum ipsius tituli præfatione concordat, ubi non de corruptis sed de pollutis exorsum est; liquet profecto, quia quocunque modo per ardorem libidinis vir cum viro polluitur, non inter catholicos Christianos, sed inter dæmoniacos orare præcipitur; quatenus si carnales homines ex semetipsis nesciunt pensare quod sunt, ab ipsis saltem valeant edoceri, cum quibus sunt communi orationis ergastulo deputati.

Et certe satis dignum est, ut qui contra legem naturæ, contra humanæ rationis ordinem, carnem suam per tam fœda commercia dæmonibus tradunt, communem orationis angulum cum dæmoniacis sortiantur. Nam cum his malis ipsa penitus humana natura resistat, difficultatem diversi sexus abhorreat, luce clarius constat, quia nunquam tam aversa, tam aliena præsumerent, nisi eos, ut puta vasa iræ apta in interitum, iniqui spiritus pleniter possiderent; sed cum eos possidere incipiant, tunc per omne, quod implent, invasi pectoris tartareum virus suæ malignitatis infundunt, ut jam illa inhianter appetant, non quæ naturalis motus carnis efflagitet, sed quæ sola diabolica præcipitatio subministret. Nam cum vir in virum ad perpetrandam immunditiam irruit, non est ille naturalis impetus carnis, sed tantum diabolicæ stimulus impulsionis. Vigilanter ergo sancti Patres Sodomitas cum energumenis simul orare sanxerunt, quos eodem diabolico spiritu invasos esse non dubitaverunt. Quomodo ergo per sacerdotalis officii dignitatem inter Deum et populum debet mediator assistere, qui a totius populi congregatione sejunctus, nunquam nisi inter dæmoniacos jubetur orare? Sed quoniam duo ex uno sacro concilio testimonia adhibere curavimus, quid etiam magnus Basilius de eo, de quo nunc agitur, vitio sentiat, inseramus : ut in ore duorum vel trium testium stet omne verbum ; ait enim :

CAPUT XV.
De clericis, vel monachis, si fuerint masculorum insectatores.

Clericus, vel monachus adolescentum, vel parvulorum insectator, vel qui osculo, vel qui aliqua occasione turpi deprehensus fuerit, publice verberetur, et coronam amittat, **163** decalvatusque turpiter sputamentis obliniatur in facie, vinculisque arctatus ferreis, carcerali sex mensibus angustia maceretur, et triduo per hebdomadas singulas ex pane hordeaceo ad vesperam feriatur ; post hæc aliis sex mensibus sub senioris spiritualis custodia, segregata in curticula degens, operi manuum et orationi sit intentus, vigiliis et orationibus subjectus, et sub custodia semper duorum spiritualium fratrum ambulet, nulla prava locutione, vel concilio deinceps juvenibus conjungendus.

Hic carnalis homo studiose perpendat, utrum ecclesiasticis officiis tuto ministrare valeat, quem sacra auctoritas tam ignominiosis, tam turpibus dehonestandum contumeliis judicat; nec ex eo sibi blandiatur, quia neminem corruperit, cum apertissime scriptum videat, quia qui solo osculo, vel aliqua occasione turpi deprehensus fuerit, omnibus illis probrosæ disciplinæ confusionibus merito subjacebit. Quod si osculum tam austeræ ultionis supplicio plectitur, ipsa cum alio contaminatio quid meretur? Ad puniendum namque cui crimini, cui immanissimo sceleri non sufficeret publice verberari, coronam amittere, turpiter decalvari, salivarum spurcitiis obliniri, carceralibus angustiis diutius comprimi, ferreis insuper vinculis coarctari? postremum quoque hordeaceo pane feriari præcipitur; quia qui factus est sicut equus et mulus (*Psal.* xxxi) congrue non cibo reficitur hominum, sed annona pascitur jumentorum.

Porro si hujus peccati pondus pensare negligimus, in ipso saltem pœnitentiæ judicio, quod imponitur, manifestissime declaratur. Quisquis enim canonica censura publicam subire pœnitentiam cogitur, profecto ecclesiasticis indignus officiis perspicua Patrum sententia judicatur. Unde et beatus papa Siricius inter cætera scripsit, dicens: Illud quoque nos par fuit providere, ut sicut pœnitentiam agere cuiquam non conceditur clericorum, ita et post pœnitudinem, ac reconciliationem nulli unquam laico liceat honorem clericatus adipisci; quia quamvis sint omnium peccatorum contagione mundati, nulla tamen debent gerendorum sacramentorum instrumenta suscipere, qui dudum fuerant vasa vitiorum. Cum ergo hujus peccati obnoxium non solum duram, sed et publicam pœnitentiam B. Basilius subire præcipiat; pœnitentem vero clericatus ordinem obtinere Siricius interdicat; manifeste colligitur, quia qui fœda cum masculo libidinosæ immunditiæ sorde polluitur, ecclesiasticis fungi officiis non meretur; nec idonei sunt divinum tractare mysterium, qui, ut dicitur, dudum fuerant vasa vitiorum.

CAPUT XVI.
Nefandæ turpitudinis digna vituperatio.

Hoc sane vitium nulli prorsus est vitio conferendum, quod omnium immanitatem superat vitiorum. Hoc siquidem vitium mors est corporum, interitus est animarum, carnem polluit, mentis lumen exstinguit, Spiritum sanctum de templo humani pectoris ejicit, incentorem luxuriæ diabolum introducit, mittit in errorem, subtrahit deceptæ menti funditus veritatem, eunti laqueos præparat, cadenti in puteum, ne egrediatur oppilat, infernum aperit, paradisi januam claudit, cœlestis Jerusalem civem tartareæ Babylonis facit hæredem, de stella cœli, stipulam exhibet ignis æterni, abscindit membrum Ecclesiæ, et in vorax projicit gehennæ æstuantis incendium. Hoc vitium supernæ patriæ muros conatur evertere, et rediviva exustæ Sodomæ satagit mœnia reparare. Hoc est enim, quod sobrietatem violat, pudicitiam necat, castitatem jugulat, virginitatem, quæ irrecuperabilis est, spurcissimæ contagionis mucrone trucidat. Omnia fœdat, omnia maculat, omnia polluit; et quantum ad se, nihil purum, nihil a sordibus alienum, nihil mundum esse permittit: « Omnia enim, ut Apostolus ait, munda mundis: contaminatis autem et infidelibus nihil mundum (*Tit.* 1). »

Hoc vitium a choro ecclesiastici conventus eliminat, et cum energumenis ac dæmonio laborantibus orare compellit, a Deo animam separat, ut dæmonibus jungat. Hæc pestilentissima Sodomorum regina suæ tyrannidis legibus obsequentem, hominibus turpem, Deo reddit odibilem; adversus Deum nefanda bella conserere; nequissimi spiritus imperat militiam bajulare; ab angelorum consortio separat, et infelicem animam sub propriæ dominationis jugo a sua nobilitate captivat. Virtutum armis suos milites exuit, omniumque vitiorum jaculis, ut confodiantur, exponit. In Ecclesia humiliat, in foro condemnat, fœdat in secreto, dehonestat in publico, conscientiam rodit ut vermis, carnem exurit ut ignis; anhelat, ut voluptatem expleat; at contra timet ne ad medium veniat, ne in publicum exeat, ne hominibus innotescat. Quem enim ille non timeat, qui et ipsum communis ruinæ participem pavida suspicione formidat? Ne videlicet et ipse qui simul peccat, judex sceleris per confessionem fiat, dum non modo quia peccaverit, confiteri non ambigat, sed etiam cum quo peccavit consequenter adjungat: ut sicut unus in peccato mori, nisi altero moriente non potuit; ita et alter alteri resurgendi occasionem præbeat, cum resurgit. Ardet caro misera furore libidinis, tremit mens frigida rancore suspicionis, et in pectore miseri hominis jam quasi tartareum chaos exæstuat, dum quot cogitationum aculeis pungitur, quodammodo tot pœnarum suppliciis cruciatur. Infelici quippe animæ postquam hic venenatissimus coluber dentes semel infixerit, illico sensus adimitur, memoria tollitur, mentis acies obscuratur; fit immemor Dei, obliviscitur etiam sui. Hæc namque pestis fidei fundamentum evacuat, spei robur enervat, charitatis vinculum dissipat, justitiam tollit, fortitudinem subruit, temperantiam eximit, prudentiæ acumen obtundit.

Et quid amplius dicam? Quandoquide n omnem virtutum cuneum de curia humani cordis expellit, omnemque vitiorum barbariem, velut evulsis portarum repagulis, intromittit. Cui scilicet illa, quæ sub specie terrenæ Jerusalem dicitur, Jeremiæ sententia congruenter aptatur: « Manum, inquit, misit hostis ad omnia desiderabilia ejus; quia vidit gentes ingressas sanctuarium suum, de quibus præceperas ne intrarent in Ecclesiam tuam (*Thren.* 1). » Nimirum quem hæc atrocissima bestia cruentis semel faucibus devorat, a cunctis bonis operibus quibusdam suis vinculis obligat, per omnia nequissimæ pravitatis abrupta præcipitanter effrenat. Mox nempe ut quisque in hanc extremæ perditionis abyssum fuerit lapsus, a superna patria exsul efficitur, a Christi corpore separatur, totius Ecclesiæ auctoritate confunditur, omnium sanctorum Patrum judicio condemnatur, inter homines in terra despicitur, a cœlestium civium contubernio reprobatur; fit sibi cœlum ferreum, et terra ænea; neque illuc potest pondere criminis gravatus assurgere; neque hic sua mala ignorantiæ latibulo diutius occultare: non hic potest gaudere, dum vivit; nec illic sperare, dum deficit, quia et nunc humanæ derisionis opprobrium, et postmodum æternæ damnationis cogitur perferre tormentum. Cui videlicet animæ bene congruit illa propheticæ lamentationis vox, qua dicitur: « Vide, Domine, quoniam tribulor, venter meus conturbatus est, subversum est cor meum in memetipsa, quoniam plena sum amaritudine: foris interficit gladius, et domi mors similis est (*Thren.* I). »

CAPUT XVII.
Flebilis lamentatio super animam immunditiæ sordibus deditam.

Ego, ego te, infelix anima, defleo, atque ex intimo pectore de tuæ perditionis sorte suspiro. Defleo te, inquam, miserabilis anima immunditiæ sordibus dedita, toto nimirum lacrymarum fonte lugenda. Proh dolor! Quis dabit capiti meo aquam, et oculis meis fontem lacrymarum? (*Jer.* IX.) Nec inconvenientius hæc flebilis vox me nunc singultante depromitur, quam tunc ex ore prophetico ferebatur. Non enim lapidea turritæ urbis propugnacula, non manufacti templi subversa conqueror ædificia, non vilis vulgi agmina lamentor ad Babylonici regis imperium ducta fuisse captiva; nobilis a me anima plangitur, ad imaginem Dei, et similitudinem condita, et pretiosissimo Christi sanguine comparata, multis clarior ædificiis, cunctis certe terrenæ fabricæ præferenda fastigiis. Insignis igitur animæ lapsum, et templi, in quo Christus habitaverat, lamentor excidium. Oculi mei plorando deficite, uberes lacrymarum rivos effundite, continuis fletibus tristia lugubres ora rigate. Deducant cum propheta oculi mei lacrymas per diem et noctem, et non taceant, quoniam contritione magna contrita est virgo filia populi mei, plaga pessima, vehementer (*Jer.* XIV). Filia quippe populi mei pessima plaga percussa est; quia anima, quæ sanctæ Ecclesiæ fuerat filia, ab hoste humani generis telo immunditiæ est crudeliter sauciata: et quæ in aula regis æterni lacte sacri eloquii tenere ac molliter enutriebatur; nunc veneno libidinis pestilenter infecta, in sulphureis Gomorrhæ cineribus tumefacta, ac rigida jacere conspicitur. « Qui enim vescebantur voluptuose, interierunt in viis; qui nutriebantur in croceis, amplexati sunt stercora (*Thren.* IV). » Quare? sequitur propheta, et dicit: « Quia major effecta est iniquitas filiæ populi mei peccato Sodomorum, quæ subversa est in momento (*Ibid.*). » Iniquitas quippe Christianæ animæ peccatum superat Sodomorum, quia unusquisque nunc tanto deterius delinquit, quanto et ipsa evangelicæ gratiæ mandata contemnit; et ne remedium excusatoriæ tergiversationis inveniat, notitia illum divinæ legis instanter accusat.

Heu, heu, infelix anima! cur non consideras a quantæ dignitatis culmine sis ejecta, quanto splendoris et gloriæ sis decore nudata? Quomodo obtexit caligine in furore suo Dominus filiam Sion, projecit de cœlo in terram inclytam Israel, egressus est a filia Sion omnis decor ejus (*Thren.* II). Ego calamitati tuæ compatiens, et ignominiam tuam amarissime deflens, dico: « Defecerunt præ lacrymis oculi mei, conturbata sunt viscera mea, effusum est in terra jecur meum super contritione filiæ populi mei (*Ibid.*); » et tu mala tua pensare dissimulans, atque animos a crimine sumens, Sedeo, ais, regina; et vidua non sum! Ego captivitatem tuam miseratus exclamo: Quare Jacob ductus est ut vernaculus, et Israel factus est in prædam? (*Jer.* II.) Et tu dicis: Quia dives sum, et locupletatus, et nullius egeo. Et nescis quia tu es miser, miserabilis, et pauper, et cæcus, et nudus? (*Apoc.* III.)

Perpende, miser, quanta cor tuum obscuritas premat; animadverte, quam densa te caligo cæcitatis involvat. In virilem sexum furor te libidinis impulit? In tuam te speciem, hoc est, virum in virum, luxuriæ rabies incitavit? Nunquid hircus in hircum aliquando libidine præcipitatus insiliit? Nunquid aries in arietem ardore coitus insanivit? Equus nempe cum equo ad unum præsepe blande et concorditer pascitur, qui visa equa in sensibilitatem luxuriæ protinus efferatur. Nunquam taurus taurum amore coeundi petulanter appetiit, nunquam asinus stimulo concumbendi cum asino ruditus emisit. Hoc ergo perditi homines perpetrare non metuunt, quod ipsa quoque bruta animalia perhorrescunt: quod ab humanæ pravitatis temeritate committitur, irrationabilium pecorum judicio condemnatur. Dic, vir evirate; responde, homo effeminate, quid in viro quæris, quod in temetipso invenire non possis? quam diversitatem sexuum? quæ varia lineamenta membrorum? quam mollitiem? quam carnalis illecebræ teneritudinem? quam lubrici vultus jucunditatem? Terreat te, quæso, vigor masculini aspectus, abhorreat mens tua viriles artus. Naturalis quippe appetitus officium est, ut hoc unusquisque extrinsecus quærat quod intra suæ facultatis claustra reperire non valet. Si ergo te contrectatio masculinæ carnis oblectat, verte manus in te; et scito, quia quidquid apud te non invenis, in alieno corpore in vacuum quæris. Væ tibi, infelix anima! de cujus interitu tristantur angeli, insultant plausibus inimici; facta es præda dæmonum, rapina crudelium, spolium impiorum: « Aperuerunt super te os suum omnes inimici tui; sibilaverunt, et fremuerunt dentibus, et dixerunt: Devorabimus eam: en ista est dies, quam exspectabamus : invenimus, vidimus (*Thren.* II). »

CAPUT XVIII.
Quod ideo anima debet plangi, quia non plangit.

Idcirco ego te, o miserabilis anima, tot lamentationibus defleo, quia te flere non cerno ; idcirco ego pro te humi prostratus jaceo, quia te male erectam post tam gravem lapsum ultro etiam ad fastigium ecclesiastici ordinis contendere video. Cæterum si tu te in humilitate deprimeres, ego de tua restauratione securus, totis in Domino visceribus exsultarem ; si contriti cordis digna compunctio pectoris tui arcana concuteret, ego non immerito ineffabilis lætitiæ tripudio jucundarer. Idcirco ergo maxime flenda es, quia non fles ; ideo alienis doloribus indiges, quia calamitatis tuæ periculum ipsa non doles ; et eo amarioribus fraternæ compassionis es fletibus deploranda, quo nullo perpenderis propriæ tristitiæ mœrore turbata ; ut quid damnationis tuæ pondus pensare dissimulas ? ut quid te modo in peccatorum profunda mergendo, modo in superbiam elevando, iram tibi in die iræ thesaurizare non cessas ? Venit, venit super te maledictio illa, quæ ex ore David in Joab, et in domum ejus est, fuso Abner sanguine, jaculata. Pestis illa Gomorrhiana nunc in habitatione tui corporis vivit, quæ domum Joab crudelis homicidii ultione damnavit. Percussus quippe Abner, ait David : « Mundus ego sum, et regnum meum usque in sempiternum a sanguine Abner filii Ner : et veniat super caput Joab, et super omnem domum patris ejus, nec deficiat de domo Joab Gomorrhianum sustinens (*II Reg.* III).» Pro quo secunda translatio habet : Fluxum seminis sustinens, et leprosus tenens fusum, et cadens gladio, et indigens pane, quippe perfunditur, qui gravis peccati labe fœdatur. Fusum vero tenere, est virilis vitæ fortia facta relinquere, et femineæ conversationis illecebrosam mollitiem exhibere. Gladio cadit, qui furorem divinæ indignationis incurrit. Pane indiget, quem a perceptione Christi corporis, proprii reatus pœna coercet : Ille est enim panis vivus qui de cœlo descendit (*Joan.* IV).

Si ergo post fluxum seminis leprosus factus præcepto legis extra castra manere compelleris, cur adhuc in eisdem castris etiam honoris primatum obtinere contendis ? Nunquid non Ozias rex cum superbe adolere incensum super altare thymiamatis voluisset, postquam se plaga lepræ cœlitus percussum agnovit, non modo a sacerdotibus de templo expelli patienter tulit ; sed et ipse celeriter egredi festinavit ? Scriptum quippe est : « Cumque respexisset eum Azarias pontifex, et omnes reliqui sacerdotes, viderunt lepram in fronte ejus, et festinato expulerunt eum ; » moxque subjungitur : « Sed et ipse perterritus, acceleravit egredi, eo quod sensisset plagam Domini (*II Paral.* XXVI). »

Si rex corporali lepra percussus, a sacerdotibus de templo ejici non contempsit, tu leprosus in anima, cur tot sanctorum Patrum judicio a sacris altaribus removeri non pateris ? Si ipse dimisso regiæ dignitatis imperio, habitare **168** in domo privata usque ad obitum non erubuit ; tu cur a sacerdotalis officii confunderis arce descendere, ut in pœnitentiæ sepultura conclusus, te inter vivos studeas quasi mortuum deputare ? Et, ut ad illam Joab mysticam recurramus historiam, si ipse gladio corruisti, quomodo alium per sacerdotalem gratiam suscitabis ? Si ipse exigentibus meritis, indiges pane, id est, a Christi separatus es corpore, quo pacto alium poteris cœlestis mensæ dapibus satiare ? Si tu Oziæ lepra es percussus in fronte, hoc est, infamiæ nota dehonestaris in facie, quomodo alium poteris obducta perpetrati criminis alluvione purgare ? Erubescat ergo tumefacta superbia, nec super se extolli inaniter appetat, quam infra se proprii reatus sarcina non mediocriter gravat ; discat mala sua subtili consideratione perpendere, discat se intra mensuræ suæ metas humiliter cohibere, ne dum id, quod nullo modo prævalet assequi, arroganter usurpet : hoc etiam quod vera humilitas sperare potuisset, prorsus amittat.

CAPUT XIX.
Quod ruina est populi, officium sacerdotis indigni.

Quid est, quæso, o damnabiles carnales homines, quod tanto ambitionis ardore ecclesiasticæ dignitatis culmen appetitis ? Quid est, quod tanto desiderio vestræ perditionis nexibus Dei populum illaqueare tentatis ? Non vobis sufficit, quia vosmetipsos in alta facinorum præcipitia mergitis, nisi ruinæ vestræ periculo et alios involvatis ? Si enim fortasse quis veniat, ut pro se ad intercedendum nos apud potentem quempiam virum qui sibi iratus, nobis vero esset incognitus, dicat, protinus respondemus : Ad intercedendum venire non possumus, quia familiaritatis ejus notitiam non habemus. Si ergo homo apud hominem, de quo minime præsumit, fieri intercessor erubescit ; qua mente apud Deum intercessionis locum pro populo arripit, qui familiarem se ejus gratiæ esse per vitæ meritum nescit ? Aut ab eo quomodo in aliis veniam postulat, qui, utrum sibi sit placatus, ignorat ? Qua in re est adhuc aliud sollicitius formidandum, ne qui placare iram posse creditur, hanc ipse ex proprio reatu mereatur. Cuncti enim liquido novimus, quia cum is qui displicet, ad intercedendum mittitur, irati animus ad deteriora provocatur.

Qui ergo adhuc desideriis terrenis astringitur, caveat ; ne districti iram Judicis gravius accendens, dum loco delectatur gloriæ, fiat subditis auctor ruinæ. Solerter ergo se quisque metiatur, ne locum sacerdotalis officii suscipere audeat, si adhuc in se vitium damnabiliter regnat ; ne is, quem crimen depravat proprium, intercessor fieri appetat pro culpis aliorum. Parcite ergo, parcite, et furorem Dei adversum vos inextinguibiliter accendere formidate, ne quem inique agendo patenter offenditis, ipsis quoque orationibus acrius irritetis, ac propria ruina contenti, cavete fieri alienæ perditionis obnoxii; quatenus quo temperantius nunc peccando corruitis, eo facilius quandoque porrecta manu pœnitentiæ per Dei misericordiam resurgatis.

CAPUT XX.
Quod de manibus immundorum nolit Deus accipere sacrificium.

Quod si ipse omnipotens Deus de manibus vestris sacrificium dedignatur accipere, qui vos estis, qui nolenti importune præsumatis ingerere? Victimæ quippe impiorum abominabiles Domino (*Prov.* xxi). Sed qui me stomachamini, atque despicitis auscultare scribentem; ipsum saltem audite prophetico vobis ore loquentem: ipsum, inquam, audite concionantem, intonantem, vestra sacrificia respuentem, vestris obsequiis publice reclamantem. Ait enim eximius prophetarum Isaias, imo Spiritus sanctus per os Isaiæ: « Audite, inquit, verbum Domini, principes Sodomorum, percipite auribus legem Dei nostri, populus Gomorrhæ. Quo mihi multitudinem victimarum vestrarum, dicit Dominus? Plenus sum holocausto arietum, et adipe pinguium: et sanguinem vitulorum, et agnorum et hircorum nolui. Cum veneritis ante conspectum meum, quis quæsivit hæc de manibus vestris, ut ambularetis in atriis meis? Ne offeratis ultra sacrificium frustra; incensum abominatio est mihi: neomenias, et Sabbatum, et festivitates alias non feram; iniqui sunt cœtus vestri; Kalendas vestras, et solemnitates vestras odivit anima mea; facta sunt mihi molesta, laboravi sustinens. Et cum extenderitis manus vestras, avertam oculos meos a vobis: et cum multiplicaveritis orationem, non exaudiam; manus enim vestræ sanguine plenæ sunt (*Isa.* 1). » Animadvertitis igitur, quia licet omnia vitiorum mala divinæ correptionis sententia communiter feriat, in principes tamen Sodomorum, et populum Gomorrhæ principaliter jaculata descendat; ut si humanæ attestationi credere fortasse dissimulat, quam sit hoc mortale vitium, divino saltem testimonio, litigiosorum temeritas acquiescat.

Si autem ab aliquo nobis opponatur, quod in prophetica locutione subjungitur: « Manus, inquit, vestræ sanguine plenæ sunt; » ut videlicet in divinæ inventionis oraculo magis homicidium quam carnis immunditiam velit intelligi, noverit in divinis eloquiis omnia peccata sanguinem nuncupari; David attestante, qui ait: « Libera me de sanguinibus, Deus, Deus salutis meæ (*Psal.* L). » Verumtamen si et hujus vitii naturam studeamus solerter inspicere et physicorum dicta ad memoriam revocare, invenimus seminis fluxum ex sanguinis origine procreatum. Sicut enim agitatione ventorum aqua maris in spumam convertitur, ita contrectatione genitalium sanguis in humorem seminis excitatur.

Non ergo a sano intellectu abhorrere merito creditur, si quod dictum est, manus vestræ sanguine plenæ sunt, de peste immunditiæ dictum esse videatur. Et hoc fortasse fuit, quod illa in Joab vindicta non ex alia, quam ex fusi sanguinis culpa processit; ut qui alienum sanguinem volens effuderat, digna eum pœna percelleret, si et sui sanguinis profluvium nolendo toleraret. Sed quia diu disputando ad hoc usque pervenimus, ut et ipsum Dominum immundorum sacrificia reprobantem, et contestatorie prohibentem liquido monstraremus: quid nos peccatores miramur, si ab his in nostra admonitione contemnimur? Si divinæ vocis imperium parvipendi incrassato reproborum corde conspicimus; quid mirum si nobis non creditur, qui terra sumus?

CAPUT XXI.
Quod nulla sanctitatis oblatio a Deo suscipitur, quæ immunditiæ sordibus inquinatur.

Jam ergo qui sanctorum Patrum reverenda concilia despicit, qui apostolorum apostolicorumque virorum præcepta contemnit, qui canonicæ sanctionis edicta præterire non metuit, qui ipsius divinæ auctoritatis imperium floccipendit, admonendus est saltem ut diem vocationis suæ ante oculos ponat; et quo gravius peccat, eo durius se judicandum esse non ambigat. Sicut sub specie Babylonis ab angelo dicitur: « Quantum se exaltavit, et in deliciis fuit, tantum date ei tormenta et luctus (*Apoc.* xviii). » Admonendus est, ut consideret, quia quandiu hujus vitii morbo laborare non cessat, etiam si aliquid boni agere cernitur, suscipere tamen præmium non meretur. Nec ulla religio, nulla sane mortificatio, nulla vitæ perfectio oculis superni Judicis digna decernitur, quæ tam turpis immunditiæ sordibus inquinatur.

Ut autem probetur, verum esse quod dicitur, venerabilis Bedæ testimonium in medium deducatur: « Qui, inquit, ita eleemosynam tribuit, ut culpam non dimittat, animam non redimit, quam a vitiis non compescit. » Hoc ille eremita suo facto probat, qui cum multis virtutibus cum suo quodam collega deservisset, hæc illi per diabolum injecta cogitatio est: ut quandocunque libidine titillaretur, sic semen detritu genitalis membri egerere deberet, tanquam phlegma de naribus projiceret; qui ob id et dæmonibus moriens, vidente socio, traditus est. Tum idem socius reatum ejus ignorans, sed exercitia virtutum recolens, pene desperavit, dicens: O quis poterit salvus esse? quomodo iste periit? Cui mox angelus astans, dixit: Ne turberis; iste enim, licet multa fecerit, tamen per illud vitium, quod Apostolus vocat immunditiam (*Rom.* 1), cuncta fœdavit.

CAPUT XXII.
Quod omnes quatuor illi modi superius enumerati, contra naturam sunt.

Non ergo in eo sibi quisque blandiatur, quia cum alio non corruit, si per semetipsum his luxuriantis illecebræ contaminationibus fluit; cum iste infelix eremita qui dæmonibus in mortis articulo traditur, non alium polluisse, sed semetipsum perdidisse per immunditiam doceatur. Sicut enim ex uno vitis cespite diversi palmites prodeunt, ita ex una Sodomitica immunditia, velut venenatissima radice, quatuor illi ramusculi, quos superius enumeravimus, oriuntur : ut ex quocunque eorum quis pestiferum haustum carpat, protinus veneno infectus indifferenter intereat. Ex vinea enim Sodomorum vitis eorum, et propago eorum ex Gomorrha : « Uva eorum, uva fellis, et botrus amaritudinis ipsis (*Deut.* xxxii). » Serpens enim iste, quem nostræ disputationis sude frangere nitimur, quadriceps est, et cujuscunque capitis dente momordit, totum mox suæ nequitiæ virus infudit.

Sive ergo semetipsum quis polluat, sive alium quocunque modo, licet discretione servata, procul dubio tamen Sodomiticum scelus perpetrasse convincitur. Neque enim legitur, quod illi Sodomorum incolæ solummodo alios consummato actu corruperint; sed potius credendum est quod juxta effrenatæ libidinis impetum, diversis modis sint in se, vel in alios turpitudinem operati. Plane si quis veniæ locus in hujus vitii ruina præberetur, cui propensius remissio indulgenda competeret, quam illi videlicet eremitæ, qui nesciendo peccavit? qui per simplicitatis imperitiam cecidit? qui sibi hoc licere, velut naturalis officii debitum, æstimavit? Discant miseri, discant se a tam detestabilis vitii peste compescere, lenocinantem libidinis lasciviam viriliter edomare, petulantia carnis incentiva reprimere, terribile divinæ districtionis judicium medullitus formidare; ad memoriam semper revocantes illam apostolicæ comminationis sententiam, qua dicitur : « Terribile est incidere in manus Dei viventis (*Hebr.* x). » Illud etiam formidolose recolentes, quod propheta minaciter intonat, dicens : « Quia in igne zeli Domini devorabitur omnis terra, et in gladio ejus omnis caro (*Sophon.* i). » Si enim carnales homines divino gladio devorandi sunt, ut quid nunc ipsam carnem damnabiliter diligunt? ut quid carnis voluptatibus enerviter cedunt? Ille nimirum est gladius, quem Dominus per Moysen intentat peccatoribus, dicens : « Exacuam velut fulgur gladium meum (*Deut.* xxxii). » Et iterum : « Gladius, inquit, meus manducabit carnes (*Ibid.*); » id est, furor meus deglutiet in carnis delectatione viventes. Sicut enim ii, qui adversus vitiorum monstra configunt, supernæ virtutis auxilio fulciuntur; ita e diverso carnis immunditiæ dediti, soli divinæ ultionis judicio reservantur. Unde et Petrus : « Novit, inquit, Dominus pios de tentatione eripere, iniquos vero in die judicii reservare cruciandos : magis autem, qui post carnem in concupiscentia immunditiæ ambulant (*II Petr.* ii). » Quos etiam alibi increpans, ait : « Existimantes, inquit, diei delicias coinquinationes, et maculæ deliciis affluentes, conviviis suis luxuriantes in vobiscum, oculos habentes plenos adulterio, et incessabili delicto (*Ibid.*) »

Nec glorientur, qui in sacro ordine positi sunt, si exsecrabiliter vivunt : quia quo altius stantes eminent, eo profundius corruentes jacent : et sicut alios debent nunc in sanctæ conversationis vita præcedere, ita postmodum atrociora coguntur supplicia sustinere; quia juxta Petri vocem : « Deus etiam angelis peccantibus non pepercit, sed rudentibus inferni detractos 172 in tartarum tradidit cruciandos, in judicium reservari. Et civitates Sodomorum et Gomorrhæorum in cinerem redigens (*Gen.* xix), eversione damnavit, exemplo eorum qui impie acturi sunt (*II Petr.* ii). » Quid est quod beatus apostolus postquam diabolicæ damnationis præcipitium retulit, ad Sodomorum quoque, et Gomorrhæorum se mox convertit excidium; nisi ut patenter ostenderet, quia qui nunc sunt immunditiæ vitio traditi, simul etiam cum immundis spiritibus æterna sunt ultione damnandi? Et quos nunc ardor Sodomiticæ libidinis vexat, postmodum etiam cum ipso totius iniquitatis auctore flamma perpetuæ combustionis exurat? Cui sententiæ etiam Judas apostolus aptissime concinit, dicens : « Angelos, inquit, qui non observaverunt suum principatum, sed dereliquerunt suum domicilium, in judicium magni diei, vinculis æternis sub caligine servavit : sicut Sodoma et Gomorrha, et finitimæ civitates simili modo exfornicatæ, et abeuntes post carnem alteram, factæ sunt exemplum, ignis æterni pœnam sustinentes (*Jud.* i). » Patet ergo, quia sicut angeli suum non observantes principatum, tartareæ caliginis meruere supplicium; ita qui a sacri ordinis dignitate, in carnalis vitii voraginem corruunt, in perpetuæ damnationis barathrum merito devolvuntur.

Et, ut breviter cuncta concludam, quisquis quolibet eorum modo, quos supra distinximus, nefandæ turpitudinis se contagione fœdaverit, nisi fructuosæ pœnitentiæ fuerit satisfactione purgatus, nunquam habere Dei gratiam poterit, nunquam Christi corpore et sanguine dignus erit, nunquam cœlestis patriæ limen intrabit, quod apostolus Joannes in Apocalypsi manifeste declarat, qui dum de cœlestis regni gloria loqueretur, addidit, dicens : « Non intrabit in illam aliquis coinquinatus, et faciens abominationem (*Apoc.* xxi). »

CAPUT XXIII.
Exhortatio lapsi in peccato hominis, ut resurgat.

Exsurge, exsurge, quæso, expergiscere, o homo, qui miseræ voluptatis sopore deprimeris; revivisce tandem, qui lethali coram inimicis tuis gladio corruisti. Adest apostolus Paulus; audi illum vociferantem, pulsantem, concutientem, clarisque super te vocibus inclamantem : « Exsurge, inquit, qui dormis, et exsurge a mortuis, et exsuscitabit te Christus (*Ephes.* v). » Qui Christum resuscitatorem audis, cur de tua resuscitatione diffidis? Audi ex ore ipsius : « Qui credit, inquit, in me, etiam si mortuus fuerit, vivet (*Joan.* xi). » Si vita vivificatrix te quærit erigere, tu cur ulterius feras in tua morte jacere? Cave, cave ergo, ne te barathrum desperationis absorbeat. Mens tua fiducialiter ex divina pietate præsumat, ne pro magnitudine criminis impœnitens obdurescat. Non est enim peccatorum desperare, sed impiorum; nec magnitudo criminum in desperationem adducit animam, sed impietas. Si enim tantum diabolus potuit, ut te in hujus vitii profunda submergeret;

quanto magis te virtus Christi poterit ad eum, de quo lapsus es, verticem revocare? « Nunquid qui cecidit, non adjiciet ut resurgat? » (*Psal.* xl.) Cecidit asinus carnis tuæ in luto sub pondere; est stimulus pœnitentiæ, qui pungat; est manus spiritus, quæ viriliter extrahat. Samson ille fortissimus, quia male blandienti mulieri secretum sui cordis aperuit, non solum septem crines, quibus virtus alebatur, amisit, sed etiam præda factus Allophylis, oculos perdidit : postmodum vero capillis jam renascentibus, Domini Dei sui auxilium humiliter petiit, templum Dagon stravit, et multo majorem quam prius hostium multitudinem interemit (*Judic.* xvi).

Si ergo te impudica caro tua mollia suadendo decepit, si septem dona sancti Spiritus abstulit, si lumen non frontis sed cordis exstinxit, non concidas animo, noli funditus desperare, adhuc te in vires collige, viriliter excute, fortia tentare præsume, et sic per Dei misericordiam de inimicis tuis poteris triumphare. Et certe Philistæi crines Samson potuerunt quidem radere, sed non evellere, quia et iniqui spiritus licet a te charismata sancti Spiritus ad tempus excluserint, nequaquam tamen prævalent divinæ reconciliationis remedium irrecuperabiliter abnegare. Qualiter, obsecro, de largissima Domini valeas misericordia desperare, qui etiam Pharaonem arguit, quia post peccatum ad pœnitentiæ remedium non confugit? Audi certe quid dicat : « Brachia, inquit, Pharaonis regis Ægypti contrivi, et non est deprecatus ut daretur in eo sanitas, et redderetur ei virtus ad comprehendendum gladium » (*III Reg.* xxi). » Quid dicam Achab regem Israel? qui postquam idola fabricatus est, postquam Naboth Jezrahelitem impie trucidavit, tandem sicut ex parte humiliatus est, ita etiam ex parte est misericordiam consecutus. Teste enim Scriptura, postquam terrorem divinæ comminationis accepit, scidit vestem, et operuit cilicio carnem suam, jejunavitque, et dormivit in sacco et ambulabat demisso capite. Quid itaque post hæc? « Factus est sermo Domini ad Eliam Thesbitem, dicens : Nonne vidisti humiliatum Achab coram me? Quia igitur humiliatus est mei causa, non inducam malum in diebus ejus (*Ibid*). » Igitur si et illius pœnitentia non despicitur, qui nequaquam perseverasse cognoscitur; cur tu ex divinæ miserationis largitate diffidas, si infatigabiliter perseverare contendas? Statue quoque tibi certamen assiduum adversus carnem, armatus semper assiste contra importunam libidinis rabiem. Si luxuriæ flamma in ossibus æstuat, protinus illam memoria perpetui ignis exstinguat; si callidus insidiator lubricam carnis speciem objicit, illico mens ad mortuorum sepulcra oculum dirigat, et quid illic suave tactu, quid delectabile visu reperiatur, solerter attendat.

Consideret itaque quia virus, quod nunc intolerabiliter fœtet, quod sanies, quæ vermes gignit, et pascit, quod quidquid pulveris, quidquid aridi cineris illic jacere conspicitur, olim læta caro fuit, quæ hujusmodi passionibus in sua viriditate subjacuit. Pendantur denique nervi rigidi, dentes nudi, ossium, articulorumque compago divulsa, omniumque membrorum compositio enormiter dissipata. Sic, sic informis, atque confusæ imaginis monstrum exhibeat ab humano corde præstigium. Pensa igitur quam periculosæ vicissitudinis sit permutatio, quod per momentaneam delectationem, qua in puncto semen ejicitur, pœna, quæ sequitur, per millia annorum curricula non finitur. Cogita quam miserum sit, quod per unum membrum, cujus nunc voluptas expletur, totum postmodum corpus simul cum anima atrocissimis flammarum incendiis perpetuo cruciatur. His, et hujusmodi impenetrabilibus cogitationum clypeis imminentia mala propelle, præterita per pœnitentiam dele. Carnis superbiam jejunium frangat; mens assiduæ orationis dapibus saginata pinguescat. Hoc itaque modo præsul spiritus subjectam carnem disciplinæ freno coerceat, et ad superenam Jerusalem quotidie ferventis desiderii gradibus festinare contendat.

CAPUT XXIV.
Quod ad edomandam libidinem satis prosint castitatis præmia contemplari.

Operæ pretium quoque est ut promissa castitati præmia incessanter aspicias, quorum dulcedine provocatus, quidquid versutia callidi insidiatoris opponitur, libero fidei pede transcendas. Si enim attendatur felicitas, ad quam non sine transitu attingitur, leve fit quod transeundo laboratur, et conductus fossor tædium laboris alleviat, dum mercedem operis, quæ debetur, inhianter exspectat. Perpende ergo quod de militibus castitatis per prophetam dicitur : « Hic dicit Dominus eunuchis, qui custodierint sabbata mea, et elegerint quod volui, et tenuerint fœdus meum : dabo eis in domo mea et in muris meis locum, et nomen melius a filiis et filiabus (*Isa.* lvi). » Eunuchi quippe sunt, qui insolentes carnis impetus reprimunt, effectumque a se pravæ operationis abscindunt. Plerique autem eorum qui voluptati illecebræ carnalis inserviunt, memoriam sui nominis post se relinquere per posteritatem sobolis concupiscunt; et hoc toto mentis affectu idcirco desiderant, quia nequaquam se huic mundo mori funditus deputant, si nominis sui titulum per superstites residuæ prolis germen extendant.

Sed multo clarius multoque felicius hoc ipsum cælibes munus accipiunt, ad quod proletarii tam fervidæ ambitionis æstibus inflammantur, quia apud illum eorum memoria semper vivit, qui per æternitatis statum nulla temporum lege pertransit. Nomen igitur eunuchis melius a filiis et filiabus divina voce promittitur, quia memoriam nominis quam filiorum posteritas per breve temporis spatium potuisset extendere, isti merentur absque ullo oblivionis obstaculo in perpetuum possidere : « In memoria, enim, æterna erit justus (*Psal.* cxxi). » Et iterum in Apocalypsi per Joannem dicitur : « Ambulabunt mecum in albis, quia digni sunt, et non delebo nomina eorum de libro vitæ (*Apoc.* iii). » Ubi iterum dicitur :

« Hi sunt qui cum mulieribus non sunt coinquinati; virgines enim sunt, qui sequuntur Agnum quocunque ierit (*Apoc.* xiv); » et quod canticum cantant, quod nemo possit dicere, nisi illa centum quadraginta **175** quatuor millia. Singulare quippe canticum Agno virgines cantant, quia cum eo in perpetuum præ cunctis fidelibus, etiam de incorruptione carnis exsultant. Quod videlicet alii justi dicere nequeunt, licet in eadem beatitudine positi mereantur audire; quia per charitatem quidem illorum celsitudinem gratanter aspiciunt, ad eorum tamen præmia non assurgunt. Quapropter pensandum est, atque in mente nostra omni studio revolvendum, quantæ dignitatis, quantæque sit excellentiæ illic fieri summum, ubi summa felicitas est esse vel ultimum: illic privilegii celsa conscendere, ubi beatissimum est patria æquitatis jura servare. Nimirum sicut attesiante Veritate, non omnes capiunt verbum hoc in hoc sæculo (*Matth.* xix); sic ad illam egregiæ remunerationis gloriam non omnes perveniunt in futuro.

Hæc, et alia multa hujusmodi, charissime frater, quisquis es, intra mentis tuæ secreta considera, totisque viribus carnem tuam ab omni peste libidinis immunem servare festina, ut, juxta apostolicæ doctrinæ sententiam, scias vas tuum possidere in sanctificatione, et honore, non in passione desiderii; sicut et gentes, quæ ignorant Deum (*I Thess.* iv). Si adhuc stas, præcipitium cave : quod si lapsus es, ad uncum pœnitentiæ, qui ubique præsto est, manum fiducialiter tende; ut qui non potuisti cum Abraham procul a Sodomis degere, liceat vel cum Loth propinquæ combustionis excidio jamjam urgente, migrare. Quique navi incolumis subire non valueras portum, sufficiat saltem perlati fluctus evasisse naufragium : et qui non meruisti ad littoris sinum sine jactura pertingere, libeat arenis exposito, post periculum alacri voce illud beati Jonæ celeusma cantare : « Omnes gurgites tui, et fluctus tui super me transierunt; et ego dixi : Abjectus sum a conspectu oculorum tuorum, verumtamen rursus videbo templum sanctum tuum (*Jon.* ii). »

CAPUT XXV.
Ubi scriptor probabiliter se excusat.

Si vero in cujuslibet manus libellus iste devenerit, cui conscientia minime suffragante, superius comprehensa forte displiceant, meque proditorem, delatoremque fraterni criminis arguat, noverit me favorem interni Judicis toto intentionis studio quærere; pravorum vero odia vel linguas detrahentium non timere. Malo quippe cum Joseph, qui accusavit fratres apud patrem crimine pessimo, in cisternam innocens projici (*Gen.* xxxvii); quam cum Heli, qui filiorum mala vidit, et tacuit, divini furoris ultione mulctari (*I Reg.* ii, iv). Cum enim per os prophetæ divina vox terribiliter comminetur, dicens : « Si videris fratrem tuum inique agentem, et non corripueris eum, sanguinem ejus de manu tua requiram (*Ezech.* iii); » quis ego sum, qui in sacro ordine videam tam pestilens facinus inolescere, et velut

A homicida alienæ animæ, servata censura silentii, divinæ districtionis audeam ratiocinium exspectare? et illius reatus fieri incipiam debitor, cujus nequaquam auctor exstiteram? Et cum Scriptura dicat : « Maledictus, qui prohibet **176** gladium suum a sanguine (*Jer.* xlviii); » hortaris me ut gladius linguæ meæ in taciturnitatis theca repositus, et sibimet pereat, dum offensionis rubiginem contrahit; et aliis non proficiat, dum culpas prave viventium non confligit. Gladium quippe a sanguine prohibere, est correctionis verbum a carnalis vitæ percussione compescere. De quo gladio rursum dicitur : « Ex ore enim gladius ex utraque parte acutus exibat (*Apoc.* i). » Qualiter enim proximum meum sicut meipsum diligo, si vulnus quo eum non ambigo crudeliter mori, negligenter fero in ejus corde grassari? videns ergo vulnera mentium, curare negligam sectione verborum? Non me ita egregius prædicator docet; qui eo se a proximorum sanguine mundum credidit, quo feriendis eorum vitiis non pepercit; dicit enim : « Contestor vos hodierna die, quia mundus sum a sanguine omnium : non enim subterfugi, quo minus annuntiarem omne consilium Dei vobis (*Act.* xx). » Non ita me Joannes instruxit, cui videlicet angelica admonitione præcipitur : « Qui audit, dicat : Veni (*Apoc.* xxii). » Ut nimirum cui se vox interna insinuat, illuc etiam clamando, alios quo ipse rapitur, trahat; ne clausas fores etiam vocatus, inveniat, si vocanti vacuus appropinquat.

Sane si me ratum ducis corripientem corripere, et ut ita loquar, præsumptoriæ argutionis arguere, cur non Hieronymum corripis qui contra diversas hæreticorum sectas tam mordaciter disputat? Cur non Ambrosium laceras, qui in Arianos publice concionatur? Cur non et Augustinum, qui in Manichæos atque Donatistas tam austerus litigator invehitur? Dicis mihi : Jure illi, quia contra hæreticos, contra blasphemos; tu autem non times carpere Christianos.

Ad quod ego sub brevitate respondeo; quia sicut illi nitebantur egressos et jam errantes ad ovile reducere; ita etiam nostræ intentionis est, eos, qui qualitercunque intersunt, ne exeant, prohibere. Illi dicebant : « Ex nobis exierunt, sed non erant ex nobis, nam si essent ex nobis, mansissent utique nobiscum (*I Joan.* ii). » Et nos dicimus : Nobiscum quidem sunt, sed male. Studeamus ergo si possibile est, ut deinceps bene sint nobiscum. Illud etiam addimus, quia si pessima est blasphemia, nescio, in quo sit melior sodomia. Illa enim facit hominem errare; ista perire. Illa a Deo animam dividit; diabolo ista conjungit. Illa de paradiso ejicit; ista in tartarum mergit. Illa mentis oculos cæcat; in ruinæ voraginem ista præcipitat. Et si subtiliter indagare satagimus, quod utriusque criminis in statera divini examinis gravius penset, inquisita sacra Scriptura plenius docet. Ubi siquidem filii Israel, qui Deum blasphemantes, idola coluerunt, in captivitatem ducti; Sodomitæ autem cœlestis ignis, et sulphuris re-

Periuntur incendio devorati (*Gen.* xix). Neque ego sanctos doctores idcirco proposui, ut fumigantem torrem clarius præsumam conferre sideribus, quippe qui vix indigno ore tam excellentissimos viros sine offensione commemoro, sed hoc dico, quia quod ipsi vitia corrigendo, et confundendo fecerunt, hoc etiam juniores, ut facerent docuerunt : et si eorum tempore cum tanta impudentiæ libertate hæc pestis fuisset oborta, **177** non dubie credimus, quod prolixa hodie viderentur contra eam volumina codicum exarata.

Nemo me ergo dijudicet, dum adversus mortale vitium disputo; ubi non opprobrium, sed provectum potius fraternæ salutis inquiro, ne dum corripientem persequitur, delinquenti favere videatur. Sed ut Moysi verbis utar: « Si quis est Domini, jungatur mecum (*Exod.* xxxii). » Videlicet ut qui se Dei militem recognoscit, ad confundendum hoc vitium se ferventer accingat, hoc totis viribus expugnare non desinat : et ubicunque fuerit repertum, acutissimis verborum spiculis confodere, et trucidare contendat; quatenus dum captivator densa cuneorum acie circumfundiur, captivus ab his, quibus servierat, vinculis absolvatur; et dum adversus tyrannum consona vox omnium unanimiter clamat, is qui trahebatur, præda fieri furentis monstri protinus erubescat: quique ad mortem se rapi plurimorum testimonio perhibente non dubitat, in semetipsum reversus, ad vitam redire quantocius non pigrescat.

CAPUT XXVI.

Ubi ad dominum papam sermo reflectitur.

Nunc autem ad te, papa beatissime, in ipsius Opusculi calce recurrimus, ad te styli hujus articulum revocamus, ut cui incipientis origo dirigitur, in ipsum merito peracti operis clausula terminetur. Petimus igitur, et humiliter imploramus, ut clementia vestra, si dicere fas est, sacrorum canonum decreta, quæ tamen vobis notissima sunt, solerter inspiciat; spirituales et prudentes viros ad consultum hujus necessariæ indagationis asciscat; nobisque super his capitulis ita respondeat, ut omne de nostro pectore dubietatis scrupulum tollat. Neque hoc dicere idcirco præsumimus, ut ad hoc, Deo auctore, sufficere solam profunditatis vestræ peritiam ignoremus; sed dum sacræ auctoritatis testimonium adhibetur, dum plurimorum consensu et judicio res geritur, perversorum hominum querela, quæ fortassis e diverso mutire non erubesceret, sopiatur. Non enim facile patet querela, quod multorum judicio constituitur. Sæpe autem sententia, quæ ab uno considerata juris æquitate depromitur, ab aliis præjudicium deputatur.

178 Quatuor igitur hujus vitii diversitatibus, quas superius enumeravimus, diligenter inspectis, dignetur me beatitudo vestra decretali pagina clementer instruere, cui earum obnoxius debeat ab ecclesiastico ordine irretractabiliter adjici; cui vero prælato discretionis intuitu, possit hoc officium misericorditer indulgeri; quo supradictorum modo, et cum quantis lapso liceat cuique in ecclesiastica dignitate persistere; qualiter autem, et cum quantis, si fœdatus fuerit, compellendus est in dicta necessitate cessare. Ut ex eo, quod uni dirigitur; multi eadem laborantes ignorantia, doceantur, quatenus ambiguitatis nostræ caliginem, auctoritatis vestræ lucerna dimoveat; atque, ut ita loquar, apostolicæ sedis ferrum ex agro nutantis conscientiæ totius erroris radicitus germen evellat.

Annuat omnipotens Deus, reverendissime Pater, ut tempore apostolatus vestri, et hujus vitii monstrum prorsus intereat, et jacentis Ecclesiæ status undique ad sui vigoris jura resurgat.

SCHOLIA.

Legis præceptum est, ut cum quis lepra perfunditur, sacerdotibus ostendatur: tunc autem non sacerdotibus, sed leproso potius ostenditur, cum immundus immundo peractam communem nequitiam confitetur. De his, quæ hoc in Opusculo scribit B. Damianus, ejus mens potius spectanda quam verba. Neque enim ille significat confessionem ejus, qui sacerdoti complici confitetur, ob potestatis defectum, invalidam esse, si ille justum titulum atque jurisdictionem obtinet; sed vult dicere hujusmodi confessionem fructu carere, ac quodammodo delusoriam esse; quoniam verecundiæ ruborem pœnitens nec sentit, nec ad compunctionem excitari potest ab eo, cujus pravi exempli species ante oculos versatur. Quæ omnia auctor expendit, ut in textu videre est ; ubi etiam ait: Confessionem factam complici sacerdoti, non ea severitate fieri ob facilem pœnitentiam condonantis. Quare omnes Summistæ licet confessionem illam validam esse teneant, non tamen laudant, si fiat, nisi in casu extremæ necessitatis. Sic censent Glos. in cap. *Omnes,* 30, quæst. 1; Sylvester verbo *Confessio,* 1, n. 17, atque alii.

Sit nomen Domini benedictum.

OPUSCULUM OCTAVUM.

DE PARENTELÆ GRADIBUS. AD JOANNEM EPISCOPUM CÆSENATENSEM, ET D. D. ARCHIDIACONUM RAVENNATEM.

Addita ejusdem argumenti dissertatiuncula alibi ab auctore habita.

ARGUMENTUM. — Contra juris civilis consultos invehitur, qui gradus consanguinitatis ex latere descendentium longissime enumerabant: quos tamen canonica, et divina lex in quarta generatione constituit. Hac illi prava opinione imbuti, non dubitabant asserere, inter pronepotes matrimonium invicem licite contrahi posse. Id quam sit absurdum, quamque catholicæ Ecclesiæ traditioni contrarium, multis probat, et adversariorum sententiam pluribus rationibus confutat.

Reverendissimis in Christo viris, JOANNI Cæsenati episcopo, et D. D. archidiacono Ravennati, PETRUS peccator monachus digni famulatus obsequium.

Ravennam, ut nostis, nuper adii, quam mox periculosi erroris scrupulo turbatam vacillare cognovi. Erat autem de consanguinitatis gradibus plurima disceptatio; atque jam res eo usque processerat, ut sapientes civitatis in unum convenientes, sciscitantibus Florentinorum veredariis, in commune rescripserint, septimam generationem canonica auctoritate præfixam ita debere intelligi, ut numeratis ex uno generis latere quatuor gradibus, atque ex alio tribus, jure jam matrimonium posse contrahi videretur. Ad astruendam quoque præposteræ hujus allegationis ineptiam, illud etiam in testimonium deducebant, quod Justinianus suis interserit Institutis (lib. 1, tit. *De Nupt.*, paragr. *Inter eas*): « Sed nec neptem, inquit, fratris, vel sororis ducere quis potest, quamvis in quarto gradu sit. » Ex quibus nimirum verbis inductoria quædam colligebant argumenta dicentes : « Si neptis fratris mei quarto jam a me gradu dividitur, consequenter etiam filius meus quinto, nepos item sexto, pronepos autem meus septem ab ea procul elongatus gradibus invenitur. » Et quidem ego nudis verbis ista dogmatizantibus restiti, ac prout in expeditione licuerat, emergentem, ut ita fatear, hæresim canonicæ testimoniis auctoritatis attrivi: quo tamen vos minime contenti, dignum esse decrevistis, ut quod ore protuleram, apicibus traderem; atque ita non paucis, sed omnibus hoc errore nutantibus, facili compendio responderem.

CAPUT PRIMUM.

Quod inter quos est lex hæreditariæ successionis, nulla sunt jura conjugii.

Ego autem vobis, ut in omnibus, etiam in hac parte libenter obtempero; sed huic disputationi nil prorsus adjiciendum video, nisi quod a majoribus traditum esse perpendo. A quibus nimirum ita est undique satisfactum, ut si humilitatis adsit oculus, nihil super hac re sit ulterius inquirendum. Quid enim apertius eo, quod papa Calixtus asseruit, dicens : « Eos autem consanguineos dicimus, quos divinæ, et sæculi leges consanguineos appellant, et in hæreditatem suscipiunt, nec repelli possunt. » Interrogentur igitur qui in tribunalibus judicant, qui causarum negotia dirimunt, qui scrutandis legum decretis insistunt, nunquid si propinquiores desint, usque ad septimum gradum agnati sive in hæreditatem, sive in tutelam non admittuntur? in cujus autem hæreditatem ex jure consanguinitatis admitteris, quo pacto velut extraneus ejus conjugium sortiaris? Ut quid etiam tam operosa inter sacros canones figura depingitur, ut non modo supra vel infra, sed ex utroque etiam latere, sex gradibus terminetur, si septima generatio, ut asseruunt, tribus hinc enumeratis personis, atque illinc quatuor expleatur? Neque enim conditoribus canonum cavendum fuit, ne tritavus aviæ, quæ nimirum sibi trineptis est; vel filius trinepti, cui et ipse tritavus est, in matrimonio jungeretur. Ipsa namque rerum natura non patitur, ut suprema persona infimæ, etiam si non esset inhibitum, copuletur.

Sed quod sancti doctores humanæ consanguinitatis lineam tot gradibus numerant, ad hoc enituntur, ne personæ ex latere venientes usque ad præfixum terminum se invicem jungant, alioquin postquam ad abnepotem, quæ videlicet hinc quarta persona est a filio, et pronepotem, quæ illinc tertia, ex ordine pervenitur, cur ad enumerandas adhuc alias frustra descendit, si nulla eas propinquitate inter se alterutrum pertinere noverunt? Porro satis onerosum esset, atque superfluum in genealogiæ gradibus describendis, illas extrinsecus adhibere personas, quæ nullas inter se affinitatis obtinent consequentias. Sed cum inferiores gradus ab eodem videamus æque denominari, a quo et superiores relationum suarum vocabula sortiuntur, nimirum ut cujus sunt isti, filius, nepos, pronepos, abnepos, idem quoque nihilominus, et illi sint adnepos, trinepos, sicut possumus genitos a progenitore dividere, sic etiam nefas ducimus, ab uno utrinque descendentes congenitos separare. Verbi gratia, sicut trinepos a patre, qui sibi videlicet tritavus est, dici nequit extraneus; sic etiam a trinepte, quæ ab eodem simul e regione descendit, non invenitur alienus.

CAPUT II.
Quod instar humani corporis sex gradibus consanguinitas terminetur.

Sic enim omnes hi gradus ad veterem referuntur originem, ut commeantium secum novam non deserant affinitatem, sed ne res in infinitum prodeat, competens a sanctis doctoribus meta præfigitur, scilicet ut quousque est successionum reperire vocabula, duret etiam nihilominus parentela. Unde mos inolevit, ut sub figura humani corporis illa consanguinitatis descriptio pingeretur. Sicut enim corpus hominis sex infra, totidemque supra, qui et ipsi dicuntur ex latere, articulis constat; unde et † sexus dicitur, qui in medio est, quasi sextus; quod nimirum a secundis manuum, sive pedum digitis facile est inveniri : ita nimirum et illa successionis humanæ figura senis utique superius et inferius, atque in his, qui ex latere veniunt, gradibus terminatur : quanquam ad propensionis cautelæ gratiam, et septima his sit generatio consequenter annumerata.

Quisquis ergo vult inter eos, qui ab uno ex utraque parte descendunt, usque ad ultimum gradum cognationis jura rescindere, fateantur quoque necesse est, dextera hominis membra membris sinistri lateris minime pertinere; atque ut quod dicimus liquidius elucescat, qui trinepotem ab ea, quæ altrinsecus est, trinepte, affinitatis vinculo solutum judicat, inter digitos, quibus hæc scribo, et sinistræ manus articulos communionem deesse contendat. Sed huic pravæ assertioni reclamat Apostolus, cum dicit : « Sicut enim corpus unum est, et membra habet multa; omnia autem membra corporis cum sint multa, unum corpus sunt (*I Cor.* XII). » Sicut ergo multa membra per participationem sui totius simul coeunt, ut unum dicantur irreprehensibiliter corpus; ita nimirum diversæ personæ, quæ ab uno progenitore communiter prodeunt, unum sunt procul dubio genus.

CAPUT III.
Cur Deus in principio unum solummodo creaverit hominem.

Idcirco autem matrimonii lex tanta magisterii arte sub ecclesiastica disciplina componitur, ut mutuæ charitatis vinculum inter homines necessario teneatur, videlicet, ut quousque successionis ordo protrahitur, vicarius amor proximi ex ipsa germanitatis necessitudine præbeatur. Cum autem deficientibus vocabulis deficit jam genus cognationis, occurrit protinus lex matrimonii, et jamjam longius abeuntem quasi fugientem revocat, et antiquæ dilectionis inter novos homines jura reformat. Nec mirum si in generandis hominibus charitati consulitur, cum in creandis quoque idipsum Deus rerum omnium conditor, procurasse videatur. Nam cum in ipso naturæ incipientis exordio, ex singulis animantibus non una, sed multa creasset, sicut legitur : « Creavit Deus cete grandia (*Gen.* I); » et paulo post : « Producat, inquit, terra jumenta, et reptilia, et bestias terræ secundum species suas (*Gen.* II); » mox hominem, non multos, sed unum condidit, atque ex ejus latere costam, ex qua mulier formaretur, eduxit.

Ut quid enim omnipotens Deus cum ex cæteris animantibus plura creaverit, unum contentus est hominem facere : ex quo nimirum, tanquam deesset materia figulo, muliebrem quoque sexum voluit propagare; nisi ut charitatem hominibus commendaret, et in fraterni amoris eos unitate connecteret, quatenus propriæ origini congruentes, nequaquam diversi resilirent mente, qui unum probarentur ex corpore? Unde et Paulus ait : « Unum corpus, unus spiritus, sicut vocati estis in una spe vocationis vestræ (*Ephes.* IV). » Verumtamen cum affinitas generis elongata discedit, humanæ pravitatis vitio quasi submoto fomite amoris flamma frigescit. Ad reparandum ergo mutuæ charitatis igniculum accurrunt subinde fœdera nuptiarum. Enimvero quia sex ætatibus et mundi tempus evolvitur, et humanitatis vita finitur, ipsa naturæ vis præbet, ut usque ad sextum propinquitatis gradum germanus amor in humanis visceribus sapiat, et quodammodo odorem inter se genuinæ societatis emittat. Ubi autem manus consanguinitatis, quæ captum a se trahebat, deficit, illico matrimonii uncus, quo fugiens revocetur, occurrit.

CAPUT IV.
Quod quibus est jus hæreditatis, est et affinitas generis.

Sed, ut de cæteris sileam, miror saltem legis peritos ita potuisse desipere, ut subjecta figura, oculis videantur in supputandis gradibus caligare. Qui nimirum dum quartum generis gradum octavum faciunt, quid super hac parte etiam suæ leges definiant, non attendunt. Sed ut ad exitum facilius valeat pervenire quod dicimus, sacros canones cum ipsis mundanis legibus conferamus. Habet autem hoc Meldense concilium : « De affinitate, inquit, sanguinis per gradus cognationis placuit usque septimam generationem observare. » Nam et hæreditas rerum per legales definitiones sancitur usque ad septimum gradum prætendere hæredum successionem : non enim succederent, nisi eis de propagine cognationis deberetur.

Secundum hoc igitur sententiæ synodalis edictum, cui competit jus hæreditatis, competit etiam propinquitas generis. Neque enim, ut dicitur, in hæreditatem succederent, nisi ad cognationis propaginem pertinerent. At hic forsitan respondetur, quia quod his verbis septem generationes observari præcipitur, nequaquam illis attinet, qui ex latere veniunt : sed ad eos potius, qui recta linea a supremo progenitore descendunt. Sed si hujusmodi personis vel ad succedendum, vel ad conjugandum terminum Scriptura præfigeret, profecto rem infinitam angustis limitibus coarctaret, Justiniano teste, qui dicit (*Instit.* lib. I, tit. *De nupt.* paragr. *Ergo non omnes*) : « Inter eas personas, quæ parentum, liberorumve locum inter se obtinent, nuptiæ contrahi non possunt : vel- ut inter patrem et filiam, aviam et nepotem, et usque ad infinitum.» Restat ergo ut intelligamus, quia in his personis, quæ altrinsecus veniunt, septem generationes observare debemus.

CAPUT V.
In legis peritos invehitur, quos et de propriis legibus convenit.

Nunc igitur inquiramus, a duobus germanis fratribus descendentes, quoto gradu sibi invicem possunt in hæreditatem succedere? Vos denuo, judices, alloquor, vos de lege vestra convenio : vos, inquam, legis periti, qui jura scrutamini, qui causas perorates, inquiro : Utrum is, qui sexto loco ab uno fratre descendit, jure vocetur in hæreditatem illius, qui ex altero sexta rursus generatione procedit? Sed certe negari omnino non potest, quin si alter eorum, quos proposuimus, intestatus moritur, cum nulla exstet persona propinquior, alter in hæreditatem ejus legibus admittatur, atque, ut ipsi debeatis approbare quod dicimus, de vestris rursus Institutis testimonium proferamus. Dicitur enim (lib. III, tit. *De legit. agnat. success.*, paragr. *Cæterum*) : « Inter masculos agnationis jure hæreditas, etiam si longissimo gradu sint, ultro, citroque capitur.» Et paulo post : « Masculi vero ad eorum videlicet mulierum hæreditates, etiam si longissimo gradu sint, admittantur.» Si ergo longissimo gradu non infra, vel supra ; sed ultro citroque hæreditas capitur : et, sicut præmissum est, non potest quis in hæreditatem defuncto succedere, nisi quem constiterit ad eamdem progeniem pertinere; valde præposterum est atque confusum, ut ii qui quarto gradu a germanis fratribus prodeunt, jam inter se matrimonium contrahant; cum ii qui 184 post eos sunt, necdum jus hæreditariæ successionis amittant. Unum quippe jus alterum tollit, ut videlicet cui potes hæredis jure succedere, eam nefas sit conjugali tibi fœdere copulare, et e diverso in quam competit jus conjugii, cessat nomen hæredis.

At fortasse dicitis, quia longissimus gradus, non incongrue etiam quartus, qui apud vos octavus est, possit intelligi. Quapropter ad vestros codices, quæso, recurrite, et utrum hoc limite sit contenta progenies, quia forsitan excidit, in memoriam revocate. Ait namque ubi supra idem Justinianus (lib. III, tit. *De success. cogn.*, paragr., *Hoc loco*) : « Hoc loco, inquit, et illud necessario admonendi sumus, agnationis quidem jure admitti aliquem ad hæreditatem etsi decimo gradu sit. » Cum ergo constet, quia in hæreditatem intestati nullus admittitur, nisi affinitatis illi jure jungatur, quo pacto decimus in hæreditatem agnationis jure succedit, cum jam quartus, ut dicitis, cum hujusmodi personis licito matrimonium contrahit, nimirum tanquam decimus sit propinquus, et quartus videatur extraneus ? Quod si jam per hæc, quæ superius comprehensa sunt, constat, quia ii qui ultro citroque in quarto reperiuntur gradu, cognati sunt, atque propinqui ; audiamus etiam quid Romanum censeat de cognatione concilium. « Si quis, inquit, de propria cognatione, vel quam cognatus habuit, in conjugio duxerit, anathema sit.»

CAPUT VI.
Quod generationes, quæ utrinque ab uno prodeunt, debeant simpliciter numerari.

Debuerant quidem jam hæc pauca sufficere, si ii cum quibus ago, utpote litibus assueti, scirent in controversiam pauca movere. Illud itaque sub oculos revocemus, quod causidicos nostros ex suis oculis nobis objecisse supra retulimus, videlicet quod neptem fratris, vel sororis ducere quis non potest, quamvis quarto gradu sit. Cumque in astruendis propriis allegationibus sæpius verba hæc iterarent : deinde ratiocinando, assumendo, colligendo, multimoda cavillationum argumenta componerent ; in arcto positus, hac quæ eo loci occurrere potuit, voce respondi : Hanc, inquam, supputationem, quæ fratris, vel sororis neptem a patruo, vel avunculo magno quarto constituit gradu ; filium vero ejusdem patrui, vel avunculi, sicut dicitis, quinto, nepotem sexto : pronepotem autem ejus ab eadem quæ præmissa est, nepte septimum numerat; forenses quidem leges habere, quia ad id tantopere insistitis, possunt, sed eam sacri canones non admittunt. Et revera eas progenies, quæ per diversas lineas ab uno generis auctore procedunt, nequaquam divina lex dupliciter numerat : sed licet plures hinc inde profluant geniti, ab uno tamen genitore, si generaliter colligantur, sub una reperiuntur generatione concludi.

Sed quia cum legis peritorum faceta urbanitate confligimus, legis peritum quoque in nostræ partis testimonium producamus : Moysen scilicet, non improbandum sane jurisconsultum, 185 sed sive ad depromendos judicialis sententiæ calculos, sive etiam in ipsis legibus promulgandis non vulgariter eruditum. In magistro siquidem discimus, quid de non contemnendæ indolis discipulo sentiamus. Veniat ergo, et litem inter nos, quæ versatur, de generatione definiat : ait namque de Joseph : « Vixitque centum annos ; » deinde subjunxit : « Et vidit Ephraim filios usque ad tertiam generationem (*Gen.* L). » Qui nimirum si in generationibus supputandis cum nostris judicibus concordaret, ad Manassem quoque respiciens, Ephraim progeniem non jam tertiam, sed sextam potius astruxisset. Nam et mox sequitur, dicens : « Filii quoque Machir filii Manasse nati sunt in genibus Joseph (*Ibid.*). » Cum igitur tertia progenies Ephraim, itemque tertia Manasse nequaquam propter alterutram inter se habitudinem tenditur, sed simpliciter utrinque tertia, testante sacro eloquio, perhibetur ; qua auctoritate, qua novitate doctrinæ affinitas sic moderna dividitur, ut duorum fratrum pronepotes octo jam differre inter se gradibus doceantur. Abrahæ quoque de filiis ejus Ægyptum postmodum profecturis, eodem Moyse teste, Dominus dicit : « Generatione, inquit, quarta revertentur huc (*Gen.* xv). » Enim vero si omnes generationes, quæ sub Moyse de Ægypto in terra Chanaan reversæ sunt, juxta sententias nostrorum judicum, vox divina divideret, non generationem quartam, sed millesimam potius, vel ulteriorem certe numerum protulisset. Illud etiam, quod per Psalmistam dicitur : « Memor fuit verbi sancti sui, quod mandavit in mille generationes (*Psal.* civ); » non ad illarum refertur generationum multitudinem, quæ sub uno tempore in hac vita subsistunt : sed ad illas potius, quæ sibi invicem per sæcula prolixiora succedunt. Nam si generationes singulorum parentum hoc loco Propheta voluisset intelligi, nullus est dies, quo in populo Dei mille generationes non valeant reperiri : atque ideo nihil plus esset mandare verbum in mille generationes, quam dare legem illi populo, ubi essent mille patres. De beato quoque Job legitur : « Quia vidit filios suos, et filios filiorum suorum usque ad quartam generationem (*Job* xlii). » Nam cum Scriptura non dicat, vidisse scilicet Job filios filii sui, ab uno nimirum progenitore simplicem lineam descendentem : sed filios filiorum suorum, atque eos omnes non ad quartas generationes, sed ad quartam singulariter generationem venisse, eo vivente, pronuntiet : patet profecto quia auctoritate divini eloquii, generationes, quæ a fratribus veniunt, non divisæ, sed simpliciter numerantur. De Tobia etiam sic dicitur : « Viditque Tobias quintam generationem filiorum suorum (*Tob.* xiv). »

Videtis itaque, o judices, quæ dicuntur : videlicet, et « generationem, » et « filios filiorum suorum. » In filios igitur filiorum plures descendentium lineas consequenter attendite : in generationem autem quæ dicitur, omnes simul tanquam unius successionis ordinem deputate. Idioma siquidem est Scripturæ sacræ, quod diversorum fratrum sic in unum generatio comprehenditur, tanquam si ab uno homine descendentis successionis series contexatur : unde si quæ in sacris voluminibus reperiuntur, velim hic cuncta colligere, ante lux ad occasum, quam exempla perveniant ad effectum. Animadvertitis igitur, o judices, quia dum male numeratis, numerosos adversum vos reclamantes sacri eloquii testes incurritis : et dum sub colore conjugii incestus sordes inducitis, ecclesiasticæ castitatis munditiam fœdare tentatis. Erubescat ergo terrenæ sapientiæ vanitas, nec in Ecclesiæ nemore errorum aculeos spargat ; sed repressa pravi spiritus arrogantia sacræ se auctoritati humiliter subdat : nec protinus credat, quidquid sibi luxuriantis intellectus petulantia lenocinante, suggeritur ; sed quod a sanctis doctoribus definitum est, hoc sacrum intellectum omnimodis arbitretur.

CAPUT VII.
Ubi adversarios inevitabili argumentatione convincit.

Post illam autem vix enatabilem Justiniani sententiam, qua videlicet neptis fratris quarto dicitur esse gradu, quidam promptulus, cerebrosus, ac dicax, scilicet acer ingenio, mordax eloquio, vehe-

mens argumento, Florentinus, puto, verbis me beati Gregorii insolenter urgebat : quibus nimirum præcepit (*Reg.* l. ult. ep. 31) Anglos jam quarta, vel quinta debere generatione conjungi. « Licet, inquiens, sanctus ille vir hoc neophytæ genti dispensative concesserit ; tamen si consanguinitas tantopere esset in matrimoniali copulatione cavenda, nequaquam inter tam propinquos conveniendi licentia fuisset indulta : constat utique, quia super hoc conjunctionis articulo temperantius sensit, qui licet rudibus quartæ generationis conjugium non negavit. » Nos autem utramque sententiam, Justiniani scilicet, et Gregorii conferamus : et tanquam duos lapides, qui in nos ex hostili acie jaculati sunt, invicem collidamus, quatenus ex eorum repercussione igniculus exeat, qui eisdem nostris adversariis non dicam cæcutientibus, utpote reverentia servata, judicibus : tamen lippientibus, et caligantibus lumen ostendit.

Audite igitur, judices, utriusque doctoris verba diligenter attendite : atque illud tumultuantium murmur, quo in foro, vel tribunalibus assueti estis, hic in Ecclesia fieri prohibete. Litigium nostrum non confusa partium loquacitas augeat, sed intenti cordis ratio sequestra componat. Clamemus ergo simul ad Dominum, atque illi pars utraque dicamus : « Surge, Deus, judica causam tuam (*Psal.* lxxiii). » Age igitur : Dicit nempe Justinianus vester, ut sæpe superius dictum est : « Quia neptis fratris tui quarto jam a te gradu dividitur, » nimirum tu unus, frater tuus secundus, filius ejus tertius ; neptis autem ejus quarto a te distinguitur gradu. Ergo si ita est, non tam longius fatigemur, utpote qui propius invenire possumus, quod ad hanc rem necessarium judicamus.

Cum igitur tu, sicut dictum est, a filio fratris tui sis tertius, consequenter etiam filia tua ab eodem filio fratris tui quartus est gradus ; salvo scilicet eo, sicut asseritis, quod gradus et generatio idem sit. Quod profecto si verum est, totum illud, quod Gregorius permittit quarta generatione conjungi, nihil est aliud, nisi quia duorum fratrum germanorum, vel duarum sororum filios et filias censet in matrimonio copulari. Sed ubi est, quod idem Gregorius omnino prohibet, ne duorum fratrum vel sororum filius et filia misceantur ? An censendum est, ipse sibimet exstitisse contrarius, ut quod prohibuit fieri, illico decrevisset impleri ? Sed quis hoc de Gregorio credat, nisi qui alienata mente prorsus insaniat ? Verumtamen ipse Gregorianus stylus ad medium veniat, et utrum sibimet constet, ex ipso lectionis ordine clarius innotescat (*Ibid.*). « Quædam, inquit, terrena lex in Romana republica permittit, ut sive fratris et sororis, seu duorum fratrum germanorum, vel duarum sororum filius et filia misceantur. Sed experimento didicimus, ex tali conjugio sobolem non posse succrescere ; unde necesse est, ut jam quarta, vel quinta generatione fideles licenter sibi jungantur. »

Ecce ipsa scripturæ series comprobat, quia filii germanorum fratrum, in quarta generatione non sunt, dum qua illi prohibentur auctoritate connubere; eadem isti, qui in quarta generatione sunt, conceduntur in matrimonii fœdera convenire. Nam si germanorum filii in quarta generatione consisterent, quid esset aliud dicere, filii germanorum fratrum non jungantur, et tertium in quarta generatione homines socientur, nisi tanquam sic sermo procederet: consobrini invicem et non jungantur, et jungantur? Quod utique ridiculosum potius quam authenticum haberetur. Unde et idem venerabilis doctor postquam præmisit : « Necesse est, ut jam quarta, vel quinta generatione fideles licenter sibi jungantur; » protinus intulit : « Nam a secunda, quam prædiximus, omnimodo debet abstineri. » Ecce jam lapides, quos hostilis manus intorserat, vicaria inter se impactione contudimus, scintillas elicuimus, lumen habemus. Ambulemus ergo in lumine Domini, ne nos tenebræ comprehendant (*Joan.* XII). Quod si me fortasse consulitis, qualiter illa Justiniani sententia possit absolvi, nihil nostra interest. Vobis siquidem vestra relinquimus, nec alieni nobis officii peritiam arrogamus. Hoc tantum, quod ad nos attinet, non omittimus, quia non semper ima summis, non mundana sacris, non concordant humana divinis. Nam cum ille neptem fratris in quarto gradu asserat constitutam, B. Gregorius, ut in promptu est, duorum fratrum, vel sororum filios et filias, quod utique longinquius est, atque remotius, secundam generationem vocat.

CAPUT VIII.
Quod septima generatio in pronepotibus non habetur.

Hoc etiam non minimo argumento est, septimam, et octavam generationem in fratrum germanorum pronepotibus, ut asseris, non expleri, quia sacri prohibent canones : ut quandiu linea consanguinitatis agnoscitur, in memoria retinetur, nullus uxorem de propria cognatione præsumat accipere. Et certe nonnullos hodie in carne viventes aspicimus, qui se gaudeant nepotum suorum adhuc sobole fecundari. Censetis igitur, ut senior ille, cujus posteritas jam in pronepotes extenditur, cum germano suo æque videlicet proavo conjugii fœdus ineat, et pronepotem illius suo pronepoti in matrimonium tradat. Quod profecto quam sit absurdum, quamque ipsi naturæ videatur horribile, atque contrarium, nulla indiget exaggeratione verborum. Quæ autem progenies tam ignobilis lateat, ut vel inter ipsos propinquos memoria ad proavos non recurrat? præsertim cum etsi ipse utrorumque germanorum pater adhuc vivat, quod etiam ipsum vidimus, omnes illas personas in sua potestate jure possit habere, omnesque legali sententia filios appellare.

Quæ autem rerum est species, si pater inter filios utcunque longinquus matrimonium contrahat : et quibus inter se invicem fratribus ipse pater est, in nuptialem copulam jungat? Videtis igitur jam, quia cum filii sitis Ecclesiæ, ad matris injuriam ritus inducitis Synagogæ : et sub professione nominis Christiani hæresim præcurritis Antichristi. Notum namque est, quod Antichristus veniens judaizare homines doceat, et vetusti hominis cæremonias novis evangelicæ gratiæ legibus anteponat. Vos autem non sic, sed (licet ignorantiæ caligo ad tempus obrepserit) ad sacri eloquii paginas, velut perspicuum lumen præsto recurrite, proprii sensus errorem cum humilitate deponite, atque ad rectæ intelligentiæ tramitem quantocius repedate : ut qui inter clientium turbas tenetis in gymnasio ferulam, non vereamini subire in Ecclesia disciplinam; et qui tanquam docti peroratis in tribunalibus causas, sufficiat vobis sicut docentis in oratorio Christi audire sententias. Honestum quippe est, ut ipsi etiam in mysticis, ac spiritualibus causis se præbeant humiles, qui humanis negotiis consueverant præsidere censores. Quocirca quisquis es, qui cognationum gradus enumerare disponis, noli lineam lineæ, ac si licium licio, in longitudine adjiciendo subnectere, sed descendentes hinc inde personas unimoda tantum supputatione conclude : nimirum ut non dicas, quatuor hinc generationes, et quatuor inde, octo generationes fiunt ; sed potius dic, quia personæ istæ in quarta sibimet generatione consistunt.

CAPUT IX.
Quod juxta præcedentis personæ gradum, communis debet affinitas computari.

Si vero impares sint, nimirum ut iste sexto inveniatur gradu, illa septimo, vel deinceps, ad præcedentem gradum, ut mihi videtur, est illico recurrendum : atque illius intuitu decernendum est, in matrimonium tales convenire non posse. Licet enim quis limitem jam cognationis excedat, non expeditum videtur illam ducere, quam adhuc propriæ lineæ mensura coarctat. Expleatur siquidem prius totum undique parentelæ corpus, et sic jam fœdera redeant nuptiarum. Verum si cui super hac sententia fortassis ambigitur, sedes apostolica consulatur. Nos enim honestius ducimus inquirendo cum aliis discere, quam soli nesciendo docere : et in quibus ipsi hæremus, firmare alios temerarium judicamus. Verumtamen quia juxta præcedentem linearum gradum debemus generationi calculum ponere, illud etiam datur indicio, quod superius Abrahæ Dominum promisisse retulimus, videlicet : Quod generatione quarta essent filii ejus de servitute Ægyptia liberandi (*Gen.* XXV). Nam, ut egregias Israelitici generis lineas apponamus, regalem videlicet atque sacerdotalem, Levi progenies tunc erat quarta, sed Judæ generatio jam quinta præcesserat. Cum ergo non longiorem, sed breviorem successionum lineam divina vox posuit, quodammodo, ut conjicimus, regulam nobis in supputandis generationibus sua auctoritate præfixit : ut in ea quis progenie cum alio constare censeatur, in quo videlicet gradu suæ lineæ superior invenitur.

CAPUT X.
Quod in numerandis gradibus una debeat abundare persona.

Notandum quoque est, quod in cognationum generationibus numerandis una semper debet abundare persona : nec enim ex una persona potest generatio fieri. Tunc siquidem generatio fit, cum genitus a gignente processerit : atque ut exemplum extrinsecus non quæramus, sufficiat hoc, quod adhuc præ manibus tenemus. Levi namque genuit Caath, Caath genuit Amram. Amram genuit Aaron, Aaron genuit Eleazar, Eleazar autem genuit Phinees (*Num.* xxvi). Caath cum patre suo Levi ingressus est Ægyptum ; Phinees autem terram repromissionis intravit. Si ergo numeres a Caath ad Phinees, quinque personas invenies; cum, testante divino oraculo, quatuor esse debeant generationes.

Et quia Moyses in Exodo, filios Israel ex Ægypto quinta generatione testatur egressos, Judaicæ quoque tribus ordinem videamus : « Judas scilicet genuit Phares, Phares genuit Esron, Esron genuit Aram, Aram genuit Aminadab, Aminadab genuit Naasson, Naasson genuit Salmon (*Matth.* 1). » Phares cum patre suo, videlicet Juda, Ægyptum petiit ; Naasson vero princeps tribus Judæ fuisse in deserto describitur : cujus filius Salmon terram repromissionis ingressus est. Si recenseamus igitur a Phares usque ad Salmon, sex quidem personas esse perpendimus, sed juxta Moysea generationes quinque tantummodo numeramus. Si quem vero moveat, Moysi numerum illi, quem Dominus posuerat, non constare, quia alterius est negotii : salvo quidem altiori mysterio, interim scire sufficiat, quia utraque verum esse cognoscitur, si ad diversas tribus, sicut dictum est, referatur.

Id autem quod dicimus, personas plures esse quam gradus, in ipsa quoque canonum figura liquido demonstratur, cum dicitur, quia primo gradu superiori linea continetur, pater, mater ; inferiori, filius, filia. Cum ergo pater et filius in uno constituantur gradu, constat procul dubio in consanguinitatis serie et gradibus 190 plures esse personas. Quod autem illic subjungitur, quia his personis nullæ aliæ junguntur, tale est ac si diceret : ex transverso non veniunt. Nam avo et nepoti, qui in secundo sunt gradu, ex transverso vel obliquo veniunt ; frater, soror proavo vel pronepoti, similiter ex obliquo veniunt, fratris sororisque filius, filia, atque in hunc modum aliis alia. His autem personis, quæ sunt pater et filius, aliæ non junguntur, quia utræque unum faciunt gradum, ac per hoc nullæ aliæ personæ possunt eis similes inveniri. Quod etiam Psalmista testatur, cum dicit : « Fiant nati ejus in interitum, in una generatione deleatur nomen ejus (*Psal.* cviii). » Cujus enim filios imprecatur in interitu fieri, eis devovet nomen una generatione deleri. Quibus profecto verbis manifeste declarat, quod pater et filius non duæ, sed una generatio, unusque sit gradus. Post has autem quot sunt personæ, non sunt procul dubio gradus. Quapropter quisquis in contrahendo conjugio perfecte vult septimam generationem evadere, sicut nobis videtur, necessarium sibi est novem utrumque personas æqualiter numerare : octo scilicet, quibus septem generationes fiant ; nona sit illa, quæ in matrimonium transeat.

Si quis autem juxta aliam definitionem sexta elegit esse generatione contentus, nos austeritatem novam antiquis canonibus inducere non judicamus. Verumtamen quia alii doctores sextam, alii septimam generationem observandam esse decernunt ; hæc in talibus est tenenda discretio : ut si a filiis incipit, in sexta generatione supputatio desinat ; si vero a nepotibus, usque ad septimam tendat. Sic nimirum plurimorum sententia reperietur una, quæ in litterarum videbatur inæqualitate diversa.

CAPUT XI.
Quod aliud sit aliquando gradus, aliud generatio.

Illud autem prætereundum non est, quia in his scripturis, quæ de cognationum affinitate loquuntur, non semper gradus pro generatione positus invenitur. Alioquin nequaquam Justinianus, quod superius dictum est, neptem fratris quarto constitueret gradu ; præsertim cum et ex quatuor solummodo personis, quatuor generationes fieri omnino non possent : et frater ad fratrem generationem non habeat, utpote quorum neuter alterum gignat. Unde, ut mihi videtur, disputatores illi, quos supra nominavimus, hujus nominis diversitate falluntur : quod videlicet aliquando generationem, aliquando locum solummodo invenitur significare personæ. Tantumdem namque est dicere, neptem fratris esse quarto gradu, tanquam si diceret quarto loco. Cui nimirum litigatores mei si vix dum mitescere nescii, quod tunc moliebantur objicere, non vereantur redivivis adhuc invectionibus iterare, non sine quodam scilicet jurgii tumore dicentes : quid tam prolixas affinitatum lineas texis, doce etiam si trinepos, ut asseris, ad trinepotem e regione descendentem jus cognationis habet, quo inter se propinquitatis nomine censeantur? Nunquid 191 sobrini, sive patrueles, aut amitini ? Quod si nullo inter se hujusmodi nomine conferantur, quo pacto sunt consanguinei, qui nulla a se videntur alterutrum cognominatione relati ? Ad quos ego : si de nominibus, inquam, agitur, tale quid sæpius invenitur, ut quibusdam et necessitudo propinquitatis intersit, et affinitatis vocabulum desit.

Atque, ut quod dicimus sacræ auctoritatis testimonio comprobemus, præcipitur in Levitico : « Turpitudinem, inquit, sororis uxoris tuæ, et filiæ ejus non revelabis ; filiam filii ejus, et filiam filiæ illius non sumes, ut reveles ignominiam ejus, quia caro illius sunt, et talis coitus incestus est (*Levit.* xviii). » Ecce vitricus a filia privigni utriusque sexus divina voce compascitur, et tamen affinitatis nomen, quo inter se utraque persona cognominari debeat, non habetur. Censetisne ergo hujusmodi personas contra divinum præceptum debere conjungi, cum non inveniatur, quo propinquitatis possint vocabulo nuncupari? Sed videte quid in fine sententiæ dicitur, quia talis coitus incestus est. In Decretis quoque Innocentii papæ legitur: « Relictam, inquit, patris uxoris suæ, relictam fratris uxoris suæ, relictam filii uxoris suæ, relictam consanguineorum uxoris suæ, usque in tertiam progeniem nemo in uxorem sumat. » Porro autem in omnibus his personis et affinitatis cognomina non reperiuntur, et inter eas tamen contrahi matrimonium prohibetur.

Quod si necdum his acquiescitis, atque adhuc impugnare tentatis, ex vestris profecto exedris munimen arripimus, quod vestris itidem jaculis opponamus. Vester namque Justinianus postquam sex undique cognationum gradus enumerat, mox addit (*Instit.*, lib. III tit. *De grad. cogn. perag.*): « Ex his, inquit, palam est intelligere quemadmodum ulterioris quoque gradus enumerare debeamus: quippe generata quæque persona gradum adjiciat, ut longe facilius sit respondere quo quisque gradu sit, quam propria cognationis appellatione quemquam denotare. » Si ergo legislator ipse illic consanguinitatis gradus enumerat, ubi nomina deesse testatur, quid mirum si nos eadem facientes, et inter illos esse jus propinquitatis asserimus, quorum videlicet relativa vocabula non habentur? Tanto jam de parentela me dixisse sufficiat, ne pauper stylus modum sibi congruæ brevitatis excedat: quod tamen ut arbitror, si diligenter attenditur, omnis, quæ super hoc negotio nuper emerserat, querela sopitur.

CAPUT XII.
Excusatio longioris opusculi.

Dixerit me quispiam verbis liberius evagatum, sed mihi tanti est proximorum meorum salus, ut non otiosum credam multorum lignorum pyram accendere, qua basiliscum, licet exiguum, incolumi populo necesse sit interire: nec multa aqua inaniter funditur si scintilla ignis, qua urbs cremanda fuerat, extinguatur. Vilis plane sagitta pectori bellantis infigitur, sed antequam exeat, multo labore sudatur. Verumtamen qui me laciniosi operis arguit, perpendat cum quibus mihi sit in hac disceptatione **192** negotium: et mox necessitati deputet, quod verbositati hactenus adscribebat. Necessarium nempe duximus ista conscribere, ne cancer, qui in dies per augmenta serpebat, pestilentius adhuc se per Ecclesiæ viscera dilataret.

Vos autem, serenissimi in Christo, et venerabiles viri, videlicet qui me hoc opus aggredi præcepistis, tantæ perversitatis errori cum omni auctoritate resistite: et ne se per corpus Ecclesiæ lethalis lepra diffundat, viriliter obviate. Castitas nempe quædam specialis est virtus, quæ ab ipso mundi primordio in Dei cultoribus viguit, et pro-

cessu temporum paulatim semper excrevit: nunc autem divino jam imminente judicio, cum suadendi essent homines omnino carnis voluptates abscidere, ultro etiam provocantur incestuosa matrimonia fœderare. Adversus ergo hujusmodi pestes sacerdotalis se auctoritas erigat, et improbæ temeritati ecclesiasticæ disciplinæ vigor obsistat. Non detur cornu peccatori, nulla relinquatur audacia vanitati. Vivat adhuc in Ecclesia Christi ille Mosaicus serpens (*Num.* XXI), qui incantatorum colubros sorbeat; vivat, inquam, spiritalis prudentia, quæ carnalis versutiæ venena consumat; ut quos proprii arbitrii libertas effrenata laxaverat, canonicæ severitatis censura compescat: et quos tanquam celebris famæ tumor inflaverat, redditæ rationis gravitas premat: quosque fidei unitas congregat, doctrinæ scissura non spargat. Sic sic nimirum vestro studio ad sobrii intellectus concordiam redeant, et jam humiles facti, uno spiritu cum ecclesiastica se pace componant; quatenus et veternosus coluber desinat pravi dogmatis virus effluere, et Ecclesia Christi de cætero integra possit in sui pudoris munditia permanere.

DISSERTATIUNCULA
DE GRADIBUS COGNATIONIS.

ARGUMENTUM. — Quemdam presbyterum consulit, quonam pacto cognationum gradus numerari debeant: non enim adeo tutum sibi videri communem morem (eo scilicet modo numerandi ut prima persona semper abundet), ut ab eo recedere nefas sit, præsertim cum nonnulla Scripturæ loca videantur obstare. Petit igitur, ut in hac dubitatione suam sententiam patefaciat.

DOMNO S. religioso presbytero, PETRUS peccator monachus indissolubile glutinum charitatis.

Admonet vir sapiens: « Cum viro, inquit, religioso tracta de sanctitate, et cum justo de justitia (*Eccli.* XXXVII) (8). » Qui etiam postmodum dicit. « Cum viro sancto assiduus esto, quemcunque cognoveris observantem timorem Dei (*Ibid.*). » Quapropter ego te, venerabilis frater, agnoscens, congruum duxi, non consilia tecum terrena conferre, sed de spiritali potius, et ecclesiastica quæstione tractare. In opusculo siquidem, ubi de parentelæ **193** gradibus disputavi, inter cætera dixisse me memini: In cognationum, inquam, generationibus numerandis una semper debet abundare persona. Quod etiam approbans, addidi: Neque enim ex una persona potest generatio fieri. Adhibitis etiam testimoniis Scripturarum quibus hoc disputatio definivit, ut cum propinquorum generationes fuerint supputatæ, una semper persona reperiatur excedere. Verbi gratia: ubi quinque sunt generationes, sex necessario debeant esse personæ. Sic et in cæteris numerorum graduum multitudo superet personarum.

Sed per accessum temporis legenti mihi aliquid, et in Scripturis occurrit, quod mutare posse hanc

(8) Contrarius videtur sensus hujus loci, cum in textu habeatur: *cum viro irreligioso tracta de sanctitate*, etc.

enumeratæ cognationis regulam persuasit; præsertim cum plerique sæculares huic definitioni ferant, atque inhumanam conquerantur inesse duritiam, seseque perhibeant nobis obtemperare non posse, nisi vel nimirum quid acquieverimus ex hujus legis rigore laxare. Hoc quotidie bellum, hoc sine fœdere toleramus obloquium.

CAPUT PRIMUM.

In generationibus supputandis quæ regula servanda.

Videtur itaque nobis infirmitatibus imbecillium sine culpa non posse conscendere [*f.* condescendere], ut decernamus cognationum simul ac personarum numerum invicem convenire; quatenus quot sunt personæ, totidem quoque dicantur esse generationes. Ut autem hoc non nostra temeritas, sed sanctorum Patrum videatur auctoritas, B. Hieronymus dum solvere nititur quæstionem Genesis, ubi dicitur : « Qui occiderit Cain, septem vindictas exsolvet (*Gen.* IV), » septem perhibet esse generationes ab Adam usque Lamech, cum tamen non reperiantur nisi totidem, hoc est, septem esse personæ. Et, ut ipsa potissimum tanti doctoris verba ponamus : Majorum, inquit, nostrorum ista sententia est, quod putant in septima generatione Lamech interfectum Cain; moxque subjungit : Adam quippe genuit Cain, Cain genuit Henoch, Henoch genuit Cainan, Cainan genuit Malalchel, Malalchel genuit Mathusalem, Mathusalem genuit Lamech, qui septimus est ab Adam. Et paulo post : Hic quidem, inquit, Cain, quod in septima generatione interfectus sit, et juxta aliam editionem pœnam sui sceleris dederit : ubi nihil obscuri arbitror remansisse. In quibus utique doctissimi viri verbis patenter ostenditur, quia cum ab Adam usque Lamech septem tantummodo sunt personæ, septem nihilominus faciunt generationes. A qua generationum dinumeratione beatus quoque Gregorius non discordat. Nam in expositione B. Job, Enoch septimam perhibet esse generationem, cum sex tantummodo patrum ante illum reperiantur esse personæ. Hæc nimirum beati viri verba sunt (*Moral.* X) : « Electis, ait, Henoch in septima generatione nascitur, » quia sui dedicationem gaudii in extremæ retributionis gloria requirunt. Et certe, sicut sacra Geneseos liquido testatur historia : « Adam genuit Seth, Seth genuit Enos, Enos genuit Cainan, Cainan genuit Malalchel, Malalchel genuit Tareth, Tareth genuit Henoch (*Gen.* III). » Sicut ergo per Lneam Cain septem solummodo succedentium sibi repetiuntur esse personæ ab Adam usque Lamech; ita quoque per electorum seriem septem duntaxat personæ numerantur ab eodem Adam usque Henoch. Sed sicut in genealogia Cain a beato Hieronymo Lamech septimus est ab Adam, ita B. Gregorius septimam generationem esse testatur.

Si ergo tantorum virorum sequi non abhorreamus exemplum, restat ut tot debeant generationes dici, quot personæ valent in cujuslibet generis successoribus supputari.

CAPUT II.

Quomodo a transmigratione Babylonis ad Christum fuerint generationes quatuordecim.

Addamus adhuc, quod gravioris est ponderis, et inviolabile tenet robur auctoritatis. Matthæus enim evangelista postquam generationis Christi lineam texuit, hoc in conclusione subjunxit : « Omnes ergo generationes ab Abraham usque ad David generationes sunt quatuordecim, et a David usque ad transmigrationem Babylonis generationes quatuordecim, et a transmigratione Babylonis usque ad Christum generationes quatuordecim (*Matth.* XI). » Cum videlicet nulla trium ordinum, qui digesti sunt tessera, plusquam quatuordecim genitorum, sive gignentium inveniatur enumerare personas. Imo si diligenter attenditur, nonnisi tredecim continere personas ordo tertius, qui est et ultimus, invenitur. Super quo nimirum nonnulli doctorum diversa a se invicem sentientes, longis argumentationibus disputant, ut quatuordecim et in hoc, sicut in cæteris habentur ordinibus, esse generationes ostendant. Sanctus quippe Hieronymus duos esse perhibet Jechonias, patrem scilicet et filium; et patrem quidem in fine secundi ordinis, filium asserit positum in capite tertii. At beatus dicit Aug. quia unus Jechonias bis numeratur. Quod si credendum sit, nescio quo pacto sancti evangelistæ vera videri possit assertio, qua dicit, quoniam a transmigratione Babylonis usque ad Christum generationes sunt quatuordecim. Sane sive bis, sive quoties libet, id, quod unum est, numeretur, unum nihilominus permanere cognoscitur. Nam etsi sæpenumero quid dicitur, rei tamen essentia non augetur, nec multiplicatur numerus, licet sermo fuerit iteratus. Timeo plane super utriusque doctoris sententia, quæ mihi dubietas oboriatur, exprimere; ne tam illustribus Ecclesiæ magistris, et assertoribus veritatis videar, quod absit, aliquatenus succensere.

De illorum itaque venerandis definitionibus ego disputare non audeo, simpliciter tantum quid mihi videatur, expono. Ab eo sane, quod dicitur, post transmigrationem Babylonis Jechonias genuit Salathiel, usque ad illud, Jacob autem genuit Joseph virum Mariæ, tredecim sunt generationes. In Joseph siquidem duodecima, in Maria intelligitur tertia decima. Si enim Maria Joseph, sicut uxor viro, carnali commercio jungeretur, jure una duntaxat in utroque generatio videretur. Sed cum Maria Joseph nullatenus sit conjuncta, generationis vero linea usque ad Joseph per præcedentium seriem sit perducta, repente generatio in Mariam altrinsecus positam prosilit : et dum a sua reflectitur linea, et in aliam transit, quemdam quasi angulum facit. Ille nimirum ex ea natus est, qui et juxta Apostolum, lapis est angularis (*Ephes.* II); et sicut Psalmista canit : « Factus est in caput anguli (*Psal.* CXVII). » Nec inconvenienter una in Maria generatio constituitur, quæ generatio illius origo est, cui videlicet a cunctis præcedentibus generationibus militatur.

Porro cum Joseph hinc ex recta propagatae cognationis linea pendeat, illinc ex altera ejusdem cognationis linea Maria descendat; ipse de linea in lineam transitus generationis est mysticae sacramentum. Nam quia Maria Joseph carne non jungitur, non utraque una est generatio; sed unam Joseph, alteram Maria generationem facit. Plane cum Scripturarum consuetudo non teneat, ut per mulieres cognationis lineam texat, per viros Christi genealogia producitur; in ejus tamen ortu virilis materia non miscetur, ideoque cum ad Joseph perventum est, successionis ordo non ulterius in inferiora deducitur, sed per transversum protinus, et ex latere in virginem derivatur. Sic post carnales generationes fit generatio spiritualis, ut mox sequatur res inaudita prorsus, et singularis. Spiritualis siquidem generatio fit de Joseph in Mariam, singularis de Maria in Christum.

CAPUT III.
Quomodo Ozias genitus a Joram dicatur.

Sed dicis mihi, quisquis es, quomodo inter Joseph et Mariam potest generatio dici, quam videlicet ipse non genuit? Et tu mihi reciproca consultus inquisitione responde : Cur idem beatus evangelista Matthaeus, de cujus nunc sententia disputamus, ait inter caetera : « Joram genuit Oziam (*Matth.* 1); » cum nequaquam sit pater Oziae, sed potius Ochoziae? Quisquis enim quarti libri Regum percurrit historiam, indubitanter agnoscit, quia Joram genuit Ochoziam, Ochozias genuit Joas, Joas genuit Amasiam, Amasias genuit Oziam, qui et alio nomine dicitur Azarias (*IV Reg.* VIII). Cur igitur Joram non Ochoziam, dicitur genuisse quem genuit; sed potius Oziam, qui jam procul ab illo quintus absistit? Si ergo inter Joram et Oziam esse generatio dicitur, non quod Ozias ab Joram sit genitus, sed quod ab illo per longam continui generis traducem sit productus; quid prohibet inter Mariam et Joseph, qui procul dubio consanguinei sunt, generationem dici per quamdam scilicet vim et mysterium sacramenti? Et si comprehendi non potest, quomodo Christus ex virgine nascitur; quid mirum si

inter parentes ejus stupenda quaedam et admirabilis generatio videatur, cujus videlicet et generatio singularis, et conceptio nova; et nativitas deprehenditur inaudita? Haec tamen dicimus salva auctoritate sanctorum doctorum, quos superius memoravimus.

Ut igitur ad ea quae coepimus post diverticulum revertamur, in hac generatione Dominica non illa conspicitur regula fuisse servata, quam videlicet alibi praefiximus, ut in supputandis generationibus una provideatur superesse persona : quae scilicet si illic servaretur, una adhuc addenda persona necessario videretur. In illa quippe cognationum linea trifaria dinumeratione digesta, uniuscujusque tesserae quatuordecim tantummodo sunt personae, sicut et generationes. Nec generationum numerum personarum multitudo videtur excedere, dum nil aliud ibi generationes, quam simplices sint personae.

Consideranti itaque, et rem diligentius perpendenti patenter occurrit, quod B. evangelista dinumerando cognationis regulam, quam praediximus, non modo non tenuit, sed et caute vitavit, studiose contempsit, prudenter exclusit. Nam cum in genealogia Domini, certi causa mysterii trifario dispositionis ordine quatuordecim decrevisset generationes attexere, ut unamquamque personam generationem esse monstraret, tres quos superius diximus, Ochoziam videlicet, Joas et Amasiam, de narrationis ordine reges abjecit : et tot personas apponere, quot generationes enumerare contentus fuit. Plane cum sibi personarum multitudo suppeteret, noluit ut persona generationibus superesset; sed uti generationum, ac personarum sibi invicem numerus aequaliter conveniret. Haec itaque, venerande frater, et ipse pervigil meditare, et cum sapientibus tuis stude conferre, ut aliorum mihi fultus auxilio, certum quid valeas respondere. Rescribe igitur, si in supputandis parentelae gradibus, vel in eo perseverare debeam, quod ante descripsi; vel usurpare potius quod nuper inveni, ut dum a te mihi multis onerosa dubietas tollitur, a multis tibi per me digna gratiarum actio referatur.

Sit nomen Domini benedictum.

OPUSCULUM NONUM.

DE ELEEMOSYNA. AD MAINARDUM EPISCOPUM URBINATEM.

ARGUMENTUM. — Prae caeteris virtutibus eleemosynam potissimum commendat, in cujus laudes hoc Opusculo vir sanctus eloquentiae laxat habenas, et omnes ingenii sui vires effundit.

Domno MAINARDO Urbinati venerandae sanctitatis episcopo, PETRUS peccator monachus salutem in Domino.

Qui sub aestivo meridiatur umbraculo, et tunc in praelio non laborat, et tamen non incongrue de prae-

D liis disputat. Non otiose quiescimus, si quiescendo de labore tractamus. Quo scilicet ordine vel dulcior fructus, vel feracior valeat exuberare proventus. Qui regia diversatur in curia, cunctas virium suorum dotes explorat, si quid est unde principalibus oculis placere plurimum satcat, et in quo se reperit amplius posse, ibi se satagit enixius exercere. Alius siquidem robustior est in bello, alius prudentior in consilio. Ille dum perorat causas, luculenter ac lepide concionatur in publico; iste dum hunc æquare facundiæ urbanitate non possit, dictandi forte studio, vel etiam aucupio, sive certe venationis arte præcellit; et ut ad nostra veniamus, ait Moyses filiis Israel : « Separate apud vos primitias Domino : omnis voluntarius et proni animi, offerat eas Domino, aurum, argentum, æs; hyacinthum et purpuram, coccumque bis tinctum, et byssum, pilos caprarum, et pelles arietum, ligna sethim, et oleum ad luminaria concinnanda (*Exod.* xxxv). » Quæ nimirum, quia omnes omnia non habebant, obtulit unusquisque quod potuit, et in ea re largior fuit, quæ sibimet, exuberantius abundavit, ut dum omnes offerrent quod singuli non haberent, unum multi Domino tabernaculum fabricarent. Nos etiam, qui nunc in hujus vitæ deserto tabernaculum constituimus, ut ingressi terram lac et mel manantem, in illa cœlesti Jerusalem templum sub veri Salomonis imperio dedicemus : quod nimirum non sit ex insensibilibus quibusque metallis, sed ex lapidibus vivis; et non decusatur rutilantium nitore gemmarum, sed spiritualium radiat decore virtutum. Omnium quidem bonorum Deo largiente, fieri participes possumus, omnia vero possidere æqualiter non valemus. Nam et sancti Patres, qui nos ad cœlestia præcesserunt, licet omnium virtutum ex divina fuerint opitulatione participes, non tamen in omnibus exstitisse creduntur, æquales. Abraham siquidem cæteris fide simul et obedientia præfuit; Isaac nitida monogamiæ castitas decoravit; « Moyses, sicut ait Scriptura, vir mitissimus erat super omnes homines qui morabantur in terra (*Gen.* xv); Eliam libertatis auctoritas reddit insignem (*Num.* xii); » Phinees zeli fervor, et ultio jure perpetuo constituit in conspectu Domini sacerdotem (*Num.* xxv); Joannem ad recubitum Dominici pectoris virginitas extulit (*Joan.* xiii); Petrum vero præcipuus amor in Dominum ad percipienda primi pastoris jura provexit (*Joan.* xxi).

CAPUT PRIMUM.

Quod ex virtutibus una eligenda, cui magis serviamus.

Quamvis ergo unusquisque sanctus omnibus florere virtutibus necessario debeat (neque enim singula quæque vere virtus est, si mista aliis virtutibus non est) una tamen virtus cuique est præ cæteris eligenda, cui mens familiarius inhærendo deserviat, atque ab ejus, ut ita loquar, obsequio non recedat, In cunctis quippe virtutibus æque nos exercere non possumus, sed dum unam arctius custodimus, in hac, quod ex reliquis minus est, adimplemus: et dum hanc indesinenter amplectendo constringimus, quasi totum virtutum corpus unius membri participatione tenemus.

Quam itaque virtutem tibi persuadeo peculiarius exsequendam? Nunquid jejunium? Sed continuo respondebis : Si immoderatis corpus meum jejuniis attero, imminentibus tot causarum discursionumque laboribus mox succumbo. Si psalmodiæ meditationes indixero, ab 199 orationis, inquies, assiduitate præpedior, quoniam ad respondendum salutationibus amicorum, ac miscenda colloquia quotidie coactus impellor. Si nudis te, juxta morem apostolorum, pedibus hortor incedere; si duris, instar Joannis, membra tua ciliciis edomare; si denique te in exsilium proficisci; si carcerali custodia te jubeam pœnitentium more concludi, imminentem præsto causaberis ægritudinem, vel potius non te posse perferre tam duram corporalis incommodi gravitatem.

Qui ergo membra tui corporis adhuc times affligere, imo quia temetipsum per acrimoniam pœnitentiæ necdum vales Deo sacrificium exhibere, ad ea, quæso, quæ circa te sunt, manum porrige, et quia non te, saltem quæ tua sunt, impertire : carnem scilicet incisurus, satis tibi præsto, si tantum capillos attondeo; qui manus obtruncator advenerat, pius est, si unguium duntaxat excrementa præcidat. Quantum distat inter vulnus humanæ carnis et vestis, tantum inter hominem et hominis facultatem. Hoc modo Abraham pecus obtulit (*Gen.* xxii) ut filium conservaret, mactavit arietem ut custodiret hæredem. Hoc modo Michol posuit in lecto simulacrum ut a paternæ vesaniæ gladiis defenderet virum (*I Reg.* xix) : et ut David veraciter viveret, quasi morientem cum caprina studuit pellicula simulare : « Pellem enim pro pelle, et cuncta quæ habet homo dabit pro anima sua (*Job* ii). » Tu quoque temetipsum propria facultate permuta, et tua fac interim sacrificium, ut ipse postmodum suscipi merearis in holocaustum. Non enim Deus sic accipit oblationem, ut despiciat offerentem : ut qui suæ facultatis oblator exstiterit, secura cum uxore Manue valeat voce cantare : « Si Dominus, inquit, nos vellet occidere, de manibus nostris holocausta et libamenta non suscepisset (*Judic.* xiii). » Suscipit enim Deus per manus pauperis eleemosynam, eamque tibi recon titam in illa cœlestis promptuarii securitate conservat. Unde Dominus in Evangelio : « Thesaurizate, inquit, vobis thesauros in cœlo, ubi neque ærugo, neque tinea demolitur; et ubi fures non effodiunt, nec furantur (*Matth.* xvi). » Idcirco plane Deus omnipotens alios paupertate constringit, alios divitiarum copia dilatavit, ut et illi habeant unde propria debeant peccata redimere, et isti unde suam valeant inopiam sustentare. Sicut scriptum est : « Redemptio animæ viri, divitiæ suæ (*Prov.* xiii). » Unde et ad Nabuchodonosor ait Daniel : « Quamobrem, rex, consilium meum placeat tibi, et peccata tua eleemosynis redime, et iniquitates tuas misericordiis pauperum, si forsitan ignoscat Deus delictis tuis (*Dan.* iv). »

Qui ergo divites sunt, dispensatores potius jubentur esse, quam possessores : et non proprii juris, debent deputare quod habent, quia non ad hoc bona transitoria perceperunt, ut deliciis affluant, vel in proprios hæc usus insumant, sed ut administrationis fungantur officio, dum in commisso permanent villicatu. Quapropter qui stipem pauperibus erogant, aliena reddunt, non sua distribuunt. Unde et Dominus eleemosynam præcepturus ait : « Attendite ne justitiam vestram faciatis coram hominibus, ut videamini ab eis (*Matth.* vi). » Non enim dicit, misericordiam vestram, sed justitiam vestram. Ille quippe facit misericordiam, qui propria tribuit; ille vero justitiam facit, qui quod alienum est, reddit. Unde et Psalmista cum præmisisset : « Dispersit; dedit pauperibus; » non ait, misericordia ejus, sed, « Justitia, inquit, ejus manet in sæculum sæculi (*Psal.* cxi). »

Cum ergo pauperibus subvenimus, aliena procul dubio reddimus, non nostra præbemus. Verumtamen apud pium judicem misericordes esse decernimur, cum hæc ipsa, quæ nos nostra, sed communia sunt, fideliter dispensamus : et cum juste, quæ aliena sunt, reddimus, apud eum qui cordis intima conspicit, misericordiæ præmio non caremus. At contra, qui nunc pauperibus subvenire contemnunt, in tremendæ discussionis examine non tam accusantur avaritiæ quam rapinæ : nec suorum tenaces sed alienorum potius convincuntur fuisse raptores. Quibus utique summus arbiter dicturus est in judicio : « Discedite a me, maledicti, in ignem æternum, qui paratus est diabolo et angelis ejus. Esurivi enim, et non dedistis mihi manducare; sitivi, et non dedistis mihi bibere (*Matth.* xxv). » Ac si dicat : quia noluistis ea ministrare conservis, quæ pro illorum refrigerio percepistis, voracis gehennæ vos olla deglutiat, quos per cupiditatis ardorem alienorum bonorum rapina condemnat. Et cum alienum a nobis sit, quod in hac vita dispensandum suscepimus; nostra vero sit cœlestis gloria, quam speramus, competenter his illa sententia congruit, quam Dominus in Evangelio dicit : « Qui in alieno fideles non fuistis, quod vestrum est quis dabit vobis ? (*Luc.* xvi). » Ille certe fidelis in alienis exstiterat, qui de se confidenter aiebat : « Benedictio perituri super me veniebat, et cor viduæ consolatus sum : oculus fui cæco, et pes claudo; pater eram pauperum (*Job* xxix). »

O quam fidelis in alienis exstiterat, et quam firma spe de propriis confidere poterat, cum et alibi se denotando clamabat : « Si negavi, inquit, quod volebant, pauperibus, et oculos viduæ exspectare feci; si comedi buccellam meam solus, et non comedit pupillus ex ea; quia ab infantia mea crevit mecum miseratio, et de utero matris meæ egressa est mecum (*Job* xxxi). » Ubi adhuc apte subjungit : « Si despexi prætereuntem eo quod non habuerit indumentum, et absque operimento pauperem; si non benedixerint mihi latera ejus, et de velleribus ovium mearum calefactus est (*Ibid.*). » Vide quam longus sit misericordiarum iste catalogus, ut nil prorsus omittat, quin omnium necessitatum modis occurrat, cunctis egestatum vulneribus velut medendo subveniat.

Porro autem dum indigentibus in necessitate succurrimus, veritatem simul et misericordiam adimplemus. Misericordiam scilicet, dum inopibus pie compatimur; veritatem vero, id est justitiam, dum non illis nostra, sed quæ sua sunt, ministramus. Hinc est quod in Proverbiorum libro Salomon ait : « Misericordia et veritas non te deserant : circumda eas gutturi tuo, et describe in tabulis cordis tui, et invenies gratiam et disciplinam bonam coram Deo et hominibus (*Prov.* iii). » Rursumque scriptum est : « Misericordia et veritas præparant bona; in omni opere bono erit abundantia (*Prov.* xiv). » Et ne pietatis opus segnities ignava depreciet, sed devotio celeris ac prompta commendet, alibi dicit : « Ne dicas amico tuo, vade et revertere, et cras dabo tibi, cum statim possis dare (*Prov.* iii). » Tremit enim manus avari cum tribuit : et sicut æger exhorrens amarescentis antidoti differt poculum, sic iste daturus aliquid differt in posterum. Ille siquidem exasperantis potus nauseam amaritudinem; iste si dederit aliquid metuit egestatem : ideoque licet vel in bibendo, vel in præbendo necessitatis tempus immineat, uterque tamen in posterum quod abhorret, interjecta dilatione reservat. Plane largus et liberalis animus facit divitem, pavor atque tenacia reddit egentem. Unde scriptum est : « Substantia divitis urbs fortitudinis, pavor pauperum egestas eorum (*Prov.* x). » Pavor enim degenerem animum compellit egere, licet diviarum copiis videatur affluere.

CAPUT II.

Eleemosynæ præmium quodnam sit.

Tu autem, dilectissime, noli fratrem tuum in præsenti necessitate despicere, si Deum tibi desideras in ultimæ necessitatis articulo subvenire : « Beati siquidem misericordes, quoniam ipsi misericordiam consequentur (*Matth.* v). » Porro si dederis homini pecuniam tuam in fenus, centesimam recipis : si vero pauperibus, secundum divina mandata centuplum consequeris : quod si hoc parum videtur, et vita tibi cumulatur æterna. Non ergo melius est te recipere centuplum quam centesima esse contentum? Noli ergo despicere proximum, si non vis Deo despicabilis apparere. Unde et Salomon ait : « Qui despicit proximum suum, peccat; qui autem miseretur pauperi, beatus erit (*Prov.* xiv). » Ubi mox additur : « Qui credit in Domino misericordiam diligit (*Ibid.*). » Plane et is qui credit in Domino misericordiam diligit, dicendus est ille non credere, qui convincitur misericordiam non amare : cur autem iste non credat, alia ejusdem libri sententia declarat; ait enim : « Feneratur Deo qui miseretur pauperi, et vicissitudinem suam reddet ei. »

Non itaque credit in Domino, qui sua sibi timet bona committere, dum ea non vult indigentibus exhibere. Nam si in Domino veraciter crederet, fenerari sibi tanquam fideli scilicet debitori facultatis suæ depositum non timeret : de cujus autem fide qui dubitat, eum procul dubio non honorat; cum scriptum sit : « Honora Dominum de tua substantia (*Prov.* III). » Et alias dicitur : « Qui calumniatur egentem, exprobrat factori ejus : honorat autem eum qui miseretur pauperi (*Prov.* XIV). » Et iterum : « Facere misericordiam et judicium, magis placet Deo quam victimæ (*Prov.* XXI). » Eleemosynarius enim quisque misericordiam facit, dum indigentibus in necessitate compatitur; judicium vero, dum eis non propria, sed eorum bona largitur. Sed ex his dum alienam in præsenti sustentat inopiam, æternas sibimet in futuro divitias parat. Unde scriptum est : « Qui dat pauperi non indigebit : qui despicit deprecantem, sustinebit penuriam (*Prov.* XXVIII). »

Deponit enim dives quod indigentibus tribuit, et nunc quasi mutuæ **202** pecuniæ depositum credit, quod in æterna vita multiplicatis fenoribus recipit. Et qui nunc fit per misericordiam creditor, in retributione postmodum felix erit exactor. Unde scriptum est : « Pauper et creditor obviaverunt sibi, utriusque illuminator est Dominus (*Prov.* XXIX). » Et de muliere forti, per quam vel sancta universalis Ecclesia, vel unaquæque fidelis et pia intelligitur anima, in Proverbiis dicitur : « Manum suam aperuit inopi, et palmas suas extendit ad pauperem (*Prov.* XXXI); » ubi mox apte subjungitur : « Non timebit domui suæ a frigore nivis; omnes enim domestici ejus vestiti sunt duplicibus (*Ibid.*). » Quisquis enim nunc operimento geminæ charitatis induitur, tanquam duplici veste contectus nequaquam futuræ nivis frigore constringetur : et quem nunc charitatis ardor inflammat, tunc pœnalis algorem nivis ignorat. De qua videlicet nive futuri supplicii, et per B. Job de reprobo viro dicitur : « Ad nimium calorem transeat ab aquis nivium, et usque ad inferos peccatum illius, obliviscatur ejus misericordia (*Job.* XXIV). » Dignum quippe est ut qui in hac vita per ardorem concupiscentiæ carnalis exarsit, a calore vero misericordiæ frigidus ei constrictus obtorpuit, illic ad calorem nimium transeat ab aquis nivium; ut sicut hic duabus deliquit offensis, ita geminis crucietur in gehenna suppliciis : et illic ejus versa vice misericordia obliviscatur, qui nequaquam hic misericordiæ memor exsti isse convincitur. Præmitte ergo tibi, frater, opes tuas, unde postmodum vivas; præcedant te facultates tuæ, quas in illa semper immortalitate possideas. Memento quod scriptum est : « Dives cum dormierit, nihil secum auferet : aperiet oculos suos, et nihil inveniet; apprehendet eum quasi aqua inopia, nocte opprimet eum tempestas (*Job.* XXVII). »

Placeat ergo tibi consilium, quod per Salomonem datur : « Mitte, inquit, panem tuum super transeuntes aquas, quia post multa tempora recipies illum : da per te septem, necnon et octo, quia ignoras quid mali futurum sit super terram (*Eccle.* XI). » Et iterum : « Mane semina semen tuum, et vespere ne cesset manus tua (*Ibid.*). » Legitur in Genesi : « Quia sevit Isaac in Gerara, et invenit in ipso anno centuplum (*Gen.* XXVI). » Sed quam feliciter seminat, qui dum subsidia indigentibus subministrat, pro avena triticum, pro pugillo chorum, pro grano metit acervum : terrena plane cœlestia, transitoriis mercatur æterna. Dicit Scriptura : « Quis potest dicere : Mundum est cor meum, purus sum a peccato (*Prov.* XX); » quis enim gloriabitur castum se habere cor? Sed eleemosynis solerter insiste, et mundum te ex divina pietate confide. Unde Salvator : « Quod superest, inquit, date eleemosynam, et ecce omnia munda sunt vobis (*Luc.* XI). » Sicut enim ardor ignium metalli cujuscunque rubiginem, sic eleemosyna consuevit animæ purgare squalorem. Unde et vir sapiens : « Ignem, ait, ardentem exstinguit aqua, et eleemosyna resistit peccatis (*Eccle.* III); » ubi præsto subjungit : « Et Deus prospector est ejus, qui reddet gratiam, meminit in posterum, et in tempore casus sui inveniet firmamentum (*Eccle.*). » Deinde subjicit : « Fili, eleemosynam pauperis ne fraudes, et oculos tuos ne transvertas a paupere (*Ibid.* IV). » Et rursus : « Animam esurientem **203** ne despexeris, et non exasperes pauperem in inopia sua. Cor inopis ne afflixeris, et non pertrahas datum angustianti (*Ibid.*). » Et multa alia, quæ vir iste propheticus de præroganda pauperibus pietate contexit : et Evangelio necdum illucescente, tanquam sacerdos in Ecclesia prolixi sermonis seriem protrahit : quæ nos hic omnia simul exaggeranda non ducimus, ne fastidium legentibus generemus.

CAPUT III.
Quænam eleemosyna major sit.

Sed cum per omnes sacri eloquii paginas eleemosyna prædicetur, et misericordia cæteris virtutibus antecellat, ac palmam inter opera pietatis obtineat : illa tamen misericordia supereminet, quæ de copia nuper ad inopiam devolutis auxilium præbet. Sunt namque nonnulli, quos honestioris quidem generis ordo nobilitat, sed indigentia rei familiaris angustat. Plerique etiam equestris prosapiæ titulis adornantur, sed domesticæ necessitatis inopia deprimuntur : exigente generis dignitate compelluntur spectabilium interesse colloquiis, consessu quidem pariles, longe facultatibus inæquales. Sed licet eos domesticæ paupertatis sollicitudo discruciet, etiam si cogente necessitate ad extrema perveniant, alimenta petere mendicantes ignorant. Eligunt enim potius mori, quam publice mendicare, confunduntur agnosci, verentur inopiam confiteri : et cum alii suam prædicent egestatem, imo nonnunquam modum exaggerando paupertatis excedant, ut uberioris stipem consolationis accipiant; isti quo potiuntur, occultando dissimulant, ne turpiter in oculos hominum signum aliquod suæ paupertatis erumpat.

Horum igitur indigentia potius valet intelligi quam videri : magis quibusdam signis erumpentibus conjici, quam manifestis possit indiciis deprehendi. De quibus utique non manifeste, sed occulte pauperibus quanta sit retributio, Propheta designat, cum ait : « Beatus, qui intelligit super egenum et pauperem (*Psal.* xl.). » Super pauperes quippe pannosos et bulgiolos, perasque gestantes, intellectu non indigemus, quos utique manifesta visione conspicimus : super ipsos autem pauperes debemus intrinsecus intelligere, quorum in superficie non possumus miseriam pervidere. « Beatus, enim, qui intelligit super egenum et pauperem; » et quare beatus? « In die, inquit, mala liberabit eum Dominus (*Ibid.*). » Felix ista promissio, ut postmodum in divino liberetur examine, qui nunc subvenit indigentibus in mœrore; tunc a miseria calamitatis eripitur, qui modo miseriam patientibus misereatur.

Sed audiamus adhuc quid Psalmista prosequitur: « Dominus, ait, conservet eum, et vivificet eum, et beatum faciat eum, et emundet in terra animam ejus, et non tradat eum in manus inimici ejus: Dominus opem ferat illi (*Ibid.*). » O quam gloriose mercatur, qui pro misericordia, quam pauperibus exhibet, totius Christianitatis orationem continuam promereretur! Omnis enim universalis Ecclesia toto terrarum orbe diffusa, pro illo Deum quotidie supplicat, quæ videlicet hunc psalmum quotidiana jugiter devotione frequentat. Adde quod hæc oratio nunquam in divinæ clementiæ valet definire contemptum, quæ videlicet a Spiritu sancto facta est, qui est ipsa remissio peccatorum. Quo enim pacto orationem a semetipso compositam non admittat? Quomodo quod orare docuit, non exaudiat? Beatus ergo, et vere beatus, qui intelligit super egenum et pauperem. Unde Moyses, imo Dominus per Moysen : « Si unus, ait, de fratribus tuis, qui moratur intra portas civitatis tuæ, in terra quam Dominus Deus tuus daturus est tibi, ad paupertatem venerit, non obdurabis cor tuum, nec contrahes manum, sed aperies eam pauperi, et dabis mutuum, quo eum indigere prospexeris (*Deut.* xv). » Et alibi : « Non deerunt pauperes in terra habitationis tuæ, idcirco præcipio tibi, ut aperias manum fratri tuo egeno et pauperi, qui tecum versatur in terra (*Ibid.*). » Scit enim omnipotens Deus, quoniam humana fragilitas pro sola sua justitia nunquam pervenire possit ad vitam, sed semper indigere misericordia : atque ideo per omnes sacrarum paginas Scripturarum eleemosynam laudat, misericordiam prædicat, viscera pietatis exhibenda pauperibus indesinenter inculcat : ut dum homo hominis miseretur, suis etiam meritis a Deo misericordiam consequatur : et dum sustentat propriæ naturæ consortem, sustentantem se habere mereatur auctorem; et quod exhibet proximo, ipse quoque consequatur a Deo : Sicut enim Conditor hominum et omnes electos ad regnum ab ipsa mundi prædestinavit origine, et tamen eos pro ipsius acquisitione regni præcepit infatigabiliter desudare, ut quod gratis a Creatore conceditur, suis homo laboribus assequatur; ita necesse est, ut qui per misericordiam a pio suo auctore salvandi, ipsi quoque piæ humanitatis impendium non negligamus fratribus impertiri. Unde Tobias ad filium : « Ex substantia, inquit, tua fac eleemosynam, et noli avertere faciem tuam ab ullo paupere : ita enim fiet ut nec a te avertatur facies Domini (*Tob.* iv). » Ubi etiam discretionis modum ponit, et authenticam procul dubio regulam in qualibet possessionis atque substantiæ quantitate præfigit; ait enim : « Quomodo potueris, ita esto misericors; si multum tibi fuerit, abundanter tribue; si exiguum, etiam exiguum libenter impertiri stude (*Ibid.*). »

Cur autem hoc facere debeat, aperit, cum subjungit: « Præmium enim bonum tibi thesaurizas in die necessitatis : quoniam eleemosyna ab omni peccato, et a morte liberat, et non patietur animam ire in tenebras : fiducia magna erit coram summo Deo eleemosyna, omnibus facientibus eam (*Ibid.*). »

CAPUT IV.
Quod qui eleemosynam vel effectu, vel affectu non præstat, charus Deo esse non potest.

Enimvero ut hujus rei summam brevi complectar eloquio, nunquam Deo charus erit qui vel effectum vel affectum eleemosynæ non habuerit: scilicet ut qui non habet rem, habeat voluntatem : et dum domesticæ facultatis affluentia non exuberat, liberalis animis divitias non amittat. Nam qui non habet cibum, habet forsitan tectum? non valet esurientem alimento reficere, valet saltem lassescentem hospitalis humanitatis officio recreare. Memorans semper illud apostolicum : « Charitas fraternitatis maneat in vobis, et hospitalitatem nolite oblivisci (*Hebr.* xiii); » per hanc enim placuerunt quidam angelis hospitio recepti. Nonnulli sane dum pauperibus Christi januam cum visceribus claudunt, furandi crimen objiciunt, et dum eis hospitalitatis humanitatem per avaritiam subtrahunt, cleptem suspicari, jacturamque rebus domesticis se formidare confingunt : modo scilicet obesam faciem, modo ora rubentia subsannantes opponunt, et torosa brachia, robustosque lacertos agriculturæ fossionibus idoneos criminantur : Deum, qui talibus solatiantur, offendere, qui nimirum possent et alios sui laboris exercitio sustentare. Quibus profecto valde formidandum est, quod in Deuteronomio per Moysen Israelitico populo dictum est : « Ammonites et Moabites etiam post decimam generationem non intrabunt in Ecclesiam Domini in æternum, quia noluerunt vobis occurrere cum pane et aqua in via, quando egressi estis de Ægypto (*Deut.* xxiii). » Nam si gentes illæ legem utique non habentes, idcirco ab Ecclesia Dei irrevocabiliter excluduntur, quoniam inimicis etiam suis per humanitatis officium occurrere neglexerunt; quam terribili sententia digni sunt qui viscera sua ab indigentibus proximis claudunt? qui charitatem fratribus non impendunt? Hi nimirum sunt ex sacrosancti baptismatis fonte congeniti, cum his ex utero matris Ecclesiæ sunt egressi : et cum quibus Dominici corporis et sanguinis mensa participant, his cibum, qui in secessum digerendus est, negant.

Et qua conscientia nos ab eleemosynarum erogatione torpemus, qui videlicet in ecclesiastica pace quiescimus, cum et sancti apostoli, qui adversus jtum mundum fuerant velut in bella congressi, in hujus gratiæ studio legantur exstitisse solliciti? Nam si liceret aliis, illi potuissent non inconvenienter ab hac sollicitudine feriari : qui nimirum et ad spargendum novæ fidei semen intenti, et in tam acerrimo contra mundi perfidiam laborabant certamine constituti. Sed nullus persecutionis labor ab exhibenda fratribus humanitate compescere, nulla prædicationis instantia potuit eos ab impendenda pauperibus misericordia cohibere. Unde Paulus ad Galatas : « Petrus, inquit, et Jacobus, et Joannes, qui videbantur columnæ esse, dextras dederunt mihi , et Barnabæ societatis, ut nos evangelizaremus in gentibus : ipsi autem in circumcisione, tantum ut operum memores essemus : quod etiam sollicitus fui hoc ipsum facere (*Galat.* II). » Ad Corinthios quoque dicit : « De collectis autem, quæ fiunt in sanctos sicut ordinavi Ecclesiis Galatiæ, ita et vos facite per unam Sabbati : unusquisque vestrum apud se ponat, recondens quod ei bene placuerit, cum autem præsens fuero, quos probaveritis per epistolas, hos mittam perferre gratiam istam in Jerusalem (*I Cor.* XVI). » Tantaque fuerat erga pauperes in apostolis liberalitas, ut in eorum Actibus legatur : « Qui frangebant circa domos panes, et sumebant cibum cum exsultatione et simplicitate cordis collaudantes Dominum (*Act.* II).» Circa domos, inquit, non intra domos; quorum scilicet vestigia non sequuntur, qui pransuri pessulos ac repagula foribus clausis objiciunt, vectes seris innectunt : sicque se contra pauperes tanquam adversus circumfusas hostium acies in obsidione præmuniunt.

CAPUT V.

Quod parentum eleemosynis filiorum res crescit.

Gerardus certe de Farvaldo, ex Ravennæ urbis primoribus fuit, quem grandævæ jam et persenilis ætatis olim puerulus vidi : de quo nimirum referri frequenter audivi : quia cum aliquando populus inopia laboraret, adeo ut nonnullos etiam valida fames exstingueret, ille cum successura sibi nepotum quoque jam soboles non deesset, accisis frugibus etiam prædia nonnulla distraxit, et alimenta quæ potuit, indigentibus erogavit : ipse quoque tunc patentibus foribus pauperum vallatus agmine comedebat, cibisque consumptis adhuc esuriens, cum vel sibi, vel illis quid adderet non haberet, eorum compassione lacrymans flebat : cujus hodieque progenies divitiis floret, et plura, quam avita fuerint patrimonia, possidet.

Walderícus præterea, qui dum adversus hæreticos dimicaret, insignis effectus est martyr, sicut Andreas venerabilis Spoletanæ Ecclesiæ nobis episcopus retulit, dum alicuando domum matris inviseret, pauperculum quemdam præ foribus reperit, qui se conquerebatur herbarum fasciculum collegisse, sed sal, unde pulmentum illud condiret, ab eadem matrona percipere nullatenus potuisse. Cumque vir sanctus maternum ingressus hospitium, aliquantulum salis in vasculo reperisset, vehementer iratus, vas cum sale corripuit, et per plateam ad matris injuriam sparsit dicens : illud non debere comedi prorsus a Christiano, quod per avaritiam negatum est Christo. Sed paulo post diem vas, quod reposuerat vacuum, non sine stupore miraculi, sale repertum est plenum.

Mainfredus quoque marchio, qui in ultimis Liguriæ principatus est finibus, ferventissimo cum uxore sua studio in sustentatione pauperum claruit : de quo nimirum (ut cætera taceam) illud unum celebri solet redolere memoria : quoniam in ipso sacrosanctæ Resurrectionis die cum domus ejus aulæis ac blathinis ornatibus tanquam regale palatium resplenderet , copiosi sumptus affluerent, eumque non modica candidatorum turba clientium constiparet, instrui magnifice convivium fecit, et ordinatis per omnes mensas diligenti cura pauperibus, ipse cum suis servis dapifer ministravit : quibus sufficienter impletis, ipse cum suis quod cibum residuum fuerat, quasi privatus accepit : ut Paschalis illa solemnitas in pauperibus enitesceret, patremfamilias vero domus privata refectio sustentaret. De quo etiam vir Dei, Dominus meus Leo venerabilis eremita, qui per continuum jam fere vicennium in cellula reclusus audivit, hoc insigne perhibuit : quia cum in præfati marchionis eremo ipse cum nonnullis fratribus habitaret, hanc sibimet legem uxor ejus indixerat, ut quodcumque sibi necessarium eremitarum nuntius peteret, ipsa protinus aucto fenore geminaret : videlicet cum iste quinque fortassis exigeret solidos, illa decem traderet : cum iste decem, illa viginti continuo numeraret. Sed quoniam obsitus sum, dubito certe, an hoc ipsum, et alibi forte conscripserim. Verumtamen quod ædificationis est, melius est relationibus iterari, quam per silentium oblivione deleri. Cum itaque tam largus ad erogandas indigentibus stipes exstiterit, cum sex, sive septem, si rite teneo, non minima monasteria in proprii juris possessione condiderit, prædiis et ornamentis munifica liberalitate ditaverit, nunquid propterea sibi progenies egena succeditur? Absit. Videmus enim nepotes ejus mirandæ scilicet indolis pueros maximam partem etiam regni Burgundiæ possidere : quorum insuper soror imperatori nostro sponsali cognoscitur jure dotata. Cur ergo timemus Deo redhibere quod contulit , quod et in hac vita nobis, vel nostris hæredibus restituitur, et in illa cœlestis regni gloria sub fenore multiplicatæ retributionis augetur?

CAPUT VI.

Quod bonorum temporalium affluentia ex eleemosyna oriatur.

Hoc etiam nosse operæ pretium deputo, quod Berardus marchio, qui hornó defunctus est, sæpius referebat : aiebat enim, quia vir quidam in Teutonum finibus, unde videlicet ipse quoque oriundus exstiterat, optimum proprii juris prædium diversorumque proventuum copiis affluenter uberrimum possidebat; habebat autem duodecim filios : cœpit interea cogitare, quid post ejus obitum fieret, si unius possessionis hæreditatem inter tot divideret cohæredes. Dicebat enim : Ego quidem, qui totum hoc solus habeo, sufficienter et pacifice vivo; sed ubi tot divisores emerserint, quis eorum simultates? quis orientia inter illos livoris et odii jurgia sustinebit? Non enim illic esse poterit unitas voluntatis, ubi tam multifaria fuerit diversitas facultatis. Coloni præterea, qui nunc uni parere domino sunt contenti, non sine gravi suæ quietis injuria tot dominorum populo sunt responsuri. Tibi ergo, Deus omnipotens, quidquid est, mei juris allodium trado, te solum hæredem meæ possessionis eligo; filios autem meos tibi commendo; fac eis quod in oculis tuis beneplacitum fuerit. Et hoc dicto quantum suum sagittæ protinus alligavit, eamque curvato fortiter arcu, in vasti aeris superiora conjecit. Sed mox sagitta sine guanto in terram relapsa est : ut evidenti monstraretur indicio, quia donum, quod fidei obtulit, clementia divina suscepit. Tunc ille de sui muneris oblatione fidentior et alacrior factus, possessionem suam cuidam Ecclesiæ tradidit, eamque sibi perpetuo jure per stipulationes ac rata firmavit. Brevi vero post hæc filii ejus tanta bonorum affluentium sunt abundantia præditi, tot prædiorum ac censuum copia sunt magnifice dilatati, ut eorum quisque summam paternæ facultatis excederet, eisque circumflua mundi prosperitas in omnibus arrideret. Sic sic qui investituram guanti de manu patris in cœlo recepit, super filios ejus imbrem suæ benedictionis exuberanter influxit. Quod igitur in terra Deo datur, in cœlo recipitur : et inde sperandum est præmium quo præcessit munus oblatum. Hinc est quod angelus Domini Cornelio dixit : « Orationes tuæ, et eleemosynæ tuæ ascenderunt in memoriam in conspectu Domini (*Act.* x). » O felix tale commercium, ubi homo fenerator, et Deus fit omnipotens debitor : et fidenter ei possumus compensationis nostræ debita digna reposcere, si nostris eum satagimus muneribus prævenire.

Nam et tempore Gregorii papæ (ejus nominis sextus), qui Gratianus dicebatur, recolo contigisse quod narro (sicut enim mihi Bonizo, grandævus videlicet vir, rector monasterii sancti Severi juxta urbem veterem constituti, retulit). Scotigenarum rex primævo tunc adolescentiæ flore pubescens, quia pater obiit, ei mox in regalis fastigii jura successit ; sed cum sollicite consideraret quam fragile sit quidquid in hoc sæculo tumet, quam labile quod supereminet, quam velociter exstinguibile sit omne quod splendet, cum conjugatus jam esset, decrevit regales infulas regni cœlestis amore deponere ; coronam capiti, purpuram cuculla mutare. Quid plura ? simulat orationis studium, aggreditur expeditionis Romanæ procinctum. Apostolicorum itaque liminum devotione completa, ignorante clientium comitatu, monachicum habitum latenter induit, et sic a se mundum cum regno bene semetipsum furatus abjecit : qui mox languore percussus, ad extrema pervenit, et usque ad obitum hoc tanquam fœderatæ conventionis elogium inclamare non destitit : Domine, feci quod præcepisti ; adimple quod promisisti. Nimirum in vinea constitutus reposcebat nummum, quia patrisfamilias se noverat implesse præceptum ; et licet undecima fuisset hora conductus, exigebat requiem post laborem, et expleto reposcebat operatione mercedem. Non ergo dubitemus nunc Deo vel nos, vel nostra præbere, ut ea postmodum tota valeamus auctoritate reposcere. Et dum comedimus, non compellamus egenos parcius ministrando tanquam sobrios ligurire, dum ipsi turritæ lancis edulium non gravemur absumere : nec eis, sicut a quibusdam fit, cochlearis est adhibenda mensura, cum nobis ollæ, vel cacabi vix sufficiant.

Fulcranus nempe cujusdam Gallicæ regionis episcopus (ut mihi reverendus in Christo Hugo Cluniacensis abbas retulit), dum a suo requireretur œconomo quid sibi parari vellet, aiebat : Juxta numerum convescentium, prout tibi visum fuerit, præpara : pro me vero solo porcum optimum, pinguem nimis et grandem opiparitoribus exhibe, ut ne tenuem quidem lenticulam ex eo quisquam debeat absque mea persona gustare. Discumbens itaque cum convescentibus ipse pauperibus, totam cum eis omnino victimam consumebat, nec cuiquam præter eos vel minimam carnis officulam porrigebat.

CAPUT VII.

Eleemosyna defunctis prodest, dæmonibus invisa.

Idem mihi sanctus abbas iterum retulit quia vir quidam dum orationis studio diversa mundi loca percurreret, impegit in eremum, ubi sanctus quidam frater in cellula morabatur : qui post aliqua peregrinum subtiliter inquisivit, utrum Cluniacense monasterium nosset. Cui subsequenter et hoc intulit : Quæso te, inquit, per charitatem Dei, frater mi, ut si locum illum venerabilem te fortassis adire contigerit, denunties fratribus et abbati, quatenus ab eleemosynarum studio non tepescant, sed pietatis operibus, sicut assueti sunt, perseveranti constantia vigilanter inserviant. Hic enim gehenna flammis vaporantibus æstuat, et hinc animæ damnatorum, me frequenter audiente, cum magnis ejulatibus, fletuumque stridoribus merguntur in tartarum : sed orationes et eleemosynæ præfati monasterii malignis spiritibus valenter obsistunt, et tanquam prædam ex eorum manibus multos eripiunt. Peregrinus itaque longo post tempore ad monasterium venit, et quæ sibi mandata fuerant, fratribus per ordinem nuntiavit.

Illud præterea satis indignamur, quod a quibusdam fieri non ambigimus : ut ipsi videlicet innitantur excelsæ mensæ fastigio, pauperes vero qui ab eis aluntur, inter canum greges in nudo resideant pavimento. Illi utantur mantilibus acu variante depictis, istis alimenta ponantur in gremiis. Gothfredus plane clarissimus dux et marchio mihi perhibuit in propriæ regionis historia contineri, quoniam Carolus imperator quindecim vicibus cum rege Saxonum, qui gentilitatis adhuc detinebatur errore, bellum commisit, quindecies perdidit ; tribus vero consertis postmodum præliis Carolus superavit, eumque postremo captum victor obtinuit. Aliquando sane dum Carolus idem excelsa, ut assolet, inthronizatus arce discumberet, pauperes vero, quos alebat, solotenus ignobiliter residerent, rex qui remota procul ab imperatore mensa prandebat, talia per nuntium legata direxit : Dum vester, inquit, Christus sese perhibeat in pauperibus recipi, qua fronte persuadetis nostra sibi colla submitti, quem vos ita despicitis, eique nullam honoris reverentiam exhibetis? Ad quod imperator corde compunctus erubuit : et ex ore gentilis hominis evangelicam prodire sententiam vehementer expavit. Ait enim Dominus : « Quod uni ex minimis meis fecistis, mihi fecistis (*Matth.* xxv). » Lætatus ergo rex dum a tali correptus, utpote qui necdum fidei rudimenta perceperat, jam fidei fructum, misericordiæ scilicet opera prædicabat.

Illud præterea summopere notandum est, quia pedes lavare pauperibus saluberrimum est. Unde Dominus ait discipulis : « Si ergo Dominus et magister vester lavi vobis pedes, quanto magis vos debetis alter alterius lavare pedes? » (*Joan.* xiii.) Et ut hoc mandatum firmiori adhuc auctoritate statueret, eorumque mentibus hoc arctius inculcaret, adjecit : « Exemplum enim dedi vobis, ut quemadmodum ego feci, ita et vos faciatis (*Ibid.*). » Nam cum pauperum pedes in ejus qui præcepit devotione lavantur, lavantis profecto et anima simul et corpus a peccatis abluitur. Unde et Petrus ait : « Domine, non tantum pedes meos, sed et manus, et caput (*Ibid.*). » Cur itaque Petrus non alia corporis membra cum pedibus præter manus et caput obtulit, nisi quia per hæc, opera corporis et cogitationes mentis expressit? Caput enim pro mente, manus vero pro totius ponitur corporis actione.

Porro Mainardus venerabilis Sylvæ Candidæ episcopus mihi retulit quia Nicolaus papa, piæ memoriæ, qui ante triennium ex hac in Domino luce migravit, nunquam in toto anno prætermittebat diem, quin pedes duodecim pauperibus semper ablueret. Quod si facere per totum non occurreret diem, lucidum pietatis opus explebat in nocte. Sed quoniam de privilegio misericordiæ, et eleemosynarum dignitate plus mihi datur videre quam dicere, in ejus præconium libet breviter exclamare.

CAPUT VIII.
Laus eleemosynæ.

O virtus eleemosynæ, quæ velut fluentum fontis irrigui, et peccatorum inquinamenta detergis, et æstuantium vitiorum flammas exstinguis? O felix eleemosyna, quæ de gehennæ barathro tenebrarum filios extrahis, et a loptatos luci perpetuæ regnis cœlestibus introducis! Tu de manibus pauperum volas in cœlum, et illic tuis amatoribus paras hospitium. Si vinum es, non coacescis; si panis, non emittis mucorem; si caro, vel piscis, non verteris in putredinem; si vestis præterea, nullam contrahis vetustatem : recens jugiter servaris et nova, et mox ut tuus oblator obierit, ad eum illico multiplicata reverteris. Tu de jacentibus sub criminum squalore conspicuos; tu de damnabilibus sanctos, tu facis de gentilibus Christianos. Quod nimirum Cornelius probat, cujus eleemosynæ ad divini conspectus culmen ascenderant (*Act.* x).

O dives eleemosyna, quæ tuis amatoribus præpes hæreditatem immarcescibilem, et cœlestis curiæ dignitatem! O miranda misericordiæ virtus, quæ peccatorum omnium rubiginem purgat, frementium vitiorum incitamenta mortificat, et splendore cœlestis gratiæ tenebrosas hominum mentes illustrat! Hæc Deum facit hominibus debitorem, ut regnum sibi cœlorum non jam quasi quod alienum est, quærant : sed vel uti quod sui juris est, audacter invadant. O felix misericordia, quæ de miseria quidem nasceris, sed veram tuis exsecutoribus beatitudinem paris! Tu negotiatrix omni mangone prudentior, quæ terrenis mercibus cœlestia comparas, et transitoriis æterna permutas. Felices mundinæ tuæ, in quibus datur hospitium, suscipitur habitaculum, præbetur panis exiguus, recipitur regnum, porrigitur nummus, comparatur aula cœlorum.

Inter cæteras ergo virtutes, venerabilis frater, quibus sanctitatis tuæ non ambigimus florere prudentiam, hanc specialiter arripe, in operibus te pietatis exerce, misericordiæ semper visceribus afflue : ut qui nunc Christi pauperibus miserearis, a Christo postmodum misericordiam consequaris.

Sit nomen Domini benedictum.

OPUSCULUM DECIMUM.
DE HORIS CANONICIS. AD T.... VIRUM CLARISSIMUM.

ARGUMENTUM. — Canonicarum horarum originem, et mysteria declarat, earumque utilitates enumerat. Quapropter hortatur virum quemdam nobilem, ad quem hunc libellum mittit, ut canonicas horas audire, aut ipse recitare non negligat, nullisque occupationibus a tam pio opere avocari se patiatur; officium quoque B. Virginis eidem magnopere commendat.

Domino T.... viro clarissimo, PETRUS peccator monachus orationes in Christo.

Dum tecum, dilectissime, in episcopali Ravennæ palatio colloquens, nonnulla tibi vivendi præcepta suggererem, atque ad religionis studium quibusdam te exhortatiunculis provocarem, tandem ad hoc processit oratio, ut assererem canonica septem horarum officia ab omnibus Christianis fidelibus Deo quotidie quasi quoddam servitutis pensum debere persolvi. Sed quod tunc lingua decurrente prolatum est, apicibus tradere necessarium duxi; ne quod ad momentum simplicibus verbis audisti, facilius excidat, sed subjectum oculis per styli currentis articulum memoriæ tenacius inhærescat.

CAPUT PRIMUM.
Peccatorum effectus.

Septem plane sunt principalia vitia (*Consule scholia ad calcem opusculi*), ex quibus cæteræ vitiorum pestes oriuntur: quæ nimirum sunt superbia, avaritia, vana gloria, ira, invidia, luxuria, tristitia. Hæc itaque, quia causa sunt omnium et origo malorum, sub eodem numero suos habere noscuntur effectus: septem videlicet criminalia peccata, id est, adulterium, homicidium, furtum, perjurium, falsum testimonium, rapinam, et blasphemiam. In quibus videlicet tam ceria, tam manifesta mors est animorum; ut quisquis in quolibet horum deprehensus obierit, evadere damnationis æternæ sententiam nullatenus possit. Rursus septem sunt levia, minimaque peccata, in quibus non solum peccator, sed et justus quisque quotidie labitur, etiamsi in excelso jam perfectionis culmine stare videatur. Quæ profecto sunt, cogitatio, ignorantia, inconstantia, necessitas, infirmitas, oblivio, obreptio: per quæ videlicet in quotidiana semper conversatione delinquimus, atque ideo contra peccati vulnera quotidianæ curationis necessario remediis indigemus. Unde scriptum est: « Septies in die cadit justus, et resurgit (*Prov.* XXIV). » Qui nimirum et septies cadere, et tamen justus esse describitur: quia justus esse etiam peccando non desinit, dum non ex proposito, sed ex humanitatis fragilitate delinquit.

Propter hæc igitur septem levia, parvaque peccata, quæ pro fragilitatis humanæ debilitate cavere non possumus, hoc ex magisterio Spiritus sancti a piis Ecclesiæ doctoribus institutum est, ut vota nostra Deo per unumquemque diem septies persolvamus. Hæc sane septem canonicarum horarum officia, quasi septem baptismatum lavacra, in sanctæ Ecclesiæ sunt gremio constituta: ut septem offensionum maculas, quas ex quotidiana vitæ hujus conversatione contrahimus, totidem, ut ita loquar, orationis quotidianæ fluentis expiare curemus; quatenus assiduum corruptibilis vitæ pulverem satisfactionis aura decutiat, et mundanæ conversationis lutum superfusæ orationis frequens unda detergat.

CAPUT II.

Horæ autem, e quibus loquimur, sunt hæ: Matutinæ videlicet, Laudes, quæ inter diluculum incipiendæ sunt et auroram: deinde, Prima, Tertia, Sexta, Nona, Vesperum et Completorium. Dicendum est autem quot psalmos uniuscujusque horæ officium teneat, et cur præscripto numero non infra sit, vel excedat. Matutinum denique quinque laudibus constat, quatuor videlicet psalmis et uno cantico. Et congrue dum diurna lux erumpit, Deo laudes offerimus, quia sub exterioris lucis specie solem justitiæ Christum nostris dilucescentem cordibus exspectamus, et tanquam advenienti jam sponso tota gaudens atque tripudians occurrit Ecclesia. Sic quinque laudibus, ac si totidem acceptis lampadibus adornata, et velut ultimæ jam excitationis clamore in cordis aure concepto: ecce sponsus venit, exite obviam ei, consequenter illud evangelicum specietenus impleatur: « Tunc surrexerunt, inquit, omnes virgines illæ, et ornaverunt lampades suas (*Ibid.*). »

Quod autem in hujus matutinæ laudis officio canticum quotidie psalmis adjungitur, utriusque vitæ, contemplativæ scilicet et activæ, mysterium redolere videtur. Psalterium quippe, vas videlicet in modum deltæ factum, per decem cordas plectro pulsante crispatur; canticum vero solo duntaxat organo vocis exprimitur. Quapropter illud, quia manibus indiget, operationem ac per hoc activam denotat vitam; istud vero quia ad jubilum pertinet, contemplativam. Et quoniam contemplationi paulisper, et ruptim vix ad momentum insistere possumus, jugiter autem in activæ conversationis administratione versamur; jure pluribus psalmis, unum tantummodo canticum interponimus. Sicut enim a piæ operationis exercitio ad contemplationis culmen ascendimus, et, post speculationis intimæ brevissimum punctum, mox ad ejusdem activæ vitæ ministerium declinamus; nimirum ut contemplatio nostra et ab activa vita incipiat, et in eadem necessario terminetur; sic psalmis canticum nec præponimus, nec omnino supponimus; sed altrinsecus positis hoc semper penultimum collocamus.

Porro autem quia per quatuor totius videlicet anni tempora, corpus nostrum ex quatuor nihilominus compositum elementis, actionis exercitio fatigamus, idcirco quatuor psalmos in hujus matutinalis officii celebratione concinimus. Quia vero in speculationis excessu unum sollummodo, quod procul dubio Deus est, quærimus, unum æque canticum non immerito decantamus. Quod autem et Zachariæ canticum in fine synaxis adjicitur, et quia desinente, et imminente jam Novo Testamento factum fuisse cognoscitur, ipso etiam quod dicitur tempore mystice testatur, et noctem præcessisse vitiorum et diem, sicut Apostolus perhibet (*Rom.* XIII), appropinquare virtutum. Et hæc quidem de matutinis laudibus compendiosius prælibata sufficiant.

CAPUT III.
Cur in prima hora recitetur symbolum.

Primæ autem horæ, tertiæ, sextæ et nonæ ternis æque psalmis continentur officia, sed a modernis primæ horæ congruenter catholica fides additur, quam Athanasius videlicet, Alexandrinus episcopus, divino suggerente Spiritu, sincerissime tradidisse cognoscitur. Nam quia fides fundamentum est, ex origo virtutum, recte canticum fidei primae horae conjunctum quodammodo diei totius obtinet **214** principatum. Enimvero trium horarum, tertiae scilicet, sextae, vel nonae officia, ex Danielis prophetae noscuntur ad nos emanare doctrina : qui nimirum sanctus, sicut ipsius testatur historia, in coenaculo suo conversus ad Hierusalem tribus horis in die precum vota Domino persolvebat.

Accedit autem tertiae horae, quod longe est excellentius, quia in ipsa Redemptor noster, juxta Marcum, legitur crucifixus (*Marc.* xv), eademque die hora apostolorum pectora mirificus sancti Spiritus recreavit adventus (*Act.* ii). Sexta quoque hora hoc habere privilegium noscitur, quod in ea Petrus supra coenaculum nihilominus constitutus oravit (*Act.* x), et sub diversorum animalium, reptiliumque figura, omnium salutem gentium mystica revelatione cognovit : eademque hora Salvator noster, sicut alii testantur evangelistae, revera in patibulo crucis est pro omnium salute suspensus (*Matth.* xxvii; *Luc.* xxi).

Verum ne quis forte suspicetur sanctos evangelistas, sicut videntur in verborum prolatione dissidere, ita etiam sensibus a semetipsis invicem dissentire, breviter dicimus; quia Marcus hora tertia crucifixum Dominum linguis asserit Judaeorum ; caeteri autem evangelistae sexta hora suspensum perhibent affixione clavorum. Hora siquidem tertia clamavere, dicentes : *Crucifige, crucifige* ; ac perinde Judaei crucifixere judicio, quem postmodum milites affixerunt suspendentes in ligno. Nona quoque hora proprii honoris titulo non privatur, dum in ea Dominus consummato passionis suae mysterio, spiritum emisisse describitur.

Hae igitur horae, quae inter caeteras diei horas habentur egregiae, et sic propriis singulae privilegiis, tanquam primates in turba specialium dignitatum quodammodo videntur infulis insignitae, ternarii a se invicem numeri sunt intercapedine sequestratae; ac perinde dum in earum singulis laudum vota persolvimus, eum nos colere, qui unus in Trinitate permanet, per ipsa quoque temporum curricula demonstramus. Quod autem per has quatuor horas non iidem psalmi apud diversos Ecclesiae ordines depromuntur; ut nimirum apud clericos quidem octavus decimus post centesimum sub incisionum suarum descriptionibus currat; in monasteriis autem cantica graduum consuetudinem teneant; si rem diligenter inspicimus, congruenter utrumque fieri liquido reperimus. Nam cum prolixus ille psalmus specialiter gradientium iter, non modo per mysticum dirigat sacramentum, sed in ipsa etiam verborum superficie viam frequentius sonet; canticum vero graduum ejusdem viae gradus, salvo profunditatis suae mysterio, ipsa etiam perspicui nominis expressione commendat; ad peragendum in Ecclesia Dei currentis officium utrumque perpenditur concorditer institutum. Et quia alterum ab altero intellectus varietate non discrepat, utrumlibet invicem dum cantatur, a recta concordiae linea non aberrat. Prima vero monachorum praeter Dominicum diem convenienter a capite videtur inchoare psalterii, ut cum libri principio apte concordet diei quoque nascentis origo.

215 CAPUT IV.
Cur a clericis quinque, a monachis quatuor psalmi dicantur.

Vesperum autem non eumdem psalmorum modum apud diversos ordines habet : nam apud clericos quidem quinque psalmos amplectitur; apud monachos autem quatuor solis expletur. Neutrum tamen ratione vacare cognoscitur, si dignae discussionis indagine perquiratur. Nam de quinque vesperae psalmis haec eadem non absurde ratio redditur, quae et superius absoluta de matutinis habetur. Nam quia humani generis judex nocte venturus sit, ipso docente cognoscimus (*I Thess.* v), sed qua noctis hora, videlicet utrum media nocte, an galli cantu, an mane veniat, quia perhibente ipso, sicut fur venturus est, ignoramus; recte ergo sicut in matutinae, ita nihilominus in vespertinae laudis officio, sponsum suum sancta electorum Ecclesia praestolatur, quae per numerum est quinque prudentum virginum congrue designata : cui nimirum dum quinque psalmis bonis operibus ornata conjubilat, accensis quasi totidem lampadibus in ejus occursum laetabunda festinat. Qui vero quatuor psalmos instituit, ad hoc, nisi fallor, spectasse credendus est, quia sicut quatuor sunt vigiliae militares, ita nihilominus et quatuor principales noscuntur esse virtutes, justitia scilicet, fortitudo, temperantia atque prudentia. In quibus utique per nocturnam mortalis hujus vitae caliginem jugiter vigilandum est, et in procinctu spiritualis militiae, in cujus arma juravimus, pro castris nostris longanimiter standum, et infatigabiliter decertandum. In hoc igitur vespertinae laudis officio per quatuor quos modulamur psalmos instruimur, ut erga quatuor virtutum custodiam pervigiles excubemus.

Canticum quoque B. Dei Genitricis non incongruo vespertino copulatur officio. Illa siquidem velut enienso jam longo praeteriti saeculi die, sub ipso scilicet mundi vesperascentis occasu, mox ut lumen aeterni Verbi felicis vulvae flore concepit, protinus in vocem divinae laudis erupit : « Magnificat, inquiens, anima mea Dominum (*Luc.* 1). » Ad instar ergo illius, quae mater est Christi, et tota universalis Ecclesia, quae Christianorum utique mater est, quae et idipsum lumen portat in mente, quod dudum gestavit in ventre, adversperascente jam die, digna Deum laude magnificat, et de collatis beneficiis gratias agens, spiritus ejus in Deo salutari suo gratulabundus exsultat.

CAPUT V.
Cur tres psalmi dicantur a monachis.

Completorium quoque haec diversitas variat, quod apud monachos quidem tribus, apud clericos autem quatuor psalmis constat. Sed de quatuor psalmis eadem nihilominus ratio est reddenda, quæ et de vespertinæ laudis officio est superius absoluta : videlicet ut per quadrifidæ psalmodiæ numerum doceamur **216** arripere totidem consequenter arma virtutum : quibus accincti et latrocinantium vitiorum terga perfodere, et hostiles insidiatorum spirituum valeamus impetus propulsare. Hujusmodi nempe enarrat excubias Scriptura, cum dicit : « En lectulum Salomonis sexaginta fortes ambiunt ex fortissimis Israel : unicuique ensis suus super femur propter timores nocturnos (*Cant.* 1). » Ex debito autem reddendæ rationis super tribus psalmis sancta nos Trinitas expedit; sub cujus nimirum signaculo peractum diem completorium claudit. Sicut enim primæ horæ officium, ut prætaxatum est, S. Trinitatis fidei dedicatur, ita et completorium in ejusdem S. Trinitatis assertione concluditur, ut cui totius diei cursus militare dignoscitur, in eum peracta tandem lucis clausula terminetur. Hæc itaque de diurnis horarum officiis succincte perstrinximus, ut ad quid institutæ sint, vel cur sub præfixo psalmorum calculo terminentur, enucleatius panderemus. Quisquis itaque septem hæc canonicorum horarum officia, quotidiana Deo devotione persolverit, si a gravibus illis criminibus omnimodis alienus, a levibus quoque septem, quæ superius enumerata sunt, in quantum humana fragilitas patitur, cum Dei subvenientis auxilio temperavit, ab his quæ cavere non potest, ut confidenter dicam, in examine tremendi judicii absolutus erit ; et quia nunc Creatori suo non negligit injuncta suæ servitutis obsequia reddere, tunc libera conscientia cum B. David, atque alacri poterit voce cantare : Septies, inquiens, in die laudem dixi tibi, Domine Deus meus, ne perdas me (*Psal.* cxiii).

CAPUT VI.

Quod continua Ecclesiæ oratio esse debeat.

Et quoniam ad continuæ orationis instantiam excitat nos evangelica tuba, dicens : « Quia oportet semper orare, et nunquam deficere (*Luc.* xviii). » Et Apostolus : « Sine intermissione, inquit, orate (*I Thess.* v). » Et hoc non solum die, sed et in nocte præceptum ecclesiastica impleat disciplina, diligentissime procuratum est, ut duodenis psalmis nocturnæ vigiliæ transigantur. Durum quippe fuerat, ut ægroti, sive prægnantes, ac quælibet ætatum sexumque diversitas, sicut in die per nocturna quoque horarum intervalla consurgeret, atque ad Ecclesiam festinaret.

Ut ergo laborem Ecclesiæ magistra discretio temperaret, exquisitum, atque altioris consilii dispensatione statutum, ut juxta nocturnarum horarum numerum nihilominus ad vigilias duodenis decurreret ordo psalmorum : ut quodammodo tota nox in oratione videretur expensa, dum totidem psalmos orando persolveret, quot videlicet horis et ipsa constaret. Hoc nempe nocturnum designat officium Propheta, cum dicit : « Media nocte surgebam ad confitendum tibi (*Psal.* cxviii). » Quanquam et hæc omnia, octo videlicet officia quæ descripta sunt, ita possint æqua parilitate distribui, ut ex his nocti quatuor etiam diei competenter videantur aptari ; quatenus vesperum, completorium, nocturnum, matutina laus ad noctem ; prima vero, tertia, sexta et nona congrue conferantur ad diem. **217** Cui videlicet assertioni ipsa vesperæ ac primæ videntur astipulari vocabula, dum et vesperum a stella hespero, quæ sub ipso noctis initio clarescit, denominetur ; et prima, quod a se dies incipiat, perspicua nihilominus sui nominis expressione testetur. Cumque vespera noctis, prima vero diei pandat initium, consequens est, ut ab altero nocturna, ab altero diurna inchoare perhibeantur officia.

CAPUT VII.

Mensuram refectionis excedentium pœna.

Hæc plane est quadriga duplex, in qua nunc ad cœlestia regna festinans, sancta vectatur Ecclesia : in hac denique quadriga iter diei, noctisque percurrens, illis qui dicti sunt : Currus Dei decem millia multiplex (*Psal.* lxvii), jam Deum laudando jungitur, quem postmodum videndo per speciem, eorumque felici consortio perfruetur. De quibus profecto per prophetam dicitur : « Quia non cessabunt nocte ac die clamare, dicentes : Sanctus, sanctus, sanctus, Dominus Deus Sabaoth : Qui est, et qui erat, et qui venturus est omnipotens (*Apoc.* iv). » Quanquam igitur tota justi vita oratio sit rationabiliter asserenda, tamen et nos infirmi mandatum semper oraudi a nobis impleri jure confidimus, si canonica hæc ecclesiasticæ institutionis officia quotidie persolvamus. Apud Gallias autem (ut specialis viri relatione didicimus) religiosi cœnobiorum Patres videntes plerosque fratrum traditam a B. Benedicto (cap. 59) mensuram refectionis excedere, nec se posse intra præscriptum regularis diarii limitem cohibere, cautum duxerunt, ut constitutis quibusque horarum officiis, et alios adhuc psalmos apponerent ; qu tenus victus remissioris excessum augmento valeant compensare psalmorum.

At hic forte stomachatus inquies : Quid mihi, quæso, cum regula monachorum ? Quid ad me et illa condiscere, quæ non expedit nosse ? Sed qui qramlibet suscipit tractare materiam, non illi duntaxat, cui mittit, debet personaliter satisfacere, sed rem ipsam ventilatis undique partibus explicare : ut sic unus edulium, quod concupiscit, inveniat, ne frustratus alter stomacho vacante discedat. Hæc igitur ecclesiasticæ institutionis officia, vir nobilissime et prudentissime, noli unquam qualibet oblivione negligere, noli certum animæ tuæ remedium quantislibet causarum sæcularium occupatus negotiis præterire. Porro si in Ecclesia vel a sacerdote potes audire, securum est ; alioquin si vel eques eveheris, vel ruralibus forte, sive quibuscunque laboribus exerceris, inter agendum, inter eumdem vectigal Domini, quo censitus es, ea quæ suppetit, merce persolve. Nimirum si sunt psalmi, numerus impleatur : si unus tantum, prout canon postulat, iteretur,

Quod si expers es omnimodo litterarum, sola oratione Dominica poteris implere quod optas. Hæc itaque Christianæ servitutis officia, dilectissime, non obsequium, sed debitum deputa; et non voluntati sed necessitati prorsus ascribe: ut sicut Christianum te profiteri, signum tibimet crucis imprimere, nomen Domini quotidie non desinis invocare; ita et hæc aliquando nullis occasionum obicibus audeas præterire

CAPUT VIII.
De viro quodam vio et canonicarum horarum studioso.

Ut autem salutiferis exhortationibus facilius acquiescas, quod in ipso nuper ad vos itinere gradiens didici, breviter explicabo. In Fanensi namque suburbio, tertio videlicet a mœnibus lapide, vir quidam habitat, et ordine simul et facultate mediocris: qui nimirum casu illic me adesse cognoscens, festinus accessit, et inter cætera castitatis quoque suæ munditiam, quam cum uxore servabat secretius indicavit. Monachus enim quidam ejus utique patruus uxorem illius sibimet perhibuit aliquando pertinere, qui tamen præ simplicitate nimia, nonnullos etiam extraneos, propinquos consueverat appellare. Tunc ille verbum hoc lætus arripuit, et deliberans, ait : Melius est denique certæ castitatis nitore clarescere, quam sub incerti semper incestus formidine palpitare. Hic itaque canonicas horas, et ecclesiastica, cum potest non facile omittit officia : consuevit etiam per annorum jam plura curricula ad monasterium S. Paterniani quod prope muros ejusdem urbis positum est, præcipuis festivitatibus properare, et nocturnas ille audire vigilias. Quod nimirum tam constanter agit, ut nec pluviarum inundatio ventuosa compescere, nec hiemalis possit asperitas retentare. Sæpe autem maligni spiritus eum in ipso itinere, ut terreatur, inclamant, et strepitum quidem diræ vocis emittunt, sed cujuslibet corporeæ formæ speciem non ostendunt.

Ante annum autem nocte quadam dum ad prædictum monasterium properaret, ecce lupi simul et canes, furentiumque animalium diversa portenta facto agmine insurrexerunt in eum, et ululantes undique, et oblatrantes rabidis eum aggressi sunt morsibus attrectare. At ille vix tandem ex eorum dentibus pallio simul et pileo nudatus evasit. Necdum autem ad vigilias signa sonuerant; cumque perveniens, clausas adhuc fores monasterii reperisset, ante limen se protinus in oratione prostravit. Diutius autem oratione protracta, tandem surrexit, et quod amiserat pallium simul et pileum juxta se jacere projectum vehementer expavit. Quod nimirum utrum per angelos factum sit; an ipse cruentus prædo diabolus, quod abstulerat, reddidisset invitus, dubitari potest. At non absurde crediderim, ut ipse malignus hostis, quod abstulerat, compulsus sit restituere, atque ad confusionis et ignominiæ suæ cumulum, ei quem læserat, coactus sit ministrare.

CAPUT IX.
Orationis efficacitas quanta.

Alio quoque tempore idem, de quo loquimur, vir ad prædictum monasterium nocturno silentio properabat, ad rivum autem **219** qui interfluebat perveniens (cui scilicet Argilla vocabulum est), quia aquis tunc excrescentibus intumuerat, transvadare non potuit: qui se protinus in orationem dedit, et qua completa, mira res, in ulteriori ripa se transpositum reperit. Hæc autem, vir prudentissime, idcirco tibi referenda per ordinem duximus, ut quanta super eos cura omnipotens Deus invigilet, qui ecclesiasticis occurrunt reverenter officiis, liquido monstraremus. Pudeat ergo prudentiam tuam canonicas horas negligenter omittere, quas et sanctam rusticitatem audis cum tanta gloria celebrare : imo cujus spiritus in amore Dei paulo ferventius inardescit, ad hoc etiam extenditur, ut horas beatæ Dei Genitricis audire quotidie non gravetur. Et quia se occasio præbuit, quid etiam ex hac fraterna relatione didicerim, mihi quidem non pigrum est scribere, si modo te non pigeat audire.

CAPUT X.
Horarum B. Virginis efficacia quanta.

Clericus enim quidam multis erat peccatis obnoxius, et præcipue carnalis illecebræ fetoribus inquinatus ; qui tandem languore correptus, atque ad extrema perveniens, tremefactis visceribus expavescere, et accusante conscientia, divinum cœpit judicium medullitus formidare : cumque spem in se nullius boni operis inveniret, totum se protinus ad postulandum B. Mariæ semper virginis auxilium contulit, et sub ejus patrocinium importuna cordis anxietate confugit, hujusmodi fere verbis insistens : Non ignoro, inquit, o beata regina mundi ! quia te in multis offendi, et castitatis, atque virginitatis, cujus tu mater es, ego in meo corpore signaculum violavi ; innumeris etiam peccatorum sordibus involutus sum, nec dignus invenior, te totius munditiæ principem pollutis labiis invocare : verumtamen, o janua cœli, fenestra paradisi, vera Mater Dei et hominis, tu mihi testis es, quia septies in die laudem dixi tibi, et quamvis peccator, quamvis indignus, omnibus tamen canonicis horis tuæ laudis obsequium non fraudavi.

Cumque hujusmodi verba clericus protulisset, **220** decumbenti postmodum piissima Dei Genitrix astitit, et blande consolata, peccata sibimet dimissa ex largitate divinæ misericordiæ nuntiavit. Quod tamen nos trepidando proferimus, quia utrum juxta relationis fidem vere contigerit, ignoramus. Hoc tamen procul dubio novimus, quia quisquis quotidiana prædictis horis officia in ejus laudibus frequentare studuerit, adjutricem sibimet, ac patrocinaturam ipsius Judicis matrem in die necessitatis acquirit. Hanc igitur rudem scriptiunculam et incultam, dilectissime, sæpius iterando percurre, et non qualiter, sed quid dicatur, attende : imo, ut ita loquar, non verborum culmo, vel foliis, sed medulla potius intelligentiæ delectare. Prædictam horarum obedientiam Deo jugiter exhibe, in reliquis etiam te sanctæ conversationis studiis vigilanter exerce; quatenus si nunc sub leni jugo ejus tanquam servus cervicem cordis attriveris, inter filios postmodum hæreditatis supernæ funiculum cum gloria sortiaris.

SCHOLIA.

Septem plane sunt principalia vitia, ex quibus cæteræ vitiorum pestes oriuntur, quæ nimirum sunt, superbia, avaritia, vana gloria, ira, invidia, luxuria, tristitia. Non est mirandum sanctum cardinalem inter vitia capitalia, gulam non recensuisse, quam ex aliorum doctrina (quod virum doctissimum etiam latere non potuit) commemorare oportebat. Puto tamen gulæ non meminisse, quoniam inferius inter levia peccata, in quæ etiam justum quemque quotidie labi ait, enumerat necessitatem et infirmitatem : sub quibus gulam, quæ ex genere suo non est peccatum mortale, contineri constat. Patet vero omnes modos, quibus in gula delinquimus, ex fragilitate oriri, dum prætextu necessitatis voluptas nobis insidiatur; ut aiunt Joannes Climachus, Grad. 14 et 15; Joannes Cassianus lib. IX cap. 7 De spiritu gastrimargiæ, qui huic sententiæ nostræ favere videtur, dum ait : « Infirmitas carnis ad puritatem cordis non officit, si hæc tantummodo, quæ fragilitas, non quæ voluptas exigit, usurpentur. »

Sit nomen Domini benedictum.

OPUSCULUM UNDECIMUM

LIBER QUI APPELLATUR, *DOMINUS VOBISCUM*. AD LEONEM EREMITAM.

ARGUMENTUM. — Leonem miræ sanctitatis eremitam super quadam dubitatione quid sentiendum sit, consulit; an scilicet, ut nonnullis videbatur, cum quis in cella solus officium recitaret, illas particulas, Dominus vobiscum, et Jube, domne, benedicere, tanquam unius personæ non convenientes, omittere deberet; ipse contra sentire se ait multis rationibus, ad ejus tamen sententiam confugit. Ad extremum in solitudinis laudes effunditur.

Domno LEONI amore supernæ libertatis incluso, PETRUS peccator monachus quidquid servus, et filius.

Non ignorat sanctitatis vestræ prudentia, dilectissime Pater, quia te non qualemcunque complicem, vel amicum; sed te patrem, te doctorem, te magistrum, et dominum electum mihi præ cunctis pene mortalibus habeo; meque tuæ orationis instantia, apud divinas aures misericordiæ locum invenire confido. Et quid amplius dicam? Quandoquidem meum te angelum esse constitui, ut in dubiis rebus quodcunque hæsitanti ac sciscitanti mihi consilium ex tuo ore procederet, ita protinus indubitanter acciperem ac si vox mihi cœlestis oraculi angelitus intonaret : atque ideo si quando scrupulosæ cujuslibet rei nihi subrepit articulus, antequam te consulturus accedam, hoc apud me divinam imploro clementiam; ut te quasi suæ voluntatis organum faciens, tuo mihi ore præcipiat quid me facere in objecta ambiguitate decernat : quam et nunc quoque consuetudinem tenens, hoc a te docendus inquiro, quod a multis sæpe quasi responsurus inquirentibus exigor. Nonnulli enim fratres eremiticæ sectatores vitæ frequenter interrogant, cum singulares in cellulis commorantur, utrum illis liceat dicere, *Dominus vobiscum*; *Jube, domne, benedicere* : atque ipsi, ut sunt soli, juxta morem ecclesiasticum sibimet debeant respondere. Quidam enim inter se quasi ratiocinantes, dicunt : Nunquidnam a lapidibus, aut tabulis cellulæ petenda est benedictio? aut illis dicendum est, ut Dominus sit cum eis? Quidam autem, si quo modo ecclesiasticæ traditionis ordinem deserant, se peccare, tanquam qui pensum divini servitii minuant, pertimescunt. Unde nobis, dum solutio quæritur, ad percunctationem potius mens æque nescia provocatur. His itaque quæstionum vallatus angustiis, ad angelum meum juxta consuetudinem redeo, ad fontem non Tullianæ eloquentiæ, sed divinæ potius sapientiæ trito calle recurro.

CAPUT PRIMUM
Quod sancta simplicitas, mundi philosophiæ jure præfertur.

Platonem latentis naturæ secreta rimantem respuo, planetarum circulis metas, astrorumque meatibus calculos affigentem : cuncta etiam sphærici orbis climata radio distinguentem Pythagoram parvipendo : Nichomacum quoque tritum ephemeridibus digitos abdico : Euclidem perplexis geometricalium figurarum studiis incurvum æque declino : cunctos sane rhetores cum suis syllogismis et sophisticis cavillationibus indignos hac quæstione decerno. Tremant gymnici suam jugiter amore sapientiæ nuditatem : quærant peripatetici latentem in profundo puteo veritatem. Ego summam a te quæro veritatem, illam videlicet, quæ de terra orta est, non jam in puteo ignobiliter latitantem, sed omni manifestatam mundo, perpetua in cœlis majestate regnantem. Quid enim insanientium poëtarum fabulosa commenta? Quid mihi tumentium tragicorum cothurnata discrimina? Desinat jam comicorum turba venena libidinum crepitantibus buccis effluere. cesset satyricorum vulgus suos clarnos captoriæ detractionis amaris dapibus onerare : non mihi Tulliani oratores accurata lepidæ urbanitatis trutinent verba : non Demosthenici rhetores captiosæ suadelæ argumenta versuta componant : cedant in suas tenebras omnes terrenæ sapientiæ fæcibus delibuti : nil mihi conferant sulphureo caliginosæ doctrinæ splendore cæcati. Christi me simplicitas doceat, vera sapientium rusticitas ambiguitatis meæ vinculum solvat. « Quia, » enim, juxta Pauli vocem, « non cognovit mundus per sapientiam Deum, placuit Deo per stultitiam prædicationis salvos facere credentes (*I Cor.* 1). »

Littera igitur, quæ occidit, abscedat; spiritus vivificator assistat (*II Cor.* III). « Prudentia enim carnis, » ut idem dicit Apostolus, « mors est (*Rom.* VIII); » prudentia autem spiritus, vita et pax : quoniam prudentia carnis inimica est Deo ; legi enim Dei non subjicitur, nec enim potest. Si ergo carnis prudentia nequit legi Dei colla submittere, quo pacto suffusa oculos fumo superbiæ legem Dei prævalet penetrare? Age igitur, pater, nodum mihi propositæ quæstionis ocius solve : nec patiaris humilitatis Christi discipulum grandiloqua tumentium philosophorum gymnasia circuire. Dicat mihi angelus meus, quod imperitum dialecticorum vulgus ignorat : dicat sapiens imperitia, quod stulta sapientia non apprehendit. Hæc igitur, quæ proposita sunt, pater charissime, prudenter edissere, ut postquam ad divinam perventum est sapientiam, nulli ulterius in his quæstionem expediat ventilare.

CAPUT II.
Quare dicitur, JUBE, DOMNE, BENEDICERE.

Sed hujus quæstionis nodum qualitercunque a me prius solvi fortasse præcipies, et sic postmodum proprii intellectus sententiam promes : scholasticorum scilicet more doctorum, qui sciscitantur a pueris ex quacunque propositi thematis difficultate, quid sentiant ; ut docilitatis indolem ex eorum prius prolatione deprehendant. Ego itaque te jubente moror exprimere super hac dubietate, quod sentio, salva scilicet fide : ut vel inepte prolata corrigere, vel gnaviter absoluta, tua debeas auctoritate probare. Sed non ab re videtur, si quo studio hæc Ecclesiis in consuetudinem venerint, primo nitamur ostendere : deinde quid nobis, super his quæ proposita sunt, videatur, prout supernæ gratiæ facultas tulerit, expedire. Lecturus namque magnæ humilitatis gratia non a sacerdote, sed ab eo, cui sacerdos jusserit, se postulat benedici, dicens : *Jube, Domne, benedicere.* Sacerdos autem, ut tantæ humilitati vicem reddat, non subjecto cuiquam benedicendi delegat officium ; non per semetipsum benedictionem dare præsumit, sed potius, ut a Deo, qui est super omnia, benedictio prærogetur, exposcit.

CAPUT III.
Unde ortum sit, DOMINUS VOBISCUM.

Id autem quod dicitur, *Dominus vobiscum*, sacerdotis est ad populum salutatio : orat enim ut Dominus sit cum eis ; sicut dignatur dicere per prophetam : « Inhabitabo in illis (*Levit.* XXVI). » Et Salvator discipulis suis, cunctisque fidelibus : « Ecce, inquit, ego vobiscum sum (*Matth.* XXVIII). » Qui nimirum salutationis sermo non moderno humanæ adinventionis arbitrio constitutus : sed ex antiqua sacri eloquii auctoritate probatur assumptus. Ubi si diligenter inquiritur, sæpius singulariter, et pluraliter appositus invenitur. Singulariter, sicut ad beatam Dei Genitricem angelus ait : « Ave, gratia plena, Dominus tecum (*Luc.* 1). » Ad Gedeonem quoque nihilominus angelus ait : « Dominus tecum, virorum fortissime (*Judith*. VI). » Pluraliter autem, ut in libro Ruth, Booz salutando messoribus suis ait : « Dominus vobiscum (*Ruth.* II), » et sicut in libro Paralipomenon, propheta a Deo missus invenitur salutasse Asa regem Juda cum exercitu suo victorem de prælio revertentem, quibus ait : « Dominus vobiscum, quia fuistis cum Domino (*II Paral.* XV). »

Ecclesia ergo salubri salutatione sacerdotis accepta, et ipsa resalutando orat, et orando resalutat: postulans ut sicut ille Dominum esse cum eis optavit, ita et cum eo esse dignetur, dicens : *Et cum spiritu tuo*, id est, cum anima tua sit omnipotens Deus, ut eum digne pro nostra salute possit orare. Et notandum quod non dicit, tecum ; sed, *cum spiritu tuo* : ut totum, quod in ecclesiasticis officiis geritur, spiritualiter fieri perpendatur. Et bene cum spiritu hominis esse Deus optatur, quia in mente et spiritu, ad imaginem et similitudinem Dei homo rationalis est conditus, atque ibi divinæ gratiæ et illuminationis est capax.

Sed et illa salutatio episcopalis ad populum, qua dicitur : *Pax vobiscum*, sive, *pax vobis*, non ex humani sensus studio prodiit, sed de sacræ Scripturæ similiter auctoritate profluxit. Nam et in Veteri Testamento dixisse Danieli angelus invenitur : « Noli timere, vir desideriorum, pax tibi, confortare, et esto robustus (*Dan.* X); » et in Novo pene semper ita Dominus salutasse discipulos legitur : « Pax vobis (*Luc.* XXIII, *Joan.* XX). » Quibus nimirum discipulis eamdem salutationis formam commendavit, dicens : « In quamcunque domum intraveritis, salutate eam, dicentes : Pax huic domui (*Matth.* X). » Merito ergo apostolorum successores, id est Ecclesiarum præsules, hujus formæ salutationis utuntur; domum scilicet Dei salutantes, ubi omnes oportet esse filios pacis, ut salutatio pacis super eos requiescens, et salutantibus et salutatis possit esse fructuosa.

CAPUT IV.
Quod sicut alia sacra Scriptura non subjacet mutabilitati, ita et DOMINUS VOBISCUM.

Jam igitur ex iis quæ præmissa sunt, patet, quia sicut prophetica scriptura, psalmorumque modulatio, vel etiam evangelica gratia divinitus ad nostram notitiam prodiit ; sic etiam id quod dicitur, *Dominus vobiscum*, non ex humani sensus arbitrio, sed a Veteris Novique Testamenti auctoritate descendit. Sicut ergo divinarum Scripturarum auctoritati nil pro rerum varietate subtrahitur, nil augetur ; sed potius in his ecclesiastica consuetudo servatur : ita nimirum et hæc sacerdotalis salutatio nequaquam rerum casibus est obnoxia, ut modo proferri, modo debeat silentio praeteriri; sed etiam si plures desint, illicitum est ut ecclesiastica traditio permutetur.

CAPUT V.
Quod sancta Ecclesia et una in multis, et tota videatur in singulis.

Ecclesia siquidem Christi tanta charitatis invicem inter se compage connectitur; ut et in pluribus una, et in singulis sit per mysterium tota; adeo ut et omnis universalis Ecclesia non immerito una Christi perhibeatur singulariter sponsa, et unaquaeque anima per sacramenti mysterium plena esse credatur Ecclesia. Nam et propheticis Isaac naribus tota praesens redolebat Ecclesia, cum super unius filii sui persona dicebat : « Ecce odor filii mei, sicut odor agri pleni (*Gen.* XXXVII).» Et debitrix illa mulier, quae ex praecepto Elisei parum olei quasi semen sparsit, et uberes mox fruges eodem per vascula redundante permisuit (*IV Reg.* IV), Ecclesiam utique figuravit.

Quod si per sacrae Scripturae campos diligenter inquiritur, unius viri, vel mulieris persona designari Ecclesiam crebrius invenitur. Licet enim multiplex videatur Ecclesia, propter numerositatem gentium : una tamen, et simplex est, unius fidei, et divinae regenerationis confoederata mysterio. Et quanquam septem mulieres acceperint virum unum, virgo tamen et una coelesti illi viro dicitur desponsata (*Isa.* IV). De qua nimirum Apostolus : « Despondi, inquit, vos uni viro virginem castam exhibere Christo (*I Cor.* XI).»

Ex his ergo manifeste colligitur, sicut superius dictum est, quia cum in una hominis persona tota designetur Ecclesia, et ipsa consequenter Ecclesia una dicatur virgo, sancta Ecclesia et in omnibus sit una, et in singulis tota : nimirum in pluribus per fidei unitatem simplex, et in singulis per charitatis glutinum, diversaque dona charismatum multiplex; quia enim ex uno omnes.

CAPUT VI.
Item de unitate universalis Ecclesiae.

Sancta namque Ecclesia, licet personarum sit multiplicitate diversa, in unum tamen est sancti Spiritus igne conflata : atque ideo etiam si per corporalem situm partibus videatur dividi, unitatis tamen intimae sacramentum nullatenus a sua valet integritate corrumpi. « Charitas enim Dei diffusa est in cordibus nostris per Spiritum sanctum, qui datus est nobis (*Rom.* V).» Iste itaque Spiritus, qui est procul dubio et unus, et multiplex; unus in majestatis essentia, multiplex per diversa charismatum dona, dat Ecclesiae sanctae, quam replet, ut et in universitate sit una, et in suis partibus tota. Quod nimirum individuae unitatis arcanum Veritas commendabat, cum Patri de suis discipulis diceret: « Non, inquit, pro his rogo tantum, sed et pro eis, qui credituri sunt in me per verbum ipsorum, ut omnes unum sint, sicut tu Pater in me, et ego in te, ut et ipsi in nobis unum sint, ut mundus credat, quia tu me misisti : et ego claritatem quam dedisti mihi dedi eis, ut sint unum, sicut et nos unum sumus (*Joan.* XVII).»

Si ergo credentes in Christum unum sunt, ubicunque videatur esse per corporalem speciem membrum, ibi etiam per sacramenti mysterium totum est corpus. Et quidquid est quod competat toti, quodammodo congruere videtur etiam parti : quatenus et quod conventus Ecclesiae communiter sonat, non absurdum sit, si unus homo singulariter dicat : et quod ab uno recte depromitur, a pluribus etiam irreprehensibiliter proferatur. Hinc est enim quod in conventu positi, recte omnes dicimus : « Inclina, Domine, aurem tuam, et exaudi me : quoniam egenus et pauper sum ego; custodi animam meam, quoniam sanctus sum (*Psal.* LXXXV).» Et singulariter constituti, non incongrue decantamus : « Exsultate Deo adjutori nostro, jubilate Deo Jacob (*Psal.* LXXX).» Nec abs re est, quod multi simul dicimus : « Benedicam Dominum in omni tempore, semper laus ejus in ore meo (*Psal.* XXXIII).» Et soli saepe plurali voce proferimus : *Magnificate Dominum mecum, et exaltemus nomen ejus invicem :* et multa id genus. Quia nimirum neque hic pluralibus verbis unius personae solitudo praejudicat : neque illic multitudo fidelium a singularitate discordat : quia per virtutem sancti Spiritus, qui et singulis inest, et omnes replet, et hic solitudo pluralis, et illic multitudo intelligitur singularis.

CAPUT VII.
Quod si Dominus vobiscum pro singularitate non dicitur, multa alia necesse est dimittantur.

Jam vero illi qui dicunt, nunquid lapidibus aut tabulis cellae petenda est benedictio ? aut illis dicendum est, ut Dominus sit cum eis ? Respondeant mihi et dicant, cur singulares in eisdem cellulis positi dicunt : « Venite, exsultemus Domino ? » (*Psal.* XCIV.) Dicite mihi, fratres, dicite, quaeso, pace vestra loquar, cum soli estis, quos exhortamini ? quos ad divinae laudis excubias invitatis ? cum dicitis : *Venite, exsultemus Domino;* vel illud : *Regem martyrum Dominum venite adoremus ?* Invitatorium namque hoc dicitur, et ob id procul dubio, quia per hoc ad Dei laudes fidelium populus invitatur. Si autem vos a nullo tunc prorsus audimini, quos ad exsultandum Domino exhortatoriis vocibus excitatis ?

Agite, inquam, fratres, dicite adhuc mihi, si non ad sacramentum respicitis ecclesiasticae unitatis, sed ad numerum potius praesentiae corporalis, quibus dicitis : *Nocte surgentes vigilemus omnes?* Quibus et illud : *Somno refectis artubus, surgamus omnes ocius!* Cur certe non omnes hymnos, omnes denique orationes, quae nimirum a doctoribus plurali sunt stylo compositae, vel silentio praetereuntes omittitis, vel ad singularem violenter numerum revocatis ?

Jam vero cum ad lectiones venitis, quia nefas ducitis, nullis adstantibus benedictionem petere, vel dare, cur Patrum homilias, et concionatorum sermones legitis : quibus nimirum cogente lectionis modo, populum alloqui videmini, et velut ad secundam personam, scilicet auditorum, omnia verba vestra dirigitis; atque ut ipsa homiliarum verba ponamus, quibus, quæso, dicitis : *Audite, fratres charissimi*, et cætera, quæ sequuntur, cum ibi fratres nulli sint. Quæ videlicet si vultis ad vestram singularitatem stylo reclamante violenter inflectere, quia id prorsus impossibile est, his omissis necesse jam vobis erit nova dictare. Cur etiam cum ad orationes perventum fuerit, dicitis : *Oremus;* cum nemo illic sit, qui orare vobiscum debeat? quem ad communionem orationis invitatis, qui nullum adesse conspicitis? Cur etiam in expleti officii clausula ex more subjungitis : *Benedicamus Domino;* cum præsto nullus assistat, qui vobiscum Dominum benedicat?

Hæc igitur et alia multa quæ longum est enumerare, perpendite, et ecclesiasticæ traditionis regulam sive soli, sive cum pluribus uniformiter observate. Si enim doctores Ecclesiæ id expedire decernerent, in ecclesiasticis officiis alium singulis, alium multis ordinem tradidissent; sed unum contenti remota diversitate componere, unum nos docuerunt ordinem inviolabili semper observatione tenere. Providerunt enim, quia quidquid in divinis obsequiis a quolibet Ecclesiæ membro reverenter offertur, id etiam fide et devotione cunctorum universaliter exhibeatur. Unus est enim Ecclesiæ Spiritus, quo vivificatur unum corpus, quod a Christo videlicet suo capite præservatur. Tota igitur Ecclesia diversorum quidem constat compage membrorum, sed unum est procul dubio corpus, unius fidei soliditate fundatum, una vivificantis Spiritus virtute perfusum. Unde et Apostolus ait : « Unum corpus, unus spiritus, sicut vocati estis in una spe vocationis vestræ (*Ephes.* IV). » Dignum ergo est ut quidquid in sacris officiis a quibuscumque fidelibus particulariter agitur, hoc ipsa Ecclesia per unitatem fidei, et charitatis amorem unanimiter agere videatur.

CAPUT VIII.
Quod sacrificium quod altaribus superponitur, a viris simul et mulieribus offeratur.

Hinc est enim, quod in ipsa celebratione missarum cui dicitur : *Memento, Domine, famulorum famularumque tuarum*, paulo post subditur : *Pro quibus tibi offerimus, vel qui tibi offerunt hoc sacrificium laudis*. In quibus verbis patenter ostenditur, quod a cunctis fidelibus, non solum viris, sed et mulieribus sacrificium illud laudis offertur, licet ab uno specialiter offerri sacerdote videatur; quia quod ille Deo offerendo manibus tractat, hoc multitudo fidelium intenta mentium devotione commendat. Quod illic quoque declaratur, ubi dicitur : *Hanc igitur oblationem servitutis nostræ, sed et cunctæ familiæ tuæ, quæsumus, Domine, ut placatus accipias*. Quibus verbis, luce clarius constat, quia sacrificium, quod a sacerdote sacris altaribus superponitur, a cuncta Dei familia generaliter offeratur. Hanc autem Ecclesiæ unitatem Apostolus manifeste declarat, cum dicit : « Unum corpus, unus panis, multi sumus (*I Cor.* X). » Tanta est enim Ecclesiæ unitas in Christo, ut unus ubique in toto orbe terrarum sit panis corporis Christi, et unus calix sanguinis ejus. Quoniam sicut divinitas Verbi Dei una est, quæ totum implet mundum : ita licet multis locis, multisque diebus illud corpus consecretur; non sunt tamen multa corpora, sed unum corpus Christi. Et sicut ille panis et sanguis in corpus Christi veraciter transierunt : ita omnes, qui illud in Ecclesia digne percipiunt, unum absque dubio Christi corpus fiunt, ipso testante, cum ait : « Qui manducat carnem meam, et bibit sanguinem meum, in me manet, et ego in eo (*Joan.* VI). »

Si ergo omnes unum Christi corpus sumus, et licet per corporalem speciem videamur abjungi, spiritu tamen ab invicem separari non possumus, qui in eo manemus; quid noceat, ego non video, si communem Ecclesiæ consuetudinem et singuli teneamus, qui per unitatis individuæ sacramentum ab ea nunquam recessimus. Cum enim communia Ecclesiæ verba solus profero, cum ea me esse unum, ac per præsentiam spiritus in ea me veraciter manere demonstro : et si ejus sum veraciter membrum, non inconvenienter adimpleo meæ universitatis officium.

CAPUT IX.
Quod officium membri cujuslibet speciale, toti corpori sit commune.

Porro in humano corpore aliud oculi, aliud lingua, aliud pedes, aliud manus habent naturaliter proprium. Sed neque manus solæ sibimet tangunt, nec sibi pedes incedunt, aut lingua loquitur, vel sibimet oculi contemplantur : sed quidquid potest unaquæque pars corporis specialiter agere, hoc probatur omnibus in commune conferre. Et quod unicuique membro singulari jure naturæ conceditur, hoc ab ipso corpore (quod est totum ejus) fieri judicatur : ut non incongrue et pars totius, et totum suæ parti exhibere dicatur officium. Hinc est enim ut et lingua Pauli veraciter dicat : « Laboro in Evangelio Christi usque ad vincula (*II Tim.* II); » cum lingua ejus ligata non sit. Nam ut illic sequitur : « Verbum Dei non est alligatum (*Ibid.*). » Et Petrus ad sepulcrum Christi cum Joanne cucurrerit, cum soli pedes currendi subeant ministerium (*Joan.* XX). Et Stephanus viderit cœlos apertos, cum Videre proprium sit oculorum (*Act.* VII). Et Isaac filium suum Jacob palpando tetigerit, cum tangendi vel palpandi facultas manibus sit specialiter attributa (*Gen.* XXVII). Quod ergo membrum quodlibet agere cernitur, hoc ab ipso corpore fieri irreprehensibiliter perhibetur ; et e diverso quod corpus facit, multitudo partium cooperando consentit.

CAPUT X.
Quod sacerdos, pars ecclesiastici corporis, totius Ecclesiæ convenienter utitur verbis.

Quid ergo mirum si sacerdos quilibet, qui sine dubio ecclesiastici corporis pars est, vicem salutantis ac resalutantis Ecclesiæ solus expleat, dicens: *Dominus vobiscum;* subindeque respondens: *Et cum spiritu tuo;* rursumque benedictionem solus petat et reddat; cum per unitatis intimæ sacramentum tota spiritaliter sit Ecclesia, ubi ejusdem fidei ac fraternæ devotionis fuerit una persona. Ubi nimirum unitas fidei, nec in uno solitudinem recipit, nec in pluribus scissuram diversitatis admittit. Enim vero quid præjudicat, si ex uno ore vocum diversitas prodeat, quas et si per plures lingua, una tamen fides alternat? Tota namque Ecclesia (sicut jam dictum est) unum procul dubio corpus est. Nam, teste Apostolo: « Sicut enim corpus unum est, et membra habet multa, omnia autem membra corporis cum sint multa, unum tamen corpus sunt : ita et Christus. Etenim in uno spiritu omnes nos unum corpus baptizati sumus (*I Cor.* XII); » et alibi : « Cum corpore, inquit, suo, quod est Ecclesia (*Coloss.* I). »

Si ergo tota Ecclesia unum Christi corpus est, et nos Ecclesiæ membra sumus; quid obest si corporis nostri, id est, Ecclesiæ singuli quique verbis utamur, qui cum ea unum veraciter sumus? Nempe si multi unum sumus in Christo, totum nostrum singuli possidemus in ipso : atque ideo, licet remoti procul ab Ecclesia videamur per solitudinem corporum, in ea tamen præsentissimi semper assistimus per unitatis inviolabile sacramentum. Sicque fit, ut quod est omnium, sit etiam singulorum : et quod quibusdam est singulariter speciale, omnibus quoque sit in fidei et charitatis integritate commune; ut et populus recte clamet : « Miserere mei, Deus, miserere mei (*Psal.* LVI). » Et : « Deus in adjutorium meum intende, Domine, ad adjuvandum me festina (*Psal.* LXIX). » Atque unus homo jure pronuntiet : « Deus misereatur nostri, et benedicat nos (*Psal.* LXVI). » Quam videlicet fidelium Christi necessitudinem, et communionem sancti Patres nostri tantæ certitudinis esse debere decrevere, ut hanc symbolo catholicæ professionis apponerent, et frequentandam nobis inter ipsa Christianæ fidei rudimenta mandarent. Nam mox ut dicimus : *Credo in Spiritum sanctum, sanctam Ecclesiam;* protinus addimus : *Sanctorum communionem;* ut ubi Deo fidei nostræ testimonium reddimus : ibi etiam communionem Ecclesiæ, quæ cum eo unum est, consequenter adstruamus. Sanctorum siquidem hæc est in fidei unitate communio, ut in unum Deum credentes, uno baptismate sint renati, uno sancto Spiritu confirmati, ad unam vitam æternam sint per gratiam adoptionis adsciti.

Sicut autem homo, Græco eloquio dicitur *Microcosmus,* hoc est, minor mundus, quoniam per materialem essentiam eisdem quatuor elementis homo constat, quibus et universalis hic mundus ; ita etiam unusquisque fidelium quasi quædam minor videtur esse Ecclesia, dum salvo unitatis arcanæ mysterio, etiam cuncta redemptionis humanæ unus homo suscipit sacramenta, quæ ipsi universali Ecclesiæ sunt divinitus attributa. Si ergo unus homo non ambigitur communia totius Ecclesiæ sacramenta suscipere, cur prohibeatur communia Ecclesiæ solus verba proferre, cum videlicet multo majoris momenti sint Sacramenta quam verba?

CAPUT XI.
Quod populus Israel ad ostendendam societatem altaris exstruxere congeriem.

Quod si quis adhuc his etiam nostris disputationibus calumniator exstiterit, dicens : Utique non debere a singulis usurpari, quæ communi fidelium sunt instituta conventu, ut non tam verbis, quam rationibus acquiescat, exemplum damus quod ex sacri eloquii auctoritate didicimus. Notum namque est, sicut Josue libro testante, narratur : quod filii Ruben, et Gad, et dimidia tribus Manasse redeuntes a filiis Israel de Silo, ut intrarent Galaad terram possessionis suæ, ædificaverunt altare infinitæ magnitudinis in terra Chanaan : cumque iratus graviter populus Israel adversus eos arma corriperet, interrogati, cur altare construere præter altare Domini temere præsumpsissent? Responderunt, non hoc prævaricationis causa, sed pro futuri testimonii fecisse cautela. « Ne quando, inquiunt, dicerent filii vestri filiis nostris : Quid vobis, et Domino Deo Israel? Terminum posuit Dominus inter nos et vos Jordanem fluvium, et idcirco partem non habetis in Domino : et per hanc occasionem avertent filii vestri filios nostros a timore Domini (*Jos.* XXII). »

Cur autem historiæ hujus articulum ad medium deduxerimus, si cui fortasse non pateat, breviter aperimus. Poterat nempe quorumdam simplicitas fratrum tentari, ut quodammodo segregatos se a societate fidelium ducerent, si in solitudine positi, etiam communia Ecclesiæ verba deprompere in suis orationibus non auderent. Utuntur igitur communibus verbis Ecclesiæ, ut in ecclesiastica se communione doceant permanere, atque ipsa verba animo satisfaciant fluctuanti, quæ testimonium perhibent præsentiæ fidelium spirituali. Porro autem illi altare ædificaverunt, non ad usum libaminum, sed ad vicariæ cum Israelitica plebe societatis indicium, sicut et ipsi quasi jam ex persona filiorum suorum dicunt : « Ecce altare Domini, quod fecerunt patres nostri, non in holocausta, neque in sacrificium, sed in testimonium nostrum ac vestrum (*Ibid.*). » Illi nimirum id fecerunt ad testimonium Israeliticæ societatis, nos ista dicimus ob signum ecclesiasticæ veraciter unitatis. Illi ne despicerentur a fratribus suis ; nos ne remordeamur a cogitationibus nostris. Illi terreni altaris exstruxere similitudinem; nos spiritalis concordiæ ostendimus veritatem. Illi ad ostendendum sui generis testimonium ; nos ad tenendum novæ regenerationis et fraternæ communionis inviolabile sacramentum.

CAPUT XII.
Cur bigamus a sacerdotio omnino repellitur, cum in fornicationem lapsus sæpe in Ordinem revocetur.

Quædam namque fiunt in Ecclesia, quæ superflua quidem videntur quantum ad humanæ rationis ingenium, divina autem sunt, si ad virtutis intimæ respicias sacramentum. Quis enim non miretur canonicis promulgatum esse sententiis, bigamum quempiam nullatenus posse ad sacerdotium promoveri; in fornicationem vero lapsum etiam sacerdotem, peracta pœnitentia, ad pristini juris officium revocari?- De fornicatione siquidem manifesta est apostolica sententia, qua dicitur : « Quia neque fornicari, neque idolis servientes, neque adulteri regnum Dei possidebunt (*I Cor.* vi). » De his autem, qui secundas contrahunt nuptias, ita sequitur : « Mulier, inquit, alligata est legi quanto tempore vir ejus vivit, quod si dormierit vir ejus, liberata est, cui vult nubat, tantum in Domino (*I Cor.* vii). » Quibus nimirum utriusque sententiæ verbis aperte monstratur, quia et bigami divinæ legis regulam non offendunt, et fornicatores a regno Dei pro suæ carnis intemperantia damnabiliter præciduntur (*Hebr.* ix; *Ephes.* v).

Quid est ergo, quod hi, qui non peccant, de spe sacerdotii funditus corruunt : et illi, quos a regno Dei reatus eliminat, ecclesiastici gradus fiduciam, si digne pœnituerint, non amittunt ? Nisi quia in his qui secundis nuptiis copulantur, non tam ad peccatum, quam ad Ecclesiæ respicitur sacramentum. Sicut enim Christus, qui est pontifex futurorum bonorum, et verus sacerdos juxta ordinem Melchisedech, qui videlicet obtulit agnum proprii corporis in ara crucis Deo Patri pro salute mundi, vir est unius sponsæ, totius scilicet sanctæ Ecclesiæ, quæ procul dubio virgo est, quia fidei integritatem inviolabiliter servat; ita quilibet sacerdos unius uxoris vir esse præcipitur, ut illius summi sponsi præferre imaginem videatur.

In bigamis itaque non mensura peccati, sed forma potius inquiritur sacramenti, atque in eorum reprobatione, non reatus ulciscitur, sed mystica veri sacerdotii regula custoditur; alioquin quomodo inter crimina non meretur, quod licenter fieri apostolica doctrina permittitur ? Sed et sacri canones, eos qui secundas nuptias improbant, intra Novatianorum hæresim notant. Ut ostendamus ergo nos ecclesiasticæ semper unitatis tenere mysterium, irreprehensibiliter utimur, et si non adeo necessaria prolatione verborum.

CAPUT XIII.
Quod si Dominus vobiscum *inter duos recte profertur, a solo etiam jure dicatur.*

Jam sane et hoc a fratribus meis servata charitate perquiro : si duo simul sint fratres, utrum alter alteri licenter dicat : *Dominus vobiscum ?* Nam scilicet quid est, quod ad unam personam pluraliter loquitur, et postposita **232** censura litterariæ disciplinæ, ecclesiastica consuetudo tenetur? Quantum enim ad loquendi artem, tecum potius, quam *vobiscum*, ad singularem directus personam sermo decurret. Quod si non licet, ut ad unam personam verbum plurale quis dirigat; *Dominus tecum*, necesse est singulariter dicat. Quod utique quantum a regula Ecclesiasticæ institutionis abhorreat, qui limen terit Ecclesiæ, nullus ignorat. Certum est enim quod neque beatissimus apostolicæ sedis antistes, cum videlicet obsequente ministro privata Deo reddit obsequia, neque quisquam omnino pontificum, vel catholicorum aliquis sacerdotum his verbis ad alterum singulariter utitur.

Si vero venerabilium sacerdotum consuetudo laudatur, ut solus soli recte dicat, *Dominus vobiscum :* et neque sit absonum, neque ab ecclesiastici ordinis censura semotum; quid officit, si et singulariter quis positus id ipsum dicat, dum quantum ad litteras sicut uni minime congruit, ita nec inter duos pluralis ille sermo procedit? Cum ergo ecclesiastica consuetudo tantæ auctoritatis sit, ut sibi omnis artificiosæ eloquentiæ facultas humiliter cedat, nec illi magnopere habeatur verborum cura, sed sensuum, si inter duos illa grammaticalis regula jure despicitur, consequitur etiam ut ab uno irreprehensibiliter contemnatur. Sicut igitur ecclesiasticæ auctoritatis est, ut inter duos recte dicatur, *Dominus vobiscum :* sic eidem auctoritati non est contrarium, si ab eo, qui solus est, æque dicatur ipsum.

Denique et de responsione ejus, quæ est videlicet, *Et cum spiritu tuo ;* nec non et de lectoris benedictione singulariter petenda, atque reddenda, idem est nihilominus sentiendum. Non enim hic dignus numerus personarum ; sed ecclesiasticæ potius unitatis attenditur sacramentum : ubi scilicet nec unitas excludit multitudinem, nec multitudo violat unitatem : quia et unum corpus per multa membra dividitur, et ex diversis membris unum corpus impletur. Nec in unitate corporis membrorum multitudo confunditur, nec in pluralitate membrorum unius corporis integritas violatur.

CAPUT XIV.
Quod populus Israel ecclesiasticæ inter se unitatis regulam tenuit.

Et quid mirum, si de sancta Ecclesia dicitur, quod et multiplex in unitate, et una credatur in multitudine; cum et ille carnalis Israel, quia socius erat genere, jam tunc hujus unitatis videatur inter se regulam tenuisse ? Nam et regi Edom nuntios dirigit, qui dicant : « Hæc mandat frater tuus Israel (*Num.* xx). » Et alibi cum Chananæus rex Arath pugnaret adversus Israel, atque sublata ex eo præda victor existeret, testante Scriptura, Israel voto se Domino obligans, ait : « Si tradideris, inquit, populum istum in manum meam, delebo urbes ejus (*Ibid.*). » Quod nimirum et in libro Regum manifeste declaratur, cum ab Israelitico populo ad viros Juda, redeunte David in regnum, dicitur : « Decem, inquit, partibus major ego sum **233** apud Regem, et primogenitus ego sum, magisque ad me pertinet David, quam ad te; cur mihi fecisti injuriam, et non mihi nuntiatum est priori, ut reducerem Regem meum? » (*II Reg.* xix.)

Si ergo populus ille, pro eo quod ex una stirpe

originem duceret, vel ob id potius, quia unius Dei cultum teneret, tanquam una persona singulariter loquitur, ut in multis se unum esse testetur : quid nimirum si sancta Ecclesia, quæ uno Dei Spiritu sanctificatur, et regitur, unius Fidei et Baptismi sacramentis imbuitur ad eamdem hæreditatem capessendam per adoptionis gratiam convocatur, tantam inter se habeat communionem, ut et singuli verbis omnium, et omnes verbis uti valeant singulorum? Hinc est etiam, quod divinis insistentes officiis, sæpe in unius sancti veneratione cantamus, quod toti simul Ecclesiæ convenire cognoscimus : quod videlicet qui cantus beatæ Dei Genitricis aliorumque sanctorum diligenter inspicit, indubitanter agnoscit.

CAPUT XV.
Quod quædam festivitates non suo tempore celebrantur.

Ecclesia siquidem Christi, quæ est columna immobilis, quæ regni cœlorum claves accepit, nequaquam casibus, numerisve deservit, sed omnium locutionum modos intra suæ legis jura constringit. Nec aucupatur verba, sed animas. Non itaque magnipendit præsentiam corporum, vel articulos temporum, sed ad devotionem potius et unitatem respicit animorum. « Ipsa nempe judicat omnia, et a nemine judicatur (*I Cor.* II). » Hinc est enim, quod in sacrosancta solemnitate paschali dicimus : *Deus qui hodierna die per Unigenitum tuum æternitatis nobis aditum devicta morte reserasti;* dum cuncti liquido novimus, quia (juxta calculantium supputationes) Hebræorum Pascha præcedat; circa quod Dominus passus est, et resurrexit; deinde ubi prius quotuslibet Dominicus dies occurrit, Paschalis nobis festivitas illucescit. Nam et in Ascensione Domini et sancto Pentecoste sub eodem sensu dicimus, hodie : cum et istæ festivitates consequenter juxta rationem paschalis temporis disponantur. Decollatio quoque beati Joannis Baptistæ mense Augusto celebratur, cum tamen tempore Dominicæ passionis trucidatus ab Herode fuisse minime dubitetur.

Eadem quoque ratio est et de festivitate sancti Jacobi, nec non et B. Petri, quæ dicitur a Vinculis. Cum enim Actus apostolici Scriptura dicat : « Quia Herodes, postquam occidit Jacobum fratrem Joannis gladio, videns quia placeret Judæis, apposuit apprehendere et Petrum (*Act.* XII); » deinde subjungat : « Erant autem dies Azymorum, » atque protinus addat : « Quem cum apprehendisset, misit in carcerem, tradensque quatuor quaternionibus militum custodiendum, volens post Pascha producere eum populo (*Ibid.*); » patet absque dubio, quia alio anni tempore hæc per executionem operum sunt effecta, atque alio postmodum colendis solemnitatibus instituta. Festivitates enim illæ, ut notum est, celebrantur circa metas Julii mensis, quo videlicet tempore neque Pascha celebrasse, neque Azymorum dies ille Hebræorum populus invenitur,

si tota Testamenti Veteris series recenseatur : sed quia in solemnitate paschali venerari digne non poterant, ad earum cultum aliud tempus est Ecclesiastica dispositione provisum.

Hæc autem idcirco de sacris solemnitatibus juxta compendium dixerim, ut manifeste clarescat, quia sancta Ecclesia non tam constringitur lege temporum, quam ipsas temporum vices ad suum cohibet nutum. Neque enim sub elementis servit Ecclesia, sed ipsi potius subjecta sunt, et obtemperant elementa. Unde et Magister gentium dicit : « Omnia enim vestra sunt, sive Paulus, sive Apollo, sive Cephas, sive mundus, sive vita, sive mors, sive præsentia, sive futura. Omnia enim vestra sunt, vos autem Christi, Christus autem Dei (*I Cor.* v), » atque, ut ostendat quantæ auctoritatis prærogativa sancta præcellat Ecclesiam, rursus ad eosdem Corinthios : « An nescitis, ait, quoniam sancti de hoc mundo judicabunt? Et si a vobis judicabitur hic mundus : indigni estis, qui de minimis judicetis : nescitis quia angelos judicabimus? quanto magis sæcularia? » (*I Cor.* VI.)

CAPUT XVI.
Quod in Ecclesia recte alius supplet verba alterius.

Igitur ut ad superiora redeamus, quid mirum si sancta Ecclesia, cui tanta potestas divinitus est concessa, verba sibi famulantia ita ad suum convertat arbitrium, ut vel singuli plurium, vel plures eloquia proferant singulorum? Aut quid obest, si ea, quæ aliis specialiter congruunt, ab aliis proferuntur? Certe non ignoramus, quia cum pueri catechizantur, Sacerdos interrogat : Quid petis? Ubi non puer, sed alius reddit ejus vice responsum, dicens : Fidem et cætera, quæ proprie ad puerum pertinent, alius ejus in persona respondet. Si ergo in ipso regenerationis nostræ mysterio, ubi scilicet totius humanæ salutis constat origo, recte alius verba reddit alterius : quid prohibet, si et in illis ecclesiasticis salutationibus, vel petendis benedictionibus alter respondendo suppleat locum illius, qui vacat? Nam ut alter pro altero respondere in Ecclesia valeat, non moderna temeritas reperit, sed ab apostolica potius auctoritate descendit. Unde et Paulus ad Corinthios : « Cæterum, inquit, si benedixeris spiritu, quis supplet locum idiotæ? » (*I Cor.* XIV.)

Huc accedit, quod si propter absentiam quis personarum timet dicere : *Dominus vobiscum*, vel etiam respondere : *Et cum spiritu tuo*, timeat quoque necesse est, ne dicat : *Oremus*, sed potius, orem, ne videlicet illos ad orationem videatur invitare, qui desunt : et qui sacrilegium ducit nullis astantibus benedictionem petere, vel dare, caveat etiam in fine lectionis dicere : *Tu autem, Domine, miserere nobis;* sed dicat potius, miserere mihi. Quod si omnino præposterum, omnino videtur absurdum, non vereatur Ecclesiæ verba solus edere, qui ab ea se mente, et spiritu nusquam decernit abesse :

cujus se profitetur specialiter membrum, non se a suo corpore divisum asserat prolatione verborum; sed cum Christi Ecclesia est veraciter unum, confidenter expleat suæ universitatis officium, magisque in his Ecclesiastici sacramenti servare virtutem studeat, quam congruentiam domesticæ confabulationis attendat.

CAPUT XVII.
Quod quidquid pene in divinis officiis agitur, sub figuris mysticis disponatur.

Sicut enim superius dictum est, nonnulla in ecclesiasticis observationibus fiunt, quæ in superficie quidem frivola videntur et levia ; considerata vero subtilius magnæ virtutis reperiuntur gravitate subnixa. Ut enim pauca perstringamus e plurimis, quis cum sacerdotalia conspicit indumenta, admiratione dignum inesse illis aliquid credat, nisi quid in eis figuraliter innuatur, intelligat? At si spiritualis clarescat intuitus, animadvertit cur sandalia clericorum pedes quidem a terra dividunt, pedum autem superiora ex parte tegunt, ex parte non tegunt. Considerat etiam, cur poderis usque ad talos defluat, cur superhumerale ex lini materia semper fiat; perpendit etiam, quid cingulum, quid designat orarium ; scrutatur quoque nihilominus, cur in modum crucis sit quadrata dalmatica ; cur reliquis indumentis sit superponenda casula, cur etiam manipulus in sinistra parte gestetur, quo nimirum spiritualium potius, quam carnalium oculorum, vel narium pituita detergitur.

Nec illud etiam sine causa decernit fieri, cur diaconus, qui dalmatica non est indutus, casula circumcinctus legat; cur etiam ipsa dalmatica in sinistra sui parte fimbrias habeat. Porro autem nec illa consuetudo inaniter tenuit, quod pallium pontificalibus indumentis apponitur, ut lamina in fronte Pontificis ad decorem et gloriam antiquitus ponebatur : in qua nimirum lamina nomen Domini tetragrammaton scriptum erat (*Exod.* XXVIII), quod sanctum Domini vocabatur, paucis quidem litteris constans, sed magni intellectus virtutem interius continens. Sed quid nos infinita persequimur, dum quidquid sub Veteri vel sub Novo Testamento in divinis agitur officiis, totum pene per figuras mysticas et ænigmata fieri videatur ? Quid enim tota illa tabernaculi compositio, quid numerus levitarum, quid cæremoniæ sacerdotum, quid denique vel moderni sanctæ Ecclesiæ ritus exigunt, nisi ut virtus in eis spiritualis intelligentiæ requiratur ? Atque, ut ita loquar, mysterium latet in ministerio, dum exterioris cultus exercitio arcanum allegoricæ theoriæ comprehenditur sacramentum.

CAPUT XVIII.
Peracti opusculi brevis Epilogus.

Verum his, quæ ab eruditis expositoribus expedita probantur, omissis, id quod tractandum suscepimus, ut enucleatius inclarescat, adhuc breviter replicemus. Lectoribus namque **236** nonnullis vitium arrogantiæ familiare est, præsertim si cui lepor eloquentiæ suppetit, dum patentes Scripturæ campos effrænis lingua percurrit, populari favori cor deditum spiritus elationis invadit : et dum alios per recti itineris tramitem dirigit, ipse diverticulum erroneæ confusionis incurrit. Hinc est etiam, quod mensæ lectoribus ex more dicitur : *Auferat a te Deus spiritum elationis.* Ut ergo imminenti forsitan arrogantiæ jam in ipso lectionis exordio humilitas apponatur, recte tanta subjectionis arte benedictio petitur, ut lecturo non Sacerdos, sed cui ipse jusserit, benedicat.

Sacerdotalis autem salutatio idcirco fit in Ecclesia, ut se sacerdos pacem habere cum tota plebe fidelium doceat. Præcipit enim in Evangelio Dominus, dicens : « Cum stabitis ad orandum, dimittite, si quid habetis adversus aliquem, ut et Pater vester, qui in cœlis est, dimittat vobis peccata vestra (*Marc.* XI). » Et iterum : « Si offers, inquit, munus tuum ad altare, et ibi recordatus fueris, quia frater tuus habet aliquid adversum te, relinque ibi munus tuum ante altare, et vade prius reconciliari fratri tuo, et tunc veniens offeres munus tuum (*Matth.* V). » Sacerdos ergo, ut hoc Dominicum præceptum non solum corde custodiat, sed etiam per exterioris speciem ritus ostendat, antequam Deo fundendæ orationis offerat sacrificium, per mutuæ salutationis indicium ostendit se in fraterna charitate unanimiter fœderatum. Quapropter sive præsto sint, sive desint, ipse spiritualibus oculis præsentes attendat, pro quibus orare disponit; nec abesse sibi per spirituale contubernium credit, quos in oratione secum pariter comprehendit. Obtutus itaque fidei salutationis ejus verba intendit, et accipit quod adesse cominus per spiritualem præsentiam cernit. Quisquis ergo frater in cellula singulariter habitat, communia Ecclesiæ verba proferre non timeat, quem videlicet a conventu fidelium, et si locale spatium dividit, cum omnibus tamen unitas fidei in charitate conjungit : qui licet absint per moles corporum, præsto sunt tamen per unitatis ecclesiasticæ sacramentum.

CAPUT XIX.
Laus Eremiticæ vitæ.

Sed inter hæc libet de singularis vitæ meritis pauca perstringere, et quid de præfatæ vitæ culmine sentiam, laudando potius, quam disputando; breviter intimare. Solitaria sane vita cœlestis doctrinæ schola est, ac divinarum artium disciplina. Illic enim Deus est totum, quod discitur; via, qua tenditur, per quam ad summæ veritatis notitiam pervenitur. Eremus namque est paradisus deliciarum, ubi tanquam redolentium species pigmentorum, vel rutilantes flores aromatum, sic fragrantia spirant odoramenta virtutum. Ibi siquidem rosæ charitatis igneo rubore flammescunt; ibi lilia castitatis niveo decore candescunt, cum quibus etiam humilitatis violæ, dum imis contentæ sunt, nullis flatibus impelluntur; ibi myrrha perfectæ mortificationis exsudat, et thus assiduæ orationis indeficienter emanat.

237 Et cur singula quæque commemorem?

Quandoquidem omnia illic sanctarum virtutum germina diversis venusta coloribus rutilant, et perpetuæ viriditatis gratia incomparabiliter vernant. O eremus sanctarum mentium delectatio, et intimi gustus inexhausta dulcedo! Tu caminus ille Chaldaicus, ubi sancti pueri furentis incendii vires orationibus reprimunt, et ardore fidei crepitantium contra se flammarum globos exstinguunt; ubi scilicet et nexus uruntur, et ardorem membra non sentiunt; quia et peccata solvuntur, et in hymnum divinæ laudis anima provocatur, dicens : « Dirupisti; Domine, vincula mea : tibi sacrificabo hostiam laudis (*Dan.* III; *Psal.* cxv.) » Tu fornax, ubi superni Regis vasa formantur, et ad perpetuum nitorem malleo pœnitentiæ percussa, ac lima salutiferæ correctionis erasa, perveniunt : in qua nimirum obsoletæ animæ rubigo consumitur, et scabræ peccatorum scoriæ deponuntur. « Vasa siquidem figuli probat fornax, et homines justos tentatio tribulationis (*Eccli.* xxvii). »

O cella negotiatorum cœlestium apotheca, in qua videlicet illarum mercium summa reconditur, quibus terræ viventium possessio comparatur! Felix commercium, ubi pro terrenis cœlestia, in transitoriis commutantur æterna. Felices, inquam, nundinæ, ubi venalis æterna vita proponitur, ad quam emendam etiam minimum quid solum sufficit, quod habetur : ubi brevis afflictio carnis emit cœleste convivium, et exiguæ lacrymæ risum pariunt sempiternum; possessio terrena distrahitur, et ad æternæ hæreditatis patrimonium pervenitur. O cella spiritualis exercitii mirabilis officina, in qua certe humana anima Creatoris sui in se restaurat imaginem, et ad suæ redit originis puritatem! Ubi sensus obtusi ad subtilitatem sui acuminis redeunt, et vitiatæ naturæ azyma sincere reparantur. Tu das, ut jejuniis videantur ora pallentia, et mens divinæ gratiæ sit pinguedine saginata : tu das, ut homo mundo corde Deum conspiciat, qui suis involutus tenebris, seipsum prius ignorabat. Tu hominem ad suum facis redire principium, et de exilii ejectione ad antiquæ dignitatis revocas celsitudinem. Tu facis, ut homo in mentis arce constitutus, cuncta sub se videat terrena defluere, semetipsum quoque in ipsarum rerum labentium prospiciat decursione transire. O cella sacræ militiæ tabernaculum, procinctus triumphatoris exercitus, castra Dei, « turris David, quæ ædificata est cum propugnaculis; mille clypei pendent ex te, omnis armatura fortium ! » (*Cant.* IV.) Tu campus divini prælii, spiritualis arena certaminis, angelorum spectaculum, palæstra fortiter dimicantium luctatorum, ubi spiritus cum carne congreditur, et fortis ab infirmitate non superatur. Tu vallum in expeditione currentium, tu munitio fortium, tu præsidium cedere nescientium pugnatorum. Fremat hostium circumfusa barbaries, accedant vineæ, phalaricis missilia jaculentur, vibrantium gladiorum silva densescat; qui n te sunt, lorica fidei præmuniti sub imperatoris sui invicta protectione tripudiant, et de hostium suorum dejectione jam certi triumphant. Quibus nimirum dicitur : « Dominus pugnabit pro vobis, et vos tacebitis (*Exod.* xiv.) » Vel si unus est : « Noli, inquit, timere, plures enim, inquit, nobiscum sunt, quam cum illis (*IV Reg.* vi). » O eremus vitiorum, ac procul dubio fomes, et vita virtutum ! Te lex attollit, te prophetia miratur : et quicunque ad perfectionis cumulum pervenerunt, tuum novere præconium. Porro tibi Moyses debet bis acceptæ legis Decalogum (*Exod.* xxiv, 34); per te Elias cognovit Domini pertranseuntis excursum (*III Reg.* xix); per te Eliseus duplicem magistri sui sortitus est spiritum (*IV Reg.* 11).

Et quid amplius dicam? Quandoquidem Salvator mundi in ipso redemptionis humanæ primordio præconem suum tui accolam fecit : quatenus sub ipsa jam sæculi venientis aurora ex te lucifer veritatis erumperet : post quem plenus sol veniens, mundi caliginem splendoris sui radiis illustraret. Tu scala illa Jacob (*Gen.* xxvIII), quæ homines vehis ad cœlum, et angelos ad humanum deponis auxilium. Tu via aurea, quæ homines reducis ad patriam. Tu stadium, quod bene currentes provehis ad coronam. O vita eremitica, balneum animarum, mors criminum, purgatorium sordidorum. Tu mentium secreta purificas, squalores diluis scelerum, atque ad angelicæ nitorem munditiæ pervenire animas facis. Cella nempe est conciliabulum Dei et hominum, compitum in carne degentium, et supernorum. Illuc siquidem superni cives ad colloquia humana conveniunt, ubi non tam linguæ carnis verba componunt, quam sine vocis strepitu fecunda mentium arcana patescunt. Cella namque conscientia est secreti consilii, quod habet cum hominibus Deus. O quam pulchra rerum species, cum frater in cellula constitutus nocturnas peragit psalmodias, et quasi pro divinis castris militares custodit excubias : contemplatur in cœlo cursus siderum, decurrit etiam per os ejus ordo psalmorum. Et sicut præcedentes ac subsequentes stellæ ad diem suas vicissitudines alternando perveniunt, ita psalmi, qui ex ore ejus tanquam ex quodam oriente procedunt, ad suum finem paulatim velut pari cum sideribus conviatione decurrunt. Iste suæ servitutis exhibet ministerium; illæ delegatum sibi exsequuntur officium : iste psallendo intrinsecus ad lucem tendit inaccessibilem, illæ sibi invicem succedendo, ejus exterioribus oculis visibilem reparant diem. Et dum utraque ad suum finem diverso tramite properant, servo Dei quodammodo et ipsa elementa subserviendo concordant. Cella siquidem testis est, quando divini amoris igne cor ferveat : et utrum perfectæ devotionis instantia quis Dei faciem quærat. Novit cum mens hominis cœlestis gratiæ rore perfunditur, et per compunctionis fletum lacrymarum inundantium imbribus irrigatur : ubi et si ex carneis oculis lacrymæ non erumpant, ipsa tamen amaritudo cordis a lacrymarum fluctibus non elongat; quia quod ex ramo exterioris incidentiæ non colligitur, in ipsa humidi cordis virentis semper radice servatur. Sufficit enim si mens sit flebilis, etiamsi jugiter flere non possit. Cella est ergastulum, ubi pretiosi lapides poliuntur, quatenus in structura templi postmodum sine ullo cudentis mallei sonitu disponantur.

O cella Dominicæ sepulturæ propemodum æmula, quæ in peccato mortuos suscipis, et per afflatum sancti Spiritus Deo reviviscere facis ! Tu es ab hujus vitæ turbida vexatione sepulcrum, sed cœlestis vitæ pandis introitum. Te portum tranquillitatis inveniunt, qui naufragium mundani fluctus evadunt. Te potentis medici conclave decernunt, qui vulnerati in prælio hostiles manus effugiunt. Mox enim ut in tui culminis umbram perfecto corde seceditur, omnis sauciatæ animæ livor, omnis certe interioris hominis plaga curatur. Te Jeremias aspexerat, cum dicebat : « Bonum est præstolari cum silentio salutare Domini. Bonum est viro, cum portaverit jugum ab adolescentia sua : sedebit solitarius, et tacebit, quia levabit se super se (Jerem. II). » Habitator etenim tuus elevat se super se, quia Deum esuriens anima a terrenarum se rerum obtutibus erigit, et in divinæ se contemplationis arce suspendit, a mundi se actionibus segregat, atque se in altum cœlestis desiderii pennis librat ; cumque illum, qui est super omnia, conspicere satagit, semetipsum quoque homo cum reliqua mundanæ vallis dejectione transcendit. O cella spirituale prorsus habitaculum, quæ de superbis humiles, de gulosis sobrios, de crudelibus pios, de iracundis mites, de odiosis reddis in fraterna charitate ferventes ! Tu otiosæ linguæ frenum, tu luxuriosis renibus nitidæ castitatis adhibes cingulum. Tu facis ut leves quique ad gravitatem redeant, ut jocosi scurrilitatibus parcant, ut vaniloqui se sub districta silentii censura constringant. Tu jejuniorum ac vigiliarum nutrix, tu patientiæ custos, tu purissimæ simplicitatis magistra, ac omnino fraudulentæ duplicitatis ignara. Tu facis ut vagos quosque Christi catena coerceat, ut indisciplinati moribus a sua se pravitate compescant. Tu nosti homines ad perfectionis culmen evehere, atque ad consummatæ sanctitatis fastigium sublimare. Tu facis ut homo sit teres atque rotundus, ac nulla semetipso sit inæqualitate diversus. Tu etiam hominem facis lapidem quadrum, construendis videlicet cœlestis Jerusalem mœnibus aptum : qui nimirum non ex levitate morum se versatilem præbeat, sed fixus semper in sanctæ religionis gravitate persistat. Tu homines a semetipsis extraneos reddis, et vasa vitiorum florere virtutibus facis. Tu nigra, sed formosa, sicut tabernacula Cedar, sicut pellis Salomonis. Tu lavacrum tonsurarum. Tu sicut piscina in Hesebon. Oculi tui sicut columbæ super rivos aquarum, quæ lacte sunt lotæ, et resident juxta fluenta plenissima (Cant. I, IV, V, VII). Tu namque es speculum animarum, ubi se mens humana perspicaciter intuens, quod minus est, impleat ; quod superfluum reprimat ; quod obliquum est, dirigat ; quod deforme, componat. Tu nuptialis es thalamus, in quo sancti Spiritus arrha tribuitur, et cœlesti Sponso felix anima fœderatur. Recti diligunt te, et qui te fugiunt, veritatis luce privati, quo gressus ponere debeant, non agnoscunt. « Adhæreat lingua mea faucibus meis, si non meminero tui (Psal. CXXXVI), si non proposuero te in principio lætitiæ meæ. » Illud etiam de te cum eodem Propheta alacri libet voce cantare : « Hæc requies mea in sæculum sæculi : hic habitabo, quoniam prælegi eam. Quam pulchra es, et quam decora, charissima, in deliciis ! » (Psal. CXXXI.) Sub figura tui Rachelem decor venusti vultus ornavit (Gen. XX) : et Maria optimam partem, quæ ab ea nunquam auferatur, elegit (Luc. XIX). Tu areola aromatum, fons hortorum, tu malum punicum. Licet enim nescientibus amara videaris in cortice, sed magnum est, quod intrinsecus latet, cum perventum fuerit ad suavitatem medullæ. O eremus mundi persequentis effugium, laborantium quies, mœrentium consolatio, ab æstu sæculi refrigerium, peccandi repudium, libertas animarum ! Te David petiit, cum mundi mala perferret ; et cum timidi et tenebrosi cordis tædium sustineret : « Ecce, inquit, elongavi fugiens, et mansi in solitudine (Psal. LIV). »

Et quid alios memorem? Quandoquidem ipse Redemptor hominum in exordio te suæ manifestationis invisere, ac propria te dignatus est habitatione sacrare. Postquam enim baptismatis aquam, qua lotus est, lavit, ut Evangelista testatur, statim spiritus expulit eum in desertum : « Et erat in deserto quadraginta diebus, et quadraginta noctibus : et tentabatur a satana, eratque cum bestiis (Marc. I). » Debitorem ergo se tibi mundus agnoscat, unde prædicaturum, ac miracula facturum suscepisse se Deum non ignorat. O eremus terribile malignis spiritibus habitaculum ! ubi cellæ monachorum, velut tentoria ordinata castrorum, quasi tures Sion, et quasi propugnacula Jerusalem eriguntur adversus Assyrios et contra faciem Damasci ; imo cum in eisdem cellulis uno spiritu diversa gerantur officia, dum videlicet hic psallitur, illic oratur, in alia scribitur, in aliis vero variis manuum operibus insudatur ; quis non hæc divina verba eremo congruere videat, quibus dicitur : « Quam pulchra tabernacula tua Jacob, tentoria tua Israel : ut valles numerosæ, ut horti juxta fluvios irrigui, ut tabernacula, quæ fixit Deus, quasi cedri prope aquas? » (Num. XXIV.) Et quid amplius de te dicam, o vita cremitica, vita benedicta, viridarium animarum, vita sancta, vita angelica, exedra gemmarum cœlestium, curia spiritualium senatorum ! Odor tuus cunctorum aromatum fragrantiam superat, sapor tuus super distillantes favos, super omnia mella guttur illuminati cordis obdulcat : atque ideo quidquid est, quod de te dicitur, dignitatis tuæ meritis non æquatur ; quia lingua carnis nullatenus exprimere sufficit, quod de te spiritus invisibiliter sentit, et quod tu sapis in interiori gustu, atque in medulla cordis, nunquam pene explicuit corporale organum vocis. Illi te noverunt, qui te diligunt: illi præconia tuæ laudis agnoscunt, qui in tui amoris amplexibus delectabiliter requiescunt.

Cæterum qui hoc ignorant, non prævalent cognoscere te; me etiam nihilominus tuæ laudis imparem fateor, sed unum pro certo scio, o vita benedicta, quod de te indubitanter affirmo: quia quisquis in amoris tui desiderio perseverare studuerit, ipse quidem habitator est tuus, sed ejus inhabitator est Deus. Diabolus illi suis tentationibus servit, atque illuc eum tendere, unde ipse dejectus est, gemit. Victor itaque dæmonum, socius efficitur angelorum; exul mundi, hæres est paradisi; abnegator sui, sectator est Christi. Et qui nunc per ejus vestigia graditur, peracto cursu, sine dubio ad 241 societatis ejus gloriam provehetur; atque, ut idipsum fidenter dicam, qui singularem hanc vitam usque ad finem vitæ suæ pro divino amore tenuerit, de habitaculo carnis egressus, ad ædificationem ineffabilem perveniet, domum non manufactam, æternam in cœlis.

CAPUT XX.
Clausula disputationis per apostrophen ad Leonem eremitam.

Ecce, Pater charissime, solvendam tibi quæstio-A nem fraterna pulsatus inquisitione proposui, sed et ipse interim non distuli proferre quod sensi: non videlicet ut alios arrepta doctoris auctoritate docerem, sed tibi potius, quæ imperitiæ meæ haberetur opinio, evidenter exponerem; atque ideo quidquid est prælibatis disputationibus comprehensum, non tam 242 assertionis studio, quam sub quadam tui examinis est suspensione prolatum, nec est definitiva sententia, sed disceptatio rationibus ventilata. Quapropter, charissime, omnibus, quæ a nobis utcunque digesta sunt, diligenter inspectis, vel si prave præsumpta sunt, superducta novacula protinus audenter oblittera: aut si tuis fortasse meritis sanæ doctrinæ sunt congrua, propriæ auctoritatis vigore confirma. Potui quidem quæ latius dicta B sunt, brevius comprehendere; sed libuit, fateor, accepta occasione tuæ dulcedinis alloquium protelare. Libenter enim aromatum diu species teritur, præsertim si et illius odor suavis est cui ministerium exhibetur.

Omnipotens Deus servo suo Leoni occulta inspiratione præcipiat, ut pro me misero tres per singulos dies sive lacrymas, sive gemitus fundat.

Sit nomen Domini benedictum.

243-244 OPUSCULUM DUODECIMUM.

APOLOGETICUM DE CONTEMPTU SÆCULI. AD ALBIZONEM EREMITAM ET PETRUM MONACHUM

ARGUMENTUM. — In hoc libello miserabilem suo tempore religionis statum quotidie in deterius prolabentem, ob monasticæ disciplinæ contemptum, omni animi contentione deplorat. Invehitur in monachos, qui cum mundo se nuntium remisisse profiteantur, mundanis tamen fluctibus, et negotiis irretiti teneantur. Queritur apud eos nullius auctoritatis esse leges, et instituta Patrum: quippe cum pecuniam, quam seorsum habere sub gravissimi sacrilegii pœna prohibentur, nihil veriti singuli possideant, et passim quærant. Exaggerat eorumdem levitatem et inconstantiam, quod non in cella, ut debent, permaneant: sed passim ubique evagentur, unde fiat ut in gravissima peccata prolabantur. Detestatur superbiam et arrogantiam, quod speciosis vestibus utantur, quodque sint popularis auræ per fictam probitatem affectatores. Tum externas occupationes et sæcularium negotiorum moles, quibus se implicant, graphice describit, et ante oculos ponit. Tandem concludit eosdem obsecrans, ut si suæ salutis curam habent, omnino se a sæculo subtrahant, et re ipsa, non specietenus, se mundo abdicasse omnibus palam faciant.

CAPUT PRIMUM.
Queritur de monasticæ disciplinæ lapsu.

De contemptu sæculi hujus, fratres charissimi, Albizo videlicet venerabilis eremita, et Petre de mundi rhetore jam Christi philosophe, sæpe, ut nostis, familiari quodam studio disputare soliti, tum de nostra ipsorum imperfectione doluimus, tum etiam de nonnullis hujus sacræ militiæ fratribus per abrupta vagantibus conquesti sumus. Ad tantam quippe fæcem quotidie semetipso deterior mundus iste devolvitur, ut non solum cujuslibet sive sæcularis, sive ecclesiasticæ conditionis ordo à statu suo C collapsus jaceat, sed etiam ipsa monastica disciplina solotenus, ut ita dixerim, reclinata, ab assueta illa celsitudinis suæ perfectione languescat. Periit pudor, honestas evanuit, religio cecidit, et velut facto agmine omnium sanctarum virtutum turba procul abscessit. Omnes enim quæ sua sunt, quærunt (*Philipp.* II), et contempto cœlesti desiderio, terram insatiabiliter concupiscunt. Et quia sub ipso mundi fine postmodum inhiare non desinunt, quasi post alta pelagi in littus evecti, terram remigio inaniter pulsant, dum adhuc pervicaces navigare festinant. Et cum laborandi finis procul dubio quies sit, quibus ultro quiescendi locus offertur, supervacuo laboris studio pœnaliter fatigantur.

CAPUT II.
De monachis, qui ad ea, quæ renuerant, revertuntur.

Sed esto, ut filii hujus sæculi in fluctivaga sæcularium procellarum inundatione versentur, et nunc semina, quibus propensius oblectantur, aspergant, ut non quas voluerint, postmodum fruges metant. Quid enim mihi, juxta Apostolum, de his qui in mundo sunt, judicare? (*I Cor.* v.) Nos autem, qui mundi abrenuntiationes dicimur, qui terreni fluctus naufragium evasisse gloriamur, cur ad illud denuo, velut **245** quodam vertice violenter absorbente relabimur? Cur ad ea, quæ pro divino amore contempsimus, retrogradis nitentes gressibus, male æstuanti desiderio recalemus? Cur non veremur illud inhonestæ ambitionis importunitate repetere, quod neque terrena jura, neque divinæ legis auctoritas vetuerat possidere? Porro nos fecimus, ut a nobis juste possessa jam nostra non fierent, et quæ nostri juris erant, in alienum dominium translata prodirent. Quod ergo consilium fuit in tam periculosum nosmetipsos certamen adducere, ut contra omnium humanarum divinarumque legum decreta, quarum videlicet pace fruebamur, nunc necesse sit dimicare? Nos siquidem minime lacessiti ultronea temeritate bellum movimus, et nunc contra sacræ Scripturæ sententias confligere non timemus.

CAPUT III.
Quod minus peccaverunt Ananias, et Saphira, quam monachi, qui pecunias habent.

Quis, rogo, Ananiam et Saphiram rebus propriis abrenuntiare coegit? (*Act.* v.) Sed quia partem pecuniæ uterque pro sustentanda quasi longa vita retinuit, repentinæ mortis sententiam non evasit. Et quia nequaquam juxta abrenuntiatorum regulam contenti sunt vivere, juxta prævaricatorum animadversionem coacti sunt immaturo exitu infeliciter expirare. Et quidem illi, utpote rudes, et ad fidem denuo venientes, necdum fortasse ad plenum evangelica præcepta didicerant, necdum sacri novæ doctrinæ codices ad publicum in commune processerant; attamen qui in ipso fidei tirocinio quodammodo simpliciter peccaverunt, districto quidem, sed pio judicio, sola, ut credimus, sunt corporum morte multati. Nos autem, qui cuncta sacri eloquii volumina novimus, qui innumerabilium sanctorum Patrum vitas atque præcepta post illud aureum apostolorum sæculum existentium, præ oculis assidua discussione versamus; ante tribunal Christi quid excusationis obtendere, quod tergiversationis argumentum poterimus invenire? Ecce longe nobiliores quæstus, et lucra quæque terrena non modo reliquimus, sed et perpetuam eorum abrenuntiationem non homini, sed Deo potius professi sumus. Si ergo adhuc marsupio nostro nummus includitur, si ad interni spectatoris injuriam quantumlibet pecuniæ reservatur, quid illi in reddenda ratione dicemus? qua nos defensionis arte purgabimus? Huc accedit quod illi, vacillante adhuc fide, in nulla videbantur ecclesiastica posse sustentatione confidere; nimirum dum in ipso Christianæ religionis exordio ipsæ quoque Ecclesiæ necdum fuerant per materiale ædificium fabricatæ.

Nos autem, qui ubique terrarum tam largissima ecclesiarum patrimonia cernimus, ut quotidie, dum mundus imminuta possessione contrahitur, Ecclesia copiosissime dilatetur; si tanquam de futuris alimentis lucrum carnale reponimus, dum nobis in posterum providendo ditescimus, thesauro fidei nos vacuos esse monstramus. **246** De quo Apostolus : « Habemus, inquit, thesaurum istum in vasis fictilibus (*II Cor.* iv). » Et dum cautionem, quam cum Christo pepigimus, frangimus, violatæ fidei potius tormenta metuere, quam præmia possumus de nostra conversione sperare. In conventione etenim pacti, quod inter duos fit, sponsionis vox ex utraque parte procedit : ut nimirum uterlibet, qui condicta servaverit, modum deliberati fructus accipiat; e contra qui transgressus fuerit, jacturam violatæ sponsionis incurrat.

In pactione autem illa, qua cum Deo nostro convenimus, vox nostra hæc procul dubio fuit, quia Christum sequentes, mundum, et quæque sunt mundi, abrenuntiare promisimus. Divina autem vox consequenter ad ista respondit : « Amen, inquit, dico vobis, quia vos qui secuti estis me, in regeneratione cum sederit Filius hominis in sede majestatis suæ, sedebitis et vos super sedes duodecim judicantes duodecim tribus Israel (*Matth.* xix). » Et hoc quidem, si propositæ sponsionis jura servamus; alioquin si post terga respicimus, terribile mox oraculum divinæ comminationis audimus : « Nemo, inquit, mittens manum suam ad aratrum, et respiciens retro, aptus est regno Dei (*Luc.* ix). » Ecce audivimus, qui perfectis renuntiatoribus non qualiacunque munera promittuntur, sed sedes, quibus videlicet præsidebunt judices facti, qui de suis olim timuerant excessibus judicari. Nimirum decebat, ut hæc dexteræ Excelsi immutatio fieret, quatenus qui amore perfectionis pro Christo effecti sunt pauperes, jam cum ipso divites facti communiter sedeant cœlestis curiæ senatores, sicut scriptum est : « Nobilis in portis vir ejus, cum sederit cum senatoribus terræ (*Prov. ult.*).

CAPUT IV.
Quod monachus nequeat Christum simul et pecunias possidere.

Qui vero ad ea, quæ reliquit, terrena quælibet congerendo, revertitur, sicut alienus est a sæculo, quo se decrevit exuere, ita etiam regno Dei aptus ultra non est, quod indubitanter acceptum noluit possidere. Fatuus nimirum viator, nec eo reverti potest, unde irrevocabiliter prodiit, et quo ire disposuerat, non pertinxit. Enimvero cum mundo renuntiavimus, proprietatem nostram Deum esse constituimus : et nos illius proprietas consequenter effecti sumus, ut et ille esset portio nostra, et nos peculiariter hæreditas sua. Dicimus enim : « Portio mea, Domine (*Psal.* cxviii). » Et ille nobis : « Opus manuum mearum tu es, hæreditas mea, Israel (*Isa.* xix). » Nam de hæreditate terrena scriptum est : « Hæreditas, ad quam in principio festinatur, in novissimis benedictione carebit (*Prov.* xx). » Si ergo portio nostra ipse omnipotens Deus esse dignatur, quod, rogo, divitiarum genus quispiam valebit acquirere, quod super hunc singularem thesaurum merito debeat cumulare? Thesaurus namque ille hujusmodi est, ut si solus sit, omnes in illo divitiæ valeant veraciter possideri. In pectore namque Jesu omnes thesauri sapientiæ et scientiæ absconditi sunt (*Coloss.* ii). Si vero alias atque peregrinas divitias super hunc is, qui potitur, constipare voluerit, illico vilis atque ignobilis copiæ dedignatur omnino consortium; et indigni contubernalis impatiens, dum retineri putatur, amittitur; atque hoc modo ex frustrati avolat manibus possessoris : « Nemo enim potest Deo servire et mammonæ (*Matth.* vi). »

Quapropter, o monache, vis in tuo loculo recondere Christum? excute prius nummum; neque enim in uno receptaculo congrue sociantur; nam si utrumque simul incluseris, alterum sine altero vacuus possessor invenies. Quanto quippe in egenis mundi lucris copiosior fueris, tanto a veris divitiis ærumnosius inanescis. Nummus ergo si est, in aliena protinus jura concedat, ut vacuam tui pectoris arcam Christus inveniat. Magnus nempe hospes in diversorii tui quærit angusta descendere, atque idcirco solus vult, et sine consortibus habitare. Quem enim cœli terræque non valet vastitas capere, quo pacto in exiguo tui domatis angulo niteris illi peregrinus ad cohabitandum socios adhibere? Cedat, cedat terrena pecunia, ubi cœlestis thesaurus admittitur : « Quæ enim societas lucis ad tenebras? » (*II Cor.* vi.) Quæ conventio Dei ad mammonam iniquitatis? Abjiciatur ergo pecunia, ærugini tineæque et furtis obnoxia. Vacet exedra cordis, quæ cœlesti mercimonio possit impleri : « Nolite, inquit, thesaurizare vobis thesauros in terra, ubi ærugo et tinea demolitur, et ubi fures effodiunt et furantur (*Matth.* vi). »

CAPUT V.
Quod melius est habita retinere quam abjecta repetere.

Periculosior namque est animæ pecunia cum acquiritur, quam cum ultro suppeditans possidetur. In ista siquidem terreno more est justa possessio, in illa vero feralis sæpe regnat ambitio. Salubrius ergo fuerat habita quieto animo possidere, quam abjecta non sine quodam sollicti rancoris anxietate requirere. Pudeat ergo te, o miles Christi, peritura in hoc sæculo facultate ditescere, ne in futuro cogaris nudus, et inops perpetuo mendicare. In talis quippe militiæ arma jurasti, quæ nudos et agiles expetit bellatores; onustos autem atque in Deo segnes a castrorum excubiis donativi arcet immunes. Abjurat illa malitia sarcinis prægravatum, et turpiter ante tempus merito subrogat expeditum. Non licet illic marsupia pendere nummorum, ubi thecæ tantummodo vibrantium cernuntur armorum. In bellicosa scilicet acie, inerti pecuniæ non tuto servitur, ubi constipatis cuneis assidua dimicatione confligitur. Non ille solidorum summam securus enumerat, qui circumfusa hostium multitudine telorum missilia indesinenter exspectat. Sæpe namque in talibus dum talentum metalli cujuslibet trutinatur, improvisa veniens occulti hostis sagitta, stomacho librantis infigitur; sicque fit, ut qui solus sibimet sine rei familiaris adminiculo minime videbatur posse sufficere; jam se et sua repentino casu lugeat irrecuperabiliter amisisse; et qui pauper cum Christo in libertate dedignatus est vivere, dives absque illo, sed servus pecuniæ compellitur damnabiliter interire. Audi, quid divitibus vox divina promittat : « Væ vobis, divites, quia recepistis consolationem vestram (*Luc.* xvi). » Nec te prætereat et hoc, quod Jacobus dicit : « Væ vobis, divites; divitiæ vestræ putrefactæ sunt, vestimenta vestra a tineis comesta sunt, aurum et argentum vestrum æruginavit, et ærugo eorum in testimonium vobis erit, et manducabit carnes vestras, sicut ignis (*Jac.* iii). »

CAPUT VI.
Quod avarus nummicola verius quam Christicola nuncupetur.

Audisti, obsecro, nummicola et monache, quid tibi æstus avaritiæ pariat? Audisti ad quem finem pecunia congesta perducat? Justum quippe est, cujus nunc mens amore carnis ardet in concupiscentia, illius postmodum et ipsa caro comburatur in pœna. Nunc fornax mentis invisibili concupiscentiæ ardore succenditur, dignum est, ut tunc quoque caro materialis incendii flammam inexstinguibiliter depascatur. Audi adhuc, nummicola : quod autem te nummicolam appello, a qualitate tui operis vocabulum traho, non contumeliæ in te nomen usurpo; nummos enim colis, qui pecuniam diligis. Et cum Dominus per Prophetam dicat : « Vacate et videte, quoniam ego sum Dominus (*Psal.* xlv); » vacationis quidem cultum, quem Deo debueras, nummis exhibes, circa quorum custodiam vacas. « Ubi enim est thesaurus tuus, ibi est et cor tuum (*Matth.* vi). » Quocirca sicut qui Christum colit, jure Christicola dicitur; ita et qui nummis per custodiam servit, non immerito nummicola perhibetur. Sed adhuc fortasse proprii cordis sequi arbitrium judicor, si etymologiam nominis hujus sacræ Scripturæ testimoniis non affirmo. Ipsa nempe Veritas dicit : « Non potestis Deo servire et mammonæ (*Matth.* vi); » ac si aperte dicat : Nemo potest Deum simul et pecunias colere. Quod Apostolus manifestius declarat, cum ait : « Hoc autem scitote, intelligentes, quod omnis fornicator, aut immundus, aut avarus, quod est idolorum servitus, non habet hæreditatem in regno Christi et Dei (*Ephes.* v). »

Tot ergo criminibus simpliciter enumeratis dum solam avaritiam idolorum asserit servitutem, luce clarius docet avarum non Dei, sed nummorum, ac per hoc dæmoniorum esse cultorem.

Sed dum in exponendo nummicolæ nomen diutius immoror, ab effundenda ipsa nummorum congerie manum disputationis, imo dissipationis averto. Facta igitur tibi de proprio nomine satisfactione, nummicola, jam quod dicturus eram vigilanter ausculta. Audi ergo quid de te, tuisque similibus Veritas dicat : « Difficile, inquit, qui divitias habent, intrabunt in regnum cœlorum (*Matth.* xix). » Et hæc quidem sententia de iis, qui divitias juxta morem sæculi possident ; cæterum hi, qui rejectis omnibus, denuo ad vomitum sunt relapsi, nisi resipiscant, regnum cœlorum nulla, vel cum difficultate, possunt fiducia promereri.

CAPUT VII.

Quod etiam parva pecunia monachi animam immaniter lædat.

Sed ex isto nummicolarum numero cerebrosus quisquam fortasse non deerit, qui mihi ad ista respondeat : Divitiarum me cur mordaciter impetis, quem perexigua summa contentum vix paucos habere obulos cernis? cumque hoc propriæ fragilitati consentio, relevandæ tantummodo futuræ necessitati prospicio ; non affluere divitiis quæro. Teste siquidem totius fraternitatis meæ conventu, a filo subtegminis usque ad corrigiam caligæ de monasterii mei facultatibus non accipio : et si propriis me quibuscunque reculis prorsus evacuo, qualiter vivo? Ecce proprietarius noster, sive melius, ut ante, nummicola, paupertatis patrocinio utitur, ut ipse dives irreprehensibiliter videatur; et quibus argumentorum fucis mortale vitium palliat, ut quodammodo sepulcrum fœdis cadaveribus plenum superductæ calcis albore candescat?

Age, frater, si ex monasterialibus impensis commodum tibi sperare licuisset, nunquid non vestes, quas mox ut præberentur indueres, non autem pecuniæ lucra darentur, quæ loculis famulatura servares? Cur non eodem compendio utcris in his etiam quæ ab extraneis conferuntur? Videlicet ut percepto quolibet munere mox necessaria redimantur, et virus apud te pecuniæ non moretur? Hoc enim modo et indigentiæ tuæ velox consolatio provehit, et lepra pecuniæ fœdis te maculis non aspergit. Cur autem tibi de exiguitate pecuniæ tanquam securus applaudis, qui tibi sic chalcum, sicut et ipsum assem prohibitum esse non ambigis? Cui vero tota ei cujuslibet universitas intercluditur, excusationis aufugium de minutiis non lucratur : et cui totum cessit, pars procul dubio non remansit ; præsertim cum hæc sit mentis humanæ natura, ut ita occupetur circa minima, si sit indigens, sicut erga multa, si dives. Sive enim sumptuosa divitiarum inundatione circumfluas, sive tenuissima te rei familiaris augustia premat, sententia illa mutari non potest : « Ubi est thesaurus tuus, ibi est et cor tuum (*Matth.* vi). »

Crœsus et Amyclas, diversi quidem possessores, sed non diversas circa hæc, quibus fruuntur, exhibent voluntates. Licet enim ille aureos metiatur, iste millium numeret, discreta quidem facultatum quantitate cæduntur, sed non dissimili circa illa, quæ cuique viritim suppetunt, amore tenentur. Porro si exiguus mus, vel quodcunque reptantium in quamlibet capacissimam tunnam casu decidat, nunquid non protinus cum securibus hinc inde concurritur, totum, quidquid illud erat, effunditur, cunctisque screantibus, vomitum minante stomacho nauseatur? Si tenuissima veneni stilla pando oleris aheno diffunditur, nonne totum, esculentius licet, edulium prorsus abominabile judicatur?

Si ergo perexigua mala largissima sæpius bona corrumpunt, quo pacto te de lenocinante conscientia jactas, quia minimum est, quod contra professionis tuæ propositum privata proprietate possideas ? Nam juxta Apostolum : « Modicum fermentum totam massam corrumpit (*I Cor.* v). » Et alibi : « Qui modica spernit, paulatim decidit (*Eccli.* x). » Neque enim primi parentes nostri ex illo prohibito pomo (*Genes.* iii) frequentibus sunt conviviis crapulati, cujus una tantum leguntur infausta perceptione corrupti ; sed non idcirco momentaneæ ultionis perplexi sunt pœna, quia diutius non perstitere transgressores in culpa.

CAPUT VIII.

Qualiter ad veras possit monachus divitias pervenire.

Si ergo, frater, quisquis es, sumptus te delectat acquirere, unde futuræ possis occurrere paupertati, veras providus divitias appete, veræ etiam paupertatis inopiam pertimesce. Illius namque paupertatis intuitu, facillime paupertas ista contemnitur ; illarum comparatione divitiarum omnis terrenæ substantiæ copia, tanquam littorea alga despicitur, quæ pedibus conculcatur. Igitur si vere contendis inopiam tædiosissimæ illius paupertatis evadere, stude in agro cordis tui optimarum frugum sationibus insudare. Teste enim Apostolo : « Qui seminat in spiritu, de spiritu metet vitam æternam (*Gal.* vi). » Et iterum : « Bonum autem facientes non deficiamus ; tempore enim suo metemus non deficientes (*Ibid.*). » Illud summum et unicum granum in novalibus tuæ mentis occulta : quod videlicet cadens in terra mortuum fuit, et multum attulit fructum (*Joan.* xii). Hoc tibi thesaurus, hoc tibi sit omnigenarum ubertas frugum. In illo acquirendi finem constitue, in illo omnem utriusque vitæ fiduciam pone. Dominus enim omnium est, et dives in omnes qui invocant illum (*Rom.* xxvi).

Enimvero si granum illud competenti cura servare studueris, videbis apothecas interioris cellarii tui, auri, et argenti omniumque divitiarum talentis affluere. Videbis et horrea tua novo proventu segetum incomparabiliter redundare. Illum ergo thesaurum curiosa sollicitudine jugiter excole, circa illum nocturnas diurnasque excubias vigili sedulitate dependе. In illo enim uno omnium dives eris, nec eorum, quæ tibi fuerint necessaria, copia poteris indigere. In illo quippe possidebis aurum divinæ sapientiæ, argentum ædificatricis eloquentiæ. In illo diversa pallia decoræ et honestæ conversationis, bis tinctum videlicet coccum geminæ charitatis, colobium nitidæ castitatis. In illo byssum patientiæ, flammeum birothinum divini timoris, purpuram regiæ dignitatis. Quia enim muriceo sanguine tingitur, ut in purpureum colorem lana vertatur, quisquis solio recti examinis ita præsidet, ut omnes suæ carnis illecebras, vitiorumque barbariem violento imperio mortificare festinet, hic rex non immerito dicitur, et spiritualis purpuræ, decore vestitur. In illo diupisticum virentis semper spei, nimirum vocatus in hæreditatem incontaminatam, immarcescibilem, conservatam in cœlis (*II Pet.* 1). In illo habebis annulum fidei, armillas perfecti in activa vita operis, dextralia etiam speculativæ contemplationis. « Leva enim ejus **251** sub capite tuo, et dextera illius amplexabitur te (*Cant.* II). »

Et quid tibi plura pollicear? quandoquidem in illo omnium virtutum gemmis, cunctorum perfrueris charismatum margaritis? Nec tibi deerunt omnium mundorum scilicet immundorumque animalium greges, quæ sub virga tuæ transeant disciplinæ. Immunda siquidem vitiorum armenta sub tuæ ditionis imperio domabuntur; munda vero interioris tui hominis ventrem suavissimæ refectionis dapibus saginabunt. Ovini velleris turma delicatius accurata, dulcis innocentiæ præbebunt tuis ferculis alimenta. Domesticæ altilium carnes non cessabunt in te divini amoris augere pinguedinem. Universa genera volucrum super mentis tuæ mensam sumptuosius instruent spiritale convivium; at vero taurina cervix superbiæ suppositum tuæ ditionis emugiet jugum. Equinæ luxuriæ effrenata libertas sub te chamati oris mandet insatiabiliter ferrum. Omnes belluæ vitiorum, universa portenta reptilium tremefacta pavebunt tuæ dominationis imperium. Et hæc quidem omnia in hac vita in tuum cedent ultro peculium, si pretiosum illum ac singularem, quem prædiximus, caute studueris custodire thesaurum.

Cæterum in illa veræ beatitudinis vita quanta tibi, et quam potiora dabuntur, non est, fateor, nostrarum virium disputare, non est nostræ facultatis evolvere. Hoc tantum ad compendiosum inexplicabilis negotii exitum referre sufficiat, quia hoc accepturi sunt, qui mundum perfecte reliquerunt: « Quod oculus non vidit, nec auris audivit, nec in cor hominis ascendit, quæ præparavit Deus diligentibus se (*II Cor.* II). »

Hunc ergo thesaurum, Christum videlicet, Deum et Dominum nostrum, qui nobis factus est redemptor et pretium, ipse promissor et præmium, qui et vita est hominum et perennitas angelorum, hunc, inquam, in exedra tui pectoris diligenti cura reconde. In illum omnem cujuscunque necessitatis sollicitudinem projice. In ipso per assiduæ orationis colloquium delectare. In ipso te vigilibus sanctarum cogitationum epulis refice. Ipse tibi sit cibus, ipse nihilominus indumentum. Si contigerit autem, ut etiam cujuspiam commodi exterioris indigeas, nihil hæsites, nihil de ejus fida promissione diffidas, qua pollicetur, dicens: « Primum quærite regnum Dei, et hæc omnia adjicientur vobis (*Matth.* VI). » Qui enim sitientibus Israeliticæ plebis agminibus ex illo aridæ metallo rupis uberes aquarum rivos jussit effluere (*Exod.* XVI), qui esurientibus cœleste manna per annosa temporum potuit spatia ministrare, qui innumeram ortygometrarum multitudinem præcepit in murmurantium castra descendere, uni homuncioni suis jugiter obsequiis insistenti non poterit necessaria providere? Et qui per quadraginta circiter annorum curricula infinitæ illius turbæ vestimenta servavit illæsa, difficile sibi est attritis veteribus novas tibi exuvias reparare? Nos certe nos minimæ fidei, compellimus Christum esse tenacem. Nempe pusillanimorum diffidentia facit pauperem Christum; at plena fides divitem illum et largum in exhibendis experitur. Satage tantum in his te **252** exercere, quæ jussit, et nulla prorsus ex his maneat dubietas, quæ promisit. Sit securus exactor, ubi ad reddendum promptus est debitor. Sine causa diffiditur, ubi ille promissor est, qui nunquam mentitur. Securus creditor graditur, cum simplex veritas promissione tenetur

Hæc autem de proprietatem habentibus monachis brevi perstringere compendio duximus; nunc autem ad eos, qui equinis vectationibus assidue delectantur, disputationis articulum transferamus.

CAPUT IX.
De monachis assidue discurrentibus.

Nec reor de vestra excidere potuisse memoria, fratres charissimi, quia sæpenumero de hac quoque monachorum pernicie concordi inter nos familiaritate doluimus: et inquietis fratribus ac vagationis vitio pereuntibus, fraternæ charitatis affectu compassi sumus. Sunt namque nonnulli, quibus dum sæculi militiam bajularent, pertæsum erat sub humanæ servitutis jugo huc illucque discurrere, adeo ut deliberarent ad monasteriale otium libertatis amore transire; nunc autem tanto sunt pestiferæ inquietudinis ardore succensi, ut si quando non præbetur occasio dictans longius progredi, tenebroso carceralis custodiæ videantur horrore concludi: quod procul dubio fieri antiqui hostis non ignoratur astutia. Quos enim adhuc sessor nequissimus equitat, idcirco importunis vagandi calcaribus urget, ut et ipsi ad sæculi vanitatem redeuntes pereant, et alios ab arripiendo tramite veræ salutis avertant. Sunt enim quamplures in sæculari habitu constituti, qui nisi ad hunc monasticæ institutionis portum, Christo duce, confugiant, aliter se in illis procellosis mundani pelagi fluctibus salvari posse omnino diffidant.

CAPUT X.
Quid laici de monachis sæcularibus dicant.

Sed cum contemplantur eos qui nuper cuncta quæ mundi sunt, cum magno fervore contempserant, nunc ad sæcularium negotiorum turbinem inhianter redigi, et in ejusdem, quam evaserant, cœnosa volutabri fæce versari, stupor mirantibus oritur, suspirium ab imis visceribus trahitur, et in eorum mentibus desperatio generatur. In semetipsum namque unusquisque hujusmodi querelam deponit, dicens : Væ, væ, ubi ego propriæ salutis spem posui? Cur autem capitis mei periculo ad ordinem illum transire decrevi? Paulo minus brevi puncto corpus simul et animam perdidi. Pene me in ignem apertis oculis propria voluntate conjeci. Quis enim illo ferventior aliquando monasterium petiit? Quis, ut videbatur, animosiori constantia ad Christi militiam properavit? Nunc autem omnium, quæ promisit, oblitus, in terrenis se negotiis jugiter versat, sæculum tractat, sæculum spirat : et quem mihi mortificationis habitus dissimilem reddit, mecum mundo non **253** dissimiliter vivit. Plane, ut perspicuum est, mutare corpus exteriorem speciem potuit, sed mens in eo, quo fuerat statu, male fixa permansit. Quid mihi conversionis ejus incentores accusare? In rebus siquidem bellicis solummodo commilitonem perdidi, sed in reliquis terrenis actibus socium non amisi. Mecum certe forenses lites agitat, mecum in tribunalibus judicum perorare non cessat, mecum importunus atria principum penetrat, mecum simul eorum auribus consilia terrenæ profunditatis instillat.

Sed qua temeritate socium nuncupare præsumo, quem jam consuetudinaliter socium, sed in cunctis tanquam pedissequa, vix præambulum sequor? Sane tantum a populo gloriam de sua conversione lucratur, ut supervenienti omnes assurgant, quidquid attulerit, velut prophetiæ oraculum credant, et devotionis illi obsequium reverenter exhibeant. Sed videlicet quantum ad carnem, nequaquam infructuosa illius creditur fuisse conversio; quia qui sæcularem vestem non cum mente deposuit, sæcularem pompam callidus permutator plenius acquisivit.

Has itaque, atque hujusmodi murmurationes dum detrectatores effundunt, quantis sit occasio pereundi in sæculo pervagatio monachorum quis enumerare sufficiat? Facilius enim in sæculari habitu etiam perire deliberant, quam perditorum exempla sequendo, utrumque simul, ut aiunt, sæculum perdant. Et revera non est mirandum, si videntibus hoc scandalum nascitur, quod et Deo, et sacræ auctoritati probatur esse contrarium. Ait enim Apostolus : « Nemo militans Deo, implicat se negotiis sæcularibus, ut ei placeat, cui se probavit (*II Tim.* II). » Et ipse Dominus admonet discipulos suos, dicens : « Cavete, ne graventur corda vestra in crapula, et ebrietate, et curis hujus sæculi (*Luc.* XXI). »

CAPUT XI.

Quod discursio monachi et virtutes expellat, et vitiorum multitudinem introducat.

Ex hac namque inquietudinis venenata radice tot vitiorum propagines oriuntur, ut in quocunque vigere cognoscitur, omni monasticæ perfectionis fructu velut arbor arida denudetur. Et tanquam grossi ficulneæ ventis expositi stare nequeunt, sic in illo diversis mundi tentationibus hinc inde perflantibus bonorum operum fructibus permanere non possunt. Hoc namque vitium tantæ violentiæ est, ut postquam sibi in pectore monachi semel imperium vindicaverit, mox ex maxima parte, si inest virtutum chorus, abscedat ; nonnulla vitiorum portenta velut ergastulum proprii juris irrumpat. Nam ut pauca referantur e multis, monachus in itinere positus tenere jejunium nequit, quia hospitalis ei humanitas non permittit; non sapienter psallit, quia obambulantis comitatus eum loquacitas impedit; nocturni non insistit excubiis, quia secretum deest singularitatis; flectendis genibus non insudat, quia sanctæ devotionis studio labor itineris non concordat; nequaquam sub silentii censura constringitur, quia frequenter emergentibus causis, invitus etiam per multiloquia diffrenatur.

254 Quid dicam, quia lectioni vel orationi minime vacat, quem extra semetipsum egredi, et terrena quæque tractare imminens potius necessitas dictat? Charitas in eo minuitur, quia mens, quæ tot actionum sæcularium ventos recipit, ab amoris intimi fervore tepescit. Suum quoque castitas mentis dispendium patitur, quia nonnunquam mens concupiscentiæ telo confligitur per carnis speciem, quam exterius contemplatur. Robur etiam patientiæ frangitur, quia quodlibet inceptanti dum sæpe contra votum repentini casus emergentes obviant, qui suum accelerabat explicare negotium, non æquanimiter portat : et talia tunc per impatientiam verba profundit, quæ cum ad otium revertitur, ultricibus lacrymis graviter punit. Sobrietatis regula non servatur, quia dum lautioribus cibis convivii apparatus instruitur, dum hospitalis officii sedulitas exhibetur, quia inhumanum putat invitantium precibus non condescendere, delectat etiam ventri sub charitatis specie molliter indulgere. In quo nimirum articulo in mente servi Dei sæpe dubietas oritur, ne videlicet unde sobrietati consulitur, inde quoque hypocrisi (quod abominabile est vitium) serviatur. Unde apud quosdam sobrietatis modus omnino contemnitur, ut hypocrisis quoque nota procul abesse videatur. Sed hoc modo in eo, quod discrete agi creditur, discretio non tenetur. Ille enim scit recte discernere, qui virtutem novit a vitio separare : qui autem cum zizaniis simul etiam triticum eradicat, hic procul dubio vim discretionis ignorat. Quisquis ergo solo supernæ remunerationis intuitu sobrietatis limitem non excedit, et hypocrisim sub humilitatis suæ pedibus calcat, et custoditæ sobrietatis præmium incunctanter exspectat.

Ut autem adhuc quoque de monacho discurrente dicamus, lacrymarum compunctionem quibus peccata defleat, non habet ; quia mens arida, quæ per æstum terrenæ conversationis incedit, dum perfundi rore sancti Spiritus non meretur, arescit : et terrenarum cogitationum cœno plena, quia aquam capitis interius gratia largiente non concipit, nullas extra se lacrymas fundit. Aliquando fortasse circumfusis auditoribus prædicat, sed repente vana gloria subripit, et quasi ex insidiis prodiens, cum, qui aliis medebatur, occidit. Si autem et hoc præcavens, sub silentii se censura constringit, nihil eorum posse perficere, quorum gratia venerat, erubescit. Si morosæ gravitatis, ut dignum est, speciem servat, valde pertimescit, ne et hic hypocrisis notam simulator incurrat. Si autem a suæ mortificationis rigore quantumlibet se in lenitatem resolvit, hic etiam multo minus securus est, ne videlicet suo exemplo alios destruat. Si quando inter dissidentes sequestræ pacis vult reformare concordiam, si districte veritatem exsequitur, reconciliationis inter eos unitas non conflatur; quod si uti mendaciis acquiescit, peccati laqueos non evadit. Cum vult peccantes arguere, culpam non minimam deputat, tot proximorum suorum adversum se odia concitare. Videre autem, et conticescere, quid aliud arbitratur, nisi prave agentibus consentire? Et hæc quidem ex illis, qui quantolibet calent superni fervoris igniculo. Cæterum frigidi quique, qui spretis divinæ militiæ castris, ad mundanæ vertiginis molam sinistro postliminio revolvuntur, quam judicabiliter agant, quam inconsiderate vivant, referant qui volunt. Nobis consultius videtur, eos pia compassione deflere, quam exsecrandæ conversationis gesta conscribere, ne quibus solas compatiendi lacrymas debemus impendere, his videamus censoriis litteris obtrectare.

CAPUT XII.
Quæ mala infelix anima monachi patiatur, cum ad inferiora revertitur.

Hoc autem absolute dicimus, quod tantis insidiarum tendiculis hoc tempore mundus ille densatus est, ut quisquis hujus sacri ordinis desiderat innocenter vivere, ab illius processu cautissime se expediat abstinere : cujus videlicet iter si sæpe terit, procuratos insidiarum laqueos non evadit; et tanquam arbor munientis se corticis defensione nudata, nec virtutum fructus afferre, nec vitiorum quasi terendorum scaturientium cariem poterit evitare. Cum vero ad propriæ habitationis claustra revertitur, cominus illum quasi quædam conglobata turba omnium quæ viderat, vel audierat, comitatur, ut tumultuantium negotiorum strepitum, quem illic tolerabat in corpore, multo ingruentius, multoque importunius hic patiatur in mente; præcipue si orationi vacare enixius cœperit, ecce phantasmata cogitationum, ecce imagines, quas viderat, rerum, ita ut in quolibet angulo constitutus, videatur sibi ludis theatralibus interesse, vel inter agitantes forense litigium residere. Et quidem homo renititur, et quasi circumvolantes muscas abigere a suæ mentis ore conatur. At illæ mox, ut abscedunt, protinus redeunt; illico ut repelluntur, assistunt : ut quasi fugitivum suum persequentes capere, et in propriæ servitutis moliantur exercitia revocare. Tunc infelix anima discit, quanti sibi constiterit, quod se per latitudinem sæculi inaniter relaxavit. Tabescit enim sicca, obscura, lapidea; in modum namque lapidis obdurata, nec in lacrymarum fluenta prorumpere, nec lumen potest tenebris undique circumfusa videre. Psalmorum quidem mysteriis intendere nititur, sed tanquam lippientibus oculis intolerabili lumine reverberatur. Anhelat virtute, qua potest, ad summa contendere, sed quodam suo pondere prægravata, in imis cogitur humiliata jacere. Cui propheticum illud non inconvenienter aptatur : « In tenebrosis collocavit me quasi mortuos sempiternos, circumædificavit adversum me, aggravavit compedem meum, sed et cum clamavero, et rogavero, exclusit orationem meam (*Thren.* III). » Mœret, anxiatur, anhelat; et quia nec ipsam hanc ejus miseriam sibi flere permittitur, acriori doloris amaritudine repleta turbatur. Saltem hanc ploratus vocem cum propheta daretur effundere, qua dicitur : « Idcirco, inquit, ego plorans, et oculus meus deducens aquam ; quia longe factus est a me consolator, convertens animam meam (*Thren.* I). » Sed infelix illa anima, cum et se flebilem videat, et tamen flere non possit, quam procul sit a salute, quasi in quemdam lacum devoluta miseriæ, longius conspicit. Nimirum cum flere via tantummodo sit, ut peccatorum valeat ad indulgentiam pervenire : ergo cum illa reatum suum plangere nequeat, videtur sibi, quod necdum etiam in viam pedem posuerit, quia pertingere ad indulgentiam possit.

Huic simile est, quod ex imperfectorum persona per Prophetam dicitur : « Concupivit anima mea desiderare justificationes tuas in omni tempore (*Ps.* CXVIII). » Qui enim legem Dei, quæ procul dubio justificatio ejus est, omni tempore nondum desiderat, sed jam desiderare concupiscit, jam quidem utcunque eminus suspicit, sed nequaquam perfectionis alta conscendit. Fit ergo menti miseræ tam tenebrosa confusio, ut quocunque se verterit, se versari in sæculo videat, cum sæculum sine se esse indubitanter agnoscat. Cum illo itaque est, quod cum ipsa non est; quia scilicet mundum, quem corporali digressione deseruit, secum per phantasticas imaginationes in mente depingit. Enimvero ista in humana mente calamitas, et peccatum est, et pœna peccati. Justum quippe est, ut quod quisque volens admisit, patiatur invitus. Nimirum ut qui noluit se intra secretum sui ordinis cohibere, cum potuit, nequaquam sæculo carere potuisset etiam cum reliquit.

Mens igitur humana tantæ egestatis atque penuriæ necessitate constricta dolet, gemit, atque ab imis visceribus suspirium trahit ; quia videlicet recessus sui munditiam vagationis vitio perdidit, et se rursus in volutabro sæculi velut sus lutulenta provolvit (*Prov.* XXVI; *II Petr.* II). Tunc se levitatis atque inconstantiæ mordaciter arguit ; se vagam atque fallacem vehementer accusat, et Dei judicium rectum esse, et æquitatis jura tenere veraciter probat, dicens cum propheta : « Bonus est Dominus sperantibus in eum, animæ quærenti illum. Bonum est præstolari cum silentio salutare Domini. Bonum est viro cum portaverit jugum ab adolescentia sua : sedebit solus, et tacebit, quia levavit se super se (*Thren.* III). » Quæ enim, si secreta diligeret, super semetipsam gauderet evecta, mœreret nunc, quia ad publicum exiens, se sub se videt jacere prostratam.

CAPUT XIII.
Quod is qui foras egreditur, cum excommunicatis communicare cogatur.

Est etiam aliud, quod etsi impedimenta deessent, solum sufficere poterat, ut monachos a mundi vagatione compesceret. Quis enim hoc tempore quorumlibet sæcularium possit invenire conventum, ubi non sit hujusmodi, qui pro sui reatus piaculo excommunicationis debeat subire judicium? Jam dudum enim omnia per mundum crimina communiter emerserunt, universa flagitiorum mala nunc vigent, atque eo se diffusius quotidie pullulando dilatant, quo vicinius mundi terminus appropinquat. Quapropter impossibile est monacho, qui ad publicum egreditur, ut non sive cum 257 excommunicatis, sive cum excommunicandis, quod pene tantumdem est, communicare cogatur. Cum homicidis enim, cum perjuris, cum incestuosis, cum incensoribus ædium, cum adulteris loquitur : quibus, etiam si adversus exhorreat, plerumque tamen osculo jungitur, simul etiam communi ferculo, prout necessitas imminet, convivatur, cum econtrario Apostolus clamet : « Si is qui frater nominatur, est fornicator, aut immundus, aut ebriosus, aut rapax, cum hujusmodi nec cibum sumere (*I Cor.* v). »

Et certe satis formidolosum est, nimisque contrarium, cum his qui a Deo divisi sunt, habere consortium; præsertim monachis, qui Deo ita sunt peculiari quadam, atque, ut ita loquar, domestica familiaritate conjuncti, ut abjurato sæculo, solis sint divinis obsequiis irrevocabiliter deputati. Sicut enim ab ipso reproborum capite, ita quoque a membris illius, nisi causa conversionis exegerit, studendum est declinare. Una siquidem hic abominationis repulsa debetur, quibus illic unus ignis, attestante Veritate, paratur, dum ad sinistram positis dicitur : « Ite, maledicti, in ignem æternum, qui paratus est diabolo et angelis ejus (*Matth.* xxv). » Quos ergo ad aliam cernimus patriam tendere, non debemus eis in via noxiæ societatis glutino fœderari, ne quos inordinatus amor associat, simul etiam pœna extremæ ultionis involvat.

CAPUT XIV.
Quod sicut ab excommunicatis, ita etiam ab excommunicandis oporteat declinare.

Enimvero ut enucleatius pateat, quantum bonos pravorum societas lædat, hac possumus perspicua ratione colligere, quia videlicet eorum alii sunt sacerdotali sententia nuper excommunicati, alii tantummodo canonico sanctorum Patrum judicio communione privandi. Sed de his qui nuper excommunicati sunt, nulli dubium, quin omnis, qui eorum participio utitur, similem damnationis sententiam sortiatur. De his autem, qui pro commissis criminibus canonica quidem sunt auctoritate damnandi, nec dum tamen vivis sacerdotum vocibus ab ecclesiastica videntur unitate præcisi, a nonnullis ambigitur, utrum eorum tuto societas admittatur ; sed si rem pensiori subtilitate perpendimus, nullam pene inter eos esse distantiam invenimus. Sive enim a modernis, sive ab antiquis Patribus quis jure damnetur, idem est : nec temporum diversitas solvit, quem eadem perpetrati piaculi causa constringit, et ætatum varietas judiciali calculo non præjudicat, ubi una limatæ æquitatis regula sententiam dictat.

Sed quod approbare volumus, melius ostendemus, si ipsa excommunicantium Patrum et antiquorum scilicet et novorum verba ponamus. Sacri siquidem canones dicunt : Qui hoc, vel illud fecerit, excommunicetur. Moderni quoque pontifices in jaculanda excommunicationis sententia, eadem fere verba depromunt, dicentes : Ille, qui hæc fecerit, excommunicetur. Quorum igitur sunt eadem verba, eadem nihilominus est intelligenda sententia, 258 et cum præsentium sanctorum pontificum omne judicium ab antiquorum Patrum definitionibus pendeat, nullum isti damnare præsumunt, nisi quos jam ab illis damnatos esse noverunt. Non ergo quemlibet isti noviter damnant, sed jam prolatam majorum sententiam sequendo confirmant. Concludendum est igitur (*vide scholia ad calcem opusculi*), quia sicut ab his cavendum est, quos moderna synodorum concilia ab ecclesiastica societate repellunt : ita et ab illis nihilominus declinandum, quos antiqui Patres eliminandos esse decernunt.

Hæc itaque causa non minima est, quæ monachum a sæculi discursionibus retrahat, et in sui recessus angulo stabilem reddat; quia valde miserum est a propriis quidem excessibus reprimi, sed alieni reatus maculis inquinari, cum aliis non delinquere, et alieni delicti supplicia sustinere. Malorum namque, cum incaute amicitiis jungimur, culpis ligamur. Unde Josaphat qui tot de anteacta vita præconiis attollitur, de Achab regis amicitiis pene periturus increpatur, cui a Domino per prophetam dicitur : « Impio præbes auxilium, et his qui oderunt Dominum amicitia jungeris, et idcirco iram Domini merebaris, sed bona opera inventa sunt in te, eo quod abstuleris lucos de terra Juda (*II Par.* xix). » Ab illo enim, qui summe rectus est, eo ipso jam discrepat, quo perversorum amicitiis vita nostra concordat. Quem enim vox illa apostolica non terreat, qua nobis contestans, et a pravorum contubernio revocans, clamat? « Denuntio, inquit, vobis in nomine Domini Jesu, ut subtrahatis vos ab omni fratre ambulante inordinate, et non secundum traditionem quam tradidimus vobis (*II Thess.* III). » Si ergo ab his omnibus nosmetipsos debemus caute subtrahere, quos non secundum traditionem apostolicam cernimus ambulare ; quanti in illo sæculari supersunt ordine, cum quibus absque periculo valeamus contubernium familiaritatis habere! Porro autem qui apostolica traditione contempta, aliam doctrinam sive dogmatizando, sive vivendo superinducere nititur, orthodoxi et religiosi viri perfrui consortio non meretur, apostolo quoque Joanne attestante, qui ait: « Si quis venit ad vos, et hanc doctrinam non affert, nolite recipere eum in domo, nec Ave ei dixeritis; qui enim dicit illi Ave, communicat operibus ejus malignis (*II Joan.* xiii). » Quibus nimirum apostolicæ veritatis instructi sententiis evidentissime comprobamus, quia qui cum sceleratis hominibus carnaliter amicitias jungunt, alieni reatus participes fiunt; et cum illis simul extremæ ultionis coguntur subire judicium, cum quibus tamen in hac vita simul non admisere peccatum.

CAPUT XV.
De monachis qui pretiosis vestibus delectantur.

Hoc etiam vitium, quod videlicet jam persecuti sumus, discurrentem monachum familiariter obsidet, quia profecto nunquam sic ad purum valet a se lepram virosæ proprietatis excutere, quin sibi necessarium videatur, quamtumlibet apud se occasióne itineris retinere. Hinc etiam pretiosarum amor vestium nascitur, ne videlicet in publicum prodiens, despicabilis esse videatur. Verumtamen dum exterioris indumenti phalera quæritur, cuncta interioris hominis compositio dissipatur. Hæc autem insania falsa, nescio quo pacto, ita perversæ mentis oculos cæcat, ut nec quæ apud homines honestas sit, videat; neque unde apud Deum quis clarius videri possit, attendat. Et revera insania est, et falsa est. Insanum quippe est, occulti arbitri judicium superbiendo contemnere, et humani favoris auram molliori veste captare. Falsum vero est, quia unde oculos superni Spectatoris offendit, inde etiam nihilominus apud humanæ existimationis judicium cadit; et ex qua re hominibus videri clarior appetit, ex ea se quodammodo dentibus publicæ obtrectationis exponit; cumque nitor indumenti ad intuendum se oculos provocat, linguas etiam ad carpendum hunc, qui induitur, derogationum spiculis armat. Quis enim monachum mollibus indutum videat, et non protinus illum divino vacuum spiritu, terrenis potius, quam cœlestibus inhiare decernat? Quæ enim sit mens ex veste colligitur, et juxta exteriorem cultum quæ sit intentionis species judicatur. Quod nimirum cum evangelica auctoritate concordat, cum dicitur: « A fructibus eorum cognoscetis eos (*Matth.* vii). » Quanquam isti non veniant ad nos cum vestimentis ovium; quandoquidem vestimentum ovium vestis est humilitatis et innocentiæ, non arrogantiæ vel rapinæ. Illa autem vestis rapinæ esse non immerito nuncupatur, quæ duarum, vel etiam trium vestium summa coemitur. Rapinæ namque scelus admittit, qui vanæ gloriæ deditus in sui corporis indumentum solus insumit, unde et fratrem suum secum contegere communiter potuit. Rapinam procul dubio perpetrat, qui vani honoris ardore succensus, duarum impensas

A vestium in unam prodigit, et proximum suum, quem sicut semetipsum amare debuerat, in sua nuditate relinquit.

Sed hoc distat inter istos cœnobitas, videlicet monachos, et illos hypocritas quos Evangelium notat; quia illi, teste Veritate, veniunt ad nos in vestimentis ovium, intrinsecus autem sunt lupi rapaces (*Matth.* vii); isti autem intus vento vanæ gloriæ crepantibus ilibus intumescunt, foris autem in veste rapinæ, sicut probatum est, ac per hoc in veste luporum arroganter incedunt. Itaque cum Dominus de Joanne dicat Judæis: « Quid existis videre? hominem mollibus vestitum? Ecce qui mollibus vestiuntur, in domibus regum sunt (*Matth.* xi); » profecto monachus, qui nitorem pretiosæ vestis affectat, non superni Regis, sed mundi hujus militiam bajulat: et licet videatur specietenus, Deo suæ quasi obedientiæ munus offerre, sed aperte convincitur, humanum captando favorem, vanæ gloriæ veraciter deservire. Porro autem si sub obtentu obedientiæ licet mollibus indui, cui potuit hæc remissio liberiori dispensatione concedi, quam B. Joanni, qui præcipue obsequelæ donatus officio, venerat corda patrum in filios nova prædicatione convertere, et perfectam plebem Christo Domino præparare (*Luc.* 1)? Nunquid et ipse Dominus providere sibi calceamenta non potuit, cujus gentilis perfidia sola inter se vestimenta divisit? Nam si ei minime calceamenta deessent, de illis etiam sacræ historiæ series non taceret.

CAPUT XVI.
Quod sicut pretiosa vestis ad iram, ita humilis Deum ad indulgentiam provocat.

Rex Ninive purpura indutus propriæ civitatis excidium meruit; coopertus sacco divini furoris motum contriti cordis humilitate placavit (*Jon.* iii). Ezechias quoque cultu regio decoratus, terribiles regis Assyriorum minas tremefactus audivit; sed mox ut ipse cilicio tegitur, cilicioque contectos ad prophetam mittere nuntios non erubuit, propinquæ divinæ victoriæ, et optatæ prosperitatis oraculum reportavit (*IV Reg.* xix). Quæ nimirum promisso, Scriptura teste, celerem pervenit ad exitum. Nam ecce angelus Domini centum octoginta quinque millia Assyriorum una nocte percussit, deinde ipsum Sennacherib regem uterque filius parricidali quidem, sed digno gladio trucidavit (*ibid.*).

Vides igitur apud Deum quantum vestis fluxa distet ab aspera. Perpendis, quia quem iratum experiri delicata meruerat, vilis et abjecta vestis judicem placat; et quem plectibilem fecit reddiderat, venia dignum ista commendat. Cujus autem momenti apud Deum vestium sit ornatus, egregius ille prophetarum Isaias evidenter ostendit, qui nimirum ad divinæ jussionis imperium vestimenta deposuit, et per trium annorum spatium nudus, et discalceatus incessit. Erubescat igitur humana superbia, confundatur mens misera vanæ gloriæ peste corrupta, dum ille videlicet organum Dei, templum Spiritus sancti, divinæ justitiæ propalator, non dubitavit publice nudus incedere. Et infelix homo, qui ne ullum quidem meruit divinæ familiaritatis indicium, superstitiosum laciniosæ vestis affectat ornatum; et dum male coloratæ vestis fucos induitur, lubricus aspici a semetipso, superni Speculatoris oculos non veretur averti. Ita sane dum indumentum illud arrogantiæ sub divina æstimatione despicitur, is etiam qui induitur, consequenter abominabilis judicatur.

Sed esto, videlicet ut Isaias nudus incesserit, nunquid tunc cum vestitus ire consueverat, indui mollioribus indulgebat? Interrogemus ergo ipsam propheticæ narrationis historiam, et audiamus quid sibi vox divina præcipiat: « Locutus est, inquit, Dominus in manu Isaiæ filii Amos, dicens: Vade, et solve saccum de lumbis tuis, et calceamenta tolle de pedibus tuis (*Isa.* xx). » Qui enim non aliud quoddam vestimenti genus, sed saccum de lumbis auferre præcipitur, profecto quanti sibi vestium litura constiterit, liquido declaratur. O quanta tunc erant regum, et principum terræ triclinia deaurata! quot pictis circumfusa tholis purpurata cubilia! quanta prædivitum ornamenta gemmis micantibus insignita! quot laquearia cedrinis et cypressinis instructa sigillis! et tamen omnibus spretis, despicabiliterque contemptis, hunc saccina deformitate contectum dignatus est omnipotens 261 Deus templum sibi rationale construere, et per eum quasi organum, secreti sui mysteria mortalibus revelare.

Discat ergo, discat encœniatus monachus, quam male mercatur, quia unde clarus apparere humanis oculis appetit, hinc procul dubio in superni Judicis æstimatione sordescit: unde impensius ab hominibus honoratur, inde magis a Deo despicitur; cumque in admirationem sui intuentium oculos provocat, ab obtutibus se divinæ gratiæ contenebratus elongat.

CAPUT XVII.
De his qui vilitatem vestium vulgare mercantur applausum.

Sed quoniam loquendi de vanitate vestium se occasio præbuit, sicut de his qui mollibus delectantur pauca perstrinximus, ita etiam de illis, qui eodem quidem laborant morbo, sed diversa feruntur insania, breviter disseramus. Sunt namque nonnulli, qui vilium deformitate vestium favorabilem vulgi mercantur applausum; et hac jucundius delectatione pascuntur, si dum pro accuratæ deformitatis industria videntur abjecti, per efferentium populorum ora volitant gloriosi. Gaudent de se inquirentium discussiones fieri; gaudent se, velut mirandum aliquid, digito demonstrari; qui nimirum de sua deformitate compositi, de obscuritate conspicui, de humilitate videri machinantur excelsi. Versuta siquidem diabolicæ calliditatis astutia ad hoc deprimuntur, ut sublimes appareant; ad hoc deturpantur, ut oculis intuentium spectabiles enitescant.

Porro autem isti cum superioribus diversa quidem summa est, quam expendunt; sed unæ sunt merces, quas concorditer emunt. Vana gloria nempe, quasi quædam negotiandi materia in medio posita est, ad quam videlicet diversi mercatores accedunt. Alii vilia indumenta tanquam pretium de marsupio proferunt, alii redhibere pretiosa contendunt. Sed dum quique pro suis partibus satagunt, qui viles vestes afferunt, reliquis emptoribus continuo præferuntur. Qui enim delicatis vestibus utitur, sicut superius dictum est, sæpe unde captare auram favoris æstimat, inde latius obtrectatorum morsibus patet; qui vero vilis indumenti extremitate contentus est (porro de monachis loquor) cujuscunque intentionis studio, scilicet sive prave, sive recte id faciat, sanctitatis illum opinio contuentibus plerumque commendat; et quo in exteriori habitu deformior quisque conspicitur, eo majori sæpe dignus reverentia judicatur.

CAPUT XVIII.
De vera humilitate David.

Verumtamen quisquis ille est, qui de proprii habitus vilitate supernæ retributionis præmium sperat, necesse est, ut omnem laudis humanæ favorem sub pedibus suæ mentis, ac si cœnosum lutum calcare non desinat; qualemque se spectantium obtutibus præbet, 262 talem se intra conscientiæ suæ secreta dijudicet. Unde David cum eum Michol filia Saul objurgaret, dicens: « Quam gloriosus fuit hodie rex Israel discooperiens se ante ancillas servorum suorum, et nudatus est, quasi si nudetur unus de scurris (*II Reg.* vi; *I Par.* xv); » ut ostenderet, quia eadem humilitas vigebat in mente, quam prætendebat in corpore, non iratus efferbuit, non elationis verba respondit, sed humiliter dixit: « Vivit Dominus, quia ludam, et vilior fiam plusquam factus sum, et ero humilis in oculis meis (*ibid.*) » In quibus verbis veræ humilitatis forma proponitur, dum non minus interior, quam exterior humilitas demonstratur. Nonnulli enim quo se deformius in exteriori compositione dejiciunt, eo de se intrinsecus majora decernunt. Qui profecto aliud optant se in superficie videri, aliud latenter intelligi: et unde se humiliter in publico deprimunt, inde in occulto elatius intumescunt. David autem, ut extrinsecus se humilem præbeat, dicit: « Ludam et vilior fiam plusquam factus sum. » Ut vero humilitatem mentis ostendat, adjungit: « Et ero humilis in oculis meis; » ac si patenter dicat: Et exterius humiliabor, ut aliis exemplum salutis exhibeam; et intus humilis ero, ut in ejusdem salutiferæ humilitatis radice et ipse persistam. Qui ergo ita simpliciter graditur, ut qualem se in deformatione sui habitus præbet, talem se in opinione videntium esse desideret, hic profecto Christi improperium veraciter portat, et crucem post eum mundo mortuus bajulat, tantoque in divinis obtutibus clarior redditur, quanto apud humanos oculos despicabilior judicatur, et fructuoso commercio is, quem vestis exterior fœdat, gratia interiore coruscat.

CAPUT XIX.

Quod mollia indumenta minus perfecti fastidiant, perfectiores aliquando indifferenter admittant.

Nonnulli etiam sunt, qui rectae intentionis studio vilibus indumentis diutius assueti, si contingat aliquando, ut quantumlibet mollioribus contegantur, liberae humilitatis supercilio dedignante fastidiunt; et sicut alii foedis, ita isti pretiosis indui vestibus erubescunt; delicatos sane habitus tolerant, despicabilium asperitate fruuntur; fiunt illis omnia corporum ornamenta dedecori, deformitas honestati. Horum quidem Esther speciem tenuerat, cum dicebat: « Tu scis, Domine, necessitatem meam, quod abominer signum superbiae et gloriae meae, quod est super caput meum in diebus ostentationis meae, et detester illud quasi pannum menstruatae et non portem in diebus silentii mei (*Esther* XIV). » Hi quidem sancti desiderii ardore fervescunt, adhuc tamen adversum passionum suarum tentamenta confligunt. Alii autem ad tantae mortificationis celsitudinem pervenerunt, quod jam ad utraque velut insensibiles facti, sicut vilibus indui consuetudinaliter expetunt, ita etiam ubi res exigit, pretiosa quaeque, vel nitida nullatenus perhorrescunt: utraque scilicet uno contemplantes aspectu, quos nimirum mollia non resolvunt, et aspera non affligunt.

Istorum quoque forma Judith fuerat, quae videlicet ciliciis catenus usa, cum necessitas petiit, diversis se corporeae venustatis infulis adornavit, sacra testante Scriptura, quae ait: « Abstulit a se Judith cilicium, et exuit se vestimentis viduitatis suae, et lavit corpus suum, et unxit se myrto optimo, et discriminavit crinem capitis sui, et imposuit mitram super caput suum, et induit se vestimentis jucunditatis suae, induitque sandalia pedibus suis, et assumpsit destrariola, et lilia, et inaures, et annulos, et omnibus ornamentis suis ornavit se (*Judith* X). » Cum his igitur ornamentis sancta femina et verae circa se humilitatis custodiam tenuit, et eum, quo locupletata fuerat, paupertatis spiritum non amisit.

CAPUT XX.

Vagatio multis fuit occasio pereundi.

Sed dum ego monachum pretiosis indutum exuere gestio vagantem, quem arripueram, de manu propriae disputationis amitto: et jam procul elongantem vix aspicio, dum solas mihi in manibus vestes remansisse perpendo. Abjectis itaque vestibus, ipsum perniciter insequamur, et comprehendentes, si fieri possit, sistere laboremus. Noverit ergo monachus vitio vagationis addictus, quia nisi a saeculo pedem retrahat, et ad serviendum Deo in loco remotionis se perseveranter accingat, nec perfectionis culmen attinget, nec ordinis sui digne poterit munia custodire. Dina quippe Jacob filia, quandiu se intra tabernacula paterna cohibuit, illibatae virginitatis jura servavit; postquam vero ad videndas mulieres regionis illius egressa, publicum petiit, hostem pro-

tinus virginitatis pertulit, et alienae libidini turpiter prostituta servivit (*Gen.* XXXIV). Uxor Levitae de latere montis Ephraim, donec in penetralibus posita curis se domesticis occupavit, conjugalis thalami pudicitiam custodivit; ducta autem relictae cognationis affectu, patriam parentesque revisit: dehinc rediens multis corruptionibus furiosae libidinis praeda succubuit: et dum in carne periclitantis pudicitiae naufragium pertulit, ignominioso vexata ludibrio etiam spiritum exhalavit (*Judic.* XIX). Thamar soror Absalon, dum in fraternis laribus simpliciter habitat, intemeratae virginitatis genium servat; cum vero Amnon filio David fraternae dependit visitationis officium, praereptae virginitatis plorat incurrisse dispendium (*II Reg.* XIII); et tandem experta quod tutius esset manere, quam progredi, licet sero, secretum otium noxiae praetulit vagitati.

Et tu igitur si vis animam tuam in suae virginitatis integritate persistere, si abominandum ducis foedis et violentis corruptoribus subjacere, secretum appete, recessum singularitatis inquire, aures et oculos a negotiorum saecularium vanitate firmiter obstrue, carnalium hominum colloquia destructioni magis, quam aedificationi profutura contemne. Nam juxta Salomonem: « Qui tangit picem, inquinabitur ab ea (*Eccli.* XIII). » Intra conscientiae ergo tuae te cubiculum collige. Cunctis domus tuae foribus, cunctis videlicet sensibus censoriae disciplinae repagula, ne quis ingrediatur, appone. Fons enim, cui circumquaque ne effundatur occluditur, undis ad alta profluentibus elevatur; econtra, qui per plures rivos hinc inde deducitur, mox ut super eum aestus ferventior incubuerit, exsiccatur. Denique si deambulanti David in solario domus regiae clausae fores obsisterent, in lavantis se Bersabee concupiscentiam nullatenus exarsisset (*II Reg.* XVII); sed quia oculum sub custodia disciplinae non tenuit, ipse quoque post eum in immane hiantis ruinae barathrum totus in praeceps ruit. Lubricatis enim gressibus, totius sui expertus est lapsum, dum solius frenum relaxavit obtutus; cui videlicet illud Jeremiae aptissime congruit: « Depraedatus est, inquit, oculus meus animam meam (*Thren.* III). » Si ergo tam sublimis coeli columna propter solam oculorum vagationem gravissime corruit, quid de nobis infirmis et parvulis sentiendum, qui per saeculum discurrentes, nos extra nosmetipsos prorsus educimus; et visum, atque auditum, omnesque sensus nostros hauriendis mundi vanitatibus occupamus?

CAPUT XXI.

Quod Esau vagatio dejecit, Jacob stabilitas exaltavit.

Quae autem distantia sit inter monachos, qui secreti remotionem diligunt; et eos qui se per exteriora diffundunt, in duobus Isaac filiis luce clarius edocemur. Scriptum namque est: « Quia factus est Esau vir gnarus venandi, et homo agricola, Jacob autem simplex habitabat in tabernaculis (*Gen.* XXV). » Sed iste prudenter simplex fratris primogenita, et benedictionem patris, provectus sui cautus exsecutor accepit; ille fatuitate gnarus, quia in gladio viveret, et fratri suo velut domino famulus serviturus esset, audivit. Attamen iste nisi in tabernaculis resedisset, procul dubio primitivæ benedictionis immunis existeret; ille nisi pervagus se in exteriora projiceret, primatus sui privilegio non careret. Iste domesticæ quietis otium tenuit et divina largiente gratia, in aliena jura subsiluit; ille venandi labore confectus, et hoc, quod sibi jure competebat, amisit.

Ut autem supersedeant scutum excusationis opponere, qui sæculum perlustrantes, jactant se obedientiæ legibus deservire, non ignorent, quia et Esau venatum prodiens, paternis jussionibus paruit; et tamen nec patri cibos offerre, nec optatæ benedictionis meruit primitias obtinere. Quisquis enim rem quæ ad vitium pertinet, consuetudine ductus, propriæ voluntatis instinctu libenter exsequitur, peccat etiam si alienis imperiis specietenus obtemperare videatur. Nam cum dicitur : « Quia Isaac amabat Esau, eo quod de venationibus illius vesceretur (*Gen*. xxvii) ; » constat nimirum, quia Esau, ut patri cibos studio venationis acquireret, non magis paternæ jussioni per obedientiam paruit, quam inolitæ consuetudini quodammodo tributa persolvit. Qui ergo discurrendo per sæculum propriæ libidini sat sfacit, et tamen obedire se majorum jussionibus asserit, noverit Deum non tam coloratis verbositatibus credere, quam de occultis hominum juxta conscientiam judicare.

Notandum autem quod nonnulli quandiu in ipsa vagatione sunt positi, non graviter corruunt ; revertentes autem quasi quodam negotiorum sæcularium temeto ebrii, in immane præcipitium devolvuntur. Actionum quippe sæcularium fumo suffusi oculos redeunt, atque idcirco propriis liminibus redditi, ubi pedem operis ponere debeant, non attendunt. Quod profecto idem Esau patenter insinuat, qui dum de agro rediens, oppido se conqueritur lassum, damnosum valde pepigit cum fratre commercium ; dumque in se immoderatam famis rabiem sævire permisit, magnum primogenitorum decus vili parvæ lenticulæ coctione distraxit (*Gen*. xxv). Sic nimirum, sic qui exterioribus deditus, semetipsum deseruit, et sua postmodum corpore, non corde in interiora revocatus amisit. Contingit etiam vagationis vitio laborantibus, ut pulveratis interioribus oculis, sicut non præcavent ne in reatus foveam corruant, ita etiam postmodum quo ceciderint non advertant : itaque dum admissa quæque considerare subtiliter negligunt, quidquid illud est, quod deliquerant, confuso mentis examine parvipendunt, culicem siquidem non liquantes, etsi camelum glutientes. Cujus quoque cæcitatis Esau non immunis exstitisse cognoscitur, sicut sacra historia testante perhibetur, ubi postquam dicitur : « Quia juravit Esau, et vendidit primogenita ; » deinde subnectit : « Et sic accepto pane et lentis edulio, comedit et bibit, et abiit, parvipendens quod primogenita vendidisset. »

CAPUT XXII.

In duobus his fratribus patet, quid inter vagos monachos et stabiles distet.

In his igitur duobus fratribus (*Gen*. xxvii) manifeste deprehenditur quanta inter residentes atque vagabundos monachos esse distantia sentiatur. Ille enim nisi se instabilem, et sui prodigum per exteriora diffunderet, nequaquam benedictionis paternæ mysterium una cum primogenitis amisisset ; iste nisi intra domestici se laris septa compimeret, infra præscriptum subsecutionis suæ limitem junior humiliter desedisset. Ille gnarus et solers a suæ prærogativæ jure dilabitur; iste quietus et simplex, subactis fratribus, singulari privilegio principatur. Alter saltus et lustra peragrando defessus, a primatus sui dignitate dejicitur ; alter in conclavi amœno fruens otio, ad capessendam super populos, tribusque monarchiam divinitus sublimatur.

Desinat ergo monachus, quisquis est, cum Esau ex remotionis suæ claustris frequenter erumpere ; desinat cum eo sub obedientiæ specie causis se sæcularibus implicare ; ne quandoque se cum ipso lugeat divinæ benedictionis extorrem, quem noxiæ vagationis sortitur auctorem. Cum Jacob igitur se domesticum præbeat, cum Jacob in tabernaculis simpliciter vivat, quatenus Deum, qui vere pater est electorum, boni operis vesci dapibus cupientem, non silvestrium ferarum, sed domestici gregis apparatione reficiat, quando non de externæ sanctitatis superficie, sed suave sibi de conscientiæ suæ virtutibus edulium parat. Neque enim Deus hostiarum pelles in sacrificio sibimet mandat offerri, sed interiora potius viscerum cum ipsis quoque medullis præcipit exhiberi. Unde et in ostendendo ipso sacrificiorum ritu Moyses præcipit, dicens : « Subtracta pelle, hostiæ artus in frusta concidant (*Levit*. 1) ; » cui mandato etiam mysticus intellectus inesse deprehenditur, si subtilius indagetur. Pellem namque hostiæ subtrahimus, cum a mentis nostræ oculis superficiem virtutis amovemus. Cujus artus in frusta concidimus, cum distinguentes subtiliter ejus intima, membratimque cogitamus, ut quæ foris sincera videntur et solida, intus non habeantur latebrosæ vanitatis vitio cavernosa. David autem pro magno munere medullata se Deo sacrificia oblaturum esse pollicetur, dicens : « Holocausta, inquit, medullata offeram tibi, cum incenso et arietibus (*Psal*. lxviii). »

Quisquis autem se per negotiorum sæcularium exercitia delectabiliter fundit, holocausti sui medullas cum visceribus subtrahit, et solam victimæ pellem Deo, quæ offerri prohibetur, adolere contendit ; qui vero suave Deo sacrificium offerre desiderat, recessus petat, interiora sectetur, animam suam integram, illibatamque in propria virginitate custodiat; nec discurrendo per lupanaria sæculi immundis corruptoribus, prostibuli more, substernat. Ut ergo interni sponsi conspectui placeat, non oculos suos stibio cum Jezabele depingat (*IV Reg.* ix), id est, non se fucis pompæ sæcularis obducat, sed cum Judith myrto optimo sua membra perungat (*Judith* x) : omnes videlicet mentis suæ sensus immortalis unguine castitatis obliniat, ne in mortem per incontinentiam corruens, in fetore luxuriæ computrescat.

In conclavi igitur sanctæ Ecclesiæ anima se pudica concludat, sicque in æterni Regis thalamo jugiter requiescat. Non carnalium propinquorum, non complicium quorumlibet requirat affectus, sed solius veri Sponsi delectetur amplexibus. Neque enim sine causa scriptum est : « Audi, filia, et vide, et inclina aurem tuam, et obliviscere populum tuum, et domum patris tui, quoniam concupivit Rex speciem tuam (*Psal.* xliv). » In hujus igitur Sponsi cubiculo anima sancta ab omni sæcularis strepitus turbine dormitat, super hoc suæ virginitatis auctore casti amoris facibus inardescat; cantans nimirum, et dicens : « Introduxit me Rex in cellaria sua, exsultabimus, et lætabimur in te (*Cant.* i). » Et iterum : « Fasciculus myrrhæ dilectus meus mihi, inter ubera mea commorabitur (*ibid.*). » Si vero cujuslibet occasionis articulus accidat, ut egrediendi necessitas imminere videatur, non mox ad vagandum se leviter proruat, non colloquio consanguinitatis aggliscat, non ad sæculi vanitatem fixus mundo animus incalescat, sed morose ac graviter inter se deliberet, dicens : « Exspoliavi me tunica mea, quomodo induar illam ? Lavi pedes meos, quomodo inquinabo illos (*Cant.* v)? »

CAPUT XXIII.

Quod divina dispositio sicut bonis spirituale otium tribuit, sic et pravos diffundi in exteriora permittit.

Si igitur singularis ille Sponsus hoc desiderium animæ sanctæ inesse perspexerit, quia procul dubio princeps est pacis, liberam sibi spiritualis otii requiem tribuit, et omnes emergentium causarum fluctus placida circa illam tranquillitate componit. Hinc est enim quod in Canticis canticorum dicit : « Adjuro vos, filiæ Jerusalem, ne suscitetis, neque evigilare faciatis dilectam, donec ipsa velit (*Cant.* ii). » Quo contra menti reprobæ, negotiisque sæcularibus inhianti, sub Babylonis specie per prophetam dicitur : « Descende, sede in pulvere, virgo filia Babylonis, sede in terra, non est solium filiæ Chaldæorum (*Isa.* xlvii). » Hoc enim loco humana mens, virgo, non incorrupta, ut arbitror, dicitur, sed infecunda. Et quia Babylon *confusio* interpretatur, recte infecunda mens Babylonis filia vocatur, quæ in eo quod nequaquam bona opera germinat, dum nullo ordine rectæ vitæ componitur, quasi confusione matre generatur. Sin autem virgo non infecunda dicitur, sed incorrupta, postquam statum salutis perdidit, ad confusionis suæ cumulum appellatur quod fuit. Cui apte per increpationem dicitur divina voce : *Descende.* In alto quippe humanus animus stat, quando supernis retributionibus inhiat. Sed ab hoc statu descendit, cum turpiter victus sese defluentibus mundi desideriis subjicit. Cui bene mox additur : *Sede in pulvere.* Descendens enim in pulvere residet, quia cœlestia deserens, terrenis cogitationibus aspersus in infimis vilescit.

Ubi adhuc ingeminando subjungitur : *Sede in terra.* Ac si aperte exprobrans dicat : Quia cœlesti conversatione noluisti te regere, sub temetipso prostratus in terrenis actibus humiliare. Unde et necessario protinus additur : *Non est solium filiæ Chaldæorum.* Chaldæi namque *feroces* interpretantur. Valde autem feroces sunt, quia voluntates proprias sequentes, nec suis parcere moribus sciunt. Ferocia sunt terrena desideria, quæ non solum contra præcepta Conditoris, sed sæpe etiam contra percussionum verbera duram atque insensibilem mentem reddunt. Sed filia ferocium solium non habet, quia mens, quæ ad amorem mundi ex pravis desideriis nascitur, atque eisdem desideriis obduratur, in eo quod se terrenis concupiscentiis subjicit, sedem judicii amittit, nullique apud se solio præsidet, quia examine discretionis caret : quasi a judicii sui sessione repellitur, quia per exterioris desiderii concupiscentiam vagatur. Liquet enim, quod mens quæ intus consilii sedem perdiderit, foras se per desideria innumerabiliter spargit ; et quia agere intellecta dissimulat, cæcatur etiam ut nesciat quid agat : et sæpe justo Dei judicio in sua voluntate relinquitur, et sub ea quæ anxie appetit laboriosa mundi ministeria relaxatur. Unde et apte illic subditur : « Quia ultra non vocaberis mollis, et tenera : tolle molam, et mole farinam (*ibid.*). » Constat nimirum, quod teneræ suæ filiæ parentes parcunt, nec duris atque servilibus hanc operibus affligunt.

Omnipotens ergo Deus quasi teneram filiam vocat, quando dilectam uniuscujusque animam a laboriosis hujus mundi servitiis revocat, ne dum exterioribus actibus afficitur, ab internis desideriis induretur. Sed Chaldæorum filia mollis, et tenera non vocatur, quia mens pravis desideriis dedita in eo, quem anxie appetit, hujus sæculi labore relinquitur : ut foris mundo velut ancilla serviat, quæ intus Deum ut filia nequaquam amat. Unde et molam tollere, ac farinam molere jubetur. Mola in gyro ducitur, et farina profertur. Unaquæque autem mundi hujus actio mola est, quæ dum multas curas congerit, humanas mentes quasi per gyrum vertit ; atque ex se quasi farinas projicit, quia seducto cordi semper minutissimas cogitationes gignit. Nonnunquam vero qui quietus alicujus esse meriti credebatur, positus in qualibet actione denudatur. Unde illic protinus subinfertur : « Denuda turpitudinem tuam, discooperi humerum, revela crura, transi flumina (*ibid.*). » In administratione quippe operis turpitudo denudatur, dum vilis mens; alie-ctaque in actionis ostentatione cognoscitur; quæ quieta prius magna putabatur. Humerum mens discooperit, quando opus suum, quod ignorabatur, ostendit. Crura revelat, quia quibus desideriorum passionibus lucris mundi inhiet, manifestat. Flumina etiam transit, quia actiones hujus sæculi, quæ quotidie ad terminum defluunt, indesinenter appetit; dumque alia relinquit, alia sequitur, quasi semper de flumine ad flumen tendit.

Hæc autem diximus, ut mens a solio sanctæ intentionis excussa, et vagationis vitio dedita, in quo jaceat, monstraremus; quia si ad ea quæ superna sunt, inhiare cessaverit, sub semetipsam etiam indesinenter ruit. In alto autem figitur, si amorem temporalium deserens, ad spem incommutabilis æternitatis ligatur. Nec nos his verbis illud astruimus, ut monachus pervicaci proposito in sua jugiter remotione permaneat, nec aliquando progredi, ubi violenta poposcerit necessitas, acquiescat; sed hoc potius suademus, quatenus id tanto parcius, tantoque rarius agat, quanto scit, quia vagando per sæculum, neque spiritualiter vivere, neque ad perfectionis culmen valeat, etiam si diligenter invigilet, pervenire.

CAPUT XXIV.
De eremitis, qui in vagatione sunt positi.

Sed inter omnia hominum a suo proposito deviantium genera, illud non mediocriter displicet, quod etiam ipsis sanctissimis eremitis quidam videntur admisti, quos idem pestiferæ vagationis morbus exagitat: et (si dicere liceat) quasi Vertumnus, quoddam scilicet dæmoniorum genus, vexat. Vertumni siquidem apud antiquos dicebantur dæmones, quorum instinctu homines in vertigine positi reddebantur instabiles. Quibus nimirum illi non immerito videntur obnoxii, qui solo quadragesimali tempore **269** in cellulis commorantes, toto pene anni circulo huc illucque discurrunt, et sic vitam suam inaniter spatiando consumunt. Qui nimirum dummodo summotenus remotiora sectantes, modo in publicum crebrius prodeuntes, in utramque se vitam, contemplativam scilicet et activam, gloriantur extendere, in neutram plenum salutis fructum probantur afferre: cumque sibi applaudant cum Jacob duarum conjugium speciali quadam copula fœderari; deprehenditur illis propriæ opinionis sententia in contrarium verti. Quibus nimirum contra consuetudinem et Rachel lippa, et Lia redditur infecunda; altera siquidem hebetatione visus obtunditur, altera sterilitatis animadversione feritur; quia videlicet hujusmodi homines, et per publicum discurrentes, utputa sinistræ opinionis apud populum habiti, nequaquam possunt spirituales Deo filios gignere, et velut ebrii de sæculo redeuntes, intima nequeunt penetrare. Quisquis enim desiderat ad illud inaccessibile lumen acie mentis attingere, necessarium sibi est interiores A oculos per diuturna vagationis spatia ab omni mundanæ actionis labe purgare; ne dum ad summa speculanda oculos elevat, terrenæ conversationis pulvis obsistat, et magis tenebras quas reliquerat, videat, quam lumen ad quod nititur, apprehendat.

CAPUT XXV.
Quod cellam consuetudo dulcem, vagatio reddat horribilem.

Huc accedit, quod iis qui vitam suam sub hac inconstantia mutationis alternant, eo fit vita remotionis austerior, quo inolita vagandi consuetudine retrahuntur; ita ut eremitica dictrictio gravissimæ difficultati, cella ipsa illis videatur horrori. Consuetudo enim facit monacho cellulam dulcem, vagatio videri B facit horribilem. Vagantibus cellula carcer est, permanentibus suave cubiculum; silentium perseverantem monachum vigilem reddit, extrinsecus venientem sopor deprimit, assuetum jejuniis corpus sobrietas roborat, affluentium epularum fluxus enervat. Vigilia moderata aciem humanæ mentis exacuit, geminatio repetiti soporis obtundit. Confabulatio crebra in mente monachi esuriem parit, secreta remotio animam in assuetæ continentiæ rigore custodit. Sæcularium negotiorum relatio animam passionibus desiderii facit obnoxiam, sacri eloquii assidua meditatio mundo reddit exstinctam. Paupertas monachi securitas est mentis, securitas mater est puritatis. Econtra rerum abundantia aculeos parit sollicitudinis, sollicitudo radix est anxietatis. Pedes illoti, C manus neglectæ, inculta cæsaries, quasi quædam anchora est monachi in cella jugiter permanendi; e diverso accurata delicati corporis compositio tomes est, et occasio in publicum prodeundi.

Quisquis ergo vult, ut sibi eremitica vita dulcescat, profecto necesse est, ut in ea constanti animo jugiter perseverare contendat; nec alternet vicibus, si suave jugum Domini vult portare quietus. Vita namque eremitica continuata quidem est refrigerium, intermissa quoddam **270** videtur esse tormentum. Remotione quoque continua illuminatur anima, vitia deteguntur, et quidquid hominem de semetipso latuerat, aperitur. Cum aqua de vivario, remotis quæ opponebantur, egeritur, pisces in sicD cum remanentes, humanos patiuntur aspectus: et a nobis cum terrenæ actionis fluctus clabitur, quidquid in profundo procellarum emergentium subnatare consueverat, denudatur. Venator quoque oppilatis anfractibus, densis circumsepit saltuum lustra fruticibus, unumque pro multis aditum feris fugacibus ex arte relinquit, atque illic se vibrata stringendo venabula in insidiis ponit; sicque compendium sibi laboriosæ venationis attribuit, dum pernicium ferarum vestigia, quæ persequi per infinita nequiverat, in egressionis solo vestibulo negotioso otio quietus exspectat. Et nos cum vitiis ad pravi operis libertatem prodire nitentibus, terrenæ actionis meatus occludimus, quasi uno in loco illis insidias ponimus, quia cum solis cogitationibus jugiter dimicamus,

Sicque vitiorum nostrorum bestialis feritas facile capitur, dum solum cogitationis humanæ pervium singulariter custoditur. Aucens etiam cunctos undique gurgites ramalium densitatibus operit, atque ad unum hauriendæ dulcis aquæ locum confluere volucres præscripta necessitate compellit; dumque solus ille ad bibendum locus exponitur, circumposita muscipularum argumenta felicis aucupii proventione ditantur. Ut ergo diversis animi passionibus facile possimus laqueos captionis injicere, obtrusis negotiorum sæcularium rivulis, adversus solos cogitationum impetus studeamus viriliter decertare, ut dum vitia nostra ab actione deterrita, solis cogitationum fluctuationibus advolant, facile in sanctæ prudentiæ laqueos cadant.

CAPUT XXVI.
Quod sæpe monachus falsa carnalium promissione decipitur.

Notandum autem, quia sæpe servus Dei per hujus mundi membra decipitur, dum ad dirimendas dissidentium lites, vel ad aliqua peragenda, ecclesiasticis scilicet usibus profutura, importunius invitatur: imminens namque periculum multorumque commune discrimen, nisi progrediatur, exaggerant. Quod si accesserit, cuncta ad suæ voluntatis arbitrium, atque ad felices exitus proventura, multipliciter asseverant. Antiquus enim hostis videns militem Christi in procinctu sancti certaminis positum, non aliter posse a sui propositi fervore tepescere, machinatur uberioris cujusdam fructus superficietenus bonum adumbrare, ut dum lucrum majus attenditur, bonum, quod in præsenti est, ad tempus quasi dispensatorie postponatur. Sed qui mendacis mundi consuetudinem frequenter expertus est, prudenter novit et vana suggerentium commenta respuere, et se ab infructuosi laboris exercitio graviter custodire. Apud quosdam namque absentis monachi auctoritas gravis est; si autem præsens adfuerit, nullius judicatur esse momenti. Sæpe enim cujuspiam venerabilis viri litteris reverentiæ honor impenditur, qui personæ, si adsit, indevotius exhibetur. Apud sæculares nempe religiosus quisque veluti pictura est. Pictura siquidem si procul assistat, inhianter, et cum aviditate prospicitur; si juxta sit, contemptibilis judicatur. Et spiritualis quisque carnalibus absens quidem timori, præsens autem videtur despectui. Quod et Apostolus sibimet contigisse testatur, cum ait: « Epistolæ graves sunt, et fortes, præsentia autem corporis infirma, et sermo contemptibilis (*II Cor.* x). » Quos enim Epistolarum fortitudine et gravitate terruerat, his corporali præsentia despicabilis apparebat. Quid autem mirum, si justis quibuslibet viris ista contingant, cum et de ipso electorum capite, Redemptore videlicet nostro, non dissimile quid evangelica series asserat? « Herodes, inquit, viso Jesu, gavisus est valde; erat enim cupiens ex multo tempore videre eum, eo quod audierat multa de illo (*Luc.* xxiii). » Sed videamus hoc tam magnum, tam diuturnum desiderium, quod in absentem Dominum

falsitas Herodiana tenuerat, in quem tandem exitum oblata vivendi facultate concluserit. Quod nimirum manifeste declaratur, cum paulo inferius subditur: « Sprevit autem eum Herodes cum exercitu suo, et illusit indutum veste alba, et remisit ad Pilatum (*ibid.*). » Ecce quem vulpes illa malitiosa desideraverat, sprevit: quem videre cupiebat, illusit; et quia vitam non pro vivendi amore quæsivit, remittens cum ad Pilatum, in impietatis suæ morte remansit.

CAPUT XXVII.
Ut monachus se a mundi implicatione custodiat.

Quisquis ergo in procinctu cœlestis militiæ positus ad supernæ patriæ municipium properat, studeat male blandientis mundi promissa respuere, abhorreat se sub qualibet specie actionum sæcularium laqueis irretire. Habet deputatum sibi propriæ servitutis officium: sufficere sibi credat, si indictæ sibi obedientiæ præscriptum munus possit implere. Illud ad memoriam revocet quod scriptum est: « Cave ne in multis sint actus tui. (*Eccli.* xi). » Sæcularibus relinquatur sæcularia jura componere. Satis sit servis Dei periturum huic mundo se mortuos exhibere. Sicut enim absurdum est, bonis mala præferre; ita etiam fatuum, optimum bono inferius judicare. Maria, quia optimam partem elegit, sufficere sibi credidit; nec se ad bona Marthæ, frequens videlicet ministerium, reclinavit (*Luc.* x). Moyses, quia ab humana conversatione remotus, bis quadragenario dierum numero jejunavit, bis etiam legem Domini digito scriptam suscipere meruit (*Exod.* xxiv); Aaron autem, qui ad custodiam populi derelictus est, cognoscitur idola fabricatus (*Exod.* xxxii).

Sic nimirum, sic plerumque contingit, ut qui propria non contentus, alienæ progreditur saluti consulere, sui potius cogatur periculum sustinere; cumque alii, velut inter procellosa naufragia palpitanti, manum porrigit, ipsum quoque præcipitem vorax fluctus involvit. Tutius ergo est sub hujus vitæ nocturna caligine, nos in littore positos naufragantibus lumen ingerere, quam ad eos compassionis gratia cum propriæ vitæ periculo pernatare; quatenus ipsi per nos dato recti cursus indicio, sinum tuti portus attingant, non autem nos ad eos transfretantes vorago spumosi maris absorbeat. In vertice montis Raphidim Moyses orabat, et duce Josue, Israel in convalle pugnabat. Sed si Moyses in adjutorium populi sui ad campestria descendisset, Amalech procul dubio Israelitarum cædentium terga percuteret. Si ille manus ad corripienda arma deponeret, facta suorum strage, facilem victoriam adversariis triumphantibus præbuisset. Quod nimirum patenter agnoscitur, si ipsa sacræ historiæ series subtiliter attendatur, ubi dicitur: « Quia cum levaret Moyses manus, vincebat Israel; sin autem paululum dimisisset, superabat Amalech (*Exod.* xvii). » Orantis ergo manus, manus præliantium roborabant; et quia istæ imbelles ad cœlum patebant, idcirco illæ dimicantes victoriam cæsis hostibus.

obtinebant. Illarum quidem fuit pugna, sed istarum non ambigitur fuisse victoria; quia ut illis daretur vincere, istæ meruerunt divinitus impetrare. At contra, Balaam filius Beor, qui ad prælium cum Madianitis egreditur, cum his, quos jugulare decreverat, gladio trucidatur (*Num.* xxxi). Et jure, qui proprio non est contentus officio, discrimini redditur obnoxius alieno. Infelix meruit inter bellantium cuneos hostilibus gladiis confossus occumbere, qui in pace positus per prophetiæ oraculum ipsius belli potuisset exitum renuntiare.

CAPUT XXVIII.
De libertate, et discretione Elisei.

Nequaquam sic Eliseus, qui nimirum Joram regem Israel adversus Moab properantem, non ad bella secutus est, sed tantum sufficere credidit, quod ei successum belli et adfuturam concisis hostibus victoriam prædixit (*IV Reg.* III). Sed cur dicimus, quia nequaquam in prælium regia castra secutus sit; cum et Naaman de remotis Syriæ finibus veniente, et ostio domus suæ cum equis, et curribus humiliter assistente, non linen egredi dignum duxit, non januam ut ingrederetur aperuit : sed per nuntium potius quæ fuerint facienda, mandavit? Et certe Naaman isti multiplex mundanarum dotum suppetebat copia, quibus honorandus esse videretur. Sicut enim testatur historia : « Princeps erat militiæ, vir quoque magnus apud dominum suum, et honoratus (*ibid.*). » Per illum enim dedit Dominus salutem Syriæ. Erat insuper, sicut scriptum est, vir fortis et dives. In ipsa etiam expeditione positus, substantiæ facultate non erat omnino vacuus. Tulerat enim secum, sicut legitur, decem talenta argenti, et sex mille aureos, decem nihilominus mutatoria vestimentorum : quæ etsi cujusmodi fuerint, Scriptura non dicat, gravibus tamen auri, argentique connumerata ponderibus pretiosa fuisse quis ambigat? Quanti sunt hodie qui monasticæ institutionis professione censeantur, quibus si tam potens, tamque famosus vir pro foribus dignaretur assistere, mox etiam festinantes reverenter occurrerent, ut ingrederetur, humiliter obsecrarent, et non tam quæ utiliter implerentur, quam quæ libenter audirentur, assentationis verba proferrent? Qui etiam si tantopere rogarentur, nequaquam suscipere oblata renuerent, præsertim si aliquantulum numerosior alendorum fratrum sibi conventus adesset. Eliseus autem Spiritus sancti discipulus, spe dives, thesauro fidei locuples, licet centum prophetarum filios sub disciplinæ suæ magisterio sustentaret, pecuniam sprevit, munera repulit, et impensæ gratiæ vicem recipere laudabiliter recusavit, ne videlicet quod gratis acceperat, ad dantis injuriam vendere videretur. Venienti autem Naaman nequaquam superbe, sed prudenter non assurrexit, ne videlicet alienigenæ, et de terrena adhuc gloria præsumenti reverentiam exhiberet : nimirum jam tunc apostolicæ dignitatis imaginem præferens, quam Paulus postmodum expressam repræsentat, dicens : « Quandiu sum apostolus gentium, ministerium meum honorificabo (*Rom.* xi). » Nunquid enim minister humilitatis existimandus est, Naaman superbe fixisse pro foribus, qui de monte Carmeli in quo manebat, a femina se passus est pertrahi, et Sunamitem illam non solum comitatus, verum insuper est secutus? Nam cum illa diceret (*IV Reg.* iv) : « Vivit Dominus, et vivit anima tua, non dimittam te ; » mox sequitur Scriptura, dicens : « Surrexit, et secutus est eam. » Nunquid etiam copiosa munera tumidi fastus supercilio respuit, qui a viro quodam de Balsalisa veniente, viles hordeaceos panes charitative suscipere non despexit?

Sed hic dum prophetæ obstaculum, ne tumidæ elationis arguatur, apponimus, in nosmetipsos exactoriæ quæstionis aditum aperimus. Potest quis adversus hæc quæ proponimus, quæstio hujusmodi fieri : Si tantus propheta, et panes de manibus offerentis accepit, et exire de eremo feminea supplicatione consensit ; qua ratione monachus, vel sæculum frequentare non audeat, vel suscipere munera difficilius acquiescat? Ad quod nos sub compendio respondentes, nequaquam quid accipiendi licentiam monacho prorsus abscidimus, sed quo id temperatius, et cum discretione fiat, cum fraterna devotio postulat, suademus : nimirum ut necessaria quæque, sicut propheta panes quibus indigebat, accipiat, et quæ superflua judicaverit, sicut ille pecuniam, non admittat.

Quod autem Eliseus ad resuscitandum Sunamitis filium, de montana remotione descendit, hujus temporis monachis potius est venerationi habendum, quam imitandum. Liceat sane monacho ad sæculum ex voluntate recurrere, quoties mortuum hominem ad vitam potuerit suscitare. Illud namque propheticum iter omnino cognoscitur, et virtute plenum per resurrectionis humanæ miraculum, et typicum per significationis internæ mysterium. Quid autem significet non otiosum creditur, si breviter apponatur. Sunamitis nempe filium puer ab Eliseo missus cum baculo non resuscitavit : per semetipsum vero Eliseus veniens, seque super mortuum sternens, atque ad ejus membra se colligens, huc illucque deambulans, et in ore mortui septies aspirans, hunc ad redivivam lucem protinus per mysterium compassionis animavit. Auctor siquidem humani generis Deus quasi mortuum puerum doluit, cum exstinctos nos iniquitatis aculeo miseratus aspexit. Et quia per Moysen terrorem legis protulit, quasi per puerum virgam misit. Per legem quippe Deus virgam tenuerat, cum diceret : « Si quis hæc vel illa fecerit, morte moriatur (*Exod.* xx, xxi). »

A peccati igitur morte lex nos suscitare non valuit, sed ad statum vitæ Deus aspirata mansuetudinis gratia clementer erexit. Sed puer cum baculo mortuum suscitare non valuit, quia Paulo attestante : « Nihil ad perfectum adduxit lex (*Hebr.* vii). » Ille autem per semetipsum veniens, et super cadaver se humiliter sternens, ad exæquanda sibi mortui membra se collegit: « Quia cum in forma Dei esset, non rapinam arbitratus est se esse æqualem Deo, sed semetipsum exinanivit formam servi accipiens, in similitudinem hominum factus, et habitu inventus ut homo (*Philip.* II).» Huc illucque deambulat, quia et Judæam juxta se, et longe positas gentes vocat. Super mortuum septies aspirat, quia ad perceptionem divini muneris gratia septiformis Spiritus in peccati morte jacentes inflammat. Moxque vivens erigitur, quia is, quem terroris virga suscitare non potuit, per amoris spiritum puer ad vitam redit (*IV Reg.* IV).

Quis ergo propheticum discursum jure audeat in exemplum trahere, cujus nimirum constat, quia neque virtutem, neque mysterium possit æquare? Excubet igitur assidue bellator Christi in procinctu cœlestis militiæ lorica munitus fidei; pro castris sui imperatoris ad dimicandum paratus semper assistat, ne fortassis extra castra vagantem reperiens eum gladius hostilis absumat. Donec Abner commilitonum castris interfuit, adversariorum cuneis terribilis exstitit; postquam vero arma deposuit, rudioris adhuc militis gladio, cæsi nuper Asael pœnas exsolvit (*II Reg.* II). Uriæ quoque si propriæ domus hospitium placuisset, sententiam procul dubio regiæ indignationis, ac fraudis evaderet. Sed quia extrinsecus in alienis, quam in proprio dormire cubiculo maluit, auctores suæ mortis litteras ad castrorum urbem obsidentium principem reportavit (*II Reg.* XI).

CAPUT XXIX.
Quod hoc tempore prædicatio non, sicut olim, sit admodum fructuosa.

Et quidem fuit olim tempus, quo bona annuntiantibus mundus egebat, sed elapsa sunt, ac evoluta tempora, quibus religiosus quisque potuerit sæcularibus fructuose consulere, et in mente carnalium spiritualia non inutiliter seminare. Nunc infelices quique verba vitæ fabulas deputant, et salutaribus monitis licet aures adhibeant, ea tamen servare declinant. Porro si fidei oculos ad transacta reducimus, velut fructuosos ramos in sterilia degenerasse vitulamina, præteritum in hoc præsens sæculum invenimus.

Quis enim non miretur, quod Ninive, spatiosa nimis et incomparabilis civitas, ad vocem unius hominis tam facile a sua pravitate convertitur; et innumerabilis populus, non solum cum parvulis et mulieribus, sed etiam cum jumentis ad pœnitentiam revocatur (*Jon.* III)? Quis hoc tempore, non dicam infirmæ ætati, vel sexui, sed ipsis etiam viris præsumat jejunia triduana præscribere, ut nec aquam bibere, nec quidquam omnino cibi liceat degustare? Ecce apud gentiles bruta etiam pecora ad prophetæ vocem triduanos cibos levant; cum et ipsi homines sub evangelica disciplina, ultra diem jejunare contemnunt. Illi ad pœnitentiam uno prædicante unanimiter confluunt; isti prædicatorum turbas indesinenter audiunt, et obedire nullatenus acquiescunt. Quis etiam non obstupescat, quod omnes viri Juda et Benjamin, quicunque uxores alienigenas duxerant, ad prædicationem Esdræ sacerdotis non solum illicita connubia dissolverunt, sed et omnem sobolem quæ ex eis genita fuerat, abjecerunt (*I Esdr.* X)? Quis nesciat quantus virorum amor circa uxores proprias vigeat, quanta circa filios pietas paternum pectus astringat? Quis ignoret ad dissolvendum duplex hujus necessitudinis vinculum, quo mœrore, qua amaritudine se potuerunt viscera humana concutere? Quo vehementissimi doloris incendio paternus affectus, conjugalis animus compulsus est æstuare? Habentes tamen veram circa Deum pietatem, ad nihilum redegerunt falsæ pietatis imaginem; atque ut essent in spiritu veraciter pii, facti sunt contra carnem et sanguinem laudabiliter rigidi. Armaverunt se contra jura naturæ, ut naturarum Auctori fideliter militarent. Obliti sunt erga filios, quod fuerant genitores, ut veri patris ipsi ascriberentur hæredes; atque ut supernæ pacis sibi fœdera resarcirent, conjugalis tori copulam resciderunt. Nesciunt servare matrimonii fidem, ubi fides melior ad proprium recalescit auctorem. Quibus utique convenienter aptatur quod per Moysen dicitur: « Qui dixit patri suo et matri suæ, nescio vos; et fratribus suis, ignoro vos, et nescierunt filios suos, ii custodierunt eloquium tuum, et pactum tuum servaverunt (*Deut.* XXXIII.) »

Quis, rogo, nunc possit incestuosa conjugia quantumvis instantissima prædicatione rescindere? Quis valeat, non dicam populum, sed vel unum hominem ad illiciti matrimonii repudium provocare? Clamant sacri canones, humanæ in tantum scelus vindicant leges, obsistunt prædicatores Ecclesiæ; et cuncta hæc perditis hominibus velut aniles næniæ risum potius movent, quam ad corrigendi piaculi lamenta compungant. Ecce insuper hoc anno, sicut nostis, per Romanæ sedis antistitem bis congregatum est synodale concilium, ubi denuo omnes incestuosi juxta canonum decreta, ecclesiastica sunt communione privati.

Sed quis ex tot millibus hominum saltem unum vidit ab infausti fœderis abominatione divulsum? Imo ne profundiori juste clamitantis absorberetur hiatu, quis eorum post hæc, Ecclesiæ limen terere destitit? Aut quis insuper ista considerans, ab eorum se familiaritate removit? In omnes itaque lethalis lepræ contagium serpit, quia nimirum omnes eorum complices apostolicæ excommunicationis nexus astringit. Enimvero quisquis conjugalis prosapiæ titulis insignitur, quisquis male blandientis formæ avita venustate mulcetur, præsertim si largioris substantiæ dotibus affluit, vel subcrescentis sobolis indoles spem sibi futuræ posteritatis infundit; consultius judicat a Deo manifeste recedere, quam ab eo lucrosi matrimonii glutinum disgregare. Si vero his contraria evenerint, atque luxuriæ calamitatis incommoditate percellatur, ipse sir falsæ consanguinitatis lineam texit, et inaudita proavorum nomina per multa argumenta confingit; atque senes quosdam in hujus allegationis testimonium advocat, quos tamen per vitæ terminum sublatos e medio non ignorat. Ipse itaque sibimet accusator, et reus crimen impingit, scelus exaggerat, atque adminiculum, quo ex tam periculoso naufragio enatare possit, inquirit.

Eat ergo nunc monachus, salutiferum vitæ suæ otium deserat, vitamque suam sub specie lucrandi animas, inania sectando, consumat. Quis enim Simoniacus nostræ commonitionis instinctu sua se aliquando sponte deposuit? Quis alieni juris violenter invasor, paterno solo depulsos in patrimonia sublata restituit? Quis in campo bellicosis armatorum cuneis constipatus, si ex æquo congredi potuit, obstaculo sequestræ pacis ad propria nisi fuso sanguine repedavit? Quis exactor egeno debitori præfixum chirographo fenus indulsit? Quis debitor creditoris hæredibus bonæ fidei jura servavit? Omnia in orbe confusa, cuncta pietatis ac fidei decreta convulsa. A judicibus justitia venditur. A legisperitis veritas tenebroso cavillatoriæ argumentationis colore fuscatur. Venales sunt siquidem leges, et pecunia justificat delinquentes. Aurum nunc ipsis senatoribus præsidens in tribunalibus judicat, et velut imperator quidam pragmaticæ sanctionis edicta promulgat. Sicut enim rex in secretalibus adytis de regni statu, de rerum summa deliberat; quodammodo sic aurum et latet in occulto, et sententiam depromit in publico. In sudario angusto concluditur, et decisis negotiis calculos judiciales apponit. Plerumque enim quos causa condemnat, mendax pecunia præmio dignos procaciter asseverat; econtra, quos conscientia testatur innoxios, statuit impia coram judicibus reos. Nummus nempe omnia legibus tribuit, atque ad suum intellectum obscuras sententias falsus interpretator inflectit. Nummus cor judicum circa divites oleo impietatis emollit; erga pauperes vero ad exercendum vigorem rigidæ animadversionis impellit. Nunc igitur avaritia malorum omnium radix, uberius pullulat, et tanquam virosæ propaginis ramos per totum orbem feralium vitiorum portenta dilatat.

CAPUT XXX.

Quod nunc omnia vitiorum monstra feralius vigeant.

Hæc nimirum tempora apostolico denuntiantur oraculo, dum Timotheo futura prædicit: « In novissimis, inquit, diebus erunt tempora periculosa, et erunt homines seipsos amantes, cupidi, elati, superbi, blasphemi, parentibus inobedientes, ingrati, scelesti, sine affectione, sine pace, criminatores, incontinentes, immites, sine benignitate, proditores, protervi, tumidi, voluptatum amatores magis quam Dei, habentes speciem quidem pietatis, virtutem autem ejus abnegantes (*II Tim*. III) ; » atque his præmissis, illico subjungit : « Et hos devita (*ibid.*). » Nunquid usque ad mundi hujus terminum Timotheus perventurus erat, cui cum pravitates hominum in novissimis diebus futuras Apostolus enumeraret, protinus ut devitaret adjecit? an potius in unius persona discipuli, illis mandatum hoc communiter indidit, quos adhuc deputatos officio juxta finem sæculi fore prævidit? Igitur dum non dicit : His prædica, his verba vitæ denuntia, sed « hos devita, » profecto modernæ temeritatis insolentiam arguit, atque ab infructuosa tumidos quosque prædicatione compescit.

Quid ad hæc nos monachi dicimus, qui mensuræ nostræ metas excedimus, atque jus nobis alieni muneris usurpatorie vindicamus? Si Paulus discipulum in hoc ipso specialiter constitutum ab incorrigibilium prædicatione prohibuit, qua nos audaciæ nota corripimur, qui nequaquam nobis delegato prædicationis officio, importune nosmetipsos ingerimus, et nostra salute postposita, alienis quasi profectibus inaniter insudamus?

Cedat ergo, cedat sterilis cura negotii. Superfluum judicetur infructuoso indulgere labori. In semetipsa mens totis collecta viribus redeat, adversus infatigabiles adversarios pervigil se ad certamen accingat. Charitatis quidem visceribus erga omnes intrinsecus affluat, ad exteriora vero se causa alienæ salutis extendere supervacuum ducat. Ad se venientibus monita salutis impendat, nullius hortatu leviter propriæ quietis lucra postponat. Imperialis edicti pagina veredario discurrente defertur; bullatæ nobis apochæ ab auctore sedis apostolicæ diriguntur; synodus congregatur, religiosis viris totius concilii summa committitur. Solotenus illico se monachus flectat, honorem sacris litteris reverenter exhibeat; hujus tamen expeditionis munus a se alienum irretractabiliter ducat, reputans intra se : Quid mihi cum regibus terræ? quid mihi cum synodali conventu? Sufficiat mihi peccatis meis flendis insistere; satis mihi sit me huic mundo mortuum exhibere.

Nolite, quæso, monachi, nolite sub ecclesiasticæ compassionis specie regum aulas irrumpere; nolite aures principum velut salutaria suggerendo, fastidiosa importunitate pulsare; credite experto, credite in hujus gratiæ studiis non leviter fatigato. Imperatoriæ namque majestati sæpe quæ suggerenda videbantur expressimus; a summis pontificibus invitati, synodalibus conciliis interfuimus; sed qui hoc tempore ista prosequitur, tanquam si semina crederet arenosis littoribus videatur.

CAPUT XXXI.

Quod in synodo monachus ad episcoporum invidiam libere loqui non audeat.

Sæpe namque in conciliis synodalibus positi, quosdam sibi feraliter conscios præsidere in numero sacerdotum vidimus, non modo sui securos, sed ultro etiam ad aliorum crimina defendenda impudenter accinctos : qui nimirum, ut ferebatur, et cum Simone prius emerant (*Act*. II), et cum Giezi postmodum charismatum dona vendiderant (*IV Reg*. V). Quorum tanta vis erat ad excusandas excusationes in peccatis, ut inter cætera mala, etiam Simoniacæ hæreseos non modo defensores, sed viderentur potius assertores. Quis ad istorum invidiam monachus mutire præsumeret? Quis ad arguenda crimina, vel justitiam declarandam, vendicare sibi jus libertatis auderet? Illico sævirent, illico in nos duræ suggillationis arma corriperent, et præmisso jurgio, silentium imperarent, inter se scilicet hoc modo invicem conquerentes: Ad concilium hoc judicaturi convenimus.

Sed, o nova præsumptio! mortuorum sententiis subjacemus, et episcoporum sunt judices facti, qui legaliter sub eorum fuerant legibus constituti. Quibus aliquando respondetur: Venerabiles Patres, et domini, sicut vobis specialiter prærogatum est judicare, ita etiam minoribus Ecclesiæ membris competit quod sentiunt in commune conferre; nec ulla canonum auctoritas prohibet juniores quæ Ecclesiæ ducunt profutura depromere, dum tamen ventilata negotia pontificalis judicii debeat clausula terminare. Si quando ergo hoc, aut aliquid hujusmodi illis cum humilitate suggeritur, nequaquam patienter admittitur: sed quidquid a nobis in synodo dictum est, totum ad invidiam nostram superbo vocabulo judicium nuncupatur.

Hæc breviter idcirco perstrinxerim, ut in me quilibet inexpertus discat, sibimet etiam a talibus declinare quam diligenter expediat. In uno siquidem prævadante colligitur, utrum a subsequenti exercitu ignotæ aquæ tuto fides habeatur. Protinus se ab impetu proprii cursus institores venalium reprimunt, cum vel unum ex suis redire a nundinis vacuum non distractis mercibus cernunt. Quem ruralibus curis intentum frequenter seges negata delusit, quamplures a sterilis arvi cultura compescuit. Cum scrutator fluctuum labore frustratus, vacua lassus lina reportat, facile jam nudatos a perlustrandis inopis aquæ finibus revocat. Sic nimirum me, non mihi soli, sed et cunctis fratribus meis talia tentasse sufficiat, ut dum unius labor inutilis fuisse perpenditur, non uni, sed multis a supervacui laboris impendio cautela præbeatur.

CAPUT XXXII.
Quod monachus se a mundo cohibeat, et Dei judicium suis semper oculis anteponat.

Quisquis ergo monachus perfectionis culmen festinat attingere, intra remotionis suæ se claustra cohibeat, spirituale otium diligat; discurrere vero per sæculum, velut mersare se in lacum sanguinis, perhorrescat. Tot enim criminum magis ac magis in dies mundus contaminatione polluitur, ut quælibet sancta mens sola ejus consideratione fœdetur. Et dum veteribus nova semper augentur, quid aliud agitur, quam Antichristi via procul dubio sternitur, ut jam ultra finem sæculi in mundum veniens, sine offendiculo liber ingrediatur? Et cum illius via nihil aliud prorsus quam nostra sint absque dubio scandala, eadem causa debet vestigia nostra compescere, quæ illi spondet liberis posse gressibus adventare.

Reprimatur ergo quilibet frater nunc in angusto suæ remotionis ergastulo, ut infinitæ magnitudinis domus sibi paretur in cœlo. Jeremias ait: « O Israel, quam magna est domus Dei, et ingens locus possessionis ejus: magnus, et non habet consummationem, excelsus, et immensus! » (*Baruch.* III.) Nunc se vinculo divini timoris obstringat, ut postmodum jus veræ libertatis obtineat. Requiescens in Christo, reputet nil sibi commune esse cum mundo; ut quod Joannes apostolus jubet, non solum corde, sed et corpore ipso conservet: « Nolite, inquit, diligere mundum, nec ea quæ in mundo sunt. Si quis diligit mundum, non est charitas Patris in eo (*II Joan.* II). » Clarescat servum Christi, nulla mundum affectione cordis diligere, atque ad hoc probandum corporalibus etiam hunc fastidiat gressibus frequentare. Ipsa porro corporalis abstinentia piæ mentis odium comprobet, ut quo quisque a noxia mundi notitia magis alienatus, eo arctiori Deo familiaritate jungatur. Nunc flebilis, et mœrens defixos in terram oculos teneat, quos ad eum videndum, qui venturus est in nubibus cœli cum potestate magna, et majestate (*Matth.* 26), tunc lætus attollat, sicut scriptum est: « Respicite, et levate capita vestra, quoniam pinquat redemptio vestra (*Luc.* XXI). »

O quam ad pronuntiandum brevissima verba, quam ad pertractandum medullitus infinita sententia! videlicet cum reprobi ejulantes tremefactis visceribus dicent: « O montes, cadite supernos, et colles, operite nos a facie Sedentis in throno (*Luc.* XXIII), » Cum denique « sol oscurabitur, et luna non dabit lumen suum, et stellæ cadent de cœlo (*Matth.* XXIV) » Tunc nimirum cum videbit eum omnis oculus, et qui cum pupugerunt, et plangent se super se omnes tribus terræ. Quæ autem mens humana concipere, quæ lingua valeat explicare quantum erit tunc electorum gaudium, quam inenarrabilis lætitia beatorum, cum periclitante mundo, ipsi de cætero subjacere periculis desinunt, et venienti immortali Sponso accensis lampadibus tripudiantes occurrunt! (*Matth.* XXV.) Cum membra mundi ad perferenda tartareæ combustionis supplicia corruunt, ipsi ad percipienda inaccessibilis gloriæ præmia felices assurgunt! Cum illorum vita repente mors immortalis intercipit, istorum mortalitatem virtute resurrectionis absorptam, incorruptio gloriosa consumit! Hoc cunctis sæculis admirandum singulare spectaculum incessanter sibi mens sancta proponat. Hanc tremendam venturæ discussionis imaginem assidua præ oculis meditatione depingat. Jam se vir electus ad tribunal raptum Judicis deputet, jam se in examine positum ad reddendam rationem divinis quæstionibus perurgeri formidabiliter penset. Mundo se extraneum reddat, ut Deo propensioris gratiæ largitate familiaris adhæreat. Hoc itaque modo mortuus vivat, a terrenis vexationibus se subtrahat, ac velut in sepulcro jam positus, in solo Creatoris sui desiderio suaviter requiescat. Sicque in Deo vita ejus abscondita, quatenus apparente Christo, et ipse cum eo apparere mereatur in gloria (*Coloss.* III). Amen.

CAPUT XXXIII.
His scriptor alloquitur venerabiles monachos Petrum et Albizonem.

Nunc igitur, fratres charissimi, alter scilicet teres forma cœnobitarum, alter imitandum eremiticæ conversationis exemplum, ad vos styli hujus articulum revoco, ut quibus primordium incipientis intenditur, in eos etiam consequenter peracti opusculi clausula terminetur. Videtis igitur, quam celeriter brevis hæc vita pertranseat, videtis, quia mundus hic vicinum sui terminum indiciis jam evidentioribus clamat. Tellus enim genitalibus effeta humoribus, quodammodo invita aratrum tolerat, dum ferre fructus suis cultoribus negat; et velut anilis alvus, dum sanguis in corpore, vulva marcescente, frigescit, etiamsi procreandi studium non defuerit, ad gignendam tamen sobolem non assurgit. Aqua etiam nihilominus sterilitatem patitur, ut jam piscator retibus impendium deneget, dum inopis capturæ quæstus duris per elementum liquidum laboribus non respondet. Nec te, aer olim fecunde, prætereæm, qui nunc, dum diversis tendicularum argumentis in volucrum captione non provenis, nimirum aucupes casso labore frustratos, ad exercitium rurale remittis; et quos dudum ad sublimia captandis tuis muneribus faciebas intentos, jam ut meminerint, cui sustendandæ vitæ adminiculum acceptum referre debeant, alumnæ terræ reddis obnoxios : quique tunc largus quælibet grossiora edulia tuis jubebas deliciis cedere, jam nunc ad te manum retrahens, vilia facis oluscula, velut accuratas epulas, mensas divitum infercire.

Mundus itaque, ut prædictum est, quasi longo lassatus jam senio per cuncta sua membra probabiliter indicat quia cursus sui terminos diutius non elongat. Huc accedit quod homines nunc in juventute senescunt, et juvenili adhuc decore vernante intempestivis canis verticem spargunt. Nimirum quos propria dictat ætas immaturæ venustatis adhuc flore virescere, senex mundus quodam violentæ auctoritatis imperio secum præcipit decrepitos apparere. Quo fit ut sicut cavernosæ arboris poma mox ut producta fuerint, ante maturitatem corruunt : ita nimirum homines acerbo, ut ita dixerim, exitu priusquam ad ætatis plenitudinem veniant, moriuntur.

Cum itaque mundus præcipitem et jamjam protinus præ oculis imminentem sui cursus minetur occasum, homines etiam quotidie immaturo præventi rapiantur interitu, quid restat nisi ut hoc brevi puncto, quo vivimus, lapsura quæque velut jam lapsa despicere, et ad ea quæ permanent, pleno fervidæ mentis studeamus desiderio festinare? Ecce non levia currentibus præmia proponuntur, et itineris nostri stadium quotidie breviatur. Nulla ergo vitæ præsentis offendicula nostri cursus iter impediant, nullas nobis moras carnalis illecebræ torpor innectat. Quisque jam ad promissa munera perspicacis fidei oculos dirigat, et a brutis [*f.* abjectis] ignaviæ vinculis obviantia quæque terrenæ pravitatis obstacula robustæ spei penna transcendat. Ecce enim qui de longinquo vocaverat, manum jam appropinquantibus porrigit; et quasi teneros filios vacillantibus nutantes poplitibus firmat, blandeque ac leniter in gremium suæ charitatis invitat.

Adeamus ergo cum fiducia thronum gloriæ (*Hebr.* IV), arripiamus tantæ insignia pietatis; et quod temeritatis fuerat quærere non promissum, pudoris sit nolle suscipere vel oblatum. Dedignemur jam cœnosi hujus mundi lutum sæpius corporaliter terere, cujus amorem Deo inspirante didicimus libero mentis pede calcare. Ab eo itaque, quem non diligit animus, ipse etiam corporeus reprimatur incessus : indignum censeamus visitationis nostræ frequentia, qui de nostra gliscit triumphare ruina. Inimicitias mentis ipsa quoque testetur absentia corporalis, nec crebro nostros mereatur ille discursus, quorum fœdare consuevit obtutus; solusque in insidiarum suarum foveas incidat, qui nostris assidue gressibus deceptionum laqueos parat. Sic sic frustratas fraudum suarum excubias lugeat, dum nobis in pace quiescentibus nocturnæ nostræ profectionis aditum callidus insidiator explorat.

Sufficiat autem nostræ discursioni divini campus eloquii. Per hunc campum jugiter gradiamur, in eo delectabiliter spatiemur. Licet illic liberis gressibus per parilem sacrarum historiarum planitiem currere. Possumus etiam per mysticæ intelligentiæ profunditatem quodammodo præruptorum illic montium celsitudinem reperire. Illic perfruemur fidelium amicorum dulci colloquio, illic diversi apparatus, epularumque cœlestium juge convivium. His dapibus inhians fidelis anima, assiduæ lectionis alimento vegetata robur accipiat, et purissimæ orationis adipe saginata pinguescat. Relinquatur fames sæculi fastidientibus convivium mundi. Nos autem illas didicimus epulas esurire, quæ et famelicis satietatem assolent cum jucunditate tribuere, et tamen satiatis nesciunt fastidium generare. Quæ nimirum epulæ et mentis nostræ stomachum suaviter replent, et tamen cloacarum secessibus nihil debent. Nihil enim de se prorsus egestioni relinquunt, sed ad præbendas vires per omnium se venarum poros, cunctorumque viscerum penitus interna diffundunt.

His itaque cœlestis mensæ dapibus mens intenta inexplebiliter vacet, his oculus solerter invigilet; lingua articularis styli verba percurrat; cor, quæ leguntur, intelligat, et mysterii latentis arcana revolvat. Hoc pabulum sacra animalia per assiduæ retractationis studium jugiter ruminent, quæ nimirum a ventre scientiæ ad memoriæ guttur sæpius iterata meditatione redundent. Has, inquam, dapes mens jejuna semper esuriat, ab his vero nunquam satiata recedat; sed quo magis expletur, eo rursus ad earum appetitum avidius accendatur : sicque omnes sensus nostros circa istas vitales epulas occupet, mus, ut cunctis causarum sæcularium negotiis insensibiles facti, vere mortui mundo, soli vivamus Deo; quatenus ipse auctor, et instructor felicissimi hujus ferculi, illis suis convivis nos dignetur ascribere, qui ex ore Veritatis merebuntur audire: « Ego dispono vobis sicut disposuit mihi Pater meus, regnum, ut edatis et bibatis super mensam meam in regno meo (*Luc.* XXII). »

Omnipotens Deus, qui charitas est (*I Joan.* IV), fratres charissimi, sancto cordi vestro clementer inspiret, ut pro me peccatore dignemini semper orare.

SCHOLIA.

Concludendum est igitur, quia sicut ab his cavendum est, quos moderna synodorum concilia ab ecclesiastica societate repellunt; ita et ab illis nihilominus declinandum, quos antiqui Patres eliminandos esse decernunt. Hoc loco beatus Damianus loqui videtur juxta Ecclesiæ morem, qui ejus ætate servabatur. Ante concilium enim Constantiense in universum prohibebatur fidelibus participare cum excommunicatis, cap. *Cautum est* 11, qu. 3. et cap. *Cum desideres.* Et alibi sæpe. Verum in concilio Constantiensi, per Martini V Constitutionem, quæ incipit: *Ad evitanda multa scandala,* quam et Leo X in concilio Lateranensi, sess. 11, confirmavit, eamque refert Martinus Navarus in *Summa,* cap. 27, num. 56, cujus adhuc meminit Didacus, Covarr. in cap. *Alma mater,* 1 par. *Relect.* paragr. 2, decretum est, « Licere fidelibus communicare excommunicatis, exceptis duobus, iis videlicet, qui nominatim fuerint denuntiati, aut notorii clericorum percussores. » Juxta quod decretum, nostri doctoris zelum et sententiam interpretabimur.

Sit nomen Domini benedictum.

OPUSCULUM DECIMUM TERTIUM.

DE PERFECTIONE MONACHORUM. AD O.... ABBATEM POMPOSIANUM EJUSQUE CONVENTUM.

ARGUMENTUM. — In hoc libello præceptoris, ut ita dicam, officio fungitur. Nam cum monachorum sui temporis corruptos mores et instituta deplorasset, eosdem saluberrimis præceptis ad perfectionem instituit: quid fugere debeant, quid amplecti, ut ad optatam laborum metam, certaminumque palmam pervenire possint, solerter erudit. Et quidem pene totus in eo est, ut eos posthabitis terrenis cupiditatibus, non ob pœnarum formidinem, sed sua sponte ad Deum ardenter amandum invitet, et ad ipsam virtutum arcem, charitatem, quasi manu perducat. Hac regia velut semita patefacta, ad reliquos deinde virtutum calles digreditur, patientiam scilicet, humilitatem, obedientiam, compunctionem, pœnitentiam, et contemplationem, quibus tanquam clarissimis gemmis monachi cujusque animus ornatus, non ad externa duntaxat intuentium oculos, sed ad ipsius interni spectatoris conspectum pulcher et formosus apparet. Ubi generatim ad omnes locutus est, tum demum singillatim unumquemque sui officii admonet, abbates, præpositos, cæterosque cujuscunque ætatis ad bene beateque vivendum juxta præscriptam a majoribus normam informans.

Domno O.... venerabili abbati, et sancto conventui, PETRUS peccator monachus devotissimæ servitutis obsequium.

Pauperculo debitori licet solvere nequeat omne quod debet, excusationi tamen est, id perexiguum offerre quod habet. Sæpe nimirum rusticus, qui pecuniam feneratus acceperat, exactori suo olerum duntaxat advexit xenium, et mox cautionis suæ chirographo rediit absolutus. Ego itaque, qui beneficiis vestris magna debeo, viles litteras mitto; viles, inquam, mea rusticitate, non suo genere, videlicet quæ et divinæ voluntatis indices, et veterum novorumque gestorum depositariæ sint fideles.

CAPUT PRIMUM.

De remissione fervoris sanctæ religionis.

Itaque non ignoratis, fratres mei, quod gemens loquor, ad quantum sancti fervoris lapsus sit, imo proclivius quotidie labi non desinat noster ordo defectum, ut jam omnium pene mandatorum negligenter obliti, sola professionis hujus videamur veste contenti. Sub religionis enim specie sæculariter vivimus, et violato disciplinæ genio, dum nos per illecebrarum fluxa dissolvimus, velut a nobilitatis nostræ titulis degenerantes, monachorum nomen inaniter possidemus. Ac si spurius puer patris quidem se censeri nomine gaudeat, sed generis sui degenerata conditio legibus hunc ab hæreditate repellat. Nam et Ismael et filii Cethuræ omnes indifferenter Abrahæ filii dicebantur. Sed cum ad successionum jura perventum est, Isaac legitimo filio tota in integrum hæreditas traditur; concubinarum autem filiis tantummodo munera tribuuntur. « Spuria, inquit Salomon, vitulamina non dabunt radices altas (*Sap.* IV). » Nec vos, quæso, quod loquor, in vestram veritatis injuriam. Nostis enim, quia fomes apte congeritur, ubi scintilla saltem ignis superesse videtur; illic autem quis inaniter sufflat, unde calorem penitus exhalasse considerat? Ego etiam, nisi per Christi gratiam de vobis meliora confiderem, relictis aliis, exhortationis stylo vos etiam prosequi supervacuum judicarem.

Quapropter, charissimi, in vires vos, Christo auxiliante, colligite, ejusque militiam, in cujus arma jurastis, non segniter, non enerviter, sed fervide potius ac viriliter bajulate, ut rudimenta conversationis vestræ, quæ adhuc in quodam mediutullio posita sunt, non ad nihilum, quod absit, per negligentiam redeant, sed per continui fervoris instantiam ad perfectionis culmen excrescant. Mementote quod angelo Sardis Ecclesiæ dicitur : « Esto vigilans, et confirma cætera, quæ moritura erant; non enim inveni opera tua plena coram Deo meo (*Apoc.* III). » Quia enim plena coram Deo ejus opera non invenerat, moritura etiam illa, quæ jam bene gesta fuerant, perhibebat. Si enim quod mortuum in nobis est ad vitam non accenditur, hoc etiam exstinguitur, quod quasi adhuc vivum tenetur. Perdit quippe quod egerat, qui quod faciendum est non consummat. Quid enim prodest si in materno utero formari corpus incipiat, et tamen ad naturalis incrementi plenitudinem non pertingat? Non enim vos latet de qua sobole dicitur : « Mulier cum parit, tristitiam habet, quia venit hora ejus; cum autem peperit puerum, jam non meminit pressuræ propter gaudium, quia natus est homo in mundo (*Joan.* XVI). »

CAPUT II.
Quod nisi quisque studeat cœpta perficere, ad amorem Dei nequeat pervenire.

Abortivum plane opus Deus non approbat, qui personarum et officiorum, conditionum et ordinum actus in statera providæ discussionis examinat, et diversas habet lances per singulos ordines. An ad trutinanda regis opera stateram habilem non habuerat, eaque actus illius appenderat, cui per manus articulum in pariete describebat : «Regnum tuum appensum est in statera, et inventus es minus habens? (*Dan.* v.) » Atque idcirco præsto subjunctum est : « Divisum est regnum tuum, et datum Medis et Persis (*ibid.*). »

Si ergo regnum simul et vitam illis Deus omnipotens abstulit, non ob aliud crimen, nisi quia tam boni operis, quale regem decuerat, in eo plenitudinem non invenit; quid de nobis est sentiendum, qui sub professione manastica et scandere perfectionis excelsa promisimus, et adhuc tamen sub torpore desidiæ in imperfectionis nostræ convalle jacemus? Ut quid homo totis nisibus non satagit implere quod instat? Ob id saltem ne perdat omne quod præterito labore quæsierat. Nam quantumlibet itineris quisque perrexerit, quid, quæso, proficit si ad locum propositum non attingat? Porro, si quispiam regi vehementer infensus, non aliter redire in gratiam possit, nisi centum argenti libras appenderit, certus quia post solutum exactionis regiæ debitum, non solum gratiam, sed et magnæ cujusdam dignitatis erit infulas accepturus; nunquid non fatuus erit si nonaginta novem libras, quæ publicis ærariis illatæ jam fuerant, perire patitur, nisi sola una quæ de ratione remanserat, persolvatur? Nonne melius est ut modicum id quod restat plene solvatur, et gratiam simul cum dignitate homo recipiat, quam et quod datum est, perdat, et, quod terribilius est, in Regis indignatione permaneat?

Dedimus, fratres, ut confidenter dicam, dedimus nonaginta libras argenti regi nostro Christo, pro cujus intuitu possessa reliquimus, conjugium sprevimus, esum carnium devitamus, mundi pompas et gloriam perhorrescimus, nitorem sæcularis habitus humili veste mutamus. Magna sunt hæc, ardua sunt, fateor, magisque supernæ retributionis muneribus compensanda; sed adhuc restat unde præfixum debeat pondus impleri, ut in gazophylacium Regis æterni mereatur admitti. Quæritis quid sit hoc : Occurrit mihi protinus, ut vobis ista respondeam. Obedientia, charitas, gaudium, pax, patientia, cæteræque virtutes, quas gentium prædicator enumerat (*Galat.* v). Sed volo compendiose perstringere, quo menti vestræ valeat facilius, ac per hoc arctius inhærere. Itaque nihil est aliud nisi fervor in Deum et mortificatio in temetipso. Si enim apostolica in nobis sententia viveret, qua dicitur : « Semper mortificationem Jesu in corpore nostro circumferentes (*II Cor.* VI); » quia carnalis amor non haberet ubi se intra nostra diffunderet, necessario se omnis nostra delectatio in Deum suspensa transferret; et illic noster ignis exsiliens viveret, quia intra nos diffundendi se spatium non haberet. Prudens etenim vir, et ad salutis suæ custodiam vehementer intentus, tanta reprimendis vitiis sollicitudine semper invigilat, ut perfectæ mortificationis cingulo lumbos suos et renes, ventrem una cum lateribus undique circumstringat. Quod nimirum tunc fit, cum pruriens gula reprimitur; cum lingua procax sub silentio cohibetur; cum auris a detractionibus clauditur; cum oculus aspectare quæ sunt illicita, prohibetur; cum retinetur manus, ne creduliter feriat, pes ne vagabundus inaniter pergat; cum resistitur cordi, ne prosperis alienæ felicitatis invideat, ne quod suum non est, per avaritiam concupiscat, ne se ab amore fraterno per iracundiam dividat, ne se super cæteros arroganter extollat, ne titillanti luxuriæ ex delectatione consentiat, ne se vel in mœrorem immoderatius deprimat, vel lætitia lenocinantem resolvat. Quia igitur humana mens penitus vacare non valet, ut cujuslibet rei se amore non occupet, cum hoc virtutum muro undique circumcluditur; qui se circa se nequaquam dilatare permittitur, supra se necesse est rapiatur.

CAPUT III.
Quod necesse sit terram nostri cordis excolere, si de ampla volumus possessione gaudere.

Hoc itaque modo cum mens nostra in suo cœperit auctore quiescere, et ex illa jam dulcedinis intimæ suavitate gustare : mox quidquid divinæ legi judicat esse contrarium, respuit; quidquid a supernæ justitiæ regula discrepat, abhorrescit. Hinc plane vera mortificatio nascitur; hinc fit, ut homo Redemptoris sui bajulans crucem, mundo mortuus videatur. Itaque jam non fabularum gaudet ineptiis, non otiosis acquiescit diffluere verbis; sed psalmis, hymnis et canticis spiritualibus vacat, remotionem quærit, latibulum expetit; colloquentium officinas, publicum claustra monasterii forum deputat; angulis gaudet, secreta rimatur : et ut liberius conspectui sui Creatoris assistat, in quantum prævalet, etiam colloquia humana declinat.

Hic itaque vir postquam urbes hostium subruit, postquam regum in spelunca latentium colla calcavit et perdidit; postquam maritima, campestria ac montana regna subvertit, quid jam restat, nisi ut repromissionis terram cum triumphatore Josue tranquilla pace possideat? alioquin quid prodest, quod deserentes Ægyptum, diviso mari Rubro transivimus, si in deserto nunc per quadraginta annorum spatia coarctamur, et nec ad ollas carnium redire jam possumus, nec terram lacte melleque manantem jure possessionis intramus? Dormimus, stertimus, et sub ignaviæ torpore marcemus.

Merito itaque nobis ad opprobrium dicitur, quod septem tribubus necdum possessiones habentibus idem Josue dixisse perhibetur : « Usquequo, inquit, marcetis ignavia, et non intratis ad possidendam terram, quam Dominus Deus patrum vestrorum dedit vobis (*Josue* XVIII). » Stultus denique miles est, qui satagit vincere, si non studuerit ante pugnare ; nimis delicatus est, si ante nititur obtinere victoriam, quam egrediatur ad pugnam. Frustatur agricola, si antequam desudavit serere, ambiat triturare ; cum constet, quia quisquis desiderat frumenta colligere, prius necesse sit frutices simul cum vepribus exstirpare. Et revera divina voce peccatori homini dicitur : « Terra tua spinas et tribulos germinabit (*Gen.* III) ; » ut autem terra ista valeat esse ferax segetum, patiens sit ante ligonum, et vomerum ; quatenus diversis afflictionibus, perfectæque pœnitentiæ disciplinis exculta, velut uberum proventu frugum, sic adornetur omnium fecunditate virtutum.

Ad hanc profecto agriculturam typice impellebat Josue filios Joseph, cum eis de parvæ sortis funiculo conquerentibus, diceret : « Si populus, inquit, multus es, ascende in silvam, et succide tibi spatia in terra Pherezæi, et Raphaim, quia angusta est tibi possessio montis Ephraim (*Josue* XVII). » Nam, ut rem ad id quod propius adjacet, non incongrue referam, in angusta se montis Ephraim possessione cohibuit, qui sola B. Benedicti regula contentus esse decrevit. Sed audi, quomodo te ad montem Josue novus impellat, et ad latiora possessionum spatia festinare præcipiat : « Regulam, inquit, hanc descripsimus, ut hanc observantes aliquatenus, vel honestatem morum, vel initium conversationis nos demonstremus habere. » Ecce mons Ephraim. Sed quoniam angustam hic possessionem esse perpendit, mox ad altiora, simul et latiora transmittit : « Cæterum qui festinant, inquit, ad perfectionem, sunt doctrinæ sanctorum, sive collationes et instituta Patrum, » et cætera : quæ quoniam vobis notissima novimus, hic apponere superfluum judicamus.

CAPUT IV.
De his qui Gabaonitarum imitantur exemplum.

Sed, o utinam, quia tepidi atque degeneres nequaquam ad altiora contendimus, hujus saltem parvi montis angustias naviter sulcaremus ; ut nullus in eadem regula mandatorum angulus sub negligentia delitesceret, quem nostri laboris, et exercitii aratrum non sulcaret. Nam ubicunque duriora, vel quantumlibet altiora præcepta conspicimus, illuc aratrum nostri sudoris immittere, velut in præruptum montem, vel in vivum lapidem formidamus. Volumus siquidem annumerari inter cuneos militum, sed insignia non curamus habere virtutum. Ad oculos quidem hominum prætendimus honestatis imaginem, sed in conspectu occulti Judicis habere negligimus veritatem. Nonnulli namque (quod sine gemitu dicere nequeo) sic ad novæ religionis transeunt ordinem, ut tamen præteritæ vitæ nunquam deserant vetustatem : hi nimirum Gabaonitæ sunt, non Israelitæ. Notum quippe est, quod Gabaonitæ mortis timore perterriti, ad Israeliticum populum cum fraude et calliditate venerunt, ita ut se veteribus vestimentis induerent, panes etiam siccos, utres, saccos, calceamenta, atque omnia simul inveterata portarent : quibus scilicet, postquam impetrato fœdere vita donatur, consequenter etiam fraus patefacta cognoscitur : quos Josue comperto dolo sub maledictione damnavit, et aquæ gestatores, lignorumque cæsores perpetuo jure constituit (*Jos.* IX).

Qui sunt autem Gabaonitæ, qui ad Israelitas mortis formidine transeunt, nisi ii qui ad servitutis divinæ militiam non perfectionis amore, sed tremefacti scelerum suorum immanitate confugiunt? Sed eorum nonnulli veste, non mente mutati, siccos panes ad esum portant, quia azyma sinceritatis et veritatis ignorant (*II Cor.* V). Vetustis vestibus conteguntur, quia in veteri adhuc homine constituti, novum induere nesciunt, qui secundum Deum creatus est in justitia et sanctitate veritatis (*Ephes.* IV). Postremo omnia videntur inveterata, quæ gestant, quia in præteritæ vitæ vitiis perseverant, non obtemperantes præcipienti Apostolo : « Renovamini, inquit, spiritu mentis vestræ (*ibid.*) ; » nec illa eis sententia congruit, qua dicitur : « Vetera transeunt, et ecce facta sunt omnia nova (*II Cor.* I). » Ad novitatem quippe superficietenus venientes, re ipsa in vetustate persistunt ; quia emendationem et novam conversationem in suis moribus non ostendunt. Tales itaque maledictione plectuntur, nec ad sortiendam cum Israelitis hæreditatem aliquatenus admittuntur. Non enim ex illorum numero sunt, quibus dicitur : « In hoc vocati estis, ut benedictionem hæreditate possideatis. » Aqua autem insipida est, et ligna dura. Ligna ergo cædere, et aquas vectare jubentur ; qua gustus intelligentiæ spiritualis ignari, duris atque insensibilibus exterioris exercitii negotiis occupantur. Sic igitur aliquam quidem in exterioribus videntur utilitatem Ecclesiæ serviendo conferre : sed quia serviliter vivunt, hæreditatem inter Israelitas nequeunt possidere.

CAPUT V.
De iis qui eorum tenent figuram, qui ad maledicendum constituti sunt in Hebal.

Talium tamen nonnulli si frequenter admoniti fuerint, si eis correctionis severitas adhibetur, si pœna gravis irroganda proponitur, si terror denique tremendi judicis intentatur, de servitute ad libertatem veniunt, et ad capessenda cum cæteris jura hæreditariæ possessionis assurgunt. Quorum scilicet typum tribus illæ tenuerunt, quæ et prius præcipiente Moyse, deinde Josue exsequente, ad maledicendum sunt constitutæ. Sic enim Scriptura testatur : « Omnis populus, et omnes majores natu, ducesque ac judices stabant ex utraque parte arcæ in conspectu sacerdotum qui portabant arcam fœderis Domini, ut advena, ita et indigena : media eorum pars juxta montem Garizim, et media juxta montem Hebal. Porro ii qui stabant juxta Garizim, benedicebant factores legis; qui vero juxta Hebal, maledicebant transgressores legis (*Deut.* xxvii; *Jos.* viii). » Quid enim designant isti, qui benedictionis funguntur officio, nisi eos procul dubio, qui non pœnarum metu, sed spe cœlestium præmiorum, et perfectionis amore, ad servitia divina confugiunt, et jugiter Deum sanctæ conversationis operibus benedicunt? Quid autem illi, qui ad maledicendum positi sunt, nisi eos qui non amore perfectionis æstuant, non desiderio gloriæ cœlestis anhelant, sed ad hoc tantum quæ in lege præcepta sunt, servant, ut gehennæ pœnas evadant?

Ad maledicendum itaque missi sunt, ut dum maledicunt, ipsi ad conscientiam redeant, et perpendentes pœnas in Scripturis peccatoribus constitutas, a perversitate peccandi se vel timore compescant. Hinc est plane quod illæ tribus quæ ad benedicendum constitutæ sunt, nobiliores sunt, filii videlicet uxorum; quæ autem ad maledicendum, ignobiles, utputa ancillarum, id est, Gad et Aser, Dan et Nephtalim, inter quos erat Ruben, qui maculaverat torum patris, et Zabulon Liæ ultimus.

Notandum autem, quia omnes stetisse circa arcam fœderis referuntur, quia omnes tam nobiles quam ignobiles, ac per hoc sive tepidi, sive in Dei amore ferventes, a sancta Ecclesia non recedunt. Hoc autem a Moyse quidem præceptum, sed longe post Josue est exsecutione completum. Quid per Moysen nisi lex; quid per Josue nisi Evangelium figuratur? Benedictionem ergo justis debitam, et maledictionem peccatoribus irrogandam, non solum lex vetusta prædixerat, sed evangelicæ novitatis gratia manifestat. Sed quanquam isti sint nobiles, ideoque benedictionis potiantur officio : ignobiliores illi ac per maledictionis formidinem terreantur; quia tamen adversus hostes unanimiter dimicant, quia communi laboris instantia promissam terram sibi vindicare desudant, omnes simul admittuntur ad sortes, et non diverso jure fiunt sibimet invicem cohæredes. Verumtamen valde clarius est, ut ferventes atque robusti nobilium inveniamur titulis insigniri, quam molles in aliquo degeneri compellamur ignobilitate notari.

Fugiamus ergo Hebai, contemnamus multo magis et Gabaonitas, ut neque exterioribus implicatos servilis nos conditio deprimat, neque solo gehennæ timore constrictos inter ignobiles filios desidiæ torpor abducat. Vindicemus virtutum armis hæreditatem nostram, ut possessionis nostræ terminos assiduæ culturæ sudoribus dilatemus. At fortassis desides quique respondeant, quod filios Joseph tunc dixisse Scriptura commemorat : « Non poterimus, inquiunt, ad montana conscendere, cum ferreis curribus utantur Chananæi, qui habitant in terra campestri (*Jos.* xvii). » Alta quidem petunt, sed eos, qui in imis habitant, pertimescunt; quia ad arcem nituntur festinare virtutum, sed carnalium vitiorum diffidunt superare posse conflictum; quibus tamen ignobiliter requiescere non conceditur, sed illico respondetur : « Populus multus es, et magnæ fortitudinis, non habebis sortem unam, sed transibis ad montem, et succides tibi, atque purgabis ad habitandum spatia, et poteris ultra procedere (*Jos.* xiii). » Imo ut audaciam timidis præbeat, ipse Deus omnipotens clamat : « Ego sum, inquit, qui delebo eos a facie Israel. » Et Josue cœlestis militiæ bellatores hortatur, ac facilem de hostibus victoriam pollicetur : « Nolite, inquit, timere, nec paveatis : confortamini, et estote robusti; disperdet enim Dominus cunctos hostes vestros, adversum quos dimicatis (*Jos.* x). »

CAPUT VI.
De his qui dum perfectionem in sola conversione constituunt, conversis pœnitentiam non imponunt.

Præterea, dilectissimi, ut vobis tanquam complicibus, et unanimibus in Christo familiariter loquar, quamdam in plerisque monasteriis teneri consuetudinem novimus, quam ut vos abdicetis, humiliter suademus. Nonnulli namque rectores fratrum plus tribuentes monasticæ regulæ quam expediat, quibuslibet a sæculo venientibus, etiam si graviter lapsi sunt, aliam pœnitentiam non imponunt, nisi tantum communem monasterii ordinem servare præcipiunt : quod profecto quam sit inconsideratum, quam inhumanum, quam penitus indiscretum, quisquis sapit, intelligit. Hi nimirum auditores suos in Hebalitarum ignobilitate constituunt, dum pœnitentiæ fervorem tollunt, dum non post solutum debitum amore perfectionis ad alta conscendere; sed pœnarum semper terrore constrictos, et cautione fenoris obligatos docent sub degeneris ignaviæ torpore languere; ut non cum his qui juxta Garizim sunt, secure Dominum benedicant, sed circa Hebal potius cum ancillarum filiis maledictionum jacula pertimescant. Qui hæc enim agit, quid distet inter decem millia talenta et centum denarios, non attendit. Nam si jus discretionis inspicitur, unusquisque quo magis gravatur offensis, eo majori gravandus est pondere satisfactionis. Facilius quippe debitor solvitur, qui mutuatus est unciam, quam ille qui libram; nec pari emendatione plectendus est qui ovem rapuit, et ille qui bovem.

Nam si diligenter attendimus, ipsos quoque apostolos disciplinæ nostræ principes, et Christiani dogmatis duces, juxta prioris vitæ culpas laborum invenimus inter se invicem habuisse distantiam. Nam Paulus quia se in nece Stephani crudelis admiscuit

(*Act.* viii), plura quam cæteri, passionum supplicia toleravit; Petrus autem nuptiarum sordes abluit cruore martyrii (*II Cor.* xi) [*Vide scholia ad calcem opusculi*]; at Joannes, quia virgo eligitur (*Joan.* xxi), cæteris omnibus plus amatur; et quoniam in puerili ætate mundo subtractus graviter non deliquit, non pœnas martyrii patiendo (*I Cor.* xv), sed suaviter et quiete quasi dormiendo migravit. Et cum prædicator ille egregius dicat : « Ego sum minimus apostolorum, qui non sum dignus vocari apostolus, quoniam persecutus sum Ecclesiam Dei (*I Cor.* ix); » cum corpus suum castiget, servitutique subjiciat (*I Cor.* iv); cum quod aliis ipse concedit, de Evangelio nihil accipiat, sed de manuum suarum laboribus vivat; cum ille plus omnibus laboret, et tamen non se comprehendisse formidet (*Philip.* iii): si ille, inquam, inter tam magnifica virtutum opera non confidit adhuc in apostolatu, quid nos infelices et miseri tantum præsumimus de nostræ desidiæ monachatu? Quisquis sane ad religionis hujus ordinem confugit, finem malis imponit.

Sed quid prodest a peccatorum perpetratione desistere, nisi et hæc ipsa quæ perpetrata sunt, studeat quis districtæ pœnitentiæ satisfactione delere? Sed quia mihi fortasse non creditur, quid ex hoc in Pastorali libro perhibeat beatus papa Gregorius, inquiratur, ubi ait : « Admonendos esse qui peccata deserunt, nec tamen plangunt, ne jam relaxatas æstiment culpas, quas etsi agendo non multiplicant, nullis tamen fletibus mundant. » Quæ videlicet tam plena, tam evidenti illic ratione digesta, ut quisquis diligenter illa perlegerit, ex hac re de cætero dubitare non possit; nos autem hic apponenda non ducimus, quia prolixitatis fastidium devitamus. Et revera quomodo de reatus sui relaxatione securus est, qui ad locum pœnitentiæ veniens, pœnitentiam non observat?

At fortassis objicitur, quia præter id quod commune est, speciale cuiquam venienti de sæculo jejunium in regula non jubetur. Ad quod facile respondemus : quia B. Benedictus sua quidem præcepta monachis edidit, sed judicantes de peccatoribus sacros canones non destruxit, imo omnia catholica scripta firmavit : conversis plane dedit præcepta vivendi; peccatoribus autem pœnitentiam non donavit, alioquin murmurare possunt, et juste conqueri tam ii qui in puerili ætate, quam qui a gravibus custoditi ad conversationem veniunt, si eumdem vivendi modum tenere cum his qui criminibus gravati sunt, compelluntur. Nam si aliter jejunare nunquam debemus, nec aliam agere pœnitentiam, nisi quæ in eadem regula sancta præcipitur, cur ibi jussum est (S. Ben. *Reg.*, cap. 55) : « Ut jejunium a priore frangatur propter hospites, nisi præcipuus jejunii dies sit? »

Age nunc, lege, percurre, revolve folia, solerter investiga, et dies ille jejunandi præcipuus, qui hic in transitu dicitur, ostende ubi sancti doctoris auctoritate jubetur; et cum invenire non poteris, necessario confiteri, quia sanctus vir non sola quæ scripsit observare nos voluit, et dum sua condidit, edicta Patrum præcedentium non cassavit. Sed ne me quis temeritatis incessat, tanquam qui sacrum ordinem derogando dijudicem, atque deprimam, nos sanctæ professioni tantum tribuimus, ut et secundicerium apostolici ordinis, et secundum nihilominus fateamur esse baptismum. Sed dico quod dictum est, cum princeps apostolorum quibusdam ad conversionem venire volentibus dicat : « Pœnitentiam agite : et baptizetur unusquisque vestrum (*Act.* ii); » qua igitur mente securus est, qui transactas culpas flere negligit, quando ipse summus pastor Ecclesiæ huic etiam sacramento addendam pœnam credidit, quod principaliter peccata dimittit? sancta nimirum regula illis est sub tanta discretionis arte disposita, illis specialiter sub tantæ moderationis libramine temperata, qui spontaneo desiderio, et perfectionis amore gratis sæculum deserunt, non propter eos, qui scelerum immanitate deterriti, fugere necessario compelluntur. His, inquam, qui amore veniunt obedientiæ, non his qui trahuntur timore gehennæ; desiderantibus scilicet augere gratiam, nec præcaventibus vitare vindictam. Quod in ipso libri principio manifeste colligitur, si ad quem sua verba Spiritus sanctus dirigat, subtiliter attendatur.

Spiritum sanctum dico. Neque enim vir sanctus, tantæque cultor humilitatis protinus ut in verba prorumperet, magisterii cathedram, et præcipue pii patris sibi privilegium usurparet, dicens (S. Bened. *Reg.*, cap. 1): « Ausculta, o fili, præcepta magistri, et inclina aurem cordis tui, et admonitionem pii patris libenter excipe. » Sed ille servum suum propriæ vocis organum fecit, qui similiter in ipso vaticinii incipientis exordio clamare per Isaiam cœpit : « Filios, inquit, enutrivi, et exaltavi (*Isa.* i). »

Videamus ergo cum scribere incipit, quibus verba dirigit, ad quod hominum genus omnem vim seculuræ elocutionis intendit; ait enim (S. Bened. *Reg.*, cap. 1) : « Ad te ergo nunc meus sermo dirigitur, quisquis abrenuntians propriis voluptatibus, Domino Christo vero regi militaturus, obedientiæ fortissima atque præclara arma assumis. » Quantum ergo ex sancti viri verbis colligere possumus, magis ad discendam obedientiam, quam ad peragendam pœnitentiam regulæ hujus schola cognoscitur instituta; non ut sive peccatores, sive justos excludat, vel unum genus hominum respuat; sed quia omnem vim et intentionem ad edocenda obedientiæ præcepta constituat.

Verum dum hæc scribimus, non ignoramus nos quosdam fratres offendere, eos videlicet, qui arbitrantur et absolutionem criminum, et virtutum clausulam in sola duntaxat conversione constare; nobis autem sufficiat respondere, quia dum ista proferimus, nulli juxta Apostolum, laqueos injicere volumus, sed ad hoc tantum quod bonum est, provocamus (*I Cor.* VII). Cur autem hæc tantis protraham, quia non alienum videtur, exponam. Quidam nempe frater ad nos de monasterio venit, quid in laicali vita commiserit **293** confessus est. Porro debebatur illi septuaginta, si recte teneo, annorum pœnitentia, sicut nobis ex sacrorum canonum sententia videbatur. Erat autem fere jam septennis in habitu religionis ; cumque quæreremus pro his peccatis quantum jam pœnitentiæ peregisset, respondit : Domino quidem abbati se cuncta fuisse confessum, sed eum præter communem monasterii observantiam, nullam sibi pœnitentiam indidisse ; quia perhibuit solam conversionem pro omnium peccatorum suorum absolutione plene sufficere. Quid dicam ? Fateor, res mihi valde displicuit ; despexi, horrui, et hominem deceptum esse clamavi : nimirum qui pœnitentiam necdum haberet inceptam, quam diversis afflictionum modis jam habere potuerit consummatam.

CAPUT VII.
Quod melius est agere quod ex auctoritate præcipitur, quam quod misericorditer indulgetur.

Vobis autem, charissimi, et hæc et alia multa displiceant, quæ decepti homines, dum se recte agere arbitrantur, ignorant : atque, ut in aliis, quæ non agenda sunt, libera possitis auctoritate corrigere, ipsi cautius evitantes abominanda monstrate. Ut autem ad illud redeam, sancta regula quasi ampla quædam, capax et spatiosa domus facta est ad omnia genera hominum capienda, pueros videlicet et senes, fortes et debiles, deliciosos, multimoda morum inæqualitate diversos. Non ergo debemus vana nosmetipsos securitate decipere, nec omnem clementiam regulæ nostris quasi licenter usibus arrogare. Licet enim via publica cunctis itinerantibus pateat, indiscretus ille viator est qui totam occupare divaricatis gressibus tentat. Singulorum totus est fons, qui in medio profluit ; sed insolenter agit qui totum vindicare propriis usibus concupiscit. Ita nimirum et de remissione sanctæ regulæ dicimus, et hortamur, ut unusquisque frater, qui de sua est salute sollicitus, ad possibilitatis suæ conscientiam redeat, et de remissione regulæ non tam quod licet, quam quod necessitas postulat, in proprios usus assumat. Aliud quippe quod ex auctoritate præcipitur, aliud quod misericorditer indulgetur. Sed quod præcipitur, non sine peccato negligitur ; quod autem indultum est, bonum est si dimittitur, non malum est, si completur. Sed si ipsius regulæ verba diligenter inspicimus, quod dicere volumus, facilius approbamus. Nam cum dicit alicubi (S. BENED. *Reg.*, c. 41) : « Infirmorum condescendentes imbecillitati, credimus minam vini singulis sufficere per dies ; quibus autem donat Deus tolerantiam abstinentiæ, propriam se habituros mercedem sciant. » Quid aliud de vino monachis, quam quod Apostolus de communi amplexu conjugibus dicit ? « Hoc autem, inquit, dico secundum indulgentiam, non secundum imperium (*I Cor.* VII) ; » ubi mox addit : « Volo autem omnes homines esse sicut meipsum ; sed unusquisque proprium donum habet ex Deo, alius quidem sic, alius vero sic (*Ibid.*). »

294 Aliud itaque volebat Apostolus, et aliud permittebat. Volebat siquidem omnes homines esse sicut semetipsum, hoc est, conjugalibus negotiis alienos : sed quia id omnibus persuadere non poterat, necessitate coactus, nuptias permittebat ; melius esse judicans, ut nuptiarum lecto, velut infirmi jacerent, quam ut in luxuriæ voraginem decidentes, cervices effringerent. Sed beatus qui audit Apostolum quod vult præcipientem, non quod non vult ignoscentem. Sic itaque auctor sanctæ regulæ librato discretionis examine, alia ex auctoritate præcipit, alia propter imbecillitatem fragilium necessitate permittit. Nam cum dicit (S. BENED. *Reg.*, c. 48) : « Licet legamus vinum monachorum omnino non esse ; » et alibi (*cap.* 49) : « Licet omni tempore vita monachi Quadragesimæ debeat observationem habere, tamen quia paucorum est ista virtus, » et multa similia ; quid est aliud quam si dicat : alta quidem ostendo, sed poplitibus teneris adhuc vos claudicare conspiciens, per plana deduco ; si cui autem possibilitatis vigor accesserit, deserat ima quæ invitus indulgeo, tentet alta quæ volo ? Nimirum melius est quidem salvari animam in Segor, quam sulphureo in Sodomis igne consumi. Melius est enim nubere quam uri (*I Cor.* VII). Sed quam gloriosius est ad montana conscendere, quam in parvulæ Segor obscura ignobilitate jacere.

Et ut ad id quod nostrum est redeam, melius certe est in spiritali ordine vel segniter vivere, quam funditus in mundana conversatione perire. Sed quam elegantius est omnia vitiorum portenta festinanter elidere, et ad virtutum culmen æstuanti desiderio festinare, quam sub tempore desidiæ in sola suscepti ordinis securitate dormire. Ac si promulgator sanctæ regulæ suis auditoribus dicat : Suscipientes quidem quod indulgeo, non peccatis, sed non suscipientes, mercedem habetis : admissa siquidem misericordia non incurritis pœnam, sed propter Deum dimissa pertingitis ad coronam : et hæc quidem speciali crimine non depressi ; alioquin quisquis se meminit illicita perpetrasse, versa nunc vice debet a licitis abstinere : et qui commisit superbe prohibita, debet nunc humiliter abdicare concessa. Plerique enim molliter suaviterque viventes si aliquando suadentur, ut quantumlibet vel parum saltem arctioris viæ arripiant institutum, mox ratiocinium sibi defensionis obtendunt, dum quispiam eorum sic ait : Vivo, inquit, ut jubeor, dum rebus concessis utor, legis meæ mandata conservo : deinde ut tanquam victor de superiori contendere videatur, in audaciam prosilit. Nunquid, inquiens, regula ab his, et hujusmodi, licentiam tollit ? Nunquid non mihi hæc et illa concedit ? Verum quisquis ista contendit, inter voluntatem, necessitatemque scriptoris discernere necdum didicit : et alia secundum indulgentiam permittit, alia secundum imperium praecipi non cognovit.

Hic itaque in deserto moriturus est, quia dum in carnis suae voluptatibus ignobiliter habitat, ad obtinendam sui juris terram per laborum certamina non desudat; sive cum Rubenitis et Galaaditis antequam Jordanem transeat, figitur, atque ideo terram lactis et mellis **295** possidere post triumphum cum aliis tribubus non meretur, intentionis suae terminum posuit : et quia adhuc in expeditione positus, jam domi se habitare credit, ad haereditatis suae funiculum, ubi vera est requies, et secura tranquillitas, non attingit.

CAPUT VIII
De vita activa et contemplativa, sub figura Liae et Rachelis.

Omnis denique nostra conversio, et abrenuntiatio saeculi ad nil aliud, nisi ad requiem tendit; sed haec requies sic acquiritur, si prius homo diversis certaminum laboribus exercetur, ut, cessante postmodum omni perturbationum strepitu, per gratiam contemplationis transferatur animus ad indagandam speciem veritatis. Sed cum ad hanc requiem, sicut dictum est, non nisi per labores et certamina pervenitur, quomodo quis ad requiem pervenit, qui necdum ad certamina ipsa, quae in medio sunt constituta, descendit? Quo enim pacto quis valeat aulam ingredi regiam, si eam, quae prae foribus est, nondum transivit arenam? Qui propaginare non didicit, qui palmitum sarmenta non secuit, qui glebas sarculis nunquam fregit, qui vomeribus novalia non sulcavit, quomodo excussis paleis in horreo frumenta recondere, aut plenis musto canalibus vinaria poterit amovere?

Porro non obscurum est quod Laban duas filias habuit, quarum juniorem Jacob in conjugium concupivit, ad cujus tamen amplexus pervenire non potuit, donec majorem ignarus, atque ideo invitus accepit. Sed quia rem scientibus loquor, non mihi multis elaborandum est verbis. Laban quippe, *dealbatio* interpretatur. Quis autem ad Deum convertitur, nisi ut deposita peccatorum nigredine per remissionis gratiam dealbetur? Sicut ipse pollicetur dicens : « Si fuerint peccata vestra quasi vermiculus, tanquam nix dealbabuntur (*Isa.* I). » Quod felix ille peccator postulabat, cum diceret : « Mundabor, lavabis me, et super nivem dealbabor (*Psal.* L). » Lia interpretatur *laborans*; Rachel, *verbum*, sive *visum principium*. Sed si Scripturam diligenter attendimus, nec uno quidem die servisse Jacob propter Liae desiderium reperimus, sed per totas illas annorum hebdomadas pro sola Rachel servituti subjacuit; insuper et ipsam Liam ad illius intuitum toleravit. Quis enim ad Deum idcirco convertitur, ut labores et aerumnas, ac tentationum certamina patiatur? Omnis enim Deum quaerentis intentio hoc sperat, ad hoc spectat, ut ad requiem quandoque perveniat; et in summae contemplationis gaudio, velut in pulchrae Rachel amplexibus requiescat; A videlicet ut per verbum quod audit, scandat ad videndum principium quod quaesivit.

Sed necesse est ut hunc diversorum certaminum labor exerceat, antequam ad quietis intimae suavitatem, quam concupiscit, attingat. Prius servitute deprimitur, ut jure postmodum ad perfectae libertatis titulos provehatur. Septem vero annis sub dealbationis gratia servit, cum septem ea quae ad proximi dilectionem **296** pertinent, Decalogi mandata custodit : videlicet ut primo timore constrictus, atque ideo servitutis jugo depressus, saltem a vetustae legis incipiat institutis (*Exod.* xx), ut nimirum parentes honoret, ut non moechetur, non occidat, non furetur, non falsum testimonium proferat, non uxorem alterius, non rem proximi concupiscat. Quibus rite servatis, non mox, ut sperabat, ad contemplationis oblectamenta perducitur, ut velut exspectata diu Rachel pulchritudine perfruatur; sed Lia sibi per noctem inopinata supponitur, quia inter humanae hujus ignorantiae tenebras tolerantia sibi laboris injungitur. Ex qua tamen jam numerosam sobolem suscipit, quia uberes spiritualis lucri per hunc laborem fructus acquirit.

Hanc itaque tolerat, ut ad illam quandoque perveniat, quam perseveranter amat. Suadetur ergo ut alios septem annos servire desudet, quia profecto necesse est ut adhuc alia septem praecepta conservet, sed jam aliquanto liberior, non legalia tanquam servus, sed evangelica sicut gener : videlicet ut sit pauper spiritu, sit mitis, lugeat, esuriat, sitiatque justitiam (*Matth.* v); sit misericors, mundum cor habeat, sit postremo pacificus. Enimvero vellet homo si fieri posset, nullas quidem laborum molestias agendo, vel patiendo perferre, sed protinus in ipsis sui tirocinii rudimentis ad pulchrae contemplationis delicias pervenire; verumtamen hoc non in terra morientium fit, sed in terra viventium; quod significare videtur illud quod a Jacob dicitur : « Non est, inquit Laban, in loco nostro consuetudinis, ut minores ante tradamus ad nuptias (*Gen.* xxix). » Nec absurde major appellatur, quae prior est tempore. Prior est enim in hominis eruditione labor boni operis, quam requies contemplationis. Expletis itaque duabus hebdomadibus, altera videlicet legis antiquae, altera evangelicae gratiae, mox ad diu desideratae Rachelis pervenitur amplexus; quia quisquis pertingere ad divinae contemplationis oblectamenta desiderat, prius necesse est ut utriusque Testamenti peragere mandata contendat.

CAPUT IX.
De Zelpha et Bala.

Sed quia electus quisque perfectionis suae limite non contentus, filios etiam Deo gignere spirituali fecunditate desiderat, postquam conjugale foedus Jacob cum duabus sororibus iniit, ad propagandum uberioris germen sobolis, ancillas quoque ad generandi usum suscipere non refugit (*Gen.* xxx), atque ut omnia spiritualibus intelligantur redundare mysteriis, ipsa quoque ancillarum nomina sub mysticis sunt enuntiata figuris. Nam Bala interpretatur *inveterata*. Sane quia intellectum spiritualis substantiæ nudis verbis humana lingua nequit exprimere, quandoque doctrina sapientiæ per quasdam corporeas similitudines audientem nititur informare. De veteri autem vita, et carnalibus sensibus dedita, corporeæ cogitantur imagines : quarum videlicet ad docendum usus assumitur, cum aliquid ex incomprehensibili et incommutabili essentia divinitatis auditur. Rachel itaque maluit utcunque filios ex ancilla suscipere, quam omnino steriles permanere; quia doctrina sapientiæ, sive gratia contemplationis, per exteriorum scientiam, vel visibilium rerum formas, auditoribus intimat quidquid de invisibilibus intra arcana mentis occultat; et sic quodammodo per ancillam filios accipit, dum per eam, quæ sub se est, scientiam, spirituales Deo filios parit; Zelpha vero interpretatur *os hians*.

Hæc igitur ancilla illos figurat, quorum in prædicatione evangelicæ fidei os quidem hiat, sed cor non hiat. De quibus videlicet scriptum est : « Populus hic labiis me honorat, cor autem eorum longe est a me (*Matth.* xv). » Et de quibus Apostolus : « Qui prædicas, inquit, non furandum, furaris (*Rom.* ii). » Verumtamen ex hac ancilla hæredes futuros aliis Lia filios accipit; quia sæpe per tales etiam prædicatores activa vita multos regni filios adoptavit. De quibus Veritas : « Quæ dicunt, inquit, facite ; quæ autem faciunt, facere nolite (*Matth.* xxiii). » Et Apostolus : « Sive, inquit, occasione, sive Christus veritate annuntietur, et in hoc gaudeo, sed et gaudebo (*Philipp.* 1). »

Sed jam sufficiat, quod sacræ mentionem historiæ hucusque protraximus, qui seriatim Scripturas exponere propositum non habemus. Hoc tantum in his considerandum esse perpendimus, quia sicut Jacob Rachelis solius intuitu omnes illas mulieres accepit, ex quibus filios genuit, sic quisquis sub dealbationis gratia constitutus, fructificare Deo spirituali fecunditate desiderat, necesse est ut per omne quod agit, ad contemplationis semper gratiam tendat.

CAPUT X.
De his qui vagationibus dediti, ignorant spirituale conjugium.

Sed quid ad hæc dicimus, cum videamus in domo Laban nonnullos sub tanti torporis atque desidiæ negligentia vivere, ut neque Rachelis ambiant pulchritudinem, neque etiam circa Liæ se videantur exercere laborem ? Hi profecto sunt, qui in monasteriis constituti, neque per remotiorem vitam, sive per assiduæ orationis instantiam ad gratiam contemplationis anhelant, neque sub jejuniorum se, diversorumque laborum districtione castigant. Hujusmodi plane vel conjugiis omnino liberi, vel ancillarum tantummodo complexibus sunt contenti, quia vel inertis ignaviæ potiuntur otiis, vel si quid agunt, non ad hoc tendunt, ut activæ vel contemplativæ vitæ perferant fructum, sed ad hoc potius ut proprii arbitrii, suæque voluntatis expleant appetitum.

Hi sunt denique, qui ad quælibet peragenda negotia huc illuc votiva jugiter vagatione discurrunt; et dum quiescere nesciunt, videri velut obedientes volunt : sicque morbum vitii quo laborant, superducto velamine virtutis obumbrant. Hi nimirum non idcirco laboribus atteruntur, ut obediant, sed ideo suis præpositis obedire deliberant, ut laborandi materiam non amittant, otium videlicet tolerant; labore fruuntur; quia vagationem, quietem, molamque negotiorum volvere, suavem deputant voluptatem. Sunt enim quædam animæ paralyticæ quæ se gaudent crebris discursionibus agitare. Quisquis enim corporeæ paralysis languore constringitur, sæpe ministrorum vexatione concutitur, et sic agitationibus refovetur. Hi certe, spirituales videlicet paralytici, vel solis ancillis dicendi sunt esse conjuncti, atque ideo eorum filii nullatenus ad hæreditatis capessendæ jura perveniunt ; vel si liberas habere se putant, non ancillas, ut ita dixerim, propter filias Laban, sed perverso ordine filias sibimet fœderare volunt propter ancillas ; quia non ad hoc laborant, ut obediant, sed ad hoc potius obediunt, ut laborent. Nec more Jacob, ad activam, vel contemplativam vitam fructus suorum operum referunt ; sed sive de activa quid in sua operatione demonstrent, sive de contemplativa aliquid verbis enuntient, non in his spiritualis utilitatis expetunt fructum, sed propriæ tantummodo voluntatis aucupantur arbitrium.

CAPUT XI.
De monachis qui grammaticam discere gestiunt.

Ut autem cum stomacho loquar, ex istorum numero sunt ii, qui grammaticorum vulgus adeunt, qui, relictis spiritualibus studiis, addiscere terrenæ artis ineptias concupiscunt: parvipendentes siquidem regulam Benedicti, regulis gaudent vacare Donati. Hi porro fastidientes ecclesiasticæ disciplinæ peritiam, et sæcularibus studiis inhiantes, quid aliud quam in fidei thalamo conjugem relinquere castam, et ad scenicas videntur descendere prostitutas? Et, ut ita fatear, meretricum lenociniis oblectati dant repudium liberis, ut, violato nuptiali fœdere, socientur ancillis. Deserunt uxores Laban, videlicet filias, et ad lupanares transeunt concubinas ; ut merito cum Bala veteres, et cum Zelpha vaniloquia videantur urbanitate dicaces. Sed fortassis objiciunt, quia ad hoc exteriorum artium nugis insudant, ut locupletius ad studia divina proficiant. Jacob certe petitionibus uxorum, concubinarum toleravit amplexum : alioquin qui ex eis nati sunt, nullatenus cum cæteris ad hæreditatis jura concurrerent, si adulterinæ conceptionis infamiæ subjacerent. Quærunt ergo, et auctoritatem Patrum subtiliter consulunt.

Quod si his artibus operam dare monachum sacra Scriptura permittit, dicatur jam quia uxor viro ancillam in usum sobolis tradit. At si Gregorius, Hieronymus, aliique doctores sancti hæc funditus abnegant; noverint isti, quia adulterino pellicum amore decepti, velut contra conjugale fœdus sine fœdere pertinaciter pugnant. Nam non solum prohibemur post acceptum sacrum ordinem vanis hujusmodi doctrinis intendere; sed ex iis quoque quæ ante didicimus, superflua quæque præcipimur detruncare. Unde per Moysen lege decernitur, ut mulieri in bello captæ, et in conjugium victoris electæ, corporis superfluitas abscindatur: « Quæ radet, inquit, cæsariem, et circumcidet ungues, et deponet vestem in qua capta est, sedensque in domo tua flebit patrem et matrem uno mense; et postea intrabis ad illam, dormiesque cum illa, et erit uxor tua (*Deut.* XXI).» Mulieri quippe cæsariem radimus, cum rationali disciplinæ sensus superfluos amputamus; ungues etiam circumcidimus, cum ab ea mortua quæque superstitionum opera desecamus. Quæ etiam vestem deponere, in qua est capta, præcipitur, ut superductam fabularum et quorumlibet figmentorum exuat superficiem, ac solidam veræ rationis exhibeat veritatem.

Patrem vero et matrem deflet, quia liberalium auctores artium mens nostra mortuos deputat, et eos in errore periisse compatiendo deplorat. Consuetudo autem feminarum est, per unumquemque mensem sui sanguinis effusione purgari: post mensem itaque ad hanc mulierem intrare præcipimur, ut artem cujuslibet disciplinæ omni superstitionum contagio defæcatam, velut in conjugium sortiamur; quatenus jam Israelitica facta, consequenter in Israelitæ conjugium transeat, et bene fecundam spiritualium operum sobolem reddat. Et hæc omnia illis procul dubio congruunt, qui in sæculari militia liberalium studiorum artibus instruuntur: cæterum quibus non licet etiam cum hospitibus loqui (S. BENED. *Reg.*, c. 53), in quibus videlicet ipse Christus alloquitur, et suscipitur: qui non nisi ad interrogationem os aperire debemus, et cum reficimur, ex ipsa etiam sacra lectione consulere non audemus; quomodo liceat theatralia grammaticorum gymnasia insolenter irrumpere, et velut inter nundinales strepitus vana cum sæcularibus verba conferre? Hæc autem adversus monachos nugis exteriorum artium implicatos diximus, ut eorum vanitas quam procul a linea rectitudinis exorbitet, monstraremus.

CAPUT XII.
De laude lacrymarum.

Ultro etiam expedit, ut quicunque frater sæculum perfecto corde deseruit, ea ipsa quæ sibi jam nota sunt, si noxia probantur esse, dediscat, et oblivioni perpetuæ, in quantum prævalet, tradat. Nesciat itaque jam disputare de coquis, ignoret esculentiores præferre lautioribus cibis, non jam calleat urbana, vel captiosa verba proferre, non rhetoricos colores in usus tinnulæ declamationis assumere, non denique per sales atque facetias risum cuilibet extorquere. Jejunium amet, necessariarum rerum penuriam diligat, aspectus hominum fugiat, sub silentii se censura constringat, ab exteriori se negotio subtrahat, os suum ab otiosa confabulatione custodiat, mentis suæ latibulum petat, ubi ad videndam Creatoris sui faciem totis nisibus inardescat: ad lacrymas anhelet, lacrymas a Deo quotidianis precibus flagitet. Lacrymarum quippe mador animam omni labe purificat, et ad proferenda virtutum germina nostri cordis arva fecundat. Sæpe namque miserabilis anima velut sub pruinali glacie comas, et foliorum ornamenta deponit, et recedente gratia, ipsa sibimet derelicta, tota remanet arida, et quasi decidentium florum videtur decore nudata. Sed mox ut lacrymæ ex munere intimi inspectoris eruperint, protinus hæc eadem anima revirescit, torporis ignavi frigore solvitur, et tanquam arbor verna, Austri fomite recalescens, redivivo virtutum suarum flore vestitur.

Lacrymæ porro quæ a Deo sunt, divinæ exauditionis tribunal fiducialiter adeunt, et impetrantes præsto quod petunt, de peccatorum nostrorum certa remissione confidunt. Lacrymæ sunt in fœderanda inter Deum et homines pace sequestres, et veraces sunt atque doctissimæ in qualibet humanæ ignorantiæ dubietate magistræ. Nam dubitantes ex aliquo utrum Deo placeat, necne, nunquam melius certitudinem capimus, quam cum veraciter lacrymantes oramus. Tunc enim quidquid agendum mens nostra decreverit, super hoc rursus ambigere necessarium jam non erit. Lacrymæ porro diluunt omne spurcitiarum in meretrice contagium (*Luc.* VII), et immundis manibus tribuunt (*Matth.* XXVII), ut non solum pedum, sed et Dominici capitis mereantur attactum. Lacrymæ tribuunt, ut negator apostolus non modo non pereat omnino post lapsum, sed ultro etiam ut super cæteros cœlestis curiæ senatores obtineat principatum. Lacrymæ contulerunt, ut David post adulterii simul et homicidii (*II Reg.* XII) profundissimum barathrum non modo regnum cum vita non perderet, sed ultro etiam promissionem hæredis ex se nascituri cum juramento susceptam immobiliter obtineret, qui et regni sui solium, et omnium regna terrarum perpetuo possideret. Lacrymis est concessum, ut morituro mox Ezechiæ tria annorum lustra ad vitam Deus omnipotens adderet, et insuper se et urbem Hierusalem de regis Assyriorum manibus liberaret (*IV Reg.* XX). Lacrymis certe divina pietas contulit, ut Saram Raguelis filiam de vinculo turpis improperii clementer absolveret, et ad digni viri thalamos nuptiali per angelum fœdere destinaret (*Tob.* VII). Lacrymæ impetravit Esther, ut Israeliticum populum Deus de communi periculo perditionis eriperet, et in Aman, quod ipse paraverat, propositi suspendii sententiam retorqueret (*Esther* XIV). Lacrymæ nihilominus contulere Judith, ut et caput abscinderet Holophernis (*Judith* VIII, IX), et intra cubiculum luxuriantis illecebræ florem non amitteret pudicissimæ castitatis.

Quid de centurione Cornelio referam (*Act.* X), qui munere lacrymarum apostolicæ meruit visitationis accessum: moxque deserens gentilitatis errorem, ad Christianæ regenerationis translatus est novitatem? Quid Susannam memorem (*Dan.* XIII), quæ mox ut ad lacrymarum patrocinium confugit, protinus de manibus ad mortem se trahentium rapitur, in falsorum caput testium damnationis sententia vertitur, et sic per spiritum junioris pueri sanguis innoxius liberatur? Porro autem si cuncta lacrymarum percurrere dona voluero, prius forte dies claudetur quam exemplorum copia subtrahatur. Hæc sunt enim, quæ et animam peccatorum labe purificant, et cor vagum in oratione confirmant. Hæc sunt, quæ de mœrore pariunt gaudium; et dum per oculos carnis erumpunt, ad spem nos supernæ beatitudinis erigunt. Non enim possunt in sua petitione contemni, quæ et magnas voces habent in auribus Creatoris: quas profecto voces ille ad Deum frequenter emiserat, et quid ad obtinendum possent, subtiliter noverat, qui dicebat: « Exaudi orationem meam, Domine, et deprecationem meam; auribus percipe lacrymas meas (*Psal.* XXXVIII). » Qui enim non oculis attendi, sed auribus percipi lacrymas postulat, voces inesse lacrymis manifeste designat. Lacrymæ nempe cum in conspectu pii judicis supplicant, nihil hæsitant, sed sic misericordiam tanquam rem quamlibet proprii juris sibimet vindicant, et impetrasse se quod petierant confidenter exsultant.

O lacrymæ deliciæ spirituales, super mel videlicet et favum, atque omni nectare dulciores! quæ mentes ad Deum erectas jucunda saporis intimi suavitate reficitis, et arida ac tabescentia corda haustu supernæ gratiæ medullitus irrigatis. Terrenarum namque dapum sapores atque dulcedines superficie quidem palati gustantes oblectant, viscera autem interiora non penetrant; sapor vero divinæ contemplationis omnia interiora nostrat replet, vegetat, obdulcat. Lacrymantes equidem oculi diabolum terrent, et sic lacrymarum erumpentium expavet impetum, ac si procellosi nimbi grandinem, vel furentium undique ventorum effugiat tempestatem. Nam sicut spumosi torrentis cumulus superveniens, cunctis alveum sordibus purgat; sic lacrymarum profluentium cursus ex mente flentis et diabolicæ versutiæ semina, et omnes sordentium vitiorum pestes eliminat.

CAPUT XIII.

Quod ex amore Dei compunctio nascitur, et rursum ex compunctione divinus amor augetur.

Sed hæc aqua ex igne profluit, ut quisquis affluere imbris inundatione desiderat, divini amoris ignem prius necesse est in camino suæ mentis accendat. Quod facilius exprimere possumus, si quod in secundo Machabæorum libro perhibetur historialiter gestum, ad memoriam deducamus. Ait ergo Scriptura: « Cum in Persidem, inquit, ducerentur patres nostri, sacerdotes, qui tunc Dei cultores erant, acceptum ignem de altari occulte absconderunt in valle, ubi erat puteus altus et siccus, et in eo contutati sunt eum, ita ut omnibus ignotus esset locus. Cum præterissent autem multi anni, placuit Deo ut mitteretur Nehemias a rege Persidis: hic misit nepotem sacerdotum illorum; qui absconderant, ad requirendum ignem, et sicut narraverunt nobis, non invenerunt ignem, sed aquam crassam (*II Mach.* 1). » In quibus omnibus verbis illud unum spiritualiter attendendum est: quod in alto et sicco vallis puteo prius ignis absconditur, et postmodum non ignis, sed aqua crassa a requirentibus invenitur. Mens quippe sincera atque perfecta Deum intentione quærentis non incongrue per puteum vallis altum, et siccum designatur: quæ nimirum et a fluidis illecebrarum carnalium voluptatibus arida, et terrenæ concupiscentiæ ruderibus alte defossa, et in veræ humilitatis est convalle fundata. Huic itaque puteo sacrificii ignis immittitur, cum in electi cujuslibet mente divini amoris flamma concipitur, atque ad cœleste desiderium pius animus inflammatur. Sed hic ignis in aquam vertitur, quia ex aqua divini amoris lacrymarum compunctio generatur.

Et notandum, quod non pura duntaxat aqua, sed crassa aqua narratur illic fuisse reperta. Quid enim crassa est aqua, nisi lacrymarum compunctio, divinæ procul dubio gratiæ pinguedine saginata? Qua videlicet pinguedine saginari Propheta æstuabat, cum diceret: « Sicut adipe et pinguedine repleatur anima mea (*Psal.* LXII). » Et per alium prophetam hæc eadem promittitur crassitudo, cum ait: « Delectabitur in crassitudine anima vestra (*Isai.* LV). » Hinc iterum dicitur: « Memor sit, inquit, Dominus omnis sacrificii tui, et holocaustum tuum pingue fiat (*Psal.* XIX). »

Nec prætereundum, quod abscondentes hunc ignem, contutati quidem fuisse, non autem funditus exstinxisse referuntur; quia nimirum ignis divini amoris, quem in ara nostri cordis accendimus, ut ex aromatibus bonorum operum suave Deo sacrificium offeramus in ipso nostræ conversionis initio, intus quidem debet occulte semper ardere, non autem foras se per vanæ gloriæ flammas expandere. Contutatur ergo sopitis flammis, non autem vi privatur ardoris, ut non prorsus intereat, sed sese postmodum mirabiliter ignis in aquam vertat. Hæc porro aqua, compunctio videlicet lacrymarum, non solum nos a peccatorum contagione purificat, sed etiam, ut placeant ipsa Deo bona nostra, commendat. Omne namque bonorum operum sacrificium in conspectu superni judicis suavius redditur, si contritæ mentis lacrymis aspergatur. Unde illic apte subjungitur: « Et sacrificia, inquit, quæ imposita erant, jussit sacerdos Nehemias aspergi aqua ipsa, et ligna quæ erant superposita (*II Mach.* 1). »

Sed cum operum nostrorum sacrificium veræ compunctionis aqua perfundimus, mox mentes nostras splendor irradiat, et quidquid obscurum, quidquid in eis tenebrosum catenus latebat, illustrat. Quidam namque se nobis tunc intimæ lucis radius aperit, et omnes animæ nostræ latebras, nova fulgoris jucundi serenitate perfundit. Quapropter illic cum præmittitur: « Quia jussit haurire, et afferre sibi, et sacrificia quæ imposita erant, jussit sacerdos Nehemias aspergi aqua ipsa, et ligna quæ erant supposita; » protinus historiæ series addidit: « Hoc factum est, et tempus adfuit, et sol refulsit, qui prius erat in nubilo : et accensus est ignis magnus, ita ut omnes mirarentur (*Ibid.*). »

Audivimus ante, quia aqua pro igne reperta est, nunc e contrario dicitur, quia per aspersionem aquæ ignis magnus accensus est. Ergo et ex igne aqua nascitur, et ex aqua ignis invicem procreatur. Quia videlicet et ex igne divini amoris gratia compunctionis oritur, et rursus ex compunctione lacrymarum desiderii cœlestis ardor augetur. Alterum siquidem pendet ex altero et sibimet utrumque invicem præstat, dum et ex amore Dei lacrymarum compunctio profluit, et rursus per lacrymas ad amorem Dei mens nostra ferventius inardescit. In qua autem mente hujus alternitatis reciproca varietas agitur, ab omni procul dubio reatus sui squalore purgatur. Unde illic non incongrue postremo subjungitur: « Appellavit autem Nehemias hunc locum Nephthar, quod interpretatur *purificatio*. » Locus itaque noster ubi sacrificium offertur : ubi aquæ et ignis, ut dictum est, varietas alternatur, fidelis est anima. Quæ profecto non incongrue purificatio dicitur; quia dum nunc superni amoris igne decoquitur, nunc contriti cordis fletibus mundatur, velut secundi baptismi fluentis abluitur.

Has autem successionum alternantium vicissitudines, et mutationum spiritualium varietates Isaias profunde inspexerat, cum dicebat: « Orietur, inquit, in tenebris lux tua, et tenebræ tuæ erunt sicut meridies; et requiem dabit tibi Dominus semper, et implebit splendoribus animam tuam, et ossa tua liberabit (*Isai.* XVIII). » Ecce ignis in puteo absconditus. Sed audi quomodo ignis hic convertatur in aquam; nam protinus subdit: « Et eris quasi hortus irriguus, et sicut fons aquarum, cujus non deficient aquæ (*Ibid.*). » Postremo, ut noveris, quia hæc rursus aqua in ignem convertitur, et per lacrymarum gratiam divini amoris ardor ferventius excitatur, paulo inferius addidit : « Tunc delectaberis super Domino, et sustollam te super altitudinem terræ (*Ibid.*). »

CAPUT XIV.
De Sylvestro lacrymarum inundatione decepto.

Hic autem quid nobis acciderit, silentio prætereundum esse non ducimus. Nam hucusque scribentibus Dominica festivitas supervenit, emergentibusque negotiis a scriptione diutius exteriorum nos sollicitudo compescuit. Tunc juvenculus quidam, Sylvester nomine, qui hæc non quidem me dictante scribebat, sed ut digne me prædicem, tabulis descripta in schedulas transferebat, tanta maligni hostis arte delusus est, ut in lacrymas repente prorumperet, et vix nocte vel die præter horas soporis, et cibi, sese a lacrymarum inundantia cohiberet; vinum autem omnino dimisit, cibo quoque se continentissimo, ac permodico sustentabat; somno etiam summotenus indulgebat. Interea suggerebat illi diabolus, ut remotioris eremi secessum peteret, ubi videlicet vel raro, vel nunquam hominem jam videret : cumque sibi conclusionis copiam præberemus, aiebat se concludi quidem nullatenus velle, talem autem desiderare locum, ubi dum ingrederetur et egrederetur, libere, et solitarius a nemine videretur. Obsistebant autem huic obstinationi omnes unanimiter fratres, et technam hanc, versutiamque diaboli probabiliter asserebant. At ille pervicax et obstinatus, dum lacrymis exuberantibus fidem præbet, in voto suo, quod maligno spiritu suggerente conceperat, irrevocabilis permanet. Puto quod antiquus hostis aptum deceptionis suæ nactus articulum, hoc ejus oculis ingerebat, quod in hoc opusculo paulo superius Sylvester ipse conscripserat : ubi dicitur, quia dubitantes ex aliquo, utrum Deo placeat necne, nunquam melius certitudinem capimus quam cum veraciter lacrymantes oramus. Non enim attendit, quod huic versiculo paulo ante præmissum est; quia illæ duntaxat lacrymæ, quæ a Deo sunt, exauditionis tribunal adeunt; non illæ certe quæ a callidi insidiatoris præstigiis suggeruntur.

Hoc etiam oscitando præteriit, quod dictum est, veraciter lacrymantes. Non enim veraciter, sed fallaciter lacrymatur, cui per mendacem ab initio spiritum falsus fletus immittitur : nam nec dissimile quod et beatus papa Gregorius in suis Moralibus scribit, dicens : « Sed hæc, inquit, vitia, quæ sub virtutum specie antiquus hostis occultat, valde subtiliter manus compunctionis examinat. Qui enim veraciter intus dolet quæ agenda foris, quæ non agenda sint, fortiter prævidet. Si enim nos vis compunctionis in intimis afficit, omnis mox strepitus pravæ suggestionis obmutescit. Et si cor veraciter intus dolet, linguam contra nos vitia non habent. » Ecce hic magnificus doctor, cui et fatuitatis nostræ concordat ineptia, non ait, si cor intus dolet, sed si cor veraciter intus dolet. Ut patenter insinuet alium esse dolorem, quo mens divinitus afflata compungitur; alium quo per insidiatoris fraudem quasi contriti cordis lacrymas imitatur ; alias esse lacrymas, quas mendacii, et erroris spiritus simulat; alias autem, quibus veritatis Spiritus animarum squalorem et rubiginem purgat.

Ut igitur ad relationis ordinem redeamus, quia dudum in alia solitudine habitare permissus, semetipsum temerarius abscidit, nec non et ad alia loca vagabundus erravit : ille duntaxat confisus in lacrymis, æquis consiliis nullatenus acquiescebat præbere consensum : nec se aliquatenus decipi posse credebat, quem quotidiana compunctio crebris lacrymarum profluviis inundabat. Quid plura? ovum certe, quod aspis in pectoris ejus nidulo confovebat, tandem familiarem prorupit in fetum. Nam librum nobis admodum charum, videre ad modicum petiit, cujus quatuor de medio furtim quaterniones abscidit, ac nbulas ad mensuram stringendi codicis, ne tale quid suspicaremur, accuratissime detruncavit: deinde stimulo conscientiæ territus, ne compedibus vinciretur, præ foribus cellulæ stans, cultello vulnus infligere vel sibi, vel aliis, si quis eum contingeret, minabatur. Tunc liquido patuit hujusmodi lacrymas non de cœlesti rore descendere, sed ex tartari sentina sine dubio scaturire. Hoc autem, fratres mei, vobis narrare curavimus, non ut delinquentis fratris exaggeremus infamiam, sed ut vos suspectam semper in ipsis etiam bonis studeatis habere cautelam.

CAPUT XV.

De diversis officiis monasterii; primo de abbate.

Libet hic diversa monasterii officia succincte perstringere, et quid administratoribus eorum quibusque servare conveniat, summotenus expedire. In primis igitur, o venerabilis abba, fac ipse quod præcipis, exerce quod prædicas, imple quod mandas; non vita discordet a lingua, non opera videantur a sermone discreta, nec aliud doceat auctoritas præsidentis, aliud exhibeat operatio conversantis. Raro autem progressurus egredere, ut semen verbi, **305** quod sparseras, jugiter valeas excolendo rigare. Non itaque hospitem te monasterii frequens discursus exhibeat, sed habitatorem potius, atque domesticum diuturnitas morosæ gravitatis ostendat. Commendet inedia jejunia prædicantem, nec loquentis sententias comedentis fauces impugnent. Melius nempe sobrietatem docet manus, cum ad os sub moderamine ducitur, quam si vescentis lingua loquatur. Porro vivida satis, et efficax in discipulorum mentibus prædicatio est: alii os ad mensas impellere, impellentem vero in rigore jejunii permanere. Sic intenta delinquentibus ferulam, ut in te motum iracundiæ sub rigida cohibeas disciplina.

Interim vero dum minaris, dum terroribus culpabilem concutis, in temetipsum oculos revoca, modum humanæ fragilitatis attende, et temetipsum corripi posse, si censor adesset, subtiliter meditare: nec mireris, si subjectus quispiam forte transgrediens cuncta jussionis tuæ mandata non impleat, cum tanta sit conditionis humanæ fragilitas, ut ipsa etiam corporis tui membra prorsus in omnibus timebit obtemperare non possint. Ut autem quod dicimus, evidenter eluceat, præcipe oculis tuis, ut eis acedia non obrepat; cordi, ut cogitationum phantasmata non amittat; indica genitalibus pudicitiam, ut aliquando incentiva luxuriæ non titillent; gulæ sobrietatem, ut alimenta esculentiora non pruriat; postremo toti simul corpori, ut morbis irruentibus non patescat. Et cum liquido probaveris hæc a temetipso exigere fidem, sed penitus impetrare non posse, quid mirum si in his, qui a te personis et moribus disjuncti sunt, perfectam in omnibus nequeas obedientiam reperire? Plane si hæc in te solerti meditatione consideres, fraternæ quoque imbecillitatis excessum æquanimiter ferres. Si quid forte patrimonii latioris accesserit, si suppetere copia cernitur, si Dei domus

augetur, noli tuis meritis, sive studiis arrogare, sed beneficiis duntaxat divinis ascribe. Revoca itaque ante oculos tempora, quando privatus eras, et recole, quia tibi nullatenus ista provenerant.

Constat ergo quia non tibi, sed Christi confertur Ecclesiæ, quod tu sine illo assequi nequivisti. Non mensam fratrum cœnaturus exhorreas, non te convivia privata delectent: et cum quibus tibi est altaris mensa communis, non indignos judices, qui tibi participent etiam in corporalibus alimentis. Non igitur suspicionem privatæ vescentis absentia generet, unde ad perniciem murmurantium, sive detrahentium tua quoque fama laboret. Nec magnopere cures quam pretiosum sit quod latrinam compleat, sed id potius unde fraterna charitas in Christo per amoris mutui glutinum coalescat.

Noli monasterii bona prodigere, nec popularis auræ favorem proprium de communi velis utilitate captare. Si enim credimus, quod ditantium Ecclesias peccata solvuntur, credendum est etiam procul dubio, quia minuentes, et dilapidantes eas gravis sacrilegii vinculis innectuntur; et inde sunt isti peccatis obnoxii, unde reperiuntur illi peccatorum nexibus absoluti. Cave dum parentium stiparis obsequiis, **306** dum verbis assentantium suaviter deliniris, ne, quod absit, ipsa in mente tua prælatio, vel impensa reverentia lenocinetur, et quasi dignus sis, qui ad ista perveneris, male demulcens cogitatio blandiatur. Villicus quippe quanto in commissa largiori possessione beatior, tanto est in reddenda ratione miserior; tantoque debet plura cum reddit, quanto gloriatur ampliora cum accipit. Plane timendum est valde quod dicitur (S. Ben. Regul., c. 2 et 64): « Quia de omnibus sibi commissis animabus rationem redditurus est abbas, addita et suæ animæ ratione: » pensemus itaque quanto nunc expedit, ut sit timore perterritus, qui in tremendo examine ad sui discussionem venit alienis jam ratiociniis fatigatus; sed quia doctori magis docendum est, quam discendum, hæc illi pauca sufficiant, qui dum sua constitutus sit dicere, aliena forte fastidit audire.

CAPUT XVI.

De priore monasterii.

Prior autem monasterii hoc modo sui prioratus officium naviter administrat, si ab abbatis sui voluntate non discrepat, si omnium fratrum animos, quantum in se est, in ejusdem abbatis sincera dilectione confirmat. Joseph nempe herili præpositus domui (*Gen.* xxxix), noluit ad ultimum alienæ conjugis in se desiderium trahere, sed in amore viri proprii docuit permanere. Nobilis et ille servus Abraham, ut uxorem domino suo sincera fide provideat (*Gen.* xxiv), omne vir strenuus impensæ humanitatis officium calcat: laboris sui scilicet, ac tanti itineris obliviscitur; ut soli domino suo militet, quidquid in expeditione positus operatur. Sicut enim abbas per omne quod agit ad amorem Christi debet filios provocare; ita etiam prior ne qua, quod absit, zelotypia generetur, in dilectione abbatis sui fratres stude, t unanimiter confovere. Non itaque circa delinquentium culpas se exhibeat mitem, ut abbatem faciat apparere crudelem; sed sic illo absente prava quæque redarguat, ut is postmodum rediens velut in tranquilli portus sinu, sic in spiritualium fratrum jucundantium lætitia requiescat.

Teneat igitur rigidam in excedentium correptione censuram, nec patiatur apud se consuetam regularis propositi tepescere disciplinam. Ille sit ad justitiam rigidus, ut abbas videri valeat in mansuetudine pius; ille instet exigere, ut sit quod abbas paterna possit pietate donare. Moyses quippe ut fidelis famulus nudæ justitiæ præcepta tradidit; Christus autem ut vere pius Dominus, austeræ legis duritiam temperavit. Aaron vero, qui prævaricanti populo se quasi tractabilem præbuit, cum eo simul ad sacrilegos ritus idola fabricavit. Sicut appendebatur velum ante arcam fœderis, sic prior ad exteriora quæque negotia quasi quoddam sit tegmen abbatis. Ille siquidem pulveribus de sæculi via surgentibus semper expositus obviet; iste velut arca Domini in sui fulgoris munditia jugiter perseveret. Ille tanquam Aaron os abbatis factus, loquatur ad populum; iste sicut Moyses, in his quæ ad Deum pertinent, divinis alloquiis perfruatur. Uterque igitur in unitate spiritus alterutrum concurrentes, talem, si possibile est, Deo sobolem nutriant, cui in jus cœlestis hæreditatis ascriptæ posteritas nulla succedat.

CAPUT XVII.
De significatore horarum.

Noverit autem significator horarum, quia nulli magis in monasterio est oblivio fugienda, quam sibi. Si enim articulum suum cujuslibet synaxis hora, vel præventa, vel dilata non teneat, omnem procul dubio horarum succedentium ordinem turbat. Non ergo fabulis vacet, non longa cum aliquo colloquia misceat, non denique quid a sæcularibus agatur inquirat; sed commissæ sibi curæ semper intentus, semper providus, semperque sollicitus, volubilis sphæræ necessitatem quiescere nescientem, siderum transitum, et elabentis temporis meditetur semper excursum. Porro psallendi sibi faciat consuetudinem, si discernendi horas quotidianam habere desiderat notionem: ut quandocunque solis claritas, sive stellarum varietas nubium densitate non cernitur, illic in quantitate psalmodiæ, quam tenuerit, quoddam sibi velut horologium metiatur. Enimvero mos, ut homines ad ecclesiam, dum pulsantur tintinnabula, congregentur, ex antiquæ legis mystica traditione descendit, jubente Domino Moysi: « Fac tibi, inquit, duas tubas argenteas ductiles, quibus convocare possis multitudinem, quando movenda sunt castra: cumque increpueris tubis, congregabitur ad te omnis turba ad ostium tabernaculi fœderis (*Num.* x). » Sicut enim tunc Israelitica plebs cum tubis ad tabernaculum confluebat, ita etiam nunc fidelium populus ad ecclesiam, audito tintinnabulorum clangore, festinat.

Neque hoc discrepat, quod illi dicuntur castra moveri, cum videlicet castra ad bellorum noscantur pertinere procinctum. Unde et paulo post dicitur: « Si exieritis de terra vestra contra hostes qui dimicant adversus vos, clangetis ululantibus tubis, et erit recordatio vestri coram Domino Deo vestro, ut eruamini de manibus inimicorum vestrorum (*Ibid.*). » Ad pugnam quippe quasi castra contendimus, cum, ut ita dicam, psalturi, vel oraturi ad ecclesiam festinamus. Illic enim tenebrarum principes adversum nos feraliter dimicant, ut per illusiones phantasmatum ab his quæ per labia defluunt, vagabundas mentes avertant. Et re vera quam pulchra militiæ species, præcipue nocturnis horis, cum fratres quasi tubarum clangoribus excitati cuneum faciunt, et tanquam directa acie properantes, attoniti ad procinctum divini certaminis concorditer gradiuntur. Cum videlicet puerorum ala præcedit, juvenum vero tanquam manipulorum turma subsequitur; postrema autem legentes vestigia senes, belli scilicet robur, ne subsidat aliquis, ne vel hostis furtivus immergat, totius exercitus terga custodiunt.

Adde, quod laterna in prima belli fronte præfertur, ut columna ignis per desertum præcedere populum aptissima similitudine videatur. Sic nimirum, sic centuriæ Christi ad comedendum cœleste manna; sic ad obtinendam terram lacte melleque manantem veræ Israeliticæ properant legiones. Clangentibus namque tubis ad tabernaculum fœderis properant, ut verbi cœlestis illic epulas comedant, et sacrificium laudis Deo, ac bonæ voluntatis vota persolvant. Unde et ibidem non inconvenienter additur: « Si quando, inquit, habebitis epulum ad dies festos et Kalendas, canetis super holocaustis, et pacificis victimis; ut sint vobis in recordationem Dei vestri (*Num.* x). » In his igitur et hujusmodi verbis significator horarum prudenter advertat, quam vigilem, quamque sollicitum in assignato sibi ministerio esse semper oporteat, ne tantum videlicet opus per ejus incuriam sui ordinis statuta confundat.

CAPUT XVIII.
De mensæ lectore.

Mensæ lector sollicita consideratione perpendat, quam distincte, quam aperte, quam denique intelligibiliter legere debeat. Quandoquidem cum refectione corporum, ille pabulum exhibet animarum. Dixit Apostolus: « Esca ventri, et venter escis; Deus autem hunc, et illam destruet (*1 Cor.* vi). » Per alios igitur offertur esca corporibus, quæ mox in putredinem vertitur: per hunc divina ministrantur eloquia, quæ cœlo etiam terraque transeuntibus, non transibunt. Sic ergo legendum est, ut dum caro sua stipe reficitur, anima quoque cœlestibus epulis saginetur.

Legatur itaque non lectori, sed auditori, nec aucupetur propriæ rumusculos famæ, sed ædificationi potius consulat alienæ. Nec curet quid de lectore dici, sed quid de lectione possit intelligi.

Edentibus etiam suggerendum est, ut sic refectionem sobrietas temperet, quatenus commolentium strepitus faucium meatus aurium non obturet. Sic mediatrix inter os et mensam manus scilicet moderata discurrat, sic se sub gravitate freno suspensa cohibeat, ut dum terrena per fauces esca trahitur, nequaquam a divinis jejunare dapibus esuriens anima compelletur.

CAPUT XIX.
Quanta cellerarium oporteat discretione pollere.

Cellerarius autem, quia quasi pater constitutus est monasterii, debet officium sibi commissum tanta dispensationis arte peragere, ut manum et aperiendo substringat, et stringendo discretus aperiat; quatenus in eo et parca sit largitas, et parcitas larga. Summopere quippe cavendum est, ne parcitatem tenacitas, largitatem effusio mentiatur. Sæpe enim vitium virtutis se specie palliat, quantoque quasi bonum esse quod malum est cernitur, tanto difficilius emendatur. Bonus autem administrator sic dispensat necessaria corporum, ut saluti etiam consulat animarum; quia et parcendo sobrietatem nutrit, et largiendo murmurationis vitium ne oriatur, obsistit. Sæpe enim (ut vir prudentissimus ait) liberalitate liberalitas perit, videlicet et cum res et non indigentibus indiscrete profunditur, ideoque quid vere indigentibus dandum sit, postmodum non habetur.

Debet itaque negari superfluum nostris, ut supersit unde charitas impendatur extraneis. Nehemias enim ut venientes quosque de gentibus per circuitum in convictum propriæ mensæ suscipiat (*II Esdr.* v), gregibus suis parcere inhumanum putat ; sicque suis necessitatem stipendiis temperat, ut charitatis officium et in alienos extendat. Tobias cum tanta laboraret inopia, ut uxor ejus textrini operis quæstum conducta susciperet (*Tob.* II), hæc ipsa, quæ habebat, adjecit parva dividere, ut concaptivis fratribus qualecunque saltem solatium exhiberet. Peregrinus itaque pietatem a se peregrinari non pertulit, et rebus pauper opulentissimæ charitatis divitias non amisit. Abigail dum magnifici convivii partem subtrahit (*I Reg.* xxv), a viri jugulo gladium David in ultionem contumeliæ festinantis avertit ; sicque suis cibum bene furata subripuit, quibus utique vitam extraneis ministrando servavit. Paulus etiam monet per unam Sabbati, quod placuerit apud unumquemque reponi, ut Hierosolymam sanctis indigentibus Corinthiorum posset gratia destinari (*I Cor.* xvi). Sic itaque debemus nostris quotidiani victus stipendia ministrare, ut meminerimus, etiam si facultas suppetat, et extraneis in necessitate succurrere. Sit autem Ecclesiæ dispensator, non acceptor personarum, sed considerator infirmitatum ; non captator gratiæ, sed sustentator imbecillitatis alienæ, ut æqualiter indigentibus æqualia tribuat, quos autem fragilitatis diversitas separat, administrationis etiam dispensatio moderata discernat. Sic enim omne scandalorum seminarium tollitur, si singulis quibusque membris, non quod voluntas ambit sed quod necessitas expetit, impertiatur.

CAPUT XX.
Admonitio puerorum.

Porro autem, quia totum sancti hujus cœnobii corpus, velut extensis quibusdam fraterni amoris ulnis amplectimur, ratum ducimus, ipsa quoque ætatum momenta distinguere, et tanquam congruentia quædam admonitionum indumenta singulis quibusque membris aptare. Ut igitur ab incipientibus ordiamur : instruendi estis, o pueri, quia nunc ætas vestra cerea est : et sicut teneri adhuc estis in pusillitate membrorum, ita etiam utique flexibiles diversitatibus morum. Quantumque a ramis adhuc Pythagoricæ litteræ procul agitis, tanto faciliores estis, vel in dexteram dirigi, vel in sinistra partis proclivia detorqueri. Sed si inter manus figuli plasta vitium læsionis incurrit, nisi præsto corrigitur, postquam ad instar lapidis obduruerit, non medetur. Si virgula ex prima radice succrescens, in obliquum se qualibet occasione retorqueat, ad rectitudinem nunquam remeat, si aliquanto diutius in eadem obliquitate perdurat ; et quia ut hastile sit, indigna decernitur, flammis edacibus pabulum deputatur.

Cavete ergo, ne vitium aliquod vestrum cum incremento corporis simul adoleat, ne pravitatis cujuslibet in vobis nodositas obdurescat ; sed sitis vasa non in contumeliam, sed in honorem facta, atque in domo Domini in omne opus bonum parata. Plane si vultis adultorum probitate nitescere : et, quod aliis impossibile est, absque laboris tædio virtutibus abundare, amodo sobrietatis arma corripite, et adversus æstuantes carnis illecebras totis viribus decertate. In ipso jam tirocinii vestri primordio certam vobis victoriam Deo pro vobis stante promittite, et prælato crucis vexillo certamen infœderabile cum adversis spiritibus audenter inite. Calcate superbiam, frenetur ira, frangatur invidia, teneat silentii lingua censuram, ruminatio Scripturarum gulæ pruritus exstinguat ; detractionem ut lingua non profert, sic et auris non audiendo condemnet. « Cum detractoribus, ait Salomon, ne commisceatis colloquium, quoniam repente veniet perditio eorum, et ruinam utrorumque quis novit ? (*Prov.* xxiv.) » Tam videlicet ejus qui detrahit, quam illius qui aurem accommodat detrahenti : et quidem non detrahendum, verumtamen peccatum fratris illi, a quo debeat corrigi, non celandum.

Quod nimirum tanto interdum a pueris facilius deprehenditur, quanto in eis vel noscendi, vel deferendi suspicio non habetur. Accusavit Joseph fratres apud patrem crimine pessimo (*Gen.* xxxvii) ; sed unde illorum tunc pertulit odium, inde postmodum super eos nominationis obtinuit principatum. Achimas et Jonathas, suppositi juxta fontem Rogel latuerunt, regique David, ut a facie Absalem quantocius fugeret, nuntium detulerunt (*II Reg.* XVII): et hoc Abiathan et Sadoch fecere per filios, quod facere non poterant per seipsos. Saepe siquidem per juniores culpa detegitur, quae a majoribus salubriter emendatur. Nolite autem jam grandiusculi de priorum vestrorum perperam forte viventium meritis disputare, et non qua via gladiantur, sed cujus vice fungantur, attendentes, illis in Christo humiliter obedite. Patres enim carnis, ut Apostolus ait, habuimus eruditores, et reverebamur eos, quanto magis obtemperabimus patri spirituum, et vivemus? (*Hebr.* XII.) Samuel namque edoctus est ab Heli, quid vocanti se Domino responderet (*I Reg.* III); et ille, quamvis reprobo sacerdoti, quia tamen humiliter paruit, oraculum mox divinae revelationis accepit. Superbum Saulem nequam spiritus vexat, et ei David obsequi crispando citharam non recusat (*I Reg.* XVI).

Ut libidinis autem valeatis aestus exstinguere, irritamenta gulae tanquam stuppae, naphtae, picis, et malleolae fomitem declinate. Qui enim inter tres abstinentes pueros in camino ignis quartus apparuit (*Dan.* III), et vobis tanquam ventum roris flantem spiritus sui refrigerium ministrabit. In omnibus igitur crepundiis infantiae lactantis exuite, et rudimenta tirocinii vestri Domino per ingenuitatis indolem dedicate. Illum sequimini inter tentationum certamina ducem, illum quaerite in prosperitatis pace custodem. Insuperabilibus igitur virtutum telis accincti; Christo propugnatori vestro unanimiter dicite: « Judica, Domine, nocentes me, expugna impugnantes me; apprehende arma, et scutum, et exsurge in adjutorium mihi (*Psal.* XXXIV). » Ille vos in virum perfectum, in mensuram aetatis plenitudinis suae perductos, sua faciet virtute victores. Ille vos hostium vestrorum triumphatricibus plantis dabit calcare cervices. Legite etiam epistolam quam Marino fratrueli nostro direximus (9).

CAPUT XXI.

Exhortatio juvenum, vel adolescentium.

Vos autem, ephebi adolescentes, vos etiam pubescentes juvenes, tanto propensioribus exhortationum auxiliis indigetis, quanto duriora carnalis incendii certamina toleratis. In vos siquidem recto cursu omnis hostilis impetus irruit, vobis omne belli robur incumbit. In vos omnigenum telorum densissimae grandines, et constipatis adversum vos iniquis spiritibus cum vitiis carnis turbulentissimae vobis ingruunt tempestates. Fervent, fervent in ossibus bella, et tanquam vagus Vesuvius, vel Aetna vaporati corporis vestri caminus flammarum globos eructat. Unde necesse est, ut quanto acrius impugnamini ad tutelae vestrae custodiam, tanto robustius insistatis. Ultro etiam satagendum est, ut jaculis pateant, qui jacula vibrare non cessant, et vulnera sentiant, qui infli-

___
(9) Est epistola 26 libri VI epistolarum S. doctoris.

gere vulnus anhelant. Nam aut fugandum est, aut fugiendum; aut terga vertendum est, aut e contrario terga cedendum. Hujusmodi enim pugna est, ut quicunque non dejicit, ipse dejiciatur, et qui gloriose non vicerit, turpiter superetur. Ubique periculum est, dum hostium exercitus circumfunditur, dissidentium eis civium cuneus aggregatur; et dum acies ad conferenda bella dirigitur, castrorum aditus a seditiosis civibus aperitur. Vitia quippe quae intra nos sunt, tentatoribus in tentatione concordant, et vires iniquis spiritibus administrant.

Quapropter, charissimi, sobrietatis, humilitatis, patientiae, obedientiae, castitatis, charitatis omniumque virtutum arma corripite, et non pro agris et urbibus, non pro filiis, vel uxoribus, sed pro animabus vestris, quae omnem affectum necessitudinis superant, dimicate. Praecipue ut aetas vestra vim sentiat, jejunandum vobis est, et orandum; quatenus et jejunium carnis robur edomet, et oratio ad Deum animam levet. Notandum tamen, quia nonnulli dum peragunt indiscrete jejunium, jejunii non capiunt fructum; et quidquid enim uno die jejunant, altero ad votum se satiando compescant. Sicque fit, ut jejunii dies sequenti militet diei, et dum externa vix hodie esca digeritur, vacuato stomacho crastini apparatus copia comeditur, dumque praeter communia singulare aliquid, et lautius quaeritur, non sine ministrorum taedio cuncta apothecarum secreta curantur. Ille igitur bene jejunat, qui in die refectionis communibus contentus est alimentis, si videlicet dum non escarum genere discrepat, etiam modum quotidie prandentium non excedat. Nec tamen jejuniis nimium tribuentes, obedientiam, quae aurea ad coelum via est, relinquatis.

Dicam non quod aliena relatione cognovi, sed quod oculis vidi. Pomposiae quidam frater erat, Raimbaldus nomine, frater videlicet Petri reverentissimi viri, qui nunc apud Vincentiam abbatis officio fungitur. Hic itaque adolescentiam suam crebris consueverat edomare jejuniis, et sicut in primis auspiciis famosae indolis, in plerisque specimen dabat. Huic injunctum erat officium, ut cuidam Teutonico ministraret incluso: qui nimirum effossis oculis, et abscissa dextera, juxta ecclesiam positus arduam ducebat vitam. Erat autem regula monasterii, ut nemo claustrensium egrediens loqueretur. Aliquando autem cum Raimbaldus in capitulo constitutus graviter quereretur, se nequaquam posse pueris imperitis per signa praecipere, ut servo Dei vestes abluerent, et praesertim quae sibi edulia praepararent, postremo asserens, atque denuntians, quia nisi silentium frangeret, mandata penitus servare non posset: econtra vir sanctus, abbas scilicet Guido, ne silentium solveretur, vehementer obsisteret, constanterque in auctoritatis suae sententia permaneret; demum ad hoc post multa perventum est, ut ille præciperetur ab administratione cessare, sibique quiescere. Sed, o divinæ ultionis accelerata severitas ! vix dum dimidiæ horæ cursus elabitur, et ecce Raimbaldus superposito dolori digito in gutture se esse percussum lacrymabiliter protestatur. Quid plura ? Post diem, si rite teneo, tertium satisfactione facta, et accepta sancti Patris benedictione, defunctus est.

Hoc autem, charissimi, domesticum vobis idcirco retulimus, ut memineritis sanctam obedientiam pro confidentia nullius pii operis, sive religionis aliquando negligendam. Estote præterea inter tentationum vestrarum bella solliciti, undique vigiles, undique circumspecti, ut videlicet tentationis hora pertranseat, ne quod in cogitatione suggeritur, protinus opere consummetur. Sæpe enim in sæcularibus præliis uno momento contingit, quod per nulla temporum spatia postmodum valeat emendari. Econtra, qui unius vulneris caverit ictum, brevissimo puncto diuturnæ vitæ lucratur augmentum. Nostis ipsi quod dicimus : sæpe quis in peccati voraginem subito labitur, quod per omne vitæ suæ spatium flere necessario compellitur. In omni igitur tentationis articulo solerter est attendendum, ne tentatio ipsa perveniat ad effectum : nam si brevi puncto operatio prava differtur, evaditur : et dum momentaneus ictus, ut ita loquar, effunditur, diu postmodum incolumis vita servatur.

CAPUT XXII.
De novitiis.

Ii vero, qui ad religionis ordinem noviter convertuntur, admonendi sunt, ut prima contra gulam bella suscipiant ; ut dum sobrietatis legibus venter parare compellitur, consequenter etiam in his, quæ sub ventre sunt, flamma libidinis temperetur. Refrenetur lingua non solum a sermonibus otiosis, sed et a fratrum plerumque confabulatione colloquii ; ut tanto liberius in orationibus se vel laudibus divinis exerceat, quanto hanc per ambagum vicissitudines inanis verbositas non fatigat. Terat oculus assiduis obtutibus pavimentum, mens per æstuantis desiderii machinam suspendatur in cœlum. Utraque substantia suam perpendat originem, ut et caro quem cernit pulverem se esse non dubitet, et anima ad id erecta quod perdidit, inhianti, atque indefessa semper cupiditate suspiret. Pannosas et hispidas vestes paucitas attenuata conciliet ; vilia, ac despecta frigus indumenta commendet. Durum cubile diu dilatus raptimque sopor admissus emolliat. Parvipendit quippe strati mollitiem, qui solam indultæ quietis cogitat quantitatem ; nec cum Sardanapalo plumis innatare pensilibus inhiat, qui pervigiles cum Macharìo noctes ducere in orationibus intentus anhelat. Deseratur publicum, hominum fugiatur aspectus. Scrutentur anguli, remotiorum recessuum abdita penetrentur. Furtivæ quippe orationes vim inferunt cœlo, et indulgentiam rapiunt, dum frequenter in tenebris cœlesti lumine perfunduntur. Illatis contumeliis non

vox contumeliosa respondeat, sed aut conviciantis amaritudinem modestia respondentis obdulcet ; aut si hoc facile obtineri non potest, ne jurgium feraliter effluat, irati linguam silentii salte m censura compescat. Furentibus nempe ventis navis sæpe vel - ficata submergitur ; si autem antenna deponitur, omnis mox flatuum impetus necesse est inaniter effundatur. Ictum quippe convicii sagitta non invenit, cum conviciati mens sese in humilitate velut inclinata deponit. Tentet novitius sæpe majora, ut quæ minora sunt reddantur eorum collatione facilia.

Quod dicere gestio tale est. Sæpe aqua turbida, vel tepida hoc studio bibitur, ut contempta vini concupiscentia, perspicua solummodo, vel frigida aqua sufficere judicetur. Sæpe cantabritius panis apponitur, ut dum communis appetitur, siligineus non quæratur. Cui post pulvinaria cento non sufficit; quovis sibimet stramine satisfacere poterit, si nudum prius pavimentum lateribus terit. Qui post carnes oleum nauseat, ut sobrius liquor faucibus suaviter sapiat, sallitis aliquandiu leguminibus vivat. Quem insolita delectat equitandi vectatio, intra cellulæ se angustias colligat, et claustrum monasterii postmodum forum putat. Qui post gebellinam, martorinamve mollitiem verrecum fastidit compeditem- [f. compedem] ; si birros induit, utrum a peregrinis, an a domesticis foveatur pellibus, de cætero non discernit. Moyses quippe ut simplici mannæ cibo contentus sit, ne cum cæteris Israelitis sedere super ollas carnium concupiscat (Exod. xxiv), ab omni cibo, vel potu per duplicem quadragenarii cursum in monte jejunat. Filii prophetarum, ut quælibet oluscula non abhorreant, amarissimas coloquintidas in ollam concidere non recusant (IV Reg. iv). Daniel dum inter rabidos leonum rictus coactus est degere, perversorum deinceps hominum didicit insidias non timere (Dan. vi). Nabuchodonosor dum bruti animalis vecordiam tolerat, dum ferarum more, saltuum atque silvarum condensa perlustrat, formatur, ne de regalis imperii dignitate superbiat (Dan. iv). David cum a proprio filio a regalis solii sublimitate dejicitur, ne in Semei extraneum videlicet hominem vindicet, eruditur (II Reg. xv, xxiii). Isaias postquam triennio nudus, et discalceatus incessit, omnino credendum est, quia superfluis postmodum, vel mollibus indui non quæsivit (Isai. xx).

Quisquis ergo vult facile sibi cujusque laboris exercitium reddere, aggrediatur intrepidus et altiora tentare ; quatenus asperitatem asperitas leviget, et, ut ita loquar, tolerabiles indicentur urticæ, palliuris vel hirsutis vepribus comparatæ. Neque hoc dicimus, ut non a minimis quis incipere debeat ; sed hoc potius, ut dum difficiliora tentantur, collatione quadam hæc eadem minima levigentur. Studeat etiam hoc novitius, qui ardua tentans augustum iter ingreditur, ut cum gravari ultra vires cœperit, mox ad latitudinem revertatur. Acus quippe si duris violenter impingitur, nisi ex discretione retrahitur, necesse est ut coacta frangatur; si autem sutor eam more cerdonum et impellit, et retrahit, facile quidquid soliditatis obstiterit penetrabit. Sic et nos in nostræ conversationis initio, dum modo nitimur, modo remittimur, modo per dura, modo per aspera violenter insistimus, modo nos remittendo laxamus, paulatim via panditur, ut omne quod obstiterat, ingenue transeatur.

CAPUT XXIII.

Vos etiam, sancti senes, præterire non debeo, quos utique tanto necesse est fieri cautiores ad prælium, quanto conspicitis ipsum vobis præliandi terminum jam propinquum. Unde constat, quia si nunc perditis, amissæ victoriæ titulos recuperare de cætero non potestis. Nunc igitur ad fortiter agendum fervens animus incalescat, et senilis ad debellandam vitiorum barbariem robur juvenile concipiat. Jamjam profecto in limine municipii pedem ponitis; jam ad felicissimæ quietis otium mediantibus duntaxat foribus propinquatis.

Abjiciatur ergo desidia, deponatur inertia, et non transacti longi forte laboris memoria retrahat, quos subjectæ pœnæ jam oculis oblatio mercedis invitat. Rimator auri, quo profundius terræ venas effodit, eo robustius, atque ferventius se ad explendum id operis, quod restat, accingit. Nec tam præteritus labor vires enervat, quam spes thesauri jam jamque propinqui ad egerendi ruderis studium provocat. Sine causa jentaculum inhiat, qui pronubus ad convivium nuptiale festinat. Ecce enim tauri evangelici, et altilia occisa, et omnia sunt parata; insuper et vox præconis: «Venite, inquit, ad nuptias (*Matth.* XXII).» Cur ergo prævenire delicias appetit, qui ad nuptiales dapes epulaturus accedit? Cur ructare ante vult, quam discumbere? Cur porcorum se siliquis satiat, qui ad epulas properat angelorum? Cur se non ab omni nunc voluptatum suarum famelica satietate coerceat, quem summa ac perfecta beatitudo gloriæ cœlestis exspectat? Cur non linguam suam a fabulis nunc, et vana verbositate refrenet, qui Verbum ipsum, per quod facta sunt omnia (*Joan.* I), præsentissima in perpetuum contemplatione prospiciat? Cur se pro disciplinæ censura ab aspectibus non removeat hominum, qui ad curiam tendit imperatoris æterni et cœlestium senatorum? Cur asperis exhorreat contegi vestimentis, qui stola induendus est immortalitatis?

Non ergo nos pigeat a cunctis mundi delectationibus jejunare, ut omnium deliciarum cœlestium copiis mereamur affluere, ne mens nostra hæreat creaturis, sed ad amplexus potius inhiet Creatoris. Quisquis enim de longinquo veniens aulicis liminibus appropinquat, vecordiæ arguitur, si fabricis intentus ad regis faciem non anhelat; nec a spe fortiter agendi effectu corporis debilitas frangat, quia si spiritus adest cordi, consequenter etiam vires artuum visceribus administrat. Unde et Caleph quia mandata Dei ferventer impleverat, juvenili robore vegetus aiebat: « Hodie octoginta quinque annorum sum sic valens ut eo valebam tempore, quando ad explorandum missus sum: illius in me temporis fortitudo usque hodie perseverat tam ad bellandum, quam ad gradiendum (*Jos.* XIV).» Hoc est scilicet tam in resistendo vitiis, quam et per religionis tramitem in bonis operibus augmentandis. Et in Deuteronomio: « Moyses inquit, centum et viginti annorum erat quando mortuus est; non caligavit oculus ejus, nec dentes illius moti sunt (*Deut.* XIV).» Hinc est etiam, quod in benedictione Aser ipse dicit: « Ferrum et æs calceamentum ejus; sicut dies juventutis tuæ, ita et senectus tua (*Deut.* XXXIII).»

Nolite itaque, dilectissimi, velut exstinctis jam vitiis jejuniorum, vel vigiliarum, in quantum fas est arma deponere: nolite dum adhuc in stadio curritis, quasi jam securi, deliciis lenocinantibus indulgere. Familiare quippe est senibus jejunare, et licet cibos sæpe debilitas appetat, naturæ voluntas insita cum jejunio et sobrietate concordat. Invitatur Berzellai Galaadites ad requiem: « Veni, inquit David rex, ut requiescas secure mecum in Hierusalem (*II Reg.* XIX).» Sed opponit senectæ stuporem, et excusat epularum regalium voluptatem: « Nunquid, ait, vigent sensus mei ad discernendum suave, aut amarum, aut delectare potest servum tuum cibus et potus? vel audire ultra possum vocem cantorum, vel cantatricum? » (*Ibid.*). Unde perpenditur quam quietus, quam certe bene moratus fuerit iste senex. Quomodo enim non esset rei familiaris, si contingeret, egestate contentus, qui regalis mensæ dapes despicit invitatus? Quomodo delectaretur otiosa vel risibus apta verba depromere, qui et alienas melodiarum voces castis auribus dedignabatur audire? Et qui illic etiam delectari noluerat, ubi aliquando crisparentur vasa psalmorum, quomodo quiescere potuisset, ubi ludicra et saltationes perstrepunt histrionum?

Nonnulli plane senum sunt, quod prætereundum non est, qui etiam postquam ad religionis ordinem venerint, ita fabulosis næniis occupantur, ut et sibi sint noxii, et auditoribus videantur esse deliri. Modo enim rerum gestarum lacinias texunt, modo regum antiquorum edicta, vel victorias referunt: sicque diem in nugarum anilium inepta recitatione consumunt. Ita fit, ut per linguam Deo dicatam, quam non salutares occupant preces, ridiculose vani, ac superstitiosi recitentur annales: qui nimirum dum linguam pestiferis fabularum dapibus satiant, quia jejunio semper est inimica verbositas, etiam ventrem digno sobrietatis moderamine non castigant.

Habemus denique senem, in monasterio scilicet Sitriæ, vocabulo Mainardum, quem scilicet adhuc paludatum cum admonuissem, ut monachus fieret, ut verbosus ac mordax semper exstiterat, in typum quodammodo jurgiosæ responsionis erectus: Ecce, inquit, ancillæ meæ quotidiana me sedulitate undique confovent et ministrant, et sic vix utcunque subsistere valeo; quo igitur pacto potero spiritualis instituti iter arripere, qui absque ulla disciplinæ sarcina me ipsum pene nequeo saltem pedibus sustinere? Verumtamen paulo post, quibus adnitentibus nescio, ecce factus est monachus : qui nimirum jam senex et languidus cum tanto fervore cœpit, ut grandævis atque maturis sani scilicet consilii viris miraculum, juvenculis autem monasterii lubricis atque lascivis fieret in derisum. Qui profecto lacerantes eum detractionibus, et verbis mordacibus obrodentes, nunquam eum a sui rigore propositi in tantum potuere deflectere, quin adhuc per dies singulos psalteria quatuor expleat, quatuor nihilominus per hebdomadam dies absque ullo cibo et potu tam æstivo, quam hiberno tempore transigat. Hoc tamen adhuc de prisco more servato, ut mensem unumquemque sic dedicet, quatenus in prima cujusque mensis hebdomada, nisi Dominica die, vel quinta feria, penitus non manducet : est autem jam, nisi fallor, in sacræ conversationis habitu duodennis, et hic quidem in conventu fratrum.

Est autem et alius intra cellulæ septa conclusus, et Leo videlicet Prezensis, quem et in aliis nostræ dictationis opusculis nos breviter adnotasse meminimus : vir videlicet tam decrepitus, ut qui eorum obitus recolit, quos ille parum nascendo præcessit : quibusque simul vivendo consenuit, senex sit. Hic igitur in tam effeti ac tremuli corporis gravitate vinum nisi duabus, vel forte tribus anni præcipuis festivitatibus nunquam bibit. Ante horam nonam præter Dominicos dies nunquam comedit; duabus in hebdomada diebus, quando scilicet indulgentius vivit, pulmentum præter unum prorsus aliud non admittit. Sic autem orationis ejus ordo disponitur, ut quotidie sive per æstatem, sive per hiemem unum psalterium cum canticis, et litaniis suis ante nocturnas Ecclesiæ vigilias expleat : secundum autem psalterium ab auroræ crepusculo usque ad horam sextam pro defunctis cum novem lectionibus canat, tertium vero psalterium cum *Gloria* iterum cum ipso adveperascentis diei fine concludat.

Habet autem hanc gratiam, quam in nullo unquam quantævis perfectionis viro deprehendere potui, videlicet ut psallenti nunquam se cogitatio ingerat : tantaque cordis in eo puritas viget, ut absque ulla resistenti molestia nihil omnino mens cogitet, quod a psallentis ore discordet. Illud etiam valde mirandum, quia nunquam ejus oculos acediæ tædium deprimit. Adde etiam, quod cum præ senectutis caligine faciem hominis discernere nequeat, litteras discernit et legit; quotidie psalterium bis lectitando percurrit.

317 Hoc quoque stupendum, quia intra cellulam positus, ubi nimirum subobscura lux est, litteratim scripturæ discernit articulum; egressus autem ubi liberior videndi facultas est, apices non agnoscit. Sic autem mihi subtiliter sciscitanti sæpius ipse professus est. Nulla jam carnis certamina tolerat, nulla mentis vel ad momentum quidem vagatione laborat. Crucifixus igitur huic mundo jam pene quæ sunt humana non sentit, sed totus azymus, totusque sincerus, ut ita fatear, angelus vivit.

Ecce, dilectissimi, cum multa suppetant, duo tantum exempla proposui, unum communis, solitariæ alterum vitæ. Quibus nimirum manifeste colligitur, quia ubi fervidi spiritus ardor incanduit, senilis ætas a boni operis studio non torpescit (*Hebr.* xii) : sed sicut serpentem costis duntaxat, non pedibus innitentem, vivax ad currendum spiritus evehit; sic senilia membra per spiritualis militiæ studium divinus amor impellit. Qui enim nondum habemus manentem civitatem, sed futuram inquirimus (*Gen.* viii), in qualibet hic ætate sperare requiem non debemus : in hujus quippe mundi salo justi laborant, ubi suam reprobi possident requiem. Quam videlicet diversitatem bene corvus et arca dimissus, et columba significant (*Deut.* v). Corvus quippe cadaveribus insidens, ad arcæ claustra non rediit; columba autem reversa est, quia ubi pes ejus requiesceret, non invenit. Hic enim ubi pravi quippe carnalibus se voluptatibus satiant, sancti viri reperire nequeunt ubi ad quiescendum desiderii sui pedem ponant. Hinc est etiam, quod qui peccasse deprehenditur, quadraginta verberibus atteri per legis mandata jubetur. Quadragenarius quippe numerus totum hoc tempus per mysterium comprehendit, quo sancta Ecclesia, per quatuor partes mundi diffusa sub Decalogo legis vivit. Quadragenario ergo numero delinquentes cædimur, si in hoc tempore pœnitentiæ verberibus castigamur. Debet itaque peccator quisque, sive senex sit, sive juvenis, temporalibus atteri, ut purgatus in judicio valeat inveniri. Eos enim nulla illic animi adversio affligere poterit, quos hic cujuscunque ætatis conditionisve fuerint, perfectæ pœnitentiæ disciplina percussit.

CAPUT XXIV.
Ubi omnes in communi ad charitatis studium provocat.

Nunc autem, fratres charissimi, omnes vos generaliter alloquor (*Philip.* ii); omnes per id, in quo omne flectitur genu, Christi nomen obtestor. In fraterna charitate persistite, in mutui amoris studio adversus antiqui hostis insidias unanimiter conspirate (*Gen.* vi). Tota sanctæ operationis vestræ machina in charitatis se basibus erigat; omne, quod construitis ædificium, ex vivis virtutum lapidibus sinceræ dilectionis glutino coalescat. Arcam quippe, quæ octo animas inter cataclysmi fluenta continuit, intrinsecus, et extrinsecus liniri bitumine vox divina præcepit. Sancta scilicet Ecclesia, quæ ad resurrectionis gloriam tendit, sic intus, et extra bitumine linitur : ut et foris blandiatur in fraterna dulcedine, **318** et intus cohæreat in dilectionis mutuæ veritate. Quisquis enim intus amat, sed foris a fratribus morum inconsona asperitate discordat, intrinsecus quidem bitumen habet, sed extrinsecus non habet. Quisquis vero se specietenus affabilem præbet, amicitiam simulat, sed in cordis occulto veritatem amicitiæ non conservat; damnabiliter intus hiat, cum forinsecus superducti bituminis simulatione cohæreat. Quorum videlicet a diluviali naufragio neuter eripitur; quia duplici charitatis bitumine, ut divinitus præceptum est, non munitur.

Qui autem se et foris præbet amabilem, et intus conservat amantem, foris cum ramis verbi fructus exhibet beneficii; intus alte radicem figit, quia medullitus diligit: hic profecto et intus et extra bitumine linitur (*Gen.* vi), quia duplici charitatis glutino cum proximis fœderatur. Porro autem quia de lignis levigatis prius fieri arca præcipitur, et sic deinceps ut bitumine liniatur; qualiter ligna vestra levigari debeant, et dolabro pœnitentiæ ac disciplinæ poliri utcunque supra descripsimus : nunc ut compactæ fabricæ bitumen accedat, exigente rationis consequentia suademus. Enimvero quandiu mores hominum asperi sunt et inculti, inaniter eis charitatis gluten apponitur, quoniam ab invicem cito dissiliunt; dum in eis politæ moralitatis æquata confœderatio non tenetur.

Estote igitur levigati per spiritalis exercitii disciplinam, estote bituminati per charitatis fraternæ concordiam. Quæ tamen, confœderatio congruere perfecte non poterit, nisi cum arca in cubitu consumatur, id est, cum multis unus Christi vice proponitur. Unitas quippe facit, ut multa sibimet invicem congruant, ut diversæ hominum voluntates in compage charitatis, et communis spiritus uhanimitate concurrant.

Quapropter, charissimi, si cupitis invicem in Christi charitate congruere, ei, qui vobis Christi vice præest, humili ex corde attentius obedite. Non inter vos sit garrulus ille Cham (*Gen.* iv), qui nudata parentis verenda denuntiet, qui paternæ offensionis obscena divulget. Qui videlicet inter duos fratres medius, nec in primitiis numeretur Israelitarum, nec locum mereatur in plenitudine gentium (*II Reg.* xx). Non ibi sit, qui contempto pastore, mercenarium quærat; qui voces alienorum audiat, qui in odii fornace discordiæ malleos ludat, qui regnum Israel per schismatis seminarium dividat. Non est, inquit, nobis pars in David, nec hæreditas in filio Isai. Plane tandiu apes in communi mellificant, quandiu sub uno principe perseverant. Grues

A quoque juxta vocabulum tandiu lineatim congruunt, quousque unum sequendo, litterarum utrinque ordinem non confundant. Roma mox ut condita est, duos etiam fratres simul reges habere non potuit: ideoque prima surgentis structuræ mœnia parricidio dedicavit. In Rebeccæ concupientis utero Jacob et Esau, cum necdum præter materna viscera vestes induunt, jam velut loricati bella committunt (*Gen.* xxv).

Rector itaque fratres tanquam filios amplectatur, et foveat; ut et ipsi tanquam patri a filiis deferatur. Scitum quippe est illud oratoris Domitii (Cic. lib. ii *De orat.*, in prœem.) : « Cur ergo te, inquit, habeam ut principem, cum tu me non habeas in senatorem ? » Non ut hæc spiritualibus sint taxanda discipulis, sed ut murmurationis occasio tollatur infirmis. Omnes itaque diligat, ut jure ab omnibus diligatur. Sic igitur pastor et oves (*I Joan.* iv), dux et militum catervæ uno spiritu confœderentur in exercitatione virtutum : ut charitas, quæ Deus est, individuæ unitatis in eis teneat principatum. Ecce, dilectissimi mihi Patres et domini, ex studio vobis styli currentis articulum reprimo, quia incultum ac rusticum esse, quod scribitur, non ignoro : ut quod absque salis condimento, jure despicitur, brevitatis saltem compendio commendetur. Quæso itaque, ut qui lupinos aliquando post marinas delicias editis, hoc quoque pittacium post sacra volumina utcunque respicere non spernatis.

SCHOLIA.

Petrus autem nuptiarum sordes abluit cruore martyrii. Cave putes sanctum doctorem nuptias, quas constat a Christo Domino sacramenti honore condecoratas, ullo modo vituperare; unde et illud Pauli : « Honorabile connubium in omnibus, et torus immaculatus (*Hebr.* xiii). » Sed et ipse beatus Damianus suis in scriptis cum occasio se præbet, laudat nuptias, præsertim lib. v, epist. 11, ad clericos Fayentinos. Sordes itaque nuptiarum ille intelligit, quas aliquis vitæ conjugalis occasione contrahit : in qua cum viri rebus divinis minus ferventer vacare soleant, et ob id dicat Apostolus : « Qui autem cum uxore est, sollicitus est quæ sunt mundi, quomodo placeat uxori, et divisus est (*I Cor.* vii). » Cumque crebrius in vana delinquendi offendicula incurrant, non est mirum sordes contrahere, ac propterea eas expiare teneri.

Sit nomen Domini benedictum...

OPUSCULUM DECIMUM QUARTUM.

DE ORDINE EREMITARUM, ET FACULTATIBUS EREMI FONTIS AVELLANI.

ARGUMENTUM. — Ad exemplum, et imitationem posterorum, regulas, et vivendi instituta, quibus eremitæ Fontis Avellani suo tempore utebantur, describit, iisque, ut qui post se futuri sunt, utantur, neque ad laxiorem vitæ normam declinent, gravissime obtestatur. Suisque ut in orationibus meminerint post mortem suam, obsecrat.

Cum fervorem sanctæ conversationis vestræ, fratres charissimi, diligenter attendo, nullis hoc humanis viribus deputo; sed illi potius, qui operatur in vobis velle et perficere, pro bona voluntate, gratias ago : Ille enim fons est et origo virtutis : ille bonæ inspirator est voluntatis. Et quid mirum, si fragilia corporum vestrorum vascula ad portandam post se crucem fortiter roborat, qui cuncta mundi horrea in levibus culmorum aristis mirabiliter librat? Et quorum pondere lapidea sæpe ædificia corruunt, ad hæc ferenda volatiles spicarum thecæ, tenuibus mistæ paleis, non succumbunt. Quid mirum, inquam, si debilibus servorum suorum membris vires attribuit, qui in tenuissimis uvarum folliculis omnium ubique regionum vina suspendit : et quod ex tunnis operose, et cum magno labore compactis sæpius effluit, hoc perexilis corticis, quasi quoddam fidele depositorium sine diminutione custodit : imo quod illinc vel guttatim frequenter effunditur, hic non minuendo, sed augendo potius per quotidiana incrementa servatur.

Quis autem divini operis magnitudinem narrare sufficiat, cum sive in palearum culmis, seu in uvarum botris recondi videat cellaria potentum, promptuaria regum? Videamus in arbore folium sub ipsis pruinis hiemalibus lapsabundum, et consumpto autumnalis clementiæ virore, jamjam pene casurum, ita ut vix ramusculo, cui dependet, inhæreat, sed apertissima levis ruinæ signa prætendat : inhorrescunt flabra, venti furentes hic inde concutiunt, brumalis horror crassi æris rigore densatur : atque, ut magis stupeas, defluentibus reliquis undique foliis terra sternitur, et depositis comis arbor suo decore nudatur; cum illud solum nullo manente permaneat, et velut cohæredum superstes in fraternæ possessionis jura succedat. Quid autem intelligendum in hujus rei consideratione relinquitur, nisi quia nec arboris folium potest cadere, nisi divinum p.æsumat imperium?

Quid ergo mirum, si, defluente jam ex maxima parte monastico ordine, quosdam servos suos omnipotens Deus in perferendo diversarum tentationum labore corroborat, qui et quæ vult in arboribus folia, cæteris decidentibus, ligat? Unde non immerito scrutator ille divinæ patientiæ B. Job: « Qui facit, inquit, magna, et incomprehensibilia, et mirabilia, quorum non est numerus (Job xi). » Quapropter immensas Creatori meo gratias refero, qui me indignum ministerii locum habere voluit in conventu non multorum, sed bonorum, quos mihi necesse sit ad patriam redeundo præcedere; sed gaudendum est, si fraterna possim vestigia parili conviatione tenere : ut fructum, qui nequaquam mihi ex spatiosa terra colligitur, uberius videatur angustæ fertilitatis recompensare proventus.

Volo autem, fratres mei, de vestræ conversationis ordine pauca perstringere, ut quod in vestris nunc vivis operibus legitur, etiam apicibus traditum ad eorum, qui nobis in hoc loco successuri sunt, notitiam transferatur : quatenus et si non contigerit eos ad altiora conscendere, eamdem saltem vivendi regulam, quam vos tenuisse didicerint, et ipsi studeant fideliter observare : ut qui habitationis fuerint successores, sint nihilominus et conversationis hæredes : et quod de regulari observantia sui loci viderint specialiter scriptum, pudeat si de sua fuerit aliquando imitatione deletum. In hoc nempe loco, qui fons Avellani dicitur, plerumque viginti plus minus monachi per cellulas, sive in assignata cuique obedientia degimus ; ut omnes simul cum conversis, et famulis tricenarium quinarium numerum, aut vix, aut breviter excedamus. Vivendi autem regula hoc nostro tempore talis est.

Ab octavis nempe Dominicæ Resurrectionis usque ad diem sanctum Pentecostes, quatuor 323 dies per hebdomadam jejunatis, præter Dominicum vero diem, de cujus reverentia nullus addubitat, tertia feria, et quinta feria bis in die reficitis. Illo enim tempore, ut nostis, non prohibentur monachi auctoritate sacrorum canonum jejunare. Ab octava autem Pentecostes usque ad festivitatem sancti Joannis, quinque diebus observatur sub hac discretione jejunium : ut tertia feria ad horam nonam pulmentum habeatis, quinta vero feria secunda vice reficitis. A festivitate vero S. Joannis usque ad Idus Septembris, tertia et quinta feria tenetur bina in die refectio : reliquis vero quatuor diebus servetur solito more jejunium. Ab Idibus vero Septembris usque in Pascha Domini, quinque diebus jejunium sine intermissione tenetur, salvo eo, quod semper infirmioribus fratribus, humorumque inæqualitatem patientibus, prout necesse fuerit, misericorditer subvenitur. Nemo autem me mendacii temerarius arguat, dum me non extraneis loqui, sed his, qui rem perite noverint, præsentibus hæc narrare considerat : et certe non immerito erubescerem, si inter discipulos veritatis, ipsis scientibus, commento fallaciæ deservirem.

Etsi enim eos, qui postmodum audituri sunt, hujus rei plenitudinem fraudare non debeam, malo tamen ex eo, quod est, salva veritate relinquere; quam id, quod non est, vana persuasione jactare. Ecce enim de duabus illis quadragesimis, quæ vel Natalem Domini, vel sanctum Pascha præcedunt, licet ego taceam, vos tamen scitis, quia nonnulli hic sunt, qui absque diebus Dominicis, duplex illud quadragesimale spatium totum jejunando transcurrere soleant, exceptis tribus solemnitatibus, S. videlicet Andreæ, et sancti Benedicti, et Annuntiationis Dominicæ. Per alias autem festivitates, quæ magnæ quidem, sed adeo non sunt præcipuæ, sive in quadragesimali tempore, sive per totius anni curriculum, cellerarius cum his, qui juxta ecclesiam commorantur, cum duodecim celebrent lectionibus, atque si priori videtur, aliqua illis misericordia refectionis impenditur. Cæterum hi, qui sunt per cellulas constituti, una lectione contenti, dum foras minime prodeant, jejunium suum ex more conservant.

Jejunare autem illos diximus, qui panem cum sale et aqua percipiunt: ubi autem præter hæc aliud aliquid additur, perfectum jejunium non vocatur. Solebant autem hic quidam et Dominicis diebus utriusque quadragesimae coctionibus abstinere, quod nos ob reverentiam sacrae diei prohibere curavimus. Famuli autem, qui nobiscum sunt, per totius anni circulum tribus per hebdomadam diebus tenent ex more jejunium. In illis autem duabus quadragesimis quatuor dies convenienter observant, exceptis his, qui in via longius diriguntur. A vino autem, ut nostis, aliquanto tempore continuimus; ita ut neque laici, neque extrinsecus venientes, vel etiam in Pascha Domini, aliquid hic, praeter aquam biberent: neque vinum hic, nisi pro sacrificio haberetur. Sed quoniam et hic manentes coeperunt aegrotantes deficere, et quidam ad eremum transire cupientes, hujus rigoris observantiam penitus abhorrere; fraternae, **324** sive, ut verius dicam, communi imbecillitati dispensatorie condescendentes indulsimus, ut vinum hic servato sobrietatis moderamine biberetur: ut quod cum Joanne non possumus ex toto relinquere, saltem cum Timotheo Pauli discipulo studeamus infirmo stomacho sobrie, et humiliter ministrare (*I Tim.* v) : et qui prorsus abstemii esse non possumus, esse saltem sobrii studeamus. Verumtamen in praedictis duabus quadragesimis consuetudo tenuit, ut neque monachis, neque laicis vini vel etiam piscis perceptio concedatur. Pulmentum quoque in eisdem quadragesimis nunquam sit praeter unum, nisi his quatuor festivitatibus, scilicet B. Andreae, S. Benedicti, in Dominica Palmarum, et Coena Domini, quibus nimirum sacratissimis diebus pisces, et vinum cum gratiarum actione percipiuntur.

In Sabbato autem sancto, nec non et vigilia Natalis Domini, ut labor ecclesiastici relevetur officii, totum panem, qui voluerint, comedunt: alium vero cibum sive laici, sive monachi penitus non admittunt. Tres autem solummodo octavae per annum ita celebrantur, ut jejunare hic nemo cogatur, id est, Dominicae Resurrectionis, et sanctae Pentecostes, atque Natalis Domini. Sed quibusdam, quia propter desuetudinem [*f.* consuetudinem] grave est totius hebdomadae binam continuare refectionem, quandoquidem hoc humiliter expetunt, jejunare aliquantulum pro misericordia conceduntur. Consuetudo est autem fratribus in diebus Dominicis omni tempore, praeter quadragesimas duas, duo habere pulmenta; in aliis vero diebus unum solummodo. Et de jejuniis quidem ista sufficiant.

In caeteris autem spiritualis exercitii studiis, quae sit continui fervoris instantia, quae sollicitudo, quam vigil et operosa frequentia, timeo dicere : ne mihi similibus, desidiosis videlicet, et negligentibus videar onerosus existere, atque eorum in me aliquatenus invidiam concitare : hoc tamen mihi liceat, quia tanta est diligentia in flexionibus genuum, in disciplinis scoparum, et in caeteris hujusmodi, ut cum quilibet poenitens incertae mentis metu, injunctam poenitentiam per haec remedia implere praecipitur, brevi tempore longa poenitentia consummatur, salva tamen consuetudine, ut si postmodum vita hominis in longum ducitur, jejunium non relinquatur. Dantur autem ex more tria millia scoparum pro unius anni poenitentia, sive viginti psalteria, aut viginti quinque missae.

De psalmodia vero consuetudo est, ut cum duo fratres simul commorantur in cella, duo persolvant in die psalteria, unum pro vivis, alterum pro defunctis. Et illud quidem, quod est vivorum, cum illis dicitur additamentis, quae beatus Romualdus apposuit; quod vero pro defunctis cum novem lectionibus dicitur, tribus nimirum per quinquagenos psalmos. Qui autem solus moratur, Psalterium quidem vivorum totum per singulos dies adimplet : defunctorum autem sive medium, sive totum, juxta quod virium possibilitas administrat. Horarum autem psalmodia canonica omnino, sicut in monasterio, ita hic per ordinem, tota nihilominus adimpletur.

325 Hoc autem inter caetera praetermittendum non est, quia in cellulis continuum tenetur, sicut revera in oratorio, ex more silentium : nec praetermittitur, ut illic aliquis vel pro confessione loquatur; excepto si priori visum fuerit, ut novitiis, eorumque institutoribus ad tempus aliquantulum loquendi licentia concedatur. Si quid autem loqui indigent, ad ecclesiam prodeuntes, quaeque sunt necessaria manifestant.

Illud etiam non minima pars poenitentiae est, quod omni tempore, sive aestate, sive hieme, non calceis, non ocreis utuntur in cellulis; sed nudis semper cruribus, et pedibus consuetudo est permanere, exceptis his qui gravi molestia infirmitatis urgentur.

Regulare autem est monasteriis, ut hi qui in viam diriguntur, foris non comedant, si eo die sperant reverti · cui videlicet observantiae illud etiam apud nos additur : ut sive ipso, sive alio die fuerit quis egressus, jejunus semper ad eremum revertatur.

De caeteris vero monasticae institutionis observationibus quidquid in regulari, et districto monasterio tenetur, idem etiam hic caute, et solerter nihilominus custoditur : videlicet de promptissima obedientia, ut quodcunque praecipitur, ferventissime peragatur : de non dando, vel accipiendo sine jussione prioris : de proprio non habendo : ut dum sunt in claustro, quod est juxta ecclesiam, sive in festivis diebus, sive omnibus incompetentibus horis silentium teneant : ut in capitulo, in oratorio, in refectorio regularem consuetudinem non postponant : ut cum hospitibus non loquantur, atque ideo a cellulis usque ad ecclesiam sive venientes, sive redeuntes, a censura silentii non recedant; et multa hujus generis, quae nimirum nos idcirco enumerare postponimus, quia laciniosi styli fastidium devitamus. Taceo de vilitate spontanea, et asperitate vestium, de duritia, et austeritate cubilium, et de districta censura silentii, de amore perpetuae inclusionis.

Illud sane cuncta videtur excellere, illud omnibus sancte viventibus digne censetur virtutibus eminere, quod tanta est inter fratres charitas, tanta unitas voluntatum vicarii amoris igne conflata; ut unusquisque se non sibi, sed omnibus natum credat :

quod alienum est, ipse possideat : et quod suum est, in omnes extenso amore transfundat.

Hoc mihi etiam non mediocriter placet, fratres mei, quia si quis inter vos debilior apparuerit, mox omnes certatim, quid patiatur, inquiritis, ut se de solito rigore remittere non moretur, instantes, et non solum necessaria quæque suggerere, sed etiam vosmetipsos ad ejus custodiam ultroneos gaudetis offerre.

Illud etiam silentio præteriri dignum esse non ducimus, quia cum frater quispiam ex nostris obierit, unusquisque pro eo septem dies jejunat, septem disciplinas cum millenis scoparum ictibus accipit, septingentas metanæas facit, triginta insuper Psalteria ex more decantat, continuis quoque triginta pro eo diebus missarum solemnia specialiter celebrantur. Hæc igitur hujus loci regula nulla voti varietate postponitur : hæc consuetudo circa defunctos districta **326** prorsus et inviolabili semper observatione tenetur. Si quis autem fortasse novitius, vel quolibet modo morte præventus, injunctam pœnitentiam consummare non potuit, mox ut ad fratrum notitiam res patefacta pervenerit, cum magno fervore tota pœnitentia parili facta inter eos divisione, suscipitur : et quantalibet sit, brevi spatio per diversos afflictionum modos ovanter expletur. Felices nimirum divitiæ charitatis, quæ gratis se non modo viventibus ingerunt, sed et mortuos prosequuntur. Felices, inquam, quæ illic nobis ex aliena bonæ voluntatis ubertate succurrunt, ubi proprii operis supplementa deficiunt : et cum jam districte a nobis non habentibus, quidquid debemus, exigitur, ex fraternæ charitatis abundantia debiti nostri libra completur.

Pauca hæc de ea, quæ nunc est, hujus eremi conversatione sufficiant, ut per hæc, quæ breviter annotantur, valeat colligi quid ex his, quæ silentio prætermissa sunt, debeat æstimari. Sed ecce, fratres charissimi, dum de vestris virtutibus aliquid vobis præsentibus refero, timeo certe simul et erubesco : timeo scilicet vos offendere ; erubesco, ne videar assentationibus deservire. Sed ad hoc scribendum, teste conscientia, bonæ me intentionis studium provocat, fraternæ salutis amor instigat : quatenus non solum vobis talia scribendo consulere, sed et posteris vestris valeam longius providere. Nimirum, ut et vos ista legentes studeatis ei, quod semel cœpistis, bono operi perseveranter insistere : et illi in his discant, quid de nostra debeant imitatione tenere. Quia enim in hoc loco, nisi divina providentia aliter senserit, non diu post spero me habiturum esse sepulcrum : non minus sum de futura hujus loci religione sollicitus, quam his, quæ sub præsentia versantur, intentus. Unde te, o prior, quicunque mihi quotuslibet in hujus loci administratione successeris, per adventum Domini nostri Jesu Christi, per terrorem divini judicii, te lacrymabiliter obsecro, per nomen te divinæ majestatis obtestor, ut ab hujus observantiæ regula, cum his qui tibi subditi fuerint, non declines a bono tramite, per quem in hoc loco nunc inceditur, non aberres. Pudeat vos ab illorum nobilitate fieri vivendo degeneres, qui facti estis habitaculo successores. Absit, ut divini obsequii census vestro tempore videatur imminui, qui Deo ex hujus loci reditu solebat ante persolvi : non impar quippe pensum debiti muneris exigit, qui possessionem suam novis agricolis antiqua censitam pensione locavit.

Non ergo vos per spatiosæ viæ latitudinem delectet incedere, qui jubemini per angustam portam, quæ ducit ad vitam, intrare (*Matth.* VII). Stricta namque via est quæ ducit ad cœlum; ampla autem est, quæ mergit in tartarum. Non itaque ad monasterialem laxitudinem ab eremitica vos libeat districtione descendere: et, relicta lege spiritus, carnis illecebris et lenociniis consentire. Et quidem bona sunt illa, sed ista meliora. Et quid est aliud a melioribus ad bona descendere, nisi ab excelsis ad humilia declinare, a recto cursu post tergum redire, ab ardore spiritus in teporem noxium defervere, atque sic paulatim sublimibus in præcipitium ruere?

327 Hæc igitur pauca, quæ scripsi, successor mi, sedulus inspice : atque ad imprimendum formam tuæ tuorumque conversationi, quasi quoddam signaculum tene. Nunquam apud te hæc depravetur imago : nunquam tuo tempore hæc salutaris forma per incuriam deteratur; ne, quod absit, paracharaximus pro nummo moneta degenerante procedat. Et certe non ignoras, quia falsarius trapezita, qui monetam violasse convincitur, plerumque judiciali calculo manus abscissione multatur.

Ut autem ad hæc observanda nullus excusationi pateat locus, juxta id, quod exiguitate loci humilis competebat, studuimus eotenus possessiones acquirere : ut prædictum fratrum numerum possis, nisi exercendi cura defuerit, sustentare. Librorum quoque numerum non minimum dereliquimus, ut fratribus nostris, qui pro nobis orare dignentur, meditandi copiam præberemus. Bibliothecam namque omnium Veteris et Novi Testamenti voluminum, licet cursim, ac per hoc non exacte vobis emendare curavimus. Ex passionibus quoque beatorum martyrum ; ex homiliis sanctorum Patrum; ex commentariis, allegoricas sacræ Scripturæ sententias exponentium, Gregorii scilicet, Ambrosii, Augustini, Hieronymi, Prosperi, Bedæ, Remigii, etiam et Amalarii, insuper et Haimonis, atque Paschasii, divina gratia nostris allubescente laboribus, plures libros habetis, quibus vacare potestis; ut sanctæ animæ vestræ non solum oratione crescant, sed et lectione pinguescant. Ex quibus nimirum codicibus nonnullos pro nostra possibilitate correximus ; ut in sacræ disciplinæ studiis intelligentiæ vobis aditum panderemus.

Claustrum quoque juxta ecclesiam construi **328** hac intentione censuimus; ut si quem adhuc inolita monasterialis ordinis consuetudo delectat, habeat ubi in præcipuis festivitatibus solemniter ex more procedat : cui et processioni crucem argenteam satis idoneam procuravimus. Ejusdem quoque intentionis studio, imbecillitati fragilium consulentes, etiam tintinnabula, atque bechinia, diversaque divinæ domus utensilia comparavimus. Calices quoque duos argenteos pulcherrime deauratos hac vobis ratione providimus; ut cum sacra Dominici corporis et sanguinis mysteria vultis accipere, stannum, vel vilius quodcunque metallum vestris labiis nequaquam necesse sit adhibere. Conspicua nihilominus sacrosancto altari tegmina, et celebrandis missarum solemniis pretiosa contulimus ornamenta.

Hæc omnia, fratres, nos non sine labore quæsivimus, ut vobis laboris impendia tolleremus: tantoque liberius se vester animus ad alta sustolleret, quanto minus hunc ad providenda sibi infirma rei familiaris inopia non gravaret. Unde rogo, fratres charissimi, quicunque mihi estis in hujus loci sacri habitaculo successuri, ut qui vobis ante consului, quam hujus vitæ haberetis ingressum; vos etiam me pia vicissitudine vestris adjuvetis orationibus jam defunctum; et qui vobis paravi locum religiose vivendi, vos mihi copiam acquiratis indulgentiam promerendi. Ecce, fratres mei, fui quod estis: et emensus sum, quod transitis. Præsto vobis sunt quæ deserui; propinquum est quo perveni. Sic igitur compendium vestræ mortalitatis excurrite; ut elapsis vanis, quæ temporaliter transeunt, ad bona perveniatis, quæ his perpetuo mansura succedunt.

Sit nomen Domini benedictum.

OPUSCULUM DECIMUM QUINTUM.
DE SUÆ CONGREGATIONIS INSTITUTIS. AD STEPHANUM MONACHUM.

ARGUMENTUM. — Stephano cuidam qui ex cœnobio ad eremum emigraverat, eremiticæ vitæ, et conversationis præcepta desideranti depromit: nec non eremitarum, quibus ipse præerat, regulas, et vivendi instituta exponit; saluberrima interim monita immiscens, ut rudem adhuc, et hujusmodi viæ rationis inexpertum ad insidias cacodæmonis superandas: dura, et aspera quæque perferenda: et denique ad omnes perfecti eremitæ numeros implendos gradatim perducat.

Charissimo fratri STEPHANO, amore supernæ charitatis incluso, PETRUS ultimus crucis Christi servus, salutem in idipsum.

Honestæ petitionis tuæ, dilectissime fili, vota suscepimus, quibus te per nostræ admonitionis apices eremiticæ vitæ regula postulas informari. Monasterialem quippe latitudinem fugiens, mox fervido spiritu cellulæ te carceralibus angustiis inclusisti. Non contemnenda plane petitio, nec otiosum, vel ineptum negotium: sed si exsecutor inveniretur idoneus, etiam posteris non mediocriter profuturum. Nos autem, qui in hujus professionis via neminem vivendo præimus, cæteros loquendo præire, velut indices, sive judices itineris, temerarium judicamus. Præposterum quippe est, si lingua tanquam magisterii super alios arripiat ferulam, cujus adhuc vita flagellis obnoxia exhibet clientelam. Sed qui calcato propriæ voluntatis arbitrio obedire Deo per omnia decrevisti, dignum profecto est tuis quoque petitionibus a fraterna charitate non segniter obedire.

Quapropter in angusto positi, dum et tuis desideriis satisfacere cupimus, et tamen propriæ mensuræ metas excedere non audemus, tutum nobis arbitramur, et integrum hujus quidem institutionis præcepta non edere; sufficiat autem, quod in nostra fieri congregatione conspicimus, et experti sumus, simpliciter explicare. Nec tam quid ab eremitis fieri debeat, generali definitione præscribimus, quam quod in hac eremo fiat, cum de loco, tum persona specialiter intimamus. Quod tamen ex charitate legentibus infructuosum esse non credimus, cum ad perfectionis culmen præcepta quidem moveant, sed exempla compellant.

CAPUT PRIMUM.
De soli.ariæ vitæ laudibus.

Vere, frater, ut dicitur, ipsius rei notam fixisti, cum ad Deum redire non per qualemcunque, sed per auream viam laudabiliter elegisti. Nec ad hoc te prudentia humanitatis impulit, sed divinus procul dubio Spiritus incitavit. Hæc est enim via, quæ inter reliquas ad summa tendentes eminens, et excelsa est. Interim per se currentem jam ponit in patria: et eum, qui adhuc versatur in labore, jam quodammodo recreat, et consolatur in requie. Hæc nimirum via per se commeantium gressus neque spinis sollicitudinum pungit, neque luto negotiorum sæcularium impedit. Porro hæc via spatiosa simul et angusta: sed hoc modo, ut quisquis per eam comite cœlesti desiderio graditur, et propter angustias noxie non impingat, et propter latitudinem a rectitudinis linea non divertat. Nam etsi incipientibus plerumque stricta, vel difficilis videatur, non tamen mox, nisi quod absit, fides desit, inconstanti pusillanimitate deseritur: assuetis autem et perfectioni jam propinquantibus, vel hærentibus facilis quidam, et quodammodo lata via videtur eremitica vita. Nunquam tamen a portanda post Jesum cruce deficiunt, dum et proprias voluntates reprimunt, et adversus cogitationem suarum tentamenta confligunt. Duxisti, frater, uxorem, quam non quidem cum uxoribus Jacob vel a gignenda sobole sterilitas privet, vel a venustate vultus lippitudo dedecoret; sed illam profecto, quæ sit et cum Lia fecunda, et cum Rachele formosa. Nimirum ut et tibi clarescat obtutus ad videndum principium, et plurimi nobiles tui fervoris imitentur exemplum.

Hæc profecto est mulier, de qua dicitur : « Quia fortitudo, et decor est indumentum ejus (*Prov.* XXXI). » Solitariæ nempe conversationis officium est, ut sic desudet quis in magni operis fortitudine, quatenus semper sollicitus sit in exhibenda decori animi puritate. Hæc est, inquam, de qua rursus dicitur : Quia « manum suam misit ad fortia, et digiti ejus apprehenderunt fusum (*Ibid.*). » Quia videlicet hujus vitæ idoneus exsecutor sic se per majora opera ex desiderii fervore dilatat, ut etiam cautus quæ sunt minima non relinquat. Hæc plane utrarumque sororum Lazari sibi vindicat dignitatem : quia et cum Maria sedens ad vestigia Domini ejus verbis intendit, et cum Martha eumdem Dominum diversis sanctarum virtutum epulis reficit (*Luc.* XIX).

Sed cur in describendis hujus sanctæ vitæ meritis diutius immoror? Plane ut compendiosius eloquar, multæ sunt viæ quibus itur ad Deum; diversi sunt ordines in universitate fidelium : sed in omnibus his nulla profecto via est tam recta, tam certa, tam expedita, atque cunctis supplantatoriæ impactionis offendiculis aliena ; quia et omnes fere occasiones, quibus peccari possit, eliminat : et plurima virtutum, quibus Deo placeat, incrementa conversat : ita ut quodammodo facultates adimat delinquendi, et bonis operibus insistendi vim necessitatis imponat. Quod nimirum qui non dedignatur inquirere, in aliis nostræ parvitatis opusculis valet expressius invenire. Huic ergo sanctæ, et, ut vere fatear, vivificæ vitæ illud non incongruenter aptatur, quod per Salomonem dicitur : « Multæ, inquit, filiæ congregaverunt divitias, et tu supergressa es universas (*Prov.* XXXI). »

CAPUT II.
De origine vitæ eremiticæ.

Verumtamen rei ordo postulat, ut antequam ramos conversationis attingam, ipsam radicis originem solerter inquiram : et qui hujus institutionis auctores fuerint, evidenter expediam. Dignum scilicet arbitror fontem prius aspicere, ut post securius valeam rivos haurire.

Hujus itaque vitæ normam, ut anteriora prætereamus, in Veteri Testamento Elias cœpit; Eliseus vero aucto discipulorum collegio dilatavit. In Novo autem Paulus et Antonius non dissimili ab his invicem proportione creduntur. Dum constet juxta fidem gestorum quod et Paulus in eremo singulariter vixit, et plures Antonius in hac professione discipulos enutrivit. Quanquam et hoc certe non lateat, quod et Moyses sub ipso tunc promulgatæ legis initio quadraginta annis populum per deserta ductaverit (*Exod.* XXIV); totidemque diebus ipse Redemptor noster, illucescente jam videlicet Evangelii gratia, eremum consecravit. Teste Marco, qui post enarrationem baptismi, præsto subintulit : « Et statim Spiritus expulit eum in desertum, et erat in deserto quadraginta diebus, et quadraginta noctibus, et tentabatur a Satana, eratque cum bestiis (*Marc.* I). » Baptista quoque Joannes hujus professionis assertor non mediocriter exstitit, qui sine humano victu in deserto vivere non humana virtute decrevit (*Ibid.*).

CAPUT III.
De duplici eremitarum genere.

Quapropter et ex ipsa nascentis hujus institutionis origine, et posterorum deinde succedente processu manifeste colligitur, quod eremitarum ordo bipartitus est : quorum videlicet alii cellulas incolunt, alii passim per eremi deserta gradientes, certas ædes habere contemnunt. Sed qui per eremum spatiando discurrunt, anachoretæ; qui vero cellulis contenti sunt, usitato vocabulo eremitæ dicuntur : quibus nimirum nomen commune factum est speciale. Quanquam hujus temporis fratres superbum ducant hocsibimet arrogare vocabulum, sed humilitatis causa pœnitentes se potius gaudeant appellari. Anachoretarum autem jam tunc filii Jonadab primitiæ fuerant, qui, sicut Jeremias testatur, vinum et siceram non bibebant (*Jer.* XXXV). Habitabant porro in tentoriis, et quas nox compulerat, sedes habebant. Hi denique scribuntur in Psalmo (*Psal.* CXXXVI), quod primi captivitatem sint sub hujusmodi persecutione perpessi : quia ab exercitu Chaldæorum vastante Judæam, urbes sunt introire compulsi. Hac videlicet ratione, quod oppida carceres ducerent, et dulcis habitaculi requiem deserti solitudinem æstimarent. Sed nos sanctis anachoretis, qui hoc tempore aut rari sunt, aut nulli, solam reverentiam exhibemus, ad eremitas autem omnem hujus disputationis articulum vertimus.

CAPUT IV.
Qua diligentia resistendum carnis ac diaboli tentationibus.

Quisquis igitur cellulam cum diabolo dimicaturus ingreditur, et in arena spiritualis prælii ferventis animositate pectoris incitatur, ad hoc totam suæ mentis intentionem dirigat, ut delectationem carnis, vel ad momentum quidem jam ultra non sentiat; sed sibimet, simul et mundo mortuus vivat. Ad tolerandas itaque calamitates, atque miserias animum præparet, morti se pro Christo devoveat, diversis virtutum telis lumbos mentis accingat; omnia sibimet aspera, et dura præponat; ut cum acciderint, non improvidus enerviter concidat, sed omnia æquanimiter ferat. Plane sicut fluvius ex sui fontis origine perexiguus oritur, sed processu longioris declivii, rivis hinc inde confluentibus dilatatur : sic interior noster homo in sanctæ conversationis itinere tenuis, et velut aridus incipit : paulatim vero per incrementa virtutum quasi rivis undique concurrentibus convalescit.

Quisquis ergo nititur amnis fluenta restringere, juxta fontis aditum, necesse est satagat obstacula convectare: ut ubi nondum amnis, sed adhuc rivulus cernitur, illic obicibus impactis facile reprimatur. Qui ad aulam quoque regiam properare disponit, in ipso demum expeditionis exordio cum paucis egreditur: confluentis autem subinde numerus societatis augetur. Quisquis denique huic struit insidias, non procul a domo, unde egreditur, latitat: ut necdum constipatus multitudine commeantium repentinos impetus non evadat. Tunc autem veraciter ad regem nostrum properantes iter incipimus, cum rudes adhuc, novique tirones in spirituali militia sacramenta juramus. Sed quia necdum spiritualium studiorum agmine circumfundimur, necdum perfectionis virtutibus roboramur; tunc veternosus hostis ante ipsum egressionis nostrae vestibulum insidias praeparat, ibi versutiae suae dolos, ibi malignitatis artes et laqueos, ibi deceptionum machinas, et omnia pestiferae calliditatis argumenta concinnat: quatenus rivum adhuc tenuem boni operis obstruat, et gradientem, antequam commeantium agmine fulciatur, exstinguat.

Sed inter has jaculorum crebrescentium grandines, inter istas bellorum ingruentium tempestates, Christi miles non formidine contabescat, non fractus labore deficiat; sed invictae fidei clypeo praemunitus, quo acriora infestantium luctatorum certamina tolerat, eo certius de vicina Dei auxiliantis aspiratione confidat. Nec prorsus addubitet, quia si primae tentationis articulum illaesus evaserit: paulo post roboratus, et validus, terga vertentibus ac succumbentibus suis adversariis, praevalebit. Idcirco nempe insidiator spiritus totum fel suae nequitiae circa novitios evomit. Ideo omne virus artificiosae ac deceptoriae calliditatis effundit: quia non ignorat, quoniam si tunc effectum perversi conatus amiserit, opportunitatem laedendi postmodum non habebit. Imo qui supplantare non potuit, ruinae postmodum turpiter subjacebit; et qui rudi non praevalet, exercitato succumbet.

CAPUT V.
De quiete, silentio, et jejunio, eremitis praecipue necessariis.

Notandum autem, quia cum omnibus ad aeterna festinantibus universae virtutes animi sint habendae, solitariae vitae proposito tria sunt praecipue exteriora videlicet, congrua speciali prae caeteris observatione tenenda: quies scilicet, silentium, atque jejunium: et caetera quidem instrumenta justitiae in sola plerumque devotione, vel habitu; ista autem in exercitio debent familiari quadam sedulitate versari. Sicut enim sacerdotis est proprium sacrificiis offerendis insistere, doctoris est praedicare; ita nihilominus eremitae officium est, in jejunio, silentioque quiescere. Unde non frustra reperitur ab antiquis vitae hujus institutoribus dictum: *Sede in cella tua, et retine linguam tuam, et ventrem, et salvus eris.* Venter siquidem reprimendus est, ne dum ipse immoderate repletur cibis, caetera quaeque membra inficiat vitiis. Lingua vero restringitur, quia indisciplinate laxata, supernae gratiae vigore animam vacuat, et a statu salutiferi rigoris enervat. Verumtamen modus atque discretio in talibus est adhibenda; ne quod indifferenter agitur, velut onus importabile, per intolerantiam pusillanimiter deponatur. Sicut ergo supra promisimus, quae in hac eremo vivendi regula teneatur, breviter explicemus: ut dum hanc quasi quoddam vivendi metrum considerationis tuae oculis apposueris, sive excedens, sive inferius gradiens, ad hanc sedula intentione recurrens, errare non possis.

CAPUT VI.
Regula jejunii ac refectionis.

Ab Idibus itaque Septembris usque ad resurrectionem Dominicam, quinque per hebdomadam diebus tenetur hic ex more jejunium. Ab octavis autem Paschalis festivitatis usque ad sextum diem Pentecostes, quatuor tantum per hebdomadam diebus jejunium celebratur. Hac videlicet discretione servata ut propter Dominicum diem, de cujus speciali reverentia nullus addubitat, etiam tertia et quinta feria bis in die reficiant fratres. Illo enim tempore licet aliquanto remissius vivere: tametsi minime prohibeantur monachi auctoritate sacrorum canonum jejunare. Ab octava vero Pentecostes usque ad Nativitatem B. Joannis, tertia quidem feria pulmentum fratribus hora nona tribuitur, quinta vero feria refectio iteratur. Porro a festivitate S. Joannis usque ad Idus Septembris, tertia et quinta feria bina refectio in die teneatur: reliquis vero quatuor diebus jejunium ex more servetur. Salvo videlicet eo, quod si quis inter fratres infirmari conspicitur, mox illi, prout necesse fuerit, misericorditer subvenitur. In festivitatibus duodecim lectionum, quaecunque veniunt ab Idibus Septembris usque ad Resurrectionem Domini, semel tantum reficiant fratres; exceptis videlicet his solemnitatibus, omnium sanctorum, S. Martini et S. Andreae, hebdomada Natalis Domini, et uno die Epiphaniae, et Hypopanti. Quibus nimirum diebus iteratur pro more refectio. In caeteris autem festivitatibus una tantummodo sint refectione contenti.

Notandum autem, quia non omnes, quae in monasterio, etiam in eremo celebrantur festivitates. Et hae quae illic fiunt, plerumque transmutantur, aut in tertia, aut in quinta feria celebrentur: exceptis nimirum praecipuis festivitatibus, quae ob reverentiam dignitatis mutari non possunt. Plerasque autem festivitates, quae non adeo sunt praecipuae, sive in quadragesimali tempore, sive per totius anni curriculum, cellerarius cum his qui juxta ecclesiam commorantur, cum duodecim celebrent lectionibus: atque si priori videtur, aliqua illis, rarissime tamen, misericordia refectionis impendatur. Caeterum ii qui per diversas sunt cellulas constituti, dum foris minime prodeant, trina lectione contenti, jejunium ex more conservent. Jejunare autem illos dicimus, qui p nem cum sale et aqua percipiunt. Ubi præter hæc aliud quid additur, in eremo jejunium non vocatur. Duabus autem illis quadragesimis **335** quæ vel Natale Domini, vel sanctum Pascha præcedunt, nonnulli fratres hic sunt, qui totam hebdomadam jejunando transcurrunt; et quotidie, exceptis Dominicis, in pane et aqua vivunt. Quidam etiam fratres in utriusque quadragesimæ non solum quibusque festivitatibus, sed et Dominicis diebus coquinalibus abstinent. Quod nos in Dominicis diebus primo quidem propter excellentiam sanctæ Resurrectionis curavimus prohibere, sed rursus coacti sumus fraterna supplicatione permittere. Vescuntur autem pomis, et herbarum radicibus, ac leguminibus infusis, vel etiam elixis.

Nec illud plane silenter omittimus, quod in quadragesimæ utriusque principio omnes monachi, necnon et laici triduanum jejunium districte conservant: ita ut qui a percipiendis alimentis omnino se compescere nequeunt, solo tamen pane simul et aqua contenti vivant. Est autem consuetudo fratribus omni tempore duo in Dominicis diebus habere pulmenta, propter duas scilicet quadragesimas superius nominatas: in quibus per omnes, et Dominicas videlicet, et sanctorum festivitates, uno duntaxat probantur esse contenti. Cæteris autem diebus, quibus nimirum temperato jejunio remissius vivunt, si bis in die comedunt, duo illis pulmenta fiunt, prandentibus unum, cœnaturis alterum exhibendum. Sin autem una sit refectio tantum, unum sit nihilominus et pulmentum. Quod autem in Dominicis diebus duo hic fieri solere pulmenta meminimus, constat extra eremiticam regulam idcirco fuisse permissum, quia perraro huc ab extraneis oblationum deferatur exenium. Cæterum ubi locus frequentatur devotione fidelium, cessat procul dubio geminatio pulmentorum.

Unde fit ut in illa eremo, quam auctore Deo in latere Suavicinii montis ipsi construximus, pulmentum præter unum, cunctis æque temporibus penitus ignoretur. A vino autem aliquanto tempore continuimus, ita ut neque laici, neque extrinsecus venientes, vel etiam in Pascha Domini aliquid hic præter aquam liberent: neque vinum hic, nisi pro sacrificio haberetur. Sed quoniam et hic manentes cœperunt ægrotando deficere, et quidam ad eremiticam vitam transire cupientes, hujus rigoris observantiam videbantur penitus abhorrere, fraternæ, sive, ut verius dicam, communi imbecillitati dispensatorie condescendentes indulsimus, ut vinum servato sobrietatis moderamine biberetur. Ut quod cum Joanne non possumus ex toto relinquere (*Luc.* 1), saltem cum Timotheo Pauli discipulo meminerimus infirmo stomacho parcere, et humiliter ministrare (*Timoth.* 1); et qui prorsus abstemii esse non possumus, esse saltem sobrii studeamus. Verumtamen in prædictis duabus quadragesimis consuetudo tenuit, ut neque monachis, neque laicis vini, vel etiam piscis perceptio concedatur: exceptis his quatuor festivitatibus, sancti scilicet Andreæ, B. Benedicti, et Dominica palmarum, et Cœna Domini: quibus nimirum sacratissimis diebus pisces, et vinum excellentium solemnitatum lætitia invitante percipiunt. In Sabbato autem sancto, nec non et vigilia Natalis Domini, ut labor ecclesiastici releveture officii totum panem, **336** qui voluerint, comedent: alium vero cibum, sive laici, sive monachi penitus non admittunt. Tres autem solummodo octavæ per annum ita celebrantur, ut jejunare hic nemo cogatur, id est Dominicæ resurrectionis, et sanctæ Pentecostes, atque Natalis Domini. Sed quibusdam, quia propter desuetudinem grave est totius hebdomadæ binam continuare refectionem, quoniam quidem hoc humiliter expetunt, jejunare aliquantulum pro misericordia conceduntur: quanquam in octavis Pentecostes et ecclesiastica traditio, et Patrum decernat auctoritas jejunandum. In reliquis vero octavis quarumlibet festivitatum, ecclesiasticum quidem, prout regularis ordo postulat, tenemus officium, tenorem vero consueti jejunii non mutamus.

CAPUT VII.
De servorum disciplina.

Ut autem tota domus Dei sub regulari custodia, et disciplina teneatur, et unumquodque membrum operetur in corpore, juxta suæ proprietatis officium, famuli quoque, qui huic loco deserviunt, ab assignato sibi vivendi ordine non recedant: qui nimirum per totius annalis spatii cursum tribus per hebdomadam diebus tenent ex more jejunium. In illis autem duabus quadragesimis quatuor dies jejunio dedicant, exceptis his, qui in viam longius diriguntur. Porro quocunque prodeant, omni tempore carnibus non vescuntur: proprium etiam aliquid habere nihilominus, sicut et monachis, prohibentur. Nonnulli quoque ad audiendi Psalterii vigilias maturius surgunt, cum iis videlicet fratribus, qui apud ecclesiam commorantur. Promissionem autem ingredientes hanc faciunt: *Ego frater N. promitto obedientiam et perseverantiam omnibus diebus vitæ meæ in hac eremo, quæ est ædificata ad honorem Dei, et sanctæ Crucis; pro timore Domini nostri Jesu Christi, et remedio animæ meæ. Quod si aliquo unquam tempore hinc fugere, vel abire tentavero; liceat servis Dei qui hic fuerint, me plena sui juris auctoritate requirere, et coarcte ac violenter in suum servitium revocare.* Scriptæ ergo huic promissioni signum crucis ipsi præfigunt: et ab aliquo fratre coram omnibus lectam ponunt super altare. Monachi autem nullam promissionem faciunt, præter eam tantum, quæ in monasteriis fieri consuevit; solo duntaxat eremi nomine permutato. Enimvero et monachis et laicis introire volentibus, omnia dura et aspera proponuntur: videlicet extremitas, vel etiam nuditas vestium, penuria ciborum, propriæ voluntatis aversio, durissimæ correptionis asperitas, contumeliæ, reprehensionum, laboris, et assiduæ fatigationis instantia. Hæc, et hujusmodi multa, quæ nimirum nos idcirco prosequi, et enumerare negligimus, quia hæc eadem in monasteriis fieri regulari traditione meminimus.

CAPUT VIII.
De panis mensura, et spiritualibus exercitiis.

Panis autem eadem in eremo, quæ et in monasterio est mensura, hac tamen discretione servata, ut in diebus quidem refectionis sive singulæ, sive binæ, si totum vult frater comedere, reprehensioni non cogitur subjacere. In diebus vero jejunii, quia unusquisque frater lances habet in cella, illis semper librat, quod sibimet cœnaturus apponat. Mensura autem illa hunc habet modum, ut superaddito quadræ dimidio dimidium buccellæ totius appendat: quadra videlicet remanente integra semis. Et ut nulla dubietas super hujusmodi mensura remaneat, novem ornicum, vel tria anserum ova libratis lancibus tantumdem pensant. Et de jejuniis quidem, et de mensura ciborum ista sufficiant.

In cæteris autem spiritualis exercitii studiis, quæ sit hic continui fervoris instantia, quæ sollicitudo, quam vigil et operosa frequentia, timeo scribere; ne et meipsum forsitan eis cohabitantem, etsi non cooperantem, vana videar elatione jactare. Hoc tantum mihi dicere liceat, quia non parva hic diligentia est in flexionibus genuum, in disciplinis scoparum, et in cæteris hujusmodi : quæ nimirum, frater charissime, quia eorumdem hæc satagentium vivis vocibus clarius potes addiscere, non expedit hic omnia litteris adnotare.

CAPUT IX.
De psalmodia.

De psalmodia vero hæc consuetudo est, ut cum duo simul commorantur in cella, duo persolvant in die Psalteria; unum pro vivis, alterum pro defunctis. Et illud quidem quod est vivorum, cum illis dicitur additamentis, quæ B. Romualdus apponit, quæ etiam nos non gravemur inserere; ne nos conqueratur forte novitius, quæ sibi magnopere noscenda sunt, præterisse. Decursis plane quinque psalmis, protinus subinfertur : *Gloria tibi, Trinitas, æqualis una Deitas, et ante omne sæculum, et nunc et in perpetuum. Orate pro nobis, omnes sancti Dei, ut digni efficiamur promissionibus Domini Dei nostri Jesu Christi. Pater noster.* His expletis, mox subditur : « *Adjutorium nostrum in nomine Domini, qui fecit cœlum et terram* (Psal. cxxiii). » Et evolutis aliis quinque psalmis, tunc dicitur : *Te Deum Patrem ingenitum, te Spiritum sanctum paracletum, sanctam et individuam Trinitatem, toto corde et ore confitemur, laudamus, atque benedicimus, tibi gloria in sæcula. Amen.* « *Domine Deus, in adjutorium meum intende, Domine, ad adjuvandum me festina. Confundantur, et revereantur inimici mei, qui quærunt animam meam. Adjutor meus, et liberator meus esto, Domine, ne tardaveris* (Psal. lxix). » *Gloria Patri, et Filio, et Spiritui sancto.* Quo finito rursus dicitur : *Adjutorium nostrum in nomine Domini.* Hæc igitur per quinquenos psalmos alternatim semper adduntur, donec Psalterium cum tribus Dominicalibus, nec non et totius hebdomadæ canticis expleatur. Illis etiam non neglectis, quæ in fine Psalterii videntur adjecta, videlicet, *Te Deum laudamus; Nunc dimittis, Domine, servum tuum;* duobus symbolis; *Gloria in excelsis Deo; Pater noster,* cum fide catholica ; postremo litaniæ cum orationibus hæc omnia consueto fine concludunt. Psalterium vero pro defunctis cum novem lectionibus dicitur, tribus nimirum per quinquagenos psalmos : qui autem solus moratur frater, Psalterium quidem vivorum totum per singulos dies adimplet; defunctorum autem sive medium, sive totum, juxta quod virium possibilitas administrat. Horarum autem psalmodia canonica omnino sicut in monasterio, ita hic per ordinem nihilominus tota persolvitur.

CAPUT X.
De silentii rigore.

Hoc autem inter cætera prætermittendum non est, quia in cellulis continuum tenetur, sicut revera in oratorio, ex more silentium : nec permittitur, ut illic alter alterum vel pro confessione loquatur, excepto si priori visum fuerit, ut novitiis, eorumque institutoribus ad tempus aliquantulum loquendi licentia concedatur. Si quid autem loqui indiget, ad Ecclesiam prodeuntes, quæque sunt necessaria, manifestant. Est enim revera, ut experimento cognovimus, animarum magna destructio, ubi passim fieri colloquium in cella permittitur. Nam dum infirmi quique fratres, qui sub confessionis specie se invicem visitant, breviter explent quod cœperant, ad alia se mox frivola et otiosa, data semel procaci linguæ libertate dilatant : et obliti repente quare convenerint, mox fratribus suis, vel etiam prioribus detrahunt; et quos amare sinceriter, et pure debuerant, dente, ut ita loquar, livido mordaciter rodunt. Deinde ad sæcularia transeunt, et quidquid est, quod in urbibus agitur, de eo in cellula disputatur. Necdum id ad aures vulgi fama pertulit, unde plerumque montium jam secreta complevit. Adde, quod absentibus arbitris, quanto reprehensionis securiores sunt, tanto, quidquid linguæ confluxerint, liberius fundunt. Sicque fit, ut qui purgandi sese causa convenerant, cumulato linguæ contagio a se invicem sordidiores abscindant.

CAPUT XI.
De monasticæ institutionis observatione.

Illud etiam non minima pars pœnitentiæ est, quod omni tempore sive æstate, sive hieme non calceis, non ocreis utuntur in cellulis; sed nudis semper cruribus, et pedibus consuetudo est permanere, exceptis his, qui graviori molestia infirmitatis urgentur. Regulare autem est monasteriis (S. Bened. *Reg.* cap. 51), ut ii, qui in viam diriguntur, foris non comedant, et eo die sperant reverti. Cui videlicet observantiæ illud etiam apud nos additur, ut sive ipso, sive alio die fuerit quis egressus, exceptis præcipuis festivitatibus, jejunus semper ad eremum revertatur : sin alias pœnitentia non deerit.

De cæteris vero monasticæ institutionis observationibus, quidquid in regulari et districto monasterio tenetur, idem etiam hic caute et solerter nihilominus custoditur : videlicet de promptissima obedientia, ut quodcunque præcipitur, humiliter et ferventissime peragatur; de non dando, vel accipiendo sine jussione prioris, de proprio non habendo; ut dum sunt in claustro, quod est juxta ecclesiam, sive in festis diebus, sive omnibus incompetentibus horis silentium teneant; ut in capitulo, in oratorio, in refectorio regularem consuetudinem non postponant; ut cum hospitibus non loquantur ; atque ideo a cellulis usque ad ecclesiam sive venientes, sive redeuntes, a censura silentii non recedant (S. BENED. Reg. cap. 5, 53, 54; 5, 55, 42, 52 et 53) : enumerare postponimus, quia laciniosi styli fastidium devitamus.

CAPUT XII.
De pietate erga defunctos.

Illud etiam silentio præteriri dignum esse non ducimus, quia cum frater quispiam ex nostris obierit, qui videlicet nobiscum degunt, pro eo unusquisque septem dies jejunat, septem disciplinas cum millenis scoparum ictibus accipit, septingentas metanœas facit, triginta insuper Psalteria ex more decantat, et unusquisque sacerdos septem missas illi pro sua persona persolvit, salvo eo, quod continuis quoque triginta diebus pro eo missarum solemnia in conventu communiter celebrantur. Hæc igitur hujus loci regula nulla voti varietate postponitur; hæc consuetudo circa defunctos districta prorsus, et inviolabili semper observatione tenetur.

Si autem quis fortasse novitius, vel quolibet modo injunctam pœnitentiam morte præventus consummare non potuit, mox ut ad fratrum notitiam res patefacta pervenerit, cum magno fervore tota pœnitentia, parili facta inter eos divisione suscipitur : et quantalibet sit, brevi spatio per diversos afflictionis modos ovanter expletur. Pauca igitur de ea, quæ nunc est, hujus eremi conversatione sufficiant : ut per hæc, quæ breviter adnotantur, valeat colligi quid ex his, quæ silentio prætermissa sunt, debeat æstimari.

CAPUT XIII.
Adhortatio.

Hæc itaque, dilectissime fili, quæ de fratrum nostrorum tibi conversatione protulimus, diligenter intuenda præ oculis pone; vires etiam tuas velut in statera districtæ examinationis appende : ut sive subsidas, sive magis emineas, dum triti metam jugiter contemplaris itineris, per anfractuum diverticula prorsus oberrare non possis. Nam et pictor imaginem compilationis gratia sibimet pro scheda compilationis sibimet pro scheda constituit, qui tamen ad mensuram tabulæ, quæ versatur in manibus, omnia redigit, et huic coaptata mutuati operis libramenta componit Tu etiam nihilominus juxta modum virium, quem tibi cœlestium charismatum Largitor infuderit, hæc tibi sic in exercitium arripe, ut noveris, quantum cogaris ex necessitate minuere, vel quantum hæc in te per accessum gratiæ possis augere. Nonnulli nempe totam hebdomadam jejunando facile transigunt, quidam vero etiam bidui jejunium molestissime ferunt : sed in his exhibendis non dispar meritum uterque sortitur, et robustus videlicet, qui fortia peragit ; et debilis, qui ea, quæ prævalet, minima non relinquit.

Quapropter difficile est definitivam communemque regulam super jejuniis constituere, ne cogere videamur vel fortiores a sua perfectione languescere, vel debiles viribus suis majora tentare : *Unusquisque* enim *proprium donum habet ex Deo, alius sic; alius autem sic.* Nam et apud antiquos Patres nostros, plerosque legimus exstitisse, qui etiam simul in communi congregatione viventes, non communem vivendi regulam tenuerunt. Vires ergo suas unusquisque considerans, non semetipsum inaniter fallat : non se simulata debilitate decipiat : sed prout viderit se posse, sub sobrietatis legibus, et abstinentiæ se rigore constringat.

CAPUT XIV.
De iis qui arctiori vivendi genere se obstrinxerunt.

Porro et inter nos quoque nonnulli fratres sunt, qui longe alia, quam hic scriptum est, via conversationis incedunt, et arctiori se non minimum vivendi lege constringunt. Alii siquidem nullo unquam tempore vinum bibunt, vel acetum quomodolibet hauriunt : alii vero ovis, lacte simul et caseo, suina quoque pinguedine non vescuntur ; plerique mattarum velut mollia strata despiciunt, et papyrinis ad quiescendum contenti sunt storeis, ita ut palearum quoque stramenta subjici prorsus abhorreant : alii asperrima quæque cilicia tanquam mollia, ac delicata indumenta contemnunt, et loricis ad carnem ferreis induuntur. Non deest, qui totius anni tempore per singulos non modo communes, sed etiam festivos, atque Dominicos dies, dimidio sit pane contentus. Hic idem frater per integrum et dimidium circiter annum quinque diebus hebdomadæ cibum non tetigit, solis autem Dominica, et quinta feria comedere contentus fuit. Nunc etiam Dominicis diebus, et quinta feria post horam videlicet nonam sic uno pulmento reficitur, ut secundum prorsus ignoret.

Est etiam qui continentiæ et sobrietatis amore non modo pomis, sed et cæpis et porris, cunctis videlicet herbarum acruminibus se decreverit abstinere. Et qui utroque quadragesimali tempore singulis quibusque diebus, alliis geminato pugillo ciceris vivat, quinta vero feria semper, tertia autem raro panem solummodo comedat. Hic etiam lumbos suos ferrea semper catena circumdat, ne quando modum sobriæ refectionis excedat.

Confessus est mihi quidam ex senioribus nostris, quia cum solus in cella comederet, non sibi juxta pruritum famis alimenta citius indulgeret, sed remorando, ac protrahendo, raro videlicet, atque minutius micas potius quam frustra panis in os mitteret, et sic se inter ipsa corporis alimenta durius per inopiam cruciaret : ut ipse etiam cibus non tam resolveret quam puniret, et refectio potius V. eretur esse decenda defectio, dum non delectando reficeret, sed affligendo potius castigaret. Corripui adolescentem nostrum indolis adhuc ephebæ, acriori insuper verbere castigavi, quia cantabricii panis quadra vivebat in die, et ita vix demum, ut ad medium usque relaxaretur, obtinui; qui nimirum tunc ferrea loricatus interula a Dominico die usque in quintam feriam nullum penitus cibum sumpserat, tribus vero reliquis hebdomadæ die us solo pane vivebat. Habemus inter nos fratrem adhuc et ætate juvenculum, et conversione novitium, qui totum implere Psalterium extensis in altum brachiis consuevit; per quinquagenos videlicet psalmos brachia fatigata deponens, sed antequam vel unum productiorem psalmum decurrere valeat, iterum subrigens. Habemus et alium incurvum jam senem, qui duo Psalteria sub una brachiorum extensione decantat: unum videlicet cum canticis et litaniis, multisque orationibus; alterum vero pro defunctis cum novem lectionibus.

Dicam, sed quis sciat, utrum fidei assertioni fidelissimæ præbeatur? Sed parvipendendum est, si humana temeritas arguat, quem summa Veritas falsitatis excusat. Idem senex, Dominicus nomine, nonnunquam uno die continuato cum nocte, novem Psalteria meditando decurrit, et interim pene semper utraque manu scopis armata nudum corpus afficit. Notandum autem, quia dum peragere satagit, nocte, vel die sibi dormire non vacat, sed aliquando genua flectens, dum caput terræ deponit, sic nudo repente somnus obrepit, quo videlicet solo contentus est. Hic mihi aliquando fraterna familiaritate conquestus est, quia cum novem sic Psalteria sæpe modulando perficeret, ad decimum nunquam potuerit pervenire. Novi fratrem, qui se fateretur toties psallendo genua flectere, quot in se versus totum Psalterium contineret.; cum videlicet Psalterium quatuor fere millia versuum habere dicatur, sicut asserunt qui supputandis operam dederunt.

Sed et hæc prolixius idcirco non prosequor, quia et eos, de quibus loquor, offendere timeo: et illis cohabitare, quibus non cooperor, aliorumque narrare fervorem frigidus erubesco. Dignum autem credo robustis ac perfectioribus viris ista relinquere: sed et hæc ipsa mitiora quæ superius scripta sunt, aliquantisper sub modesto discretionis libramine temperare; ut dum valentiores quique per altum virtutum pelagum citato fervent remigio currere, imbecilles etiam littoris vicina secantes, non compellantur hærenti lembo in arenosis syrtibus remanere.

CAPUT XV.
De eremitarum jejunio.

Verumtamen ne quod scribimus, prorsus a regulæ solutum lege nutare videatur, credimus unumquemque fratrem in cellula commorantem, nisi omnino ægrotus sit, ita ut decumbat quidem in lectulo, toto anni tempore, sive æstate videlicet, sive hieme, tribus per hebdomadam diebus jejunare in pane et aqua cum Dei adjutorio facillime posse: et quoniam Sabbato jejunare etiam canonicæ traditionis authenticum est, non grave videatur fratri etiam Sabbato refectionem ad nonam horam usque differre; ut semel quidem ipso die reficiatur, sed tamen vinum atque pulmentum percipere ex hujus nostræ institutionis indulgentia non vetetur. Et hoc quidem æstate. Nam ab Idibus Septembris usque ad Paschale gaudium, quatuor per hebdomadam diebus noverit jejunandum: sed etsi aliquando tanta debilitas acciderit, hiberno etiam tempore die Sabbati aut leguminibus infusis, aut herbarum radicibus, sive etiam pomis solitum licebit aliquantisper temperare jejunium. Ita tamen ut si unum quodlibet horum sumat, aliud, nisi veræ necessitatis causa dictaverit, non adjiciat. Postremo tamen propter pusillanimes, si hic necessitas omnino poposcerit, quæ fieri permissa est in æstate, eadem Sabbatorum discretio servetur in hieme.

De festivitatibus quoque, quæ hiemali tempore celebrantur, in quibus nos asseruimus semel in die solere comedere, liceat geminare cibum, sicut mos est cœnobitarum. Porro in duabus quadragesimis, videlicet, quæ Dominicam Nativitatem, Resurrectionemque præcedunt, tertia quidem feria, et quinta pulmentum sumat; Dominicis autem diebus et præcipuis festivitatibus, addita insuper quinta feria, etiam vinum bibat. Pulmento autem uno quadragesimali tempore contenti sint fratres, quando semel reficiunt; quando vero refectionem geminant, alterum prandentes, alterum cœnantes accipiant. Reliquo autem anni tempore duo semper habeant. Dominicis quoque diebus, et majoribus festivitatibus, si facultas affuerit, etiam tertium non negamus.

CAPUT XVI.
Discretio prælati in moderandis subditis.

Discretionem tamen debilium in prioris arbitrio ponimus, nimirum ut ipse possibilitatem uniuscujusque consideret: et prout cuique viderit expedire, pie illis alimenta dispenset. Nam et nos approbamus, quod suis sæpe discipulis B. Romualdus dixisse perhibetur: Dummodo, inquit, frater quilibet cellam non deserat, etiam carnes permittatur ex discretione comedere, si tam inevitabilis videatur necessitas imminere. Addebat insuper: Tale enim propemodum est de eremo ad monasterium reverti, quale de monasteriali ordine ad sæculum asportari. Unde necesse est, ut quicunque eremiticæ præest fraternitati, robur cujusque diligenter examinet, et juxta virium facultatem necessaria subministret. Et quidem si omnes sub unius regulæ mensura vivere prævalent, optimum est; alioquin si unus, aut fortasse plures indigent, quod ii, qui incolumes sunt necesse non habent, clam videlicet, et occulte, sic infirmis pia exhibeatur humanitas, ut valentes sine invidiæ stimulo in sui rigoris permaneant disciplina.

Neque enim necesse est, quod uni casus irrogat, illico regulare omnibus fiat: cum et idem frater, qui hodie subveniri sibi per humanitatem postulat, secunda fortassis confortatus hebdomada, ejusdem humanitatis impendia non requirat. Nam et idem B. Romualdus, ut sui consueverunt referre discipuli, sic' æstivi temporis hebdomadas alternabat, ut una quidem a Dominica in Dominicam in pane et aqua jejunando transigeret; alterius vero hebdomadæ pulmentum quinta feria manducaret. De conversis quoque quantum jejunent, ejusdem prioris provideat diligentia.

CAPUT XVII.
De somni ratione.

De somno quoque non tam dura quibusdam districtio quam modesta discretio necessaria est. Melius quippe est somnum carni temperata quadam dispensatione concedere, et ferventer postmodum in Dei laudibus excubare, quam summotenus soporatum dissolutis tota die labiis oscitare. Enimvero nuperrimis etiam prædecessoribus nostris consuetudo non erat, ut aliquo tempore dormirent in die; nos autem æstivis diebus dormimus quidem, sed ut indubitanter experti sumus, quidquid provectus in die dormientes amittimus, hoc et maturius nocte surgentes, et expeditius divinis insistentes obsequiis compensamus.

Notandum autem, quia ante nocturnæ synaxis officium, si vel profundior adhuc nox, vel quolibet modo graves videntur esse vigiliæ, repetere accubitum licet: post nocturnum autem omnino non licet. Unde nos, ut hæc regularis observantia posset facilius custodiri, hoc instituimus, ut quotidie signum primitus ad vigilias sonet, deinde expleto ex more Psalterio, vel quantum ratio temporis considerata permittit, sonante iterum signo, nocturnale peragatur officium: ut juxta diluculum, quo videlicet tempore gravius incumbit accidia, stantes nos et canonicis inveniat occupatos officiis. Absit enim tunc nos sopori vel ignaviæ cedere, qua videlicet hora constat Redemptorem nostrum destructo mortis imperio surrexisse; ne si tunc dormiamus, quando oriente sole corporeo, etiam interior noster homo lucem debet inoccidunam exspectare, quod absit, irrisio nobis videatur illa congruere: « Discipuli ejus nocte venerunt, et nobis dormientibus, furati sunt cum (*Matth.* XXVIII). »

Cavendum est autem, ne somno quis vel ad momentum quidem incompetentibus horis assentiat. Nam si sedenti quidem, vel etiam stanti frequenter obrepserit, postmodum cum dormire voluerit, ab ejus oculis sopor abscedit. Sic nimirum dormitatio vigiliam, et vigilia dormitationem parit: cum et qui dormitat, invitus postmodum vigilet, et rursus qui diutius vigilat, ex necessitate dormiet. Cui similem etiam indiscrete comedentibus sæpe contigit. Hinc namque est, quod nonnulli ridicule delirantes, superfluo conqueruntur se cœnare non posse, quod certe ex immoderati ingluvie prandii manifestum est provenire. Nam si frugalitatis metam in prandio non excederent, vespertinam mensam non tantopere fastidirent. Ut ergo cœnare quis valeat, ac mox quiescenti sopor incumbat, et sobrie prandeat, et dormitationis ignaviam non admittat. Nonnulli autem, quod prætereundum non est, ut nocte securius dormiant, et usque ad satietatem longis profundi soporis stertitionibus intumescant, dum adhuc dies est, psalmodiam anticipare festinant: quibus nimirum districte prohibendum est, ne antequam suo tempore Completorium dicant, psalmos incipiant.

CAPUT XVIII.
De psalmodia privata ac publica, nec non aliis eremitarum exercitiis.

Psalterium autem unusquisque frater quotidie unum decantet, si vero pro defunctis vult addere vel totum Psalterium, vel medium, sive saltem tertiam partem, aut ex toto dimittere, ejusdem fratris relinquatur arbitrio; dum tamen meminerit omnem psalmodiæ ordinem, viventium scilicet et mortuorum, sicut in monasteriis actitatur, explere. Quatuor autem illis diebus, quibus jejunandum esse censuimus, silentium teneant, nisi forte necessitas superveniens aliter imperaverit. In ipsis autem cellulis nunquam loquantur alicui, nisi forte aut omnino morentur inclusi, aut etiam sint juxta monasterium constituti. Sed nec alium cum alio fratre sive de proprio conventu, sive cum extraneo præsumat aliquando simul in cella comedere, vel ad comedendum alios invitare, ubi nimirum non licet etiam confessionem cum alio fratre verbis vulgaribus agere.

Si duo simul fratres in cella cohabitant, unus semper præsit, et alter obediat, juxta communis videlicet prioris imperium: quod si uterlibet eorum novitius est, semel, aut bis in hebdomada post vesperam colloquendi licentiam habeant: at' postquam novitius esse desierit, a mutua deinceps collocutione cessabunt. A cellulis venientes, vel ad easdem redeuntes, sicut superius dictum est, semper silentium teneant. Cum signum sonuerit ad congregandos fratres, quicunque intellexerit, non habeat licentiam, dum se præparat, remorandi in cellula, ultra quam quinque psalmos valeat decantare.

Caveat autem utilis frater, ne res suis necessitatibus deputatas, seu quælibet utensilia deterere præsumat, vel incaute tractare: utpote vestes, ferramenta, vasa, vel his similia. Præsertim libros sanctos ita custodiat, ut nunquam manum super litteras teneat, nunquam fumo nigrescere, vel ignis odorem [*f.* ardorem] permittat. Ponat autem juxta se quæque sibi sunt familiarius necessaria, ut cum usum horum necessitas postulat, ipse ad exhibendum sibi frequentius surgat. Tantopere quippe vagatio est vitanda, ut nec per ipsam cellulam spatiari inaniter liceat. Porro si voluerit, calceis utatur in cellula.

Super metanœis vero disciplinis atque palmatis, sive etiam brachiis extendendis in orationibus, cæterisque sancti fervoris exercitiis, nulla fratrem lege constringimus, quin potius suæ committenda provisionis arbitrio judicamus. Sunt enim quibus horum aliqua non conveniunt, atque ideo tutum videtur, atque liberius, ut in talibus magis optio proponatur, quam definitiva regulæ sententia præscribatur. Radant autem caput per menses singulos, exceptis quadragesimis duabus, quæ nimirum sine lavacro capitum transigendæ sunt. Balneis vero si fuerint incolumes, non utantur. Hæc itaque nos remoto omni austeritatis rigore, ideo sub tam modestæ discretionis libramine constituimus, ut frater, qui de sua est salute sollicitus, institutionem salutiferam non abhorreat: et tamen si hæc fecerit plenissime de omnipotentis Dei miseratione confidat. Verumtamen hæc regula post nostrum teneat obitum: nam dum vivimus, assuetum minui, Deo largiente, non patimur institutum.

Illud plane summopere est cavendum, ne sub colore quis eremiticæ vitæ jugum detrectet obedientiæ, imo tanto se arctiori obedientiæ lege constringat, quanto hanc institutionem superexcedere cœnobitarum regulam non ignorat. Sæpe enim frater de cella ad cellam jubetur habitaturus abscedere, nec aliquod utensilium, quæ suo etiam ipse labore paraverat, permittitur asportare. Sæpe optantes in remotione quiescere, ad peragendum opus compelluntur exire. Aliquando claves cellarum foribus subtrahuntur, et quam longo tempore nisi per singulos dies Dominicos non redduntur. Aliquando districtam sibi victus continentiam indicentes coguntur remissius vivere; volentesque reficere, compelluntur e contrario jejunare. Sæpe post sagmarios frater procul ire præcipitur: sæpe distrahendi vel coemendi gratia ad nundinas destinatur. Sed hæc et alia quæcunque a priore mandantur, ita patienter, et humiliter sunt servanda, ac si fuerint divinitus imperata. Obedientia quippe et bona nostra commendat et negligentiæ offensas excusat.

Ut ergo nostra sit remotio vel afflictio fructuosa, salutiferæ sit semper obedientiæ sale condita: et quoscunque boni operis vita nostra ramos expandat, in radice semper obedientiæ necesse est coalescat. Enimvero nos omnia hujus institutionis præcepta minutius non describimus, sed multa quæ et passim nobis occurrunt, ex studio præterimus. Quidquid enim in B. Benedicti Regula, quidquid in institutis, sive in collationibus Patrum est dictum, huic competere disciplinæ perpendimus; tamen in unum hic cuncta colligere superfluum judicamus. Huc accedit quod ipsa cellula, et diuturna conversatio perseverantem efficaciter instruit, et per processum temporis rebus aperit quod verbis perstrepentibus explicare carnis lingua non possit. Unde nos ex pluribus pauca, eademque breviter perstringendo transcurrimus, majoremque hujus sanctæ disciplinæ peritiam ipsi potissimum cellulæ reservamus. Perseveret enim tantummodo frater in cella; illa habitatorem suum omnem vivendi ordinem plenius edocebit.

CAPUT XIX.
De cogitationibus vanis et nocuis non suscipiendis, vel expellendis.

Nunc autem ex his quæ versantur in mente, pro styli compendio breviter disputemus; ut in spirituali certamine dimicantem adversus cogitationes proprias, et pugnas diversas quasi quibusdam telis insuperabilibus instruamus. In primis igitur, fili, quicunque manus ad confligendum paras cum invisibili hoste conserere, satage mentem tuam ab omni suggestionum obrepentium impetu pervigili custodia communire: et sicut quisquilias, et quæque purgamenta, quæ de operibus manuum tuarum decidunt, in ignem protinus abjicis; ita nihilominus cogitationum tuarum motus in Deum projice. Et quoniam ipse ignis consumens est, illi superflua cordis tui ad consumendum trade; memorans illud apostolicum: « Omnem sollicitudinem vestram projicientes in eum, quoniam ipsi est cura de vobis (*Hebr.* XII; *I Petr.* V). » Et Propheta: « Jacta, inquit, cogitatum tuum in Domino, et ipse te enutriet (*Psal.* LIV). » Unum quippe viriliter decertanti e duobus deesse non poterit: ut videlicet suggestionibus, aut ingredi tentantibus vigil semper obsistas, aut ingressas eliminare contendas. Sed facilius est hostiles impetus in vestibulo frangere, quam admissos extra mœnia propulsare: tutius est arcere præ foribus, quam laribus intromissos in terga compellere.

Pone itaque tentationem quasi serpentem. Serpens nempe si ab ipso aditu præsto repellitur, salva sunt omnia: nil omnino corrumpitur, nil eorum, quæ intus sunt, inquinatur. Si autem semel fuerit admissus, tametsi quavis instantia postmodum cogatur abscedere, de veneno tamen ejus, vel squammis necesse erit aliquid vel perexiguum remanere. Ergo sollicitus esto semper, ut tentationi principio nascenti velut armatus, et expeditus occurras (*II Cor.* X): et parvulos orientium cogitationum motus ad petram, qui est Christus, allidas. Crede frequenter experto, sæpe certe tentationem quasi deliberantes admittimus, nobiscum videlicet primitus paciscentes, quod eam quantocius egeremus: sed licet suggestionem illam postmodum per egressum confessionis emittimus, licet pœnitentiæ nosmetipsos afflictione punimus, nescio quo pacto quibusdam pollutionis exclusæ reliquiis diu post carere non possumus; et justo judicio, qui prius volentes vano phantasmate jactabamur, nolentes postmodum acrioribus mordacis conscientiæ stimulis pungimur.

CAPUT XX.
De gulæ illecebris fugiendis.

Et quia prima omnium gula adversus insipientes illecebrarum suarum consuevit arma vibrare, adversus hanc bestiam et ipse fervidus irrue, continentiæ te telis accinge. Suadet illa ut modum refectionis excedas; tu tui corporis frenum tenens ad satietatem nunquam pervenias: suggerit forte lautiores cibos appetere; tu post peractum munus, quo cibi reponantur, attende. Si enim digne perpendimus, ejusdem fere vesaniæ est esculentiores epulas inhiare, et anitergia cum eisdem in cuniculos mergenda depingere : æque nimirum ambitio utraque ridenda est : quia sicut egestionum sordes melius pictura non tergit; ita etiam venter hominis suaves cibos a grossioribus non discernit. Porro autem fauces, et gula callent quidem suavitatem ciborum, sed ea diutius perfrui nequeunt, quia ventri protinus quæque dentibus atrita transmittunt. Sic itaque alternis vicibus et gula, cui cibi sapiunt, ab eis in momento deseritur: et ventri non sapiunt, a quo diutius servantur. Explorat autem diabolus quid nos ad vescendum suavius judicemus : hoc igitur oblato, suadet tenaciam, ut exacuat gulam : nimirum dum hoc nulli dare disponimus, et tempus edendi congruum exspectamus, interim mens nostra crapulæ sit meditatorium, et male exundans lebes escarum.

Ut ergo materiam hujus vexationis amittas, projice quod male servatur : et protinus mens libera, deposito omni quo premebatur, erigitur. Quidam vero cum lautiores cibos non appetant, obtentu tamen levati, levandive jejunii refectionis frenum præcipiti libertate relaxant. Sed certum est, quia ciborum illa immoderata perceptio, corpus non tam viribus roborat, quam mole gravat, sensum obtundit, torporem ingerit, somnolentiam parit; et dum utique ventositatem frequenter efflare compellitur, cor fixum in oratione vel psalmodia tenere, tumor, vel, ut ita fatear, languor incolumis necessario prohibetur. Si itaque vires insumendis alimentis exspectas, nunquam modum temperatæ sobrietatis excedas : quia, quod salubre est corpori, constat etiam corporali amicum inesse virtuti.

CAPUT XXI.
De vestium paupertate, et vilitate amanda.

Vestibus quoque vilibus et paucis esto contentus. Assuesce igitur, ut levi ac perexiguo semper induaris amictu. Quod quidem in initio non sine labore fit, sed procedente consuetudine, dum quasi in naturam vertitur, incommoditas frigoris facile mitigatur. Porro extremitas vestium, ciborumque penuria omnem avaritiam de corde monachi prorsus expellit. Ad quid enim mihi concupiscere quod nec alimentis, nec indumentis accrescat? Igitur et nuditatem pedum, et exiguitatem vestium, lecti duritiam, ciborum asperitatem, 348 aquæ potum, percipiendo pulmentum, et cætera hujusmodi, incipientes quidem non sine quadam formidine perhorrescimus ; perseverantes autem, et longanimiter insistentes, facilia prorsus, et tolerabilia deputamus. Asperitatem quippe frequentia mitigat, rigorem consuetudo commendat.

CAPUT XXII.
De nihil pro certo definiendo, et de cogitationibus discernendis.

Hanc etiam tibimet indicere consuetudinem non graveris, ut aggressurum te aliquid, facturumve nunquam pro certo definias : sed potius, si Deo placere cognoveris, cum quadam videlicet conditione disponas, omnemque voluntatem tuam a Dei voluntate suspendas. Sic itaque ad agendum aliquid extrinsecus satage, ut supernæ dispositionis arbitrium assidue versetur in mente : quatenus si conatus tuus obviante cujuslibet difficultatis obstaculo frangitur, mens tua protinus ad divinæ providentiæ judicium revertatur. Inter fluctuantes plane cogitationum inundantium impetus, mentem tuam quasi rete constitue : quæ videlicet recta consilia, velut pisces, contineat; et vanas cogitationes effluere, atque elabi, velut repentia quæque abominanda permittat. Discerne cogitationes, et non solum quæ ad mentem veniant, sed etiam unde veniant, vigilanter attende. Animadverte quod loquor ; sæpe namque malignus hostis præterita peccata ad mentem revocat, ut eisdem rursum illecebris delecteris : sæpe divinus Spiritus idipsum facit, ut in fletibus compungaris ; et cum una eademque ad diversos exitus tendat, plerumque mens improvida, quid circa se agatur ignorat. Sæpe a bono spiritu bona cogitatio peragendæ videlicet pietatis immittitur, cujus se auctorem callidus insidiator astuta persuasione mentitur ; ne scilicet bonum fiat, quod decepta mens ab adversario suggestum putat. Sæpe dum psallimus, tanquam officiosis cogitationibus a diabolo vehementius oppugnamur; ut dum mens nostra quasi pium quid cogitare se considerat, ab intelligendo, quod psallit, oculos licenter avertat.

Porro dum psallimus, Deo nostro sacrificium laudis offerimus. Sed huic sacrificio pestilentes spiritus, velut harpyiæ circumvolant, et pravas ingerendo cogitationes tanquam injectis illuc quibusdam stercoribus fœdant: aut certe omnino diripiunt, si tentationibus nos infestando, ab oratione compescunt. Sed sicut sacrificia placare Deum, si nobis rapta sunt, nequeunt ; ita et quæ fuerint inquinata, auctori munditiæ placere non possunt. Unde pari modo cavendum est, ne vel nos acquiescamus in tentatione deficere, vel hostis insiliens sacrificium nostrum cogitationis fœdæ contagione valeat inquinare. Sive autem Scripturarum meditationi deditus, sive operi cuipiam sis intentus, frequenter ad orationem recurre, et terræ prostrato corpore, mentem ad cœlum erige. Quo fit, ut et cor tentatio deserat, et ab oculis acedia diu sedentibus importuna discedat : verum 349 noli diu prostratus jacere, quia tunc diabolus, tanquam et ipsa mens jaceat, ad tentandum acrius infestare festinat, et mista somno cogitationum phantasmata subministrat. Quotiescunque enim occultus hostis dormitantis oculos palpitare conspexerit, mox tædioso cordi jaculum pravæ cogitationis infigit. Quia tunc videlicet opportunum nocendi locum callidus insidiator invenit, cum mentem nostram a custodiæ suæ circumspectione languescere per oculi exterioris indicium deprehendit. Sæpe manus ad orationem in modum signi salutaris extende, ut dum crucis imaginem conaris exprimere merito apud Crucifixum veniam debeas facilius impetrare.

CAPUT XXIII.
Contra omnes tentationes, mortis sepulturæque memoriam multum prodesse.

In omni autem titillantis pugnæ certamine, sepulcrum stude semper ad memoriam revocare. Ira fortassis efferet animum, dirige protinus oculos ad sepulcrum; mox enim omnis amaritudo deponitur, dum quo furor humanus vergat, mens provida contemplatur. Superbiæ spiritus inflat, sepulcrum ad mentem redeat; necessario etiam illic rigidæ cervicis tumorem premimus: ubi cinerem nos procul dubio pulveremque pensamus. Quid superbis, terra et cinis? invidiæ faces inflammant, et ad sepulcrum respice; et disce, quia qui tam cito ab hac vita discedimus, frustra bona temporalia aliis invidemus. Incentiva libidinis æstuant, sepulcrum doceat quam velociter humani corporis viror arescat, et quam superfluo voluptuosum corruptibili carni cubile substernitur, quam videlicet horrendæ domus requies in proximo præstolatur.

Gulæ pruritus illecebrat, sepulcro protinus ad mentem reducto, considera: quia dum carnem nostram delicate, vel tenere fovendo distendimus, cibum procul dubio vermium saginamus: eoque fit, ut quo plura comedimus, a pluribus comedamur: dumque ventrem molliter alimus, ingratis convivis pinguia alimenta nutrimus.

Avaritiæ stimulus incitat, ad sepulcrum præsto semper recurre, ibique condisce, quia mortalitatis ejus incassum stipendia plura congerimus, qui iter ipsum quod pergimus, tam brevi spatio terminamus. Accedia te, vel somnolentia deprimit, sepulcrum te doceat pro æternis nunc præmiis vigilare, in quo videlicet, te necesse est diutissime sine ulla postmodum remuneratione quiescere, quatenus qui æternam requiem gaudii cœlestis exspectas alacriter, nunc cum propriæ torpore desidiæ, momentaneo labore confligas.

Vestium te nitor oblectat, ad sepulcrum recurre, atque perpende, quam vesane desipiant, qui exornare vile pulvisculum vestibus ambitiosis anhelant: qui nimirum idcirco lutum auro contegunt, sordibus munditias superponunt: quia quæ vera sunt ornamenta interioris hominis non intelligunt. Vana gloria fortassis elevare te nititur, ad sepulcrum respice, et quo fine omnis 350 humana gloria claudatur, attende: « Omnis enim caro fenum, et omnis gloria ejus, quasi flos feni (*Isa.* iv). » Prurit lingua per ventosa, sive scurrilia verba diffluere, sepulcrum ad mentem redeat, et sicut a criminosa, sic etiam ab otiosa te, vel jocosa nihilominus loquacitate compescat. Illic nimirum perite valebis addiscere, quam districte nos expediat a cunctis hujus vitæ vanitatibus declinare: et ne plura enumerando te diutius protraham, in omni pugnæ surgentis articulo hæc te sollicitudo non deserat, ut protinus mentis oculos ad sepulcra contemplanda convertas: quatenus dum te illic immundum abjectumque pulverem esse consideras, cervicem cordis adversus Conditorem in arrogantiam non extollas; dumque te conspicis procul dubio moriturum, jam te pulsantibus vitiis exhibeas velut mortuum. Esto quoque sollicitus, ut cum pravam tibimet cogitationem adesse persenseris, extenso pollice, protinus cor tuum signare festines: quatenus dum in ipsam carnem signum sanctæ crucis imprimitur, continuo interior homo ad dimicandum cum cogitatione perversa totis viribus excitetur. Sicque mens, sublato triumphali vexillo, hostibus suis viriliter obviet: et propriis sedibus, dum adhuc in vestibulo retardatur, exturbet.

CAPUT XXIV.
Quomodo confiteri debeas.

Quod si aliquando consistens in cellula illicitum aliquid cogitando, vel etiam operando, peccaveris, unde te quantumlibet conscientia pavefacta remordeat, non statim confessionis gratia prodeas, vel propositi silentii rigorem frangas; ipsi autem Deo Domino nostro Jesu Christo interim confitere, et futuræ jam confessionis, velut quasdam illi arrhas, in hunc modum trade: « Domine Jesu Christe, æterne Pontifex, et sanctorum minister (*Hebr.* ix), ac veri tabernaculi sacerdos juxta ordinem Melchisedech, qui sanctum et immaculatum proprii corporis tui agnum, hostiam salutarem obtulisti Deo Patri in odorem suavitatis pro peccatis nostris, et sic non sine sanguine semel in anno in Sancta sanctorum intrasti, hoc est in ipsum cœlum, ut appareas vultui Patris, tibi confiteor quia cecidi in hoc peccatum, quod oculos tuæ majestatis latere non potuit. Unde et propter illud, et propter alia innumerabilia, et gravissima peccata mea non sum dignus infelices oculos meos levare ad cœlum, vel ingredi in sanctam Ecclesiam tuam, aut etiam benedictum nomen tuum pollutis labiis meis exprimere. Quapropter lacrymabiliter obsecro immensam clementiam tuam, qui pro peccatoribus mihique similibus mori dignatus es, ut hoc mihi clementer indulgeas, et ad veram fructuosamque pœnitentiam me pervenire concedas. »

Quod si adhuc etiam quæris, quomodo solus ad horam primam, sive completorium debeas confiteri, sic dicito: « Ego miserrimus et infelix confiteor coram Deo, tibi, sancta et gloriosa virgo Maria, et vobis, omnes sancti Dei, mea culpa, peccavi nimis per superbiam, in suggestione, delectatione, consensu, cogitatione, 351 verbis, et opere. Propterea deprecor te, piissima Dei Genitrix, et vos omnes sancti et electi Dei, ut orare dignemini pro me misero peccatore. Intercedentibus vobis omnibus, misereatur mihi omnipotens Deus, dimittat mihi omnia peccata mea, liberet me ab omni malo, conservet, confirmet, corroboret me in omni opere bono, et absolvat me Deus ab omni vinculo delictorum meorum, et perducat me Christus Dei Filius ad vitam æternam. Amen. »

CAPUT XXV.
De his quœ ad levandum pondus eremiticæ austeritatis valent.

Plane omni conatus instantia, summisque viribus enitere, ut ad lacrymarum gratiarum contemplationisque perfectionem possis attingere. Quod nimirum non ad hoc tantummodo proficit, ut in illo beatitudinis regno gradus superior acquiratur : sed ad hoc etiam, ut in hac ipsa vita quam ducis, omnis rigidæ austeritatis horror abscedat ; seseque quidquid districtionis, quidquid afflictionis amarum videbatur, in dulcedinem vertat. Cum videlicet amor timori, libertas successerit servituti, tunc necessitas in voluntatem vertitur, et inenarrabili charitatis incendio suave fit et jucundum quidquid eatenus videbatur asperum et durum. Porro Israeliticus ille populus in vastitate eremi constitutus, cum et in Ægyptum jam redire non posset, et adhuc promissam terram, meritis præpedientibus, non intraret ; laboris et itineris tædium, diverséque necessitatis inopiam coactus est sustinere (*Exod.*). Sic nimirum, sic quisquis tenebrosam mundi hujus jam latitudinem sprevit; sed adhuc tamen ad perfectionis culmen, torporis astrictus ignavia non aspirat : multas ærumnarum, laborumque molestias necesse est perferat : utpote inter utrumque consistens, et mundanæ prosperitatis qualicunque consolatione non utitur, et tamen adhuc supernæ contemplationis lumine perfrui non meretur. A mundo siquidem avertit oculos, quem reliquit ; et lumen necdum valet videre, quod quærit ; non habet jam de sæculari delectatione quod gaudeat, et spiritualem lætitiam non degustat, ad quam videlicet non ingenuo fervore festinat.

Quapropter, aut ad perfectionem totis nisibus elaborandum est, aut multa calamitatum tentationumque tædia perferenda. Durum sane est regalis curiæ militiam sustinere : at postquam gratiam Regis adeptus, ejus cœperis lateri familiarius adhærere, cubiculum frequentius ingredi, astare conspectui, mutua miscere colloquia, privatis interesse consiliis; totus mox ille militiæ labor dulcis, et amœnus efficitur, inquietumque negotium quavis quiete suavius deputatur. Nimirum sine labore laboras, sine molestia satagis, sine vexatione discurris.

Festina ergo vitiorum passiones elidere, ut in cubiculum Regis admissus, ei valeas tanquam domesticus adhærere; et mentis tuæ acies eo liberius in lucis Auctorem intendat, quo tenebrosa phantasmatum, vanarumque cogitationum caligo non obstat. Sæpe autem dum multiplici tentationum obsidione vallamur, divinæ respectu clementiæ repente in contemplationem rapimur. Et sic velut intra diversorium, magnificam Regis gloriam per occultas rimas inspicimus; dum corpore foris posito, ventorum procellas, et pluviarum inundantium turbines sustinemus. Sicque quodammodo solus oculus deliciarum regalium voluptate perfruitur, dum membra cætera flabris et cruciatibus exponuntur. Ut ergo levigetur labor itineris, tendendi sunt oculi ad requiem mansionis. Leve nimirum fit omne quod peragimus; si præ oculis meta semper habetur, ad quam festinamus. Illud quoque ad allevandum districtionis eremiticæ pondus non mediocriter proficit : si cibi parcioris inopiam, et potus ariditatem, aliaque nonnulla carni contraria, sibimet quis ad tempus indicit. Nam cum postmodum ad consueta revertitur, consuetudinis regulam, remissionis lassitudinem arbitratur : et collatione quadam facta, lucrum caro non minimum deputat, his aliquid adjecisse, quibus tunc contenta vivebat.

CAPUT XXVI.
Quomodo lacrymarum gratia possit acquiri.

Sed quia lacrymis insistendum esse docuimus, consequenter etiam quomodo ad ipsam lacrymarum gratiam possit attingi, prout earum largitor infuderit, breviter intimemus. Quisquis ergo non tam arido corde mœrere, quam et lacrymarum inundantia quæris affluere ; non modo te a strepitu negotiorum sæcularium remove, sed a fraterni sæpe colloquii mutua te fabulatione compesce : omnes a te mundanæ actionis curas, et sollicitudines amputa, et eas tanquam ruderum moles, et meatus obstacula ab obstructi fontis spiramine submovere festina. Sicut enim in caverna terræ de abysso veniens aqua colligitur ; sed obicibus oppressa, non effluit ; sic in humano corde considerata profunditate divini judicii tristitia nascitur, quæ tamen per fletum lacrymis erumpentibus non emanat; si terrenorum actuum sufflamen obsistat : tristitia quippe lacrymarum materia est : sed ut hujus fontis possit ubertim vena profluere, satage cuncta negotii sæcularis obstacula removere, et ut quod frequenter expertus sum, non omittam ; ipse quoque spiritualis zelus, disciplina commissorum, correptio delinquentium, sanctæ prædicationis alloquium, hæc, et his similia tametsi sancta sint, et divina prorsus auctoritate mandata, lacrymarum tamen procul dubio noscuntur impedimenta.

Si igitur ad lacrymarum gratiam pia vis intentione pertingere, non solum a terrenis negotiis, sed a quorumdam te aliquando spiritualium exercitiorum executionem compesce. Malitiam quoque, iram et odium, et reliquas vitiorum pestes de antro tui cordis elimina; ne si te accusatrix conscientia forte remordeat, mens tua intimi roris vacuefacta madoribus, ariditate formidinis contabescat, dicente Scriptura : « Arescentibus hominibus præ timore (*Luc.* xxi). » Sanctitatis quippe fiducia, et testis innocentiæ conscientia puram mentem quibusdam cœlestis gratiæ rivulis irrigat, et resolvit in lacrymas, duritiam squalidi cordis emollit, et profluendi meatum fletibus aperit. Sit ergo conscientia tua pura, munda, nitida; sit sincera, azyma, atque ab omni labe nequitiarum spiritualium defæcata : et cum compunctio cordis erumpere properat, obex mordacis conscientiæ non obsistat; neve cor pavidum dignæ formidinis algor obstringat, et lacrymarum aqua yersa in glaciem non currat: quanquam et metus criminum compunctionem aliquando pariat lacrymarum.

Sed aliud est timor servilis, aliud gratia spiritalis, qua videlicet holocausta medullata Deo super aram contriti cordis offerimus: et pingue sacrificium in odorem suavitatis salubriter adolemus. Quæ nimirum sancti Spiritus gratia si defuerit, licet mentem ad supernam gloriam quis sublevare contendat; licet gehennæ supplicia, vel præterita peccata ad memoriam reducat, vel etiam Dominicæ passionis mysteria recolat; propter hæc tamen omnia lacrymæ non erumpunt, cui mentis arcana peccatis exigentibus obdurescunt. Tu autem, sicut prudens et operosus agricola, agrum tuum indesinenter exerce, terram tui cordis, et corporis vomere sanctæ disciplinæ proscinde, glebas duritiæ minutatim contere, vitiorum vepres exstirpare contende; et sic paratus quotidie, tensis in cœlum oculis superni imbris inundantiam præstolare. Nam summus Arbiter, ille videlicet occultus inspector, qui stat post parietem nostrum, « respiciens per fenestram, prospiciens per cancellos (Cant. II); » licet ad tempus aquam provida dispensatione contineat: si te sic solerter agentem, ac vigilem esse conspexerit, agrum in proximo uberibus proprii charismatis imbribus irrigabit; et ita diversis virtutum floribus ager ornabitur: ut qui eatenus squalidus ac sterilis videbatur, jam proventu exuberantium segetum feraciter cumuletur.

CAPUT XXVII.
De perseverando in eo vitæ modo, quem semel quis arripuerit.

Præterea vitæ modum, quem semel arripueris, perseveranter tene, constanter exsequere, ne scenica, quod absit, a temetipso videaris vertigine discrepare. Nolo igitur male volantis Icari sequaris exemplum: qui nimirum dum modo summa penetrat, modo dimissis alis in ima declinat, inconstantiæ suæ diffrenata libertas in hiantis cum pelagi profunda præcipitat, ne forte; quod dicitur, multicolorem te nutans mutabilitas reddat; sed uniformem potius status gravitatis exhibeat. Persevera itaque in eo quod cœperis, et rectam consuetæ vitæ lineam tene; ne te novum semper variatæ vitæ diversitas reddat, sed in sanctæ constantiæ fundamento præfixæ regulæ consuetudo stabiliat; ut diuturnæ consuetudinis usus obdulcet, quod tanquam amarum prorsus, et asperum infirmitas humanæ fragilitatis abhorret. Exhibe te undique virtutum nitore conspicuum, et uniformi, ut ita loquar, veste sanctitatis ornatum, cui videlicet, nullus cujuslibet vitii pannus videatur assutus. Inhonestum quippe videtur, atque ridiculum, si indutum te veste purpurea, sericis ocreis, calceis deauratis, solum te villosi arietis pileum inter multas ornamentorum infulas exhibeat rusticanum.

Quod dicere gestio, tale est: cum in afflictione jejunii, in censura silentii, in abjectæ vestis asperitate Antonium præbeas; ne in levitate risus, vel facetæ dicacitatis urbanitate, Democritum ostendas. « Quis enim consensus templo Dei cum idolis? Quæ societas luci ad tenebras? Deo ad Belial? » (II Cor. VI.) « Modicum » enim « fermentum totam massam corrumpit (I Cor. v). » Sic igitur ager animæ tuæ virtutum segetibus floreat, ut nequaquam veprium aculei per incuriam inhorrescant. Sic ex una parte rectitudo videntes ædificet; ut ex altera vitio emergente, velut impacto ariete, quod ædificatum est, non vacillet. Esto itaque gravis incessu, maturus in verbo, piger ad vindictam, velox ad indulgendam pœnitentibus veniam. In omnibus te exhibe consummatæ virtutis exemplum, et, ut dicitur, undique te præbe teretem, atque rotundum: ut malleo nunc disciplinæ contusus, et lima pœnitentiæ, sanctique certaminis expolitus, postmodum sine tinnitu, vel strepitu ponaris in ordine lapidum ignitorum.

CAPUT XXVIII.
Qualis eligi, et qualis esse debeat eremitarum prior.

Quia igitur pro styli compendio qualiter conversari debeat eremita, utcunque descripsimus; qualis etiam esse eremitarum prior expediat, in calce opusculi breviter annectamus. Nec dicendus est ordo præposterus, si is qui officio futurus est primus, in descriptione regulæ ponatur extremus; cum et prius debeat in eodem proposito vivere, quam præesse, omniumque se præbere debeat minimum, qui in regimine videtur esse prælatus. Cavendum itaque est, ne de monasteriali ordine prior eligatur inter eremitas; licet prudens, et doctus, vel regularibus disciplinis videatur instructus. Sed ex ipso proposito spiritualis frater eligatur, qui videlicet jam cœperit eremitice vivere, et experimento didicerit contra spiritales nequitias dimicare; qui pugnas alieni cordis ex semetipso domestice colligat, et quod ex ore confitentis audierit, ex propria conscientia, velut trita manus ad prælium, recognoscat.

Stude itaque prior, ut te contiguus alloquar, quatenus quos prioratus officio superas, si possibile est, quantumlibet etiam vita præcedas. Vivida quippe, et efficax in discipulorum cordibus prædicatio est, aliis alimenta providere, providentem vero in jejunii rigore persistere. Optime vigilias prædicat, qui post longum psalmodiæ decursum, signum excitandis fratribus pulsat: eloquentissime, dum tacemus, silentium commendamus: fructuose de extremitate vestium disputat, qui se pannorum conscissione deformat. Indumentorum vero juxta divitem nitore conspicuus, frustra cum Joanne pilos prædicat camelorum. Ultor injuriæ patientiam non suadet. Qui cumulandis pecuniarum quæstibus inardescit, ignem avaritiæ in alieno pectore non exstinguit. Qui crebra vagatione raptatur, de remorandi censura frivolus disputator habetur. Qui autem cellulam perpetuus incolit, ad stabilitatis præconium de toto corpore linguam facit; et cum os taceat, muta membra melius, quia et simplicius, clamant.

Vitæ tuæ semper habeto testem, qui et occulta bona tua in fratres ædificatoria debeat relatione transfundere, et famam tuam a sinistra possit suspicione purgare. Per planiora duc gregem tuum; sed excelsa interim discretus ductor ostende : quatenus dum dispensationi tuæ deputant, quod remissius vivunt, et auctoritati Patrum districta, quæ audiunt, ad conscendendam perfectionis arcem expeditius accingantur; pudeatque ipsos ignobiliter in imis hebescere, qui per excelsa condiscunt prævios ingenue commeasse. Per recta gradientibus te supparem præbe : in delinquentes autem disciplinæ vigorem zelatus exerce. Pro observanda intra conscientiam innocentiæ puritate, noli virgam deponere disciplinæ : sic tamen correptionis verbum ex labiis proferatur, ut fraterni amoris in pectore dulcedo servetur. Sicut plane capiendis avibus de manu stantis accipiter advolat : sic indignationis vox sine tuæ mentis indignatione procedat. Nam et sagitta, cui infigitur, vulnerat : sanguinem tamen is a quo prodiit arcus ignorat. Notandum tamen, quia fragilis mens ab eremi perseverantia facilius frangitur, etiam si levis injuriæ summotenus occasio præbeatur. Nam et gravis sarcina tanto minori deliberatione deponitur, quanto et ipse quodammodo suadere videtur humerus qui gravatur.

Facile igitur ab illorum cohabitatione disceditur, ubi quisque quotidiana frui victus inopia, rarissimam vero copiam tolerare jubetur. Unde temperata disciplinæ arte utendum ; ne quos afflictio privata debilitat, injecta duræ correptionis asperitas sternat. Cujuscunque autem fortiter agentis exemplum, siquidem ex tuis est, suppressa persona, profer in medium, si autem extraneus, vocabulum exprimatur. Efficacius enim modernorum cohortantur exempla, quam veterum ; et magnæ confusionis pudor est, si cum sanctis viris in una simul ætate viventes, in rectæ conversationis studio eis in aliquo non reperiantur æquales. Quandoquidem illos sola mentium ingenuitas roborat : istos autem diversorum temporum debilitas non excusat.

CAPUT XXIX.

De venientibus ex sæculo ad eremum.

Si quando de sæculari habitu quis ad eremum converti voluerit, noli, juxta priorum normam, rudimenta monasterii suadere : sed si devotio vera ac sincera patuerit, in eremo, quam flagitat, conversionis aditum præbe. Eo quippe, ut lugens loquar, pleraque devoluta sunt monasteria, ut vitiosiores reperiantur ab eis ingressi : quam ii, qui nuper sunt de mundani naufragii fluctibus eruti. Et certe simplici metallo monetæ signum congruenter imprimitur : at postquam falsatus est nummus, difficile est ut ad veritatem monetalis regulæ corrigatur.

Pateat igitur aditus venienti de sæculo, ut imprimatur quodammodo simplici superveniens figura metallo. Ingressus autem cellulam, non statim omnem consuetudinis regulam permittatur implere : sed diu quærat, quod difficulter inventum, charius teneat. Postmodum vero processu temporis omnes sancto desiderio relaxentur habenæ; et quidquid ardui mens spirabat, attentet : ut in ipso fervoris spiritu semitæ sublimioris iter aggrediatur incedere, a qua postmodum pudeat ignobiliter declinare : et initii sui rudimenta pro exemplo semper ante oculos teneat, ut si non eminentiora conscenderit, ab his saltem dilabi, quæ dudum cœperit, erubescat.

CAPUT XXX.

De his qui ex cœnobitica conversatione ad eremum accedunt.

Si autem de regula monasterii sit, qui ad eremum properat, superstitiosas quasdam monasticæ disciplinæ censuras, supervacuos tintinnabulorum clangores, cantilenarum multiplices harmonias, ornamentorum phaleras, et cætera talia, quædam sobriæ reprehensionis arte dijudica, competenter extenua, sine damnatione depretia, inferens illud Apostoli : Quia « in Christo Jesu neque circumcisio aliquid valet, neque præputium, sed nova creatura *(Galat.* vi).» Et iterum : Quia « Altissimus non in manufactis habitat *(Act.* vii).» Illud etiam ad Timotheum : « Quia corporalis exercitatio ad modicum utilis est, pietas autem ad omnia utilis est *(I Tim.* iv).» His igitur et hujusmodi documentis existimationem monasterialis ordinis quodam modestæ censuræ libramine supprime ; ut dum in audientis mente fabrica consuetæ vitæ destruitur, prælatæ solitudinis ædificium construatur : et ad standum se de cætero constanter accingat, qui se hactenus jacuisse considerat.

Si vero post peracti laboris diuturna certamina post edomatas maceratæ carnis illecebras, cum jam se viderit quorumdam vitiorum, velut totidem hostium, calcare cervices, cœperit immoderatius transacta despicere; et ea, quæ præsto sunt, liberiori laude proferre; tunc cœnobiorum sunt efferenda præconia, et quæcunque in eorum discipulis aguntur, ad Dei gloriam referenda ; ac salutaris obedientiæ perhibenda sunt sacrificia; quatenus dum professio vitæ communis extollitur, de singulari proposito, si qua forte subrepserat, arrogantia deponatur. Et nequaquam quasi de perfectioris vitæ privilegio tumeat, dum plerosque in inferiori gradu tanto sublimius incedentes adhuc fortasse non æquat. Admonendus est, ut si quid agendum fortassis immineat, non propterea quorumdam more cœnobitarum , velociter psallat : et sic de Psalterio ad negotium vice perversa, tanquam de pelago ad littus enatare contendat. Anxietatem quippe spiritus, callidus insidiator immittit : quietum vero et humilem animum, ubi requiescat, princeps pacis inquirit. Respondeat igitur adversario suggerenti fabulosa, dum psallit : dum hoc, quod præ manibus est, officium perago, interim tace; postmodum si quid causa dictaverit, innotesce.

Quod si adhuc pertinacius ingruit, et obfirmatus

insistit, utrumque simul, et id quod mittitur, et eum qui miserit maledicat, Adjiciat quoque verbis eum terrere minacibus, dicens: Me infelix desere, et tremendum judicii diem ante oculos pone, in quo videlicet juste damnandus es, et perpetuis postmodum flammis ultricibus exurendus. Qui nimirum terror plurimum valet ad superandam pugnam, et ad effugiendam versuti insidiatoris astutiam. Hinc est etiam, quod praemissis orationibus exorcismi, semper ex ecclesiastica traditione subjungitur: Qui venturus est judicare vivos et mortuos, et saeculum per ignem: ut dum malignus spiritus tanta formidine in tentatione percellitur, a creatura Dei territus expellatur. His et hujusmodi telis commilitones tuos subtiliter instrue, et in acie cum adversariis jugiter dimicare praevius doce.

CAPUT XXXI.
De patientiae virtute, illi qui praeest maxime necessaria.

Plane cum omnibus debeas florere virtutibus, qui ad virtutis exemplum es super alios constitutus, patientiae virtuti propensius studeas: omnigenae adversitatis obstacula per patientiam vince. Patientia te durum lapidem, imo insecabilem praebeat adamantem. Adamantis quippe sigillum formam caeteris lapidibus imprimit: sed vicissim in se nullius soliditatis imaginem prorsus admittit. Mens quoque tua si irruentibus adversis nulla se perturbatione mutaverit, velut alieni in se lapidis imaginem non accipit: imo suum aliis characterem imprimit, dum quidquid adversitatis acciderit, in salutem sibi suavitate mentis, et animi tranquillitate convertit. Aut nunquam, aut raro capitulum cum fratribus celebretur, quo missa metanoea te non accuses; ultro etiam in te scoparum disciplina procedat, humili satis auctoritate deposce. Si vel tuum, vel cujuslibet fratris laesum adversum te animum senseris, noli quiescere, donec studeas vulnus mentis, prout causa dictaverit, vel corripiendo, vel mulcendo, vel etiam satisfaciendo sanare. Idcirco autem super prioris officio diutius verba protrahimus, quia divina gratia praeduce, omnem subjectorum perfectionem in ejus pendere magisterio non ambigimus. Quod enim stomachus in humano corpore, hoc propemodum prior est in fratrum spiritualium congregatione. Sicut enim de stomachi receptaculo vigor et robur per omnia corporis membra diffunditur; ita nimirum de bene administrato **353** praesidentis officio omne corpus in charitatis compage degentium vegetatur.

CAPUT XXXII.
Non perfecta et consummata eremiticae vitae insti-
tuta, sed leviora quaedam hujus conversationis
principia in hac regula contineri.

Obsecro autem ne me, fratres mei, districtiori quam hic legitur, lege viventes, dissolutionis arguant, et austeritatem eremi temperasse, austerioris forte censurae quam debeant, suggillationibus reprehendant. Nam cum Israelitae illi carnales decidentibus Benjamin filiis venialiter parcunt, unamque ex Israel cecidisse tribum lacrymabiliter gemunt, et amaris fletibus et ululatibus conqueruntur: quid nobis agendum est, cum videamus inter ecclesiasticae disciplinae reliquos ordines eremiticae professionis numerum eatenus imminutum; ut in plerisque terrae provinciis non ambigamus funditus esse deletum. Parcendum est ergo Benjamin, egregiis videlicet, ac robustissimis inter Israelitas caeteros bellatoribus; quatenus venialis, et moderata discretio per posteritatis incrementa multiplicet, quos utique districta severitas, vel potius humana fragilitas annullavit. Et sic tribuum numerus constet, dum eam, quae periisse videbatur, austeritas temperata conservet. Nam et illud quoque non excidit, quod sancti apostoli, qui missi fuerant crucem Christi humano generi praedicare (*Act.* xv, xxi), omniumque virtutum adoptionis filios documentis imbuere, inter ipsa nascentis fidei rudimenta, hoc solum quibusdam praeceperunt gentilibus: ut abstinerent se ab immolatis simulacrorum, et sanguine, et suffocato, et fornicatione. Imponentes quippe minima, non prohibuere majora; ut qui novae doctrinae duritia poterant deterreri, quandoque ad fortia convalescerent praeceptis mitioribus invitati; et a parvis, ac levibus, velut pueri adhuc lactentes, inciperent, ut graviora legis divinae mandata in perfecta postmodum aetate valenter implerent.

Nos etiam, qui spiritalis infantiae crepundias teximus, et lactantis adhuc eremitae, ut ita fatear, incunabula fabricamus; dum debiles quosque, nostrique consimiles per planiora deducimus, expedite praecinctos ab ardui montis ascensu minime prohibemus; quatenus imbecilles adhuc sic lactis liquor enutriat, ut valentes, ac vividos corpulentioris sibi soliditas non repellat. Hoc autem ex divinae clementiae bonitate confidimus, quod quisquis illa peragere, quae in hoc opusculo scripta sunt, augendi provectus intentione studuerit, non laedetur a morte secunda, nec delebitur nomen ejus de libro vitae, sed Agnus ille, qui eum post se crucis suae conspicit gestatorem, in coelesti Jerusalem ascribet sibimet procul dubio cohaeredem (*Apoc.* xx, xxi). Amen.

Sit nomen Domini benedictum.

OPUSCULUM DECIMUM SEXTUM.

RHETHORICÆ DECLAMATIONIS INVECTIO IN EPISCOPUM MONACHOS AD SÆCULUM REVOCANTEM. AD GISLERIUM EPISCOPUM AUXIMANUM.

ARGUMENTUM. — Redarguit quemdam episcopum, qui ausus fuerat asserere monachum religionis habitum semel susceptum posse, propter ægritudinem aut alias causas, deserere ; quod quam sit impium, et sacris canonibus conciliorumque statutis contrarium pluribus ostendit, et firmissimis rationibus comprobat a religionis proposito recedere non licere.

Domno GISLERIO Auximano episcopo, PETRUS ultimus monachorum servus, ferventissimæ devotionis obsequium.

Non vobis excidit, reverentissime præsul, quia de reprobis illis viris, qui spreto religionis habitu ad sæculum sunt relapsi, sæpe una conquesti, sæpe communi sumus tædio lamentati. Nuper autem cum te corporali valetudine laborante, Romanæ synodo me interesse contingeret, hujus rei notitiam domino papæ suggerere congruum judicavi : ille autem utpote vir sanctissimus, juxta sincerissimæ charitatis viscera, quæ in templo sui pectoris vigent, rem valde perdoluit, et mox congruum immanissimo vulneri remedium adhibere curavit. Itaque quia ad exsecutionem hujus negotii idoniorem in illis partibus virum nequit addiscere, suas ad te censuit litteras destinare, quatenus prævaricatores illos tu secundum prudentiæ tuæ facundiam convenires, et obedire volentes ad suum propositum revocares ; qui vero rebelles existerent, perpetui anathematis sententia ferirentur.

Dominum autem Guidonem Numanum episcopum in prædicto concilio reperi, et quia ille, ut nosti, incitamenta præbere huic vitio dicebatur, fateor peccatum meum, dure illum succensere præsumpsi. Ille nimirum vir dignæ humilitatis, et patientiæ, et non solum sacris eloquiis, sed etiam liberalium artium studiis eruditus, insuggillantem quidem me patienter tulit : objecti vero criminis culpam negando, detestando, Dei testimonium implorando, disertissime propulsavit. Ultro etiam pro me cœpit verborum suorum tela dirigere, qui adversum me falso dicebatur eatenus dimicare. Sed licet venerabilis ille vir innocens repertus sit, ego tamen vibrati jam jaculi impetum non continui, sed verso nomine aliam huc personam, cum qua configerem, introduxi : ut nimirum ille se hoc vocabulo notatum non ambigat, quisquis improbe ad hujus controversiæ certamen aspirat. Et licet auctor hujus flagitii nunc manifestus non sit, tamen dum latere ad tempus nititur, immunitatem de fugæ suæ latibulo non lucratur. Sed sic armatus disputationis ordo draconteæ foveæ foramen obsideat, quatenus mox ut emerserit, in imminentem gladium subito confringendus impingat.

Quapropter post illam summæ auctoritatis epistolam, hoc etiam opusculum suscipe, et sic revera Benjamin filius utraque manu bicipiti armatus gladio, in constipatos hostes irrumpe, quatenus illa ac si validus vomer ad virosum aconitum radicitus evellendum zizaniati pectoris arva proscindat. Hoc quasi vilis sarculus subsequens glebas frangat, imo ut exemplum congruentius proferatur, hoc velut orator manifesti criminis reos esse convincat, quos illa auctoritas, velut arbiter præsidens, canonici rigoris censura coerceat. Sed divina gratia præduce, quem aggredi nitimur, in illum protinus invehamur.

CAPUT PRIMUM.

Quod monacho ægrotanti non liceat ad sæculum reverti.

Cogor adversum te, venerabilis episcope Maure, exigente necessitate, non modica scribere : compellor ultra mei ordinis metum sacerdotis, sermonibus non sacerdotalibus obviare ; undique coarctor, undique premor : videlicet et contra episcopum loqui superbum est, et ad talia conticescere, consensum est adhibere. Sed melius est, ut arrogans solus appaream, quam ad multorum perniciem mortale vitium, quod nunc in primis oritur, inolescat. Magis eligendum est de simplicitate locutionis in episcoporum judicio corripi, quam ante tribunal superni judicis de silentio condemnari. Nempe ante hoc fere biennium dum in angusto cellulæ meæ angulo latitarem, sinistrum quid et mœrore plenum ad me fama discurrente perlatum est : videlicet quod nonnulli perditi homines post Satanam conversi, monachicum habitum sacrilega temeritate deseruerint, et exsecrabili apostasia ad sæcularem militiam denuo repedarent ; qui nimirum in tam profundi criminis barathrum lapsi, tuis ad audendum exhortationibus incitari, tua ad persistendum dicebantur auctoritate fulciri. Ferebaris enim dicere, quia nisi quis regulariter protractus, et per longa temporum spatia, sicut monastica præcipit regula, sit probatus, si aliter, aut propter ægritudinem, aut quolibet alio modo ad monachicum pervenerit ordinem, liberam redeundi ad sæculum habeat facultatem.

Super cujus rei capitulo tunc temporis brevem tibi epistolam misisse me memini, et ut ab hac pestifera doctrina cessares, debita humilitate suggessi. Nuper autem apud Auximum constitutus, a pluribus didici, quia in tua adhuc nihilominus intentione obstinatissime perseveras, et contra divinæ legis auctoritatem, contra ecclesiasticæ consuetudinis normam, eadem dogmatizare non cessas. Unde satis miror, quo pacto prudens homo, et non omnino a litterarum studiis alienus, tam incautam, tam perversam, tam noxiam possit proferre sententiam; quæ videlicet communi hominum saluti contraria, ad nil aliud nisi ad claudendam cœlestis regni januam peccatoribus procul dubio videtur esse prolata. Dic rogo, quis hanc sententiam reperit, nisi ille qui primum hominem de paradisi amœnitate dejecit? Quis, inquam, tam crudele, tam impium promulgavit edictum, nisi is qui Cain fratricidam in desperationis voraginem mersit, et non ad evadendum ruinæ periculum, sed ad profundius corruendum dicere docuit: « Major est iniquitas mea, quam ut veniam merear? » (*Gen.* IV.)

Quæ est enim ista dementia? quæ vesania? quæ crudelitas? Habet homo disponendarum rerum suarum liberam facultatem, ut semetipsum Deo offerat potestatem non habet? Valet hominibus tradere substantiam suam, non habet libertatem Deo reddere animam suam? Licet homini lapsurum animal ab hiantis putei ore propellere, ruituram mox in infernum animam non licet pœnitentiæ remedio liberare? Porro si ipse Deus omnipotens, qui offensus est, paratus est ut recipiat, quis est hic qui volentes currere ab ipso pietatis fonte compescat? Si Creator paratus est ut peccatis ignoscat; quis est iste qui peccatorem converti prohibeat? Quid est enim aliud monachum fieri, quam converti? Sed qui hominem non posse monachicum subire propositum in languore corporis constitutum denegat, profecto non posse converti indubitanter affirmat; quod si semel admittitur, nulli dubium quin pœnitentia, quæ spes est peccatorum, et unicum salutis humanæ remedium, destruatur.

Ecce igitur peccatoris anima perdita, irreserabili busseris (*sic*) janua vitæ damnata, et omnis spes humanæ reparationis evulsa. Sed clamat e diverso divina pietas, dicens: « Quacunque hora peccator conversus fuerit, vita vivet et non morietur (*Ezech.* XVIII); » et iterum: « Nolo mortem peccatoris, sed ut convertatur, et vivat (*Ibid.* XXXV). » Et cum conversus ingemuerit, tunc salvus erit. Et ut canonicæ auctoritatis compendium proferam: *Quicunque negat, etiam in ultimo vitæ spiritu, pœnitentiam abolere non posse peccata, Novatianus est, non Christianus.*

CAPUT II.

An ægrotus habitum religiosum induere possit.

Dum ergo monachum fieri hoc sit utique converti, et conversionis remedium nulla hora respuit, nullum tempus excludit; constat procul dubio, quia in ægritudine constitutus, sicut converti cum vult, nullius auctoritatis obstaculo præpeditur; ita etiam ut monachus fiat, absque ulla refragatione recto jure conceditur. Sed cum Jacobus dicat: « Qui converti fecerit peccatorem ab errore viæ suæ, salvabit animam ejus a morte (*Jac.* V): » cujus homicidii reus efficitur, qui peccatori dissuadet e diverso, ne convertatur? Nempe, nisi fallor, illius quod non quandoque moriturum corpus occiditur, sed victura in perpetuum anima trucidatur.

At fors'tan, inquies, non quidem prohibetur in corporali molestia positus, ad portum monachici ordinis repente confugere, sed licet si convaluerit, ad pristinæ conversationis habitum remeare. Sed clamat, imo reclamat ipsa Veritas tam perspicuæ falsitati, cum dicit: « Nemo mittens manum suam ad aratrum, respiciens retro, aptus est regno Dei (*Luc.* IX). » Dignum quippe est, ut sicut quis ad Deum veniens aptus sit regno Dei, sic a Deo recedens, non aptus sit postmodum regno Dei. Ii quippe tales, ut experimento didicimus, non in eadem, in qua primitus fuerant, malorum mensura persistunt; sed postquam ad vomitum redeunt, ad iniquitatum voraginem profundius devolvuntur. Sicut et illi nuperrime contigit, qui tuo, ut fertur, hortatu, sanctæ conversationis habitum deseruit: deinde vix brevi dierum peracto circulo, innocentem hominem suis manibus interemit In quo videlicet reprobo viro adimpletum cernimus, quod dictum ex ore Veritatis audivimus, nimirum, quia immundus spiritus, qui eum ante reliquerat, postmodum rediens septem alios nequiores se spiritus assumpsit (*Luc.* XI), et cum his omnibus in familiari suo vasculo pestilentius habitavit; fiuntque novissima hominis illius pejora prioribus.

Sane si terrenæ militiæ transfugam non solum mundanæ leges abjiciunt, sed etiam sacri canones infames appellant, adeo ut eum etiam ad reddendum in contentione testimonium non recipiant: qui in superni imperatoris arma juraverat, qui chlamydem jam militiæ cœlestis induerat, qui balteum castitatis accinxerat, qui donativum sacri verbi ab ipso militum duce susceperat, quo judicio, quo jure, qua fronte jam potest propriæ professionis castra deserere, et suo vomitu delectatus, ad ea quæ contempserat, quæ abrenuntiaverat, quæ damnaverat, mundi ludibria animum revocare? Fœdus mortale cum mortali paciscimur, et servamus; Deo sponsionem facimus, et fidem frangere non timemus. Homo homini violatæ cautionis tenetur obnoxius; qui auctorem hominum fallere nititur, innocens judicatur? Fallax debitor ab exactore constringitur; qui semetipsum Deo subtrahit, immunis habetur? Nunquid servus venia dignus est, qui violata fide non solum recedit a Domino, sed ultro se ejus sociat inimico? Nam quod Deus huic mundo inimicus sit, audi Jacobum dicentem: « Qui vult, inquit, amicus esse sæculi hujus, inimicus Dei constituitur (*Jac.* IV). »

Et ut ad sententiam redeam, conservus, qui hujus effugii incentor efficitur, nunquid non districta Dominicæ animadversionis ultione plectetur; et pœna, quam uterque meruerat, in unum caput congesta retunditur? Præsertim si ejusmodi fraudis ille servus impetitur, qui rectoris loco positus, cæteris præesse videbatur: et qui debebat extraneos ad domini sui servitium trahere, ipse e contra domesticos compellat exire : et, ut ita dixerim, cujus erat officium violentos incursantium ferarum impetus ad domini sui gregem compescere, ipse satagat cruentis luporum dentibus simplices oves offerre.

CAPUT III.
Prælati perniciosi deplorandi.

Quid ad hæc dicam? Quod dolori meo solamen inveniam? Compellor exclamare, compellor amaritudinem mei cordis effundere, ut videlicet dicam : O tempora, o mores, o ferreum sæculum ! Ferreum, inquam, sæculum, in quo aurum in scoriam vertitur, et argenti speciem vilis stanni vena mentitur *(Isa. xx; Ezech. xxx)*. In quo projecti sunt lapides sanctuarii in capite omnium platearum *(Thren. iv)*, et est sicut populus, sic sacerdos; sicut servus, sic dominus ejus. Nam quis tam inveniri possit elinguis, qui non ad hæc saltem in voce lamentationis erumpat? Quis tam ferreus, quis tam lapideus, cujus cor vulnera ista non sentiat? Pervenit enim gladius usque ad animam. Nimirum mundus se ad finem delapsum ruinis crebrescentibus indicat : et episcopi, qui animas ad Deum trahere importune debuerant, student qualiter homines a Dei servitute recedant? Judex jam vicinus appropiat, et præco, ut cives fugiant, clamat? Ante tribunal superni judicis jamjam humani generis summa colligitur, et a sacerdote præcipitur, ut homines ad sæcularia negotia dispergantur? Proh dolor! huccine sacerdotalis ordo redactus est, ut qui constituti sunt mundum sanctæ prædicationis luce perfundere, ipsi potissimum conentur homines perversorum dogmatum tenebris obcæcare? Et qui positi sunt **364** de agro Ecclesiæ cunctos errorum vepres evellere, ipsi non vereantur aculeatos erroneæ pravitatis tribulos seminare? Olim cum florens adhuc mundus blandiretur, hominum plurimos ab eo subtrahebat docta lingua pastorum : nunc autem cum jam evidentissime se mundus despicabilem indicat, Pastor Ecclesiæ ut ad eum homines revertantur invitat.

Videmus quotidie homines aliena diripere, bellorum studiis insudare, egenos opprimere, machinationum tendiculas fraternis gressibus occultare : et ut cuncta mundi mala brevi cingulo locutionis astringam, omnes pene, quæ sua sunt, quærere, non quæ Jesu Christi; nos adversus eos nullo zelo charitatis accindimur, nullis correctionibus obviamus, nulla contradictione resistimus *(Philip. ii)*. Si autem rarissimus quilibet ex tanta hominum multitudine aut flagellis attritus, aut divinæ inspirationis gratia provocatus, ad Creatorem suum quandoque convertitur, mox ad suasoriæ assentationis blandimenta convertitur, sacri eloquii flosculos ac pravitatem nostri intellectus inflectimus, et sic divinis jam obsequiis mancipatum ad mundi volutabrum redire posse docemus : et sæpe, quod in ipsa litterarum superficie male sentientis error intelligit, subtiliter perscrutata intentio doctoris evertit; et quod in comate recte sentiri putabatur, considerata diligentius continui textus serie, error fuisse convincitur.

Jamjam ipsa Scriptura, quæ de monachis loquitur, procedat in medium, ne noster adversarius conqueratur devictum se esse sola argumentatione verborum. Non mihi dialectica syllogismorum suorum circulos offerat, non rhetorica lepidos delinificæ suadelæ colores infundat, non aliqua sæcularis sapientia phalerata mihi suæ urbanitatis lenocinia suggerat; sola se, et nuda proferat auctoritas Patrum, in quorum pectore omnipotens Deus, velut in tribunali solio præsidens, sanctioni suæ voluit promulgare decretum; quatenus qui confligere nititur, non jam cavillantium verborum commentis, sed ipso potius veritatis oraculo superari videatur : et ut omne tergiversationis undique occlaudatur aufugium, ipsos contra se in movenda lite sentiat oratores, quos universus orbis habet et judices.

CAPUT IV.
Quod sponte suscipitur, sine peccato non deseritur.

Primus itaque magnus Leo suæ auctoritatis figat articulum, et ut revera insuperabilis dux, ipse præferat in prima belli fronte vexillum. Ait enim inter cætera : « Propositum monachi proprio arbitrio, aut voluntate susceptum deseri non potest absque peccato. Quod enim quis vovit Deo, debet reddere. Unde qui relicta singularitatis professione, ad militiam, vel ad nuptias devolutus est, publicæ pœnitentiæ satisfactione purgandus est. Quia et si innocens militia, et honestum potest esse conjugium; electionem meliorem deseruisse, transgressio est. » Ubi notandum, quod vir disertissimus non ait, ut noster garrit episcopus, propositum **365** monachi longa morositate susceptum. « Sed propositum, inquit, monachi proprio arbitrio, aut voluntate susceptum deseri non potest absque peccato. » Nihil ergo virium temporali reliquit morositati, qui totum spontaneæ tribuit voluntati.

Si igitur propositum hoc negari non potest cum voluntate susceptum, asseratur necesse est, cum peccato relictum. Cui simile est illud etiam, quod de virginibus idem vir eloquentissimus ait : « Puellæ, inquit, quæ non coacto parentum imperio, sed spontaneo judicio virginitatis propositum, atque habitum susceperunt, si postea nuptias eligunt, prævaricantur, etiam si nondum eis gratia consecrationis accesserit : cujus itaque non fraudarentur munere, si in proposito remanerent. » Audis igitur, o episcope, quia nihil momenti morosæ conversioni, nihil ipsi etiam consecrationi tribuitur, sed omne monasticæ perfectionis robur spontaneo judicio reservatur.

Ad confutandas litigatoris nostri calumnias poterat, imo debuerat eminentissimus Leo sufficere, si hic posset facile rigidam cervicem cordis sacris auctoritatibus inclinare ; sed quia iste necdum forsitan flectitur, beatus quoque papa Gelasius ad testimonium deducatur; scribit enim inter alia: « Quamobrem quisquis virorum, vel mulierum habitum semel induerit, vel induerunt spontanee religiosum, aut si vir deditus Ecclesiæ choro, vel femina fuerit, aut fuit delegata puellarum monasterio, in utroque sexu prævaricator ad propositum invitus reverti cogatur, ut vir detondeatur, et puella monasterium ingrediatur. Si autem quolibet patrocinio desertores permanere voluerint, sacerdotali sententia a Christianorum cœtu habeantur extorres, ut nec locus eis ullus sit communis. » Singula, obsecro, verba subtiliter inspice, ut in statera mentis appendens, a veritatis statu nequaquam valeas declinare. Perpende ergo quod dicitur : « Quisquis habitum semel induerit spontanee religiosum. » Ecce juxta Gelasiani decreti sententiam, quacunque occasione, etiamsi nulla interveniat mora probationis, quisquis religioso habitu semel induitur, funditus sibi redeundi ad sæculum licentia denegatur.

CAPUT V.

An filii a parentibus Deo dicati, habitum induti, in religione manere teneantur.

Huic etiam non dissimile cernitur, quod in Chalcedonensi concilio reperitur, ubi qui semel in clero deputati sunt, aut monachorum vitam expetiverunt, statuimus neque ad militiam, neque ad dignitatem aliquam venire mundanam, sed hoc tentantes, et non agentes pœnitentiam, quominus redeant ad hoc, quod propter Deum primitus elegerunt, anathematizari.

Toletanum quoque concilium testimoniis nostræ allegationis addat augmentum : « Monachum, inquit, paterna devotio, aut propria professio faciat : Quidquid horum fuerit allegatum tenebit ; proinde his ad mundum revertendi **366** recludimus aditum, et omnes ad sæculum interdicimus regressus.» Rursus in eodem concilio, longe superius, inter alia legitur : « Ideoque si in qualibet minori ætate, vel religionis tonsuram, vel religionis debitam vestem, in utroque sexu filiis, aut unus, aut ambo parentes dederint, certe vel nolentibus, aut nescientibus susceptam, et non mox visam in filiis abdicaverint, vel coram se, vel coram Ecclesia, palamque in conventu eosdem filios talia habere permiserint, ad sæcularem reverti habitum ipsis filiisque quandoque penitus non licebit. Sed convicti, quod tonsuram, aut religiosam vestem aliquando habuerint, mox ad religionis cultum habitumque revocentur, et sub strenua discretione hujuscemodi observantiæ inservire cogantur. » (*Vide scholia ad calcem opusculi.*)

Si placet etiam Triburense concilium, quid de monachis propositum relinquentibus decernat, ausculta : « Quicunque, inquit, ex sæcularibus accipientes pœnitentiam se totonderint, et rursus prævaricantes laici facti sunt, comprehensi ab episcopo suo, ad pœnitentiam, ex qua recesserunt, revocentur. Quod si aliqui per pœnitentiam irrevocabiles sunt, nec admoniti revertuntur, vere ut apostatæ coram Ecclesia anathematis sententia condemnentur. » Ecce hic expresse docemur, quoniam hæc episcopis cura injungitur, non ut permanentes a monasteriis exire suadeant, sed potius ut prævaricantes redire compellant. Sed quid ex illis causamur, hominibus, qui spontaneo convertuntur, arbitrio, cum et illis post tergum redire non liceat, qui tonsurantur inviti ?

Unde etiam apud Maguntinense concilium tale promulgatur edictum : « De clericis vero hoc statuimus, ut qui hactenus inventi sunt, sive in canonico, sive in monachico ordine tonsurati, sine eorum voluntate, si liberi sunt, ita permaneant. »

Sed respondebis forsitan mihi, et contra tot authentica sanctorum Patrum judicia, contra tot venerabilium conciliorum statuta, scutum adhuc vanæ defensionis opponcs : Esto, inquies, ut qui a parentibus offeruntur, ita permaneant : qui voluntarie convertuntur, ad negotia mundana non redeant : qui inviti etiam tonsurantur, jam saniori consilio perseverare contendant. Nam de tam perspicuis sanctorum Patrum dictis ambigere, quid est aliud, quam micantium astrorum globis oppositum apertis oculis nil videre ?

Sed dic, rogo, ferendumne est, et non potius liberis vocibus arguendum, cum pravi quilibet monasteriorum rectores, qui nec Deum diligunt, nec lucrum animarum quærere comprobantur, turpis lucri stimulis accensi, ita simplices quosque blanda persuasione decipiant, ut eos vanis promissionibus illectos, ad monasterium trahant ; eritne hujusmodi recta conversio, quam non in possessorem, sed in possessione præcessit inflammata cupido ? Ad hæc ego sine cunctatione respondeo, et istis etiam ut a proposito quod cœperunt deviare non liceat, constanter affirmo : et ut argumentationibus propriis ratio non indigeat, rursus ad Maguntinense concilium sermo recurrat : dicit enim post multa : « Constituit sane sacer iste conventus, **367** ut episcopi, sive abbates, qui non ut in fructum animarum, sed in avaritiam, et turpe lucrum inhiantes, quoslibet homines illectos circumveniendo totonderunt, et res eorum tali persuasione non solum acceperunt, sed potius surripuerunt, pœnitentiæ canonicæ, sive regulari, ut puta turpis lucri sectatores subjaceant. Ii vero, qui vanis promissionibus illecti, vel quibuslibet machinationibus persuasi, mentis inopes effecti, rerum suarum domini esse nescientes, comam deposuerunt, in eo, quod cœperunt, perseverare cogantur. »

Sed quoniam omnis versuti litigatoris machina tunc exacte convincitur, si quidquid ab eo objici posse perpenditur, velut gravissimis argumentationum arietibus antea refellatur, non erubesces forsitan dicere, quia B. Gregorius hominem de monasterio retrahi, et uxori suæ, etiamsi jam tonsuratus esset, reddi præcepit. Sed et nos tibi non immerito respondemus, quia sagitta in lapidem immissa interdum percutit dirigentem : et sæpe incautus miles eodem telo, quo percutere adversarium nititur, ipse potius lethaliter vulneratur. Si enim hoc exemplum diligenter inspicias, pro nobis stare cernitur, nostris allegationibus attestari inexpugnabiliter invenitur : et ut quod dicitur ipsa rei manifestatione clarescat, aliquid hic de Gregoriana epistola intermiscere non pigeat : « Agathora, inquit, latrix præsentium questa est, maritum suum contra voluntatem suam in monasterio Urbici abbatis esse conversum. Quod, quia ad ejusdem abbatis culpam, et invidiam non est dubium pertinere, experientiæ tuæ præcipimus, ut diligenti inquisitione discutiat, ne forte cum ejus voluntate conversus sit, vel ipsa se mutare promiserit : et si hoc repererit, et illum in monasterio permanere provideat, et hanc, sicut promisit, mutari compellat. » Ecce nihil hic de morosa conversione, nihil de diuturnitate probationis inquiritur, sed hoc tantum jubetur, ut si ille cum uxoria voluntate et promissione conversus fuisse convincitur, in eodem perseverare proposito omnimodis compellatur.

Quod autem sequitur : « Si vero nihil horum est, hoc est videlicet, si neque cum voluntate, neque cum promissione est uxoris conversus, ut reddatur. » Hoc etiam maxime nostris opitulari partibus non est dubium, nimirum dum enumeratis causis, quibus vir uxori reddi præcipitur, nulla de morosa conversione mentio reperitur : quam scilicet longæ conversionis moram si quid momenti, si quid virium vigilantissimus vir habere decerneret, explicatis aliis, nequaquam hanc silentio præteriret : sed quam tacuit, tacendam esse silentio clamante præcepit.

CAPUT VI.
Quæ ætas requiratur in consecrandis virginibus.

Verum qui tam densissimam testium nubem oppositam tuis adinventionibus conspicis, ut jam more lubrici anguis, huc illucque te vertere constrictus manu validæ rationis minime possis, fortasse tamen adhuc de his **368** qui in ægritudine positi convertuntur, rationem tibi reddi specialiter quæris ; sed si cuncta, quæ superius dicta sunt, diligenter attendas, perspicuum est, te superfluo de specie illud ambigere, quod de genere cogeris affirmare. Si enim de omnibus non solum sponte, sed etiam coacte conversis, de his etiam qui despiciuntur, conversio rata decernitur ; qualiter in ægrotis ad hoc inenarrabiliter æstuantibus, et cum magno desiderio flagitantibus non eadem præcipue sententia conservetur ?

Nam ut de viris taceam, quibus ad conversionis remedium nulla præjudicat ætas, nullum tempus obsistit, ipsas etiam virgines, quas nisi in præcipuis festivitatibus, et post viginti quinque annos ætatis consecrari minime licet, languore tamen correptas et consecrari, et sacrum velamen suscipere plenissime licet. Cui assertioni dum adhiberi testimonium quærimus, B. Gelasius memoriæ primus occurrit, qui ait : « Devotis quoque virginibus nisi aut in Epiphania, aut in albis paschalibus, aut in apostolorum natalitiis sacrum minime velamen imponatur, et non ante viginti quinque annos, nisi forte, sicut de baptismate dictum est, gravi languore correptis, ne sine hoc munere de sæculo exeant, implorantibus non negetur. » Vides ergo, quia illam etiam conversionem, quam infirmare et irritam reddere sanitas poterat, infirmitas roborat, languor excusat? Et, ut ita loquar, unde conversus corruit, inde conversio convalescit.

Sed si forte calumniaris me exemplum de mulieribus reddidisse, cum tu de viris inquireres ; nolo te lateat, quod in Vernicriensi concilio legitur : « Eadem, inquit, lex erit viro et feminæ. » Et si quæ dicta sunt, studiose consideras, ad disputationis suæ propensius roborandam hoc non ex necessitate, sed ex tædio fecisse me non ignoras. Plane si cuncta sacræ Scripturæ testimonia, quæ huic assertioni congrua reperiuntur, tentaremus apponere, ante fortasse dies, quam exemplorum copia numerosa deficeret : quorum videlicet idcirco scribere plura postponimus, quia prolixitatis fastidium devitamus. Quapropter impudenter adhuc testimonia requirentem ad ea, quæ superius sunt congesta, remittimus ; ubi ægrotos pariter et incolumes eadem regula comprehendit, quæ non solum voluntarie, sed etiam violenter conversos, ultro etiam deceptoris machinationibus persuasos in eodem proposito perseverare decernit.

CAPUT VII.
An viduæ velari possint.

Tanta veneratione, tanta custodiæ censura monachicum habitum sancti Patres dignum esse censuerunt, ut pene quocumque modo illum quis semel indueret, relinquendi postmodum licentiam non haberet. Et ut, quod dicimus, testimoniis approbemus, nunquid non sæpissime in sacris canonibus, interdicitur, ut vidua non veletur ? Unde, ut de cæteris sileam, Gelasius ait : « Viduas, inquit, velare pontificum nullus attentet. Hæc tamen, quæ velari **369** etiam a pontifice prohibetur, si quolibet impulsu ipsa sibi signum sacri velaminis imposuerit, absque ullo retractatione relinquere ulterius non audebit. » Unde in Aurelianensi concilio legitur : « Viduæ, quæ spontanea voluntate ab altari sacræ conversationis velamen suscipiunt, decrevit synodus in eodem proposito eas permanere. Non enim fas esse decernimus, postquam se Domino semel sub velo consecraverint, iterum eis concedi Spiritui sancto mentiri. » Et idem alibi post multa : « Nos autem auctoritate Patrum suffulti in hoc sacro conventu sancimus, et libere judicamus; si vidua sponte velamen, quamvis non sacrum, sibi imposuerit, et in Ecclesia inter velatas oblationem Deo obtulerit, velit, nolit, sanctimoniæ habitum ulterius habere debebit, licet sacramento confirmare velit, eo tenore et ratione velamen sibi imposuisse, ut iterum posset deponere. »

Liquet igitur, quia et illa conversio, quæ legaliter non processit, et fieri omnino non debuit; tamen propter sacri ordinis reverentiam, postquam facta est, jam non permittitur violari. Si ergo illam conversionem sancti Patres roborant factam, quam et ipsi prohibuere futuram; quid de illa, obsecro, sentiendum est, ad quam venientes adhortationibus provocant, in qua positos obtestantur ut perseverare non desinant? Sic etiam tu, si quovis pacto subitanea tibi conversio displicebat, ut a sanctorum Patrum norma in nullo te dissidentem ostenderes, poteras forsitan convertendis quidem aliquid de mora conversionis objicere; conversis autem absit, ut quod irrevocabiliter actum est, doceas retractare. Et quia sermo se de mulieribus intulit, cur ista de velatis viduis diximus, cum et virgines, quæ nullo adhuc sacro velamine conteguntur, si saltem permanere se in virginali proposito simulaverint, districte prohibentur, ut nubere non præsumant? Super quibus Innocentius papa sic scribit: « Hæ vero, quæ necdum sacro velamine tectæ, tamen in proposito virginali semper se simulaverant permanere, licet velatæ non fuerint; si forte nupserint, revocandæ sunt, et agenda pœnitentia illis est; quia sponsio earum a Domino tenebatur. » Nam si Apostolus illas, quæ a proposito viduitatis discesserant dixerat habere damnationem, quia primam fidem irritam fecerunt (*I Tim.* v), quanto magis hæ quæ fidem frangere conatæ sunt? Et nos etiam, ut venerabilis Innocentii probatissimæ auctoritatis dicta sequamur, si illas Apostolus damnabiles perhibet, quæ solummodo viduitatis propositum dissolverunt; quid de illis dicendum est, quid utique perhibendum, qui sæculum deserunt, possessiones abjiciunt, Creatori suo se ultroneos offerunt, alienæ se ditioni submittunt, et ut mundo funditus mortui videantur, mortificationis, et sanctitatis habitum induunt.

Quod autem nunc etiam de feminis loquimur, nequaquam fieri extra lineam propositi operis, arbitramur. Salvo enim eo, quod eadem lex erit viro et feminæ; idcirco etiam ad muliebrem sexum nostra se extendit oratio, quia vitium, quod male nasci jam in viris aspicimus, pullulare etiam quandoque et in feminas formidamus: et sicut in his ortum invectionis sarculo studemus evellere, ita etiam in illis ne oriri valeat, præcurrimus nascendi auditum opilare; ut velut male abortivum germen prius cogatur mori, quam valeat nasci; ante in semetipso marcescat quam in gemmas erumpat.

CAPUT VIII.
Confirmantur supra allata.

Libet nunc animum pauliper ad superiora reducere, et ex his, quæ præmissa sunt, postpositis Patrum exemplis, cum adversario modo propriis assertionibus disputare, ut qui tam gravi, tam multiplici canonum auctoritate confunditur, nostris etiam rationibus probabiliter superetur: quatenus argumentationum circulus sic undique labia dolosa constringat, ut a tam perversa doctrina necessario in perpetuum conticescat; ut et de nobis merito dicatur: quia non dedimus cornu peccatori; et de illo jure cum Psalmista cantetur: « Quoniam obstructum est os loquentium iniqua (*Psal.* LXII). »

Age ergo, quid est quod dicitur: « Quia nisi qui regulariter protractus, et per annale spatium sit probatus, etiamsi conversus sit per ægritudinem, absolutam relabendi ad sæculum habeat libertatem? » Nunquid qui hoc de valentibus censuit, idem nihilominus de languentibus judicavit? Sed quis vel insanæ mentis homo non videat quia quilibet languidus, vel jam morti propinquus hanc observationem prorsus adimplere non valeat? Si igitur omnes simul homines sanctus Benedictus hac sententia comprehendit, patet profecto, quia ægris et omnino debilibus, qui ad perferendum non assurgunt, conversionis aditum observavit. Sed quis ferat hoc de sancto viro suspicari aliquatenus posse, qui non solum ab hac, et ab omni peste hæreticæ pravitatis alienus exstitit, imo Spiritu sancto plenus, tot signis attestantibus evidentissime claruit? Quis illum ferat per Novatianorum hæresim homines ad desperationem trahere, qui per sacræ doctrinæ sinceritatem tot animas hominum videtur quotidie ad spem æternæ vitæ reducere? Fateamur ergo necesse est, hujus præcepti normam incolumes tangere; ad ægrotos autem nullatenus pertinere.

Sed nunquid si absque corporali molestia quisquam ad monachicum ordinem sine probatione devenerit, huic nequaquam redire post tergum noster episcopus prohibebit? Dic, obsecro, legisti aliquando monasticæ vitæ propositum, secundum esse baptismum? Sed quia hoc invenire in dictis Patrum perspicuum est, negare licitum jam non est. Non ignoras etiam quia decretali rursus antiquorum sanctione præcipitur, ut ad baptismi gratiam productiora temporum intervalla tendantur. Ut enim ecclesiasticæ institutionis ordinem breviter tangam, sicut septem sunt dona Spiritus sancti, ut etiam septem dona baptismi, a primo videlicet pabulo sacrati salis, et ingressu Ecclesiæ usque ad confirmationem sancti Spiritus per chrisma; quæ omnia, sicut frequentius, agitur, expedit ut per diuturna temporum spatia compleantur. Sed si quis postposita morosæ intercapedinis observantia, ad plenitudinem baptismi repente proruperit; hunc, rogo, baptismum invalidum judicabis? Docebis hunc hominem debere totum, quod acceptum est, parvipendere; et, ut salvus fieri possit, adhuc ad purificationis mysterium properare? Loquere, responde: censebis ne hunc hominem baptismi lavacrum jure posse repetere, qui ad baptismum non indicto ordine præcipitanter ausus est prosilire? Cur taces? Nimirum tantopere loquendi avidus non sic obmutesceret, si haberet aliquid quod rationabiliter responderet. Sed non ambigo, quin constanter affirmes et hunc baptismum adeo ratum esse, et validum, ut quisquis ex illo renascitur, jam procul dubio sacrilegum sit, et omnino nefarium, si ad ejusdem regenerationis sacramentum denuo revocetur. Consequitur ergo, ut quod ex primo baptismate sentire compelleris, hoc etiam de secundo, monachico scilicet instituto, inevitabiliter fatearis. Et sicut prior semel susceptus nullatenus valet repeti, ita etiam secundus nulla potest juris ratione contemni.

Verumtamen dic, obsecro, quis sanctorum, quis antiquorum Patrum sub hac, quam insolenter asseris, probatione conversus est? Nunquid Antonius? Nunquid Paulus? Nunquid Hilarion? Nunquid et ipse sanctus Benedictus, qui ista, sicut tu falleris, videtur præcipere, sub hac probationis observantia ad monachicum legitur ordinem pervenisse? Percurre, quæso, cunctas veridicæ antiquitatis historias, et cum non possis vel unum per tam longa temporum intervalla probatum ostendere, necesse est, ut confitearis te calcetenus superatum, victoris insultationibus merito subjacere. Sane quo pacto cuncta exempla veterum, omnia gesta Patrum arroganti supercilio præteris, et contemptis omnibus, ad unius te sententiæ centrum obstinatus astringis? Nam si illi procul dubio sancti sunt, necessario sunt etiam imitandi. Quod si imitandi non sunt, nec omnino sancti sunt. Cernis, o bone litigator, quorsum vergat hæc tua docta sententia? Cogeris ergo necessario confiteri vel sanctos Patres nostros omnino sanctos non esse, vel eos, qui noviter convertuntur, magnopere probationibus non egere. Erubescat ergo lingua phrenetica, et quæ nescit esse facunda, discat esse vel muta. Nescit aliquid utiliter dicere, sciat saltem sine damno tacere. Serpit enim sermo iste perversus, ut cancer, qui nisi ab uno membro cisurgio acutissimæ reprehensionis absciditur, nulli dubium quin ad sana Ecclesiæ membra pestiferæ dilatetur.

CAPUT IX.
Probatio ad religionem venientium cur exigatur.

Sed ad hæc respondebis fortassis, et dices : Cur ergo probatio ista in commune præcipitur, si non etiam generaliter observetur? et ego abs te quæro : dic mihi, qui præcipit ut sub hac probatione quis ad conversionem veniat, ubi etiam censuit, ut aliter veniens, a monachica institutione recedat? Et cum ostendere hoc minime poteris, competens est ut credas, quia propter vagos homines, et duplices animo dictum est magis cautela consilii, quam auctoritate præcepti. Quod facile dignoscitur, si vel initium sententiæ ipsius, de qua agitur, attente legatur. Dicit enim (S. BEN. *Reg.*, cap. 58) : « Noviter quis veniens ad conversionem non tam facilis tribuatur ingressus, sed, sicut ait Apostolus, probate spiritum, si ex Deo est (*I Joan.* IV). » In quibus verbis patenter agnoscitur, quia quisquis ad conversionem divino Spiritu provocatus accesserit, tam morosæ probationis interstitio penitus non egebit. Tolle siquidem duplicem spiritum, probationis continuo cessat experimentum. Pulset ille Spiritus, qui dicit : « Ego sto ad ostium, et pulso (*Apoc.* I); » si cognoscitur, huic certe nulla mora protrahitur, nulla probatio quæritur, sed pulsanti protinus aperitur. Denique sicut ex apostolico exemplo colligitur, quod illic ponitur : « Probate spiritum, si ex Deo est; » probatio ista magis suscipienti est necessaria, quam venienti : videlicet ut suscipiens internoscere valeat, quo impulsus spiritu suscipiendus accedat. Nec jam probatio expedit, ubi qui probandus est, perspicaciter innotescat. Ibi quippe lucernam accendimus, ubi quod occultum est non videmus; si autem quod latebat aspicitur, lucerna protinus exstinguetur. Sic sic nimirum de cujus mente, quo spiritu ducatur ambigitur, valde necessarium est ut probetur. Ubi autem conscientia manifesta claruerit, probationis exercitium inanescit.

Et cum (teste ejusdem libello regulæ) cuncta pene hujusmodi negotia in abbatis arbitrio et potestate sint constituta, cum quilibet eo modo ad conversionem venerit, sicut illi ab abbate præcipitur; quam impudenter, quam inconsulte, quam infrunite quis asserat, ut illa conversio irrita judicetur? Certe eadem regula præcipit, ut abbatis mensa cum peregrinis et hospitibus semper sit. Sed quia modo propter reprimendam quorumdam crapulam, et luxuriosa convivia, religiosi cœnobiorum rectores minime faciunt; te judice, ab officio suo removendi erunt? Qui nimirum dum sancti doctoris intentionem vigilanter aspiciunt, sequi verborum superficiem parvipendunt; dum medullam vivificatoris Spiritus ruminant, occidentis litteræ paleas calcant. Sed sicut et hic propter saporem intelligentiæ, litterarum corticem postponi non prohibes, ita etiam de conversione monachi eadem necesse est consequenter affirmes.

Sed quoniam ex quadratis argumentationum nostrarum lapidibus inexpugnabile munimen ereximus, consequens est, ut hoc in ipsius calce opusculi quadam syllogismi clave firmiter obseremus. Omnes namque, qui monachicæ professionis habitum susceperunt, aut spontaneo judicio sunt conversi, aut vi coacti, aut suasoria calliditate decepti : qui autem sponte conversi sunt, vel sub probatione ad monasterium veniunt, vel postposita probationis difficultate prorumpunt. Sed jam superius posita multiplici canonum auctoritate firmatum est, ut quicunque ex sponte conversi sunt, aut coacti, aut etiam decepti, sive probati sunt, sive non probati, excepto si uxoris consensum et promissionem non habuerunt, omnes perseverare in eo, quem acceperunt, monachico ordine omnimodis compellantur. Concludatur ergo necesse est, ut omnes qui monachicæ professionis habitum susceperunt, exceptis his, qui absque uxoria permissione, et promissione conversi sunt, quocunque alio modo ad hoc propositum venerint, in eo, quem cœperunt, ordine compellendi sunt omnimodis permanere

Ecce, ut opinor, et catholicorum Patrum testimoniis cinctus, et perspicuæ veritatis multimoda ratione vallatus, ita es ex omni parte constrictus, ut tu contra hæc nihil prorsus opponere, nullo pacto ac rediviva te possis ulterius certamina reparare. Quapropter da manus, et confitere te ignorasse quæ dixeris, et tuum tibimet judicium per omnia displicere, imo adversus ea, quæ incaute protuleras, omni studio retractationis accingere: et ut eos, qui per te in errorem lapsi sunt, auctore Deo, ad rectitudinis viam valeas revocare. Vertatur docta manus in prælio, et pro illis stare prudenter studeat, quos oppugnare pertinaciter satagebat; ut de te ad laudem Dei cum Paulo merito possit dici: « Nonne hic est qui expugnabat in Jerusalem omnes, qui invocabant nomen istud? » (*Act.* IX.)

Parce, quæso, labiis meis, quisquis es venerabilis præsul: et si quid in te asperum blacteravi, si quid amaræ commotionis effudi, non typum arrogantiæ credas, sed zelum justitiæ clementer indulgeas. Ego enim dummodo vel una erroris spina de nemore sanctæ Ecclesiæ mea opera possit evelli, non refugio cujuslibet in me prave sentientis invidiam provocari. Nec te pudeat errorem tuum junioris fratris redargutione corrigere; dum non ignoras apostolorum minimum ipsi apostolorum principi in faciem restitisse (*Galat.* II). Et si forte respondeas, quia Paulus, licet minimus, tamen coapostolus; **374** ego autem non coepiscopus; audi saltem quid Deus hominibus dicat: « Venite, inquit, et arguite me (*Isa.* I). » Si ergo Deus, ut ab hominibus redarguatur, invitat, satis dignum est, ut homo correptus ab homine, zelum fraternæ charitatis æquanimiter ferat.

SCHOLIA.

Si in qualibet minori ætate vel religionis tonsuram, vel religioni debitam vestem, in utroque sexu filiis, aut unus, aut ambo parentes dederint, certe vel nolentibus, aut nescientibus susceptam, et non mox visam in filiis, abdicaverint, vel coram se, vel coram Ecclesia, palamque in conventu eosdem filios talia habere permiserint, ad sæcularem reverti habitum ipsis, filiisque quandoque penitus non licebit. Decretum est hoc concilii Toletani I, *quod S. doctor pro rei occasione ad hunc locum referre voluit. At dum ille videtur asserere, oblatos monasteriis cum ad annos discretionis pervenerint, teneri postea in illis perseverare; intellige id ex debito reverentiæ quam parentibus, a quibus oblati fuere, debent. Sic enim decere videtur, ut in cœpta vocatione permaneant: præsertim cum jam sibi veluti habitum et religionis disciplinam paraverint. Nam de rigore neque parentes ad ingrediendam religionem filios obligare possunt: imo et filii jam oblati cum ad annos discretionis pervenerint, ad sæculum redeant, reclamare poterunt* 10, *q.* 1, *cap.* 1. *Cum simus, De regular. S. Thomas quodlib.* 3, *q.* 5, *et* 2-2, *q.* 189. *Cardinalis Turrecremata tract.* 123, *in Reg. S. Ben. ad cap.* 59. *Sylvester, verbo* Religio, *q.* 10. *Concilium Trid., sess.* 25, *cap.* 15 *et deinceps. De hac eadem re plura videas apud S. Bernardum, Epist.* 1 *ad Robertum nepotem suum.*

Sit nomen Domini benedictum.

375-376 OPUSCULUM DECIMUM SEPTIMUM.

DE CÆLIBATU SACERDOTUM. AD NICOLAUM SECUNDUM ROMANUM PONTIFICEM.

ARGUMENTUM. — Publicam ecclesiasticorum virorum lasciviam ac petulantem vivendi licentiam comprimendam esse; quantoque nobiliores sunt qui peccant, eo majore animi ardore, ac libertate reprehendendos, exemplo egregio Phinees, fornicarium illum nodum disrumpentis, demonstrat. Quæ res adeo optimo promereri voluerit, sempiterni sacerdotii fœdere sit cumulatus. Contra accidere desidiosis recloribus, et flagitiis subditorum conniventibus, Heli sacerdotis admonet casus. Demum acriter in fornicarios sacerdotes atque episcopos, tum validis argumentis, tum sacræ auctoritate Scripturæ invectus, Nicolaum summum pontificem hortatur canonica indictione, ut male peccantes coerceat; ne dum nimium pius indulgensque in alios sit, alienam ipse in se transferat pœnam.

Domno NICOLAO summo pontifici, PETRUS peccator monachus debitæ subjectionis obsequium.

Nuper habens cum nonnullis episcopis ex vestræ majestatis auctoritate colloquium, sanctis eorum femoribus volui seras apponere, tentavi genitalibus sacerdotum, ut ita loquar, continentiæ fibulas adhibere. Sed quoniam hæc est secta, cui ubique contradicitur; aliud quidem quodcunque vestræ constitutionis imperium sub spe perficiendi, fidenter indicimus. Hujus autem capituli nudam saltem promissionem tremulis prolatam labiis difficilius extorquemus. Primo, quia fastigium castitatis attingere se posse desperant: deinde quia synodali se plectendos esse sententia propter luxuriæ vitium non formidant. Nostris quippe temporibus genuina quodammodo Romanæ Ecclesiæ consuetudo servatur, ut de cæteris quidem ecclesiasticæ disciplinæ studiis examen, prout dignum est, moveat; de clericorum vero libidine propter insultationem sæcularium dispensatorie conticescat. Quod certe satis correctione dignum est, ne unde vulgus omne conqueritur, inde potissimum a magistris Ecclesiæ in judicio taceatur. Si enim malum hoc esset occultum, fuerat fortassis utcunque ferendum; sed, ah scelus! omni pudore postposito, pestis hæc in tantam prorupit audaciam, ut per ora populi volitent loca scortantium, nomina concubinarum, socerorum quoque vocabula, simul et socruum, fratrum denique, et quorumlibet propinquorum, et ne quid his assertionibus deesse videatur, testimonio sunt discursio nuntiorum, effusio munerum, cachinnantium joca, secreta colloquia; postremo, ubi omnis dubietas tollitur, uteri tumentes, et pueri vagientes. Ergo præ pudore, nescio quomodo supprimatur in synodo, quod publice vociferatur in mundo; ut non modo peccantes, ut dignum est, notentur infamia; sed et hi quoque, qui ultores esse debuerant, videantur in culpa.

CAPUT PRIMUM.

Quod Phines idcirco fœdus æterni meruit sacerdotii, quia in zelum se extulit ultionis.

Non hic pudor faciem Phinees sacerdotis operuit, qui nimirum coeuntem cum Madianitide Israelitem coram omni multitudine in locis genitalibus arrepto pugione, transfodit (*Num.* xxv). Porro autem nos contra divina mandata personarum acceptores, in minoribus quidem sacerdotibus luxuriæ inquinamenta persequimur (*Deut.* x) : in episcopis autem, quod nimis absurdum est, per silentii tolerantiam veneramur. Sed ecce hic Phinees divini Spiritus zelo succensus, cum totus pene Israelitarum populus cum filiabus Moab fornicando corrueret, seseque Beelphegor sacrilegis cæremoniis initiaret, non in despectos quosque, vel infimos divinæ legis propugnator insiluit; sed excellentiores et clariores in populo, quos ad terrendum cæteros trucidaret, elegit; testante Scriptura quæ dicit : « Erat, inquit, nomen viri Israelitæ, qui occisus est cum Madianitide, Zambri filius Salai, dux de cognatione, et tribu Simeonis (*Num.* xxv).» De mulieris quoque nobilitate, si quæritur, hoc in sequentibus invenitur : « Porro mulier Madianitis, quæ pariter interfecta est, vocabatur Cozbi, filia Sur principis nobilissimi Madianitarum (*Ibid.*).» Sane post digestam fornicationis et dignæ ultionis historiam, quid opus fuit Moysi, ut genealogiam fornicatoris utriusque contexeret; et alterum ducem, alteram nobilissimi principis filiam fuisse narraret ; nisi ut doceret carnales illecebras in eminentibus personis acrius persequendas ? Hinc est quod et ipse Dominus, cum omnis Israelitica plebs non dispari crimine teneretur obnoxia, de populo quidem tacuit, adversus autem solos principes in furorem se dignæ animadversionis erexit. Iratus enim ait Moysi : « Tolle cunctos principes populi, et suspende eos contra solem in patibulis, ut avertatur furor meus ab Israel (*Ibid.*). » Plane et Moyses non ad alios, sed ad judices Israel ait : « Occidat unusquisque proximos suos, qui initiati sunt Beelphegor (*Ibid.*).» Dum ergo Phinees pro communi fornicatione totius multitudinis ulciscenda, in eos potissimum qui duces videbantur, insiliit, principes similiter populi in patibulis suspendi sententia divina præcepit, Moyses quoque non quibuslibet infimis, sed judicibus Israel, ut proximos suos occiderent, pro vindicta fornicationis injunxit. Quid in his omnibus datur intelligi, nisi quia reatus adulterii in personis clarioribus debet durius vindicari ? Et qui tales commotus ulciscitur, pacem superni judicis et gratiam non modo sibi, sed et populo absque dubio promeretur. Unde divina vox : « Phinees, inquit, avertit iram meam a filiis Israel, quia zelo meo commotus est contra eos, ut non ipse delerem eos in zelo meo (*Ibid.*).» Ecce audivimus quomodo propter iram Phinees placata est ira Domini super Israel, audiamus etiam nunc qualiter ipse per animi sui commotionem, perpetuam sibi cum Domino statuerit pacem. « Ecce, inquit, do ei pacem fœderis mei, et erit tam ipsi, quam semini illius pactum sacerdotii sempiternum, quia zelatus est pro Deo suo, et expiavit scelus filiorum Israel (*I Machab.* II). » Pacem quippe Dominus illi sui fœderis dedit, quia sedata omni carnis molestia, vivere illum usque in finem mundi, in paradisi amœnitate constituit. Ipse siquidem est, nisi fallor, Elias propheta, qui videlicet igneis equis et curru, Eliseo suspiciente, est translatus in cœlum (*IV Reg.* II). Unde me quisquis mentiri autumat; divinæ legis interpretem Hieronymum, qui hoc in Hebraicarum quæstionum libro testatur, potius reprehendat. Porro autem et tempore David regis hic Phinees superesse, ac sacerdotale officium gerere perspicue reperitur, dicente Scriptura : « Hi sunt, inquit, Coritæ super opera ministerii, custodes vestibulorum tabernaculi, et familiæ eorum per vices castrorum Domini custodientes introitum. Phinees autem filius Eleazar, erat dux eorum coram Domino (*I Par.* IX).» Cui nimirum Phinees nomen est a parentibus inditum, Elias vero agnomen est accidens per eventum. Elias siquidem interpretatur, Deus Dominus, quod ex hac sibi occasione impositum fuisse creditur, quia cum legationis officio fungeretur, missus ab Israelitico populo ad duas semitribus, Ruben videlicet et Gad, et dimidiam tribum Manasse, quæ enormis magnitudinis altare construxerant, hoc ab eis responsum excusationis accepit : « Fortissimus, inquiunt, Deus Dominus, ipse novit, si prævaricationis animo hoc altare construximus (*Jos.* XXII).». Ab his itaque rationem reddentium verbis, Elias nuncupatus asseritur, qui Phinees eatenus dicebatur; ut illorum responsum, hujus videatur esse vocabulum.

Notandum autem, quia sicut in chronicis suis solertissimus Beda testatur, ab egressu filiorum Israel ex Ægypto, usque ad Eliæ in cœli culmen ascensum, sexcentorum viginti annorum supputari calculus invenitur. Jure ergo qui mœchis repentinam intulit necem, annosæ vitæ sortitus est longitudinem; quique in terris divini zeli est ardore successus, congruenter est equis igneis elevatus in cœlum

CAPUT II.

Quod Heli ideo periit, quia filiis peccantibus male pius induisit.

At contra, Heli quia filiorum peccata cognovit, sed eos invectione, qua digni erant, acerrima non corripuit, eisdem filiis a Philisthiim in bello peremptis, ipse quoque de sella retrorsum cecidit, fractisque cervicibus exspiravit (*I Reg.* IV). Quin et arca Domini ab hostibus capta est, et prius quidem quatuor millia, deinde triginta millia virorum sunt, Philisthæo trucidante, prostrata. Et quidem redarguit, et quidem corripuit: sed lenitate et mansuetudine Patris, non severitate, vel auctoritate pontificis: « Quare, inquit, facitis res hujusmodi quas ego audio, res pessimas, ab omni populo? Nolite, filii mei; non est enim bona fama quam audio (*Ibid.* II).» Audierat enim, Scriptura testante, quia « dormiebant cum mulieribus quæ observabant ad ostium tabernaculi (*Ibid.*).» Porro quos inimicos Dei vidit, in perniciem suam filios recognovit: et quos hostili ferire gladio debuit, paternæ blanditiæ lenitate palpavit. Non sic ille fidelis in domo Domini famulus Moyses, magister videlicet ingenui Phinees. Stans enim in porta castrorum, ait: « Si quis est Domini, jungatur mihi. Congregatique sunt ad eum omnes filii Levi, quibus ait: Hæc dicit Dominus Deus Israel: Ponat gladium vir super femur suum; ite, et redite de porta usque ad portam per medium castrorum, et occidat unusquisque fratrem, et proximum, et amicum suum (*Exod.* II)» Cæsis itaque viginti tribus millibus hominum, ait Moyses: « Consecrastis manus vestras hodie Domino, unusquisque in filio et fratre suo, ut detur vobis benedictio (*Ibid.*).» Plane sicut benedictione digni sunt, qui culpas corrigunt, **379** ita nihilominus maledictioni obnoxii sunt, qui peccantibus blandiuntur, sicut per prophetam dicitur: « Maledictus qui prohibet gladium suum a sanguine (*Hier.* XLVIII).» A sanguine quippe gladium suum prohibet, qui se ab inferenda reprobis dignæ sententiæ animadversione coercet. Facti siquidem culpam habet, qui quod potest, negligit emendare. Unde et præfato Heli vir Dei, qui et Phinees fuisse putatur, ait: « Hæc dicit Dominus: Quare calce abjicitis victimam meam, et munera mea quæ præcepi ut offerrentur in templo, et magis honorasti filios tuos quam me? » (*I Reg.* II). Si ergo Heli propter duos duntaxat filios, quos non ea qua digni erant invectione corripuit, cum eis simul, et cum tot hominum multitudine periit; qua arbitramur dignos esse sententia, qui in aula ecclesiastica, et soliis judicantium præsident, et super non ignotis pravorum hominum criminibus tacent? Qui dum dehonestare homines in publico metuunt, ad contumeliam superni judicis divinæ legis mandata confundunt: et dum perditis hominibus amittendi honoris officium servant, ipsum ecclesiasticæ dignitatis auctorem crudeliter inhonorant. Unde et cidem Heli, qui Deum, suos filios honorando, contempse-

rat, divina vox ait: « Quicunque glorificaverit me, glorificabo eum; qui autem contemnunt me, erunt ignobiles.» Ubi mox subditur: « Ecce dies veniunt, et præcidam brachium tuum, et brachium domus patris tui (*I Reg.* II).» Ac si aperte dicat: Quia ego per pastoralis officii dignitatem contra inimicos meos brachium tibi fortitudinis contuli, sed tu ad eorum ultionem illud exerere noluisti; jam brachium te præcidam, id est, vigorem tibi sacerdotalis culminis auferam: ut qui manceps fueras ad pugnandum pro me, jam nec manum habeas ad tuendum te.

Ponamus plane, quod Ophni, et Phinees episcopi sint; Heli autem metropolitani vicem teneat: quid ergo deterius quis potest agere, quam si luxuriosis episcopis parcat, cum emendare prævaleat? Præsertim cum præfato Heli Dominus dicat: « Prædixi ei, quod judicaturus essem domum ejus in æternum, propter iniquitatem, eo quod noverat indigne agere filios suos, et non corripuerit eos; idcirco juravi domui Heli, quod non expietur iniquitas domus ejus victimis et muneribus, usque in æternum (*I Reg.* III)» Si ergo victimis et muneribus omnia crimina diluuntur, sola autem falsa in episcopis pietas veniam non meretur; videat qui eorum dijudicare mala dissimulat, quam duræ sententiæ apud districtum judicem se obnoxium reddat. Sed quoniam ego summum Ecclesiæ universalis antistitem vel leviter suggillare non audeo, ipsum, qui peccat, breviter alloquar.

CAPUT III.

Contra sacerdotem luxuriæ deditum.

Cur, o sacerdos, qui sacrum dare, hoc est sacrificium Deo debes offerre, temetipsum prius maligno spiritui non veteris victimam immolare? Fornicans enim a Christi te membris abscindis, et meretricis corpus efficeris, Apostolo testante, qui ait: « Qui adhæret **380** meretrici, unum corpus efficitur (*I Cor.* VI).» Et iterum: « Tollam, inquit, membra Christi, et faciam membra meretricis (*Ibid.*).» Absit. Quid ergo tibi cum corpore Christi, qui per carnis illecebrosæ luxuriam membrum factus es Antichristi? « Quæ enim conventio lucis ad tenebras, aut quæ societas Dei ad Belial? » (*II Cor.* VI.) Nunquid ignoras, Dei Filium adeo carnis elegisse munditiam, ut ne quidem pudicitia conjugali, sed de clausula potius incarnatus sit virginali? Et ne hoc sufficere videatur, ut tantummodo virgo sit mater, Ecclesiæ fides est, ut virgo fuerit et is qui simulatus est pater. Si igitur Redemptor noster tantopere dilexit floridi pudoris integritatem, ut non modo de virgineo utero nasceretur, sed etiam a nutricio virgine tractaretur, et hoc cum adhuc parvulus vagiret in cunis, a quibus nunc, obsecro, tractari vult corpus suum, cum jam immensus regnat in cœlis? Si mundis attingi manibus volebat in præsepio positus, quantam corpori suo nunc vult adesse munditiam jam in paternæ majestatis gloria sublimatus? Plane si pater filiam suam incestuose corrumpit, mox ab Ecclesia projectus excluditur, communione privatur, et vel in carcerem truditur, vel in exsilium destinatur. Quanto ergo deterius ipse abjiciendus es, qui cum filia tua non quidem carnali, quod minus est, sed cum spirituali potius perire non metuis? Omnes quippe Ecclesiæ tuæ filii, tui procul dubio filii sunt. Et certe perspicuum est quia spiritualis generatio major est quam carnalis. Porro cum tu sis vir et sponsus Ecclesiæ tuæ, quod utique perhibent et annulus desponsationis, et virga commissionis; omnes qui in ea regenerati sunt per baptismatis sacramentum, tibi quoque nihilominus astringuntur necessitudine filiorum. Qui ergo cum spirituali filia tua committis incestum, qua conscientia Dominici corporis audes tractare mysterium? Sed fortassis objicias, quia longe antequam tu culmen sis adeptus episcopi, illa sit nata, vel non in episcopio, sed in aliqua sit plebium baptizata; tanquam tu eorum tantummodo, qui nascituri erant, factus sis pater, et omnis parochia tua non sit Ecclesia tua. Enimvero cum Dominus dicat: « Nolite sanctum dare canibus *(Matth.* vii), » quod de te judicium erit, qui corpus tuum, quod utique sanctificatum est per consecrationis accessum, non canibus, sed lupanaribus tradis? Et cum omnes ecclesiasticos ordines in te, uno habeas metuenda mole congestos, omnes procul dubio fœdas, dum te prostibuli permistione commaculas. Polluis itaque in te ostiarium, lectorem, exorcistam, omnesque deinceps sacros ordines, pro quibus omnibus in districto Dei judicio redditurus es rationem. Ad impositionem manus tuæ descendit Spiritus sanctus, et tu eam adhibes genitalibus meretricum. Linguæ tuæ obsequitur Deus, et tu non vereris obtemperare dæmonibus? Porro qui in ecclesiastica cerneris dignitate conspicuus, non te erubescis immergere fornicibus scortatorum? Et qui prædicator constitutus es castitatis, non te pudet servum esse libidinis? Veniet, veniet profecto dies, imo nox, quando libido ista tua vertatur in picem, quæ se perpetuus ignis in tuis visceribus inexstinguibiliter nutriat, et medullas tuas, simul et ossa indefectiva conflagratione depascat! Qui enim flamma libidinis æstuas, qua fronte, qua audacia sacris altaribus appropinquas? Ignoras, quia filii Aaron, Nadab videlicet et Abiu, idcirco cœlesti sunt igne consumpti, quoniam alienum ignem offerre Domino præsumpserunt? *(Levit.* x; *Num.* iii.) Altaria quippe Domini non alienum, sed ignem duntaxat divini amoris accipiunt. Quisquis igitur carnalis illecebræ ignibus æstuat, et sacris assistere mysteriis non formidat, illo procul dubio divinæ ultionis interim igne consumitur, de quo Scriptura testatur: « Et nunc ignis adversarios consumit *(Hebr.* x). » Et sicut nunc æstuantis luxuriæ flamma decoquitur, ita postmodum nunquam finiendis atrocis gehennæ incendiis, necesse est comburatur. Præterea non expavescis, o infelix episcope, quia dum luxuriæ voraginem corruis, Nicolaitarum hæresim incurristi? Nicolaus quippe, unus ex his quos Petrus apostolus diaconos consecraverat, dogmatizabat clericos cujuslibet ordinis nuptialibus fœderandos esse conjugiis. Quod ergo ille docebat verbis, ad hoc tu in cathedra pestilentiæ sedens, multo deterius invitas exemplis. De quo videlicet scelere, angelo Ephesinæ Ecclesiæ divina vox ait: « Odisti facta Nicolaitarum, quæ et ego odi *(Apoc.* ii). » Et cum Apostolus dicat: « Omnis fornicator non habet hæreditatem in regno Christi et Dei *(Ephes.* v), » qui in regno Dei, hoc est, in cœlo, non habes quamlibet hæreditatem, quo pacto in Ecclesia, quæ nihilominus regnum Dei est, prælationis obtines dignitatem?

CAPUT IV.

Exhortatio ad summum pontificem; ut in episcopos fornicarios canonicum exerat vigorem.

Tu autem, domine mi, venerabilis papa, qui Christi vice fungeris, qui summo pastori in apostolica dignitate succedis, noli pestem hanc per ignaviam ad incrementa perducere; noli connivendo, et dissimulando grassanti luxuriæ frena laxare. Serpit enim hic morbus ut cancer, et virosa propago ad infinita porrigitur, nisi evangelica falce quod male pullulat amputetur. Absit igitur, ut sanctum cor vestrum segnis Heli torpor emolliat, sed potius ad sceleris ultionem ingenui Phinees zelus accendat. Deponantur ii, qui ecclesiasticæ castitatis non verentur fœdare mundatiam: et dejecti deterreant, quos male stantes ad turpis luxuriæ contumeliam provocabant. Ad ultionem igitur se canonicus vigor exerat, et petulantium clericorum mala compescat; quatenus et beatitudini vestræ, quod absit, nævus non obrepat infamiæ, et solitus nitor ecclesiasticæ resplendeat disciplinæ. Vestra quippe clementia non ignorat, quoniam Achab rex Israel, dum regi Assyriorum Benadad inordinata pietate pepercit, divini adversum se furoris sententiam provocavit; cui nimirum vir Dei ait: « Hæc dicit Dominus: Quia dimisisti virum morte dignum de manu tua; erit anima tua pro anima ejus, et populus tuus pro populo ejus *(III Reg.* xx). » Hic ipse quoque vir Dei cum diceret socio suo: « In sermone Domini percute me; » noluissetque ille percutere, ait: « Quia noluisti audire vocem Domini, ecce recedes a me, et percutiet te leo *(Ibid.).* » Cumque paululum recessisset ab eo, ut Scriptura testatur, invenit eum leo, atque percussit. Quibus utique sacri eloquii verbis, quid aliud innuitur, quam quia incomposita pietas procul dubio meretur iram Dei, dum non promulgat in reos sub districti juris æquitate censuram? Meritoque debet superni judicis subire vindictam qui neglexit in subditos exerere disciplinam: illique leoni, qui circuit quærens quem devoret *(I Petr.* v), merito traditur, qui ab infligendo pœnitentiæ vulnere per torporis desidiam cohibetur. Sic igitur ingenuus vester spiritus ad tollendum castitatis opprobrium se ferventer accingat, sic se in ultionem Nicolaitæ hæresis strenue ac viriliter erigat, ut juxta sponsionem Phinees, pacem sui fœderis vobiscum Deus omnipotens statuat; imo, sicut Eliam, cæsis typice quadringentis quinquaginta sacerdotibus (*III Reg.* XVIII), cœlo vos non equis igneis, sed angelis comitantibus introducat.

Sit nomen Domini benedictum.

OPUSCULUM DECIMUM OCTAVUM.

CONTRA INTEMPERANTES CLERICOS,

Contextum ex tribus aliis beati Damiani de eo argumento dissertationibus.

DISSERTATIO PRIMA.

ARGUMENTUM. — Petro cardinali viro insigni currenti, ut aiunt, stimulos addit, dum in clericorum impudicam vitam longa oratione invectus illum hortatur, ut suscipiat hanc cogitationem dignissimam suæ virtutis; eorumdem scilicet intemperantiæ totis viribus oppugnandæ, ut aliqua ratione, si fieri possit, coerceatur. Quam sit Deo rem gratam facturus, exemplo Phinees et Moysis ostendit. Multis quoque rationibus, et argumentis illum instruit, et ut castitatem tueri, et clericorum possit libidinem sua oratione destruere.

Domno PETRO Lateranensis canonicæ archipresbytero, PETRUS peccator monachus fraternæ glutinum charitatis.

Tantum valet jaculum, quanta virtus est bellatoris. Nam quantalibet limetur, et exacuatur industria, si brachium vibrantis elangueat insignis victoriæ manubias non reportat. At ubi bellator est strenuus, per obtusum quoque gladium cæsis hostibus aliquando fit triumphus. Nam et Goliath insigni munitus gladio, non modo perdidit, sed et percussus occubuit (*I Reg.* XVII). Et Samson cum vili mandibula asini mille de Philisthiim viros occidit (*Judic.* XV). Hinc est quod cum Jether primogenitus Gedeonis, gladium timuisset educere, Zebee, et Salmana reges Madiam, dixerunt Gedeoni : « Tu surge, et irrue in nos, quia juxta ætatem robur est hominis (*Ibid.*).» Itaque qui contra clericorum luxuriam tanquam ludites jaculum fabrico, in nullius eum melius, quam in tuis manibus pono. Tanto quippe zelo vidi te semper adversus eorum perditos mores medullitus inardescere, ut Phinees, vel Heliæ judiceris incendio non egere; adeo ut plus in suggillationis tuæ vereantur obloquium, quam ipsum quoque timeant papale decretum. Nam velut egregius canis aulæ regiæ custos, nocturnos fures claris baubatibus impetis, eosque ne libidinis suæ facibus palatium regale comburant, mordicus apprehendis.

CAP. I. — *Cur clerici debeant esse casti.*

Non te latet quia presbyteris, diaconis, et subdiaconis, tam districtæ, tam rigidæ regula castitatis indicitur, ut omni catholicorum Patrum concurrente judicio, a contrahendis nuptiis funditur abscindantur. Et certe satis est ratione plenissimum, ut post episcopos, in his quoque tribus gradibus, niveus pudicitiæ candor effloreat, qui nimirum sacris mysteriis familiarius appropinquant. Nam quia Dominicum corpus in virginalis uteri templo coaluit, nunc etiam a ministris sui continentis pudicitiæ munditiam quærit.

Plane sicut concipienti Deificæ Virgini non virile semen influxit, sed virtus sancti Spiritus obumbravit; ita nunc in altari positum sacramentum eadem sancti Spiritus virtus est, quæ vivificat : et necesse est, ut hoc pudica manus, et impolluta contingat. Sed quoniam super hoc themate prolixius jam alibi disputavimus, et primo quidem piæ memoriæ Nicolao papæ, deinde Taurinensi episcopo, postremo etiam comitissæ Adelaidi, viritim scribentes diversa Scripturarum exempla congessimus : ad illa te, frater venerande, transmitto, illis te velut armis militaribus induo : atque ut alter Josue urbem Jericho subvertere nitaris, impello. Superest ergo nunc, ut eosdem clericos ipse paulisper aggrediar ; quatenus quod in camino pectoris servet, ita labiis quasi rimis patentibus evaporet.

Convenio vos, o prolectarii, uxorii, ac mulierum dominantium ditionibus inserviti, ut quid canonicæ sanctionis jura confunditis, et a sanctis Patribus institutam puritatis ecclesiasticæ regulam violatis ? Proh pudor ! libidinis vestræ legibus colla submittitis, et promulgata per ora doctorum sancti Spiritus edicta calcatis. Ecce per vos apostolorum labor evertitur, et ædificium, quod doctores Ecclesiæ fundaverunt, liquet quod, vobis impugnantibus, obruatur. Et ita fit, ut lex Ecclesiæ quam clericalis ordo constituisse dignoscitur, per eumdem rursus ordinem e contrario destruatur. Amnon et Absalon fratres fuerunt, quos unus quidem pater genuit; sed alterum alter exstinguit (*II Reg.* III). Cain trucidavit Abel (*Gen.* IV), malus scilicet justum; sæpius etiam adulterinus legitimum perimit, sicut Jugurtha, perhibente Crispo (SALLUST., *De bello Jugurth.*), Hiempsal et Adherbal occidit; ita quodammodo spurii fratres legitimos perimunt, cum ii qui se solo nomine clericos profitentur, sanctorum Patrum judicia destruunt. Et tanquam ipsos videntur exstinguere, quorum non metuunt sententias annullare. Quos videlicet apte significare videtur Abimelech filius Jerobaal, quem Scriptura genitum refert de concubina, quam habuerat in Sichem (*Judic.* IX). Hic enim occidit fratres suos filios Jerobaal, septuaginta viros super lapidem unum. Quid enim per septuaginta viros, nisi prædicatorum Ecclesiæ libra signatur? de quibus ait Lucas evangelista: « Quia designavit Dominus septuaginta; et misit illos binos ante faciem suam in omnem civitatem et locum quo erat ipse venturus (*Luc.* x). »

Hic etiam prædicantium ordo jam figurabatur in illis, de quibus ad Moysen Dominus ait: « Congrega mihi septuaginta viros de senioribus Israel, quos tu nosti, quod senes populi sint, et magistri, et duces eos ad ostium tabernaculi fœderis (*Num.* xi). Idem quoque mysticus numerus prædicatoribus convenire tunc indubitanter agnoscitur, cum Israeliticus populus in Elim castra posuisse narratur (*Exod.* xv); ubi videlicet erant duodecim fontes et septuaginta palmæ. Quid enim per duodecim fontes, nisi sancti designantur apostoli, qui ariditatem cordis humani sanctæ prædicationis non desinunt irrigare fluentis? Quid vero per septuaginta palmas, nisi inferioris gradus debent sacerdotes intelligi, qui constituti sunt per mundum Christi narrare victorias? Palma siquidem consuevit coronare victores; denarius autem numerus in his septenarium ducitur; quia necesse est, ut per septiformis Spiritus sancti gratiam decalogus impleatur.

Nec prætereundum, quod populus ille antequam venerit in Elim, pridiana castrametatus fuerat in Maara (*Ibid.*). Ubi nimirum cum aqua tam esset amara ut poculum non admitteret, lignum quod Deus ostendit, ingeritur, et protinus obdulcatur. Occidentem quippe litteram veteris legis, quia nemo valebat implere, quasi præ amaritudine salsas aquas horrescebant homines bibere; sed his aquis cum lignum crucis adhibetur, cum Dominicæ passionis series applicatur, mox spiritualis intelligentiæ cum dulcedine bibitur sacramentum. Sicque populus de Mara venit in Elim; amaræ scilicet litteræ spernit horrorem, et ad apostolicos fontes, atque ad palmalis fructus gaudet festinare dulcedinem. Legalem abjiciens servitutem, dulcem expetit evangelicæ gratiæ libertatem.

CAP. II. — *Luxuriosi clerici cum Abimelech comparantur.*

Ut ergo ad id quod cœpimus revertamur, cum per septuaginta viros, quos occidit Abimelech, prædicatores figurentur Ecclesiæ; quid per eumdem Abimelech, qui eorum frater erat, sed spurius, nisi luxuriosi, atque carnales intelligendi sunt clerici, qui catholicorum, sanctorumque pontificum et fratres quidem sunt per acceptum ecclesiasticum ordinem, et tamen spurii judicantur per degeneris vitæ, et ignobilium operum pravitatem? Hi fratres suos occidunt, cum sanctorum Patrum judicia destruunt, cum sanctiones eorum atque decreta perverse vivendo confundunt. Et hæc interfectio fit super lapidem unum. Lapis iste Salvatoris est Ecclesia, de qua per Zachariam dicitur: « Ecce ego adducam servum meum orientem, quia ecce lapis, quem dedi coram Jesu: Super lapidem unum septem oculi sunt (*Zach.* III). » Lapis iste utrobique unus aptissime dicitur, ut unitas Ecclesiæ commendetur. De qua sponsus ait in Canticis: « Una est columba mea, una est Genitricis suæ (*Cant.* vi). »

Quid sunt autem septem oculi super lapidem unum, salvo tamen, si est, altiori mysterio, nisi illi septuaginta viri, hoc est, doctores sancti in ecclesiasticæ pacis unitate conjuncti, septiformis sancti Spiritus charismatibus illustrati? Per hos enim oculos sancta videt Ecclesia, per hos conspicit ubi recti operis pedem ponat, ac per viam mandatorum Dei gradiens, normam rectitudinis non offendat.

Abimelech ergo manzer ac spurius septuaginta legitimos fratres super unum lapidem perimit; quando pars [primus] clericorum ab ecclesiasticæ castitatis nobilitate degenerans, obscœnius se luxuriæ legibus subjicit. Et dum sacros canones reprobandos judicat, eorum conditores, sanctos scilicet viros, ac per hoc nobiles, Gedeonis, id est Salvatoris ac Ecclesiæ filios, impia quodammodo crudelitate trucidat. Habent enim adulterinos canones, et quasdam argumentorum cavillantium novitates, quibus oppugnent. Quod videlicet in illa quoque turris Sichimorum obsidione signatur, cum de eodem fratricida per historiæ seriem dicitur: « Abimelech, inquit, audiens viros turris Sichimorum pariter conglobatos, ascendit in montem Selmon cum omni populo suo, et arrepta securi, præcidit arboris ramum, impositumque ferens humero, dixit ad socios: quod me videtis facere, cito facite (*Judic.* IX). » Deinde sequitur: « Igitur certatim ramos de arboribus præcidentes, sequebantur ducem, quibus circumdantes præsidium succenderunt: atque ita factum est, ut fumo et igne mille hominum necarentur, viri pariter ac mulieres habitatorum turris Sichem (*Ibid.*). »

Non est hujus loci sacræ figuras historiæ solerter exponere, sufficiat nobis, quantum ad propositum attinet, rem summotenus prælibare. Rami arborum sunt sententiolæ Scripturarum, quas dum impudici quique ad allegationis suæ robur violenter inflectunt, fumo, simul et igne numerosas hominum catervas exstinguunt: fumo scilicet erroris, et igne libidinis; ut deceptas mala discentium mentes, et luxuriæ flamma succendat, et pravi dogmatis caligo confundat. Hæ sunt enim merces, quæ de Sodoma et Gomorrha prodire visæ sunt post excidium: « Abraham, inquit Scriptura (*Gen.* XIX), consurgens mane ubi steterat prius cum Domino, intuitus est Sodomam et Gomorrham, et universam terram regionis illius, viditque ascendentem favillam de terra, quasi fornacis fumum. » Porro autem et dum Thebes cum suis agminibus obsideret oppidum, eumdem contra castitatem Abimelech videtur figurasse conflictum. « Erat autem turris excelsa, ut Scriptura testatur, in medio civitatis, ad quam confugerant viri simul ac mulieres, et omnes principes civitatis, clausa firmissime janua, et super turris tectum stantes per propugnacula (*Judic.* IX). » Civitas universalis Ecclesia, turris castitatis est eminentia, ad quam confugerant viri simul ac mulieres, fortes scilicet et infirmi, principes etiam civitatis, ordo videlicet clericorum, qui tenet Ecclesiæ principatum. Accedens itaque Abimelech juxta turrim, cœpit instantius dimicare, et appropinquans ostio, ignem conabatur apponere.

CAP. III. — *Quam perniciosa sit clericorum intemperantia.*

Hoc itaque modo clerici petulantes, et infruniti, turri castitatis moliuntur incendium, dum multos ad suæ libidinis, et æstuantis insaniæ cohortantur exemplum. Ignibus armati turrim castitatis impetunt, dum incesti castos flamma pestiferæ persuasionis accendunt. Sed huic certamini qu's finis imponitur? Quos victoriæ titulos hæc pugna sortitur? « Ecce, inquit, mulier fragmentum molæ desuper jaciens, illisit capiti Abimelech, et confregit cerebrum ejus. Qui vocavit cito armigerum suum, et ait ad eum: Evagina gladium tuum, et percute me, ne forte dicatur quod a femina interfectus sim, Qui jussa perficiens, interfecit eum (*Judic.* IX). » Ut autem in his verbis non diutius immoremur, fragmen hoc molæ, quod Abimelech cerebrum fregit, nihil est aliud quam saxum illud, quod Daniel sine manibus abscissum de monte conspexit (*Dan.* II); ipse videlicet Dominus, qui de se in Evangelio dicit: « Qui ceciderit super lapidem istum, confringetur; super quem vero ceciderit, conteret eum (*Matth.* XXI). » Mulier vero de cujus manibus mittitur, sacra lex est, quæ flagitiosis pudicitiæ contemptoribus, repentinum Christi judicium comminatur. De quo per Jeremiam dicitur: « Nunquid non verba mea sunt quasi ignis, dicit Dominus, et quasi malleus conterens petram? » (*Jer.* III.) Armiger vero Abimelech, diabolus est, qui videlicet omnibus, qui turrim castitatis oppugnant, arma libidinis, et acuta luxuriæ jacula subministrat. De quibus jaculis dicit Apostolus: « In omnibus sumentes scutum fidei, in quo possitis omnia tela nequissimi ignea exstinguere (*Ephes.* VI). » Et propheta: « Ibi, inquit, Assur cum armis suis (*Ezech.* XXXII). » Quem ergo mulier fragmine molæ percussit, armiger ense peremit; quia castitatis adversarios, quibus Scriptura sacra judicium divinæ animadversionis intentat, diabolus æternæ mortis internecione trucidat; ut quibus fuerat minister in pugna, eorumdem sit postmodum tortor in pœna, quæque illis contra pudicitiam arma suggesserat, eadem exigentibus meritis in eorum tunc jugulum vertat.

Eant igitur nunc clerici molles, incesti, atque a genuina sui ordinis nobilitate degeneres; cum Abimelech arma corripiant; legitimos super unum lapidem fratres occidant; turrim Thebes, id est castitatis arcem, expugnare contendant. Omnis tamen eorum conflictus hoc fine concluditur, ut post ictum lapidis, armigeri quoque sui gladio perimantur, quatenus qui super lapidem gladio fratres exstinxe-rant, lapide proterantur, ut gladium non evadant: eosque pondus primo divinæ sententiæ conterat, deinde maligni spiritus pœnalis mucro concidat; quanquam non ignoremus, non absurde significari posse per Jeroboal Christum; per Abimelech Antichristum. Qui nimirum sicut ille concubinæ, sic et iste est rejectæ filius synagogæ. Per septuaginta vero fratres, quos Abimelech occidisse narratur, septuaginta linguarum gentes, quas Antichristus in sæculi fine persequitur. Sed et nos, ut cœpimus, clericorum adhuc vesaniam prosequamur.

Hi plane tanquam filii Jacob, paternæ quidem prosapiæ titulo decorantur: sed quia spurii atque degeneres, non legitimam ex uxoribus, sed ignobilem potius, quasi ex concubinis originem trahunt. Sicut enim Scriptura dicit: « Spuria vitulamina non dabunt radices altas (*Sap.* IV). » Non enim Liæ, sive Rachelis, sed Balæ potius, vel Zelphæ ancillarum filii in servili sordidæ conversationis opere comprobantur. Bala siquidem interpretatur, inveterata. Et hi dum carnaliter vivunt, non ex novitate spiritus, sed ex carnali vetusti hominis germine se prodire testantur. Zelpha vero in nostra lingua sonat os hiens. Hæc itaque illorum mater recte dicitur, quorum scilicet in prædicationem veritatis os videatur ire, sed cor non ire; de quibus utique scriptum est: « Populus hic labiis me honorat, cor autem eorum longe est a me (*Isa.* XXIX). » Quibus etiam Apostolus quasi personaliter exprobrans, ait: « Qui ergo alium doces, teipsum non doces? Qui prædicas non furandum, furaris? Qui dicis non mœchandum, mœcharis? Qui abominaris idola, sacrilegium facis? Qui in lege gloriaris, per prævaricationem legis Deum inhonoras? Nomen enim Dei per vos blasphematur in gentibus (*Rom.* II). » Verbum quippe Dei, quod labiis astruunt, reprobe vivendo convellunt. Et loquentes quidem, de clarissima patriarcharum videntur nobilitate descendere, viventes autem ex ignominiosa fœdi prostibuli comprobantur linea propagari. Abraham plane unum quidem de uxore, plures autem ex concubinis filios genuit, sed eos ab illo procul, dum adviveret, separavit. Non enim fratri fieri poterant cohæredes, qui ancillabantur in germine. Quid itaque Scriptura dicit? « Dedit Abraham cuncta quæ possederat Isaac, filiis autem concubinarum dedit munera (*Gen.* XXIII). » Et quidem dum superesset Abraham, omnes gloriabantur se esse filios Abrahæ: sed cum in fine totum uni patrimonium contulit, qui revera filii nomen obtineat, qui concubinali notantur infamia, manifeste discrevit. Nunc itaque manzeres clerici inter legitimos Abrahæ filios communi videntur admistione discurrere, sed postmodum ab hæreditatis consortio repelluntur, qui modo mulieribus quasi perceptis a patre muneribus, delectantur.

CAP. IV. — *Clericorum pravæ objectiones, et earum refutatio.*

Sed dicunt: Nonne dicit Apostolus: « Propter fornicationem unusquisque suam uxorem habeat, et unaquæque virum suum habeat? Vir uxori debitum reddat, et uxor viro? (*I Cor.* vii.) » Ecce, inquiunt, hæc apostolica verba generalia sunt: et dum unicuique nubendi licentiam tribuunt, nos excipere non videntur. Ad quod ego : Si per hæc verba conjugalis incontinentiæ passim frena laxantur, episcopis etiam, sive monachis, insuper et abbatibus libertas eadem non negetur. Et quoniam uterque sexus non diversa lege constringitur, etiam sacræ virgines ad ineunda conjugalis copulæ fœdera provocentur. Sed quæ aures ecclesiasticis attritæ doctrinis hoc æquanimiter ferant, et non protinus expavescentes immane sacrilegium perhorrescant? At nonnulli super hac quæstione conventi, ad paupertatis illico patrocinium convolant, unde sibi clypeum frivolæ excusationis opponant : Muliebris, inquiunt, sedulitatis auxilio carere non possumus, quia rei familiaris inopiam sustinemus.

Quibus etiam e contrario respondemus quia ubi angustiora sunt alimenta, ibi minor est alenda familia; et mensa quæ non gravatur eduliis, non est pluribus obeunda convivis. Unde necesse est ut paupertas indiga solitudinis feminarum doceat abdicare consortium, et greges inhianter edentium prohibeat gignere parvulorum.

Verum qua mentis audacia divinis non expavescunt appropinquare mysteriis; cum David, antequam panes propositionis attingat, mundum se ac suos jam per triduum a contactu mulierum reverenter excusat? Dixerat enim sibi Abimelech sacerdos : « Non habeo panes laicos, sed tantum panem sanctum. Si mundi sunt pueri, maxime a mulieribus, manducent (*I Reg.* xxi).» Ubi notandum, quia cum dicit eos qui panem sanctum cogebantur edere maxime a mulieribus mundos esse debere; perspicue docet nullum culpæ contagium, nullum omnino reatum divinis mysteriis esse contrarium, quam est illicita præsertim commistio feminarum. Porro dum tantus apud veteres metus inesset umbræ Dominici corporis, quanta nunc debetur ipsi reverentia veritati? Et si conjugale commercium ab illius panis compescebat accessu, quanto magis ab hoc sacrosancto mysterio removendus est pellicatus? Ah scelus! Manus, quæ deputatæ fuerant ad ordinandas in cœlestis mensæ ferculo vitales epulas angelorum, tractare non metuunt obscœnitates et spurca contagia mulierum. Ii, qui inter illa terribilia sacramenta choris admiscentur angelicis, mox tanquam de cœlo ruentes, ad femineæ fœditatis relabuntur amplexus, et velut sues immundæ cœnosis vermigenæ luxuriæ volutabris immerguntur. « Quorum scilicet ignis non exstinguetur, et vermis non morietur (*Isa.* lxvi).» Cœlum aperitur, summa simul in unum et ima concurrunt, et se sordibus quilibet audacter ingerere non veretur. Potestates angelicæ trementes assistunt, inter offerentium manus virtus divina descendit, donum sancti Spiritus influit, pontifex ille, quem adorant angeli, a sui corporis et sanguinis hostia non recedit, et adesse non trepidat, quem tartareæ libidinis æstus inflammat. Si is, qui nuptialibus non ornabatur induviis, manuum pedumque loris addictus in tenebras projicitur ultionis (*Matth.* xxii); quid illi sperandum est, qui cœlestibus tricliniis intromissus, non modo non est spiritalis indumenti decore conspicuus, sed ultro etiam fetet sordentis luxuriæ squalore perfusus? Si ille stridore dentium, et fletu plectitur oculorum, qui cultu vestium, convivantium non oblectat aspectus . quod illi judicium, qui fæculentus ac luridus, quantum ad seipsum nuptialis edulii munditiam polluit, discumbentium candidatos offendit, ipsumque Regem sordidis manibus attrectare præsumit? Dathan et Abiron jurgantes contra Moysen et Aaron dehiscens terra deglutiit (*Num.* xvi). Core propter hoc ipsum cum ducentis quinquaginta viris, repentinum de cœlo descendentis ignis incendium devoravit, et iste quomodo vivet, qui non hominem, sed hominum tam cruente, tam turpiter offendit Auctorem? Hujusmodi plane clerici legationem mittunt Domino, non quidem strepitu verborum, sed linguis operum et intentione votorum : Nolumus hunc regnare super nos. De quibus utique dicturus est postmodum : « Verumtamen inimicos meos, illos qui noluerunt me regnare super se, adducite, et interficite ante me (*Luc.* xix).» Pharaonis quippe sibimet præesse delectantur imperium, et Deum Israel super se regnare contemnunt (*Exod.* i). Sed ille eos luto et lateribus opprimit, quia lutulentis atque cœnosis operibus incubare compellit. Quibus operibus admiscentur et paleæ, actiones scilicet inutiles et infecundæ, ac flammis inexstinguibilibus deputatæ.

CAP. V. — *Citantur exempla sacræ Scripturæ.*

Istis præterea propheticum lumbar illud aptissime congruit, de quo Jeremias ait : « Dixit Dominus ad me : Vade, et posside tibi lumbar lineum, et pones illud super lumbos tuos (*Jer.* xiii).» De quo paulo post : « Surgens, inquit, vade ad Euphraten, et absconde illud ibi in foramine petræ. Quod cum fecisset, et in Euphrate, sicut jussus fuerat, abscondisset, post plurimos dies, ait Dominus ad eum : Surge, vade ad Euphraten, et tolle inde lumbar. Et abii, inquit, ad Euphraten, et tuli lumbar de loco ubi absconderam illud : et ecce computruerat, ita ut nulli usui aptum esset. Et ait Dominus : « Sic putrescere faciam superbiam Juda, et superbiam Jerusalem multam, populum istum pessimum, qui nolunt audire verba mea, et ambulant in pravitate cordis sui : et erunt sicut lumbar istud, quod nulli usui aptum est (*Ibid.*).» Quid hic Jeremias persona, nisi Dominum? Quid lumbar, nisi ordinem significat clericorum? Omnis Ecclesia vestis est Christi, de cujus sibi membris per prophetam dicitur : « Omnibus his velut ornamento vestieris (*Isa.* xlix).» Sed sicut lumbar intimum est humano corpori, et arctius adhæret quam reliquæ vestes; ita clericalis ordo familiarius divinis agglutinatur obsequiis, quam cæteri homines; sicut illic de Israelitico populo divina vox ait : « Sicut enim adhæret lumbar ad lumbos viri, sic agglutinavi mihi omnem domum Israel, et omnem domum Juda, dicit Dominus; ut esset mihi in populum, et in nomen, et in laudem, et in gloriam, et non audierunt (*Jer.* xIII). »

Quibus, quæso, tam apte, tam expresse sicut clericis possunt ista congruere, qui nomen Dei, laudem et gloriam specialiter constituti sunt prædicare? Sicut enim Israel et Juda peculiaris erat populus Deo inter omnes gentes terræ, ita nunc clerici specialiter adhærent Christo præ cunctis membris Ecclesiæ. Isti nempe sunt lumbar lineum arctiori divino corpori familiaritate connexum. Linum siquidem laboriose pervenit ad candorem : et clerici modo litterarum studiis insudando, modo per intervalla temporum quibusdam gradibus ascendendo, difficile promoventur ad sacri ordinis dignitatem. Alioquin si quis contentiosius astruat hoc juxta Scripturæ seriem historialiter factum, nec spiritualiter intelligendum, quomodo Jeremias potuit inter innumerabiles Assyriorum, Chaldæorumque nationes urbem Jerusalem constipatis agminibus obsidentes, lumbari præcinctus exire, idque in Euphrate, qui tam longe decurrit, abscondere? Postmodum quoque profligato diuturni temporis cursu, quo pacto quasi securus rediit, illudque putrefactum, sicut Scriptura testatur, invenit; cum Jerusalem videlicet fossa, vallo, castellis et tam crebra undique esset munitione circumdata? Nam cum aliquando idem propheta ad Anathoth viculum suum in tertio milliario ab urbe situm conaretur exire, in porta protinus capitur, ad principes trahitur, graviter verberatur, et tanquam transfuga, sive patriæ proditor, in carcerem truditur. Quia ergo non consequitur, ut intelligatur historialiter factum, constat procul dubio typicæ figuræ non deesse mysterium. Bene ergo per lumbar lineum juxta hæc, quæ superius dicta sunt, chorus exprimitur clericorum.

Quod autem hoc lumbar in Euphraten, hoc est in aquoso loco, et in foramine petræ, id est in obscuritate atque umbra poni jubetur, quid per hoc exprimitur, nisi illa clericorum pars, quæ sub voluptatis umbra, et in fluxu luxuriæ commoratur? De quorum duce in libro Job Dominus dicit : « Sub umbra dormit in secreto calami et locis humentibus. Protegunt umbræ umbram ejus, circumdant eum salices torrentis (*Job* xL). » Atque ut ostendat quantum cum suis familiaribus in habitatione fluminis delectetur, protinus addidit : « Ecce absorbebit fluvium, et non mirabitur : habet enim fiduciam, quod influat Jordanis in os ejus (*Ibid.*). » Quod autem dicitur fuisse positum in foramine petræ, potest non inconvenienter intelligi intra septa Ecclesiæ. Quasi enim in foramine petræ clerici recluduntur, dum intra Ecclesiæ limina suis excubare ministeriis sedula frequentatione jubentur. Lumbar ergo in humenti loco positum putruit; quia de iis, qui in luxuriæ fluxibus immorantur, propheta testatur : « Computruerunt jumenta in stercore suo (*Joel.* 1).» Jumenta quippe in stercore suo computrescunt, dum quique carnales et sordidi vitam suam in luxuriæ fetore concludunt. Nulli etiam usui aptum repertum est; quia Dominus ait : « Nemo mittens manum suam ad aratrum, et aspiciens retro, aptus est regno Dei (*Luc.* Ix). » Ac si aperte dicat : Quisquis, dictantę sui ordinis regula pudicitiæ semel arripit stivam, si postmodum per ardorem libidinis oculos reflectit ad Sodomam; quia jam montana desperat, regno Dei se prorsus inutilem factum esse demonstrat. Ad instar ergo lumbaris in humecto loco positi, clerici computrescunt, dum tumidos crapula, et ebrietate ventres ingurgitant : dum illuvie se libidinis et cœnosæ luxuriæ fluentis inundant. Sicque cunctis usibus redduntur inutiles; quia quo magis videntur in carne virescere, eo deterius marcescentes obsolescunt in squalentis animæ fœditate. De quibus in psalmo : « Corrupti sunt, inquit, et abominabiles facti sunt in voluptatibus suis (*Psal.* xIII). »

CAP. VI. — *Adhortatio ad Petrum cardinalem.*

Tu autem, venerabilis frater, his aliisque Scripturarum telis armatus, adversus Madian castra congredere, Zambrin, et Cosbin, in meritorio turpiter coeuntes, divini verbi pugione transfige, ut pacem fœderis Domini, et jus sacerdotii sempiterni cum Phinees merearis accipere: « Ecce, inquit Dominus, do ei pacem fœderis mei, et erit tam ipsi, quam semini illius pactum sacerdotii sempiternum; quia zelatus est pro Deo suo, et expiavit scelus filiorum Israel (*Num.* xxv). » Non itaque hostilitas timeatur humana, quæ pace divini fœderis compensatur. Moyses namque quia percussit Ægyptium, profugus mox amisit Ægyptum : unde postmodum velut aucto fœnore, totius Israeliticæ plebis obtinuit principatum : « Vidit enim, ut Scriptura testatur, virum Ægyptium percutientem quemdam de fratribus suis, quem illico percussum abscondit sabulo (*Exod.* II). » Tu quoque dum vides Ægyptium, hoc est principem tenebrarum, quemlibet de fratribus tuis, clericalis scilicet ordinis, virga libidinis affligentem; imo quod magis congruit, lethali jaculo trucidantem, vibrato protinus verbi gladio in ictum te vulneris exere, eumque qui domesticum seminis tui mulctabat occide, « argue, obsecra, increpa in omni patientia, et doctrina (*II Tim.* IV). » Sed quoniam, sicut idem testatur Apostolus, « erunt nonnulli qui sanam doctrinam non sustinebunt, sed ad sua desideria coacervabunt sibi magistros prurientes auribus, et avertent quidem auditum a veritate, ad fabulas autem convertentur (*Ibid*); » tu noli cessare, sed age quod sequitur : « Tu vero, ait, vigila, in omnibus labora, opus fac evangelistæ, ministerium tuum imple (*Ibid.*). » Hos itaque modo, quos poteris, attrahe; contumaces autem, et obstinata mente rebelles in obscœnitatis suæ fœditate relinque. Hoc est enim Ægyptium in sabulo sepelire. Sabulum quippe arenosa est, et fragilis terra, quæ surgentis ædificii continere nequeat fundamentum. Unde non in arena, sed in petra perpetuo non lasura fundatur Ecclesia : « Super hanc, inquit Dominus, petram ædificabo Ecclesiam meam (*Matth.* xvi). » Fundaméntum ergo suum in petra Ecclesiæ collocant quique fixi, ac stabiles in bonis operibus perseverant. De quibus in Evangelio Dominus ait : « Omnis homo, qui audit verba mea hæc, et facit ea, assimilabitur viro sapienti, qui ædificavit domum suam supra petram. Descendit pluvia, et venerunt flumina, et flaverunt venti, et irruerunt in domum illam, et non cecidit: fundata enim erat supra petram (*Matth.* vii). » Qui vero fragiles sunt atque pulverei, et velut arundo impellentibus carnalis illecebræ flatibus agitati (*Luc.* vii), arenosi procul dubio sabuli sunt subsicivio comparandi. De quibus per Psalmistam dicitur : « Non sic impii, non sic, sed tanquam pulvis, quem projicit ventus a facie terræ (*Psal.* 1). » Et Dominus: « Omnis, inquit, qui audit verba mea hæc, et non facit ea, similis erit viro stulto, qui ædificavit domum suam supra arenam : et descendit pluvia, et venerunt flumina, et flaverunt venti, et irruerunt in domum illam, et cecidit, et fuit ruina ejus magna (*Matth.* vii). » Hinc etiam in libro Regum : « Omnia, inquit, vasa, quæ fecit Hiram regi Salomoni in domo Domini, de aurichalco erant, et in campestri regione Jordanis fudit ea rex in argillosa terra (*III Reg.* vii). » Nam quia vasa illa carnales quosque designant, non ex auro, sed ex aurichalco potius dicuntur esse formata : et ideo non in montibus, sed in campestri regione funduntur ; quia qui per hæc figurantur, non virtutum montana conscendunt, sed in carnalis et luxuriosæ vitæ convalle subsidunt. Nec enim ductiles, sed potius fusiles sunt ; quia non extenduntur crucis et pœnitentiæ malleis, sed libidinum laxantur illecebris, et fluoribus resolvuntur obscœnissimæ voluptatis. Ideoque sicut in Euphrate lumbar est positum, sic ista vasa juxta Jordanem fusa referuntur : et non in solida ac firma terra, quæ basis injectæ contineat fundamentum, sed in argillosa potius et arenosa, quæ repentinum pariat subsicivium.

Tu itaque, venerande frater, cum Moyse zelo districtæ correptionis Ægyptium percussorem fratris interfice (*Exod.* ii), eumque tanquam sabulo in mentibus arenosis absconde; ut argillosam terrenarum mentium sepulturam mortuus impleat, ibique ver mes concupiscentiæ pariat. Eos 394 autem, qui vere Israelitæ sunt, tentationum suarum flagris verberare desistat. Non enim casu accidit, quod caput electorum Dominus in saxeo monumento, Ægyptius vero, qui diabolum figurat, sepelitur in sabulo. Diabolus enim qui interpretatur *deorsum fluens*, illos sibi vindicat, qui ad ruinam semper velut arena dissiliunt. Qui autem Christi sunt, constanter in sancti propositi soliditate persistunt. Sepultura vero domus est mortuorum. Et quia diabolus mortuus est, quoniam a Deo, vera scilicet vita, disjunctus est, omnem mentem, quam inhabitat, facit absque dubio sepulturam. Unde per Prophetam dicitur : « Ibi Assur, et sepulcra ejus (*Ezech.* xxxii). » Ægyptius ergo sanctæ eloquentiæ tuæ mucrone percussus intereat, eumque sabuli sepultura concludat, ut Israelitica plebs, Pharaone demerso et pudicæ præcedente vexillo, cum triumphalibus hymnis ad terram repromissionis ascendat.

DISSERTATIO SECUNDA.

CONTRA CLERICORUM INTEMPERANTIAM.

ARGUMENTUM. — Vir ecclesiasticæ tunc pene labentis disciplinæ vindex acerrimus, castitatisque amator cultorque sanctissimus, totum prope orbem, ad eam a clericis oppugnatam defendendam et sublevandam disertissimo ore quasi quodam classico excitare et inflammare conatur. Scribit enim ad episcopum Taurinensem, in cujus ditione tam perniciosi exempli facinus publice tolerari sciebat, ut scandalum hoc ab Ecclesia sua exterminare et amovere contendat : quod ut ei persuadere possit, nihil intentatum relinquit. Omnia tam Novi quam Veteris Testamenti exempla et loca congerit et excutit. In clericos quoque ipsos, et eorum pellices, quas ipsi uxores falso appellabant, luculenter et graviter, ut res ipsa postulabat, invehitur. Denique, ut uno verbo absolvam, non committit ut castitati patrocinium defuisse videatur.

Domno CUNIBERTO reverentissimo episcopo, PETRUS peccator monachus devotæ subjectionis obsequium.

Hæc est veræ charitatis et amicitiæ regula, ut ita se fratres mutuæ dulcedinis amore confoveant, quatenus si quid in utrovis reprehensibile est, alter alteri non abscondat. Illa quippe necessitudo probatur utilis et honesta, quæ dum cuncta producit in medium, et quod corrigendum est corrigit, et quod sanum est mutuo puritatis ac sinceritatis amore custodit. Sicque fit ut dum delinquentis culpa corrigitur, coripienti copiosior gratia cumuletur. Inter nonnullos virtutum flores, venerabilis Pater, quibus tuæ sanctitatis vernat ingenium, unum mihi, fateor, valde displicuit : quod nimirum et tunc me in te vehementer 395 invexit, et nunc styli hujus articulum exarare compellit. Permittis enim, ut Ecclesiæ tuæ clerici, cujuscunque sint ordinis, velut jure matrimonii confœderentur uxoribus. Quod sane quam ecclesiasticæ munditiæ videatur obscænum, quam canonicæ sit auctoritati contrarium, quam certe cunctis sanctorum Patrum sanctionibus odiosum, absit ut tanta quæ in te est possit ignorare prudentia. Præsertim cum et ipsi clerici tui, alias quidem satis honesti, et litterarum studiis sint decenter instructi. Qui dum ad me confluerent, tanquam chorus angelicus et velut conspicuus Ecclesiæ videbatur enitere senatus.

CAP. I. — *Hortatur labentem disciplinam ecclesiasticam et castitatem sublevare.*

Postquam latentem pestis hujus eluviem didici, protinus lux in caliginem, et lætitia mihi vertitur in mœrorem, atque ad illud evangelicum illico mens recurrit : « Væ vobis, inquit, Scribæ et Pharisæi, qui similes estis sepulcris dealbatis, quæ foris apparent hominibus speciosa, intus autem plena sunt ossibus mortuorum et omni spurcitia (*Matth.* xxv). » Quid est, pater, quod tibi soli vigilas : et his, pro quibus priorem exigendus es rationem, tam inerti securitate dormitas? In aliis certe quibuscunque personis non exigitur fecunditas castitatis, in opinione autem inutilis esse castitas jure decernitur, quæ se sic exhibet sterilem, ut aliam non pariat castitatem. Præsertim cum ipse Deus omnipotens per Isaiam : « Nunquid ego, qui alios parere facio, ipse non pariam, dicit Dominus? » (*Isa*. LXVI.) Ubi notandum, quia dum non alias, sed alios parere facio, dicat, virorum potius ac pastorum Ecclesiæ fœtus exspectat. Malus autem pastor cum eodem propheta potest lugendo cantare : « Non parturivi, et non peperi, et non enutrivi juvenes, nec ad incrementum perduxi virgines (*Isa*. XXIII). » Attende etiam diligenter quod in Levitico legitur : « Omne, inquit, animal, quod vel contritis, vel tunsis, vel sectis ablatisque testiculis est, non offeretis Domino (*Levit*. XXII). »

Porro si tanto Deus odio habet sterilitatem in animalibus brutis, quæ sibi per sacerdotale ministerium offeruntur, quanto magis hanc aspernatur in sacerdotibus, qui sibi sacrificium offerunt? Nimirum, ut sicut illis fœtus exigitur carnis, ita sacerdotes in alios propagines germinent sanctitatis. Tunc ergo coram divinis obtutibus tua castitas approbatur, si et in clericos tuos propaginata porrigitur. Porro autem sicut olim Deus omnipotens de cunctis tribubus levitas elegit, ut per legales cæremonias Israeliticam regerent plebem : ita etiam in Novo Testamento clericos sibi, tanquam familiares adscivit, quibus ecclesiasticam committeret dignitatem. Dicit enim Moysi : « Applicabis levitas coram tabernaculo fœderis, convocata omni multitudine filiorum Israel. Cumque levitæ fuerint coram Domino, ponent filii Israel manus suas super eos, et offeret Aaron levitas, munus in conspectu Domini a filiis Israel, ut serviant in ministerio ejus (*Num*. VIII). » **336** Ubi notandum, quia cum dicit : « Ponent filii Israel manus suas super eos, et offeret Aaron levitas, munus in conspectu Domini a filiis Israel, » evidenter apparet, quia leviticus ordo munus Dei est a populo datum, eique in sacrificium per manum sacerdotis oblatum.

CAP. II. — *Clerici cur a populo segregantur.*

Quid ergo jam restat, nisi ut ii, qui jam Deo facti sunt sacrificium, et a mundi hujus servilibus sint operibus liberi, et solis divini famulatus vacent obsequiis mancipati? Ut quid enim a populo segregantur, et munus Deo specialiter fiunt, nisi ut divisam a populo vivendi regulam teneant, et cæremoniis divinæ legis jugiter excubantes insistant? Unde et alibi dicit : « Ego tuli levitas a filiis Israel pro omni primogenito, qui aperit vulvam in filiis Israel, eruntque levitæ mei (*Num*. III). » Sed cum lex illa fuerit data per servum, evangelica vero gratia sit collata per Dominum : necesse est, ut aliud tunc a levitis Synagogæ, aliud nunc a clericis exigatur Ecclesiæ. Illis siquidem pro qualitate temporis permittebantur jura conjugii : istis vero præcipitur, ut a carnalis affectus amplexibus penitus sint remoti. Nam quia sola levitica tribus ad sacerdotale ministerium tunc erat electa, necessaria tunc erat propagatio generis ad conservandum sacerdotalis officium dignitatis, sicut in Levitico Dominus : « Virginem, inquit, sacerdos ducet uxorem : viduam, et repudiatam, et sordidam, atque meretricem non accipiet, sed puellam de populo suo; ne commisceat stirpem generis sui vulgo gentis suæ; quia ego Dominus, qui sanctifico eum (*Levit*. XXI). » Nunc autem quia ex omni populo Christiano passim fit sacerdotalis electio, et in promotione clericorum non distinctio generis, sed prærogativa duntaxat exquiritur sanctitatis; cessant jura conjugii, dum præcedentis aboletur censura mandati, sicut Apostolus ad Hebræos ait : « Reprobatio fit præcedentis mandati propter infirmitatem ejus, et inutilitatem : nihil enim ad perfectum adduxit lex (*Hebr*. VII). » Et paulo post : « Nunc autem Christus tanto melius sortitus est ministerium, quanto et melioris testamenti mediator est. Nam si illud prius culpa vacasset, non utique secundi locus inquireretur (*Hebr*. VIII). » Hoc autem propter illos, qui dicunt, quia si sacerdotes nubere peccatum esset, nequaquam hoc in lege veteri Dominus præcepisset. Sed qui hoc dicunt, procul dubio quid canonica decernat auctoritas aut nesciunt, aut se fallaciter ignorare confingunt. Nos plane, quilibet nimirum apostolicæ sedis æditui, hoc per omnes publice concionamur Ecclesias, ut nemo missas a presbytero, non Evangelium a diacono, non denique Epistolam a subdiacono prorsus audiat, quos misceri feminis non ignorat. Et ne id agere perperam videamur, apponeremus aliquot sententias Patrum, nisi prohiberet epistolare compendium. Sed quia nostris verbis fides non aliter adhibetur, eorum pauca saltem ponenda sunt testimonia, ut per hæc quæ nunc **397** occurrunt memoriæ, colligant quanta valeant, si quæsierint, in ipsis codicibus invenire.

In primis itaque, quid apostolus Jacobus super hoc negotio beato Clementi (*Epist*. 2) scripserit, audiamus : « Ministri, inquit, altaris, presbyteri, sive diaconi ad Dominica talia eligantur officia, qui ante ordinationem conjugem suam reliquerunt. Quod si post ordinationem ministro contigerit propriæ invadere cubile uxoris, sacrarii non intret limina, nec sacrificii portitor fiat, nec altare contingat, nec ab offerentibus holocausti oblationem suscipiat, nec ad Dominici corporis portionem accedat, aquam sacerdotum porrigat manibus, ostia forinsecus claudat, minora gerat officia, urceum sane ad salutarem calicem non suggerat. » Aurelius vero Carthaginensis episcopus inter cætera sic ait (*conc. Carthag*. II, c. 2) : « Placuit sacros antistites ac Dei sacerdotes, nec non et levitas, vel qui sacramentis divinis inserviunt, continentes esse in omnibus, quo possint simpliciter quod a Deo postulant impetrare; ut quod apostoli docuerunt, et ipsa servavit antiquitas, nos quoque custodiamus. » Faustinus etiam episcopus

Ecclesiæ Pontianæ [al., Potentinæ] provinciæ Piceni, egatus Romanæ Ecclesiæ dixit (conc. Carth. II, c.2): « Placet ut episcopus, presbyter et diaconus, et qui sacramenta contrectant, pudicitiæ custodes, ab uxoribus se abstineant. » Ab universis episcopis dictum est : « Placet, ut in omnibus et ab omnibus pudicitia custodi tur qui altari serviunt. »

In Carthaginensi quoque concilio iterum dicitur (conc. Carthag. v, c. 5) : « Præterea cum de quorumdam clericorum, quamvis lectorum, erga uxores proprias incontinentia referretur; placuit episcopos et presbyteros, et diaconos secundum propria statuta etiam ab uxoribus continere. Quod nisi fecerint, ab ecclesiastico removeantur officio. » In canonibus apostolorum dicitur : « De presbyteris et diaconibus divinarum legum est disciplina, ut incontinentes in officiis talibus positi, omni honore ecclesiastico priventur : nec admittantur ad tale ministerium, quod sola continentia oportet impleri. » Idem qui supra, videlicet Carthaginensis episcopus : « Audivimus, inquit, fratres charissimi, præterea, quod quorumdam clericorum, quamvis lectorum, erga uxores proprias incontinentia reservetur; placuit, quod et in diversis conciliis firmatum est, ut subdiaconi, qui sacra mysteria contrectant, et diaconi, et presbyteri, sed et episcopi secundum propria statuta etiam ab uxoribus se contineant, ut tanquam non habentes videatur esse. Quod nisi fecerint, ab ecclesiastico removeantur officio. » Cæteros autem clericos ad hoc non cogi, nisi maturiori ætate. Ab universo concilio dictum est : « Quæ vestra sanctitas est juste moderata, et sancta, et Deo placita sunt, confirmamus. » Sed, ut valeamus evitare fastidium, sufficiat tantum de solis subdiaconis quid statuatur inducere; ut, eorum mensura diligenter inspecta, de superioribus gradibus nemini liceat dubitare.

In decreto quoque Leonis papæ hoc inter cætera reperitur (Leonis papæ ep. 82, ad Anast. Thess., c. 4) : « Nam cum extra clericorum ordinem constitutis, nuptiarum societatis et procreationi filiorum studere sit liberum arbitrium ; ad exhibendam tamen perfectæ continentiæ puritatem, nec subdiaconis quidem connubium carnale conceditur : ut qui habent sint tanquam non habentes; et qui non habent permaneant singulares. » Quod si in hoc ordine, qui quartus est a capite, dignum est custodiri, quanto magis a primo, vel secundo, tertiove servandum est, ne aut levitico, aut presbyterali honore, aut episcopali excellentia quisquam idoneus existimetur, qui se a voluptate uxoria needum frenasse detegitur?

Sylvester papa in decreto suo (cap. 8) sic ait : « Nulli autem subdiaconorum ad nuptias transire permittentes, præcipimus ne aliqua hoc prævaricatione præsumpserit. »

In Concilio Nicæno dicitur (can. apostol. 25) : « Innuptis autem, qui ad clerum provecti sunt, præcipimus, ut si voluerint, uxores accipiant; sed lectores, cantoresque tantummodo. » Sed et beatus Gregorius Petro subdiacono mandavit, dicens (Greg. Reg. lib. i. ep. 42) : « Ante triennium subdiacones omnium Ecclesiarum Ciliciæ prohibiti fuerant, ut more Romanæ Ecclesiæ, suis uxoribus nullatenus miscerentur. Quod mihi durum atque incompetens videtur, ut qui usum ejusdem continentiæ non invenit, neque castitatem ante proposuit, compellatur a sua uxore separari, atque per hoc, quod absit, deterius cadat. Unde videtur mihi, ut a præsenti die omnibus episcopis dicatur, ut nullum facere subdiaconum præsumant, nisi qui se victurum caste promiserit, quatenus et præterita, quæ per propositum mentis appetita non sunt, violenter non exigantur, et futura caute caveantur. Qui vero post eamdem prohibitionem, quæ ante triennium facta est, continenter cum suis conjugibus vixerunt, laudandi atque remunerandi sunt, et ut in bono suo permaneant exhortandi. Eos autem qui post prohibitionem factam se a suis uxoribus continere noluerunt, pervenire ad sacrum ordinem nolumus. Quia nullus debet ad ministerium altaris accedere, nisi cujus castitas ante susceptum ministerium fuerit probata. »

Cap. III. — *Clericorum inepta defensio.*

Sed cur ego ad coacervandos canones ultra progredior; quandoquidem hos ignorare ipsi etiam nequeunt, qui tumida adversus eos cervice confligunt? Aliquando cum me Laudensis Ecclesiæ tauri pingues armata conspiratione vallarent, ac furioso strepitu vituli multi tumultuantes infrenderent (Psal. xxi), tanquam ructum fellis in os meum evomere, dicentes : « Habemus auctoritatem Triburiensis, si tamen ego nomen teneo, concilii, quæ promotis ad ecclesiasticum ordinem ineundi conjugii tribuat facultatem. » Quibus ego respondi : « Concilium, inquam, vestrum, quodcunque vultis, nomen obtineat : sed a me non recipitur, si decretis Romanorum pontificum non concordat. » Aucupantur enim quædam quasi canonum adulterina sarmenta, eisque præbent auctoritatem; ut authenticam canonum valeant vacuare virtutem. Sed Salomon dicit : « Quia spuria vitulamina non dabunt radices altas (Sap. iv); » distant enim adinventiones hominum a sententiis quæ prolatæ sunt per Spiritum sanctum, et qui sacris canonibus repugnare non metuunt, ipsum proculdubio Spiritum, a quo promulgantur, offendunt. Unde Joannes in Apocalypsi : « Si quis, inquit, apposuerit ad hæc, apponet Deus super illum plagas scriptas in libro isto : et si quis diminuerit de verbis libri prophetiæ hujus, auferet Deus partem ejus de libro vitæ, et de civitate sancta, et de his quæ scripta sunt in libro isto (Apoc. xxii). »

Sed ne quis nos arguat sacræ Scripturæ verba ad arbitrium nostræ voluntatis inflectere, asserens nequaquam hæc ad sacros canones pertinere : audiat quod Anacletus papa, quintus scilicet a B. Petro, de violatoribus canonum dicat : « Violatores, ait, voluntariæ canonum graviter a sanctis Patribus judicantur, et a sancto Spiritu, cujus instinctu ac dono dictati sunt, damnantur. Quoniam blasphemare Spiritum sanctum non incongrue videntur, qui contra eosdem sanctos canones, non necessitate compulsi, sed libenter, ut præfixum est, aliquid aut proterve agunt, aut loqui præsumunt, aut facere volentibus sponte consentiunt. Talis enim præsumptio manifeste unum genus est blasphemantium Spiritum sanctum : quoniam, ut jam prælibatum est, contra eum agit, cujus jussu et gratia iidem sancti editi sunt canones. »

Cum omnes ergo sancti Patres, qui per Spiritum sanctum canones condiderunt, de servanda clericorum pudicitia non dissona invicem unanimitate concurrant, quid sperandum eis qui Spiritum sanctum, propriæ carnis illecebras adimplendo, blasphemant? Qui nimirum per momentaneæ libidinis fluxum inexstinguibile combustionis æternæ mercantur incendium. Nunc in luxuriæ fetore sordescunt : sed tunc flammis ultricibus traditi, in torrente picis et sulphuris rotabuntur. Nunc æstuanti luxuriæ semetipsos exhibent tartarum : tunc in chaos æternæ noctis immersi trucis gehennæ perferent sine fine tormentum. Nunc in semetipsis ignem libidinis nutriunt : tunc indeficientis flammas incendii medullis suorum viscerum pascent. Et, o nimis infelices et miseri! servando legem putridæ carnis suæ, quæ vermibus est devoraturis obnoxia, illius jura contemnunt qui de cœlo venit, et super angelos regnat. Unde reprobo viro per prophetam Dominus dicit : « Posuisti me post corpus tuum (Ezech. xxiii). » Ac si dicat, Corporis tui libidinem pro lege custodis, et legis meæ mandata contemnis. Lex quippe corporis humani divinæ legi contraria est. Unde dicit Apostolus : « Video aliam legem in membris meis repugnantem legi mentis meæ, et captivum me ducentem in lege peccati, quæ est in membris meis (Rom. vii). »

Illi ergo Deum post corpus suum ponunt, qui contemnentes divinæ legis imperium, suarum obtemperant illecebris voluptatum : et dum laxant frena luxuriæ, indictam sibi prævaricantur regulam disciplinæ. Ignorantes quia pro uniuscujusque fugaci voluptate concubitus, mille annorum negotiantur incendium; ut qui nunc æstuant flamma luxuriæ, tunc comburantur igne vindictæ. Sed qui petulantis illecebræ volutantur in cœno, quam pestiferæ securitatis audacia salutaris Eucharistiæ sese ingerunt sacramento, cum Dominus per Moysen sacerdotibus dicat : « Omnis homo, qui accesserit de stirpe vestra ad ea quæ consecrata sunt, et quæ obtulerunt filii Israel Domino, in quo est immunditia, peribit coram Domino (Levit. xxii). » Deinde sequitur : « Homo de semine Aaron, qui fuerit leprosus, aut patiens fluxum seminis, non vescetur ex his quæ sacrificata sunt mihi, donec sanetur (Ibid.). » Quod si illi, qui corporis infirmitate cujuslibet immunditiæ patiebatur illuviem, non licebat oblata comedere ; quo pacto is qui sponte versatur in contaminatione

luxuriæ, sacramenta Deo valeat offerre ? Unde dicitur in Levitico : « Omnis qui habuerit maculam de semine Aaron sacerdotis, non accedat offerre hostias Domino, nec panes Deo suo (Levit. xxi). » Deinde sequitur : « Velum non ingrediatur, nec accedat ad altare : quia maculam habet, et contaminare non debet sanctuarium meum (Ibid.). »

CAP. IV. — *Continentia sacerdotum et levitarum ministrantium in veteri lege, quanta.*

Prudens hic lector attendat quam apte apostolica illa Jacobi sententia, quæ superius posita est, cum hac divina lege concordat. Si ergo tunc, quisquis habebat maculam, ingredi sanctuarium non audebat, quisquis se nunc cum mulieribus polluit, ministrare sacris altaribus qua mente præsumit? Cum profecto tabernaculum illud umbra tantum et instrumentum erat imaginis : « Ecclesia vero, sicut Apostolus ad Timotheum dicit, columna est firmamentum est veritatis (I Tim. iii). » Et sicut ad Hebræos ait : « Umbram habet Lex futurorum bonorum, non ipsam imaginem rerum (Hebr. x). » In illo tamen veteris legis tabernaculo, sive templo, cum ministrabant levitæ, vel sacerdotes, nequaquam suis uxoribus miscebantur. Nam et David, sicut in Paralipomenon libro legitur (I Paral. xxiii), viginti quatuor sacerdotum, totidemque levitarum sortes instituit, qui in cultu templi suas vices agerent, ac per cærimoniarum ritus suis temporibus ministrarent. Qui nimirum donec vicis suæ tempus explerent, a reddendo conjugali debito penitus continebant. Quod et Lucas evangelista manifeste declarat, qui cum præmisisset quia Zacharias erat de vice Abia, et quia sacerdotio fungeretur in ordine vicis suæ ante Deum, non multo post ait : « Factum est, ut impleti sunt dies officii ejus, abiit in domum suam ; moxque subjecit : Post hos autem dies concepit Elisabeth uxor ejus (Luc. i). »

Unde perspicue constat quoniam illius temporis sacerdotes prorsus a reddendo conjugali debito servabantur immunes, donec vicis suæ tempus explerent. Imo jugiter morabantur in templo, donec sortis indictæ fungebantur officio. Unde Moyses ad Aaron ait : « Donec ritus sacrificii compleatur, die ac nocte manebitis in tabernaculo, observantes custodias Domini, ne moriamini (Levit. viii). » Nunc autem, cum Scriptura præcipiat ut semper oremus, ministri altaris non habent delegatas vices, dum sine ulla temporis intermissione, ministerii sui continuam exhibent servitutem. Præterea dicit Apostolus : « Vir uxori debitum reddat, et uxor viro. Nolite, inquit, fraudare invicem, nisi forte ex consensu ad tempus, ut vacetis orationi (I Cor. vii). »

Dum ergo conjugale commercium sæcularibus tollit orare, qua ratione permittit clericos sacris altaribus ministrare ? Quod sane tempus invenient, quo debeant vacare conjugio, qui nunquam ab ecclesiasticæ sedulitatis feriantur obsequio ? Ad Corinthios namque dicit Apostolus : « Qui sine uxore est, sollicitus est quæ Domini sunt, quomodo placeat Deo. Qui autem cum uxore est, sollicitus est quæ sunt mundi, quomodo placeat uxori (*I Cor.* VII). » Quisquis ergo divinis mancipatur obsequiis, necesse est ut iis quæ Dei sunt sollicitus semper insistat, ne per carnales affectus animum dividat. Sed quomodo valet esse sollicitus ac semper intentus Auctori, cujus cor conglutinatur uxori? « Nescitis, inquit, quoniam corpora vestra membra Christi sunt? » (*I Cor.* VI.) Et, ut multa prætereum, quæ super hoc themate idem dicit Apostolus, ne fastidium generem, illud saltem inferam : « An nescitis, ait, quoniam membra vestra templum est Spiritus sancti qui in vobis est? » (*Ibid.*) De quo templo alibi dicit : « Si quis templum Dei violaverit, disperdet illum Deus (*I Cor.* III). » Si ergo non solum anima, sed et ipsum corpus nostrum, quod videtur et palpatur extrinsecus, templum est procul dubio Spiritus sancti; quomodo is, cui prohibetur carn in commercium, non violat templum Dei, dum semetipsum petulantis luxuriæ prostibulum construit; Spiritum sanctum, in quo signatus fuerat, abjicit; et in illius vice spiritum in se libidinis introducit? Et cum idem nobis dicat Apostolus : « Nolite contristare Spiritum sanctum in vobis, in quo signati estis (*Ephes.* IV); » nonne Spiritum sanctum ad suum contristat interitum, qui eum ex habitaculo sui juris excludit, et ejus hostem, luxuriæ videlicet, intromittit auctorem? Cur non ad memoriam revocatur, quoniam filii Aaron, Nadab videlicet et Abiu, dum divino altari alienos ignes inferunt, incendio cœlitus misso protinus exuruntur? « Arreptis, inquit, Nadab et Abiu filii Aaron thuribulis suis, posuerunt ignem et incensum desuper, offerentes coram Domino ignem alienum, quod eis præceptum non erat : egressusque ignis a Domino, devoravit eos, et mortui sunt coram Domino (*Levit.* X). » Quid est enim alienum ignem Domino sacerdotes offerre, nisi ardore libidinis inflammato sacrosanctis altaribus propinquare.

Et cum Scriptura dicat : « Spiritum nolite exstinguere (*I Thess.* III); » isti, quantum in se, Spiritum sanctum, qui in eis ardere debebat, exstinguunt; et alienum ignem offerunt, dum ad altare Domini flamma libidinis æstuante accedunt. Sed repente super eos ignis divini furoris accenditur, quo terribiliter exuruntur, Scriptura testante, quæ dicit : « Et nunc ignis adversarios consumit (*Hebr.* X). » Et certe legitimum est, ut quod sordentes sacris altaribus appropinquant, gladio divinæ ultionis intereant, dicente ad Moysen Domino : « Docebitis filios Israel, ut caveant immunditiam, et non moriantur in sordibus suis, cum polluerint tabernaculum meum, quod est inter eos (*Levit.* XV). » Proh pudor! major a filiis Levi servabatur reverentia Synagogæ, quam nunc a ministris Christi deferatur Ecclesiæ. Illi siquidem **402** sub districti jejunii se castigabant, tabernaculum ingrediendo, censura; isti vero ne castitatis quidem acquiescunt servare munditiam. Dixit enim Dominus ad Aaron : « Vinum et omne quod inebriare potest, non bibetis tu, et filii tui, quando intrabitis tabernaculum testimonii, ne moriamini : quia præceptum est sempiternum in generatione vestra, ut habeatis scientiam discernendi inter sanctum et profanum, inter pollutum et mundum (*Levit.* X). » Sed nunc ministri Ecclesiæ, qui Christum habent magistrum, et hunc crucifixum, non perhorrescunt in voluptatum suarum dulcedine vivere, et quocunque pruritus carnis allexerit adhinnire, sicut per Jeremiam Dominus ait : « Saturavi eos, et mœchati sunt, et in domo meretricis luxuriabantur. Equi amatores in feminas emissarii facti sunt. Unusquisque ad uxorem proximi sui hinniebat. (*Jer.* V). » Et iterum : « Propheta namque, et sacerdos polluti sunt, et in domo mea inveni malum eorum, dicit Dominus. (*Jer.* XXIII). » Sed quia nunc desideriorum suorum jucunditates explendo pascuntur, quid eis pro suavitatis hujus hausta dulcedine rependatur, attendant. « Ecce, inquit, ego cibabo eos absinthio, et potabo eos felle. A prophetis enim Jerusalem est egressa pollutio super omnem terram (*Ibid.*). » Nam qui nunc perdite vivunt, qui medullas carnalis dulcedinis sugunt, et quodam quasi melle petulantis luxuriæ saginantur; dignum est, ut taxato postmodum pretio, felle simul et absinthio debrientur : ut sicut nunc se voluptatum suarum poculis irrigant, ita tunc repletis felle visceribus amarescant. Illud præterea quam impudentis audaciæ præsumptio est, ut nimirum cum non possint ab obscena contagione cessare, nolint tamen a ministerii sui, cui se indignos exhibent, exsecutione quiescere; cum illis Dominus per Isaiam dicat : « Cum veneritis ante conspectum meum, quis quæsivit hæc de manibus vestris, ut ambularetis in atriis meis? Ne afferatis ultra sacrificium frustra. Incensum abominatio est mihi (*Isa.* I). » Per Jeremiam quoque increpans ait : « Ut quid mihi thus de Saba affertis, et calamum suave olentem de terra longinqua? Holocausta vestra non sunt accepta, et victimæ vestræ non placuerunt mihi (*Jer.* VI). » Sed et per Malachiam : « O sacerdotes, inquit, qui despicitis nomen meum, et dixistis in quo despeximus nomen tuum? offertis super altare meum panem pollutum (*Malach.* I). » Et paulo post : « Ecce ego projiciam vobis brachium, et dispergam super vultum vestrum stercus solemnitatum vestrarum (*Malach.* II). » Rursusque per Isaiam : « Cum extenderitis, ait, manus vestras, avertam oculos meos a vobis : et cum multiplicaveritis orationem, non exaudiam (*Isa.* I). »

Quod igitur a Deo ipso protestante repellitur, cur imprudenter offertur? Unde et postmodum dicit : « Iniquitates vestræ diviserunt inter vos et Deum vestrum; et peccata vestra absconderunt faciem ejus a vobis, ne exaudiret (*Isa.* L). »

403 Cap. V. — *Quod clericis intemperantibus melius esset a sacris ordinibus cessare*

Quanto ergo melius, qui ejusmodi sunt, ut sese nunc a sui ordinis administratione compescerent, quam divini super se furoris gladium provocarent: quantoque modestius, ut recedendo Christi altaribus non servirent, quam hæc accedendo polluerent. Pium est enim credere, quia quisquis nunc peccata propria recognoscens, ac deserens, a suo se ministerio humiliter reprimit, in die judicii, eumdem, quo se sponte privaverat, ordinem obtinebit. Quod in libro Esdræ significari videtur, ubi sacerdotum genealogia describitur (*II Esdr.* vii). Ibi quippe sacra narrat historia, quia quidam sacerdotum quæsierunt scripturam genealogiæ suæ: et quoniam reperire non potuerunt, ejecti sunt de sacerdotio. Illi plane veraciter filii sacerdotum sunt, qui sacerdotaliter vivunt: si sacerdotalis generis lineam servant, qui vitam suam Deo sacrificium offerunt, ac de sacerdotali se prodire prosapia religiose vivendo testantur. Et dum sanctorum sacerdotum imitantur exempla, quæ legunt, tunc in sacris eloquiis sacerdotum se filios recognoscunt. At ii qui carnaliter vivunt, et pravorum sequendo vestigia, quasi de sæcularium generatione descendunt, merito de sacerdotum projiciuntur ordine, quorum se per vitam reprobam nequeunt filios invenire.

Et notandum quod illic sequitur: « Dixit Athersatha eis, ut non comederent de sanctis sanctorum, donec surgeret sacerdos Dei doctus, atque perfectus (*Ibid.*). » In qua nimirum prohibitione quid aliud per allegoriæ mysterium debet intelligi, nisi ut is qui indignus est sacerdotio, a percipiendis se sacramentis, et sacerdotalis ordinis administratione compescat, donec Christus in judicio, qui vere sacerdos est doctus atque perfectus, exsurgat. Sicut per Psalmistam dicitur: « Terra tremuit et quievit, dum exsurgeret in judicio Deus (*Psal.* lxxv); » ut is cujus terroris instinctu, quilibet lapsus hic sua se dignitate sponte privaverat, eum in judicio grata vice restituens, ad amissi ordinis culmen attollat, dicens: « Amice, ascende superius, et tunc sit tibi gloria coram simul discumbentibus (*Luc.* xiv). »

Sed sunt nonnulli, quod prætereundum non est, qui juxta Apostolum (*Ephes.* iv) desperantes, semetipsos immunditiæ tradiderunt: nam continentiam funditus desperantes, a suscepti ordinis administratione se reprimunt, sicque se delinquere velut impune confidunt: ac si servus domino suo dicat: quia quod præcipis implere non valeo, ad hostium tuorum castra transfugio, illisque me ad pugnandum contra te deditionis trado; tanquam possit dominum suum placare, quod fugit; et non possit irritare, quod adversus eum in arma consurgit. Quibus ego constanter, et sine ulla prorsus ambiguitate denuntio, quoniam cassa se ac frivola pollicitatione decipiunt, si non exsequentes officium, officio se exutos esse confidant. Licet enim a frequentatione, vel exsecutione cesset ordo cujuslibet, vel officium; in ordinato tamen nihilominus permanet ordinis sacramento. Et sicut vir quispiam, et si cesset ab opere conjugali, nullo modo tamen absolvitur copulatione conjugii; ita clericus et si sui ordinis non fungatur officio, ejusdem tamen ordinis non exuitur sacramento.

Cavendum est ergo illis, ne super eos veniat formidolosa illa sententia, qua per Apostolum dicitur: « Impossibile est, inquit, eos qui semel sunt illuminati, gustaverunt etiam donum cœleste, et participes sunt facti Spiritus sancti: gustaverunt nihilominus bonum Dei verbum, virtutesque sæculi venturi, et prolapsi sunt, rursus renovari ad pœnitentiam, rursum crucifigentes sibimetipsis Filium Dei, et ostentui habentes (*Hebr.* vi). » Ita plane videntur agere, ac si Israelitarum quispiam, volens fornicari cum idolis, dicat: Quia nequeo servare duram ac rigidam Dei legem, ad ritum transibo gentilem; tanquam recedens a lege non sit debitor legi. Et hoc modo quanquam de servata lege non sit præmio dignus, ultioni tamen de contempta non teneatur obnoxius.

Sed audiamus quid talibus divina severitas in Deuteronomio dicat: « Cumque audierit quisquam verba juramenti hujus, benedicat sibi in corde suo, dicens: Pax erit mihi, et ambulabo in pravitate cordis mei, et assumat ebrius sitientem, et Dominus non ignoscat ei, sed tunc quam maxime furor ejus fumet, et zelus contra hominem illum: et sedeant super eum omnia maledicta, quæ scripta sunt in hoc volumine, et deleat nomen ejus sub cœlo, et consumat eum in perditionem ex omnibus tribubus Israel juxta maledictiones quæ in libro legis hujus ac fœderis continentur (*Deut.* xxix). » Eat ergo clericus, cui muliebris prohibetur admixtio, præbeat sacrilega venerandis altaribus adversione repudium, ut liber, tanquam emissarius equus in luxuriæ prosiliat appetitum. Sed dum a Deo libertatem accipit, atque ab eo, tanquam absolutus abscedit, maledictionis ejus ac suæ perditionis laqueos non evadit. Cum Psalmista dicat: « Maledicti qui declinant a mandatis tuis (*Psal.* cxviii). » Et per Ezechielem Dominus ait: « Neque cogitatio mentis vestræ fiet, dicentium: Erimus sicut gentes et sicut cognationes terræ, ut colamus ligna et lapides. Vivo ego, dicit Dominus Deus, quoniam in manu forti, et brachio extento, et in furore effuso regnabo super vos, et educam vos de populis, et congregabo vos de terris, in quibus dispersi estis, et subjiciam vos sceptro meo (*Ezech.* x). »

Cap. VI. — *De duobus presbyteris incontinentibus.*

Nostra, ut fertur, contigit ætate, quod narro. In Galliarum partibus penes administrationem ac ditionem cujusdam religiosi abbatis, nomine Benedicti, presbyter habitabat, qui nimirum quanto copia facultatis uberius affluebat, tanto magis religionis et honestatis premebatur inopia. Obeunte igitur pellice, viduatus, adjecit iterare conjugium. Quid plura? Confœderat sibi; quasi tabularum lege prostibulum, amicorum, atque confinium congregat nuptiali more conventum, epulaturis etiam totius affluentiæ providet apparatum. Abbas autem, dum decumberet, jamque felicem propinquaret ad exitum, hoc audito, duos ad eum monachos misit, eique tam impudens scelus sub districtæ censuræ interminatione prohibuit. Ille vero, ut erat conceptæ nequitiæ stimulatus instinctu, obtemperare non potuit, sed temeritate plectibili, quidquid nuptialis ordo dictabat implevit. Cunctis itaque perstrepentibus locis, ac lasciviæ deditis, presbyter tanquam bos ad victimam ductus convivium deserit, thalamos non delectationis, sed perditionis ingreditur : et, o terribilis Deus in consiliis super filios hominum ! (*Psal.* LXV.) repentina morte mulctatur. Uno siquidem eodemque momento, et semen fudit et animam exhalavit. Sic remunerari debuit, qui de sacrario Domini ad exoletum lupanar suinumque volutabrum transire decrevit. Fortassis enim iste, quia sacri altaris non frequentabat accessum, idcirco se impune credidit peccaturum. Sed expertus est quod Apostolus dixerat : « Quia terribile est incidere in manus Dei viventis (*Hebr.* x). »

Alio quoque tempore, cum papa Stephanus, qui zeli Phinees æmulabatur ardorem (*Num.* xxv), omnes clericos Romæ, qui post interdictum papæ Leonis incontinentes exstiterant, de conventu clericorum et choro ecclesiæ præcepisset exire, ut quanquam, relictis feminis, per pœnitentiæ se lamenta corrigerent; tamen quia sancto viro inobedientes fuerant, et de sacrario ad tempus exirent, et celebrandæ missæ licentiam de cætero non sperarent, juxta canonicam B. Cæciliæ trans Tiberim constitutam presbyter habitabat, quod nec feminam ullo modo acquiescebat abjicere, nec unquam poterat hæc statuta, nisi vana prorsus et frivola judicare. Quadam itaque die, dum incolumis, vegetus, ac robustus existeret, vespertinis horis ad quiescendum se in lecto composuit. Sed repentina divinæ ultionis animadversione percussus, mane repertus est cadaver exanime. Illico præfatæ canonicæ religiosus certe conventus duos ad me clericos direxerunt, quid tali facerent mortuo consulentes. Nos si rem rite tenemus, consilium dedimus, ut eum quidem, quia presbyter fuerat, penes ecclesiam sepelirent : sed nullum sibi vel hymnorum, vel psalmodiæ officium redderent; quatenus et incestis terror accresceret, et castitatis gloria germinantibus pullularet. Et certe dignum videtur, ut mortuus, juxta prophetam, sepulturam possideat asini qui dum viveret humana contempsit lege constringi. Sicut de Joakim filio Josiæ rege Juda per Jeremiam dicitur : « Sepultura asini sepelietur putrefactus, et projectus extra portas Jerusalem (*Jer.* xxii). » Enimvero cui militaris est character impressus, quocunque transfugiat, militiæ suæ, cui juratus fuerat, secum semper signaculum portat, et quandocunque inusti sibi stigmatis vibicem conspicit, desertorem se militiæ, reumque transfugii recognoscit. Sic etiam clericus, cum signaculo Spiritus sancti, quod in die suæ consecrationis accepit; probatur ad lupanaria spurca descendere, nec illud de se ulla poterit occasione delere, quanquam et illic illud accipiat signum, de quo in Apocalypsi Joannes ait : « Faciet omnes pusillos et magnos habere characterem bestiæ in dextra manu aut in frontibus suis (*Apoc.* xiii). » Sed quid cum charactere bestiæ signo illi, de quo dicitur : « Quia hi, qui erant super montem Sion cum Agno, habebant nomen ejus scriptum in frontibus suis? » (*Apoc.* xiv.) « Quid enim luci ad tenebras? aut quæ societas Christi ad Belial? Qui consensus templo Dei cum idolis? » (*II Cor.* vi.)

CAP. VII. — *Contra pellices clericorum scriptor invehitur.*

Interea et vos alloquor, o lepores clericorum, pulpamenta diaboli, projectio paradisi, virus mentium, gladius animarum, aconita bibentium, toxica convivarum, materia peccandi, occasio pereundi. Vos inquam, alloquor gynecæa hostis antiqui, upupæ, ululæ, noctuæ, lupæ, sanguisugæ, Affer, affer sine cessatione dicentes (*Prov.* xxx). Venite itaque, audite me, scorta, prostibula, savia, volutabra porcorum pinguium; cubilia spirituum immundorum, nymphæ, sirenæ, lamiæ, dianæ, et si quid adhuc portenti, si quid prodigii reperitur, nomini vestro competere judicetur. Vos enim estis dæmonum victimæ ad æternæ mortis succidium destinatæ. Ex vobis enim diabolus, tanquam delicatis dapibus pascitur, vestræ libidinis exuberantia saginatur. « Habitat enim, juxta Scripturam, in secreto calami, et in locis humentibus. Vos estis vasa iræ, et furoris Domini, reposita in diem ultionis (*Job* xl). » Vos tigrides impiæ, quarum nesciunt, præter humanum sanguinem, cruenta ora sitire. Vos harpyiæ, quæ sacrificium Domini circumvolantes arripitis, eosque, qui Deo oblati fuerant, crudeliter devoratis. Nam et leænas vos non incongrue dixerim, quæ bellularum more, jubas attollitis, et incautos homines ad suæ perditionis interitum cruentis amplexibus harpaxatis. Vos sirenæ, atque charybdides, quæ dum suavem deceptionis editis cantum, inevasibile struitis, salo vorante, naufragium. Vos viperæ furiosæ, quæ præ impatientis ardore libidinis Christum, qui caput est clericorum, vestris amatoribus detruncatis. Nam sicut Madianitides olim per phaleratæ vestis ornatum ad suum provocabant Israelitarum corda concubitum (*Num.* xxv), ita vos accurati cultus, sive fucati vultus illecebris infelices homines de sacrosancti altaris ministerio, quo fungebantur, avellitis, ut in lubrico vestri amoris glutino suffocetis. Et sicut Madianitides illæ a se pellectis suadebant idola colere, sic et vos istos post signum crucis impressum quodammodo bestiæ compellitis imaginem adorare. Qui profecto vobiscum simul, nisi forte resipiscunt, illud Apocalypsis elogium non evadunt : « Si quis, inquit, adoraverit bestiam et imaginem ejus, et acceperit characterem in fronte sua, aut in manu sua, et hic biberit de vino iræ Dei, quod mixtum est mero in calice iræ ipsius, cruciabitur in igne et sulphure in conspectu angelorum sanctorum, et ante conspectum Agni, et fumus tormentorum eorum ascendet in sæcula sæculorum; nec habebunt requiem die ac nocte (*Apoc.* xiv). »

Porro autem sicut Adam inter omnia paradisi poma, illud duntaxat quod Deus vetuerat concupivit : sic a vobis ex universa humani generis multitudine illi tantummodo sunt electi, qui penitus ab omni muliebris affectus sunt confoederatione prohibiti. Per vos contra turrem David Damasci facies dimicat, dum antiquus hostis per vos invadere castitatis ecclesiasticae cacumen anhelat. Vos plane non immerito, fatear, dipsades vel cerastes, quae miseris et incautis hominibus sic sanguinem sugitis, ut lethale virus eorum visceribus influatis. Unde ad illarum numerum pertinentes, de quibus Moyses Israelitarum principibus ait : « Cur feminas reservastis? Nonne istae sunt quae deceperunt fil.os Israel ad suggestionem Balaam, et praevaricari fecerunt vos in Domino super peccato Phogor? (Num. XXXI.) » Ecqua enim mentis audacia non perhorrescitis contrectare manus sacrosancto chrismate, vel oleo delibutas, sive etiam evangelicis, vel apostolicis paginis assuetas? Dicit de maligno hoste Scriptura, quia esca ejus electa. Per vos ergo diabolus electam escam devorat, dum sanctiora membra Ecclesiae, suggestionis ac delectationis velut utriusque mole dentibus atterit ; et dum vobis jungit eos, in sua viscera quasi trajiciendo convertit.

In plenaria plane synodo sanctae memoriae Leo papa constituit, ut quaecunque damnabiles feminae intra Romana moenia reperirentur presbyteris prostitutae, extunc et deinceps Lateranensi palatio adjudicarentur ancillae. Quod videlicet salutare statutum aequitatis justitiaeque plenissimum, nos etiam per omnes Ecclesias propagandum esse decernimus : quatenus percepto prius apostolicae sedis edicto, unusquisque episcopus Ecclesiae suae vindicet famulas, quas in sua parochia deprehenderit sacrilega presbyteris admistione substratas. Aequitatis. scilicet jure, ut quae sacris altaribus rapuisse servorum Dei convincuntur obsequium, ipsae hoc saltem episcopo per diminuti capitis sui suppleant famulatum. Sed quid ego loquens vobis ultra progrediar? potius ipse Deus omnipotens quid vobis per Jeremiam loquatur, attendite : « Audite, inquit, mulieres, verbum Domini, et assumant aures vestrae sermonem oris mei : docete filias vestras lamentum, et unaquaeque proximam suam planctum, quia ascendit mors per fenestras vestras, ingressa est domos vestras, dispergere parvulos de foris, juvenes de plateis. Et cadet morticinum hominis, quasi stercus, super faciem regionis, et quasi foenum post tergum metentis, et non est qui colligat (Jer. IX). » Imo audiat unaquaeque quid sibi per eumdem prophetam idem Dominus singulariter dicat : « Quia oblita es mei, et confisa es in mendacio, et ego nudavi femora tua contra faciem tuam, et apparuit ignominia tua, adulteria tua, et hinnitus tuus, scelus fornicationis tuae super colles, in agro vidi abominationes tuas (Jer. XIII). » Timeat itaque, et medullitus contremiscat, ne super eam illa maledictio veniat, quam immundis mulieribus per Moysen Deus iniquitatis ultor intentat : « His, inquit, maledictionibus subjacebis : Det te Deus in maledictionem exemplumque cunctorum in populo suo; putrescere faciat femur tuum, et tumens uterus tuus disrumpatur. Ingrediantur aquae maledictae in ventrem tuum, et utero tumescente putrescat femur (Num. V). » Perpendat etiam, quia haec delectatio carnis, qua nunc fruitur, illam sibi parit amaritudinem, de qua in Apocalypsi Joannes ait : « Quia hi, qui missi sunt in stagnum ignis ardentis, commanducaverunt linguas suas prae dolore, et blasphemaverunt Deum coeli et terrae in doloribus et vulneribus suis (Apoc. XVI). » Sed ego dum productioris styli laciniam fugio, velut ex magno animositatis gurgite vix tenuem scintillam in jumentorum austri armenta distillo.

Postremo tamen audite me, muscipulae clericorum, si, quod vobis clausum est, regnum vultis recuperare coelorum, repudiate quantocius detestanda consortia, et sub dignae satisfactionis ac poenitentiae vos reprimite disciplina. Veniat inter vos sancta discordia, quae suscitet et accendat in vobis salutaris odii fomitem; et odiosam Deo violet charitatem. Nolite vasa Deo sacrata in vasa contumeliae vertere. Nolite haec exemplo Baltassar usui vestrae delectationis aptare (Dan. V), ne repente zelus Dei super vos in iracundiae se furore succendat, et vibratus indignationis suae gladius utrumque confodiat. Novi certe presbyterum, qui pellici suae morienti ac poenitudinem flagitanti districte prohibuit, seseque pro ea poenitentiae debita soluturum absolute spopondit. Illa utpote sacerdoti et litteris erudito homini facile credidit, sicque se in tartarum cum massa plumbea, quam Zacharias propheta testatur (Zach. V), immersit. Subdolos ergo deceptores, tanquam serpentinum virus abjicite, et vos velut e cruentis leonum dentibus erui festinate.

Nec vos terreat, quod forte, non dicam fidei, sed perfidiae vos annulus subarrhavit : quod rata et monimenta dotalia notarius quasi matrimonii jure conscripsit; quod juramentum ad confirmandam quodammodo conjugii copulam utrinque processit. Totum hoc, quod videlicet apud alios est conjugii firmamentum, inter vos vanum judicatur et frivolum. Nam cum Scriptura dicat : « A Deo datur viro uxor (Prov. XIX): » et Dominus in Evangelio : « Omnis arbor, quam non plantavit Pater meus coelestis, eradicabitur (Matth. XV); » nullo stabilitatis nititur fundamento quod omnipotentis Dei reluctatur imperio. In vos quippe redundat, quod Isaias propheta denuntiat : Pro eo, inquit, quod elevatae sunt filiae Sion, et ambulaverunt extento collo, et nutibus oculorum ibant, et plaudebant, ambulabant pedibus suis, et composito gradu incedebant, decalvabit Dominus verticem filiarum Sion, et Dominus crinem earum nudabit. In die illa auferet Dominus ornamentum calceamentorum, et lunulas, et torques, et monilia, et armillas, et mitras, et discriminalia, et periscelidas, et *murenulas, et olfactoriola, et inaures, et annulos, et gemmas in fronte pendentes, et mutatoria, et pallia, et linteamina, et acus, et specula, et sindones, et vittas, et theristra : et erit pro suavi odore fetor, et pro zona funiculus, et pro crispanti crine calvitium, et pro fascia pectorali cilicium ; pulcherrimi quoque viri tui gladio cadent, et fortes tui in prælio (Isa.* III). Unde ne vos cum viris, quos pulcherrimos arbitramini, divini furoris gladio corruatis, extenta colla deponite, oculorum nutus et plausus abjicite, eique vos, qui ultor est criminum, humiliter subjugate. Porro si ad Deum vultis incunctanti fide recurrere, plenam vobis paratus est veniam indulgere : cum fornicanti cuilibet animæ per prophetam dicat : « Si recedens mulier duxit virum alterum, nunquid vir ejus revertetur ad eam ultra? Nunquid non polluta, et contaminata deputabitur mulier illa : Tu autem contaminata es cum amatoribus multis: tamen revertere ad me, dicit Dominus (*Jer.* III). » Felix tale commercium, quia cum impudicos clericos a vestra copulatione divellitis, plaudentibus angelis cœlestis sponsi thalamos introitis. « Gaudium est » enim « eis super peccatore pœnitentiam agente (*Luc.* xv). » Et per prophetam : « Revertimini ad me, et ego revertar ad vos, dicit Dominus (*Malach.* III). »

CAP. VIII. — *Quod is culpandus sit, qui negligit emendare quod potest.*

Sed ut ad eum, cui cœptus est, styli currentis reflectatur articulus, cum apostolica sit illa sententia qua dicitur : « Quia non modo talia facientibus, sed et consentientibus par pœna debetur (*Rom.* I); » valde tibi cavendum est, venerabilis pater, qui quamvis temetipsum præbeas vernantis pudicitiæ candore conspicuum, permittis tamen, ut in clero tuo, tanquam cruenta illa Jezabel, obtineat luxuria principatum ; de qua nimirum angelo Thyatiræ Ecclesiæ dicitur : « Habeo adversum te pauca : quod permittis mulierem Jezabel, quæ se dicit prophetam, docere, et seducis servos meos fornicari (*Apoc.* II). » Authentica certe est illa sententia, qua dicitur : « Facti culpam habet, qui quod potest negligit emendare. » Quid enim profuit Heli, quia in luxuriam ipse non corruit, sed fornicantes filios paterna quidem pietate, non autem sacerdotali auctoritate corripuit? (*I Reg.* II.) Lege, pater, epistolam, quam de episcoporum incontinentia piæ memoriæ Nicolao papæ direximus, et quidquid illic hujusmodi repereris scriptum, ad te nihilominus intellige destinatum. Verumtamen age, quæso, si videres monachum fornicantem, nonne protinus stomacho nauseante screares, cœlum terramque vociferando confunderes, exurendum præterea a flammis ultricibus inclamares? Et tamen liquido novimus, quia non diversam pœnitentiæ mensuram monacho atque diacono canonica præfigit auctoritas.

Cum ergo una peccati sit in utroque mensura, cur habeatur in peccatore diversitas, ut videlicet hunc æquanimiter toleremus, imo etiam sibimet amicabiliter applaudamus, illum vero dignum suspendio judicemus? An personam accipimus, et contra legis edictum diversum in sacculo pondus habemus? « Non habebis, inquit Moyses, in sacculo diversa pondera, majus et minus : nec erit in domo tua modius major et minor (*Deut.* xxv). » An et adversus Evangelium facimus, culicem liquantes et camelum glutientes? (*Matth.* XXIII.) Nempe quanto major est presbyter monacho in dignitatis ecclesiasticæ privilegio, tanto deterior est in peccato. Nam cum monachis de populo nil pertineat, sacerdotibus jussum est populi peccata portare. Sicut Moyses ad Aaron dicit : « Cur non comedistis hostiam in loco sancto, qui sanctorum est, et data est vobis, ut portetis iniquitatem multitudinis, et rogetis pro ea in conspectu Domini? » (*Levit.* x.) Sane quomodo nunc aliena possunt peccata portare, quoniam oculi semper intendunt ad uteros tumentes et pueros vagientes?

Sed quia nonnulli eorum sunt, qui dum mala committunt, etiam viperini dogmatis hæc assertione defendunt, non ignorent, quoniam damnabilis hæreseos laqueis innectuntur. Qui nimirum dum corruunt, impudici; dum defendere nituntur, merito judicantur hæretici. Unde et clerici uxorati Nicolaitæ vocantur, quoniam a quodam Nicolao, qui hanc dogmatizavit hæresim, hujusmodi vocabulum sortiuntur. Sed nunc accedit, ut hoc insigne vocabulum novum, si prævalent, accipiat incrementum : ut qui hactenus dicti sunt Nicolaitæ, amodo vocentur et Cadaloitæ. Sperant enim, quia si Cadaloüs, qui ad hoc gehennaliter æstuat, universali Ecclesiæ Antichristi vice præsederit, ad eorum votum luxuriæ frena laxabit. Super quo nimirum etiam mihi idem ejus fautores insultant, eumque non esse mortuum juxta cujusdam a me facti versiculi prophetiam exprobrantes, obtrectant. Dixeram enim inter cætera : Non ego te fallo, cœpto morieris in anno. Sed ut me comprobent non fuisse mentitum, audiant admirabilem divinæ dispositionis eventum. Cadalous siquidem ipso festivitatis die sanctorum apostolorum Simonis et Judæ, quasi in papam, Deo reprobante ac repellente, fuit electus, eodemque vertente anno, in prædictorum apostolorum vigiliis, ab omnibus Teutonicis et Italicis episcopis, ac metropolitanis, qui cum rege tunc aderant, damnatus est et depositus. Quamobrem, juxta Ezechielem prophetam, fimum boum pro stercoribus humanis Deus sibi quodammodo contulit, dum carnis interitum honoris ruina mutavit (*Ezech.* IV). Tunc quippe mortuus est in honore, cum honos synodali judicio perdidit dignitatem. Nunc autem non dicam biathanatus, sed potius millemortuus toto terrarum orbe derideatur, exploditur, maledicitur, anathematizatu

Audiant igitur hoc insultores mei, et dum divinæ dispensationis perspexerint ordinem, me mendacii non accusent. Tu autem, vir Domini, gladium Phinees zelo fervidus arripe, ut Israelitam cum Cozbin Madianitide coeuntem acuto valeas pugione transfodere (*Num.* xxv). Cum Samuele quoque te in ultionis spiritum constanter accinge, et ad confusionem Saul, Agag pinguissimum in frusta concide (*I Reg.* xv). Elias etiam tibi productum de pharetra Domini gladium porrigat, et de sacerdotibus ac prophetis Baal, ductis ad torrentem Cison, ne quidem unus evadat (*III Reg.* xviii). Nam et Moyses, quia pro amore Israelitæ cujusdam, percussum sabulo abscondit Ægyptium (*Exod.* ii), totius Israel obtinere meruit principatum. Atque ut illam magis victoriam memoremus, quæ ad castitatis pertinet sacramentum, David quia ducenta præputia Philistinorum fervidus bellator abscidit, protinus in conjugium Michol filiam Saul regis accepit (*I Reg.* xviii). Nam quia Saul centum tantummodo petiit, sed ducenta genero deferente suscepit; ille regi Israel præputia gemina comportat, qui Deo non solum corporis, sed et cordis pudicitiam immolat. Adonias filius Aggith, quia illicitum petiit, Bersabee interveniente, conjugium, Salomone promulgante judicium, fuso cruore purgavit incestum (*III Reg.* ii).

Memento itaque, quod tibi idem Salomon dicit: « Fili mi, si spoponderis pro amico tuo, defixisti apud extraneum animam tuam. Illaqueatus es verbis oris tui et captus propriis sermonibus tuis. Fac ergo quod dico tibi, fili mi, et temetipsum libera, quia incidisti in manus proximi tui: discurre, festina, suscita animum tuum, ne dederis somnum oculis tuis, nec dormitent palpebræ tuæ (*Prov.* vi). » Tunc enim apud amicum tuum propriis illaqueatus es verbis, cum te Dei populum regere promisisti. Nec illud obliviscaris, quod per Jeremiam dicitur: « Maledictus homo, qui prohibet gladium suum a sanguine (*Jer.* xlviii). » Ille quippe gladium compescit a sanguine, qui peccata delinquentium negligit vindicare. Sed ne forte timeas pro castris pudicitiæ stare, et contra frementes luxuriæ cuneos castitatis arma corripere, audi quid tibi per Ezechielem vox divina promittat: « Ecce, inquit, dedi faciem tuam valentiorem faciebus eorum, et frontem tuam duriorem frontibus eorum, ut adamantem, et ut silicem dedi faciem tuam: ne timeas neque metuas a facie eorum (*Ezech.* iii). » Per Salomonem quoque tibi dicitur: « Ne paveas repentino terrore irruentes tibi potentias impiorum. Dominus enim erit in latere tuo, et custodiet pedem tuum, ne capiaris (*Prov.* iii). » Et iterum: « Omnis sermo Dei ignitus clypeus est sperantibus in se (*Prov.* xxx). » Quod si impossibilitatem fortassis opponis, et sicut mihi in os dixeras, ad hoc te sufficere posse diffidis, audi quid tibi per cumdem Salomonem Sapientia vera respondeat: « Erue eos qui ducuntur ad mortem, et qui trahuntur ad interitum liberare ne cesses. Si dixeris, vires non suppetunt; qui inspector est cordis, ipse intelligit, et observatorem animæ tuæ nihil fallit, reddetque homini juxta opera sua (*Prov.* xxiv). »

Sic ergo te, venerande pater, in hoc castitatis, libidinisque congressu constanter accinge. Sic vibrato spiritus gladio grassanti in Ecclesia tua luxuriæ lethale vulnus inflige, ut manubias ac spolia de manu cruenti prædonis strenuus valeas bellator eripere, et ad ipsum castitatis auctorem peractæ victoriæ merearis insignia reportare.

DISSERTATIO TERTIA.

CONTRA CLERICOS INTEMPERANTES.

Ad Adelaidem Subalpinorum ducissam.

ARGUMENTUM. — Qua de causa scripserat ad Taurinensem episcopum, scribit nunc ad Adelaidem, principem feminam, quæ Subalpinorum gentes et Sabaudiæ regionem, marito mortuo, administrabat: nimirum, ut clericorum in sua ditione degentium libidinem coerceat, pellicesque eos habere nequaquam patiatur; justitiam quoque et pietatem in ecclesiis, præsertim in monasterium Fructuariense, cujus laudes fuse enarrat, plurimum ei commendat.

ADELAIDI excellentissimæ duci, PETRUS peccator monachus orationis instantiam.

Quidquid de castitatis injuria, quam eadem regina virtutum a clericis patitur, venerabili Taurinensi episcopo scripsi, tibi scribendum ante decreveram, nisi eorumdem clericorum insuggillantium calumniam formidassem. Expostularent enim, ac dicerent: Ecce, quam impie, quam inhumane parat nos iste confundere, qui non cum episcopis, non cum ecclesiasticis viris super nostro negotio caute vult ac modeste disserere; sed quod in sacrario tractandum erat, non veretur feminis publicare. Hoc itaque metuens, personam mutavi: et quod tibi conceperam, illi potius destinavi. Ille tamen unius Ecclesiæ cathedram tenet: in ditione vero tua, quæ in duorum regnorum, Italiæ scilicet et Burgundiæ, porrigitur non breve confinium, plures episcopantur antistites. Ideoque non indignum videbatur, ut tibi potissimum de clericorum incontinentia scriberem, cui videlicet ad corrigendam idoneam sentio non deesse virtutem. Præsertim quod ad laudem Dei dixerim, cum virile robur femineo regnet in pectore: et ditior sis bona voluntate quam terrena potestate. Unde quia, juxta poetæ gentilis eloquium (10),

Opus est huic tutore, quem defensorem paro;

hortor et peto, ut tu domno jungaris episcopo; quatenus mutuæ virtutis fulti munimine, furentis in Christum luxuriæ valeatis aciem debellare

CAP. I. — *Hortatur Adelaidem, clericorum incontinentium libidinem coercere*

Sed dum vos confœderare ad prælium contra diabolum studeo, illud mihi bellum in memoriam revocatur, quod Debbora prophetes uxor Lapidoth, cum Barac filio Abinoem habuisse contra Sisaram ducem exercitus reperitur. De illa quippe legitur: « Quia judicabat populum, ascendebantque ad eam filii Israel in omne judicium (*Judic.* iv). » Ad hujus exemplum tu quoque sine virili regis auxilio regni pondus sustines: et ad te confluunt qui litibus suis imponere legalis sententiæ calculum concupiscunt. Sed satage, ut sicut illa, et tu quoque habeas sub

---

(10) Terent. in *Eunucho.*

palma, inter Rama et Bethel. Rama siquidem interpretatur, *excelsa*; Bethel, *domus Dei*. Habita ergo et tu sub palma, semperque super te crucis Christi contemplare victoriam: sede etiam inter Rama et Bethel, ut non solo, hoc est terrenis, inhæreas: sed cum apostolis in cœnaculo, et cum Anna sancta vidua converseris semper in templo. De qua dicit evangelista: « Quia non discedebat de templo, jejuniis et orationibus serviens nocte ac die (*Luc.* II). » Et quia Debbora interpretatur *apis*, tu quoque mellifica, et divinæ laudis dulcedinem in tuis labiis jugiter versa. « Quam dulcia, inquit, faucibus meis eloquia tua; super mel et favum ori meo (*Psal.* CXVIII). »

Certe, ut multa prætereram, tanquam ex quodam mellis favo visa est mihi hæc stilla defluere, cum hoc veræ humilitatis verbum de tuo contigit ore prodire: Quid mirum, pater, si Deus omnipotens mihi vilissimæ ancillæ suæ quantulamcunque conferre dignatus est inter homines potestatem, qui contemptibili cuilibet herbæ mirabilem aliquando præbet inesse virtutem? Ostendisti ergo te apem, dum favi distillas ex ore dulcedinem, sicut scriptum est: « Quia de ore prudentis procedit mel, dulcedo mellis sub lingua ejus, favus distillans labia ejus (*Gen.* III). » Sisara vero, *exclusio gaudii* interpretatur, quod profecto vocabulum inimico humani generis aptissime congruit, qui primum hominem a paradisi gaudio, quo fruebatur, exclusit. Sed quia non est hujus temporis immorari in enodandis allegoriæ mysteriis, dixit Debbora ad Barac : « Præcepit tibi Dominus Deus Israel, vade, et deduc exercitum in montem Thabor, tollesque tecum decem millia pugnatorum de filiis Nephthalim, et de filiis Zabulon; ego autem adducam ad te in locum torrentis Cison Sisaram principem exercitus Jabin, et currus ejus, atque omnem multitudinem, et tradam eos in manu tua. Dixitque ad eam Barac: Si veneris mecum, vadam: si nolueris venire, non pergam. Quæ dixit ad eum: Ibo quidem tecum, sed in hac vice tibi victoria non reputabitur: quia in manu mulieris tradetur Sisara (*Judic.* IV). » Quæ nimirum nuda historiæ verba succincte transcurrimus, ne si figuras exponendo diutius immoremur, tædium legentibus ingeramus. Hoc tantum ex his dixisse sufficiat, quia Barac *coruscatio* interpretatur. Coruscatio vero habet quidem lucem, sed non diutius permanentem; mox enim ut incipit, desinit. Ita sunt nonnulli rectores Ecclesiarum, qui quodammodo tunc coruscare incipiunt, cum ad corrigenda mala subjectorum, quasi zelo se ultionis accendunt: sed protinus exstinguuntur, quia qualibet adversitate fracti, vel torpore desidiæ resoluti, cito deficiunt. Unde et ille Barac desidis ac resoluti pastoris figuram gerens, aiebat ad Debboram: « Si veneris mecum, vadam: si nolueris venire, non pergam. »

Quapropter sicut vir ille cum femina, Barac videlicet cum Debbora, mutuis se fulcientes auxiliis, contra Sisaram prælium susceperunt, eumque cum suis agminibus, et entis falcatis curribus funditus debellarunt; ita et vos, tu scilicet et Taurinensis episcopus, contra Sisaram, luxuriæ ducem, arma corripite: eumque in filios Israel, hoc est in clericos Ecclesiæ, dominantem, mucrone pudicitiæ jugulate; quatenus et episcopus, imo omnes episcopi, qui in administrationis tuæ finibus commorantur, sacerdotali clericos disciplina coerceant, et tu in feminas vigorem terrenæ potestatis extendas. Tres quippe tantummodo feminas Deus novit: quæ his plures sunt, in ejus adhuc notitiam non venerunt. Novit enim virgines cum Maria, viduas cum Anna, conjuges cum Susanna.

CAP. II. — *Quod concubinæ a templis sint arcendæ*.

Illorum vero clericorum feminas, qui matrimonia nequeunt legali jure contrahere, non conjuges, sed concubinas potius, sive prostibula congrue possumus appellare; ideoque quia a Deo non merentur agnosci, de templo Dei merito censentur excludi. Nam, si soror Aaron Maria, quæ Moysi levi sermone detraxit, mox lepra perfunditur, septemque diebus a tabernaculo removetur (*Num.* XII), quo jure istæ ingredi permittentur Ecclesiam, quæ eidem Ecclesiæ sordes libidinis inferunt, vasa Domini in proprios usus asciscunt: et, ut apertius loquar, ministros altaris propriæ luxuriæ ministrare compellunt?

Age ergo, esto virago Domini: et quasi Debbora cum Barac, hoc est, conjunctis simul episcopis, Sisaram ad internecionem usque persequere. Et sicut Jahel uxor Haber, tabernaculi sui clavum super Sisaræ cerebrum posuit, malleoque percussit, et tempus utrumque transfixit, ita tu signo crucis diaboli verticem transfode, auctoremque luxuriæ, qui clericos a cœlestibus gaudiis excludit, elide. Talis enim victoria Deum valde lætificat, qui aliquando per feminas gloriosior laude triumphat. Judith quippe continentiæ vidualis exemplum, dum deauratos ostroque nitentes Holofernis thalamos sprevit, fortioribus armis in mente præcincta, etiam caput ebrium audenter, impresso pugione, truncavit (*Judith.* XIII). Quæ etiam, ut hanc meruisset a Domino percipere fortitudinem, diffidentem ac timidum antea corripuerat sacerdotem, Oziam scilicet, qui Deo quinque dierum præfixerat terminum, ea qua dignus erat austeritate redarguit, dicens : « Non est iste sermo, qui misericordiam provocet, sed potius qui iram excitet, et furorem accendat. Posuistis vos tempus miserationi Domini, et in arbitrium vestrum diem constituistis ei? » (*Judith.* VIII). Esther dum pro salute populi sui morti se viriliter objicit, Aman Israelitarum sanguinem avide sitientem suspendio interire compellit (*Esther* VIII). Mulier sapiens, quæ degebat in Abela, caput Sebæ filii Bochri, ad Joab militiæ principem projecit abscissum: et sic imminens obsidionis avertit a civitate periculum (*II Reg.* XX). Altera mulier in Thebes fragmen molæ de propugnaculo turris immersit, et Abimelech fortiter oppugnantis caput, cerebrumque simul obtrivit (*Judic.* ix). Abigail uxor Nabal a domo sua cædis interitum removet, dum viri sui contemnendo stultitiam, irascenti David xenium præbet (*II Reg.* xi; *I Reg* xxv). Tu quoque a domo tua et ab his quibus præemines regionibus, gladium poteris divini furoris avertere, si etiam episcopis negligentibus, luxuriam in ipsa ecclesiastici culminis arce subnixam, claboraveris expugnare. Hoc enim videtur fieri nunc in finibus Christianorum, quod factum legitur in segetibus Philisthinorum. Nam sicut vetus narrat Historia : « Cepit Samson trecentas vulpes, caudasque earum junxit ad caudas, et faces ligavit in medio : quas igne succendens dimisit, ut huc illucque discurrerent; quæ statim perrexerunt in segetes Philisthinorum. Quibus succensis, confortatæ jam fruges et adhuc stantes in stipula, concrematæ sunt in tantum, ut vineas quoque et oliveta flamma consumeret (*Judic.* xv.) »

CAP. III. — *Quod hæretici, ac mali sacerdotes vulpibus sint similes.*

Hæc plane historia, licet principaliter designat hæreticos, qui quasi trecentenario numero continentur, quia sanctæ Trinitatis fidem verbotenus confitentur ; sed dum sub velamento orthodoxæ fidei in prima sermonis sui fronte se palliant, ignem pravæ doctrinæ in posterioribus, quo fruges omnium bonorum operum exurantur, occultant. Quamvis, inquam, per has vulpes designentur hæretici, his tamen non incontinentes clerici cum suis pellicibus possunt non inconvenienter aptari : qui quasi solutis pedibus gradiuntur, dum honestatis aliquando speciem simulate prætendunt. Sed cum accensis facibus combinantur in caudis : quia quasi postposito, et, in quantum valent, occulto igne impudici conglutinantur amoris. Hæ itaque vulpeculæ, igne interveniente, conjunctæ, et libidinis facibus combinatæ, omnia Philisthinorum sata consumunt ; quia spirituales fructus Ecclesiæ destruunt, et quantum ad se, bona opera fidelis populi, divinæ indignationis igne succendunt, de quo igne mystice per Psalmistam dicitur : « Tradidit grandini jumenta eorum, et possessiones eorum igni (*Psal.* lxxvii). » Quoniam sicut boni sacerdotes Deo quorumlibet fidelium oblationes et vota commendant ; ita plerumque qui sacris altaribus indigni sunt, horribiliter gravant. Quod autem mali sacerdotes vulpibus comparentur, Ezechiel quoque propheta testatur, dicens : « Quasi vulpes in desertis prophetæ tui erant, Israel (*Ezech.* xiii). » Et de clericis quidem interim ista sufficiant.

De ecclesiis autem, quæ tibi adjacent, admonerem, ne more pravorum quorumlibet divitum, earum bona minueres ; sed cum te præsente, plures nobiscum colloquerentur episcopi monasteriorumque rectores : nullus eorum fuit, qui vel a te, vel a tuis procuratoribus u lam sibi molestiam conquereretur inferri, præter Augustensem duntaxat episcopum : qui tamen non a te sibi de suis aliquid imminutum,

sed conquestus est potius Ecclesiæ suæ nihil ex tua liberalitate collatum. Felix, inquam, dives hoc tempore, cui suppares convicanei hoc solum valent crimen inferre. In Fructuariensi certe monasterio, ubi per decem fere dies hospitium tenui, quam humanus quamque suavis tuus principatus esset Ecclesiis, evidenter agnovi : ubi nimirum ita securi sub tuæ protectionis umbraculo, Deo deserviunt fratres, ac si sub maternis alis pulli confoveantur implumes. Et quam convenienter illi loco Fructuariæ est nomen impositum, quod non humani sensus industria, sed divina credimus dispositione provisum.

Nam quia Ephraim interpretatur *fecunditas*; ille procul dubio mons est Ephraim, ubi nimirum veri Israelitæ consistunt. Qui dum arva mentium assiduis sacræ Scripturæ sententiis, quasi quibusdam ligonibus excolunt, uberes illic spiritualium segetum proventus erumpunt, qui cœlestibus horreis angelitus inferantur. Ille, inquam, vere mons est Ephraim, ubi robur exercitus, ubi fortium cuneus bellatorum. Ibi contra diabolum assidue geritur infœderabile bellum, et cominus in arma congreditur, hinc agmen Israelitarum, illinc exercitus Chaldæorum. Illic Agag pinguissimus per manum sobrietatis in frusta conciditur (*I Reg.* xv) ; et Eglon rex Moab transfixo femore, castitatis gladio trucidatur (*Judic.* iii). Qui Eglon interpretatur *vitulus mœroris*, ut victimam significet perditionis. Illic Madianitarum reges, Zebee et Salmana, veri Gedeonis gladio perimuntur (*Judic.* viii) ; illic in Goliath, superbiæ caput abscinditur (*I Reg.* xvii) ; in Saul inobedientia reprobatur (*I Reg.* xv) ; in Achitofel fraus cum omni sacrilega duplicitate suspenditur (*II Reg.* xvii) ; in Achan filio Charmi, super avaritiam ingens lapidum congeries cumulatur (*Jos.* vii). Ibi Jesus, non ille Benun, veraciter Amorrhæorum superat reges, suosque milites facit eorum calcare cervices (*Jos.* xi). Illic plane Beseleel de lignis setim, qui putrescere nesciunt, Deo Israel arcam fabricat, tabernaculum construit, aureum cum septem lucernis candelabrum erigit ; mystica quoque auro, gemmisque nitentia sacerdotum ornamenta componit (*Exod.* xxxiii). Ibi Salomon templum Domino ex lapidibus pretiosis ædificat, tantumque latomis et cœmentariis silentium imperat, ut non ibi malleum, non securim, non ferramentum aliquod tinnire permittat (*III Reg.* vi). Ibi Zorobabel filius Salathiel, et Josue filius Josedech, cum cætera multitudine virtutum armis accincti, sic Hierusalem muros instaurant, ut tamen adversus hostium cuneos opus impedire volentium, pugnare non desinant. Utrobique igitur solerter intenti, utrobique parati, dum una manus exercetur ad murum, altera vibratum tenet jugiter gladium : et dum hinc ædificii structura perficitur, illinc ingruentium hostium barbaries propulsatur (*I Esdr.* iii ; *II Esdr.* iv).

Et quid amplius eloquar ? Nisi quia illa est officina fabrilis, in qua mulieris evangelicæ (*Luc.* xv) drachma quotidie malleis disciplinæ regularis extunditur, et sic ad sui Conditoris imaginem (*Gen.* I), ad quam principio condita fuerat, reformatur. Et revera illic mundanæ machinæ faber, cui videlicet, evangelista Marco testante, dicebat : « Unde huic hæc omnia, et quæ est sapientia quæ data est illi, et virtutes tales, quæ per manus ejus efficiuntur? Nonne iste est fabri filius et Mariæ, frater Jacobi, et Joseph, et Judæ, et Simonis? » (*Marc.* vi.) Ille, inquam, fabri filius, qui et ipse nihilominus faber, illic propriis manibus agitat folles, servos scilicet suos, rerum temporalium mole penitus vacuos, et ab omni terreni amoris humore siccatos. De quo fabro per Isaiam divina vox ait : « Ecce ego creavi fabrum sufflantem in ignem prunas, et proferentem vas in opus suum (*Isai* LIV). » Unde et Jeremias : « Omnes, inquit, isti principes declinant, ambulantes fraudulenter : æs et ferrum, universi corrupti sunt; defecit sufflatorium ; in igne consumptum est plumbum, frustra conflavit conflator, malitiæ enim eorum non sunt consumptæ : argentum reprobum vocate eos, quia Dominus projecit illos (*Jer.* vi). »

Per hos itaque vim Spiritus sancti efflat, ut eorum verbis, vel exemplis in amore Conditoris sui frigida corda fervescant. Illic plane Jesus sæpe ad discipulos suos januis clausis ingreditur (*Luc.* xxiv; *Joan.* xx) : quibus non modo per salutationem pacis præbet alloquium, sed etiam per insufflationem sancti Spiritus influit sacramentum. In illo cœnaculo Pascha quotidie cum eisdem discipulis celebrat : et dum virtutem mystici sermonis eructat, eos ad ardorem suæ dilectionis inflammat. Operæ pretium est cernere, quomodo examen apum Domini per alvearium suum jugiter huc illucque discurrant, ac diversis officiis occupatæ, quod illis injunctum est, certatim implere contendant. Onera siquidem diversa comportant, mella constipant, illudque nectar includunt, unde lavi miri dulcoris, et gratiæ summi Regis ferculis apponantur. Illic in conspectu David regis Israel sacerdotes, et levitæ, simul et Nathinæi, nablis, tubis, cinaris [cyniris], et citharis, cunctisque musicorum generibus concrepant (*I Par.* xv), ac mystici carminis organa modulantes, excubiarum suarum vices alternant, dicentes : « Confitemini Domino, quoniam bonus, quoniam in æternum misericordia ejus (*Psal.* cv). » Omnipotentem Deum precor, o Fructuaria, ut ante me de vinculo carnis hujus absolvat, quam te ab eo in quo te vidi, religionis statu dejectam, veraciter audire permittat.

De cætero, venerabilis soror, contende semper de bonis ad meliora conscendere : et sicut per Apostolum prohiberis in incerto divitiarum sperare; (*I Tim.* vi) ita etiam noli ex divinæ clementiæ pietate diffidere. Et quia te novi de iterata conjugii geminatione suspectam; tentatus a Sadducæis Dominus de muliere, quæ septem fuerat fratribus nupta, cui foret illorum in resurrectione præ ceteris judicanda, sic respondit : « In resurrectione neque nubent, neque nubentur, sed erunt sicut angeli Dei in cœlo (*Matth.* xxii; *Luc.* xx). » Nam, si multiviræ ad regnum Dei nullatenus pertinerent, nequaquam hic Veritas responderet : Erunt sicut angeli in cœlo ; sed potius diceret : Quia erunt sicut maligni spiritus in inferno. In hoc itaque Salvatoris verbo manifeste colligitur, quia si religiosa duntaxat vita non desit, a regno cœlorum frequentati conjugii pluralitas non excludit. Jesus enim talis est sponsus, ut quamcunque suæ charitatis ulnis amplectitur, protinus in ea floridæ castitatis munditia reparetur. Et hæc loquor, non ut adhibeam multinubis adhuc futuris audaciam; sed, ut jam factis, spei, vel pœnitentiæ non subtraham medicinam.

CAP. IV. — *Quoa zelus ac pietas in judice moderate esse debeant.*

Esto circa delinquentes quadam librati examinis arte discreta; ut nec ad vindictam præcipitanter inferveas, nec ad parcendum sis omnino remissa; quatenus nec ad ulciscendum immoderatus te zelus accendat, nec nimia pietas ab exercendæ te disciplinæ vigore cohibeat. Sane quia mox, ut infertur injuria, perturbatur animus, vix rectum illico valet promulgare judicium. Sicut enim intuentis visum aqua, dum quiescit, admittit; si turbatur, obtundit; sic humanus animus in ipso perturbationis articulo inoffensam recti judicii regulam, et lineam non attendit. Unde necesse est, ut in posterum sententia differatur, quatenus, æquata justitiæ lance, judicium, quod perturbata nequiverat, mens quieta suspendat. In quo plane non minimum ad ædificationem pertinet intueri, rex David quam quietus, quam gravis in promulgatione judicii fuerit, et discretus. Qui nimirum Joab et Semei se graviter offendentes, donec vixit, et in eo ira, vel furor locum habere potuit, æquanimiter toleravit ; cum vero jam propinquaret ad obitum, et nullis olim sopitæ iracundiæ stimulis urgeretur, præcepit filio, ut post mortem suam in illos vindicaret : tunc videlicet cum eum humanis jam rebus exemptum, offendentium pœna delectare non posset. « Tu, inquit, nosti, quæ fecerit mihi Joab filius Sarviæ, quæ fecerit duobus principibus exercitus Israel, Abner filio Ner, et Amasæ filio Jether, quos occidit, et effudit sanguinem belli in pace (*III Reg.* II). » Et paulo post : « Facies ergo juxta sapientiam tuam, et non deduces canitiem ejus pacifice ad inferos. » De Semei vero ait : « Habes quoque apud te Semei filium Gera, filii gemini de Bahurim, qui maledixit mihi maledictione pessima, quando ibam ad castra. » Et paucis interpositis, addidit : « Deduces canos ejus cum sanguine ad infernum (*Ibid.*). » Ubi notandum, quam laudabilis hujus viri fuerit, et admiranda discretio; quia quandiu potuit irasci, noluit vindicare, deficiente vero jam omni furoris et iræ materia, ne præteriret omnino justitiam, ultionis exeruit disciplinam. Cum enim ultor non habet aliquid de suo, tunc recto depromitur vindicta judicio. Unde David non pascebatur vindicta, quia nec cruciabatur injuria : non eum zelus fecit immoderatus accensum, nec pietas reddidit inordinata remissum. Sic sic illatam discretus ultor injuriam, et non remissus indulsit, et non sæviens vindicavit. Tu quoque, venerabilis soror, et domina, hujus imitare sancti regis exemplum, ut pietatis simul atque justitiæ munus nunquam deseras institutum. Ita tamen, ut juxta apostolicum præceptum, superexaltet misericordia judicium (*Jac.* II); et sic omnis judicii tui calculus ad omnipotentis Dei gloriam tendat; quatenus expleto commissi villicatus officio, is qui tuum tenet nunc in suis manibus spiritum, de terreno te ad cœlestis gloriæ provehat principatum.

Monasterium præterea Fructuariense, tanquam vere thalamum Jesu, tuæ magis ac magis commendo custodiæ : cui quæso, ita pervigiles tuitionis tuæ dependo semper excubias, ut per te cœlestis ille sponsus tuus in eo suaviter requiescat. Omnipotens Deus te ac tuos regiæ scilicet indolis, filios benedicat, eosque non modo ad ætatis, sed etiam sanctitatis incrementa perducat. Dominus autem Adraldus Bremetensis rector cœnobii, vir videlicet religiosus et prudens, ex me per te officiosissime salutetur. Qui si vult, ut sibi quoque aliquid scribam, scribendo præcipiat.

Sit nomen Domini benedictum.

OPUSCULUM DECIMUM NONUM.

DE ABDICATIONE EPISCOPATUS. AD NICOLAUM II ROM. PONT.

ARGUMENTUM. — Orat pontificem summum, suppliciterque obsecrat, ut sibi episcopatus onus deponere permittat : causas præcipuas affert, quod senior sit, et iccirco quieti magis quam laboribus idoneus ; quod illud laboriosum munus non sponte, sed coactus susceperit, et denique quod propter sua peccata, ut ipse inquit, indignus sit qui in tam excelso honoris et dignitatis fastigio sedeat. Licere autem, si ita tempus aut ratio postulet, episcopatu se abdicare, plurimis sanctorum virorum et exemplis et auctoritatibus comprobat. In fine Deum precatur, ut eam pontifici mentem det, qua suis votis satisfaciat.

Domino suo NICOLAO universali papæ, PETRUS peccator monachus servitutem.

Sacrarium Spiritus sancti vestrum pectus agnosci, quia nisi me tunc necessitas apostolicæ sedis impelleret, et antiqua, quam jamdudum circa vos habueram, charitas invitaret, post sanctæ memoriæ domini Stephani, vestri quidem decessoris, mei autem persecutoris, obitum, ego a me protinus episcopatum non canonice traditum, sed violenter injectum funditus abscidissem. Meministis enim, domine mi, quot querelas coram vobis sæpe deposui, quot gemitus, quot denique profunda suspiria ex imis visceribus traxi, quoties etiam uberibus lacrymis tristia ora rigavi. Verumtamen apud vos tunc non obtinui missionem, quia Romanæ Ecclesiæ, quæ ruinam minari videbatur, id utilitas non poscebat. Nunc autem te in sagena Petri clavum regente, sub tranquilla pace tota Christi gratulatur Ecclesia. Ventorum quippe se turbines reprimunt, procellarum spumantium volumina conquiescunt, mitescunt maria, totaque videtur cœli serenitas innovata. Cum igitur sub sancto pontificatu vestro jucunda pace universalis Ecclesia potiatur, canis meis, et grandævæ jamjam senectuti, quæso, requies non negetur. Quapropter ob remissionem omnium peccatorum meorum, quæ nequiter perpetravi, cedo jure episcopatus, et per hunc annulum (virgam enim tulistis) desperata deinceps omni repetendi querela, renuntio : utrumque etiam vobis monasterium reddo : et, ut quiescendi municipium veterano et emerito militi permittatur, imploro.

CAPUT PRIMUM.

Probatur exemplis posse dimitti episcopatum.

Hic mihi fortassis objicitur, semel acceptum dimitti regimen non licere. Ad quod breviter dico quod sentio; quia plerique pontificatus jura non deserunt; et de sinistris sunt; quotquot autem legimus recta intentione dimisisse, certa spes est eos de æterna cum Christo societate gaudere. Neque tamen hæc dicimus, ut passim deseri episcopatum liceat, nisi videlicet id fieri necessitas, sive rationalis quælibet causa deposcat.

Enimvero B. Valerius episcopus dum sibi providet successorem, magnum Augustinum Hipponensi Ecclesiæ inthronizat antistitem.

Lucidus Ficoclensis episcopus dum propinquum sibimet obitum imminere cognoscit, ad cœnobialis portum convolat ordinis, ac sacerdotalis infulas dignitatis monachicis mutat induviis. Et, ut noveris quid sibi conversio ista contulerit, sicut authentica registri testatur historia, sub ipso migrantis obitu Spiritus sancti gratia lætissimo relucebat in vultu. Cui nimirum, et antequam moreretur, beatus apostolus Andreas apparuit, et qua hora migraturus esset ex corpore nuntiavit.

Quid B. Adelbertum martyrem dicam? Qui nimirum quoniam Bohemiensis Ecclesiæ postposuit cathedram, monachum induens, triumphalem martyrii meruit invenire coronam.

Utque ex industria de cæteris sileam, quidam sanctus pœnitens, cujus me ad præsens vocabulum fugit, apud Gallias iam ante septennium fere episcopatu dimisso, tandem angelo visitante præcipitur, ut ad episcopatum redeat; sed recusat, donec admonente eodem angelo, beatus advenit sub celeritate Remigius. Sic itaque ne deceptio potuisset forte subripere, etiam tuta formidans, humano cessit imperio, qui ad angelicum prius oraculum rigidus stetit.

Episcopus etiam ille Sabinensis, qui solium pontificale deseruit, et Farfense monasterium, contempta sacerdotali dignitate, construxit; quam nobilis in Christo vir fuerit, testis est antiqua traditio, quæ sanctitatis ejus insignia celebrat; testis moderna devotio, quæ piam ejus memoriam in benedictione frequentat. Quanti scilicet et prius, et postmodum in eadem sede usque ad vitæ terminum perdurarunt, et tam operosum fructum Deo nullatenus attulerunt.

Nec te, felix Bonite, prætereaın, qui hac duntaxat occasione percepta, quoniam de manu regis, laici videlicet hominis, traditionem Ecclesiæ te suscepisse contigerat, cathedram contempsisti, atque ad remotioris vitæ custodiam te protinus contulisti.

Venerabilis quoque Gaudentius Apsarensis episcopus, cujus ego familiaritatis dulcedinem merui, per quem Deus jam non ignobile miraculum fecerat, episcopatum dimisit, et de Sclavonico regno navigans, littoribus Anconitanæ urbis applicuit, a qua non longe post biennium feliciter obiit.

Nam et Paulinus Nolanæ præsul Ecclesiæ, ut quærenti filium viduæ subveniret, ministerium pontificale deposuit, seseque tyranno cuidam tanquam vile mancipium subjugavit.

In ecclesiastica porro, quam Romanus quidam scriniarius scribit, historia, legisse me memini, Martyrium Antiochenum episcopum propter dissidentis inobedientiam populi, cathedram dimisisse, ubi sic dicitur : Rediens, inquit, Martyrius Antiochiam, et inveniens populos dissidentes, Zenonemque his faventem, coram Ecclesia abrenuntiavit episcopatui, dicens : Clero non subdito, et populo dissidenti, et Ecclesiæ squalenti abrenuntio, servans mihimet sacerdotii dignitatem. Ubi etiam illud invenitur insertum, quod Appio quidam patricius, qui imperante impio Anastasio, in Nicæna civitate presbyter fuerat per violentiam consecratus, quoniam prudens erat, ex decreto piissimi imperatoris Justini, qui Anastasio in sceptra successerat, factus est præfectus prætorii. Sic nimirum, sic imperiali fuit pietate correctum, quod sub tyrannica fuerat tempestate præsumptum. Quod profecto idcirco referendum duxi, ut quoniam et ipse violenter attractus sum, hinc valeat colligi, quid etiam super me digne debeat ex antiquæ auctoritatis imitatione decerni. Quanquam et alterius videatur esse negotii definire, utrum hoc, quod ille de presbytero præfectus prætorii factus est, auctoritati, an præjudicio debeat imputari.

CAPUT II.
Quid de dimittendo episcopatu B. Gregorius sentiat.

Porro autem beatus papa Gregorius, si necessitas videretur exigere, nullatenus prohibebat episcopos ab injuncta sibi dignitate cessare. Cujus registri tantummodo titulum nobis sufficiat adnotare, ne judicemur epistolam laciniosa prolixitate distendere. Ait enim is qui registri volumen explicuit (*lib.* IX, *ep.* 41). Pontificibus, inquit, voluntarie suis renuntiantibus sedibus successores Gregorius nullo modo denegabat, eosque postmodum de redditibus relictæ Ecclesiæ sufficienter nutriendos esse censebat; et reliqua, quæ illic latius subnectuntur. Hinc est enim, quod idem præsul insignis de episcopo primæ Justinianæ, qui capitis ægritudinem patiebatur, hanc promulgat prolata disceptatione sententiam ; Si vero, inquit, reverentissimus Joannes fortasse pro molestia sua petierit, ut ab episcopatus honore debeat vacare, eo petitionem scripto dante, concedendum est.

Porro et B. Hieronymus, dum de otioso Ecclesiæ rectore tractaret, adjecit : Illico, inquit, indignantis Domini responsione ferietur : « Serve nequam, quare non dedisti pecuniam meam ad mensam, ut ego veniens, cum usuris exegissem illam? » (*Luc.* XIX.) Quod doctor protinus exponens, ait : Id est, deposuisses ad altare, quod ferre non poteras. Dum enim tu ignavus negotiator denarium tenes, alterius locum, qui pecuniam duplicare poterat, occupasti.

Quid referam Lugdunensem episcopum, vita et vocabulo Justum, qui commissum sibi pontificatus officium et laudabiliter rexit, et non sine laude deseruit? Plane abreptitius quidam in tantam furiosæ mentis proruptit insaniam, ut obvios quosque violentus impeteret, verberum collisione mactaret, plerisque membra præcideret, mortem postremo nonnullis inferret. Hic aliquando plurimis insectantibus, Ecclesiæ fores irrupit, seque tueri cœpit. Nam tunc eum necessitas edocebat ad cor redire, cum jam cogebatur a vita discedere; ecce sacerdos sanctus concitus ad ista prosiliit; et Ecclesiæ confugium petenti se defensor objecit. Ii vero, quorum propinqui vel exstincti fuerant, vel truncati, vehementer instabant, et reum ad supplicia importuna constipatione quærebant. Quid plura? Tandem ad hoc perventum est, ut pius pontifex satisdatione suscepta ne reus mortis morti succumberet, quasi pro satisfactione victoriæ, eorum hunc manibus tradidisset [*f.* traderet,]; sed mox ut in eorum potestatem devenit, exstinctus interiit. Protinus vir Dei tanquam si ipse hujus homicidii auctor esset, pavefactus intremuit, Ecclesiam dimisit, et in Ægypti partibus postmodum eremiticam vitam duxit. Hoc nimirum ita litteris tradidi, ut servus Dei dominus Stephanus, qui vestris assistit aspectibus, intimavit.

Petrus etiam archiepiscopus Ravennatem dimisit Ecclesiam, cui mox adhuc superstiti Honestus, primo videlicet Ottone habenas imperii gubernante, successit.

Enimvero et insignis ille Gregorius Nazianzenus, qui ab historiographis Deiloquus appellatur, Constantinopolitanam Ecclesiam contempsisse, imperante religioso, atque catholico principe Theodosio, traditur. Quod si nobis forte non creditur, ipsius hic historiæ verba ponantur: Sancta, inquit, synodus Gregorio Deiloquo episcopatum Constantinopoleos roboravit, et hunc invitum in throno locavit, utpote multum laborantem, et urbem a læsione hæreseon liberantem. Cumque didicisset, quosdam ex Ægypto sapientissimus ei beatissimus iste huic rei invidere, compositorio sermone ostenso, spontanee a throno regnantis urbis abscessit. Quo thronum refutante, Nectarium imperator, et synodus provehit. Hæc porro non nostra, sed ipsius historiæ verba sunt.

CAPUT III.

Quod animæ gehennæ supplíciis traditæ, Dominicis diebus refrigerio potiuntur.

Illud etiam, quod Humberti archiepiscopi, summæ videlicet auctoritatis viri, narratione cognovi, silentio tradendum esse non arbitror. Nam cum a finibus reverteretur Apuliæ, asserebat in regionibus quæ Puteolis adjacent, inter aquas nigras et fetidas, promontorium eminere saxosum et scrupeum. Ex quibus videlicet exhalantibus aquis consueto more teterrimæ videntur aviculæ repente consurgere, et a vespertina Sabbati hora usque ad ortum secundæ feriæ, solitæ sunt humanis aspectibus apparere. Quo indulti temporis spatio videntur hinc inde per montem, ceu solutæ vinculis libere spatiari. Alas extendunt, plumas rostro prosequente depectunt, et in quantum datur intelligi, concessa ad tempus refrigerii se tranquillitate resolvunt. Quæ profecto volucres nec unquam videntur vesci, nec quolibet ancupis valent ingenio capi.

Dilucescente igitur matutina secundæ feriæ hora, ecce magnus ad instar vulturis corvus post præfatas aviculas incipit concava gutture graviter crocitare. Illæ protinus sese aquis immergentes abscondunt, nec ultra videndas se humanis oculis offerunt, donec advesperascente jam Sabbati die, de sulphurei stagni voragine rursus emergunt. Unde nonnulli perhibent eas hominum esse animas ultricibus gehennæ suppliciis deputatas. Quæ nimirum reliquo totius hebdomadæ tempore cruciantur, Dominico autem die cum adjacentibus ultro citroque noctibus, pro Dominicæ resurrectionis gloria, refrigerio potiuntur. Cui scilicet assertioni etiam Prudentius nobilis versificator in hymnorum suorum opusculis attestatur. Sed cum hæc de aviculis, et corvo inter aquas nigras aliquando apparentibus, aliquando se abscondentibus, in pagina digessissem, religiosus Casinensis monasterii abbas Desiderius advenit, seseque rem sic habere funditus abnegavit. Cumque illum, et Humbertum, meum videlicet relatorem, in mutua colloquia deduxissem, Humbertus ait: Ego quidem hujus allegationis testimonium non defendo, verumtamen hoc simpliciter retuli, quod ab accolis illius audivi. Sed quoniam personæ istæ, Desiderius videlicet et Humbertus, tantæ auctoritatis sint ut neutri eorum fides debeat denegari, ego quoque, quod scripsi, procaciter non affirmo, sed utrum verum sit necne, legentium inquisitioni relinquendum esse decerno.

Ut igitur illud inferam, propter quod ista præmisi, episcopus, qui tamen ; si recte teneo, Capreis præerat, vidit majorem Benedictum papam, qui jam obierat, nigro equo quasi corporaliter insidentem. Cumque illum cœptum iter carpere cerneret, Heus, inquit, nonne tu es papa Benedictus, quem defunctum liquido novimus? Ipse, inquit, infelix ego sum. Et ille: Quomodo tibi est, Pater? Gravibus, ait, tormentis afficior, spe tamen, si adjutorium præbeatur, de mea recuperatione non privor ; sed perge, quæso, ad fratrem meum Joannem, qui nunc apostolicam occupat sedem, eique mea functus legatione denuntia, ut illam potissimum summam, quæ in tali theca reconditur, in pauperes pro mea salute distribuat ; sicque me redimendum esse, quandocunque tamen hoc decrevit miseratio divina, cognoscat. Nam cætera, quæ pro me sunt indigentibus tradita, mihi nihil penitus profuerunt, quia de rapinis sunt et injustitiis acquisita. His igitur auditis, episcopus Romam impiger adiit, Joanni papæ defuncti fratris verba narravit, episcopalis mox sarcinæ pondus abjecit, monachum induit, eoque modo salutem sibi ex aliena calamitate providit.

De æquivoco quoque ejusdem Benedicti papæ (11) atque nepote, qui post eum tertius, Joanni secundus in Romanæ sedis invasione successit, idem mihi narravit Humbertus ; quia vassus quidam dum iter ageret, accidit ut juxta molendinum equo insidens pertransiret ; ecce repente monstrum immane conspexit, quo viso subitus eum terror invasit, et stupefactus intremuit. Videbatur autem monstrum illud in aures duntaxat aselli caudamque desinere, cætera ursus erat. Cumque viator ad hoc portentum territus obrigesceret, fugamque præcipitem formidolosus iniret, informe prodigium humanæ vocis verba formavit: Noli, inquit, o vir, expavescere ; hominem me olim fuisse, sicut et ipse nunc es, procul dubio crede ; sed quia bestialiter vixi, post vitæ finem bestiæ perferre speciem merui. Porro cum ille perquireret, quis fuisset: Ego, ait, ille solo nomine Benedictus fui, qui nuper apostolicæ sedis apicem indignus obtinui. Inquisitus autem, quid jam retributionis haberet: Nunc quidem, inquit, usque ad judicii diem per dumosa, atque squalentia, per sulphurea loca, et fetores exhalantia, atque incendiis conflagrata, rapior et pertrahor ; post extremum vero judicium, corpus meum simul et animam irremediabilis cruciatus, et gehennalis barathri me irrevocabilis olla deglutiet, ita ut nulla mihi recuperationis spes in posterum restet. Post hæc vero, et hujusmodi verba disparuit. Sed cum ego, cur ille

---

(11) Ejus nominis undecimi.

in hac specie conspectus sit, indiginem quæro, non deesse mysterium ab eo quod visum est, deprehendo. Nam quia miserabilis ille ab ipso funesti pontificatus sui primordio 427 usque ad finem vitæ in luxuriæ cœno versatus est, non incongrue visus est, et ab auribus incipere, et in caudam asini terminare. Asinus quippe luxuriosum est animal, sicut propheta designat cum de carnis immunditiæ deditis, ait : « Ut carnes asinorum, carnes eorum (*Ezech.* xxiii). » Quod autem per cætera membra ursi tenebat speciem, vitam in omnibus docetur duxisse carnalem. Nam, sicut a physicis traditur, ursa cum parit, non catulum, juxta consuetudinem bestiarum, sed frustum carnis effundit : mox quod effusum est, crebrius lingendo et lambendo componit, sicque ad sui similitudinem lingua formante, producit (PLIN. lib. VIII, cap. 56). Jure igitur qui luxuriose, et carnaliter vixit, in asini simul et ursi figura comparuit. Cui nimirum quis non videat quanto melius fuerat, ut episcopatum deserens, pœnitentiam ageret, quam in eo usque ad vitæ terminum perseverans, veram vitam funditus perdidisse?

CAPUT IV.
De monacho, qui damnatus in inferno, postea liberatus est.

Sed quia hoc triste prætulimus, aliud pietatis divinæ miraculum, quod nimirum lætos habuit exitus ex ejusdem Humberti narrationibus subnectamus.

In monasterio, inquit, B. Silvestri, quod in Urbinate constitutum est territorio, quidam monachus obiit, et ab incipiente gallicinii nocturnalis articulo, usque ad secundam diei horam cadaver exanime, lotum juxta morem, atque constrictum, fratribus circumquaque psallentibus, in feretro jacuit. Cumque transactis jam missarum ex majori parte solemniis, *Agnus Dei,* juxta regulam diceretur, ecce repente, qui mortuus jacebat in medio, anima redeunte, surrexit. Stupefacti sunt fratres, et nova nimis admiratione perterriti: nimirum quem funeris officium persolventes extulerant, nunc vitalem spiritum recepisse videbant. At cum propius accessissent, verbaque ex ore illius audire avidius inhiarent: Ah scelus ! ille maledicta, et contumelias in Deum cœpit effundere, benedictum Salvatoris nomen impie blasphemare, vivificæ crucis signum, ut oscularetur, oblatum, sacrilego ore conspuere; intemeratam quoque Dei Genitricem ignominiosis non timebat opprobriis lacerare. Ut quid, inquiens, pro me psallitis, vel sacrificiorum hostias offerre tentatis? Ego enim in ipsa flammantis tartari profunda descendi, ibique me meus magister, et dominus Lucifer irrevocabiliter deputavit; coronam plane suam æream inexstinguibili semper ardore candentem, mihi in capite posuit : ejusdem quoque metalli chlamyde me, qua induebatur ipse, vestivit. Erat autem chlamys tam longa, ut talo tenus flueret ; tam ferventer ignita, ut liquefacta guttas emittere videretur. Cumque fratres eum, ut pœnitentiam ageret,

atque ut occulta sua in medium proferret, unanimiter hortarentur, ille anathematizabat et blasphemabat : et non solum pœnitentiæ remedium, sed et omnia redemptionis nostræ mysteria ore rabido atque 428 sacrilego condemnabat. Monachi vero ad semper victricia orationis arma pio studio recurrentes, cœperunt, abjectis indumentis, corpora sua scopis allidere, pugnis pectora tundere, psalmodiæ atque omnium, quibus valebant, precum generibus insudare. Cunctis itaque fratribus in luctuosis orationibus et jejunio constitutis, ac sub divinæ pietatis exspectatione suspensis, tandem supernæ virtutis splendor emicuit. Ecce enim desperatus ille, et voragine maris hiantis absorptus, ad superficiem rediit : Dei quippe Salvatoris omnipotentiam laudat, nequissimis Satanæ ludificationibus abrenuntiat, crucem adorat, pœnitentiam flagitat. Confessus est autem, quia post renuntiationem sæculi, in fornicationem cecidit, quam tamen eotenus nulli penitus per confessionis indicium patefecit. Laudans igitur, et benedicens Deum usque in diem alterum vixit, sicque Creatori suo mirabiliter restitutus, in sancta de hoc sæculo confessione migravit. Sic sic nimirum ternæ orationis fructus effloruit, quæ videlicet oratio ex ipsis gehennæ visceribus prædam rapuit, et de flammarum stipula in structura supernæ Hierusalem lapidem vivum posuit. Hæc mihi Humbertus archiepiscopus retulit, cujus nimirum verba velut apostolica videntur veritate fundata.

CAPUT V.
Quod episcopatus sit arduum munus.

Si ergo ille, qui in monachatu ceciderat, quique de sola sua anima rationem debebat, tam terribili meruit sententia condemnari; qua mente securus est quilibet mei similis indignus episcopus, qui nimirum tot est animarum reus, quot per ejus negligentiam, seu prava exempla depereunt ? Cum constet fuisse nonnullos, pro levi etiam quolibet impedimento, episcopali regimine sponte nudatos, ex quibus hic unum sufficiat inseri, quem profecto in ea, quam Cassiodorus de Græco in Latinum transfert, historia promptum est reperire, cujus hic historiæ nuda duntaxat verba conscribimus, ut dubietatis scrupulum ambigentibus auferamus.

Silvanus, inquit, rhetor fuit prius Troili sophistæ discipulus, et ad perfectum Christianus, vitamque monachicam diligens. Is enim doctoris pallio uti despexit. Quem post hæc Atticus episcopus comprehendens, episcopum Philippopoleos ordinavit. At ille tribus annis in Thracia degens, nec frigora ferre valens, cum haberet corpus valde debile atque subtile, rogavit Atticum ut eum in locum alium constitueret, dicens, non ob aliam causam, nisi propter frigus ea se loca vitare. Cumque alter pro eo fuisset ordinatus, mansit Silvanus Constantinopoli, vitam monachicam perfecte custodiens: tantumque sine ulla fuit arrogantia, ut plerumque in tanta multitudine civitatis cum soleis despectus procederet. Quodam vero tempore prætereunte, Trojanæ præsul

Ecclesiæ moritur, Trojanique venerunt petentes episcopum. Cumque cogitaret Atticus, quem ordinare deberet, subito contigit ad eum salutandum venire Silvanum. At ille videns eum, mox cogitare cessavit. Tunc ad Silvanum: Non habes, inquit, ulterius occasionem, pro qua ecclesiasticas curas possis effugere. Troja namque non habet frigus, sed ecce apparatus est tuo corpori opportunus a Deo locus; præpara ergo temetipsum, et ad Trojam continuo proficiscere. Migrat ergo Silvanus.

Verum si quis hunc fortasse temeritatis accuset, eumque pro solo frigore commissum regimen contempsisse, atque pro corporis commoditate ad aliud demigrasse condemnet, audiat post hæc insigne per eum claruisse miraculum, et sic saltem livido reprehensionis morsu lacerare desinat justum. Sic enim subjungit historia: Quo facto, miraculum quod inter manus ejus accesserit enarrabo. Navis maxima, quæ grandes columnas devexit, nuper in littore Trojano fabricabatur; cumque eam ad mare ducere voluissent, multis funibus, atque populo trahente, nullatenus movebatur. Quod dum plurimis diebus ageretur, suspicati sunt navem a dæmonio retineri. Tunc ad Silvanum venientes episcopum, rogaverunt eum, ut in eo loco daret orationem, credentes hoc modo [deest ibi posse, vel aliquid ejusmodi] trahi navem. At ille humili sermone dicebat se esse peccatorem, asserens hoc opus alicujus esse justi, non suum. Quem dum rogassent, venit ad littus, factaque oratione, tetigit unum funem, jubens ut insisterent operi cum labore. Tunc illis breviter impellentibus, cursim navis ad mare processit. Hoc miraculum reverentiam illius viri cunctos fecit habere provinciales. Enimvero si episcopatum dimittendo, atque ad alium commigrando Silvanus iste peccasset, non in ostensa signi virtute mirabilis, sed reatu potius miserabilis videretur. Virtus ergo miraculi testimonium perhibuit sanctitati. Porro autem, si episcopatum, ut dicitur, nulla licet ratione dimittere, quid est, quod tot sancti pontifices per historiarum passim quæque volumina reperiuntur de suis se Ecclesiis ad alias transtulisse, cum profecto suas ante relinquerent quam ad reliquas transmigrarent? Quorum plerique cum commissum regimen spernerent, ad aliud se transituros adhuc funditus ignorabant.

Et certe ipsa ratio docet, minus esse cum simpliciter ab episcopatu desistitur, quam cum ex uno ad alium transmigratur. Non igitur ab eo me cohibebit moderna versutia, ad quod venerabilium Patrum cohortantur exempla. Enimvero, si beatus ille Silvanus propter solum corporis frigus episcopatum sine reprehensione deseruit; cur ego, spreto pastorali regimine, transgressionis arguar, qui quotidie curarum sæcularium negotiis irretitus, a divini amoris fervore tepesco, et lethiferum torpentis animæ frigus incurro? dicente Scriptura: « Sicut frigidam facit cisterna aquam, sic frigidam facit malitia animam (Jer. vi). » Memini enim sæpe me ita divini amoris igne succensum, ut optarem protinus claustra carnis effringere, et quasi de cœno solutus, et carceralibus tenebris, ad æternitatis lumen medullitus anhelare. Erat enim mihi tunc, sicut per prophetam Dominus pollicetur, cor carneum, sive ut mihi videbatur, cereum (Ezech. xi). Quod nimirum desiderii cœlestis afflatum flamma liquesceret, et uberibus lacrymis flebilia frequenter ora rigaret. Horrebam audire, quanto magis ore proferre, quidquid non provocabat ad Christum, omnesque nugas sive nœnias verborum sæcularium velut rictus canum, sive morsus serpentium deputabam. Sæpe cernebam præsentissimo mentis intuitu Christum clavis affixum, in cruce pendentem, avidusque suspiciebam stillantem supposito ore cruorem. Porro si nitar apicibus tradere quidquid mihi contemplari dabatur, vel de sacratissima nostri Redemptoris humanitate, vel de illa cœlestis gloriæ inenarrabili specie, ante dies elabitur quam rei series digeratur. Nunc autem durus et saxeus, dum negotiis jugiter exterioribus atteror, in compunctionis intimæ lacrymas non resolvor. Enimvero sæpe manum meo pectori superpono, et animarum medico quasi purulentum vulnus ostendo, clamitans, et intima supplicatione vociferans: Qui cavernas, inquam, tartareas divinitatis tuæ radiis illustrasti, cordis hujus tenebras dimove, ac veritatis tuæ luce serenus infulge. Sed clamanti secus viam cæco Jesus aliquando stat (Matth. x; Luc. xviii.), lumenque reformat; aliquando pertransit, tanquam desidiose clamantem non audiat; sicque miser cæcus in sua nihilominus cæcitate perdurat. Ego, ego, proh dolor! tanquam alter Samson (Judic. xvi) septiformis Spiritus sancti dona, quasi septem crines, amisisse me defleo; et effossis oculis non frontis, sed cordis, curarum sæcularium molam volvo. Ego ille Sedechias; cui rex Babylonicus prius filios interficiens, bonorum operum fructus abstulit (IV Reg. xxv): postmodum oculos eruit, dum contemplationis intimæ luce privavit. Si igitur sanctus ille vir, Silvanus scilicet, propter solam corporis incommoditatem non cunctatus est dimittere Thraciam: cur ego non deseram pro cavendis tot animæ vulneribus Romam? Quanquam et ipsi corpori meo non sit prorsus innoxia, utpote ferax febrium nec vagarum. Unde et tetrastichon hoc olim protulisse me memini:

VERSUS DE ROMA.

Roma vorax hominum, domat ardua colla virorum:
Roma ferax febrium, necis est uberrima frugum.
Romanæ febres stabili sunt jure fideles.
Quem semel invadunt, vix a vivente recedunt.

Animæ igitur, simul et corporis adversitate detentus, revertatur fugitivus ad dominum suum, spretis porcis, et siliquis, ad patris osculum filius reddeat (Luc. xv): ad vires Samson pristinas, capillis renascentibus, incalescat (Judic. xvi), quatenus stolam primam, quam amiserat, induat, et victores suos reparatis viribus sternat.

CAPUT VI.
De simoniaco episcopo, qui non poterat nominare Spiritum sanctum.

Interea illud etiam, quod Hildebrando Romanæ Ecclesiæ archidiacono referente, didicimus, his inserere operæ pretium judicamus. Nam cum adhuc subdiaconatus duntaxat fungeretur officio, a Victore papa apocrisiarius ad Gallias destinatus, synodum congregavit, in qua videlicet sex episcopos diversis criminibus involutos, ex apostolicæ sedis auctoritate deposuit; inter quos quidam erat episcopus, qui quoniam per simoniacam hæresim ad episcopatus culmen irrepserat, Spiritum sanctum verbis exprimere, quibuscunque tentaret nisibus, non valebat. Et quidem Patrem et Filium expedite satis, ac facile proferebat; ad Spiritum vero sanctum cum pervenisset, mox lingua balbutiens tandem rigida remanebat. Merito siquidem Spiritum sanctum dum emit, amisit; ut qui exclusus erat ab anima, procul esset etiam consequenter a lingua. Hac igitur difficultate convictus, episcopale decarceravit officium. Sed absit ut hunc sanctorum virorum catalogo dignum judicem, qui pro Christi amore pontificales infulas dimiserunt.

Porro autem, quia prudentissimi illius viri semel incidit mentio, aliud etiam insigne quod retulit, etiam si non magnopere ad propositum thema pertineat, non silebo. Nam dum de prædiis Ecclesiarum injuste possessis, sub præsentiæ vestræ conspectu, venerande papa, in Aretina concionaretur Ecclesia, intulit congruenter exemplum: In Teutonicis, inquit, partibus comes quidam dives ac præpotens, sed quod in illo hominum ordine prodigium est reperiri, bonæ opinionis, et innocentis vitæ, prout humanum erat de ejus æstimatione judicium, ante decennium fere defunctus est. Post cujus obitum quidam religiosus vir per spiritum ad inferna descendit; præfatumque comitem in supremo gradu cujusdam scalæ positum vidit. Aiebat namque, quia scala illa inter stridentes et crepitantis ultrices incendii flammas videbatur erecta, atque ad suscipiendos omnes, qui ex eadem comitum genealogia descenderent, constituta. Erat autem tetrum chaos, et immane barathrum infinite patens, atque in profunda demersum, unde scala producta surgebat. Hoc igitur ordine succedentium sibimet series texebatur, ut cum quis eorum novus accederet, primum interim scalæ gradum teneret, is autem qui illic repertus erat, aliique omnes ad proximorum sibi graduum ima descenderent. Cumque alii atque alii ex eodem genere homines post carnis obitum ad præfatam scalam per temporum intervalla confluerent, alii protinus cedentes inevitabilis necessitate judicii ad inferiora migrabant. Plane dum vir qui hæc contemplabatur, causam hujus horrendæ damnationis inquireret, et præsertim cur ille comes sui temporis puniretur, qui tam juste, tam decenter,

et A tam honeste vixisset, audivit: Quia propter quamdam prædii possessionem Metensis Ecclesiæ, quam beato Stephano proavus ejus abstulerat, cui videlicet iste jam decimus in hæreditate successit, omnes isti non diverso supplicio deputati sunt; et sicut eos ad peccandum non dispar avaritiæ culpa conjunxit, ita nihilominus ad perferendas atrocis pœnas incendii commune supplicium copulavit.

Hoc ecclesiastici juris injusti possessores advertant et subtiliter caveant, ne dum se redditibus satiant alienis, edaces postmodum flammas depascant medullis suis. Quia igitur nos non tam districtæ scribentium regulæ quam ædificationi fraternæ cupimus deservire, rem velut ab intentione propositi operis extraneam apposuimus; ut quo-B dammodo fluctivagum quid, ne oblivio funditus raperet, styli funiculo stringeremus. Nam cum quis piscaturus egreditur, si casus attulerit feram repente vel volucrem, capit, etiamsi nil de venatione, vel aucupio proposuerit. Præterea, ut nostris assertionibus etiam evangelica non desit auctoritas, Salvator noster cum domum principis synagogæ, filiam ejus resuscitaturus aggreditur, mulieri fluxum sanguinis patienti (*Matth*. IX), velut absque ea quam cœperat, intentione medetur. Quid igitur mirum, si scribentes aliquando quod cœptum est intermittimus, nec omittimus; illud videlicet inserentes, quod nihilominus ad ædificationem pertinere sentimus? Quanquam et hoc a nostro proposito non abhorreat, quia si ille propter unam Ecclesiæ pos-C sessiunculam periit; quid de illo sentiendum est, qui sub nomine episcopi totam Ecclesiam, cum indigne præsideat, non dimittit? Jam itaque post diverticulum, ad propositum revertamur.

Quid etiam de beato Milesio martyre in Tripartita referatur historia non silebo; quod nimirum, ut uberiorem legentibus præbeat fidem, eosdem apices styli currentis apponam. Tunc etiam, ait, episcopus, Milesius nomine, martyrio coronatus est. Qui primum quidem militabat apud Persas, postea vero relicta militia, conversationem zelatus est apostolicam. Dicitur enim, quia dum in civitate Persica episcopus fuerit ordinatus, multa sæpe sit passus, et plagatus, atque tractus, sed virili mente cuncta sustinuit. Cumque nulli potuisset illic suadere ut D Christianus fieret, graviter ferens, maledixit civitati, et exinde discessit. Post paucum vero tempus primatibus ejusdem loci in regem peccantibus, superveniens exercitus cum trecentis elephantis civitatem subvertit, et velut desolatam regionem arantes seminibus tradiderunt. Milesius autem episcopus solummodo peram circumferens quæ sacrum codicem evangeliorum habebat, perrexit orationem facturus ad Hierosolymam, et inde in Ægyptum, ut videret monachos ibidem conversantes. Qualis igitur iste sanctus, et miraculorum fuerit operator, Syri sunt testes qui ejus actus vitamque scripserunt. Ecce hic, qui commissi regiminis jura postposuit, non modo nullum reatus crimen incurrit, ultro etiam ut miraculorum virtutes operaretur obtinuit.

CAPUT VII.
De Arnulpho Metensi episcopo.

Sane dum historiarum latitudinem tanquam cœli faciem curioso perlustramus intuitu, beatus Arnulphus, Ecclesiæ videlicet Metensis episcopus, velut aureum nobis sidus occurrit; qui et ignorantiæ nostræ tenebras per exempli sui radios abigit, et nostris allegationibus inexpugnabiliter robur attribuit, atque omnem super hoc capitulo nodum dubietatis absolvit. Hic profecto, sicut veridica fratrum relatione didicimus, qui descriptam ejus se lectitasse testantur historiam, in Lotharico regno non procul a Flandria, ducatus gerebat officium. Hic præterea Pippini pater, et Caroli magni regum avus fuit. Cumque divini Spiritus ardore succensus, uxoris affectus filiorumque postponeret, ac mundanæ gloriæ pompas glorifica Christi paupertate mutaret, ad eremum properans, contigit ut per fluvium, qui Mosella dicitur, transitum viator haberet. Sed cum jam medium fere superjecti pontis attingeret, ubi torrentis alveus profundior decurrebat, illic annulum suum sub hac fœderis conditione projecit. Cum ego, inquit, annulum hunc recepero de spumosis fluctibus erutum, tunc me procul dubio confidam omnium peccatorum meorum nexibus absolutum; moxque eremum petiit, ubi non parvo tempore sibi ac mundo mortuus vixit. Interea, defuncto, qui tunc fuerat, Ecclesiæ Metensis antistite, beatum Arnulphum ad pastoralis jura regiminis dispensatio divina provexit; dumque esu carnium, prout in eremo desueverat, in Ecclesia nihilominus abstineret, piscis aliquando sibi elatus est in xenium, quem coquus exenterans, in ilibus ejus annulum reperit, cumque mox domino suo lætabundus offerre curavit. Quem beatus episcopus ut aspexit, illico recognovit: et non tam vibrantis metalli miratus est venam, quam quia propitiatione divina reatus sui consecutus est veniam; quodque vim admirationis exaggerat, bidui iter est a ponte unde projectus est annulus usque ad locum ubi piscis venerabili fuit episcopo præsentatus. Tunc vir Dei quo a peccatis est absolutus, hinc magis est sub divino terrore constrictus: et eo se arbitratur amplius debitorem, quo circa se videt majorem supernæ clementiæ bonitatem. Eligens igitur sibimet successorem, rursus eremum petiit, ibique pastorali cura deposita, usque ad felicem obitum vixit. Insignis itaque vir quod fecit, nos utique ut faceremus edocuit.

Præterea, vix adhuc quindecim emensi sunt dies, ex quo vidi Farnulphum venerabilem virum sponte sua ecclesiastici regiminis administratione nudatum. In cisterna siquidem Apula civitate cathedram obtinuerat, quam reliquit, ac duobus ferreis circulis non parvi ponderis pectus, ventremque constrinxit, quibus affligi fere jam a septennio non cessavit; vino vel nunquam, vel raro utitur, crebris quoque jejuniis maceratur. Hic tantus vir ad abrenuntiationem A episcopatus non me minus exhortatus est, verbo quam provocabat exemplo.

Porro autem Hildulphus Treverensis archiepiscopus, quantæ sanctitatis, quamque mirificæ vitæ vir fuerit, spatiosus Occidens non ignorat. Qui nimirum, ut gestorum illius testatur historia, Jacob Leuchæ urbis, quæ nunc Tullus vocatur, obsecravit episcopum, ut sibi congruum ad habitandum provideret solitudinis locum. Prius itaque sibi successorem elegit, deinde monasterium construens, per monasticæ disciplinæ lineam districtus incessit. Ubi nimirum tot per eum facta miracula luce clarius perhibent, quia vir domini episcopatum dimittens, non modo reatus maculam non incurrit, verum etiam Deo suavitatis sacrificium obtulit.

Quid referam Deodatum supernæ sanctitatis virum, ejusdem scilicet Ecclesiæ Treverensis episcopum? Quia, sicut authentica tradit historia, a Giraldo ejusdem Leuchæ sanctissimo præsule in saltu Vosagi locum obtinuit, in quo renuntians sæculo, laudabiliter conversatus, monasteria statuit atque post, diutinam in Christi agone militiam vitæ senatum laureatus intravit.

Quid Gondebertum, præclarissimum videlicet archiepiscopum Senonum? Hic plane cœlesti desiderio æstuans, commissam dimisit Ecclesiam, et in loco qui Grandiavium dicitur cœnobium Senonense construxit, quod scilicet ex relictæ Ecclesiæ vocabulo denominavit. Decreveram quidem vicenarium non excedere numerum, sed quod præ oculis est, latere non patior.

Postremo igitur, ut omissis cæteris, ad domesticum recurramus exemplum. Lambertus venerandæ memoriæ, qui ante vos Florentinæ præsul Ecclesiæ tertius præfuit, spreto pontificatus officio, monasticæ disciplinæ subjecit. Cujus nimirum quam splendida fama ora hominum compleat, quam suavis odor opinionis mentium nares aspergat, vestræ quoque beatitudinis sublimitas non ignorat.

Beatus quoque Nonnus martyr, qui et Hippolytus, memoriæ nostræ non prætereundus occurrit. Qui nimirum postquam triginta millia Saracenorum ad Christi fidem efficacissima prædicatione convertit, postquam beatam quoque Pelagiam de lupanaribus ad Ecclesiæ pudicitiam provocavit, postquam denique nonnullos sanctarum expositionum libros luculenter explicuit, tandem episcopatum deseruit; de Antiochenis partibus, unde erat oriundus, abscessit, Romanos fines appetiit. Cumque beata Aurea apud Ostiam civitatem, saxo cervicibus alligato, in marinis fluctibus martyrium consummasset, B. Nonnus sanctum cadaver pia devotione collegit, et cum omni diligentia tumulavit. Quem mox idem persecutor, qui dicebatur Ulpius, juxta Tiberis alveum in foveam aquis plenam mergi præcepit, cujus postmodum corpus, consummato triumphali martyrio, in civitate quæ Portus dicitur Christiana devotio sepelivit. Illico audita est vox velut infantium, per unam fere horam clamantium, Deo gratias. Qui ergo talem vitæ meruit clausulam, liquido patuit, quia episcopatum deserens coram Deo non incurrit offensam.

Nostris quoque temporibus Pentiensis episcopus pontificalem cathedram sponte deseruit, seseque illi qui sibi successit sincera admodum devotione substravit. Nam et ipse mihi successor ejus retulit, tanta illum sibimet obedientia et humilitate subjectum, ac si se nunquam nieminerit super aliquos obtinuisse primatum.

Nostra nihilominus ætate Liutulphus Callensis episcopus episcopali se dignitate dejecit, successori, qui nunc superest, Ecclesiam tradidit; sicque sibi, si tamen non defuit animus, liberam facultatem ad agendam pœnitentiam procuravit. Felix scilicet ille, qui sic conditionem vitæ suæ in hac mortalitate disponit, ut ei liceat pœnitendo plangere quod deliquit. Felix, inquam, qui procul a se providus abjicit quidquid illud est quod in viam sibi veritatis obsistit. Quidquid enim in hac vita commisimus, aut hic juxta peccati mensuram per flagella corrigitur, aut futuris procul dubio suppliciis reservatur.

CAPUT VIII.
De converso, qui a SS. Andrea et Gregorio verberatus est.

Quocirca non abs re est, si quod fida fratrum relatione cognovimus, hic etiam breviter inseramus. In monasterio namque, quod Clivus Scauri dicitur, quodque beatus Gregorius infra Romanæ urbis mœnia condidit, puer quidam a parentibus, ut Deo deinceps militaret, oblatus est. Qui postmodum cum jam adolesceret, de monasterio egressus ad sæculum rediit, uxoremque sibi nuptiali fœdere copulavit : deinde cum jam ad juvenilem pervenisset ætatem, divina sententia repente est percussus in gutture, cœpitque ingravescente languoris molestia morti propinquare : tandem male fugitivus, ut ad monasterium reportaretur, expetiit; ibique pœnitudinem de suis pravitatibus, habitumque monachatus accepit. Cumque uxor ejus cum nonnullis aliis lecto jacentis assisteret, cœpit ille graviter gemere, ululatus emittere; et tanquam phrenesim pateretur, inordinata vociferatione garrire. Percunctantibus autem eis, cur non ille quiesceret : Nonne, inquit, cernitis beatum Andream apostolum, sanctumque Gregorium acerrimis me suis verberibus unanimiter flagellantes? Ululans itaque rursus, ac flebiles voces emittens, paululum respirabat, atque dicebat : Modo me verberaverunt, propterea quia monasterium dimisi uxoremque suscepi. Iterumque post fletus atque rugitus, ad momentum quiescens, aiebat : Modo me castigaverunt, quia pauperibus mendicantibus, maximeque Scotigenis, non modo nihil dedi, sed eos etiam, quod flagitiosum est, frequenter irrisi. Rursus ingeminans stridores et gemitus, asserebat quoniam sex nummos a quadam vidua paupercula mutuos accepi, et reddere nolui; quot pedum passibus illa laboravit, dum eos ad me veniendo requireret, tot ergo nunc ictus de sanctorum manibus pertuli, dum me pariter verberarent. Ut sciatis autem quia non mentior, perendie hora sexta de hoc sæculo migraturus sum.

Erat porro tunc sexta feria; nocte vero, qua Dominicus illucescebat dies, qui dicitur de Ramis palmarum, de lecto, cunctis mirantibus, non segnis exsiliens, scapulare atque cilicium quæ juxta se erant repente corripuit, moxque ecclesiam beati Andreæ attonitus ac festinus intravit : ubi strato composito, his qui aderant fratribus ait : Ecce sanctorum verberibus flagellatus, ita de corpore purificatus egredior, sicut ex fonte baptismatis mundus exivi. Inter missarum igitur sacrosancta solemnia, Dominica vix passione perlecta, hora qua prædixerat, Deo spiritum reddidit. Nudato autem ad lavandum ex more cadavere, sic vibices ac stigmata in ejus membris undique videbantur, ac si corpus ejus materialibus fuisset virgis allisum.

Sed quid mirum, si sancti Dei, qui judicaturi sunt mundum, in homine qui rationis erat capax, insecuti sunt culpam, quandoquidem et de bruto animali, ut ibidem didicimus, expetiere vindictam? Nam in eodem monasterio crypta est, quæ B. Gregorii dicitur, ubi videlicet et fons ejus perspicuis ac frigidis redundat aquis, unde bibebat, et lapideum cubile adhuc cernitur, ubi æstivo tempore quiescebat. Quam aliquando cryptam prægnans canicula casu ingressa est, sive ut æstuans biberet, sive potius ut eo loci parturiret. Sed necdum ad aquas usque pertingens, mox ut præfato lectulo propinquavit, moriens corruit. Quanta ergo formidine pensanda sunt homini divina judicia, quando et in animalia ratione carentia tam terribilem Deus exerit disciplinam? Si enim ne simplicem quidem aquam hujus sancti loci noluit omnipotens Deus ut insons canicula tangeret, qua putamus molestia tolerat, cum perversus quilibet ad percipiendum corpus ejus et sanguinem sacris altaribus appropinquat? Sed cum pravus quisque Deum reprobis suis actibus exacerbat, et stimulat, non illi protinus irrogat patientia divina vindictam, quem tamen perpetuam reservat ad pœnam.

CAPUT IX.
De Pandulpho et Joanne principibus in inferno damnatis.

Porro dum styli hujus exaro dictator articulum, ecce Desiderius religiosus Casinensis monasterii abbas accedit. Qui nimirum, sicut beato Danieli cognatione jungitur nominis, sic eum ab illo non separat assertio veritatis. Hic itaque mihi aliquid narrat, quod ipsa ratio persuadet ut scribam. Servus, inquit, Dei Neapolitanæ regionis in prærupta rupe, juxta viam publicam solitarius habitabat. Qui nimirum dum nocturno tempore psalleret, et fenestram cellulæ horarum explorator aperiret, ecce videt multos nigros homines tanquam Æthiopes iter carpere, et longo tractu onustos feno sagmarios comminare. Cumque eos curiosus inquireret, qui essent, cujusque rei gratia hæc jumentorum pabula devectarent : Maligni, inquiunt, spiritus sumus, et paramus non pabula pecoribus alendis, sed fomenta potius ignium hominibus comburendis. Præstolamur enim in proximo principem Capuæ Pandulphum, qui jam decumbit ; et Joannem magistrum militum Neapolitanæ civitatis, qui adhuc incolumis vivit. Illico vir Dei præfatum Joannem impiger adiit, quæ viderat quæque audierat fideliter cuncta narravit. Per idem tempus imperator Otto secundus, adversus Saracenos præliaturus, Calabriam festinabat. His igitur auditis, Joannes ait : Modo nos necesse est imperatori reverenter occurrere, et cum eo simul de hujus terræ statu provida consideratione tractare. Porro post imperatoris abscessum spondeo quoniam et sæculum deseram, et monachi ordinis habitum sumam.

Ut autem probaret utrum verum esset quod ille narrabat, nuntium protinus ad mœnia Capuana direxit, qui veniens Pandulphum jam mortuum reperit. Ipse quoque magister militum Joannes, antequam illas partes imperator attingeret, vix diebus quindecim supervixit. Quo mortuo mons Vesuvius, unde videlicet gehenna frequenter eructat, in flammas erupit; ut liquido probaretur quia fenum quod a dæmonibus parabatur, nil aliud fuit nisi ignis trucis incendii, qui pravis ac reprobis hominibus debebatur. Nam quandocunque in illis partibus reprobus dives moritur, ignis erumpere de prædicto monte videtur, tantaque sulphureæ resinæ congeries ex ipso Vesuvio protinus fluit, ut torrentem faciat, atque decurrente impetu in mare descendat. Ubi scilicet corporaliter videri potest, quod in Apocalypsi Joannis de reprobis dicitur : « Quia pars illorum erit in stagno ardenti igne, et sulphure, quod est mors secunda (*Apoc.* xix, 20). »

Enimvero et Salernitanus princeps illius videlicet Guaimarii æque principis, qui ante non plurimos annos pro multis violentiis atque tyrannicis oppressionibus suorum gladiis interemptus est, avus, cum procul aspexisset quadam die de prædicto monte Vesuvio piceas atque sulphureas repente flammas erumpere, protinus ait : Procul dubio sceleratus aliquis dives in proximo moriturus est atque ad inferos descensurus. Sed, o cæca mens reprobi hominis, imo terribile super nos judicium Conditoris! superveniente siquidem proxima nocte, dum securus cum meretrice concumberet, expiravit. Quem illa, ut postmodum referebat, quid contigisset ignorans, diutius pertulit, et vix tandem a se non hominem, sed cadaver exanime prostituta, dejecit.

CAPUT X.

De presbytero qui in Vesuvio monte periit.

Quidam præterea in Neapolitanis partibus presbyter volens certius, quod non licebat, addiscere, illuc, ubi gehennale barathrum ferventius eructabat, præsumptoria decrevit audacia propinquare. Missarum igitur solemnia celebravit, sicque infulatus, velut armatus, iter arripuit : sed dum ultra quam solebant homines temerarius accessit, redire non valens postmodum non apparuit.

Alius quoque presbyter matrem suam Beneventi reliquerat ægrotantem, cumque per Neapolitanos fines domino suo comitatus præberet, exundantibus flammis intendens, clamorem lugentis audivit, quem suæ matris esse procul dubio recognovit. Notavit horam, et tunc evidentissime comperit matrem luisse defunctam.

Ut igitur ad superiora redeamus, sufficiat jam his duodenos sanctos enumerasse pontifices, qui divini amoris igne ferventes ab ecclesiastica decreverunt administratione desistere, ut terrenis actibus expediti, Deo possent arctius atque familiarius inhærere. Hi nimirum venerandi præsules, tanquam revera viginti quatuor seniores, procidunt ante Sedentem in throno, et adorant viventem in sæcula sæculorum, mittentes coronas suas ante thronum Domini (*Apoc.* iv). Coronas nempe suas ante Domini thronum mittunt, dum ornamenta propriæ dignitatis pro ejus amore deponunt. Ad eorum quoque similitudinem phialas aureas habent plenas odoramentorum, quæ sunt orationes sanctorum; quia, ut puriores Deo valeant orationes in odorem suavitatis offerre, cunctis se mundi hujus student actibus segregare.

Plane nisi longioris styli fastidium devitarem, beatum quoque Athanasium his non inconvenienter apponerem. Qui videlicet sub Ariano rege Constantio Ecclesiam deserens, ergastulo se cujusdam sanctæ mulieris immersit, ibique geminato triennio, præter cohabitatricem suam, cunctis ignotus mortalibus latuit. Poteram et beatissimum his connumerare Martinum; qui jus episcopalis officii velut ex quadam parte deseruit, dum tribus fere lustris ante obitum suum, ut Deo familiarius viveret, a conciliis se synodalibus funditus absentavit.

Beatum quoque Gaudiosum non incongrue superadderem, qui dum Abitunensis Ecclesiæ, quæ videlicet Africanæ diœcesis est, cathedram obtineret, Wandalis Africam devastantibus, cum S. Quodvultdeo ac cæteris præsulibus fugit, et in Parthenope civitate monasterium condidit. Si ergo ille fugit ut Wandalorum evaderet gladios, quanto magis ego laqueos æternæ mortis effugere debeo?

Sergius etiam metropolita Damasci non inconvenienter his posset annecti, qui Ecclesiam suam pro Christi amore deseruit, et Romam peregrinus advenit; reperiensque beatorum Bonifacii et Alexii basilicam sacerdotalibus pene officiis destitutam, Benedictum Romanæ sedis antistitem adiit, atque ut se monasterialem ibi permitteret regulam constituere, precibus impetravit. Ubi nimirum longo post tempore religiose degens vitam finivit.

Beatus quoque Gregorius, sicut in registri ejus reperitur Historia, tribus episcopis primæ scilicet Justinianæ, Ariminensi, et tertio cuidam pro sola capitis ægritudine, suas deserendi Ecclesias liberam facultatem dedit eisque reservato de relictis Ecclesiis necessario stipendio, successores substituere non negavit. Quod videlicet qui epistolas Anatolio Constantinopolitano subdiacono, Mariniano Ravennati atque Ætherio, episcopis missas legerit, dubitare non poterit.

CAPUT XI.
De tribus aliis episcopis Ecclesias suas itidem deserentibus.

Ecce dum illis viginti quatuor episcopis, quos superius enumeravimus, tres istos, qui auctore B. Gregorio, suas dimiserunt Ecclesias, copulamus: beatos præterea Gaudiosum atque Quodvultdeum, Sergium quoque Damascenum metropolitam his omnibus superaddimus, triginta procul dubio, qui pro divino amore suis renuntiaverunt sedibus, episcopos 439 invenimus. Dicat mihi perscrutator veterum, dicat historiarum, vel annalium quilibet indagator, tot sanctis patribus pastolarem custodiam deserentibus quis unquam apostolicæ sedis pontifex obstitit? Quis eorum quemlibet vel per legationis apices reprehendit, vel per synodalem sententiam condemnavit? Dicat, inquam, vel cum nullatenus possit invenire quid asserat, procacem linguam suam dentibus mordeat, non me injustis detractionibus rodat.

An non et minor Benedictus papa (12), quem supra retulimus, apostolici se culminis administratione privavit, successoremque sibi Gregorium (15), qui Gratianus dicebatur, in Romana sede constituit? Super quibus præsente Henrico imperatore, cum disceptaret postmodum synodale concilium, quia venalitas intervenerat, depositus est qui suscepit; non excommunicatus est qui deseruit.

Porro autem et B. Benedictum instar magni cujusdam pontificis, possumus ad exemplum imitationis inducere, qui videlicet commissum non ambigitur regimen dimisisse.

Leo quoque Nonantulanus abbas ad memoriam rediit, qui dum clericalem adhuc speciem gereret, jamque devotione peracta, ab Hierosolymis remeasset, sic vitam suam instituit, ut nil aliud præter unum duntaxat asinum possideret. Cum hoc quotidie saltus, et pascua circumquaque perlustrans, materias congerebat, quibus ad requisita naturæ necessaria fratribus aniterga ministraret. Peracto itaque glorifico hujusmodi opere manuum, psalterioque cum ipsa simul exercitatione decurso, protinus ad offerenda Deo sacra mysteria non sine

multis lacrymis sanctus presbyter accedebat. Postmodum vero ad monasterii regimen violenter attractus, aiebat, (quod infelix frequenter et ipse deploro) Jesum, inquiens, per pedes tenui, et nunc miser et cæcus sæculi molas volvo. Vixque peracto biennio, in manu Ottonis, qui tunc imperii sceptra regebat, pastoralem 440 baculum reddidit: deinde apud sanctum Bonifacium intra Romana mœnia perseverans, ex omni, quod sibi vitæ hujus residuum fuit, nil aliud, quam æternæ vitæ sibi stipendia procuravit. Ad cujus postmodum sepulturam cæcus veniens, luci pristinæ asseritur restitutus.

Verum ne copia deficiente pontificum, ad exempla minus congrua convolasse notemur abbatum, ut non diversum nomen apponam, Leo Ravennas archiepiscopus, mox ut paralysis ejus ora constrinxit, cathedram sprevit, sicque privatus fere quadriennio supervixit. Cui videlicet Fridericus, tertio Ottone feliciter imperante, successit, eique non inopes, quibus aleretur, possessiones Ecclesiæ delegavit.

Horum igitur, aliorumque Patrum auctoritate suffultus, episcopatui simul et monasteriis in sanctis manibus vestris irretractabiliter abrenuntio, omneque jus a me movendæ in posterum quæstionis ac repetitionis abscindo; et quia pro innumeris peccatis meis non sum dignus in ecclesiastica dignitate persistere, det mihi divina misericordia per sanctas orationes vestras, venerabilis pater, eo ipso vitæ quod restat in luctu et pœnitentia permanere. Confiteor enim, quia criminosus simul et vitiosus ad honorem hunc, et non sine reprehensione perveni, et in eo reprehensibiliter vixi: ideoque mihi tutum visum est, ut ipse me potius sponte deponerem, quam ante tribunal tremendi judicis in conspectu omnium angelorum et hominum, depositionis sententiam sub æterna damnatione subirem. Sed jam ista sufficiant: Omnipotens Deus, qui incomprehensibili dispensationis suæ consilio, me ab obtinendi regiminis ambitione dejecit, et vos ad ecclesiastici culminis summa provexit, sancto cordi vestro cujus est inhabitator, inspiret talia mihi per sacras litteras mandata dirigere, quæ meis votis meisque valeant desideriis concordare.

Sit nomen Domini benedictum.

(12) Hujus nominis nonus.

(13) Hujus nominis sextum.

OPUSCULUM VICESIMUM.
APOLOGETICUS OB DIMISSUM EPISCOPATUM.

ARGUMENTUM. — Excusat se B. Petrus Dam. apud pontificem, quod tenuitatis suæ sibi conscius, episcopatu se abdicarit; ne quis autem illi hoc inconstantiæ ascriberet (non enim licet semel susceptum deponere regimen), breviter respondet, et multorum Patrum exemplis, qui delato episcopatu uti noluerunt, ostendit magis tutum cepisse consilium tanto onere se levandi: rem præterea arduam, maximeque laboriosam aliis præesse, et episcopatus fungi munere declarat.

Dilectissimis apostolicæ sedis electo, et virga Assur HILDEBRANDO, PETRUS peccator monachus servitutem.

Ferunt, qui in rimandis rerum desudavere naturis, hoc lyncibus naturaliter insitum, quia cum post terga respiciunt, protinus illum qui præcesserit obliviscuntur. Continuo videlicet, et mens simul perdit quæ oculus videre desierit. Et cum hæc bellua tanto visus acumine ferarum genus omne præcellat, ut et lapideos penetrare parietes valeat, hoc laborat vitio; quia quodcunque illud est, a quo semel oculos avertit, ad memoriam postmodum non reducit. Quorum videlicet animalium quamdam vobis esse similitudinem dicerem, nisi me magnitudinis vestræ reverentia prohiberet. Mirum est enim, quia tam acuta prudentia, imo, quod longe gloriosius est, tam sincera et ferventissima charitas, quæ me suscipit affectuose præsentem, nunquam sive per stylum, sive per verbum visitare dignetur absentem. Porro quoniam a vobis scripta non mereor, si mihi cum aliis negotium ageretur, dicerem; quia illa, quam Apostolus dicit, charitatis epistola, non est apud vos in tabulis cordis carnalibus scripta (*II Cor.* III), sed imis, ut aiunt, ceris erasa. Sed dum attendo quid loquar, considerandum est nihilominus quibus loquar. Quapropter dum uti loquendi libertate non audeo, ori digitum superpono. Querela igitur expostulationis hucusque producta, in quod propensius scatet animus, breviter inferam.

CAPUT PRIMUM.
Quod Petrus Damianus duorum episcopatuum curam habuerit.

Benedicta omnipotens dispensatio conditoris, quia ad vos nuper ascendens duorum episcopatuum, unius regendi, alterius visitandi mole depressus, prærupta Alpium juga transmisi, moxque sarcina tribulationis abjecta, exoneratus et liber, ad dilectam solitudinem tanquam fugitivus postliminio repedavi. Libet itaque sub quadam mentis energia, quasi diu stipitibus attritos agitare pedes, durisque catenis edomitas sublevare cervices, illudque propheticum alacriter decantare : « Dirupisti, Domine, vincula mea : tibi sacrificabo hostiam laudis (*Psal.* CXV, 17). » Nostis plane, tumque tenetis hæc in me projecta fuisse onera, non suscepta; et, ut ita loquar, retiaculum non ingressus sum, sed violenter opertus. Quapropter occasione nacta, pondus libenter abjeci, quod ultroneus ante non subii. Et quia vos apostolica sedes, vos Romana estis Ecclesia, ad deponendum reddendumque quod bajulare nequiveram, integrum mihi visum est non adire fabricam lapidum; sed eos potius, in quibus viget ipsius Ecclesiæ sacramentum. Sub persecutione quippe Judaica ubicunque erant apostoli illic esse primitiva dicebatur Ecclesia. Nunc etiam cum Simon ille, veternosus videlicet trapezita, malleos et incudem reparat, cum Romanam urbem velut officinam sibi per monetarios pestiferæ negotiationis usurpat, quo vos Petrus vobiscum fugiens attrahit, illic esse Romanam Ecclesiam omnibus indubitanter ostendit. Unde ego cum ecclesiasticum vobis regimen renuntiare disposui, non erravi; quia Romanæ, quæ vos estis Ecclesiæ, quod suum erat digne restitui : et ut vobis me confessum esse confitear, pro hac refutatione centum annorum pœnitentia mihi est consequenter injuncta; per illa nimirum remedia, quæ monasticis sunt regulis instituta. Quod si parum videtur, vos etiam superaddite : ultro etiam et carcerali, si placet, custodiæ mancipate. Post tot quippe vagationis et noxiæ libertatis excessus, quid restat, nisi ut me religationis atque silentii censura coerceat? Sed hic forte blandus ille tyrannus, qui mihi Neroniana semper pietate condoluit, qui me colaphizando demulsit, qui me certe aquilino, ut ita loquar, ungue palpavit, hanc querulus erumpet in vocem : Ecce latibulum petit, et sub colore pœnitentiæ, Romæ subterfugere quærit accessum; lucrari machinatur de inobedientia otium, et cæteris in bella ruentibus hic sibi degeneris umbræ quærit opacum (14). Sed hoc ego sancto Satanæ meo respondeo, quod filii Ruben et Gad Moysi ductori suo respondisse noscuntur : « Nos, inquiunt, armati, et accincti pergemus ad prælium ante filios Israel, donec introducamus eos ad loca sua; parvuli nostri, et quidquid habere possumus erunt in urbibus muratis propter habitatorum insidias; non revertemur in domos nostras usquequo possideant filii Israel hæreditatem suam, nec quidquam quæremus trans Jordanem, quia jam habemus possessionem nostram in orientali ejus plaga (*Num.* XXXI). » Hoc itaque modo comitaturus quidem vos, arma corripio, sed vobis duce Christo, post bella victoribus, mox recedo. Hoc igitur dicam electo Domini, quod Berzelai quoque Galaatides descendens de Rogelim David locutus est regi : « Paululum procedam famulus tuus ab Jordane tecum; obsecro ut revertar servus tuus, et moriar in civitate mea (*II Reg.* XIX). »

CAPUT II.
Quod episcopatus deponi possit aliquando.

Hic mihi fortassis objicitur, semel acceptum dimitti regimen non licere. Ad quod breviter dico quod sentio; quia plerique pontificatus jura non deserunt, et de sinistris sunt : quotquot autem legimus recta intentione dimisisse, certa spes est eos de æterna cum Christo societate gaudere. Neque hoc dicimus, ut passim deseri episcopatum liceat, nisi videlicet id fieri necessitas magna compellat. Enimvero beatus Valerius dum sibi providet successorem, magnum Augustinum Hipponensi Ecclesiæ inthronizat antistitem. Lucidus Ficoclensis episcopus dum propinquum sibimet obitum imminere cognoscit, ad cœnobialis portum convolat ordinis, ac sacerdotalis infulas dignitatis monachicis mutat induviis : et ut noveris quid sibi conversio ista contulerit, sicut authentica Registri testatur historia, sub ipso migrantis obitu Spiritus sancti gratia lætissimo relucebat in vultu. Cui nimirum et antequam moreretur, beatus apostolus Andreas apparuit; et qua hora migraturus esset ex corpore, nuntiavit.

Quid beatum Adelbertum martyrem dicam?

---

(14) Hildebrandum S. R. E. Archid. tacite intelligit.

Qui nimirum quoniam Bohemiensis Ecclesiæ postposuit cathedram, monachum induens, triumphalem martyrii meruit invenire coronam? Utque ex industria de cæteris sileam, quidam sanctus pœnitens, cujus me ad præsens vocabulum fugit, jam ante septennium fere episcopatu dimisso, tandem angelo visitante præcipitur, ut ad episcopatum redeat; sed recusat, donec admonente eodem angelo, beatus advenit sub celeritate Remigius. Sic itaque ne deceptio potuisset forte subripere, etiam tuta formidans, humano cessit imperio, qui ad angelicum prius oraculum rigidus stetit.

Episcopus etiam ille Sabinensis, qui solium pontificale deseruit, et Farfense monasterium, contempta sacerdotali dignitate, construxit, quam nobilis in Christo vir fuerit testis est antiqua traditio, quæ sanctitatis ejus insignia celebrat; testis moderna devotio, quæ piam ejus memoriam in benedictione frequentat. Quanti scilicet et prius et postmodum in eadem sede usque ad vitæ terminum perdurarunt, et tam operosum fructum Deo nullatenus attulerunt.

Nec te, felix Bonite, præteream, qui hac duntaxat occasione percepta, quoniam de manu regis, laici videlicet hominis, traditionem Ecclesiæ te suscepisse contigerat, cathedram contempsisti, atque ad remotioris vitæ custodiam te protinus contulisti. Quid, rogo, iste faceret, si tormenta, quibus nostri cruciantur episcopi, et ipse perferret? Si scutatorum et lanceatorum turmæ post equitantis terga confluerent? Si eum tanquam gentilis militiæ ducem in procinctu positum armati undique manipuli constiparent? Et quem decuerat reverenter incedere cum choro psallentium, audire cogeretur hinc inde perstrepentium tinnitus armorum? Unde fit, ut modo pontificem non comitentur, ut dignum est, diversi clericorum ordines; sed castra potius, et armati telis vibrantibus bellatores. Pensemus etiam quale hoc sit, quia hæc nonnulli et inviti perferunt; et tamen eos, quos tolerant, prædiis ac facultatibus Ecclesiæ, velint nolint, charius emunt. Quotidie regales epulæ, quotidie apparatus, quotidie nuptiale convivium, et unde refrigerare debuerant indigentes, rubentium tabularum recreant gestatores. Et cum episcopus dispensator, et promus debeat esse pauperum, ad eorum mensam affluentibus deliciis, alieni ructant; cum et illi, quorum est tota substantia, procul exclusi, famis inopia contabescant.

CAPUT III.
Contra ecclesiastici peculii dilapidatores.

Inter omnia porro hæc mala illud excedit, et diabolicam propemodum videtur æquare nequitiam, quia prædiis in militiam profligatis, omnique possessione terrarum, insuper etiam et decimæ, ac plebes adduntur in beneficium sæcularibus. Quæ profecto liberalitas inhonesta, et indigentibus adimit unde vivant; et diœcesanos etiam deterret, ut decimas non persolvant. Una scilicet res et illis subtrahit corporale subsidium, et istis periculum providet animarum. Quod totum in male munifici caput redundare, nulli dubium est; si tamen eum ad hoc propria vanitas trahat, non necessitas antiqua compellat. Et quidem plurima suppetunt, quæ de episcoporum multiplicibus ærumnis apponerem, nisi me epistolaris compendii regula prohiberet.

Sed, o facinus! adeo me sola sedes apostolica cruciat, ut ab his omnibus me dicendis avertat, In qua nimirum sede, cum admirari soleamus reverendæ majestatis antistitem, nunc despicabilis personæ cernimus Mintionem (15). Hæc venerabilis ille vir expertus fuerat, Petrus videlicet Apsarensis [Ausarensis *uti in sup. op. corr.*] episcopus; qui episcopatum dimisit, et de Sclavonico regno Italiam navigans, littoribus Anconitanæ urbis applicuit. Hic mihi, dum totius circa se regni reverentiam conquestus exponeret, ac molestæ inquietudinis tædia numeraret, inter cætera unum intulit, quod vos intere non patior. Quidam, inquit, degener quidem moribus, sed majorum titulis insignitus, sui generis consanguineam nuptiali sibi fœdere copulavit. Quid plura? Prohibitus perstitit, excommunicatus adhæsit, totumque ecclesiasticæ censuræ vigorem, nugarum puerilium fabulas deputavit. Cui certe hoc ad divinæ indignationis indicium contigit, ut panes de nuptialibus mensis in plateas ante canum ora projecti minime tangerentur. Insuper, o divinæ animadversionis pavenda severitas! dum rigidus stat, dum præceptis se sacerdotalibus non humiliat, qui vigilare sibimet ad salutem noluit, in cubiculo dormientem repente de cœlestibus irruens fulgur exstinxit. Sic sic divini furoris expertus est moriendo sententiam, qui vulneri suo dum viveret adhibere contempserat medicinam. Hoc autem diximus, ut quam sanctæ auctoritatis vir ille fuerit, qui episcopatum deseruit, monstraremus.

Sed tum ista prosequimur, illud etiam nobis consequenter occurrit, quod et ipse nobis nuper, venerabilis Hildebrande, dixisti: et quanquam non magnopere hujus videatur esse negotii, quod versatur in manibus, tamen dum quomodolibet hoc apicibus tradimus, ne vorago funditus oblivionis absorbeat, quasi rem fluctivagam paxillulis alligamus. Ut enim te retulisse memini, hæc tibi, ut ejusdem verba ponamus, Novariensis Ecclesiæ narravit episcopus. Cum, inquit, in Teutonicorum partibus cuidam episcopo conviator incederem, et imminente jamjam refectionis hora, ille quid mihi quasi decenter apponeret non haberet, æstuare cœpit et anxie quærere unde mihi posset in itinere positus, subvenire. Cumque hinc indigentia stringeret, illinc charitas animum dilataret, in arcto positus quid prorsus ageret ignorabat; cum ecce repente grues, ut litteram invicem congruentes exprimunt, parili

---
(15) Cadaloum intelligit.

serie quasi diversa utrinque sub uno duce castra componunt, super verticem nobis turmatim volitare cœperunt. Tunc episcopus in fervore fidei constanter erectus, ait: Domine, præcipe unam de gruibus istis ad nos dejici, ut servus tuus de benedictionis tuæ munere satisfaciat charitati. Mira exauditionis divinæ celeritas! vix verbum ore depromitur, protinus non parvi corporis grus terra tenus ante ora nostra demergitur; sicque fides, quæ per dilectionem operabatur, impletur. Hæc tibi referenti continuo percunctatus, aio: Eratne spiritualis ille episcopus? Tu, ut nescio, quo pacto didiceras, carni propriæ vivere hominem, respondisti, ut liquido pateat, non vitæ rectitudinem, sed fidem charitati conjunctam hanc obtinuisse virtutem.

Addidisti etiam, quia beato Leone (16) sedis apostolicæ præsule referente, cognoveras, æque carnalis et inconsideratæ conversationis episcopum exstitisse, qui tantam extra meritum gratiam a Domino fuerat consecutus, ut virtutes ac signa frequenter ostenderet; ultro etiam cum magnæ auctoritatis imperio ex obsessis corporibus dæmones effugaret. Inter quæ nimirum signa virtutum, et illud aliquando contigit, ut eodem sanctæ memoriæ Leone præsente, dæmoniacus astitisset; cumque præfatus episcopus nequitiæ spiritum abire præciperet, ille autem quibusdam verbis pervicatis superbiæ resultaret, tandem per nomen Christi terribiliter adjuratus, reniti ultra non potuit. Cumque caput miseri hominis huc illucque concuteret, capillos in altum pavendo quodam horrore subrigeret, os quasi ad evomendum quibusdam conatibus aperiret, protinus se objecit episcopus: Nequaquam, inquit, per os egredieris, ut niteris; omnino frustrabitur quod moliris, per posteriora te exire præcipio: nam oris tibi aditum non permitto. Per sordidos igitur meatus, immunde habitator, egredere, et fœda post te, ut dignus es, vestigia derelinque. Vix verba compleverat, et continuo nequissimus spiritus fluxu ventris ejectus est.

CAPUT IV.

Episcopi cujusdam misericordiam in pauperem miraculo Deus remuneratur.

Alius item episcopus, ut et ipse dixisti, oppido sitiens, vinum sibi afferri præcepit. Cumque pincerna totum quod erat in vasculo funditus exhausisset in poculum, et episcopo detulisset, ecce pauper importunis illud sibi dari precibus flagitabat, dicens, quia præ ariditate nimia nisi biberet, cominus exspiraret. Econtra minister asserebat, et nil se in vase residuum reliquisse, et in eo loco vinum aliud reperiri nullatenus posse. In his igitur fortis episcopus angustiis deprehensus, et cum hinc videlicet sitim differre non posset, illinc autem se bibere, alio periclitante, impium judicaret, avertit se a se, fratrique laboranti in necessitate succurrit. Præcepit igitur pauperi vinum dari; sed jam quo magis spes bibendi omnino defecerat, eo sitis episcopi atrocius sæviebat. Mandavit itaque ministro, ut vinarium vas requireret; si forte aliquam consolationis stillam, vel perexiguam reperiret. Qui diutius abnegans, nihilque se reservasse constanter affirmans, tandem non spe erectus, sed imperio magis oppressus, paruit; et vas, quod vacuum reliquerat, vino plenum, nimirum admiratus, invenit.

Abbas quidam, ut mihi relatum est, suavis edulii concupiscentia ductus, naupredam sibi præcepit acquiri. Cumque ministri dicerent, hoc genus eo loci difficile posse reperiri, exstitit qui diceret, unam tantum in venalibus Naupredam se vidisse propositam, nullo pacto minus quam viginti nummorum Papiensium solidis coemendam. Jussit abbas numerari pecuniam. Coquorum autem diligentia perfunctus, et laute decoctus abbati piscis apponitur; sed antequam tangeretur, ecce pauper ad januam hoc potissimum sibi dari quod abbati esset appositum anxie postulabat. Mox, ut erat, integrum piscem, nihil hæsitans vir Domini, mittit ad pauperem. Illico pauper, qui videbatur cum ipsa paropside plena pisce, in sublime se extulit; et librata manu, velut exenium portans, cœlum cunctis videntibus penetravit. Unde liquido comprobatur, quia quod indigentibus datur, Deo transmittitur, et quod in sinu pauperum occultamus, in cœlo reponimus.

Illud etiam, quod nunc addimus, quanquam non sit miraculum, ab ædificatione tamen, cui famulatur omne quod scribimus, non est alienum. Episcopus quidam naupredam sibi parari præceperat, qui paulo post dum inter ipsa missarum solemnia sacris altaribus devotus assisteret, ecce naupredæ memoria illecebrosi gustus eum tentavit affectu. Ille, ut erat insignis animi, talia se pati posse in obtutibus occulti, et omnipotentis inspectoris erubuit, expletisque regressus officiis, febreticum animæ piscem pauperi tradendum esse mandavit. Sic profecto canicula voluptatis, quæ sub mensa corporis, utcunque potuisset vivere, ad sancta sanctorum impudenter irrumpens, pœnitentiæ fuste mactata, meruit interire.

Pauper quidam paterfamilias unum duntaxat nummum in loculo possidebat, quem ad emendum aliquid, quod cum pane comederet, expendere gestiebat. Cumque siccus et aridus a lautioribus alimentis, hoc diu negotium in mente versaret, interim pauper advenit, misericordiam postulavit. Ille hærens animo, velut in quodam erat meditullio constitutus. Nam si daret, carni metuebat afflictæ; si retineret, culpam incurrere formidabat denegatæ misericordiæ. Tandem vicit spiritus carnem, et evangelicam imitatus viduam, sub pauperis specie bono debitori Deo suam fenerat quantitatem (*Marc.*

---

(16) Hujus nominis nono

xii; *Luc.* xxi). Redit domum, panis, qui solebat, apponitur. Pauper quidem mensa, sed bona spe dives erat conscientia. Damnum siquidem carnis compensabat lucro pietatis; cum ecce vir quidam ignotus, et quem antea nunquam viderat, festinus et anxius ligatos linteo in manu ejus viginti denariorum solidos posuit, dicensque sibi a Domino suo missos, tanquam qui ab eo exspectaretur, incunctanter abscessit. Cumque hic attonitus vellet inquirere, ille disparuit.

CAPUT V.
Damianus ob ætatis gravitatem episcopatus labores refugit.

Idcirco autem nomina hominum non appono, quoniam ordo peractæ rei facilius hæsit animo; nomina vero, curis aliis intervenientibus, fateor, intercepit oblivio. Nec magnopere curamus videri aucupes nominum, dummodo non excidat series et ordo gestorum; quanquam et hæc eadem gesta, quæ scribimus, quia in transitu audire nos contigit, utrum inoffensam fidei lineam teneant, certum per omnia non habemus. Ne igitur sine nominibus digesta narratio nares fastidiosis lectoribus contrahat, a talibus interim supersedeo. Et certe salubrius est, ut omissis omnibus, ad me redeam, me defleam, me jugiter meis oculis anteponam. Ecce enim jam oculi caligant, et solito amplius phlegmatis humores abundant. Rugæ subeunt, et dentium ruinam gingivæ minantur. Caput denique, quod canis hactenus spargebatur, cigneo jam albore nivescit; vox raucit, virtus deficit; et, heu proh dolor! sola in me vitiorum radix ignorat penitus senectutem. Enimvero quotidie mortem præ oculis teneo, et jam tribunali tremendi judicis quodammodo præsentatus assisto. Jam sub quadam mentis imaginatione perversi spiritus truci vultu, exhorrenda specie me sub extremo spiritu palpitantem terribiliter impetunt, jam sancti angeli blandi, ac nivei, quasi qui auxilientur, accedunt.

Quiddam porro non longe antehac evenisse comperi, quod dum mihi sæpe movet mentem, solet exaggerare formidinem. Quidam namque pœnitens sub peregrino habitu in nostris partibus exsulabat: qui perquisitus, quæ eum exsiliari culpa compelleret: Cum convicaneo meo, inquit, ad ligna cædenda pergebam, et ecce trabalis magnitudinis serpens duobus attollens squamosa colla capitibus, sinuosis flexibus obrepebat. Qui nos ut eo ambulantes aspexit, continuo scintillans oculis, et tanquam linguis exacuens ora trisulcis, in nos impetum fecit. Cui protinus conviator meus librata securi, unum caput abscidit, moxque ferramentum ex ejus manibus cecidit. Protinus serpens in furoris rabiem implacabiliter efferatus, in sublime se erigit, quod solum remanserat caput attollit, auctoremque proprii vulneris mordicus apprehendit; quem mox ut invasit, sinuosis eum spiris implicuit et involvit, totumque hominem suis viribus vindicans, in subterraneæ specus latebras asportavit. Sed dum traheretur ille, quod solum poterat, me flagitat, in me clamosas voces ingeminat, ut vel ipse sibi promptus adjutor accurrerem; vel securim, quæ in meis erat manibus, porrigere festinarem. Ego autem infelix et degener, ultricibus flammis obnoxius, et ipse potius a serpentibus merito devorandus, væ mihi homicidæ! contremui; et cum manibus esset agendum, causa dictante, non pedibus, fugam paravi; ideoque a sacerdotibus injunctum mihi hoc exsilium patior, meque ut revera mortis illius auctorem deflere compellor.

Quæ nimirum gemendæ calamitatis historia ita totum cor meum tremefacit et concutit, ut immensam cordis mei formidinem, nec stylo tradere, nec valeam sermone proferre. Meditor enim sæpe, ecce homo, et bestia, duo pariter in spelunca. Non mediator intervenit, non ereptor accedit, ferinum sane cor pietas non emollit; præsertim cum rabidæ voracitati hoc etiam superadditur, ut illatæ contumeliæ gravis ultio compensetur. Quæso, quæ rei hujus tunc species erat, imo quæ mens miseri hominis esse poterat, cum præda factus esset hosti nescio miseneri; cum evadendi spes nulla superesset, sed potius cruentis dentibus in escam traditus, ferinam protinus ingluviem satiaret? Hujus ergo formidolosi casus speciem in mea sæpe mente depingo, moxque draconem illum totius crudelitatis auctorem, quomodo rapiat ac devoret animas, pavida consideratione pertracto, illum sæpe versiculum repetens, quem Propheta cantabat: « Ne quando, inquit, rapiat ut leo animam meam; dum non est qui redimat, neque qui salvum faciat (*Psal.* vii). » Tam brevis scriptura quam longam formidandi materiam sanis mentibus præbet?

Porro autem et ante annum in non longinqua ab hac regione villa contigisse dicitur, quod quidam agricola vix erumpente crepusculo, mature surrexit, enormis draconem magnitudinis vidit, quem quia lignum putavit, mox se super eum ad sedendum quasi in trabe composuit. Commota protinus bestia, caput attollit, hominem cruento ore pervadit, sicque viventem sub momento rabida voracitate deglutiit, et ut corda nostra gravior adhuc formido concutiat, atque ad metuenda super nos divina judicia pervigil nos sollicitudo compellat; plerumque videmus honestioribus ac juste viventibus viris ista contingere, cum econtra carnales et incompositi videantur homines, ut supra meminimus, etiam virtutibus coruscare.

Nam, ut non diutius immorer, quidam ab Hierosolymis rediens, hoc sibi suisque comitibus contigisse narravit; quia cum itineris labore defessi, secus viam nocte quiescerent, repente leo terribilis dormientibus supervenit. Presbyter autem piæ opinionis, et honestæ vitæ, qui etiam quater jam in Dominicæ sepulturæ visitatione redierat, sociis undique circumfusis medius quiescebat. Irruens igitur immanis bestia, neminem ex his qui sibi prius occurrerant, tetigit; sed cæteros supersiliens, et tanquam projecta ligna contemnens, solum presbyterum signanter appetiit, præcipitanter invasit, cæterisque leonibus, qui non procul aberant, prædam suam cruentus venator exposuit. Quem clamitantem, et sociis audientibus horribiliter mugientem, subito devoraverunt; et e vestigio conviatores ejus usque ad turrim, in quam tremefacti conscenderant, sunt secuti. Quod utique infirmis mentibus satis videtur esse terribile, ut merentes præmia virga coerceat, et super eos qui digni sunt gratia cœlestis invigilet disciplina.

CAPUT VI.
Quod servus Dei civitatem conflagrandam prædicat, sibi ipsi vero non consulit.

Illud etiam non dissimili dignum videtur esse formidine, quod religioso quodam Pisanæ diœcesis abbate referente, cognovi (*Vide scholia ad calcem opusculi*). Aiebat plane quia proxima hac ætate transacta contigit, ut esset in quadam Teutonicorum urbe servus Dei sanctæ conversationis, et bonæ famæ, qui juxta monasterium in cellula morabatur. Huic sane revelatum est, quia nisi populus per pœnitentiam quantocius se a sua pravitate compesceret, infra triginta dies tota eorum civitas incendio subjaceret. Qui nimirum visionis suæ mysterium non solum episcopo civitatis innotuit, sed et per omnem populum sine mora divulgare curavit. Illi autem in pravitatis suæ malitia perdurantes, virum Dei arbitrati sunt delirare, et intentatas Dei minas omnino parvipendentes, dedignati sunt sua facta corrigere. Porro vir Dei pretiosiora quæque monasterii jubet in recessus abditos convehi, ubi possent ab ignibus illibata servari.

Quid verbis immoror? Tandem lugubris ille dies advenit, et a septem urbis regionibus ultor ignis exoritur. Et ecce monachi ad servi Dei cellulam anxie proruunt, eumque imminente periculo, non segniter exire deposcunt. Ille autem recusat omnino, divinoque judicio cuncta committens, quid Deo de se placeat immotus exspectat. Ignis ergo globis in astra furentibus, cuncta occupat, cuncta pervadit et non modo cætera quæque succendit, sed et monasterium, heu! tædet dicere, ipsumque servum Dei cum tota sua cellula conflagravit. Quod profecto Dei judicium non tam discutiendum est quam timendum. Quis enim humanæ mentis intuitus divinorum judiciorum penetrare valet abyssum, cum sit utique terribilis in consiliis super filios hominum? (*Psal.* LXV.) Quis enim credere potuisset, ut is, qui per revelationem meruit agnoscere periturae urbis excidium, semetipsum ignoraret flammis simul atrocibus exurendum? Hæc igitur et his similia cum mente considero, cum subtili meditatione pertracto, dum quid mihi adhuc immineat, nescio; tremefactis certe totis visceribus obstupesco; moxque ad lacrymas redeo, et si fletus aliquando præ cordis duritia non erumpit, mens tamen ipsa mœrore gravius contabescit. Perpendo sæpe quale sit insatiabilibus subjacere draconibus, inimicis infœderabilibus inter-

esse, in morte vivere, in ignibus habitare. Illud etiam, quomodo ad cruciandos impios hoc præ cæteris electum sit elementum, ut cum favilla dissiliens, in quolibet membro, vel ad momentum tolerari non possit, ultrices flammæ miseros homines hinc egredientes absorbeant, et infinite patens vorax gehenna concludat. Ex quibus nimirum plura suppeditat animus eloqui, nisi me prohiberet epistolare compendium diutius immorari. Ex qua tamen occasione quiddam nunc redit in mentem, quod non piget breviter adnotare.

Duo viri de primoribus Faventinæ civitatis ex hoc sæculo ante non parvum tempus egressi, cuidam diacono simul apparuere per visum, qui nimirum ferreis casulis in more sacerdotum talotenus ad ima defluentibus videbantur induti. Percunctatus autem diaconus, utrumne, inquit, vos, qui in illa vita estis, jugiter Dominum benedicitis? Responderunt: Nos, qui apud inferos æterno igne cruciamur, nunquam benedicimus Dominum. Plane, quod sollicitudinis meæ pondus accumulat, et frater ille, cujus ante meminimus, ut conjici potest, tunc stabat, cum revelationis præsagium meruit; tunc in aliqua forte culpa jacebat, cum discrimen incurrit. In lubrico siquidem positi, repente prolabimur; et nunc mundi sub momento temporis inquinamur.

Unde et illud nunc ad memoriam redit, quod in Beneventana olim urbe constitutum audire me contigit. Princeps denique ejusdem civitatis presbyterum habebat sanctæ conversationis virum, et in divinis officiis, ac præcipue in solemnitate missarum indesinenter assiduum. Qui dum quotidie sacris mysteriis reverenter insisteret, angelus Domini ex consuetudine veniebat, et vidente principe, sacramentum Dominici corporis ex offerentis manibus assumebat. Sed, o ruinalis vitæ hujus lubrica et incerta conditio! nam qui angelicis fruebatur mundis obsequiis, in fœdæ luxuriæ voraginem repente prolapsus est. Quid plura? Peragendi sacri mysterii tempus advenit, presbyter consuetudine foris exigente compellitur; sed graviter intus, conscientia remordente, torquetur; ornatur, accedit, trepidat, palpitat, tamen offerre præsumit. Ecce angelus, ut assuetus fuerat, venit, et inspectante principe, spongiam infectam aqua super caput illius expressit, totumque corpus ejus tergendo purgavit. Expletis autem mysteriis, eamdem spongiam rursus expressit, omnesque sordes, atque squalores quos ex corpore illius ante contraxerat, membris ejus omnibus iterum superfudit. Hoc viso princeps admiratus obstupuit, presbyterumque semotis omnibus secrete convenit. Inquisitus itaque presbyter, si noviter aliquid criminis admisisset, primo quidem quasi perhorrescens facinus, abnegat; deinde male sibi conscius, ac principis auctoritate compulsus, tandem corruisse se nocte præterita in quamdam ejusdem principis cubiculariam confitetur.

In eadem rursus urbe vidi monachum cui nomen

erat Madelmus, qui nimirum juxta monasterium degens in cellula, inclusus, sive solitarius dicebatur. Hic mihi retulit, quia in sacrosancto paschali Sabbato, Resurrectionem præcedente Dominicam, in Ecclesia, quam frequentare consueverat, quatuordecim plus minus lampades adornavit, et aqua supposita præter unam, omnibus oleum superfudit. Cumque cæteris satisfactum esset, sed deficiente oleo, una remaneret; petivit ab abbate, sed impetrare non potuit. Tandem in fide non hæsitans, aqua lampadem implevit, lumen adhibuit, quæ profecto per totam noctem cum cæteris nihilominus radiavit; et cum naturale sit aquæ ut ignem semper exstinguat, illa fovebat. Tunc abbas advocatus in testimonium, signum virtutis admiratus expavit, seseque oleum non dedisse confusus erubuit. Porro et alias quasdam monachus ille dicebatur ostendisse virtutes. Sed væ illi! clausis oculis securus incedit, et versuti hostis laqueos non attendit. Nam postmodum hic in luxuriæ voraginem corruit, et qui catenus magnæ reverentiæ principi, ac civibus fuerat habitus, publice virgis cæsus, et sub inhonesto ludibrio turpiter asseritur decalvatus.

452 CAPUT VII.
Quod res sit maxime ardua aliis præesse.

Hæc idcirco dixerim, ut liquido pateat, quia in hoc vitæ mortalis itinere gradientibus multæ supponuntur insidiæ, diversa occultus hostis scandala contegit, multa viscaria struit, plures laqueos atque tendiculas nostris quotidie gressibus anteponit. Dicant ergo mihi, qui volunt episcopare, plebibus te regendis expone. Sed qui meipsum nequeo inter tot gladios ac tela protegere; quo pacto et alios possum ex captiosis latentium insidiarum laqueis expedire? Deponenda est ergo sarcina, quam bajulare non possum : meliusque est pondus abjicere, quam cum detrimento Domini, cujus sum servus, fractis cervicibus interire. Sufficiat nunc ad testimonium hoc solum beati Hieronymi, quod, needum hora transacta, sub oculis habuisse me memini. Dum enim de otioso Ecclesiæ pastore tractaret, adjecit : « Illico, inquit, indignantis Domini responsione ferietur : Serve nequam, quare non dedisti pecuniam ad mensam, ut ego veniens cum usuris utique exegissem illam? » (*Luc.* XIX.) Quod idem doctor protinus exponens, ait, id est, deposuisses ad altare quod ferre non poteras. Dum enim tu ignavus negotiator denarium tenes, alterius locum, qui pecuniam duplicare poterat, occupasti. Hoc ego sancti viri consilium, fateor, libenter arripui; et onus, cui succumbere compellebar, abjeci. Imo pecuniam, quam duplicare non poteram, negotiator ignavus ad altare deposui.

Fuit, fuit olim, sed jam elapsum est tempus, ut modestiæ pudor, mortificationis insigne, digna severitas, et sacerdotalis genii valeat censura servari. Nam ut me solum digne coarguam, videlis ipsi quia protinus, ut ad vos venio; ecce sales, ecce facetiæ, lepores, urbanitates, dicacitates, volumina quæstionum, omnesque verborum inanium pestes insolenter erumpunt, quæ nos, non jam sacerdotes, sed potius oratores, ac rhetores, sive, quod inhonestum est, scurras ostendunt. Mox enim, ut verba conserimus, paulatim quædam lenocinia confabulationis alternæ subrepunt, quæ omnem animi rigorem indecenter emolliant, et severitatis robur in excussum risum, et turpia joca dissolvant. Hinc est, quod mens extra se sparsa confunditur, acies cordis obtunditur, lux divini amoris exstinguitur, terror in alios, et reverentia sacerdotalis amittitur; et quod periculosius est, recte vivendi linea, quæ aliis ad exemplum proponenda fuerat, non tenetur.

Quod si nos, vel pudore, vel metu in hæc declinare contemnimus, mox inhumani, rigidi et quos Hyrcanæ genuerint tigres saxei judicamur (PLIN. lib. VIII, c. 2). Reprimo calamum. Nam, ut turpiores attexantur ineptiæ, pudore suffundor, videlicet venatus, aucupium, alearum insuper furiæ, vel scacchorum, quæ nimirum de toto quidem sacerdote exhibent mimum; sed præcipue oculos, manus, et linguam, quasi mimum verum simul efficiunt, sicque conditos, et qui suavius sapiant, cibos dæmonum mensis apponunt. 453 Hic plane, si quid mihi de venerabili Florentinæ sedis episcopo contigerit, recolo, alienum esse ab ædificatione non credo.

Dum aliquando sibi essem comes itineris, vespertinum tandem subeuntes hospitium, ego me in presbyteri cellam semovi; is autem in spatiosa domo cum commeantium turba resedit. Mane autem facto, a meo mihi Agasone significatum est, quod prædictus episcopus ludo præfuerit scacchorum. Quod profecto verbum, velut sagitta, cor meum acutissime pupugit, et indignationis vulnus inflixit. Hora autem, quæ mihi videbatur electa, conveni hominem, et acriter invehor. Hoc igitur initium sermonis arripiens, aio : Librata manu virgas exero, plagas infigere quæro si sit qui terga subjiciat. Et ille, inferatur, inquit, culpa, non recusabitur pœnitentia. Rectene, inquam, tuique erat officii, vespere in scacchorum vanitate colludere, et manum Dominici corporis oblatricem, linguam inter Deum et populum mediatricem, sacrilegi ludibrii contaminatione fœdare? Præsertim cum canonica decernat auctoritas, ut aleatores episcopi deponantur. Et quid prodest ei, quem efficaciter auctoritas damnat, etiam si judicium extrinsecus non accedat. Ille autem ex diversitate nominum, defensionis sibi faciens scutum, ait : aliud scacchum esse, aliud aleam. Aleas ergo auctoritas illa prohibuit, scacchos vero tacendo concessit. Ad quod ego : Scacchum, inquam, Scriptura non ponit; sed utriusque ludi genus aleæ nomine comprehendit.

Quapropter dum alea prohibetur, et nominatim de scaccho nihil dicitur, constat procul dubio utrumque genus uno vocabulo comprehensum, unius sententiæ auctoritas e damnatum. Tunc ille, ut mitis est animi, perspicacis ingenii, redditis rationibus humiliter acquievit, culpam nullatenus iterandam certa pollicitatione constituit, injungi sibi pœnitentiam postulavit. Cui mox præcepi, ut ter psalterium meditando percurreret, ac duodecim pauperum pedes sub totidem numismatum erogatione eorumque recreatione lavaret. Hac scilicet ratione perspecta, ut quoniam hæc culpa cum manibus potissimum, et sermone committitur, lavando pauperum pedes, suas potius a culpæ contagio manus ablueret: et imprimens alienis vestigiis ora, pacem sibi cum Domino, quem per flendos jocos offenderat, reformaret. Hoc autem diximus, ut quam inhonestum, quam absurdum, quam denique fœdum sit hoc in sacerdote ludibrium, ex alterius emendatione noscatur.

Præterea, dilectissimi, ut ad id redeam pro quo scribere ista proposui, nolite mihi de cætero esse molesti, ut quietis portum, in quem a Christo per vos gubernante relapsus sum, deseram, et spumantes procellarum cumulos, confragola volumina, Scyllæam voraginem denuo sulcare contendam (17). Quamvis enim ego miser, et ille sit sanctus; quia tamen par mihi quodammodo cum Samuele sit causa (*Reg.* VIII, 16), non dispar promatur super utrumque sententia. Ille siquidem principatus deseruit dignitatem, David tamen unxit in principem. Nos etiam ad ejus exemplum, apostolicæ sedis, auctore Deo, cupimus pontificem ordinare, ac protinus a proprii pontificatus arce recedere.

(17) Attudit ad munus cardin. ep. Ost.

Ecce, dilectissimi, dum uberioris vobis alloquii verba protraxi, epistolaris regulam brevitatis offendi. Si quis igitur me laciniosæ velit prolixitatis arguere, arguat potius impatientem silentii taciturnitatem: nec ignoret, quia illic est succincta prolixitas, ubi sic styli currentis scriptor extendit articulum, ut tamen totum pleni pectoris non explicet votum. Stephanum quoque, quem inter primos in mente gestamus amicos, in epistolæ calce subnectimus, utque memoris non sit immemor obsecramus. Ille miserum Petrum de manibus eruat Hildebrandi, ad cujus imperium magno Petro patuit carcer Herodis.

SCHOLIA

Illud etiam non dissimili dignum videtur esse formidine quod religioso quodam Pisanæ diœcesis abbate, etc. Id quod hoc loco sanctus cardinalis narrat de quodam Dei servo incluso, qui et præviderat incendium, quo in cella sua exustus est, hoc ipsum mihi videtur quod Marianus Scotus hisce verbis expressit (*Chron.* l. III, ætat. VI, sub ann. 1058): « Podelbruna civitas cum duobus monasteriis feria sexta ante Palmas igne consumuntur. » In monasterio autem erat Paternus nomine, monachus Scotus, multisque annis inclusus, qui etiam combustionem prænuntiabat, in sua cella ambiens martyrium, combustus est. Feria secunda post octavas Paschæ, exiens de Colonia, causa orationis eumdem locum visitavi, ob bona quæ narrantur de ejus sepulcro.

Sit nomen Domini benedictum

OPUSCULUM VICESIMUM PRIMUM.

DE FUGA DIGNITATUM ECCLESIASTICARUM.

ARGUMENTUM. — Monachum quemdam, quod abbatis se dignitate abdicasset, ut prudentem vehementer commendat: gravissimasque molestias, curas, sollicitudines, negotiorum moles, et pericula, quibus eorum qui monasteriis præsunt, vita referta est, sic ei ante oculos ponit, ut hujusmodi dignitates non modo non appetendas, sed etiam quam maxime fugiendas esse, apertissime et verissime concludat. Superesse tamen eidem monacho non minoris negotii provinciam scribit, ut tentationes sibi a dæmone infligendas (qui, ut eum in pulcherrimi facti pœnitentiam adducat, omnia conaturus esset) propulsare posset et superare. Proinde illum monet, ut fortiter se accingat ad hostis impetus excipiendos, ne si contra fecerit in ambitionis fluctus rursus relabi necesse sit.

Domno B. religiosissimo abbati, PETRUS peccator monachus debitæ servitutis obsequium.

Charissime Pater, dignas auctori bonorum Deo gratias refero, qui te per suum spiritum docuit periculoso hoc tempore aridam virgam vanæ prælationis abjicere, et ad privatam animæ tuæ custodiam expeditis gressibus festinare. Nunc vere monus abbas esse cœpisti, cum præesse aliis desiisti. Ecce de jugo multigenæ servitutis ereptus, ingenuæ libertati es per Dei misericordiam restitutus. Servum enim te sæcularium, servum te esse necesse fuerat etiam monachorum. Illorum siquidem, ne monasterium læderent; istorum vero, ne tibi conspiratæ factionis scandalum generarent. Illos nempe verebaris, ne domus Dei bona diriperent; istos autem, ne domesticæ seditionis adversum te machinas concinnarent. Et dum unum caput tot dominis subditur, infelix anima multiplici quodammodo catena constringitur ne Creatoris sui vestigia prosequatur. Dic, Pater, dic, inquam, videlicet ut expertus: quis potest hoc ferreo sæculo monasterium sine sui capitis periculo regere? imo quis potest cum abbate, simul et monachum possidere? Mox enim, ut quis abbas fieri incipit, monachus esse desistit, et quicumque abbatizandi culmen efflagitat, nihil est aliud, nisi quod monachum velut importabile pondus quærit abjicere, et, ne apostata videatur, sub fucato se vult colore regiminis palliare. Videlicet ut possit latere peccatum, prælationis quæritur argumentum ; et vitiosa cutis pastoralis officii superducitur, ut perversæ mentis plaga cum virosi puris fetoribus occultetur. Quibus nimirum apte congruit illud evangelicum : « Væ vobis, inquit, quia similes estis sepulcris dealbatis, quæ foris quidem apparent hominibus speciosa ; intus autem plena sunt ossibus mortuorum, et omni spurcitia (*Matth.* xxiii). »

CAPUT PRIMUM.
Quod animarum rectorum misera sit conditio.

Præcipitur monacho ut moriatur mundo, sed qua ratione hoc abbas adimplet, qui tot curarum tumultibus premitur, tot negotiorum sæcularium perplexionibus innodatur ? Qui diem loquendo, et diversa tractando continuat, noctem consiliando dimidiat ? Qui cum aliis complere non curat, atque ad explendum primæ synaxis officium, solis ortum semper anticipat : et cum conventus fratrum silentium communiter solvit ; ille inter eos nunquam salivam virgineam portat ? Nec ad proferendum jam cœlestem sermonem idonea suppetit lingua, quæ prius est tam prolixis terrenæ locutionis ambagibus dissoluta.

Porro cum monachus jubeatur in hoc mundo nihil appetere, nil prorsus ambire ; quid de monacho illo abbas habet, quem videmus velut æneis cruciantem flammis, avaritiæ facibus, inardescere, prædiorum confinia dilatare, pecunias hinc inde cum tanta aviditate colligere, ad aliena conquirenda totis desideriis anhelare? Cui quidquid est, nihil est, nisi et hoc studuerit invenire quod deest. Cui monasterium sit hospitium, equinum vero dorsum quotidianum est habitaculum ; chirothecæ, calcaria, scutica, pidrisigulæ, et si quæ alia equitandi sunt utensilia, nunquam otioso situ neglecta marcescunt, cum sacerdotalia ornamenta, quibus sacris altaribus deservitur, sæpe a tineis comesta reperiantur. Quæ enim fora, quæ tribunalia inveniri possunt abbatibus vacua? quæ curia, quæ cubilia principum ferratis abbatum virgis non aspiciuntur effossa? Aulicum limen jugiter abbatum vestigiis teritur, et eorum querelæ vel jurgia importunæ regum auribus ingeruntur. Non eos effugiunt castra bellantium, sed sub sequestræ pacis specie, inter ipsos galeatorum cuneos discerpi, et comprimi sæpe videas cucullatos. Qui vult nosse quid actum sit apud forense negotium, non prætoria judicum, sed diversoria potius perquirat abbatum ; quidquid in sæculo agitur, ab eis velut a magistris negotiorum sæcularium requiratur. Sed cum Dominus dicat : « Cavete, inquit, ne graventur corda vestra in crapula, et ebrietate, et curis hujus sæculi (*Luc.* xxi). » Et iterum : « Nemo potest duobus dominis servire (*Matth.* vi; *Luc.* xvi). » Apostolus etiam concorditer clamat : « Nemo militans Deo, implicat se sæcularibus negotiis, ut ei placeat cui se probavit (*I Tim.* ii). » Quisquis tot terrenis actionibus plenum monasterii regimen ultroneus appetit, quid aliud creditur agere, nisi quod velut jam lassus Christi militiam exsecratur ulterius bajulare? et dum jugum Christi, quod utique suave est (*Matth.* xi), tenera cervice portare detrectat, ad refectionis ejus convivium non aspirat. Quæ nimirum refectio his ab ipso Veritatis ore promittitur, qui sub ejus levi onere non lassantur : « Venite, inquit, ad me, qui laboratis, et onerati estis, et ego vos reficiam (*Ibid.*). »

Cæterum qui ante missionem militare vult solvere cingulum, ad supernæ patriæ non meretur attingere municipatum ; et cui gravis est pugna, numquam illi victoriæ poterit provenire corona. Ille præcipue, qui ut laborem militiæ fugiat, ad ejusdem militiæ ducatum inhianter anhelat ; dumque dux belli esse humanis oculis cernitur, in conspectu occulti arbitri malefidus transfuga judicatur. Fugit enim qui, ut revera pugnandi valeat vitare periculum, simulat se antesignani vice speciétenus portare vexillum : et qui inter catervas militum non poterat ire, vel ultimus principalis desiderio jam in præcedenti cornu cernitur primipilus. Infelix non illud ad memoriam revocans, quod per os B. Benedicti Spiritus sanctus terribiliter clamat (B. BENED. *Reg.*, c. 2) : « Qui suscipit animas regendas, præparet se ad rationem reddendam. » Et iterum : « Sciat, inquit, abbas de omnibus judiciis suis æquissimo judici Deo se rationem redditurum. » Qui etiam alibi : « Sciat abbas culpæ pastoris incumbere, quidquid minus utilitatis in ovibus paterfamilias poterit invenire. Qui enim judex fieri vult animarum, nescit quam durum, quam districtum cogatur exspectare judicium. » Ut enim Scriptura dicit : « Durissimum judicium his qui præsunt, fiet (*Sap.* vi). »

CAPUT II.
Quod præsidendi ars facile discitur, sed difficile impletur.

Unum autem in istis novellis abbatibus video, quod vehementer admiror. Qui enim per decem annos, vel eo amplius sub alterius regimine constitutus, nunquam ad hanc potuit pervenire scientiam, ut perfecte monachus videretur : nunc ipso die, quo in prælatione constituitur ; ita præsidentis induit speciem, ita dominantis exprimit majestatem, ut non nuper electum, sed natum dicas abbatem. Fit repente severus in vultu, imperiosus in voce, ad corripiendum acer, ad judicandum promptus. Ipse si offenderit, jam omnino satisfactionis ignarus, dedignatur accumbere, nisi in octogona sella, ita præparata, ac si senatoria curulis in curia. Pro suæ voluntatis arbitrio hæc præcipit fieri, illa contestatione interdicit, ligat, solvit, admovet, removet : et in his omnibus nequaquam a nobis junioribus [*f.* senioribus] consilium quærit ; sed sibi ipsi sufficiens, velut propriæ vetustatis jura disponit. Devotis quidem, et subditis pollicetur gratiam, repugnantibus autem phalarica spirat animadversione vindictam; ut potius videatur in præfectoriis fascibus agere, quam ecclesiasticæ humilitatis officio deservire. Nauseant fauces ejus communia nobiscum alimenta percipere, necesse est coquis plura atque diversa uni cuidam ventri edulia præparare. Nam grossus cibus, qui ex communi fratrum lebete depromitur, indignum pituitæ teneri, et delicatissimi hominis judicatur. Nuper egressus dormitorium, quiescere non potest, nisi secretum habeat, et singulare cubiculum. Licet juvenculus, licet validus corpore, nescit incedere, si desit baculus, quo se debeat sustentare.

In his itaque, et aliis pluribus quæ persequi longum est, ita subito magister efficitur, ut in tota præsidendi regula, velut antiquus quidam Pater, nihil offendere videatur. Quam docte, quam imperiose novit cuncta, velut quadam majestatis auctoritate præcipere, qui diutissime subditus nunquam sapuit suis præceptoribus obedire. Præsidendi siquidem artem docibilem dixerim, quæ tam facile discitur; ut quilibet etiam ad alia vecors, hanc mox ut inceperit, magister in ea peritissimus approbetur: et, ut arctius teneatur, sed etiam obediendi artem, quæ a se diversa est, ex alumni sui memoria prorsus oblitterat. Quamplurima itaque monasteriorum rectoribus imminent, per quæ vel lenocinante ipsa immunitatis licentia, sponte corruunt: vel mundanæ perturbationis necessitate coacti, etiam nolentes offendunt.

Sed esto, ut eos nulla sæcularium molestia feriat, omnis undique mundani fluctus procella quiescat, quis valeat intestinæ seditionis mala perferre, et sola monachorum tædia sustinere? Quis tot et tam variis voluntatibus satisfaciat? Quis semetipsum per tam diversa formarum monstra componat? Decernunt siquidem suum præpositum debere spiritualiter vivere, cogunt tamen per totum diem causarum sæcularium negotiis insudare; ne videlicet ecclesiastica bona depereant, ne domum Dei, quod absit, ab incolumitatis suæ statu declinare contingat: et tolerabilius ferunt, si per abbatis absentiam cuncta regularis institutionis disciplina dilabatur, quam ut ecclesiasticæ utilitatis commodum dispendia patiatur. Si delinquentium vitia districtæ animadversionis judicio corrigit, impius; si circa eos remissius agit, zelo Dei creditur alienus; si silentii se aliquando censura constringit, dicitur, quia cum pastor obmutescit, gregem lupus invadit. Paulo liberius loquar. Qua fronte aliis silere præcipiat, cujus garrula lingua continua verbositate declamat? Cum jejunat, laudis humanæ favorem captare dicitur, cum comedit, suo pater, alieno ventri esse vitricus perhibetur. Lautiori veste contectus, vanam gloriam quærere; extremitate et vilitate contentus, fertur monasterium deturpare. Prædicationis sermo si in longum protrahitur, conspuitur, fastiditur: et magis somnum dicitur provocare, quam ædificationi posse congruere. Si autem locutio brevis fiat; quod in suo, inquiunt, non studuit vase recondere, non valet aliis propinare; et fons, qui in occulti meatus sui venis arescit, uberes rivos per fistulas non effundit.

Unum est, quod super abbate suo monachi magnipendunt, et summis præconiorum laudibus efferunt videlicet, si apud potentes sæculi valeat; si nocendi, et adjuvandi liberam facultatem habeat; si loqui in turba, et proprias causas agere non erubescat. Hinc est quod hoc nostro tempore monachi neminem sibi præesse volunt, nisi et validi corporis statura procerum, et claris proavorum titulis insignitum. Sit licet sanctus, sit omnium virtutum nitore conspicuus; illis tamen naturæ muneribus careus, si Antonius deducatur, consona omnium voce indignus electione decernitur. Adde etiam, quia nullum sibi rectorem dari, nisi de propriæ congregationis numero patiuntur; alias, etiam si prodigiorum virtutibus enitescat, illis obsistentibus ad capessendæ prælationis officium non aspirat. Metuunt enim, ne alios sibi aliquando præferat; pavescunt, ne de consuetudine, in qua jam inveterati sunt, iste aliquid emendare præsumat; ne, quod absit, mortificationem doceat, ne vana superstitione eos jejunare compellat, ne extremitatem diligat, ne nova præcipiat; ne eos, quod cunctis intolerabilius est, a propria fortassis voluntate compescat. Sic sic videlicet malunt de sui quempiam suini gregis custodia dignum, quam extrinsecus venientem in omni religiosæ vitæ et sanctitatis consummatione perfectum. Ille, ille nimirum nunc abbas extollitur, ille dignus percepti honoris infula judicatur, qui novit agrorum fundos extendere, turrita domorum culmina fabricare, copiam terrenæ facultatis acquirere, sibi commissis non tam necessaria quam et superflua ministrare. Porro si curando talia, animarum cura postponitur: dicitur, quia inter præcipua multa bona, levis quælibet culpa misericorditer indulgetur. Omnes siquidem possunt animæ suæ utilitati consulere: non omnibus datum est, tam ardua, tam necessaria providere. Facile locus tribuitur veniæ, ubi hoc intuitu minora negligimus, ut ad majora studiosius accingamur.

Quod si abbas ab exterioribus temperans, spiritualibus se studiis mancipaverit, gemitur, suspiratur et unusquisque ex domesticæ facultatis jactura conqueritur. Ecce, inquiunt, domus sancta destruitur, possessio nostra minuitur, et per unius incuriam tot virorum commoda ad nihilum rediguntur. Fiat ratiocinium, ponamus calculum, postquam ille super nos infausto auspicio jus indignæ potestatis accepit; quot, et qualia ornamenta Ecclesiæ superaddidit? Quot prædiorum mansos acquisivit? Ubi denique possessionis nostræ terminos ampliavit? Plane si res diligenter inquiritur, locus hic suo tempore non modo non auctus, sed in multis potius cernitur imminutus. His itaque et hujusmodi calamitatum stimulis abbates sæpe perculsi, et subjectorum malitia conturbati, nec quietam præcalent, vitam agere, nec lucrandis animabus, prout eorum dictat officium, desudare. Sed dum nos talia quorumdam abbatum, sive monachorum pravitatibus loquimur, nemo nos simul cum eis etiam religiosos atque honestos carpere suspicetur. Quippe quorum vestigia humiliter osculamtes amplectimur, et in eis Christum, prout dignum est, adoramus. Illos etiam ipsos nequaquam livido detractionis dente corrodimus, sed eorum potius fraterna compassione plectendis moribus condolemus; qui nimirum per dissolutæ conversationis incuriam, non solum nobis scandalum generant, sed ipsis etiam sæcularibus detrahendi, et detestandi sacrum ordinem, materiam subministrant.

Quapropter, dilectissime, satis laudabiliter, et prudenter egisti, videlicet ut infecundi laboris gravissimum pondus abjiceres, et levigatis cervicibus ad fructuosæ quietis otium convolares. Hoc tibi consilium non caro vel sanguis attribuit, sed divina potius miseratio cœlitus inspiravit. Quandoquidem nunc vacat, et de propria salute propensiori fieri cura sollicitum, et de tot animarum non reddenda multiplici ratione securum. Verumtamen quoniam veternosus humani generis inimicus, qui mille artes nocendi movet, mentes servorum Dei pulsare non desinit, et illatis diversis tentationibus quiescere non permittit; expedit te tanto sollicitius circa propriam custodiam vigilare, quanto licet ab alienæ provisionis cura desistere. Locum quippe mutasti, sed non hostem : et quocunque pergas, corruptionis tuæ tecum, velis, nolis, sarcinam portas ; ex qua necesse est spinas, et tribulos incessanter emergere, in quibus exstirpandis expediat te infatigabiliter exercere. Desunt homines, qui tibi machinentur linguarum suarum sagittas infligere; adsunt invisibiles inimici, qui adversum te nunquam desinant ferociter dimicare. Illi sane poterant tecum sopitis querelis facili reconciliatione componi; isti nesciunt quandoque homini pace composita fœderari. Illi adversum te nulla norunt, nisi exteriora arma corripere; isti in ipsis mentis tuæ mœnibus impie sæviunt, in ipsa tui pectoris urbe confligunt. Et, ut ita congressio periculosior videatur , in ipsa carne tua quædam quasi perfidos tibi commilitones inveniunt, quos in augmentum suæ partis adsciscunt. In tuis laribus vivit, unde hostibus tuis robur accrescit; et vitiorum monstra , cum inimicorum adversum nos spirituum bella consurgunt , illis sociata constipatis nos cuneis feraliter premunt.

CAPUT III.

Quibus artibus dæmon impugnet eos qui se a prælaturis abdicarunt.

Stude ergo, dilectissime , per sanctæ conversationis instantiam sic in anteriora contendere, ut nesciat mens tua post tergum oculos revocare. Illud apostolicum semper in memoria teneatur, quo dicitur : « Quæ retro oblitus, in ea , quæ anteriora sunt, extendens me, sequor ad bravium supernæ vocationis (*Philipp.* III). » Sint pedes tui, sicut per Ezechielem de sacris animalibus dicitur, « pedes recti (*Ezech.* I). » Nimirum cui sic noverint angustum iter, quod semel arreptum est, carpere , ut ad eam quæ relicta est , retrogradis gressibus dedignentur se latitudinem retorquere. Nonnulli enim post depositum sui priora-

tus officium, tantis tentationum fluctibus æstuant, ut violentissima pugna se capere in eorum corde vix possit. Proponunt namque sibi maligni spiritus qualia et quam multiplicia animarum lucra Deo potuissent acquirere , si patienter in eo, quo fuerant , voluissent ordine permanere. Quam plures enim , inquiunt, ex sæculari habitu ad servitutem Christi tua exhortatione concurrerent, ipsi etiam qui relicti sunt facile se a suis pravitatibus cohiberent. Sed hæc bona vagitas abstulit, vitium instabilitatis exclusit. Nunquid tibi soli natus es , ut nullum de te proximi tui solatium sentiant; nulli ex te , velut ex sterili arbore (*Matth.* xxv), ac per hoc ignibus debita, fructus erumpant? Servus ille, qui in sudario talentum herile reposuit (*Luc.* xix), districtæ animadversionis sententiam non evasit, et ex eo incautus in damnationis periculum cecidit , unde quasi cautus sibi providere putavit. Alii dedisti mercedem tuam, projecisti a te perpetuæ remunerationis acquirendæ materiam.

Inter hæc etiam ad memoriam revocant hujus mundi bona, quibus erat ante circumfluus; exaggerant paupertatis inopiam , in qua nunc cernitur infeliciter constitutus; et, ut murum mentis impactus tentationis aries acrius feriat , additur. Perpende ergo, quanto melius sit cum Deo omnibus etiam temporalibus bonis affluere, quam contra Deum omni subsidio sustentatoriæ necessitatis egere : quia Deum non timuisti, temetipsum dejiciendo et dehonestando , contemnere , propriis saltem usibus debueras temporalia hujus vitæ stipendia procurare. Modo etiam falsus amor eorum fratrum , quorum devotus fueras usus obsequio , latenter immittitur; modo livor in eos qui adversati fuerunt non modicus excitatur. Istos dolet , quia se conqueruntur ab eo, in quem speraverant, remansisse deceptos; illos autem, quia se gloriantur de suæ præsumptionis excessibus impunitos. Istos putat de sua dejectione tabescere, illos velut inimicos suis casibus insultare. Istos opinatur a suis æmulis comprimi, illos mœret in superbiæ cornibus arroganter extolli. Hæc et alia multa cogitationum phantasmata nequissimi spiritus humanis mentibus ingerunt, his nimirum quæ nequaquam se forti prospectionis custodia circumcludunt. Hinc est quod nonnullos cernimus præpositurae cum magno prius fervore desedere [decedere], postmodum vero ad eumdem vomitum importunæ ambitionis instantia festinare; et multiplicium tentationum vallati densitate, vel ad concupita devenium, vel a sancti operis quo incanduerunt fervore tepescunt.

Tu autem, dilectissime, juxta prudentiam tuam virtutum armis fortis præliator accingere, contra hostis versuti insidias semper in acie paratus assiste, vanam hujus mundi gloriam despice , terrenæ felicitatis blandimenta contemne, quidquid in sæculo arridet, tanquam ludificatoriæ imaginationis somnium deputa, ad veram illam cœlestis patriæ beatitudinem cor erectum totis visceribus inardescat. Cum pugna crescit, cum tentationum strepitus ingruit, protinus ad hunc portum mens læta confugiat, et velut in quadam munitionis arce delectabiliter requiescat, ut fiat quod per Psalmistam dicitur : « Abscondes eos in abdito vultus tui a conturbatione hominum, protege eos in tabernaculo tuo a contradictione linguarum (*Psal.* xxx). » Proposita igitur inerti torporis ignavia, omnium virtutum studiis prudenter invigila, in eo quod cœpisti immobiliter persevera. Nec monasterium reliquisse pœniteat, sed sero te potius expergectum conscientia reprehendat, quatenus qui nunc pauper esse cum Christo temporaliter eligis, cum eo simul immortalibus divitiis in æterni regni gloria perfruaris ; et inter electos abbates te jubeat in resurrectione constitui, pro cujus ab ore in hac vita de abbatum te ordine dejecisti. Ecce, dilectissime Pater, amoris tui dulcedine provocatus, dum plura tibi scribere studui, epistolaris modum brevitatis excessi ; sed rogo omnipotentem Dominum, ut et hæc tibi rustica et imperita verba proficiant, et in eorum recompensatione tua pro servo tuo orare sanctitas non desistat.

Sit nomen Domini benedictum.

OPUSCULUM VICESIMUM SECUNDUM

CONTRA CLERICOS AULICOS, UT AD DIGNITATES PROVEHANTUR.

ARGUMENTUM. — Invehitur in clericos qui, ut episcopatus sibi possint et dignitates ecclesiasticas comparare, sæcularium principum se famulatui addicunt. Docet autem illos non idcirco ab infando Simoniæ crimine immunes esse, quod pecunia ad eas sceleetas emptiones conficiendas non utantur, imo multo magis ea culpa irretitos teneri, quia scilicet seipsos, quod majus est, vendunt, ut sacerdotia adipiscantur. Principibus quoque cavendum esse ait, ne dum improbis et flagitiosis hominibus Ecclesiarum gubernacula committunt, aliena peccata in se transferant ; quod pluribus exaggerat, multisque rationibus confirmat.

Domno BONIFACIO reverendissimo episcopo PETRUS peccator monachus servitutem.

Admonet vir Sapiens : « Cum emptore, inquit, tracta de venditione, cum viro livido de gratiis agendis, cum impio de pietate, cum honesto de honestate (*Eccli.* xxxvii). » Quibus etiam ante præmiserat : « Cum viro religioso tracta de sanctitate, et cum justo de justitia (*Ibid.*). » De sacerdotibus ergo nulli congruentius sermo dirigitur quam sacerdoti. Cum itaque, venerabilis Pater, de modernis episcopis mihi perplura displiceant, illud intolerabilibus arbitror, quia nonnulli dum honores ecclesiasticos Ætneis vaporibus æstuantius ambiunt, in clientelam potentium tanquam servos se dediticios obscœne substernunt. Ecclesiastica quippe deserunt, dum Ecclesias concupiscunt ; et ut tyrannidem arripiant super cives, ut ita dixerim, dedignantur esse concives : militiam fugiunt, ut militibus præferantur ; et dum non erubescunt templo Dei mutare palatium, de religione canonica in ordinem transeunt laicorum. Virtutum arma deponunt, procinctum spiritalis militiæ deserunt, castra transfugiunt, militare cingulum solvunt. Dedignantur cum cæteris stipendii percipere donativum, ad solius anhelant dictaturæ vel imperii principatum. Qui nimirum dum non per Ecclesiæ ingrediuntur ostium, sed per sæculare posticum, non pastores ovium, sed fures et latrones fiunt : Veritate perhibente, quæ ait : « Qui non intrat per ostium in ovile ovium, ille fur est, et latro (*Joan.* x). » Porro si non ex aliena, sed ex eadem militia mi itum tribunus eligitur, si sæpius ejusdem regni oriundus ad regiæ dignitatis apicem promovetur, si denique ex ejusdem fun li accolis quispiam in rurali villicatione præponitur ; quo pacto sola Christi Ecclesia extraneo, vel ignoto cuilibet homini, tanquam vile stabulum, committetur? Si terrena quæque per suos domesticos disponuntur, quomodo sancta Ecclesia, quæ sceptrum regni et aula est cœlestis imperii, spretis propriis, in exteros transfertur? Undecunque tamen sit, si ab ipsis quibus est præponendus eligitur, non extraneus judicatur.

CAPUT PRIMUM.

De clericis obsequio sæcularium principum deditis.

Sed quis ferat illi ecclesiastica jura committi, qui ut Ecclesiam nanciscatur, ecclesiam deserit, et dedignatur obsequium dependere propriæ, ut sibi regimen arroget alienæ? Præterea cum de viro justo propheta perhibeat : « Quia excutit manus suas ab omni munere (*Isa.* xxxiii) ; » quis eum a munerum valeat præstatione defendere, qui et semetipsum alienæ servitutis imperio dedere, et in diuturnæ expeditionis impensas facultates suas convincitur profligare? Prophetica plane illa sententia sic exponitur, ut tria dicantur esse munerum genera, scilicet munus a manu, munus ab obsequio, munus a lingua [18]. Et munus quidem a manu pecunia, munus ab obsequio obedientia subjectionis, munus a lingua favor assentationis.

Sed si rite considerentur hæc tria munerum genera, in eo quod medium ponitur, et primum, simul et tertium continetur. In obedientia quippe subjectionis, et munus a manu, quod est pecunia,

[18] De his etiam epistola 1 libri II.

et munus a lingua, quod est favor adulationis, sub- sequenter agnoscitur. Quis enim manifestius approbatur pro adipiscendis honoribus præstare pecuniam, quam is qui tot expensas utendo vehiculis, tot facultatum summas in accurandis pretiosarum vestium prodigit ornamentis? Eoque superat eum qui pecuniam semel appendit, quia non contentus solummodo facultates expendere, semetipsum quoque non dubitat tanquam servum Domino vinditicium subjugare.

Jam vero quis ambigat eum, cum datur occasio, favorabilibus dominum suum verbis oblinere, ut eum blanda possit adulatione mulcere? Utque ejus animum capiat, quod sibi magis placeat, callidus observator explorat. Oculis gliscit, gestibus innuit, festivitatem sereni cordis ore prætendit. Pendet ad nutum, ut sic herile præceptum, tanquam per Sibyllinum os Phœbi præstoletur oraculum. Ire jubetur, evolat; stare præcipitur, silicem repræsentat. Si dominus fervet, is e sudat; si ille æstum, hic causam conqueritur. At si vel leviter frigeat, hic necesse est, tremefactus visceribus obtorpescat. Si ille dormire vult, hic accidiatur; si satur est, hic ructare compellitur. Sicque non suus nil aliud loquitur, nisi quod illi placere suspicatur. Sicut de quibusdam non dissimilibus per Isaiam dicitur: « Qui dicunt videntibus, nolite videre, et aspicientibus, nolite aspicere nobis ea quæ recta sunt: loquimini nobis placentia, videte nobis errores, auferte a me viam, declinate a me semitam, cesset a facie mea sanctus Israel (*Isa.* xxx). » Et hoc iste modo juxta Psalmistam dum oleum male blandientis assentationis exaggerat, mentem illius, quæ caput est cogitationis, impinguat. « Oleum, inquit, peccatoris non impinguet caput meum (*Psal.* cxl). » Et Salomon ait: « Fili mi, si te lactaverint peccatores, ne acquiescas eis (*Prov.* 1). » Peccatores etenim lactant, cum vel perpetranda mala blandimentis inferunt, vel perpetrata laudibus extollunt.

Quibus nimirum Scripturæ testimoniis patenter ostenditur, quia quisquis adulatur, generale peccatoris nomen per auxesin specialiter promeretur. Et cum Psalmista dicat: Quia « laudatur peccator in desideriis animæ suæ (*Psal.* ix); » et qui iniqua gerit, benedicitur; et is qui laudat, et qui sponte laudatur, non dispari reatus obligatione constringitur.

CAPUT II.
Quod adulatio in clericis sit simonia.

Hoc ergo genus muneris cæteris muneribus et deterius est ad peccandum, et gravius ad persolvendum. Quoniam illa utraque sine isto possunt facile reperiri, hoc autem sine duobus illis vel vix vel nunquam valet impleri. Nam venditoribus Ecclesiarum, si avari sunt, sufficit pecunia cum appenditur: si gloriosi, solus adulationis favor aliquando vice pretii compensatur. Qui vero se mundi principibus pro nanciscendis honoribus tradunt, et pecunias necessario prodigunt, et delinificis patronos suos adulationibus lingere non omittunt. Nequaquam ergo diffiteantur se dedisse pecuniam, qui prælationis ambitione principibus exhibent clientelam. Qui nimirum dominationis desiderio serviunt; et ut divitiis affluant, cum facultatibus suis, et semetipsos expendunt. Humiliantur, ut postmodum impune superbiant, se pedissequos exhibent, ut præcedant; laboribus atteruntur, ut gaudeant; affliguntur in opia, ut nuptialis edulii continua postmodum epulatione turgescant; et velut proposita venalitatis mensa, fenerando servitium, mercantur imperium. Amant enim primos recubitus in cœnis, et primas cathedras in synagogis, et salutationes in foro, et vocari ab hominibus rabbi (*Matth.* xxiii).

Dent alii insensibilis metalli summam, trutinent stolidæ pecuniæ quantitatem, numerentur æra, vasa ponderentur anaglypha. Dent, inquam, alii nummos; isti dant pretium semetipsos. An non est pretium sedulum subjectionis obsequium? Nam ut de spiritali convertamur ad carnale conjugium, nunquid Jacob, qui vicennali pro uxoribus ætate servivit, dicendus est pretium non dedisse, quia Laban socero suo pecuniam non appendit? Sed audi, Scriptura teste, quid ejus utræque conquerantur uxores: « Nunquid, inquiunt, habemus residui quidquam in facultatibus, et in hæreditate domus patris nostri? » moxque subjicit: « Nonne quasi alienas reputavit nos, et vendidit, comeditque pretium nostrum? (*Gen.* xxxi.) » Cum profecto Jacob nullam pro uxoribus pecuniam dederit, nisi duntaxat quia soceri pecora custodivit. Dumque apud eum opilionis officio fungitur, geminam filiarum ejus copulam promeretur. Vis itaque pretium ex ore Jacob ipsius audire? « Die, inquit, noctuque, æstu urebar et gelu; fugiebat somnus ab oculis meis; sic per viginti annos servivi tibi in domo tua (*Ibid.*). » David quoque non aliud Sauli pro filia pretium dedit, nisi quia duntaxat ejus militiam bajulavit. Unde leviro suo Isboseth per nuntios dicit: « Redde uxorem meam Michol, quam despondi mihi centum præputiis Philisthiim (*II Reg.* iii). » Laboris quippe sui victoriam dotem deputat, quam et Saul velut quamdam pecuniam sponsalium vice susceperat. Sic, inquit, loquimini ad David: « Non habet necesse rex sponsalia, nisi tantum centum præputia Philisthinorum, ut fiat ultio de inimicis regis (*II Reg.* xviii). »

Sicut ergo Laban filias vendidit; pretiumque comedit, non quia recondidit pecuniæ lucrum, sed quia laboriosæ servitutis percepit impendium. Et sicut Saul nupturæ filiæ non auri, vel argenti dona quæsivit, sed laborem belli, vel insigne triumphi, vice dotis accepit; sic ille necessario Ecclesiæ venditor esse convincitur, qui subjectionis obsequium de male sperata ejus largitione mercatur. Et cum is qui pretium accipit, asseratur Ecclesiam vendere, iste congruentius dicitur venditare; quia venale commercium, quod ille semel iniit, hic longa, ut ita loquar, ac diuturna negotiatione protraxit. Et, infelix clericus, quot servitia facatæ humilitatis exhibuit, quasi tot pecuniarum summas appendit. Qui nimirum assentationibus suis dum aucupatur nomen episcopi, larvam induit parasiti. Et dum spirat ambitione pontificem, scenicum exhibet histrionem; atque ideo hic non simplex, sed omnigena dicendus est Simoniacus, quia quidquid est, per quod Ecclesia vendi potuit, hic triplici venalitate commisit. Nec glorietur metalli se non dedisse pecuniam, qui, quod pretiosius habebat, semetipsum venalem præbuit: qui naufragio se tam duri laboris immersit, et in hujus expeditionis sumptus nonnihil ex propriis facultatibus profligavit.

Ponamus, verbi gratia, duos clericos centenas nummorum libras non dispari peculio possidentes, quorum alter curiam regis adeat, sensimque in proprios usus, quod in sudario latet, insumat; alter cum Jacob in tabernaculis maneat, nec alutam ære turgentem follere compellat. Utrique postmodum uno die sua cuique delegetur Ecclesia: et hic quidem totum æs, quod crumena servabat, in sacrilegii pretium funestus negotiator effundat; alter vero quia servivit in curia, nil noviter tribuat, sed ad percipiendum Ecclesiæ villicatum tanquam gratuitus mercator accedat. Quis horum, quæso, charius emit Ecclesiam? Nunquid non ille, qui licet patrono nil dederit, tot ærumnis et laboribus pressus quidquid habebat, in tam gravis et diuturnæ expeditionis sumptus expendit; et iste vilius, qui sine labore suam venditori pecuniam numeravit? Nam perspicua ratio persuadet, quia pluris emit Ecclesiam, qui sua omnia cum laboribus perdidit; quam is, qui quietus et otiosus præfixæ quantitatis pacta persolvit.

Porro cum et forensibus legibus cautum sit, ut curialis quisque funditus arceatur a clero; iste de Ecclesia migravit ad curiam. Et, heu prodigiosa vesania! ut præferatur clericis, qui de clerico efficitur curialis: factus est servus mundi, ut jus Domini, imo cathedram pestilentiæ usurpet in domo Dei. Qui si semel investituram de manu largitoris acceperit, vel quolibet prorsus ingenio culmen regiminis adeptus ascenderit, mox ut sibi fautores inveniat, larga de facultatibus Ecclesiæ dona dispensat.

CAPUT III.
De episcopo quodam Bononiensi.

Nostris certe temporibus Bononiensis Ecclesiæ quidam præsedit episcopus, eo scilicet modo, quo diximus, curialis: qui nimirum postquam latissima ecclesiastici juris prædia in suburbio constituta distraxit, subsequenter obmutuit. Sicque fere per septennium donec advixit, paralyticus et elinguis elanguit. Juste scilicet, superno dispensante judicio, ut qui linguam suam fecerat negotii feralis interpretem, cum ipsa quoque prorsus amitteret totius eloquii facultatem. Quilibet itaque curialis episcopus hos muneribus attrahit, illis beneficia latiora concedit; sic a quibus non erat electus, eligitur; et ut sibi de Simone nihil desit, ipsam electionem sacrilega venalitate mercatur. Verumtamen in hoc sui sceleris turpitudinem palliat, quia sub colore fidelitatis ecclesiasticæ municipes per jurisjurandi sacramenta confirmat. Cum nemo deterius Ecclesiam lædat, quam iidem ipsi infidi fideles, qui ejus diripere facultates anhelant. Cum illis ergo munera tribuit, cum sub nomine velut Ecclesiæ sibi potissimum jurare compellit, non Ecclesiæ consulit, sed sibi quiete possidendi culminis aditum pandit. Sive ergo ante consecrationem hoc, sive postquam consecratus est, faciat, valde sibi timendum est, non pro Ecclesiæ utilitate, sed pro sua potius confirmatione, sacri loci bona dilapidat, in voraginem se Simoniacæ hæreseos, dum extolli conatur, immergat: et hinc perniciose coram divinis obtutibus corruat, unde se inter homines arroganter exaltat. Sicut scriptum est: « Dejecisti eos dum allevarentur (*Psal.* LXXI). »

Sed et hoc prætereundum non est, quia sicut is, qui regiminis apicem invitus assequitur, si quid illic asperum, si quid patiatur adversum, ad cumulum sibi provenit meritorum: et pro tribulatione, quam tolerat, non incassum exsultationis æternæ præmium sperat. Sic ille, qui ultroneus ambit, vel importunus ingeritur, vix pro adversitate, quam in regimine patitur, præmium consequetur. Ad se itaque quod patitur, referat; sibique omne, quod laceratur, ascribat. Labores, quos sustinet, honoribus recompenset, fructumque laborum potius in adepta dignitate constituat, quam de futuri muneris retributione præsumat, Domino de talibus attestante: « Quia receperunt mercedem suam (*Matth.* VI). » Nam sibi ipse conscivit, unde mens ejus tot casibus concussa succumbit. Enimvero qui ad ministerium terrenæ dispensationis coactus attrahitur, cum in exsecutionibus ejus adversa pertulerit; laboris sui præmio non carebit. At si villicatus pretio, vel precibus obtinuerit, erubescit pro laboribus suis commodum retributionis exigere, qui se laborandi materiam meminit importunis anxietatibus extorsisse.

Hæc itaque diximus, ut non sibi glorientur Simoniacam deesse venalitatem, qui famulando principibus ecclesiasticam adepti sunt dignitatem. Nec sibi regulam gratuitæ promotionis applaudant, cum se redemisse, quod possidetur, duris laboribus non ignorant.

CAPUT IV.
Quod peccata episcopi non recte ordinati in promotoris caput redundent.

Principibus quoque, et quibuslibet ordinatoribus ecclesiarum sumopere cavendum est, ne sacra loca, non considerato divino judicio, sed pro arbitrio et ad libitum, præbeant, ne ad suam confusionem divinæ legis ordinem, sacrorum canonum statuta confundant. Nam quisquis Ecclesiam Dei non regulariter, sed potentialiter ordinat, in promoventis caput omnia illius, qui promotus est, mala redundant. Unde prædicator egregius cum dixisset: « Manus cito nemini imposueris (*I Tim.* V); » præsto subjunxit : « Nec communicaveris peccatis alienis (*Ephes.* xxxii). » Alienis quippe peccatis communicare convincitur, quisquis indignum, et improbum atque ideo cupidum ad regimen provehere non veretur. Et cum Ecclesia Christi non habens maculam, neque rugam, reproba cujuslibet ordinatione fœdatur, in ordinantis animam omnis illa lethiferæ contagionis lepra transfunditur.

Romanorum nempe tradit historia (Paulus Diacon. *Hist. Rom. ad Eutrop.* lib. ii, in princip.), quia petentibus Gothis ut eis imperator Valens episcopos destinaret, a quibus Christianæ fidei rudimenta susciperent; ille doctores ad eos non orthodoxos, sed Ariani dogmatis misit, rudemque populum, quibus involutus erat, erroribus, implicavit. Sed, o prædicandam, vereque laudabilem divini examinis æquitatem ! Nam cum Gothi jam ab Hunnorum agminibus ex antiquis sedibus fuissent violenter ejecti, et citra Danubium, intra Romanos scilicet fines, a Valente sine ulla fœderis pactione benigne suscepti; divino tamen judicio postmodum contra Valentem in arma consurgunt, ejusque exercitum acerrima cæde prosternunt. Quibus cognitis Valens egressus Antiochia, contra Gothos innumeris vallatus agminibus, properat; sera ductus pœnitentia, sanctos quosque revocari de exsiliis imperat; mox tamen committit et perdit. Nam ad primum Gothorum impetum Romanorum equitum acies perturbantur, nudatosque pedites deserunt. Qui mox equitatu hostium septi, ac sagittarum nubibus obruti, dum huc illucque velut amentes pallando diffugiunt, hostilibus gladiis funditus perimuntur; ipse quoque imperator sagitta sauciatus, equo delabitur; in vilissimam tegetem, milite gestante, defertur; sicque supervenientibus Gothis, ignibus atrociter concrematur. Justo quippe Dei judicio ab eisdem consumptus est flamma vindictæ, quos ipse percusserat igne perfidiæ. Sic, juxta Scripturæ sententiam, egressus est ignis de rhamno, et devoravit cedrum Libani (*Judic.* ix).

Sed et per hoc exemplum, quod nunc de Scriptura posuimus, illud etiam non inconvenienter occurrit, quod ibidem in libro Judicum positum memoramus. Nam dum hoc ferreo sæculo, et ii qui regimine digni sunt, fugiant; et illi, qui merito reprobandi sunt, irreverenter accedant; hoc agi videtur per operationis effectum, quod illic legitur per allegoriæ mysterium. Ait enim: Quia stetit Joathan in vertice montis Garizim, elevataque voce clamavit : Audite me, viri Sichem, ita ut audiat vos Deus : ierunt ligna, ut ungerent super se regem, dixeruntque olivæ : Impera nobis. Quæ respondit : Nunquid possum deserere pinguedinem meam, qua et dii utuntur et homines ; et venire, ut inter ligna promovear ? Dixeruntque ligna ad arborem ficum : Veni, et super nos regnum accipe. Quæ respondit eis : Nunquid possum dulcedinem meam deserere, fructusque suavissimos, et ire, ut inter cætera ligna promovear? Locuta sunt quoque ligna ; et ad vitem : Veni, et impera nobis. Quæ respondit : Num possum deserere vinum meum, quod lætificat Deum et homines, et inter ligna cætera promoveri ? » Deinde Scriptura subjungit : « Dixeruntque omnia ligna ad rhamnum : Veni, et impera nobis. Qui respondit eis : Si vere regem me vobis constituitis, venite, et sub umbra mea requiescite (*Ibid.*). »

Longum est, si dicamus Gedeonem typum tenere Salvatoris (*Judic.* viii). Per plurimas ejus uxores, diversas debere nationes intelligi, quæ sibi cohæsere per fidem. Per septuaginta filios, totidem linguarum populos. Per concubinam, Synagogam. Per Abimelech, antichristum, qui Synagogæ filius erit. Unde et in Apocalypsi his qui credituri sunt, dicitur : « Qui dicunt se Judæos esse, et non sunt, sed sunt synagoga Satanæ (*Apoc.* ii). » Et sicut ille peremit septuaginta fratres ; sic iste persecuturus est omnes, quæ sibi non consentient, nationes. Ilis, inquam, omissis, quæ longioris styli videntur egere tractatu, in quantum patitur epistolare compendium, ita duntaxat cœptæ disputationi congruere videatur, prolixæ historiæ figuram succincte perstringimus.

Quid ergo per Joathan, qui interpretatur consummatus, sive perfectus, nisi sanctum et doctum quempiam prædicatorem debemus accipere? Hic in montem Garizim ascendit et voce magna clamavit (*Deut.* xxvii). Prius ascendit, et postmodum clamavit: Ante consurgit in montem, et sic elevat vocem. Quia vero doctor virtutum prius culmen ascendit, inaniter clamat. Sicut per Isaiam dicitur : « Super montem excelsum ascende tu, qui evangelizas Sion : exalta in fortitudine vocem tuam, qui evangelizas Jerusalem (*Isa.* xl). » Per Garizim autem sancta designatur Ecclesia, quæ est virtutum omnium schola, et cœlestium segetum ubertate fecunda. Hic est enim mons, qui dandis per Moysen benedictionibus deputatus est : et Ecclesia mons benedictionis est, cujus filiis per apostolum dicitur : « In hoc vocati estis, ut benedictionem hæreditate possideatis (*I Petr.* iii). » Hanc hæreditatem a vidua matre suscepimus, pro qua vir ejus mori dignatus est; de qua et per Psalmistam dicitur : « Viduam ejus benedicens, benedicam (*Psal.* cxxxi). » Et congrue Garizim, qui interpretatur *divisio*, vel *advena*, sanctam figurat Ecclesiam ; quoniam Ecclesia gentium, quæ prius exstitit funditus a Dei lege divisa, in prima vocatione facta est advena, jamque per incrementum gratiæ facta est omnino domestica. Unde jam firmiter radicatis, et velut in urbe compositis Paulus ait : « Jam non estis hospites, et advenæ ; sed estis cives Sanctorum, et domestici Dei (*Ephes.* ii). »

Sed ut omittentes plurima, quod propositum est, transiliendo celeriter percurramus, ligna silvæ sunt homines vani, et infructuosi, ac flammis ultricibus merito suæ sterilitatis obnoxii : « Omnis enim arbor, quæ non facit fructum bonum, excidetur, et in ignem mittetur (*Matth.* iii). » Qui vero per olivam, quæ et signum pacis ostendit, oleique pinguedinem fundit, nisi illi designantur, qui Spiritus sancti pinguedine delibuti evangelizando pacem, reconciliant homines Creatori? « Quam, inquit, speciosi pedes evangelizantium pacem (Rom. x) ! » Ficus autem sacræ legis imaginem tenet, unde et in Evangelio dicitur: Quia « quidam paterfamilias plantavit vineam, in qua scilicet plantavit et ficum. Vinea » quippe « Domini Sabaoth domus est Israel (Matth. xxi; Isa. v). » In qua nimirum plantavit divina manus Decalogum legis. Sed hæc ficus priorem populum quasi grossos suos, aridos scilicet et inutiles protulit, et abjecit; novum vero Christianæ fidei germen ad maturitatem internæ pinguedinis, suavitatemque perduxit. De quibus Jeremias ait: « Video ficus, ficus bonas, bonas valde et malas, malas valde, quæ comedi non possunt, eo quod sint malæ (Jer. xxiv). »

Per ficus ergo illi possunt non inconvenienter intelligi, qui sacræ legis eruditione sunt sufficienter instructi. Vitis etiam idipsum pene videtur significare quod ficus. Dicit enim Dominus: « Ego sum vitis vera, et vos palmites (Joan. xv). » Et quia de palmitibus fiunt vites, quid mirum si et sancti doctores asserantur vites; ut quod Salvator mundi per naturam, hoc illi glorientur habere per gratiam? Qui nimirum dum triumphum Dominicæ passionis prædicare non cessant, quasi per doctrinæ suæ botros arentia corda nostra vino beati cruoris inebriant. De hoc vino per Jacob super Salvatore nostro allegorice dicitur: « Lavabit in vino stolam suam, et in sanguine pallium suum (Gen. xlix). » Stola Christi fuit in apostolis, et cæteris credentibus Synagoga; cujus etiam pallium gentilis est populus. De quibus sibi per prophetam dicitur: « Vivo ego, dicit Dominus, quia his omnibus velut ornamento vestieris (Isa. xlix). » Hos itaque Christus in sanguine uvæ lavit, quem de semetipso contritus in prælio [f. prælo] crucis expressit. Unde et Joannes ait: « Qui dilexit nos, et lavit nos a peccatis nostris in sanguine suo (Apoc. i). » Cum igitur oliva, ficus, ac vitis, hoc

est, spirituales viri lignis præesse sylvestribus, id est, terrenis hominibus, atque carnalibus nullatenus acquiescant; offert se rhamnus, et ab eis consumendus: et eadem vel pravæ conversationis exemplo, vel erronei dogmatis incendio consumpturus. Rhamnus enim spinis crebrescentibus horret, per quem scilicet quilibet perversus invenitur, qui sic peccatorum tanquam veprium asperitate densatur. Unde et primo homini dictum est: « Terra tua spinas et tribulos germinabit tibi (Gen. iii); » id est, corpus tuum aculeatis vitiorum punctionibus subjacebit. Et per prophetam Dominus: « Spinis, inquit, peccatorum suorum circumdederunt me (Thren. iii). » Lignis itaque petentibus regem, id est, pravis quibusque carnaliter eligentibus præsulem; rhamnus accedit in medium, quilibet videlicet reprobus, qui et ignem damnationis in se ex eorum pravitatibus augeat, et eos perverse vivendi, vel docendi reciproca combustione consumat. Unde et illic dicitur: « Egrediatur ignis ex eo, ut consumat habitatores Sichem, et oppidum Mello, egrediaturque ignis de viris Sichem, et de oppido Mello, et devoret Abimelech (Judic. ix). » Hæc autem Joathes constitutus in vertice montis eloquitur; qui per sanctos in Ecclesia prædicatores addiscimus, quomodo quibusque perversis ac reprobis vana petentibus resistamus.

Ecce, venerabilis frater, unam duntaxat Epistolam petisti, sed insuper et alteram recepisti. Ipse quoque versa vice deposco; ut dum integra nostræ dilectionis una dirigitur, ad nos etiam juxta vetustæ disputationis ethicos gemina revertatur. Quod si te de curialibus episcopis adhuc latius audire delectat, ejusdem thematis epistolam (19), quam concardinalibus tuis olim misi, te videre non pigeat. Illud etiam in epistolæ calce subnecto, ut amodo, et deinceps, sicut ii, qui Ecclesiæ militando promoti sunt, vocantur ex more pontifices; ita qui famulando principibus fiunt, dicantur a curia curiales.

Sit nomen Domini benedictum.

(19) Epistola 1 libri ii.

OPUSCULUM VICESIMUM TERTIUM.

DE BREVITATE VITÆ PONTIFICUM ROMANORUM, ET DIVINA PROVIDENTIA.

ARGUMENTUM. — Alexandro summo pontif. ex Mantuano patrum conventu redeunti has litteras obviam mittit, in quibus eidem sciscitanti rationem reddit, cur pontificum Romanorum vita brevis plerumque et angusta sit. Deinde in admiratione divinæ providentiæ et bonitatis effunditur, a qua tot tantaque beneficia in humanum genus profecta sint, et quotidie proficiscantur, quæque omnia hominis gratia creaverit, hominisque imperio subjecerit. Hortatur ergo mortales, ut cum tot res propter se conditas contemplantur, Deo Opt. Max. inexhausto beneficentiæ fonti immortales gratias agant; et terrenis his voluptatibus contemptis, ad vera gaudia quæ in cœlo pie sancteque viventibus parata sunt, omni animi contentione ferantur.

Domno ALEXANDRO summæ sedis antistiti, PETRUS peccator monachus servitutem.

Quia redeuntem te, venerabilis pater, a Mantuano concilio, finitimis jam audio partibus propinquare; congruum judicavi exenio litterarum tibi, quo videlicet dono potiss'mum delectaris, occurrere. Sed et mox, ut ad vos impiger iter arriperem, dulcis fama percivit. Jacob siquidem, de quo Scriptura dicit, quia « simplex habitabat in tabernaculis (*Gen.* xxv), » idcirco terrenis placandum esse fratrem muneribus duxit, quia sola duntaxat eum diligere terrena cognovit. Ego quoque, qui cum Jacob domi simpliciter habitavi, quia tibi plus spiritualia, quam carnalia quæque placere non ambigo, spirituali faciem tuam munere placare contendo. Quanquam cum David fugeret a facie Absalon, magis sibi profuerit Chusai Arachites qui in Jerusalem rediit, quam Ethai, qui videlicet a fugiente David individuus assecla non recessit (*II Reg.* xv). Idem quoque David legem constituit in Israel, utæqua sit pars descendentis ad prælium, et remanentis ad sarcinas (*I Reg.* xxx): et potentius juvit Israeliticum populum Moyses in Rhaphidim, dum velut otiosus oraret, quam Josue, licet irruentibus Amalecitis, terribiliter armatus occurreret. Quod perspicue perhibet Scriptura, cum dicit: « Quia cum levaret manus Moyses, vincebat Israel; sin autem paululum remisisset, superabat Amalech. » Sed nullum munus cuiquam congruentius datur, quam id, quod ab eo ipso, cui datur, exigitur.

CAPUT PRIMUM.

Cur Romanorum pontificum vita brevis sit.

Aliquando certe, si rite teneo, a me sollicite requisistis, quæ mihi causa videretur, cur apostolicæ sedis antistes, nunquam diutius vivat, sed intra breve temporis spatium diem claudat extremum, adeo ut post B. Petrum apostolum, qui per quinque circiter annorum lustra præsedit, nemo postmodum Romanorum pontificum hoc spatium præsulatus æquaverit; modernis imo temporibus vix quispiam in prædictæ sedis culmen evehitur qui metam quatuor, vel ut multum, quinque transcendat annorum. Quod considerantibus prodigialis, ut ita loquar, stupor oboritur, quoniam hæc breviter vivendi necessitas, quantum ad nostram notitiam, in nulla alia totius orbis Ecclesia reperitur. Sed in quantum mortalibus divinæ dispensationis revelatur arcanum, videtur nobis, quia idcirco hoc judicii cœlestis ordo disponit, ut humano generi metum mortis incutiat; et quam despicienda sit temporalis vitæ gloria, in ipso gloriæ principatu evidenter ostendat, quatenus dum præcipuus hominum tam angusti temporis compendio moritur, tremefactus quisque ad præstolandi sui obitus custodiam provocetur, et arbor humani generis, dum cacumen ac verticem suum tam facile corruisse considerat, statu concussa formidinis, in suis undique ramusculis contremiscat.

Sed quispiam fortassis objiciet, cur et regibus hæc eadem vivendi brevitas non occurrat? Nam et Octavianus Augustus, quo imperante, Salvator mundi de Virgine nasci, et David rex de cujus stirpe dignatus est propagari; alter quinquaginta sex, alter quadraginta annorum curricula in regali fastigio floruerunt: post quos, et alii videlicet utriusque regni principes, etsi minuscule, non tamen ad instar Romanorum pontificum, brevissima regnaverunt temporum quantitate. Ad quod facile respondetur; quia cum unus omni mundo papa præsideat, reges autem plurimos in orbe terrarum sua cujusque regni meta concludat, quia quilibet imperator ad papæ vestigia corruit, tanquam rex regum, et princeps imperatorum, cunctos in carne viventes honore, ac dignitate præcellit. Unde quolibet rege defuncto, administratione ejus regnum tantummodo, cui præerat, destituitur; cum vero sedis apostolicæ pontifex moritur, universus, tanquam communi patre mundus orbatur. Quid enim Africa de regibus Asiæ, aut quid Æthiopia de principibus sentit Hesperiæ? Nam, sive moriantur, sive vivant, quia procul a se remoti sunt, utrumque indifferenter ignorant.

Est et aliud, cum mors cujuslibet regis non magnopere sit terrori; quoniam sæculares principes, qui turbis popularibus præsunt, sæpe gladiis perimuntur. Nam, ut de multis paucos adhibeam, Caius Claudius, Nero, Galba, Otho, Vitellius, omnes isti imperatores per continuam sunt seriem unus post alterum principati, et excepto Claudio, cuncti sunt, vel suis, vel hostilibus gladiis interempti. Postmodum quoque, sicut Romana tradit historia, Macrinus, Antoninus, Alexander, Maximus, Gordianus, Decius, Gallus, Volusianus · omnes hi seriatim sibimet per continuum ordinem succedentes, gladio trucidante, prostrati sunt. Sæculares ergo principes, quia diversæ mortis casibus exponuntur, cor audientium exitu non atteritur; papæ vero vita, quia sola naturalis obitus lege concluditur, ejus ex hac vita transitus sine gravi formidine non auditur. Porro, quia terreni principes regni sui quisque, ut dictum est, limitibus includuntur, causa non est cur per alienas mundi provincias eorum obitus diffundatur; papa vero, quia solus est omnium Ecclesiarum universalis episcopus, cum luce privatur, mors ejus per ampla terrarum regna diffunditur. Et sicut sol, quia solus lucet, si eclipsim forte sustineat, præsto, necesse est ut tenebras totus ubique mundus incurrat; sic papa cum ex hac vita recedit, illico, quia unus in mundo est, longinqua regnorum spatia mortis ejus fama percurrit; et consequens est, ut quos tam sublimis, singularisque personæ casus obturbat, propriæ quoque vocationis exitum tremefactis visceribus expavescant. Ubi notandum, quam velit omnipotens Deus Romani pontificis vitam hominibus in ædificatione prodesse, cujus etiam mortem decrevit saluti gentium ministrare. Quanto studio debet lucris animarum, dum advivit, insistere, cujus etiam mors providetur ad Creatorem suum animas hominum revocare, ut dum se patrem orbis esse considerat, ab inculcanda tot filiis hæreditate desidia non torpescat.

CAPUT II.
Prædicantur divinæ bonitatis et beneficentiæ munera.

Hic libet aciem mentis paulisper attollere, et quanta divinitus homini gratia prærogetur, breviter indagare; cui nimirum per divini muneris institutionem elementa cuncta deserviunt, et non modo cœlum et terra, aer et aqua, sed et quæque in eis. sunt, in humanæ utilitatis administratione concurrunt. Primo quidem sibi famulantur quatuor elementa, quæ diximus, quia ex eis constat; deinde quia quidquid habent, illi extrinsecus administrant. In humore quippe terræ radix herbarum et arborum coalescit, quas postmodum in usus hominum ad naturalis mensuræ celsitudinem porrigit. Ipsa quoque agrestis herba in carne animalium vertitur; animalium vero carnibus hominum viscera vegetantur. Animalia quoque ipsa dum vivunt, diversis humanæ servitutis deputantur obsequiis; nimirum, ut alia sese insidentibus vehiculum præbeant; alia commendandis, proferendisque seminibus arva proscindant; alia nobis non modo lactis profluant copiam, sed et velut evangelicæ subjecta doctrinæ, duas tunicas dividant (*Luc.* III), dum se pellibus, nos velleribus tegunt. Sed quia nos in singulis immorari non sinit epistolare compendium, quæ vix posset etiam prolixitas enumerare librorum, sufficiat nobis brevis illa Psalmistæ conclusio, qua dicitur : « Omnia subjecisti sub pedibus ejus, oves, et boves universas, insuper et pecora campi ; volucres cœli, et pisces maris, qui perambulant semitas maris (*Psal.* VIII). »

Et hoc est inter cætera valde mirabile, quoniam ab humanæ subjectionis imperio, nec volatus aves, nec fortitudo leones, nec velocitas tigrides, nec proceritatis enormitas eripit elephantes. Leoni plane tantus inest terror, ut cum rugitus emittit, multa protinus animalia, quæ illius impetum poterant celeritate cursus evadere, compellantur omnino deficere, et gressus suos stupefacta et attonita cohibere. Leo tamen ab homine capitur, et tanquam debilis cattus caveis inseritur. Tigris quoque, quæ lingua Parthica dicitur *sagitta*, uno cursu stadia octingenta transmittere, integro vero die totum mundum ab ortu usque ad occasum dicitur transilire (vide *Scholia ad calcem opusculi*); hæc tamen, quæ tam incredibiliter currit, aliquando venantium laqueos non evadit. Sed cum miranda quælibet animalia virtutum hominum sint subjecta, etiam minima, vel immunda humanæ saluti probantur utilia. Quid enim vilius cimice? tamen si sanguisuga faucibus hæserit, fumo illius excepto, statim evomitur, et difficultas urinæ hujus appositione laxatur. Quid etiam juxta legem, immundius vulture? Tot tamen in eo sunt medicamenta, quot membra (PLIN., lib. XXIX, cap. 4, 6). Vide certe grandævæ jam ætatis episcopum, qui etiam ad fidem Christi convertisse non pauca gentilium millia dicebatur: Hic perhibeat, quia dum per Æthiopiam trans- iit, magni draconis carnes, fame fauces abjulcante, comedit, ut etiam juxta litteram illud Psalmistæ videatur impleri : « Tu confregisti caput draconis magni, et dedisti eum in escam populo Æthiopum. (*Psal.* LXXIII). »

CAPUT III.
Temporum varietates describuntur.

Sed cum Deus omnipotens homini cuncta subdiderit, hoc etiam non minus mirabile est, quod ipsa quoque sibi tempora tam pulchra qualitatum varietate distinguit : videlicet, ut prius brumalis algor semina commendata novalibus occultat ; deinde veris clementia multiplices germinum fetus mundum parturire compellat ; mox æstivum cauma segetes torreat ; postremo pluvialis autumnus et palmitibus uvas, et arboribus quoque turgentia poma decerpat. Sed nec ipsos quoque proventus arborum vel agrorum omnipotens Conditor in unam quodammodo congeriem coacervat, sed diversa diversis temporibus vel agenda, vel edenda dispensat. Nam si eodem tempore cuncta ad vescendum poma concurrerent, et fastidium congesta vescentibus gignerent, et simul consumpta de copia inopiam generarent. Sed nunc ita diversis sunt variata temporibus, ut dum illa comeduntur, hæc maturescant, et dum alia consumpta pertranseunt, alia mox maturata succedant. Fruges quoque si colligendæ simul ingruerent, laboribus non ferendis agricolas prægravarent ; sed dum variis temporum dispensantur articulis, et proventus copia non minuitur, et labor hominum levigatur. Nam quod segetum alia sint serotina, etiam Moyses perhibet Pharaoni. Postquam enim grando percussit Ægyptum : « Linum, inquit, et hordeum læsum est, eo quod hordeum esset virens, et linum jam folliculos germinaret ; triticum autem, et far non sunt læsa, quia serotina erant (*Exod.* v). » De primitivis etiam pomis paulo post dicit : « Devorata est igitur herba terræ, et quidquid pomorum in arboribus fuit, quæ grando dimiserat (*Exod.* x). »

Cum igitur soli homini maria simul et flumina; paludes et stagna cum innumeris piscium compellantur servire generibus ; aer cum avibus simul et imbribus ; terra cum pecoribus, cunctisque germinibus : hæc tamen interim velut parva postponimus, majora perpendamus. Omittamus igitur, quod hujus mundi conditio tanta moderationis arte disponitur, ut aer et ignis, duo videlicet masculini generis elementa præsideant ; alia vero duo, quæ feminini sunt generis, aqua simul et terra subsidant ; et hoc quasi bino conjugio procreatur quidquid apud nos ex qualibet originali materia prodire conspicitur. Taceamus etiam, quod tota cœli machina usibus hominum ita mirabiliter serviat, ut contra septem planetarum globos perpetuo rotatu circumacta confligat ; quatenus dum illæ petunt ortum, ista vergat jugiter ad occasum. Illas tamen secum vi suæ magnitudinis attrahat, easque suos circulos per zodiacum spatio temporis, quod cuique præfigitur, explere compellat. In quo videlicet universali mundi certamine non parvum spiritualis figuræ mysterium deprehenditur, si quæ sit in homine, minori videlicet mundo, concertatio perpendatur. Quid enim sphæra cœli, quæ planetas includit, nisi corpus designat humanum, quod rationalem animam contegit? Quæ videlicet anima quasi septenario planetarum numero continetur, dum totidem sancti Spiritus donis imbuitur.

Et quid est quod sphæra labitur ad occasum, econtra planetæ concorditer enituntur ad ortum, nisi hoc quod Apostolus dicit: « Quia caro concupiscit adversus spiritum, spiritus autem adversus carnem? (*Galat.* v.) » Nunquid non quasi sphæram contra planetas pugnare conqueritur, cum de carnis et animæ suæ controversia lamentatur, dicens: « Video aliam legem in membris meis repugnantem legi mentis meæ? (*Rom.* vii.) » Et tanquam sphæra post se planetas trahat, protinus addidit: « Et captivum me ducentem in lege peccati, quæ est in membris meis? » Planetæ igitur septem enituntur ad ortum, cum anima rationalis instinctu sancti Spiritus incitata redire conatur ad Deum, quem rerum omnium constat esse principium. Sphæra vero prolabitur ad occasum, cum caro, neglectis superioribus, gravatur in ima vitiorum. Unde scriptum est: « Corpus quod corrumpitur aggravat animam, et deprimit terrena inhabitatio sensum multa cogitantem (*Sap.* ix). »

Sed hæc nos diutius prosequi, epistolaris brevitas non permittit. Quid dicam, quod eadem cœlestis sphæræ machina sic se in semetipsam semper, et non in exteriora devolvat, ut in unius hemisphærii sui revolutione diem, in revolutione vero alterius expleat noctem? Et hoc modo dum una revolutio totius sphæræ cœlestis absolvitur, viginti quatuor horarum numerus impletur, quibus videlicet unus dies cum sua nocte perficitur. Hoc itaque modo dum cœlum militat homini, et dies solis radiis illustratur, et nox lunæ, stellarumque nutantium varietate depingitur. Sed hæc quia corporaliter aspiciuntur, omittimus, ad majora nunc et invisibilia veniamus.

CAPUT IV.
Quod angeli per totum mundum discurrant in auxilium hominum.

Porro autem qui divinarum Scripturarum vacat eloquiis, non ignorat, quia per hunc mundum cœlestium virtutum quotidie multitudo discurrit, quæ nobis auxilii manus in certamine porrigit. De quibus per Danielem dicitur: « Millia millium ministrabant ei, et decies centena millia assistebant ei (*Dan.* vii). » Ad hoc enim Deo ministrant, ut nos ab iniquorum spirituum impugnationibus protegant. Unde et Paulus ait: « Sunt administratorii spiritus in ministerium missi propter eos, qui hæreditatem capiunt salutis (*Hebr.* i). » Neque enim versutiæ tam callidi, tam exercitati hostis posset fragilitas humana resistere, nisi eos a tentationibus electorum virtus angelica propulsaret. Unde unicuique nostrum a die baptismatis usque ad **479** obitum delegatus est angelus, qui et viriliter decertantem a tentatione custodiat, et auxilium præbere in bonis operibus non desistat. Daremus exempla, nisi cerneremus frequentatione notissima. Illic notandum, cum Deus homini tantam præroget gratiam, quantam Deus ab homine patiatur injuriam; deputat Deus virtutes angelicas humanæ custodiæ; et infelix homo, relicta munditia et puritate virtutum, squaloribus se polluit, ac sordibus vitiorum. Nam in exhalantis, ac cœnosæ luxuriæ fetore provolvitur; cum vermescentis avaritiæ sordibus inquinatur; cum denique ad instar Ægyptiorum fluminum homicidialis anima in odii sanguinem vertitur (*Exod.* vii); postremo cum velut in cloacam stercorum corruens, multiplicis nequitiæ fæcibus involuta fœdatur: hunc angelus fetorem, et inhonestæ purulentiæ nauseam invitus satis, et graviter tolerat, etsi cœlestis imperii lege constrictus, obedientiam non omittat. In angelorum quippe conspectu nil sordidum, nil fetet obscenum, nisi vitium et peccatum. Et sic nostri reatus exhorrent, et abominantur illuviem; sicut homo compellitur ab exhalantis latrinæ screare fetorem. Unde quotidie ante tribunal æterni Judicis de commissi sui pravitate conqueritur; et quia gravem ferat injuriam, illius obscena dinumerans, profitetur. Nam si rex potens cuilibet de suis principibus impuberis filio velit delegare custodiam: et ille postmodum in furorem versus insaniæ, salivis se fluentibus, nariumque mucoribus oblinat, et vel in ignem se phrenetica temeritate projiciat, vel certe in squalentis cœni volutabrum sordidæ suis se more provolvat, nonne protinus ille deposcet, et reconsignare depositum, et papatis abjicere famulatum? Quanto magis ergo credendum est, quod angelica illa sublimitas et largitorem bonorum omnium Deum de conspicua sanctorum conversatione glorificat, et in ejus conspectu perversorum hominum scelera subtiliter enumerando condemnat? Huc accedit, quia in die judicii eorum sunt nequitiæ testes, qui si recte vixissent, eorum fierent defensores. Hoc itaque modo male agentibus vertitur in perniciem, quod recte viventibus provisum est ad salutem; quia sancti angeli, qui deputati sunt justis in adjutorium, perditionis in reprobos exaggerant incrementum. Felices ergo, qui juste vivunt; quia dum malignis spiritibus infœderabiliter obluctantur, angelicæ fortitudinis auxilio muniuntur. Adde etiam, quod et ipsi spiritus iniqui profectus nostri sunt obsequio deputati. Nam dum tentamur, et non succumbimus; dum impetimur, et prævalemus; dum oppugnat certe violentus hostis, et non expugnat; futuræ nobis retributionis pondus accumulat: et dum laborem certaminis irrogat, victoriæ nobis materiam subministrat.

CAPUT V.
Quod omnia homini serviant, etiam infernus.

Ecce dum raptim celeriterque cuncta perstringimus, usibus hominum ministrare **480** concorditer omnia reperimus, cœlum scilicet, terram pariter et fœminum. Hic præsumptionis nos fortasse quis arguat, si authentica Scripturæ sententia non occurrat. Sed ecce Paulus Corinthiis dicit : « Omnia enim vestra sunt, sive Paulus, sive Apollo, sive Cephas, sive hic mundus, sive vita, sive mors, sive præsentia, sive futura. Omnia enim vestra sunt, vos autem Christi, Christus autem Dei (*I Cor.* IC). » Sed tunc omnia sunt veraciter hominis, si ipse homo sit veraciter homo. Est enim qui solo nomine sit homo, est, qui reipsa et veritate sit homo.

Audi Salomonem : « Finem, inquit, loquendi omnes pariter audiamus : Deum time, et mandata ejus observa : hoc est enim omnis homo (*Eccle.* XII). » Quis est autem finis loquendi, nisi ille, de quo dicit Apostolus : « Finis enim legis ad justitiam Christus omni credenti? (*Rom.* X.) » Finis quippe legis ad justitiam Christus est; quia quidquid, sive vetus, sive nova lex loquitur, ad illum sine dubitatione refertur. Ad justitiam vero non otiose dicitur, quia divinæ legis sermo justificat, et animam a sordibus mundat, sicut discipulis Veritas ait : « Jam vos mundi estis propter sermonem, quem locutus sum vobis (*Joan.* XV). » Deum vero timere, est cuncta, quæ Deus prohibet, exsecrando et abominando contemnere: Mandata illius observare est, omnia, quæ præcipit, operibus exercere.

Ille ergo Deum timet, qui satagit cavere quod prohibet. Ille mandata ejus observat, qui studet implere quod imperat. Deum ergo time, et mandata illius observa : hoc est enim omnis homo. Ac si perspicue dicat : Qui non studuerit cavere prohibita, qui neglexerit implere præcepta; quia ratione caret, vocabulum quidem hominis habet, sed hominis esse non habet; quia non veraciter utitur virtute nominis, quo censetur. Ille nimirum se credat veraciter hominem, qui hominum recognoscit Auctorem: alioquin qui ignorat, ignorabitur (*I Cor.* XIV). Quid autem sine his sit homo, perspicue definit Scriptura, cum dicit : « Stellæ non sunt mundæ in conspectu ejus (*Job* XXV); » quanto magis homo putredo, et filius hominis vermis? Unde et Abraham cum ad summæ collocutionis culmen attollitur, cum divinæ familiaritatis gratiam peculiariter promereretur, hujus humilitatis recordatione deprimitur, cum dicit : « Loquar ad Dominum meum, cum sim pulvis, et cinis? (*Gen.* XVIII.) »

Nam et apud Græcos hæc teneri consuetudo perhibetur, ut cum imperator quis in dignitate creatur, mox ut imperialibus fuerit infulis redimitus, coronæ, simul ac sceptri gloriæ decoratus, cum denique procerum vallatur obsequiis, cum excipitur modulantibus psallentium choris, quidam sibi præsto fit obvius, qui videlicet una manu vasculum plenum mortuorum ossibus ac pulveribus offerat; in alia vero stuppam lini subtiliter pexam, ac pilis pensilibus molliter demollitam, cui protinus ignis adhibetur, et repente in ictu oculi flamma subito vorante, consumitur : ut in altero debeat considerare quod est, in altero valeat videre quod habet. In cineribus siquidem se cinerem recognoscit, in stuppa jam colligit in die judicii quam subito mundus ardebit; quatenus dum se, simul ac sua tam vana, tam floccipendenda considerat, de imperialis culminis ascenso fastigio nullatenus insolescat; et dum possessor, atque possessio subjacere communi omnium casui non ambigitur, jam quasi de singulari dignitatis apice, qui ad summa provectus est, non infletur.

Pulchrum ergo mundanæ conditionis ordinem homo consideret, et dum suis usibus omnia cernit attribui, non sibi, sed suo referat gratias Conditori; lenocinantem mundi gloriam sub judicii sui calcibus deprimat, vigorem carnis aridum jam pulverem credat, diem suæ vocationis tanquam speculum suis semper obtutibus anteponat, districtum ultimæ discussionis judicium contremiscat : quatenus dum nunc Creatoris sui legibus subditur, qui inter creaturas, quæ terrenæ sunt, videtur insignis, in cœlesti quoque gloria veraciter sit sublimis.

SCHOLIA.

Tigri, quoque, quæ lingua Parthica dicitur Sagitta, uno cursu stadia octingenta, integro vero die totum mundum, etc. Hæc nisi per hyperbolem dicta accipias, omnino fabulosa sunt. Celeritate quidem tanta illa est, ut usque ad sua tempora eam nunquam fuisse captam scripserat M. Varro lib. I. De ling. Lat. Capi tamen interdum testatur Plutarchus in comment. de Herodoti malignitate. Itaque sicut velocitas cursus quorumdam hominum comparari solet cum animantibus velocissimis (ut II Reg. II : « Porro Asael cursor velocissimus fuit, quasi unus de capreis quæ morantur in silvis, ») sic velocitas ipsorum animalium, quæ summum gradum velocitatis tenent, per hyperbolem interdum exprimi consuevit. Tigridis ejusque mysticæ significationis meminit sanctus cardinalis epist. 18, lib. II.

Sit nomen Domini benedictum.

OPUSCULUM VICESIMUM QUARTUM.
CONTRA CLERICOS REGULARES PROPRIETARIOS.

ARGUMENTUM. — Detestatur prius pertinaciæ vitium, quo nihil aut Deo magis invisum, aut rebus humanis fieri possit perniciosius, utpote cum ex ea tanquam ex fonte dissensionum, discordiarumque semina in Ecclesiam deriventur, in nonnullos clericos acerrime invehitur, qui cum Ecclesiarum fructibus in commune alerentur, pecuniam præterea, et alia bona seorsum possidebant : idque sibi per leges licitum esse facere pertinaciter asserebant. Hos igitur validissimis rationibus redarguit, et manifeste probat clericos ex genere eorum qui canonici appellantur, proprium, aut privatum nihil posse habere : sed debere eos cum primum sacris initiantur, universa sua aut pauperibus tradere, aut in commune conferre. Quapropter orat pontificem max. ut quod humana et divina jura cogunt, id etiam clericos facere, sua ipse auctoritate et jurisdictione compellat.

Domno ALEXANDRO beatissimo papæ, PETRUS peccator monachus servitutem.

Quantum ad nostræ intelligentiæ modulum, venerabilis pater, nullum in humano genere malum perniciosioris est criminis, quam defensio pravitatis. Unde David ait : « Non declines cor meum in verba mala, ad excusandas excusationes in peccatis (*Psal.* CXL). » Offensio quippe Dei meretur iram, excusatio provocat ad vindictam. Hoc plane vitium, sicut ex radice humani generis prodiit, quotidie pullulat, et tanquam per erumpentes arboris ramos germinare non cessat. Consultus enim Adam, cur ex interdicto pomo comederit : « Mulier, inquit, quam dedisti mihi sociam, dedit mihi de ligno, et comedi (*Gen.* III). » Mulier etiam, cur hoc fecerit inquisita, « Serpens, ait, decepit me, et comedi (*Ibid.*). » Ac si uterque in Conditorem oblique crimen intorqueat ; cumque, a quo redarguuntur, incessat, dicentes : Non nobis, sed tibi procul dubio debet hic reatus ascribi, qui et conjugem viro junxisti, et serpentem in paradiso inter homines vivere decrevisti. Quorum utriusque tanquam primischolus ille discipulus erat, qui de Abel Domino requirenti respondit : « Nunquid custos fratris mei sum ego? » (*Gen.* IV.) Hoc sane præcavebat David vitium, cum dicebat : « Non me demergat tempestas aquæ, neque absorbeat me profundum, neque urgeat super me puteus os suum (*Psal.* LXVIII). » Nam cum peccat homo, quasi in puteum labitur ; cum vero peccata defendit, os putei super eum ne pateat egressus, urgetur. Corruit ergo in puteum homo cum peccat, claudit vero sibimet os putei dum excusat. Ex hac porro defensione, vel excusatione criminis hæresis nascitur. Hæresis enim interpretatur *electio*. Et dum quod eligit, quis defendere nititur, relicto veritatis tramite, quia per abrupta perversi dogmatis rapitur, in hæresim necesse est prolabatur. Hoc autem inter peccatorem et hæreticum distat : quia peccator est qui delinquit, hæreticus autem qui peccatum per pravum dogma defendit. Nos autem, quia magistros habemus sanctos apostolos, et apostolicos viros, non debemus quod nobis videtur eligere ; neque quod semel electum est obstinate et pervicaciter defensare ; sed his duntaxat, quæ a probatis Ecclesiæ doctoribus definita sunt, fidem irretractabiliter adhibere.

CAPUT PRIMUM.

Oppugnat verbis sancti Augustini pertinaciam clericorum.

Hæc idcirco præmisimus, quia dolemus nonnullos sanctos fratres, canonici videlicet ordinis, in tam effrænis prorupisse libertatis audaciam, ut non modo sibi jus habendæ pecuniæ vindicent, sed et hanc sibimet ex regulari auctoritate competere pertinaciter asseverent. Ad quos probabiliter revincendos, possemus quidem plurima Scripturarum et Veteris et Novi Testamenti exempla congerere ; si priores nostri Patres ac doctores Ecclesiæ super hoc themate funditus siluissent. Sed superfluum est nos vilibus sarculis illic glebas effringere, ubi tam strenui cultores terræ viventium acutissimo linguæ suæ vomere reperiuntur arva sulcasse. Prior igitur Augustinus accedat in testimonium, et utrum Canonicus habere proprium debeat, evidentissima sui examinis auctoritate decernat. Ait enim in sermone, qui titulatur De moribus clericorum : « Me, inquit, hoc noverit charitas vestra dixisse fratribus meis ; qui mecum manent, ut quicunque habet aliquid, aut vendat, et eroget pauperibus, aut donet, aut commune illud faciat. Ecclesiam habeat, per quam nos Deus pascit. Et dedi dilationem usque ad Epiphaniam propter eos, qui vel cum fratribus suis non diviserunt, vel diviserunt quidem quæ habent apud fratres suos, sed nondum de rebus suis aliquid egerunt ; quia exspectabatur ætas legitima. Faciant inde quod volunt, dum tamen sint pauperes mecum, simul exspectemus misericordiam Dei. Si autem nolunt, qui forte nolunt, certe ego sum qui statueram, sicut nostis, nullum ordinare clericum, nisi qui mecum velit manere ; ut si vellet desciscere a proposito, recte illi tollerem clericatum, quia desereret sanctæ societatis promissum, certumque consortium. Ecce in conspectu Dei, et vestro, muto consilium ; qui volunt habere aliquid proprium, quibus non sufficit Deus et Ecclesia ejus, maneant ubi volunt et ubi possunt ; non eis aufero clericatum, sed nolo habere hypocritas. Malum quippe est talem fore, malum est cadere a proposito, sed pejus est simulare propositum ; Ecce dico cadit, qui societatem communis vitæ jam susceptam, quæ laudatur in apostolorum Actibus (*Act.* IV) deserit ; bono suo cadit ; a professione sancta cadit. Observet Judicem, sed Deum, non me. » Et paulo post : « Qui mecum manere vult, si paratus est pasci a Deo per Ecclesiam ipsius, non habere aliquid proprium ; sed aut erogare pauperibus, aut in commune mittere, maneat mecum : qui hoc non vult, habeat libertatem : sed videat utrum habere possit felicitatis æternitatem. »

In secundo quoque ejusdem operis sermone sic ait : « Quisquis cum hypocrisi vixerit, quisquis inventus fuerit habens proprium, non illi permitto, ut inde faciat testamentum, sed delebo de tabula clericorum. Interpellet contra me mille concilia, naviget contra me quo voluerit, sit certe ubi potuerit. Adjuvabit me Dominus ; ut ubi ego episcopus sum, ille clericus esse non possit. »

Nimius fortasse fuerim in protelando beati hujus doctoris exemplo. Sed utinam vel ipsi præbeatur fides, dum nostris verbis omnino subtrahitur. In quibus profecto sancti viri verbis evidenter ostenditur : Quia clericus, qui pecuniam possidet, ipse Christi possessio, vel hæreditas esse, vel Deum hæreditate possidere non potest. Quod tamen non de clericis omnibus dicimus, sed de his specialiter, qui canonico censentur nomine, et vivunt in congregatione. Ipsis enim, quia Deus offertur, terrena possessio prohibetur. Sicut ipse Dominus ad Aaron in Numero loquitur, dicens : « In terra eorum nihil possidebitis nec habebitis partem inter eos. Ego pars, et hæreditas tua in medio filiorum Israel (*Num.* XVIII). »

CAPUT II.
Idem facit verbis D. Hieronymi

Sed si cui ad tollendam pecuniam de clericis sola tanti doctoris auctoritas, necdum fortasse sufficiat, quid etiam beatus invenitur super hoc decrevisse Hieronymus, non negligenter attendat. Ad Heliodorum namque episcopum inter cætera sic ait : « Animadverte, frater, non licet tibi quidquam de tuis habere rebus. « Omnis, inquit Dominus, qui non renuntiaverit omnibus quæ possidet, non potest meus esse discipulus (*Luc.* xiv). » Cur timido animo Christianus es? respice cum Petro relictum rete (*Matth.* iv), respice surgentem de telonio publicanum statim apostolum (*Matth.* ix). « Filius hominis non habet ubi caput reclinet (*Matth.* viii; *Luc.* lviii); » et tu amplos porticus, et ingentia tectorum spatia metiris? Hæreditatem exspectas sæculi? Cohæres Christi esse non potes. Et non longe post Dominum ausculta dicentem : « Si vis perfectus esse, vade, et vende omnia tua, et da pauperibus, et veni, sequere me (*Matth.* xix). » Tu autem perfectum te esse pollicitus es. Nam cum derelicta mundi militia te castrasti propter regna cœlorum, quid aliud, quam perfectam sectatus es vitam? Perfectus autem servus Christi, nihil præter Christum habet : aut si præter Christum habet quid, perfectus non est : et si perfectus non est, cum se perfectus fore Deo pollicitus sit ante, mentitus est. « Omnis *autem*, qui mentitur, occidit animam (*Sap.* i). »

« Igitur ut concludam, si perfectus es, cur bona paterna desideras? Si perfectus non es, Deum fefellisti. Divinis Evangelium vocibus intonat : « Non potestis duobus dominis servire (*Matth.* vi); » et audet quisquam Christum mendacem facere, Mammonæ et Domino serviendo? Vociferatur ille sæpe : « Si quis vult post me venire, abneget semetipsum sibi, et tollat crucem suam, et sequatur me (*Matth.* xvi); » et ego onustus auro arbitror me Christum sequi? » Ad Nepotianum quoque presbyterum post multa subinfert : « Igitur clericus, qui Christi servit Ecclesiæ, interpretetur primo vocabulum suum; et nominis definitione prælata, nitatur esse quod dicitur. Si enim κλῆρος Græce, Latine sors appellatur, propterea vocantur clerici, quia de sorte sunt Domini : vel quia ipse Dominus sors, id est, pars clericorum est. Et quia vel ipse pars Domini est, vel Dominum partem habet, talem se exhibere debet, ut et ipse possideat Dominum, et ipse possideatur a Domino. Qui Dominum possidet, et cum Propheta dicit : « Pars mea Dominus (*Psal.* lxxii), » nihil extra Dominum habere potest. Quod si quidpiam aliud habuerit præter Dominum, pars ejus non erit Dominus. Verbi gratia : Si aurum, si argentum, si possessiones, si variam supellectilem, cum istis partibus Dominus pars ejus fieri non dignatur. Si autem ego pars Domini sum, et funiculus hæreditatis ejus, nec accipio partes in cæteras tribus, sed quasi levita, et sacerdos vivo de decimis, et altari serviens, altaris oblatione sustentor, habens victum et vestitum, his contentus ero, et nudam crucem nudus sequar. »

Beatus etiam Prosper cum proprietatem pecuniæ clericis prohiberet, sententiam deprompsit, dicens : « Quia non potest ibi esse unitas voluntatum, ubi fuerit diversitas facultatum. » Ecce ad condemnandam, et funditus abolendam canonicorum pecuniam, tres non qualescunque, sed inexpugnabiles in testimonium doctores adduximus : ut in ore duorum, vel trium testium stet omne verbum (*Matth.* xviii).

CAPUT III.
Canonicorum defensio quam frivola.

Sed cum hæc illis objicimus, ipsi regulæ suæ librum nobis protinus offerunt; ad regulæ auctoritatem redeunt : eaque sibi proprietatis peculium concedente, pati se præjudicium conqueruntur. Quam nimirum regulam nos nec funditus improbamus, nec autoritatem illi omnino tribuimus. Probamus enim in quantum sanctis Ecclesiæ doctoribus consonat : abjicimus autem, atque conspuimus, in quantum authenticis eorum institutionibus non concordat.

Sed jam ipsa illorum regula deducatur ad medium, et utrum indifferenter tota, an caute, atque suspecte ex parte duntaxat suscipi debeat, in una saltem paginula discernamus. Hoc plane in quadam ejus periocha reperitur : « Sanctorum, inquit, Patrum sententia docet clericos non divitiarum sectatores esse, nec res Ecclesiarum inofficiose accipere debere. Qui enim Ecclesiæ serviunt, et ea, quibus opus est, non habent; aut libenter accipiunt, aut exigunt, nimis carnaliter sapiunt. Indignum quippe est, si fidelis, et operosa devotio clericorum, propter stipendium sæculare præmia sempiterna contemnat; ut quod accipiat, inde rationem reddat, et peccatis alienis sua multiplicet peccata. Unde necesse est, imo utile clericis, in ecclesiasticis accipiendis sumptibus, suum vitare periculum. Proinde tam de suis quam de Ecclesiæ facultatibus non plus accipiant aut exigant quam oportet, id est, accipiant cibum, et potum, et vestimentum, et his contenti sint : ne, plus accipientes, pauperes gravare videantur non sine grandi peccato : et non accipiant unde pauper victurus erat. » Ecce in his verbis hæc regula, ubi scilicet clericos cibo et potu, ac veste contentos esse debere promulgat, et nobiscum, et cum totius Ecclesiæ auctoritate concordat. Quod autem illico sequitur, prorsus absurdum, ineptum videtur, ac frivolum : « Ii vero, inquit, qui nec suis rebus abundant, nec Ecclesiæ habent possessiones, et magnam utilitatem Ecclesiæ conferunt, accipiant in canonica congregatione victum, et vestimentum, et eleemosynarum partes. » Quia de talibus in libro Prosperi dicitur : « Clerici, quos voluntas, aut nativitas pauperes fecit, in congregatione viventes necessaria vitæ accipiant. » Prius itaque dat victum et vestimentum, deinde divisores constituit eleemosynarum. Illud scilicet ad necessarium viæ subsidium; hoc ad infarciendam congeriem sacculorum.

Illud ut corporaliter vivant, hoc ut æternæ morti pabulum nutriant.

Consideranda sunt etiam ipsa reptantium portenta verborum, et ignominiosæ atque confusæ locutionis opprobrium. Nam cum præmisisset, ut clerici susciperent cum victu et vestitu etiam partes eleemosynarum; quasi reddit causam quare hoc : quia de talibus, inquit, in libro Prosperi dicitur : « Clerici, quos voluntas aut nativitas pauperes fecit, in congregatione viventes, necessaria vitæ accipiant. »

Dic, Tullianæ reformator eloquentiæ, dic, novæ Demosthenes, quia dicit Prosper, ut clerici necessaria vitæ percipiant, idcirco præcipit ut præter victus et vestimenta, per singulas etiam personas eleemosynas dividant? Ut juxta tuam interpretationem, necessaria vitæ suscipere, hoc sit, victu vesteque perceptis, eleemosynas dispertire? Quam bene faciunt clerici, qui te præconiis offerunt, qui tam gravia atque importabilia tuæ legis edicta lætis visceribus amplectuntur! Et revera satis gravia sunt et importabilia, quæ promulgas, cum a maximo usque ad minimum ; id est, etiam si duorum vel trium sit annorum in clero puerulus ; quinque sibi libras vini et quatuor panis, ut non ad vomitum, sed ad exenterationem repleatur accumulas. Et ut plena discretionis tuæ virtus appareat, hoc præcipis, ut etiam si semel in die reficitur, hæc panis et vini mensura nullatenus minuatur ; ut si juxta sobrietatis tuæ metam refectionis frena laxentur, non jam ructare, sed crepare venter, et ilia compellantur. Plane præter nonnullas sanctorum Patrum sententias, quæ in eodem libello reperiuntur, apposite de cætero sicut in litteris stylus horret incultus, sic in plerisque sententiis devius corrigendus est intellectus. Nescivit enim invenire quod scriberet, nescivit scribere si quas etiam ineptias invenisset. Istos amant flores eloquentiæ, qui spinosis moribus adversantur ecclesiasticæ disciplinæ.

CAPUT IV.
Convincit rationibus.

Enimvero cum sancti Patres in clericalis peculii condemnatione non dissonent, sed in districte prohibenda ac funditus auferenda clericis pecunia uno spiritu, uno simul ore concordent; unde tamen hæc hauserint, accedamus ad fontem, et profluentis rivi principalem repetamus originem. Et quanquam nefas sit de tantorum virorum disputare sententia, non vereamur tamen eorum, hoc est, magistrorum nostrorum adire doctores, ut ab illis etiam nos mereamur instrui, a quibus et nostri sunt doctores instructi, quatenus dum fons patuerit unde puritatis rivus oboritur, fœdantis et obloquentis audaciæ temeritas refellatur. Constat itaque, et perspicuum est, quod canonicorum regula ab apostolicæ vitæ norma prodierit ; et dum spiritualis quisque conventus rectam sui 489 tenet ordinis disciplinam, teneram quodammodo lactantis Ecclesiæ imitatur infantiam.

Audiamus ergo quam conversationem, quem vivendi ordinem sub apostolis noviter ad fidem veniens tenebat Ecclesia : « Multitudinis, ut Lucas ait (*Act.* IV), credentium erat cor unum, et anima una, nec quisquam eorum, quæ possidebat aliquid, suum esse dicebat : sed erant illis omnia communia. » Ecce ubi non erat diversitas rerum, vigebat unitas voluntatis. Nimirum ubi non est divisio census, in unionem charitatis plurimarum mentium conflatur affectus. Illic enim mens a mente dividitur, ubi facultatum communio non tenetur : et ubi possessionum diversa proprietas, ubi mens possidentium non est una. At ubi circumstantia quælibet communiter possidentur, diversorum mentes in una voluntate concurrunt : quia unde invicem litigare debent non inveniunt. Quisquis ergo clericus proprietatis conatur habere peculium, non valet apostolorum tenere vestigia : quia non erit illi cum fratribus cor unum et anima una. Cum Juda siquidem loculos, atque pecuniam habere potest, unanimitatem vero puramque concordiam cum Apostolis habere non potest (*Joan.* XII). De quorum videlicet regula in eorum Actibus legitur : Quia, « quotquot possessores agrorum, aut domorum erant, vendentes afferebant pretia eorum, quæ vendebant et ponebant ante pedes apostolorum (*Act.* IV) : » ubi mox additur : « Dividebatur autem singulis, prout cuique opus erat (*Ibid.*). »

Sed age jam, clerice, qui recondendæ tibi pecuniæ licentiam vindicas, qui jus habendæ proprietatis usurpas, responde, quæso, cujus sunt facultates ex quibus tibi licet habere peculium ? Tuæ videlicet sunt, an Ecclesiæ ? Sed si tuas tibi licet usurpare pecunias, quomodo posuisti eas ad pedes apostolorum ? Si Ecclesiæ bona sunt, quæ recondis, cur propria contempsisti ? Porro si quid tibi de propriis reservasti, audi Apostolum terribiliter objurgantem : « Cur, inquit, tentavit Satanas cor tuum, mentiri te Spiritui sancto, ut fraudares de pretio agri ? Nonne manens tibi manebat, et venumdatum in tua erat potestate ? Quare posuisti in corde tuo hanc rem ? Non es mentitus hominibus, sed Deo (*Ibid.*). » Quod si non propria possidere, sed Ecclesiæ conaris bona dividere, quæ scilicet communis est tibi cum fratribus ; dic ergo, Jesu magister, dic fratri meo ut dividat mecum hæreditatem.

Et notandum, quod evangelista præmiserat : « Ait quidam ei de turba (*Luc.* XII). » Tu itaque non ut levita, vel clericus, sed ut de turba vulgaris, et laicus, roga Jesum, ut tibi cum fratre tuo jubeat hæreditatem dividi. Cui protinus ille respondeat : « Homo, quis me constituit judicem, aut divisorem super vos? (*Ibid.*) » Moxque subjungat : « Videte, et cavete ab omni avaritia, quia non in abundantia cujusquam vita ejus est ex his quæ possidet (*Luc.*). » Vis ergo dividere? Non habebis Jesum judicem, aut divisorem, sed schismaticæ potius divisionis ultorem. « Qui non est, inquit, mecum, adversus me est : et qui non colligit mecum, dispergit (*Ibid.* XI). » Porro autem si tibi licet habere pecuniam, nullam melius, quam tuam. Quod si quæ tua fuerant, possides, quid ergo ad religionis ordinem reversus reliquisti? Imo reversus ad vomitum (*Prov.* xxvi; *II Pet.* ii), et aratrum deserens, dum in terga reflectis intuitum, ultra non eris idoneus regno cœlorum (*Luc.* ix). Sin autem ecclesiastica tibi liceat bona recondere, videris auxisse divitias, non sprevisse; ut magis pecuniæ quæstum, quam religionis ambitus institutum; et non tam sanctitatis culmen voluisse conscendere, quam acervos pecuniæ cumulare. An prærogabitur clericis, quod non permisit Christus apostolis? Nam cum eos ad prædicandum mitteret, sicut Marcus ait, præcepit eis, ne quid tollerent in via, nisi virgam tantum, non peram, non panem, neque in zonis æs (*Marc.* vi); tibi vero ad æris, hoc est pecuniæ receptaculum, non dicam zona, sed utinam arca sufficiat. Et cum Apostolus avaritiam idolorum nominet servitutem (*Col.* iii); quomodo tu Christum colis, qui idolum in pecunia veneraris? Quæ est enim participatio justitiæ cum iniquitate? aut quæ societas luci ad tenebras? Quæ autem conventio Christi ad Belial? Aut quæ pars fidelis cum infideli? (*II Cor.* vi.) Quis autem consensus templo Dei cum idolis?

Plane cum tu contra tui ordinis institutum recondis in arca pecuniam, et confidis in incerto divitiarum, qui in solo Deo spem tuam ponere debuisti (ubi enim thesaurus tuus, ibi est procul dubio et cor tuum (*Matth.* vi), non jam jure Christicola dicendus es, sed nummicola. Et cum de Levitis Dominus dicat : « Ego sum hæreditas eorum (*Num.* xviii *Deut.* 18) : » et tu psallendo respondeas : « Portio mea Dominus (*Psal.* lxxii). » Ecce si ordinem tuum teneas, si abominanda pecuniæ lucra contemnas, et tu hæreditas Dei, et Deus est hæreditas tua. Sed totum hoc sacramentum in adulterium vertitur, dum infelix clericus pecuniæ servus efficitur, cui nimirum tanquam Deo per sedulitatem custodiæ famulatur. Ipse enim ab ea, quam, possidet, pecunia possidetur; dum in ea cor figere, eique pervigili deservire custodia, avaritia dominante, compellitur. Projiciam ergo Christum de arca pectoris mei, et loco ejus pecuniam constipabo? Certe tam nobili pecunia Christus est, ut consortium aspernetur omnino peculii, nec cum sorde pecuniæ se patiatur includi. Ut ergo Christus pectoris tui loculum impleat, æreus ab eo nummus abscedat; ut Christus animæ tuæ suum characterem imprimat, vile didrachma Cæsaris imaginem præferens evanescat.

CAPUT V.

Quæ mala ex peculio oriantur inter canonicos.

Peculii denique proprietas facit, ut clerici sui pontificis dedignentur imperium; ut disciplinæ, vel obedientiæ veram libertatem deserant, et turpi fœdissimæ deditionis opprobrio sæcularibus colla submittant. Cum Dominus Moysi dicat : « Applica tribum Levi, et fac stare in conspectu Aaron sacerdotis; ut ministrent ei, et excubent, et observent

quidquid ad cultum pertinet multitudinis, eorum tabernaculo testimonii, et custodiant vasa tabernaculi, servientes in ministerium ejus : dabisque dono levitas Aaron, et filiis ejus, quibus traditi sunt a filiis Israel (*Num.* iii). » Aaron quippe, et filios ejus, quis ambigat jus habuisse pontificum? Tribum vero Levi quis nesciat prætulisse ordinem clericorum? Levitæ ergo Aaron, et filiis ejus a filiis Israel dono traduntur, cum ex omni Christiano populo clericalis ordo in excubias ecclesiastici cultus assumitur : et ut assistant, atque ministrent suis pontificibus, offeruntur. Sed quisquis servus est mammonæ, ritus abhorret ecclesiasticæ disciplinæ.

Nec prætereundum est, quod illic præsto subjungitur : « Ego, ait Dominus, tuli Levitas a filiis Israel, pro omni primogenito, qui aperit vulvam in filiis Israel, eruntque levitæ mei (*Ibid.*); » ut liquido pateat, clericorum ordinem Dei omnipotentis esse peculium, sicut et ipse Deus specialis est hæreditas clericorum. Et quantæ vecordiæ, quantæque vesaniæ est, si ab eo, cui Deus offertur, eo contempto terrenæ facultatis commodum requiratur? Cui Deus in hæreditate non sufficit, quid eum satiare possit, ignorat ; quia mentis ejus oculum furiosa cupiditas cæcat.

Et certe qui talis est, quoniam pro amore pecuniæ suum violat ordinem, indignus est procul dubio ut ecclesiasticam obtineat dignitatem. Unde et Salomon ait : « Sicut qui mittit lapidem in acervum Mercurii, ita qui tribuit insipienti honorem (*Prov.* xxvi). » Nam quia apud gentiles Mercurius deus sacelli [f. Lucelli], sive pecuniæ dicebatur, acervus Mercurii cumulus atque congeries est nummorum. Et quia nummo regula monetalis imprimitur ; quid per nummorum designatur acervum, nisi regularium, ac veræ sanctitatis imaginem præferentium concio clericorum? Quid vero per lapidem, nisi duram, stolidam, et insensibilem illius mentem accipimus, qui dum Deum esse indubitata fide non credit, spem suam in terrena qualibet possessione constituit? De quo per Prophetam dicitur : « Dixit insipiens in corde suo : Non est Deus (*Psal.* xiii). » Huic autem insipienti tunc honor tribuitur, cum ad ecclesiastici gradus apicem quispiam non Deo, sed pecuniæ deditus promovetur. Sed sicut nummorum dissipatur acervus, si desuper lapis immittitur ; ita per indigni sive lapidei pastoris accessum quasi constipatus ordo destruitur regulariter gradientium, et in charitate obedientium clericorum. Gravatur enim mali pastoris umbraculo, et tanquam nummorum cœlestium cumulus, tartarei lapidis mole diruitur.

Stulto igitur, et insipienti denegandus est honor ecclesiasticus, ne sanctorum clericorum tanquam nummorum spiritualium mergatur acervus. De quo videlicet stulto paulo superius idem Salomon ait : « Claudus pedibus, et iniquitatem bibens, qui mittit verba per nuntium stultum (*Prov.* xxvi). » Quibus nimirum verbis quid aliud videtur expressum, nisi ut carnaliter sapienti, ac per hoc stulto cuilibet non committatur prædicationis officium? De sanctis enim prædicatoribus dicitur : « Quam speciosi pedes evangelizantium pacem, evangelizantium bona! » (*Isai.* LII ; *Rom.* X.) Itaque quilibet ordinator Ecclesiæ si dignos et idoneos in dignitate constituit, quasi pedibus rectis incedit. Per eos enim verbum spargendo circumquaque discurrit : et quod per semetipsum non valet agere, per illos satagit efficaciter adimplere. Sin autem carnales quosque ac reprobos ordinare præsumat, hic claudus pedibus ambulat. Qui etiam iniquitatem bibere dicitur ; quia dum verba sanctæ prædicationis per stultum nuntium mittit, et contra Apostolum, cito manus imponit (*I Tim.* V), peccatis communicat alienis. Nam et si prudenter quisque loquatur, si tamen non agit ipse quod loquitur, in spirituali claudus itinere non immerito judicatur. Unde et illic apte subjungitur : « Quomodo pulchras frustra habet claudus tibias, sic indecens est in ore stultorum parabola (*Prov.* XXVI). » Pulchris plane innititur tibiis, qui luculenti nitet claritate sermonis. Sed dum sine bonis operibus accuratum deprimit eloquium, velut sine gressu promovet recta crura verborum. Quasi pulchras ergo habet tibias ad videndum, sed non utiles ad gradiendum, qui podagricis vitiorum laqueis innodatus, ipse quidem turpiter claudicat, dum alios, ut agiliter gradiantur, invitat. In istorum ergo stultorum ore indecens est parabola ; quia dum spiritualiter sonant, et carnaliter victitant, eorum vita cum labiis non concordat. Quos nimirum honesta loquentes, sed inhoneste viventes prædicatio recta non liberat, sed mordax conscientia vehementer accusat. Unde illic non incongrue subditur : « Quomodo si spina nascatur in manu temulenti, sic parabola in ore stultorum (*Ibid.*). » Spina quippe in manu temulenti nascitur cum illi, qui hujus vitæ amore est ebrius, reprehensionis in mente aculeus generatur. In ore itaque stultorum parabola quasi spina est ; quia dum aliud loquuntur, aliud agunt, mens eorum in semetipsa aliquando redarguitur, et quodam quasi spinæ pungentis aculeo perforatur. Velut spina certe male viventis et bene dicentis conscientia pungit, dum in eo, quod extrinsecus loquitur, quodam pudoris atque formidinis stimulo intrinsecus sauciatur.

CAPUT VI.

Ad prædicationis officium qui sint idonei.

Ut ergo ad eos, a quibus cœperat, sermo recurrat, clericus, qui captus est amore pecuniæ, nequaquam idoneus est ad ministranda verba doctrinæ. Quod etiam in eo, quod superius proposuimus, apostolico declaratur exemplo. Nam cum Scriptura præmittat : « Multitudinis credentium erat cor unum, et anima una ; » moxque subjunxit : « Nec quisquam eorum, quæ possidebat, aliquid suum esse dicebat ; sed erant illis omnia communia ; » protinus addidit : « Et virtute magna reddebant apostoli testimonium resurrectionis Jesu Christi Domini nostri, et gratia magna erat in omnibus illis ; » deinde subinfert : « Nec enim quisquam egens erat inter illos (*Act.* IV). »

Quid autem sibi vult, quod hujus sacræ scriptor historiæ, dum de continentia loquitur apostolica et communi vita, repente quasi materiam interrumpit, et ad enarrandam prædicationis constantiam tanquam mutato stylo prosilit, dicens : Et virtute magna reddebant apostoli testimonium resurrectionis? Cur uni materiæ aliam interpolat, qui cœptam persequi et continuare debuerat ; nisi, ut patenter ostendat, quia illi duntaxat idonei sunt ad prædicationis officium, qui nullum terrenæ facultatis possident lucrum ; et dum aliquid singulare non habent, communiter omnia possident? Nihil scilicet habentes, et omnia possidentes (*II Cor.*). Ii nimirum, dum nullis terrenarum rerum præpediuntur obstaculis, expediti stant pro Dominicis castris in campo certaminis ; et quia rebus exuti, solis virtutum armis accincti, gladio spiritus, adversus vitiorum dimicant acies, idonei bellatores sunt obluctantium hostium obtruncare cervices. Cui nimirum bello impares sunt, et enerviter cedunt, qui communibus non contenti, peculii singularis ambiunt proprietate gravari. Hinc est, quod in Deuteronomio gradientibus ad prælium dicitur : « Quisquis est homo, qui plantavit vineam, et necdum fecit eam esse communem, et de qua vesci omnibus liceat, vadat et revertatur in domum suam, ne forte moriatur in bello, et alius homo ejus fungatur officio (*Deut.* XX). »

Sed jam, venerabilis pater, incultæ disputationis protraxisse sermonem hucusque sufficiat : verumtamen ut hæc apud inobedientium clericorum, imo nummicolarum rebellionem efficaciter valeant, sanctus apostolatus vestri vigor impellat.

Sit nomen Domini benedictum.

OPUSCULUM VICESIMUM QUINTUM.

DE DIGNITATE SACERDOTII.

ARGUMENTUM. — Hic totus in eo est, ut ostendat quæ sit dignitas sacerdotis, quod officium, quanta sit ei, qui tam sublime munus sustineat, præstanda innocentia : et quam sit non modo crimen, sed etiam criminis suspicio fugienda. In principio autem, quod oblitus eram dicere, gratias agit eidem, quod multa munera ad se misisset.

Domno A. Venerabili archiepiscopo, PETRUS peccator monachus plenissimæ devotionis affectum.

Cum patriarcha Jacob filio suo Joseph dicat : « Benedictiones patris tui confortatæ sunt benedictionibus patrum ejus (*Gen.* XLIX); » ego congrue possum dicere : quia benedictiones patris mei, non patrum, sed ejusdem patris mei, sunt benedictionibus confortatæ. Tot quippe benedictiones fuerunt, quas mihi liberalitas vestra direxit, ut una commendasset alteram, et sequentes eas, quæ præcesserant, prout Scriptura loquitur, confortarent. Porro autem si David gratiarum promeruit actiones, cum de manubiis, quas Amalecitis abstulerat, senioribus Juda dona transmitteret, dicens : « Accipite benedictionem de præda hostium Domini (*I Reg.* XXX); » quanto potiores ego gratias debeo, qui gratias accepi non cruentatas manibus hostium Domini, sed sanctificatas, atque depromptas e sanctuario Domini ! Verum ut ab occasione corporalium munerum, ad spiritualium benedictionum se sermo dirigat sacramentum; cum apostolus hoc in magna felicitate constituat, quod dicit : « In hoc vocati estis ut benedictionem hæreditate possideatis (*I Petr.* III); » quanta vobis, hoc est, summis Ecclesiæ sacerdotibus est dignitas prærogata, ut benedictionem non modo vobis exhibitam possidere, sed possitis etiam aliis tradere ! Et non qualemcunque, sed etiam episcopalem, per quam scilicet, vestri juris est ordinare pontificem ; et cum non parvi terroris sit atque formidinis esse vel inferioris ordinis sacerdotem, nimirum ipsi quoque lege præcipitur, ut populi portet iniquitatem (*Num.* XVIII); quam pavendum est ac tremefactis visceribus formidandum, omnibus nunc in ecclesiastica dignitate præcellere, quos æque necesse est, et ante omnes in tremendi judicis examine respondere! Unde sollicite considerandum est, ut quem ad obtinendas ecclesiastici culminis infulas summi sacerdotii sublimitas elevat, celsitudo quoque laudabilis et arduæ conversationis attollat; et sicut per acceptæ dignitatis sublime fastigium cæteris eminet, sic eum præ cæteris vita superemineus, et spiritualium morum splendor exornet. Unde per Moysen dicitur : « Pontifex, id est, sacerdos maximus inter fratres suos, super cujus caput fusum est unctionis oleum, et cujus manus in sacerdotio consecratæ sunt, vestitusque est sanctis vestibus, caput suum non discooperiet, vestimenta non scindet, et ad omnem mortuum non ingredietur omnino : super patre quoque suo, et matre non contaminabitur, neque egredietur de sanctis, ne polluat sanctuarium Domini, quia oleum sanctæ unctionis Dei sui super eum est (*Levit.* XXI). » Oleo quippe caput sacerdotis inungitur, cum mens ejus sancti Spiritus pinguedine saginatur. Cujus etiam manus idem oleum consecrat, cum bonæ voluntatis studium, quod sacerdos versat in mente, et visibiliter ostendit in opere.

CAPUT PRIMUM.

Quid sit sacerdotem de sanctis egredi.

Sancti plane sacerdotis est, et quæ sancta sunt cogitare ; et quæ mente conceperit, etiam in operibus evidenter exprimere : alioquin quid prodest bonum aliquod cogitare, nisi solerter invigilet hoc ipsum et in operatione perficere?

Elaborandum est ergo sacerdoti, ut et caput illius consecratum sit per piæ voluntatis intuitum, et manus ejus spiritualis olei sint charismate delibutæ per evidens sanctæ operationis indicium. Qui etiam vestitus sanctis vestibus dicitur, quia dignum est, ut sacerdos pietatis atque justitiæ semper induviis adornetur, sicut scriptum est : « Sacerdotes tui induant justitiam (*Psal.* CXXXI). » Cui præcipitur, ut caput suum non discooperiat, id est, ut cor suum hujus mundi desideriis non expandat, sed occultum semper in adipiscendi regni cœlestis intentione custodiat. Jubetur etiam vestimenta non scindere, videlicet, ut sic semper honestatis ac piæ conversationis veste contectus incedat; ne, quod absit, hanc perversi cujuslibet operis interpretatione disrumpat. Prohibetur insuper ad mortuum ingredi; nimirum ut studeat a malis, quibus anima moritur, pedem caute subtrahere, seseque ab operibus mortuis pervigili sollicitudine custodire. De quibus dicit Apostolus : « Christus eripuit nos ab operibus mortuis ad serviendum Deo viventi (*Hebr.* IX). » Subjungitur etiam, ut super patre et matre non contaminetur, id est, ut neque mundi negotiis, neque mortalis hujus vitæ desiderio polluatur. Unde bene subjungitur, de sanctis non egredietur, ne polluat sanctuarium meum. De sanctis enim sacerdos egreditur, cum neglectis animarum curis per desideria terrena vagatur. De sanctis egreditur, cum ecclesiastica disciplina postposita, transeuntium causarum negotiis immoderatius implicatur. Ubi

mox apte subjungitur : « Ne polluat sanctuarium meum. » Sanctuarium quippe polluitur, cum sacerdos quilibet per terrena desideria sparsus, causisque sæcularibus dissolutus, sacrosanctis altaribus audacter assistere non veretur; cum videlicet fit, quod per prophetam dicitur : « Et erit sicut populus, sic sacerdos (*Isa.* XXIV). » Quamobrem ut Ecclesia, Christi in sua vigere munditia valeat, et obsceno inale ministrantium contagio non sordescat, illic adhuc apte subjungitur : « Virginem ducet uxorem, non viduam, non repudiatam, et sordidam, atque meretricem non accipiet, sed puellam de populo suo, ne commisceat stirpem generis sui vulgo gentis suæ; quia ego Dominus, qui sanctifico eum (*Levit.* XXI). » Sacerdotis uxor vita ejus, et conversatio non inconvenienter accipitur; quæ scilicet esse virgo præcipitur, ubi ab immundi spiritus obsoleta luxuria, qui violator est animarum, immunis et incorrupta servetur. Non sit vidua, sed cœlesti sponso felici sit fœdere copulata. Repudiata quoque, ac sordida, vel etiam esse meretrix interdicitur, ne videlicet, si spurca libidinis, ac luxuriantium vitiorum contaminatione polluitur, ab eodem animarum sponso ferali divortio separetur. Huic sordidæ uxori Apostolus libellum repudii dederat, cum dicebat : « Quæ mihi fuerunt lucra, hæc arbitratus sum propter Christum detrimenta, propter quem omnia detrimentum feci, et arbitror velut stercora (*Philip.* III). »
Ac si dicat: Uxorem illam sordidam ac meretricem, cui copulatus in Judaismo fueram, per divortium desero, eamque repudii interveniente libello, tanquam stercus abjicio. Ex hujusmodi quippe sacerdotis uxore non tales liberi procreantur, qui Deo sacrificium offerant, sed potius qui severitatem, et ultionem divinæ animadversionis incurrant. Hinc est, quod cum ad Osee prophetam divina voce dicatur : « Vade, sume tibi uxorem fornicationum, quia fornicans fornicabitur terra a Domino. » Ille, sicut Scriptura testatur, « abiit, et accepit Gomer, filiam Debelaim; et concepit, et peperit filium. Et dixit Dominus ad Osee: Voca nomen ejus Jezrahel (*Osee* I). » Quod utique nomen, quamvis prosperum significare videatur, in eo quod interpretatur *semen Dei*; hic tamen *vindictam Dei* et *furorem* sonat, cum protinus subinfertur: « Quoniam adhuc modicum, et visitabo sanguinem Jezrahel super domum Jehu, et requiescere faciam regnum domum Israel, et in illa die conteram arcum Israel, in valle Jezrahel (*Ibid.*). » Quod autem hic per Jezrahel, non salus, sive prosperitas, sed Dei potius ira signatur, etiam in hoc innuitur, cum protinus subinfertur: « Concepit adhuc, et peperit filiam, et dixit Dominus: Voca nomen ejus: Absque misericordia, quia non addam ultra misereri domui Israel, sed oblivione obliviscar eorum. Cumque peperisset et tertiam, ait : Voca nomen ejus: Non populus meus; quia vos non populus meus; et ego non ero vester Deus. » In quibus utique nominibus filiorum fornicariæ mulieris evidenter addiscimus, quia quisquis immundæ vitæ velut uxori

vir jungitur, ejusque male blandientis amplexibus oblectatur, nequit ex ea liberos, qui Deo placeant, gignere; quia nec potest ex amara radice dulcis fructus afferri : « Non enim potest arbor mala fructus bonos facere (*Matth.* VI). » Unde cavendum est sacerdoti, ne sordidam, aut meretricem ducat uxorem, sed castæ semper, atque pudicæ conversationis exhibeat honestatem. Ex qua nimirum non spurios, sed legitimos valeat filios gignere, dum studet ingenuos bonorum operum fructus, divina largiente gratia, germinare. Necesse est ergo ut sacerdotalem sacerdos ducat uxorem, ex qua responsuram paterno generi procreet sobolem. Unde et illic congrue subditur : « Non commisceat stirpem generis sui vulgo gentis suæ (*Levit.* XXI). » Sacerdos etenim generis sui stirpem vulgo suæ gentis associat, cum vulgariter vivens a populo per clarioris vitæ meritum non discordat : cum denique per latam et spatiosam viam mundanæ conversationis incedit, seseque per morum spiritualium honestatem a turbis vulgaribus non secernit. Ut autem sacerdos dignam generi suo sobolem procreet, ipse quoque a patrum suorum, sanctorum videlicet præcedentium sacerdotum, vestigiis non aberret : ne, si ab eorum insigni prosapia ignobiliter vivendo degeneret, jus sacerdotalis officii, quo videlicet indigne fungebatur, amittat.

CAPUT II.
Quod nobilitas sacerdotum sit vita sancta

Hinc est, quod in libro Esdræ, cum præmissum sit, de filiis sacerdotum filii Hobia, filii Accos, filii Berzellai, qui accepit de filiabus Berzellai Galaaditis uxorem, et vocatum est nomen eorum, protinus additur : « Ii quæsierunt scripturam genealogiæ suæ, et non invenerunt, et ejecti sunt de sacerdotio (*I Esdr.* II). » Plane qui genealogiæ suæ scripturam non inveniunt, de sacerdotio repelluntur; quia qui se per ignobilitatem sæcularis vitæ ab ingenuo præcedentium patrum stemmate degenerasse considerant, dignum profecto est ut eos a sacerdotio censuræ canonicæ vigor expellat. Nobilem ergo necesse est esse Ecclesiæ sacerdotem, ut qui minister est Domini, erubescat se servum esse peccati. Ad quam nobilitatem nos ille provexit, de quo Apostolus ait : « Qui eripuit nos de potestate tenebrarum, et transtulit in regnum filii dilectionis suæ, servitutemque peccati illius a nobis cruor abstersit (*Coloss.* I); » de quo per Joannem dicitur : « Qui dilexit nos, et lavit nos a peccatis nostris in sanguine suo (*Apoc.* I). » Hanc autem munditiam, ut sacerdos in se valeat præ cæteris possidere, stigma sanguinis Christi studeat in se signanter exprimere; sicut dicit Apostolus : « Ego stigmata Jesu semper in corpore meo porto (*Gal.* VI). » Unde et in lege præceptum est, ut sanguine arietis immolati, tangeretur extremum auriculæ dexteræ summi sacerdotis, similiter et manus dexteræ, et pedis (*Levit.* II). Ut hinc itaque se sermo celer expediat, in auricula sacerdos arietis immolati sanguinem portat, cum cum passionis Christi mysterium inhianter audire delectat. Dexteræ quoque ejus idem sanguis illinitur, cum id, quod studiosus auditor intelligit, efficaciter operatur : dexter etiam pes eodem cruore signatur, cum vita sacerdotis adversus tentamenta diaboli passionis Christi recordatione munitur; ut sicut potestatem accepit, super serpentes, et scorpiones incedat : morsus tamen eorum, et invalidi furoris venena non metuat; sive certe, quia pes est corporis terminus, quid per hoc, nisi boni operis designatur extremum? Nimirum, ut omne bonum, quod incipimus, perseveranter etiam usque ad felicem terminum perducamus. Hinc est, quod Israelitico populo divina vox ait : « Si audieris, inquit, vocem Domini Dei tui, ut facias atque custodias mandata ejus, faciet te Dominus Deus tuus excelsiorem cunctis gentibus (*Deut.* xx). » In quibus utique verbis patenter exprimitur, quod figuratur in membris : « Si audieris, inquit, vocem Domini Dei tui, » ecce sanguis arietis immolati rubet in aure sacerdotis. Quod vero sequitur, « ut facias, » ecce manus operantis. Quod autem postremo subjungitur, « atque custodias mandata ejus, » ecce perseverantia boni operis. Nihil enim prodest cuiquam bonum opus incipere, nisi studeat etiam usque, dum perficiat, custodire.

Et notandum, quod dextera tantum auricula, manus et pes sacerdotis illo sanguine liniri præcipitur; quo videlicet sic semper dexteræ conversationis ac fidei rectitudinem in omnibus teneat, ut exorbitantibus a via vestigiis, anfractus sinistræ devius non incurrat. Sive certe sic semper Dominicæ passionis sacramentum pro dextro teneat, ut tanquam sinistra prorsus ac vilia cuncta mundi hujus blandimenta contemnat. Enimvero quia sacerdos dux, et antesignanus est exercitus Domini, his titulorum insignibus jubetur adornatus incedere, seseque sequentibus ecclesiasticæ militiæ cuneis sanguinis et crucis Christi debeat vexilla præferre. Hoc figurabat Zacharias propheta cum diceret : « In die illa erit, quod super frenum equi est, sanctum Domino (*Zach.* xiv).» Porro autem ante Salvatoris adventum quid genus humanum, nisi velut infrenis equus erat, quod ubique per voluptatum suarum campos libertas infrunita raptabat? Sed ori ejus frenum Redemptor noster adhibuit, cum sanctum Evangelium, quo videlicet omnia petulantis lasciviæ vitia compescuntur, objecit. Super hoc autem frenum sanctum Domini, hoc est, crux ponitur, quia cuncta sancti Evangelii præcepta crucem spirant et, ut crux post Christum portetur, invitant.

CAPUT III.
Quod sacerdoti vel minima criminis suspicio sit fugienda.

Id ipsum signabat et lamina illa aurea, quam summus sacerdos in gloriam et decorem gerebat in capite, cui videlicet nomen Domini tetragrammaton erat inscriptum (*Exod.* xxviii). Sicut enim quatuor illic erant litteræ, ita nihilominus quatuor sunt crucis cornua quadrifidi orbis partes amplectentia. Hanc sacerdos portabat in gloriam et decorem; quoniam et Apostolus dicit : « Mihi autem absit gloriari nisi in cruce Domini nostri Jesu Christi (*Gal.* vi). » Portet ergo laminam auream sacerdos in capite, ut crucem Christi jugiter verset in mente. Sanctum quoque Domini freno equi sui consequenter adhibeat, ut carnem suam cum vitiis et concupiscentiis crucifigat. Tunc enim sacerdos et laminam auream capiti, et sanctum Domini freno adhibet equi; cum ad crucem Christi mentis intuitum dirigit, et corpus suum velut ferocem equum, ab omni lascivientium vitiorum libertate compescit. Propter hoc sane geminum crucis portandæ mysterium scriptum est, quoniam et Elias (*IV Reg.* ii), et Joannes Baptista zonas pelliceas habebant circa lumbos suos (*Matth.* iii). De Salvatore vero nostro Joannes in Apocalypsi dicit : « Quoniam habebat zonam auream circa mamillas suas (*Apoc.* i). » Constat autem, quia inter utramque mamillam cor hominis constituitur. Unde sponsa dicit in Canticis : «Dilectus meus inter ubera mea commorabitur (*Cant.* i); » hoc est in corde meo jugiter requiescet. Quid est ergo pelliceis zonis, quæ videlicet ex mortuis animalibus fiunt, lumbos, ubi libido permaxime viget, accingere; nisi omnes carnalium passionum illicitos motus ac fomites per afflictionem corporis undique refrenare? Et quid est circa mamillas auream habere zonam; nisi et adversus ingruentium cogitationum importuna phantasmata, sollicita semper invigilare custodia? Lumbos ergo pellicea zona præcingimus, cum carnis lasciviam per inediæ continentiam coercemus. Auream vero zonam circa mamillas habemus, cum adversus infestantium cogitationum impetus infœderabili certamine dimicamus. Tunc itaque fiet quod illic sequitur ; mox enim ut sanctum Domini super frenum equi futurum propheta præmisit, præsto subjunxit : « Et erunt lebetes in domo Domini, quasi phialæ coram altari, et erit omnis lebes in Hierusalem, et in Juda sanctificatus Domino exercituum (*Zach.* xiv). » Lebetes plane in phialas verti ; et zonam auream circa mamillas haberi præcipiebat Dominus in Evangelio, cum dicebat : « Cavete ne graventur corda vestra in crapula et ebrietate, et curis hujus sæculi (*Luc.* xxi) : » in crapula scilicet, et ebrietate lebetes ; in curis hujus sæculi zonam habendam circa mamillas intellige. Lebetes plane illorum erant pectora, qui suspirabant pisces Ægypti, qui nauseantes manna, esuriebant pepones, inhiabant fœpas et allia. An lebetes non erant, qui ferventes clamabant, quia « sedebamus super ollas carnium? » (*Num.* xi.) Illa quippe corda lebetes sunt, in quibus edacitas regnat, et per cupiditatis æstum excoquuntur edulia et copia diversa ciborum. Sed hi lebetes convertuntur in phialas, et sunt coram altari, ac sanctificati Domino, cum Sanctum Domini equis freno superponitur, cum denique zona aurea mamillis interioribus adhibetur. Tunc nimirum lebetes et ollæ carnium convertuntur in phialas aureas, videlicet plenas odoramentorum, quæ sunt orationes sanctorum (*Apoc.* v). Et istæ ponuntur coram altari phialæ quæ prius dum lebetes essent, potius versabantur in nidore culinæ.

502 Tunc autem mens sacerdotis est phiala aurea, atque odoramentis spiritualium aromatum plena, cum orationibus ac piis operibus esse vigilanter intenta. Et hæc phiala coram altari esse dicitur, quia omne, quod cogitat, Deo sacrarium offerre non cessat. Et tunc lebes iste sanctificatus est Domino, atque ideo consecrationis gratiam, quam ipse intus ex munere summi largitoris accepit, merito jam, in alios adhibita manus impositione transfundit. Sed ego, quasi qui loquor, oblitus, dum sermonem diutius protraho, metam compendii epistolaris excedo. Jam igitur ista sufficiant, tantum ut qui a benedictione cœperam, verbum in benedictione concludam.

Dextera Dei, venerabilis pater, suis te benedictionibus repleat; et grege comitante commisso regnis cœlestibus introducat.

Sit nomen Domini benedictum.

OPUSCULUM VICESIMUM SEXTUM.

CONTRA INSCITIAM ET INCURIAM CLERICORUM.

ARGUMENTUM. — Sacerdotum inscitiam, imperitiamque singularem, in sacris quoque rebus incuriam, et negligentiam, seu potius contemptum religionis graviter detestatur: et hæc omnia quam sint tam ipsis sacerdotibus, quam reliquorum hominum ordinibus, quorum salus illis commissa est, perniciosa, diserte ostendit: itemque quam cauti debeant esse episcopi in talibus ad ecclesiasticas dignitates promovendis; ne peccata eorumdem ad ipsos redundent. Quod in extrema parte episcopo, ad quem scribit, et diligenter commendat.

Domno V. reverentissimo episcopo PETRUS peccator et monachus.

Quia te, vir reverentissime, sacerdotii culmen in Ecclesia tenere conspicio, inesse quoque tibi sacerdotalem animum fiducialiter credo, dolorem cordis mei, qui me de sacerdotibus cruciat, tibi potissimum communicare decerno. Per episcopalis enim torporis ignaviam ita nunc presbyteri litterarum reperiuntur expertes, ut non modo eorum, quæ legerint, intelligentiam non attingant, sed syllabatim quoque vix ipsa decurrentis articuli elementa balbutiant. Et quid jam pro populo in suis precibus supplicat, qui quod loquitur ipse velut alienus ignorat? Scriptum est enim: « *Qui ignorat ignorabitur* (*I Cor.* XIV). » Et cum Apostolus obsequium nostrum rationabile esse præcipiat (*Rom.* XII), quomodo illic rationabile erit obsequium, ubi is, qui offert, oblationis suæ non concipit intellectum? Cumque Deus omnipotens in offerentibus mentium magis vota consideret, quam strepitum vocis attendat; quid in suis obtinere precibus valeat, qui quod nescit, implorat? Quibus quid aliud evenire putandum est, nisi quod illis sacerdotibus contigerit, quos post captivitatem Israelitici populi rex Assyriorum in urbibus Samariæ constituerat, et divini cultus cæremonias ignorabant? Nam cum nescirent Deum juxta legalium mandatorum observantiam colere, leonum eos rabies perimebat. Scripturæ siquidem hæc verba sunt: « *Nuntiatumque est regi Assyriorum, gentes quas transtulisti, et habitare fecisti in civitatibus Samariæ, ignorant legitima Dei terræ; et immisit in eos Dominus leones, et ecce interficiunt eos, eo quod ignorent ritum Dei terræ* (*IV Reg.* XVII). » Petrus autem dicit: « *Quia diabolus tanquam leo rugiens, circuit quærens quem devoret* (*I Petr.* v). » Sacerdotes ergo, qui Dei legitima nesciunt, leonum dentibus exponuntur; quia nimirum illos malignorum spirituum rabies devorat, qui sacrificiorum cultui temerariis ausibus insistentes, qualiter Deus rite colatur, ignorant. Sicque funguntur officio sacerdotum, ut sacerdotalis officii nesciant sacramentum. Et sicut per illorum imperitiam factum est, quod Scriptura testatur: « *Unaquæque, inquit, gens fabricata est Deum suum, posueruntque eos in fanis excelsis, quæ fecerunt Samaritæ; gens et gens in urbibus suis, in quibus habitabant* (*IV Reg.* XVII). » Ita nunc per pseudosacerdotum ignorantiam, qui docere Dei populum nesciunt, fieri dolemus: ut scilicet alii quorum Deus venter est, et terrena sapiunt, luxuriam colant (*Philip.* III); alii avaritiam, quæ est idolorum servitus, venerentur (*Ephes.* v); alii rapinis, alii perjuriis, alii homicidiis, alii veneficiis, sacrilega devotione deserviant; et sic diversis criminibus, tanquam simulacris, et sculptilibus obsequium servitutis impendant. Unusquisque cujus opus facit, illius et servus appellatur, de quibus dicit Apostolus: « *Quia tradidit illos Deus in desideria cordis eorum, in immunditiam, ut contumeliis afficiant corpora sua in semetipsis, qui commutaverunt veritatem Dei in mendacium, et coluerunt, et servierunt creaturæ potius quam Creatori* (*Rom.* I). » Qui nimirum per fidem, quam tenent, Ecclesiæ parietibus includuntur, sed per reproba vitæ meritum, extrinsecus sunt. « *Confitentur enim se nosse Deum, factis autem negant* (*Tit.* I). » Fidei quippe verba prætendunt, sed impietatis operibus inhianter insistunt. Unde et illic legitur: « *Fuerunt igitur gentes istæ timentes quidem Deum, sed nihilominus et idolis suis servientes* (*IV Reg.* XIV). » Quos utique redarguit Veritas ipsa, cum dicit : « Nemo potest duobus dominis servire *(Matth.* VI). »

505 CAPUT PRIMUM.

Quod imperiti non sunt ad sacerdotium promovendi.

Cum ergo per sacerdotum vecordium imperitiam plebs indocta pereat, par fuerat, ut episcopalis gravitas a talium se promotione suspenderet, nec alienos excessus in se temeraria præcipitatione transferret; præsertim cum Timotheo Apostolus dicat : « Manus cito nemini imposueris, neque communicaveris peccatis alienis *(Tim.* v). » Quisquis enim vel turpiter lapsum, vel divinæ legis ignarum ad sacrum provehit ordinem, ejus se peccatis involvit, cui peccandi materiam tradit : et non modo his se, quibus ille jam involutus est criminibus obligat, sed his etiam, quæ commissurus est, per anticipationem obnoxium parat.

Est aliud, quod mihi de sacerdotibus sæcularis ordinis displicet; quia sicut sæcularibus mista regionariæ civilitatis habitatione collimant, ita nihilominus plerique ab eorum conversatione et inconditis moribus non discordant; curis sæcularibus indifferenter inserviunt, ab otiosi se sermonis ineptiis non compescunt; imo per lites et jurgia frequenter a proximorum suorum charitate resiliunt, et cum uxoris, vel cujuslibet terrenæ concupiscentiæ flammas in suis pectoribus fervere non nesciunt, venerandis tamen altaribus se impudenter ingerunt, et ab offerendi sacrosancti libaminis ministerio non recedunt. Non attendentes, quod filii Aaron idcirco cœlestis ignis incendio concremati sunt, quia alienum ignem offerre in Dei sacrificio præsumpserunt : « Arreptis, inquit Scriptura, Nadab, et Abiu filii Aaron thuribulis suis, posuerunt ignem, et incensum desuper, offerentes coram Domino ignem alienum, quod eis præceptum non erat *(Levit.* x); » moxque subjungit : « Et egressus ignis a Domino devoravit eos, et mortui sunt coram Domino *(Ibid.).* » Nam cum ad offerendum Deo terribilis sacramenti libamen accedimus, cavendum valde est, ne alienum ignem, hoc est, libidinis flammam, vel cujuscunque vitii fomitem inter salutares hostias deferamus. Sed ille potius ignis in nostrarum mentium thuribulis ardeat, illa cor nostrum divini amoris flamma succendat, quam Dei spiritus per invisibilem gratiam nostris visceribus administrat. Admonendi sunt itaque qui sacris altaribus ministrare disponunt, ut non modo cor ab æstuantium passionum igne custodiant, sed etiam linguam, quæ inter Deum et nos quodammodo mediatrix est, a supervacui sermonis levitate compescant. Petrus enim *(Matth.* XXVI; *Marc.* XIV; *Luc.* XXII; *Joan.* XIII), quia ream suam, linguam scilicet, deliquisse cognovit, ejus inter se et Deum tanquam mediatricis habere patrocinium recusavit; sed dum amare flevit, reconciliationis suæ spem in lacrymarum interventionis constituit, et oculis, quibus non peccaverat, veniam impetravit. Sic ergo usque ad missarum peragenda mysteria saliva linguæ nostræ virgo vel casta, ut vel se sub virginali taciturnitatis censura coerceat, vel sub pudicæ quodammodo locutionis moderamine sobria verba depromat.

506 Illud etiam quantæ confusionis opprobrium est, quod nonnulli circa sacri altaris utensilia tantæ negligentiæ sunt, et tam segnis incuriæ, ut stanneos, vel etiam supparis cujuscunque metalli calices longo situ scabredinis inhorrescere patienter aspiciant; in squalido linteo Dominicum corpus offerant et involvant; et quod non dignaretur potens quilibet, qui tamen vermis est, propriis adhibere labiis, in hoc isti corpus non verentur imponere Salvatoris. Quid porro de conscissis ac putrescentibus sacrorum altarium prandeis, quid de diversis vasis ad ecclesiastica ministeria necessariis, quid denique de sacerdotalibus eloquar indumentis? Quid postremo de codicibus dicam, in quibus nimirum hæc ipsa quoque legere inoffense non possumus, quæ tenaci adhuc memoria reservamus? Quæ nimirum omnia, oculis subjecta cernentibus, et levibus excutiunt risum, et sapientes provocant ad lamentum. Unde primæ dignitatis sacerdotibus valde cavendum est, et terribiliter formidandum, ne quod ab illis, qui videntur subesse, delinquitur; ab his qui potiores sunt gradus, et quibus hæc corrigenda sunt, requiratur. Nullus plane mortalium, ut existimo, majus aliquid in divinis peragit sacramentis, quam ipsi quoque qui sæcularis sunt ordinis sacerdotes. Esto siquidem, quod patriarchæ, vel metropolitæ quilibet, et episcopi consecrent, divinum chrisma conficiant, et cætera, quæ suis specialiter competunt privilegiis experimenta percurrant. Sed neque episcopus, neque chrisma, neque aliud quid in ecclesiasticis sacramentis majus quam corpus et sanguis est Salvatoris. Ea ergo, quæ potiora et sublimiora sunt in Ecclesia, presbyteri cum pontificali dignitate participant. Et quamvis suis quique limitibus jubeantur esse contenti, iidem ipsi qui sunt in quibusdam suppares, in excellentioribus rebus inveniuntur æquales.

CAPUT II.

Quod nullus gravius peccat quam presbyter malus, vel imperitus.

Nullus igitur gravius convincitur peccare quam presbyter, qui vel per imperitiam, vel reprobam vitam, dum indigne ministrat, quantum ad se salutaris victimæ sacramenta contaminat. Regi plane, vel sublimiori cuique personæ si quis per vitium detractionis obloquitur, vel etiam in diripienda, sive demolienda rerum suarum facultate grassatur, facile redit in gratiam, si digne satisfaciens emendat offensam. At si manibus excedit, si in ejus personam audacter prosilit, si hostiliter irruit, quia non pecuniaria, sed criminalis est causa, nihil ab eo aliud exigitur, quam vindicta : et non jam inter eos de reparatione sequestræ pacis agitur, sed de sola duntaxat augendi fenoris ultione tractatur. Ita nimirum aliud est in Deum per diversos modos humanæ fragilitatis excedere, aliud in sacrosancti corporis ejus et sanguinis oblatione peccare. Sicut aliud est promulgata regiæ legis edicta negligere, aliud ipsum specialiter regem vibrato propriæ manus jaculo sauciare. Multis nempe sceleribus plebs Israelitica se frequenter imiscuit, sed nunquam se tam crudeliter polluit, quam tunc cum Dominum crucifixit. Et certe qui Dominicum corpus pollutis tractare manibus non veretur, crucifigentium Jesum particeps esse convincitur. Quibus nimirum expavescenda nimis est apostolica illa sententia, qua dicitur : » Impossibile est eos, qui semel sunt illuminati, gustaverunt etiam donum cœleste, et participes facti sunt Spiritus sancti, gustaverunt nihilominus bonum Dei verbum, virtutesque sæculi venturi, et prolapsi sunt, rursus renovari ad pœnitentiam, rursum crucifigentes sibimetipsis Filium Dei, et ostentui habentes (Hebr. vi). A nullo plane Deus omnipotens majoris injuriæ præjudicium tolerat, imo deterius nemo peccat, quam sacerdos, qui prohibentibus canonibus indigne sacrificat. Aliter in quocunque modo peccantes quasi Dominum in rebus ejus offendimus; indigne vero sacrificantes, velut in personam ejus manus injicere non timemus, cum scriptum sit : « Si peccaverit vir in virum, placari ei potest Deus : si autem in Deum peccaverit vir, quis orabit pro eo ? » (I Reg. ii.) Eant ergo nunc presbyteri, et pro lucris hujus vitæ sacris se altaribus ingerant, pro suo suæque consanguinitatis affectu ex fidelium oblatione ditescant ; non videlicet ut pupillis ac viduis alimenta provideant, non ut subsidia peregrinantibus subministrent, sed ut sibi, vel suis turpia lucra convectent. Eant, inquam, et se suosque duntaxat demissi sui acquisitione reficiant, ut postmodum medullis suis ignis æterni voraginem pascant. Quantæ scilicet damnationis est eos, qui peccata populi comedere prohibentur, ex acquisitis rebus non codices emere, non ornamenta, vel utensilia suis Ecclesiis providere, sed in necessitatis, vel necessitudinis sumptus cuncta prodigere ? Præsertim cum hæc idcirco sacerdotibus conferantur, ut ipsi pro populo precibus ac votis insistere, ejusque debeant peccata portare. Hinc est quod Eleazar, et Themar filiis Aaron Moyses ait : « Cur non comedistis hostiam pro peccato in loco sancto, qui Sancta sanctorum est, et data est vobis, ut portetis iniquitatem multitudinis, et rogetis pro ea in conspectu Domini ? (Levit. x). » Sed cum passus sit Dominus in cruce pro salute mundi, nunc mactatur in altari pro unius commodo et facultate presbyteri. Tunc crucifixus est pro totius populi multitudine, nunc quasi pro unius hominis utilitate salutaris hostia videtur offerri. Isti plane sanctorum Patrum, qui dum in sacerdotali ordine floruerunt non legitimi filii, sed potius dicendi sunt manzeres, atque ideo non immerito inter eorum non connumerantur hæredes. Illi siquidem, juxta Hieremiam, nutriebantur in croceis; isti, proh dolor ! amplexati sunt stercora (Thren. iv).

CAPUT III.

Quis sit vere sacerdos.

Hic plane jure fungitur sacerdotio, qui regulis non obviat Patrum, qui paternum non violat institutum, unde Moyses ait : « Offerat similam calidam in odorem suavissimum Domino sacerdos, qui patri jure successerit (Levit. vi). » Ille quippe sacerdos patri jure succedit, qui sanctorum Patrum ingenuitatem in conspicuis operibus exprimit, qui majorum suorum prosapiam per spuriæ conversationis ignominiam non confundit; alioquin quisquis ille est, qui velut a titulis proavorum, et clara generositate degenerat, qui se non legitimum, sed adulterinum vel extraneum alienis moribus repræsentat, ejiciendum se de sacerdotio evidenter indicat. Unde et in libro Esdræ de quibusdam dicitur : « Quia quæsierunt scripturam genealogiæ suæ, et non invenerunt, ideoque ejecti sunt de sacerdotio (I Esdr. ii); » quibus et hoc protinus interdictum est, ut non comederent de sanctis sanctorum. Sicut ergo illi, qui ingenuitatem venerabilium Patrum sanctæ conversationis honestate conservant, in dignitate sacerdotalis officii merito perseverant : sic e diverso qui a præcedentium Patrum degenerant meritis, dignum est, ut etiam paternæ priventur officio dignitatis. Et qui facti sunt a Patrum suorum claritate dissimiles, in paterno non maneant officio sacerdotes; et nullatenus in eorum jura succedant, a quorum nobili ingenuitate degenerant. Quos omnes velut ab una persona per Osee prophetam Dominus reprobat, dicens : « Quia scientiam repulisti, repellam te, ne sacerdotio fungaris mihi ; et oblitus es legis Dei tui, obliviscar et ego filiorum tuorum ; et secundum multitudinem eorum sic peccaverunt mihi, gloriam eorum in ignominiam commutabo, peccata populi mei comedent, et ad iniquitatem eorum sublevabunt animas eorum ; et erit sicut populus, sic sacerdos ; et visitabo super eum vias ejus, et cogitationes ejus reddam ei (Osee iv). » Nolo tot eorum enumerare flagitia, quæ vel in oblatione mysterii, vel inter ipsa quoque regenerationis humanæ perpetrant sacramenta : videlicet in scrutiniis, in symbolis atque in baptismalis lavacri sacramento. Omitto panem in salutares hostias convertendum, qui nonnunquam ante fit mucidus, quam sanctificetur oblatus : ipsum quoque mysterium non intra dies octo consumitur, sed plerumque ad omnipotentis Dei injuriam in mensem tertium reservatur. Præteгeo quod aliquando aqua vino in eucharistia non miscetur, et sic quodammodo per errorem occulti schismatis a Christo populus separatur. Hæc, et his similia tædet ultra protendere, ne dum diutius ista prosequimur, Christianæ religionis opprobrium texere videamur.

CAPUT IV.

Quod episcopi vigilantes esse debent in coercendis clericorum flagitiis.

Unde satagendum est sanctis episcopis, ut his malis, quæ in necem Christiani populi grassantur, occurrant ; et apostolorum opera per pseudosacerdotes, qui modo sunt destrui non permittant, nec tam arduum Christi patiantur perire laborem propter augendam in terreno quæstu paucorum hominum facultatem. Interim quod mens scatet, supprimere volo, *sed* nec valeo: scintillam zelus excutit, dum caminum conscientiæ dolor incendit. Quid enim erit de quolibet supremæ damnationis episcopo, qui lapso cuique presbytero tollit lucrum, et sacrificandi reddit officium? Iste jam non communicat peccatis alienis, sed auctor existit: imo tanquam Judas Iscariotes, tradit impiis manibus Salvatorem propter vilis pecuniæ quantitatem; Christum venali commercio distrahit, et pro amore pecuniæ tradit auctorem vitæ. Et iste protinus omnium criminum reus, pro quibus ille fuerat sacerdotalibus infulis exuendus.

Ut ergo stylus ad hoc, unde digressus est, redeat, videtur nobis, si placet, hoc episcopis utendum esse consilio, ut indignos ac turpiter lapsos administratione suspendant; super eos autem, qui permanserint, idoneos a latere suo viros, qui eos debeant frequenter invisere, et custodire constituant. Cui simile rex etiam Assyriorum fecit, cum sacerdotem ad instruendos cæteros Samariam destinavit: « Ducite, » inquit, « illic unum de sacerdotibus, quos inde captivos adduxistis, ut habitet cum eis, et doceat eos legitima Dei terræ (*IV Reg.* XVII). » Qui nimirum sacerdos, sicut Scriptura prosequitur, habitavit in Bethel, et docebat quomodo colerent Dominum. In Bethel ergo, hoc est, in domo Dei, dignum est potiorem quempiam præsidere, qui sacerdotalis officii regulis cæteros possit imbuere. Nam valde timendum est, quod per Moysen dicitur: « Anima, quæ peccaverit per ignorantiam de hostia et de universis mandatis Domini, quæ præcepit, ut non fierent, quidpiam fecerit; si sacerdos, qui est unctus, peccaverit, delinquere faciens populum, offeret pro peccato suo vitulum immaculatum Domino (*Levit.* IV). » Ex quibus verbis illud formidolose notandum est, quod ait: « Si sacerdos, qui unctus est, peccaverit, delinquere faciens populum; » quia nimirum sacerdos, qui legem Dei nesciendo delinquit, suis etiam populum in peccatis involvit, et quos doctus relevare potuerat, secum simul per imperitiam gravat.

Tu vero, venerande vir, quem et vita præclarum, et doctrina conspicuum: et quod his præstantius est, spiritalis zeli fervor reddit accensum, sic aliis juniorum memineris delegare custodiam, ut et ipse frequenter huc illucque discurrere non omittas. Faciens quod hortatur Salomon in Proverbiis: « Discurre, festina, suscita amicum tuum, ne dederis somnum oculis tuis, ne dormitent palpebræ tuæ (*Prov.* VI). » Illud quoque non excidat, quod postmodum dicit: « Erue eos, qui ducuntur ad mortem, et qui trahuntur ad interitum liberare non cesses (*Prov.* XXIV). » Ubi scilicet et excusatio tollitur, cum subjungit: « Si dixeris: Vires non suppetunt, qui inspector est cordis, ipse intelligit (*Ibid.*). » Sic ergo super commissum gregem insignis pastor invigila, ut et ignavos opiliones ab eorum cura removeas, et ipse cum David insurgentium ursorum atque leonum rictus infringas (*I Reg.* XVII): sive etiam cum Abraham postquam cæsis Amalecitis fratrem tuum Loth de jugo captivitatis eduxeris (*Gen.* XIV), ad Melchisedech regem justitiæ cum triumphali gloria revertaris.

Sit nomen Domini benedictum.

OPUSCULUM VICESIMUM SEPTIMUM.

DE COMMUNI VITA CANONICORUM. AD CLERICOS FANENSIS ECCLESIÆ.

ARGUMENTUM. — Orta dissensione inter Fanenses Ecclesiæ canonicos, aliis in commune bonis Ecclesiæ collatis, aliis seorsim sibi vivere volentibus, scribit ad eos, hortaturque ut deposita omni contentione, apostolorum et primitivæ Ecclesiæ morem sequantur; canonici non tam nomine, quam re esse velint. Quod multis etiam rationibus eis persuadere conatur, non posse enim inter eos esse unionem animorum, inter quos est facultatum; ac multa alia in eamdem sententiam perscribit.

Sanctis in Christo fratribus Fanensis Ecclesiæ clericis, PETRUS peccator monachus salutem.

Diu est, dilectissimi, quod in his partibus fama vulgavit, non parvæ simultatis inter vos emersisse discordiam, ob id videlicet, quia nonnulli vestrum aggrederentur in canonica regularitate vivere, plerique autem non acquiescerent, volentes tantum apud se in suis proprietatibus habitare. Quod quidem non miramur, quia rarum non est, sed dolemus potius, quia inhonestum est. Satis enim videtur absurdum, ut clerici quis prætendat in ordine speciem, et sæcularium teneat vivendo conversationem: et quem a laicorum turbis professionis conditio separat, turpe est si vel domestica conversatio, vel peculii abominanda proprietas laicum esse convincat. Quid enim illius poterit concupiscentiam satiare, cui non potest ipse Deus in possessione sufficere? Clericus quippe, sicut juxta sui etymologiam vocabuli, ipse sors Dei est, ita nihilominus et Deus omnipotens ejus esse portio perhibetur. Unde et Jeremias ait: « Pars mea, Dominus, dixit anima mea: propterea exspectabo eum (*Thren.* III). » Et alibi Deus: Opus, inquit, « manuum mearum tu es, hæreditas mea Israel (*Isa.* XIX). » Si igitur clericus Dei est portio, et Deus portio ejus, non levem Creatori suo contumeliam videtur inferre, qui super hoc singulare talentum terrenam æstuat pecuniam cumulare. Nam et in libro Numeri de Levitis Deus, Moysi præcipit, dicens : « Tolles Levitas mihi pro omni primogenito filiorum Israel : Ego sum Dominus ; et pecora eorum pro universis primogenitis pecorum filiorum Israel (*Num.* III). » Et iterum : « Tolle Levitas pro primogenitis filiorum Israel, et pecora Levitarum pro pecoribus eorum ; eruntque Levitæ mei. Ego sum Dominus; in præceptis meis ambulent (*Ibid.*). » Ac si manifestius dicat : sicut eos mihi in proprium jus specialiter vindico, sic mihi jugiter deservire absque omni terrenæ conversationis subjectione decerno ; nec eos velut servos jugo negotiorum sæcularium patior ignobiliter subjici, qui meis obsequiis dediti, libertatis ingenuæ sunt titulo decorati.

CAPUT PRIMUM.

Quod clerici non habent proprietatem rerum, quas possident.

Et notandum quod non solum Levitas, sed levitarum etiam pecora Dominus sua esse testatur ; ut perspicue doceat, quod ii qui ecclesiasticis mancipantur obsequiis, Deo debent non modo suæ sedulitatis et laboris impendium, sed etiam proprietatem quoque earum, quas possident, facultatum : sciantque se, simul et sua juris esse non proprii, sed divini. Hoc autem tempore clericis, quod de quibusdam loquor, parum videtur, si sua Deo, vivendo carnaliter, subtrahant ; nisi etiam ab ecclesiasticæ procurationis excubiis per angiportus et nundinarum stationes habitando secedant. Nimirum suavius judicantes, si cauponum tabernas olfaciant, quam si divini sacrarii quotidie limen terant, magisque delectat eos textricum gynæcea conspicere, quam cœlestis eloquii paginis incubare. Pauper plane Samuel (*I Reg.* 1) post ablactationem nequaquam domum cum parentibus remeat, sed circa templi ministerium jugiter perseverat. Joannes, ut innocentis vitæ munditiam teneat, ad squalentis eremi solitudinem tenera adhuc ætate festinat (*Matth.* III; *Marc.* 1; *Luc.* III) : illicque gratiam propheticæ prædicationis accepit, quam in turbis popularibus degens, promereri non potuit. Nunc autem econtra, ii qui divinis sunt cæremoniis mancipati, Ecclesiæ sacraria remota contemnunt, habitare vero inter forensis strepitus murmura concupiscunt.

Sed audiamus quid de metandis levitarum castris auctoritas divina præcipiat, sicque possumus jure perpendere, ubi potissimum clerici debeant habitare. « Tribum, inquit, Levi noli numerare, neque pones, summam eorum cum filiis Israel ; sed constitue eos super tabernaculum testimonii, et cuncta vasa ejus, et quidquid ad cæremonias pertinet : ipsi portabunt tabernaculum et omnia utensilia ejus, et erit in ministerio, ac per gyrum tabernaculi metabuntur (*Num.* 1). » Et paulo post, cum præmisisset : « Metabuntur autem castra filii Israel unusquisque per turmas, et cuneos, atque exercitum suum (*Ibid.*) : » præsto subjunxit : « Porro Levitæ per gyrum tabernaculi figant tentoria (*Ibid.*). » Si igitur ex præcepto Domini Levitæ castra sua juxta tabernaculum figunt, nec secedere tabernaculo, vel inter turbas habere hospitium permittuntur ; cur nunc clerici juxta divinæ constitutionis edictum abhorreant apud Ecclesiam degere, ut tanto liberius, quanto quietius, in sacri eloquii valeant meditatione vacare? et saltem hoc præstent Ecclesiæ, quam evangelicæ gratiæ splendor illustrat, quod illi deferebant tabernaculo, quod sub ignorantiæ tenebris ænigmatum figuræ velabant. Et certe valde præposterum est, si illa nunc denegetur reverentia veritati, quæ tunc adumbratæ deferebatur imagini. Nam quod illud tabernaculum non ipsa veritas, sed potius fuerit veritatis exemplar, testatur Dominus, dum præcipit Moysi : « Vide, inquit, omnia facito secundum quod tibi monstratum est in monte (*Exod.* XXV; *Hebr.* VIII). » Quod ergo Moyses vidit in monte, veritas nostra fuit ; quod Israelitis tabernaculum fecit, imago fuit tantummodo veritatis. Ministri tunc tabernaculi comedebant manna procul dubio morituri; in Ecclesia vero Christi sacramenta percipimus, in æternitate victuri. De qua videlicet Ecclesia dicit Paulus : « Quia est tabernaculum verum, quod fixit Deus, et non homo (*Hebr.* VIII). » Porro autem templum Salomonis quam juges, quamque sollicitas ministrorum habuisse legatur excubias, quia vos ignorare non credimus, scribere superfluum judicamus. Quis enim illud præsertim libri Paralipomenon perspicue non advertat, quia constituit Salomon juxta dispositionem patris sui David officia sacerdotum in ministeriis suis, et Levitas in ordine suo, ut laudarent et ministrarent coram sacerdotibus juxta ritum uniuscujusque diei, et janitores in divisionibus suis per portam, et portam? (*II Paral.* VIII.)

CAPUT II.

Quod is nequeat dici canonicus, qui non sit regularis.

Si igitur illi, qui ex mandato legis conjugalibus erant copulis obligati, tantæ sedulitatis excubias suis sanctuariis exhibebant; quid nunc faciendum est clericis, qui videlicet castitatis munditia præditi, a cunctis sunt carnalis commercii vinculis absoluti? Plane quo pacto quis valeat dici canonicus, nisi sit regularis? quomodo monachus, nisi juxta vim sui nominis sit etiam singularis? Volunt siquidem canonicum, hoc est, regulare nomen habere, sed non regulariter vivere. Ambiunt communia Ecclesiæ bona dividere, aspernantur autem apud Ecclesiam communiter se habere. Enimvero non est hæc primitivæ Ecclesiæ forma, satis exorbitat ab institutionis apostolicæ disciplina : quibus nimirum erat cor unum, et anima una, et vendebant agros ponebantque pretia ad pedes apostolorum, et dividebant singulis prout cuique opus erat : nec quisquam eorum, quæ possidebat, aliquid suum esse dicebat, sed erant illis omnia communia (*Act.* II). At contra, filius prodigus dixit patri : « Da mihi portionem quæ me contingit; » et sic dissipavit omnia bona sua cum meretricibus. Hic profecto electorum reproborumque lineæ discernuntur, quia nimirum isti, quæ sibi sunt propria, gaudent cum aliis habere communia; illi autem sicut a charitatis glutino scindunt mentes, ita nihilominus communes a fratribus dividunt facultates. Ubi vero divisio rerum, ibi procul dubio non est unitas animorum. Charitas quippe communionem facit; avaritia divisionem. Unde et Lucas dicit: « Ait quidam de turba ad Jesum (non de magnis scilicet, sed de turba erat, quia fetentis avaritiæ squalore sordebat): Magister, inquit, dic fratri meo, ut dividat mecum hæreditatem. » Cumque respondisset: « Homo, quis me constituit judicem et divisorem inter vos? » protinus intulit his, qui astabant: « Videte, et cavete ab omni avaritia, quia non in abundantia cujusquam vita ejus est ex his quæ possidet (Luc. XII). » Quibus profecto verbis patenter Veritas indicat, quia nonnulli idcirco dividere communia gestiunt; quia cupiditatis et avaritiæ facibus inardescunt. Ananias et Saphira, non quia communia dividunt, sed quoniam retentum aliquid de propriis commune non faciunt, corporeæ mortis sententia percelluntur (Act. v). Judas quia non fuit denariorum cum cæteris communione contentus, in traditionis voraginem corruens, de communione cecidit apostolatus (Matth. XXVI; Luc. XXII; Joan. XIII). Lot dimittens Abrahæ dispertita possessione consortium, duris servire compellitur vinculis barbarorum (Gen. XIII, XIV). Esau venandi studio per saltuum lustra discurrens, primogenita perdidit (Gen. v). Jacob simpliciter in tabernaculis residens, plenitudinem paternæ benedictionis accepit (Ibid.).

CAPUT III.
Quod monachi discurrentes, non monachi dicendi sunt, sed gyrovagi.

In monachico sane ordine, quos in claustris sub abbatis imperio regulariter manere conspicimus, consequenter utique monachos appellamus: quos autem proprium possidere, indifferenter huc illucque discurrere, solutos legibus juxta propriæ voluntatis arbitrium diffluere cernimus, non monachorum, sed gyrovagorum potius, vel *Sarabaitarum* dignos vocabulo judicamus. Sunt itaque Sarabaitæ monachorum, sunt etiam clericorum. Dicit autem Dominus: « Qui non est mecum, adversum me est; et qui non colligit mecum, spargit (Matth. XII; Luc. XI). » Isti nempe qui cum Deo in fraterna charitate non colligunt, dum marsupium mentium per discordiam scindunt, virtutum fruges, si quæ sunt, quasi per foramen spargentes, amittunt. Unde et propheta de stulto viro dicit: « Quia congregavit divitias, et dimisit eas in sacculum pertusum (Aggæi I). » Porro non illi soli schismatici sunt dicendi, qui fidei unitatem dividunt; sed ii etiam, qui se per elationis vel avaritiæ vitium a fraterna charitate divellunt. Nec enim major est fides quam charitas. Nam cum Deus ipse sit charitas (I Joan. IV), et qui manet in charitate, in Deo manet (Jac. I); non minus improbandus est, qui excidit a charitate, quam qui errat a fide. Si quis enim totam legem observaverit, offendat autem in uno, hoc est, in charitate, factus est omnium reus: ac per hoc etiam perfidiæ probatur obnoxius. Plane si juxta Petri vocem diabolus, tanquam leo rugiens circuit quærens quem devoret (I Petr. v); qui fraterni consortii caulas deserit, ultroneus se cruentæ belluæ morsibus tradit. Bucula namque in armento compascens, lupi non timet incursum; cum vero solivaga præsumit silvarum lustra percurrere, ferarum compellitur ingluviem satiare. Turmatim anseres volitantes accipitrem parvipendunt; aliquando qui defuerit, rostro perfossus, ex unguibus non evadit. Apes in alvearis congregatæ mellificant, et quandiu in unum coeunt, ex eorum laboribus dulces favi regibus apponuntur: æt si dissiliunt, ac relicto duce vagabundæ pervolitant, famis necesse est inopia contabescant. Hostium vallatus insidiis, si cum eo quo constipatur, abstiterit, hostilibus se jaculis præda factus exponit. Ecclesia nempe Christi, sicut prophetica testantur oracula, castra Dei sunt (Gen. XXXII): in quæ videlicet hostilis impetus non irrumpit, donec virtutum armis accincti, in compage charitatis, et in unitate spiritus Christi milites conglobantur. A quibus nimirum quisquis infelicis Achan imitator, aureæ regulæ vel argenti cupiditate dividitur, veri Josue, ac communi totius populi sententia lapidatur (Jos. VII).

Quapropter obsecro sanctitatem vestram, charissimi; expulso Pharisæorum fermento (Matth. XVI), nativitatis vestræ domos cum Abraham patriarcha relinquite (Gen. XII), in uno vos cœnaculo cum Apostolis apud Ecclesiam congregate (Act. II): propria quæque cum Barnaba et Stephano (Act. IV), veris scilicet abrenuntiatoribus, in commune conferte, ut in fraterna vos unanimitate viventes, Spiritus sanctus merito dignetur invisere. Vos enim sal terræ; sed sicut Veritas dicit: « Si sal evanuerit, in quo condietur? » (Act. II). Exiguo quippe salis multa dulcescunt, et parvo clericorum numero totius Christianæ plebis eruditur et instruitur multitudo. Sicut enim episcopi duodecim apostolorum noscuntur obtinere primatum, ita et sacerdotes Ecclesiæ septuaginta discipulorum ordinem repræsentant. Quod profecto mansio illa Israelitici populi in Helim figurate designat (Num. XXXIII). Ibi nimirum duodecim profluebant apostolici fontes, qui divini verbi imbribus arentia hominum corda perfunderent. Ibi septuaginta virebant palmæ, totidem videlicet discipuli, qui mundo diabolicæ tyrannidis servitute depresso, victoriæ Christi palmas inferrent. Illi siquidem fontes palmarum arbores irrigant, qui sacri pontifices verbis affluunt, unde cæteri sacerdotes Ecclesiæ in spe cœlestium præmiorum sine cessatione virescunt: qui nimirum decuplato septenario numero, hoc significare videntur, ut per septiformis gratiæ Spiritum legis Decalogus impleatur. Istos itaque septuaginta discipulos cum binos ante faciem suam Dominus mitteret, et eos qui alios docturi erant, ut et ipsi irreprehensibiliter viverent, admoneret, in ipso docendi principio tanquam permaxime necessarium ac principale præmisit, ut pecuniarum lucra contemnerent, avaritiæ sordes abjicerent, proprietatis peculium non haberent. « Nolite, inquit, portare sacculum, neque peram, neque calceamenta (*Luc.* x). » Per Marcum quoque prohibet, ut neque panem, neque æs in zonis haberent, neque duabus tunicis induti, sed sandaliis calceati, virgam tantummodo gestantes incederent (*Marc.* vi). Cur autem hoc factum est? Nunquid propter illos tantum? Sed esto, ut propter illos sit factum; quare autem scriptum, propter nos? « Quæcunque enim scripta sunt, ad nostram doctrinam scripta sunt (*Rom.* xv). » Cur itaque hæc in Ecclesia legimus, nisi [ut] hæc ipsa, quæ leguntur, operibus impleamus? Præsertim ii qui per succedentium vicissitudines temporum eorum funguntur officio, eorum procul dubio necesse est conversentur exemplo. Possidere igitur terrenum aliquid prædicatoribus suis prohibet Deus, ut qui constituti sunt in auditorum cordibus concupiscentiarum æstus exstinguere, ipsi sibimet caveant ad aliorum perniciem ambitionis et avaritiæ frena laxare. Huc accedit, quod sæpe ex occasione itineris, obviante forma muliebri, libidinis flammam concipiet minister altaris. Nam dum a propriis ad Ecclesiam iter terit, et reditus; repente malignus spiritus laqueos præparat, feminæ viscarium tendit, et vultum aspici lubricum, quem deceptus intuetur, opponit. Sed quisquis vel avaritiæ flamma, vel libidinis æstuat, qua fronte, qua conscientia divinis altaribus appropinquat? Hinc est enim, quod filii Aaron divino sunt igne consumpti, quia alienum ignem offerre Domino præsumpserunt. Scriptum quippe est: « Arreptisque Nadab, et Abiu, filii Aaron thuribulis suis, posuerunt ignem et incensum desuper, offerentes coram Domino ignem alienum, quod eis præceptum non erat: egressusque ignis a Domino devoravit eos, et mortui sunt coram Domino (*Levit.* x). » Altaria quippe Domini non alienum, sed ignem duntaxat divini amoris accipiunt. De quo videlicet ipse dicit: «Ignem veni mittere in terram, et quid volo, nisi ut ardeat? (*Luc.* xii). » Quisquis igitur terrenæ, vel carnalis concupiscentiæ flamma in thuribulo sui pectoris æstuat, et sacris assistere mysteriis non formidat, illo procul dubio divinæ ultionis interim igne consumitur, de quo Scriptura testatur: « Et nunc, inquit, ignis adversarios consumit (*Hebr.* x). » Enim vero nimis impossibile est, fratres mei, ut is, qui rerum familiarium curis opprimitur, qui simul habitando et colloquendo turbis quotidie popularibus admiscetur, mundo corde sanctis valeat interesse mysteriis. In quibus videlicet terribilibus sacramentis cœlum aperitur, et virtutes angelicæ simul cum hominibus diversantur. Quantæ ergo munditiæ debent esse clerici, quam nitidi, quam denique a cunctis negotiorum sæcularium fœtoribus alieni? Qui videlicet velut contubernales et condomestici angelorum consortio perfruuntur, et sacramentorum cœlestium Deo cooperatores, et dispensatores existunt.

CAPUT IV.

Quod boni malorum societate pervertuntur.

Neque hoc nos de solis sacerdotibus loquimur, sed de omnibus clericis, qui sacris altaribus in quolibet gradu ministerii sui jura dependunt. Nam etiamsi mundus sit quis in se, malorum nonnunquam societate polluitur. Quod utique si aliquibus non contingeret, nequaquam propheta conquerens, gemuisset: « Væ, inquit, mihi, quia vir pollutus labiis ego sum, quoniam in medio populi polluta labia habentis ego habito (*Isa.* vi). » Qui nimirum idcirco se pollutum labiis asserebat, quia inter eos, qui polluti erant labiis, habitabat. Idipsum plane et Moyses in terra Madian pertulisse cognoscitur, si cur eum occidere voluerit Dominus, subtiliter indagetur. Scriptum quippe est: « Cumque esset in itinere, in diversorio Moyses, occurrit ei Dominus, et volebat occidere eum (*Exod.* iv). » Mirum valde cur eum repente Dominus occidere voluisse describitur, quem assecretem sibi jam et symmysten familiariter fecerat; cui consilii sui, ac voluntatis arcana pandiderat, et nunc in executione suæ obedientiæ dirigebat. Sed procul dubio datur intelligi, quia quantamlibet contagii maculam ex diuturna Madianitarum cohabitatione contraxerat, atque idcirco terrore, ac negligentiæ correctione purgandus erat, qui corrigendis aliis cœlestium mandatorum bajulus accedebat. Quod scilicet uxor ejus Sephora prudenter intellexit, de qua Scriptura protinus addidit: « Tulit illico Sephora acutissimam petram, et circumcidit præputium filii sui (*Exod.* iv). » Absurdum quippe fuerat, si videretur gentilis in filio, qui Israelita erat in semetipso. Qui ergo alios ad rectitudinis viam debet instruere, valde cavendum est ne ipse, quod absit, in aliquo videatur errare. Hinc est etiam quod Israeliticus populus ad ulciscendum scelus Belamin [Benjamin] zelo rectitudinis inflammatur, et tamen idem populus Belamin gladiis ante prosternitur (*Jud.* xx). Quem enim non moveat, quod Dominus bis interrogatur, bis ad ineundum contra Belamin prælium dedit assensum; et tamen in primo certamine viginti duo millia de Israelitis, in secundo vero decem et octo millia ceciderunt? Quid igitur in his intelligendum est, quid sentiendum, nisi quia prius curandi sunt a tumore proprii vulneris, qui auferre morbos alienæ gestiunt pravitatis? ut ipsi jam mundi per ultionem suimet veniant, qui aliorum percutere prava festinant; sicut in Evangelio dicitur: « Qui sine peccato est vestrum, prius in illam lapidem mittat (*Joan.* viii). » Unde recte cum illi Deum consulentes dicerent: « Quis in exercitu nostro princeps certaminis contra filios Belamin [Benjamin]? » Respondit: « Judas sit dux vester (*Jud.* xx); » quia enim Judas *confessio* interpretatur, recte dux illius belli Judas constituitur. Ut nimirum prius per confessionem propria studeant errata corrigere, qui aliis volunt errorem confitentibus subvenire.

CAPUT V.

Quod communio vitæ unionem spiritus et rectitudinem pariat.

Quapropter, charissimi, si vultis in populo Dei, quibus ad exemplum præpositi estis, inter quos lucetis quasi luminaria in mundo, verbum vitæ continentes; si vultis, inquam, inter eos animarum lucra conquirere, si errantes ad religionis libet rectitudinem provocare, in vobismetipsis prius, si qua sunt, obliqua dirigite, et ad scholam Christi simul convenientes, in communione vitæ et unione spiritus concorditer permanete. Non inter vos divisio sit domorum, non scissura mentium, non diversitas facultatum. Mementote semper, quia de sectis lapidibus altare reprobat Deus : « Si enim levaveris, inquit, super eum cultrum tuum polluetur (*Exod.* XX). » Secti quippe lapides sunt, qui fraternæ societatis consortium respuunt; qui vivere cum fratribus, et conversari concorditer nolunt. Tales autem Christus in suo non recipit corpore, quos a membrorum suorum sectos judicat unitate. De illis porro lapidibus altare est potius fabricandum, quibus Petrus dicit apostolus : « Et ipsi tanquam lapides vivi superædificamini domus spirituales (*I Petr.* II). » Cui videlicet domui ille fundamentum est, præter quod non potest aliud poni (*I Cor.* III); ille summitas, qui factus est in caput anguli. (*Psal.* CXVII) Præterea nunquid otiose præcipit Dominus ; « Nolite, inquit, thesaurizare vobis thesauros in terra, ubi ærugo, et tinea demolitur, et ubi fures effodiunt, et furantur? » (*Matth.* VI.) Quis, quæso, hujus mandati sententiam teneat, si hanc clericus non observat? Nunquid conjugati, qui filios nutriunt, qui Deo decimas ex ipsius auctoritate persolvunt ? « Qui enim offert, ut Paulus ait, necesse est eum aliquid habere quod offerat (*Hebr.* VIII). » Deinde quomodo poterit in choro quis psallentium constitutus, cor fixum in oratione tenere, qui de loculis et capsidilibus, ne audax advolet manus, excogitat ? de apothecis, et horreis, ne furibus famulentur, addubitat ? ne non seræ minus fideles obsistant, atque de furum semper obrepentium irruptione formidat? Ego autem forsitan mentior, sed nunquid Veritas poterit mentiri, quæ dicit : « Ubi est thesaurus tuus, ibi est et cor tuum ? » (*Matth.* VI; *Luc.* XII.) Et forte tolerabilius censeretur, si in suis penetralibus officia divina peragerent, ac non longius laborantes, ibi Deum quærerent, ubi peculia custodirent ; ut cum illis diceretur : « Ubi est thesaurus tuus, ibi est et cor tuum; » non incongrue subderetur : ubi est etiam Deus tuus ?

Sed quoniam res hæc non ridenda est, sed dolenda, obsecro vos, dilectissimi mihi fratres, et domini, nolite, quæ suggerimus, parvipendere, sed in schola vos Christi sub disciplina sancti Spiritus congregate ; quatenus ipse nobiscum nunc, et usque ad consummationem sæculi (*Matth.* XXVIII), sicut est pollicitus, maneat, et ad Patris sui gloriam felici postmodum vos remuneratione perducat. Quibusdam forte displiceat, quia dum alios intra regularis vitæ limitem compescere gestio, ipse modum compendii epistolaris excedo. Sed optime compensatur, si arguitur imperitiæ scriptor, dummodo proficiat sapienter auditor.

Sit nomen Domini benedictum.

OPUSCULUM VICESIMUM OCTAVUM.

APOLOGETICUS MONACHORUM ADVERSUS CANONICOS.

ARGUMENTUM. — Queruntur monachi, quod a cœtu totius Ecclesiæ per canonicos exclusi fuerint, cum ipsi ab apostolis, imo a prophetis suam traxerint originem. Severe quemdam arguunt, qui ausus est dicere : A monachis Ecclesiæ sacramenta nullo pacto esse ministranda. Denique exemplo sanctorum Augustini, Hieronymi, Athanasii et decreto Bonifacii papæ IV probant ligandi et solvendi potestatem monachos habere.

Cunctis amantissimis clericis ac canonicis, omnes unanimiter monachi.

Multum, fratres charissimi, si digni estis audire, miramur, quomodo vel ob quam causam conamini nos a consortio et unitate universalis Ecclesiæ separare : cum constet a monachis, non a canonicis universalem Ecclesiam fundatam, gubernatam et a diverso errore cribratam. Apostoli nempe fundatores, et rectores Ecclesiarum nostro, non vestro more vivebant, ut Lucas evangelista in Actibus apostolorum refert (*Act.* I) : et Philo disertissimus Judæorum, in libris quos in laudem nostrorum conscripsit, primitivos Christianos monachos, non canonicos vocat; et habitacula eorum monasteria nuncupat ac quamplurima dicit, eos laudabilia egisse, et conscripsisse. Certe nostri, non vestri ordinis Moyses et Elias fuere (*Exod.* III; *III Reg.* XVII), eremum qui incoluere : nostri auctores greges prophetarum cum quibus reprobus Saul sæpe cantavit (*III Reg.* XIX). Longum est paginas Veteris Testamenti revolvere, veniamus ad Novum, quod supra reliquimus. Apostolos certe, et successores eorum, si irreverberatis oculis paginas novi instrumenti percipitis, monachico non canonico more vivere invenietis, eisque potestatem ligandi atque solvendi (*Matth.* xviii) concessam a Domino procul dubio reperietis. Quod si ita est, imo quia ita est, cur nos ab hoc privilegio separare conamini? Nescitis, quia quibus dixit Apostolus : Mortui enim estis, scilicet mundo (*Coloss.* iii) : eisdem dixit in alia Epistola : Nescitis, quia angelos judicabimus, quanto magis sæcularia ! (*I Cor.* vi.) Ergo si, sicut vos dicitis, mundo mortui sumus, scilicet vitiis, et peccatis, non erubescimus, quia idem Apostolus dicit : « Si autem mortui sumus cum Christo, credimus quia simul resurgemus cum ipso (*II Tim.* ii; *Rom.* vi);» itemque : « Mihi vivere Christus est, et mori lucrum (*Philipp.* i); » et in alio loco : « Vivo autem, non jam ego, vivit vero in me Christus (*Gal.* ii). » Sed ne turbarentur, qui se toties mortuos audissent, ait : « Nescitis quia angelos judicabimus, quanto magis sæcularia ! » (*I Cor.* vi.) Ecce nostra libertas. Quare? quia idem Apostolus dicit : « Ubi spiritus Domini, ibi libertas (*II Cor.* iii). » Væ ergo nobis et vobis, si mortui non fuerimus mundo. Si igitur mortui sumus mundo, et vivimus Deo, probabimus vos per omnia esse mentitos; quia dicitis : Nos ob hoc, quod mortui sumus mundo, non posse dispensare ecclesiastica. Sed quid vos extollitis? Recolite principia nostra, et vestra; et ex auctoritate Patrum, cui plus competat, collyriato lumine perjudicet.

CAPUT PRIMUM.
Conquestio monachorum de canonicis.

Contra vos itaque multum conquerimur, quia quidam vestrorum ausus fuit temerario ore dicere : A monachis nullo modo communionem esse recipiendam; insuper etiam suscipientes excommunicavit, et in opprobrium nostrum, imo in condemnationem suam, et illorum recommunicare præcepit. Sed quid contra illum? Scimus, quia pene idiota est, et multorum criminum reus; ideoque juxta Salomonem, vitamus stulto respondere juxta stultitiam suam, ne similes ei efficiamur (*Prov.* xxvi). Sed, ne videamur succubuisse, respondere volumus stulto, ut idem Salomon admonet, juxta stultitiam suam, ne sapiens sibi esse videatur (*Ibid.*) : et patenter ostendimus eum in rebaptizatorum sectam miserabiliter corruisse. Sed non mirum, si odium fraternum hoc promeruit; cum Joannes Apostolus intonet, dicens : «Quiodit fratrem suum, in tenebris est, et in tenebris ambulat, et nescit quo eat; quoniam tenebræ obcæcaverunt oculos ejus (*I Joan.* ii).» Sed ne longius toxica illius veneni serpant, manifeste ostendimus antecessoribus nostris præ omnibus clericis, hæc sacramenta licita fuisse contingere, et dispensare; sicut in vita B. Martini legitur, quod de vino a quodam anachoreta consecrato, a maximis et venerabilibus viris pro benedictione expetebatur : ante cujus fores sæpe et episcopi, et comites benedictionis gratia pernoctarunt, Telesphorus denique apostolicus ex anachoretis fuisse comprobatur; Dionysius etiam, et Adeodatus, ac Stephanus nuper defunctus, ex monachis fuisse leguntur, qui tamen apostolicam sedem gloriosissime gubernarunt. Gregorius ex monasterio raptus, ac violenter infulatus, non solum suas protulit, sed etiam dispositiones aliorum meliorare studuit. Num etiam Martinum Turonensem omittendum putatis, cui astanti sacramento divino globus igneus apparuit? Forsan ex istorum manibus quia monachi fuerant, percipere sacramenta divina quisquam insanus prohibuit? Absit. Facessat ergo insana et proterva doctrina, et sanctorum Patrum sequatur auctoritas, quæ etiam ex cujuscumque sacerdotis manibus sacramenta divina, non solum percipere, sed etiam dedignantes suscipere ab ecclesia separat, si tamen sacerdotes rectæ fidei fuerint. Sufficient ista contradicentibus.

CAPUT II.
Quod sacramentorum administratio monachis præ omnibus clericis licita fuerit.

Sed quia nimis periculosum est obmutescere velle, introducimus et alios testes, Basilium scilicet, Athanasium, et Augustinum, nec non et Hieronymum sacræ legis interpretem, Marinianum quoque Ravennatem episcopum, et Augustinum Anglorum præsulem, quos nulli dubium est monachos fuisse. Nunquidnam Romani præsules, quos prædiximus, vel isti, quos nunc retulimus, quia monachi fuerunt, minus laudabiles habiti sunt? Non utique. Forsitan episcopos, presbyteros, diacones non ordinarunt, quis insanus audeat dicere? An forsitan pœnitentiam criminosis non imposuerunt, et absolutionem, ut competebat, benignissime non addidere? Utique facere potuerunt.

Nunc igitur requirite sancta octo concilia, et maxime sextum, et septimum concilium; ibique invenietis monachis licitum fuisse disputare, absque ullo scrupulo in conspectu concilii super omnes qui aderant. Sed jam sufficiant.

Veniamus ad consecrationem, quam, dispensante Deo, per episcopos accepimus. Nunquid nos aliter, quam canonici consecramur, quis insipiens audeat dicere? Nemo. Nam utrisque in communi benedictionem a Domino infundi episcopus obnixe deposcit. Et dum consecrat sigillatim, obnixe deposcit cunctis sacerdotibus, dicens : Consecrentur, Domine, manus istæ, ut quidquid benedixerint, benedicta sint, et quidquid consecraverint, consecrata sint. Ecce communis benedictio. Unde ergo divortium? Longum est ista prosequi.

Videamus nostrorum, vestrorumque vestimentorum figuram. Agite utrumque. Prophetæ et apostoli nostro an vestro vestitu usi sunt? Forsitan dicetis, nostro. Et ubi est illud, quod de Elia legitur : « Vir pilosus, et zona pellicea accinctus renibus (*IV Reg.* i); » et de ipso, et similibus Paulus dicit : « Circuierunt in melotis, et in pellibus caprinis (*Hebr.* xi);» et de Joanne Baptista, Joannes evangelista : « Zona, inquit, pellicina circa lumbos ejus (*Matth.* iii; *Marc.* i);» Petro quoque angelus imperat : « Præcinge te, et calcea te caligas tuas (*Act.* xii); » de Pauli quoque zona Agabus dixit : « Virum cujus hæc zona est, Judæi in Hierusalem alligabunt, et tradent in manus gentium (*Act.* xxi). » Horum ergo Patrum indumenta nullatenus nominatim Scriptura poneret, nisi eis privatim usi fuissent. Quod si vobis dubium videtur, saltem vestrorum partium testimonio aurem accommodate. Legite collationes Patrum, quas Eucherius Lugdunensis episcopus elimato sermone abbreviare studuit; et si nobis credere non vultis, saltem illius litteræ credite. Nam nos, eo doctore, hanc paginam exaravimus. Igitur non solum prædictos Patres in vestitu sequimur, sed insuper sublimissimam cœlorum curiam, quod vobis durum est audire. Seraphim scilicet, quis dubitet sex alas habere? dicente Scriptura : « Sex alæ uni, et sex alæ alteri (*Isa.* vi). » Enimvero et nos sex alis velamur, videlicet duabus in capite, et duabus dextera lævaque, et duabus ante, et retro. Si autem hæc incredibilia vobis videntur, perquirite quod Bonifacius in nostrorum tuitione composuit; et si adhuc contraire vultis, morum vestrorum ac vestimentorum auctores ex auctoritate Patrum edicite: et quod nobis apponitis, testimoniis probate: et si vita comes fuerit, altiora quam diximus, juvante Deo, dicenda sperate.

Sit nomen Domini benedictum.

525-526 DECRETUM BONIFACII PAPÆ.

Quod monachi presbyterii honore decorati, potestatem habent ligandi et solvendi. (Ab auctoritate Bonifacii IV, Pont. Max. 16, qu. 1, ap. Decr. Grat.)

« Sunt nonnulli nullo dogmate fulti, audacissime quidem, zelo magis amaritudinis quam dilectionis inflammati, asserentes monachos, quia mundo mortui sunt et Deo vivunt, sacerdotalis officii potentia indignos; neque pœnitentiam, neque Christianitatem largiri, neque absolvere posse per sacerdotalis officii divinitus sibi injunctam potestatem, sed omnino labuntur. Nam si ex hac causa veteres æmuli vera prædicarent, apostolicæ compar sedis beatissimus Gregorius monachico cultu pollens, ad summum nullatenus apicem conscenderet, cui quidem hæc ligandi solvendique potestas a Deo summa conceditur: Augustinus quoque ejusdem sanctissimi Gregorii discipulus, Anglorum prædicator egregius : et Pannoniensis Martinus beatissimus, cujus sanctitatis famam longe lateque diffusam totus personat mundus; alii quoque quamplurimi viri sanctissimi, pretiosissimo monachorum habitu fulgentes, nequaquam annulo pontificali subarrharentur. Sed quia monachi fuerunt, prædictis uti prohibentur? Neque enim B. Benedictus monachorum præceptor almificus, hujus rei aliquo modo fuit interdictor; sed eos sæcularium negotiorum edixit experles fore tantummodo (S. BENED. *Reg.*, cap. 4). Quod quidem apostolicis documentis et omnium sanctorum Patrum institutis, non solum monachis, sed etiam canonicis maximopere imperator. « Nemo enim militans Deo, implicat se negotiis sæcularibus (*I Tim.* ii). » Nos vero tantorum Patrum institutis exemplis, quibus est periculosissimum refragari, credimus a sacerdotibus monachis ligandi solvendique officium, Deo operante, digne administrari, si eos digne contigerit hoc ministerio sublimari. Quod incunctanter affirmat quisquis statum monachorum et habitum potestatemque evidenter consideraverit. Verbi gratia, angelus Græce, Latine nuntius sonat. Sacerdotes igitur, monachi atque canonici, qui quotidie Dei præcepta populo nuntiant, angeli vocantur, ratione non incongrua. Sed unusquisque angelicus ordo, quanto claritatem Dei vicinius contemplatur, tanto majori virtute ejus divinitati adhærens, sine dubio roboratur : eorum cherubim ordo eximius prædicatur, quorum figuram monachorum cultus competenter habere comprobatur. Nam uti cherubim, ita monachi sex alis velantur. Duabus quidem in capucio, quo caput tegitur; aliis vero duabus, quibus pedes teguntur, verisimilibus demonstratur assertionibus: Illud vero cucullæ, quod brachiis ostenditur, alias duas alas esse dicimus, et id tandem, quod dicitur, sex alarum numerum certissime impleri asseritur. Decertantes igitur monasticæ professionis presbyteros sacerdotalis potentiæ arceri officio omni modo præcipimus, ut ab hujusmodi nefandis ausibus reprimantur in posterum, quia quanto quisque est celsior, tanto est et in his potentior.

Episcopus debet canere missam in ordinatione presbyteri, similiter et abbas in ordinatione monachi; quia remissio peccatorum est. Propter hoc relinquet rex regnum, et summus pontifex pontificatum, episcopus episcopatum, comes comitatum, et multi divites utriusque sexus suas possessiones in sæculo, et venient in monasterium ad serviendum Deo. Absit ut monachus vivens sub regula vel abbate, subjiciatur aliis hominibus. Nefas est dicere : Monachus non habet potestatem ligandi atque solvendi, ut quidam dicunt, quia mortui sunt. Vere mortui sunt huic sæculo; sicut sancti apostoli fuerunt. Nunquid sancti apostoli non habuerunt potestatem ligandi et solvendi, ex quibus unus dicebat : « Si enim mortui sumus cum Christo, credimus quia simul vivemus cum eo? » (*Rom.* vi.) Quis melius potest dicere, solvere vel ligare peccantem, quam qui solutus est a Deo a peccatis. Quis melius valet animas dare Deo, quam ille qui proximus est ei? Qui dentes hujusmodi stridunt circa monachos, infelices sunt, et verba eorum vana. Sed audite cur talia dicunt. Lex enim dicit : Si quis clericus in adulterio vel in aliquo crimine fuerit deprehensus, aut ipse confessus, aut ab aliis revictus, juxta concilia trecentorum decem et octo Patrum, ad honorem non potest redire, nisi per dignam pœnitentiam. Ex qua re multa ira et invidia inflammati circa monachos, vel circa catholicos viros die noctuque optant insidias invenire, qualiter possint eos injuste illaqueare. Qui enim sua peccata nullatenus valent purgare, quomodo possunt aliena dimittere? Nunquid potest cæcus cæcum ducere? Itaque

OPUSCULUM VICESIMUM NONUM.

DE VILI VESTITU ECCLESIASTICORUM.

ARGUMENTUM. — Mainardo abbati qui pretiosioribus vestibus indui consueverat, ostendit quam sit ecclesiasticis viris, et praesertim monachis indecorum, vestimentorum speciositatem appetere. Multa quoque ex sacris litteris deprompta exempla adducit, ex quibus manifeste probat Deo hujusmodi vestium pompam invisam esse : cum omnes sancti tam Veteris quam Novi Testamenti, et ipse etiam Christus, viliore vestitu uti non erubuerint.

Domno MAINARDO fratri charissimo, PETRUS peccator monachus salutem in Domino.

Tentatis et competenter adhibitis omnibus medicinae generibus, si languidus obeat, non est unde medicum conscientia reprehendat. Fecit enim omne quod potuit, qui cuncta quae decent Archigenem, curationum argumenta persolvit. Dum is ergo qui febricitat moritur, qui curandi munus impleverat, crimine non tenetur. Nam, quod suum erat, industriam artis exhibuit, atque ideo calumniae non patebit. Diu jam, frater, est, ex quo tibi pretiosarum vestium aestus incanduit, et, ut ita loquar, ambitionis tuae viscera tanquam lethiferae febris ardor excoxit. Ego autem tibi velut medicus, licet imperitus, et oleum lenis atque suavis admonitionis adhibui, et austerae correptionis vinum frequenter infudi. Nec Scripturarum tibi defuere pigmenta, quarum sententias dum exponere studui, velut aromaticas tibi species pindere [pandere] non cessavi. Et quoniam ego cum caeteris fratribus, vilibus coram te fuimus contenti semper exuviis, dum feci prius ipse quod monui, quasi prius antidotum bibi : sicque te ad bibendum quod propinaveram provocavi. Sed et cauterium postremo adustionis impressi, dum nitori vestium ignes tartareos minitans, intentavi. Annon adustionis ferrum divitibus imprimebat Jacobus, cum et hic vestis tineis, et illic carnes incendiis obnoxias perhibebat, dicens : « Agite nunc, divites, et plorate, ululantes in miseriis vestris, quae advenient vobis. Divitiae vestrae putrefactae sunt, et vestimenta vestra a tineis comesta sunt, aurum et argentum vestrum aeruginavit, et aerugo eorum in testimonium vobis erit, et manducabit carnes vestras sicut ignis (*Jac.* II). » Metallum quippe, quod nunc per avaritiam possidetur, tunc in laminas vertitur : et caro, quae nunc fucatis vestibus adornatur, flamma postmodum stridente perfricatur. Annon medicinale ferramentum ambitioni vestium etiam Salvator apposuit, cum divitem bysso ac purpura decoratum flammis infernalibus ardere perhibuit? (*Luc.* XVI). Scriptura quippe teste, nihil aliud in hoc divite reprehenditur, nisi quia sub nitore vestium etiam sine misericordia legitur splendide convivatus. Quanquam et in ipso indumenti cultioris ornatu, sine dubio vanae gloriae deprehenditur appetitus. Nemo quippe illic anhelat pretiosis vestibus indui, ubi alienus eum aspectus nequeat intueri. Sed ad hoc quisque cultioribus indumentis enitescere concupiscit, ut se mirantium nitidulus oblectet aspectum, ut alienorum pascat illecebras oculorum ; sed dum mulcet oculos extrinsecus intuentium, interni judicis offendit obtutum.

CAPUT PRIMUM.

Quibus vestibus S. Ecclesia delectetur

Solent plane potentes saeculi phaleratis obsequentium induviis delectari, praesertim si metatores hospitii sint mirabiles, ut praeambuli quique diversi cultus specie videantur insignes. Sed videamus metatorem Christi Joannem, attendamus regis egregium praecursorem : qui nimirum praeivit eum in spiritu et virtute Eliae (*Luc.* I), ut converteret corda patrum in filios, et incredulos ad prudentiam justorum. Perpendamus itaque, imperator coeli et terrae, quibus praevii metatoris suis vestibus delectetur ; sed, Evangelio testante, cognoscimus quia vestimentum ejus pilis inhorruerat camelorum. De quo Salvator : « Quid, inquit, existis in desertum videre? hominem mollibus vestitum? Ecce qui mollibus vestiuntur in domibus regum sunt (*Matth.* III; *Marc.* II; *Luc.* VII). » Ac si manifeste perhibeat, quia non coelestis, sed terreni regis digni decernuntur obsequiis, qui ad vanae gloriae nitorem accuratis ornari gestiunt indumentis. Mollibus quippe vestibus regalis aula ; asperis et incultis delectatur Ecclesia. « Omnis enim gloria ejus filiae regum ab intus (*Psal.* XLIV) : » Ecclesia siquidem, vel quaeque fidelis anima, quae et ipsa sanctorum apostolorum est filia, non extrinsecus enitescere, sed ornata gaudet in occulti judicis obtutibus apparere. Nec oblectatur fucata pulchritudine vestium, sed rutilantium gloriatur varietate virtutum. De qua etiam varietate Scriptura prosequitur : « In fimbriis aureis circumamicta varietate (*Ibid.*). » Vis audire varietatem vestium, quae coelestis sponsi delectat aspectus? Anima certe niveae castitatis candore conspicua, ante Dei omnipotentis oculos spirituali bysso, sive collobio videtur induta : haec etiam dum flamma fervidae charitatis ignitur, dirotini, sive bis tincti crocci rubore perfunditur; cum vero vel ab hoc sæculo funditus mortificari, vel consummari per martyrium avide concupiscit; tunc velut conchilii sanguine tingitur, sicque regalis purpuræ speciem imitatur. Sed nec diu pistici quoque viror abesse credendus est, quia dum mens amœna semper virentis pascuæ gaudia firmiter sperat, velut in smaragdinei decoris specie immarcescibiliter vernat. Unde et per Petrum dicitur: « Quia regeneravit nos Deus in spem vivam per resurrectionem Jesu Christi in hæreditatem incorruptibilem, et incontaminatam, et immarcescibilem conservatam in cœlis (*I Petr.* I). » His plane vestibus animam Dominus se induisse testatur, cum per Ezechielem loquitur, dicens : « Vestivi te discoloribus, et calceavi te hyacintho, et cinxi te bysso, et indui te subtilibus, et ornavi te ornamento (*Ezech.* xvI). » Hunc denique cultum, hunc indumenti spiritualis ornatum idem Petrus etiam a mulieribus exigit, cum eis lenocinantis ac lupanariæ compositionis phaleras intercidit : « Quarum sit, inquiens, non extrinsecus capillatura, aut circumdatio auri vel argenti, aut indumenti, vestimentarumque cultus ; sed qui absconditus est cordis homo in incorruptibilitate quieti et modesti spiritus, qui est in conspectu Dei locuples (*I Petr.* III). » Invisibilem quippe sponsum invisibilis oblectat ornatus, et cum sanctam animam conspicit enitere virtutibus, in ejus illico volat amplexus; cui dixit : « Pulchra es, amica mea, suavis et decora, sicut Hierusalem (*Cant.* vI). » Sicut Hierusalem, ait, non sicut Babylon, quam vidit Joannes circumdatam purpura et crocco, et inauratam auro, lapide pretioso, et margaritis : habentem poculum in manu sua plenum abominatione, et immunditia fornicationis ejus (*Apoc.* xvII). Babylonem sane diabolus, Hierusalem inhabitat Christus. Ille luxuriantis amicus vanitate reficitur; hic asperis et humilibus, si cordis non desit humilitas, delectatur. Auctorem porro superbiæ sæpe nitor vestium provocat, asperitas autem Christum, ut humiliato cuilibet misereatur, invitat. Nam, sicut sacra Regum testatur historia : « Rex Israel, et Josaphat rex Juda, sedebat unusquisque in solio suo, vestiti cultu regio in area, juxta portam Samariæ, et universi prophetæ in eorum conspectu mendacia prophetabant (*III Reg.* xxII). » Auctor quippe mendacii fucati cultus delectabatur illecebris, et adumbrati decoris aspectu per ora prophetantium officinas fabricaverat falsitatis. At contra, cum idem Achab comminantis Eliæ dura, prout dignus erat, verba perciperet, ac impendentem suis cervicibus divini furoris gladium territus formidaret, Scriptura teste : « Scidit vestem suam, et operuit cilicio carnem suam, jejunavitque et dormivit in sacco, et ambulabat demisso capite. Factusque est sermo Domini ad Eliam Thesbyten, dicens : Nonne vidisti Achab humiliatum coram me? Quia igitur humiliatus est mei causa, non inducam malum in diebus ejus (*III Reg.* xxI). »

CAPUT II.
Indui vestibus splendidis quam animæ perniciosum et Deo odibile.

Ecce Achab imperiali purpura decoratur, et reprobo spiritu fallente, decipitur; cilicium induit, et gladium divini furoris avertit; regalibus infulis redimitus, laqueo deceptionis impingitur; sacco contectus, dilatæ ultionis indulgentiam promeretur. Eat ergo monachus vanæ gloriæ deditus, et toga radiante conspicuus, nitore vestium aspectantium pascat illecebras oculorum; sed dum vestibus fulget iniquorum spirituum deceptionibus patet : divinæ præterea indignationis adversum se sententiam provocat, dum solis exterioribus deditus, oculos hominum, ut se admirentur invitat; tantoque despicabilius, Deo superbiam reprobante, contemnitur, quanto coram oculis intuentium cultioribus induviis amicitur. At contra Job, qui nudus in terram corruit, qui profluentem saniem testa radit, dum in sterquilinio putrefactus, ac scaturiens vermibus etiam ab uxore despicitur, divinæ consolationis alloquium promeretur (*Job* I, II, xxxvIII). Nec enim Deus corporalis contagii nauseat sordes, ubi mundi cordis invenit puritatem. Præterea, quid est quod Apostolus ait : « Habentes alimenta, et quibus tegamur, his contenti simus? » (*I Tim.* xvI.) Cur enim cum dicit, *habentes alimenta*, non protinus addidit, *et vestes?* sed tantummodo cum præmittit, *habentes alimenta*, præsto subjungit, *et quibus tegamur*. Cur hoc, nisi ut perspicue doceat, nos debere tam despicabilibus operimentis indui, quæ digna non sint vestium vocabulo nuncupari? Enimvero David rex nudus, ac solo contentus Ephod, coram arca Domini publice subsiliens saltat (*II Reg.* vI). Isaias evangelicus propheta triennio nudus, et discalceatus coram viris et mulieribus ambulat (*Isa.* xx); et monachus, qui vitæ carnalis professus est sepulturam, nitidulæ vestis adhuc pompas anhelat? Quanquam idem Isaias, et antequam nudus incederet, non molli quolibet mulcebatur amictu, sed cilicio tegebatur. Nisi enim cilicio contectus incederet, nequaquam sibi vox divina jussisset : « Solve saccum de lumbis tuis (*Ibid.*). » Esau plane vestes valde bonas, ut Scriptura perhibet, venaturus domi retinuit; sed his alter indutus, primatum paternæ benedictionis accepit (*Gen.* xxvII). Jacob namque, qui quasi sub Evangelica doctrina prius non duas tunicas habuit (*Matth.* x), simplex etiam vestimentum, simul et alimentum postmodum in oratione quæsivit : « Si fuerit, inquit, Deus mecum, et custodierit me in via, per quam ego ambulo, et dederit mihi panem ad vescendum, et vestimentum ad induendum, erit mihi Dominus in Deum (*Gen.* xxvIII). » Igitur qui duplices honoris gratia vestes habebat, obruitur; qui simplici contentus erat, eleemosynis divinæ gloriæ sublimatur. Herodes quoque, sicut in Actibus apostolorum legitur, dum indutus veste regia, conspicuus cernitur (*Act.* xII); dum ei concionanti ad populum, Dei voces habere, non hominis acclamatur, protinus angelo feriente percutitur; et quia, vanæ gloriæ deditus, delatam sibimet in Deum transferre gloriam novit, repentino superveniente judicio consumptus, a vermibus, exspiravit. Sic nimirum, sic divino dignus est judicio dejici, qui coram oculis hominum de nitore cultioris habitus ambit arroganter extolli. Nam et ipse Conditor angelorum dum in præsepio vagiens reclinatur (*Luc.* II), non ostro, vel togis rutilantibus obsitus, sed vilibus legitur panniculis obvolutus. Erubescat ergo terrena superbia, confundatur et obstupescat arrogantia redempti hominis, ubi mox erumpentibus radiis, exorti coruscat humilitas Redemptoris. Nam et sub ipso salutifero passionis articulo, Herodes eum alba veste induit, eumque mox ad Pilatum sub hac irrisione remisit (*Luc.* XXIII). Et cum Apostolus dicat : « Exeamus ad eum extra castra, improperium ejus portantes (*Hebr.* XIII). » Improperium Christi portare nolle convincitur, qui dyscolis indui vestibus arrogantia tumidus dedignatur. A se denique mortui pro nobis Salvatoris abjicit improperium, quisquis in mortificationis ordine constitutus, album vel ignobile quodlibet despicit indumentum.

CAPUT III.
Dissuadet pretiosarum vestium appetitum.

Tu itaque, dilectissime, jamjam velut purulentam morbi lethalis illuviem evome, et pretiosarum vestium appetitum ab stomacho languidæ mentis expelle. Non levis quippe languor est animæ, de superstitioso corporalis amictus nitore gaudere. Gratiam siquidem sancti Spiritus, in qua delectetur, exclusit, qui se per exterioris ornatus desiderium spargit; cujus utique si sentiret in mente dulcedinem, nequaquam corporei cultus supervacuam concupisceret vanitatem : quod evitandum vir Sapiens admonet, dicens : « In vestitu ne glorieris unquam, et in die honoris tui ne extollaris (*Eccli.* XI). » Illius ergo vestis concupisce nitorem, qua coram oculis Dei perpetuo polleas, non qua fallacis ac frivolæ hujus vitæ momenta transcurras. Nunc itaque sordidis utere, quorum squalorem indeficuo valeas candore mutare. De quo videlicet utriusque generis indumento per Zachariam dicitur : « Jesus, inquit, erat indutus vestibus sordidis, et stabant ante faciem ejus angeli. Qui respondit, et ait ad eos qui stabant contra se, dicens : Auferte vestimenta sordida ab eo; et dixit ad eum : Ecce, abstuli a te iniquitatem tuam et indui te mutatoriis; et dixit : Ponite cidarim mundam super caput ejus (*Zach.* III). » Quid enim per Jesum, sacerdotem videlicet magnum, nisi Mediator Dei et hominum debet intelligi? Plane sicut per Zorobabel filium Salathiel, qui de regali Judæ stirpe processerat, et Jesum filium Josedech, qui jus sacerdotalis administrabat officii, Israeliticus populus post septuaginta annos jugum Babylonicæ captivitatis evasit, templumque Hierusalem, quod dirutum fuerat, rediviva novitate construxit; ita numerus electorum, post hujus vitæ tempora, quæ septenaria dierum repetitione decurrunt, per Jesum Christum, qui verus rex est, et sacerdos, de servitute hujus mortalitatis eripitur, et in cœlesti Hierusalem templum Dei, quod est sancta Ecclesia, renovatur. De qua nimirum servitute dicit Apostolus : « Nam et ipsa creatura liberabitur a servitute corruptionis in libertatem gloriæ filiorum Dei (*Rom.* VIII). » Tunc itaque Jesus non corpore suo, quod est Ecclesia, sordida vestimenta deponit, tunc honoris ac gloriæ regimen assumit; quia omnis electorum chorus a lugubri squalore temporalis tristitiæ liberatur, et immortalitatis stola in illo splendore sempiternæ felicitatis induitur. Quod etiam in psalmo dedicandæ domus apertissime canit Ecclesia : « Convertisti, inquit, planctum meum in gaudium mihi; conscidisti saccum meum, et præcinxisti me lætitia, ut cantem tibi gloria mea, et non pungar (*Psal.* XXIX). » Cidaris etiam munda in ejus capite ponitur, quia felicitatis æternæ gloria coronatur. Hujus itaque beatæ vestis intuitu, dilectissime frater, lenocinantia quæque corruptibilis indumenti blandimenta contemne, ludicras ac fluitantes nitentis habitus lacinias despice; contentus extremis ac vilibus, sub sanctæ regulæ te lege constringe. Noli altum sapere, sed time (*Rom.* XII); ultimum in spiritualibus nuptiis accubitum pete, humilitatis injuriam perhorresce; si quando negligenter obrepserit, per pœnitentiam corrige. Memento itaque, quod per Salomonem dicitur : « Si ascenderit super te spiritus potestatem habentis, locum tuum ne dimiseris (*Eccle.* X). » Ac si aperte dicat : Si tentatoris spiritum contra te in aliquo prævalere consideras, humilitatem pœnitentiæ non relinquas. Gloriosius igitur deputa veste alba cum Christo humiliter contegi (*Luc.* XXV), quam cum superbo et purpurato divite, flammis ultricibus irrecuperabiliter sepeliri (*Luc.* XVI).

Sit nomen Domini benedictum.

OPUSCULUM TRICESIMUM.

DE SACRAMENTIS PER IMPROBOS ADMINISTRATIS.

ARGUMENTUM. — *Florentinos cum suo episcopo dissidentes, propterea quod illum de Simonia suspectum habebant, ad concordiam revocare nititur, purgans se quod, cum Florentiæ esset, cum illo communicasset. Non enim æquum fuisse ait ut episcopum sine causa damnaret, præsertim cum crimen quod ei objiciebatur non probaretur. Graviter quoque in quosdam monachos invehitur, qui episcopi ejusdem communionem aversabantur, et in tantam audaciam pervenerant, ut neque baptismum, neque aliud sacramentum ab eo collatum, valere affirmarent, quod hic confutat. Demum hortatur Florentinos, ut si quid contra episcopum suum habent, ad pontificem Romanum deferant, ad quem spectat de hujusmodi rebus sententiam ferre; interim tamen eidem communicent.*

Dilectis in Christo civibus Florentinis, PETRUS peccator monachus fraternæ charitatis obsequium.

Super, ut recolitis, dilectissimi, ad vos venientes, laboriose studuimus inter episcopum vestrum vosque componere, et amicitiæ, quæ recissa fuerat, fœdera reformantes, in vos spiritum sequestra pace conflare. Sed quoniam adjuvandi apud vos prædicti Sacerdotis intuitu plura protulimus, quæ sinistra scilicet interpretatione perverti, et a turbis valent vulgaribus vitiari, ne et nos indigna notemur infamia, et illi, quod absit! mendacii crimen incurrant, quod ore coram vobis frequenter expressimus, etiam styli currentis articulo commendamus, ut quod audistis ore prolatum, videatis etiam apicibus exaratum, et in verba nostra commentari, vel ab his discrepare, mendax quisque non audeat, dum in nobis, et manus scribens, et lingua loquens, indissona sibimet unitate concordant. Anathematizamus itaque et irrecuperabiliter condemnamus Simoniacam hæresim, primam omnium hæreseorum ex imis diaboli visceribus erumpentem, seseque adversus nascentis Ecclesiæ regulam exitialiter extollentem. Quæ nimirum adhuc ex ipso diaboli felle progreditur, et in perditionis filios pestilentissime derivatur. Cujus scilicet auctori per Petrum dicitur : *In felle amaritudinis, et in obligatione peccati video te esse* (*Act.* VIII). Quia vero fel columba non habet, Spiritus autem sanctus in columbæ specie super Dominum venit (*Matth.* III), isque amaritudine fellis intumuit, columbini spiritus capax esse non potuit. Quapropter omnes hujus nefandæ hæreseos peste corruptos, hæreticos esse indubitanter asserimus, eosque damnabiles atque a suis arcendos honoribus, juxta sacrorum canonum sententias, judicamus.

CAPUT PRIMUM.
An Ecclesiæ Sacramenta per malos conferri possint.

Verumtamen tantam gratiæ plenitudinem sanctæ Ecclesiæ inesse confidimus, ut in ea procul dubio, et per malos bona, et per inquinatos munda, et per exsecrabiles sacramenta conferri posse credamus. Hæc est vere corpus Christi, et juxta Apostolum (*I Tim.* III), columna, et firmamentum veritatis. Et hæc non noviter ex nostra temeritate decernimus, sed ex sanctorum catholicorum Patrum auctoritate jam decreta firmamus. Quod in libello quoque, cui *Gratissimus* nomen indidimus (20), multis Novi, ac Veteris Instrumenti testimoniis approbatur. Sed condemnatis omnino Simoniacis, ac indubitanter inter hæreticos deputatis, sicut in præfato libro digessimus, licet eorum sacramenta ex authentica canonum possent sanctione defendi, ut eos tamen magis ac magis synodalis censura confunderet, constitutum est in Romano, sanctæ memoriæ Nicolao præsidente, concilio (*Decret.* Nic. PP. ap. Grat. I, qu. I, cap. *De cætero*) : ut quicunque per eos eatenus fuissent in cujuslibet ecclesiastici gradus dignitate promoti, in percepti honoris ministerio permanerent ; et tunc vero, et deinceps quicunque se pateretur a Simoniaco provehi, nil penitus ex ea deberet promotione lucrari, et sic ministrandi jura deponeret, tanquam si hæc nullatenus percepisset. Hac itaque ratione jam non modo Simoniacos reprobamus, sed et per eos exhibita sacramenta contemnimus. Hæc itaque, si obliti non estis, omnia me vivis vocibus proferentem frequenter audistis. Non enim alia scribimus, quam quæ locuti sumus. Si ergo ego et vos de Simoniacis, eorumque reprobandis in posterum consecrationibus una sententia utique congruimus, cur adhuc invicem litigamus? Est plane super episcopo vestro quæstio, quem videlicet nonnulli vestrum opinantur venaliter irrepsisse, nonnulli vero gratis, et per ostium introisse, constantis animi libertate confirmant. Illi turbulentis jurgando conviciis, quod opinantur allegant ; isti quod scire fatentur, crimen injectum refellendo, propulsant. Et quis ego sum, qui inter hos compugnantium globos signum manus mittam, et tam ferale scelus homini antequam canonice probetur ascribam? Nam licet error semper sit et ubique vitandus, tolerabilius tamen est si quis justificet peccatorem, quam si præjudicet innocentem. Synodus annualiter imminet, sedes apostolica cunctis

---

(20) Habes infra opusculo 6.

adeuntibus patet. Romanam ergo pulset Ecclesiam quisquis se justam adversus episcopum habere calumniam sperat. Nec enim nos homunciones exigui in andronarium angulis reddere possumus irritum, quod in ipso summo totius mundi cardine non ambigimus institutum. Cernitis itaque me simpliciter hæc sola conscribere, quæ me præsentem audistis ore proferre. Erubescat ergo fabricator quisque mendacii, qui dum me vidit in causa nutantis controversiæ non leviter judicantem, impudenter elatrat Simoniacæ hæreseos existere defensorem. His igitur paucis rationem me vobis reddidisse sufficiat, ne longior stylus fatigari vos nimia prolixitate compellat.

Hinc ad commonachos meos articulum transfero, a quibus profecto procedere notam hanc jurgandi materiam non ignoro. Dicunt enim quia ab hujusmodi sacerdotibus nec chrisma confici, nec ecclesia dedicari, nec clericalia jura conferri, nec missarum ullo unquam tempore potuerunt solemnia celebrari. Et tam hæc impudenter allegant, ut anno horno compulerint in tribus plebibus sine conspersione chrismatis catechumenos baptizari. Sed cum Christus procul dubio denominetur a chrismate, nil aliud tollunt baptismo, nisi Christum, qui chrismatis subtrahunt sacramentum. Et certe si me forte non fugit, nulla unquam hæresis in tantam prorupit audaciam, ut baptismi lavacro chrisma, hoc est, ut a Christiano Christum dividere præsumpsisset. Quod si, contempta propria, ab alia Ecclesia furtive delatum chrisma credatur, sicut a quodam scilicet eorum fautore confingitur, ecce, quantum ad illos pertinet, in spiritualibus rebus committitur adulterium, et in sacrilegium vertitur sacramentum, nimirum dum propriæ Ecclesiæ chrisma projicitur, et ab aliena clandestinæ fraudis ingenio subrogatur. Beatus denique papa Gregorius in supremo ultimæ homiliæ versiculo sic ait : « Sed hæc omnipotens Deus, qui per me in vestris auribus loquitur, per se in vestris mentibus loquatur. »

Cum igitur hoc librum suum fine concludit; omnipotentem Deum cuncta quæ in eo scripta sunt per se locutum evidenter ostendit. Hic itaque, per quem talis inhabitator eloquitur, in homilia de sacerdotibus facta (*hom.* 17), per impositionem manus Simoniaci Spiritum sanctum cœlitus dari manifestissime confitetur. « Qui namque, inquit, sunt in templo Dei hodie, qui columbas vendunt, nisi qui in Ecclesia pretium de impositione manus accipiunt? » per quam videlicet impositionem Spiritus sanctus cœlitus datur. Ubi adhuc eamdem sententiam replicat, et tanquam tardioribus vel adhuc dubitantibus rursus inculcat dicens : « Columba ergo venditur, quia manus impositio, per quam Spiritus sanctus accipitur, ad pretium præbetur. » Sed quia de his in libro nostro multa conscripsimus, hic in talibus non diutius immoramur, solummodo qui legit intelligat.

CAPUT II.

Quod Spiritus sanctus per improbi ministerium dare potest sua charismata.

Præterea major est Ecclesia quam Ramatha, major est Christus quam Samuel. Si ergo in Saul, quem malus exagitare spiritus consueverat, cum venisset in Ramatha, ubi Samuel cum David prophetabat, spiritus insiluit, ita ut se vestimen is exueret, et nudus tota die ac nocte, cum cæteris concinens prophetaret (*I Reg.* xvi et xix ; *I Reg.* x) ; quid mirum, si Spiritus sanctus in Ecclesia super quemlibet reprobum veniat, et non per ejus meritum. sed per ejus ministerium in alios charismatis sui dona transfundat? Si, inquam, divinus Spiritus illum repente corripuit, atque ab eo, per tam diuturni temporis spatium non recessit, qui vas erat omnino diaboli, eumque nequitiæ spiritus non clam, sed aperte per corpus simul et animam possidebat; quid novum, si cloacam reprobi cujuslibet hominis splendor ille cœlestis irradiat, quem tamen nullum squaloris obsceni contagium fœdat? Sed nunc cur ista prosequimur, cum consecrationem Simoniacis nuper fuisse prohibitam superius præfati sumus? Plane quia iidem ipsi qui baptismum fieri sine chrismate docuerunt, adhuc adversus eos qui ante synodum gratis a Simoniacis ordinati sunt sufflant, eosque cum suis ordinatoribus esse hæreticos dogmatizant, eorumque missas et omnia per eos facta mysteria blasphemant, anathematizant, conspuunt, abjiciunt, et explodunt, eorumque benedictionibus terribiliter maledicunt, cum dicat Apostolus : « Quia maledici regnum Dei non possidebunt (*I Cor.* vi). » Et in suis maledictionibus illud Malachiæ prophetæ testimonium adhibent, quo dicitur : « Maledicam benedictionibus vestris (*Malach.* ii), » non attendentes quod Dominus in libro Numeri de sacerdotibus ait : « Invocabunt nomen meum super filios Israel, et ego benedicam eis (*Num.* vi). » Sacerdos quippe Dominum super hominem verbis invocat : sed ipse super eum Dominus benedictionem efficaciter format. Effectus itaque benedictionis non in merito sacerdotis constat, sed hunc invocatio divini nominis administrat, ut quod ex ore sonat hominis, virtus impleat Creatoris, et per indigni sæpe hominis ministerium divina virtus suum veraciter efficiat sacramentum. Sed fatui et imperiti quilibet homines in hoc prophetæ verbo caligantes errant, nescientes scilicet quæ loquuntur, vel de quibus affirmant. In sacris quippe Scripturis ita maledictio aliquando pro sterilitate, sicut et benedictio pro rerum temporalium ponitur ubertate. De qua nimirum benedictione in libro Regum dicitur : « Benedixit Dominus Obededon et omnem domum ejus. Nuntiatumque est regi David, quia benedixit Dominus Obededon, et omnia ejus propter arcam Domini; dixitque : « Ibo, et reducam arcam cum benedictione in domum meam (*II Reg.* vi). » Unde cum Psalmista præmitteret : « Viduam ejus benedicens benedicam (*Psal.* cxxxi) ;»

ut ostenderet de qua benedictione diceret, protinus addit: « Pauperes ejus saturabo panibus (*Psal.* cvi). » Et alibi: « Benedixit eis, et multiplicati sunt nimis. » Ubi patenter ostenditur quia benedixit, hoc est, multiplicavit. Cui simile est quod filii Joseph dixerunt ad Josue: « Quare dedisti mihi possessionem sortis, et funiculi unius; cum sim tantæ multitudinis, et benedixit mihi Dominus? (*Jos.* xvii.) » Benedictio igitur aliquando multitudinem, aliquando significat ubertatem. At contra, contemnenti mandata cuilibet reprobo per Moysen dicitur: « Maledictum horreum tuum, et maledictæ reliquiæ tuæ; maledictus fructus ventris tui, et fructus terræ tuæ (*Deut.* xxxviii); » unde paulo post : « Mittet Dominus super te famem et esuriem (*Ibid.*). » Quamobrem et in hoc Malachiæ testimonio, ut non intelligamus maledictionis vel anathematis jaculum intorqueri, sed famis et inopiæ supplicium intentari, præmittit, dicens: « Si nolueritis, inquit, ponere super cor ut detis gloriam nomini meo, mittam in vos egestatem; » moxque subjungitur : « Et maledicam benedictionibus vestris (*Malach.* ii). » Cum ergo egestatem præmittit, quid maledictionibus intelligi velit, luce clarius innotescit. Ac si dicat: Si contempseritis præcepta mea, in vestris cordibus ponentes, quod præcipue pertimescitis, sub egestatis vos et inopiæ faciam penuria suspirare; ut ipsa vos terræ vestræ sterilitas feriat, dum in proferendis bonorum operum frugibus vitium vos sterilitatis accusat : et inopia vos cruciet corporum, qui videlicet alimenta negligitis animarum. Et, ut hoc ejusdem prophetæ verbis adhuc clarius approbemus, longe postmodum dicit : « Gens tota inferte omnem decimam in horreum meum, et sit cibus in domo mea : et probate me super hoc, dicit Dominus, si non aperuero vobis cataractas cœli, et effudero vobis benedictionem usque ad abundantiam (*Malach.* iii). » Porro si maledictionem anathematis illic Dominus voluisset intelligi, non diceret : « Maledicam benedictionibus vestris; » sed potius : Maledicam vobis, qui scilicet benedicere non merentes audetis.

Et ut quod dicimus etiam ex Evangelio manifestissime comprobemus, nil aliud ficulneæ dixisse Dominus legitur, nisi hoc solum : « Jam non amplius in æternum quisquam fructum ex te manducet (*Matth.* xxi). » Quæ nimirum verba Petrus maledictionem appellavit, cum ei postmodum dixit : « Rabbi, ecce ficulnea cui maledixisti aruit (*Marc.* xi). » Talis enim maledictio primo homini data est, cui dictum est : « Maledicta terra in opere tuo, quæ spinas et tribulos germinabit tibi (*Gen.* xxxi). » Sed et ista sterilitatis maledictio benedictionem ubertatis excludit, sicut in Pharaonis somnio vaccæ vaccas, et spicæ devorant spicas (*Gen.* xli).

CAPUT III.
Quod qui sacerdotes lacerant, sacramenta blasphemant.

Sicut ergo hic præcepta servantibus non aliam quam benedictionem promittit abundantiæ; ita illic non servantibus e contrario maledictionem minatur inopiæ ; alioquin vero quo pacto Deus omnipotens sacerdotali malediceret benedictioni, quam virtus sui consecrat nominis? Cum enim, sicut superius dictum est, super quem nomen Domini invocatur, indubitanter ab ipso Domino benedicitur; quomodo consequens est ut eam benedictionem Dominus maledicat, per quam ipse hominem per invocationem sui nominis benedicit? Hinc est quod auctoritas canonum (*Can. apost.* 46, et dist. 32, cap. *Præter,* paragr. *Sciendum sententialiter*) etiam a pestilentioribus hæreticis baptizatos prohibet iterum baptizari; ne videlicet nomen Dei, quod invocatum est super illos, videatur annullari, vel in irritum duci. Quisquis præterea dum sacerdotes quoslibet obtrectationibus lacerat, eorum nihilominus et sacramenta blasphemat. Quid etiam beatus Judas apostolus de blasphemantibus in Epistola sua loquatur, attendat: Nam cum præmisisset de quibusdam qui dominationem spernunt, majestatem autem blasphemant, præsto subintulit : « Cum Michael, inquit, archangelus, cum diabolo disputans, altercaretur de Moysi corpore, non est ausus judicium inferre blasphemiæ, sed dixit : Imperet tibi Dominus (*Jud.* 1). » Si ergo summus angelus in diabolum blasphemiæ judicium non præsumpsit inferre : quomodo non pavescit homo sacramenta, quæ virtute sancti Spiritus plena sunt, irridere? Nam cum Veritas dicat : « Qui peccat in Spiritum sanctum, non remittetur ei, neque hic, nec in futuro (*Matth.* xii); » timendum valde est ne illum ab eis constet offendi, sine quo peccatorum offensio nequeat relaxari.

Sed cur de sola sacerdotum sive sacramentorum obtrectatione conquerimus, cum ab eis omnia pene dilacerari, omnia conspui, omnia dicantur irrisione publica subsannari? Non est, inquiunt, papa, non rex, non archiepiscopus, neque sacerdos. Unde factum est, sicut dicitur, ut mille circiter homines his nugis nœniisque decepti, sine sacramento Dominici corporis et sanguinis ex hoc mundo recesserint. Opinantur enim per hujus temporis sacerdotes nullam in sacramentis posse fieri veritatem; sed et quamplures reperiuntur Ecclesiæ quas non modo suis ingressibus indignas ducunt, sed nec salutationis quidem obsequio idoneas arbitrantur. Nam et salutare despiciunt, quas utique dedicatas ab indignis nescio quibus episcopis suspicantur. Enimvero, ut Lucas narrat, ait Paulus : « Cæsarem appello (*Act.* xxv). » Cui Festus : « Cæsarem, inquit, appellasti, ad Cæsarem ibis (*II Cor.* xii). » Estne sceleratior papa quam Nero? Credimus monachos istos sanctiores esse quam Paulum? Cur ergo Paulus, qui tertii cœli tribunal ante conscenderat, Neroniano conspectui non sit dedignatus assistere; quis est monachus qui, pro suæ sanctitatis arrogantia, sedis apostolicæ debeat judicium reprobare? ubi scilicet non hominis meritum, sed ecclesiasticæ dignitatis attenditur institutum. Ipsi quippe in angiportuum angulis judicant, et synodalia jura detrectant, dijudicant monachos, clericalia cuncta corrodunt; et solis laicis, qui videlicet acrius ac mordacius insequendi sunt, parcunt. Vident monachum incedentem; aspice, inquiunt, unum scapulare. Presbyterum, vel Episcopum abire prospiciunt, barbirasos se videre fatentur. A quibus etiam si benedictio quæritur, nullatenus respondetur; protinus avertunt oculos, asserentes scilicet eos, quibus respondeatur, indignos.

CAPUT IV.
Cur Judæi in Christum male affecti.

Nos etiam si cum peccatoribus communicamus, et simul vescimur, obtrectationum mox sale conspergimur, laceramur, parique cum illis sententia damnationis involvimur : imo nos, nos, inquam, et ipsissimi sumus qui eorum indigni judicamur alloquio, qui eorum sociale contubernium non meremur. Sed hæc non monachorum est regula, sed superstitio Pharisæorum : « Murmurabant, inquit evangelista, Scribæ et Pharisæi, dicentes : Quia hic peccatores recipit, et manducat cum illis (*Luc.* xv). » Et hæc est radix et tota materia unde feralis in Dominum furor Judaici livoris incanduit ; hinc in mortem ejus viperini fellis malitia conspiravit : nimirum quia se putabant legalium cæremoniarum esse custodes, Dominum autem arguebant amicum publicanorum, et Sabbata violantem. Delectat me cum Domino meo hanc perferre calumniam, et malo cum illo in domo Levi carnaliter vivere, quam in tabernaculis peccatorum (*Psal.* LXXXIII), hoc est, cum sanctis Deo repugnantibus, habitare. Qui nimirum, spreta regula Christi inorum, stoicorum dogma sequuntur (CICERO, *Parad.*), dum esse prorsus æqualia omnia peccata definiunt. Nos autem inter David sanctum, reprobumque Saulem, Jonathan medium constituimus; qui licet Saulem veritatis ac Fidei sinceritate transcendat, David tamen merita pietatemque non æquat. Admonendi sunt itaque fratres nostri ne nimis justi, nimis sint sapientes. De quorum primo Salomon : « Noli, inquit, esse nimium justus (*Eccle.* VII); » de secundo dicit Apostolus : « Noli plus sapere quam oportet sapere, sed sapere ad sobrietatem (*Rom.* XII). » Mala sapientia, quam caligo erroris obnubilat ; bona simplicitas, quæ a catholicæ fidei tramite non declinat. Odiosa sanctitas, quæ in hæresim illabitur ; et dum per triti itineris ductum dedignatur incedere, per anfractus et ruinosa devia compellitur oberrare. Nimia certe immunditia in hereticæ contagionis illuviem Novatianos, qui et Cathari dicuntur, immersit ; nimia sanctitas Luciferianos, tanquam perniciosos palmites, ab ecclesiastici corporis unitate præcidit. Qui dum prohibent non licere quod licet, ac per hoc jactant se defensores esse justitiæ, hostes adjudicantur Ecclesiæ, ut sibimet extrinsecus, velut ranæ in paludibus, garriant, qui dum inessent, importune vociferantes, omnia confundebant. Hujusmodi quippe genus hominum ranis sive locustis merito comparatur; quia, sicut Ægyptum illa tunc animalia percusserunt, ita per hos nunc vastatur Ecclesia. Nam de locustis Scriptura dicit : « Quia operuerunt universam superficiem terræ, vastantes omnia ; » moxque subjungitur : « Devorata est igitur herba terræ, et quidquid pomorum in arboribus fuit (*Exod.* x). » Locustæ siquidem universam terræ superficiem vastant, et herbas cum pomis arborum devorant; cum detractores quilibet, vel infirma nostra, quasi herbas humilium, vel, sicut fructus arborum, opera perfectorum dilacerando corrodunt, et livido mordacis invidiæ dente consumunt. Contra quos dicit Apostolus : « Capite nos, neminem læsimus, neminem corrupimus, neminem circumvenimus (*II Cor.* VII). » Et alibi exprobrans ait : « Invicem mordetis? invicem læditis? Videte ne ab invicem consumamini (*Gal.* v). » Sed cum nos, in sacro videlicet ordine constituti, deberemus esse venatores Dei, sicut per Jeremiam dicitur : « Mittam venatores meos, et venabuntur (*Jer.* xv); » nos relicta præda sæcularium, nudatis dentibus, invicem ringimus : et quasi rabidæ caniculæ mutuis nos morsibus laceramus. Reprimatur jam præsumptio tumida, exæquet se fratribus sanctitas onerosa. Qui vult esse sanctus, sit sibi coram Deo ; nec per arrogantiam fratri præferatur infirmo. Catulus itaque, cujus erat officium extraneos pellere, nequaquam, contemptis illis, aggrediatur domesticos lacerare, ne qui quietus poterat dormire sub tecto, exclusus foribus compellatur naubare [*f.* cubare] sub dio (21).

(21) Finis hujus epist. videtur imperfectus.

Sit nomen Domini benedictum.

OPUSCULUM TRICESIMUM PRIMUM.
CONTRA PHILARGYRIAM ET MUNERUM CUPIDITATEM.

ARGUMENTUM. — Avaritiæ vitium, et præcipue in accipiendis muneribus, gravissime detestatur : cardinalesque episcopos hortatur ut illud ab universa Ecclesia et sacerdotum mentibus, si fieri potest, evellere et exterminare conentur. Prudenter autem hoc admonet vir sanctissimus. Videbat enim omnes fere clades et ærumnas quibus illa tempestate Christiana resp. premebatur atque a leo vexabatur, ex avaritiæ fonte derivatas esse ; cujus teterrimam pestem si princeps Ecclesia opprimeret, facile deinde futurum apparebat, ut in toto catholico orbe aboleretur.

Cardinalibus episcopis apostolicæ sedis PETRUS peccator monachus salutem in Domino.

Sicut verba præsentibus indicia sensuum, sic inter absentes litteræ sunt instrumenta animarum. Bellatoriæ artis industria, sicut in bello discitur, ut in pace postmodum doceatur; sic aliquando, dum doceatur in utilo, cautius exerceatur in bello. In conflictu sedis apostolicæ, in quo vos adhuc unanimiter desudatis, concertator et ipse pugnavi. Sed ecce cum militari cingulo sim solutus, et in municipii pace compositus, libet jam docere quod didici.

CAPUT PRIMUM.

Quod judices ne gratis quidem accipere possunt dona.

Inter omnes itaque vitiorum circumfrementium acies, inter densissimas jaculorum ingruentium more grandinum tempestates, adversus avaritiam vobis est attentius vigilandum, ejusque sagittis semper opponendus est clypeus. Qui nimirum ad hoc præcipitanter anhelat, ut lethale miseris vulnus infligat; principio tamen ut obtutum non frontis, sed cordis exstinguat. Unde vir Sapiens ait : « Xenia et dona excæcant oculos judicum, et quasi mutus in ore avertit correptiones eorum (*Eccli.* xx; *Deut.* xvi).» Armat enim muneribus adventantes, et per eos expugnat ac cæcat eorum corda, qui suggerendi locum apud aures obtinent principales, de quibus per Isaiam Dominus conqueritur, dicens : « Principes tui infideles, socii furum, omnes diligunt munera, sequuntur retributiones (*Isa.* i). » Dicat aliquis : Ego quidem nihil quæro, sed si quid gratis offertur, accipere non recuso. Ecce hic non notantur ii qui munera quærunt, sed qui tantummodo diligunt. Qui etiam socii furum non immerito dicuntur, quia dum furtiva dona suscipiunt, etiam a comministris suis et sodalibus deprehendi velut in furti crimine perhorrescunt. Et notandum quod dicitur : « Sequuntur retributiones; » quia quamvis munificis suis auxilium quod postulantur impendunt, reatus tamen maculas non evadunt; quia dum beneficii sui talionem recipiunt, fructus æternæ mercedis amittunt. De quibus et paulo post dicit : « Heu! consolabor super hostibus meis, et vindicabor de inimicis meis (*Ibid.*). » Filii plane Samuelis nullum aliud crimen habuisse leguntur, nisi quia munera dilexerunt, et quia paternæ munditiæ non sequebantur exemplum; irrecuperabiliter amiserunt plebis Israeliticæ principatum. Et notandum, quia dum de illis Scriptura dicit : « Declinaverunt post avaritiam, acceperunt munera, » protinus intulit : « perverterunt judicium (*I Reg.* viii). » Vicinum quippe est atque contiguum, ut post munus acceptum, pervertatur etiam corrupto censore judicium. O quam mundam Samuel frontem habebat a muneribus, cum dicebat : « Conversatus coram vobis ab adolescentia mea usque ad diem hanc, ecce præsto sum, loquimini de me coram Domino et coram Christo ejus; utrum bovem cujusquam tulerim, an asinum, si quempiam calumniatus sum, si oppressi aliquem, si de manu cujusquam munus accepi; et contemnam illud hodie, restituamque vobis (*I Reg.* xii). » Unde et in lege præcipitur : « Ne accipias munera, quæ excæcant etiam prudentes, et subvertunt verba justorum (*Exod.*

xxiii).» Et in Deuteronomio non dissimile. « Non accipies, inquit, personam, nec munera; quia munera excæcant oculos sapientum, et mutant verba justorum (*Deut.* xvi). » Quam aversus a suscipiendis muneribus erat Abraham, cum regi Sodomorum Bara obsistebat, dicens : « Levo manum meam ad Dominum Deum excelsum, possessorem cœli et terræ, quod a filo subteguminis usque ad corrigiam caligæ non accipiam ex omnibus quæ tua sunt (*Gen.* xiv). » Quam mundus a susceptis muneribus Moyses erat, qui scientem omnia Dominum in testimonium deducebat : « Tu, inquit, scis quod ne asellum quidem unquam acceperim ab eis, nec afflixerim quempiam eorum (*Num.* xvi).» Nam ubi muneribus inhiatur, consequens est ut, sicut judex hunc accepta mercede justificat, sic illum qui nil dedit affligat. Unde per Isaiam dicitur : « Væ, qui justificatis impium pro muneribus, et justitiam justi aufertis ab eo! (*Isa.* v.) » Quibus illico vindictam, quæ illis debetur, intentat, cum subdit : « Propter hoc, sicut devorat stipulam lingua ignis, et flammæ calor exurit, sic radix eorum quasi favilla erit, et germen eorum ut pulvis ascendet (*Ibid.*). » De quibus idem propheta alibi conqueritur dicens : « Omnes in viam suam declinaverunt, unus quisque ad avaritiam suam a summo usque ad novissimum (*Isa.* lvi). » Avaritia plane Dei omnipotentis adversum se iracundiam provocat; et cor quod possidet, vanis semper cogitationibus vexat. Hinc est quod de avaro conqueritur populo, dicens : « Propter iniquitatem avaritiæ ejus iratus sum, et percussi eum, et abscondi, et indignatus sum, et abiit vagus in via cordis sui (*Isa.* lvii). »

CAPUT II.

Quod fructus ex divitiis capitur, si dispensentur pauperibus.

Nulla sane putredo vulneris in Dei naribus intolerabilius fetet, quam stercus avaritiæ. Et cupidus quisque dum sordentis pecuniæ quæstus accumulat, vertens exedram in latrinam, quasi molem stercoris coacervat. Hinc est quod per Ezechielem dicitur : « Argentum eorum foras projicietur, et aurum eorum in sterquilinium erit ; argentum eorum et aurum non valebit liberare eos in die furoris Domini (*Ezech.* vii). » et alibi scriptum est : « Væ ei, qui multiplicat non sua, usquequo, et aggravat contra se densum lutum ! » (*Habac.* ii.) Avaro sane contra se densum lutum aggravare, est terrena lucra cum peccati pondere cumulare. Habacuc etiam propheta : « Væ, inquit, qui congregat avaritiam malam domui suæ! ut sit in excelso nidus ejus, et liberari se putat in die mali (*Ibid.*). » Porro sicut ignem ligna non satiant; sic æstum avaritiæ pecunia cumulata non sedat. Sed sicut flamma fomentis extollitur, ita nihilominus avaritia, dum lucra cumulantur, augetur. Unde et Ecclesiastes : « Avarus, inquit, non implebitur pecunia ; et qui amat divitias, fructus non capiet ex eis (*Eccle.* v). » Fructus quippe ex illis caperet, si eas bene spargere non amando voluisset.

quia vero retinendo diligit, hic utique sine fructu derelinquit; **544** ubi et sequitur : « Ubi sunt multæ opes, multi sunt qui comedunt eas (*Eccle.* v.). » Et quid prodest possessori, nisi quod cernit divitias oculis suis? De quibus idem Salomon ait : » Divitiæ conservatæ in malum domini sui. Pereunt enim in afflictione pessima ; generabit filium, qui in summa egestate erit (*Ibid.*). » Et ut ostendat quam infideles sint divitiæ possidenti, mox subjicit : « Sicut egressus est nudus de utero matris suæ, sic revertetur, et nihil auferet secum de labore suo. Miserabilis prorsus infirmitas ! quomodo venit, sic revertetur. Quid ergo prodest quod laboravit in ventum cunctis diebus vitæ suæ? etc. » (*Ibid.*) An idcirco forte lucra congerimus, ut possessiones ac prædia redimamus? Sed quid prodest confinia proprii juris extendere, cum hæc vitæ nostræ nequeant augustias protelare? Unde vir sapiens ait : « Noli attendere ad possessiones iniquas, et ne dixeris : Est mihi sufficiens vita ; nihil enim proderit in tempore vindictæ (*Eccli.* v). » Nam et Isaias ait : « Væ, qui conjungitis domum ad domum, et agrum agro copulatis usque ad terminum loci ! nunquid habitabitis in medio terræ soli vos? » (*Isa.* v.) Ac si aperte dicat : Quousque vos extenditis, qui in communi mundo degere sine consortibus non potestis? Adjacentes quidem atque contiguos premitis; sed contra quos vos valeatis extendere, semper invenitis. Unde scriptum est : « Qui quærit ditari, non erit innocens (*Prov.* xxiii). » Et alibi dicitur : « Avaro nihil est scelestius. Quid superbis terra et cinis? Nihil est iniquius quam amare pecuniam (*Eccli.* x). » Dura certe et nimis formidolosa sententia. Si enim nihil est avaro scelestius, nihil iniquius; non ergo melior parricidis, non præfertur incestis, æquatur hæreticis, assimilatur idololatris. Unde et Apostolus dicit : « Avaritia quæ est idolorum servitus (*Coloss.* III). » Sit ergo quilibet castus, sit sobrius, sit indigentibus alendis intentus, hospitalitati deditus, jejunet, vigilet, diem nocti psallendo continuet ; si tamen avarus est, totum perdit; ita ut inter omnium criminum reos nequiorem se invenire non possit : « Nihil est enim, sicut dicitur, avaro scelestius, nihil iniquius quam amare pecuniam (*Eccli.* x). » Quid ergo proderit non occidere? non mœchari? non rapere? non denique perjurare? immunemque te prorsus a cunctis criminibus custodire? dummodo si a te avaritia non expellitur, nihil te nequius , nihil scelestius reperitur.

CAPUT III.
Quid sit avaritia.

Est ergo avarus, parietes Ecclesiæ construat, studio prædicationis insistat , dissidentes in pace confœderet, titubantes in catholicæ fidei veritate confirmet, offerendis quotidie sacrificiis sit intentus, a negotiis sæcularibus sit remotus; donec tamen in eo ardor avaritiæ non exstinguitur, omnis flos virtutum ejus exuritur, et nullus eo criminosior invenitur. Enimvero postquam Scriptura posuit, avaro nihil esse scelestius, ne quis in hoc verbo, quod est avarus, dubietatis scrupulus posset emergere, vigilanter addidit : nihil iniquius quam amare pecuniam. Igitur avarum esse nihil **545** est aliud, quam amare pecuniam. Amatur enim acquisita pecunia , amatur nihilominus acquirenda. Avaritia quippe quasi biceps est coluber ; utroque consuevit ore mordere , utroque pestiferum virus influere; dum aut aliena res quæritur , aut habita delectabiliter possidetur. De illo sane qui utroque hujus serpentis ore deglutitur, scriptum est : « Viro cupido et tenaci, sine ratione est substantia ; et homini livido ad quid aurum ? injuste aliis congregat, et in bonis illius alius luxuriabitur (*Eccli.* xiv). » Sunt præterea qui totis ad appetenda aliena desideriis inardescunt : sed hæc postquam adepti sunt, præcipitanter effundunt. Sunt qui ad aliena quidem acquirenda non inhiant, sed quæ sua sunt, tenaci custodia tanquam Cereris sacra conservant. Teterrimum autem genus est eorum qui et aliena turpiter ambiunt, et quæ jam sui juris sunt sordida tenacitate custodiunt. Pejores scilicet draconibus Babyloniæ, qui, licet infinitam auri argentique dicantur servare congeriem, nulli tamen propriam diripiunt facultatem : et contenti quasi propriis rebus, non inhiant alienis. Porro autem quid mihi congregare divitias, quas neque huc quispiam, dum ingrederetur, advexit ; neque comitari poterunt de sæculo recedentem ? Unde dicit Apostolus : « Nihil intulimus in hunc mundum, haud dubium quia nec auferre quid possumus ; habentes autem alimenta, et quibus tegamur, his contenti simus. Nam qui volunt divites fieri, incidunt in tentationem et laqueum diaboli, et desideria multa inutilia et nociva, quæ mergunt homines in interitum et perditionem. Radix enim omnium malorum est cupiditas , quam quidam appetentes, erraverunt a fide, et inseruerunt se doloribus multis (*I Tim.* v). »

CAPUT IV.
Quam sit perniciosum divitias appetere.

Quid ergo mirum quod superius diximus, avaro nihil esse scelestius, cum dicatur omnium malorum radix esse cupiditas. In quo enim radix est omnium malorum, ille consequenter omnium malorum reus esse convincitur ; quia quorum habet in sui pectoris agro radicem, non potest venenatam vitare propaginem. Nec prætereundum quod ait : « Quam quidam appetentes, erraverunt a fide (*Matth.* xxvi). » Nimirum, sicut proditor Salvatoris, qui, ut exiguæ summæ perciperet quantitatem, sub venalitate distraxit rerum omnium Conditorem, et, pro vilis amore pecuniæ, auctorem tradidit vitæ. Sicut enim Balaam filius Beor (*Num.* xxii), qui, dum ad pecuniæ quæ offerebatur inhiat quæstum, Dei fide contempta, de Israelitici populi dedit ruina consilium. Hunc plane quidam non contemnendæ auctoritatis viri tradunt, (*vide scholia ad calcem opusculi*), Heliu fuisse Buziten de progenie scilicet Buz, qui secundus filius fuit Nachor fratris Abraham. Qui videlicet Heliu in libro B. Job ejus amicus dicitur exstitisse (*Job* xxxii); quoniam propheta fuerat, et spiritalis gratiæ revelatione pollebat; sed dum avaritiæ paulatim declinasset in vitium, de propheta factus ariolus, de ariolo conversus prohibetur in magum. Ecce quid utilitatis conferat avaritia; quæ dum fidem hominibus tollit, prophetam vertit in magum, et ex apostolici culminis apice mergit in tartarum. Nunquid et Giezi a fide non erraverat, qui, dum argentum Naaman offerentem perciperet, domini sui spiritum suspicabatur absentem? Sed ait Eliseus: « Nonne cor meum in præsenti erat, quando reversus est homo de curru suo in occursum tibi? » (*IV Reg.* v.) Ubi caute considerandum est quia, si ille multatus est qui pretium tulit de virtute prophetæ, quo pacto quis audeat vendere judicium papæ? « Accepisti, inquit Eliseus, argentum et vestes, ut emas oliveta et vineas, oves et boves, servos et ancillas; sed et lepra Naaman adhærebit tibi et semini tuo in sempiternum (*Ibid.*). »

Duo plane simoniacæ hæresos reperiuntur auctores, unus in Veteri Testamento, alter in Novo; quæ etiam duo simoniacorum genera perfecerunt, vendentium scilicet, et ementium. Giezi siquidem donum sancti Spiritus vendidit (*IV Reg.* v), Simon Magus comparare tentavit (*Act.* viii). Nec ille solummodo dicendus est simoniacus, qui dat vel accipit de sacris ordinibus pretium; sed et qui vendit synodum, qui distrahit sacerdotale judicium. Sed fortasse aliquis dicat: Et ille ergo qui pro synodali sententia quidquam tribuit, simoniacum crimen incurrit? Non hoc dixerim; quia neque Naaman deliquit, dum fraudulento servo pro mundatoris sui reverentia munus obtulit. Aliud quippe est, quamlibet causæ suæ desiderare justitiam, aliud canonicam, quæ per Spiritum sanctum constituta est, venalem habere censuram. Et qua conscientia de promulgando judicialis sententiæ calculo pretium sumimus; cum ille, cui patrocinium venale præbemus, aut juste, aut contendat injuste? Quod si juste litigat, veritatem procul dubio vendimus; si vero injuste, contra veritatem, quæ Christus est, impudentis audaciæ temeritate pugnamus. Hinc est quod in lege præcipitur: « Juste quod justum est, exsequeris (*Deut.* xvi). » Injuste quippe quod justum est exsequitur quisquis ad defensionem justitiæ non virtutis æmulatione, sed amore præmii temporalis excitatur. Nam injuste quod justum est exsequi jure dicitur qui justitiam quam prætendit, venundare non veretur. At ille quod justum est juste probatur exsequi, qui in assertione justitiæ nil aliud præter solam justitiam quærit.

CAPUT V.

Quod simoniaci sunt non solum qui paciscuntur, sed etiam qui pecuniam non pactam postulant.

Et quia sunt nonnulli qui vel antequam consecrationis exhibeant ministerium, vel ante decisum causæ negotium, nullum pacti sunt commodum; postmodum vero tanquam a debitoribus exigunt, et extorquendis remunerationibus vehementer insistunt; hi se Giezi non dubitent crimen incurrere (*IV Reg.* viii), qui, postquam Naaman curatus est, jamque revertens, de dono S. Spiritus ausus est pecuniam postulare. Et sicut ille non alia quam lepræ plaga percussus est, quæ homines removebat a castris, sic iste non levi, sed illius labe perfunditur criminis quod ab Ecclesiæ separat sacramentis.

Vidi plane, dum episcopalis apicis officio fungeretur (22), quemdam de fratribus nostris, nomen quidem supprimo, vitium noto, qui sic subsultabat atque gliscebat, dum præfixum synodalis concilii tempus insisteret, ac si trituræ sive vindemialis proventus articulus immineret. Accingebat enim se muneribus colligendis, ad quos utique præcidendos non aciem ferri, sed falcem exacuebat eloquii, qui etiam hujus fraudis habere pseudo dicebatur apostolos, qui nimirum pecunias hinc inde corraderent, easque marsupiis jam evomentibus infarcirent. Si quis autem mihi forte succenseat, quod consacerdotem meum tam mordaciter reprehendam, Joannem corripiat et Matthæum (*Joan.* xii, xiii, ii, xviii; *Matth.* xxvi), qui dum sacræ prosequuntur historiæ veritatem, coapostolum suum pecuniis inhiantem sacrilegum perhibent traditorem. Sperantes autem hujusmodi quæstus hostis antiquus sæpe deludit, ut eis nullatenus impleat quod promisit. Sicut enim aucupes accipitrem ad escam carnis blandiens provocat, sed mox ut manu tenuerit, carnem subtrahit, loro pedes astringit; ita diabolus primo quidem pollicetur lucrum, quod postmodum subtrahens, peccati duntaxat injicit laqueum. Hoc itaque modo qui muneribus inhiat, tanquam mus, dum escam corrodere nititur, tendicula suffocatur. Quod nimirum egregie præcavit insignis ille Fabricius, quem dum Pyrrhus Epirotarum rex, adversus imperium Romanæ reipublicæ dimicans, esse pauperem comperisset, sollicitare cœpit, quartamque regni sui partem sibi, si ad se transfugeret, compromisit. Quod ille dedignatus abhorruit, et, quovis gloriosior rege, in sua paupertate permansit. Hoc itaque Christianus, qui avarus est, audiat, sicque gentilitatem suam et gentilis hominis Evangelium erubescat. Et sæpe sub hac intentione munus accipitur, ut, si munificus reperiatur esse culpabilis, aufugium justitiæ non lucretur. Quod facile quidem promitti, sed difficile valet impleri. Acceptis quippe muneribus, si contra datorem quid agere volumus, mox in ore nostro verba mollescunt, locutionis acumen obtunditur, lingua quadam pudoris erubescentia præpeditur. Mens quippe percepti muneris conscia, debilitat judicialis censuræ vigorem, reprimit eloquentiæ libertatem. Nam et si judicii rectitudo funditus non adimitur, judicandi tamen auctoritas enervatur. Nonnulli vero hanc circa se reperiuntur habere custodiam, ut judicialis adhuc causæ pendente negotio nil etiam ab

---

(22) Quod non vere sanctus doctor episcopatu se abdicarit, licet voluerit, alibi dicemus.

offerente suscipiant; sopitis vero litibus, gratis oblata non spernant. Sed, emergentibus causis, sæpe contigit ut, quod se putaverant gratis accepisse, in aliis cogantur negotiis compensare; fluviique periculum, quod se speraverant reliquisse post tergum, insperate coram se reperiunt enatandum. Hoc est ergo tutum et integrum, ut, juxta prophetam : « Excutiamus manus nostras ab omni munere; » et nocendi sive juvandi servemus nobis ingenuam libertatem, ut non litigemus sub servitute pecuniæ, sed serviamus in libertate justitiæ. Si quis forte domesticæ facultatis conqueratur angustias, audiat attente quod scriptum est : « Propter inopiam multi deliquerunt, et qui quærit locupletari, avertit oculum suum (*Eccli.* xxvii). » Si ergo illi delinquunt qui rei familiaris inopiam perferunt, qui ea quoque quæ victui sunt necessaria, sibimet deesse conspiciunt; si, inquam, et isti peccant, dum acquirendis rebus non superfluis sed necessariis æstuant; quod illis judicium qui ad hoc ditari moliuntur ut effluant? ut diversas metallorum species et obnoxia tineis vestimenta recondant? Quibus terribiliter intonans Jacobus comminatur apostolus : « Agite, inquit, nunc divites, et plorate ululantes in miseriis quæ advenient vobis (*Jac.* v). » Quibus præmissis, et causam præsto subjungit : « Divitiæ vestræ putrefactæ sunt, vestimenta vestra a tineis comesta sunt, aurum et argentum vestrum æruginavit, et ærugo eorum in testimonium vobis erit, et manducabit carnes vestras sicut ignis; thesaurizastis enim vobis iram in novissimis diebus (*Ibid.*). »

CAPUT VI.

Quod divitiæ non appetantur ad indigentiam, sed ad luxum.

Porro autem qui ejusmodi sunt, non ad hoc conqueruntur inopiam ut indigentiam naturæ necessitatum sustentaculis fulciant; sed ut turritæ dapibus lances Indica pigmenta redoleant, ut in crystallinis vasculis adulterata melle vina flavescant. Ad hoc certe ditari cupiunt ut, quocunque deveniunt, præsto cubiculum operosis et mirabiliter textis cortinarum phaleris induant, sicque parietes domus ab oculis intuentium tanquam sepeliendum cadaver obvolvant. Mox etiam tapetis prodigiosas imagines præferentibus sedilia sternunt, peripetasmata laquearibus, ne quid occiduum delabatur, opponunt; deinde clientium turba dividitur. Alii siquidem domino suo reverenter assistunt, nutumque ejus si quid forte jubeatur, curiosa nimis, velut rimatores siderum, observatione custodiunt. Alii Marthæ ministerio dediti, velut hirundines, inquieti per diversa discurrunt. Inter has autem deliræ ambitionis insanias, quid sibi dorsalia quærunt, quæ a suis conspici dominis non merentur? Grave quippe dispendium sui patiuntur ornatus, dum in occipitio vel cervicibus oculi non erumpunt. Et quam utile divitiarum genus, quod dum nullum usum præter solam habeat pulchritudinem, specie tamen sua nequeat pascere possidentem! Alienorum nempe duntaxat oculorum famulatur illecebris, dum non ad aspectum, sed post tergum sui appenditur possessoris. Cui non dissimilis et illa creditur esse dementia, dum lectulus tam operosis decussatur impendiis, ut ornamentum sacrosancti cujuslibet, vel etiam ipsius apostolici præcellat altaris. Et quam videtur absurdum ut stratus ille diligentius excolatur, ubi corruptibilis caro soporis quiete resolvitur, quam ara crucis, in qua videlicet hostia Dominici corporis immolatur. Hoc ergo modo cum sobrietas soleat commendare pontifices, effusis nunc opibus facti sunt helluones. Regalis itaque purpura (*vide scholia ad calcem opusculi*), quia unicolor est vilipenditur, pallia vero diversis fucata nitoribus ad sublimis lectuli deputantur ornatum. Et cum domestici murices nostris aspectibus sordeant, transmarinorum pelles, quia magno pretio coemuntur, oblectant. Ovium itaque, simul et agnorum despiciuntur exuviæ, ermelini, gebellini, martores exquiruntur, et vulpes. Cum illa scilicet in sacris honorentur eloquiis, et vel Ecclesiæ, vel personam exprimant Salvatoris : « Oves, inquit, meæ vocem meam audiunt (*Joan* x); » et : « Ecce Agnus Dei, ecce qui tollit peccata mundi (*Joan.* i). » De istis vero vel taceatur omnino, et indigna sint quæ Scriptura commemoret; vel, si eorum reperitur ulla memoria, sinistram probantur habere figuram. Sicut est illud : « Vulpes foveas habent, Filius autem hominis non habet ubi caput suum reclinet (*Matth:*viii; *Luc.* ix). » Ecce non reclinatur in vulpeculis Christus; dormit sub vulpinis pellibus Christianus. Respuit animalia Redemptoris mundi vocabulo decorata; illud suum deputat ornamentum, quæ figuras innuunt reproborum; Sed divites isti non mediocri percelluntur obstaculo, quia, dum phaleratis atque depictis se lodicibus contegunt, væ, væ illis! apertis oculis dormire non possunt. Invidendum est ergo Regulo dudum consuli Romanorum (Eutrop. *Histor. lib.* ii, *in fine*), cui Carthaginenses, dum in reipublicæ constanter amore persisteret, oculorum palpebras præciderunt. Et revera ad quid decor iste pulchritudinis, si non aspicitur? Ad quid certe rerum tam speciosa varietas, si hæc intuentis animus non pascatur? Præclarum videlicet hoc divitiarum est genus, quo dum utitur, nequeat aspici; dum aspicitur, usum præbere non possit. Tædet cætera vanitatis attexere, non ridenda, sed gemenda ridicula; fastidium est tot ambitionis ac prodigiosæ vesaniæ dinumerare portenta. Papales scilicet infulas gemmis micantibus aureisque bracteolis per diversa loca corruptas. Imperiales equos, qui, dum pernices gressus arcuatis cervicibus glomerant, sessoris sui manus loris innexas indomita ferocitate fatigant. Omitto annulos enormibus adhibitos margaritis. Prætereo virgas, non jam auro gemmisque conspicuas, sed sepultas. Nunquam certe vidisse me memini pontificales baculos tam continuo radiantis metalli nitore contectos, sicut erant qui ab Esculano atque Tranensi gestabantur episcopis. Uterque tamen alter in Apulis finibus, Nicolao præsidente; alter in Lateranensi Ecclesia, coram Alexandro, Romanis scilicet pontificibus, sunt dejecti. Nec eis profuit quod pontifices ligneis, auratis, usi sunt baculis; dum sacerdotii meritum non nitor efficiat vestium, sed spiritualium norma virtutum; et non micantia margarita vel gemmæ, sed mores aurei deceant sacerdotem. Sicut enim vera sacerdotis humilitas Deum sibi conciliat, et cætera ejus bona commendat; sic arrogantiæ tumor et vanitatis ambitio, divinæ adversum se indignationis iracundiam provocat, et contra bonum quod aliquando forsitan operatus est pugnat. Unde per Isaiam Dominus dicit : « Nunquid super his non indignabor? » (*Isa.* LVII.). Super montem quippe sublimem sacerdos ascendit, cum sese in superbiæ fastum per quasdam adulterini decoris insolentias erigit. Et cum anima sacerdotis tanquam sponsa Christo spiritalis sit conjugii fœdere copulata; si sic exteriorem ambiat cultum, ut interiorem postponat ornatum, quodammodo viri sui toro introducit adulterum. Unde vox divina præsto subjungit : « Quia juxta me, ait, te discooperuisti, et suscepisti adulterum (*Ibid.*). » O quam acerbi doloris est, si, cum maritus est præsens, tunc introducatur adulter; et in thalamo quo recubat sponsus, rivalis admittatur incestus! Unde protinus additur : « Dilatasti cubile tuum, et pepigisti cum eis, dilexisti stratum eorum in manu aperta. » Et ne de ornatu vel deliciis taceat, illico subjicit : « Et ornasti te regio unguento, et multiplicasti pigmenta tua (*Ibid.*). » Postquam vero confudit arrogantiam superborum et luxuriose viventium, mox spiritum consolator humilium et salubriter afflictorum : « Auferte, inquit, offendicula populi mei, quia hæc dicit Dominus excelsus et sublimis, habitans æternitatem in excelso, et in sancto habitans, et cum contrito et humiliato spiritu, ut vivificet spiritum humilium, et vivificet cor contritorum (*Jer.* VII). » Cor denique sacerdotis Dei templum, Christi debet esse sacrarium, non certe, sicut legitur, spelunca latronum (*Matth.* XXI), vel sordentis pecuniæ receptaculum. Hoc enim unaquæque mens in divino deputatur examine, quod versat per concupiscentiam in cogitatione. Fornicationem imaginatur, vel adulterium, lupanar efficitur meretricum : effusionem sanguinis meditatur, et odium, campus est frementium bellatorum : ciborum et suavium epularum versat quis in cogitatione delicias; quid aliud in conspectu Dei videtur, nisi cacabus sive lebes in quo cibus excoquitur? Controversias tractat atque litigium; quid aliud quam tribunal judicis aspicitur, sive forum? Unde cum Dominus ad Ezechielem diceret : « Ingredere, et vide abominationes pessimas, quas isti faciunt hic; » præsto subjungit : « Et ingressus vidi, et ecce omnis similitudo reptilium et animalium, abominatio, et universa idola domus Israel depicta erant in pariete in circuitu per totum (*Ezech.* VIII). » Quod enim versatur in mente, tanquam depictum cernitur in pariete. Et mens ipsa earum rerum imagines contrahit, quas sedula meditatione revolvit; e tanquam diversis actionum imaginibus pingitur, prout vana vel utilia meditatur. Ac si quispiam micantia nunc astra suspiciat, nunc declinet oculos in latrinam, modo miretur radiantis auri fulgorem, modo scabram ferri contempletur æruginem; sic, sic humana mens dum terrena meditatur et infima, procul dubio terra conspicitur; cum vero quæ pietatis sunt tractat, cum divina cogitat atque cœlestia, merito cœlum, templum Dei videtur, atque sacrarium.

CAPUT VII.

Quod Romana Ecclesia sedes sit apostolorum.

Nunc præterea Romana Ecclesia, quæ sedes est apostolorum, antiquam debet imitari curiam Romanorum. Sicut enim tunc terrenus ille senatus ad hoc communicabant omne consilium, in hoc dirigebant et subtiliter exercebant communis industriæ studium, ut cunctarum gentium multitudo Romano subderetur imperio; ita nunc apostolicæ sedis æditui, qui spirituales sunt universalis Ecclesiæ senatores, huic soli studio debent solerter insistere, ut humanum genus veri imperatoris Christi valeant legibus subjugare. Et sicut tunc Romanorum consules ex diversis mundi partibus reportabant, peracta hostium cæde, victorias; sic isti nunc animas hominum de manu diaboli debent liberare captivas. Ad hos quippe victoriarum titulos, ad hos debent semper inhiare triumphos; videlicet ut antiquo prædoni animarum pereuntium manubias rapere, et regi suo Christo signa gaudeant victricia reportare. Hunc porro conflictum David signavit, cum Rabbath civitatem victor obtinuit. Rabbath quippe *multitudo* vel *grandis* interpretatur, quod non inconvenienter universitatem hujus mundi significare cognoscitur. David itaque Rabbath obtinuit civitatem (*I V. Reg.* XII), cum suis legibus Christus grandem et copiosam hujus mundi subdidit multitudinem. Coronam vero de capite regis illius David abstulit, sibique, sicut Scriptura testatur, imposuit, quod tunc verus David Christus implevit, cum mundi sapientes, quibus quodammodo diabolus ornabatur, eripuit, et in sui decoris et gloriæ diadema convertit. Multitudo quippe fidelium non modo Christi, sed et doctoris cujusque corona perhibetur, cujus prædicatione convertitur. Sicut Paulus Philippensibus ait : « Itaque, fratres mei charissimi, gaudium meum et corona mea, sic state in Domino (*Philipp.* IV). » Sed et prædam, juxta Scripturam, asportavit multam valde. Præda quippe de Rabbath tollitur, cum ex hoc mundo quique fideles atque devoti ad Dei omnipotentis obsequium convertuntur. Vos, inquam, o sancti pontifices, vos potissimum hujusmodi debetis esse prædones; qui quotidie desudetis animas hominum de manibus reprobi possessoris eripere, et triumphales regi vestro David manubias reportare. Nec tamen sufficit, cum diabolo raptus ad Deum quisque pia devotione convertitur, nisi mox etiam a statu sui duritia quasi crebro sanctæ prædicationis malleo conteratur. Unde per Jeremiam : « Nunquid non verba mea sunt quasi ignis, dicit Dominus : et quasi malleus conterens petram? » (*Jer.* xxiii.) Verba quippe Domini quasi ignis sunt, quia frigus expellunt, calorem mentibus ingerunt; malleus autem sunt, quoniam obstinationis et pervicaciæ duritiam molliunt. Congrue ergo sacra subnectit historia : « Populum quoque ejus adducens servavit, et circumegit super eos ferrata carpenta; divisitque cultris, et transduxit in typo laterum (*I Reg.* xii). ». Quid enim per ferrata carpenta, quod utique genus est curruum, nisi fortem atque inexpugnabilem quadrigam sanctorum evangelistarum, ac per hoc omnium divinarum Scripturarum intelligere debemus eloquium? Nam, prout alibi jam diximus, vile quidem ferrum, tamen edomat omne metallum. Sicut ferrum metallis omnibus dominatur; sic evangelica doctrina duras mentes emollire cognoscitur. Quid est ergo super captos homines ferrata carpenta circumagere, nisi sacræ Scripturæ rotis humanarum mentium aream triturare? ut in eis sermo divinus et vitiorum reluctantium glebas obterat, et eas ad suscipiendas mandatorum cœlestium segetes complanare et exæquare contendat. Et quid est, eos cultris dividere, nisi peccatorum hominum conscientiam ad confessionem divini verbi prædicationibus aperire? De quo verbo dicit Apostolus : « Gladium spiritus, quod est verbum Dei (*Ephes.* vi). » Tunc enim tanquam spiritualibus cultris homo dividitur, cum ad detegendas animæ suæ plagas divini verbi gladio desecatur. Cur autem eos in typum laterum transduxisse narratur, nisi quia lateres et terreni sunt et decocti? Tunc enim peccator in typum lateris vertitur, cum ad prædicationis vocem, sancti Spiritus ardorem concipit, et, veraciter humiliatus, terram se ac lutum esse perpendit. Sic itaque quisque conversus ac pœnitens in lateris formatur imaginem, cum, et humiliatur ex suæ fragilitatis luto, et quasi rubescit sive flammescit in amore divino, ut, dum se terrenum pulverem pensat, cor suum ad referendas Deo gratias, qui se revocavit, accendat. Unde et Adam interpretatur *terra rubra*, ut ex primi parentis nomine quisque condiscat vel quid originaliter sit, vel quid cum actualiter esse conveniat Ad hos itaque triumphos] sacerdotes Ecclesiarum, ad istas sancti pontifices debuerant anhelare victorias; non sumptuosis epularum ferculis, non resolvi lenocinanti petulantia voluptatis. Post mundi quippe nascentis exordium per mille ferme atque sexcentos annos humanum genus sine vini poculo et esu carnium vixit; nec tamen quispiam, quem Scriptura commemoret, usque ad obitum languore contabuit.

CAPUT VIII.

Epilogus, et opusculi conclusio.

Sed ut jam, quæ supra latius comprehensa sunt, brevis epilogi fine concludam : et cotis functus officio, dum ipse non incidam, incidentis aciem ferri magis ac magis exacuam; evellatur a corde nostro radicitus avaritia, concurrentibus scilicet omnium Scripturarum testimoniis evidentissime condemnata : et cum Achan filio Charmi, quasi tot Patrum sententiis, quot lapidibus obruta (*Jos.* vii). Non accipiendis muneribus delectemur, ne in occulti censoris examine a sacerdotali, quod absit ! dejiciamur ordine, sicut filii Samuelis ob hoc judicialis amisere culminis dignitatem. Non vendamus synodum, nec synodale decretum redigamus ad pretii quantitatem, ne sacri concilii Spiritum sanctum distrahere videamur auctorem. Sæcularis pompæ facessat ambitio, moderetur nitor et insolentia vestium, epularum, ac potuum ingurgitatio temperetur. In manus pauperum nostra pecunia transeat; quæ per avaritiam turserat, per misericordiam exhausta jam crumena follescat. Nostræ divitiæ nosterque thesaurus lucra sint animarum, et in arca nostri pectoris pretiosa recondantur talenta virtutum. In hac etiam ara principaliter sacrificium offeramus, et, profligatis quæ circa nos sunt, demum nosmetipsos Deo viventes hostias immolemus; quatenus qui sacerdotes in oculis hominum cernimur, in obtutibus etiam occulti Judicis veri sacerdotii jure fungamur.

SCHOLIA.

Regalis itaque purpura quia unicolor est, vilipenditur; pallia vero diversis fucata nitoribus, ad sublimis lectuli deputantur ornatum. Ex hoc loco facile colligitur multo ante quam recentiores aliquot affirmant, purpuram S. R. E. cardinalium habitum fuisse, nec eorum duntaxat, qui ex clericorum ordine ad tam sublime fastigium evehebantur, sed etiam monachorum e S. P. Benedicti claustris ad eam dignitatem assumptorum. Constat enim eos ad quos Petrus Dam. scribit, monachos fuisse ex sancti Benedicti familia, quibus tamen ita loquitur : « Et cum domestici murices nostris aspectibus sordeant, transmarinorum pelles, quia magno pretio coemuntur, oblectant. » Qui arbitror, ut dicebam, longe antiquiorem purpuræ usum inter S. R. E. præsules fuisse, quam recentiores aliqui existiment. Et quidem si in hisce rebus argumentum valet a picturis desumptum, purpuræ usum non modo in clericis, sed etiam in monachis fuisse antiquissimum probat etiam auctor libri beato Desiderio abbati et cardinali prope annum Domini 1060 dedicati, et ex bibliotheca Casinensi cum aliis multis in Vaticanam translati : in cujus fronte, ipse, inquam, Desiderius monachus et abbas sacri monasterii Casinensis, ac tituli S. Cæciliæ presbyter cardinalis duplici veste, stricta una, talari altera, et quasi consulari purpurea utraque, vittaque aurea in singulis extremitatibus ornata inspicitur. Nec est dub tandum quin vivente Desiderio ea pictura facta sit; nam præterquam quod versus, qui libri principio ab anonymo illo Casinensi ejusdem libri scriptore præfiguntur, ipsum tanquam præsentem alloquuntur : id etiam præterea ostendit, quod Desiderius ad capitis tergum quadratam habet tabellam, quæ indicium ea tempestate viventis esse solere, pervetusta Urbis monumenta, quorum nos multa observavimus, demonstrant : et Joannes diaconus cardinalis in Vita S. Gregor. lib. iv, cap. 84, testatur. Amplius, sicut cardinales in locum senatus antiqui successere, ita multo antea quam hi recentiores opinantur, a Romanis pontificibus eos purpura donatos fuisse verisimillimum fit. Sed, et cum cant Innocentium IV anno Christi 1244 statuisse ut cardinales equo in publicum vecti, galero rubro uterentur; et Paulum II anno Dom. 1464 suo Decreto mandasse ut cardinalium galeri ex serico coccineo fierent, quibus etiam panno ejusdem coloris dono datis, equi vel mulæ eorum, dum equitarent, ut sternerentur voluisse; mirum videtur quomodo alii historici scribant cardinales tempore Clementis VI circa annum Christi 1353 et 1358 panno purpureo, tam ipsos, quam ipsorum equos indutos; ac perornatos fuisse, ut de cardinali Ægidio Albornotio testatum reliquit illius ætatis scriptor Matthæus Villanus Chron. Florent., lib. III, cap. 54, et lib. VII, cap. 100, et assertor vitæ beati Petri de Lucemburgo cardinalis creati ad annum 1386, tametsi a pseudopapa non solum galeri rubei, sed et cappæ rubeæ duobus in locis satis aperte meminit. Verum ut hoc loco illud etiam non prætereamus, abbates etiam Benedictini ordinis quosdam dignitatis commonstrandæ gratia (licet eorum monachi nigris vestibus induti incederent) violaceo usos esse; ut constat antiquissimo monasterii Farfensis registro, ex quo manifeste apparet quinque ac triginta fere numero abbates ad Supponem, qui anno Domini 1040 vixit, his vestibus indutos monasterium rexisse. Quem violaceum colorem abbatibus, et maxime Romæ degentibus, quive sacro illustrissimorum cardinalium consistorio, ac summo pontifici præsto adesse, et quasi a latere esse consueverant, et temporum, bellorum ac cæterorum hujusmodi injurias hominum, quo malitiam ademisse facile creditum est. Nec hoc quidem mirum, cum Benedictini ordinis professoribus ex sanctissimi sui patris regula quocunque uti colore permissum fuerit. Quapropter cum cardinalitia vel quavis alia dignitate fulgebant, ut purpuream vel violaceam chlamydem gestarent, dispensatione summi pontificis (ut alterius instituti sectatores, quibus aliter innui cautum est regula) non indigebant. Quamvis vero S. P. Benedictus suis cum monachis in veste nigra incederet, generatim tamen hæc præcipit : « De quarum rerum omnium colore, aut grossitudine non causentur monachi; sed quales inveniri possunt in provincia, in qua habitant. » Unde Paulus Diaconus Casinensis apposite hunc locum ita explicat : « Non debent monachi causare, si pedules albi fuerint, et tunicæ fuscæ, id est, si pedules alterius coloris fuerint, et alterius tunicæ atque alterius cuculæ. » Et Ferriolus, Smaragdo abbate referente : « Colorem etiam, inquit, in his album vel nimis rufum, per quem sæpe species corporis ad perniciem suam videntibus commendatur, vitet. » Hæc Ferriolus, qui quasi ex consilio ejusmodi monachos admonebat. Quibus inspectis manifeste constat monachos in claustris degentes, si omnis coloris indumento tegi poterant, majori jure Ecclesiæ proceres constitutos, injussu et impune purpureis vel violaceis vestibus insigniri posse quis dubitat?

Sit nomen Domini benedictum.

OPUSCULUM TRICESIMUM SECUNDUM.

DE QUADRAGESIMA ET QUADRAGINTA DUABUS HEBRÆORUM MANSIONIBUS.

ARGUMENTUM. — Occasione cujusdam, qui per quadraginta dies, non modo tunc cum ab Ecclesia sancitum est, sed aliis etiam anni temporibus, cibis lautioribus abstinebat, quadragenarii hujus numeri mysteria et quasdam quasi prærogativas ex sacris litteris colligit. Deinde quadraginta duo loca, in quibus morati sunt paulisper Hebræi antequam ad destinata sibi divinitus arva pervenirent, mystice interpretatur; ita ut per ea virtutum quibusdam gradibus ad perfectionem et felicitatem tendentem, Christiani hominis vitam occulte significari luce clarius ostendat.

Reverentissimo fratri HILDEBRANDO, PETRUS peccator monachus intimæ dilectionis affectum.

Quod ego simul et tu, venerabilis frater, vicaria nuper interlocutione contulimus, non otiosum vel superfluum ducimus si per titularis etiam styli seriem digeratur. Dixi siquidem , si oblitus non es, nosse me servum Dei, qui præter illas Quadragesimas, quæ scilicet a Patribus institutæ, suisque limitibus per anni circulum sunt præfixæ, alias occulte carinas [f. cartinas] celebrat, quibus scilicet illices carnalium passionum appetitus frangat, ac prurientes æstuantis illecebræ concupiscentias crucifigat. Modo quippe per quadraginta dierum spatium piscibus abstinet, modo se vel a pomorum, vel etiam olerum, quæ sibimet aptiora sunt, perceptione coercet. Aliquando siquidem cerasorum primitias comedit, aliquando peponum, aliquando ficuum vel uvarum, vel quidquid illud est quod delicatius sapit. Sed mox ut gula provocatur, ut comedat, disciplina protinus adhibetur, ne desiderata contingat ; et quia quod ardor edendi jam gustaverat, avidius concupiscit, ille protinus frenum abstinentiæ faucibus injicit; non utique condemnans cibos quos Deus creavit ad percipiendum cum gratiarum actione fidelibus; nec ignorans quia omnis creatura Dei bona, et nihil rejiciendum quod cum gratiarum actione percipitur (*II Tim.* IV). Cum omnia scilicet comedere prius incipiat, quanquam esus ille magis ad cruciatum quam ad oblectationis emolumenta proficiat. In hac igitur abstinentia gulæ frangitur appetitus, concupiscentiæ fervor exstinguitur, non Dei, quod absit! creatura damnatur : et in hoc uberior mercedis fructus acquiritur, quod hæc quasi vilium rerum abstinentia non famosa, vel celebris, [sed] et palam geritur, et tamen velut occulta nescitur. Quem videlicet, fratres, si quis cur hoc vel illo cibo non utatur, inquirat; respondet illico quia suis infirmitatibus hunc noxium non ignorat. Quod tamen iste de languoribus animæ loquitur, hoc ille de incommoditate corporis arbitratur. Et hanc per singulos illos cibos abstinentiam quadrageno semper dierum circulo tenere consuevit.

CAPUT PRIMUM.

Quod in rebus despicabilibus gravior est abstinentia.

Ipse quoque mihi nuper confessus es quoniam ideo te funditus a porrorum sive cæparum perceptione compescis, quia videlicet his acuminibus uberius delectaris. In his itaque despicabilibus rebus et gravior abstinentia, et minor est gloria. Facilius enim carne, quam sale quis abstinet; gravius est abjicere fructus arborum, quam aspersas patinis fragrantibus pigmentorum. Quanquam et parentes nostros de paradiso pomum projecerit (*Gen.* xxxii), non pigmentum. Quia non est in culpa quod pluris emi, sed quod possit avidius concupisci. Sed potiorum rerum abstinentia plausu favoris attollitur, vilium vero contemptus dignus præconio non videtur. Unde fit ut quod minoris est honoris in publico, majoris gloriæ pondus habeat in occulto. Sicut ait prædicator egregius : « Quod momentaneum, inquit, et leve est tribulationis nostræ, supra modum in sublimitate æternum gloriæ pondus operatur in nobis (*II Cor.* iv). » Enimvero mihi videtur servus ille Dei, quem diximus, de sancti Spiritus hoc infusione concipere, quod semper vult de Quadragesima in Quadragesimam per varias succedentis abstinentiæ vicissitudines currere, et nunquam velit a proposita sacrati hujus numeri linea declinare. Hic est enim numerus, quo cœlum cataclysmus aperuit; cum, abolitis iniquitatum sordibus, mundi faciem divina pietas innovavit (*Gen.* vii). Per hujus numeri continentiam Moyses scripta digito Dei legis mandata promeruit (*Exod.* xxiv) : per hanc et Elias usque ad montem Dei Horeb indeflcua gressuum agilitate pervenit (*III Reg.* xix). Accedit huic numero longe clarior gloria, cum et ipse Dominus et quadraginta diebus jejunavit in deserto (*Matth.* iv), et totidem horis postmodum jacere dignatus est in sepulcro (*Marc.* i). Post Resurrectionem quoque quadraginta diebus cum discipulis deguit (*Luc.* iv), donec ad majestatis paternæ consessum victor ascendit (*Act.* i).

Quod ergo frater illo hujus sacri numeri mysterio delectabiliter pascitur, ut intra metam ejus per salutaris semper abstinentiæ vicissitudines transferatur, divini procul dubio Spiritus promovetur instinctu, ut, dum intra quadragenarii numeri modum jugiter graditur, ex Ægypto cum Israelitis ad patriam se properare testetur. Per hunc enim numerum Israeliticus populus terram repromissionis ingressus est (*Num.* xiv; *Deut.* xxix; *Jos.* v). Et, o quam profundi, quamque admirabilis altitudo mysterii! quia per quam sacramenti lineam Deus est conversus ad homines, per hanc homo reversus est ad auctorem. In egressione quippe filiorum Israel ex Ægypto quadraginta duæ sunt mansiones, et adventus Domini Salvatoris in mundum per quadraginta duas nihilominus generationes inducitur, quas videlicet evangelista Matthæus enumerat, dicens : « Ab Abraham usque ad David generationes quatuordecim, a David usque ad transmigrationem Babylonis generationes quatuordecim, a transmigratione Babylonis usque ad Christum generationes quatuordecim (*Matth.* i). » Ipso ergo numero Dominus in Ægypti hujus ima descendit, quo populus Israel ad terram repromissionis ascendit. Descendit, inquam, ille, ut iste ascenderet. Ille servitutis induit formam (*Philip.* ii), ut iste de servitutis ergastulo liber exiret. Et observanter Moyses posuit, dicens : « Ascenderunt filii Israel cum virtute sua (*Exod.* xiii). » Quæ est enim electorum virtus, nisi Christus, qui est virtus Dei? (*I Cor.* i.) Qui ergo ascendit, cum ipso ascendit qui ad nos non necessitate, sed dignatione descendit; ut illud verum esse non dubitetur, quod per Apostolum dicitur : « Qui descendit, ipse est et qui ascendit super omnes cœlos, ut adimpleret omnia (*Ephes.* iv). »

CAPUT II.

Contra eos qui litteraliter tantum sacram Scripturam intelligunt.

Sed quia nos ex occasione prædicti fratris in materiam hujus disputationis incidimus, non otiosum credimus si in ea paulo diutius immoremur; præsertim cum nonnulli, divinæ rationis ignari, frivolum conquerantur atque superfluum ut in Ecclesia legatur istarum descriptio mansionum. Arbitrantur enim hæc scire vel legere nil penitus utilitatis afferre : putantes quod rem tantummodo gestam narret historia, et hanc cum ipsa tunc vetustate transisse, neque nunc ad nostram aliquatenus notitiam pertinere. Sed si subtiliter ipsa Scripturæ verba perpendimus, quam extremæ dementiæ sit hoc dicere, luce clarius invenimus. Ait enim historica series : « Et hæ mansiones filiorum Israel, ex quo exierunt de terra Ægypti cum virtute sua in manu Moysi et Aaron; » moxque subintulit : « Et scripsit Moyses profectiones eorum per verbum Domini (*Num.* xxxiii). »

Audistis quia scripsit hæc Moyses per verbum Domini? Et quis hoc audeat dicere? imo quis temerario præsumat ore garrire ut quod Domino jubente conscribitur, nil utilitatis, nulla conferat emolumenta salutis? Aggrediar ergo, frater mi, si tibi onerosum non est, mansionum illarum figuras summatim ac succincte perstringere, et quod ex dictis Patrum indagare potuerim, compendiosis verbis breviter annotare, ut querelosus quispiam ex gustu micarum labentium colligat quam nectareis dapibus pleni ferculi mensa redundat.

Notandum autem quoniam omnis ille discursus, ut quidquid illic gestum historialiter legitur, totum in nobis per mysterium spiritualis intellectus impletur. Quod enim tunc visibiliter gestum est, nobis per spiritualem intelligentiam congruit, nostro tempori vetus illud sæculum militavit. Hæc enim, ut ait Apostolus, « in figura contingebant illis (*I Cor.* x). » Nos enim de fornace Ægyptiacæ servitutis egredimur, et terram repromissionis ingredi per plurima mansionum loca, hoc est, per diversa virtutum incrementa conamur. Sed quoniam absque tribu sola Levi, Patrum pene omnium cadavera prostrata sunt in deserto, ad terram autem illam filii tantummodo pervenerunt, expedit ut vetus homo noster intereat, et novus, qui secundum Deum creatus sit (*Ephes.* iv), ad obtinendam terram viventium convalescat. Quod autem tribus Levi cum cæteris in deserto non periit, hinc manifeste colligitur, quia, postquam omnium Israelitarum numerus a viginti annis et supra, Moyse supputante, descriptus est, præsto subjunctum est : « Levitæ autem in tribubus familiarum suarum non sunt numerati cum eis (*Num.* 11). » Dicit enim Dominus ad Moysen : « Tribum Levi noli numerare, neque ponas summam eorum cum filiis Israel (*Num.* 1). » Postmodum vero Scriptura dicit : « Hic est numerus filiorum Israel, qui descriptus est a Moyse et Eleazaro sacerdote, inter quos nullus fuit eorum qui antea numerati sunt a Moyse et Aaron in monte Sinai (*Num.* xxvi). » Prædixerat enim Dominus quod omnes morerentur in solitudine. Quibus videlicet historiæ verbis patenter ostenditur quia, cæteris in deserto prostratis, ad repromissionis terram Levi tribus incolumis et illibata pervenit. Quisquis ergo se potuerit in sacerdotum vel Levitarum ordine constituere; quisquis noluerit cum reliquis hominibus in terra sortem hæreditariæ portionis acquirere, sed solum cum tribu Levi contentus sit Dominum possidere, iste profecto in hujus mundi deserto non moritur, sed terram repromissionis ingredi vivus et incolumis promeretur. Qui ad promissiones ergo Patrum pervenire desiderat, hæreditatis in terra funiculum cum tribu Levi possidere contemnat. Nam qui se pro terrenis in terram dejecit, qui sese, ubi cum amaritudine Pascha celebrandum est, ac velociter transeundum, diutius gaudere confidit : « Anima, inquiens, habes multa bona reposita in annos multos, requiesce, comede, bibe, epulare ; non sine causa meretur audire : Stulte, hac nocte repetent animam tuam a te ; quæ autem parasti, cujus erunt? » Hic itaque non die, sed nocte perimitur, sicut primogenita Ægyptiorum. Nimirum qui non sprevit Ægyptum, sed obsequium præbuit rectoribus tenebrarum, qui et ipsi nocte animam ejus repetunt; quoniam odivit lucem, nec justitiæ consecutus est veritatem. Sed dum vagantibus ad exteriora progredimur, jam quasi præmissæ sponsionis obliti, nunc ad Israelitarum mansiones, in quibus aliquantulum immoraturos nos esse promisimus, jam quodam, ut ita loquar, postliminio redeamus.

CAPUT III.
Quod descensio Christi ad nos fuerit per quadraginta duo gradus.

Itaque, sicut dictum est, in quadraginta duabus mansionibus pervenerunt filii Israel usque ad principium capiendæ hæreditatis (*Num.* xxxiv). Principium vero capiendæ hæreditatis fuit, ubi Ruben et Gad et dimidia tribus Manasse acceperunt terram Galaad in possessionem. Porro autem, sicut illi ascenderunt per quadraginta duas mansiones, ita Salvator noster in Ægyptum mundi hujus descendit per totidem patres. Quod si jam intelligimus quantum sacramenti numerus iste contineat, humanæ scilicet ascensionis, et divinæ descensionis, incipiamus jam per ea quæ descendit Christus ascendere; et primam nobis eam mansionem, quam ipse novissimam habuit, ædificare. Si-quis enim ad nos per loca quælibet veniat, ut mox rediens per loca nos eadem ducat; ubi desinit ille, nos iter incipimus, et ubi ille cœperat, nos finimus. Prima scilicet Christi generatio cœpit ab Abraham, ultima vero velut postrema mansio terminavit in Virginem. Et quoniam Abraham interpretatur, *pater excelsus*, nos hoc iter incipimus a Virginis partu, ut peragrantes sequentia deinceps mansionum loca, postremo ad Deum, Patrem videlicet perveniamus excelsum. Partus ergo Virginis nobis ex Ægypto exire volentibus in primis occurrit, cum, Verbum Dei carnem factum in hunc mundum venisse credentes, relictis omnibus caducis et transitoriis, in illo solo requiescimus, in illo nostræ quietis et spei habitaculum collocamus. Post hæc jam si perficere, et ad singulos quosque fidei et virtutum gradus ascendere nitimur, tandiu debemus immorari, donec valeant virtutes in consuetudinem verti. Et tunc non quasi transcurrere spiritualis vitæ deserta conspicimur, sed mansionem facere, vel etiam habitare in ipsis virtutum profectibus judicamur. Nam qui bonum opus non perseveraturus incipit, quasi viam properando transcurrit; qui vero in ea quam semel arripuit, permanet sanctitate, ibi quodammodo ædificat mansionem. Et notandum quia cum ire, et manere, ac per hoc iter, et mansio a se sint penitus dissona, nec sibimet invicem congruant, utramque tamen in illo Israelitico procinctu convenisse Scriptura confirmat, ut illi per desertum et iter habuisse dicantur et mansiones. Quia nimirum nos, qui terram viventium intrare contendimus, et manere debemus per fixum professionis nostræ propositum, et ire semper per melioranda conversationis et cumulandi profectus argumentum.

In primis ergo proficiscuntur filii Israel de Ramese. Ramese, sicut nonnullis videtur, in nostra lingua, *commotio turbida*, vel *commotio tineæ* dicitur. In quo datur intelligi quod omnia quæ mundi sunt, in commotionibus et perturbationibus constituta, et corruptelæ, quam tinea designat, proi antur obnoxia. In quibus utique non oportet animam residere, sed incunctanter exire. Quidam vero Ramese interpretari *commotionem*, vel *tonitruum* putaverunt. Quod utique nobis aptari non incongrue poterit, quia, dum ad prædicationem evangelicæ tubæ commoti fuerimus, velut ad tonitruum cœlestium nubium excitati, ex Ægypto mundi hujus eximus. Exierunt autem illi mense primo, quintadecima luna, in ipso scilicet plenilunio, ac veris exordio. Et nos cum summæ lucis radiis illustramur, cum in nobis bonæ voluntatis flores erumpunt, cum omnia renovantur, cum prata denique nostrorum cordium superni solis fomite recalescunt, tunc ex Ægypti tenebris egredi festinamus.

Secunda mansio fit in Sochot. Sochot autem interpretatur *tabernacula*. Primus igitur animæ profectus est ut terrenis se commotionibus dividat, sibique tanquam peregrinæ et incolæ non habitaculum figat, sed exsilii tabernaculum struat; lugens cum Propheta : « Heu me, quia incolatus meus prolongatus est! » (*Psal.* cxix.)

Deinde veniunt in Ethan, sive, ut Septuaginta interpretes dicunt, Buthan, quæ est in extremis finibus solitudinis. Ethan *fortitudinem* sonat. Qui ergo jam pro Deo peregrinantur in mundo, qui se incolas et exsules recognoscunt, necesse est ut quanto magis se præbent in terrenis actibus debiles, tanto sint in humilitate ac patientia fortiores. Buthan autem *vallis* interpretatur, quod ab eodem sensu nequaquam discrepat. Oportet enim ut quisquis ad terram viventium properat, ad perferenda tentationum jacula in humilitatis et patientiæ convalle persistat.

Inde profecti sunt in Phiahiroth, quæ respicit Beelphegor, et castrametati sunt ante Magdalum. Phiahiroth interpretari dicitur, *os nobilium*, per quod exprimitur lingua doctorum. In convalle quippe patientiæ constitutus, quo gravius vel persecutionum vel carnalium tentationum flagellis atteritur, eo magis necesse est ut ei ab ore nobilium, id est, a sanctorum doctorum exhortationibus succurratur. Si vero non Phiahiroth sed Osiraath proferendum est, ut alia testatur editio, sciendum est quod Iraath, *vicus* interpretatur. Ad os ergo, hoc est, ad primum vici hujus venitur ingressum, quod significat novæ conversationis initium. Unde non ad urbem, sed ad vicum veniunt; quia necesse est ut novitii quique interim se intra suburbanæ vitæ cohibeant modum, nec præcipitanter adhuc audeant senatoriæ perfectionis attentare fastigium. Unde bene dicitur quoniam Arioth respicit Beelsephon (*Num.* xxxiii). Beelsephon siquidem interpretatur *ascensio speculæ*, sive *turris*. A parvis enim ad magna conscenditur. Non enim hæc mansio fuit in ipsa specula, sed respiciebat speculam. Quia novitius quisque, et si ad speculativam vitam jam per desiderium tendat, necdum tamen ad speculativæ perfectionis culmen aspirat. Quamobrem illic apte subjungitur : « Et castrametati sunt ad Magdalum (*Ibid.*). » Madgalus *magnificentia* dicitur. Noviter enim quis ad Dei servitium veniens, ascensionem speculæ, et magnificentiam jam quidem in conspectu suo per intentionem tenet, sed per effectum virtutis necdum possidet. Quia licet spe contemplationis ac perfectionis jam pascatur et nutriatur, necdum tamen consummatæ munditiæ vel supernæ gratiæ nitore perfruitur. Ut si Beelsephor interpretatur, *dominus Aquilonis*, sicut a quibusdam dicitur, quid per hunc Aquilonis dominum, nisi antiquus hostis exprimitur, qui frigidis et ab amore Dei alienis cordibus principatur? Ante hunc ergo, id est contra hunc castrametamur, cum adversus eum infœderabili dimicatione confligimus.

Inde profecti per mare Rubrum venerunt in Mara, quæ interpretatur, *amaritudo*. Rectus scilicet ordo est ut qui ad terram properant melle manantem, in deserto vitæ hujus laboris et tentationis amaritudinem hauriant; et per disciplinæ præsentis asperitatem perveniant ad remunerationis internæ dulcedinem. Unde dicit Apostolus : « Omnis, inquit, disciplina in præsenti quidem non videtur esse gaudii, sed mœroris; post autem fructum pacatissimum exercitatis per eam reddet justitiæ (*Hebr.* xii). » In procinctu siquidem spiritualis militiæ constitutis, modo amara dulcibus, modo dulcia miscentur amaris; ut per hæc experiatur humana conditio et quid a se patiatur infirmitas, et quid a Deo debeat sperare virtutis. Sicut eidem populo dicitur : « Afflixi te, et cibavi te manna in deserto, nesciebant patres tui, donec dignosceretur quid esset in corde tuo (*Deut.* viii). »

CAPUT IV.
Quod apostoli sint duces populi Christiani.

Unde sequitur quia, profecti de Mara, venerunt in Elim, ubi duodecim erant fontes aquarum, et septuaginta palmæ. Vides post tentationis amaritudinem ad quantam deveniunt et dulcium pomorum et aquarum profluentium amœnitatem. Per tentationis itaque pugnam, perducuntur ad palmas, et per sitis intolerandæ penuriam, ad irriguam veniunt aquarum viventium affluentiam. Animarum quippe medicus omnipotens Deus sic omnia ordinate dispensat, ut, tanquam melle pigmentis infuso, et tristibus læta, et lætis tristia misceat; quatenus mens infirma et aliquando percussa nunquam de prosperitate superbiat, et aliquando refota, in adversitatibus non succumbat. Elim præterea interpretatur *arietes*, qui nimirum sunt gregum sequentium duces. Qui vero sunt duces rationalis gregis, hoc est, populi Christiani, nisi sancti apostoli? Hi nimirum sunt duodecim fontes aviditatem mentium doctrinæ cœlestis fluvoribus irrigantes. Verum quia illos duodecim duntaxat apostolos Salvator noster elegit, sed et alios septuaginta constituit; idcirco non solum duodecim fontes, sed et septuaginta describuntur illic arbores fuisse palmarum. Nam et ipsi apostoli nominantur, sicut et in beati Pauli verbis agnoscitur. Cum enim de Resurrectione Salvatoris ageret : « Visus est, inquit, Cephæ, et post hæc illis undecim, deinde apparuit apostolis omnibus (*I Cor.* xv). » Ex quibus verbis manifeste colligitur quod, præter illos duodecim, et alii discipuli non inconvenienter apostoli nominentur.

Sed egressi de Elim, juxta mare Rubrum fixere tentoria. Nota, quia non mare rursus ingrediuntur, sed juxta mare tabernaculum figunt : ut mare tantum et procellarum cumulos procul aspiciant, nequaquam tamen motus ejus et impetus pertimescant. Nos etiam post tentationum fluctus, post undisoni maris formidulosa naufragia, eadem sæpe mala quæ pertulimus, ante oculos ponimus : ut jam, velut in littore constituti, dignas creatori nostro Deo gratias referamus.

Profecti quoque de mari Rubro applicuerunt in desertum Sin. Sin interpretatur, *rubus*, sive *tentatio*. Incipit ergo Christi militi jam prosperitatis spes arridere, et collocutionis divinæ verba promittere. De Rubo siquidem Dominus apparuit, et Moysi ad filios Israel perferre mandata præcepit (*Exod.* II). Illic ergo tibi datur sperandæ clementiæ signum, ubi factum est Israeliticæ visitationis initium. Sed non otiose Sin etiam tentatio dicitur. Solet etiam sæpius et in visionibus intervenire tentatio, dum nonnunquam spiritus iniquitatis transfigurat se in angelum lucis (*II Cor.* VI). Et ideo subtiliter est agendum, ut discernantur genera visionum. Sicut et Jesu Nave cum angelum cerneret, et tentationes aliquando hujusmodi visionibus inesse nullatenus dubitaret, protinus ab eo qui apparebat, requisivit, dicens : « Noster es, an adversariorum? (*Jos.* v.) » Nam et per Apostolum discretio spirituum inter dona sancti Spiritus enumeratur (*I Cor.* XII). Quod autem Sin etiam *odium* interpretari dicitur, neque hoc quidem a spirituali exorbitat intellectu. Quisquis enim pervenit ad visionem vel allocutionem Dei, confestim concipit odium mundi.

CAPUT V.
Quod languores animæ sint vitia, mors vero peccata criminalia.

Sed et inde progressi, venerunt in Depthca : sive ut alia translatio perhibet, Raphaca (*Exod.* III). Depthca denique *pulsatio* dicitur. Et nos postquam pertingimus ad Ecclesiam, quam videlicet Rubus ille significat, ubi Dei meretur homo colloquium, ubi visio conspicitur angelorum, tunc incipimus petere, quærere, ac regni cœlestis arcana pulsare, Domino præcipiente et pollicente, qui dicit : « Pulsate, et aperietur vobis (*Matth.* VII; *Luc.* XI). » Si vero Raphaca quis malit admittere, quæ *sanitas* dicitur : hoc nomen animæ dudum languidæ, sed jam per donum sanctæ Ecclesiæ languoris nexibus absolutæ convenienter aptatur. Hæc est enim anima cui dicitur : « Benedic, anima mea Domino, et omnia interiora mea nomini sancto ejus (*Psal.* CII). » Quem, quæso, Dominum? Qui sanat, inquit, omnes languores tuos, qui redimit de interitu vitam tuam. Languor scilicet animæ vitia sunt, mors animæ peccata criminalia sunt. « Peccatum enim cum consummatum fuerit, generat mortem (*Jac.* I). »

Deinde veniunt in Halus. Halus interpretatur, *labores*, sive *fermentum*. Et certe sanitatem labores sequuntur, quoniam ad nil aliud sanitatem sancta debet anima concupiscere, nisi ut labores pro Deo valeat pressurasque perferre. Ideo nempe socrus Petri de febre convaluit, ut Domino per sedulitatis obsequium ministraret (*Matth.* II; *Marc.* XII). Ideo A per Ananiam sanatus est Paulus (*Act.* IX), ut continuis postmodum laboribus insudaret. Hinc est quod eidem Ananiæ de illo dictum est : « Ego enim ostendam illi quanta oporteat eum pro nomine meo pati (*Matth.* XIII). » Quod autem Halus etiam fermentari dicitur, et hinc nobis congruæ significationis intellectus offertur. Hæc est enim fermentum illud quod tollens mulier commiscuit in farinæ satis tribus, donec fermentaretur totum (*Luc.* XIII), id est, sanctum Evangelium. In hac siquidem solitudine populus murmuravit, et manna simul et coturnices accepit. Et cum non modo fermentum, sed et manna sacrum significet Evangelium, miro modo hæc simul in decima mansione conveniunt : ut post legis præmissæ decalogum, panis Evangelii succedere videatur.

Posthæc veniunt in Raphidin. Interpretatur itaque Raphidin *laus judicii*. Et certe satis congrue, ut et labor antecedat laudem, et laus proveniat post laborem. Verum non cujuscunque rei, sed laus judicii, [quæ *add.*] videlicet de rationis judicio prodeat, non laus quæ de superbiæ vanitate procedat. « Spiritualis enim homo judicat omnia, et a nemine judicatur (*I Cor.* II). » Reperiuntur et aliæ horum nominum interpretationes; sed si cuncta, quæ nobis in hac materia suggerunt, amplectimur, jam non servabitur epistolaris ordo compendii, sed onerosi consurget enormitas libri. Israelitarum ergo mansiones succincte transcurrimus, non ut earum scrutemur arcana cubicula, sed ut in earum nominibus, tanquam exteriora parietum simpliciter ostendamus.

Deinde veniunt in desertum Sinai. Sim, quam superius diximus, et Sinai, unum non ambigitur esse desertum; sed Sin dicitur ipsa planities. Sinai vero mons est in eadem supereminens solitudine, in quo nimirum Dominus legis edicta promulgat, et Moyses tabernaculum fabricat (*Exod.* XXIV). Et hoc aptissime congruit, ut postquam rationabilis anima rectum ac per hoc laudabile cœperit habere judicium, tunc in se Deo suo construat tabernaculum, et digna jam Creatoris alloquio, cœlestium percipiat mysteria mandatorum.

Post hæc profecti sunt ad sepulcra concupiscentiæ, ubi scilicet pulcher ordo contexitur. Nam cum felix anima suo sit tabernaculum Creatori, cum mandatis divinæ legis intenta jam cœperit cœlestia contemplari; mox æstuantium vitiorum ardor exstinguitur, et omnis carnalis illecebræ concupiscentia sepelitur; ut non jam caro se adversus spiritum moveat, non adversus carnem spiritus concupiscat (*Gal.* v).

Inde transitur in Aseroth, quod interpretatur, *atria perfecta*, vel *beatitudo*. Et, o quam pulcher ordo mysterii, quam decora series spiritualis incrementi! ut postquam sepelieris concupiscentias carnis, præsto pervenias ad atrium perfectionis et præmium beatitudinis. Felix anima, quæ nullis jam vitiis carnis urgetur, quia mox ad beatitudinem percipiendæ remunerationis ingreditur!

Post hæc venerunt in Rethma, sive Pharam. Rethma, ut opinamur, interpretatur, *visio consummata;* Pharam vero, *visibile os.* In quibus quid aliud intelligitur, nisi ut sancta quælibet anima post sepultas jam carnis concupiscentias, perducta jam ad atrium perfectionis, secura de præmio beatitudinis ad consummatam mox Dei visionem veniat, ejusque visibile os, hoc est, præsentem Dei speciem cernat? Nunc enim videmus eum, sicut dicit Apostolus, in speculo, et in ænigmate; tunc autem facie ad faciem *(I Cor.* XIII).: et nunc cognosco ex parte, tunc autem cognoscam, sicut et cognitus sum. Quæ tamen omnia, quia sancti quilibet in carne constituti, habere nequeunt pleniter in re, jam habent in spe, quam scilicet spem jam firmissimam tenent; quia Spiritum sanctum, qui eos in viæ hujus laboribus roborat, pignus habent. Unde et illa interpretatio, qua Rethma *sonitus*, sive *juniperus* dicitur, non incongrua judicatur. Ferunt enim lignum hoc ignem in se longo tempore conservare (PLIN. lib. XVI, cap. 25); adeo ut si prunæ ejus fuerint cineribus adopertæ, usque ad annum ignitæ perveniant. Quia ergo Spiritus sanctus, sicut legitur, scientiam habet vocis *(Sap.* I), et in apostolos missus est in specie ignis *(Act.* II); hæc interpretatio, qua Rethma *sonitus,* vel *juniperus* dicitur aptissime Spiritui sancto convenire videtur.

Hinc itaque digressi, castrametati sunt in Remon Phares, quod apud nos, *excelsa intercisio* dicitur. Nam cum animæ redeuntis ad Deum intellectus augetur, mox ei datur perfecta notitia, qua scilicet excelse atque sublimiter novit et terrena a cœlestibus intercidere, et caduca quælibet ac transitoria a perpetuis separare. Si vero Remon Phares, ut alibi reperitur, *mali punici divisio* dicitur, per hoc procul dubio sancta designatur Ecclesia, quæ tanquam multa grana uno cortice contegit, dum omnem credentium turbam inseparabili catholicæ fidei unitate concludit.

Deinde transeunt in Lebna, quod interpretatur, *dealbatio.* Non autem ignoramus dealbationem aliquando pro crimine poni, sicut dicuntur monumenta dealbata, et paries dealbatus, sed hic illa dealbatio debet intelligi de qua per Isaiam dicitur: « Si fuerint peccata vestra ut coccinum, quasi nix dealbabuntur : et si fuerint rubra quasi vermiculus, ut lana alba erunt *(Isa.* I). » Et in psalmo : « Nive dealbabuntur in Selmon *(Psal.* LXVII). » Et in Apocalypsi : « Capilli Jesu tanquam lana alba referuntur *(Apoc.* I). » Quapropter hic dealbatio convenienter intelligitur de veræ lucis splendore prodire, et de summæ visionis claritate descendere. Quod si Lebna, ut quidam dicunt, in laterem vertitur, in quo videlicet opere Israeliticus in Ægypto populus coactus est laborare; hoc datur intelligi, quia sicut illi post tam sublimia loca rursus in laterem veniunt; ita nos quandiu in hujus mundi deserto peregrinamur, necessitate compellimur aliquando a summis ad ima descendere, et a spiritualibus ad terrenæ actionis opera transmigrare.

Post hæc veniunt in Ressa, quod in *frenos* vertitur, et non incongrue. Si enim post perfectionis culmen ad opera lutulenta descendimus, disciplinæ nexibus, et pœnitentiæ loris infrenandi sumus, ne vagemur per abrupta præcipites, sed cito redeamus ad consuetæ munditiæ puritatem. Interpretatur etiam Ressa *visibilis,* sive *laudabilis tentatio.* Quamvis enim mens cujuslibet justi viri, jam ad alta proficiat, tentatione tamen adhuc in ima deprimitur, ne per tumorem superbiæ de virtutibus extollatur. Stimulus enim tentationis ad custodiam adhibetur humilitatis. Unde dicit Apostolus : « Ne magnitudo revelationum extollat me, datus est mihi stimulus carnis meæ angelus Satanæ, qui me colaphizet *(I Cor.* XII). » Hæc ergo tentatio visibilis est, quia manifesta; laudabilis, quia salutifera.

CAPUT VI.

Quod caro in tentatione subjicienda spiritui.

Inde progressi veniunt in Ceelatha, quod interpretatur, *ecclesia;* ut videlicet instabiles quique, qui se per vitiorum abrupta præcipitanter impellunt, sacræ Scripturæ frenis ad Ecclesiam retrahantur; sive quod alia tenet editio, Machebat, quod est *principatus virgæ.* Quod utrumque potestatem videtur exprimere. Carni quippe, quæ tentatur, necesse est ut præsidens spiritus principetur. Ut cum illa abjiciat pugnam, iste quasi desuper intentet minaciter virgam, dum rigidi terroris adhibet disciplinam.

Exinde venitur in montem Sepher, sive Sephar, quod *tubicinatio* appellatur. Tuba signum est belli. Equus enim Dei odoratur bellum, et cum audierit buccinam, dicit, vah *(Job* XXXIX) ; et miles Christi cum se persenserit vitiorum ingruentium tentatione vallatum, virtutum protinus arma corripiens, procedit ad prælium ; et cominus in bella congreditur, ne degeneri torpore solutus, ab adversariis facile perimatur, et tunc poterit gloriosius tuba canere, hoc est, ad spirituale certamen et alios provocare.

Unde illic dicitur, quia inde profecti venerunt in Harada, sive quod alibi dicitur, in Charadath, quod in nostra lingua sonat, *idoneus effectus ;* ut ipse nimirum jam prædicator factus, merito valeat cum Apostolo dicere : « Qui idoneos nos fecit ministros novi testamenti *(II Cor.* III). »

Sed et inde proficiscentes, veniunt in Maceloth, quod interpretatur, *ab initio.* Quisquis enim ad perfectionis summam contendit, omnium rerum contemplatur initium, dum cuncta viscerum suorum vota convertit ad Deum. Et dum cor ad auctorem suum jugiter dirigit, a rerum omnium initio non recedit. Vel si Maceloth, ut quidam sentiunt, dicatur esse *conventus,* per hoc Ecclesia intelligitur, in qua videlicet a cunctis fidelibus convenitur. Unde canitur : « Ecce quam bonum, et quam jucundum habitare fratres in unum *(Psal.* CXXXII). »

Deinde venitur in Tharath, vel, sicut alibi legitur, in Caath, quod est *patientia,* vel *confirmatio.* Quisquis enim desiderat terram viventium per præsentis vitæ labores ingredi, necesse est eum ad toleranda mundi pericula per patientiam confirmari.

Vel si Thahath, ut a quibusdam dicitur, vertitur in pavorem, dicatur unicuique certanti, vel jam forte per divinam gratiam triumphanti: « Noli altum sapere, sed time (*Rom.* xi). »

Sed inde profecti veniunt in Thare, quod Græce quidem *ecstasis* interpretatur, in nostra vero lingua dicitur *contemplatio*. Consequens est enim, ut quisquis antea probetur per patientiam, proinde ad contemplationis perveniat gratiam; et qui prius in tribulatione deprimitur, postmodum ad visionis intimæ lætitiam sustollatur. Sin autem Thare, sicut quidam putant, astutia, vel malitia debet intelligi, hoc ad Ecclesiarum præpositos non immerito videtur posse referri; ut ipsi suis auditoribus timeant, qui in tentationum tribulatione laborant. Astutia enim, et malitia illius cavenda est, de quo dicitur: « Quoniam adversarius noster tanquam leo rugiens circuit, quærens quem devoret (*I Petr.* v). »

Deinde procedunt in Methca, vel, sicut alibi legitur, Maathica, quod interpretatur, *mors nova*. Nunquam tam perfecte diabolica cavetur astutia, quam si Christo commorimur; ut tanquam insensibiles ad hostis callidi tentamenta reddamur. Quam novam mortem contemplatio parit, quæ scilicet et mundum nobis, et nos mundo mortuos efficit. Quod si Methca, ut quibusdam placet, in dulcedinem vertitur; quid mirum, si de contemplatione ad dulcedinem veniatur, cum ipsa contemplatio nil aliud sit, quam ineffabilis, et immensa dulcedo?

Post hæc venitur in Hesmona, quæ *festinatio* dicitur: Nam postquam pertingimus ad dulcedinem contemplationis, moram non ferimus tarditatis. O quam moleste moram patiebatur ille, qui dicebat: « Utinam dirumperes cœlos, et descenderes, et liquefierent montes a facie tua (*Isa.* xlvi). » Quam graviter hanc moram ferebat ille, qui dicebat: « Cupio dissolvi, et esse cum Christo (*Philip.* i), » multo magis melius. Sin autem a Senna dicatur quod ossa significat, hoc ad robur constantiæ pertinet. Quod necesse est, ut Christi amator habeat, ne per amorem nimium impatiens fiat.

Hinc jam transitur in Mosoroth, quod significare putatur, *excludens*. Anima quippe, quæ ad perfectum sponsi sui amorem pervenit, tentationes a se callidi corruptoris excludit. Unde et Apostolus: « Nolite, inquit, locum dare diabolo (*Ephes.* iv). » Quod si Moseroth, juxta quosdam interpretatur *vincula*, sanus per omnia, et congruus intellectus elucet. Nimirum sancta quælibet anima, quæ cœlesti sponso in amore conjungitur, necesse est ut ei assiduis Scripturarum meditationibus, quasi quibusdam vinculis insolubiliter connectatur. De quibus vinculis Christo per Isaiam dicitur: « Viri sublimes ad te transibunt, et tui erunt, et post te ambulabunt colligati vinculis (*Isa.* xlv). »

Unde non immerito jam venitur in Banaeim, quod significat *fontes*, vel *excolationes*, id est, ubi divinarum Scripturarum fontes anima bibit, et excolat, hoc est, subtiliter tractat, et ruminat. Excolat, inquam, cum illud evangelicum servat: Ut ne unus quidem apex, aut unum iota de lege prætereat, quin omnia fiant (*Matth.* v). Si vero Beneiaacan, sicut quidam dicunt, transfertur in filios necessitatis, sive stridoris, hoc significat, quia quisquis divinis eloquiis eruditus est, et affluenter instructus, necesse est ut post se et alios trahat, ac filios gignat. Quibus nimirum dum fletus, et stridorem dentium minaciter objicit, quodammodo necessitatem eis, ut ad Deum convertantur, imponit. Ii sunt ergo filii necessitatis, vel stridoris, de quibus et prophetice canitur: « Afferte Domino, filii Dei, afferte Domino filios arietum (*Psal.* xxviii). »

CAPUT VII.
Quare tentatio virtuti admisceatur.

Post hæc ascendunt in montem Gadgad, quod interpretatur, *nuntius*, vel *accinctio*, vel certe *concisio*. Quibus enim verba Dei annuntiamus, eos procul dubio commonere debemus, ut et se virtutum armis accingant, et invisibilium hostium spiritualibus gladiis terga concidant. Quod dum eos agere non sequiter edocemus, cum eis simul ad montana conscendimus. Quod si Gadgad, ut quidam putant, tentamenta significat; datur intelligi, quoniam his, qui ad cœlestem patriam tendunt, tentationes deesse non possunt. Et sæpe tentatio virtutibus admiscetur, ut laborioso Christi militi merces uberior acquiratur.

Et quia per mala tentationum ad præmiorum bona transitur, congrue sequitur, quoniam inde profecti venerunt in Jetebatha, sive, ut alibi legitur, Jatbatha, quod interpretatur, *bonitas*, sive *bonum*. Ergo per experimenta tentationum ad bonitatem, quæ procul dubio Christus est, pervenitur.

Inde profecti sunt in Ebrona, quod *transitus* appellatur. Animo quippe transeunda sunt omnia; et in eum solum debes obtutum mentis infigere, cum quo sine transitu valeas permanere.

Post hæc veniunt in Asiongaber, quod interpretatur, *consilia viri*. Postquam enim nos in Christum omnino projicimus, postquam in eum omnem cordis nostri fiduciam collocamus, esse pueri sensibus ulterius non debemus, imitantes Apostolum, qui dicit: « Cum autem factus sum vir, evacuavi quæ erant parvuli (*II Cor.* xiii). » Et iterum: « Nolite pueri effici sensibus (*II Cor.* xiv). »

Sed quoniam qui apponit scientiam, apponit dolorem, iterum veniunt in desertum Sin, quæ est Cades. Sin autem tentationem interpretari, jam superius diximus. Sicut enim vas aureum, vel argenteum sæpe malleus percutit, sæpe lima hinc inde poliendo circumdat, ut clarius fiat (*Eccle.* x); sic iterata tentatio, constantis, et non cedentis animæ rubiginem purgat. Vas enim figuli probat fornax, et homines justos tentatio tribulationis (*Eccli.* xxvii). Et quia Cades, *fructificatio sancta* dicitur, vides quoniam tentationum sulcos sancta fructificatio subsequatur.

Sed et hinc applicuerunt in montem Hor, in exiremis finibus Edom. Hor, *montanus* interpretatur. Quisquis enim tentatus non labitur, sed de tentatione fructificat, consequens est ut ad montem, qui Christus est, victor ascendat. Hic est enim mons ille coagulatus, mons pinguis (*Psal*. LXVII), de quo per prophetam dicitur : « Erit in novissimis diebus præparatus mons domus Domini in vertice montium, et elevabitur super colles, et fluent ad eum omnes gentes (*Isa*. II). » Hic mons dicitur montanus, quia ubi Christus, ibi et procul dubio Christianus. « Ubi sam, inquit, ego, illic et minister meus erit (*Joan*. XII). »

Deinde veniunt in Salmona, quod interpretatur, *umbra portionis*. Et merito postquam in montem, qui est Christus, ascendimus, vitiorum fugientes ardorem, sub defensionis ejus umbraculo residemus. De qua videlicet umbra per Jeremiam dicitur : « Spiritus oris nostri Christus Dominus, captus est in peccatis nostris, cui diximus : In umbra tua vivemus in gentibus (*Thren*. IV) : » et angelus ad Mariam : « Virtus, inquit, Altissimi obumbrabit tibi (*Luc*. I). » Salmona etiam, ut alicubi reperitur, imaguncula dicitur : quod utique loco illi non absurde congruit, dum ibi æneus ille serpens appensus sit (*Num*. XXI; *Joan*. III), qui crucifixi repræsentat imaginem Salvatoris.

CAPUT VIII.
Quod oris parcimonia transitus sit in Phinon.

Fit præterea transitus in Phinon, quod interpretatur *os*, vel *oris parcimonia*. Et os quidem, quia mox ut passionis Christi sacramenta cognoscimus, quod corde credimus, ore pronuntiamus; sicut scriptum est : « Credidi propter quod locutus sum (*Psal*. CXV). » Et Apostolus : « Corde creditur ad justitiam, ore autem confessio fit ad salutem (*Rom*. X). » Oris vero parcimonia dicitur; quia dum tam profunda redemptionis humanæ mysteria penetrare non possumus, quasi ori nostro digitum superponimus, ut divinitatis Christi celsitudinem majoribus relinquentes, de sola tantum ejus cruce tractemus. Sicut dicit Apostolus : « Nihil judicavi me scire inter vos, nisi Christum Jesum, et hunc crucifixum (*I Cor*. VIII). »

Post hæc profecti sunt in Oboth, quod utique vertitur in *magos*, sive *pythones*. Propter quod datur intelligi, quia post imaginem Dei, quæ in cordis ratione concipitur, post acceptam fidem, quæ oris confessione profertur; consurgunt adversum nos hæretici, errorem venenatæ perfidiæ dogmatizantes, tanquam pythones, et magi malefica incantationum carmina conspergentes.

Hinc transitur in Gebarim, quæ est in finibus Moabitarum. Gebarim significat acervos lapidum transeuntium. Isti porro sunt lapides vivi, sancti scilicet, ex quibus non modo Hierusalem superna construitur, sed et præsens Ecclesia tanquam margaritis coruscantibus adornatur. Qui merito transeuntes dicuntur, quia terrena quælibet, ac transitoria mente calcant, atque ad cœlestia transire festinant. Si vero non Gebarim, sed Gai dicatur, quod alia testatur editio, et hoc ab intellectu transeuntium non aberrat. Gai siquidem interpretatur, *chaos*. Dicit autem Abraham diviti : « Quia inter nos, et vos, chaos magnum firmatum est (*Luc*. XVI). » Ad illum ergo sancti semper transire desiderant, ut in ejus sinu, sicut et beatus ille Lazarus, feliciter requiescant.

Unde satis apte consequitur, ut post chaos pythonum atque magorum, quod est tenebrosa calliditas hæreticorum, præsto veniant in Dibongad, quod significare dicitur, apiarium tentationum. Apes enim ore mella ferunt, sed aculeis pungunt; sic et hæretici, verbis quidem manifeste blandimenta prætendunt, sed quasi post se erroris aculeos contegunt. Primo distillant ore dulcedinem, sed postmodum spargunt aculeatæ falsitatis errorem. Unde Propheta conqueritur, dicens : « Circumdederunt me sicut apes, et exarserunt sicut ignis in spinis (*Psal*. CXVII). »

Inde profecti sunt in Helmondeblathaim, quod vertitur in contemptum palatarum, hoc est, ficuum, sive contemptus opprobrii. Ficus autem deliciosus est fructus, per quod intelligitur necessarium esse, ut qui jam donis cœlestibus appropinquant, cuncta carnalis illecebræ blandimenta contemnant. Quod si contemptus opprobrii magis admittitur, per hoc indubitanter instruimur, ut si quando vel hæreticorum, vel reproborum quorumlibet dehonestamur injuriis, non turbemur. Per quod scilicet utrumque salubriter edocemur, ut nos nec inhonesti contemptus irrisio moveat, nec ulla terrenæ dulcedinis oblectamenta resolvant, quatenus de hoc mundo valeamus dicere cum Propheta : « Sicut tenebræ ejus, ita et lumen ejus (*Psal*. CXXXVIII). »

Inde commigrant ad montes Abarim contra Nabo. Abarim, *transitus*; Nabo, *abscessio* interpretatur, ubi scilicet anima, quasi per omnes itineris mansiones, ita per cunctas fuerit progressa virtutes; quia jam ad culmen perfectionis ascendit, mente mox transit ex hoc sæculo, et abscedit. Quæ nimirum, et si adhuc manere videatur in mundo, in carne tamen, non secundum carnem ambulans (*I Cor*. X), jam recessit e mundo. Sicut de Enoch dicitur : « Et non inveniebatur, quia transtulit illum Deus (*Gen*. V). » Ita quisquis sanctitate perfectus, et mundo jam mortuus pertransiit mundum, et habitat in regione virtutum.

Postrema vero mansio est in campestribus Moab super Jordanem contra Jericho. Ad hoc enim tam longi itineris transitus agitur, ad hoc tot ærumnis, ac laboribus per vastam hujus mundi solitudinem suspiratur, ut applicemus ad Jordanem, hoc est, accedamus ad inexhaustam cœlestis sapientiæ plenitudinem. Juxta quam peregrinationis nostræ tabernaculum construentes, ejus fluentis a cunctis nos Ægypti squaloribus properemus abluere, ut purificati terram repromissionis valeamus intrare, ut simus, sicut de sponsa in Canticis dicitur :

« Oculi ejus sicut columbæ super rivos aquarum, quæ lacte sunt lotæ, et resident juxta fluenta plenissima (*Cant.* v). » Et notandum quod profectio ista non in montibus, sed in campestribus desinit; quoniam sancti quique quanto celsiori perfectione sunt præditi, tanto majori sunt humilitate fundati. Qui etiam contra Jericho mansiones ædificant, quoniam adversus mundum, qui per eam designatur, infœderabiliter pugnant. Quibus dicitur: « Si de mundo fuissetis, mundus quod suum erat diligeret; sed quia de mundo non estis, propterea odit vos mundus (*Joan.* xv). »

CAPUT IX.
Epilogi et opusculi conclusio.

Hæc tibi, venerabilis frater, de Israeliticis mansionibus summatim, raptimque transcurrimus; profundiora vero mysteria vacationi tuæ, quæ liberior est, reservamus. Inquirendi quidem, vel intelligendi dedimus occasionem, non autem plenæ contuitus intelligentiæ facultatem. Et nos quidem earumdem mansionum tantummodo quasi januas aperuimus, tuæ prudentiæ sit eas ingredi, earumque mysteria velut occulta thesauri cœlestis talenta rimari. Mihi autem duntaxat obtinuisse sufficiat, ut fatuus quisque nesciens quæ loquitur, vel de quibus affirmat, non ulterius garriat hæc nihil utilitatis afferre; sed mysticis allegoriarum spiritualium sacramentis non dubitet omnia redundare. Nos itaque post metata tot mansionum castra, post tam longæ profectionis ærumnas, Aaron et Moyse jam defunctis, hoc est, veteri sacerdotio ac lege solutis, sub Josue duce terram evangelicæ repromissionis sumus ingressi. Terram, inquam, lacte ac melle manantem, hoc est, humanitatis Christi atque divinitatis mysteria profluentem; quibus utique jam nil aliud restat, nisi ut in Hierusalem pectoris nostri construamus Domino templum, ita decore virtutum tanquam auri et argenti, omniumque gemmarum varietate conspicuum. In cujus scilicet templi vestibulo duas erigamus hinc inde columnas ad Salomonis exemplum, ponentes et catenulas in earumdem capitibus columnarum. Sicut enim Scriptura testatur: « Unam columnam a dextris, et alteram posuit a sinistris; ubi mox sequitur: « Eam, quæ a dextris erat, vocavit Jachim, » hoc est, *firmitas*: « et quæ ad lævam, Booz (*II Paral.* III), » hoc est *in robore*. Quid enim per columnam, quæ a dextris erat, et vocatur firmitas, debet intelligi, nisi dilectio Dei? Et quid per eam, quæ a sinistris est, et vocatur in robore, nisi dilectio proximi? Aliud est enim firmitas, hoc est ipsum robur, aliud in robore; quoniam aliud est diligere ipsum Deum, aliud diligere proximum in Deo. In dilectione quippe proximi mensura ponitur; Deum vero diligere sine ulla prorsus mensura jubemur. In vestibulo ergo templi columnam, quæ firmitas vocatur, erigimus, cum in hac præsenti Ecclesia, quæ cœlestis illius Ecclesiæ vestibulum est, Deum totis viribus firmiter, et constanter amamus. Ipsa quippe dilectio, sicut Joannes Evangelista perhibet, Deus est (*I Joan.* IV). Et de Deo Propheta psallit: « Tu es Deus meus, et fortitudo mea (*Psal.* XLII). » Columnam vero, quæ vocatur in robore, in sinistra ejusdem vestibuli parte statuimus, cum proximum nostrum in Deo, sicut nosmetipsos amamus. Ubi notandum, quod Scriptura prosequitur: « Nec non et quasi catenulas in oraculo, et superposuit eas capitibus columnarum (*II Par.* III). » In nostræ quippe mentis oraculo capitibus columnarum catenulas superponimus, quibus scilicet utramque columnam sibimet invicem connectamus; quia nec Deum sine proximo, nec proximum vere diligimus sine Deo. Quod utique templum tu, venerabilis frater, optime potes, Deo manum præbente, construere, qui mutuatus es ab Ægyptiis aurea vasa, et argentea cum vestibus pretiosis (*Exod.* XI). Thesaurum quippe tollit Ægyptiis, unde Deo tabernaculum construat, qui poetas, ac philosophos legit, quibus ad penetranda mysteria cœlestis eloquii subtilius convalescat. Ipse tabernaculum hoc in nostra dignetur mente construere, qui destructum sui corporis templum triduano potuit spatio reformare.

Sit nomen Domini benedictum.

OPUSCULUM TRICESIMUM TERTIUM.

DE BONO SUFFRAGIORUM ET VARIIS MIRACULIS, PRÆSERTIM B. VIRGINIS.

ARGUMENTUM. — Desiderius Casinensis abbas B. Petro Damiano per internuntium comminatus fuerat illum, nisi ad suum monasterium visendum quamprimum accederet, orationum suffragia, si se vivente decederet, a Casinensibus monachis non habiturum. Qua comminatione permotus scribit ad eumdem in præsentia, ut eam revocet, itinerisque difficultatem causatur; pœnæ quoque, quam sibi comminatus fuerat, gravitatem exaggerat. Ad ultimum cum obedientiæ virtutem collaudasset, se obtemperaturum illi non obscure præsefert.

Archangelo monachorum DESIDERIO PETRUS peccator monachus servitutem.

Non ignorare te patior, venerande Pater, quia Guidunculus ille, puer videlicet noster, acrem mœroris aculeum meis visceribus intulit; cum id, quod mihi minatus es, per ordinem nuntiavit. Dixisse siquidem te retulit, quia nisi Casinense monasterium, quod utique nobiliter regis, inviserem; orationem sancti loci, si te vivente defungerer, non haberem. Quæ videlicet minæ cum eas ad mentem revoco; non ut acus pungunt, sed conti potius more, vel spiculi, viscera nostra transfodiunt. Geminæ siquidem necessitatis undique coarctor obstaculis. Nam et propinqui obitus me reddit ætas matura suspectum, et tot sanctorum oratione fraudari, non leve periculum. Veniens itaque medullitus pertimesco, ne dum monasterium quæro, extra monasterium moriar. Mors enim licet aliis sit incerta, procul dubio tamen senibus est propinqua. Ætas enim cui non succeditur, finem vitæ proximum comminatur. Non veniens autem nihilominus paveo, ne si fratribus, quibus intersum, inseparabiliter hæream, uberioris, et incomparabiliter subventionis [sanctioris *vel quid simile f.*] auxilium conventus amittam. In utriusque igitur periculi meditullio constitutus, quid mihi potius sit agendum, ad liquidum non discerno, dum e duobus quidquid elegero, suspicionis ambiguæ laqueum non evado.

CAPUT PRIMUM.
Quod somniis non sit credendum.

Hic ad memoriam redit, quod sicut Gellius ait, Alexander somniavit, ne somniis crederet. Ubi quidquid eligat Alexander, hoc disceptatio fine concluditur, ut illi, quod viderat, somnio non credatur. Nam si somniis jure creditur, somnium illud, quod asserit *non credendum esse* mentitur. Quod si nequaquam debet somniis credi, consequitur etiam, ut nec illis fides debeat adhiberi. Cui non dissimile quid et in sacro reperitur eloquio, cum dicitur : « Ego dixi in excessu mentis meæ, omnis homo mendax (*Psal.* cxv); » cui nimirum responderi potest : Si omnis, et tu; falsaque jam erit sententia, quam mendax ipse protulisti. Si vero ipse non mendax, vera jam sententia non erit; quia dum tu es verax, non omnis homo cognoscitur esse mendax. Verum ne ad instar gentilium scripturarum sacra quoque Scriptura calumniæ pateat, sed ipsa se potius propria auctoritate defendat; notandum est, quod præmittitur : Ego dixi in excessu mentis meæ. Per excessum igitur mentis et semetipsum transiit, cum de qualitate hominis definivit. Ac si perspicue dicat : De falsitate omnium hominum inde veram sententiam protuli, unde ego ipse supra hominem fui. In tantum vero et ipse mendax, in quantum homo. In tantum autem omnino non mendax, in quantum per excessum mentis supra hominem ad summa contemplanda conscendi.

Sed cum quindecim fere dierum medium nos iter absentet, par fuerat, ut quod seni præcipis, ipse prior experireris, valens scilicet ætate, prævalidus robore : insuper adde, quia et abundas vehiculis, et constipantium ministrorum obsequiis. Fertur et Phalaris hujus prætendisse legis exemplum, qui nimirum cum licet regnum in tyrannidem verteret, et exquisitis quosque nocentes suppliciis atrociter laniaret, faber quidam æreum sibi taurum obtulit, atque ut in eum igne candentem damnatitii quique projicerentur, instruxit. Placere quippe sibi de crudelitate potissimum credidit, quem et inferendis semper suppliciis inhiantem, et inhumanæ cognovit crudelitatis auctorem. Præsertim quia dum quisque projectus in bestiam voces emitteret, taurus quodammodo videretur naribus, et ore mugire. At ille munifico suo, quæ merebatur, dona redhibuit : Amice, inquit, de collato quidem munere gratias ago; sed volo, et inevitabiliter impero, ut quod me docuisti, prior experiaris. Protinus igitur projectus in taurum, quod inferri aliis docuit, prior ipse probavit. Et pœnæ factus est auctor, qui pœnalis labyrinthi fuerat ante conflator. Age igitur et ipse quæ præcipis, et juvenis ad senem propera, qui senem, ut ad te gradiatur, invitas. Verumtamen, nunc serio loquar, si per tam longinqui itineris ductum, B. Benedicti Patris nostri limen attingere licuisset, ego non parvæ mercedis cumulum deputarem. Et certum teneo, quia si in illius peregrinationis itinere me obire contingeret, non tam proprii reatus me gravaret exitium, quam illius attolleret dignitas meritorum.

CAPUT II.
Exemplum stupendum de Basso Aniciensi.

Hanc itaque spem meam illud etiam roborat, quod mihi vir religiosus, et prudens ante quintum fere diem Stephanus apostolicæ sedis cardinalis presbyter intimavit. Ait enim, quia Bassus quidam, Burgundio genere, Aniciensis episcopatus, Ecclesiam Dei Genitricis, semperque virginis insigni titulo decoratam, quæ vocatur in Podio, orationis gratia devotus adiit, et peractis orationibus, ac devotione completa, redire cœpit ad propria. Cumque venisset ad pagum quemdam, in quo cella cujusdam monasterii, cujus me vocabulum fugit, a religiosis fratribus incolebatur, languore correptus cecidit, ægrotavit, et obiit : dehinc cum jam lotum, atque ex more linteis obvolutum in medio jaceret cadaver exanime, ac pia fidelium circa feretrum custodia pernoctaret, intempesto jam fere noctis emenso, ac gallicinio propinquante, qui mortuus jacebat, repente prosilivit et sic omnes undique circumstantes admirationis stupor, et intolerabilis horror invasit. Tunc ille magni clamoris animadversione vociferans, tremens; et horribiliter expavescens rogare cœpit astantes, ut psalmodiæ, piisque votis valenter insisterent, quatenus tetros nequitiæ spiritus, qui per angulos, ac parietes domus undique videbantur, sanctis orationibus effugarent. Cumque fusis ad Deum precibus, more fumi, vento perflati dæmones evanuissent, ille, terrore deposito, et securitatis animatus audacia, quod sibi in occulto contigit, publice coram omnibus enarravit. Egredienti, inquit, mihi de corpore duo protinus angeli splendidæ claritatis occurrunt, qui me secum ducere in superiora cœperunt; sed ecce me nigrantes dæmonum turmæ, velut phalanges Æthiopum undique circumfundunt; me tanquam sui juris hominem acri nimis et importuna vehementer exactione reposcunt. Noster, inquiunt, hic homo est, sub nostris ditionibus vixit, nostris obtemperare legibus non omisit. Semper enim illi lex carnis inviguit; legem vero spiritus funditus ignoravit. At contra beati angeli responderunt : Non, inquiunt, diffitemur fuisse [vestrum f. add.], dum in propriis viveret. Non enim licet resistere veritati; sed quia nunc in obsequio reginæ cœlestis, dominæ nostræ, defunctus est, nequaquam impietati vestræ pro vitæ suæ reatibus subjacebit, qui vitam suam pio fine conclusit. Nec ad æterni judicis poterit perire conspectum, qui Genitricis ejus sibi providit auxilium. Ad hæc illi : Cum Deus, aiunt, procul dubio justus sit judex, nunquam, quod nostrum est, auferet, nec adversum nos præjudicialiter aget, cum injustitiam prorsus ignoret. Cumque vim angelis inferre tentarent, angeli vero levius, atque remissius jam cognita veritate, resisterent; adfuturum tamen sibi continuo profitentur auxilium, et Dei Genitricis celerem comminantur accursum. Sed cum hinc isti modesta circa me tuitione contenderent, illi e diverso ad reposcendum sui juris hominem furiosus, ac truculentius ebullirent; ecce velut igneum fulgur, repentinus radiantis corusci splendor illuxit, cunctisque mirantibus cœlorum regina angelicis vallata reverenter obsequiis, Dei Mater advenit. Tunc reprobi spiritus licet ad primum tantæ gloriæ terrerentur adventum, eorumque nimius splendor reverberaret obtutum, tamen illatam sibi conqueruntur injuriam, et angelicæ violentiæ protestantur ex propria possessione rapinam dicentes : Quia si Deus est justus, nunquam de manibus nostris auferet impium. Quibus e diverso B. Virgo respondit : Licet hic homo, ut asseritis, vestra per pravitatem operis possessio fuerit, et impia sive carnaliter vixerit, nunquam tamen piissimus et clementissimus Filius meus, ac Dominus patietur eum vestris fieri crudelitatibus subditum, quem sub mei famulatus obsequio cernit in peregrinatione defunctum : præsertim cum iste confessus peccata sua sacerdotibus fuerit, judiciumque pœnitendo, ac ingemiscendo perceperit, quanquam subita morte præventus implere nequiverit. Ad hæc illi quasi nacta occasione victoriæ tripudiantes, et velut insultantes objiciunt : Cum tu sis, inquiunt, mater veritatis, et æternæ justitiæ, num ignorare potes, quoniam hoc tam immane tamque cruentum facinus perpetravit, quod nulli tamen unquam per vocem confessionis innotuit? quoddam scilicet grave scelus a me commissum nomine tenus inclamabant. Quod peccatum cum beata Virgo, licet ab auctoribus mendacii veraciter recognovisset, modeste paulisper obticuit, et quodammodo veritati reverentiam præbuit. At reparato rursus eloquio : Verum quidem, inquit, est quod objicitis; sed quoniam apud misericordem Dominum meum ac Filium misericordia superexaltat ex more judicium (Jac. II), eumque non tam delectat pœna peccantium, quam remissio peccatorum, me confestim intuens ait: Ad corpus homo præsto regredere. Scelus hoc, quod ab iniquis tibi A jure objectum est, sacerdoti coram clericis hujus cellulæ monachis confitere ; eosque ex meæ auctoritatis jussione deposce, ut pœnitentiæ modum, qui tibi injunctus fuerit, ipsi suscipiant, et implere pro tua mox obeuntis absolutione contendant; quo peracto ad me protinus sine dilatione revertere. Hic enim ego non desino te, donec redeas, exspectare. Cumque per ordinem hæc ille narrasset, pœnitentiam sibi inditam sancti fratres cum pro charitate illius, tum pro deificæ virginis obedientia suscepissent, mox lætus et hilaris, velut obdormiens obiit. Et sic vera esse quæ vivens dixerat, moriens approbavit. Ego quoque si ad vos contendens, beati itineris viator obiero, S. Benedicti præsidium nequaquam mihi defuturum esse confido.

CAPUT III.
B. Virgo præbendam clerico sui devoto ablatam restitui jubet.

Idem præterea Stephanus aliud mihi retulit, quod tamen non adeo certum tenebat, sicut aliud, quod supra digessimus. Audisse, inquit, me memini, quia clericus quidam fatuus erat, nauci, frivolus et ineptus. Huc accedit, quia nullam religionis dotem, nullam canonicæ disciplinæ gravitatis, sive modestiæ videbatur habere virtutem : inter hos tamen emortuos inutilis vitæ cineres hic perexigui fomitis tenuis vivebat igniculus, ut ante sacrosanctum altare quotidie beatæ Dei Genitricis accederet, et reverenter verticem curvans, angelicum hunc atque evangelicum versiculum decantaret : « Ave Maria, gratia plena, Dominus tecum : benedicta tu in mulieribus (Luc. I). » Cum itaque tantæ fatuitatis ineptiam novus deprehendisset episcopus, ab inutili persona utilitatem Ecclesiæ detineri indignum duxit; eique præbendam, quam a nuper elato suo decessore perceperat, abstulit. Sed cum hunc rei familiaris egestas opprimeret, et præter hoc aliud quid unde posset vivere, non haberet, nocturno silentio pia Dei Genitrix episcopo, dum dormiret, apparuit; quam scilicet præcedebat vir in una manu ardentem facu- lam in altera ferulam portans. Cui mox B. Virgo præcepit, ut episcopum delinquentem aliquantis ferulæ quam gerebat, verberibus castigaret : Cur, inquiens, capellano meo, qui mihi quotidianas impendebat excubias, stipem Ecclesiæ, quam non ipse contuleras, abstulisti? Moxque sacerdos tremefactus evigilans, clerico beneficium reddidit, et quem ignotum Deo forte crediderat, jam quasi charum propensius honoravit. Si igitur ille unum duntaxat laudis canendo versiculum, corporei victus alimenta promeruit; quam fideliter æterna sperabunt, qui beatæ reginæ mundi quotidiana horarum omnium vota persolvunt? Unde pulcher etiam mos in nonnullis Ecclesiis inolevit, ut specialiter ad ejus honorem per omne Sabbatum missarum celebrentur officia, nisi forte festivitas, vel feria quadragesimalis obsistat. Nos etiam eremis, sive monasteriis, quorum videlicet ad Christi gloriam ministri sumus, tres per hebdomadas singulas dies sanctis assignatos habemus, ad quorum scilicet honorem missis specialiter celebramus. Et ne pro libitu, sed ratione dictante id videamur audere, [scias, vel quid simile add. f.] quod secundum virorum illustrium pias opiniones, atque sententias, quælibet animæ defunctorum in diebus Dominicis requiescunt atque a suppliciis feriantur; secunda vero feria ad ea, quibus assignata sunt pœnarum ergastula revertuntur. Idcirco ipso potissimum die angelis missarum honos impenditur, ut et mortuis, et morituris patrocinalis eorum defensio procuretur; sexta quoque feria vivificæ cruci non inconvenienter ascribitur, quæ scilicet dies pendentis in cruce Domini glorioso sanguine purpuratur. Qua die omnes fratres nostri, quos utique monasterialis ordo connectit, hoc etiam ad cumulum propriæ salutis adjiciunt, ut et se mactent in capitulo vicaria collisione scoparum, et insuper celebrent in pane et aqua jejunium. Asserentes quia in hoc cruci vere communicamus, in hoc procul dubio Christo commorimur, si hoc eodem die, quo ipse passus est, nos etiam carnem nostram per mediæ cruciamenta mactemus.

Addunt etiam, quia cum per quinque millium circiter annorum prolixa curricula totum genus humanum ferreo diaboli fuerit jugo depressum, et hoc potissimum die per crucis insigne vexillum sit triumphaliter absolutum; dignum profecto est, ut huic diei, quæ videlicet omnium ætatum nexus abrupit, caro nostra quasi cujusdam tributi canonem solvat, per quam de captivitatis suæ compedibus absoluta tripudiat. Aiunt etiam, quia cum in die tremendis examinis arbiter æternus illuxerit, angelici undique constipatus obsequiis, cunctis etiam elementis tantæ majestatis horrore permotis, præsto beata crux ulnis advehetur angelorum, et ante cunctorum statuetur ora mortalium, non jam auro, vel margaritis ornata, sed rutilantior sole, cunctisque sideribus ex virtute divina. Tunc itaque quam sincero corde, et libera conscientia ante sublime solium flammivomi tribunalis assistit, qui servitutis suæ pensum persolvisse se vivificæ cruci, per quam de servo diaboli liber effectus est, recognoscit. His, et aliis argumentationibus sancti fratres sexta feria jejunandum esse definiunt: et sic crucifixo Domino se quoque crucifixos ostendunt. Et quid grave, si Christianus quilibet unum animæ suæ diem per hebdomadam tribuit, ad quod agendum pro corporis incolumitate servanda dieta quoque medicinalis impellat? Nam Cæsar Augustus, sub quo Salvator ex Virgine dignatus est nasci, sicut quædam tradit historia, usus consilio medicorum, uno semper abstinebat per hebdomadam die; ut alleviato corpore potuisset vegetus, et incolumis permanere. Ad honorem quoque sanctæ crucis eodem die missas celebrant, ut sibi patrocinium crucis in die necessitatis acquirant.

CAPUT IV.
Sabbatum cur B. Virgini sit dicatum.

Sabbatum enimvero, quod requies interpretatur, a quo videlicet die Deus requievisse legitur, satis congrue beatissimæ Virgini dedicatur. Quam nimirum sibi Sapientia domum ædificavit (*Prov.* IX), atque in ea per humilitatis assumptæ mysterium, velut in sacratissimo lectulo requievit. Cui profecto condignus honor impenditur, exhibentibus procul dubio certæ defensionis auxilium providetur.

Quocirca, quod fratris mei Damiani tunc archipresbyteri, deinde monachi relatione didici, nisi me fallat obliviosa memoria, fideliter narro. Alter enim frater meus, Marinus nomine, laicus quidem habitu, sed timoratus spiritu, ingravescente pulmonis ac pectoris valetudine, tandem ad extrema pervenit. Interea cujusdam diei jam illucescente diluculo, repente cœpit quasi cuilibet adventanti gratulabundus aggliscere, jucundanter hilarescere, et festiva serenitate vultus alacriter assultare: mox et in verba prorumpens, cum magno animadversionis impulsu circumsedentes alloquitur: Levate, inquit, levate, ac dominæ meæ reverenter assurgite; deinde aliorsum mutatæ vocis eloquium dirigens, aiebat: Et quid est, domina mea, regina cœli et terræ, quia visitare dignata es pauperculum servum tuum? Benedic me, domina mea, et ne patiaris in tenebras ire, cui lucem tantæ præsentiæ contulisti. Cum igitur hujusmodi sermones implesset; ecce Damianus, qui scilicet illi, sicut et mihi erat germanitate conjunctus, persolutis Deo nocturnis officiis, ab Ecclesia redit. Quid circa fratrem languidum ageretur, inquirit. Ille vero certum se quidem de vicina morte testatur, sed adversus assidentes probrosa redargutione conqueritur. Heu, heu! frater, inquit, quam ignaros, quam imperitos, atque irreverentes habemus, et sine disciplina domesticos; et tu vir strenue Bonizo (erat enim illic inter eos dives quidam hujus vocabuli, ille negotiator), quomodo sedere potuisti ad reginæ cœlestis adventum? Venit regina mundi, et vos assurgere neglexistis? Venit mater imperatoris æterni, et vos ejus præsentiam ignobilem deputastis? Ad quod Bonizo: Deliras, inquit, adhuc, et ægritudine dementatus hæc vana profundis; aut verum est forte quod loqueris? Nobis certe vana hæc videntur et frivola. Ad hoc ille: Num ignoratis, ait, quia languor iste, quem patior, nunquam alienare mentes ægrotantium consuevit? Firmiter igitur et absque ulla prorsus ambiguitate cognoscite, quoniam angelicis comitata vestigiis beata Redemptoris nostri me mater invisit, hilaritatem mihi sereni vultus ostendit: benedixit me, et protinus abiit. Cumque paulo post ille defunctus esset, senex quidam presbyter, Severus nomine, qui nimirum spiritualis ejus pater exstiterat retulit; quoniam longe ante dum vegetus adhuc et sanitate floreret incolumis, depositis nudatus exuviis, collo corrigiam qua cingebatur innexuit: altari se beatæ Dei Genetricis, velut servile mancipium, tradidit: mox se quasi servum malum coram domina sua fecit verberibus affici, dicens: Domina mea gloriosa, virginalis munditiæ speculum, et omnium norma virtutum, quam ego te miser, et infelix offendi per obscenam carnis meæ putredinem, et eam, cujus tu mater, et auctor es, violavi mei corporis castitatem; nunc itaque, quod solum remedii superest, me tibi famulum trado, tuæ ditionis imperio substrati corporis colla submitto. Flecte rebellem, suscipe contumacem; nec tua pietas respuat delinquentem cujus intemerata virginitas peperit veræ pietatis auctorem. Per istud ergo munusculum servitutis meæ tibi tunc offero censum, et amodo, ac deinceps quoad vixero, certi canonis appendam annualem tributum. Quamdam ergo pecuniæ summam in altaris crepidine posuit, et sic de misericordia, quam quæsierat confisus, abscessit. Non igitur fortassis hanc, sed hujusmodi frater meus de fratre narravit historiam, cujus etsi præ oblivione verba non teneo, saltem in quantum mihi possibile est, a relatis quadam similitudine non recedo. Confessionis igitur iste versiculus ad relata, vel referenda mihi cuncta proficiat; meque in quibus ignoranter oberro, coram supernis obtutibus excusabilem reddat.

CAPUT V.
Quod orationes et suffragia sint alimenta defunctorum.

Ut igitur superioribus et inferiora conjungam, noli, noli, pie pater, in minarum quas intentasti, perseverare sententia; noli ægrotanti filio, sive viventi, sive post obitum, orationis tuæ subtrahere medicinam. Porro autem, quia infelix ego dum vivo, præ desidiæ torpore non semino, post obitum meum, si supervixeris, de manibus tuis alimoniam spero; quatenus oblationis tuæ sacramentum animæ meæ vertatur in epulum, et orationis tuæ sacrificium mihi vitale sit alimentum. Et quid mirum, si sacræ oblationis hostia refectio creditur esse defunctis, cum in alimenta vertatur aliquando viventibus etiam in periculis constitutis? Nam venerabilis senex Petrus sacerdos, et monachus, qui jam septuaginta ferme annos sub jure Nonantulani monasterii religiose vixit, nunc etiam in hac eremo vitam ducit angelicam, mihi sæpe narravit, quod ipse quoque fratrum a Comani lacus confinio venientium relatione cognovit. Ait enim, quia latomi quidam apud Clavennam montem de saxea terræ vena lebetes exsculpserant, et expleto labore, jam egressi redire parabant. Quorum unus dum ferramentum quoddam se per oblivionem reliquisse cognovit, in concavam montis scrobem jacturam suam recollecturus immersit. Sed ecce post se pars specus in minima concidit, eumque lapidea ruderum moles eatenus, ut nequaquam reverti posset, inclusit. Cumque collaboratorem ejus crebris effossionibus socii attentarent, ut vel dilaceratum, atque contritum exstincti cadaver educerent, jamque omnis eorum labor incassum cederet, tandem defessi, ac funditus desperantes ad propria repedarunt. Postmodum vero necdum labentis anni prorsus evoluto circulo, amici, vel affines ejus quodam intimi fervoris instinctu animantur, ut eum sollicitius quærant, quatenus ex ejus ossibus, vel extrema quædam valeant reperire vestigia. Cum diversis itaque montem fossoriis adeunt, hinc inde scrutantur, et curiosius obeuntes rimæ latentis aditum quærunt. Egestis itaque non sine gravi labore ruderibus, adhuc fodientes anhelant, et excavati montis adhuc viscera penetrant. Cum ecce hominem, quem vix mortuum reperire se posse sperabant, repente sanum, et incolumem cernunt, eumque velut e sepulcro cum hymnis et laudibus exsultationis educunt. Cumque requireretur quo modo sine alimentis tam longo tempore vivere potuisset, respondens: Ex quo, inquit, in illa scrobis angusta sum caverna conclusus, quotidie mihi brevis avicula columbæ similis advolavit, et in ore suo nivei mihi panis oblatiunculam detulit. Quo videlicet cibo ita totis visceribus obdulcatus sum et refectus, ut regalibus, imo cœlestibus me deliciis arbitrarer impletum. Solo autem uno die, quoniam ad me dapifera mea consueta non venit, intolerabilis me famis inopia cruciavit. Uxor enim ejus quotidie fecerat pro ejus anima sacramentum hostiæ salutaris offerri, uno autem die inhorrescente brumalis inclementia temporis, attingere limen Ecclesiæ supersedit. Quapropter illis mutuo conferentibus liquido patuit, eum illo die signanter inedia tabefactum, quod pro ipso non fuerat sacrificium laudis oblatum.

CAPUT VI.
Exemplum mulieris, quæ defuncti viri animam eleemosyna redimere conabatur.

Sed nec illud silentio dignum duco, quod Atto piæ memoriæ Auximanus civis, prudens videlicet, et honestus vir, me præsente, narravit. Mulier, inquit, quædam obeunte viro, vidua remanens, in quodam presbytero magnam spem de præfati viri sui salute posuerat, eique per domesticam famulam crebræ satis oblationis xenia dirigebat. Per eam semper obsecrans, ut defuncti sui dignaretur habere memoriam: quod ille non difficile promittebat; verumtamen avarus et tenax nunquam benedictionem mulierculæ, vel ex his quæ ipsa detulerat, porrigebat. Unde factum est, ut eam tam crebri jam tæderet itineris, et accusaret intra se tenaciam sacerdotis.

Post multa quadam die per eamdem piorum munerum bajulam misit eadem matrona presbytero gallinam coctam, subcinericium panem et vasculum vini. Igitur dum illa casu tunc solito propensius esuriret, et querelam cordis, cogitationisque tumultus illa adversus presbyterum sustineret, huc illuc omnia undique circumspiciens, in remotioris secessus angulum cauta divertit, ipsaque sibi discumbens, pariter et assistens, quæque portabat inhianter universa consumpsit. Mulier igitur cibo potuque refecta, mox lætitia cordis exsultans, caput terræ prostravit: deinde se subrigens, ad cœlum manus extendit, et in vocem hujus orationis erupit: « Deus, inquit, omnipotens, qui das escam omni carni (*Psal.* CXXXV), » sicut caro mea refecta est hoc cibo corporeo, ita per misericordiam tuam hodie et anima domini mei satietur in paradiso.

Regressa igitur ad dominam suam mulier, quid responsum sit a sacerdote requirit; illa vero gratias egisse, et circa defunctum vigilantiam promisisse testatur. Proxima nocte per visum adest vir, uxori de pridianis muneribus gratias egit. Cumque solerter inquireret quid circa se dispositionis esset, utrum scilicet eum pœna constringeret, an ei quævis, utinam, prosperitas arrideret, respondit : Usque heri male mihi fuit, sed et inter cætera meæ calamitatis incommoda gravius me fames afflixit. Heri vero, te præbente convivium, splendide refeci; ac funditus fame consumpta, largis alimentorum dapibus abundavi. Et his dictis præsto disparuit. Cumque mulier evigilasset, ac de viri sui verbis sollicite pertractare cœpisset, non mediocriter mirabatur, cur ille dixerit hesternum se tantummodo ab ea percepisse convivium, quandoquidem illa sacerdoti frequentissime direxisset xenium. Igitur altiori pertractans viri verba consilio, intellexit non sine mysterio esse quod dixerat. Vocans autem famulam, districte cœpit inquirere de xenio quid egisset, vel quid presbyter respondisset. Cumque illa terrore concussa, modo hæc, modo illa confingeret : et veritate suppressa, per ambages et commenta quædam non procedentia palpitaret; domina vero fidem non adhibens, dura prorsus et aspera minaciter intentaret. Illa demum necessitate constricta, tandem quod in re erat, aperuit ; et se, quæ detulerat, comedisse, et pro domino suo preces fudisse confessa est.

CAPUT VII.
Quod fructuosior est eleemosyna pauperibus data, quam oblatio a sacerdote carnali celebrata.

Hoc igitur ita, ut factum est, quantocius per populi ora depromitur, et celebri per regiones relatione vulgatur : multorumque testimonio definitum est, quod utilior est, et fructuosior eleemosyna pauperum, quam quælibet oblatio tradita manibus carnaliter viventium sacerdotum; quandoquidem defunctus ille, et quod presbytero datum est, ignoravit; et quod a paupercula muliere perceptum est, solemne convivium sensit. Eleemosyna quippe animas hominum in tenebras ire non petitur, terrenisque munusculis sidera regna mercatur. Unde nonnulla in nostris partibus monasteria præclaram nuper institutionis normam sibimet indiderunt, ut præter cætera pietatis opera, etiam tres pauperes cum privata mensa juxta se abbas habeat, eisque singulis mensuram cibi quem quivis habet frater apponat (S. BENED. *Reg.*, cap. 46) Nam cum regularis norma præcipiat, ut abbatis mensa semper sit cum hospitibus, hoc modo noviter utrumque completur; ut et abbatis mensa non superbis sæculi, sed sanctis hospitibus hæreat, et ipse convesci fratribus non omittat. Enimvero, ut copiosiora in pauperes alimenta proficiant, dantur in monasteriis, et eremis decimæ quorumque proventuum, et non modo pecorum, sed et ornicum, pariter et ovorum. Devotioni quoque defunctorum hoc noviter superaddunt, ut charioribus quibuscunque defunctis octavas semper anniversarias faciant; et non uno tantum depositionis die, sed per ogdoadam [hebdomadam] potius annualis sibi memoriæ vota persolvant. Et suggero atque humiliter peto, ut ipse notum hoc eorum, quæ prædiximus, arripias institutum : nec a minimis fratribus mutuari dedigneris exemplum. Melius est certe doctoribus a discipulis discere, quam superbe, quæ recta sunt, ignorare. Honestius est majori, ut quæ nescit addiscat, quam quæ dicenda sunt, nesciat. O gloriosa virtus humilitatis! per quam homo vere discipulis efficitur Salvatoris. « Discite, inquit, a me, quia mitis sum, et humilis corde (*Matth.* xi). » Hæc est enim virtus, per quam suave Deo sacrificium, et magister impensi laboris instantiam, et discipulus suam exhibet clientelam.

A venerabilis plane Cluniacensis cœnobii fratribus didicisse me contigit insignia duo sanctæ humilitatis exempla, quorum unum non mediocriter quoque prælatos, alterum valet ædificare subjectos. Marcuardus certe ejusdem rector Ecclesiæ Maiolum sibimet substituit, et grandævæ jam senectuti suæ quietis otium procuravit. Hic itaque dum privatus in infirmorum maneret ædicula, quadam advesperascente die caseum petiit, quem cellerarius pluribus, ut fieri solet, intentus, non modo non dedit, sed et duris insuper ministrum ejus responsionibus fregit. Conquestus est abbatum turbam, nec posse se tot dominorum perferre molestiam. Quo senex audito, non mediocre scandalum pertulit, et quia lumen oculorum prorsus amiserat, dolor in ejus corde tenacius hæsit. Nam quo cæcus a visibus vacat, eo quidquid audierit, in corde subtilius versat; et quia per exteriora quæque non spargitur, interiori zeli stimulo truculentius inflammatur. Mane vero facto, ministro suo, ut sese ad manum in capitulo duceret, jussit. Adductus autem, talibus abbatem aggressus est verbis : Frater, inquit, Maiole, non ego te super me, ut me persequereris imposui : nec ut tanquam emptor mancipio dominareris; sed ut revera patri filius compatereris, elegi. Et post hujusmodi multa propemodum commotus adjecit : Esne, quæso, meus monachus? Quo respondente : Sum, tuumque me non magis fuisse, quam et nunc esse profiteor. Et ille : Si meus, inquit, es monachus, protinus cede sedi, et locum, quem ante tenueras, repete. Quo Maiolo audito, repente surrexerit, humilem locum, prout jussus fuerat, expetivit. Marcuardus itaque quasi postliminio reversus, vacantem occupat sedem, cellerarium, cui fuerat infensus, accusat, quem mox terræ prostratum durius corripit, tandemque modum pœnitentiæ qui sibi videbatur, injungit. Perfunctus itaque tam longi tribunatus officio, præsto dethronizatus assistit : Maiolo, ut ad suam sedem redeat, præcipit. Ille confestim nil cunctatus obedit.

CAPUT VIII.
Quod magna vis sit obedientiæ.

In hoc igitur sancto viro evidenter ostenditur, et

veræ virtus obedientiæ, et monachicæ mortificatio disciplinæ. Vere in eo cernitur et imperialis patientiæ dignitas, et apostolicæ humilitatis regnare majestas. Jussus enim prioratus officium abjicere, non contempsit, jussus recipere, patienter et humiliter obedivit: utrobique sibimet mortuus, et consummatæ obedientiæ loro constrictus, dum alienis omnino se substravit imperiis, nulla proprii sensus in se vivere vota permisit. Sed quoniam tanta beati viri humilitas sterilis esse non potuit, quod prius de Spiritus sancti rore radix ipsa concepit, prorumpentium ramorum germen pullulando diffudit.

Vir itaque Domini venturus aliquando Romam, præcipit cuidam fratri, ut secum pergeret, quia sicut rogatus fuerat eum, in monasterio S. Pauli priorem constituere decrevisset, ille nonnulla difficultatis obstacula reluctatus opposuit, et modo hoc, modo illud, tandem obstinatus obedire contempsit. Maiolus autem inobedientiam fratris æquanimiter tulit, eoque relicto itinere, quo decreverat, commeavit. Cumque frater in monasterio per inobedientiam remansisset, et reliqui fratres in eum vehementer inveherent, ac tam obstinatæ duritiæ pervicaciam unanimiter increparent, tandem in cor reversus, adversus propriam voluntatem in arma congreditur, salutaris obedientiæ telis accingitur, et mox supernæ gratiæ fervore succensus, beati viri vestigia perniciter comitatur. Sed dum ille nesciens cœpto itinere graditur; hic vero post eum festinanter accelerat, et anxius ac repentinus anhelat. Mox ad quemdam fluvium pervenit, cujus vir Domini jam vada transierat, et super ripam adhuc alteram consistebat.

Cum itaque monachus in citeriori se fluminis crepidine figeret, quoniam absente navigio transitum non haberet, videns procul astare magistrum, quod solum potuit, præsto corruens in terram se humiliter stravit; et quia veniam deprecans, per oris organum forte non posset audire clamorem, de toto corpore linguam fecit. Quod dum eminus Maiolus aspexit, quid hoc esset, incunctanter agnovit, moxque misso remigio transferri ad se monachum fecit. Quem præsto vir Dei ad quid venisset, inquirit: at ille simul et de præteritis veniam deprecatur, et impleturum se de cæteris, quidquid injungeret, pollicetur. Tunc ille: Vis, inquit, absque dubio pœnitentiam? Quo respondente: Volo; protinus addidit: Huic igitur osculum præbe. Nam casu tuberosæ cutis illic leprosus astabat. Ille confestim in ejus osculum ruit, moxque lepra mundati corporis prorsus evanuit. Sic sancta obedientia fructum suæ humilitatis invenit, dum non modo veniam se corrigendo promeruit, sed et signum insuper tam perspicuæ virtutis ostendit. Et cui superbia pene potuit apostalicam inferre perniciem, humilitas dedit apostolicam exhibere virtutem.

585 Hæc omnia, venerabilis Pater, non sine magno timore describimus, ne vel per oblivionem propriam, vel per infidæ relationis audaciam a veritatis linea quantumlibet declinemus. Quamobrem næc nos non constanter astruimus; sed quia velut sub hoc relationis ordine ad nostram fuerint perlata notitiam, opinamur.

Verum quisquis obedientiam prædicat, illi summopere cavendum est, ut eum nota rebellis inobedientiæ non inurat. Nam ubi distat 586 opus a labiis, fœdatur nomen auctoris. Quoniam qui idipsum quod ore statuit factis oppugnat, legem procul dubio destruit quam promulgat. Quapropter ipsum obedientiæ deprecor et humilitatis auctorem, ut in proximo dignetur a me hujus infamiæ probra repellere, meque permittat hunc Prophetæ versiculum in Casinensis cœnobii foribus decantare: « Propter hoc sciet populus meus nomen meum in die illa, quia ego ipse qui loquebar ecce adsum (Isa. LII, 6). »

Sit nomen Domini benedictum.

587-588 OPUSCULUM TRICESIMUM QUARTUM.

DE VARIIS MIRACULOSIS NARRATIONIBUS, ADDITA SIMILI DISPUTATIONE DE VARIIS APPARITIONIBUS ET MIRACULIS.

ARGUMENTUM. — Hoc opusculum totum exemplis admirandis refertum est, quæ uno nomine miracula appellantur, quæ magnam vim ad inflammandos animos ad virtutem, a vitiisque deterrendos habere, certissime constat.

Domno DESIDERIO archangelo monachorum, ac cæteris sanctis fratribus, PETRUS peccator monachus devotissimi famulatus obsequium.

Cum in meo pectore tuæ charitatis ardor inextinguibiliter ferveat, meque circa tui memoriam tepescere non permittat, mihi nuper aliquid in memoriam venit, quod me mittendæ tibi legationis admonuit. Nam dum in tui contemplatione sedulus habitarem, et angelico fratrum, sanctoque conventui, sic in cordis obtutibus velut corporaliter interessem, inter alia multa repente tuarum recordatus sum litterarum, quas tu quidem sub interrogatione misisti; sed his ego synodali præpeditus instantia adhuc non respondi. Et hæc in illis, si reminisci valeo, continebantur epistolis: quia zelotypa quædam mulier habens virum ex adulterii fraude suspectum, qualiter eum sibi vindicare posset proprio toro contentum, a vicina petiit muliere consilium. Quæ nimirum perversa, et ultricibus flammis evidenter obnoxia, hoc eam sacrilegium venenata serpentis antiqui suadela perdocuit, ut corpus Dominicum quasi communicatura perciperet, quod caute reservans, viro suo postmodum non sine quibusdam maleficiis propinaret. Quod videlicet a sacerdote perceptum, et usque dum occasio præberetur palliolo reservatum, non sine magno dedit stupore miraculum. Hæc enim particula Dominici corporis inventa est usque ad medietatem in carnem esse conversam, altera vero medietas panis speciem non mutavit. Itaque si rite reminiscor, hoc proposuisti, deinde quid portenderent, inquisisti. Super qua quæstione, quia non necesse est diutius immorari, brevi compendio quid mihi videatur expediam. Nam idcirco Deus omnipotens sacrosanctum illud mysterium in carnis speciem vertit, ut perfidiam reprobæ mulieris argueret, dum visibilem Dominici corporis ostenderet veritatem: quatenus quæ purum panem, ut videbatur, ante credebat, veræ carnis speciem cerneret, sicque sacrilegam cœpti sceleris audaciam suo ipsa judicio condemnaret. Quod autem medietas sic remansit, ad evidentioris judicii testimonium proficit, ut dum in una eademque substantia hinc panis, illinc carnis adesse consideras speciem, in utroque veræ carnis verique panis indifferenter intelligas veritatem, quia et ipse est *panis qui de cœlo descendit* (*Joan.* vi), et ipsa nihilominus caro quæ de virginalis uteri materia prodiit.

Nam et vester ille finitimus piæ recordationis Amalphitanus episcopus, nomen nescio, Stephano Romano Pontifici, me præsente, sub jurejurando sæpe testatus est quia cum aliquando ad mensam Domini sacrificaturus accederet, sed super sacramento Dominici corporis incredulus hæsitaret, in ipsa confractione salutaris hostiæ, rubra prorsus ac perfecta caro inter ejus manus apparuit, ita ut etiam digitos illius cruentaret, sicque sacerdoti omnem scrupulum dubietatis auferret. Ubi notandum quam sit immane periculum indignis manibus attrectare tam terribile sacramentum. Sed quid de sacramentis ipsis eloquimur, cum etiam super eos aliquando, qui ex eorum vasis offendunt, terribiles fieri sententias videamus?

CAPUT PRIMUM.

Terribile exemplum Arnaldi episcopi Aretini calicem Dominicum alienantis, et ab Ecclesia subtrahentis.

Arnaldum certe Aretinæ sedis episcopum tu quoque familiariter agnovisti. De hoc mihi Martinus eremita, magnæ scilicet opinionis vir ac celebris famæ narravit. Quia ex quodam sui juris monasterio calicem aureum abstulit, et quibusdam imminentibus necessariis alienavit: cui nimirum calici nobilis ac devota mulier, quæ eum sanctis obtulerat, anathematis titulum, ne ab aliquo tolleretur, provide fecit insculpi. Interea cuidam fratri sopore depresso, videre contigit quemdam lacum nimii caloris ardore ferventem,

et piceos, sulphureosque fetores non sine tetri fumi voluminibus exhalantem. Circa quem lacum teterrimi quidam velut Æthiopes, nigris similiter equis, sed excelsis instar turrium, insidebant. Intus autem innumerabilia crudelium tortorum monstra; damnatorum vero videbantur horribilia, ac diversa supplicia. Inter quos subito contigit, ut etiam Arnaldum videret episcopum, quem videlicet in illis præ nimietate caloris exundantibus aquis cervicetenus immersum, terribiles duo Æthiopes constringebant, quorum alter sartaginem ferream, alter calicem aureum in manibus habere videbatur; sed iste cum sartagine calicem replebat aqua, et ille labiis episcopi protinus eumdem calicem apponebat, eumque funditus ebibere compellebat. Sic itaque nunquam cessabant, et ille poculum labiis hiantis immergere, et iste coactus indesinenter haurire. Quid multis immoror? Hanc visionem audivit episcopus ut monasterio restituat calicem, ab amicis omnino suggeritur. Ille sub fortassis ambiguo reddere pollicetur. Sed dum res in crastinando differtur, imo dum circa salutem suam ille non vigilat, cœlestis super eum sententia non dormitat. Nam et B. Petrus de his, quæ fictis verbis in avaritia negotiantur, ait: « Quibus judicium jam olim non cessat, perditio eorum non dormitat (*I Petr.* ii). » Quadam itaque die, tertia propinquante jam hora, in castelli, ubi erat, crepidinem, sellam præcepit afferri, ut surgentis calorem solis exciperet, ac matutinis frigoris reliquias propulsaret. Cumque residenti domestici sui, servi, atque contubernales assisterent; et ille securus, hilaris ac jucundus, faceta cum eis, et urbana verba misceret; subito repentinus dolor in ejus verticem tanquam gladius irruit; eumque morior, morior exclamare coegit. Mox bajulantibus necessariis defertur ad lectulum: mysterium sacrosanctæ communionis accepit ac spiritum protinus exhalavit. Timeat ergo quisquis vel ecclesiastici mysterii utensilia distrahit, vel tremendi anathematis elogium parvipendit; ne dum quasi securus ambulat, latentis eum judicii laqueus comprehendat. Heu miserabilis valde, et infelix humana conditio! Certe præfatus episcopus licet in hoc sibi negligentiæ torpor obrepserit, alias tamen acutus erat, ingeniosus et cautus, tantæque facundiæ, ut dum expeditissime in verbis decurreret, circumcisus labiis dici non immerito potuisset. Sed cum Apostolus dicat: « Prudentia carnis mors est; prudentia spiritus vita et pax (*Rom.* viii): » quid prodest, si quispiam sæculi hujus prudentia calleat, si ingenii vivacis obtutibus abdita comprehendat, si versuta calliditate, tanquam Proteus, in varia se formarum monstra convertat.

CAPUT II.

Aliud terribile exemplum Tedaldi episcopi.

Interea sub hujus occasione sermonis, illud in memoriam redit, quod olim Tetaldus episcopus prædecessor istius, in festivitate beati Donati constitutus in pulpito, sermoni, quo concionabatur, adjecit. In Longobardiæ, inquit, finibus unde originem duco, vir erat versipellis ingenii, et acutissimæ subtilitatis, duplex animo, sermone lepidus, concinnandis fabricandisque commentis edoctus, in reperiendis ac variandis consiliis vehementer astutus. Nunquam erigebat brachia contra torrentem, sed ex quocunque latere mundani turbinis eum aura proflaret; ille protinus aptum calliditatis, atque versutiæ pallium opponebat. Accidit autem, ut hunc post obitum quidam frater nocturna visione conspiceret. Lacus erat igneus; qui flammivomis vaporabat incendiis, et crepitantibus ignium globis terribilem cernentibus incutiebat horrorem; quem lacum trabalis enormitatis videbantur obsidere dracones, variaque serpentium genera, hinc inde per circuitum spatiari. Vir autem ille quem diximus, in ipsa flammarum stridentium voragine coarctatus, tentabat quidem effugere, sed obstantibus bestiis, dolebat aditum non patere. Modo scilicet ex hac parte fugam parabat; sed ecce serpens obvius aderat. Per aliam partem erumpere satagebat, sed ecce rursus alia bestia laxo gutture stridens iter occluserat. Ille rursus et alia ad evadendum loca tentabat, sed insurgentibus bestiis, omnino meatus aufugii non patebat. Porro autem cum Veritas dicat: « Eadem mensura qua mensi fueritis remetietur vobis (*Matth.* vii; *Marc.* iv); » hoc illi justo Dei judicio contingebat. Sicut enim ille per carnalis astutiæ vanitatem, ex quibuslibet hujus sæculi se noverat laqueis expedire; ita postmodum versa vice nullo valebat ingenio supplicium, quo cruciabatur, evadere. Qui nimirum si prudentiam, qua callebat; in divinis studuisset exercere mandatis, non cremaretur inter rabida ora serpentium, sed gauderet potius inter agmina beatorum.

CAPUT III.
Aliud exemplum cujusdam non dantis honorem loco sacro

Unum plane contigit in nostris partibus de quodam carnaliter sapiente, quod dignum non est silentio præterire. Fanensis quidam primarius civitatis, Hugo nomine, ipsa nocte, quæ peracta Parasceve, sacrosanctum Sabbatum Dominicæ sepulturæ præcedit, cum armis et armatis ingressus ecclesiam, in qua divinis vacabatur officiis, perosum sibi violenter hominem cepit, ac vinculis crudeliter mancipavit. Quem quia nova præsumpsit, novo Deus omnipotens supplicio condemnavit. Nam cum sensum mentis, in quantum mihi videtur, integrum teneat, omnes eum tanquam vesanum, exinanitum, atque dementem conspuunt, abjiciunt, et exprobrant. Halitum quippe ejus, juxta querelam B. Job uxor exhorret (*Job* xix), eumque velut arreptitium nurus explodit, ad mensam, sive colloquium filius non admittit, avertunt oculos famuli, dedignantur amici, clientes, millies, affines atque propinqui : episcopus etiam civitatis, et, ut compendiose cuncta complectar, omnis clerus et populus jam fere per duodennium arbitrantur eum mentis impotem et vesanum, nullumque cum eo tanquam energumeno dignantur habere consortium. Porro cum dives sit, et exuberans domus ejus, fluunt pannosæ et illotæ vestes, horret inculta cæsaries, caput ejus diuturni sudoris fetet injuria, corpus totum per longam sordet incuriam. Hic plane, cum me adesse cognosceret, me concitus adiit, mala quæ patiebatur exposuit, querelam de suis sobrio sermone digessit, et (quantum ex tenore verborum ejus colligere potui) rationabiliter declamavit. Itaque conveni filium, episcopum quoque ac de civitate quamplurimos, et subtiliter inquisivi, quod inordinatum, quid delirum, quid ineptum in illo conspicerent, pro quo illi vesaniam imputarent. A quibus utique nihil aliud, et ne unum quidem certi signi verbum addiscere potui, nisi hoc tantum, quia demens est : quod omnes ore consono unanimiter afferebant. Cumque ego dicerem : Quomodo id scitis, quibusve indiciis eum insanire conjicitis? Nihil aliud invenientes, idipsum denuo replicabant: Demens est. Quod mihi videtur profundum atque admirabile Dei omnipotentis esse judicium, ut qui prudens, et sciens sponte desipuisse cognoscitur, prudens et sciens opinione vesaniæ puniatur : et qui sponte factus est furiosus, demens ab omni populo judicetur invitus. Merito contra votum adjudicatur insaniæ, qui voluntate propria conatus est insanire. Enimvero si veraciter fureret, eo minus miser esset, quo despectus sui mala, quæ patitur, ignoraret. Non est itaque sicut mortuus sæculi (*Psal.* cxli), qui non sentit; sed sicut mortuus est inferni, qui jugiter moritur, et mortem ipsam sentire non desinit. Salvo nempe illo terribili in mundi fine judicio, nunc etiam omnipotens Deus non modo crudelia quælibet facta, sed et sacrilega, prout dignum est, ulciscitur verba. Vindicavit siquidem, quod Balthassar sacra vasa temulentus indigne tractavit (*Dan.* v); nec dimisit inultum, quod Nabuchodonosor arroganter elata verba deprompsit : « Nonne, inquit, hæc est Babylon magna, quam ego ædificavi in domum regni, in robore fortitudinis meæ, et in gloria decoris mei? » (*Dan.* iv.) Et ecce sicut propheta testatur, cum adhuc sermo esset in ore regis, vox de cœlo ruit : « Tibi dicitur, Nabuchodonosor rex, regnum transit a te, et ab hominibus te ejicient, et, cum bestiis, atque feris erit habitatio tua (*Ibid.*). » Punivit præterea Dominus Sedechiam regem Juda, qui per reprobos actus Dei mandatum contempsit (*II Par.* xxxvi). Ultus est etiam Ananiam prophetam, non quia malum fecit, sed quia mendacium protulit. Cui Jeremias : « Non, inquit, misit te Dominus, et tu confidere fecisti populum istum in mendacio, idcirco hæc dicit Dominus : Ecce mittam te a facie terræ : hoc anno morieris (*Jer.* xxviii). »

CAPUT IV.
Clerici pugnacis, insolentis et blasphemi cædes.

Novis [Nostris *f.*] quoque temporibus accidit, ut in Burgundiæ regno quidam clericus esset superbus nimis ac tumidus : et non modo carnali vitæ sæculariter deditus, sed et contra suum ordinem terribiliter bellicosus. Hic itaque cum ecclesiam B. Mauritii multis inclytam prædiis, suis ditionibus usurparet; potens autem quidam e diverso sui juris esse, non sine magna livoris atque certaminis animositate contenderet, tandem belli dies utroque paciscente statuitur, et a multis hinc inde frementium armatorum agminibus conveniat. Potens autem ille, quem diximus, nuntium ad hostilia castra direxit, qui et apparatum belli solerti speculatione perpenderet, ac sibi celeriter nuntiaret. Forte tunc clericus missam cum his, qui dimicaturi erant, suis fautoribus audiebat. Cumque ad Evangelium veniretur, in fine lectum est : « Omnis qui se exaltat, humiliabitur; et qui se humiliat, exaltabitur (*Matth.* XXIII; *Luc.* XIV, XVIII). » Illico clericus in hanc sacrilegam vocem protervus erupit : Hæc, inquiens, sententia vera non est; nam si ego me meis adversariis humiliter inclinassem, hodie tot possessionum atque clientium copias non haberem. Reversus autem nuntius domino suo fideliter retulit, non modo quod in bellici procinctus apparatu conspexit, sed hoc etiam quod in ore clerici tumide loquentis audivit. Tunc ille plaudens in Domino lætus efficitur, atque ad spem procul dubio obtinendæ victoriæ milites cohortatur. Conglobatis itaque diversorum cuneis armatorum, ex utraque parte pugna committitur, vires viribus opponuntur, depressa telorum silva deponitur, et humanis inflicta corporibus arma grassantur. Habebat autem clericus equam, quam videlicet præliaturus ascenderat, tantæ velocitatis ac roboris, ut nullus sibi videretur equus, aut mulus ad dimicandum posse præferri. Casu, imo Deo disponente, contigerat, quod præcedenti nocte jumentum illud stabulo solutum abscederet, acervumque salis inveniens, ex eo plurimùm comederet. Clericus itaque dum in acie constitutus super aquæ rivulum deveniret, ibique cominus adversantium armis arma conferret, jumentum, ut erat assumpti salis copia sitibundum, frenum de manu rectoris violenter extorsit, sulsque totum viribus vindicavit, ac præsto caput in aquam ad bibendum inhianter immersit. Ille vero, dum ea manu, qua scutum tenebat, cum jumento confligit, hostilibus jaculis faciem coactus exponit : et ecce repente gladius os ejus fulminis more transfixit, talique vir reprobus vitam suam fine conclusit. O quam congrue in illa pertulit corporis parte vindictam, qua nigri fellis in Dominum vomuerat blasphemiam! Et cum Propheta de talibus dicat : « Filii hominum dentes eorum arma, et sagittæ, et lingua eorum gladius acutus (*Psal.* LVI); » qui linguam suam et dentes adversus Deum gladii more vibravit, digne per eadem membra materialis gladii pœnas exsolvit. **593** Isti plane contigit quod Dominus in Evangelio dicit : « Quia super decem et octo homines turris Siloe cecidit, et occidit eos (*Luc.* XIII). » Quem vero mystice turris illa significat, nisi illum cui Psalmista decantat : « Deduxisti me, quia factus es spes mea, turris fortitudinis a facie inimici? » (*Psal.* LX.) Huic enim expositioni ipsum quoque Siloe nomen adgaudet. Siloe siquidem interpretatur, *missus*. Haud dubium quin sit ille, qui dicit : « Qui me misit, mecum est (*Joan.* VIII). » Et ibi cæcus a nativitate lumen accipit ab eo qui ait : « Ego sum lux mundi (*Matth.* XXI). » De casu istius turris alibi sub figura dicitur lapidis : « Omnis qui ceciderit super illum confringetur, supra quem vero ceciderit, conteret eum. » Super hanc turrim, sive lapidem, cadit homo, atque confringitur, cum per fragilitatem aliquam peccat, sed ejus super se ruina conteritur, cum superbe blasphemat. Turris ergo Siloe super hunc clericum cecidit, et sicut blasphemando meruerat, omnino contrivit.

CAPUT V.

Quod Deus nullum peccatum impunitum relinquit.

Et quid mirum, si gravia nos peccata tormentis addicant, cum subtile Dei judicium impunita etiam minima non relinquat? Imo quid novum, si reprobæ locutionis sacrilegium damnat, cum ipsa quoque laudis suæ præconia, nisi digne sint deprompta, contemnat? Adraldi nempe prudentis et religiosi viri, qui Bremetensi præminet monasterio, didici relatione quod scribo, quod etiam inditum litteris esse dicebat. Clericus, inquit, Coloniensis Ecclesiæ vadum fluminis transibat, et ecce beatus Severinus ejusdem Ecclesiæ nuper episcopus, equi ejus habenas apprehendit, eumque retinens, sistit. Cumque ille in stuporem versus, et graviter admiratus, cur illic tam clarus et tam celebris famæ vir moraretur inquireret : Da mihi, ait, manum tuam, et quæ circa me sunt, non auditu disce, sed tactu. Cumque datam manum fluctibus episcopus impressisset, tantus eam ardor absorbuit, ut undique carnes ejus resolutæ diffluerent, et ossa nuda vix hærentibus articulis remanerent. Ad quem clericus, [cum *adde*] nomen, inquit, tuum in tanta benedictione sit apud nos, et fama tua consonis totius Ecclesiæ præconiis celebretur, cur te pestilens hæc vorago constringit, tantoque, proh dolor! incendio cruciaris? Ad quem sanctus episcopus : Nihil, ait, aliud in me remansit ultione plectendum, præter hoc tantum, quia dum, in aula regia constitutus, imperialibus me consiliis vehementer implicui, canonicæ synaxis officia per distincta horarum spatia non persolvi. Mane quippe simul omnia coacervans, tota die negotiis ingruentibus secura libertate vacabam. Ob hanc itaque negligentiam horarum, ardoris hujus fero supplicium. Tu vero omnipotentis Dei clementiam humiliter implora, ut manum tuam in salutis pristinæ restituat statum. Quod cum factum fuisset : Vade, inquit, fili, obsecra fratres nostros Ecclesiæ clericos, et alios spirituales **594** viros, ut pro me preces fundant, indigentibus subsidia conferant, sacrificiorum votis insistant. His enim peractis, ego mox de vinculo pœnæ hujus indubitanter expediar, et exspectantibus me beatorum civium choris lætus adjungar. Quod certe magnam nobis debet inferre formidinem, quia cum sanctum virum, uni culpæ duntaxat obnoxium, tam intolerabilis purgatorii pœna constrinxerit, væ, væ, quæ mihi, meisque similibus est inferenda sententia, quos tot reatuum prolixitas gravat?

CAPUT VI.
Quod Dei laudes fœdis cogitationibus non sint inquinandæ.

Distinguenda sunt ego per momenta temporum ecclesiasticæ institutionis officia, et sub magna divini timoris, ac reverentiæ dicenda sunt disciplina, ne dum psallimus, fructum spiritus cum carnis desidia misceamus. Quid enim prodest, hostiam Deo laudis offerre, et per torporem negligentiæ fœdis cogitationibus inquinare? Hanc porro boni, malique misturam locus ille significat evangelicus, ubi dicitur: Quia docente Domino, aderant quidam ipso in tempore nuntiantes illi de Galilæis (*Luc.* XIII), quorum sanguinem Pilatus miscuit cum sacrificiis eorum. Nam quia Pilatus, os malleatoris interpretatur, quid per hunc, nisi diabolum debemus intelligere, qui paratus est semper homines offensionum ictibus verberare? Unde et virgam super humeros hominum tenere dicitur per Prophetam: « Virgam, inquit, humeri ejus superasti, sicut in die Madian (*Isa.* IX). » Quid vero sanguis, nisi peccata? Quid sacrificia, nisi rectas, et acceptabiles Deo significant actiones? Pilatus ergo Galilæorum sanguinem cum sacrificiis miscuit, quia malignus spiritus vel orationes nostras pravis cogitationibus polluit, vel opera bona peccati cujuslibet attaminatione corrumpit, ut sanguis sacrificium polluat; dum reatus offensio oblatam Deo recti operis victimam fœdat. Unde scriptum est: « Quia cum Abraham Deo sacrificium de pecoribus, ac volucribus devotus offerret, descenderunt volucres super cadavera, et abigebat eas Abraham (*Gen.* XV). » Quid enim exprimunt volucres, nisi reprobos spiritus per aera volitantes? volucres ergo a sacrificio nostro repellimus, cum operum nostrorum victimas a malignis spiritibus eas fœdare tentantibus, provide custodimus.

Idem sane, quem prædiximus, Adraldus, dum in Burgundiæ regno mihi conviator incederet: In hoc, inquit, loco per quem nunc transitum habemus, aliquid contigit, quod si dicimus, non videtur otiosum. Frater quidam nostri cœnobii (haud dubium quin Cluniacensis) piæ mentis, et rectæ conversationis vir, hinc aliquando transibat; et ecce crinitus quidam, quasi ex Hierosolymitana peregrinatione deveniens, palmam ferebat in manu. Cumque peregrinus, et monachus invicem obvii sese altrinsecus pertransiissent ait ille: Completorium in lecto, nec salus est, nec profectus. Quod frater audiens, admiratus expavit, ac repente post terga respiciens, cum videre non potuit. Mox enim ut verbum protulit, omnino disparuit. Ille vero ad conscientiam mox reversus invenit, quia pridiano vespere lassus de via redierat, et fessa in lectulum membra projiciens, jacendo canonicas horas compleverat. Utrum ille angelus fuerit, an revera, sicut videbatur,

A homo, Dei ducimus relinquendum esse judicio.

In hac etiam eremo fontis Avellani, ubi nunc habito, prior quidam fuerat, nomine Joannes, qui lentis quibusdam infirmitatibus macilentus videbatur semper et gracilis. Hac itaque sui corporis imbecilla tenuitate confisus, sæpe jacens in lecto completorium decurrebat. Accidit autem ut dæmoniacus quidam non procul abesset, qui multa hominum secreta, et obscenos actus impudens propalaret. Cumque præfatus Joannes dæmonem exire præciperet, et quibusdam exorcismi quæstionibus flagellaret: Tunc, ait, ille es, qui sub cotto quotidie completorium insusurras, et modo me quasi sanctus ejicere, et juris mei vasculum de meo vis dominio liberare? Hoc audito, frater erubuit, quia rei veritatem etiam per mendacii recognovit auctorem.

Alter etiam eremita, qui vocabatur Joannes de Anso, cum ei, ut egrederetur vehementer insisteret, ac divini nominis adjurium crebrius intentaret: Nunquid oblitus es, ait, hac tibi nocte quid fecerim? Nam, si non excidit, certus es quia dum ego me in apri silvestris effigiem verti, tu me quasi venator insectabaris. Sed qui videbar aper, subito speciem venustæ mulieris assumpsi, atque in osculum tuum ruens, ut semen effunderes, cum gloria triumphavi. Cum itaque reprobus spiritus de fratre delinquente per soporis energiam se gloriatur habuisse triumphum; quanto putamus eum gaudere tripudio super his, qui labuntur in adulterium, vel incestum? Unde sæpe Deus omnipotens terribile exhibet etiam in hac vita judicium, nec tamen miseri homines desinunt iterare plectendum.

Nam Robertus Gallorum rex, avus istius Philippi, qui in paterni juris sceptra successit, propinquam sibi copulavit uxorem, ex qua suscepit filium, anserinum per omnia collum, et caput habentem. Quos etiam, virum scilicet et uxorem, omnes fere Galliarum episcopi, communi simul excommunicavere sententia. Cujus sacerdotalis edicti tantus omnem undique populum terror invasit, ut ab ejus universi societate recederent, nec præter duos sibi servulos ad necessarii victus obsequium remanerent: qui tamen et ipsi omnia vasa, in quibus rex edebat, vel bibebat, percepto cibo, abominabilia judicantes, pabulum ignibus exhibebant. His tandem rex coactus angustiis, ad sanum consilium rediens, divertit incestum, iniitque legale connubium.

CAPUT VII.
Quod non sunt commatres ducendæ uxores.

Sed et Otto rex Teutonicorum, qui postmodum imperator creatus est Romanorum, Adalaidem Italiæ reginam, quæ sibi commater exstiterat, suscepit in conjugem. Quem filius ejus Almificus, qui Maguntinæ præsidebat pastor Ecclesiæ, cœpit constanter arguere, et scelestum luridumque conjugium publice condemnare. Pater autem vehementer iratus, eum comprehendi præcepit, et carcerali mox custodiæ mancipavit; quem per annale circiter spatium carcer inclusit, sed a correctione linguam terroris vinculum non ligavit. Cum vero pater eum quadragesimali decurrente jejunio, de custodia decrevisset educere, antequam psalterium expleret, quod aureis exarabat apicibus, recusavit exire. Verumtamen dum exivit, zelo sacerdotalis accensus auctoritatis, non quievit, sed mox in patrem jaculum publicæ excommunicationis intorsit. O vere dignum regio genere sacerdotem, qui in causa Dei non imperiale fastigium, non paternum recognovit affectum; sed dum paternam ac regiam auctoritatem in solo Deo constituit, hunc hominem ejus legibus resistentem, a se prorsus extraneum deputavit. Dixit autem patri : Tu arbitraris me adversum te insolenter agere, te vero præjudicium sustinere : cito prænosces, quia die sancto Pentecostes uterque simul astabimus ante Deum, ibique ventilabitur internos, librata justitiæ lance, litigium. Ibi luce clarius apparebit quis nostrum æquitatis lineam teneat, quis Dei legibus contradicat. Factumque est, ipso, qui dictus est, sacrosanctæ solemnitatis die, ut dum præfatus Augustus imperialibus infulis redimitus, multorumque pontificum choris, sive procerum vallatus agminibus, missarum solemniis interesset, repentino super eum veniente judicio, repertus sit mortuus. Episcopus autem in Domino jam quieverat. Sic sic qui de incesto conjugio contempsit inter homines judicari, ad tribunal æterni judicis coactus est pertrahi; et qui subjectum sibi dedignatus est audire pontificem, terribilem super se non potuit evadere majestatem.

Hæc ego, venerabilis pater, et alia quamplurima, non sine magnæ formidinis angore conscribo; ne videlicet, vel relatores mei meræ veritatis semitam non tenuerint, vel ipse quoque relationum in quolibet immemor oblivione deliquerim. Verumtamen teste conscientia, non hæc mentiendi voto, sed ædificationis affectu, prout melius possum, narrata recolere, satago schedulis adnotare. Si quid mihi tamen in his oblivionis obrepsit, imo quidquid humanæ conditionis infirmitate deliqui antequam nexibus hujus carnis absolvar, divina mihi pietas tuis orationibus in memoriam revocet, ac digne lugere permittat; ne viventi mihi pœnitendum quid manere possit occultum, quod morientis sit oculis ingerendum.

Horno abbas Cluniacensis, cum ad suum me monasterium perduxisset, frater quidam senex in infirmorum domo, ingravescente totius corporis tumore, languebat. Hic porro, cum abbatis comperisset adesse præsentiam, lætus effectus, divinam cœpit implorare clementiam : Domine, inquit, quem nullum latet occultum, quæso, si quid reatus in me est, quod non sim hucusque confessus, tu mihi misericorditer in memoria revoca, quatenus abbati meo dum præsens **597** est, pure confitear; atque ab eo, qui jus hoc in me præ cæteris habet, judicatus absolvat. Hoc dicto, hujusmodi vox auribus ejus insonuit : Certe est, certe est aliquid in te, quod confessus adhuc non es. Cumque ille vocem solam audiret, sed a quo procederet, non videret, orando subjunxit : Ex-

prime, domine, manifeste quid hoc sit, ut confessus corrigam quod erravi. Porro vox eadem peccatum quoddam [sicut quærebat] signanter expressit, quod ille a se commissum illico recognovit, et abbati festinanter ascito, facta confessione, purgavit, paucisque post diebus in sancta pace defunctus est.

CAPUT VIII.
Terribile exemplum cujusdam hominis desperati, ac interficientis seipsum.

Non talem sortitus est finem clericus ille, de quo mihi idem Hugo Cluniacensis monasterii rector fida relatione narravit : Religiosus, inquit, quidam episcopus in expeditione positus, cum venisset ad ripam cujusdam fluminis, substitit, ibique lassus recreare spiritum cœpit. Cumque illic tranquille quiesceret, audivit vocem de fluminis alveo prodeuntem, et hæc verba clarius exprimentem : Hora venit, homo non venit. His auditis episcopus sollicitus redditur : et recogitans hoc sine mysterio esse non posse, adventum rei solerti custodia præstolatur. Sed dum attentus explorator exspectat, dumque hæc et illa recogitat, ecce quidam clericus agillime properabat, equumque calcaribus atterens, amnem transire quantocius festinabat. Admonuit autem suos episcopus, ut obvios se venienti festinanter objicerent, eumque a sui cursus impetu retinerent. Cumque ille perniciter properans, flumen aggrederetur præcipitanter invadere, ac sine mora transire; illique contra violenter obsisterent, et gradum figere compulissent, ait : Quiescite, quæso, dimittite me, recedite; quia jussio regis urget. Non est res, quæ deferri possit in posterum. Mysterium regis instat, inevitabilis necessitas imperat. Quid plura? Sanctus episcopus eum violentissime retentum, supervenienti nocte secum habere coegit hospitium. Sed, o misera hominis ac lugenda conditio, quæ facilius valet sibi consciscere mala cum desunt, quam vitare cum imminent! Episcopo scilicet cum suis gravi sopore depresso, ille vas aquæ in hospitio reperit, in quod caput immergens, suus ipse tortor effectus, se feraliter enecavit. Sed sicut iste, licet occulto, districto tamen Dei judicio, carnis interitum pertulit; ita per ejus piam clementiam mortem animæ simul et corporis alter evasit.

CAPUT IX.
Votifragus infirmitate corripitur, ut resipiscat.

Nam quod nunc dicturus sum, et ex relatione jam dicti Cluniacensis abbatis, **598** et ex ore illius, cui res ipsa contigerat, frequentius audivi. Adolescens quidam erat in finibus Aquitaniæ, qui cum coævis suis juvenculis de animarum suarum cœpit salute tractare. Deliberatione præmissa, tandem statuunt, ac unanimi invicem confœderatione proponunt, et mundani cultus pompas abjicere, et ad monasticæ conversationis ordinem commigrare. Sed dum res adhuc suspensa differtur, dum rerum ordo multiplici varietate concutitur; ipse quoque tener adolescentis animus fixus in suo proposito non tenetur. Quid multa? Mutata penitus mente desponsavit uxorem. Cumque per processum temporis mens ejus et memoriam sancti propositi paulatim de se prorsus eraderet, et sub prætextu conjugii ad explendam carnalis illecebræ voluptatem impatientius ebulliret, divina super eum vigilante clementia, subito languore percussus est, ac paulo post ad extrema pervenit. Necessariis igitur, ac propinquis de jam quasi defuncti disputantibus sepultura, dum in medio positus videretur cadaver exanime, vixque tenuis quidam motus in ejus pectore palpitaret; ecce duo teterrimi ac trucis vultus Æthiopes eum (ut sibi videbatur) tanquam leones rugientes invadunt, rapaci ferocitate corripiunt, de corpore violenter evellunt, mox pedes ejus, et brachia duris alligant nexibus, sicque velut hædum in phalanga pendulum alter post alterum bajulare cœperunt. Quos autem dolores, et torsiones ipse pertulerit, quantum, et qualia viderit, vel audierit, per quamplurima eum loca vectaverint, perlongum est non tantum stylo dirigere, sed simplicibus quoque verbis ex ore per ordinem referentis audire. Hoc tantum hic inferre sufficiat, quia dum per obscuræ caliginis eum loca portarent; ecce B. Petrus apostolus splendidus et coruscans occurrit, eumque de portantium humeris raptum, nexibus, quibus angebatur, absolvit. Illi mox relicta præda stridentes dentibus, et ejulantes abscedunt, factumque sibi præjudicium flebiles conqueruntur. Beatus autem apostolus adolescentem ad Cluniaci monasterium secum duxit, eique forinsecus posito, sese, donec reverteretur, exspectare præcepit. Ego, inquit, meum monasterium ingrediens visito, ac per circuitum cuncta perlustrans, quid agatur, attendo: deinde ad te, consideratis omnibus, redeo. Sed mox ut iste relictus est solus, ecce crudeliores et acriores iidem revertuntur Æthiopes, et non jam per manus et pedes, sed per genitalia ipsa corripiunt, eumque sic non sine gravissimo illius dolore suspendunt. Nam velut si rostro passer accipitris, vel aquilinis unguibus columba rapiatur implumis; sic a reprobis illis spiritibus miser iste corripitur, trahitur libratus, per verenda suspenditur, et quasi recuperata præda, quæ fuerat perdita, longius asportatur; cum ecce beatus Petrus radianti nimis, ac terribili splendore conspicuus, se tanquam fulmen injecit, rapinam suam quasi per impetum violenti spiritus apprehendit, et clavibus quas manu gestabat, raptores nequissimos acerrime verberavit. Mox illum ad domum propriam usque perduxit, reddensque spiritum corpori, utramque saluti substantiam reformavit. Nam ille protinus convalescens, domui suæ sine cunctatione disposuit, atque ad Cluniacense monasterium properans, sanctæ conversationis habitum fervida satis devotione suscepit. Sic itaque divinæ militiæ transfuga, dum paterni verberis disciplina cœlitus cruditur, de manu cruenti prædonis eripitur, et ovis oberrans ad proprii pastoris mapalia revocatur.

Sed jam se reprimens calamus cohibeat stylum, ne regulam brevitatis excedat epistolare compendium.

Scribite, si placet distichon istud in refectorio, sub pedibus apostolorum.

Ignit apostolicum linguarum flamma senatum,
Germinat et varias quasi vox fecunda loquelas.

DISPUTATIO.
DE VARIIS APPARITIONIBUS ET MIRACULIS.

ARGUMENTUM. — Archiepiscopo, utpote qui talibus rebus audiendis magnopere delectabatur, nuntiat canonicos Velitrensis Ecclesiæ, cui ipse præerat emersisse tandem aliquando, et se ad bonam, ut dicitur, frugem recepisse, eosque juxta præscriptam sibi disciplinam, non ut ante coactos, sed sponte et libenter vitam instituere. Affert deinde nonnulla exempla, et mira, quæ multis contigerunt, ex quibus non parva utilitas percipi potest.

Domno A. venerabili archiepiscopo, PETRUS peccator monachus plenissimæ devotionis affectum.

Quia novi sanctam mentem tuam, venerabilis Pater, præcipue de hominum salute gaudere, adeo ut cum animarum te contigit audire profectum, velut ad dulcium epularum aggliscas, ac delecteris edulium.

Refero tibi de canonicis nostris, sanctæ videlicet Velitrensis Ecclesiæ, quia qui sub multis laboribus nostris atque sudoribus incorrigibiles videbantur, jam per divinam gratiam resipiscunt, et per canonicæ regulæ tramitem non jam coacti, sed gaudentes incedunt. Unusquisque præterea eorum quadragesimali tempore quotidie psalterium complet; tribus per hebdomadam diebus omnes vino et pulmento communiter abstinent; tantumque districtæ conversationis videntur habere fervorem, ut per totam Quadragesimam, quæ est ante Pascha, et illam, quæ Nativitatem Domini nostri Jesu Christi consuetudinaliter antecedit, tribus in hebdomada diebus unusquisque se in capitulo coram fratribus exuat, et propria peccata confessus, dura corrigiarum scutica perferat disciplinam. In quo videlicet sanctæ conversationis indicio potes manifeste colligere, quid de cæteris vitæ modis, et observationibus debeas æstimare. Et, o disciplina salutifera, nimirum carnis afflictio! in qua dum corpus ad humanum **600** nudatum aspectum, ante Dei oculos coruscantibus indumentis apparet ornatum. Porro vix dum mensis emensus est quo res contigit ista quam refero.

CAP. PRIMUM. *Baruncii eremitæ sanctitas.*

Baruncius plane mihi frater unanimis, et in amoris præcipui dulcedine singularis, non in eremo, sed in villa quadam eremo subjecta, dum opus ageret necessarium, languorum incurrit extremum. Qui dum sibi imminentem cognosceret obitum, fratribus, qui sibi sedulitatis officium exhibebant, pœnitentiam sibi proposuit injungi : qui dum tres, vel ut multum, quatuor psalmos, utpote sancto, et innocenti viro, sufficere judicarent; ille petiit, ut decem sibi annorum pœnitentiam traderent, quam illico peragendam fratribus, qui morabantur in eremo, quantocius delegarent. Nocte igitur insecuta, dum quique per cellas constituti post gallicinium nudati, corporalibus disciplinis insisterent, festinarentque fratres pœnitentiam, antequam ille moreretur, implere; Lamberto fratri, qui sibi sedulus assistebat, Baruncius ait : Cur, inquit, te non præparas, et sicut cæteri fratres indumentis ecclesiasticis non adornas? Omnes enim de eremo fratres usque modo mihi visibiliter astiterunt, albis nimirum ac resplendentibus stolis induti, et velut in choro psallentes, micantium vestium candore conspicui. Compulit ergo illum, ut ad eorum indueretur exemplum. Ubi notandum, quia dum fratres illi nudati corporalibus disciplinis essent ab ipso procul intenti, ei, ut ita loquar, non jam carnalibus, sed spiritualibus oculis decoro cultu videbantur induti. Is plane, qui mihi hoc retulit, venerabilis pater Liutprandus aliud etiam mihi consequenter innotuit, quod ab audientium ædificatione non vacat.

Initio, inquit, illius Quadragesimæ, quæ Nativitatem Dominicam ex ecclesiastica institutione præcedit, tanta mihi subito molestia repentini languoris incubuit; ut vix pedibus constanter insisterem, nedum possem regulam quotidianæ conversationis implere. Cumque tenebrosis atque confusis cogitationibus fluctuans, jejunium funditus desperarem, ac de quotidiana deinceps ciborum remissione decernerem, subito lenis mihi sopor obrepsit, et super codicem, cui videlicet intentus eram, caput paululum reclinavi. Tunc mihi visum est, quod tota cella plena esset fumo, et insuper quamplures illic essent homines, qui clamosis ac mutuis inter se vociferarentur colloquiis : cum ecce sanctus frater Juventius, qui in eadem eremo laudabiliter conversatur, repente cellulæ fores irrupit, et zelo severissimæ animadversionis homines exturbavit, ac sine mora violenter propellens exclusit. Num, inquit, hujus eremi non est inviolabilis regula, ut colloquium fieri in cella quisque non audeat, sed ingredientium labia silentii protinus censura compescat? Moxque manutergium repente corripuit, omnemque fumi chaos, tetramque congeriem, qua cella replebatur, abjecit. Quo facto, protinus exsoporatus evigilo, mentemque meam ab omni fumigantium cogitationum caligine liberam, non sine magna cordis lætitia recognosco. Tunc itaque omni tædio tentationis atque languoris expulso, tantæ virtutis in me robur ac fortitudinem reperi, ut per totam illam Quadragesimam usque ad Dominicam Nativitatem vix aliquando vel leviter esurirem : et ne uno quidem die præter panem et aquam, nisi fallor, alia quælibet alimenta requirerem.

Cap. II. —*Parisiensis episcopi intemperantia divinitus punitur.*

Et, o utinam sic Albuino [Alberico f.] Parisiensis Ecclesiæ contigisset episcopo. Cui nimirum dum septimi, si rite teneo, mensis jejunium celebraret; et profligato jam jejunii biduo, ad Sabbatum pervenisset, singularis ferus venatione captus, offertur. Mox ille in concupiscentiam lethalis edulii pestiliter illectus exarsit, jejunium in alteram hebdomadam transferendum esse decrevit : et confestim coquis, ut porcum accuratius coquerent, imperavit. Illo itaque die gulæ suæ perfecit homo miserabilis appetitum, octavo autem, proximo videlicet Sabbato, diem clausit extremum. Et hoc certe digno commeruit, qui de Ecclesiæ sacrario quasi sepulcra concupiscentiæ fecit in deserto (*Num.* xi). Quid autem mirum, si illic, ubi tam aperta est culpa, manifeste est irrogata vindicta, cum sæpe miserabilem rei videamus eventum, et tamen ignoremus supernæ dispositionis causa latente mysterium?

Leo plane dudum Puteolanus episcopus, nunc autem nobilis eremita, nuper mihi et fratribus retulit, quia cum dæmoniacus quidam esset in monasterio, quod apud Parthenopen est in beati Agnelli confessoris honorem constructum, in hominem prope astantem repentinus insiluit, eumque rabido furore percutiens, protinus interfecit. Et, o quis profunda Dei judicia penetrare sufficiat! Mox enim, ut innocentem hominem furibundus exstinxit, confestim a dæmonio liberatus, et menti suæ ac rationi pristinæ restitutus, nunquam de cætero passionis illius molestiam pertulit. Inquisitus autem cur hoc facinus perpetraverit : Hominem, inquit, non vidi, sed nigrum canem, qui me mordicus apprehendere satagebat, sicut mihi videbatur, occidi. In hoc igitur occulte dispositionis effectu causa non claruit, cur videlicet vel ille repentino dignus fuerit vulnere perimi; vel iste meruerit a dæmonio liberari. Cum et ille, quantum ad humanum spectat arbitrium, innocenter occisus; et iste, quantum ad exterioris reatus speciem, videatur ultione plectendus. Et quid mirum, si merita nobis aliena non pateant; cum et ipsi sæpe, quod fecimus, per oblivionis hebetudinem ignoremus?

Cap. III. — *B. virgo Maria in suæ festivitatis Assumptione innumeros liberat a pœnis Purgatorii.*

Religiosus plane presbyter Joannes rem mihi retulit ante paucos annos Romæ contigisse, quam narro. In Assumptione scilicet beatæ Dei genitricis Mariæ, cum nocturno tempore Romanus populus juxta morem orationibus et litaniis insisteret, et accensis luminibus diversarum regionum ecclesias perlustraret; mulier quædam in basilica, quæ est ad honorem ejusdem beatæ Virginis, in Capitulo [Capitolio vel Campitello f.] constituta, commatrem suam vidit, quæ scilicet ab anno fere fuerat jam defuncta. Cumque per multitudinem confluentium ad ejus attingere non potuisset alloquium, studuit eam in tali cujusdam angiportus articulo præstolari; ut dubium non esset, quod egressa basilicam, ab ea clinare non posset. Hanc itaque transeuntem protinus inquisivit: Num, inquit, tu commater mea es, Marozia videlicet, quæ dudum defuncta es? Hoc illi vocabulum fuerat, dum adviveret. Qua respondente: Ipsa sum. Et quomodo, inquit, tibi nunc est? Ait: Usque hodie non levis me pœna constrinxit, quia videlicet per lasciviæ petulantis illecebras cum coctaneis me puellis in tenera adhuc ætate fœdavi; et hoc ipsum, proh dolor! oblivioni quodammodo tradens, sacerdoti quidem confessa fui, sed judicium non accepi. Verum hodie regina mundi pro nobis preces fudit, meque cum multis aliis de locis pœnalibus liberavit, tantaque multitudo per interventionem ejus hodie est de tormentis erepta, ut numerum totius Romanæ plebis excedat; unde sacra eidem dominæ nostræ gloriosæ dicata passim loca visitamus, actionesque sibi gratiarum pro tantis misericordiæ beneficiis alacres exhibemus. Cumque super hoc commater illius ambigeret, nec fidem facile sermonibus adhiberet, subjunxit: Ut experiaris, inquit, pro certo verum esse quod loquor, scias te transacto hoc anno, in hac eadem festivitate procul dubio morituram. Quod si, quod fieri non potest, ulterius vixeris, me protulisse mendacium liquido comprobabis. Et his dictis, ab oculis ejus evanuit. Mox illa cilicium induit, et de obitu suo sollicita, quæ audierat, vivere cautius cœpit. Quid plura? Peracto fere anno pridianis cœpit ægrotare vigiliis? in ipso vero festivitatis die vitam, sicut ei demonstratum fuerat, terminavit. Ubi notandum, et non leviter expavescendum, quia de peracta culpa, quam præfata mulier oblivioni tradiderat, usque ad interventum intemeratæ Dei Genitricis supplicia perferebat.

CAP. IV. — *Sanctorum apparitio pulcherrima Romæ in ecclesia sanctæ Cœciliæ.*

Rainaldus quoque Cumanus episcopus mihi narravit, quod et ab Humberto venerabili sanctæ Rufinæ quondam episcopo se didicisse perhibuit. Presbyterum, inquit, nocturno silentio quiescentem, compater suus, qui defunctus fuerat, in visione clamavit, dicens: Veni, vide spectaculum, quod judicare non poteris otiosum. Duxit ergo illum ad basilicam beatæ Cæciliæ, in cujus videlicet atrio videbantur Agnes, Agatha, eademque Cæcilia, multarumque beatarum virginum chorus, mirabili cultus et habitus nitore conspicuus. Hæ nimirum parabant quamdam magnificam sedem, cæteris hinc inde subselliis eminentem, et ecce B. virgo Maria cum Petro, et Paulo atque David, ac non parvis martyrum diversorumque sanctorum vallata turmis micantibus venit, seseque in ea, quæ parata erat, sede composuit. Porro autem dum in illo tam sancto conventu silentium fieret, omnesque reverenter astarent, ecce mulier quædam, licet paupercula, pelliceo tamen indumento decenter ornata, ad intemeratæ Virginis vestigia corruit, eamque ut Joanni patricio jam defuncto misereretur, oravit. Cumque hoc ipsum mulier ter obsecrando repeteret, nec responsum aliquod impetrare posset, adjecit: Nosti, inquit, domina mea, regina mundi; ego sum misera illa, quæ in atrio basilicæ tuæ majoris nuda et tremula jacere consueveram. Ille vero mox ut aspexit, pia nihil miseratione condoluit, et pellem hanc super me, qua videlicet erat indutus, injecit. Tunc beata Dei Genitrix: Homo, inquit, ille, de quo rogas, multa flagitiorum mole depressus est; duo tamen hæc habuit, ut et indigentibus pius, et magna sacris locis exstitisset humilitate devotus. Frequenter enim oleum propriis cervicibus deferebat, et lucernis Ecclesiæ meæ fomitem ministrabat. Cumque super hoc eidem patricio et cæteri sancti testimonium perhiberent, eumque idipsum et suis ecclesiis egisse simul assererent; illico regina mundi præcepit, ut patricius ille duceretur ad medium; et ecce multitudo dæmonum præfatum Joannem trahunt, pœnalibus undique loris astrictum, et ambientium catenarum squaloribus vehementer attritum. Tunc eum domina nostra jussit absolvi, et sanctorum cœtibus aggregari; vincula vero, quibus ille fuerat absolutus, alteri homini, qui in hac adhuc vita manebat, præcepit innectenda reponi. Tunc conventus ille sanctorum solutus est, et unusquisque in diversa contendens, ab aspectu cernentis evanuit. Beatus vero Petrus apostolus ad ecclesiam suam venit, cui protinus omnium successorum suorum, pontificum videlicet Romanorum, chorus infulatus ac festivus occurrit: ipse quoque beatus Petrus cum eatenus videretur indutus Hebraicis vestibus, sicut in picturis ubique conspicitur, tunc et phrygium suscepit in capite; et sicut cæteri, sacerdotalibus infulis est ornatus in corpore. Tunc responsorium illud, quod dicitur: Tu es pastor ovium; melodiis atque mellifluis cœperunt intonare clamoribus; sicque illum usque ad sacerdotalis chori consistorium deduxerunt. Quo perveniens, ipse apostolorum princeps nocturnum est exorsus officium, dicens: Domine, labia mea aperies: deinde tres psalmos, totidemque lectiones ac responsoria, quæ in apostolorum natalitiis recensentur, canonico more persolvit. Omnibus itaque per ordinem rite decursis, matutinis quoque laudibus consequenter expletis, ejusdem ecclesiæ tintinabulum sonuit, et continuo presbyter, qui hæc videbat, evigilans, somnium terminavit.

Præterea idem, qui supra, mihi narravit episcopus, quia monachus quidam quotidie dum ante sanctum altare beatæ Mariæ semper virginis pertransiret, illam ex more percurrebat antiphonam, quæ sic incipit: Gaude, Dei Genitrix virgo immaculata; gaude, quæ gaudium ab angelo suscepisti; gaude, quæ genuisti æterni luminis claritatem; gaude, mater; gaude, sancta Dei Genitrix virgo. Tu sola mater innupta. Te laudat omnis factura. Genitrix lucis, intercede pro nobis. Quam videlicet antiphonam dum quadam die pertransiens diceret, audivit vocem ex eodem altario procedentem: Gaudium mihi annuntiasti; gaudium tibi eveniet.

CAP. V. — *Officium mortuorum quotidie persolvens in cœleste regnum introducitur.*

Sed et idem mihi narravit episcopus, quia frater

quidam non quotidiano, non certe solemni sanctorum, sed solo utebatur, et delectabatur officio defunctorum. Cumque conditionis humanæ debitum solvens tribunali superni Judicis astitisset; cœpit turba dæmonum vehementer hoc illi crimen impingere, quod ecclesiasticæ institutionis regulam negligens, per assuetæ synaxis officia vota Deo reddere contempsisset. Tunc beata regina mundi semper virgo Maria, et omnes sanctorum chori cum ea valenter occurrunt, seseque ad illius auxilium concorditer interponunt. Hic, inquiunt, noster capellanus ac minister exstitit : quodque defunctorum semper exsequiis libenter interfuit, nobis omnibus procul dubio ministravit. Absit igitur, ut in impiorum manus iste deveniat, qui piis erga nos, dum adviveret, studiis insudabat. Sic itaque beatæ Virginis precibus, omniumque supplicatione sanctorum, in eorum meruit transire consortium. Ignorabat tamen hujus rei relator episcopus, utrum ille frater ad nos reversus, an aliis in hac vita degentibus ista retulerit.

Hæc tibi, venerabilis frater, familiariter scribo, quia velut suavibus epulis, sic in tua, quæcunque sit, allocutione delector : et mens mea continuo lætatur, et gliscit, cum aliquid, quod tibi congrue scribatur, occurrit.

Sit nomen Domini benedictum.

OPUSCULUM TRICESIMUM QUINTUM.

DE PICTURIS PRINCIPUM APOSTOLORUM.

ARGUMENTUM. — Causam affert cur Paulus apostolus ad dexteram, Petrus vero ad sinistram in picturis exprimantur, idcirco scilicet, quia Paulus esset ex tribu Benjamin, qui Latine, *filius dexteræ* interpretatur; probatque hujusmodi nomen aptissime illi convenire. Multas quoque ejusdem Pauli prærogativas adducit. Tum demum exponit cur Hierosolymitana Ecclesia, cum in ea Christus passus fuerit, non sit caput omnium Ecclesiarum.

Domno DESIDERIO sanctæ conversionis [conversationis] abbati, religiosoque conventui, PETRUS peccator monachus in Domino servitutem.

Ut domnum Martinum ad vos iter arripere didici, notario protinus, ut exciperet, imperavi. Sed quoniam per totum quadragesimalem circulum tecum, venerabilis pater, familiariter degens, quæque conferenda videbantur, viva voce contulimus, et quæ communicanda erant, sive tractanda, sæpius intimavimus; jam quid novi ad te scribi valeat, non invenio, dum quidquid necessarium esse poterat, frequentius iteratum alterutra confabulatione perpendo. Quid igitur faciam ? Nunquid qui loqui cœperam, deficiente materia, stolide conticescam ?

CAPUT PRIMUM.

Cur Petrus ad sinistram, et Paulus ad dextram in picturis collocentur.

Sed dum armatam penna, atque ad scribendum ex more libratam manum scriptoris aspicio, materia mihi dulcis offertur, de qua ad disputandum mea mens alacriter provocetur. Per istam siquidem notarii dextram repente mihi illud occurrit, quod ipse a me, quæstione proposita, sæpenumero requisisti : Cur videlicet in imaginibus picturarum per universas adjacentes Romæ provincias, Petrus qui primus est, ad sinistram; coapostolatus autem ejus Paulus constituitur ad dextram; cum juxta vulgarem sensum hoc rerum ordo deposcat, ut Petrus, qui senatus apostolici princeps est, dextrum Domini latus; Paulus vero, qui junior est, sinistrum jure possideat? Sed durum est valde, ut opinemur, quia tam egregium, tamque famosum apostolicæ dispositionis ordinem inconsulte, atque inconsiderate devota Deo ac religiosa vetustas admiserit. Neque enim credendum est, ut Constantinus imperator, imo papa Silvester; atque post eos principes et sacerdotes in ecclesiasticæ disciplinæ littera pervigiles atque solertes, hunc ordinem tantorum principum negligendum ducerent, si correctione dignum aliquatenus æstimarent. Ne ergo sanctæ hujus historiæ ordo inordinatus appareat, quod nobis videtur, sanctitati vestræ breviter innotescat.

Paulum plane de tribu Benjamin exstitisse quis ambigit? Benjamin autem Hebraice, Latine *filius dexteræ* nuncupatur. Quid ergo mirum est, si ad dexteram constituitur, qui vocabulum dexteræ ex paterno jure sortitur? Enim vero, ut vetus illa beato Paulo liquido congruere videatur historia, non sine causa Scriptura dicit : « Quia egrediente anima Rachel præ dolore, et imminente jam morte, vocavit nomen filii sui, Benoni, id est *filius doloris mei* (Gen. xxxv). » Pater vero appellavit eum Benjamin, id est, *filius dexteræ*. Per Rachel namque, quæ ovis, vel visum principium dicitur, Ecclesia non immerito designatur. Quæ nimirum et ad instar ovis innocenter vivit, et per studium contemplationis ad videndam Redemptoris suis speciem medullitus inardescit. Qui de se requirentibus Judæis ait : « Ego principium, qui et loquor vobis (Joan. VIII). » Benjamin igitur nascente, Rachel mater emoritur; dum appropinquante ad lucem novæ regenerationis Saulo, persecutionibus Ecclesia per eum crudeliter impugnatur. Sicut Lucas in Actibus apostolorum : « Saulus, inquit, devastabat Ecclesiam, per domos intrans, et trahens viros, et mulieres tradebat in custodiam (*Act.* vIII). » Congrue itaque Rachel Benoni, id est, *filium doloris mei* vocat : quem Jacob Benjamin, id est, *filium dexterœ* nuncupat; quia Paulus, qui matris Ecclesiæ dolor exstitit, qui eam quodammodo, dum nasceretur, impugnando peremit, a Deo Patre *filius dexterœ* est vocatus, cum per eum divina potentia adversus gentes quasi per fortem suam dexteram dimicavit, verborum jacula valenter intorsit, salubres cordium plagas intulit, et per eum devictis atque prostratis hostibus, cum gloria triumphavit. Hinc est quod idem Paulus ad Galatas ait : « Cum autem complacuit ei, qui me segregavit ex utero matris meæ, et vocavit per gratiam suam, ut revelaret filium suum in me, et evangelizarem eum in gentibus, continuo non acquievi carni et sanguini (*Gal.* II). » Non ergo immerito *filius dexterœ* Paulus vocatur, per quem omnis gentium multitudo, quæ ad dexteram Dei ponenda est, ad fidei sacramenta colligitur Accinctus siquidem verbo Dei, quod est gladius Spiritus (*Ephes.* VI), hodieque usque ad finem sæculi adversus omnium vitiorum, iniquorumque spirituum rabiem dimicat, et tanquam fulminea Christi manus, vibratis cœlestis eloquii gladiis, rigidas resistentium Deo cervices obtruncat. Recte igitur Paulus dextri juxta Redemptorem lateris obtinet dignitatem, qui divinæ dexteræ non ambigitur exercere virtutem. An non quodammodo dextera Dei adversus diabolum dimicantem se fatetur esse, cum dicit : « Ego autem sic curro, non quasi in incertum : sic pugno, non quasi aerem verberans? » (*I Cor.* IX.)

CAPUT II.
Pauli prærogativæ enarrantur.

Paulus ad cœlum tertium raptus ascendit (*II Cor.* xII), ubi etiam arcana verba, quæ hominibus loqui non licet, audivit. Quis autem nesciat, quia vita terrena dicit sinistram, cœlestis autem significat dexteram, sicut sponsa dicit in Canticis : « Læva ejus sub capite meo, et dextera illius amplexabitur me? » (*Cant.* II.) Læva namque esse sub capite dicitur, quia præsens vita apud electum quemlibet sub mente, quæ procul dubio cogitationum caput est, despecta calcatur. Dextera vero Dei sponsa amplexari perhibetur, quia dum fidelis et sancta anima æstuanti sui Creatoris igne succenditur, velut divinis quibusdam amplexibus undique confovetur. Qui ergo carnis adhuc fragilitate circumdatus, ad cœlestem vitam ascendisse cognoscitur, recte *filius dexterœ* nuncupatur. Hunc dexteræ Filium Deus omnipotens tanquam propriam dexteram per totam mundi latitudinem semper extendit, et per eam adoptionis populos ad fidei unitatem colligit. Hanc dexteram summus agricola per Ecclesiæ suæ aream versat, et per eam spirituales segetes ventilat, ut purgata mystici frumenti grana horreis cœlestibus introducat. Hanc dexteram suam Deus huc illucque procul extendit, dum ad colligendas in fidei sacramento gentes Paulus toto terrarum orbe discurrit. Ipse quippe quam valida charitate flagrat, tam nimia ex locis ad loca se vagatione permutat. Transire ad alia ex aliis appetit, quia ipsius eum, quem implet, stimulus charitatis impellit. Longe namque a Romanis positus scribit : « Memoriam vestri facio semper in orationibus meis, obsecrans, si quo modo tandem aliquando prosperum iter habeam in voluntate Dei veniendi ad vos. Desidero enim videre vos (*Rom.* I). » Retentus Ephesi, Corinthiis scribit : « Ecce tertio hoc paratus sum venire ad vos (*II Cor.* xxII). » Rursum Ephesi commorans, Galatis loquitur, dicens : « Vellem me esse apud vos modo, et mutare vocem meam (*Gal.* IV). » Romæ quoque custodia carceris clausus, quia ire per semetipsum ad Philippenses non permittitur, transmittere se discipulum pollicetur, dicens : « Spero in Dominum Jesum, Timotheum cito me mittere ad vos; ut ego bono animo sim, cognitis quæ circa vos sunt (*Philip.* II). » Constrictus etiam vinculis atque Ephesi retentus, Colossensibus scribit : « Nam et si corpore absens sum, sed spiritu vobiscum sum (*Coloss.* II). » Ecce cor apostolicum quanto fraterni amoris igne decoquitur, quanto ad desudandum pro salute gentium desiderio coarctatur! Hic corpore tenetur; illuc spiritu ducitur : et paterni amoris affectum præsentibus impendit, absentibus porrigit. Coram positis exhibet opera, audientibus exprimit vota. Efficaciter præsens eis, cum quibus non erat : nec tamen illis absens, cum quibus erat. Cujus amorem melius cognoscimus, si ejus adhuc ad Corinthios verba pensamus. Ait enim : « Veniam ad vos cum Macedoniam pertransiero; nam Macedoniam pertransibo, apud vos autem forsitan manebo, vel etiam hiemabo (*I Cor.* xvI). » Quid est, quod tam anxie per tot loca partitur, nisi quod circa omnes una charitate constringitur? Charitas enim, quæ divisa unire consuevit, unum cor Pauli dividi per multa compellit. Quod tamen tanto ardentius in Deo colligit, quanto latius per sancta desideria spargit. Prædicando igitur Paulus vult simul omnia dicere, amando vult simul omnes videre; quia et in carne permanendo vult omnibus vivere, et de carne transeundo per sacrificium fidei vult omnibus prodesse. Nec mirum si prædicator egregius in fraterna charitate ferventius æstuat, si præ cunctis mortalibus in eo copia veræ dilectionis abundat; cum fons vitæ qui eum vas electionis appellat (*Act.* Ix), in eum se decreverit abundanter influere, eumque dignatus sit sacramentorum suorum fluentis incomparabiliter irrigare. Hinc est quod ait : « An experimentum quæritis ejus qui in me loquitur Christus? » (*II Cor.* xIII.)

CAPUT III.
Paulus præ cæteris omnibus privilegio admirabili est insignitus.

Hoc plane Salvator mundi B. Paulo per singularis gratiæ privilegium contulit, qui nulli mortalium post Incarnationis suæ mysterium prærogavit. Nam postquam beata illa atque divina Redemptoris humanitas ad paternæ majestatis est evecta consessum, ut non jam hominibus corporaliter interesset, sed cœli potius virtutibus præsideret, non per magistrum, sed specialiter per se ipsum sic illum efficaciter docuit, omniumque sibi gestorum suorum mysteria delegavit; ut non modo præcessorum suorum magisterio nullatenus indigeret, sed eos insuper omnis cœlestis sapientiæ profunditate præcelleret. Unde et ipse primus apostolorum Petrus ejus admiratur sapientiam, dicens : « Charissimus frater noster Paulus, secundum datam sibi sapientiam scripsit vobis ; sicut et in omnibus epistolis, loquens in eis de his, in quibus sunt quædam difficilia intellectu, quæ indocti et instabiles depravant *(II Petr.* III). » Quod autem in discendis evangelicæ doctrinæ mysteriis non magistrum quemlibet hominem, sed Deum specialiter habuerit præceptorem, testatur ipse, qui in principio Epistolæ suæ ad Galatas loquitur, dicens : « Paulus apostolus non ab hominibus, neque per hominem ; sed per Jesum Christum et Deum Patrem, qui suscitavit eum a mortuis *(Gal.* I). » Fons enim æternæ vitæ velut immensus torrens totum se simul in vas suæ electionis immersit, qui in cæteros apostolos per longa temporum intervalla, sapientiæ suæ fluenta profudit. Et paulo post : « Notum enim vobis facio, fratres, Evangelium quod evangelizatum est a me, quia non est secundum hominem ; neque enim ego ab homine accepi illud, neque didici, sed per revelationem Domini nostri Jesu Christi *(Ibid.).* » Quod ergo Petrum Dominus per multa argumenta adhuc mortalis edocuit, hoc totum repente beato Paulo constitutus jam in gloria paternæ majestatis exhibuit. Ac si doctor quispiam dum privatus est, discipulos doceat, postquam vero ad obtinenda regalis imperii sceptra conscendit, remotis clientium classibus, unum inter multos egregium, quem nobilius instruat, elegit.

Ut ergo ad id unde cœpit sermo recurrat, cum B. Petrus ad dexteram ponitur, primatus ejus, quem inter cæteros est sortitus apostolos, honoratur. Cum vero Paulus ejusdem dextri lateris occupat locum, in Benjamin, cujus est filius, mystice figuræ redolet sacramentum. Quanquam et hoc non a mysterio vacet, quod B. Petrus Dominici lateris sinistram tenet. Per illum siquidem activa vita signatur. Et sicut contemplativa vita per dexteram, sic actualis exprimitur per sinistram. Quod autem per B. Petrum præsens vita, hoc est activa, figuretur, in hoc præcipue demonstratur, quod sicut evangelica frequentissime testatur historia, et Petrus Dominum plus omnibus condiscipulis diligat *(Joan.* XXI) ; et Dominus non Petro, sed Joanni potius prærogativam specialis omnino dilectionis impendat *(Joan.* XIII). Per Joannem quippe contemplativa, per Petrum vero, sicut dictum est, activa vita signatur. Quia sancti omnes in hac vita ad similitudinem Petri, Deus plus amant, et quasi minus amantur ; dum duras propter eum laborum molestias perferunt ; mortali tamen adhuc carne circumdati, ad amplexus ejus dulcedinem non pertingunt. Illi vero qui jam cum Deo sunt, in hoc eum quodammodo minus amant, et magis amantur ; dum et pro eo nullos laborum turbines sentiunt, et tamen intimæ familiaritatis ejus oblectationibus perfruuntur. Non ergo mirum, si B. Petrus aliquando partem videatur tenere sinistram, qui et activæ vitæ continet ex scripturarum auctoritate figuram.

CAPUT IV.
Cur B. Paulus propriam non habeat cathedram.

Unum vero in B. Paulo videtur, egregium, quia cum omnes apostoli distributi terrarum regionibus, proprias obtineant cathedras, iste, dum nullam specialiter teneat, videtur aliquatenus communiter omnibus præsidere. *(Vide scholia ad calcem opusculi.)* Plane quia ipse toto terrarum orbe universalem fundavit Ecclesiam, dignum est, ut sicut in omnibus fidei semen sparsit, sic etiam in omnibus jus teneat præsidentis. Dicit enim ad Corinthios : « Gratia Dei sum id quod sum ; et gratia ejus in me vacua non fuit, sed abundantius illis omnibus laboravi ; non ego autem, sed gratia Dei mecum *(I Cor.* XV). » Ad Romanos autem : « Habeo, inquit, gloriam in Christo Jesu ad Deum, in obedientia gentium : verbo et factis, in virtute signorum, et prodigiorum, in virtute Spiritus sancti ; ita ut ab Hierusalem per circuitum usque ad Illyricum replevierim Evangelio Christi. Sic autem hoc prædicavi Evangelium, non ubi nominatus est Christus, ne super alienum fundamentum ædificarem ; sed sicut scriptum est : Quibus non est annuntiatum de eo, videbunt ; et qui non audierunt, intelligent *(Rom.* XV ; *Isa.* LII). Hæc est igitur causa cur Paulus nullam specialiter cathedram teneat, quia si audemus summis minora conferre, ad instar Christi, salvo cæterorum apostolorum jure, videtur omnibus Ecclesiis præsidere.

Porro autem quantum ad vulgarem pertinet sensum, quoniam Hierosolymis passus est Dominus, universis Ecclesiis non Romana, sed Hierosolymitana potius præesse deberet Ecclesia ; verumtamen cum ex auctoritate canonum, Romana Ecclesia primum teneat locum, Alexandrina secundum, Antiochena tertium, Constantinopolitana quartum, Hierosolymitana jam quintum : constat Dominum Salvatorem non uni cuilibet cathedræ speciali jure præesse, sed cunctis unum pastorem universaliter præsidere. Liquet ergo Ecclesiarum ordinem esse dispositum juxta privilegium Petri, non secundum incomparabilem excellentiam Redemptoris. Quia quod omnes apostoli juxta mensuram suam obtinent per gratiam collati muneris, hoc totum possidet Christus per naturalis imperium majestatis. Quamdam ergo, si dici liceat, cum Christo similitudinem Paulus tenet, dum non uni duntaxat Ecclesiæ, sed omnibus præsidet. Non igitur sine causa B. Paulus dextrum in picturis obtinet latus, dum id non modo deposcat propensior fructuum cumulus, sed et figuralis intelligentiæ sacramentum. Gliscit adhuc animus super hoc themate plura conscribere, sed litterarum bajulus, qui ad vos properare festinat, dum potius vellet volare, quam currere, non me perculittit saltem minimas ad scribendum moras habere. Clementia vobis, dilectissimi, divina præcipiat, ut pro me orare sancta vestra fraternitas non desistat.

611 SCHOLIA.

Plane quia ipse (Paulus) toto terrarum orbe universalem fundavit Ecclesiam, dignum est, ut sicut in omnibus fidei semen sparsit, sic etiam in omnibus jus teneat præsidentis. In hac Epistola beatus Petrus Damianus plus nimio videtur tribuere Paulo: tametsi enim vera sunt, quæ refert de ipsius Apostoli rebus gestis, sunt tamen caute intelligenda; quoniam totius orbis pastor, et princeps Petrus duntaxat est, non Paulus. Quamobrem verum quidem est elogium, quod ipsi Ecclesia tribuit, dum ait : *prædicator in universo mundo;* « verum est quod idem affirmat : (Instantia mea quotidiana, sollicitudo omnium Ecclesiarum (*II Cor.* xi). » Sed tamen illum tantum honorem, quem prima specie cardinalis Damianus sancto Paulo defert, sancto Petro magis congruere **612** certissimum est, de quo Magnus Leo (*epist. ad Anast. Thess.*): « Inter beatissimos apostolos, inquit, in similitudine honoris, fuit quædam discretio potestatis; et cum omnium par esset electio, uni tamen datum est, ut cæteris præemineret: de qua forma, episcoporum quoque est orta distinctio. » Sanctus Joannes Chrysostomus (*hom. 87 in Joan.*): Quid tandem aliis omissis, de his duntaxat Petrum affatur? os erat apostolorum, et princeps, et vertex ipsius cœtus; propterea et Paulus eum præter alios visurus ascendit. Itaque Damianum juxta magni Gregorii mentem intelligemus (Greg. *in lib. I Reg., cap.* 4), ut quod attinet ad apostolicum munus Evangelii prædicandi, atque peccata solvendi, æque omnes apostolos, nedum Paulum, in universum mundum missos esse existimemus, cum quadam tamen subordinatione Petri, qui gregi universali præfectus est, ut multis docet sanctus Cyprianus de unit. Eccles., et epist. 55 ad Cornelium papam.

Sit nomen Domini benedictum.

OPUSCULUM TRICESIMUM SEXTUM.

DE DIVINA OMNIPOTENTIA IN REPARATIONE CORRUPTÆ, ET FACTIS INFECTIS REDDENDIS.

Argumentum. — De Dei omnipotentia, æternitate, infinitate, providentia, cæterisque hujusmodi altissimis obscurissimisque quæstionibus, luculenter et copiose disserit contra eos qui divinæ potentiæ quasi terminum constituere audebant, asserentes Deum facta infecta reddere non posse. Quod falsum esse verissimis rationibus probat. Demum benevolentiam et amorem suum erga Casinense monasterium Desiderio abbati pluribus patefacit, et velut in pictura ante oculos ponit.

Domno Desiderio Casinensis monasterii reverentissimo rectori, et universo sancto conventui, Petrus peccator monachus pacis osculum in Spiritu sancto.

CAPUT PRIMUM.
Quod Deus multa potest quæ non vult.

Qui solus de marini fluctus procellis eripitur, dum sagenam adhuc inter rupes et scopulos, inter minaces atque intumescentes undarum cumulos periclitari considerat, inhumanus est, si laborantes in discrimine socios non deplorat. Ego itaque episcopatu dimisso, me quidem velut arenis expositum gaudeo; sed te ventis atque turbinibus atteri, ac inter hiantes pelagi fluctuare voragines, non sine fraterna compassione suspiro. Errat, pater, errat, qui confidit se simul et monachum esse, et curiæ deservire. Quam male mercatur, qui monachorum præsumit claustra deserere, ut mundi valeat militiam bajulare. Undis erutus sanus est piscis, non ut sibi vivat, sed ut alios pascat. Vocamur, attrahimur; sed ut vivamus aliis, moriamur nobis; amat venator cervum, sed ut sibi faciat cibum; persequitur capras, lepusculos insectatur; sed, ut ipse bene sit, illa nihil sint. Amant et homines nos, sed non nobis; sibimet diligunt, in suas nos vertere delicias concupiscunt. Quos nimirum dum in exteriora prosequimur, quid aliud quam monacho nostro, qui latebat intrinsecus, repudium damus? Mox enim ad summa tendentis vitæ status evertitur, rigor enervatur disciplinæ, atque silentii censura dissolvitur, et ad effluendum quidquid libido suggesserit, ora laxantur. Unde processit, et quod nunc occurrit memoriæ: utrum Deus possit reparare virginem post ruinam. Nam dum aliquando, ut meminisse potes, uterque discumberemus ad mensam, illudque B. Hieronymi sermocinantibus deveniret in medium; audenter, ait, loquor : cum omnia possit Deus, suscitare virginem non potest post ruinam. Valet quidem liberare a pœna, sed non valet coronare corruptam. Ego licet pavidus, utpote, qui disputare de tanti viri testimonio facile non auderem, unanimi tamen patri, tibi videlicet, dixi pure quod sensi. Hæc, inquam, fateor, nunquam potuit mihi placere sententia. Non enim a quo dicatur, sed quid dicatur attendo. Nimis scilicet inhonestum videtur, ut illi, qui omnia potest, nisi sub altioris intelligentiæ sacramento, tam leviter impossibilitas ascribatur. Tu autem e contrario respondisti : ratum esse, quod dictum est, et satis authenticum, Deum videlicet non posse suscitare virginem post ruinam. Deinde longis atque prolixis argumentationibus multa percurrens, ad hoc tandem definitionis tuæ clausulam perduxisti, ut diceres : Deum non ob aliud hoc non posse, nisi quia non vult. Ad quod ego : Si nihil, inquam, potest Deus eorum, quæ non vult : nihil autem, nisi quod vult, facit; ergo nihil omnino potest eorum facere, quæ non facit. Consequens est itaque, ut libere fateamur, Deum hodie idcirco non pluere, quia non potest; idcirco languidos non erigere, quia non potest; ideo non occidere injustos, ideo non ex eorum oppressionibus liberare sanctos. Hæc, et alia multa idcirco Deus non facit, quia non vult, et quia non vult, non potest; sequitur **615** ergo, ut quidquid Deus non facit, facere omnino non possit. Quod profecto tam videtur absurdum, tamque ridiculum, ut non modo omnipotenti Deo nequeat assertio ista congruere, sed ne fragili quidem homini valeat convenire. Multa siquidem sunt quæ nos non facimus, et tamen facere possumus. Si quando tamen tale quid in mysticis et allegoricis contingat nos reperire scripturis, cante potius et reverenter accipiendum est, quam juxta litteras audacter et libere proferendum. Sic est illud, quod Loth properanti Segor ab angelo dicitur : « Festina igitur, inquit, et salvare ibi, quia non potero facere quidquam, donec ingrediaris illuc (*Gen.* XVI). » Et : « Pœnitet me fecisse hominem (*Gen.* VI). » Et quia Deus præcavens in futurum, tactus sit dolore cordis intrinsecus, et multa id generis. Si quid igitur tale divinis paginis reperitur insertum, non mox passim procaci ac præsumptiva vulgari debet audacia, sed sub modesta sobrii sermonis proferendum est disciplina; quia si hoc diffunditur in vulgus, ut Deus in aliquo, quod dici nefas est, impotens asseratur, illico plebs indocta confunditur, et Christiana fides non sine magno animarum discrimine perturbatur.

Illo plane modo dicitur Deus non posse aliquid, quo et nescire : videlicet quidquid malum est, sicut non potest agere, ita nescit agere. Non enim potest, aut sic mentiri, vel pejerare, vel injustum aliquid facere, quanquam per prophetam dicat : « Ego Dominus formans lucem, et creans tenebras : faciens pacem, et creans malum (*Isai.* XLV). » Quod autem dicit in Evangelio : « De die autem illo, vel hora nemo sit, neque angeli in cœlo, neque Filius, nisi Pater (*Matth.* XXIV; *Marc.* XIII); » hoc procul dubio intelligendum est, quod discipulus hoc tantummodo nesciat, qui sibi nil prorsus ignorat. Cum enim Jesus, Verbum videlicet Patris, tempora cuncta condiderit, omnia siquidem per ipsum facta sunt (*Joan.* I); qua consequentia, qui totum novit, diem judicii, partem videlicet temporis, ignoravit? Sed super eodem Salvatore scribit Apostolus : « In quo sunt omnes thesauri sapientiæ et scientiæ absconditi (*Coloss.* II). » Cur autem absconditi, nisi quia non palam omnibus manifesti? Nam de eodem judicii die post Resurrectionem rursus a discipulis inquisitus, ait : « Non est vestrum nosse tempora, vel momenta, quæ Pater posuit in sua potestate (*Act.* I). » Ac si dicat : Non vobis hoc expedit nosse, quatenus dubietatis istæ suspensio in operibus pietatis vos magis, ac magis semper exerceat, et ab omni, si qua possit obrepere, vanitate compescat. Scit ergo sibi, quod nescit apostolis. Quod in hoc procul dubio probat, cum Patrem, cum quo videlicet unum est, hoc nosse denuntiat : « Ego enim, ait, et Pater unum sumus (*Joan.* X). » Sic ergo juxta verbi sonum, asserit se quasi nescire, quod Pater; sicut aliquando significatur quodammodo non habere, quod Pater. Unde est et quod dicit Apostolus : « Cum tradiderit regnum Deo, et Patri (*I Cor.* XV); » tanquam regnum donec ipse tenuerat, Pater non habebat; et cum Patri tradiderit, ipse non teneat. Cum tradere regnum Deo Patri, nihil aliud sit juxta sobrium intellectum, nisi perducere credentes ad contemplandam speciem Dei Patris. Tunc **616** quippe Deo Patri regnum a Filio traditur, cum per mediatorem Dei et hominum in contemplationem divinitatis æternæ fidelium multitudo transfertur; id est, ut jam necessaria non sit dispensatio similitudinum per angelos, et principatus, et potestates, et virtutes : ex quarum persona non inconvenienter intelligitur dici in Canticis canticorum ad sponsam : « Similitudines auri faciemus tibi cum distinctionibus argenti quoad usque rex in accubitu suo est (*Cant.* I) ; » id est, quoad usque Christus in secreto suo est. Quoniam vita nostra abscondita est cum Christo in Deo : « Cum Christus, inquit, apparuerit vita nostra, tunc et vos apparebitis cum ipso in gloria (*Coloss.* I). » Quod antequam fiat, videmus nunc per speculum in ænigmate, hoc est, in similitudinibus ; tunc autem facie ad faciem (*I Cor.* XIII). Hæc enim nobis contemplatio promittitur actionum omnium finis, atque æterna perfectio gaudiorum. « Filii enim Dei sumus, et nondum apparuit quod erimus. Scimus quia cum apparuerit, similes ei erimus; quoniam videbimus eum sicuti est (*I Joan.* VIII). » Quod enim dixit famulo suo Moysi : « Ego sum, qui sum (*Exod.* III). » Et : « Dices itaque filiis Israel : Qui est, misit me ad vos (*Joan.* XVII) : » hoc contemplabimur, cum videbimus eum in æternum. Ita quippe ait : « Hæc est autem vita æterna, ut cognoscant te unum verum Deum, et quem misisti Jesum Christum (*I Cor.* IV). » Hoc fiet, cum venerit Dominus, et illuminaverit abscondita tenebrarum, cum tenebræ mortalitatis hujus corruptionisque transierint. Tunc erit mane nostrum, de quo in psalmo dicitur : « Mane astabo tibi, et videbo (*Psal.* V). » De hac contemplatione intelligitur dictum, cum tradiderit regnum Deo et Patri (*I Cor.* XV), id est, cum perduxerit justos, in quibus nunc ex fide viventibus regnat mediator Dei et hominum homo Christus Jesus ad contemplationem Dei Patris (*I Tim.* II). Multa denique talia reperiuntur in sententiis Scripturarum, quæ si juxta litterarum superficiem contenti sumus accipere, non nobis poterunt lumen veritatis infundere, sed tenebrarum potius caliginem parturire. Hoc ergo quod dicitur, Deum non posse malum aliquod vel nescire; non referendum est ad ignorantiam, vel impossibilitatem, sed ad voluntatis perpetuæ rectitudinem. Quia enim malum non vult, recte dicitur, quia neque scit, neque potest aliquod malum. Cæterum quidquid vult, indubitanter et potest, testante Scriptura : « Tu autem dominator virtutis cum tranquillitate judicas, et cum magna reverentia disponis nos : Subest enim tibi, cum volueris, posse (*Sap.* xii). »

CAPUT II.
Quod voluntas Dei omnibus rebus causa est ut existant.

Voluntas quippe Dei omnium rerum, sive visibilium, sive invisibilium causa est, ut existant ; adeo ut condita quæque, antequam ad formarum suarum visibiles procederent species, jam veraciter atque essentialiter viverent in sui opificis voluntate : « Quod factum est, ait Joannes, in ipso vita erat (*Joan.* 1). » Et idem in Apocalypsi, viginti quatuor seniores dixisse testatur : « Dignus es, Domine Deus noster, accipere gloriam, et honorem, et virtutem ; quia tu creasti omnia, et propter voluntatem tuam erant, et creata sunt (*Apoc.* iv). » Prius dicitur, quia erant, et postmodum fuisse creata. Quia quæ foris expressa sunt per conditionem operis, jam intus erant in providentia et consilio Conditoris. Porro autem sicut voluntas Dei causa est, ut quæ nondum sunt condita, originaliter fiant; ita nihilominus efficax causa est, ut quæ sunt perdita, ad status sui ordinem redeant. « Nunquid enim voluntatis meæ est, mors impii, dicit Dominus? Sed volo ut convertatur et vivat (*Ezech.* xviii). »

Ut ergo ad id, quod prælibatum est, sermo recurrat, quid præjudicat Deo suscitare posse virginem post ruinam? Nunquid idcirco non potest, quia non vult; et idcirco non vult, quia malum est; sicut dictum est, mentiri, et pejerare, et injustum quid facere, Deum nec velle, nec posse? Sed absit, ut malum sit de violata, virginem fieri ; imo sicut malum est virginem violari, ita violatam redire in virginem procul dubio bonum esset, si divinæ dispositionis ordo concederet, v. g. hominem post lapsum mortis subire vindictam ; licet justo Dei judicio malum fuit. Mortem enim Deus non fecit (*Sap.* i), cum ipse potius sit mors mortis (sicut per Oseam prophetam dicit : « Ero mors tua, o mors [*Osee* xiii; *I Cor.* xv]). » Jam vero saltem post redemptionis nostræ mysterium, hominem immortalem fieri certe bonum esset, si sententiam semel prolatam clementia divina dissolveret. Neque enim hoc omnipotens Deus idcirco, vel nolle, vel posse dicendus est, quia malum est, hominem videlicet fieri immortalem ; sed justo suo judicio, nostræque salutis augmento, quod ipse novit, tantum de vindicta redempti hominis voluit superesse. Hoc itaque modo malum est post stuprum virginem esse corruptam; bonum autem esset si virginitatis Deus signaculum in ea reformaret. Sed licet Deus hoc nullatenus faciat, sive ut virginem terreat, quatenus vereatur amittere quod postmodum nequeat repara-

re ; sive dictante æquitate justitiæ, ut quod tanquam vile quid per carnis blandimenta projecit, id instaurare etiam per pœnitentiæ lamenta non possit : sive certe, ut dum in se ruinæ suæ signa superesse considerat, acrioribus afflictionis suæ remediis indesinenter insistat. Sive igitur his, sive aliis supernæ providentiæ causis, ad integritatem pristinam violata virgo non redeat : nequaquam tamen omnipotens Deus dicendus est hoc non posse, sed potius nolle, ut servetur arbitrium æquissimæ voluntati, non autem ascribatur, quod absit, impotentia majestati. Quod enim malum est, non potest facere Deus, quia nec potest etiam velle; quod tamen nequaquam referendum est ad impossibilitatem, sed ad naturalem potius clementiæ singularis bonitatem. Quod vero bonum est, velle potest, et facere, tametsi quodam cautelæ suæ, vel provisionis intuitu, quædam bona, aut raro faciat, aut nunquam faciat. Alioquin, poterat dici ante Salvatoris adventum, quia Deus creare non posset ex utero Virginis Filium. Nimirum, quod nunquam fecerat, sed ne quidem nisi semel facturus erat. Tametsi nunquam faceret, et velle, et facere poterat, quia bonum erat. Virginem itaque suscitare post ruinam, quomodo non possit Deus, cum procul dubio et ille omnipotens sit, et hoc bonum sit?

CAPUT III.
Quod absque dubio Deus post lapsum reparare virginem possit.

Virginem sane suscitari post lapsum duobus intelligitur modis : aut scilicet juxta meritorum plenitudinem, aut juxta carnis integritatem. Videamus itaque an utrumque valeat Deus. Juxta meritum namque plebem fidelium virginem appellat Apostolus, cum Corinthiis dicit : « Despondi enim vos uni viro, virginem castam exhibere Christo (*II Cor.* xi). » Neque enim in illo Dei populo solummodo virgines erant, sed multæ conjugiis obligatæ, vel post virginitatis dispendium continentes. Et Dominus per prophetam : « Si vir, inquit, dimiserit uxorem suam, et illa recedens duxerit virum alterum, nunquid revertetur ad eam ultra? Nunquid non contaminata et polluta vocabitur mulier? Tu autem fornicata es cum amatoribus multis; tamen revertere ad me, dicit Dominus (*Jer.* iii). » Reversio plane ista ad Dominum, quantum ad qualitatem meritorum pertinet, hoc est, de corrupta integram fieri, de prostituta virginem reparari. Cur rursus idem sponsus loquitur : « Et omnium peccatorum tuorum jam memor non ero (*Jer.* xxxi). » In carnalis siquidem sponsione complexu viri, corruptio carnis, fœdus amoris, dispendium castitatis, virginem se plerumque thalamis nuptialibus tradit, quæ polluta recedit. E contra, cui cœlestis sponsus adhæserit, protinus abluit maculas turpitudinis, et ad florem revocat redolentissimæ castitatis. De prostibulo virginem, de corruptione reddit integritatem.

Unde est, quod plerosque novimus utriusque

sexus homines post abominabiles voluptatis illecebras, ad tantam religiosæ vitæ pervenisse munditiam, ut non modo castos atque pudicos quoslibet in sanctitate præcederent; sed et non contemnenda multarum virginum merita superarent. Quibus non jam sola prioris meriti mensura rependitur, sed procul dubio cum remissione reatus etiam cumulus superadditæ mercedis augetur. Ecce probatum, ut opinor, est, juxta meritum posse Deum suscitare virginem post ruinam: juxta carnem vero quis etiam vesanæ mentis addubitet eum videlicet, qui erigit elisos, solvit compeditos (*Psal.* CXLV), qui postremo curat omnem languorem et omnem infirmitatem (*Matth.* IV), clausulam non posse reparare virgineam? Enimvero qui corpus ipsum de tenuissimo seminis liquore compegit, in humanæ formæ speciem per varia membrorum lineamenta distinxit, ad summam necdum existentem condidit creaturam, existentem jam non poterit recuperare vitiatam? Fateor plane, fateor, nullumque timens cavillatoriæ contentionis obloquium constanter affirmo; quia valet omnipotens Deus multimodam quamlibet virginem reddere, incorruptionisque signaculum in ipsa ejus carne, sicut ex materno egressa est utero, reparare. **619** Hæc autem dixi, non ut B. Hieronymo, qui pio studio locutus est, detraham; sed ut eos, qui ex verborum illius occasione, Deum astruunt impotentem, invicta fidei ratione refellam.

CAPUT IV.

Quomodo possit fieri, ut quod factum est, non sit factum.

Ad illud postremo, quod in hac disputandi materia plures objiciunt, sub sanctitatis tuæ judicio video respondendum. Aiunt enim: Si Deus, ut asseris, in omnibus omnipotens est, nunquid potest hoc agere, ut quæ facta sunt, facta non fuerint? Potest certe facta quæque destruere, ut jam non sint; sed videri non potest, quo pacto possit efficere, ut quæ facta sunt, facta non fuerint. Potest quippe fieri, ut amodo, et deinceps Roma non sit; sed ut antiquitus non fuerit condita, quomodo possit fieri, nulla capit opinio. Inspirante Deo responsurus sum ad hæc: in primis exactorem meum verbis Salomonis admonendum video, quibus ait: « Majora te ne quæsieris, et altiora te ne scrutatus fueris (*Eccli.* III). » Deinde dicendum, quia quod Deus facit, aliquid est: quod Deus non facit, nihil est: « Omnia enim per ipsum facta sunt, et sine ipso factum est nihil (*Joan.* I). » De quo nimirum alibi scriptum est: « Qui fecit quæ futura sunt (*Eccle.* III). » Juxta quod et illud: « Qui vivit in æternum, creavit omnia simul (*Eccli.* XVIII): » Et Apostolus: « Qui fecit, inquit, ea quæ non sunt (*Rom.* IV). » Omnia plane hæc testimonia Scripturarum testantur Deum fecisse quod non erat; non destruxisse quod erat; condidisse futura, non abolevisse præterita. Quanquam et sæpe legatur Deus aliquid evertisse, ut melius aliquid procuraret; sicut mundum per aquæ diluvium (*Gen.* VII), Pentapolim per ignis incendium (*Gen.* XIX), quibus nimirum sic abstulit esse, et futurum esse, ut nequaquam abstulerit et fuisse. Quanquam si ad pravorum hominum merita, qui tunc deleti sunt, solerter inspicias, quoniam vanitates et inania sectati sunt, ut non ad esse, sed ad nihilum tenderent, eos merito non fuisse decernas. Hinc est, quod eos in afflictione spiritus conqueri, Scriptura testatur: « Exiguum, inquiunt, et cum tædio est tempus vitæ nostræ, et non est refrigerium in fine hominis, et non est qui agnitus sit reversus ab inferis; quia ex nihilo nati sumus, et post hæc erimus quasi non fuerimus. Erimus, inquiunt, tanquam si non fuerimus; quia et nunc quando videbantur esse, ad nihilum potius pertinebant, quam ad verum esse (*Sap.* II). Ego, ait, sum qui sum; et hæc dices filiis Israel: Qui est, misit me ad vos (*Exod.* III). » Qui enim ab illo, qui vere est, recedit, necesse est ut non sit; quia ad nihilum tendit. Hinc est, quod iterum gementes dicunt: « Exstinctus civis erit corpus nostrum, et spiritus diffundetur tanquam mollis aer; transiet vita nostra tanquam vestigia nubis, et sicut nebula dissolvetur quæ fugata est a radio solis; nomen nostrum oblivionem accipiet, et pertenuis umbræ transitus est tempus nostrum (*Sap.* I). » Unde et propheta: « Omnes, inquit, gentes quasi non sint, sic sunt coram eo: et quasi nihilum et inane reputatæ sunt ei (*Isa.* XL). »

620 Et Salomon ait: « Tanquam momentum stateræ, sic ante te est orbis terrarum, et tanquam gutta roris antelucani (*Sap.* XI). » Et innumera talia reperiuntur in Scripturis, quibus impii homines, aut tenuissimis, aut vilissimis comparentur rebus, aut nihil esse dicantur, etiam tunc, cum potentes esse videntur. Unde et David: « Vidi, inquit, impium superexaltatum et elevatum sicut cedros Libani; et transivi, et ecce non erat (*Psal.* XVI). » Tunc enim et cum divitiis intumescunt, et cum se super alios arroganter extollunt, cum denique inferiores per tyrannidis violentiam opprimunt; tunc, inquam, eo verius nihil sunt, quo ab eo, qui vere et summe est, procul sunt.

CAPUT V.

De futuris contingentibus et philosophiæ usu in sacris disputationibus.

Sed quid sibi volunt vani quilibet homines et sacrilegi dogmatis inductores, qui dum aliis quæstionum suarum tendiculas struunt, quod in eas ipsi ante præcipites corruant, non attendunt; et dum simpliciter gradientibus scandala frivolæ inquisitionis objiciunt, ipsi potius in lapidem offensionis impingunt. Nunquid, inquiunt, potest Deus hoc agere, ut postquam semel aliquid factum est, factum non fuerit? tanquam si impossibilitas ista non solis videatur provenire præteritis, et non in præsentibus similiter inveniatur temporibus, et futuris. Nam et quidquid nunc est, quandiu est, non esse impossibile est. Item, quod futurum est, non futurum esse impossibile est : quanquam nonnulla sunt, quæ videlicet æqualiter possunt evenire, et non evenire: sicut est, me hodie equitare, et non equitare, amicum videre, vel non videre; pluere, vel aerem serenum esse. Quæ scilicet, et his similia hujus sæculi sapientes consueverunt ad utrumlibet appellare; quia solent æque et contingere, et non contingere. Sed hæc ad utrumlibet magis dicuntur juxta variabilem naturam rerum, quam juxta consequentiam dictionum. Secundum naturalem namque variæ vicissitudinis ordinem potest fieri, ut hodie pluat; potest et fieri, ut non pluat. Sed quantum ad consequentiam disserendi, si futurum est ut pluat, necesse est omnino ut pluat; ac per hoc prorsus impossibile est ut non pluat. Quod ergo dicitur de præteritis hoc consequitur nihilominus de rebus præsentibus et futuris : nimirum, ut sicut omne quod fuit, fuisse necesse est, ita, et omne quod est, quandiu est, necesse sit esse : et omne quod futurum est, necesse sit futurum esse. Atque ideo quantum ad ordinem disserendi, quidquid fuit, impossibile sit non fuisse; et quidquid est, impossibile sit non esse; et quidquid futurum est, impossibile sit futurum non esse. Videat ergo imperitæ sapientium, et vana quærentium cæca temeritas; quia si hæc quæ ad artem pertinent disserendi, ad Deum praviter referant; jam non tantum in præteritis, sed in præsentibus ac futuris, eum impotentem penitus, et invalidum reddant. Qui nimirum, quia necdum didicerunt elementa verborum, per obscuras argumentorum suorum caligines amittunt claræ fidei fundamentum; et ignorantes adhuc, quod a pueris tractatur in scholis, querelæ suæ calumnias divinis ingerunt sacramentis. Et quia inter rudimenta discentium vel artis humanæ nullam apprehendere peritiam, curiositatis suæ nubilo perturbant puritatis ecclesiasticæ disciplinam. Hæc plane quæ ex dialecticorum, vel rhetorum prodeunt argumentis, non facile divinæ virtutis sunt aptanda mysteriis; et quæ ad hoc inventa sunt, ut in syllogismorum instrumenta proficiant, vel clausulas dictionum, absit, ut sacris legibus se pertinaciter inferant et divinæ virtuti conclusionis suæ necessitates opponant. Quæ tamen artis humanæ peritia, si quando tractandis sacris eloquiis adhibetur, non debet jus magisterii sibimet arroganter arripere; sed velut ancilla dominæ quodam famulatus obsequio subservire, ne si præcedit, oberret, et dum exteriorum verborum sequitur consequentias, intimæ virtutis lumen et rectum veritatis tramitem perdat. Quis enim manifeste non videat, quia si argumentationibus istis, ut sese ordo verborum habet, fides adhibetur, divina virtus in temporum quibusque momentis impotens ostendatur? Nam juxta frivolæ quæstionis obloquium, non prævalet Deus agere, ut vel dudum quæ facta sunt, facta non fuerint; vel e diverso, quæ facta non sunt, facta fuerint; vel quæ nunc sunt, quandiu sunt, non sint; vel quæ futura sunt, futura non sint; vel e contra, quæ futura non sunt, futura sint. De qua nimirum quæstione veteres liberalium artium discusserunt, non modo gentiles, sed et fidei Christianæ participes prolixius tractaverunt; sed nemo illorum in hanc ausus est prosilire vesaniam, ut Deo notam impossibilitatis ascriberet, et præsertim si Christianus fuit, de illius omnipotentia dubitaret; sed ita de consequentia necessitatis vel impossibilitatis juxta miram solius artis disputavere virtutem, ut nullam in his conflictibus Dei facerent mentionem. Isti autem, qui antiquam quæstionem noviter afferunt, dum altiora gestiunt nosse, quam capiunt, potius aciem suæ mentis obtundunt; quia ipsum lucis auctorem offendere non pavescunt. Hæc igitur quæstio, quoniam non ad discutiendam majestatis divinæ potentiam, sed potius ad artis dialecticæ probatur pertinere peritiam; et non ad virtutem, vel materiam rerum, sed ad modum et ordinem disserendi, et consequentiam verborum, non habet locum in Ecclesiæ sacramentis, quæ a parvis scholaribus ventilatur in scholis. Non enim ad fidei regulam, vel morum pertinet honestatem; sed ad loquendi copiam, verborumque nitorem. Quamobrem sufficiat nobis brevi compendio fidem defendere, quam tenemus; sapientibus autem hujus sæculi, quæ sua sunt (*I Cor.* III), cedimus. Habeant, qui volunt, litteram occidentem, dummodo per Dei misericordiam spiritus a nobis vivificans non recedat.

CAPUT VI.

Quod Deus intra præsentiæ suæ sinum, omnia simul, et tempora, et loca concludat.

Constat itaque Deum omnipotentem sic omnia sæcula in æternæ sapientiæ suæ thesauro concludere, ut nec ad se quid accedere, nec a se quidquam per temporum momenta valeat transire. In illa igitur ineffabili suæ majestatis arce persistens, sic omnia in præsentiæ suæ constituta conspectu, uno ac simplici contemplatur intuitu, ut sibi nunquam penitus vel præterita transeant, vel futura succedant. Cui dum semper esse atque idem esse est per æternitatem; dum omne, quod labitur, circumscribit, intra semetipsum omnium cursus temporum, claudit. Et sicut intra se sine transitu cohibet omnia tempora, ita nihilominus intra se sine spatiis universa continet loca. Hinc est plane quod ait : « Cœlum et terram ego impleo (*Jer.* XIII). » Hinc est quod Sapientia illius dicit : « Gyrum cœli circuivi sola (*Eccli.* XXIV). » De qua et Salomon ait : « Quia cum sit una, omnia potest, et permanens in se, innovat omnia (*Sap.* VII). » Et idem alibi : « Si cœlum et cœli cœlorum te capere non possunt : quanto magis domus hæc, quam ædificavi tibi ! » (*II Paral.* VI.) De cujus etiam Spiritu scriptum est : « Spiritus Domini replevit orbem terrarum, et hoc quod continet omnia (*Sap.* I). » De quo rursus dicitur : « Quia omnium est artifex, omnem habet virtutem, omnia prospiciens (*Sap.* VII). » Et Dominus per prophetam dicit : « Cœlum mihi sedes est, terra autem scabellum pedum meorum (*Isa.* LXVI). » Rursumque de eo scriptum est : « Cœlum metitur palmo, et omnem terram pugillo concludit (*Act*. vii; *Isa*. xl). » Sedi quippe, cui præsidet, interior et superior manet. Nam per id cœlum palmo metiens, et terram pugillo concludens, ostenditur quod ipse sit circumquaque cunctis rebus, quas creavit, exterior. Id namque quod interius concluditur, a concludente exterius continetur. Per sedem ergo, cui præsidet, esse interius, et supra perpenditur: per pugillum vero, quo continet, esse exterius, subterque signatur. Quia enim ipse manet intra omnia, ipse extra omnia, ipse super omnia, ipse infra omnia, et superior est per potentiam, et inferior est per sustentationem, et exterior per magnitudinem, et interior per subtilitatem. Ubi ergo si aliquid absque eo, qui cum per molem corporis nusquam est, per incircumscriptam substantiam nusquam deest? De quo ait Apostolus : « Quia in ipso constant omnia. » Et rursus : « Quoniam ex ipso, et per ipsum, et in ipso sunt omnia (*Coloss*. 1). » Est enim, ut ita dixerim, locus illocalis, qui sic in se continet omnia loca, ut non moveatur ipse per loca : et cum omnia simul impleat, non per partes sui occupat partes loci, sed totus ubique est, nec per ampliora loca diffusior, nec per angustiora contractior, nec altior in excelsis, nec plus humiliatus in infimis, non major in magnis, non minor in minimis; sed unus, idemque simplex et æqualis ubique, nulla indigens creatura, sed eo indiget omnis creatura. Nam et antequam virtutes angelicas condidisset antequam tempus temporale aliquid exstitisset, plenas, atque perfectas immortalitatis divitias et gloriæ possidebat. Ad creandum igitur, quod non erat, non solitudinis eum, vel alicujus inopiæ necessitas impulit, sed sola propriæ clementiæ bonitas provocavit. Nec beatitudini ejus rerum conditio conferre aliquid potuit, cum ita per se, et in se sit plenus atque perfectus; ut nec existente creatura, sibi aliquid accedat, nec ea pereunte decedat. « Omnia siquidem flumina intrant in mare, et mare non redundat (*Eccle*. 1). »

CAPUT VII.

De Dei simplici, et una, distincta tamen omnium rerum scientia, et providentia.

Est plane Deo sicut coæternum omnia posse, sic et omnia nosse, idemque semper existere. In illo itaque summo rerum cardine naturarum omnium jura dispensans, sic omnia tempora, præterita videlicet, præsentia et futura, intra suæ provisionis arcana complectitur, ut nec novum aliquid sibi penitus accedat; nec aliquid ab eo per cursus momenta recedat; sed nec diversis obtutibus diversa considerat, ut cum intendit præteritis, vacet a præsentibus, vel futuris; vel rursus cum præsentia, sive futura considerat, oculos a præsentibus avertat; sed uno duntaxat ac simplici præsentissimæ majestatis intuitu, simul omnia comprehendit. Neque hoc confuse, atque inexplicate, sed omnia discernit, atque juxta proprietatem suam quæque distinguit. Plane qui in theatro residet, non simul omnia videt; quia cum intendit aciem ante se, non videt post se; qui autem non in theatro, sed super theatrum excelsior supereminet, totius undique interiorem theatri ambitum uno comprehendit aspectu; ita omnipotens Deus, quia omnibus, quæ volvuntur, incomparabiliter supereminet, omnia simul suis subjecta conspectibus præsentialiter videt. Et, ut quod loquimur, non modo vivax ingenium capiat, sed et deses quilibet facile comprehendat, major nobis varietas est in hoc tam brevissimo temporis puncto, quo dicimus cœlum, quam Deo sit simul inspicere infinita omnium spatia sæculorum. Nam cum hujus particulæ prima dicitur syllaba, remanet adhuc secunda; et cum secunda sonat, jam prima pertransiit. Deus autem uno atque ineffabili suæ contemplationis ictu simul omnia conspicit, et conspiciendo distinguit. Omnia circumdando penetrat, et penetrando circumdat. Hinc est, quod Petrus ait apostolus: « Unum hoc non lateat vos, charissimi, quia unus dies apud Deum, sicut mille anni, et mille anni, sicut dies unus (*II Petr*. 1). » Et quia millenarius numerus perfectus est, mille annos posuit pro longitudine, et prolixitate omnium sæculorum. Unde et Psalmista : « Mille, inquit, anni ante oculos tuos, tanquam dies hesterna, quæ præteriit (*Psal*. lxxxix); » quia quidquid a nobis futurum exspectatur, jam Deo per omnia notum, quasi præteritum esse decernitur. Est enim, sicut ipse de se dicit : « Alpha et Omega, initium et finis (*Apoc*. 1). » Et per prophetam : « Ante me non est formatus Deus, et post me non erit (*Isa*. xliii). » Enim vero, quia in supremo rerum vertice ineffabiliter supereminens, quasi quodam profunditatis et æterni consilii sui circulo non modo cuncta temporum spatia, sed et loca, et universas amplectitur creaturas, et hæc omnia uno contemplationis ictu, ac simplici semper aspectat intuitu; non immerito solus potens, solus æternus, solus dicitur immortalis. Unde et Apostolus : « Regi, inquit, sæculorum immortali et invisibili, soli Deo honor et gloria (*I Tim*. 1). » Et idem : « Beatus, et solus potens Rex regum, et Dominus dominantium, qui solus habet immortalitatem, et lucem habitat inaccessibilem, quem nemo hominum vidit, nec videre potest (*II Tim*. vi); » nam et angelica virtus, licet potens sit, non tamen a se, sed ab illo est : licet immortalis sit, suumque beatum vivere nullo prorsus fine concludat; tamen quia et loca mutat, et tempora, non coæterna suo dicenda est Creatori, quia naturaliter atque essentialiter est ipsa potentia, ipsa immortalitas, ipsa æternitas. Unde et Moyses : « Dominus, inquit, regnabit in æternum, et ultra (*Exod*. xv). » Nam et angelica beatitudo juxta conditionis suæ modum non immerito videtur æterna, quæ nulli prorsus termino probatur obnoxia. Et merito dicitur, quia in æternum vivit, quia beate vivere nunquam desinit. Sed ille non solum in æternum, sed in æternum regnat, et ultra, qui cuncta sæculorum volumina intra provisionis suæ continet sinum: et non tanquam præterita, vel futura, sed ut revera præsentia, suoque subjecta conspectui, perspicacissimo comprehendit intuitu; qui suæ ditionis imperio regit omnia, cujus legibus obtemperant universa, qui omnes creaturas ad nutum sui disponit arbitrij; omnibus vivendi moderatur, atque temperat ordinem, omnium formas distinguit, ac species, omnibus, prout vult, congruas virium tribuit facultates; a quo, et per quem est quidquid est, sine quo quidquid est procul dubio nihil est.

CAPUT VIII.
De Dei æternitate.

Omnipotenti itaque Deo non est heri, vel cras, sed hodie sempiternum, cui nihil defluit, nihil accedit; cui nihil est varium, nihil a se diversum. Illud hodie æternitas est incommutabilis, indefectiva, inaccessibilis, cui videlicet nihil addi, nihil valet imminui: et omnia quæ apud nos elabendo discurrunt, aut per temporum vicissitudines se variant, apud illum hodie stant et immobiliter perseverant. In illo scilicet hodie dies ille adhuc immobilis est, in quo mundus iste sumpsit originem; in illo jam, et ille nihilominus est, quo judicandus est per æterni judicii æquitatem. Neque enim in eam lucem, quæ sine accessu, ea, quæ elegit, et illustrat: et sine recessu ea, quæ respuit, deserit, defectus mutabilitatis venit; quia in semetipso permanens immutabilis, mutabilia cuncta disponit. Sicque in se transeuntia condidit, ut apud se quæ condita sunt, transire nequaquam possint. Nec tempus intus in conspectu ejus defluit, quod apud nos foris per exteriora decurrit. Unde fit ut in æternitate ejus omnia fixa permaneant, quæ non fixa extrinsecus sæculorum volumina indesinenter emanant. Deo quippe dies una est æternitas sua, quam videlicet diem, nec fine claudi, nec initio videt aperiri Psalmista, cum dicit: « Melior est dies una in atriis tuis super millia (*Psal.* LXXXI.) » Quid est ergo, quod ille non valeat de præteritis omnibus vel futuris, qui videlicet omnia facta, vel facienda sine ullo transitu defigit, et statuit in suæ præsentia majestatis? Cui profecto et illud tempus intransibiliter adest, quod ea quæ facta sunt antecessit, et illud quo cuncta deinceps futura concludit. Hinc est enim quod in his quæ prophetico spiritu dicta sunt in Scripturis, sæpe reperiuntur præterita pro futuris poni, et longe post agenda velut jam transacta narrari. Unde est quod passurus per prophetam Dominus ait: « Corpus meum dedi percutientibus, et genas meas vellentibus, faciem meam non averti ab increpantibus et conspuentibus in me (*Isa.* L). » Resurrecturus autem: « Resurrexi, et adhuc sum tecum (*Psal.* LXVII). » De ascensuro quoque atque Spiritus sancti dona missuro dicitur: « Ascendens in altum, captivam duxit captivitatem, dedit dona hominibus (*Ephes.* IV), » quia videlicet in oculis illius sapientiæ, unde ista manabant, omnia tempora simul stant, futura atque præterita, ut revera præsentia, fixa atque immobilia semper assistunt. Et tantumdem est: « Dederunt in escam meam fel (*Psal.* LXVIII), » quantum et dabunt; et idem est: « Foderunt manus meas et pedes meos (*Psal.* XXI), » quod fodient.

Jam itaque veniant supervacuæ quæstionis auctores, imo qui perversorum dogmatum nituntur esse cultores, et dicant: Nunquid potest Deus agere, ut quæ facta sunt facta non fuerint? Quibus ego prima fronte respondeo, quia hoc non est, quia divinæ bonitatis est de nihilo aliquid agere, non de aliquo potius nihil efficere; cum utique scriptum sit: « Omnia per ipsum facta sunt, et sine ipso factum est nihil (*Joan.* I). » Ego probare volo quod Deus de nihilo faciat aliquid; tu ostendere niteris quod de aliquo faciat nihil. Sed jam, quæso, cuncta simul emove: omnes pestiferi languoris humores sub unius conamine excreatus effunde, ut multiplici morbo unius antidoti sufficiat haustu occurrere, nec ad curationem tui pluribus compellamur confectionum generibus indigere. Age ergo, dic, quæso: Potest facere Deus de præteritis, ut quod factum est non fuerit factum; vel de præsenti, quod nunc est, quandiu est, ut non sit; vel ut omnino quod futurum est, ut futurum non sit; vel rursus hæc omnia per contrarium? Quæ nobis profecto exsecrationi potius videntur esse tradenda quam stylo. Dic mihi, versutæ quæstionis objector, credis etiam tu quia quidquid Deus facit bonum est, atque adeo aliquid est, et quidquid ille non facit nihil est? Audi Scripturam: « Vidit, inquit, Deus cuncta quæ fecerat, et erant valde bona (*Gen.* I). » Et illud: « Sine ipso factum est nihil (*Joan.* I). » Sed quia hoc negare non potes, assentior, inquis. Tu itaque dum quæris unam eamdemque rem et fuisse, et non fuisse; esse, et non esse; futuram esse, et futuram non esse; niteris profecto quæque facta vel facienda confundere, et inter esse et non esse nutantia demonstrare. Quod certe rerum natura non habet. Nihil enim simul potest esse et non esse; sed quod in rerum natura non est, procul dubio nihil est. Quæris ergo a Deo, durus exactor, ut faciat quod suum non est, hoc est nihil. Sed ecce evangelista contra te stat, dicens: *Quia sine ipso factum est nihil*; Deus adhuc non didicit facere nihil. Tu eum doce, et præcipe ut tibi faciat nihil. Adhuc peto, respondeas: Credis, quæso, et quod Propheta canit, cui scilicet omnia Scripturarum testimonia concinunt: « Omnia, inquit, quæ voluit Dominus, fecit in cœlo et in terra, in mari et in omnibus abyssis? » (*Psal.* CXXXIV.) Sed hoc etiam a te negari non posse manifestum est.

Cum ergo Deus omnia possit, cur addubitas Deum hoc non posse, ut aliquid simul sit et non sit, si hoc fieri bonum est? Porro si inutile est, res quaslibet inter esse et non esse confundi, Deus autem non inutilia, sed bona omnia fecit; imo si malum est, ac per hoc nihil est. Hoc Deus omnino non facit: « Quia sine ipso factum est nihil (*Joan.* I). » Huc accedit, quia voluntas summi et omnipotentis opificis tam efficax causa est omnibus rebus existendi, vel non existendi, ut quod ille vult esse, non possit non esse, et quod non vult esse, non valeat esse. Virtus quippe Dei fecit ut quod constituit esse, jam non valeat non fuisse; et quod constituit fuisse, quamdiu est, non valeat non esse; et quod constituit esse futurum, jam non valeat futurum non esse. Unde ergo Dei virtus potentior et mirabilior esse perpenditur, inde a stulte sapientibus in suo posse invalida judicetur? Sic enim quidquid est, ab ipso est. Ipse rebus hanc vim existentiæ contulit, ut postquam semel exstiterint, non exstitisse non possint.

CAPUT IX.

Quod mala dicenda sunt potius non esse quam existere.

Mala autem quælibet, sicut sunt iniquitates et scelera, etiam cum videntur esse, non sunt, quia a Deo non sunt, ac propterea nihil sunt; quia videlicet Deus omnino non fecit, sine quo factum est nihil (*Joan.* 1). Quapropter si quid boni factum est ab hominibus, perdere suum esse et fuisse non potest, quia opus Dei est, etiamsi per homines factum est. Unde propheta dicit: « Omnia enim opera nostra operatus es in nobis (*Isa.* xxvi); » Omnia quippe bona et Dei sunt et nostra, quoniam ille operatur in nobis, qui effectum tribuit operandi. Et Salomon: « In manu illius, inquit, et nos, et sermones nostri, et omnis sapientia, et operum scientia, et disciplina (*Sap.* vii). » In illo etiam, sicut ait Apostolus, « vivimus, movemur et sumus » (*Act.* xvii). » Quod si malum factum est, etiam tunc nihil erat, cum esse videbatur. Hinc est quod ipsos malitiæ ac pravitatis auctores apud inferos conqueri Scriptura testatur: *Transierunt*, inquiunt, *omnia illa tanquam umbra, et tanquam nuntius præcurrens, et tanquam navis, quæ pertransiit fluctuantem aquam, cujus cum pertransierit vestigium non est invenire neque semitam carinæ illius in fluctibus* (*Sap.* v). Semita namque in fluctibus facta mox deficit. Unde rursus dicunt: « Aut tanquam avis quæ transvolat in aere, non ullum invenitur itineris illius argumentum. » Tertium quoque non dissimile his rursus apponitur: « Aut tanquam sagitta emissa in locum destinatum, divisus aer continuo in se reclusus est, et ignoratur transitus illius (*Ibid.*). » Vestigium certe navis, et avis, et sagittæ transitus mox fiunt, illico recluduntur; sic quilibet iniqui, mox ut incipiunt, præsto deficiunt. Unde subjungunt: « Sic et nos nati continuo desivimus esse; » imo ipso momento quo videntur esse, non sunt, quia ab illo qui vere est longe sunt. Quo contra de viro justo dicitur: « Consummatus in brevi, explevit tempora multa, quia placita erant Domino opera illius (*Sap.* iv). » De illis autem: « Dejecisti eos dum allevarentur (*Psal.* lxxii). » Non ait, postquam allevati sunt, sed; dum allevarentur, quia per hoc inanescunt, per quod intumescunt; inde corruunt, unde sublimes fiunt. Non itaque hoc asserendum est, quod postquam ad extrema deveniunt, tunc nihil fiant; sed tunc procul dubio sunt nihil, cum videntur aliquid. Nihil apud testimonium veritatis, aliquid in umbra caliginis. Adhuc fortassis epulabatur ille splendide (*Luc.* xvi), fulciebatur cuneis obsequentium, ambiebatur agminibus bellatorum, quem propheta superexaltatum et elevatum vidit (*Isa.* xxxvi): et mox ad contemplanda summa pertransiens, quem magnum aliquid forte crediderat, nihil esse cognovit. Hinc est enim quod scriptum est: «Quoniam spes impii tanquam lanugo est, quæ a vento tollitur; et tanquam spuma gracilis, quæ a procella dispergitur; et tanquam fumus, qui a vento diffusus est; et tanquam memoria hospitis unius diei prætereuntis (*Sap.* v). » Nam qui tot momentanearum rerum exempla congessit, non tam vile quid esse omnem reproborum gloriam, quam nihil esse signavit. Mala ergo etiam cum videntur esse, non sunt; et ab eo qui vere et summe est procul sunt. Bona autem, id est ea quæ bonus artifex condidit, quæ ut tu quisquis es, quæris, esse simul et non esse non possunt; quia in rerum natura, quam rationabilis artifex esse constituit, alternitas ista non invenit locum. Quia enim inter esse et non esse confundi malum est, ac potius nihil est, idcirco a bono Creatore, qui bona omnia fecit, alternitas ista confusio facta non est. In malis autem potest utcunque videri hæc confusionis alternitas, quæ certe videntur esse, et non sunt, atque ideo quasi sunt, et non sunt. Sunt quidem in superficie coloris, non autem in judicio veritatis: quanquam et ipsis malis non possumus hanc diversitatem exacte concedere, ut simul sint et non sint, quia videntur esse, sed non sunt, atque ideo verius dicuntur semper non esse, quam esse et non esse.

CAPUT X.

Quod omnia Deus potest, sive faciat sive non faciat.

Manifestum est igitur alternitatem istam, de qua quæritur, scilicet, utrum possit aliquid fuisse simul et non fuisse; esse, et non esse; futurum esse, et futurum non esse, naturis existentium rerum nulla posse ratione congruere; ad solas autem verborum pugnas, quæ de disserendi ac ratiocinandi fiunt consequentiis pertinere. Quamobrem indubitabili fide credendum est, Deum omnia posse, sive faciat, sive non faciat. Nam quod malum est, potius debet dici nihil, quam aliquid, atque ideo nihil præjudicat, si dicamus Deum omnia posse, licet mala omnia non possit; cum mala non intra omnia, sed extra omnia potius debeant supputari. Hinc est, quod sæpe divina virtus armatos dialecticorum syllogismos, eorumque versutias destruit; et quæ apud eos necessaria jam atque inevitabilia judicantur, omnium philosophorum argumenta confundit. Audi syllogismum: Si lignum ardet, profecto uritur; sed ardet, ergo et uritur. Sed ecce Moyses videt rubum ardere, et non comburi (*Exod.* iii). [Rursus, si lignum præcisum est, non fructificat, sed præcisum est, ergo non fructificat. Sed ecce virga Aaron in tabernaculo, contra naturæ ordinem reperitur amigdalas protulisse (*Num.* xvii). Alioquin quid est tot in Ægypto Pharaoni magnalia, ac signa portendere; filiorum Israel catervas Ægyptiis pereuntibus, per divisum mare transferre (*Exod.* vii, xiv), largissima fluenta ex aridi saxi rupe producere (*Exod.* xvii; *Psal.* lxxvii), et Jerichontina mœnia non armis frementibus, sed tubis clangentibus, dissipare? (*Josue* vi.) Postremo, quod in stuporem omnium sæculorum, solem in cœlo ad imperium Josue per unius diei spatium sistere (*Jos.* x); per Ezechiam vero decem ad orientem lineis revocare (*IV Reg.* xx, *Isa.* xxxviii); circa tres pueros furentis incendii vires exstinguere, circa Danielem vero cruentos leonum rictus, et rabida ora refrenare? (*Dan.* iii, vi.) Quid, inquam, hæc omnia sunt, nisi frivola sapientum hujus mundi sensa confundere, et contra naturæ consuetudinem divinæ virtutis gloriam mortalibus revelare? Veniant dialectici, sive potius, ut putantur, hæretici, ipsi viderint; veniant, inquam, verba trutinantes, quæstiones suas buccis concrepantibus ventilantes, proponentes, assumentes, et ut illis videtur inevitabilia concludentes, ac dicant: si peperit, concubuit: sed peperit, ergo concubuit. Nunquid hoc ante redemptionis humanæ mysterium non videbatur inexpugnabilis roboris argumentum? Et quidem poterat Deus, et fetare virginem ante ruinam, et reparare virginem post ruinam. Utrumque scilicet bonum erat, sed licet eatenus neutrum fecerat, utrumque tamen posse facere credendus erat. Et certe mirabilius est, et valde præcellentius virginem incorruptam manere post partum, quam corruptam ad virginale decus redire post lapsum; quia et majus est, quemlibet clausis januis ingredi, quam eas, quæ patuerint, januas claudi. Si ergo natus ex Virgine Redemptor noster (*Isa.* vii; *Matth.* i; *Luc.* 1), quod majus est, et longe præstantius, fecit; quod minus est, corruptam quamlibet redintegrare non poterit? Potuit Deus homo ex utero virginali, salva virginitate, procedere; non poterit violatæ virginitatis dispendium reparare? Quomodo ergo restauratur homicida, ut post dignam pœnitentiam jam non sit homicida? Quomodo fur, quomodo perjurus? quomodo raptor? quomodo omnium certe criminum rei postquam se veraciter corrigunt, jam non sunt, qui fuerunt? Unde scriptum est: *Verte impios, et non erunt.* Sed dicis: Fateor, inquam, quia corrupta quælibet post pœnitentiam jam non est quæ fuit, ut videlicet fornicationis subeat notam: verumtamen ad veritatis jam non reverti- tur gloriam. Et ego e contra respondeo quia qui potuit ex materno utero illæsa virginitate procedere, valet etiam, si vult, in violata qualibet virginitatis signaculum reformare.

CAPUT XI.

Quod naturæ conditor naturæ sit etiam immutator.

Proponatur adhuc superstitiosæ quæstionis obloquium: videatur etiam, ex qua sit radice productum, quatenus ne præcipiti raptu uberes sinceræ fidei fruges obruat, sed hiatu terræ dignus cum ipso

A fonte rivus arescat. Ad affirmandum namque quod Deus nequeat virginem reparare post lapsum, quasi consequenter adjiciunt: Nunquid hoc potest Deus agere, ut quod factum est non fuerit? Tanquam si semel constet ut si fuerit virgo corrupta, jam nequeat fieri ut rursus sit integra. Quod certe quantum ad naturam verum est, statque sententia; factum quoque aliquid fuisse, et factum non fuisse, unum idemque inveniri non potest. Contraria quippe invicem sunt, adeo ut si unum sit, alterum esse non possit. Nam quod fuit non potest vere dici quia non fuit; et e diverso, quod non fuit, non recte dicitur quia fuit. Quæ enim contraria sunt in uno eodemque subjecto congruere nequeunt. Hæc porro impossibilitas recte quidem dicitur, si ad naturæ referatur inopiam: absit autem, ut ad majestatem sit applicanda divinam. Qui enim naturæ dedit originem, facile, cum vult, naturæ tollit necessitatem. Nam qui rebus præsidet conditis, legibus non subjacet conditoris: et qui naturam condidit, naturalem ordinem ad suæ deditionis arbitrium vertit: quicunque creata quælibet dominanti naturæ subesse constituit, suæ dominationis imperio naturæ obsequentis obedientiam reservavit. Consideranti plane liquido patet quoniam ab ipso mundi nascentis exordio rerum conditor in quid voluit naturæ jura mutavit, imo ipsam naturam, ut ita dixerim, quodammodo contra naturam mutavit. Nunquid enim non contra naturam est mundum ex nihilo fieri: unde et a philosophis dicitur (Arist. 1 *Phys.* text. 34): « Quia nihil ex nihilo fit; » animalia non ex animalibus, sed ex stolidis elementis, solo jussionis imperio creari; dormientem hominem costam perdere, nec dolere; de solo viro feminam sine femina fieri, et in una costa omnia hominis membra distingui; mutuo se nudos aspicere, et non modo non erubescere, sed nequidem nosse (*Gen.* ii); et multa alia quæ persequi longum est. Quid ergo mirum est si is qui naturæ legem dedit et ordinem, super eamdem naturam sui nutus exerceat ditionem, ut ei naturæ necessitas non rebellis obsistat, si ejus substrata legibus, velut ancilla deserviat? Ipsa quippe rerum natura habet naturam suam, Dei scilicet voluntatem, ut sicut illius leges quælibet creata conservant, sic illa cum jubetur sui juris oblita, divinæ voluntati reverenter obediat. Quid est enim, hodieque quod cernimus, quoniam Salamandra in ignibus vivit, et non modo læsionem adustione non patitur, sed tanquam fomentis insuper vegetatur? Quidam quoque vermiculi in ferventissimis aquis et nascuntur et vivunt. Quid est quod palea tam frigida est, ut obrutas diutissime nives servet; calida, ut poma quælibet acerba maturet? Quid est, quod ignis cum ipse sit lucidus, quælibet si fuerint ab eo adusta, nigrescunt; et cum ipse resplendeat, quidquid et ambit et lambit, pulcherrimus decolorat? Verumtamen lapides igne candente percocti, et ipsi sunt candidi; et quamvis ille magis rubeat, illi flammis albescunt; luci tamen congruit album, tenebris nigrum. Cumque ignis in lignis ardeat, lapides coquat, contrarios habet in non contrariis rebus effectus. Licet enim sint lapides, et ligna diversa, constat tamen non esse contraria, sicut album et nigrum, quorum in lapidibus unum, in lignis exhibet alterum. Illos enim clarificat, hæc offuscat, dum in illis omnino deficeret, nisi in istis viveret. Cur etiam in carbonibus tanta infirmitas, ut ictu levissimo frangantur, pressu facillimo conterantur; et tanta firmitas, ut nullo humore corrumpantur, nulla prorsus ætate vincantur, usque adeo, ut eos substernere soleant, qui limites figunt, quatenus litigantes eorum ostentione convincant, si qui post annosa ac diuturna temporum curricula fixum lapidem limitem non esse contendant? Quis enim eos infossos humidæ foveæ, ubi ligna putrescerent, tandiu durare incorruptibiliter posset, nisi rerum ille corruptor ignis efficeret? Calx quoque conceptum ignem atque sopitum sic occultissime servat, ut nemo tangendo sentiat, sed cum exstinguitur, tunc accenditur, et sentitur : ut enim calx vim occulti ignis expellat, aqua perfunditur; et cum ante frigida sit, inde fervescit, unde ferventia cuncta frigescunt. At si non aqua, sed oleum, quod utique fomes est ignis, adhibetur, nulla ejus infusione calor vel minimus excitatur.

Quid ergo mirum, si omnipotens Deus in magnis magnus ostenditur, cum etiam in minimis atque extremis quibusque rebus tam mirabiliter operetur? Quid enim vilius pelle colubri? si tamen oleo fervescente decoquitur, mire per eam dolor aurium mitigatur. Quid inferius cimice? Si sanguisuga faucibus hæserit, fumo ejus excepto, statim evomitur; urinæ quoque difficultas hujus appositione laxatur. Quid de adamante referam, qui non igne, non ferro dividitur, ullaque alia vi, nisi duntaxat hircino sanguine non secatur? Quid est quod magnetem lapidem mirabilem ferri facit esse raptorem? Qui tamen si adamas juxta ponitur, non modo jam ferrum nullatenus rapit, sed et si jam rapuerat, ei appropinquaverit, mox remittit; tanquam si lapis lapidem timeat, et velut ante conspectum majoris potentiæ vires proprias perdat. Nec latet asbeston Arcadiæ lapidem propterea sic vocari, quod accensus semel jam non posset **631** exstingui. Pyrites etiam lapis, qui in Perside reperitur, cur ab igne nomen accepit, nisi quia tenentis manum, si vehementius prematur, adurit? In eadem rursus Perside lapis gignitur, qui selenites vocatur, cujus candor interior cum luna crescit, eademque postmodum ad defectum tendente, decrescit. Quid est præterea, quod Agrigentinum Siciliæ sal cogit, cum admotum igni fuerit, fluere; cum vero in aquam mittitur, velut in ignibus crepitare? Quid est quod apud Garamantas efficit quemdam fontem tam frigidam diebus, ut non bibatur; tam fervidum noctibus, ut non tangatur? Quis in Epiro alium fontem ita mirabilem præbuit, ut cum sit contrectantibus frigidus, in eo tamen faces, ut in cæteris exstinguuntur accensæ, sed non ut in cæteris accenduntur exstinctæ? Quis in Ægypto hujusmodi ficum constituit, cujus lignum, cum in fluenta projicitur, non ad lignorum consuetudinem potius enatet, sed in profunda mergatur; quodque est mirabilius, postquam in uno aliquando manserit, inde ad aquæ superficiem rursus emergit, quando scilicet madefactum humoris pondere debuit prægravari? Quid est quod in arvis Sodomæ poma gignuntur, quæ ad maturitatis quidem speciem usque perveniunt; sed morsu, pressuve tentata, in fumum, vel favillam corio fatiscente, evanescunt? Quid etiam quod in Cappadociæ finibus equæ ex vento concipiunt, iidemque fetus nonnisi ad triennium usque vivunt? Unde Thilon Indiæ insula, hujusmodi vires habet, ut omnes in ea rami arborum nunquam nudentur tegmine foliorum? Unde et terra illa occiduis partibus hanc consecuta est dignitatem, ut ex arborum ramis volucres prodeant, et ad pomorum similitudinem animati atque pennati fructus erumpant? Sicut enim referunt, qui se vidisse testantur, paulatim incidit pendulum quid ex ramo suspendi, deinde in imaginem volucris speciemque formari : postremo quantulumcumque plumescens, hiatu rostri sese ab arbore dividit sicque novus aeris habitator ante pene discit volare, quam vivere. Enimvero quis tot virtutis divinæ magnalia, quæ citra communem naturæ ordinem fiunt, enumerare sufficiat? Qui nimirum non humanis discutienda sunt argumentis, sed virtuti potius relinquenda sunt Creatoris. Quid ergo mirum si is, qui naturalia rerum omnium jura disposuit, et ipsum naturæ ordinem ad arbitrium efficacissimæ suæ voluntatis inflectit, ut qui matrem virginem nascendo servaverat, violatam quamlibet si voluerit integram reddat? Æquale nempe fuit Deo, et prius Enoch, et Eliam in carne retinere viventes; et post Lazarum ac viduæ filium de sepulcris educere resurgentes.

CAPUT XII.
De palatio Romuli et philosopho corruentibus.

Nescio si legitur, sed a nonnullis intra Romana mœnia celebri fama vulgatur, quod videlicet Romulus, qui conditor Urbis asseritur, constructo palatio, cujus parietina, **632** licet semiruta, ex magna adhuc parte cernuntur, in hanc vocem, quasi de firmamento operis confisus eruperit : Certum est, inquit, et immobiliter fixum, quia nisi virgo pepererit, domus ista non corruet. Sicque, si tamen verum est quod asseritur, ex gentilis hominis lingua, sicut rei probavit eventus, egressa est prophetia. Nam nocte, qua Salvator ad redemptionem nostram ex virginali alvo processit, sicut dicitur, palatium corruit. Utrumque nimirum et virginem parere, et ædificium ruere, homini Deum ignoranti, impossibile videbatur. At qui utrumque semper potuit, sed diu intra prudentiæ suæ secreta continuit, utrumque cum voluit, per effectum operis congruo tempore declaravit. Illud plane stupendum est, quod nunc homines in Ecclesiæ gremio non modo renati, sed etiam nati, tam audacter, tam impudenter omnipotenti Deo calumniam impossibilitatis objiciunt, et protinus absorbere terreni subsecivii voragine non pavescunt. Erubescat jam lingua phronetica, et quæ nescit esse facunda, discat esse vel muta. Nesciat ædificationis augmenta depromere, sciat saltem sine fidei destructione tacere. Alioquin abscindat sibi ferro præputium per vindictam, non sibi frenum adhibeat per silentii disciplinam. Ventilent quæstiones suas qui volunt, juxta modum et ordinem discerendi, dum vero per ambages suas et scholaris infantiæ næmias contumeliam non inferant Creatori; sciantque impossibilitatem istam in ipsa rerum esse natura, et verborum ex arte procedentium consequentia, non ad virtutem pertinere divinam, nihilque divinæ majestatis evadere posse potentiam ; ut dicatur juxta solius naturæ ordinem, verborumque conditionem, si est aliquid, quandiu est, non potest non esse; et si fuit, non potest non fuisse; et si futurum est, non potest non esse futurum. Alioquin contra ipsius naturalis proprietatis ordinem, existendique materiam, quid est quod Deus non possit evertere? quid est quod Deus non valeat nova conditione creare? Discutiant itaque juxta modulum suum litterarum duntaxat, quibus adhuc indigent, elementa; nec altiora se usurpent divina mysteria. Philosophus quidam (25), dum siderum cursus, stellarumque meatus nocturno tempore rimaretur, in limosum repente lapsus est puteum. Cujus casum poetata est Iambi, quæ illius erat ancilla, dicens : Dominus meus ignorabat id quod sub pedibus ejus jacebat vile lutum, et investigare tentabat arcana cœlorum. Ex cujus nimirum vocabulo, Iambicum metrum nomen accepit. Animadvertant hoc, qui modum suæ capacitatis excedunt, et ad ea, quæ super se sunt, superbe tentanda prorumpunt; nedum adversus Deum quid loquuntur, ignorant, incaute se, insipienterque locutos, etiam per illatam sibi dignæ ultionis sententiam, discant.

633 CAPUT XIII.

De his, qui Dominum blasphemantes lepra perfusi sunt.

Prudentis et honorati apud sæculum cujusdam diaconi didici narratione, quod refero : In Bononiæ partibus, inquit, duo quidam viri, qui et amicitiæ invicem fœdere, et compaternitatis, si rite recolo, necessitudine tenebantur, in convivio discumbebant, quibus in mensam allatus est gallus. Quod videlicet pulmentum unus illorum arrepto cultello, ut mos est, in frusta desecuit, tritum quoque piper cum liquamine superfudit. Quo facto, alter protinus ait : Profecto compater, sic explicuisti gallum, ut ipse sanctus Petrus, etiamsi velit, redintegrare non possit. Cui mox intulit ille : Plane non modo B. Petrus; sed et si ipse Christus imperet, gallus hic perpetuo non resurget. Ad hanc vocem repente gallus vivus, et plumis undique coopertus exsiluit, alas percussit, et cecinit, plumas concussit, totumque liquamen super eos, qui convescebantur, aspersit. Illico sacrilegium blasphemæ temeritatis digna pœna sequitur ultionis. Nam et in aspersione piperis, lepra percussi sunt. Quam videlicet plagam non modo ipsi usque ad obitum pertulerunt, sed et posteris suis in omnes generationes, velut quoddam hæreditarium, reliquerunt. Unde factum est, ut in famulatum subacti sint sanctæ Bononiensis Ecclesiæ, quæ videlicet B. Petri apostoli est insignita vocabulo. Quorum progenies, ut relator asseruit, huc usque leprosa hoc illationis canone censita est : ut ex operibus manuum suarum inferant Ecclesiæ capisteria. Sic, sic nimirum duplici pœnæ, lepræ, simul et servitutis addicti supplicio, instruunt alios, ut jam temere de divina potentia non loquantur. Et gallus (*Matth.* XXVI) qui dudum argüerat Petrum in terra negantem, tunc probavit Petrum cum eo, quem negaverat, in cœlo regnantem. Et forte non sine divino judicio, hujusmodi canonis illatione sunt multati, ut sicut triticum a quisquiliis, capisterio ventilante, discernitur; ita per discretionis magisterium discant et quæ velut quisquilias vitando repellere, et quæ quasi ad victus utilitatem debeant verba proferre. Nam perversi quilibet homines, dum quid cor suggesserit, agunt : dum quidquid lingua prurit, inconsulte ac procaciter effluunt; si eis aliquando flagella non obviant, Deum vel non esse, vel humana non curare autumant. « Dixit enim insipiens in corde suo : Non est Deus (*Psal.* XIII). » Et iterum : « Quomodo scit Deus, et si est scientia in excelso ? » (*Psal.* LXXII.) Ideoque nonnulli in ipso momento pravi operis, vel e vestigio postquam nequiter agunt, motum divini furoris incurrunt, quatenus et ipsi supernæ patientiæ diutius non illudant; et cæteri ab agendo similia se per animadversionis eorum exempla compescant.

634 CAPUT XIV.

De illo quem adulterio commisso, malignus spiritus interemit.

Enimvero cum apud Parmense oppidum degerem, ibique liberalium artium studiis insudarem, quiddam me contigit nosse, quod non inutile videtur ad posterorum notitiam styli currentis articulo tradere. Ad Occidentem sane prædictæ urbis est quædam extra muros sita basilica, gemino beatorum martyrum Gervasii et Protasii titulo decorata. Nocte quadam, quæ videlicet eorumdem martyrum natalitia præcedebat, vir quidam maturius surrexit, bovesque suos in pascua remotiora deduxit : cui convicinus quidam, flamma nequissimæ libidinis inflammatus insidiatus est, ut ejus uxorem polluere moliretur. Eadem igitur nocte callidus ad domum ejus explorator accessit, et occasione reperta, non diutius postquam iste cum pascendis animalibus abiit, ille

---

(25) Taletem hunc nonnulli fuisse autumant.

febricitare se diabolica machinatione confingens, in lectum uxoris illius vir simulatus intravit. Cumque velut frigescens intremeret, dentium stridores emitteret, crebrius singultiret, infelix mulier, tanquam aegrotanti viro compatiens, coepit illum ulnis astringere, lodice contegere, et quibus valebat impendiis confovere. At ille, ut dolorem mente conceperat, peperit iniquitatem; violat itaque alienum torum, sibique procurat interitum, moxque concitus abiit. Sed ecce, vix brevi temporis elapso spatio, maritus redit, stratum repetit. Cui protinus uxor expostulans, et vehementer exprobrans, ait : Optime poteris hodie sanctorum martyrum, quae tibi tam contigua est, Ecclesiam ingredi; et cum caeteris Christianis divinis interesse mysteriis! Cumque vir attonitus quid illa loqueretur inquireret, eventumque rei sicut contigerat per ordinem cognovisset, uterque se deprehendentes irrisos, ac turpissima ludificatione delusos, intolerabili doloris angustia consternati sunt. Interea dum populus ad Ecclesiam hinc inde conflueret, ut nocturnae laudis officium devotus audiret, tandem et illi, resumpto spiritu, nihilominus convenerunt, atque omni verecundiae rubore postposito, querelam suam coram omnibus deposuerunt, praesertim mulier laceros crines evellens, et uberibus lacrymis ora tristia perfundens, lugubres emittebat ululatus in coelum: « Domine, tu, inquit, corda hominum nosti, tu conscientiae meae testis es; quia ego hac sanctissima nocte etiam proprii thalami viriles amplexus abhorrui, alieno praesertim misceri viro me penitus ignoravi; te oro, Domine, non aspicias peccata mea, sed placeat coram te ut sanctorum tuorum ulciscaris injuriam. In conspectu ergo populi tui nunc ostende virtutem, et ad gloriam sanctissimi nominis tui prode meae proditionis auctorem. Producatur in medium, et immanitatem crudelissimi sceleris de suae fraudis aufugio non lucretur. » Cumque multa his similia mulier amaro spiritu non clam, sed vociferando profunderet, et populus, ei pro moerore compatiens, idem votis et precibus divinam clementiam imploraret; auctor sceleris, ubi latebat, daemoniaco spiritu repente corripitur, et in furorem nimium atque vesaniam rabidus effertur. Moxque in Ecclesiam, populo obstupescente, noviter prosiliit, omnesque in sui admirationem, semetipsum laniando ac discerpendo, convertit. Dans fremitus et rugitus, propriis se manibus crudeliter lacerabat, modo velut volans in alta prosiliens, modo se cum gravissimo impetu in ima demergens, modo in parietem caput incutiens, modo se in pavimentum insaniendo prosternens, omnia viscera sua miserabiliter conquassabat. Hoc itaque modo malignus spiritus eum collidere non cessavit, donec infelicem animam, coram populo qui aderat, de corpore illius evulsit. Videntes autem qui aderant, immensam auctori Deo justitiae gloriam referunt; qui et impune non passus est abire peccantem, et innocentem consolatus est mulierem. Quando autem hoc mihi relatum forte dicebatur, adhuc videri saxa quibus impegerat, sanie illius et cruore rubentia. Porro autem et hic forte credebat Deum vel nescire quod occulte committitur, vel nequaquam posse ut de scelera committentibus ulciscatur, dicens in corde suo: « Non videbit Dominus, nec intelliget Deus Jacob (*Psal.* XCIII). » Sed sive Dei mandata calcando, sive Deum detractionibus stimulando, quis arroganter excedat, non, levis est criminis; et in paucis, sive prava committentibus, sive superba loquentibus, quos repente divina sententia percutit, quid caeteri, qui velut immunes videntur, ad horam mereantur, ostendit. Desinat, oro, jam desinat quisquis ponit os suum in coelo, ut lingua ejus transeat super terram (*Psal.* LXXII). Quod profecto tale est, qui sic Deum derogationibus lacerat, ut et contra servum ejus de illius impossibilitate confligat.

CAPUT XV.

Concludit asserendum esse Deum posse facta infecta facere.

Quando igitur quaestio ista proponitur, ut dicatur : Quomodo potest Deus hoc agere, ut quod factum fuit factum non fuerit? Respondeat sanae fidei frater quia quod factum est, si malum fuit, non aliquid, sed nihil fuit : ac propterea non fuisse dicendum est, quia materiam existendi non habuit, quod rerum artifex ut fieret non mandavit. Quod si bonum fuit quod factum est, a Deo utique factum est. « Dixit enim, et facta sunt, mandavit, et creata sunt (*Psal.* XXXII, CXLVIII). Omnia enim per ipsum facta sunt, et sine ipso factum est nihil (*Joan.* I). » Atque ideo tale est quod dicitur : Quomodo facere Deus potest ut quod factum fuit factum non fuerit? Ac si dicatur : Potest Deus agere ut, quod fecit ipse, non fecerit? Nimirum ut, quod fecit Deus, non fecerit Deus. Ideo conspuendus est qui hoc asserit, et non responsione dignus, sed ad cauterium potius destinandus; ad confutandos tamen improbos et dicaces, memoriae commendanda sunt quae superius dicta sunt : quae nimirum nos omittimus hic etiam succincte perstringere, ne legenti fastidium valeat styli prolixitas generare. Non enim librum, sed epistolam edere proposuimus. Inter caetera tamen illud unum quod a nobis dictum est, memoriae nostrae non excidat; quoniam Creatori omnium Deo omnia posse coaeternum est, sicut et omnia nosse, quodque intra sapientiae suae sinum sic omnia tempora, praeterita scilicet, praesentia, et futura concludit, figit, ac perenniter sistit, ut neque novum aliquid ad se patiatur accedere, nec a se quidquam praetereundo transire. Verumtamen quae est illa virtus, quae potestas, qua potest Deus omnia? quae sapientia, qua novit omnia? Inquiramus Apostolum : « Christus, inquit, Dei est virtus, et Dei sapientia. (*I Cor.* I). » Ibi sane vera aeternitas, vera est immortalitas : ibi aeternum illud hodie, quod nunquam transit : ibi praesens sempiternum, illudque hodiernum, quod tanta jugiter stabilitate defigitur, ut transire nesciat, nec se aliquando in praeteritum vertat. Ad revincendam ergo dicacium hominum impudentiam, quibus adhuc propositæ quæstionis absolutio superius facta non sufficit, non inepte possumus dicere quia potest Deus facere in illa invariabili et constantissima semper æternitate sua, ut quod factum fuerat, apud hoc transire nostrum, factum non sit; scilicet ut dicamus : Roma, quæ antiquitus condita est, *potest* Deus agere ut condita non fuerit. Hoc quod dicimus, *potest*, præsentis videlicet temporis, congrue dicitur quantum pertinet ad immobilem Dei omnipotentis æternitatem; sed quantum ad nos, ubi continuata mobilitas, et perpes est transitus, ut mos est, *potuit*, convenientius diceremus, ut ita intelligamus hoc quod dicitur : Potest Deus facere, ut Roma non fuerit non condita, hoc scilicet secundum eum apud quem « non est transmutatjo nec vicissitudinis obumbratio (*Jac.* I). » Quod nimirum apud nos ita sonat, *potuit Deus.* Quantum enim ad æternitatem suam, quidquid potuit Deus, hoc etiam et potest; quia præsens ejus in præteritum nunquam ei vertitur : ejus hodie non in cras, vel in aliquod temporis vicissitudine permutatur; sed sicut ipse semper est quod est, ita quidquid illi adest, semper adest. Quapropter sicut rite possumus dicere : Potuit Deus ut Roma, antequam facta fuisset, facta non fuerit; ita nihilominus possumus et congrue dicere : Potest Deus ut Roma, etiam postquam facta est, facta non fuerit. Potuit secundum nos, potest secundum se. Illud enim posse, quod habebat Deus antequam Roma fieret, immutabile semper apud æternitatem Dei et intransibile perseverat. Et ut de quacunque re possimus dicere quia potuit eam Deus, valeamus etiam nihilominus dicere quia potest eam Deus; quia posse ejus, quod sibi utique coæternum est, fixum semper atque immobile est. *Potuisse* enim Dei , apud nos est tantummodo; apud ipsum autem non *potuisse*, sed immotum, constans atque invariabile *posse* semper est. Quodcunque enim potuit Deus, indubitanter et potest; apud quem nimirum, sicut non est *esse et fuisse*, sed sempiternum *esse;* ita consequenter non est *potuisse et posse*, sed immobile semper et perpetuum *posse*. Sicut enim non ait : « Ego sum qui fui et sum : » sed potius, « ego sum qui sum : et qui est, misit me ad vos (*Exod.* III); » ita procul dubio consequens est ut dicat : Non ego sum qui potui et possum; sed, qui immobiliter et æternaliter possum. Illud enim posse, quod apud Deum erat ante sæcula, illud est hodie; et illud posse, quod sibi est hodie, erat nihilominus ante sæcula; et fixum atque immobile per omnia quæ futura sunt, sæcula, æternaliter perseverat. Sicut ergo potuit Deus, antequam quæque facta essent, ut non fierent; ita nihilominus potest et nunc ut quæ facta sunt non fuissent. Illud enim posse, quod tunc habebat, nec immutatum est, nec ablatum; sed sicut ipse semper est quod est, ita et posse Dei mutari non potest. Ipse est enim qui per Prophetam dicit : « Ego Deus, et non mutor (*Malach.* III). » Et in Evangelio : « Antequam Abraham fieret, ego sum (*Joan.* VIII). » Non enim mutatur juxta conditionem nostram de futurum esse in esse, vel de esse in fuisse; sed semper idem est, et semper est quod est.

Sicut ergo Deus unus idemque semper est, ita apud eum omnia posse, indefectivum atque imperlransibile semper adest. Et sicut veraciter et absque ulla penitus contradictione dicimus quia hoc nunc et semper Deus hoc est quod erat ante sæcula, ita nihilominus veraciter dicimus quia hoc nunc et semper potest Deus quod poterat ante sæcula. Si ergo per omnia potest Deus quidquid ab initio potuit ante rerum conditionem, ut quæ nunc facta sunt nullatenus fierent; potest igitur ut facta minime fuissent. Posse siquidem ejus fixum est et æternum, ut quidquid unquam potuit, semper possit, nec varietas temporum apud æternitatem ullum vicissitudinis invenit locum; sed sicut idem semper quod in principio erat, sic etiam totum potest quidquid ante sæcula poterat. Propositæ igitur disputationi adhibenda est clausula : Si itaque omnia posse coæternum est Deo, potest igitur Deus ut quæ facta sunt facta non fuerint. Sed omnia posse coæternum est Deo; potest igitur Deus ut quæ facta sunt facta non fuerint. Constanter igitur et fideliter asserendum est quia Deus, sicut omnipotens dicitur, ita prorsus sine ulla exceptione omnia veraciter potest, sive in his quæ facta sunt, sive in his quæ facta non sunt, ut illud Esther elogium velut inviolabile ponatur in opusculi conclusione signaculum : « Domine, rex omnipotens, in ditione tua cuncta sunt posita, et non est qui possit tuæ resistere voluntati. Tu enim fecisti cœlum et terram, et quidquid cœli ambitu continetur; Dominus omnium tu es, nec est qui resistat majestati tuæ (*Esther* XIII). »

CAPUT XVI.

Testatur charitatem suam erga fratres monasterii Casinensis, et virilem eorum virtutem commendat.

Verumtamen quæstio ista, licet adversus Deum inaniter opponatur, habet alias latebras; continet adhuc obscuros sinus atque recessus : nos subtilius adhuc rimari idcirco desistimus, quia volumen vitamus extensum, qui proposuimus epistolare compendium. Præsertim dum super hac disputandi materia non aliud attingere decernimus, nisi ut ex impotentia Dei devolutam super nos calumniam veritatis allegationibus repellamus. Sed dum ista præscribimus, quo cor ferventius æstuat, cohibere silentio, ut saltem scintilla non effluat, non valemus. Igitur ut jam omnes communiter alloquar, nolo vos lateat, venerabiles fratres mei, quia ex quo gloriosi cœnobii vestri limen excessi, vos jugiter præ oculis habui, intimæ dilectionis visceribus astrinxi, atque, ut ita fatear, redeunti a Casino sacratissimo idem contigit quod mulieri quæ revertebatur a Silo tabernaculo (*I Reg.* I), ut nimirum vultus mei non sint amplius in diversa mutati : vobiscum sane præsentialiter habito, vobis semper assisto. Alioquin si propterea non sum vobiscum quia corporalibus oculis vos non intueor, ergo nec ipsi oculi sunt in capite, quia caput cernere nequeunt; vel ipsi sibimet oculi absentes sunt, quia nec quisquam se, nec uterque se invicem possunt mutua contemplatione conspicere. Beati siquidem qui vobiscum vivunt, beati qui inter vos et in sanctis operibus vestris moriuntur. Pia nimirum fide credendum est quia scala illa quæ de Casino monte olim in cœlum videbatur erecta, adhuc palliis strata, lampadibusque coruscat (S. GREG. lib. II Dialog. c. 37). Sicut tunc excepit ducem, ita nunc exercitum transmittit ad cœlestia subsequentem; nec ab ejus glorioso tramite exorbitant declinantes jam defuncti, cujus, dum in hoc exsilio viverent, vestigia sunt secuti. Hoc est intimi fervoris incendium illud quod mihi inexstinguibiliter flagrat in corde, hæc perpes fabula quæ meo versatur in ore. Inter cæteros autem virtutum flores quos in illo agro pleno, cui benedixit Dominus (Gen. XXVII), reperi, fateor, hoc mihi non mediocriter placuit quod ibi scholas puerorum, qui sæpe rigorem sanctitatis enervant, non inveni; sed omnes aut senes, cum quibus utique nobilis vir sedebat in portis Ecclesiæ (Prov. XXXI), aut juvenili vivendi decore lætantes. Qui nimirum, ut filii prophetarum, idonei sunt ad Eliam per deserta quærendum (IV Reg. II); aut certe adolescentiæ adhuc flore vernantes, qui, juxta apostolum Joannem (I Joan. II), vicere malignum. Ecce quod nunc occurrit dicam ad consolationem divini mei Petri, qui olim civis fuerat Capuanus, nunc in militia est æterni Regis ascriptus.

CAPUT XVII.
De puero clausis foribus intromisso.

Puerulus quidam, ætate quinquennis, Hubaldi scilicet nobilissimi viri, qui mecum degit in eremo, filius, in meo monasterio factus fuerat monachus. Hic aliquando intempestæ noctis silentio, quiescentibus fratribus, sive egressus, sive sublatus sit, nescio. Sed cum pistor in pistrino jaceret, interrupto ad horam somno, vestem, quæ sibi cominus adjacebat, sibimet voluit superponere, ut frigus arceret. Extendens itaque brachium, dormientem juxta se reperit puerum. Repente, stupefactus **639** et valde perterritus, festinus exsurgit, lucernam accendit, totamque domum sollicita curiositate circuiens, omnes aditus clausos et obseratos invenit. Mane autem facto, non parva admiratio inter fratres versabatur: nimirum puer, qui, remota omni dubietate, præterito vespere in strato suo ipsis videntibus quievisset, qualiter in pistrinum clausis januis ingredi potuisset. Et quidem de apostolis legitur, cum educendi essent de custodia publica : « Quia veniens angelus Domini, per noctem aperiens januas carceris, et educens eos, dixit : Ite, et stantes loquimini in templo plebi, omnia verba vitæ hujus (Act. v). » De Petro autem rursus legitur : « Quia cum præcederet eum angelus de carcere ad portam ferream, ultro aperta est eis (Act. XII). » De Paulo etiam : « Quia subito terræ motus factus est magnus, ita ut moverentur fundamenta carceris, et confestim aperta sunt ostia omnia, et universorum vincula soluta sunt (Act. XVI). » Porro autem cum beatos apostolos etiam angeli de custodiis non educerent, nisi prius januas aperirent, mirum est valde quomodo puer vel magicis artibus hominum, vel præstigiis immundorum spirituum, clausam undique domum, non apertis foribus, ingredi potuit. Nam et ipse **640** puer sollicite requisitus, hoc addebat quia quidam homines eum assumentes, ad magnum convivium deduxerunt, ubi videlicet omnes epularum deliciæ videbantur, eumque manducare fecerunt. Referebat etiam quod eum usque ad castellum quod supereminet monasterio deferentes, super ipsum tintinnabulum quod juxta basilicam in excelso dependet imposuerunt.

Hoc autem idcirco duximus describendum, ut unusquisque nostrum, dum et ipsos pueros, qui peccare necdum noverunt, maligni hostis subjacere insidiis considerat, ipse quoque quod patitur æquanimiter ferat. Illatas nempe a maligno hoste molestias cum quanta debent portare patientia peccatores, cum illorum aliquando fraudes et ipsi perferant innocentes? Ergo frater ille quem Deus visitat in tribulationibus hortor ut gaudeat, et tentationis impactæ malleo animæ suæ purgari rubiginem fiducialiter credat. Non enim est, ut ipse diabolus fingit terrendo, futuræ damnationis indicium, sed æternæ salutis potius argumentum. Spiritus sanctus, qui est lumen æternum et remissio peccatorum, omnes vos illuminet et absolvat, sedulamque mei memoriam in sanctis orationibus vestris vos habere præcipiat.

Sit nomen Domini benedictum.

OPUSCULUM TRICESIMUM SEPTIMUM.
DE VARIIS SACRIS QUÆSTIONIBUS, JUNCTA ALIA EJUSDEM ARGUMENTI TRACTATIONE PRIOREM CONSEQUENTE.

ARGUMENTUM. — Quæstiones quasdam ab Alberico, ex Casinensi monacho S. R. E. cardinale, sibi propositas discutit : tum, sumpta occasione, loca nonnulla in sacris litteris et earum interpretibus obscura declarat.

ALBERICO venerando fratri, PETRUS peccator monachus salutem in Domino.

Vetus narrat historia quia cum filii Joseph, Ephraim scilicet et Manasse, latiora possessionis exigerent spatia, hoc acceperunt, Josue praecipiente, responsum, ut ad montana transirent (*Jos.* XVII), silvarum densa succiderent, sicque sibi largiora spatia propriis manibus procurarent. Qui etiam paulo post septem tribubus dicit : « Usquequo marcetis ignavia, et non intratis ad possidendam terram quam Dominus Deus patrum vestrorum dedit vobis? (*Jos.* XVIII). » Tu quoque, frater, dum me quibusdam quaestiunculis pulsas, atque ut tibi solvantur efflagitas, mox ad montana doctorum atque ad silvas mittendus es Scripturarum, ubi scilicet, continuo labore desudans, silvescentia saltus arbusta succidas, nodos et dubietatum truncos evellas, ac novalia tibi velut quibusdam propriae indaginis manibus excolas.

Sic igitur humus coelestis eloquii propriae subtilitatis est sarrienda ligonibus, ut non ab alienis manibus alimenta praestolatus esurias, sed, uberis proventus copiam proprio labore convectans, mox in spiritualium deliciarum affluentia delectabiliter vivas; interim tamen, dum tuae desunt fruges, nostra tibi, non dicam horreum, non certe, quod minus est, tunna, sed perexilis saltem bati mensura succurrat, nostrisque segetulis saltem utcunque tua temperetur egestas. Est enim quiddam medium inter splendide vivere, ac famis inopia funditus interire. Vis itaque ut non modo quod quaeris edisseram, sed et apicibus tradam ; quatenus sic ignorantia pereat, ut deinceps oblivio non obrepat.

QUAESTIO I.

Age igitur. Quid est, inquis, quod dicitur : « Filius unius anni erat Saul, cum regnare coepisset ; duobus autem annis regnavit super Israel? » (*I Reg.* XIII.) Hoc nonnulli intelligi sic arbitrantur : Quia regi Saul in exordio regni sui filius erat anniculus, qui teneram adhuc unius anni vagiebat infantiam, scilicet Isboseth, et hic duobus annis post mortem patris regnavit super Israel. Sed quoniam hic a doctioribus viris sensus exploditur, a nobis etiam alius inquiratur : quod ita B. Hieronymus docet intelligi, quoniam sic erat innocens, tanquam puer unius anni cum regnare coepit, et duobus annis in ejusdem innocentiae simplicitate permansit. Sed qui tunc erat ex humilitate filius, postmodum per superbiam factus est servus.

DUBITATIO II.

Quaeris etiam qui erant Cerethi et Phelethi, qui bellatores dicuntur fuisse David? (*I Reg.* XXX; *II Reg.* VIII). Legitur in libro Numeri dixisse Dominum Moysi : « Congrega mihi septuaginta viros de senioribus Israel, quos tu nosti quod senes populi sint ac magistri ; et duces eos ad ostium tabernaculi foederis, faciesque ibi stare tecum, et auferam de spiritu tuo, tradamque eis, ut sustentent tecum onus populi, et non tu solus graveris (*Num.* XI ; *II Par.* XVIII). » Ex istorum itaque stirpe duae processerunt cognationes, quarum una Cerethi, altera dicebatur Phelethi. Et Cerethi quidem, *dans judicium*; Phelethi, *puniens* interpretatur : ut quos illi adjudicarent morti, promulgando sententiam, isti punirent irrogando vindictam.

DUBITATIO III.

Addis etiam : Cur filii David sacerdotes fuisse dicuntur, qui nullam cum filiis Aaron consanguinitatem, nisi sicut caeterae tribus, habuisse noscuntur ? Sed sciendum quia, dum sacerdotes venerabiles ac magistri constituantur in populo, aliquando nomine sacerdotum designantur principes vel doctores. Sicut alibi reperitur : Irajarites erat sacerdos David, id est, magister ; ita quoque cum dicitur: « Filii autem David erant sacerdotes (*II Reg.* VIII), » sic intelligendum est ac si dicat quia magistri erant fratrum suorum, vel certe principes inter caeteros, sicut habet antiqua translatio. Nam ubi nova dicit editio : « filii David erant sacerdotes, » in veteri legitur : « filii autem David principes erant aulae regiae. »

DUBITATIO IV.

Illud praeterea te non intelligere perhibes, quod scriptum est : « Tertium quoque fuit bellum in Gob contra Philisthaeos, in quo percussit Adeodatus filius Saltus polymitarius Bethlehemites Goliath Getheum (*II Reg.* XXI). » Quod nimirum facile valet intelligi. Nam Gob interpretatur *lacus*. Et sicut periclitatur qui in lacum leonum mittitur, sic David quasi leonis se dentibus tradidit, cum in rabiem Goliath se praeliaturus immersit. Idem David Adeodatus jure dicitur, quoniam a Deo est electus in regnum. Qui etiam filius Saltus vocatur, quia de pascuis saltuum, ubi oves alebat, eductus agnoscitur. Nec sine causa idem David polymitarius dicitur, quia mater ejus de genere Beselehel exstitit, qui tabernaculum foederis in deserto construxit, in quo etiam nonnulla polymitaria operatione contexuit. Bethlehemites quoque non incongrue dicitur, quia de Noemi duxit originem, et de Bethlehem fuerant tempore famis egressae, atque ad eamdem Bethlehem sunt refloerente postmodum ubertate reductae. Quod autem Adeodatus cum omnibus suis his adjectivis ipse procul dubio sit David, sequentia declarant, ubi dicitur : « Ii quatuor nati sunt de Arapha in Geth, et ceciderunt in manum David et servorum ejus (*II Reg.* XXI). » Sane quid etiam per haec mystice significetur, exponerem, nisi quod perspicuum est, epistolaris mihi brevitas prohiberet. Juxta mysticum scilicet intellectum, per quem omnia referuntur ad Christum. Ipse enim Adeodatus est, de quo et per Isaiam dicitur : « Puer natus est nobis, filius datus est nobis (*Isai.* IX). » Qui filius Saltus non incongrue dicitur, quoniam ex Judaeis secundum carnem nasci dignatus est, qui dum nullum fructum spiritualis germinis attulerunt, velut agrestes arbores non in horto plantatae, sed in saltu natae, steriles exstiterunt. Unde legitur, « Vox clamantis in deserto (*Isa.* XL), » hoc est in infructuoso Judaeorum populo.

Polymitarius quoque Redemptor noster merito dicitur, quia velut textrini operis studio vacat, dum et se suis fidelibus induit, et ex illis justitiae vestimenta contexit. De suis quippe vestibus per Apostolum dicitur : « Ut exhiberet sibi gloriosam Ecclesiam, non habentem maculam neque rugam (*Ephes.* v). » Et per Prophetam : « Omnibus his velut ornamento vestieris (*Isai.* xlix). » De Christi vero fidelibus Psalmista canit : « Sacerdotes tui induantur justitiam. » Et per Ezechielem Dominus improperat animæ quam spiritualibus indumentis decenter ornavit, sed eum ipsa mœchiæ sordibus polluta deseruit : « Vestivi te, inquit, discoloribus, et calceavi te hyacintho, et cinxi te bysso, et indui te subtilibus, et ornavi te ornamento; » et paulo post : « Et vestita es bysso, et polymito, et multis coloribus (*Ezech.* xvi). » Quid ergo mirum si, Redemptor noster Polymitarius dicitur, qui virtutis decore polymito induit animam, quam sponsali jure sortitur? Ipse est enim Dei sapientia, de qua per Salomonem dicitur : « Quia quæsivit lanam et linum, et operata est consilio manuum suarum (*Prov.* xxxi). » Cujus digiti apprehenderunt fusum, cujus omnes domestici vestiti sunt duplicibus; cujus etiam caro stragula vestis facta est in passione. Sed eadem byssus et regalis purpura indumentum illius est in resurrectione. Qui etiam Bethlehemites jure vocatur, quia in Bethlehem de Virgine natus agnoscitur. Quod autem dicitur quia tertium bellum fuit in Gob, hoc intelligitur quia verus David Salvator Israel, ante legem, et sub lege, ac postmodum in evangelica gratia fideles semper bellatores habuit, per quos contra Philisthæos, id est, adversus malignos spiritus dimicavit. Ad hoc itaque tertium bellum David venit in Gob, qui interpretatur *lacus*, quia Redemptor noster, dum velut forti armato fortior supervenit (*Luc.* xi), ipse per se etiam usque ad inferna descendit. Unde per Psalmistam dicit : « Posuerunt me in lacu inferiori, in tenebris, et umbra mortis (*Psal.* lxxxvii). » Illic percussit Goliath Gethæum, quia dum electorum animas de gehennæ claustris eripuit, antiquum hostem, qui super eos tyrannidem exercebat, lethali vulnere sauciavit.

DUBITATIO V.

Quæris etiam cur in Scripturis sacris sit ista diversitas, ut in libro Regum legatur David redemisse aream Ornam Jebusæi (*II Reg.* xxiv), simul et boves qui offerendi erant in holocaustum, siclis argenti tantummodo quinquaginta ; cum in Paralipomenon pro sola area dedisse narretur auri sexcentos siclos? (*II Par.* iii.) Sed sciendum est procul dubio, quia in libro Regum boves tantummodo quinquaginta siclis argenti comparasse David legitur ; quanti vero aream comparaverit, illic omnino siletur. Paralipomenon vero liber de bobus e contrario tacet, sed emptam sexcentis auri siclis aream perhibet. Quod facile pervidetur, si in utroque libro ipsa verborum series diligenter attenditur. Nam in libro Regum hic est ordo verborum : « Emit ergo David aream, et boves argenti siclis quinquaginta (*Ibid.*). » Ubi sic distinguendum est, ut prius Scriptura dicat : Emit David aream, nec exprimat quanti ; deinde sequatur, et boves argenti siclis quinquaginta. In libro vero Paralipomenon ita legitur ; « Dedit ergo David Ornan pro loco siclos auri justissimi ponderis sexcentos, et ædificavit ibi altare Domino (*I Petr.* xxi). » Sic igitur utraque sibimet Scriptura divisit, ut illa boum, ista solius areæ numeret pretium. Res itaque, quibus pretii mensura præfigitur, discrepant; sed Scripturæ sanctæ sibimet invicem non repugnant.

DUBITATIO VI.

Illud præterea consulendum putasti, quod legitur : Fuit autem ibi prælium dispersum super faciem omnis terræ, et multo plures erant quos consumpserat saltus de populo, quam ii quos voraverat gladius (*II Reg.* xviii). De qua sententia in libro Hebraicarum quæstionum hæc B. Hieronymi verba sunt : « Saltum hunc, inquit, qui plures consumpsisse quam gladius vorasse legitur, bestias ferocissimas, quæ in saltu erant, Hebræi autumant, a quibus plures consumpti quam a gladio vorati fuerint. » Verum hic, ut dicitur, Hebræorum fuit intellectus; nobis autem videtur quia vesani quique et infruniti, qui cum Absalon perduelliones exstiterant, Deo deserente cæcati, arbustis occurrentibus impingebant; atque ideo dicatur quia plures ceciderint saltu consumente perempti, quam ii qui gladio fuerint trucidante voratí. Quod ita debere intelligi non ambigitur, si ipsa styli consequentia, vel superficie tenus attendatur. Nam postquam præmittit : « Multo plures erant quos saltus consumpserat de populo, quam ii quos voraverat gladius in die illa; » præsto subjungit : « Accidit autem ut occurreret Absalon servis David sedens in mulo : cumque ingressus fuisset malus subter condensam quercum et magnam, adhæsit caput ejus quercui; et, illo suspenso inter cœlum et terram, mulus cui insederat pertransiit (*II Reg.* xviii). »

DUBITATIO VII.

Illud præterea, quod inquiris, quid factum sit de arca Domini et tabernaculo fœderis, quæ fabrefacta sunt in deserto. Sicut hujus rei pene nil officit ignorantia, ita vix aliquid utilitatis probatur conferre notitia : verumtamen, sicut Scripturæ tradit auctoritas, in monte Abarim, ubi Moyses sepultus agnoscitur (*Deut.* xxxiv), tabernaculum simul cum arca, nec non et altare incensi reconditum Jeremiæ prophetæ manibus invenitur. Quod evidenti declaratur indicio, si secundi libri Machabæorum diligenter attendatur exordium : « Erat, inquit, in ipsa scriptura, quomodo tabernaculum et arcam jussit propheta, divino responso ad se facto, comitari secum, usquequo exiit in montem in quem Moyses ascendit et vidit Dei claritatem ; et veniens ibi Jeremias invenit locum speluncæ, et tabernaculum et arcam, et altare incensi intulit illuc, et ostium obstruxit (*II Mach.* ii). » Hæc igitur tria sacramenta, sicut dictum est, Jeremias in præfato Abarim monte recondidit. Si quid autem ex his aliud postmodum factum fuerit, aut certe si intacta permanserint, quia nusquam Scriptura commemorat, nostra quoque disquirere curiositas non præsumat.

DUBITATIO VIII.

Illud etiam Isaiæ, quod tibi petis exponi : « Propter scelus populi mei percussi eum, et dabit impium pro sepultura, et divitem pro morte sua (*Isai.* LIII), » ut nobis videtur, tale est. Pater omnipotens Filium propter populi sui peccata percussit, quia illum, ut nostra peccata deleret, crucis patibulum subire constituit. Ad hoc enim est Filius a Patre traditus, ut servus fieret absolutus; sicut Apostolus: « Qui proprio, inquit, Filio non pepercit, sed pro nobis omnibus tradidit illum (*Rom.* VIII.) » Ad hoc innocens vulneribus est percussus, ut peccator exsultet a suorum vulnerum livore sanatus. Sicut per eumdem Isaiam dicitur : « Ipse autem vulneratus est propter iniquitates nostras, attritus est propter scelera nostra, cujus livore sanati sumus (*Isai.* LIII). » Sed Redemptor noster pro duobus populis, gentili videlicet et Judaico pati dignatus est, quorum alter impius, alter dives merito dicebatur. Et gentilis quidem populus impius erat, quia idolis serviens pietatem divini cultus ignorabat. Hæc autem pietas Græce dicitur, θεοσέβεια; Judaicus vero populus dives exstiterat; quia, dum Sabbata, circumcisionem, neomenias, omnesque cæremonias divinæ legis accepit, tanquam copiosis thesauri cœlestis divitiis abundavit. Quibus exuberare divitiis Corinthios jam conversos Paulus exsultabat, cum diceret : « Gratias ago Deo meo semper pro vobis in gratia Dei, quæ data est vobis in Christo Jesu; quia in omnibus divites facti estis in illo, in omni verbo, et in omni scientia, ita ut nihil vobis desit in ulla gratia (*I Cor.* I).» Salvator ergo noster, pro morte quam in se suscepit, duos de morte resuscitatos Patri populos reddidit, gentilem scilicet, qui dæmonibus olim impie serviebat, et Judaicum, qui, quamvis occidentem litteram tenens, et vivificantem spiritum nesciens, divinæ tamen legis divitias possidebat.

DUBITATIO IX.

Postremo quod quæris illud Jeremiæ prophetæ quid sit : « Ex ore Altissimi non egredientur nec bona, nec mala (*Thren.* III; *Apoc.* V); » famosa quæstio est pene totius Ecclesiæ. A plurimis enim quæritur, et celebris currit per ora multorum. Sed, eo largiente qui aperit librum et solvit signacula ejus, hæc facile quæstio solvitur, si non ex nobis, sed ex illo confidentia præsumatur. Omnipotens Pater, et innocentem Filium impiorum manibus tradidit, et tamen a recto justitiæ tramite non recessit; quoniam inde justitiam reflorere constituit, unde illum ad tempus injustitiæ subjacere permisit. Sicut in libro Sapientiæ legitur : « Cum sis, inquit, justus, juste omnia disponis (*Sap.* XII) : » ipsum quoque qui non debet puniri, condemnas. Pater itaque Filium mortem subire permisit; verumtamen ut eum perimerent, peremptoribus non præcepit; alioquin inculpabiles exstissent dum ministerium impietatis ascriberent pietatis auctori.

Potestatem ergo Deus Christi persecutoribus præbuit, sed ut eum persequentes occiderent non mandavit. Unde illic præmittit propheta, dicens : « Ut perverteret hominem in judicio suo, Dominus ignoravit (*Thren.* III). » Perverteret quippe Dominus in judicio hominem, si condemnari præciperet innocentem. Sed aliud est condemnare, aliud a condemnationis supplicio non eripere; aliud in conatus sacrilegos furentes impellere, aliud nequaquam accepti furoris insaniam refrenare. Unde illic non ignorando, sed reprobando subjungitur : « Quis est iste qui dixit ut fieret, Domino non jubente? (*Ibid.*) » Domino dicit non jubente, non tamen prohibente. Non ergo persecutoribus Deus ut Salvatorem nostrum crucifigerent jussit, quia nihil in eo quod puniendum esset invenit. Non tamen ne crucifigeretur inhibuit, quia, pro mundi salute passurum, nullatenus eum ex impiorum manibus liberavit. Unde bene mox additur : « Ex ore Altissimi non egredientur nec bona, nec mala (*Ibid.*). » Bona quippe procederent, si eum de supplicio quod irrogabatur eriperet; mala vero, si crimen in eo qui suppliciis adjudicandus fuerit reperiret. In passione ergo Christi ex ore Altissimi nec bona egrediuntur, nec mala, quia Pater eum nec ex potestate liberat, nec ex legis æquitate condemnat; quia licet non reperiat peccatorem, pro salute tamen mundi in passione positum non eripit innocentem. Nullis videt peccatis obnoxium, nec tamen reddit impiorum manibus absolutum, ut dum subit innocens pœnam, qui peccator est revertatur ad veniam. Et dum unus, qui non debet, solvit omnium debita, omnes, qui sub originali vetustæ cautionis fenore tenebantur astricti, rescissi chirographi reddantur legibus absoluti.

DUBITATIO X.

In hoc etiam, quod tu non interrogas, ego sæpius dubitavi, cur David Joab et Semei, quibus iratus erat, dum adviveret, clementer indulsit; moriens autem Salomoni, sibimet in sceptra regia succedenti, perdendos esse mandavit « Tu, inquit, nosti quæ fecerit mihi Joab filius Sarviæ, quæ fecerit duobus principibus exercitus Israel, Abner filio Ner, et Amasæ filio Jether, quos occidit, et effudit sanguinem belli in pace. » Atque paulo post addidit : « Facies ergo juxta sapientiam tuam, et non deduces canitiem ejus pacifice ad inferos (*III Reg.* II). » De Semei quoque sic ait : « Habes et Semei apud te filium Gera filii Gemini de Bahurim, qui maledixit mihi maledictione pessima, quando ibam ad castra; » deinde quibusdam interpositis addidit : « Deducesque canos ejus cum sanguine ad infernum (*Ibid.*). » Quid est enim quod eos David moriens damnat quibus vivendo pepercerat, cum profecto rationis ordo deposcat ut in pertduelliones vel quoslibet inimicos vivens sententiam ultionis exsereret, moriens autem eis misericorditer indulgeret?

Sed sciendum est quia per regnum David, qui

tot persecutionibus et ærumnis attritus, tot adversitatibus et inopiis cum suis commilitonibus est afflictus, hoc præsens sæculum designatur, in quo cum suis membris Christus affligitur, multisque tribulationibus Ecclesia laceratur. Regnum vero Salomonis, qui divitiis et gloria cuncta regalium dignitatum jura transcendit, omnia principalis imperii fastigia superavit, futuræ vitæ denuntiat gloriam, in qua Christus vere pacificus æterna cum suis quiete perfruitur, ac cœlestis convivii dapibus solemniter epulatur.

Unus igitur, idemque Redemptor noster, et nunc David est, et tunc Salomon erit; quia et modo tanquam manufortis per membra sua contra diabolum pugnare non desinit : et tunc, sopita prorsus omni carnis et spiritus controversia, cum corpore suo, quod est Ecclesia, ut revera pacificus, æterna tranquillitate regnabit. Nunc in electis suis, quasi David calamitatum fascibus premitur, persecutionum ac diversis adversitatum pressuris urgetur, tribulationibus et ærumnis atteritur; postmodum tanquam Salomon exuberanti divitiarum immortalium copia potietur. Nunc David, a facie Absalon fugiens, decem concubinas in domo relinquit (*II Reg.* xv), quas Absalon per incestum turpiter fœdat; quia Redemptor noster dum ejectus de civitate Judaica in desertum gentium properat, relinquit in domo legis Judæos, non viriliter incedentes, sed muliebri conversatione viventes. Qui nimirum per decem concubinas non incongrue figurantur, qui, dum enerviter decem legis præcepta custodiunt, non castum matrimonii merentur ascendere thalamum; sed, absque fidei cohærentes annulo, sortiuntur pro conjugio pellicatum. Quas Absalon lasciviens polluit, quia malignus spiritus reprobas impiorum animas quasi prostituendo corrumpit. De quibus scriptum est : « Quia David postmodum non est ingressus ad eas, sed erant clausæ usque in diem mortis suæ in viduitate viventes (*II Reg.* xx). « Perdiderunt enim virum, de quo per Isaiam dicitur : « Quoniam acceperunt septem mulieres virum unum (*Isai.* iv), » de quibus et per Salomonem dicitur : « Quia septingentæ sunt reginæ (24). » Acceperunt itaque septem, quæ amiserunt decem. Cœlestem quippe sponsum sancta sibi confœderavit Ecclesia, septiformi scilicet Spiritus dono repleta. Quem sponsum synagoga, quæ Decalogi mandata perceperat, perdidit, viduaque permansit; quia, dum in domo consueti ritus et legalium cæremoniarum immobiliter perstitit, cum rege David in deserta gentium exire contempsit.

David ergo vivens tolerat quos in fine condemnat, quia Judex humani generis Christus, quem ille signabat, illis nunc misericorditer parcit, quibus in fine sæculi sententiam justæ damnationis infligit. David itaque misericordiam prærogat; Salomon justitiam indicat. Quia unus idemque Redemptor noster, et nunc quasi David reproborum pravitates æquanimiter tolerat, et postmodum tanquam Salomon in gloria sua veniens eos quasi vibrato judicii sui mucrone trucidat. Hæc alternitas divini examinis frequenter in eisdem David sermonibus invenitur, sicut ille : « Misericordiam, inquit, et judicium cantabo tibi, Domine (*Psal.* c). » Et : « Misericordiam et veritatem diligit Deus (*Psal.* lxxxiii). Misericordia et veritas obviaverunt sibi (*Psal.* lxxxiv). » Sic itaque dum misericordia veritati, quasi David præponitur Salomoni, ut quos pie David per misericordiam sustinet, Salomon per judicium juste condemnet. Et notandum quod per Joab, qui suis homicidium manibus perpetravit, illi designantur qui mala faciunt : per Semei vero, qui regi tantummodo maledixerat, illi figurati sunt qui prava loquuntur. Nam et ii qui nequiter agunt, et illi qui sermonibus reprobis ac falsis insistunt, in extremæ discussionis examine procul dubio damnabuntur, sicut idem ait : « Odisti omnes qui operantur iniquitatem ; perdes eos qui loquuntur mendacium (*Psal.* i). » Sed ne jam fortassis epistolaris compendii limen excedat, calamo silentium imperamus, ne et ipsi redarguamur indociles, dum te docere nitimur quæstiones.

ARGUMENTATIO ALIA
DE VARIIS SACRIS QUÆSTIONIBUS.

Argumentum. — Idem fere argumentum est hujus argumentationis, quod superioris : duas enim alias ab eodem Alberico rogatus quæstiones enodat beatus Petrus Damianus.

Alberico fratri charissimo, Petrus peccator monachus salutem.

DUBITATIO I.

Dubitare te perhibes, dilectissime, cur non modo Scripturæ Veteris Testamenti, sed et plerique doctores Ecclesiæ, decem mensibus asserunt hominem in materno utero coalescere, nec intra novem mensium spatium fateantur exire. De quibus, ne per multa vagemur, sufficit si unum duntaxat apponamus exemplum. Ait enim in libro Sapientiæ Salomon : « Sum quidem et ego mortalis homo similis omnibus, et ex genere terreno illius qui prior factus est, in ventre matris figuratus sum caro ; decem mensium tempore coagulatus sum in sanguine ex semine hominis et delectamento somnii convenientis, et ego natus accepi communem aerem (*Sap.* vii) ; » cum et beatus Joannes Baptista, et ipse auctor et institutor naturæ Christus, sic intra novenarium nati fuerint mensium cursum, ut ex decimo mense ne tenuissimum quidem attigerint atomum. Nam Joannes quidem conceptus est, sicut scribitur, viii Kal. Octobris, et natus est viii Kalendarum Julii. Salvator autem noster conceptus est in utero

---

(24) III *Reg.* xi. Hoc non per Salomonem dictum est, sed per Scripturam de Salomone. Per Salomonem autem dicitur : *sexaginta sunt reginæ et octoginta concubinæ* (*Cant.* vi).

virginali VIII Kalendarum Aprili, et natus est ad Acem. Haec interim tibi solutio super proposita quaestione sufficiat, donec potiorem te a sapientibus audire contingat.
salutem mundi VIII Kalendarum Januarii. In quibus nimirum utriusque conceptionibus et nativitatibus, servi scilicet ac Domini, sic novem menses reperiuntur impleti, ut decimi nullatenus videantur incepti; quanquam si diligenter tempus utrumque perpenditur, duobus diebus diutius quam Joannes intra materna viscera mansisse Dominus invenitur. Cum igitur plerique homines intra novem mensium cursum absque ulla prorsus ambiguitate nascantur; quid est quod per decem menses in utero coagulari a doctoribus perhibentur?

Sed in quantum nobis datur intelligi, menses apud veteres triginta tantummodo dierum numero supputabantur; ista vero regula, quae nunc tenetur, ut alii menses triginta contineant dies, alii triginta unum, ab illius Romuli, qui Romanam urbem condidit, institutione descendit. Romulus enim cum acris, sed agrestis esset ingenii, dum coepti ac novi statum ordinaret imperii, illum diem cujusque mensis constituebat initium, in quo novae lunae conspiceret ortum; ut ille potissimum dies Kalendas efficeret, quo nova luna primitus illuxisset. Sed quia modo tardius, modo celerius luna videri solet, contigit ut cum tardius apparuit, praecedens mensis plures, cum vero celerius, dies acciperet pauciores. Unde factum est ut alii menses triginta unum, alii triginta dies tantummodo sortirentur. Quae videlicet regula nunc in supputatione mensium, ut conjicimus, apud nos ex illius institutione tenetur.

Sed quoniam hanc gentilis hominis regulam, ut nobis videtur, veteres sancti non tenuerant, tricenos solummodo dies singulis quibusque mensibus ascribebant. Unde sufficiat nobis, ut unius doctoris inseramus exemplum. Beatus loquitur Augustinus (lib. IV *De Trinit.*, cap. 5; et lib. LXXXIII *Quaest.*, quaest. 56): quadraginta et sex annis aedificatum est templum hoc, et tu in triduo illud reaedificas? (*Joan.* II.) Qui videlicet numerus si per senarium ducitur, omne tempus quo Dominus in matris utero mansit impletur. Nam quadragies sexies seni, ducenti septuaginta sex dies fiunt, qui dierum numerus complet novem menses, et sex dies; qui videlicet tanquam decem menses parientibus feminis imputantur. In quibus nimirum verbis indubitanter ostenditur quod triginta solummodo dies quibusque mensibus ascribuntur. Triginta quippe si novies multiplicentur, ducenti septuaginta fiunt. In ducentis ergo septuaginta tricenarius numerus novies invenitur, qui juxta beati doctoris hujus testimonium, novem menses fiunt; quinque vero dies qui residui sunt, pro decimo mense accipiuntur. Cum igitur apud nos septem menses sint quorum unusquisque triginta unum dies habeat, aliquanti dies apud veteres de novem mensibus superabant; quos utique, partem pro toto ponentes, pro decimo mense computabant. Cum ergo minores erant menses quantitate, plures dicebantur in dinumeratione; ut quos nunc dicimus novem, tunc, parte pro toto posita, dicerentur de-

DUBITATIO II.
De die passionis et resurrectionis Christi.

Dubietas etiam de passione ac resurrectione Dominica, quae videlicet hoc anno ita per omnia veniunt, sicut tunc specialiter cum Dominus est crucifixus. Inquiris enim utrum raro, an crebro sic veniant. Alii siquidem se nunquam hoc vidisse, alii saepius hoc in vita sua contigisse confirmant; tu vero, qui veritatis studes esse discipulus, tantae varietati times adhibere fidem, ne scilicet in compugnantium sententiarum traducaris errorem.

Sed noveris quoniam, in quantum ex traditione praecedentium scriptorum colligere possumus, hic Dominicae passionis articulus, ex eo tempore quo Dominus est in cruce suspensus, nunquam ita rursus evenit nisi semel, et nunc secundo repetitur. Post passionem quippe Domini quingentesimo trigesimo tertio anno paschalis solemnitas eodem mense, et die, et luna, eodemque concurrente, qui primus quintus est, contigit, quibus primo novae Dominicae resurrectionis anno contigerat; et hoc anno similiter fit, ut in unum cuncta concurrant. Sicut enim tunc cum Dominus pateretur, et mensis erat Martius, et dies a Kalendis Aprilis octavus, feria erat sexta, et luna decima quarta; ita per omnia, et quingentesimo trigesimo tertio anno postmodum contigit, et hoc anno, qui millesimus sexagesimus quintus est, similiter venit. Composuerunt autem paschalem cursum quatuor eruditi viri, Hippolytus, Eusebius, Theophilus et Prosper: post quos Victorius natione Aquitanus, scrupulosissimus videlicet calculator, rogatus a sancto Hilario urbis Romae episcopo, rem diligentius instauravit, eumdemque cursum cautissima satis indagatione composuit.

Produxit itaque annorum series usque ad annos quingentos triginta duos: ita ut quingentesimo trigesimo tertio anno, solemnitas paschalis incipiat, eodem scilicet mense, die, feria, et luna, eodemque concurrente, quibus primo Dominicae passionis, ac resurrectionis illuxerat. Hoc etiam anno, in quo nunc vivimus, ad eumdem ordinem Dominica passio, quae postridie celebranda est, redire videmus. Dum igitur annus iste primum illum Dominicae passionis ac resurrectionis ordinem renovat, procul dubio, cum illa, quam diximus, Victorii calculatione concordat. Interim vero, dum res valeat enucleatius discuti, hac, charissime frater, uterque simus solutione contenti.

Hoc tamen nolo te lateat quoniam, hoc praesenti paschali solemnitate peracta, nonagesimo quinto anno similiter Pascha veniet, omnibus his in unum convenientibus, mense videlicet, die, feria, et luna, et quinto concurrente, qui tamen bissextus est, et epacta, et versu cycli decemnovennalis. Post quintum concurrentem bissextum, ducentesimo quadragesimo septimo anno, similiter paschalis solemnitas ventura est; et postmodum tribus vicibus fiet ut Pascha per ordinem nonagesimo quinto anno simili modo semper eveniat, eisdem omnibus, quæ supradicta, simul convenientibus. Sed in isto quinto concurrente, qui nunc est, nunquam paschalem festivitatem evenire contigit, ab ipsa prima passione Dominica, nisi duntaxat eam solam quam Victorius posuit, et nunc secundo repetitur, et nunquam deinceps ventura est, ut omnia illa simul congruant, hoc est mensis, dies, feria, et luna, epacta, eodemque versu cycli decemnovennalis, nisi similiter quingentesimo trigesimo tertio anno. Sed cum jam sæculum hoc suo sit fine claudendum, superfluum est perlongæ calculationis ephemeridas producere volumina sæculorum.

Sit nomen Domini benedictum.

OPUSCULUM TRICESIMUM OCTAVUM.

CONTRA ERROREM GRÆCORUM DE PROCESSIONE SPIRITUS SANCTI.

ARGUMENTUM. — Ad patriarcham .... scribens, contra Græcorum hæresim disputat, qui Spiritum sanctum a Patre tantum, non a Filio procedere, impie affirmabant. Hanc opinionem luculenter redarguit, contrariumque verum esse firmissimis rationibus et auctoritatibus probat. Idcirco autem ad patriarcham illum de hac re scribit, quia, ut hæc ipsa quæstio sibi enuclearetur, a pontifice Romano postulaverat.

Domno L. beatissimo patriarchæ, PETRUS peccator monachus servitutem.

Religiosus episcopus Popiliensis Ecclesiæ mihi retulit quoniam ex ore dominici reverendissimi patriarchæ Gradensis audivit, quæstionem vos catholicæ fidei valde necessariam apostolicæ sedi sacris insertam litteris destinasse, atque ut a sanctissimo papa Alexandro invictis Scripturarum testimoniis evidentissime solveretur, sacerdotalis officii vigilantia postulasse: cur videlicet Spiritus sanctus apud Latinos a Patre dicatur Filioque procedere, cum apud Græcos a solo procedere Patre credatur? De qua nimirum quæstione quod sentio, auxiliante ipso Spiritu sancto de quo agitur, aperire præsumo. Non quod mihi super hoc negotio vel a vobis aliquid sit injunctum, vel ab auctoritate ipsius Romani pontificis fuerit imperatum. Nam quo pacto summum negotium imperito homini dignaretur injungere, qui tot sanctis ac peritissimis viris secum jugiter conversantibus non ambigitur abundare? Sed quia, licet ignarus sim, et inutilis servus in domo Domini mei Jesu, illis etiam eis obsequiis importunum me libet ingerere, ad quæ nemo me dignatus est provocare.

CAPUT PRIMUM.
De auctoritate Romani pontificis.

Laudabilis plane sanctitatis vestræ prudentia, et digni favoris est attollenda præconiis, quæ solvendam sancti Spiritus quæstionem, non ad alium quempiam, sed ad Petrum specialiter [attulit], quem cœlestis sapientiæ et potentiæ claves accepisse indubitanter agnoscit. Nec decebat tantæ dignitatis, et sapientiæ virum ab alio mysterii cœlestis arcana requirere, nisi ab illo potissimum quem non caro potuit vel sanguis instruere, sed cui Deus ipse per se sua secreta dignatus est aperire. « Beatus es, inquit, Simon Barjona, quia caro et sanguis non revelavit tibi, sed Pater meus qui est in cœlis (*Matth.* xvi). » Hunc enim præ cæteris mortalibus de toto terrarum orbe Conditor orbis elegit, cui cathedram magisterii principaliter in Ecclesia tenere perpetuo privilegii jure concessit; ut quisquis divinum aliquid ac profundum nosse desiderat, ad hujus præceptoris oraculum doctrinamque recurrat; nec illi humiliter offerre quod solvendum est erubescat, etiamsi et ipse quod quæritur non ignorat. Nunquid enim angelus de cœlo veniens nesciebat docere Cornelium, quem videlicet, ut quid sibi agendum esset addisceret, destinavit ad Petrum? « Mitte, inquit, viros Joppen, et accersi Simonem, qui cognominatur Petrus. Hic hospitatur apud Simonem quemdam coriarium, cui est domus juxta mare; hic dicet tibi quid te oporteat facere (*Act.* x). » Poterat plane sanctus angelus hominem docere gentilem quid sibi competeret ad salutem; sed hujus usurpare nolebat officium, cujus docendi noverat fuisse commissum.

Quid ergo mirum si sacerdos, licet sanctitate conspicuus, licet eloquiis divinis vehementer instructus, ad apostolorum principis magisterium misit, ad quem etiam angelus docendi gratia primitias gentium Cornelium destinavit? Pauli etiam ad Galatas hæc verba sunt: « Paulus apostolus neque ab hominibus, neque per hominem, sed per Jesum Christum, et Deum Patrem, qui suscitavit eum a mortuis (*Gal.* i). » Hic itaque, qui non ab hominibus, sed ab ipso Christo, et Deo Patre fuerat factus apostolus atque ab auctore sapientiæ sufficienter instructus, ad Petri tamen magisterium venit, et non id transcursu, sed per plurimos dies apud eum in cœlesti schola permansit. « Veni, inquit, Hierosolymam videre Petrum, et mansi apud eum dies quindecim (*Ibid.*). » Per mysticum scilicet heddomadis et ogdoadis numerum, Veteris Instrumenti, simul ac Novi didicit sacramentum.

Dignum ergo fuit ut ad sedem illius vestra sancta prudentia solvendam dirigeret quæstionem, ad quam et ignarus fidei vir angelicus mittitur: et a quo apostolus etiam, qui jam a Deo instructus fuerat, plenius eruditur. Et quia per Moysen dicitur: « Habetis Aaron et Ur vobiscum; si quid natum fuerit quæstionis, referetis ad eos (*Exod.* XXIV). »

Adsit utinam Aaron, id est, mons fortitudinis Christus; adsit et Ur, ignis ille videlicet, qui est ipse, de quo scribimus, Spiritus sanctus, ut per nos etiam, minimum videlicet Romanæ Ecclesiæ membrum, quod nonnullos latet, aperiat, et hujus quæstionis nodum quasi quoddam mystici libri signaculum clavis David Christus absolvat.

CAPUT II.
Quæ sit origo Græcorum erroris.

In primis ergo dicamus unde ignorantiæ istius oriatur origo, ut et Græci fere omnes, et Latinorum quidam perhibeant Spiritum sanctum non a Filio, sed a solo Patre procedere. Hoc enim ex Dominicis autumant verbis, quibus ait: « Non enim vos estis qui loquimini: sed spiritus Patris vestri, qui loquitur in vobis (*Matth.* x). » Et iterum: « Ecce ego mitto promissum Patris mei in vos (*Luc.* XXIV). » Et illud: « Cum venerit Paracletus, quem ego mittam vobis a Patre, Spiritum veritatis, qui a Patre procedit, ille testimonium perhibebit de me (*Joan.* xv). » De quo rursum ait: « Ego rogabo Patrem, et alium Paracletum dabit vobis, ut maneat vobiscum in æternum, Spiritum veritatis (*Joan.* XIV). » Et alibi dicit: « Paracletus autem Spiritus sanctus, quem mittet Pater in nomine meo, ille vos docebit omnia (*Ibid.*). » Et iterum: « Si ergo vos, cum sitis mali, nostris bona data dare filiis vestris, quanto magis Pater vester de cœlo dabit Spiritum bonum petentibus se? » (*Matth.* VII.)

His itaque et hujusmodi non solum evangelicis, sed et aliis Scripturarum testimoniis asserunt Spiritum sanctum nequaquam a Filio, sed a solo tantum Patre procedere. Nam et apud Latinæ linguæ Doctores sæpe tale quid reperitur, quod huic sententiæ congruere videatur. Beatus plane Hieronymus in expositione fidei, quam ad Alypium et Augustinum episcopos mittit, inter cætera sit ait: « Credimus et in Spiritum sanctum Dominum verum ex Patre procedentem, æqualem per omnia Patri et Filio. » Augustinus etiam adversus Maximum hæreticum invectus, ait: « De Patre est Filius, de Patre est Spiritus sanctus. » Beatus etiam Leo papa in argentea tabula, quæ ante sacratissimum corpus beati Pauli apostoli videtur erecta, inter cæteras suæ fidei symbolas ait: « Et in Spiritum sanctum Dominum, et vivificatorem, ex Patre procedentem, cum Patre, et Filio coadorandum et glorificandum. » In Nicæni quoque concilii symbolo dicitur: « Credimus et in Spiritum sanctum, qui de Patre procedit proprie, et Deus est verus sicut Filius; » et aliquanto post: « Quodque et Spiritum sanctum verum Deum invenimus in Scriptura, et de Patre proprie procedere, et cum Patre et Filio semper esse. » Et iterum: « De Patre, inquit, Filius, et Spiritus sanctus proprie et vere de Patre procedit. »

Veruntamen hæc et alia hujusmodi testimonia Scripturarum, sive sanctorum verba doctorum, non præjudicant catholicæ fidei, qua Spiritum sanctum sicut a Patre credimus, ita nihilominus et a Filio procedere perhibemus. Nam cum vel ipse Dominus, vel sancti quoque doctores Ecclesiæ, Spiritum sanctum a Patre procedere concorditer asserant, nusquam tamen perhibent, quod a Filio non procedat; imo cum dicitur Spiritus sanctus a Patre procedere, a Filio quoque procedere credi necesse est, quia Pater et Filius unius ejusdemque substantiæ procul dubio est. Nam cum Filius dicat: « Ego et Pater unum sumus (*Joan.* x); » quomodo potest Spiritus sanctus ab eo quod unum est, et procedere, et non procedere?

Sed res ineffabilis, quæ nullo valet humanæ rationis ingenio concipi, nullo potest mentis intuitu vel consideratione discerni, ex divinorum duntaxat eloquiorum debet sententiis colligi. Nam, sicut ait Apostolus: « Spiritus sanctus omnia scrutatur, etiam profunda Dei. Quis enim scit hominum quæ sunt hominis, nisi spiritus hominis, qui in ipso est? Ita et quæ Dei sunt, nemo cognovit, nisi Spiritus Dei. Nos autem spiritum hujus mundi non accepimus, sed spiritum qui ex Deo est, ut sciamus quæ a Deo donata sunt nobis, quæ et loquimur non in' doctis humanæ sapientiæ verbis, sed in doctrina spiritus (*II Cor.* II). » Enimvero quomodo Pater ineffabiliter Filium gignat, quomodo Spiritus sanctus a Patre, vel utroque procedat, qualiter intuitus humanus attingeret, nisi per organa prophetarum vel per incarnatum Verbum suum Deus omnipotens hoc mortalibus revelaret? « Est enim fides, sicut dicit Apostolus, sperandarum substantia rerum, argumentum non apparentium (*Hebr.* XI). » Stat enim Joannis illa sententia, qua dicit: « Charissimi, nunc filii Dei sumus, et nondum apparuit quid erimus; scimus quoniam, cum apparuerit, similes ei erimus, quoniam videbimus eum sicuti est (*II Joan.* III). » Ad comprehendendum ergo summum et ineffabile veræ fidei sacramentum, non humanæ opinionis sequamur indaginem, sed solam amplectamur cœlestis eloquii veritatem, ut hoc potissimum de Deo credatur, quod divinitus; et in his quæ summa et incomprehensibilis Veritas perhibet, fidei nostræ constantia non vacillet.

CAPUT III.
Quod Spiritus sanctus a Patre simul et Filio procedat.

Porro autem quod a Patre procedat Spiritus sanctus, nulla neque apud Græcos, neque apud Latinos quæstio est: nec res testimoniis indiget, cum hoc ipsum, et ea quæ supra posuimus, evidenter exempla declarent. Quod autem a Patre procedat, simul et a Filio, unde scilicet quæstio est, evangelica nos docet auctoritas, cum Dominus dicit : « Paracletus autem Spiritus sanctus, quem mittet Pater in nomine meo, ille vos docebit omnia (*Joan.* xiv). » Et alibi : « Cum venerit Paracletus, quem ego mittam vobis a Patre (*Joan.* xv). » Cum ergo Paracletum et Pater mittat in nomine Filii, et Filius mittat a Patre; patet profecto, quia sicut ab utroque, qui procul dubio unum sunt; mittitur, ita nihilominus et ab utroque procedit. Et qui sæpe Spiritus Veritatis dicitur, cum utique Christus sit Veritas, qui Spiritus est Veritatis, Spiritus est procul dubio Filii. Unde et alibi dicit : « Ille me clarificabit, quia de meo accipiet (*Joan.* xvi). » De meo scilicet accipiet, quia et in me est. Unde et in Isaia vox Patris ad Filium : « Spiritus meus, inquit, qui est in te, et verba mea, quæ posui in ore tuo, non recedant de ore tuo, et de ore seminis tui usque in æternum (*Isai.* lix). » Ipse nimirum Spiritus est illa virtus quæ de illo exibat, sicut in Evangelio legitur, et sanabat omnes (*Luc.* vi).

Et iterum de muliere fluxu sanguinis liberata : « Ego novi virtutem de me exisse (*Luc.* viii). » Unde et Apostolus ad Galatas : « Quoniam, inquit, estis filii Dei, misit Deus Spiritum Filii sui in corda vestra clamantem, Abba Pater (*Gal.* iv). » Et alibi : « Qui Spiritum Christi non habet, hic non est ejus. Ecce hic, cum dicit Apostolus : « Spiritus Filii sui, vel Spiritus Christi (*Rom.* viii), » nunquid addit et Patris, ut dicat, Spiritus Christi et Patris. Nunquid quia, prætermisso Patris vocabulo, Spiritus Filii dicitur, jure consequitur ut Patris esse Spiritus denegetur? idem quoque Apostolus ad Philippenses ait : « Scio enim quia hoc mihi proveniet in salutem per vestram orationem, et subministrationem Spiritus Jesu Christi (*Philip.* i). » Hinc est quod Sapientia Dei, quæ procul dubio Christus est, dicit : « Spiritus meus super mel dulcis, et hæreditas mea super mel et favum (*Eccli.* xxiv). »

Sicut ergo cum Filii, vel Christi Spiritus dicitur, non statim consequitur ut eum possimus a Patre disjungere; ita cum dicitur, Spiritus Patris, non eum possumus a Filio separare. Beatus etiam Petrus ait : « De qua salute exquisierunt atque scrutati sunt Prophetæ, qui de futura in nobis gloria prophetaverunt, scrutantes in quod vel quale tempus significaret quia in eis erat Spiritus Christi, prænuntians eas quæ in Christo sunt passiones, et posteriores glorias (*I Petr.* i). » Quod autem eumdem Spiritum Filius in discipulos miserit, idem Petrus in Actibus apostolorum perhibet, dicens : « Dextra igitur Dei exaltatus, et promissione Spiritus sancti accepta a Patre, effudit hoc donum, quod vos videtis et auditis (*Act.* ii). » Hinc est quod, cum resurrexisset a mortuis, et apparuisset discipulis, ut eum de se procedere patenter ostenderet, insufflavit, et ait : « Accipite Spiritum sanctum (*Joan.* xx). »

Nec sane putandum est quod flatus ille corporeus, qui tunc aerem percussit, Spiritus sanctus fuerit, sed per congruam hanc significationem conve- nienter ostensum est quod Spiritus sanctus procedit ab ipso. Isaias quoque cum de Filio Dei loqueretur, adjecit : « Percutiet terram virga oris sui, et spiritu labiorum suorum interficiet impium (*Isai.* xi). » Cui sententiæ concinens Paulus in Epistola ad Thessalonicenses ait : « Tunc revelabitur ille iniquus, quem Dominus Jesus interficiet spiritu oris sui, et destruet illustratione adventus sui (*I Thess.* ii). » Quod etiam in libro beati Job mystice designatur, cum dicitur : « Audiet auditionem in terrore vocis ejus, et sonum de ore illius procedentem (*Job* xxxvii). » Os denique Patris in hoc loco intelligitur Filius, per quem videlicet nobis divinæ legis sanctio promulgatur; sonus vero de illius ore procedens, Spiritus sanctus est, qui, a Filio veniens, mirabiliter sonuit, cum super apostolos repentino sonitu in linguarum varietate descendit. « Factus est, inquit, repente de cœlo sonus tanquam advenientis Spiritus vehementis (*Act.* ii). » Hic nempe sonus, qui de ore Christi prodiit, ipse est procul dubio gladius bis acutus, quem Joannes in Apocalypsi ex eisdem labiis exire conspexit (*Apoc.* i). De quo et per Psalmistam dicitur : « Verbo Domini cœli firmati sunt, et spiritu oris ejus omnis virtus eorum (*Psal.* xxxii). » Quia ergo, sicut dictum est, os Patris Filius est, Spiritus oris Dei nil aliud intelligendus, quam Spiritus Christi.

CAPUT IV.
Amovet dubitationem, quæ nasci poterat.

Quod si quæritur, cum de substantia Patris sit Filius, de substantia Patris sit nihilominus et Spiritus sanctus, cur unus Filius, et alius non sit Filius ? non incongrue respondetur : De Patre est Filius, de Patre est Spiritus sanctus; sed ille genitus est, iste procedens, ideoque ille Filius est Patris, de quo et genitus est; iste autem Spiritus utriusque, quoniam de utroque procedit. Verumtamen et illa generatio, et ista processio non modo ineffabilis, sed et prorsus incomprehensibilis est. Sed in his quæ nostræ mentis acie penetrare non possumus, illis per quos Spiritus sanctus locutus est, fidem certam, tanquam si res nostris subjaceret obtutibus, adhibemus. Et quanquam nobis ignota sint arcanæ profunditatis occulta mysteria, non tamen dubitamus in eo quod Dominus loquitur : non ambigimus in eo quoque quod in prophetarum vaticiniis invenitur.

CAPUT V.
Amovet aliam dubitationem.

Sed hic mihi fortassis objicitur : Non intelligitis Evangelium, nescitis quid sibi velint oracula prophetarum, quæ scilicet aliud sæpe prætendunt in litterarum superficie, aliud continent in spiritualis intelligentiæ veritate. Ad quod nos facile respondemus quia fuere quamplures apostolici et catholici viri, de quorum scilicet approbata pietate et sanctitate per ostensa multarum signa virtutum nil omnino remansit ambiguum. Hi nimirum orthodoxam fidem verbis simplicibus exposuerunt, et litteris exaratam ad posteritatis memoriam reliquerunt.

runt. Illorum plane fuit ex apostolicis et propheticis sententiis ista discutere, nobis autem nil aliud restat, nisi præfixis duntaxat eorum definitionibus obedire. Illis nempe vis necessitatis incubuit, ut hæc subtiliter ac diligenter inquirerent, et certam fidei regulam definirent ; nobis autem ea tantum via gradiendum est per quam videlicet nostri præcessere majores.

Quod ergo illi tunc ex evangelicis ac propheticis vel etiam apostolicis fontibus inhianter hauserunt, hoc nobis propinantes in posteros fideliter transfuderunt, dicente Psalmista : « In ecclesiis benedicite Deo Domino de fontibus Israel (*Psal.* LXXVII); » et nos puritatem fidei, quæ per eos in nobis tanquam per veritatis rivulos influit, secure jam et absque ullo timore percipimus : et tanquam ab ipsa principali divini fontis origine, nos hanc haurire gaudemus. Audiamus ergo quid de processione Spiritus sancti in sexto libro de Fide, quem ad Gratianum imperatorem mittit, beatus dicat Ambrosius. « Non enim, ait, quasi ex loco mittitur Spiritus, aut quasi ex loco procedit, quando procedit a Filio. » Et paulo post : « Spiritus sanctus cum procedit a Patre exit a Filio ; » nec immerito ab utroque procedit, cum in utroque æqualiter sit, sicut in octavo ejusdem operis libro idem dicit Ambrosius : « Pater in Filio, et Filius in Patre ; ita Dei Spiritus in Patre et in Filio. » Augustinus autem cum, per totum fere librum quem de sancta Trinitate composuit, innumerabiliter asserat quod Spiritus sanctus de Patre simul Filioque procedat, tamen unam saltem ejus sententiam ponimus, ne prorsus eam negligenter præterisse videamur. « In illa, inquit, sancta Trinitate unus est Pater, qui solus de se ipso essentialiter unum Filium genuit, et unus Filius, qui de uno Patre solus est essentialiter natus : et unus Spiritus sanctus, qui solus essentialiter de Patre Filioque procedit. » Hieronymus quoque hoc scripsisse fertur : « Spiritus, qui a Patre Filioque procedit, Patri Filioque coæternus et per omnia coæqualis est. Hæc est sancta Trinitas, id est, Pater, et Filius, et Spiritus sanctus ; una est deitas et potentia, una essentia, id est, Pater, qui genuit, Filius, qui est genitus, et Spiritus sanctus, qui ex Patre Filioque procedit. » Quamvis hoc in expositione fidei ejus, videlicet illa quam legimus, nequeat inveniri. B. etiam papa Gregorius in confessionis suæ Symbolo sic ait : « Credo Patrem ingenitum, Filium genitum, Spiritum vero sanctum nec genitum, nec ingenitum , sed coæternum, de Patre et Filio procedentem. »

Quod si ab his forte qui Græce tantum sciunt, Latine non norunt, e diverso dicatur non sibi sufficere Romani doctores eloquii ; nisi Græci quoque sermonis Patres adhibeamus, audiant quid beatus perhibeat Athanasius in libro quem adversus Arium scripsit : « Ego, inquit, credo Filium in Patre, et Patrem in Filio, Spiritum quoque paracletum, qui procedit a Patre, et Filii esse et Patris ; quia et a Filio procedit, sicut in Evangelio scriptum est quod per insufflationem suam dedit 680 discipulis Spiritum sanctum (*Joan.* xx). » B. etiam Cyrillus de hac eadem Spiritus processione contra Nestorium sic ait : « Quamvis enim in sua sit substantia Spiritus ejus, et intelligatur in persona proprietas, juxta id quod Spiritus est, et non Filius, attamen alienus non est ab illo. Nam Spiritus appellatus est Veritatis, et Veritas Christus est. Unde et ab isto similiter, sicut et a Deo procedit. »

CAPUT VI.
Aliam item amovet dubitationem.

Sed adhuc fortassis inquiritur, cum Spiritus de Patre procedat et Filio, cur idem Filius dixerit quia de Patre procedit ? Quid enim causæ fuit ut non diceret : de Patre et me procedit, sed potius diceret : Spiritus qui a Patre procedit ? Cur hoc eum fecisse putamus, nisi quod solet referre id etiam quod suum est, ad eum de quo ipse est ? De Patre quippe est Filius, et a quo habet ut ipse sit Deus, ab illo nihilominus habet ut a se quoque procedat Spiritus sanctus. Unde est quod alibi dicit : « Mea doctrina non est mea, sed ejus qui misit me (*Joan.* VII). » Si igitur hic aperte cognoscitur suam esse doctrinam, quam tamen non suam dixit esse, sed Patris ; quanto magis illic intelligendum est et de ipso procedere Spiritum sanctum, ubi sic ait, *de Patre procedit*, ut nequaquam diceret *de me non procedit*? Huic et illud est simile, quod alibi dicit : « Qui in me credit, non in me credit, sed in eum qui me misit (*Joan.* XII). » Quid enim sibi vult, quod ait : « Qui in me credit, non in me credit ? » Quomodo in ipsum, quomodo non in ipsum ? Quomodo tam contrarium, tamque per compugnantia sibi verba intelligetur adversum. « Qui in me credit non in me credit, sed in eum qui me misit : » nisi sic intelligatur, qui in me credit, non in hoc quod videt credit ; ut spes nostra non in creatura sit, sed in illo qui creaturam suscepit ; quatenus unum esse cum eo mortalibus innotesceret, atque ad se simul cum eo contemplandum humana corda mundaret? Ita cum dicit : « Mea doctrina non est mea, » non parvam mentibus caliginem generat, nisi carnem a spiritu dispensativæ rationis ordo discernat. Non enim dixit : Ista doctrina non est mea ; sed : Mea doctrina non est mea. Quam dixit suam, eamdem dixit non suam. Quomodo sane istud verum est, nisi secundum aliud suam dixerit, secundum aliud non suam ? Secundum formam Dei, suam ; secundum formam servi, non suam ? Cum enim dicit : non est mea, sed ejus qui misit me, ad ipsum Verbum, quod in carne latebat, nostræ mentis intuitum provocat, ut eum a Patre simul unum esse cognoscat. Doctrina enim Patris est Verbum Patris, qui est unicus Filius. Quod ergo dictum est : « Doctrina mea, non est mea ; » sic intelligendum est, ac si dicat : ego non sum a me ipso, sed ab illo qui me misit

CAPUT VII.

Quomodo dicatur Spiritus sanctus a Patre proprie procedere, in Nicæno symbolo.

Cum ergo doctrinam suam, quam simul cum Patre dictat esse non suam, sed Patris esse perhibeat; quid mirum si Spiritum sanctum dicat de Patre procedere, a quo scilicet habebat idem Filius, ut etiam de ipso procederet? Unde cum in Nicæni concilii symbolo, quod superius memoravimus, Spiritus sanctus non simpliciter dicatur a Patre procedere, sed addatur proprie: Et in Spiritum, inquit, sanctum, qui de Patre procedit proprie: hæc proprietas non ideo datur Patri, ut Spiritus sanctus de solo ipso procedat; sed quia ab ipso datum est Filio ut etiam ex ipso procedat. Unde et Augustinus in libro de sancta Trinitate: « Non frustra, inquit, in hac Trinitate non dicitur Verbum Dei, nisi Filius; nec donum Dei, nisi Spiritus sanctus; nec de quo genitus est Verbum, et de quo procedit principaliter Spiritus sanctus, nisi Deus Pater. » Moxque subjungit: « Ideo addidi principaliter quia et de Filio Spiritus sanctus procedere reperitur: sed hoc quoque illi Pater dedit, non jam existenti, et nondum habenti, sed quidquid unigenito Verbo dedit, gignendo dedit. » Non ergo turbetur fides, cum audit Spiritum sanctum proprie sive principaliter a Patre procedere; quoniam ab illo datur Filio ut ab ipso procedat, a quo et ipse ineffabili atque incomprehensibili generatione procedit; sicut ipse qui est Patris sapientia per Salomonem dicit: « Ego ex ore Altissimi prodivi (*Eccli.* XXIV). » Et in Evangelio: « Ego enim ex Deo processi, et veni (*Joan.* VIII). » Illud præterea summopere cavendum est ne, dum asserimus a quod de Patre Filius habeat ut Paracletus a se procedat, credamus etiam quod Spiritus sanctus de Patre procedat ad sanctificationem nostram. Absit enim hoc credi! ne quasi diversitas graduum videatur in simplici, atque incomprehensibili divinitate disponi, cum Scriptura dicat: « Ne ascendas per gradus ad altare meum (*Exod.* XX). »

Sed absque ulla dubitatione credendum est quod Spiritus sanctus simul ab utroque procedat; quamvis hoc Filio Pater dederit, ut, quemadmodum a se, ita nihilominus et ab illo procedat. Spiritus enim sanctus ineffabilis quædam est Patris Filiique communio; atque ideo videtur hoc vocabulum obtinere, quia Patri simul ac Filio non ambigitur hæc appellatio convenire. Nam hoc ipse proprie dicitur, quod illi communiter appellantur; quoniam et Pater Spiritus, et Filius Spiritus; Pater sanctus, et Filius sanctus: et sicut utrique ejus vocabulum indifferenter congruit, sic ipse simul ab utroque procedit.

Possemus adhuc nonnulla Scripturarum exempla congerere, nec impossibile esset nostris allegationibus egregios catholicæ fidei defensores cum suis argumentationibus adhibere; sed, quia lege prohibemur juxta altare nemoris arbusta conserere (*Judic.* VI), nolumus poma Spiritus opacis prolixæ locutionis foliis operire. Sanctitas ergo tua, venerabilis pater, licet cœlestis eloquii pabulo pleniter ubertimque refecta, tamen magis ac magis adhuc veritatis esuriens, non dedignetur interim hoc pauperculi hominis perexile jentaculum, gustatura postmodum de manibus Domini nostri papæ, tanquam per Habacuc prophetam, imo per angelum, regalium delicias epularum (*Dan.* XIV).

Sit nomen Domini benedictum.

OPUSCULUM TRICESIMUM NONUM.

CONTRA SEDENTES TEMPORE DIVINI OFFICII.

ARGUMENTUM. — Commendat archiepiscopi Bisuntini disciplinam et ordinem quibus in sua Ecclesia utebatur. Illud autem præcipue laudat quod tumulum sibi vivo posuerat, ut scilicet supremum vitæ diem semper ante oculos haberet. Unum tamen correctione dignum, dum in ejus hospitio esset, se vidisse, quod tum clerici, tum ii qui sacris non sunt initiati, dum eadem sacra peragerentur, iis sedentes interessent: id non esse neque ex præscripta disciplina, neque ex dignitate, aperte demonstrat.

Domno V. reverentissimo archiepiscopo, PETRUS peccator monachus servitutem.

CAPUT PRIMUM.

De archiepiscopi Bisuntini magnificentia, et clericorum avaritia.

Non ignoras, venerabilis pater, quoniam dum a te receptus hospitio tuis interfui, sic omnia velut in quadam animi mei tabella depinxi, ut nulla de cætero valeant oblivione deleri. Teneo scilicet claustrum post absidam Ecclesiæ, tuo duntaxat habitaculo dedicatum, ubi tam private, tam remote studio potes orationis ac lectionis insistere, ut eremitica videaris solitudine non egere. Alterum quoque claustrum, quod dextrum tenet latus Ecclesiæ, non omisi, ubi candidus clericorum tuorum cœtus, tanquam chorus nitet angelicus. Illic enim velut in cœlestis Athenæ gymnasio sacrarum Scripturarum erudiuntur eloquiis; illic veræ philosophiæ solerter incumbunt studiis, seseque sub regularibus exercent quotidie disciplinis.

Nec illud excedit quia, præter istas, duas alias noviter canonicas uno simul eodemque tempore construis: unam scilicet cum ecclesia sanctæ Mariæ Magdalenæ, alteram vero cum ecclesia, si rite teneo, sancti Laurentii. Et cum tua non sit dives ecclesia, mirum est qualiter tam operosis tamque magnificis sit intenta structuris, et tam profusis quotidie sufficere possit impendiis.

Illud autem, fateor, mihi præ omnibus placuit, quia sepulcrum tuum mihi tunc ostendisti, a te velut hodie suscipiendum, accuratissime præparatum : ubi tanquam vespillonum merces, quini nummorum solidi per quatuor altrinsecus angulos in sudario sunt ligati : ut inter exsequias funeris, in ipso quoque pietatis opere sepulturæ tuis videatur remuneratio non deesse; in quo nimirum patriarchæ Abrahæ tenere videris exemplum, qui, cum Saram uxorem suam sepelire satageret (*Gen.* xxiii), et omnes filii Seth electa quæque sepulcra sua sibi gratis offerrent, gratuita contempsit, ab Ephron filio Seor speluncam duplicem comparavit. Nam et in ipso quaternario numero quodammodo cerneris ejus imitatus exemplum; sicut enim quadringentis siclis argenti redemit ille speluncam, sic et tu quaternis quinque solidis aliquo modo videris emere sepulturam.

Hic notandum quam detestanda sit avaritia clericorum qui de sepulturis Ecclesiæ commodum sperant, cum hoc etiam ignorantes Deum gentiles abhorreant. Illi respuunt pecuniam, cum offertur; isti impudenter exigunt, etiam cum negatur. Illi contemnentes Abrahæ pretium, dicunt : « In electis sepulturis nostris sepeli mortuum tuum, nullusque te poterit prohibere; » isti gentilium suppares aiunt : « Appende pecuniam, et suscipe sepulturam (*Gen.* xxii).» Tu autem, venerabilis pater, sapienti mihi videris usus esse consilio, cum sepulturam tibi adhuc vivens et valens fieri decrevisti. Nam si quando deceptrix hæc vita blanditur, si forte mens lenocinante fastigio cujuslibet dignitatis extollitur, mox ut ad exspectantem se talem domum quis oculos dirigit, pulverem se, sicut est, cineremque perpendit. Hinc est quod per Salomonem dicitur : « Quid necesse est homini majora se quærere, cum ignoret quid conducat sibi in vita sua, numero dierum peregrinationis suæ, et temporis quod velut umbra præterit? » (*Eccle.* vii.) Nec illices titillationum motus prævalent carnes in luxuriæ fluxa resolvere, dum mens cogitur scaturientes vermes ac profluentem ex eisdem canibus saniem cogitare. Unde et idem Salomon : « Melius est, inquit, ire ad domum luctus, quam ad domum convivii (*Ibid.*). » In illa enim finis cunctorum admonetur hominum, et vivens cogitat quid futurum sit.

Sed ii qui radicem cordis in arenosa tenent hujus sæculi delectatione plantatam, si sibi mundus arridet, si jucunditas eos suavis ac tranquilla demulcet, tanquam fel vel absinthium memoriam procul dubio mortis abhorrent. Unde vir sapiens ait : « O mors, quam amara est memoria tua homini pacem habenti in substantiis suis, viro quieto, et cui justitiæ directæ sunt in omnibus, et adhuc valenti capere cibum! » (*Eccli.* xli.) At si quem tædiosæ calamitatis infortunium prægravat, si languor assiduus vel inopia rei familiaris angustat, illi mors dulcis efficitur; atque ut volaces

gressus acceleret, exoratur. Unde dicit ille, qui supra : « O mors, bonum est judicium tuum homini indigenti, et qui minoratur viribus defecta ætate (*Ibid.*). » Cum profecto finem suum homo nequaquam pro varietatibus hujus vitæ debeat perhorrescere vel optare, sed ad hoc tantum si vel propriæ vel fraternæ saluti perpenditur eadem mors vel vita prodesse. Quod in se declarat ille qui dicit : « Coarctor autem e duobus, desiderium habens dissolvi et esse cum Christo, multo magis melius; permanere autem in carne necessarium est propter vos (*Philipp.* i). » Hinc et beatus Petrus auditoribus suis aiebat : « Justum arbitror, quandiu sum in hoc tabernaculo, suscitare vos in commonitionem. Certus enim sum quod velox est depositio tabernaculi mei (*I Petr.* i). » In verbis plane suis bonus pastor ostendit quia non sibi, sed discipulis et vivere volebat et mori. Nam paulo post dicit : « Dabo autem operam et frequenter habere vos post obitum meum, ut horum memoriam faciatis. » Placet itaque mihi sepultura tua, quam tibi velut memoriæ signum ante oculos posuisti; ut, dum illa conspicitur, florentis male hujus vitæ tibi viror arescat, ac de futuris cogitare mens in se collecta solerter incipiat. Quo scilicet postquam homo pervenerit, illud procul dubio invenit quod mutare nullatenus possit. Unde et Salomon admonet, dicens : « Semper memorare novissima tua, et in æternum non peccabis (*Eccle.* vii). »

CAPUT II.
Quod clericos, dum divina celebrantur officia, sedere, prava consuetudo est.

Unum præterea torporis ac desidiæ signum in ecclesia tua vidi, quod et tunc, prout expeditionis dictabat hora, corripui, et nunc apicibus tradere non superfluum duco. Plerique siquidem ibi clericorum resident, dum vel canonica horarum celebrantur officia, vel etiam ipsa missarum offeruntur terribilia sacramenta. Cujus torporis ignaviam per Galliarum partes nonnullis inesse etiam monachis deprehendi : quod profecto pravæ consuetudinis vitium et correctione dignum, et de stadio militantis Ecclesiæ, in his quæ incolumes sunt, constat penitus eradendum. De qua scilicet in Canticis legitur : « Quid videbis in Sunamite, nisi choros castrorum ? (*Cant.* vii) » Et iterum : « Sicut turris David collum tuum, quæ ædificata est cum propugnaculis suis; mille clypei pendent ex ea, omnis armatura fortium (*Cant.* iv). »

Nam cum ubique nobis adversus nequitiæ spiritus immineat infœderabile bellum, ferventius ingruit in modulatione psalmorum; et cum oramus, tunc velut in acie contra malignorum hostium tentamenta confligimus, ut nobis omnino necesse sit aut superantibus enerviter cedere, aut corruentibus in Domino plausibiliter insultare. Qui cum corpora nostra marcida sessione contemplantur hebescere, de ruina quoque interioris hominis illico sperant se victoriam obtinere. De quibus per Isaiam dicitur :

« Ponam illum in manu eorum qui te humiliaverunt, et dixerunt animæ tuæ: Incurvare, ut transeamus (*Isai.* LI). » Ubi, post incurvationem animæ, etiam de corporis incurvatione protinus additur: « Et posuisti ut terram corpus tuum, et quasi viam transeuntibus. » Utraque nimirum substantia, anima scilicet et corpus, in nobis sic unitæ sunt, ut plerumque una solerter agente, vigeat altera; et dum hæc resoluta negligenter oscitat, illa quoque dormitantis ignaviæ languore torpescat. Josue certe cum vidisset angelum evaginatum tenentem gladium, ait: « Quid Dominus meus loquitur ad servum suum? » (*Jos.* v.) cui nil aliud ille præcepit, nil prorsus ut exsequeretur injunxit, nisi tantum hoc: « Solve, inquit, calceamentum de pedibus tuis; » quare subjunxit: « Locus enim, in quo stas, sanctus est. »

Cum ergo loco illi, propterea quia sanctus erat, debebatur nuditas pedum, cur ecclesia, quæ nihilominus sanctus est locus, non mereatur saltem stantium reverentiam clericorum? Moysi quoque dicitur: « Ne appropies huc; solve calceamentum de pedibus tuis. Locus enim in quo stas, terra sancta est (*Exod.* III).' » Ut quid enim hæc antiquis Patribus divinitus imperata per sacras paginas legimus, nisi ut sanctis locis nos reverentiam debere credamus? An minus sacer est locus in quo per mysterium vivificæ passionis Christi corpus offertur, quam ille ubi per suum Deus angelum loquebatur? In Deuteronomio quoque legitur quia dixit Dominus Moysi: « Tu sta hic mecum, ut loquar tibi omnia mandata et cæremonias atque judicia (*Deut.* V). » Non ait, sede, vel recumbe; sed, sta mecum, ut scilicet stando discat quod sedendo postmodum doceat.

Nunc itaque dum in procinctu sumus, vult Deus nos sibi ministrantes assistere, ut cum eo postmodum mereamur in municipii tranquillitate sedere. Porro autem si cui tanta suppeteret munerum copia, ut, donec officium superesset, præbere dona singulis non cessaret; is quoque gradum figeret, cujus articulos languor chiragricus innodaret. Corporis ergo morituri stans susciperet commodum, animæ vero perpetuo regnaturæ sedendo despicit ornamentum. Si regi, vel terreno cuilibet optimati suæ ditionis, officia reverenter assistunt; cum ante terribilem majestatis divinæ conspectum laudum præconia jubilamus, qua præsumptionis audacia sedere præsumimus? Dicit Daniel: « Millia millium ministrabant ei, et decies centena millia assistebant ei (*Dan.* VII). » Ecce, dum innumerabilium angelorum alii Deo ministrare (*Apoc.* I), alii dicuntur assistere, nullus eorum hic reperitur in subsellio residere.

CAPUT III.
Quod angeli contra homines in ecclesia sedentes indignantur.

Cui ergo virtutes angelicæ trementes assistunt, terreni et corruptibiles homines astare despiciunt! Et cum ecclesiasticis illis officiis rite credatur angelicam semper adesse præsentiam, dicente Scriptura: « In conspectu angelorum psallam tibi (*Psal.* CXXXVII), » nostramque vigilantiam sive desidiam non modo diligenter attendere, sed et superno judici cuncta per ordinem nuntiare; quanto, putamus adversus nos zelo moventur, dum in conspectu illius nos irreverenter sedere conspiciunt, cui scilicet ipsi trementes assistunt? Nam et Zacharias sacerdos cum incensum poneret, non sedentem, sed stantem juxta altare angelum vidit. |« Apparuit illi, ait evangelista, angelus Domini stans a dextris altaris incensi (*Luc.* I). » Dicit in Apocalypsi beatus Joannes: « Vidi turbam magnam, quam dinumerare nemo poterat, ex omnibus gentibus, et tribubus, et populis, et linguis, stantes ante thronum. » Stantes utique ante, non sedentes. Et paulo post: « Omnes, inquit, angeli stabant in circuitu throni, et seniorum (*Apoc.* VII). » Isaias cum præmisisset: « Vidi Dominum sedentem super solium excelsum, et elevatum, et ea quæ sub ipso erant replebant templum; » protinus addidit: « Seraphim stabant subter illud (*Isai.* VI). » Ecce ubi Seraphim sedere non audent, sedet homo luteus, et tanquam pannus menstruatæ luridus et immundus? Ubi virtutes cœlorum sibi sedilia non usurpant, illic homo tanquam communi ac domestico perfruitur otio, qui se pulverem esse et cinerem non ignorat? Ingreditur rex nuptiale convivium, et invenit hominem non modo fortasse nuptiales induvias non habentem, sed et, contra illius convivii regulam, ignobiliter residentem; quid aliud jubere putandus est, nisi ut ligatis ille manibus et pedibus illico mergatur in tenebras? (*Matth.* XXII.) Enimvero de sedente Eli sacerdote dicit Scriptura: « Quia cecidit de sella retrorsum, juxta ostium, et fractis cervicibus mortuus est (*I Reg.* IV). » Sedebat et Balthassar rex Babylonis, cum in superficie parietis aulæ regiæ articulus sibi scribentis apparuit, qui suam suorumque stragem instare nocte prima, Medis ac Persis imminentibus, nuntiavit (*Dan.* V).

Requiescebant Zebee et Salmana reges Madian cum exercitu suo, cum super eos tanquam securos Gedeon irruit, eosque gladiis grassantibus trucidavit (*Judic.* VIII). Discumbebant nihilominus Amalecitæ super faciem terræ, cum illos repente David invasit, eosque a vespera usque in vesperam diei alterius percutere non cessavit (*I Reg.* XXX). At contra Elias dicit: « Vivit Dominus exercituum, ante cujus conspectum sto (*III Reg.* XVII). » Sto, inquit, non sedeo, non oscito, non marcesco; cui etiam a Domino dicitur: « Egredere, et sta in monte coram Domino (*III Reg.* XIX). » Non ait, sede, sed sta coram Domino. Nunquid et David atque illi septem chori cum eo sedebant coram arca Domini, et non potius, sicut Scriptura testatur: « Ipse rex percutiebat in organis, et saltabat, ac subsiliebat totis viribus ante Dominum? » (*II Reg.* VI.) Sicque ducebant arcam in jubilo, et clangore buccinæ.

Nota quoque quod ait Dominus Moysi : « Applica tribum Levi, et fac stare in conspectu Aaron sacerdotis, ut ministrent ei, et excubent, et observent quidquid ad cultum pertinet multitudinis coram tabernaculo testimonii (*II Par.* xv). » Non ait : sedeant, oscitent, et dormitent ; sed fac stare , ut ministrent, excubent, et observent. Moyses in monte, per quadraginta dies et totidem noctes, nunquam vel ad momentum quidem sedit, nulla cibi vel potus alimenta percepit, sed jejunus Domino jugiter astitit (*Num.* iii) ; et tu , qui quotidiana te refectione sustentas, brevi saltem spatio gravaris ante tui Conditoris astare præsentiam? Sic enim in Exodo legitur : « Stetit ergo ibi cum Domino Moyses quadraginta dies et noctes, panem non comedit, et aquam non bibit, et scripsit in tabulis verba fœderis decem (*Exod.* xxxiv). » Hodieque nonnulli fratres, dum laudibus divinis insistunt, non sunt solo standi labore contenti, satagentes insuper et per alia sui corporis exercitia fatigari.

Nam, ut de cæteris sileam, quidam frater, Gezo nomine, nunc a nostro non procul habitaculo disparatur, sexagenaria jam circiter ætate grandævus, qui totum psalterium genua flectendo decurrit, hoc scilicet modo ut unum expleat versum dum pavimento prosternitur ; alterum dum protinus elevatur. Sic itaque per totum psalterii cursum una semper fit metanœa per geminos versus.

Alius quoque nobiscum fuit, ætate provectior, qui jure Dominicus vocabatur. Hic mihi confessus est, sæpe se mille fecisse metanœas per singulos dies, dum tamen ferrea lorica jugiter esset indutus ad carnem. Sed qui talia quærit audire curet opuscula nostra percurrere.

CAPUT IV.
Quod laici quoque in ecclesia inter divina officia sedere non debent.

Nunc autem sufficit mihi sanctitati vestræ suggerere ut hoc ignobilis negligentiæ vitium in sua prius Ecclesia corrigat, deinde per cæterarum palmites tanquam falcem salutiferæ correptionis extendat. Districte quippe prohibendum est non modo clericis, sed et laicis utriusque sexus , ut nisi, sicut mos est, inter nocturni lectionis officii, alias dum divinis hymnis insistitur, nemo sedeat, nisi, corporis cum valetudo compellat. Plerosque nempe vidimus non modo sacri , sed et sæcularis ordinis viros , qui sic inter quælibet ecclesiasticæ synaxis officia status sui viribus sunt contenti, ut nec podio , nec adjacenti prorsus ulli materiæ dignentur inniti. Qui nimirum quo laboriosius in conspectu supernæ majestatis se conspicientis assistunt, et suaviorem dulcedinem intimæ quietis acquirunt ; quantoque difficilius sui corporis gravedinem tolerant, tanto copiosius eos ad Deum meritum levat.

Porro autem, sicut Eutropii testatur historia, Varro consul quoniam apud Cannas, dum adversus Annibalem confligeret, perdidit, nunquam postmodum usque ad vitæ suæ terminum recubans cibum sumpsit. Quod si faciunt hoc ethnici ut famæ suæ nomen extendant, quid agendum est Christianis ut in cœlesti sibi gloria sedes acquirant? Enimvero si dignus in Deum nobis fervor inesset, par fuerat nos inter divinæ laudis excubias non modo non sedere, sed et manibus in alta porrectis incessabiliter psallere. Sicut hortatur nos Psalmista, cum dicit : « In noctibus extollite manus vestras in sancta, et benedicite Dominum (*Psal.* cxxxiii). » Et Apostolus ad Timotheum : « Volo, inquit, viros orare in omni loco, levantes puras manus sine ira et disceptatione (*I Tim.* ii). » Nam et præclarus Ecclesiæ doctor Ambrosius beatos martyres Gervasium et Protasium extensis manibus semper orantes se vidisse testatur. In cujus verbis datur intelligi quoniam et ipse non aliter tunc orabat episcopus, quanquam ipse vitandæ gloriæ causa non exprimat. Verisimile quippe est ut cum quo simul orant, nequaquam ab eo in orationis qualitate dissentiant : alioquin si aliter orabat Ambrosius, ad hoc sibi ille modus orationis ostenditur, ut ad hanc orandi regulam deinceps informetur. Cui cum beatus Paulus de præfatis martyribus diceret, quorum corpora in eodem loco inveniens, signanter addidit : in quo stas et oras. Stabat quippe sacerdos egregius cum orabat, non ad instar istorum sedebat, et otiosa tractabat. Præterea cum dicat Apostolus : « Qui sunt administratorii Spiritus in ministerium missi propter eos qui hæreditatem capiunt salutis (*Hebr.* i). » Ubi credenda est frequentius angelica beatitudo discurrere, quam in Ecclesia, ubi novit Dei populum, propter quem scilicet mittitur, convenire? Et qui potentiori cuilibet personæ festinanter assurgimus, qua præsumptionis audacia sedere coram virtutibus angelicis non timemus?

Tu autem, dilectissime, quia in occiduis partibus inter sacerdotes insignis es ac celebris famæ, ubique, in quantum potes, et hoc ignominjosæ sessionis opprobrium destrue, et cætera quæ villicatui sacerdotalis officii competunt, non segniter implere contende : argue, obsecra, increpa, atque, ut idem monet Apostolus, « vigila, in omnibus labora, opus fac evangelistæ, ministerium tuum imple (*II Tim.* iv) ; » ut, cum necesse fuerit conspectui summi pastoris assistere, copiosum ac dignum tanto nomine fructum de peracto valeas ministerio consignare.

Sit nomen Domini benedictum.

OPUSCULUM QUADRAGESIMUM.

DE FRENANDA IRA ET SIMULTATIBUS EXSTIRPANDIS.

ARGUMENTUM. — Gratulatur V. episcopo, quod a gravi quodam morbo Dei gratia convaluisset. Hinc sumpta occasione eumdem hortatur, ut iracundiam cohibeat; odii et simultatum semina, si quæ sunt in animo suo, penitus evellat; et denique ut, juxta evangelicæ legis præceptum, inimicis suis omnes injurias et offensas condonet.

Domno V. reverentissimo episcopo PETRUS peccator monachus salutem in Domino.

CAPUT PRIMUM.
Infirmitates a Deo cur mittantur.

Vere divinæ dispositionis ordo laudabilis, quia dum secat, curat; dum percutit, erudit; medetur, dum vulnus infligit. Ad hoc enim te, venerande Pater, divina severitas corporalis molestiæ verberibus cinxit, ut tanquam docilem puerum a levitate compesceret, idcirco te malleo disciplinæ percussit, ut vas utile in domo Domini a scabrescentis scoriæ vel superductæ rubiginis squalore purgaret. Hinc est quod de incorrigibilibus et indisciplinatis per prophetam dicitur : « Percussisti eos, et non doluerunt; attrivisti, et noluerunt accipere disciplinam (*Jerem.* v). » Et iterum : « Frustra conflavit conflator; malitiæ eorum non sunt consumptæ (*Jerem.* vi). » De quibus et alibi per prophetam divina vox ait : « Omnis domus Israel mihi versa est in scoriam (*Ezech.* xxii). » Tunc enim domus Israel in scoriam vertitur, cum divina peccator animadversione percussus, vel in desperationis voraginem labitur, vel contra juste sævientis imperium per impatientiam effertur. At contra, quasi manente metallo, scoria sub divinis percussionibus avolat, cum quilibet pœnitens superno verbere vapulans, et inhorrescentium a se vitiorum rubiginem projicit, et reflorescentium candore virtutum ac resplendentis vitæ nitore clarescit. Quod utique per respectum divinæ gratiæ in te perspicue videmus impletum, cum et inimicos omnes in gratiam recepisti, et sic ab interiori prius valetudine convalescens, etiam corpore factus incolumis, Ecclesiæ gaudium reddidisti. Unde cum David non ingrata Deo debes voce cantare : « Castigans castigavit me Dominus, et morti non tradidit me (*Psal.* cxvii). » Et cum Jona : « Cum angustiaretur in me anima mea, Domini recordatus sum, ut veniat ad te oratio mea ad templum sanctum tuum (*Jon.* ii). » Dehinc gratiarum actiones cum eodem propheta hoc potissimum debes fine concludere : « Ego autem in voce laudis immolabo tibi; quæcunque vovi reddam pro salute mea Domino (*Ibid.*). » Nos etiam, qui te velut amissum recipere, Deo largiente, meruimus, offeramus ei sacrificium nostrorum vitulos labiorum; et cum filia Raguel Sara dicamus : « Benedictum est nomen tuum, Deus Patrum nostrorum, qui cum iratus fueris, misericordiam facis, et in tempore tribulationis peccata dimittis his qui invocant te (*Tob.* iii). » Sequestri plane functus officio frequenter institeram, ut cum inimicis tuis rediviva pace componeres, ut osoribus tuis te injuste lædentibus sacerdotaliter indulgeres; sed animi tui motus, quos homo blandiens lenire non potuit, austeritas divina perdomuit; et, ut ita loquar, iram tuam irascendo placavit. Sævire scilicet in te voluit, ut sævitiam tolleret : spiritum ultionis effudit, ut mansuetudinis in te spiritum reformaret.

CAPUT II.
Quod per iram sapientia deperdatur.

Quanto plane studio vitium iracundiæ sit vitandum, nunc prudentiæ tuæ liquido valet probare judicium. Nam qui tunc tibi videbantur amari, tuæque familiaritatis accessu prorsus indigni, dulcissima nunc eorum affabilitate perfrueris, teque in eos secure projiciens, quodammodo jucundis amicitiæ constrictus amplexibus delectaris. Tunc enim merito dicebas : « Turbatus est præ ira oculus meus (*Psal.* vi); » nunc autem alacri potes voce cantare : « Justitiæ Domini rectæ, lætificantes corda, præceptum Domini lucidum, illuminans oculos (*Psal.* xviii). » Præceptum quippe Domini charitas est. « Hoc est, inquit, præceptum meum, ut diligatis invicem (*Joan.* xiii). » Hoc sane præceptum oculos cordis illuminat, sicut e contrario livor et odium cæcat. « Quisquis » enim, sicut ait Joannes, « odit fratrem suum, in tenebris est, et in tenebris ambulat, et nescit quo eat, quia tenebræ excæcaverunt oculos ejus (*Joan.* ii). » Quo contra, Dominus ait : « Ego lux in hunc mundum veni; et omnis qui credit in me, in tenebris non manet (*Joan.* xii). » Enimvero si omnis qui credit in Christum non manet in tenebris, et omnis qui odit fratrem suum, juxta Joannis vocem, in tenebris est; ille profecto non credere in Christum manifeste convincitur, qui feralis odii tenebris excæcatur.

Ex hujus igitur apostolicæ et evangelicæ sententiæ ratione colligitur quia quisquis odii cæcitate percutitur, inter Christi fideles superfluo numeratur; et quicunque est odiosus, necessario sequitur, ut sit etiam infidelis et in Deum non habeat fidem, qui circa proximum divinitus institutam amiserit charitatem. Illa siquidem solummodo vera fides dicitur, quæ per dilectionem operatur (*Gal.* v). Excludatur igitur ab electorum mentibus iracundia, quæ odium generat, quæ nimirum cordis oculos, quos per semetipsam turbat, per virulentam sobolem deterius cæcat; et iracundus quisque se veraciter perimit, dum læsionem proximi vel, quod atrocius est, mortem sitit. Unde scriptum est : « Virum stultum interficit iracundia, et parvulum occidit invidia (*Job* v). » Porro cum scriptum sit : « Tu autem, Domine, cum tranquillitate judicas (*Sap.* 11); » quoties turbulentos animi motus sub mansuetudinis vigore restringimus, ad conditoris nostri similitudinem redire conamur. Nam dum quietem mentis ira diverberat, dilaniatam quodammodo scissamque perturbat, ut sibimetipsi non congruat, ac formam intimæ similitudinis velut aqua fluctuante confundat; et dum cor fluidum iracundia permovet, tanquam undæ fluctuantis imago propriæ origini non respondet. Per iram denique sapientia perditur, ut quid, quove ordine agendum sit, ignoretur. Unde scriptum est : « Ira in sinu stulti requiescit (*Eccle.* vii). » De qua alibi legitur : « Ira perdit etiam prudentes; » quia videlicet confusus animus, etiamsi valeat quid subtiliter intelligere, lethalis vitii mole depressus non valet explere. Porro autem qui consuevit frequenter irasci, justitiam nunquam poterit operari. Mentiri me fortasse quis diceret, si apostolus in epistola non scripsisset : « Ira viri justitiam Dei non operatur (*Jac.* i). » Nam dum perturbata mens judicium suæ rationis exasperat, non quod Deus præcipit, sed quod furor suggerit rectum putat.

Quanta sane sit iracundiæ pestis, in hoc patenter exprimitur, cum nobis iracundi hominis societas prohibetur; et quasi per antiquæ scripturæ sententiam quadam jam, ut ita fatear, excommunicatione percellitur, dum a proximorum suorum contubernio separatur. Ait enim Salomon : « Noli esse assiduus cum homine iracundo, ne discas semitas ejus, et sumas scandalum animæ tuæ (*Prov.* xxii). » Et iterum : « Melius est, inquit, sedere in angulo domatis, quam cum muliere litigiosa et in domo communi (*Prov.* xxi). » Unde **674** qui se ex humana ratione non temperat, necesse est ut solus bestialiter vivat. Per iram sane concordia rumpitur, unde cohabitantium sæpe societas violatur. Sicut scriptum est : « Vir animosus parit rixas, et vir iracundus effodit peccata (*Prov.* xxix). » Peccata nempe iracundus perhibetur effodere, quia malos etiam, quos ad furoris insaniam provocat, cogit ut deteriores per impatientiam fiant.

CAPUT III.
Quod ira Spiritum sanctum excludat.

Per iram præterea lux veritatis amittitur, et obtenebratæ mentis obtutibus inoccidui solis radius occultatur. Unde dicit Apostolus : « Sol non occidat super iracundiam vestram (*Ephes.* iv). » Nam cum iracundia menti confusionis tenebras incutit, huic Deus illico radium suæ cognitionis abscondit. Per iram certe sancti Spiritus splendor excluditur, cujus scilicet habitaculum fieri mens improba non meretur. Unde per prophetam dicitur : « Super quem requiescet spiritus meus, nisi super humilem et quietum, et trementem sermones meos? » (*Isal.* lxvi.) Nam cum humilem dixit, quietum consequenter addidit, quia dum ira menti quietem simul et humilitatem subtrahit, suam sancto Spiritui protinus habitationem claudit; dumque se per furoris insaniam elevat, ne ad se Spiritus sanctus introeat, semetipsum mens velut obscratis foribus damnat. Et sciendum quod ira sæpe tranquillitatis mentita colorem, superficiem quietis obtendit, dum in furoris indignationem aperte non prosilit : sed interim, dum intra mentem velut in clibano vehementius æstuat, licet extrinsecus taceat, clamosas intra forum conscientiæ voces format. Unde per Salomonem dicitur : « Præstolatio impiorum furor (*Prov.* xi). » Et Sapiens quidam ait : « Cogitationes iracundi vipereæ sunt generationes, mentem comedunt matrem suam. » Tradunt autem physici quod anima hominis tripartita sit. Est enim, ut aiunt, rationalis, irascibilis, concupiscibilis.

Non ergo sine magno labore compescitur, quæ non per accidens oritur, sed naturaliter insita perhibetur. Verumtamen adversus hoc vitium, sicut nec adversus concupiscentiam, nequaquam debemus desperare victoriam. Natura quippe nostra, cui scilicet ista dicuntur originaliter insita, ex primi quidem parentis est transgressione corrupta, sed ad statum incolumitatis pristinæ per nostri Redemptoris est gratiam reformata. Et licet lex carnis cum spiritus lege confligat, facile mens nostra vetustatis suæ tenebras superat, si in eo quem renovata concepit vigore cœlestis gratiæ perseverat. Unde dicit Apostolus : « Lex enim spiritus vitæ in Christo Jesu liberavit me a lege peccati et mortis (*Rom.* viii); » ubi mox additur : « Nam quod impossibile erat legi, in quo infirmabatur per carnem : Deus Filium suum misit in similitudinem carnis peccati, et de peccato damnavit peccatum in carne, ut justificatio legis impleretur in nobis (*Ibid.*). » Porro si ira vel concupiscentia, quæ nobis dicuntur naturaliter insitæ, per vigorem spiritus superari non possent, nequaquam idem prædicator **675** egregius impossibilia præcepisset. Ait enim : « Nunc autem deponite et vos omnia, iram, indignationem (*Coloss.* iii). » Ad Ephesios quoque : « Omnis, inquit, amaritudo, et ira, et indignatio, et clamor, et blasphemia tollatur a vobis cum omni malitia (*Ephes.* iv). » De concupiscentia vero superfluum est exempla proponere, quam et lex antiqua vetat, et omnis sacrarum Scripturarum censura condemnat.

Superari ergo per divinam gratiam possunt quæ superari per divina mandata jubentur. Quid igitur ira deterius, quæ nimirum de felle antiqui draconis evomitur, et ut vera lethale virus in furiosi cujuspiam corde grassatur? « Ira », siquidem, sicut scriptum est, « dæmonium habet (*I Reg.* xviii). » Quod etiam experimento dignoscimus, si Saul irascentis historiam per ordinem perpendamus. Ait enim Scriptura : « Quia cum mulieres Israelitarum ludentes in sistris, et lætitiæ tympanis canerent, percussit Saul mille, et David decem millia; iratus est Saul nimis, et displicuit in oculis ejus iste sermo.» Deinde subinfert : « Post diem autem alterum invasit spiritus Dei malus Saul, et prophetabat in medio domus suæ (*I Reg.* xviii). » Ecce liquido videmus quod scriptum legimus, iram scilicet habere dæmonium. In Saul enim cor ira præcessit, et mox nequitiæ spiritum introduxit: dehinc abreptitium suum in zelum vesani furoris accendit, ac ad perimendum David, quem sanctus inhabitabat Spiritus, incitavit. Nam, teste Scriptura : « Tenebat Saul lanceam et misit eam, putans quod configere posset David cum pariete (*Ibid.*). » Fremebat enim in vasculo suo auctor iracundiæ spiritus, eumque adversus innocentem feralis invidiæ facibus inflammabat.

CAPUT IV.
Exemplum presbyteri propter iracundiam diabolo mancipati.

Cui propemodum consimile quid in Urbinati territorio jam fere a decennio contigit, quòd ad nostram profecto notitiam, ipsa potius rei præsentia quam fama vulgante, pervenit. Advesperascente quippe jam die, in duorum quorumdam presbyterorum cordibus sol inocciduus occidebat, eosque adversum se mutuis injuriarum jurgiorumque conviciis auctor discordiæ spiritus accendebat. Cumque presbyter compresbyterum probrosis contumeliarum irrisionibus laceraret, et alter alterum multo mordacitatis sale maledictorumque relationibus conspersisset, unus eorum minaciter intonans, et dentibus stridens, correpta lancea iter arripuit, atque ad domum suam longius constitutam, furibundis properare gressibus cœpit. Sed cum illum jam superveniens caligo noctis obnuberet, cor etiam interiores tenebræ perniciosius possiderent, ecce quinque nigri equites cum caballis æque nigrantibus obviant, eique is qui major inter eos videbatur insultat : Sæpe, inquit, institi, ut te mihi subderes, ut in clientelam meorum contubernalium devenires.

Toties itaque subterfugiens, jam non poteris jugum meæ ditionis evadere. Videbatur enim nobilis quidam vir esse, Romanus nomine, **676** qui frequenter cum sollicitaverat, ut sibi subditus fieret. Presbyter itaque nimii terroris horrore perculsus, ad præcipientis imperium manus utrasque complosit, atque illius manus deditiorum more deosculans, se velut in herilis fidei tuitione commisit. Cui videlicet rei congruit quod Salomon ait : « Manus in manu non erit innocens malus (*Prov.* xi). » Quem protinus ille percunctans: Scis, inquit, qui sim? Ille præsto respondens ait : Nonne tu es dominus meus Romanus? At ille : Absit, absit; sed ego sum, inquit, diabolus, cui tu nunc commissus es, et individua deinceps societate constrictus.

Sta igitur in fide, et serva quod pollicitus es; et post hujusmodi verba vel gesta præsto disparuit. Tunc ille tremefactus, confusus atque perterritus, ad domum non sine magno trepidationis horrore pervenit : paulo post ad episcopum suum sanctæ memoriæ, Teuzonem nomine, me quoque præsente, pœnitentiæ flagitator accessit. Cui mox sacerdotalis officio dignitatis adempto, cum æstivum tunc cauma fervesceret, et secandarum messium tempus instaret, juxta carinæ (*f.* canonum) regulam, inclusionem custodiæ carceralis indiximus : annorum pœnitentiam competenti moderatione præfiximus : atque ut in spem certæ recuperationis absque dubio convalesceret, adhortati omnes sumus. In quo nimirum facto manifeste perpenditur, quoniam iracundus dum zelo immoderati furoris accenditur, juxta Scripturæ testimonium, a dæmonio possidetur. Nunquid enim iracundus dæmonio vexante non agitur, qui nonnunquam ad plectendam cujuslibet non lædentis, quin potius sibimet obsequentis, innocentiam permovetur? Ultro enim dum libero mentis judicio caret, erga res etiam insensibiles vindictam ultoriæ animadversionis exercet. Quod utique Cyrus rex Persidis egisse deprehenditur, sicut Herodotus antiquæ scriptor historiæ profitetur. Qui dum militum vallatus agminibus, Gnydem fluvium transvadaret, unus regiorum equitum candore formæque præcellens, dum per rapacem alveum, ubi offensi vado vortices attollebantur, ingreditur, undarum procellis præcipitanter irruentibus, naufragus absorbetur. Tunc rex ira permotus, ulcisci in amnem statuit, contestans cum qui præclarum voraverat equitem, ita permeabilem relinquendum, ut vix aliquando posset attingere genua feminarum. Annum igitur, ut conjicitur, totum in hoc ridiculoso labore perpetuat, ac reum majestatis fluvium dum multis utrinque fossis aperuit, quasi totidem per latera vulneribus sauciavit : per quadringentos scilicet et sexaginta rivulos aquas fluminis subdivisit; sic, sic velut inimici sui sanguinem perfluere compulit, et divitem venam, in quam tyrannus infremuit, paupertate multavit.

CAPUT V.
Quod ira hominem reddit amentem.

Cernis itaque, qualiter ira reddit amentem, quæ dum exsequitur quod impatientia suggerit, semetipsam ridentibus pabulum subsannationis **677** exponit. Per omne quippe vitium quod ab hominibus perpetratur, diversis utique modis misero cordi veternosi hostis virus infunditur. In iracundiæ vero peste, tota sua viscera serpens concutit, omnem fellis amaritudinem evomens fundit; adeo ut prudentem mentis expertem, rationabilem furiosum, callentem ingenio reddat insanum. Alienat enim miseros, et velut abreptitios insanire compellit. Quod sane licet omnibus Christianis sit omnino prohibitum, permaxime tamen sacerdotibus est cavendum. Nam cum veritas cunctis fidelibus in commune præcipiat, ut dissidens quisque munus suum ante altare deserat, nec illud antequam læso fratri reconcilietur, offerre præsumat (*Matth.* v), quanto propensius id agendum est sacerdoti, qui videlicet non metalli pondus, non corruptibilem margaritam, non certe manipulos segetum, sed vitalis eucharistiæ oblaturus est sacramentum! Et cum illa singularis hostia pro inimicis principio sit oblata, Apostolo testante qui ait: « Cum inimici essemus, reconciliati sumus Deo per mortem filii ejus (*Rom.* v); » qua mente sacerdos ad tam terribile sacramentum, qua temeritatis audacia mensæ cœlestis præsumit adire convivium, si dum reconciliationis mysterium celebrat, fratri suo reconciliari contemnat? Inimicus offert hostiam, quæ inimicitias solvit, ad mysterium pacis impactus accedit; cum majus sit sacrificium peccanti dimittere quam laudis hostias immolare; et placabilius sit Deo bonæ voluntatis holocaustum quam exterioris victimæ sacramentum.

Unde non otiosum credimus si his verbis inseritur quod celebri a nonnullis relatione vulgatur. Vir quidam, ut dicitur, potentiorem se hominem interfecit, a cujus etiam filio, more sæculi, non legibus Evangelii, multas bellorum molestias pertulit: paterni scilicet ultor interitus, et strages anhelabat hominum, et frequentiore reportabat manubias rapinarum. Inter has igitur homicida deprehensus angustias, imperiale decrevit adire vestigium, si quod forte tot calamitatibus posset reperire solatium. Quo comperto, paterni sanguinis ultor insequitur, eumque, sive ut tribunalium lege constringat, sive ut repente gladiis opprimat, impiger comitatur. In Teutonicis vero partibus tunc imperator agebat.

Cum itaque procedens modeste, quasi securus incederet, subsequens autem celerius properaret, tandem contigit ut sibimet invicem propinquantes, in mutuos uterque ducerentur aspectus. Sed cum is qui homicidii reus erat, vix quatuor vel quinque comitum fulciretur auxilio; interfecti vero filius triginta ferme cingeretur obsequiis armatorum, quaternionem suum cohortatur ut fugiat. Ille se conspiciens de persequentium manibus avolare non posse, animæ patrocinium petiit, ad humilitatis umbraculum confugium fecit. Projectis igitur armis, brachiis etiam in modum crucis extensis, solo prosternitur, et vel miserentium veniam, vel ictus ferientium præstolatur. At ille jam victor ad reverentiam crucis manum reprimendo compescuit, ultro etiam ne ab aliquo feriretur inhibuit: postremo pacem integram faciens, ad honorem sanctæ vivificæ crucis, non modo vitam, sed et paternæ necis donavit offensam.

Hac igitur insigni peracta victoria, quam scilicet non tam alterius quam sui, et, ut ita fatear, non tam hostis quam proprii cordis victor exstiterat, ad regis curiam, quia non procul erat, accessit: sed mox ut ecclesiam oraturus ingreditur, res mira nimiumque stupenda, Salvatoris imago, quæ in cruce videtur expressa, tribus eum vicibus inclinato capite visa est salutare. O quam gloriosum et insigne præconium, ut ab auctore misericordiæ mereretur reverenter accipi, qui propter ejus reverentiam omiserat vindicari; et ab eo recipere salvationis honorem, pro quo saluti contrariam postposuit ultionem. Quod protinus imperator audiens, honorifica eum et affectuosa, prout decebat, affabilitate suscepit, et copiosa munerum liberalitate ditavit. O si vir ille sacerdotalis ordinis officio fungeretur, quam confidenter ad offerendum Deo munus potuisset accedere! Quo contra, quisquis in corde iræ vel odii confusiones agglomerat, et tempus ultoriæ retributionis exspectat, quam perniciose, quam noxie sacris altaribus appropinquat! Hominibus quippe vertitur in incendium, quod ad refrigerii provisum est augmentum.

CAPUT VI.
Prodigium quod contigit presbytero Salernitano missam celebranti.

Unde fortasse contigit quod cuidam suo presbytero venerabilis Alfanus Salernitanus archiepiscopus nuper evenisse perhibuit: qui nimirum presbyter ad cumulandos pecuniæ quæstus non mediocriter a viduis et fenorum captabat usuras, et de cætero carnali conversatione vivebat. Hic aliquando dum missarum celebraret officium, inter ipsam Dominici corporis fractionem, tres repente favillæ ignis ex ipso cœlesti sacramento prodeuntes emicuerunt, et in pectus sacrificantis terribiliter impegerunt: quod nimirum quid esse potuerit subtiliter inquirentis prudentia judicabit.

Illud etiam silentio prætereundum esse non arbitror, quod idem Salernitanæ rector Ecclesiæ, et religiosissimus, ac veracissimus Casinensis monasterii abbas Desiderius, uno mihi, ut ita loquar, ore dixerunt; quoniam episcopus, cujus me ad præsens vocabulum fugit, dum in quodam castro consecraturus esset Ecclesiam, ab eo qui Beneventanæ tunc erat electus Ecclesiæ, beati Barbati confessoris reliquias petiit. Qui nimirum fraternis acquiescens votis, sacras mundissimæ bustiæ reliquias intulit, sigillum competenter expressit, et statuto die per fidelem quemdam monachum arcana petenti dona transmisit. Sed mox ut soluto sigillo capsidile recluditur, inane prorsus et vacuum reperitur. Miratur gerulus deesse reliquias, quas credebat inclusas; dolet episcopus a spei suæ se suspensione *frustratum*; verumtamen, ingruente proposito, dedicatur ecclesia. Redit nuntius, vacuum, ut credebat, capsidile reportans. Sed ecce, dum graditur, sentit quod intra bustiam aliquid agitatur: mox aperit vasculum, totum venerabilium reliquiarum; sicut allaturus acceperat, inesse reperit sacramentum; post paululum vero et præfata ecclesia est omnino destructa, et totum nihilominus castrum in quo fuerat constituta: quod sane an ex merito sacerdotis evenerit, an quolibet alio divino judicio, nobis ad liquidum patere non potuit.

CAPUT VII.
Votum solvere contemnens infeliciter perit.

Illud etiam nunc ad memoriam redit, quod præfatus Salernitanus archiepiscopus cuidam ex suis civibus evenisse perhibuit. In maris denique tempestate deprehensus, futurum se monachum affectuosa sponsione devovit: sed naufragio erutus, votum solvere vitæ hujus amore contempsit. Expleto vero anno, ipso die quo votum Domino suæ conservationis obtulerat, Kalendis scilicet Januarii, dum hinc inde discurreret, cum ludentibus et cachinnantibus pueris choros duceret, et frivola quædam ac scurrilia verba noaret [*f.* boaret], subito lapis de tecto super eum cecidit, et obtrivit. Sic infelix ille, qui mundum deserere contempsit ultroneus, amisit invitus; et fallacem carnis dulcedinem perdidit, qui amando carnem mentitus est veritati.

Huic itaque contigit quod scriptum est : « Ante ruinam exaltatur cor (*Prov.* xviii). » Et illud Apostoli : « Horribile est incidere in manus Dei viventis (*Hebr.* x). » Quod si ira Dei viventis cunctis peccantibus est timenda, illi certe est obnixius ac terribilius formidanda, qui laborat impatientiæ vitio. Qui dum in pectore suo stomachantis animi turbinem versat, motum divini furoris in se per suam iracundiam provocat. Quid enim justius quam ut ira mereatur iram? vindicta pariat alterutram talione vindictam? Unde vir sapiens ait : « Qui vindicari vult, a Deo inveniet vindictam, et peccata illius servans reservabit (*Eccli.* xviii). » Quo contra salubriter admonet, dicens : « Relinque proximo tuo nocenti te, ut tunc deprecanti tibi peccata solvantur (*Ibid.*) : » ubi mox quasi argumentando subjungit : « Homo homini servat iram, et a Deo quærit medelam? In hominem similem sibi non habet misericordiam, et de peccatis suis deprecatur? » (*Ibid.*) Adhuc etiam velut indignando subinfert : « Ipse dum caro sit, reservat iram, et propitiationem petit a Deo? » (*Ibid.*) Et tanquam pro iracundo fusa oratio exaudiri non valeat, donec in iracundia perseverat, convenienter adjecit : « Quis exorabit pro delictis illius? » (*Ibid.*)

Et quia cum ante oculos nostros mors celerius ventura reducitur, protinus iracundiæ tumor necesse est reprimatur, apte subnectit : « Memento novissimorum, et desine inimicari; memorare timorem Domini, et non irascaris proximo (*Ibid.*). » Reprimatur igitur iracundiæ furor in corde, ut nunquam prorumpere possit in vocem. Sicut et in Ecclesiaste dicitur : « Aufer iram de corde tuo, et amove malitiam a carne tua (*Eccle.* xi). » Iræ quippe tanquam rapaci atque præcipiti cuidam fluvio, Dominus trium obstaculorum sufflamen opposuit. In quibus utique furoris impetum disciplinæ loro cohibendum esse mandavit. **630** Primum scilicet in corde, secundum in gutture, postremam oppositionis metam præfixit in voce : « Omnis, inquit, qui irascitur fratri suo, reus erit judicio; » hic opposuit obicem cordis : « Qui autem dixerit racha, reus erit concilio; » ecce obstaculum gutturis : « Qui autem fatue, reus erit gehennæ ignis (*Matth.* v); » ecce obstaculum vocis. Hæ sunt igitur oppositiones, et quasi quædam crates, et rudera cœlestis imperii, quibus iracundiæ ac furoris impetus premitur; et ne quasi rapax fluvius obviantia quæque subvertat, sub disciplinæ rationalis judicio cohibetur. Sit ergo mens nostra non quasi vitrum, quod ad primum percussionis ictum impatiens frangitur, sed pretiosi potius vena metalli, quæ sub mallei contusione purgatur. Esset plane vitrum cunctis metallorum fulgoribus longe præstantius, si primis ictibus præsto non cederet, si nativi soliditate roboris percussionis injuriam toleraret. Sed quia citius frangitur, inter cæteras metallorum species suppar et contemptibilis judicatur. Vitrum scilicet ex arena fit per humanæ artis industriam, ideoque compellitur ingenitæ fragilitatis servare naturam.

CAPUT VIII.

Vitri condendi egregius artifex quod a Tiberio imp. præmium reportaverit.

Verumtamen tradit historia, quia faber quidam sub Tiberio Cæsare tale quoddam excogitaverit temperamentum, quo vitrum ductile fieret atque flexibile, et juxta naturam cujusque metalli, ad ferientis ictum infractum ac solidum permaneret. Qui dum aulæ regiæ foribus fuisset admissus, porrexit imperatori phialam, hoc, quod excogitaverat, artificio temperatam. Quam rex indignatus subito projecit in pavimentum : quæ nimirum phiala nullatenus est confracta, sed ad similitudinem vasis ænei vel argentei reperta est ex quodam latere complicata. Faber autem protinus phialam de pavimento levavit, vasculum de sinu protulit, et vas non scissura colisum, sed oblique retortum, metalli more correxit. Hoc facto Cæsar admiratus, dixit artifici : Estne quisquam alius præter te, qui hanc vitrorum sciat efficere condituram? Jurat faber neminem esse super terram præter se solum, qui hujus artis comprehendat ingenium. Quo Cæsar audito, præcepit cum protinus decollari; nimirum reputans, quia si hujus artis exquisita subtilitas in communem hominum notitiam deveniret, aurum conspueretur ut lutum, omniumque vilesceret species metallorum : et revera si tam fragilis vitro natura deesset, videlicet ut ductilis effecta, ictus ferientis admitteret, cujus unquam metalli fulgor perspicaciam vitreæ claritatis æquaret? Ut igitur ad propositum revertamur, sicut vitrum fragilis natura depretiat et soliditatis robur cætera metalla commendat; ita per iracundiam tota virtutum structura collabitur, et per imperialis patientiæ majestatem nitentium gemmarum splendore coruscum Deo in nobis habitaculum fabricatur. Sicut enim illa virtutes eradicat, sic ista congerminat.

631 CAPUT IX.

Beatus Petrus Damianus ad iracundiam pronus quomodo moderetur.

Porro autem et me, qui hæc utcunque conscribo, naturalis iracundiæ conspersio stimulat, ac sæpe levissima quælibet offensio concussa meæ quietis arcana perturbat; ut in me plerumque, quod vix est acu vel spina leviter punctum, phalarico telo mihi videatur esse perfossum. Levem virgam judico tauream, tolerans colaphum suspiro plumbatam. Sed hæc intrinsecus, quantum vero ad opus, dicat ira quod vult, frendeat, fremat, dentibus strideat : in omnibus his quæ mihi interius suggerit, in quantum negare potuero, meum extrinsecus adjutorium non habebit: licet inflata turgeat, sufflet, furiat, sæviat, intumescat, ego sibi membra mea non dabo, ut per ea quasi per arma quod conatur efficiat. « Nolite, inquit Apostolus, exhibere membra vestra arma iniquitatis peccato (*Rom.* vi). » Non enim illi do manum meam, ut per eam inflata percutiat vel aliquid rapiat. Non linguam, non labia moveo, ut per ea sui fellis amaritudinem fundat.

Dum ego itaque sævienti iræ penitus hæc auxilia denego, necesse est ut mox velut sine pabulo flamma flacceat, aut prorsus intereat, aut tanquam ventus inoffenso acre inaniter transeat, dum obstaculum deest in quod præcipitanter impingat. In semetipsam scilicet infracta relididur, dum materia fomitis, in qua se valeat exercere, frustratur. Hoc enim respondeo iræ, quod titillanti luxuriæ. Aliquando me libido succendit, inflammat, viscera concutit, genitalia subrigit; sed in his omnibus faciat ipsa suis viribus contenta, quod potest; nam meæ cooperationis auxilium habere non potest. Clamat iracundiæ furor, audio; æstuat libidinis ardor, sentio; sed nec illis clamoribus auxilii manum porrigo, nec istis furentibus flammis pabuli fomitem subministro; illis opem ulciscendo non fero, illis per effectum libidinis non insufflo. Hoc itaque modo necesse est ut iræ furor inaniter evolet ac deficiat, et ardor libidinis sese, dum materiæ fomes non ministratur, exstinguat. Naturam quippe possum ex ratione compescere, non omnino delere: possum lenire, non prorsus exstinguere. Faciat in me unusquisque quod vult, mihi necesse est intra memetipsum patientiam quærere, nec debeo fructum ex alienæ virtutis mercede sperare. Nam ubi desunt bella quæ provocent, non offertur victoria quæ coronetur. Incassum clypei tegmen opponitur, ubi jaculi vel mucronis acies non vibratur. Si flamma fornacis emoritur, metalli puritas non probatur; ita me non aliena mansuetudo faciet patientem, sed intra me debent erigi propugnacula turrium, quæ procul abjiciant ac propellant ingruentium turbines jaculorum.

Hæc tibi, venerabilis Pater, imperite dictavi, non ut te doceam, quis es, auctore Deo, doctor Ecclesiæ; sed ut turbulentis mihique similibus possem sub allocutionis tuæ occasione prodesse. Nec tamen vereor ne sancta prudentia tua moleste ferat, si quid sibi junior quisque suggerere cum humilitate præsumat, cum non ignoret hominibus prophetica Dominum voce dixisse: « Venite et arguite me (*Isai.* 1). » Et Moysen Domini Symmystem ex Jethro, gentilis videlicet hominis, ore patienter audivisse: « Stulto labore consumeris (*Exod.* xxxviii). »

Omnipotens Deus, qui te, venerande vir, nobis incolumem reddidit, et vitiorum omnium te faciat evitare squalorem, et tanquam ex cocto per ignem vasculo suo spiritualium virtutum ingerat claritatem.

Sit nomen Domini benedictum.

OPUSCULUM QUADRAGESIMUM PRIMUM.
DE TEMPORE CELEBRANDI NUPTIAS.

ARGUMENTUM. — Totus est in confutandis quibusdam qui asserere non erubescebant nuptias tempore quadragesimalis jejunii contractas, dummodo copula non intercedat, validas esse, et ideo non debere dissolvi. Ostendit igitur nuptias consensu, non concubitu, contrahi.

Domnis V. et P., religiosis Faventinæ Ecclesiæ clericis, PETRUS peccator monachus fraternæ charitatis obsequium.

CAPUT PRIMUM.
Tempus celebrandi nuptias ex sacris canonibus.

Conquesta est mihi vestra fraternitas, quod quidam ecclesiasticæ disciplinæ ordinem confundentes, et juxta prophetam, Deum ponentes post corpus suum (*Ezech.* 1), quadragesimali jejunio matrimonium contrahunt; sed ut canonum sententiam subterfugiant, uxore ducta et celebratis nuptiis, solum concubitum defuisse contendunt. Accedit adhuc vestræ querelæ, quod gravius est, quia nonnulli, qui specietenus spirituales videntur, et Scripturarum sibi scientiam vindicant, illos excusare nituntur. Nam cum canonum decernat auctoritas ut quicunque a Septuagesima usque ad octavas Paschæ, tribusque hebdomadibus ante festivitatem sancti Joannis, ab Adventu quoque Domini usque post Epiphaniam, nuptias celebraverint, separentur; illi in solo nuptiali concubitu nuptialia jura constituunt, eosque perhibent dividi non debere, qui dilato duntaxat carnali commercio, prædictis temporibus foederantur. Quod nimirum quam absurdum, quamque sit frivolum, quisquis utcunque sacri eloquii limen terit, facile deprehendit. Si enim jure in concubitu constare nuptiæ perhibentur, quid est quod sacri canones prohibent ut absque publicis nuptiis nunquam matrimonium copuletur? Nunquid hoc volunt, ut vir uxori publice misceatur? Cumque hoc adeo sit inhonestum et pudore plenissimum, ut in totius humani generis tam prolixis ætatibus nemo unquam præter duos homines id attentasse legatur, Paridem videlicet, et quemdam philosophum; quomodo fieri canonica censura præcipit quod effrænata quoque luxuria gentilis populi turpissimum judicavit? Porro si nuptiarum celebritas in solo carnali commercio constituitur, quid est quod secundas contrahere nuptias viduata quoque persona permittitur; a tertiis vero vel quartis auctoritate canonica prohibetur? Nunquid postquam vir uxori secunda vice conjugitur, jam redire ad torum suum ulterius, quod omnino ridiculum est, denegatur? Enim vero si concubitus nuptiæ sunt; quoties vir mulieri admiscetur, toties procul dubio nuptias celebrare convincitur.

Quapropter si carnale negotium quis centies iteraverit, non modo multinubi, contra canonicam regulam, sed et centinubi crimen incurrit. Quod qui præsumit astruere, sine dubio creditur insanire. Concubitus quippe, qui tamen jure permittitur, non nuptiæ, sed res est potius nuptiarum. « Non enim, » juxta Leonis papæ sententiam, « omnis mulier viro juncta uxor est viri; quia nec omnis filius hæres est patris. » Et paulo post : « Non dubium est, inquit, eam mulierem non pertinere ad matrimonium, in qua docetur nuptiale non fuisse mysterium. » In cujus itaque verbis liquido perpendere possumus, quia aliud nuptiale mysterium, aliud carnale est sacrilegium. Quod enim canonice fit, sacramentum est; quod autem contra canones usurpatum est, sacrilegium est. Ex ratione quippe temporis agitur ut una eademque res sive salubris, sive noxia judicetur. Quisquis enim inhorrescente hieme vites putat, vineam dissipat. Qui æstate seminat, frumenta profligat. Tunc denique suscipiendis seminibus apta tellus efficitur, si congruo tempore sarriatur. Qui sub nivali turbine cæmentarios conducit, ruinam construit. Qui succosa verni temporis ligna succidit, ut domatum parietes erigat, ut laquearium tabulata compingat, supervacui se laboris vexatione fatigat. Et ut ad sacramenta veniamus, qui præter statuta tempora clericos ordinat, non eos utique provehit, sed offensionis obstaculum, ne de cætero provehantur, opponit. Qui passim, nec certo tempore chrismatis vel baptismi sacramenta celebrat, non tam opifex sacramenti quam reus dicitur sacrilegii.

CAPUT II.

Contra pervertentes tempora.

Cum ergo ipsa ecclesiastica sacramenta suorum temporum vicissitudines quærunt, vigoremque suum ex deputati temporis congruitate concipiunt, quo pacto sola matrimonia vires habere poterunt, si temporum statuta confundunt. Ut enim Salomon ait: « Omnia tempus habent et suis spatiis transeunt universa sub cœlo (*Eccle.* III). » Et paulo post : « Tempus flendi et tempus ridendi, tempus plangendi et tempus saltandi, tempus amplexandi et tempus longe fieri ab amplexibus (*Ibid.*). » Qui ergo flendi tempore saltant, et rident : qui tunc amplexantur, quando longe fieri ab amplexibus debent, sicut apud eos temporis ordo pervertitur, sic eis jure voluptas in amaritudinem, gaudium in mærorem, in confusionem gloria, in prostibulum thalamus permutatur. Cum enim legibus cautum sit, ut tempore messium vel vindemiarum nequaquam causarum litigia ventilentur, ne forensia negotia dirimantur, et temporum ratio fert, ut quidquid tunc in tribunalibus judicum definitur, irritum censeatur; quomodo quadragesimale tempus nuptias non evacuat, quas canonum auctoritas damnat? Nunquid minorem vim canones sacri continent, quam pragmaticæ sanctiones? Dicitur nuptiarum summam esse concubitum, qui nimirum si desit, nuptiale dici non posse mysterium.

Ergo et beata virgo Maria viro, secundum eos, carnaliter nupsit, quæ juxta Evangelii fidem sponso suo Joseph nuptiali fœderatione convenit : « Ante, inquit, quam convenirent, inventa est in utero habens de Spiritu sancto (*Matth.* 1). » Sed quia nuptiarum vocabulum patenter evangelista non exprimit, ideoque nuptias celebrasse B. Virgo mihi perhibenti fortasse non creditur. Expositorum aliquis, prout occurrit, in testimonium deducatur. Ait nempe Beda in expositione Matthæi : « Notandum, inquit, in primis in eo quod ait : Antequam convenirent; verba conveniendi non ipsum concubitum, sed nuptiarum, quæ præcedere solent, tempus insinuant, quando ea quæ prius sponsa fuerat, conjux esse incipit. Ergo antequam convenirent, dicit : Antequam nuptiarum solemnia rite celebrarent, inventa est in utero habens de Spiritu sancto. Siquidem memorato ordine postea convenerunt, quando Joseph ad præceptum angeli accepit conjugem suam. » Ambrosius quoque : « Non te, inquit, moveat, quod frequenter Scriptura conjugem dicit : non virginitatis ereptio, sed conjugii testificatio, nuptiarum celebratio declaratur. »

Cum ergo luce clarius constat, quia beata Dei Genitrix virgo non nupsit; et tamen juxta Scripturæ sententiam, absque dubio nuptias celebravit; quomodo dicitur, ubi concubitus defuit, nuptias dici non posse? Nos autem e diverso libere profitemur, et concubitum posse sine nuptiis fieri, et sine concubitu recte nuptias appellari. Sunt enim aliquando nuptiæ cælibes, sunt quæ dignæ dicantur nuptiæ virginales. In quibus videlicet sic uxor viro dotali fœdere jungitur, ut prælato cœlestis thalami desiderio, carnali nullatenus misceatur (*vide scholia ad calcem opusculi*). Ex quarum scilicet genere nuptiarum B. Joannes evangelista subtractus a Domino traditur, qui nimirum cum virgo permanserit, nihilominus tamen nuptiæ vocatæ sunt, quas contempsit. Ad quod etiam nuptiarum genus, beatus Apostolus auditores suos videtur invitare, cum ait : « De quibus scripsistis mihi, bonum est homini mulierem non tangere; propter fornicationem autem unusquisque suam uxorem habeat, et unaquæque mulier suum virum habeat (*I Cor.* VII). » Cum mulierem non tangere bonum esse primo perhibeat; deinde propter fornicationem uxorem habere unumquemque decernat, ad cælibes procul dubio nuptias discretus doctor invitat, ut si laqueum fornicationis duntaxat evadere possumus, carnale commercium in nuptiis non quæramus. Nuptiarum plane societas ab initio propter gignendam sobolem et propagandam posteritatem non ambigitur instituta.

CAPUT III.

Nuptiæ ad quid institutæ.

Quantum ergo ad antiquitatem sæculi, intentio

nuptiarum est procreatio filiorum. Attamen sicut solo vomere terra proscinditur, sed, ut hoc fieri possit, cætera necessaria membra aratris attexuntur; soli nervi in citharis atque hujusmodi musicis vasis aptantur ad cantum, sed ut aptari possint, insunt et cætera in compagibus organorum, quæ a canentibus non percutiuntur; ita et huic intentioni, propagandæ videlicet sobolis, adduntur et alia, cum propter conjugalis matrimonii sacramentum, tum propter speciem honestatis, conventus videlicet pronuborum, convivii celebris apparatus, dona sponsalia, tabularum dotalium instrumenta, et si qua sunt alia. Quæ videlicet omnia simul juncta nuptiæ vocantur. Et hæc antiquitus, ut prædictum est, ad propagandam tantummodo sobolem; nunc autem advesperascente jam mundo et illius coruscante doctrina, qui de virgine virgo est, ad evitandam spectat procul dubio fornicationem. Tunc enim, salvo altiori mysterio, dicebatur : « Maledictus vir qui non habuerit semen in Israel! » Nunc autem dicitur : « Viri, diligite uxores vestras sicut Christus Ecclesiam (*Ephes.* v). » Et Apostolus : « Tempus est, inquit, ut qui habent uxores, tanquam non habentes sint. » Et iterum : « Volo vos omnes esse, sicut ego (*Coloss.* III). » Enim vero qui, sicut superius diximus, uxorem ducendam prædicat, et non tangendam, non exculpere prolem, sed fornicationis videtur oppilare voraginem; nec tumescentem uterum, infantiumque balatum, sed immaculatum cubile, et conjugalis continentiæ desiderat cælibatum. Qui nimirum cum 687 dicit : « Si se non continent, nubant (*I Cor.* VII); » et alibi : « Revertimini in idipsum, nec tentet vos Satanas propter incontinentiam vestram (*Ibid.*); » patenter ostendit quia mutuæ inter conjuges castitatis est avidus; admistionem vero carnis permittit invitus.

Constat ergo per hæc, quæ superius comprehensa sunt, quia quisquis sine concubitu fieri posse nuptias denegat, adversus Apostolum, per quem Christus loquitur, contumaciter pugnat. Qui et omnes homines vult sicut semetipsum continentes vivere; et tamen admonet unumquemque suam uxorem, ne in fornicationem labatur, habere. Erubescant ergo stulte sapientes, et sapiendo vecordes, qui pervicaciter asserunt virum a femina dividi non debere, quam non interveniente concubitu quadragesimali tempore duxit uxorem. Qui videlicet ad tantam quandoque prorupere vesaniam, ut eam quoque, quæ ipso sancto die Parasceve, quo Dominus crucifixus est, a viro furata dignoscitur, abnegent relinquendam ; et dum impudenter astruunt quasi legale connubium, sacrilegum roborant versutis allegationibus pellicatum. Quippe cum Dominus pateretur crucis affixionem ; ille versabat in mente sordis [sordidam] luxuriæ voluptatem. Et cum Redemptori suo totus orbis, ut re vera capiti membra, commoritur; ille subantis libidinis turpitudinem meditatur. Quid ætate mea hoc Dominicæ crucis die contigerit, succincte perstringam. Apud Ravennam sane urbem multa animalia in macello sunt a libripendibus cæsa, quæ communi senatus consulto, et præcipue Martini venerabilis eremitæ decreto, omnia canibus sunt projecta. Quid igitur facerent zelum Dei habentes, si novam nuptam transire in sponsalitium cernerent, si amicorum turbas, relicta crucis adoratione, nuptiales choros ducere comperissent?

CAPUT IV.
Pœna celebrantium nuptias quadragesimali tempore.

Sed dicite mihi, o novæ assertionis auctores, si casu obrepserit homini, ut intra quadragesimalis observantiæ cursum uxor se carnaliter jungat, salvo conjugio, pœnitentiam illis imponitis; an eos ab invicem solutis tabulis interveniente divortio separatis? Sed ecce, canonica decernit auctoritas, ut quisquis eo tempore cum conjuge labitur, quadraginta duntaxat dierum pœnitentia reformetur. Quo igitur pacto in solo concubitu consistere nuptias dicitis, et utrumque idem esse contra totius sacri eloquii sententiam judicatis? cum videlicet censura canonica nuptias illicitis temporibus institutas remoto omni scrupulo dividat; concubitum vero sola parvæ pœnitudinis animadversione percellat? Dicite, inquam, nihil, cum pace vestra loquor, si in solo concubitu nuptiæ constare dicendæ sunt, cur nuptiæ contra legum mandata contractæ, usque ad divortium condemnantur; concubitui vero levis tantummodo pœnitentiæ mensura præfigitur? Si enim utraque unum sunt, sicut non diversa sunt in peccato, ita nec dispari debent subjacere judicio, 688 et quorum est eadem causa, una utriusque debet esse censura.

Porro autem, quid est hoc etiam quod canonica sanctione præcipitur, ut virgines, quæ se non custodiunt, si eosdem qui eas violaverint maritos acceperint, eo quod solas violaverint nuptias, post unius anni pœnitentiam reconcilientur? Si enim nihil aliud sunt nuptiæ, quam concubitus, cur dicuntur nuptias violasse virgines prostitutæ, quæ profecto concubitum non violarunt, sed potius impleverunt? Enim vero si solo concubitu nuptialia jura complentur, jam non damnantur fœda prostibula, imo meritoria coronentur, et olidi fornices sint nuptiales. Huccine tandem philosophorum nostrorum argumentatione perventum est, ut ejusdem sint meriti et nuptiales tabulæ, et obscenarum pellicum voluptates? Idem lupanaris videatur esse volutabrum, quod cubile immaculatum?

Et, ut cum stomacho loquar, tantumdem furtivus videatur valere concubitus, quantum publica ac per hoc honesta celebritas nuptiarum? Confundatur ergo versuta calliditas, nec quæ veritas segregat, multiplicitate verborum jungere se posse confidat. Reprimatur etiam plectenda præsumptio, ne quod temerariis ausibus nunc latenter inchoat, per conveniendi vitium passim postmodum inolescat. Dirimantur infausta conjugia, et in sui vigoris statu ecclesiastica permaneat disciplina. Rescindatur quod contra legum scita contractum est, ne cancer, qui

OPUSC. XLI. — DE TEMPORE CELEBRANDI NUPTIAS.

nunc oritur, male serpendo pullulet, et ab uno se per ecclesiastici corporis membra dilatet. Sic itaque nunc temerariæ præsumptioni sacerdotalis auctoritas obviet, ut Christiana religio non, quod absit, vento doctrinæ circumferatur et fluctuet (*Ephes.* iv), sed in apostolicæ traditionis regula immobiliter perseveret.

SCHOLIA.

Ex quarum scilicet genere nuptiarum beatus Joannes evangelista subtractus a Domino traditur. Fuerunt itaque non modo hic noster sanctus cardinalis, sed et alii qui asseverarent, sponsum nuptiarum quæ factæ sunt in Cana Galilææ Joannem hunc ipsum evangelistam fuisse, et a Christo ad sui sequelam vocatum, sponsæ nuntium remisisse. Quam rei quoque existimationem ex antiquis historiis acceptam, duo in primis Benedictinæ item religionis decora sanctitate ac doctrina celeberrimi (Beda nempe venerabilis, et Rupertus abbas), aperte satis confirmant. Et quidem Bedæ testimonium nongentos ante annos litteris consignatum de Joanne hoc est (Beda *homil. de S. Joan.*) : « Sed hunc præ omnibus diligit, quia virgo electus ab ipso, virgo in ævum permansit. Tradunt namque historiæ, quod eum de nuptiis volentem nubere vocaverit ; et propterea, quem a carnali voluptate retraxerat, potiore sui amoris dulcedine donavit. » Ruperti vero, qui Damiani tempora atigit, verba sunt (Rupert. *in Joan.* lib. ii, in fin.) : « Joannem evangelistam relictis nuptiis (ipsius enim istas fuisse nuptias, opinio fere omnium est, ipsum Dominum sequi cœpisse arbitramur. Tradunt namque historiæ quod eum de nuptiis volentem nubere vocaverit).

Eadem quoque veritas duobus vetustissimis prologis Evangelio secundum Joannem præfixis, quorum alter tribuitur Hieronymo, et alter Augustino, comprobatur. Illius textus est series : « Joannem de nuptiis volentem nubere vocavit Dominus.» Hujus porro prologi auctorem fuisse Hieronymum, sanctum Thomam inter alios asseruisse, Sebastianus Barradius animadvertit (Barrad. *in Evang.* tom. II, lib. iii, cap. 1). « Hanc opinionem, ait Barradius, sequitur divus Thomas (2-2, quæst. 186, art. 4), et dum exponit prologum illum divo Hieronymo ascriptum, eamque putat esse D. Hieronymi sententiam.» Alterius vero prologi attestatio talis est : « Iste siquidem est Joannes, quem Dominus de fluctivaga nuptiarum tempestate vocavit, et cui matrem virginem virgini commendavit.» Hunc etiam prologum Augustino ascribi debere, Baronius (ut alios nunc missos faciam) ultro fatetur (*Annal.* tom. I, *ad an. Chr.* 31). Ait enim : « Augustinus in præfatione in Joannem evangelistam hæc habet : Iste siquidem est Joannes.» Et cætera modo relata : quæ cum viderit ille, nihilominus hanc de Joannis nuptiis sententiam omnino explodendam esse contendit, vocatque commentitiam, nuper excogitatam atque ridiculam; Augustini autem testimonium interpretatus, sic Augustinum ait dixisse vocatum a nuptiis, non quod cum uxore duxisset, eam reliquerit, sed quod eam prorsus non acceperit, prout idem Augustinus in fine ejusdem operis testatur, cum his utitur verbis (*in Joan.* tract. ult. prope finem) : « Plus amatum , quod neque uxorem duxerit, et ab ineunte ætate castissimus fuerit. »

Ita Baronius ex Augustino. Verum tanti viri pace affirmare non dubitaverim, hæc Augustini verba magis favere sanctissimis Patribus Bedæ, Damiano, Ruperto, Thomæ, Bonaventuræ, cæterisque quam sibi; atque dum Augustinus, vel etiam alii inquiunt, Joannem evangelistam non duxisse uxorem; tantumdem est, ac si cum uxore eum non vixisse, vel non cohabitasse. Præterea Damiani opinionem ve-

ritati esse conformem, et alii multi docent scriptores et sanctitate et litteris præclarissimi, angelicus doctor (S. Thom. 2-2, q. 186, art. 4, ad 1) : « Ne alicui spes perveniendi ad perfectionem tolleretur, assumpsit ad perfectionis statum etiam illos quos invenit matrimonio, junctos. Non autem poterat absque injuria fieri, quod viri uxores, descrerent; sicut absq æ injuria fiebat, quod omnes divitias derelinquerent. Et ideo Petrum, quem invenit matrimonio junctum, non separavit ab uxore, Joannem tamen volentem nubere a nuptiis revocavit.» Seraphicus doctor (S. Bonav. *in vita Christ.* c. 20, p. ii opusc.) : « Quamvis dubium sit, cujus fuerint nuptiæ in Cana Galilææ, sicut magister in historia scholastica tangit, nos tamen meditemur fuisse Joannis evangelistæ, quod habetur in prologo super Joanne, ubi Hieronymus affirmare hoc videtur.» Sanctus Antoninus Florentiæ archiepiscopus (*Chron.* p. i, c. 3, tit. 5, § 6, et p. iii *Summ.*, tit. 1, c. 2 in princ.) : « Celebratis autem nuptiis in Cana Galilææ, quæ communiter dicuntur fuisse Joannis evangelistæ, » etc., quibuisdam etiam interjectis : « Joanne autem non consummato matrimonio virgo secutus est Christum.» Hisce tantæ auctoritatis viris addas Nicolaum Lyranum (*in c.* ii *Joan.*) de sacris litteris optime meritum, qui trecentos ante annos non tantum prologum illum in Joannem fuisse Hieronymi exponendo confirmavit, verum etiam superiorum Patrum sententias sic astipulatus est : « Dicitur etiam communiter, quod istæ nuptiæ fuerint Joannis evangelistæ, a quibus eum Christus vocavit ante consummationem matrimonii per copulam carnis. Ex hoc in Ecclesia observatur quod ante carnalem copulam potest licite alter conjugum intrare religionem ; hoc autem videtur per dictum Hieronymi in prologo, ubi dicitur quod Christus vocavit eum de nuptiis nubere volentem. Ex quo videtur quod nuptiæ fuerunt suæ, quia Christus non legitur in aliis nuptiis fuisse. Hoc etiam videtur per hoc quod mater Jesu erat ibi tanquam in nuptiis nepotis sui. Non enim est verisimile quod ipsa venisset, nisi multum attinuisset sibi, sicut ivit ad Elisabeth cognatam suam, festinanter tamen, ut habetur (*Luc.* 1); quia secundum quod dicit Ambrosius, non libenter stabat in publico, sed magis in orationis secreto.» Eidem sententiæ subscribunt et alii permulti gravissimæ auctoritatis et doctrinæ viri, Thomas de Vio, card. Cajetanus in cap. ii Joannis, Dominicus Soto 4 sent., dist. 17, quæst. 1, art. 4, qui non alia quam SS. Hieronymi et Augustini auctoritate fretus, ex hoc Christi facto concludit posse alterum conjugum, rato et non consummato matrimonio, etiam altero invito religionem ingredi. Dionysius carthusianus, cujus sunt verba (*in c.* ii *Joan.*): « Hieronymus enim sentit, quod sponsus fuit Joannes evangelista, filius sororis beatissimæ Virginis.» Joannes Major qui sic habet (*in c.* ii *Joan.*) : « Joannes Zebedæi has nuptias contraxisse putatur, ita Hieronymus et Augustinus existimant, a quorum sententiis nisi patenti ratione vallatum contraire pudet.» Sylvester Prierius, qui sic ait (*in Evang. Domin.* 1 *post Oct. Epiph.*) : « Sciendum est quod tenetur communiter, quod istæ nuptiæ fuerunt Joannis evangelistæ ; » quod videtur sonare dictum Hieronymi in prologo. Robertus Carazolus, episcopus Aquinas, De sanctorum laudibus serm. 35, Hugo de Prato serm. 18, Dom. 1 post octavam Epiphan.; Michael de Palatio, enarrat. 4, in cap. 2; Jo. Thomas Turgillus tom. 1 in idem Evangelium ; Joannes Osorius tom. 1 Concion. in cap. ii Joan., et (ut alios prætermittam) Philippus Diez tom. III conc. Domin. 2 post Epiphan., in hisce etiam recentioribus nostris temporibus scribens : « Communiter (ait de hujusmodi nuptiis) habentur fuisse sancti Joannis evangelistæ, ex quibus eum sanctissimus Salvator mundi vocavit.» Itaque cum hæc de Joannis nuptiis existimatio tantæ auctoritatis innitatur testificationibus, talesque habeat patronos, quos credibile est non futili traditione persuasus; et quod ex vetustis historiis desumptum [Beda et Rupertus affirment, quod illis receptis et antiquis prologis confirmetur, quod a sexcentis annis ad hæc nostra tempora communis habita fuerit, revera cur tam facili negotio commentitia, nuper excogitata atque ridicula credatur, non video. Quod autem Nicephorus testatur (*Hist.* l. VIII, c. 30) harum nuptiarum sponsum fuisse Simonem Cananæum, cum ejus opinio infirma habeat fundamenta, nec antiquos sectatores, præter illum, merito a doctis quibusque scriptoribus exploditur. Et eo maxime, quod cum recenseat ejusmodi nuptias, non tamen ab iis esse abstractum affirmat. « Helena, ait ille, Constantini imperatoris mater, in Cana Galilææ (ubi Simonis Cananæi nuptiæ celebratæ sunt) sacram ædem ædificavit. »

Unde Alexandri III sententia (*cap.* Verum. *De conves. conjugat.*), qua ex nuptiis vocatus asseritur sponsus, de Joanne, quem a Christo vocatum fuisse scriptores testantur, potius intelligenda videtur. « Verum, ait ille, post consensum legitimum de præsenti, licitum est alteri, altero etiam repugnante, eligere monasterium » (sicut sancti quidam de nuptiis vocati fuerunt), « dummodo carnalis commistio non intervenerit inter eos. » Cardinalis quoque Baronius postquam dixisset (*Annal. ad an. Chr.* 31): « Qua in re potius Nicephoro assentiendum esset affirmanti fuisse ejusmodi nuptias Simonis Cananæi; » statim subjecit: « Cæterum et Nathanael erat e Cana, Galilææ oppido, » ut tradit Hieronymus (*De locis Hebr.*) « posito in Galilæa gentium. »

Sit nomen Domini benedictum.

OPUSCULUM QUADRAGESIMUM SECUNDUM.

DE FIDE DEO OBSTRICTA NON FALLENDA; ADDITA ALIA EJUSDEM ARGUMENTI DISSERTATIONE.

ARGUMENTUM. — Dum Mediolani sanctus doctor ad corrigenda clericorum illius Ecclesiæ vitia ab apostolica sede legatus versaretur, aderat ei præcipuus adjutor Landulphus quidam, vir et generis nobilitate, et litterarum cognitione non vulgaris; quique ad eam rem ex sententia perficiendam non mediocre studium, auctoritatemque afferebat. Is concitata ab iisdem clericis populari seditione, cum uterque ad exitium furenti bus plebis animis deposceretur, vovit se ubi primum ex tam atroci tempestate evasisset, rebus humanis valere jussis, ad religionis portum convolaturum. Quod tamen dexteritate et Damiani facundia, sedata populi seditione, voti compos effectus, præstare neglegebat. Scribit igitur ad eum, et enumeratis multorum exemplis, qui graves Deo non servatæ fidei pœnas persolverant, hortatur, ut fidem non homini, sed Deo obstrictam fallere reformidet.

LANDULPHO clerico et senatorii generis, et peritiæ litteralis nitore conspicuo, PETRUS peccator monachus salutem.

Præstolatus sum, et certum tenui, ut juxta condictum, sacri ordinis arriperes institutum. Sed quia te rex Ægypti luti et lateris servitio non oppressit (*Exod.* I, V): quia a procinctu suæ militiæ satrapis insistentibus non abjecit, sed potius cum Levita illo de latere montis Ephraim blandiens socer Bethlehemita retinuit, filiæque suæ amore devinctum, multis sermonum atque refectionum suavitatibus delinivit (*II Reg.* XXIX; *Judic.* XVI); quod non homini, sed Deo spoponderas, humana non persolvisti temeritate.

CAPUT PRIMUM.

Quod nulla excusatione licet non implere votum.

Obsecro, mi frater, quid prudentia tua valet excusationis obtendere? quid argumentatur, ut ei liceat quod, Christo judice et angelis testibus, promiserat, non implere? cum Dominus per Moysen dicat: « Si quis virorum voverit Domino, aut se constrinxerit juramento, non faciet irritum verbum; sed omne quod promisit, implebit (*Num.* XXX). » An forte hoc purgat mendacium, idoneumque videtur in defensione perfugium, quod Mediolanensis civitas tunc in seditionem versa, repentinum utique nostrum minabatur interitum? Et quod necessitas intulit, si voluntatis desit arbitrium, non manebit? Sed canonica decernit auctoritas, ut si vidua pietatis violentiam pertimescens, sacrum velamen quasi non per-

severantiam [perseveratura] suscipiat, ab eo quod semel iniit proposito non recedat.

Absit ergo ut virum timor absolvat, qui feminas etiam in judicio non excusat; præsertim cum medenuntiante, ne hujusmodi te voto pro timore mortis constringeres, nisi etiam consequenter per vivi operis efficaciam promissa implores; tu te divinæ sententiæ devotasti, si datæ sponsionis aliquando mysterium violares. Dicam quod super non dissimili re nuper apud nos accidisse cognoscitur.

CAPUT II.

Arduinus damnatus, quod monasticum habitum, ut voverat, non suscepisset.

Vir quidam, Arduinus nomine, famosæ prudentiæ, genere clarus, divitiis opulentus, certa mihi devotione spoponderat, quod si ante non posset, saltem expleto decennio, ad monasterium B. Vincentii, quod videlicet in Urbinati constitutum est territorio, monachicum suscepturus habitum declinaret. Tandem termino condictæ pactionis exacto, cum ego huic assiduus exactor insisterem; ille inde cedendo, blandiendo, verbis quidem bonum omne promitteret, ipsius autem conversionis effectum quibusdam tergiversationibus prolataret; rector quoque jam dicti monasterii illius favebat votis, dissuadebatque converti, cujus nimirum pernecessariis sustentabatur auxiliis. Interea languore corporis irruente decubuit, peccata confessus, judicio sacerdotis absolvitur, pauperibus et ecclesiis multa largitur, in tantum, ut cunctis quasi bene compositis, assistentes sibi cognatos et affines sub hac obtestatione constringeret; « Obsecro, inquit, per charitatem, quæ Deus est, nemo me reddi huic mortali vitæ deposcat; ne quod absit, imparatum postmodum mors improvisa reperiat (*II Joan.* IV). » Aliquanto autem post ejus obitum tempore, prædicto abbati vir ille per visum nocturnæ quietis apparuit. Videbatur autem quod in spatiosa quadam campi planitie imperator, si recte teneo, vel quælibet excelsa potestas, cum totius regni primoribus et copioso moraretur exercitu. Cumque ille stupefactus huc illucque oculos deduceret, ecce Arduinus a quibusdam tanquam custodibus celeriter ducebatur. Heus, inquit, siste gradum, fige pedem, quiesce paulisper, mihi non loqueris, Arduine?

Age, frater, quid tibi est? lætaris an pateris? adest pœna vel gloria? Cui tristis et flebilis: Cur, ait, me de gloria consulis, qui jugibus pœnis afficior, et ne ad momentum quidem respirare permittor? Ad quem abbas: Quid tibi, inquit, B. Vincentius, num tibi nunc in necessitate non succurrit, cui ad collaborandum suæ domus administratoribus tam sedulo decertasti? Cui mox ille subjunxit: Sanctus, ait, Vincentius diu me suum fecit sperare colloquium; sed quia dudum fatigatus, hoc obtinere non merui, spem hanc, omnino jam frustratus, amisi. Ubi solerter attendendum quam recta sit linea divinæ justitiæ, imo quam artifex apud Deum mensura vindictæ. Ille siquidem dum adhuc viveret, convertendum se in monasterio beati martyris et promittebat, et differebat; nunc autem ad ejusdem martyris venire colloquium, et quasi ex promissione sperabat, et tamen nullatenus impetrabat. Dignumque fuit, ut abbas potissimum hanc cerneret visionem, qui ne converteretur, illi obstiterat.

Alius etiam æque notus mihi, atque civis in Ravennati urbe pollebat, et legis peritia strenuus, et grammaticorum regulis competenter instructus. Hic mecum fidedictor instituit, ut si ego, simul et ipse relinqueret sæculum. Quid plura? Tandem ego ad conversionem veniens, ut sponsio redderetur exegi, sed obtinere non potui. Ille quippe me gaudendo præmisit, suaque vestigia subsistens, artificiose repressit. Non diebus vero multis postmodum, dum hunc adversus levirum suum furentis animi livor accenderet, gladio repente percussa manus ejus obriguit; sicque stupefacta mansit ac rigida deinceps, ut bajulo suo magis esset oneri quam virtuti. Jam itaque inutilis factus, mundum, dum abuteretur, abjecit; et non jam manceps, sed cum Benjamin totus dexter (*Gen.* XXXV), in sancta usque ad obitum conversatione permansit.

CAPUT III.

Episcopus percussus in gutture, quod pauperculæ por cum abstulisset, religioni se dedit.

Interea Joannes quoque Commiaclensis episcopus ad memoriam rediit, qui dum conversionem suam per longa temporum intervalla differret, aliquando contigit ut in fundo suo, quem in saltus possi- debat territorio, moraretur. Illic itaque constitutus, pauperculæ cuidam viduæ porcum; quem velut spem sui victus alebat, præcepit auferri, suisque ferculis profuturum, non segnius præparari. Emittit preces illa, fletus fundit ac gemitus, sibique diligentiæ suæ reddi postulat detrimentum. Sed suo ventri magis quam illi pius episcopus dum propriis providet mensis, mandatum parvipendit auctoris, qui per prophetam dicit: « Subvenite oppresso, judicate pupillo, defendite viduam (*Isai.* I). » Sed qui absens credebatur instituendo præceptum, præsentem esse se docuit inferendo judicium. Nam episcopus, dum lacrymas viduæ, suæ facit delicias gulæ, mox percussus in gutture, vulnus incurrit, quod nullis medicorum studiis, donec vixit, evasit.

Hoc itaque præpeditus incommodo, cum jam juxta Scripturam, sola vexatio intellectum daret auditui (*Psal.* XXVIII), tandem sanis consiliis acquievit, et episcopales infulas monachica professione mutavit, atque in Pomposiano cœnobio, quod in B. Mariæ semper virginis est honore constructum, longis post temporibus vixit. Usque tamen ad obitum tanta læsi gutturis laboravit molestia, ut nisi cum magna difficultate trajicere alimenta non posset; adeo ut ad geminam semper mensam succedentium sibi fratrum in refectione discumberet, vixque tantum cibi caperet, unde recreare stomachum potuisset.

Sed dum hujus episcopi reminiscimus, sub hac occasione quid etiam Clusino episcopo contigerit, scribere provocamur. In ipsa plane quarta feria, quæ initium Quadragesimæ dicitur, fecit convivium sumptuosis dapibus instrui, et balneum præparari, accitisque militibus, et obsequentium turbis lautum diem deduxit, et velut advenienti nuptæ, Quadragesimæ cum nuptiali convivio gratulabundus occurrit. Ubi hoc tantum dissonabat a regula, quia cum adhuc livescerent in capitibus cineres, æstuabant ingurgitati mero et distenti dapibus ventres. Sed, o vigilans super nos divina clementia! incolumis tunc, atque vegeti vultum episcopi paralysis repente corripuit, ejusque faciem inhonestam visu atque ora distorsit; per plures etiam annos, quibus postmodum supervixit, hoc in se divinæ animadversionis insigne portavit.

CAPUT IV.

Adamus Semproniensis episcopus inopinato moritur, quod religionis ingressum distulisset.

Num et Adam Semproniensem episcopum præteribo, qui se monachum fieri sæpe promiserat; sed semper excusationes quibusdam quasi rationibus coloratas obtendere satagebat. Aliquando mitius febriens, me vocavit ad se; cui nimirum, ut monachus fieret, cum ego violenter insisterem, velle se perhibebat; et tamen ut per quasdam verborum ejus rimas erumpere videbatur, rem differre tentabat. Postremo quod apud me magis obtinuit, ait: Ego quidem, pater, quidquid præcipis, incunctanter obtempero; verumtamen nolo te lateat, quia mox ut ego factus fuero monachus, prædis quoque atque rapinis hæc procul dubio patebit Ecclesia; insuper et possessiones ejus, et prædia scelesti homines radicitus exstirpabunt. Hoc ergo audiens, dum delubra Ecclesiæ tam periclitanti, proh dolor! animæ non prævidi. Recedens igitur sibi, suisque mandatum dedi, ut si languor aliquatenus ingravesceret, aut mihi per judicem protinus innotescerent, aut illum ad monasterium non longe positum deferrent.

Porro autem postquam ego recessi, frater ejus hæc mihi per nuntium delegavit: Dominus quidem meus, ut speramus, per divinam clementiam convalescet; verumtamen hortor ut revertaris ad eum, hoc scilicet ordine, ut videlicet Dominico die propius accedendo ad cœnobium B. Vincentii, quod ab episcopatu vix quinque lapidibus distat, requiescas. Secunda vero feria maturius surgens, ac matutinas laudes suaviter equitando persolvens, ad nos diluculo nondum plenius descente pertingas; et posthæc venire te, quæso, non pigeat. Nam si veneris, tui labor itineris compensatione congrua non privabitur. Hoc ultimum ego audiens, illico nauseatus exhorrui, et tanquam mihi spes daretur munerum, pro pecuniæ quæstu ire me funditus abnegavi; conscientia teste non mentior, ipsum quoque non leviter conviciatus sum, velut inhonestæ legationis auctorem. Rursus tamen me in memetipso recolligens, timere cœpi, ne si hic homo ex hac vita transiret, me postmodum conscientia negligentiæ redarguens cruciaret. Quid verbis immoror? Tandem parui, cunctaque sicut ille mandaverat per ordinem servans, cum vix dum aurora prorumperet, ecclesiæ lumen accedendi [f. limen accessi]. Sed ecce cum omnes hinc inde perstreperent, fletus et ejulatus emitterent, vix duobus assistentibus pueris, intra cubiculum cadaver episcopi jacebat exanime. In quo nimirum casu, ac summo studio perpendendum quanta adversus incautos hujus vitæ dilectores callida machinatoris insidietur astutia. Accurate scilicet et argute illud mihi temporis punctum per ora mittentium constituit ut venirem, quod episcopi mors inopinata præcederet, ut et illius me præveniret occasus, et meos frustraretur adventus. Quid ergo prodest quod dum ad conversionis gratiam provocamur, clypeum nobis excusationis semper opponimus, et tanquam Deus interne non videat, necessitatum non urgentium fabricam compilamus? Nam cum parvas quaslibet res nobis injuste sublatas districte dijudicet; credendum est quod hominem sibimet subtrahi, pretiosam scilicet substantiam, æquanimiter ferret?

CAPUT V.

Christi providentia erga eleemosynarum furem.

Dicam quod mihi Guarimpotus senex, vir videlicet honestissimus, apprime litteris eruditus ac medicus, retulit: Quidam, inquit, alienum suem furtive subripuit, et caveæ clandestinus inclusit. Vir tamen ille pietatis operibus intentus consueverat esse, et præcipue humanitatem peregrinis et hospitibus sedulus exhibebat. Interea adest dives Jesus in effigie pauperis, et tanquam prolixo jam crine deformis egebat arte tonsoris. Ille protinus reverenter assurgens, inter cætera officiosæ humanitatis impendia cœpit illum forcipibus attondere; sed dum tornat ac satagit, ecce reperit duos in occipitio sub crinibus oculos latitantes. Expavit homo, stupensque contremuit, et quid vellet esse quod cerneret pavidus inquisivit; cui mox ille: Ego, inquit, Jesus vocor, qui undique cuncta contemplor; et isti sunt oculi, quibus etiam suem vidi, quem nuper in cavea conclusisti; moxque disparuit. Ille protinus ad cor rediens, et divinam circa se clementiam recognovit, et quod inique præsumpserat satisfactione purgavit. Sed qui tibi tam unanimi fraternæ gratiæ familiaritate conjungor, obsecro, non te pigeat minimum quid audire quod loquor. In hoc enim copiosior gratia puræ ac non suspectæ charitatis ostenditur, si quidquid venit in mentem, non tam urbane quam simpliciter proferam.

CAPUT VI.

Pambonis Romani furtum furto divinitus punitum.

Certe vir quidam, nomine Pambo, clarus quidem genere, sed tenuis facultate, Romæ constitutus, in uno mecum versabatur hospitio, cum Heinricus piæ memoriæ rex, coronam suscepit imperii. In ipsis autem vigiliis Dominicæ Nativitatis, propinquæ jam nocti imminentibus tenebris, non parvus porcorum grex per longam nundinarum porticum ducebatur. Tunc præfatus Pambo inter opaca venalium unum e porcis irruens arpaxavit, fauces ne grunniret obstrinxit; sicque gratulabundus ad socios, ut in crastinum pararetur, abduxit. Illucescente itaque sacrosancta solemnitate, suo fruitur scelere, et satiatus exsultat de sui criminis impunitate. Putabat enim fortasse, quod hoc non attenderet Deus; sed subsequente proxima nocte, didicit quia super eum divina retributio vigilavit. Nam dum equum suum male custodiens obdormiret, subito fur habenam, quam ille suis innexuerat manibus, astute subduxit, equumque cum freno sumit, et sellam transposuit. Evigilans itaque subtili se sensit mulctatum judicio, quia ex eadem manu qua porcum rapuerat, aucto fenore caballum sibi subreptum esse cognovit. Sed quamvis in hoc homine e vestigio sit ultio secuta post culpam, non mirum quod a quibusdam reprobis aliquando pœna differtur, suisque sceleribus diutius perfruuntur. Sicut enim Scriptura testatur, « Ducunt in bonis dies suos, et in puncto ad inferna descendunt (*Job* XXI). »

CAPUT VII.

Clericus luxuriosus cum pellice incendio periit.

Memini plane, quia cum apud Parmense oppidum liberalium artium studiis docendus insisterem, dum adhuc videlicet in ipso adolescentiæ flore, et nova pubertas indueret faciem, et æstus libidinis accenderet carnem, clericus quidam, Zeuzolinus nomine, pellicem suam juxta meum habebat hospitium, ut aiunt, aspectu lubricam et inhonesto satis decore venustam. Hic itaque nitidulus, et semper ornatus atque conspicuus incedebat, ita ut caput ejus nunquam nisi gibellinica pellis obtegeret, indumenta carbasina, atque niventia siligio per artem fullonis inficeret, calceus postremo ad aquilini rostri speciem non falleret. Erat illi præterea vox gracilis, suavis ac tinnula, adeo ut in ecclesia modulans audientium corda mulceret, et astantium in se plebis ora converteret. Affluebat uterque deliciis, rubebant ora flammantia; quotidie cachinnis invicem atque ludibriis, oculorum nutibus et scurrilitatis illecebris festivis applaudebant.

His ergo furiis ac perditis moribus, quia corpore contiguus aderam, mente longinquus esse non poteram. Quid dicam? quia dum hæc cernerem, titillantis luxuriæ molestias pertuli, cum etiam postquam ad eremum veni, ejusdem lenocinii memoria me sæpius colaphizare non destitit; sæpe, fateor, mihi malignus hostis hoc schema proposuit, et illos esse felices ac beatissimos, qui tam jucunde viverent, persuadere tentavit. Sed hujus beatitudinis initium diximus, consequenter etiam quo fine concluserint attexamus. Nam dum per quinque fere annorum lustra in hac luxuriosa voluptate vixissent, ante annum, cum commune ipsius urbis flagraret incendium, in una domo reperti, uterque simul igne consumpti sunt. Sic sic nimirum flamma libidinis ignem meruit combustionis; et quid dulcis vita contulerit, amarus, proh dolor! exitus demonstravit.

Sed ut ad reos redeam, qui conversionem suam et pollicentur, et fallunt, presbyter quidam Maurus nomine, ante annos paucos se mihi devote commisit, meque certum, quia monachus in eremo fieret, reddidit; paulo post mutatum est cor ejus, ac fœdus quod pro me cum Deo pepigerat, violavit. Sed ut cæcitas mentis erumperet in superficiem carnis, et caligo quæ latebat liquido pingeretur in fronte, in ejus oculo repente vulnus oboritur, quod eum, donec advixit, inhonesta deformitate fœdavit. Postmodum vero dum orationis studio Romam pergeret, amnemque tenuis admodum gurgitis transvaderet, cum cæteri omnes vadum illæsi transmearent, solus equus illius subito sine sessore repertus est. Requirentes igitur eum, dum per alveum fluminis huc illucque discurrunt, undis hunc obrutum exanime cadaver inveniunt. Hoc itaque modo dum sancto proposito vagationis suæ quisquilias prætulit, utriusque laboris meritum delusus amisit.

Verum ego dum dulcedine tuæ charitatis illectus, sermonem diutius protraho, non clam me est, quod modum jam compendii epistolaris excedo. Porro autem non ego te peritum rudis admoneo, non de Scripturis exempla propono, sed tanquam rusticus res tantum domesticas retuli; ut quotidianis stomachum dapibus, hebetem vilibus ad edendum siliquis, vel herbis virentibus excitarem. Ad tuæ igitur te remitto mentis armarium, ubi certe plurimæ conduntur paginæ Scripturarum. Illic prudentia **700** tua solerter inquirat, quid melius sit, an ut persoluto conversionis tuæ debito, in soliis judicantium sedeas; vel non soluto, ante tribunal æquissimi judicis rationem redditurus assistas (*Matth.* xix). Unum scio, quia si a mundi vanitatibus ulla posses ratione converti, fieres procul dubio os Dei, præco Christi, tuba cœlestis eloquii, destructor diaboli, ædificii fundator æterni; esses postremo lumen Ecclesiæ, ac murus inexpugnabilis militiæ Christianæ.

DISSERTATIO ALTERA,

DE SERVANDA FIDE DEO PRÆSTITA.

ARGUMENTUM. — *Attonem quemdam professione jurisconsultum, qui cum Deo se dicatum reliquum vitæ in monasterio acturum verbis conceptis pollicitus esset, fidem impie præstare recusabat; perjuriumque suum cavillationibus quibusdam (ut hujusmodi solent homines) et captiosis argumentorum laqueis defendere nitebatur; a tam nefario facinore deterrere conatur et culpæ magnitudine, et pœna ante oculos proposita.*

ATTONI causidico PETRUS peccator monachus salutem in Domino.

Constat te, vir illustris, domini Mainardi abbatis manibus sponte commissum, et pro cœlesti desiderio monachicum devovisse propositum : nunc autem mente mutata, sicut dicitur, non modo votum violare disponis, sed et id fieri posse per multas argumentorum versutias cavillaris. Hinc est, quod eumdem abbatem hoc conspuisse jurgio stomachatus assereris : Ostende, inquiens, mihi authenticæ Scripturæ sententiam, qua me, vel mundo digne calumnieris abstractum, vel monasticæ regulæ jure fatearis obnoxium. Ut igitur legis perito viro in primis de forensi jure respondeam, Romanis legibus cautum est, ut quod semel a dante conceditur, nullo modo revocetur.

CAPUT PRIMUM.

Quod Dei vota ac promissa violare nefas sit.

Cum ergo hæc apud homines jubeatur forma servari, quanto magis apud Deum debet inviolabiliter custodiri! Homo itaque non amittit quod semel accepit : Deus autem possessionis suæ jure fraudabitur? Terrenæ militiæ duces, eos sibi qui militiam professi sunt, vindicant; nos in divini procinctus arma juramus, characterem nobis militiæ cœlestis imprimimus, et notam nobis inurere transfugii non timemus? Dedisti Deo non aurum, non equum, non denique alienum, quod extra te, sed temetipsum, et nunc subtrahere niteris? Quam ergo mercem vice tui Domino permutabis? « Quam enim commutationem dabit homo pro anima sua? (*Matth.* xvi.) » Quanquam Moyses in lege præcipiat: « Homo, inquit, qui votum fecerit et spoponderit Deo animam suam, sub æstimatione **701** dabit pretium (*Levit.* xxvii.) » Ubi solerter attendendum est quod paulo inferius subinfertur : « Omne quod Domino consecratur, sive homo fuerit, sive animal, sive ager, non vendi, nec redimi poterit; quidquid enim semel fuerit consecratum, sanctum sanctorum erit Domino (*Ibid.*). » Audi etiam, fili mi, quam terribilem in te sententiam vir sapiens manifeste depromat : « Initium, ait, superbiæ hominis, apostatare a Deo, quoniam ab eo qui fecit illum recessit cor ejus; quoniam initium omnis peccati est superbia : qui tenuerit illam, adimplebitur maledictis, et subvertet eum in finem (*Eccli*. x). »

Ergo, frater mi, juxta consilium ejusdem sapientis : « Convertere ad Dominum, et relinque peccata tua, precare ante faciem Dei, et minue offendicula (*Ibid*.). » Ubi præsto subjungit : « Revertere ad Dominum, et avertere ab injustitia tua; et nimis odito exsecrationem, et cognosce justitias et judicia Dei, et sta in sorte propositionis et orationis altissimi Dei (*Ibid*.). » Illud etiam ejusdem viri te non prætereat. « Non impediaris orare semper, et non verearis usque ad mortem justificari; quoniam merces Domini manet in æternum (*Eccli*. xviii).» Illud etiam non obliviscaris : « Non tardes converti ad Dominum, et ne differas de die in diem; subito enim veniet ira illius, et in tempore vindictæ disperdet te (*Eccl*. v). » Ecclesiastes etiam dicit : « Memento Creatoris tui in diebus juventutis tuæ, antequam veniat tempus afflictionis tuæ, et appropinquent anni de quibus dicas : Non mihi placent (*Eccle*. xii). »

CAPUT II.

Quod qui vota non perficit, Deum videtur irridere.

Obtulisti temetipsum Deo, et factus refuga subtraxisti? Deum puerum, et te facis ovum. Nam dum te sibi prius oblatum conaris, quasi ludendo subducere, videris eum velle velut puerum obgannire. « Nolite errare; Deus non irridetur. Quæ enim seminaverit homo, hæc metet (*Gal*. vi). » Deludis auctorem, offendis mendacio veritatem. Porro cum Deus sit procul dubio Veritas, nullo magis offenditur vitio quam mendacio. Audi itaque quid in Deuteronomio per Moysen Dominus dicat : « Cum votum voveris Domino Deo tuo, non tardabis reddere; quia requiret illud Dominus Deus tuus; et si moratus fueris, reputabitur tibi in peccatum : si nolueris polliceri, absque peccato eris; quod autem semel egressum est de labiis tuis, observabis, et facies sicut promisisti Domino Deo tuo, et propria voluntate, et ore tuo locutus es (*Deut*. xxiii). » Imo perpende insuper, et hæc quam formidolosa sententia sit, quam per Evangelium Dominus intonat, dicens : « Nemo mittens manum suam ad aratrum, et respiciens retro, aptus est regno Dei (*Luc*. ix). » Spopondisti, et sponsionem violare non metuis? Vovisti, et votum solvere negligis? cum Psalmista dicat : « Venite et reddite (*Psal*. lxxv). » Salomon etiam in Proverbiis : « Fili mi, inquit, si spoponderis pro amico tuo, defixisti apud extraneum manum tuam ; illaqueatus es verbis oris tui, et captus propriis sermonibus tuis (*Prov*. vi). »

Si ergo manum suam apud extraneum ille defigit, et reddendæ pro eo rationi sese obnoxium facit, qui pro amico spoponderit, quanto magis tu ratiocinium Deo debes, qui non pro alieno vel extraneo spopondisti, sed temetipsum Deo specialiter obtulisti! Cœpisti quidem divini amoris igne fervescere, cum te decrevisti militiæ cœlestis obsequio mancipare : ardere scilicet per spiritum cœpisti, sed per degenerem carnis ignaviam tepuisti. Unde per Apocalypsim Joannis sententia hæc in te divina dirigitur, cum torpens animus tuus a sancto proposito revocatur : « Utinam frigidus esses aut calidus; sed quia tepidus es, et nec frigidus, neque calidus, incipiam te evomere ex ore meo (*Apoc*. iii). » Sane præterquam cibus evomitur, nulli prorsus usui congruus judicatur. Tu vero et in corpus Christi tanquam suave refectionis epulum trajecisti, dum observandis ejus excubiis te per astipulationis et commissionis judicium tradidisti; nunc autem, proh dolor! quasi fastiditus evomeris, dum votum sponsionis refringere ac violare conaris; non attendens quod in libro Numeri per Moysen Dominus ait : « Si quis virorum votum Domino voverit, aut se constrinxerit juramento, non faciet irritum verbum suum; sed omne quod promisit, implebit (*Num*. xxii). » Et quidem in conspectu hominum laicus es per paludamenti ac sæcularis habitus speciem; sed in Dei omnipotentis obtutibus a monacho cecidisti per violatam sacri propositi sponsionem. Coram hominibus stare conspiceris, sed in conspectu Domini cecidisti. Nam quod tibi fuerat ante commissionem licitum, de cætero tibi licere non poterit, dum a melioris propositi deliberatione succumbis.

CAPUT III.

Bona opera fidem frangentium Deo minus placent.

Sed quia mihi forte non credis, meisque sermonibus fidem adhibere contemnis, beatus saltem tibi Gregorius papa sufficiat, qui hoc in tertia expositionis homilia super Ezechielem, per hæc eadem quæ supponimus, verba declarat : « Sunt, ait, nonnulli qui bona quidem quæ noverunt operantur, atque hæc operantes, meliora deliberant; sed retractantes meliora, quæ deliberaverant immutant. Et quidem bona agunt quæ cœperunt; sed a melioribus, quæ deliberaverant, succumbunt. » Hi nimirum ante humana judicia stare videntur in opere, sed ante omnipotentis Dei oculos ceciderunt in deliberatione. Unde fit plerumque, ut et bonum opus eorum minus placeat Deo; quia cum per mentis deliberationem in meliori gradu inconstanter ponitur, hoc ipsum cogitationis inconstantia accusat.

Sed quia perfecti quique magna se discretionis subtilitate conspiciunt, ne ad deteriora unquam vel in opere, vel in cogitatione delabantur; et quantum quotidie proficiunt, incessanter pensant, recte de his dicitur : « Non revertebantur, cum incederent; sed unumquodque ante faciem suam gradiebatur (*Ezech*. xxiii). » Tu autem is, mi frater, econtra retrogradum exhibes, dum non cum sanctis animalibus ante faciem tuam graderis, sed ridiculose post tergum redire conaris. Nec illud advertis quod per Isaiam Dominus dicit : « Væ genti peccatrici, populo gravi iniquitate; semini nequam, filiis sceleratis: dereliquerunt Dominum, blasphemaverunt sanctum Israel, abalienati sunt retrorsum (*Isai.* 1). » De quibus Jeremias: « Facti sunt retrorsum, et non ante (*Jer.* vii). »

Perpende ergo, quia qui retrorsum abalienatur in semine nequam, et inter sceleratos filios ponuntur: illos scilicet, qui non cum benedictione dignis in hæreditatis jura succedunt, quibus dictum est: « In hoc vocati estis, ut benedictionem hæreditate possideatis (*I Petr.* iii): » sed cum eis potius, qui sententiam perpetuæ maledictionis incurrunt, quibus utique dicitur: « Maledicti qui declinant a mandatis tuis (*Psal.* cxviii). » Expedire te cœpisti, frater, de laqueis hujus perniciosi ac deceptoris mundi, et festinare ad dulcedinem Dei; nunc disponis a Deo recedere, et mundi te rursus laqueis implicare? Contra quod Petrus ait: « Si enim refugientes coinquinationes mundi in cognitionem Domini nostri et Salvatoris Jesu Christi, his rursus implicati superantur, facta sunt eis posteriora deteriora prioribus (*I Pet.* ii). » Melius enim erat illis non cognoscere viam justitiæ, quam post agnitionem, retrorsum converti ab eo quod illis traditum est sancto mandato. Contigit enim eis illud vere proverbium: « Canis reversus ad suum vomitum, et sus lota in volutabro luti (*Prov.* xxvi). »

Porro sicut per prophetam dicitur: « Quam durum et amarum est dereliquisse te Dominum Deum tuum (*Jer.* ii). » Iterumque de te tuisque similibus: « Me, inquit, dereliquerunt fontem aquæ vivæ, et foderunt sibi cisternas, cisternas dissipatas, quæ continere non valent aquas (*Ibid.*). » Quos contra Paulus admonet, dicens: « Videte, fratres, ne forte sit in aliquo vestrum cor malum incredulitatis, discedendi a Deo vivo et vero (*Hebr.* iii). » A Deo plane non receditur gradibus pedum, sed pravorum perpetrationibus operum. Et cum a celsioris propositi sublimitate corruitur, tunc a Deo, qui est vertex et cardo bonorum omnium, infelix anima separatur. Non sufficit tibi, quia sacri ordinis sponsionem violata fide conaris infringere, nisi et ejusdum perversæ defensionis audaciam velis, et in alios frivolis quibusdam argumentationibus propagare. Dogmatizas enim, ut arbitror, quia licet quispiam manibus se committat abbatis, et sacrum polliceatur subire propositum, non prohibeatur hujusmodi sponsionis violare promissum. Ex quibus profecto assertionibus hæresis oritur, nisi conatus iste tuus quantocius reprimatur. Neque enim mox ut quis in hæresim labitur, jure protinus hæretici vocabulo denotatur; sed ille duntaxat hæreticus merito dicendus est qui tuetur errorem, qui defendit abominabilis perfidiæ pravitatem. Præterea, nec abs re esse credimus, si vel pauca de sacris canonibus exempla ponamus; quatenus ex diversis auctoritatibus evidenter appareat, quatenus aversioni 704 tuæ reluctantis justitiæ murus obsistat; ut oberrantibus inconstantiæ tuæ vestigiis nullum pateat prorsus aufugium; sed quocunque te verteris, auctoritatis te lora cohibeant, pravisque conatibus concorditer atque ideo valenter obsistant. Et dum per anfractus oberrare contendis, obicibus undique circumpositis, invitus ad recti tramitis lineam revertaris. Attende igitur quid statuerit Chalcedonense concilium (*Act.* xv, can. 7): (Qui monachorum, inquit, vitam expetiverunt, statuimus, neque ad militiam, neque ad dignitatem aliquam venire mundanam. Sed hoc tentantes, et non agentes pœnitentiam, quominus redeant ad hoc, quod propter Dominum primitus elegerunt, anathematizari.)

CAPUT IV.

Conciliorum decretis religiosæ vitæ propositum relinquentes damnantur.

Audi nihilominus et Leonis papæ decretum (*Leonis pp. epist.* 90, *ad Rusticum Narb. ep.* apud Grat. 20, q. 3, *Propositum*) « : Propositum monachi proprio arbitrio aut voluntate susceptum, deseri non potest absque peccato. »

Quod enim quis vovit Deo debet reddere. Unde qui relicta singularitatis professione, ad militiam vel ad nuptias devolutus est, publicæ pœnitentiæ satisfactione purgandus est; quia et si innocens militia, et honestum esse potest conjugium, electionem tamen meliorem deseruisse transgressio est. Monachi plane propositum proprio tunc arbitrio suscepisti, cum ad monachicum te transiturum ordinem spopondisti.

Hinc est, quod egregius ille vir non ait, quod induit quis non debet exuere; sed potius ait, quod vovit Deo debet reddere. Ut evidenter edoceat, quoniam et vovére, est suscipere; et votum frangere, procul dubio sacrum propositum violare. Hinc est, quod postmodum non dicit, sacrum habitum deseruisse; sed, electionem, inquit, meliorem deseruisse. transgressio est. Hinc est etiam, quod in Toletano concilio reperitur (*Conc. Tol.* vi, can. 48): (Monachum autem paterna devotio, aut propria professio facit, quidquid horum fuerit, allegatum-[f. alligatum] tenebit. Proinde his ad mundum revertendi recludimus aditum, et omnes ad sæculum interdicimus regressus.)

Sed jam ab his supersedendum est, ne dum propositionem nostram pluribus nitimur Scripturarum testimoniis allegare, videamur in epistolari compendio lacinias texere. His igitur tantisper instructus exemplis diligenter attende, quam plectibilis sit excessus sponsionem sacri ordinis violare. Quamobrem, dilectissime fili, venenata male blandientium contemne consilia; perniciosa, vel potius mortifera suadentium ridendam perhorresce veniam, et a sibilis antiqui serpentis aures obtura. Sacrum, sicut pollicitus es, non tardes adire propositum; ut non cum his qui apostati sunt subruaris, quod absit, in pœnam, sed cum his potius qui apostolicam tenuere doctrinam, porrigente manum Christo, quandoque proveharis ad gloriam.

OPUSCULUM QUADRAGESIMUM TERTIUM.
DE LAUDE FLAGELLORUM ET, UT LOQUUNTUR, DISCIPLINÆ.

ARGUMENTUM. — Intermissam a cœnobii Casinensis monachis singulis diebus, qui Sabbatum præcedunt, verberibus in conspectu omnium corpus afflictandi consuetudinem revocandam esse, multis rationibus conatur ostendere.

Sanctis fratribus in Casini montis cœlesti schola degentibus, PETRUS peccator monachus servitutem.

Observatio sextæ feriæ, dilectissimi, cui vestra sancta devotio dedicavit, et jejunii salutaris inediam, et apostolicorum verberum disciplinam, quot hominum multitudines ad exemplum salutis attraxerit, et tanquam novella divinæ plantationis oliva in exuberantium germinum propagines pullulaverit, testes sunt non modo monasteria vestra, hoc est, quæ suorum gaudent imitari vestigia magistrorum, sed et multitudines urbium atque villarum, quæ se communiter ingerentes atque lætantes idipsum plausibiliter arripiunt institutum Adeo ut plerique præ devotionis ardore concepto, nisi quantocius hujus observantiæ suscipiant regulam, non levem se re putent propriæ salutis perferre jacturam; nullatenus ambigentes, quia dum die crucis per corporalem alimentorum se continentiam mactant, passionis Redemptoris in veritate communicant; atque ad Dominicæ resurrectionis gloriam se pervenire non inaniter credunt; dum, Christo in cruce pendente, ipsi quoque suæ carnis illecebras per abnegatæ refectionis patibulum crucifigunt. Hinc est quod ait Apostolus : « Si compatimur, et conregnabimus; si commorimur, et convivemus (*II Tim.* II). » Et iterum : « Si complantati facti sumus similitudini mortis ejus, simul et resurrectionis erimus (*Rom.* VI). » Et paulo post : « Si autem mortui sumus cum Christo, credimus quia simul etiam vivemus cum ipso (*Ibid.*). »

CAPUT PRIMUM.
Dæmonis astutia quanta.

Sed sciendum est quod humani generis inimicus, dum totum sacrificium non valet de manibus offerentium rapere, more quasi harpyiæ, partem saltem quamlibet conatur auferre. Hinc est, quod cum Abraham Deo sacrificium ex diversis animalibus obtulisset, scriptum est : « Quoniam descenderunt volucres super cadavera, et abigebat eas Abraham (*Gen.* XV). » Super mactata quippe cadavera descendunt volucres, dum ad rapiendum sacrificium afflictorum corporum nostrorum, aereæ se præcipitant potestates ; ut vel totum de manibus litantium rapiant, vel partem præraptam [*f.* præreptam] quasi de manubiis sibi victoriæ triumphalis applaudant.

Hinc est, quod auctor antiquæ superbiæ spiritus per ora quorumdam, tanquam per vasorum suorum organa, vobis concrepat, dicens : Jejunio quidem non penitus improbandum est corpus atterere, sed turpe nimis et inhonestum est ante tot fratrum intuentium oculos membra nudare. Et unde vox ista procedit, nisi ab illo qui parentes generis nostri nuditatem erubescere compulit? (*Gen.* II.) Ante vocem quippe serpentis, ait Scriptura : Erat uterque nudus, Adam scilicet et uxor ejus, et non erubescebant. At postquam eis venenata consilia callidi draconis instillavit astutia, protinus scriptum est : « Cumque cognovissent se esse nudos, consuerunt folia ficus, et fecerunt sibi perizomata (*Gen.* II). » Audenter dicam, dilectissimi fratres mei, quia quisquis, ut compatiantur Christo, nudari vestibus erubescit, hic procul dubio serpentis verba audivit ; et quia de sua nuditate confunditur, instar primi parentis, a divinis, ut ita loquar, aspectibus occultatur : « Vocem, inquit, tuam audivi in paradiso, et timui eo quod essem nudus, et abscondi me (*Ibid.*). » Et revera sine dubio celatur a facie Dei qui portare dedignatur improperium Christi, cum Apostolus dicat : « Exeamus igitur extra castra ad eum, improperium ejus portantes (*Hebr.* XIII). »

Humilis ergo frater extra castra cum Paulo simul egreditur, et portare Salvatoris improperium non veretur ; superbus autem et arrogans quisque petit cum primo parente latibulum, ut omnia cernentis Dei vitet aspectum ; nimirum ex illis est quibus dicitur : « Discedite a me, operarii iniquitatis, quia nescio vos (*Luc.* XIII). » Nescio, inquit, quia vos fugientes a me non vidi, hoc est, elationis vestræ superbiam reprobavi.

CAPUT II.
Qui dicantur celari a facie Dei.

Porro cum in initio salutaris hujus observantiæ unusquisque vestrum et disciplinam nudus acciperet, et nuditatis ignominiam non timeret ; quis vos postmodum fascinavit et Christi passionem, quæ mundi decus, et salus est hominum, erubescere docuit ? Absit autem ut vobis, dominis videlicet meis, illud inferre præsumam, quod Galatis Apostolus ait : « Sic, inquit, stulti estis, ut cum spiritu cœperitis, nunc carne consummemini (*Gal.* III). » Illud tamen audacter dicam, quod Corinthiis exprobrans, dicit : « Quia libenter suffertis insipientes, cum sitis ipsi sapientes. Sustinetis enim si quis vos in servitutem redigit, si devorat, si quis accipit, si quis extollitur, si quis in faciem vos cædit (*II Cor.* XI). » Quæ nimirum omnia ad doctrinam perversa dogmatizantium pertinere quis ambigat? Porro autem, sicut dixit Deus ad Adam : « Quis enim indicavit tibi quod nudus esses, nisi quod ex ligno de quo tibi præceperam ne comederes comedisti?·» (*Gen.* III.) ita vobis non immerito valeat cum jurgio severitatis intendi : Quis ad hoc vos induxit ut crucis Christi portare contumeliam timeretis, nisi quia verba cujuspiam male suadentis audistis?

Hinc est etiam quod, a me sollicite perquisiti quod erat in causa, simpliciter mihi respondistis quia videlicet piæ memoriæ Stephanus cardinalis hoc insugillando derisit, ac, velut indignam rem conspuens et exsecrando despiciens, ne ulterius fieret penitus interdixit. Nec mirum, cum Apostolus dicat : « Verbum crucis pereuntibus quidem stultitia est; his autem qui salvi fiunt, id est nobis, virtus Dei est (*I Cor.* I).» Domnum plane Stephanum cum credam per Christi gratiam nonnullis floruisse virtutibus, morbo tamen elationis laborasse, prout fervor juventutis impelleret, dicebatur : et, forte justo Dei omnipotentis exigente judicio, factum est ut propter hujus verbi piaculum obitum incurreret repentinum. Brevi quippe temporis spatio postquam hæc vobis verba locutus est, accepit antidotum. Festivitate vero B. Scholasticæ virginis invitante, quasi vegetus et jam incolumis ad nocturnum surrexit officium, eodemque die prior ipse, deinde germanus ejus junior repente defuncti, atque altera die pariter sunt sepulti.

Et credi forsitan digne potest hoc divina fuisse moderatione dispositum ut venerabilis ille frater in ejus potissimum virginis die judicium improvisæ mortis incurreret, contra cujus monasterium incauti sermonis arrogantiam protulisset; quatenus ob hanc culpam animam illius læsio nulla contingeret, pro qua momentaneæ mortis pœnam caro ejus tam subito **708** corruens pertulisset. Sæpe namque sic divinæ justitiæ misericordia permiscetur, ut in hac vita peccator dignam perpetrati sceleris recipiat vicem, quatenus illic æternæ damnationis fugiat ultionem; et hic eum finiendi supplicii pœna percellat, ut illic ultionem quæ nunquam finitur evadat.

CAPUT III.
Fabri dignum supplicium divino judicio constitutum.

Hic plane ad memoriam redit quod mihi nuper Petrus de Burgo, vir videlicet clarissimus, retulit : Faber est, inquit, in regione quæ Pilonicum dicitur, artis malleatorum apprime peritus, et in fabricandis maxime lanceis atque sagittis circumquaque notissimus : spretis scilicet ferramentis et utensilibus quæ congrua sunt necessitatibus hominum, illa delectabatur acuere quæ infigendis sunt apta vulneribus et cædibus bellatorum; ita ut non jam parvus eorum numerus esset qui per ejus inevasibiles gladios in certamine corruissent. Hic cum aliquando non graviter sauciatus in pectore cecidisset, quoniam procul erat a propriis, in aliena receptus domo decubuit : ubi tandiu vulnusculum medicinalis industriæ sedulitate curavit, donec resumptis aliquantulum viribus, in melius de languore convaluit. Misso atque ab uxore sua vehiculo, ut, rediret ad propria lætus quidam præsto surrexit ; sed, dignum stupore miraculum ! totum cum armo brachium in lectulo dereliquit; atque, ut rem audias inauditam, nullam tunc doloris molestiam sensit, sed sic sua tanquam aliena miratus, et se repente debilem reperit, et convulsum a se brachium eminus jacere conspexit. Justo nimirum Dei judicio factum est ut repente brachium perderet quo videlicet repentinæ mortis ministra tela credulitur fabricasset, et ubi vulnus non pertulit, ibi se vulneratum invenit, qui sæpe quamplurimos per feralis artis ingenium improviso vulnere sauciavit.

CAPUT IV.
Terribilis judicii comminatio.

Ut ergo ad id quod exorsum est sermo recurrat, quisquis disciplinam suscipere pro nuditate sui corporis erubescit, procul dubio cum Adam Dei deambulantis in paradiso fugit aspectum, et crucifixi Christi convincitur ridere [*f.* irridere] supplicium; nec eum sequitur qui, ut nos liberaret a maledicto, ipse factus est maledictum (*Gal.* III); sed illum potius imitatur qui omnes de sublimi videt, et ipse princeps est super omnes filios superbiæ (*Job* XLI). Ille nimirum indutus est gloria, de quo per prophetam dicitur : « Omnis lapis pretiosus indumentum tuum (*Ezech.* XXIV); » sed propter elati tumoris arrogantiam in confusionem corruit sempiternam. Iste vero est cujus et persecutores et sectatores unum concorditer profitentur opprobrium. Illi siquidem insidiantes dicunt : « Morte turpissima condemnemus eum (*Sap.* II); » isti vero pœnitentes clamant : « Nos putavimus **709** eum quasi leprosum et percussum a Deo et humiliatum (*Isa.* LII).» Quibus utique verbis supra jam propheta præmiserat : « Non erat ei neque species neque decor : et vidimus eum, et non erat aspectus; et desideravimus eum despectum, et novissimum virorum, virum dolorum, et scientem infirmitatem, et quasi absconditus est vultus ejus et despectus ; unde nec reputavimus eum (*Ibid.*).»

Dic ergo, quisquis es qui Christi passionem superbus irrides, qui, cum eo nudari flagellarique despiciens, nuditatem ejus et cuncta supplicia tanquam nugas ac nænias et quædam somniorum deliramenta subsannas; quid facies cum eum, qui publice nudatus est et in cruce suspensus, videris in majestatis suæ decore conspicuum, angelicis agminibus undique constipatum, incomparabilis splendoris immensitate circumdatum, et super omnia visibilia et invisibilia ineffabiliter gloriosum? Quid, inquam, facies, cum eum, cujus nunc ignominiam despicis, aspexeris in igneo tribunalis excelssolio præsidentem, et omne genus humanum recto æquitatis examine terribiliter judicantem? Tunc sol obscurabitur, luna tenebris involvetur, stellæ de cœlo cadent, fundamenta montium contremiscent, cœli tristibus radiis coruscabunt, terra simul et aer flammis in excelsa furentibus cremabuntur, et elementa pariter omnia confundentur (*Matth.* xxiv); et tu ornate, tu molliter et decenter indute, intra ista quid facies? Qua fronte, qua præsumptionis audacia illius gloriam participare sperabis, cujus portare contumeliam et ignominiam despexisti?

CAPUT V.
Quod Christi vulnera sunt sensuum nostrorum medicamenta.

Quis te delicatum atque tenellum aggregabit collegio martyrum, in quorum corporibus videbuntur in gloria universæ non modo virgarum vibices sed et innumerabilium vulnerum cicatrices? Christus crucis non erubuit turpitudinem; et tu putidæ carnis tuæ vermibus devorandæ confunderis nuditate. Ille nudatur, cæditur, nectitur vinculis, oblinitur sputis, quinquepartito vulnere illius caro perfoditur, ut nos a vitiorum, quæ in nos per quinque sensus ingrediuntur, irruptione curemur; et tu lascivus, tu unctus, tu petulculus ac tenellus, non vis thesaurum carnis tuæ hominibus detegi, ne mortalis vel terrena, quod absit! sed magnum quid debeat æstimari? Paulus apostolus ter virgis in publico cæditur, nec veretur; quinquies quadragenas una minus in judicio accipit, et lætatur; præterea gaudere se dicit in frigore et nuditate (*II Cor.* v). Petrus cum coapostolis omnibus flagellatur, atteritur in concilio Pharisæorum; et omnes gloriantur atque tripudiant, quia dignatus est eos Jesus pro suo nomine contumelias pati (*Act.* v). David propriis indumentis exutus, et Ephod lineo præcinctus, ante arcam Domini totis viribus saltat; et non suam sed Dei gloriam quærens, atque a regalis genii gravitate declinans, in Dei omnipotentis honore conjubilat. Cui Michol : « Quam gloriosus, inquit, hodie fuit rex Israel, discooperiens se ante ancillas servorum suorum! et nudatus est, quasi si nudetur unus de scurris (*II. Reg.* vi). » Superbi scilicet regis filia humilitatem viri portare non potuit, atque idcirco nuditatis, quæ Domino ministrabat, gloriam non cognovit.

Talem ergo merentur habere magistram qui carnem suam coram fratribus perhibent non esse nudandam. Et quoniam isti, arescentes in radice superbiæ, nunquam spiritualem germinant fructum, his merito congruit quod de illa quoque Scriptura testatur, dicens : « Igitur Michol filiæ Saul non est natus filius usque in diem mortis suæ (*Ibid.*). » Nam et isti merito deberent a vobis cum austeritate repelli, sicut illam David suis responsionibus fregit: « Vivit Dominus, ait, quia ludam ante Dominum, et vilis fiam plusquam factus sum, et ero humilis in oculis meis (*Ibid.*). » Cui scilicet Michol simul cum suis discipulis deliciose viventibus quodammodo per Isaiam Dominus dicit. « Et nunc audi hæc, delicata et habitans confidenter, quæ dicis in corde tuo : Ego sum, et non est præter me amplius, non sedebo vidua, et non videbo sterilitatem; venient tibi hæc duo subito in una die, sterilitas et viduitas (*Isa.* xlvii). » David plane, ut nudus incederet, sanctus qui in eo erat Spiritus impulit; Michol vero paternus ille possessor, ut eum insolenter argueret, incitavit. De quo videlicet possessore dicitur : « Quia insiluit spiritus Domini malus in Saul (*I Reg.* xvi). » Ideoque sine ulla dubitatione credendum est quia divinus eum Spiritus provocat qui ad honorem crucis Christi se humiliter nudat, et ille superbi Saul spiritu in arrogantiam tumoris attollitur, qui se, ut crucifixo Christo participet, exuere dedignatur. Quæ profecto superbia sic eum ab ipso humilitatis auctore divisit, ut ne Samuel quidem sibi veniam impetrare potuerit.

Egregium prophetarum Isaiam publice coram omni populo nudum incedere Dominus imperat, et monachus, qui, ut ita loquar, unius stateris impar est, nudari coram paucis fratribus erubescit · « Vade, inquit, solve saccum de lumbis tuis, et calceamenta tolle de pedibus tuis; » moxque subjunctum est : « Et fecit sic, vadens nudus et discalceatus (*Isa.* xx). » Et notandum quia non molle carbasinum, non stamineum delicatum, sed ait, solve saccum de lumbis tuis. Ut ex vestis mollitie colligas quam delicate, quam molliter vixerint quoscunque etiam sub lege veteri Spiritus veritatis implevit. Reges igitur ac prophetæ, imo Salvator, pariter et apostoli nequaquam veriti sunt nudari, cum id ordo persecutionis expetiit; et tu, quasi dominicus delicatus, times nudus aspici, ne te contingat oculis videntium fascinari! Et reveta fratres tui pulli sunt corvorum qui Domini sui portare gloriantur opprobrium; tu, sicut dicitur, filius gallinæ albæ, gaudes ornatus ac nitidulus apparere. Sed dum corvorum contemnis superbiendo nigredinem, lepræ, quam lex antiqua denuntiat, incurris alborem.

CAPUT VI.
Corporis nostri vilitas ac fetor.

Age, frater, quid est caro ista, quam videlicet tam diligenti cura vestibus contegis, et tanquam regiam sobolem molliter nutris? Nonne massa putredinis? nonne vermis, pulvis ac cinis? Nec iste, qui nunc est, a sapiente viro attenditur, sed potius dignum est ut sanies, virus, fetor, et obscenæ corruptionis illuvies, quæ postmodum futura est, perpendatur. Quas ergo gratias tibi referent vermes, qui voraturi sunt carnes quas molliter ac suaviter enutristi? Age, inquam, cur passus est Christus? An ut proprios reatus ablueret, et excessus sui commissa deleret? Sed audi Petrum de illo dicentem : « Qui peccatum non fecit, nec dolus inventus est in ore ejus (*II Petr.* ii). » Ad quid ergo passus est? Adhuc Petrus ipse respondet : « Christus, ait, passus est pro nobis, vobis relinquens exemplum ut sequamini vestigia ejus (*II Petr.* II). » Christus ergo primo passus est, quem protinus apostoli sunt secuti, quorum et nos vestigia præcipimur imitari, sicut unus eorum dicit : « Imitatores mei estote, sicut et ego Christi (*I Cor.* XI). » Ad quid ergo Christum legimus passum, nisi ut ejus e vestigio prosequamur exemplum?

Obsecro itaque vos, dilectissimi, aures vestras a serpentinis perversa loquentium sibilis claudite, easque in simplicitate pauperis et crucifixi Christi Jesu virgines custodite; aureum Babylonis poculum, et calicem iræ Dei, qui vobis blande porrigitur, ab ore vestro repellite; pestifera superborum et adulterantium verbum Dei venena vitate. De quibus ad Timotheum Apostolus dicit : « Profana et vaniloquia devita : multum enim proficiunt ad impietatem; et sermo eorum ut cancer serpit (*II Tim.* II). » Ne vobis et mihi, quod absit ! gemina formido contingat, quam Apostolus diversis ponit in locis : « Vobis quidem timeo ne, sicut serpens Evam seduxit astutia sua, ita corrumpantur sensus vestri, et excidant a simplicitate quæ est in Christo Jesu; mihi autem illud timeo ne sine causa laboraverim in vobis (*Gen.* III; *II Cor.* XI). » De illis etiam dicit : **712** « Nam ejusmodi pseudoapostoli sunt operarii subdoli, transfigurantes se in apostolos Christi, quorum finis erit secundum opera eorum (*II Cor.* XI). » Non ergo mens sancta participare crucem Christi in verberibus metuat, non ejus contumeliam in nuditate corporis erubescat, cum ipse dicat : « Qui me erubuerit et meos sermones, hunc Filius hominis erubescet, cum venerit in majestate sua, et Patris, et sanctorum angelorum (*Luc.* IX). » Nunquam plane de sui corporis nuditate confunditur qui clara mentis acie futuræ præmia retributionis contemplatur, nec perhorrescit plagarum sub momento volantem asperitatem qui provide considerat eam quæ sibi compensanda est suavitatis æternæ dulcedinem.

O quam jucundum ! o quam insigne spectaculum ! cum supernus Judex de cœlo prospectat, et homo semetipsum in inferioribus pro suis delictis mittat ! Ubi reus ipse, in pectoris sui tribunalibus præsidens, trifarium tenet officium; in corde se constituit judicem, reum in corpore, manibus se gaudet exhibere tortorem; ac si Deo sanctus pœnitens dicat : Non opus est, Domine, ut officio tuo me punire præcipias; non expedit ut ipse me justi examinis ultione percellas; ipse mihi manus injicio, ipse de me vindictam capio, vicemque meis peccatis reddo. Et hoc est profecto quod Petrus apostolus admonet, dicens : « Nemo vestrum patiatur quasi homicida, aut fur, aut maledicus, aut alienorum appetitor ; si autem ut Christianus, non erubescat (*I Petr.* IV). » Enimvero ubi hoc, fit, dæmones fugiunt, et quod ad Christi gloriam eorumque sit ignominiam, cernere perhorrescunt. Huic econtra spectaculo assistunt angeli, qui gaudent de peccatore converso (*Luc.* XV); et hoc Deo gaudentes annuntiant, cum jam invisibilis Judex id ipsum per se delectabiliter cernat. Hæc est hostia quæ viva mactatur, ad Deum per angelos oblata defertur; et sic humani corporis victima illi unico sacrificio quod in ara crucis oblatum est, invisibiliter permiscetur; et sic in uno thesauro sacrificium omne reconditur, videlicet et quod unumquodque membrum, et quod caput omnium obtulit electorum.

Sit nomen Domini benedictum.

OPUSCULUM QUADRAGESIMUM QUARTUM.
DE DECEM ÆGYPTI PLAGIS, ATQUE DECALOGO.

ARGUMENTUM. — Perniciosa quædam et teterrima vitia, quæ ab omnibus, et præcipue ab iis qui arctius vitæ institutum arripuerunt, evitanda esse, per Ægypti plagas indicari ; iis, tanquam antidota, quæ in Decalogo continentur præcepta singula singulis ex diametro opponi docet.

Dilectissimo fratri JOANNI jam non Landensi, ideoque laudabili viro, PETRUS peccator monachus maternæ dilectionis affectum.

Contempsisti nuper, fili, Pharaonem, et superbi regis ac opprimentis Ægypti simul abominatus es servitutem ; necesse est ergo nunc ut, gradiens per desertum, multa tentationum genera subeas, sitis ac famis inopiam perferas, et sic per ærumnosa pericula diversæque calamitatis angustias ad terram repromissionis attingas. Oportet ergo te ad montem Sinai cum Hebraico populo festinare, et illic divinæ legis mandata percipere, ut, his tanquam telis ac lorica munitus, et insurgentium hostium jacula respuas et ingruentibus quibuslibet adversitatum casibus non succumbas. Sed hæc lex data est populo quinquagesimo die postquam egressi sunt ex Ægypto. Quinquagesimus autem numerus pœnitentiæ dedicatur, sicut per multa Scripturarum argumenta colligitur. Quod et Jubilæus significat annus, et quinquagesimus ille psalmus, quem David pœnitendo descripsit. Et sicut illi in Evangelio debitores, quorum alter quingentos, alter debebat quinquaginta denarios (*Luc.* VII) ; ita quoque qui debebat centum cados olei, quinquaginta scribere jussus est

(Luc. xvi). Quæ videlicet omnia pœnitentiæ odoramenta salubriter spirant, si non desint nares intelligentiæ, quæ mysterii fragrantiam sagaciter attrahant. Ut ergo dignus sis divinæ legis edicta suscipere, te per pœnitentiam corrige, præteriti reatus nequitiam confitere; et sic, intra pœnitentiæ numerum currens, ex confessione peccati pervenies ad montem Dei. Et hoc aptissime congruit quod mons ille Sinai dicitur, quod *rubus* interpretatur. Per rubum sane, qui spinis undique cingitur, peccatorum nostrorum, quæ Dominum pungunt, asperitas designatur. Unde per Jeremiam dicitur: « Spinis peccatorum suorum circumdedit me populus hic (*Thren.* iii). » Et in Apocalypsi legitur: « Quia videbit eum omnis oculus, et qui eum pupugerunt; et plangent se super se omnes tribus terræ (*Apoc.* i). » Hic itaque mons sanctam præfigurat Ecclesiam, in qua fit et confessio simul et remissio peccatorum. Nam Moyses in rubo Dominum vidit, qui videlicet rubus Ecclesiam, in qua Dominus videtur, expressit. Unde et idem Moyses cum peteret, dicens: « Si inveni gratiam ante te, ostende mihi temetipsum manifeste, ut videam te (*Exod.* xxxiii). » Cui responsum est ut supra petram staret, et inde Domini posteriora conspiceret. Petra nimirum illa fides est, super quam Ecclesia catholica construitur, unde Dominus videtur.

CAPUT PRIMUM.
Quod divina lex sit medicamentum plagarum.

Ab hoc ergo monte necessarium est medicamenta suscipere, quæ te valeant ab eo quem in Ægypto contraxeras languore sanare. Quid enim plagæ quæ in Ægypto factæ sunt, nisi vulnera? et quid lex illa cœlestis, nisi eorumdem fuit vulnerum medicina? Debet enim per confessionem peccator cluviem sui reatus evomere, et sic pœnitentiæ poculum de vasculo divinæ legis haurire. Hic enim sorbetur antidotus, ut animæ languentis ægritudo sanetur. Porro autem animæ carnalibus illecebris dissolutæ per voluptatum suarum campos et prata discurrunt, et, tanquam effrenes equi, per lenocinantis petulantiæ blandimenta lasciviunt. Cohortantur enim se vicissim, sicut liber Sapientiæ testatur, et dicunt: « Venite, et fruamur bonis quæ sunt, et utamur creatura tanquam in juventute celeriter; vino pretioso et unguentis nos impleamus, et non prætereat nos flos temporis; coronemus nos rosis, antequam marcescant; nullum pratum sit quod non pertranseat luxuria nostra, nemo nostrum sit exsors luxuriæ nostræ; ubique relinquamus signa lætitiæ (*Sap.* ii). » Isti nimirum lascivientes et hinnientes equi quanto pinguioris arvinæ sunt robore validi, tanto intrinsecus deterioris morbi noscuntur ægritudine dissoluti; et cum illis frenum divinæ legis adhibetur, quid aliud quam nexus ac vinculum putrescentibus membris apponitur; ut quod dehiscere prorsus ac fluere cœperat, præceptorum cœlestium retinaculis astringatur? Hinc est quod evangelicus ille Samaritanus appropians illi qui vulneratus a latronibus fuerat, alligavit vulnera ejus, infundens oleum et vinum (*Luc.* x). Hinc est quod per Ezechielem pollicetur, dicens: « Quod perierat requiram, et quod abjectum fuerat reducam, et quod confractum fuerat alligabo, et quod infirmum fuerat consolidabo (*Ezech.* xiv). » Plagæ igitur factæ sunt in Ægypto, quia humanæ animæ vulnera infliguntur in mundo. Necesse est ergo ut vulnerati quique ad montem Sinai, hoc est ad Ecclesiam, veniant, ut eorum vulnera præceptorum cœlestium nexus astringant. Nam quot plagæ fuerant, tot præcepta sunt divinitus promulgata, ut quot sunt vulnera cordis ægroti, totidem sint medicamenta quæ illis valeant adhiberi.

CAPUT II.
De divinæ legis promulgatione.

Sed antequam de plagarum ac legalium mandatorum concordi numero disputemus, dicendum est quia, sicut quinquagesimo die, postquam paschalis agnus occisus est (*Exod.* xii, xix, xx), Hebraicus populus legitur accepisse Decalogum; ita nihilominus a resurrectione Domini quinquagesimo similiter die Spiritus sanctus super apostolos visus est in varietate linguarum (*Act.* ii). Illic digito Dei lex perhibetur fuisse descripta, et Spiritus sanctus, qui die Pentecostes discipulis datus est, digitus Dei dicitur, sicut ipse Dominus ait: « Si in digito Dei ejicio dæmonia, profecto pervenit in vos regnum Dei (*Luc.* xi). » Audit illic populus voces atque tonitrua clangoremque buccinæ perstrepentem; aspicit lampades et fulgura montemque fumantem. In vocibus nempe et tonitruis ac tubæ clangoribus vehemens clamor est prædicantium, in lampadibus autem atque fulguribus claritas miraculorum. Quæ scilicet omnia sancti Spiritus sunt virtute completa; quo flagrantes apostoli in varietatibus intonuere linguarum, et radiarunt splendore virtutum. Quod autem Dominus in igne simul ac fumo descendit, mystice docet quia, sicut fideles radio suæ cognitionis illuminat, sic infidelium oculos quasi per fumigantes tenebras erroris obscurat. Hinc est quod Dominus in Evangelio dicit: « Ego in hunc mundum veni, ut qui non vident, videant, et qui vident, cæci fiant (*Joan.* ix). » Et per Isaiam dicitur: « Succensa est quasi ignis impietas, vepres et spinam vorabit; et succendetur in densitate saltus, et convolvetur superbia fumi (*Isa.* ix). » Sed quoniam epistolari compendio hæc sacramenta non congruunt, quæ prolixis etiam voluminibus explicari vix possunt, redeamus ad plagas Ægypti et mandata legis; et videamus hinc nostra vulnera, illinc medicamenta cœlestia sub eodem numero contineri; ut quot sunt morbi, totidem apponantur antidoti; quatenus, dum suum cuique vulneri malagma salutis apponitur, rationalis anima mox ad statum incolumitatis pristinæ per omnia reformetur. Porro autem cum per lasciviæ fluxum resolvitur anima, divinæ legis indiget ligatura. Et cum mandatorum cœlestium vinculis alligatur, ad robur optatæ salutis per objecta vulneribus fomenta reducitur.

CAPUT III.
De prima plaga.

Age igitur, prima plaga est cum aquæ vertuntur in sanguinem (*Exod.* vii). Porro autem istæ plagæ non fiunt nisi in Ægypto, id est in corde tenebroso et caligine cæcitatis oppresso. Cui scilicet aquæ vertuntur in sanguinem, cum cæca n.ens, quantum ad se, confundit ac violat rectæ fidei puritatem. Sicut enim per aquam omnes de visceribus terræ segetes prodeunt, sic ex fide spiritualia proferuntur alimenta virtutum. Tunc igitur aqua in sanguinem vertitur, cum cæcitate perfidiæ cor insipiens obscuratur. Sicut de quibusdam dicit Apostolus : « Quia cum cognovissent Dominum, non sicut Dominum glorificaverunt, aut gratias egerunt ; sed evanuerunt in cogitationibus suis, et obscuratum est insipiens cor eorum (*Rom.* i). » Cui primæ plagæ, hoc est pestilentissimo vulneri, mox adhibetur primi medicina præcepti : « Audi, Israel, Dominus Deus tuus Deus unus est (*Deut.* vi). » Hoc est enim medicinale vinculum quo perfidiæ vulnus debeat alligari, ut, hoc audiens, unum solummodo Deum colas, et in plures deos marcescentis perfidiæ putredinem non effundas. Et, justo Dei judicio, juxta litteram factum est ut illius fluvii sanguine potarentur Ægyptii in quo primitus pueri necabantur Hebræi.

CAPUT IV.
De secunda plaga.

Secunda vero plaga ranarum est abundantia (*Exod.* viii). Rana clamosum est animal, et in limosis vociferatur ex more paludibus. Cui similes judicantur hæretici ac philosophi, qui, velut super paludes limosas, hoc est inter turbas squalore perfidiæ sordidas, vanis adversus Christum vociferantur obloquiis ; et, dum per argumenta fallaciæ non desinunt importunis garrire clamoribus, inane quidem in auribus tædium, sed nullum mentibus vivendi afferunt cibum. Cui morbo, qui videlicet in anima lethaliter sævit, secundum præceptum tanquam poculum salutis occurrit. Secundum autem præceptum est : « Non assumes nomen Domini Dei tui in vanum (*Exod.* xx). » In vanum namque Christi nomen assumit qui eum non Creatorem, sed tantummodo creaturam credit. Vanitati enim creatura subjecta est. Et ideo tales homines sunt procul dubio vani, quia, veritatem Dei commutantes in mendacium, fidem adhibent vanitati.

CAPUT V.
De tertia plaga.

Tertia vero plaga ciniphes sunt (*Exod.* viii). Hoc autem animal tam minutum est ac perexiguum, ut, dum se per aerem librat, et huc illucque vagabundis anfractibus instabiliter volat, visum cernere volentis effugiat. In corpore tamen nostro cum sederit, pungit ; adeo ut cum eas nequeas videre dum volant, compellaris sentire cum stimulant ; et, dum circumvolantes, sesæque importunius ingerentes, vultus nostros infestare non desinunt, volentes quiescere non permittunt. Quamobrem hæc plaga vagationis et inquietudinis vitium manifeste designat. Quo videlicet morbo quidam laborantes inutiliter huc illucque discurrunt, et, velut malis Vertumnis obnoxii, per impatientiam non quiescunt. Sed quoniam ciniphes istæ perexiguæ sunt et noxiæ, ut non tam pondus videantur habere quam morsus, qui vitio vagationis inserviunt, quod per ciniphes designatur, leve quidem arbitrantur esse peccatum, sed non levi reatus perfodiuntur aculeo. Non aggravat pondus, sed penetrat morsus ; quia quanto vitium hoc levius deputant, tanto major necesse est ut peccati stimulus animæ languentis inferiora transfigat. Huic itaque languori tertii præcepti obviat medicina, cum dicitur : « Memento ut diem Sabbati sanctifices (*Exod.* xx; *Deut.* v). » Sabbatum, id est requies. Ubi est sanctificatio Sabbati, ibi procul dubio spiritus Dei. Unde scriptum est : « Super quem requiescet spiritus meus, nisi super humilem et quietum, et trementem sermones meos? » (*Isa.* lxvi.) Pensanda sunt verba, cuia si Spiritus sanctus requiescit tantummodo super quietum, ergo deserit inquietum. Enimvero, sicut secundum præceptum refertur ad Filium, ita hoc tertium pertinet ad Spiritum sanctum, qui nihilominus tertia est in sancta Trinitate persona. Nam et illam tertiam plagam Spiritui sancto incantatores ascribunt, cum et ipsi ciniphes excitare non possunt, dicentes ad Pharaonem : « Digitus Dei est hic (*Exod.* ii). » Ad colendum hoc Sabbatum, discipulum suum provocabat Apostolus, cum dicebat : « Attende lectioni et doctrinæ (*I Tim.* iv). » Et alibi : « Orate sine intermissione (*I Thess.* v). » Ad hujus Sabbati cultum Dominus nos provocat per Prophetam, cum dicit : « Vacate, et videte, quoniam ego sum Dominus (*Psal.* xlv). » Ac si dicat : Spirituale sabbatum colite, vagationis inquietudinem devitate, ut per Spiritus sancti gratiam fixos, non vos ciniphes inquietent, sed spiritualis sabbati cultura sanctificet. Notandum præterea quoniam tria duntaxat ista præcepta in una descripta sunt tabula; alia vero septem continebantur in altera. Ista siquidem ad charitatem Dei; illa vero ad amorem pertinent proximi. Et idcirco non amplius quam duæ sunt tabulæ, quia geminæ sunt charitatis impressiones distinctæ. Tria plane præcepta in una tabula, septem vero descripta fuisse in alia, ex hoc maxime colligitur quod beatus Apostolus ad Ephesios ait : « Filii, obedite parentibus vestris in Domino, hoc enim justum est (*Ephes.* vi). » Honora patrem et matrem, quod est mandatum primum in promissione, ut bene sit tibi, et sis longævus super terram. Cur autem primum hoc mandatum dicitur, nisi quod in principio secundæ tabulæ positum est? Quod etiam in promissione dicitur, quia quod in aliis præceptis non invenitur, hoc præceptum longævitatis promissio sequitur. Præmisso nimirum hoc quod dicitur: Honora patrem et matrem, ut bene sit tibi, et sis longævus super terram. Hoc ergo præceptum, quod quartum est in generali numero mandatorum, in secunda tabula ponitur primum.

CAPUT VI.
De quarta plaga.

Cui contraria est quarta plaga, hoc est cynomya, quæ dicitur musca canina (*Exod.* VIII). Nihil enim tam caninum est quam ignorare parentes, et illis qui nos genuerunt, reverentiam non deferre. Eos etiam tanquam muscæ circumvolantes canini mores exagitant, qui, dum deferre parentibus nesciunt, per levitatis inconstantiam a naturali gravitate recedunt; eosque tanquam caninæ muscæ dilacerant, dum se contra genitores suos quasi ringentes et oblatrantes per impatientiam vexant. Ut hæc ergo plaga curetur, digna parentibus reverentia deferatur.

CAPUT VII.
De quinta plaga.

Quinta plaga mors pecorum est (*Exod.* IX). Omnes enim qui, spreto conjugali toro, alienarum se mulierum fœditatibus polluunt, et per obscenæ libidinis passim fluxa resolvunt, quid aliud quam bruta dicenda sunt pecora, atque a ratione spiritualis intelligentiæ penitus aliena? Facti sunt enim, « sicut equus et mulus, quibus non est intellectus (*Psal.* XXXI). » Et per Jeremiam dicitur : « Satiavi eos, et mœchati sunt, et in domo meretricis luxuriabantur; equi amatores in feminas emissarii facti sunt, unusquisque ad uxorem proximi sui hinniebat (*Jer.* V). » Hæc ergo pecora necesse est ut funditus exstincta depereant, nisi divinæ legis medicamen accurrat. Dicitur ergo : « Non mœchaberis (*Exod.* XX). » Hoc itaque quintum præceptum quintæ plagæ tanquam medicinalis nexus opponitur, ut, dum proprio toro quisque contentus esse compellitur, nequaquam in extraneos carnis amplexus intemperantia diffrenatæ libidinis extendatur.

CAPUT VIII.
De sexta plaga.

Sexta plaga sunt vulnera, et vesicæ turgentes atque ferventes (*Exod.* IX). In vulneribus scilicet **719** arguitur dolosa odientium ac purulenta malitia ; in vesicis, tumens et inflata superbia ; in fervore, æstuans ira et inflammati furoris insania. Sunt enim animæ quædam homicidales, in quibus hæ pestes oriuntur et acerrime sæviunt; easque, nisi humanum sanguinem fundant, quiescere non permittunt. Huic itaque furenti morbo et immaniter sævienti sextum præceptum tanquam medicina cœlestis occurrit, quo dicitur : « Non occides (*Exod.* XX). » Ut hoc quilibet audiens, exortam malæ voluntatis in semetipso perniciem reprimat, nec extrinsecus ad effundendi cruoris effectum conceptum malitiosæ conscientiæ virus erumpat.

CAPUT IX.
De septima plaga.

Post hæc plaga grandinis ponitur, ubi scilicet grando et ignis pariter ferebantur (*Exod.* IX). Porro autem duo hæc contraria sunt, frigus in grandine, calor in igne; sic qui aliena furantur, et a fraterna charitate sunt frigidi, et ardore cupiditatis accensi. Ubi etiam fulgura atque tonitrua mista fuisse cum grandine perhibentur. Quid autem per fulgura et tonitrua, nisi pavor intolerabilis designatur? Et hoc furibus familiare est, ut primo capi, deinde puniri tremefactis visceribus paveant, nec tamen a semel conceptæ nequitiæ perpetratione quiescant. Istæ nimirum pestes, hoc est, grando, ignis, fulgura, simul atque tonitrua, eorum corda qui clam aliena diripiunt, tanquam quædam arva, devastant: et, si qua sunt, omnes bonæ voluntatis fruges, et germina dissipant. Huic itaque pessimo vulneri septimi succurrit medicina mandati, cum dicitur : « Non furaberis (*Exod.* XX). » Ut hoc quisque cognoscens, cordis sui segetes hac multiplici peste non perdat, sed bonorum operum frugibus animæ suæ cellarium repleat, implens illud apostolicum : « Qui furabatur, jam non furetur ; sed laboret manibus suis, ut habeat unde tribuat necessitatem patientibus (*Ephes.* IV). »

CAPUT X.
De octava plaga.

Octava autem plaga locustæ sunt (*Exod.* X). Per hæc animalia, quæ segetum germina destruunt et pestifero fruges ore corrodunt, qui possunt melius designari quam ii qui fratribus detrahunt, et falsum illis crimen opponunt [imponunt]. Nam quasi alienæ segetis germina devorant, dum fratrum suorum non modo bona supprimunt, quæ prædicare debuerunt, sed ultro etiam nota eos falsi reatus infamant. Rodunt itaque, quia non modo eorum vera bona per invidentiam contegunt, sed eis etiam stigma fictæ pravitatis inurunt. An isti tanquam locustæ non rodunt, quibus per Apostolum dicitur : « Si mordetis et comeditis invicem, videte, ne ab invicem consumamini? (*Gal.* V.) Huic itaque plagæ mandatum illud competenter opponitur, quo dictum est : « Non falsum testimonium dices (*Exod.* XX). » Ut videlicet falsus quisque testis, **720** qui non erit impunitus, ab alienæ vitæ morsu se reprimat, locustinos dentes abjiciat, et virentia segetis alienæ germina non abrodat.

CAPUT XI.
De nona plaga.

Jam nona plaga est densitas tenebrarum (*Exod.* X). Nemo magis in interiores tenebras labitur, quam is qui conjugalis thalami violat fidem, et alienam invadere quærit uxorem. Sed has tenebras, quas utique cor luxuriæ deditum tolerat, divinæ legis splendor illustrat, cum dicitur : « Non concupisces uxorem proximi tui (*Exod.* XX). » Ubi notari quia non dicit, non tolles sive non pollues, quod plus est, non concupisces uxorem proximi Superius certe dictum est, non mœchaberis ; hic dicitur, non concupisces uxorem proximi tui. Ergo de re una duo videntur esse mandata. Illic enim mœchiæ alienum torum violantis effectus; hic etiam violare volentis prohibetur affectus. Illic spurcus et illicitus condemnatur adulterii coitus ; hic etiam adulterinæ concupiscentiæ compescitur appetitus. Et

CAPUT XII.
De decima plaga.

Postremo decima plaga est mors primogenitorum (*Exod.* xi). Duos filios habet homo, nimirum cum facit opus quod ad hanc pertinet vitam, et cum spirituale quid operatur quod ad vitam tendit æternam. Sed spiritualis fructus, quasi primogenitus noster, in nostris operibus debet obtinere primatum. Unde et Dominus : « Primum, inquit, quærite regnum Dei, et hæc omnia adjicientur vobis (*Matth.* vi; *Luc.* xii). » Ac si dicat : Gignite spiritualem fructum, qui vester sit utique primogenitus ; qui vero ad hujus vitæ pertinet necessaria, sit in hæreditate secundus. Huic enim primogenito cum Jacob debetur benedictio (*Gen.* xxiv), de Esau vero ejusque similibus Scriptura dicit : « Hæreditas, ad quam in principio festinatur, in novissimo benedictione carebit (*Prov.* xx). » De his duobus liberis in Deuteronomio per figuram dicitur : « Si habuerit homo uxores duas, unam dilectam, et alteram odiosam, genueritque ex eis liberos, et fuerit filius odiosæ primogenitus, voluerilque substantiam inter filios suos dividere, non poterit filium dilectæ facere primogenitum, et præferre filio odiosæ : sed filium odiosæ agnoscet primogenitum, dabitque ei de his quæ habuerit cuncta duplicia ; iste est enim principium liberorum ejus, et huic debentur primogenita (*Deut.* xxi). » De quibus omnibus verbum illud hic duntaxat ducimus exponendum, quod uxor dilecta sit vita mollis, deliciosa, carnalis ; odiosa autem uxor est vita spiritualis, utpote rigida, districta, et omnino carnalium delectationum illecebris inimica. Hujus ergo filio primogenita debentur, quia spiritualis vitæ fructus illum habere meretur in præmium, qui est, juxta Joannem, « Primogenitus mortuorum, et princeps regum terræ ; qui dilexit nos, et lavit nos a peccatis nostris in sanguine suo (*Apoc.* i). » Sed hic primogenitus, id est spiritualis fructus, illi procul dubio moritur, qui, suis non contentus, alienis rebus intendit ; quod fraterni juris est appetit, et bona proximi successi avaritiæ facibus concupiscit. Sed decimum legis præceptum est : « Non concupisces rem proximi tui (*Exod.* xx). » Hoc igitur ille mandatum diligenter audiat, ne primogenitum perdat, ut de primogenito suo gaudeat, et nequaquam quod alienum est concupiscat.

CAPUT XIII.
Divinorum præceptorum emolumenta et præconia.

Hæc sunt, fili charissime, divinæ legis edicta : ab his omnia Scripturæ sacræ prodeunt instrumenta, his omnibus sanctæ religionis innititur disciplina. Hæc certe fluentium vulnerum vincula, hæc salubris est animarum languentium medicina. Has plane omnes plagas, quas in Ægypto pertulimus, imo cunctos interiorum ægritudinum morbos, quos in planitie sæcularis vitæ concepimus, apud montem Sinai (*Exod.* xix), hoc est, in sublimitate sacri propositi, curare debemus. In his itaque semper esto, hæc sedulus meditare : et, ut ita loquar, hæc pigmenta vel species in ptisanario mentis tuæ jugiter tere. Ex hac igitur aromatum cella non exeas ; sed hic omnes animæ tuæ latebras curiosius inspice ; cuncta viscerum tuorum arcana scrutare ; medicamenta vulneribus, prout cuique apta perspexeris, adhibe, et incolumitatem postquam semel adeptus fueris, pervigili satage solertia custodire. Nam pejor est recidiva quam febris ; et, sicut medici perhibent, diæta non minus est observanda quam cura ; videlicet ut alimenta quæ sunt contraria caveas ; et quidquid noxium, quidquid acceptis antidotis probatur adversum, tanquam virus lethale contemnas. Hoc est plane decachordum illud psalterium, quod crebra plectri jubemur impulsione percutere, hoc est, sanctis operibus quasi tot chordas quot sunt mandata, crispare. His itaque bene compositis, cum Moyse montana conscende, districtioris vitæ fastigium arripe, ut cum eo simul merearis audire : « Vade, et dic eis : Revertimini in tentoria vestra ; tu vero sta hic, et loquar tibi omnia mandata, et cæremonias, atque judicia (*Deut.* v). » Tu quoque dans mundo repudium, cum Domino jugiter permane, et in ejus conspectu promptus assiste. Neque enim dicit : Sede hic, vel recumbe mecum ; sed, sta hic mecum. Ut intelligas ipsum spirituale otium in laboris exercitio constitutum. Sta igitur in monte cum Domino, ut inseparabile bellum cum spiritibus nequitiæ jugiter conseras, ut illices passionum carnalium petulantias non enerviter frangas. Sic itaque adversus ingruentium vitiorum barbariem dimica, ut rebelles cum Josue victor obtineas reges (*Jos.* x), ipseque te jubeat victricibus plantis eorum calcare cervices ; quatenus, hostium manubiis opulentus, et victoriarum titulis insignitus, terram repromissionis triumphator attingas, imo cum veris Israelitis terram viventium hæreditario semper munere possideas.

Sit nomen Domini benedictum.

OPUSCULUM QUADRAGESIMUM QUINTUM.
DE SANCTA SIMPLICITATE SCIENTIÆ INFLANTI ANTEPONENDA.

ARGUMENTUM.—Consolatur Ariprandum monachum, qui ingenium liberalibus disciplinis in sæculo non excoluerit: ostenditque sciendi cupiditatem originem esse malorum omnium; scientiam ipsam, præsertim a Christianis virtutibus abjunctam, professoribus perniciosam, aliis inutilem; contra vero sanctam simplicitatem securam esse ac perutilem. Proinde illum hortatur ut, si velit aliquid utiliter sapere, ad Deum per contemplationem rerum divinarum accedat.

Sanctæ spei filio ARIPRANDO, PETRUS peccator monachus paternæ dilectionis affectum.

Nimis ingratus est servus, si postquam tela vel gladios ab herili liberalitate percepit, eisdem mox armis accinctus, adversus dominum suum protinus in bella consurgit: perduellionis reus est miles qui, ditatus imperialibus donis, asserit aptius sibi convenire coronam quam subjectionis vel obedientiæ clientelam. Confiteris te, fili mi, frequentius impugnari, et infestantium cogitationum perferre caliginem, quia cum docile cor ac facillimum habeas ad discendum, ante veri luminis aditum requisisti quam cæcam philosophorum sapientiam disceres: dante ad eremum pervolasti, sequens vestigia piscatorum, quam liberalium artium non dicam studiis sed stultitiis insudares.

CAPUT PRIMUM.
Scientiæ cupiditas quam perniciosa.

Hanc ergo querelam a te clementia divina commeruit, quæ et tibi subtilioris ingenii gratias prærogavit. Nimirum si inter ipsa tuæ rudimenta militiæ veternosus hostis eodem te genere certaminis impetiit, quo scilicet et in ipso mundi nascentis initio primos parentes humani generis superavit. Hæc enim prima serpentis verba sunt ad mulierem, his sibilis draco teterrimus in cor ejus venena stillavit : « Scit Deus, inquit, quod in quocunque die comederis ex eo, » haud dubium quin pomo, « aperientur oculi vestri: » et, « eritis sicut dii, scientes bonum et malum (*Gen.* III). » Ecce, frater, vis grammaticam discere? disce Deum pluraliter declinare. Artifex enim doctor, dum artem obedientiæ noviter condit, ad colendos etiam plurimos deos inaudita mundo declinationis regulam introducit. Porro, qui vitiorum omnium catervas moliebatur inducere, cupiditatem scientiæ quasi ducem exercitus posuit, sicque post eam infelici mundo cunctas iniquitatum turmas invexit. Quid ergo mirum si in Evæ filium idipsum adhuc jaculum vibrat quod in eamdem Evam antiquus olim hostis intorserat? Expertus quippe non potest desperare successum, dum eamdem filiis infert pugnam qua super parentes nostros dudum se meminit obtinuisse victoriam.

Sed cum Redemptor noster pastor utique sit, non quidem canum vel luporum ferarumve frendentium, sed ovium, et non tantum ovium sed et agno- rum, non licet, quæso, pastori, ut censoriam super gregem suum virgulam teneat, eumque vel mensæ, vel pascuæ pro voluntate decernat? Nam et Dominus in legalibus cæremoniis modo boves, modo vitulos, modo arietes, modo agnos anniculos præcipit immolari.

CAPUT II.
Cur Deus alios juvenes, alios senes ad se vocet.

Dum ergo de grege suo faciat possessor quisque quod velit, quo pacto non licuit Creatori tuo te velut agnum tenerrimum mensæ refectionis apponere, reliquumque gregem in exterioris adhuc vitæ pascuis reservare: ut te jam intra propria viscera speciali quadam familiaritate trajiciat, dum alios interim suis temporibus convertendos moderamine piæ dispensationis exspectat? Samuel namque puerulus tanquam tener agniculus cum tribus farinæ modiis et amphora vini, mensæ Domini, ut ita loquar, apponitur, dum Heli sacerdoti, et templo Dei, quod erat in Silo, a parentibus dedicatur (*I Reg.* I). Joannes Baptista non solum ipse agnus, sed Agnum prædicaturus qui tollit peccata mundi, de grege sacerdotalis domus eligitur, et in deserta contendit (*Luc.* III; *Joan.* I, etc.); ut eo Dominus, velut epulo suavis edulii, delectabiliter saginetur. Non enim homines ad procinctum spiritualis militiæ pro suo duntaxat alleguntur arbitrio; sed is qui eos, ut ad se convertantur, inspirat, singula super eos ætatum ac temporum momenta dispensat; ut alios ad se trahat grandæva jam senectute maturos, alios juvenilis incrementi vigore robustos; istos tollat primo pubescentis adolescentiæ decore vernantes, illos autem ab ipso pueritiæ lactantis exordio, velut de nido pullos inducat implumes. Achias sane præ nimia jam senectute caligat, sed uxorem Jeroboam eminus adventantem prophetalis oculi serenitate prospectat: « Ingredere, inquit, uxor Jeroboam, cur aliam te esse simulas? Ego autem missus sum ad te durus nuntius (*III Reg.* XIV). » Ezechiel tricennali viget ætate, cum, juxta Chobar fluvium constitutus, ad dispensandum propheticæ gratiæ promovetur officium (*Ezech.* I). David vixdum primo florentis adolescentiæ decore pubescens, de post fetantes paternæ subjectionis eligitur, et ad crispandum spiritualis allegoriæ psalterium, atque ad obtinendum regalis sceptri fastigium promovetur (*I Reg.* XVI).

Jeremiæ dictum est : « Priusquam te formarem in utero, novi te; et antequam exires de vulva, sanctificavi te, et prophetam in gentibus dedi te (*Jer.* i). » Et quid plures enumerem? Qui enim Eleazarum præ senili algore jam frigidum, triumphali martyrii fervore succendit (*II Mach.* vi), ipse teneros adhuc B. Felicitatis filios invictæ fidei constantia roboravit.

CAPUT III.
Cur Deus ver viros idiotas ac simplices mundum instituit.

Sed forte dicas : Multos lucrifacerem, si gratia prædicationis afflueram, si copiam scientiæ litteralis haberem. Et ego respondeo quoniam et Eleazarus multos potuisset ab idololatria revocare, si viveret (*II Mach.* vii); Machabæi et innumerabiles Christi martyres plurimos ad agonem fidei firmare potuissent, si persecutionis illatæ differre supplicia decrevissent; sed quoniam ad pœnarum perferenda tormenta efficacius ædificaverunt martyrizando quam prædicando, postponentes verbum, reliquere sequentibus imitationis exemplum. Tu quoque valentius provocas videntes te properare post Christum, quam promovere potueras audientes qualibet multiplicitate verborum. Nec enim Deus omnipotens nostra grammatica indiget, ut post se homines trahat, cum in ipso humanæ redemptionis exordio, cum magis videretur utique necessarium ad conspergenda novæ fidei semina, non miserit philosophos et oratores, sed simplices potius ac piscatores. Unde legitur quia Samson maxillam asini quæ jacebat arripuit, et in ea mille Philisthæos occidit (*Judic.* xv). Quid est enim per jacentem asini maxillam mille viros occidere, nisi per linguas humilium **726** atque simplicium perfectum non credentium numerum a pravitatis suæ statu dejicere, atque ad humilitatem Christi per sanctæ prædicationis officium inclinare? Nam quia Samson interpretatur *sol*, postquam mundo sol iste resplenduit, postquam miraculorum atque signorum suorum per orbem terrarum radios sparsit, omnium mox sibi resistentium colla perdomuit, eosque a superbiæ vitæ suæ rigore prostravit.

CAPUT IV.
Quid in concionatore requiratur.

Tu quoque, fili mi, ut prædicandi sortiaris officium, imitare vel asini, de quo dictum est, vel etiam ovis exemplum. Quæ nimirum cum vivit, turpiter beat [balat], mortua vero in instrumentis musicis suaviter cantat : sic et qui carnaliter vivunt, balare cum ovibus inaniter possunt, naviter explere prædicatoris officium nequeunt. Dicit etiam Propheta : « Laudate Dominum in tympano et choro (*Psal.* cl). » Corium quippe non sonat, nisi siccum relinquens humor abscedat. Si ergo vis ut tympanum vel chorda tua clarum in auditorum cordibus sonitum reddat, omnis a te vitæ carnalis humor evaneat, mens tua ab omni fluxu luxuriæ prurientis arescat. Nam et frigus concretum pectori, vocem intercipere consuevit. Si vis ergo Dei verbum claris vocibus intonare, cave ne divini amoris in te flamma tepescat, ne tibi principis in Aquilone sedentis (*Isai.* xiv) algor obrepat. Hoc denique frigus jam tunc ille conceperat qui deambulanti Domino ad auram paradisi post meridiem, raucis quodammodo vocibus respondebat : « Audivi, inquit, vocem tuam, et timui, eo quod nudus essem, et abscondi me (*Gen.* iii). » Porro quia meridianus ab illo jam fervor abierat, aura quoque frigoris est alumna. Huc accedebat quia et illum jam innocentia sublata nudaverat. Hæc omnia quid aliud innuunt, quam quia illius viscera exstincti amoris algor obstrinxerat, atque ideo vox illius in auribus Domini raucum sonabat? Hoc frigore jam et Heli sacerdos constricius obtorpuerat, qui filiis suis aiebat : « Non est hæc bona, filii mei, fama, quam ego audio, ut transgredi faciatis populum Domini (*I Reg.* ii). » Nam quia prædicatoris hujus guttur ab amore Domini algor occluserat, idcirco vox ejus quodammodo rauciens, in filiorum suorum cordibus efficaciter non sonabat. Si vis ergo vocem habere vel in prædicationibus intonantem, vel in orationibus efficacem, satage semper ut te divinus fervor accendat, ne vocem tuam torpor frigoris intercipiat. Frigidæ quippe mentis oratio vel prædicatio non admittitur, et tanquam vox rauciens non auditur. Ab hoc plane frigore Abraham alienus exstiterat, de quo Scriptura pronuntiat : « Quoniam apparuit ei Dominus in convalle Mambre, sedenti in ostio tabernaculi sui in ipso fervore diei (*Gen.* xviii). » Et sponsus ille cœlestis, sicut in Canticis dicitur, pascit et cubat in meridie (*Cant.* i). Enimvero cum te cordis acumen permovet ad querelam, quid aliud agis quam adversus Deum per eadem quæ Deus contulit arma confligis? Et cum ingratum esse Deo non parvi sit criminis, **727** formidolose tibi cavendum est ne inde contra Deum prosilias in tyrannidem, unde gratiarum illi debueras actionem ; et dum scientiam, quæ inflat, immoderatius flagitas, charitatem, quæ ædificat (*I Cor.* viii), insipienter offendas. Quid enim scis utrum dispensator meritorum omnipotens Deus ad hoc tibi subtilioris ingenii perspicaciam agilitatemque contulerit, ut jam tibi quodammodo signum futuræ remunerationis ostenderet ; et occidentem illam scientiam, quam pro illius amore sprevisti, vivacis mentis acumine compensaret. Nam cum litteræ oriantur ex sensu, non sensus procedat ex litteris, cui sensus incolumis est litteras non requirit. In litterario quippe ludo, ubi pueri prima articulatæ vocis elementa suscipiunt, alii quidem abecedarii, alii syllabarii, quidam vero nominarii, nonnulli etiam calculatores appellantur; et hæc nomina cum audimus, ex ipsis continuo quis sit in pueris profectus agnoscimus.

CAPUT V.
Quomodo Spiritus sanctus nos doceat.

Cui vero per donum sancti Spiritus intellectus aperitur, quia per conceptum vigorem vivacis ingenii cuncta facile comprehendit, his ad discendum gradibus magnopere non egebit. Sicut de tribus illis pueris dicitur : « Quia dedit illis scientiam et disciplinam in omni libro et sapientia, Danieli autem dedit intelligentiam omnium visionum et somniorum ; ita ut Babyloniorum sapientes ad eorum prudentiam non attingerent, eosque magi, harioli, vel aruspices in mysteriorum cœlestium revelationibus non æquarent (Dan. 1). »

Sed et, veteribus omissis, ad modernos iterum veniamus. Beatus Benedictus ad litterarum studia mittitur, sed mox ad sapientem Christi stultitiam revocatur; et, quia scholam pia rusticitate mutavit, hoc descriptum reliquit in capisterio muliercule, quod de se mundi sapientes exprimere nequeunt in mensa geometricæ vel astronomicæ disciplinæ. Litteras et Martinus ignorat; sed hic fatuus et imperitus perditas trium mortuorum animas ab inferis revocat. Antonius non rhetoricatur, sed toto conspicuus orbe, litteris, ut ita loquar, vitalibus legitur. Hilarion Platones et Pythagoras projicit, unoque contentus Evangelio, in sepulcrali se cellulæ antro concludit; sed ecce dæmonibus imperat, quem philosophorum studia non exornant. Quæ si tu quoque apud sæculum, ut efflagitas, didicisses, fortassis hodie Dominus intra sortis suæ funiculum non haberet. Est enim sapientia de qua scriptum est : « Nam per sapientiam sanati sunt quicunque placuerunt tibi, Domine, ab initio (Sap. ix). » Et est sapientia, de qua dicitur : « Non est hæc sapientia desursum descendens, sed terrena, animalis, diabolica (Joan. iii). » Et, o quanti's hæc ipsa terrena et animalis sapientia non concessit iter prosperum, ut videlicet ante corruerent in periculum mortis quam fruerentur optatis !

CAPUT VI.
Quod humana sapientia multis periculis subjacet.

Gualterus plane, magistri mei, scilicet Ivonis, socius fuit, qui per triginta ferme annos ita per occiduos fines sapientiam persecutus est, ut de regnis ad regna contenderet : et non modo Teutonum, Gallorum, sed et Saracenorum quoque Hispaniensium urbes, oppida simul atque provincias penetraret; sed mox ut, studiis toto, ut ita loquar, orbe corrasis, exsilium habitatione mutavit, et jam velut in pace compositus docere pueros cœpit, æmuli sui, cujusdam videlicet alterius sapientis necessarii vel fautores, eum simpliciter gradientem ex insidiis occiderunt : qui confossus gladiis, non sacerdotes, ut mihi relatum arbitror, petiit; non de transactis confessionem vel pœnitudinem gessit; sed usque ad ultimum spiritum hoc solum inclamare non desiit: Heu quale damnum! Si quid autem vel de confessione facienda vel aliud quid dicebatur, ille jam alienatus hoc solummodo repetebat : Heu quale damnum! Hic itaque velut arachne inextricabilia, ut sibi videbatur, subtegminis fila contexuit; sed mox ut ea ventus ultimæ necessitatis impulit, protinus in nihilum omnia dissipavit. Anni quippe nostri, testante Propheta, sicut aranea meditabuntur (Psal. lxxxix).

Ugo, Parmensis Ecclesiæ clericus, quot utilitatum dotes habuerit, non enumero, quia laciniosi styli devito fastidium. Hic tantæ fuit ambitionis in artium studiis, ut astrolabium sibi de clarissimo provideret argento, ut, dum spiraret ad episcopale fastigium, Conradi imperatoris se constituit capellanum : a quo dum revertitur regiis pollicitationibus cumulatus, et de consequenda dignitate pene non dubius, incidit in latrones. Presbyter enim quidam in Teutonicis partibus, qui laicum habebat assectam, pascentes equos illius tentavit invadere. Cui dum ille sese impiger objecisset, presbyter eum lancea confodiens, interemit, et tunc liquido deprehendit nil fuisse quod didicit, dum simul amisit et irridentis vitæ dulcedinem et concupiti culminis dignitatem.

CAPUT VII.
De mundanæ sapientiæ effectibus.

Præterea sæpe contingit ut nonnulli carnaliter sapientes et diutius vivant, et nunquam valeant invenire quod optant. In sapientiæ quippe suæ vanitate confisi, dum sperant facile cuncta suppetere, arbitrantur utique se religionis testimonio non egere ; et dum inanem sapientiam jactant, insipienter vivere non formidant. Quamobrem a se conspicientibus eorum actus exploditur, vita conspuitur, conversatio deridetur, fama polluitur, testimonium condemnatur; ideoque qui proposuerant ad votum carnis vivere, in contrarium versa sententia, sæpe compelluntur egere, cum e diverso quique simplices et quieti rebus exuberent necessariis. Unde per Isaiam Dominus dicit : « Pro eo quod vocavi, et non respondistis; locutus sum, et non audistis ; et faciebatis malum in oculis meis; et quæ nolui elegistis: propter hoc ecce servi mei comedent, et vos esurietis: ecce servi mei bibent, et vos sitietis ; ecce servi mei lætabuntur, et vos confundemini ; ecce servi mei laudabunt præ exsultatione cordis, et vos clamabitis præ dolore, et præ contritione spiritus ululabitis (Isa. lxv). »

Hodieque certe in Romana urbe frater advivit, ortus de summis proceribus Galliarum, cujus nomen taceo, quia fratris ignominiam perhorresco. Cui nescio an aliquid utilitatis desit. Tot siquidem exteriorum bonorum floribus enitescit : nobilis ut imperator; pulcher aspectu quodammodo, sicut Tullius loquitur; ut Virgilius poetatur; tuba vehemens in Ecclesia; perspicax et acutus est in lege divina ; scholastice disputans, quasi descripta libri verba percurrit; vulgariter loquens, Romanæ urbanitatis regulam non offendit. Quid de monachico proposito prosequar ordine? quid de regularis magisterio disciplinæ? In quorum videlicet notitia ita convaluit ut nec docere naviter possit; sed ejus, proh dolor! talis est vita, ut eum alteri nullus invideat, ad se introducere nemo deposcat; et, ut rem non diutius protraham, stulto sapienti monasterialis ad habitandum janua clauditur : cujus passim rusticis et imperitis ac dyscolis aditus non negatur. Unde recte vir sapiens ait : « Melior est homo, cui deficit sapientia, et deficiens sensu in timore, quam qui abundat sensu, et transgreditur legem Altissimi (*Eccli.* XIX). »

Quod etiam in Domino meo Leone probatur incluso. Posuimus enim stulte peritum, apponamus etiam sapienter indoctum. Hic plane Leo (cum præter psalmos, aut nescio quid tenuissimum et extremum) litteras non didicerit, grammaticos quoslibet ac mundi philosophos in Scripturarum notitia et consiliorum spiritualium profunditate præcellit : ut quicunque ad illum de quovis animæ negotio consulentes accedimus, suscipimus ab eo verbum, ita confidimus ac si prophetici spiritus oraculum reportemus. Sed quoniam et tibi apprime notus est, et opusculis nostris frequenter insertus, sufficiat unum hic verbum proponere quod nuper ab ejus ore quasi negligenter cecidit, sed a me negligenter audiri non potuit. Nam cum inter cætera spiritualiter vivendi capitula solerter inquirerem : Utrum ille post solutum nocturnæ synaxis officium posset dormire si vellet, hoc se funditus nescire perhibuit. Cumque idipsum ego sæpius iterarem, et ille circa diluculum dormiret perquirerem, respondit ille se hoc omnimodis ignorare, quia nunquam penitus expertus esset. Subjunxit etiam se suis assuetum cogitationibus responderе : Accidiеtur, inquit, cor, palpitent oculi, os per crebra balaustia gannire non cesset, caput etiam nutet et in ima devergat; sed quia hæc omnia me perimere nequeunt, ad consentiendum hujus temporis somno nullatenus superabunt. Nam et nos super hac re distichum feceramus, quod hic inserere otiosum esse non ducimus :

Non canonem solvit, qui psallens nocte re-
[dormit :
Ne tamen hoc passim ponat caput ante synaxim.

Sed heu me miserum! hoc inter me et domnum Leonem, quod inter fortissimum David et delirum evenit histrionem. Ille siquidem viribus fortia fecerat, iste sola voce triumphalia ejus gesta decantat. Ille nimirum se Deo novit per somni mactare conflictum; nos versiculos facimus ad similitudinem puerorum. Et quale, quæso, est effetum viribus ac tenuissimi corporis hominem jam per septuaginta fere annos in monastico habitu degere, et adhuc utrum diurnæ lucis erumpente crepusculo dormire valeat, ignorare? Hic itaque prudens, hic vere dicendus est sapiens, qui, dum mundum calcibus abjicit, ipsum mundi principem philosophando deludit.

CAPUT VIII.

Quod ad Deum accedentes humanis disciplinis non indigent.

Quocirca, dilectissime fili, noli hujusmodi sapientiam quærere, quæ tibi simul cum reprobis et gentilibus valeat convenire. Quis enim accendit lucernam, ut videat solem? quis scolacibus utitur ut stellarum micantium videat claritatem? Ita qui Deum vel sanctos ejus sincero quærit intuitu, non indiget peregrina luce ut veram conspiciat lucem. Ipsa quippe vera sapientia se quærentibus aperit, et, sine adulterinæ lucis auxilio inocciduæ se fulgor ostendit. Unde scriptum est : « Clara est semper, et nunquam marcescet sapientia; et facile videtur ab his qui diligunt illam; et invenitur ab his qui quærunt illam : præoccupat eos qui se concupiscunt, ut illis se prior ostendat (*Sap.* VI). » Illam ergo sapientiam quære, illam totis visceribus ardenter amplectere, ex qua non modo valeas sapere, sed et vivere, ac per eam sine fine gaudere. In Deo igitur, qui vera est sapientia, quærendi et intelligendi finem constitue : hunc assiduus meditare, in eo jugiter requiesce. Cui scilicet in eodem Sapientiæ libro dicitur : « Nosse enim te, consummata justitia est ; et scire justitiam et virtutem tuam, radix est immortalitatis (*Sap.* XIII). » In illo igitur defige totum tuæ mentis obtutum, ab illo sapientiæ fonte sume sitibundi pectoris haustum, ut in visceribus tuis illius vitalis poculi vigore concepto, et ipse cœlestis gratiæ madore jugiter vireas, et in alios distillantia fontis irrigui fluenta transfundas. Et quæso ut hoc per te quandoque Deus omnipotens exhibeat fratribus tuis quod per Isaiam promisit pauperibus suis : « Egeni, inquit, et pauperes quærunt aquas, et non sunt; lingua eorum siti aruit. Ego Dominus exaudiam eos, Deus Israel non derelinquam eos (*Isa.* XLI). » Ubi mox sequitur : « Aperiam in supinis collibus flumina, et in medio camporum fontes ; ponam desertum in stagnum aquarum, et terram inviam in rivos aquarum (*Ibid.*). »

Quoniam igitur, fili charissime, temetipsum velut agnum tenerrimum obtulisti, et hoc dæmones per aëra volitantes incursant, ut vel ex manibus tuis oblata diripiant, vel injecta pravæ cogitationis illuvione corrumpant; tu cum Abraham imminentes ad impetum volucres abige, ut holocaustum tuum immaculatum et integrum valeas custodire (*Gen.* XI). Ex eorum quippe pharetra procul dubio toxicata cogitationis hujus sagitta depromitur, ut litterarum studia remanentibus in sæculo coævis tuis invideas, et in hoc eos cautos ac providos, te vero deceptum et fatuum credas, utpote, si hoc et ipse fecisses, quasi gratiorem tunc hostiam Deo tuæ conversionis offerres : sed hoc totum Deo veraciter obtulisti quidquid, ad meliorem ac manentem substantiam properans, pro amore illius acquirere contempsisti. Melius est autem totum simul offerre, quam particulariter dispensare. Sicut enim melius est ovem dare quam fructus ovis, ita laudabilius est totam artem Deo simul offerre, quam fructus artis. Julianus Cæsar et Donatus martyr uno tempore didicerunt. Et ille quidem permansit in studiis, hic secutus est vestigia veritatis. Sed ille in sapientia sua tam feliciter floruit, ut octo libros contra Galilæos (sic enim Christianos vel apostolos vocat) et Evangelium scriberet; Donatus autem desipuit, ut cœleste fastigium cum triumphalis martyrii gloria penetraret. Joannes evangelista apud sæculum pene nil didicit, sed, spretis oratorum dialecticorumque versutiis, ad simplicem Jesu stultitiam puerulus commigravit. Hic tamen dum per libri sui principium summæ lucis mysterium terribiliter intonat, illico philosophorum cæca subtilitas in tenebrosa studiorum suorum profunditate caligat. Præterea beatus papa Gregorius artis grammaticæ disciplinam catenus in suis **732** laudat epistolis, ut eam congruere deneget Christianis (Greg. Mag. *Reg.* lib. ix, epist. 45). Hieronymus ad tribunalia tremenda pertrahitur, flagris atrocioribus verberatur : cui tamen non aliud quam Ciceroniani nominis crimen impingitur. Devotatur ille hac se prorsus ultione plectendum si sæculares libros ulterius legeret, ac si Christum per apostaticæ perfidiæ sacrilegium denegaret. Dicebatur enim illi : « Ciceronianus es, non Christianus. » Et ille : « Si sæculares, inquit, codices ulterius legero, te negavi (Hieron. epist. 22 *de custodia virgin.*). » Honesta satis et utilis sapientia ! nimirum, quæ cum Christi negatione confertur, quæ hæreticæ perfidiæ comparatur ; ut idem valeat eam legere, quod Deum negare. Si ergo is qui terrenum illud dogma didicerat, ab ejus compescitur usu ; quanto magis qui needum expertus est, ab ejus prohibetur accessu ? Si ille cohibetur a notis, quanto cautius iste reprimendus est a discendis. Discumbis, frater, ad mensam Dei, sufficiant tibi dapes cœlestis eloquii. Abjice lolium, quod in vesaniam comedentium mentes inebriat ; suscipe frumentum, quod esurientium animas sobria refectione confirmat. Nec fauces animæ tuæ vitalis escæ fastidiant alimentum, sed procul abjiciant falsitatis ineptias et quisquilia vanitatum. Omnipotens Deus, dulcissime fili, doctrina te suæ legis erudiat, ut cor tuum veræ sapientiæ luce perfundat ; te de manibus tuis viventis hostiæ suscipiat holocaustum, et ad spiritalium provehat incrementa virtutum ; te semper in se manere concedat, et invicem ipse in tuis visceribus delectabiliter requiescat, ut, sicut est ipse pollicitus, tanquam palmes in vite, nunquam desinas pii operis germina pullulare. Amen.

Sit nomen Domini benedictum.

OPUSCULUM QUADRAGESIMUM SEXTUM.

DE FERENDA ÆQUANIMITER CORREPTIONE.

Argumentum. — Ariprandum tironem in militia spirituali laudat quod adolescens ad eremum se contulerit, monetque illum ut exemplo Christi Domini regularem disciplinam non deserat ; proinde æquo animo ferat non modo seniorum verum etiam juniorum correptiones, quæ ad animi labes abluendas sui aliorumque profectum plurimum faciunt : multa ex occasione dicit de bono correptionis, et cur, et an sine culpa sanctus Paulus sanctum Petrum objurgaverit.

Ariprando fratri charissimo Petrus peccator monachus paternæ dilectionis affectum.

Exigis, dilectissime fili, ut tibi aliquid scribam, et qui, me dictante, frequenter aliis scriptitas, ut tibi quoque aliquid scribatur imploras. Sed unde scriptori congruentius incipiam scribere, quam a scribendi ipsius mystica dignitate ? In te quippe, qui scribis, tres sunt digiti, et una manus ; cui vero scribis, tres sunt personæ, et unus Deus. Cum igitur ex diversis apicibus continuum ducis articulum, ad illum semper unum tua dirigatur intentio, cujus in temetipso per quamdam similitudinem conspicis sacramentum. Et quia, dum in scholarum adhuc gymnasio inter adolescentulos ageres, et ephebi vultus florem needum pubis ulla vel tenuis lanugo vestiret, fervor te sancti Spiritus incitavit ut non monasteriale propositum, sed eremi potius arriperes institutum : cave ne, per ætatis adhuc imbecillis obtentum, sancti loci regulam violes ; ne rigorem atque severitatem beatæ conversationis enerves ; ne mutari velis solitam severitatis consuetudinem ; ne peregrinæ adinventionis præsumas superinducere novitatem. Nam et ipse qui magister est angelorum in cœlo, morem in terra tenuit quem invenit ; nec dedignatus est terrenam servare consuetudinem, qui venerat exhibere cœlestem. Nam, ut infinita prætereatur, cur sibi caput ac pedes unguento conspergi muliebri ministerio passus est, nisi quia Palæstinæ atque Judææ regionis mos erat ut ejus accolæ crebrius ungerentur ? Hinc est enim quod ait : « Tu autem cum jejunas, unge caput tuum (*Matth.* xxvi ; *Luc.* vii). » Et quid mirum si Dominus in vita servaverit morem patriæ, quem et sepulturæ suæ sacrosanctis exsequiis non dedignatus est custodire ? Sic enim Joannes refert : « Joseph ab Arimathia et Nicodemus acceperunt corpus Jesu, et ligaverunt illud linteis cum aromatibus, sicut mos Judæis est sepelire (*Joan.* xix ; *Matth.* xxvii). » Cum ergo is qui est ipsa sapientia, per quam cuncta sunt condita, in his etiam rebus quæ nullius pene videntur esse momenti, traditionem hominum servare non respuit ; quantæ præsumptionis est, si disciplinæ quis regulam frangat, quam a sanctis Patribus traditam nullo ignorat ?

CAPUT PRIMUM.

Correptiones æquo animo ferentium emolumenta.

Inter cætera igitur sanctæ conversationis insignia, quæ videlicet et in aliis florere consideras, et tu ipse, divina suffragante clementia, jam irreprehensibiliter servas, unum præ cæteris cave ne correptiones aliquando graviter feras, ne qualibet occasione redargui a tuis quoque junioribus erubescas. Quod videlicet hujus loci tam familiare est atque nativum, ut qui corripitur [correptus], fugit, nobiscum habitare non possit. Ad hoc enim homo de sæculo magisterio regularis disciplinæ submittitur, ut rubiginem quam de mundo lenocinante contraxerat asperæ correptionis lima detergat. Unde est quod Sapientia loquitur in Proverbiis : « Convertimini ad correptionem meam; en proferam vobis spiritum meum (*Prov.* 1). » Non enim dixit, ad blanditias meas; sed : « Convertimini, inquit, ad correptionem meam. » Unde quibusdam corripi dedignantibus ait : « Mane consurgent, et non invenient me; eo quod exosam habuerint disciplinam, et timorem Domini non susceperint, nec acquieverint consilio meo, et detraxerint universæ correptioni meæ (*Ibid.*). » Hinc admonet dicens : « Disciplinam Domini, fili mi, ne abjicias, nec deficias cum ab ipso corriperis : quem enim diligit Dominus, corripit; et quasi pater in filio complacet sibi (*Prov.* III). » Jure scilicet non hominis, sed Domini, correptio dicitur, cum in amore Christi a proximo in proximum quælibet severitas irrogatur; et nimis a sapientia deviat qui superbum cor divinis increpationibus non inclinat. Unde et idem Salomon ait : « Qui diligit disciplinam, diligit sapientiam; qui autem odit increpationes, insipiens est (*Prov.* XII). » Quapropter idem insipiens in Proverbiorum libro conqueritur, dicens : « Cur detestatus sum disciplinam, et increpationibus non acquievit cor meum, nec audivi vocem docentium me, et magistris non inclinavi aurem meam? » (*Prov.* V.) At contra quisquis increpationibus æquanimiter acquiescit, de catalogo sapientum non recedit. Unde scriptum est : « Auris quæ audit increpationem vitæ, in medio sapientium commorabitur; qui vero abjicit disciplinam, despicit animam suam (*Prov.* XV). » Vitrici denique privignis indulgent; patres dura plerumque verbera propriis pignoribus adhibent. Illi nimirum odientem pascunt; isti vero diligentes erudiunt et affligunt. Unde scriptum est : « Qui parcit virgæ, odit filium suum; qui autem diligit illum, instanter erudit (*Prov* XIII). » Et alibi : « Melior est manifesta correptio, quam amor absconditus. Meliora sunt vulnera diligentis, quam fraudulenta oscula odientis (*Prov.* XXVII). » Iterum scriptum est : « Erudi filium tuum, ne desperes · ad interfectionem ejus ne ponas manum [animam] tuam (*Prov.* XIX). ». Ad interfectionem quippe filii paterna manus ponitur, cum in eum quem nequiter agentem conspicit, non modo non invehitur, sed ejus insuper plectendis actibus delectatur; et plausibilibus non veretur verbis extollere, quem duris debuerat verberibus coercere.

CAPUT II.
Quod sapientis est amare correptionem, stulti odisse.

Quisquis ergo sapiens est, austeritatis illatæ duritiam animæ suæ vulneribus deputat medicinam. Unde scriptum est : « Si corripueris sapientem, intelliget disciplinam (*Prov.* XIX); » et iterum : « Plus proficit correptio apud prudentem, quam plaga apud stultum (*Prov.* XVII). » De quo etiam prudente dicitur : « Qui patiens est, multa gubernatur prudentia; qui autem impatiens est, exaltat stultitiam suam (*Prov.* XIV). » Stultitiam quippe suam exaltat impatiens, quia quo per impatientiam suam a quibuslibet frequentius læditur, eo quotidianis contra eos jurgiis atrocius efferatur. Unde legitur : « Semper jurgia quærit malus; angelus autem crudelis mittitur contra eum (*Prov.* XVII). » Crudelis angelus contra quærentem jurgia mittitur, quia dignum est ut mentem in qua crudelitas habitat, crudelis possessor invadat; quia, sicut dicit Apostolus : Ira dæmonium habet. Unde illic, mox ut crudelem mitti contra impatientem docuit, præsto subjunxit : « Expedit magis ursæ occurrere, raptis fetibus, quam fatuo confidenti sibi in stultitia sua (*Ibid.*). » De hoc fatuo et impatienti scriptum est : « Noli esse amicus homini iracundo, neque ambules cum viro furioso, ne forte discas semitas ejus, et sumas scandalum animæ tuæ (*Prov.* XXII). » Porro sicut æger qui non capit antidotum moritur, ita qui non potest corripi, nequit ab animæ suæ languoribus relevari. Unde rursus per Salomonem dicitur : « Noli subtrahere a puero disciplinam; si enim percusseris eum virga, non morietur; tu virga percuties eum, et animam ejus de inferno liberabis (*Prov.* XXIII). » Vis audire quid illis immineat qui respuunt corripi? qui dedignantur a senioribus objurgari? « Viro, inquit, qui corripientem dura cervice contemnit, repentinus ei superveniet interitus, et eum sanitas non sequetur (*Prov.* XXIX). » Ubi et paulo post subditur : « Erudi filium tuum, et refrigerabit te, et dabit delicias animæ tuæ (*Ibid.*). » Enimvero equo adhuc indomito pes in subtele percutitur, ut postmodum clavis affigi ferrum sibi suppedaneum patiatur. Rudi quoque tauro circulus lentæ vitis innectitur, ut assuetus hoc procul dubio discat, quatenus jugum postmodum detrectare non audeat. Sic junior quisque frater etiam tunc objurgandus est cum non peccat, ut disciplinam veræ correptionis postmodum æquanimiter ferat. Quo contra de non correpto scriptum est : « Qui delicate a pueritia nutrit servum suum, postea illum sentiet contumacem (*Prov.* XIX). » De quo videlicet servo vir sapiens ait : « Cibaria, et virga, et onus asino; panis, et disciplina, et opus servo (*Eccli.* XXXIII). »

CAPUT III.
Quod impatientibus correptiones sunt quasi gladii.

Nec ob id tibi, fili charissime, tot Scripturarum testimonia coacervo ut sanctæ indolis tuæ moribus hæc judicem expedire; sed hoc potius ut coævis tuis ex tua valeam occasione consulere. Non enim vas Jerichontinis plenum aquis nobis allatum est, quas ego scilicet instar Elisei (*IV Reg.* II), cœlestis sapientiæ sale conspergerem, et sic eas amaritudine desœarem. Sed nec ollam te plenam colloquintidis [colocyntidis] præbuisti, cujus amarissimum gustum trita divini verbi farina in dulcedinem verteret, sicque prophetarum filiis comestibilem exhiberet. Non enim arundo visa es in deserto vento agitata (*Matth.* XI), sed illa potius quæ mel protulit, unde præcursor Domini Joannes vixit. Advexisti, frater, alvearium favis distillantibus plenum; præbuisti te nobis agrum non ligonibus sarriendum, sed plenis jam falcibus desecandum; non scilicet paliuris ac vepribus inhorrescentem, sed exuberantium messium decore flaventem. Quo contra, de negligente ac fatuo vir sapiens dicit: « Per agrum hominis pigri transivi, et per vineam stulti, et ecce urticæ omnia replevarant (*Prov.* XXIV). » Impatientibus sane correptiones quasi gladii sunt, sed si volunt ut hi gladii vertantur in falces, hirsuta vitiorum suorum dumeta, quibus horrent, permutentur in messes. Unde propheta cum præmisisset de Salvatore nostro, quia « judicabit gentes, et arguet populos multos, » protinus addit : « Et conflabunt gladios suos in vomeres, et lanceas suas in falces (*Isa.* II). » Nimirum congruus ordo, dum primum quidem peccator arguitur : deinde gladii in vomeres, et lanceæ conflantur in falces. Nam dum impatiens quispiam per disciplinam mitior factus, tanquam planus ager increpationis cultro proscinditur, deinde suavi semine sanctæ prædicationis aspergitur, et sic demum fecunda bonorum operum fruge vestitur : huic scilicet et gladii facti sunt vomeres, et lanceæ convertuntur in falces. Quia qui reprehendi prius tanquam gladio perfodi devitabat, nunc et vomerum sacræ doctrinæ libenter sustinet, ut fruges ferat ; et falcem supernæ messionis exspectat, ut horrei cœlestis promptuarium repleat.

CAPUT IV.

Quod in religiosis conventibus ad regularem disciplinam necessaria est correptio.

Spiritualis plane quisque conventus, si fraterni zeli frequenti correptione non utitur, Israeliticæ plebis mystica laborat inopia : quæ videlicet, incipiente Saul regis imperio, fabrum ferrarium non habebat. Dicit enim Scriptura : « Quia faber ferrarius non inveniebatur in omni terra Israel (*II Reg.* XIII). » Porro sicut ferrum reliqua metalla fortiter edomat, ita correptionis malleus vitia delinquentium reprimit, et quasi cudendo rigidæ mentis duritiam frangit. Hinc est quod de ipso fabrorum spiritualium principe per Isaiam dicitur : « Ecce ego creavi fabrum sufflantem in igne prunam, et proferentem vas in opus suum (*Isa.* LIV). » De ferro quoque Ecclesiastes dicit : « Si retusum fuerit ferrum, et hoc non ut prius, sed hebetatum erit, multo labore exacuetur, post industriam sequitur sapientia (*Eccle.* X). » Sed Philisthæi de terra Israel fabros ferrarios tollunt, cum maligni spiritus, falsæ pietatis

obtentu, zelum correptionis de fratrum labiis aufferunt. Unde et illic subditur : « Caverant enim Philisthæi ne forte facerent Hebræi gladium aut lanceam (*I Reg.* XIII). » Unde paulo post : « Retusæ itaque erant acies vomerum, et ligonum, et tridentum, et securium, usque ad stimulum corrigendum (*Ibid.*). » Dum Philisthæi timent gladios, tollunt fabros ; ut, dum armorum fabricatura compescitur, non sit etiam qui cætera exercendi laboris utensilia fabricetur, Apostolo quippe testante : « Gladius spiritus est verbum Dei (*Ephes.* VI). » Hunc gladium quia perversi timent spiritus, fabros de terra Israel auferunt, dum eos qui redarguere delinquentium errata debuerant, a tenenda censuræ disciplina compescunt; et hac negligentiæ dissolutione contingit ut in servorum Dei quibusque conventibus non modo sacræ prædicationis sermo cesset audiri, sed et honestarum artium exercitia desinant frequentari. Nam quia districta magisterii eos disciplina non reprimit, propriis voluntatibus dediti, scribere nesciunt; artis honestæ vel manuum exercitia nulla condiscunt, cum Apostolus dicat : « Qui non laborat, non manducet (*II Thess.* III). » Quæ nimirum cum sibi sint necessaria, sæculares viros, vel etiam reprobos adeunt, quoniam hæc apud se reperire non possunt. Unde illic dicitur : « Descendebat ergo omnis Israel ad Philisthiim, ut exacueret unusquisque vomerem suum, et ligonem, et securim, et sarculum (*I Reg.* XIII). » Israel ergo ad Philisthæos non ascendit, sed descendit, ut utensilia sua necessitatis exacuat, cum sancti ordinis viri ad sæcularium ima declinant, ut ab eis sibi commodum cujuslibet utilitatis acquirant. Vides ergo quia si de sacro conventu correptionum censura subtrahitur, disciplinæ vigor funditus enervatur, et religio tota destruitur; quia, dum unusquisque propriæ sequitur voluntatis arbitrium, ad sæcularia rediens, spiritualis observantiæ violat institutum. Unde quisquis est cui regularis vitæ fervor inæstuat, correptiones libenter amplectitur; et, tunc etiam cum innocens est, suis reprehensionibus delectatur. Non ut eum conscientia peccasse remordeat, sed quoniam hoc prodesse cæteris audientibus sperat, ut unde ipse, innocens et mundus, arguitur, alii, vel lapsi vel lapsuri, forte corrigantur.

CAPUT V.

Cur beatus Paulus beatum Petrum reprehenderit.

Unde nunc ad memoriam redit quod Paulus, sicut ad Galatas scribit, beatum Petrum coapostolum increpavit; sed ei, quem velut discordando redarguit, votis interioribus concordavit : « Cum venisset, inquit, Petrus Antiochiam, in faciem ei restiti, quia reprehensibilis videbatur. Prius enim quam venirent quidam a Jacobo, cum gentibus edebat; cum autem venissent, subtrahebat et segregabat se, timens eos qui ex circumcisione erant (*Gal.* II). » Ubi mox additur : « Et simulationi ejus consenserunt cæteri Judæi, ita ut et Barnabas duceretur ab eis in illam simulationem (*Ibid.*). » O quam dura superficie tenus verba, et, si solis attendantur in syllabis, ab apostolici culminis gravitate funditus aliena. Reprehensibilis est Petrus, cui ad reprehendendum et ad corrigendum commissa sunt omnia regna terrarum (*Matth.* xvi). In faciem ei resistitur, ad cujus imperium janua regni cœlestis Christi fidelibus aperitur; simulationis auctor asseritur, qui primus est in prædicatoribus veritatis; et, ut copiosior adhuc exaggerari valeat injuria, diligenter attende quid sequitur : « Sed cum vidissem quod non recte ambularent in veritate Evangelii, dixi Cephæ coram omnibus : Si tu, cum Judæus sis, gentiliter vivis, et non Judaice, quomodo gentes cogis Judaizare?» (*Gal.* ii.) Quid est hoc, beate Paule, quod priorem tuum increpationibus laceras, objurgationibus exacerbas? Quo pacto non vereris eum ante hominum ora confundere, cui speciali jure concessum est universali totius orbis Ecclesiæ præsidere? An fortassis excidit quod vos communis utriusque doctor instruxit? « Si peccaverit, inquit, in te frater tuus, corripe eum inter te et ipsum solum; sin autem te non audierit, adhibe duos vel tres testes (*Matth.* xviii). » Tu vero non private conventum, non clam coram testibus allocutum, sed palam omnibus arguis, et insuper ad posteritatis venturæ notitiam, quod gravius est, hoc te fecisse conscribis. An et illud oblitus es quod Timotheo ipse jussisti : « Senem ne increpaveris, sed obsecra ut patrem? » (*I Tim.* v.) Sed in eo quod B. Petrum Paulus coram omnibus manifeste redarguit, foris quidem contradictor apparuit, sed cordis ejus vota complevit. Gentiles enim venientes ad fidem non audebat Petrus, eis præsentibus qui ex circuncisione crediderant, in convescendi societate reci ere, ne videlicet illi scandalum sustinerent, et mox a fide adhuc tenera sub hac occasione recederent. Et ideo qui cum gentibus edere consueverat, quibusdam a Jacobo venientibus, ab eorum se consortio subtrahebat : timens scilicet ex circumcisione credentibus, ne, si eum convescigentibus cernerent, perfidiæ periculum sustinerent. Nam quia Petrus ita per omnia sentiebat ut Paulus, gentes scilicet observare ritus Judaicos non debere, qui Actus apostolorum legit dubitare non poterit : imo hujus sententiæ primus auctor Petrus inter apostolos indubitanter invenitur, cujus nunc a Paulo quasi prævaricator arguitur. Ait enim : « Nunc ergo quid tentatis Deum, imponere jugum super cervices discipulorum, quod neque patres nostri, neque nos portare potuimus? sed per gratiam Domini Jesu Christi credimus salvari, quemadmodum et illi (*Act.* xv). » Volebat ergo Petrus permaxime coram omnibus argui, gaudebat objurgantis invectione confundi, ut id quod invitus agebat correptus omitteret, et in eo quod solus attentare timuerat, socium inveniret. Paulus ergo Petro cum restitit, eique procul dubio intrinsecus concordavit, quem extrinsecus arguit; alioquin, quomodo Paulus in alio condemnaret quod ipse non dissimili necessitate compulsus egisset? Nam propter Judæos, qui legis observantiam et veteres ritus tenendos esse perhibebant, et Timotheum, gentilis videlicet hominis filium, circumcidit : et ipse, votum solvens, sibimetipsi caput rasit, et sacrificium juxta veteris legis cæremonias obtulit. (*Act.* xvi, xxi).

CAPUT VI.
An beatus Paulus peccaverit beatum Petrum objurgans.

In hoc ergo quod Petrum corripere visus est, obsecundatus est, non adversatus; et non adversus eum, sicut Porphyrius opinatur, superbe pugnavit, sed humiliter ministravit. Hæc nimirum Pauli correptio ministerium fuit obedientiæ, non objurgatio disciplinæ; non temeritas invectionis, sed unanimis concordia voluntatis. Tu itaque, dilectissime, cum super qualibet occasione corriperis, etiam si te deliquisse nequaquam conscientia reprehendat, quod objectum est, libenter amplectere, culpabilem te coram fratribus tuis humiliter confiteri. Quod nimirum et illis erit imitationis exemplum, et tibi proveniet in augmenta virtutum. Memento quod per Salomonem dicitur : « Melius est a sapiente corripi, quam stultorum adulatione decipi (*Eccle.* vii).» Talis ergo sit voluntas tua ut is etiam qui te forte durius arguet, cum tui cordis intentione concordet; et in eo quod in te asper invehitur, morigeretur potius quam obluctetur. Præsentibus itaque conversatio tua luceat, absentibus fama in benedictione redoleat. Esto, quod superius diximus, ager et exuberans copia segetum et spirans odorantibus pigmentorum, ut in te quoque delectetur omnipotens Deus, et dicat : « Ecce odor filii mei, sicut odor agri pleni, cui benedixit Deus (*Gen.* xxv). » Ut quoniam Aripradus ipse vocaris, ares (ἀρετή) autem virtus dicitur, tanquam ager uberrimus centeni feras fructus acervum, et Deo prandium merearis offerre virtutum.

Sit nomen Domini benedictum.

OPUSCULUM QUADRAGESIMUM SEPTIMUM.
DE CASTITATE ET MEDIIS EAM TUENDI.

ARGUMENTUM. — Damiano nepoti inter cæteras virtutes castitatem præcipue commendat : quam ut facilius tueatur, quotidie ut Dominicum corpus percipiat suadet. Deinde contra insidias dæmonis illum instruit. Postremo, ut se priori commendet, petit : quem de hospitalitate servanda admoneat.

DAMIANO charissimo filio PETRUS peccator monachus paternæ dilectionis affectum.

Quia litterarum gerulus anxie parat exire, non possum, quæ mittenda sunt, climata styli digestione conscribere; teque volo ut potius veri consideres sensum, quam aucuperis lenocinia phalerata verborum. Interim itaque, dum præsto rescribere nequeo, sufficiat hæc tibi simpliciter scribi, quod Timotheo velut æquævo per epistolam Apostolus præcipit : « Dum venio, inquit, attende lectioni, exhortationi, atque doctrinæ (*I Tim.* IV). » Cui nimirum jam et ista præmiserat: « Exemplum esto fidelium in verbo, in conversatione, in charitate, in fide, in castitate (*Ibid.*). »

CAPUT PRIMUM.
Quod castitatis virtus junioribus difficilior sit.

Et ut de cæteris virtutibus quæ nunc per epistolam enumeratæ sunt interim taceam, castitatem, quam ultimam posui, non in membris tantummodo studeas servare corporeis, sed hæc eadem permaxime regnet ac vigeat in visceribus cordis. Nulla quippe virtus est quæ in adolescentiæ flore graviora certamina perferat, quam videlicet velut in camino surgentis incendii, titillantis illecebræ genuinus ardor impugnat. Sed cum super hoc themate nobis uberius disputare non liceat, quia præ nimia celeritate non vacat, quid mihi imperatrix, Agnes olim scilicet aureo quidem diademate coronata, nunc autem multo felicius et incomparabiliter eminentius in regis æterni thalamo collocata, hesterno jam vespertini temporis elabente crepusculo, retulit, hic annotare succincte raptimque non pigeat; ut apud animum tuum, non tam laciniosa loquendi prolixitas quam insignis exempli dignitas convalescat. Porro dum prælata Christi sponsa, et B. Petri filia, in omnium dispositione virtutum delectabiliter pascitur, in tractanda tamen castitatis pudicitiæque munditia propensius immoratur. Unde factum est ut, dum nonnulla de salute animarum mutuis confabularemur eloquiis, et præcipue quasi quosdam versaremus in manibus vernantis flosculos castitatis, illa hoc in medium protulit : Postquam imperator, inquit, Otto regnum Italiæ Berengario victor eripuit (25), captas illico duas ejus filias in Teutonicas partes exsilio transmigravit. Quæ nimirum, dum venusti vultus specie et insigni corporum pulchritudine regum referrent generis dignitatem, cœperunt multi regni proceres Adelaidi Augustæ vehementer insistere, ut tam elegantis formæ decus dotali sibi mererentur copula sociare. Quæ nimirum puellæ dum omnes procos æqua prorsus dedignatione contemnerent, et mortale conjugium sanctæ superbiæ supercilio fastidirent, una illarum duos pulcinos suis uberibus supposuit, et tandiu inter vestem et carnem, donec omnino putrescerent, occultavit. Cumque conspiceret homines ad suum venire colloquium, laxabat occulte vestem, et naribus colloquentium gaudebat exhalare fetorem. Cumque colloquentes ei hanc quotidie narium paterentur injuriam, tandem cessavit delusa sollicitudo quærentium, et virgo Christi, per simulatam carnis alienæ putredinem, inviolabilem sui corporis servavit integritatem. Unde factum est ut utræque postmodum sorores eligerent sanctimoniale propositum, et usque ad finem vitæ monachicum servarent irreprehensibiliter institutum.

CAPUT II.
Quod frequens eucharistiæ susceptio est præsidium castitatis.

Quamobrem pudeat, vel, o fili, vitio libidinis enerviter, vel in cogitatione succumbere, de quo cernis infirmiorem et fragilem sexum cum tanta gloria triumphare : et, ut frementem bestiam valeas, ut ita loquar, ex agro tui juris expellere, satage te, frater, jam quotidie Dominici corporis et sanguinis perceptione munire. Videat occultus hostis labia tua Christi rubore rubentia, quæ territus perhorrescat, et mox in tenebrarum suarum latibula pavescendo diffugiat. Quod enim tu per visibilem panis ac vini speciem suscipis, ille, velit, nolit, Dominici corporis ac sanguinis intelligit veritatem.

Porro autem eadem mihi nunc venerabilis regina narravit quod nuper in Vormaciensi ecclesia, dum longiori per negligentiam tempore eucharistia reservata fuisset in buxide, sola postmodum illic caro fuerit reperta. Ita dum curiosius in eam multorum visus intenderet, nil aliud quam veram ac solidam carnem procul dubio judicaret.

Rainaldus etiam venerabilis Cumanæ Ecclesiæ pontifex dum adesset, quod sibi paulo ante contigerat, veridicus enarrator exposuit : Presbyter, inquit, in ecclesia cui, Deo auctore, deservio, hodieque ni fallor advivit, qui tam parvam ac tenuem in litterarum habet doctrina notitiam, ut aperte quoque scriptionis articulum syllabatim vix valeat legere ; nimia tamen paupertate constrictus, utcunque missarum cogitur solemnia celebrare. Hic aliquando dum sacri muneris eucharistiam detulisset ægroto, ut erat utique deses ac negligens, aliquantulum Domini sanguinis remansit in calice. Quod cum ille in ecclesiam rediens comperisset, sed fastidio præpeditus noluisset accipere, mox calicem lavit, et in labrum marmoreum in quo erat aqua sanctificata, projecit. Et, o magnum divinæ virtutis indicium ! illam labri partem quam id quod effusum est de calice, contigit, in sanguineum ruborem repente convertit, ubi scilicet duæ majores guttæ sanguinis exprimuntur ; sed neque illæ, neque aliæ quæ juxta videntur esse minusculæ, nullo possunt studio vel ablui vel abstergi, quo rubor impressi sanguinis aliquatenus valeat aboleri. Cum ergo purpureus ille cruor tam tenaciter hæserit in vase lapideo, quantum putamus jus sibi potestatis vindicat virtus illa cœlestis in pectore Christiano? His itaque cœlestibus sacramentis, fili charissime, te frequentius munire non differas, quibus videlicet diabolicæ versutiæ et subdolæ machinationis argumenta repellas. Præcinctus erigere, constanter atque robustus sta semper in acie, nec

---

(25) Anno Christi 95.

ignores indeficientem adversarium contra te infatigabiliter dimicare.

CAPUT III.
Diabolus transfigurat se in angelum lucis, ut monachum decipiat.

Interea dum hæc loquor, et illud nunc ad memoriam redit, quod Hildebrandus Romanæ Ecclesiæ archidiaconus, eisdem qui superius memorati sunt et episcopo præsentibus retulit : Duos, inquit, sanctos monachos vidi, et non mediocrem apud eos locum familiaritatis obtinui; qui nimirum singulis morabantur in cellulis, apud monasterium quod in loco constructum est qui dicitur Aquisgrani, quorum videlicet alter, qui majoris videbatur esse simplicitatis, Marinus; alter autem Romanus vocabatur proprio nomine. Sed Marinus vix ulla dies erat in qua diabolum vel per speciem aliquam non aspiceret, vel per somnium non audiret, adeo ut antiquus hostis sibi sæpe compsalleret, simulque cum eo divinæ laudis officia celebraret. Aliquando vero tenebrarum auctor se transfiguravit in angelum lucis, eique quasi legem dictando mandavit : Cave, inquit, quia qui angelum Dei et aspicere et alloqui meruisti, indignum est ut de cætero cum hominibus loquaris. Protinus ille, tanquam mandatum divinitus accepisset, a fratrum se funditus collocutione removit, seque sub rigida silentii censura constrinxit. Cui cum frater Romanus primo, deinde abbas monasterii, ut sibi loqueretur vehementer insisteret, et ille prædantis labiis (suppl. responsum *vel quid simile*) non mitteret; abbas, fores cellulæ violenter irrumpens, dignis indiscretum fratrem verberibus castigavit, et sic ad reddendum sermonis officium compulit. Cui mox admonendum subjunxit : Idcirco, inquit, antiquus adversarius, bonorum semper operum inimicus, silentium tibi tentavit imponere, ut et tu fructum fraternæ ædificationis amitteres, et illi qui a te sublevandi erant tuæ consolationis auxilium non haberent. Sic itaque frater, quia non malitia, sed ex simplicitate peccaverat, ad mentem quantocius rediit, et, contempta suggestione diaboli, admonitionibus pii patris humiliter acquievit.

Sed dum te, fili mi, ad evacuandas antiqui hostis insidias provoco, quid præfata regina retulerit audisse ex ore beati Leonis noni Romanæ Ecclesiæ pontificis, non omitto. Ait itaque prædictus papa : Amita mea, sanctimonialis effecta, in quodam virorum cœnobio monasterio constituta; ibique in propria degens cellula cum quadam pygmæa, id est brevis staturæ femina, quotidianæ laudis officia patienter et humiliter persolvebat.

CAPUT IV.
Quod diabolus signo crucis cognoscitur.

Quadam vero nocte cum ante nocturnæ synaxis [articulum, *vel horam vel aliquid simile*] maturius surrexisset, comitemque suam more solito sæpius inclamasset; illaque, gravi sopore depressa, nullatenus responderet, tandem in iram commota, quid diceret non attendit : Diabole, inquit, surge. Ad quam vocem præsto diabolus, ejus quæ dormiebat effigiem repræsentans, accessit; et mutuos reddendo versiculos, psallere simul cœpit; cumque ad illum psalterii locum modulatione continua pervenissent ubi dicitur : « Exsurgat Deus, et dissipentur inimici ejus, et fugiant a facie ejus qui oderunt eum : sicut deficit fumus, deficiant (*Psal.* LXVII), » et reliqua : hic illico malignus spiritus substitit, et hos exprimere versiculos non præsumpsit. Hoc sancta mulier cum apud se miraretur, expavit; et, quod erat, non inaniter suspicans, signum sibi sanctæ crucis imposuit, statimque malignus hostis evanuit; et quis esset qui sanctæ mulieri psallendo comes exstiterat, se fraudulenter occultando monstravit. Huic etiam venerabili matronæ nocturnis horis nequam spiritus cadaver cujusdam hominis, qui pro suis sceleribus appensus fuerat, attulit; et, ut illi terrorem incuteret, hujusmodi sibi, ut ita loquar, xenium procuravit. Quæ mox abbati loci fratrumque conventui quid sibi nequissimus hostis fecisset innotuit; atque ut pro illo misero fratres omnes in commune preces effunderent, obnoxiis [*f.* obnixis] precibus impetravit. Postmodum vero cuidam divinitus revelatum est, per orationes fratrum illum misericordiam consecutum. Sic itaque deceptus hostis antiquus, qui dum viventi machinatur illudere, jacturam cogitur de mortuo sustinere.

CAPUT V.
Christianæ charitatis exemplum.

Ad hoc igitur et hujusmodi diabolicæ tentationis tibi proponuntur exempla, ut et ipse contra hostis callidi deceptoris insidias solerter evigiles : et, dum te delectat aliorum cum hoste luctantium audire victorias, ipse te per languidi corporis ignaviam non remittas. Sed jam ista sufficiant. Commenda me fratribus, domno priori ex nostra parte humiliter suggere ut a fervore solito pietatis et misericordiæ non tepescat, sed susceptionibus hospitum et subsidiis egenorum, in quantum res domestica patitur, insistere non omittat. Sed et illi conveniens exemplum profero, quod huic rei, quam sibi suadere gestio, non mediocriter profuturum esse confido. Nam et eadem Agnes regina quæ supra inquit etiam quia vir quidam in Alemanniæ partibus avia saltuum, prærupta montium, opaca sylvarum venandi studio peragrabat. Hic itaque dum anxius huc illucque discurrit, et sollicitus curiositatis indagine ferarum lustra perquirit, invenit duas mulieres, matrem scilicet ac filiam, per illos hiemalium cumulos pruinarum et profunda nivium rudera miserabiliter oberrantes. Qui protinus misericordia ductus, comiti suo qui eum solum sequebatur, ait : Levemus in equis has feminas, singuli singulam, et ad hominum habitacula devehamus, quia vel oberrantium forte luporum sunt morsibus exponendæ, vel vi nimii algoris sunt procul dubio morituræ. Quod comes penitus abnegat, et hanc se ferre posse stomachatur injuriam. Cui dominus : Ego, inquit, si tu fastidis, solus utramque levabo, et hanc quam dicis injuriam alacriter sustinebo. Cumque unam post se, et alteram, in medio residens, poneret ante se : tandem socius mente compunctus atque confusus, domino suo cessit unam, et ipse ad subvehendum corripuit alteram. Sic igitur eas per difficillima loca et longos anfractus non sine gravi periculo detulerunt, donec scilicet molendinum casu obvium reperirent, ibique eas deponerent. Adjecit etiam dominus ut uni earum vestem traderet, qua vim frigoris aliquatenus temperaret. Hic aliquanto post tempore factus est monachus, et deinceps, ingravescente molestia, ad extrema perductus est. Tunc fratribus, qui astabant, cum magna cœpit animadversione clamare, dicens : Videtis innumerabilium dæmonum turbam, quæ me undique circumvallat, meque terribilibus oculis intueri et impugnare non cessat? Cumque continuis orationibus et psalmodiæ fratres insisterent, ille tamen nihilominus tremefactus visceribus formidaret, tandem ille qui sibi, sicut dictum est, in venatione comes exstiterat, assistens propius exclamavit : Nonne vides quod mulier illa quam tecum simul ad aquimolum devectavi, vestimentum illud quod sibi tunc dedi tenens in manibus, ventilat, et omnes in hac domo dæmones violenter exturbat? Paulo post, ecce, Deo gratias, ejecti sunt, et a meis obtutibus, mulieris hujus impulsu, prorsus evanuerunt. Sic igitur ille sub bonæ spei securitate defunctus est, et misericordiæ fructus, quos vivus exhibuit, oblatos sibi, dum moreretur, invenit. Nam sæpe contingit ut inter multas carnalium actionum tenebras unum boni operis lumen erumpat, quod hominem ad bonum finem portumque perducat.

CAPUT VI.

Per unum opus bonum Dei pietas peccatores salvat.

Unde non otiosum arbitror si et id quod Stephanus ejusdem reginæ capellanus, vir videlicet honestus et prudens, enarravit, attexo. Ait enim quod Stedelandus imperator Galliciæ retulit, quod tunc ad unius notitiam, alio postmodum referente, pervenit : Tres, inquit, meretrices erant, obscenis lupanarii fœditatibus deditæ, et, ut ita loquar, omni transeunti turpi lenocinio prostitutæ, sed cum regio illa communi Saracenorum et Christianorum esset habitatione permixta, illæ se Christianis quidem turpiter exponebant ; Saracenorum vero consortia funditus abdicabant. Cumque se dolerent illi in hoc fœdo negotio despici, suæque genti conquererentur injuriam irrogari, tandem eas ad tribunal præsidis pertrahunt, et ut suis quoque, sicut Christianis, in luxuriæ permixtione consentiant, vehementer insistunt. Sed dum scelus hoc apud eas, modo terrores, modo blanditias intentantes, aliquatenus obtinere non possent, prolata sententia præsidis, adjudicatæ sunt morti. Quid plura? Protinus spiculatores accedunt, nudis cervicibus vibratos pugiones incutiunt; sed ne supremam quidem cutem incidere, cassatis ictibus, possunt. Interea dum et istæ mori alacriter volunt, et illi occidere nequeunt, carcerali custodiæ mancipantur. Nocte vero uni earum, quæ quasi superior erat cæteris, Salvator apparuit, eique dixit : Noli timere, hodie certamini vestro finem imponam, vosque cum corona martyrii in gloriæ meæ amœnitate suscipiam. Sequenti vero die ad tribunalia judicis deducuntur, inquisitione facta, eadem nihilominus sententia perseverat; idem est qui fuerat animus; et Agarenorum, sicut prius, per omnia detestantur amplexus. Protinus ergo carnifices, quoniam in cervicibus earum nil se posse probaverant, earum guttur gladio defæcant [desecant], et sic de meretricibus martyres efficiunt. Sed quoniam longius quam incipiendo decreveram, jam stylus iste perducitur, cohibendus est calamus, et epistolaris compendii ponendus est modus. Tandem divinæ pietatis imploro clementiam, ut inter cætera virtutum et totius sanctæ religionis insignia, inviolabile tibi servandæ pudicitiæ robur infundat, et vasculum tui corporis in sanctificatione et honore custodiat; quatenus is qui dicit in Canticis : « Ego flos campi, ego lilium convallium (*Cant.* II); » sicut pro te dignatus est fieri filius Virginis, sic etiam vernare te faciat floribus castitatis.

Sit nomen Domini benedictum.

OPUSCULUM QUADRAGESIMUM OCTAVUM.

DE SPIRITUALIBUS DELICIIS.

ARGUMENTUM. — Honestum monachum edacitatis et ciborum delectu plus justo studiosiorem, spiritualium dulcedine epularum ante oculos posita, ad terrenarum dapium contemptum, et cœlestium deliciarum meditationem et amorem perducere conatur.

HONESTO fratri PETRUS peccator monachus salutem.

CAPUT PRIMUM.

De Jubilæo, ejusque mysteriis.

Qui coactus in arma progreditur, impulsus tamen fortiter præliatur, corrigit ignominiosæ trepidationis opprobrium, dum obtinet ex virtute triumphum. At si et invitus incipit, et mox occurrentibus adversariis corde pavido terga vertit, etiam si fugiens hostilia tela contempserit, nota tamen degeneris infamiæ non carebit. Tu quoque, frater, in quantum datur intelligi, non ultroneus in militiæ spiritualis arma jurasti; et postquam, dato nomine, tirocinii sacramenta professus es, nil insigne, nil forte, nil certe dignum laude gessisti; sed, ex Ægypto progressus, ciborum ac potuum cœpisti murmurare penuriam, cunctas Ægypti delicias suspirare (*Exod.* xvi), cum illo carnali conquerens Israel : « Utinam mortui essemus per manum Domini in Ægypto, quando sedebamus super ollas carnium, et comedebamus panes in saturitate! » (*Dan.* iii.) Misit ergo te rex Babylonis in caminum ignis ardentem, sed videre non potuit Dei Filium tecum inter globos flammarum æstuantium incedentem. Stuppæ, naphthæ, picis ac malleolæ congeriem persecutor intulit; sed divina virtus hujus erga te vires incendii non exstinxit (*Ibid.*). Porro de flamma illa dicitur : Quod erupit, et erecta est super fornacem cubitis quadraginta novem. Non enim ad quinquagenarium numerum, id est usque ad mystici Jubilæi, potuit pertingere sacramentum. Jubilæus enim annus requietionis est, ignis ergo ille carnalis concupiscentiæ non ad requiem pertinet, sed scandala potius generat, dum reprobam mentem titillantibus illecebris æstuantem vexat atque perturbat. Non enim ad illum quinquagesimi diei pertinet ignem, de quo dicitur : « Totus autem mons Sinai fumabat, eo quod descendisset Dominus super eum in igne, et ascenderet fumus ex eo quasi de fornace (*Exod.* xix). » Sed nec illi congruit qui, quinquagesimo nihilominus die, post Dominicæ resurrectionis gloriam super apostolos in linguarum varietate descendit (*Act.* ii). Uterque igitur ignis iste descendit, quia nimirum de cœlo venit. Ille autem non descendisse, sed ascendisse legitur, ut de carnalis concupiscentiæ petulantia procedere videatur.

CAPUT II.
Quid fuerit manna, et quid significet.

Noli, frater, noli gulæ vel carnis deservire libidini, qui te militem spopondisti sobrietatis auctori. Pudeat te carnalium voluptatum esse vernaculum, nec collum tuum ingenuo Christi jugo submissum, vinculis subjicias barbarorum. Non Eglon rex Moab sub sua te ditione possideat (*Judic.* iii), sed tecum simul Aoth illum inopinato pugione transfodiat. Nec Agag rex Amalech, cum terreno Israel sub suo te imperio comprimat (*II Reg.* xv), sed cum Samuel coram te per artus in frusta concidat. Non te destructor ille Hierusalem delectet (*IV Reg.* xxv), qui profecto, quoniam illecebrarum suggerit oblectamenta, carnalium super coquos habere dicitur principatum. Si te dulce quid manducare delectat, divinum illud ad mysticum manna in cordis tui palato sapiat, de quo dicitur : « Quia gustus ejus erat quasi similæ cum melle (*Exod.* xvi). » Simila scilicet ista de grano frumenti fit, quod in terram cadens, ac mortuum, multum attulit fructum (*Joan.* xii). Sed hæc simila melle conspergitur, quia humanitas Redemptoris plena est dulcedine deitatis. Deus enim erat in Christo, mundum reconcilians sibi (*I Cor.* v). Vel certe mel in simila, dulcedo est spiritualis in

littera. Hinc est quod ex eodem manna Hebraicus ille populus turtulas sibi confecisse describitur : « Frangebat, inquit, populus illud mola, sive terebat in mortario, coquens in olla, et faciens ex eo turtulas saporis, quasi panis oleati (*Num.* xi). » Turtula plane nisi prius aperitur, gustari non valet quod intra ejus septa reconditur. Oracula nempe prophetarum quasi quædam turtulæ sunt, quæ sub quadam quasi carnalium theca verborum spiritualis intelligentiæ contegunt sacramentum. Hanc turtulam aperire non poterat, cui per Isaiam dicebatur : « Lege librum istum. Et respondit : Non possum. Signatus est enim (*Isai.* xxix). » Hanc sibi turtulam eunuchus ille reserari petiit, cum Philippo dicenti sibi : « Putasne intelligis quæ legis ? » Respondit : « Et quomodo possum, nisi aliquis ostenderit mihi? » (*Act.* viii.) Ac si dicat : Turtulam quidem istam in manibus teneo, sed non possum ex ea comedere, nisi eam docta manus aperiat, et medullam mihi spiritus, qui in palea litteræ latet, exponat. Hanc per semetipsos aperire non poterant, de quibus Jeremias aiebat : « Parvuli petierunt panem, et non erat qui frangeret eis (*Thren.* iv). »

Hoc ergo manna, dilectissime, hunc vitalis alimoniæ cibum in meditationis tuæ mortario subtiliter pinse, in fervidi amoris olla jugiter excoque, ut ex hoc animæ tuæ viscera valeas velut a ruinæ cœlestis adipe saginare. Hoc intimæ refectionis edulium cordis tui fauces obdulcet, hoc animum tuum ad illud cœleste convivium provocet: Hic denique cibus in gustu mentis tuæ delectabiliter sapiat, hic te ad esurienda supernæ refectionis alimenta succedat.

CAPUT III.
Quod in solo Deo est sanctorum spes et requies.

Repressa igitur diversorum aviditate ciborum, unus duntaxat esuriatur, unus omni desiderio flagitetur : « Unam, inquit, petii a Domino, hanc requiram (*Psal.* xxvi). » Hæc est enim unitas illa quæ quadraginta novem surgentis flammæ cubitis deerat (*Dan.* ii); quia carnalis appetitus, dum per multa raptatus oberrat, non habet unum illud, causam videlicet finemque gaudendi, in quo delectabiliter requiescat. Jubilæus autem hac unitate concluditur, quia in solo Creatoris amore omnis sanctorum spes et intentio ponitur, in eo tota eorum requies collocatur. Per omne quod agunt, ad illum tendunt, et in eo, tanquam in Jubilæo, a cunctis mundi vanitatibus requiescunt. Enimvero sicut septimus dies, qui per omnem celebratur hebdomadam, vel certe septimus quietis annus, qui per omne nihilominus septennium celebratur, hujus temporis significant requiem, qua sancti solum Deum diligunt, et in eo a cunctis mundi perturbationibus requiescunt; ita per Jubilæum, quinquagesimum videlicet annum, illa ultima requies designatur, qua videlicet electi omnes secura semper atque interminabili requie perfruuntur. In hac enim vita sola cujuslibet sancti viri anima Deo per vim certæ spei ac puræ dilectionis innititur: nam caro multis adversitatum calamitatibus perturbatur. **752** Unaquæque nimirum hebdomada Sabbatum dierum, septennium vero Sabbatum habebat annorum ; Jubilæus autem erat Sabbatum Sabbatorum. Ex septies enim septem quadraginta novem summa perficitur, cui superaddita monade, quinquagenarius numerus, qui est Jubilæus, impletur. In quo nimirum numero sicut septies septem dicimus, sic in intellectu nostro requiem animarum videlicet et corporum geminamus. In Jubilæo quippe nostræ quietis, hoc est in illa vita felicitatis æternæ, sic electus quisque non solum animæ, sed et corporis immutabili quiete perfruitur, ut nulla jam in utralibet substantia cujuslibet turbinis incommoditate vexetur. In Jubilæo tubis clangitur (*Levit.* xxv), et ad possessiones suas unusquisque revertitur ; quoniam, sicut dicit Apostolus, ipse Dominus in jussu, et in voce archangeli, et in tuba Dei descendet de cœlo : et mortui qui in Christo sunt, resurgent (*I Thes.* IV). Quid est enim in voce archangeli et in Dei tuba descendere, nisi quodammodo consonantibus tubarum clangoribus intonare ? Et quid est mortuos qui in Christo sunt, resurgere, nisi ad possessiones suas unumquemque redire ? Tunc enim Abraham, tunc Moyses, tunc certe Pilatus, tunc Herodes, tunc justus quisque, sive peccator, ad possessionum suarum jura revertitur ; cum carne, quam ad tempus deposuerat, reinduitur : ut cum ipso suo corpore unusquisque recipiat quod meretur. Habent præterea nunc reprobi utriusque substantiæ quodammodo requiem, quia et animarum suarum et corporum perficiunt voluptatem, ut nimirum concupiscentiæ flamma, quæ tanquam ex camino Chaldaico, æstuanti eorum mente, progreditur, ad septies septem (*Dan.* III), hoc est ad quadraginta novem, consurgere videatur ; sed quoniam ad unitatem, quæ Deus est, ex mentis intentione non tendunt, ad beati Jubilæi plenitudinem non pervenient.

CAPUT IV.
Quomodo Deus in nobis quiescat.

Sed qui Jubilæum Deo, hoc est requiem, quærimus, et ipsi Jubilæum Deo in nobis exhibere debemus. In cujus enim corde Deus in hac vita requiescere non permittit, ei postmodum cœlestis vitæ requiem non largitur. Nunquid enim in nobis Jubilæi quodammodo quietem non expetit, cum per Isaiam dicitur : « Super quem requiescet Spiritus meus, nisi super humilem et quietum, et trementem sermones meos ? » (*Isai.* LXVI.) Nunquid et columba illa, quæ tunc eumdem Spiritum præsignabat, requiem non quærebat ? De qua legitur : « Quia cum non invenisset ubi requiesceret pes ejus, reversa est ad Noe in arcam (*Gen.* VIII.) » Columba quippe requiem in mundi periclitantis aqua non invenit, quia Spiritus sanctus in his qui cum mundo depereunt nullatenus requiescit. Ad arcam vero, in qua erant octo animæ, columba revertitur ; quia in illis sanctus Spiritus habitare dignatur in quibus per lavacrum baptismatis certa spes est beatæ resurrectionis. Unde scriptum est : « Spiritus Dei ferebatur super aquas (*Gen.* I). »

An non se Dominus apud nos requiem pollicetur habere, **753** cum dicit : « Si quis diligit me, sermonem meum servabit, et Pater meus diliget eum, et ad eum veniemus, et mansionem apud eum faciemus? » (*Joan.* XIV.) Hanc apud quemquam non se reperisse requiem conqueritur, dicens : « Vulpes foveas habent, et volucres cœli nidos; Filius hominis non habet ubi caput suum reclinet (*Luc.* IX). » Quisquis ergo in corde suo cujuslibet malitiæ venena concepit, festinet de pectoris sui fovea vulpes excutere, ut in eo Dei Filius caput suum merito debeat reclinare. O tu quisquis es, cor tuum, spelæum scilicet vulpium, in arcanum castæ meditationis verte mortarium : in quo videlicet manna cœlestis eloquii non desinas subtiliter terere, ut oleatus ex eo panis tibi valeat provenire. Panis enim oleatus sacræ Scripturæ est intellectus, Spiritus sancti suavitate conditus. Hæc tibi, frater charissime, Spiritus influat [infundat] ; hic a te cum Samson torporis atque desidiæ nexum abjiciat, atque ad fortiter cum hoste certandum ferventer accendat (*Judic.* XVI).

In desperatis quidem rebus gloriosum est fortiter agere; insignis præconii est eum qui corruerat in ruinam, inopinatam reportare victoriam. Marcellus nempe Romanorum consul, dum in manus Gallorum improvidus incidisset, et, armatis hostibus undique circumfusis, aufugii prorsus aditus non pateret, in Vitromarum [Virdomarum] regem illorum tanquam fulmen ferventissimus irruit: eoque perempto, plurimas quoque cum collega suo, Marco videlicet Scipione, hostium copias interemit. Quid ergo mirum si quod adversus hominem fuisse per humanam fortitudinem constat, nunc contra diabolum per virtutem sancti Spiritus fiat ? Excutiatur ergo, charissime frater, a te degener hujus inoliti torporis ignavia, viriliter manus arma corripiat, et intortis oppugnantium jaculis **754** clypeum intimæ circumspectionis opponat. Nec te cum Isboseth in inguine percussuri latrunculi reperiant in lectulo somniantem (*II Reg.* IV), sed potius cum David Philisthinorum agmina sentiant insuperabiliter obluctantem (*II Reg.* II). Ut ergo hanc, auctore Deo, merearis obtinere victoriam, non ultra cum carnali illo Israel immurmurans dicas : « Anima nostra arida est, nihil aliud respiciunt oculi nostri nisi manna (*Num.* XI) ; » sed potius lætus et alacer cum Propheta decantes : « Quam dulcia faucibus meis eloquia tua super mel et favum ori meo! » (*Psal.* CXVIII.) Aviditas ergo carnalis deliciæ menti nostræ stomachum vegetare non desinat. Illæ siquidem carnales epulæ nihil aliud quam vermem enutriunt ; istæ vero mori hominem non permittunt, sed in æterni viroris amœnitate custodiunt. Illæ sui avidos in igne cum divite guttam aquæ sitire compellunt (*Luc.* XVI) ; istæ cum Daniele secreta nobis mysterii cœlestis aperiunt (*Dan.* X). De illis vero : « Esca ventri, et venter escis ; Deus autem hunc et illas destruet (*I Cor.* VI). » De istis autem dicitur : « Favus distillans labia tua, sponsa ; mel et lac sub lingua tua (*Cant.* IV). » Et iterum : « Fons hortorum, puteus aquarum viventium, quæ fluunt impetu de Libano (*Ibid.*). »

De pretiosarum vero vestium vanitate, cujus morbo diceris laborare, non scribo; quia stylum ultra producere, sicut ipse perpendis, charta deficiente, non valeo. Ad epistolam ergo quam venerabili abbati tuo Mainardo super hoc themate scripsi, prudentiam tuam dirigo, rogans ut illam non perfunctoria celeritate transcurras, sed vigilanter in ea quæ momenti sunt attendas. Omnipotens Deus, dilectissime frater, carnalis sensus in te vires evacuet, et mentem tuam in spiritualis desiderii soliditate confirmet.

Sit nomen Domini benedictum.

OPUSCULUM QUADRAGESIMUM NONUM.

DE PERFECTA MONACHI INFORMATIONE.

ARGUMENTUM. — Sanctus doctor fratrueli suo Classensi monacho salutem dicit, eumque adversus dæmonis insidias salutaribus armat monitis. Omnium primum monet ut corporis in eo munditiës, temperantia in victu, orationis studium, animi demissio, obedientiæ virtus eniteat. Deinde rogat muliebrem convictum evitet, nullisque verborum fucis in congressionibus utatur. Iterum orat affinium amorem restringat, ne munus aliquod ambiat, de aliorum fama ne detrahat, per morbi simulationem sui rationem haberi ne cupiat. Postremo illi suadet ne reprehensiones ad aures admittat, lapsus agnoscat, paucosque e multis, eosque spectatæ virtutis imitetur.

PETRUS peccator monachus MARINO puerulo salutem in Domino.

CAPUT PRIMUM.

Quæ cura tuendæ castitatis habenda sit.

Rudis tiro facile in prima belli congressione prosternitur, nisi, adhibito prius campidoctoris officio, diligentius informetur. Tu autem, qui nuper in divinæ militiæ sacramenta jurasti, qui in professione sancti propositi inter pueriles alas nomen dedisti, inter ipsa castrorum spiritualium rudimenta cognosceris tanto propensius salutaribus monitis indigere, quanto non terrenam, sed divinam potius militiam adorsus es bajulare. De qua nimirum dicit Apostolus : « In carne enim ambulantes, non secundum carnem militamus. Nam arma militiæ nostræ, non carnalia, sed potentia Deo sunt (*II Cor.* x). »

Porro autem quia consanguinitatis mihi necessitudine jungeris, fratruelis quippe es, arbitror tuæ salutis curam eo mihi periculosius impendere, quo tenera tua adhuc ætas, alienæ opis indiga, id videatur et ex debito quoque propinquitatis exigere. Nam cum Apostolus censeat eum qui ad episcopatus apicem promovetur, filios habere debere subditos cum omni castitate (*I Tim.* III), atque in catalogo virtutum sacerdotis, etiam filiorum pudicitiam et obedientiam ponat; tu mihi, licet non sis filius, a mea tamen cura non merito judicaris extraneus, cui germana videris affinitate propinquus : præsertim cum et ipse tibi monachicum tradiderim habitum, non sine causa me a consultationibus tuis diffiteor absolutum.

Primo omnium, dilectissime fili, castitatem servare vigilanti solertia satage, et omne crimen lethiferæ pollutionis exclude, ut scias, juxta Apostolum, vas tuum possidere in sanctificatione et honore (*II Thess.* IV). Hæc est enim sanctimonia, sine qua nemo videbit Deum. Servetur munda corporis tui tunica, et in tanti regis nuptiis nullo petulantis luxuriæ reperiatur squalore fœdata.

CAPUT II.

Quod sobrietas est castitatis præsidium.

Sit ergo tibi castitas semper in corpore, sit semper in mente; quatenus sic lilia indisciplinatæ carnis velut exaratæ terræ cultura candescant, ut radix quoque in sui viroris gratia inconvulsa permaneat. Carnis titillat illecebra, surgunt libidinis incentiva, ad apostolica mox tela prosiliens (*II Cor.* XII), evangelicum quoque gladium bellator fervidus arripe; et frementes cuneos hostiumque barbariem, duce Christo, facile poteris obtruncare. Unum est ut sobrietas quotidie tibi comes sit individua, nec aliquando a tuo sit collegio, gula pruriente, divulsa. Ubi enim viscerum pori ciborum repleti sunt, suum illic procul dubio robur sibi vindicat flamma libidinis. Hæc enim pestis ariditate repellitur, et ubi efferi corporis humor deficit, hæc etiam arescendo marcescit. Plane ut ignis aquæ, sic luxuria inimica est frigori, atque ideo ubi genuinum carnis ardorem ciborum fomenta destituunt, fervor quoque luxuriæ necesse est exstinguatur. Nolo ergo cibis lautioribus inhies : nolo vino affluenter indulgeas, sive de ejus coloris saporisve distantia aliquando disputare præsumas. Hoc tenuis lageos horror exasperat, illud venachoricæ debilitatis enervat; istud porro thasiam rubet, illud autem aureo Mareotidis decore flavescit; prohibetur lectio; nauseanti vappa est; baptismus irrepsit : exspectavi quidem vinum, sed huic aquæ perexiguum vini videtur admistum; huic sane vino Aminæa quidem vitis plurimum contulit, sed Rhætica propemodum superare contendit. Noli itaque callere quid Arigitis, quid Rhodia sapiat; quem suavitatis acrorem cum purpureis Preciis Psythiisque componat. Hæc enim omnia gulæ philosophantis sunt argumenta, et ingurgitationis abominandæ materia. In sumendis ergo alimentis parcitas asperitatem mitiget, vulgaritatem delibatio castigata commendet. Nec sufficit in esculentioribus cibis cohibere crapulam, nisi et in ipsis grossioribus noverit quis tenere mensuram. Sic enim vulgari quolibet cibo crapulantis aliquando gulæ culpa committitur, sicut et in deformi scorto coeundi voluptas expletur. Qui vero consuevit ventrem brevi panis aridi mensura conficere, non facile de inadipatis novit eduliis judicare. Qui timet aquam ad satietatem bibere, mulsi se potionibus ingurgitare non quærit. Si vis ergo inter delicias sub sobrietatis legibus vivere, cave quoque inter ipsa simplicia alimenta edacitatis frena laxare. Suavem vero cibum cur debeamus expetere? qui, quantislibet apparetur impendiis, et antequam in os intret, nobis non sapit; et postquam, flumine glutiente, trajicitur, venter, cui illapsus est, non discernit. Totius autem nostræ voluptatis iter, cui tanta ambitione servimus, brevissima unius palmi summa concluditur. Qui enim Christum desiderat, et ipso pane vescitur, nimirum qui de cœlo descendit (*Joan.* vi), de quam pretiosis cibis stercus conficiat magnopere non discernit. Quidquid ergo non sentitur post gulam, idem tibi sit quod panis et olera. Nam si gula non sibi thesaurizat, sed ventri; cur ipsa quid quasi delicatius eligit, quod venter idem indifferenter admittit?

CAPUT III.

Quod mortis cogitatio turpes abigit motus.

Ut ergo non sentiat pudicitia periclitata naufragium, inter fluctuantis hujus vitæ discrimina sobrietas magistra tui corporis teneat clavum. Abigendis quoque cogitationibus sollicitus semper invigila, quia non enixius expedit carnem ab illecebrosa titillatione reprimere, quam mentem quoque a turpium cogitationum phantasmate custodire. Novi fratrem in Christo, qui districtam hanc mentis suæ regulam jugi ac pervigili servat intuitu; ut quotiescunque libidinis suggestio subrepit, mox cogitationi suæ, velut expeditus ad proficiscendum, dicat: Eamus, inquit, ad circum; illico omnia cœmeteria ac sepulturas imaginando perlustrans, putrescentium virus saniemque cadaverum, scatentes quoque vermes et fetentium jus carnium curioso rimatur intuitu: cumque considerat quia olim carnes illæ, in sua viriditate florentes, his subjacuere molestiis, corpus etiam suum paulo post futurum esse non ambigit quod illas esse jam cernit. Compendium dat luxuriæ, qui præbet oculum corruptelæ; nec est libidini diversorium, in qua versatur mente sepulcrum. O quoties ille frater candentem cultrum et vomerem, quasi cauterium quoddam, genitalibus impressit? ita ut, crepitante quodammodo præfixæ carnis incendio, ad nares usque fumus per enargiam exhalare videretur.

Cum necessitatis aliquando casus exegerit ut tuum feminæ colloquium negare non possis, limis semper oculis, et velut aliorsus intentus, absentem tui præsentiam exhibe: longinquus alloquere, confabulator absiste, terræque defixis obtutibus, neque pallentem neque rubentem ejus faciem possis judicare. Beatus aliquando Romualdus rediens a sibyllæ comitissæ colloquio, comitanti fertur callide dixisse discipulo: Quam elegantis, ait, et venusti vultus femina, nisi, proh dolor! unius oculi dispendio laboraret! Cui discipulus: Absit! magister, inquit, sicut decora certe facies, ita quoque oculi, prout sagaciter deprehendi, nihilominus incolumes vigent. Quem magister acerrima protinus animadversione corripiens: Et quis te, inquit, in faciem feminarum respicere docuit? Tunc ille circumventum se esse respiciens, pœnitentia ductus erubuit, et de cætero cautiorem se fore obstinatissima pollicitatione devovit. Versutus namque adversarius pictor est, sed qui facile quidem possit ad memoriam visa reducere, vix autem in parietibus mentis nostræ ignotarum nobis specierum lineamenta formare. Si vis itaque ad perfectionis fastigium provehi, amodo necesse est in cunctis virtutum studiis exerceri: videlicet dum ætas tua cerea est, dum mores teneri in quamlibet partem valent indifferenter adduci. Cum ipsis ergo corporalibus incrementis coæva virtutum exercitia coalescant, ut consuetudo leviget quod debilitas humanæ fragilitatis abhorret. Nunc itaque exiguo cibo exigua nihilominus se intestinorum mensura coaptet; ut dum ipsa viriditate sua vasculi sinus attrahitur, modica postmodum annonæ mensura facile repleatur.

CAPUT IV.

Quod silentium est loquendi magister.

Assuescat lingua sub taciturnitatis se cohibere censura, et tacendo discat quod loquendo postmodum graviter proferat, ne, si nunc districtum negligit custodire silentium, loquendi postmodum nequeat frenare pruritum. Lentescant nunc genua crebris attrita metanœis, imo cætera membra diversis exercitationibus edomentur, ne quorumdam more durus postmodum stare videaris et rigidus; et manimundulus, ut aiunt, quasi sacra Cereris oblaturus. Esto sollicitus ad exhibendum sedulitatis officium, et promptus semper ad obsequia delata respuere, ipse satage omnibus ministrare. Aliquid parari vel afferri præcipitur, repente consurge, et festinus accelera, ut jubentis vox in te potissimum fuisse directa videatur. Illud autem te præcipue et sub districta prorsus animadversione præmoneo, ne quorumlibet te fratrum offendant privata jejunia. Novi enim quorumdam mihi similium vitia. Nonnulli namque aliis jejunantibus tanto livoris atque invidiæ felle torquentur, ut illorum salutem sibimet in perniciem vertant, et, ut ita loquar, per alieni profectus scalam ipsi in præcipitium corruant. Non, inquiunt, licet agere nisi quod communis monasterii regula vel majorum cohortantur exempla. Quibus nimirum facile respondetur quia si regula a regendo dicitur, potius ad districtionem jejunii quam ad dissolutionem vel ventris pertinere videtur ingluviem; atque ideo illi inter eos non immerito majores sunt judicandi eorumque exempla sectanda, qui, per angustam ingredientes portam, sub sobrietatis legibus et arctiori crucis Christi noscuntur vivere disciplina. Quapropter, cum de vocabulo regulæ conflictus oboritur, illi magis debent ad jejunium provocari quam isti ab arrepti propositi rigore compesci. Correptiones autem, quamlibet duras sive multiplices, noli abhorrere, sed libenter complectere. Sicut enim aurum vel argentum ad claritatis speciem, lima poliente, perducitur; ita et anima nostra, correptionibus erasa, a peccatorum suorum vel a rubiginoso quodam squalore purgatur. Cave etiam ne, quorumdam exemplo, dum obedire detrectas, in negligentem, quod absit! præpositum calumniam querula mordacitate devolvas. Samuel ergo ad memoriam redeat, qui desidem inertemque magistrum tam patienter, tam humiliter coluit, ut intempestæ noctis silentio ter vocatus accurreret, totiesque interrupti soporis excubias non doleret. Poterat enim modo velut expostulanti objicere : Cur, inquiens, non vereris extraneo tanta auctoritate præcipere, qui segnis es filiis imperare? qui tamen, Scriptura teste, non tumuit, non querulus sugillavit; sed ad jubentis imperium perniciter pervolans, simpliciter ait : « Ecce ego, vocasti enim me (*I Reg.* VIII). »

CAPUT V.
Quod peccati remedium est confessio.

Peccasti aliquando? Non est enim homo qui non peccet; et forte in notitiam venit quia prima post naufragium tabula est culpam simpliciter conûteri; prompta confessio facilem pariat veniam; ne, si defensio falsitatis accesserit, quod acu fortasse fuerat tenuiter punctum, lata videatur cuspide perforatum. Hinc est enim quod, cum David perpetrati reatus arguitur, mox ut in vocem confessionis erupit, dicens : « Peccavi Domino (*I Reg.* XII), » ex ore prophetæ protinus audivit : « Dominus transtulit peccatum tuum; non morieris. » Et quia se occasio præbuit, hoc etiam te fraudari non patiar, quia nonnulli, a pueris in religionis ordine constituti, sola inobedientia superbiæ mista depereunt; cum in sæculo plurimi, post immanium criminum perpetrata flagitia, per humilitatis studium indulgentiam promereantur. Ecce enim David adulterium homicidiumque commisit (*I Reg.* XI) : Saul vero 760 Samueli inobediens exstitit (*I Reg.* XIII). Sed quid, quod ille, nullo interveniente, vel in puncto veniam meruit; alterum vero nec propria confessio, nec prophetæ tam lugubris et amara atque prolixa supplicatio reconciliavit? Plane si Scripturæ series utrobique discutiatur, copiosior Saul quam David in verbis pœnitentiæ reperitur. Iste siquidem duntaxat id, quod præmissum est : « Peccavi Domino; » ille autem : « Peccavi, inquit, quia prævaricatus sum sermones Domini et verba tua, timens populum, et obediens voci eorum (*I Reg.* XV). » atque id ipsum postmodum repetens, ait : « Peccavi (*Ibid.*). » Accessit autem et longanimis valde Samuelis oratio, de quo videlicet dicitur : « Contristatusque est Samuel, et clamavit ad Dominum tota nocte illa; » sed divina voce responsum est : « Usquequo, ait, tu luges Saul, cum ego projecerim eum, ne regnet super Israel? » (*I Reg.* XVI.)

CAPUT VI.
Cur Davidis confessio veniam meruit, non Saulis.

Quid est ergo quod alterius pœnitentia pie suscepta; alterius autem sub districtæ severitatis est examine reprobata? nisi quod ille scelus inobedientiæ, spiritu superbiæ, parvipendens, nequaquam pleno corde pœnituit; hic autem pauca quidem protulit, sed ejus viscera divini timoris gladio transfixa veri luctus amaritudo replevit. Hæc, quæso, considerare non negligant qui, cum inobedientiæ obediant, de graviorum se immunitate criminum procaciter jactant. Quorum profecto nonnullos sæpe vidimus ad agendas confessionis judicium frequentare, solo se devote prosternere, tinnulis se et accuratis verbis magis facete quam humiliter accusare; atque ideo nunquam eorum mores ad idoneæ correptionis emolumenta procedere, quia videlicet cum Saul ore pœnitent, corde tument.

Cum incolumis vigeas, noli sponte languere. Advertisne quid loquor? Illud namque mihi in plerisque monasteriis non mediocriter displicet, quod nonnulli vegeto corpore, quique prorsus medicinalis industriæ non indigeant, hodie vaporandam Nemitori venam præbent; cras sibimet hirudines adhibent; diversa perendie medicaminum construunt artificia. Interea similago commolitur, placentæ examussim fabrefactæ tepescentibus tantum cineribus excoquuntur; fluminum sinus sive et marium perscrutantur; macellum quoque vacare, quia piscis pelagi profunda petierat, non meretur. Imo infelix infortunium creditur si piscosus ager sterilis inveniatur, ubi nimirum et necessitas ubertatem et ubertas parit inopiam. Interea quodcumque sive terræ sive maris animal ad victimam ducitur, peritus coquus necesse est perquiratur, qui videlicet ignibus tanto discretionis libramine moderetur, quatenus artifici et magistra temperie ad ossa perveniat, et tamen superficiem carnium non comburat, tanquam quibusdam præstigiis videatur vapor et transiliens exteriora non tangere et penetrans ad interiora transire. Quid plura? discumbentes tandem, 761 imo jacentes, stomacho nauseante, liguriunt, et edaci fastidio vix imperant ut probent esse vera quæ fingunt.

Ad locum porro regiminis nunquam ambitiosus anheles, dum, in proximo digressurus, diem propriæ vocationis ignores. In eodem plane Classensi cœnobio quod nunc incolis, ætate nostra quidam monachus vicem prioris obtinuit, qui abbas idem fieri ardentissime concupivit; sed dum satagit, dum conciliabula cogit, dum fabricat, et versutiæ malleos infatigabiliter versat, in languorem decidens ad extrema perductus est; dehinc in phrenesim repente conversus, quod sciens mente conceperat, ore nesciens effluebat. Ecce, inquit, in proximo comprehendam, mihi dabitur monasterium, adest virga; accipiam, et prævalebo. Inter hæc igitur verba defunctus, sinistram de se fratribus spem reliquit.

CAPUT VII.
Exemplum Zeuxidis in pingenda Venere.

Negligentes denique negligenter aspice, studiosos autem circa auimam suam ac vigiles vigilanter attende. Illud siquidem, ne aliena mala curiose dijudices; hoc autem, ut temetipsum ad bonorum exemplar æmulatione sanctæ imitationis informes. Propone itaque tibi aliquos, egregios videlicet fratres, ex totius conventu cœnobii, quorum recta vestigia tuto valeas imitari : et ut facilius possis aspirare quo duco, exemplum tibi de veteribus dabo. Heracleotes Zeuxis (Cicero, l. II *De inventione*) magno a Crotoniatis conductus est pretio, ut Dianæ simulacrum insigne depingeret, et ejus imaginem ad probatissimam suæ artis industriam sine comparatione formaret. Poposcit autem omnes urbis virgines in uno spectaculo colligi, ut futuri elegantiam operis ex earum posset specie mutuari. Sed quia pudicas et honestas virgines in publicum prodire fas non erat, earum fratres ducti sunt ad palæstram, ut ex eorum pictor decore colligeret quid de sororum venustiori nimirum pulchritudine judicaret. Sed quoniam natura non omnes uni pulchritudinis dotes attribuit, ut quod uni membro prærogat, alii sæpe demat; eoque fit, ut unum idemque hominis corpus, quod hic formositate præeminet, illic deformitate laborat ; ex omni illo puerorum examine quinque duntaxat pictor elegit, quos ad compilandam cujusque pulchritudinis elegantiam præ oculis habuit. Sed quorsum hæc tam longa narratione protracta ? Nimirum ut et tu ex pluribus paucos eligas, ad quorum normam interioris hominis pulchritudinem effigiare contendas. Verbi causa, sicut ille ab alio relucentes oculos, ab alio subductas aures, ab hoc denique lacteas ac rubore suffusas mutuatus est genas ; ita nihilominus etiam tu ab alio promptam obedientiam, ab alio ferventissimam charitatem, ab isto pernoctationis excubias, ab illo diuturni silentii disce censuram ; quatenus, sicut ille diversorum corporum habitudines ad unius simulacri speciem transtulit, sic et tu ex variis sanctorum virorum virtutibus unius in te veri Dei restaures imaginem, ut ad eumdem postmodum feliciter cognoscendum revertaris auctorem.

CAPUT VIII.
Quod cordis duplicitas fugienda sit.

Cave duplicitatem ; esto simplex (*I Cor.* v), ut quod lingua depromitur, mente versetur. Azyma namque soliditate statuitur, fermentum cavernis scaturescentibus vitiatur. In azyma veritas et sinceritas ; in fermento malitia est et nequitia. Qui simpliciter gradiens, azymus est, novum hominem induit ; qui ex duplicitate fermentum est, in vetustatis errore permansit, ac per hoc ad novitatis gratiam non pervenit. Quid enim prodest Christianum verbo tenus se profiteri, et re ipsa antichristianum esse ?

Totus esto semper in prophetis, totus in Evangeliis ; occupa cor tuum undique diversis sacræ Scripturæ sententiis, ut nulla ejus pars vacet admittendis cogitationum inanium phantasiis. Quod si sermo fortassis horret incultus, et mel Dei in cordis tui fauce non sapiat : « Quam dulcia enim, ait Propheta, faucibus meis eloquia tua, Domine, super mel et favum ! » (*Psal.* cxviii.) ora, jejuna, atque omnes a te illecebras terrenæ delectationis abscinde, ut quod non ex se sed ex te videtur insipidum, in tuo possit ore dulcescere. Pueri namque illi qui se regis decreverant epulis abstinere, omnium librorum sapientiam et scientiam grata meruerunt talione recipere. Danieli quoque, quia censuræ hujus auctor exstiterat, hoc est insuper additum ut visionum omnium atque somniorum notitiam perciperet (*Dan.* I). Digno videlicet retributionis divinæ commercio, ut qui se a carnalis edulii voluptate reprimerent, ad spiritualis intelligentiæ dapes mentis ora laxarent. Arescat igitur caro, ut mens saginata pinguescat.

CAPUT IX.
S. Romualdi consilium ut sobrietatem servemus, et hypocrisim fugiamus.

Cibi qui esculentiores sunt excludantur, ut intestina bella arbiter occultus inspiciat, et pro stercoris esca, cœlestis alimenti nobis suavitates apponat. Nec ineptus applices quod sæpe suis discipulis vir Domini Romualdus aiebat : Fratres, inquit, cum in quorumlibet conventu [vos] reficitis, intentis ad cibum cæteris, in ipso refectionis initio parcite : et ut cum jam illis ex parte satisfactum fuerit, vos inchoate, quatenus et hypocrisim notam possitis evadere et sobrietatis regulam sine offensione servare. Porro autem vidi Pomposiæ monachum apprime divinæ legis [scientia] et disciplinis regularibus eruditum, qui, ut ferebatur, hoc cum assidente sibi fratre parili conventione pepigerat, ut apposita cuique vini, sicut mos est, personaliter obba, uterque quotidie utriuslibet mensura contentus esset. Nimirum ut ex eo quod uni competeret, duo se sub sobrietatis moderamine sustentarent ; cum vero socius ille deesset, in ipso æstatis ardore, qui nimirum eo loci ferventior incumbit, eo usque in propria obba vinum acescere permittebat, ut scaturescentes in ea vermes sæpius reperiret. Martinus itaque decalvatus, hoc quippe ei vocabulum erat, ad extrema perveniens, cum ejus totum corpus hydropis humore immaniter intumesceret, omnes nos, qui lectulo videbamur assistere, petiit ut cum dignaremur scopis singillatim quilibet verberare. Cumque sic in fide perfecta et sancta fuisset confessione defunctus, cuidam postmodum fratri in visione apparuit. Erat autem in cujusdam splendidissimæ regionis vernanti et florido nemore, candida decoratus stola, et fulgido præclarus aspectu ; recumbebat autem in lectulo tegumentis insignibus et mirificis adornato, de quo videlicet hucusque sufficiat,

CAPUT X.
Quod sermo de rebus sæcularibus monachos dedeceat.

Decreveram quidem jam calamo imperare silentium; sed quem longa siti videmus arescere, peravarum est illi cyathum propinare. Cave itaque, fili charissime, ne quando, intra claustrum monasterii constitutus, de sæcularibus negotiis colloquia cum sæcularibus misceas: et sicut referre, ita nihilominus et audire contemnas. Illico plane indignatio sancta respondeat, et pii zeli fervor erumpentes mox inconditi sermonis ineptias frangat: « Quæ, inquies, est participatio justitiæ cum iniquitate? aut quæ societas lucis ad tenebras? » (*I Cor.* VI.) Et revera quid monacho cum sæcularibus næniis? Quid mihi perstrepentium juridicorum fora, tribunalia judicum, aulas regum, intra monasteriorum septa pertrahere? Quid mortuo homini narrare de præliis, dotales tabulas inter tales, divortio interveniente, rescissas; illos titulis efferre natalium, infamare alios novitate cerdonum? His itaque et hujusmodi nugis inaniter occupari, quid, quæso est, nisi a perspicuo fonte divinæ laudis fauces avertere, et cœnosi luti spurcitias ore versare? Unde non immerito per Jeremiam Dominus conqueritur, dicens: « Duo mala fecit populus meus, me dereliquerunt, fontem aquæ vivæ, et foderunt sibi cisternas, cisternas dissipatas, quæ continere non valent aquas (*Jer.* II.) » Enimvero ipsam claustri tui fabricam respice: ecce enim quadrifida est, ut nimirum ipse loci situs evidenter edoceat, quod undique te a mundanæ conversationis strepitu semotum esse conveniat. Porro satis indecens est et inhonestum, ac per omnia probatur absurdum, ut quod in tabernis consuevit quis eructare cauponum, quod passim versatur inter gynæcea textricum, in sanctorum choro locum invenire valeat monachorum. Sane ubi prophetas et apostolos alloqui me desiderantes aspicio, ubi Christum suum mihi pandentem Evangelium cerno, ego relictis illis, inquiram si nuper Adriam transfretantes adhuc applicuerunt naves? quanti sal væneat? utrum annonæ modium taxema carius vendat? Facessat igitur ab ore militis Christi omnis vani rumoris ineptia; et lingua quæ immaculati agni, imo summi Verbi jubet sanguine, dedignetur otiosi sermonis sese fæcibus inquinare. Noli cuiquam detrahere, sed ne tu aurem quidem dignum ducas detrahentibus applicare. Cum detractoribus, ait Salomon, ne commiscearis; quoniam repente veniet perditio eorum, et ruinam utrorumque quis novit? tam videlicet illius qui detrahit, quam ejus qui aurem accommodat detrahenti. Ipse potius, si ratio postulat, peracti sceleris argue, durus invehere, non verens præsentem austerius increpare; absentem autem non laceres, nec apud alios livido dente commordeas. Sæpe enim, nescio quo pacto, severius arguentem æquanimiter sustinemus, quem vel summotenus accusantem perferre non possumus. Exige tibi ut animus tuus ex abbatis jugiter animo pendeat, et nunquam proprii cordis arbitrium, sed ejus humiliter sequaris semper imperium. Ora itaque Deum ut per eum tibi, velut organum scilicet suæ veritatis, aperiat quid tibi agendum esse pro sui beneplaciti dispositione decernat.

CAPUT XI.
Quod Christiana nobilitas ex Christo, non ex avis petenda est.

Noli phaleratam aliquando proavorum lineam texere, ut de vana te velis alieni nominis generositate jactare. Plane qui hæres Dei, et cohæres est Christi, omnem terreni stemmatis prosapiam superat. Verumtamen esse Christianum magnum est, non videri vel dici; et ille plus sæpe placet mundo, qui displicet Deo. Quorumdam sane versuta calliditas, quasi derogando, majorum suorum nomen exaggerant; et, ut potentes atque magnifici fuisse videantur, superbiæ eos vel crudelitatis arguunt. Tenes quod dico? Accuso Achillem multi sanguinis reum, ut tu intelligas bellorum studio strenuum. Arguo Italicæ pervasionis Annibalem, ut tu audacem non dubites, et robustum. Memineris frequenter orandum ut, corpore terræ prostrato, mens erigatur ad cœlum. Ventre vacuo sæpius dormi; sitim te ad lectulum comitantem sopor mitiget. Moderata vigilia puræ orationis est causa, indiscreta autem et otiosa loquendi fit sæpe materia; quia cui palpitantibus oculis, oscitantibus labiis legere aut orare non licet, aliquando vacare fabulis libet. Quapropter sero lectulum pete, ad vigilias moderatius surge. Præveniat siquidem somnus accubitum, non accubitus somnum; ut quo difficilius necessitas dilata conceditur, a fessis membris avidius rapiatur. Interea ranunculos, et gloriolas, et palpantes adulatores, tanquam serpentini morsus venena devita, et velut abjecta theriaca protinus audiant: « Avertantur statim erubescentes, qui dicunt mihi: Euge, euge! » (*Psal.* LXIX.) Nihil mediocri in te contentus sum, fili; totum summum, totum perfectum est quod in te sentire desidero. Deposita igitur omnis inertiæ et torporis ignavia, adversus temetipsum ipse congredere, tecum dimica, tecum pugna: et, arrepto evangelicæ disciplinæ mucrone, omnes circumfrementium vitiorum cervices obtrunca; dura quæque et aspera pro Christi semper amore perferens, virtutis exercitium crede. Quidquid carni voluptuosum videtur et blandum, ut revera diaboli viscarium, perhorresce. Quisquis enim in monachica regula carnis se sperat blanditias invenire, velut ex arido ligno succum conatur exprimere. Scurrilia quæque, urbanitates, sales, facetias leporesque verborum a labiis tuis tanquam gentilitatis quoddam præputium circumcide. Piscatorum namque sumus discipuli, non oratorum, ut ex ore Christiani non latinitas Tullii, sed simplicitas resonet Christi. Omnes voluntates proprias frange, undique te cum apostolo Christi mortificatione præcinge; undique impressa tibi stigmata crucis ostende, ut quo nunc arctius judicati vestigia sequeris, eo post sublimius judicantis consortio perfruaris. Omnes autem sanctos fratres monasterii tui mea vice saluta, charissimos autem

A mihi fratres, Boninum et Petrum, si solito more videris aliquando excelsius canere, hoc distichon meo nomine in eorum manibus pone :

Qui Philomelinis depromitis organa fibris,
Intima vox cordis modulis bene concinat oris.
Sit nomen Domini benedictum.

OPUSCULUM QUINQUAGESIMUM.

INSTITUTIO MONIALIS. AD BLANCAM EX COMITISSA SANCTIMONIALEM.

ARGUMENTUM.—Blancam nobilissimam feminam, quæ divitiis, liberis et charissimis rebus quibusque relictis, in monasterium Deo servitura secesserat, prudentissimis præceptis et salutaribus monitis instruit, quid fugiendum ei sit, quid appetendum, quasi digito commonstrans. Ac primum quidem rudem adhuc et inexpertem spiritualium certaminum bellatricem, tanquam telo acerrimo, præmunit; dum eam hortatur ut paupertatem et angustias et tribulationes, quæ Deo militantibus perferendæ sunt, fortiter excipiat; et ita sibi persuadeat Deo dilectos varíis in hoc mundo turbinibus tantisper exagitari, donec in felicissimæ patriæ portum ingressi, æterna tranquillitate fruantur. Tum vero eamdem ad perfectiorem statum perducere cupiens, ad Deum amandum tota mentis contentione invitat. Deinde ad præcavendas dæmonis insidias, mortis contemplationis ei clypeum demonstrat. Adhuc validioribus armis eam induit, dum extremi judicii imaginem ex sacræ Scripturæ penetralibus depromptam ante oculos proponit, et ut assidue meditetur, inflammat. Postremo, timoris præsidio satis et abunde vallatam ratus, per amoris viam rursus in patriam reducit ad felicitatem illius sempiternæ contemplationis, quam nec oculus vidit, nec auris audivit, nec in cor hominis ascendit.

BLANCÆ olim comitissæ, nunc cœlesti Sponso conjunctæ, PETRUS peccator monachus jubilum cordis in Spiritu sancto.

CAPUT PRIMUM.
Blancam angustias et paupertatem fortiter excipere hortatur.

Ad regales nuptias epulaturus accedo, thalamos auro gemmisque radiantibus adornatos videre desidero; nuptialibus saginari dapibus avidissime concupisco. Undique igitur mystica deferantur xenia; prophetica simul et apostolica non desint tam excellentibus nuptiis ornamenta. Evangelicus itaque noster Isaias jam procedat ad medium, et munificus exhibeat quod paravit, ornatum videlicet calceamentorum, lunulas, torques atque monilia, armillas et mitras, discriminalia et periscelidas, murenulas et olfactoriola, inaures et annulos et gemmas in fronte pendentes, mutatoria et pallia et linteamina, acus et specula et sindones, vittas atque theristra. Hæc igitur omnia spiritualibus conferenda sunt nuptiis, ac novæ sponsæ diligenter aptanda, quo veri Sponsi placere possit obtutibus. His nimirum infulis venustata, hac ornamentorum erat varietate composita regina illa, quam Psalmista contemplatus, aiebat : « Astitit regina a dextris tuis in vestitu deaurato, circumamicta varietate (*Psal.* XLIV). » Nuptiæ factæ sunt in Cana Galilææ : et sicut Evangelista testatur, vocatus est Jesus ad nuptias cum discipulis suis (*Joan.* II); sed tanquam pronubus, non ut sponsus; quasi præsurus, non ut nupturus. Istæ vero nuptiæ tanto illas privilegio superant, ut hic Jesus jure credatur non amicus esse, sed sponsus. Et quoniam qui adhæret Domino (*I Cor.* VI) unus spiritus est, sponsus iste non modo sponsæ jungitur, sed unitur, atque ex hac copula non cor-

B ruptio nascitur, sed integritatis potius clausula reparatur. Illic Jesus aquam convertit in vinum; hic idem Jesus et vinum semetipsum fecit et cibum. Cibum videlicet, quia ipse est panis vivus qui de cœlo descendit (*Joan.* VI); vinum vero quod lætificat cor hominis (*Psal.* CV); Spiritus ejus est de quo iterum dicit : « Poculum tuum inebrians, quam præclarum est ! » (*Psal.* XXII.) Spiritus enim Dei hominum mentes inebriat, ut, tanquam a suis sensibus alienati, divitias hujus mundi, honores et gloriam respuant, ad subeunda vero pro Deo quæque dura vel aspera flammantibus desideriis inardescant. Hoc musto debriati fuerant quibus Judæi vere dementes ac furiosi dicebant : « Musto pleni sunt isti (*Act.* II). » Hoc musto plenus erat vir ille de filiis prophetarum, quem ad ungendum Hieu regem miserat Eliseus, de quo dixerunt vesane sapientes ad eum : « Quid venit insanus iste ad te? » (*IV Reg.* IX.) Quid autem mirum si hi, qui pari sunt homines, cum Spiritu divino replentur, ab hujus mundi sapientibus, atque ideo vere desipientibus, judicentur insani ? cum et ipse qui magister est angelorum dictus sit habuisse dæmonium (*Joan.* VIII.); imo, ut Marcus evangelista testatur, æstimatus sit etiam fuisse phreneticus: « Venit, inquit, domum, et convenit iterum turba; ita ut non posset nec panem manducare; et cum audissent sui; exierunt tenere eum : dicebant enim, quoniam in furorem versus est (*Marc.* III). » Hanc sancti Spiritus ebrietatem et tu; o venerabilis domina, sana mente conceperas cum sæculum relinquere decrevisti : et, velut columba simplicis alas excutiens, ad innocentium atque simplicium nidulum convolasti; tunc dicens : « Quis dabit mihi pennas sicut columbæ, et volabo, et requiescam ? » (*Psal.*

LIV.) Nunc etiam secure decantans : « Ecce elongavi fugiens, et mansi in solitudine, exspectans eum, qui me salvum faciat a pusillanimitate spiritus, et tempestate (*Psal.* LIV). » Hæc te nimirum ebrietas impulit ampla satis atque uberrimis fecunda proventibus jura contemnere, munita turrium atque castrorum propugnacula declinare, dulcium propinquorum necessitudinem ac vernaculorum affectus abjicere, quodque horum omnium permaximum est, unicum filium, eumque ephebum adhuc atque impuberem, sine conjugalis solatio fœderis abdicare, et, quæ constipatis vallata clientum cuneis solebas incedere, jam didicisti in angulo monasterii cum pauperibus Spiritus sancti mulieribus humiliter residere. Hæc te sobria, ut ita loquar, ebrietas docuit ut pro carbasinis lanea, pro purpureis atque nitidulis pulla ac despicabilia eligeres indumenta. Hæc te persuasit ebrietas ut siligineas pollines ac fercula dapibus referta postponeres, atque ad libræ pensilem te mensuram panis cibarii cohiberes. Hæc te plane perita et pudica ebrietas incitavit ut, cum primo adolescentiæ flore frueris, viro obeunte relicta, non tam claris tamque magnificis procis annueres, non, ut omnia videbantur hortari, thalamos iterares; sed, soli jam Christo victuram, mundo te mortuam exhiberes. Enimvero, tanquam perita negotiatrix nundinis intenta venalibus, projecisti mundum, ut acquireres cœlum; prævenisti mortem, ut sententiam mortis evaderes; elegisti pauperiem, ut divitiarum non pereuntium copiam possideres.

770 CAPUT II.

Quod aliquando justi ab injustis idcirco permittuntur affligi, ut statuant ad Deum vel ex necessitate converti.

Atqui, ut mirabilior tua videatur esse conversio, non te mundus a se repulit, sed solus ardor divini Spiritus incitavit. Enimvero, sicut providentia divina disposuit ad educendum de Ægypto Israeliticum populum (*Exod.* III), tunc est Moyses missus, cum jam Pharao ad opprimendum illum duris operibus fuerat excitatus, quatenus Israelitarum mentes Ægypto deformiter inhærentes, alius dum vocaret, quasi traheret; alius velut impelleret, dum sæviret, ut dum plebs in servitio turpiter figitur, vel malis impulsa, vel bonis provocata moveatur. Hoc etiam in populo Dei frequentius agitur, cum, prædicatis cœlestibus præmiis, sævire in electos reprobi permittuntur; ut si, vocati, ad terram promissionis, exire negligimus, pressuris saltem sævientibus impellamur. Atque hæc Ægyptus, vita videlicet præsens, quæ nos oppressit blandiens, adjuvet premens; quatenus, quæ, dum foveret, jugo nos servitutis attriverat, libertatis viam, dum affligit, ostendat. Hæc itaque causa est quod ab injustis justi sinuntur affligi, ut, dum futura audiunt bona quæ diligunt, patiantur etiam mala præsentia quæ perhorrescunt, atque ad facitiorem exitum, dum amor provocat, cruciatus impellat. Tibi autem cum vitæ hujus undique prosperitas arrideret, non te mundus, qui blandiebatur, impulit; sed speciosus forma præ filiis hominum (*Psal.* XLIV) Christus ad suæ dotationis amplexum per afflatum sancti Spiritus provocavit : « Surge, inquit, amica mea, sponsa mea, et veni : columba mea in foraminibus petræ, in caverna maceriæ : ostende mihi faciem tuam, sonet vox tua in auribus meis : vox enim tua dulcis, et facies tua decora (*Cant.* II). » Anima quippe sancta jure Christi amica, et sponsa vocatur, quia illi per fidem dilectionemque conjungitur. Sed hæc sponsa quasi adhuc jacet, dum in mundanis actionibus implicatur; tunc surgit, cum ad procinctum divinæ servitutis erigitur. Ac si dicat: Quæ in sæcularis vitæ mollitie jaces, jam surge, atque ad familiare contubernium meæ contemplationis erigere. « Columba mea in foraminibus petræ. » Si, juxta Apostolum, petra Christus est (*I Cor.* X), foramina petræ vulnera sunt Redemptoris, quæ profecto non casu quinque sunt, lanceæ scilicet et clavorum ; sed quia nos fueramus quinque sensuum vulneribus sauciati, per has quinque plagas saluti sumus perpetuæ restituti. Istæ siquidem portæ erant per quas die Sabbati propheta, ne inferrentur onera gravia, prohibebat. In his ergo foraminibus Dei columba consistit, quia sancta quælibet anima totam propriæ salutis spem in sui Redemptoris passione constituit. Ibi velut ab accipitris incursu defenditur, quia a cunctis malignorum spirituum insidiis custoditur. Ibi plane nidificat, quia illic fetus bonorum operum coacervat. De hac petra per Psalmistam dicitur : « Montes excelsi cervis, petra refugium 771 herinaceis (*Psal.* CIII). » Quid enim hoc loco per montes, nisi altæ Scripturarum intelligendæ sunt profunditates? Hi nimirum qui jam dare contemplationis saltus noverunt, altos sententiarum divinarum vertices salibus cacumina montana conscendunt. Ad quæ profecto cacumina quia infirmi pertingere nequeunt, recte illic subditur : « Petra refugium herinaceis. » Quia videlicet invalidos quosque non intelligentia sublimis exercet, sed sola in Christo fides humiliter continet. Quod autem illic additur : « In caverna maceriæ; » solent ex lapidibus maceriæ fieri, ad custodiam vinearum, sicut per Isaiam dicitur : « Vinea facta est dilecto meo in cornu in loco uberi, et maceria circumdedit et circumfodit eam (*Isai.* V). » Quid ergo per maceriam lapidum, nisi præsidium et excubias intelligimus angelorum? Quibus videlicet anima in certamine posita, dum vallatur atque circumdatur, a cunctis adversantium spirituum tentationibus custoditur. Porro quod sequitur : « Ostende mihi faciem tuam; » tunc anima cœlesti Sponso faciem suam ostendere dicitur, cum ejus speciem internis obtutibus quasi revelata facie contemplatur. « Sonet, inquit, vox tua in auribus meis : vox enim tua dulcis, et facies tua decora. » O quam suave commercium, imo quam inenarrabilis dulcedo in humanis visceribus oritur! cum Creator et creatura alternis in se invicem affectibus delectantur, sicut per Prophetam dicitur : « Suavis sit ei laudatio mea, ego vero delectabor in Domino (*Psal.* CIII). »

CAPUT III.

Quod quisque contemptor sæculi ad hoc debet semper eniti, ut perveniat ad amorem Dei.

Et hæc est summa cujuslibet sanctæ animæ mundi nexibus expeditæ atque hic tota versari debet intentio, ut ad amorem Dei per omnium suorum operum incrementa contendat, et quandoque in veri Sponsi delectabiliter amplexibus requiescat. Sicut enim quis ad hoc ecclesiasticis gradibus initiatur ut ad sacerdotii culmen attingat, vel potius, ut tua dicamus, ad hoc virgo dotatione subarrhatur ut nubat, ita nimirum omnes sæculum relinquentes ad hoc debent semper eniti ut auctori suo valeant arctius in amore conjungi. Alioquin quid proderat jugum Ægyptiacæ servitutis abrumpere, Rubrum mare transire, si terram lactis ac mellis irriguam nunquam daretur intrare? Lac quippe fructus est carnis, mel labitur de supernis. Et quia Redemptor noster de cœlo veniens carnem suscepit ex virgine, hæc est terra illa viventium, ad quam debemus intentis semper amoris gressibus festinare. Hunc Sponsum, venerabilis soror, veræ charitatis ulnis amplectere, super hoc jugiter delectare, inquam, in Domino, et dabit tibi petitiones cordis tui (*Psal.* XXXVI). Hujus corpus et sanguinem etiam ore carnis crebrius suscipe, ut hanc ejus vocem merito possis audire : « Favus distillans labia tua, sponsa, mel et lac sub lingua tua (*Cant.* IV). » Terretur enim adversarius, cum Christiani labia Christi videt cruore rubentia. Agnoscit enim præsto suæ perditionis indicium, et divinæ victoriæ, qua captivatus est et obrutus, non tolerat instrumentum. Christus ergo per mysterium suum tibi videatur in ore, et Christus per sui amoris incendium tibi vivat semper in corde, ut congruat etiam tibi quod sponsa dicit in Canticis : « Fasciculus myrrhæ, dilectus meus mihi, inter ubera mea commorabitur (*Cant.* I). » Quid enim per myrrham, amarissimam videlicet aromatis speciem, qua etiam defunctorum cadavera condiuntur, nisi Christi passio designatur? Quid aliud inter ubera, nisi locus cordis agnoscitur? Quisquis igitur amore continuo Christum in arcano sui cordis amplectitur, quisquis imitandi gratia passionis mysterium jugiter meditatur, huic profecto myrrhæ fasciculus Christus efficitur, atque, juxta Scripturæ sacræ sententiam, inter ejus ubera commoratur. Unde et idem Sponsus ad sponsam : « Pone me, ait, ut signaculum super cor tuum, ut signaculum super brachium tuum (*Cant.* VIII).» Sæpe nos, ob rei memoriam quam oblivioni tradere nolumus, digito nostro vel brachio signum aliquod innodamus; ut, dum signum frequenter attenditur, res, quam intercipere potuisset oblivio, jugiter in memoria teneatur. Quisquis autem Christum quasi amat, sed operari bona dissimulat, jam quodammodo sponsum super cor signaculum posuit, sed super brachium omnino non posuit. Quisque vero bonis operibus videtur intentus, sed a divini amoris torpet incendio frigidus; jam iste sanctitatis imaginem super brachium posuit, sed adhuc in corde Christi signaculum non expressit. Ut ergo sancta anima Christi charactere utrobique signetur, eum in corde suo signaculum ponat, ut amoris ejus facibus medullitus inardescat. Ponat etiam consequenter in brachio, ut piis operibus valenter insistat. Signaculum Paulus in corpore suo, velut in brachio, Jesum posuerat, cum dicebat : « Ego stigmata Jesu in corpore meo porto (*Gal.* VI). » Signaculum super cor Jesum posuerat, cum alibi gratulabundus aiebat : « Mihi autem absit gloriari, nisi in cruce Domini nostri Jesu Christi, per quem mihi mundus crucifixus est, et ego mundo! » (*Ibid.*) Cujus sane stigmata expressa gerebat in corpore, ejus se signaculum habere gloriabatur in mente. Porro autem et ipse cœlestis Sponsus, electum quemque suum sibi signaculum ponit, eumque grata vice, tanquam ne de memoria deleatur, attendit. Juxta quod Zorobabel duci Judææ pollicetur, dicens : « In illa die suspiciam te, Zorobabel serve meus, et ponam te sicut signaculum in conspectu meo (*Aggæi* II). » Econtra, de quodam reprobo rege Dominus dicit: «Si fuerit Jechonias, filius Joacim regis Juda, annulus dexter in manu mea, inde evellam eum (*Jer.* XXII). »

CAPUT IV.

Exhortatio, ut in cœlestis Sponsi semper amplexibus requiescat.

Ad hanc ergo tu, venerabilis soror, assidue vicissitudinem satage, ut et cœlestis Sponsus per amoris sui gratiam te semper accipiat, et tu ab eo (quod absit!) per amorem quorumlibet temporalium oculos non avertas; quatenus et ille te subtiliter intuens, nullamque offensionis illuviem deprehendens, dicat : « Tota pulchra es, amica mea, et macula non est in te (*Cant.* IV); » et tu, ejus amore inenarrabiliter æstuans, hoc intima voce depromas : « Dilectus meus candidus et rubicundus, electus ex millibus; caput ejus aurum optimum, guttur illius suavissimum, et totus desiderabilis (*Cant.* V). » Dilectus siquidem candidus virginitate, rubicundus est passione. Candidus, quia dicit : « Ego lilium convallium (*Cant.* I). » Rubicundus, de quo Joannes dicit : « Qui lavit nos a peccatis nostris in sanguine suo (*Apoc.* I). » Electus ex millibus; de quo Salomon: « Virum, inquit, de mille unum reperi (*Eccle.* VII). » Millenarius quippe numerus totius humani generis est intelligenda perfectio, in quo Salvator tanquam passer est unicus in ædificio (*Psal.* CI). Caput ejus aurum optimum, quia caput Christi Deus (*I Cor.* XI); qui nimirum, sicut aurum metallis, ita, licet incomparabiliter, omnibus supereminet creaturis. Cujus guttur suavissimum dicitur, quia suorum melliflua suavitate verborum mentes audientium obdulcantur. « Quam dulcia, inquit, faucibus meis eloquia tua! super mel et favum ori meo (*Psal.* CXVIII). » Totus etiam desiderabilis, quia in eum, testante Petro, desiderant angeli prospicere

(I Petr. I); vel quia humanitatis ejus mysterium, omne desiderium accendit in mentibus electorum, ut eos videlicet non modo resurrectionis gloria provocet, sed ad imitationis exemplum ipsa quoque ignominia passionis invitet. In hoc igitur sponso tuo, veneranda soror, assidue delectare, in hoc omnia cordis tui vota constitue, in hujus semper amplexibus ab omni sopita mundi turbine requiesce.

CAPUT V.
Ad cautelam provocat, ut contra tentationis insidias sit semper accincta.

Sed interim, dum amplecteris sponsum, cave solerter adversarium : adhuc enim in salo versaris, nec dum portus statione perfrueris. Procinctus enim iste castrorum non quietis est municipium; via est ista, non patria; ambulamus, et non habitamus. Tentatio enim est vita hominis super terram (*Job* vII). Quapropter si tentationum bella desunt, gaude quidem, noli tamen nimium secura confidere ; sed adversus repentinos et inopinatos insidiatorum hostium impetus te vigilanter accinge. Sæpe namque nonnulli ad Deum de mundo conversi, in ipso suæ inchoationis aditu, pacatissimam carnis tranquillitatem cogitationumque percipiunt; procedente vero tempore, duris tentationum probationibus fatigantur. Quod utique fieri divina dispensatione cognoscitur, ne in ipso suæ novitatis initio tentationum asperitate frangantur. Nam si eos adhuc teneros ac intimi conflictus ignaros amaritudo tentationis exciperet, ad ea scilicet a quibus necdum longe discesserant, facile remearent. Unde scriptum est : « Cum emisisset Pharao populum, non eos deduxit Dominus per viam terræ Philisthiim, quæ vicina est, reputans ne forte poeniteret eum si vidisset adversum se bella consurgere, et reverteretur in Ægyptum (*Exod.* XIII). » Ex Ægypto itaque 774 recedentibus, e vicino pugna subtrahitur ; quia derelinquentibus sæculum quædam pacis tranquillitas datur, ne, in ipsa teneritudinis novitate turbati atque conterriti ad ea quæ contempserant revertantur. Prius ergo securitatis suavitate mulcentur, prius pacis quiete nutriuntur; post cognitam vero dulcedinem, tanto jam tolerabilius tentationum certamina sustinent, quanto in Deo altius agnovere quod ament. Tu ergo sic in his quæ forte nunc prosperantur exsultes, ut ab his quæ posterius imminent non dormites. Esto igitur cauta et undique circumspecta; sicque te præbe pervigilem ut nunquam te hostes inveniant oscitantem. Confœderanda sunt quippe adversum te et prosapia generis et flos ætatis, venustas formæ et memoria facultatis abjectæ. Ad evitanda sane istorum tela certaminum, nullus mihi videtur validior clypeus quam meditatio mortis ac extremi terror examinis.

CAPUT VI.
De anima, cum egreditur, quibus dolorum anxietatibus coarctetur.

Pensandum quippe est, cum jam peccatrix anima a vinculis incipit carnis absolvi, quam amaro terrore concutitur, quantis mordacis conscientiæ stimulis laceratur. Recolit vetita quæ commisit; videt mandata quæ negligenter implere contempsit. Dolet indulta pœnitentiæ tempora sese inaniter percepisse; plorat immobilem districtæ ultionis articulum inevitabiliter imminere. Manere satagit, ire compellitur; recuperare vult perdita, non auditur. Post terga respiciens, totius transactæ vitæ cursum velut unum brevissimum deputat itineris passum; ante se oculos dirigit, et infinitæ perennitatis spatia deprehendit. Plorat itaque, quia intra tam breve spatium acquirere lætitiam potuit omnium sæculorum; deflet etiam, se propter tam brevis illecebræ voluptatem, inenarrabilem perpetuæ suavitatis amisisse dulcedinem. Erubescit, quia, propter illam substantiam quæ vermibus erat obnoxia, illam neglexit quæ choris erat angelicis inserenda. Jam radios mentis attollit, et cum divitiarum immortalium gloriam contemplatur, eam propter vitæ hujus inopiam perdidisse confunditur. Cumque sub se reflectit oculos ad hujus mundi convallem tetramque caliginem, super se miratur æterni luminis claritatem, liquido comprehendit quia nox erat et tenebræ quod amavit. O si redivivum pœnitentiæ tempus mereri potuisset, quam duræ conversationis [conversionis] iter arriperet! qualia et quanta promitteret! quantis se devotionum vinculis innodaret! Interea, dum hebescentes oculi contabescunt, dum pectus palpitat, raucum guttur anhelat, dentes paulatim nigrescunt et quamdam velut æruginem contrahunt; pallescunt ora, membra cuncta rigescunt; dum hæc itaque et hujusmodi tanquam vicinæ morti præcedentia famulantur officia, adsunt omnia gesta simul et verba. Nec etiam ipsæ cogitationes desunt, et cuncta hæc amarum adversus auctorem testimonium reddunt. Coacervantur omnia ante respicientis 775 oculos, et quæ conspicere refugit, coactus et invitus attendit. Adest præterea hinc horrenda dæmonum turba, illinc virtus angelica. In illo, qui medius est, liquido deprehenditur cui parti jure possessio vindicetur. Nam si pietatis in eo videntur insignia, invitationis angelicæ blanditiis oblinitur, atque harmonicæ melodiæ dulcedine ut exeat provocatur; quod si eum sinistræ parti meritorum nigredo et fœditatis squalor adjudicet, intolerabili mox terrore concutitur, repentini impetus violentia perturbatur, præcipitanter invaditur, ac de miseræ carnis ergastulo violenter evellitur, ut ad æterna supplicia jam cum amaritudine pertrahatur. Jam vero, post egressionem de corpore, quis explicare valeat quot armatæ iniquorum spirituum acies in insidiis lateant, quot frementes cunei feralibus telis instructi iter obsideant, et, ne transire libera possit anima, velut militari more constipatæ legiones, oppugnant? Hæc et hujusmodi frequenter in corde versare, quid est aliud quam lenocinantia vitæ hujus blandimenta respuere, mundo repudium dare, illices motus carnis elidere, solumque perfectionis adipiscendæ propositum indeclinabiliter custodire?

CAPUT VII.

Sententiæ Scripturarum de die judicii.

His addendus est etiam extremi terror judicii, ut illius amaritudine valeat mundi hujus falsa dulcedo contemni. Ad evitandas namque diabolicæ pugnæ molestias valenter assurgimus, si necessitatis ultimæ periculum provide pertractemus. Nam si repentinus ille atque terribilis adventus Christi digne perpenditur, quid erit in mundo ubi mens humana vel desipiens delectetur? Ille nempe dies est ad quem omnis præcedentium sæculorum intentio ac summa colligitur, cui cuncta sacrarum Scripturarum volumina famulantur, de quo beatus Petrus, ut audientium corda digno terrore concuteret : « Adveniet, inquit, dies Domini sicut fur, in quo cœli magno impetu transient, elementa vero calore solventur (*II Petr.* III). » Unde et mox subdidit : « Cum hæc omnia igitur dissolvenda sint, quales oportet esse vos, in sanctis conversationibus et pietatibus exspectantes, et properantes in adventum diei Domini, per quem cœli ardentes solventur, elementa vero ignis ardore tabescent? » (*Ibid.*) De quo et Judas dicit apostolus : « Ecce veniet Dominus in sanctis millibus suis facere judicium contra omnes, redarguere omnes impios de omnibus operibus impietatis eorum, quibus impie egerunt, et de omnibus duris quæ locuti sunt contra eum peccatores impii (*Jud.* 1). » De hoc et Joannes in Apocalypsi : « Ecce veniet cum nubibus, et videbit eum omnis oculus, et qui eum pupugerunt, et plangent se super se omnes tribus terræ (*Apoc.* 1). » Et Malachias ait : « Ecce venit Dominus exercituum, et quis poterit cogitare diem adventus ejus, et quis stabit ad videndum eum ? » (*Mal.* III.) Et paulo post : « Ecce dies veniet, succensa quasi caminus, et erunt omnes superbi et omnes facientes impietatem sicut stipula, et inflammabit eos dies veniens, quæ non relinquet eis radicem et germen (*Mal.* IV). » Et per alium prophetam dicitur : « Adhuc unum modicum est, et ego commovebo cœlum et terram, et mare, et aridam, et movebo omnes gentes, et veniet desideratus cunctis gentibus (*Aggæi* VIII). » Item alius : « Juxta est dies Domini magnus, juxta, et velox nimis; vox diei Domini amara, tribulabitur ibi fortis, dies iræ, dies illa, dies tribulationis et angustiæ, dies calamitatis et miseriæ, dies nebulæ et turbinis, dies tubæ et clangoris (*Sophon.* 1). » Ubi notandum, tremendi diem judicii, quam proxime, quamque perniciter adventare propheta considerat, ad cujus agilitatem expressius inculcandam tot accelerandi nomina coacervat : ubi scilicet ad auxesim dictionis, bis ponit *juxta*, deinde *velox*, et *nimis*, ut liquido doceat quia oculis fidei id jam videtur in limine, quod infidelibus et cæcis corde putatur procul abesse : et isti jam tribunalibus judicis quodammodo trementes assistunt, quem illi per diuturnæ longinquitatis absentiam parvipendant. De hoc ultimæ et irremediabilis necessitatis die præconatur Isaias, dicens : « Ecce dies Domini venit crudelis, et indignatione plenus, et iræ, furorisque, ad deponendam terram in solitudine, et peccatores ejus conterendos ex ea; quoniam stellæ et splendor earum non expandent lumen suum, obtenebratus est sol in ortu suo, et luna non splendebit in lumine suo; et visitabo super orbem mala, et contra impios iniquitates eorum (*Isai.* XIII). » Et iterum : « Ecce, ait, validus et fortis Dominus sicut impetus grandinis, turbo confringens, sicut impetus aquarum multarum inundantium et emissarum super terram (*Isai.* XXVIII). » Idem alibi : « Ecce nomen Domini venit de longinquo : ardens furor ejus et gravis ad portandum, labia ejus repleta sunt indignatione, et lingua ejus quasi ignis devorans, et spiritus ejus velut torrens inundans ad perdendas gentes in nihilum (*Isai.* XXX). » Qui rursus ait : « Eritque repente confestim a Domino exercituum, visitabitur in tonitruo et commotione terræ, et voce magna turbinis et tempestatis, et flammæ ignis devorantis (*Isai.* XXIX). » De quo videlicet igne Petrus ait : « Cœli autem qui nunc sunt, et terra, eodem verbo reposita sunt, igni reservati in die judicii et perditionis impiorum hominum (*II Petr.* III). » De hoc et propheta dicit : « Auditam faciet Dominus gloriam vocis suæ, et terrorem brachii sui ostendet in comminatione furoris et flammæ ignis devorantis (*Isai.* XXX). » De hac etiam ultione tremenda per Moysen Dominus dicit : « Gladius meus manducabit carnes (*Deut.* XXXII). » De hac Jeremias ait : « Gladius Domini devorabit ab extremo terræ usque ad extremum ejus, non est pax universæ carni (*Jer.* XII). »

Gladius enim devorare terram dicitur, et pax universæ carni deesse perhibetur, quia quisquis nunc carnaliter conversatur, vel terrena immoderatius ambire convincitur, ultimæ districtionis necesse est gladio perimatur. De quo nimirum gladio per Ezechielem Dominus dicit : « Egredietur gladius meus de vagina sua ad omnem carnem ab Austro usque ad Aquilonem; ut sciat omnis caro quia ego Dominus eduxi gladium meum de vagina sua irrevocabilem (*Ezech.* XXI). » De hoc utique gladio et Amos propheta dicit : « In gladio morientur omnes peccatores populi mei, qui dicunt, non appropinquabit, et non veniet super nos malum (*Amos*, IX). » Hic divini judicii terror interiores Nahum prophetæ aures turbaverat, cum dicebat : « Vox flagelli, et vox impetus rotæ, et equi frementis, et quadrigæ ferventis, et equitis ascendentis, et micantis gladii, et fulgurantis hastæ, et multitudinis interfectæ, et gravis ruinæ, nec est finis cadaverum (*Nahum*, III). » Enimvero de divino judicio quid viderit Daniel, manifeste describit, dicens : « Aspiciebam, donec throni positi sunt, et antiquus dierum sedit, vestimentum ejus quasi nix candidum, et capilli ejus quasi lana munda; thronus ejus flamma ignis, rotæ ejus ignis accensus; fluvius igneus rapidusque egrediebatur a facie ejus (*Dan.* VII). » Et paulo post : « Judicium sedit, et libri aperti sunt (*Ibid.*). » Qui nimirum libri, ipsi intelligendi sunt sancti, quorum nunc meritum ab eis per custodiam humilitatis absconditur, et tanquam volumen codicis, ne legatur, involvitur. Tunc autem, ad eorum gloriam, universorum oculis aperitur; ut in eis prævaricatores tanquam per digestæ scriptionis articulum legant divinæ legis mandata, quæ, dum adviverent, servare contempserant. Illic jam compelluntur et legere, qui hic per arrogantiæ fastum verba Dei dedignabantur audire. Illic jugum Domini leve, et onus ejus suave mitibus (*Matth.* xi) et patientibus fuisse considerant, quod hic superbiæ suæ cervicibus intolerabile judicabant. Illic superbum omne confunditur, et quidquid elevatum fuerat, sub tantæ majestatis indignatione curvatur. Unde per Isaiam dicitur: « Oculi sublimes hominis humiliati sunt, et incurvabitur altitudo virorum. Exaltabitur autem Dominus solus in die illa; quia dies Domini super omnem superbum et excelsum et super omnem arrogantem, et humiliabitur; et super omnes cedros Libani sublimes et erectas, et super omnes quercus Basan, et super omnes montes excelsos, et super omnes colles elevatos, et super omnem turrim excelsam, et super omnem murum munitum, et super omnes naves Tharsis, et super omne quod visu pulchrum est; et incurvabitur sublimitas hominum, et humiliabitur altitudo virorum, et elevabitur Dominus solus in die illa, et idola penitus conterentur; et introibunt in speluncas petrarum et in voragines terræ a facie formidinis Domini et a gloria majestatis ejus, cum surrexerit percutere terram (*Isai.* ii). » Quæ nimirum verba seriatim fortassis exponerem, nisi epistolaris compendii regulam excedere devitarem. Illud duntaxat summotenus video perstringendum, quia rebus insensibilibus dies divini judicii dicitur imminere; sed per figuras rerum ratione carentium, stoliditas intelligitur hominum reproborum. Cedri quippe Libani sublimes et erectæ, potentes sunt hujus sæculi, per excellentiam quidem terrenæ sublimitatis elati, sed bonorum operum fructibus infecundi. Quercus autem fructus quidem proferunt, sed non quibus homo reficitur; sed unde sues aluntur. Sues autem immundi intelligendi sunt spiritus, qui spurcis sordentium hominum operibus saginantur. Porro montes excelsi et colles elevati (*Psal.* LXIV), superbi quique sunt, quasi per aggestum tumidæ cogitationis in alta porrecti; sed frumento, quo valles abundant, cunctisque spiritualium studiorum frugibus alieni. Jam vero turris excelsa et murus munitus illos insinuat qui, cum peccatores sint, in quadam se velut innocentiæ arce constituunt, seseque defensionis clypeo contegentes, reprehensorum suorum jacula ad se pertingere non permittunt. Tharsis autem *exploratio gaudii* dicitur. Quisquis enim, in hoc sæculo, unde gaudere possit explorat, huic superveniens dies Domini, quibus perpetualiter amarescat, mœroris atque tristitiæ molestias irrigat. Venit etiam dies Domini non super omne quod pulchrum est, sed super omne quod visu pulchrum est; quia ille divini judicii pondere premitur, qui intrinsecus quidem vitiorum latenter ingruentium deformitate confunditur, foris autem quadam adumbratæ virtutis vel potius honestatis pulchritudine palliatur. Sed cum plurima suppetant, nos enucleatius exponere ista postponimus, quia prolixioris styli laciniam devitamus. Exempla quoque de divini terroris judicii plura his supersedemus inserere, quia cum huic tremendo examini omnis eloquii cœlestis intentio militet, nos in exaggeratione ejus elaborare diutius non opportet. Ad hoc enim pleniter intimandum, etiam si cætera cuncta deessent, sola illa Veritatis verba sufficerent, quibus ait: « Erunt dies illi tribulationis tales quales non fuerunt ab initio creaturæ quam condidit Deus, usque nunc, neque fient (*Marc.* xv). »

CAPUT VIII.
Hic admonetur ne sub pietatis specie ad sæculum revertatur.

Tu autem, domina mea, domina, inquam, mea, imo et regina, Domino meo, cœlesti scilicet regi, per annulum vivæ fidei et arrham sancti Spiritus desponsata: tu itaque hæc et his similia, quæ de divini furoris et indignationis amaritudine leguntur mundi amatoribus imminere, crebrius perlege, subtiliter meditare; ut hoc velut amaræ confectionis antidoto sibilos antiqui serpentis ejusque lethale virus possis evadere. In memetipso quippe frequenter expertus sum quia, cum visceribus meis hujus cogitationis amaritudo diffunditur, a cunctis male blandientis mundi, ut ita loquar, humoribus, mentis meæ stomachus exsiccatur. Sæpe enim malignus spiritus, velut avis in ramo arboris, sic in lingua ponitur adulantis, et tanquam per organum vasis, in vas virus effluit, quod lethaliter in audientis interiora transfudit. Tu autem obtura aures malesuadis cantibus Sirenarum, et Scyllææ voraginis prudenter evade naufragium; sicque cor tuum in sancto proposito terror judicis figat, ut nequaquam hoc ventus assentatorii favoris evellat. Antiquus enim ille seductor, qui dudum Evæ per serpentem versutiæ suæ virus invomuit (*Gen.* iii), adhuc fortassis et tibi tanquam filiæ morem servans, per aliud suum vasculum sibilabit: Revertere, inquiens, domum sub ipso sacræ professionis habitu, rege familiam, expone pie vivendi formam, tene super filium ejusque coævos gravitatis ac modestiæ disciplinam, provide lapsuro non absonam legibus sponsam, nec resilire permittas sibimet obsequentium clientelam. Hæc igitur fabricans nequitiæ spiritus non curat qua te ad sæculum retrahat veste, dummodo confidat quod per sæculares actus tibi principetur in mente.

CAPUT IX.
De monacho, qui de eremo ad cœnobium rediens, per immunditiam lapsus interiit.

Porro autem, cum plurima suppetant, id potissimum, quod nobis ante paucos dies contigit, referre congruum judicamus. Monachus quidam simplicis naturæ humilisque modestiæ nobis aliquando cohabitaturus adhæsit, ac per octennium fere nobiscum in eremo non solum caste, sed, juxta fratrum quoque omnium testimonium, laudabiliter vixit; et, quoniam scribendi peritus exstitit, non pauca nobis librorum volumina pollucibiliter exaravit. Nuper autem, cum obeso vegetus corpore ac robustior solito videretur, cœpit obstinate deposcere ut ad suum permitteretur monasterium remeare. Quod nimirum malignus cordi ejus intulit adversarius, ut perspicue postmodum ipsius rei declaravit eventus. Nam mox, ut, juxta petitionem, ad suum monasterium est reversus, cum alio quodam monacho dierum malorum sene, litteris æque perito, atque librario, per femoralis fluxus egestionem cecidit; sicque omne quod mundus diutius vixerat, repentina sceleratissimi criminis contagione fœdavit; neve sine vindicta tam plectibilis culpa transiret, ægritudine mox irruente, decubuit, paucisque deinceps diebus ex hac vita confessus et confusus exivit. Sic, sic igitur, qui stat videat ne cadat (*I Cor.* x). Et qui solo præcepto, cum uxore Loth, post terga respicere non veretur, conspecto saltem salis statunculo (*Gen.* xix), ac Deo desuper vindice terreatur.

CAPUT X.

De sepultura Sophiæ marchionissæ, et ejus fetore intolerabili.

At fortassis econtra dicitur quia corpusculum tuum gracile nimis et delicatum, ab ipsis lactantis infantiæ rudimentis esculentissimis ac pene regalibus fuit epulis molliter enutritum; nec sororum potes nunc mensulis esse contenta, quæ magnificis olim fueras ferculis assueta; sed nec olere quidem, vel communibus cum eis uti potes eduliis, quæ marinas exquisitasque delicias Indicis assueveras infercire pigmentis. His itaque male blandientibus suadelis, imo litis melle sagittis ex diabolica pharetra manifeste vibratis, tu discipula Crucifixi prudenter occurre, easque ad conditionis tuæ sedula consideratione repelle. Perpende igitur quia caro, quæ nunc accuratis dapibus enutritur, paulo post vermibus scaturire compellitur; ipsaque tunc fit esca rodentium, quæ nunc delectabiliter saginatur jucunditate ciborum, ac tanto graviorem exhalat putrefacta fetorem, quanto suaviorem sibi procuravit educata mollitiem. Ecce, dum ista conscribimus, Sophia nobis ad memoriam redit, duorum scilicet marchionum, Uguzonis soror, Rainerii filia, quæ ante hoc fere sexennium, dum sana adhuc esset et incolumis, abbatem monasterii sancti Christophori martyris ut sibi sepulturam construeret petiit; illoque renitente, eamque delirare perhibente, difficilius impetravit. Factumque intra monachorum claustra sepulcrum mox ut ingressa conspexit, nescio quo judicio, in ægritudinem corruit, ac paulo post abortiit, et obiit. Cujus profecto tumulus cum esset gypseus, artificiosisque cæmentariorum studiis undique communitus, tantam fetoris illuviem per continui circiter anni circulum exhalavit, ut tolerari vix posset, nec fratres quiescere in tota illius claustri medietate permitteret. Et cum multa circumquaque sepulcra subsiderent, eademque minora satis impendia percepissent, nullum, præter hoc solum, molestias naribus ingerebat, ut luce clarius innotesceret quoniam humana caro quanto tenerius ac mollius educatur, tanto deterius in putredinem ac nauseam vertitur. Enimvero fratres cum me cur id fieret inquisissent, quod videbatur, exposui: Hoc, inquam, ut opinor, ad salutem vestram divinitus agitur, ut in illo uno corpore quod tam pulchrum venustumque vidistis, quid etiam de cæteris mulieribus in tentatione luxuriæ sentiri debeat, liquido colligatis; quoniam caro illa et tunc putredo veraciter erat cum ad se spectandam lubricos intuentium oculos provocabat; quid enim tunc fuerit, nunc evidenter ostendit. Et quælibet hominis caro, quæ nunc vivere conspicitur, nequaquam de se post obitum putredinem generat; sed, quæ semper fuerat, tunc se tantummodo putredinem manifeste declarat.

CAPUT XI.

De Veneti ducis uxore, quæ prius nimium delicata, demum toto corpore computruit.

Sed, ad id quod asserimus roborandum, congruum est ut etiam de viva carne proferamus exemplum. Veracis itaque et honesti viri didici relatione quod narro. Dux Venetiarum Constantinopolitanæ urbis civem habebat uxorem, quæ nimirum tam tenere, tam delicate vivebat, et non modo superstitiosa, sed artificiosa, ut ita loquar, sese jucunditate mulcebat, ut etiam communibus se aquis dedignaretur abluere; sed ejus servi rorem cœli satagebant undecunque colligere, ex quo sibi laboriosum satis balneum procurarent. Cibos quoque suos manibus non tangebat, sed ab eunuchis ejus alimenta quæque minutius concidebantur in frusta; quæ mox illa quibusdam fuscinulis aureis atque bidentibus ori suo, liguriens, adhibebat. Ejus porro cubiculum tot thymiamatum, aromatumque generibus redolebat, ut et nobis narrare tantum dedecus feteat, et auditor forte non credat. Sed omnipotenti Deo quantum hujus feminæ fuerit exosa superbia, manifesta docuit ulciscendo censura. Vibrato quippe super eam divini mucrone judicii, corpus ejus omne computruit, ita ut membra corporis undique cuncta marcescerent, totumque cubiculum intolerabili prorsus fetore complerent; nec quispiam tantam perferre narium injuriam potuit, non cosmeta, non servulus, vix una duntaxat ancilla, non sine speciei redolentis auxilio, in ejus obsequii sedulitate permansit. Eadem tamen raptim accedebat, et protinus fugiens abscedebat. Diutius igitur hoc languore decocta et miserabiliter cruciata, amicis quoque lætantibus, diem clausit extremum. Quid ergo sit caro, doceat ipsa caro; quodque perhibet mortua, testatur et viva.

CAPUT XII.
De suppliciis damnatorum.

Sed, o utinam qui ejusmodi sunt, sic pœna temporalis afficeret, ut non eos etiam tartarus exspectaret! Illic enim, juxta quantitatem gaudii retribuitur mensura tormenti; quantoque hic altius per jactantiam tumoris extollitur, tanto illic voracis incendii barathro profunditus absorbetur. Unde est quod de perversa anima sub Babylonis specie dicitur: « Quantum se exaltavit, et in deliciis fuit, tantum date illi tormenta et luctus (*Apoc.* xviii). » Et alibi: « Potentes potenter tormenta patientur, et fortior erit cruciatio (*Sap.* vi). » Nam et ipsæ carnales illecebræ, vel cætera vitia, quæ hic pravos homines inflammabant, illic in picem resinamque vertuntur, et ultricibus flammis vires tribuunt. Plane sicut Scriptura dicit (*Job* x), illic est umbra mortis, quæ profecto nihil est aliud nisi obscuritas divisionis [visionis]; quia damnatus quisque cum æterno igne succenditur, ab interno lumine tenebratur. Natura vero ignis est ut ex se ipso et lucem exhibeat et ardorem, sed transactorum illa ultrix flamma vitiorum habet ardorem, non habet penitus lucem. Unde est quod de illo, quem a se repellit, Veritas dicit : « Ligate illi manus et pedes, et mittite eum in tenebras exteriores (*Matth.* xii). » Si ignis itaque, qui reprobos cruciat, lumen habere potuisset, is, qui repellitur, nequaquam mitti in tenebras diceretur. Hic etiam Psalmista ait : « Super eos cecidit ignis, et non viderunt solem (*Psal.* lvii). » Ignis enim super impios cadit; sed sol, igne cadente, non cernitur, quia illos, quos gehennæ flamma devorat, a visione veri luminis cæcat, ut et foris eos dolor combustionis cruciet, et intus pœna cæcitatis obscuret; quatenus qui auctori suo corpore et corde deliquerunt, simul corpore et corde puniantur; et utrobique pœnam sentiant, qui, dum hic viverent, pravis suis delectationibus ex utroque serviebant. Unde bene per prophetam dicitur : « Descenderunt ad infernum cum armis suis (*Ezech.* xxxi). » Arma quippe peccatorum sunt membra corporis, quibus perversa desideria, quæ concipiunt, exsequuntur. Unde recte per Paulum dicitur : « Neque exhibeatis membra vestra, arma iniquitatis peccato (*Rom.* vi). » Cum armis vero descendere ad infernum, est cum ipsis quoque membris, quibus desideria voluptatis expleverunt, æterni judicii tormenta tolerare, ut tunc eos undique dolor absorbeat, qui nunc suis delectationibus subditi, undique contra justitiam juste judicantis pugnant. Quæ tamen supplicia in se demersos et ultra vires cruciant, et eis vitæ subsidium exstinguendo servant; ut sic vitam terminus finiat, quatenus semper sine termino cruciatus vivat; quia et ad finem per tormenta properat, et sine fine deficiens durat. Fit ergo miseris mors sine morte, finis sine fine, defectus sine defectu; quia et mors vivit, et finis semper incipit, et deficere defectus nescit. Erant ergo nunc luxuriæ dediti, et ad propriæ carnis arbitrium vivant, ut anima postmodum et carne simul intereant; nunc medullas mundanæ dulcedinis sorbeant, ut repleti tunc perpetui cruciatus absynthio totis visceribus amarescant (*Job* xxi). Necesse quippe est ut illic dentibus strideant, qui hic edacitate gaudebant; illic ab eis irremediabiliter plangitur, a quibus hic voluptuose ridetur : quique hic olfaciunt nidores aromatum, et acredinem inhiant pigmentorum, illic eos et sulphureus fetor excruciat, et terra picei fumi caligo circumdat. « Ducunt enim in bonis dies suos, et in puncto ad inferna descendunt (*Num.* xiv). »

CAPUT XIII.
Quod monachus frigidus vilis alga; monachus autem fervidus, vitis est fructuosa.

Verum hæc illis exaggeranda sunt mentibus, quæ post terga relictam Ægyptum repetunt, quæ sedere super ollas carnium ignobiliter concupiscunt (*Exod.* xvi), ut his cogitationum fluctibus terrorumque procellis quodammodo mare Rubrum fiat, quod eis in medio, ne revertantur, obsistat. Tu autem, veneranda soror, quæ scilicet evangelicæ quadrigæ ac rotarum cœlestium animalia sequeris, quorum sunt pedes recti (*Ezech.* i), quæque, cum ambulant, non revertuntur; nequaquam, ut pro certo confidimus, Loth sequeris uxorem (*Gen.* ix), sed Annæ potius imitaberis stabilita virtutem, cujus scilicet vultus non sunt amplius in diversa mutati (*I Reg.* i). Et quoniam quod ab adulatore laudatur, ab ecclesiastica auctoritate contemnitur, utramque hanc perpende sententiam. « Laudatur peccator in desideriis suis, et qui inique egerit, benedicitur (*Psal.* ix); » hoc adulantis est. « Maledicti, qui declinant a mandatis tuis (*Psal.* cxviii); » hæc Ecclesiæ vox est. Quod autem in reprobis, juxta quantitatem criminis, æqua sit etiam mensura maledictionis, testatur propheta David, qui nimirum in Judam Iscariotem triginta maledictiones intulit, sicut ille Dominum triginta argenteis sacrilega venalitate distraxit. Quarum videlicet sicut prima est : « Constitue super eum peccatorem, » sic extrema est illa : « Operiantur sicut diploide confusione sua (*Psal.* cviii); » quas si quis per psalmi seriem subtiliter quærat, certum est quoniam non eas ultro citrove reperiat. In serie Scripturarum deinde consequenter et ordinem rerum. Prius enim lex scribitur, deinde historia texitur Judicum, postremo liber ponitur Regum; quoniam hic divinæ legis mandata perficimus, postmodum ad judicium venimus; ad extremum, si causa non dissonat, cum Christo sine fine regnamus. Hi proventus afferendi sunt segetum, qui cœlestibus horreis inferantur. Vitis plane si sit ferax uvarum, cuncta præcellit arbusta silvarum; sin vero sit sterilis, cæteris judicatur abjectior ac vilior esse virgultis. Unde est, quod ad prophetam divina vox ait : « Fili hominis, quid fiet ligno vitis ex omnibus lignis nemorum quæ sunt inter tigna silvarum ? nunquid tolletur de ea lignum, ut fiet opus, aut fabricabitur de ea paxillus, ut dependeat in eo quodcunque vas ? » (*Ezech.* xv.) Sic profecto monachus, si ad proferendos fructus boni operis sit intentus et fervidus, nihil inter homines eo valet esse præstantius ; alioquin si frigidus, et infecundus arescat, ac dormiens stertat, jure tanquam vilis alga despicitur, et ipsis quoque sæcularibus non æquatur. Si quis vero studiis adipiscendæ perfectionis inserviet, sed adhuc tamen per infirmitatem de prioris vitæ vitiis intus aliquid retinet : sæcularis quispiam, licet religiosus esse comprobetur et pius, nequaquam est huic per omnia comparandus. Melius quippe est vitiosum aurum quam æs purum ; et pretiosius est hebes margaritum quam marmor parium ; pallens quoque carbunculus amabilior est quam cæruleus sit hyacinthus. Tu quoque si, velut in auroræ diluculo constituta, de pristinæ vitæ tenebris adhuc in te aliquid sentis, noli diffidere, pervenire celeriter ad plenitudinem lucis. Cave tantummodo ne in carnis mollitie requiescas, sed in sanctæ disciplinæ laboribus te vigilanter exerceas.

CAPUT XIV.

Quod Dominicus duodecim simul psalteria cum disciplina cantavit, et tertium decimum cœpit.

Utinam daretur tibi nunc dominum meum videre Dominicum, qui quod nos imperitæ linguæ conamur officio, ipse te efficaciori luculentissimæ vitæ doceret et informaret exemplo. Hic denique a tribus jam circiter annorum lustris lorica ferrea vestitur ad carnem, duobus autem ferreis circulis in corpore cingitur, duobus item per brachiorum armos arctatur. Sed quia de illo in aliis nostris opusculis jam plura digessimus, nunc quod vix ante sex dies ad nos veniens retulit proferamus. Ait itaque : Contigit me nosse quod scripseris novem me uno die psalteria decantasse cum corporalibus disciplinis ; quod certe cum audivi, tremefactus expavi, et conscientia remordente congemui ; væ, inquam, mihi ; ecce hoc de me, nesciente me, scriptum est, et tamen utrum hoc a me fieri potuisset ignoro. Ergo rursus experiar, et an hoc implere potuerim indubitanter agnoscam. Quarta igitur feria me vestibus exui, et armata scopis utraque manu, totam noctem ducendo pervigilem, psallere ac me verberare non destiti, donec die altero, decursis duodecim ex more psalteriis, die tertio decimo ad psalmum : « Beati quorum (*Psal.* xxxi), » usque reptavi. Porro, quod nobis durum sæpe videtur et asperum, quam ille puerile deputet ac despectum, uno doceamus exemplo. Frater quidam cum se scoparum ictibus nimis abhorreret atterere, atque ut ipse sibimet plagas inferret atque perferret, gravissimum judicaret ; tandem tamen domni Dominici crebrius insistenti, adhortationibus acquievit, ac per modulationem totius psalterii, et insuper quinquaginta psalmorum, sibimet disciplinam inferre propriis manibus non cessavit. Erat autem nox illa præcedens Dominicam diem et B. Michaelis festivitatem. Cumque facto mane ad prædictum senem frater ille venisset, timensque ne de indiscretione redargueretur, quod egerat, per ordinem retulisset ; hac ille voce respondit : Noli, frater, pusillanimus esse, vel pro hac tua, quæ nunc est, infirmitate diffidere ; potens est enim Deus ex imis te ad altiora provehere, et tanquam lacteolæ tuæ conversationis infantiam ad juvenilis roboris incrementa firmare. Et adjiciens ait : Nos etiam primo pedetentim cœpimus, sensimque ad quod nos divina pietas perducere voluit, licet imbecilles ac fragiles, educti sumus. Sicque factum est ut non eum de immoderato fervore, sicut ille timebat, argueret ; sed ne desperationi succumberet, tanquam qui minimum quid egerit, animum refoveret. Hujus itaque sancti senis exemplo faciendæ disciplinæ, mos adeo in nostris partibus inolevit, ut non modo viri, sed et nobiles mulieres hoc purgatorii genus inhianter arriperent. Nam et relicta Tethbaldi, sublimis utique generis et non infimæ dignitatis, mihi aliquando retulit, per præfixam hujus disciplinæ regulam centum annorum se pœnitentiam peregisse.

CAPUT XV.

De cœlestis Hierusalem beatitudine sempiterna.

Tu itaque libenter audi semper facta bonorum, vel si imitari potes, cumulum tibi perpetuæ retributionis acquirant ; vel si impossibilia sunt, uberius te in humilitate custodiant. Erigatur spiritus ad ea quæ promittuntur in patria, ut exsiliens parvipendat quidquid asperitatis horret in via. Cum pondus auri radiantis attenditur, labor itineris levigatur. Ubi loco præmii corona proponitur, stadii cursus alacriter transilitur. Perpende igitur quam beatus sit qui, cum tanta reproborum multitudo repellitur, ipse ad nuptiale convivium ingredi, cum splendida electorum societate, mereatur ; quantæ dignitatis sit adesse semper obtutibus Conditoris, contemplari præsentissimæ speciem Veritatis ; facie ad faciem Deum cernere, choris angelicis interesse : ubi sic præsentibus quique gaudiis sunt repleti, ut de futura nunquam sint adversitate solliciti : ubi dum quieta mens incircumscripti luminis amœnitate perfruitur, de suorum quoque concivium præmiis inenarrabiliter gratulatur. Illic vitæ fontem et sitientes hauriunt, et haurientes sitiunt ; quia ibi non potest, vel aviditas passionum gignere, vel satietas fastidire. Ex eo plane, quod auctori vitæ semper assistunt, omnem vim beatitudinis trahunt. Hinc floridæ juventutis æterna viriditas, hinc venustas est pulchritudinis, et indeficiens vigor incolumitatis. Ex illo itaque æternitatis fonte percipiunt, ut æternaliter vivant, ineffabiliter gaudeant : et, quod est longe præstantius, ad ejusdem Conditoris similitudinem convalescant. Sicut enim Joannes evangelista testatur : « Cum apparuerit, similes ei erimus, quoniam videbimus eum sicuti est (*I Joan.* iii). » Tunc mors absorpta est in victoria (*I Cor.* xv) ; omnisque humanæ naturæ funditus corruit corruptela. De hac porro civitate sanctus ille Tobias aiebat : « Portæ Hierusalem ex sapphiro et smaragdo ædificabuntur; et ex lapide pretioso omnis circuitus murorum ejus; ex lapide candido et mundo omnes plateæ ejus sternentur; et per vicos ejus alleluia cantabitur (*Tob.* XIII). » De hac et Joannes ait : « Quia singulæ portæ ejus erant ex singulis margaritis, et platea civitatis aurum mundum, tanquam vitrum perlucidum (*Apoc.* XXI). » De qua etiam mox adjecit : « Quia non eget sole, neque luna; sed claritas Dei illuminabit eam, et lucerna ejus est agnus (*Ibid.*). » Ibi præterea natura humana, quæ vitiata fuerat, cunctis passionum squaloribus defæcata tripudiat, et azyma facta, in suæ puritatis atque sinceritatis munditia perseverat. Cum spiritu siquidem, et caro spiritualis facta, concordat; ac totus homo sui Conditoris arbitrio in nullo penitus dissonat. Tunc impletur quod sponsæ sponsus eloquitur: « Veni, sponsa mea, tempus putationis advenit (*Cant.* II). » Surculus enim cum putatur, remanente quod utile est, abscinditur quod superfluum est. Sic ex humana natura manet quidem omne quod Conditor fecit; tollitur autem quod diabolus addidit. Illic arcana singulorum patent oculis omnium. Illic omnium mentes in mutui amoris unione conflatæ, nulla invicem varietate dissentiunt; sed in communi voluntatis studio omnes unanimiter fœderantur. Apud nos, cum una festivitas colitur, altera non habetur; illic autem omnium solemnitatum semper est coacervata lætitia, quia illi præsentes assistunt, qui solemnitatum sunt procul dubio causa. Deest illic ignorantia, deest impossibilitas; quia in Sapientia, cui uniti sunt, cuncta sciunt; in Omnipotente omnia possunt. Illic revelata facie contuebimur, quomodo Pater ineffabiliter Filium gignat, quomodo Spiritus sanctus ex utroque procedat. Illic videbimus quomodo is, qui nusquam deest, non per partes, sed totus ubique est, quomodo etiam fieri possit, ut et intendat singulis tanquam vacet ab universis; intendat universis tanquam vacet a singulis; quomodo is, qui cœlestibus præeminet, abyssi fundamenta sustentet; qui mundi intima penetrat, quomodo exteriora cuncta circumdat. Illic odoris suavitas cunctorum excedit vires aromatum, omnem superat fragrantiam pigmentorum. Illic beatorum aures harmonicæ dulcedinis organa melodia permulcent. Illic pratis jucunda satis amœnitate vernantibus, candentia lilia nunquam decidunt, rosæque purpureæ cum croceis floribus non marcescunt. Et certe de illa cœlestis Hierusalem beatitudine sempiterna incomparabiliter plus est in re quam mens possit humana concipere; plus mente concipitur quam ullis sermonibus explicetur. Quid ergo plura de illis beatorum civium gaudiis eloquar? Quandoquidem eorum felicissimæ voluntati cuncta prorsus elementa deserviunt, et cuncta ad eorum nutum, omnia ad eorum vertuntur arbitrium. Vera quippe est sententia illa qua dicitur : « Omnia quæcunque voluit Dominus, fecit in cœlo et in terra; in mari et in omnibus abyssis (*Psal.* CXXXIV). » Et quod de capite dicitur, de membris quoque illius dignum est ut credatur. His te gaudiis, venerabilis soror, Deus omnipotens introducat, ipseque tibi sit præmium, cum assumit, qui factus est pretium, cum redemit. Commenda me Moysi, et Aaron ducibus tuis, sanctis videlicet Vitali et Rodulpho presbyteris (26); qui videlicet noverint, quia idcirco, contra morem epistolæ, titulos inseruimus, ut inclinati atque prolixi styli duplex fastidium levaremus.

Sit nomen Domini benedictum.

(26) De Vituli et Rodulpho vide epistolam 14, libri V.

OPUSCULUM QUINQUAGESIMUM PRIMUM.

DE VITA EREMITICA, ET PROBATIS EREMITIS.

ARGUMENTUM. — Teuzonem monachum, mox sanctitate insignem, qui ab abbate dissentiens, e monasterio discesserat, et ipsum sanctum doctorem, qui una cum eodem abbate ut eos invicem reconciliaret, ad se venerat, post multas contumelias, tandem e cella expulit, mansuetudinem et modestiam traducere conatur; dum ei tantæ superbiæ causas et fontes exponit : nimirum, quod sub nullius disciplina, sed tanquam sibi ipsi præceptor, monasticæ vitæ institutum sectatus ; quodque, cum eremitam profiteretur, in media tamen urbe et sæcularium multitudine vitam traduceret. Igitur, ne singulare vivendi genus sequatur, admonet : quod quam perniciosum sit, monachorum quorumdam tristi exitu probat. Discretionis quoque freno cohibendas esse monachorum actiones ostendit. Ac demum, ne de seipso tam præclare sentiens, alios contemnat, virtutes ei quorumdam ante oculos ponit, qui tamen modestissimi erant, nec ut ille, se efferebant. Tandem ut ei humilitatis exemplum præbeat, veniam ab illo petit, si quid asperius fortasse a se dictum videatur.

Domno TEUZONI eremitæ PETRUS peccator monachus resumendæ charitatis aculeum.

Minus se proximum amare convincitur, qui perlatæ læsionis injuriam sic in auctorem expostulare dissimulat, ut omnino se sub silentii censura constringat. Nam dum sibimet quasi ex virtute patientiæ consulit, lapso fratri salutiferæ correptionis manum porrigere parvipendit; dumque patientiæ immoderatæ deservit, imminutæ charitatis sententiam non evadit. Non enim dicit Dominus : Si peccaverit in te quis, patere et tace; sed, si peccaverit in te, inquit, frater tuus, vade et corripe eum, ut videlicet correptus ad cor redeat, et corrigens quod erravit, ad ejus, unde pessundatus fuerat, rursus charitatis celsitudinem convalescat. Sunt siquidem duo, lapsus et læsus. Charitas ergo, quæ inter utrumque dijudicat, sic debet justitiæ lances appendere, sic inconcusso examine æquitatis inter eos jura servare, quatenus non modo enixius studeat, ne læsus, quod absit, per impatientiam corruat, quam ut per satisfactionis dignæ commercium, et is quoque qui lapsus est, surgat.

CAPUT PRIMUM.

Albizo et B. Petrus Damianus cum quanta sunt difficultate intra limen admissi.

Per longiora te ignotarum regionum loca, per præcipitia montium, per saxosa Alpium prærupta quæsivimus, tandem ad januam pertingentes post multa precum quidem nostrarum, tuarum autem volumina altercationum, cum jam lapsus pene deficeret spiritus, vix demum tanquam importuni capitis homines admissi sumus (dominus enim mihi tunc Albizo adhærebat); intenti autem et non mediocriter avidi ædificationis documenta suscipere, protinus in ipso mutuæ collocutionis exordio coacti sumus jurgiosis quibusdam contentionibus deservire; et qui gestiebamus de spirituali certamine subtilia quædam et occulta discutere, vix tandem suffecimus perplexas quæstiones atque inutiles arroganter objectas, ineptæ videlicet litis materiam propulsare: quippe conveneramus Eliam, vel Paulum videre in eremo humiliter latitantem, citra spem reperimus quodammodo Xenocratem in gymnasio grandiloque proponentem: imo quibus mens erat imitationis gratia agnum conspicere mitem, ferocem potius taurum incurrimus cornibus immaniter ventilantem. Inter ipsas tamen quæstionum contentionumque densissimas grandines, prout licuerat, mitis ille prædicator ad memoriam recurrebat, dicens: « Stultas, inquit, et sine disciplina quæstiones devita, sciens quia generant lites; servum autem Domini non oportet litigare, sed mansuetum esse ad omnes *(II Tim. II).* » Et iterum: « Noli verbis contendere: nihil enim utile est, nisi ad subversionem audientium *(Ibid.).* » Illud quoque non prorsus exciderat: « Profana autem et vana eloquia devita: multum enim proficiunt ad impietatem *(Ibid.).* » Hæc, et hujusmodi nobis tacite conferentibus, illud etiam cum eodem Apostolo, clamoso quodam silentio, conscientia respondebat: « Si quis, inquam, vult contentiosus esse, nos hujusmodi consuetudinem non habemus *(I Cor. XI).* » Quid plura? Tandem cum in arcto positi multiplicium objectionum vallaremur angustiis, ubi ratiocinandi copia suppetere desiit, ad sanctorum mox exempla confugimus, ut illis saltem fides habeatur quorum auctoritas ad probationem cujuscunque negotii incunctanter admittitur. Cumque super quodam disceptationis articulo sanctus Romualdus in testimonium duceretur, præsto quæsitum est utrum ipse Romualdus aut tunc exstiterit sanctus, vel nunc sit in paradiso receptus. Et licet contra fidem totius Ecclesiæ nostrarum provinciarum hæc de sancto viro quæstio moveretur; ad astruendam tamen partis nostræ sententiam, illos in testimonium sanctos adscivimus, quorum celeberrima et vetus opinio etiam apud plebeios quoslibet et ignaros putare non possit: Leonem videlicet, atque Gregorium, clarissimos olim Romanæ sedis antistites, quorum quidem alter authentica canonum decreta promulgat; alter Ecclesiam perspicuis ac profundis cœlestis eloquentiæ fontibus irrigat. Sed his nominatis, tantumdem est. Nam et super his nihilominus quæstio geminatur: Quo pacto quis certum teneat, utrum et isti tales fuerint, quibus sine retractatione debeat fides accommodari, sive etiam digni sint intra sanctorum catalogum percenseri.

CAPUT II.

Rursus uterque quam inhoneste fuerint eliminati.

Cumque hæc et alia plura in sermocinationis decursu impudenter effluerent, quæ non modo illum fructum ædificationis, ad quem gliscebamus, afferrent, sed supervacuam potius interminabilium quæstionum caliginem generarent; tandem recolentes illud quo dicitur: « Verbum abbreviatum faciet Dominus *(Isai X),* » quasi de spumosi maris procellosis turbinibus emergentes, ad tuti portus sinum applicare studuimus, dum de charitate, in qua nulla quæstio videbatur, adorsi sumus. Erat quippe inter te et abbatem tui monasterii non ferenda simultas et inveterata discordia. Ille igitur utpote vir mitis, ac simplicis animi, sponsionibus suis cuncta dignæ satisfactionis et humilitatis jura transcendit, et nos sequestri fœderis inter se et te exsecutores instituit. Verum nos dum alienis amicitiis inconsulte consulimus, in implacabile odium proprii capitis devoluti sumus: quin potius in oblatrantis Charybdis latus incidimus, qui nos Scyllææ voraginis naufragium evasisse credebamus: dehinc paucis quasi rationibus irrationabiliter redditis, et cum jurgio et timore impatienter effusis, ad trabale scilicet odium non evellendum, sed enixius radicandum; tandem per semicinctia correpti, violenter excludimur, et præ damnatis foribus familiare colloquium ulterius non meremur. Digna nimirum ultione multati, et qui in commendandæ charitatis crimen incidimus, et quod in homicidas durum est, perpetuo digni odio censeremur. Verumtamen ne de his leviter ridere videamur, quæ piis mentibus fraterna sunt compassione legenda, inhonestæ confusionis historiam hucusque contexuisse sufficiat.

CAPUT III.

Quod monachis in urbe morantibus arrogantiæ tumor obrepat.

Nunc unde tibi hujus origo morbidæ tabis obrepserit, tantummodo te si sit possibile audire patienter, ego non gravabor exponere. Nulla siquidem disciplina, ut dicitur, monasticæ institutionis auritus, sub nulla majorum custodia maceratus, in ipso conversionis novæ tironicio adhuc durus et rigidus hujus propositi iter arripiens, ante cœpisti docere quam discere, prius depromere quàm legum mandata servare. Huc accedit quod eremiticam vitam non in eremo, sed intra populosæ urbis mœnia ducere decrevisti ; ubi nimirum quidquid a tam magnifici nominis auctore præcipitur, sic arripiatur, tanquam si a sibyllino aditu vaticinii oraculum reportetur. Sed, quæso, si monachus es, quid tibi cum urbibus? Si eremita, quid tibi cum civium cuneis ? Quid enim cellæ, vel fora strepentia, vel turrita conferunt propugnacula ? Enim vero qui, tanquam deficientibus silvis, solitudinem in urbibus quærunt, quid aliud credendum est, nisi quod solitariæ vitæ non perfectionem, sed favorem potius et gloriam aucupantur ? Illic igitur, captato vulgi favore, circumfluus, quid tibi mens vel improvisa dictaverit, proprio judicio lex habetur; quidquid præceps lingua decurrerit, sententia deputatur. Nec te metiris juxta testimonium propriæ conscientiæ, sed secundum opinionem potius assentatricis turbæ, apud quam videlicet venalis pallor in vultu, et auditum nomen jejunii stuporem mentibus ingerit. Vinum namque in urbe nescire, prodigium est ; in eremo bibere, satis ignobile. Oleum in eremo magnæ deliciæ; in populo autem, qui saltem arvina non vescitur, abstinentiæ palma donatur. Cilicium in eremo vestimentum, in urbe spectaculum. Cruribus pedibusque nudatis incedere in eremo quidem regula, in foro autem afflictio cernitur indiscreta. In eremo stratum molle juncus est, vel papyrus, inter cives applauditur centone contentus. Quod enim illic conversatio rara mirabile reddit, hic societas fraterna commune. Ac per hoc quod illic præconio laudis attollitur, hic generaliter inditum gloriam non meretur.

CAPUT IV.
De abstinentiâ quorumdam fratrum.

Sed, o utinam præsens adesses, et quid in his silvis ab ignotis atque despectis agatur, oculo judicante, perpenderes! Tamen ut se, si fortassis inest tumor arrogantiæ, deprimat, vel breviter aliquid te de illorum conversationibus erudire non pigeat. Nam, ut omittam de continua frugalitate, et penuria vestium, de rigore silentii, de jugi instantia remotionis, nonnulli apud nos sunt qui, inter cætera districtionis impendia, tanta censura a vini perceptione se cohibent, ut jam pene per decennium, ne in paschalibus quidem festis, de prædicto liquore gustaverint ; quorum videlicet alii sunt juvenili adhuc flore vernantes, alii jam ad venerandæ senectutis maturiora vergentes, alii etiam uvis et aceto se nihilominus privant; plerique autem saginis, ovis, et caseo tanquam carnibus abstinent.

CAPUT V.
De Martino Storaci.

Quemdam habemus in cellula rusticum idiotam, vix quinquaginta psalmos utcunque balbutientem, eosdem tamen per dies singulos, subjectis semper litaniis, septies iterantem. Qui jam per tria ferme lustra non prodiit, sed neque capillos totondit, neque barbam rasit. Hoc siquidem et ipsi crines evidenter asserunt, qui jamjam forte prolixiores illo talotenus fluunt. Quanquam nos hoc districtionis genus minime probemus. Hujus itaque continuo tenore talis est vita, ut tribus per hebdomadam diebus nil penitus comedat, tribus autem quamdam mensuram panis cum aqua percipiat ; Dominicis autem et præcipuis festis non quidem pulmentum, sive liquamen aliquod, sed quamdam sibi frixuram quasi edulium præparat. Quam sane vidisse, et non tetigisse, propemodum refectionem ducimus ; gustasse autem, vel etiam olfecisse, partem pœnitentiæ deputamus. Porro autem duo in ejus cellula serpentes jam per plures annos, ut fertur, familiariter spatiantur. Qui etiam, ut ipse fatetur, dum ille solo prostratus litaniarum votis insistit, circa caput ejus hinc inde blanda mites allusione discurrunt ; et virosi morsus obliti, tanquam patrifamilias domus, clientelam devotæ sedulitatis impendunt. Ecce, et venenatæ bestiæ inter se in exhibendo monachis obsequio concordant, cum videlicet ipsi monachi viperina invicem a se, proh dolor! immanitate resiliant. Mirum, quod tantum fetorem eo loci, nunquam querulus, tolerat : mirum, quod lutulentam ad bibendum aquam per tot dies in dolio velut sentinam servat, mutatoria nunquam lavat, vestes nunquam mutat, nisi eucharistiam percepturus : quas tamen mox exuit, et ad id munus propter munditiam in tuto reponit. Nisi post solis occasum nunquam accipit cibum, servata tamen diebus Dominicis reverentia, in quibus videlicet circa sextam horam, unam ex his quæ pro sacramentis fiunt, oblatiunculam percipit, et sic propter regulam jejunium solvit. (S. BENED. *Reg.* c. 38 et 41.) Quid autem de inopinatis ejus vigiliis dixerim ? quandoquidem mihi ipse retulerit; die quidem, inquiens, nullo tempore quietem membris indulgeo ; vespere autem psallens et orans, tunc demum sopori viscera fatigata concedo, cum jam jam nocturnæ synaxis articulum propinquantem cognosco, quatenus mox, ut corpus sopor irruens totis viribus occupat, repente illum, quasi tintinnabulum feriens, ab audaciæ violentiæ invasione depellat. Sæpe rogatus ut pro necessitatibus ecclesiasticis, vel fœderandâ pace procederem, cum mihi detrimentum esse pernoscerem, licet aliis proveniret, hunc fratrem ea fide consului, ut illi divina gratia dignaretur infundere quid mihi decerneret expedire. Protinus sancta simplicitas ad id quod propositum erat, compendiosæ responsionis clausulam fixit. Quid, inquit, candelæ prodest, si aliis luceat, dum se interim edax flamma consumat? Hoc responsum, fateor, lætus arripui, et tanquam divinitus datum, salva tantummodo charitate, et obedientia servare decrevi.

CAPUT VI.
De Leone Sitriæ, et aliis tribus monachis.

Sed dum in unius viri virtutibus enumerandis prolixius immoror, ab aliis vel summotenus perstringendis, longa mora prodiente, retardor; veniam autem ad dominum meum Leonem, et vere Leonem, qui antiquum draconem, caput scilicet, auctoremque malitiae, continuis ad bellum concertationibus provocat; et ab ipso impuberis adolescentiae tirocinio usque ad provectam jam senectutem, tanquam consertis cominus armis, adversus illum infatigabiliter pugnat. Vere, inquam, Leo, qui et mundum pervigil dormit, et divinae contemplationis quodammodo soporatus intendit. Quid ultra de hoc viro dicendum est, quam quod videmus illum et mundo mortuum et cruci Christo confixum? Hic nempe perfectae mortificationis est norma, hic singularis vitae regula, hic ad perfectionis apicem festinantibus imitabilis disciplina. Quidquid fere districtionis, quidquid continentiae superius dictum est, in hoc viro consequenter intellige; praecipue tamen in eo charitatem, humilitatem et mansuetudinem venerare. Sermo denique ejus dulcis ad instar mellis solatur moestos, docet inscios, concordat iratos. Quis enim correptionis illius austeritate deterritus non redire disposuit? Imo quis quantalibet ingruentium tentationum pressus caligine sine consolatione recessit? Bene siquidem currentibus blandum, delinquentibus se praebet austerum. Sed hoc modo, ut et blanditiam in auctoritatem austeritas erigat, et eamdem austeritatem blanda rursus mansuetudo compescat. Rigor autem abstinentiae in eo tantus est, ut in ejus facie imago potius quam viventis hominis corpulentia videatur. Percunctanti olim mihi, quod possem invenire solatium, quia tamen exiguae mensurae panis mihi inter ipsa jejunia videretur; tale dedit praesto consilium : Aliis, inquit, diebus medietatem tibi mensurae illius appone, die autem illa, qua relaxare aliquid de consuetae regulae censura volueris, totam tibi summam praefixae quantitatis indulge; et tunc sufficiens erit raro censum, quod nunc modicum videtur indifferenter oblatum. Hoc autem in tantae angustiae necessitate remedium, utcunque ex consulentis merito placuit; sed curiosa meae edacitatis intentio, fateor, non quod praestolabatur, audivit. Nuper etiam mihi inter familiaria mutuae collocutionis verba subintulit : Frater, inquit, mi, faciant alii magna quaedam, prout gratia illis divina praestiterit; infirmitati autem meae non erubesco sufficere, si per dies singulos duos annos poenitentiae possit implere. Aliquando autem, dum me tentationibus resistere prudenter instrueret, quod suum erat, alii contigisse narravit. Novi, inquit, fratrem quem, dum fornicationis spiritus graviter fatigaret et ille crebris orationibus vehementer insisteret, tandem nocte quadam super stratum quiescenti angelus Dei cominus astitit, et arrepto ferro testiculos ejus abscidit. Cumque ille vigilare se crederet, sed numinis auctoritate pressus, quid ageretur inquirere non auderet, tantam doloris vim in genitalibus pertulit, ac si revera materiale chirurgium partem corporis secuisset. Ab eo itaque tempore frater ille non modo hujusmodi passionibus non subjacuit, sed et tanquam carne praemortua, nullum ulterius in se libidinis stimulum sensit. Sciscitanti autem mihi quis ille fuerit frater, Nihil mea interesse respondit. Longe vero post, cum jam oblivio potuisset obrepere, inter caetera conveni hominem : Nunquid non, inquam, mi pater, tale aliquid tibi accidisse professus es? Tunc ille ex improviso conventus, quod dixisse se credidit, negandum esse non duxit. Sed cur ego in singulis immoror, qui tantam virorum illustrium densitatem mihi imminere contemplor? Praetereo igitur dominum meum Lupum, verae videlicet mansuetudinis agnum. Qui profecto et antequam se carceri, quem pro aeterna libertate nunc incolit, perpetim inclusisset, per trium circiter annorum continuata curricula vinum non bibit, nullumque sibi pulmenti liquamen indulsit. Transeo Petrum, qui nullum cubilis in cella sua patitur superesse vestigium, sed nudum jugiter terit, sive hiberno, sive aestivo tempore, pavimentum. Leonem quoque non numero, qui lumbos suos super nudum ferrea semper catena circumdat, ne sobrietatis limitem supergressio immoderatae refectionis excedat.

CAPUT VII.
De Leone eremita Praezensi.

Sed ecce Leo rursus alius occurrit, qui, jam pene emensae senectutis oblitus, annosum diu vivendo senium gerit; et licet emeritus miles divini procinctus castra tirocinali, ut ita fatear, fervore custodit. Qui nimirum inter caetera dona virtutum, sic vigiliarum studio praeeminet, ut nulla totius anni, vel perexigua nocte, prius a fratribus ad nocturnale conveniatur officium, quam ille psalterium morose habeat, decantando cum suis litaniis, impletum; postmodum vero, juxta morem eremi, psalterium pro defunctis exsolvit. Porro autem cum jam, ut fert opinio, centum quadraginta aetatis annos excedat, postquam se constanter inclusit, hac etiam lege constrinxit, ut quotidie se scopis gravioribus atterrat; nullo etiam die nisi celebrioribus festis, circa vesperam tantum, comedendi consuetudinem solvat. In omni tamen vita sua nunquam sanguinem minuit, nunquam antidotum sumpsit. Illud quoque praetereundum non est, quia sic oleo laetitiae gratia illum divina perunxit, ut nec senilis gravitas tristia sibi ora contrahere, nec vita remotior in ejus vultu potuerit rigidum quid vel asperum generare; sed semper hilaris, semper laetus, semper occurrit urbana quadam serenitate festivus.

CAPUT VIII.
De Dominico Loricato.

Sed cur ergo sanctos commemorando viros, diversa passim loca perlustro? quandoquidem intra limen, et prae manibus teneo, ad cujus digne efferenda praeconia impar viribus non assurgo. Certe cellulis altrinsecus constitutis, solo basilicae mediantis interstitio, ego illeque dividimur; cujus si virtutibus enumerandis invigilo, ante dies elabitur quam scribendi materia deficere posse videatur. Dominicum dico, doctorem videlicet, et dominum meum; cujus quidem lingua rustica est, sed vita artificiosa satis et lepida, quæ sane vita satis utilius ad ædificationem vivis operibus prædicat, quam sterilis quorumdam lingua, quæ accurata phaleratæ urbanitatis verba inania trutinat. Longo jam annorum elabente circulo, ferrea ad carnem lorica præcinctus, infœderabilem pugnam cum iniquis spiritibus conserit; semper paratus ad prælium, non solum corde, sed et corpore præmunitus, adversus hostiles acies fervidus bellator incedit. Hanc autem continuæ vitæ consuetudinem indifferenter habet, ut vix dies ulla prætereat, quin duo psalteria modulando utraque manu scopis armata, nudum corpus allidat, et hoc remissiori quidem tempore. Nam quadragesimalibus circulis, sive cum pœnitentiam peragendam habet (crebro enim centum annorum pœnitentiam suscipit), tunc per dies singulos dum se scoparum tunsionibus afficit, ad minus tria psalteria meditando persolvit. Centum autem annorum pœnitentia, sicut ipso auctore didicimus, sic expletur. Porro cum trium scoparum millia unum pœnitentiæ annum apud nos regulariter expleant, decem autem psalmorum modulatio, ut sæpe probatum est, mille scopas admittat; dum centum quinquaginta psalmis constare psalterium non ambigitur, quinque annorum pœnitentia in hujus psalterii disciplina recte supputantibus invenitur. Sed sive quinque vices ducas, sive viginti quinquies, centum fiunt. Consequitur ergo, ut qui viginti psalteria cum disciplina decantat, centum annorum pœnitentiam se peregisse confidat. Quanquam et in hoc plerosque noster Dominicus superet; quia cum nonnulli unam manum in disciplinis agendis exerceant, iste ut revera Benjamin filius [filius Gera filii Jemini] contra rebelles carnis illecebras utraque manu infatigabiliter pugnat (Judic. III). Hanc autem centum annorum pœnitentiam, ut mihi ipse professus est, facile sex diebus ex more consummat.

CAPUT IX.
De ratione disciplinæ.

Memini quoque quia cujusdam Quadragesimæ imminentis initio mille annos imponi sibi per nos ad pœnitentiam petiit: quos certe omnes ferme antequam jejunii tempus transigeretur explevit. Si cui autem hoc pœnitentialis disciplinæ genus, quia durum, videatur etiam fortasse superfluum; et quod ipse facere negligit, fieri etiam nolit: quid mihi peccatori super hac sententia videatur, paucis absolvam (27). Devotio sancta fidelium cum se pro peccatorum suorum memoria verberibus afficit, communicare se sui Redemptoris passionibus credit. Nam et ipse Salvator noster, Evangelio teste, flagellis cæsus est (Marc. I; Joan. XIX); et apostoli in conspectu concilii verberibus sunt affecti (Act. I); et Paulus quinquies quadragenas una minus,

(27) Conf. epist. 8 lib. V et 1 lib. VI.

accepit (II Cor. I). Quod etiam innumeri martyres duris subjacuere verberibus; cui vacat eorum historias legere, non poterit ignorare. Ab illis ergo et hunc pœnitentiæ modum nos suscepisse gaudemus; a quibus nimirum omnium studiorum spiritualium instrumenta didicimus. Porro si jejunia, vigilias, nuditatem, cilicia, genuum flexiones, et cætera his similia, idcirco remedia pœnitentiæ constituimus, ut per hæc vitiorum illecebras deprimamus, et delectationibus carnis diverso amaritudinem apponamus: quæ inter hæc congruentius dici pœnitentia potest, quam cum se peccator nudum sui judicis conspectui repræsentat, et deprehensorum more latronum, ipsam quæ peccaverat, carnem verberando castigat? Huc accedit quod nonnullos legimus post culpam in exstasi ad judicium raptos, hanc exsolvisse vindictam (HIERONYM. epist. 22 ad Eustoch.). Credendumne ergo est quin hunc pœnitentiæ modum, quem Deus ipse a nolentibus exigit, a devotis et ultro offerentibus suscipere contemnat? Hæc per excessum commendandæ disciplinæ gratia diximus, ut teneris et delicatis monachis detrahendi audaciam tolleremus. Nunc ad Dominicum, de quo cœperat, sermo recurrat. Enim vero cum huic jam et incurva senectus deprimat, et crebris insuper languoribus contabescat, mirum unde illi tantus fervor incendat, ut in spiritualibus exercitiis semper invictum, semper infatigabilem se reddat. Nam ut, ipso referente cognovi, sæpe duo psalteria cum disciplinis stando continuat, ita ut neque interim sedeat, neque vel ad momentum a percussionibus incredibili mentis fervore quiescat. Inquirenti mihi aliquando, utrum posset cum ferreæ vestis pondere aliquantisper genuum flexibus insudare; sub hac mihi dedit obscuritate responsum: Cum incolumitas mihi votiva respondet, quandoque per omnes totius psalterii quindenos psalmos centies genua flectere consuevi. Quod quidem tunc non diligenter attendi, postmodum vero quod dictum fuerat, mente revolvens, a depresso homine mille metanœas in uno psalterio fieri admiratus expavi. Quadam die post vesperam, cellulam meam ingressus: Magister, inquit (hoc enim indigno vocabulo me ex humilitate compellat), hodie feci quod hactenus me fecisse non memini, octo nempe psalteria inter diem et noctem modulanter explevi. Videbatur autem tunc totus vultus ejus ita scopis attritus, ac sulcantibus quibusdam vibicibus livefactus, tanquam si pila fuerit, ptisanarum more, contusus. Psalmodia sane illi idcirco tam facile provenit, quia non tam verba, ut ipse asserit, lingua perstrepente revolvit, quam sensum mentis vivacitate percurrit. Aliquando a me remotus habitabat; cumque ad me ingressum quibus tunc se vitæ legibus ageret inquisissem, respondit se carnaliter vivere, et quintis, semper feriis cum Dominicis diebus a solito se abstinentiæ rigore laxare. Requisitus utrum pulmento quolibet, ovis vel caseo vesceretur: negavit. Rursus si piscibus aut pomis? Pisces, ait, et poma, si qua sunt, ægrotantibus præbeo, quorum non minimam multitudinem jacere in nostris partibus ingemisco. Cumque illum durus exactor in angusto concluderem, dicens: Unde ergo illis diebus remissius vivis, si nihil eorum comedis quæ necesse sit vel ignibus decoqui, vel in arboribus inveniri? respondit: Feniculo, inquit, cum pane libenter vescor. Mox nimirum perite cognovi quam carnaliter homo viveret, qui suas delicias in feniculo constituisset. Habet plane uberem lacrymarum gratiam, sed alternam. Cum enim reclusus sub districto se silentio reprimit, mox, ut voluerit, affluenter plangit: at si colloquio frequentetur, fletum se amisisse conqueritur. Nam et ego illi sæpe penuriam meæ tarditatis impropero, dicens: Heu! inquam, mi pater, istæ tuæ lacrymæ infecundæ sunt, quæ alias orando lacrymas parere nequeunt. Optarem namque, quod consequens est, nimirum, ut sicut tu mihi pater es, ita nihilominus et tuæ lacrymæ mearum quoque lacrymarum fierent genitrices.

CAPUT X.
Tenendæ discretionis admonitio necessaria.

Possem tibi adhuc multa quidem, et alia non ignobiliora de his, qui nobis noti sunt, fratribus scribere, si non magnopere luxuriantis styli fastidium devitarem. Vereor etiam ne pagina hæc in manus eorum de quibus loquitur veniat; et eorum animos, qui laudari in hac vita laudabiliter exsecrantur, offendat. Hæc autem idcirco tibi exempla proposui, ut dum majora fortassis aliorum bona consideras, tua dijudices; et tumorem singularitatis objiciens, cum multis te aliis in sacræ militiæ stadio currere non ignores. Mox ut dicuntur ea Job, quæ proprias vires excedant, protinus ad pœnitentiæ patrocinium convolat (*Job* xxxiii), ita ut etiam ori suo digitum superponat, dicens: « Leviter locutus sum (*I Reg.* x). » Postquam certe audivit Elias septem millia virorum ante Baal genua non flexisse, didicit jam non de singularitate tumescere, dum plures innocentiæ suæ consortes haberet. Et ii sane, quorum superius mentionem feci, non clari, non famosi, non certe vulgi opinione notabiles; sed despicabiles et pannosi ita se bonis omnibus inferiores judicant, ut etiam nobis se, nostrisque similibus quolibet conversionis indicio non præponant. Nobis autem scilicet convescentes non dedignantur communi mensa participare, imo tanquam suppares omne nobis charitatis officium familiariter exhibent. Tu quoque si recte, si discrete, si fructuose per viam vis vere religionis incedere, sic tibimetipsi sis austerus et rigidus, ut aliis videaris hilaris et remissus; sic intra temetipsum studeas in rectitudinis arce præcellere, ut noveris te et infirmis fratribus misericorditer inclinare; sic in tribunali mentis tuæ justitiæ frena dispone, ut tamen delinquentibus non obdurescas, venialiter indulgendo. Sit in corde mœror, in vultu lætitia; in fratris adventu caro tua sentiat refrigerarium, nec multum timeas, si solitæ servitutis non impleas pensum. Pulsante cellulam tuam fratre protinus tristes rugæ discedant, contracta se ora resolvant, serena facies occurrat, festina frons lætitiam præferat. Peccatum in te mortis periculum deputa, in aliis fragilitatem conditionis appella. Decerne alium ferula dignum, unde te scorpionibus arbitraris obnoxium. Non sis justior justo; et qui times peccata committere, non dubites veniam peccantibus impertire. Non est illa recta justitia, quæ in desperationis foveam mentes pertrahit alienas. Non est medicina laudabilis, quæ sic putrida resecat, ut simul etiam sana corrumpat. Noxius ignis est, qui sic nititur vepres exurere, ut insiliat etiam domos globis furentibus conflagrare. Enim vero, qui aliorum vitia ex more libenter carpit, peccati macula non evadet; quia licet zelo justitiæ ferveat, aliquando necesse est ut in laqueos detractionis impingat. Plane, nisi multum nostra nobis vita splendesceret, non tantopere nostris oculis aliena conversatio displiceret. Si districti circa nos essemus, ut dignum est, judices, non tam rigidos experiretur aliena culpa censores; in alios scilicet disciplinæ nostræ vigor extenditur, dum circa excessus proprios sola pietatis et mansuetudinis jura servantur. Sed quorsum ista? Quia diceris omnes fratres tuos tam austera, tam superciliosa dijudicare sententia, ut per totius anni circulum nonnisi semel, et tunc non a tui monasterii sacerdotibus, sed aliunde quæsitis, divina percipias sacramenta. Dico quod dicis: Quis hunc presbyterum ordinavit? Respondetur, ille episcopus. Et ipsum, ais, ad episcopatus officium qualiter, aut quis promovit? Papa scilicet: qualiter autem, ipsi viderint; moxque subjungis: Esto tandem quod papa gratis episcopum consecravit; nunquid et papa ipse ad apostolicæ sedis apicem gratis ascendit? Hac igitur inter mirabilium quæstionum perniciosa caligine, quantum in te est, sæculum omne confundis, et velut mare, de temetipso tempestatem gignis generans, nec ipse quiescis, nec alios vivere in tranquillitate permittis. His enim et hujusmodi ineptis hæsitationibus hæreses sæpe et schismata pestilenter emergunt, quæ incautas hominum animas a catholica unitate præcidunt. Ut enim verbis te apostolicis alloquar: « Tu quis es, qui judicas alienum servum? Suo enim domino stat, aut cadit, stabit autem: potens est enim Deus statuere illum (*Rom.* xiv). » Non omnes qui in prætorio sunt, promendi judiciales calculos archisterium sortiuntur; neque omnes qui sunt intra Ecclesiam, claves Ecclesiæ susceperunt. Cum ad aliena judicanda quis arroganter extenditur, ad ea profecto consideranda quæ sua sunt, obtusior invenitur. Tunc enim socialis vitæ congruenter est ordo dispositus, si unusquisque proprii juris limite sit contentus: ubi autem alter alterius terminum supergreditur, omnis profecto recte vivendi linea necesse est confundatur. Sufficiat ergo nobis considerare quæ nostra sunt, ne dum aliena immoderate persequimur, a nostri laboris fructu et digna mercede vacuemur. « Qui enim totam legem servaverit, offendat autem in uno, factus est omnium reus (*Jac.* II). » Et Paulus : « Modicum, inquit, fermentum totam massam corrumpit (*II Cor.* v). »

CAPUT XI.
De monacho flumine enecato.

Vidi nempe monachum eremitam vitam districte satis et rigide perferentem : qui nimirum et vultu pallidus, et corpore vehementer afflictus, fixis in terram oculis, mundo mortuus videbatur ; vinum quoque per undecennium non gustaverat. Sed, o terribile Dei judicium, et profundum summæ districtionis abyssum ! Tædet dicere. Hic aliquando in phrenesim decidens, atque in belluini furoris rabiem immaniter efferatus, ex manibus in diversa nitentium, et vinculis quibus nectebatur se repente proripuit ; et ubi plurimus rotabatur vortex, in spumosi fluminis voraginem mersus interiit. Sed quanquam quovis mortis articulo meritum suum cuique perire non possit, ad hoc tamen ista præmisimus, ut in quibuslibet nostris bonis operibus nunquam pertinaciter confidamus ; sed metuentes semper quid superna de nobis sententia statuat. De his qui nobiscum sunt, judicare mens nostra temere non præsumat ; et si enim videmus in præsenti quo gradimur, ignoramus tamen quo cursus noster fine claudatur. Patet via quæ teritur ; sed occultum est quo pervenitur.

CAPUT XII.
De monacho qui diaboli patrocinium quæsivit.

Et quia se occasio præbuit, terribilem nihilominus et alterius monachi casum prætereundum esse non ducimus, etsi non magnopere huic opusculo congruere videamus. In Perusino monasterio, sancti videlicet Salvatoris, cui nuper et ipse præfui, quidam monachus paulo ante fuerat, nomine Guinizo, astutus nimis 799 et callidus, sæcularibus argumentis ac litigiosis contentionibus vehementer intentus. Hic itaque dum et in mutandis abbatibus et fratribus perturbandis æstuans non quiesceret, ad hoc usque pervenit, ut diaboli ad superandos æmulos patrocinium quæreret et ejus se dictioni etiam corporaliter manciparet : cui tamen seductor spiritus exigenti ante promisit, quod tertio, priusquam moreretur, die, suum sibi exitum nuntiaret. Credidit infelix, et diu postmodum vivens, ita sub hac deceptoria securitate permansit : tandem in ægritudinem lapso adest fidejussor iniquus, et perendianum, sicut spoponderat, obitum innotescit. Protinus advocatis ille fratribus, cuncta hæc quæ cum nequissimo pepigerat, per ordinem narrat. Cumque illi instarent, dicentes : Esto confessus, age pœnitentiam ; repente ille obdormiebat, et sive pulsantibus, sive clamantibus, evigilare non poterat ; si non illi obticescerent, vel aliud quid præter pœnitentiam loqui vellent, mox ille expergefactus, invicem loquebatur ; sed rursus audito nomine pœnitentiæ, obrigescebat in sensibus sopore correptus, donec horrendæ morti traditus, ad eum cui deditionem fecerat est infeliciter devolutus. Postmodum vero per plures noctes nigra canum turba non cessabat sepulturæ ejus assistere, et quasi depositum custodire, ita ut non minimo videntes horrore concuterent. Heu quam perniciosa res spiritus contumax et litigiosus in monacho ! Hic enim, quia temporalem habere pacem cum suis fratribus noluit, æternæ pacis gaudium, in tartarum demersus, amisit. Hoc autem et si præsenti stylo usquequaque non congruat, idcirco tamen inter hæc apicibus mandare curavimus, ut rem memorabilem, ne oblivio tolleret, quasi ad paxillum funiculo stringeremus ; atque hic quisquis inquietus ediscat ad quem finem lis animosa perducat.

CAPUT XIII.
De patientia monachi excæcati.

Inter omnia igitur quæ divina nobis sunt lege mandata, nihil est monacho propensius enitendum, quam ut patientiam in omnibus habeat, qua videlicet alienæ pravitatis injuriam æquanimiter ferat. Hæc plane virtus ad perfectionis culmen monachum provehit, et terribilem in Dei hostibus dimicantem animum facit. Hæc omnium vitiorum victoriam tribuit, et contra furentes mundi præcipites impetus humanam mentem insuperabilem reddit. Et quid amplius dicam ? Quandoquidem quidquid de rigore abstinentiæ, quidquid de quacunque corporis afflictione superius dictum est, vel dici potuit, pene nihil sit, si ipsa virtutum nutrix patientia desit, Apostolo testante, qui ait : « Corporalis, inquit, exercitatio ad modicum utilis est ; patientia autem ad omnia utilis est (*I Tim.* IV). » Adolescentem me in Faventina urbe propter litterarum studia constitutum audire contigit quod enarro. Inter duos sibimet convicaneos obortis invicem simultatibus, alterius oculos alter effodit. Cæcus itaque postquam se mundo nimium inutilem vidit, monasterium 800 petiit. Postmodum vero cum et ipse illator injuriæ languore correptus, conversionis habitum anxie quæreret, sed ad idem monasterium deferri, propter illum quem crediliter attrectaverat, incongruum iudicaret, monachis super hac re secreto mussitantibus, tandem fama negotii ad acutiorem videlicet non videntis pervenit auditum. Cumque ille, quod imminebat plenius didicisset, cœpit mox obnixe deposcere, et quibus valebat precibus instantissime flagitare, ut illum fratres cum omni charitate susciperent, semetipsum insuper custodem scilicet, ac ministrum ejus obsequiis insudare juberent. Importunis sane insistens precibus, tandem obtinuit, ei eo quem carnis lumine videre non poterat, perspicuo charitatis oculo ministrabat. Decumbenti itaque sedulus minister assistere, tegminibus confovere, necessaria quæque porrigere, percipiendis etiam alimentis suasorie provocare. Nam et ad digestionis occultum, ut dicebatur, sæpe se ferre et referre gaudebat ægrotum. Sic nimirum, sic qui geminum lumen carnis amiserat, charitate simul et patientia, quasi duobus in animæ facie oculis resplendebat.

CAPUT XIV.
Ubi scriptor ea quæ dicta sunt, humili satisfactione concludit.

Superiora tibi, Teuzo pater, ex epistola proposui, ut desinas de singularitate tumescere; istud autem ideo, ut discas juniorum fratrum etiam offensas, si forte contigerint, æquanimiter tolerare; nimirum quod moribus tuis duxi maxime necessarium, hoc in disputativæ narrationis ordine servavi consequenter extremum. Jam igitur ab illa rigida nimis et torosa mentis tuæ animositate compesce, teque in patientia cum fratribus tuis et blanda charitate compone. Quisquis enim per feralitatem amicis suis contubernalibus non concordat, ferarum more solus necesse est ut bestialiter vivat. Qui ergo Redemptoris sui discipulus non dedignatur existere, discat se mitem proximis suis et humilem exhibere: « Discite a me, inquit, quia mitis sum et humilis corde (*Matth.* XI). » Qui denique sancti Spiritus templum esse desiderat, ut id ipsum repetam, ab humilitate simul et quiete mansuetudinis non recedat. Ait enim : « Super quem requiescet Spiritus meus, nisi super humilem et quietum? » (*Isa.* LXVI.) Non igitur eorum animos verbositatis quæstionibus pulses, non eos tanquam torvæ cervicis taurus cornicibus ventiles; ne dum a te fugitur, illud in tui opprobrium jaculetur, quod de bove cornupeta antiquitus dicebatur:

Fenum habet in cornu (28).

Tranquillum ergo te et quietum cunctis videntibus exhibe; et præcipue his qui ex Deo sunt, omni te obedientia et humilitate substerne, ut qui in te Christum quærunt, Christum consequenter inveniant; et in mansuetudine quam exterius viderint, ipsum auctorem mansuetudinis altius in mentis tuæ solio præsidere deprehendant. Plane si pectus tuum arca Dei est, sicut profecto dignum est, non in eo sola sit virga quæ feriat, sed et manna, quod in fraternæ mentis palato dulcescat; nec in eo zelus sit amaritudinis, qui deterreat, sed zelus potius charitatis, qui salubriter corrigat. Sicque correptionis aculeus vulnus delinquentium pungat, ut et mansuetudinis oleum leniori quodam fomento demulceat. Verum nos dum ædificationis fraternæ studio ardenter insistimus, modum epistolæ supergressi sumus; ideoque etiam titulos contra morem epistolæ singulis quibusque periochis congruenter affiximus, ne laciniosi styli satietatem lectoris animo gignere videretur.

Nunc igitur, dilectissime mi pater et domine, pedibus tuis me protinus [*f.* prostratus] advolvo, fusisque lacrymis veniam humiliter peto: videlicet ut ori meo clementer indulgeas, et me, qui tibi audacter insuggillare præsumpsi a charitatis tuæ dulcedine non repellas, dummodo nempe hæc quæ superius comprehensa sunt, salubriter admittantur. Ego non abnuo satisfactionis gratia, et nudas ferulæ vestræ scapulas subdere, et de cætero paternis sanctitatis vestræ legibus reverenter obtemperare. Spero autem quod et hæc mea vobis non erit infructuosa correptio; quia dum menti vestræ tam scilicet gravi, tam maturæ, tam certe sanctæ amarum forte sapit, quod ausu junioris arguitur, in vobismetipsis liquido potestis addiscere, quid vobis dura loquentibus, de alieno debeatis corde sentire. Rogo autem, venerabilis pater, ut pro me peccatore semper orare digneris. Quia autem faciem vestram ulterius in hac vita visurum me esse non spero, divinam deposco clementiam, ut, soluto militiæ cingulo, sic nos in mutuos repræsentet aspectus, quatenus et unum supernæ videlicet Hierusalem ascribatur emeritis municipium, et socialis in utrumque procedat recompensatio meritorum.

Sit nomen Domini benedictum.

---

(28) De poetis hoc dici fingit Horatius serm. I, sat. 4.

OPUSCULUM QUINQUAGESIMUM SECUNDUM.

DE BONO RELIGIOSI STATUS ET VARIARUM ANIMANTIUM TROPOLOGIA.

ARGUMENTUM. — Hac epistola, cum in ipso statim exordio depravatos hominum mores, et calamitosum suorum temporum statum deplorasset, illorum felicitatem extollit qui, tempestates sæculi fugientes, ad tutissimum religionis portum confugerent. Quo in genere Casinenses monachos præcipue admiratur: montem ipsum Casinum arcæ Noeticæ non dubitans comparare, quæ diluvii tempore omnis generis animantium refugium fuisset. Hinc, occasione arrepta, ad animantium naturas proprietatesque describendas digreditur, quas (quemadmodum facit apud Græcos Epiphanius) ad hominis mores et utilitatem mire traducit atque accommodat.

Domno DESIDERIO archangelo monachorum, sanctoque conventui, PETRUS peccator monachus servitutem.

Qui sæculum reliquistis, quas ereptori vestro Deo gratias debeatis, is perite considerat, qui mundi furentis flagitia non ignorat. Pudor enim, et ho- nestas periit; et dum ecclesiastici vigoris sensim disciplina collabitur, inundans vitiorum ac pravitatum omnium in dies pestis augetur. Ut illum propheticum nostro potissimum tempore videatur impleri: « Non est, inquit, veritas, non est misericordia, et non est scientia Dei in terra. Maledictum, et mendacium, et homicidium, et furtum, et adulterium inundaverunt (*Osee* IV). » Et quia hæc non modo principalis censura non reprimit, sed fieri cum favorabilis assensus exsultatione permittit; et ex eo risus excutitur, cui non modo gemitus, sed et furor et impatientia debebatur; recte per eumdem prophetam postmodum dicitur : « In malitia sua lætificaverunt regem, et in mendaciis suis principes : omnes adulterantes, quasi clibanus succensi sunt a coquente (*Osee* VII). » Et quoniam ardor avaritiæ, sive luxuriæ, prius tanquam laquearia domus atque tigilla principes corripit, deinde per subjectos sese velut per planiora diffundit; paulo post addidit : « Omnes calefacti sunt quasi clibanus, et devoraverunt judices suos; omnes reges eorum ceciderunt, non est in eis qui clamet ad me (*Ibid.*). »

Et quia bonos principes malus populus non meretur, atque ideo totus mundus velut unum corpus continuata criminum contaminatione perfunditur, divina vox per prophetam exprobrat, dicens : « Ubi est rex tuus, Israel, maxime nunc salvet te in omnibus urbibus tuis; et judices tui, de quibus dixisti : Da mihi regem et principes (*Osee* XIII). » Ubi et præsto subjungitur : « Dabo tibi regem in furore meo, et auferam in indignatione mea (*Ibid.*). » Unde fit ut dum mundi principes non jura, sed lucra conservant, subjectos quoque proclives in malum nulla legalium sanctionum censura refrenet. Hoc mundus nostro tempore patitur, quod per Isaiam dicitur : « Omne caput languidum et omne cor mœrens; a planta pedis usque ad verticem non est in eo sanitas (*Isa.* 1). »

CAPUT PRIMUM.
Quod religiosi quasi oves sunt de lupi faucibus ereptæ.

Quamobrem summopere curandum vobis est, dilectissimi, ut immensas Deo gratias jugiter referatis, qui videlicet hoc tempore de mundo estis electi, quo constat in eo quempiam difficile posse salvari. Implestis enim quod per Zachariam, Domino vociferante, præcipitur : « O, o, fugite de terra Aquilonis (*Zach.* II). » Et rursum : « O Sion, fuge, quæ habitas apud filiam Babylonis (*Ibid.*). » Quibus nimirum Veritas dicit : « Ego vos elegi de mundo; et quia de mundo non estis, propterea odit vos mundus (*Joan.* XV). » Nam velut si ferox bestia pecus invalidum mordicus apprehendat, pastor autem, vel unum membrum de faucibus furiose deglutientis educat; ita vos Christus de ore cruenti prædonis eripuit, dum, pereunte mundo, in obsequium vos sui famulatus allegit. Hinc est quod per Amos prophetam dicitur : « Quomodo si eruat pastor de ore leonis duo crura, aut extremum auriculæ, sic eruentur filii Israel, qui habitant in Samaria (*Amos* III). » Sic itaque per exuberantioris gratiæ munus non ambigitur vobis fuisse collatum, quod per eumdem prophetam alibi dicitur : « Plui super civitatem unam, et super civitatem alteram non plui. Pars una compluta est, et pars super quam non plui, aruit (*Amos* IV). » Corda quippe terrena atque carnalia velut æstu squalentia diuturnæ siccitatis arescunt, quæ fluenta supernæ gratiæ compunctionis imbribus non infundunt. De qua videlicet terra divina vox ait : « Mandabo nubibus ne pluant super eam imbres (*Isa.* V). » At contra de mente illa, quæ Dominum veraciter sitit, quæ fontem sapientiæ indeficienti desiderio concupiscit, per Isaiam dicitur : « Effundam enim aquas super sitientem, et fluenta super aridam. Effundam spiritum meum super semen tuum, et benedictionem meam super stirpem tuam, et germinabunt in te herbas, quasi salices juxta præterfluentes aquas (*Isai.* XLIV). »

CAPUT II.
Quod monasteria vivaria sunt animarum.

Cum ergo vos omnipotens Deus mundo subtraxit ac sub monastica sibi disciplina servire constituit, quid aliud fecisse cernitur, quam velut olim in cataclysmo, de multis pereuntibus vos paucos elegit, ac in bituminatæ arcæ latibulum (*Gen.* VII), ut viveretis, induxit? Claustrum quippe monasterii vivarium est animarum. Ibi quippe vivunt pisces, qui juxta legis edicta pennulas habent; atque ut in corpus Christi transferantur, Israelitarum mensis delicias præbent. Pisces quippe qui squamarum pennulas habent, dare saltus etiam super aquas solent. Quid ergo pennatis piscibus nisi electæ animæ figurantur, quæ profecto solæ in cœlestis Ecclesiæ corpus transeunt; quia modo virtutum pennulis fultæ, saltus dare per cœleste desiderium sitiunt, ut superna per contemplationem appetant, quamvis in semetipsas iterum ex mortali carne relabantur? Claustrum itaque monasterii utrum gurgustium, sive vivarium piscium solummodo, sicut dictum est; an etiam captabulum cœlestium pecorum vel certe aviarium volucrum per spiritalem intelligentiam rectius possumus appellare? Hanc denique triplicem animalium speciem ponit Psalmista cum dicit : « Pecora campi, volucres cœli, et pisces maris (*Psal.* VIII). » Hanc et Osee propheta commemorat cum ait : « In bestias agri, et in volucres cœli, sed et in pisces maris congregabuntur (*Osee* IV). » Quo igitur horum trium vocabulo cœnobium rectius exprimetur? Sed ut liquido cernitur, universa hæc tria vocabula claustro monasterii procul dubio congruunt, dum in eo unanimis et indivisæ charitatis igne conflata spiritalium animalium diversitas continetur. Ibi quippe spiritales, sicut dictum est, vivunt pisces, sacrarum Scripturarum fluentis jugiter innatantes. Nisi enim esset spiritale gurgustium, ubi non terreni, sed cœlestes pisces spiritaliter viverent, nequaquam Dominus ad B. Job de typica Behemoth pelle dixisset : « Nunquid implebis sagenam pelle ejus, et gurgustium piscium capite illius? » (*Job* XLVIII.) Ibi pecora agri illius, scilicet de quo per Jacob dicitur : « Ecce odor filii mei, sicut odor agri pleni, cui benedixit Dominus (*Gen.* XXVII). » De pecoribus autem, ipsis electis scilicet in sanctæ charitatis unanimitate viventibus, Isaias ait : « Habitabit lupus cum agno, et pardus cum hædo accubabit; vitulus et leo et ovis simul morabuntur (*Isai.* xi). » Nam per sanctæ charitatis viscera, lupus cum agno habitat; quia ii qui in sæculo raptores fuerunt, cum mansuetis ac mitibus in pace conquiescunt. Et pardus cum hædo accubat, quia is qui peccatorum suorum maculis varius fuit, cum eo qui se despicit ac peccatorem fatetur humiliari consentit. Vitulus autem, et leo, et ovis pariter commorantur; quia et is qui per contritum cor ad quotidianum se Deo sacrificium præparat; et alius qui tanquam leo ex crudelitate sæviebat; et alter, qui velut ovis innocentiæ suæ simplicitate perdurat, in caulis sanctæ Ecclesiæ convenerunt. Ibi quoque cœli sunt volucres; ii nimirum qui virtutum plumis sese in ardua sublevant, ac terrena quælibet, et sub se transire de suæ mentis arce prospectant. Dumque per terrena repere sub carnali concupiscentiæ jugo despiciunt, libertatem aeris petunt, seseque ad cœlestia, librata mentis contemplatione, suspendunt. De quibus nimirum volucribus Dominus in Evangelio loquitur, cum granum sinapis in arborem crevisse testatur: « Cum autem creverit, inquit, majus est omnibus oleribus, et fit arbor, ita ut volucres cœli veniant, et habitent in ramis ejus (*Matth.* xiii). » Nec mirum si et pecoribus agri, et volucribus cœli ac piscibus maris, homo per figuram spiritalis intelligentiæ comparetur, cum et ipse homo, propter quem scilicet cætera creata sunt, omnis creatura dicatur: « Euntes, inquit, in mundum universum, prædicate Evangelium omni creaturæ (*Marc.* xvi). » Nam et naturales actus pecorum per spiritualem intelligentiam reperiuntur in moribus hominum; sicut et in hominibus aliquid invenitur, quod ad officia pertineat angelorum. Rerum quippe conditor omnipotens Deus, sicut terrena quæque ad usum hominum condidit; sic etiam per ipsas naturarum vires, et necessarios motus, quos brutis animalibus indidit, hominem salubriter informare curavit. Ut in ipsis pecoribus homo possit addiscere quid imitari debeat, quid cavere, quid ab eis mutuari salubriter valeat, quid rite contemnat: quatenus dum a rebus quoque ratione carentibus homo rationalis instruitur, ad auctorem suum per viam sapientiæ caute semper et inoffenso tramite gradiatur. Sed ut liquidius valeat elucere quod loquimur, non gravemur aliquas hic animalium naturas apponere; et qualiter humanis congruant moribus, strictim, ac prout epistolaris brevitas patitur, breviter intimare. Nec tamen ut experti simus hujusmodi nobis periliam arrogamus; sed id duntaxat quod ab his qui rimandis rerum insudavere naturis, nobis est traditum, indiscusse et irretractabiliter judicamus nostris opusculis inserendum.

807 CAPUT III.
De natura leonis.

Leo itaque, cum sit fortissimus bestiarum, ac, Scriptura teste, nullius pavescat occursum (*Prov.* xxxi), videtur etiam naturalis habere quodammodo subtilitatis ingenium. Nam cum a venatoribus quæritur, eorum protinus odore concepto, ut persequentium se deludat indaginem, versutæ struit fraudulentiæ novitatem. Caudam quippe per terram trahens, vestigia sua, dum graditur, operit; sicque venantium laqueos, ne capiatur, evadit. Venatores plane hominum iniqui sunt spiritus, qui nimirum venatorum more carnes quærunt, dum quoslibet homines, ut carnaliter vivant, immaniter persequuntur. Sed quisquis ad illum leonem pertinet, de quo per Jacob dicitur: « Catulus leonis Juda, venatoris odorem concipit, quia versuti hostis insidias deprehendit (*Gen.* xlix). » Cujus videlicet odorem argute conceperat, qui dicebat: « Non ignoramus astutias ejus (*II Cor.* ii). » Illis econtrario ignorantibus, de quibus Joannes dicit: « Qui non cognoverunt altitudinem Satanæ (*Apoc.* ii). « Hic etiam vestigia sua cauda, quæ postrema pars est corporis, operit; quia vitæ veteris pravitatem tegmine novæ conversationis abscondit, sicut dicitur: « Beati quorum remissæ sunt iniquitates, et quorum tecta sunt peccata (*Psal.* x xxi). » Et alibi: « Remisisti iniquitatem plebi tuæ; operuisti omnia peccata eorum (*Psal.* lxxxiv). » Sic igitur impressa vestigia cauda leonis operit, cum veterem vitam posterioris rectitudinis tegumentum obducit (*Prov.* xxviii). Ad hoc etiam pertinet, quod idem leo cibum fastidit hesternum, et escæ propriæ reliquias aversatur. Et tu, o homo, eo quo satiatus fueras, prorsus abhorre peccatum, ne tanquam canis reverti videaris ad vomitum (*II Petr.* ii). Adde quia leo apertis oculis dormit; sic et tu, sic quiesce sopitus a mundo, ut pervigiles semper oculos habere perseveres in Domino. Sic dicitur: « Ego dormio, et cor meum vigilat (*Cant.* v). » Leæna mortuum parit catulum. Qui profecto per triduum mortuus perseverat, donec tertia die pater ejus adveniens, in faciem ejus insufflat, sicque viventem celeriter excitat. Contemplativa quoque te vita ab hoc mundo mortuum pariat, cui Pater omnipotens spiritum suæ vivificationis immittat. Et hoc modo, qui catulum leonis de tribu Juda die tertia suscitaverat; te quoque inter fidei, spei et charitatis triduum, non mundo, sed sibi viventem reddat; ut libera cum Apostolo valeas voce cantare: « Vivo autem, jam non ego, vivit vero in me Christus (*Galat.* ii). »

CAPUT IV.
De authalopo.

Authalopum [antaplon vel aptalon] quoque acerrimum nimis et violentum est animal, adeo ut nec illi venator accedere, nec persecutor quisquam audeat propinquare. Habet autem longa cornua in serræ similitudinem figurata, quibus nimirum prægrandia valeat arbusta secare, terræque deponere. Cum vero sitierit, veniens ad Euphratem 808 bibit: prope quem videlicet fluvium frutex quidam nascitur, qui *Gericine* vocabulo nuncupatur, habens virgulta subtilia atque prolixa. Veniens itaque authalopus ad Gericinam, dum ludere lasciviens tentat, cornua sua virgultis crebrescentibus obligat. Cum vero diutius pugnans, sese nullatenus valet educere, magnis incipit vocibus exclamare. His excitatus clamoribus venator accurrit, eumque dum propriis nexibus arctatur, occidit. Tu, serve Dei, qui duobus es Testamentis admonitus, quasi totidem cornibus invicte munitus, quibus nimirum et temetipsum inviolabili valeas tuitione protegere, et adversantes spiritus robustissime ventilare; postquam Deum, fontem scilicet vivum, laudabiliter sitire cœpisti, postquam magni Euphratis, id est cœlestis eloquii fluenta bibisti, noli jam causarum sæcularium vacare negotiis; noli te, velut petulcum animal, voluptatum carnalium irretire virgultis; ne dum te hæc suis nexibus obligant, repente nequissimus adversarius impetat ac lethale vulnus tanquam improbus venator infligat. Excitat enim venatorem vox clamoris, cum te accendit flamma libidinis. Nulla quippe vox criminum sonorius elevatur in cœlum, de qua ad Abraham dicitur : « Clamor Sodomorum et Gomorrhæorum multiplicatus est, et peccatum eorum aggravatum est nimis; descendam et videbo utrum clamorem, qui venit ad me, opere compleverint. (Gen. xviii).» Sed ut vires amittant incentiva libidinum, declinanda est procul dubio societas feminarum.

CAPUT V.
Quod feminarum aspectus est fugiendus.

In quodam nempe monte Orientis, lapides sunt igniferi, qui masculus et femina nuncupantur, et dicuntur Pyroboli. Qui nimirum cum a se invicem procul sunt, non accenduntur ; si vero femina appropinquaverit masculo, protinus ex eis ignis egreditur; ita ut omnia quæ circa montem sunt flammis vaporantibus exurantur. Ab ipsis ergo lapidibus edocemur, ut si consumi libidinis incendio nolumus, muliebris aspectus speciem declinemus, ne de conspecta forma flamma prosiliat, quæ in nobis non montis, sed mentis fruteta pervadat.

Ad exstinguendum itaque libidinis incentivum operæ pretium est ut etiam castoris imitemur exemplum. Cujus scilicet testiculi medicinalibus curis sunt permaxime necessarii. Castor itaque cum se videt a venatore propter genitalia persequi, hæc mordicus abscindit, et ante venatoris faciem projicit. Sic illico venator abscedit, dum id propter quod eum persequebatur extorsit. Si vero contigerit ut alter eum rursus venator inveniat, eumque acrius et instantius persequens, evadendi aditum jamjam penitus desperare compellat, in arcto situs, in os se venatoris erigit, sibi deesse virilia, propter quæ perurgetur, ostendit. Sic sic ab insectantis venabulo liberatur, dum ostendit sibi deesse quod quæritur. Tu quoque si vis casses intimi venatoris eludere, solerter a te stude titillantes illecebrosæ libidinis fomites amputare. Præcide a pectore tuo omne luxuriandi propositum, et sic quasi radicem luxuriæ verenda repellis, dum libidinis actum cum ipsa penitus voluntate deponis. Et dum malignus spiritus tanquam improbus venator telis adversum te luxuriæ dimicat, tu in vires te protinus erige, ac deesse tibi luxuriandi materiam testones ostende, dicens illi : Cur me persequeris? cur me propter rem quæ in me jam non est irretire conaris? En ego verenda non habeo, dum, amputato luxuriæ seminario, castitatis propositum inviolabiliter servo. Dicit enim mihi per Isaiam Dominus meus : « Non dicat eunuchus : Ecce ego lignum aridum, quia hæc dicit Dominus eunuchis qui custodierint Sabbata mea, et elegerint quæ volui et tenuerint fœdus meum : dabo eis in domo mea, et in muris meis locum, et nomen melius a filiis et filiabus (Isai. LVI). » Ego siquidem ex ipsis sum, de quibus per semetipsum in Evangelio dicit : « Sunt eunuchi qui se castraverunt propter regnum cœlorum (Matth. XIX). » Hoc itaque modo sollicite cavendum est, ne versutus hostis tentationum suarum aculeis corda nostra transfigat, et castitatis, sive cujuslibet boni operis fructum, astutæ fraudis arte decerpat.

CAPUT VI.
De herinaceo.

Hujus autem figuram etiam herinaceus repræsentat, qui nimirum dum toto corpore spinis sit obsitus, vindemiarum tempore ingreditur vineam, et quam meliorem viderit occupat uvam. Quam mox tam violenter exagitat, ut omnia ejus in humum grana prosternat; indeque descendens, tandiu super eadem grana provolvitur, donec spinarum ejus aculeis omnia transfigantur. Sic undique onustus remeat, atque hæc filiis suis alimenta comportat. Custodienda est ergo boni operis vinea, ne super eam antiquus hostis ascendat, et spiritualium virtutum turgentia ac per hoc matura grana dejiciat; deinde tentationum suarum aculeis insuat, eaque bestiis terræ, hoc est, adversariis potestatibus cibum tendat. Sicque labefactatus atque frustratus a laboribus suis homo, id quod in Canticis legitur gemebundus exclamet : « Posuerunt me custodem in vineis, vineam meam non custodivi (Cant. I). » Sicut enim ab hericio botrus exuitur acinis; sic a diabolo incautus quilibet homo nudatur operibus bonis. Mille formis enim et callidus nequitiæ spiritus novæ semper artis præstigias struit, ut possit non modo nudare, sed et funditus devorare quos decipit.

CAPUT VII.
De vulpecula.

Cujus utique vulpecula quoque præbet imaginem, quæ dum se mortuam fingit, mortem volucribus veraciter ingerit. Nam dum esurit, et anxie requirenti quod comedat non occurrit, quærit ubi sit rubra terra; et dum reperit, toto corpore in ea provolvitur, ut quasi caro nuda et cruenta videatur : mox sese in terram quasi mortuam projicit, flatum intra se reprimit, ut non respiret. Dumque hoc modo cruenta videatur et turgida, ab incautis volucribus non indubitatur exstincta. Descendunt itaque ut eam comedant; sed illa repente prosiliens arripit, easque veraciter devorat, quas ad se devorandam fallaciter invitabat. Hujus itaque deceptor antiquus specimen exprimit, qui carnalia lucra quærentibus se quasi mortuum fingit, illisque opera sua, tanquam membra sua quibus vescantur, exponit: « Manifesta enim sunt opera carnis, quæ sunt, sicut dicit Apostolus, fornicatio, immunditia, luxuria, avaritia, idolorum servitus, veneficia, inimicitiæ, contentiones, æmulationes, iræ, rixæ, dissensiones, sectæ, invidiæ, homicidia, ebrietates, comessationes (*Gal.* v). » Hæc plane sunt iniqui spiritus viscera, hæc reproborum et carnaliter viventium quotidiana sunt alimenta. Ad hæc dum perditi quique velut esurientes inhiant, eos malignus spiritus tanquam volucres vulpis dolosa deglutit, eosque in sui corporis viscera trajicit. De quibus nimirum per Prophetam dicitur: « Introibunt in inferiora terræ, tradentur in manus gladii, partes vulpium erunt (*Psal.* LXII). » Hujus vulpis pars erat Herodes, qui capitis sui nomine censebatur, cum Dominus aiebat: « Ite, dicite vulpi illi (*Luc.* XIII). » Hæc vulpis in Scriba illo, velut in scrobis suæ fovea latitabat, qui ex ore Veritatis audiebat: « Vulpes foveas habent (*Matth.* VIII; *Luc.* IX). » Hujus vulpis fetus et illi sunt, scilicet hæretici, de quibus in Canticis dicitur: « Capite nobis vulpes parvulas, quæ demoliuntur vineas (*Cant.* II). »

CAPUT VIII.
De polypo.

Et quid mirum si regna diaboli in dolosa videantur callere vulpecula, cum et in piscibus non inferior artificiosæ fraudis reperiatur astutia? ut dum cunctis animantibus homo præponitur, per hæc etiam, quibus præest, cavere pericula moneatur. Polypus quippe petram in vadosis littoribus invenit, cui se miro modo constrictus affigit, ejusque colorem ac speciem induit. Obductus itaque terga in similitudinem saxi, plurimos piscium sine ulla suspicione fraudis allapsos intercipit; et dum scopulum simpliciter opinantur, casibus eos furtivæ artis occludit. Talibus igitur argumentis sponte veniens rapina decipitur; et dum non metuit fraudem, ignorat ultimi naufragii vitare voraginem. Sed quid petra, nisi Christus? quid polypus, nisi homo dolosus et perversus, atque ob id hæreticus? Hic affigitur petræ, et saxei mentitur schema coloris; quia, sicut magister ejus, se transfigurat in angelum lucis (*Cor.* XI). Adhæret petræ, quia etsi non per operationem, saltem per professionem sanctæ copulatur Ecclesiæ, et velut incautos pisces arripiens devorat, dum hebetes quosque ac simplices perfidiæ suæ erroribus implicat. Unde et Apostolus ait: « Sustinetis si quis vos devorat, si quis vos decipit (*Ibid.*). » Verumtamen in hujusmodi versutiis et fraudibus animalium aliquando salutaris allegoriæ deprehenditur sacramentum.

CAPUT IX.
De hydro et crocodilo.

Hydrus enim animal est habitans in gurgitibus fluminum, crocodilis feraliter inimicum. Hic itaque cum viderit crocodilum aperto ore in crepidine fluminis dormientem, provolvitur in limo luti, ut faucibus illius lubrico corpore facilius possit illabi. Tunc in os crocodili dormientis perniciter insilit, quem ille desubitatus repente deglutit. Hydrus vero viscera ejus cuncta dilaniat, donec, eo jam prorsus exstincto, de cadavere illius vivus et victor erumpat. Quid hic crocodilus, nisi figuram tenet mortis et tartari? quid hydrus, nisi victoriam innuit Salvatoris? Limo igitur hydrus obvolvitur, dum Redemptor noster humanæ carnis luto vestitur. Hic ventrem ingreditur crocodili, quia Dominus claustra penetravit inferni. Hic demolitur intima viscerum; et Dominus mortis evertit imperium. Ille corroso ac penetrato cadavere post victoriam redit, quia Salvator noster postquam infernum moriendo momordit, cum triumphali de sepulcro gloria resurrexit. Unde morti per prophetam [Apostolum] victor insultat: « Ubi est, inquit, o mors, victoria tua? ubi est stimulus tuus? » (*I Cor.* XV.) Et iterum: « O mors, ero mors tua; morsus tuus ero, inferne (*Osee* XIII). »

CAPUT X.
De charadrio.

Charadrium quoque figuram nostri Salvatoris exprimere non ambigimus, si mirabilem ejus naturam non sine admiratione pensamus. Est igitur hoc volatile totum album, nec ulla nigredinis macula reperitur in plumis. Quisquis autem est in ægritudine constitutus, per præsentiam hujus volucris valet absque dubietate colligere utrum se in proximo convalescere, an imminente mortis articulo necesse sit interire. Nam si infirmitas est ad mortem, mox ut ægrotum viderit, protinus oculos suos avertit, eumque ultra non respicit. Et sic indicium datur, quoniam ex incommoditate concepta languidus moritur. Alioquin si languidus ille victurus est, præsto charadrius obtutum suum in ejus ora defigit, ac intra se omnem illius ægritudinem concipit; deinde contra solis ardorem impiger evolat, ægroti valetudinem soli se objiciendo comburit, ac per aerem volitando dispergit. Mirabile visu! extemplo se languidus erigit, et defæcatus omni passionum gravedine convalescit. Quod Redemptori nostro volucris hujus figura conveniat, luce clarius ratio manifestat. Instar quippe charadrii candidus est Christus, quia nulla criminis apparuit macula denigratus. « Quippe qui peccatum non fecit, nec dolus inventus est in ore ejus (*I Petr.* II; *Isai.* LIII). » De quo et sponsa dicit in Canticis: « Dilectus meus candidus et rubicundus (*Cant.* V). » Virginitate videlicet et innocentia candidus martyrii sanguine rubicundus. Qui nimirum ad infirmum Israel populum pius visitator advenit, sed faciem suam ab eo (quoniam perfidiæ et incredulitatis morbo moriebatur) avertit: ad gentilem vero populum, æque scilicet languidum cum respexit, pietatis in eum oculos clementer infixit, in semetipsum ejus ægritudinem transtulit, eumque saluti pristinæ reformavit. « Vere enim, sicut per Isaiam dicitur, languores nostros ipse tulit, et peccata nostra ipse portavit. Et nos putavimus eum quasi leprosum, et percussum a Deo et humiliatum; ipse autem vulneratus est propter iniquitates nostras, attritus est propter scelera nostra. Disciplinæ pacis nostræ super eum, et livore ejus sanati sumus (*Isai.* XIII). » Ægritudinem vero per aerem volitando dispersit, quia potestates aereas suis viribus debellavit. Ad ardorem solis ascendit, ac vim languoris exussit, quoniam ad Patrem rediens, qui est sol justitiæ, mortemque deglutiens, ascendit in altum, captivam duxit captivitatem, dedit dona hominibus (*Psal.* LXVII; *Ephes.* IV).

CAPUT XI.
De phœnice.

Sed et phœnix, volatile scilicet, quod in Indiæ vel Arabiæ partibus habitat, eumdem Redemptorem nostrum morte simul ac resurrectione designat. Ipse enim dicit : « Potestatem habeo ponendi animam meam, et potestatem habeo iterum sumendi eam (*Joan.* X). » Hæc igitur avis mox ut quingentos vitæ suæ annos impleverit, ligna Libani montis ingreditur, et per alas utrasque diversis aromatum odoribus oneratur. Hoc itaque sacerdos civitatis Heliopoleos quibusdam significationum indiciis deprehendit, et mox coacervatis sarmentis atque ramusculis congeriem struit; super quam videlicet struem phœnix aromatibus onusta descendit, seseque supposito sarmentorum igne comburit. Alia vero die sacerdos accedit, ligna quæ composuerat exusta reperit : quorum cineres curiose perscrutans, invenit vermiculum valde pertenuem, sed eximii odoris suavitate flagrantem : secundo die rediens, reperit eum aviculam per plumas et alarum remigia figurantem : tertio demum die sacerdos adveniens, videt perfectam et integri status astare phœnicem. Phœnix itaque alas refertas aromatum suavitate deposuit; quia Redemptor noster de cœlo cum gemino ad nos utriusque testamenti odore descendit, dicens : « Non veni legem solvere, sed implere (*Matth.* V). Omnis, inquit, Scriba doctus in regno cœlorum, similis est homini patrifamilias, qui profert de thesauro suo nova et vetera (*Matth.* XIII). » Qui nimirum prius reperitur esse vermiculus; ille profecto qui dicit : « Ego autem sum vermis, et non homo (*Psal.* XXI). » Ille, inquam, quem vermis ille signabat, qui matutinus exsurgens hederam super caput Jonæ positam dente percussit, et arescere compulit (*Jonæ ult.*). Præcedente quippe velut matutino sole, Evangelicæ gratiæ Dominus, synagogam, ut revera sterilem hederam districtæ sententiæ suæ dente præcidit, ac marcescentem prorsus et aridam reddidit. Deinde phœnix plumefacta et in aerem alarum remigiis armata sustollitur; quia victor mortis Dominus ad Patris usque confessum conjubilantibus undique supernis virtutibus elevatur. De quo per Psalmistam dicitur : « Qui ascendit super cherubim, et volavit : volavit super pennas ventorum (*Psal.* XVII). » Enim vero et nobis pro modulo nostro pennæ sunt insitæ, virtutes scilicet spirituales, quibus si viriliter utimur, et cœlestia sublevamur; sin autem ex desidiæ torpore deponimus, necesse est ut in subripientium vitiorum profunda mergamur.

CAPUT XII.
De sarra sive serra.

Hujus rei typum tenet sarra [serra], marina scilicet bellua quæ, cum prolixas habeat pennas, mox ut viderit navem velificantem, alarum et ipsa præcincta remigiis, contendit velificare post navem. Sed vix per quadraginta stadia in hujus certaminis labore persistens deficit, et sic defessa, alas inter discrimina marina deponit. Fluctu itaque vorante compellitur, ut ad locum unde remigare cœperat, iterum relabatur. Navis plane, quæ velificat, sanctam Ecclesiam, vel unamquamque fidelem animam signat. Quæ nimirum ligno crucis evecta, spumantes fluctivagi mundi procellas evitat, virtutumque remigio ad portum perpetuæ quietis anhelat. Sed hanc sarra dum persequitur, deficit; quia mollis et dissoluta quælibet anima fervide quidem incipit, sed in labore lassescens ad perfectionis littus, quod subire decreverat, non pertingit. Sunt enim aliqui, qui dum alios ire per honestæ vitæ tramitem cernunt, pio desiderio provocati post eos iter arripiunt. Sed dum vel nimii laboris, vel inundantibus cujuslibet adversitatis fluctibus obruuntur, protinus a labore deficiunt; et sic ad similitudinem sarræ, unde velificare cœperant, relabuntur. De quibus utique scriptum est : « Væ his qui perdiderunt sustinentiam (*Eccli.* II). » Et vir sapiens : « Est amicus socius mensæ, et non permanet in die necessitatis (*Eccli.* VI). » Sed talibus rectores Ecclesiarum impigra debent exhortatione succurrere, ac inter ipsa sævientis procellæ discrimina fluctuantes valido prædicationum brachio roborare, ut eos naufragari pelago sorbente prohibeant, dum ad perseverantiæ robur inconcussa constantiæ radice confirmant.

CAPUT XIII.
De echino.

Quod echinus etiam, brevis videlicet pisciculus, innuit, qui naves ingentes plenis currentes velis immobiliter sistit. Mirum certe quomodo piscis perexiguus corpore, tam enormem carabi molem valeat inconcusse compescere, ut tanquam fixa radicibus videatur hærere. Echinus ergo figit in fluctibus navem; rector Ecclesiæ non confirmet animas tentationum inundationibus fluctuantes? Sicut illi, qui dudum vestigiis in pelago titubantibus, cœperat mergi, sed ereptoris meruit dextera sustentari, dictum est : « Et tu aliquando conversus confirma fratres tuos (*Luc.* XXII). » Ergo præsules animarum solerter invigilent, ne quos de casibus sæculi semel eripiunt, rursus eos raptor invadat, rursus ad vomitum redire compellat.

CAPUT XIV.
De tigride, et quid mystice per eam intelligendum.

Cujus utique rei per quamdam similitudinem tigris indicio est, quæ, sicut astruitur, ubi vacuum raptæ sobolis cubile reperit, pernix illico vestigiis raptoris insistit. At ille quanquam equi fugacis agilitate præcurrat, agilioris tamen feræ quodam quasi volatu se præverti posse non dubitat : cumque nullum sibi patere suffugium conspicit, hujusmodi technam captiosa fraude molitur, ubi feram sibi contiguam deprehendit, globosam de vitro sphæram ante illius oculos projicit; at illa respiciens velut e speculo proprii corporis imagine luditur, et sobolem suspicatur. Retentat igitur cursum, dum amplecti desiderat fœtum : sed ecce dum inani se frustratam specie comperit, totis ad comprehendendum equitem viribus fundit : sed dum stimulis ire velocior imminet fugienti, ille sphæram sequentis obtutibus alteram objicit : nec tamen sedulitatem matris memoria fraudis excludit. Nam tigris quasi lactatura prolem cassam versat imaginem. Hoc itaque modo et tigris orbatur, et ultio de venatore non sumitur. Ut autem hoc ad usus ecclesiasticos non incongrue transferatur, quid venator, nisi prædicator? Unde per prophetam dicitur : « Mittam eis multos venatores, et venabuntur eos de omni monte et de omni colle (*Jer.* xvi). » Et quid hic tigris, nisi diabolus debet intelligi? Tigridi itaque catulum rapimus, cum de mundo, qui est cubile diaboli, conversum quemlibet hominem ad sanctitatis habitum provocamus. Cum ergo spiritalem post nos tigridem currere per tentationum suarum argumenta sentimus, vitream illi sphæram objicimus, dum fragiles sibi homines, ubi suam imaginem videant, demonstramus. Suos autem sibi demonstrare, est ab ejus pestifera visione nostros abscondere. In suis autem hostis antiquus suam cernit imaginem, in quibus utique reperit propriæ nequitiæ pravitatem. De his nempe vitreis hominibus, ejusque imaginem refundentibus, in Apocalypsi dicitur : « Si quis adoraverit bestiam et imaginem ejus, et acceperit characterem in fronte sua et in manu sua (*Apoc.* xiv), » et reliqua. Studeamus igitur a tigride catulos custodire, quos tulimus; ut a ferinis cruentæ bestiæ uberibus rapti, lacte quotidie cœlestis eloquii non desinamus recreari, ne quod absit, illud nobis valeat objici, quod Pharisæis dictum est : « Væ vobis, qui circuitis mare, et aridam, ut faciatis unum proselytum ; et cum factus fuerit, facitis eum filium gehennæ duplo quam vos (*Matth.* xxiii); » sed id potius, quod de se Veritas Patri dicit : « Quia quos dedisti mihi, non perdidi ex eis quemquam (*Joan.* xviii). » De quo et Joannes dicit : « Qui cum dilexisset suos, in finem dilexit eos (*Joan.* xiii). »

CAPUT XV.
De pelicano, et quid figuret.

Quanto denique suos amore dilexerit, per naturæ suæ vim etiam pelicanus ostendit. Hic enim ales, sicut tradunt ii qui rimandis animalium insudavere naturis, natos suos incomparabiliter diligit, sed dignam ei vicem ingrata soboles non rependit. Ejus quippe filii mox ut incipiunt crescere, utrumque parentem adoriuntur unanimiter impugnare, qui repercutientes eos, quia disciplinæ modum tenere nesciunt, quodammodo eruditionis ferulam in gladios vertunt, dum nimiis verberibus filios interficiunt; tertia vero die super mortuos mater incumbit, latus suum rostro percutiens aperit, unde super exstinctos maternus cruor instillat, qui protinus eos ad vitam incolumes suscitat. Quæ nimirum res non tam figura, quam evangelica videtur historia. Per Isaiam namque Conditor hominum manifeste conqueritur : « Filios, inquit, genui, et exaltavi, ipsi vero spreverunt me (*Isai.* i). » Qui etiam percussus est ab eisdem reprobis filiis, sicut pelicanus a pullis suis, sicut per aliam scripturam dicit : « Insurrexerunt in me viri iniqui absque misericordia, quæsierunt me interficere, et non pepercerunt in faciem meam spuere, et lanceis suis vulneraverunt me. »

Pelicanus autem suos pullos repercutiens perimit; quia Deus perversum populum gravi captivitatum atque bellorum clade percussit. Sicut ei per prophetam dicitur : « Percussisti eos, nec doluerunt ; attrivisti eos, et noluerunt accipere disciplinam (*Jer.* v). » Sed ingratis filiis bonum pro malo redditur, cum ad vitam materno sanguine revocantur. Sapientia quippe Dei, mater scilicet omnium viventium, in cruce pendens latus aperuit, sicque peremptos ad vitam sacrosancti sanguinis sui profluvio revocavit. Sed sicut avis hujus, quam dicimus, fetus duritiam exprimunt ingratæ sobolis; sic e diverso upupa figuram exhibet pietatis. Ut sicut in uno reperit mens discreta quod spernat, sic in altero Christiana pietas quid imitetur addiscat.

CAPUT XVI.
De upupa, aquila et fulica.

Hæ siquidem volucres cum senili gravantur ætate, ut jam nec volare valeant nec videre, filii parentibus suis pio compatientes affectu, vetustas sibi pennas evellunt, et eorum oculos alis propriis confovent, ac totum corpus undique velut obliniendo ac palpando demulcent ; donec toto corpore renovati, plumis undique reflorentibus, adolescant. Sic per piæ prolis obsequium tanquam primo pubescentes flore, et visum recipiunt et volatum.

Sed quid miramur upupam misericordiæ viscera parentibus exhibentem, cum videamus et fulicam in alieni quoque generis se um maternam extendere pietatem? Sicut enim a naturarum scrutatoribus perhibetur, aquila, quæ regina dicitur avium, pullos suos coruscantibus solis radiis objicit, atque in aeris vastitate libratos, pio teneros ungue suspendit. Quisquis autem illorum intrepidam oculorum aciem inoffenso tuendi vigore conservat, hunc mater ad propagandum regii decus generis idoneum judicat. Si quis autem lumina sua solis radio perstrictus inflexerit, velut degener, et indignus tam excellenti nobilitate projicitur; et tanquam exhæredatus ac spurius inter filios non habetur. Et qui per infirmitatem luminis ab ingenuitate destituitur, generis hæreditatem quodammodo inter ingenuos illios non sortitur. Sed aquilinum hunc pullum a genuinæ prosapiæ sublimitate dejectum plebeia quædam avis, fulica videlicet, quæ Græce dicitur φήνη, velut adoptivum suscipit, et tanquam naturale inter proprios fetus clementer enutrit. Et hoc modo quem aquila crudeliter paternæ fecit hæreditatis exsortem, ista sibi quasi maternæ pietatis intuitu suis adoptavit filiis cohæredem.

CAPUT XVII.
De vulturibus et mustella.

Ut igitur arma virtutum in spiritali certamine constituti etiam a volucribus mutuemur, sicut humanam, imo Christianam obstupescimus in fulica pietatem, sic etiam altius admiremur fecundam in vulturibus virginitatem. Perhibentur enim vultures cæterarum avium more concubitui nullatenus indulgere, sed absque ulla prorsus masculini sexus admistione concipere; ut, si ad castitatis habendæ munditiam humana nos exempla non provocant, saltem de virginitate vulturum prodiens pudor impellat; nec tantum eos, qui ex hac fuerint stupenda singularitate progeniti, brevis vitæ finis angustat, cum usque ad centum annos longæva se corum vita producat.

Apes etiam sicut sunt immunes a coitu, ita etiam nullatenus corrumpuntur in partu; et sicut in conceptu sexus sexui non miscetur, sic in edendis fetibus nequaquam virginalis integritas violatur. Non enim vulva, sed, ut ita loquar, bucca sobolem procreant, et illibatæ prorsus et integræ ab omni corruptelæ contagio perseverant. Nam ore filios e foliis legunt, et sic successuræ posteritatis examen enituunt.

Sed cur nos virginitatis fecundæ miraculum in volatilibus tantum prædicemus, cum in vilibus quoque reptilibus conceptum, simul et partum non levius admiremur? Mustella quippe, sicut physici perhibent, per os quidem concipit, sed per aurem parit. Cui profecto, si dignum ducimus immundis ac minusculis rebus humana conferre, congrue forsitan quosdam fratres minus quidem jejunantes, sed humiliter obedientes, possumus coaptare. Per oris quippe conceptum intelligimus cibum, sicut Veritas dicit : « Omne, quod in os intrat, in ventrem vadit, et in secessum emittitur (*Matth.* xv). » Per auris vero partum signatur obedientia, sicut scriptum est : « Populus, quem non cognovi, servivit mihi, obauditu auris obedivit mihi (*Psal.* xvii). » Sunt namque nonnulli fratres, qui vel præ valetudine corporis, vel mentis fragilitate jejunare vix **817** possunt, sed ad exsecutionem obedientiæ, quæcunque illis injunguntur, ferventer se accingunt; et quo validius robur per alimenta percipiunt; eo graviori obedientiæ labores ferunt. Per os ergo cibum tanquam semen delectabiliter edendo concipiunt, cujus cibi fructum cum labore per obedientiam tanquam per aurem parturientes emittunt. Semen ergo quod per os intrat, per aurem egreditur; quia, ut ita fatear, conceptus escæ fructum parit obedientiæ; et quem cibus edendo velut concipiendo delectat, labor obedientiæ quasi parturiendo fatigat.

Aspis autem econtra, quoniam incantationibus aures obturat, obstinatæ mentis inobedientiam signat. Nam cum eam ad os speluncæ marsus, ut egrediatur, incantat, illa protinus unam aurem terræ strictius imprimit, alteri caudam velut impenetrabile sufflamen opponit. Sicque dum vox venefici aurium ejus interiora non penetrat, illa in cavea sua immobilis perseverat. Hujus porro serpentis multorum pravitas hominum imitatur exemplum, qui, dum hic terrena diligunt, illic in posterioris vitæ longævitate non confidunt, quasi terram et caudam auribus suis, ne vox prædicationis ingrediatur, opponunt.

CAPUT XVIII.
De ascida et alcyone.

Sed sicut aspis eos exprimit qui cor in terrenis ac temporalibus figunt, sic ascida [asida] figurat eos, qui spem suam in cœlestibus ponunt. Est enim animal pennatum quidem, sed volare non valens; est etiam naturaliter obliviosum ac memoriæ viribus vacuum; et ideo nunquam parit, nisi cum in astra prospiciens vergilias jam surgere in superiora cognoverit. Æstivo itaque tempore, juxta Junium scilicet mensem, parit, et in solis fervore confidens ova sua sabulo vel arenis abscondit, ut, dum mater sui fetus obliviscitur et locum depositæ sobolis intercipit prorsus oblivio, calor solis et clementia simul aeris ova confoveant, ac velut ad maternæ sedulitatis accubitum fetus erumpat. Obstetricante igitur sole, nascuntur ascidæ pulli, velut ipsa matre desuper accubante confoti. Hæc itaque volucris, dum oblivionis propriæ conscia de se paritura diffidit, ad cœlum prius oculos erigit, ut fetibus suis aeris clementia suppleat, quod materna stoliditas negat. Nos etiam, ut ex nobis boni operis germen erumpat, non hæsitemus favorem divini Spiritus de cœlestibus flagitare, ut cordibus nostris, quæ propria fatuitas hebetat, ipse vires edendæ salutiferæ prolis infundat.

Avis etiam, quæ alcyon dicitur, in edendis fetibus mirabilis perhibetur. Et sicut illa, quam diximus, æstivum quærit in edendo calorem; sic ista brumalem eligit non sine marinis littoribus hiemem. Brumali quippe tempore in arena marini littoris ova deponit, cum videlicet procellarum impetus ferventius in cumulos elevatur, ac littoribus validior fluctus illiditur. Sed, o supernæ dispositionis stupendum valde miraculum ! mox ut alcyon super littoreas arenas **818** ova deposuerit, quantumlibet undosus, quantalibet sit tempestate concussus, placida pontus tranquillitate mitescit. Elationes fluctuum concidunt, et omnes furentium ventorum turbines conquiescunt; et donec avis hæc ova sua confovet, mare tranquillum et quietum jacet. Septem porro diebus editis ovis incumbit; septem quoque, postquam nati sunt, pullos enutrit. Hoc enim brevissimi spatio temporis adolescunt, alarumque remigiis avolare pubescentes incipiunt. His itaque quatuordecim diebus tempus serenum, mare tranquillum, et nulla prorsus efflantium stridet ventorum procella. Cujus profecto typum sancta tenet Ecclesia, quæ per septenarium numerum et fovet et nutrit; quia quos per septiformis gratiæ Spiritus in baptismate ad fidem parit, per ejusdem Spiritus dona ad sanctæ operationis incrementa perducit. Sed in exponendo volucris hujus partu postponimus moram terere, ne et ipsi videamur fastidium legentibus parturire. Hoc ergo ideo non exponendo transcurrimus, ut tantummodo legentibus sit miraculum, sed ut altius considerantibus fiat spiritalis intelligentiæ sacramentum.

CAPUT XIX.
De columbis, ibide et hyena.

Columbarum quoque non vulgare quoddam præbet natura miraculum. Est enim in Indiæ finibus arbor, Græce peredixion [peridexion] vocatur, cujus utique fructus nimis est dulcis et valde suavis. In hujus igitur arboris gratia columbæ non modice delectantur, cujus nimirum eas fructus reficit et umbra defendit. Teterrimus enim draco ferali eas immanitate persequitur, et cruenti gutturis barathro inhiante absorbere molitur. Sed sicut columbæ draconem, ita nihilominus draco formidat eam, quam prædiximus, arborem: sed præcipue timet umbram, ita ut si umbra fuerit a parte arboris dextra, ille licet procul fugiat ad sinistram; quod si umbra cernitur in sinistra, ille vertatur ad dextram. Donec ergo columbæ sub arboris illius umbraculo fuerint commoratæ, nullis eas crudelis bestia valet insidiis lædere; alioquin si procul eas invenerit, sine ullo contradictionis obstaculo repentinus invadit. Nos plane quibus simplicitas columbina præcipitur, necesse est ad sacrarum Scripturarum arborem fugere, si cruentam draconis intimi rabiem volumus evitare.

Sed quem draco signat, eumdem et ibis nihilominus indicat. Est enim volatile luridum, et immundum, et obsceno fetentium sordium squalore pollutum. Nam morticinis semper cadaveribus vescitur, et prope littora sive maris, sive stagnorum, sive fluminum jugiter commoratur. Quærit enim si quid putridum, sive corruptum ab aquis cadaver ejicitur, ut illo, quia se timet fluctibus credere, satietur; et quia, natare nesciens, nequaquam se gurgitibus audet immergere, quibuslibet immunditiis fluctu vomente projectis aviditatis suæ rabiem contentus est satiare. Sed quem ales iste designat, qui famis rabie fluctuum extrema circumdat, nisi illum de quo Petrus ait : « Quoniam adversarius noster diabolus, tanquam leo rugiens, circuit, quærens quem devoret? » (I Petr. v.) Quid aquis ejecta cadavera piscium, nisi putrida ac marcida significant corda carnaliter viventium reproborum? De quibus dicit Apostolus: quia « sunt homines reprobi, naufragi circa fidem (II Tim. iii). » Mare quippe viventia corpora retinet, cadavera projicit; in fluentis aquoque Scripturarum hi permanere possunt, qui Deo vivunt; quisquis autem a fide vel rectis operibus moritur, corruptus ac fetidus a Christi corpore, quod est Ecclesia, necesse est evomatur, dicente Scriptura : « Quia tepidus es, incipiam te evomere ex ore meo (Apoc. iii). »

Enimvero, quia ab eo, quod ante conceperat, calore tepescit, quasi de viro, qui fuerat, sese in feminam vertit, et hic hyenæ merito comparatur, quæ nonnunquam de masculo in feminam, aliquando de femina in masculum commutatur, atque ideo immundum animal dicitur, et ob id humanis esibus prohibetur, de qua per Jeremiam dicitur : « Spelunca hyenæ hæreditas mea facta est mihi (Jer. xii). »

CAPUT XX.
De panthera.

Huic panthera per diversitatem naturæ videtur omnino contraria, quod animal calore quidem varium, sed specie pulchrum et simplicitatis gratia mansuetum, soli tantum draconi probatur esse contrarium. Hæc itaque panthera cum diversis se venationibus refecerit, mox in suo spelæo se recipiens dormit: post triduum vero refecta sopore consurgens magnum emittit cum clamore rugitum, cum quo simul rugitu tam miræ suavitatis atque flagrantiæ odor egreditur, ut omnes pigmentorum vel aromatum species vincere videatur. Omnes autem bestiæ saltuum, ad quas odor ille pertingit, ad eam protinus confluunt, ac tantæ suavitatis spiramine delectantur; solus autem draco, cum vocem ejus audierit, nimio terrore contrahitur, ac subterraneis illico specubus occultatur, ibique vim tanti odoris nullatenus ferens rigidus obstupescit, et effetus viribus ac prorsus inanis tanquam mortuus deficit. Cætera vero animalia, quoniam jucundæ suavitatis odore pascuntur, redolentis pantheræ, quocunque pergat, vestigia non relinquunt. Quantis expositionis flosculis hæc posset exuberare materia, qui sacris vacat eloquiis non ignorat. Sed nos hinc quantocius expediri volumus, quoniam ad alia festinamus. Panthera plane *omnia capiens* interpretatur, quod illi congruere non ambigimus, qui dicit : « Si exaltatus fuero a terra, omnia traham ad meipsum (Joan. xii). » Varia est, et Christus omnium gentium est varietate vestitus. Et quoniam panthera pulchra est, ab ipso non dissonat, de quo scriptum est : « Speciosus forma præ filiis hominum, diffusa est gratia in labiis tuis (Psal. xliv). » Et sponsa in Canticis : « Ecce, inquit, tu pulcher es, dilecte mi, et decorus (Cant. i). » Quod vero mansuetum est animal, et de Christo per Isaiam dicitur : « Gaude, et lætare, filia Sion, prædica, filia Hierusalem, quoniam rex tuus venit mansuetus et salvans (Isa. lxii). » Qui dum dicit : « Ego cibum habeo manducare, quem vos nescitis (Joan. iv); » tanquam quibusdam venationibus satiatus est primitiis electorum. Ipse, qui dormivit in morte per triduum, postmodum emisit rugitum apostolicæ prædicationis, et per silvas omnium gentium fragrantiam spiritalis diffudit odoris. « In omnem enim terram exivit sonus eorum, et in fines orbis terræ verba eorum (*Psal.* xviii). » Qui etiam dicit : « Deo autem gratias, qui dedit nobis victoriam in Christo Jesu Domino nostro ; et odorem notitiæ suæ manifestavit per nos in omni loco, quia Christi bonus odor sumus Deo in iis qui salvi fiunt, et in iis qui pereunt; aliis quidem odor mortis in mortem, aliis odor vitæ ad vitam (*II Cor.* ii). » Hic est igitur odor spiritualis gratiæ, hæc fragrantia salutis humanæ quam panthera cœlestis eructat, ut ad se feras silvarum, hoc est, gentium multitudinem trahat. Solus autem draco in subterraneæ scrobis voraginem mergitur, quia veternosus hostis qui, juxta Joannem, dicitur diabolus et Satanas, de cœlo projectus, atque in abysso est supernæ sententiæ catena ligatus (*Apoc.* xxi).

CAPUT XXI.
De salamandra, dorcade et lynce.

Salamandra quoque, licet exigua, mirabilem fertur habere naturam, adeo ut si casu aliquando in igne mergitur, omnis ignea vis tanquam inundantis aquæ profluvio protinus exstinguatur. Et ut quid per hoc figuretur, eluceat, humilitas patientiæ reprimit flammivomum hominem a fervore vindictæ.

Dorcas etiam, quæ Latine caprea dicitur, non inutile conversationi nostræ naturæ propriæ præbet exemplum. Hæc habitans in cacuminibus montium vim habet non modo subtiliter videndi, sed et mirabiliter discernendi; ita ut in longinquis ac procul remotis regionibus homines videat, et venatores an viatores sint sagaciter deprehendat. Nos quoque, si terrena deserentes excelsa mentis arce subnitimur, ad discernendos spiritus, si ex Deo sint, per divinitus impensam discretionis gratiam sublevamur; utrum scilicet tanquam viatores nos ad patriam dirigant, an sicut venatores ad substratos tentationum suarum laqueos et objectos insidiarum casses impellant.

Lynx quoque tam incomparabile visus acumen habet, ut non modo quodlibet corpus solidum, sed et lapideos parietes penetret. Quod nimirum hoc modo probatur, quia si lynx ex una parietis parte consistit, caro vero altrinsecus ponitur, tanquam nihil intersit, ad eam protinus inhiat atque, ut sibi præbeatur, anhelat. Si ergo mutum pecus tam vivax intuitus acumen habet, humanæ mentis intima Deus omnipotens quanto profundius videt? « Vivus est enim sermo Dei, et efficax, et penetrabilior omni gladio ancipiti; pertingens usque ad divisionem animæ ac spiritus, compagum quoque et medullarum, et discretor cogitationum et intentionum cordis, et nulla creatura est **821** invisibilis in conspectu Dei : omnia autem nuda et aperta sunt oculis ejus (*Hebr.* iv).

CAPUT XXII.
De natura serpentum.

Sed et in serpentibus quoque nonnulla naturalis astutiæ reperiuntur indicia, quæ non inutiliter ad nostræ conversationis trahuntur exempla. Serpens cum senuerit, et oculi ejus cœperint caligare, per circulum quadraginta dierum totidemque nocium nullo prorsus cibo reficitur, sed jugis inediæ continentia maceratur. Sic nimirum quo magis macilenta corpus ejus ariditate constringitur, tanto pellis ejus squamosa laxatur; et dum caro a sua corpulentia deficit, pellis effeta follescit : deinde vel hiatum duræ terræ vel scissuram lapidis quærit, ac per illius angustias se suffulciens transit, sicque pellem penitus cum senectute deponit; mox itaque fit novus, cui simul et virtus reparatur et visus. Nos etiam si aliquando a juvenili sancti desiderii fervore tepescimus, et dissolutæ vitæ senio caligamus, per arctæ pœnitentiæ transeamus angustias, ut, dum veterem exterioris concupiscentiæ deponimus pellem, ad pristinam redeamus interioris hominis novitatem. Est et alia natura serpentis, quia cum libere concupiscit ante venenum evomit, hausta vero sufficienter aqua, ad locum ubi vomuerat redit, vomitumque resumit.

Presbyter quidam retulit quia sub oculis ejus serpens in lapide vomuit, deinde festinus ad fontem bibiturus irrepsit, sed dum ille peteret fontem, revolvit presbyter lapidem ; reversus autem serpens, dum venenum, quod resumeret, non invenit, huc illucque perquirens, protinus exspiravit. Nos etiam, cum cœlestis eloquii fluenta desideramus haurire, per conatum puræ confessionis omnia vitiorum et lapsuum venena debemus evomere. Sed absit ut revertamur ad vomitum; quia non per terram cum serpentibus repere, sed ad ea quæ sursum sunt (*Coloss.* iii) præcipimur festinare. Illud est præterea ingenuum ac valde nobilius in serpente, quod dicitur quia fugit hominem nudum, aggreditur mordere vestitum. Ac si fortis quisque bellator invadat armatum, vereatur inermem. Non vis ergo timere diabolum? terrenarum rerum te vestibus exue. Vestitus es? cingentem colubrum perhorresce. Vis ad serpentis exemplum novus fieri, et languentis animæ senectutem in pubescentis adolescentiæ reflorere decorem? jejuna cum serpente per quadragenarii temporis circulum, hoc est, a carnalibus desideriis tempera per omnem hujus vitæ decursum. Nam et idem serpens quanta sit jejunii virtus ostendit, quia mox ut sputum jejuni hominis gustat, protinus interemptus exspirat. Non ergo, serve Dei, te pigeat jejunare, ut moriatur ille qui te cibo turgidum nititur deglutiens absorbere. Serpens præterea totum corpus ictibus verberantis exponit, solum caput abscondit. Tu quoque in persecutionibus constitutus Christum intra mentis arcana reconde; corpus vero tuum, si res exigit, persequentium manibus trade.

822 Esse quoque viperarum genus creditur, quod si hominem mordeat, totum corpus ejus in virus vertat. Propterea quoddam aliud esse viperinum genus asseritur tam acris veneni, ut si qua avis super illud volare contigerit, exhalantis virtute fetoris exemplo moriens corruat. Quæ videlicet hac coeundi, vel pariendi consuetudine naturali potiuntur imperio, ut masculus in os feminæ caput impingat, quod illa præ nimii amoris impatientia mordendo præcidat ac præsto deglutiat. Ex cujus capitis oculis duo catuli procreantur, qui partus tempore materna latera utrinque corrodunt, et sic altrinsecus simul occidentes et nascentes erumpunt. Qui nimirum ante sunt parricidæ quam filii; et ideo nunquam præter duos valet hujus generis excedens aliquid inveniri.

Est etiam, sicut fertur, aliud genus quod dicitur jaculum, quod volando repente hominem penetrat, et ita pertransit, tanquam nil sibi prorsus obsistat. Ad instruendam quippe humanam naturam pius Conditor diversas brutis animalibus vires, et astutiam contulit, ut ex belluinæ quoque sagacitatis indagine non contemnenda in nostros actus valeamus exempla transferre.

CAPUT XXIII.
De onagro, elephante, unicorni, aquila et formica.

Quis enim docuit onagrum, ut in æquinoctialis mensis Martii perpendiculo per duodenas horas dici, simul et noctis totidem rugitus emittat? et velut per naturalis horologii organum, horarum momenta distinguat? Per singulas enim horas sive diei sive noctis semel rugit, ac per hoc æquinoctialis libræ adesse tempus ostendit.

Quis docuit elephantem perpetuam diligere castitatem? Qui tamen cum naturæ coactus imperio vertens caput post se, quasi nolendo et nauseando, coierit, et concipiens semel femina ad concubitum non revertitur. Illa vero dum draconem, qui sibi feraliter insidiatur, tremefacta formidat, non alibi, sed in aqua parit, quæ ad ubera ejus usque pertingat. Nam si extra aquam peperit, draco catulum ejus repente devoraturus invadit.

Quis hanc ingenuitatem unicorni contulit, ut dedignetur viribus vinci, humilitatis arte patiatur se facile superari? Nunquam scilicet a venatoribus capitur, nisi prius in virginis gremio reclinetur.

Quis hoc medicinæ genus aquilæ tradidit, quæ cum senuerit, et gravari cœperint alæ ejus, atque oculi caligare, tunc quærit fontem aquæ, contra quem posita volat usque ad circulum solis, illicque in puriori æthereis vastitate librata, ad vaporem solis et alas incendit, et caliginem oculorum prorsus exurit, moxque descendens tribus in fontem vicibus mergitur, et sic alarum vigor et oculorum acies multo melius quam juventus attulerat, renovantur.

Quis, quæso, formicam ad hoc triturandi genus instituit, ut segetum grana discernat, et ignobilia respuens, elegantioris frugem generis eligat? Acervum quippe segetis diligenter explorat, et hordeum quidem tanquam jumentorum pabula quodam modo fastidiens, aspernatur; ubi vero triticeum reperit granum, libenter amplectitur. Hæc etiam venturæ serenitatis tempus quibusdam deprehendit judiciis, et cum cellaria sua aerio cernit humore madescere, propriis humeris repositas victui suo fruges exportat, et damna domestica præcavens, torrentibus eas radiis solis exsiccat; et tanquam non sufficiat, eadem ore proprio grana præcidit, ne videlicet per hiemalis inclementiam imbris iterum turgeant, et negata spe victus in herbas erumpant.

CAPUT XXIV.
De vipera, accipitre, serpente et ursa.

Quis etiam viperam docuit ut, cum cupiditas coitus incitat, ad littus illico properans murenæ maritimæ copulam petat? Hac igitur sibilis suam testificante præsentiam, continuo murena progreditur, et venenatæ bestiæ alterius elementi miscetur.

Quis accipitribus hujusmodi legis jura præfixit, ut ubi nidificant, per amplum hinc inde circuitum nullis omnino rapinis insistant, et cum ab eis ubique locorum nisi bello non vivitur, illic ubi victores hostium manubias conferunt, pax tranquilla servetur? At ubi fetus suos jam plumescentes avolare posse deprehendunt, pedibus eos ac rostro nidis eliminant; et tanquam emancipatos legibus a sua procul cohabitatione propulsant; ut sic a tenero jam instituantur ad prædam, nec in segnitiem se, sperantes a parentibus alimenta, resolvant, sed ab ipso primi volatus exordio crebris rapinarum violentiis assuescant.

Ubi præterea ursa didicit, cum partus edat informes, natos suos lingente lingua per varia membrorum lineamenta distinguere, ac more figuli in naturalis effigiem generis, imaginemque formare? Imo quis medicinalis artis instrumenta perdocuit, quis ei vires herbarum et curationis fomenta dicta vit? Nam si quando ictibus gravissimæ cædis afficitur, vel etiam jaculis perfossa sauciatur, herbæ, cui Græce φλόμος nomen est, ulnera subjicit, et sic solo tactu omnes ulcerum dolores excludit, et ad incolumitatem pristinam convalescit. Serpens quoque, quod nos superius fugerat, si cæcitatem patitur, esu feniculi luci pristinæ reformatur. Mox igitur, ubi oculos sibi sentit obduci, notum petit præsto remedium, nec spei suæ frustratur effectu.

CAPUT XXV.
De testudine et variis animalium medicinis.

Testudo visceribus pasta serpentis, cum venenum suis quoque sentit visceribus serpere, origanum sibi protinus ad remedium non negligit adhibere. Vulpis etiam dolosa cum mortem sibi senserit imminere, ex sudante pinus sibi resina medetur, talique remedio in longioris vitæ spatia protelatur. Nam et ipsa animalia, quæ sibimet adhibent a rebus exterioribus medicinam, in suis quoque visceribus medendi probantur habere materiam. De carnibus viperæ, quæ tyrus dicitur, non modo theriaca conficitur, sed et diversa medendi remedia providentur. Segmenta eboris in medelas varias assumuntur. Fel hyenæ restituit oculis claritatem, cujus stercus similiter et canum vulnera curare noscitur. Omnis etiam ægra fera, si canis ebibit sanguinem, recuperat sanitatem. Nam et fimus hominis ad quanta curationum medicamenta proficiat, Galenus enarrat.

Strutio, camelus, ranæ, cameleontes, grues, ciconiæ, fel aquilæ, sanguis accipitris, stercus et carnes hirundinis, quibus morbis afferant medicinam, ille potest dicere cui propositum est de curationibus corporum disputare. Perhibent physici quia pellis colubri, quam deponit, si oleo fervente decoquitur, mire per eam dolor aurium mitigatur. Cimices nescientibus nullius videntur utilitatis, sed si sanguisuga faucibus hæserit, fumo illius excepto, statim evomitur; insuper, et difficultas urinæ cimicis appositione laxatur. Præterea porcorum, anserum, gallinarum fasianorumque pinguedines, quot in se medicamenta contineant, medici non ignorant. Pavonis fimus podagræ noscitur mitigare fervorem. Æger leo si simiam devoraverit, mox de valetudine convalescit. Leopardus, si agrestis capreæ sanguinem hauriat, vim languoris evitat. Ursus æger formicas vorat. Cervus languidus oleæ ramusculos, ut sanetur, efflagitat. Cur autem hæc omnia potens rerum Conditor naturis animalium indidit, nisi quia diversa per hæc homini vitæ hujus emolumenta providit? Ut dum creaturæ, quæ subjectæ sunt homini, sese invicem fulciunt, ad utilitatem ejus qui prælatus est omnibus omnia referantur. Et dum in operibus suis bonitatem miratur opificis, ipse non hæreat conditis, sed aspectum desideret Conditoris. Omnes plane naturas animalium, quas supra perstrinximus, si quis elaboret solerter inspicere, utiliter poterit in humanæ conversionis exempla transferre, ut qualiter homo vivat, ab ipsa quoque rationis ignara pecorum natura condiscat. Nam, ut Apostolus ait: « Non est Deo cura de bobus (*I Cor.* IX); » sed dum in brutis animalibus aliquid insigne conspicitur, homo protinus, ut quidquid illud est ad sui considerationem retorqueat, admonetur.

CAPUT XXVI.
De lupo et ove.

Quid est enim quod lupus, si tuo fuerit præventus aspectu, non valet effugere; si te ille prævenerit, vocem tibi probatur auferre? Et ut magis stupeas, si obmutueris, tuum solvis amictum, et illico recuperas verbum. Quod si lupus in te forte repentinus insurgit, arripe petram, et protinus fugit. Quæ autem est petra, nisi Christus? (*I Cor.* x) quem profecto, si, sicut dignum est, arripis, lupum spiritalis nequitiæ, qui te persequitur, effugabis; et ut hinc incunctanter expediar, solve amictum tuum per confessionem, ut non mutus, sed eloquens serendæ prædicationis habeas libertatem, Scriptura testante: « Dic tu iniquitates tuas, ut justificeris (*Isa.* XLIII). » Quis, quæso, docuit ovem, ut hiemis inopiam timeat, atque ideo velut insatiabilis autumnali tempore herbas inexplebiliter carpat? Avidius enim solito tunc pabulum rapit, herbamque non nesciens defuturam, sese, dum licet, uberius farcit, ut quasi futuræ præparetur inopiæ et victus sui lucra reponat, antequam virens herba deficiat. Sed nec illud est sine causa quod elephas formidabilis tauris murem timeat. Leo, rex ferarum, pavescit exiguum

scorpionem; qui, videlicet leo, et veneno serpentis et aculeo perimitur scorpionis. Et quis non miretur quod leo, qui comantes cervice tauros excutit, qui sublato pectore terribilia feris ora superbus attollit, perexigui scorpionis aculeum pertimescit? Quis etiam admiratione ducat indignum quod elephas, qui turrita castra tot loricatis plena militibus portat, unius arboris ictu depressus occumbat? Nam qui triginta duos armatos, vel plures, et cum turribus ad instar urbium desuper eminentibus sustinendo non cedit, ad casum unius arboris corruit. Cui videlicet arbori frequenter innixus vel constans figat, vel in soporem se quiescendo relaxat. Nonnulli quoque has instruunt propter ebur insidias ut arborem, quam elephas innitendo frequentat, ex altera parte usque ad medium fere concidant, et sic arbor ad tam enormis molem corporis corruat. Sed, dum quasdam animalium naturas ad ædificationem vestram, fratres mei, diligentius enumerando prosequimur, nequaquam obliviscendum est quia non librum, sed epistolam adorti sumus: quamobrem currentis articuli cohibenda libertas, frenanda voluntas est; quatenus sic ædificationi charitas serviat, ut tamen modum suum epistolaris compendii sobrietas non excedat. Monasterium itaque vestrum, dilectissimi, quidam paradisus est, in quo videlicet omnipotens Conditor, dum diversos hominum mores posuit, quasi tria animalium genera, terrenum, natatile ac volatile creavit. Hæc est illa vetus mysticæ significationis arca, in qua cunctorum animalium species includuntur. Hoc est denique vas illud, quod quatuor manicis submitti de cœlo vidit Petrus in terram, in quo erant omnia quadrupedia et serpentia terræ et volatilia cœli. Sed cum illic dicitur: « Surge, Petre, macta et manduca (*Act.* x); » credimus per misericordiam Christi quoniam hæc animalia, quæ vos estis, et ab hoc sæculo sunt divini verbi mucrone concisa et in Redemptoris sui corpus perfectæ charitatis ardore conflata.

CAPUT XXVII.
De vaniloquii temeritate frenanda.

Sed valde cavendum est, quia necdum in littorea statione quiescitis, sed in procellarum adhuc turbinibus laboratis, ne flabrum ab ore vestro vani spiritus effluat, qui hujus ignis flammas exstinguat. Flatus enim et aliquando flammas elicit et aliquando flammas exstinguit atque, ut ita dixerim, quasi sufflat. Homo, cum sacræ doctrinæ mysteria prædicat, sufflat, et cum otiosis fabulis vacat; sed, sicut per ædificationis verba ad amorem Dei cor audientis inflammat, sic agit ut a supernis desideriis per otiosa verba frigescat. Sed flatus iste, quem diximus, forte ridiculus deputabitur, nisi sacræ Scripturæ testimoniis approbetur. Audi itaque de salubri flatu quid per Isaiam Dominus dicit: « Non in æternum litigabo, neque usque ad finem irascar; quia spiritus a facie mea egredietur, et flatum ego faciam (*Isa.* LVII). » Audi sub aliis syllabis de malo spiritu quid Paulus dicat: « Profana et vaniloqua verba devita; multum enim proficiunt ad impietatem, et sermo eorum serpit ut cancer (*II Tim.* II). » Audi rursus per Isaiam bene sufflantem : « Ecce, inquit, ego creavi fabrum sufflantem in igne prunas, et proferentem vas in opus suum (*Isa.* LIV); » ac præsto de inutilibus vasis, quæ scilicet in contumeliam per otiosa verba formantur, adjungitur : « Et ego creavi interfectorem ad disperdendum; omne vas quod fictum est, contra te non dirigetur (*Ibid.*). » Quid autem sit istud vas quod ab interfectore dispergitur, apertissime declaratur cum præsto subjungitur : « Et omnem linguam resistentem tibi in judicio judicabis (*Ibid.*). » Quid est autem quod hic Isaias ait : « Omnem linguam resistentem tibi in judicio judicabis? » nisi hoc, quod in Evangelio Veritas dicit : « De omni verbo otioso, quod locuti fuerint homines, reddent rationem in die judicii (*Matth.* XII). » Fateor, fratres mei, nil fere in monasteriis agitur, unde mens mea terribilius super monachos imminere Dei judicium suspicetur. Nam continuo meatus impulsu, quasi torrens per decliva devexa procedens, eorum lingua decurrit, et cum tintinnabulum sonat, sic illis est tanquam si repentino protinus ictu eorum caput illidat. Quod tamen de quibusdam, absit autem ut de omnibus dicam. Quia vero præcipit regula ut a Pascha usque ad Kalendas Octobris mane exeuntes a prima usque ad horam pene quartam laborent, quod necessarium fuerit, ab hora autem quarta usque ad horam sextam lectioni vacent, his omnibus horis laborandi ac legendi studium quidam postponentes abutuntur in fabulis, et quidquid laboribus et lectionibus debent totum vaniloquis sermonibus exhibent. Vir etenim sanctus, qui regulam condidit, nunquam mutaret horam nisi propter continuandi laboris instantiam (S. BEN. *Reg.* c. 48), nec quartam pro tertia poneret nisi necessario laboris exercitio provideret. Sed profecto et illi operarii sunt iniquitatis, qui linguarum manus exercent in sermonibus otiosis. Nunquid enim manum lingua non habet, cum Scriptura perhibeat : « Quia mors et vita in manu linguæ? » (*Prov.* XVIII). Et quam inhonestum est ut, in hoc munere quo creaturis omnibus homo præponitur, ipse largitor ab homine frequentius offendatur? Et cum naturis reliquis homo præsideat easque suæ ditionis legibus subdat, quanti pudoris est, ut carunculam tenuem, quam inter fauces includit, edomare non possit? Unde et Jacobus dicit : « Omnis natura bestiarum et volucrum domabilis est; linguam autem nullus hominum domare potest (*Jac.* II). » Nullius quippe frena doctoris coercere valent linguam se cohibere nolentis : alioquin si pulsat et nititur, quod optat procul dubio consequetur. Porro quod animalia cuncta humanæ ditioni subdantur, loquens ad Noe divina vox testatur : « Terror, inquit, vester ac tremor sit super cuncta animantia terræ, et super omnes volucres cœli cum universis quæ moventur super terram; omnes pisces maris manui vestræ traditi sunt (*Gen.* IX). » Nam ut ab homine etiam serpentes edomari propensius admiremur : Plinius immanissimam serpentium aspidem a quodam patre-familias in Ægypto testatur edomitam, et quotidie de caverna sua ad mensam illius egredi solitam, ut perciperet escam. Marcellinus etiam comes scribit mansuefactam tigridem Anastasio principi ab India destinatam. Hoc igitur exemplo congrue dicit apostolus : « Omnia siquidem ferarum genera in lingua reperiuntur (*Jac.* III). » Ibi quippe est levitas volucrum, ibi feracitas bestiarum, ibi fraus virulenta serpentium. Volatiles enim sunt, qui proferunt in cœlum os suum, et quorum os locutum est vanitatem (*Psal.* CXLIII), quasi volucrum levitatem; feroces autem bestiæ sunt, qui exacuerunt ut gladium linguas suas (*Psal.* LXIII); serpentes postremo sunt, de quibus dictum est quia, « venenum aspidum sub labiis eorum (*Psal.* XIII). » Ubi ergo supervacuis vacatur ineptiis, et quasi symbola congeruntur verbis otiosis, apud intrinsecus auscultantem non sermones hominum, sed quasi multigena decernitur vociferatio bestiarum. Ipse nimirum est, de quo in Canticis dicitur : « Dilectus meus respicit per fenestram, respicit per cancellos (*Cant.* II). » Et ipse per prophetam : « Attendi, inquit, et auscultavi; nemo quod bonum est loquitur (*Jer.* VIII). »

CAPUT XXVIII.
De cancro et ostreo.

Sed ut noster sermo ab ea quam semel cœpit materia non recedat, et loquentium vitia per non loquentium animalium prosequatur exempla; nunquam hostis fauces hydrus ingreditur, nisi cum crocodilus oscitans invenitur. Nam si clausum os teneat, insidiantis impetum non formidat. Authalopus cum exclamat, ad suum ignarus interitum gladios venatoris invitat, quod donec obticuit, persequentis industriam fugacis cursus opinionem delusit. Atque ut hoc inferam, quod cancer ostreo, facit plerumque diabolus monacho. Cancer enim, quoniam ostreis vescitur delectabiliter eorumque carnibus tanquam epulis saginatur, operæ pretium est audire quas illis struat insidias. Nam, cum avide sit appetens cibi, est argute prospiciens et periculi, quoniam, cum sit difficilis, est et periculosa venatio. Difficilis quidem, quoniam esca carnis interior validioribus testis includitur; periculosa vero, quia si chelas cancer immiserit, relabente protinus testarum dyptico inevasibiliter coarctatur. Quid ergo faciat, ut valeat obtinere quod flagitat? Quo pacto desiderii sui vota perficiet, nisi ad exquisitæ se fraudis argumenta convertat? Igitur solerter explorat si quando ostreum in locis ab omni vento remotis se contra radios solis aperiat; tunc ergo calculum clandestinus incursator immittit, et conclusionem ostrei interjectu sufflaminis impedit; sicque hiantia claustra reperiens tuto jam chelas ingerit et viscera ostrei interna decerpit. Quid igitur ostreum congruentius videatur significare quam monachum? Qui nimirum vivit, dum sub silentii censura concluditur; perit autem, cum ad loquendum immoderatius aperitur: ad instar scilicet ostrei qui, cum non hiat, integer animam servat; cum vero effrenate proloquitur, vitæ visceribus vacuatur. Quid enim designat calculus, qui ostreæ, ne recludatur, injicitur, nisi duritiam consuetudinis, qua quisque ne sese ad pœnitentiam emolliat induratur? Nam quasi quidem lapillus pravæ consuetudinis obstat, ne is, qui fabularum vacat ineptiis, a sua se vanitate recludat. Quid autem est per figuram cancer, qui post se naturaliter graditur, nisi apostata spiritus, qui, postquam semel a Conditore recessit, in posteriora relabi nunquam desiit ? Unde et diabolus interpretatur *deorsum fluens*, quod sicut de sanctis animalibus dicitur, quoniam erant pedes eorum recti (*Ezech.* 1); ita diaboli ejusque sequacibus pedes in posteriora sunt semper obliqui.

CAPUT XXIX.
De simia, et quo pacto simia capi possit.

Et quia se sermo de pedibus intulit, sicut venator simiam, sic plerumque versutus insidiator illaqueat animam. Et quidem non scriptum reperi, sed ex ore perhibentis audivi, quoniam qui simiam quærit capere vivam prius sibimet punicei coloris calceos consuit, quibus et soleas de plumbo subnectit; cum vero simiam eminus aspicit, ea cernente, pedibus suis calceos rubris æque corrigiis illigat, eamque hoc modo quid postmodum faciat, quasi doctor informat; deinde latenter solvens ibidem calceos deserit seseque prope locum callidus explorator abscondit. Simia vero post venatoris, ut opinatur, abscessum, humani actus æmula relictos calceos suis quoque pedibus injicit ac ligulis fortiter stringit; sed ecce venator de suo protinus latibulo prosilit, discipulamque suam propriis irretitam vinculis capit. Sic sæpe malignus spiritus per vasculum suum quemlibet videlicet improbum ac protervum docet innocentes homines peccatorum vinculis irretiri, ut ad mala, quæ coram intuentibus exhibet, eos ipse quasi dux et magister invitet, et dum pravum æmulus sequitur, suis ipse laqueis capiatur.

Sed et illud nunc subsequenter occurrit, quod mihi domnus Alexander papa necdum emenso, ut ita loquar, mense narravit. Ait enim quia nuper comes Gulielmus in Liguriæ partibus habitans marem habebat simiæ, qui vulgo maimo dicitur, cum quo et uxor ejus, ut erat impudica prorsus ac petulans, lascivius jocabatur. Nam et ego duos ejus filios vidi, quos de episcopo quodam plectibilis lupa pepererat ; cujus episcopi nos exprimere nomen omittimus , quia notare quemlibet infamia non gaudemus. Cum igitur petulanti feræ mulier sæpe colluderet , ulnis astringeret , amplexibus demulceret , sed et ille nihilominus quædam libidinis signa prætenderet atque ad nudam illius carnem pertingere quibusdam gestibus anhelaret, dixit ei cubicularia sua : Permitte, si placet, quidquid vult agere, ut liquido pateat quid nititur attentare. Quid plura? permisit, et quod turpe dictu est, cum femina fera concubuit ; deinde consuetudo tenuit, et commercium inauditi sceleris inolevit. Quadam vero die dum se comes uxori conjugali more misceret, maimo protinus, tanquam zelotypo concitatus spiritu, super utrumque prosiliit; virum velut rivalem brachiis et acutis unguibus arpaxavit, mordicus apprehendit et irrecuperabiliter laceravit. Sic itaque comes exstinctus est. Innocens igitur homo dum fidem thalami servat uxori, dum animal suum quotidianis alit impendiis, nil ab utroque suspicatur adversi, nimirum qui clementiam præbebat officii. Sed, ah scelus ! et femina turpiter jus conjugii violat, et bestia in jugulum domini gladium vibrat.

Enimvero nuper allatus est præfato papæ, et simul et nobis grandiusculus quidam puer ; et si jam, ut dicitur, vicennalis, tamen prorsus elinguis et maimoni forma consimilis, ita ut eodem vocabulo nuncupetur. Unde sinistra posset oriri suspicio, si hujusmodi, non jam dicam ferinus, sed ferale portentum paterna tunc aleretur in domo.

CAPUT XXX.
De ceto.

Sed dum de turpi infidelitate mulieris eloquimur, cetus etiam ille marinus nobis in memoriam revocatur qui nimirum super enorme corpus sabulum portat, ac terga sua super undas elevat, ut tanquam insula fluctus marinos excedat. Hanc igitur incunctanter insulam esse credentes remiges applicant, paxillos figunt, navim sistunt, focos instruunt, sed bellua mox ut ignis sentit ardorem, illico mergitur in profundum et navem simul ac nautas vorat ferale naufragium. Nam et Gerardus, noster videlicet monachus, retulit in Normandiæ littoribus captam se vidisse balænam, de cujus linguæ carnibus quatuordecim sagmarii sunt non leviter onerati. Sed nit ad aliud redeam unde digressus sum, quid mirum, si fidem in bellua nauta non reperit, quam et vir in uxore propria non invenit ? Quid mirum, si bestia muta insulam mentita procellis immergitur, cum et mulier violata fide conjugii et ferinis amplexibus exponatur ? Quid enim tam nostrum, et tam proprii juris in hoc mundo, cui varii casus possit deesse suspicio ?

Nostris quippe temporibus audivi contigisse quod narro. Piscator quidam parvulum in lembi sui prora filium suum posuit, ac in fluenta progrediens congrum prolixæ magnitudinis cepit. Lætus itaque prædam projecit in navim, ita ut caput ejus contra puerum verteret, puer autem e regione sederet. Sed cum piscator intentus remigio redire contenderet, et alacris de prosperæ fortunæ successu sollicitudinem non haberet, pavefactus puer in piscis aspectu lugubris exclamavit : Ita me respicit, jam me bestia devorabit. Cui pater alludens : Tu, inquit, eum devorabis, non ipse te. Cumque puer idipsum secundo repeteret, sed ejus verba pater ineptias deputaret, tandem piscis sublatus in aerem puerum violenter impetiit, cumque repente corripiens aquis se cum rapina sua raptor immersit ac neuter ultra comparuit.

CAPUT XXXI.
Brevis opusculi conclusio.

Ecce, fratres mei, quæ est in hoc mundo tam secura possessio, in quam nos tuto projicere; quidnam juris est nostri, quod non debeamus tanquam rotam volubilem deputare. Hanc rotam Salomon docet esse cavendam, et Creatoris semper adesse debere memoriam. Qui cum diceret : « Memento Creatoris tui in diebus juventutis tuæ, antequam veniat tempus afflictionis tuæ; » paulo post addidit : « et confringatur rota super cisternam, et revertatur pulvis in terram suam, unde erat (*Eccli.* xv). » Caveamus igitur in qualibet instabili possessione confidere, vel fallacis insulæ sabulo tanquam imperiti remiges applicare. Adeamus igitur Christum, tutissimum videlicet navigantibus portum, et de marino discrimine liberati, fide prorsus ac certæ quietis aufugium illum tantummodo personet lingua loquentium, qui disponit et ordinat naturalia jura mutorum, ut in omnibus creaturis sola prædicetur virtus ac potentia Creatoris.

Sit nomen Domini benedictum.

OPUSCULUM QUINQUAGESIMUM TERTIUM
DE PATIENTIA IN INSECTATIONE IMPROBORUM.

ARGUMENTUM. — Dominicum Loricatum corporis mortificatione admirabilem monet, ne improborum hominum illatis molestiis alio cum suis demigraret, sed sacræ Scripturæ præceptis edoctus sanctorumque exemplis confirmatus, res adversas, in quas Deus servos incidere permittit, æquo animo ferat, ut se bonis operibus exercens et mala tolerans verum Christi membrum agnoscatur.

Domno DOMINICO et cæteris fratribus qui in sua vicini montis eremo commorantur, PETRUS peccator monachus ultimam servitutem in Domino.

CAPUT PRIMUM.
Quod patientia sit regina virtutum.

Scripsistis mihi, dilectissimi, quia tantus perversorum ac violentorum hominum vos livor infestat, quod nisi vobis ego raptim celeriterque succurram, vos loco ceditis aliumque vobis, qui rapinis his atque molestiis non sit obnoxius, providebitis. Quæ me, fateor, audita legatio graviter perculit, et plus me vestra pusillanimitas quam hostilis contristavit adversitas. Nam cum assidue videamini divinis insistere paginis, mirum est quomodo vobis adhuc ignota sit patientiæ regina virtutum, cui nimirum cuncta deserviunt volumina Scripturarum : « Quæcunque enim, ut Apostolus ait, scripta sunt, ad nostram doctrinam scripta sunt (*Rom.* xv). » Quare ad nostram doctrinam? Nunquid ut syllogismorum calleamus tendiculas struere, ut tonantia et accurata verba rhetoricæ copiæ coloribus venustare et harmonicæ suavitatis organa melosque distinguere, ut astrorum mathematicorum signa, ut aiunt, noscamus radio designare? Non plane ad hæc indaganda sacris Scripturis instruimur, sed per eas potius ad exempla patientiæ provocamur. Unde mox sequitur : « Ut per patientiam et consolationem Scripturarum spem habeamus (*Ibid.*). » Eadem namque Scriptura, quæ nos ad tenendam patientiam erudit, spe etiam consolationis attollit, quia, cum narrat electi Dei quot sint supplicia pressurasque perpessi, indicat etiam quæ per hæc sint præmia consecuti. Medicus plane sanguisugas tumentibus ægroti membris apponit virusque simul cum sanguine ab intimis visceribus sorbere permittit; diversæ tamen intentionis est medicus et hirudo. Illa siquidem nil aliud gestit, nisi ut sanguinem bibat; iste ad hoc tendit, ut languidus convalescat. Illa satiatur et moritur; ægrotus autem, dum perdit sanguinem, recuperat sanitatem. Illa denique sua se morte satiat et exsultat; ægrotus autem, dum vulneratur, ad statum salutis erigitur. Quid igitur mirum, si Deus omnipotens, qui est medicus animarum, sic nos occulta sui moderaminis arte disponit, ut ex alienis vulneribus nobis medicamenta conficiat, quatenus dum nobis hostile vulnus infligitur, ex eo potissimum salutis antidotum procuretur. Tyrus plane genus serpentis est, ex cujus cruore theriaca fit, quæ videlicet grassantem pestem in his qui venenantur exstinguit.

CAPUT II.
Quod ex tribulationibus nobis medicina præparatur.

Si ergo venenum veneno novit homo depellere, quanto magis mirabilis prævalet Deus ex alienis contritionibus nobis utilia providere? Omnia quippe sanctorum gesta quid aliud narrant, nisi pressuras atque certamina, quæ de perversorum hominum infestatione pertulerunt? Ipse quoque Redemptor noster servilem formam, quam ex intemerata Virgine suscepit, non ante regnis cœlestibus intulit quam omnia, quæ Scriptura testatur, irrisionum atque pœnarum tormenta percurrit. Quid ergo novum, si peccator homo rerum, quæ extra se sunt, sustineat amissionem, cum ille, qui peccare nunquam potuit, in suo corpore pertulerit crucem? (*I Petr.* II.) Necdum sane, juxta Apostolum, usque ad sanguinem restitistis (*Hebr.* XII). Sed, o utinam hoc saltem de vobis posset dici, quod ille quibusdam bene patientibus dixit : « Rapinam bonorum vestrorum cum gaudio suscepistis (*Hebr.* X). » Hinc est, quod et alius dicit apostolus : « Omne gaudium existimate, fratres, cum in tentationes varias incideritis (*Jac.* I). »

Duo scilicet sunt, quæ si vigilanter attendimus, facile violentorum quorumlibet insolentias injuriarumque molestias superamus : præcepta videlicet et exempla; quia et Scripturæ sanctæ nos ad pœnitentiam cohortantur, et electi quique, quidquid a furiosis diaboli membris inferri potuit, æquanimiter pertulerunt. Nam, quod divinis admonitionibus, et præcedentium exemplis adjuti, de profundo nobis illatæ tribulationis eripimur, recte in Jeremia propheta de puteo prodeunte, signatur. Projecerant quippe eum, sicut Scriptura testatur (*Jer.* xxxviii), in lacum, in quo non erat aqua, sed lutum : qui postmodum, ut levetur, funes ad eum et panni veteres deponuntur. Quid enim funibus, nisi præcepta Dominica figurantur? quæ quia nos in mala operatione positos, et convincunt, et eripiunt, quasi ligant et trahunt, coarctant et levant. Sed ne ligatus his funibus, dum trahitur, incidatur, simul etiam panni veteres deponuntur, quia ne divina præcepta nos terreant, antiquorum Patrum nos exempla confortant, ut ex eorum nos comparatione facere præsumamus, quod ex nostra imbecillitate formidamus.

CAPUT III.
Quod gaudendum sit in adversis, timendum in prosperis.

Si ergo nos de hoc profundo tribulantis vitæ levare festinamus, ligemur funibus, id est præceptis Dominicis astringamur. Intersint etiam panni veteres, cum quibus melius teneantur funes, id est, præcedentium confortemur exemplis, ne infirmos nos ac timidos præcepta subtilia vulnerent, dum levant. Quasi quosdam pannos veteres Paulus apostolus subjungebat, cum ad sublevandos discipulos præceptis suis spiritualibus exempla veterum commendaret, dicens : « Justi ludibria et verbera experti; insuper et vincula et carceres; lapidati sunt, secti sunt, tentati sunt, in occisione gladii mortui sunt (*Hebr.* xi). » Et paulo post : « Habentes itaque tantam impositam nubem testium, deponentes omne pondus, et circumstans nos peccatum, per patientiam curramus ad propositum nobis certamen (*Hebr.* xii). » Et iterum : « Mementote præpositorum vestrorum qui vobis locuti sunt verbum Dei, quorum intuentes exitum conversationis imitamini fidem (*Hobr.* i). » Superius videlicet, dum spiritualia præcepta loqueretur, quasi funes miserat, postmodum vero memorans exempla majorum, quasi veteres pannos adhibebat. Enimvero servus Dei tunc debet timere, cum temporale quid percipit; tunc gaudere, cum perdit; quia, cui propositum est cœlestia scandere, expeditius procul dubio vacuus quam gradiatur onustus.

CAPUT IV.
Quod inter religiosos viros amicitia sine muneribus comparanda est.

Dico vobis quod mihi nuper acciderit : Mediolanensem urbem domini Nicolai papæ legatione functus adivi; ibi dum essem, abbas sancti Simpliciani vasculum mihi argenteum loco muneris misit, quod dum oblatum repente vidissem, primo quidem aspernatus abhorrui, et cur ille mihi munus offerret, subtiliter inquisivi. Suspicatus quippe sum, ne ille negotium fortassis haberet : atque ideo me anticipando præveniens, muneribus occuparet. Mos quippe est apud nos, ministros videlicet apostolicæ sedis, ab his, quorum adhuc negotium pendet, nihil prorsus accipere; ab his autem, qui omnino quieti sunt, si dare voluerint, non abjicere; et hæc regula nostrum omnium, sed illorum duntaxat est, qui meliuscule se ab aviditate custodiunt. Quid plura? Convenitur ad commune colloquium, cur donum sit largitus, inquiritur; utrum causam habeat, sciscitatur. Undique quietus ex omni reperitur parte securus, ita ut re ipsa responderet videretur : In medio populi mei habito; adhuc tamen quæsivi utrum, dum ad ecclesiasticos gradus ascenderet, sive cum monasterii regimen suscepisset, venalitatis forte commercium irrepsisse cognosceret. Cumque hæc omnia ille funditus abnegasset, et non pro talibus se dedisse munus astrueret, sed ob hoc solum, ut in nostram amicitiam aditum sibi reperiret; respondi ut, quod suum erat tollens, amicitiam nostram non more sæcularium mercede redimere; sed, quod inter fratres est legitimum gratuito possideret. Inter hæc tamen, ut vobis in aure loquar, mens mea talis erat, ut post etiam districte requirens, nihil in eo noxium reperi, si ille mihi ad ingerendum munus importunus existeret, ejus mihi violentia nullatenus displiceret. Volebam siquidem vim mihi fieri, et velut invitus ad vota compelli. Cumque ille ad recipiendum, quod semel dederat, se prorsus averteret, et ne aurem quidem petitionibus inclinaret, ego jam securus et audacior factus, durius, ut sua reciperet, ingerebam. Interea dies elabitur. Cumque peculiaribus psalmis nocturnus meditator insisterem, cœpit me conscientia acrius remordere, et quasi sub quodam ratiocinio convenire. Si ille, ut videtur, bonus est vir, tu innocenti homini suam voluisti pecuniam tollere, cum illi capitulum non obsistat, in quo tuum necesse sit auxilium exspectare. Porro si negotium habet, indignum est, te sancto fratri linguam tuam venalem facere, quæ tanquam utriusque communis sibi quoque debet, ut tibi, gratuito ministrare. Cumque hæc adversum me pugna perseveranter ingrueret, jamque ego clamorem cogitationum remordentium non perferrem; decedente crepusculo, mox ad hominem properans, manicavi, eique tabescentis conscientiæ vulnus aperui. Cumque uterque nostrum hinc inde invicem configerent, et ille se, quod semel dederat, non recipere; ego me assererem non tenere; tandem amicæ contentioni hunc ego terminum posui : duo, inquam, mihi nova sunt monasteria, unum ad calcem jam, Deo auxiliante, perductum; alterum vero, necdum episcopali dedicatione firmatum : sanctorum itaque locorum, si placet, participium suscipe, atque, ut tibi libet, quod animæ tuæ proficere debeat, donum pro benedictione transmitte. Hoc igitur argumento cupiditatis meæ turpitudinem palliavi, et tanquam non accipiens astutus accepi : postmodum vero ad eremum rediens, cellulam quidem festinus intravi, sed per memetipsum intrare vix potui; et qui extra me inordinate sum fusus, justo judicio in me sum postmodum, ut ita loquar, satis difficulter ingressus. Inter cetera vero, tanta animum meum muneris illius caligo confudit, et tanquam vermis scatens mea corrodere viscera non cessavit, ut, teste conscientia, mallem me lepra percussum quam illo munere sauciatum. Attendebam porro illinc tantam fratris liberalitatem quæ mihi nihil debebat, et obtulit; hinc meam avaritiam, quæ, quod per officium non merebatur, accepit. Tædebat me tunc oblitum, quod per virum Sapientem dicitur: « Non sit porrecta manus tua ad accipiendum, et ad dandum collecta (*Eccli.* IV). » Et cum, juxta Apostolum, beatius sit magis dare quam accipere (*Act.* XX); illum jure beatum, me miserum deputabam. Heu me, inquam, cum a suscipiendis muneribus excutiendam manum Scriptura præcipiat (*Isa.* XXXIII); quomodo tu manum excutis, ut abjicias; quam potius incutis, ut accipias; stringis, ut rapias; retrahis, ut possidenda recondas. Et revera avaritia in manu suscipientis viscus est, quæ quidquid apponitur, excuti non permittit; sed more piscis hærere compellit. Quid igitur? Rixam mentis meæ ultra non perferens, sancto fratri munus suum remittere studui. Deinde, Deo auxiliante, dum vixero contra sordes munerum jam cautius vigilabo. Ecce, quod superius dixi, quia servus Dei tunc debet timere, cum temporale quid percipit; tunc gaudere, cum perdit. Amodo itaque neque pro specie monasterii construendi, neque pro necessitate servorum Dei, tenebo quasi materiam honestatis, ubi valeam vires exercere cupidinis. Tanquam qui castitatis anhelat solvere cingulum, ut quasi sibi hæredes provideat, init copulas nuptiarum, et sub nomine propagandi germinis famulatur illecebris voluptatis; ita nonnulli, dum esse nequeunt Christi, vel apostolorum nuditate contenti, gaudent sive regimine, sive quibuslibet exercitiis implicari; ut dum propriæ satisfaciunt avaritiæ, necessitati videantur pii operis deservire. Nos autem, dilectissimi, gaudeamus semper et illatas nobis injurias æquanimiter ferre, et nocentibus insuper utilia ministrare. Sit manus nostra ad suscipiendum cauta atque suspecta; ad erogandum vero pro possibilitate benigna. Sit mens in prosperis timida, sit in adversitate secura, cumque bona facit et tolerat, tunc se procul dubio numerari inter Christi membra confidat. Quisquis enim recte vivens flagellis atteritur, sicut Christi nunc in utroque vestigia sequitur, ita postmodum ejus consortio non privatur.

Sit nomen Domini benedictum.

OPUSCULUM QUINQUAGESIMUM QUARTUM.

DE JEJUNIO SABBATI.

ARGUMENTUM. — Monachos ad jejunandum Sabbato, in sepulturæ Christi honorem, hilariter et devote, sicut tribus aliis per hebdomadam diebus solebant, cohortatur; utilitates ejusdem jejunii, et meritum ante oculos proponens.

Sanctis fratribus in Gamugni eremo constitutis, PETRUS peccator monachus pacis osculum in Spiritu sancto.

CAPUT PRIMUM.

Quod omnia serviant in hoc mundo ad usum hominis.

Pensualium conductores ædium, vel procuratores agrorum, dum dominis suis placere desiderabiliter ambiunt, exactionum canones minui, villicatus sui tempore, non permittunt; nos etiam, quibus non quarumlibet rerum, sed animarum vestrarum est commissa custodia, valde pertimescimus, si frugum vestrarum redditus, qui dominicis inferebatur horreis, sub nostra cura minuitur, si sanctæ servitutis vestræ pensum per nostram, quod absit, conniventiam non impletur. Quidquid enim in hoc mundo laboratur, in usus proficit hominis, solus autem animarum fructus usibus deservit auctoris. Eo ergo formidolosus divinum cogimur exspectare judicium, quo rationem debemus, non de segetibus in secessum nox cuniculos digerendis; sed de animabus potius, quæ sui repræsentant imaginem Conditoris. Non plane ad ratiocinium ducimur de novalibus, quæ vomeribus sunt, et cultris obnoxiæ; sed de rationalibus terris quæ suscipiendis sunt cœlestis eloquii seminibus excolendæ. Sicut ergo nobis timendum est, qui circa vestram jubemur invigilare custodiam, ita et vos cum magna lætitia cordis, ad propositam sanctis laboribus vestris debetis anhelare coronam, nec minuere quod cœpistis; sed pondus levigare, prospiciendo quo tenditis. Inter cæteros autem flores sanctæ vestræ conversationis et studia pietatis suggero charitati vestræ ut quatuor per hebdomadam diebus consueta jejunii regula teneatur, et præcipue Sabbatum, quod in quorumdam mente jamjam vacillat, nisi a debilibus, non solvatur. Novi plane, quod trium dierum sine pugna, et discrepatione jejunia transiguntur; Sabbato autem mens infirma et tepida paulatim incipit in quodam abstinendi, vel edendi meditullio nutare, et tanquam in bivio constituta, quo potissime egressum vertat, ambigere, moxque a suo rigore resolvitur, mensas, patinas, calices et quidquid eduliis competit, meditatur. Corpore se debilem simulat, quæ sit edendi suavitas crebris in cogitationibus versat: seseque peragendis superventuræ noctis sufficere posse desperat. Interea, veternosus ille gulæ prurientis incentor accendit, reficiendi libidinem ingerit, venenum pestiferae delectationis infundit, auream discretionis edocet semitam, indiscretionis astruit summopere cavendam esse ruinam; melius esse cum sobrietate comedere, quam edendi rabiem duplicata fame nutrire. Accurate namque hunc suae calliditatis hamum seductor antiquus in filios injicit, qui olim ad capiendos parentes humani generis inescavit (Gen. III). Aculeo gulae transfixos parentes nostros attraxerat, gulae adhuc aditum ad capiendos nos callidus explorator observat. Adhibet adhuc et quoslibet assentatores ac placentarios incitat; ut hoc extrinsecus dicant, quod ille interius seminat, quatenus miser homo inter tot balistas et machinas, inter tot telorum turbines et missilium tempestates facile corruat; adversum quem videlicet et linguarum obsidio et cogitationum seditio conspirantes unanimiter pugnant. Praeterea nec omittendum quod eadem pugna de tertia feria infirmis mentibus oritur utroque quadragesimali tempore, cum quinque diebus per hebdomadam jejunatur, quae fit de Sabbatis, caeteris anni temporibus, quando videlicet intra quatuor dies jejunii summa concluditur. Malignus quippe hostis, quia quadragesimale Sabbatum apud servos Dei temerare non sufficit, tertiam saltem feriam violare contendit; cum autem hujus diei rigor amittitur, ad expugnandum Sabbatum protinus ille transfertur; ut et antiquus adversarius ab inferendo certamine nunquam desinat, et Dei famulus occasionem victoriae nunquam perdat.

CAPUT II.
Cur tres dies in hebdomada apud monachos jejunare institutum sit.

Vos autem, dilectissimi, regulam a Patribus traditam, a vobis etiam per longa jam tempora custoditam, sine causa nolite dimittere; saluberrimo cultui vivificae etiam sepulturae Dominicae jejunium copulate. Enimvero tres isti dies, tres per mysterium continent temporum diversitates, sexta feria, Sabbatum et Dominica dies, ideoque istos inter caeteros dies praecipue observare debemus : duos in carnis castigatione, tertium in spiritualis laetitiae jucunditate. Sexta quippe feria Dominus in cruce pependit, Sabbato in sepulcro quievit, die vero Dominica resurrexit. Quasi enim sexta feria est tota haec vita, in qua nunc tanquam morientes vivimus, in qua crucem quotidie post Jesum portare jubemur; Sabbatum autem, quod utique *requies* interpretatur, illud significat spatium quod est a die, qua morimur, usque ad resurrectionis diem quo videlicet ad tribunal aeterni Judicis resumptis corporibus praesentamur; dies vero Dominicus illa post judicium aeternitas erit, quae lucis et gloriae terminum non habebit. In hujus ergo defluentis temporis Sabbato unusquisque nostrum suum corpus affligat, ut in illo postmodum suaviter requiescat. In hoc fervens spiritus carnis suae blandimenta mortificet, ut in illo feliciter epulaturus exsultet. Hic ad Domini sepulturam cum sanctis mulieribus lugeat, ut illic

ejus, qui de morte resurrexit, gloriam cernat. Lugubres oculi, pallida ora, demissi vultus, inculta caesaries, signa sint nos esse discipulos crucifixi, vel in sepulcro jacentis, ut qui nunc cum aposto lis lugentes et jejunantes affligimur, eis postmodum in mellis et piscis assi convivio sociemur (*Luc.* XXIV). Ut autem qui fructus, quaeve sit utilitas septima feria jejunandi, non tam verbis quam rebus eluceat; non abs re credimus, si etiam de nostris opusculis ad aedificationem vestram breve aliquid mutuemur.

CAPUT III.
Miraculum quo jejunium Sabbati approbatum est.

Nam quod dicturus sum, ibi jam scripsisse me memini, ubi de octo quondam jejuniis disputavi : mox, inquam, ut ista conscripseram, quid mihi casu vel potius divino nutu nosse contigerit; non celabo. Senior quidam frater, qui jam triginta fere annis eremitica cellula usus fuerat, ad me venit, et soli visionem, quae sibi acciderat, patefecit. Saepe, inquit, magister, in te simultatis et irae stimulum pertuli, quia diem Sabbati tantopere ut jejunaretur instabas; interea concupivi Hierosolymam pergere; cumque hoc in dies desiderio ferventius aestuarem, dormienti mihi Dominica nocte astitit in visione splendidus quidam clericus, et dixit: Frater Joannes, sic enim vocabatur, vis venire Hierosolymam ? Cui cum velle me respondissem, protinus me illuc per somnium duxit, multaque sanctorum sepulcra circumiens, quodque cujus esset specialiter designavit; tandem ad sepulcrum Domini eodem duce perveni, et ecce post sepulcrum stabat quidam clericus serena facie, et pulcher aspectu, cervicetenus stola candida decenter ornatus, qui dixit mihi : Tu nudius tertius vivificam crucem, hesterno quoque die sepulturam Dominicam, dum jejunasti, veraciter adorasti. Ex hoc, remoto omni scrupulo dubietatis, agnosce, quia et sexta feria crucem, et Sabbato sepulcrum Christi verissime celebras et adoras, si praedictos dies orando et psallendo jejunas. Quo videlicet instructus oraculo, et scandalum, quod adversum te, Pater, habueram, perdidi, et deinceps Sabbatum non minori devotione, quam sextam feriam, si facultas suppetat, jejunavi [jejunabo]. Haec mihi sanctus frater retulit, cum haec quae scribimus et tunc omnino nesciret, et adhuc prorsus ignoret. Hoc autem rescribere non piguit, ut si opusculum illud vobis occurrere non contingat, hoc saltem fraternitatis vestrae notitiam non evadat.

CAPUT IV.
Majorum negligentia exemplo etiam posteris nocet.

Cavendum est itaque, dilectissimi, ne nostro tempore sancta vita ista tepescat, sensimque se imminuendo, quod absit, omnino deficiat. Novimus enim de magna olim et ardua vix jam tenues superesse reliquias; et sicut, quod a majoribus est omissum, non reparatur a nobis; ita quod apud nos per negligentiam deperit, nequaquam successorum nostro rum posteritas instaurabit, ut verum sit illud Horatii (Lib. III Carm., od. 6.).

*Ætas parentum, pejor avis, tulit
Nos nequiores, mox daturos
Progeniem vitiosiorem.*

Sic utique rei erimus non modo nostræ negligentiæ, sed et alienæ vitæ; dum et ipsi lacessendo deficimus, et defectus causam posteris generamus. Nam cum eorum deses vita notabitur, ad nos præsto recurrent, nos sibi clypeum defensionis opponent; ut qui fuimus præcessores in vita, simus consequenter auctores in culpa. Neque enim meliores sumus, inquient, quam patres nostri; quod invenimus, arripuimus; quod didicimus, hoc et tenemus. Sicque erimus aleni torporis apostoli, et non doctrinæ, sed oblivionis magistri; non duces ad victoriam, sed præcessores ad fugam. Mementote quod scriptum est: « Væ his qui perdiderunt sustinentiam (*Eccli.* II). » Et : « Ego, inquit, dispono vobis, sicut disposuit mihi Pater meus regnum (*Luc.* XXII). » Quare? Non utique quia cœpisti, sed : « Vos estis, ait, qui permansistis mecum in tentationibus meis (*Ibid.*). » Quamobrem, dilectissimi, hoc ab ætate nostra præcidamus opprobrium; et virtutis insigne, quod a patribus nostris accepimus, illibatum et integrum fideliter in filios transfundamus. Si vita eremitica minuenda est, per alios incipiat minui ; nec nos inveniamur in hujus fraudis sacrilegio primi ; ne cum patres nostri, hujus videlicet propositi fundatores, pervenient ad coronam, nos, ipsis accusantibus et acriter insistentibus, compellamur ultionis subire sententiam. Nam cum illi beatorum martyrum sint imitati cum multo sudore certamina, nos de solis martyrum solemniis disputamus ; et qui non interfuimus præliis, de peractis gliscimus gaudere triumphis.

CAPUT V.

Quod vita nostra Sabbatum est ultimæ resurrectionis.

Tota plane vita ista quodammodo Sabbatum est ultimæ resurrectionis, et quasi profestum nunc, atque vigilias colimus, ad quam suspiramus, solemnitatis æternæ. Sed qui ad nuptias properat, vel epulas cujuslibet magnæ festivitatis exspectat, ad anticipandum præcedentis horæ jentaculum non anhelat. Nos ad illud refectionis æternæ nuptiale convivium invitati, festinare jam cœpimus ; et adhuc molliter ac deliciose viventes, velut horam edendi legitimam prævenimus. Quid prandenti cum tumulo? Quid epulis cum sepulcro? Si sepulturam Domini cum discipulis, non cum militibus custodimus, afferamus misturam myrrhæ et aloes (*Joan.* XIX), non cacabos et lebetes. In illis siquidem amaritudo mentium, in istis autem sunt illicebræ voluptatum. Ad sepulturam sane debemus pectora tundere, non dapibus ventres inflare ; debemus mœsta lacrymis ora perfundere, non epotandis calicibus indulgere ; non ingurgitari mero, sed potum cum fletibus temperare (*Psal.* CI). Nec tamen hæc inconsultius, et sic absque discretione statuimus, ut humanitatem debilibus, et valetudinem laborantibus denegemus. Verumtamen sic sibi discretionem is qui infirmatur, indulgeat, ut salubrem consuetudinis regulam, cum convaluerit, non omittat. Sic ipse remissius vivat, ut is qui incolumis est, in continentiæ suæ nihilominus rigore permaneat. Non igitur, dilectissimi, gravemur Sabbati servare jejunium ; ut dum nunc sub castigatione corporum Redemptori nostro consepelimur in morte, et ipsi resurgentes cum ipso postmodum epulemur in cœlestis gloriæ claritate (*Rom.* VI).

Sit nomen Domini benedictum.

OPUSCULUM QUINQUAGESIMUM QUINTUM.

DE CELEBRANDIS VIGILIIS.

ARGUMENTUM. — Monachos suos ad celebrandas octo festivitatum vigilias, quas per indevotionem et abusum a plerisque suorum temporum negligi conqueritur, hac epistola adhortatur ; cum rationes, quæ in contrarium facere videbantur, ab hominibus parum piis allatas, facile diluisset.

Sanctis fratribus in eremo constitutis, PETRUS junia, quæ videlicet hactenus in antiqua progenitopeccator monachus salutem.

Naturaliter autem hoc morbo humana laborat infirmitas, ut ex continentiæ rigore facile corruat ; ad virtutum vero statum disciplinamque vivendi difficulter assurgat. Unde fit ut cum districtum quid pro Deo arripere nitimur, soli viam laboris necesse est, vix aliquo comitante, carpamus ; quod si nos quantumlibet ad voluptatis fluxa remittimus, ultroneos præsto ad imitandum nos quamplures socios invenimus. Hoc, dilectissimi fratres, idcirco conquerimur, quia pleraque per annalem circulum veneranda je-

rum nostrorum traditione coluimus, nunc quibusdam, novas velut sectas introducentibus, passim negligi, et in prandiorum epulas mutata dolemus. Quæ nimirum hic enumerare otiosum esse non ducimus ; ita ut etiam rationes singulorum, cur omitti non debeant, prout epistolæ compendium patitur, afferamus.

CAPUT PRIMUM.

Cur in vigiliis Assumptionis beatæ Virginis et B. Joannis Baptistæ natali jejunamus.

Age igitur, cur Assumptionis beatæ Mariæ semper

Virginis jejuniis non sunt celebrandæ vigiliæ? quam videlicet consuetudinem usque ad nos, imo usque nunc procul dubio novimus et antiquitus tenuisse? An quia Dei Genitrix ex hac vita per martyrium non transivit? Sed si hæc est ratio cur jejunari non debeat; ergo nativitas beati præcursoris Christi sine causa jejunio prævenitur, quando scilicet non hinc puer propheta migrasse per gladium, sed huc potius agnoscitur venisse per uterum. At si rei dignitas vigilanter inspicitur, idcirco utraque hæc festivitas digne præmissis est excipienda jejuniis; quia et B. Virgo molestiam carnis moriens pertulit, et B. Joannes per conditionem nascendi ex maternis visceribus vagiendo ac plorando processit. Merito illis per jejunia pridiana compatimur, ut illucescentibus eorum solemniis, communi cum eis lætitia perfruamur; ut mœrore simul cum illis afflicti, simul epulemur, etiam gaudio feriati. At fortasse dicitur, quia B. Virgo, quæ sine dolore vitæ auctorem edidit, dolorem moriendo non sensit? Sed qua auctoritate eam quis divinetur in corpore non doluisse morientem, cujus animam pertransierit gladius adhuc etiam in carne manentem? (*Luc.* II.) Præsertim cum et ipse mediator Dei et hominum moriturus dicat : « Tristis est anima mea usque ad mortem (*Matth.* XXVI). » De quo et Petrus : « Quem Deus, inquit, suscitavit a mortuis, solutis doloribus inferni (*Marc.* XIV; *Act.* II). » Sed sive moriens dolorem non senserit, quod Deus utique potuit; sive senserit, quod permisit : unde, quæso, iste est prædicator epularum, et salutaris abstinentiæ inimicus, nisi ex eorum numero, de quibus Apostolus conqueritur, dicens : « Multi enim ambulant, quos sæpe dicebam vobis, nunc autem et flens dico, inimicos crucis Christi, quorum finis interitus, et quorum Deus venter est, et gloria in confusione ipsorum, qui terrena sapiunt (*Philipp.* III). » Moyses et Aaron mortis debita persolventes, mensurno [*f.* menstruo] dierum spatio sigillatim quisque ab Israelitica plebe deplangitur (*Num.* XX; *Deut.* XXXIV). Defuncto quoque Jacob tota Ægyptus lugubri septuaginta dierum lamentatione prosequitur (*Gen.* L). Tu obeunti Genitrici Dei, uno saltem die, refugis compati, ut inter ejus solemnia merito debeas gloriari?

Porro de Nativitate Salvatoris non minus inhonestum quid et indecens agitur, cum in ejus vigiliis a nonnullis etsi tantum cœnetur, vino tamen et diversis coctionum apparatibus indulgetur. Plane autem panis ille ad hoc de cœlo descendit (*Joan.* VI), ut jam communis cibus sit etiam hominum, qui eatenus specialis tantum fuerat angelorum; satis absurdum est, si refectione cœlitus erumpente divina, locum præsto non præbeant alimenta terrena. Et tunc vini fæculenti ingurgitatio mentium nares obtundit, cum jam odor cœlestis gratiæ mellíflua suavitate respirat. Nam et amicum suum quisque, quem de longinquo venientem unice videre desiderat, non epulis vacans, sed alacriter jejunus exspectat. Quanquam enim partus ille singularis doloris tædium omnino nescierit, partui tamen dolor familiariter est conjunctus, testante Veritate quæ ait : « Mulier cum parit tristitiam habet, quia venit hora ejus; cum autem pepererit puerum, jam non meminit pressuræ propter gaudium, quia natus est homo in mundum (*Joan.* XVI). » Unde non immerito tota sancta Ecclesia, sicut morienti Christo commoritur, cum resurgente consurgit, cum cœlos ascendente conscendit ; ita quodammodo cum beata ejus Genitrice patiente comparturit, simulque quasi parturiens in vigiliis mœret, ut puerperio salutis effuso cum ea simul in sancta Nativitate conjubilet, quatenus ad tantæ solemnitatis gloriam non modo spirituali tripudio mens gliscat, sed et ipsa caro quæ afflicta fuerat refrigerium sensura congaudeat, juxta illud Prophetæ : « Sitivit in te, inquit, anima mea, quam multipliciter et caro mea? » (*Psal.* LXII.)

CAPUT II.
Aliquorum abusus in mulcenda voce, ut melius canant.

Nonnulli plane, quod prætereundum non est, spiritualis militiæ fratres sub hac occasione in prædictis vigiliis victitant, ut ad personandas ecclesiastici officii melodias robustius convalescant. Sed si non tam humanas quam divinas aures cupimus ex vocum nostrarum quantumlibet accurata suavitate mulcere, corporis nostri tympanum celsius intonabit siccum, quam liquore vini vel olei pinguedine delibutum. Meliusque est ut pro labore jejunii cantilena sub sobrio discretionis moderamine temperetur, quam ut pro superstitione canendi, sæcularibus a spirituali ordine dissolutionis præbeatur exemplum. Plane. cum tam longum Quadragesimæ spatium, quod a Patribus est præfixum, Nativitati Domini militare cognoscitur, mirum est quomodo tam præclara festivitas solo vigiliarum suarum honore privetur. Porro autem quomodo non erubescimus, quia, ut jam dictum est, nativitatem servi, beati videlicet Joannis Baptistæ, aquam bibendo præcurrimus; in vigiliis vero Dominicæ Nativitatis vina incontinenter olemus? Præsertim cum dies ille præ cunctis annis diebus, et æstivo caumate fervidus et spatio sit prolixus; iste vero et brevis sit et humectus. Et certe si vigiliarum placet instantia, liberius vigilamus abstemii, quam vini soporantis ebrietate gravati.

Epiphaniarum quoque vigilias ob magnitudinem solemnitatis, in qua videlicet tot in unum sacramenta concurrunt, dignum est jejunare: licet ii, quibus aliter suaderi potest, non prohibeantur cum liquaminibus et vina percipere. Hic, ut arbitror, stomachabitur vitæ mollioris assertor, hic rugas contrahet fumantis edulii disputator, clamitans me peregrina jejunia noviter introducere, quæ nulla Patrum valeam auctoritate firmare. Sed ut non cum eo lutum diutius teram, sed hinc me incunctanter expediam, dicat mihi cur beatus Gregorius in ordinatione missarum specialem hujus diei missam posuit, et vigiliarum Epiphaniæ nomine titulavit? Cur itaque vigilias nominat, in quibus ciborum libertatem censura jejunii non castigat? Et cum vigiliarum missæ semper hora nona ex ecclesiastica consuetudine celebrentur, ut nimirum ad subsequentis diei videantur solemnia pertinere; cur hæc vigiliarum missa dicatur, quæ hora tertia scilicet ante prandium celebrata, nequaquam sequenti diei militare conspicitur? Perquirant igitur manducones nostri totius annalis circuli singulos dies, et cum nusquam repererint vigilias dici, in quibus missæ debeant absque jejunio celebrari, necessario fateantur, in vigiliis Epiphaniæ cum celebratione missarum, celebrandum quoque, remota omni dubietate, jejunium.

CAPUT III.
Cur in Sabbato ex beati Silvestri sententia jejunandum.

Præterea, de paschali quoque Sabbato quod Dominicæ resurrectionis gloriam antecedit, perspicua ratio est, quia districte debeat jejunari. Nam si auctori vitæ mortuo ac sepulto ut revera ejus membra compatimur, si in discipulorum collegio constituti una cum apostolis lamentamur, turpe est si nos pleno ructemus ferculo cum ille, quem flevimus, adhuc jaceat in sepulcro. Apostoli siquidem, Scriptura testante, tandiu mortuo Domino compatiuntur in luctu, quousque resurgens post triduum, novo lætificarentur aspectu (*Matth.* xxviii; *Marc.* xvi; *Luc.* xxiv; *Joan.* xx). Sed nos, ut ab hujus controversiæ molestia feriemur, advocatum ventris ad B. Silvestri testimonia definitiva transmittimus: cujus utique verbis si fides adhibetur, cuncta protinus inter nos jurgia conquiescunt. Silvestri siquidem verba sunt: Si omnis, inquit, dies Dominicus causa resurrectionis Domini tenetur et colitur, justum est ut omnis Sabbatorum dies causa sepulturæ jejunii suscipiatur instantia; ut flentes cum apostolis de morte Domini, gaudere cum eis de resurrectione mereamur. Et rursus: Si omnis Dominicus dies resurrectionis creditur gloria decoratus, omnis qui antecedit eum, dies Sabbati sepulturæ jejunio mancipandus est, ut merito gaudeat de resurrectione, qui de morte ploraverit. Quibus profecto verbis, tam planis, ac propter tardos multipliciter inculcatis, nihil a me adjiciendum aliud video, nisi hoc tantum: quia si sanctus ille vir propter illud unum Dominicæ sepulturæ Sabbatum, omnia totius anni Sabbata jejunio dicanda percenset; dum illud unum, quod principale est atque præcipuum, in epulas solvitur, qualiter ab eo in reliqua, forma, vel exemplar abstinentiæ transferetur? Constanter igitur asserendum est, quia sicut dies Parasceve sextas totius anni ferias districtionis censura præcedit, sicut Resurrectionis dies solemnitatis gloria reliquos dies Dominicos antecellit; ita quoque et Sabbatum, quod inter utrumque consistit, plusquam cætera Sabbata sub abstinentiæ rigore necesse est observari. Sicut enim Parasceve crucis dies doloris, sic et Sabbatum sepulturæ dies agnoscitur et mœroris. Quod si pro labore de longinquo ad baptismi lavacra concurrentium, vel diversorum debilitate fragilium eodem die apud quosdam usus inolevit aliquantulum indulgentius vivere, spiritualibus hoc ferendum est, non sequendum; ne si tunc isti sumendis dapibus vacant, cum adhuc apostoli omnes plorant, ab eorum se cœtu, quod absit, exsortes ostendant.

CAPUT IV.
Cur in vigilia resurrectionis Domini Gloria in excelsis Deo canatur.

Nec nobis objiciatur quod tunc in missarum solemniis *Gloria in excelsis Deo* canitur: hoc quippe pro baptizandis agitur, ut nimirum illucescente jam resurrectionis gloria, in morte Domini baptizari videantur (*Rom.* vi); ideoque missa, quæ intra ipsum diem prohibetur, nocte celebrari præcipitur. Ut nimirum in quodam meditullio, hinc mortis Christi, inde resurrectionis, generalis baptismi constituatur salutare mysterium. In baptismi siquidem sacramento, ad imitationem Christi et morimur et resurgimus. Morimur, dum in aquam mergimur; resurgimus, dum lavamur. Unde dicit Apostolus: « Quicunque baptizati sumus in Christo Jesu, in morte ipsius baptizati sumus. Consepulti enim sumus cum illo per baptismum in morte, ut quomodo surrexit Christus per gloriam Patris, ita et nos in novitate vitæ ambulemus (*Rom.* vi). » Ad hoc plane in salutare lavacrum mergimur, ut peccatis omnibus moriamur; ad hoc erigimur, ut consurgentes Christo, soli justitiæ de cætero jam vivere debeamus, sicut idem dicit Apostolus: « Jesus Christus mortuus est propter delicta nostra, et resurrexit propter justificationem nostram (*Ibid.*). » Unde et eadem missa simul videtur esse quodammodo quadragesimalis atque paschalis; dum postquam *alleluia* canitur, mox etiam *tractus*, qui Quadragesimæ proprius est, adhibetur. Quod si Pascha omnino completum esse post missam, adversario pervicaciter adnitente, persistitur; nos in luctam non ultra protrahimur; hoc tamen pacto, ut esus carnium laicis protinus invadatur. Nec enim causa est cur libertas paschalis cibi differatur in posterum, cum Pascha, sicut dicitur, sit omnino completum. Quod si ecclesiasticæ disciplinæ perspicue videtur adversum, fateatur necesse est adversarius, illum sepulturæ Dominicæ diem, non Pascha, sed Paschæ potius esse vigilias, ac per hoc ex vigiliarum saltem regula jejunio mancipandum.

CAPUT V.
Quod Sabbati jejunium cœlesti visione celebratum est.

Mox ut ista conscripseram, quid mihi casu, vel potius divino nutu nosse contigerit, non celabo. Senior quidam frater, qui jam a triginta fere annis eremitica cellula usus fuerat, ad me venit, et soli visionem quæ sibi acciderat, patefecit. Sæpe, inquit, magister, in te simultatis et iræ stimulum pertuli, quia diem Sabbati tantopere ut jejunaretur instabas; interea concupivi Hierosolymam pergere; cumque hoc in dies desiderio ferventius æstuarem, dormienti mihi Dominica nocte constitit in visione splendidus quidam clericus, et dixit: Frater Joannes, sic enim vocabatur, vis venire Hierosolymam? Cui cum velle me respondissem, protinus me illuc per somnium duxit, multaque sanctorum sepulcra circumiens, quodque cujus esset specialiter designavit; tandem ad sepulcrum Domini eodem duce perveni, et ecce post sepulcrum stabat quidam clericus serena facie, et pulcher aspectu, cervicetenus stola candida decenter ornatus, qui dixit mihi: Tu nudius tertius vivificam crucem, hesterno quoque die sepulturam Dominicam, dum jejunasti, veraciter adorasti. Ex hoc, remoto omni scrupulo dubietatis, agnosce, quia et sexta feria crucem, et Sabbato sepulcrum Christi verissime celebras et adoras, si prædictos dies orando et psallendo jejunas. Quo videlicet instructus oraculo, et scandalum quod adversum te, Pater, habueram, perdidi; et deinceps Sabbatum non minori devotione quam sextam feriam, si facultas suppetat, jejunavi [jejunabo]. Hæc mihi sanctus frater retulit, cum hæc quæ scribimus et tunc omnino nesciret, et adhuc prorsus ignoret.

Enimvero de litania majore turpiter a nonnullis, et manifestissime contra canonum sententias agitur; quia in ea per occasionem beati Marci, cujus eodem die festivitas est, non tenetur. Sed quia conspiratoribus ventris nostra prorsus assertio ludibrium dicitur, ut subterfugium desit, ipsa canonica auctoritas simpliciter inferatur. Ait enim Maguntiense concilium (*cap.* 5): Placuit nobis, ut litania major observanda sit a cunctis Christianis uno die, septimo Kalendas Maii, sicut in Romana Ecclesia constitutum reperimus, et sicut sancti Patres nostri constituerunt: non equitando, non pretiosis vestibus induti; sed cinere aspersi et cilicio induti jejunemus, nisi infirmitas impedierit. At si cui adhuc ista auctoritas forte non sufficit, sufficiat sedes apostolica, sufficiat et ampla Roma, quæ hoc jejunium non modo decretalis paginæ promulgatione corroborat, sed et viva annuatim veneratione conservat. Ubi notandum quia geminæ festivitati, sancti videlicet Marci, atque Pentecostes, intra cujus spatium sæpius dies ista concluditur, jejunium sancti Patres prævalere sanxerunt; ita tamen ut ecclesiasticum nihilominus officium solemniter impleatur.

Unde et illud graviter ferimus, quia plerique 849 fratres, dum jejunare in beatorum apostolorum Philippi et Jacobi vigiliis perhorrescunt, solemnitatem Pentecostes in excusationem suæ dissolutionis opponunt, dicentes non debere quemquam sub jejuniorum tunc censura constrigi, cum tempus dictet paschalibus potius gaudiis epulari. Quibus succincte ac breviter ego respondeo quoniam, si sic inimica sunt invicem et festivitates Ecclesiæ et ecclesiasticæ jejunia disciplinæ, ut simul celebrari non possint, ergo nec litaniæ majores, quarum supra meminimus, neque tres illi Rogationum dies ante ascensionem Domini, nec vigiliæ Pentecostes poterunt jejunio mancipari. Et ne hoc parum videatur, etiam jejunium illud tollitur, quod post adventum sancti Spiritus in eadem hebdomada fieri a sanctis Patribus concorditer est institutum. Et quia, sicut dicitur, cum solemnitate jejunium convenire non potest, et apud quorumdam examen sub festivitatis præsentia jejunium vires non habet, sed semper festivitas prævalet, auferantur igitur de octavis B. Joannis Baptistæ vigiliæ apostolorum Petri et Pauli; de octavis quoque Laurentii martyris vigiliæ B. Mariæ virginis eradantur; in Quadragesimæ etiam majoribus quibusque festivitatibus refectio geminetur. Quod si hoc ecclesiasticæ regulæ non admittunt, et mundus, qui sub apostolicæ traditionis institutione jam senuit, neotericis nequaquam dogmatibus acquievit, fatendum est festivitates, nisi præcipuæ sint, non præjudicare jejuniis, ut, suo cuique jure servato, et ecclesiasticum pro solemnitate peragatur officium et castigatio corporalis suum non deserat institutum. Unde constat quia quisquis duorum tam venerabilium apostolorum, Jacobi videlicet et Philippi, vigilias jejunare detrectat, non ad hoc amore festivitatis inducitur, sed juxta rhetoricantis gulæ suæ consilium molliter vivendi suavitate mulcetur.

CAPUT VI.
Quomodo B. Jacobus apostolus mortuus sit.

Præterea et beati Jacobi, qui frater est evangelistæ Joannis, plerique vigilias parvipendunt, et irreverenter ac inconsiderate transiliunt. Et hoc ideo fortasse præsumitur, quia non suo tempore eadem festivitas celebratur. Sicut enim in Actibus apostolorum, Luca testante, didicimus, circa paschale tempus B. Jacobus ad Herode est interemptus. Nam cum præmisisset: « Quia occidit Herodes fratrem Joannis gladio; » paulo post intulit: « Erat autem dies Azymorum (*Act.* XII). » Circa idem vero tempus B. Petrus est a vinculis absolutus, quo iste Jacobus paulo ante Herodiano fuerat gladio detruncatus. Et quia intra festa paschalia utraque festivitas absolute ac libere celebrari non poterat, in aliud necessario tempus ex antiquorum Patrum est discretione translata. Quod si propter hoc solemnis ille dies vigiliarum suarum debet honore privari, ergo nec ipsa festivitas debet coli. At si festivitas hæc apostolica pro necessitate paschali in tempus aliud digne transponitur, 850 dignum quippe est ut suæ etiam vigiliæ inseparabiliter comitentur. Absoluta siquidem est auctoritas canonum, quæ generaliter præcipit omnes apostolorum vigilias celebrari. Quod si adversarius adhuc in suæ allegationis instantia pervicax invenitur, illud etiam inferam quia, si propterea festivitas illa, quoniam mutatur tempore, jure suo privatur honore, ergo nec paschalis magna solemnitas honoranda jam erit, quæ videlicet non fixam temporis certitudinem, sed plenilunii potius sequitur rationem. Ecclesiastica siquidem fides habet, quia octavo Kalendas Aprilis Redemptor noster est crucifixus, quo videlicet die et in virginali utero fuerat ante conceptus. Quod si hanc temporis rationem sequi volumus, sexto Kalendas ejusdem mensis per singulos annos resurrectionem Dominicam necesse est celebremus. Quod profecto idcirco non fit, quia dignum est quartam decimam lunam cum Azymitarum prius Pascha transmittere, ut ad novum Pascha

CAPUT VII.

Cur B. Joannis Baptistæ Decollatio vigiliam non habeat.

Eant ergo sanctarum vigiliarum hostes et jejuniorum venerabilium destructores, ac dogmatizent paschali solemnitati reverentiam non servandam, ut, quoniam variatur tempore, devotione fidelium et assueti cultus careat dignitate, et quod de Pascha male senserint, consequenter et de Ascensione, ac Pentecoste necessario fateantur. Quod si nobis objecerint, Decollationem sancti Joannis idcirco non habere vigilias, quia de tempore passionis Domini, quo videlicet S. Baptista peremptus est, in Augustum mensem ex more transfertur, respondemus non propter mutationem festivitatis hoc fieri, sed quoniam cum vigiliis sanctam nativitatem ejus excepimus, ne popularis gravetur infirmitas, in ejusdem decollatione sola unius diei solemnitate contenti sumus.

Postremo de beati quoque Bartholomæi vigiliis, quas nonnulli jam violare paulatim incipiunt, non diversa sententia est. Quo nimirum die aliquando abbas quidam, non infimis comitantibus viris, de longinquis finibus ad nos in eremo degentes pransus et cœnaturus advenit; alia vero die, festivitatis scilicet apostolicæ, rogatus, ut digressurus jentaculum caperet, renuit nullisque precibus acquievit. Sed, o digna restituens divina sententia! sive in cœnobium sanctimonialium, quod tunc visitavit, sive apud aliquem sæcularium ad quoscunque trans misit, per totam diem illam ne vini quidem vestigium potuit invenire, sicque divina dispensatione coactus est jejunii debitum in ipsa festivitate persolvere, cujus non timuit vigilias contra ecclesiasticæ institutionis regulam temerare; et, ut ita loquar, luit in festo quod deliquerat in profesto.

Hæc igitur, dilectissimi, de octo vigiliis examussim suo tempore celebrandis sanctitati vestræ illimato stylo conscripta direximus, et ut vos ad ea corrigenda quæ nunc insolenter emergunt viriliter accingamini, ut revera Christi milites, adhortamur. Teneatur itaque per vos ecclesiasticæ genium disciplinæ, paternæ traditionis norma permaneat, religionis status a sua dignitate non corruat, vigor ecclesiasticus non mollescat. Enimvero non ambigo scripturam hanc, si in eorum manus devenerit, quibus sunt perosa jejunia, turpiter conspuendam. Ab his scilicet, quibus tumet uncta cutis atque nitidula, qui sobrietati dum infœderabiles pugnas inferunt, rubentia pingues ora flammescent. Mihi autem nullius amore, vel odio rectum licet occultare quod sentio; et qui Julianum Cæsarem octo adversus Evangelium Christi scripsisse volumina non ignoro, ab his etiam qui evangelicæ sunt disciplinæ contrarii, scriptiunculam meam verbis mordacibus lacerari nullatenus erubesco. Dicant enim illi cum antiquis obsonatoribus suis : « Manducemus et bibamus, cras enim moriemur (*Isa.* XXII); » et nos cum servis Christi respondeamus : « Jejunemus et sacras vigilias celebremus, ut in festivitate cœlesti sine fine victuri feliciter epulemur (*I Cor.* XV). »

Sit nomen Domini benedictum

OPUSCULUM QUINQUAGESIMUM SEXTUM.

DE FLUXA MUNDI GLORIA ET SÆCULI DESPECTIONE.

ARGUMENTUM. — Agnetem imperatricem Romam non superbo apparatu, sed cultu infra privatæ feminæ personam dejecto ingredientem, ad præsepe Christi Domini visendum, reginæ Sabæ comparat, quæ regiam Salomonis magnificentissime ingressa est. Eamdem præterea laudat quod regales pompas mirifice contempserit. Deinde exemplo Romanorum regum ac externorum fluxas esse mundi dignitates et multis calamitatibus obnoxias aperte demonstrat. Acriter reprehendit eos qui nobilitate et divitiis gloriantur, cum mortalium omnium idem sit ortus atque occasus.

Scuto bonæ voluntatis Dei coronatæ AGNETI imperatrici, PETRUS peccator monachus servitutem.

CAPUT PRIMUM.

Agnetis imperatricis cum regina Saba comparatio.

Regina Saba venit in Hierusalem audire sapientiam Salomonis (*III Reg.* X; *II Paral.* IX); imperatrix Agnes Romam adiit addiscere stultitiam Piscatoris. Nam sicut Paulus ait : « Quia non cognovit mundus per sapientiam Deum, placuit Deo per stultitiam prædicationis salvos facere credentes (*I Cor.* I). » Illa, sicut sacra testatur Historia, ingressa est cum multo comitatu et divitiis, camelis quoque portantibus aromata, et aurum infinitum nimis et gemmas pretiosas; ista vero cum Hermisinde cognata sua, non dispari sancti Spiritus fervore succensa, tanquam Maria Magdalena cum altera Maria veniunt ad sepulcrum (*Matth.* XXVIII; *Marc.* XVI; *Luc.* XXIV; *Joan.* XX), non ut corpus Jesu perungant fomentis aromatum, sed ut pedes ejus fluentis irrigent lacrymarum. Non enim jam quærunt viventem cum mortuis, sed adorantes tenent vestigia resurgentis. Carnalis plane Salomon reginæ Sabæ quæstionum nodos et mysteria reseravit ænigmatum; nostra vero regina nil sibi solvi proposuit, nisi suorum vincula peccatorum. Salomon namque, qui fuit figura Christi et quædam velut imago, sive prophetia, personam nostri Salvatoris expressit. De illo quippe dicitur « quia locutus est tria millia parabolarum, et fuerunt carmina illius quinque millia; » ubi præsto subjungitur : quia « disputavit etiam super lignis, a cedro, quæ est in Libano usque ad hyssopum, quæ egreditur de pariete, et disseruit de jumentis, et de volucribus, et reptilibus et piscibus (*III Reg.* iv). » Quæ scilicet Redemptori nostro non ambigit cuncta congruere, cui vacat hæc diligenti consideratione tractare. Ipse nimirum tria millia parabolarum est locutus, qui et mystica Patrum præcedentium facta, et per allegorica prophetarum oracula, vel etiam per coruscantis Evangelii documenta, dum sub velamine pene cuncta disseruit, quasi tria millia in verbis suis parabolarum numeravit. Unde et in Evangelio Matthæus ait : « Hæc omnia locutus est Jesus in parabolis ad turbas, et sine parabolis non loquebatur eis (*Matth.* xv). » Cujus etiam carmina quinque millia sunt, quia chorus virginum, quæ sub quinario numero describuntur, ante thronum ejus, sicut Joannes in Apocalypsi dicit (*Apoc.* xi), canticum novum jugiter modulatur; vel quia quinque sunt vulnera Dominici corporis, quibus per universum orbem triumphalis ejus victoria prædicatur, sub eodem numero carmina supputantur, sub quo tenentur et vulnera, per quæ victoria singularis laudis æternæ gloriam promeretur. Unde cum in Canticis dicitur : « Surge, amica mea, sponsa mea, et veni, columba mea, in foraminibus petræ, et in caverna maceriæ; » protinus additur : « Ostende mihi faciem tuam, sonet vox tua in auribus meis, quia vox tua dulcis (*Cant.* ii). » Sane quia non hæc exacte tractamus, sed succincte celeriterque transcurrimus, sufficiat dicere quia cum petra sit Christus, foramina petræ procul dubio sunt Dominici corporis cicatrices. Sed cum post hujus petræ foramina dulcis vox sponsæ in sponsi auribus sonare præcipitur; quid aliud quam quinque vulneribus sub eodem quinario numero carmina laudum reddere pia quælibet anima, vel sancta universalis Ecclesia commonetur, ut ejusdem quodammodo numeri carmina referat, quot pro se suscepta vulnera non ignorat; illique cunctos sui corporis sensus dedicet, quem totidem pro se sauciatum vulneribus videt? Quinque nimirum nostrorum sensuum vulnera, illis quinque Dominici corporis cicatricibus sunt sanata. Quod autem Salomon super lignis a cedro, quæ est in Libano, usque ad hyssopum; quæ egreditur de pariete, disputasse dicitur, hic necessario ad spiritualem remittitur intellectum, cum nullatenus stare valeat superficies litterarum. Hyssopus enim nequaquam de parietibus egredi, sed de saxosis cernitur montibus germinare. Paries itaque noster ipsa mortalitatis nostræ conditio est, quæ nos a contemplatione conditoris, velut abditæ domus obstaculum dividit, et in ima proclivis declinare compellit. « Corpus enim quod corrumpitur, aggravat animam, et deprimit terrena inhabitatio sensum multa cogitantem (*Sap.* ix). » Ex hoc ergo pariete hyssopus egreditur, quia de fragilitate nostræ mortalitatis erumpit, quod semper necesse est ferro pœnitentiæ resecari. Hyssopo nimirum purificantur intima viscerum, per quam non incongrue designatur confessio peccatorum.

CAPUT II.
Christi et Salomonis sapientia comparatur.

Disputavit igitur noster Salomon super lignis, hominibus videlicet intra germinantis Ecclesiæ nemora radicatis a cedro, quæ est, in Libano, usque ad hyssopum, quæ egreditur de pariete, id est ab ipsis eminentibus sanctis nitore justitiæ candidatis usque ad peccatores et lapsos atque ad pœnitentiæ demum lamenta conversos. Hinc est quod sequitur : « Disseruit et de jumentis, » sanctorum scilicet adjutoribus, catholicis viris, « et de volucribus, » hominibus nimirum per sancta desideria ad superna suspensis; « et de reptilibus et piscibus, » hoc est de his qui pectus concupiscentiæ per terram trahunt, et qui per sæcularium negotiorum fluenta vagantur. Dicitur etiam quod præcedebat sapientia Salomonis sapientiam omnium Orientalium et Ægyptiorum, quia nimirum Redemptor noster superat intellectum et angelorum et hominum. Habebat ille quadraginta millia præsepia equorum currilium et duodecim millia equestrium. Quid per quaternarium numerum, nisi quadriga præstruitur evangelistarum? Et quid per duodenarium, nisi senatus exprimitur apostolorum? Per doctrinam quippe evangelicam et apostolicam vectatur Dominus per universam latitudinem orbis terrarum. « Currus enim Dei decem millibus multiplex, millia lætantium, Dominus in eis, in Sina in sancto (*Psal.* lxvii). » Nam quia Sina *mandatum* interpretatur, constat in eis tantummodo vectari Dominum, ubi fit cœlestium observatio mandatorum.

Notandum autem quia sicut regnum David, qui tot pressuris attritus, Dominum designat in mortalis adhuc vitæ stadio laborantem, sic Salomon istius incomparabilis gloria præfigurat eumdem Dominum post mundi finem in paterni culminis majestate regnantem. Unde illic dicitur quia non erat argentum, nec ullius pretii putabatur in diebus Salomonis. Quod nimirum quomodo juxta litteram stabit, ut credi valeat tempore Salomonis argentum vel penitus non fuisse, ac per hoc omnino de terra deletum, vel nullius perexilis saltem pretii constitisse ? Nam si nullius erat pretii, sicut dicitur, ergo mille talenta argenti ne unius quidem poterunt ovi appendio supputari. Quod sane credi, quam frivolum, quam videatur ineptum, ipse revincit textus, et ordo verborum, qui postquam præmittit : « Non erat argentum, nec ullius pretii putabatur in diebus Salomonis; » præsto subjungit : « quia classis regis per mare cum classe Hiram semel per tres annos ibant Tharsis, deferens inde aurum et argentum (*III Reg.* x). » Cur enim per tot marina discrimina metallum hoc classis illa deferret, quod pretium penitus non haberet? Et paulo post dicitur quia « offerebantur ei vasa aurea et argentea (*Ibid.*)..» Deinde subinfertur quia « egrediebatur quadriga ex Ægypto sexcentis siclis argenti, et equis centum quinquaginta

(*III Reg.* x). » Non ergo pretio carebat argentum, quo vehicula redimebantur equorum. Sed argento designatur claritas ecclesiasticæ prædicationis, de qua dicitur : « Eloquia Domini, eloquia casta argentum (*Psal.* xi). » Quod videlicet sanctæ prædicationis argentum, nullius, ut ita loquar, pretii reputabimus, nec aliquatenus crimus ejus indigi, postquam ad veri Salomonis regnum ex hac fuerimus calamitate translati. Non enim tunc prædicationis indigemus eloquio, ubi datur in decore suo regem gloriæ facie ad faciem cernere, quem utique consuevimus ex ore prædicatoris audire. Sicut per prophetam pollicetur Dominus, dicens : « Nemo dicet : Agnosce Dominum, omnes enim cognoscent me, a maximo usque ad minimum, dicit Dominus (*Jer.* xi). »

CAPUT III.
Amovet objectionem.

Sed forte quis asserat Scripturæ verba nos ad nostrum intellectum violenter inflectere ; et quod Salomon de se videtur asserere, ad Salvatorem perhibeat specialiter per omnia pertinere. Dicat itaque hujus objectionis assertor qua Salomoni valeat ratione competere quod quasi de se dicit : « Deus enim dedit mihi horum quæ sunt scientiam veram ut sciam dispositionem orbis terrarum et virtutes elementorum, initium et consummationem et medietatem temporum, vicissitudinum permutationes et commutationes hominum, anni cursus et stellarum dispositiones, naturas animalium et iras bestiarum, vim ventorum et cogitationes hominum, et quæcunque sunt absconsa et improvisa didici (*Sap.* i). » Nam ut de cæteris interim sileamus, quomodo nosse potuit hominum cogitationes, cum ipse Deo alibi dicat : « Tu solus nosti corda omnium filiorum hominum ? » (*III Reg.* ii.) Sed quis et absconsa omnia et improvisa didicit, nisi Redemptor noster, in cujus pectore sunt omnes thesauri sapientiæ et scientiæ absconditi ? (*Col.* ii.) Qui profecto per humanitatem didicit quod per divinitatem naturaliter novit.

Ad hunc ergo Salomonem tu nuper, o regina, venisti, non ut illa Sabæorum, in curribus, equitibus et elephantis, sed in lacrymis potius, gemitibus et lamentis. Tu ergo veraciter es regina Saba. Saba siquidem interpretatur *humilis*, vel *campestris*. Et bene campestris. In campum quippe certaminis descendisti, ut manus manibus conseras; et pro castris Christi stans, non enerviter cum hoste confligas. Venisti, inquam, non ut ænigmatum tibi mysteria scrupulosa dissolveret; sed ut per simplicis clavicularii sui ministerium regni cœlestis aditum reseraret. Venisti humilis ad humilem, pauper ad pauperem; et quasi cum peronnatis et incultis gregum pastoribus adorare venisti puerum in præsepio vagientem (*Luc.* ii). Vidisse nempe tunc te, et quæ circa te, mirandum valde spectaculum, et imitandum Salvatoris erat ædificationis exemplum. Vestis enim pulla et lanea. Is cui insidebas, non dicam equus, sed potius burro, vel burricus, vix mensuram desidis excedebat aselli. Mutaveras enim coronam velo, pur- puram sacco et manus quæ in modum columbæ [columnæ] gestare consueverat sceptrum, attrita jam erat portare psalterium. Revera, quia, « omnis gloria filiæ regum ab intus (*Psal.* xliv) ; » vernantium decor ille gemmarum, et coruscantium auro vestium cultus, jam ad interiora migraverant, et in occulti speculatoris obtutibus interior sponsæ species relucebat. Cui sponsus : « Tota, inquit, pulchra es, amica mea, et macula non est in te (*Cant.* iv). » Et iterum : « Pulchra es, amica mea, suavis et decora (*Cant.* vi). » Delicatam porro cervicem illam, ex qua cum bracteolis aureis et rutilantibus margaritis dudum murena pendebat, nunc margo laneæ vestis exasperat. Unde ministri cœlestis illius sponsi tibi blandiuntur et dicunt : « Murenulas aureas faciemus tibi vermiculatas argento (*Cant.* i). » Et sponsus adhuc : « Coronaberis, inquit, de capite Amana, de vertice Sanir et Hermon, de cubilibus leonum, de montibus pardorum (*Cant.* iv). » Amana siquidem mons Ciliciæ dicitur, qui et Taurus a compluribus appellatur. Sanir et Hermon terræ Judaicæ montes sunt, in quibus leones et pardi habitare creduntur.

CAPUT IV.
Quod per bona exempla corona gloriæ nobis cumulatur.

Per hos ergo montes, reges et principes diversæque mundi hujus intelligendæ sunt potestates, quæ velut montes sese in superbiæ culmen attollunt, et malignis spiritibus tanquam pardis atque leonibus habitaculum ferunt. De his in ergo montibus coronaberis, quia quotquot mundi principes ac potentes ad Deum per tuum convertuntur exemplum, pro his omnibus æternæ gloriæ tibi cumulabitur præmium ; eris quoque non modo coronata, sed et ipsa corona, propheta attestante, qui ait . « Et eris corona gloriæ in manu Domini, et diadema regni in manu Dei tui (*Isa.* lxi). »

Amisisti, regina, virum post quem dedignata es thalamos iterare, vel proci cujuslibet fœdus admittere, nisi qui priorem virum excellentioris gloriæ dignitate transcenderet. Quid igitur faceres? Vir ille tuus imperator exstitit, regiæ dignitatis apicem tenuit, et quod in hominibus singulare est, Romani imperii monarchiam dispensavit. Quia igitur in tantæ celsitudinis arce præeminuit, eo superior quispiam in humano genere reperiri non potuit. Quæ ergo in terris idoneum et qui tuis placeret oculis invenire non poteras virum, in cœlestis sponsi provolasti violenter amplexus. Violenter inquam : « Regnum quippe cœlorum vim patitur, et violenti diripiunt illud (*Matth.* xi). » O beata ista superbia, o beata mentis elatio, et omnibus digna præconiis, quæ dum carnalis thalami jura contempsit, in dotalium regis æterni gloriosa transivit. Carnalis plane vir virginitatis arcana corrumpit, sponsus autem ille cœlestis eas etiam quas sibi violatas associat, in virginale decus illico sine difficultate reformat, ut nimirum contracti squaloris inquinamenta deponant, et velut aridæ prius arbusculæ denuo comantes in pristini decoris gratiam revirescant. Porro autem cum carnali viro nuptura exornatur, mox apud affines et notos undique pecunia quæsita congeritur, et quidquid valet acquiri, sacculis illico, vel obsignandis capsidilibus infarcitur, ut quo magis ad virum mulier onerata deproperat et eo gloriosior appareat, et ille propensius in ejus amore sedulus infervescat. Tu contra, ut nuptialia cum cœlesti sponso fœdera contrahas, regalis ærarii congeriem prodigis, radiantia quæque cum auro vel argento margarita dispergis; aulæa tua blattina, vel potius deaurata, templorum laquearibus appenduntur, ornamenta regalia sacris famulantur altaribus. Nullis, ut ita fatear, parcitur rebus, et hoc solum indigentibus, vel Ecclesiis non confertur quod extra tui juris peculium reperitur; cuncta projicis, cuncta dilapidas, ut ad sponsi cœlestis amplexus exonerata prorsus, imo nuda pervenias.

CAPUT V.
Bona magnorum virorum et mulierum exempla quantum valeant.

Hæc autem non propter te, venerabilis imperatrix, edissero, quam et his verbis potius offendere pertimesco, sed ob id potius, ut dum tuæ virtutis insigne utcunque depromitur, non parva legentibus ædificatio procuretur. Ubi enim tanta sublimitas pro sui conditoris amore, ad pavimentum usque dejicitur, quæ cervix superbiæ protinus a sui rigoris erecta tentigine non flectatur?. Quæ tumidæ cujuslibet mentis inflatio præsto non folleat, cum tantæ gloriæ principem nunc velut despicabile mancipium cernat? Quis præterea rerum transeuntium pertimescat inopiam, cum spontaneam videat in ea muliere pauperiem, quam tot utique regnis paulo ante conspexerat imperantem? Aut quis inculti habitus injuriam **859** perhorrescat, cum aureo subtegmini, et regalibus pompis a regia majestate vile stamen prælatum esse consideret?

Veniam ad mensam et ad famelicam, ut ita loquar, epularum affluentium ubertatem. Quale, rogo, est congestam ante te struem lancium et renidentium carnium epulas per mensas circumquaque transmittere, et carnium ne ipsam quidem pinguedinem aliquatenus degustare? contrectare manibus dapes, et eas in ore non sapere? imo ipsum panem, vel quælibet incultioris apparatus edulia cum timore summotenus ligurire? Unde mihi sæpe conquesta es, eatenus edendi te non posse cohibere pruriginem, ut ex his quæ apposita cerneres, non aliquid tibi quandolibet immoderatius indulgeres. Hinc sæpius lacrymæ, hinc gemitus, hinc et profunda suspiria. Lugebas enim quia quantavis disciplinæ cautela, cujuslibet districtionis instantia naturam funditus superare non posses. Sed, sicut et tunc forte non tacui, jejunium tuum, regina, multiplex est. Nos enim aliquando jejunamus a cibis, sed tu jejunas a purpura, jejunas a corona atque a tot et tam magnificis imperialis gloriæ pompis. His enim abstinere, non immerito jejunium nuncupatur, quibus utique mens quæque carnalis delectabiliter pascitur. Nam si simplex aqua a Davide projecta, Scriptura teste, in sacrificium vertitur (*II Reg.* XXI); tot rerum bonorumque contemptus quantam apud Deum gloriam promeretur? O quam gravis est, quamque laudabilis abstinentia, assuetam juvenculam a virili jejunare complexu! nunquid et hoc grave jejunium non est, ut quæ consueveras istos in honorum culmen attollere, illos insolenter usa dignitate privare, nunc reculis contenta domesticis, aspectus hominum fugias, et in orationis ac psalmodiæ sedula modulatione persistas? Nam quia fueras olim Susanna cum viro (*Dan.* XIII), merito nunc facta es Anna, post virum (*I Reg.* I); et quia tunc conjugalem pudicitiam immaculate servaveras, nunc cum filia Phanuel, quod *templum Dei* dicitur, in ecclesia jugiter perseveras (*Luc.* II). Hinc est quod a me per venerabilem Rainaldum Cumanum episcopum requisisti utrum liceret homini inter ipsum debiti naturalis egerium [ipsam egeriem], aliquid ruminare psalmorum. Ad quod ego, quod ad tempus occurrebat, exposui, quoniam et sanctum Job Deus omnipotens visitavit in sterquilinio constitutum (*Job* XVIII, et deinceps), et beata martyr Agnes, cujus et tu æquivoca es, in obsoletis et sordidis lupanarium locis angelum simul et angelicum reperit indumentum. Nam et Apostolus ubique nos præcipit orare, cum dicit : « Volo ergo viros orare in omni loco, levantes puras manus sine ira et disceptatione (*I Tim.* II), » quanquam hæc magis eo loci versanda sunt in corde quam sint explicanda sermone. Hoc ego, quanquam silentio dignum fuerit et nequaquam per multorum ora vulgandum, idcirco dixerim, ut liquido legentibus innotescat quantus sancto pectori tuo divini amoris ardor incandescat, ut ne ad breve quidem punctum a divinis obticere laudibus acquiescat. Quid ad hæc dicent qui de ecclesia non oratorium sed locutorium, et non oraculum, sed conciliabulum faciunt, ac per hoc in ea domo sæcularia verba permiscent, **860** quæ duntaxat ob hoc constructa dignoscitur, ut in ea prorsus a negotii sæcularis actione vacetur?

Sed ut hi qui ad apostolorum limina confluunt, sanctæ devotionis tuæ salubriter imitentur exemplum, sub arcana quoque B. Petri confessione ante sacrum altare me sedere fecisti, ac per lugubres gemitus et amara suspiria ab ipsa quinquennis infantiæ tenera adhuc, et nuper ablactata levitate cœpisti; et tanquam illic ipse B. Apostolus corporaliter præsideret, quidquid subtile vel minutum in humanitatis tuæ potuit titillare visceribus, quidquid in cogitationibus vanum, quidquid præterea subrepere potuit in sermone superfluum, fidelibus est relationibus evolutum. Ad quod mihi visum est, ut nil aliud confitenti pœnitentiæ pondus injungerem, nisi ut illud divinæ legationis elogium iterarem : Age quod agis; operare quod operaris. Vel illud quod his qui Thiatyræ erant per angelum mittitur : « Non mittam super vos aliud pondus; tantum id quod habetis, tenete (*Apoc.* II). » Nam, Deo teste, ne unum quidem diem jejunii, vel cujuslibet afflictionis indidi, sed ut in cœptis solummodo sanctis perseverares operibus imperavi.

CAPUT VI.
Qua animi puritate sanctorum reliquiæ venerandæ.

Et utinam a quibusdam homicidis, vel diversorum criminum reis, illi gemitus, illi fletus in confessione prorumperent, sic tabescentis et acerrimo dolore transfixæ mentis spiritus fremeret, sic male sibi conscia pectora singultirent, sicut illic plangebantur vel inanium phantasmata cogitationum, vel quarumlibet puerilium ineptiæ levitatum. Hoc provocentur exemplo, qui ad veneranda sanctorum corpora pia devotione festinant. Illic itaque proprii reatus morbos, quasi noxios humores et ægritudines evomant, hi qui per conatus puræ confessionis egestius pœnitentiæ salutaris antidotum sumant. Illic baptismum pœnitentiæ statuant, in quem per judicium officii sacerdotalis immersi, vetusti hominis indumenta deponant jamque novi de veteribus vivant. Tu autem, domina mea, nam quia te Redemptoris mei sponsam esse non ambigo, meam te vocare dominam nullatenus erubesco, domina, inquam, mea, fige pedem in radice perseverantiæ, et in amorem illius, ad quem per manus sacerdotum et pauperum quotidie cuncta transmittis, medullitus inflammare, ut illud tibi jure contingat quod in lege præcipitur, videlicet ut qui captam in bello mulierem forte diligeret eamque suscipere voluisset uxorem, prius ejus cæsariem raderet unguesque præcideret, ac vestem, in qua capta erat, auferret (*Deut.* XXI); sicque ad ingenuitatem Israëlitidis ex more prosilientem jure sibi matrimonii copularet. Jam igitur ungues tui cum cæsarie cœpere præcidi; jam vestis qua tegebaris, auferri : quia quidquid in tui cultus ornatibus pulchrum, quidquid in facultatibus pretiosum, te velut ambire, vel comere in exterioribus cernitur, 861 in pietatis opera quotidie profligatur. Restat ergo ad intimam sponsi tui jam pervenire dulcedinem, et suavissimam illam confœderati spiritus unitatem : « Qui enim adhæret Domino, unus cum eo spiritus est (*I Cor.* VI); » videlicet, ut ille divini amoris sapor tuis visceribus influat, illa suavitatis intimæ flamma tui pectoris arcana succendat, quam et miser mundus et mens quæque carnalis ignorat, ut illud Canticorum ardenter exclames : « Guttur dilecti mei suavissimum, et totus desiderabilis (*Cant.* V), » et ille tibi vicissitudine grata respondeat : « Favus distillans labia tua, sponsa; mel et lac sub lingua tua, et odor vestimentorum tuorum, sicut odor thuris (*Cant.* IV). » Nec turberis si qua te fortassis adversitas feriat, ob id enim fit, ut internus ille dispositor ad hanc te dulcedinem trahat. Nam et mater cum ablactare vult filium, aliquando fel uberibus adhibet, ut dum aspernatur ille quod horret, compellatur ad alimentum se transferre quod roboret. Israeliticum quoque populum idcirco rex Ægypti percellere ac lacerare permittitur (*Exod.* V), ut ad repromissionis arva contendere festinantius provocetur.

CAPUT VII.
Exempla regum ac ducum, qui mundi felicitatem infelicissimo exitu perdiderunt.

Porro ut de te sileam, quæ talione vicaria et odisti mundum et perosa jam exploderis mundo, nunquid et ipsis regibus, a quibus mundus iste diligitur et quibus captiosa fraude blanditur, non quantocius in amaritudinem vertitur ut nimirum hodie, qui ex hostibus victoriæ signa reportet, triumphalis cum gloriæ pompa præcedat, et cras illum ignobiliter terga vertentem, hostilis mucro transfodiat? Baltassar nempe ipso die quo vasa templi Domini jam temulentus concubinarum labiis fœdare præsumpsit, Medorum gladiis, Dario victoriam obtinente, subjacuit (*Dan.* V). Galba Romanus imperator quatuor tantummodo mensibus imperavit, et in Romæ foro gladio percussus occubuit. Taceo Neronem, prætereo Ottonem, quos a semetipsis interfectos Romanæ reipublicæ testantur historiæ. Nonne Vitellius interemptus est a ducibus Vespasiani? Nonne et Pertinax occisus est a militibus prætorianis? Macrinus, Antoninus, Alexander, Philippus, Gallienus, nonne omnes hi imperatores militaris impetus gladios pertulerunt? Domitianus prætereæ suorum conjuratione confossus est. Probus [Charus], dum castra supra Tigridem haberet, cœlesti fulmine repente peremptus est. Sed qui vult plenius nosse, seriatim Romanæ antiquitatis percurrat historias, ibique liquido videbit quam pauci reipublicæ principes communi morte defecerint. Nam et Gordianus, et Philippus, Decius, Gallus, Volusianus, Gallienus, Quinctilius, Aurelianus, Numerianus, Licinius, Constans, Constantinus Junior, Julianus Apostata, Valens, Gratianus, Valentinianus Junior, Joannes, Valentinianus tertius, Majorianus, Anthemius, Nepos, omnes isti Romani imperii rectores, nonne vel in otio 862 seditiosa suorum sunt fraude necati, vel in procinctu hostilibus perierunt gladiis interempti? Sed et quibusdam quid profuit quod eorum in hoc sæculo prolixius annosa vita duravit? Nam, ut infinita prætereàm, Valerianus imperator in Mesopotamia cum Sapore, Persarum rege, prælium commisit et perdidit; quem ille protinus captum irrevocabilis custodiæ vinculis mancipavit; qui nimirum, sicut tradit historia, ignobili apud Parthos servitute consenuit; et quoad vixit, huic probrosæ addictus est pœnæ, ut ejusdem provinciæ rex, incurvato eo, pedem cervicibus ejus imprimeret et sic in equum arrogantia tumidus assiliret. Quis est enim, cui se fortuna non transferat, et modo de adversis in prospera, modo de prosperis in adversa scenica se varietate convertat? Quanta plane gloria, quantus suorum favor arrisit Annibali, cum apud Cannas Paulum Æmilium cum tot Romanorum militum agminibus stravit? cum denique tres aureorum annulorum modios, quos equitum Romanorum, senatorum et militum detraxerat maniluis, Carthaginem destinavit? Plurimas etiam Italiæ sibi civitates subdidit, adeo ut jam Romani cives Italiam relinquere decrevissent, et statum labentis imperii funditus desperarent. Sed quam in contrarium successus iste conversus est, cum Mago frater ejus a Scipione apud Carthaginem Hispaniæ capitur, Asdrubalis alterius fratris caput mucrone desectum ante ipsius Annibalis castra projicitur, ipse deinceps post inevasibile fugæ periculum, ut veneno se perimat imminente necessitate compellitur? Quam in contrarium versa est et illius eximii fortuna Pompeii, qui post tot triumphos clarasque victorias, quas diverso terrarum orbe confecit, postquam viginti duos reges in solo orientali climate superavit, vilis Achillæ gladio detruncatus occubuit? Cæsar etiam, quem victoriæ cupidum totus occiduus orbis satiare non poterat, cui velut quidam contradictionis obex, ut ita loquar, importunus et arrogans Oceanus obsistebat, cujus ora flammantia innumerabilium strages gentium non complebant, senatorios intra curiam gladios pertulit, a quibus utique viginti duabus plagis confossus interiit.

CAPUT VIII.

Exempla mulierum, quarum gaudia mors occupavit.

Nunquid et mulieres ab hujus mundanæ deceptionis rotali vertigine reperiuntur immunes? Cleopatra nempe magnifice toti dominabatur Ægypto, quod videlicet regnum centum millia villarum includere perhibetur. Huc accessit quod Antonius, qui Orienti simul imperabat et Asiæ, Octaviani Augusti sororem repudio sprevit, et hanc sibi infaustis auspiciis in matrimonium copulavit. Verum ad quem finem tam gloriosi tamque magnifici conjuges pervenerunt? Antonius siquidem ab Augusto apud Actium navali prælio superatus in Ægyptum fugit, ibique desperatis rebus ipse sibi mortem propria deliberatione conscivit. Sed et Cleopatra postmodum, non dissimili necessitate 863 coacta, in pretiosum viri sui sepulcrum se sponte projecit, aspidemque propriis uberibus adhibens, dum et illa sanguinem sugeret, et hæc in se venena contraheret, exspiravit. Semiramis etiam post obitum viri sui, quot strages dederit, quot sibi regna subdiderit, quo demum fine defecerit liquido veterum testantur annales. Cum ergo fallax hujus mundi felicitas tot mundi calamitatibus sit obnoxia, cum potentia temporalis tot casibus varianda subjaceat, et rerum ordo sese velut scenicæ vertiginis alternate confundat, quis sanæ mentis a rebus tam frivolis tamque fugacibus animum non avertat? Nam ut et ipsa, quæ tibi sunt notissima, non præteream, cum quanta gloria papa Victor, et vir tuus imperator Henricus, uterque vir sanctæ memoriæ, tunc erant et ætate virentes et dignitate florentes, cum luna serenissimo terram fulgore perfundens, eclipsin passa, repente contabuit, et rutili splendoris speculum ignobili, non dicam pallore, sed obscuritate mutavit. Quod profecto, sicut in proximo patuit, nihil aliud quam vicinum utriusque principis interitum præsignavit. Nam eodem anno uterque defunctus est. Quod autem postmodum, ante hoc ferme biennium, luna in sanguinem versa est, quia sanguis peccata significat : « Libera me, inquit David, de sanguinibus, Deus (*Psal.* x), » in quantum mihi videtur, nil aliud nisi sanctam significavit Ecclesiam, Cadaloici sceleris sanguine cruentandam. Cadalous enim millies anathematizatus, dum pro venaliter acquirenda Romana Ecclesia infinitas per populos pecunias spargit, corda hominum per avaritiam in æris speciem velut in sanguinem vertit. Sicque dum pestilentes homines metalli hujus non desinunt habere rubedinem, splendor Ecclesiæ quodammodo vertitur in cruorem. Cor enim quod cupit ejus ante Dei oculos speciem induit. Sed hæc alias.

CAPUT IX.

Quod idem sit omnium mortalium initium ac finis.

Ut igitur ad id unde digressus sum redeam, omnes homines, sive potentes, sive sint inopes, eamdem sortiuntur originem, nec dissimilem habitur sunt finem. Inter hos autem duos limites est quædam vitæ diversitas, ut alii se glorientur esse spectabiles, alii se doleant indigentes. Sed hæc humanæ vitæ varietas, momentanea temporum brevitate concluditur, ut et elati quique diutius de sua prosperitate non gaudeant, et inglorii suæ dejectionis incommodum festinanter evadant. Quod est ergo principium nostrum et qui finis, quæ, sicut dictum est, variare non possumus; sed omnes in commune mortales hæc indifferenter possidemus? Sed audi sapientem virum in libro 864 Sapientiæ perhibentem : « Sum, inquit, et ego mortalis homo, similis hominibus, et ex genere terreno illius qui prior factus est, et in ventre matris figuratus sum caro, decem mensium tempore coagulatus sum in sanguine ex semine hominis, et delectamento somnii convenientis, et ego natus accepi communem aerem, et in similiter factam decidi terram, et primam vocem similem omnibus emisi plorans, in involumentis nutritus sum et curis magnis (*Sap.* vii). » Nemo enim ex regibus aliud habuit nativitatis initium. Ubi et protinus additur : « Unus ergo introitus est omnibus ad vitam, et similis exitus (*Ibid.*). » Si ergo unus, quod dicitur, ad vitam introitus et similis exitus diligenter attenditur, varietas illa quæ versatur in medio, necesse est ut tanquam volax fugacis somnii vanitas contemnatur. Hoc etiam quod præmissum est : « Decem mensium tempore coagulatus sum in sanguine, ex semine hominis, et delectamento somnii convenientis, » si non pigeat vigilanter advertere, quæ mens hæc audiens, typho valeat arrogantiæ superbire? Et quis continuo non compellatur sese nosse putredinem, dum tam obscœnam ortus sui considerat fœditatem? dicens intra se : « Quid superbis, terra et cinis? (*Eccli.* x). » Quod etiam post exitum tuum, futurum est primo vermis, deinde pulvis. Erubescat ergo cordis elati superbia, et qui se considerat inter ortum et obitum communi cum cæteris naturæ lege constringi, desinat de sublimioris gloriæ singularitate jactari.

CAPUT X.
Ad perseverantiam exhortando perorat.

Tu autem, venerabilis domina, quæ e cœno terrenæ superbiæ ad sublime veræ humilitatis fastigium conscendisti, ita constanter in ejus arce persiste; sic in ea, quam per spem semel ingressa es, terra viventium, perseverantiæ pedem immobiliter fige, ut in sæcularis viæ lubricum non libeat ulterius declinare. Nam quæ dudum terreni fueras uxor imperatoris, nunc per sanctæ professionis dotem sponsa facta es Redemptoris. Sic igitur ei te in vera cordis humilitate substerne, sic illi glutino fervidæ charitatis unire, ut cum mystica illa sponsa congruenti valeas voce cantare : « Inveni quem diligit anima mea, tenui eum, nec dimittam (*Cant.* 1); » et illud : « Dilectus meus inter ubera mea commorabitur (*Ibid.*). » Ut quoniam cor hominis inter ubera situm latitat, continuus sponsi tui amor a cordis tui visceribus non recedat; et cui nunc sancta anima tuo in amore conjungitur, nequaquam de cætero a dulcedinis ejus complexibus evellatur, quatenus illud in te Isaiæ vaticinium solemniter impleatur. « Gaudebit sponsus super sponsam, et gaudebit super te Deus tuus (*Isa.* LXII). »

Sit nomen Domini benedictum.

OPUSCULUM QUINQUAGESIMUM SEPTIMUM.

DE PRINCIPIS OFFICIO IN COERCITIONE IMPROBORUM, ADDITA ALIA EJUSDEM ARGUMENTI DISSERTATIONE.

ARGUMENTUM. — Ejusdem Gothifredi ducis lenitatem in puniendis criminibus reprehendit, ostenditque quantum nimia benignitate principum in populos damni redundet. Augeri profecto, non reprimi improborum audaciam; resque humana susque deque misceri, nisi peccata paribus pœnis coerceantur.

GOTHIFREDO excellentissimo duci, PETRUS peccator monachus salutem in Domino.

Qui pigmentata quotidie bibit, ac melle condita, aliquando longa dulcedine gustus ejus offenditur, et in austeritate vilis vappæ jucundius delectatur. Et certe per Salomonem dicitur, quia : « Qui mel multum comedit, non est ei bonum. » Inter adipati quoque juris edulia virentes herbæ fastidium reprimunt, et nauseantis ad vomitum peccatoris arcana componunt. Tu sane, vir eminentissime, quodammodo multa quotidie percipis, et nectareo sapore conspersa, dum tibi unusquisque ad votum loquitur, nec aliud quidquam suggerere nititur, nisi quod tuis auribus blandiatur. Quidquid tibi plane dicendum est, prius accurate componitur, et quasi fabrilis instrumenti studio cuditur, ac politur : videlicet quidquid illud est, substrata potius humilitas suggerat, quam libera loquentis auctoritas dicat. Et o infelix, et deceptioni semper obnoxium mundanæ fastigium dignitatis ! quia cum cæteris dicant homines illa quæ sentiunt; potentibus sæculi fucati sermonis argumenta componunt; et eos qui se aliis exhibent puros, divites compelluntur semper habere suspectos. Dum ergo mundani quilibet homines excellentiæ tuæ pocula tantummodo mellita propinant, id enim solummodo suggerunt, quod tibi placitum esse perpendunt, inter dulces quotidianæ assentationis illecebras non debet moleste ferri meorum amaritudo sermonum, tanquam inter suaves epulas aliquando placet agrestium viror herbarum.

CAPUT PRIMUM.
Quod justitiæ rigor regna conservet.

Quod ergo vivis tibi sæpe sermonibus protulit, hoc nunc per epistolam replico. Fateor sane, multum mihi displicet, quia monarchiam hanc, in qua pene centum millia degunt hominum, tanquam rusticum quemdam viculum negligis; eamque duci, per quem regi et administrari debeat, non committis. Ex omnibus quippe, quibus nunc per regiminis officium præemines, districto judici ratiocinium debes; et quanto nunc gloriosius est in obtinenda dignitate fastigium, tanto durius erit in reddenda ratione judicium. Transfer ergo pondus in alterum, ut quod propriis non potes cervicibus ferre, per alium valeas, communicato labore, portare.

Illud etiam mihi non mediocriter displicet, quia in plectendis flagitiis et temerariis iniquorum hominum ausibus coercendis, remissior cerneris esse quam debeas; et dum peccatoribus parcis, augere peccata convinceris. Enervato quippe rigore justitiæ, status evertitur disciplinæ; et dum ultoriæ severitatis censura reprimitur, temeraria delinquendi licentia relaxatur. Inordinata sane pietas nutrit impietatem; et timida manus medici, vulnus auget ægroti. Facit enim exuberare putredinem, dum non secando, sed palpando quotidie superducit vulnusculo cicatricem. Pharmacopola denique, qui mollibus unguentis non permiscet acredinem, tumoribus exsiccandis nullam potest adhibere virtutem. Non omnia membra Ecclesiæ uno funguntur officio. Aliud nempe sacerdoti, aliud competit judici. Ille siquidem visceribus debet pietatis affluere, et in materna misericordiæ gremio sub exuberantibus doctrinæ uberibus filios confovere. Istius autem officium est, ut reos puniat, et ex eorum manibus eripiat innocentes; ut vigorem rectitudinis et justitiæ teneat, et a zelo sanctionum legalium non tepescat; ut ab æquitatis linea non declinet; ut legitimi vigoris genium non enervet. Meminerit etiam semper quod per Apostolum dicitur : « Vis non timere potestatem? fac bonum, et habebis laudem ex illa. Dei enim minister est tibi in bonum. Si autem malum feceris, time, non enim sine causa gladium portat (*Rom.* xi). » In quibus utique verbis [datur, *vel aliquid simile*] intelligi, aliud esse gladium principis, aliud infulam sacerdotis. Non enim ad hoc præcingeris gladio, ut violentorum mala debeas palpare, vel ungere; sed ut ea studeas vibrati mucronis ictibus obtruncare. Hinc est quod sequitur : « Dei enim minister est vindex in iram ei, qui male agit. (*Ibid.*). »

CAPUT II.

Quod judex, qui male agentes non punit, diaboli minister est.

Si ergo Dei minister est, qui mala facientes in iram vindicat; diaboli procul dubio minister est, qui criminosos ac reprobos suaviter palpat. Et sicut Deo præbet obsequium qui perversos ulciscitur; sic minister est adversarii, qui perpetrantibus iniqua blanditur. Necesse est, ut contrahat mucro rubiginem, qui semper in theca reconditus, nunquam exercet ultionem. Scaber ensis efficitur, qui dum cohibetur semper a vulnere, non limatur. Quo contra, per Ezechielem dicitur : « Gladius exacutus est et limatus; ut cædat victimas, exacutus est; ut splendeat, limatus est (*Ezech.* xxi). » Distat plane tribunal judicis a cathedra sacerdotis. Ille nimirum ad hoc gladium portat, ut cum in ultione injuste viventium exerat : iste baculo tantum contentus est innocentiæ, ut quietus et placidus teneat, custodiam disciplinæ. Quanquam et sacerdos si immoderata circa subjectos pietate resolvitur, et ipse sententia divini furoris non immerito condemnatur. Nam sacerdos erat Heli, de quo dictum est ad Samuelem : « Eo quod noverat indigne agere filios suos, et non corripuerit eos, idcirco juravi domui Heli quod non expietur iniquitas domus ejus victimis et muneribus, usque in æternum (*I Reg.* i). » Erat ergo judex, causas atque negotia jurgantium dirimere negligat; maximam diei partem missarum solemniis, et orationibus insistendo consumat. Sed ecce illic dicitur, quia nec ipsius quidem sacerdotis iniquitas expiari poterit victimis et muneribus usque in æternum, eo quod Heli vitia non coercuerit filiorum.

CAPUT III.

Quod iniquos castigare est Deo sacrificium.

Et perpende quale est, quod victimæ simul ac munera, quæ peccata principaliter abluunt, habitam erga subjectos negligentiam expiare non possunt. Multi nempe falsæ pietatis errore decepti, unde se Deo placere insipienter autumant, inde adversus eum crudeliter pugnant; et ex eo merentur iram, unde se adepturos opinati sunt gratiam; et dum aliis veniam falsæ pietatis impertiunt, ipsi motum divinæ indignationis incurrunt. Vir namque de filiis prophetarum dixit ad socium, ut se percuteret: quem quoniam ille ferire contempsit, protinus a leone percussus, interiit (*III Reg.* xxvii). Placere se Deo de pietate sua arbitratus est Achab, cum Benadab regem Syriæ non modo vocavit fratrem, sed et in curru proprio sibi dignatus est assessorem. Sed audi quid indiscreta pietas mereatur audire : « Quia dimisisti, inquit Dominus, virum dignum morte de manu tua, erit anima tua pro anima ejus, et populus tuus pro populo ejus (*Ibid.*). » Saul Agag regem Amalech non occidit, sed captum peracta victoria conservavit, et pro hac misericordia digne remuneratus audivit : « Pro eo quod abjecisti sermonem Domini, abjecit te Dominus, ne sis rex (*I Reg.* xiii). » Pius exstitit populus erga mulieres Madianitarum, sed ait illis Moyses : « Cur feminas reservastis ? Ergo cunctos interficite, quidquid generis est masculini, etiam parvulos; et mulieres, quæ noverunt viros in coitu, jugulate (*Num.* xxxi). » Idem quoque Moyses, postquam fabricatus esset vitulus in Oreb, ait filiis Levi : « Occidat unusquisque fratrem, et amicum, et proximum suum (*Exod.* xxxii). » Et postquam viginti tria millia hominum cæsa sunt, ait : « Consecrastis hodie manus vestras Domino, unusquisque in filio et fratre suo, ut detur vobis benedictio (*Ibid.*). » Amalecites ille, qui gloriatur se peremisse Saul, dum se non galeam, sed diadema de capite bellantis abstulisse confingit, gladio David percussus, occubuit (*II Reg.* i). Interfectores etiam Isboseth, dum caput illius quasi loco muneris offerunt David, gladium non evadunt (*II Reg.* iv); et quem speraverant muneri gratias redhibentem, commissi potius homicidii experiuntur ultorem. Petrus etiam Ananiæ et Saphiræ mendacium non inultum abire permisit (*Act.* v); sed eos oris gladio feriens, aliorum ne simile quid forte præsumerent, corda perterruit. Paulus quoque, dum excessibus coercere discipulos nititur, virga delinquentibus comminatur (*I Cor.* iv). Salvator etiam noster, qui tanquam mitis agnus apparuit, mox ut Petro cœli terræque jura commisit, protinus eum dura redargutione corripuit : « Vade, inquit, post me, Satana, scandalum es mihi; quia non sapis quæ Dei sunt: sed ea, quæ hominum (*Matth.* xvi; *Marc.* viii). » Quid est ergo quod sancti viri toties in delinquentes reperiuntur invecti, vel correptione verborum, vel ultionibus operum, nisi, ut manifeste clarescat, quia in hac mortalitate recte non vivitur, si blandis ac mollibus asperitas non miscetur? Nam ubi penitus disciplina postponitur, ubi districta legitimi vigoris censura reprimitur, necesse est ut prona semper ad malum fragilitatis humanæ conditio ad illicita relaxetur. Et in eum procul dubio tota subjectorum culpa redundat, qui eos, ne præcipitanter excederent, sub disciplinæ loro cohibere debuerat. Inordinata nempe pietas principis, quid est aliud, quam confusio plebis? Nam dum ille a moderanda regiminis habena reprimitur, subjecti quique, velut effrenes equi, per abrupta raptantur. Agere nimirum licet omne **869** quodlibet, et nunc liquido cernitur quod sæpe dictum in libro Judicum reperitur: « In diebus illis non erat rex in Israel, sed unusquisque quod sibi rectum videbatur agebat (*Judic.* XVII). » Et illud quod tempore Achab impiissimi regis dictum est per Michæam: « Non habent Dominum isti; revertatur igitur unusquisque in domum suam in pace (*III Reg.* XXII). » De tempore quoque Saul dicitur: « Quia retusæ erant acies vomerum, et ligonum, et tridentium et securium usque ad stimulum corrigendum (*I Reg.* XXIII). » Retusæ quippe sunt acies utensilium, cum zelus ac fervor exstinguitur magistrorum, nec stimulus est, qui pungat, cum deest qui delinquentium peccata corripiat. Hunc pungentem se Paulus stimulum sentire cœperat, cum vox illi divina dicebat: « Durum est tibi contra stimulum calcitrare (*Act.* IX). »

CAPUT IV.
Quod regum consiliarii non solum pii, sed etiam prudentes esse debent.

Enimvero quod dicturus sum non mihi stylus historiæ tradidit, sed comes Ubaldus, vir videlicet disertus ac prudens, nudo duntaxat sermone narravit. Theodosius, inquit, imperator cum religioso quodam eremita consueverat habere colloquium, cujus videlicet obtemperabat imperator imperiis, et conscientiæ sibi latentis arcana pandebat. Servus itaque Dei, ut erat simplex, purus ac mundanæ propemodum pravitatis ignarus, Augustum districte permonuit ut erga delinquentes pius existeret, ut a reorum ultionibus abstineret, et qui sibi deposceret a superno judice veniam, ipse non exigeret a fratre vindictam, nimirum cum ipse judex dicat: « In qua mensura mensi fueritis, eadem remetietur vobis (*Matth.* VII). » Imperator itaque fidem sancti viri monitis adhibens, cœpit flagitiosis et quibusque nocentibus impune commissa remittere, sacrilegis ac lege plectendis venialiter indulgere, cunctis etiam aliena jura temere pervadentibus debita relaxare. Ad hæc regni proceres conqueruntur, regalis mysterii [ministerii] tractatores ruinam mundi periclitantis expostulant, et per fas ac nefas cuncta confundi, nisi per æquitatem justitiæ rebus humanis celerius occurratur, affirmant. Lamentantur denique per superstitiosæ hujus ac frivolæ pietatis ignaviam passim rapinas ac violentias fieri, legum scita dissolvi et ad audenda plectibilia quæque vel noxia perversorum nequitias hominum per concessæ libertatis audaciam concitari. Hac imperator querula suggestione permotus, ad hominem Dei veredarium destinat, consilium flagitat, quid sibi a murmurantibus objicitur exponit, quid potissimum sit ipse facturus inquirit. Hæc vir Dei solerti examinatione discutiens mutandamque sui consilii sententiam recognoscens, ore quidem siluit, quadam vero mystici operis significatione respondit. Aspiciente siquidem pragmaticæ legationis bajulo, caput undique pexuit, et quidquid in gremium demolitum est vel effusum, in ignem sine mora projecit; moxque corripiens sarculum, ingreditur hortulum, quæque noxia demolitur, steriles herbas exstirpat, circumcirca sarriens, **870** virentia excolit et communit oluscula. Illas igitur eradicat, ut radicibus evulsis arescant; istas vero fovet et excolit, ut per adulti germinis incrementa proficiant. His itaque mystica significatione peractis, in eadem silentii censura persistens, innuit nuntio ut ad suum dominum redeat, eique quæ viderat per ordinem innotescat. Qui nimirum non sine quadam animi stomachantis indignatione reversus, murmurare cœpit, et conqueri, quia non missus esset ad sani capitis hominem, sed ad vesanum potius, ac dementem: Sperabam, inquit, ut decurrentibus me verbis instrueret, et juxta inquisitionis meæ seriem, per apertæ responsionis alloquium ex omnibus informaret. Ille autem velut alienatæ mentis ac furiosus, modo incultam capitis cæsariem pectere; modo correpto per hortulum suum cœpit ligone sarrire; tanquam ego lendes ejus ac pedunculos magnipenderem, vel ruralis industriæ magisterium flagitarem. Tunc imperator, quod dicebatur diligenter auscultans, et altiori consilio quod factum fuerat, mente pertractans, ait hoc non esse ridiculum, sed mysterium; atque id sibi quod quæsierat evidentibus indiciis indubitanter expressum: Servus, inquit, Dei nobis melius agendo quam loquendo respondit, et genuino suæ operationis oraculo, nodum unius nostræ quæstionis absolvit.

CAPUT V.
Principis officium quodnam sit.

Quid enim apertius eo, quod verticem pexuit, et mox in ignem detersa projecit? ac si diceret: Per multimodæ divisionis pectinem, hoc est per legitimæ discussionis ac discretionis examen, et noxia quæque dispereant, et quæ bona sunt abjectis malis purificata remaneant. Eamdem porro sententiam per hortuli quoque voluit iterare culturam, ut sicut ille noxias cum suis cespitibus herbas evulsit, bonum autem olus, ut uberius germinaret, excoluit; ita nos, quasi per discretum libratæ justitiæ sarculum, et elaboremus reprobos radicitus exstirpare, et bonos ut Deo fructificent in tranquilla pace componere. Hoc illi qui aderant audientes, quod velut anilium nugarum deputaverant ante ridiculum, venerari cœperunt, et revera spiritualis ac profundæ sapientiæ sacramentum. Tunc imperator, hoc tanquam prophetico confirmatus oraculo, violentias injuste viventium cœpit ulcisci, reatus ac scelera districta jurisdictionis animadversione percutere, a nefariis ausibus improbos cohibere, et per auctoritatem imperialis potentiæ perversorum corda terrificans, in pace cuncta componere Sic itaque mundus, qui perire cœperat per ignaviam, ad æquitatis atque justitiæ refloruit disciplinam. Hoc autem ego, non ut constanter verum fuisse perhibeam, retuli; sed quod mihi cursorio sermone relatum est, in quantum non intercepit oblivio, prælibavi. Verumtamen nunquam hoc usque ad nos antiquitas, fama vulgante, transmitteret, si non ad ædificationis exemplum prodesse posteris credidisset.

871 Vix plane quinquennio ante meæ nativitatis exortum, humanis rebus exemptus est tertius Otto, qui imperialis apicis dignitate pollucibiliter floruit, et Romanam rempublicam strenue gubernavit. Hic itaque cum vicennalis adolescentiæ vix adhuc excessisset ætatem, inter insignia multa et præclara quæ gessit tribus regni proceribus atque comitibus oculos eruit, Rodulpho videlicet, Raimundo et Arimundo. In quo nimirum conspicuo decore justitiæ, sic omnium aliena diripientium viscera tremefecit, sic totum regnum in securitatis et pacis tranquillitate composuit, ut omnes fere intra compendii sui limitem se formidolose reprimerent, nec juris proprii terminos per insolentiam transilirent. Unde per ora populi hæc se præconii fama diffuderat; in evulsione sex oculorum unum pacatum est regnum. Tres facti sunt cæci, et omni populo quietis optatæ lumen infulsit. Tu quoque, vir magnifice, sanctorum tibi principum, et legalia jura servantium exempla propone; noxiæ pietatis imaginem a te procul exclude, et erga populum, qui tibi commissus est, satage semper justitiam custodire. Scriptum est enim : « Beati qui custodiunt judicium, et faciunt justitiam in omni tempore *(Psal. cv).* » Et Salomon : « Diligite, inquit, justitiam, qui judicatis terram *(Sap. 1).* » Sic ergo rectitudinis zelo semper accensus, incede nunc per justitiæ tramitem, ut non judicandus, sed remunerandus, ad ipsum quandoque justitiæ revertaris auctorem.

ALIA DISSERTATIO.

DE EODEM PRINCIPIS OFFICIO IN IMPIIS COERCENDIS.

ARGUMENTUM. — Nimiam mansuetudinem et lenitatem fugiendam eidem Gothifredo inculcat, admonens illum, videat etiam atque etiam, ne dum paucis sceleratis parcit, bonos omnes perdat. Ut hoc ei facilius persuadeat, exemplum Hugonis ducis, qui ante illum totius fere Italiæ gubernacula administraverat, adducit, ejusque severitatem collaudat.

GOTHIFREDO præcellentissimo marchioni, PETRUS peccator monachus salutem.

Sæpe nuntius post nuntium mittitur, ut res, quæ nimis est necessaria, importunis saltem precibus impetretur. Nam et evangelicus ille judex extra Evangelium vivens *(Luc. xviii)*, qui non Deum, non hominem reverebatur, tædio tandem et indefessa mulieris instantia victus agnoscitur. Tu vero, quem et inter homines pudor honestæ vitæ spectabilem et apud Deum castus reddit timor insignem, petitionibus meis repulsam non debes ingerere, quem utique non adversarium conquerentem, sed tibi potius aspicis utilia suggerentem. Scripsi tibi nuper epistolam de servando rigore justitiæ, quam nunc **872** apicibus quidem gemino, sed a proposita semel materia non recedo.

CAPUT PRIMUM.

Quod justitiæ rigor bonis ac malis utilis est.

Tene igitur, vir eminentissime, stateram æqui libraminis, examen intra trutinam cohibe, pariles legalium sectionum lances præ oculis semper appende. Sed hic forte illud Salomonis objicies : « Noli esse nimium justus *(Eccle. vii).* » Et ego tibi econtra respondeo : Noli esse nimium pius. Sicut enim sub immoderata justitia pusillanimitas frangitur, ita sub pietate nimia male liber animus ad insolentiam procaciter effrenatur. Nunquid enim illic indiscreta pietas non prohibetur : « Percute filium tuum virga, et liberabis animam ejus a morte? » *(Prov. xxiii.)* Et iterum : « Qui parcit virgæ, odit filium suum *(Prov. xiii).* » Et alibi : « Qui diligit filium suum, assiduat illi flagella *(Eccli. xxxi).* » Et idem : « Equus indomitus evadit durus, et filius remissus evadet præceps. Lacta filium tuum, et paventem te faciet; lude cum eo, et contristabit te. Non corrideas illi, ne doleas, et in novissimo obstupescent dentes tui *(Ibid.).* » Si ergo pater disciplinam et flagellum debet unico filio, quanto magis princeps populo, ne tanta effrenatæ libertatis audacia pereat multitudo? Unde scriptum est : « Rex insipiens perdet populum suum, et civitates inhabitabuntur per sensum prudentum *(Eccli. x).* » Ut ergo populus, qui tibi subjectus est, ex justi regiminis observatione salvetur, necesse est ut ipse in tribunali examine constitutus, quæ sunt justa decernas; et eos insuper quos per provincias dirigis, ut legis edicta districte prosequantur, instituas. Unde vir sapiens cum præmisisset : « Judex sapiens judicabit populum suum, et principatus sensati stabilis erit; » protinus addidit : « Secundum judicem populi, sic et ministri ejus; et qualis est rector civitatis, tales et inhabitantes in ea *(Ibid.).* » Quid plane sanctius? Quid Deo charius? Quid certe in Christiana religione præstantius, quam judicare justitiam, et illicitis ausibus per legitimi rigoris occurrere disciplinam? In quo nimirum et nocentibus præstatur et patientibus. Illis scilicet, ut violentiæ piaculum non incurrant; istis autem, ut discrimen ingerendæ calamitatis evadant. Illis, ut contenti propriis, aliena non rapiant; istis, ut defensi puræ tuitionis umbraculo, propria non amitant. Illis, ne lædendo proximos, divini furoris in se gloriam provocent; istis, ut a nefandorum nequitia liberati, gratias semper agentes, in jubilo divinæ laudis exsultent. Quod utique suavius sacrificium Deo valet offerri, quam de violentorum manibus pupillos eripere, viduas defensare, oppressos erigere, spoliatos et abjectos in amissos proprii juris titulos reformare? Hinc enim scriptum est : « In judicando esto pupillis misericors, ut pater, et pro viro matri illorum; et eris tu velut filius Altissimi obediens, et miserebitur tui magis, quam mater *(Eccli. iv).* » Quid ergo majus? Quid in humanis operibus excellentius, quam id, pro quo mortalis homo et Dei filius fiat : et Deus **873** illi non paternæ, sed quod majus est, viscera maternæ pietatis impendat? Ut qui stans pro pupillis et viduis adversus impiorum nequitias dimicat, ipse tanquam lacteola soboles sub confoventibus se divinæ pietatis uberibus requiescat.

CAPUT II.
Sacræ Scripturæ, ac SS. Patrum de plectendis iniquis concors sententia.

In ulciscendis plane ac legali severitate plectendis excessibus iniquorum, omnes sibimet unanimiter concinunt, et in unius sententiæ decreta concurrunt, et Patres videlicet legis antiquæ, et sancti doctores Ecclesiæ. In lege namque scriptum est : « Maleficos ne patiaris vivere (*Exod.* XXII). » Et Apostolus inter multa : « Sive regi quasi præcellenti, sive ducibus tanquam ab eo missis ad vindictam malefactorum, laudem vero bonorum (*I Petr.* II). » Beatus Augustinus ait : « Quæ est vanitas uni parcere, et omnes in discrimen adducere? Polluuntur enim omnes, uno peccante. » Et Hieronymus : « Qui percutit malos, inquit, in eo quod mali sunt, et habet causam interfectionis, ut percutiat pessimos, minister Dei est. » Item alibi : « Homicidas et sacrilegos punire, non est effusio sanguinis. » Et beatus ait Ambrosius : « Hostem ferire victoria est, reum æquitas, innocentem homicidium. » Quod profecto sancti de inferenda impiis ultione non dicerent, nisi corporale supplicium etiam animabus eorum aliquatenus crederent profuturum. De quo nimirum, omissis interim aliis, quid Cyrillus Hierosolymitanus episcopus senserit, breviter inseramus : « Mors, inquit, quæ pœnæ causa infertur pro peccato, purgatio est peccati ipsius, pro quo jubetur inferri. » Absolvitur ergo peccatum per pœnam mortis; nec superest aliquid, quod pro hoc crimine judicii dies, et pœna æterni ignis inveniat. Ubi quis accipit peccatum, et habet illud secum, nec aliquo supplicio pœnaque diluitur, transit etiam cum eo post mortem, et quia temporalia hic non persolvit, expendet æterna supplicia. Vides ergo quanto gravius sit accipere peccatum, quam morte multari? Hic enim mors pro vindicta datur et apud justum judicem non judicatur bis in idipsum. Ubi autem non est solutum vindicta peccatum, manet æternis ignibus exstinguendum. Quibus utique sancti viri verbis indubitanter asseritur, quia per temporalem pœnam reus absolvitur et per immunitatem æterni supplicii cruciatibus reservatur.

CAPUT III.
Hugonis ducis Tusciæ prudentia in renuntiando ducatu.

Ut autem domesticum tibi, vel, ut ita loquar, vernaculum præbeamus exemplum, nemo melius occurrit, quam gloriosæ memoriæ Hugo dux et marchio, qui eum, quo tu nunc fungeris, obtinuit principatum. Obtinuit, inquam, utramque monarchiam [*f.* marchiam], et quam Tyrrhenum videlicet, et quam mare Adriaticum alluit. Sed cum perpenderet, quia propter improbitatem injuste viventium, strenue regere utramque non posset, ultroneæ renuntiationis arbitrio, cessit imperatori monarchiam Camerini cum Spoletano ducatu; juri vero proprio Tusciam reservavit. Hujus tempore Capuanus princeps, si rite rem teneo, dum manibus chirothecas vellet adducere, hi qui adversus eum conspiraverant, ei protinus quasi subservientes, occurrunt, manus ejus utrasque complodunt; et mox evaginatis gladiis, eum confodientes, interimunt. Quod mox, ut incomparabilium virtutum viro, Hugoni videlicet marchioni, qui dictus est, patenter innotuit, nil moratus Capuanam urbem numerosis exercituum legionibus circumfudit: eamque tandiu bellicis armatorum copiis expugnare non destitit, donec ex ea victoriam caperet et interfectores domini sui digno necis supplicio trucidaret. De quo nimirum et alia tot virtutum insignia referuntur, ut prolixitate temporum splendida nominis ejus fama aboleri nullatenus valeat; sed quasi virens semper ac florens, in ore hominum solemniter vivat. E quibus et nos scribere nonnulla possumus, quæ forent ædificationi procerum profutura; sed quia dum nobis dicerentur, singula gestorum verba notare negleximus, ne quod absit, aliquo fallamur in verbo, scribenda hæc aliis delegamus. Breve tamen, quod audivi de pueril ejus ætate, non taceo. Obertus [Ubertus, *et* Albertus *etiam*] marchio, pater ejus Hugonis regis naturalis filius exstitit; qui nimirum Guillam [Willam] majoris Bonifacii marchionis filiam, conjugali sibi fœdere copulavit. Hic non multo post indignationem primi Ottonis imperatoris incurrit, ac subinde relicta conjuge, Pannoniam profugus exsulavit. Qui cum longo post tempore resumptus, in gratiam rediit, matrem cum grandiuscula jam prole reperiens, admiratus expavit. Negat homo se genuisse, quem conspicit, et zelotypiæ permotus invidia, fetæ mulieri obscenum crimen intendit; nequaquam se tam insperatæ rei perhibet conscium; diffitetur se conceptionis hujus nosse mysterium, nec posse fieri ut se asserat patrem qui prægnantem non reliquit uxorem.

CAPUT IV.
Guillæ matris Hugonis innocentia jucundo miraculo declaratur.

Ad hoc tandem res diutius ventilata protrahitur, ut non aliter, quam per actæ purificationis indicium tam gravis objectio sopiatur. Hoc igitur ex utraque parte convenit, ut in vasta quadam amplissimæ domus area conventus religiosarum fieret personarum. Quibus nimirum in subselliis suis undique considentibus, puer solus in medio poneretur; et si patrem, quem nunquam antea viderat, adiens peteret, ab omni procul dubio matrem suspicione purgaret. Quid plura? Conveniunt pontifices, adsunt cum monachis et abbatibus inferioris etiam ordinis sacerdotes; fletur, gemitur, suspiratur, ad cœlum oculos erigunt, pugnis pectora mœsta contundunt, profluentibus lacrymis tristia ora perfundunt. Dimissus itaque puer in medio sine papate, vel gerula, cœpit ire; et cum pater sederet inter vulgus, nec ab aliis videretur ulla subsellii varietate distinctus; contemptis omnibus, puer ad eum signanter accessit eique tanquam notissima familiaritate blanditus adhæsit. Sic itaque liberavit matrem, dum divino provocatus instinctu, petiit genitorem. Hoc igitur modo matri confusio tollitur, patri filius redditur, et utriusque parentis affectus erga se invicem in communi sobole reformatur. Omnes ergo qui aderant, tanto stupefacti miraculo, votiva mentis conjubilatione et dignas auctori Deo gratias referentes, exsultant.

Hic præterea sæpe dum equitaret, comitum cuneos post se dimittere consueverat, et vel solus, vel uno contentus assecla, longius præcedebat; et tunc agricolas, vel opiliones his compellabat affatibus. Quid vobis, inquit, videtur de marchione isto, quem dicunt? Nunquid non crudelis et impius, pauperes opprimit, terram dissipat et cuncta ditionis suæ bona profligat? Ad quod illi : Absit, aiunt, absit; falsum est penitus, o homo, quod loqueris. Non est enim potestas talis super terram, quæ sic violentiis et rapinis abstineat, quæ in tanta pace et securitate subjectum sibi populum regat. Vivat optamus, vivat illa potestas ad refugium pauperum, prospere floreat ad omnium custodiam subjectorum. Quod ille audiens, exsultabat in Domino. Unde sæpe dicebat : In tanta volo semper erga subjectos, et præcipue rusticos, mansuetudine vivere, ut annona, quæ caballi mei rodentis ore delabitur, a rusticorum porcellis e vestigio colligatur. Porro autem cum de se quid diceretur inquireret, quid aliud, quam nostri Redemptoris imitabatur exemplum? qui nimirum cum omnia procul dubio nosset, a discipulis tamen, veluti nescius, inquirebat : « Quem dicunt homines esse Filium hominis? » (*Matth.* xvi.) Cui cum illi diversas hominum opiniones exprimerent, addidit : « Vos autem quem me esse dicitis? » Scilicet ut rex angelorum formam daret rectoribus hominum, quatenus non quid in os eorum assentatorie dicatur attendant; sed quod eorum testimonium apud absentes habeatur inquirant. Sicque quod in se reprehensibile ex eorum fama deprehenderint corrigant : ad exsequenda vero bona, quæ de se dicere cognoverint, avidius invalescant.

CAPUT V.

Hugonis ducis mors.

Ut autem præfati marchionis etiam finem breviter perstringamus; cum in extremæ valetudinis languore decumberet, et totius regni lumen exstingui, non parva diversorum ordinum multitudo defleret; venerabilis quidam 876 episcopus, cujus me ad præsens vocabulum fugit, hoc in ligno, quod in igne tunc ardebat, expressum per quædam litterarum vestigia deprehendit. Hugo marchio quinquaginta annis vixit. Cumque hoc quasi faustum omen ii qui aderant crederent, signumque hoc esse recuperandæ salutis, erectis in spem cordibus, autumarent, paulo post ipse defunctus est.

Hic præterea sex [septem] monasteria in sui juris possessione construxit, quæ non modo prædiis ac mancipiis, sed et aureis, et argenteis vasis, diversis etiam ecclesiasticis ornamentis, copiosa liberalitate ditavit. In quorum uno, venerabili videlicet ac religioso, quod ad honorem Dei genitricis est in Florentina urbe constructum, jacet cadaver ejus humatum. Cujus obitum cum Augustus, qui tunc habenas Romani regebat imperii, Otto videlicet tertius agnovisset, quia quondam adversus eum stimulo mordebatur invidiæ, protinus in hanc vocem congratulabundus erupit : « Laqueus contritus est, et nos liberati sumus (*Psal.* cxxiii). » Sed paulo post, eodem scilicet anno et ipse defunctus est. Sic itaque suam improvidus pertulit, qui de morte alterius nequiter exsultavit, non attendens id quod vir sapiens ait : « Noli de mortuo inimico gaudere, sciens quod omnes morimur (*Eccli.* viii). »

Sed et aliud adnectere non otiosum credimus, quod inter sanctos ejusdem cœnobii monachos celebri redolere memoria frequenter audivimus. Aiunt enim, quia præfatus marchio Marino abbati, qui monasterium id tunc regebat, per speciem nocturnæ visionis apparuit; atque, ut corpus suum in supinum juxta consuetudinem volveret, quod in os reclinatum jacebat, admonuit. Quibus profecto visionibus abbas fidem præbens, probare rem voluit, et honesti viri corpus pronum, et in faciem jacens, sicut sibi revelatum erat, inveniens, reverenter, ut decebat, in latus alterum supinavit. Nec mirum plane, si vir iste sepulturæ consuetudinem petiit, quam et ipse circa se caput electorum omnium voluit exhiberi. Dicit enim evangelista Joannes : Quia, « Joseph et Nicodemus acceperunt corpus Jesu, et ligaverunt illud linteis cum aromatibus, sicut mos Judæis est sepelire (*Joan.* xix). » Hunc tibi prædecessorem tuum, vir eminentissime, quasi speculum statue, aliorumque tibi qui pravitates hominum per rigorem justitiæ represserunt, exempla propone. Eripe de violentorum manibus innocentes ; superborum, et contra statuta viventium, erectas frange cervices. Experiantur te reprobi principem, non irrideant sacerdotem. Nocentium fruticum radices evelle, ut fructuosa plantaria possint comas erigere. Sic igitur in agro Domini, qui tibi ad excolendum commissus est, sarculum legitimi vigoris exerce, ut et supernis horreis proventum centesimi fructus inferre, et dignæ remunerationis nummum ab eo qui te conduxit merearis accipere.

Sit nomen Domini benedictum.

OPUSCULUM QUINQUAGESIMUM OCTAVUM.
DE VERA FELICITATE AC SAPIENTIA

ARGUMENTUM. — Quam longissime inter se distent vera et fucata felicitas ostendit : itemque quantum humanarum scientiarum vanitates abhorreant ii qui divinæ Sapientiæ dulcedine capiuntur. Proinde hortatur illum ad quem scribit, ut si omnino profanis litteris divitiisque et cæteris, quæ falso a mortalibus bona appellantur, nuntium remittere non potest ; saltem illis, tanquam ancillis et pedissequis, utatur ad veram sapientiam felicitatemque assequendam.

Prudentissimo viro BONIFACIO, PETRUS peccator monachus indissolubile circulum charitatis.

Non ignoro, frater, quia cum mea epistola sæcularium manibus traditur, mox eloquentiæ nitor curiose perquiritur ; quam consequens sit dispositionis ordo, tractatur : utrum rhetoricæ facultatis color eluceat, an sententias argumenta dialecticæ subtilitatis involvant ; quæritur etiam utrum cathegorici, an potius hypothetici, quæ proposita sunt, per allegationes inevitabiles astruant syllogismi.

CAPUT PRIMUM.
Humana eloquentia quam parvi fit a viris sanctis.

Sed hæc et hujusmodi phalerata ludibria ii qui spiritu Dei vivunt, ut revera frivola et vana contemnunt ; et, sicut Apostolus ait, arbitrantur ut stercora (*Philip.* III). Qui etiam locutum se esse discipulis perhibet, non humanæ sapientiæ verbis, ut non evacuetur crux Christi (*I Cor.* I), Et quam pulchra, quam utilis, quam honesta locutio, quæ dum auctorem suum vento vanæ gloriæ per arrogantiam inflat, crucem Christi, quæ est mundi salus, evacuat. Tu itaque, dilectissime, in nostris litteris noli prurientem mordacis eloquii sperare salsuginem, noli accuratæ urbanitatis quærere venustatem ; ovina tibi simplicitas placeat, quæ ad Deum provocat ; non serpentina calliditas, quæ lethales virus instillat. « Erat, inquit, Scriptura, serpens callidior cunctis animantibus terræ (*Gen.* III). » Nam et Dominus, qui inter semen mulieris atque serpentis, infœderabiles inimicitias posuit, non serpentium, sed pastorem se esse ovium nominavit, et non ait : Serpentes mei ; sed « oves, inquit, meæ vocem meam audiunt ; et ego agnosco eas, et vitam æternam do eis (*Joan.* XVI). » Porro sapientes sæculi despicabilem indicant simplicitatem servorum Dei. Hinc est, quod Moyses dicit : « Illicitum est Ægyptiis comedere cum Hebræis, et profanum putant hujusmodi convivium (*Gen.* XLI). » Cur autem hoc ? Declarat alibi, cum ait : « Detestantur, inquit, Ægyptii omnes pastores ovium (*Gen.* XLVI). » Sicut enim Veritas dicit : « Filii hujus sæculi prudentiores filiis lucis in generatione sua sunt (*Luc.* XVI). » Et ideo serpentina illis calliditas placet, puritatem vero ovinæ simplicitatis abhorrent. Sed ait Dominus Petro : « Si diligis me, pasce oves meas, pasce agnos meos (*Joan.* XXI). » Nunquid dicit : Pasce vulpeculas meas, pasce dracones meos ? Hoc autem idcirco dixerim, dilectissime, ut et tu caveas horridam serpentis astutiam, et sancta prudentia tua inter fatuitatem et calliditatem sit medie temperata. Unde et Jacobus cum serpentinam excluderet sapientiam, dicens : « Non est ista sapientia desursum descendens, sed terrena, animalis, diabolica (*Jac.* III) ; » paulo post quam sapientiam habere debeamus, subjungit : « Quæ autem, inquit, desursum est sapientia, primum quidem pudica est, deinde pacifica, modesta, suadibilis, bonis consentiens, plena misericordia et fructibus bonis, judicans sine simulatione (*Ibid.*). » Hinc et Paulus ait : « Non plus sapere, quam oportet sapere, sed sapere ad sobrietatem (*Rom.* XVIII). » De immoderata quippe sapientia per Isaiam dicitur : « Peribit sapientia a sapientibus ejus, et intellectus prudentium ejus abscondetur. Væ qui profundi estis corde, ut a Domino abscondatis consilium, quorum sunt in tenebris opera, et dicunt : Quis videt nos ? et quis novit nos ? » (*Isa.* XXIX.) Per eumdem quoque prophetam talis sapientia deridetur : « Ubi est, inquit, litteratus ? ubi legis verba ponderans ? Ubi doctor parvulorum ? populum imprudentem non videbis, populum alti sermonis ; ita ut non possis intelligere disertitudinem linguæ ejus, in quo nulla est sapientia (*Isa.* XXXIII). »

CAPUT II.
Discrimen inter sapientiam spiritualem et terrenam.

Quid autem distet inter spiritualem sapientiam terrenamque prudentiam, alibi discernit cum dicit : « Quia non cognovit mundus per sapientiam Deum, placuit Deo per stultitiam prædicationis salvos facere credentes (*I Cor.* I) ; et iterum : « Prudentia hujus mundi inimica est Deo : legi enim Dei non subjicitur ; nec enim potest (*Rom.* VIII). » Hinc est quod, sicut in libro Genesis dicitur, quinque reges, qui subesse noluerunt Chodorlahomor, a quatuor regibus superati sunt (*Gen.* XIV). Et ubi ? in valle Silvestri, quæ nunc est mare Salis. Qui sunt enim quatuor reges, nisi quatuor virtutes quas Scriptura sacra nominat principales ? Quid vero per quinque reges, nisi totidem sensus corporis, ac per eos exterior scientia designatur ? Sicut autem illæ quatuor virtutes velut ex originali matris suæ, rationis scilicet fonte, procedunt ; sic isti in terrenæ sapientiæ vanitate, velut in convalle salsuginis, immorantur, ibique a suis hostibus sunt prostrati; quia dignum est, ut in anima omnis spiritualis sapientia vincat, et carnalis prudentiæ calliditas pereat. Hinc et de David legitur : Quia « fecit sibi nomen cum reverteretur capta Syria, in valle salinarum, cæsis duodecim millibus (*II Reg.* VIII). » Verus enim David Christus, fortis scilicet viribus et pulcher aspectu, in valle salinarum duodecim millia hominum stravit, quia per apostolos suos de salsa, imo falsa hujus mundi sapientia triumphavit. Qui enim duodecim spiritualis prælii bellatores habuit, quasi totidem per eos hominum millia trucidavit, dum stulte sapientes a frivolæ sapientiæ vanitate conversit. Quorum videlicet bellatorum unus ad Corinthios dicit : « In carne enim ambulantes, non secundum carnem militamus : nam arma militiæ nostræ non carnalia sunt, sed potentia Deo, ad destructionem munitionum, consilia corporis destruentes, et omnem altitudinem extollentem se adversus scientiam Dei, et in captivitatem redigentes omnem intellectum in obsequium Christi (*II Cor.* X). »

CAPUT III.
Sapientiæ cœlestis, et terrenæ prudentiæ effectus.

Porro autem sicut cœlestis sapientia cœlestes facit et legitimos Ecclesiæ filios; ita terrena prudentia terrenos reddit et spurios. De quibus per Baruch dicitur : « Filii quoque Agar, qui exquisierunt prudentiam quæ de terra est, negotiatores terræ, et Theman, et fabulatores, et exquisitores prudentiæ, viam sapientiæ nescierunt, neque meminerunt semitarum ejus (*Baruch.* III). » Sæcularem ergo prudentiam assequi cupientes et spiritualem sapientiam contemnentes, filii sunt Agar, non Saræ; et manzeres 880 facti Ismaelitæ jure censendi sunt non Israelitæ. Et quoniam Agar, advena interpretatur, ii non sunt sapientiæ filii, sed advenæ, et peregrini. Nec ex illis sunt, quibus aiebat Apostolus : « Jam non estis hospites et advenæ, sed estis cives sanctorum, et domestici Dei (*Ephes.* II). » Tu autem, dilectissime, ut ejusdem te prophetæ sermonibus alloquar, disce ubi sit prudentia. Hæc enim in Deo sunt essentialiter constituta, atque ab eo sunt procul dubio requirenda. Sed, quia tu in sæculo non imum obtines locum, nec potes prorsus effugere, ut aut sæcularis eloquii cum colloquentibus verba non conferas, aut aliquando de litteratoriæ disciplinæ studiis aliquid non attingas, hac tibi discretione utendum est; ut in sæcularibus quidem te velut hebetem reddas, in spiritualibus vero studiis omnes tuæ mentis nervos exerceas : in illis te præbeas negligentem, in his autem omnino vivacem. Quia ergo a temetipso hoc obtinere non potes, ut in mundalis exsecutione negotii omnino careas serpentis astutia; vel hoc satage, ut terrenam prudentiam tuam sapientia spiritualis absorbeat, eamque velut in sui corporis arcana convertat. Sicut de maleficis Pharaonis Scriptura proloquitur : « Projecerunt, inquit, singuli virgas suas, quæ versæ sunt in dracones,

sed devoravit virga Aaron virgas eorum (*Exod.* VII). » Virga quippe Aaron maleficorum virgas absorbuit; quia sapientia Christi, quam illa signabat, omnes hujus mundi sapientias annullavit, mundique sapientes sui corporis, quod est Ecclesia, visceribus counivit. Absurdum præterea est et satis inhonestum, ut eadem prudentia eademque subtilitas rebus adhibeatur humanis quæ spiritualibus impenditur et divinis. Hinc est, quod Moysi Dominus ait : « Sume tibi aromata, stacten et onycha, galbanum boni odoris, et thus lucidissimum, faciesque thymiama compositum opere unguentarii, mistum diligenter et purum (*Exod.* XXX). » Thymiama quippe ex aromatibus compositum facimus, cum in altari boni operis virtutum multiplicitate redolemus. Quod mistum et purum fit; quia quanto virtus virtuti jungitur, tanto incensum boni operis sincerius exhibetur. Ubi et bene subjungitur : « Cumque in tenuissimum pulverem universa contuderis, pones ex eo coram testimonio tabernaculi (*Ibid.*). » In tenuissimum pulverem aromata universa conterimus; cum bona nostra quasi in pila cordis occulta discussione tundimus, et si veraciter bona sint, subtiliter retractamus. Aromata ergo in pulverem redigere, est virtutes recogitando terere, et usque ad subtilitatem occulti examinis revocare.

CAPUT IV.
Nostra studia sint ut soli Deo placeamus.

Et notandum quod de eodem pulvere dicitur : « Pones ex eo coram testimonio tabernaculi : » quia tunc nimirum bona nostra veraciter in conspectu superni judicis placent, cum hæc mens subtilius recogitando, conterit, et quasi de aromatibus pulverem reddit. Nec grossum durumque sit bonum, quod agitur, ne si hoc arcta retractationis manus non comminuat 881 odorem de se subtilius non aspergat. Hoc plane studium, tantaque subtilitatis instantia non rebus est adhibenda terrenis, sed ad hoc tantum habenda est, ut placere valeamus obtutibus Creatoris : nec ut in sæculo videamur insignes, sed ut coram Deo in nostra simus examinatione prudentes. Unde illic additur : « Talem compositionem non facietis in usus vestros, quia sanctum est Domino; » moxque subjungitur : « Homo quicunque fecerit simile, ut odore illius perfruatur, peribit de populis suis (*Exod.* III). » Quisquis ergo, sive litterarum sæcularium disciplinis, sive rebus quibusque terrenis hoc studium exhibet, quod ad placendum Deo examinationi duntaxat intimæ principaliter debetur, merito perit, quia thymiama, quod soli Deo debuit, rebus temporalibus et caducis impendit. Enimvero quod de scientia loquimur, hoc ipsum ex delectatione hujus vitæ necesse est fateamur. Dignum quippe fuerat, ut terrena prudentia in nobis prorsus aresceret, et spiritualis solummodo sapientia in nobis refloreret, sicut Apostolus admonet, dicens : « Si consurrexistis cum Christo, quæ sursum sunt quærite, ubi Christus est in dextera Dei sedens; quæ sursum sunt sapite, non quæ super terram (*Coloss.* III). » Dignum nihilominus fuerat ut hæc vita in nostro corde non viveret, sed nobis prorsus emortua nequaquam mortuos delectaret, sicut idem dicit Apostolus : « Consepulti enim sumus cum illo per baptismum in morte, ut quomodo surrexit Christus per gloriam Patris, ita et nos in novitate vitæ ambulemus (*Rom.* vi). » Sed quia hæc nonnullis præsertim sæcularibus impossibilia sunt, et perfectionis utriusque fastigium assequi plene non possunt, admonendi sunt, ut quæ non possunt exacte contemnere, secundo saltem loco ea conentur habere.

CAPUT V.
Sæculares viri quomodo se habere debent in amore rerum terrenarum et spiritualium.

Et quoniam hæc vita plerosque sæculares tanquam uxor substracta delectat, elaborandum est, ut licet eam nequeant præ infirmitate mentis, ut dignum est, odire; nequaquam tamen aggrediantur illam immoderate diligere, ut si necdum prævalent ei repudii dare libellum, pudeat tamen ad comparationem æternæ vitæ amoris illi præbere primatum. Unde et in lege præcipitur : « Si habuerit, inquit, homo uxores duas, unam dilectam et alteram odiosam, genueritque ex eis liberos, et fuerit filius odiosæ primogenitus, voluerique substantiam inter filios dividere, non poterit filium dilectæ facere primogenitum, et præferre filio odiosæ, sed filium odiosæ agnoscet primogenitum, dabitque ei de his quæ habuerit cuncta duplicia: iste enim principium liberorum ejus, et huic debentur primogenita (*Deut.* xxi). » Duæ scilicet hominis uxores, virtus sunt et voluptas; livoris et odii inter se invicem velut quadam zelotypia dissidentes. Et voluptas quidem ad hanc vitam, virtus ad æternam pertinet gloriam. Illa plane dilecta est, quia virum suum, **882** hoc est fragilem cujusque spiritum, malesuada jucunditate demulcet : ista vero dicitur odiosa, quia per arctam et angustam viam homines ire constituit, et aspera semper ac dura proponit. Sed filius odiosæ nobis primogenitus est; quia virtutem conditor noster nobis originaliter indidit, voluptas autem, et quælibet carnalis illecebra ex vitio nostræ pravitatis emersit. Sed quia non est istius temporis per singula verba hujus præcepti figuram enucleanter exponere, sufficiat hoc ad compendium dicere ut si non possumus dilectam uxorem, quæ nobis procul dubio noxia est, a thalami nostri societate repellere, studeamus saltem odiosam, quæ sobria est, et honesta, in primogeniti dignitate præferre: quatenus si nobis difficile est quantulamcunque saltem hujus vitæ dulcedinem non sentire, prærogetur tamen dominii palma virtuti, relinquatur servitus voluptati. Illius filius in primogeniti dignitate præcellat; istius autem filius in subsequela ordinis, et sub disciplinæ semper refrenatione supersistat.

Vis fortassis addiscere qui uxoris dilectæ sunt filii? Paulus inquiratur apostolus : « Manifesta sunt, inquit, opera carnis, quæ sunt fornicatio, immunditia, luxuria, idolorum servitus, veneficia, inimicitiæ, contentiones, æmulationes, iræ, rixæ, dissensiones, sectæ, invidiæ, homicidia, ebrietates, comessationes, et his similia, quæ prædico vobis, sicut prædixi, quoniam qui talia agunt, regnum Dei non consequentur (*Galat.* v). » Vis enim consequenter audire, quæ sit soboles odiosæ? Ausculta quod subdidit: « Fructus autem spiritus est charitas, gaudium, pax, patientia, benignitas, longanimitas, mansuetudo, fides, modestia, continentia, castitas (*Ibid.*). » Hic ergo filius tanquam primogenitus duplicia debet habere substantiæ, videlicet, ut fructus spiritus corpus, simul et animam regat : atque utriusque substantiæ, interioris scilicet et exterioris hominis jura possideat.

CAPUT VI.
Quod virtutis amor principatum tenere debet in corde.

Si ergo tibi difficile est ut una sis uxore contentus, nec prævales dilectæ, quæ odio habenda est, repudii præbere libellum; fac saltem ut odiosa, quæ totis viribus amplectenda est, in domo cordis tui dignitatis obtineat principatum. Illa vero, quæ nunc male diligitur, tandiu novissimum teneat locum, donec fœditatis suæ merito sensim veniat in fastidium, de fastidio funditus vertatur in odium. Filius odiosæ tibi sit primogenitus, eique deferatur obsequium a cæterorum multitudine liberorum. Hinc est quod Josue subversa Jericho imprecatus est, dicens : « Maledictus vir coram Domino, qui suscitaverit, et ædificaverit civitatem Jericho, in primogenito suo fundamenta illius jaceat, et novissimo liberorum ponat portas ejus (*Jos.* vi). » Nam quia per Jericho, quæ in *lunam* vertitur, hæc vita signatur, ille civitatem Jericho in primogenito suo suscitat, qui bona præsentis vitæ principaliter amat. Et quia Veritas in Evangelio præcipit : « Primum quærite regnum Dei, et **883** hæc omnia adjicientur vobis (*Matth.* vi); » merito maledictione damnatur quisquis ab hoc præcepto declinare convincitur, propheta attestante, qui ait : « Maledicti qui declinant a mandatis tuis (*Psal.* cxviii). » At contra, ille portas Jericho ponit in novissimo liberorum, qui sic utitur temporalibus bonis, ut hæc non cum amore possideat, sed ad cœlestis gloriæ præmium medullitus inardescat. Qui cœlestibus in amore suo terrena supponit, transitoria flocci pendit. Hoc itaque faciens, et odiosæ uxoris filium, juxta mandata legis, efficit primogenitum, et secundum Josue sententiam, portas Jericho in novissimo suscitat liberorum. Quo contra, Cain in primogenito suo Henoch condidit civitatem (*Gen.* iv), quia futuram non sperabat hæreditatem ; et quia se quasi in Jericho hujus sæculi præpropere dedicavit, elogium perpetuæ maledictionis incurrit. Unde scriptum est : « Hæreditas, ad quam festinatur in principio, in novissimo benedictione carebit (*Prov.* x). »

Tu itaque, dilectissime, si necdum solius spiritualis vitæ, velut unius uxoris thalami, vales esse contentus, sed adhuc male blandientis terrenæ conversationis illecebra teneris astrictus, in domo cordis tui, tanquam primogenitus, amor æternæ vitæ præcellat : et tanquam suppar atque repressa temporalium rerum cura subserviat. Sicut in Canticis legitur: « Læva ejus sub capite meo, et dextera illius amplexabitur me (*Cant.* II). » Læva quippe subesse capiti dicitur, cum præsens vita, quæ cogitationum caput est, despecta calcatur. Dexteræ vero amplexibus stringitur, qui solius æternæ vitæ desideriis undique delectatur. Plane quia et Salomon ait: « Da partem septem, necnon et octo (*Eccle.* XI) »; sic præsentem vitam, quæ per septenarium numerum designatur, excurre, ut jam in amore futuræ, quæ per octonarium resurrectionis exprimit gloriam, totis studeas visceribus habitare. Illi perfunctoriam atque volaticam exhibe curam; in hac perseverantem atque perpetuam, sicut æterna est, indeficuæ dilectionis fige sententiam. Porro quod de transitoria vita dicimus, hoc et de exteriori prudentia consequenter admonemus : nimirum ut in animo tuo et temporalis vita, et scientia sæcularis, tanquam mentis calce depressa, subsidat. Amor autem æternæ vitæ, et spiritualis studium sapientiæ, velut in summa cordis tui constitutus arce præcellat; quatenus dum fragilem hanc vitam cum sua sapientia despicis, repleri divino Spiritu, qui ad æternam te provocet gloriam, felici vicissitudine merearis.

Sit nomen Domini benedictum.

OPUSCULUM QUINQUAGESIMUM NONUM.

DE NOVISSIMIS ET ANTICHRISTO.

ARGUMENTUM. — Ostendit primo difficile esse loqui de rebus novissimis; deinde utilem esse earum meditationem ad res humanas despiciendas; tertio disputat de Antichristi regno et morte; denique de quindecim signis, quæ ex sancto Hieronymo diem judicii præcedent.

Dilecto fratri ADÆ PETRUS peccator monachus humilis in Domino salutem.

CAPUT PRIMUM.
De rebus novissimis loqui difficile est.

Quod me, frater charissime, quid ante mundi creationem fuerit, quid post judicium de mundo futurum sit, discutis, de ipso quoque judicio solerter inquiris, tu quidem religiose, et prudenter agis; verum me ad incognita pertrahis et quæ necdum didici, docere compellis. Quæris plane quod nescio; exigis quod ignoro. Nam et Isaias ait : Priora annuntiate mihi, et novissima quæ futura sunt, et dicam quia dii estis (*Isa.* LXI); aperte volens exprimere neminem posse quid ante mundum fuerit, vel post eum futurum sit, enarrare. Fructuosum est tamen inquiri, licet res absolute nequeat explicari. Humana quippe mens hujusmodi naturæ est, ut cogitationibus vacare non possit; aut enim se exercet in seriis, aut delectatur in vanis; et donec utilia meditatur, ab ingruentium meditationum irruptione defenditur. Nec pravitas habet susurrandi locum, ubi mens utilibus rebus intenta strictum tenet cum sobria cogitatione consilium. Igitur operæ pretium est et satis utile cogitare quam breve sit spatium transitorii temporis ad comparationem ejus jugiter permanentis. Nam si conferre illud volumus immensæ magnitudinis spatium quo Deus exstitit ante mundi hujus originem, illud quoque, quod post ejusdem mundi permansurum est finem, cum hoc tantillo tempore, quod est ab initio mundi usque ad finem mundi, minor est hæc comparatio, quam si pugillum aquæ in mare projicias, vel si mensuram cubiti cum toto terrarum spatio conferre contendas. Nam et immensitas maris, et spatium terræ finita sunt, sicut et pugillus aquæ, et mensura cubiti; quamvis illa majora, ista sint incomparabiliter minima. Ideoque facilius comparari possunt finita finitis, quam ea quæ finem habent iis quæ nullo possunt fine concludi. Nam quia Deus est alpha et omega, principium et finis (*Apoc.* XXII), sicut sine initio semper exstitit, ita finem habere non poterit. Mundus autem iste ab ipso suæ creationis exordio, nec dum septem millia annorum implesse cognoscitur. Et quis sciat quam breve futurum sit temporis spatium, usque quo Deus judicaturus est mundum? Quomodo ergo comparari possunt septem millia, vel etiam decem millia annorum interminabili divinitatis essentiæ, quæ nec originem potuit habere, nec finem?

CAPUT II.
Novissima meditari quam utile sit.

Cum hæc igitur et hujusmodi pervigili meditatione discutimus, dum hæc suppliciter in cogitatione versamus, non parvus nostræ mentis profectus acquiritur; quia dum meditatur æterna, liquido conspicit quam despicienda sint temporalia. Dum igitur mens rationalis hæc cogitat, additur etiam ut semetipsam non cum tempore transituram, sed sine fine victuram esse perpendat. Considerat itaque se hujusmodi esse naturæ, ut necessario aut perpetuis potiatur præmiis, aut suppliciis crucietur æternis. Hæc itaque sedula meditatione discutere, sed et diem judicii sollicite præcavere, non parvus est fructus : in quo videlicet die cui semel bene successerit, ultra non corruet; et cui se res in sinistram verterit, de cætero non consurget. Quod itaque de die judicii quæris et Antichristo, lege librum beati Augustini De civitate Dei, et Expositionem sancti Hieronymi in Danielem prophetam, Apocalypsim quoque cum commentariis suis : in quibus utiqu sufficientem tibi notitiam hujus materiæ poteris in venire. Sicut enim et authentica prius Scriptura designat, et postmodum superveniens expositorum stylus elucidat, tribus annis et semis Antichristus regnabit; et interfectis ab eo Enoch et Elia, ipsum Antichristum, et maximam membrorum ejus partem Michael archangelus interficiet. Cui non est contrarium quod per Apostolum dicitur: « Quia Dominus Jesus Christus interficiet illum spiritu oris sui, et destruet illustratione adventus sui (*II Thess.* II). » Nam sive per se, sive per angelicum Christus eum perimat ministerium, ab eo potissimum pestis iniqua destruitur, cujus virtute ac potentia superatur. Enimvero, sicut a doctoribus traditur, in monte Oliveti, in papilione ac solio suo eum Dominus perimet; in illo videlicet loco contra quem, videntibus apostolis, in cœlum victor ascendit. Unde Isaias ait : « Præcipitavit Dominus in sancto monte faciem dominatoris tenebrarum, et eum qui dominatur cunctis populis (*Isa.* xv). » De quo per Danielem dicitur : « Sermonem contra Excelsum loquetur, et sanctos Altissimi conteret; et putabit quod possit mutare tempora et leges; et tradentur in manu ejus usque ad tempus, et tempora, et dimidium temporis (*Dan.* vii). » Unde colligitur Antichristum tribus annis et dimidio regnaturum. Tempus enim annus est, tempora duo anni sunt. Tribus igitur annis et dimidio regnaturus, deinde divini furoris gladio est perimendus; ut et tyrannus omnino dispereat, et vero regi creatura se universa prosternat. Unde et idem Daniel : « Judicium quippe sedebit, ut auferatur potentia, et conteratur, et dispereat usque in finem. Regnum autem, et potestas, et magnitudo regni, quæ est subter omne cœlum, detur populo sanctorum Altissimi, cujus est regnum sempiternum; et omnes gentes servient ei, atque obedient. »

CAPUT III.
A morte Antichristi, ad Christi Domini adventum, quot dies intererunt.

Porro post mortem Antichristi quadraginta quinque dies erunt residui usque ad adventum Christi, in quibus et persecutio cessabit, et magna pax, ac tranquillitas erit, ut intra hujus temporis spatium et justi quique, si quid persecutionis articulo titubaverant, pœnitentiam agant, et ministri diaboli in torporis atque desidiæ securitate dissolvantur: sicut in diebus Noe plantabunt, et ædificabunt; celebrabunt convivia, et contrahent matrimonia; eisque studio frivolæ vanitatis intentis subito perveniet interitus (*Matth.* xxiv; *Luc.* xvii). Quod autem quæris, utrum prius hic mundus ardeat, et post judicium fiat, evidenti majorum sententia definitum est, judicium præcedere, et sic mundi conflagrationem subsequi. Peracto quippe judicio, repente ignis erumpens tantum aeris spatium occupabit, quantum aqua dum cataclysmus invaderet ascendit. Qui videlicet ignis ardebit terram, et crassitudinem aeris, et sic purgabit electos. Sed quæ de die judicii in epistola quam ad Blancam scripsimus comitissam (29) testimonia Scripturarum nonnulla congessimus; tanta quoque ejusdem thematis apud expositores sacri eloquii sunt, ut infra epistolare compendium nequeat coarctari, ad eorum te exuberantia fluenta dirigimus, et omissis arentibus rivulis, de fontibus Israelitæ bibere suademus.

CAPUT IV.
Signa præcedentia judicii diem ex S. Hieronymi sententia.

Illud tamen quod de quindecim signis totidem dierum diem judicii præcedentium beatum Hieronymum referre didicimus, hic eisdem verbis inserere non superfluum judicamus. Quibus profecto verbis sicut nec auctoritatis robur adscribimus, ita nec fidem penitus denegamus. Res ergo sicut ad nos pervenit, hujus stylo se simpliciter inserat, ut antiquis etiam Hebræorum populis, qui divini judicii terror increverit, ex eorum paginis innotescat. Signum, inquit, primi diei : Maria omnia in altitudinem exaltabuntur quindecim cubitorum supra montes excelsos orbis terræ, non affluentia, sed sicut muri æquora stabunt. Signum secundi diei : Omnia æquora prosternentur in imum profundi, ita ut vix queant ab humanis obtutibus conspici. Signum tertii diei : Maria omnia redigentur in pristinum statum, qualiter ab exordio creata fuerant. Signum quarti diei : Belluæ omnes, et omnia quæ moventur in aquis marinis, congregabuntur super pelagus, more contentionis, invicem mugientes et rugientes; nescientque homines quid cantent, vel quid cogitent, sed tantum scit Deus, cui omnia vivunt, officio gerendi. Hæc quatuor signa pelagi sunt, et tria sequentia signa aeris, et ætheris sunt. Signum quinti diei : Omnia volatilia cœli concionabuntur in campis, unumquodque genus in ordine suo; eædem volucres invicem colloquentes et plorantes erunt, non gustantes, neque bibentes, adventum judicis timentes. Signum sexti diei : Flumina ignea ab occasu solis surgent, contra faciem firmamenti, usque ad ortum currentia. Signum septimi diei : Errantia sidera, et stationaria spargent ex se igneas comas, qualiter in cometis apparet, orbi, et ejus habitatoribus. Signum octavi diei : Terræmotus erit magnus, ita ut nullus homo stare possit, aut nullum animal, sed solo sternentur omnia. Signum noni diei : Omnes lapides tam parvi quam magni scindentur in quatuor partes, et unaquæque pars collidet alteram partem, nescietque ullus homo sonum illum, nisi solus Deus. Signum decimi diei : Omnia ligna silvarum, et olera herbarum sanguineum fluent rorem. Signum undecimi diei : Omnes montes, et colles, et omnia ædificia humana arte constructa, in pulverem redigentur. Signum duodecimi diei : Omnia animalia terræ de silvis et montibus venient ad campos rugientia et mugientia non gustantia et non bibentia. Signum decimi tertii diei : Omnia ab ortu solis sepulcra usque

---

(29) Epistola ultima libri VII.

ad occasum patebunt, cadaveribus surgentibus, usque ad horam judicii. Signum decimiquarti diei : Omne humanum genus, quod inventum fuerit, de habitaculis et de locis in quibus erunt velociter abscedent, non intelligentes neque loquentes; sed discurrent ut amentes. Signum decimi quinti diei : Vivi homines morientur, ut resurgant cum mortuis longe ante defunctis (50).

Sit nomen Domini Benedictum.

(50) Opusc. hujus finis videtur imperfectus.

OPUSCULUM SEXAGESIMUM.
EXPOSITIO MYSTICA HISTORIARUM LIBRI GENESEOS.

CAPUT PRIMUM.
Dixit Deus : Fiat lux, *prima die.*

Qualiter valeat homo consummari et quomodo debeat perfici, liber hic succincte perstringit, prout ex mundi creationis ordine reperiri datur. Quia enim homo microcosmus, hoc est minor mundus esse dicitur, necesse est ut ad suæ plenitudinis incrementa contendens ipsam mundanæ conditionis speciem imitetur, et, sicut visibilis atque corporeus hic mundus per suarum partium molem et magnitudinem consummatus est, sic et homo noster interius ad sui plenitudinem paulatim perveniat per augmenta virtutum. De qua spirituali plenitudine dicit Apostolus : « Donec occurramus omnes in virum perfectum, in mensuram ætatis plenitudinis Christi. » Tunc autem in homine dicitur ut *fiat lux*, cum datur ei ut illuminatio sibi credulitatis infulgeat; prima quippe mentis lux fides est. Unde jam fidelibus Ephesiis bene dicit Apostolus : « Fuistis aliquando tenebræ, nunc autem lux in Domino; » et hoc est primum in lege præceptum : « Audi, Israel : Dominus Deus tuus unus est. » Tunc autem in homine primus dies fit, cum novus ad fidem venit.

CAPUT II.
De firmamento et divisione aquarum.

Secunda die fecit Deus firmamentum, et divisiones aquarum, quarum aliæ ad inferiora defluerent, aliæ in superioribus remanerent. Quid autem firmamentum nisi robur est Scripturarum? Unde legitur quod cœlum in die judicii plicabitur sicut liber. Quid autem sunt aquæ inferiores, nisi hominum multitudines, juxta illud Apocalypsis : « Aquæ multæ, populi multi? » Quid vero superiores, nisi chori sunt angelorum? de quibus in psalmo dicitur : « Et aquæ omnes, quæ super cœlos sunt, laudent nomen Domini. » Angeli enim Scripturarum cœlum super se non habent, sed sub se, quia non egent ut verbum Dei legentes audiant, qui ipsum Deum præsentem clare conspiciunt et in ejus semper amore flammescunt. Cum igitur homo per firmamentum, hoc est, per cœlestis eloquii documentum, jam incipit dividere inferiores aquas a superioribus, id est, carnalia a spiritualibus, terrena a cœlestibus separare; tunc in eo secundus fit dies, quia non modo fidei lumen, sed etiam rerum incipit habere discretionem.

PATROL. CXLV.

CAPUT III.
De aquarum congregatione in locum unum sub cœlo.

Facta igitur divisione aquarum, hoc est, inter terrena et cœlestia, necesse est ut humana mens hæc eadem terrena minutius dividat, et sic reprobos homines, hujus terrenæ sapientiæ salsugine prurientes, a justis, fontem fidei sitientibus, tanquam ab arida mare, discernat. Infideles enim sive carnales quilibet a maris tentationum fluctibus quatiuntur, et tanquam procellarum cupiditatum et arrogantiæ tempestatibus intumescunt; sancti vero quique ac justi velut arida Deum sitiunt, et tanquam ferax terra virentes bonorum operum fructus germinare contendunt. Ideoque cum dixisset Deus : « Et appareat arida, » eodem die itidem præcipit : « Germinet terra herbam virentem facientem semen, et lignum pomiferum faciens fructum. » Quisquis ergo hoc solerter exsequitur, quisquis hoc subtiliter meditatur, huic procul dubio tertius jam dies exoritur. Unusquisque ergo se ab amara carnalior sapientium salsugine dividat, fontem vitæ Dominum, factus arida, divinæ gratiæ fontem medullitus sitiat, bonorum fructuum germina proferat, ut sibi dies tertius illucescat.

CAPUT IV.
De luminaribus quarta die factis in firmamento cœli.

His ita positis et salubriter ordinatis, anima hominis, quasi dimotis vitiorum tenebris, radiare incipit nitore virtutum. Quid vero est quod prius germinat terra et protinus creantur luminaria, nisi quia, prodeunte boni operis germine, lux in anima copiosior 891 oritur, ut imitari valeat sui vestigia Redemptoris? Acceleret ergo mens humana spiritualis segetem germinare proventum, ut rutilantibus divinæ lucis radiis illustretur, quatenus, dum quarti diei luce perfruitur, etiam ad contemplanda cœlestia, more spiritualium volucrum, rapiatur.

CAPUT V.
Quod quinta die pisces et aves creati sunt.

Quinta die creati sunt pisces, per quos designantur, qui baptismatis sacramentum percipiunt, sicut, per volucres, illi qui virtutum pennis ad cœlestia se contemplanda suspendunt. Quintum ergo diem cum volucribus habet quisquis mundi amore contempto quasi dedignatur cœnum calcare terrenum, ac per contemplationis gratiam ad cœlestis gloriæ

27

se provehit appetitum. Hic igitur non jam in terra graditur, sed per aerem volat, quia terrena quæque despiciens ad cœlestia sitibundus anhelat, juxta illud psalmi : « Sitivit anima mea ad Deum, fontem vivum. » Hic ergo quasi perfectus vir ad sui Conditoris merito formatur imaginem, qui tantam nimirum charismatum spiritualium possidet dignitatem, ut non jam solum quorumlibet normam præcipiatur tenere sanctorum, sed et ipsum Dei, in quantum fas est, imitari conetur exemplum, sicut dicit Apostolus : « Estote imitatores mei sicut filii charissimi, et ambulate in dilectione, sicut Christus dilexit vos. » Differentia quippe magna erat inter Paulum, qui Christum imitabatur, et eos quos provocabat ad imitandum seipsum, dicens : « Imitatores mei estote, sicut et ego Christi. »

CAPUT VI.
De sexto die.

Sexto die creatus est homo ad sui imaginem et similitudinem Creatoris. Quod utique sicut tunc factum est per humanæ conditionis exordium, ita nunc agitur per instaurationis intimæ sacramentum. Hic præterea inter omnia, scilicet aquæ simul et terræ animantia, quasi monarchiam accipit, et quemdam sublimioris excellentiæ primatum, quia vir quisque perfectus ac virtutibus consummatus novit de singulis rectum proferre judicium, sicut ait Apostolus : « Spiritualis homo judicat omnia; ipse autem a nemine judicatur. » Hunc itaque Deus omnipotens perfectum virum, mundo scilicet mortuum sibique viventem, suum constituit thronum ac per eum sæpe justitiæ suæ promulgat edictum. Illinc est etiam quod ordo ille angelicus, per quem frequentius judicia sua decernit omnipotens Deus, thronus vocatur, quia in eis summus sedet arbiter, cum judicia per eos æquitatis exercet. Perfectum itaque virum Deus suum constituit solium, ut in eo suaviter requiescat. Unde et per Prophetam : « Super quem, inquit, requiescet spiritus meus, nisi super humilem et mansuetum, et trementem sermones meos? » Et notandum quod per unumquemque diem dicitur : « Factum est vespere et mane, dies » talis. Vespere scilicet ipsa boni operis perfectio est; mane vero lux mentis. Nam cum opus bonum ad perfectionem pervenit, tunc in operantis mente lux gratiæ spiritualis exoritur, ut dum lucidum opus foris exsequitur, intrinsecus ipsa gratia spiritus illustretur.

CAPUT VII.
Quod Sabbato, consummatis omnibus, requievit Deus.

Sic itaque pervenitur ad Sabbatum, in quo Deus et ipse consummatis omnibus requiescit, et hominem requiescere præcipit : Hoc itaque modo et homo fit Dei Sabbatum, et Deus Sabbatum hominis fit, quia ipse homo in Deo requiescit, et Deus in eo. « Manete in me, et ego in vobis, dicit Dominus; » ipse quippe nobis intemporale tempus et illocalis est locus. Illocalis scilicet, quia loco non circumscribitur; intemporalis vero, quia nunquam finitur.

Tempus itaque nobis est Deus, dum dicit in Evangelio Joannis : « Nonne duodecim sunt horæ diei? » Se scilicet diem, duodecim autem horas totidem dicit apostolos. Locus vero illic indubitanter exprimitur ubi propheta David, cum præmisisset : « Tu autem idem ipse es, et anni tui non deficient, » protinus addidit : « Filii servorum tuorum habitabunt ibi, » haud dubium quin in te. Fecit itaque Deus cœlum et terram; tamen requievisse non dicitur. Fecit germinantia terræ et luminaria cœli; et requievisse non dicitur. Fecit omnia quæ pascuntur in terris et quæ moventur in aquis; et in omnibus nunquam legitur requievisse. Sed plasmato ad imaginem suam homine, Sabbatum protinus quietis illuxit, et sic humanitatis Conditor requievit. Et cum ipse per prophetam Isaiam dicat : « Cœlum mihi sedes est, terra autem scabellum pedum meorum, » quod in illorum creatione non dicitur, in sola hominis conditione quievisse perhibetur. Et ut magis magisque præclaram hujus diei septimi stupeas dignitatem, dicit Scriptura quod benedixit Deus diei septimo et sanctificavit illum, quia in ipso cessavit ab universo opere suo; quod in cæteris diebus fecisse nullo modo reperitur. Quid enim est Deo Sabbatum sanctificare, nisi templum sibimet in sancti atque perfecti viri mente struere? Sicut ait Apostolus ad Corinthios : « Templum Dei sanctum est, quod estis vos, et Spiritus sanctus habitat in vobis. » Porro autem, sicut de Sabbato diximus, ita quoque ratio exigit ut de templo dicamus quia et Deus templum hominis, et homo est templum Dei, sicut in Apocalypsi Joannes ait : « Templum non vidi in ea, Dominus enim Deus omnipotens templum illius est, et Agnus. » Templum itaque hominis Deus, templum Dei dicitur homo; hoc hominis templum spirituale est paradisus, mens scilicet sancta, mens perfecta, mens munda, atque ad sui Conditoris imaginem signanter expressa. Hæc, inquam, mens, sive rationalis anima jure dicitur paradisus, quæ et cœlestium charismatum est fluentis irrigua et tanquam fertilium arborum vel herbarum sic virentibus sanctarum virtutum vernat germinibus adornata; fons enim ille sive fluvius qui illic dicitur egredi de loco voluptatis ad irrigandum paradisum, quique dividitur in quatuor capita, ratio mentis est, ex qua velut originali fonte quatuor virtutes, justitia videlicet, fortitudo, prudentia simul ac temperantia, quasi totidem salutiferi gurgites, profluunt, qui terram nostri cordis fertilem reddunt. Lignum vero vitæ ipsa bonorum omnium mater est sapientia, de qua et Salomon ait : « Lignum vitæ est his qui apprehendent eam; et qui tenuerit eam, beatus. » Lignum vero scientiæ boni et mali transgressio est legis indictæ experimentumque miseriæ, sed quia nobis propositum non est exponere cuncta per ordinem, sufficiant hæc succincte, quæ huic negotio competunt, prælibasse.

CAPUT VIII.
Immisit Dominus soporem in Adam.

Ad hoc Dei virtus exinanita est ut infirma nostra firmaret; ad hoc Dei sublimitas inclinata est ut dejectos erigeret; ad hoc vita mori dignata est ut mortis imperium destruens ad vitam mortuos revocaret: quod nimirum et in ipso generis humani declaratur exordio. Scriptum est enim : « Quia immisit Dominus soporem in Adam, cumque obdormisset, tulit unam de costis ejus, et replevit carnem pro ea, et ædificavit Dominus Deus costam, quam tulerat de Adam, in mulierem. » Super quo cum loqueretur Apostolus, dicens : « Relinquet homo patrem et matrem suam, et adhærebit uxori suæ, et erunt duo in carne una, » præsto subjunxit : « Sacramentum hoc magnum est; ego autem dico in Christo et in Ecclesia. » Et vere magnæ virtutis indicium mirandæ profunditatis est sacramentum. Per Adam siquidem Christus, per Evam designatur Ecclesia. Quid est autem quod prius Adam Deus soporavit, deinde costam ex ejus latere, unde mulier formaretur, eduxit, nisi quia prius Redemptor in morte dormivit, sicque de latere ejus in Ecclesiæ sacramentum sanguis et aqua profluxit? Translata est Eva de viri latere dormientis, exivit et Ecclesia de latere Christi in cruce pendentis. Sed quid est quod omnipotens Conditor, cum mulierem de viro, id est, fragilem sexum de fortiori propagare disponeret, non viri carnem, sed os potius ad faciendam feminam sibi voluit materiam exhibere? Potuit enim Deus homini carnem subtrahere, unde femina formaretur, et hoc certe congruentius videretur; flebat enim sexus debilior, qui nimirum consequentius de carnis infirmitate quam ex ossis procederet fortitudine. Et, ut magis stupeas divini operis sacramentum, non pro osse os reddidit; sed carne potius, quod in viri corpore vacabat, implevit. Unde Scriptura cum dicit : « Tulit unam de costis ejus, » mox addit : «. Et replevit carnem pro ea : » poterat nempe ad mulierem plasmandam carnem viro detrahere ; poterat os et ossis dispendium immutilato corpore restaurare, sed os tulit, et carnem reddidit. Sic fragilem de virtute formavit; debilis itaque factus homo Adam, ut fortis fieret Eva. Infirmatus est Christus, ut roboraretur Ecclesia; illius enim infirmitas, nostra est fortitudo, et ad hoc ille nostram pertulit infirmitatem, ut ad suam nos statueret fortitudinem, « Quod infirmum Dei, » ut ait Apostolus, « fortius est hominibus, » et alibi : « Nam si crucifixus est Christus ex infirmitate, sed vivit ex virtute Dei. » Nam etsi nos infirmi sumus in illo, sed vivimus cum eo ex virtute Dei. Enimvero sæculi hujus homines, qui bellorum ambiunt virtute clarescere, qui per hora vulgi suas optant victorias celebrare, cum ingressuri sunt prælium, in corpore suo quod infirmum est et molle subjiciunt, quod durum est atque ad penetrandum difficile superponunt; loricis quippe ferreis induuntur, et carnem, quæ facile cedit ictui, custodire contendunt, ut illud durum ac forte, quod foris est, defendat molle quod intus est. Redemptor noster, cum mundi hujus et impium pugnaturus ingreditur, ad debellandas hujus aeris nequitias fortis præliator armatur; quia novum debebat instruere prælium, novum induit genus armorum; videlicet ut quod infirmum est superponeret, et quod robustum est occultaret; loricam siquidem imbecillem carnis induit, et insuperabilem divinitatis fortitudinem occultavit. Sic per carnem diabolus a secundo homine perdidit, qui per carnem dudum primum hominem superavit eidemque nunc ruinæ facta est causa, quæ victoriæ fuerat de primo parente materia.

CAPUT IX.
Quod, deambulante Domino in paradiso, Adam, quia nudus esset, se abscondit.

Frigus concretum pectori vocem interrumpere consuevit, hoc denique frigus jam tunc ille conceperat, qui, deambulante Domino ad auram paradisi post meridiem, raucis quodammodo vocibus respondebat : « Audivi vocem tuam, et timui, eo quod nudus essem; et abscondi me. » Porro quia meridianus ab illo jam fervor abierat, aura, quæ frigoris est alumna, huc accedebat, quia et illum jam innocentia sublata nudaverat. Hæc omnia quid aliud innuunt, quam quia illius viscera exstincti amoris algor obstrinxerat, atque idcirco vox illius in auribus Domini raucum sonabat? Ab hoc plane frigore Abraham alienus exstiterat, de quo Scriptura pronuntiat : « Quoniam apparuit ei Dominus in ipso fervore diei, » et Sponsus ille cœlestis, sicut in Canticis legitur : « Pascit et cubat in meridie. »

CAPUT X.
De Cain septuplum ultio dabitur, de Lamech septuagies septies.

Ut beatus Lucas expiari nos a nostris sceleribus per adventum nostri Salvatoris ostendat, non ab evangelicæ narrationis exordio, sed a baptismo duntaxat et Christi cognatione ordinem ejus inchoat, quem per septuaginta septem cognationis gradus ascendendo describit, quod et in libro Geneseos evidenter ostenditur, ubi Lamech uxoribus suis dixisse narratur : « Septuplum ultio dabitur de Cain, de Lamech vero septuagies septies. » Ultio quippe de Lamech septuagies septies danda dicitur, quia septuaginta septem homines de femoribus ejus perhibentur egressi ac postmodum diluvio vorante referuntur absorpti. Sed qua Lamech *percutiens* sive *percussus* exprimitur, quid per hunc nisi primus parens humani generis figuratur? Qui nimirum et peccati telum, quo primus ipse percussus interiit, universæ quoque successuræ posteritati vulnus inflixit. De hoc ergo Lamech septuagies septies ultio data est, quia peccatum, quod primus homo contraxit, per septuaginta septem generationes in humano genere viguit usque ad Christum; peccatum siquidem originale permansit, quod ipse per baptismi sacramento delevit, ubi videlicet de illo dicitur : « Ecce Agnus Dei, ecce qui tollit peccata mundi. »

CAPUT XI.

Fac tibi arcam de lignis lævigatis, et bitumine linies intrinsecus et extrinsecus.

Arcam, quæ octo animas inter cataclysmi fluenta continuit, intrinsecus et extrinsecus liniri bitumine vox divina præcepit; sancta scilicet Ecclesia, quæ ad resurrectionis gloriam tendit, sic intus et extra bitumine linitur, ut et foris blandiatur in fraterna dilectione, et intus cohæreat in dulcedinis mutuæ veritate. Quisquis enim intus amat, sed foris fratribus morum inconsona asperitate discordat, intrinsecus quidem bitumen habet, sed extrinsecus non habet; quisquis vero se specie tenus affabilem præbens amicitiam simulat, sed in cordis occulto veritatem amicitiæ non servat, damnabiliter intus hiat, cum forinsecus superducti bituminis simulatione cohæreat. Quorum videlicet a diluviali naufragio neuter eripitur, quia duplici charitatis bitumine, ut divinitus præceptum est, minime munitur; qui autem se et foris præbet amabilem, et intus conservat amantem, foris cum ramis verbi fructus exhibet beneficii, intus altam radicem figit, quia medullitus diligit. Hic profecto et intus et extra bitumine linitur, quia duplici charitatis glutino cum proximis fœderatur. Porro autem quia de lignis lævigatis prius arca fieri præcipitur et sic deinceps ut bitumine liniatur, per hoc aperte nobis innuitur ut ligna nostra, duri videlicet inculti et asperi mores, prius expoliri debeant per spiritualis exercitii disciplinam, ut compactæ dehinc fabricæ bitumen accedat; quandiu enim hominum mores asperi sunt et inculti, inaniter eis charitatis gluten apponitur, quia ab invicem cito dissiliunt, dum in eis politæ moralitatis æquata confœderatio non tenetur.

CAPUT XII.
De mensura arcæ diluvii.

Crucis mysterium arca illa continuit, cujus longitudinem trecentorum fuisse cubitorum Scriptura definit. Qui videlicet numerus in *thau* littera, quæ crucis exprimit speciem, continetur. Porro sicut Noe cum suis per aquam lignumque salvatur, sic et Christi familia aqua salvatur et ligno, dum et baptismo salutis abluitur, et vivificæ crucis impressione signatur.

Quæ videlicet arca, ut in sacramento Christi humani corporis videatur æquiparare mensuram, trecentos habuisse cubitos in longitudine, triginta vero in altitudine perhibetur. Trecenti namque quinquagenarium numerum sexies, et tricenarium in se decies includunt; et humani corporis longitudo a capitis vertice usque ad pedes sexies tantum habet, quantum latitudo, quæ est a dextera usque ad sinistram; et decies tantum quantum altitudo, quæ est ante et retro. Sic nimirum arca in trecentenario longitudinis suæ numero speciem crucis, et in totius suæ dimensionis altitudine figuram tenet Dominici corporis. Et sicut animæ septem donantur Noe, ut per lignum salventur in aquis diluvii, sic septem Ecclesiæ septiformi Spiritu repletæ salvantur in Christo per lignum crucis et aquam baptismatis.

Per lignum nempe nos servituti suæ princeps superbiæ subdidit, et per lignum nos humilitatis auctor Christus Dominus in libertatis titulum revocavit.

CAPUT XIII.
Quod cubitis quindecim altior fuit aqua diluvii super omnes montes.

Quindenarius numerus, quia ex septem et octo constat, mysterium in se continet beatæ quietis et futuræ resurrectionis; Deus enim, initio mundi conditi, septimo die requievit, et octavo die, cum mundum redimeret, resurrexit. Utriusque numeri hujus sacramentum continetur specialiter in baptismo, ubi scilicet novi de vetustate resurgimus, et deinceps quiescere a mundani strepitus perturbatione jubemur. Hoc denique septimæ quietis et octavæ resurrectionis mysterium non intelligunt qui vel gloriæ mundanæ jactantia, vel terrenæ sapientiæ vanitatibus intumescunt. Unde apte hic dicitur quia « quindecim cubitis altior fuit aqua super omnes montes quos operuerat. » Montes scilicet, superbos significant et elatos. Altum ergo atque profundum resurrectionis et quietis intimæ sacramentum omnem transcendit intellectum alta sapientium superborum.

CAPUT XIV.
Quod diluvium cœpit minui post centum et quinquaginta dies.

« Reversæ sunt aquæ de terra euntes et redeuntes, et cœperunt minui post centum et quinquaginta dies. » Quoniam in regenerationis nostræ mysterio septima requies cum octava resurrectione conjungitur, bene in Genesis libro dicitur : « Quia reversæ sunt aquæ de terra; et cœperunt minui post centum et quinquaginta dies; » septuaginta namque, qui a septem, et octoginta qui ab octo dinumerantur, simul juncti centum quinquaginta fiunt.

CAPUT XV.
Quod arca requievit mense septimo.

Requievit arca mense septimo, vigesimo septimo die mensis super montes Armeniæ. Quæ nimirum septuagenarii requies bene in baptismo commendatur, quod videlicet per diluvium illud figuratum esse dignoscitur; in quo novi de Adam vetustate resurgentes deinceps quiescere a mundani strepitus perturbatione jubemur.

CAPUT XVI.
De corvo et columba ex arca dimissis.

In hujus quippe mundi salo justi laborant, ubi suam reprobi possident requiem. Quam diversitatem bene corvus et columba ex arca dimissi significant; corvus enim, cadaveribus insidens, ad arcæ claustra non rediit; columba vero reversa est, quia ubi pes ejus requisceret non invenit. Hic enim, ubi pravi quique carnalibus se voluptatibus satiant, sancti viri reperire nequeunt ubi ad quiescendum desiderii sui pedem ponant.

CAPUT XVII.
Quod dimisit iterum Noe columbam ex arca.

Cum mundi crimina diluvio quodam expiarentur effuso, futuri muneris columba similitudinem protulit, cum per olivæ ramum pacem terris redditam nuntiavit. Ait enim Scriptura : « Exspectatis autem septem diebus aliis, rursum dimisit Noe columbam ex arca ; at illa venit ad eum portans ramum olivæ virentibus foliis in ore suo. » In emissione ac reversione columbæ septenarius numerus ponitur, quia Spiritus sanctus, qui in mundi principio ferebatur super aquas, jam vesperascente sæculo sanctam replevit Ecclesiam.

CAPUT XVIII.
Venite, faciamus civitatem.

« Cum proficiscerentur de oriente in occidentem, invenerunt campum in terra Sennaar et habitaverunt ibi in eo. » Cum Christus vero sit Oriens, propheta testante Zacharia, qui ait : « Ecce vir, Oriens nomen ejus; » de oriente veniunt, qui a Christi consortio, male vivendo, vel proximos lacerando recedunt. Sennaar autem interpretatur *excussio dentium*, sive *fetor eorum.* In campo ergo Sennaar habitant, qui non constituti in arca virtutum, sed potius in valle vitiorum, dentes excutiunt, ut proximos suos detractionibus mordeant et quasi rodant, et fetores emittunt, dum in cœnosæ conversationis squaloribus computrescunt. Sed eorum dentes Deus excutit, dum perversorum quorumlibet facta simul et verba confundit : unde et illic dicitur : « Idcirco vocatum est nomen ejus Babel, quia ibi confusum est labium universæ terræ, et dispersit eos Dominus super faciem cunctarum regionum. » Recte ergo dicitur, quia illi homines et vanæ gloriæ captatores, nimirum dicentes ad alterutrum : « Venite, faciamus nobis civitatem et turrim, » etc., habitaverunt in campo Sennaar, quod apud nos, sicut dictum est, sonat *excussio dentium*, vel *fetor eorum*; quoniam perversi quique, dum contra divinæ legis mandata superbiunt, dum adversus Deum cervicem cordis arroganter erigunt, et proximis damnabiliter detrahunt, ipsi proclivius in obcenæ vitæ sterquilinio volutantur. Et de excussione quidem dentium in psalmo dicitur : « Dentes peccatorum contrivisti. » Item : « Deus conteret dentes eorum in ore ipsorum, molas leonum confriget Dominus. » De fetore quoque eorum legitur : « Computruerunt jumenta in stercore suo. » Item in Threnis : « Qui nutriebantur in croceis, amplexati sunt stercora. » Item Isaiæ III : « Erit pro suavi odore fetor. » Quisquis enim vult ædificium fundare quod facile ruinæ non sit obnoxium, necesse est eum non lateres et bitumen habere, quæ repente dissiliant, sed lapides potius et saxa, quæ parietes conjungant, et calcis ac sabuli cœmentum, quod ipsos parietes inviolata lapidum compago fortiter firmiterque constringat. Quod ergo jam dicti Babylonii lateres pro saxis et bitumen pro cœmento habebant, carnalis vitæ significatur ædificium, ad vim ventorum vel impetum fluminum quantocius obruendum.

CAPUT XIX.
De quinque regibus Sodomæ et Gomorrhæ, qui a quatuor regibus interfecti sunt.

Prudentia hujus mundi inimica est Deo ; legi enim Dei non subjicitur, nec enim potest. Hinc est quod sicut in libro Genesis quinque reges, qui subesse noluerunt Chodorlahomor, a quatuor regibus superati sunt. Et ubi? In valle silvestri, quæ nunc dicitur mare Salis. Qui sunt enim quatuor reges, nisi quatuor virtutes quas Scriptura sacra nominat principales? Quid vero per quinque reges, nisi totidem sensus corporis, ac per eos exterior scientia designatur? Sicut autem illæ quatuor virtutes velut ex originali matris suæ, rationis scilicet, fonte procedunt, sic, isti in terrenæ sapientiæ vanitate velut in convalle salsuginis immorantur, ibique a suis hostibus sunt prostati, quia dignum est ut in anima hominis spiritualis sapientia vincat, et carnalis prudentiæ calliditas pereat. Hinc et de David legitur : « Quia fecit sibi nomen, cum reverteretur capta Syria in valle Salinarum, cæsis duodecim millibus. »

CAPUT XX.
Quod Abraham cum Deo sacrificavit, pecora divisit, aves non.

« Qui tollens, inquit Scriptura, universa hæc, divisit ea per medium, et utrasque partes circa se altrinsecus posuit, aves autem non divisit. » Terrena quidem animalia contra se et altrinsecus opponuntur, quia terreni quique contra proximos jurgiis et contentionibus sæviunt, vel certe occultis adversus eos odiorum fomitibus inardescunt. At contra, qui sese in altum desiderii cœlestis pluma sustollunt, dum sacrificium Deo semetipsos offerunt, a mutuæ dilectionis glutino non recedunt.

CAPUT XXI.
Abraham volucres descendentes super sacrificia abigebat.

Maligni spiritus vel orationes nostras pravis cogitationibus, vel opera bona peccati cujuslibet contaminatione corrumpere nituntur. Unde scriptum est quia, cum Abraham Deo sacrificium de pecoribus ac volucribus devotus offerret, descenderunt volucres super cadavera, et abigebat eas Abraham. Quid enim exprimunt volucres, nisi reprobos spiritus per aera volitantes? Volucres ergo a sacrificio nostro repellimus, cum orationum seu operum nostrorum victimas a malignis spiritibus eas fœdare tentantibus provide custodimus.

CAPUT XXII.
Cum sol occumberet, sopor irruit super Abraham, et horror magnus invasit eum.

Cum sol occumberet, sopor irruit super Abraham, et horror magnus et tenebrosus invasit eum. Solis occubitus mundi designat occasum ; horror vero magnus et tenebrosus vitiorum figurat criminumque caliginem, quæ quotidie pestilenter perhorrescunt per æstuantem reproborum hominum pravitatem. Unde et illic paulo post additur : « Cum ergo occubuisset sol, facta est caligo tenebrosa, et apparuit clibanus fumans. » Sicut enim fumus ex igne clibani vaporantis egreditur, ita vitiorum omnium flagitiorumque caligo de camino æstuantis avaritiæ generatur, sicut dicit Apostolus : « Quia radix omnium malorum avaritia est. » Et hoc circa finem diei, hoc est circa finem mundi. Fumans ergo clibanus tenebrosam caliginem generat, quia caminus avaritiæ, qui in pectoribus hominum pravorum æstuat, multis diversitatum tenebris mundum pestilenter obscurat. An non mentes infelicium cæcat, quæ scilicet et fidem tollit, et omnium virtutum in eorum cordibus lumen exstinguit? Unde cum illud præmisisset Apostolus, præsto subintulit: « Quam, videlicet avaritiam, quidam appetentes erraverunt a fide, et inseruerunt se doloribus multis; » multis quippe doloribus se inserunt, dum propter temporalia lucra infœderabili a se invicem simultate 900 dissiliunt, et plerumque, dum pro corporalibus in arma concurrunt, corporibus animas exuunt. Qui vero solis cœlestibus inardescunt, pro doloribus oblectationibus potiuntur, quia in fraternæ charitatis dulcedine unanimiter vivunt. Hinc est quod illo sacrificio vespertino, quod tunc Abraham obtulit, pecora quidem terrena ab invicem sequestrata composuit, sed volatilia non adjunxit. Unde Scriptura : « Qui tollens, inquit, universa hæc, divisit ea per medium, et utrasque partes altrinsecus contra se posuit, aves autem non divisit. »

CAPUT XXIII.

Descendam, et videbo an clamorem qui venit ad me opere complevei int.

Si Creatoris nostri facta vigilanter attendimus, ad credenda quælibet mala fidem adhibere facile non debemus ; ipse enim, cujus oculis nuda et aperta sunt omnia, non dedignatus est, cum loqueretur ad Abraham super Sodomorum clamore qui ad eum venerat, dicere: « Descendam, et videbo utrum clamorem qui venit ad me opere compleverint. An non est ita, ut sciam? » Quod profecto ad nil aliud dictum videtur, nisi ut humana doceatur ignorantia sine experimentis audita non credere, incognita non leviter judicare, nec ante sententiam promere quam rem dubiam testimoniis approbare.

CAPUT XXIV.

Quod Sodomitæ, dum conarentur ad angelos violenter irrumpere, cœcitate percussi sunt.

« Et ecce, inquit Scriptura, miserunt manum viri, et introduxerunt ad se Loth, clauseruntque ostium, et eos qui foris erant percusserunt cæcitate a minimo usque ad maximum, ita ut ostium invenire non possent. » Sodomitæ nempe violenter ad angelos conantur irrumpere, cum immundi homines ad Deum tentant per sacri ordinis officia propinquare. Sed ibi profecto cæcitate percutiuntur, quia justo Dei judicio in tenebras interiores cadunt; ita ut nec ostium invenire prævaleant, quia, a Deo divisi peccando, unde ad eum revertantur ignorant. Qui enim non per humilitatis iter, sed per arrogantiæ vel tumoris anfractus ad Deum accedere gestiunt, patet profecto quia unde ingressionis aditus pateat non agnoscunt. Sed quia ostium Christus est, sicut ipse dicit : « Ego sum ostium, » et qui Christum exigentibus peccatis amittunt, qua intrare cœlestium civium habitaculum possint, ostium non invenient. In reprobum autem sensum traditi sunt, quia, dum reatus sui pondus impropriæ mentis statera subtili consideratione non trutinant, gravissimam plumbi massam pennarum inanium levitatem putant. Quod ergo illic dicitur : « Percusserunt eos qui foris erant cæcitate, » hoc Apostolus manifeste declarat, cum dicit : « Tradidit eos Deus in reprobum sensum. » Et quod illic subjungitur : « Ut ostium invenire non possint, » hoc iste patenter exponit, cum ait : « Ut faciant 901 quæ non conveniunt, » ac si diceret, ut intrare tentent unde non debent.

CAPUT XXV

Quod Abraham unicum sibi filium sacrificandum Deo obtulit.

Abraham dum immolare Deo filium suum voluit, cuncta pene per ordinem passionis Christi sacramenta signavit. Sicut Abraham, qui *pater excelsus* dicitur, unicum et dilectum filium Deo offerre non dubitavit, ita et summus Pater unigenitum Filium pro nobis omnibus tradidit. Et sicut Isaac ipse sibi ligna portavit quibus erat imponendus, ita quoque Christus crucis suæ passionis gestavit in humeris lignum, in quo erat pro nostra salute passurus. Duo autem servi illi procul dimissi Judæos significant, qui, cum serviliter viverent et carnaliter saperent, non intellexerunt altissimam humilitatem Christi, atque ideo non ascenderunt in montem, locum videlicet sacrificii. Cur autem duo servi, nisi quia, peccante Salomone, ex una Israelitica plebe duo facti sunt populi? quibus utique sæpe per prophetam dicitur : « Adversatrix Israel, et prævaricatrix Juda. » Asinus autem ille quo utebatur Abraham tunc, insensata erat stultitia Judæorum. Illa plane bruta stultitia portabat omnia sacramenta; quæ tamen quid ferret, velut irrationale animal, ignorabat. Jam vero quid est quod dictum est eis : « Exspectate hic cum asino ; postquam autem adoraverimus, revertemur ad vos? » Audi Apostolum : « Cæcitas, inquit, ex parte in Israel facta est, ut plenitudo gentium intraret, et sic omnis Israel salvus fieret. » Quid est enim quod dicitur : « Cæcitas in Israel facta ex parte ? » Hoc est videlicet : « Exspectate hic cum asino, ut plenitudo gentium intraret, » hoc est, « postquam adoraverimus ; » ubi videlicet sacrificium Dominicæ passionis impletum per omnes gentes fuerit prædicatum. Quod autem sequitur : « Et sic omnis Israel salvus fieret, » hoc est, revertemur ad vos. Quid est autem quod aries inter vepres hærens cornibus invenitur, qui pro Isaac immolatus offertur? Crux nempe cornua habet ; duo siquidem ligna invicem compinguntur, et sic crucis speciem reddunt; hinc est enim quod de Christo scriptum est : « Cornua sunt in manibus ejus. »

Hærens ergo cornibus aries, Christus est crucifixus inter aculeatas et vulnificas Judæorum iniquitates. Sicut ipse per Jeremiam conqueritur, dicens : « Spinis peccatorum suorum circumdedit me populus hic. » Peracto sacrificio, dicitur Abrahæ : « In semine tuo benedicentur omnes gentes. » Et postquam Dominus dixit : « Foderunt manus meas et pedes meos, » paulo post in eodem psalmo subjecit : « Reminiscentur, et convertentur ad Dominum universi fines terræ, et adorabunt in conspectu ejus omnes patriæ gentium. Quoniam Domini est regnum, et ipse dominabitur gentium. » Oblato itaque Abraham filio, et pro ariete inmolato, appellavit nomen loci illius, « Dominus videt, » quia Dominus noster, postquam in ara crucis oblatus mortis nostræ debitum solvit, videndum se deinceps fidelium suorum obtutibus præbuit, **902** ut nimirum redempti omnes illum jam per fidem inveniant, qui eatenus fidei oculos non habebant.

CAPUT XXVI.
De Lia et Rachel uxoribus Jacob.

Porro non est obscurum quod Laban duas filias habuit, quarum juniorem Jacob in conjugium copulavit, ad cujus tamen amplexus pervenire non potuit, donec majorem ignarus atque ideo invitus accepit. Sed quia rem scientibus loquor, non mihi multis elaborandum est verbis. Laban quippe *dealbatio* interpretatur. Quis autem ad Deum convertitur, nisi ut, deposita peccatorum nigredine, per remissionis gratiam dealbetur? sicut ipse pollicetur, dicens : « Si fuerint peccata vestra ut coccinum, quasi nix dealbabuntur. » Quod felix ille peccator postulabat, cum diceret : « Mundabor, lavabis me, et super nivem dealbabor. » Lia interpretatur, *laborans*; Rachel, *verbum* sive *principium*. Sed, si Scripturam diligenter attendimus, nec uno quidem die servisse Jacob propter Liæ desiderium reperimus, sed per totas illas annorum hebdomadas pro sola Rachel servituti subjacuit. Insuper et ipsam Liam ad illius intuitum toleravit. Quis enim ad Deum idcirco convertitur, ut labores et ærumnas ac tentationum certamina patiatur? Omnis enim Deum quærentis intentio hoc sperat, ad hoc spectat, ut ad requiem quandoque perveniat, et in summæ contemplationis gaudio, velut in pulchræ Rachel amplexibus, requiescat, videlicet ut per verbum quod audit ascendat ad videndum principium quod quæsivit. Sed necesse est ut hunc diversorum certaminum labor exerceat antequam ad quietis intimæ suavitatem, quam concupiscit, attingat. Prius servitute deprimitur, ut jure postmodum ad perfectæ libertatis titulos provehatur. Septem vero annis sub dealbationis gratia servit, cum septem ea quæ ad proximi dilectionem pertinent Decalogi mandata custodit, videlicet ut primo timore constrictus atque ideo servitutis jugo depressus saltem a vetustæ legis incipiat institutis, ut nimirum parentes honoret, ut non mœchetur, non occidat, non furetur, non falsum testimonium proferat, non uxorem alterius, nec rem proximi concupiscat. Quibus rite servatis, non mox, ut sperabat, ad contemplationis oblectamenta perducitur, ut velut exspectatæ diu Rachel pulchritudine perfruatur, sed Lia sibi per noctem inopinato supponitur, quia inter humanæ hujus ignorantiæ tenebras tolerantia sibi laboris injungitur; ex qua tamen jam numerosam sobolem suscipit, quia uberes spiritualis lucri per hunc laborem fructus acquirit. Hanc itaque tolerat, ut ad illam quandoque perveniat quæ perseveranter amat. Suadetur ergo ut per alios septem annos servire desudet, quia profecto necesse est ut adhuc alia septem præcepta observet, sed jam aliquanto liberior, non legalia tanquam servus, sed evangelica sicut gener, videlicet ut sit pauper spiritu, sit mitis, lugeat, esuriat sitiatque justitiam, sit misericors, mundum cor habeat, sit postremo pacificus. **903** Enimvero vellet homo, si fieri posset, nullas laborum molestias agendo perferre, sed protinus in ipsius sui tirocinii rudimentis ad pulchræ contemplationis delicias pervenire; verumtamen hoc non in terra morientium fit, sed in terra viventium. Quod significare videtur illud quod ad Jacob dicitur : « Non est, inquit Laban, in loco nostro consuetudinis, ut minores ante tradamus ad nuptias. » Nec absurde major appellatur, quæ prior est tempore. Prius est enim in Domini eruditione labor boni operis quam requies contemplationis. Expletis itaque duabus, altera videlicet legis antiquæ, altera evangelicæ gratiæ, mox ad diu desideratæ Rachel pervenitur amplexus, quia quisquis pertingere ad divinæ contemplationis oblectamenta desiderat, prius necesse est ut utriusque Testamenti peragere mandata contendat.

CAPUT XXVII.
De Bala et Zelpha.

Sed quia electus quisque, perfectionis suæ limite non contentus, filios etiam Deo gignere speciali fecunditate desiderat, postquam conjugale fœdus Jacob cum duabus sororibus inivit, ad propagandum uberioris germen sobolis ancillas quoque ad generandi usum suscipere non refugit; atque, ut omnia spiritualibus intelligantur redundare mysteriis, ipsa quoque ancillarum nomina sub mysticis sunt prænuntiata figuris. Nam Bala interpretatur *inveterata*; sane quia intellectum spiritualis substantiæ nudis verbis humana lingua nequit exprimere, quandoque doctrina sapientiæ per quasdam corporeas similitudines audientem nititur informare. De veteri autem vita et carnalibus sensibus dedita corporeæ cogitantur imagines, quarum videlicet ad docendum usus assumitur, cum aliquid ex incomprehensibili et incommutabili essentia divinitatis auditur. Rachel itaque maluit utcunque filios ex ancilla suscipere quam omnino sterilis permanere, quia doctrina sapientiæ, sive gratia contemplationis, per exteriorem scientiam, vel visibilium rerum formas auditoribus intimat quidquid de visibilibus intra arcana occultat; et sic quodammodo per ancillam filios accipit, dum per eam, quæ sub se est, scientiam spirituales Deo filios parit. Zelpha vero interpretatur *os hians.* Hæc igitur ancilla illos figurat quorum, in prædicatione evangelicæ fidei, os quidem blat, sed cor non hiat. De quibus videlicet scriptum est : « Populus hic labiis me honorat, cor autem eorum longe est a me; » et de quibus Apostolus : « Qui prædicas, inquit, non furandum, furaris : » verumtamen ex hac ancilla cohæredes futuros alios Lia filios accepit, quia sæpe per tales prædicatores activa vita multos regni filios adoptavit. De quibus Veritas dicit : « Quæ dicunt, facite; quæ autem faciunt, facere nolite ; » et Apostolus : « Sive, inquit, ex occasione, sive ex veritate Christus annuntietur, et in hoc gaudeo, sed et gaudebo. » Hoc autem in his considerandum esse perpendimus, quia, sicut Jacob solius Rachelis intuitu omnes illas mulieres accepit ex quibus filios genuit, sic quisquis, sub dealbationis gratia constitutus, fructificare Deo spirituali fecunditate desiderat, necesse est ut per omne quod agit ad contemplationis gratiam semper tendat.

CAPUT XXVIII.
Quod Rachel nomen filii sui Benjamin vocavit.

Egrediente anima, Rachel præ dolore, et imminente jam morte, vocavit nomen filii sui Benoni, id est, *filius doloris mei;* pater vero appellavit eum Benjamin, id est *filius dexteræ.* Per Rachel enim Ecclesia non immerito designatur, quæ nimirum et ad instar ovis innocenter vivit, et per studium contemplationis ad videndam Redemptoris sui speciem medullitus inardescit, qui de se requirentibus Judæis ait : « Ego principium, qui et loquor vobis. » Per Benjamin vero, quo nascente mater emoritur Rachel, designatur Paulus, quem de hac stirpe exstitisse nemo est qui dubitet. Et Benjamin bene nascente, mater emori dicitur, quia, appropinquante ad lucem novæ regenerationis Saulo, persecutionibus Ecclesia per eum graviter impugnatur. Sicut Lucas in Actibus apostolorum : « Saulus, inquit, devastabat Ecclesiam, per domos intrans, et trahens viros ac mulieres, tradebat in custodiam. » Congrue itaque Rachel Benoni, id est, filium doloris nostri vocat, quem Jacob Benjamin, id est, filium dexteræ nuncupat, quia Paulus, qui matris Ecclesiæ dolor exstiterat, qui eam quodammodo, dum nasceretur, impugnando peremit, a Deo Patre filius dexteræ est appellatus, dum per eum divina potentia adversus gentes, quasi per fortem suam dexteram, dimicavit, verborum jacula valenter intorsit, salubres cordium plagas intulit, et per eum, devictis atque prostratis hostibus, cum gloria triumphavit. Hinc est quod idem Paulus ad Galatas ait : « Cum placuit autem ei qui me segregavit ex utero matris meæ et vocavit per gratiam suam, ut revelaret Filium suum in me, ut evangelizarem eum gentibus, continuo non acquievi carni et sanguini. » Non ergo immerito filius dexteræ Paulus vocatur, per quem omnis gentium multitudo, quæ ad dexteram Dei ponenda est, ad fidei sacramenta colligitur.

CAPUT XXIX.
Quod Onan invenit aquas calidas in solitudine, dum pasceret asinos patris sui.

Iste est Onan qui invenit aquas calidas in solitudine, dum pasceret asinos Sebeon pastris sui. Hoc plane quantum ad litteram videtur frivolum. Quid enim ad sacram Scripturam pertinet ut referat quia custos asinorum aquas reperit in deserto? Sed ubi in sacris litteris nulla videtur utilitas, ad spiritualem intelligentiam necesse est ut mens recurrat. Quid est enim per figuram, Onan in solitudine patris asinos pascere, nisi spiritualem quempiam virum, cui Deus Pater est, simplices fratres sub disciplinæ remotioris studio custodire? Et quid est aquas calidas invenire, nisi in compunctionis lacrymas, quæ de fervore sancti Spiritus eliciuntur, erumpere? Nam et ipsa interpretatio nominum hujus figuræ non refugit intellectum. Onan siquidem *dolor tristitiæ eorum,* sive *mussitatio* vel *murmuratio* interpretatur. Quisquis enim veræ compunctionis tristatur dolore, quasi sub quadam querula mussitatione adversum pravitatem vitæ suæ murmurare compellitur. Ipse quippe in æquitate principaliter stat, qui a justitiæ rectitudine nulla necessitate coactus exorbitat. Onan ergo dum patris sui Sebeon asinos pasceret, aquas calidas reperit, quia quisquis se per vitæ rectitudinem Deo filium exhibet, ac de peccatis suis medullitus dolet, dum se reddit in pervigili fratrum cura sollicitum, divino munere percipit gratiam lacrymarum. Nam et beata illa peccatrix prius pedes Domini unguento perunxit, postmodum alabastrum unguenti pretiosi super caput recumbentis effudit. Caput Christi Deus : pedes Christi servi Dei. Sicut enim illa, dum humanitati Christi dependit obsequium, ad divinitatis attingere meruit intellectum, sic doctor Ecclesiæ, dum membra custodit, contemplandæ divinitatis gratiam percipit.

CAPUT XXX.
Descendit Judas in Thamna ad tondendas oves.

Descendit Judas in Thamna ad tondendas oves cum Hira opilione gregis sui Odolamitæ. Thamnas autem *deficiens* interpretatur; per quam videlicet synagoga, in qua reges et prophetæ defecerant, simul et unctio, donec veniret cui repositum erat, ostenditur. Unde etiam per Prophetam dicitur : « Cum venerit sanctus sanctorum, cessabit unctio. » Quid itaque per Judam, qui ad tondendas oves in Thamna venit, nisi Redemptor noster intelligitur, qui ut oves, quæ perierant domus Israel, exoneraret peccatis, ad Synagogam venisse cognoscitur? Unde sponsus ad sponsam in Canticis : « Dentes tui sicut grex tonsarum, quæ ascenderunt de lavacro. » Venit itaque Judas ad tondendas oves, non quidem solus, sed cum pastore suo Odolamite, cui nomen erat Hiras. Quid per Odolamitem, nisi Joannem intelligimus? Interpretatur autem Odolamites *testimonium in aqua.* Cum hoc plane testimonio venit Dominus ad aquas baptismatis, habens quidem majus testimonium Joannis, sed, propter infirmas oves, hoc testimonio uti dignatus est in aqua. Unde cum videret eum ad Jordanis fluenta propinquantem, protinus exclamans ait : « Ecce Agnus Dei, ecce qui tollit peccata mundi. » Et Evangelista dicit : « Testimonium perhibuit Joannes, dicens : Quia vidi Spiritum descendentem tanquam columbam de cœlo et manentem super eum, et ego nesciebam eum, sed qui misit me baptizare in aqua, ille mihi dixit: Super quem videris Spiritum descendentem et manentem super eum, hic est qui baptizat in Spiritu sancto. » Cui sane visioni et nomen pastoris illius aptissime congruit. Interpretatur enim Hiras, *fratris mei visio*. Erat quippe Dominus frater Joannis, non modo secundum semen Abranæ, sed et juxta cognationem Mariæ et Elisabeth. Vidit itaque Joannes fratrem suum adhuc clausum in utero, vidit in baptismo, vidit oculo carnis hominem, vidit in spiritu majestatem. Unde utriusque hujus hominis interpretationem, Hiras videlicet, quod est *fratris mei viso*, et Odolamites, quod sonat *testimonium in aqua*, idem Joannes sub unius sententiæ versiculo comprehendit, dicens : « Ego vidi, et testimonium perhibui, quia hic est Filius Dei. » Veniente ergo Juda ad oves tondendas, Thamar mutat habitum, quia mutat spirituale vocabulum. Thamar quippe *commutans* interpretatur; nam de Synagoga fit Ecclesia.

Sit nomen Domini benedictum.

ALEXANDRI II
DIPLOMA
DE LEGATIONE S. PETRI DAMIANI IN GALLIAS.

907-908 ALEXANDER, *servus servorum Dei*, G. Remensi, R. Senonensi, B. Turonensi, M. Bituricensi, T. Burdigalensi archiepiscopis, salutem et apostolicam benedictionem.

Non ignorat sancta vestra fraternitas, dilectissimi, quod ex auctoritate sedis apostolicæ, cui nos indignos clementia divina præfecit, totius universalis Ecclesiæ regendus ac disponendus nobis status incumbit. *Quoniam igitur, pluribus Ecclesiarum negotiis occupati, ad vos ipsi venire non possumus, talem vobis virum destinare curavimus, quo nimirum post nos major in Romana Ecclesia auctoritas non habetur: Petrum videlicet Damianum, Ostiensem episcopum : qui nimirum et noster est oculus et apostolicæ sedis immobile firmamentum.* Huic itaque vicem nostram pleno jure commisimus, ut quidquid in illis partibus, Deo auxiliante, statuerit, ita ratum teneatur et firmum, ac si speciali nostri examinis fuerit sententia promulgatum. Quapropter venerabilem sanctitatem vestram fraterna charitate monemus, et insuper apostolica vobis auctoritate præcipimus ut talem tantumque virum, tanquam nostram personam, digna studeatis devotione suscipere, ejusque sententiis atque judiciis propter B. Petri, apostolorum principis, reverentiam humiliter obedire. Quisquis enim fastu superbiæ, quod absit! inflatus, illius judicio contradictor vel adversator exstiterit, usque ad dignam satisfactionem, nostram vel Romanæ Ecclesiæ gratiam non habebit. Quia vero cum ad vos Girelmum misimus, adhuc adventum præfati domini Petri nos impetrare posse nullatenus speraremus, volumus ut si quid apud vos Girelmus cœpit, ad domini Petri magisterium veniat, et per ejus manum quidquid agendum est fiat.

De hac ipsa sanctissimi cardinalis Galliarum legatione si plura scire desideras, lege ejusdem Oper. tom. I, lib. VI, epist. 2, 4 et 5. Nobis insuper non est visum omittendum quod narrat anonymus monachus Cluniacensis, B. Petri Damiani coætaneus, in tractatu Miraculorum S. Hugonis abbatis Cluniacensis, prope finem. CAJETAN — Narrationem ipsam legationis habes infra, cum aliis S. Petri Damiani opusculis nuper ab eminentissimo cardinali Maio primum vulgatis. EDIT. PATROL.

909-910 *De adventu Petri Damiani, Ostiensis Episcopi, ad Cluniacensem ecclesiam : et qualiter B. Hugo indiscretæ ejus reprehensioni congruo et sufficienti satisfecerit responso.*

Tempore quodam necesse fuit sancto viro pro tuendis filiis ad Ecclesiam matrem recurrere, et Romanæ sedis patrocinium advocare. Quapropter urbis illius refugium petens magno labore et difficultate a latere papæ avulsum Dominum Petrum, Ostiensem videlicet episcopum, cognomento Damianum obtinuit : ut sibi daretur pro magno Petro præliaturus, et adversarios prostraturus mirabili sua prudentia atque facundia. Erat namque vir ille abstinentiæ singularis usu, et ferreorum vinculorum nexu undique sic attritus, ut vix posset inveniri modus quo ejus corporis imbecillitas foveretur, ad equitandi onus grave utcunque tolerandum ; et, quia levi plerumque scandalo offendi poterat, necesse habebat sæpe satisfactione placari. Ad quam rem venerabilis Hugo ita se inclinabat, ut ejus animum reformaret ad tranquillitatem, ac si alter Martinus esset, qui nihil putaret indignum, quod humilitas agendum suaderet. Cum ergo venisset Cluniacum alter ille Gregorius per eloquentiæ ubertatem, non tamen per apostolicæ vitæ æqualitatem, vidissetque humanitatem et disciplinam, virgamque et baculum contulisset, cœpit hærere ac stupere, qualiter sancti esse, aut sanctos institutores habere possent, qui tantis abundarent bonis : et rursum quomodo non sancti esse possent, aut perire, qui tam devote sustinerent tam grave pondus laboris, et custodiam monasticæ disciplinæ. Aliquando sane judicabat ciborum copiam, aliquando mirabatur hanc jejunantibus deesse gratiam, quam illos habere videbat. Verumtamen si fieri posset, sicut ipse dicebat, ut utraque virtus obedientiæ et abstinentiæ sociaretur in eis; tum profecto nihil apostolicæ defuturum perfectioni. Qua de re conveniens domnum abbatem obsecrabat ut a sagimine duabus saltem feriis se suspenderent, qui in cæteris tam perfecti essent ut anachoretis nihil deberent. Cui venerandus Hugo, discretionis custos egregius : « Si, inquit, Pater charissime, vultis nobis augere coronam mercedis per additamentum jejunii, tentato prius nobiscum pondus laboris, vel per octo dierum spatium, et deinceps æstimabitis quid adjiciendum censere debeatis. Nam quandiu non gustaveritis pulmentum, nescire poteritis quid exigat condimentum salis; et si non adhibueritis saltem minimum digitum vestrum, nequaquam judicare de onere fraterno discrete, ac digne valebitis. » Quibus ille auditis sentiens fascis hujusmodi gravitatem suis viribus importabilem, cessavit a petitione ingravandi ponderis, et semetipsum cœpit repercutere, unde alios ferire voluit, quia sagittam ad eos sine suo vulnere nequivit dirigere, intelligens magnum esse pensum illud, ac debere sufficere quod apprehendere ipse non posset, qui in tanto videbatur stare virtutum culmine. Eruditus itaque, præsul multo eruditior rediit quam venit, magnumque thesaurum fugiendæ inanis gloriæ et capessendæ veræ humilitatis secum reportavit.

ACTA SYNODI

911-912 In Galliis celebratæ a B. Petro Damiano cardinali episcopo Ostiensi, apostolicæ sedis legato, Alexandri II jussione.

Synodalis diffinitio inter domnum Hugonem abbatem Cluniacensem, et domnum Droconem episcopum Matisconensem

In nomine sanctæ et individuæ Trinitatis.

Temporibus domni Alexandri papæ universalis et summi pontificis, necnon regnante Henrici imperatoris filio Henrico, rege vero Francorum Philippo, an. ab Incarn. Dom. 1063, novum quid Cluniacensi monasterio contigit, quod ad posteritatis memoriam schedulæ duximus adnotare. Droco scilicet, reverendissimus Ecclesiæ Matisconensis episcopus, domesticorum suorum et præcipue clericorum suorum suasione pellectus, et, ut ita fatear, eis jugiter insufflantibus igne diri fomitis inflammatus, super idem monasterium tentabat jus potestatis arripere, locumque sibi dominationis quantulumcunque contra sedis apostolicæ privilegia vindicare. Vallatus plane cuneis militum, stipatus agminibus armatorum, velut prædicandi gratia, vel etiam judicii synodalis obtentu, ad B. Maioli confessoris Christi basilicam usque pervenit, sed resistentium sibimet infractus obstaculo, intrare non potuit. Hoc itaque tentabat, ut jugum monasterio novæ usurpationis induceret, sicque postmodum ex occasione quodammodo superductæ litigaret consuetudinis. Tunc Hugo venerabilis abbas ejusdem cœnobii, nimirum non modo religiosus, sed et cautus et prudens, ut revera possessor ingenuus, jugum hoc degeneris servitutis exhorruit, et tanquam lepræ malæ consuetudinis noviter obrepenti medicamento contradictionis occurrit, caputque quod moliebatur ingredi vivacioris ingenii pede contrivit. Romanam itaque synodum impiger adiit, querelam suam coram sancto concilio fidelis relator exposuit, novo periculo sancti loci ruinam procul dubio minitanti, ut obviaret, oravit. Cumque sinistrum nuntium, eorum maxime qui sanius sapiebant, corda percelleret, et tantæ religionis tanquam celebris famæ locum, ne quantumlibet a libertatis suæ statu corrueret, piæ compassionis studio formidarent, inter cæteros Petrus Damianus Ostiensis episcopus se protinus obtulit, seseque ad subveniendum monasterio, per tam longi, tam asperi, tam duri itineris pericula destinavit. Enimvero apud Cabilonensem civitatem ex auctoritate apostolicæ sedis synodum congregavit, nonnulla, quæ perperam videbantur esse consumpta, canonicæ sanctionis vigore correxit; quæque potuit, juxta ecclesiasticæ disciplinæ regulam, servanda constituit, causamque Cluniacensis monasterii, pro qua præsertim componenda devenerat, divina auxiliante clementia optimo judicialis calculi fine conclusit. Nam in conspectu totius sancti concilii lectum est monimentum quod comes ille Willelmus, primus loci fundator, et oblator, instituit, ubi videlicet propter [*corr.* prætér. Mai.] Romanum pontificem, nullum jus, nullum dominium cuicunque mortalium, vel cuilibet prorsus Ecclesiæ dereliquit. Lecta quoque nihilominus sunt sedis apostolicæ privilegia de tuitione, munitione, ac præfati monasterii perpetua libertate per succedentium sibimet Romanorum pontificum vicissitudines instituta. Inquisiti sunt omnes episcopi, si privilegia quæ audierant, rata decernerent; omnes uno ore concorditer laudaverunt, atque ut perpetuo servanda atque illibata permaneant, communi judicio decreverunt. Et, tanquam non hoc judicium sub præconii communis acclamatione sufficeret, viritim unusquisque consulitur, ipse quoque Matisconensis inquiritur :

qui nimirum non minus quam cæteri omnes episcopi rata privilegia et inviolabili ac perpetuo jure servanda libere cunctis audientibus profitetur. Et quia in eisdem privilegiis hoc inter cætera sub anathematis intentatione cautum est, ne cuilibet episcoporum liceat in præfati cœnobii monachos excommunicationis promulgare sententiam; episcopus autem non absolute (sic se **913-914** funditus excusabat) excommunicationis jaculum intulit, sed ita, ut perhibebat, ira commotus, ait : « Si qui sunt mei juris in illo monasterio, quos mihi liceat excommunicare, illos excommunico. » Cum igitur in hac excommunicatione prædictum episcopum, licet ignorantem, contra privilegia Romanæ Ecclesiæ quomodolibet egisse convinceret; ille autem privilegiorum tenorem ac seriem se legisse vel agnovisse constantissime propulsaret; tandem, sancto decernente concilio, ad hunc decisiones finem causa perducta est, ut præfatus episcopus propria manu super sanctis Evangeliis superposita juraret, sicque sedis apostolicæ legato sanctoque concilio satisfaceret.

Indiculum sacramenti.

Audiat, inquit (*scilicet Matisc. episcopus*), domnus Petrus Ostiensis episcopus, et omnis sancta synodus, quia eo die quo Cluniacum commotus adveni, non in contemptu sive despectu sedis apostolicæ, vel domni Alexandri Romani pontificis hoc egi, et privilegiorum tenorem ac seriem, quæ modo in nostris auribus lecta sunt, tunc ad liquidum non cognovi, sic me Deus adjuvet, et ista sancta Evangelia. Post eum quoque quatuor Ecclesiæ ejusdem clerici in conspectu omnium accesserunt, et jurejurando, quod ille juraverat, super eadem Evangelia firmaverunt. Duo autem de septenario numero, qui ad jurandum a sancto concilio præfixus fuerat, non petente Matiscensi, sed donante domno Ostiensi episcopo remanserunt. Illico præfatus Matiscensis episcopus pavimento prostratus veniam petiit, seseque peccasse confessus, septem dierum pœnitentiam in pane et aqua jejunaturus accepit. Postera autem die, eodem sancto residente concilio, clericis suis vesane ac procaciter insistentibus, idem episcopus petiit ut suæ quoque Ecclesiæ privilegium quod a papa dudum Agapito constitutum fuerat, legeretur. In quo nimirum nihil pene præter jus atque consuetudinem uniuscujusque Ecclesiæ videbatur peculiariter insitum, sed quod omnibus locis sanctis communi dignoscitur jure concessum : videlicet ut ne vel ea quæ sui juris jam erant vel deinceps futura erant, quispiam violentus invaderet, sed sua omnia rector Ecclesiæ in pacis ac tranquillitatis otio possideret. Hoc itaque privilegium omnes episcopi in tanto concilio sine causa lectum esse dicentes, unanimiter decreverunt nihil hoc præjudicare privilegiis monasterii, quæ pridie coram omnibus lecta fuerant : nihil minuere de his quæ in illis legebantur ab apostolicæ sedis liberalitate concessa. Sic itaque per synodales concilium perpetua monasterii libertate firmata, sanctumque locum soli subjacere Romanæ Ecclesiæ communi sanctorum episcoporum decernentes sententia, mox inter episcopum et abbatem omnis controversiæ querela sopitur, omnis animositatis atque dissidii scissura componitur, et inter utrumque spiritualem videlicet virum firma pax charitatis glutino reformatur. Hæc igitur per ordinem brevi sermone digessimus, ut purissimæ relationis rivum, quem nostris temporibus hausimus, in posteros etiam per veritatis alveum fideli poculo transfundamus.

915-916 HYMNUS DE GLORIA PARADISI

Petri Damiani, cardinalis Ostiensis, ex dictis beati Augustini.

1. Ad perennis vitæ fontem mens sitivit arida,
Claustra carnis præsto frangi clausa quærit anima.
Gliscit, ambit, eluctatur exsul frui patria,
Dum pressuris ac ærumnis se gemit obnoxiam;
Quam amisit cum deliquit, contemplatur gloriam.
Præsens malum auget boni perditi memoriam.

2. Nam quis promat, summæ pacis quanta sit lætitia?
Ubi vivis margaritis surgunt ædificia.
Auro celsa micant tecta, radiant triclinia;
Solis gemmis pretiosis hæc structura nectitur.
Auro mundo tanquam vitro urbis via sternitur :
Abest limus, deest fimus, lues nulla cernitur.
Hiems horrens, æstas torrens illic nunquam sæviunt.
Flos perpetuus rosarum ver agit perpetuum.

3. Candent lilia, rubescit crocus, sudat balsamum.
Virent prata, vernant sata, rivi mellis influunt,
Pigmentorum spirat odor, liquor et aromatum;

Pendent poma floridorum non lapsura nemorum.
Non alternat luna vices, sol, vel cursus siderum :
Agnus est felicis urbis lumen inocciduum.
Nox et tempus desunt ei, diem fert continuum.
Nam et sancti quoque velut sol præclarus rutilant,

4. Post triumphum coronati mutuo conjubilant,
Et prostrati pugnas hostis jam securi numerant;
Omni labe defæcati, carnis bella nesciunt.
Caro facta spiritualis, et mens unum sentiunt.
Pace multa perfruentes, scandala non perferunt :
Mutabilibus exuti, repetunt originem,
Et præsentem veritatis contemplantur speciem,

5. Hinc vitalem vivi fontis hauriunt dulcedinem.
Inde statum semper iidem exeuntes capiunt;
Clari, vividi, jucundi, nullis patent casibus :
Absunt morbi semper sanis, senectus juvenibus.
Hinc perenne tenent esse, nam transire transiit :

Inde virent, vigent, florent, corruptela corruit,
917-918. Immortalitatis vigor, mortis jus absor-
[buit.
Qui scientem cuncta sciunt, qui nescire nequeunt;
Nam et pectoris arcana penetrant alterutrum:
6. Unum volunt, unum nolunt, unitas est mentium.;
Licet cuique sit diversum pro labore meritum,
Charitas hæc suum facit, quod amat in altero;
Proprium sic singulorum commune fit omnium.
Ubi corpus, illic jure congregantur Aquilæ,
Quo cum angelis et sanctis recreentur animæ.
Uno pane vivunt cives utriusque patriæ.
Avidi et semper pleni, quod habent desiderant.
Non satietas fastidit, neque fames cruciat :

A Inhiantes semper edunt, et edentes inhiant.
7. Novas semper harmonias vox meloda concrepat
Et in jubilum prolata mulcent aures organa;
Digna per quem sunt victores regi dant præconia.
Felix cœli quæ præsentem regem cernit anima,
Et sub sede spectat alta, orbis volvi machinam,
Solem, lunam, et globosa cum planetis sidera.
Christe palma bellatorum, hoc in municipium
Introduc me post solutum militare cingulum,
Fac consortem donativi beatorum civium.
Præbe vires inexhausto laboranti prælio;
Ut quietem post præcinctum debeas emerito :
Teque merear potiri sine fine præmio. Amen.

Finis tomi tertii Operum B. Petri Damiani.

ADDITIO AD TOMUM III OPERUM S. PETRI DAMIANI.

DE SEQUENTIBUS OPUSCULIS

MAI MONITUM.

(*Scriptorum veterum Collectio nova*, tom. VI, præf. pag. xxxiii, et pag. 193-244.)

Operum S. Petri Damiani, quem nuper Leo XII P. M. inter sanctæ Ecclesiæ doctores decreto suo retulit, illa cumulatissima editio est, quam in quatuor digestam tomos Constantinus Cajetanus monachus olim adornavit, et nuperius Venetiis anno 1743 recusam habemus. Atqui hanc editionem cum ego ad codices Vaticanos conferrem, deprehendi nonnulla partim S. doctoris opuscula, partim vero de ipso scripta, quæ summam Cajetani diligentiam fugerunt. Sunt autem 1. S. Petri Damiani *Iter Gallicum* in coævo ferme codice ab ejus sodali et itineris socio scriptum; quem plane suspicarer Joannem esse monachum, S. Petri extremis vitæ annis individuum comitem; sed quia in Vita quam edidit sancti viri, nullam itineris Gallici mentionem intulit, vix puto eum tam fuisse obliviosum ut saltem suæ lucubrationis non meminisset. Porro ejus itineris præterquam quod in editione Operum S. Petri memoria est, rei certe a Cluniacensi abbate adversus monasterium Lemovicense ano 1063 gestæ (quo anno et Petrus ivit in Galliam et de re illa quæstionem habuit) narratio exstat contemporalis apud Baluzium in Miscellaneis, ed. nov. tom. I, p. 123, ubi paulo iniquius a Cluniacensibus actum videtur; unde Petri Damiani elucescit æquitas, qui adversarios quidem a vi inferenda scandalisque prohibuit; cæterum de ipso controversiæ jure sententiam ferre ampliavit (p. 2 6). 2. *Expositio canonis missæ* in reginæ Sueciæ codice conservata; qui commentarius, præter nomen auctoris his inscriptum, ipsa sua dignitate genuinum se probat. 3. *Collectanea ex Novo Testamento*, de S. Petri scriptis ab ejus discipulo deflorata; quæ quidem exstitisse inscriptio vetus docebat, sed Cajetanus diu quæsita non reperit, quanquam ea duobus Vaticanæ bibliothecæ codicibus continebantur. 4. Denique in iisdem codicibus *epistolæ aliquot* vel *fragmenta earum*. His ego omnibus lucem diutius haud invidendam putavi. Trithemius cap. 335 librum quoque Petri nostri *De meditatione mortis* cum ejus initio pensandum est, in serie Operum numerat; sed deceptum esse Trithemium ut peculiare scriptum putaret, docuit me Vaticanus codex 373, in quo æque seorsum scribitur; etsi reapse nihil est aliud quam opusculi quinquagesimi editi ad Blancam comitissam capitulum sextum; Codex item Vaticanus Urbinas 165 Petro Damiano inscribit sermonem *De Absalone*, qui sane in editionibus Petri non legitur, ejusque fetus verissimus credi potest; sed tamen jamdiu editus sub aliorum auctorum nominibus exstat, ejusque Ballerinii in tomo I Operum S. Leonis inter sermones additos rationem habent. Cæteroquin quod Casimirus Oudinus in Commentario suo *De scriptoribus eccl.* tom. II, ubi de nostro disserit, Cajetani editoris fidem suspectam habet, quasi is multo plura S. Petro Damiano scripta attribuerit quam veritas fortasse patitur, et aliorum varios fetus huic supposuerit, id omne contra est; etenim codices Vaticani, qui multi sunt, cum editione Cajetani prorsus conspirant. Quare virum religiosissimum et editorem apprime fidelem inique Oudinus accusat.

DE GALLICA PROFECTIONE
DOMNI PETRI DAMIANI
ET EJUS ULTRAMONTANO ITINERE (31).

PROLOGUS.

1. Catholicæ fidei fundamento balbutiens solidata rusticitas, facundæ sibi urbanitatis quodammodo participat præmia, et inculti sermonis conscriptio, luculentæ scripturæ mercedis sibi vindicat participium, quia cujus doctrina excelsos Scripturarum montes cum cervis nequit ascendere, tutum sibi cum ericiis in humili petra valet refugium præparare. Balbutiat igitur nostra rusticitas, quandoquidem mihi non adest facunda urbanitas, et, si polito sermone perorare nequeo, qualicunque modo audeam vel mutire.

Explicit prologus.

2. Ad multorum itaque ædificationem credimus profuturum, si fidis litterarum tradatur apicibus qualiter vir reverentissimus Petrus Damianus, Ostiensis episcopus, pro pace Cluniacensis monasterii se ipsum postposuit, et pro illius sanctæ congregationis quiete se morti ultroneus tradidit. Cluniacense siquidem monasterium ab ipso suæ fundationis initio, ita nativa et secura libertate constat esse liberrimum, ut, præter Romanum pontificem, nulli ecclesiasticæ vel sæculari personæ debeat esse subpositum; divina scilicet disponente clementia, ut quo alicujus terrenæ subjectionis pondere levigatur, eo divinæ servituti plenius mancipetur, et quo mundanæ factioni non reperitur obnoxium, eo monasticæ professionis pensum valeat integrum exhibere. Vere nobilis et ingenua Christi servitus, quæ terrenæ servitutis nullum patitur contubernium! Quandiu enim sub Pharaone luti et palearum premebatur angariis, nullum Deo sacrificium Israeliticus populus legitur obtulisse. Divinis namque Moyses vocibus intonabat: *Dimitte*, inquit Dominus, *populum meum, ut sacrificet mihi in deserto.* Exeat igitur de Ægypto, ut divinæ servitutis possit exhibere ministerium; *nulla enim conventio Christi cum Belial, nulla societas luci ad tenebras.* Pharao vero, verberibus castigatus, ut abiret populus acquievit; sed ut a suæ potestatis dominio per integrum triduum separaretur, cruda superbia tumidus refutabat, quia inimicus ille, qui per Pharaonem intelligitur, non vult nos per integrum triduum ab eo separari. Aut enim operatione, aut locutione, aut etiam cogitatione, lutei operis ædificia, et si non igni obnoxia, semper ut construamus imperat. Sed Israelis liberator, Ægypti servitute deposita, Pharaonis imperio derelicto, vult nos triduo ab eo separari, et in solitudine illa sibi sacrificari, in qua prophetarum ille eximius, qui, in regali aula positus, et ex potestate Pharaonis exutus, manens dicebat: *Ecce elongavi fugiens, mansi in solitudine.*

3. Venerabilis itaque illa Cluniacensis congregatio, in qua nihil servitutis sibi vindicat Ægyptus, nullum de triduo Pharao sibi retinet diem, quanto a jugo terrenæ dominationis est libera, tanto melius vivit devota. Sed antiquus ille totius sanctitatis inimicus, hujus loci sanctæ invidens libertati, quemdam contra eum episcoporum suis stimulis incitavit. Drocco (32) siquidem, Matisconensis ecclesiæ præsul, in præfato venerabili monasterio, illicitæ sibi potestatis jus quoddam tentabat arripere, et indebitæ

---

(31) Prodit hoc opusculum ex antiquo codice Vaticano 4920, cujus recens quoque apographum in Ottoboniano codice 944 vidi. Auctorem constat fuisse sancti viri socium in expeditione. De hoc itinere suo loquitur ipse Petrus Damianus in epist. ad Cluniacensem abbatem Hugonem lib. VI, 1. Item ep. 4. Porro in editione Operum sancti viri per Cajetanum, tom. IV, p. 459 sqq. leguntur ejus legationis documenta, Alexandri scilicet II papæ litteræ, decretum synodi Cabilonensis, et narratio brevis quædam rei Cluniaci gestæ. Legationem hanc peractam fuisse anno 1063 constat ex actis synodi. Senem fuisse eo anno Petrum, cognoscimus ex hoc opusculo, quæ res confirmat opinionem, natum fuisse Petrum ante cœptum Christi annum millesimum. Superfuit autem usque ad annum 1072, quo anno obiit die Februarii 22.

(32) Ad hoc quasi nomen alludens aiebat Cluniacensibus Petrus lib. VI, ep. 5: vos draconcis per me nexibus expediti. Porro Cluniacum diœcesi Matisconensi (*Macon*) contineri satis patet ex notitia sequenti, quam ex alio et recente vaticano codice edimus.

CLUNIACI DESCRIPTIO.

Cluniacum in Æduis Galliæ Celticæ, id est in Burgundia, oppidum est, Matiscone civitate millibus passuum sex, Cabilone viginti, Lugduno viginti atuor distans. Oppidum ipsum diœcesos est quidem Matisconensis, sed per exemptionem abbati Cluniacensi tam in temporalibus quam in spiritualibus subest. In hoc oppido Gulielmus cognomento Pius, Aquitaniæ dux et Pictavorum comes, cum virili prole careret, monasterium quod Cluniacense dicitur inchoavit, cui Brunonem moribus et doctrina clarum abbatem præfecit anno Domini 894. Hoc monasterium, deinde auctum et locupletatum, multos protulit viros magnos, inter quos Oddonem, Odilonem, Majolum, Hugonem, sanctorum numero ascriptos. Tum Othonem monachum, prædicti Hugonis discipulum, mox episcopum Ostiensem, et demum Urbanum hujus nominis secundum pontificem maximum, qui,

sibi censuræ ferulam super ejusdem loci monachos moderari. Ad tantam itaque furoris audaciam episcopus ille devenit, ut, armata manu militum constipatus, quasi temerarius invasor, ad monasterium usque pervenisset, antiquam hujus loci libertatem superbo pede conculcans, et, apostolicæ sedis privilegia pro nihilo ducens, ecclesiam S. Maioli quæ contigua est monasterio et plures ipsius monasterii monachos inconsulto anathemate prægravavit.

4. Tunc venerabilis Hugo, ejusdem monasterii pater (33), hujus præsumptionis novitate non potuit non dolere; pastorali siquidem intuens providentia et a suæ nobilitatis statu locum non parum deficere, et totius congregationis animos insolito mœrore turbari; sed ne hujus pravitatis lepra quasi pro consuetudine, velut importunus cancer inserperet, et tantæ sanctitatis locus degeneris consuetudinis postmodum laboraret infamia, monasticæ disciplinæ se munivit consilio, quo et ab hujus molestiæ novitate monasterium nobiliter defensavit, et sæcularis potentiæ vindicta ejus sanctitatem non offuscavit. Vir itaque ille, qui non solum religione sed et pastorali prudentia incedit valde munitus, cujus etiam angelica facies interioris hominis indicat sanctitatem, in præfatæ tempestatis turbine constitutus, apostolicæ sedis decrevit adire concilium; et ut ex hujus perturbationis gurgite ad quietæ stationis portum perveniret incolumis, solam sancti Petri festinavit intrare naviculam. Tunc coram sancto concilio, prout erat facundus orator, fida et honesta proclamatione, ita suæ incommoditatis querelam deposuit et istius negotii causam, prout evenerat, peroravit, ut ad misericordiam et auxilium corda audientium provocaret. Omnes nempe qui hujus loci sanctitatem vel visu proprio vel fama nuntiante cognoverant ex tam sinistro rumore turbabantur, et novam illius episcopi factionem publice detestabantur. Et ne tantæ sanctitatis tantæque libertatis locus a suæ libertatis tramite vel parum deficeret, piæ compassionis intuitu cœperunt singuli cogitare qua ratione, quove modo, sancto loco potuisset consuli,

et huic malæ consuetudinis vitio valeret obviari. Nullus tamen eorum quos dictante justitia auctoritas commendabat, et quibus hujus causæ decisio canonice competebat, tam longi itineris, tam laboriosæ profectionis laborem profitebatur se velle suscipere.

5. Tunc venerabilis Petrus Damianus Ostiensis episcopus, cui, pro suæ sanctitatis reverentia, et affecta sui corporis debilitate, et reverenda suorum temporum maturitate, nec papa nec episcoporum vel cardinalium quilibet non dicam præcipere, sed etiam suggerere præsumebat, inter cæteros se protinus obtulit, atque in die belli pro domo Israel ex adverso se militaturus opposuit. Hoc siquidem divina providentia credimus procuratum. Nam, sicut postmodum ipsius rei eventus docuit, nullus præter summæ sedis episcopum, istius causæ negotium ad competentem potuisset finem perducere, nisi illius sanctitatis prudentia et ejus facunda et incomparabilis interveniret eloquentia; quem quidem non tantum pro apostolicæ sedis reverentia quantum pro ejus sanctitatis reverenda præsentia tota Gallia venerabatur. Vir itaque iste mirandus et imitandus sponte tunc gravis obedientiæ pondus subiit, qui quondam celebris obedientiæ munus invitus suscepit. Ad episcopalis namque culminis dignitatem vocatus, excusationes prætendit plurimas, se indignum, moribus inornatum, virtutibus vacuum atque huic officio imparem se esse clamitabat; ad Gallicæ vero profectionis laborem, nulla excusatione præmissa, non vocatus accessit. Veræ quidem obedientiæ ista sunt documenta salubria, ut et dignitatis obedientiam invitus aliquis subeat, et vilis obedientiæ pondus libens suscipiat. Istius namque viri discreta obedientia duorum cœlestis curiæ militum facta procul dubio imitatur. Moyses quippe ut Israelitico præesset populo est jussus a Domino; Paulus vero ut Hierosolymam pergeret divinitus est admonitus. Illi ut dignitatis honorem susciperet imperatur; iste ut adversitatis sarcinam acciperet admonetur. Sed ille, cui dignitas imponebatur, facundæ loqua-

iisdem fere temporibus, quibus Cisterciensis ordo initium habuit, multa monasteria et prioratus suæ professionis divi Benedicti in meliorem vivendi formam redigens, Cluniacensi monasterio addixit, Cluniacensemque ordinem nominari voluit, multisque et admirandis ornamentis et plus quam episcopalibus abbatem Cluniacensem insignivit. Nam et chrisma consecrat, et baptismum ordinesque sacros omnibus in sua ditione et ordine constitutis confert, regnum ante se præmittit, pontificis instar, multis episcopalibus mitris hinc inde vallatum, pallium etiam more metropolitanorum gestat, et pileum ut cardinales insignibus suis imponit, seque cardinalem presbyterum natum, tituli sanctæ Cæciliæ, litteris inscribit, quod sibi et successoribus a Gelasio secundo pontifice concessum, et a Callisto item secundo approbatum asseverat, et pleraque alia quæ longum esset enarrare. Nam consecrando abbati sceptrum ducale et ensis justitiæ insigne exhibetur, et celebraturo sceptrum præfertur, ex Callisti pontificis antea Burgundiæ comitis munere, et ruber pileus, quali cardinales utuntur, non præfertur modo sed et altari imponitur. Ex suis monachis quatuor asse-

runt se habuisse pontifices, Gregorium VII, Victorem III, Urbanum II, et Paschalem II, qui etiam in eo monasterio sepultus est. Protulit idem monasterium et alios viros cum litteris tum vitæ sanctitate claros, quorum quos Petrum et Renerium abbates, quorum de theologia præclara scripta exstant, et ipsorum corpora multis coruscant miraculis. Habet Cluniacensis abbas in temporalibus plurima et ditissima oppida sibi subdita, et barones innumeros vassallos, qui ipsius mandatis parent; estque Matisconis civitatis comes et baro; in spiritualibus vero 46 monasteria, quorum abbates mitram gestant, incredibilemque prioratuum numerum in diversis Christiani orbis regionibus; succeditque hæres decedentibus tam abbatibus quam prioribus et cæteris monachis sui ordinis, et primi anni proventus quorumcunque beneficiorum percipit.

Hæc ad historiam præteritorum temporum pertinent; nunc enim Cluniaci monasterium nullum est. ED.

(33) Ad hunc exstant S. Petri D. litteræ. Idem hujus hortatu Vitam S. Odilonis se scripsisse narrat Petrus.

citatis occasione præmissa, et impeditioris linguæ allegatione deposita, tanti regiminis gloriam fugiens expavit; iste, cui tanti laboris pondus præcipiebatur, non solum non respuit, sed etiam quid sibi Hierosolymis eveniret, per prophetam Agabum recognoscens, mentis puritate confisus, ita gaudens dicebat : *Ego autem non solum alligari, sed etiam mori paratus sum pro nomine Christi; non enim facio pretiosiorem animam meam quam me.* Ecce, vir iste in episcopatus fugiendo culmine novus Moyses nobis declaratur; in votivo vero labore longi itineris, alter, doctor gentium, Paulus Ecclesiæ repræsentatur.

DE INCOEPTIONE ITINERIS.

6. Interea sanctæ peregrinationis labor incipitur, et via duri itineris festinatur; et quia charitas *non quæ sua sunt quærit, sed quæ Jesu Christi*, monasteria noviter ab eo plantata irrigatori Christo committens, et omnes eremos quas vel fecerat vel suo patrocinio gubernabat, deserens, monachorum quoque agmina quæ ipse ad ingenuam Christi servitutem adduxerat, derelinquens, ultramontanum iter tribus tantum discipulis comitantibus festinus arripuit. Et quia *fortis est ut mors dilectio*, non eum Jovianæ Alpes, non Joviana pericula terruerunt, non etiam terrarum invia, non multa et mortifera præcipitia, non insuper cycnei capitis aspectus, non debile et macilentum corpus, non eum grandævæ senectutis pondus ab itinere removerunt. Cadaloicum etiam parvi pendit furorem, qui veluti orbata tigris ejus sanguinem anxie sitiebat; contra quem Cadaloum, Parmensem scilicet episcopum, qui tunc papæ nomen et ejus insignia adulter usurpabat, librum præsul iste conscripserat, in quo deridendam ejus vesaniam, et suam nefandam apostasiam Scripturarum testimoniis condemnavit. Ipsius quoque perversi nominis interpretationem, et quid in hujus præsumptionis exitu latitabat, ita prophetico prompsit elogio (34), quod divina inspiratione credimus conscripsisse, quia quod scripserat, postmodum vidimus evenisse (35). Inter cætera quoque quæ de illius canina rabie luculento sermone descripserat, eximiæ profunditatis et miræ pulchritudinis versus ipse composuit; quos ob istius laudem et illius ignominiam hic exarare studuimus (36).

7. His igitur verborum telis ille vulneratus, imo Scripturarum aggeribus vivus humatus, compita, diverticula, itineri quæque pervia, per suos satellites observabat, quatenus vel eum occiderent, vel suis obtutibus vivum repræsentarent. Sed ille prudens, quasi leo confidens, itineris diversa pericula, et illius furtivas insidias, sanctæ superbiæ pede parvi pendens calcavit. Nimirum illius fultus erat auxilio, qui suo fideli famulo sic promisit : *Ego ante te ibo, et gloriosos terræ humiliabo.* Ipsa etiam Joviana jam dicta et sæpe dicenda pericula, quæ vix unquam constat fuisse pervia, quæ etiam mortis ruinam transeuntibus semper minantur, nullius, ut dicitur, Marronis (37) subvectus auxilio, non pedetentim, ut mos est illius itineris, perrexisse, sed potius vidimus cucurrisse. Sed qualiter vir iste in tam duro itinere sese habuerit utilimum esset, si ejus pace potuisset fieri, quædam de ejus continentia scribere, pro illorum saltem ædificatione qui, arrepta occasione alicujus itineris, statuta silentii jura confringunt, consueti jejunii regulam deserunt, psalmodiæ quoque et totius pene monasticæ disciplinæ censuram quasi licenter confundunt. Sed quia ejus sanctitatis offensam incurrere timeo, melius est suæ lucernæ lumen adhuc sub silentio tegere, quam ejus indignatione super candelabrum ponere. Sed *obedire oportet Deo magis quam hominibus*, et ejus offensam magis quam alicujus mortalis convenit perhorrescere. Veritatis enim ore ita jubetur : *Luceat lux vestra coram hominibus, ut videant vestra bona opera, et glorificent Patrem vestrum qui in cœlis est.* Quædam ergo illius, quasi communia et minime abscondi debentia, ita succincte scribamus quatenus nullius rumoris nævo, nullius laudis macula, ejus sanctitas offuscetur, et audientium pia devotio melioretur, et Christus per eum glorificetur.

QUALITER DOMNUS PETRUS SE HABUERIT IN GALLICO ITINERE.

8. In ipso namque æstivo tempore, quo dies plus solito protelantur et gulosis monachis quasi sine termino esse videntur, ita suæ operationis ordinem retinebat, ut nec psalmodiæ vel vigiliarum consuetudinem prætermitteret, nec jejuniorum vel silentii censuram postponeret. Qualiter autem nos qui suo lateri jugiter adhæseramus, in suo jejunio, ut putabatur, decepit, non possum, quia nec debeo, reticere. Apud Gallos namque ista universalis viget consuetudo ut vinaria vascula intrinsecus prius pice perfundant, et servanda vina sic in ea postmodum recondant; quæ illius terræ indigenæ quasi quodam pigmento dicunt esse condita, sed adventantes plurimi nauseantes respuunt quasi pice corrupta. Nobis hujusmodi vinum pruritus gulæ citius commendavit; ille vero fideli, ut putabamus, deceptione ita exhorruit ut nec etiam convivio, in quo aderat, interesse voluerit. Sic per totam Galliam districti jejunii tenuit censuram, quia nequaquam precibus impetrare potuimus ut vel parvam ipse hujus vini sumeret sorbitiunculam. Aqua vero illius patriæ vix alicubi ad bibendum habilis invenitur. Pisces quoque et accuratos cibos occasione qualibet penitus respuebat. Sic

---

(34) *In opusculo inscripto* disceptatio synodalis, tom. III, p. 34, ait Petrus : Cadalous a cadendo dictus, ruinam populi sonat; Pressius lib. 1, ep., 20 : prima pars hujus nominis manifeste denuntiat casum, secunda populum; laos siquidem populus.
(35) Rem habes apud Petrum in opusculo 18, tom. III, p. 206. Item epist. lib. 1, 20. Invectiones autem acerbissimæ Petri in Cadaloum passim in ejus scriptis leguntur.
(36) Exstant hæc carmina inter cætera P. Damiani edita tom. IV, p. 46. Itaque hic ea prætermittimus.
(37) Marrones Alpium incolæ quidam, ut docet Cangius in Glossario.

quidem et æstivi caloris ardorem sustinebat per diem, et vigiliarum per noctem non deserebat laborem. Sed non sine admiratione intueri valeo, cum vir iste ad synodale militaturus properabat prælium, et pro ereptione multorum solus pugnaturus accesserat, ut vires sibi sero subtrahebat; et ut prædicationis sibi tribueret copiam, continua macerabat corpus inedia, et ne alicujus reprehensionis notaretur macula, prius in suæ operationis pagina legerat quæ aliis melius quia duplicius prædicabat. Castigabat, ut Apostolus, corpus servituti subdendo, ne forte ipse aliis prædicans inveniretur reprobus.

9. Comparetur nunc istius viri sancta militia illius victoriæ pugnæque, quæ sub Gedeon fuisse describitur. Gedeon contra Madianitas dimicasse legitur, sed milites, quos aquam fluminis hausisse flexis genibus conspexit, a bellorum procinctu protinus removit; quos vero recto genu aquam bibere viderat, secum ad prælium insolitis armis muniens duxit. Nam, ut illic dicitur, non consueta bellicæ artis munitione eos armavit, sed in dextera tubas, in sinistra contra hostium multitudinem lagenam tenuerunt; et sic, Dei omnipotentis dispositione, his armorum generibus hostes territi ad fugæ patrocinium se protinus converterunt. Sic vir iste bellicus et sub ecclesiastico campidoctore nutritus, sub duce suo Jesu pergens ad prælium, aquam fluminis flexo poplite minime sumpsit, quia doctrinam sapientiæ, quam de Scripturarum fluvio sitibundo pectore mirabiliter hausit, recta ejus operatio nobilitavit. Illorum enim militum consortium miles iste jam spreverat, quibus Paulus dicebat : *Dissolutas manus et genua debilia roborate.* Nunquam enim debilitate operum spiritualis hausit fluenta doctrinæ. Dexteram vero suam tuba, sinistram autem lagena munivit, quia prædicationis officium, quæ per tubam intelligitur, fervidus exercebat; corporis vero fragilitatem, quæ in lagena significatur, quasi pro nihilo ducens, parvi pendebat. In dextera igitur tubam, in sinistra ferebat lagenam, quia sinistræ vitæ prosperitatem respuens ad dexteræ vitæ gaudia medullitus anhelabat. Unde et huic bene congruere cernitur quod electorum voce dicitur : *Læva ejus sub capite meo, et dextera illius amplexabitur me;* quia prosperitatem lævæ, quæ in præsenti vita subsistit, mentis intentione calcabat; totum se in gremio æternæ beatitudinis, quæ per dexteram accipitur, collocabat. Erat igitur, ut Salomon dicit : *Longitudo dierum in dextera ejus, in sinistra vero illius divitiæ et gloria.* Incedebat ergo miles iste taliter armatus : erat in dextera ejus, ut dicitur, ignea lex; erat canorus et terribilis tubæ sonitus, parvi pendebat corpus, roborabat spiritum, attenuabat carnem, saginabat mentem, exteriorem hominem castigabat, interiorem viribus roborabat, nullius timoris vel amoris intuitu suæ prædicationis lucernam exstinguebat, quia, ut Dominus ait : *Nemo accendit lucernam et ponit eam sub modio, sed super candelabrum.* Non enim pro temporali commodo lumen prædicationis est deserendum, sed super candelabrum potius ponendum, quatenus semper supra curam corporis vigeat gratia prædicationis.

10. His igitur virtutum telis vir iste vallatus, ubicunque se occasio præbuerat, divini verbi semen spargebat, et virtutum arbores in terra humani cords plantabat, quas postmodum fecundis exhortationibus irrigabat. Quandocunque episcopus, abbas aut alicujus conditionis homo, debitæ reverentiæ causa ad eum confluebat, semper suæ sapientiæ recedebat sale conditus, sanctæ prædicationis medicamine fotus, fraterna admonitione delinitus, atque in omnibus ita melioratus quod valde antea non venisse tristabatur. Sic quidem secundo labore itineris, qui ad unius monasterii salutem fervidus anhelabat, multorum infirmitatibus obiter providebat. In hoc nempe summum magistrum nobilis discipulus imitabatur. Salvator quippe mundi pro archisynagogi filiæ resuscitatione pergebat, sed in ipso itinere a fluxu sanguine quamdam feminam suæ vestis medicamine liberavit; et dum sui corporis præsentia illam suscitare dignatus est, prius istam sola fimbria liberare voluit.

DE DOMNO ADRALDO BREMETENSI ABBATE.

11. Adhærebat præterea nostro comitatui quidam venerabilis abbas, Adraldus nomine (38), qui quondam sanctæ vestis habitum Cluniaco sumpserat monasterio, et cujusdam ejus monasterii, Paterniaci nomine, prioratum aliquantum rexerat. Vir quippe valde litterarum studiis eruditus et liberalium artium peritia exornatus, religiosus in opere, facundus mirabiliter in sermone, celebrem et regalem tunc temporis abbatiam, Bremetensem scilicet, pastorali providentia gubernabat. Qui quidem in primo suæ cognitionis limine quasi austerus et inconveniens judicatur; sed, postquam in ejus familiaritatis aula cœperis residere, tunc subito, quasi alteratus, benignus, prudens, tractabilis invenitur. Sed inter plurima istius viri dona virtutum, est quædam quæ hominibus illum valde commendat et in multorum devota dilectione validius solidat. Non enim ad instar Cluniacensis munificentiæ, neque alicujus suæ patriæ viri, sed quasi nobis natura Italicus munificus et largus semper habetur. Hoc namque nostrorum famulorum ora testantur, quos non hædinis, non ovinis, sed vulpinis pellibus texit. Quanquam mea, ut dicitur, impediente fortuna, tenacem Galliæ morem in me solo servavit; sed non debeo hujus viri tacere præconia, tametsi mihi nulla contulerit præmia.

Postquam vir iste nostri itineris cœpit fieri particeps et totius nostræ convenientiæ commune cœpit habere consortium, cuncta, quæ agenda erant

---

(38) De hoc homine Petrus ipse Damianus in opusc. xxxiv, 5, sic : Adraldi prudentis et religiosi viri, qui Bremetensi præminet monasterio, didici relatione.

ejus consilio credebantur ejusque dispositioni omnia tradebantur. Ipse quoque Cluniacensis abbas ita in ejus viri prudentia confidebat ut nullius rei negotium sine ejus consilio agere disponeret. Tandem post æstivos sudores, post maximos et multos labores, post multa et diversa pericula, post immania montium et Alpiumpræcipitia, ad exspectantem nos venimus Cluniacum. De apparatu autem processionis et summa devotione nostræ receptionis supervacuum est scribere, cum eum jam devotis manibus præsentem suscipiebant, quem pro illius monasterii libertate diu jam advenisse multis precibus flagitabant. Tunc communi consilio cœpimus quærere quid super vocandis ad synodum episcopis statui deberet. Nam episcopus ille cujus temerario ausu istius causæ negotium agebatur, prout habet sæcularis astutia, postquam nostrum fama nuntiante cognovit adventum, quia non illius terræ erat indigena, quo futurum concilium occasione quadam vitare potuisset, apud suos longius properans latitabat. Sed nequivit fugæ patrocinio Cabillonensi non interesse concilio. Synodalis namque terminus ita provide statuitur quod longinqui et remotiores præsules naviter interesse potuerint. Tunc ex apostolicæ sedis auctoritate commonitoriæ ad episcopos diriguntur epistolæ, debitam Romano pontifici obedientiam imperantes, et inobedientiæ vindictam canonice intentantes, locum quoque et diem futuri concilii nuntiantes.

LAUS CLUNIACENSIS CONGREGATIONIS EJUSQUE ABBATIS.

12. Interea octo dierum spatio mansimus Cluniaco. Veraciter ibi multos reperi Paulos, plurimos vidi Antonios, qui etsi solitudinis habitationem non incolunt, anachoritanum præmium imitatione operum non amittunt. Cum enim illius congregationis ordinem accurate cœpi perspicere, et mutuæ dilectionis inter eos manere benevolentiam et monasticam omnium causarum pollere convenientiam, statim ad illius primitivæ Ecclesiæ mens recurrit familiam, de cujus laude ita Lucas loquitur : *Multitudinis credentium erat cor unum et anima una, et erant illis omnia communia.* Ad instar enim illius primitivæ familiæ, dicam potius cœlestis patriæ, non est ibi alicujus metus inopiæ, non pondus alicujus miseriæ : ibi charitas regnat, spirituale gaudium ibi tripudiat, pax cunctos nectit, omnes patientia tolerat, longanimitas illos modificat, spes erigit, fides solidat, interius et exterius castitas mundat, devota illos obedientia purgat, sanctæ et monasticæ consuetudinis ordo inconcusse servatur, vivida mortificatio et regularis ibi districtio semper habetur. Quid de claustri custodia vel taciturnitatis opus est censura describere, cum nec etiam, præter alicujus rei necessitatem, infra ipsum claustrum ausus est aliquis spatiari, nec sine interrogatione os ad loquendum audet ullo modo aperire? In vestium vero vilitate atque lectulorum extremitate nullo modo patris Benedicti transgrediuntur præceptum. Divinæ quoque servitutis officia ita apud eos provide distinguuntur atque pia ex industria protelantur, ut nec longioris diei aliquod spatium a divino vacare possit officio; ita enim in ecclesiasticis alteruntur officiis ut vix claustrensi et honesta locutione, nisi signis, habendi alter alteri aliquid intimare; quæ quidem ita cauta et necessaria omnibus in locis facta deprehenduntur ut nullius levitatis, nullius reprehensionis valeant macula denotari. De ciborum vero vel vestium æqualitate, de pia infirmorum compassione atque omnium causarum congrua distributione scribere supersedeo, cum nec ipse abbas vel sospitate vigens, vel infirmitate gravatus, aliquam sibi cameram vel aliud quid præcipuum consuetus sit vindicare.

13. O nobilis et Israelitica Christi familia, quæ degenerem Ægypti deserens servitutem, et mare Rubrum submersis hostibus incolumis pertransivit, et superbam Jericho, Domini circumferens arcam, devicit! Importunum quoque Nabuzardan, intestinum scilicet hostem ratione moderantiæ stravit, et petulantem Holophernum quasi nova Judith funditus jugulavit. Nunc cunctis regibus superatis, hostibus quasi quadam repromissionis terra utitur, de qua ad veram lacte et melle manantem operibus currere festinat. Est quoque illius loci larga pauperum eleemosyna, hospitum et adventantium summa diligentia; nullus enim pauper famelicus vel immunis inde recedit; nullus supervenientium insalutatus suscipitur, vel inhonoratus abire permittitur. Sed hujus sanctæ operationis fluvius ex illo fonte profluit, quem in sacro pectore abbatis Spiritus sancti gratia propinavit. Ex illo enim purissimo fonte hauriunt quod sic abundanter fluunt, et in illius operis et exhortationis bibliotheca legunt qualiter monastice vivant, qualiter divinæ operationis ordinem custodiant. Est enim sua humilitate amabilis, moribus cunctis tractabilis et serena sui vultus proceritate omnibus notabilis. Quem Deus omnipotens ita suo timore subditum, et amore fervidum, et virtutum floribus voluit esse conspicuum, ut illius Ecclesiæ pastorale ipsi committeret officium. Dicerem etiam adhuc de extrariæ et sæcularis rei hujus loci abundantia, sine qua præsens vita minime quempiam transire patitur, quomodo cunctæ lapideæ officinæ monastico dispositæ sunt ordine; quomodo ecclesia maxima et arcuata, plurimis munita altaribus, sanctorum reliquiis non modice condita, thesauro plurimo et diverso ditissima; quomodo claustrum ingens et ipsa sui pulchritudine ad inhabitandum se quasi monachos invitare videtur, quomodo sufficiens est dormitorium, et præ continuo trium lucernarum lumine aliquid unquam nocivum in eo peragi quasi ab eo prohibetur; quomodo refectorium nulla superstitione depictum, sed sancta extremitate constructum, largum reficientibus fratribus præbet consessum; quomodo per cunctas officinas ubicunque aqua necessaria quæritur, per occultos meatus statim mirabiliter sponte diffluit. Hæc et alia de prædicto monasterio dicerem, sed quia Lemovicensem

laborem hujus descriptionis stylus exarare festinat, laboris intuitu talia scribere devitat.

DE LEMOVICENSI LABORE.

14. In Lemovicensi namque civitate celebre, devotissimum atque ditissimum in honore sancti Martialis quoddam est monasterium, quod Cluniacensis abbas noviter acquisierat; sed quia illius loci monachi sibi non obtemperabant, maxima in eo tunc temporis discordia versabatur. Hujus namque acquisitionis intuitu, et ejusdem abbatis odio, prout erant sæculares monachi, a monasterio recedentes, per ejus cellulas hospitari cœperunt, et monasterium hostiliter impugnabant et monachorum, quos ibi de Cluniaco posuerat, sanguinem sitiebant. Ad tantam quoque vesanæ mentis audaciam monachi ipsi proruperant, ut burgum, in quo monasterium est, concremarent, et cuncta, quæ circa monasterium fuerant, ignibus devastarent, et nisi Romana auctoritas interveniret et ex apostolica sede reverenda sibi persona succurreret, videbatur locus pessumdari. Quid super hoc negotio abbas faceret ignorabat, quo se verteret nesciebat, hujus itineris pondus nobis suggerere verecundans timebat, causam perfici aliter posse minime sperabat. Tandem erupit in vocem quod scatebat in mente, et quo ille doluerat ut medicaretur oravit. Hoc ipse abbas rogabat, hoc tota congregatio precibus flagitabat.

15. Tunc noster Ostiensis episcopus hunc sibi laborem superimponere paululum hæsitavit et vix posse perficere credidit. Sed quia pro salute ejus monasterii venerat, citius acquievit, et in suis membris circumquaque positis ipsi auxiliari disposuit. Sed ante ipsius profectionis initium, cunctis cum fratribus in capitulo residens, peracto sermone, totus in terra prosternitur, et ut sibi auxiliarentur, multis requisivit precibus, gyrovagum, sarabaitam (39) et, ut consueverat, se miserum monachum clamitabat. Inter hæc tanta ipsi cœlitus lacrymarum tribuitur copia, quod omnes a fundo cordis longa traxere suspiria, et unusquisque sibimet displicens sic proclamabat: O bone Jesu, si homo iste, quem ultra homines credimus, sic ubertim lacrymans timet, quid nos faciemus aridi et ad ejus comparationem virtutibus alieni? Nam sicut abbas, me astante, postmodum retulit, multum istæ lacrymæ omnibus profuerunt, audientium melioraverunt animos et mentes prospectantium solidaverunt. Tunc abbas communi fratrum consilio statuit ut abhinc pro ejus amore semper unus pauper pasceretur et vestiretur, et unus semper pro eo psalmus in communi cantaretur; et, denuntiato sibi ejus obitu, semper in suo anniversario solemnem in conventu missam celebrare, festivam corporum refectionem fratribus præparare, et quidquid a mensa remanserit, pro ejus animæ salute pauperibus statuit erogare (40). Sic omnium fratrum societate muniti et pacis osculo confirmati, ad sanctum devenimus Martialem. Interea

A nostri adventus rumor monachorum, qui monasterium infestabant, corda concusserat et eos circumquaque per diverticula fecerat latitare. Sed mox, ut venimus, illis litteræ destinantur quatenus Romanæ sedis legato se repræsentarent et allegationem hujus negotii, si justam sperarent, sine alicujus contrarietatis suspicione justitiæ ratione defenderent; alioquin sub imperio abbatis deinceps viverent. Sed quia pristinæ factionis vermis eorum viscera corrodebat, et Cluniacensem ordinem omnino suscipere renuebant, ad denuntiatum ratiocinium venire spreverunt, illum sibi præesse abbatem penitus interdixerunt. Tunc illius civitatis episcopo comiteque consulto, ad hujus definitionis calculum res ista pertrahitur. In hujus namque episcopatus ecclesia, quam devota frequentia populorum repleverat, illorum contumacem absentiam coram omnibus præsul iste narraverat qualiter apostolicæ sedis legato reverentiam et abbati debitam obedientiam recusabant. Tunc apostolica auctoritate, populo collaudante, præcepit ut nisi illa hostilis audacia a monasterii et monachorum læsione cessaret, excommunicationi procul dubio subjacerent. Super hoc vero quod abbati obedire nolebant, definitivam distulit proferre sententiam. Isto igitur negotio taliter definito et monasterio in tranquillitate jam posito, ne a divinæ servitutis officio pars nostri itineris aliqua vacaret, redeundo venimus Silvaniacum.

DE CONSECRATIONE ECCLESIÆ, ET SANCTI ODILONIS CORPORE COMMUTATO.

16. Silvaniacus nempe mercationum frequentia dives et locus est famosissimus, sanctorum vero corporibus valde devotissimus. Quoddam namque in eo constructum est monasterium, in quo beatorum Christi confessorum Maioli scilicet et Odilonis corpora conquiescunt. Quod quidem monasterium episcopali adhuc benedictione minime ad plenum confirmatum fuerat. Interim synodalis terminus imminebat. Tunc multis intervenientibus episcopis et innumerabili populorum frequentia, magna cum veneratione ecclesia consecrata, et beati Odilonis corpore commutato et altari suo nomini consignato, Cabillonensis Ecclesiæ præsul summa cum devotione nos honorifice suscepit.

DE CONGREGATA SYNODO.

17. Interea synodus congregatur, vocati præsules adsunt, non modica turba hominum devote festinat. Matisconensis quoque episcopus non dubius aut segnis occurrit; in sua namque prudentia (est enim litteris et sermone potens) et quorumdam episcoporum quasi conspiratione confisus, hujus causæ amicabilem transactionem respuens, ad synodalem conflictum quasi triumphaturus fervidus bellator occurrit. Pene enim omnes episcopi, qui tunc aderant, præter archiepiscopum Bysuntinum venerabilem scilicet et eloquentissimum virum, Cluniacensi monasterio invidebant ejusque causam, quantum caute

---

(39) *Sarabaita*, monachus vagus et exlex. Vide Cangii Glossarium.

(40) Rem hanc commemorat ipse Petrus epist. l. vi, 2 et 4.

poterant, conculcabant, et ut hujus negotii magis infortunium quam triumphum abbas incurreret, occultis machinationibus fabricabant. Nam unusquisque causam suam in judicio agi credebat, cum coepiscopi negotium Romana discussio ventilabat, quia si abbati hujus rei victoria proveniret, quilibet episcoporum illi amplius resistere non auderet. Hujus igitur cautelæ studio constipati, illum adjuvaturi, ut obsisteret incitabant. Sed noster Romanus belligerator horum machinatione et non parvi pendenda conspiratione prædoctus, sic postmodum hujus causæ peroravit negotium, ut quos ille occultos jam tenebat adjutores, apertos postmodum suæ causæ habuerit contradictores. Nam in Cabillonensi ecclesia cuncto residente concilio, postquam, ut Romanæ synodi consuetudo deposcit, prædicationis verbum finivit, tale rhetoricæ locutionis exorsus est procemium, quod intentos simul et benevolos faceret auditores.

RHETORICÆ LOCUTIONIS PROOEMIUM.

18. Ad vestræ, inquit, fraternitatis auxilium Romana nos delegavit auctoritas, et quasi ad charissimos fratres nostra communis mater destinavit Ecclesia. Vestra namque sibi debita sancta fidelitate confisa, quam etiam in nonnullis suis negotiis experta est profuisse, quidquid in istis partibus injuriæ patitur, vestra nos adjuvante providentia, sibi ut emendetur exoptat. Per nos siquidem coram vestra sanctitate Romana lamentatur Ecclesia, quod multorum hominum insolentia multas inter vos quotidie patitur contumelias. Verumtamen inter cætera quæ sibi evenisse considerat, unum quid novum et insperatum eam non modicum perturbavit. Cum enim hujus sinistri rumoris fama totius Romani concilii noviter percelleret auditus, omnes pariter in mœrorem simul et admirationem conversi sunt. Cumque diu protracta deliberatione, quem, qualem et quantum pro tantæ rei præsumptione destinare deberent, nos demum mittere decreverunt. In hoc namque quantum super hoc Romana dolet Ecclesia, fratres mei, perpendite, quia non subdiaconum, non diaconum, non cardinalium quemlibet (41) mittere procuravit.

19. Tunc episcopi omnes ex præmissa verborum dulcedine valde benevoli, et ex causæ exaggeratione non parum intenti, exspectabant ut jam causa illa exponeretur, pro qua tantus et talis homo a Lateranensi curia devenisset. Mox autem, ut suis verbis illorum benevolam audientiam adesse conspexit, sic cœpit enarrare propositum: Cluniacense monasterium Romanæ curiæ esse subditum nullus vestrum, fratres, ignorat, et quod nulli alii personæ præter Romanum pontificem in eodem monasterio jus aliquod pertinet nullus addubitat, quod quidem supra omnia sibi pertinentia diligit monasteria; multis quoque apostolicæ sedis privilegiis constat esse munitum. Quæ omnia domnus Maticsonensis episcopus

parvipendens illud subjugare suæque ditioni submittere quasi temerarius studet invasor. Tunc ille, quia jam suæ nequitiæ caput attritum et mentis rigorem jam pene sensit emortuum, coram cuncto concilio causam narraturus assurgit. Mox ex utraque parte causa exponitur, et utriusque partis allegatio ventilatur. Romanæ Ecclesiæ lecta sunt privilegia contra quæ episcopus egisse accusatur; causa defenditur, culpa imponitur, controversia meritis partium examinatur. Tandem post multas contentiones, post utriusque partis varias objectiones, quia episcopus contra privilegia se non egisse purgare non poterat, ad hujus decisionis calculum res ista perducitur. Interrogantur episcopi, si apostolicæ sedis rata decernerent privilegia et in suo tenore, quæ lecta sunt, sine læsione durantia. Omnes rata et inconcussa manere definitiva sententia decreverunt. Tunc ipse Matisconensis episcopus cum quinque ejusdem Ecclesiæ clericis propria manu juravit (42), quia quod contra monasterium se egisse recolebat, neque ad injuriam apostolicæ sedis, neque ipsius papæ fecerat, neque adhuc privilegiorum tenorem ad liquidum noverat. Tali modo inter domnum episcopum et abbatem hujus causæ negotium constat esse sopitum et plenæ definitioni traditum. Pacis inter eos fœdera collocantur, simultatis jurgia propelluntur. In eadem quoque synodo quædam sunt ecclesiastica censura correcta, quædam canonicæ sanctionis vigore statuta, et dum pro unius causæ intuitu synodus congregata fuisse decernitur, multis postmodum causis constat fuisse proficuam.

DE REVERSIONE.

20. Interea redeundi amor occurrit, repetendi itineris labor incumbit. Licentia petitur, sed licentia protelatur. Ipse enim abbas cum suis tractare cœpit quomodo tanti labor itineris alicujus muneris compensatione levigaretur; sciebat enim hunc hominem pecuniam non amare, munera spernere, solius pietatis intuitu tantum sumpsisse laborem. Talia igitur decrevit offerre munera, quæ non ipsi, sed per eum Deo transmitteret, ut, dum sibi nollet, Deo saltem tribueret. Capellam enim argenteam deauratam, cum sacris vasis et vestibus, palliis et utensilibus obtulit. Accipe, inquit, magister, istam sacram vestem et sancta vasa, quæ Deo omnipotenti tribuimus et divino ritu mancipanda per te tuis sanctis locis transmittimus. Tunc in prima fronte receptionis quasi palliata locutione deceptus, munera per se Deo tradita non est aspernatus. Interim dies transit; peractis necessariis, membra quieti dedimus. Interea diversarum cogitationum conflictus animum rapuere illius. Cogitabat ne sub hujus receptionis specie vitium aliquod latitaret, ne quod pro futuræ mercedis intuitu laboraverat, terreno munere deperiret, et fructus, quos maturos manducare debuerat, obstumirum et noster est oculus et apostolicæ sedis immobile firmamentum. »

(42) Exstat hujus jurisjurandi formula in editione Operum S. Petri D. tom. III, p. 911.

(41) Innuit vir sanctus Alexandri papæ litteras ad præsules Galliæ in quibus aiebat: « Talem vobis virum destinare curavimus, quo nimirum post nos major in Romana Ecclesia auctoritas non habetur, Petrum videlicet Damianum Ostiensem episcopum, qui ni-

pescentibus dentibus acerbos ipse consumeret. Cogitabat quia *beatius est dare quam accipere*; et : *Beatus qui subtrahit manus suas ab omni munere*. Hæc et alia sancto mentis examine trutinans compensabat. Mane autem facto, me primum adesse præcepit. Tunc sibi dilecti Baruntii memoriam, prout sæpius consueverat, cœpit habere. O, inquit, si ille charissimus frater noster adesset Baruntius (43), salutiferi consilii nobis propinasset poculum! Nunquam enim mihi ut acciperem persuasit, imo ut terrena spernerem semper suggessit. Munera ista, quæ tali velamento nobis deferuntur, non esse accipienda recogito; justitiam enim Dei occasione qualibet vendere timeo; terrenarum rerum negotiator esse non debeo. Quid tibi super hoc videatur edicito. Postquam vero hujus mihi consilii ausum tribuit, non solum, quia voluerat, laudavi, sed ut faceret multis precibus postulavi, et quod pauperem Christum pauperes sequi debemus, sanctis ejus auribus inculcavi. De quo quidem consilio suæ paternitatis amor in me nasci, vel potius, ut puto, cœpit augeri, quanquam hactenus nec ad mei vel alicujus notitiam amor ipse pervenerit; quasi enim quodam gelu adhuc in gemma constrictus, nec ad fructuum maturitatem, nec ad floris teneritudinem, nec etiam ad frondium viriditatem erupit. Tandem ne æternæ retributionis fructus aliquo nobis munere deperiret, et temporalis oblatio præmium æternum consumeret, renuente et contradicente abbate, prædicta munera eidem dimisimus, et hujusmodi pondere nos onerare penitus renuimus, nihilque ab eo, præter nobis necessaria, et quæ itineris prolixitas requirebat, nos accepisse recolo. Sic officiis salutationis ex utraque parte exhibitis, levigati et alacres ad dilecti fontis solitudinem redivimus Avellani (44).

(43) S. Petrus D. in disputatione De variis apparitionibus et miraculis cap. 1, ait: Baruncius plane mihi frater unanimis et in amoris præcipui dulcedine singularis, etc.
(44) Anno 1063 die 5, ante Kal. Novembris. Confer. Petri D. epist. lib. vi, 5.

EXPOSITIO CANONIS MISSÆ (45)

SECUNDUM PETRUM DAMIANI (46).

1. *Qui pridie quam pateretur*. Ecce, cum nunc ad summi sacramenti virtutem accedamus, deficit lingua, sermo disparet, superatur ingenium, opprimitur intellectus. Quis enim novit ordinem cœli et ponat rationem ejus in terra? Sed pulsemus ad ostium, si forte clavis aperire dignetur, ut accommodet nobis tres panes, qui maxime nobiscum erunt in hoc convivio necessarii. Fides enim petit et accipit; spes quærit et invenit; charitas pulsat et aperit; petit et accipit vitam; quærit et invenit viam; pulsat et aperit veritatem : Is enim via est, veritas et vita. *Qui pridie*, xv luna prima mensis, quæ tunc exstitit sexta feria, passus est Dominus, et prædicta nocte, videlicet xiv luna prima mensis ad vesperas, ut legis figuras impleret, post typicum pascha corporis et sanguinis sui sacramentum instituit, et calicem tradidit frequentandum. Sic enim fuerat præfiguratum in Exodo : *Decima die primi mensis tollat unusquisque agnum per domos et familias, et servabit eum usque ad xiv diem mensis hujus, immolabitque eum universa multitudo filiorum Israel ad vesperam. Et sument de sanguine ac ponent super utrumque postem in superliminaribus domorum, in quibus comedent illum. Et edent carnes nocte illa assas igni, et azymos panes cum lactucis agrestibus. Et post pauca : Est enim Phase, id est transitus Domini. Transitum istum Joannes determinat dicens : Ante diem Paschæ sciens Jesus quia venit hora ut transeat de hoc mundo ad Patrem, cum dilexisset suos, in finem dilexit eos. Et facta cœna*, complevit ea quæ fuerant figurata. Ægyptus est mundus; exterminator, diabolus; agnus, Christus; sanguis agni, passio Christi; domus animarum, corpora; familiæ domus, cogitationes cordis. Hoc sanguine tingimur per passionis fidem; illa tingimur per passionis imitationem, signum crucis intus et foris opponentes contra adversarias potestates. Denique carnes agni comedimus cum in sacrificio corpus Christi suscipimus, et azymos panes, id est sincera opera, cum lactucis agrestibus, id est cum amaritudine.

(45) Egregium hoc opusculum in editione Operum S. Petri Damiani per Const. Cajetanum curata desideratur, neque id Trithemius aliive seu vetustiores seu recentiores bibliographi novisse videntur. Exstat tamen in Vaticano regio codice 524 cum recitato a nobis titulo, qui tum initio, tum etiam in fine opusculi scribitur. Unus Montfauconius, biblioth. mss., p. 16 et 68, memorat hoc S. Petri D. scriptum ex indice codicum senatorii Petavii, quos plerosque omnes in reginæ Sveciæ bibliothecam, nunc Vaticanam, transivisse scimus. Existimo igitur nostrum codicem 524 ipsum esse Petavianum, nota tantummodo immutata numerali. Opusculum quidem commendatione mea non indiget, tum ob auctoris gloriosum nomen, tum propter reconditam theologiam et religiosæ pietatis sensus eximios.
(46) *Damioni* non *Damianum* habet codex, et quidem scimus Petrum dictum *Damiani*, in fratris benivoli gratiam. Attamen sodalis Petri in descriptione itineris gallici n. 2, aliique auctores scribunt *Damianus*.

2. *Accepit panem.* Ideo panem et vinum in sacrificium corporis et sanguinis sui Christus instituit, quod sicut præ cæteris cibis corporalibus panis et vinum reficiunt, ita corpus et sanguis Christi præ cæteris cibis et potibus spiritualibus interiorem hominem reficiunt et saginant. Unde, *caro mea vere est cibus, et sanguis meus vere est potus.* Quia vero Christus accepit panem et calicem in sanctas ac venerabiles manus suas; et sacerdos exemplo Christi carnem et sanguinem in manus accipiens, utrumque per se benedicit crucis signaculo. Panis fermentatus non debet offerri in sacrificium, tum ratione facti, tum ratione mysterii. Sic legitur in Exodo. Fermentum etiam corruptionem significat, teste Apostolo : *modicum fermentum totam massam corrumpit.* Græci tamen in suo pertinaces errore de fermento conficiunt. *Elevatis oculis in cœlum.* Hæc quidem verba nullus evangelista describit. Quis ergo tantæ præsumptionis exstitit aut audaciæ ut hæc de se exponat? Sane istam formam ab ipso Christo acceperunt apostoli, et ab ipsis Ecclesia. Multa quidem tam de verbis, quam de factis prætermiserunt evangelistæ, quæ tamen apostoli suppleverunt; possunt tamen hæc ex aliis locis Evangelii comprobari. Joannes enim Lazari suscitationem describens testatur quod *Jesus elevatis sursum oculis dixit : Pater, gratias ago tibi quoniam audisti me.* Item alibi : *Et sublevatis in cœlum oculis dixit : Pater, clarifica Filium tuum.* Sed sicut in cœlum oculos levavit ad Patrem, cum animam Lazari revocaret ad corpus, quanto magis credendum est quod tunc oculos ad Patrem in cœlum levaverit, cum panem et vinum in corpus proprium commutabat. *Gratias agens.* Hinc quoque colligitur unde sacrificium laudis. Gratias agebat non pro se, sed pro redemptione hominum sic futura.

3. *Benedixit.* Quidam dixerunt quod Christus confecit cum benedixit, litteram construentes hoc ordine : *accepit panem et benedixit;* subaudiendum est, *dicens : Hoc est corpus meum.* Prius ergo illa protulit, ut eis vim conficiendi tribueret; deinde protulit eadem, ut apostolos formam conficiendi doceret. Sane dici potest quod Christus virtute divina confecerit corpus ea forma expressa sub qua posteri benedicerent; ipse namque per se virtute propria benedixit; nos autem ex illa virtute quam edidit nobis. Cum ergo sacerdos illa Christi verba pronuntiat : *Hoc est corpus meum, hic est sanguis meus,* panis et vinum in carnem et sanguinem convertitur illa Verbi virtute qua *Verbum caro factum est et habitavit in nobis;* qua *dixit et facta sunt;* qua feminam in statuam mutavit; qua virgam convertit in colubrum; qua fontes mutavit in sanguinem; qua aquam commutavit in vinum. Nam si verbum Eliæ potuit ignem de cœlo deponere, verbum Christi non poterit panem in carnem mutare? Quis hoc audeat putare de eo cui nullum verbum est impossibile, *per quem omnia facta sunt, sine quo factum est nihil?* Certe magis est creare quod non est quam mutare quod est : ac longe majus est quod non est de nihilo creare quam quod est in aliud transmutare. Si dixerit aliquis : Certus sum ego omnino quod valeat, non sum certus quod velit; si dubitat ergo quod, cum Christus accepisset panem, benedixit, *hoc est corpus meum,* Veritas hoc dicit, et ideo verum est omnino. Et alibi : *Nisi manducaveritis carnem Filii hominis et biberitis ejus sanguinem, non habebitis vitam in vobis* Et ad majorem veritatis expressionem adjunxit : *Caro mea vere est cibus, et sanguis meus vere est potus.*

4. Ego vero qui vitam æternam habere desidero, carnem Christi veraciter comedo et sanguinem ejus veraciter bibo, illam utique carnem quam traxit de Virgine, et illum sanguinem quem effudit in cruce. Sicut et vidua Sareptana quotidie comedebat, et non diminuebatur farina de hydria, et oleum de lecytho; sic universa Ecclesia quotidie sumit, et nunquam consumit carnem et sanguinem Domini nostri Jesu Christi. Verum an partes in partes, an totum in totum transeat, novit ille qui facit; ego quod residuum est igne comburo, nam credere jubemur, distinguere prohibemur. Sed quia instat quærentis improbitas, salva fide concedemus quod talis panis in tale corpus commutatur, nec pars in partem. Reor tamen, salva fidei majestate, quod, ubi panis est consecratus, totus est Christus in tota specie panis, totus sub singulis partibus, totus in magno, totus in parvo, totus in integro, totus in fracto. Scio tamen quod dicitur a quibusdam : Quandiu species integra est, sub totali specie totale corpus existit; ubi vero dividitur, in singulis divisionibus incipit esse totum, sicut in speculo, dum est integrum, una tantum apparet inspicientis imago; sed, ipso fracto, tot apparent imagines quot sunt fracturæ. Quæritur utrum corpus Dominicum sit locale, utrum faciat localem distantiam, utrum dici debeat quod jacet aut sedet aut stat; sed et alia multa circa præsentem articulum inquiri possent, quæ melius intacta volo relinquere quam temere definire; nam *bestia quæ tetigerit montem lapidabitur.* Tutius est in talibus citra rationem subsistere quam ultra rationem excedere, ne forte, quod absit, ossa regis Idumææ redigantur in cinerem.

5. *Fregit.* Solet a multis inquiri, sed a paucis intelligi, quid frangitur ibi, quid a mure corroditur, quid inde crematur cum sacramentum concrematur. Responsio. Sicut miraculose convertitur substantia in corpus Dominicum et incipit esse sub sacramento; sic quodammodo miraculose revertitur, cum ipsum ibi desinit esse. Et non valet ibi locus a conjugatis, hic est calor, sapor, qualitas et quantitas, cum nihil ab alterutro sit coloratum aut saporatum, quid ac quale miraculum? Quippe vincit naturam, et legi detrahit dispensatio; nec debueris quærere naturam in gratia, nec consuetudinem in miraculo. Sane natura Dei est Trinitas, videlicet Pater, et Filius, et Spiritus sanctus. In hypostasi Filii et trinitas substantiarum, videlicet deitas, corpus et anima; in sacramento corporis Christi est trinitas specierum, videlicet panis, vinum, et aqua. In natura Dei non est

accidens in substantia, sed substantia sub accidente; in hypostasi Filii est accidens in substantia, et substantia sub accidente. Dicamus ergo ad primum quod forma panis frangitur et atteritur, sed corpus Christi sumitur et comeditur, ea quæ notant corruptionem, ad formam panis referentes; ea vero quæ notant acceptionem, ad corpus Christi.

6. *Dedit.* Quæritur utrum corpus suum in cœna dederit mortale an immortale, passibile an impassibile? Sufficere credo si dicatur: tale dedit quale voluit; potest tamen concedi, salva fide, quod tale dedit quale tunc habuit, mortale videlicet et passibile, non tamen quod posset pati sub sacramento, sed quia sub sacramento poterat pati, passibilis credebatur nec lædebatur. *Discipulis.* Solet dubitari an Judas acceperit. Quod videtur, cum dicat: *Bibite ex hoc omnes.* Sed quæritur qua ratione medicus salutaris medicinam dabat ægroto, quam ei sciebat mortiferam? Ad hoc scilicet dabat, ut suo doceretur exemplo quod sacerdos non debet ulli communionem negare, cujus crimen, etsi sibi sit notum, non tamen Ecclesiæ, ne forte non sit corrector, sed proditor. *Accipite et manducate.* Non est intelligendum quod sumptum corpus de manu Domini sibi discipuli administrarent, sed qui consecravit, idem et ministravit. Fortassis adhuc cogitatio pulsat animum, quærens quid fiat de corpore Christi postquam fuit sumptum et comestum? Christus de ore transit ad cor; melius est ut procedat in mentem quam descendat in ventrem. Cibus hic non carnis, sed animæ venit ut comedatur, non ut consumatur; ut gustetur, non ut incorporetur; ore comeditur, sed non in stomacho digeritur; reficit animum, non effluit in secessum. Quod si forte secessus aut vomitus post solam Eucharistiæ comestionem evenerit, in hoc species ad proprietatem sensui famulatur, quæ quantum ad nos servat per omnia corruptibilis cibi similitudinem, sed quantum ad se non amittit inviolabilis corporis veritatem. Species quidem corroditur et maculatur, sed veritas nunquam corrumpitur aut coinquinatur. Siquando tale quid videris, nihil time illi; sed esto sollicitus tibi, ne tu forte lædaris, si male credideris.

7. *Hoc est corpus meum.* Quæritur quid demonstret sacerdos per hoc prænomen *hoc*? Si panem, pani nunquam congruit esse corpus Christi, sed demonstrat corpus Christi; sed quando profertur ipsum pronomen, nondum est transsubstantiatio. Respondetur, quod sacerdos non demonstrat, cum illis verbis non utatur enuntiative sed recitative, quemadmodum cum ait: *Ego sum vitis vera, ego lux mundi,* et multa alia. *Simili modo.* Sub utraque specie scilicet panis et vini utrumque, id est corpus et sanguis, consecratur; neutra tamen superfluit, ut ostendatur quod Christus totam humanam naturam assumpsit, ut totam redimeret; panis enim refertur ad corpus, vinum ad animam. *Postquam cœnatum est.* Post cœnam dedit hoc sacramentum, ut ultimum testatoris mandatum arctius memoriæ commendaret.

Non ideo tamen est calumniandum Ecclesiæ quod a jejunis accipitur; placuit enim Spiritui sancto ut in honorem tanti sacramenti primum os Christiani intraret. *Accipiens et hunc præclarum calicem.* Continens metonymice ponitur pro contento. *Hic est calix sanguinis mei, novi et æterni testamenti,* id est firmatio novæ æternæ promissionis. Quæritur utrum aqua cum vino convertatur in sanguinem? Dicitur enim quod aqua significat populum, et vino miscetur, ut Christo populus admistus significetur. Dico aquam transire in vinum, cum multo vino modicum infundatur aquæ. Quæritur an vanum sit quod geritur, si forte aqua prætermittatur? Dico, si ignorantia vel oblivione aquam prætermisit aliquis, graviter punitur; non tamen sit etiam irritum sacramentum. Tribus ex causis sacramentum corporis et sanguinis sui sub alia specie sumendum instituit: ad augendum meritum, ad fovendum sensum et ad vitandum ridiculum; ad augendum meritum, quia aliud ibi cernitur, et aliud creditur; ad fovendum sensum, ne abhorreret animus quod cerneret oculus; ad vitandum ridiculum, ne insultaret paganus si id ageret Christianus. *Mysterium fidei.* Mysterium dicitur, quia aliud cernitur, aliud creditur. *Qui pro multis effundetur in remissionem peccatorum.* Pro solis destinatis effusus est quoad efficaciam; vero omnibus quoad sufficientiam.

8. *Hæc quotiescunque feceritis.* Non possumus exire de Ægypto nisi celebrando Phase; ergo ut devastante angelo protegamur, agnum edamus. Sed quoties? Augustinus dicit: Quotidie sumere nec laudo nec vitupero. De Zachæo et centurione legimus: Alter gaudens suscepit Christum in domo sua; alter, *Domine, non sum dignus ut intres sub tectum meum.* Non alter alteri se præposuit. Faciat unusquisque quod pium crediderit esse faciendum; hortor tamen omnibus diebus Dominicis esse sumendum, si tamen mens non sit in affectu peccandi. *In mei memoriam facietis.* Si quis peregre proficiscens, aliquod pignus ei quem diligit relinquit, ut quoties illud aspexerit, illius debeat amicitias memorare, is profecto sine fletu ac desiderio nequit illud aspicere. *Unde et memores.* Quia Dominus ipse præceperat ut hoc in sui memoriam faceremus, idcirco tria commemoranda proponit Ecclesia, scilicet passionem, resurrectionem, ascensionem; quorum primum pullulat charitatem, secundum roborat fidem, tertium lætificat spem. Quid in nobis magis charitatem accendat quam quod *proprio suo Filio non pepercit Deus, sed pro nobis omnibus tradidit illum?* Quid in nobis magis fidem confirmet, quam quod Christus surrexit a mortuis, primitiæ dormientium et resurrectio mortuorum? *sicut in Adam omnes moriuntur, ita in Christo omnes vivificabuntur.* Quid magis in nobis amplificet spem quam quod *Christus ascendens in altum captivam duxit captivitatem, dedit dona hominibus,* ut ubi est ille, illic sit et minister ejus? Quia vero dicit se memorem Dominicæ passionis, statim acerbiorem ipsius passionis commemorat

[partem], recolens in quinque crucibus quinque plagas. Deinde per tres partes Dominicæ passionis prosequitur, sicut subsequenter ex ipso declarabitur. Abhinc igitur usque dum corporale desuper calicem removetur, Domini passio commemoratur. Nam ut dicit sacerdos, *hostiam puram, hostiam sanctam, hostiam immaculatam, panem sanctum vitæ æternæ, et calicem salutis perpetuæ*, unum crucis signaculum imprimitur super oblatam, significans illa viventis petræ foramina, in quibus residet immaculata columba fructuose nidificans. Tres autem cruces facit pariter super oblatam et calicem, quoniam in tribus verbis primis utraque species intelligitur; nunquam autem in crucis signaculo panis separatur a calice, nisi cum separatim nominatur.

9. Hic oritur non prætereunda silentio quæstio, quare super hostiam benedictam et plenissime consecratam adhuc benedictionis signum exprimitur? Imo talia sunt quædam subjuncta in canone, quæ videntur innuere, quod nondum sit consecratio consummata. In canone siquidem aliud verba significant, aliud signa portendunt (47). Verba namque principaliter spectant ad Eucharistiam consecrandam, signa vero principaliter pertinent ad historiam recolendam. Hoc capitulum *qui pridie quam pateretur* in fine canonis subjici debuisset, quoniam in eo consecratio consummatur; sed quoniam impedisset ordinem historiæ, quasi quadam necessitate compulsus capitulum illud quasi cor canonis, ita in medio collocavit, ut quæ sequuntur intelligantur præcedere, secundum illam figuram qua sæpe fit, ut quæ ratione succedunt intellectu præcedant. Vel potius, ut tam litteræ quam historiæ suus ordo servetur, dicatur quod signa pertinent ad historiam recolendam, verba ad consecrata hoc modo; nos tui primi, videlicet sacerdotes, sed et plebs tua sancta, scilicet populus Christianus; nam populus agit voto, sacerdotes peragunt mysterio.

10. *Offerimus præclaræ majestati tuæ*, id est præ cæteris claræ; nam si *justi fulgebunt sicut sol in regno Patris*, quanto clarius divina majestas præfulget! *De tuis donis*, id est de fructibus segetum, quantum ad panem qui est consecratus in carnem. *Ac datis*, id est de fructibus arborum, quantum ad vinum quod est consecratum in sanguinem. De istis, inquam, et de illis *offerimus hostiam puram, hostiam sanctam, hostiam immaculatam*, id est Eucharistiam immunem ab omni culpa originali, veniali et criminali; vel puram quantum ad cogitationem, sanctam quantum ad locutionem, immaculatam quantum ad operationem, quia *peccatum non fecit, nec inventus est dolus in ore ejus*. Hoc est *panem sanctum*, id est sanctificantem, datorem *vitæ æternæ*, quantum ad stolam carnis; *et calicem salutis perpetuæ*, quantum ad stolam animæ. *Supra quæ propitio ac sereno vultu*, id est respectu placabili *digneris respicere*; non quod vultus ejus mutetur aliquando, sed tunc Deus vultum suum super nos illuminat et serenat, cum misericordiam suam super nos exhibet et declarat (48), secundum illud psalmi; *illuminet vultum suum super nos et misereatur nostri. Sicuti accepta habere dignatus es munera Abel*, etc. Adverbium istud sicuti similitudinem innuit, non exprimit quantitatem; multo quidem acceptius est hoc sacrificium quam quod obtulit Abel, Abraham, Melchisedech; valet enim res plus quam umbra, veritas quam figura. Offeramus ergo sicut Abel, qui cor suum obtulit, et se totum Deo subdidit, et ideo dicit : *Respexit Deus ad Abel et ad munera ejus*, sed prius respexit ad Abel quam ad munera. Sacrificium offeramus, arietinam protervam, feritatem taurinam, hircinamque libidinem jugulantes, juxta illud psalmi : *Holocausta medullata offeram tibi cum incenso arietum, offeram tibi boves cum hircis. Sanctum sacrificium, immaculatam hostiam*. Hoc addidit in canone Leo papa.

11. *Supplices te rogamus*. Post cœnam *exiit Jesus in montem Oliveti, et progressus pusillum procidit in faciem suam orans*. Ideo sacerdos inclinans se orat. Tunc accessit traditor *et osculatus est eum*; quod repræsentat sacerdos per osculum altaris. Et quia Jesus *factus in agonia prolixius orabat, tertio dicens eumdem sermonem :* sacerdos facit tres cruces, primam et secundam distincte super oblatam et calicem dicens : *Sacrificium Filii tui corpus et sanguinem sumpserimus* ; tertiam se ipsum signando in facie cum dicit: *Omni benedictione cœlesti et gratia repleamur*. Quia *factus est sudor ejus sicuti guttæ sanguinis decurrentis in terram*, forte propter sudorem corporis crucem imprimit super corpus, propter guttas sanguinis crucem imprimit super sanguinem ; quia procidit in faciem, crucem imprimit in faciem. Vel per duas cruces quas facit sacerdos super corpus et sanguinem, designantur vincula et flagella, quibus elicitus est sanguis, cujus livore sanati sumus ; per crucem quam facit sibi in facie, recolitur illud quod exspuebant in faciem ejus, et palmas in faciem dabant et velabant faciem.

12. *Jube hæc perferri*. Tantæ sunt profunditatis hæc verba ut intellectus humanus vix sufficiat penetrare; nam et beatus Gregorius, tanti secreti interpres (49), de hora immolationis ineffabiliter loquens : Quis, inquam, fidelium habere dubium possit in ipsa immolationis hora ad sacerdotis vocem cœlos aperiri, in illo mysterio choros angelonis missæ, sæculo xv typis impressus, quem lego in codice Palatino 607. Dissidet vero ubique expositio Canonis, auctore Odone Cameracensi, quæ impressa legitur bibl. præd. tom. XXI.

(49) Hic quoque imitatur Florum Petrus, et interdum alibi.

---

(47) Cod., *alia verba significant, alia verba protendunt.*

(48) Hic S. Petrus sine dubio respicit ad Flori diaconi expositionem canonis. Videsis biblioth. PP. Lugdun., tom. XV, p. 77. G. Vicissim Petrum hoc loco imitatus videtur interpres anonymus cano-

ram adesse, summis ima sociari, terram cœlestibus lungi, unum et idem ex visibilibus et invisibilibus feri? Et alibi dicit : Uno eodemque tempore ac momento et in cœlos rapitur ministerio angelorum consecratum corpus Christi, et ante oculos sacerdotis videtur in altari, salvo tamen occulto cœlestis oraculi sacramento. Possunt verba, licet simplicius, tamen securius hic intelligi, *jube hæc*, id est vota fidelium, videlicet supplicationes et preces, *perferri per manus sancti angeli tui*, hoc est per ministerium angelorum, secundum illud quod ait angelus ad Tobiam : *Quando orabas cum lacrymis, ego obtuli orationem tuam Domino. — In sublime altare tuum*, hoc est in conspectum divinæ majestatis tuæ. Porro sicut beatus Augustinus determinat, non dicitur angelus orationes nostras offerre Domino, quia tunc primo noverit Deus quod volumus, quia Deus novit omnia antequam fiant, sed quia necesse habet rationalis creatura temporales causas ad æternitatem referre, sive petendo quæ gratiose fiant, sive consulendo quid faciat, ut quod Deo jubente implendum esse cognoverit, vel evidenter vel latenter reportet. Hinc etiam evidenter apparet quod angeli in sacrificio semper assistunt.

13. *Memento, Domine*. Orat pia mater Ecclesia non solum pro vivis, sed etiam pro defunctis, et eos sacræ intercessione oblationis commendat sanctis; sive quia sanguis iste pretiosus, qui pro multis effusus est in remissionem peccatorum, non solum ad salutem viventium, sed etiam ad absolutionem [valeat] defunctorum. *Qui cum signo fidei*. Non quod ibi sit fides, quia fides et spes evacuabuntur, sed signum fidei pro charactere christianitatis accipitur quo fideles ab infidelibus discernuntur. *Et dormiunt in somno pacis*. Secundum illud : *In pace in idipsum dormiam*. Sacra Scriptura appellat dormientes, ut ait Apostolus: *Nolumus vos ignorare de dormientibus*. Et Dominus in Evangelio : *Lazarus amicus noster dormit*. *Propitiare, Domine, et omnibus in Christo quiescentibus*. In hoc loco sacerdos, quorum maluerit, debet agere memoriam specialem. *Locum refrigerii*, in quo non est ardor peccatorum. *Lucis*, in quo non est obscuritas tenebrarum. *Et pacis*, in quo est conflictus pœnarum. *Nobis quoque peccatoribus*. Nam *si dixerimus quod peccatum non habemus, nosmet ipsos seducimus, et veritas in nobis non est*. *Cum Joanne, Stephano, Matthia, Barnaba*. In hac secunda commemoratione sanctorum ex magna parte supplentur quæ de præmissis sanctis jubebantur. Sed quæritur quare Joannes repetitur, et quare Stephanus sociatur Joanni, et quare præmittitur Matthiæ et Barnabæ? Sane Joannes in prima commemoratione cum aliis disponitur propter apostolatum; in hac commemoratione repetitur et cum Stephano sociatur propter privilegium cœlibatus, virgines enim sunt. Propterea cæteris præmittitur virginitas et maxime commendatur, quia Christus in cruce matrem Virginem virgini commendavit. Stephani vero virginitas ex eo maxime deputatur,

quod deputatus est ab apostolis ad ministerium viduarum; et ideo in hoc quod feminis est præpositus, testem meruit sincerissimæ castitatis. Posset tamen non evangelista, sed Baptista Joannes intelligi; nec obstat quod præmittitur tum apostolis tum etiam martyribus, cum Baptista merito inter martyres possit numerari. *Non æstimator meriti*. Non secundum exigentiam meritorum retribuit, sed citra condignum puniendo, et supra condignum remunerando.

14. *Per quem hæc omnia, Domine, semper bona creas*. Nam *omnia per ipsum facta sunt* et *vidit Deus cuncta quæ fecerat, et erant valde bona*. *Creas*, ergo condendo naturam; *sanctificas*, consecrando naturam; *vivificas*, transsubstantiando creaturam; *et benedicis*, accumulando gratiam. Est autem simplex providentiæ demonstratio. *Hæc enim omnia*, id est panem, vinum et aquam, *semper bona creas*, secundum causas primordiales; *sanctificas*, secundum causas sacramentales; *vivificas*, ut transeant in carnem et sanguinem; *et benedicis*, ut conferant unitatem et charitatem; *per ipsum*, tanquam per mediatorem; *cum ipso*, tanquam coæquali; *in ipso*, tanquam consubstantiali; in Patre quippe notatur auctoritas, in Filio æqualitas, in Spiritu sancto coævitas. Auctoritas in Patre propter principium; æqualitas in Filio propter medium; coævitas in Spiritu sancto propter consortium. Sexta feria crucifixus est Dominus hora tertia linguis Judæorum, quod narrat Marcus, sexta, manibus gentilium, quod narrat Joannes; et circa horam nonam *inclinato capite, emisit spiritum*. Ad recolendam ergo crucifixionem, quæ hora tertia facta est linguis Judæorum ter clamantium ; *Crucifige*, et rursus: *Tolle, tolle, crucifige*, sacerdos facit tres cruces super oblatam et calicem, cum dicit *sanctificas*, *vivificas*, *benedicis*. Ad recolendam vero crucifixionem, quæ post intervallum trium horarum facta est manibus gentilium, facit item tres cruces cum hostia, dicendo super calicem : *per ipsum, et cum ipso, et in ipso*. Postmodum vero ad designandam divisionem carnis et animæ Domini morientis, facit duas cruces in ore calicis, cum dicit: *Tibi Deo Patri omnipotenti in unitate Spiritus sancti, Deus*. Dum enim in Christo tres sint unitæ substantiæ, divinitatis ad corpus, divinitatis ad animam, et animæ ad corpus divisum ab anima, propterea non tribus crucibus, sed duabus mors Domini designatur.

15. Sacerdos etiam super mensam altaris manus extendit, quia Christus super aram crucis manus expandit. Subtilius tamen ac profundius hæc possumus figurare; tres quippe cruces significant tres cruciatus quos Christus in cruce sustinuit, videlicet passionem, propassionem et compassionem; passionem in corpore, propassionem in mente, compassionem in corde. De passione dicit propheta. *O vos, qui transitis per viam, attendite et videte si est*, etc. Etiam : *Foderunt manus meas, et pedes meos*. De propassione mentis Dominus inquit : *Tri-*

stis est anima mea; et item : *Cœpit Jesus pavere et tædere.* De compassione cordis pro crucifixoribus oravit : Pater, ignosce illis. Ideo vero sacerdos facit has cruces cum hostia super calicem, quia Christus hujusmodi cruciatus in corpore super patibulum [pertulit]; per calicem enim passio designatur: secundum (50) illud : *Pater, si fieri potest, transeat a me calix iste.* Duæ vero cruces, quas facit in latere calicis, designant duo sacramenta, quæ de latere Domini profluxerunt, videlicet aqua regenerationis et sanguis redemptionis. Corporale desuper calicem removetur, quia velum templi scissum est, secundum quod de eo scriptum erat, hactenus erat clausum, et lignum missum est in aquis Marath, et dulcoratæ sunt. Tunc exaltatum parumper sacramentum de altari sacerdos deponit ipse et diaconus, quia venit Joseph ab Arimathia, venit et Nicodemus, et impetratum a Pilato corpus Jesu sepelierunt. Et quia advolvit saxum magnum ad ostium monumenti, diaconus super os calicis corporale reponit. Quia nunc *factus est in pace locus ejus,* diaconus mensam altaris osculatur. Quia *factus est principatus super humerum ejus,* diaconus manum pontificis osculatur.

16. Sacrificium igitur septem vicibus signatur in canone; prima vice ter, ubi dicitur, *hæc dona, hæc munera, hæc sancta sacrificia illibata* propter ternam Christi traditionem, quæ facta est de eo a Juda et a Judæis. Secunda vice quinquies, ubi dicitur : *quam oblationem tu, Deus, digneris facere benedictam, ascriptam et ratam, ut fiat corpus et sanguis;* propter quinque partes venditorum, sed et venditi et emptorum, videlicet sacerdotum, Scribarum et Pharisæorum. Tertia vice bis, ubi dicitur, *accipiens panem, benedixit et fregit. Similiter et hunc præclarum calicem, gratias agens, benedixit,* propter benedictionem panis qui transsubstantiatur in carnem, et vini quod transsubstantiatur in sanguinem. Quarta vice quinquies, ubi dicitur : *hostiam puram, hostiam sanctam, hostiam immaculatam, panem sanctum vitæ æternæ et calicem salutis perpetuæ,* propter quinque Domini plagas. Quinta vice bis, ubi dicitur, *sacrosanctum corpus et sanguinem,* propter vincula in quibus ligatum est corpus, et flagella quibus elisus est sanguis. Sexta vice ter, ubi dicitur, *sanctificas, vivificas, benedicis,* propter crucifixionem quæ facta est hora tertia linguis Judæorum clamantium ter : *Crucifige.* Septima vice quinquies, ubi dicitur, *per ipsum, et cum ipso, et in ipso, tibi Deo patri omnipotenti in unitate Spiritus sancti,* ter super calicem propter tres cruciatus quos Christus sustinuit, passionis, propassionis et compassionis; et bis in latere calicis propter aquam et sanguinem qui de latere Christi profluxerunt. Inter has septem vices sacrificium signatur duabus vicibus bis, et tribus vicibus quinquies, et duabus vicibus ter ; simul omnibus quinquies quinque, quæ sunt simul 25. Qui numerus per se ductus semper in se ipsum reducitur; nam quinquies quinque sunt 25; quinquies 25 sunt 125 : 125 quinquies sunt 625; et ita semper abundat quinarius numerus et in se ipsum reducitur, si ducatur in infinitum, quamlibet eum multiplices. Eucharistiæ sacramentum semper idem est sacrificium.

17. Non solum autem crucis impressio, verum etiam vocis expressio quæ gesta sunt juxta crucem insinuant. Sacerdos enim voce paululum expressa, percusso pectore, silentium interrumpit, repræsentans contritionem et confessionem latronis; vel etiam exsultatione vocis, et tunsione pectoris exprimitur illud, quod *centurio et qui cum eo erant, visis iis quæ fiebant, timuerunt valde dicentes : Vere Filius Dei erat iste; et percutientes pectora revertebantur.* Quia vero Jesus *clamans voce magna emisit spiritum,* levat sacerdos vocem dicendo, *per omnia sæcula sæculorum.* Videlicet quia *mulieres lamentabantur flentes Dominum,* chorus quasi lamentando respondet, amen. Jesus voce magna clamabat : *Pater, in manus tuas commendo spiritum meum;* et ideo sacerdos elevata voce pronuntiat : *Pater noster, qui es in cœlis.* Hanc orationem post canonem beatus Gregorius censuit recitari super hostiam ; hæc enim oratio cæteris omnibus multis rationibus antecellit, scilicet auctoritate doctoris, bonitate sermonis, sufficientia petitionis, fecunditate mysteriorum. Sunt hic septem petitiones quæ adaptantur septem donis, septem virtutibus, septem beatitudinibus, contra septem vitia capitalia. Homo enim est ægrotus, Dominus est medicus; vitia sunt languores, petitiones sunt planctus, dona sunt antidota, virtutes sunt sanitates, beatitudines sunt gaudia felicitatis. Quod sequitur secretæ silentium, quietem significat Dominicæ sepulturæ. In Sabbato Christus secundum carnem quievit in sepulcro; secundum animam descendit ad inferos, ut fortior superveniens fortem spoliaret armatum. *Libera nos, quæsumus, Domine.* Hæc oratio dicitur embolismus (51), et est expositio novissimæ petitionis orationis Dominicæ. Post passionis tristitiam ad resurrectionis gaudium pervenit, secundum illud : *Ad vesperum demorabitur fletus; ad matutinum lætitia.*

18. Diaconus et subdiaconus portant patenam, quam sacerdos accipiens osculatur, et cum ea signum crucis sibi facit in faciem. Hi tam numero quam obsequio stantes illas mulieres significant, scilicet Mariam Magdalenam et Mariam Jacobi et Salome, quæ portantes patenam, id est cor patens latitudine charitatis, in obsequium sepulturæ emerunt aromata. Hanc ergo patenam, id est cor amplum latitudine charitatis, sacerdos accipit, id est Christus acceptat. Quia vero crucifixus ardenti desiderio quærebatur, juxta quod inquit angelus mulieribus : *Scio quod Jesum quæritis crucifixum;*

---

(50) Cod., *super.*
(51) Sic et anonymus palatinus, qui addit : *id est superexcrescentia, eo quod nihil in ea petitur quod in præcedenti Dominica oratione petitum non sit; nec tamen superfluit, quia est expositio et repetitio septimæ petitionis.*

Ideo crux cum patena imprimitur in facie; statimque sacerdos osculatur patenam, ostendens quod Christus confestim implevit desiderium mulierum; mox enim occurrit eis dicens: *Avete.* Tunc sacerdos frangit hostiam in tres partes; et duabus extra calicem reservatis, cum alia signum crucis facit super calicem, et alta voce dicendo: *Pax Domini sit semper vobiscum,* particulam hostiæ in calicem dimittit. Sacerdos igitur hostiam frangit, ut in fractione panis Deum cognoscamus, sicut illi discipuli in Emmaus. Conjunctio panis et vini unionem carnis et animæ in resurrectione Christi denuo supervenientem. Ideo ter signum producitur cum hostia super calice, quia virtus Trinitatis animam crucifixi reduxit ad carnem. Ideo etiam fiunt tres cruces super os calicis, quia tres mulieres quærebant crucifixum ad ostium monumenti; de quo diaconus removet corporale, designans quod *angelus Domini revolvit lapidem ab ostio monumenti.* Quid autem illæ partes significent, Sergius papa determinat, dicens : « triforme est corpus Christi; pars oblatæ in calice missa corpus Christi, quod jam resurrexit, demonstrat; pars comesta, corpus ambulans adhuc super terram; pars in altari usque ad finem missæ remanens, corpus jacens in sepulcro, quia usque in finem sæculi corpora sanctorum in sepulcris erunt. » *Pax Domini sit semper vobiscum.* Hoc significat quod stetit Jesus in medio discipulorum, et dixit eis : *Pax vobis.* Quia vero statim dedit eis potestatem remittendi peccata; *quorum,* inquit, *remiseritis peccata,* etc., idcirco chorus clamat ad ipsum : *Agnus Dei, qui tollis peccata mundi, miserere nobis.* Et ne loquamur pacem, et non habeamus in corde, Innocentius pacis osculum dari decrevit et omnibus datur, ut constet populum ad omnia, quæ mysterio aguntur et in Ecclesia celebrantur, suum præbuisse consensum.

Explicit Expositio Canonis missæ secundum beatum Petrum Damiani.

TESTIMONIA NOVI TESTAMENTI

QUÆ

De opusculis beati Petri Damiani quidam ejus discipulus excerpere curavit (52).

TESTIMONIA EX EVANGELIIS.

EX MATTHÆO.

CAPITULA SECUNDUM MATTHÆUM.

1. Quod in genealogia Domini reprehensibiles solum mulieres interponuntur, et quod Matthæus descendendo XI generationes enumerat, cum Lucas LXXVII ascendendo describat. — 2. *Vos estis sal terræ; si sal evanuerit, in quo condietur?* — 3. *Non potest arbor mala fructus bonos facere.* — 4. *Inter natos mulierum non surrexit major Joanne Baptista.* — 5. *Colligite primum zizania, et alligate fasciculos ad comburendum.*

I. IN EXPOSITIONE EJUSDEM EVANGELII SEU IN SERMONE DE SANCTO LUCA (55).

Illud vero quosdam movere non irrationabiliter potest cur sanctus evangelista reprehensibiles solummodo mulieres in Christi genealogia interponere studuit, sanctas vero et absque ulla contradictione laudabiles silentio præterivit. Sed hoc idcirco factum est ut, dum Redemptor noster de peccatoribus natus esse describitur, pro peccatoribus de cœlo ad pœnam descendisse credatur; descendit quippe, ut peccata nostra ipse portaret; ascendit vero, ut divinitatis suæ nos participes faceret, sicut per Apostolum dicitur, quia *mortuus est propter peccata nostra, et resurrexit* propter justificationem nostram. Hinc est enim quod Matthæus descendendo per Salomonem, cujus matrem concupiscendo David peccavit, XL generationes enumerat; cum Lucas ascendendo per Mathan, per cujus nominis prophetam peccatum David expiavit, LXX et VII generationes describat. Per Matthæum quippe signatur, quia idcirco Dei Filius ad nos peccatores descendit, ut mortalitatis nostræ particeps fieret; per Lucam vero innuitur quia idcirco post resurrectionem ad

---

(52) In editione Operum S. doctoris Petri Damiani per Const. Cajetanum curata, exstant quidem collectanea testimoniorum ex Veteri Testamento, quanquam fine carentia; sed collectanea ex Novo desiderantur, qua super re sic loquitur prædictus editor tom. IV, pag. 138 : *Admonendum te putamus, lector optime, hujusmodi collectanea ex Operibus S. Petri Damiani excerpta, magna cum diligentia a nobis fuisse conquisita ; sed tamen in Vetus duntaxat Testamentum, eaque imperfecta, ut apparet, quæ nunc in lucem damus, fuisse inventa. Nam expositiones Novi Testamenti, quas etiam, ut vetus inscriptio indicat, idem auctor, S. doctoris discipulus, compila*vit, reperiri minime potuerunt. Sed certe Cajetanus diligentiam suam in hoc opere vestigando extra Vaticanam bibliothecam exprompsit; nam hujus vetus codex 4950, cujus est recens apographum Ottobon. 982, utraque collectanea tam ex Veteri quam ex Novo Testamento continet. Placet igitur Operum tanti doctoris editionem hoc etiam scripto cumulare.

(53) Sermo de S. Luca; in quo partim leguntur sequentia, exstat in ed. tom. II, p. 279. Sed expositio sive in Matthæum sive in Lucam S. Petri Damiani, si forte exstitit, nulla edita habetur.

Patrem ascendit, ut nos divinitatis suæ consortes efficeret; sicut per egregium prædicatorem dicitur: *Quod autem ascendit, quid est, nisi quia descendit primum in inferiores partes terræ? Qui descendit, ipse est et qui ascendit super omnes cœlos, ut adimpleret omnia.* Per numerum autem quem Matthæus ordinat, susceptio laboriosæ mortalitatis; per illum vero quem Lucas posuit, humanæ exprimitur abolitio pravitatis. Per quadragenarium quippe numerum labor exprimitur, quo videlicet Christus in corpore suo, quod est Ecclesia, per diversa vitæ hujus tempora fatigatur. Hinc est quod Moyses et Elias 40 dierum continuavere jejunium; sed et ipse Dominus sub eodem numero abstinuit perceptione ciborum.

Per Moysen itaque lex, per Eliam prophetia, per Christum vero Novi Testamenti patenter intelligitur gratia. Per afflictionem ergo legis, prophetiæ simul et gratiæ labor innuitur universalis Ecclesiæ per universa mortalis hujus vitæ sæcula fatigatæ. Hinc est quod filii Israel, ærumnis atque laboribus diutinæ peregrinationis attriti post 40 annos terram sunt promissionis ingressi; quia videlicet omnes electi post emensum hujus peregrinationis excursum, mox hæreditario jure terram viventium possidebunt. Per septuagenarium vero numerum, quem Lucas posuit, remissio peccatorum exprimitur, sicut ipse Dominus in Evangelio testatur. Cum enim Petrus interrogaret dicens: *Domine, quoties peccaverit in me frater meus, dimittam ei usque septies?* respondit: *Non dico tibi usque septies, sed usque septuagies-septies.* Congrue autem per septuagenarium numerum peccatorum remissio designatur, quia ab undenario et septenario nascitur: undecim namque si septies multiplicentur, 77 numerum faciunt. Denarius autem numerus perfectus esse dignoscitur, per quem et Decalogus designatur. Sed si denarius est perfectus, restat necessario ut sit undenarius imperfectus. Quid est autem peccatum, nisi transgressio legis? Si ergo per denarium lex intelligitur, recte per undenarium legis transgressio figuratur; septenario vero numero tota sæculi hujus universitas continetur, quia septem diebus omnis decursus vitæ præsentis evolvitur. Per undenarium ergo septies multiplicatum cuncta nostra peccata ad septuagesimum septimum deducuntur numerum, in quo vera omnium fit remissio peccatorum. Unde eleganter a Christo et baptismo hæc secundum Lucam series inchoatur, et in Dei Patris persona finitur. In baptismo enim Christi omnium nobis peccatorum remissio provenit per Spiritum sanctum qui super baptizatum Dominum in specie columbæ descendit. Sic per Christum redempti, et per Spiritus sancti gratiam abluti, reconciliamur Deo Patri. Quos utriusque evangelistæ sensus beatus Paulus una sententia comprehendit dicens: Misit Deus Filium suum in similitudinem carnis peccati, et de peccato damnavit peccatum in carne. Cum enim dicit misit Deus Filium suum in similitudinem carnis peccati, peccatorum nostrorum susceptionem manifeste declarat, quam ostendit Matthæus cum descendendo XL generationes enumerat. Cum vero sequitur, et de peccato damnavit peccatum in carne, expiationem omnium nostrorum criminum indicat, quam Lucas exprimit, cum ascendendo LXXVII generationes describit.

II. IN SERMONE SYNODALI TERTIO (54).

Vos estis sal terræ. Plurimus plane cibus sub una mole congeritur qui tamen exiguo sale conditur; et multus est populus Christianus, ad cujus comparationem perexiguus est numerus sacerdotum; sed dum populi multitudo sacerdotalis eloquii sale conspergitur, cœlestis sapientiæ sapor in eorum cordibus gignitur, et gustus mentis humanæ in delectatione cœlestium suaviter obdulcatur. In quo cavendum est valde quod dicitur: *Si sal evanuerit, in quo condietur?* Nam cum sacerdotis cor ab amore supernæ dulcedinis evanescit, amarescit illico per salsuginem terrenæ concupiscentiæ, ideoque jam non poterit aliena corda salire.

III. IN EPISTOLA AD GEBIZONEM.

(*Ed. tom. I, pag. 192.*)

Non potest arbor mala fructus bonos facere. Arbor sane voluntas intelligenda est, non persona; nam eadem persona hominis et bona operari valet et mala, sicut ex eadem terra et ficus profertur et spina. Sed sicut mala arbor nunquam bona germinat poma, ita de superba voluntate, quæ procul dubio mala est, nunquam mera vel incontaminata procedit humilitas; et sicut radice læsa, totius arboris rami consequenter arescunt, sic ex mente superba, si quid boni operis ad tempus virescere cernitur, velut humore convallis exhausto, in prærupti saxi ariditate siccatur.

IV. IN SERMONE DE SANCTO JOANNE BAPTISTA.

(*Ed. tom. II, pag. 116 seqq.*)

Inter natos mulierum non surrexit major Joanne Baptista. Exclusit itaque majorem, non negavit æqualem. Hinc est quod ad Zachariam angelus dicit: *Ipse præcedet ante illum in sapientia et virtute Eliæ.* Par ergo Eliæ Joannes videtur, in cujus sapientia et virtute venturus asseritur, præsertim cum et alibi ipsa Veritas dicat: *Elias jam venit, et non cognoverunt eum, sed fecerunt in eum quodcunque voluerunt; et si vultis scire, Joannes ipse est Elias.* Sed ecce e diverso illud occurrit, quod Eliseus duplicem Eliæ spiritum, juxta modum suæ petitionis, accepit. *Obsecro,* inquit, *ut fiat spiritus tuus duplex in me.* Quod si Eliam Elisæus dupliciter antecellit, æqualem Eliæ Joannem quomodo superat, quo inter natos mulierum major nemo surrexit? Verumtamen ut solvatur quæstio, ponderandus est sensus, ut quod durum in verbis exterioribus sonat, de pia intentione procedere discretio sobrie sentientis intelligat.

---

(54) In editione tom. II, pag. 398, nihil exstat præter fragmentum sermonis primi synodalis.

Durum quippe sonuit quod Eliseus duplicem magistri spiritum petiit, cum non sit discipulus super magistrum; sed ex pura mente petitio ista processit, quia non terrenum aliquid, sed spiritualem gratiam postulavit; unde et Elias quasi subindignatus, incauta discipuli verba redarguit, cum ait : *Rem difficilem postulasti*; simplicitatem vero piæ intentionis aspiciens præsto subjungit : *Attamen si videris me, quando tollar a te, erit quod petisti*; non videlicet duplicitas, quam incautus sermo profudit, sed donum spiritus, quod humili ac sincera mens intentione quæsivit. Hoc itaque modo nequaquam Joannem superat Eliseus, sicut nec major est quam Elias. Verumtamen si sacræ historiæ tenorem inspicimus diligenter, uberiorem sive clariorem Eliseum quam Eliam in miraculorum fuisse virtutibus invenimus. Ille nimirum vivens defunctum puerum vitæ restituit, iste jam mortuus mortuum suscitavit. Illo prophetante hydria farinæ et lecythus olei non defecit, iste obsessæ et afflictæ civitati protinus in diem alterum incredibiles hostilium castrorum copias obtulit, atque, ut in brevi cuncta concludam, Elias 12, Eliseus, ut Scripturæ veritas tradit, 23 miraculorum signis enituit, quæ, videlicet quia fastidium devitamus, hic enumerare postponimus.

Quomodo ergo hujus me nodo quæstionis expediam, ut prolata de magnitudine Joannis non vacillet sententia veritatis, qua dicitur in natis mulierum non esse majorem Joanne Baptista? Nam si major est Eliseus quam Elias, ergo major est et Joanne, quod fieri impossibile est. Sed notandum quod aliud est magnum quid agere in signis miraculorum, aliud magnum esse in excellentia meritorum; nam si de miraculis agitur, nullum fecisse miraculum Joannes in Scripturarum paginis invenitur. Sed nunquid propter hoc infimus erit omnium sanctorum, quia nulla traditur signa fecisse virtutum? Eliseus ergo major est quam Elias in exhibitione signorum, quem tamen nequaquam superat in cumulo meritorum. Ita et Joannes par quidem est Eliæ, quia sicut ille præco futurus est Judicis, ita et hic præcursor factus est Redemptoris; sed major Elia, quia quem demonstravit, etiam baptizavit. Joannes itaque humanorum limes est meritorum; quantumcunque enim apostolici senatus excellat auctoritas, quantumcunque vel patriarcharum fides in divina agnitione proficiat, vel prophetarum miracula ad reseranda arcana mysteria convalescant, quantumlibet certe cumuletur triumphantium gloria martyrum, quantumvis effloreat vernans pudicitia virginum, vel in verbo vitæ se exerceat lingua doctorum, citra metam Joannis omnia cohibentur, nihilque virtutis humanæ, nihil religionis, nihil perfectionis ultra progreditur.

V. IN SERMONE DE SANCTO STEPHANO PAPA.
(*Ed. tom. II, pag.* 184.)

Colligite primum zizania, et alligate fasciculos ad comburendum. Pensanda sunt diligenter verba Veritatis ac cum timore quibus dicitur : Alligate fasciculos ad comburendum zizania; quippe fasciculi alligantur, quia in illo perpetuæ damnationis incendio, homicidæ cum homicidis, adulteri cum adulteris, perjuri cum perjuris, incestuosi cum incestuosis, non diverso pœnalium tormentorum genere constringuntur; illic eos infinitæ pœnæ patens gehennæ barathrum devorat, qui his se arroganter in superbiæ cornibus extollebant; illic eorum carnes atque medullas saginis irriguas crepitans flamma depascet, qui hic arsere deliciis et æstuantis expleverunt illecebras voluptatis. Bene itaque dicuntur fasciculi alligari, quia nequaquam eos tunc separat diversitas ultionis, quos hic similitudo sociaverat pravitatis; et qui nunc eisdem criminibus sunt obnoxii ejusdem supplicii postmodum tenentur animadversione constricti. De quibus omnibus alibi sub unius personæ specie dicitur : *Ligatis manibus et pedibus, mittite illum in tenebras exteriores*. Illic membra ligantur ad pœnam, quæ hic soluta ac libera ferebantur ad culpam; vel tunc digne constringenda sunt in suppliciis, quæ nunc male ligata sunt a pietatis operibus peragendis; illic animæ reproborum cum corporibus simul inexstinguibili cruciantur incendio, sicut hic in exsecutione pravi operis jungebantur. Unde et per prophetam dicitur : *Descenderunt ad infernum cum armis suis;* arma quippe peccantium membra sunt corporis, quibus reprobi homines diabolo militant et ejus imperio perverse vivendo ministrant. Simul ergo cum animabus et corpora in æterna morte damnantur, quæ simul in pravi operis perpetratione vixerunt; de quibus propheta dicit : *Ibi Assur et sepulcra ejus.*

EX MARCO.

I. IN SERMONE DE SANCTO MARCO.
(*Ed. tom. II, pag.* 64.)

Quisquis Evangelium beati Marci subtili meditatione considerat, et alta, ut dignum est, indagatione pertractat, rudibus quidem et non accuratis descriptum verbis, sed uberrimis inveniet cœlestis intelligentiæ redundare mysteriis. Est plane styli brevitate succinctum, sed profunda mysterii spiritualis ubertate diffusum. Perscrutantes namque omnes fere paginas Scripturarum, invenire vix possumus Spiritum veritatis cautius vel circumspectius per alium quemlibet quam per os beati Marci fuisse locutum, adeo ut ipsa descriptionis series et ordo verborum magnum contineat sacramentum. Quod ut facilius elucescat, in ipso libri ejus exordio nos breviter intimare non pigeat. Primum namque miraculum ponit, quo Dominus dæmonem per os hominis clamantem tacere præcepit, eumque protinus expulit. *Obmutesce*, inquit, *et exi ab homine*. Secundum miraculum est, quo febricitantem socrum Petri depulso typi calore sanavit. Tertium est, quo leprosum tetigit et purgavit. Quartum quoque est, quo paralyticum grabatum tollere et abire præcepit. Qui videlicet ordo, si diligenti cura perpenditur, manifeste docet quanta magisterii arte Spiritus sanctus scribentis calamum tenuit, et ad declarandum redemptionis humanæ mysterium, quasi per quamdam lineam, omnia dispensavit. In dejectione namque primi hominis principio diabolus locutus est ac pomum vetitum comedi persuasit. Deinde mulier, quia in delectationis concupiscentiam corruit, velut æstuantis ardorem febris incurrit. Adam vero postquam de fructu ligni male consentiendo gustavit, omnium mox vitiorum lepra perfusus, postremo et tanquam paralyticus a cunctis bonis operibus est interioris hominis languore constrictus. Quia ergo Filius Dei, sicut Joannes dicit apostolus, destruere venit opera diaboli, per eamdem viam persecutus est mortem qua illa ingressa fuerat in orbem terrarum ; et ubi fusum est perditionis nostræ venenum, animarum medicus salutis objecit antidotum ; atque unde mortem hostis callidus introduxit, per eumdem tramitem Redemptor noster redeuntis vitæ primordia reformavit: quatenus et diabolum, qui in ruinam nostram locutus fuerat, jamjam tacere compelleret, et Evam a febribus æstuantis concupiscentiæ liberaret ; a viro non modo lepram vitiorum scelerumque detergeret, sed eumdem quoque eatenus paralyticum ad exercenda pietatis opera validum liberumque laxaret. Sicut ergo in illis hominibus totum periit genus humanum, sic in istis a Salvatore curatis est superioris figuræ mysterio saluti pristinæ restitutum. In capitulo igitur Evangelii hujus libri studiosus lector addiscat, sequentis styli series quam profunda, quam mystica charismatum sacramenta contineat. Nec mirum, cum liber ille non plus Marci quam Petri perhibeatur apostoli ; quidquid enim iste scripsit, ex ore beati magistri callidus, ut ita dixerim, explorator audivit.

II. IN EODEM SERMONE.

(*Ed. tom. II, pag. 66.*)

De eo quod Marcus in quibusdam verbis ab aliis dissonat, sed intellectu spirituali consonat.

Porro autem nonnulla reperiuntur, quæ sic sunt a beato Marco digesta, ut reliquis evangelistis videantur esse contraria. Quæ tamen si sagacius perscrutentur, et cæteris consona, et sincerissimæ fidei reperiuntur veritate fundata. Sicut est, quod cæteri hora sexta, hic asserit hora tertia Dominum crucifixum; quæ profecto diversitas ita dirimitur, ut quoniam hora tertia tumultuati sunt : *crucifige, crucifige,* eadem hora Dominum lingua crucifixerit Judæorum , quem hora sexta corporaliter clavi confixere gentilium. Illi itaque juxta corporalem, ut ita loquar, rei gestæ loquuntur historiam, iste spiritualem protulit de furiosa Judæorum crudelitate sententiam. Illi præterea referunt ante galli cantum ter a Petro Dominum fuisse negatum ; iste qui hoc ex ore scilicet ipsius negantis audivit , non antequam gallus cantaret, sed antequam bis cantaret, negationem hanc factam esse perscripsit. Quod profecto juxta fidem rei veraciter contigisse, sicut Marcus asserit, indubitanter agnoscitur. Quod autem alii evangelistæ dicunt, ita debet intelligi, ut trina illa negatio ante galli quidem cantum fuerit cœpta, sed postquam semel cecinit, sit expleta, ut, quoniam in Scripturis pars solet poni pro toto, id quod per Matthæum dicitur : *Antequam gallus cantet, ter me negabis,* sic intelligatur tanquam diceret, ter me negaturus, antequam gallus cantet incipies, sed eamdem negationem, postquam semel cantaverit, antequam cantare bis adjiciat, consummabis. Sic itaque et quod Marcus ait : *Priusquam gallus cantet bis,* et quod alii dicunt : *Antequam gallus cantet, ter me negabis,* licet verbis videantur exterioribus dissonare, congruentissima reperiuntur intentione congruere.

EX LUCA.

CAPITULA SECUNDUM LUCAM.

1. *Quod Lucas solus inter cæteros evangelistas tria cantica describat.* — 2. *Ecce enim, ut facta est vox salutationis tuæ in auribus meis, exsultavit in gaudio infans in utero meo.* — 3. *Reversi sunt autem* LXXII *cum gaudio dicentes : Domine, etiam dæmonia subjiciuntur nobis in nomine tuo.* — 4. *De eo quod , docente Domino, nuntiatur quia Pilatus Galilæorum sanguinem cum sacrificiis immiscuerit.*

I. IN EPISTOLA AD HONESTUM MONACHUM (55).

Beatus Lucas , qui vituli speciem repræsentat, quia videlicet vitulus in sacrificium mactari consuescat, solus inter cæteros evangelistas tria describere cantica reperitur; primum Zachariæ, secundum Mariæ, tertium Simeonis; et cum nullus evangelistarum alius proprio stylo canticum inseruerit, iste duntaxat, qui formam in se legalis hostiæ solus exprimit, cantica diversa describit; primo quidem sacerdotis, deinde Virginis, postremo justi senis; ut per hoc ostendatur quoniam illi præ cæteris in excellentia canendi debetur officium qui semetipsum jam Deo veraciter obtulit holocaustum. Canat ergo siccus et aridus, non qui deliciis fluit humectus et uvidus. Ovis plane vivens balat, mortua cantat; arida chorda clarum, humida sonum reddit obtusum. Cavendum est ergo de sæculo venientibus, et terribiliter formidandum , ne dum mundanæ conversationis laqueos fugiant, mollis et fluxæ vitæ nexibus deterius innectantur, qui etsi Deo boni aliquid offerant, sacrificantis oblatio non suscipitur, nisi et is qui offert, quibusdam, ut ita loquar, devotionis suæ manibus offeratur. Hinc est quod Cain inaniter offerebat, quia semetipsum prius offerre neglexerat.

II. IN SERMONE DE NATIVITATE SANCTI JOANNIS BAPTISTÆ.

(*Ed. tom. II, pag. 334.*)

Ecce, inquit Elisabeth, *ut facta est vox salutationis tuæ in auribus meis, exsultavit in gaudio infans in utero meo.* Spiritus enim sanctus, qui eum antequam vitales auras carperet animavit, ipsum quoque materni pudoris hospitium, in quo degebat implevit, unde cum necdum posset hominibus verba depromere, potuit exsultando latentem in utri tractus non legitur, quanquam hujus argumentum ab illius opusculi proposito non abhorret.

---

(55) Ad Honestum monachum epistola seu opusculum exstat in ed. tom. III, p. 377, sed ibi hic Pe-

utero virginis regem cœli maternis visceribus nuntiare. Ubi quærendum est quomodo fieri potuit ut in eum Spiritus sanctus sua dona diffunderet, cum juxta ritum conditionis humanæ adhuc in iniquitatibus conceptus existeret, et necdum originalis peccati vinculum percepta legalis observantiæ circumcisione solvisset; cum per Moysen divina vox dicat : *Masculus, cujus præputii caro circumcisa non fuerit, peribit anima illa de populo suo, quia pactum meum irritum fecit*. Sed notandum est quia Spiritus sancti gratia lege non stringitur, necessitatis vinculo non tenetur; sed sicut *ubi vult spirat*, sic et quibus vult gratis sua dona dispensat. Nam et Cornelium centurionem, antequam baptismi susciperet lavacrum, inspiravit, et in quosdam adhuc gentiles, loquente Petro, non solum, ut Scriptura testatur, cecidit, sed etiam ut linguis loquerentur, instruxit. Quid ergo mirum, si beatum Joannem ante legalis mandati quodcunque remedium spiritus sanctus implevit, quem ipsius legis et prophetarum ac totius veteris testimonii limitem quemdam atque, ut ita loquar, intransmeabilem terminum providentia divina constituit? *Lex* enim *et prophetæ*, ut Veritas ait, *usque ad Joannem*. Joannes enim iste cum Domino circumcisione non eguit; sed eum supra legem, supra humanæ conditionis ordinem electio divina provexit. Cui etiam tanti honoris collata est gloria ut nativitati ejus ipsa Dei Genitrix interesset, ejusque principium latens in utero mundi Conditor sua præsentia dedicaret. Testatur hoc Lucas evangelista cum dicit : *Mansit autem Maria cum illa*, videlicet Elisabeth, *quasi mensibus tribus, et reversa est in domum suam*. A conceptione quippe Domini usque ad nativitatem beati Joannis tres menses sunt. Nolebat itaque Maria discedere, donec grandævæ puerperæ ministerium sedulitatis impenderet, et quæ gestabat in aula sui corporis regem, cerneret anteire præconem.

III. IN EPISTOLA AD GEBIZONEM.
(*Ed. tom. II, pag.* 192.)

Reversi sunt autem LXXII *cum gaudio dicentes : Domine, et dæmonia subjiciuntur nobis in nomine tuo*. Quid ad hæc ille qui cordis attendit arcana respondit? *Videbam*, inquit, *Satanam sicut fulgur de cœlo cadentem;* ac si dicat : videte ne dum nequitiæ spiritus vestris subduntur imperiis, mentes vestræ jugo prematur elationis, quia si Satanas per superbiam cœlum perdidit quod tenebat, homo superbiens nequaquam valet invenire quod sperat.

IV. IN EPISTOLA AD DESIDERIUM ABBATEM QUÆ TITULATUR
De quibusdam miraculis
(*Ed. tom. III, pag.* 587.)

Quid prodest hostiam Deo laudis offerre, et per torporem negligentiæ fœdis eam cogitationibus inquinare? Hanc porro boni maliqué misturam locus ille significat evangelicus ubi dicitur quia, docente Domino, aderant quidam ipso in tempore nuntiantes illi de Galilæis, quorum sanguinem Pilatus miscuit cum sacrificiis eorum. Nam quia Pilatus *os malleatoris* interpretatur, quid per hunc nisi diabolum debemus intelligere, qui paratus est semper homines offensionum ictibus verberare? Unde et virgam super humeros hominum tenere dicitur per prophetam, *Virgam*, inquit, *humeri ejus superasti, sicut in die Madian*. Quid vero sanguis, nisi peccata? quid sacrificia, nisi rectas et acceptabiles Deo significant actiones? Pilatus ergo Galilæorum sanguinem cum sacrificiis miscuit, quia malignus spiritus vel orationes nostras pravis cogitationibus polluit, vel opera bona peccati cujuslibet attaminatione corrumpit, ut sanguis sacrificium polluat, dum reatus offensio oblatam Deo recti operis victimam fœdat. Unde scriptum est, quia cum Abraham Deo sacrificium de pecoribus ac volucribus devotus offerret, *descenderunt volucres super cadavera, et abigebat eas Abraham*. Quid enim exprimunt volucres, nisi malignos spiritus per aera volitantes? Volucres ergo a sacrificio nostro repellimus, cum operum nostrorum victimas a malignis spiritibus eas fœdare tentantibus provide custodimus.

EX JOANNE.

I. IN SERMONE DE EXALTATIONE SANCTÆ CRUCIS.
(*Ed. tom. I, pag.* 245.)

Quadraginta et sex annis ædificatum est templum hoc, et tu triduo illud reædificas? Sex nempe diebus omnipotens Deus omnia sua opera condidit, et sexto die hominem ad suam imaginem similitudinemque formavit. Sexta quoque ætate sæculi, Filius Dei factus est filius hominis, ut nos reformaret ad imaginem Dei. Sexta insuper feria ipse Dominus passus est, ut ea nimirum die homo fieret ejus morte redemptus, quo dudum fuerat ipsius operatione plasmatus. Eodem porro die de costa viri formata est Eva, quo de latere Christi per aquam et sanguinem exivit Ecclesia. Videamus itaque quomodo per eumdem senarium numerum Dominici corporis templum divinæ providentiæ sit arte constructum. Templum sane illud Hierusalem per 46 annorum curricula fuerat fabricatum; unde et a Judæis Domino dicitur : *Quadraginta et sex annis*, etc. Qui videlicet numerus, si per senarium ducitur, omne tempus quo Dominus in matris utero mansit impletur. Nam quadragies sexies seni 275 dies fiunt, qui dierum numerus complet novem menses et sex dies, qui videlicet tanquam decem menses parientibus feminis imputantur, non quia omnes mulieres ad sextam diem post nonum mensem pariturae perveniant, sed quia tot diebus ad partum perducta ipsa perfectio Dominici corporis comperitur, sicut a majoribus traditur et firma auctoritate Ecclesiæ custoditur. Octavo namque Kalendas Aprilis conceptus creditur, quo et passus; eo videlicet die sepultus est in monumento novo, ubi nec ante nec postquisquam est positus mortuorum, quo conceptus est in utero Virginis, ubi constat nullum seminatum fuisse mortalium; natus autem traditur octavo Kalendas Januarii. Ab ipso ergo conceptionis die usque ad diem nativitatis 276 reperiuntur dies, qui senarium numerum quadragies sexies continent.

Quo igitur numero lapideum illud templum antiquitus est ædificatum, eodem quoque numero et templum Dominici corporis per senarium est perfectum, hac tantummodo discretione servata, quod in constitutione templi annorum numerus ponitur, in ædificatione vero corporis Domini dierum calculus supputatur. Annorum igitur numerus templi illius antiqui, si per senarium ducitur, omnes dies, quibus mansit Dominus in virgineo ventre, complentur. Conjuncto itaque numero quo Deus opera sua fecit cum illo quo templum est conditum, Domini corpus efficitur, ut nobis detur intelligi quia per illud divinitatis templum, quod in Virginis utero constructum est, universa sunt Dei opera restaurata, sicut dicit Apostolus, quia *proposuit Deus in dispensatione plenitudinis temporum instaurare omnia in Christo, quæ in cœlis et in terris sunt in ipso.* Sed hoc corporis templum, quod per senarium numerum fieri divina providentia voluit, tribus horis Judaica impietate resolutum, triduo reædificavit, sicut ipse dicit: *Solvite templum hoc, et post triduum reædificabo illud.* Hoc autem, inquit evangelista, *dicebat de templo corporis sui.* Nec mirum, si quod per senarium factum est, per ternarium sit solutum, per ternarium quoque rursus reædificatum, cum et ipse senarius sicut ex ternario crescit, ita nihilominus et in ternarium resolvatur; unus enim, duo et tres, sex fiunt, e reciproce dimidium senarii, tres sunt, tertia pars duo, sexta unum; qui videlicet numerus idcirco perfectus dicitur, quia sic ex suis partibus constat. Uno plane die integro et duabus noctibus in sepulcro Dominus jacuit, quia una sui corporis morte a duabus nos, animæ videlicet et corporis, mortibus liberavit. Et recte per diem mors Domini designatur, qua nos ad lucem reducimur; nostra autem mors utraque per noctem, quæ nimirum nobis ex peccato debetur. Totum autem triduum in humanæ salutis expenditur evidentissime sacramentum; nam sexta feria passus, Sabbato in sepulcro quievit, die Dominico resurrexit. Tota autem hæc vita nobis sexta feria est, quia videlicet crucem post Dominum bajulare jubemur. A die autem exitus nostri usque ad judicium, quasi sabbatum ducitur, quia interim beata requie animæ perfruuntur; in resurrectione autem corporum, paschalis nobis oritur dies, qui nulla fine concluditur, sed perpetuæ jucunditate lætitiæ feriatur. Ut ergo ad hanc Dominicam per sabbatum valeamus congruenter attingere, necesse est nos nunc crucem post Jesum bajulantes sextam jugiter feriam celebrare. Alioquin si præpostero ordine nunc sub carnis lege viventes, quasi Dominicam ducimus, procul dubio postmodum non gaudium gaudio, sed tribulatione mutamus. Hinc est enim quod Dominus sicut 40 diebus in eremo vixit, totidemque post resurrectionem cum discipulis fuit, ita etiam ab ipso suæ mortis articulo usque ad diluculum resurrectionis 40 horas habuit. Sicut igitur illorum dierum numero, ita nihilominus et horarum, quas diximus totius vitæ nostræ tempus exprimitur; ut sicut ille quadragenario horarum numero mortuus mansit, ita et nos illi commortui, quandiu hic vivimus, in carnis semper mortificatione vivamus.

II. IN SERMONE DE VIRGINIBUS.

(*Ed. tom. II, pag.* 564.)

Non ad mensuram dat Deus spiritum. Movere potest, cur Joannes Baptista perhibeat, quia non ad mensuram dat Deus spiritum, cum Paulus e contrario dicat: *Unicuique nostrum data est gratia secundum mensuram donationis Christi.* Quomodo ergo *non ad mensuram,* et quomodo *secundum mensuram?* Sed quod Joannes asserit non ad mensuram spiritum dari, de Redemptore nostro procul dubio debet intelligi, *in quo* videlicet *habitat omnis plenitudo divinitatis corporaliter;* quod patenter agnoscitur, si ipsa textus evangelici series attendatur. Nam cum præmisisset *non ad mensuram dat Deus spiritum,* protinus intulit: *Pater diligit Filium, et omnia dedit in manu ejus.* Unde et alibi dicit: *Nos de plenitudine ejus accepimus.* Concordat ergo cum Psalmista Joannes, quia huic iste mensuram tollit, quem ille unctum præ consortibus asserit. Quod autem Apostolus mensuram ponit, hoc de quibusque fidelibus vult intelligi; juxta mensuram namque spiritus inest cuique mensura virtutis atque constantiæ, ut vel vitiis attentantibus in pace resistat, vel in certamine constitutus insuperabilia tormenta percurrat. Samson quippe, donec VII crines habuit, insuperabilis fuit, et qui septiformis habet gratiæ Spiritum, invictum se præbet, ingruente quorumlibet tempestate bellorum.

EX ACTIBUS APOSTOLORUM.

IN EPISTOLA AD ALEXANDRUM PAPAM DE AUFERENDA CANONICORUM PECUNIA.
(*Ed. tom. III, pag.* 483.)

Qui captus est amore pecuniæ, nequaquam idoneus est ad ministranda verba doctrinæ: quod bene in eo quod superius proposuimus apostolico declaratur exemplo. Nam cum Scriptura præmittat: *Multitudinis credentium erat cor unum et anima una;* moxque subjungat: *Nec quisquam eorum quæ possidebat, aliquid suum esse dicebat, sed erant illis omnia communia,* protinus addidit: *Et virtute magna reddebant apostoli testimonium resurrectionis Jesu Christi Domini nostri, et gratia magna erat in omnibus illis,* Deinde subinfert: *Nec enim quisquam egens erat inter illos.* Quid ergo sibi vult, quod hujus sacræ scriptor historiæ, dum de continentia loquitur apostolica et communi vita, repente quasi materiam interrumpit, et ad enarrandam praedicationis constantiam, tanquam mutato stylo prosilit dicens: *Et virtute magna reddebant apostoli testimonium resurrectionis?* Cur uni materiae aliam interpolat, qui coeptam persequi et continuare debuerat, nisi ut patenter ostendat quia illi duntaxat idonei sunt ad praedicationis officium, qui nullum terrenae facultatis possident lucrum, et, dum aliquid singulare non habent, communiter omnia possident, *nihil* scilicet *habentes et omnia possidentes?* Hi nimirum, dum nullis terrenarum rerum praepediuntur obstaculis, expediti stant pro Dominicis castris in campo certaminis; et quia rebus exuti solis virtutum armis accincti, gladio spiritus adversus vitiorum dimicant acies, idonei bellatores sunt obluctantium hostium obtruncare cervices: cui nimirum bello impares sunt, et enerviter cedunt, qui communibus non contenti, peculii singularis ambiunt proprietate gravari. Hinc est quod in Deuteronomio gradientibus ad praelium dicitur: *Quisquis est homo qui plantavit vineam, et necdum fecit eam esse communem et de qua vesci omnibus liceat, vadat et revertatur ad domum suam, ne forte moriatur in bello, et alius homo ejus fungatur officio.*

EX EPISTOLIS JOANNIS.

IN EPISTOLA AD ALEXANDRUM PAPAM, UBI CONQUERITUR DE INSOLENTIA MALORUM HOMINUM.
(*Ed. tom. I, pag. 55.*)

Omne quod est in mundo concupiscentia carnis, et concupiscentia oculorum, et superbia vitae. Concupiscentia scilicet carnis ad corporis voluptatem, concupiscentia oculorum ad visibilium rerum pertinet pulchritudinem; superbia vero vitae terreni honoris atque fastigii exprimit sublimitatem. Per haec enim primus homo tentatus agnoscitur, sicut Scriptura testatur: *Vidit*, inquit, *mulier quod bonum esset lignum ad vescendum*, ecce concupiscentia carnis; deinde sequitur: *et pulchrum oculis aspectuque delectabile*, ecce superbia oculorum; per oculos enim superbire convincitur quisquis in his quae Deus prohibet delectatur; superbia vero vitae fuit, cum mulier eadem ex ore serpentis libenter audivit: *Eritis sicut dii scientes bonum et malum.*

EX APOCALYPSI.

I. IN SERMONE DE NATIVITATE SANCTAE MARIAE.
(*Ed. tom. II, pag. 219.*)

Non cuiquam sufficit ad capessenda praemia solus pudor virgineus, nisi et aliis fuerit ditatus virtutibus. Joanni quippe in Apocalypsi per angelum dicitur: *Hi sunt qui cum mulieribus non sunt coinquinati, virgines enim sunt et sequuntur Agnum quocunque ierit.* Agnus enim noster, ille videlicet *qui tollit peccata mundi*, charitatem habuit, quia pro salute hominum proprium sanguinem fudit; gratia humilitatis eminuit, quia *humiliavit semetipsum usque ad mortem, mortem autem crucis*; patientiam servavit, quia *cum malediceretur non maledicebat, cum pateretur non comminabatur*; mundanae dignitatis altitudinem sprevit, quia sicut per Joannem dicitur, cum vellent illum regem constituere, montis latibulum petiit; inimicos dilexit, pro quibus et in cruce positus exoravit dicens: *Pater, ignosce illis quia nesciunt quid faciunt.* Ille itaque Agnum quocunque ierit sequitur qui non sola virginitate ejus vestigia, sed per omnes quoque virtutum semitas in quantum valet imitatur. Ille Agnum sequitur in perventionis requie qui illum imitari studuit in itineris adversitate. Illa namque virginitas perfecta est quae reliquis virtutibus cingitur, quae vera mentis humilitate conditur, quae non solum illibatam se servat in carne, sed etiam pudicam custodit in ore. Unde et beata virgo Maria, audito angelicae legationis mysterio, solitum modesti silentii rigorem tenuit, et si ipsa intra se discutere posset *qualis esset illa salutatio*, verbum inquirere superfluum deputavit. Sed mox tacendo audire meruit quod interrogando inquirere non praesumpsit; ait enim angelus ei: *Ne timeas, Maria, invenisti enim gratiam apud Dominum; ecce concipies in utero, et paries filium, et vocabitur nomen ejus Jesus.*

II. IN EODEM SERMONE.
(*Ibid.*)

Habebat in vestimento et in femore suo scriptum: *Rex regum et Dominus dominantium.* Vestimentum quippe Christi nihil est aliud nisi corpus quod sumpsit ex virgine. Per femur vero propagatio carnis fit. Qui ergo per propagationem generis humani in mundum hunc venit ex Virgine, ei per incarnationis suae mysterium quia Rex esset et Dominus cunctis gentibus indicavit, in vestimento et in femore scriptum habuit: *Rex regum et Dominus dominantium*; unde enim mundo innotuit, ibi scientiam suae majestatis inscripsit.

III. IN SERMONE DE SANCTO BARTHOLOMAEO.
(*Ed. tom. II, page 206.*)

Singulae portae erant ex singulis margaritis. Margaritae illae pretiosae, quas beatus Joannes se conspexisse pronuntiat, ex quibus etiam coelestis Hierusalem portas perhibet esse constructas, sancti apostoli sunt; ipsi nimirum portae, ipsi sunt nihilominus margaritae, quia, dum signis atque prodigiis quosdam divini splendoris radios mittunt, ad supernae Hierusalem gloriam conversis ad fidem gentibus aditum pandunt; et quicunque salvatur, per hos quasi portas ad vitam viator ingreditur. Quorum mysticam tenuere figuram et lapides illi qui, Deo jubente Moysi, rationali summi sacerdotis leguntur impressi. Hoc itaque rationale sacerdos ferebat in pectore, cum ingrederetur sanctum sanctorum. Præceptum est ergo ut in eo ponerentur duodecim lapides, terni per quaternos angulos auro, quia nimirum sancti apostoli per quadrifidum orbem de Trinitate, quæ Deus est, prædicaverunt catholicæ fidei veritatem.

EX EPISTOLIS PAULI.

EX EPISTOLA AD CORINTHIOS.

I. IN SERMONE DE SANCTO BARBATIANO.
(Ed. tom. II, pag. 351.)

Linguæ in signum sunt non fidelibus, sed infidelibus. Sed dum ista dicimus, quæstionem nobis oriri non sine aliqua difficultate videmus; si enim signa propter infideles data esse dicuntur, quid est hoc quod Redemptor noster in patria sua propter incredulitatem hominum vix paucas virtutes facere potuisse perhibetur? Sicut enim Marcus evangelista testatur : *Multi audientes admirabantur in doctrina ejus dicentes : Unde huic hæc omnia ? et quæ est sapientia quæ data est illi, et virtutes tales quæ per manus ejus efficiuntur ? Nonne hic est fabri filius et Mariæ, frater Jacobi et Joseph et Judæ et Simonis ? nonne et sorores ejus nobiscum sunt ? et scandalizabantur in illo.* Unde et paulo post subditur : *Et non poterat ibi virtutem ullam facere, nisi paucos infirmos impositis manibus curavit, et mirabatur propter incredulitatem illorum.* Quid est hoc, fratres, quia Paulus affirmat signa pro infidelibus data, Marcus asserit propter infideles fuisse subtracta ? Nunquid contrarias inter se invicem proferre sententias possunt, qui uno spiritu pleni sunt ? Sed notandum est quia in ipsis infidelibus erat quidam diversitatis modus; par quidem error fuerat omnium non credentium, sed magna diversitas meritorum; aliud est enim si sola quis fallatur ignorantia, aliud si adjuncta quoque esset malitia. Ignorantia Paulus peccaverat qui dicebat : *Qui prius fui blasphemus et persecutor et injuriosus, sed ideo misericordiam consecutus sum quia ignorans feci;* per malitiam Judas peccavit, et ideo nequaquam venire ad indulgentiam meruit. Pro illis ergo infidelibus signa data sunt, quos divina providentia misericorditer salvare decreverat; propter illos vero subtracta sunt, quos ab electorum sorte, exigentibus eorum meritis, districtæ severitatis justitia repellebat.

II. IN EPISTOLA AD ABB. DESIDERIUM, UBI DE REPARATIONE VIRGINIS DISPUTAT.
(Ed. tom. III, pag. 615.)

Cum tradiderit regnum Deo et Patri. Hoc juxta verbi sonum quodammodo significare videtur, tanquam regnum donec Filius tenuerat, Pater non habebat; et cum Patri tradiderit, ipse non teneat; cum tradere regnum Deo Patri, nihil aliud sit, juxta sobrium intellectum, nisi perducere credentes ad contemplandam speciem Dei Patris; tunc quippe Deo Patri regnum a Filio traditur, cum per Mediatorem Dei et hominum in contemplationem divinitatis æternæ fidelium multitudo transfertur, id est, ut jam necessaria non sit dispensatio similitudinum per angelos, et principatus, et potestates, et virtutes. Ex quarum persona non inconvenienter intelligitur dici in Canticis canticorum ad sponsam : *Similitudines auri faciemus tibi cum distinctionibus argenti, quoad usque rex in recubito suo est,* id est quoadusque Christus in secreto suo est, quia *vita nostra abscondita est cum Christo in Deo; cum Christus,* inquit, *apparuerit, vita vestra, tunc et vos apparebitis cum illo in gloria.* Quod antequam fiat, videmus nunc per speculum in ænigmate, hoc est in similitudinibus, tunc autem facie ad faciem. Hæc nimirum nobis contemplatio promittitur, actionum omnium finis atque æterna perfectio gaudiorum; *filii enim sumus, et nondum apparuit quid erimus; scimus quia cum apparuerit, similes ei erimus, quia videbimus eum sicuti est.* Ita quippe ait : *Hæc est autem vita æterna ut cognoscant te unum verum Deum, et quem misisti Jesum Christum.* Hoc fiet cum venerit Dominus et illuminaverit abscondita tenebrarum. Cum tenebræ mortalitatis hujus corruptionisque transierint, tunc erit mane nostrum, de quo in psalmo dicitur : *Mane astabo tibi et videbo.* De hac contemplatione intelligitur dictum *cum tradiderit regnum Deo et Patri,* id est cum perduxerit justos, in quibus nunc ex fide viventibus regnat, mediator Dei et hominum, homo Christus Jesus ad contemplationem Dei Patris.

III. IN EPISTOLA AD PETRUM MONACHUM.
(Ed. tom. I, pag. 216.)

Paulus gloriatur quia ter virgis cæsus est, et quia quinquies quadragenas una minus accepit. Præceperat enim Moyses ut quem judices dignum viderent plagis, verberari facerent pro mensura peccati, ita duntaxat ut quadragenarium numerum non excederent. Quadragenarius siquidem numerus humanæ vitæ significat cursum, qui videlicet numerus, dum quis vapulat excedi prohibetur, quia quisquis in hac vita perfectam egerit pœnitentiam, nullam postmodum pro suis excessibus sentiet pœnam. Porro ternarius propter mysterium sanctæ Trinitatis ad fidem; quinarius autem propter quinque sensus nostros pertinet ad operationem; quia quisquis cum peccat, vel errat in fide, vel delinquit in opere, dignum fuit ut Paulus, qui utrobique peccaverat, ad perfectæ purgationis officium ter virgis et quinquies ureretur verberum quadragenis. Quod autem dicitur una minus, hæc est procul dubio quoniam Judæorum judices unum decreverunt ictum de 40 minuere, ut dum ad legalem calculum non pertingerent, cum contra præceptum legis excedere

EX EPISTOLIS AD TIMOTHEUM.

I. IN EPISTOLA AD CARDINALES EPISCOPOS DE DIGNITATE ROMANÆ ECCLESIÆ.

(*Ed. tom. I, pag. 51.*)

Qui episcopatum desiderat, bonum opus desiderat. Hic evidenter ostenditur nihil aliud esse pontificem quam boni operis sectatorem. Non enim dixit bonam dignitatem, vel bonum honorem desiderat, sed qui episcopatum desiderat, bonum opus desiderat : ac si dicat, qui ad episcopatum anhelat possidendum sine opere bono, inane vult nomen induere sine rei ipsius veritate. Non ergo constat episcopatus bractearum ircumfluentium phaleris, non denique in glomeratis constipantium militum cuneis, sed in honestate morum et sanctarum exercitatione virtutum. Mox subjungit : *Oportet episcopum irreprehensibilem esse.* Hic tantæ vult esse perfectionis episcopum ut pene extra naturam loquatur Apostolus. Quis enim in carne constitutus, tam caute vivet, tam se sollicite undique circumspiciat ut reprehendi aliquando nequeat? Væ his qui et reprehensibiliter vivunt, et locum irreprehensibiliter vivendi adhuc reprehensibilius concupiscunt! Ex his nimirum sunt qui, obliviscentes affectum cognationis et patriæ, sequuntur castra regum per ignota et barbara regna terrarum, et ad hoc eos impellit pereuntium ambitio dignitatum, quod extorquere non potuit cœlestium promissio præmiorum.

II. IN EPISTOLA AD V. (56) EPISCOPUM, UBI DICITUR DE EPISTOLA TRANSMUNDI, QUÆ EPISCOPI HUJUS FUISSET SIGILLO SIGNATA.

Sunt quidam insipientes qui dicunt quia Redemptor noster nequaquam sit pro salute ac redemptione omnium hominum crucifixus; quibus nos pro tempore breviter respondemus quoniam contra vulnus originalis peccati, quo in Adam necessariæ morti corrupta cunctorum hominum natura succubuit et omnium concupiscentiarum morbus insolenter erupit, verum, et potens ac singulare remedium mors nostri Salvatoris occurrit; qui nimirum liber a mortis debito, et solus absque peccato, pro peccatoribus mori voluit, et nequaquam debitor pro nobis mortis debitum solvit. Quantum ergo ad magnitudinem et potentiam pretii, et quantum ad humani generis pertinet causam, sanguis Christi redemptio totius est mundi. Verumtamen qui sæculum hoc sine fide Christi et regenerationis sacramento pertranseunt redemptionis hujus participes esse non possunt. Cum itaque propter unam omnium naturam et unam omnium causam a Redemptore nostro in veritate susceptam omnes recte dicantur esse redempti, et tamen propter improbitatem suam non omnes a captivitate sint eruti, procul dubio redemptionis proprietas ad illos specialiter pertinet de quibus princeps hujus mundi missus est foras, ut jam non vasa diaboli, sed membra sint Christi. Nullus enim est ex omnibus hominibus, cujus natura in Domino nostro suscepta non fuerit ; quamvis ille natus sit in similitudine carnis peccati, omnis autem homo nascitur in carne peccati. Deus ergo, Dei Filius, mortalitatis humanæ particeps absque peccato hoc peccatoribus mortalibus contulit, ut qui nativitatis ejus participes exstitissent, vinculum peccati simul ac mortis evaderent.

Sicut itaque non sufficit hominum renovationi natum fuisse hominem Christum, nisi in ipso de eodem de quo ortus est, spiritu renascantur ; ita non sufficit hominum redemptioni crucifixum esse Dominum Jesum Christum, nisi commoriantur ei et consepeliantur baptismo. Poculum quippe immortalitatis, quod confectum est de infirmitate nostra et virtute divina, habet quidem in se ut omnibus prosit, sed si non bibitur, non medetur. Qui dicit ergo quod non pro totius mundi redemptione Salvator sit crucifixus, non ad sacram virtutem, sed ad insanabilem respicit infidelium ac perditorum hominum vanitatem. Quantum ergo ad hoc spectat, quod Dei Filius communem nostram et naturam suscepit et causam, quantum etiam pertinet ad ejusdem pretii virtutem atque potentiam, Salvator noster jure pro totius mundi redemptione dicitur crucifixus. Sed, quia plurimis in impietate manentibus mors Christi nullatenus profuit, ab istis mundi redemptio merito dicitur aliena, quæ sanctorum atque electorum Dei specialis perhibetur et propria, nec humani meriti prærogativa, sed sola Salvatoris est gratia. Apostolus enim præcepit ut pro omnibus hominibus supplicetur, quod scilicet in cunctis Ecclesiis regulariter custoditur ; ex quibus utique, quod multi pereunt, pereuntium procul dubio meritum ; quod multi salvantur, salvantis est donum. Ut enim reus damnetur, inculpabilis Dei justitia est ; ut autem reus justificetur, incomprehensibilis divinæ gratia est. Nam et quamplures exstitisse noscuntur qui dicerent quod ideo quibusdam Evangelii prædicatio subtrahatur, ne percepta Dei prædicatione salventur. Sed si probari potest quod, ex quo Evangelium coruscare per mundum cœpit, nemo prorsus exstiterit, cui Christi gratia nuntiata non fuerit, non recte dicitur quibusdam tacitum quod ostenditur omnibus prædicatum ; alioquin si reperiri possunt homines, quibus Evangelium nuntiatum non fuerit, non potest dici sine judicio Dei factum. Quod tamen nefas est ideo ab homine reprehendi, quia non valet humana scientia comprehendi. Quamobrem rectum judicii tenemus examen, si nec adversus Dei statuta conqueri nur, quos deserit meritos deseri ; ejusque misericordiæ gratias agimus, qua liberat immeritos liberari, qui nimirum et ipsi in impietatis suæ obstinatione persisterent, nisi per propensiorem dispensationis intimæ gratiam eis Mediator Dei et hominum subveniret, cujus profecto sacratissimus sanguis sic in humanæ salutis

---

(56) Nonnullæ exstant S. Petri D. epistolæ, tum etiam opuscula ad V. episcopum ; in quibus tamen prolixus hic tractus, nisi fallor, non legitur.

sacramenta profluxit, ut omnes ad gratiam festinan- A verteret, et antiqui piaculi peste corruptum per retes ablueret, fermentum vetus in sinceritatis azyma generationis gratiam sæculum innovaret.

DE FRAGMENTO ET EPISTOLA SEQUENTI MAII MONITUM.

Fragmentum sequens non exstat in epistola B. Petri Damiani edita ad Henricum archiepiscopum Ravennatem, neque in opusculo ad eumdem, nisi forte meus aberravit oculus. Sumi ergo videtur ex alia quæ non exstat epistola ad eumdem. Quanquam vero hic locus ad collectanea ex Novo Testamento pertinere non videtur, nihilominus a me libenter editur, tum quia in codice continenter scribitur, tum quia doctrinam de azymis continet idoneam explicandæ S. doctoris sententiæ, quam in Canonis expositione num. 2, dixit. Ibi enim Petrus Latinæ Ecclesiæ sententiam de azymis tuetur contra Græcos, qui non dogmatis, sed historici facti, ut controversistæ demonstrant, errore fermentatum azymo præferunt. Hic autem Petrus utriusque speciei valorem recte asserit. — Nec quidem S. Petri Damiani ad Bucconem epistola, quam subjicimus, in ejus operibus editis apparere videtur.

DE FERMENTATO AN POSSIT OFFERRI.

In epistola ad Henricum Ravennatem archiepiscopum.

Sicut enim nihil interest in sacrificio vinum offeramus an mustum, ita prout mihi videtur idem est vel fermentatum offerre vel azymum; panis enim ille vivus qui de cœlo descendit, sicut se per frumenti speciem, ita nihilominus voluit etiam significare per vitem. *Nisi,* inquit, *granum frumenti cadens in terram mortuum fuerit, ipsum solum manet.* Et rursus: *Ego sum vitis vera.* Sufficiat ergo mihi duntaxat offerre vel quod ex frumento conficitur, vel quod ex vite producitur, nec incuriosus inquiro utrum panis in massa crudus servatus sit usque dum potuerit fermentari, vel etiam mustum eo usque sit in timna reconditum, donec in vini potuerit transire vocabulum. Sed quia nobis hic non est de his disputare propositum, hæc aliis tractanda relinquimus.

BUCCONI FILIO KARISSIMO PETRUS.

Consulendum me duxit dilectio tua utrum boni an mali angeli sint per quos omnipotens Deus peccata delinquentium feriat, et sive repentinæ mortis, sive cujuslibet infortunii soleat irrogare vindictam. Ad quod profecto facilis patet et aperta responsio; nam si sacra Scriptura diligenter attenditur, per utrumque diversorum spirituum genus ultio fieri, prout summus decreverit Arbiter, invenitur. Ut autem in re perspicua succinctus sermo non hæreat, Sodoma per bonos angelos est subversa; nam si fuissent contrariæ fortitudinis, eos beatus Loth nec adorasset, nec reverenter, ut legitur, hospitio suscepisset. *Obsecro,* ait, *domini, declinate in domum pueri vestri, et manete ibi.* Ille quoque angelus, qui septuaginta millia virorum, David populum numerante, percussit, procul dubio bonus fuit. De quo Scriptura sic refert: *Angelus,* inquiens, *Domini præcepit Gad ut diceret David, et ascenderet, exstrueret altare Domino Deo in area Ornan Jebusæi.* Neque enim altare fieri reprobatus spiritus Prophetæ præciperet, et ille devotus humiliter obediret. Porro autem et illi angeli sancti erant, qui sicut in secundo Machabæorum libro dicitur: *Heliodorum sacri templi molientem auferre pecunias percusserunt, eumque terribilibus plagis affectum ac cæcitate multatum tanquam mortuum reddiderunt.* De quibus nimirum, sicut Scriptura prosequitur, *apparuit illis,* inquit, *quidam equus terribilem habens sessorem, optimis operimentis adornatum; isque cum impetu Heliodoro priores calces elisit, qui autem ei insidebat videbatur arma habere aurea. Alii etiam apparuerunt duo juvenes, virtute decori, optimi gloria, speciosique amictu; qui circumsteterunt eum, et ex utraque parte flagellabant sine intermissione, multis plagis verberantes. Subito autem Heliodorus concidit in terram eumque multa caligine circumfusum rapuerunt, atque in sella gestatoria impositum ejecerunt.*

Quod autem per reprobos etiam spiritus flagella sua Deus hominibus inferat, Scriptura sæpius manifestat; nam et spiritus malus regem Saul invaserat, qui vesano eum furore vexabat; et Satan beatum Job non solum in corpore, sed et in filiorum percu lit orbitate. Dæmon etiam Asmodæus, sicut sacræ historiæ series astruit, septem Saræ Raguelis filiæ viros occidit. Unde scriptum est quia *immisit in eos indignationem, et iram et immissiones per angelos malos.* Constat ergo quia per utrosque, bonos scilicet ac malos, angelos de nobis divinæ justitiæ motus ulciscitur, sicut his et pluribus aliis sacri eloquii testimoniis approbatur. Sed quia omnes hujusmodi vindictæ et animadversiones divinæ sententiæ angelicis administrantur obsequiis, in solius est Dei omnipotentis arbitrio, quando per bonos, quandove per malos angelos fiant. Nam ut non per longinqua divagemur exempla: beata Cæcilia boni angeli est comminata furorem, et beata martyr Agnes mali angeli factam perhibet ultionem. Illa quippe Valeriano sponso denuntiat: Angelum Dei habeo amatorem, qui nimio zelo custodit corpus meum; hic, si vel leviter senserit quod tu me polluto amore contingas, statim circa te furorem suum exagitat et amittes florem gratissimæ tuæ juventutis. Ista vero dicit præfecto de filio ejus ab iniquo spiritu præfocato: ille inquit, cujus voluntatem volebat perficere, ipse in eum potestatem accepit. Manifesta igitur Novi ac Veteris Instrumenti auctoritate colligitur quod vindicta divinæ animadversionis non modo per malos, sed per bonos etiam angelos exhibetur. Nam et paterfamilias quispiam et feras capit et fures expellit, aliquando per catulos, aliquando per domesticos viros.

OPERUM S. PETRI DAMIANI
IN EDITIONE CAJETANI
TOMUS QUARTUS
COMPLECTENS
CARMINA SACRA ET PRECES.

PRIVILEGIUM PAULI PAPÆ V.

Paulus papa V dilecto filio Constantino Cajetano, Syracusano, monacho sancti Nicolai de Arena Catanensis, congregationis Casinensis, ordinis sancti Benedicti.

Dilecte fili, salutem et apostolicam benedictionem. Cum tu, sicut accepimus, Opera B. Petri Damiani S. R. E. cardinalis, episcopi Ostiensis, editurus sis, quæ non sine ecclesiasticarum litterarum detrimento in tenebris varie disjecta jacebant, tuaque laudabili opera, labore et diligentia, una cum aliis compluribus ecclesiasticorum scriptorum monumentis ex multis bibliothecis conquisita et collecta fuerunt, et idcirco fel. record. Clemens VIII prædecessor noster, studio bene merendi de republica Christiana et apostolica sede, cujus nobilis pars egregius hic doctor exstiterat, Romam te vocaverat; nunc vero, aspirante divina gratia, primus tomus absolutus sit, ac tres reliquos te editurum propediem speres; nos, qui doctas piorum et eruditorum hominum lucubrationes complecti pastorali charitate tenemur et studia hujusmodi promoveri in Domino exoptamus, ut tam primus horum Operum tomus jam typis excusus, quam cæteri cum excudentur, sinceri et emendati prodeant, neque cujusquam incuria aut fraude adulterari vel labefactari possint, MOTU PROPRIO, ET EX CERTA NOSTRA SCIENTIA, omnibus et singulis Christi fidelibus, præsertim librorum impressoribus, ac bibliopolis quovis nomine nuncupatis, tam in Urbe et in universa ditione et locis S. R. E. mediate vel immediate subjectis: sub quingentorum ducatorum auri, cameræ apostolicæ applicandorum, nec non amissionis librorum atque typorum, quam etiam in tota Italia, et extra eam ubivis gentium et locorum constitutis, sub excommunicationis majoris latæ sententiæ pœnis ipso facto absque alia declaratione incurrendis, auctoritate apostolica, tenore præsentium interdicimus et inhibemus: ne per quindecim annos a data præsentium computandos, primum tomum Operum B. Petri Damiani a te editum, et alios singulos a te edendos, dummodo omnes a magistro sacri palatii approbati sint, per totidem annorum spatium ab uniuscujusque eorum editione numerandum, absque tua licentia imprimere, aliove titulo vel forma, quovis prætextu mutatos, vel alio quocunque idiomate versos edere, vel sic editos vendere, seu venales habere audeant vel præsumant. Mandantes universis et singulis venerabilibus fratribus nostris patriarchis, archiepiscopis, episcopis et aliis locorum ordinariis, legatis, vicelegatis, gubernatoribus, potestatibus, et aliis officialibus, ut quando et quoties per te vel tuo nomine fuerint requisiti, præmissa contra inobedientes exsequantur et observari faciant, invocato ad hoc, si opus fuerit, auxilio brachii sæcularis. Non obstantibus constitutionibus et ordinationibus apostolicis, ac statutis et consuetudinibus, juramento, confirmatione apostolica, vel quavis firmitate alia roboratis; privilegiis quoque, indultis et litteris apostolicis, quibusvis personis quomodolibet concessis et confirmatis. Quibus omnibus illorum tenores, ac si ad verbum insererentur, præsentibus pro expressis habentes, pro hac vice duntaxat derogamus, cæterisque contrariis quibuscunque. Volumus autem ut præsentium litterarum exemplis, etiam in ipsis voluminibus impressis, eadem ubique fides habeatur, quæ ipsis præsentibus haberetur, si forent exhibitæ vel ostensæ. Datum Romæ apud S. Marcum, sub annulo Piscatoris, die xvii Augusti 1606, pontificatus nostri anno secundo.

Scipio Cobellutius.

ELOGIUM DE S. PETRO DAMIANO.

Bernardus, sive potius Bertoldus, presbyter Constantiensis, in libro De vitanda excommunicatorum communione.

Petrus Damiani, piæ memoriæ, cardinalis episcopus sanctæ Romanæ Ecclesiæ, ALTER HIERONYMUS IN NOSTRO TEMPORE. *Hæc Bernardus, qui idem affert* *A testimonium cap. x sui alterius libri Decretorum, apud nos ms. Eminentissimus quoque cardinalis Baronius eadem veterum scriptorum auctoritate ductus, egregium eumdem nostrum doctorem convellare solebat Hieronymum Juniorem.*

DE FESTO DIE S. PETRI DAMIANI.

DOMINI CONSTANTINI CAJETANI PRÆMONITIO.

Festus dies sancti Petri Damiani ab immemorabili tempore solemni ritu quotannis celebratur tum Ravennæ, tum per omnes alias Flaminiæ regionis civitates et loca quorum ecclesiæ eidem Ravennati subsunt metropolitano. Unde quotannis etiam ab earumdem civitatum præsulibus in Ordine divini officii typis impresso, inter sanctos alios cœlestium spirituum Albo ascriptos, doctor idem egregius recensetur. Et quidem ibi sic habetur : *Kalendarium sanctæ metropolitanæ archiepiscopalis ecclesiæ Ravennæ, ejusque diœcesis, eminentissimi et reverendissimi domini, D. Aloysii S. R. E. cardinalis Capponii, ejusdem sanctæ Ravennatis Ecclesiæ archiepiscopi jussu editum.* Atque in eodem Kalendario sub vicesima tertia die mensis Februarii ita decernitur : *Petri Damiani episcopi et confessoris Ravennatis, duplex, fuit heri. In primo nocturno, Laudemus, In secundo nocturno, Beati Patris, ut in Communi confessorum pontificum. In tertio nocturno, Vigilate, ut in eodem Communi, nona lectio, et commemoratio feriæ. Oratio pro sancto : Exaudi : Vesperæ de præcedenti, commemoratio sequentis.* His accedit Kalendarium Faventinæ Ecclesiæ, sub hisce verbis : *Ordo divini officii recitandi, missasque celebrandi juxta ritum Breviarii et Missalis Romani, in Ecclesia et diœcesi Faventina, eminentissimi domini D. Francisci, S. R. E. presbyteri cardinalis, tituli sancti Marcelli, ejusdem civitatis episcopi jussu editus.* At- *B que in eodem, sub eadem qua supra die vicesima tertia mensis Februarii, hoc etiam modo decernitur : Petri Damiani episcopi et confessoris, ac Faventiæ protectoris, Duplex majus. Lectiones primi nocturni : Fidelis sermo. Secundi : Beati Patris. Tertii : Vigilate, cum cæteris de communi confessorum pontificum. Nona lectio homilia et commemoratio feriæ : In officio nihil fit de vigilia sancti Matthiæ. Color albus. Missa : Sacerdotes. Secunda oratio feriæ, cujus evangelium legitur in fine. Tertia, de vigilia Sancti Matthiæ præfatio Quadragesimal. In secundis vesperis commemoratio feriæ. Fit processio in civitate ex voto.* Hæc ex Ravennate et Faventina Ecclesiis, ut et in cæteris ejusdem provinciæ ecclesiarum Kalendariis, quæ nos brevitatis causa nunc præterimus, *C* de divinis honoribus tam in officio ecclesiastico quam sacrosancto missæ sacrificio Petro Damiani ultro exhibitis, a tempore cujus memoria non exstat. Quod non sine auctoritate Romani pontificis factum fuisse nullo pacto dubitari potest. Qua de re eumdem Petrum Damiani ab eodem Romano pontifice sanctorum numero ascriptum exstitisse tum ex his quæ modo diximus, tum ex aliis quæ tomo tertio egregii ejusdem doctoris Operum prælibavimus, tum denique ex multis aliis argumentis quæ in eamdem rem adducere possumus, jure optimo, ut concludamus, operæ pretium est.

TESTIMONIA INDIGNA

De laudabili S. Petri Damiani Operum defatigatione a domno Constantino Cajetano abbate præstita.

Cæsar Baronius presbyter cardinalis tit. SS. martyrum Nerei et Achillei, sedis apostolicæ bibliothecarus, tomo XI Annal. ecclesiast. ad an. Chr. 1072.

Sic Deus in hoc deploratissimo sæculo, cum excrevisset ad Ecclesiam obruendam diluvium carnis, dedit mundo tantum virum, qui austerissimæ vitæ *D* exemplo verbique prædicatione et scriptis, exsiccaret tantam putredinem, pariterque pugnaret adversus simoniacam hæresim, quæ ubique locorum grassabatur impune. Quod autem pertinet ad scripta, hic ea cuncta recensere non immoramur, cum modo (1604) apud nos, mandato beatissimi domini nostri Clementis, papæ octavi, laboret domnus Constantinus Cajetanus, Siculus, monachus Casinensis congregationis, ut viri sanctissimi scriptorum monimenta undique collecta, prelo subjiciat; quod propediem spero fore. In his enim pervestigandis et exemplaribus pluribus, hinc inde perlatis, magno studio corrigendis, studio indefesso laborat; a que et ejusdem Petri Vitam accipies uberius scriptam.

Robertus Bellarminus presbyter cardinalis tit. S. Mariæ in Via, in libro De scriptoribus ecclesiasticis, sub an. Ch. 1660.

Petrus Damiani (sic a fratris sui Damiani nomine vocatus) Ravennas, monachus fuit ordinis S. Benedicti, ac deinde S. R. E. cardinalis, episcopus Ostiensis. Vixit temporibus Gregorii VI et successorum ejus usque ad Gregorium VII, ad quos omnes epistolas dedit. Vir fuit valde sanctus et devotus, et præcipue pœnitentiæ et austeræ vitæ amator ardentissimus. *Pauloque post:* Obiit in apostolica legatione, anno Domini 1072. Scripsit epistolas plurimas et sermones permultos: quæ duo opera typis nuper (anno 1606 et 1608) mandavit Romæ domnus Constantinus Cajetanus, ordinis S. Benedicti monachus.

CONSTANTINI CAJETANI
EPISTOLA AD D. FRANCISCUM ET D. ANTONIUM BARBERINOS PRINCIPES.

Petit ut eorum auspiciis liber suus summo pontifici offeratur.

Sanctissimi Domini nostri Urbani VIII fratris filiis, S. R. E. cardinalibus, D. Francisco, sedis apostolicæ vicecancellario ac Romani apostolicique collegii Gregoriani protectori; nec non D. Antonio S. R. E. camerario, et utriusque signaturæ ac sacræ congregationis de Propaganda Fide præfecto, Barberinis principibus, domnus Constantinus Cajetanus abbas, salutem et felicitatem.

Sancti Petri Damiani cardinalis, episcopi Ostiensis, quartum librorum volumen, quod in lucem editur, vobis sese exhibet, cardinales eminentissimi: ut per vos sanctissimo D. Urbano VIII patruo vestro offeratur. Neque enim supremæ inter homines potestatis fastigium et magnitudinem satis intelligit, qui ante illum sine duce audet importunus irrumpere. Licet enim liber ipse auctoris sui nomine, viri nempe doctrina et sanctitate clarissimi, ac rerum quæ in eo continentur pondere et utilitate satis per se gratiosus futurus sit apud eum qui fautor est litterarum et sanctitatis assertor, aliquid tamen commendationis et gratiæ ex utriusque splendore nominis atque auctoritatis amplitudine sperat sibi accessurum: ita ut, vobis præeuntibus, alacrior magisque fidens ante maximi pontificis conspectum appareat. Deus optimus maximus vos ad Ecclesiæ suæ utilitatem diutissime servet incolumes.

CAJETANI EPISTOLA NUNCUPATORIA
AD URBANUM PAPAM VIII.

Sancto Domino nostro Urbano VIII, pontifici maximo, Constantinus Cajetanus abbas sempiternam felicitatem.

Quartus jam et ultimus, beatissime Pater, S. Petri Damiani cardinalis, episcopi Ostiensis, tomus publici juris efficitur: sed tamen consuetam tantæ majestati præstat reverentiam: neque ante in populi conspectum prodire sustinuit, quam Urbanum in Petri cathedra sedentem supplex veneraretur. Quod certe factum nemo, ut arbitror, non magnopere laudabit. Ubi enim nobilium ingeniorum partus lucis incunabula felicius quam in sedis apostolicæ penetralibus sortiantur? In illis nimirum penetralibus, unde gentes a criminibus expiatura vox mittitur, ubi cœlestis oraculi arcana patefiunt, ubi perennis thesauri dona dispensantur, ubi denique mortis antidotus et vitæ pharmacum propinantur. Quod nomen chartis, ut ita dicam, victuris illustrius præponatur, quam quod resonat in ore populorum, publica decorat monimenta, privata honestat ornamenta, et inter sacrosancta mysteria sacerdotum voce depromitur? Quis non speret sibi tam augusti sideris luce præeunte, tempestates omnes atque omnia monstra navigantibus infesta facile cessura, quousque ad illum beatæ vitæ portum, quem pie viventibus Conditoris nostri immensa bonitas et omnipotens sapientia præparavit, victrix laborum pietas, et triumphatrix periculorum animi fortitudo perducat? Sed hæc in aliorum libris justius esse.nt præfanda, qui in sedis apostolicæ clientelam novi recentesque venerunt. Petri enim Damiani, egregii doctoris Benedictini erga Romanam Ecclesiam fides eximia, ac pietas pene singularis, mea commendatione non indiget: siquidem tam ex ejus scriptis (quorum maxima jam parte, summis duobus Pontificibus, Clemente VIII et Paulo V mandantibus, homines per nos fruuntur) quam ex vitæ ac rerum gestarum præclaris facinoribus, nota satis ac testata posteris remanserunt; adeo ut ab illustribus ejus temporis ALTER HIERONYMUS merito dictus fuerit. Nimirum vir sanctissimus non degeneravit a majoribus suis (de ordinis Benedicti Patribus loquor) quorum studia, labores, vigiliæ et excellens in omni laudum genere virtus, quantos omni tempore fructus Christianæ reipublicæ attulerit, aliquantisper fortasse hoc loco commemorarem, nisi publicis essent consignata monimentis, ita ut eorum memoria in benedictione futura sit penes omnem posteritatem. Pulcherrimorum namque operum, quæ magnus patriarcha Benedictus ejusque alumni pro Christi gloria et communi hominum utilitate perfecerunt, non solum exemplis, sed etiam vestigiis, plena est omnis Ecclesia sanctorum. Quo magis æquum esse et rationi consentaneum puto, me, cui eamdem religionem profiteor, totis viribus eniti ut non dissimilem exhibeam erga Romanam Ecclesiam, cæterarum Ecclesiarum principem ac parentem, obsequii ac pietatis ardorem. Cum enim omnibus a majorum suorum virtute degenerare turpe sit, tum illis potissimum id omni ignominia deformius esse debet, qui in sanctæ religionis studio gloriosi certaminis cursum conficere statuerunt : quibus illa proposita est expeditissima ratio vincendi, retro oculos nunquam flectere, nec in medio deficientium lassitudinem imitari, sed strenue præeuntium fortiter hærere vestigiis. Quamvis mihi etiam domestica exempla majorum, a quibus in sæculo originem duco, possint addere faces, ut ita dicam, et stimulos ad bene currendum. Sed enim quid attinet vetera, et quæ mihi cum aliis communia sunt, enarrare; cum singularis affectus et observantiæ in Romanum pontificem proprias ac peculiares causas habeam? Tua enim beneficentia, beatissime Pater, quod in me contulit, ut post maximos illos optimosque pontifices, antecessores tuos, Clementem VIII, Leonem XI, Paulum V et Gregorium XV, quibus a sacri litterarum monumentis inservivi, tibi inservirem, jure suo postulat exigitque, ut totum me pro tua amplitudine, honore ac dignitate devoveam, atque ad hujus sacrosanctæ sedis decus existimationemque omnia mea studia, curas, cogitationes convertam. Illud duntaxat addere non verebor. Quemadmodum potuit antehac sanctitas tua antiqua, cum ordinis mei, tum majorum meorum erga sedem apostolicam, devotionis et observantiæ specimen in me uno haud obscure recognoscere; ita si vita mihi suppetet, afflabitque, ut facit, incredibilis tuæ istius benignitatis aura, magis magisque posthac recognituram.

Interim ultimum hunc illius clarissimi olim et sanctissimi cardinalis episcopi, et Petri Damiani tomum, qui jam, Deo auspice, a me cum tribus aliis a tenebris atque oblivione vindicatus est, at tuo munere publica luce fruitur, hilari fronte accipe; et qua soles humanitate, complectere. Deus omnipotens salvam diu florentemque Christianæ reipublicæ sanctitatem tuam conservet, ejusdemque vota cœptaque omnia fecundet.

B. PETRI DAMIANI

S. R. E. CARDINALIS

CARMINA SACRA ET PRECES.

1-2—I. *Oratio ad Deum Patrem*.

Rogo te, immensa pietas, Deus Pater omnipotens, ne perdas me creaturam tuam ad tui similitudinem conditam ac pio Filii tui Domini mei Jesu Christi cruore redemptam. Porrige mihi manum tuam, Domine Deus meus, et eripe me de profundissimo lacu iniquitatum mearum. Erige lapsum, solve compeditum, illumina cæcum, sana me mille malignorum spirituum vulneribus sauciatum. Heu me miserum, heu me perditum, heu me indeficienti lacrymarum fonte lugendum! qui dum spurcissimæ carnis meæ legibus vixi, nunquam te de me gaudere permisi, sed semper de reprobæ vitæ meæ flagitiis ad amaritudinem provocavi. Sed scio, Domine, quia in voluntate tua cuncta sunt posita, et non est qui possit tuæ resistere voluntati (*Esther*. XIII). Si enim decreveris salvare nos, continuo liberabimur Produc, Domine, de saxea cordis mei duritia lacrymarum abundantiam, qui de rupe deserti largissimam profluentis aquæ copiam prodire jussisti (*Exod.* XVII; *Num*. XX; *Psal*. LXXVII). Domine Jesu Christe, si tu es lux vera, et ego colo te, cur pateris in tenebris esse me? Væ mihi, lumen adoro, et tenebras perfero; veritati deservio, et per inanium cogitationum figmenta deludor. Domine, qui cavernas tartari divinitatis tuæ radiis illustrasti; qui densas Ægypti tenebras Moysis famuli tui precibus effugasti (*Exod*. X); respice chaos istud, et tenebrosum mei cordis infernum visitationis tuæ luce perfunde, ut animam, quam tu dignatus es, lux æterna, redimere, tenebrarum auctor nequeat in obscuritatis suæ caligine possidere. Qui illuminasti cæcum a nativitate, illumina me (*Joan*. IX). Qui leprosos mundasti, purifica me. Qui Lazarum de sepulcro suscitasti, resuscita me vitiis fetidum, et perversæ consuetudinis mole depressum (*Joan.* xi). Qui Danielem in lacu a leonum morsibus custodisti, eripe me (*Dan. ult.*). Qui tres pueros de camini æstuantis incendio liberasti, libera me (*Dan.* iii). Qui liberasti Israel de oppressione Pharaonis, libera me (*Exod.* xii *et* xiii). Qui liberasti David de manibus Goliæ et Saulis, libera me (*I Reg.* xvi). Qui eduxisti Petrum de carcere Herodis, libera me (*Act.* xii). Domine benedicte, gloriose, piissime vides, et ipse conscientiæ meæ testis es, quia volo mala mea cuncta respuere sanctisque tuis jussionibus, ut dignum est, obedire; sed quia nequeo ex me, spero in te. Non enim invenio in carne mea bonum. Et revera, Domine, quis unquam sanctorum ex se virtutem vel sanctitatem habere potuit? quis per se, sine auxilio, perfectionis culmen ascendit? Certe, Domine, non Petrus, non Paulus, non martyr, non apostolus, non denique ipsi angeli, non cherubim aut seraphim, nisi a te percepissent, donum aliquod habere potuissent.

Si ergo ipsæ virtutes cœlorum nihil habent a se, sed omnia perceperunt a te, quid ergo boni a me, qui sum stercus et vermis, pulvis et cinis, poteris exspectare, nisi quod ipse digneris infundere? Tu enim es Pater luminum, a quo omne datum optimum omneque donum perfectum (*Jac.* i). Tu es, a quo bona cuncta procedunt. Tu fons vitæ. Tu auctor salutis æternæ. Sicut enim terræ non a se ipsa, sed de cœlo semper lumen infunditur; sic anima mea sicut terra sine aqua tibi (*Psal.* cxlii), tenebrosa squalet semper et arida, nisi tuæ gratiæ rore perfusa tui splendoris radio fuerit illustrata. Et quidem inquiro apud me, Domine, ut tibi de meis aliquid offeram, sed, cum omnia mei pectoris arcana revolvo, nihil ibi nisi tenebras video, nihil omnino nisi vitiorum tribulos et spinas invenio. Vide ergo, Domine, miseriam meam, vide tantæ paupertatis inopiam, mihique compunctionis gratiam tribue, quæ animæ meæ rubiginem tergere tamque cruenta meorum criminum valeat inquinamenta lavare. Expelle, Domine, frigus hoc atque torporem de meo pectore, et flammam in me dulcissimæ tuæ charitatis accende. Nunquid enim, Domine, immensam tuæ pietatis abundantiam mea valebit iniquitas vincere, quam totius mundi non potuerunt crimina superare? Nam cum totus pene mundus esset idololatriæ deditus, quis te rogare præsumeret, ut quem cœli non capiunt uteri virginalis angustias habitaturus inviseres, mortalitatis nostræ membra susciperes, mortis atrocissimæ tormenta perferres, ut inimicos tuos a mortis debitæ supplicio liberares?

Si ergo, clementissime et piissime Domine, misericordiæ tuæ magnitudinem totius mundi flagitia non vicerunt, unius canis mortui peccata quantumlibet gravia superabunt? Absit hoc a te, Domine. Absit a te, qui dixisti : Nolo mortem peccatoris (*Ezech.* xviii, xxxiii). Quid est ergo quod dicis : Gaudium esse angelis Dei super uno peccatore pœnitentiam agente? (*Luc.* xv.) Quid est quod de te Propheta dicit : Quia miserationes tuæ sunt super omnia opera tua? (*Psal.* cxliv.) Nonne tu, Domine, permisisti te ab illa spurcissima et fœdissima muliere contingi, quæ fluxu erat sanguinis cruentata? (*Matth.* ix; *Luc.* viii.) Cujus præsumptionis audaciam non modo nullatenus condemnasti, sed ut salutem quoque cum ipsa vestimenti fimbria raperet, indulsisti. Nonne tu, mitissime Domine, cum multivira illa Samaritana loqui dignatus es? (*Joan.* iv.) sive, quod majus est, nunquid non cum Chananæa, quæ adorabat idola, colloquium miscuisti? (*Matth.* xv.) Ejus insuper filiam a dæmonio maternis precibus liberasti? Hanc circa me, quæso, Domine, mirandæ pietatis tuæ regulam exhibe; exstinctum animæ meæ infelicis igniculum his olei tui fomitibus reaccende. Non Pauli, non Petri misericordiam quæro, quia dum alter ignorantia, alter timore peccavit, facile uterque veniam obtinuit. Illud mihi, piissime Domine, misericordiæ tuæ genus indulge, illud animæ meæ languenti, vel jamjam potius morienti, suavissimæ medicinæ tuæ poculum porrige, quod latroni in cruce pendenti misericors obtulisti, eumque absorptum ex deglutientis mortis faucibus eduxisti (*Luc.* xxiii). Illud tuæ misericordiæ genus quæro, quod deprehensæ in adulterio præbuisti (*Joan.* viii); quod peccatrici in domo Simonis contulisti (*Luc.* vii); quæ dum pedes tuos crinibus tersit, animam suam a peccatorum sorde purgavit. Hoc modo trahe me ad te, Salvator meus, accende me, purifica me. Impleantur amore tuo omnia viscera mea, ut benedicat tibi anima mea, et descendat super me misericordia tua. Ad hoc enim te Pater omnipotens misit in terras, ut salvos facias peccatores, qui tecum et cum Spiritu sancto vivit et regnat Deus in sæcula sæculorum. Amen.

II. *Oratio ad Deum Filium.*

Recordare, Domine Jesu Christe, quia non auro, vel argento, sed proprii sanguinis tui me pretio redemisti (*I Petr.* i); et cum tu sis fons patens domus David in ablutione peccatoris et menstruatæ, ego solus, Domine, tantæ pietatis expers ero, et extra redemptionis tuæ lineam remanebo? Heu me, piissime Domine, permittes me cum regenerationis tuæ tunica, quam mihi dedisti, cum vexillo sanctæ crucis, quam mihi in fronte pinxisti, in manus venire diaboli, et cum ipsis tuis insignibus æternis incendiis cruciari? Scio, Domine, quia tantæ pietatis es, si ego perfecte convertor ad te, quod tu statim recipies me. Sed quia tantæ fragilitatis et ignorantiæ sum ut ipsa conversio per me sine te digne fieri non possit, tu me converte, Deus salutaris meus, tu illumina animam meam, tu dirige, tu in me flammam tuæ dilectionis accende. Et forsitan, justissime et piissime Domine, tanta sunt peccata mea, (57) ut nulla mea pœnitentia ad hæc plangenda ejus acceptatione, satisfaciunt, ut theologi pluribus docent.

---

(57) Intellig. opera nostra ex naturæ viribus satisfacere non posse : nam supposita Dei gratia et

sufficiat; ecce corpus meum, per quod te miser offendi, tu, qui es animarum medicus, verbera, flagella; sive lepra, sive quibuscunque doloribus tibi visum fuerit, durissime percute. Tua plane creatura sum, conditor meus; tu me tuis cinge flagellis, nec tradas me in manus inimici mei; aut si eousque mea processit iniquitas ut in hac non possit vita deleri, præcipe usque ad diem judicii tui ultrò bus me pœnis affligi, ut tunc saltem extremus omnium electorum tuorum merear inveniri. Absit enim a me ut postulem gloriam. Sufficit mihi, ut tantummodo pœnas evadam.

Sed quoniam preces meæ, tam sordido ore prolatæ, ad te non merentur ascendere, te rogo, beata virgo Maria, templum Dei vivi, aula Regis æterni, sacrarium Spiritus sancti, benedicta inter mulieres; redolet ager sacratissimi uteri tui naribus cordis mei; ex quo, videlicet agro, dum unicum illud ac singulare lilium prodiit, omne cum eo virtutum spiritualium germen erupit. Tu enim es cœlestis illa terra, quæ dedit fructum suum. Te materiam Sapientia cœlestis habuit, unde templum sui corporis fabricavit. Te Spiritus sanctus implevit. Te virtus Altissimi ineffabiliter obumbravit. Tu defer preces n eas ad Filium Creatorem tuum. Imo tu ora pro me, tu obsecra, cujus nimirum vota non possunt despici, cujus preces in ejus conspectu nequeunt parvipendi. Ecce, Domina mea, infelix ego deprehensus in crimine ducor ad furcas, raptor ad gladium, pertrahor ad supplicium. Exsurgat ergo Regina mundi, opponat se, ingrediatur ad Filium et liberet reum. Accurre et tu, o 5 Michael, cœlestis militiæ princeps et qui in fine mundi peremptorus es Antichristum contra Deum se contumaciter extollentem, jam illum dejice in corde meo regnare tentantem. Libera a tentatione animam meam dum vivit in corpore, ut eam post obitum Creatori suo digne valeas præsentare. Adjuva me et tu, o B. Gabriel, fœderator cœlestium nuptiarum; salva me precibus tuis miserum peccatorem, qui illum missus es nuntiare qui venturus erat in mundum peccatores et miseros liberare (Luc. 1). Medere et tu languidæ animæ meæ, S. Raphael, quique Saræ dæmonium abstulisti, et Tobiæ oculos, quos perdiderat reddidisti (Tob. III, xi); malignum ab anima mea spiritum, qui virum ejus Christum ab ea dividere conatur, exclude et cæco cordi meo luminis jubar infunde. Orate pro me, omnes sancti angeli, omnes sancti archangeli, omnes sanctæ virtutes, omnes sanctæ potestates, omnes sanctæ dominationes, omnes sancti principatus. Ora pro me, sancte chorus throni, ora pro me, sancte chorus cherubim, ora pro me, sancte chorus seraphim. Orate pro me, omnes sancti patriarchæ, omnes sancti prophetæ. Oret pro me judex apostolorum senatus. Oret pro me candidatus martyrum chorus. Orent pro me sancti confessores omnesque sanctæ virgines.

(58) Id est, vita spirituali privetur.

Orate pro me misero et funditus perdito, domini mei, omnes sancti Dei.

Et quæ est tam crudelis multitudo peccati, quæ tot senatorum cœlestium nequeant intercessione deleri? Nec enim potestis esse misericordia vacui qui cum ipso fonte misericordiæ inseparabiliter estis uniti. Scio, Domine, quia non mereor ecclesiæ tuæ limina sacra contingere, nec infelices oculos ad cœlum levare. Indignus sum benedictum et gloriosum nomen tuum per polluta et spurcida labia mea proferre; sed veniat, oro, Spiritus tuus in animam meam, et omnia hæc inquinamenta detergat. Si enim sol iste, qui non de sublimioribus tuis est creaturis, tantas habet vires ut sordes deleat, terras illustret, arva fecundet; quanto magis, si cœternus et consubstantialis tibi Spiritus tuus infelicem hanc arbusculam arescentem jam comisque nudatam dignetur invisere, faciet eam protinus revirescere! nec impotens erit eam virtutum floribus, ac vernantium fructuum decore vestire. Veni, Domine Jesu, veni, dulcis habitator in me. Odor tuus omnia vincit aromata, suavitas tua favos et omnia mella transcendit. Veni, obsecro, totumque me tuo juri sic vendica; ut nullam in partem de cætero se tyrannus habere cognoscat, sed dedica me undique templum tuum, quia tu es Deus et Dominus meus, qui cum Patre et Spiritu sancto vivis et regnas in sæcula sæculorum. Amen.

III. *Oratio ad Deum Spiritum sanctum.*

Spiritus sancte Deus, omnipotens, coessentialis et coæterne summo Patri ac Filio, ineffabiliter ab utroque procedens, cordi meo dignanter illabere, et nequitiæ meæ tenebras mirificus illustrator expelle; ut sicut Dei Verbum virginalis potuit uterus te superveniente concipere; ita et ego per auxilium gratiæ tuæ, 6 eumdem meæ salutis Auctorem valeam semper in mente portare. Tu enim, Domine, lux es mentium, tu virtus cordium, tu vita es animarum. Tu largitus es sanctis apostolis ut ad plenum redemptionis humanæ sacramenta cognoscerent et fidei regulam inoffenso veritatis limite prædicarent. Tu dedisti beatis martyribus sanctæ libertatis audaciam, ut et mundi principes non metuerent et exquisita pœnarum genera constantissima longanimitate transirent. Tu locutus es in prophetis, tu in patriarchis fidei fundamenta constituisti. Tu sanctis omnibus et velle et posse, omniumque virtutum flores, quibus cœlestia scanderent, præbuisti. Et ego, peccator infelix, quomodo sine te salvus fieri valeo, qui scilicet absque te, quid saltem orare debeam, non agnosco? Profecto, Domine, si tu recedis, anima mea non vivit. Sicut enim subtracta anima, corpus emoritur; sic te recedente, ipsa protinus anima, necesse est exstinguatur (58). Sentio, sentio, Domine, quia cum per occultam gratiam tuus aliquando vigor accedit, meus illico spiritus convalescit. Cum vero te peccatis meis exigentibus subtrahis infelix anima mea protinus arelecta contabescit et corruit ; nec ut in studio puræ orationis exerceatur assurgit. Descende ergo in me, vivificator æterne, meique pectoris glaciem flamma tuæ caritatis accende. Præbe capiti meo aquam, et saxeam cordis mei resolve duritiam; super hoc scilicet elementum, Domine, et ante mundi originem ferebaris (*Gen.* 1); et nunc ad purificationem animarum in vivifica fontis fluenta descendis. Veni ergo in me cum aqua compunctionis, et potum mihi da in lacrymis in mensura. Væ mihi misero peccatori, qui et innumerabilia quotidie flenda committo, et tamen flere non valeo ! Imber ergo gratiæ tuæ, Domine, di tillet in me, ut anima mea, quæ a vitæ fonte recedens aruerat, per tuæ visitationis afflatum noviter revirescat. Paratum cor meum, paratum cor meum. Ecce, Domine, omnes s nus tibi mei cordis aperio, arcana pectoris laxo, tuæque dignationis accessum inhianter exspecto.

Habet certe oculus carnis lumen suum, visibilem scilicet solem; sed te interior homo meus exspectat, qui lumen est animarum. Qui illuminasti cæcum a nativitate (*Joan.* ix), illumina me. Qui resuscitasti Lazarum (*Joan.* xi), vivifica me. Heu, heu, infelix anima, cum tu sis vita corporis, ipsa mortua jacens, vivificatorem tuum habere Spiritum non mereris. Mortua tibi, vivis alii; ipsaque in tenebris constituta, exteriori substantiæ lumen attribuis; sed videre non vales, quia non proprium lumen habes. Veni tu, obsecro, Spiritus veritatis, et omnes errorum tenebras a me potenter expelle. Judica, Domine, nocentes me, et expugna impugnantes me; apprehende arma et scutum, et exsurge in adjutorium mihi (*Psal.* xxxiv). Tu purificator et vivificator Spiritus, omnipotens æterne Deus, ignis consumens es. Tu Spiritus judicii, tu Spiritus ardoris. Corripe itaque cor meum, et omnium culparum vitiorumque rubiginem virtute tui ardoris exterge, et inimicum tibi nequitiæ spiritum a cunctis meis sensibus prorsus exclude. Exsurgat Deus, et dissipentur inimici ejus, et fugiant a facie ejus, qui oderunt eum. Sicut deficit fumus, deficiant; sicut fluit cera a facie ignis, sic pereant peccatores a facie Dei (*Psal.* lxvii). Veni, quæso, veni, benedicte Spiritus veritatis, et omnes meorum viscerum venas intimus scrutator ingredere. Tolle quidquid fermentatum, quidquid vitiosum, quidquid reperis noxiæ vetustatis peste corruptum ; meque fac azymum ac tuæ munditiæ puritate sincerum. Redde me mortuum mihi, viventem tibi. Mortifica in me omnes fomites carnalium voluptatum, excoque me ad purum, et non solum vitiis, sed et mundo me redde prorsus exstinctum. Veni, obsecro, Spiritus benedictionis æternæ, omnesque mei pectoris latebras inenarrabili tuæ dulcedinis suavitate perfunde. Anima mea ad tuum liquescat adventum, cœlestem virtutem per te renovata concipiat. Ad sui vigoris originem redeat atque in amorem tuum succensis visceribus inardescat. Benedic, anima mea, Dominum, et omnia interiora mea nomen sanctum ejus (*Psal.* cii). Uberem gratiæ tuæ benedictionem, Domine, anima mea suscipiat; et, ut tibi medullatas hostias offerat, ineffabili tuæ dulcedinis adipe saginata pinguescat. Illumina me, lux veritatis, accende me, purifica me. Tu enim es largitor charismatum, tu auctor sanctificationum, et omnium remissio peccatorum. Tu virtutes angelicas ad amorem tuum indesinenter inflammas; tuæ charitatis incendio cherubim et seraphim incomparabiliter æstuant. Tu me, Domine, tibi totum vindica, totum posside, nullamque in me partem a te vacare permitte : sed solus in me vivas, meque tibi soli vivere facias, qui vivis et gloriaris in Trinitate perfecta unus et verus Deus per omnia sæcula sæculorum Amen.

IV. *Ad sanctam Trinitatem orationes.*

Te adoro, te colo, te glorifico, te magnifico, benedicte, omnipotens, Pater, et Filius, et Spiritus sanctus, trinus et unus Deus. Adjuva me, Domine, absolve me, purifica me, munda me, Rex meus et Deus meus. Da mihi justitiam, fortitudinem, temperantiam et prudentiam. Da mihi perfectam fidem, spem et charitatem. Concede mihi Spiritum sapientiæ, et intellectus, consilii, et fortitudinis, scientiæ, et pietatis, et timoris tui. Da mihi irriguum inferius et irriguum superius. Da mihi benedictionem de rore cœli et de pinguedine terræ. Mollifica, Domine, lapideum cor meum. Da mihi compunctionem et contritionem cordis, ut defleam innumerabilia peccata mea. Domine, non sum dignus ut intrem in ecclesiam tuam. Indignus sum levare infelices oculos meos ad cœlum, vel exprimere nomen tuum benedictum per labia mea; sed tu, qui creasti me sicut vis et sicut scis, miserere mei, Domine, Deus meus.

V. *Secunda oratio.*

Miserere, Domine, omnibus amicis meis, et propinquis, et omnibus benefactoribus meis, et omnibus qui orant te pro me, et omnibus qui rogant me orare pro se. Da eis pœnitentiam & fructuosam, mortifica in eis omnia vitia, et fac eos florere virtutibus tuis. Fac eos, Domine, sic per omnia vivere, ut majestati tuæ valeant de bona sua conversatione placere. Miserere, Deus, pontificibus, regibus, potestatibus et omni populo Christiano. Sancta Maria, ora pro eis omnibus. Omnes sancti et sanctæ Dei, orate pro eis. Miserere, Domine, omnibus benefactoribus meis defunctis, et pro quibuscunque orare debitor sum; et omnes fideles tuos absolve, et da eis partem et societatem cum sanctis tuis. Sancta virgo Maria, ora pro omnibus; omnes sancti et sanctæ Dei, orate pro eis omnibus.

VI. *Tertia oratio.*

Te adoro unum in trinitate, et trinum in unitate, benedicte, omnipotens, Pater, et Filius, et Spiritus sanctus. Miserere mihi miserrimo peccatori, clementissime, Deus meus, et miserere omnibus fidelibus tuis vivis et defunctis. Sancta virgo Maria, mater Dei et hominis, templum Dei vivi, virgo ante partum et virgo post partum, exaltata super choros angelorum, ora pro nobis omnibus. Sancte Michael, princeps militiæ cœlestis, sancte Gabriel, fœderator cœlestium nuptiarum, sancte Raphael, medicina Dei, orate pro nobis. S. Joannes Baptista, ora pro nobis. S. Petre, qui habes claves regni cœlorum, S. Paule, S. Andrea, S. Joannes evangelista, orate pro nobis omnibus. S. Stephane, S. Apollinaris, S. Laurenti, orate pro nobis omnibus. S. Silvester, S. Martine, S. Benedicte, venerabilis pater noster, orate pro nobis omnibus. Sancta Agatha, S. Agnes, S. Cæcilia, orate pro nobis omnibus. Omnes sancti angeli et archangeli, throni et dominationes, principatus, potestates, virtutes, cherubim, et seraphim, omnes sancti patriarchæ et prophetæ, apostoli, martyres, confessores, virgines, anachoretæ, viduæ, omnes sancti et sanctæ Dei, orate pro nobis omnibus fidelibus Christi vivis et defunctis. *Pater noster.*

VII. *Item, orationes de sancta Trinitate.*

Deus, cujus munere et trinitatem in personis, et unitatem in divina substantia confitemur, concede propitius ut, hac fidei lorica muniti, a cunctis mereamur adversitatibus liberari. Per Dominum.

VIII. *Alia.*

Concede, quæsumus, omnipotens Deus, ut qui sanctæ Trinitatis unam confitemur essentiam; sicut nunc ambulamus, te ducente, per fidem; sic aliquando, te suscipiente, perducamur ad speciem. Per.

IX. *Alia.*

Deus, qui nos et sine confusione trinitatem, et sine divisione substantiam tuæ majestatis credere docuisti, largire supplicibus, ut super hoc catholicæ fidei fundamentum surgat in nobis sanctarum structura virtutum. Per Dominum.

X. *Alia.*

Deus, qui nobis sanctæ Trinitatis mysterium revelasti, tribue, quæsumus, ut qui jam ex fide vivimus, per boni operis augmenta crescamus. Per Dominum nostrum.

XI. *De annuntiatione Domini.*
Ecce parat clausam Regis prænuntius aulam.

XII. *De nativitate Domini.*
Natus ab æterno prodit de Virginis alvo.

XIII. *De oblatione Domini.*
Non capitur cœlis, Simeon quem stringit in ulnis.

XIV. *De baptismo Domini.*
En fluvius fontem mundum lavat, unda, lavantem
Ablue, Jordanis, a quo magis ipse lavaris.

XV. *De transfiguratione Domini.*
Hinc Deus ostendit quod carnis tegmine clausit.

XVI. *Ubi pueri dicunt Hosanna.*
Astra, polus, terra, metuunt quem portat asella.
Voce Deo magna cœtus depromit hosanna.

XVII. *De cœna Domini.*
Qui caput est justis vestigia tergit alumnis.
Quod vetuit parti, Petrus vult solvere toti.

XVIII. *De patena.*
Esum perpetuæ pariunt hæc fercula vitæ.

XIX. *Ubi Judas Dominum tradit.*
Falsa ferox blando lupus oscula porrigit Agno.

XX. *Ubi Christus rogat Patrem.*
Patrem, Christe, rogas, cum quo simul omnia donas.

XXI. *Dominus dicit discipulis suis: Vigilate.*
Quos sopor oppressit, vigilum Rex surgere jussit.

XXII et XXIII. *Orationes die Veneris sancto in crucis adoratione dicendæ.*

(59)... inflictus ad eum respiceret, et venenum exitiale evaderet, optatæ salutis vitam adipisceretur, significans te ipsum futura longe post curricula pro tui salute plasmatis crucis patibulo extollendum, ut quos diabolus armis invidiæ captivaverat, tua desiderabilis passio ad patriam revocaret. Concede tam mihi misero et peccatori quam omnibus tuo cruore mercatis, qui hodie sanctam passionem tuam supplices venerantur lignumque vitæ adorant, ut diabolicas insidias te adjuvante vincamus, et æternæ vitæ participes effici mereamur, qui cum Patre et Spiritu sancto vivis et regnas Deus per omnia sæcula sæculorum. Amen.

XXIV. *In tertia genuflexione.*

Domine Jesu Christe, qui nos per passionem sanctæ crucis hodierna die de diabolica servitute liberasti, ut quo die hominem condideras, eodem et reformares, exaudi me miserum et peccatorem coram hoc signaculo sanctæ crucis tuæ confitentem et deprecantem, ut hujus venerabilis et vitalis signi tuitione munitus, et hostis nequissimi ignita tela repellere et ab inflictis evacuari vulneribus, et ad vitam æternam valeam pervenire, per te, Domine Jesu Christe, qui cum Patre et Spiritu sancto vivis et regnas Deus in sæcula sæculorum. Amen.

XXV. *De S. cruce orationes aliæ.*

Dum crucem dilectissimi Filii tui, omnipotens Pater, adoro, pateat mihi cœlum, obsecro ut et oratio mea pervenire possit ad te, et tua descendat misericordia super me. Hæc enim hostia singularis, piissime Domine, in odorem tibi suavitatis oblata, et tuam circa nos justitiam mitigat, et, tanquam pii thuris incendium de thuribulo sacratissimæ passionis evaporans, humanarum mentium nares obdulcat. O inenarrabilis victima, quæ et cautionem maledicti veteris abolevit, et signaculum nobis æternæ benedictionis impressit. O sacrificium veræ placationis et laudis, quod et antiquæ transgressionis inimicitias abstulit, et inter cœlum et terram fœdus æternæ concordiæ reformavit. Per hoc, Domine, tuæ virtutis insigne vexillum miseram me tui gregis oviculam de cruenti leonis faucibus eripe, ut victus atque contritus a te super me nequeat triumphare. Reduc me ad pascuæ tuæ semper amœna virentia, nec abjicias servum, pro quo tradere dignatus es Filium, qui tecum et cum Spiritu sancto vivit et regnat Deus in sæcula sæculorum. Amen.

(59) Oratio primæ genuflexionis, sicut et secundæ pars desid. in ms.

XXVI. *Oratio.*

Mediator Dei et hominum, Domine Jesu Christe, qui veram carnem ex intemeratis beatae Mariae visceribus suscepisti, quique pro salute nostra ipsum Agnum immaculati tui corporis obtulisti Deo Patri super aram crucis in odorem suavitatis, atque, ut antiquae praevaricationis virus evomeret, temetipsum fecisti humano generi medicinam; absolve me nimis infelicem et miserum, innumeris peccatorum vinculis obligatum. Ecce ante ipsum, Domine, vivificae crucis tuae me prosterno vexillum, novumque et inauditum victoriae tuae supplex adoro triumphum. Tu enim sacerdos et hostia; tu redemptor et pretium. Libet, piissime Domine, tanquam sub recenti tuae passionis articulo te in crucis supplicio videre pendentem. Libet pretiosissimum sanguinem in ore meo suscipere distillantem. O beata scilicet hostia, quae et tartarea septa dirumpit, et coelestis regni januam fidelibus aperit. O pretii nostri pondus in crucis statera libratum, quo debiti nostri chirographum antiquus exactor deplorat excisum. Video te interioribus oculis, Redemptor meus, crucis clavis affixum. Video te novis vulneribus sauciatum. Audio te latroni clara voce dicentem: Hodie mecum eris in paradiso (*Luc.* XXIII). Per istud itaque salutiferae tuae passionis ac mortis imploro mysterium; per hoc, inquam, redemptionis nostrae lacrymabiliter obsecro sacramentum. Noli me, sicut mereor, ab electorum tuorum societate dividere, sed in paradisi gloria cum ipsomet beato latrone constitue. Tu, Domine, animam meam hujus sanctae crucis impressione consigna, tu me hujus virtute purifica. Per hanc me totum undique juri tuo sic vindica, ut nulla prorsus adversarii valeat in me portio reperiri, quatenus te ad judicium veniente, cum hoc in coelo divinae virtutis insigne claruerit, ego hoc stigmate signatus inveniar, ut crucifixo configuratus in poena, consors fieri merear resurgentis in gloria, qui vivis et regnas cum Deo Patre in unitate Spiritus sancti per omnia saecula saeculorum. Amen.

XXVII. *Oratio.*

Si pietatem tuam, mitissime Deus, humanam mensuram habere cognoscerem, ego tam immanissima scelerum mole depressus funditus desperarem. Sed dum immolari pro me tam potentem hostiam video, quomodo me desperare debeam, non attendo. Nam si agnus ille paschalis, brutum scilicet animal, populum Israel a plaga mortis potuit liberare (*Exod.* XII); quanto magis illius sacratissimus sanguis, qui Conditor est angelorum, quantaslibet animae meae sordes valet abluere? Tu, piissime Domine Jesu Christe, velut species aromatica redoles in mortario passionis attrita, ut nobis miseris et peccatorum morbo languentibus fieres medicina. Tu tanquam botrus ille terrae lactis et mellis (*Num.* XIII) irriguae calcatus es in prelo crucis, ut nobis aeternae salutis poculum propinares et arentia corda nostra sancti Spiritus inundatione perfunderes. Tu, Domine, per quinque plagas sacratissimi corporis tui sanasti omnia vulnera, quae nobis inflicta sunt per quinque sensus corporis nostri. Tu Patri victima suavitatis et nobis factus es pretium redemptionis. Adoro, Domine, crucem tuam; adoro vivificam mortem tuam. Abluat, obsecro, sanguis tuus sordes animae meae, nec ulterius teneat exactor obnoxium pro quo tam sublime pretium est solutum. Sit iste victoriae tuae titulus, Domine, in anima mea, semper erectus, ut nullum in possessione tua jus sibi vindicet invasor antiquus, sed hoc prospecto, praesto diffugiat et velut fumus ad accessum tui Spiritus evanescat; ut haereditatem tuam, quam proprio mercatus es sanguine, per continuam digneris gratiam possidere; cui sis per misericordiam tuam et protector invictus et inhabitator assiduus, qui cum Deo Patre et Spiritu sancto vivis et regnas per omnia saecula saeculorum. Amen.

XXVIII. *Oratio.*

Domine Jesu Christe, Fili Dei vivi, gratias agimus immensae tuae pietati, qui cum in forma Dei esses, pro nobis temetipsum humiliasti, factus obediens usque ad mortem, mortem autem crucis. Deprecamur te, Domine, ut quibus tantam contulisti gratiam, veram peccatorum tribuas indulgentiam. Custodi in nobis opera misericordiae tuae, ne pereant quos redemit dextera tua. Sana languores populi tui et da gloriam nomini tuo. Rogo etiam te, Domine piissime, ut me miserum ac fragilem a tua non repellas gratia, et qui hucusque longe a tua voluntate vitiosus discessi, deinceps per ineffabilem misericordiam tuam emendatus tuae placeam feliciter majestati. Depelle a me, Domine, quidquid noxium, quidquid ineptum, quidquid vitiosum, quidquid tuae voluntati est contrarium. Concede mihi, Domine, ut mala mea hic, dum vivo, digne defleam, et acceptabilis sit poenitentia mea in conspectu tuo. Tribue mihi veram fidem, spem firmam, charitatem non fictam. Sit in me fixa humilitas, sobria vita, vera scientia, fortitudo, prudentia, justitia, temperantia, cursus rectus, finis perfectus, te praestante, Deus noster, qui cum Patre, etc.

XXIX. *Oratio.*

Domine Jesu Christe Nazarene, rex angelorum et sanctorum omnium, qui eras ante saecula in divinitatis essentia cum Deo Patre unigenitus Filius; in plenitudine autem temporis exinanitus formam servilis corporis ex Maria virgine accipiens, in similitudine hominis factus et habitu inventus ut homo. Verum utique hominem in Deo vero assumens, humiliatus et obediens factus usque ad mortem, mortem autem crucis, redemisti nos tuo sancto sanguine pretioso. Agnus immaculatus surgens a mortuis, ascendens in coelum, sedes ad dexteram Dei Patris omnipotentis. Quem adorant angeli, et ego infelix peccator te suppliciter adoro, confitens peccata mea, et deprecans ut, sicut me participem sacramentorum mortis et redemptionis tuae per crucem fecisti, ita per virtutem hujus sacrosanctae crucis, omnia in me vitia et peccata extinguas et perimas, et contra omnes spirituales nequitias et antiqui hostis insidias, ejusdem sacrosanctae crucis virtute invocata, victricia tela efficias; et consurgentem me tecum in novitate spiritus et gloriæ, ad ea, quæ sursum sunt, cum sanctis et electis tuis ad dexteram tuam positis, pertingere concedas ipse idemque Jesu Christe, Deus immortalis, qui cum Deo Patre et Spiritu sancto vivis et regnas per infinita sæcula sæculorum. Amen.

XXX. *Oratio.*

Domine Jesu Christe, Fili Dei vivi, gloriosissime Conditor mundi, qui cum sis splendor gloriæ, coæternus et æqualis Patri sanctoque Spiritui, ideo dignatus es carnem immaculatam ex Virgine sumere, et innocentes ac gloriosas tuas palmas in crucis patibulo permisisti configi ut claustra dissipares inferni et humanum genus liberares de morte. Miserere mihi misero, Domine, oppresso gravi facinorum pondere multarumque nequitiarum sordibus inquinato. Noli me relinquere, piissime Domine, sed indulge misericorditer, quod impie gessi, et quæ negligenter feci. Exaudi me, quæso, clementissime ac misericordissime Jesu, Deus bone et benigne, prostratum ante adorandam gloriosissimam tuam crucem, ut in his sanctis diebus et semper tibi mercar assistere mundus, et tuis jugiter placere conspectibus, quatenus liberatus a malis omnibus, tuo sim semper adjutorio consolatus, Christe Domine, Salvator mundi, qui vivis et regnas in sæcula sæculorum. Amen.

XXXI. *Oratio.*

Christe, qui pro nobis patibulum crucis et mortem subiisti, ut a nobis expelleres mortis potestatem, et sanguinis tui nos pretio liberares, miserere mihi humillimo servo tuo, et omnium meorum mihi veniam tribue peccatorum, et me coram adoranda tua cruce prostratum in his sanctis diebus, et jugiter ab omnibus malis eripe, bonisque tuis misericorditer refice, qui cum Deo Patre et Spiritu sancto vivis et regnas per immensa sæcula sæculorum. Amen.

XXXII. *Oratio.*

Deus, qui ligno pereuntem hominem per lignum reparasti in melius, quæsumus, ut virtus hujus triumphalis ligni morte et sanguine tuo ditati, cui tota devotione colla submittimus, et vitia in nobis universa mortificet, et contra omnia adversa nos muniat, qui vivis et regnas cum Patre et Spiritu sancto Deus per omnia sæcula sæculorum.

XXXIII. *Oratio.*

Domine Jesu Christe, qui es et qui eras Deus cum Patre ante sæcula genitus, Deus ex Deo vero, conceptus de Spiritu sancto, et natus homo in fine sæculorum de virgine semper Maria, qui obediens Patri usque ad mortem, mortem autem crucis, redemisti nos tuo sancto et pretioso sanguine, et destructo mortis imperio, omnibus in te credentibus cœlestis gloriæ aditum reserasti, te Deum verum, et Dominum meum suppliciter adoro, sedentem ad dexteram Dei Patris omnipotentis, deprecando infinitam et ineffabilem misericordiam tuam, ut per virtutem hujus salutaris signi redemptionis nostræ redimas me miserum et dignum morte peccatorem, ab omnibus criminibus et facinoribus meis, et libera me ab omnibus malis præteritis, præsentibus et futuris, et mortifica in me omnia vitia spiritualium et carnalium nequitiarum, et fac me resurgere in virtute gratiæ et gloriæ tuæ; et quæ sursum sunt, cœlestia desiderare et quærere, et ad æternæ beatitudinis gloriam feliciter pervenire, præstante tua immensa clementia, Domine Jesu Christe, Deus et Dominus noster, qui cum Deo Patre et Spiritu sancto in unitate deitatis omnia creando regis, vivificas et gubernas per immortalia sæcula sæculorum. Amen.

XXXIV. *Litaniæ.*

Christe, audi nos, iii. Pater de cœlis, Deus, miserere nobis. Fili Redemptor mundi, Deus, miserere nobis. Spiritus sancte, Deus, miserere nobis. Sancta Trinitas, unus Deus, miserere nobis. Sancta Dei Genitrix, semper intemerata, virgo Maria, et omnia sancta seraphim et cherubim, intercedite pro nobis et pro omnibus vivis et defunctis fidelibus....

XXXV. *Hymnus de S. cruce.*
Ad nocturnum.

Crux orbis salus perditi,
Perempti vita sæculi,
Quam victa tremunt tartara
Cœli verentur agmina.

In te dum vita moritur,
Mortis catena solvitur,
Ægypti jugo liberi
Veræ sunt lucis filii.

Te ponit Judex omnium,
Cum judicatur, solium;
Jam tum hædos ab ovibus
Segregat in latronibus.

Tu mundi ludis principem,
Dum punis impassibilem,
Reos offerre solita
Quem nunc das, aufert spolia.

In te mactatur victima,
Quæ mundi purgat crimina,
Tibi talentum creditur,
Adæ quod solvit debitum.

Nos vitæ signum protege
Quos Rex triumphat gloriæ :
Per te ad regnum provehat,
Quos servitute liberat.

Sit Patri laus ingenito,
Sit decus Unigenito
Sit utriusque parili
Majestas summa Flamini.

XXXVI. *Ad laudes.*

Crux mundi benedictio,
Spes et certa redemptio,
Olim gehennæ bajula,
Nunc clara cœli janua
In te levatur hostia,

Ad se qui traxit omnia,
Quam mundi princeps impetit
Suumque nihil invenit.
  Tuæ legis articulus
Vetus cassat chirographum,
Antiqua perit servitus,
Vera libertas redditur.
  Odoris tui copia
Cuncta vincit aromata,
15 Tui dulcedo nectaris
Replet arcana pectoris.
  Per crucem, Christe, quæsumus,
Ad vitæ transfer præmium,
Quos ligni fixus stipite,
Dignatus es redimere.
  Sit Patri laus ingenito,
Sit decus Unigenito,
Sit utriusque parili
Majestas summa Flamini.

XXXVII. *Paraclericum carmen de S. cruce.*
Unica spes hominum, crux o venerabile signum,
  Omnibus esto salus, unica spes hominum.
Bajula tu pretii, quod mundi debita solvit,
  Quo meruit redimi, bajula tu pretii.
Unica spes hominum, crux o venerabile signum,
  Omnibus esto salus, unica spes hominum.
Tartara victa tuis spolium cessere triumphis;
  Lugent vexillis tartara victa tuis.
Pandis et astra piis, proprio quos stigmate signas;
  Das requiem fessis, pandis et astra piis.
Unica spes hominum, crux o venerabile signum,
  Omnibus esto salus, unica spes hominum.
Chirographum vetiti pepigit quod cautio ligni,
  Diluis et pomi chirographum vetiti.
Lux, honor, imperium, laus, gloria, doxa per ævum
  Sit tibi, trine Deus, lux, honor, imperium.
Unica spes hominum, crux o venerabile signum,
  Omnibus esto salus, unica spes hominum.

XXXVIII. *De S. cruce.*
Omnibus est una spes hæc metuenda figura,
Cernite librata pretium pendere statera,
Quod mundum redimit protoplasti debita solvit.
Crux est vita mihi, mors inimice tibi.

XXXIX. *Item, de S. cruce, duobus invicem inimicis.*
Ecce rubet Christi crux sanguine tincta recenti,
Hæc cœlum terris confœderat, infima summis :
Hæc jubet in vobis, ut lux oriatur amoris,
Litibus sedatis succedant oscula pacis.

XL. *Rhythmus paschalis.*
  Paschalis festi gaudium
Mundi replet ambitum,
Cœlum, tellus, ac maria
Læta promant carmina,
Et alleluia consonis
Modulentur organis.
  Solus ululet tartarus
Rapta præda vacuus,
Fractos vectes, et ferrea
Strata plorent mœnia,

Quæ subruit Rex gloriæ
Cum laude victoriæ.
  Stupenda lex mysterii,
Novum genus prælii,
Ligatus nexos liberat,
Mortuus vivificat;
16 Dumque vita perimitur,
Mortis mors efficitur.
  Statera crucis pendulum
Mundi librat pretium,
Quod dum exactor petiit
Jus antiquum perdidit,
Escam glutire nititur,
Sed hamo transfigitur.
  Composuit chirographum
Protoplastus hominum,
Quod Christus post in alia
Solvit ligni tabula;
Quæ primus Adam scripserat,
Secundus obliterat.
  Cum Auctor vitæ moritur,
Orbis et commoritur;
Sol radios operuit;
Lugens terra tremuit;
Templi velum dividitur,
Vis saxorum scinditur.
  Brevi sepulcro clauditur,
Qui cœlo non capitur.
Præda vallatus divite,
Victo mortis principe
Triumphalis potentia
Surgit die tertia.
  Reddite Christum vigiles
Quem servastis milites,
Vel mortuum ostendite,
Vel in vivum credite,
Cur gratis vera dicitis,
Empti falsa fingitis?
  Mox intonat angelicus
Sermo mulieribus,
Apostolis ut dulcia
Hæc deferrent nuntia :
In Galilæam pergite,
Ibi Christum cernite.
  Jam regis Ægyptiaci,
Servitute liberi,
Post maris Rubri transitum,
Novum demus canticum,
Mortis soluti legibus,
Christo consurreximus.
  Colite, novi populi,
Rite Pascha Domini,
Paschali Agni sanguine
Postes domus tingite;
Fermentum vetus pellite,
Azyma comedite.
  Totis Christe visceribus
Tibi laudes reddimus :
Qui resurgens a mortuis,

Ultra jam non moreris.
Sit Patri laus et parili
Decus omne Flamini. Amen.

XLI. *De ascensione Dómini.*
Ima Deus petiit, sed non excelsa reliquit;
Est ibi quo tendit, permanet unde venit.

XLII. *Hymnus in ascensione Domini. Ad laudes.*
Clara polorum culmina
Læta mirentur lumina,
Quæ penetrat Rex gloriæ
Cum triumpho victoriæ.

Qui moriturus venerat,
Perempta morte remeat
Victor ad astra nobilis,
Raptis gehennæ spoliis.

Acclivis ut erigeret,
Venditus ut redimeret,
Spretis errantem-pascuis
Ovem reportat pasculis.

Jam, caro, lutum despice,
Cœlum, tellus, ingredere :
Nam membris via sternitur
Quo caput ire cernitur.

Jesu, decus angelicum,
Dulcedo, desiderium,
Et nos totis visceribus
Te fac ambire, quæsumus.

Da nobis in te vivere,
Ad te cor nostrum dirige,
Accendat nostra pectora
Tuus amor in sæcula.

XLIII. *Ubi Spiritus sanctus descendit super apostolos.*
Ignit apostolicum linguarum flamma senatum,
Germinat et varias quasi vox fecunda loquelas.

XLIV. *In annuntiatione beatissimæ virginis Mariæ. Hymnus. Ad nocturnum.*
Terrena cuncta jubilent,
Astra laudibus intonent,
Virginis ante thalamum
Laudes alternent dragmatum.

Hæc Virgo Verbo gravida
Fit paradisi janua,
Quæ Deum mundo reddidit
Cœlum nobis aperuit.

Felix ista puerpera,
Evæ lege liberrima,
Concepit sine masculo,
Peperit absque gemitu.

Dives Mariæ gremium
Mundi gestavit pretium,
Quo gloriamur redimi,
Soluti jugo debiti.

Quam Patris implet Filius
Sanctus obumbrat Spiritus ;
Cœlum fiunt castissima
Sacræ puellæ viscera.

Sit tibi laus, Altissime,
Qui natus es ex Virgine,
Sit honor ineffabili
Patri sanctoque Flamini. Amen.

XLV. *Ad laudes.*
Aurora velut fulgida,
Ad cœli meat culmina,
Ut sol Maria splendida,
Tanquam luna pulcherrima.

Regina mundi hodie
Thronum conscendit gloriæ,
Illum enixa filium,
Qui est ante Luciferum.

Assumpta super angelos
Excedit et archangelos ;
Cuncta sanctorum merita
Transcendit una femina.

Quem foverat in gremio,
Locarat in præsepio,
Nunc regem super omnia
Patris videt in gloria.

Pro nobis, Virgo virginum
Tuum deposce Filium ;
Per quam nostra susceperat
Ut sua nobis præbeat.

Sit tibi laus, Altissime,
Qui natus es ex Virgine,
Sit honor ineffabili
Patri, sanctoque Flamini. Amen.

XLVI. *In eadem annuntiatione beatissimæ virginis Mariæ. Ad missam, Præfatio.*
Per Christum Dominum nostrum. Qui intemeratæ Genitrici, gratia plenæ, per archangeli Gabrielis oraculum, hodierna die salutaris adventus sui patefecit arcanum; quique vernantis vulvæ flore conceptus, fermentum vetus in azymam vertit, quia hominem induens, humanæ naturæ originaliter vitiatæ contagia non contraxit. Loricam nempe sibi de nostra fragilitate composuit, in qua exsultans ut gigas, et potens ac fortis in prælio, potestates aereas debellavit. Infirmæ se carnis obtexit velamine, qui erat omnipotens in perennis essentiæ majestate; dumque se humanæ naturæ Verbum Patris univit, in virginalis alvi thalamo cœlestis Sponsus sanctam sibimet Ecclesiam fœderavit, pro cujus amore angustias materni non dedignatus est uteri, qui infinita latitudine non capitur cœli. Quem laudant angeli.

XLVII. *In assumptione ipsius sanctissimæ Virginis, Hymnus ad vesperas.*
Gaudium mundi, nova stella cœli,
Prócreans Solem, pariens Parentem
Da manus lapsis, fer opem caducis,
Virgo Maria.

Te Deo factam liquet esse scalam,
Qua tenens summum, petit altus imum,
Nos ad excelsi remeare cœli
Culmina dona.

Te beatorum chorus angelorum,
Te sacri vates et apostolorum
Ordo prælatam sibi cernit unam
Post Deitatem.

Aula cœlestis speciosa Regis,
Fulta septenis sophiæ columnis :

Quem nequit totus cohibere mundus
    Claudis in alvo.
Quem tremunt cœli, metuunt abyssi,
Fluminum guttæ, maris et procellæ,
Laudat occasus, veneratur ortus,
    Stringis in ulnis.
Lacte nutritur cibus angelorum,
Fertur innuptæ gremio puellæ
Qui sua late ditione terræ
    Pondera librat.
19 Sic decus summo sine fine Christo,
Sancta quem virgo genuit Maria :
Qui Patri compar, Flaminique sancto,
    Regnat in ævum. Amen.

XLVIII. *Ad honorem sanctæ Mariæ virginis. Officium quotidianis diebus. Ad vesperas. Hymnus.*

Sidus, Maria, splendidum,
Te laudat omne sæculum,
Ex qua sub mundi vespere,
Sol ortus est justitiæ.

Da cor tenebris eripi,
Da vera luce perfrui,
Quæ noctem vitæ veteris
Novis illustret meritis.

Per te purgemur vitiis,
Solvamur culpæ vinculis;
Mens vulsis spinis eruta
Virtutum ferat germina.

Sit tibi laus, Altissime
Qui natus es ex Virgine;
Sit honor ineffabili
Patri sanctoque Flamini. Amen.

XLIX. *Lectiones ad matutinum. Lectio prima.*

Beata Dei genitrix, virgo Maria, templum Dei vivi, aula Regis æterni, sacrarium Spiritus sancti. Tu virga de radice Jesse. Tu cedrus in Libano. Tu rosa purpurea in Jericho. Tu cypressus in monte Sion, quæ singulari privilegio meritorum, sicut nescis in hominibus comparem, ita nihilominus et angelicam superas dignitatem. Cui novo et inaudito miraculo datum est ut Verbum, quod ante sæcula Deus genuit, fieret filius tuus, et homo, quem tu in fine sæculi genuisti, verus atque perfectus esset Filius Dei.

L. *Lectio secunda.*

O gloriosa puerpera, in qua sola reperitur fecunda virginitas, quæ sic ex intemeratis visceribus Filium protulisti ut illibatæ pudicitiæ integritas cresceret, non libido virginalis clausulæ signaculum violaret. Tibi Spiritus sanctus, dum conciperes, obumbravit, non ut ipse, quod absit, in sacratissimo utero tuo fieret pro semine sobolis, sed usus est potius virtute ac potentia Creatoris. De te summus pontifex noster sui corporis hostiam sumpsit, quam in ara crucis pro totius mundi salute sacrificium obtulit. Tu lux oriens Nazareth, tu gloria Hierusalem, tu lætitia Israel, tu decus mundi, tu nobilitas populi Christiani.

LI. *Lectio tertia.*

O Regina mundi, scala cœli, thronus Dei, janua paradisi, audi preces pauperum, ne despicias gemitus miserorum. Inferantur a te vota nostra atque suspiria conspectui Redemptoris, ut quæ nostris excluduntur meritis, per te locum apud aures divinæ obtineant pietatis. Dele peccata, relaxa facinora, erige lapsos, **20** solve compeditos. Per te succidantur vepres et germina vitiorum, præbeantur flores et ornamenta virtutum. Placa precibus Judicem, quem genuisti singulari puerperio Salvatorem, ut qui per te factus est particeps humanitatis nostræ, per te quoque nos consortes efficiat divinitatis suæ. Qui cum Deo Patre, et Spiritu sancto vivit et regnat in sæcula sæculorum. Amen.

LII. *Hymnus ad primam.*

Beata Dei genitrix,
Nitor humani generis :
Per quam de servis liberi
Lucisque sumus filii.

Fac tuum nobis Filium
Pia prece propitium;
Quem graviter offendimus,
Tu mitem redde, quæsumus.

Sit tibi laus, Altissime,
Qui natus es ex Virgine :
Sit honor ineffabili
Patri, sanctoque Flamini. Amen.

LIII. *Hymnus ad tertiam.*

Maria, decus hominum,
Regis æterni solium,
Septem columnis edita
Domus a sapientia.

Tu nos venturo Judici
Commenda prece supplici :
Tuis intentos laudibus
Mitis cernat ac placidus.

Sit tibi laus, Altissime,
Qui natus es ex Virgine :
Sit honor ineffabili
Patri, sanctoque Flamini. Amen.

LIV. *Hymnus ad sextam.*

Maria templum Domini,
Dei mater et hominis,
Tunc vere Virgo virginum,
Cum peperisti Filium.

Da nobis hunc in fervido
Mentis gestare gremio;
Ex tua carne genitus,
Nostris regnet in sensibus.

Sit tibi laus, Altissime,
Qui natus es ex Virgine :
Sit honor ineffabili
Patri, sanctoque Flamini. Amen.

LV. *Hymnus ad nonam.*

O singularis femina,
Sola Virgo puerpera,
Præclara vitæ janua,
Qua cœli patent atria.

Tu nos culparum nexibus,
Sacris absolve precibus :

Tua promentes merita
Ad cœli transfer præmia.

Sit tibi laus, Altissime,
Qui natus es ex Virgine;
Sit honor ineffabili
Patri, sanctoque Flamini. Amen.

LVI. *Hymnus ad completorium.*

Maria, Virgo regia,
David stirpe progenita,
Non tam paterna nobilis
Quam dignitate sobolis.

Tu, nos avulsos veteri,
Complanta novo germini;
Per te sit genus hominum
Regale sacerdotium.

Sit tibi laus, Altissime,
Qui natus es ex Virgine;
Sit honor ineffabili
Patri, sanctoque Flamini. Amen.

LVII. *Istæ orationes dicantur per horas diei.*

Deus, qui Filium tuum ad nos per Virginem dignatus es mittere, da nobis ad te, suffragantibus ejusdem B. Mariæ precibus, jugiter festinare. Per eumdem Dominum.

LVIII. *Alia.*

Deus, qui humanæ substantiæ veritatem de virginalis uteri materia suscepisti, da nobis beatæ Genitricis tuæ precibus ita degenerem exuere vetustatem, ut te novæ generationis induamus Auctorem. Qui cum Patre.

LIX. *Alia.*

Concede nos, quæsumus, omnipotens Deus, B. Mariæ semper Virginis precibus sublevari, per cujus ineffabilem partum procurasti salutis humanæ remedium. Per Dominum.

LX. *Alia.*

Deus, qui vitiatæ stirpis originem per virginalis uteri reparas dignitatem, concede propitius, ut quos proprii reatus moles gravat, intercessio beatæ Dei Genitricis attollat. Per Dominum.

LXI. *Rhythmus de S. Maria virgine.*

O genitrix æterni,
Virgo Maria, Verbi,
Quæ vox, quæ lingua carnis
Par erit tuæ laudis?

Tu nova maris stella,
Celsa poli fenestra,
Scala quæ cœlum terris,
Jungis ima supernis.

Immensum concepisti
Parentem peperisti,
Fit Factor et factura,
Creans et creatura.

Quem mundus ferre nequit
Totum vulva concepit;
Quo circuitur æther,
Puellæ clausit venter.

Servi forma indutus,
Divina non exutus,

Suscepit quidem tua,
Sed non amisit sua.

Oritur ortus rerum,
Fit antiquus dierum;
Orbis origo cœpit,
Factus ex his quæ fecit.

Conceptus fecundavit,
Natus non violavit,
Intravit et exivit,
Sed clausam dereliquit.

Tu Aaron es virga,
Fecunda, licet sicca,
Quæ germen protulisti,
Sed Virgo permansisti

Te rubus prælucebat,
Qui ardens non ardebat:
Quæ sine æstu mentis
Fructum dedisti ventris.

Et ante partum Virgo,
Sed post virginum Virgo;
Crevit in ortu prolis
Integritas pudoris.

Est angelorum cibus
Tuo lacte nutritus;
Qui mari præbet undas
Papillæ sugit guttas.

Geris in sinu prolem
Qui terræ librat molem;
Foves a quo foveris,
Servas a quo tueris.

Blandire, Mater, charo,
Qui te creavit, Nato;
Oscula grata fige,
Fasciis membra cinge.

Amplectere cœlestem,
Quem genuisti Regem,
Cui servit sol et luna,
Et omnis creatura.

Chori virtutum tremunt
Quem viles panni tegunt:
Pavet cœlum et terra
Quem bajulat puella.

Vagit in sinu matris,
Regnat in throno Patris:
Legem matris observat,
Mundi jura gubernat.

Tu fontis fons viventis
Oriens orientis;
Liber ille signatus
Victori viro datus.

Tu porta templi clausa,
Superni Regis aula;
Ærarium talenti,
Per quod sumus redempti.

Hortus deliciarum
Odor suavitatum;
Tu ager ille plenus,
Cui benedixit Deus.

Ex te botrus egressus,

Qui, crucis prælo pressus,
Vino rigat arentes
Sancti Spiritus mentes.
　Es et terra cœlestis
Ferax lactis et mellis :
Ex qua Veritas orta
Tollit errorum dogma.
　Arcem nobilitatis
De prolis stirpe trahis.
Filia quidem regum,
Sed Mater Regis regum.
　23 Salve, jam Virgo feta,
Ave, gratia plena :
Nostrum ave digneris,
Ut illud Gabrielis.
　Ille, dum te salutat,
Evæ nomen commutat;
Reduc nos, Virgo sancta,
Unde est nequam lapsa.
　Tu solve quod debemus
Averte quod timemus,
Impetra quod optamus,
Perfice quod speramus.
　Sit laus Trinitati,
Sit decus Unitati,
Cui lex et ordo rerum
Per omne patet ævum. Amen.

LXII. *Rhythmus de eadem sanctissima Virgine.*
　Quis est hic qui pulsat ad ostium,
Noctis rumpens somnum?
Me vocat, o virginum pulcherrima,
Soror, conjux, gemma splendidissima!
Cito surgens aperi, dulcissima.
　Ego sum summi Regis Filius,
Primus, et novissimus;
Qui de cœlis in has veni tenebras,
Liberare captivorum animas;
Passus mortem et multas injurias.
　Mox ego dereliqui lectulum,
Cucurri ad pessulum :
Ut dilecto tota domus pateat,
Et mens mea plenissime videat,
Quem videre maxime desiderat.
　At ille jam inde transierat.
Ostium reliquerat.
Quid ergo, miserrima, quid facerem?
Lacrymando sum secuta juvenem,
Manus cujus plasmaverunt hominem.
　Vigiles urbis invenerunt me,
Exspoliaverunt me,
Abstulerunt et dederunt pallium,
Cantaverunt mihi novum canticum,
Quo in Regis inducar palatium. Amen.

LXIII. *Rhythmus super salutatione angelica.*
Ave, David filia, sancta mundo nata,
Virgo prudens, sobria, Joseph desponsata,
Ad salutem omnium in exemplum data,
Supernorum civium consors jam probata.
　Maria, miseria per te terminatur
Et misericordia per te revocatur ;
Per te navigantibus stella maris datur,
Lumen viæ panditur, portus demonstratur.
　Gratia te reddidit cunctis gratiosam,
Te vestivit lilio, sparsit in te rosam,
Te virtutum floribus fecit speciosam.
Intus et exterius totam luminosam.
　Plena medicamine, abundans unguentis,
Terge sordes criminum, plagam sana mentis
Hujus tui supplicis in te confidentis,
Et hos sacros rhythmos coram te psallentis.
　Dominus Rex omnium ex te sibi fecit
Cellam pigmentariam, quam cunctis præfecit :
In qua miras species Salvator confecit,
Quibus omnes dulciter electos refecit.
　Tecum tota Trinitas facit mansionem,
24 Pater, Verbum, Spiritus fixit sessionem;
Propter quod nunc largius ad devotionem
Teipsam fidelibus præbes lectionem.
　Benedicta, benedic te benedicentes,
Fac in tuis laudibus sint proficientes;
Infige dulcedinem in tuorum mentes,
Ut in bonis actibus semper sint ferventes.
　Tu in mulieribus optima figura,
Quæ Regis es gloriæ Mater, Virgo pura,
Quo probaris dignior omni creatura
Hoc agente Domino singulari cura.
　Et benedictus Deus, qui cuncta creavit
Qui matris in utero te sanctificavit ;
Benedictus filius, quem tuus portavit
Virginalis uterus, quem ipse formavit.
　Fructus tuus, domina, fructus est cœlorum,
Quo pascuntur angeli, cœtusque sanctorum;
Christi meditatio cibus est eorum
Qui per viam ambulant ejus mandatorum.
　Ventris habitaculum Rex regum intravit
Cujus tabernaculum sibi dedicavit :
Condens ibi gladium, per quem hostem stravit,
Et manna dulcissimum, quo fideles pavit.
　Tui sapor germinis nostrum est solamen :
Per te vitæ sumpsimus æternæ libamen,
Quam det nobis Dominus per tuum juvamen,
Qui vivit in sæcula sæculorum. Amen.

LXIV. *Ad eamdem sanctissimam Virginem.*
Versus contra tempus nubilosum.
　O miseratrix, o dominatrix, præcipe dictu,
Ne devastemur, ne lapidemur grandinis ictu.
Est tibi latus pontificatus, mater ab ævo ;
Ergo precamur, ne moriamur turbine sævo.
Turbida leni, daque sereni temporis usum :
Redde serenum sidus amœnum, nube reclusum.
Virgo, rogamus, ne pereamus peste, vel ira ;
Tetra diescant, atque quiescant fulgura dira.

LXV. *Paractericum carmen de eadem sanctissima*
Virgine.
Scala, thronusque Dei, nitor orbis, janua cœli
Mater, ave Christi, scala thronusque Dei ;
Tu nova stella maris, qua lux est reddita terris
Ortus et es solis, tu nova stella maris.

Concipis absque viro, tu sola puerpera Virgo,
Quæ Verbum verbo concipis absque viro.
Tartara quod metuunt, tellus pavet, astra verentur,
Pectoris antra ferunt, tartari quod metuunt.
Virgine vita redit homini, quem virgo peremit;
Mors nece victá perit, Virgine vita redit.
Tu super astra leva, petimus, quod subruit Eva ;
Illa gravat culpa, tu super astra leva.
Gloria summa Patri, genitæ sit gloria Proli,
Flamine cum parili, gloria summa Patri. Amen.

LXVI. *Missa de S. Daniele propheta.*
Oratio.

Deus, qui antiquis patribus novæ gratiæ mysterium revelasti, præsta, quæsumus, ut Ecclesia tua Danielis foveatur auxiliis, cujus propheticis est ædificata doctrinis. Per Dominum.

LXVII. *Alia oratio.*

Deus, qui per utriusque Testamenti patres unius Ecclesiæ tuæ fundamenta constituis, da nobis B. Danielis patrocinio protegi, cujus sumus mysticis revelationibus salubriter instituti. Per Dominum.

LXVIII. *Secreta.*

Deus, qui Susannam per B. Danielis judicium liberasti, hæc munera propitius respice, atque ejus precibus venerandis ab omni nos adversitate defende. Per Dominum.

LXIX. *Postcommunio.*

Deus, qui per Habacuc prophetam B. Danieli prandium destinasti, ipso interveniente, concede ut quæ de cœlesti mensa percepimus sinceris mentibus illibata servemus. Per Dominum.

LXX. *De S. Joanne Baptista.*
Prævia materno Verbum vox sentit in alvo.

LXXI. *De S. Petro apostolo.*
Sperne maris navem, cœli, Petre, suscipe clavem ;
Fluctibus et spretis, portum mihi redde quietis

LXXII. *De S. Petro apostolo hymnus.*

Senatus apostolici
Princeps et præco Domini,
Pastor primæ fidelium,
Custodi gregem creditum.

Per pascua virentia,
Nos verbi fruge recrea :
Refectas oves prævius
Caulis infer cœlestibus.

Supernæ claves januæ
Tibi, Petre, sunt traditæ,
Tuisque patent legibus
Terrena cum cœlestibus.

Tu petram veræ fidei,
Tu basim ædificii .
Fundas, in qua catholica
Fixa surgit Ecclesia.

Umbra tua, dum graderis,
Fit medicina languidis ;
Textrinis usa vestium
Sprevit Tabithæ feretrum.

Catena vinctum gemina
Virtus solvit angelica,
Veste sumpta cum caligis
Patescunt fores carceris.

Sit Patri laus ingenito,
Sit decus Unigenito,
Sit utriusque parili
Majestas summa Flamini. Amen.

LXXIII. *De S. Paulo apostolo.*
Mellifluis omnem Paulus rigat imbribus orbem.

LXXIV. *De S. Paulo apostolo. Hymnus.*

Paule, doctor egregie,
Tuba clangens Ecclesiæ,
Nubes volans ac tonitrum
Per amplum mundi circulum.

Nobis potenter intona
Ruraque cordis irriga :
Cœlestis imbre gratiæ
Mentes virescant aridæ.

O magnum Pauli meritum,
Cœlum conscendit tertium,
Audit verba mysterii,
Quæ nullis audet eloqui.

Dum Verbi spargit semina,
Seges surgit uberrima ;
Sic cœli replent horreum
Bonorum fruges operum.

Micantis more lampadis,
Perfundit orbem radiis,
Fugat errorum tenebras,
Ut sola regnet veritas.

Sit Patri laus ingenito,
Sit decus Unigenito,
Sit utriusque parili
Majestas summa Flamini. Amen.

LXXV. *De S. Andrea apostolo. Hymnus.*

Captator olim piscium,
Jam nunc piscator hominum,
Tuis Andrea retibus
Mundi nos rape fluctibus.

Germanus Petri corpore,
Nec mortis dispar ordine :
Quos una caro genuit,
Crux cœlo fratres edidit.

O germen vere nobile !
O par corona gloriæ !
Ecclesiæ patres pii,
Crucis sunt æque filii.

Ad Jesum fratri prævius,
Indexque vitæ strenuus,
Et nobis esto miseris
Beati dux itineris.

Sit Patri laus ingenito,
Sit decus Unigenito,
Sit utriusque parili
Majestas summa Flamini. Amen.

LXXVI. *Divisio.*

Andreæ festum colitur,
Lux clara piis oritur,
Per quem tenebras deserunt,
Ad verum lumen redeunt.

Ægeas in apostolum
Minaci frendet spiritu:
Per quem Achaiæ populum
Cernit ire post Dominum.
 Nescit minas pavescere,
Nequit tormentis cedere,
Flammantis ardor fidei
Non sentit vim supplicii.
 Crucis vinctus patibulo,
Lætus pendebat biduo:
In ipsa morte positi
Vitæ manat eloquium.
27 Luce delapsa cœlitus
Repente circumfunditur,
Qui sic obire meruit
Lucis Auctorem petiit.
 Sit Patri laus ingenito,
Sit decus Unigenito,
Sit utriusque parili
Majestas summa Flamini. Amen.

LXXVII. *De S. Joanne apost. et evang. Hymnus. Ad vesperas.*

Virginis virgo venerande custos,
Magnus æterni logotheta Verbi,
Dele servorum facinus tuorum,
 Sancte Joannes.
Tu patrem carnis subito relinquis,
Sicque cœlestem sequeris Parentem,
Piscibus spretis hominum juberis
 Claudere turbam.
Fonte prorumpens fluvius perenni
Curris arentis satiator orbis,
Hausit ex pleno modo quod propinat
 Pectore pectus.
Tu decus mundi, jubar atque cœli,
Impetra nostris veniam ruinis:
Da sacramentum penetrare summum,
 Quod docuisti.
Patris arcanum speculando Verbum,
Tollis errorem fidei per orbem,
Nos ad æternam speciem fruendam,
 Dux bone, transfer.
Laus honor Patri, parilique Proli,
Una majestas, eadem potestas,
Cum quibus sanctus simul implet omnem
 Spiritus orbem. Amen.

LXXVIII. *Ad nocturnum*
Fidelis plebs cum angelis
Festivis plaudat gaudiis,
Nativitati Domini
Occurrit laus apostoli.
 Dilectus hic præ cæteris,
Apud Magistrum tenuit
Ob virginale meritum
Amoris privilegium.
 Hausit ex Christi pectore
Fluenta sapientiæ:
Hinc arva cordis irrigat,
Et Verbum Patris insonat.

 Huic in cruce positus
Matrem commendat Dominus,
Fit mater Virgo virgini,
Quem fovet vice filii.
 Te pronis, alme, cordibus,
Cœli senator, poscimus,
Da Verbi vultum cernere,
Quo verbum doces credere.
 Sit Patri laus ingenito,
Sit decus Unigenito,
Sit utriusque parili
Majestas summa Flamini. Amen.

LXXIX. *Ad laudes.*
Magna Joannis merita
Sancta promat Ecclesia,
28 Quam tenebris evacuat,
Vitæ verbis irradiat.
 Hujus cor in sublimibus
Sanctis suspendit Spiritus,
Ut profunde latentia
Cernat alta mysteria.
 Et illa felix aquila
Ad escam volat avida.
Quæ cœli cives vegetat,
Et nos in via recreat.
 Hic in choro tot millium
Primatum tenet virginum;
Fit Agno sic pedissequus,
Ut matris individuus.
 Sit Patri laus ingenito,
Sit decus Unigenito,
Sit utriusque parili
Majestas summa Flamini. Amen.

LXXX. *Missa in festo S. Bartholomæi apostoli. Oratio.*

Deus, qui Ecclesiam tuam in apostolicis voluisti consistere fundamentis, da nobis, quæsumus, B. Bartholomæi precibus et in recta fide persistere, et piis semper operibus abundare. Per Dominum.

LXXXI.

Precibus B. Bartholomæi apostoli tui, Domine, quæsumus, hoc tibi munus oblatum vitale nobis perfice sacramentum. Per.

LXXXII.

Quæsumus, omnipotens Deus, ut donum cœleste, quod sumpsimus, intercedente B. Bartholomæo apostolo tuo, non nobis ad judicium, sed ad salutis æternæ proveniat incrementum. Per.

LXXXIII.

Da, quæsumus, Ecclesiæ tuæ, misericors Deus, ut quæ B. Bartholomæi apostoli tui est ædificata doctrinis, ejus etiam continuis protegatur auxiliis. Per Dominum.

LXXXIV.

Concede, quæsumus, omnipotens Deus, ut Ecclesia tua B. Bartholomæi apostoli gaudeat suffulta præsidiis, cujus etiam magnificis informatur exemplis. Per.

LXXXV

Quæsumus, omnipotens Deus, ut B. Bartholomæi

apostoli tui nunquam nobis desit auxilium, cujus quotidie non cessamus venerabilem honorare triumphum. Per.

LXXXVI. *Missa in translatione S. Matthæi apostoli.*
Oratio.

Deus, cujus nutu per diversa terrarum loca ipsa quoque sanctorum corpora disponuntur, tribue, quæsumus, ut qui B. Matthæi apostoli tui translationem colimus, ipsi etiam a pravitate nostra ad pie vivendi rectitudinem transferamur. Per.

LXXXVII.

Hæc hostia, quæsumus, Domine, vincula nostri reatus absolvat, et intercedente B. Matthæo apostolo tuo donum nobis gratiæ cœlestis acquirat. Per.

LXXXVIII.

Præsta, quæsumus, omnipotens Deus, ut qui cœlestia dona percepimus, intercedente B. Matthæo apostolo tuo, per hæc ad æternæ refectionis esuriem provocemur. Per.

LXXXIX. *Missa de S. Barnaba apostolo.*
Oratio.

Deus, qui B. Barnabam apostolis tuis in prædicatione sociasti, ad ejus nos, quæsumus, tribue pervenire consortium, cujus gloriosum gaudemus celebrare triumphum. Per.

XC.

Oblata munera, quæsumus, Domine, tua benedictione sanctifica, quæ te, donante, illa nos flamma tuæ dilectionis accendat, per quam B. Barnabas omnia sui corporis tormenta devicit. Per.

XCI. *Postcommunio.*

Cœlestis mensæ dapibus recreati, quæsumus, omnipotens Deus, ut, intercedente B. Barnaba apostolo tuo, quod ore percepimus sincera mente servemus. Per.

XCII. *Oratio ad vesperas.*

Deus, qui B. Barnabæ apostolo tuo post adustæ carnis incendia cœlestis gloriæ refrigerium tribuisti, æstus in nobis, quæsumus, passionum carnalium reprime, et corda nostra gratiæ tuæ rore perfunde. Per.

XCIII. *Versus de gestis apostolorum.*

Continet hoc corpus Christus, quos lumina pandit
   Sal mundi pariter esse sacrata Dei.
Omnia falsorum, per quos, figmenta deorum,
   Ecclesia fulget, diruta valde jacent.
Elegit mundo Dominus, quos ante Creator
   Sæcula prænoscens esse Dei-Soboles.
Pectora replevit quorum pia Spiritus almus
   Dans variis linguis alta tonare Dei.
Transferri montes, solvendi jure ligandi
   Terris, ac tribuit his pietate polis.
Istorum imperio fugiunt dæmonia sæva,
   Corpora functorum vel rediviva vigent.
Mentibus his sacris dans intima cernere cordis
   Cœlitus et fieri mira patrante Deo.
Hos vocitant cœlos, vates, nubesque volantes,
   Arida qui sancto dogmate corda rigant.
Languores varios depellunt famine solo
   Corporis; ast animæ per pietatis opem.

Lector apostolicas bene prudens perlege palmas,
   Credere ne dubites quas tenet alma fides.
Istorum fines nescit, qui negligit istos,
   Qualiter ætherea regna beata tenent.
Cœtus apostolicus Domini præcepta sequendo,
   Per fidei dogma clarus in orbe nitet.
30 Hic codex retinet Petrum, Paulumque beatos,
   Et geminos Jacobos, Bartholomæumque Thomam,
   Andream sanctum, Simonem, Thadæumque Philippum,
Evangelistas quatuor et proceres,
   Matthiam, pariter Barnabam regia vasa.
. . . .
Hi lapides nitidi fulgent in stemmate Christi,
   Climata per mundi quos venerare licet.
Una fides tenuit, quos nunc tenet alma corona,
   Una quidem Christo gloria semper habet.
Martyriale decus, confessorumque beatum
   Ex his incipiunt virgineusque pudor.
Christicolæ cuncti hos semper celebrate patronos
   Tempore solemni, voce canente Deo.
Cum quibus adveniens Judex in limine sæcli
   Reddere læta bonis, tristia rite malis,
Omnipotens Dominus donet consortia nobis
   Omnibus in sanctis luce perenne frui.

XCIV. *Unde supra.*

Spiritus alme, veni, perflato dindyma nostro,
   Ad nostrum votum, Spiritus alme, veni.
Templa dicata tibi valeam quo extollere digne,
   Laudibus exaltem templa dicata tibi.
Quæ sine fine tenent cœlorum gaudia celsa,
   Gloria cum meritis quæ sine fine tenent.
Ore Dei sobolem prophetarum rite prophetæ,
   Promit apostolicus ore Dei sobolem.
Virginis hic genitus purgavit crimina mundi,
   Tartara contrivit Virginis hic genitus.
Damna poli Dominus restaurat mire perempta,
   Sanguine restituit damna poli Dominus.
Rex pius ipse pios præcepit mergere lymphis;
   Vexit ad alta poli Rex pius ipse pios.
Semina parva Sator cumulavit fructibus amplis,
   Centuplicare dedit semina parva Sator.
Effera corda nitent istorum famine * sanctorum,
   Per varios flores effera corda nitent.
Lilia mista rosis violæque per... flagrant,
   Sancta renitent lilia mista rosis.
Aurea regna poli dispensat Christus ubique,
   Discipulis tribuit aurea regna poli.
Primitus alma fides per Petrum clarior exstat,
   Ejus odore nitet primitus alma fides.
Roma beata, nites, Petri de corpore sancti,
   Dogmate quoque suo, Roma beata, nites.
Ampla tropæa crucis pro Christo pertulit ille,
   Vertice versus abit ampla tropæa crucis.
Splendet ubique potens Paulus, mirabilis actor,
   Abscissus capite splendet, ubique potens.
O veneranda nimis Petri Paulique decore,
   Romula, quos retines, o veneranda nimis

Facta salutis agens Jacobus per cuncta necatur,
Galliciæ recubans, facta salutis agens.
Idola cæca colens.... Armenia nec non
Vertitur ad Christum idola cæca colens.
Excoriate, nites in mundo, Bartholomæe,
Vertice præcisus, excoriate, nites.
Optima gesta canens Macedonia, rite Matthæus,
In Persis passus, optima gesta canens.
In cruce, Petre, tuus Germanus prædicat orbem,
Achaiam salvans in cruce, Petre, tuus.
Eripit ille Simon crucifixus famine Salens,
Ægyptum simul eripit ille Simon.
Millia multa virum Thaddæus contulit ardens,
Pontus et Armenia millia multa virum.
Dogmata multa tulit Thomas transfossus in orbe,
Persis et Medis dogmata multa tulit.
31 Se super astra ferens purgavit schisma, Joannes,
Quem tenet Ephesius se super astra ferens.
Tactus amore Dei lapidatur nempe Philippus,
Cum vertit Gallos, tactus amore Dei.
Jacobe, ecce nites, Domini sanctissime frater,
Præcipitatus abis, Jacobe, ecce nites,
Inter apostolicos numeraris sorte, Matthia,
Judæam salvans inter apostolicos.
Uritur igne Dei Barnabas, dogmata damnat,
Dumque crematus obit, uritur igne Dei.
Quam speciose micas, Alexandria, sanguine Marci,
Constantina simul, quam speciose micas !
Te renitendo nitet fulgens Bithinia, Luca,
Urbs quoque regalis te renitendo nitet.
Carmina parva dedit famulus pro munere supplex,
Parvus, iners, tenuis, carmina parva dedit.
Numen, apostolicum dignanter suscipe munus,
Vota precesque pias Numen, apostolicum.

XCV. *Rhythmus de S. Vincentio martyre.*

Cœlum, terra, pontus, æthra,
Pariter elementa
Cuncta promant triumphalem
Summi Regis gloriam.
 Qui leonis rugientis.
Rabiem per robustum
Bellatorem, mox victorem
Conculcavit Vincentium.
 nempe Daciani
Sprevit iram judicis,
Truces minas et furorem,
Ceu susurros culicis :
Vincla, flagra, carcerales
Tenebras, ipsæ plagæ vulnerantur :
Mortes mortibus adduntur;
Sed domus supra firmam fixa petram
Nequit sterni vi ventorum, vel flaminum.
 Fame corpus maceratum
Cernitur velut epulis
Nutritum sumptuosis,
Ac cibis regalibus
 Angelorum quippe cibus
Reficit ventrem mentis
Se quærentis, quæ nil sitit
Præter Deum, vel esurit.
 Sævit, fremit, efferatur
Mox cruenta bestia;
Fervet, frendet, movet cuncta
Tormentorum genera :
Ferrum, ignes, testulas, equuleum,
Torquet, torret, et compages
Dividit articulorum,
Imprimit ignitarum laminarum
Sectis membris cæcus furor cauterium.
 Christi miles premit vires
Viribus cordis, et igne
Carnis ignes exstinguebat,
Sancto plenus Spiritu.
 Cæsus flagris, fossus plagis
Jubilat, desides horret
Tortores, solam timet
Levitatem carnificum.
 Bella fremunt, hostes cædunt,
Hæc est lex victoriæ;
Pugna surgit, palma crescit,
Et coronæ gloria.
 Clarus Christi triumphator,
32 Curiam summi cœli purpuratus
Introivit, comitatus niveo
Splendidorum angelorum
Dulce carmen modulante collegio.
 Mox in latos corpus agros
Jacitur insepultum,
Pavent canes, tremunt aves
Propius accedere.
 Cives, arvum fert thesaurum nobilem :
Non prædones, non latrones, ut occultent,
Valent illud effodere.
 Nam vesanus Dacianus
Suit hunc herunculo,
Velut in parricidali
Reum claudat culeo,
Et marinis jubet mergi fluctibus :
Nequit pontus sacrum pondus cohibere,
Sed ad littus cœlitus gubernatum deportatur,
Et festinos prævenit velox remiges
 Nunc serenum victor cœlum,
O beate coronate,
Post triumphum
Martyr invictissime.
 In æterni luce regni
Radians lapis vivus,
Clarum sidus cum ignitis
Angelorum agminibus.
 Post sudorem et laborem,
Post peractum stadium,
Tribuente justo Rege,
Fert promissum bravium.
 Trabeatus stola candidissima
Solis ardor, lunæ candor
Tuæ cedunt claritati ;
Omnia superantur,
Quæ mirandum sui prævent

In hoc orbe spectaculum.
 Rector cœli, Nate Dei, petimus,
Leva mersos, solve nexos,
Magni sancti meritis Vincentii.
 Tu quos multæ præmunt culpæ suscita,
Fige nostra sursum corda,
Quo nil ament præter cœlestia.
 Da terrenis in extremis
Cœli celsa scandere,
Quos misertus redemisti
Pretioso sanguine,
Qui per ævum jura rerum ordinas.
 Rex immensus et æternus,
Cujus nutum cuncta tremunt condita,
Qui cum Patre, Spirituque sancto
Regnas infinita per sæcula. Amen.

XCVI. *De S. Vitale martyre.*
Hymnus ad laudes.

Insigne decus martyrum,
Astrum Vitalis aureum
Per gloriam certaminis
Urbem perfundit radiis.
 Ense præcinctus fidei,
Christi succurrit militi :
Dum lapso manum porrigit,
Hostem calcare docuit.
 Equuleo suspenditur,
Sed pœna parvipenditur,
Amoris ardor intimi
Non sentit vim supplicii.
 33 Terræ mersus infoditur,
Sed super astra tollitur :
Obruitur ruderibus,
Radiat in cœlestibus.
 Nos, martyr invictissime,
Da post ruinam vincere,
Digneque post victoriam
Ad cœli transfer gloriam.
 Sit Patri laus ingenito,
Sit decus Unigenito,
Sit utriusque parili
Majestas summa Flamini. Amen.

XCVII. *In festivitate S. Anthimi. Hymnus.*

Insigne decus martyrum
Laus nostra promat Anthimum,
Cujus testantur omnia
Elementa victoriam.
 Furores calcat principum,
Manus ridet carnificum,
Fundatæ robur fidei
Non quassat vis supplicii.
 Post carcerum custodias,
Post verberum victorias,
Saxo vinctus suspenditur
Et sic in fluctus mergitur.
 Sed o felicem naufragum!
Mox clarum cernit angelum,
Deponit præsto vinculum,
Liber redit hospitium.

 Caput cæsus interiit,
Sed victor astra petiit ;
Dum mortis fert atrociam ,
Vitæ mercatur gloriam.
 Magnis votorum laudibus
Dignus est martyr Anthimus,
Qui signis et mirificis
Tot claruit prodigiis.
 Hic Piniani languidam
Carnem, simul et animam,
Cunctis morborum nexibus
Sacris absolvit precibus.
 Vesana dæmon furia
Quemdam vexat in vulnera ;
Pacis hostis expellitur,
Sic mens pacata redditur.
 Te, martyr alme, poscimus
Cordis orisque vocibus,
Ut nos tremendo Judici
Commendes prece supplici.
 Sit Patri laus ingenito,
Sit decus Unigenito,
Sit utriusque parili
Majestas summa Flamini. Amen.

XCVIII. *In solemnitate S. Ursicini. Hymnus.*

Dulce martyr eximius
Festum præbet Ursicinus,
Quo victus victor exstitit,
Et clarus astra petiit.
 Nam pœnas post horrificas
Carnis pavet infirmitas,
Sed mox ad cor revertitur,
Et lætus in se cæditur :
 Dignæ raptor erubuit
Rapinæ cum succubuit,
34 Et hoste lapso perdidit,
Qui stanti vulnus intulit.
 Et nos inter certamina,
Martyr insignis, adjuva ;
Da dissidentes fidere
Victosque rursum vincere.
 Sic, animarum medicus,
Affer opem languentibus ;
Haustu cœlestis gratiæ
Ægræ curantur animæ.
 Sit Patri laus ingenito,
Sit decus Unigenito,
Sit utriusque parili
Majestas summa Flamini. Amen.

XCIX. *Missa sanctorum septem Dormientium.*
Oratio.

Deus, qui in beatis martyribus tuis Maximiano, Malcho, Martiniano, Dionysio, Joanne, Serapione et Constantino, futuræ resurrectionis primitias suscitasti, da nobis sic a mundi perturbatione quiescere, ut ad cœlestem vitam mereamur de terræ pulvere vigilare. Per.

ℭ.

Munera populi tui, quæsumus, Domine, beatorum

martyrum tuorum intercessione sanctifica, ac nos etiam per hæc a peccatorum maculis clementer emunda. Per.

CI.

Cœlestis mensæ dapibus recreati, quæsumus, omnipotens Deus, ut nullis nos permittas erroribus decipi, quos per gloriosos septem martyres de beata resurrectionis gloria confirmasti. Per.

CII. *De S. Apollinare episcopo et martyre. Ad vesp. responsorium.*

Ait B. Petrus apostolus Apollinari discipulo suo: Eia. *Vers.* Surge. *Vers.* Ecce enim eruditus es de omnibus, quæ fecit Jesus. Et perge. *Vers.* Multitudo enim populi illic moratur. Prædica. *Vers.* Constat enim apud te, quod vere sit Dei Filius. Et ne for. *Vers.* Hodie splendidus martyr Apollinaris victor penetravit cœlum; gaudentes socii, canite: Eia.

CIII. *Hymnus ad vesperas.*

Consul æterni trabeate regni,
Mente devota petimus, labora
Curiam cœli reserare plebi;
    Apollinaris.

Janitor summi pius hoc olympi
Annuat tanti famulis alumni,
Qui tuas gaudent resonare laudes
    Dulcibus hymnis.

Intimis pressam tenebris Ravennam
Dæmonumque vanis inhiando sacris,
Clarus Eois veniens ab oris
    Lucifer intrans.

Cæcus orbati puer Irenæi
Te probat dextrum rutilare sidus,
Qui patri cordis, sobolique frontis
    Lumina pandis.

Nil potest ægræ medicina Theclæ,
Nil profanorum numerus deorum;
Tu cor ad cœlum facis, atque lætum
    Tollere vultum.

Læta Classensis monet ora civis
Viribus sacræ reserata linguæ,
Patris æternum reserata Verbum
    Verba fatentur.

Morte defunctam duplici puellam
Reddis utrique miserando vitæ;
Flatus hinc carnem, Deus inde mentem
    Protinus implet.

Gloriam Patri referamus illi,
Tanta qui dignis tribuit ministris,
Sit decus Nato, Flaminique sancto
    Omne per ævum. Amen.

CIV. *Ad nocturnum.*

Chorus exsultet cœlitum,
Turba plaudat fidelium,
Apollinaris passio
Mundi sit exsultatio:
Cum morte carnis interit.

Sancto exutus corpore,
Stola vestitur gloriæ,
Carnis exuit ergastulum,
Cœli scandit palatium.

Exsulta jam, metropolis
Ravenna vere nobilis:
Quod Roma in clavigero,
Tu habes in discipulo.

Te, summe præsul, poscimus
Cordis orisque vocibus,
Ut nos venturo Judici
Commendes prece supplici.

Gloria sit ingenito
Patri, et Unigenito,
Sancto simul Spiritui,
Deo indivisibili. Amen.

CV. *In natali S. Apollinaris. Missa. Introitus.*

Surge, accipe Spiritum sanctum, simulque pontificatum, et perge ad urbem, quæ vocatur Ravenna; prædica ejusdem nomen Jesu, et ne formidaveris. *Psal.* Mittat Dominus Jesus Christus angelum suum qui præparet iter tuum, et quæ postulaveris annuat tibi.

CVI-CVII. *Oratio.*

Deus, qui nos per B. Apollinarem martyrem tuum atque pontificem apostolicis voluisti documentis imbuere, da nobis, quæsumus, et illa servare quæ docuit, et ad hoc pertingere quod promisit. Per.

CVIII.

Deus, qui B. Apollinarem, pro confessione tui nominis prunis impositum, suavitatis hostiam suscepisti, da nobis, quæsumus, et pio devotionis incensum tibi semper offerre, et contriti cordis hostias immolare. Per.

CIX.

Mittat Dominus noster angelum suum, qui præparet iter tuum, et quæ postulaveris annuat. *Vers.* Ponens Petrus manum super caput B. Apollinaris, dixit illi: Alleluia.

CX.

Obsecramus suppliciter, Christe, Patris gloria, lux mundi vera, porrige lapsis famulis dexteram, stare qua valeant contra callidi hostis certamina, favente nobis tua clementia. *Vers.* Deus, qui operaris cum Petro magistro meo, operare et mecum, ut clarificetur nomen tuum.

CXI.

Clara nobilis præconia Apollinaris cœlica martyris lætis promant vocibus agmina.

Omnis et orbis quadrua dramatum dulce melos resonent climata.

Exsultet merito nimis alumna tam egregii civis Antiochia.

Plaudat præcipue felix Ravenna, sacro ejus cruore purpurata.

O virtus nova, vinci nescia; o turris David invictissima, cuncta pro nihilo reputans tormentorum genera!

Alta viscerum ridens vulnera, dura verberum spernens stigmata, aqua refrigerat fervida membra flammis torrida.

Carcerales hinc tenebras, longa ferens exsilia, famis quoque pertulit inopiam, sustinuit equulei suspendia.

Catenarum mox vincula sacra vinciunt brachia, A contundere non timet os rabida cum lapide carnificis insania.

Eviscerans claustra tartarea, exanimem patritii suscitavit filiam.

Quis referat quot cæcorum lumina, quot languida divinitus reparavit corpora?

Petimus, Ecclesiæ radians sidus, et lucerna pontificum nitida martyrumque gemma,

Pectora nostra prece sedula vitiis emunda, virtutibus robora, cor in astra leva,

Et Christum nos cernere fac in sæcula. Amen.

CXII.

Dicebat B. Apollinaris vicario : Securus esto, quia manibus meis thura non ponam dæmoniis, sed in Domino meo Jesu Christo incensum offeram laudis et suavitatis. *Vers.* Sacrificium me ipsum offero pro salute filiorum meorum, quos...

CXIII.

Sanctifica, Domine, nos venerando hoc mysterio cunctis celeberrimo, sanguine quos redemisti pius proprio; eripe, protege nos ab hoste callido, tuo forti brachio, omnia condita qui regis altissimo cum Patre rerum Domino. Acquisivi. Quapropter securus. *Vers.* Dirupisti, Domine, vincula mea, tibi sacrificabo hostiam laudis. Et sua...

CXIV.

Æterne Deus, qui apostolis tuis in assertione veritatis per omnem mundi latitudinem vicarios subrogasti ; ex quibus B. Apollinari claviculario tuo discipulo tantam gratiam contulisti, ut Ecclesiam tuam supra novæ fidei construeret fundamentum, et bruta corda gentilium ad tuæ legis dirigeret institutum ; cui etiam te 37 donante concessum est, ut patientia ditatus simul et gloria, et horrenda pœnarum tormenta contemneret, et stupendis signorum virtutibus coruscaret : decoratus itaque jure sacerdotii una cum triumpho martyrii et semetipsum tibi hostiam suavitatis obtulit, et uberes de semine suæ prædicationis exortas horreis tuis animarum fruges invexit. Per Christum Dominum.

CXV.

Ego dispono vobis, sicut disposuit mihi Pater meus, regnum, ut edatis et bibatis super mensam in regno meo.

CXVI.

Deus, qui nobis salutis æternæ dignatus es pignus impendere, da nobis, quæsumus, intercedente B. Apollinare martyre tuo, ad ejusdem veritatis plenitudinem pervenire. Per.

CXVII. *De S. Ruffino martyre. Hymnus.*

Magnum Ruffini meritum,
Turba canat fidelium,
Quo mundi victor exstitit,
Et liber astra petiit.

Bellator invictissimus
Præbet ora lapidibus;
Sed verbis grando lapidum
Non indidit silentium.

Plumbatis inde cæditur,
Jamjam obisse creditur ;
Sed qui putatur mortuus
Surgit in arma promptius.

Detruditur in clibanum
Furentem flammis ignium ;
Caminus sed incendii
Fit nemus refrigerii.

Nam flammis crepitantibus
Clarus immersit angelus,
Ad cujus mox imperium
Perdit vires incendium.

CXVIII.

Certat martyr egregius,
Ut leo vinci nescius ;
Cuncta pœnarum genera
Mente calcat intrepida.

Saxum collo suspenditur,
Sic fluctibus immergitur ;
Quem aqua Christo genuit,
Per hanc ad ipsum pervenit.

Nunc carnis liber onere
Rubro vestitur pondere,
Corona plexus capite
De pretioso lapide.

Te, martyr alme, petimus
Mentis pronæ visceribus,
Nos tua solvant merita,
Quos nostra gravant debita.

Sit Patri laus ingenito,
Sit decus Unigenito,
Sit utriusque parili
Maiestas summa Flamini. Amen.

CXIX. *De SS. Donato et Hilariano. Hymnus.*

Gloriam clari canimus triumphi,
Quo polum victor petiit Donatus,
38 Compar et pœnæ simul et coronæ,
Hilarianus.

Hi velut binæ radiant lucernæ,
Orbis et terras removent tenebras,
Dum tonant verbis, rutilantque signis
Prodigiorum.

Dæmones captis spoliant rapinis,
Quos precum duris cruciant flagellis,
Robur ægrotis, reparantque cœcis
Lumen utrumque.

Mensibus clauso tribus e sepulcro
Prodit in fossum mulier talentum,
Functa sic vivo tribuit marito,
Ne moreretur.

Fragmen obtriti calicis priorem
Surgit in formam, pereunte parva
Parte, sed nullus liquor inde stillat,
Res nova mundo.

Quæsumus, celsi proceres Olympi,
Nos simul vestris precibus paternis
Erigat lapsos, solidetque fractos
Dextera Christi

Laus, honor Patri, parilique Proli,
Una majestas, eadem potestas,
Cum quibus sanctus simul implet omnem
Spiritus orbem. Amen.

CXX.

Donate, sidus aureum,
Martyr et proles martyrum,
Sed quos ad fidem praevenis,
Martyrio praecederis.

Nobis, praesul egregie,
Decus et lux Ecclesiae,
Tibi festa colentibus
Sacris succurre precibus.

Qui das trimestri mortuae
Viva verba depromere,
Resuscita per Spiritum
Sepultos mole criminum.

Vita, luce, et moribus
Hilarianus monachus,
Jure functus hospitii
Fit censor et martyrii.

Vos, clarae mundi lampades,
Coelique vivi lapides,
Nos infelices meritis
Vestris ascite praemiis.

Sit Patri laus ingenito,
Sit decus Unigenito,
Sit utriusque parili
Majestas summa Flamini. Amen.

CXXI. *De S. Donato episcopo et martyre. Sequentia.*

Auratis Domini citharis
Laudet, et in cymbalis
Cum Tuscia Italia,
Nobilis monarchia,
Sanctorum domicilium
Quam sacrat Aritium.

In qua lucerna praesulum,
Via, forma, speculum,
Donatus martyr inclytam
Obtinet basilicam,
Servat et Januarium
Coeli sidus aureum.

Quem non humana studia
Non linguae facundia,
Digne valet extollere
Pro merito gloriae.
Nam quae perferre potuit,
Quis referre poterit?

Caminum per continuum
Vaporatur triduum,
Ut quo crematur longius,
Cremet post velocius;
Hunc martyr dum ingreditur
Nec capillus laeditur.

Solante mox angelico
Gaudet contubernio;
Dum globi strident ignei
Crescit ardor fidei:
Sic flamma desiderii
Perit vis incendii.

Victor ab igne trahitur,
Ad tribunal rapitur,
Consulitur, impetitur,
Eadem vox redditur;
Nam fixa super stabilem
Domus viget lapidem.

Cum caro poenis cingitur,
Mens in astra figitur,
Tormenta reddunt levia
Visa illic praemia.
Sic poenas mille mortium
Dulce credit otium.

Saevae manus carnificum
Nervos vellunt viscerum,
Compages laxa solvitur,
Postquam nexus tollitur
Fit diversus exitus,
Multiplex interitus.

Hinc traditur ferocibus
Belluarum morsibus;
Ferae sed indomabilem
Reponentes rabiem,
Dimissa colla coelitus
Sacris flectunt precibus.

O Lucifer Hesperiae,
O decus Ecclesiae,
Quis tua possit omnia
Promere praeconia?
Non hoc implere nitimur,
Sed gaudendo vincimur.

Te pronis ergo mentibus
Supplicantes petimus,
Nos culpae nostrae debitis
Tuis solve meritis,
Et electorum coetibus
Sacris junge precibus.

Sit laus Patri ingenito,
Sit decus Unigenito,
Sit utriusque parili
Decus omne Flamini:
Cujus una potentia
Cuncta regit saecula. Amen.

CXXII. *De S. Fidele martyre. Hymnus.*

Magna Fidelis merita
Sancta promit Ecclesia,
Qui morte mortem perdidit,
Et victor astra petiit.

Abjecto carnis onere
Stola vestitur gloriae,
Tersis ab ore lacrymis,
Veris potitur gaudiis.

Ut ense caesus moritur,
Saeva tempestas oritur,
Sic intentatur impiis
Vindicta justi Judicis.

Quemdam ex carnificibus
Malus invadit spiritus,
Mox sacrae glebae jungitur,

Dira pestis excluditur.
Cordis, orisque precibus
Te, martyr alme, petimus,
Nos tua per vestigia
Ad vitæ ducas præmia.

Sit Patri laus ingenito,
Sit decus Unigenito,
Sit utriusque parili
Majestas summa Flamini. Amen.

CXXIII. *De S. Gregorio papa. Hymnus.*

Anglorum jam apostolus,
Nunc angelorum socius,
Ut tunc, Gregori, gentibus,
Succurre jam credentibus.

Tu largas opum copias,
Omnemque mundi gloriam
Spernis, ut inops inopem
Jesum sequaris principem.

Videtur egens naufragus,
Dum stipem petit angelus,
Tu munus jam post geminum
Præbes et vas argenteum.

Ex hoc te Christus tempore
Suæ præfert Ecclesiæ,
Sic Petri gradum percipis,
Cujus et normam sequeris.

O pontifex egregie,
Lux et decus Ecclesiæ,
Non sinas in periculis,
Quos tot mandatis instruis.

Mella cor obdulcantia
Tua distillant labia,
Flagrantum vim aromatum
Tuum vincit eloquium.

Scripturæ sacræ mystica
Mire solvis ænigmata,
Theorica mysteria
Te docet ipsa Veritas.

Tu nactus apostolicam
Vicem, simul et gloriam,
Nos solve culpæ nexibus,
Redde polorum sedibus.

Sit Patri laus ingenito,
Sit decus Unigenito,
Sit utriusque parili
Majestas summa Flamini. Amen.

CXXIV. *De S. Benedicto abbate. Hymnus, ad vesperas.*

Gemma cœlestis pretiosa Regis,
Norma justorum, via monachorum,
Nos ab immundi, Benedicte, mundi
Subtrahe cœno.

Tu solum spernens, cor in astra figens
Cogis hæredes fieri parentes,
Vas Deo plenum reparare fractum
Promeruisti.

Magnus in parvis eremita membris,
Vincis ætatem, superas laborem,
Arcta districtæ rudimenta vitæ

Fervidus imples.
Strage saxorum puerum sepultum,
Mox ut orasti, prece suscitasti,
Sensus hinc carni, caro sanitati
Redditur æque.

Jure sub blandæ specie columbæ
Nesciam fellis animam sororis
Summa stellati penetrare cœli
Culmina cernis.

Ipse post, clarum referens triumphum
Celsa devicto petis astra mundo;
Luce flammantem radiante cellam
Pallia sternunt.

Laus, honor Patri, parilique Proli
Una majestas, eadem potestas,
Cum quibus sanctus simul implet omnem
Spiritus orbem. Amen.

CXXV. *Ad nocturnum.*

Signifer invictissime,
Sacræque dux militiæ,
Nos, Benedicte, valido
Precum defende brachio.

His armis exsecrabilem
Leonis vince rabiem,
Quibus olim teterrimam
Pellis ab ore merulam.

Urticæ junctæ vepribus,
Vulnus curant vulneribus,
Flammata mens divinitus
Ignes exstinguit ignibus.

Crucem mittens ut lapidem,
Veneni frangis calicem,
Von valet mortis vasculum
Vitæ ferre signaculum.

Frater, quem tunc nequissimus
Vagum raptabat spiritus,
Dum tua virga cæditur,
Stabilitati redditur.

Sit Patri laus ingenito,
Sit decus Unigenito,
Sit utriusque parili
Majestas summa Flamini. Amen.

CXXVI. *Ad laudes.*

Aurora surgit aurea
Festa restaurans annua,
Cum Benedictus arduum
Cœli scandit palatium.

Quanta in summis accipit,
Qui sic in imis claruit,
Cujus micant prodigia
Per ampla mundi climata.

Ejus carentum gratia
Tellus vomit cadavera,
Devotis unda liquida
Sicca lambit vestigia.

Totius orbis ambitum
Per Solis videt radium,
Mens in Auctore posita;
Subjecta cernit omnia.

42 Te, Pater alme, petimus
Pronæ mentis visceribus,
Ut cœlum des ascendere,
Quos terram doces spernere.
　Sit Patri laus ingenito,
　Sit decus Unigenito,
　Sit utriusque parili
　Majestas summa Flamini. Amen.

CXXVII. *Epitaphium Lodoici sancti presbyteri.*

Vir Domini clauso jacet hoc Lodoicus in antro,
　Cui sine carnificum fit nece martyrium.
Vinum respuerat, panem non prorsus edebat,
　Hebdomas binum, sic dabat una cibum.
Ordine diverso pictor fuit atque sacerdos ;
　Obtulit ex æquo munus utrumque Deo.
Lux oriens urbi, lux omni claruit orbi
　Arsit et incendit, ivit et ire dedit.
Ecclesiæ speculum, vivus lapis, hostia, templum,
　Nos precibus releva quos mala nostra gravant.

CXXVIII. *In natali confessorum pontificum. Hymnus.*

Sacri pontificis annus emicat natalis,
Celebrans plebs pia gaudeat, et læto
Resonet pectore carmina Christo,
　　Qui regit omnia.
Hic spernens proprii gaudia corporis
Longum sustinuit martyrium crucis,
Tormentum gravius vulnere pertulit,
　　Qui tortor suus exstitit.
Sacræ militiæ signifer inclytus
Virtutum fuerat forma sequentibus,
Accendens validis pectora vocibus,
　　Præclaris quoque moribus.
Bis senos lapides pectore detulit,
Bis tinctæ tunicæ tegmine splenduit :
Cui tintinnabula dulciter obstrepunt
　　Mala punica defluunt.
Ipsius precibus, Conditor omnium,
Demersos releva pondere criminum.
Cui laus, imperium, summaque gloria
　　Sit per omnia sæcula. Amen.

CXXIX. *Ad laudes.*

Christe sanctorum gloria,
Certantium victoria,
Nos confessoris precibus
Culparum solve nexibus.
　Fac nos imitabilia
　Ejus sequi vestigia,
　Tu sis commune præmium,
　Qui factus es et pretium.
　　Nam hic in imo positus
　　Celsis præstabat moribus,
　　Humilis erat ordine,
　　Claro sublimis opere.
　　　Intenta mens cœlestibus
　　　Mundanos horret strepitus,
　　　Nil jam delectat anxiam,
　　　Quod non ducit ad patriam.

Accensus illuc spiritus
Totis anhelat nisibus,
Jam cernit in ænigmate
Lumen inaccessibile.
43 Sit Patri laus ingenito,
　Sit decus Unigenito,
　Sit utriusque parili
　Majestas summa Flamini. Amen.

CXXX. *De omnibus sanctis. Versus* (60).

Edidit nomina eorum in mundo sortitos,
Quorum imbuit per singula bimos trimosque,
Hos pariter sæcli doctrina medelam,
Nec non divina præstaverat gratia gratis ;
Utque possint febris putres explodere pestes
Atque salutiferam morbis impendere curam,
Artubus horrendas pellentes corpora des.
Et mutos, claudos, surdosque repertos,
Luscos, ac strambos, qui sævis verba loquelis
Fantes corrumpunt, et quidquid debile fertur,
Cœlitus instaurant Christo donante salutem ;
Sicque lucem carnis trudunt medicamine spurcæ.
Nec tamen eximio virtutum munere dites ;
Auri fallentis gestant marsupia farsas,
Et loculos nummi calcant, ut tetra venena,
Omnia donante gratis pro stirpe superna.
Princeps interea mundi, qui sceptra gerebat,
Martyres edictis multabat trucibus atrox.
Tum sanctos pelagi gurgite merserat fratres
In pontum, fretos virtute Tonantis,
Algidas et vitreis mitescunt æquora frustis,
Dum dicto citius sanctos ad littora vectant.
Sic compressa salis sacra virtute potestas,
Turgida fluctivagis sopivit cærula campis,
Dextera dum Patris portum patefecit immundus,
Impius id quod cernens vexilla tropæi,
Altera Gorgoneis molitur damna venenis ;
Nam truculenta ferox flammarum pabula teret,
Et sacramentorum fornacem fomite farcit,
n quam fragrantem sacros detrudere jussit,
Ut rogus insontes prunarum torre cremaret
Artus, quos dudum turgescens gurgite pontus
Mergere nequibat limpharum fluctibus atris.
Sic facula flammæ fornacis fomite friget
Ut miles Christi neglecto turbine flammæ
Redderet ingentes pro vita sospite grates ;
Ceu Salamandra rogis solet insultare focorum,
Quamvis congerie glomerentur forte rogorum,
Tunc crucis in patulum coguntur scandere robur,
Atque pharetrarum densas sufferre sagittas.
Mox Sator æternus, qui sancto jure triumphat,
Spicula tortorum confregit dira reorum.
Exin martyrii sumpserunt serta cruenta
Ad convexa poli migrantes culmina celsi.

CXXXI. *De annuntiatione Virginis.*

Ecce parat clausam Regi prænuntius aulam.

CXXXII. *De nativitate Domini.*

Natus ab æterno prodit de Virginis alvo.

---

(60) Corruptione laborant omnino insanabili. Hos tamen sic exhibent editio princeps, Parisiensis et ejus recusio Bassani data.

CXXXIII. De cœna Domini.

Qui caput est justis vestigia tergit alumnis.
Quod retuit [*f.* voluit] parti, Petrus vult solvere toti.

CXXXIV. De baptismo Domini.

En fluvius fontem; mundum lavat unda lavantem :
Ablue, Jordanis, a quo magis ipse lavaris.

CXXXV. De S. Joanne Baptista.

Prævia materna Verbum vox sentit in alvo.

CXXXVI. De oblatione Domini.

Nunc capitur cœlis Simeon quem stringit in ulnis.

CXXXVII. Ubi pueri dicunt : Hosanna.

Astra, polus, terra metuunt, quem portat asella :
Voce Deo magna cœtus depromit Hosanna.

CXXXVIII. Transfiguratio Domini.

Hic Deus ostendit quod carnis tegmine clausit.

CXXXIX. Dominus dicit discipulis suis : Vigilate.

Quos sopor oppressit vigilum Rex surgere jussit.

CXL. Ubi Judas Dominum tradit.

Falsa ferox blando lupus oscula porrigit Agno.

CXLI. De patena.

Esum perpetuæ pariunt hæc fercula vitæ.

CXLII. Ubi Christus rogat Patrem.

Patrem, Christe, rogas, cum quo simul omnia donas.

CXLIII. De ascensione Domini.

Ima Deus petiit, sed non excelsa reliquit :
Est ibi quo tendit; permanet unde venit.

CXLIV. Ubi Spiritus sanctus descendit super apostolos.

Ignit apostolicum linguarum flamma senatum,
Germinat et varias quasi vox fecunda loquelas.

CXLV. De S. Petro.

Sperne maris navem, cœli, Petre, suscipe clavem ;
Fluctibus et spretis portum mihi redde quietis.

CXLVI. De S. Paulo.

Melliflus omnem Paulus rigat imbribus orbem.

CXLVII. De illo qui moratur in odio.

Qui manet in tenebris, nescit vestigia pacis ;
Collyrium relevet, cum te glaucoma pefurget.
Acre suave creat, tegmen male tecta revelat ;
Nox reparat lucem, dolor aufert sæpe dolorem.

CXLVIII. De illo qui placet duobus inimicis.

Dum placet utrique, perdit Metecus utrumque.

CXLIX. De Hildebrando.

Vivere vis Romæ, clara depromito voce :
Plus Domino papæ quam domno pareo papæ.

CL. De eodem Hildebrando.

Qui rabiem tygridum domat ora cruenta leonum
Te nunc usque lupum mihi mitem vertat in agnum.

CLI. De illo qui omnia timet, vel nihil timet.

Nil metuens, et cuncta timens, ridendus uterque :
Hic tumet, ille jacet, medius discrimine pollet.

CLII. De virga Moysi.

Virga vorat magicos in se reparanda chelydros.

CLIII. De arca Noe.

Arca dat Ecclesiam ; baptismatis unda figuram.

Quod melius est ut scribaris rex in ferro, quam servus in auro.

Elige Rex ferro quam scribi servus in auro ;
Clarior in casula rex est quam servus in aula.

CLIV. De illo qui prius donat, et postea reposcit.

Fœdus amicitiæ violat sua dona reposcens,
Unca manus retrahit quo l prius ampla dedit.
Qui repetit donum merito mox perdit amicum,
Munere de vestro gaudia digna fero.

Quam vana hujus mundi sunt bona.

Cum cineres regum videamus et ossa parentum
Acida pulvifluis congesta jacere sepulcris,
Quo libeat carni vigor aut possessio menti ?

CLV. *Dominus papa sine me rem incipiebat, et mecum complere volebat ; sicque mecum dicebat : Sicut erat in principio ; cum mecum non dixisset : Gloria Patri.*

Sicut erat damno, quia nunquam Gloria canto,
Qui caput abrasit caudam quoque jure vorabat :
Ossibus ora terat qui sorbuit ante medullas.

CLVI. *Illis hoc dicitur qui falsam pacem faciunt.*

Ut valeant, oris jungantur et oscula cordis ;
Pax dirimit litem, capiunt cum jurgia finem

CLVII. *Quod sæpe amicus videtur irasci, et inimicus fraudulenter blandiri.*

Sævit amor justi, livor blanditur iniqui,
Est amor immitis, dulcis furor, ira fidelis :
Sunt etiam blandi sub ovina pelle tyranni.
Sic et amica patres reddit censura feroces.

CLVIII. Ad papam Alexandrum admonitio.

Sedis apostolicæ qui vult retinere vigorem
Æqua libret rigidæ pondera justitiæ :
Juris enim pariles nescit suspendere lances
Quem favor inflectit, spes vel avara trahit.
Muneribus plenæ cui laxant ora crumenæ,
Justitia vacuam perdit inops animam.
Cœli Roma seras tenet, et regit orbis habenas ;
His qui plura petit, ditior esse nequit.

CLIX. Hoc servus Dei facere debet.

Multa quidem tollo, sed fratribus omnia trado :
Aufero divitibus, præbeo pauperibus.

CLX. *Pransum dicimus : Edent pauperes. Silentium solventes dicimus : Pretiosa in conspectu Domini.*

Sicut Edent, mensas ; reddit Pretiosa, loquelas.
Insipiens in corde suo : Non est Deus, inquit.

CLXI. De odio.

Ut lita pestifero perimit catapulta veneno,
Sic animas hominum perdit edax odium.

CLXII. Qui castratus est non debet episcopari.

Qui nequit abscidi non debet honore potiri.

CLXIII. De Romanis febribus.

Roma vorax hominum, domat ardua colla virorum,
Roma ferax febrium necis est uberrima frugum,
Romanæ febres stabili sunt jure fideles.

CLXIV. Quod qui ignorat legem vitiorum nequit evitare perniciem.

Qui jus ignorat vitiorum peste laborat,
Virtutem vitium, fas putat illicitum.
Non sit securus qui judicis ore solutus,
Sunt a lege poli, dissona jura fori.
Arbiter internus ligat hunc quem solvit apertus,
Nec fugit esse, nec videt acta Deus.

CLXV. De triduano jejunio.

Quam triduana gravem soleat illidere calcem

Hic rudis ignorat, stomachum qui sedulus inflat,
Crebris efflantem reprimit qui fistula ventrem,
Utque fabri follem vacuat spiramen utrumque.

CLXVI. *Cadaloo non pastori, sed antiquo draconi.*

Desinit esse reus qui punit flendo reatum,
Sacrilegat cœptam geminata superbia culpam,
Cæde necans Urbem, nunc auro destruis orbem.
Heu! gladio ferri gladius truculentior auri ;
Is animam penetrat, carnem fons (*cod. Vat.*, foris,
              [Mai.]) ille cruentat,
Vimque tenet jaculi radiantis vena metalli.
Nil differt ferro, perimatur quisque vel auro.
Quid juvat an fulvis furvisque quis occidat armis?
Hos homicida vibras miseros et utrosque trucidas.
E cœlo rueras, sed adhuc draco lubrice sufflas,
Ore vomens rabiem tetrum diffundis odorem :
Fractus adhuc reptas, et flammas naribus efflas ;
Squamea colla tumes, strages et prælia frendes.
Desinat horrenda squamis attollere colla,
Ut populus vivat, vitam mala bestia perdat ;
Torva dracontéas reprimat jam vipera cristas (*cod.*
              [*Vat.*, chelas, Mai.),
Te superaggestus lapidum tumuletur acervus,
Ruder erit lapidum concors sententia Patrum,
Hæc scrobis atra (*cod. Vat.*, antra, Mai.) lues tu-
             [mido ne gutture suffles,
Mille vorax hominum crepet insatiabile monstrum.
Te super inferni sua claudant ora cavernæ,
Ne reditus pateat, sed mundi bella quiescant.
Fumea vita volat, mors improvisa propinquat (61).
Imminet expleti præpes tibi terminus ævi
Non ego te fallo, cœpto morieris in anno

CLXVII. *Cuidam fratri, cui jejunium et vigiliæ in nauseam venerant.*

Agrigentinum Siculis sal gignitur oris ;
Quod fluit in flammis, crepitat si mergitur undis.
Qui naturales trahit in contraria leges,
Congruit Auctori quantum sibi dissidet uni.

CLXVIII. *Quod quidam benefactis offenduntur, offensione placantur*

Officium stimulat quosdam, percussio placet,
Os in corde suo, cor ponit in ore nabaldus.

CLXIX. *De dente et lente.*

Littera mutetur, quod edebat rursus edetur.

CLXX. *Quod caro sine prædicatione prorumpit in silvam vitiorum.*

Silvescit vitiis caro verbi libera, cultris
Virescunt steriles, sarriente ligone, novales.
Novimus Annibalem, luscumque fuisse Neronem,
Quem ramex etiam pressit, cum sceptra levarent.

CLXXI. *De baculo rectoris.*

Suscipe diversum moderaminis arte bacillum :
Quos feretrum pupugit cornu pietate reducit.

47 CLXXII. *De Ecclesia Romana ab antipapa invasa luctus.*

Heu! sedes apostolica
Orbis olim gloria :
Nunc, proh dolor ! efficeris
Officina Simonis.
  Terunt incudem mallei,
Nummi sunt tartarei :
Justo Dei judicio,
Fit ista conditio.
  Ut quisquis apostolicare
Sedem semel comparat,
Redimere non desinat,
Donec male pereat.
  Cathedram pestilentiæ
Pressus anathemate,
Tenes cum sacerdotibus
Christi peremptoribus.
  Fit tibi terra ferrea,
Cœli sedes ænea ;
Diligenter igitur intende, quod dico.

CLXXIII. *De miseria humanæ conditionis.*

Proh dolor ! infelix humanæ stirpis origo
Per traducem carnis fit adhuc obnoxia mortis ;
Et miseros gignit, quos vitæ limite claudit.
Qui non uxorem nisi prolis tangit amore,
Etsi mirandus, non omnibus est imitandus ;
Non ale membellis valet esse refectio membris.
Sæpe novercalis fit mens materna pupillis
Legeque perversa gravis est de matre noverca.

CLXXIV. *De eo qui prædicat justum et dimittit impium.*

Fundit aquam fluviis vecors sitientibus hortis.

CLXXV. *Laus eleemosynæ.*

Fenerat ille Deo qui sumptum præbet egeno,
Reddere promisit, qui non mendacia novit ;
Solvitur expletum graviori fenore lucrum ;
Pro modico magnum, pro cœno redditur aurum ;
Sic hemina cadum, lucratur dragma talentum,
Sic obolus regnum, cyathus mercatur olympum,
Cœlica terrenis redhibentur, fixa caducis.
Ignes unda necat, lapsus eleemosyna purgat.
Est aqua mors flammæ, mors est eleemosyna culpæ.
Nec replet irriguis lacrymarum corda fluentis.
Hæc vitiis vacuat, virtutum floribus ornat.
Hæc redimunt ipsum pietatis viscera Christum.

CLXXVI. *Avaro diviti.*

Qui cedros solidis scit contignare cypressis,
Fundamenta struit nullis obnoxia flabris :
Ditior es cœno quam sis, Pactole, fluento :
Unda levat camulum, flavescit arena metallum,
Lama tulit fruges, rupes prærupta cacumen.
His vitam regimus, procul hoc astare videmus,
In vidua dives Deus est, in divite pauper.

CLXXVII. *Viro superbo.*

Mens scatet in veras causa perhibente loquelas,
Vere licet rubeat, nunquam rosa pulchra perannat,
Qui stat præsto cadit, ceu flos caro lapsa putrescit.
Vita volans hominis decurrit more fluenti.
48 Te patulum vento folium pendere memento,

---

(61) Codex Vaticanus caret tribus postremis versibus, quos consulto fortasse noster auctor omisit ob vaticinium litteraliter non impletum, de quo disserit ipse Petrus tom. III, pag. 206. Mai.

Turgida colla suis subigit mors improba plantis.
Vivere qui patitur felici morte fruetur,
Qui fruitur vita mortem patietur amaram.
Vita brevis prohibet ne longum vivere speres.
Vive memor mortis, quo semper vivere possis.
Totus vive Deo, totus tibi mortuus esto.
Vita parit mortem, mors vitam parva perennem.
Qui sibi nunc vivit semper moriendo peribit.
In se qui moritur, hunc vita beata sequetur.
Sic requies fesso redhibetur vita perempto.

CLXXVIII. *Livido obtrectatori.*

Esse foret panem melius quam rodere fratrem,
Corporis una cibus, animæ res altera virus.
Rosus non moritur, rodens homicida tenetur.
Non alios capreæ, te cernas lumine talpæ.
Non mihi des vultum, promptus tibi vertere tergum,
Me faciens speculum, cum sis tibi mantica factus,
Polypus hærenti de se non fetet olenti.
Lyncea lux radios in viscera figit acutos,
Cum se non videat, penetrat procul omne quod astat;
Obtusæ cotes acuunt, non cedere possunt,
Nec sibi, sed vario parent sua jura metallo,
Scabra polire lima novit, non ipsa poliri,
Prava manet sentum scorium, dum lævigat aurum
Nam scabiosa carnis titulo fit digna fidelis,
Si rictu rabido vernam cum jure lacessit.
Qui quod vult dicit, quod non vult sæpius audit.
Non habet os lingua, frangi facit ossa sed ipsa
Unaque diversis parit informia membris.
Pone malum linguæ, quam vibras more sagittæ,
Ne gladii conto referantur saxa lapillo.

CLXXIX. *Duobus inimicis, ut ad pacem redeant.*

Hamat amor varios, scindit discordia junctos;
Non ibi lux pacis ubi fit divisio cordis;
Pax docet ignaros, discordia cæcat acutos.
Non status est rebus, fortunæ vertitur ordo,
Cervici rigidæ mors improvisa minatur.
Turgida colla suis subigit febris ignea plantis,
Ac domat indomitos divino jure solutos;
Qui tumuere Deo coguntur cedere morbo;
Quod dant languori veræ vetuere saluti.
Vultu sæpe trucem, flammas velut ore vomentem,
Oraque terribilem frendentia verba tonantem
Funda perexiguo stravit contorta lapillo.

CLXXX. *Cum idem scriptum bis mittitur.*

Jure notatur idem, qui sæpe rescribit eidem;
Non tamen absurdum, cum res habet ipsa recursum,
Indiga verborum dum sit geminatio rerum.
Insimulat vicem carminibus non reddentem.
Disticha tot misit quot flumina sunt paradisi,
Fonte sed ex vestro nec mihi stilla fluit.
Nunc igitur scriptis totidem nisi scripta remittis,
Implebit vacuam penna retusa thecam.

CLXXXI. *De quibusdam antidotis.*

Mors aloen æquat; copulat sapor unus utramque,
His quoque tu parilem pigra sortiris acrorem
Serapi; non cunctis fatear præstare venenis.

CLXXXII. *Quod qui sumit munus debet vicem reddere.*

Alterutrum charos componit munus amicos,
Si gerulus referat, si dator accipiat.

CLXXXIII. *Quibus benedictio de coclearibus mittitur.*

Dent alii fulvum trutina librante metallum;
Sed mundus vivit, quia ligno Vita pependit:
Sic modicum magno lignum pretiosius auro.

CLXXXIV. *Pontificali dextera coclearia mittuntur.*

Magna perexiguum munus aurea suscipe lignum.
Nolo datum trutines, sed dantis viscera libres:
Audeo quod parti non est, præsumere toti;
Carmina quot scripsi, totidem tibi ligna polivi,
Chartula venalis, donantur cætera gratis.

CLXXXV. *Quibus benedictio de coclearibus mittitur.*

Marmoribus latomi fabri dant signa metallis,
Sandapilas inopes compingunt vespiliones,
Nec nos signa ducum ferimus, sed signa colonum.

CLXXXVI. *Amicum terret.*

Quod digitis scribo, totidem tibi carmina mitto,
Aspera vox: Ite; nimium jucunda: Venite:
Congregat hæc agnos, vox altera dissipat hædos;
Perpensæ voces poterunt componere mores.

CLXXXVII. *Ad inimicum.*

Si regni requiem cupimus, metuamus et ignem;
Inter bella silent leges, in pace loquuntur.
Tempus adest belli, venient sua tempora legi;
Sic lis obtineat, ne pax post bellica perdat;
Ne vincare foro, qui tentas vincere campo.

CLXXXVIII. *Discretio inter levem et gravem.*

Horrens præcipitem noli te ferre limacem,
Cum gravitate levis, sis levitate gravis.
Si gravis incessus, nec jam quasi compede nexus,
Nil vitio vitium cedere proficuum.

CLXXXIX. *Quod melius sit agricolæ laboranti quam domino præliani.*

Bella ciet dominus, proscindit rura colonus;
Ille patet jaculis, hic frugum gaudet acervis.

CXC. *De his qui non se, sed alios carpunt.*

Polypus hærenti de se non fetet olenti:
Sunt sua qui palpant, aliena piacula damnant.

CXCI. *Quod esuriens et sitiens vile quodlibet libenter sumit.*

Faucibus atra fames herbas commendat agrestes,
Hausibilem densam reddit sitis ignea vappam
Esuriens comedit, vacuo satus ore ligurit.

CXCII. *De illo, qui gloriatur in altitudine vocis.*

Voce satis celsa vocalis rudit asella,
Dulce melos placidis format vox cignea bombis.

CXCIII. *De monachis, qui loricas induunt ad carnem.*

Hamatæ vestes præbent inamabile tegmen:
Vestes hamatæ gemina sunt peste perosæ.
Ossa premit pondus, constringit viscera frigus.

CXCIV. *De Hildebrando, qui parvæ quidem staturæ, sed magnæ videtur esse prudentiæ.*

Parva Tigris missas æquat properando sagittas,
Vile quidem ferrum, tamen edomat omne metallum;
Sed trahit hoc validus sua post vestigia magnes;

Hunc qui cuncta domat Sisiphi mensura coarctat,
Quemque tremunt multi, nolens mihi subditur uni.

CXCV. *De papa et Hildebrando.*

Papam rite colo, sed te prostratus adoro :
Tu facis hunc dominum; te facit iste deum.

CXCVI. *De Romano archidiacono, qui mihi medium piscem misit.*

Non mirum Petrus si sit mihi semper egenus,
Cum generent medios flumina pisciculos.

CXCVII. *Urbano gratulatur, qui Romæ factus est pauper episcopus.*

Quod sibi Bethsaide, nunc est mihi Petrus in Urbe :
Hoc cum sceptra tenet, quod erat cum retia neret ;
Semper lina lavat, pelagi mihi cærula sulcat,
Me premit in terris, qui prorsus egebat in undis
Me siliquis recreat, modicus quem piscis alebat.

CXCVIII. *De illo qui filium habet.*

Cum superest soboles, vivunt de morte parentes,
Et velut una caro viret in radice propago.

CXCIX. *Ut hi qui prædicant invicem non discordent.*

Non sapiens stulto, non bos societur asello,
Qui divina docent a se non prorsus aberrent.

CC. *De stercore turdi fit viscus unde turdus ipse capitur.*

Podice digeritur pede quo turdela tenetur.

CCI. *Illi, cui ego prolixam misi epistolam, et ipse mihi parvam.*

Non obolus solidum, non æquat libra talentum,
Plane minor modio cedit et iste choro.
Non licet exiguum compenset epistola librum
Contrutinet lances pendula libra pares.

CCII. *De Florentia, in qua papa Stephanus obiit, et Nicolaus papa ex eadem processit.*

Parva virum magnæ debet Florentia Romæ ;
Quæ tenet exstinctum, cogatur reddere vivum :
Sic nova Bethlæis lux mundo fulsit ab oris.

CCIII. *De illo qui semetipsum subjugat, ut reum recipiat.*

Nil sibi prorsus emit qui se sub fenore vendit.

CCIV. *Quod Roma mundo præfuit, donec legibus obedivit.*

Præfuit Urbs orbi, fuerat dum subdita legi ;
Justitiæ spretis regnum contraxit habenis.

CCV. *Quod plerique casti sint tenaces.*

Vix opibus largum videas et corpore castum.

CCVI. *De illo qui, nutritus Aretii, Pomposiæ abbas fuit.*

Qui solet insipidis ventrem satiare lupinis,
Gutture nunc epulas ractat turgente marinas.

51 CCVII. *De domno Umberto archiepiscopo, qui sedebat ad dexteram papæ, et ego ad sinistram.*

Fortior hædinam, tu sedem tollis ovinam,
Lævus habet dextram, dexter quandoque sinistram.

CCVIII. *Super sæcularibus elegidia.*

Lugeo vos, miseri, quibus est mens dedita carni ;
Cœlum despicitis, quæstus bona summa putatis.
Quid vos hortor ego, quid vos optare monebo ?
Nunc male jucundas mundi sorbete medullas,
Exta replete cibis, artus onerate saginis,
Ne pereant vermes macie vos semper edentes,
Fontibus irriguas gelidis extendite villas.
Non numerus nummis, non sit mensura metallis.

Post erit angustum possessio vestra sepulcrum.
At quos spes fulvo ditat pretiosior auro,
Quorum divitiæ veræ sunt præmia vitæ
Quas fur non temerat, nec edax male tremula sulcat,
Vana repentinis obnoxia lucra ruinis
Spernite, lapsuro cedant sua munera mundo :
Sufficiant Christi famulis patrimonia cœli,
Pectoris eximium fidei tegat arca talentum,
Sit studium rutilas virtutum condere gemmas,
Et male nascentes vitiorum vellere sentes :
Turbida fluctivagi vitæ negotia mundi,
Incubet eloquiis jugiter mens libera sacris,
Jam modice gustet mel, quo post plena redundet,
Ad sua sic nostra redeat primordia forma.
Hæ tumulentur opes, isti quærantur honores,
His homo jure potens, his fit per sæcula dives.

CCIX. *Contra Cluniacensem abbatem, qui eum in Galliam duxit.*

Mors mea grandævam perimis, Cluniace, senectam,
Efficis ut non sim, dum petis ut bene sim,
Ut tibi mella fluant, epulæ pigmenta rubescant,
Amplaque conditos præbeat olla cibos.
Scabra fit ut nostris desint vel cantabra mensis,
Dum tibi servo dapes, me manet atra fames.

CCX. *Versus pauperis.*

Ulceribus vacuus, sed paupertate repletus,
Lazarus ecce venit, qui micis vivere quærit.
Absunt ora canum, non desunt rostra pedonum ;
Illa cutem lambunt, hæc membra scatentia rodunt.

CCXI. *De triduano jejunio.*

Quam triduana gravem soleas illidere calcem,
Sæpius expertis scit mens exercita bellis.

CCXII. *Qui dicit quod vult, audit quod non vult.*

Qui quod vult dicit, quod non vult sæpius audit ;
Qui quod amat loquitur, quod odit perferre meretur.

CCXIII. *Epitaphium Petri Damiani.*

Quod nunc es, fuimus ; es, quod sumus, ipse futurus.
His sit nulla fides, quæ peritura vides.
Frivola sinceris præcurrunt somnia veris,
Succedunt brevibus sæcula temporibus.
Vive memor mortis, quo semper vivere possis.
Quidquid adest, transit ; quod manet ecce venit.
Quam bene providit qui te, male munde, reliquit,
Mente prius carni quam tibi carne mori.
Cœlica terrenis præfer, mansura caducis.
Mens repetat proprium libera principium.
52 Spiritus alta petat, quo prodit fonte recurrat,
Sub se despiciat, quidquid in ima gravat.
Sis memor, oro, mei ; cineres pius aspice Petri.
Cum prece, cum gemitu dic : Sibi parce, Deus.

CCXIV. *Bennonis epitaphium.*

Ariminum, lege, lacrymarum flumina funde,
Laus tua Benno fuit, proh dolor ! ecce ruit ;
Benno decus regni, Romanæ gloria gentis,
Ipse pater patriæ, lux erat Italiæ.
Hunc socium miseri durum sensere superbi :
Lapsos restituit, turgida corda premit ;
Fit leo pugnanti frendens, tener agnus inermi,
Hinc semper justus perstitit, inde pius.

Hic fidei dum jura colit, dum cedere nescit,
Firma tenens rigidæ pondera justitiæ.
Recticolæ jugulus pravorum pertulit ictus:
Per quem pax viguit, bellica sors periit.
Obsecro, tam diram, sapientes, flete ruinam,
Et pia pro socio fundite vota Deo.

CCXV. *Quod vermis eris, et a verme voraberis:*
Ejus, homo, quod eris, datus es ut ore voreris;
Cur, cinis et vermis, tumida cervice superbis?

CCXVI. *Ad pœnitentiam provocat.*
Cum cruor excrescit nemitorem vena requirit;
Vulnus et incolumem facit, affert plaga salutem;
Mens fluidum generat, pia quod confessio purgat;
Sic animæ sanguis per venam profluit oris.
Egere lethifero violat quod viscera tabo:
Esto vomax proprii salubri conamine morbi,
Ut mentis stomachus relevetur mole reatus.

CCXVII. *Versus de Simoniacis.*
Incude Simonis fabrilis, et antra monetæ
Damnat pestiferas Deus evertendo cathedras:
Nam postica latro per diverticula repit,
Pervia gratuito pastor petit ostia gressu.
Ast ubi mangonum scelerata negotia desunt,
Nec grave corbonam turget venale talentum,
Non distractor obest, quia non commercia sordent;
Nam quid nummati, nequeunt ubi lædere nummi?
Imo quid arboreis manus obsit squalida plantis?
Sæpe salutiferam medicus dedit æger oryzam,
Mancipites pugilem, cæci genuere videntem,
Clinica procerum peperit male fœda venustum
Nec soboles noxis est addicenda paternis.
Quisque sua premitur, socii nec labe tenetur.

CCXVIII. *Adversus Simoniacos rhythmus.*

Mundi turba turbulenta,
Error, et divisio,
Hæresis Simoniana,
Zelum, et ambitio,
In lamentum nos compellunt
Styli sub officio.

Exarentur ergo cuncta
Strictim a principio,
Ex quo summæ sedis præsul,
Sancto doctus Spiritu,
Scelestorum probra cœpit
Emendare liquido.

Cujus vox erat, ut patris
Corrigentis filios;
Ut Apostoli vox erat
Mitis ad Corinthios:
Sic se mitem exhibebat
Erga coepiscopos.

Scitis, fratres, vos pastorum
Suscepisse regimen;
Hinc vos decet, ut doctores,
Primum recte vivere,
Obsecrare, increpare,
Postmodum arguere.

Non elatos, non inflatos
Non ex vino turgidos.

Non in veste pretiosa,
Sed virtute fulgidos.
Sine causa non lædentes
Castos atque sobrios.

Sint in promptu gesta Patrum,
Sintque sancti canones;
Cibis vestris recreentur
Debiles ac pauperes;
Orphanorum mater plorans
Ante vos non clamitet.

Cedant equi phalerati,
Cedant cæci rabulæ,
Cedant canes venatores
Ac mimorum fabulæ,
Et accipitres rapaces
Nec non aves garrulæ.

Ad hæc, Simonis leprosam
Exsecrate hæresim,
Sacerdotum simul atque
Scelus adulterii,
Laicorum dominatus
Cedat ab Ecclesiis.

Ecce papæ gloriosi
Monita Gregorii,
Ecce verba summæ sedis
Præsulis catholici,
Quibus irruunt in eum
Cives Babylonici.

Hincque Cæsaris exarsit
Ira in Ecclesia,
Inde tumuit in eum
Præsulum superbia,
Sacerdotem populorum
Furit ab Ecclesia.

Ex quo Simon contra Petrum
Turrim struxit magiæ,
Inde cecidit percussus
Angulari lapide,
Contra cujus ictum plane
Nihil est durabile.

Quorum rex est alter Christus,
Alter est Leviathan;
Ille vitæ, iste mortis
Regnat super agmina:
Ergo quorum quis sit victor
Nemo sanus ambigit.

Resipiscant inde cuncti,
Et ad corda redeant,
Qui non pure, non sincere,
Sed mente malevola,
Sacerdotem populorum
Rodunt atque lacerant.

Illi vero, quos cibavit
Fides apostolica,
Solidentur, et fundentur
Petri petra solida,
Ut post pugnam consequantur
Pleniter victoriam. Amen.

54 CCXIX. *Damiano exhortatio, ut monachus fiat.*
Omnipotens, agamus, doce, ut quod fecit agamus.
Desunt jura tori, teritur si semita Christi.
Jam pater es, soboli spatium largire sequenti,
Ut tua contiguis pateant vestigia plantis,
Et seges erumpat, dum non quod protulit obstat,
Subdita maternis torpens vitulamina ramis.
Præsto fluunt veteres ad florum germina frondes,
Herbaque sectricem vocat orto semine falcem.
Incipiens igitur terreno cespite velli
Transplantare polo, spes hinc animata virescat:
Sic radix cordis cœli se transferat arvis,
Et non lapsurus prorumpat in arbore fructus.

CCXX. *Rhythmus pœnitentis monachi.*

Quis infelici fletus aquam capiti,
Quis lacrymarum fontem dabit oculis?
Flendo, pupillæ tenebras obducite
   Væ mihi lapso!
Non guttæ maris, non arenæ littoris,
Æquantur meis scelerum flagitiis,
Excedunt stellas pluviasque numero,
   Pondere montes.
Nam quibus non sim vitiis obnoxius.
Qui pravis semper deservivi moribus?
Deo soluus, carnis vixi legibus,
   Fluxus in ima.
Sprevi præcepta, ausus sum prohibita,
Plures everti prava per judicia:
Noxius mihi, aliis inutilis,
   Arctor utrinque.
Non cœlum dignus oculis aspicere,
Non Dei nomen labiis exprimere;
Prohibet ædis sacræ limen terere
   Culpa remordens.
Nunc quoque sacris deditus obsequiis
Veteris vitæ stimulor illecebris:
Ut fugitivum repetunt in famulum
   Jura tyranni.
Conor in fletu, riget cor lapideum,
Precibus insto, vagus abit spiritus,
Lumen inquiro, tenebræ phantasmatum
   Protinus adsunt.
Efferum ira, tumidum superbia,
Edacem gula, vanum cenodoxia,
Omnium frendens criminum barbaries
   Subdere tentat.
Sæpe resisto, armaque corripio,
Mihi congressus, mecum ipse dimico,
Sed legi carnis lex dum cedit spiritus,
   Præda fit hosti.
Sæpe divino igne cor accenditur,
Seque transcendens mens in alta rapitur,
Sed genuinæ corruptelæ labitur
   Pondere pressa.
Lux inaccessa micat, ut per rimulas,
Cui mens intenta sitienter inhians,
Cujus obtutus ecce carnis obvians
   Umbra retundit.
Hostis antiqui telis mille sauciam
Ploro peremptam in peccatis animam:
Qui vacuasti mortis jura mortuus,
   Per te resurgat.
Palma justorum, spesque pœnitentium,
Da, Christe, manum, et profundis erutum
Solve peccatis, hinc ab imminentibus
   Eripe noxis.

55 Tu peccatricis lacrymas non respuis:
Tu publicanum pœnitentem recipis:
Vitam latroni jam in morte posito
   Te dare spondes.
Per hæc, te quæso, pietatis viscera,
Et me de vinclis tot culparum libera:
Mereor iram, effunde clementiam,
   Fons pietatis.
Da tuis semper obsequar imperiis,
Sicque supernis dignum redde præmiis,
Qui Patri compar, sanctoque Spiritui,
   Cuncta gubernas. Amen.

CCXXI. *De abbatum miseria rhythmus.*

Luget, plorat, lamentatur
Sancta nunc Ecclesia,
Cum suorum tantam videt
Abbatum miseriam,
Et eorum contemplatur
Diversa pericula.
   Nullus pene abbas modo
Valet esse monachus,
Dum diversum et nocivum
Sustinet negotium:
Et, quod velit sustinere,
Velut iniquus patitur.
   Monachorum, tanquam servus,
Intus fert superbiam,
Et multarum foris rerum
Sustinet molestiam;
Hanc abbatis collum portat
Servitutem geminam.
   Spiritaliter abbatem
Volunt fratres vivere,
Et per causas sæculares
Cogunt illum pergere
Per tam itaque diversa
Quis valet incedere?
   Nam dum equitat, mox esse
Dicitur vagatio;
Ejus namque hebetudo
Est claustralis statio;
Quidquid miser facit,
Semper est detractio.
   Delinquentes dum emendat,
Omnes clamant impium;
Si quandoque illis parcit,
Dicunt esse tepidum.
Quis portare, rogo, valet
Vulgus tam ambiguum?
   Phinees si imitatur,
Fugit, vel expellitur:
Si Eli, tunc irridetur

Atque parvipenditur;
Odiosus est, si fervens;
Et vilis, si tepidus.
 Valet forsan emendare
Facta, si sint levia;
Et quæ duas tantum poscant
Vel unam veniam;
Graviora quæ sunt abbas
Supprimit, ne pereat.
 Nam si velit de immundo
Quidquam loqui vitio,
Monachorum intestina
Oritur seditio,
Et occulte statim ejus
Tractatur perditio.

56 Si quandoque vel jejunat,
Vel tenet silentium:
Vanæ laudi mox abbatem
Dicunt esse deditum;
Et si loquitur, vel mandat,
Velut fur reprehenditur.
 Si sermonem facit abbas,
Denotatur garrulus:
Et si tacens nil exponit,
Denotatur fatuus;
Huc se vertat illuc pergat,
Semper erit anxius.
 Intus, foris, si contingat
Quælibet adversitas,
Hoc incuriæ abbatis
Fratres omnes deputant:
Illum rodunt, et perrodunt
Et appellant bestiam.
 Domus sancta si non crescat,
In abbatem invehunt:
Si crescat, mox abbatem
Velut hostes expetunt;
Ut incudem, sic abbatem
Simul omnes feriunt.
 O beatum tale caput,
Quod a membris roditur!
Bonus pastor, quem depascunt
Sævi dentes ovium!
Felix pater, filiorum
Morsus timet omnium!
 Istud malum monachorum
Intus abbas tolerat,
Sæcularium et foris
Simul portat onera,
Anxiatur et tristatur;
Quod sic premant omnia.
 Noctem namque, curis pressus,
Verbosus dimidiat,
Et auroram, ut loquatur
Sæpius anticipat;
Totum diem in loquendo
Postmodum continuat.
 Hæc et alia prælatus
Sustinet quamplurima;

Sæculares foris pungunt,
Intus fratres vulnerant;
Illi corpus prosequuntur,
Hi corrodunt viscera.
 Dic, prælate, rogo, chare,
Quæ est ista dignitas?
Intus dolor, foris labor;
Hinc inde calamitas
Corpus, fateor, iis malis
Perditur et anima.
 Quis abbatum, rogo, valet
Ferreo nunc tempore,
Inter tot calamitates
Virgas ferre fertiles?
Prælatorum certe modo.
 Sunt honores steriles.
His honoribus, abbates
Venerandi, cedite;
Grave pondus et inane
Ultro jam abjicite;
Et de cætero quieti
Ac securi vivite.

57 CCXXII. *De omnibus ordinibus omnium hominum in hoc sæculo viventium rubrica.*

Episcopi, attendite,
Dei verba discernite:
Vobis præcepit Dominus
Pro vestris mori ovibus.
 Si bona, quæ loquimini,
Operibus feceritis,
Exempla bona dabitis
Vestris commissis filiis.
 Presbyteri, diaconi,
Qui fertis vasa Domini
Estote semper nitidi
In conspectu Altissimi.
 Qui vult esse canonicus,
Sit bonus et idoneus,
Obediat episcopo,
Ut seniori inclyto.
 Ad matutinum veniat,
Cum signum horæ resonat;
Postposita pigritia
Festinet ad officia.
 Plebani recte audiant
Quod sancti patres clamitant:
Ut acquisita prædia
Relinquant in Ecclesia.
 Magister doctus litteris
Flagella det discipulis:
Ut, docti ab infantia,
Doctrinam bene sapiant.
 Scriptores recta linea
Veraces scribant litteras,
Distinctiones proprias
Usque in finem compleant.
 Illitteratus clericus
Elationi deditus,
Despiciens mysteria,

Ut stulta jacet bestia.
  Discurrit per basilicam
Pro vanitate nimia;
In loco si permanserit,
Cervice torta respicit;
  Verba Dei non nuntiat,
Privatim semper mussitat;
Et recitat parabolas
Inanes atque vacuas.
  Abbates semper vigilent,
Ab omni namque crimine,
Non pro mundi astutia
Sancta relinquant studia.
  Non potest esse monachus
Qui vagus est, improvidus
Si vivit sine regula,
Peribit morte pessima.
  Deo devoti monachi,
Servate legem optime,
Viventes casto corpore,
Terrena cuncta spernite.
  Potestas est in populo
A summo data Domino
Et cum fide.....
Qui sacramenta fecerant,
  Pro nullo malo merito,
Vel placitato pretio,
Aut aliqua amicitia,
Vertat vera judicia.
  Judex sedens in placito
58 Non speret de lucratio,
Sed Deum recte timeat,
Et legem cito finiat.
  Testes, pro nullo munere
Falsa loqui præsumite,
Sed vera verba dicite
Præsente vero Principe.
  Veraces sint notarii,
Tenendo fidem animi :
Nec unquam pro denariis
Falsa scribant in chartulis.
  Gastaldiones populi,
Et omnes vicedomini,
Ne torqueant justitiam,
Nec manducent servitia.
  Tenentes ministeria,
Cum malis non conveniant,
Recte tamen deserviant,
Ne bona perdant merita.
  Advocatores placita
Ne fraudent arte aliqua;
Relaxent cordis vitia,
Et exquirant judicia.
  Nullus consiliarius,
Aut auricularius,
Propter mundana prospera,
Se confidat in gloria.
  Missus prudenter sapiat
Enarrare missatica,

Ne stupefactus publico
Verbum dicat inutile.
  Nutritus atque sapiens,
Timens Deum veraciter,
Amandus est a Domino,
Laudandus est a populo.
  Receptor celans vitia,
Ut falsa canit fistula,
Ridendo verba dudum
In corde male seminat.
  Hypocrita se simulans
Multa abscondit vitia,
Vultum demonstrat placidum,
In corde portat gladium.
  Ebriosi miserrimi
Infremunt ut phrenetici,
Mentis perdunt memoriam,
Nihil boni excogitant.
  Audite etiam, laici,
Qui Christo famulamini :
Pro ullo unquam crimine,
Pastores non despicite;
Operibus perficite,
In cordibus describite.
  Antequam mors adveniat,
Deo donate decimas :
Securi hinc exibitis,
Et cœlum possidebitis.
  Uxores vero diligite,
Natos vestros corripite;
Sed vos ancillas regite,
Opus eis impendite.
  Qui timet Deum omnium
Non juret per negotium :
Nec pro concupiscentia
Ullius fraudet pretia.
  Duces cum beneficiis
Ad invicem conveniant,
Deo cum fide serviant.
59 Miles ad pugnam peragrans
Deum in mente teneat :
Fillones semper caveant
Ne dicant plus quam audiant :
  Placentes per mendacium
Peccatum agunt maximum;
Viles apparent sæculo,
Et sunt in vituperio.
  Potestas mundet vitia,
Furta et latrocinia ;
Ut cæteri, perterriti
Timeant pœnam consequi.
  Conjugatæ feminæ,
Tenete fidem provide;
Domos vestras disponite,
Ad templum Dei currite.
  Mutate vestem, viduæ,
In castitate vivite :
Luxuriantes fugite,
Ne possint vos decipere.

Puellæ se custodiant
Ab omni vana gloria,
Ne juventute fervida
Cadant in adulteria.
 Meretrices, convertite,
Veniam vobis quærite :
Qui semper solet parcere
Exspectat vos quotidie.
 Servi, cum recto animo
Vestro servite domino :
Ancillæ et utiliter
Deserviant similiter.
 In prosperis lætitiam,
In adversis tristitiam
Supra modum non habeat
Ulla fidelis anima.
 Qui vivitis in sæculo,
Omnes, servite Domino,
Ut juti sua dextera
Regnetis super æthera.

CCXXIII. *De die mortis rhythmus.*

Gravi me terrore pulsas,
Vitæ dies ultima,
Mœret cor, solvuntur renes,
Læsa tremunt viscera,
Tui speciem dum sibi
Mens depingit anxia.
 Quis enim pavendum illud
Explicet spectaculum,
Cum, dimenso vitæ cursu,
Carnis ægræ nexibus
Anima luctatur solvi,
Propinquans ad exitum?
 Perit sensus, lingua riget,
Resolvuntur oculi,
Pectus palpitat, anhelat
Raucum guttur hominis,
Stupent membra, pallent ora,
Decor abit corporis.
 Ecce diversorum partes
Confluunt spirituum;
Hinc angelicæ virtutes,
Illinc turba dæmonum;
Illi propius accedunt,
Quo invitat meritum.
 Præsto sunt et cogitatus,
Verba, cursus, opera;
Et præ oculis nolentis
Glomerantur omnia :
Illuc tendat, huc se vertat,
Coram videt posita.
 Torquet ipsa reum suum
Mordax conscientia,
Plorat acta corrigendi
Defluxisse tempora;
Plena luctu, caret fructu
Sera pœnitentia.
 Falsa tunc dulcedo carnis
In amarum vertitur,

Quando brevem voluptatem,
Perpes pœna sequitur :
Jam quod magnum credebatur,
Nil fuisse cernitur.
 Atque mens in summæ lucis
Gloriam sustollitur,
Aspernatur lutum carnis,
Quo mersa provolvitur,
Et ut carcerali nexu
Lætabunda solvitur.
 Sed egressa durum iter
Experitur anima,
Qua incursant furiosa
Diræ pestis agmina,
Et diversa suis locis
Instruunt certamina.
 Nam hic incentores gulæ,
Illic avaritiæ,
Alibi fautores iræ,
Alibi superbiæ;
Vitii cujusque globus
Suas parat acies.
 Jam si cedat una turma,
Mox insurgit altera :
Omnis ars tentatur belli,
Omnis pugnæ machina,
Ne ab hostium pudore
Sic evadat anima.
 O quam torva bellatorum
Monstra sunt feralium;
Tetri, truces, truculenti
Flammas efflant naribus,
Dracontea tument colla,
Virus stillant faucibus.
 Serpentinis armant spiris
Manus doctas præliis,
His oppugnant adventantes
Telis velut ferreis :
His, quos attrahunt, æternis
Mancipant incendiis.
 Quæso, Christe, Rex invicte,
Tu succurre misero,
Sub extremæ mortis hora,
Cum jussus abiero :
Nullum in me jus tyranno
Præbeatur impio.
 Cadat princeps tenebrarum,
Cadat pars tartarea :
Pastor ovem jam redemptam
Tunc reduc ad patriam,
Ubi te videndi causa
Perfruar in sæcula. Amen.

CCXXIV. *In eos qui de regis ultione securi sunt, sed Christum evadere nequeunt. Rhythmus.*

Jucundantur, et lætantur
Simul omnes reprobi,
Qui regis adventum prius
Exspectabant territi,
Fremunt, cedunt, intumescunt,

Et insultant miseris.
    Quique sunt lugendi totis
Lacrymarum fontibus,
In superbiæ sublimes
Extolluntur cornibus,
Phrenesin robur putantes,
Sanis rident flentibus.
    Sed quid juvat, o perversi,
O gehennæ filii!
Non vitare, sed mutare
Tribunal judicii?
Sub mortali rege tuti
Christum non evaditis.
    Ecce veniet ut fulgur,
Minax ac terribilis,
Solis ardor, lunæ candor
Involventur tenebris,
Ima terræ petent stellæ,
Cœli vulsæ cardine.
    Terra funditus ardebit,
Cœli trement climata,
Elementa turbabuntur,
Rugient tonitrua,
Ignei micant corusci,
Crebra cadunt fulmina.
    In furore venientis
Fit tempestas valida,
Tota mundi tremefacta
Conquassatur machina,
Æstuantis flammæ globus
Vastum perflat aera.
    Tunc qui eum pupugerunt
Cernunt omnes impii,
Throno igneo subnixum
Specie terribili,
Rogant montes, orant colles,
Postulantes obrui.
    Mox occulta singulorum
Cunctis patent cordium,
Verba, facta, mens videtur,
Velut corpus solidum,
Et amarum in auctores
Reddunt testimonium.
    Ipsi spiritus iniqui
Probra, quæ suggesserant,
Longis exarata tomis
Relegentes explicant,
Loca, tempora gestorum,
Et modos enumerant.
    Irascuntur cuncta pravis
Angelorum agmina,
Adversantur elementa,
Cœlum, terra, inanima,
Omnis rerum creatura
Imminet contraria.
    Ecce caput iniquorum,
Ferox illa bestia,
Sub cunctorum denudata
Trahitur præsentia:

Patent artes, furta, doli,
Fraudes et ingenia.

CCXXV. *Hucusque de adventu; hinc de pœnis inferni.*
    O quam dira, quam horrenda
Voce Judex intonat,
Cum paratis mergi flammis
Maledictos imperat;
Mox deglutiens viventes
Stygis olla devorat.
    Vaporantur infelices
Intus, et extrinsecus;
Crepitantes strident flammæ,
Velut ardens clibanus:
Ore, naribus, et ipsis
Profluunt luminibus.
    Immortalis mors occidit,
Nec omnino perimit:
Ignis urit, non consumit,
Nec defectum recipit:
Vita moritur, mors vivit;
Finis semper incipit.
    Rediviva septem plagæ
Renovant supplicia,
Fumus, fetor, algor, ardor,
Fames, sitis ignea,
Vermes nunquam satiantur,
Qui corrodunt viscera.
    Illic dolor, cruciatus,
Fletus, stridor dentium,
Adsunt fremitus leonum,
Sibili serpentium:
Quibus mixti confunduntur
Ululatus flentium:
    Molis trabeæ dracones
Laxa pandunt guttura,
Quorum oculi sagittas
Jaculantur igneas;
Caudæ chelas scorpionum
Plantæ produnt viperas.
    Tendunt quidem ad non esse,
Sed non esse desinunt:
Vivunt morti, volunt mori,
Sed omnino nequeunt:
Qui male vixere, vitam
Pro tormento perferunt.
    Hæc præ oculis, vesani,
Formidantes ponite,
Hæc subtili pertractantes
Studio revolvite,
Et pravorum vinclis morum
Colla mentis solvite.
    Nam paratus est conversis
Indulgere veniam,
Qui perversis adhuc premit
Vindictæ sententiam.
Salus, honor pio Regi
Per æterna sæcula. Amen.

CCXXVI. *De gloria paradisi. Rhythmus.*
    Ad perennis vitæ fontem

Mens sitivit arida,
Claustra carnis præsto frangi
Clausa quærit anima :
Gliscit, ambit, eluctatur
Exsul frui patria.

63 Dum pressuris ac ærumnis
Se gemit obnoxiam,
Quam amisit, cum deliquit,
Contemplatur gloriam.
Præsens malum auget boni
Perditi memoriam.

Nam quis promat summæ pacis
Quanta sit lætitia,
Ubi vivis margaritis
Surgunt ædificia,
Auro celsa micant tecta,
Radiant triclinia!

Solis gemmis pretiosis
Hæc structura nectitur,
Auro mundo tanquam vitro
Urbis via sternitur :
Abest limus, deest fimus,
Lues nulla cernitur.

Hiems horrens, æstas torrens
Illic nunquam sæviunt :
Flos purpureus rosarum
Ver agit perpetuum :
Candent lilia, rubescit
Crocus, sudat balsamum.

Virent prata, vernant sata,
Rivi mellis influunt,
Pigmentorum spirat odor,
Liquor et aromatum,
Pendent poma floridorum
Non lapsura nemorum.

Non alternat luna vices,
Sol, vel cursus siderum :
Agnus est felicis Urbis
Lumen inocciduum ;
Nox et tempus desunt ei,
Diem fert continuum.

Nam et sancti quique, velut
Sol præclarus, rutilant.
Post triumphum coronati
Mutuo conjubilant,
Et prostrati pugnas hostis
Jam securi numerant.

Omni labe defæcati
Carnis bella nesciunt,
Caro facta spiritalis
Et mens, unum sentiunt :
Pace multa perfruentes
Scandala non perferunt.

Mutabilibus exuti
Repetunt originem,
Et præsentem veritatis
Contemplantur speciem,
Hinc vitalem vivi fontis

Hauriunt dulcedinem.
Inde statum semper iidem
Existendi capiunt,
Clari, vividi, jucundi,

64 Nullis patent casibus :
Absunt morbi, semper sanis
Senectus juvenibus.

Hinc perenne tenent esse,
Nam transire transiit :
Inde virent vigent, florent,
Corruptela corruit,
Immortalitatis vigor
Mortis jus absorbuit.

Qui scientem cuncta sciunt,
Qui nescire nequeunt ;
Nam et pectoris arcana
Penetrant alterutrum :
Unum volunt, unum nolunt,
Unitas est mentium.

Licet cuique sit diversum
Pro labore meritum,
Charitas hæc suum facit
Quod amat in altero :
Proprium sic singulorum
Commune fit omnium.

Ubi corpus, illuc jure
Congregantur aquilæ,
Quo cum angelis et sanctis
Recreentur animæ :
Uno pane vivunt cives
Utriusque patriæ.

Avidi, et semper pleni,
Quod habent desiderant :
Non satietas fastidit,
Neque fames cruciat :
Inhiantes semper edunt,
Et edentes inhiant.

Novas semper harmonias
Vox meloda concrepat,
Et, in jubilum prolata,
Mulcent aures organa ;
Digna, per quem sunt victores,
Regi dant præconia.

Felix cœli quæ præsentem
Regem cernit anima,
Et sub sede spectat alta
Orbis volvi machinam,
Solem, lunam, et globosa
Cum planetis sidera.

Christe, palma bellatorum,
Hoc in municipium
Introduc me post solutum
Militare cingulum :
Fac consortem donativi
Beatorum civium.

Præbe vires inexhaustas
Laboranti prælio ;

Ut quietem post præcinctum.
Debeas cinerito:
Teque merear potiri
Sine fine præmio. Amen.

CCXXVII. *Rhythmus in mortem Widonis* (62).

Audistis quiddam noviter
Accidisse perniciter,
Widonem illustrissimum
Mortis solvisse debitum.
  Proprii sui militis
Circumdatus insidiis,
Dum hostis captum tenuit,
Capite plexus corruit.
  Dum equo cœpit ruere
Secundo fossus vulnere,
Ut duo purgent vulnera
Mentis et carnis vitia.
  Ne daretur dæmonibus
Cruciandus diutius,
Datur suorum manibus,
Ut moriatur citius.
  Christe, qui jam non judicas,
Nec damnas in perpetuum,
Sit Widoni remedium,
Quod hic tulit supplicium.
  Prosit ei, piissime;
Quod studuit invisere
Loca persacratissima
Digna tui præsentia.
  Præsepe tuum cernere
Quid est, nisi te credere
Natum ibi de Virgine
Verum lumen de lumine?
  Gloriosum inspicere
Tuum sepulcrum, Domine,
Quid est, ni vere credere
Te surrexisse ex inde?
  Dum mons Olivæ scanditur,
Cœlos rediisse crederis:
Parce Widoni, Domine,

Tunc cum judex redieris.
  Hic semel atque iterum
Tuum petiit tumulum,
Deliberabat tertio
Indulto sibi termino.
  Hoc in affectu habuit,
Si in effectu non potuit,
Pari rependе munere,
Gratis largitor gratiæ,
  Locum beatæ Virginis
Toto orbe clarissimum
Supplex frequenter adiit,
Excoluit ut potuit.
  Apostolorum grandia
Sæpe quærens suffragia,
Ut spero, plus quam vicies
Romam venit et quinquies.
  Quos adjutores petiit,
Advocatos constituit,
Eisque dum superfuit
Suaque se vi contulit.
  Dicit de eo aliquis
Nimium fuit fragilis;
Et ego dico plurimum
Deum esse propitium.
  Sinistrum quid de aliquo
Ego dicere nequeo,
Hujus scripsi itinera,
Quæ sunt in parte dextera.
  Si cui placet legere,
Et vult juste discernere,
Non respiciunt tartara,
Sed ad sanctorum gaudia.
  Qui vult ad plenum discere
Tanti mali notitiam,
Primum debet cognoscere
Aubertinam nequitiam.
  Hic pertractavit perdere
Duos sub uno tempore
Seniores quos habuit,

---

(62) Edidit Amaduzzi *Anecdota litteraria*, tom. IV, pag. 434, de eo sic præfatus pag. 424: « Ad sæculum xi spectare censeo rhythmum quemdam, quem ego jam 12 abhinc annis exscripsi ex cod. ms. membranaceo in-4°, qui in sacrario S. Fortunati Tuderti asservatur. Quanquam hic codex S. Petri Chrysologi sermones exhibeat, rhythmus tamen ab ipso abjudicandus omnino videtur, tum quia haud ab eo unquam concinnatos versus noverim, tum quia ab ingenio sæculi v, circa cujus dimidium Chrysologus vixit, prorsus abesse pateat. Quare non admodum ambigimus hunc rhythmum Petro Damiano tribuere, atque id sane tribus potissimum causis suffragantibus. Harum prima est, forte amanuensem in ea fuisse sententia ut *Petri Damiani*, civis Ravennatis, rhythmum eumdem habere auctorem censuerit ac habuerant *sermones Petri Ravennatis* (sic enim in codice inscribuntur), id est S. Petri Chrysologi episcopi Ravennatis Ecclesiæ, ut illum proinde hisce adjungere non dubitaverit. Altera in eo est quod hujusmodi rhythmi genus Damiano familiare comperiam, ejusque ætati omnino conveniens. Tertia demum ea est quod in rhythmo memoratum videam Widonem quemdam sive Guidonem, virum illustrem, cujus culpis Deum propitium exorat, quemque haud diversum arbitror ab eo qui fuit comes Forocorneliensis, cujusque in binis ejusdem epistolis mentio fit; siquidem in prima (*epist.* 7, *lib.* iv) narretur visio Raineri presbyteri, qua, ut illorum temporum ferebat simplicitas, sibi exspectari visus sit Guido comes, post feriam quartam, in eo suppliciorum loco in quo Hildebrandus comes Tusciæ et Lotharius comes alter detinebantur; in altera (*epist.* 19, *lib.* vi) vero pisces designentur sibi ab eo donati, et ex Faventina urbe delati, *ut eorum sibi per plurimos dies edulium non deesset*. An vero Guido hic Corneliensium comes idem sit cum Guidone huic synchrono, qui in charta Faventinæ concordiæ (*hanc vide ad calcem tomi vel partis I Opp. S. Petri Damiani*) vocatur *clarissimus comes*, ubi et *Ermellina ejus serenissima conjux* insuper habetur, quique alibi etiam memoratur, ego quidem in tanta rerum obscuritate quidquam definire non ausim, licet hoc tamen mihi admodum verosimile videatur.

Falso, ut vere patuit.
 Unus, qui non superfuit,
Cum audivit, indoluit
Occubuisse socium
Natura sibi proximum.
 Patrator tanti sceleris,
Sub umbra falsi militis
Promisit his aliquando
Manibus et perjurio.

Ut fidem eis congruam,
Si et pacem continuam
Servaret omni tempore,
Dum viveret in corpore.
 Si firma stent hæc fœdera,
Deus, qui novit omnia,
Ipse scit, ipse judicet,
Ut sibi placet, vindicet.

Et exsultabit lingua mea justitiam tuam, Deus.

Finis tomi quarti et ultimi Operum B. Petri Damiani, S. R. E. cardinalis, episcopi Ostiensis, ex ordine S. P. Benedicti, doctoris disertissimi ac sanctissimi.

COLLECTANEA IN VETUS TESTAMENTUM

EX OPUSCULIS

B. PETRI DAMIANI

AB ANONYMO ILLIUS DISCIPULO EXCERPTA

CURA ET STUDIO

DOMNI CONSTANTINI CAJETANI

EX MS. CODICE SUÆ BIBLIOTHECÆ ANICIANÆ PRIMUM EVULGATA.

CAJETANI PRÆFATIO.

Habent hoc, lector optime, catholicorum Patrum scripta præcipuum, quod in iis, tanquam in amœnissimis hortis, sacrarum flores passim redolent Scripturarum: in quibus postea colligendis, et in ordinem redigendis, posterorum non sine laude exercentur ingenia. Sic ex Augustino doctore gravissimo ac sanctissimo, Beda noster, vir etiam non minus religione quam doctrina insignis ac sanctitate clarus, Epistolas Pauli interpretatus, quæ ille sparsim multis in locis dixerat, miro ordine in unum volumen congessit. Non aliter S. Paterius, episcopus Brixiensis, et Alulphus etiam monachus, ambo Benedictini, quæ ex Magni Gregorii scriptis quæ ad sacrarum litterarum explicationem pertinebant, selegerant, in posterorum gratiam promulgarunt. Taceo reliquos, qui pari cura et non dissimili industria idem ex aliorum operibus præstiterunt. Horum igitur exemplum secutus quidem S. Petri Damiani discipulus, et in ejus scriptis multum, ut apparet, versatus, ex iis quemdam quasi centonem locorum sacræ Scripturæ contexuit et elaboravit. Hoc autem opus, ut ex inscriptione liquet, Damiano abbati, ipsius sanctissimi cardinalis episcopi Damiani ex sorore nepoti, ad quem duæ exstant ejusdem beatissimi avunculi epistolæ, direxit. Hic est ille Damianus abbas cujus, ut opinor, S. Brunus, ex abbate cœnobii Casinensis episcopus Signinus (initio suorum in Apocalypsim Commentariorum, quæ ante aliquot annos in vetustissimo codice Langobardis litteris scripto, apud Horatium de Valle J. C. ac de me deque Romana antiquitate optime meritum, vidisse me scio). honorifice meminit, ejusque rogatu se Commentaria scripsisse in Isaiam prophetam commemorat; alteri tamen monasterio, quam Fontis Avellani, ipsum præfuisse necesse est, quandoquidem qui illius caput erat, et, ut ita dicam, cœnobiarcha, non abbatis sed prioris nomine vocabatur: eumque morem non solum vivente S. Petro Damiano servatum fuisse ex ejus scriptis apparet, sed etiam apud posteros perdurasse, auctor Vitæ S. Ubaldi episcopi Eugubini, Theobaldus ejus successor, ejusdem monasterii prior, patenter ostendit. Præterquam quod ex scriptis monumentis cœnobii Nonantulani, in agro Mutinensi exstructi, Damianum hunc nostrum ejusdem monasterii fuisse abbatem, animadvertimus, atque etiam S. R. E. cardinalem; ut Rungerius, scriptor Vitæ S. Anselmi episcopi Lucensis, ejusque in spiritualibus filius, dum ejusdem obitus parentalia describit, testatur : « Aderat, inquiens, Magalonensis episcopus, nomine Godefredus, et Benedictus Mutinensis episcopus, atque Aribertus Regensis episcopus, et ejusdem civitatis episcopus, scilicet Mantuanus, Ubaldus vocatus : sed et Damianus cardinalis Romanæ Ecclesiæ, qui et abbas Nonantulanensis cœnobii. Hi omnes ad audiendam ejus sapientiam, ad capiendum ipsius consilium, sicut sæpe ipsi ac cæteri catholici consueverant, advenerunt. » Hæc Rangerius: qui cum id accidisse testetur anno Christi millesimo octogesimo, ac mensibus novem post felicissimum Gregorii papæ VII transitum, haud quidem dubium erit Damianum abbatem istum S. R. E. cardinalem creatum fuisse ab eodem Gregorio summo pontifice; atque et in primis ob eximiam, qua sanctissimum illius avunculum prosequebatur, benevolentiam, gratissimam memoriam, apostolicas virtutes atque ingentia in Romanam Ecclesiam merita. Hæc breviter dixisse volui, ut quis iste Damianus abbas fuerit, aliquo modo innotesceret.

Sed enim scriptoris hujus, qui opus istud ex S. Petri Damiani libris deprompsit, nomen etsi codices non exprimant, nihilominus maximam habere hunc illius laboris utilitatem, ex eo præsertim patet quod dum ex singulis quibusque sanctissimi cardinalis opusculis testimonia in medium affert, ejusdem utpote discipulus, tanquam testis oculatus, ea ipsa opuscula de quibus forsan dubitare posset, tantum doctorem conscripsisse, constanti fide nobis aperiret. Verum et hoc quod in præsentia damus in lucem, et alia quæ, Deo auspice, edenda paramus, tuis, lector, studiis non inutilia nec ingrata fore speramus. Vale, et me Christo Domino tuis precibus commenda.

IN NOMINE SANCTÆ ET INDIVIDUÆ TRINITATIS.

INCIPIT LIBER

TESTIMONIORUM VETERIS AC NOVI TESTAMENTI.

quæ de Speculis reverendi Petri Damiani quidam suus discipulus excerpere studiose curavit.

INCIPIT PROLOGUS.

Domino suo et Patri, domno DAMIANO, reverendo abbati, ultimus monachorum servus, sinceræ devotionis obsequium.

Dum vestra nuper industria beatæ recordationis Patris nostri, Petri episcopi, avunculi vestri acta, velut quibusdam nectareis epulis oblectata, crebra meditatione percurrerem, insigne in eis reperi, quod utilitate quam maxima redundare persensi. Dum itaque vir illustris arrogantem illorum eloquentiam temnendam duceret, qui singulis ingenii famam captantes, quidquid fingunt multiplici gestiunt opacitate densare, modo videlicet sententiarum perplexione, modo dictionibus inusitatis summopere nitentes obstruere, ne quilibet, quæ dicunt, intellectus capere, vel absque improbi laboris conatu illorum sufficientia intima penetrare queat : ipse vero contra, cunctis viam legentibus pandere ac enucleare cupiens, altiora quæque complanare, seu obscuriora non modo rationibus, verum etiam Scripturarum exemplis dilucidare instantissime satagebat. Porro autem si quid tulisset, quod minus forte peritis nutabundum foret, earumdem testimoniis Scripturarum velut jactis anchoris fortiter ambiens, ne cuilibet ultra fluctuare valeret, immobili stabilitate figebat, atque adversus omnes impugnantium impetus insuperabiliter muniens, omnem insidiandi aditum obturabat, ut nulli prorsus jaculo pervius patere posset accessus. Quam denique Scripturarum fulturam adeo in suis tenere consueverat actis, ut verbis etiam, quæ prolatis jam rationibus clausa undique et inconcussa consisterent, eam nonnunquam adhibendam decerneret. Ut sicuti urbs quælibet post vallorum ambitum, post impenetrabile fortium murorum munimentum, sublimium distinguitur adhuc constructionibus mœnium, non tam videlicet ob necessariæ munitionis fortitudinem quam ob inhiandæ pulchritudinis decorem : ita quoque is pleraque Scripturarum solius ornatus gratia suis sæpe gestis inseruisse videatur; seu forte, quod non absurde æstimari potest, ut, occasione super eis disserendi taliter admissa, ejus sermocinatione claresceret, quia existerent introrsus fecunda quæ forinsecus patebant inania. Nemo sane qui Scripturarum limina terit, ambigere permittitur, quod hæc, tam frequenter illius actis adhibita, plurimum sæpe mystici sacrique intellectus occultarent, quæ, nisi reserata fuissent, ea magis obruere quam illustrare valerent. Quorum itaque interiora lucifluæ dissertionis manu penetrando discutiens, atque abdita quæque suis e penetralibus funditus eruens, clariora luce patefacta reddebat. Quibus dum sola plerumque rationis verba

PROLOGUS.

non vi ferentur satisfacere, alia rursus testimonia deducebantur in medium, quæ cum sui quoque intellectum sive sub allegoriarum typo, sive sub cujuslibet mysterii sæpe tegerent arcano, in suam iterum declarationem eumdem laborare cogebant; sicque divina provisione gestum est ut plura sacræ paginæ abstrusa, illius opera evidentissime reserata, perspicuæ nobis intelligentiæ nitore resplendeant. Dum solers itaque vir diligentia memorata Scripturæ sacræ testimonia tam eleganti considerasset enodatione disserta, dignum fore valdeque perutile censui, quatenus ex codicibus illis excerpta in singulare proprii voluminis corpus redigerentur, ne inter tot scilicet voluminosa condensa laterent detrimenta incognita. Qua plane consideratione quanquam non parum universis in quorum manus olim hæc ventura erant præstiterit, illis tamen præcipue consuluisse cernitur quibus plura legere non conceditur; ut, dum ad capessendam operis totius plenitudinem hi tales nequeunt consurgere, his saltem modicis intenti nequaquam valeant illustri tanti viri doctrina prorsus esurire jejuni: et qui minus sufficiunt de vasti gurgitis alveo fertilem capaci sagena prædam educere, non eos pigeat vel tenuis hami seta ex parvo isto sinu seorsum, tanquam in suo alveo reducto, facilem capturam suspendere, qua suæ refectionis mensuram sufficientibus possint dapibus infarcire. Hujus ergo rei negotium vestra mihi sanctitas injungere dignata est; non sane quod mei sensus eam lateret inopia, sed ideo forte magis quoniam idipsum, quod juxta propriam me capacitatem valere putavi, fideliter prosecuturum fore speravi; quippe nec immerito, quæ dudum me functum agnoverat quadam dilectionis ejusdem Patris prærogativa sola ipsius pietate gratuita. Unde et egomet, licet ariditatis meæ 75 non immemor idoneum me fore nequaquam ad istud adverterem, oneri tamen huic obedientiæ humerum nulla subducere excusatione tentavi; non equidem quia temerarie de propriæ facultatis præsumerem viribus, sed quando et obedientiæ, qua gestiebam vestræ parere jussioni, ac sæpedicti Patris meritis, cujus nimirum præconio deesse non poterat quidquid in hoc mihi opere proveniret, obnixe me suffragandum sperabam. Huc accedit quod idem ipsum opus, cujus esset difficultatis, nondum clarebat, dum eo solum videlicet ordine præfata suaderet excipere testimonia, quo ita suis reperirentur in schedulis. At vero postquam, jam parte sic decursa, consulto advertissem quod cœpto tenore magis operis ordo confunderetur quam clarefieret, quique lectorem magis ad soporem quam ad meditandum excipere posset, ratus sum longe satius fructuosum me quantælibet difficultatis laborem arripere, quam infructuosam illam amplectendo facilitatem sectari. Relicta igitur cœpti tenoris prosecutione, qua vetera novis, agiographa, seu regum acta commiscebantur prophetis, ea sic denuo ordinare aggressus sum, ut unaquæque testimonia per suos libros componendo distinguerem, quatenus quisquis ea studiosius requirere velit, eodem valeat ordine singula reperire, quo suis sunt sita codicibus; istiusque diligentiæ nec ipsis quoque prælibatis incidentibus abnegans, simplicem modo eorum textum cæteris interserui, ne si ea cum suis ibi expositionibus ponerem, mihimet laborem geminarem, et lectori fastidium incuterem, cum eadem repeteret quæ jam se superius legisse cognosceret. Præterea sic eadem prætitulare studui, ut quæ singula schedarum suarum loca teneant, nominatim expresserim. Ast tamen caveat lector ne, dum in cujuspiam titulo legerit in epistola ad personam illam, sive in sermonem illius sancti, et in una epistola, unove sermone minime forsan requisita repererit, prope me mendacii redarguendum censeat, cum et ad unam personam illius plures sint epistolæ, et in unius sancti præconio plures nihilominus elimati sermones. Quocirca quæ inveniuntur in his, reperienda non dubietur in aliis; quanquam et super hoc plerumque valeat in ipsis prætitulationibus edocere. Hoc quoque attendendum quia, dum nonnulla diversis 76 locis sita repererim, atque alibi latius, alibi compendiosius exposita, vel etiam styli permutatione, seu ordinis, licet sub eodem intellectu, tamen aliquatenus disparata; aliquoties, quæ competere videantur, altrinsecus elegi, et in unius sententiæ formam deducta composui. Aliquoties vero utramque expositionem, cum res videlicet exposceret, sicut ibi comperi, ita nihilominus hic integram sigillatim apposui. Porro nec istud prætereundum quoniam quibusdam sententiis tam congruentia illic proposita reperi, quæ suis in præfationibus hic minime deberent mutari; quibusdam vero non modo ex aliquanto longius præfatis, verum etiam ex subsequentibus, quæ forent aptanda, sumere necesse habui; aliis denique noviter solum edita coaptare cogebar. Nec tamen quis super hoc mirandum ducat, dum istarum præcedentia sententiarum nequaquam passim ad ipsas tanquam necessario subsecuturas spectaverint, licet rationem eas introducendi præstiterint. Unde non necessarium fuisse perpenditur ut quælibet his ubique sententiis hærerent, quæ suis hic aptari prælocutionibus possent. Sed jam cum extremis propinquo, mea ad te, Pater, verba converto, ut, cui militant prima, jure quoque famulentur ultima. In primis itaque veniam super erratis, quibus in hoc forsitan videor deliquisse negotio, submisse coram vestræ sanctitatis magnitudine imploro; quam simul quoque mihi cum hoc fœnore largiri deposco, quatenus quæ corrigenda sunt nullatenus incorrecta relinquat; ne quid extra de cætero manus inveniat quod mei cum insultatione decerpat. Nequaquam enim reor sic me cucurrisse ut per omnia irreprehensibilis usquequaque reperiar. In quibus ergo quandoque redarguendus appareo, propriæ, ipsemet confitens, imperitiæ deputare quam procaciter defendere malo. Si quid vero, quod forte placeat, gesserim, obedientiæ vestræ sanctitati exhibitæ, ejusdemque sæpe recolendi patris meritis, post Deum, cui principaliter cuncta, quæ ipse distribuit, dona reddenda sunt, devotus attribuo. Apud cujus, quæso, majestatis cle- mentiam, vestra me pietas suis dignis orationibus commendare dignetur. Quod sane mercedis a cun- A ctis quoque quibus hoc meum forte studium profuerit, humili supplicatione deposco.

Explicit Prologus.

77—78 INCIPIUNT CAPITULA LIBRI GENESIS.

1. *Dixit Deus : Fiat lux, die prima.*
2. *Quod secunda die fecit firmamentum et divisiones aquarum.*
3. *Congregentur aquæ quæ sub cœlo sunt in locum unum, et appareat arida.*
4. *Quod quarto die facta sunt luminaria in firmamento cœli.*
5. *Quod quinto die pisces et volucres sint creati*
6. *Quod sexto die creatus est homo.*
7. *Quod Sabbato Dominus, consummatis omnibus, requievit et hominem requiescere præcepit.*
8. *Immisit Dominus soporem in Adam; cumque obdormisset, tulit unam de costis ejus, etc.*
9. *Quod deambulante Domino in paradiso, Adam, quia nudus esset, se abscondit.*
10. *Quod de Cain septuplum ultio dabitur; de Lamech autem septuagies septies.*
11. *Fac tibi arcam de lignis lævigatis, et bitumine linies intrinsecus et extrinsecus.*
12. *De mensura arcæ diluvii.*
13. *Quindecim cubitis altior fuit aqua super omnes montes, quos operuerat.*
14. *Quod diluvium post centum quinquaginta dies cæpit imminui.*
15. *Requievit arca mense septimo, xxvii die mensis, super montes Armeniæ.*
16. *De corvo et columba ex arca dimissis.*
17. *Exspectatis autem septem diebus aliis, rursum dimisit Noe columbam ex arca.*
18. *Venite, faciamus nobis civitatem, et turrim cujus culmen pertingat ad cœlum.*
19. *De quinque regibus, Sodomæ scilicet et Gomorrhæ et cæterarum subversarum urbium, qui a quatuor sunt regibus superati.*
20. *Quod Abraham, cum Domino sacrificium offerret, pecora per medium divisit, aves vero non divisit.*
21. *Quod Abraham volucres super sacrificium descendentes abigebat.*
22. *Cumque sol occumberet, sopor irruit super Abraham, et horror magnus et tenebrosus invasit eum.*
23. *Descendam, et videbo utrum clamorem, qui venit ad me, opere compleverint, an non est ita, ut sciam.*
24. *Quod Sodomitæ, dum conarentur ad angelos violenter irrumpere, cæcitate percussi sunt.*
25. *Quod Abraham unicum sibi filium sacrificandum Deo obtulit*
26. *De Lia et Rachel, uxoribus Jacob.*
27. *De Bala et Zelpha ancillis.*
28. *Quod Rachel nomen filii sui Benoni vocavit; pater vero appellavit eum Benjamin.*
29. *Iste est Ana, qui invenit aquas calidas in solitudine, dum pasceret asinos Sebeon patris sui.*
30. *Descendit Judas in Thamna ad tondendas oves, cum Hira opilione gregis sui Odolamitæ.*
31. *Jussit Joseph ministris ut implerent saccos fratrum tritico, et reponerent pecuniam singulorum in saccis suis; in Benjamin vero sacco scyphum quoque cum pecunia includerent.*

Finiunt capitula.

INCIPIUNT TESTIMONIA LIBRI GENESIS.

CAPUT PRIMUM.

In epistola ad Hildebrandum et Stephanum cardinales in qua docet qualiter rationalis anima ad perfectionem veniat.

Qualiter homo valeat consummari, quomodo debeat perfici, libet succincte perstringere, prout in ipso mundanæ creationis datur ordine reperiri. Nam quia homo microcosmus, hoc est, minor mundus asseritur, necesse est ut, ad suæ plenitudinis incrementa contendens, ipsam mundanæ conditionis speciem imitetur, ut, sicut visibilis atque corporeus hic mundus per suarum molem ac multitudinem consummatus est partium, sic et homo noster interior paulatim ad sui plenitudinem veniat per augmenta virtutum. De qua nimirum plenitudine speciali dicit Apostolus : « Donec occurramus omnes in virum perfectum, in mensuram ætatis plenitudinis Christi (*Ephes.* IV). » Age igitur, dixit Deus : « Fiat Lux (*Gen.* I). » Tunc autem in homine dicitur ut lux fiat, cum datur ut illuminatio sibi credulitatis in- fulgeat. Prima quippe mentis lux, fides est. Unde jam fidelibus dicit Apostolus : « Fuistis aliquando tenebræ, nunc autem lux in Domino (*Ephes.* v). » Et hoc est primum in lege præceptum : « Audi, Israel, Dominus Deus tuus Deus unus est (*Deut.* VI). » Tunc itaque in homine prima dies fit, cum novus ad fidem venit.

CAPUT II.

In eadem epistola.

Secundo die fecit Deus firmamentum, quod est cœlum, fecitque divisiones aquarum, ut aliæ per inferiora defluerent, aliæ in superioribus remanerent. Quid autem firmamentum, nisi robur est Scripturarum? Unde legitur : « Quia cœlum in die judicii plicabitur sicut liber (*Isa.* XXXIV). » Quid autem aquæ inferiores, nisi multitudines hominum? quid superiores, nisi chori sunt angelorum? Angeli enim Scripturarum 79 cœlum non habent super se, sed sub se; quia non egent ut verbum Dei legentes audiant, quia ipsum Dominum præsentem manifeste conspiciunt, et in ejus semper amore flammescunt. Cum igitur homo per firmamentum, hoc est, per cœlestis eloquii documentum, jam incipit inferiores aquas superioresque videre, id est, carnalia a spiritualibus, terrena a cœlestibus separare, tum in eo secundus fit dies : quia non modo fidei lucem, sed et rerum incipit habere discretionem.

CAPUT III.
In eadem epistola.

Deinde dixit Deus : « Congregentur aquæ quæ sub cœlo sunt, in unum locum, et appareat arida (*Gen.* I.) » Facta igitur divisione inter terrena , sicut dictum est, atque cœlestia, necesse est ut humana mens hæc eadem terrena adhuc inter se minutius dividat, et sic reprobos homines, hujus terrenæ sapientiæ salsugine prurientes, a justis, fontem fidei sitientibus, tanquam ab arida mare, discernat. Infideles enim, sive carnales, quilibet amaris tentationum fluctibus quatiuntur, et tanquam procellosis cupiditatum vel arrogantiæ tempestatibus intumescunt. Sancti vero quique ac justi, velut arida, Dominum sitiunt, et tanquam ferax terra virentes bonorum operum fructus germinare contendunt. Ideoque præcepit Deus ut eodem die germinaret terra herbam virentem, facientem semen, et lignum pomiferum, faciens fructum (*Gen.* I). Quisquis ergo hoc solerter exsequitur, quisquis hoc subtiliter meditatur, huic procul dubio tertius jam dies exoritur. Unusquisque ergo se ab amara carnaliter sapientium salsugine dividat; fontem vitæ Dominum, factus arida, medullitus situat ; bonorum fructuum germina proferat, ut sibi dies tertius illucescat.

CAPUT IV.
In eadem epistola.

His enim ita compositis et salubriter ordinatis, anima hominis, quasi dimotis atque sopitis tenebris vitiorum, incipit radiare nitore virtutum. Atque ideo dicitur quia quarto die facta sunt luminaria in firmamento cœli (*Gen.* I). Quid est enim quia prius germinat terra et protinus luminaria sunt creata, nisi quod, prodeunte germine boni operis, lux in anima copiosior oritur, ut imitari valeat sui vestigia Redemptoris? Acceleret ergo terra mentis humanæ spiritualium segetum germinare proventum, ut rutilantibus intimæ lucis radiis illustretur, quatenus, dum quarti diei luce perfruitur, etiam ad contemplanda cœlestia more spiritualium volucrum rapiatur.

CAPUT V.
In eadem epistola

Unde est quod in quinta die creati sunt pisces, per quos designantur hi qui baptismatis sacramenta suscipiunt ; volucres etiam , quæ significant eos qui virtutum pennis ad cœlestia se contemplanda suspendunt. Quintum ergo diem cum volucribus habet quisquis, sæculi hujus amore contempto, quasi dedignatur cœnum calcare terrenum , ac per contemplationis gratiam ad cœlestis gloriæ se provehit appetitum. Hic itaque jam non in terra graditur, sed per aerem volat, quia, terrena quæque despiciens, ad cœlestia sitibundus anhelat : « Sitivit, inquiens, anima mea ad Deum vivum ; quando veniam, et apparebo ante faciem Dei (*Psal.* XLI)? » Hic ergo quasi vir perfectus ac Conditoris merito formatur imaginem; nimirum qui tantam spiritualium charismatum possidet dignitatem, ut non jam solummodo quorumlibet normam præcipiatur tenere sanctorum, sed et ipsum, in quantum fas est, imitari conetur exemplum; sicut dicit Apostolus : « Estote imitatores Dei, sicut filii charissimi , et ambulate in dilectione, sicut et Christus dilexit nos (*Ephes.* v).» Differentia quippe erat inter Paulum, qui imitabatur Christum, et eos quos vocabat ad imitandum seipsum : «Imitatores, inquit, mei estote, sicut et ego Christi (*I Cor.* XI). »

CAPUT VI.
In eadem epistola

Unde sexta die creatus est homo ad sui similitudinem Creatoris. Quod utique sicut tunc factum est per humanæ conditionis exordium, ita nunc agitur per restaurationis intimæ sacramentum. Hic præterea inter omnia terræ, aquæ, similiter et aeris animantia quasi monarchiam accipit , et quemdam sublimioris excellentiæ principatum; quia vir quisque perfectus, ac virtutibus consummatus, novit de singulis rectum proferre judicium, sicut Apostolus ait : « Spiritualis autem judicat omnia, ipse autem a nemine judicatur (*I Cor.* II). » Hunc itaque Deus omnipotens perfectum virum, mundo scilicet mortuum sibique viventem, suum constituit thronum, ac per eum sæpe justitiæ suæ promulgat edictum. Hinc est et quod ordo ille angelicus, per quem frequentius judicia sua decernit omnipotens Deus, Thronus vocatur ; quia in eis summus arbiter præsidet, cum judicia per eos æquitatis exercet. Perfectum itaque virum Deus suum constituit solium, ut in eo suaviter requiescat. Unde per Prophetam : « Super quem, inquit, requiescit Spiritus meus, nisi super humilem, et mansuetum, et trementem sermones meos? » (*Isa* LXVI.) Et notandum quod per unumquemque diem dicitur : « Factum est vespere; et mane. » Vespere scilicet, ipsa boni operis est perfectio; mane vero lux mentis. Nam cum bonum opus pervenit ad perfectionem, tunc in sui operantis mente lux gratiæ spiritualis exoritur; ut, dum lucidum opus foris exsequitur, intrinsecus ipsa gratia Spiritus illustretur.

CAPUT VII.
In eadem epistola.

Sic itaque pervenitur ad Sabbatum, in quo Deus et ipse consummatis omnibus requiescit, et hominem requiescere præcipit. Hoc itaque modo et homo fit Sabbatum Dei, et Deus Sabbatum hominis, cum et ipse in Deo, et Deus requiescit in eo. « Manete, inquit, in me, et ego in vobis (*Joan.* XIV.) » Ipse quippe nobis et intemporale tempus, et illocalis est locus. Illocalis scilicet quia non circumscribitur; intemporalis, quia nunquam finitur. Tempus itaque nobis est, dum dicit : « Nonne duodecim horæ sunt diei ? » (*Joan*. xi) Sc scilicet diem ; duodecim autem horas, totidem dicit apostolos. Locus vero illic indubitanter exprimitur, ubi Propheta, cum præmisisset : « Tu autem idem ipse es, et anni tui non deficient, » protinus addidit : « Filii servorum tuorum habitabunt (*Psal*. ci) ; » ibi haud dubium, quando in te. Fecit itaque Deus cœlum et terram ; et requievisse non dicitur. Fecit omnia quæ pascuntur in terris, et quæ moventur in aquis ; et in omnibus his nunquam legitur requievisse : sed, plasmato ad imaginem suam homine, Sabbatum protinus quietis illuxit, et sic universitatis Conditor requievit. Et cum ipse per prophetam dicat : « Cœlum mihi sedes est, terra autem scabellum pedum meorum (*Isa*. xlix), » quod in illorum conditione non dicitur, in sola hominis conditione quievisse perhibetur. Et ut magis ac magis insignem hujus diei stupeas dignitatem, dicit Scriptura : « Quia benedixit Deus diei septimo, et sanctificavit illum, quia ipse cessaverat ab universo opere suo (*Gen*. ii) ; » quod in cæteris diebus fecisse nullo modo reperitur. Quid est enim Deo Sabbatum sanctificare, nisi templum sibimet in sancti atque perfecti viri mente construere ? Sicut et Apostolus : « Templum, ait, Dei sanctum est, quod estis vos, et Spiritus sanctus habitat in vobis (*I Cor*. iii). » Porro autem, sicut de Sabbato diximus, ita quoque ratio exigit ut de templo dicamus quia et Deus templum hominis, et homo est templum Dei ; sicut in Apocalypsi Joannes ait : « Templum non vidi in ea : Deus enim omnipotens templum illius est et Agnus (*Apoc*. xxi). » Templum itaque hominis Deus, templum Dei fit homo. Hoc hominis templum, spiritualis est paradisus : mens scilicet sancta, mens perfecta, mens munda, atque ad sui Conditoris imaginem signanter expressa. Hæc, inquam, mens, sive rationalis anima, jure dicitur paradisus, quæ et cœlestium charismatum est fluentiis irrigua, et tanquam fertilium arborum vel herbarum, sic virentibus sanctarum virtutum vernat germinibus adornata. Fons enim ille sive fluvius, qui illic dicitur egredi de loco voluptatis ad irrigandum paradisum, quique dividitur in quatuor capita, ratio mentis est, ex qua velut originali fonte quatuor virtutes, justitia videlicet, fortitudo prudentia, similiter et temperantia, quasi totidem salutiferi gurgites profluunt, qui terram nostri cordis fertilem reddunt. Lignum vero vitæ, ipsa bonorum mater est sapientia ; de qua et Salomon ait : « Lignum vitæ est his qui apprehenderint eam, et qui tenuerit eam, beatus (*Prov*. i). » Lignum vero scientiæ boni et mali, transgressio est legis indictæ experimentumque miseriæ. Sed quia nobis propositum non est exponere cuncta per ordinem, sufficiat hic succincte quæ huic negotio competunt prælibasse.

CAPUT VIII.
In sermone de S. Columba.

Ad hoc Dei virtus exinanita est, ut infirma nostra firmaret ; ad hoc sublimitas inclinata est, ut dejectos erigeret ; ad hoc vita mori dignata est, ut mortis imperium destruens ad vitam mortuos revocaret. Quod nimirum etiam in ipso generis humani declaratur exordio. Scriptum est enim : « Quia misit Dominus soporem in Adam ; cumque obdormisset, tulit unam de costis ejus, et replevit carnem pro ea ; et ædificavit Dominus Deus costam, quam tulerat de Adam, in mulierem (*Gen*. ii). » Super quo cum loqueretur Apostolus, dicens : « Relinquet homo patrem, et matrem suam, et adhærebit uxori suæ, et erunt duo in carne una, » præsto subjunxit : « Sacramentum hoc magnum est ; ego autem dico in Christo et in Ecclesia (*Ephes*. v). » Et vere magnæ virtutis indicium, mirandæ profunditatis est sacramentum. Per Adam siquidem Christus, per Evam designatur Ecclesia. Quid est autem quod prius Adam Dominus soporavit, deinde costam ex ejus latere, unde mulier formaretur, eduxit, nisi quia prius Redemptor noster in morte dormivit, sicque de latere ejus in Ecclesiæ sacramentum sanguis et aqua profluxit ? Translata est Eva de viri latere dormientis, exivit Ecclesia de latere Christi in cruce pendentis. Sed quid est quod omnipotens Conditor, cum mulierem de viro, id est, fragilem sexum de fortiore propagare disponeret, non viri carnem, sed os potius ad faciendam feminam sibi voluit materiam exhibere ? Potuit enim Deus homini carnem detrahere, unde femina formaretur, et hoc certe congruentius videretur ; fiebat enim sexus debilior, qui nimirum consequentius de carnis infirmitate quam ex ossis procederet fortitudine : et, ut magis stupeas divini operis sacramentum, non pro osse os redditur, sed carne potius, quod in viri corpore vacabat, implevit. Unde Scriptura, cum dicit : « Tulit unam de costis ejus, » mox addit : « et replevit carnem pro ea (*Gen*. ii). » Poterat nempe ad mulierem plasmandam carnem viro detrahere, poterat osse ossis dispendium immutilato corpore restaurare ; sed os tulit, et carnem reddidit, sicque fragilem de virtute formavit. Debilis itaque factus est Adam, ut fortis fieret Eva : infirmatus est Christus, ut roboraretur Ecclesia ; illius enim infirmitas, nostra est fortitudo, et ad hoc ille nostram pertulit infirmitatem, ut ad suam nos statueret fortitudinem. « Quod infirmum est Dei, ait Apostolus, fortius est hominibus (*I Cor*. i) » Et alibi : « Nam si crucifixus est Christus ex infirmitate, sed vivit ex virtute Dei. » Nam et si nos infirmi sumus in illo, sed vivimus in eo ex virtute Dei (*II Cor*. xiii). » Enimvero sæculi hujus homines, qui bellorum ambiunt virtute clarescere, qui per ora vulgi suas optant victorias celebrari, cum ingressuri sunt prælium, in corpore suo quod infirmum est et molle, subjiciunt ; quod durum est atque ad penetrandum difficile, superponunt : loricis quippe se ferreis induunt, et carnem, quæ facile cedit ictui, custodire contendunt ; ut illud durum ac forte, quod foris est, defendat molle, quod intus est. Redemptor autem noster cum hujusmodi campum pugnaturus ingreditur, cum ad debellandas aeris hujus nequitias fortis præliator armatur, quia novum debebat instituere prælium, novum induit genus armorum : videlicet ut quod infirmum est superponeret, et quod robustum est occultaret. Loricam siquidem imbecillæ carnis induit, et insuperabilem divinitatis fortitudinem occultavit. Sic, sic per carnem diabolus a secundo homine perdidit, qui per carnem dudum primum hominem superavit; eademque sibi nunc ruinæ facta est causa, quæ victoriæ fuerat de primo parente materia.

CAPUT IX.
In epistola ad Ariprandum, in qua hortatur ut, Dei servus, sæcularibus non studeat litteris.

Frigus conceptum pectore vocem intercipere consuevit. Hoc denique frigus jam tunc ille conceperat, qui deambulanti Domino ad auram paradisi post meridiem raucis quodammodo vocibus respondebat: « Audivi, inquit, vocem tuam, et timui, eo quod nudus essem, et abscondi me (*Gen.* III). » Porro, quia meridianus ab illo jam fervor abierat, aura, quæ frigoris est alumna, huc accedebat; quia et illum jam innocentia sublata nudaverat. Hæc omnia quid aliud innuunt quam quod illius viscera exstincti amoris algor obstrinxerat, atque idcirco vox illius in auribus Domini raucum sonabat? Ab hoc plane frigore Abraham alienus exstiterat, de quo Scriptura pronuntiat : « Quoniam apparuit ei Dominus in ipso fervore diei (*Gen.* XVIII); » et Sponsus ille cœlestis, sicut in Canticis legitur : « Pascit et cubat in meridie (*Cant.* I). »

CAPUT X.
In sermone S. Lucæ.

Et beatus Lucas, ut expiari nos a nostris sceleribus per adventum nostri Salvatoris ostendat, non ab evangelicæ narrationis exordio, sed a baptismo duntaxat Christi cognationis ordinem inchoat; quem per LXXVII cognationum gradus ascendendo describit. Quod etiam in libro Geneseos evidenter ostenditur, ubi Lamech uxoribus suis dixisse narratur: « Septuplum ultio dabitur de Cain (*Gen.* IV); » de Lamech 84 vero septuagies septies danda dicitur, quia LXXVII hominis de femoribus ejus perhibentur egressi, ac postmodum diluvio vorante referuntur absorpti. Sed quia Lamech *percutiens* sive *percussus* exprimitur, quid per hoc, nisi primus parens humani generis figuratur? qui nimirum peccati telum, quo primus ipse percussus interiit, universo quoque generi successuræ posteritatis inflixit. De hoc ergo Lamech septuagies septies ultio data est, quia peccatum, quod primus homo contraxit, per LXXVII generationes in humano genere viguit usque ad Christum, siquidem peccatum originale permansit, quod ipse per baptismi sui, unde Lucas incipit, sacramenta delevit : ubi videlicet de illo dicitur : « Ecce Agnus Dei, ecce qui tollit peccata mundi (*Joan.* I). »

CAPUT XI.
In libro de perfectione monachorum.

Arcam, quæ octo animas inter cataclysmi fluenta continuit, intrinsecus et extrinsecus liniri bitumine vox divina præcepit. Sancta scilicet Ecclesia, quæ ad resurrectionis gloriam tendit, sic intra et extra bitumine linitur, ut et foris blandiatur in fraterna dulcedine, et intus cohæreat in dilectionis mutuæ veritate. Quisquis enim intus amat, sed foris a fratribus morum inconsona asperitate discordat, intrinsecus quidem bitumen habet, sed extrinsecus non habet. Quisquis vero se specie tenus affabilem præbet, amicitiam simulat, sed in cordis occulto veritatem amicitiæ non conservat, damnabiliter intus hiat, cum forinsecus superducti bituminis simulatione cohæreat. Quorum videlicet a diluviali naufragio neuter eripitur, quia duplici charitatis bitumine, ut divinitus præceptum est, non munitur. Qui autem et se foris præbet amabilem et intus conservat amorem, foris cum ramis verbi fructus exhibet beneficii, intus altam radicem figit, quia medullitus diligit ; hic profecto et intus et extra bitumine linitur, quia duplici charitatis glutino cum proximis fœderatur. Porro autem quia de lignis lævigatis prius fieri arca præcipitur, et sic deinceps ut bitumine liniatur, per hoc aperte nobis innuitur ut ligna nostra, duri videlicet mores et inculti, prius debeant poliri per spiritualis exercitii disciplinam, ut compactæ dehinc fabricæ bitumen accedat. Enimvero quandiu mores hominum asperi sunt et inculti, inaniter eis charitatis gluten apponitur, quoniam ab invicem cito dissiliunt, dum in eis politæ mortalitatis æquata confœderatio non tenetur.

CAPUT XII.
In sermone de exaltatione sanctæ crucis.

Crucis mysterium illa in se diluvii arca continuit, cujus longitudinem trecentorum fuisse cubitorum Scriptura definit. Qui videlicet numerus in *Thau* littera, quæ crucis exprimit speciem, continetur. Porro sicut Noe cum suis per aquam lignumque salvatur, 85 sic et Christi familia aqua salvatur et ligno, dum et baptismo salutis abluitur, et vivificæ crucis impressione signatur. Quæ videlicet arca, ut in sacramento Christi humani corporis videatur æquiparare mensuram, trecentos habuisse cubitos in longitudine, quinquaginta in latitudine, triginta vero in altitudine perhibetur. Trecenti namque quinquagenarium numerum sexies, et tricenarium in se decies includunt; et humani corporis longitudo, a vertice videlicet usque ad pedes, sexies tantum habet, quam latitudo quæ est ad dexteram usque ad sinistram, et decies tantum quam altitudo quæ est ante et retro. Sic nimirum arca et in trecentenario longitudinis suæ numero speciem crucis, et in totius suæ dimensionis habitudine figuram tenet Dominici corporis ; et, sicut septem animæ donantur Noe, ut per lignum salventur in undis, sic septem Ecclesiæ septiformi Spiritu repletæ salvantur in Christo per lignum crucis et aquam baptismatis. Per lignum nempe nos servituti princeps superbiæ subdidit; per lignum hoc humilitatis Auctor in libertatis titulos revocavit.

CAPUT XIII.
In sermone de sancto P.

« Quindecim cubitis altior fuit aqua super omnes montes, quos operuerat (*Gen.* VII). » Quindenarius plane numerus, quia ex septem constat et octo, mysterium in se continet beatæ quietis et futuræ resurrectionis, quoniam omnipotens Deus et octavo die cum mundum conderet, requievit, et octavo cum redimeret, resurrexit; virtusque hujus numeri sacramentum continet specialiter in baptismo, ubi scilicet et novi de vetustate resurgimus, et deinceps quiescere a mundani strepitus perturbatione jubemur. Hoc denique septimæ quietis et octavæ resurrectionis mysterium non intelligunt qui vel gloriæ mundanæ jactantia, vel terrenæ sapientiæ vanitatibus intumescunt. Unde aperte hic dicitur quia « quindecim cubitis altior fuit aqua super omnes montes, quos operuerat; » montes scilicet, superbos significant et elatos. Altum ergo atque profundum resurrectionis et quietis intimæ sacramentum omnem transcendit intellectum sapientium superborum.

CAPUT XIV
In eodem sermone.

« Reversæ sunt aquæ super terram euntes et redeuntes, et cœperunt minui post centum quinquaginta dies (*Gen.* VIII). » Quoniam in generationis nostræ mysterio septima requies cum octava resurrectionis conjungitur, bene in Genesis libro dicitur quia reversæ fuerant aquæ de terra, et cœperunt minui post centum quinquaginta dies. Septuaginta namque, quia septem, et octoginta, qui ab octo dinumerantur, simul juncti, centum quinquaginta faciunt.

CAPUT XV.
In eodem sermone.

« Requievit arca, mense septimo, vicesima septima die mensis, super montes Armeniæ (*Gen.* VIII), » quia nimirum septenarii requies bene in baptismo commendatur. Quod videlicet per diluvium illud figuratum esse dignoscitur, in quo, novi de vetustate resurgentes, deinceps quiescere a mundani strepitus perturbatione jubemur.

CAPUT XVI.
In libro de perfectione monachorum.

In hujus quippe mundi salo justi laborant, ubi suam reprobi possident requiem. Quam videlicet diversitatem bene corvus ex arca dimissus, et columba significant. « Corvus » quippe « cadaveribus insidens ad arcæ claustra non rediit; columba autem reversa est, quia ubi pes ejus requiesceret non invenit (*Gen.* VIII). » Hic enim ubi pravi quique carnalibus se voluptatibus satiant, sancti viri reperire nequeunt ubi ad quiescendum desiderii sui pedem ponant.

CAPUT XVII
In sermone in cœna Domini.

Dum mundi crimina diluvio quondam expiarentur effuso, futuri muneris columba similitudinem prætulit, cum per olivæ ramum pacem terris redditam nuntiavit. Ait enim Scriptura : « Exspectatis autem septem diebus aliis, rursum dimisit Noe columbam ex arca : at illa venit ad eum ad vesperam, portans ramum olivæ virentibus foliis in ore suo (*Gen.* VIII). » In emissione ac reversione columbæ septenarius numerus ponitur, quia septem esse procul dubio Spiritus sancti dona noscuntur. Vespertina vero hora ad arcam columba revertitur, quia Spiritus sanctus, qui in mundi principio ferebatur super aquas, jam vesperascente sæculo sanctam replevit Ecclesiam.

CAPUT XVIII.
In epistola ad Hirmisindin sanctimonialem ; in qua dicitur quod ædificium humanæ superbiæ cito destruitur.

« Cum profiscerentur de Oriente, invenerunt campum in terra Sennaar, et habitaverunt in eo, dixitque alter ad proximum suum : Venite, faciamus lateres, et coquamus eos igni : habueruntque lateres pro saxis, et bitumen pro cœmento (*Gen.* XI). » Porro autem cum Christus vere sit Oriens, propheta testante, qui ait : « Ecce vir, Oriens nomen ejus (*Zach.* VI), » de Oriente veniunt qui a Christi consortio, male vivendo, vel proximos lacerando, recedunt. Sennaar interpretatur *excussio dentium*, sive *fœtor eorum*. In campo igitur Sennaar habitant qui, non constituti in arce virtutum sed potius in convalle vitiorum, et dentes excutiunt, ut proximos suos detractionibus quasi mordicus rodant, et fœtores emittunt, dum in cœnosæ conversationis squaloribus computrescunt. Sed eorum dentes Deus omnipotens excutit, dum perversorum quorumlibet et facta similiter et verba confundit. Unde et illic dicitur : « Idcirco vocatum est nomen ejus Babel (*Gen.* XI); » quia ibi confusum est labium universæ terræ ; et ideo dispersit eos Dominus super facie cæterarum regionum. Recte ergo dicitur, quia superbi illi homines ac vanæ gloriæ captatores, nimirum dicentes ad alterutrum : Venite, faciamus nobis civitatem, et turrim, cujus culmen pertingat ad cœlum, et celebremus nomen nostrum, antequam dividamur in universas terras; et habitaverunt in campo Sennaar : quod apud nos, sicut dictum est, sonat excussio dentium, vel fetor eorum. Quoniam perversi quique, dum contra divinæ legis mandata superbiunt, dum adversus Dominum cervicem cordis arroganter attollunt, et proximis nonnunquam damnabiliter detrahunt, et ipsi proclivius in obscenæ vitæ sterquilinio volutantur. Et de excussione quidem dentium per David dicitur : « Tu percussisti omnes adversantes mihi sine causa ; dentes peccatorum contrivisti (*Psal.* III). » Et alibi : « Deus conteret dentes eorum in ore ipsorum, molas leonum confringet Dominus (*Psal.* LVII). » De fetore quoque eorum alius propheta dicit : « Computruere jumenta in stercore suo (*Joel.* 1). » Et Isaias : « Erit, inquit, pro suavi odore fetor (*Isa.* III). » Enimvero quisquis vult ædificium condere quod facile ruinæ non sit obnoxium, necesse est eum non lateres et bitumen habere, quæ repente dissiliant; sed lapides potius ac saxa, quæ parietes erigant, et calcis ac sabuli cæmentum, quod ipsos parietes inviolata lapidum compage constringat. Quod ergo jam dicti Babylonii lateres pro saxis et bitumen habuerant pro cæmento, carnalis vitæ significat ædificium, ad vim ventorum vel impetum fluminum quantocius obruendum.

CAPUT XIX.

In epistola ad Bonifacium Causidicum; ubi dicitur ut exteriori prudentiæ spiritualis sapientia præferatur.

« Prudentia hujus mundi inimica est Deo : legi enim Dei non subjicitur nec enim potest (*Rom.* VIII). » Hinc est quod, sicut in libro Genesis dicitur quod quinque reges, qui subesse noluerunt Chodorlahomor, a quatuor regibus superati sunt, et ubi? in valle Silvestri, quæ nunc est mare salis (*Gen.* XIV). Qui sunt enim quatuor reges, nisi quatuor virtutes, quas Scriptura sacra nominat principales? Quid vero per quinque reges, nisi totidem sensus corporis, ac per eos exterior scientia designatur? Sicut autem illæ quatuor virtutes velut ex originali matris suæ, rationis scilicet fonte procedunt; sic istæ in terrenæ sapientiæ vanitate, velut in convalle salsuginis immorantur, ibique a suis hostibus sunt prostrati, quia dignum est ut in anima hominis spiritualis sapientia vincat et carnalis prudentiæ calliditas pereat. Hinc et de David legitur quia fecit sibi nomen ⁂ cum reverteretur, capta Syria, in valle Salinarum cæsis duodecim millibus (*II Reg.* 1).

CAPUT XX.

In epistola ad Alexandrum papam

« Qui tollens, » inquit Scriptura, « universa hæc, divisit ea per medium, et utriusque partes contra se altrinsecus posuit; aves autem non divisit (*Gen.* XV). » Terrena quidem animalia contra se et altrinsecus opponuntur; quia, terreni quique contra proximos jurgiis et contentionibus serviunt, vel certe occultis adversus eos odiorum fomitibus inardescunt. At contra, qui sese in altum cœlestis desiderii pluma sustollunt, dum sacrificium Deo semetipsos offerunt, a mutuæ dilectionis glutino non recedunt.

CAPUT XXI.

In epistola ad Desiderium abbatem Casinensem.

Maligni spiritus, vel orationes nostras pravis cogitationibus polluere, vel opera bona peccati cujuslibet attaminatione corrumpere nituntur. Unde scriptum est quia, « cum Abraham Deo sacrificium de pecoribus et volucribus devotus offeret, descenderunt volucres super cadavera, et abigebat eas Abraham (*Gen.* XV). » Quid enim exprimunt volucres, nisi reprobos spiritus per aera volitantes? Volucres ergo a sacrificio nostro repellimus, cum orationem, seu operum nostrorum victimas, a malignis spiritibus eos fœdare tentantibus, provide custodimus.

CAPUT XXII

Ad Alexandrum papam; ubi conqueritur de insolentia pravorum hominum.

« Cum sol occumberet, sopor irruit super Abraham, et horror magnus et tenebrosus invasit eum (*Gen.* XV). » Solis occubitus mundi designat casum : horror vero magnus et tenebrosus vitiorum figurat criminumque caliginem : quæ quotidie pestilenter inhorrescunt per æstuantem reproborum hominum pravitatem. Unde et illic paulo post additur : « Cum ergo occubuisset sol, facta est caligo tenebrosa, et apparuit clibanus fumans. » Sicut enim fumus ex igne clibani vaporantis egreditur, ita vitiorum omnium flagitiorumque caligo de camino æstuantis avaritiæ generatur. Sicut dixit Apostolus : « Quia radix omnium malorum avaritia est (*I Tim.* VI). » Et hoc circa finem diei, hoc est, circa terminum mundi. Fumans ergo clibanus tenebrosam caliginem generat, quia caminus avaritiæ, qui in pravorum hominum pectoribus æstuat, multis perversitatum tenebris mundum pestilenter obscurat. An non mentes infelicium cæcat [*deest* luxuria, cupiditas aut quid simile, aut avaritia], quæ scilicet et fidem tollit, et omnium virtutum in eorum cordibus lumen exstinguit? Unde, cum illud præmisisset Apostolus, præsto subintulit : « Quam videlicet avaritiam quidam appetentes erraverunt ⁂ a fide, et inseruerunt se doloribus multis (*I Tim.* VI). » Multo quippe se doloribus inserunt, dum propter temporalia lucra infœderabili a se invicem sequestrata simultate dissiliunt; et plerumque, dum pro corporalibus in arma concurrunt, corporibus animas exuunt. Qui vero solis cœlestibus inardescunt, pro doloribus, oblectationibus potiuntur, quia in fraternæ charitatis dulcedine unanimiter vivunt. Hinc est quod in illo sacrificio vespertino, quod tunc Abraham obtulit, pecora quidem terrena ab invicem sequestrata posuit, sed volatilia non adjunxit. Unde Scriptura : « Qui tollens, inquit, universa hæc, divisit ea per medium, et utriusque partes altrinsecus contra se posuit; aves autem non divisit (*Gen.* XV). »

CAPUT XXIII.

In epistola ad Leonem papam, ubi accusatum se esse conqueritur.

Si Creatoris nostri facta vigilanter attendamus, ad credenda cujuslibet mala fidem adhibere facile non debemus; ipse enim, cujus oculis nuda et aperta sunt omnia, non dedignatus est, cum loqueretur ad Abraham super Sodomorum clamore, qui ad eum venerat dicere : « Descendam, et videbo utrum clamorem, qui venit ad me, opere compleverint; an non est ita, ut sciam? » (*Gen.* XI.) Quod profecto ad nil aliud dictum videtur, nisi ut humana doceatur ignorantia, sine experimentis audita, non credere, incognita non leviter judicare, nec ante sententiam promere quam rem dubiam testimoniis approbare.

CAPUT XXIV.
In libro Gomorrhiano.

« Et ecce, » inquit Scriptura, « miserunt manum viri, et introduxerunt ad se Loth, clauseruntque ostium; et eos, qui foris erant, percusserunt cæcitate a minimo usque ad maximum, ita ut ostium invenire non possent (*Gen.* XIX). » Sodomitæ namque ad angelos conantur violenter irrumpere, cum immundi homines ad Dominum tentant per sacri ordinis officia propinquare. Sed ii profecto cæcitate percutiuntur; quia justo Dei judicio in tenebras interiores cadunt, ita ut nec ostium invenire prævaleant, quia a Deo peccando divisi, unde ad eum revertantur, ignorant. Qui enim non per humilitatis iter, sed per arrogantiæ et tumoris anfractus ad Dominum accedere gestiunt, patet profecto, quia unde ingressionis aditus pateat, non agnoscunt. Vel quia ostium Christus est, sicut ipse dicit : « Ego sum ostium (*Joan.* X). » Qui Christum exigentibus peccatis amittunt, quasi intrare cœlestium civium habitaculum possint, ostium non inveniunt. In reprobum ergo sensum traditi sunt, quia, dum reatus sui pondus in propriæ mentis statera subtili consideratione non trutinant, gravissimam plumbi massam pennarum inanium levitatem putant. Quod ergo illic dicitur : « Percusserunt eos, qui foris erant, cæcitate; » hoc Apostolus manifeste declarat, cum dicit : « Tradidit eos Deus in reprobum sensum. » Et quod illic subjungitur : « Ut ostium invenire non possent; » hoc iste patenter exponit, cum ait : « Ut faciant quæ non conveniunt (*Rom.* I); » ac si diceret, ut intrare tentent, unde non debent.

CAPUT XXV.
In sermone de inventione sanctæ crucis.

Abraham dum immolare Deo filium voluit, cuncta pene per ordinem passionis Christi sacramenta signavit. Sicut enim Abraham, qui *pater excelsus* dicitur, unicum et dilectum filium offerre Deo non dubitavit; ita et summus Pater unigenitum Filium pro nobis omnibus tradidit. Et sicut Isaac ipse sibi ligna portavit, quibus erat imponendus (*Gen.* XXII); ita quoque Christus crucis suæ gestavit in humeris lignum, in quo erat pro nostra salute passurus. Duo autem servi illi procul dimissi Judæos significant; qui cum serviliter viverent et carnaliter saperent, non intellexerunt altissimam humilitatem Christi, atque ideo ascenderunt in montem, locum videlicet sacrificii. Cur autem duo servi, nisi quia, peccante Salomone, ex una Israelitica plebe duo facti sunt populi? (*III Reg.* XI.) Quibus utique sæpe per Prophetam dicitur : « Adversatrix Israel et prævaricatrix Juda (*Jer.* III). » Asinus autem ille, quo tunc utebatur Abraham, insensata erat stultitia Judæorum; illa plane bruta stultitia omnia sacramenta portabat; quæ tamen quid ferret, velut irrationale animal ignorabat. Jam vero quid est quod dictum eis est : « Exspectate hic cum asino; postquam autem adoraverimus, revertemur ad vos ? (*Gen.* XXII.) » Audi Apostolum : « Cæcitas, inquit, ex parte in Israel facta est, ut plenitudo gentium intraret et sic omnis Israel salvus fieret (*Rom.* XI). » Quid est enim quod dicitur : « Cæcitas ex parte in Israel facta est? » hoc est videlicet, « exspectate hic cum asino, ut plenitudo gentium intraret : » hoc est, postquam adoraverimus, ubi videlicet sacrificium Dominicæ crucis impletum, per omnes gentes fuerit prædicatum. Quod autem, sequitur : « Et sic omnis Israel salvus fieret; » hoc est, revertemur ad vos. Quid est autem quod aries inter vepres hærens cornibus invenitur, qui pro Isaac immolatus offertur? Crux nempe cornua habet; duo siquidem ligna invicem compinguntur, et sic crucis speciem reddunt : hinc est enim quod de Christo scriptum est : « Cornua sunt in manibus ejus (*Habac.* III). » Hærens ergo cornibus aries, Christus est crucifixus inter aculeatas et vulnificas Judæorum iniquitates. Sicut ipse per Jeremiam conqueritur, dicens : « Spinis peccatorum suorum circumdedit me populus meus hic. » Peracto sacrificio dicitur Abrahæ : « In semine tuo benedicentur omnes gentes (*Gen.* XXII). » Et postquam Dominus dicit : « Foderunt manus meas et pedes meos; » paulo post in eodem psalmo subjecit : « Reminiscentur et convertentur ad Dominum universi fines terræ, et adorabunt in conspectu ejus omnes patriæ gentium : Quoniam Domini est regnum, et ipse dominabitur gentium (*Psal.* XXI). » Oblato itaque Abraham filio, et pro eo ariete immolato, appellavit nomen loci illius : « Dominus videt. » Quia Redemptor noster, postquam in ara crucis oblatus, mortis nostræ debitum solvit, videndum se deinceps fidelium suorum obtutibus præbuit, ut nimirum redempti omnes illum jam per fidem videant, qui eatenus fidei oculos non habebant.

CAPUT XXVI.
De Lia et Rachel, in libro De perfectione monachorum.

Porro non est obscurum quod Laban duas filias habuit, quarum juniorem Jacob in conjugium concupivit; ad cujus tamen amplexus pervenire non potuit, donec majorem ignarus atque adeo invitus accepit (*Gen.* XXIX). Sed quia rem scientibus loquor, non mihi multis elaborandum est verbis. Laban quippe *dealbatio* interpretatur; quis autem ad Dominum convertitur, nisi ut deposita peccatorum nigredine per remissionis gratiam dealbetur? Sicut ipse pollicetur, dicens : « Si fuerint peccata vestra quasi vermiculus, tanquam nix dealbabuntur (*Isa.* I). » Quod felix ille peccator postulabat, cum diceret : « Mundabor, lavabis me, et super nivem dealbabor (*Psal.* L). » Lia interpretatur *laborans* : Rachel, *verbum*, sive *visum principium*. Sed si Scripturam diligenter attendimus, nec uno quidem die servisse Jacob propter Liæ desiderium reperimus; sed per totas illas annorum hebdomadas pro sola Rachel servituti subjacuit; insuper et ipsam Liam ad illius intuitum toleravit. Quis enim ad Dominum idcirco convertitur, ut labores, et ærumnas, ac tentationum certamina patiatur? Omnis enim Dominum quærentis intentio hoc sperat, ad hoc spectat, ut ad requiem quandoque perveniat; et in summæ contemplationis gaudio, velut in pulchræ Rachel amplexibus requiescat, videlicet ut per verbum quod audit, ascendat ad videndum principium quod quæsivit. Sed necesse est ut hunc diversorum certaminum labor exerceat, antequam ad quietis intimæ suavitatem, quam concupiscit, attingat. Prius servitute deprimitur, ut jure postmodum ad perfectæ libertatis titulos provehatur. Septem vero annis sub dealbationis gratia servit, cum septem ea, quæ ad proximi dilectionem pertinent, Decalogi mandata custodit; videlicet ut primo timore constrictus, atque ideo servitutis jugo depressus, saltem a vetustæ legis incipiat institutis; ut nimirum parentes honoret, ut non mœchetur, non occidat, non furtur, non falsum testimonium proferat, non uxorem alterius, non rem proximi concupiscat (*Exod.* xx).

Quibus rite servatis, non mox, ut sperabat, ad contemplationis oblectamenta perducitur, ut velut exspectata diu Rachel pulchritudine perfruatur, sed Lia sibi per noctem inopinate supponitur; quia inter humanæ hujus ignorantiæ tenebras tolerantia sibi laboris injungitur, ex qua tamen jam numerosam sobolem suscipit; quia uberes spiritualis lucri per hunc laborem fructus acquirit. Hanc itaque tolerando, ad illam quandoque perveniet, quam perseveranter amat. Suadetur ergo, ut alios septem annos servire desudet; quia profecto necesse est, ut adhuc alia septem præcepta conservet, sed jam aliquando liberior, non legalia tanquam servus, sed evangelica sicut gener, videlicet ut sit pauper spiritu, sit mitis, lugeat, esuriat, sitiatque justitiam, sit misericors, mundum cor habeat, sit postremo pacificus (*Matth.* v). Enimvero, vellet homo, si fieri posset, nullas laboris molestias agendo, vel patiendo perferre, sed protinus in ipsis sui tirocinii rudimentis ad pulchræ contemplationis delicias pervenire; verumtamen hoc non in terra morientium fit, sed in terra viventium. Quod significare videtur illud, quod ad Jacob dicitur: « Non est, inquit Laban, in loco nostro consuetudinis, ut minores ante tradamus ad nuptias (*Gen.* xxix); » nec absurde major appellatur, quæ prior est tempore. Prior est enim in hominis eruditione labor boni operis quam requies contemplationis. Expletis itaque duabus hebdomadibus, altera videlicet legis antiquæ, altera evangelicæ gratiæ, mox ad diu desideratæ Rachelis evenitur amplexus; quia quisquis pertingere ad divinæ contemplationis oblectamenta desiderat, prius necesse est utriusque Testamenti peragere mandata contendat.

CAPUT XXVII.
De Bala et Zelpha, in eodem libro.

Sed quia electus quisque perfectionis suæ limite non contentus, filios etiam Deo gignere spirituali fecunditate desiderat, postquam conjugale fœdus Jacob cum duabus sororibus iniit, ad propagandum uberioris germen sobolis ancillas quoque ad generandi usum suscipere non refugit (*Gen.* xxx); atque ut omnia spiritualibus intelligantur redundare mysteriis, ipsarum quoque ancillarum nomina sub mysticis sunt pronuntiata figuris. Nam Bala interpretatur *inveterata*. Sane quia intellectum spiritualis substantiæ nudis verbis humana lingua nequit exprimere, quandoque doctrina sapientiæ per quasdam corporeas similitudines audientem nititur informare. De veteri autem vita et carnalibus sensibus dedita, corporeæ cogitantur imagines; quarum videlicet ad docendum usus assumitur, cum aliquid ex incomprehensibili et incommutabili essentia divinitatis auditur. Rachel itaque maluit utcunque filios ex ancilla suscipere, quam omnino sterilis permanere. Quia doctrina sapientiæ sive gratia contemplationis per exteriorum scientiam vel visibilium rerum formas auditoribus intimat quidquid de visibilibus intra arcana mentis occultat; et sic quodammodo per ancillam filios accipit, dum per eam, quæ sub se est scientiam, spirituales Deo filios parit. Zelpha vero interpretatur *os hians*. Hæc igitur ancilla illos figurat, quorum in prædicatione evangelicæ fidei os quidem hiat, sed cor non hiat; de quibus videlicet scriptum est: « Populus hic labiis me honorat, cor autem eorum longe est a me (*Matth.* xv); » et de quibus Apostolus: « Qui prædicas, inquit, non furandum, furaris (*Rom.* ii). » Verumtamen ex hac ancilla hæredes futuros alios Lia filios accepit; quia sæpe etiam per tales prædicatores activa vita multos regni filios adoptavit; de quibus Veritas: « Quæ dicunt, inquit, facite: quæ autem faciunt, facere nolite (*Matth.* xxiii). » Et Apostolus: « Sive, inquit, occasione, sive Christus veritate annuntietur, et in hoc gaudeo, sed et gaudebo (*Philip.* i). » Hoc autem in his considerandum esse perpendimus: Quia sicut Jacob solius Rachelis intuitu omnes illas mulieres accepit, ex quibus filios genuit; sic quisquis sub dealbationis gratia constitutus, fructificare Deo spirituali fecunditate desiderat, necesse est ut per omnia quæ agit ad contemplationis semper gratiam tendat.

CAPUT XXVIII.
In epistola ad Desiderium abbatem, ubi dicitur: Cur Paulus ad dexteram, Petrus ad sinistram in pictura ponatur.

« Egrediente anima Rachel præ dolore, et imminente jam morte, vocavit nomen filii sui Benoni, id est filius doloris mei; pater vero appellavit eum Benjamin, id est filius dexteræ (*Gen.* xxxv). » Per Rachel namque, quæ *ovis* vel *visum principium* dicitur, Ecclesia non immerito designatur. Quæ nimirum et ad instar ovis innocenter vivit, et per studium contemplationis ad videndam Redemptoris sui speciem medullitus inardescit. Qui de se requirentibus Judæis ait: « Ego principium, qui et loquor vobis (*Joan.* viii). » Per Benjamin vero, quo nascente, Rachel mater emoritur, designatur Paulus, quem de ejus stirpe exstitisse nemo dubitat. Et bene Benjamin nascente, mater emori dicitur, quia appropinquante ad lucem novæ regenerationis Saulo, persecutionibus Ecclesia per eum graviter impugnatur; sicut Lucas in Actibus apostolorum ait : « Saulus, inquit, devastabat Ecclesiam, per domos intrans, et trahens viros, et mulieres tradebat in custodiam (*Act.* VIII).» Congrue itaque Rachel Benoni, id est filium doloris mei, vocat, quem Jacob Benjamin, id est filius dexteræ nuncupat. Quia Paulus, qui Matris Ecclesiæ dolor exstiterat, qui eam quodammodo dum nasceretur, impugnando peremit, a Deo Patre filius dexteræ est vocatus; dum per eum divina potentia adversus gentes, quasi per fortem suam dexteram, dimicavit, verborum jacula valenter intorsit, salubres cordium plagas intulit, et per eum devictis atque prostratis hostibus, cum gloria triumphavit. Hinc est quod idem Paulus ad Galatas ait : « Cum autem complacuit ei, qui me segregavit ex utero matris meæ, et vocavit per gratiam suam, ut revelaret Filium suum in me, et evangelizarem eum in gentibus, continuo non acquievi carni et sanguini (*Gal.* I). » Non ergo immerito filius dexteræ Paulus vocatur, per quem omnis gentium multitudo, quæ ad dexteram Dei ponenda est, ad fidei sacramenta colligitur.

CAPUT XXIX.

Ad Desiderium abbatem, ut vacet studio contemplandi.

« Iste est Ana, qui invenit aquas calidas in solitudine, dum pasceret asinos Sebeon patris sui (*Gen.* XXXVI). » Hoc plane, quantum ad litteram, vanum videtur et frivolum. Quid enim ad sacram Scripturam pertinet, ut referat, quia custos asinorum aquas reperit in deserto? Sed ubi in litteris nulla videtur utilitas, ad spiritualem intelligentiam necesse est mens recurrat. Quid est enim per figuram, Ana in solitudine patris sui asinos pascere, nisi spiritualem quempiam virum, cui Deus pater est, simplices fratres sub disciplinæ remotioris studio custodire? et quid est, aquas calidas invenire, nisi in compunctionis lacrymas, quæ de fervore sancti Spiritus eliciuntur, erumpere? Nam et ipsa interpretatio nominum hujus figuræ non refugit intellectum. Onan siquidem *dolor*, vel *tristitia eorum*, sive etiam *mussitatio*, vel *murmuratio* interpretatur. Quisquis enim vere compunctionis dolore tristatur, quasi sub quadam querula mussitatione adversum pravitatem vitæ suæ murmurare compellitur. Sebeon autem interpretatur *stans in æquitate*; quod Deo congruere nemo prorsus ignorat. Ipse quippe in æquitate principaliter stat, qui a justitiæ rectitudine nulla necessitate coactus exorbitat. Onan ergo dum patris sui Sebeon asinos in solitudine pascit, aquas calidas reperit; quia quisquis se per vitæ rectitudinem Deo filium exhibet, ac de peccatis suis medullitus dolet, dum se reddit in pervigili fratrum cura sollicitum, divino munere percipit gratiam lacrymarum. Nam et beata illa peccatrix prius pedes Domini unguento perunxit, postmodum etiam alabastrum unguenti pretiosi super caput recumbentis effudit (*Matth.* XXVI; *Marc.* XIV; *Joan.* XII). Caput Christi Deus ; pedes Christi, servi Dei. Sicut enim illa dum humanitati Christi dependit obsequium, ad divinitatis attingere meruit intellectum. Sic nimirum, sic doctor Ecclesiæ, dum Christi membra custodit, contemplandæ divinitatis gratiam percipit.

CAPUT XXX.

In sermone de S. Joanne Baptista.

« Descendit Judas in Thamnas ad tondendas oves cum Hira opilione gregis sui Odollamite (*Gen.* XXXVIII). » Thamnas autem *deficiens* interpretatur; per quam videlicet Synagoga, in qua reges et prophetæ defecerant; simul et unctio, donec veniret, cui repositum erat, ostenderetur. Unde et per prophetam dicitur : « Cum venerit Sanctus sanctorum, cessabit unctio (*Dan.* IX). » Quid itaque per Judam, qui ad tondendas oves in Thamnas venit, nisi Redemptor noster intelligitur, qui ut oves quæ perierant domus Israel exoneraret peccatis, ad Synagogam venisse cognoscitur? Unde et sponsus ad sponsam in Canticis : « Dentes tui sicut grex tonsarum, quæ ascenderunt de lavacro (*Cant.* IV). »
Venit itaque Judas ad tondendas oves, non quidem solus, sed cum pastore suo Odollamite, cui nomen erat Hiras. Quem per Odollamitem intelligimus nisi Joannem? Interpretatur autem Odollamites *testimonium in aqua*; cum hoc plane testimonio venit Dominus ad aquam baptismatis, habens quidem testimonium majus Joanne, sed propter infirmas oves hoc testimonio uti dignatus est in aqua. Unde cum videret eum ad Jordanis fluenta propinquantem, protinus exclamans, ait : « Ecce Agnus Dei, ecce qui tollit peccata mundi (*Joan.* I). » Et evangelista dicit : « Testimonium perhibuit Joannes dicens : Quia vidi Spiritum descendentem tanquam columbam de cœlo, et manentem super eum ; et ego nesciebam eum; sed qui misit me baptizare in aqua, ille mihi dixit : Super quem videris Spiritum descendentem et manentem super eum, hic est qui baptizat in Spiritu sancto (*Ibid.*). » Cui scilicet visioni etiam nomen pastoris illius aptissime congruit; interpretatur enim Hiras *fratris mei visio*. Erat quippe Dominus frater Joannis, non modo secundum semen Abrahæ, sed etiam juxta cognationem Mariæ et Elisabeth. Vidit itaque Joannes fratrem suum adhuc clausus in utero; vidit in baptismo; vidit oculis carnis hominem : vidit in spiritu majestatem. Unde et utriusque hujus nominis interpretationem, Hiras videlicet, quod est fratris mei visio; et Odollamitis, quod sonat *testimonium in aqua*, idem Joannes sub unius sententiæ versiculo comprehendit, dicens : « Et ego vidi, et testimonium perhibui, quia hic est Filius Dei (*Ibid.*). »

Veniente igitur Juda ad oves tondendas, Thamar mutat habitum, quia mutat spirituale vocabulum. Thamar quippe *commutans* interpretatur, nam de Synagoga fit Ecclesia. Sed juxta litteram, idem nomen amaritudinis manet, non illius in qua Domino fel ad bibendum miles obtulit (*Matth.* XXVII), sed ejus potius in qua Petrus post lapsum amare flevit. (*Ibid.*). Judas autem *confessio* dicitur. Thamar ergo cum Juda dormiens, protinus concipit, quia cum confessioni amaritudo miscetur ad proferendos pœnitentiæ fructus, sancta mox Ecclesia fecundatur. Unde et Joannes: « Facite, inquit, fructus dignos pœnitentiæ (*Joan.* III). » Qui nimirum pœnitentiæ fructus in Hierusalem primus erupit, sicque postmodum per omnem mundi latitudinem pullulavit. Hinc Veritas dicit: « Oportebat Christum pati et resurgere a mortuis die tertia, et prædicari in nomine ejus pœnitentiam et remissionem peccatorum in omnes gentes, incipiendo ab Hierusalem (*Luc.* XXIV). » Nam et ipse meretricalis habitus confessionem significat peccatorum, sive quia Thamar ex duobus corruptis componitur verbis, thamna scilicet, quod *deficiens* dicitur, et mara, quod est *amaritudo*. Bene in ea amaritudo defecit, cum fecunda facta de sterili, dulcem novi germinis sobolem procreavit. Thamar igitur a non cognoscente fetatur, quia sancta Ecclesia quantum ad gentilitatem in primordio, dum novæ fidei semen accipit, non agnoscitur. Unde et canitur: « Populus, quem non cognovi, servivit mihi (*Psal.* XVII.) » Et Isaias: « Ecce, ait, gentem quam nesciebas vocabis, et gentes quæ te non cognoverunt, ad te current (*Isa.* LV). » Porro autem, quod illi hædus per eumdem Odollamitem mittitur, quid nisi per Joannem facta peccatorum exprobratio designatur? Quasi enim hædum meretrici portitor afferebat, cum properanti ad baptismi lavacrum turbæ per increpationem dicebat: « Genimina viperarum, quis ostendit vobis fugere ab ira ventura? (*Matth.* III.) Requirebat autem Hiras Odollamites a Thamar annulum, armillam et baculum. Per annulum, signaculum fidei; per armillam, labor operis; per baculum vero designatur requies spei. Quasi enim fidei annulum requirebat, cum diceret: « Qui credit in Filium Dei, habet vitam æternam; qui autem incredulus est Christo Filio, non videbit vitam, sed ira Dei manet super ipsum (*Joan.* III). » An non etiam ad annulum pertinebat, cum diceret: « Qui habet sponsam, sponsus est? (*Ibid.*) » Armillam vero laboris exigebat, cum diceret: « Pœnitentiam agite (*Matth.* III). » Baculi quoque requiem, cum præsto subjungeret: « Appropinquavit enim regnum cœlorum (*Ibid.*). » Ac si perspicue loqueretur: Nolite sub injunctæ vobis pœnitentiæ labore lassessere, sed potius firma spe de regni cœlestis appropinquatione animum roborate.

Quæsivit autem eam Judas in bivio, sed invenire non potuit; quia quæ in publico, juxta Prophetam, et sub omni ligno frondoso fuerat prostituta (*Jer.* III), jam se in domo paterna, sub Christi videlicet constrinxerat disciplina; nec eam peccati reperit exprobratio, quam confessionis mutaverat amaritudo. Viduitatis se vestibus induit, quia præter cœlestem Sponsum, qui pro ea mortuus est, alterum non admittit. Quod autem gemini apparuerunt in utero, duo sunt populi in Ecclesiæ gremio per sancti Spiritus gratiam generati. In ipsa vero effusione nascentium, unus manum protulit, et ligato coccino, mox retraxit, sicque ante se nascendi alteri aditum patefecit. Quia nimirum Judaicus populus, qui ad lucem Spiritus nasci primitus cœpit, ostendit opera sua prophetarum præcedentium, et ipsius Domini cruore polluta. Unde et Zara *oriens* interpretatur; quia Hebraicus ille populus prior ortus est ad litteram legis, sed posterior factus est ad suscipiendam gratiam Evangelii. Hoc itaque modo retraxit manum, qui nasci jam per Spiritum cœperat populus Judæorum; et mox prorupit ac factus est primogenitus populus gentium, scilicet ut, juxta sententiam Veritatis, futuri essent novissimi qui erant primi, et primi fierent qui erant novissimi. Bene igitur Phares *divisionis* nomen accepit. Unde et obstetrix eo nascente clamavit: « Quare divisa est propter te maceria? » (*Gen.* XXXVIII.) Omne quippe genus humanum, quasi distorta silvarum virgulta, adversus venientem in carne Dominum maceriam fecerat, et ne ad peragendum mysterium redemptionis ingrederetur, unanimiter obsistebat. Unde et Paulus: « Nos, inquit, prædicamus Christum crucifixum, Judæis quidem scandalum, gentibus autem stultitiam (*I Cor.* I). » Sed gentilis populus hanc divisit quasi nascendo maceriam, cum per Cornelium centurionem aliosque (*Act.* X), primitias fidei, baptismi suscipiens lavacrum, sub Christi titulum convolavit. Hanc alternitatem nascendi 97 considerabat beatus Joannes, cum Judæorum turbis undique confluentibus diceret: « Ne cœperitis dicere: Patrem habemus Abraham; dico enim vobis, quia potens est Deus de lapidibus istis suscitare filios Abrahæ (*Marc.* III). » Ac si patenter dicat: Gentiles populi, qui lapides sunt quia lapides colunt, primogeniti vobis fient ad regenerationis et novæ gratiæ sacramentum; quorum vos per legales cæremonias videbamini tenuisse primatum.

CAPUT XXXI.
In sermone de S. Luca evangelista.

« Jussit Joseph ministris, ut implerent saccos tritico, et reponerent pecunias singulorum in saccis suis (*Gen.* XLIV). » Quæ namque sunt fruges quas Joseph fratribus contulit, nisi evangelica apostolicaque doctrina, unde videlicet esuriens populus vivat, unde grex Christi viventia salutis alimenta decerpat? Hæc illa plane est pecunia, quam in ore sacci præcepit imponi; hæc pecunia nunc in Ecclesiæ mensa proponitur, ut usura postmodum a negotiatoribus requiratur. Sed et Benjamin hoc etiam præ cæteris additur, ut sacco ejus etiam scyphus cum pecunia reponatur (*Ibid.*). Quem enim Joseph per mysterium indicat, nisi Redemptorem nostrum, quem suo jam tunc ille mysterio præfigurabat? Ait enim Scriptura: « Quia vertit nomen illius Pharao, et vocavit eum lingua Ægyptiaca, Salvatorem mundi (*Gen* XLI). » Quid per fratres, nisi sancti designantur apostoli? Quid per Benjamin, nisi Paulus, qui de tribu Benjamin originem duxit? Omnes ergo fratres fruges prædicationis accipiunt, quas serere per mundum debeant, et pecuniam, quam ad usuræ lucrum in fidei mensa proponant Soli vero Benjamin etiam scyphus adjicitur, ut per Paulum, quem ille signabat, non tabernaculi cyathus gentibus, sed amplum et patulum verbi poculum propinetur. Hinc est enim quod ait : « Os nostrum patet ad vos, o Corinthii, cor nostrum dilatatum est, non angustiamini in nobis (*II Cor.* vi). » Ac si dicat : Quia me vobis verbi potum per uberem scyphum large videtis influere, et vos sitibundi cordis ad hauriendum ora, laxate, ut decurrens unda non inaniter fluat, sed capacia vasa, in quæ transfundantur, inveniat. De quo videlicet potu per Isaiam Dominus dicit : « Glorificabit me bestia agri, dracones et strutiones, quia dedi in deserto aquas, flumina in invio, ut darem potum populo meo, electo meo (*Isa.* xliii). » Scyphum itaque evangelicæ prædicationis, in Benjamin datus est Paulo, ut ipse desertum gentilitatis specialiter excolat et ariditatem ejus largo sanctæ prædicationis imbre perfundat. De quo scilicet imbre scriptum est : « Qui operit cœlum nubibus et parat terræ pluviam (*Psal.* cxlvi.) »

CAPUT XXXII.
In Sermone de S. Vitale.

« Si inveni, » inquit Jacob, « gratiam in conspectu tuo, pone manum sub femore meo, et facies mihi misericordiam et veritatem, ut non sepelias me in Ægypto, sed dormiam cum patribus meis, etc. (*Gen.* xlvii). » Quid est hoc, fratres mei, quid sibi vult a tanto viro tam anxia sepeliendi corporis sollicitudo? Si enim hoc ex humana consuetudine metiamur, profecto nihil dignum tanta propheticæ mentis excellentia reperimus. Ubicunque enim corpus humanum sepeliatur, non ideo vel minus perfecta, vel minus gloriosa ejus resurrectio futura procul dubio creditur; sed si mystici sacramenti profunditas in hujus dubietatis caligine requiratur, perspicuum lumen intelligentiæ ipsi qui invenerit orietur. Cadavera quippe mortuorum peccata significant injuste viventium. Sicut enim post contactum corporum mortuorum lex præcipit homines purificari (*Num.* xix), ita etiam post perpetrationem delictorum jubemur per pœnitentiam ablui. Hinc nimirum illa sententia dicta est : « Qui baptizatur a mortuo et iterum tangit illum, quid proficit lavatio ejus? » (*Eccli.* xxxiv.) Baptizatur quippe a mortuo, qui mundatur fletibus a peccato, sed post baptismum mortuum tangit, qui culpam post lacrymas repetit. Sed sepultura mortuorum remissionem significat peccatorum. Unde per Prophetam dicitur : « Beati quorum remissæ sunt iniquitates, et quorum tecta sunt peccata (*Psal.* xxxi). » Ubi ergo sepelienda erant cadavera patriarcharum, nisi in illa terra ubi erat crucifigendus cujus sanguine facta est remissio peccatorum?

CAPUT XXXIII.
In sermone de inventione sanctæ crucis.

« Lavabit in vino stolam suam, et in sanguine uvæ pallium suum (*Gen.* xlix). » Stola Christi et pallium multitudo est gentium, quas tunc Dominus induit, quando sibi eas per gratiam redemptionis adjunxit, sicut per Prophetam pollicetur, dicens : « Vivo ego, dicit Dominus, nisi hos omnes induam sicut vestimentum (*Isa.* xlix). » Stolam ergo suam Dominus in vino, et pallium in sanguine uvæ lavit quando, sicut botrus, in crucis ligno pependit? tunc enim ex latere ejus sanguis et aqua profluxit; sed aqua nos abluit, sanguis redemit, nimirum ut exhiberet sibi sponsam non habentem maculam neque rugam (*Ephes.* v).

CAPUT XXXIV.
In sermone de S. Eleucadio.

« Pulchriores sunt oculi ejus vino, » inquit Jacob ad filium de Christo, « et dentes ejus lacte candidiores (*Gen.* xlix). » Oculi nempe Christi Apostoli et Evangelistæ sunt, qui universo corpori sanctæ Ecclesiæ lumen sapientiæ præstiterunt, quorum doctrina, dum rigorem atque duritiam priscæ legis emollit, quodammodo austeritatem vini veteris eorum pulchritudo præcellit. Evangelica quippe præcepta mandatis Veteris Testamenti longe sunt clariora. Dentes vero sancti prædicatores sunt, qui conversos homines a pravorum societate præcidunt eosque in Christi corpus, tanquam in sua membra suscipiendo, quasi mandendo trajiciunt. Porro, nomine lactis, doctrina legis innuitur, quæ carnalem populum lactis poculo tanquam parvulos alere videbatur. Quorum nimirum lacte candidiores sunt doctores Ecclesiæ, quia fortem et solidum verbi cibum et ipsi comedunt, et aliis tradunt; de quibus ad Hebræos dicit Apostolus : « Perfectorum est solidus cibus (*Hebr.* ii). » Et bene candidi esse dicuntur doctores Ecclesiæ, quia et a pravitatis macula liberi et conspicuæ conversationis videntur operibus clari. Quapropter cavendum est, fratres mei, ne qua nos vitiorum nigredo dedecoret, qui candidos in Christi militia duces habemus. Periculose nimirum rerum species fluctuant, ubi cum ducibus subsequentis exercitus insignia non concordant. Beati siquidem patres nostri promptos se exhibebant ad perferenda supplicia; nos autem, dum a proximo lædimur, compescamus saltem animos vindicta. Moyses nempe ad ultionis indicium descendens de monte, cornutus apparuit (*Gen.* xxxiv); super Dominum autem in mansuetudinis Spiritu columba descendit (*Matth.* iii). Illi decreverunt pro Christo propria cuncta contemnere; nos autem discamus saltem quæ aliena sunt non ambire.

Finiunt testimonia libri Genesis.

INCIPIUNT CAPITULA LIBRI EXODI.

1. De urbibus tabernaculorum Phithon et Ramesse, quas Pharao luto et palea construxit.
2. De virga Moysi in serpentem conversa.
3. Unde supra.
4. De manu Moysi, quæ educta de sinu apparuit leprosa.

5. *Cum esset Moyses in itinere, occurrit ei Dominus, et volebat eum interficere.*
6. *Projecerunt malefici Pharaonis in terram virgas suas, quæ versæ sunt in dracones, sed devoravit eas virga Aaron.*
7. *De decem plagis Ægypti* : 1, *de aquis in sanguinem versis* ; 2, *de plaga ranarum* ; 3, *de ciniphe* ; 4, *de muscis*; 5, *de nece animalium* ; 6, *de ulceribus et vesicis* ; 7, *de grandine et tonitruis et igne*; 8, *de plaga locustarum* ; 9, *de tenebris* ; 10, *de primogenitorum interfectionibus.*
8. *Postulet vir ab amico suo, et mulier a vicina sua, vasa argentea et aurea et vestes.*
9. *Sument de sanguine agni, et ponent super utrumque postem.*
10. *Cum emisisset Pharao populum, non eos deduxit Dominus per viam terræ Philisthiim, quæ vicina erat; ne si bella in via consurgerent, pœniteret eum et reverteretur in Ægyptum.*
11. *Sumpsit Maria prophetica soror Aaron tympanum in manu.*
12. *De aquis amaris, quæ ligni, quod ostendit Dominus Moysi, admistione, sunt in dulcedinem versæ.*
13. *De* XII *aquarum fontibus et* LXX *palmis in Helim.*
14. *Quod sexta die duplex mensura jubebatur de manna colligi.*
15. *Quod filii Israel, cum vidissent manna, dicebant* : *Manhu, id est, Quid est hoc?*
16. *Quod manna in crastinum reservatum putrescebat.*
17. *Quod pugnante Israel contra Amalech, Moyses habens virgam in manu brachia erexit.*
18. *Quod Dominus in monte Sinai populo suo per Moysen legem dedit.*
19. *Altare de terra facietis mihi.*
20. *Non ædificabitis mihi altare de sectis lapidibus.*
21. *Facies bases argenteas, et tabulas deauratas desuper eriges.*
22. *Facies columnas quatuor et bases earum vestitas argento.*
23. *Ut in rationali, quod sacerdos ferebat in pectore,* XII *pretiosi lapides ponerentur, terni per quaternos angulos inclusi auro.*
24. *Arripiens Moyses vitulum aureum igne combussit et usque ad pulverem contrivit* ; *et in aquam spargens potum populo dedit.*
25. *Quod Moyses* XXIII *millia hominum ob culpam conflati vituli perimere fecit.*
26. *Ecce locus apud me, stabis super petram, cumque transierit gloria mea, videbis posteriora mea.*
27. *Fecit Moyses in tabernaculo* VII *lucernas cum emunctoriis suis et vasa.*

Finiunt capitula.

101-102 INCIPIUNT TESTIMONIA LIBRI EXODI

CAPUT PRIMUM.

In epistola ad Hermisindem sanctimonialem, ubi dicitur quod ædificium humanæ superbiæ cito destruitur.

Urbes illæ tabernaculorum, quas Pharao luto paleaque construxit, nimirum luto, quod inquinat, palea, quæ destinatur ad flammas, Phiton et Ramesses sunt non sine mysterio nuncupatæ; Phiton siquidem interpretatur *os abyssi,* vel *subito.* Quisquis enim, juxta Pauli sententiam, supra fundamentum, quod est Christus Jesus, ligna, fœnum, stipulam nunc ædificat, quale cujusque opus sit, ignis probabit (*I Cor.* III); et quo magis in altum hæc carnalis vitæ structura subrigitur, tanto proclivius, veluti in abyssi voraginem mersa, subito dissipatur. Unde scriptum est: « Ducunt in bonis dies suos, et in puncto ad Inferna descendunt. (*Job* XXI.) » Bene ergo dicitur et os abyssi et subito, quia de carnalis vitæ, quæ per eum innuitur, culmine non segniter, sed cito corruitur; et illud est os abyssi quod ascensus videbatur esse fastigii, Propheta testante qui ait: *Dejecisti eos, dum allevarentur* (*Psal.* LXXII). Ramesses vero pabulum dicitur, vel tinea. Pabulum namque diaboli sunt omnes reprobi, quibus ille tanquam lupus ovibus vescitur, eorumque pernicie velut epulis saginatur. De quibus etiam per David dicitur: « Sicut oves in inferno positi sunt, et mors depascet eos (*Psal.* XLVIII). »

CAPUT II.

In epistola ad Hermisindem, ubi dicitur quod ædificium humanæ superbiæ cito labatur.

« Dixit Dominus ad Moysen: Projice virgam, quam in manu gestas, in terram; et projecit, et factus est serpens. Expavit illico Moyses et fugit. Et ait illi Dominus: Apprehende caudam illius, et apprehendit, factaque est iterum virga (*Exod.* IV). » Cuncti liquido novimus quia serpens suasit homini mortem; ergo mors a serpente. Quis autem virga, nisi Christus? de quo propheta dicit: Quia « egredietur virga de radice Jesse (*Isa.* II). » Virga itaque in serpentem, Christus in mortem. Moyses autem expavit et fugit, quia suspenso in cruce, sive moriente Domino, omnis ille apostolorum numerus tremefactus expavit, et a certæ spei ac firmæ fidei soliditate recessit. Quia vero cauda extrema pars est corporis, quid, nisi finem Dominicæ significat passionis? Moyses igitur caudam apprehendit et nihil in virga ultra serpentis apparuit, quia, completo Dominicæ passionis crucisque mysterio, et fidelis quisque tunc ad fidem rediit, et Christus, consumpta morte, idipsum in se quod fuerat per resurrectionis gloriam reparavit.

CAPUT III.

In sermone de S. Columba.

« Dixit Dominus ad Moysen: Quid est quod tenes in manu tua? Respondit: Virgam. Ait: Projice eam in terram etc. (*Exod.* IV). » Quis per Moysen, nisi Judaicus populus: et quid per virgam, nisi potestas divinitatis? et quid per serpentem, nisi mortalitas nostri Redemptoris exprimitur? Quia enim per serpentem mors, recte mortalis in serpente; vel certe, cum scriptum sit: « Estote prudentes sicut serpentes (*Matth.* X). » quia ipsa summa prudentia, id est Dei Sapientia, incarnari dignata est, recte ejus mortalitas in serpente figuratur. Unde et in Evangeli de passione sua loquitur, dicens: « Sicut exaltavit Moyses serpentem in eremo, ita exaltari oportet filium hominis (*Joan.* III). » Moyses ergo virgam tenuit, quia Judaicus populus ante Redemptoris adventum in divina potestate confisus est; sed virgam in terram projecit, quia idem populus per patriarchas ac prophetas Dominum incarnandum esse nuntiavit. Virga ergo in colubrum vertitur, quia Redemptor noster Deus in se permanens mortalis inter homines factus est: sed Moyses colubrum conspiciens pertimuit et fugit, quia Judaicus populus, dum Redemptorem humani generis talem vidit Dominum; credere quasi formidolosus expavit. Cui jubetur ut colubrum cauda teneat, quia perfidus ille populus, qui modo credere recusat, in extrema parte Dominici corporis, id est, posteriori tempore sanctae Ecclesiae, videlicet in fine mundi, sese ad fidem recolligit. Et colubrum cauda tenet, quia eum, quem mortalem ante despexerat, Redemptorem suum in ultima jam parte Ecclesiae confitetur. Sed mox serpens in virgam redit, quia statim ut Judaicus populus in Redemptorem nostrum crediderit, idem Redemptor ad judicium in potestate suae divinitatis apparebit, ut ei jam serpens virga sit, quia qui is terra homo despectus est, de coelo veniens super angelos videbitur Deus. Sicut ergo Dominus et sine lepra leprosus, et sine veneno serpens per mysterium dicitur, ita nihilominus et sine fatuitate stultus, et sine imbecillitate perhibetur infirmus, quia nimirum sic se nostrae infirmitati componit atque contemperat, ut et cum dimicantibus certet et cum patientibus similiter supplicia toleret.

CAPUT IV.
In eodem sermone.

« Mitte, inquit Dominus, manum in sinum tuum. Qui, cum misisset in sinum, protulit leprosam instar nivis. Retrahe, ait, manum in sinum tuum; retraxit et protulit iterum, et erat similis carni reliquae (*Exod.* IV). » Quid hoc loco per manum Moysi designatur, nisi Filius Dei? Unde dicitur in psalmo: « Fiat manus tua, ut salvet me (*Psal.* CXVIII); » ac si diceret: Fiat ille, per quem facta sunt omnia, ut, dum ille creatur, creatura a reatus sui contagio liberetur. Haec manus in sinu Patris est, sicut Joannes Baptista dicit: « Filius, qui est in sinu Patris, ipse enarravit (*Joan.* I). » Sed manus haec cum de sinu prolata est, hoc est, cum per mysterium incarnationis apparuit, peccatorem eum et tanquam sceleris lepra perfusum is, unde processerat, populus aestimavit. Unde dicit Isaias: « Et nos putavimus eum quasi leprosum, et percussum a Deo, et humiliatum (*Isa.* LIII). » Sed manus haec cum in sinum rediit, lepram prorsus amisit, quia Redemptor noster, postquam ad Patrem, calcato mortis imperio, rediit, jam in fine saeculi non peccator homo, sed vere Deus et homo Judaeis omnibus apparebit.

CAPUT V.
In epistola ad canonicos Fanenses.

« Cumque esset in itinere in diversorio Moyses, occurrit ei Dominus et volebat occidere eum (*Exod.* IV). » Mirum valde, cur eum repente Dominus occidere voluisse describitur, quem assecretem sibi jam et symmystem familiariter fecerat, cui consilii sui ac voluntatis arcana panderat, et nunc in executione suae obedientiae dirigebat. Sed procul dubio datur intelligi quia quantamlibet contagii maculam ex diuturna Madianitarum cohabitatione contraxerat, atque idcirco terrore ac negligentiae correctione purgandus erat, qui corrigendis aliis coelestium mandatorum bajulus accedebat. Quod scilicet uxor ejus Sephora prudenter intellexit de qua Scriptura protinus addidit: « Tulit illico Sephora acutissimam petram, et circumcidit praeputium filii sui (*Ibid.*). » Absurdum quippe fuerat, si videretur gentilis in filio qui Israelita erat in semetipso. Qui erga alios ad rectitudinis viam debet instruere, valde cavendum est ne ipse, quod absit, in aliquo videatur errare. Hinc est enim quod Israeliticus populus ad ulciscendum scelus Benjamin zelo rectitudinis inflammatur, et tamen idem populus Benjamin gladiis ante prosternitur (*Jud.* XX).

CAPUT VI.
In epistola ad Bonifacium, ubi dicitur ut exteriori prudentiae spiritualis sapientia praeferatur.

« Projecerunt malefici Pharaonis in terram virgas suas, quae versae sunt in dracones: sed devoravit virga Aaron virgas eorum (*Exod.* VII). » Virga quippe Aaron maleficorum absorbuit virgas, quia sapientia Christi, quam illa signabat, omnes hujus mundi sapientias annullavit mundique sapientes sui corporis, quod est Ecclesia, visceribus conunivit. Terrenam itaque sapientiam nostram sapientia spiritualis absorbeat eamque velut in sui corporis arcana convertat. Absurdum namque est et satis inhonestum ut eadem prudentia eademque subtilitas rebus adhibeatur humanis quae spiritualibus impenditur et divinis.

CAPUT VII.
De decem plagis Ægypti, in epistola ad discipulum Joannem.

Plagae autem factae in Ægypto, quia humanae animae in mundo infliguntur vulnera. Unde quot plagae fuerant tot praecepta sunt divinitus promulgata ut, quot sunt vulnera cordis aegroti, totidem sint medicamenta quae illi valeant adhiberi.

Age igitur; prima plaga est cum aquae vertuntur in sanguinem (*Exod.* VII). Porro autem istae plagae non fiunt nisi in Ægypto, id est, in corde tenebroso et caligine caecitatis oppresso. Cui scilicet aquae convertuntur in sanguinem, cum caeca mens, quantum ad se, confundit ac violat rectae fidei puritatem; sicut enim per aquam omnes de visceribus terrae segetes prodeunt, sic ex fide spiritualia proferuntur alimenta virtutum. Tunc igitur aqua in sanguinem vertitur, cum caecitate perfidiae cor insipiens obscuratur. Sicut de quibusdam dicit Apostolus: « Quia cum cognovissent Dominum, non sicut Dominum glorificaverunt, aut gratias egerunt, sed evanuerunt in cogitationibus suis; et obscuratum est insipiens cor eorum (*Rom.* 1). » Cui primæ plagæ, hoc est, pestilentissimo vulneri, mox adhibetur primi medicina præcepti: « Audi, Israel, Dominus Deus tuus Deus unus est (*Deut.* vi). » Hoc est enim medicinale vinculum, quo perfidiæ vulnus debeat alligari, ut hoc audiens unum solummodo Deum colas et in plures Deos marcescentis perfidiæ putredinem non effundas. Et justo Dei judicio, juxta litteram factum est ut illius fluvii sanguine potarentur Ægyptii, in quo primitus pueri necabantur Hebræi.

Secunda vero plaga, ranarum est abundantia (*Exod.* viii). Rana clamosum est animal, et in limosis vociferatur ex more paludibus; cui similes judicantur hæretici ac philosophi, qui velut super paludes limosas, hoc est inter turbas squalore perfidiæ sordidas, vanis adversus Christum vociferantur obloquiis, et, dum per argumenta fallaciæ non desinunt importunis garrire clamoribus, inane quidem in auribus tædium, sed nullum mentibus vivendi afferunt cibum. Cui morbo, qui videlicet in anima lethaliter sævit, secundum præceptum tanquam poculum salutis occurrit: Secundum autem præceptum est: « Non assumes nomen Domini Dei tui in vanum (*Exod.* xx). » In vanum namque Christi nomen assumit qui eum non Creatorem, sed tantummodo creaturam credit: « Vanitati enim creatura subjecta est (*Rom.* viii). » Et ideo tales homines sunt procul dubio vani, quia veritatem Dei commutantes in mendacium, fidem adhibent vanitati.

Tertia vero plaga ciniphes sunt (*Exod.* viii). Hoc autem animal tam minutum est ac perexiguum ut dum se per aerem libret et huc illucque vagabundis anfractibus instabiliter volat, visum cernere volentes effugiat; in corpore tamen nostro dum sederit, pungit, adeo ut, cum eas nequeas videre dum volant, compellaris sentire, dum stimulant; et dum circumvolantes seseque importunius ingerentes vultus nostros infestare non desinunt, volentes quiescere non permittunt. Quamobrem hæc plaga vagationis et inquietudinis vitium manifeste designat. Quo videlicet morbo quidam laborantes inutiliter huc illucque discurrunt, et velut malis vertumnis obnoxii per impatientiam non quiescunt. Sed quoniam ciniphes istæ perexiguæ sunt et noxiæ, ut non tam pondus videantur habere quam morsus, qui vitio vagationis inserviunt, quod per ciniphes designatur, leve quidem arbitrantur esse peccatum, sed non levi reatus fodiuntur aculeo. Non aggravat pondus, sed penetrat morsus, quia, quanto vitium hoc levius deputant, tanto majore necesse est ut peccati stimulus animæ languentis interiora transfigat. Huic itaque languori tertii præcepti obviat medicina, cum dicitur: « Memento ut diem Sabbati sanctifices (*Exod.* xx *et* xxxi, *Deuter.* 1); » sabbatum, id est *requies.* Ubi est sanctificatio sabbati, ibi procul dubio Spiritus Dei. Unde scriptum est: « Super quem requiescet Spiritus meus, nisi super humilem et quietum et trementem sermones meos? » (*Isai* lxvi.) Pensanda sunt verba quia si Spiritus sanctus requiescit tantummodo super quietum, ergo deserit inquietum. Enimvero, sicut secundum præceptum refertur ad Filium, ita hoc tertium pertinet ad Spiritum sanctum, qui nihilominus tertia est in sancta Trinitate persona. Nam et illam tertiam plagam Spiritui sancto incantatores ascribunt, cum et ipsi ciniphes excitare non possunt, dicentes ad Pharaonem: « Digitus Dei est hic (*Exod.* viii). » Ad colendum hoc sabbatum discipulum suum provocabat Apostolus, cum dicebat: « Attende lectioni et doctrinæ (*I Tim.* 1). » Et alibi: « Orate sine intermissione (*I Thess.* v). » Ad hujus sabbati cultum Dominus nos provocat per prophetam, cum dicit : « Vacate et videte, quoniam ego sum Dominus (*Psal.* xlv). » Ac si dicat: Spirituale sabbatum colite, vagationis inquietudinem devitate; ut per Spiritus sancti gratiam fixos, non vos ciniphes inquietent, sed spirituali sabbati cultura sanctificet. Notandum præterea quoniam tria duntaxat ista præcepta in una descripta sunt tabula; alia vero septem continebantur in altera. Ista siquidem ad charitatem Dei, illa vero ad amorem pertinent proximi. Et idcirco non amplius quam duæ sunt tabulæ, quia geminæ sunt charitatis impressione distinctæ. Tria plane præcepta in una tabula, septem vero descripta fuisse in alia, ex hoc maxime colligitur quod B. Apostolus ad Ephesios ait : « Filii, obedite parentibus vestris in Domino, hoc enim justum est. Honora patrem et matrem; quod est mandatum primum in promissione, ut bene sit tibi et sis longævus super terram (*Ephes.* vi). » Cur autem primum hoc mandatum dicitur, nisi quod in principio secundæ tabulæ positum est? Quod etiam in promissione dicitur, quia quod in aliis præceptis non invenitur, hoc præceptum longævitatis promissio sequitur, præmisso nimirum hoc quod dicitur : Honora patrem et matrem, ut bene sit tibi et sis longævus super terram. Hoc ergo præceptum, quod quartum est in generali numero mandatum, in secunda tabula ponitur primum.

Cui contraria est quarta plaga, hoc est, cynomya quæ dicitur *musca canina* (*Exod.* viii). Nihil enim tam caninum est quam ignorare parentes et illis qui nos genuerunt, reverentiam non deferre. Eos etiam tanquam muscæ circumvolitantes canini mores exagitant, qui, dum deferre parentibus nesciunt, per levitatis inconstantiam a naturali gravitate recedunt, eosque tanquam caninæ muscæ dilacerant, dum se contra genitores suos, quasi ringentes et oblatrantes, per impatientiam vexant. Ut hæc ergo plaga curetur, digna parentibus reverentia deferatur.

Quinta plaga mors peccatorum est (*Exod.* ix). Omnes enim qui spreto conjugali toro alienarum se mulierum fœditatibus polluunt et per obscenæ libidinis passim fluxa resolvunt, quid aliud quam bruta dicendi sunt pecora atque a ratione spiritualis intelligentiæ penitus aliena? « Facti sunt enim sicut equus, et mulus, quibus non est intellectus (*Psal.* xxxi). » Et per Jeremiam dicitur : « Saturavi eos et mœchati sunt, et in domo meretricis luxuriabantur ; equi amatores in feminas emissarii facti sunt, unusquisque ad uxorem proximi sui hinniebat (*Jer.* v). » Hæc ergo pecora necesse est ut funditus exstincta depereant, nisi divinæ legis medicamen occurrat. Dicitur ergo : « Non mœchaberis (*Exod.* xx). » Hoc utique quintum præceptum quintæ plagæ tanquam medicinalis nexus opponitur, ut dum proprio toro quisque contentus esse compellitur, nequaquam in extraneæ carnis amplexus intemperantia diffrenatæ libidinis extendatur.

Sexta plaga sunt vulnera et vesicæ turgentes atque ferventes (*Exod.* ix). In vulneribus scilicet arguitur dolosa odientium ac purulenta malitia ; in vesicis tumens et inflata superbia ; in fervore, æstuans et inflammati furoris insania. Sunt enim animæ quædam homicidales, in quibus hæ pestes oriuntur et acerrime sæviunt, easque, nisi humanum sanguinem fundant, quiescere non permittunt. Huic itaque furenti morbo et immaniter sævienti, sextum præceptum tanquam medicina cœlestis occurrit, quo dicitur : « Non occides (*Exod.* xx) ; » ut hoc quilibet audiens exortam malæ voluntatis in semetipso perniciem reprimat, nec extrinsecus ad effundendi cruoris effectum conceptum malitiosæ conscientiæ virus erumpat.

Post hæc plaga grandinis ponitur, ubi scilicet grando et ignis pariter ferebantur (*Exod.* ix). Porro autem duo hæc contraria sunt, frigus in grandine, calor in igne. Sic qui aliena furantur, et a fraterna charitate sunt frigidi, et ardore cupiditatis accensi. Ubi etiam fulgura atque tonitrua mista fuisse cum grandine perhibentur. Quid autem per tonitrua et fulgura, nisi pavor intolerabilis designatur ? Et hoc furibus familiare est ut, primo capi, deinde puniri, tremefactis visceribus paveant ; nec tamen a semel conceptæ nequitiæ perpetratione quiescant. Istæ nimirum pestes, hoc est, grando, ignis, fulgura, simul atque tonitrua, eorum corda qui clam aliena diripiunt, tanquam quædam arva devastant, et si qua sunt, omnia bonæ voluntatis fruges et germina dissipant. Huic itaque pessimo vulneri septimi succurrit medicina mandati, cum dicitur : « Non furaberis (*Exod.* xx) ; » ut hoc quisque cognoscens, cordis sui segetes hac multiplici peste non perdat, sed bonorum operum frugibus animæ suæ cellarium repleat, implens illud apostolicum : « Qui furabatur, jam non furetur, sed laboret manibus suis, ut habeat unde tribuat necessitatem patientibus (*Ephes.* iv). »

Octava autem plaga locustæ sunt (*Exod.* x). Per hæc animalia, quæ segetum germina destruunt et pestifero fruges ore corrodunt, qui possunt melius designari quam ii qui fratribus detrahunt et falsum illis crimen opponunt ? Nam quasi alienæ segetis germen devorant, dum fratrum suorum non modo bona supprimunt quæ prædicare debuerant, sed ultimo etiam nota eos falsi reatus inflammant.

Rodunt itaque, quia non modo eorum verba bona per invidentiam contegunt, sed eis etiam stigma fictæ pravitatis inurunt. An isti tanquam locustæ non rodunt, quibus per Apostolum dicitur : « Si mordetis et comeditis invicem, videte ne ab invicem consumamini ? » (*Gal.* v.) Huic itaque plagæ mandatum illuc competenter opponitur, quo dictum est : « Non falsum testimonium dices (*Exod.* xx). » Ut videlicet falsus quisque testis, qui non erit impunitus, ab alienæ vitæ morsu se reprimat, locustinos dentes abjiciat et virentia segetis alienæ germina non abrodat.

Jam nona plaga est densitas tenebrarum (*Exod.* x). Nemo magis in interiores tenebras labitur quam is qui conjugalis thalami violat fidem et alienam invadere quærit uxorem. Sed has tenebras quas utique cor luxuriæ deditum tolerat, divinæ legis splendor illustrat, cum dicitur : « Non concupisces uxorem proximi tui (*Exod.* xx). » Ubi notandum quia non dicitur, non tolles ; sive, non polluas, sed quod plus est, « non concupisces uxorem proximi tui. » Superius dictum est : « Non mœchaberis ; » hic dicitur : « Non concupisces uxorem proximi tui ; » ergo de re una duo videntur esse mandata : illic enim mœchiæ alienum torum violantis effectus ; hic etiam violare volentis prohibetur affectus. Illic spurcus et illicitus condemnatur adulterii coitus ; hic etiam adulterinæ concupiscentiæ compescitur appetitus. Et revera ipsa concupiscentia violandi alieni matrimonii adulterium est, sicut Dominus ait : « Qui viderit uxorem alterius ad concupiscendum eam, jam mœchatus est in corde suo (*Matth.* v). » Non ergo quispiam alienam concupiscat uxorem, ne palpabilium tenebrarum patiatur in corde caliginem, quam etsi forte jam patitur, coruscantem radium mandati legalis admittat et sic tenebras conscientiæ cæcutientis abjiciat.

Postremo decima plaga est mors primogenitorum (*Exod.* xii). Duos filios habet homo, nimirum cum facit opus quod ad hanc pertinet vitam, et cum spirituale quid operatur quod ad vitam tendit æternam. Sed spiritualis fructus, quasi primogenitus noster, in nostris operibus debet obtinere primatum. Unde et Dominus : « Primum, inquit, quærite regnum Dei, et hæc omnia adjicientur vobis (*Matth.* vi). » Ac si dicat : Gignite spiritualem fructum, qui vester sit utique primogenitus ; qui vero ad hujus vitæ pertinet necessaria, sit in hæreditate secundus, huic enim primogenito cum Jacob debetur benedictio (*Gen.* xxvii) ; de Esau vero ejusque similibus Scriptura dicit : « Hæreditas, ad quam in principio festinatur, in novissimo benedictione carebit (*Prov.* xx). » De his duobus liberis in Deuteronomio per figuram dicitur : « Si habuerit homo uxores duas, unam dilectam et alteram odiosam, genueritque ex eis liberos, et fuerit filius odiosæ primogenitus, voluerit que substantiam inter filios suos dividere, non poterit filium dilectæ facere primogenitum, et præferre filio odiosæ, sed filium odiosæ agnoscet primogenitum dabitque ei de his quæ habuerit cuncta duplicia; iste est enim principium liberorum ejus, et huic debentur primogenita (*Deut.* xxi). » De quibus omnibus verbum illud hic duntaxat ducimus exponendum, quod uxor dilecta sit vita mollis, deliciosa, carnalis; odiosa autem uxor est vita spiritualis, ut pote rigida, districta et omnium carnalium delectationum illecebris inimica. Hujus ergo filio primogenita debentur, quia spiritualis vitæ fructus illum habere meretur in præmium qui est, juxta Joannem, « primogenitus mortuorum, et princeps regum terræ, qui dilexit nos et lavit nos a peccatis nostris in sanguine suo (*Apoc.* i). » Sed hic primogenitus, id est, spiritualis fructus illi procul dubio moritur, qui suis non contentus, alienis rebus intendit; quod fraterni juris est appetit, et bona proximi succensus avaritiæ facibus concupiscit. Sed decimum Legis præceptum est : « Non concupisces rem proximi tui (*Exod.* xx). » Hoc igitur ille mandatum diligenter audiat, ne primogenitum perdat, ut de primogenito suo gaudeat, nequaquam quod alienum est concupiscat.

CAPUT VIII.
In sermone S. Eleuchadii.

« Postulet vir ab amico suo, ait Dominus, et mulier a vicina sua, vasa argentea, et aurea, et vestes; dabit autem Dominus gratiam populo suo coram Ægyptiis (*Exod.* xii). » In quo videlicet, ne diutius immorer, mystice aurum et argentum cum vestibus petimus, unde Domino tabernaculum fabricemus, cum mundanos poetas ac philosophos legimus, ut in divinis eloquiis luculentius proficere valeamus; sive etiam, quod perspicacius est, aurum et argentum, animæ sunt pretiosæ, quæ cum vestibus simul, id est, suis corporibus populo Dei se copulant, ut tenebrosum hoc sæculum, velut Ægyptum, deserant et terram promissam perpetuæ felicitatis acquirant.

CAPUT IX.
In sermone de inventione sanctæ crucis.

« Sument de sanguine agni et ponent super utrumque postem (*Exod.* xii.) » Quid est, quod Israelitica plebs postibus domorum de sanguine agni jubetur imponere, nisi ut nos præfiguret crucem Christi, qui verus est agnus, in fronte portare? Ad vesperam siquidem immolabatur agnus; et in vespera mundi passus est Christus. Liniantur utique postes, ne vastator angelus audeat inferre perniciem; et nos crucis vexillum in corde gestamus et fronte, ne repentinus hostis veniens valeat auferre salutem; unde et securi canimus : « Signatum est super nos lumen vultus tui, Domine (*Psal.* iv). »

CAPUT X.
In Epistola ad Blancam comitissam.

« Cum emisisset Pharao populum, non eos deduxit Dominus per viam terræ Philisthiim, quæ vicina est, reputans ne forte pœniteret eum, si vidisset adversum se bella consurgere, et reverteretur in Ægyptum (*Exod.* xiii). » Ex Ægypto itaque recedentibus, e vicino pugna subtrahitur, quia derelinquentibus sæculum quædam pacis tranquillitas datur; ne in ipsa suæ teneritudinis novitate turbati atque conterriti ad ea quæ contempserant revertantur. Prius ergo securitatis suavitate mulcentur, prius pacis quiete nutriuntur. Post cognitam vero dulcedinem tanto jam tolerabilius tentationum certamina sustinent quanto in Deo altius agnovere quod ament.

CAPUT XI.
In sermone de inventione sanctæ crucis.

« Sumpsit autem Maria prophetes, soror Aaron, tympanum in manu (*Exod.* xv). » Nos quoque rubro jam mari transmisso et hoste demerso tympanum cum Maria ferre debemus. Quid est autem tympanum portare? Audi Dominum dicentem : « Qui vult, inquit, venire post me, abneget semetipsum, et tollat crucem suam et sequatur me (*Luc.* viii). » Qui enim carnem suam cum vitiis et concupiscentiis crucifigit, qui membra sua, quæ sunt super terram, abstinendo mortificat (*Galat.* v), ille vere cum Maria tympanum portat, quia semetipsum a noxiis terrenæ voluptatis humoribus aridum servat.

CAPUT XII.
In eodem sermone.

Præterea et illud non inconvenienter occurrit. Quod videlicet Israeliticus populus in Mara adversus Moysen murmurat, vociferans scilicet non se posse reperire quod bibat (*Exod.* xv). Tunc ostendit Moysi Dominus lignum, quod cum ille misisset in amarissimas aquas, in dulcedinem protinus sunt conversæ. Quid enim amaræ illæ aquæ, nisi occidentis litteræ, et duræ atque insipidæ legis speciem tenent? Scriptum est enim : « Constituit populo suo Dominus legem et judicia, et tentavit eum (*Ibid.*). » Et alibi : « Ego dedi eis præcepta non bona et judicia, in quibus non vivent (*Ezech.* xx). » Cui tamen legi si confessio crucis et Dominicæ passionis mysterium copulatur, protinus quod amarum fuerat in spiritalis intelligentiæ dulcedinem vertitur.

CAPUT XIII.
In eodem sermone.

Notandum autem, juxta veritatem historiæ, quod, aqua in dulcedinem versa, subinde populus venit in Helim, ubi erant duodecim fontes aquarum et septuaginta palmæ. Quid enim duodecim fontes, nisi duodecim sunt apostoli (*Matth.* x), quos Dominus ad hoc constituit ut arida et squalentia humani generis pectora suæ prædicationis inundationibus irrigarent? Quid vero septuaginta palmarum arbores, nisi totidem sunt discipuli, quos ante faciem suam idcirco misit (*Luc.* x), ut per eos victoriæ suæ palmas mundus agnosceret? Et certe satis congrue videtur consequentium rerum ordo dispositus ut primo populus duceretur ad litteram legis, a qua nimirum, dum amara fuit, transire non potuit. At postquam est per lignum vitæ dulcis effecta et intelligi spiritualiter cœpit, illico Dei populus de Veteri Testamento ad Apostolicos fontes et palmarum arbores, id est, ad Evangelii gratiam transiit. Et bene post acceptum Decalogum septuplus prædicatorum numerus constituitur, quia per septiformem sancti

Spiritus gratiam omne mandatum divinæ legis impletur. Nec immerito plane prædicatores crucis palmarum videntur nomine designari, dum et ipsa crux jure dicenda sit palma; quia in ea scilicet facta est de prostrato mundi hoste victoria; sicut de ipsa cruce sponsus ad sponsam : « Dixi, inquit, ascendam in palmam, et apprehendam fructus ejus, etc. (*Cant.* vii) »

CAPUT XIV.
In sermone de S. Eleuchadio.

« Die sexta parent, ait Dominus, quod inferant, et sit duplum quam colligere solebant per singulos dies (*Exod.* xvi).» Sexto die duplex mensura colligi jubebatur, ut ex eo in Sabbatum medietas servaretur. Porro autem sexta dies sexta mundi ætas intelligitur, in qua nunc sumus. In hac ergo die duplum pro venturo Sabbato colligit, qui pro gloriæ cœlestis intuitu, ubi perpes Sabbatum et vera est requies, verbum Dei audit et facit. In hac duplum recondit qui et bene vivit, et aliis exemplum salutis ostendit; sive, quod expeditius est, duplicem mensuram colligit qui tantum in bona operatione desudat, unde et hic Conditori suo ejus anima placeat, et cum eo postmodum perpetualiter vivat. Quod igitur reponebatur pro Sabbato corrumpi non poterat; quia bona opera, quæ pro desiderio supernæ quietis fiunt, perpetuo manebunt.

CAPUT XV.
In epistola ad fratres Cluniacenses.

« Cum vidissent filii Israel manna datum, dixerunt ad invicem : Manhu ? quod significat, quid est hoc ? Quibus ait Moyses : Iste est panis, quem dedit vobis Dominus ad vescendum (*Exod.* xvi). » Illi ergo manna, id est, quid est hoc, veraciter comedunt qui, dum legunt, vel audiunt, divini verbi mysterium solerter inquirunt. Qui nimirum intra litteralis paleæ thecam, dulcem intelligentiæ spiritualis ambiunt enucleare medullam. Illic certe quid est hoc veraciter vescitur, qui in assidua Scripturæ sacræ solerter inquisitione versatur. Quasi enim quæstionem quamdam, et quid est hoc avido cordis ore comedimus, cum ad penetranda mysteria Scripturarum vigilanter insistimus, cum epulas cœlestis eloquii subtiliter ruminamus.

CAPUT XVI.
In sermone de S. Eleuchadio.
(Serm. 6.)

Præsenti necessitati hodierna cura sufficiat, nec diem crastinum sollicitudinis rancor anticipet. Israeliticus sane populus, sicut sacra testatur historia, cum manna colligeret, scaturiebat vermibus atque computrescebat, si quis infideliter agens, ex eo in crastinum reservaret (*Exod.* xvi). Sic nimirum quisquis ardore cupiditatis accensus, ut tanquam corpori suo alimenta provideat, terrenam sibi substantiam thesaurizat, huic ille vermis ebullit, qui conscientiam fodiat et arcana pectoris rodat. Enimvero ii sollicitudinum vermes, quos avaritia generat, illos denuo vermes parant, de quibus scriptum est :

« Ignis eorum non exstinguetur et vermis non morietur (*Isa.* xvi), » ut ignem igne cupiditatis accendat, et vermis ex verme procedat. Quanquam et sic valeat non inconvenienter intelligi, quia sicut ipse Christus, qui dicit : « Ego sum vermis, et non homo (*Psal.* xxi), » provenit aliis in ruinam, aliis in resurrectionem; ita nihilominus verbum ejus fit manna mellisque dulcedo fidelibus; infidelibus autem et prave viventibus vermis fit, non videlicet qui animam reficiens alat, non qui conscientiam terendo ac minitando remordeat.

CAPUT XVII.
In sermone de exaltatione sanctæ crucis.

Habens Moyses virgam in manu, brachia in modum crucis erexit (*Exod.* xvii) : sicque factum est, ut catervarum adversantium acies ligno et signo, hoc est, pleno crucis mysterio superaret. Hoc enim sacra testatur historia cum dicit : « Dum levaret manus Moyses, vincebat Israel : sin autem paululum remisisset, superabat Amalech (*Ibid.*). » Hoc plane factum non solum spiritualis intelligentiæ sacramentum, sed et virtutis nobis saluberrimum convectat exemplum. Nam dum crucem post Dominum tollimus; dum corda nostra cum manibus ad Dominum levamus, rectores tenebrarum protinus corruunt et in ima prostrati fractis viribus eliduntur. Si vero manus remittimus et obliti cœlestium terrena sectamur, protinus hostis victor insequitur et nos amissa victoria persequentium gladiis obtruncamur. In omni sane spirituali certamine crucis debemus præferre vexillum, quod nimirum si visibiliter agentes attollimus, procul dubio victores existimus; alioquin si segniter vivendo deponimus, ad primos persequentium impetus necesse est enerviter concidamus. Unde et insignis ille militiæ spiritualis instructor Paulus ait : « Remissas manus et dissoluta genua erigite, et gressus rectos facite pedibus vestris, ne claudicans quis erret (*Hebr.* xii). »

CAPUT XVIII.
In sermone synodali primo.

Sicut in monte Sinai Dominus Israeliticæ plebi per Moysen legis edicta proposuit; ita in sancta Ecclesia per ministerium sacerdotum idem legislator et judex Christiano populo vivendi mandata depromit; Sinai quippe interpretatur *rubus* sive *tentatio*. De rubi siquidem Dominus, ut Scriptura testatur, apparuit, et Moysi ad filios Israel deferre mandata præcepit (*Exod.* iii). Et in Ecclesia Deus procul dubio cernitur, sicut eidem Moysi roganti quatenus sibi semetipsum ostenderet, pollicetur, dicens : « Ecce locus apud me, stabis supra petram; cumque transierit gloria mea, tunc videbis posteriora mea (*Exod.* xxxiii). » Quod autem Sinai, etiam tentatio dicitur, quid per hoc aliud debet intelligi, nisi quia in Ecclesia, ibi lex datur, ibi tentatio maligni spiritus aliquando pestilenter oboritur, et ad violandam recti judicii regulam modo spes quæstus obrepat, modo rigorem justitiæ laus vel humanæ gratiæ favor emolliat; modo ad nocendum, iræ vel odii livor impellat; modo metus a libertate recte judicandi cor reprimat, modo crudelitas mensuram dignæ ultionis excedat?

CAPUT XIX.
G. G.

« Ait Dominus filiis Israel : Altare de terra facietis mihi (*Exod.* xx). » Altare scilicet de terra Domino facere est in 'nostri Redemptoris incarnatione sperare. Tunc quippe a Deo nostro munus accipitur, quando in hoc altari nostra humilitas, id est, super Dominicæ incarnationis fidem posuerit quidquid operatur. Altari ergo de terra oblatum munus imponimus, si actus nostros Dominicæ incarnationis fide solidamus. De quo altari per Isaiam dicitur : « In die illa erit altare Domini in medio terræ Ægypti, et titulus juxta terminum ejus dominii, et erit in signum et in testimonium Domino exercituum in terra Ægypti (*Isa.* xix). »

CAPUT XX.
In epistola ad canonicos Fanenses.

« Si autem lapideum altare mihi facies, non ædificabitis illud de sectis lapidibus, si enim levaveris cultrum tuum super eum, polluetur (*Exod.* xx). » Secti quippe lapides sunt, qui fraternæ societatis consortium respuunt; quod vivere cum fratribus et conversari concorditer nolunt. Tales autem Christus in suo non recipit corpore, quia a membrorum suorum sectos judicat unitate. De illis porro lapidibus altare est potius fabricandum, quibus Petrus dicit apostolus : « Et ipsi tanquam lapides vivi superædificamini in domos spirituales (*I Petr.* II). » Cui videlicet domui ille fundamentum est, præter quod non potest aliud poni; ille summitas qui factus est in caput anguli.

CAPUT XXI.
In sermone de S. Andrea apostolo.

« Facies, ait Dominus, bases argenteas, et tabulas deauratas desuper eriges (*Exod.* xxvi). » Quid autem per bases argenteas, nisi prophetarum videtur ordo signari? Qui dum primi de sacramento Ecclesiæ sunt locuti, quasi quasdam bases eos aspicimus a fundamento consurgere et superposita fabricæ pondera sustinere. Quid vero per tabulas, nisi sancti figurantur apostoli, qui extensa per mundum prædicatione sunt amplissime dilatati? Apostolorum namque doctrina, quasi quibusdam basibus propheticæ prædicationis innititur eorumque auctoritate ad status sui robur firmiter solidatur. Unde et conjunctæ binæ bases in singulis tabulis supponuntur, quia dum prophetæ sancti in verbis suis invicem de futuræ tunc Ecclesiæ sacramento concordant, subsequentes apostolos ædificantes ædificant, et cum a semetipsis in nullo dissentiunt, illos in se robustius figunt. Nec immerito bases, quibus prophetæ signantur, ut ex argento debeant fundi, præcipitur. Argenti quippe claritas ex usu servatur, sine usu autem in negredinem vertitur. Prophetarum quoque dicta, antequam apostolica prædicatione clarescerent, quia in usu spiritualis intelligentiæ non erant, dum conspici præ obscuritate non poterant, quasi nigra remanebant; at postquam apostolicæ prædicationis manus vaticinia obscura detersit, quidquid lucis in eis latebat inclaruit sensusque eorum mysticos in usum dedit, quia verba jam rebus esse exposita perspicue nuntiavit. Jure igitur præcipiuntur fieri et bases argenteæ et tabulæ deauratæ; quia videlicet apostolica præcepta prophetarum oraculis longe sunt clariora.

CAPUT XXII.
In sermone de S. Matthæo evangelista.

« Facies columnas quatuor et bases earum vestitas argento (*Exod.* xxvii). » In argento enim quid aliud quam claritas divini sermonis accipitur? sicut scriptum est : « Eloquia Domini, eloquia casta, argentum igne examinatum, probatum terræ (*Psal.* xi). » Bases ergo argento vestitæ quatuor columnas tabernaculi sustinent, quia prædicatores Ecclesiæ divino eloquio decorati, ut in cunctis se exemplum præbeant, quatuor evangelistarum dicta et ore et operibus portant. Matthæus itaque primum obtinet locum; Joannes ultimum. Qui nimirum et in apostolico sunt culmine constituti, et ex his quæ scripserunt, non auditu duntaxat, sed visu potius atque contactu, sunt præsentialiter informati, sicut unus eorum dicit : « Quod audivimus, quod vidimus, quod oculis nostris perspeximus, quod manus nostræ tractaverunt de Verbo vitæ (*1 Joan.* 1). » Marcus autem et Lucas, qui evangelici catalogi meditullium sortiuntur, non quidem sunt apostoli; verumtamen præcipuorum apostolorum alter Petri, alter Pauli relationibus sunt edocti. Omnes tamen sancti evangelistæ unius auctoritatis, unius sunt fidei, nec in aliquo dispares in texendis sincerissimæ lineis veritatis; ac per omnem suæ descriptionis articulum, inexpugnabile similiter erigunt propugnaculum adversus omnia quarumlibet hæreseon spicula præmunitum.

CAPUT XXIII.
In sermone de S. Bartholomæo.

Præceptum est ut in rationali, quod sacerdos ferebat in pectore, dum ingrederetur Sancta sanctorum, ponerentur duodecim lapides, terni per quaternos angulos inclusi auro, quia nimirum sancti apostoli per quadrifidum orbem de Trinitate, quæ Deus est, prædicarunt catholicæ fidei veritatem. Qui etiam lapides auro deferuntur inclusi, quia et beati apostoli in sapientiæ cœlestis arcano perseverant inviolabiliter confirmati. Legitimum ergo est ut sacerdos, cum ingreditur sanctuarium, duodecim pretiosos lapides in rationali pectoris deferat, quatenus quisquis sacris altaribus appropinquat, apostolicæ sibimet rectitudinis exempla proponat; ut quorum ministerio fungimur, eorum vitam, in quantum prævalet, imitemur; et quorum gerit officium, in eis sanctæ æmulationis studia defigat obtutum.

CAPUT XXIV.
In sermone de S. Eleuchadio.

« Arripiens Moyses vitulum aureum, quem fecerunt, igne combussit, ad pulverem usque contrivit, fluctibusque conspergens, Israeliticum ex eo populum propinavit (*Exod.* xxxii). » Quid est enim per figuram vitulus ille conflatilis, nisi corpus diaboli, homines scilicet in omnibus perfidiae simul et idololatriae errore decepti ac sub ipso suo pestifero capite, tanquam diversa membra sacrilega conspiratione conjuncti; super quos nimirum ille nequitiae spiritus velut auctor praesidens insolenter erigitur, et tanquam caput per tyrannidem suo corpori dominatur? Aureus autem vitulus fuisse describitur, quia videtur idololatriae ritus velut a sapientibus institutus. Auro quippe sapientia designatur, sicut per Salomonem dicitur : « Thesaurus desiderabilis in ore sapientis (*Prov.* 11). » Aureus itaque fuit vitulus, quia mundi sapientes ante novae gratiae fidei daemoniacae culturae fuisse probantur auctores. De quibus nimirum Apostolus : « Quia, cum cognovissent Deum, non sicut Deum glorificaverunt aut gratias egerunt, sed evanuerunt in cogitationibus suis et obscuratum est insipiens cor eorum, dicentes enim se esse sapientes, stulti facti sunt, et mutaverunt gloriam incorruptibilis Dei in similitudinem imaginis corruptibilis hominis, et volucrum, et quadrupedum et serpentium (*Rom.* 1). » Per hanc itaque vesanae sapientiae vanitatem, poetae, philosophi, magi, siderum rimatores omniumque disciplinarum liberalium instructi peritia, prodigiosa daemoniorum solebant adorare figmenta. In vitulo igitur significatum est totum corpus, id est, omnis societas gentilium idololatriae deditorum. **115** Moyses itaque vitulum igne combussit, quia Redemptor noster, quem ille signaverat, male conspirata corda gentilium flamma suae charitatis accendit. Unde et ipse dicit : « Ignem veni mittere in terram, et quid volo nisi ut accendatur ? (*Luc.* XII.) » Et Propheta : « Non est, inquit, qui se abscondat a calore ejus (*Psal.* xviii). » In mente ergo gentilium repente divinus ignis accenditur, ut in eis irrationabilis idololatriae forma solvatur. Totum deinde corpus vituli hujus in pulverem comminuitur, quia gentilis illa societas diabolicae conspirationis in unum arte conflata, ad adventum Christi quodam velut malleo salutiferae correptionis extunsa atque a rigoris sui duritia divini verbi est virtute contrita; ad verbum siquidem veritatis salubriter comminuitur, quae male integra in superbiae suae forma insensibiliter stare videbatur. Deinde in aquam spargitur, ut Israeliticus ex eo populus bibat. Comminutus denique vitulus in aquam mittitur, quia humiliatus gentilis populus, lavacro salutiferi fontis necesse est abluatur. Quem protinus Israelitae bibunt, quia sancti praedicatores Evangelii, qui vere Israelitae sunt, quos Dominicum corpus, quod est Ecclesia, transferunt in sua membra suscipiendo, quasi bibendo convertunt; quorum videlicet Israelitarum primo dictum est : « Macta et manduca (*Act.* x); » quod tantumdem est ac si diceretur : Tere et bibe. Sic sic ille vitulus per ignem zeli, et aciem verbi, aquaque baptismatis ab eis potius absorptus est quos conatus est absorbere ; in eos ipse transfusus est quos in sua, hoc est, diabolica tentaverat membra transferre.

CAPUT XXV.
In eodem sermone.

Verumtamen, quia Moyses non in hoc metam ultionis fixit ut idolum duntaxat infringeret, sed insuper addidit ut et viginti tria millia hominum trucidaret, mystice docuit nequaquam sufficere, si ab idololatriae cultu vel pravitate vitae quisquis convertitur, nisi et propria vitia gladio spiritus mortificare conetur. Unde et praedicator egregius : « Mortificate, inquit, membra vestra quae sunt super terram, fornicationem, immunditiam, luxuriam, concupiscentiam malam et avaritiam, quae est idolorum servitus (*Coloss.* II ; *Galat.* v). » Et notandum quia sicut hic vitia membra nostra esse dicuntur, ita et illi qui perempti sunt cum interfectoribus suis propinquitatis necessitudine jungebantur; sicut per Moysen dictum est : « Haec dicit Dominus Deus Israel : Ponat vir gladium super femur suum, ite et redite de porta usque in portam per medium castrorum, et occidat unusquisque fratrem et amicum et proximum suum (*Exod.* xxxii). » Si quem ergo delectat in armis consurgere, quisquis anhelat adversus hostium cuneos dimicare, vertat manus in se et illic plures inveniet adversarios obtruncandos. Unde videlicet post victoriam non homicidae foedum nomen incurrat, sed gloriosus potius triumphator appareat; unde certe non sanctuarii mereatur excludi liminibus, sed consecrans semetipsum Domino divinae gratiae benedictionibus augeatur; **116** sicut et illis dictum est : « Consecrastis, inquit, manus vestras Domino, unusquisque in filio et fratre suo, ut detur vobis benedictio (*Ibid.*). » Quod autem ii qui caesi sunt viginti tria millia fuisse referuntur, numerus trium millium peremptorum triplicem formam indicat peccatorum. Omne quippe peccatum, aut facto, aut verbo, aut cogitatione committimus. Sed quoniam illic et denarius numerus geminatur, datur intelligi quia sicut Decalogum praeceptorum culpa carnis simul et animae servare contempsimus, sic etiam utriusque vitia virtutum armis atterere et mortificare debemus.

CAPUT XXVI.
In sermone synodali I.

« Ecce locus apud me est, et stabis supra petram, et tunc videbis posteriora mea (*Exod.* xxxiii). » Quis autem iste locus, ubi statim super petram Dominus cernitur, nisi sancta intelligatur Ecclesia, ubi, dum petrae fidei constanter iuniamur, simul cum Apostolo gloriam Domini speculamur ? Haec est enim de qua dicitur : « Super hanc petram aedificabo Ecclesiam meam (*Matth.* xvi). »

CAPUT XXVII.
In epistola ad Damianum de scurrilitate vitanda.

« Fecit Moyses in tabernaculo septem lucernas cum emunctoriis suis et vasa, ubi quae emuncta sunt exstinguuntur, de auro purissimo (*Exod.* xxxvii). » Septem lucernas in tabernaculo facimus, si in mente nostra sancti Spiritus charismata ex divino munere componamus. Sed quia ipsis sanctis operibus, quibus per afflationem sancti Spiritus ardentes insistimus, quædam superflua se terrenæ corruptionis interserunt, cum lucernis etiam emunctoria necessario fiunt. Quid enim per emunctoria nisi districtio pœnitentiæ designatur? emunctorio namque quod supervacuum est in lucerna decerpitur et districtione pœnitentiæ humanæ pravitatis culpa deletur. Unde et Petrus quibusdam superflua perpetrantibus ait : « Pœnitemini igitur, ut deleantur peccata vestra (*Act.* ii), » ac si aperte dicat : Emunctorium stringite, et excessus pravi operis amputate. Recte ergo cùm lucernis et emunctoria fiunt, quia etsi per sancti Spiritus gratiam bonorum operum lumine resplendere contendimus, dum tamen humana corruptio superflua generat, pœnitentiæ remediis indigemus. Sed quoniam hæc ipsa superflua, quæ disciplina pœnitentiæ resecat, necessarium est ut contriti cordis fletus exstinguat, non immerito Moyses præter lucernas et emunctoria, etiam vasa fecisse memoratur, ubi quæ emuncta sunt exstinguantur. Vasa autem nostra sunt corda, quæ lacrymarum semper et fletus debent esse inundatione repleta; in quibus nimirum vasis et oleum illud reconditur, de quo in Evangelio perhibetur quia : « Prudentes virgines acceperunt oleum in vasis suis cum lampadibus (*Matth.* xxv). » Si ergo et hi qui claris operibus splendent adhuc tamen fletibus indigent, quid de me misero meisque similibus sentiendum, qui tenebrosa multa commisimus, et bona quæ luceant non habemus? Quam uberrimis lacrymarum rivis debemus semper affluere, quam continuo mœrori necesse fuerat jugiter insudare?

Expliciunt testimonia libri Exodi.

INCIPIUNT CAPITULA LIBRI LEVITICI.

1. *Vitulum de armento masculum, immaculatum offeret ante ostium tabernaculi testimonii.*
2. *Ut in omni sacrificio sal misceatur; fermentum vero, sive mel, nunquam.*
3. *Tollet sacerdos pugillum similæ, quæ conspersa est oleo, et totum thus, quod super similam positum est, adolebitque illud.*
4. *In altari Moyses tabernaculum fœderis frequenter intrabat et exibat.*
5. *Quod Nadab et Abiu, filii Aaron, obtulerunt ignem alienum coram Domino et divino sunt igne consumpti.*
6. *Quibus debeat Aaron vestibus indui quando ingreditur tabernaculum.*
7. *Pontifex offerat hircum viventem, et posita utraque manu super caput ejus, confiteatur, omnes iniquitates filiorum Israel.*
8. *Omne animal, quod vel contritis, vel tusis, vel sectis testiculis est, non offeretis Domino.*
9. *Ut septem lucernæ jugiter ardeant in tabernaculo fœderis coram Domino.*
10. *Comedetis vetustissima veterum et vetera, novis supervenientibus, projicietis.*

Expliciunt capitula.

INCIPIUNT TESTIMONIA LIBRI LEVITICI.

CAPUT PRIMUM.

In sermone de inventione sanctæ crucis.

« Vitulum de armento masculum immaculatum offeret ante ostium tabernaculi testimonii (*Levit.* i). » Per vitulum namque, qui de armento offerri præcipitur, Redemptor noster, qui de patriarcharum descendit progenie, figuratur. Hic nimirum aratro crucis suæ terram carnis nostræ perdomuit et ex Spiritus sancti semine virtutum nos fruge ditavit (*Isa.* liii). Hic vitulus sine macula, non in tabernaculo, sed ante ostium ejus a filiis Aaron offerebatur, quia et Dominus, qui sine peccato est, sub Anna et Caipha extra portam est crucifixus. Ipse agnus, qui mundi peccata detersit (*Joan.* i). Ipse hædus, qui auctorem peccati diabolum crucis gladio jugulavit (*Psal.* iii). Ipse columba, in cujus nimirum specie Spiritus sanctus super eum ad Jordanis fluenta descendit. Ipse etiam turtur, quia perpetuæ castitatis auctor existit, sicut sibi a sponsa dicitur : « Speciosæ genæ tuæ sicut turturis (*Cant.* i). »

CAPUT II.

In sermone virginum.

« Omnis oblatio, quæ offertur Domino, absque fermento fiet, nec quidquam fermenti et mellis adolebitur in sacrificio Domini (*Levit.* ii). » Quisquis enim vel rapinam in opus pietatis impenderit, vel vanæ gloriæ causa bonum videtur aliquod exercere, hic non azymam sinceritatis et veritatis, sed fermentum malitiæ atque nequitiæ conatur offerre. Mellis quoque sacrificium Dominus non approbat, quia luxuriæ voluptatem omnemque carnalis illecebræ dulcedinem damnat. Sal autem omnibus præcipitur oblationibus adhiberi, ut quidquid Domino super aram devoti cordis offerimus, rationis semper atque intelligentiæ sapore condire studeamus. Ait enim : « Quidquid obtuleris sacrificii sale condies, nec auferes sal fœderis Dei tui de sacrificio tuo (*Lev.* ii). » Et ut quod dicebat arctius inculcaret, et ne mens nostra fortassis aliquando insulsa desiperet, adhuc ingeminans dicit : « In omni oblatione tua offeres sal (*Ibid.*). » Hoc plane illud est sal de quo Apostolus ait : « In sapientia ambulate ad eos qui foris sunt, tempus redimentes; sermo vester semper in gratia sale sit conditus, ut sciatis quomodo oporteat vos unicuique respondere (*Col.* iv). » De hoc sale et Dominus ait : « Si sal infatuatum fuerit, in quo condietur? » (*Matth.* v.) Et de quo loquens ad discipulos : « Vos estis, inquit, sal terræ (*Ibid.*). »

CAPUT III.
In sermone S. Donati.

« Tollet sacerdos pugillum similæ, quæ conspersa est oleo, et totum thus, quod super similam positum est, adolebitque illud in altari, in monimentum odoris suavissimi Domino (*Levit.* vi). » Quid enim per similam nisi sancta electorum designatur Ecclesia? quæ nimirum dum convenientibus invicem credentium colligitur membris, quasi simila ex multis frumenti conspergitur 119 granis. Et sicut simila inter molam utramque conteritur ut a farinæ siligine cantabrum separetur, ita velut inter duas legis scilicet et Evangelii molas sancta Ecclesia stringitur, ut litteræ superficies a medulla spiritus discernatur. Quæ videlicet Ecclesia, ut revera spiritualis simila, dum per aquam Baptismatis adunata et oleo chrismatis est conspersa, igne quoque sancti Spiritus solidata sit, juxta Apostolum : « Hostia Deo bene placens et perfecta (*Rom.* xiii). » Thure autem, quod positum super similam dicitur, ejusdem Ecclesiæ oratio designatur, sicut in Apocalypsi Joannis ostenditur, cum dicit : Quia, « phialæ plenæ odoramentorum sunt orationes sanctorum (*Apoc.* v). »

CAPUT IV.
Ad Desiderium abbatem.

« Moyses tabernaculum fœderis frequenter intrabat et exibat (*Exod.* xxxiii). » Quid est enim quod ille crebro tabernaculum ingreditur et egreditur, nisi ut exemplum præbeat; quod is, qui intus in contemplationem rapitur, foris infirmantium negotiis frequenter urgetur. Intus Dei arcana considerat; foris onera carnalium portat. Qui de rebus quoque dubiis semper ad tabernaculum recurrit ac coram testamenti arca Dominum consulit, formam procul dubio rectoribus præbens, ut, cum foris ambigunt quid disponant, ad mentem semper quasi ad tabernaculum adeant, et velut coram testamenti arca Dominun consulant, si de iis in quibus dubitant apud semet ipsos intus sacri eloquii paginas requirunt. Unde et ipsa Veritas, per susceptionem nobis nostræ humilitatis ostensa, noctibus in monte orationibus vacat (*Luc.* vi); die vero in urbibus per miraculorum signa coruscat; imitationis videlicet viam bonis rectoribus sternens, ut, si jam summa contemplanda appetunt, necessitatibus tamen infirmantium compatiendo misceantur, quia tunc ad alta charitas mirabiliter surgit, cum ad ima proximorum se misericorditer attrahit, et quo benigne descendit ad infima, valenter recurrit ad summa.

CAPUT V.
In epistola ad Cunibertum Taurinensem episcopum, de incontinentia clericorum.

« Arreptis Nadab et Abiu, filii Aaron, thuribulis suis, posuerunt ignem et incensum desuper, offerentes coram Domino ignem alienum, quod eis præceptum non erat; egressusque est ignis a Domino et devoravit eos, et mortui sunt coram Domino (*Lev.* x). » Quid est enim alienum ignem Domino sacerdotes offerre, nisi ardore libidinis inflammatos sacro a sanctis altaribus propinquare? Et cum Scriptura dicat : « Spiritum nolite exstinguere (*1 Thess.* v); » isti, quantum in se, Spiritum sanctum, qui in eis ardere debebat, exstinguunt, et alienum ignem offerunt, dum ad altare Domini flamma libidinis æstuantes accedunt; sed repente super eos ignis divini furoris 120 accenditur, quo terribiliter exuruntur, Scriptura testante, quæ dicit : « Et nunc ignis adversarios consumit (*Hebr.* x). » Et certe legitimum est ut qui sordentes sacris altaribus appropinquant gladio divinæ ultionis intereant; dicente ad Moysen Domino : « Docebitis filios Israel, ut caveant immunditiam; et non moriantur in sordibus suis, cum polluerint tabernaculum meum, quod est inter eos (*Lev.* xv). »

CAPUT VI.
In sermone S. Georgii.

« Tunica, » inquit Dominus, « linea vestietur, feminalibus lineis verenda celabit, accingetur zona linea, cidarim lineam imponet capiti. Hæc enim vestimenta sunt sancta, quibus, cum lotus fuerit, induetur (*Lev.* xvi). » Quisquis enim in tabernaculo Christi, quod est Ecclesia, semetipsum Deo sacrificare contendit, necesse est, ut postquam lavacro sacri fontis abluitur, diversis etiam virtutum vestibus induatur, sicut scriptum est : « Sacerdotes tui induantur justitia (*Psal.* cxxxi) ; quatenus qui in Christo per baptismum novus homo renascitur, non jam pelliceas tunicas, mortalitatis videlicet indices vestiat, sed deposito veteri homine, novum induat, et in eo per mundæ conversationis studium innovatus vivat. Et notandum quod omnes illæ vestes lineæ describuntur. Linum quippe ad candorem cum labore perducitur, et virtutum vita non acquiritur sub torpore desidiæ, sed in laboriosæ potius exercitio disciplinæ.

CAPUT VII.
In sermone S. Bonifacii.

Pontifex viventem hircum hoc modo jubetur ex lege offerre ut, posita super caput ejus utraque manu, confiteatur omnes iniquitates filiorum Israel et universa delicta atque peccata eorum, quæ imprecans capiti ejus emittat illum in desertum (*Lev.* xvi). Quid est autem hircum utrique manui pontificis subjici, nisi filium hominis in similitudine carnis peccati venientem per voluntatem Dei (*Rom.* viii), utriusque populi, Judaici videlicet et gentilis, persecutione gravari? Plane utriusque se voluit manibus subdere qui de jugo diaboli utrumque venerat populum liberare. Quid vero est quod, post confessionem atque imprecationem omnium iniquitatum filiorum Israel super capita ejus, hircus mittitur in desertum, nisi quia is qui peccata nostra portavit, qui legis maledicta sustinuit, protinus in desertum, ubi nonaginta novem reliquerat, ovem centesimam reportavit? (*Matth.* xviii.) Unde et Apostolus : « Ut nos, inquit, liberaret a maledicto, ipse factus est maledictum (*Gal.* iii). »

CAPUT VIII.

Ad Cunibertum Taurinensem episcopum, de incontinentia clericorum.

« Omne animal quod vel contritis, vel tunsis, vel sectis ablatisque testiculis est, non offeretis Domino (*Lev.* XXII). » Porro si tanto Deus odio habet sterilitatem in animalibus brutis, quæ sibi per sacerdotale ministerium offeruntur, quanto magis hanc aspernatur in sacerdotibus, qui sibi sacrificium offerunt, nimirum ut, sicut in illis fetus exigitur carnis, ita sacerdotes in alios propagines germinent castitatis.

CAPUT IX.

In sermone in cœna Domini.

« Præcipe filiis Israel, ait Dominus ad Moysen, ut offerant tibi oleum de olivis purissimum ac lucidum ad concinnandas lucernas jugiter extra velum testimonii in tabernaculo fœderis; ponetque eas Aaron a vespere usque in mane coram Domino cultu rituque perpetuo in generationibus vestris; super candelabrum mundissimum ponentur semper in conspectu Domini (*Lev.* XXIV). » Quid autem per septem lucernas in tabernaculo, nisi septem significantur Ecclesiæ in uno populo Christiano, in quibus nimirum oleum jubetur indesinenter ardere, quia in his sincera charitas, quæ per Spiritum sanctum datur, gemini debet amoris igne fervescere, et claris atque conspicuis semper operibus coruscare? Sed cum una sit procul dubio catholica et universalis Ecclesia, sicut per Salomonem dicitur : « Una est columba mea, una genitricis suæ (*Cant.* VI), » quid est quod in sacris eloquiis septem esse referuntur Ecclesiæ, nisi quia, quæ una est per unitatem fidei, septiformis est per totidem dona Spiritus sancti? Illæ sunt enim septem illæ mulieres quæ, juxta prophetæ vaticinium, accepere virum unum (*Isai.* IV). Vir autem Ecclesiæ, Christus. Hoc plane sancti Spiritus oleo cuncta sacrarum Scripturarum pabula condiuntur, ut animarum nostrarum viscera saginentur. Hoc oleum vitalibus epulis eloquii cœlestis infusum sapit in faucibus animæ, cujus et stomachum recreat, et gustum percipientis obdulcat. Nam scriptum est : « Littera occidit, spiritus autem vivificat (*II Cor.* III). » Unde sciendum est quia omnes sacrorum voluminum paginæ sancti Spiritus oleo sunt conditæ.

CAPUT X.

In epistola ad Hildebrandum et Stephanum.

« Comedetis vetustissima veterum, et vetera novis supervenientibus projicietis (*Levit.* XXVI). » Vetustissimum quippe nobis est primos homines Domini in paradiso conspicere; vetus autem, Israeliticum populum circumcisionis ac sacrificiorum ritum diversarumque cæremoniarum mandata servare. Tunc itaque vetustissima veterum mentis ore comedimus, cum, ad instar primi parentis, Dei speciem contemplamur. Vetera vero novis supervenientibus procul abjicimus, dum Evangelii gratia coruscante Mosaicæ legis observantiam non curamus.

Expliciunt testimonia libri Levitici.

INCIPIUNT CAPITULA LIBRI NUMERI.

1. Applica tribum Levi, et fac stare in conspectu Aaron, dabisque dono Levitas Aaron et filiis ejus.
2. Quod populus colligens manna frangebat mola, sive terebat in mortario, et faciebat ex eo tortulas.
3. Congrega mihi septuaginta viros de senioribus Israel, quos tu nosti quod senes sint populi.
4. Pergentes exploratores usque ad torrentem Botri, absciderunt palmitem cum uva sua, quem portaverunt in vecte duo viri.
5. Item, unde supra.
6. Tollens Aaron thuribulum, cucurrit per mediam multitudinem, quam vastabat incendium.
7. Præcipe filiis Israel ut adducant ad te vaccam ruffam, ætate integram, sine macula, quæ non pertulerit jugum.
8. Aperi thesaurum tuum fontem aquæ vivæ, ut saturati, cesset murmuratio eorum.
9. Audite, rebelles et increduli. Num de petra hac vobis aquam poterimus ejicere?
10. Quod Dominus misit in populum serpentes propter murmur eorum.
11. Quod Israel misit nuntios ad Seon dicens : Obsecro, transire mihi liceat per terram tuam.
12. Quod præcipua urbs regni Seon dicitur Esebon.
13. Tolle cunctos principes populi, et suspende eos in patibulo contra solem, ut avertatur furor meus ab Israel.
14. Quod tribus Levi ad repromissionis terram pervenerit, cæteris tribubus in deserto prostratis.
15. Quod Salphaat non filios, sed quinque tantum filias moriens dereliquit.
16. De octo festivitatibus, quas per unumquemque anni circulum Dominus observari præcepit.
17. Armate ex vobis viros ad pugnam, qui possint ultionem Domini expetere de Madianitis.
18. Quod filii Israel venientes ad fontem Judicii, qui est Cades, interfecerunt omnes principes Amalech et Amorrhæos.
19. Quod Israel in quadraginta duabus mansionibus ad hæreditatis principium pervenerit.

Expliciunt capitula.

INCIPIUNT TESTIMONIA LIBRI NUMERI.

CAPUT PRIMUM.

In epistola ad Alexandrum papam, ut canonicis proprietatem tollat.

« Applica, inquit Dominus Moysi, tribum Levi, et fac stare in conspectu Aaron sacerdotis, ut ministrent ei. Et infra : Dabisque dono Levitas Aaron et filiis ejus, quibus traditi sunt a filiis Israel (*Num.* III). » Aaron quippe et filios ejus quis ambigat ius habuisse pontificium? Tribum vero Levi quis nesciat prætulisse ordinem clericorum? Levitæ ergo Aaron et filiis ejus a filiis Israel dono traduntur, cum ex omni Christiano populo clericalis ordo in excubias ecclesiastici cultus assumitur et, ut assistant atque ministrent, suis pontificibus offeruntur. Sed quisquis servus est mammonæ, ritus abhorret ecclesiasticæ disciplinæ. Nec prætereundum est quod illic præsto subjungitur : « Ego, ait Dominus, tuli Levitas a filiis Israel pro omni primogenito quod aperit vulvam in filiis Israel, eruntque Levitæ mei (*Num*. III); » ut liquido pateat clericorum ordinem Dei omnipotentis esse peculium, sicut et ipse Deus specialis est hæreditas clericorum. Sed cui Deus in hæreditate non sufficit, quid eum satiare possit ignorat, quia mentis ejus oculum furiosa cupiditas cæcat.

CAPUT II.
In sermone de cœna Domini.

« Circumibat populus, et colligens manna frangebat mola, sive terebat in mortario, coquens in olla et faciens ex eo tortulas saporis quasi panis oleati (*Num*. XI). » Porro autem quasi per multa in cellario Domini dolia transitum habuimus, ut ad solum oleatum, velut olei vasculum, pervenire possemus. Manna denique, quo plebs vivebat Israelitica, sacrum designabat eloquium, quo nutritur et vegetatur religio Christiana. Quod utique veraciter oleatum est, quia mystica sancti Spiritus est unctione conspersum. Notandum vero quia idem manno, quod in libro Numeri dicitur oleatum, in Exodo legitur non olei, sed mellis potius habuisse saporem : « Gustus, inquit, ejus erat quasi similæ cum melle (*Exod*. XVI). » Quidnam est, quod angelicus ille cibus prius dicitur mellis exhibuisse dulcedinem, et postmodum non mellis sed olei præbuisse suavitatem, nisi quod Redemptor noster, sacrarum omnium auctor et conditor Scripturarum, quem videlicet illud manna principaliter figurabat, et ante passionem velut mel dulcedinem exhibuit miraculorum, et post ascensionem suam tanquam oleum in discipulos suos effudit Spiritum sanctum? (*Act*. II.) Nam quasi mellis videtur propinasse dulcedinem, dum signis atque virtutibus coruscavit ; olei vero tunc suavitatem dedisse, cum in apostolos suos sancti Spiritus paracleti dona diffudit. Quem videlicet ordinem Moyses congrue tenuit, cum in Deuteronomio de petra, quæ et nihilominus manna erat, typice decantavit : « Suxerunt, inquit, mel de petra, et oleum de firma petra (*Deut*. XXXII). » De hoc mysticæ unctionis oleo sponsa ad sponsum dicit in Canticis : « Unguentum effusum nomen tuum (*Cant*. I). » Unguentum quidem effusum sponsi nomen asseritur, quia, sicut a chrismate Christus, ita consequenter a Christo dicitur Christianus.

CAPUT III.
In Libro Gratissimo.

« Congrega mihi, ait Dominus, septuaginta viros de senioribus Israel, quos tu nosti quod senes po-puli sint ac magistri, et duces eos ad ostium tabernaculi fœderis, faciesque ibi stare tecum, ut descendam et loquar tibi, et auferam de spiritu tuo, tradamque eis (*Num*. XI). » Ubi notandum quod non ait, auferes de spiritu tuo, tradesque eis ; sed potius, auferam et tradam, ut profecto ostenderet quia non homo homini Spiritum sanctum tradit, sed solus ipse est qui, prout vult, gratiæ suæ dona distribuit. Unde et paulo post subditur : « Descenditque Dominus per nubem, et locutus est ad eum, auferens de spiritu qui erat in Moyse, et dans septuaginta viris (*Ibid*.). » De spiritu autem Moysi viris dedisse Dominus dicitur, ut et ordinatores et ordinatos unum debere spiritum habere perspicuum doceatur, quatenus rectores Ecclesiæ nequaquam inter se diversa sentiant, unde schismata, quod absit! aut hæreses pestilenter emergant, sed unum omnes concorditer doceant atque in unitate spiritus unanimiter vivant. Porro autem, sicut septuaginta illi, quos Dominus post apostolos ordinavit (*Luc*. X), totidemque fere isti, quos cum Moysi sustentare populi onus voluit, typum prætendebant presbyterorum ; ita nihilominus Moyses primum, et, post, apostoli dignitatem videntur obtinuisse pontificum ; et, sicut neque illi ab apostolis neque isti a Moyse Spiritum sanctum accipere potuerunt, sic etiam de episcopis cæterisque ecclesiasticæ dignitatis ordinibus procul dubio sentiendum est : nimirum quia unus omnipotens Deus, qui eos per diversos ordinum gradus moderaminis sui dispensatione distinxit, solus etiam, prout ipse novit, Spiritus sui gratiam in unumquemque diffudit. Neque enim in illa Spiritus datione aliud sibi Moyses arrogare privilegium potuit quam quod illi vox divina præcepit, nimirum ut viros eligeret, eosque ducens ad ostium tabernaculi, cum eis staret ; hæc est summa operis Moysi. Quid ergo suæ virtutis in hoc Dei munere Moyses recognoscere potuit, cum insuper et duo ex his qui descripti fuerant, Scriptura teste, in castris positi et ad tabernaculum non venerunt, et tamen, eo nesciente, æque ut cæteri spiritum perceperunt? In eo sane quod de spiritu Moysi tolli dicitur atque L25 aliis dari, nullum Moyses dispendium sui spiritus pertulisse credendus est : velut ab ardente lucerna lumen quælibet materia mutuetur, nullo propter hoc lucerna proprii splendoris detrimento minuitur.

CAPUT IV.
In sermone secundo de S. Matthæo.

« Pergentes exploratores Israel usque ad torrentem botri absciderunt palmitem cum botro suo, quem portaverunt in vecte duo viri (*Num*. XIII). » Duo scilicet viri, duo sunt populi, Judæus et gentilis. Hi botrum posuerunt in vecte, quia Salvatorem suspenderunt in cruce. Sed præcessor quod portabat non aspiciebat ; qui sequebatur intuebatur. Et Judæorum populus, qui nos temporibus antecessit, Dominum, quem in prophetis et lege portaverat, dum obedientiæ vultum semper avertit, videre non potuit ; gentilis autem, qui sequitur, tanquam præ oculis positum assidue contemplatur.

CAPUT V.
In sermone de nativitate S. Mariæ.

Hunc plane mediatorem Dei et hominum, hominem Christum Jesum, qui per semetipsum in Evangelio testatur : « Ego sum, inquiens, vitis vera (*Joan.* xv), » botrus ille signaverat quem de terra promissionis exploratores in phalanga ad filios Israel deferebant (*Num.* xiii). Duobus autem portitoribus hinc inde suppositis, altero videlicet præcedente, altero subsequente, botrus in medio ferebatur, quia Redemptor noster, dum a Patribus Veteris Testamenti venturus esse prædicitur, a Novi vero prædicatoribus jam venisse nuntiatur, quasi botrus in phalanga defertur, ut ad capessendam supernæ repromissionis terram mens fidelium accendatur. Phalanga quippe delata humeris portitorum, divina lex est imposita cervicibus hominum, cujus partes botrus ille medius continuavit; quia Salvator noster, « qui fecit utraque unum (*Ephes.* ii), » cum evangelica doctrina legis et prophetarum mandata conjunxit. Sed qui præcedebat, quod humeris portabat, oculis non videbat; qui autem sequebatur, onus suum semper intuebatur. Per illum ergo qui præcedebat, populus Judæorum : per illum vero qui sequebatur, non incongrue designatur multitudo gentium. Ille enim per sacræ Scripturæ paginas quasi in humeris Christum portavit, sed quia præsentem in carne, impediente infidelitatis suæ caligine, non cognovit, dorsum ei quodammodo in faciem misit; iste vero qui sequitur aspicit, quia gentilis populus Redemptorem suum, in quem fideliter credit, manifeste cognoscit. Potest etiam per repromissionis terram non incongrue ipsum beatissimæ Dei Genitricis corpus intelligi, ex quo Redemptor noster velut singularis botrus voluit humanitus germinari, juxta illud quod scriptum est : « Veritas de terra orta est (*Psal.* lxxxiv). » Et bene caro beatissimæ Virginis terra repromissionis est dicta, quæ longe ante parituræ Salvatorem mundi a prophetis multifariam est promissa. 126 Quæ vero lac et mel manavit, dum Deum et hominem intemerata virginitate profudit. Unde et per Isaiam prophetam dicitur : « Ecce virgo in utero concipiet et pariet filium, et vocabitur nomen ejus Emmanuel; butyrum et mel comedet, ut sciat reprobare malum et eligere bonum (*Isai.* vii). »

CAPUT VI.
In epistola ad Hermindim sanctimonialem.

« Tollens Aaron thuribulum, cucurrit per mediam multitudinem quam vastabat incendium, et, stans inter mortuos ac viventes, thymiama obtulit, sicque desæviens plaga cessavit (*Num.* xvi). » Quem sane Aaron, nisi Redemptorem nostrum significabat? Ipse namque, quoniam ad currendam viam quasi gigas exsultavit (*Psal.* xviii), arrepto passionis suæ thuribulo, inter mortuos et viventes occurrit, et objectu crucis suæ, in qua thymiama sacri corporis concrematum est, et Agnus ille cœlestis assatus est, vivos ac mortuos separavit, ignisque perniciem ab

A eis, quasi quidam intervemens murus, exclusit, ut vorax flamma deglutiat infideles quosque, de quibus scriptum est : « Nunc ignis adversarios consumit, et justi, qui fide vivunt, incendium damnationis evadunt (*Hebr.* x). » Quorum mortuorum atque viventium jam et ipsi latrones noscuntur fuisse primitiæ, inter quos Dominus crucifixus est, quorum alter electus, alter est merito perfidiæ reprobatus. Hoc itaque thymiama sacrificii salutaris atque singularis, quod in ara crucis oblatum est Deo Patri, mons ille fortitudinis inter mortuos viventesque portavit, cum odorem suæ notitiæ per fideles et infideles effudit. Unde est illud in Canticis : « Unguentum effusum nomen tuum (*Cant.* i). » Et Apostolus : « Deo autem gratias, qui semper triumphat nos in Christo Jesu, et odorem notitiæ suæ semper manifestat per nos in omni loco, quia Christi bonus odor sumus Deo in iis qui salvi fiunt et in eis qui pereunt; aliis quidem odor mortis in mortem, aliis odor vitæ in vitam (*II Cor.* ii). »

CAPUT VII.
In sermone de inventione sanctæ crucis.

« Præcipe filiis Israel ut adducant vaccam rufam, ætate integra, sine macula, quæ nunquam pertulit jugum (*Num.* xix). » Rufa nimirum vitula caro est Salvatoris, rosea scilicet sanguine passionis. Perfectæ quidem ætatis Dominus ad passionem venit; sed ejus collum jugum peccati cujuslibet non attrivit. Qui vitulam offerunt, immundi sunt; et qui Christum crucifigunt, unde mundus abluitur, ipsi damnabiliter inquinantur. Qui vero, cinerem colligens, extra castra projicit, mundus est; quia quicunque crucis Dominicæ passionisque mysterium per mundi latitudinem prædicant, a peccatorum se contagio per ædificationis fraternæ ministerium purgant.

127 CAPUT VIII.
In sermone de exaltatione sanctæ crucis.

« Aperi, Domine, thesaurum tuum, fontem aquæ vivæ, ut satiati, cesset murmuratio eorum (*Num.* xx). » Neque enim tam magnificis atque divinis verbis elementum describeret, ex cavernis videlicet terræ profluum ac deinceps in secessuum cuniculos egerendum. Nunquid enim dignum fuit viles aquas appellare Dei thesaurum? Sed Dei thesaurum illum procul dubio nominat, de quo Apostolus dicit : « Quia in pectore Jesu sunt omnes thesauri sapientiæ et scientiæ absconditi (*Coloss.* ii). » Fontem etiam aquæ vivæ illum perhibet, de quo dicitur : « Qui biberit aquam quam ego dabo ei, fiet in eo fons aquæ salientis in vitam æternam (*Joan.* iv). » Alioquin qua rationis consequentia diceret : « Ut satiati, cesset murmuratio eorum, » cum postmodum idem populus murmurans dicat : « Cur eduxisti nos de Ægypto, ut moreremur in solitudine? Deest panis, non sunt aquæ (*Exod.* xiv); » et alia multa, quæ prodigiosa dementia tumultuatus evomuit. Sed affectus tædio Moyses tam duræ ac seditiosæ multitudinis, adventum anxie flagitat Salvatoris : sicut et tunc perierat, cum dicebat : « Obsecro, Domine, mitte quem missurus es (*Exod.* IV). »

CAPUT IX.
In eodem sermone.

« Congregata multitudine ante petram, Moyses ait : Audite, rebelles et increduli, num de petra hac vobis aquam poterimus ejicere? » (*Num.* XX.) Tanquam diceret : Nos non valemus quod supra humanitatis vires est facere, quia vos non acquiescitis quod humanum est adimplere. Nec signum possumus ex virtute divinitatis ostendere, quia vos nunquam desinitis Deo per rebellionis contumaciam contraire. Propter peccata namque populi, quod et ipse jam fecerat, quando videlicet in Cades largissimas aquas silicem percutiendo produxit, rursus se facere posse diffidit, atque ideo in repromissionis terram eumdem populum, Domino prohibente, nullatenus introduxit. « Sed petra illa, juxta Apostolum, Chri tus erat (*II Cor.* X). » Accedit igitur virga ad silicem, et haurienda populis aqua producitur. Adhibetur crux Christo, et omnia corda credentium gratia sancti Spiritus rigantur. Hic est enim lapis, de quo per Zachariam dicitur : « Super lapidem unum septem oculi sunt (*Zach.* III). » Quod autem petram non credendo percussit, atque ideo ad promissam terram cum populo non pervenit, populum significat Judæorum, qui, profecto Christum Dei virtutem esse non credens, in ligno suspendit, atque ideo in terram viventium intrare non meruit.

CAPUT X.
In eodem sermone.

« Murmurante aliquando populo adversus Moysen, ac dicente : Deest panis, 128 non sunt aquæ, anima nostra jam nauseat super cibo isto levissimo; tunc immisit in eos Dominus ignitos serpentes. Cumque pœnitentia ducti indulgentiam peterent, ex præcepto Domini fecit Moyses serpentem æneum, et pro signo posuit; ad quem quicunque percussi fuerant aspicientes protinus sanabantur (*Num.* XXI). » Enimvero per consilium serpentis est homo delapsus in mortem; æs vero cæteris metallis durabilius invenitur. Æneus itaque serpens Dominum figuravit, qui infusum nobis venenum diabolicæ suggestionis abegit. Et apte æneus serpens, ut per serpentem mortuus, et per æs Dominus significaretur æternus. Qui enim ex humanitate crucis supplicium pertulit, ex divinitate perpetuus et impassibilis vivit. Porro autem serpens æneus similitudinem quidem serpentis habet, sed venenum serpentis non habet. Et Redemptor noster in similitudine quidem carnis peccati apparuit, sed peccati venenum in eo locum habere non potuit, quippe, « qui peccatum non fecit, nec dolus inventus est in ore ejus (*I Petr.* II). » Nec prætereundum est quod congrue satis mansio illa, ubi hæc facta sunt, Salmona dicitur, quæ videlicet *imaguncula* interpretatur; quia illic nimirum, in hujus ænei serpentis forma, imago est nostri Salvatoris expressa. Unde et idem Salvator ait : « Sicut exaltavit Moyses serpentem in deserto, ita exaltari oportet filium hominis, ut omnis qui credit in illum non pereat, sed habeat vitam æternam (*Joan.* III). » Recte ergo serpens æneus pro signo ponitur, et populus aspiciens a morsu serpentium liberatur, quia quicunque in Salvatorem, qui in cruce suspensus est, ex desiderio imitationis intendunt, omne mox virus et lethiferos morsus veternosi serpentis evadunt. Et notandum quod serpens ille pro signo dicitur positus. Nam et Simeon ille justus, delato ad templum Domino, vaticinans ait : « Ecce positus est hic in ruinam et in resurrectionem multorum in Israel, et in signum cui contradicetur (*Luc.* II). » In signum namque contradictionis Redemptor noster est positus, quia in cruce erat pro humani generis salute passurus. Cui nimirum cruci omnis mundi sapientia contradixit, sed Regi per eam gloriæ triumphanti tandem devicta succubuit, sicut in Actibus apostolorum dicitur : « De secta autem hac scimus quia ubique ei contradicitur (*Act.* XXVIII). »

CAPUT XI.
In sermone S. Christophori.

« Misit Israel nuntios ad Seon, dicens : Obsecro ut transire mihi liceat per terram tuam; non declinabimus in agros et vineas; non bibemus aquas ex puteis, via regia gradiemur donec transeamus terminos tuos (*Num.* XXI). » Qui concedere noluit ut transiret Israel per fines suos; quin potius, ut eadem sacra testatur historia, exercitu congregato, Seon egressus est obviam in desertum, et venit in Isaar [Jasa] pugnavitque contra Israel, a quo percussus est in ore gladii, et possessa est terra ejus ab Israel. Sed quod tunc sub Moyse fuit historialiter factum, sub Christo quotidie fit per 129 spiritualis militiæ sacramentum. Hanc enim pugnam ille tunc populus adumbrabat, quia nunc sancta Ecclesia jugiter contra diabolum dimicat. Seon quippe duplicem habet interpretationem. Dicitur enim *arbor infructuosa*, dicitur et *elatus*. Quis enim est iste elatus, quis est iste superbus, nisi reprobus ille Spiritus, qui dicit : « In cœlum conscendam, super astra cœli exaltabo solium meum; ascendam super altitudinem nubium, et similis ero Altissimo? » (*Isai.* XIV.) Quis, inquam, iste elatus est, nisi ille, de quo Scriptura dicit : « Quia ipse est rex super omnes filios superbiæ? » (*Job* XLI). Adeo ut, juxta Apostolum, « in templo Dei aliquando sedeat, ostendens se tanquam sit Deus (*II Thess.* II). » Quod autem idem sit arbor infructuosa, expositione non indiget, dum ipse tanquam lignum aridum æternis sit ignibus deputatus. Hic itaque Seon rex est Amorrhæorum, qui et ipsi interpretantur *vel in amaritudinem adducentes*. Nam quicunque maligno spiritui per reprobam vitam subjacent ejusque ditionis legibus parent, loquentes quidem sunt, sed non sapientes. Plerique scilicet amatorum mundi, dum in terrena sunt sapientia vacui, per leporem exterioris eloquentiæ sunt diserti. De quibus per Salomonem dicitur : « Omnis labor in ore hominis, sed anima ejus non implebitur (*Eccle.* vi). » Sanctorum autem regnum non est in sermone, sed in virtute. Sed qui sunt eloquentes, iidem sunt et in amaritudinem adducentes, qui, sicut sancti quique cœlestis eloquii mella distillant, sic reprobi quilibet suis auditoribus virus terrenæ versutiæ amaritudinemque propinant. Istis enim in persona sanctæ Ecclesiæ dicitur : « Favus distillans labia tua, sponsa (*Cant.* iv). » Qui etiam in figura ejusdem Ecclesiæ concinunt : « Quam dulcia faucibus meis eloquia tua, super mel et favum ori meo! » (*Psal.* cxviii.) De quorum etiam doctore sponsa dicit in Canticis : « Guttur ejus dulcedines, et totus concupiscentia (*Cant.* v). » De illis autem e contrario dicitur : « Quia linguis suis dolose agebant; venenum aspidum sub labiis eorum (*Psal.* xiii). » Ubi mox sequitur : « Quorum os maledictione et amaritudine plenum est (*Ibid*). »

Unde et vineam illam Dominus per prophetam conqueritur in amaritudinem esse conversam (*Isai.* v; *Jer.* ii) ; quæ nimirum illi , a quo dudum perceperat terram lactis et mellis, postmodum obtulit amaritudinem aceti simul et fellis (*Deut.* xi). Horum itaque loquentium, vel in amaritudinem adducentium, Seon rex est, qui elatus asseritur, quia vaniloquis et amaris hujus mundi amatoribus diabolus auctor superbiæ principatur. Unde et ipse princeps mundi dicitur (*Joan.* xii, xiv), illius videlicet de quo dicit Joannes : « Mundus in maligno positus est (*I Joan.* v). » Et Dominus promittit illum discipulis Spiritum mittendum, quem hic mundus non potest accipere (*Joan.* xiv). Dicit ergo Israel ad Seon : « Transire nobis liceat per terram tuam; non declinabimus in agros et vineas (*Num.* xxi). » Nos, plane nos sumus, qui per hunc mundum ad terram cupimus transire viventium. Nos, inquam, per terminos superbi regis humiliter incedere volumus ad patriam divinæ promissionis. Et quoniam Hebræus interpretatur *transiens* , nos qui discipuli sumus illius « qui non habitavit, sed pertransivit benefaciendo et sanando omnes oppressos a diabolo, quoniam 130 Deus erat cum illo (*Act.* x),» nunquam nos habitaturos cum Seon rege promittimus, sed via tantummodo regia processuros nos esse spondemus. Sed quando nos regi Seon ista promisimus? Quando cohabitationi ejus repudium dedimus? quando divisionis æternæ fœdus cum eo pacti sumus?

Recolamus itaque diem sacri baptismatis; ipsum novæ regenerationis exordium ad memoriam reducamus, et ibi nos procul dubio renuntiasse diabolo ac cunctis ejus pompis et operibus invenimus. Commemoret unusquisque fidelium, cum primum ad fontem lavacri salutaris accessit , cum signacula fidei prima suscepit. Nonne, per catechismum sacerdotalis officii, his usus est verbis quibus se significaret lethiferas mundi hujus cupiditates abjicere, ac diabolicæ societatis contubernium profiteretur a se funditus abdicare? Et hoc est quod in historiæ sermonibus adumbratur, quia non declinabit Israel, neque in agrum regis Seon, neque in vineam, neque de lacu ejus se pollicetur aliquo modo potaturum. Per agrum scilicet, operis exercitium; per vineam et lacum, vanarum artium intelligitur poculum, astrologiæ scilicet, magicæ, necromanticæ et quidquid est quod vanum aliquid vel sacrilegum dogmatizat contra catholicæ fidei pietatem. De quibus utique pestilentibus poculis contra perversum populum per Jeremiam Dominus conqueritur, dicens : « Duo mala fecit populus meus; me dereliquerunt, fontem aquæ vivæ, et foderunt sibi cisternas dissipatas, quæ continere non valent aquas (*Jer.* ii). » De quibus et per Salomonem dicitur : « Aquæ furtivæ dulciores sunt (*Prov.* ix). » Habet autem Israel fontes suos : « In ecclesiis , inquit, benedicite Deo Domino de fontibus Israel (*Psal.* lxvii). » Superbi ergo Seon aquas respuat, hæreticorum dogmatum fluenta contemnat, et « hauriat aquas in gaudio de fontibus Salvatoris (*Isai.* xii). » Qui enim dirupit fontes et torrentes (*Psal.* lxxiii), hic in Evangelio dicit : « Qui biberit aquam quam ego do , flumina de ventre ejus fluent aquæ vivæ (*Joan.* vii). » Sed et via regia, sicut est pollicitus, gradiatur : « Via, inquit, regia gradiemur. » Quæ est autem via regia, nisi illa quæ dicit : « Ego sum via? » (*Joan.* xiv.) Qui etiam in ipso passionis suæ articulo se regem perhibet, dum ait : « Tu dicis, quia rex sum ego (*Joan.* xviii). »

Promisimus ergo superbo regi Seon ejus fluenta non bibere, non in agros vel vineas declinare, regia via nos incedere, hoc est, ad Christum per ipsum properantes, ab omnibus diaboli pompis et operibus abstinere. Sed elatus ille Seon exercitum colligit, et Israel per suos fines habere transitum non permittit. Quis est autem populus ille quem Seon congregat adversus Israel, nisi reprobi quique qui persequuntur Ecclesiam? Ex his sunt tyranni, duces et principes mundi, qui vel catholicis viris per hæreticam pravitatem opponunt contradictionis obstacula, vel sanctis martyribus moliuntur inferre tormenta. Sed quid ad hæc facit Israel? Interrogemus historiam : « Venit, inquit, in Issar [Jasa], et pugnavit contra eum (*Num.* xxi). » A quo percussus est Seon in ore gladii, et possessa est terra ejus ab Arnon usque Laboch [Jeboc]. Ecce superbus, ecce elatus congressus est, sed contritus commisit et perdidit, in arma prosiluit et succubuit. Qui noluit 131 dare viam, perdidit vitam, et dum contempsit annuere publicæ viæ transitum , amisit proprium regalis gloriæ principatum. Israel autem, qui transitum non obtinuit, ad hæreditariæ possessionis jura pervenit; et, cui transire non licuit, de via patriam fecit.

Sed ubi, quæso, fratres mei, ubi hæc est peracta victoria? Felix scilicet locus, qui tantæ gloriæ meruit videre triumphum! Ubi, inquam, superbum regem obtinuit Israel? In Issaar. Issaar autem interpretatur *mandati adimpletio*. Et nos, si ad hunc locum Deo duce pertingimus, diabolum procul dubio, qui caput et origo est superbiæ, superamus. Tunc enim diabolum vincimus, cum Redemptoris nostri mandata complemus, quanquam quod est diabolum vincere, hoc ipsum sit divina mandata complere. Nam, dum carnis illecebras frangimus, dum pravis viscerum passionibus reluctamur, dum divinæ jussionis imperio subdimur, et non nostra vota sed illius jussa servamus, tunc absque dubio mundi principem et totius nequitiæ debellamus auctorem. Tunc apostolica illa oratio completur in nobis, quando dicitur : « Deus autem pacis conterat Satanam sub pedibus vestris (*Rom.* xvi). » Et illud nobis Dominus quod promisit impertit : « Ecce dedi vobis potestatem calcandi supra serpentes et scorpiones, et super omnem virtutem inimici, et nihil vobis nocebit (*Luc.* x). » Sed cum Seon exprimat antiquum hostem, populus autem ejus quosque reprobos, vel Ecclesiæ persecutores, qui armis ab Israel, hoc est, a sanctis prædicatoribus sunt prostrati, quo mucrone perfossi, quo denique gladio sunt perempti? Sed audi Apostolum, spiritualis utique militiæ ducem, et strenuum intestini prælii bellatorem : « Vivus est, inquit, sermo Dei, et efficax et penetrabilior omni gladio ancipiti, pertingens usque ad divisionem animæ ac spiritus, compagum quoque ac medullarum, et discretor cogitationum et intentionum cordis (*Hebr.* iv). » Hunc divisionis gladium evaginabat dux et auctor ille certaminum ac Dominus bellatorum, cum dicebat : « Nolite putare quia veni mittere pacem in terram ; non enim veni pacem mittere, sed gladium (*Matth.* x). » Audisti gladium dividentem; audi consequenter et ipsam divisionem : « Veni, inquit, separare hominem adversus patrem suum, et filiam adversus matrem suam, et nurum adversus socrum suam; et inimici hominis domestici ejus (*Ibid.*). » Hoc itaque gladio et Seon est peremptus, et omnis ejus exercitus communi cæde prostratus, quia nimirum gladio spiritus, quod est verbum Dei (*Ephes.* vi), et diabolus corruit, et subjectus sibi populus ab infidelitatis suæ vita defecit.

Cum itaque Scriptura perhibeat quod illi in ore gladii sunt perempti, de istis non incongrue dici potest quoniam interfecti sunt gladio oris. Et cum Dominus dicat « quia princeps mundi ejicietur foras (*Joan.* xii), » mox ut Seon ejicitur, illico per omnem mundi latitudinem Israel, id est sancta Ecclesia, propagatur; mox enim ut cum principe suo infidelitas exstincta collabitur, fides triumphantis Ecclesiæ dilatatur : et qui fuerant eatenus exsules, fiunt post victoriam possessores. Unde et eidem Ecclesiæ per Isaiam dicitur : « Populus autem tuus, omnes justi, in perpetuum **132** hæreditabunt terram (*Isai.* xlvii). » De quo populo et postmodum dicit : « Et habitabunt, et plantabunt vineas, et comedent fructus earum (*Isai.* lxv). » Adhuc etiam idem propheta quod sancta debet Ecclesia per fines gentium dilatari manifeste denuntiat : « Dilata, inquit, locum tentorii tui, et pelles tabernaculorum tuorum extende;

ne parcas, longos fac funiculos tuos, et clavos tuos consolida (*Isai.* liv). » Cur autem hæc agere debeat, aperit, cum subjunxit : « Ad dexteram enim et ad lævam penetrabis, et semen tuum gentes hæreditabit (*Ibid.*). » Omnis ergo terra Seon cecidit in hæreditatem Israel, qui dum princeps mundi hujus gladio divini verbi confossus egreditur, sancta universalis Ecclesia per ejusdem mundi terminos dilatatur. Nec prætereundum arbitror esse quod dicitur quia possessa est terra ejus ab Arnon usque Laboch [Jaboc]. Arnon itaque, quæ est initium regni Seon, interpretatur *maledictiones eorum*. Omnis enim mundus, qui ante Salvatoris adventum sub diaboli promebatur imperio, maledictionis habebat originem, quia benedictionis ignorabat auctorem; de quo nimirum per Prophetam dicitur : « Benedictionem dabit qui legem dedit (*Psal.* lxxxiii). » Unde et Apostolus ait : « Quicunque enim ex operibus legis sunt, sub maledicto sunt (*Gal.* iii). » An non maledictionis habebamus initium, de quibus dicitur : « Eramus, inquit, natura filii iræ, sicut et cæteri (*Ephes.* ii). » Finis autem regni illius est Laboch, quod interpretatur *luctamen*. Necesse est enim omnes qui volunt exire de regno diaboli et ejus fines evadere, tentationum ingruentium certamina tolerare. Quod si quisquam legitime certaverit, et viriliter obluctatus evicerit, jam non erit Laboch civitas Seon, sed civitas Israel; non scilicet qui in carne sit Israel, nec in manifesto Judæus, sed qui in Christo sit Israel, circumcisus corde, non carne.

CAPUT XII.

In epistola ad V. episcopum et ejus canonicos, de quinque sensibus corporis cohibendis

Præcipua quidem urbs regni Seon vocatur Esebon, quæ nimirum *cogitationes* interpretatur; per quod datur intelligi quia maxima pars diabolicæ potestatis in cogitationibus regnat. Per Seon quippe nequitiæ spiritus figuratur; sed Esebon ex ditione Seon in Israelitarum jura transfertur, cum cogitatio nostra, quæ superbiæ peste tumuerat, ad reprehensionis suæ judicium per gratiam severæ humilitatis inclinat, ut, quæ se dudum arroganter extulerat, jam sua dijudicans ac diligenter examinans, humiliter reprehendit. In Cades ergo, qui est *fons judicii*, Amalecitas et Amorrhæos gladio vorante dejicimus; quia tunc vitiorum omnium barbariem sternimus, tunc potestates aereas invictissime debellamus, si et innocenter vivimus, et tamen reos nos ac peccatis obnoxios judicamus, dicentes cum Apostolo : « Si dixerimus quia peccatum non habemus, nosmetipsos seducimus, et veritas in nobis non est (*I Joan.* i). » Et tunc Esebon, quam *cogitationes* interpretari diximus, in Israelitarum cogitur transire **133** dominium ; cum mens nostra de superbia vel omni terrena concupiscentia transfertur in amorem regni cœlorum. Cogitationum quippe certamen nunquam Christi potest deesse militibus, quoniam operis nostri nos rectitudo non liberat, si pravis suis cogitationibus mens armata virtutibus non resultat. Sufficiebat quidem legis antiquæ cultoribus ut recta duntaxat extrinsecus agerent; nobis autem Evangelio terribiliter intonante præcipitur ut, dum operibus pravis exuimur, etiam cogitationibus pervigiles obluctemur. « Audistis, inquit, quia dictum est antiquis: Non mœchaberis. Ego autem dico vobis quia quicunque viderit mulierem ad concupiscendum eam, jam mœchatus est eam in corde suo (*Matth.* v). » Hinc est quod Joannes Baptista, per quem lex vetus exprimitur, zonam pelliceam in lumbis habuisse perhibetur (*Matth.* III). Salvator noster, qui auctor est Evangelii, inter septem candelabra aurea visus est a Joanne vestitus podere et præcinctus ad mamillam zona aurea (*Apoc.* I). Quid est ergo zona pellicea circa lumbos, nisi quod antiquis dictum est : « Non mœchaberis? » (*Exod.* xx.) Et quid est zona aurea ad mamillam, nisi quod Christianæ fidei cultoribus dicitur: « Qui viderit mulierem ad concupiscendum eam, jam mœchatus est eam in corde suo? » (*Matth.* v.) Hinc etiam per prophetam divina voce præcipitur : « Leva, Hierusalem, a malitia cor tuum. Usquequo morabuntur in te cogitationes noxiæ? » (*Jer.* iv.) Et alibi : « Attendi, inquit, et auscultavi, nemo quod bonum est loquitur » (*Jer.* viii.) » Et Salomon ait : « Spiritus sanctus disciplinæ effugiet fictum, et aufert se a cogitationibus quæ sunt sine intellectu (*Sap.* I). » Arripiamus ergo gladium spiritus, et contra cogitationum nos infestantium cuneos infœderabiliter dimicemus.

CAPUT XIII.
In eadem epistola.

Cum Israeliticus ille populus initiatus esset Beelphegor in deserto, et in scorta Moab turpiter corruisset, iratus furore Dominus adversus Israel dixit ad Moysen : « Tolle cunctos principes populi et suspende eos in patibulis contra solem, ut avertatur furor meus ab Israel (*Num.* xxv). » Quid est quod populus in luxuriæ voraginem labitur, et in eorum præpositos vindicatur? Subditi delinquunt, et principes in patibulis suspenduntur ? Scilicet alius est qui peccat, alius ille qui vapulat. Cur hoc, nisi quia culpa subditorum in præpositorum redundat opprobrium, et quod ab ovibus erratur, negligentiæ pastoris ascribitur? Et vide quam formidolosa sit conditio præsidentium, ut non modo pro suis, sed et pro subditorum puniantur offensis. Arguit eos Moyses, quia lex Dei negligentiæ illos ac torporis accusat. Qui suspendit eos ad solem, quoniam ad examinandum producuntur, et arguuntur a luce : « Omnis enim, ut Dominus ait, qui mala agit, odit lucem, et non venit ad lucem, ut non arguantur opera ejus; qui autem facit veritatem, venit ad lucem (*Joan.* III). » Ad lucem quippe venit qui occulta sua per puræ confessionis aditum pandit.

134 CAPUT XIV.
In epistola ad Albertum, in qua de mansionibus Israelitarum scribit.

« Hic est numerus filiorum, qui descriptus est a Moyse et Eleazaro sacerdote, inter quos nullus fuit eorum qui antea numerati sunt a Moyse et Aaron in monte Sinai. Prædixerat enim Dominus quod omnes morerentur in solitudine (*Num.* xxvi). » Quibus videlicet historiæ verbis patenter ostenditur quia, cæteris in deserto prostratis, ad repromissionis terram Levi tribus incolumis et illibata pervenit. Quisquis ergo se potuerit in sacerdotum vel levitarum ordine constituere, quisquis noluerit cum reliquis hominibus in terra sortem hæreditariæ portionis acquirere, sed solum cum tribu Levi contentus sit Dominum possidere, iste profecto in hujus mundi deserto non moritur; sed terram repromissionis ingredi vivus et incolumis promereretur. Qui ad promissiones ergo Patrum pervenire desiderat, hæreditatis in terra funiculum cum tribu Levi possidere contemnat. Nam qui se pro terrenis in terram dejicit, qui sese, ubi cum amaritudine Pascha celebrandum est ac velociter transeundum, diutius gaudere confidit, « Anima, inquiens, habes multa bona reposita in annos multos, requiesce, comede, bibe, epulare (*Luc.* xii); » non sine causa meretur audire : « Stulte, hac nocte repetent animam tuam a te; quæ autem parasti, cujus erunt? » (*Ibid.*) Hic itaque non die, sed nocte perimitur, sicut primogenita Ægyptiorum. Nimirum qui non sprevit Ægyptum, sed obsequium præbuit rectoribus tenebrarum, qui et ipsi nocte animam ejus repetunt, quoniam odivit lucem, nec justitiæ consecutus est veritatem.

CAPUT XV.
In epistola ad V. episcopum et ejus canonicos, quæ est de quinque sensibus corporis cohibendis.

Quisquis per injunctæ prædicationis officium ad pugnandum alios incitat, sed ipse non pugnat, illi similis est qui buccinæ clangoribus obstrepit, sed congredi cominus non præsumit. Hic itaque non virilem generat sexum, dum sit pater ignavus. Quem profecto Salphaath ille signavit, qui non filium, sed quinque filias moriens dereliquit (*Num.* xxvii). Salphaath siquidem interpretatur *umbra in ore ejus*. Quisquis enim fortia prædicat, et enerviter vivit, ne turpis appareat, quasi sub foliis se honesti sermonis occultat; sub umbra se proprii sermonis abscondit, dum in campum certaminis per sui torporis ignaviam non procedit. Hic itaque, quantum ad se, non virilem, sed muliebrem sobolem, et hanc sub quinario numero generat, dum sequaces suos non ad robur spiritualis audaciæ, sed ad otium educat ignobilis vitæ. Quos utique dum non curat industria spiritualis pugnæ imbuere, cogit exterioribus negotiis quasi quinque corporis sensibus deservire.

135 CAPUT XVI.

In epistola ad V. episcopum et suos canonicos; quæ est de octo festivitatibus Veteris Testamenti.

Octo præcipuas solemnitates per unumquemque anni circulum in lege veteri Dominus instituisse legitur. Quæ profecto festivitates et nobis sunt et illis pro temporum diversitate communes. Illorum quippe sunt per carnalis observantiæ ritum; nostræ quoque nihilominus sunt per spiritualis intelligentiæ sacramentum.

Prima siquidem eorum festivitas est juge sacrificium, quod utique per continuos dies matutinis ac vespertinis horis jubetur offerri (*Num.* xxviii). Ille nimirum jugis sacrificii solemnitatem Domino celebrat, qui in cœlestis eloquii meditationibus assidue perseverat. Et quia mane lucis nostræ lex est et prophetæ; vesperum autem lucis hujus, quantum ad ordinem temporum, Evangelium est; sicut dicit Apostolus : « Nos, in quos fines sæculorum devenerunt (*I Cor.* x); » et ipse David : « Elevatio manuum mearum, sacrificium vespertinum (*Psal.* cxl). » Matutinum semper et vespertinum offert Domino sacrificium qui, semetipsum a sæcularibus negotiis mactans, versatur assidue in novarum ac veterum meditationibus Scripturarum. Sive matutinum ac vespertinum Domino sacrificium jugiter immolamus, cum et dignas ei gratiarum actiones de nostra redemptione referimus, ejusque terribile judicium formidantes, jam quasi tribunalibus præsidenti trementes astamus.

Post juge vero sacrificium, Sabbatum ponitur, videlicet ut ab omni operis servilis exsecutione vacetur. Christiano vero spirituale sabbatum agere est a laboriosa rerum temporalium cupiditate quiescere, solis orationum ac lectionum studiis insudare, sæcularium negotiorum pondus de mentis cervice projicere, ad contemplanda cœlestia tota cordis intentione vacare, carnis oblectamenta contemnere, de sola spe cœlestium spirituali jucunditate gaudere. De hoc enim dicit Apostolus : « Relinquitur ergo sabbatismus populo Dei (*Hebr.* iv). » Ille porro sabbatum Domini veraciter celebrat, qui sic ab his quæ mundi sunt operibus vacat, ut a spiritualibus tamen actibus non quiescat. Unde Veritas ait : « Aut non legistis quia sacerdotes in templo sabbatum violant et sine crimine sunt? » (*Matth.* xii.) Qui ergo ab actionum sæcularium laboribus cessat, et divinæ servitutis operibus vacat, ille Christianæ religionis sabbatum celebrat, iste non servile opus facit, quia se a peccati perpetratione custodit. « Qui enim facit peccatum, servus est peccati (*Joan.* viii). » Iste non in domo sua ignem accendit, quia omnes vitiorum fomites, et iræ et simultatis igniculos ex domicilio suæ mentis exstinguit, ab illo cavens igne de quo scriptum est : « Ite in lumine ignis vestri et in flamma quam accendistis (*Isai.* l). » Hic denique pondus in via non portat, quoniam incurvantium se iniquitatum ruderibus cor per pœnitentiam levigat. De quibus per Prophetam dicitur : « Quoniam iniquitates meæ superposuerunt caput meum, et sicut **136** onus grave gravatæ sunt super me (*Psal.* xxxvii). » Et paulo post : « Incurvatus sum et humiliatus sum usquequaque (*Ibid.*). » Iste præterea, in loco suo residens, longius non procedit, quia Christum sibi fundamentum ponit, in quo scilicet firmissimum suæ quietis habitaculum construit. Ipse quippe locus est, de quo scriptum est : « Filii servorum tuorum habitabunt ibi (*Psal.* ci). » Ipse fundamentum, de quo dicitur quia fundamentum aliud nemo potest ponere præter id quod positum est, Christum Jesum (*I Cor.* iii).»

Tertia vero festivitas est Neomeniæ, id est novæ lunæ. Tunc autem innovari luna dicitur cum soli conjungitur, ut ab eo ad concipiendum splendorem velut amissi luminis reparetur. « Sol justitiæ Christus. » Luna autem primo sancta universalis Ecclesia, deinde quæque fidelis est anima, ejus, qui splendor est gloriæ et figura substantiæ (*Hebr.* i), radiis illustrata. Cum ergo sancta quælibet anima Redemptori suo veraciter in amore conjungitur, cum ei denique velut in sponsali thalamo per oblectationis intimæ glutinum copulatur, tunc procul dubio solemnitatem Neomeniæ celebrat, dum reformatam se a superno lumine fratrum suorum aspectibus repræsentat, sicut dicit Apostolus : « Qui adhæret Domino, unus spiritus est (*I Cor.* vi). » Nam si in his omnibus solum exterior ille solemnitatum ritus accipitur, non jam ex his utilitatis aliquid nobis videtur posse conferri, sed superstitiosa potius exigent ac frivola judicari. Hinc est quod Apostolus ait : « Nemo dijudicet vos in cibo aut potu, aut in parte diei festi, aut Neomenia, aut in Sabbato, quæ sunt umbra futurorum (*Col.* ii). » Quod ergo tunc erat umbra futurorum Judæo, nunc est exhibitio præsentium Christiano; et quod illis datum est sub exterioribus cæremoniis, nobis factum est instrumentum intelligentiæ spiritualis. Tunc enim Neomeniam, hoc est novæ lunæ colimus ortum, cum veterem deponimus hominem, et sanctæ conversationis induimus novitatem.

Quarto loco paschalis apud illos festivitas ponitur, in qua nunc apud nos «Agnus ille qui tollit peccata mundi (*Joan.* i), » pro totius sæculi salute mactatur. Nam « pascha nostrum immolatus est Christus (*I Cor.* v). » Huic continuatur festivitas, quæ dicitur Azymorum, in qua præcipitur ut a cunctis domibus abjiciatur omne fermentum; quam utique festivitatem, quæ videlicet una cum Pascha dicenda est, nos veraciter celebramus, si fermentum malitiæ et nequitiæ de tabernaculo nostri cordis abjicimus, et sinceritatis ac veritatis azyma custodimus (*Ibid.*). Cavendum est ergo ne sit in mentibus nostris adumbratio fuci, corruptela fermenti, caverna mendacii, sed potius in domo nostri pectoris vigeat et puritatis integritas et soliditas veritatis.

Post hanc, illa festivitas sequitur quæ dicitur Novorum, cum primitiæ scilicet de novis frugibus offeruntur. Dum enim ad maturitatem segetum pervenitur, tunc, in perfectione bonorum fructuum, auctori bonorum Deo festivitas agitur. Nos quoque Novorum solemnia gerimus, si, prius agrum nostri cordis disciplinæ vomere proscindentes, virtutum germina spargimus, ut boni postmodum operis frumenta metamus. Unde per prophetam dicitur : « Novate **137** vobis novale, et nolite serere spicas (*Jer.* IV). » De bono scilicet agricola Salomon ait : « Qui operatur terram suam, inaltabit acervum frugum, et qui operatur justitiam, ipse exaltabitur (*Eccli.* xx). » De negligenti quoque operario idem dicit : « Per agrum hominis pigri transivi, et per vineam viri stulti, et ecce totum repleverunt urticæ ; operuerunt superficiem ejus spinæ, et maceria lapidum destructa erat (*Prov.* XXIV). » Et iterum : « Præpara, inquit, foris opus tuum, et diligenter exerce agrum tuum, ut postea ædifices domum tuam (*Ibid.*). » Sed quisquis interiorem hominem suum de die in diem, secundum Apostoli sententiam, renovat, quisquis cor suum divini terroris ligonibus sulcat, iste non super spinas, sed super novalia seminat, ut centesimi proventus segetem metat. Unde dicit Apostolus : « Quia qui seminat in spiritu, de spiritu metet vitam æternam (*Gal.* VI). » Qui vero fructus et in hac vita de spiritu colliguntur, idem alibi diligenter enumerat, dicens : « Fructus autem Spiritus est charitas, gaudium, pax, patientia, longanimitas, bonitas, benignitas, mansuetudo, fides, modestia, continentia, castitas (*Gal.* v). » Quisquis igitur hos fructus intra suæ mentis horreum colligit, hic procul dubio solemnitatem Novorum salubriter colit.

Deinde sequitur festivitas mensis septimi, quæ dicitur Clangoris, sive Tubarum. Sic enim inter dies septimus quisque dicitur Sabbatum ; ita nihilominus et inter menses, qui septimus est, dicitur Sabbatum mensium, ut etiam Sabbatum sabbatorum. Quis est autem clangor ille tubarum, cui debeamus annua festa persolvere, nisi evangelica simul et apostolica doctrina, quæ, tanquam cœleste tonitruum ac terribilis buccina, nos ad procinctum spiritualis militiæ provocat, atque ut pro castris Imperatoris æterni contra nequitiæ spiritus infœderabiliter dimicemus instigat? Quis est ergo qui tubarum sive clangoris festum legitime celebret, nisi qui Scripturas Veteris ac Novi Testamenti studet in armario suæ mentis includere, ac præcepta cœlestia tenaci semper memoriæ commendare? Hæc itaque festa celebrantibus rite per Prophetam dicitur : « Canite initio mensis tuba, in die insigni solemnitatis vestræ (*Psal.* LXXX). »

Post hanc est et illa festivitas quæ celebratur decima die mensis septimi, in qua, videlicet animas suas Judæi præcipiuntur affligere. Nos etiam hanc rite solemnitatem colimus, cum carnem nostram maceratione castigamus inediæ, cum nosmetipsos reprimimus sub arctæ custodia disciplinæ, cum denique petulantes carnalium passionum illecebras crucifigimus, cum corpus nostrum pro Domino laboribus et ærumnis atterimus, cum interiorem hominem per compunctionis ac fletuum lamenta mactamus. Hanc igitur nobis hoc modo festivitatem celebrantibus repropitiatur ille quem proposuit Deus propitiatorem per fidem in sanguine suo.

Octava vero, quæ et ultima solemnitas est, dicitur *Scenopegia*, hoc est *tabernaculorum*, quæ videlicet quinto decimo die ejusdem septimi mensis incipit celebrari. Lætatur enim Deus in te, cum te quasi peregrinum cernit et exsulem, et non in patriæ domibus, sed in exsilii tabernaculis conspicit habitantem. « Non enim hic habemus **138** manentem civitatem, sed futuram inquirimus (*Hebr.* XIII). » Cum enim hic cernimur per molem corporis, habitamus in cœlo per studium intentionis ; cum, tanquam viatores quidam et advenæ, per despectum mentis præsentia cuncta transcurrimus, ad supernam vero patriam anxiis desideriorum gradibus festinamus, tunc a nobis spiritualiter Scenopegia colitur, quæ dudum apud illos per legitimi ritus cæremonias carnaliter agebatur. Hæc porro festivitas quintodecimo die septimi mensis incipit, et, quia per octo dies colitur, decimo Kalendarum Octobris procul dubio terminatur. Dicitur enim in libro Numeri : « Quinta decima die mensis septimi, quæ vobis erit sancta et venerabilis, omne opus servile non facietis in ea, sed celebrabitis solemnitatem Domino septem diebus (*Num.* XXIX). » Et aliquanto post subjicit : « Die octavo, qui est celeberrimus, omne opus servile non facietis in eo (*Ibid.*). »

CAPUT XVII.

In epistola ad V. episcopum et ejus canonicos, de quinque sensibus corporis.

« Armate, inquit Moyses, ex vobis viros ad pugnam, qui possint ultionem Domini expetere de Madianitis. Cumque pugnassent contra Madianitas, ut sacra narrat historia, atque vicissent, omnes mares occiderunt et reges eorum, Evi, et Recem, et Sur, et Bur, et Rebe, quinque principes gentis (*Num.* XXXI) » Evi, plane *belluinus* sive *ferinus* interpretatur. Hunc itaque regem in nobis spirituali mucrone transfigimus, cum ferinos a nobis mores abscindimus, cum bestialis iracundiæ rabiem a nostro pectore detruncamus. Nam cum Dominus dicat : « Beati mites, quoniam ipsi possidebunt terram (*Matth.* v), » quomodo poteris mansuetorum obtinere beatitudinem, nisi belluini spiritus in te cohibeas feritatem? Recem vero, sive, sicut in veteri translatione dicitur, Rocon, interpretatur *inanitas*. Et quid est aliud quidquid in mundo pro mundi concupiscentia geritur, nisi quod Scriptura loquitur : « Vanitas vanitatum, et omnia vanitas? » (*Eccle.* I). Vanitas siquidem efficit vanitates et ipsæ vanitates faciunt vanitatem, dum et mundus, qui transitorius est, homines, quos decipit, vanos efficiat; et homines mundum, quem insane diligunt, in vanitatem vertant. Hunc ergo regem Dei miles perimit, verus Israelita concidit, si nil superflue, nil inaniter, vel quod ad rem non pertinet, gerat, sed graviter et rationabiliter divinæ legis implere mandata contendat. Tertius autem Madianitarum rex, Sur dicitur; quod profecto *murus* sive *robustus*, vel etiam *angustia* interpretatur. Quid vere per murum sive robustum, nisi duræ mentis obstinatio vel pervicacia debet intelligi? Quod vero et angustia interpretari dicitur, neque hoc longius a vitio duritiæ separatur, quoniam quisquis ad dimittenda proximo debita durus et obstinatus est, angustia constringitur mentis, dum nulla dilatatur amplitudine charitatis. De qua nimirum charitate per Prophetam dicitur : « Latum mandatum tuum nimis (*Psal.* xi). » Sive etiam hoc valeat intelligi, quia duritiam mentis sequitur angustia damnationis. Unde per Salomonen dicitur: « Beatus vir qui semper est pavidus ; qui autem mentis est duræ, corruet in malum (*Prov.* xxviii). »

Quartus præterea Madianitarum rex Bur dicitur, quod *irritatio* interpretatur. Vides ergo quia nomina regum umbræ sunt et imagines vitiorum. Qui enim onera gravia per portas suas inferunt, profecto forinsecus obstrepentia, per sensuum suorum aditus, in pectorum suorum arcana transfundunt, Deum indubitanter irritant, quem videlicet his ad inferendam ultionis sententiam provocant. Unde scriptum est : « Simulatores et callidi provocant iram Dei (*Job* xxxvi). » Et de quibus sæpe ad Ezechielem dicitur : « Quia domus exasperans est (*Ezech.* ii); » et Psalmista : « Ut quid, Deus, improperavit inimicus, irritat adversarius nomen tuum in finem? » (*Psal.* lxxiii.) Rebe vero, qui *ordinatus* dicitur, non aliter hic procedit, nisi ut per ironiam vel antiphrasim dictum intelligatur quatenus, qui ordinatus dicitur, e contrario inordinatus sit et confusus. Vitiosus enim quisque, etsi superficie tenus quasi recte vivendi prætendat ordinem, confusæ tamen et inordinatæ cogitationis versat in corde caliginem. Per quinque ergo reges Madianitarum, quinque signantur corporis sensus; quia omne vitium quod regnat in corpore, ab istis quinque sensibus corporis pendet. Ii ergo tunc a nobis exstinguendi sunt et gladiis obtruncandi, cum adversum nos in bellum consurgunt, cum nos scandalizare non desinunt. An non istos reges exstingui et spiritus mucrone occidi præcipit Dominus, cum scandalizantem oculum erui, cum manum vel pedem jubet abscindi? « Melius est, inquit, cum uno oculo, vel debilem ad vitam ingredi, quam duos oculos, pedes ac manus habentem in inferna demergi (*Matth.* v). » Ii plane sunt reges Madianitarum; Madian autem interpretatur *de judicio*. Quicunque enim reges spiritu non reguntur, sed sensibus carnis obediunt, non ad misericordiam sed ad judicium se pertinere testantur, sicut de quolibet incredulo dicitur : « Qui autem non credit, jam judicatus est (*Joan.* iii). » At contra de eo qui verbum Salvatoris audit, dicitur : « Quia in judicium non venit, sed transit de morte in vitam (*Joan.* v). » Illud potius unicuique studendum est ut se in operibus sanctis exerceat, ut sese in omnibus purificare ac sanctificare contendat. Hoc tantummodo semetipsum insuggillare et dijudicare non desinat. Nam qui semetipsum perfecte dijudicat, judicium non exspectat. Perfecte autem semetipsum dijudicare est et reprehendenda non agere, et quæ irreprehensibiliter acta sunt, timide retractare. Porro autem quisquis hoc agit, ille vere Madianitarum reges perimit, ille Amalecitarum principes sternit, et omnes a se vitiorum pestes excludit.

CAPUT XVIII.
In eadem epistola.

Hinc est quod eadem sacra testatur historia : « Quoniam egressi filii Israel venerunt ad Fontem judicii; hoc est, Cades : et interfecerunt omnes principes Amalec et Amorrhæos, qui habitabant in Tharansem. » Cades autem *sanctificatio* interpretatur. In Cades ergo, qui Fons est judicii, Amalecitas simul et Amorrhæos spiritualiter interficimus, cum et vitam nostram piis operibus sanctificare satagimus, et tamen ipsi nos tanquam nocentes ac reprehensibiles judicamus. Cum elaboramus semper irreprehensibiliter vivere, per sollicitudinem tamen districti examinis opera nostra non desistimus accusare. Et notandum quoniam et Fons judicii et Cades, qui sanctificatio dicitur, unus idemque locus est, quia nimirum justus quisque semetipsum, dum sancte vivit, accusat, et se dijudicando vel accusando magis magisque sanctificat. Hoc itaque modo vita sanctorum et in propriis cogitationibus reprehenditur, et tamen in operibus irreprehensibilis invenitur.

CAPUT XIX.
In epistola ad Hildebrandum.

« In quadraginta duabus mansionibus pervenerunt filii Israel, usque ad principium capiendæ hæreditatis (*Num.* xxxiii). » Principium vero capiendæ hæreditatis fuit ubi Ruben et Gad, et dimidia tribus Manasse, accipiunt terram Galaad in possessionem. Porro autem, sicut illi ascenderunt per quadraginta duas mansiones, ita Salvator noster in Ægyptum mundi hujus descendit per totidem patres. Quod si jam intelligimus quantum sacramenti numerus iste contineat, humanæ scilicet ascensionis et divinæ descensionis, incipiamus jam per ea quæ descendit Christus ascendere, et primam eam nobis mansionem, quam ipse novissimam habuit, ædificare. Si quis enim ad nos per loca quælibet veniat, ut mox rediens per loca nos eadem ducat ubi desinit ille, nos iter incipimus; et ubi ille cœperat, nos finimus. Prima scilicet generatio Christi cœpit ab Abraham; ultima vero velut postrema mansio terminavit in Virginem. Et quoniam Abraham interpretatur *pater excelsus*, nos hoc iter incipimus a Virginis partu, ut, peragrantes sequentia deinceps mansionum loca, postremo ad Deum, Patrem videlicet perveniamus excelsum. Partus ergo Virginis nobis ex Ægypto exire volentibus in primis occurrit, cum, Verbum Dei carnem factum in hunc mundum venisse credentes, relictis omnibus caducis et transitoriis, in illo loco requiescimus, in illo nostræ quietis et spei habitaculum collocamus. Post hæc jam si perficere, et ad singulos quosque fidei et virtutum gradus ascendere nitimur, tandiu debemus immorari, donec valeant virtutes in consuetudinem verti. Et tunc non quasi transcurrere spiritualis vitæ deserta conspicimur, sed mansiones facere, vel etiam habitare in ipsis virtutum profectibus judicamur. Nam qui bonum opus non perseveraturus incipit, quasi viam properando transcurrit; qui vero in ea quam semel arripuit permanet sanctitate, ibi quodammodo ædificat mansionem. Et notandum quia, cum ire et manere, ac, per hoc, iter et mansio a se sint penitus dissona, nec sibimet invicem congruant, utrumque tamen in illo Israelitico procinctu convenisse Scriptura confirmat, ut illi per desertum et iter habuisse dicantur, 141 et mansiones; quia nimirum nos, qui terram viventium intrare contendimus, et manere debemus per fixum professionis nostræ propositum, et ire semper per meliorandæ conversationis et cumulandi profectus augmentum.

In primis ergo proficiscuntur filii Israel de Ramese. Ramese, sicut nonnullis videtur, in nostra lingua *commotio turbida* vel *commotio tineæ* dicitur. In quo datur intelligi quod omnia quæ mundi sunt, in commotionibus et perturbationibus constituta et corruptelæ, quam tinea designat, probantur obnoxia. In quibus utique non oportet animam residere, sed incunctanter exire. Quidam vero Ramese interpretari *commotionem* vel *tonitruum* putaverunt. Quod utique nobis aptari non incongrue poterit, quia, dum ad prædicationem evangelicæ tubæ commoti fuerimus, velut ad tonitruum cœlestium nubium excitati, ex Ægypto mundi hujus eximus. Exierunt autem illi mense primo, quinta decima luna, in ipso scilicet plenilunio ac veris exordio. Et nos, cum summæ lucis radiis illustramur, cum in nobis bonæ voluntatis flores erumpunt, cum omnia renovantur, cum prata denique nostrorum cordium superni solis fomite recalescunt, tunc ex Ægypti tenebris egredi festinamus.

Secunda mansio fit in Sochot. Sochot autem interpretatur *tabernacula*. Primus igitur animæ profectus est ut a terrenis se commotionibus dividat, sibique tanquam peregrinæ et incolæ non habitaculum figat, sed exsilii tabernaculum struat, lugens cum propheta : « Heu me! quia incolatus meus prolongatus est (*Psal.* XI). »

Deinde veniunt in Ethan, sive ut septuaginta interpretes dicunt, Buthan, quæ est in extremis finibus solitudinis. Ethan, *fortitudinem* sonat. Qui ergo jam pro Deo peregrinantur in mundo, qui se incolas et exsules recognoscunt, necesse est ut quanto magis se præbent in terrenis actibus debiles, tanto sint in humilitate ac patientia fortiores. Buthan autem *vallis* interpretatur, quod ab eodem sensu nequaquam discrepat. Oportet enim ut quisquis ad terram viventium properat, ad perferenda tentationum jacula in humilitatis et patientiæ convalle persistat.

Inde profecti sunt in Phiairoth, quæ respicit Beelphegor, et castrametati sunt ante Magdalum.

Phiairoth interpretari dicitur *os nobilium*, per quod exprimitur lingua doctorum. In convalle quippe patientiæ constitutus, quo gravius vel persecutionum vel carnalium tentationum flagellis atteritur, eo magis necesse est ut ei ab ore nobilium, id est a sanctorum doctorum exhortationibus, succurratur. Si vero non Phiairoth, sed Osirath, proferendum est, ut alia testatur editio, sciendum est quod Irath *vicus* interpretatur. Ad os ergo, hoc est, ad primum vici hujus venitur ingressum; quod significat novæ conversationis initium. Unde non ad urbem, sed ad vicum veniunt; quia necesse est ut novitii quique interim se intra suburbanæ vitæ cohibeant modum, nec præcipitanter adhuc audeant senatoriæ perfectionis attentare fastigium. Unde bene dicitur quoniam Airoth respicit Beelsephon. Beelsephon siquidem interpretatur *ascensio speculæ* 142 sive *turris*. A parvis enim ad magna conscenditur. Non enim hæc mansio fuit in ipsa specula, sed respiciebat speculam. Quia novitius quisque, etsi ad speculativam vitam jam per desiderium tendat, necdum tamen ad speculativæ perfectionis culmen aspirat. Quamobrem illic apte subjungitur : « Et castrametati sunt ante Magdalum (*Num.* XXXIII). » Magdalus, *magnificentia* dicitur. Noviter enim quis ad Dei servitium veniens ascensionem speculæ et magnificentiam jam quidem in conspectu suo per intentionem tenet, sed per effectum virtutis nondum possidet; quia, licet spe contemplationis et perfectionis jam pascatur et nutriatur, necdum tamen consummatæ munditiæ vel supernæ gratiæ nitore perfruitur. Ut, si Beelsephor interpretatur *dominus aquilonis*, sicut a quibusdam dicitur; quid per hunc aquilonis dominum, nisi antiquus hostis exprimitur, qui frigidis et ab amore Dei alienis cordibus principatur? Ante hunc ergo, id est contra hunc, castrametamur, cum adversus eum infœderabili dimicatione configimus.

Inde profecti per mare Rubrum venerunt in Mara, quæ interpretatur *amaritudo*. Rectus scilicet ordo est ut qui ad terram properant melle manantem, in deserto vitæ hujus laboris et tentationis amaritudinem hauriant, et per disciplinæ præsentis asperitatem perveniant ad remunerationis internæ dulcedinem. Unde dicit Apostolus : « Omnis, inquit, disciplina in præsenti quidem non videtur esse gaudii, sed mœroris; post autem fructum pacatissimum exercitatis per eam reddet justitiæ (*Hebr.* XII). » In procinctu siquidem spiritualis militiæ constitutis, modo amara dulcibus, modo dulcia miscentur amaris, ut per hæc experiatur humana conditio, et quid a se patiatur infirmitatis, et quid a Deo debeat sperare virtutis. Sicut eidem populo dicitur : « Afflixit te et cibavit te manna in deserto, quod nesciebant patres tui, donec dignosceretur quod esset in corde tuo (*Deut.* VIII). »

Unde sequitur quia, profecti de Mara, venerunt in Elim, ubi duodecim erant fontes aquarum et septuaginta palmæ. Vides, post tentationis amaritudinem, ad quantam deveniunt et dulcium pomorum et aquarum profluentium amœnitatem. Per tentationis itaque pugnam perducuntur ad palmas, et per sitis intolerandæ penuriam ad irriguam veniunt aquarum viventium affluentiam. Animarum quippe medicus omnipotens Deus sic omnia ordinate dispensat, ut, tanquam melle pigmentis infuso, et tristibus læta et lætis tristia misceat, quatenus mens infirma et aliquando percussa nunquam de prosperitate superbiat, et aliquando refota in adversitatibus non succumbat. Elim præterea interpretatur *arietes*, qui nimirum sunt gregum sequentium duces. Qui vero sunt duces rationalis gregis, hoc est populi Christiani, nisi sancti apostoli? Hi nimirum sunt duodecim fontes, ariditatem mentium doctrinæ cœlestis fluoribus irrigantes. Verum quia non illos duodecim duntaxat apostolos Salvator noster elegit, sed et alios septuaginta constituit, idcirco non solum duodecim fontes, sed et septuaginta describuntur illic arbores fuisse palmarum. Nam et ipsi apostoli nominantur 143, sicut et in B. Pauli verbis agnoscitur. Cum enim de resurrectione Salvatoris ageret : « Visus est, inquit, Cephæ, et post hæc illis undecim; deinde apparuit apostolis omnibus (*I Cor.* xv). » Ex quibus verbis manifeste colligitur quod, præter illos duodecim, et alii discipuli non inconvenienter apostoli nominentur

Sed egressi de Elim, juxta mare Rubrum fixere tentoria. Nota quia non mare rursus ingrediuntur, sed juxta mare tabernaculum figunt, ut mare tantum et procellarum cumulos procul aspiciant, nequaquam tamen motus ejus aut impetus pertimescant. Nos etiam post tentationum fluctus, post undisoni maris formidolosa naufragia, eadem sæpe mala quæ pertulimus ante oculos ponimus, ut jam, velut in littore constituti, dignas ereptori nostro Deo gratias referamus.

Profecti quoque de mari Rubro, applicuerunt in desertum Sin. Sin interpretatur *rubus* sive *tentatio*. Incipit ergo Christiano militi jam prosperitatis spes arridere, collocutionis divinæ verba promittere. De rubo siquidem Dominus apparuit, et Moysi ad filios Israel perferre mandata præcepit (*Exod.* iii). Illic ergo tibi datur sperandæ clementiæ signum, ubi factum est Israeliticæ visitationis initium. Sed non otiose Sin etiam tentatio dicitur. Solet enim sæpius et in visionibus intervenire tentatio, dum nonnunquam spiritus iniquitatis transfigurat se in angelum lucis (*II Cor.* xi). Et ideo subtiliter est agendum, ut discernantur genera visionum. Sicut et Jesu Nave, cum angelum cerneret, et tentationes aliquando hujusmodi visionibus inesse nullatenus dubitaret, protinus ab eo qui apparebat requisivit, dicens : « Noster es, an adversariorum? » (*Jos.* v.) Nam et per Apostolum discretio spirituum inter dona sancti Spiritus enumeratur (*I Cor.* xii). Quod autem Sin etiam *odium* interpretari dicitur, neque hoc quidem a spirituali exorbitat intellectu. Quisquis enim pervenit ad visionem vel allocutionem Dei, confestim concipit odium mundi.

Sed et inde progressi venerunt in Deptheca, sive, ut alia translatio perhibet, Raphaca. Deptheca denique *pulsatio* dicitur. Et nos, postquam pertingimus ad Ecclesiam, quam videlicet rubus ille significat, ubi Dei meretur homo colloquium, ubi visio conspicitur angelorum, tunc incipimus petere, quærere, ac regni cœlestis arcana pulsare; Domino præcipiente et pollicente, qui ait : « Pulsate, et aperietur vobis (*Matth.* vii; *Luc.* xi). » Si vero Raphaca quis mallit admittere, quæ *sanitas* dicitur, hoc nomen animæ jam dudum languidæ, sed jam per donum sanctæ Ecclesiæ languoris nexibus absolutæ convenienter aptatur. Hæc est enim anima cui dicitur : « Benedic, anima mea, Domino, et omnia interiora mea, nomini sancto ejus (*Psal.* cii). » Quem, quæso, Dominum? « Qui sanat, inquit, omnes languores tuos, qui redimit de interitu vitam tuam (*Ibid.*). » Languor scilicet animæ, vitia sunt; mors animæ, peccata criminalia sunt. « Peccatum enim, cum consummatum fuerit, generat mortem (*Jac.* i). »

Deinde veniunt in Halus. Halus interpretatur *labores* sive *fermentum*. Et certe sanitatem labores sequuntur; quoniam ad nil aliud sanitatem sancta anima debet concupiscere, nisi ut 144 labores pro Deo valeat pressurasque perferre. Ideo nempe socrus Petri de febre convaluit, ut Domino per sedulitatis obsequium ministraret (*Matth.* viii). Ideo per Ananiam sanatus est Paulus, ut continuis postmodum laboribus insudaret. Hinc est quod eidem Ananiæ de illo dictum : « Ego enim ostendam illi quanta oporteat eum pro nomine meo pati (*Act.* ix). » Quod autem Halus etiam *fermentum* interpretari dicitur, et hinc nobis congruæ significationis intellectus offertur. Hoc est enim fermentum illud quod tollens mulier commiscuit in farinæ satis tribus, donec fermentaretur totum (*Matth.* xiii), id est sanctum Evangelium. In hac siquidem solitudine populus murmuravit, et manna simul et coturnices accepit. Et cum non modo fermentum, sed et manna sacrum significet Evangelium, miro modo hæc simul in decima mansione conveniunt, ut post legis præmissæ Decalogum panis Evangelii succedere videatur.

Post hæc veniunt in Raphidin. Interpretatur itaque Raphidin *laus judicii*. Et certe satis congruit ut et labor antecedat laudem, et laus proveniat post laborem. Verum non cujuscunque rei, sed laus judicii, videlicet de rationis judicio prodeat; non laus quæ de superbiæ vanitate procedat : « Spiritualis enim homo judicat omnia, et a nemine judicatur (*I Cor.* ii). » Reperiuntur et aliæ horum nominum interpretationes. Sed si cuncta, quæ nobis in hac materia suggeruntur, amplectimur, jam non servabitur epistolaris ordo compendii, sed onerosi consurget enormitas libri. Israelitarum ergo mansiones succincte transcurrimus, non ut earum scrutemur arcana cubicula, sed ut in earum nominibus tanquam exteriora parietum simpliciter ostendamus.

Deinde veniunt in desertum Sinai. Sin, quam superius diximus, et Sinai unum non ambigitur esse desertum; sed Sin dicitur ipsa planities, Sinai vero mons est in eadem supereminens solitudine: in quo nimirum Dominus legis edicta promulgat, et Moyses tabernaculum fabricat (*Exod.* xx, xxv et xxvi). Et hoc aptissime congruit, ut, postquam rationabilis anima rectum ac per hoc laudabile cœperit habere judicium, tunc in se Deo suo construat tabernaculum, et, digna jam Creatoris alloquio, cœlestium percipiat mysteria mandatorum.

Post hæc profecti sunt ad sepulcra concupiscentiæ, ubi scilicet pulcher ordo contexitur. Nam cum felix anima suo fit tabernaculum Creatori, cum, mandatis divinæ legis intenta, jam cœperit cœlestia contemplari, mox æstuantium vitiorum ardor exstinguitur, et omnis carnalis illecebræ concupiscentia sepelitur; ut non jam caro se adversus spiritum moveat, non adversus carnem spiritus concupiscat.

Inde transitur in Aseroth, quod interpretatur *atria perfecta*, vel *beatitudo*. Et, o quam pulcher ordo mysterii, quam decora series spiritualis incrementi, ut, postquam sepelieris concupiscentias carnis, præsto pervenias ad atrium perfectionis et præmium beatitudinis! Felix anima quæ nullis jam vitiis carnis urgetur, quia mox ad beatitudinem percipiendæ remunerationis ingreditur!

Post hæc venerunt in Rethma, sive Pharam. **145** Rethma, ut opinamur, interpretatur *visio consummata*; Pharam vero, *visibile os*. In quibus quid aliud intelligitur, nisi ut sancta quælibet anima, post sepultas jam carnis concupiscentias, perducta jam ad atrium perfectionis, secura de præmio beatitudinis, ad consummatam mox Dei visionem veniat, ejusque visibile os, hoc est præsentem Dei speciem, cernat? « Nunc enim videmus eum, sicut dicit Apostolus, in speculo et in ænigmate, tunc autem facie ad faciem; et nunc cognosco ex parte, tunc autem cognoscam sicut et cognitus sum (*I Cor.* xiii). » Quæ tamen omnia quia sancti quilibet, in carne constituti, habere nequeunt pleniter in re, jam habent in spe; quam scilicet spem jam firmissimam tenent, quia Spiritum sanctum, qui eos in vitæ hujus laboribus roborat, pignus habent. Unde et illa interpretatio, qua Rethma *sonitus* sive *juniperus* dicitur, non incongrua judicatur. Ferunt enim lignum hoc ignem in se longo tempore conservare, adeo ut si prunæ ejus fuerint cineribus adopertæ, usque ad annum ignitæ perveniant. Quia ergo Spiritus sanctus, sicut legitur, scientiam habet vocis (*Sap.* i), et in apostolos missus est in specie ignis (*Act.* ii), hæc interpretatio, qua Rethma sonitus vel juniperus dicitur, aptissime Spiritui sancto convenire videtur.

Hinc itaque digressi, castrametati sunt in Rhemon Phares; quod apud nos *excelsa intercisio* dicitur. Nam cum animæ redeuntis ad Deum intellectus augetur, mox ei datur perfecta notitia, qua scilicet excelsa atque sublimiter novit et terrena a cœlestibus intercidere, et caduca quælibet ac transitoria a perpetuis separare. Si vero Rhemon Phares, ut alibi reperitur, *mali punici divisio* dicitur, per hoc procul dubio sancta designatur Ecclesia, quæ tanquam multa grana uno cortice contegit, dum omnem credentium turbam inseparabili catholicæ fidei unitate concludit.

Deinde transeunt in Lebna, quod interpretatur *dealbatio*. Non autem ignoramus dealbationem aliquando pro crimine poni, sicut dicuntur monumenta dealbata et paries dealbatus; sed hic illa dealbatio debet intelligi, de qua per Isaiam dicitur : « Si fuerint peccata vestra ut coccinum, quasi nix dealbabuntur, et si fuerint rubra quasi vermiculus, ut lana alba erunt (*Isai* i); » et in Psalmo : « Nive dealbabuntur in Selmon (*Psal.* lxvii). » Et in Apocalypsi : « Capilli Jesu tanquam lana albi referuntur (*Apoc.* i). » Quapropter hic dealbatio convenienter intelligitur de veræ lucis splendore prodire et de summæ visionis claritate descendere. Quod si Lebna, ut quidam dicunt, in *laterem* vertitur, in quo videlicet opere Israeliticus in Ægypto populus coactus est laborare, hoc datur intelligi quia, sicut illi post tam sublimia loca rursus in laterem veniunt, ita nos, quandiu in hujus mundi deserto peregrinamur, necessitate compellimur aliquando a summis ad ima descendere, et a spiritualibus ad terrenæ actionis opera transmigrare.

Post hæc veniunt in Ressa, quod *infrenos* vertitur, et non incongrue. Si enim post perfectionis culmen ad opera lutulenta descendimus, disciplinæ nexibus et pœnitentiæ loris infrenandi sumus, ne vagemur per abrupta præcipites, sed cito redeamus ad consuetæ munditiæ **146** puritatem. Interpretatur etiam Ressa *visibilis* sive *laudabilis tentatio*. Quamvis enim mens cujuslibet justi viri jam ad alta proficiat, tentatione tamen adhuc in ima deprimitur, ne per tumorem superbiæ de virtutibus extollatur. Stimulus enim tentationis ad custodiam adhibetur humilitatis. Unde dicit Apostolus : « Ne magnitudo revelationum extollat me, datus est mihi stimulus carnis meæ, angelus Satanæ, ut me colaphizet (*II Cor.* xii). » Hæc ergo tentatio visibilis est, quia manifesta; laudabilis, quia salutifera.

Inde progressi veniunt in Cœlatha, quod interpretatur *Ecclesia*; ut videlicet instabiles quique, qui se per vitiorum abrupta præcipitanter impellunt, sacræ Scripturæ fœnis in Ecclesiam retrahantur; sive, quod alia tenet editio, Machebat, quod est *principatus virgæ*. Quod utrumque potestatem videtur exprimere. Carni quippe, qui tentatur, necesse est ut præsidens spiritus principetur, ut, cum illa abjiciat pugnam, iste quasi desuper intentet minaciter virgam, dum rigidi terroris adhibet disciplinam.

Exinde venitur in montem Sepher sive Sephar, quod *tubicinatio* appellatur. Tuba, signum est belli. Equus enim Dei « odoratur bellum, et cum audierit buccinam, dicit vah; » et miles Christi, cum se persenserit vitiorum ingruentium tentatione vallatum, virtutum protinus arma corripiens, procedit ad bellum, et cominus in bella congreditur, ne degeneri torpore solutus, ab adversariis facile perimatur, et tunc poterit gloriosius tuba canere, hoc est ad spirituale certamen et alios provocare.

Unde illic dicitur quia, inde profecti, venerunt in Harada, sive, quod alibi dicitur, in Charadath, quod in nostra lingua sonat *idoneus effectus*, ut ipse nimirum jam prædicator factus, merito valeat cum Apostolo dicere : « Quod idoneos nos fecit ministros Novi Testamenti (*II Cor.* III). »

Sed et inde proficiscentes, veniunt in Macelot; quod interpretatur *ab initio*. Quisquis enim ad perfectionis summam contendit, omnium rerum contemplatur initium, dum cuncta viscerum suorum vota convertit ad Deum. Et dum cor ad Auctorem suum jugiter dirigit, a rerum omnium initio non recedit. Vel, si Maceloth, ut quidam sentiunt, dicatur esse *conventus*, per hoc Ecclesia intelligitur, in qua videlicet a cunctis fidelibus convenitur. Unde canitur : « Ecce quam bonum et quam jucundum habitare fratres in unum! » (*Psal.* CXXXII.)

Deinde venitur in Thaath, vel, sicut alibi legitur, in Caath, quod est *patientia* vel *confirmatio*. Quisquis enim desiderat terram viventium per præsentis vitæ labores ingredi, necesse est eum ad toleranda mundi pericula per patientiam confirmari. Vel si Thaath, ut a quibusdam dicitur, vertitur in *pavorem*, dicatur unicuique certanti, vel jam forte per divinam gratiam triumphanti : « Noli altum sapere, sed time (*Rom.* XI). »

Sed, inde profecti, veniunt in Thare, quod Græce quidem *exstasis* interpretatur, in nostra vero lingua dicitur *contemplatio*. Consequens est enim ut quisquis antea probatur per patientiam, proinde ad contemplationis perveniat gratiam; et qui prius in tribulatione deprimitur, **147** postmodum ad visionis intimæ lætitiam sustollatur. Sin autem Thare, sicut quidam putant, *astutia* vel *malitia* debet intelligi, hoc ad Ecclesiarum præpositos non immerito videtur posse referri; ut ipsi suis auditoribus timeant, qui in tentationum tribulatione laborant. Astutia enim et malitia cavenda est de quo dicitur : « Quoniam adversarius noster tanquam leo rugiens circuit, quærens quem devoret (*I Petr.* V). »

Deinde procedunt in Methca, vel, sicut alibi legitur, Maathica, quod interpretatur *mors nova*. Nunquam tam perfecte diabolica cavetur astutia, quam si Christo commorimur, ut tanquam insensibiles ad hostis callidi tentamenta redeamus. Quam novam mortem contemplatio parit, quæ scilicet et mundum nobis, et nos mundo mortuos efficit. Quod si Methca, ut quibusdam placet, in *dulcedinem* vertitur; quid mirum si de contemplatione ad dulcedinem veniatur, cum ipsa contemplatio nihil aliud sit quam ineffabilis et immensa dulcedo?

Post hæc venitur in Hesmona, quæ *festinatio* dicitur. Nam, postquam pertingimus ad dulcedinem contemplationis, moram non ferimus tarditatis. O quam moleste moram patiebatur ille qui dicebat :

« Utinam dirumperes cœlos et descenderes, et liquefierent montes a facie tua! » (*Isai.* LIV.) Quam graviter hanc moram ferebat ille qui dicebat : « Cupio dissolvi et esse cum Christo (*Philip.* I), » multo magis melius! Sin autem a Senna dicatur quod *ossa* significat, hoc ad robur constantiæ pertinet, quod necesse est ut Christi amator habeat, ne per amorem nimium impatiens fiat.

Hinc jam transitur in Moseroth, quod significare putatur *excludens*. Anima quippe, quæ ad perfectum Sponsi sui amorem pervenit, tentationes a se callidi corruptoris excludit. Unde et Apostolus : « Nolite, inquit, locum dare diabolo (*Ephes.* IV). » Quod si Moseroth, juxta quosdam, interpretatur *vincula*, sanus per omnia et congruus intellectus elucet : nimirum sancta quælibet anima, quæ cœlesti Sponso in amore conjungitur, necesse est ut ei assiduis Scripturarum meditationibus, quasi quibusdam vinculis insolubiliter connectatur. De quibus vinculis Christo per Isaiam dicitur : « Viri sublimes ad te transibunt, et tui erunt, et post te ambulabunt colligati vinculis (*Isai.* XLV). »

Unde non immerito jam venitur in Banacim, quod significat *fontes* vel *excolationes*, id est, ubi divinarum Scripturarum fontes anima bibit et excolat, hoc est subtiliter tractat ac ruminat. Excolat, inquam, cum illud evangelicum servat : « Ut ne unus quidem apex aut unum iota de lege prætereat, quin omnia fiant (*Matth.* V). » Si vero bene Jaacan, sicut quidam dicunt, transfertur in *filios necessitatis* sive *stridoris*, hoc significat, quia quisquis divinis eloquiis eruditus est et affluenter instructus, necesse est ut post se et alios trahat ac filios gignat, quibus nimirum dum fletus et stridorem dentium minaciter objicit, quodammodo necessitatem eis ut ad Deum convertantur imponit. Ii sunt ergo filii necessitatis vel stridoris, de quibus prophetice canitur : « Afferte Domino, filii Dei, afferte Domino filios arietum (*Psal.* XXVIII). »

Post hæc ascendunt in montem Gadgad, quod **148** interpretatur *nuntius*, vel *accinctio*, vel certe *concisio*. Quibus enim verba Dei annuntiamus, eos procul dubio commonere debemus ut et se virtutum armis accingant, et invisibilium hostium spiritualibus gladiis terga concidant. Quod cum eos agere non segniter edocemur, cum eis simul ad montana conscendimus. Quod si Gadgad, ut quidam putant, *tentamenta* significat, datur intelligi quoniam his qui ad cœlestem patriam tendunt, tentationes deesse non possunt. Et sæpe tentatio virtutibus admiscetur, ut laborioso Christi militi merces uberior acquiratur.

Et quia per mala tentationum ad præmiorum bona transitur, congrue sequitur quoniam inde profecti, venerunt in Jetebatha, sive, ut alibi legitur, Jatbatha, quod interpretatur *bonitas* sive *bonum*. Ergo per experimenta tentationum ad bonitatem, quæ procul dubio Christus est, nitur.

Inde profecti sunt in Ebrona, quod *transitus* appellatur. Animo quippe transeunda sunt omnia, et in eum solum debes obtutum mentis infigere, cum quo sine transitu valeas permanere.

Post hæc veniunt in Asiongaber, quod interpretatur *consilia viri*. Postquam enim nos in Christum omnino projicimus, postquam in eum omnem cordis nostri fiduciam collocamus, esse pueri sensibus ulterius non debemus, imitantes Apostolum, qui dicit: « Cum autem factus sum vir, evacuavi quæ erant parvuli (*II Cor.* xiii); » et iterum : « Nolite pueri effici sensibus (*I Cor.* xiv). »

Sed quoniam qui apponit scientiam, apponit dolorem, iterum veniunt in desertum Sin, quæ est Cades. Sin autem *tentationem* interpretari jam jam superius diximus. Sicut enim vas aureum vel argenteum sæpe malleus percutit, sæpe lima hinc inde poliendo circumdat, ut clarius fiat; sic iterata tentatio constantis et non cedentis animæ rubiginem purgat. « Vas enim figuli probat fornax, et homines justos tentatio tribulationis (*Eccli.* xxvii). » Et quia Cades *fructificatio sancta* dicitur, vides quoniam tentationum sulcos sancta fructificatio subsequatur.

Sed et hinc applicuerunt in montem Hor, in extremis finibus Edom. Hor *montanus* interpretatur. Quisquis enim tentatus non labitur, sed de tentatione fructificat, consequens est ut ad montem, qui Christus est, victor ascendat. Hic est enim mons ille coagulatus, mons pinguis (*Psal.* lxvii), de quo per Prophetam dicitur : « Erit in novissimis diebus præparatus mons domus Domini in vertice montium, et elevabitur super colles, et fluent ad eum omnes gentes (*Isai.* ii). » Hic mons dicitur montanus, quia ubi Christus, ibi et procul dubio Christianus : « Ubi sum, inquit, ego, illic et minister meus erit (*Joan.* xii). »

Deinde veniunt in Salmona, quod interpretatur *umbra portionis*. Et merito, postquam in montem, qui est Christus, ascendimus, vitiorum fugientes ardorem, sub defensionis ejus umbraculo residemus. De qua videlicet umbra per Jeremiam dicitur : « Spiritus oris nostri Christus Dominus captus est in peccatis nostris, cui diximus : In umbra tua vivemus in gentibus (*Thren.* iv). » Et Angelus ad Mariam : « Virtus, inquit, Altissimi obumbrabit tibi (*Luc.* i). » Salmona etiam, ut alicubi reperitur, *imaguncula* dicitur; quod utique **149** loco illi non absurde congruit, dum ibi æneus ille serpens appensus sit, qui crucifixi repræsentat imaginem Salvatoris.

Fit præterea transitus in Phinon, quod interpretatur *os*, vel *oris parcimonia*. Et os quidem, quia, mox ut passionis Christi sacramenta cognoscimus, quod corde credimus, ore pronuntiamus, sicut scriptum est : « Credidi, propter quod locutus sum (*Psal.* cxv) » Et Apostolus : « Corde creditur ad justitiam, ore autem confessio fit ad salutem (*Rom.* x). » Oris vero parcimonia dicitur; quia, dum tam profunda redemptionis humanæ mysteria penetrare non possumus, quasi ori nostro digitum superponimus, ut, divinitatis Christi celsitudinem majoribus relinquentes, de sola tantum ejus cruce tractemus, sicut dicit Apostolus : « Nihil judicavi me scire inter vos, nisi Christum Jesum, et hunc crucifixum (*I Cor.* ii). »

Post hæc profecti sunt in Oboth, quod utique vertitur in *magos* sive *pythones*. Propter quod datur intelligi quia post imaginem Dei, quæ in cordis ratione concipitur, post acceptam fidem, quæ oris confessione profertur, consurgunt adversum nos hæretici errorem venenatæ perfidiæ dogmatizantes, tanquam pythones et magi malefica incantationum carmina conspergentes.

Hinc transitur in Gebarim, quæ est in finibus Moabitarum. Gebarim significat *acervos lapidum transeuntium*. Isti porro sunt lapides vivi, sancti scilicet, ex quibus non modo Hierusalem superna construitur, sed et præsens Ecclesia tanquam margaritis coruscantibus adornatur. Qui merito transeuntes dicuntur, quia terrena quælibet ac transitoria mente calcant, atque ad cœlestia transire festinant. Si vero non Gebarim, sed Gai dicatur, quod alia testatur editio, et hoc ab intellectu transeuntium non aberrat. Gai siquidem interpretatur *chaos*. Dicit autem Abraham diviti : « Quia inter nos et vos chaos magnum firmatum est (*Luc.* xvi). » Ad illum ergo sancti semper transire desiderant, ut in ejus sinu, sicut et beatus ille Lazarus, feliciter requiescant.

Unde satis apte consequitur ut post chaos pythonum atque magorum, quod est tenebrosa calliditas hæreticorum, præsto veniant in Dibongad, quod significare dicitur *apiarium tentationum*. Apes enim ore mella ferunt, sed aculeis pungunt; sic et hæretici verbis quidem manifeste blandimenta prætendunt, sed quasi post se erroris aculeos contegunt. Primo distillant ore dulcedinem, sed postmodum spargunt aculeatæ falsitatis errorem. Unde Propheta conqueritur, dicens : « Circumdederunt me sicut apes, et exarserunt sicut ignis in spinis (*Psal.* cxvii). »

150 Inde profecti sunt in Helmondeblathaim, quod vertitur in *contemptum palatarum*, hoc est ficuum, sive *contemptus opprobrii*. Ficus autem deliciosus est fructus ; per quod intelligitur necessarium esse ut qui jam donis cœlestibus appropinquant, cuncta carnalis illecebræ blandimenta contemnant. Quod si contemptus opprobrii magis admittitur, per hoc jam dubitanter instruimur ut, si quando hæreticorum vel reproborum quorumlibet dehonestamur injuriis, non turbemur. Per quod scilicet utrumque salubriter edocemur, ut nos nec inhonesti contemptus irrisio moveat, nec ulla terrenæ dulcedinis oblectamenta resolvant; quatenus de hoc mundo valeamus dicere cum Propheta : « Sicut tenebræ ejus, ita et lumen ejus (*Psal.* cxxxviii). »

Inde commigrant ad montes Abarim contra Nabo. Abarim, *transitus*, Nabo *abscessio* interpretatur; ubi scilicet anima quasi per omnes itineris mansiones, ita per cunctas fuerit progressa virtutes, quia jam ad culmen perfectionis ascendit, mente mox transit ex hoc sæculo, et abscedit. Quæ nimirum etsi adhuc manere videatur in mundo, in carne tamen, non secundum carnem ambulans, jam recessit e mundo. Sicut de Enoch dicitur : « Et non inveniebatur, quia transtulit illum Deus (*Gen.* v). » Ita quisquis sanctitate perfectus, et mundo jam mortuus, pertransit mundum, et habitat in regione virtutum.

Postrema vero mansio est in campestribus Moab, super Jordanem contra Jericho. Ad hoc enim tam longi itineris transitus agitur, ad hoc totus ærumnis ac laboribus per vastam hujus mundi solitudinem suspiratur, ut applicemus ad Jordanem, hoc est, accedamus ad inexhaustam cœlestis sapientiæ plenitudinem. Juxta quam peregrinationis nostræ tabernaculum construentes, ejus fluentis a cunctis nos Ægypti squaloribus properemus abluere, ut purificati terram repromissionis valeamus intrare, ut simus, sicut de sponsa in Canticis dicitur : « Oculi ejus sicut columbæ super rivos aquarum, quæ lacte sunt lotæ et resident juxta fluenta plenissima (*Cant.* v). » Et notandum quod profectio ista non in montibus, sed in campestribus desinit, quoniam sancti quique quanto celsiori perfectione sunt præditi, tanto majori sunt humilitate fundati. Qui etiam contra Jericho mansiones ædificant, quoniam adversus mundum, qui per eam designatur, infœderabiliter pugnant. Quibus dicitur : « Si de mundo fuissetis, mundus, quod suum erat, diligeret ; sed quia de mundo non estis, propterea odit vos mundus (*Joan.* xv). »

Expliciunt testimonia libri Numeri.

INCIPIUNT CAPITULA LIBRI DEUTERONOMII.

1. *Quod lex in monte Horeb data sit.*
2. *Ait Dominus Moysi : Vade, et dic populo : Revertimini in tentoria vestra ; tu vero hic sta mecum.*
3. *Ait Moyses populo : Dedit tibi Dominus cibum, manna, quod ignorabas tu et patres tui.*
4. *Non est, inquit Moyses, terra, quam ingredimini possidendam, similis terræ Ægypti, de qua existis, sed de cœlo pluviam exspectans.*
5. *Quod præcipit Dominus ut, appropinquante jam prælio, sacerdos ante aciem staret, et exhortaretur populum.*
6. *Ut homo formidolosus et corde pavido non egrederetur ad bellum ; sed revertatur in terram suam, ne alios pavere faciat.*
7. *Ut mulieri in bello captæ et in conjugium victoris electæ corporis superfluitas abscindatur.*
8. *Quod si filius odiosæ conjugis primogenitus fuerit, non possit dilectæ filius ei præferri, ut primogeniti locum teneat.*
9. *Ut si acceperit homo uxorem, et illa non invenerit gratiam ante oculos ejus, scribat ei libellum repudii, et dimittat eam de domo sua.*
10. *Ut si eum qui peccavit judices dignum viderint plagis, prosternant, et coram se faciant verberari.*
11. *De justo pondere et æquali modio habendis.*
12. *Moyses de Aser : ferrum, inquit, et æs calceamentum ejus.*

Expliciunt capitula.

INCIPIUNT TESTIMONIA LIBRI DEUTERONOMII.

CAPUT PRIMUM.
In epistola ad Alexandrum papam, ubi de insolentia malorum.

Mens humana, terrenis obtenebrata negotiis, frustra se in contemplationis culmen attollere nititur, dum actionum sæcularium merito quasi congestis lapidum ruderibus aggravatur. Sicut enim aluta, postquam per limosa luti fluenta transierit, non admittit arvinam, sic mens humana, nisi ab humore fuerit curæ sæcularis exsucca, non percipit supernæ pinguedinis gratiam. Pellis enim sicca pinguedinem combibit, humefacta repellit. Et humanum cor, donec curarum sæcularium madore turgescit, saginas internæ gratiæ non admittit. Unde et lex in monte Horeb data legitur (*Exod.* xx), quod videlicet *siccitas* interpretatur. Illa denique mens quæ per amorem spiritus in alta sustollitur, mons est in quo lex Domini irreprehensibilis, quæ procul dubio charitas est, divinitus promulgatur. Et hic mons veraciter est Horeb, qui *siccitas* dicitur, in quo videlicet omnium vitiorum humor excoquitur, et ad radios solis justitiæ cunctum libidinis atque carnalis illecebræ rheuma siccatur. Hinc est quod vasa templi in argillosa terra, quæ videlicet aquam sitienter imbibit, Hiram ad Salomonis imperium fabricavit (*III Reg.* VII) ; ex quibus nimirum vasis et illud est quod imbre cœlesti concupiscit impleri, dicens : « Anima mea sicut terra sine aqua tibi (*Psal.* CXLII) ; » ad quod ideo æstuans clamat : « Sitivit anima mea ad Deum vivum : quando veniam et apparebo ante faciem Dei ? » (*Psal.* XLI).

CAPUT II.
In epistola ad fratres Cluniacenses.

Caveant hi qui prodire fortassis adhuc in publicum concupiscunt ne, dum inania cernere liberis obtutibus inhiant, dextrum oculum, hoc est vim intimæ contemplationis, exstinguant. Nec pruriat eorum gula cum illo carnali Israel porros, cepas et allia (*Num.* xi), quarum videlicet herbarum vehemens acrimonia oculos turbat et ad lacrymas provocat, quia nimirum sæcularis actio, dum multis pressurarum angustiis cingitur, dum laborum ingruentium crebra perturbatione vexatur, quibus gaudere promisit, sæpe flere compellit. Plane si laboris delectat exercitium, habet sancta quies laborem suum. Unde Dominus ad Moysen : « Vade, inquit, et dic eis : Revertimini in tentoria vestra ; tu vero hic sta mecum, et loquar tibi omnia mandata, cærimonias atque judicia (*Deut.* v). » Cæteris quippe in carnis suæ tentorio delectabiliter quiescentibus, servus Dei non residere jubetur, sed stare cum Domino, ut quo remotius a mundi laboribus cessat, eo vigilantius in divinis obsequiis ipse se sanctæ quietis fervore exerceat.

CAPUT III.
In eadem epistola.

« Dedit tibi Dominus cibum manna, quod ignorabas tu et patres tui, ut ostenderet tibi quod non in solo pane vivit homo, sed in omni verbo quod egreditur ex ore Domini (*Deut.* VIII; *Matth.* IV; *Luc.* IV),» ubi et præsto subjungit : « Vestimentum tuum, quo operiebaris, nequaquam vetustate defecit, et pes tuus non est subtritus, en quadragesimus annus est : ut recogites in corde tuo, quia sicut erudit homo filium suum, sic Dominus Deus tuus erudivit te, ut custodias mandata Domini Dei tui, et ambules in viis ejus, et timeas eum (*Deut.* VIII). » In quibus verbis illud est solertius attendendum quod ait : « Dedit tibi manna, ut ostenderet quod non in solo pane vivit homo, sed in omni verbo, quod egreditur ex ore Dei. » Ubi luce clarius constat quia illud manna, quo illi carnaliter alebantur, hoc divini verbi significabat pabulum, quo nunc in anima recreamur. Et notandum quod de hoc manna in libro Exodi legitur : « Quod cum vidissent, inquit, filii Israel, dixerunt ad invicem : Manhu? quod significat : Quid est hoc? » (*Exod.* XVI.) Illi ergo manna, id est quid est hoc, veraciter comedunt qui, dum legunt, vel audiunt, divini verbi mysterium solerter inquirunt, qui nimirum intra litteralis paleæ thecam dulcem intelligentiæ spiritalis ambiunt enucleare medullam. Hic certe quid est hoc veraciter vescitur, qui assidue in Scriptura sacra solerti meditatione versatur.

CAPUT IV.
In sermone de S. Bartholomæo.

Moyses mystice de sancta dicit Ecclesia : « Non est, inquit, terra, ad quam ingredimini possidendam, similis terræ Ægypti, de qua existis, ubi jacto semine in hortorum morem aquæ deducuntur irriguæ, sed de cœlo pluvias exspectans, quam Deus suus invisit omni tempore (*Deut.* XI). » Sæcularis enim prudentia quasi coluber per humum serpit et huc illucque lubrica varietate declinat, divina vero sapientia de cœlestibus intonat. Hortus etiam hic sinistram habet significationem. Nam carnalis scientiæ videtur designare lasciviam; sicut et illic, ubi Achab petiit vineam Naboth : « Da mihi vineam tuam, ut faciam mihi hortum olerum (*III Reg.* XXI).» Ille quippe in hortum conatur vineam vertere, qui rigorem virtutis jucunda carnalis illecebræ vult amœnitate mutare. Et Psalmista reprobos oleribus comparat, dicens : « Tanquam fenum velociter arescent, et sicut olera herbarum cito cadent (*Psal.* XXXVI). »

CAPUT V.
In sermone de S. Anastasio.

« Appropinquante, ait Dominus, jam prælio, stabit sacerdos ante aciem, et sic loquetur ad populum : Audi, Israel : vos hodie contra inimicos vestros pugnam committitis, non pertimescat cor vestrum, nolite metuere, nolite cedere, nec formidetis eos, quia Dominus Deus vester in medio vestri est, et pro vobis contra adversarios dimicabit, ut eruat vos de periculo (*Deut.* XX). » Et notandum quod sacerdos qui, imminente jam bello, concionatur, non alibi, sed ante aciem stare præcipitur, ut videlicet eos ad pugnam, quos adhortationibus provocat, ipse quoque prævius antecedat, ne dum alios ad bellum impellere nititur, ipse degeneri torporis otio per negligentiam resolvatur, sicut de quibusdam magna quidem prædicantibus, sed desidiose viventibus, per Prophetam dicitur : « Filii Ephrem intendentes arcum et mittentes sagittas suas conversi sunt in die belli (*Psal.* LXXVII). »

CAPUT VI.
In sermone de S. Georgio.

« Homo formidolosus et corde pavido non egrediatur ad bellum, sed vadat et revertatur ad terram suam, ne pavere faciat corda fratrum suorum, sicut et ipse perterritus est (*Deut.* XX). » Quibus nimirum verbis liquido perdocemur quia pro defensione fidei dimicare fortiter et idonee nequeunt qui adhuc nudari terrenis opibus pertimescunt ; tolerabilius enim est ut domum quodammodo redeuntes ignobiliter et imbelles vivant quam secum et alios a triumphandi gloria per degeneris exempla timoris avertant.

CAPUT VII.
In libro de perfectione monachorum.

Per Moysen lege decernitur ut mulieri in bello captæ et in conjugium victoris electæ corporis circumfluitas abscindatur : « Quæ radet, inquit, cæsariem et circumcidet ungues et deponet vestem in qua capta est; sedensque in domo sua flebit patrem et matrem uno mense, et postea intrabis ad illam dormiesque cum illa, et erit uxor tua (*Deut.* XXI). » Mulieri quippe cæsariem radimus, cum rationali disciplinæ sensus superfluos amputamus. Ungues etiam circumcidimus, cum ab ea mortua quæque superstitionum opera desecamus. Quæ etiam vestem deponere, in qua est capta, præcipitur, ut superductam fabularum et quorumlibet figmentorum exuat superficiem, ac solidam veræ rationis exhibeat veritatem. Patrem vero et matrem deflet, quia liberalium auctores artium mens nostra mortuos deputat et eos in errore periisse compatiendo deplorat. Consuetudo autem feminarum est per unumquemque mensem sui sanguinis effusione purgari : post mensem itaque ad hanc mulierem intrare præcipimur, ut artem cujuslibet disciplinæ omni superstitionum contagio defæcatam velut in conjugium sortiamur, quatenus jam Israelitica facta consequenter in Israelitæ conjugium transeat et bene fecundam spiritualium operum sobolem reddat.

CAPUT VIII.

In epistola ad Bonifacium, quæ est de eo quod exteriori prudentiæ spiritualis sapientia debeat præferri.

« Si habuerit homo uxores duas, unam dilectam et alteram odiosam, genueritque ex eis liberos, et fuerit filius odiosæ primogenitus, volueritque substantiam inter filios dividere, non poterit filium dilectæ facere primogenitum et præferre filio odiosæ, sed filium odiosæ agnoscet primogenitum, dabitque ei de his quæ habuerit cuncta duplicia; iste est enim principium liberorum ejus et huic debentur primogenita (*Deut.* xxi). » Duæ scilicet hominis uxores sunt, virtus et voluptas, livoris et odii inter se invicem velut quadam zelotypia dissidentes; et voluptas quidem ad hanc vitam, virtus ad æternam pertinet gloriam. Illa plane dilecta est, quia virum suum, hoc est fragilem cujusque spiritum, malesuada jucunditate demulcet; ista vero dicitur odiosa, quia per arctam et angustam viam homines ire constituit et aspera semper ac dura proponit : sed filius odiosæ nobis primogenitus est, quia virtutem Conditor noster nobis originaliter indidit; voluptas autem et quælibet carnalis illecebra ex vitio nostræ pravitatis emersit. Sed quia non est istius temporis per singula verba hujus præcepti figuram enucleanter exponere, sufficiat hoc ad compendium dicere ut, si non possumus dilectam uxorem, quæ nobis procul dubio noxia est, a thalami nostri societate repellere, studeamus saltem quæ sobria est et honesta in primogeniti dignitate præferre, quatenus si nobis difficile est quantulamcunque saltem hujus vitæ dulcedinem non sentire, prærogetur tamen dominii palma virtuti, relinquatur servitus voluptati; illius filius in primogeniti dignitate præcellat, istius autem filius in subsequela ordinis et sub disciplinæ semper refrenatione supersistat. Vis fortassis addiscere qui uxoris dilectæ sunt filii? Paulus inquiratur Apostolus : « Manifesta sunt, inquit, opera carnis, quæ sunt fornicatio, immunditia, luxuria, idolorum servitus, veneficia, inimicitiæ, contentiones, æmulationes, iræ, rixæ, dissensiones, sectæ, invidiæ, homicidia, ebrietates, comessationes et his similia, quæ prædico vobis, sicut prædixi : quoniam qui talia agunt regnum Dei non consequentur (*Gal.* v). » Vis enim consequenter audire quæ sit soboles odiosæ? ausculta quod subdidit : « Fructus autem Spiritus est charitas, gaudium, pax, patientia, benignitas, bonitas, longanimitas, mansuetudo, fides, modestia, continentia, castitas (*Ibid.*). » Hic ergo filius tanquam primogenitus duplicia debet habere substantiæ, videlicet ut fructus Spiritus corpus simul et animam regat atque utriusque substantiæ, interioris scilicet, et exterioris hominis jura possideat.

CAPUT IX.

In epistola ad Cincium præfectum.

« Si acceperit homo uxorem, et habuerit eam et non invenerit gratiam ante oculos ejus, propter aliquam fœditatem, scribat libellum repudii, et dabit in manu ejus et dimittet eam de domo sua (*Deut.* xxiv). » Hæc igitur uxor nostra, carnalis scilicet vita, utinam in oculis nostris gratiam nunquam prorsus inveniat, sed ejus abominabilis fœditas mentium nostrarum nares, ut dignum est, semper offendat. Quæ, libello repudii per legem pœnitentiæ semel accepto, sic a connubii nostri liminibus excludatur ut in nostros denuo non revertatur amplexus. Unde et vir sapiens ait : « Averte faciem tuam a muliere compta, et non circumspicias speciem alienam (*Eccli.* ix); » quæ quoniam aliena dicitur, merito cum Agar, non uxor, sed concubina intelligitur. Agar enim *peregrina*, vel *accola* interpretatur. Et quia per Salomonem hæc eadem impudica mulier dicit : « Aspersi cubile meum myrrha, et aloe et cinnamomo (*Prov.* vii); » merito cum altera concubina Abrahæ poterit comparari. Cethura siquidem dicitur *odorifera.* Vita quippe carnalis spirat odoramenta mendacii. Unde et in Proverbiis dicitur : « Custodi te a muliere mala et a blanda lingua extraneæ; non concupiscat pulchritudinem ejus cor tuum (*Prov.* vi). » Hæc enim blanda lingua, videlicet carnalis vitæ, miseros homines dicere persuadet : « Venite, perfruamur bonis quæ sunt, et utamur creatura tanquam in juventute celeriter; vino pretioso et unguento nos impleamus, et non prætereat nos flos temporis, » etc. (*Sap.* ii). At contra de muliere, quæ religiosam signat vitam, scriptum est : « Mulieris bonæ beatus vir, numerus enim annorum illius duplex; mulier fortis oblectat virum suum, et annos vitæ illius in pace implebit (*Eccli.* xxvi). » Quomodo est numerus annorum hominis duplex, nisi quia et hic vivit in conversatione sancta et illic est victurus in gloria? Hæ plane duæ vitæ, spiritualis scilicet atque carnalis, quadam inter se invicem quasi zelotypia dissident et ad diversum vivendi finem corda hominum trahunt. Ista siquidem cohibet gulæ pruriginem, ne modum sobriæ refectionis excedat; illa ventres ingurgitat et per immoderata ciborum oblectamenta relaxat. Ista suspiriis ac gemitibus pascitur; illa cachinnis et ineptis lusibus delectatur. Ista sursum spiritum erigit et in cœlestis desiderii arce suspendit; illa curis sæcularibus et opibus congerendis incumbit. Ista quidquid injuriarum, quidquid adversitatis ingeritur æquanimiter tolerat; illa graviores potius violentias accipit, judicia quæ tolerentur importat.

CAPUT X.

In epistola ad Petrum monachum.

« Si eum qui peccavit judices dignum viderint plagis, prosternent et coram se facient verberari; » ubi et mox additur : « Pro mensura peccati erit et plagarum modus, ita ut quadragenarium numerum duntaxat non excedant, ne fœde laceratus ante oculos tuos obeat frater tuus (*Deut.* xxv). » Quod videlicet illi populo legale præceptum nobis est allegoriæ mysterium. Quadragenarius siquidem numerus humanæ vitæ significat cursum. Hinc est quod

Israel annis quadraginta graditur per desertum (*Num.* xiv, xxxii). Hinc Moyses (*Exod.* xxiv) et Elias (*III Reg.* xix), insuper et ipse Dominus (*Matth.* iv), tot diebus protraxere jejunium. Qui etiam sicut horis quadraginta in sepulcro mortuus jacuit, ita nihilominus post resurrectionem suam diebus totidem cum discipulis fuit, quatenus nos sua membra pius Magister edoceat, ut per capitis nostri vestigia gradientes et mortui mundo et velut peregrini hospitemur in sæculo. Mystice **157** quoque peccator in lege dum vapulare præcipitur, excedi quadragenarius plagarum numerus prohibetur, quia quisquis in hac vita perfectam egerit pœnitentiam, nullam postmodum pro suis excessibus sentiet pœnam.

CAPUT XI.

In sermone de S. Anastasio.

« Non habebis in sacculo diversa pondera, majus et minus, nec erit in domo tua modius major et minor. Pondus habebis justum et verum, et modius æqualis et verus erit tibi (*Deut.* xxv). » Enimvero tunc in sacculo diversa pondera non habemus, si intra secretum conscientiæ nostræ, non aliter nobis atque aliter aliis judicantes, easdem legalium præceptorum mensuras appendimus, nimirum ut nos aliis regulam districtæ severitatis indicere, nosmetipsos vero studeamus remissioris indulgentiæ lege tractare. De qua videlicet fraude et Salomon dicit : « Abominatio est Domino pondus duplex et statera dolosa (*Prov.* xi). » Necesse est ergo fruges verbi nequaquam diversis, sed eisdem metiri ponderibus, ut quæ aliis agenda præcipimus, ipsi etiam vivis operibus efficaciter impleamus.

158 CAPUT XII.

In sermone de S. Bartholomæo.

Æs aliquando sanctis congruere reperitur apostolis, de quibus sub Aser specie per Moysen in Deuteronomio dicitur : « Ferrum et æs calceamentum ejus (*Deut.* xxxiii). » Calceamentum quippe in Scriptura sacra munimentum prædicationis accipitur, sicut scriptum est : « Calceati pedes in prædicatione Evangelii pacis (*Ephes.* vi). » Quia ergo per ferrum virtus, per æs autem perseverantia longanimitatis exprimitur, ferrum et æs apostolorum dicitur esse calceamentum, nec non et prædicatorum quorumlibet sanctorum. Per ferrum scilicet adversantia mala patienter tolerant; per æs vero bona præposita longanimiter servant. De quibus apostolis, sive apostolicis viris, prædicatoribus scilicet sanctis, ad eumdem Aser cum præmisisset : « Ascensor cœli auxiliator tuus; » illico subdidit : « Magnificentia ejus discurrunt nubes (*Deut.* xxxiii). » Quis enim est ascensor cœli, nisi Salvator noster, qui, postquam mortis imperium moriens perdidit, cœlum, angelis comitantibus et discipulis suspicientibus penetravit? Hujus magnificentia nubes discurrunt, quia ejus auctoritate doctores sancti per mundum salutiferæ prædicationis imbrem pluunt. De quibus et propheta : « Qui sunt, inquit, isti qui ut nubes volant? ». (*Isa.* lx.) Istæ nubes resolvuntur in aquam, cum terram cordis nostri doctrinæ suæ fluentis inebriant, ut eam ad proferenda pii operis germina fertilem reddant.

Expliciunt testimonia libri Deuteronomii.

INCIPIUNT CAPITULA LIBRI JOSUE.

1. *Quod aquæ Jordanis divisæ sunt dum Israel, Josue ducente, transiret.*
2. *Quod præcepit Dominus ut tollerent duodecim lapides de medio Jordanis, ubi sacerdotes steterant, et ponerent in medio castrorum.*
3. *Quod Josue Dominus præcepit ut transiret in Galgala cum populo et illic eos cultris lapideis circumcideret.*
4. *Quod præcepit Dominus ut arcam fœderis viri bellatores armati præcederent, et sacerdotes septem buccinis clangerent et sic Jericho septem diebus circumirent.*
5. *Quod in Arca tria continebantur, urna aurea cum manna, et tabula testamenti, et virga Aaron.*
6. *Ait Josue ad populum : Vos autem cavete ne de facultatibus Jericho quidpiam contingatis.*
7. *Quod subversa Jericho domus Rahab meretricis, de qua funiculus coccineus dependebat, evasit.*
8. *Subversa Jericho Josue imprecatus est, dicens : Maledictus vir coram Domino, qui suscitaverit et ædificaverit Jericho in primogenito suo.*
9. *Quod Gabaonitæ pacis fœdus ab Israelitis fraudulenter extorserunt in terra Pherezæi et Raphaim.*
10. *Dixit Josue filiis Joseph : Si populus multus es, ascende in silvam et succide tibi spatia ad habitandum.*

Expliciunt capitula.

INCIPIUNT TESTIMONIA LIBRI JOSUE.

159 CAPUT PRIMUM.

In secundo sermone de S. Joanne evangelista.

« Cum populus ingrederetur Jordanem, jubente Josue, aquæ superiores ad instar montis intumescebant, inferiores vero in mare Mortuum delabebantur (*Jos.* iii). » Quia profecto ex eis, qui baptizantur, alii in accepta cœlestis gratiæ dulcedine perseverant, alii in peccatorum amaritudinem defluere reprobe vivendo non cessant, et velut in maris mortui salsuginem corruunt, dum sapiendo terrena per pravæ vitæ declivia ad mortem tendunt. Nos autem non sic, dilectissimi, non sic, sed ad veram sapientiam animum transferentes sic per Dei misericordiam in virtutum studeamus alta proficere, ut in vitiorum pudeat voraginem declinare. Sic perseveremus semper ad superna properare quo tendimus, ut divini amoris dulcedinem in nostris jugiter mentibus conservemus.

CAPUT II.

In eodem sermone.

« Elige, » inquit Dominus ad Josue, « duodecim viros, singulos per singulas tribus, et præcipe eis ut tollant de medio alvei Jordanis, ubi fixerunt sacerdotes pedes, duodecim lapides durissimos quos ponetis in loco castrorum, ubi fixeritis hac nocte tentoria (*Jos.* IV). » Ut autem non omnia, licet plena mysteriis, verba discutiam, quid per hoc factum nobis innuitur, nisi ut postquam mystici Jordanis fluenta transimus, postquam de lavacri salutaris fonte consurgimus, durissimos duodecim lapides, id est firmissima apostolorum exempla, ad imitationem nobis proponere studeamus? Lapides quippe ubi sacerdotes pedes fixerant, in loco castrorum ponimus, si in procinctu spiritualis militiæ positi, apostolorum vestigia constanter et firmiter teneamus. Nam juxta Salomonis sententiam : « Qui mollis et dissolutus est in opere suo, frater est sua opera dissipantis (*Prov.* XVIII). » Nimirum qui in moribus suis molles ac fluidi sunt, more aquæ præcipites ad ima defluunt; qui vero constantes ac firmi, in arcem quotidie virtutis excrescunt.

CAPUT III.
In sermone primo de S. Bartholomæo.

« Post hæc autem protinus Josue jubetur ut in Galgala cum populo transeat atque illic eos cultris lapideis circumcidat (*Jos.* V). Petra, » ut ait Apostolus, « erat Christus (*I Cor.* X). » Per cultellos ergo lapideos circumcidimur, dum per Christum a nobis omnes carnis et spiritus illecebras amputamus. Et hac circumcisione, sicut illic dicitur, Ægyptiorum propulsamus opprobrium, quoniam deludentium nos elidimus petulantiam vitiorum. « Hodie, » inquit Dominus ad Josue, « abstuli opprobrium Ægypti a vobis (*Jos.* V).» Nec prætereundum 160 quod Galgala *revelatio* interpretatur. Vita quippe carnalis oculos mentis excæcat, spiritualis illuminat : « Revela, inquit, oculos meos, et considerabo mirabilia de lege tua (*Psal.* CXVIII). » Cum enim a suis homo vitiis circumciditur, ad divinæ legis consideranda mysteria mentis acies revelatur. In quo scilicet loco ab Israelitico populo Pascha celebratur et typice Agnus ille comeditur, qui tollit peccata mundi (*Joan.* I). Et nota ordinem rerum ac salutis humanæ perpende mysterium. Postquam de baptismo quasi de gurgite Jordanis eximus, apostolicæ virtutis et constantiæ lapides nobis in exempli testimonium constituimus, quos æmulationis studio contemplantes a pravitatis nostræ præputio circumcidimur, sicque dimota procul atque detersa caligine vitiorum, revelata facie spiritali, lætitiæ Pascha celebramus in luce virtutum. Illic primum populus de frugibus terræ comedit azymos panes ; et manna, quo eatenus ali consueverant, ulterius non apparuit. Quia postquam panis ille vivus, qui de cœlo descendit (*Joan.* VI), ex agro virginalis uteri prodiit, postquam granum tritici cadens in terram, mortuum est, ac plurimos fructus attulit (*Joan.* XII), mox typicæ legis manna defecit. Terra quippe repromissionis venter est Virginis ; de qua terra per Isaiam dicitur : « Rorate, cœli, desuper, et nubes pluant Justum ; aperiatur terra et germinet Salvatorem (*Isa.* XLV). » Cum ergo, ad hunc panem pervenitur, legis veteris ulterius manna non quæritur.

CAPUT IV.
In sermone de sancto Andrea.

« Præcepit Dominus Josue ut arcam fœderis viri bellatores armati præcederent, sacerdotes autem septem buccinis clangerent, sicque per septem nihilominus dies Jericho mœnia circuirent. Septimo itaque die dum vociferatio populi clangentibus tubis admiscetur, Jericho protinus a fundamento collapsa subvertitur (*Jos.* VI). » Quid est autem quod ad capiendam urbem non gladius educitur, non tela vibrantur, non jaculum mittitur, non acies militaris cunei ad irruptionis impetum constipatur; sed tubis duntaxat sacerdotalibus clangitur, et sic victoria non jam jure belli, sed virtute potius sacramenti de superatis hostibus obtinetur? Deliramenti sane videretur ineptia, si evidens non fuisset victoria subsecuta. Sed per Jericho, quæ dicitur *luna*, non incongrue mundus innuitur, qui sic per labentium momenta temporum tanquam per menstrua detrimenta finitur. Arca autem sancta erat Ecclesia; tubæ vero apostoli sunt, vel quique sancti doctores Ecclesiæ, quorum videlicet admonitionibus, dum pugnare semper contra carnis illecebras et antiqui hostis insidias nitimur, velut ad conflictus aciem et conserenda bella tubarum clangoribus incitamur. Quæ nimirum tubæ septem fuisse referuntur, quia prædicatores sancti septiformis Spiritus gratia sunt repleti. Septem quoque dierum vicissitudine omne 161 tempus nostræ mortalitatis evolvitur. Urbem ergo Jericho sacerdotes arcam ferentes et clangentes septem diebus circumeunt, et muri ejus per arcæ præsentiam et tubarum sonitum cadunt; quia in hujus mortalis vitæ decursu, dum circumquaque per orbem terrarum sancta movetur et dilatatur Ecclesia, per sanctæ prædicationis instantiam omnis elati mundi superbia frangitur et cuncta infidelitatis obstacula subruuntur. Et notandum quod armati milites cum sacerdotibus ire jubentur, nimirum ut ii quibus non est injunctum promendi clangoris officium nequaquam se remotos intelligant a congressione bellorum, quatenus et ii qui non prædicant contra occulti hostis insidias, armati nihilominus et circumspecti semper incedant. Hujus itaque belli duces ac principes sancti apostoli sunt, qui arcam fœderis Jerichontinis mœnibus cum tubarum clangore circumferunt, quia per totius mundi circulum, sanctæ prædicationis officio, Ecclesiæ sacramenta diffundunt. « In omnem enim terram exivit sonus eorum, et in fines orbis terræ verba eorum (*Psal.* XVIII). » Evolutis autem sex diebus, septimo tandem die rex Jericho cum omni populo gladio devorante consumitur, quia in die novissimo diabolus, qui est rex superbiæ, cum omnibus suis sequacibus quasi quodam divinæ sententiæ gladio morti perpetuæ condemnatur. Tunc nempe fiet quod per Apostolum dicitur : « Quia, cum evacuaverit omnem princip-

CAPUT V.
In sermone de S. Bartholomæo.

Arca vero illa ex imputribilibus lignis Sethim mystica fuerat arte composita; auro quoque purissimo resplendebat, intus et extrinsecus inaurata. In ea quoque erat urna aurea, in qua manna servabatur, tabulæ nihilominus Testamenti, et virga Aaron quæ fronduerat. Quid est autem urna aurea, nisi caro Christi munda, nitida, sincera, absque omni reatus contagione purissima, quæ reconditum habet manna, angelicum videlicet panem, hoc est, divinitatis æternæ dulcedinem? Duæ vero lapideæ tabulæ inviolabilem utriusque Testamenti signant firmitatem. Quid autem Aaron virga, nisi summi veri Pontificis nostri salutare vexillum et vivificæ crucis exprimit sacramentum? Quæ etiam in eo quod germinasse perhibetur, præfiguravit sanctam crucem immortalis memoriæ viriditate vernantem. Hæc sunt sacramenta universalis Ecclesiæ, hæc etiam salutaris instructio cujuscunque fidelis animæ Christianæ. Quod enim arca per adumbratam prætendebat imaginem, hoc nunc Ecclesia, vel quæque mens justi per efficacissimam et apertam possidet veritatem. Hæc beati apostoli mysticæ refectionis alimenta portabant, hæc tanquam panem parvulis exponendo frangebant. Nam postquam evangelicus ille sermo prorupit : Quoniam « aperuit illis sensum, ut intelligerent Scripturas (*Luc.* xxiv); » prophetica querela cessavit, qua dicitur : « Parvuli petierunt panem, et non erat qui frangeret eis (*Thren.* iv).» Hic est panis ille quotidianus, **163** fratres mei, quem nos Veritas docuit inhianter expetere; hoc cœlestis sapientiæ pabulum, quod debemus jugiter esurire.

CAPUT VI.
In sermone de S. Andrea.

« Ait Josue ad populum : Vos autem cavete, ne de facultatibus Jericho quidpiam contingatis (*Jos.* vi). » Vetat et noster Jesus, verus utique Salvator, ut nemo ea quæ mundi sunt diligat : « Nolite, inquit, thesaurizare vobis thesauros in terra (*Matth.* vi); » et per apostolum suum : « Nolite diligere mundum, neque ea quæ in mundo sunt (*I Joan* ii). » Non ergo ad exemplum infelicis Achan (*Jos.* vii) de anathemate Jericho aliquid defraudemus, ut videlicet nihil ex dissolutis mundanæ conversationis moribus disciplinis ecclesiasticis inferamus. Non auferamus pallium, ut post indumentum fidei cultum conversationum sæcularium nullatenus induamus; non argenti siclos, ut qui æternum thesaurum in cœlo recondimus, nullam temporalem pecuniam per ambitionem in sudario reponamus; non denique regulam auream, ut in Ecclesiam Christi non accurata introducamus hæreticorum dogmata; non trutinata philosophorum acute disputantium studia, vel poetarum elaborata figmenta. Hæc est enim aurea illa regula, limato videlicet atque polito sermone directa, et velut aureo luculentæ facundiæ nitore vestita. Hanc autem regulam furati sunt Arius, Marcion, et Apelles aliæque perversorum hominum pestes; qui, dum philosophorum sectas in Ecclesiam conati sunt introducere, iram Dei quodammodo super castra Israel visi sunt provocare. Sed ii obruti sunt cum Achan sub acervo lapidum, quia oppressi sunt immanissimo pondere peccatorum. Nos autem, fratres charissimi, quia philosophia nostra Christus est et hic crucifixus, atque ideo magistros habemus non oratores, sed piscatores, non versutos et eloquentes, sed mites ac simplices, despiciamus sapientiam quæ cæcat, appetamus stultitiam quæ discentes illuminat. « Quia enim, » ut Apostolus ait, « non cognovit mundus per sapientiam Deum, placuit per stultitiam prædicationis salvos facere credentes (*I Cor.* i). »

CAPUT VII.
In eodem sermone.

« Cuncti autem habitantes Jericho gladio trucidantæ consumuntur; sola autem domus Raab meretricis evasit, quam videlicet funiculus coccineus in fenestra discrevit (*Jos.* vi). » Domus autem illa unicam præfigurat Ecclesiam, quæ purificata est a turpitudine fornicationis per fenestram confessionis in sanguinis remissione. Hæc plane a communi pereuntis mundi liberatur excidio, quia in fenestra domus suæ coccineum ligat funiculum; dum in ore corporis sui portare non desinit passionis Dominicæ sacramentum : « Corde enim creditur ad justitiam, ore autem confessio fit ad salutem (*Rom.* x). » Porro autem funiculus ille ad domum erat ligatus, sed exterius videbatur, quia Dominicæ crucis fides in corde retinetur, **163** quæ oris confessione depromitur. Reliquis quidem pereuntibus, omnes qui in domo illa reperti sunt mortis evasere periculum; quia sicut intra Ecclesiam omnes salvantur electi, ita extra Ecclesiam nemo poterit salvus inveniri. Sed fortasse quæritur quomodo et arca, quæ urbem circumiens obsidebat, et domus Raab, quæ ipsius mœnibus inhærebat, utraque nimirum res unam designet Ecclesiam, cum arca videlicet obsideat et expugnet, domus autem videatur obsessa? Sed hæc quæstio facile solvitur, si in membris Ecclesiæ, quæ sit diversitas, subtiliter attendatur. Ecclesia namque expugnat Ecclesiam, cum prædicatores, magistri et discipuli præsidentes et obtemperantes ex uno divinæ regenerationis fonte procedere, unum denique corpus Ecclesiæ tanquam diversa videantur membra complere. Cui nimirum Ecclesiæ per Psalmistam dicitur : « Pro patribus tuis nati sunt tibi filii (*Psal.* xliv); » ipsi sane apostoli, qui ad capiendam humanæ superbiæ Jericho tam valida, tam robusta fulminea prædicationum suarum jacula contorsere, unius ejusdemque Ecclesiæ et patres quodammodo videntur et filii, filii videlicet patriarcharum et prophetarum, patres vero subsequentium omnium deinceps electorum.

Hinc est enim quod Moysi divina voce præcipitur : « Ut et bases argenteas fundat, et tabulas inauratas desuper erigat (*Exod.* xxvi). » Quid autem per bases argenteas, nisi prophetarum videtur ordo signari, qui dum primi de sacramento Ecclesiæ sunt locuti, quasi quasdam bases eos aspicimus a fundamento consurgere et superposita fabricæ pondera sustinere? Quid vero per tabulas, nisi sancti figurantur apostoli, qui extensa per mundum prædicatione sunt amplissime dilatati? Apostolorum namque doctrina, quasi quibusdam basibus propheticæ prædicationis innititur, eorumque auctoritate ad status sui robur firmiter solidatur. Unde et conjunctæ binæ bases in singulis tabulis supponuntur, quia, dum prophetæ sancti in verbis suis invicem de futuræ tunc Ecclesiæ sacramento concordant, subsequentes apostolos ædificantes ædificant; et cum a semetipsis in nullo dissentiunt, illos in se robustius figunt. Nec immerito bases, quibus prophetæ signantur, ut ex argento debeant fundi præcipitur. Argenti quippe claritas ex usu servatur; sine usu autem in nigredinem vertitur. Prophetarum quoque dicta antequam apostolica prædicatione claresceret, quia in usu spiritualis intelligentiæ non erant, dum conspici præ obscuritate non poterant, quasi nigra remanebant; at postquam apostolicæ prædicationis manus vaticinia obscura detersit, quidquid lucis in eis latebat inclaruit sensusque eorum mysticos in usum dedit, quia verba jam rebus esse exposita perspicue nuntiavit. Jure igitur præcipiuntur fieri et bases argenteæ et tabulæ deauratæ, quia videlicet apostolica præcepta prophetarum oraculis longe sunt clariora.

Ut ergo ad superiora redeamus, non incongruum est si et arca, et domus meretricis, quæ obsidetur, unam eamdemque exprimere videantur Ecclesiam, cum ejusdem Ecclesiæ, sicut dictum est, diversa sint membra: alia videlicet per sanctæ prædicationis ambitum obsidentia; alia a suæ infidelitatis vel pravitatis munimine salutaris doctrinæ jaculis 164 obruenda; alia jam domestica, alia adhuc per aversionem pravi operis aliena. Hunc in testimonium spiritualis pugnæ conflictum Isaias jam odoraverat, cum postquam Salvatoris adventum perspicue descripsisset, protinus addidit: « Et cor Ægypti tabescet in medio ejus, et concurrere faciam Ægyptios adversus Ægyptios; et pugnabit vir contra fratrem suum, et vir contra amicum suum, et civitas adversus civitatem, regnum adversus regnum; et dirumpetur spiritus Ægypti in visceribus ejus (*Isa.* xix). » Cum igitur per apostolicæ prædicationis obsidionem, fratres charissimi, de pereuntis Jericho simus internecionibus eruti, imo de subversæ gentilitatis excidio divinitus liberati, non gravemur duces nostros subsequi quo præcedunt, non videatur onerosum quidquid nobis pro nostra salute præcipiunt.

CAPUT VIII.
In epistola ad B. Causidicum, ut exteriori prudentiæ spiritualis sapientia præferatur.

« Subversa vero Jericho, Josue imprecatus est, dicens: Maledictus vir coram Domino, qui suscitaverit et ædificaverit civitatem Jericho; in primogenito suo fundamenta illius jaciat et in novissimo liberorum ponat portas ejus (*Jos.* vi). » Nam quia per Jericho, quæ in *lunam* vertitur, hæc vita signatur, ille civitatem Jericho in primogenito suo suscitat qui bona præsentis vitæ principaliter amat. Et quia Veritas in Evangelio præcipit: « Primum quærite regnum Dei, et hæc omnia adjicientur vobis (*Matth.* vi); » merito maledictione damnatur quisquis ab hoc præcepto declinare convincitur, Propheta attestante, qui ait : « Maledicti, qui declinant a mandatis tuis (*Psal.* cxviii). » At contra ille portas Jericho ponit in novissimo liberorum, qui sic utitur temporalibus bonis ut hæc non cum amore possideat, sed ad cœlestis gloriæ præmium medullitus inardescat. Qui cœlestibus in amore suo terrena supponit, transitoria floccipendit. Hoc itaque faciens et odiosæ uxoris filium, juxta mandata legis, efficit primogenitum, et, secundum Josue sententiam, portas Jericho in novissimo suscitat liberorum. Quo contra Cain in primogenito suo Henoch condidit civitatem (*Gen.* iv), quia futuram non sperabat hæreditatem; et quia se quasi in Jericho hujus sæculi præpropere dedicavit, elogium perpetuæ maledictionis incurrit. Unde scriptum est: « Hæreditas, ad quam festinatur in principio, in novissimo benedictione carebit (*Prov.* xxvi). »

CAPUT IX.
In libro de perfectione Monachorum

Nonnulli namque, quod sine gemitu dicere nequeo, sic ad novæ religionis transeunt ordinem ut tamen præteritæ vitæ nunquam deserant vetustatem. Hi nimirum Gabaonitæ sunt, non Israelitæ. Notum quippe est quod Gabaonitæ, mortis timore perterriti, ad Israeliticum populum cum fraude et calliditate venerunt, ita ut se veteribus vestimentis induerent, 165 panes etiam siccos, utres, saccos, calcamenta atque omnia simul inveterata portarent. Quibus scilicet postquam impetrato fœdere vita donatur, consequenter etiam fraus patefacta cognoscitur. Quos Josue, comperto dolo, sub maledictione damnavit, et aquæ gestatores lignorumque cæsores perpetuo jure constituit (*Jos.* ix). Qui sunt autem Gabaonitæ, qui ad Israelitas mortis formidine transeunt, nisi ii qui ad servitutis divinæ militiam non perfectionis amore, sed tremefacti scelerum suorum immanitate confugiunt? Sed eorum nonnulli veste, non mente mutati, siccos panes ad esum portant, quia azyma adhuc sinceritatis et veritatis (*I Cor.* v) ignorant. Vetustis vestibus conteguntur, quia in veteri adhuc homine constituti novum induere nesciunt, qui secundum Deum creatus est in justitia et sanctitate veritatis (*Ephes.* iv). Postremo omnia videntur inveterata quæ gestant, quia in præteritæ vitæ vitiis perseverant, non obtemperantes præcipienti Apostolo: « Renovamini, inquit, spiritu mentis vestræ (*Ibid.*). » Nec illa eis sententia congruit, qua dicitur: « Vetera transierunt, et ecce facta sunt omnia nova (*II Cor.* v). » Ad novitatem quippe superficietenus venientes reipsa in vetustate persistunt, quia emendationem et novam conversationem in suis moribus non ostendunt. Tales itaque maledictione plectuntur, nec ad sortiendam cum Israelitis hæreditatem aliquatenus admittuntur. Non enim ex illorum numero sunt, quibus dicitur : « In hoc vocati estis, ut benedictionem hæreditate possideatis (*I Petr.* III).» Aqua autem insipida est et ligna dura. Ligna ergo cædere et aquas vectare jubentur, quia gustus intelligentiæ spiritualis ignari, duris atque insensibilibus exterioris exercitii negotii occupantur. Sic igitur aliquam quidem in exterioribus videntur utilitatem Ecclesiæ serviendo conferre ; sed quia serviliter vivunt, hæreditatem inter Israelitas nequeunt possidere.

CAPUT X.
In epistola ad fratres Gamugni.

« Dixit Josue filiis Joseph : Si populus multus es, ascende in silvam et succide tibi spatia in terra Pherezæi et Raphaim, quia angusta est tibi possessio montis Ephraim. Cumque ibi conquererentur et dicerent : Non poterimus ad montana conscendere, cum ferreis curribus utantur Chananæi qui habitant in terra campestri. Respondit Josue : Populus multus es et magnæ fortitudinis, non habebis sortem unam, sed transibis ad montem, et succides tibi atque purgabis ad habitandum spatia ; et poteris ultra procedere cum subverteris Chananæum, quem dicis ferreos habere currus, et esse fortissimum (*Jos.* XVII).» Quæ nimirum multis indigentia verbis exponerem fortassis, si non mihi meta compendii epistolaris obstaret ; hoc tantum quasi summotenus perstringendo sufficiat quia, cum Josue præcipit populo silvarum condensa succidere, hoc innuit quod noster Jesus, ejusdem scilicet nominis, sequentibus se jubet male pullulantes silvescentium vitiorum frutices exstirpare. Hortatur ut non fœdera, sed bellum contra Chananæos gerant, ut montana conscendant, quatenus et vitiorum elaborent debellare barbariem, et arduum virtutum festinent obtinere cacumen. Porro autem, quod illi pusillanimiter conqueruntur adversus eos qui ferreis utebantur curribus se non posse consurgere, hoc est, quod nos imbecilles et fragiles sæpe diffidimus tanquam ferreos currus, sic adversantes malignorum spirituum impetus sustinere. Nam cum petulantia gulæ, vorago luxuriæ, omniumque vitiorum pestes, tanquam frementium Chananæorum acies, constipatis adversum nos cuneis conglobantur, quid aliud quam Chananæi nos ferreis curribus impetunt, ut ne de carnalis vitæ campestribus ad virtutum valeamus excelsa conscendere, salutis nobis aditus intercludunt ? Sed bonus militiæ nostræ dux imbecillitatem nostram ad fortiter agendi constantiam erigit et contra hostium impetus, ut in altiora progrediamur, impellit.

Sed quomodo de inimicis nostris triumphare possumus, qui semper in epulis, semper in poculorum affluentium volumus ingurgitatione jacere ? De quibus utique Salomon ait : « Qui diligit epulas, in egestate erit ; qui amat vinum et pinguia, non ditabitur (*Prov.* XXI).» Et iterum : « Luxuriosa res vinum et tumultuosa ebrietas ; qui his delectatur non erit sapiens (*Prov.* XX).» Ventrem namque vino et escis assuescere, quid est aliud quam hostibus animæ, ut ingrediantur, aditus aperire? Unde et idem Salomon : « Qui delicate, inquit, a pueritia nutrit servum, postea illum sentiet contumacem (*Prov.* XXIX).» Bene hunc servum loris cohibebat inediæ, qui dicebat : « Castigo corpus meum, et servituti subjicio (*I Cor.* IX).» Adversus hunc servum disputabat cum diceret : « Esca ventri et venter escis, Deus autem et hunc et illas destruet (*I Cor.* VI).» Hunc servum sub calcibus esse frenandum significabat, cum diceret : « Multi enim ambulant quos sæpe dicebam vobis, nunc autem et flens dico, inimicos crucis Christi ; quorum finis interitus, et quorum Deus venter est, et gloria in confusione eorum (*Philip.* III).» Notandum autem et hic duo terribilia dici, et in inimicos crucis Christi tremendam depromit idem Apostolus sententiam, dicens : « Si quis non amat Dominum nostrum Jesum Christum, sit anathema Maran Atha (*I Cor.* XVI).» Qui vero ventrem pro Deo veneratur, Deum quodammodo negare convincitur, ac per hoc duo hæc terrore plenissima unum videntur, videlicet, quod absit, et Christi inimicum esse et unum Deum alium colere

Expliciunt testimonia libri Josue.

INCIPIUNT CAPITULA LIBRI JUDICUM.

1. Quod Adonibezech manuum ac pedum summitates, dum capitur, amputantur.
2. Erat Debora prophetes, uxor Lapidoth, quæ judicabat populum illo tempore.
3. Quod Gedeon præcipitur ut cum trecentis tantum, qui aquam manibus lambuerant, ad bellum contra Madianitas pergat.
4. De eo qui in castris Madian socio referebat se per somnium vidisse subcinericium panem hordei.
5. Quod melior est racemus Ephraim vindemiis Abiezer.
6. Abimelech, filius Jerobaal, occidit fratres suos septuaginta viros super lapidem unum.
7. Stetit Joatham in vertice montis Garizim, elevataque voce clamavit : Audite me, viri Sichem, ita ut audiat vos Deus.
8. Abimelech, audiens viros turris Sichimorum pariter conglobatos, ascendit in montem Selmon cum omni populo.
9. Quod dum Abimelech turrim, quæ erat in medio Thebes, amoto igne januis succendere conaretur, mulier molæ fragmentum desuper jaciens ejus capiti illisit.
10. Quod quidam de populo Ephraim olim venientes ad vada Jordanis, dum nescirent exprimere Sebboleth, Galaaditarum gladiis cæsi sunt.
11. Cepit Samson trecentas vulpes caudasque earum vinxit, adjunxit ad caudas faces et in medio ligatas succendit.
12. Quod Samson mandibulam asini arripiens mille viros in ea Philisthinorum interfecit.
13. Quod Dominus interrogatus bis ad ineundum contra Benjamin prælium, dedit assensum, et tandem Israel Benjamin gladiis sternitur.

Expliciunt capitula.

INCIPIUNT TESTIMONIA LIBRI JUDICUM.

CAPUT PRIMUM.

In epistola ad V. abbatem.

« Fugiente Adonibezech coram filiis Israel, persequentes comprehenderunt eum, cæsis summitatibus manuum ejus ac pedum (*Jud.* I). » Adonibezech nempe manuum ac pedum summitate præciditur, dum malignus inter sanctos viros spiritus et incedendi et operandi virtute privatur. Qui nimirum dum sua vulnera patitur, hæc eadem sese aliis intulisse gloriatur : « Septuaginta, inquit, reges, amputatis manuum ac pedum summitatibus, colligebant sub mensa mea ciborum reliquias; sicut feci, ita reddidit mihi Dominus (*Ibid.*). » Septuaginta scilicet reges, septuaginta sunt linguarum discrepantium nationes, quibus usque ad Salvatoris adventum antiquus hostis et recte gradiendi et bona faciendi prorsus abstulerat facultatem. Cui nimirum utrique gemino vulneri medetur animarum medicus Paulus, cum dicit : « Remissas manus et dissoluta genua erigite, et gressus rectos facite pedibus vestris, ne claudicans quis erret, magis autem sanetur (*Hebr.* XII). » Adonibezech quippe *dominus fulminis*, vel *dominus contentus vani* interpretatur. Fulmen mox ut micare incipit, subito deficit. Per quod Judaicus potest intelligi populus, qui nimirum quodam quasi fulgore micant, cum dicerent : « Omnia quæ præcepit nobis Dominus et audiemus et faciemus (*Exod.* XXIV) ; » sed mox deficiens lux ista cadebat, cum cervices suas tenebrosis dæmonibus inclinabant. Per id vero quod dicitur, contentus vani, gentilitas designatur, quæ contenta visibilibus idolis non curabat reverti ad misericordiam Creatoris, et dum veritatis ignorabat cultum, vanis insistebat cæremoniis idolorum. De quibus dicit Apostolus : « Quia Deum non glorificaverunt aut gratias egerunt, sed evanuerunt in cogitationibus suis (*Rom.* I). » Horum igitur duorum populorum ex maxima parte dominatus est Adonibezech, id est reprobus nequitiæ spiritus ; quia et iste quasi fulmen micare cœpit et desiit, et ille dum vanitate dæmonum contentus exstitit, proprii Creatoris auxilium non quæsivit.

CAPUT II.

In sermone de S. Cassiano

« Erat autem Debora prophetes, uxor Lapidoth, quæ judicabat populum illo tempore, et sedebat sub palma, quæ nomine illius vocabatur, inter Rama et Bethel in monte Ephraim, ascendebantque ad eam filii Israel in omne judicium (*Jud.* IV). » Sed sic ad exitum celerius pervenitur, si, dum historia texitur, per partes interim exponatur. Per Deboram sane, quæ *loquela*, sive *apis* interpretatur, prophetia non inconvenienter accipitur. Apis quippe mellificat; et de prophetia per Psalmistam dicitur : « Quam dulcia faucibus meis eloquia tua, Domine, super mel et favum ori meo ! » (*Psal.* CXVIII.) Interim nolo vos lateat, dilectissimi, quia historia hæc, quam tractandam ex occasione suscepimus, a pluribus indiget verbis, quia multis est repleta mysteriis ; sed eam idcirco sub brevitate contrahimus, ut dilectionem vestram prolixitatis tædio non gravemus. Consideremus itaque ubi sedem habere prophetia describitur, videlicet sub palma, quia quos prophetica doctrina suis institutionibus erudit, ad palmam supernæ vocationis adducit, dumque per eam homines vivendi ordinem discunt, vitiorum rebellantium victores fiunt. Nec prætereundum quod inter Rama et Bethel sedisse perhibetur : Rama siquidem, *excelsa* ; Bethel, *domus Dei*, sicut jam diximus, interpretatur. Recte igitur prophetia inter Rama et Bethel habitare describitur, quia quisquis propheticis studet invigilare doctrinis, quisquis sacrarum Scripturarum sincere vacat eloquiis, sic in domo Dei per desiderium mentis inhabitat ut non infima et momentanea, sed excelsa potius atque cœlestia semper inquirat. Hæc vocavit ad se Barac. Porro Barac interpretatur *coruscatio*. Coruscatio autem habet quidem lucem, sed non diutius permanentem ; mox enim ut lucere incipit, illico deficit. Barac igitur iste Israelitici populi figuram tenet : qui primus omnium propheticis instructus oraculis aliquantulum quidem in accepta lege refulsit, sed brevi tempore coruscavit. In lege quippe, de qua dictum est : « Lucerna pedibus meis verbum tuum, Domine, et lumen semitis meis (*Psal.* CXVIII) , » antiquus ille populus lucere cœpit, sed desiit. Coruscum quasi claræ vitæ protulit, sed in lucidis operibus non permansit. Nam dum dicerent : « Omnia quæ præceperit nobis Dominus et audiemus et faciemus, » ecce quasi lux coruscationis exorta ; sed dum repente curvarent genua ante Baal, ecce coruscatio videbatur exstincta. Dixit ergo Debora ad Barac : « Præcepit tibi Dominus Israel : Tolle tecum decem millia pugnatorum et vade in montem Thabor : ego autem adducam ad te in locum torrentis Cison Sisaram principem exercitus Jabin, et currus ejus omnemque multitudinem, tradamque eos in manu tua (*Jud.* IV). » Tanquam si per propheticam doctrinam priori populo Deus omnipotens dicat : Decem præcepta legis assume et virtutum culmen ascende, sicque reproborum principem ac totius iniquitatis auctorem, me tibi vires administrante, prosterne.

Nec prætereundum quod princeps ille militiæ Sisara, qui perditioni proximæ erat obnoxius, ad torrentem Cison promittebatur antea deducendus. Quid enim per torrentem Cison, nisi baptismus debet intelligi ? Nam cum catechumenus lavacro sacri fontis immergitur, tanquam Sisara cum suo exercitu, sic nequissimus spiritus cum his quæ sibi militant vitiis omnibus necesse est perimatur. Respondit autem Barac ad Deboram : « Si veneris mecum, vadam ; si nolueris venire, non pergam (*Ibid.*). » Ac si carnalis ille Israel prophetiæ respondeat : Nisi, juxta litteras et quasi secundum muliebrem intellectum, te mecum semper habuero, spirituale certamen aggredi non præsumo. Cui Debora : « Ibo quidem tecum, sed tibi victoria non reputabitur, quia in manum mulieris tradetur Sisara (*Ibid.*). » Velut si vetustus ille populus audiat : Tecum quidem erit exterior, ut postulas, prophetia, sed spiritualem ex antiquo hoste triumphum, non tu, sed sancta potius obtinebit Ecclesia. Illi certe, illi proveniet jure victoria, quæ in Scripturæ 170 mysteriis, dum spiritualis intelligentiæ medullam quærit, occidentis litteræ paleas magnopere non attendit. Commisso itaque bello, tandem fugit Sisara in domum Jahel, alienigenæ videlicet mulieris. Quæ profecto sitienti utrem lactis aperuit et potum dedit; deinde clavum in cerebrum ejus per tempus utrumque defixit, sicque in hominis specie perversorum hominum caput diabolum interfecit. Quid enim Jahel, quæ *ascensio* interpretatur, nisi sanctam designat Ecclesiam, per quam videlicet solam beatitudo cœlestis ascenditur? Unde et Synagoga de eadem Ecclesia dicit in Canticis : « Quæ est ista, quæ ascendit de deserto, deliciis affluens, innixa super dilectum suum? » (*Cant.* viii.) Hæc mulier alienigena fuit, quia sancta Ecclesia de gentilitate processit. Hæc Israelitarum hostem prius lacte potavit, postea pilum capiti ejus infixit, quia humani generis inimicum, quem sancta prius Ecclesia carnaliter, vivendo lactavit, postmodum spiritualiter conversando quodam acumine ac virtute crucis exstinxit. Nisi enim insatiabilis homicida perditionem humani generis inexplebili prorsus aviditate sitiret, de illo certe Scriptura non diceret : « Absorbebit fluvium, et non mirabitur; et habet fiduciam quod influat Jordanis in os ejus (*Job* xl). » Lac vero fructus est carnis, et blandimenta carnalis significat voluptatis. Quandiu ergo gentilis populus juxta legem carnis voluptuose vixit, tanquam lac, ita vitæ suæ mollitiem sitienti mortem nostram diabolo propinavit. At postquam sub spiritus se disciplina constrinxit, invictæ mox crucis arma corripuit, hostemque salutis humanæ, quem dudum voluptatis lacte potaverat, nunc pœnitentiæ munita præsidio, ligno transfixit. Sic itaque quem Israelitica plebs superare non potuit, peregrina mulier, hoc est gentilis Ecclesia, solo crucis signo prostravit.

CAPUT III.
In sermone de exaltatione S. crucis.

Hoc crucis nempe vexillum et Gedeon sibi suisque commilitonibus typice protulit, qui contra arma arma deseruit, inermis armatos invasit et ad debellandum Madianitarum multitudinem, dimissa multitudine, cum paucis venit. Divina siquidem sibi admonitione præceptum est (*Jud.* vii) ut ad fluvium veniens omnes, quos flexis genibus aquas lambire conspiceret, a bellorum congressionibus amoveret. Factumque est et trecenti viri tantummodo, qui stantes manibus aquas hauserunt, remanserunt. Quid est autem quod Gedeon, trecentis contentus militibus, ad bella progreditur, nisi quia hic numerus in Tau littera, quæ videlicet crucis exprimit speciem, continetur? Cui profecto litteræ si super transversam lineam id adderetur quod in cruce superius eminet, non jam crucis species, sed potius ipsa crux esset. Quia igitur trecentenarium numerum Tau littera continet, quæ figuram crucis exhibet, non immerito in his trecentis Gedeonem sequentibus, illi omnes designati sunt quibus dicitur : « Si quis vult venire post me, abneget semetipsum, et tollat crucem suam quotidie et sequatur 171 me (*Luc.* ix). » Qui nimirum sequentes Dominum tanto verius crucem tollunt quanto et ipsi acrius affliguntur, et erga delinquentes proximos vel egentes piæ compassionis incendio concrementur. Unde per Ezechielem dicitur : « Signa Tau super frontes vivorum gementium et dolentium super cunctis abominationibus, quæ fiunt in medio Hierusalem (*Ezech.* ix). » Vel certe in his trecentis, qui Tau littera continentur, hoc exprimitur, quod ferrum hostium crucis ligno superetur.

CAPUT IV.
In sermone de sanctis virginibus.

« Cum Gedeon auscultandi gratia ad castra Madian, Domino præcipiente, dirigitur, Madianita quispiam, alter ad alterum vidisse se somnium confitetur. Videbatur, inquit, mihi quasi subcinericius panis ex hordeo volvi et in castra Madian descendere; cumque pervenisset ad tabernaculum, percussit illud atque subvertit, et terra funditus coæquavit. Respondit auditor : Non est hoc aliud nisi gladius Gedeonis filii Joas viri Israelitæ : tradidit enim Dominus in manus ejus Madian et omnia castra ejus (*Jud.* vii). » Per Gedeon, qui, non circuitus, sed *circuiens in utero* dicitur, ille merito designatur qui, dum virginali clauderetur in alvo, totam mundi machinam suo circumdabat ac disponebat imperio. Per Madian autem, qui *de judicio* interpretatur, populus infidelis accipitur, de quo Dominus ait: « Qui non credit, jam judicatus est (*Joan.* iii). » Porro autem usque ad Salvatoris adventum, more hordei, sub paleis litterarum, et legis præcepta et prophetarum tegebantur oracula ; sed postquam ille veniens panes hordeaceos fregit, deditque discipulis ut turbis apponerent. Cujus etiam operis expositio est quod evangelista dicit : quoniam « aperuit illis sensum ut intelligerent Scripturas (*Luc.* xxiv), » jam ex hordeo, quod brutis videbatur animalibus congruere, panem facere dignatus est animarum. Sicut enim hordeum inter molam utramque conteritur, ut a farinæ farragine cantabrum secernatur; ita velut inter duos, legis scilicet et Evangelii, lapides sanctæ Ecclesiæ doctrina commolitur; ut litteræ superficies a medullibus spiritus discernatur. Sed ut in his verbis non diutius immoremur, hæc hordei farina sacri baptismatis aqua conspersa, sive conflata, et sancti Spiritus igne percocta fit panis ; qui videlicet Madian castra subvertit, quia cunctas infidelium machinas destruit. Hic panis, juxta veri illius interpretis conjecturam, Gedeonis est gladius, quia sicut Apostolus ait : « Gladius spiritus est verbum Dei (*Ephes.* vi). »

Hoc sancti Spiritus gladio rex exercituum Christus suos armat milites; hoc etiam suas præcingit ac roborat bellatrices. Ex utroque siquidem sexu militiæ suæ cuneos instruit aciesque componit, quia viros ac feminas ad præmium beati certaminis indifferenter admittit.

172 CAPUT V.
In sermone de S. Matthæo.

« Nonne, » inquit Gedeon, « melius est racemus Ephraim vindemiis Abiezer? » (*Jud.* viii.) Nam quia Ephraim, quod *fecunditatem* sonat, Ecclesiam exprimit, quid per racemum Ephraim, nisi Christum? quid per vindemias Abiezer, nisi Judaicorum multitudinem sacerdotum; sive etiam per racemum, parvus fidelium numerus primitivæ Ecclesiæ, per vindemiam vero multitudo intelligenda est Synagogæ? Melior est ergo racemus Ephraim vindemiis Abiezer; quia beatior fuit primitiva Ecclesia, quæ usque in finem sæculi renascentium sobole fecundatur; quam Synagoga, quæ paulatim quotidie defectura minnitur. Unde et per Isaiam dicitur : « Lauda, sterilis, quæ non paris ; decanta laudem et hymnos, quæ non pariebas, quoniam multi filii desertæ magis quam ejus quæ habet virum; dilata locum tentorii tui et pelles tabernaculorum tuorum extende; ne parcas, longos fac funiculos tuos et clavos tuos consolida ; ad dexteram enim et ad lævam penetrabis, et semen tuum gentes hæreditabit *(Isa.* liv.) » Hæc sane, cujus semen gentes hæreditat, Ecclesia est, quæ quotidie genus humanum per suos filios ad fidei unitatem vocat. Hæc est, de qua dicitur in psalmis : « Pro ea, quæ consequitur hæreditatem (*In tit. Psal.* v) » Hæc est vinea quæ laudem decantare præcipitur; sicut et apud eumdem prophetam alibi reperitur : « In illa die vinea meri cantabit ei : Ego Dominus, qui servo eam *(Isa.* xxvii). » De hac vinea beatus quoque Matthæus Dominum dixisse commemorat : Quia « homo erat paterfamilias qui plantavit vineam, et sepem circumdedit ei, et fodit in ea torcular, et ædificavit turrim; et locavit eam agricolis et peregre profectus est (*Matth.* xxi). » Hæc vinea ex illo prodiit botro, qui pedibus Judæorum atque gentilium in crucis calcatus est prælo, ex quo pretiosi sanguinis unda profluxit, quæ mentes hominum male sobrias vino spiritualis gratiæ salubriter debriavit. De quo scilicet vino cum diversis linguis per Spiritum sanctum loquerentur apostoli, dictum est : « Musto pleni sunt isti *(Act.* ii). »

CAPUT VI.
In epistola ad Petrum archipresbyterum de incontinentia clericorum.

« Abimelech filius Jeroboal, » quem Scriptura genitum refert de concubina, quam habuerat in Sichem, « occidit fratres suos filios Jeroboal, septuaginta viros super lapidem unum *(Jud.* viii, ix). » Quid enim per septuaginta viros, nisi prædicatorum Ecclesiæ libra signatur, de quibus ait Lucas evangelista : Quia « designavit Dominus septuaginta et misit illos binos ante faciem suam in omnem civitatem et locum A quo erat ipse venturus? » (*Luc.* x.) Hic etiam prædicantium ordo jam figurabatur in illis, de quibus ad Moysen Dominus ait : « Congrega mihi septuaginta viros de senioribus Israel, quos tu nosti quod senes populi sint et magistri, et duces eos ad ostium 173 tabernaculi fœderis (*Num.* xi). » Quid vero per Abimelech, qui eorum frater erat, sed spurius, nisi luxuriosi atque carnales intelligendi sunt clerici, qui catholicorum sanctorumque pontificum et fratres quidem sunt per acceptum ecclesiasticum ordinem, et tamen spurii judicantur per degeneris vitæ et ignobilium operum pravitatem? Hi fratres suos occidunt, cum sanctorum Patrum judicia destruunt, cum sanctiones eorum atque decreta perverse vivendo confundunt. Et hæc interfectio fit super lapidem unum: Lapis iste Salvatoris est Ecclesia, de qua per Zachariam dicitur : « Ecce ego adducam servum meum Orientem, quia ecce lapis, quem dedi coram Jesu; super lapidem unum septem oculi sunt (*Zach.* iii). » Lapis iste utrobique unus aptissime dicitur, ut unitas Ecclesiæ commendetur; de qua sponsus ait in Canticis : « Una est columba mea, una est genitricis suæ *(Cant.* vi). » Quid sunt autem septem oculi super lapidem unum, salvo tamen, si est, altiori mysterio, nisi illi septuaginta viri, hoc est, doctores sancti in ecclesiasticæ pacis unitate conjuncti et septiformis sancti Spiritus charismatibus illustrati ? Per hos enim oculos sancta videlicet Ecclesia per hos conspicit ubi recti operis pedem ponat ac per viam mandatorum Dei gradiens normam rectitudinis non offendat. Abimelech ergo manzer et spurius septuaginta legitimos fratres super unum lapidem perimit, quando pars clericorum ab ecclesiasticæ castitatis nobilitate degenerans, obscenæ se luxuriæ legibus subjicit, et dum sacros canones reprobandos judicat, eorum conditores, sanctos videlicet viros ac per hoc nobiles Gedeonis, id est, Salvatoris et Ecclesiæ filios impia quodammodo crudelitate trucidat. Quanquam non ignoremus non absurde significari posse per Jeroboal Christum; per Abimelech , Antichristum : qui nimirum sicut ille concubinæ, sic et iste est rejectæ filius Synagogæ; per septuaginta vero fratres, quos Abimelech occidisse narratur, septuaginta linguarum gentes, quas Antichristus in sæculi fine persequetur.

CAPUT VII.
In epistola ad Bonifacium episcopum de curialibus episcopis.

« Stetit Joathan in vertice montis Garizim, elevataque voce clamavit : Audite me, viri Sichem, ita audiat vos Deus : Ierunt ligna, ut ungerent super se regem, dixeruntque olivæ : Impera nobis. Quæ respondit : Nunquid possum deserere pinguedinem meam, qua et dii utuntur et homines, et venire; ut inter ligna promovear ? Dixeruntque ligna ad arborem ficum : Veni et super nos regnum accipe. Quæ respondit eis : Nunquid possum dulcedinem meam deserere fructusque suavissimos, et ire, ut inter cætera ligna promovear ? Locuta sunt quoque ligna et ad vitem : Veni et impera nobis. Quæ respondit : Num possum deserere vinum meum, quod lætificat Deum et homines, et inter cætera ligna promoveri? » Deinde Scriptura subjungit : « Dixeruntque omnia ligna ad rhamnum : 174 Veni et impera nobis. Qui respondit eis : Si vere regem me vobis constituitis, venite et sub umbra mea requiescite (*Jud.* ix). » Longum est, si dicamus Gedeonem typum tenere Salvatoris; per plurimas ejus uxores, diversas debere nationes intelligi, quæ sibi cohæsere per fidem; per septuaginta filios, totidem linguarum populos; per concubinam, Synagogam; per Abimelech, Antichristum, qui Synagogæ filius erit. Unde et in Apocalypsi his qui credituri sunt dicitur : « Qui dicunt se Judæos esse et non sunt, sed sunt synagoga Satanæ (*Apoc.* ii). » Et sicut ille peremit septuaginta fratres; sic iste persecuturus est omnes, quæ sibi non consentient, nationes. His, inquam, omissis quæ longioris styli videntur egere tractatu, in quantum patitur epistolare compendium ita duntaxat cœptæ disputationi congruere videatur, prolixæ historiæ figuram succincte perstringimus. Quid ergo per Joatham, qui interpretatur *consummatus*, sive *perfectus*, nisi sanctum et doctum quempiam prædicatorem debemus accipere? Hic in montem Garizim ascendit et voce magna clamavit. Prius ascendit et postmodum clamavit. Ante consurgit in montem et sic elevat vocem. Quia nisi doctor virtutum prius culmen ascendat, inaniter clamat; sicut per Isaiam dicitur : « Super montem excelsum ascende tu, qui evangelizas Sion; exalta in fortitudine vocem tuam, qui evangelizas Jerusalem (*Isa.* xl). »

Per Garizim autem sancta designatur Ecclesia, quæ virtutum omnium est schola et cœlestium segetum ubertate fecunda. Hic est enim mons, qui dandis per Moysen benedictionibus deputatus est. Et Ecclesia mons benedictionis est, cujus filiis per Apostolum dicitur : « In hoc vocati estis, ut benedictionem hæreditate possideatis (*I Petr.* iii). » Hanc hæreditatem a vidua matre suscepimus, pro qua vir ejus mori dignatus est, de qua et per Psalmistam dicitur : « Viduam ejus benedicens benedicam (*Psal.* cxxxi). » Et congrue Garizim, qui interpretatur *divisio*, vel *advena*, sanctam figurat Ecclesiam, quoniam Ecclesia gentium, quæ prius exstitit funditus a lege Dei divisa, in prima vocatione facta est advena jamque per incrementum gratiæ facta est omnino domestica. Unde jam firmiter radicatis et velut in urbe compositis Paulus ait : « Jam non estis hospites et advenæ, sed estis cives sanctorum et domestici Dei (*Ephes.* ii). » Sed ut omittentes plurima quod propositum est transiliendo celeriter percurramus : Ligna silvæ sunt homines vani, et infructuosi ac flammis ultricibus merito suæ sterilitatis obnoxii. « Omnis enim arbor, quæ non facit fructum bonum, excidetur, et in ignem mittetur (*Matth.* iii); » Quid per olivam vero, quæ et signum pacis ostendit oleique pinguedinem fundit, nisi illi designantur, qui Spiritus sancti pinguedine delibuti evangelizando pacem reconciliant homines Creatori? « Quam, inquit, speciosi pedes evangelizantium pacem (*Rom.* x). » Ficus autem sacræ legis imaginem tenet. Unde et in Evangelio dicitur quia « quidam paterfamilias plantavit vineam, in qua scilicet plantavit et ficum (*Matth.* xxi). Vinea quippe Domini Sabaoth domus est Israel (*Isa.* v); » in qua nimirum plantavit divina manus Decalogum legis. Sed hæc ficus priorem populum quasi 175 grossos suos, aridos scilicet et inutiles protulit et abjecit; novum vero Christianæ fidei germen ad maturitatem internæ pinguedinis suavitatemque perduxit. De quibus Jeremias ait : « Video ficus bonas, bonas valde; et malas, malas valde, quæ comedi non possunt, eo quod sint malæ (*Jer.* xxiv). » Per ficus ergo illi possunt non inconvenienter intelligi qui sacræ Legis eruditione sunt sufficienter instructi. Vitis etiam idipsum pene videtur significare quod ficus. Dicit enim Dominus : « Ego sum vitis vera, et vos palmites (*Joan.* xv). » Et quia de palmitibus fiunt vites, quid mirum si et sancti doctores asserantur vites, ut quod Salvator mundi per naturam, hoc illi glorientur habere per gratiam? Qui nimirum dum triumphum Dominicæ passionis prædicare non cessant, quasi per doctrinæ suæ botros arentia corda nostra vino beati cruoris inebriant.

De hoc vino per Jacob super Salvatore nostro allegorice dicitur : « Lavabit in vino stolam suam et in sanguine pallium suum (*Gen.* xlix). » Stola Christi fuit in apostolis, et cæteris credentibus Synagoga; cujus etiam pallium gentilis est populus. De quibus sibi per prophetam dicitur : « Vivo ego, dicit Dominus, quia his omnibus velut ornamento vestieris (*Isa.* xlix). » Hos itaque Christus in sanguine uvæ lavit, quem de semetipso contritus in prælo crucis expressit. Unde et Joannes ait : « Qui dilexit nos et lavit nos a peccatis nostris in sanguine suo (*Apoc.* i). » Cum igitur oliva, ficus ac vitis, hoc est, spirituales viri lignis præesse silvestribus, id est, terrenis hominibus atque carnalibus nullatenus acquiescunt, offert se rhamnus, et ab eis consumendus et eadem, vel pravæ conversationis exemplo, vel erronei dogmatis incendio consumpturus. Rhamnus enim spinis crebrescentibus horret; per quem scilicet quilibet perversus innuitur qui sic peccatorum tanquam veprium asperitate densatur. Unde et primo homini dictum est : « Terra tua spinas et tribulos germinabit tibi (*Gen.* iii) : » id est, corpus tuum aculeatis vitiorum punctionibus subjacebit. Et per prophetam Dominus : « Spinis, inquit, peccatorum suorum circumderunt me (*Thren.* iii). » Lignis itaque petentibus regem, id est, pravis quibusque carnaliter eligentibus præsulem, rhamnus accedit in medium, quilibet videlicet reprobus, qui et ignem damnationis in se ex eorum pravitatibus augeat; et eos perverse vivendo, vel docendo reciproca combustione consumat. Unde et illic dicitur : « Egrediatur ignis ex eo, ut consumat habitatores Sichem et oppidum Mello, egrediaturque ignis de viris Sichem et de oppido Mello et devoret Abimelech (*Jud.* ix). » Hæc autem Joathas constitutus in vertice montis eloquitur; quia per sanctos in Ecclesia prædicatores addiscimus quomodo quibusque perversis ac reprobis vana petentibus resistamus.

CAPUT VIII.
In epistola ad Petrum archipresbyterum de incontinentia clericorum.

« Abimelech audiens viros turris Sichimorum pariter conglobatos, ascendit in montem Selmon cum omni suo populo et arrepta securi præcidit arboris ramum, impositumque ferens humero dixit ad socios : Quod me videtis facere, cito facite. » Deinde sequitur : « Igitur certatim ramos de arboribus præcidentes, sequebantur ducem ; quibus circumdantes præsidium succenderunt, atque ita factum est ut fumo et igne mille hominum necarentur, viri pariter et mulieres habitatores turris Sichem *(Jud.* ix.) » Non est hujus loci sacræ figuras historiæ solerter exponere; sufficit nobis, quantum ad propositum attinet, rem summotenus prælibare. Rami arborum sunt sententiolæ Scripturarum, quas dum impudici quique ad allegationis suæ robur violenter inflectunt, fumo simul et igne numerosas hominum catervas exstinguunt: fumo scilicet erroris et igne libidinis; ut deceptas male discentium mentes et luxuriæ flamma succendat et pravi dogmatis caligo confundat. Hæ sunt enim merces, quæ de Sodoma et Gomorrha prodire visæ sunt post excidium. « Abraham, inquit Scriptura, consurgens mane, ubi steterat prius cum Domino, intuitus est Sodomam et Gomorrham et universam terram regionis illius; viditque ascendentem favillam de terra, quasi fornacis fumum *(Gen.* xix). »

CAPUT IX.
In eadem epistola.

Porro autem dum et Thebes cum suis agminibus obsideret oppidum, eumdem contra castitatem Abimelech videtur figurasse conflictum. « Erat autem turris excelsa, » ut Scriptura testatur, « in medio civitatis, ad quam confugerant viri simul ac mulieres, et omnes principes civitatis, clausa firmissime janua, et super turris tectum stantes per propugnacula *(Jud.* ix). » Civitas, universalis Ecclesia; turris, castitatis est eminentia; ad quam confugerant viri simul ac mulieres, fortes scilicet et infirmi; principes etiam civitatis, ordo videlicet clericorum, qui tenet Ecclesiæ principatum. « Accedens itaque Abimelech juxta turrim cœpit instantius dimicare, et appropinquans ostio ignem conabatur apponere *(Ibid.).* » Hoc itaque modo clerici petulantes et infruniti, turri castitatis moliuntur incendium, dum multos ad suæ libidinis et æstuantis insaniæ cohortantur exemplum. Ignibus armati turrim castitatis impetunt, dum incesti castos flammæ pestiferæ persuasionis accendunt. Sed huic certamini qui finis imponitur ? quos victoriæ titulos hæc pugna sortitur ? « Ecce, inquit, mulier fragmenum molæ desuper jaciens illisit capiti Abimelech et confregit cerebrum ejus. Qui vocavit cito armigerum suum, et ait ad eum : Evagina gladium tuum et percute me, ne forte dicatur quod a femina interfectus sum Qui jussa perficiens, interfecit eum. *(Jud.* lix). » Ut autem in his verbis non diutius immoremur, fragmen hoc molæ, quod Abimelech cerebrum fregit, nihil est aliud quam saxum illud quod Daniel sine manibus abscissum de monte conspexit *(Dan.* ii); ipse videlicet Dominus, qui de se in Evangelio dicit : « Qui ceciderit super lapidem istum, confringetur; super quem vero ceciderit, conteret eum *(Matth.* xxi). » Mulier vero, de cujus manibus mittitur, sacra lex est, quæ flagitiosis pudicitiæ contemptoribus repentinum Christi judicium comminatur. De quo per Jeremiam dicitur : « Nunquid non verba mea sunt quasi ignis, dicit Dominus, et quasi malleus conterens petram ? » *(Jer.* xxiii). Armiger vero Abimelech, diabolus est, qui videlicet omnibus qui turrim castitatis oppugnant arma libidinis et acuta luxuriæ jacula subministrat. De quibus jaculis dicit Apostolus : « In omnibus sumentes scutum fidei, in quo possitis omnia tela nequissimi ignea exstinguere *(Ephes.* vi). » Et propheta : « Ibi, inquit, Assur cum armis suis *(Ezech.* xxxii). » Quem ergo mulier fragmine molæ percussit, armiger ense peremit, quia castitatis adversarios, quibus Scriptura sacra judicium divinæ animadversionis intentat, diabolus æternæ mortis internecione trucidat; ut quibus fuerat minister in pugna eorumdem sit postmodum tortor in pœna, quæque illis contra pudicitiam arma suggesserat, eadem exigentibus meritis in eorum tunc jugulum vertat.

CAPUT X.
In sermone de sancto Antimo.

Quorumdam plane fides est vana, flaccida, prætendens quidem in superficie similitudinem, non autem habens intrinsecus veritatem. Horum porro tenuere figuram qui olim de populo Ephraim venientes ad vada Jordanis, dum nescirent exprimere sebboleth [schibboletth], sed jebboleth [sibboleth] potius, tanquam peregrina lingua proferrent, Galaaditarum gladiis cæsi sunt *(Jud.* xii). Quid enim per Jordanem, in quo Salvator noster baptizari dignatus est, nisi baptismus ? Quid vero per sebboleth, quod interpretatur *spica*, nisi fides est intelligenda ? sicut enim spica victum præbet hominibus, ita et de fide dicitur quia « justus ex fide vivit *(Habac.* ii ; *Rom.* i). » Et sicut spica multa in suis aristis grana recondit, ita et symbolum nostræ confessionis plurima in se fidei semina colligit. Venientes itaque ad Jordanem Ephratæi consuluntur a Galaaditis quomodo spicam exprimant : venientes etiam ad baptismi lavacrum catechumeni inquiruntur a sacerdotibus qualiter credant. Et quoniam Galaad interpretatur *acervus testimonii*, recte per Galaaditas sacerdotes Ecclesiæ intelliguntur qui prædicationibus suis opera divina testantur. Per Ephraim vero, quod *fecunditatem* sonat, illi designantur qui idcirco ad fidei perveniunt spicam ut proventum fecunditatis per boni operis segetem proferant. Sicut ergo ii qui ad Jordanem veniunt spicam quidem intelligunt, sed, quia exprimere nesciunt, moriuntur: ita et qui fontem baptismatis expetunt, a vita funditus decidunt, nisi fidem ipsam, quam edocti sunt credere, studuerint etiam bonorum operum enuntiatione proferre. Ita nimirum alterum pendet ex altero ut semen fidei exsurgere debeat in spicam operationis. Quod et Salvator noster evidenter ostendit. Nam cum præciperet discipulis, dicens : « Ite, docete omnes gentes, baptizantes eos in nomine Patris, et Filii, et Spiritus sancti; » protinus addidit : « Docentes eos servare omnia quæcunque mandavi vobis (*Matth.* xxviii). » Ac si aperte dicat : Semen fidei in cordibus hominum serite, et mox mandatorum germinantium spicam qualiter operationis lingua exprimere debeant, edocete, ne soloecismum faciant in spica operis, qui se de monte Ephraim, hoc est de celsitudine esse testantur ecclesiasticæ fecunditatis. Quapropter, dilectissimi, caveamus ne fides nostra superducto nos solius professionis colore decipiat, et tanquam inanis spica, vacantibus culmis, absque dilectionis medulla follescat. Imitemur fidem martyrum, per quam vincentes regna terrarum adepti sunt præmia promissa cœlorum (*Hebr.* xi). Sit ergo fides nostra solida, sit vera, sit robusta, ut nunc eundo per fidem perveniamus ad speciem, videndo per ænigmatis speculum, quandoque perducamur ad ipsius summæ veritatis obtutum (*I Cor.* xii).

CAPUT XI.

In epistola ad Adelaidem comitissam, qua eam confœderat episcopo propter incontinentiam clericorum.

Sicut vetus narrat historia : « Cepit Samson trecentas vulpes, caudasque earum adjunxit ad caudas, et faces ligavit in medio; quas igne succendens dimisit ut huc illucque discurrerent : quæ statim perrexerunt in segetes Philistinorum. Quibus succensis et comportatæ jam fruges, et adhuc stantes in stipula, concremataæ sunt in tantum ut vineas quoque et oliveta flamma consumeret (*Jud.* xv). » Hæc plane historia licet principaliter designet hæreticos, qui quasi trecentenario numero continentur, quia sanctæ Trinitatis fidem verbotenus confitentur, sed dum sub velamento orthodoxæ fidei in prima sermonis sui fronte se palliant, ignem pravæ doctrinæ in posterioribus, quo fruges omnium bonorum operum exurantur, occultant; quamvis, inquam, per has vulpes designentur hæretici, his tamen incontinentes clerici cum suis pellicibus possunt non inconvenienter aptari, qui quasi solutis pedibus gradiuntur, dum honestatis aliquando speciem simulare prætendunt; sed cum accensis facibus combinantur in caudis, quia quasi postposito, et, in quantum valent, occulti igne impudici conglutinantur amoris. Hæ itaque vulpeculæ, igne interveniente conjunctæ, et libidinis facibus combinatæ, omnia Philistinorum sata consumunt : quia spirituales fructus Ecclesiæ destruunt, et quantum ad se, bona opera fidelis populi divinæ indignationis igne succendunt. De quo igne mystice per Psalmistam dicitur : « Tradidit grandini jumenta eorum, et possessiones eorum igni (*Psal.* lxxvii). » Quoniam sicut boni sacerdotes Deo quorumlibet fidelium oblationes et vota commendant, ita plerumque qui sacris altaribus indigni sunt, horribiliter gravant. Quod autem mali sacerdotes vulpibus comparentur, Ezechiel quoque propheta testatur, dicens : « Quasi vulpes in desertis prophetæ tui erant, Israel (*Ezech.* xiii). »

CAPUT XII.

In sermone de sanctis virginibus.

Salvator noster, in hujus mundi campum potestates aereas debellaturus adveniens, non elegit rhetores et philosophos, sed simplices ac litteralis industriæ prorsus ignaros; quoniam, sicut ait Apostolus : « Quæ stulta sunt hujus mundi elegit Deus, ut confundat sapientes; et infirma, ut confundat fortia (*I Cor.* i). » Hoc namque illa Samson victoria bene figuravit, qua mandibulam asini fervefactam arripiens, mille Philistinorum viros occidit. Quid enim per mandibulam asini, quod utique simplex est animal, nisi imperita simplicium hominum ora signantur? Samson itaque non cum armis, non cum diversis telorum generibus, sed cum mandibula asini mille viros occidit, quia Redemptor noster, quem ille signabat, cum imperitis et rudibus perfectam infidelium numerum a vita veteris erroris exstinxit. Quid autem mirum, si sanctos prædicatores per asini maxillam sacrum designet eloquium, cum et ipsum prædicationis verbum per hordeum quandoque denuntiet, quod est utique pabulum jumentorum? Quod certe non modo per Evangelicos quinque panes agnoscitur (*Joan.* vi), sed per illud quoque quod ille, qui in castris Madian se somniasse perhibebat, socio referebat : « Videbatur, inquit, mihi quasi subcinericius panis ex hordeo volvi, et in Madian castra descendere : cumque pervenisset ad tabernaculum, percussit illud atque subvertit (*Jud.* vii). »

CAPUT XIII.

In epistola ad canonicos Fanenses.

Qui alios ad rectitudinis viam debet instruere, valde cavendum est ne ipse, quod absit, in aliquo videatur errare. Hinc est quod Israeliticus populus ad ulciscendum scelus Benjamin [Belamin] zelo rectitudinis inflammatur, et tamen idem populus gladiis Benjamin ante prosternitur (*Jud.* xx). Quem enim non moveat quod Dominus bis interrogatus, bis ad ineundum contra Benjamin prælium dedit assensum, et tamen in primo certamine viginti duo millia de Israelitis, in secundo vero decem et octo millia ceciderunt. Quid igitur in his intelligendum est, quid sentiendum, nisi quia prius curandi sunt a tumore proprii vulneris qui ferire morbos alienæ gestiunt pravitatis, ut ipsi jam mundi per ultionem suimet veniant qui aliorum percutere prava festinant, sicut in Evangelio dicitur ; « Qui sine peccato est vestrum prius in illam lapidem mittat? » (*Joan.* viii.) Unde recte cum illi Dominum consulentes dicunt : « Quis erit in exercitu nostro princeps certaminis contra Benjamin filios? Respondit : Judas sit dux vester (*Jud.* xx). » Quia enim Judas *confessio* interpretatur, recte dux illius belli A judex constituitur, ut nimirum prius per confessionem propria studeant errata corrigere, qui aliis volunt errorem confitentibus subvenire.

Expliciunt testimonia libri Judicum.

INCIPIUNT CAPITULA LIBRI PRIMI REGUM.

1. De Heli, qui filiorum peccata non digne corripuit.
2. Quod, dum cives Jabes Galaad fœdus ab Naa Ammonite, qui eam obsidebat, expeterent, Naas respondit in hoc se cum eis ferire fœdus, ut erueret omnium oculos dextros.
3. Filius unius anni erat Saul, cum regnare cœpisset : *&* obus autem annis regnavit super Israel.
4. Quod cum Saul regnare cœpit, faber ferrarius non inveniebatur in omni terra Israel.
5. De Merob et Michol, filiabus Saul, quas ille fœderavit David in uxores; sed una subtracta, alteram sibi David uxorem conjunxit.
6. Quod David, a facie regis Saul fugiens, coram Achis rege Geth se furere simulavit.
7. De Pythonissa quæ regi Saul bona pro malis reddens vitulum coxit et edulium præparavit.

Expliciunt capitula.

NCIPIUNT TESTIMONIA LIBRI PRIMI REGUM.

181-182 CAPUT PRIMUM.

In epistola ad Nicolaum papam, de incontinentia episcoporum.

Heli, qui filiorum peccata cognovit, sed eos invectione qua digni erant acerrima non corripuit, eisdem filiis a Philistiim in bello peremptis, ipse quoque de sella retrorsum cecidit fractisque cervicibus exspiravit. Quin et arca Domini ab hostibus capta est, et prius quidem quatuor millia, deinde triginta millia virorum sunt Philistæo trucidante prostrata. Et quidem redarguit, et quidem corripuit; sed lenitate et mansuetudine patris, non severitate vel auctoritate pontificis : « Quare, inquit, facitis res hujuscemodi, quas ego audio, res pessimas ab omni populo? Nolite, filii mei; non est enim bona fama quam audio (*I Reg.* II). » Audierat enim, Scriptura testante, quia dormiebant cum mulieribus, quas observabant ad ostium tabernaculi. Porro quos inimicos Dei vidit in perniciem suam filios recognovit, et quos hostili ferire gladio debuit paternæ blanditiæ lenitate palpavit. Non sic ille fidelis in domo Domini famulus Moyses, magister videlicet ingenui Phinees. Stans enim in porta castrorum ait : « Si quis est Domini jungatur mihi ; congregatique sunt ad eum omnes filii Levi, quibus ait : Hæc dicit Dominus Deus Israel : Ponat gladium vir super femur suum; ite et redite de porta usque ad portam castrorum, et occidat unusquisque fratrem, et proximum et amicum suum. Cæsis itaque viginti tribus millibus hominum, ait Moyses : Consecrastis manus vestras hodie Domino, unusquisque in filio et fratre suo, ut detur vobis benedictio (*Exod.* XXXII). » Plane sicut benedictione digni sunt qui culpas corrigunt, ita nihilominus maledictioni obnoxii sunt qui peccantibus blandiuntur. Sicut per prophetam dicitur : « Maledictus, qui prohibet gladium suum à sanguine (*Jer.* XLVIII). » A sanguine quippe gladium suum prohibet qui se ab inferenda reprobis digna sententiæ animadversione coercet. Facti siquidem culpam habet, qui quod potest negligit emendare (*S. Gregor.*) Unde et præfato Heli, viro Dei, qui et Phinees fuisse putatur, ait : « Hæc B dicit Dominus : Quare calce abjicitis victimam meam et munera mea, quæ præcepi, ut offerrentur in templo, et magis honorasti filios tuos quam me? » (*I Reg.* II). Si ergo Heli propter duos duntaxat filios, quos non ea qua digni erant invectione corripuit, cum eis simul et cum tot hominum multitudine periit, qua arbitramur dignos esse sententia qui in aula ecclesiastica et soliis judicantium præsident et super non ignotis pravorum hominum criminibus tacent; qui dum dehonestare homines in publico metuunt, ad contumeliam superni Judicis divinæ legis mandata confundunt, et dum perditis hominibus amittendi honoris officium servant, ipsum ecclesiasticæ dignitatis Auctorem crudeliter inhonorant? Unde et eidem Heli, qui Deum, suos filios honorando, contempsеC rat, divina vox ait : « Quicunque glorificaverit me, glorificabo eum; qui autem contemnunt me erunt ignobiles. » Ubi mox subditur : « Ecce dies veniunt, et præcidam brachium tuum, et brachium domus patris tui (*I Reg.* II); » ac si aperte dicat : Quia ego per pastoralis officii dignitatem contra inimicos meos brachium tibi fortitudinis contuli, sed tu ad eorum ultionem illud exercere noluisti, jam brachium a te præcidam, id est, vigorem tibi sacerdotalis culminis auferam, ut qui manceps fueras ad pugnandum pro me, jam nec manum habeas ad tuendum te.

CAPUT II

In epistola ad fratres Cluniacenses.

Fugiendus est mundus, qui tenebras parturit; petenda remotio, ubi tanquam in deserto verum D lumen erumpit. Prorsus a nostra repellendus est amicitia, qui nimirum dum tenebrarum, in quibus semper est, caligines inserit, consentientibus sibi atque obedientibus lumen exstinguit; imo debemus ei semper infœderabile bellum, qui suorum oculos obruit amicorum. Hinc est quod sacra Regum historia narrante didicimus : Quia « cum Naas Ammonites ascenderet, ut Jabes Galaad cum suis agminibus expugnaret, omnes viri Jabes ad Naas una voce dixerunt : Habeto nos fœderatos et serviemus tibi. Quibus ille respondit : In hoc feriam vobiscum fœdus, ut eruam omnium vestrum oculos dextros, ponamque vos opprobrium universo Israeli. Dixeruntque ad eum seniores Jabes : Concede nobis septem dies, ut mittamus nuntios in universos terminos Israel; si non fuerit qui defendat nos, egrediemur ad te. Audiens hæc Saul exercitus multitudinem congregavit, arma corripuit et ex Ammonitis gravi admodum cæde percussis cum gloria triumphavit (*I Reg.* xi). » Quid itaque per Naas Ammonitem, superbum videlicet regem, nisi vel mundum Creatori suo rebellem, vel diabolum ejus intelligimus principem? De quo nimirum dicitur : Quia « ipse est rex super omnes filios superbiæ (*Job* xli). » Et quia Naas *serpens* interpretatur, recte per hunc venenosus ille et lubricus anguis exprimitur. Quid vero per Jabes, quæ civitas erat Israelitica, nisi anima innuitur Christiana, ad videndum Deum per studium contemplationis intenta? Et quia Jabes interpretatur *exsiccata*, vel *siccata*, congrue per Jabes illa intelligitur anima, quæ supernæ gratiæ pinguedinem deserit, et in æstu concupiscentiæ carnalis arescit. Recedens quippe ab inhiando divini muneris rore fit sicca, quem antea dum perciperet, vigebat salubriter irrigata, Domino per Isaiam dicente : « Effundam aquam super sitientem et fluentia super aridam (*Isa.* xliv). » Sed Naas cum Jabes fœdus aliter dedignatur inire, nisi oculum dextrum pacisceatur eruere. Quia quisquis vel antiquo hosti in perversa suggestione substernitur, vel mundi hujus inquietis actionibus implicatur, dum se tanquam superbo regi turpiter fœderat, necesse est ut dextrum oculum, hoc est, lumen contemplationis amittat, et sic opprobrium in Israel ponitur, quia dum a contemplationis arce ad terrena vel immunda quælibet exsequenda devolvitur, consequens est ut in Ecclesia probrosæ derisionis obtrectationibus mordeatur. Petunt autem illi septem dies inducias, et quia Deus septimo die requievisse a cunctis operibus legitur (*Gen.* ii), quid per septenarium numerum, nisi requies designatur? Istum numerum Saul inobediens ignoravit, cum per eum se Samuel præstolandum esse præcepit. « Septem, inquit, diebus exspectabis, donec veniam ad te, et ostendam tibi quæ facias (*I Reg.* x). » Sed quia spiritualem requiem vir reprobus sprevit, exagitandum eum Spiritus malus arripuit (*I Reg.* xvi). Per septenarium ergo dierum numerum ab iniquo rege Jabes civitas liberatur, quia quælibet anima, quam suadente diabolo mundus ad se conatur attrahere ac negotiorum sæcularium tenebris excæcare, illæsum contemplationis oculum servat, si omnino resistens in suæ quietis proposito perseverat, eamque Redemptor noster de tentatione, quam patitur, eripit, cum eam in remotionis suæ censura quiescere deprehendit. Unde illic scriptum est : « Cum venisset, inquit, dies crastinus, constituit Saul populum in tres partes, et ingressus est media castra in vigilia matutina et percussit Ammon usque dum incalesceret dies (*I Reg.* xi). » Quid enim per Saul, qui *Christus Domini* dicebatur, nisi is, qui verus Rex est Israel, Dei hominumque mediator innuitur? Quid est quod populum in tres constituit partes, nisi quia tres sunt principales animæ virtutes, fides scilicet, spes et charitas? In trifariis itaque bellatorum partibus victoria certaminis obtinetur, quia tribus his virtutibus, duce Christo, omnis diabolica tentatio vincitur. Porro nec ipse a mysterio vacat pugnatorum numerus, quem Scriptura pronuntiat. « Fuerunt, ait, filiorum Israel trecenta millia, virorum autem Juda triginta millia (*Ibid.*). » Millenarius autem atque denarius, quia perfecti sunt numeri, sanctorum perfectionem; trecenti vero, vel triginta, quia a tribus oriuntur, divinam significant Trinitatem. Quid itaque per trecenta millia, vel triginta millia bellatorum, nisi sancti doctores intelliguntur Ecclesiæ, qui et fide sunt orthodoxi et religiosis operibus consummati? Cum his ergo Saul hostiles regis Naas acies superat, quia cum doctoribus Ecclesiæ suæ Christus de veternosi serpentis versuta machinatione triumphat. Nam cum eorum præcepta vel exempla subtiliter attenduntur, mox corda torpentia, quæ jam noxius tepor invaserat, recalescunt et ad obtruncandas impugnantium vitiorum acies velut elato mucrone spiritus inflammatur. Unde et ipsi bellatores Israel et Juda nuntiis, qui ad se venerant, dicunt : « Sic dicetis viris, qui sunt in Jabes Galaad : Cras erit vobis salus, cum incaluerit sol. » Nam cum mens per desidiam primitus tabefacta jam in se reversa ad Conditoris sui desiderium recalescit, cum torporem negligentiæ deserit et frigus insensibilitatis pristinæ flamma sancti amoris accendit, tunc velut incalescente sole victoria de hostibus sumitur, et obsessa civitas de superbi regis manibus liberatur. Hinc est quod de Abraham scriptum est quia « apparuit ei Dominus in convalle Mambre in ipso fervore diei (*Gen.* xviii). » Hinc est quod Loth, « Sol, inquit, ortus est super terram, et Loth ingressus est Segor (*Gen.* xix). » Recte igitur sive mundi, sive principis ejus amicitias dedignamur, et cum eis simul societatis fœdus habere contemnimus, ne, dum tenebris jungimur, luce privemur. Et notandum quod iniquus rex non duos inimicis eruere, sed unum duntaxat oculum flagitat, ut eos in Israel opprobrium ponat, quia sæpe malignus hostis consentienti sibi cuilibet reprobo homini potiorem partem sanctitatis ac lucidi operis adimit ; minorem vero artificiosa quadam suæ calliditatis industria derelinquit, ut in eo quod tollitur sit occasio damnationis, ut pereat; in eo vero quod remanet, de spe fiduciæ præsumatur, ut peccator ad pœnitentiam non recurrat, sed ex ipsis sanctitatis amissæ reliquiis, quibus tanquam baculo transgressor innititur; ab his, qui cum cecidisse noverunt, infamia laceratur; sicque pii operis detrimentum dignæ fit irrisionis opprobrium.

CAPUT III.
In epistola ad Albericum, in qua ei super decem quæstionibus respondet.

« Filius unius anni erat Saul, cum regnare cœpisset; duobus autem annis regnavit super Israel

(*I Reg.* xiii). » Hoc nonnulli intelligi sic arbitrantur, quia regi Saul in exordio regni sui filius erat anniculus, qui teneram adhuc unius anni vagiebat infantiam, scilicet Isboseth, et hic duobus annis post mortem patris regnavit super Israel. Sed quoniam hic a doctioribus viris sensus exploditur, a nobis etiam alius inquiratur. Quod ita B. Hieronymus docet intelligi : Quoniam « sic erat innocens, tanquam puer unius anni cum regnare cœpit, et duobus annis in ejusdem innocentiæ simplicitate permansit. Sed qui tunc erat ex humilitate filius, postmodum per superbiam factus est servus. »

CAPUT IV.
In epistola ad Aliprandum; quæ est de correptione, quam sit utilis in sancti ordinis disciplina.

Spiritualis plane quisque conventus, si fraterni zeli frequenti correptione non utitur, Israelitica plebis mystica laborat inopia; quæ videlicet incipiente Saul regis imperio fabrum ferrarium non habebat. Dicit enim Scriptura : Quia « faber ferrarius non inveniebatur in omni terra Israel (*I Reg.* xiii). » Porro sicut ferrum reliqua metalla fortiter edomat, ita correptionis malleus vitia delinquentium reprimit et quasi cudendo rigidæ mentis duritiam frangit. Hinc est quod de ipso fabrorum spiritualium principe per Isaiam dicitur : « Ecce ego creavi fabrum sufflantem in igne prunam et proferentem vas in opus suum (*Isa.* liv). » De ferro quoque Ecclesiastes dicit : « Si retusum fuerit ferrum et hoc non ut prius, sed hebetatum erit, multo labore exacuetur, et post industriam sequitur sapientia (*Eccle.* x). » Sed Philistæi de terra Israel fabros ferrarios tollunt, cum maligni spiritus falsæ pietatis obtentu zelum correptionis de fratrum labiis auferunt. Unde et illic subditur : « Caverant enim Philistæi, ne forte facerent Hebræi gladium aut lanceam (*I Reg.* xiii). » Unde paulo post : « Retusæ itaque erant acies vomerum, et ligonum, et tridentium et securium usque ad stimulum corrigendum (*Ibid.*). » Dum Philistæi timent gladios, tollunt fabros, ut dum armorum fabricatura compescitur, non sit etiam qui cætera exercendi laboris utensilia fabricetur. Apostolo quippe testante : « Gladius spiritus est verbum Dei (*Ephes.* vi). » Hunc gladium quia perversi timent spiritus, fabros de terra Israel auferunt, hoc est eos, qui redarguere delinquentium errata debuerant, a tenenda censuræ disciplina compescunt; et hac negligentiæ dissolutione contingit ut in servorum Dei quibusque convenientibus, non modo sacræ prædicationis sermo cesset audiri, sed et honestarum artium exercitia desinant frequentari. Nam quia districta magisterii eos disciplina non reprimit, propriis voluntatibus dediti scribere nesciunt; artis honestæ manuum exercitia nulla condiscunt, cum Apostolus dicat : « Qui non laborat, non manducet (*II Thess.* iii). » Quæ nimirum cum sibi sint necessaria, sæculares viros, vel etiam reprobos adeunt, quoniam hæc apud se reperire non possunt. Unde illic dicitur : « Descendebat ergo omnis Israel ad Philistiim, ut exacueret unusquisque vomerem suum, et ligonem, et securim, et sarculum. » Israel ergo ad Philistæos non ascendit, sed descendit, ut utensilia suæ necessitatis exacuat, cum sancti ordinis viri ad sæcularium ima declinant, ut ab eis sibi commodum cujuslibet utilitatis acquirant. Vides ergo quia si de sacro conventu correptionum censura subtrahitur, disciplinæ vigor funditus enervatur et religio tota destruitur, quia dum unusquisque propriæ sequitur voluntatis arbitrium, ad sæcularia rediens, spiritualis observantiæ violat institutum. Unde quisquis est, cui regularis vitæ fervor inæstuat, correptiones libenter amplectitur, et tunc etiam, cum innocens est, suis reprehensionibus delectatur, non ut eum conscientia peccasse remordeat, sed quoniam hoc prodesse cæteris audientibus sperat, ut inde ipse innocens et mundus arguitur, alii, qui vel lapsi, vel lapsuri forte sunt, corrigantur.

CAPUT V.
In epistola ad Hermisindim, de eo quod ædificium humanæ superbiæ cito destruitur.

« Pactus quidem est Saul majorem filiam suam Merob David dare uxorem; sed cum tempus advenisset quod dari sibi debuisset, non ei data est, sed alii conjuncta est viro. Dilexit autem Michol filiam Saul alteram David eamque sibi uxorem conjunxit (*I Reg.* xviii). » Merob quippe interpretatur *de multitudine;* Michol autem, *a qua,* vel *ex omnibus.* Et quid per Merob, nisi illa duntaxat infidelium turba signatur, quæ est de multitudine, quæ repellitur? « Multi enim sunt vocati, pauci vero electi (*Matth.* xx). » Quid autem per Michol, nisi sancta figuratur Ecclesia, a qua videlicet omnes oriuntur electi, vel quæ ex omnibus constat electis, quæ licet filium non genuerit, huic tamen intelligentiæ ejus sterilitas non obsistit? Aliud quippe mysterium est, quia regi David est in conjugalitate conjuncta; aliud, quia perstitit infecunda; aliud, quia Christi Domini est sortita conjugium; aliud, quia fecunditatis non meruit donum, sed pertulit in Israel sterilitatis opprobrium. Haec sane David superbi regis Saul sibi filiam junxit, dum fortis manu Jesus ac merito desiderabilis eam de superbi hujus mundi principis obsequio sustulit sibique confœderationis intimæ glutino counivit. Quam videlicet Michol, quæ sancta electorum est Ecclesia, superbus ille Saul, hoc est, malignus spiritus, ei Merob auferre minime valet, quia fidelis custos irrevocabiliter eam suæ dilectionis obstrinxit amplexibus; qui in Evangelio clamat : « Oves meæ vocem meam audiunt, et non peribunt in æternum, et non rapiet eas quisquam de manu mea (*Joan.* x). »

CAPUT VI.
In sermone de S. Columba.

Cum Redemptor noster hujus mundi campum pugnaturus ingreditur, ad debellandas aeris hujus nequitias fortis præliator armatur; quia novum debebat instruere prælium, novum induit genus armorum, videlicet ut quod infirmum est superponeret, et quod robustum est occultaret. Loricam siquidem imbecillæ carnis induit et insuperabilem divinitatis fortitudinem occultavit. Sic sic per carnem diabolus a secundo homine perditur, qui per carnem dudum primum hominem superavit, eademque sibi nunc ruinæ facta est causa quæ victoriæ fuerat de primo parente materia. Hoc per allegoriæ mysterium res illa præmonuit quod David a facie regis Saul fugiens in præsentia Achis regis Geth se furere simulavit. Dicit enim Scriptura : « Quia defluebant salivæ ejus in barbam (*I Reg.* xxi). » Sane quia barba viri est proprium, quid est per mysticum intellectum, nisi virtutis indicium? Quid ergo per salivas, quæ nimirum fluidæ sunt et fluxæ, nisi carnis infirmitas? Quid vero per barbam nisi divinitatis innuitur fortitudo? Barba ergo salivis defluentibus operitur quia fragili carnis velamine divinitatis virtus induitur. Sed quod David dispensationis agebat industria, hoc a nescientibus putabatur insania. Unde Achis servis suis ait : « Vidistis hominem insanum, quare adduxistis eum ad me? an desunt nobis furiosi quod introduxistis istum, ut fureret me præsente? (*Ibid.*) »

Nonne etiam vero David Redemptori nostro simile quid accidit, ut insanus ab insanientibus putaretur et miracula per dæmones agere a dæmoniacis diceretur? Hinc est quod Marcus evangelista dicit : « Et cum vidissent sui, exierunt tenere eum; dicebant enim quoniam in furorem versus est (*Marc.* iii). » Quibus verbis protinus addidit : « Et Scribæ, qui ab Hierosolymis descenderant, dicebant : Quoniam Beelzebub habet, et quia in principe dæmoniorum ejicit dæmonia (*Ibid.*). » Porro autem, quia salivæ frequenter ex infantium ore decurrunt, nonne velut infantilia videbantur verba, cum diceret : « Nisi manducaveritis carnem Filii hominis et biberitis ejus sanguinem, non habebitis vitam in vobis? (*Joan.* vi.) » Quod audientes discipuli dicebant : « Durus est hic sermo, et quis potest eum audire? » Et sicut evangelista refert, « jam non cum illo ambulabant (*Ibid.*). » Sed istæ salivæ barbam David tegebant, quia sub his infantilibus verbis virtus divina latebat. Factus est ergo Redemptor noster infirmus, ut nos fortes efficeret; visus est stultus, ut ad veram nos sapientiam revocaret. Unde dicit Apostolus : « Quia quod stultum est Dei sapientia est hominibus. » Et paulo superius : « Quia non cognovit mundus per sapientiam Deum, placuit Deo per stultitiam prædicationis salvos facere credentes (*I Cor.* i). » Nec indignum super Domino Salvatore nostro infirmitatem, vel stultitiam dici, cum etiam per leprosum, cum etiam per serpentem non dedignatus sit mystice figurari.

CAPUT VII.

In epistola ad Desiderium abbatem, qua dicitur quod majori sit dignus honore qui dignitatem projicit quam qui in ea persistit.

Quem non ædificet atque ad perfectionem charitatis excitet, quem, inquam, non solum ad officiosum piæ humanitatis studium exercendum, verum etiam ad bona pro malis redhibendum, non provocet hoc quod de Pythonissa illa magnæ profecto laudis digna præconio legitur, quæ videlicet, ad imitationem Dei, Saul tam bene tractavit, non modo regio jam culmine desperatum, sed et in crastino Philisthinorum gladiis perimendum (*I Reg.* xxviii) : et tanquam prudens, juxta Evangelium, serpens (*Matth.* x), illi præstitit beneficium, a quo nullum se consequi posse sperabat emolumentum. Ille præterea, sicut ipsa conqueritur, omnes hariolos de terra Israel et magos erasit, ac per hoc eidem mulierculæ omnem quæstum solitæ divinationis ademit. Illa vitulum paschalem, qui sibi de consumpta vix paupertate supererat, coxit et azymos panes de perexigua farina commiscens illi, ut vesceretur, apposuit. Quod cum ille lugubris et contigua morte perterritus sperneret ac cibum capere funditus recusaret, e contrario illa precibus obnixis et quibusdam velut argumentationibus incessabiliter insistebat, ut roganti talionem redderet. Et sicut illa jubenti paruerat, sic iste supplicantis precibus annueret : « Ecce, inquit, obedivit ancilla tua voci tuæ, et posui animam meam in manu tua, et audivi sermones tuos, quos locutus es ad me; nunc ergo audi et tu vocem ancillæ tuæ, et ponam coram te buccellam panis, ut comedens convalescas et possis iter facere (*I Reg.* xxviii). » Quis enim hoc coruscante faceret Evangelio, quod hæc mulier sub umbra legis egisse describitur, præsertim cum Vetus offerat instrumentum : « Diliges amicum tuum, et odio habebis inimicum tuum, » evangelica vero tuba terribiliter intonet : Quia « nec Pater vester dimittet vobis peccata vestra, si non remiseritis unusquisque fratri suo de cordibus vestris (*Matth.* vi; *Marc.* xi). » Saul enim ita divinantibus et hariolis inimicus exstitit ut passim omnes interficeret, et vix eorum quispiam, nisi hæc duntaxat paupercula mulier, remansisset; hæc etiam, quæ supererat, tanta regiæ persecutionis erat immanitate constricta ut, dum nullatenus uti divinatione præsumeret, consuetum propriæ artis quæstum funditus amisisset. Hæc tamen idipsum quod remanserat reddens bona pro malis alacriter obtulit, et inimicum suum, velut Apostolo jam hæc præcipiente, cibavit (*Rom.* i). Et hæc eo tempore laudabilis mulier fecit, cum illum nosset illico moriturum, atque ideo nec speraret jam placidum, nec paveret iratum. Argumentis utuntur homines, ut a propriis domibus hospitari volentes ejiciant, ut ad tabernas, vel emptoria vicina transmittant. Siquidem locus iste depreciatur, ille præfertur; hic per inclementiam annotinæ tempestatis ægra seges negare fertur agricolis victum; ille feracium frugum dicitur exuberasse proventus. Modo brevitas commendatur itineris, modo sol altiora cœli tenere spatia perhibetur. Hæc igitur accuratione verborum, nil aliud agitur quam ut supervenientes aliud sibi providere compellantur hospitium. Hæc autem prudens et ingenua mulier rhetoricatur, ut ita loquar et oratorum orationibus utitur, ut inimicus ejus, dum respuit ac resultat, ad edulium provocetur.

Expliciunt testimonia primi libri Regum.

INCIPIUNT CAPITULA LIBRI SECUNDI REGUM.

1. De eo quod David imprecatus est, ut non deficiat de domo Joab fluxum seminis sustinens et leprosus tenens fusum.
2. Ista est lex Adam, ait David, Domine Deus.
3. Fecit autem David sibi nomen, cum reverteretur, capta Syria, in valle Salinarum cœsis duodecim millibus.
4. Qui erant Celethæi, et Phelethæi.
5. De eo quod filii David sacerdotes fuisse dicuntur.
6. Quod Ammon filius Naas, nuntiis David ad consolandum eum super mortem patris directis, vestes scidit et barbas medias rasit.
7. De pœnitentia David, quæ suscepta est; Saul vero, reprobata.
8. De eo quod David Rubath civitatem, quam Joab oppugnabat, victor obtinuit.
9. De eo quod David Absalon fugiens decem concubinas ad custodiendam domum reliquit.
10. Quod Absalon patrem persequens, concubinas quas pater domi reliquerat, consilio Achitophelis fœdavit.
11. De eo quod Sobi, et Machir et Berzellai Galaadites obtulerunt David in castris Madian stratoria, et tapetia, et vasa et quæque ad cibos necessaria.
12. De eo quod dicitur plures fuisse quos consumpserat saltus de populo quam illi quos voraverat gladius.
13. Quod Berzellai Galaadites usque Jordanem cum rege David veniens et Hierusalem secum pergere recusavit.
14. Quod David decem concubinas, quas domi reliquerat, rediens in custodiam tradidit, nec est ultra ingressus ad eas.
15. Unde supra.
16. De eo quod dicitur tertium bellum in Gob contra Philisthœos fuisse, in quo percussit Adeodatus filius saltus polimitarius Bethleemites Goliath Gethœum.
17. David sedens in cathedra sapientissimus princeps inter tres; ipse quasi tenerrimus ligni vermiculus, qui octingentos interfecit impetu uno.
18. Quod David aream Ornan Jebusœi et boves in holocaustum offerendo taxato pretio comparavit.

Expliciunt capitula.

INCIPIUNT TESTIMONIA LIBRI SECUNDI REGUM.

CAPUT PRIMUM.
In libro Gomorrhiano.

« Nec deficiat, ait David, de domo Joab Gomorrhian sustinens (*II Reg.* III).» Pro quo secunda translatio habet fluxum seminis sustinens et leprosus tenens fusum, et cadens gladio et indigens pane. Lepra quippe perfunditur qui gravis peccati labe fœdatur, fusum vero tenere est virilis vitæ fortia facta relinquere et femineæ conversationis illecebrosam mollitiem exhibere. Gladio cadit qui furorem divinæ indignationis incurrit. Pane indiget, quem a perceptione Christi corporis proprii reatus pœna coercet. «Ille est enim panis vivus, qui de cœlo descendit (*Joan.* VI).» Si ergo post fluxum seminis leprosus factus præcepto legis extra castra manere compelleris, cur adhuc in eisdem castris etiam honoris primatum obtinere contendis? Nunquid non Ozias rex cum superbe adolere incensum super altare thymiamatis voluisset, postquam se plaga lepræ cœlitus percussum agnovit, non modo a sacerdotibus de templo expelli patienter tulit, sed et ipse celeriter egredi festinavit? Scriptum quippe est: «Cumque respexisset eum Azarias pontifex et omnes reliqui sacerdotes, viderunt lepram in fronte ejus, et festinato expulerunt eum.» Moxque subjungitur: «Sed et ipse perterritus, acceleravit egredi, eo quod sensisset illico plagam Domini (*II Par.* XXVI).» Si rex corporali lepra percussus a sacerdotibus ejici de templo non contempsit, tu leprosus in anima cur tot sanctorum Patrum judicio a sacris altaribus removeri non pateris? Si ipse, demisso regiæ dignitatis imperio, habitare in domo privata usque ad obitum non erubuit, tu cur a sacerdotalis officii confunderis arce descendere, ut in pœnitentiæ sepultura conclusus te inter vivos studeas quasi mortuum deputare? Et ut ad illam Joab mysticam recurramus historiam si ipse gladio corruisti, quomodo alium per sacerdotalem gratiam suscitabis? Si ipse, exigentibus meritis, indiges pane, id est, a Christi separatus es corpore, quo pacto alium poteris cœlestis mensæ dapibus satiare? Si tu Oziæ lepra es percussus in fronte, hoc est, infamiæ nota dehonestaris in facie, quomodo alium poteris obducta perpetrati criminis oblivione purgare? Erubescat ergo tumefacta superbia, nec super se extolli inaniter appetat, quam infra se proprii reatus sarcina non mediocriter gravat.

CAPUT II.
In sermone de S. Matthæo.

Cum David per Nathan prophetam clementia divina promitteret ex ejus semine nasciturum qui suo sancto nomini construeret templum et Christum manifeste denuntians adjecisset: «Ego ero illi in patrem, et ipse erit mihi in filium (*II Reg.* VII);» moxque Ecclesiam, quæ corpus est Christi, qualis esset futura, depromeret, dicens: «Et fidelis erit domus tua, et regnum tuum usque in æternum ante faciem meam, et thronus tuus erit firmus jugiter.» Ille gratias agens, inter cætera orationis suæ verba sic ait: «Sed et parum visum est in conspectu tuo, Domine Deus meus, quia dilexisti me, nisi loquereris etiam de domo servi tui in longinquum;» moxque subjunxit: «Ista est enim lex Adam, Domine Deus (*Ibid.*).» Ac si perspicue dicat: Sicut in terreni mundi hujus exordio Adam constituisti posteritatis secuturæ parentem, atque ex hac radice totius humani generis decrevisti pullulare propaginem, ita nunc, cum mundum renovare disponis, me quasi novum Adam facis, dum Christum ex meo semine nasciturum, qui est auctor et caput Ecclesiæ, poll'ceris. « Ista est, inquit, lex Adam; » quia sicut ille erat in filiis suis hunc mundum vis bilem possessurus, ita et ego populi spiritualis in Christo pater efficior, cum illo, qui in cœlis est, perpetuo regnaturus. Sicut enim de costa illius formata est viventium mater Eva *(Gen.* II), ita de latere Christi, qui ex me nasciturus est, victura perenniter egreditur Ecclesia. De hoc novo et spirituali mundo scriptum est : « Domini sunt cardines terræ, et posuit super eos orbem (*I Reg.* II). » Orbis enim super terræ cardines ponitur, cum sancta Ecclesia tanquam super bases doctrinis evangelicis solidatur.

CAPUT III.
In epistola ad B., quæ est ut exteriori prudentiæ spiritualis prudentia præferatur.

« Fecit autem David sibi nomen, cum reverteretur, capta Syria, in valle Salinarum cæsis duodecim millibus (*II Reg.* VIII). » Verum enim David Christus, fortis scilicet viribus et pulcher aspectu, in valle Salinarum duodecim millia hominum stravit, quia per apostolos suos de salsa, imo falsa hujus mundi sapientia triumphavit. Qui enim duodecim spiritualis prælii bellatores habuit, quasi totidem per eos hominum millia trucidavit, dum stulte sapientes a frivolæ sapientiæ vanitate convertit. Quorum videlicet bellatorum unus ad Corinthios dicit : « In carne enim ambulantes, non secundum carnem militamus; nam arma militiæ nostræ non carnalia sunt, sed potentia Deo, ad destructionem munitionum consilia corporis destruentes, et omnem altitudinem extollentem se adversus scientiam Dei, et in captivitatem redigentes omnem intellectum in obsequium Christi (*II Cor.* x). »

CAPUT IV.
In epistola ad Albericum, qua super decem quæstionibus respondet.

Quæris qui erant Cerethæi et Phelethæi, qui bellatores dicunt fuisse David? (*II Reg.* VIII, 20.) Legitur in libro Numeri dixisse Dominum Moysi : « Congrega mihi septuaginta viros de senioribus Israel, quos tu nosti quod senes populi sint ac magistri, et duces eos ad ostium tabernaculi fœderis faciesque ibi stare tecum ; et auferam de spiritu tuo tradamque eis, ut sustentent tecum onus populi et non tu solus graveris (*Num.* XI). » Ex istorum itaque stirpe duæ processerunt cognationes, quarum una Cerethæi, altera dicebatur Phelethæi. Et Cerethæi quidem *dans judicium*, Phelethæi *puniens* interpretatur; ut quos illi adjudicarent morti promulgando sententiam isti punirent irrogando vindictam.

CAPUT V.
In eadem epistola.

« Filii autem David sacerdotes erant (*II Reg.* XVIII). » Cur filii David sacerdotes fuisse dicuntur; quia nullam cum filiis Aaron consanguinitatem, nisi sicut cæteræ tribus habuisse noscuntur? Sed sciendum quia dum sacerdotes venerabiles ac magistri constituuntur in populo, aliquando nomine sacerdotum designantur principes, vel doctores, sicut alibi reperitur : « Ira Jarites [*Ira Jairites*] erat sacerdos David (*II Reg.* xx), » id est, magister. Ita quoque cum dicitur : « Filii autem David erant sacerdotes, » sic intelligendum est ac si dicat : Quia magistri erant fratrum suorum, vel certe principes inter cæteros, sicut habet antiqua translatio. Nam ubi nova dicit editio : Filii David erant sacerdotes; in veteri legitur : Filii autem David principes erant aulæ regiæ.

CAPUT VI.
In epistola ad Cluniacenses fratres.

« Faciam, inquit David, misericordiam cum Hanon filio Naas, sicut fecit pater ejus mecum misericordiam. Misit ergo David consolans eum per servos super patris interitu, » utque historiam compendiosa relatione succingam « tulit Hanon servos David, rasitque mediam partem barbæ eorum, et præcidit vestes eorum medias usque ad nates et dimisit eos (*II Reg.* x). » Quid enim per Hanon, nisi nequitiæ spiritus? quid per barbam, quæ virorum est propria, nisi sanctarum fortitudo virtutum? quid etiam per vestes, nisi sanctitatis intelligitur indumentum? Psalmista perhibente, qui ait : « Sacerdotes tui induantur justitiam (*Psal.* CXXXI). » Hanon ergo fœdus amicitiæ reposcentibus, mediam barbæ partem radit, quia hostis antiquus aliquando fortiter operantis robur imminuit, sed postquam barbam rasit, etiam vestimenta præcidit, quia mox ut malignus spiritus interiorem adimit fortitudinem, consequenter etiam exteriorem conspicuæ conversationis exuit honestatem. Quid est enim vestes hominum ad nates usque præcidere, nisi eos a superducto velamento justitiæ usque ad obsceni et inverecundi operis turpitudinem denudare?

CAPUT VII.
In epistola ad Marinum.

Cum David perpetrati reatus arguitur, mox ut in vocem confessionis erupit, dicens : « Peccavi Domino, » ex ore prophetæ protinus audivit : « Dominus transtulit peccatum tuum, non morieris (*II Reg.* XII). » Et quia se occasio præbuit, hoc etiam te fraudari non patiar, quia nonnulli a pueris in religionis ordine constituti sola inobedientia superbiæ mista depereunt, cum in sæculo plurimi post immanium criminum perpetrata flagitia per humilitatis studium indulgentiam promerentur. Ecce enim David adulterium, homicidiumque commisit (*II Reg.* XI); Saul vero Samueli inobediens exstitit (*I Reg.* XIII, XV). Sed quid, quod ille nullo interveniente, vel in puncto veniam meruit; alterum vero nec propria confessio, nec prophetæ tam lugubris et amara atque prolixa supplicatio reconciliavit. Plane si Scripturæ series utrobique discutiatur, copiosior

Saul quam David in verbis pœnitentiæ reperitur. Iste siquidem duntaxat id quod præmissum est : « Peccavi Domino (*II Reg.* xiii); » ille autem ait : « Peccavi, inquit, quia prævaricatus sum sermones Domini, et verba tua, timens populum, et obediens voci eorum (*I Reg.* xv); » atque idipsum postmodum repetens, ait : « Peccavi. » Accessit autem et longanimis valde Samuelis oratio, de quo videlicet dicitur : « Contristatusque est Samuel et clamavit ad Dominum tota nocte illa (*Ibid.*). » Sed divina voce responsum est : « Usquequo, ait, tu luges Saul, cum ego projecerim eum, ne regnet super Israel? » (*I Reg.* xvi.) Quid est ergo quod alterius pœnitentia pie suscepta, alterius autem sub districtæ se veritatis est examine reprobata, nisi quod ille scelus inobedientiæ spiritu superbiæ parvipendens nequaquam pleno corde pœnituit; hic autem pauca quidem protulit, sed ejus viscera divini timoris gladio transfixa veri luctus amaritudo replevit? Hæc, quæso, considerare non negligant, qui cum inobedientiæ obediunt, de graviorum se immanitate criminum procaciter jactant. Quorum profecto nonnullos sæpe videmus ad agendæ confessionis judicium frequentare, solo se devote prosternere, tinnulis se et accuratis verbis magis facete quam humiliter accusare, atque ideo nunquam eorum mores ad idoneæ correptionis emolumenta procedere, quia videlicet cum Saul ore pœnitent, corde tument.

CAPUT VIII.
In epistola ad cardinales episcopos.

Sicut olim Romanorum consules ex diversis mundi partibus reportabant, peracta hostium cæde, victorias, sic isti nunc animas hominum de manu diaboli debent liberare captivas. Ad hos quippe victoriarum titulos, ad hos debent semper inhiare triumphos, videlicet ut antiquo prædoni animarum pereuntium manubias rapere, et Regi suo Christo signa gaudeant victricia reportare. Hunc porro conflictum David signavit, cum Rabbath civitatem victor obtinuit (*II Reg.* xii). Rabbath quippe *multitudo*, vel *grandis* interpretatur, quod non inconvenienter universitatem hujus mundi significare cognoscitur. David itaque Rabbath obtinuit civitatem, cum suis legibus Christus grandem et copiosam hujus mundi subdidit multitudinem. Coronam vero de capite Regis illius David abstulit sibique, sicut Scriptura testatur, imposuit; quod tunc verus David Christus implevit, cum mundi sapientes, quibus quodammodo diabolus ornabatur, eripuit et in sui decoris et gloriæ diadema convertit. Multitudo quippe fidelium non modo Christi, sed et doctoris cujusque corona perhibetur, cujus prædicatione convertitur, sicut Paulus Philippensibus ait : « Itaque, fratres mei charissimi, gaudium meum et corona mea, sic state in Domino (*Philip.* iv). » Sed et prædam, juxta Scripturam, asportavit multam valde. Præda quippe de Rabbath tollitur, cum ex hoc mundo quique fideles atque devoti ad Dei omnipotentis obsequium convertuntur. Vos, inquam, o sancti pontifices, vos potissimum hujusmodi debetis esse prædones, qui quotidie desudetis animas hominum de manibus reprobi possessoris eripere et triumphales Regi vestro David manubias reportare. Nec tamen sufficit, cum diabolo raptus, ad Deum quisque pia devotione convertitur, nisi mox etiam a statu sui duritia quasi crebro sanctæ prædicationis malleo conteratur. Unde per Jeremiam : « Nunquid non verba mea sunt quasi ignis, dicit Dominus, et quasi malleus conterens petram? » (*Jer.* xxiii.) Verba quippe Domini quasi ignis sunt, quia frigus expellunt, calorem mentibus ingerunt; malleus autem sunt, quoniam obstinationis et pervicaciæ duritiam molliunt.

Congrue ergo sacra subnectit historia : « Populum quoque ejus adducens serravit, et circumegit super eos ferrata carpenta, divisitque cultris et transduxit in typum laterum (*III Reg.* xii). » Quid enim per ferrata carpenta, quod utique genus est curruum, nisi sortem atque inexpugnabilem quadrigam sanctorum evangelistarum, ac per hoc omnium divinarum Scripturarum intelligere debemus eloquium? Nam, prout alibi jam diximus : Vile quidem ferrum, tamen edomat omne metallum. Sicut ferrum metallis omnibus dominatur, sic evangelica doctrina duras mentes emollire cognoscitur. Quid est ergo super captos homines ferrata carpenta circumagere, nisi sacræ Scripturæ roris humanarum mentium aream triturare, ut in eis sermo divinus et vitiorum reluctantium glebas obterat, et eas ad suscipiendas mandatorum cœlestium segetes complanare et exæquare contendat? Et quid est eos cultris dividere, nisi peccatorum hominum conscientiam ad confessionem divini verbi prædicationibus aperire? De quo verbo dicit Apostolus : « Gladium spiritus, quod est verbum Dei (*Ephes.* vi); » tunc enim tanquam spiritualibus cultris homo dividitur, cum ad detegendas animæ suæ plagas divini verbi gladio desecatur. Cur autem eos in typum laterum transduxisse narratur, nisi quia lateres et terreni sunt et decocti? Tunc enim peccator in typum lateris vertitur, cum ad prædicationis vocem sancti Spiritus ardorem concipit et veraciter humiliatus terram se ac lutum esse perpendit. Sic itaque quisque conversus ac pœnitens in lateris formatur imaginem, cum et humiliatur ex suæ fragilitatis luto, et quasi rubescit, sive flammescit in amore divino, ut dum se terrenum pulverem pensat, cor suum ad referendas Deo gratias, qui se revocavit, accendat. Unde et Adam interpretatur *terra rubra*, ut ex primi parentis nomine quisque condiscat, vel quid originaliter sit, vel quid cum actualiter esse conveniat. Ad hos itaque sacerdotes Ecclesiarum, ad istas sancti pontifices debuerant anhelare victorias non sumptuosis epularum ferculis, non resolvi Lenocinanti petulentia voluptatis. Post mundi quippe nascentis exordium, per mille ferme atque sexcentos annos humanum genus sine vini poculo et esu carnium vixit; nec tamen quispiam, quem Scri-

-ptura commemoret, usque ad obitum languore contabuit.

CAPUT IX.
In epistola ad Albericum, qua ei super decem quæstionibus respondet.

« Egressus est autem rex David Hierusalem, fugiens Absalon, et dereliquit decem mulieres concubinas ad custodiendam domum (*II Reg.* xv et xvi). » David a facie Absalon fugiens decem concubinas in domo relinquit, quas Absalon per incestum turpiter fœdat. Quia Redemptor noster, dum ejectus de civitate Judaica in desertum gentium properat, relinquit in domo legis Judæos non viriliter incedentes, sed muliebri conversatione viventes; qui nimirum per decem concubinas non incongrue figurantur, quia, dum enerviter legis præcepta custodiunt, non castum matrimonii merentur ascendere thalamum, sed absque fidei cohærentes annulo sortiuntur pro conjugio pellicatum. Quam Absalon lasciviens polluit, quia malignus spiritus reprobas impiorum animas quasi prostituendo corrumpit, quia per excessus diversorum scelerum cum talibus fornicatur, et tanquam substrata sibi prostibula incestus violator amplectitur, dum adulterinis eorum operibus delectatur.

CAPUT X.
In epistola ad Desiderium abbatem quod majori sit dignus honore qui dignitatem projicit quam qui in ea persistit.

Absalon siquidem interpretatur *patris pax* (*II Reg.* xiii), per quem designatur populus Judæorum, qui usque ad mortem persecutus est Christum. De quo populo per Isaiam dicitur : « Filios genui et exaltavi, ipsi autem spreverunt me (*Isa.* 1); » qui patris pax jure dicitur, quoniam in illo specialiter populo per legem datam, per victimarum sacrificia, per tabernaculum denique, sive templum Deus quievisse videtur. Sicut 196 David : « Notus, inquit, in Judæa Deus, in Israel magnum nomen ejus (*Psal.* lxxv). » Atque ut iste populus patris pax esse videatur, audi quod sequitur : « Et factus est in pace locus ejus (*Ibid.*). » Sive per Absalon Judas traditor designatur, qui et ipse patris pax non immerito dicitur, sicut ipse de illo Christus in psalmo conqueritur, dicens : « Etenim homo pacis meæ, in quo sperabam, qui edebat panes meos, magnificavit adversum me supplantationem (*Psal.* xl). » Nam et Christus non incongrue pater asseritur, sicut Propheta testatur : « Vocabitur, inquit, Deus fortis, pater futuri sæculi, princeps pacis (*Isa.* ix). » Iste ergo dicitur princeps pacis et ille pax patris. Cui etiam, Judæ videlicet, in ipso persecutionis articulo pacis osculum non negavit (*Matth.* xxvi). Nec mirum si Judæ traditoris speciem Absalon tenuit, quem non solum in persecutione David, sed ipso quoque genere suæ mortis expressit (*II Reg.* xviii). Ille siquidem quercui, dum transire vellet, inhæsit; iste se laqueo, Scriptura testante, suspendit. Ut quoniam uterque redundans vipereæ felle nequitiæ et terra indignus erat et cœlo, inter utrumque libratus et terram perderet et ad cœlum nullatenus aspiraret. Nam et Achitophel, qui David persequi non dissimiliter voluit, exigentibus meritis, idipsum genus mortis elegit (*II Reg.* xvii); hic enim Absalon persequenti David consilium dedit ut concubinas patris, quas dimiserat ad custodiendam domum, sacrilega permistione pollueret, ad fœdandum patrem novercas suas turpiter incestaret (*I Reg.* xvi). Quid autem per decem concubinas David, nisi pars illa Judaicæ plebis exprimitur quæ Christum verum utique David fugientem in gentilitatis deserta non sequitur, quia legis se habere Decalogum gloriatur? Per numerum nempe concubinarum, numerus exprimitur mandatorum; concubinæ ergo, quæ non sequentes David, domum servant, hi sunt qui in veteris legis custodia perseverant. Absalon ergo ad has David concubinas ingreditur quia diabolus, qui in Absalon erat, per excessus diversorum scelerum cum talibus fornicatur. Et bene dicitur : Quia David eas dimiserat ad custodiendam domum; provida quippe Redemptoris nostri dispensatione divinitus agitur ut quasi ad servandam domum legis Judæorum reliquiæ reserventur; ut ipsi qui modo nostri sunt scriniarii, et libros cœlestis eloquii in eadem in qua conditi sunt lingua ubique terrarum ferant, quatenus ipsi qui nobis inimici sunt, si quando scrupulus dubietatis emerserit, omne nobis ambiguum tollant. Unde per Psalmistam dicitur : « Deus meus, ostende mihi bona inter inimicos meos, ne occidas eos, ne quando obliviscatur legis tuæ (*Psal.* lviii). » Hebraica quippe lingua, quæ toto orbe dispergitur, multum Christianæ fidei auctoritas adjuvatur. Unde et illic aperte subjungitur : « Disperge illos in virtute tua, et depones eos, protector noster, Domine (*Ibid.*). »

CAPUT XI.
In eadem epistola.

« Cumque venisset David in castra Madian, Sobi filius Naas, et Machir filius Amichel, 197 et Berzellai Galaadites obtulerunt ei stratoria, et tapetia, ac vasa fictilia, etc. » (*II Reg.* xvii): Madianitæ vero, qui præbuere regi David stratoria et tapetia, quid aliud significant quam gentiles conversos ad fidem? qui dum piis actibus incessanter insistunt, quasi textrini operis linteamina præparant, in quibus utique Dominus suaviter requiescat. Hæc enim sunt evangelica illa vestimenta, quæ apostoli super asinam ponunt et Jesum sedere desuper faciunt (*Matth.* xxi). Quod autem sequitur « quia dederunt David etiam vasa fictilia, frumentum et hordeum, farinam, et fabam, et lentem, et frixum cicer, et mel, et butyrum, oves etiam et pingues vitulos (*II Reg.* xvii); » plurimæ ciborum species diversi sunt sanctorum hominum mores, quibus nimirum David cum suis commilitonibus pascitur; quia Redemptor noster cum sanctis suis rectis justorum operibus velut esuriens epulatur.

CAPUT XII.

In epistola ad Albericum, in qua super decem quæstionibus respondet.

« Fuit autem ibi prælium dispersum super faciem terræ, et multo plures erant, quos consumpserat saltus de populo, quam hi quos voraverat gladius (*II Reg.* xviii). » De qua sententia in libro Hebraicarum quæstionum hæc B. Hieronymi verba sunt : Saltum hunc, inquit, qui plures consumpsisse quam gladius vorasse legitur, bestias ferocissimas, quæ in saltu erant, Hebræi autumant, a quibus plures consumpti quam a gladio vorati fuerint. Verum hic, ut dicitur, Hebræorum fuit intellectus. Nobis autem videtur quia vesani quique, et infruniti, qui cum Absalon perduelliones exstiterant, Deo deserente cæcati, arbustis occurrentibus impingebant, atque ideo dicatur quia plures ceciderint saltu consumente perempti quam hi qui fuerint gladio trucidante vorati. Quod ita debere intelligi non ambigitur, si ipsa styli consequentia vel superficietenus attendatur. Nam postquam præmittit : « Multo plures erant quos saltus consumpserat de populo quam hi quos voraverat gladius in die illa ; » præsto subjungit : « Accidit autem ut occurreret Absalon servis David sedens in mulo ; cumque ingressus fuisset mulus subter condensam quercum et magnam, adhæsit caput ejus querceo, et, illo suspenso inter cœlum et terram, mulus cui insederat pertransiit (*Ibid.*). »

CAPUT XIII.

In epistola ad D. abbatem, quæ paulo supra.

« Berzellai Galaadites senex valde, id est, octogenarius, ut sacra testatur historia, descendens de Rogelim, transduxit regem David Jordanem ; cui rex : Veni, inquit, ut requiescas mecum in Hierusalem. Ille autem renuens, excusationem senectutis obtendit, et, relicto rege, mox ad propria repedavit (*II Reg.* xix). » Sunt namque nonnulli qui regem David, hoc est Salvatorem nostrum sequentes, Jordanis fluenta transmittunt ; hoc est, vel baptismi suscipiunt sacramentum, vel, quod secundum est lavacrum, arripiunt spirituale propositum. Nam quia in Jordane auctor baptismi Christus est baptizatus (*Matth.* iii), recte per eum intelligitur baptismus. Sed hi veste variata, non mente, habitum mutando, non animum, et pristinos redeunt mores et sæculares repetunt actiones ; et quia nequeunt a negotiorum sæcularium perturbatione quiescere, nolunt in Hierusalem, hoc est in visione pacis habitare cum rege ; senes enim sunt, et inveterati, atque ideo nequeunt in novam de vetusta conversatione mutari. Nam et Jordanem transeunt et octogenarii sunt, quia et baptizati sunt et resurrectionem futuram, quæ per octonarium designatur numerum, credunt. Sed hi quanquam Regi humiliter et blande loquantur, Regem tamen deserunt et ad solitæ conversationis consuetudinem revertuntur. Quid est enim Regi blanda verba proferre, nisi sicut in Evangelio dicitur, se callide potius quam humiliter excusare ?

« Rogo, inquit, te, habe me excusatum (*Luc.* xiv). »

Dicebat enim Berzellai regi : Cur servus tuus sit oneri domino meo regi ? paululum procedam famulus tuus ab Jordane tecum, nec indigeo hac vicissitudine.

Cujus figuram tenent qui spirituali cuiquam viro seseque ad altiora provocanti, quasi humiliter decantant : Peccatores quidem sumus tibique, pater, obtemperamus, sed districtioris instituti regulam servare non possumus ; infirmi sumus et fragiles, atque ideo melius judicamus sub levi nos fasce inglorios utcunque vivere quam sub gravis sarcinæ pondere quasi fortes interire. Nam et quod idem Berzellai superius dixerat, ab istorum interioris hominis senio non discordat : « Quot sunt, inquit, dies annorum vitæ meæ, ut ascendam cum rege in Hierusalem ? » et adjecit : « Nunquid vigent sensus mei ad discernendum suave et amarum ? aut delectare potest servum tuum cibus, et potus ? vel audire possum vocem cantorum et cantatricum ? » (*II Reg.* xix.) Veraciter enim talium hominum sensus intrinsecus obtusi sunt, quia spiritualia mentis edulia, vel intimæ jubilationis organa non discernunt ; non enim eis sapit cibus ille cœlestis, ad quem Propheta spirituales convivas invitat : « Gustate, inquit, et videte quoniam suavis est Dominus (*Psal.* xxxiii). » Nec illa fauces eorum mella discernunt, de quibus aiebat : « Quam dulcia faucibus meis eloquia tua, Domine, super mel et favum ori meo ! » (*Psal.* cxviii.) Necdum ad illud Sapientiæ discubuere convivium, de quo in libro Proverbiorum dicitur : « Quia sapientia immolavit victimas suas, miscuit vinum et proposuit mensam suam. » Ubi et sequitur : « Misit ancillas suas ut vocarent ad arcem, et ad mœnia civitatis : Venite, comedite panem meum, et bibite vinum, quod miscui vobis (*Prov.* ix). » Hi voces etiam cantorum et cantatricum non audiunt, quia quæ sanctorum martyrum, quæ sanctarum virginum ante Deum jubilet modulatio nullatenus comprehendunt. Nam quia carnaliter conversantes ad Dominum contemplationis corda non elevant, cœlestis harmoniæ modulos et mellifluas angelici concentus suavitates ignorant.

Unde non immerito senex ille Berzellai fuisse dicitur de Rogelim, quod interpretari dicitur *pedes*. Pedestres enim tales ambulant, et quoniam a terrenæ conversationis itinere se suspendere nesciunt, ad comprehendenda cœlestis melodiæ cantica non assurgunt, nolunt enim nisi pedites semper incedere atque ideo nequeunt alta jubilationis intimæ gaudia penetrare. Et quoniam terreni actus, in quibus sparsi sunt, duros eos atque insensibiles reddunt, spiritualis lætitiæ contemplari subtilia nequeunt. Hinc est etiam quod ille Berzellai Galaadites asseritur, quod *acervus testimonii* interpretatur, et quoniam acervus ille testimonii, qui Galaad dicitur, a Laban et Jacob de lapidibus factus agnoscitur (*Gen.* iii), bene per hunc Galaadites duri ac lapidei homines designantur, qui, dum ad amorem spiritualis vitæ cor non emolliunt, tanquam lapides facti in per.lnaci sæcularium negotiorum vigore durescunt. Ad quam duritiam pertinet quod idem quoque Berzelai *ferrum meum* interpretari dicitur. Quid est durius ferro? et quid obstinatius corde perverso? « In malevolam enim animam nunquam introibit sapientia (*Sap.* 1). » Et congrue ferrum meum, quasi de se quilibet homo durus et obstinatus dicit, quia dum statuit in propria perseverare duritia, in consilia se nunquam projicit aliena, et quia rigidus et inflexibilis ad cœlestem Hierusalem cum David rege non graditur, de via quam cœperat cum Berzellai, ad terram Madian, hoc est, ad vitæ veteris primordia revocatur.

CAPUT XIV.
In eadem epistola.

« Cumque venisset rex David in Hierusalem, tulit decem concubinas suas, quas reliquerat ad custodiendam domum et tradidit eas in custodiam; nec est ingressus ad eas, sed erant clausæ usque ad diem mortis suæ in viduitate viventes (*II Reg.* xx). » Concubinæ quæ non sequentes David domum servant, hi sunt qui in veteris Legis custodia perseverant. De quibus profecto concubinis dicitur : « Quia de cætero non est David ingressus ad eas : Sed erant clausæ usque in diem mortis suæ in viduitate viventes. » Judæi plane nunc clausi sunt et in viduitate vivunt quoniam ad virum sanctæ Ecclesiæ non accedunt, nec ad eos cœlestis ille Sponsus ingreditur, quia tanquam muliercules a diabolo prostitutis suum præbere contubernium dedignatur eisque, quia polluti sunt per adulterium, repudii dat libellum. Et hæ quæ non sequuntur virum merito concubinæ, nec vocantur uxores, quia, dotali fœdere ac nuptiali copula prorsus indignæ, non illam pariunt sobolem quæ paternæ benedictionis possideat hæreditatem. Nobis autem econtrario dicitur : « In hoc vocati estis, ut benedictionem hæreditate possideatis (*I Petr.* III). » Nam et idem dicit Apostolus : « Igitur qui ex fide sunt, benedicentur cum fideli Abraham. Quicunque autem ex operibus legis sunt, sub maledicto sunt (*Gal.* III). »

CAPUT XV.
In epistola ad Albericum, in qua ei super de em quæstionibus respondet.

« David postmodum non est ingressus ad eas, sed erant clausæ usque in diem mortis suæ in viduitate viventes (*II Reg.* xx). » Perdiderunt enim virum, de quo per Isaiam dicitur : « Quoniam acceperunt septem mulieres virum unum (*Isa.* IV). » De quibus et per Salomonem dicitur : « Quia septingentæ sunt reginæ (*III Reg.* XI). » Acceperunt itaque septem, quæ amiserunt decem. Cœlestem quippe Sponsum sancta sibi confœderavit Ecclesia septiformi scilicet Spiritus dono repleta. Quem Sponsum Synagoga, quæ Decalogi mandata perceperat, perdidit viduaque permansit, quia dum in domo consueti ritus et legalium cæremoniarum immobiliter perstitit, cum rege David in deserta gentilium exire contempsit.

CAPUT XVI.
In eadem epistola.

« Tertium quoque fuit bellum in Gob contra Philistæos, in quo percussit Adeodatus filius saltus polimitarius Bethleemites Goliath Getheum (*II Reg.* XXI). » Quod nimirum facile valet intelligi. Nam Gob interpretatur *lacus*. Et sicut periclitatur qui in lacum leonum mittitur, sic David quasi leonis se dentibus tradidit, cum in rabiem Goliath se præliaturus immersit. Idem David Adeodatus jure dicitur; quoniam a Deo est electus in regnum. Qui etiam filius saltus vocatur, quia de pascuis saltuum, ubi oves alebat, eductus agnoscitur. Nec sine causa idem David polimitarius dicitur; quia mater ejus de genere Beselehel exstitit, qui tabernaculum fœderis in deserto construxit, in quo etiam nonnulla polimitaria operatione contexuit. Bethleemites quoque non incongrue dicitur, quia a Noemi duxit originem, et de Bethleem fuerant tempore famis egressæ atque ad eamdem Bethleem sunt, reflorescente postmodum ubertate, reductæ. Quod autem Adeodatus cum omnibus suis his adjectivis, ipse procul dubio sit David, sequentia declarant, ubi dicitur : « Ii quatuor nati sunt de Arapha in Geth, et ceciderunt in manum David et servorum ejus (*Ibid.*). » Sane quid etiam per hæc mystice significetur exponerem, nisi quod perspicuum est epistolaris mihi brevitas exhiberet. Juxta mysticum scilicet intellectum, hæc omnia referuntur ad Christum. Ipse enim Adeodatus est, de quo per Isaiam dicitur : « Puer natus est nobis, et filius datus est nobis (*Isa.* IX). » Qui filius saltus non incongrue dicitur, quoniam ex Judæis secundum carnem nasci dignatus est, qui dum nullum fructum spiritualis germinis attulerunt, velut agrestes arbores non in horto plantatæ, sed in saltu natæ steriles exstiterunt. Unde legitur : « Vox clamantis in deserto (*Isa.* XL); » hoc est, infructuoso Judæorum populo. Polimitarius quoque Redemptor noster merito dicitur, quia velut textrini operis studio vacat, dum et se suis fidelibus induit et ex illis justitiæ vestimenta contexit. De suis quippe vestibus per Apostolum dicitur : « Ut exhiberet sibi gloriosam Ecclesiam, non habentem maculam neque rugam (*Ephes.* V). » Et per prophetam : « Omnibus his velut ornamento vestieris (*Isa.* XLIX). » De Christi vero fidelibus Psalmista canit : « Sacerdotes tui induantur justitiam (*Psal.* CXXXI). » Et per Ezechielem Dominus improperat animæ, quam spiritualibus indumentis decenter ornavit, sed cum ipsa mœchiæ sordibus polluta deseruit : « Vestivi te, inquit, discoloribus et calceavi te hyacintho, et cinxi te bysso, et indui te subtilibus et ornavi te ornamento. » Et paulo post : « Et vestita es bysso, et polimito et multis coloribus (*Ezech.* XVI). » Quid ergo mirum, si Redemptor noster polimitarius dicitur, qui virtutis decore polimito induit animam quam sponsali jure sortitur? Ipse est enim Dei sapientia, de qua per Salomonem dicitur : « Quia quæsivit lanam et linum, et operata est consilio manuum suarum (*Prov.* xxxi). » Cujus digiti apprehenderunt fusum, cujus omnes domestici vestiti sunt duplicibus, cujus etiam caro stragula vestis facta est in passione. Sed eadem byssus et regalis purpura indumentum illius est in resurrectione; qui etiam Bethleemites jure vocatur, quia in Bethleem de Virgine natus agnoscitur. Quod autem dicitur : « Quia tertium bellum fuit in Gob, » hoc intelligitur quia verus David Salvator Israel, ante legem et sub lege, ac postmodum in evangelica gratia fideles semper bellatores habuit, per quos contra Philistæos, id est, adversus malignos spiritus dimicavit. Ad hoc itaque tertium bellum David venit in Gob, qui interpretatur *lacus*, quia Redemptor noster dum velut forti armato fortior supervenit (*Luc.* xi), ipse per se etiam usque ad inferna descendit. Unde per Psalmistam dicit : « Posuerunt me in lacu inferiori, in tenebris et umbra mortis (*Psal.* lxxxvii). » Illic percussit Goliath Getheum, quia dum electorum animas de gehennæ claustris eripuit, antiquum hostem, qui super eos tyrannidem exercebat, lethali vulnere sauciavit.

CAPUT XVII.
In sermone de virginibus.

« David sedens in cathedra, sapientissimus princeps inter tres. Ipse quasi tenerrimus ligni vermiculus, qui octingentos interfecit impetu uno (*II Reg.* xxiii). » Quid est quod David tam novæ, tam inauditæ præconio laudis attollitur? Quis est iste tam humilis tamque sublimis? Quis, inquam, est iste David ita debilis atque despectus ut vermiculi speciem gerat? ita fortis et validus, ut uno impetu octingentos homines interficiat? In palea nempe litteræ videtur esse ridiculum, si non in medulla spiritus lateat sacramentum. Quis ergo vermiculus iste, nisi ille qui per eumdem David canit in psalmo : « Ego autem sum vermis, et non homo? » (*Psal.* xxi.) Sicut enim vermis ex sola ligni materia gignitur, ita Christum absque virilis semine de solo virginali utero genitum fides catholica confitetur. Sed quamvis sit vermis tener et debilis, ligni vero duritia fortis ac solida, vermis tamen lignum vertit in cariem et cavernosum reddit et cavum. Ita Redemptor noster verus **202** utique manu fortis atque desiderabilis, qui semetipsum exinanivit, qui non habens speciem, neque decorem, invalidus ac despectus apparuit, humanum genus, unde ortus est, paulatim a suo rigore mollivit, magnumque sibimet in electis suis habitationis spatium procuravit. Hic itaque David sedet in cathedra, quia in paternæ majestatis gloria constitutus omnia judicat. Cui Pater ait : « Sede a dextris mei (*Psal.* cix). » Sapientissimus est, quia ipsa Patris sapientia est. Sed quomodo David dicitur princeps inter tres, cum ille non inter alios quemlibet principatum, sed super omnes potius regalis sceptri teneret imperium? Laus enim ista deprecit, non exaltat; deprimit, non attollit, cum ille non tam tribus interesset, quam omnibus superesset. Sed cum ab illo David videatur sententia ista dissidere, est cui valeat aptissime convenire. Beatus enim ac singularis ille homo, qui mystice dictus est vermis, mox ut a Ver! o in unitate personæ suscipitur, in sancta Trinitate non inæqualiter principatur. Princeps est ergo inter tres, quia unitus est Verbo, quæ est in sancta Trinitate persona. Illic octingentos interfecit impetu uno. Octonarius numerus ad resurrectionem, centenarius pertinet ad perfectionem. David ergo uno impetu octingentos interfecit, quia Salvator noster omnes, qui vel perfectionem fidei appetunt, vel resurrectionis gloriam concupiscunt, gladio sui spiritus interfecit, dum eos per incarnationis ac crucis suæ mysterium ab amore mundi hujus mortuos reddidit, et hoc uno operatus est impetu, id est, uno suo incarnationis adventu. « Semel enim pro peccatis nostris mortuus est, jam ultra non moritur (*Rom.* vi). » Annon ejus adventus jure vocatur impetus, de quo Salomon ait : « Ecce iste venit saliens in montibus, transiliens colles? » (*Cant.* ii.) Et David : « Exsultavit, inquit, ut gigas ad currendam viam? » (*Psal.* xviii.) Qui enim currit, procul dubio impetum facit. Nam et Verbum Dei tanquam rivus aquarum viventium cum impetu venit, et sicut torrens cuncta doctrinarum ardentium inquinamenta subvertit. Unde et in Canticis canticorum dicitur : « Fons hortorum, puteus aquarum viventium, quæ fluunt impetu de Libano (*Cant.* iv). » Huic ergo Regi tam humili tamque sublimi, tam infirmo, sed ita fortissimo, gratias referamus qui idcirco fieri dignatus est vermis in ligno, ut nos constitueret cives in cœlo. Ideo vetustum humani generis inimicum in se permisit insurgere, ut ex eo postmodum non mo'o per viros, sed etiam per feminas triumpharet.

CAPUT XVIII.
In epistola ad Albericum in qua ei super decem quæstionibus respondet.

Quæris cur in Scripturis sacris sit ista diversitas, ut in libro Regum (*II Reg.* xxiv) legatur David redemisse aream Ornan Jebusæi, simul et boves qui offerendi erant in holocaustum, siclis argenti tantummodo quinquaginta; cum in Paralipomenon pro sola area dedisse narretur auri sexcentos siclos? (*I Paral.* iii.) Sed sciendum est procul dubio quia in libro Regum boves tantummodo quinquaginta siclis argenti comparasse **203** David legitur, quanti vero aream comparaverit, illic omnino siletur. Paralipomenon vero liber de bobus e contrario tacet, sed emptam sexcentis auri siclis aream perhibet. Quod facile pervidetur, si in utroque libro ipsa verborum series diligenter attenditur. Nam in libro Regum hic est ordo verborum : « Emit ergo David aream, et boves argenti siclis quinquaginta. » Ubi sic distinguendum est, ut prius Scriptura dicat : « Emit David aream, » nec exprimat quanti; **204** deinde sequatur : « Et boves argenti siclis quinquaginta. » In libro vero Paralipomenon ita legitur : « Dedit ergo David ornan pro loco siclos auri justissimi ponderis sexcentos, et ædificavit ibi altare Domino. » Sic igitur utraque sibimet Scriptura divisit, ut illa boum, ista solius areæ numeret pretium. Res igitur quibus præ- A tii mensura præfigitur discrepant, sed Scripturæ sanctæ sibimet invicem non repugnant.

Expliciunt testimonia libri secundi Regum.

INCIPIUNT TESTIMONIA LIBRI TERTII REGUM.

1. *De Abisag Sunamite quæ regi David ministrabat, et cum eo dormiens senilia ejus membra fovebat, et tamen integra mansit.*
2. *Quod David, dum viv:t, et Joab et Semei pepercit; moriens vero perdendos eos mandavit.*
3. *Quod dicitur Salomon quadraginta millia præsepia equorum currilium habuisse, duodecim millia equestrium.*
4. *Quod de eodem dicitur: quia locutus est tria millia parabolas, et fuerunt carmina ejus quinque millia; et disputasse etiam de lignis, et de jumentis, et volucribus, et reptilibus, et piscibus.*
5. *Quod Salomon duas a dextra lævaque columnas in templi vestibulo statuit, quarum unam Jachim, alteram Booz vocavit.*
6. *Quod vasa templi Domini in campestri regione Jordanis in argillosa terra fusa sunt inter Sochot et Sarthan.*
7. *De eo quod cum sacerdotes exissent de sanctuario, nebula domus Dei repleta est, ita ut sacerdotes non possent prope astare propter nebulam.*
8. *Quod non esse dicitur argentum nec ullius pretii putari in tempore Salomonis.*
9. *Quod Salomoni fuerunt uxores quasi reginæ septingentæ et concubinæ trecentæ.*
10. *De muliere Sareptana, ad quam Elias transmissus, invenit eam duo ligna colligentem, ut coqueret et sibi panem ac filio suo.*
11. *De eo quod, orante Elia, nebula parva quasi vestigium hominis de mari conscendens apparuit.*

Expliciunt capitula.

INCIPIUNT TESTIMONIA LIBRI TERTII REGUM.

CAPUT PRIMUM.

Ad. C. præfectum, ubi eum ad certamen provocat.

« Quæsierunt David regi servi sui adolescentulam speciosam in cunctis finibus Israel, et invenerunt Abisag Sunamitem, et adduxerunt ad regem; quæ dormiebat cum rege, et ministrabat ei, et non cognovit eam rex (*III Reg.* I). » Quæ est autem hæc puella, quæ de cunctis finibus Israel tanquam singularis eligitur, et David regi, ut cum eo dormiat, et frigescentes artus calefaciat copulatur? Interroga Salomonem et ipse tibi puellæ hujus aperiet sacramentum: « Posside, inquit, sapientiam, posside intelligentiam (*Prov.* IV). » Vis etiam audire virginis hujus amplexus? ait: « Ne derelinquas eam et apprehendet te; ama illam, exaltabit te; circumda illam, et glorificabit te; honora illam, et amplexabitur te (*Ibid.*). » Sapientiam ergo, hoc est, sanctam vitam amplectamini, uxorem, ut ingenuam, et hæreditate dignam sobolem procreemus. Non enim ex hac uxore moritura nobis est successura posteritas, sed quæ perpetuo sit victura. Nam quod de corruptione nascitur, necesse est corrumpatur; at quod virginitas gignit interire non novit: nec est vitio corruptionis obnoxium quod ex incorruptione fuerit procreatum. Sed videamus interpretationem istorum nominum, ut valeamus comprehendere sacramentum. Abisag namque interpretatur *pater meus superfluus*, vel, *patris mei rugitus*. Hic superfluus, non superfluitatem, quasi non necessariam, sed abundantiorem Dei Patris significat gratiam; rugitus autem, vehementem sanctæ prædicationis indicat fremitum, ut leonem de tribu Juda, quasi per intonantem sanctæ prædicationis fremitum insonet, quisquis in Abisag, id est, religiosæ vitæ complexibus jacet. Sunamitis autem in nostra lin-

gua, *coccinea* dicitur. Anima quippe sancta sicut Dominici sanguinis mysterio rubet, ita nihilominus et igne sancti Spiritus fervet. Unde et in manu Phares coccinum alligatur, qui maceriam sub mystica duorum populorum sequestratione divisit. Et Raab meretrix, in typo Ecclesiæ, coccineum funiculum, ut domus sua, pereunte Jericho, salvaretur, appendit. Hinc etiam, et alibi de sanctis viris Scriptura commemorat: Hi sunt, qui venerunt de calore domus Raab. Et ipsa in Evangelio Veritas: « Ignem, inquit, veni mittere in terram (*Luc.* XII): » qui videlicet ignis in discipulorum cordibus æstuans, eos dicere compellebat: « Nonne cor nostrum ardens erat in nobis, dum loqueretur in via, et aperiret nobis Scripturas? » (*Luc.* XXIV.) Hoc itaque mysticum et spiritale conjugium, et in Sunamite fervorem gratiæ concipit, et in Abisag sanctæ prædicationis sobolem parit; ut quem in cordis quisque visceribus portat, per oris officium parere non omittat; et quod concipit in corde per coccinum, pariat in ore per prædicationis sanctæ rugitum. Fervorem ergo divinæ charitatis in Sunamite concipimus, ut prædicationis rugitum Abisag quasi sobolem pariamus.

CAPUT II.

In epistola ad Albericum, ubi super decem quæstionibus tractat.

Ego sæpius, fateor, dubitavi cur David Joab et Semei, quibus iratus erat, dum adhuc viveret, clementer indulsit; moriens autem Salomoni sibimet in sceptra regia succedenti perdendos esse mandavit. « Tu, inquit, nosti quæ fecerit mihi Joab filius Sarviæ, quæ fecerit duobus principibus exercitus Israel, Abner filio Ner et Amasæ filio Jether, quos occidit et effudit sanguinem belli in pace. » Atque paulo post addidit: « Facies ergo juxta sapientiam tuam, et non deduces canitiem ejus pacifice ad inferos. »

De Semei quoque sic ait: « Habes et Semei apud te, filium Gera, fil.i Gemini de Baurim, qui maledixit mihi maledictione pessima, quando ibam ad castra. » Denique, quibusdam interpositis, addidit: « Ducesque canos ejus cum sanguine in infernum (*III Reg.* II). » Quid est enim quod eos David moriens damnat quibus vivendo pepercerat, cum profecto rationis ordo deposcat ut in perduelliones, vel quoslibet inimicos vivens sententiam ultionis exerceret, moriens autem eis misericorditer in fulgeret? Sed sciendum est quia per regnum David, qui tot persecutionibus et ærumnis attritus, tot adversitatibus et inopiis cum suis commilitonibus est afflictus, hoc præsens sæculum designatur, in quo cum suis membris Christus affligitur multisque tribulationibus Ecclesia laceratur. Regnum vero Salomonis, qui divitiis et gloria cuncta regalium dignitatum jura transcendit, omnia principalis imperii fastigia superavit, futuræ vitæ denuntiat gloriam, in qua Christus vere pacificus æterna cum suis quiete perfruitur ac cœlestis convivii dapibus solemniter epulatur.

Unus igitur idemque Redemptor noster et nunc David est, et tunc Salomon erit; quia ex modo tanquam manu fortis per membra sua contra diabolum pugnare non desinit, et tunc sopita prorsus omni carnis et spiritus controversia, cum corpore suo, quod est Ecclesia, ut revera pacificus æterna tranquillitate regnabit. Nunc in electis suis quasi David calamitatum fascibus premitur, persecutionum ac diversis adversitatum pressuris urgetur, tribulationibus et ærumnis atteritur, postmodum tanquam Salomon exuberanti divitiarum immortalium copia potietur. David ergo vivens tolerat, quos in fine condemnat, quia judex humani generis Christus, quem ille signabat, illis nunc misericorditer parcit quibus in fine sæculi sententiam juste damnationis infliget. David itaque misericordiam prorogat, Salomon justitiam judicat, quia unus idemque Redemptor noster et nunc quasi David reproborum iniquitates æquanimiter tolerat, et postmodum tanquam Salomon, in gloria sua veniens, eos quasi vibrato judicii sui mucrone trucidat. Hæc alternitas divini examinis frequenter in eisdem sermonibus invenitur, sicut illic: « Misericordiam, inquit, et judicium cantabo tibi, Domine (*Psal.* c): » Et: « Misericordiam et veritatem diligit Deus (*Psal.* LXXXIII): Misericordia et veritas obviaverunt sibi (*Psal.* LXXXIV). » Sic itaque dum misericordia veritati, quasi David præponitur Salomoni; ut quos pie David per misericordiam sustinet, Salomon per judicium juste condemnet. Et notandum quod per Joab, qui suis homicidium manibus perpetravit, illi designantur qui mala faciunt; per Semei vero, qui regi tantummodo maledixerat, illi figurati sunt qui prava loquuntur. Nam et hi qui nequiter agunt, et illi qui sermonibus reprobis ac falsis insistunt, in extremæ discussionis examine procul dubio damnabuntur; sicut idem David ait: « Odisti omnes qui operantur iniquitatem; perdes eos qui loquuntur mendacium (*Psal.* v). »

CAPUT III.
In epistola ad Agnetem reginam.

« Et habebat Salomon quadraginta millia præsepia equorum currilium et duodecim equestrium (*III Reg.* IV). » Quid per quaternarium numerum, nisi quadriga præstruitur evangelistarum? Et quid per duodenarium, nisi senatus exprimitur apostolorum? Per doctrinam quippe evangelicam et apostolicam vectatur Dominus per omnem latitudinem orbis terrarum. « Currus enim Dei decem millibus multiplex, millia lætantium; Dominus in illis, in Sina in sancto (*Psal.* LXVII). » Nam quia Sina *mandatum* interpretatur, constat in eis tantummodo vectari Dominum, ubi fit cœlestium observatio mandatorum. Notandum autem quia sicut David regnum, qui tot est pressuris attritus, Dominum designat in mortalis adhuc vitæ stadio laborantem, sic Salomonis istius incomparabilis gloria præfiguratur, eumdem Dominum post mundi finem in paterni culminis majestate regnantem. Et præcedebat sapientia Salomonis sapientiam omnium Orientalium et Ægyptiorum, quia nimirum Redemptor noster superat intellectum et angelorum et hominum.

CAPUT IV.
In eadem epistola.

De illo quoque dicitur: « Quia locutus est tria millia parabolas, et fuerunt carmina ejus quinque millia; » ubi præsto subjungitur: « Quia disputavit etiam super lignis a cedro quæ est in Libano usque ad hyssopum quæ egreditur de pariete, et disseruit de jumentis, et volucribus, et reptilibus, et piscibus (*III Reg.* IV). » Quæ videlicet Redemptori nostro non ambigitur cuncta congruere, cui vacat hæc diligenti consideratione tractare. Ipse mimirum tria millia parabolas est locutus, qui et per mystica præcedentium facta et per allegorica prophetarum oracula, vel etiam per coruscantis Evangelii documenta, dum sub figurarum velamine pene cuncta disseruit, quasi tria millia in verbis suis parabolas numeravit. Unde et in Evangelio Matthæus ait: « Hæc omnia locutus est Jesus in parabolis ad turbas, et sine parabolis non loquebatur eis (*Matth.* XIII). » Cujus etiam carmina quinque millia sunt, quia chorus virginum, quæ sub quinario numero describuntur ante thronum ejus, sicut Joannes in Apocalypsi dicit: « Canticum novum jugiter modulatur (*Apoc.* XIV). » Vel quia quinque sunt vulnera Dominici corporis, quibus per universum orbem triumphalis ejus gloria prædicatur, sub eodem numero carmina supputantur, sub quo tenentur et vulnera, per quæ victoria singularis laudis æternæ gloriam promeretur. Unde cum in Canticis dicitur: « Surge, amica mea, sponsa mea, et veni, columba mea, in foraminibus petræ et in caverna maceriæ; » protinus additur: « Ostende mihi faciem tuam; sonet vox tua in auribus meis, quia vox tua dulcis (*Cant.* II): »

Sane quia non hæc exacte tractamus, sed succincte, celeriterque transcurrimus, sufficiat dicere: Quia cum petra sit Christus, foramina petræ procul dubio sunt Dominici corporis cicatrices. Sed cum post hujus petræ foramina, dulcis vox sponsæ in sponsi auribus sonare præcipitur, quid aliud quam quinque vulneribus sub eodem quinario numero carmina laudum reddere pia quælibet anima, vel sancta universalis Ecclesia, commonetur, ut ejusdem quodammodo numeri carmina referat quot per se suscepta vulnera non ignorat, illique cunctos sui corporis sensus dedicet, quem totidem pro se sauciatum vulneribus videt? Quinque nimirum nostrorum sensuum vulnera, illis quinque Dominici corporis cicatricibus sunt sanata. Quod autem Salomon super lignis a cedro, quæ est in Libano, usque ad hyssopum, quæ egreditur de pariete, disputasse dicitur; hic necessario ad spiritualem remittitur intellectum, cum nullatenus stare valeat superficies litterarum. Hyssopus enim nequaquam de parietibus egredi, sed de saxosis cernitur montibus germinari. Paries itaque noster ipsa mortalitatis nostræ conditio est, quæ nos a contemplatione Conditoris velut abditæ domus obstaculum dividit, et in ima proclivius, declinare compellit. « Corpus enim quod corrumpitur, aggravat animam ; et deprimit terrena inhabitatio sensum multa cogitantem (*Sap*. ix). » Ex hoc ergo pariete hyssopus egreditur, quia de fragilitate nostræ mortalitatis erumpit, quod semper necesse est ferro pœnitentiæ resecari. Hyssopo nimirum purificantur intima viscera, per quæ non incongrue designatur confessio peccatorum. Disputavit igitur noster Salomon super lignis, hominibus videlicet intra germinantis Ecclesiæ membra radicatis, a cedro quæ est in Libano, usque ad hyssopum, quæ egreditur de pariete, id est, ab ipsis eminentibus sanctis nitore justitiæ candidatis usque ad peccatores et lapsos atque ad pœnitentiæ demum lamenta conversos. Hinc est quod sequitur : « Disseruit et de jumentis, » sanctorum scilicet adjutoribus, catholicis viris; « et de volucribus, » hominibus nimirum, per sancta desideria ad superna suspensis; « et de reptilibus et piscibus, » hoc est, de his qui pectus concupiscentiæ per terram trahunt et qui per sæcularium negotiorum fluenta vagantur.

CAPUT V.
In epistola ad Albericum, ubi dicitur de mansionibus Israelitarum.

« Statuit Salomon duas in vestibulo templi Domini columnas, unum a dextris, et alteram a sinistris : eam, quæ a dextris erat, vocavit Jachim, hoc est firmitas : et quæ ad levam, Booz, hoc est, in robore (*III Reg*. vii; *II Par*. iii). » Quid enim per columnam, quæ a dextris est et vocatur firmitas, nisi dilectio Dei; et quæ a sinistris est, et vocatur in robore, nisi dilectio proximi? Aliud est enim firmitas, hoc est, ipsum robur, aliud in robore, quoniam aliud est diligere ipsum Dominum, aliud diligere proximum in Deo. In dilectione quippe proximi mensura ponitur; Dominum vero diligere sine ulla prorsus mensura jubemur. In vestibulo ergo templi columnam, quæ firmitas vocatur, erigimus, cum in hac præsenti Ecclesia, quæ cœlestis illius Ecclesiæ vestibulum est, Dominum totis viribus firmiter et constanter amamus. Ipsa quippe dilectio, sicut Joannes evangelista perhibet, Deus est (*I Joan*. iv). Et de Deo Propheta psallit : « Deus meus, et fortitudo mea (*Psal*. xli) » Columnam vero, quæ vocatur in robore in sinistra ejusdem vestibuli parte statuimus, cum proximum nostrum in Deo sicut nosmetipsos amamus. Ubi notandum quod Scriptura prosequitur : « Nec non et quasi catenulas in oraculo, et superposuit eas capitibus columnarum (*II Par*. iii). » In nostræ quippe mentis oraculo capitibus columnarum catenulas superponimus, quibus scilicet utramque columnam sibimet invicem connectamus, quia nec Deum sine proximo, nec proximum vere diligimus sine Deo.

CAPUT VI.
In epistola ad. A. P. P. ubi conqueritur de insolentia pravorum hominum.

De vasis, quæ Hiran jussu Salomonis regis fecit in domo Domini scriptum est : « Quia in campestri regione Jordanis fudit ea rex in argillosa terra inter Sochot et Sartan (*III Reg*. vii). » Sochot in *tabernacula* vertitur, Sartan vero interpretatur *tribulatio eorum*, sive *demolitorum* aut *coangustantium*. Quid igitur per Sochot, quod interpretari tabernacula diximus, nisi sanctos viros accipimus, qui videlicet dicunt : « Non habemus hic manentem civitatem, sed futuram inquirimus? (*Hebr*. xiii.) » Et Petrus : « Certus sum, inquit, quod velox est depositio tabernaculi mei (*II Petr*. i). » Quid vero per Sartan, quæ tribulatio eorum dicitur, nisi reproborum tribulantium nos persecutio designatur? Hi nimirum et demolitores et coangustantes sunt, quia dum demoliri atque destruere fidei nostræ vel boni operis ædificium tentant, duris injuriarum ac pressurarum nos calamitatibus coangustant. Vasa ergo templi, id est omnes electi funduntur in campestri regione Jordanis, id est in humilitate baptismi ; inter Sochot et Sartan, id est inter justos atque perversos, ut et bonorum forma proponatur illis ad imitandum rectæ conversationis exemplum, et pravorum persecutio ad cumulum illis proficiat meritorum. « Vasa quidem figuli probat fornax, et homines justos tentatio tribulationis (*Eccli*. xxvii). »

In arida ergo terra templi vasa funduntur, quia mens hominis ad suscipiendam supernæ gratiæ munus non est congrua, nisi prius ab omni carnali illecebra fuerit humore siccata. Sicca quippe corda clarum harmoniæ sonitum, humida reddunt obtunsum. Tympanum quoque surdum sonat, si quilibet eum liquor humectat. Sic necesse est ut mens hominis a carnis voluptate sit arida, quatenus in Dei omnipotentis auribus ejus oratio sit arguta. Enimvero sicut oculus, dum solis se radiis objicit, videre frustra contendit, et cavos quidem orbes ac vacuas pupillas palpebras pandere nititur, sed splendorem quo perfunditur nullatenus intuetur, sic ad concupiscendam contemplationis lucem sese inaniter erigit, qui per sæculatis vitæ meritum aciem cordis amisit. Nam si quilibet ignotus cubiculum regis irrumpat eique præsens tanquam familiaris assistat, regis tamen alloquio non perfruitur, quia charus ei per anterioris notitiæ gratiam non habetur, ita nos infelices et miseri, quod quidem de meis similibus loquor, sæpe soli in angusta cellulæ remotione consistimus, solis divinæ majestatis obtutibus trementes astamus, peccatis tamen obstantibus, vel intimi splendoris igniculum, vel compunctionis gratiam non meremur. Sic itaque velut ante regis videmur astare præsentiam, sed quia per vitæ rectitudinem sibi noti non sumus, collocutionis internæ dulcedinem non gustamus. Sed, o dulcedo melliflua, cum Dominus in servo, et servus delectatur in Domino! Unde Psalmista : « Suavis sit, inquit, ei laudatio mea; ego vero delectabor in Domino (*Psal.* CIII). »

CAPUT VII.
In sermone de nativitate S. Mariæ.

« Factum est, cum exissent sacerdotes de sanctuario, nebula implebit domum Domini, et non poterant sacerdotes stare prope propter nebulam; impleverat enim gloria Domini domum Domini (*III Reg.* XVIII). » « Quæ omnia, » sicut egregius prædicator 210 dicit, « in figura contingebant illis (*I Cor.* x). » Gloria quippe Domini intelligitur Christus, cujus fide repletus est mundus; de qua gloria cum pro adorato vitulo deprecaretur Dominum Moyses ut parceret populo peccatori, respondit Dominus : « Propitius ero illi; verumtamen vivo ego, et vivit numen meum, quia implebitur gloria mea omnis terra (*Num.* XXIV). » Quod autem nebula implevit domum Dei, et non poterant sacerdotes ministrare propter nebulam, hæc sententia superbos Judæorum pontifices ac doctores insinuat, qui dum incarnationis Christi sacramenta investigare despiciunt, debitum fidei suæ ministerium per erroris nebulam perdunt : ita enim eorum mentes infidelitatis caligo replevit, ut propriis exigentibus meritis non agnoscant cultum credulitatis. Ad illud ergo templum Dominus in nebula descendit, ut cæcam Judaicæ infidelitatis caliginem designaret. In hoc sic scriptum est : « In sole posuit tabernaculum suum (*Psal.* XVIII), ut sedentem in tenebris et umbra mortis illuminaret (*Luc.* I). » Illi denique templo Deus omnipotens gloriam sui adventus contulit, sed nihil ex eo in sua natura suscepit. In beatissimæ autem Virginis uterum, non solum est dignatus descendere, sed ex eo etiam perfectam sibi substantiam nostræ mortalitatis unire. Quanto igitur nostri templi major est dignitas, tanto gloriosior ejus debet esse solemnitas. Illud siquidem corpus Christi, quod beatissima Virgo genuit, quod in gremio fovit, quod fasce cinxit, quod materna cura nutrivit, illud, inquam, absque ulla dubietate, non aliud nunc de sacro altari percipimus, et ejus sanguinem in sacramentum nostræ redemptionis haurimus. Hoc catholica fides habet, hoc sancta Ecclesia fideliter docet.

CAPUT VIII.
In epistola ad Agnetem reginam.

« Non erat argentum, nec ullius pretii putabatur in diebus Salomonis (*III Reg.* x). » Quod nimirum quomodo juxta litteram stabit, ut credi valeat tempore Salomonis argentum vel penitus non fuisse, ac propter hoc omnino de terra deletum, vel nullius, vel exilis saltem pretii constitisse. Nam si nullius erat pretii, sicut dicitur, ergo mille talenta argenti, ne unius quidem ovi poterant appendio supputari; quod sane credi, quam frivolum, quam videatur ineptum ipse revinxit textus et ordo verborum, qui postquam præmittit : « Non erat argentum, nec ullius pretii putabatur in diebus Salomonis, » præsto subjungit : « Quia classis regis per mare cum classe Hiram semel per tres annos ibat Tharsis, deferens inde aurum et argentum. » Cur enim per tot marina discrimina metallum hoc classis illa deferret, quod pretium penitus non haberet? Et paulo post dicitur : « Quia offerebantur ei vasa aurea et argentea ; » deinde subinfertur : « Egrediebatur quadriga ex Ægypto sexcentis siclis argenti et equis centum quinquaginta (*Ibid.*). » Non ergo pretio carebat argentum, quo vehicula redimebantur equorum, sed argento designatur claritas ecclesiasticæ prædicationis, de qua dicitur : « Eloquia Domini eloquia casta, argentum (*Psal.* XI). » Nullius, ut ita loquar, pretii 211 reputabimus, nec aliquatenus erimus ejus indigi, postquam ad veri Salomonis regnum (ex hac fuerimus calamitate translati; non enim tunc prædicationis indigemus eloquio, ubi datur in decore suo regem gloriæ facie ad faciem cernere, quem ubique consuevimus ex ore prædicatoris audire. Sic per prophetam pollicetur Dominus, dicens : « Nemo dicet : Agnosco Dominum; omnes enim cognoscent me a maximo usque ad minimum, dicit Dominus (*Jer.* III, XXXI). » Sed forte quis asserat Scripturæ verba nos ad nostrum intellectum violenter inflectere, et quod Salomon de se videtur asserere ad Salvatorem perhibeat specialiter per omnia pertinere. Dicat itaque objectionis assertor qua Salomon valeat ratione competere quod quasi de se dicit : « Dominus enim dedit mihi horum quæ sunt scientiam veram, ut sciam dispositionem orbis terrarum et virtutes elementorum, initium et consummationem et medietatem temporum, vicissitudinem, permutationes hominum, et quæcunque sunt abscondita et improvisa didicit (*Prov.* VII). » Nam, ut de cæteris interim sileamus, quomodo nosse potuit Salomon hominum cogitationes, cum ipse Deo alibi dicat : « Tu solus nosti corda omnium filiorum hominum? » (*II Par.* VI.) Sed et quis absconsa omnia et improvisa didicit, nisi Redemptor noster, in cujus pectore sunt omnes thesauri sapientiæ et scientiæ absconditi (*Col.* II), qui profecto per humanitatem didicit quod per divinitatem naturaliter novit.

CAPUT IX.
In sermone de S. Antimo.

Legitur quia « Salomoni fuerunt uxores quasi

reginæ septingentæ et concubinæ trecentæ (*III Reg.* xi). » Quid autem mihi cum gynæceo Salomonis? Sed, excussa palea verborum, invenitur in medulla mysterium. Quid enim per septingentas, quæ uxores simul et reginæ memorantur, nisi illæ intelliguntur animæ, quæ et septiformis habent gratiæ Spiritum et super resultantium vitiorum motus quasi regalem obtinent principatum? Quid autem per trecentas easdemque concubinas, nisi illæ animæ figurantur, quæ per solam S. Trinitatis fidem thalamum quidem regis ingressæ sunt, sed castæ conversationis et quodammodo matronalis pudicitiæ munditiam non habentes, dotales uxorum tabulas non merentur? Hæ nimirum et Salomoni per commercium junctæ sunt, quia Salvatoris nostri veri pacifici sacramenta percipiunt, et tamen per degenerem lenocinantis vitæ torporem, nec habentes uni viro pudoris affectum, ad nuptialis fœderis dotalitium non assurgunt. Enimvero illæ animæ uxorio ac regali nomine dignæ sunt, quæ in solo cœlestis sponsi desiderio requiescunt, quæ infœderabiliter contra malignorum spirituum tentamenta confligunt. Sic de eodem Salomone Scriptura testatur, quia « alienigenas quoque tributarios fecit; de filiis autem Israel non constituit rex servire quemquam; sed erant viri bellatores, et ministri ejus, et principes, et duces, et præfecti curruum et equorum (*III Reg.* ix), » ubi patenter ostenditur quæ inter concubinas distantia sit et reginas; quid differat inter eos qui servi peccati duræ exactionis tributa persolvunt, et eos qui per sedata bella certaminum principatuum infulas sortiuntur.

CAPUT X.
In sermone de inventione S. crucis.

« Ait Sareptana mulier ad Eliam, ad quam ille pascendus fuerat missus a Domino : En colligo duo ligna, ut ingrediar et faciam mihi et filio meo paululum farinæ atque olei quod habeo, ut comedamus et moriamur (*III Reg.* xvii). » Hæc mulier duo ligna colligebat, quibus posset inopem sibi cibum et filio providere; sed hujus viduæ farina et oleum ad proventus abundantiam benedicitur, ut charitatis fructus et hilaritatis jam tunc in sacramento Ecclesiæ commendetur : « Hilarem enim datorem diligit Deus (*II Cor.* ix). » Vidua hæc sancta erat Ecclesia, de qua dicitur : « Viduam ejus benedicens benedicam (*Psal.* cxxxi). » Cui licebat cuicunque vellet mortuo viro conjungi, quia, desinente lege, mox Christo, qui finis legis est, ad justitiam omni credenti (*Rom.* x), meruit Ecclesia copulari. Illa cibum anhelabat, qui duobus esset lignis excoctus, et sancta Ecclesia panem de cœlo viventem esurit, qui in ara crucis est torridus.

CAPUT XI.
In sermone de inventione S. crucis.

« Ecce nubecula parva quasi vestigium hominis ascendebat de mari (*III Reg.* xviii). » Quia enim non quasi homo, sed quasi vestigium hominis dicitur, recte per hoc crux, quæ membris est apta Dominicis, designatur. Et bene crux vestigium hominis dicitur, quia per eam Deus homo transitum fecit; cum ad Patrem rediit. Sicut per Joannem dicitur : « Sciens Jesus quia venit ejus hora ut transeat ex hoc mundo ad Patrem (*Joan.* xiii). » Pascha quidem *transitus* dicitur. Et hic transitus per crucem factus est, sicut dicit Apostolus : « Pascha nostrum immolatus est Christus (*I Cor.* v). » Sicut ergo per Virginem descendit ad nostra, sic per crucem est reversus ad propria. Quod congruenter expressit illud factum sub Eliseo miraculum. Nam cum juxta Jordanem ligna cæderentur, repente securis cujusdam materiam succidentis in aquam cecidit (*IV Reg.* vi).

Expliciunt testimonia libri tertii Regum.

INCIPIUNT CAPITULA LIBRI QUARTI REGUM.

1. Quod Eliseus aquas Jericho salis admistione sanavit.
2. De eo quod Eliseo ascendenti ad Bethel pueri illudebant dicentes : Ascende, calve, ascende, calve.
3. Obsecro, inquit Naaman Eliseo, concede mihi servo tuo, ut tollam onus duorum burdonum de terra.
4. De eo quod dum Eliseus lignum in aquam misisset, securis, quæ ceciderat, ad manubrium rediit.
5. De eo quod Ezechias decem lineis per gradus horologii umbram reverti postulavit, ut esset sibi signum recuperandæ salutis.

Expliciunt capitula.

INCIPIUNT TESTIMONIA LIBRI QUARTI REGUM.

CAPUT PRIMUM.
In sermone de exaltatione S. Crucis.

Cum viri Jericho Eliseo conquererentur quod aquæ essent pessimæ, et terra sterilis. Afferte, inquit, mihi vas novum, et mittite in illud sal; deinde aquarum fonti sal illud immersit sicque aquas ab omni morte et sterilitate sanavit (*IV Reg.* ii). » Quod nimirum, ut totum brevi sermone concludam, nihil aliud insinuat, nisi quod Verbum caro fieret et habitaret in nobis (*Joan.* i). Quid enim aquæ nisi mundani sunt populi? quid vas novum nisi corpus Dominicum, nulla scilicet prævaricationis iniquæ labe nigratum, nulla veteris hominis abusione detritum? Quid porro sal, nisi cœlestis est sapientia? Sapientia igitur Patris in corpus descendit humanum, et sic ad fertilitatem et vitalis intelligentiæ dulcedinem omnium convertit fidelium mentes. Quæ nimirum dulcedo tandiu latuit usque dum sal mergeretur in aquam, id est, usque dum ille penderet in cruce, qui dicit : « Salvum me fac, Deus, quoniam intraverunt aquæ usque ad animam meam (*Psal.* LXVIII). » Ex tunc enim homo didicit quid deberet appetere, quid vitare.

CAPUT II.
In sermone de S. Cassiano.

Cum Eliseus ascenderet viam quæ ducit Bethel, pueri parvuli egressi de civitate illudebant ei, dicentes : « Ascende, calve, ascende, calve. Qui cum respexisset, vidit eos, et maledixit eis in nomine Domini. » Moxque Scriptura subjunxit : « Quia egressi sunt duo ursi de saltu et laceraverunt ex eis quadraginta duos pueros (*IV Reg.* II). » Sane quid per Eliseum, nisi Mediator Dei et hominum debet intelligi? Quid vero per Bethel, quæ *domus Dei* interpretatur, nisi beatitudo cœlestis exprimitur? Per viam ergo quæ ducit Bethel, Redemptor noster ascendebat, quando passioni appropinquabat; sicut jam in ipsa sacrosancta et mystica cœna dicit discipulis : « Vado ad eum qui misit me (*Joan.* XVI). » Sed dum ascendit Bethel, id est, dum per sanctissimæ passionis suæ mysterium redire contendit ad Patrem, pueri parvi egressi de civitate illudunt ei, dicentes : « Ascende, calve, ascende, calve, » quia Judæi omni gravitatis et sapientiæ pondere vacui, illaque pueritia parvuli, de qua dicitur : « Maledictus puer centum annorum (*Isa.* LXV), » eum ad locum, qui dicitur Calvariæ, pertrahunt, atque adversus eum viperinis irrisionum et opprobriorum furiis inardescunt. Calvariæ autem locus ille dicebatur a calvitiis amputatis, quia illic damnatitii decollari consueverant. Et notandum quia pueri egressi de civitate dicuntur, quoniam, sicut Apostolus ait : « Ut sanctificaret per suum sanguinem populum, extra portam passus est Dominus (*Hebr.* XIII). » Porro quod sequitur : « Quoniam egressi sunt duo ursi de saltu et dilaceraverunt ex eis quadraginta duos pueros, » per numerum puerorum, numerus signatur annorum; quadragesimo secundo quippe anno post Domini passionem, sicut historiæ tradunt, Titus et Vespasianus, duo reges, de silvis gentium tanquam duo feroces ursi de saltu ferarum, dilaceraverunt pueros, quia, venientes ad excidium Hierusalem debellaverunt in furore Judæos.

CAPUT III.
In epistola ad Hildebrandum et Stephanum, ubi dicitur quomodo rationalis anima ad perfectionem veniat.

« Obsecro, inquit Naaman, concede mihi servo tuo, ut tollam onus duorum burdonum de terra (*IV Reg.* V). » Quid autem per allegoriam Naaman Syrus, nisi genus designat humanum? Sicut enim Naaman ante leprosus, mox ut septies aqua Jordanis abluitur, ab omni lepræ squalore purgatur; ita mundanus populus septem charismata illius columbæ percipiens, quæ super Dominum in Jordane descendit (*Matth.* III; *Marc.* I; *Luc.* III; *Joan.* I), per sacri baptismatis lavacrum contagia deposuit peccatorum. Quid vero terra, quam Naaman postulat, nisi incarnationem significat Redemptoris? Hæc est per mysterium illa repromissionis terra, quæ lac et mel fluere dicitur. Lac enim de carne fluit, mel de superioribus venit. Quia igitur in uno Mediatore Dei et hominum et humanitatis lac et mel divinitatis inesse cognoscitur, recte per terram lac et mel emanantem incarnationis ejus mysterium figuratur. Quod autem ex hac terra onus duorum burdonum petit, quid aliud quam duorum Apostolorum, Petri scilicet et Pauli, documenta deposcit? Unde et unus eorum dicit : « Qui operatus est Petro in apostolatum circumcisionis, operatus est et mihi inter gentes (*Gal.* II). » Et quia non modo apostolos, sed omnes prædicatores scientiam et operationem habere necesse est, duos in castellum, quod contra se erat, Dominus discipulos misit; atque, sicut Lucas testatur, in omnem civitatem et locum quo erat ipse venturus, geminos destinavit (*Luc.* X). Quod ergo Naaman in terra sancta duorum burdonum expetit sarcinam super incarnationem Dominicam genus humanum apostolicam videtur efflagitare doctrinam, ut hi sagmarii mundo terram invehant, ex qua ad offerenda sacrificia altare in conspectu Conditoris fiat. Unde filiis Israel præcipit, dicens : « Altare de terra facietis mihi (*Exod.* XX). » Quod autem Naaman non ob aliud terram prophetæ poposcisset, nisi ut ex ea Domino altare construeret, in suis ipse verbis ostendit, cum illic præsto subjungit : « Non enim ultra faciet servus tuus holocaustum, et victimam diis alienis, nisi Domino (*IV Reg.* V). »

CAPUT IV.
In sermone de inventione S. Crucis.

« Cum filii prophetarum juxta Jordanem ligna cæderent, repente securis cujusdam materiam succidentis in aquam cecidit; tunc propheta lignum in aquam misit, et mox ferrum natavit atque ad manubrium rediit (*IV Reg.* VI). » Quid est autem securis, nisi sapientia Dei operata per corpus? quid ferrum, nisi divinitas? quid lignum, nisi humanitas? Et recte corpus Christi lignum dicitur, quod in ligno pependit. Securis igitur juxta Jordanem arbores succidebat, quia Dei sapientia juxta fluidum mortalitatis nostræ decursum, dignata est impios Judæos suæ prædicationis austeritate corripere et velut infructuosas arbores a statu rigidæ superbiæ desecare. Unde et Joannes dicit : « Jam securis ad radicem arborum posita est. Omnis arbor quæ non facit fructum bonum excidetur et in ignem mittetur (*Matth.* III; *Luc.* III). » Itaque dum ligna cæduntur, ferrum in aquas de manubrio cecidit, quia dum silvestres Judæorum mentes Veritas corripit, divinitas carnem tamen non deserens a gloria inferni profunda cum spiritu comitante descendit. Sed lignum in aquam mittitur et ferrum redit, quia corpus Domini, quod in ligno pependerat, in sepulcro ponitur deinde ex profundis inferni spiritu redeunte surrexit. Unde notandum est et diligentissime perpendendum quia ipse Redemptor noster ante per crucem transiit, et sic humanitatem suam in paternæ dexteræ gloriam sublimavit. Exemplum quippe nobis exhibuit,

CAPUT V.
In sermone de S. Bonifacio.

« Petivit rex Ezechias ut umbra decem linearum gradibus reverteretur, quibus jam in horologio descenderat (*IV Reg.* xx). » Quid isti gradus illius horologii, in quo rex Ezechias umbram reverti decem lineis petiit, mystice innuunt, nisi quia totidem Salvator noster gradibus ad nostræ mortalitatis ima descendit, cum ad redimendum genus humanum venit? Quasi quosdam enim gradus exhibuit, cum de cœlo venit in uterum Virginis, de utero venit in præsepe, de præsepe transiit ad circumcisionem, de circumcisione ad templum, de templo ad baptismum, de baptismo ad crucem, de cruce ad mortem, de morte ad sepulcrum; postremo descendit ad infernum, ut inde sanctos crueret, quos ad cœlestem gloriam calcato mortis imperio revocaret. Plane ut nos post se currere faceret, istos pro nobis gradus manifestata per carnem Veritas ad nos descendendo disposuit; et quodammodo cujusdam mystici horologii sol justitiæ, Christus hæc ad nos se inclinando momenta distinxit. « Qui nimirum exsultavit ut gigas ad currendam viam (*Psal.* xviii); » ut nos ei ex corde diceremus : « Trahe me post te, curremus in odorem unguentorum tuorum (*Cant.* i). » Descenderat itaque sol emensis jam decem gradibus horologii, sed per eosdem gradus iterum rediit; quod videlicet signum esset, per quod se rex Ezechias saluti pristinæ restituendum esse confideret. Enimvero nec genus humanum ad incolumitatem, quam amiserat, de sui languoris erogatione convaluit, cum diei lux vera Christus decem eos, quos enumeravimus, mystici horologii gradus ad occasum nostrum se humiliando percurrit, quanquam per umbram decem graduum et aliter supernæ dispensationis possumus intelligere sacramentum. Diversitates quippe temporum quasi quædam distinctiones sunt in horologio linearum. Soli namque justitiæ, Christo, primus ad nos descensionis gradus fuit de Deo in Angelum. Unde est quod per Isaiam dicitur : « Magni consilii Angelus (*Isa.* ix). » Et qui cum Jacob loquebatur Deus angelus nuncupatur. Hinc est quod per eumdem Jacob dicitur : « Dixit angelus Domini ad me in somnis : Ego sum Dominus Bethel, ubi unxisti lapidem et votum vovisti mihi (*Gen.* xli); » nimirum ut idem ipse qui loquitur et Deus simul et angelus ostendatur. Secundus descensionis gradus fuit in patriarchis, per quos scilicet ipse Dominus unius Dei cultum ac veræ fidei fundamenta constituit. Tertius in promulgatione legis, quam et ipse prius audiente populo protulit, et postmodum in lapideis tabulis proprio digito exarante descripsit. Quartus in Jesu Nave, in quo, sicut nomine, sic et opere degens, in terram repromissionis populum introduxit. Quintus fuit gradus in judicibus, per quos nimirum Israeliticam plebem et ipse regebat. Sextus in regibus Judæorum, quia in eis principaliter ipse regnabat. Septimus in prophetis, quia per eos ipse et annuntiatus est et locutus. Octavus in pontificibus, in quibus ipse, qui summus est Pontifex, veri et æterni sui sacerdotii mysterium figuravit. Nonus autem gradus designatus est in homine. Decimus in passione. Per hos itaque decem gradus, quasi per umbram veteris testamenti, Sol justitiæ, Christus, in nostræ mortalitatis descendit occasum; et per eos iter post resurrectionem suam in cœlum victor ascendit omnemque illam vetustæ legis umbram veritatis suæ ac novæ gratiæ radiis illustravit, obscura revelans, clausa referans et omnia sub vel mine litteræ recta denudans. Et sicut tunc sol lineatim quidem ac morose processerat, repente autem ad ortus sui est reversus originem; sic nimirum, sic signaverat Redemptor noster ea quæ de incarnationis suæ mysterio per longa temporum intervalla in sola resurrectionis atque ascensionis suæ gloria subito patefecit.

Expliciunt testimonia de libro IV Regum.

DE LIBRO ESDRÆ.

In epistola ad Cunibertum, episcopum Taurinensem.

« Quod quidam sacerdotes quæsierunt scripturam genealogiæ suæ. Unde, cum non invenirent, ejecti sunt de sacerdotio. »

Pium enim est credere quia quisquis, nunc peccata propria recognoscens ac deserens, a suo se ministerio humiliter reprimit, in die judicii eumdem, quo se sponte privaverat, ordinem obtinebit. Quod in libro Esdræ significari videtur, ubi sacerdotum genealogia describitur. Ibi quippe sacra narrat historia quia « quidam sacerdotum quæsierunt scripturam genealogiæ suæ, et quoniam reperire non potuerunt, ejecti sunt de sacerdotio (*II Esdr.* ii). » Illi plane veraciter sacerdotes sunt qui sacerdotaliter vivunt. Hi sacerdotalis generis lineam servant qui vitam suam Domino sacrificium offerunt ac de sacerdotali se prodire prosapia religiose vivendo testantur, dum sanctorum sacerdotum imitantur exempla, quæ legunt, tunc in sacris eloquiis sacerdotum se filios recognoscunt. At hi qui carnaliter vivunt, et pravorum sequendo vestigia quasi de sæcularium generatione descendunt, merito de sacerdotum projiciuntur ordine, quorum se per vitam reprobam nequeunt filios invenire. Et notandum quod illic sequitur : « Dixit Athersatha eis ut non comederent de sanctis sanctorum, donec surgeret sacerdos Dei doctus atque perfectus (*Ibid.*). » In qua nimirum prohibitione quid aliud per allegoriæ mysterium debet intelligi, nisi ut is qui dignus est sacerdotio, percipiendis se sacramentis et sacerdotalis ordinis administratione compescat, donec Christus in judicio, qui vere Sacerdos est doctus atque perlectus exsurgat? Sicut per Psalmistam dicitur: « Terra tremuit et quievit, dum exsurgeret in judicio Deus (*Psal.* LXXV),» ut is, cujus terroris instinctu quilibet lapsus hic sua se dignitate sponte privaverat, eum in 218 judicio grata vice restituens ad amissi ordinis culmen attollat, dicens : « Amice, ascende superius, et tunc sit tibi gloria coram simul discumbentibus (*Luc.* XIV). » Sed sunt nonnulli, quod prætereundum non est, qui, juxta Apostolum, « desperantes semetipsos immunditiæ tradiderunt (*Ephes.* IV); » nam continentiam funditus desperantes a suscepti ordinis administratione se reprimunt; sicque se delinquere velut impune confidunt, ac si servus domino suo dicat: Quia quod præcipis implere non valeo, ad hostium tuorum castra transfugio illisque me ad pugnandum contra te dedititium trado; tanquam possit dominum suum placare, quod fugit, et non possit irritare, quod adversus eum in arma consurgit. Quibus ego constanter et sine ulla prorsus ambiguitate denuntio quoniam cassa se ac frivola pollicitatione decipiunt, si non exsequentes officium officio se exutos esse confidunt. Licet enim a frequentatione, vel exsecutione cesset ordo cujuslibet, vel officium in ordinato tamen nihilominus permanet ordinis sacramentum. Et sicut vir quispiam etsi cesset ab opere conjugali, nullo modo tamen absolvitur copulatione conjugii; ita clericus, etsi sui ordinis non fungatur officio, ejusdem tamen ordinis non exuitur sacramento. Cavendum est ergo illis ne super eos veniat formidolosa illa sententia, qua per Apostolum dicitur : « Impossibile est, inquit, eos, qui semel sunt illuminati, gustaverunt etiam donum cœlestes, et participes sunt facti Spiritus sancti, gustaverunt nihilominus bonum Dei verbum virtutesque sæculi venturi et prolapsi sunt, rursus renovari ad pœnitentiam, rursum crucifigentes in semetipsis Filium Dei et ostentui habentes (*Hebr.* VI). » Ita plane videntur agere ac si Israelitarum quispiam, volens fornicari cum idolis, dicat : quia nequeo observare duram ac rigidam Dei legem, ad ritum transibo gentium tanquam recedens a lege, non sit debitor legi et hoc modo quanquam de servata lege non sit præmio dignus, ultioni tamen de contempta non teneatur obnoxius. Sed audiamus quid talibus divina severitas in Deuteronomio dicat : « Cumque audierit quisquam verba juramenti hujus, benedicat sibi in corde suo dicens : Pax erit mihi et ambulabo in pravitate cordis mei, et assumat ebrius sitientem et Dominus ignoscat ei ; sed tunc quam maxime fumus ejus fumet et zelus contra hominem illum, et sedeant supra eum omnia maledicta, quæ scripta sunt in hoc volumine, et deleat nomen ejus sub cœlo, et consumat eum in perditionem ex omnibus tribubus Israel juxta maledictiones, quæ in libro legis hujus ac fœderis continentur (*Deut.* XXIX). » Sed et Psalmista dicit, « Maledicti, qui declinant a mandatis tuis (*Psal.* CXVIII). » Et per Ezechielem Dominus ait : « Neque cogitatio mentis vestræ fiet dicentium : Erimus sicut gentes et sicut cognationes terræ, ut colamus ligna et lapides. Vivo ego, dicit Dominus Deus, quoniam in manu forti et brachio extento et in furore effuso regnabo super vos et educam vos de populis, et congregabo vos de terris in quibus dispersi estis, et subjiciam vos in sceptro meo (*Ezech.* XX). »

219 DE LIBRO TOBIÆ.

Illud ad memoriam revoca, quod de Tobia viro justo Scriptura testatur : « Contigit, inquiens, cum una die fatigatus a sepultura, veniens domum, jactasset se juxta parietem et obdormisset, atque ex nido hirundinum dormienti illi calida stercora insiderent super oculos ejus fieretque cæcus (*Tob.* II). » Fatigatus a sepultura, dum se velut effractis viribus projicit, lumen amittit. Illæsum quippe cordis oculum servat, quisquis in bonis operibus infatigabilis perseverat, cum vero pusillanimiter frangitur, non immerito luce privatur. Hinc enim scriptum est : « Væ his qui perdiderunt sustinentiam (*Eccli.* II). » Hinc Paulus ait : « Vigilate, state in fide, viriliter agite (*I Cor.* XVI). » Quid vero leviter volantes hirundines, nisi leves adulantium et blanda loquentium significant mores ? qui dum blandiloqui sua suavitate demulcent, dum adulationis oleo caput audientis impinguant, interiores oculos, ne solita luce fruantur, excæcant. « Corripiet me, inquit, justus in misericordia et increpabit me; oleum autem peccatoris non impinguet caput meum (*Psal.* CXL). » Et tanquam stercus oculis ingeritur, dum lenocinantis eloquia quemlibet blanda verbositate perungunt a quibus scilicet hæc sæpe dicuntur : Vive, dum vivis, recrea corpus eduliis, ne si se districtius atterat, tot oppressa laboribus caro fragilis mox succumbat ; persona tua excellentioribus excolatur induviis, ut ejus, quam tenes, servetur genium dignitatis; agglomeretur lateribus tuis turba clientum, ut dum te commeantium multitudo condecorat, honoris officio tunc vilescat. Sed si nobis hæc diabolicæ malignitatis amaritudo detegitur, tentationis ingestæ caliginis funditus evanescunt. Unde et illic dicitur : « Tunc sumens Tobias de felle piscis linivit oculos patri suo, moxque cœpit albugo ex oculis ejus quasi membrana ovi egredi, statimque visum recepit (*Tob.* XI). » Fel etenim piscis est malitia Behemot, qui caput est et initium totius iniquitatis. Cæcus itaque felle piscis oblinitur et protinus cæcitas effugatur, quia cum amaritudo diabolicæ versutiæ nostris oculis ostensa proponitur, tenebrarum mox caligo 220 propellitur, et lux interior, quæ velut eclipsim passa fuerat, reformatur. Et notandum quod dicitur quia prius albugo de oculis est illius egressa et sic lux illico reparata. Ille quippe in oculis gerit albuginem qui de se sanctitatis habet opinionem. Quisquis ergo recuperare vult lucem amputet a se prius affectatæ æstimationis albuginem, ut se non abneget peccatorem, qui peccati vult evadere cæcitatem. « Beati mundo corde, quoniam ipsi Deum videbunt (*Matth.* v). » Isti sunt oculi, de quibus in Canticis dicitur : « Oculi tui columbarum, absque eo quod intrinsecus latet (*Cant.* iv). »

DE LIBRO JOB.

Ex sermone de S. Georgio.

« Quis conclusit ostiis mare, quando erumpebat quasi de vulva procedens ? » Et paulo post : « Circumdedi illud terminis meis, et posui vectem et ostia, et dixi : Usque huc venies et non procedes amplius, et hic confringes tumentes fluctus tuos (*Job* xxxviii). » Enimvero recte per mare cor pravi hominis designatur, quod videlicet furore est turbidum, rixis amarum, elatione superbiæ tumidum, caligine malitiosæ fraudis obscurum. Separavit ergo tunc Deus mare et minaces fluctus ab inundatione terræ compescuit, ut terra virentes herbas et ligna pomifera germinaret ac deinde segetum fructus afferret. Separat etiam nunc ab electis suis reproborum turbines persequentium et quasi furentes coercet impetus tempestatum; quod etsi furere usque ad infligenda corporibus tormenta concedit, ne tamen animas, lædant invicta eos atque pervigili brachii sui protectione custodit quodammodo dicens mari : « Hucusque venies, et non procedes amplius, et hic confringes tumentes fluctus tuos. » Ac si patenter dicat : Usque ad inferenda corporibus te tormenta relaxo; ne autem usque ad animam cumulis intumescentibus profluas, legis meæ tibi littus oppono, ut dum furori fluctuum tuorum littus objicitur, terra cordis ad proferenda fructuum germina libera relinquatur.

INCIPIUNT CAPITULA DE LIBRO PSALMORUM.

1. De impio exaltato et depresso.
2. De impiis positis sicut oves in inferno.
3. Deus meus, ostende mihi bona super inimicos meos ; ne occidas eos, ne obliviscantur legis tuæ.
4. De holocaustis medullatis.
5. Non me demergat tempestas aquæ, etc.
6. De reproborum exaltatione.
7. Filii Ephrem intendentes arcum.
8. Montes excelsi cervis, petra refugium herinaciis.
9. De eo quod dicitur : Ego dixi in excessu mentis meæ : Omnis homo mendax.
10. De eo quod dicitur : Fiat manus tua, ut salvum me faciat.
11. Sicut unguentum in capite quod descendit, etc.
12. Non declines cor meum in verbum malum.

Expliciunt capitula.

INCIPIUNT TESTIMONIA LIBRI PSALMORUM.

CAPUT PRIMUM.

In epistola ad Desiderium abbatem, ubi super Dei omnipotentiam disputatur.

« Vidi impium superexaltatum, et elevatum super cedros Libani ; transivi, et ecce non erat (*Psal.* xxxvi). » Adhuc fortassis epulabatur ille splendide, fulciebatur cuneis obsequentium, ambiebatur agminibus bellatorum, quem Propheta superexaltatum et elevatum vidit ; moxque ad contemplandum summa pertransiens, quem magnum aliquid forte crediderat, nihil esse cognovit tunc gestum. Tunc enim et cum divitiis intumescunt, cum se super alios arroganter extollunt, cum denique inferiores per tyrannidis violentiam opprimunt, tunc, inquam, eo verius nihil sunt, quo ab eo qui vere et summe est procul sunt.

CAPUT II.

In epistola ad Hermisindim.

« Sicut oves in inferno positi sunt, et mors depascet eos (*Psal.* xlviii). » Oves habet Christus, quas ad amœna virentia caulis cœlestibus introducat ; oves habet et ille leo rugiens, quas insatiabili cruentus ore deglutiat. Qui bene mors dicitur, quia, cum sit auctor mortis, ad inferendum nobis interitum crudeliter efferatur : unde Joannes : « Et ecce equus pallidus, et qui sedebat super eum, nomen illi Mors (*Apoc.* vi). »

CAPUT III.

In epistola ad Desiderium abbatem, ubi dicit quod majori sit dignus honore qui dignitatem projicit quam qui in ea manet.

« Deus, Deus meus, ostende mihi bona super inimicos meos ; ne occidas eos, ne obliviscantur legis tuæ (*Psal.* lviii). » Provida quippe Redemptoris nostri dispensatione divinitus agitur, ut quasi ad servandam legis domum Judæorum reliquiæ reserventur ; ut ipsi quodammodo nostri sint scriniarii et libros cœlestis eloquii in eadem, in qua conditi sunt lingua, ubique terrarum ferant, quatenus ipsi, qui nobis inimici sunt, si quando scrupulus dubietatis emerserit, omne nobis ambiguum tollant. Unde per Psalmistam dicitur : « Deus meus, ostende mihi bona inter inimicos meos, ne obliviscantur legis tuæ. » Hebraica quippe lingua, quæ toto orbe dispergitur, multum Christianæ fidei auctoritas adjuvatur. Nam nisi illud accederet testimonium quod apud nos scribitur, quodammodo putari posset esse figmentum. Sed cum illud testimonium adhibetur, il lico dubietas tollitur. Unde et illic apte subjungitur : « Disperge illos (*Psal.* LVIII); » disseminâ per totum mundum eos qui superfuerint de populo Judæorum, ut ipsi de veteribus libris testimonium perhibeant novæ fidei veritati.

CAPUT IV.
In libro de contemptu sæculi.

« Holocausta medullata offeram tibi cum incenso et arietibus (*Psal.* LXV). » David autem pro magno munere medullata se Deo sacrificia oblaturum esse pollicetur, dicens : « Holocausta medullata offeram tibi cum incenso et arietibus. » Imprimis itaque sciendum quia nequaquam Deus hostiarum pelles, sed interiora potius viscerum cum ipsis quoque medullis in sacrificio sibimet mandat offerri. Unde in ostendendo ipso sacrificiorum ritu, Moyses præcipit, dicens : « Subtracta pelle hostiæ artus in frusta concidat (*Levit.* I). » Quisquis sane semper negotiorum sæcularium exercitia delectabiliter fundit, holocausti sui medullas cum visceribus subtrahit et solam victimæ pellem Deo, cui offerri prohibetur, adolere contendit. Qui vero suave Deo sacrificium offerre desiderat, recessus petat, interiora sectetur, animam suam integram illibatamque in propria virginitate custodiat, ne discurrendo per lupanaria sæculi immundis corruptoribus, prostibuli more, substernat. Ut ergo interni Sponsi conspectui placeat, non se fucis pompæ sæcularis obducat, sed omnes mentis suæ sensus immortalis unguine castitatis obliniat, ne in mortem per incontinentiam corruens in fetore luxuriæ computrescat. In conclavi igitur sanctæ Ecclesiæ anima se pudica concludat sicque in æterni Regis thalamo jugiter requiescat.

CAPUT V.
Ad Alexandrum papam, de canonicis.

« Non me demergat tempestas aquæ, neque absorbeat me puteus, neque urgeat super me puteus os suum (*Psal.* LXVIII). » Cum peccat homo, quasi in puteum labitur ; cum vero peccata defendit, os putei super eum, ne pateat egressus, urgetur. Corruit ergo in puteum homo, cum peccat ; claudit vero sibimet os putei, dum excusat. Ex hac porro defensione, vel excusatione crimen hæresis nascitur. Hæresis enim interpretatur *electio*, et dum quod elegit quis defendere nititur relicto veritatis tramite, quia per abrupta perversi dogmatis rapitur, in hæresim necesse est prolabatur. Hoc autem inter peccatorem et hæreticum distat, quia peccator est qui delinquit, hæreticus autem qui peccatum per pravum dogma defendit.

CAPUT VI.
Ad Desiderium abbatem, ubi de Dei omnipotentia disputatur.

« Dejecisti eos, dum allevarentur (*Psal.* LXXII). » Dum de reproborum sese extollentium dejectione Propheta narraret, non ait : Postquam allevati sunt, dejecisti eos, Domine ; sed, « dum allevarentur, » quia per hoc inanescunt, per **223** quod intumescunt ; inde corruunt, unde sublimes fiunt.

CAPUT VII.
In sermone de S. Anastasio.

De quibusdam magna prædicantibus, sed desidiose viventibus per Prophetam dicitur : « Filii Ephrem, intendentes arcum et mittentes sagittas suas, conversi sunt in die belli (*Psal.* LXXVII). » Qui enim adversus vitiorum tentationes ad conflictum alios provocant, sed confligere ipsi sub ignobili desidiæ languore detrectant, hi nimirum sagittas quidem dirigunt, sed post terga conversi consummatæ victoriæ titulos non merentur, nec eis prodest quod bene cœperant, quia non usque ad finem magnanimiter perseverant. Unde et de illis protinus sequitur : « Non custodierunt testamentum Dei, et in lege ejus noluerunt ambulare (*Ibid.*). » Ac si diceret : Susceperunt quidem testamentum, sed non custodierunt ; posuerunt in lege pedem per initium sed non tenuerunt perseverantiæ egressum. Quisquis ergo ad spirituale certamen alios provocat, quisquis ad fortiter agendum proximorum mentes instigat, debet utique vita concordare cum lingua, ne dum aliis proponit excelsa, ipse contentus imis prematur inertia. Hinc est quod in lege præcipitur : « Non habebis in sacculo diversa pondera, majus et minus ; nec erit in domo tua modius major et minor ; pondus habebis justum, et modius æqualis et verus erit tibi (*Deut.* XXV). »

CAPUT VIII.
In epistola ad Blancam comitissam.

« Montes excelsi cervis, petra refugium herinaciis (*Psal.* CIII). » Quid enim hoc loco per montes, nisi altæ Scripturarum intelligendæ sunt profunditates ? Hi nimirum qui jam dare contemplationis saltus noverunt, altos sentienti rum divinarum vertices quasi cacumina montana conscendunt, ad quæ profecto cacumina quia infirmi pertingere nequeunt, recte illic subditur : « Petra refugium herinaciis : » quia videlicet invalidos quosque non intelligentia sublimis exercet, sed sola in Christo fides humiliter continet.

CAPUT IX.
Ad Desiderium abbatem, ubi excessum suum excusat.

« Ego dixi in excessu mentis meæ : Omnis homo mendax (*Psal.* CXV). » Cui nimirum responderi potest : Si omnis, et tu ; falsaque jam erit sententia, quam mendax ipse protulisti. Si vero ipse non mendax, vera jam sententia non erit, quia, dum tu es verax, non omnis homo cognoscitur esse mendax. Verum ne ad instar gentilium scripturarum, sacra quoque Scriptura calumniæ pateat, sed ipsa se propria potius auctoritate defendat, notandum est quod præmittitur : « Ego dixi in excessu mentis meæ. » Per excessum igitur mentis et semetipsum transiit, cum de qualitate hominis definivit, ac si perspicue **224** dicat : De falsitate omnium hominum inde veram sententiam protuli, unde ego ipse super hominem fui. In tantum vero et ipse mendax, in quantum homo ; in tantum autem omnino non mendax, in quantum excessum mentis super hominem ad summa contemplanda conscendi.

CAPUT X.
In sermone de S. Columba.

« Fiat manus tua, ut salvet me (*Psal.* cxviii). » ac si diceret : Fiat ille, per quem facta sunt omnia, ut dum ille creatur, creatura a reatus sui contagio liberetur.

CAPUT XI.
In sermone de S. Christophoro.

« Sicut unguentum in capite, quod descendit in barbam, barbam Aaron ; quod descendit in oram vestimenti ejus (*Psal.* cxxxii). » Unguentum scilicet in capite, Spiritus sanctus est in Salvatore, qui nimirum per Aaron mystice designatur. qui *mons fortitudinis* dicitur. Cum igitur Aaron mons sit fortitudinis, barba quoque signum est virilitatis. Hujus ergo Aaron barba sancti apostoli sunt, qui virilitatis suæ robore, quod de sancti Spiritus unctione conceperant, omnia furentium persecutorum bella vicerunt et mundi principem tanquam leonem adversus oves Christi immaniter rugientem cum gloria triumpharunt. Unde Petrus : « Cui resistite, inquit, fortes in fide (*I Petr.* v). » Paulus etiam dicit : « Arma militiæ nostræ non carnalia, sed potentia Deo sunt, ad destructionem munitionum consilia corporis destruentes et omnem altitudinem extollentem se adversum scientiam Dei, et in captivitatem redigentes omnem intellectum in obsequium Christi (*II Cor.* x). » Ab hac ergo barba summi pontificis Aaron unguentum in ora vestimenti ejus instillat, quia per beatos apostolos, consequenter et sanctos martyres ac deinceps totam simul Ecclesiam fluentum sancti Spiritus irrigat.

CAPUT XII.
In epistola ad Alexandrum papam, de auferenda proprietate canonicis.

Quantum ad nostræ intelligentiæ modulum, nullum in humano genere malum perniciosioris est criminis quam defensio pravitatis. Unde David ait : « Non declines cor meum in verbum malum, ad excusandas excusationes in peccatis (*Psal.* cxl). » Offensio quippe Dei meretur iram ; excusatio provocat ad vindictam. Hoc plane vitium, sicut ex radice humani generis prodiit, quotidie pullulat et tanquam erumpentes arboris ramos germinare non cessat. Consultus enim Adam cur ex interdicto pomo comederit : « Mulier, inquit, quam dedisti mihi sociam, dedit mihi de ligno, et comedi (*Gen.* iii) ; » mulier etiam cur hoc fecerit, inquisita : « Serpens, ait, decepit me, et comedi (*Ibid.*). » Ac si 225 uterque in Conditorem oblique crimen intorqueat eumque, a quo redarguuntur, incessant, dicentes : Non nobis, sed tibi procul dubio debet hic reatus ascribi, qui et conjugem viro junxisti et serpentem in paradiso inter homines 226 vivere decrevisti. Quorum utriusque tanquam primischolus ille discipulus erat, qui de Abel Domino requirenti respondit : « Nunquid custos fratris mei sum ego ? » (*Gen.* iv.)

Expliciunt testimonia de Psalterio.

INCIPIUNT CAPITULA DE LIBRO PROVERBIORUM.

1. De muliere, quæ dicitur aliena.
2. De muliere bona.
3. Sapientia immolavit victimas suas, miscuit vinum et proposuit mensam.
4. De utriusque mulieris differentia.
5. Diligenter exerce agrum tuum, ut postea ædifices domum tuam.
6. De malis prædicatoribus.
7. Sicut qui mittit lapidem in acervum Mercurii, ita qui tribuit insipienti honorem.
8. Sanguisugæ duæ sunt filiæ, dicentes : Affer, affer.

Expliciunt capitula.

INCIPIUNT TESTIMONIA PROVERBIORUM.

CAPUT PRIMUM.
In epistola ad Cincium præfectum.

« Prudentia servabit te, ut eruaris a muliere aliena, et ab extranea quæ mollit sermones suos. » Et post pauca : « Omnes qui ingrediuntur ad eam non revertentur, nec apprehendent semitas vitæ (*Prov.* ii). » Quæ est autem meretrix, vel mulier aliena, cujus nobis prohibetur accessus, nisi vita sæcularis, vita carnalis atque terrena, in cujus miseri homines se oblectamenta projiciunt, in cujus se captiosa jucunditate resolvunt ac adulterinis in eam, ut ita fatear, amplexibus immergunt?

CAPUT II.
In eadem epistola.

De bona vero muliere audi quid idem Salomon dicat : « Sit vena tua benedicta, et lætare cum muliere adolescentiæ tuæ (*Prov.* v). » Mulier enim adolescentiæ nostræ, sancta procul dubio est vita, cui scilicet ex tunc jam quasi per arrham et sponsionem conjuncti sumus, cum abrenuntiaturos nos diabolo et omnibus pompis ejus in baptismo promisimus. Ubi mox subditur : « Cerva charissima et gratissimus hinnulus, ubera ejus inebrient te omni tempore et in amore illius delectare jugiter (*Ibid.*). » Quid per cervam, quæ montium celsa conscendit, nisi sancta designatur Ecclesia, quæ sese in amore cœlestis patriæ attollit? Quid cervæ istius ubera, nisi duo significant Testamenta? His uberibus inebriamur, cum de sacræ Scripturæ fluentis infundimur et spiritualis sapientiæ potum sitientes haurimus. In hac igitur muliere delectari præcipimur, ut eloquiorum cœlestium pinguedine saginemur. Sequitur : « Quare seduceris, fili mi, ab aliena et foveris in sinu alterius? » (*Proverb.* v.) Ab aliena quippe muliere seducitur, qui carnalis vitæ illecebris delectatur. Nec immerito dicitur aliena, quia nobis ex divinæ legis est sanctione prohibita. Rursus super utraque muliere loquitur, dicens : « Dic sapientiæ : Soror mea es, et prudentiam voca amicam tuam, et custodi te a muliere extranea et ab aliena, quæ verba sua dulcia fecit. » Moxque subjungit : « De fenestra domus meæ per cancellos prospexi, et video parvulos, considero vecordem juvenem, qui transit per plateas juxta angulum, et prope viam domus illius graditur (*Prov.* vii). » Ubi notandum quia vita carnalis, quæ meretrix dicitur, non alios nisi parvulos et vecordes decipere posse perhibetur. Unde et alibi idem Salomon ait : « Mulier stulta et clamosa, plenaque illecebris et nihil omnino sciens, sedit in foribus domus suæ super sellam in excelso urbis loco, et vocat transeuntes viam et pergentes in itinere suo : Quis est parvulus, declinet ad me, et vecordi locuta est (*Prov.* ix). » Nam qui perfectus est vir et mentis sanæ nequaquam poterit carnalis illecebræ lenocinio decipi, vel quantumlibet ingruenti scaturientium passionum certamine superari. Illos enim duntaxat hæc mulier superat, de illis vita carnalis et terrena triumphat quos pravæ voluntatis intentio et terrenæ concupiscentiæ teter fumus obcæcat. Unde illic apte subjungitur : « In obscuro, advesperascente die, in noctis tenebris et caligine ecce mulier occurrit illi in ornatu meretricio, præparata ad capiendas animas (*Prov.* vii). » Inebriat enim carnalis vita cor luxuriæ deditum et tanquam nocturna caligine reddit obscurum, dum interiores oculos non in cœlum erigit, sed in terra defigit. Deinde subjicit : « Garrula, vaga et quietis **227** impatiens, nec valens in domo consistere pedibus suis; nunc foris, nunc in plateis, nunc juxta angulos insidians (*Ibid.*). » Hic porro carnalium hominum exprimit inconstantiam levitatis vitio subditam, gravitatis turpiter alienam. Quod autem subjungitur : « Intexui funibus, lectum meum stravi tapetibus pictis ex Ægypto (*Ibid.*). » Quid per hoc aliud innuitur, nisi quia delectatio carnis, in quam luxuriosus quisque ultro tanquam in cubile prosternitur, perplexis peccatorum vinculis obligatur? Quod autem lectus ille ex pictis ex Ægypto tapetibus sternitur, quid est aliud, nisi quia vita luxuriantium nequaquam fundamento solidæ veritatis innititur, sed mendacii fucis et adumbratis imaginibus coloratur? Quod autem meretrix ista dicit : « Veni, inebriemur uberibus, et mutuis fruamur amplexibus, donec illucescat dies; non est enim vir meus in domo sua, abiit via longissima (*ibid.*); » tale est : Vir animæ cujusque fidelis Christus est, qui non est in domo sua, sed abiit via longissima, quando pollutam cujuslibet conscientiam cernit, atque ideo mox ab eo procul abscedit; deinde subdit : « Sacculum pecuniæ secum tulit, in die plenæ lunæ reversurus est (*Ibid.*). » Redemptor enim noster pecuniæ secum sacculum tulit, cum ascendens in cœlum, fidei nostræ secum lucra portavit. Qui reversurus est in die plenæ lunæ, id est in consummatione universalis Ecclesiæ; veniet enim Dominus ad judicium, cum expletus fuerit numerus electorum. Sed cum multa dicat de pestilentissima hujus mulieris astutia, quibus venatur animas hominum perditorum, quæ nos ob prolixitatem inseranda non ducimus, hoc in fine subjecit : « Multos, inquit, vulneratos dejecit et fortissimi quique interfecti sunt ab ea viæ inferi domus ejus penetrantes inferiora mortis (*Ibid.*). »

CAPUT III.
In sermone de S. Bartholomæo.

Audiamus itaque per os Salomonis Sapientiam nos ad mensam spiritualis alimoniæ claris vocibus invitantem : « Sapientia, inquit, immolavit victimas suas, miscuit vinum et proposuit mensam suam; misit ancillas suas, ut vocarent ad arcem et ad mœnia civitatis : Si quis est parvulus, veniat ad me. Venite, comedite panem meum et bibite vinum quod miscui vobis (*Prov.* ix). » Christus enim, qui Sapientia Patris est, victimas immolavit, cum ad nostræ imitationis exemplum beatos martyres permisit occidi; miscuit vinum, quia propinavit credentibus Spiritum sanctum; proposuit mensam, quia cœlestem paravit hominibus gloriam; misit ancillas suas, id est sanctos verbi ministros, qui se infirmos et fragiles asseverant. Quid ergo jam restat, nisi ut relicta fame sæculi properemus ad mensam Dei? Sed ad hanc ingrediendi aditum reperire non possumus, nisi per sanctos apostolos, quibus claves commissæ sunt regni cœlorum (*Matth.* xvi). Unde scriptum est : « Sapientia foris prædicat, in plateis dat vocem suam, in capite turbarum, clamitat in foribus portarum (*Prov.* i). » Ipsi quoque **228** sunt caput turbarum foresque portarum, quia ipsi sunt populorum principes ac supremæ Hierusalem per sublimioris excellentiæ privilegium janitores.

CAPUT IV.
In epistola ad Cincium præfectum, super cohortatione ad castitatem.

Audi rursus sub mulierum specie, quid inter spiritualem vitam distet atque carnalem : « Mulier, inquit, diligens corona est viro suo, et putredo in ossibus ejus quæ confusione res dignas gerit (*Prov.* xii). » In hujus itaque mulieris ossibus est putredo, quia dum quilibet carnali vitæ conjunctus superare alios nititur, dum forte quid, quod ossa significant, agere gloriatur, fœda per populum fama diffunditur et quasi fetor olidæ putredinis exhalatur. De quibus utique mulieribus et alius Sapiens dicit : « Mulier si est tibi secundum animam tuam, ne projicias illam, et odibili non credas te in toto corde (*Eccli.* vii). » Mulier quippe secundum animam, est vita virtutum, conversatio sancta; mulier vero odibilis, carnalis est vita, quæ certe odio est habenda, cui profecto si in toto corde nos credimus, necesse jam erit ut sicut Samson per Dalilam (*Jud.* xvi), ita et nos per istam in manus hostium incidamus. De qua videlicet odibili muliere in Deuteronomio scriptum est : « Si acceperit homo uxorem, et habuerit eam et non invenerit gratiam ante oculos ejus propter aliquam fœditatem, scribat libellum repudii, et dabit in manu ejus et dimittat eam de domo sua (*Deut.* xxiv). »

CAPUT V.

In epistola ad fratres Gamvgnii, ubi de transgressione suorum mandatorum agit.

Qui virtutum lapidibus festinat atrium sublime construere, prius eum necesse est inhorrescentia carnalium delectationum dumeta purgare. Unde recte per Salomonem dicitur : « Diligenter exerce agrum tuum, ut postea ædifices domum tuam (*Prov.* xxiv). » Ille quippe bene domum mentis ædificat, qui prius agrum corporis spinis vitiorum purgat; alioquin si desideriorum passionumque carnalium sentes in carnis agro pullulare sinuntur, fame boni crescente tota intus virtutum structura collabitur. Hinc rursus ait : « Per agrum hominis pigri transivi et per vineam viri stulti, et ecce totum repleverant urticæ, operuerunt superficiem ejus spinæ et maceria lapidum destructa erat (*Ibid.*). » Quid enim ager, vel vinea pigri hominis, nisi caro cujuslibet otiosi in spiritualis agriculturæ laboribus desudare nolentis? Quid autem urticæ, nisi gulæ pruriginęs et carnales illecebræ? Quid denique spinæ sunt, nisi passionum carnalium punctiones? Quid postremo maceria lapidum, nisi charitate media cum permista cohærentium structura virtutum? Ager ergo pigri et stulti hominis urticis spinisque repletur, cum caro cujuspiam otiose viventis non per disciplinam continui laboris excolitur sed in voluptatis atque lasciviæ mollitur desiderio et enutritur. Lapidum quoque materia labefactata diruitur, quia tota virtutum fabrica, velut impactis incontinentiæ arietibus dissipatur. « Princeps enim coquorum destruxit muros Hierusalem (*IV Reg.* xxv). » Coquorum autem princeps jure asseritur venter, cui nimirum a coquis laborioso opere servitur. Quisquis ergo desiderat spiritualium segetum ubertate ditescere, desudet nunc agrum sui corporis disciplinæ ac continentiæ vomere continuo labore sulcare, et, tanquam novalium suorum glebas, sarculo sapiente confringat, dum quidquid durum, dum quidquid infecundum in se reprehenderit, jugis pœnitentiæ contusionibus terat; nec desinat gulæ prurientis urticas atque inhorrescentes carnalium desideriorum vepres radicitus exstirpare, quo uberes proventus spiritualium segetum valeant sui cordis rura proferre. Unde et idem Salomon ait : « Qui operatur terram suam saturabitur panibus; qui sectatur otium replebitur egestate (*Prov.* xii). »

CAPUT VI.

In epistola ad Alexandrum papam de canonicis.

« Claudus pedibus et iniquitatem bibens qui mittit verba per nuntium, stultum (*Prov.* xxvi). » Quibus nimirum verbis quid aliud videtur expressum, nisi ut carnaliter sapienti ac per hoc stulto cuilibet non committatur prædicationis officium? De sanctis enim prædicatoribus dicitur : « Quam speciosi pedes evangelizantium pacem, evangelizantium bona! » (*Isa.* lii; *Rom.* x.) Itaque quilibet ordinator Ecclesiæ, si dignos et idoneos in dignitate constituit, quasi pedibus rectis incedit. Per eos enim verbum spargendo circumquaque discurrit, et quod per semetipsum non valet agere, per illos satagit efficaciter adimplere. Sin autem carnales quosque ac reprobos ordinare præsumat, hic claudus pedibus ambulat. Qui etiam iniquitatem bibere dicitur, quia, dum verba sanctæ prædicationis per stultum nuntium mittit et, contra Apostolum, cito manus imponit (*I Tim.* v) peccatis communicat alienis. Nam etsi prudenter quisque loquatur, si tamen non agit ipse quod loquitur, in spirituali claudus itinere non immerito judicatur. Unde et illic apte subjungitur : « Quomodo pulchras frustra habet claudus tibias, sic indecens est in ore stultorum parabola (*Prov.* xx).» Pulchris plane innititur tibiis qui luculenti nitet claritate sermonis. Sed, dum sine bonis operibus accuratum depromit eloquium, velut sine gressu promovet recta cfura verborum. Quasi pulchras ergo habet tibias ad videndum, sed non utiles ad gradiendum, qui, podagricis vitiorum laqueis innodatus, ipse quidem turpiter claudicat, dum alios ut agiliter gradiantur invitat. In istorum ergo stultorum ore indecens est parabola, quia, dum spiritualiter sonant et carnaliter victitant, eorum vita cum labiis non concordat; quos nimirum honesta loquentes, sed inhoneste viventes, prædicatio recta non liberat sed mordax conscientia vehementer accusat. Unde illic non incongrue subdit : « Quomodo si spina nascatur in manu temulenti, sic parabola in ore stultorum (*Ibid*). » Spina quippe in manu temulenti nascitur, cum illi qui hujus vitæ amore est ebrius reprehensionis in mente aculeus generatur. In ore itaque stultorum parabola quasi spina est, quia dum aliud loquuntur, aliud agunt, mens eorum in semetipsa aliquando redarguitur et quodam quasi spinæ pungentis aculeo perforatur; velut spina certe male viventis et bene dicentis conscientia pungit, dum in eo quod extrinsecus loquitur quodam pudoris atque formidinis stimulo intrinsecus sauciatur.

CAPUT VII.

In eadem epistola.

« Sicut qui mittit lapidem in acervum Mercurii, ita qui tribuit insipienti honorem (*Prov.* xxvi). » Nam qui apud gentiles Mercurius deus Sacelli [f., Lucelli], sive pecuniæ dicebatur, acervus Mercurii, cumulus atque congeries est nummorum. Et quia nummo regula monetalis imprimitur, quid per nummorum designatur acervum, nisi regularium ac veræ sanctitatis imaginem præferentium concio clericorum? Quid vero per lapidem, nisi duram, stolidam et insensibilem illius mentem accepimus, qui dum Deum esse indubitata fide non credit, spem suam in terrena qualibet possessione constituit. De quo per Prophetam dicitur : « Dixit insipiens in corde suo : Non est Deus (*Psal.* xiii). » Huic autem insipienti tunc honor tribuitur, cum ad ecclesiastici gradus apicem quispiam non Deo, sed pecuniæ deditus promovetur. Sed sicut nummorum dissipatur acervus, si desuper lapis immittitur, ita per indigni, sive lapidei pastoris accessum quasi constipatus ordo destruitur regulariter gradientium et in charitate obedientium clericorum; gravatur enim mali pastoris umbraculo et, tanquam nummorum cœlestium cumulus, tartarei lapidis mole diruitur. Stulto igitur et insipienti denegandus est honor ecclesiasticus, ne sanctorum clericorum tanquam nummorum spiritualium mergatur acervus. De quo videlicet stulto paulo superius idem Salomon ait : « Claudus pedibus et iniquitatem bibens, qui mittit verba per nuntium stultum (*Prov.* xxvi). »

CAPUT VIII.

In epistola ad Alexandrum papam, super insolentia malorum hominum.

« Sanguisugæ duæ sunt filiæ, dicentes : Affer, affer (*Prov.* xxx). » Nam quo quisque immoderatius vescitur, eo necesse est ut ad potum æstuantius accendatur. Et dum congesta sibi moles fervescente stomachi lebete decoquitur, crebris necesse est haustibus irrigetur. Sed cum cibis venter ac potibus intumescat, consequens est ut, alterius utrinque meatibus, et fæces per podicem in cuniculos egerat et humorem de genitali conceptaculo per pudenda profundat. Sicut enim in torcularibus vinarium a vino, sic in ilibus stercus separatur a viru. Sanguisugæ ergo, quæ edacitas est, duæ sunt filiæ, ebrietas et libido, quia dum una pestis delectabiliter concipit, geminam necessario sobolem parit; quæ nimirum dicunt : « Affer, affer, » quia, cum sint insatiabiles, violentæ quoque sunt exactrices.

Expliciunt testimonia de libro Proverbiorum.

INCIPIUNT CAPITULA DE ECCLESIASTE.

1. *Quod omnia flumina intrant in mare et mare non redundat.*
2. *Muscæ morientes perdunt suavitatem unguenti.*
3. *De Spiritu potestatem habente.*
4. *De eo quod dicitur : Da partem septem, nec non et octo.*
5. *Finem loquendi omnes pariter audiamus.*

Expliciunt capitula.

INCIPIUNT TESTIMONIA DE ECCLESIASTE.

CAPUT PRIMUM.

In libro Gratissimo.

« Omnia flumina intrant in mare et mare non redundat; ad locum unde exeunt flumina revertuntur, ut iterum fluant (*Eccle.* i). » Hunc excursum atque recursum spiritualium fluminum mystice Lucas evangelista describit, cum ait : « Quia convocatis Jesus duodecim apostolis, dedit illis virtutem et potestatem super omnia dæmonia, et ut languores curarent; et misit illos prædicare regnum Dei (*Luc.* ix). » Ecce egressus fluminum; ac postmodum subdit : « Et reversi apostoli narraverunt illi quæcunque fecerunt (*Ibid.*). » Ecce reditum fluminum. Ad locum ergo unde exeunt flumina revertuntur, quia electi quique illi se debitores esse non ambigunt, a quo, videlicet hauserant omne quod spiritualiter fluit. Unde et Paulus ait : « Divisiones gratiarum sunt, idem autem Dominus; et divisiones ministrationum sunt, idem autem Dominus; et divisiones operationum sunt, idem vero Deus, qui operatur omnia in omnibus (*I Cor.* xii). » Nempe cum primum ponat Spiritum, deinde subjungat Dominum, postremo Deum, ostendit sanctam Trinitatem, unum scilicet Deum omnium gratiarum esse indubitanter auctorem. Ipse enim sua dona distribuit, qui singulorum merita et operum diversitates occulta provisione discernit.

CAPUT II.

G. G.

« Muscæ morientes perdunt suavitatem unguenti (*Eccle.* x); » quia cogitationes superfluæ, quæ assidue in animo carnalia cogitante nascuntur, atque deficiunt, eam suavitatem, qua unusquisque intrinsecus per Spiritum unctus est, perdunt. Unde cum miro pietatis opere ad cor Veritas venit, prius ab eo cogitationum carnalium æstus ejicit, et post in eo virtutum dona disponit. Quod bene nobis innuitur, ubi de Domino ad filiam principis resuscitandam deducto in Evangelio dicitur : « Et cum ejecta esset turba, intravit, et tenuit manum ejus et surrexit puella (*Matth.* ix). » Foras ergo turba ejicitur, ut puella suscitetur, quia nisi prius a secretioribus cordis expellatur importuna sæcularium multitudo curarum, anima, quæ intrinsecus jacet mortua, non resurgit. Nam dum se per innumeras terrenorum desideriorum cogitationes spargit, ad considerationem sui sese nullatenus colligit. Nullus quippe sapientiam, quæ Deus est, plene percipit, nisi qui ab omni se abstrahere actionum carnalium fluctuatione contendit. Unde alias dicitur : « Sapientiam scriba in tempore otii, et qui minoratur actu, ipse percipit eam (*Eccle.* xxxviii). »

CAPUT III.

Ad Mainardum abbatem.

« Si spiritus potestatem habentis ascendit super te, locum tuum ne dimiseris (*Eccle.* x). » Ac si aperte dicat: Si tentatoris spiritum in aliquo prævalere consideras, humilitatem pœnitentiæ non relinquas. Et alibi scriptum est: « Noli altum sapere, sed time et ultimum in spiritualibus nuptiis accubitum pete (*Rom.* xi). »

CAPUT IV.

In epistola ad Bonifacium Causidicum, ut exteriori prudentiæ spiritualis sapientia præferatur.

« Da partem septem, nec non et octo (*Eccle.* xi). » Sic præsentem vitam, quæ per septenarium numerum designatur, excurre, ut jam in amore futuræ, quæ per octonarium resurrectionis exprimit gloriam, totis studeas visceribus habitare. Illi perfunctoriam atque volaticam exhibe curam; in hac perseverantem atque perpetuam, sicut æterna est, indeficuæ illectionis fige sententiam.

CAPUT V.

In epistola ad Alexandrum papam, contra papam ne dijudicet.

« Finem loquendi pariter omnes audiamus: Deum time et mandata ejus observa, hoc est enim omnis homo (*Eccle.* xii). » Quis est autem finis loquendi, nisi ille, de quo dicit Apostolus: « Finis enim legis ad justitiam, Christus, omni credenti?» (*Rom.* x.) Finis quippe legis ad justitiam, Christus est, quia quidquid sive vetus, sive nova lex loquitur, ad illum sine dubitatione refertur. Ad justitiam vero non otiose dicitur quia divinæ legis sermo justificat et animam a sordibus mundat. Sicut discipulis Veritas ait: « Jam vos mundi estis propter sermonem quem locutus sum vobis (*Joan.* xv). » Deum vero timere, est cuncta quæ Deus prohibet exsecrando et abominando contemnere. Mandata illius observare, est omnia quæ præcipit operibus exercere. Ille ergo Deum timet qui satagit cavere quod prohibet; ille mandata ejus observat qui studet implere quod imperat. « Deum ergo time et mandata illius observa; hoc est enim omnis homo. » Ac si perspicue dicat: Qui non studuerit cavere prohibita, qui neglexerit implere præcepta, quia ratione caret, vocabulum quidem hominis habet, sed hominis esse non habet, quia non veraciter utitur virtute nominis quo censetur. Ille nimirum se credat veraciter hominem qui hominum recognoscit Auctorem; alioqui, « qui ignorat, ignorabitur (*I Cor.* xiv) » Quid autem sine his sit homo, perspicue definit Scriptura, cum dicit: « Stellæ non sunt mundæ in conspectu ejus, quanto magis homo putredo et filius hominis vermis? » (*Job* xxv.)

Unde et Abraham cum ad summæ colloculionis culmen attollitur, cum divinæ familiaritatis gratiam peculiariter promereretur, hujus humilitatis recordatione deprimitur, cum dicit: « Loquar ad Dominum meum cum sim pulvis et cinis (*Gen.* xviii). » Nam et apud Græcos hæc teneri consuetudo perhibetur, ut cum imperator quis in dignitate creatur, mox ut imperialibus fuerit infulis redimitus, coronæ simul ac sceptri gloria decoratur, cum denique procerum vallatur obsequiis, cum excipitur modulantibus psallentium choris; quidam sibi præsto fit obvius, qui videlicet una manu vasculum plenum mortuorum ossibus ac pulveribus offerat, in alia vero stupam lini subtiliter pexam ac pilis pensilibus molliter demolitam, cui protinus ignis adhibetur et repente in ictu oculi flamma subito vorante consumitur: ut in altero debeat considerare quod est, in altero valeat videre quod habet. In cineribus siquidem se cinerem recognoscit, in stupa jam colligit in die judicii quam subito mundus ardebit, quatenus dum se simul ac sua tam vana, tam floccipendenda considerat, de imperialis culminis ascenso fastigio nullatenus insolescat; et dum possessor atque possessio subjacere communi omnium casui non ambigitur, jam quasi de singulari dignitatis apice, qui ad summa provectus est, non infletur. Pulchrum ergo mundanæ conditionis ordinem homo consideret, et dum suis usibus omnia cernit attribui, non sibi, sed suo referat gratias Conditori; lenocinantem mundi gloriam sub judicii sui calcibus deprimat; virorem carnis aridum jam pulverem credat, diem suæ vocationis tanquam speculum suis semper obtutibus anteponat, districtum ultimæ discussionis judicium contremiscat, quatenus dum nunc Creatoris sui legibus subditur qui inter creaturas, quæ terrenæ sunt, videtur insignis, in cœlesti quoque gloria veraciter sit sublimis.

Expliciunt testimonia de Ecclesiaste.

INCIPIUNT CAPITULA DE CANTICIS CANTICORUM.

1. *De oleo effuso.*
2. *De nigredine sponsæ.*
3. *De fasciculo myrrhæ.*
4. *De lilio convallium.*
5. *De ordinata charitate.*
6. *De utraque vita.*
7. *De foraminibus petræ.*
8. *De lectulo Salomonis.*
9. *De oculis columbarum.*
10. *De dentibus Ecclesiæ.*
11. *De duobus uberibus.*
12. *De pulchritudine amicæ.*
13. *De corona animæ, vel sanctæ Ecclesiæ.*
14. *De aquilone et austro.*
15. *De eo quod dicit Ecclesia: Ego dormio, et cor meum vigilat.*
16. *Quod dilectus dicitur candidus et rubicundus.*
17. *De sanctis doctoribus.*
18. *De ventre Christi eburneo.*

19. *De gutture Christi.*
20. *De malo punico.*
235-236 21. *De quadrigis Aminadab.*
22. *De umbilico Christi.*
23. *De comis capitis Christi.*
24. *De pulchritudine sponsæ.*
25. *De fructu crucis.*
26. *De arbore malo.*
27. *De signaculo cordis et brachii.*

Expliciunt capitula de Canticis canticorum.

INCIPIUNT TESTIMONIA DE CANTICIS CANTICORUM.

CAPUT PRIMUM.
Ex sermone in natali virginum.

« Oleum effusum nomen tuum (*Cant.* I). » Chrisma Græce, Latine dicitur unctio. A chrismate ergo Christus, et a Christo dicitur Christianus. Per oleum autem Spiritus sanctus debet intelligi, sicut per Psalmistam Salvatori nostro dicitur : « Unxit te Deus tuus oleo lætitiæ præ consortibus tuis (*Psal.* XLIV). » Oleum ergo effusum est nomen Christi, quia in tot Spiritus sancti gratia propagatur quot sunt qui Christi vocabulum veraciter sortiuntur.

CAPUT II.

« Nigra sum, sed formosa, filiæ Hierusalem, sicut tabernacula Cedar, sicut pellis Salomonis (*Cant.* I). » Cedar interpretatur *tenebræ*; hi sunt infideles lucem fidei non habentes. Nigra sum, inquit, propter persecutionis æstum propter adversa, quæ patior a filiis tenebrarum; sed intrinsecus formosa sum, quia concupivit rex speciem meam, et omnis gloria mea ab intus. Formosa sum, inquit, sicut pellis, hoc est, tabernaculum Salomonis. Sicut enim tabernaculum ex mortuorum fit pellibus animalium, ita duntaxat illi sunt habitaculum Dei (*Ephes.* II), qui Christo commortui, vitiis quoque carnisque concupiscentiis sunt exstincti (*Ephes.* II). Sequitur : « Nolite, inquit, me considerare quod fusca sim, quia decoloravit me sol, o filiæ Hierusalem (*Cant.* I). » Idem et fideles animæ, in illa jam cœlesti gloria per desiderium constitutæ : Nolite me considerare, quod fusca sim, id est, nolite desperare, vel nimis expavescere, quod me tribulationes opprimunt, quod persecutiones afficiunt, quod in hoc tempestatis procellarumque naufragio intumescentes me fluctus illidunt; quia decoloravit me sol, quoniam super me persecutionis æstus incanduit decoremque meæ venustatis ac pulchritudinis offuscavit. Ac si dicat : Nolite tam ea, quibus intrinsecus affligor, attendere, quam vernantem interioris venustatis speciem cogitare. Tale est quod Apostolus dicit : « Nolite deficere in tribulationibus meis pro vobis, quæ est gloria vestra. Non enim condignæ sunt passiones hujus temporis ad futuram gloriam, quæ revelabitur in nobis (*Rom.* VIII). » Hanc autem interiorem pulchritudinem exterioremque nigredinem breviter Jeremias comprehendit, dicens : « Candidiores Nazaræi ejus nive, nitidiores lacte, rubicundiores ebore antiquo, sapphiro pulchriores (*Thren.* IV). » Ecce pulchritudo; sed an si nigredinem, nam illico sequitur : « Deni-

A grata est super carbones facies eorum, et non sunt cogniti in plateis; adhæsit cutis eorum ossibus : aruit et facta est quasi lignum (*Ibid.*). » Sed aspiciamus exteriorem nigredinem, aperiat ipsa, unde sit interior pulchritudo : « Indica mihi, inquit, quem diligit anima mea, ubi pascas, ubi cubes in meridie (*Cant.* I). » Ac si dicat : O sponse cœlestis, quem anima mea inenarrabiliter diligit, in quo per desiderium jugiter requiescit, quem ulnis intimæ dilectionis amplectitur, in quo totis visceribus delectatur; dic mihi ubi pascas; hoc est : Tu qui pastor bonus es, ubi oves tuas pascere facias; ipse etiam ubi cubes, id est ubi requiescas in æstu persecutionis et fervore tentationis nostræ, ubi scilicet, nisi in his, qui furenti vesaniæ cedere nesciunt, et grassantis malitiæ conatibus enerviter non succumbunt? Non ergo immerito formosam se sponsa ista dicebat, quia ille in ipso persecutionis articulo in ea delectabiliter quiescebat, qui serenitate vultus sui cuncta clarificat.

CAPUT III.
In sermone de SS. Flora et Lucilla.

« Fasciculus myrrhæ dilectus meus mihi : inter ubera mea commorabitur (*Cant.* I). » Myrrha plane species est aromatica, nimiæ amaritudinis, qua mortuorum cadavera condiuntur, ne facile computrescant. Hinc est quod et ipsius Sponsi corpus a Nicodemo et Joseph de cruce depositum myrrha et aloe conditur, et linteis involutum sepulturæ committitur (*Joan.* XIX). Quid ergo per myrrhæ fasciculum, nisi multiplex mortificatio designatur? Non enim dicit : Surculus myrrhæ, sed fasciculus, inquit, myrrhæ dilectus meus mihi. Ac si dicat : Quia in omni mea conversatione me mortifico et nullis jam propriæ voluntatis operibus vivo, dilectus meus non mihi simplex factus est ramus, sed myrrhæ fasciculus. Unde et prædicator eximius : « Ego, inquit, stigmata Jesu in corpore meo porto (*Gal.* VI). » Ad quam videlicet multiplicem mortificationem et nos secum hortatur, dicens : « Semper mortificationem Jesu in corpore nostro circumferentes, ut vita Jesu manifestetur in carne nostra mortali (*II Cor.* IV). » Ab eo namque quod corpore nostro circumferimus, nullam corporis partem vacuam reservamus. Ille ergo mortificationem Jesu in corpore suo circumfert qui de se sibi nihil relinquit, 237 qui non sibi, sed Christo in omnibus vivit, cui certe se a voluntatibus propriis undique crucifigit. Hic itaque dilectus myrrhæ fasciculus fit, quia in cunctis suis actionibus se velut exstinctum præbens, multiplicem quoddammodo mortificationis Christi manipulum colligit. Ubi et apte subjungitur : « Inter ubera mea commorabitur. » Nemo dubitat inter ubera pectoris esse locum cordis. Dilectus ergo inter sponsæ ubera commorabitur, quia indeficiens ejus amor ac desiderium ex ejus memoria non deletur. Inter ubera mea commorabitur, tanquam diceret: Qui mihi fasciculus myrrhæ factus est per amaritudinem passionis, inter ubera mea jugiter commorabitur per dulcedinem cordis : et qui extrinsecus per exemplum susceptæ mortis exasperat, per infusam gratiam me intimæ suavitatis obdulcat.

CAPUT IV.

Ex sermone in natali virginum.

« Ego sum lilium convallium (*Cant.* II). » Lilium plane se sponsus nominat propter niveum candorem mundissimæ castitatis. Lilium non montium, sed convallium, quia pias eligit mentes humilium, non scopulos inhabitat superborum.

CAPUT V.

« Introduxit me rex in cellam vinariam, ordinavit in me charitatem (*Cant.* II). » Non ait : Dedit quam non reperit, sed « ordinavit, » quam inordinatam invenit. Nonnulli namque in principali cordis sui loco habent uxores, filios, prædia, vel honores : in secundo autem quodammodo Deum ponunt, dum eum minus diligunt. Hi nimirum videntur quidem habere charitatem, sed inordinatam ; nec illum servant ordinem charitatis quem Veritas ipsa disposuit, cum dicit : « Diliges Deum ex toto corde, hoc est maximum primumque mandatum, secundum autem simile est huic, ut diligas proximum (*Matth.* XXII). » Non ergo se jactet quis habere charitatem, si ordinata non est ; sicut nec etiam fidem, si sine operibus, ac per hoc otiosa est.

CAPUT VI.

« Læva ejus sub capite meo et dextera illius amplexabitur me (*Can.* II). » Leva quippe subesse capiti dicitur, cum præsens vita a mente, quæ cogitationum caput est, despecta calcatur. Dextræ vero amplexibus stringitur, quia solius æternæ vitæ desideriis undique delectatur.

CAPUT VII.

« Surge, amica mea, sponsa mea, et veni, columba mea, in foraminibus petræ, et in caverna maceriæ ; ostende mihi faciem tuam, sonet vox tua in auribus meis. Vox enim tua dulcis, et facies tua decora (*Cant.* II). » Anima quippe sancta jure Christi amica et sponsa vocatur ; quia illi per fidem dilectionemque conjungitur. Sed hæc sponsa quasi adhuc jacet, dum in mundanis actionibus implicatur ; tunc surgit, cum 238 ad procinctum divinæ servitutis erigitur. Ac si dicat : Quæ in sæcularis vitæ mollitie jaces, jam surge, atque ad familiare contubernium meæ contemplationis erige. « Columba mea, in foraminibus petræ. » Si, juxta Apostolum, « petra Christus est (*I Cor.* X), » foramina petræ vulnera sunt Redemptoris ; quæ profecto non casu quinque sunt, lanceæ scilicet et clavorum ; sed quia nos fueramus quinque sensuum vulneribus sauciati, per has quinque plagas saluti sumus perpetuæ restituti. Istæ siquidem portæ erant, per quas die Sabbati propheta ne inferrentur onera gravia prohibebat. In his ergo foraminibus Dei columba consistit, quia sancta quælibet anima totam propriæ salutis spem in sui Redemptoris passione constituit. Ibi velut ab accipitris incursu defenditur, quia a cunctis malignorum spirituum insidiis custoditur. Ibi plane nidificat, quia illic fetus bonorum operum coacervat. De hac petra per Psalmistam dicitur : « Montes excelsi cervis, petra refugium herinaciis (*Psal.* CIII). » Quod autem additur : « In caverna maceriæ, » solent ex lapidibus maceriæ fieri ad custodiam vinearum ; sicut per Isaiam dicitur : « Vinea facta est dilecto in cornu in loco uberi, et maceria circumdedit et circumfodit eam (*Isa.* V). » Quid ergo per maceriam lapidum, nisi præsidium et excubias intelligimus angelorum, quibus videlicet anima in certamine posita, dum vallatur atque circumdatur, a cunctis adversantium spirituum tentationibus custoditur ? Porro quod sequitur : « Ostende mihi faciem tuam, » tunc anima cœlesti sponso faciem suam ostendere dicitur, cum ejus speciem internis obtutibus quasi revelata facie contemplatur : « Sonet, inquit, vox tua in auribus meis : vox enim tua dulcis et facies tua decora. » O quam suave commercium! imo quam inenarrabilis dulcedo in humanis visceribus oritur, cum Creator et creatura alternis in se invicem affectibus delectantur, sicut per Prophetam dicitur : « Suavis sit ei laudatio mea, Ego vero delectabor in Domino ! » (*Psal.* CIII.)

CAPUT VIII.

« En lectulum Salomonis, sexaginta fortes ambiunt ex fortissimis Israel (*Cant.* III). » Fortes enim lectulum Salomonis ambiunt, dum intimam pacificæ Redemptoris nostri requiem sancti quique indefessa desiderii sedulitate custodiunt.

CAPUT IX.

« Oculi tui columbarum, absque eo quod intrinsecus latet (*Cant.* IV). » Isti sunt oculi de quibus Dominus in Evangelio : « Beati, inquit, mundo corde, quoniam ipsi Deum videbunt (*Matth.* V). » Absque eo quod intrinsecus latet. Quia licet sancti doctores nunc Creatorem suum per contemplationis gratiam aspiciunt, latet tamen adhuc magnum aliquid, ad quod in hac corruptibili carne humanæ mentis acies non aspirat. Ubi mox sequitur : « Capilli tui sicut greges caprarum, quæ ascenderunt de Galaad (*Cant.* IV). » Sicut enim per oculos, Ecclesiæ doctores intelliguntur, qui ad videnda in inferioribus membris summa, ac specialia sunt prælati ; sic etiam per capillos gregesque caprarum designantur simplices et subjecti ; 239 qui nimirum, etsi præ simplicitate mystica quæque ac summa non penetrant, multitudine tamen et comparatione sua sanctam Ecclesiam velut capilli caput exornant, quia plerumque pro peccato aufertur figura peccati. Galaad, *acervus* est *testimonii.* Per Galaad ergo Christum, cui sanctorum omnium multitudo perhibet testimonium. Per capillos vero, vel caprarum greges, multitudinem intelligimus subjectorum. Greges ergo caprarum ascendunt de monte Galaad, quia sanctorum omnium multitudo de Christo, quem sibimet faciunt fundamentum, conscendere satagunt excelsa virtutum. Unde colligere possumus quia quantum distat inter oculos et capillos, tantum fere in contemplationis studio inter prælatos distare debeat et subjectos, quatenus eorum qui sibi sunt commissi, spiritualibus studiis sint intenti, et videant non modo sibi, sed et illis.

CAPUT X.

« Dentes tui sicut grex tonsarum, quæ ascenderunt de lavacro (*Cant.* IV). » Porro dentes Ecclesiæ sancti noscuntur esse doctores; quorum primo dictum est : « Macta et manduca (*Act.* II). » Ac si diceret : Ab eo quod sunt, gladio Spiritus, hoc est, verbo prædicationis occide et in corpus transfer Ecclesiæ. Dentes igitur sponsæ, sunt doctores sancti, qui quoniam simplices per innocentiam sunt, et omnia relinquentes facultatum suarum velleribus sunt exuti, ac sacri baptismatis unda purificati, sicut grex tonsarum sunt, quæ ascenderunt de lavacro.

CAPUT XI.

« Duo ubera tua sicut duo hinnuli capreæ gemelli (*Cant.* IV). » Sicut enim duo ubera duo sunt Testamenta; ita duo hinnuli, duo populi sunt, Ecclesiæ filii Judaicus scilicet et gentilis.

CAPUT XII.

Ex sermone in natali virginum.

« Tota pulchra es, amica mea; tota pulchra (*Cant.* IV), » interius scilicet et exterius. Foris in perfectione clari operis, intrinsecus in munditia purissimæ cogitationis.

CAPUT XIII.

In sermone de SS. Flora et Lucilla.

« Coronaberis de vertice Sanir, de capite Amana et Hermon, de cubilibus leonum, de montibus pardorum (*Cant.* IV). » Amana siquidem mons est Ciliciæ, qui et Taurus a compluribus appellatur. Sanir vero et Hermon, Judaicæ terræ montes sunt, in quibus leones et pardi habitare creduntur. Per hos ergo montes, reges et principes, diversæque mundi hujus intelligendæ sunt potestates; quæ velut montes in superbiæ se cacumen attollunt et malignis spiritibus tanquam pardis atque leonibus habitaculum ferunt. Perversi quippe spiritus, leones vocantur propter crudelitatem; pardi autem, quia hoc animal varii coloris est, propter deceptionis ac fraudis multimodam varietatem. De his ergo montibus vel quæque fidelis anima, vel sancta coronatur Ecclesia, quando sæculi principes convertit ad fidem, vel ad sanctæ conversationis dirigit rectitudinem. Coronatur autem, vel quia pro apportato eorum lucro remuneratur a Christo, vel ab eisdem, quibus antea premebatur, honoratur in sæculo. Coronatur, inquam, de cubilibus leonum et montibus pardorum, quando superbos quosque atque dolosos a sua pra- vitate convertit, et pro correctis eorum moribus æterna præmia recipit.

CAPUT XIV.

Ex sermone in natali virginum.

« Surge, Aquilo, et veni, auster, perfla hortum meum, et fluent aromata illius (*Cant.* IV). » Quid per Aquilonem, qui nimirum ventus est frigidus, nisi persecutionis asperitas? Quid per austri tempora, nisi male blandientium remissio designatur? Sed inter utriusque persecutionis genera, inter utraque maligni spiritus argumenta ecclesiastici horti fluere jubeantur aromata, quia fortis animus inter hæc certamina deprehensus aperit quidquid virium, quidquid fidei, quidquid invictæ fortitudinis eatenus occultavit, et velut aromata foras profluunt, dum ad humanam notitiam virtutes prodeunt ac piæ opinionis odores longe lateque diffundunt.

CAPUT XV.

« Ego dormio, et cor meum vigilat. Vox dilecti mei pulsantis : Aperi, soror mea, amica mea, columba mea, immaculata mea, quia caput meum plenum est rore et cincinni mei guttis noctium (*Cant.* V). » Dicit Ecclesia : « Ego dormio, et cor meum vigilat; » quia videlicet sancta mens quo se a strepitu temporalis concupiscentiæ comprimit, eo verius interna cognoscit; et tanto ad intima vigilat, quanto se ab exteriori inquietudine solerter occultat. Dormit itaque sponsa a negotiis et concupiscentia sæculi, sed apertos atque pervigiles tenet oculos in æstu amoris Dei. Sed quia non est hoc tempus plenæ quietis, sed laboris potius atque certaminis, repente dilectus ostium pulsat, eamque ad procinctum conserendi belli suis exhortationibus excitat : « Vox inquit, dilecti mei pulsantis. » Pulsat dilectus, cum fideles suos provocat Christus aut ad suarum incrementa virtutum, aut certe ad lucrandas animas proximorum. « Aperi mihi, soror mea. » Soror utique, quia regni mei mihi cohæres effecta, et in necessitudine mihi fraternæ adoptionis ascita. « Amica mea, » quia de jugo servitutis erepta, cognovisti meæ veritatis arcana. « Columba mea, » quia fellis amaritudine vacua, et Spiritus mei, qui in columba descendit, dono ditata. « Immaculata mea, » effusione mei sanguinis ab omni peccatorum tuorum labe purgata es. Aperi itaque mihi, hoc est, de quiete et otio dilectæ tibi contemplationis egredere, et ad perhibendum veritati meæ testimonium ferventissime te, et constanter impende « Quia caput meum plenum est rore, et cincinni mei guttis noctium. » Caput Christi Deus est, ut dicit Apostolus (*I Cor.* XI); cincinni vero intime sanctorum cogitationes sunt; quæ non laxæ fluunt et dissolutæ, sed timoris et amoris Dei sunt vinculo colligatæ. Enimvero quid per rorem et guttas noctium, nisi tenebrosas et frigidas quorumdam reproborum mentes accipimus? Caput ergo sponsi in reprobis plenum est rore, cum sæculares quique a Dei charitate torpescunt et per voluptatum suarum lasciviam defluunt, juxta id quod Dominus dicit :

« Abundabit iniquitas, et refrigescet charitas multorum (*Matth.* xxiv). » Hujusmodi plane cum sanctos Dei persequuntur et odiunt in illorum cordibus quasi cincinni sponsi guttis noctium pleni sunt; cumque tales multiplicantur et Ecclesiam persecutionibus aggravant, tunc Sponsus sponsam exhortatur ut surgat et studio prævaricationis valenter insistat. Et sponsa ad eum : « Exspoliavi me, inquit tunica mea, quomodo induam illam ?» (*Cant.* v.) Ac si dicat : Exui me curis et occupationibus sæculi et in solo me tuæ contemplationis amore constrinxi quomodo nunc discursionis iter arripiam? quomodo strepitus et luctamen obloquentium feram? Quod autem tunica curas sollicitudinesque significet, ostendit Dominus cum dicit: « Qui in tecto est, non descendat tollere tunicam suam (*Matth.* xxv), » quod est aperte dicere : Qui sublimi contemplationis arce subnititur nequaquam descendat, ut iterum sæcularis negotii occupationibus implicetur. « Lavi pedes meos, quomodo inquinabo illos ? » (*Cant.* v.) id est, gressus mei operis ab aspersione terreni pulveris dignis pœnitentiæ fletibus ablui, quo pacto jam potero, nisi quibus assueta sum, cœlestia meditari? Verumtamen postponit contemplationis requiem et ad fervorem obedientiæ intrinsecus accensa mox perhibet, dicens : « Dilectus meus misit manum suam per foramen et venter meus intremuit ad tactum ejus (*Ibid.*). » Dilectus plane manum per foramen mittit et ventrem tangit, cum occulta Conditor inspiratione cor visitat atque ad agonem certaminis et sancti laboris inflammat. Nam quod venter cor significet, ostendit propheta cum dicit: «Ventrem meum doleo (*Jer.* iv); » quod profecto quid esset aperit, cum subjungit : « Sensus cordis mei dissipati sunt. Surrexi, ut aperirem dilecto meo (*Cant.* v). » Surgit, ut aperiat, quia promptissimo animo humiliter obediens calcat propriam, ut totis viribus voluntatem impleat mens sancta divinam.

CAPUT XVI.

In epistola ad Blancam et in sermone de SS. Flora et Lucilla.

« Dilectus meus candidus et rubicundus, electus ex millibus; caput ejus aurum optimum (*Cant.* v). » Dilectus siquidem candidus virginitate, rubicundus est passione. Candidus, quia dicit : « Ego lilium convallium (*Cant.* ii); » rubicundus, de quo Joannes dicit : « Quia lavit nos a peccatis nostris in sanguine suo (*Apoc.* i). » Electus ex millibus, quia ex omnium sanctorum multitudine solus est, qui dignus fuit audire : « Hic est Filius meus dilectus, in quo mihi bene complacui (*Matth.* iii, xii, xvii). » De quo et Salomon 242 : « Virum inquit, de mille unum reperi (*Eccl.* vii). » Millenarius quippe numerus totius humani generis est intelligenda perfectio, in quo Salvator tanquam passer est unicus in ædificio: « Caput ejus aurum optimum; » quia « caput Christi Deus (*I Cor.* xi); » qui nimirum sicut aurum metallis, ita, licet incomparabiliter omnibus supereminet creaturis.

CAPUT XVII.

« Oculi ejus sicut columbæ super rivos aquarum, quæ lacte sunt lotæ, et resident juxta fluenta plenissima (*Cant.* v). » Sancti quippe doctores Ecclesiæ juxta fluenta plenissima resident Scripturarum, ex quibus nimirum exuberantem ipsi veræ sapientiæ gurgitem hauriunt, et auditoribus suis mysterii cœlestis arcana transfundunt.

CAPUT XVIII.

In sermone de S. Joanne apostolo et evangelista.

« Venter ejus eburneus, distinctus sapphiris (*Cant.* v). » In membris nempe humani corporis, vix aliquid ventre fragilius sive tenerius invenitur; ideoque per ventrem, recte fragilitas in Christo. assumptæ humanitatis accipitur. Ebur autem os est elephantis, quod videlicet animal fertur esse castissimum frigidissimæque naturæ. Venter ergo sponsi eburneus est, quia suscepta Redemptoris humanitas ab omni peccatorum contagio casta prorsus et inviolata permansit. Siquidem « peccatum non fecit, nec dolus inventus est in ore ejus (*I Petr.* ii). » Sapphirus autem lapis est sereni cœli colorem habens. Unde et in visione Domini dicitur : « Erat sub pedibus ejus quasi opus lapidis sapphiri, et quasi cœlum cum serenum est (*Exod.* xxiv). » Per sapphiros ergo opera divinitatis intelliguntur, quæ in carne Dominus ostendebat. Venter ergo sponsi distinctus erat sapphiris, quia Christi humanitas divinis virtutibus refulgebat. Nec plenus esse sapphiris dicitur, sed distinctus; ita videlicet ut inter sapphiros candor eboris appareret, quia sic Dominus ex parte assumpti hominis operabatur humana, ut aliquando nihilominus ex parte deitatis ostenderet et divina. Nam esurire, flere, postremo crucifigi et mori, humanitatis erant opera; miracula vero facere, et non solum alios, sed semetipsum etiam a mortuis suscitare evidentissima erant divinitatis indicia.

CAPUT XIX.

« Guttur illius suavissimum (*Cant.* v), » quia suorum melliflua suavitate verborum mentes audientium obdulcantur. « Quam dulcia, inquit, faucibus meis eloquia tua ; super mel et favum ori meo! » (*Psal.* cxviii.) Totus etiam desiderabilis ; quia in eo, testante Petro, desiderant angeli prospicere (*I Petr.* i); » vel quia humanitatis ejus omne mysterium, desiderium accendit in mentibus electorum ; ut eos videlicet non modo resurrectionis gloria provocet, sed ad imitationis exemplum ipsa quoque ignominia passionis invitet. Desiderabilis est, quia præclarus atque conspicuus est in singulari nativitate, in vivifica morte, in gloriosa 243 resurrectione, in triumphali ascensione ; desiderabilis est dum loquitur, dum mirabilia operetur.

CAPUT XX.

In homilia de nativitate B. virginis Mariæ.

« Descendi in hortum nucum, ut viderem poma convallium, et inspicerem si floruisset vinea et germinassen mala punica (*Cant.* vi). » Malum quippe punicum amaro quidem cortice tegitur, sed dulcis in ejus granulis suavitas occultatur. Sunt autem nonnulli, qui dum per afflictionis amaritudinem crucem Christi assidue patiuntur in corpore, dulcedine contemplationis intimæ reficiuntur in mente. Mala ergo sponsi vinea germinat, quia tales parere sancta Ecclesia nunquam cessat. De hac eadem vinea in eisdem Canticis sponsa ad sponsum loquitur, dicens : « Mane surgamus ad vineam, videamus si floruit vinea, si flores fructus parturiunt, si floruerunt mala punica (*Cant.* vii). » Hujus vineæ ille vindemiator exstitit, qui in torculari passionis suæ pressus, mysticos nobis divini eloquii sensus aperuit, et vino nos evangelicæ gratiæ propinavit. De quo videlicet vino sponsæ voce ad sponsum iterum dicitur : « Guttur tuum sicut vinum optimum, dignum dilecto meo ad potandum (*Ibid.*). »

CAPUT XXI.
In sermone de S. Marco evangelista.

« Nescivi ; anima mea conturbavit me propter quadrigas Aminadab (*Cant.* vi). » Vox est Synagogæ quæ, videns tantam sanctæ Ecclesiæ gratiam esse collatam, dolet se tardius recepisse fidem, eo quod Evangelii non agnoverit veritatem. Aminadab autem abnepos Judæ fuisse cognoscitur ; qui in genealogia Domini cum patribus numeratur. Interpretatur autem Aminadab *populi mei spontaneus* ; ideoque non incongrue significat Christum, qui populi sui spontaneus fuit, quia, cum Deus esset, sponte factus est homo ; qui enim non necessitate, sed sola bonitate nos condidit propria nihilominus voluntate redemit. Unde et Jacobus ait : « Voluntarie genuit nos verbo veritatis (*Jac.* i). » Spontaneus ergo factus est populi sui, quia quem a se humana pravitas repulit, sola voluntas divinæ gratiæ redonavit. Quadriga vero Aminadab, Christi est Evangelium, concordissima quatuor evangelistarum diversitate compactum. Quam sane quadrigam Christus auriga disposuit et quadrifidam mundi machinam agillima prædicationis celeritate percurrit, sicut per Psalmistam dicitur : « Qui emittit eloquium suum terræ, velociter currit sermo ejus (*Psal.* cxlvii). » Videns ergo Synagoga repente gratiam Evangelicæ prædicationis erumpere cunctasque mundi provincias agiliter pervolare, subito turbata conqueritur quod sola in sua perfidia, conversis ad fidem gentibus, deseratur : « Nescivi, inquiens, turbavit me anima mea propter quadrigas Aminadad. »

CAPUT XXII.

« Umbilicus tuus crater tornatilis nunquam indigens poculis (*Cant.* vii). » Umbilicus autem fragilissima pars corporis est. Quid ergo per Ecclesiæ designatur umbilicum, nisi cœtus infirmorum atque debilium ? Quid vero per craterem, nisi prædicatorum intelligimus ordinem ? Qui nimirum mentibus auditorum cœlestis doctrinæ vina propinant easque poculis sanctæ prædicationis inebriant. Umbilicus ergo Ecclesiæ crateri merito comparatur, quia plerumque debilis et infirmus quilibet vas doctrinæ cœlestis efficitur, qui non indiget poculis, quia cœlestis eloquii non desinit irriguus esse fluentis. Unde bene crater hic tornatilis dicitur ; torno siquidem quis facilius operatur. Expeditius enim sæpe atque inoffense in sancta prædicatione discurrunt, qui prædicationis gratiam non suo studio, sed divinitus acceperunt. Hanc prædicationis gratiam viris simplicibus, sive sanctis mulieribus tribuendam illa Samson victoria figuravit, qua videlicet mandibulam asini fervefactus arripiens, mille Philistinorum viros occidit.

CAPUT XXIII.

« Comæ capitis tui, ut purpura regis juncta canalibus (*Cant.* vii). » Sicut per caput intelligimus mentem, ita per comas capitis non inconvenienter accipimus cogitationes. Sicut enim capilli de vertice prodeunt, ita cogitationes ex mente procedunt. Purpureus vero color, quia sanguinis habet speciem, quid per mysterium, nisi Dominicam innuit passionem. Quid vero canales, nisi sanctorum significant mentes ? Sicut enim in canalibus conchiliorum sanguis effunditur, ut in purpureum colorem lana vertatur, sic in sanctorum mentibus Dominicæ passionis cruor assidua meditatione recolitur, et ita quodammodo pia quælibet anima sanguine tingitur, ut æterni Regis purpuram imitetur. Hoc nimirum modo efficimur Salvatori nostro conformes, ut simus etiam merito postmodum cohæredes.

CAPUT XXIV.

« Quam pulchra es et decora, charissima, in deliciis ; statura tua assimilata est palmæ (*Cant.* vii). » Mens quippe sancta charissima in deliciis dicitur, quia, dum persecutionibus attrita foris affligitur, piis æstuans desideriis suavitatis intimæ dulcedine recreatur. Cujus statura palmæ similis dicitur, quia sicut non vitiorum titillantium flatibus, ita nec persecutionum quarumlibet terroribus inclinatur ; dumque eam persequentium rabies, velut impactis minarum arietibus pulsat, illa fundamento invictæ fidei constanter innixa, revera stans et supereminens, insuperabilis perseverat. Nequaquam illi similis, cui per prophetam de malignis spiritibus dicitur : Quia, « humiliaverunt te et dixerunt animæ tuæ : Incurvare ut transeam (*Isa.* li) ; » sed illud potius servans, quod filiis Israel Dominus ait : « Ego sum Dominus Deus, qui eripui vos de ergastulo Ægyptiorum, ut incederetis recti. » Et quoniam palma solet manum ornare victricem, recte sancta et insuperabilis anima palmæ esse similis perhibetur, quia per omnem sui certaminis cursum peractæ victoriæ præmium meditatur, atque idcirco floccipendit omne quod in infirmis tolerat, quia erecta velut palma, id quod in cœlestibus aspicit, firmiter sperat.

CAPUT XXV.
In sermone de inventione S. crucis.

« Dixi, inquit ad sponsam sponsus : Ascendam in palmam et apprehendam fructus ejus, et erunt ubera tua, sicut botri vineæ; odores tui, sicut malorum; guttur tuum, sicut vinum optimum (*Cant.* VII). » Fructus nempe crucis omnes electi sunt. Ascendit igitur Dominus in palmam et apprehendit fructus ejus, quia mox ut in cruce pro nostra salute pependit, omnes electos ad semetipsum per amoris desiderium traxit. Et tunc sancta Ecclesia per duorum Testamentorum ubera spiritualis cœpit lætitiæ vina diffluere, atque odorem cœlestis concupiscentiæ humanarum mentium naribus inspirare; ut incitata ad sequendum, mens nostra sibi gratulans dicat : « Trahe me post te, curremus in odorem unguentorum tuorum (*Cant.* I). »

CAPUT XXVI.

« Sub arbore malo suscitavi te (*Cant.* VIII). » Cum dilectæ suæ sponsus præmisisset : « Sub arbore malo suscitavi te : » consequenter adjunxit : « Pone me ut signaculum super cor tuum, ut signaculum super brachium tuum (*Ibid.*); » ac si dicat : Quia ego te in tantum dilexi, ut per mortem crucis te mortuam suscitarem, tu etiam me alterutrum dilige, meque interius non modo cogitationibus sed et operibus, velut integri atque perfecti amoris signaculum pone. Nam arborem malum debemus Dominicam crucem accipere; cui videlicet arbori ipsum alibi Christum comparat, dicens : « Sicut malus inter ligna silvarum, sic dilectus meus inter filios (*Cant.* II). » Arbor ergo mali crux est Christi, per quam suscitata est anima, a mortis, scilicet æternæ vinculis absoluta. « Pone me, inquit, ut signaculum super cor tuum, ut signaculum super brachium tuum (*Cant.* VIII). » Quid per cor, nisi cogitationem? Quid per brachium, nisi operis debemus intelligere fortitudinem? Christum ergo tanquam signaculum cordi nostro debemus imprimere, ut nulla hæc valeat hostilis irruptio violare. Christum etiam operibus nostris debemus insculpere, ut, per omne quod agimus, crucifixi nos præceptoris discipulos demonstremus.

CAPUT XXVII.

In epistola ad Blancam, et in sermone de sancto Cassiano.

« Pone me ut signaculum super cor tuum, ut signaculum super brachium tuum (*Cant.* VIII). » Sæpe nos ob rei memoriam, quam oblivioni tradere nolumus, digito nostro, vel brachio signum aliquod innodamus, ut, dum signum frequenter attenditur, res, quam intercidere potuisset oblivio, jugiter in memoria teneatur. Quisquis autem Christum quasi amat, sed operari bona dissimulat, jam quodammodo sponsum super cor signaculum posuit. Quisquis vero bonis operibus videtur intentus, sed a divini amoris torpet incendio frigidus; jam iste sanctitatis imaginem super brachium posuit, sed adhuc in corde Christi signaculum non expressit. Ut ergo sancta anima Christi charactere utrobique signetur, eum in corde suo signaculum ponat, ut amoris ejus facibus medullitus inardescat. Ponat etiam consequenter in brachio, ut piis operibus valenter insistat. Signaculum Paulus in corpore suo velut in brachio Jesum posuerat, cum dicebat : « Ego stigmata Jesu in corpore meo porto (*Gal.* VI). » Signaculum super cor posuerat, cum alibi gratulabundus aiebat : « Mihi autem absit gloriari, nisi in cruce Domini nostri Jesu Christi, per quem mihi mundus crucifixus est et ego mundo (*Ibid.*) » Cujus sane stigmata expressa gerebat in corpore, ejus se signaculum habere gloriabatur in mente. Porro autem et ipse cœlestis Sponsus electum quemque suum sibi signaculum ponit eumque grata vice tanquam ne de memoria deleatur, attendit : Juxta quod Zorobabel duci Judææ pollicetur, dicens : « In illa die suscipiam te, Zorobabel serve meus, et ponam te sicut signaculum in conspectu meo (*Agg.* II). » Et contra de quodam reprobo rege Dominus dicit : « Si fuerit Jechonias annulus dexter in manu mea, inde evellam eum (*Jer.* XXII). »

Expliciunt testimonia de Canticis canticorum.

INCIPIUNT CAPITULA LIBRI SAPIENTIÆ.

1. *Quod benignus est spiritus sapientiæ.*
2. *Dum medium silentium tenerent omnia.*

Expliciunt capitula.

INCIPIUNT TESTIMONIA LIBRI SAPIENTIÆ.

CAPUT PRIMUM.

In libro GRATISSIMO.

« Benignus est enim Spiritus sapientiæ, et non liberabit maledictum a labiis suis (*Sap.* I). » Benignus namque Spiritus sanctus congrue dicitur, quia mala merentibus bona retribuit, et dignis supplicio gratiæ suæ munus impertit. Quis autem hoc loco maledicti nomine, nisi Redemptor noster debet intelligi, qui ut nos a maledictionis vinculo solveret, ipse non respuit maledictionibus subjacere? Unde et Paulus dicit : « Christus, inquit, nos redemit de maledicto legis, factus pro nobis maledictum quia scriptum est : Maledictus omnis qui pendet in ligno (*Gal.* III), ut in gentibus benedictio Abrahæ fieret in Christo Jesu, ut pollicitationem Spiritus accipiamus per fidem (*Deut.* XXI). » Benignus ergo Spiritus sanctus non liberavit maledictum a labiis suis, quia cuncta Dominicæ passionis mortisque supplicia, quæ de Christo per ora prophetarum ante prædixerat, congruo tempore per exhibitionem operum efficaciter adimplevit. Tunc enim quodammodo a suis cum labiis liberaret, si quod de illo propheticis enuntiaret oraculis, per rerum ordinem non implevisset. Ubi notandum quam profunde, quam mystice simul congruat doctoris utriusque sententia. Quod enim unus dixit quia Spiritus non liberabit maledictum a labiis suis, hoc est, quod alter asseruit, ut pollicitationem Spiritus accipiamus per fidem; atque ut ostendat vir Sapiens, de quo maledicto loqueretur, præmissa sententia protinus addidit : « Quoniam renum illius testis est Deus, et cordis illius scrutator est verus et linguæ illius auditor (*Sap.* i). » Quia enim Patris et Filii inseparabilis et coessentialis est unitas, renum Filii testis et cordis ejus scrutator jure Pater asseritur, cujus nimirum virtus et sapientia, ipse Filius nulla ab eo creditur inæqualitate diversus, nulla probatur adjunctione semotus. Linguæ etiam illius auditor est, sicut ipse testatur : « Pater, inquit, gratias ago tibi, quoniam audisti me, ego autem sciebam, quia semper me audis (*Joan.* xi). » Idcirco igitur spiritus non liberavit maledictum a labiis suis, quia Deus testis atque scrutator est cordis illius et linguæ auditor. Ac si patenter diceret : Ideo Dei Filius passionis supplicia pertulit, quia ipse Filius, cui cum Patre et eodem Spiritu sancto una voluntas, una est providentia, id fieri pro humani generis salute decrevit. De quo nimirum Apostolus : « Qui dilexit me, inquit, tradidit semetipsum pro me (*Gal.* ii). »

CAPUT II.

In sermone secundo de S. Bartholomæo apostolo.

« Dum medium silentium tenerent omnia et nox in suo cursu medium iter haberet, omnipotens sermo tuus, Domine, de cœlo a regalibus sedibus venit (*Sap.* xviii). » In adventu quippe Domini medium silentium omnia continebant, quia jam prophetæ cessaverant, et nondum apostoli ad prædicandum novæ fidei gratiam veniebant. In quodam plane mundus meditullio consistebat, dum et prophetarum nequaquam oracula superessent et apostolica nondum prædicatio coruscaret. Quo autem hic per nox intelligitur, nisi diabolus, qui auctor est tenebrarum ? Qui nimirum quodammodo tunc ambulat, cum non facile valet implere quod optat; tunc vero currit, cum malitiæ suæ vota absque ullo contradictionis obstaculo perficit, et non jam viæ marginem, sed medium iter tenet, dum nihil sibi videt occurrere quod sui cursus impetum valeat retardare. Cum igitur sub tam noxio mundus silentio conticesceret, et hæc ad perdendos homines occasio diabolum vocaret, ille non modo medium iter habebat, sed et currebat, quia quidquid nequitiæ suæ mente conceperat efficaciter adimplebat. Nam et cuncta jam Romanum occupabat imperium, et necesse erat eos, qui legem Dei eatenus saltem utcunque tenuerant, jam subesse legibus paganorum. Sub hoc igitur pereuntis mundi silentio sermo Domini a regalibus sedibus venit, quia de pectoribus apostolicis, quæ Regis æterni veraciter sedes sunt, verbum evangelicæ prædicationis erupit. Ipsi quippe regales sunt sedes quas Deus inhabitat, ipsi reges et Patres Ecclesiæ, sicut dicitur : « Omnis gloria ejus filiæ regum ab intus (*Psal.* xliv). » Isti sane reges armati gladio spiritus, quod est verbum Dei (*Ephes.* vi), debellarunt principem mundi. De quo nimirum apostolorum gladio legitur : « Durus debellator in mediam exterminii terram prosilivit, gladius acutus insimulatum imperium tuum portans, et stans replevit omnia morte, et usque ad cœlum attingebat stans in terra (*Sap.* xviii). »

Expliciunt testimonia de libro Sapientiæ.

INCIPIT CAPITULUM DE LIBRO ECCLESIASTICI.

CAPUT UNICUM.

In sermone secundo de S. Matthæo apostolo et evangelista.

« Legem mandavit Moyses in præceptis justitiarum, et hæreditatem domui Jacob et Israel promissiones (*Eccli.* xxiv). » Ut autem in his verbis non diutius immoremur, lex ista, quæ hæreditas promissionis dicitur sanctum est Evangelium, quod quidem antiquis Patribus est promissum, nobis autem hæreditario jure, Christo veniente, collatum; ubi præsto subjungitur : « Posuit David puero suo excitare regem ex ipso fortissimum in throno honoris sedentem in sempiternum. Qui implet quasi Phison sapientiam, et sicut Tigris in diebus novorum; qui adimplet quasi Euphrates sensum; qui multiplicat quasi Jordanis in tempore messis; qui mittit disciplinam sicut lucem, et assistens quasi Geon in die vindemiæ (*Ibid.*). » Hæc itaque, fratres mei, tam lucide, tam aperte de Christo et sanctis evangelistis dicta sunt ut ad hoc insinuandum exponi non egeant, sed dum in sanctis ac mysticis verbis vindemiæ nomen auditis, qui ex temporis occasione terrenas vindemias præ manibus habetis, debet a circumstantibus ad interiora recurrere, et spiritualem vindemiam sanctam vestra prudentia cogitare. Ait enim in fine sententiæ : « Qui mittit disciplinam sicut lucem, et assistens quasi Geon in die vindemiæ (*Ibid.*). » Quis est ille, qui mittit disciplinam sicut lucem, nisi is qui, post velatam faciem Moysi, possesso tenebris mundo, radiantem Evangelii sui ingerit claritatem? Assistit itaque quasi Geon, de quo et per Prophetam dicitur : « Dominus Deus noster fluvius gloriosius exsiliens in terram sitientem (*Ibid.*). » Quæ est autem vinea, cui quasi Geon assistit, et prædicationis suæ madoribus irrigare non desinit, nisi illa de qua per Prophetam dicitur: « Vinea autem Domini Sabaoth domus Israel est? » (*Isa.* v.) Hanc vineam de Ægypto vetustæ legis Dominus transtulit, et ad terram Evangelii, quæ mel et lac manat, induxit.

Expliciunt testimonia de libro Ecclesiastici.

INCIPIUNT CAPITULA LIBRI ISAIÆ PROPHETÆ.

1. De eo quod dicitur : Et conflabunt gladios suos in vomeres et lanceas suas in falces.
2. Quod dies Domini sit super omne superbum.
3. Quod Seraphim, senas alas habentes, volabant ante faciem Dei.
4. Lateres ceciderunt, sed quadris lapidimus ædificabimus.
5. Ponam super his, qui fuerunt de Moab, Leonem. Emitte Agnum, Domine, Dominatorem terræ, de petra deserti ad montem filiæ Sion.
6. Quod visio omnium erit, sicut verba libri signati.
7. Glorificabit me bestia agri, dracones et struthiones, quia dedi in deserto aquas.
8. Propter scelus populi mei percussi eum, et dabit impium pro sepultura et divitem pro morte sua.
9. Quis est iste qui venit de Edom tinctis vestibus de Bosra?
10. Nunquid ego, qui alios parere facio, ipse non pariam, dicit Dominus?

Expliciunt capitula.

INCIPIUNT TESTIMONIA.

CAPUT PRIMUM.

« Et conflabunt gladios suos in vomeres et lanceas suas in falces (*Isa.* II). » Impatientibus sane correptiones quasi gladii sunt, sed si volunt ut hi gladii vertantur in falces, hirsuta vitiorum suorum dumeta, quibus horrent, permutantur in messes. Unde propheta cum præmisisset de Salvatore nostro « quia judicabit gentes et arguet populos multos : » protinus addidit : « Et conflabunt gladios suos in vomeres et lanceas suas in falces (*Ibid.*). » Nimirum congruus ordo, dum primo quidem peccator arguitur, deinde et gladii in vomeres et lanceæ conflantur in falces. Nam dum impatiens quispiam per disciplinam mitior factus tanquam planus ager increpationis cultro proscinditur, deinde suavi semine sanctæ prædicationis aspergitur, et sic denum fecunda bonorum operum fruge vestitur, huic scilicet et gladii facti sunt vomeres et lanceæ convertuntur in falces; quia qui reprehendi prius tanquam gladio percuti deputabat, nunc et vomerem sacræ doctrinæ libenter sustinet, ut fruges ferat et falcem supernæ messionis exspectat, ut horrei cœlestis promptuarium repleat.

CAPUT II.

In epistola ad Blancam.

« Dies Domini super omnem superbum et excelsum, super omnem arrogantem et humiliabitur, et super omnes cedros Libani sublimes et erectas, et super omnes quercus Basan, et super omnes montes excelsos, et super omnes colles elevatos, et super omnem turrem excelsam, et super omnem murum munitum, et super omnes naves Tharsis et super omne quod pulchrum visu est (*Isa.* II). » Ex rebus insensibilibus dies divini judicii dicitur imminere, sed per figuras rerum ratione carentium, stoliditas intelligitur hominum reproborum. Cedri quippe Libani sublimes et erectæ, potentes sunt hujus sæculi, per excellentiam quidem terrenæ sublimitatis elati, sed bonorum operum fructibus infecundi. Quercus autem fructus quidem proferunt, sed non quibus homo reficitur, sed unde sues aluntur. Sues autem immundi intelligendi sunt spiritus, qui spurcis sordentium hominum saginantur. Porro montes excelsi et colles elevati, superbi quique sunt, quasi per aggestum tumidæ cogitationis in alta **251** porrecti, sed frumento, quo valles abundant (*Psal.* LXIV), cunctisque spiritualium studiorum frugibus alieni. Jam vero turris excelsa et murus munitus illos insinuat qui, cum peccatores sint, in quodam se velut innocentiæ arce constituunt seseque defensionis clypeo contegentes reprehensorum suorum jacula ad se pertingere non permittunt. Tharsis autem *exploratio gaudii* dicitur; quisquis enim in hoc sæculo, unde gaudere possit, explorat, huic superveniens dies Domini, quibus perpetualiter amarescat, mœroris atque tristitiæ molestias irrogat. Venit etiam dies Domini, non super omne quod pulchrum est, sed super omne quod visu pulchrum est, quia in die divini judicii pondere premitur qui intrinsecus quidem vitiorum latenter ingruentium deformitate confunditur; foris autem quadam adumbratæ virtutis, vel potius honestatis pulchritudine palliatur.

CAPUT III.

Ad Oldericum, episcopum Firminum.

Quæcunque humana mens sano viget fulta consilio, si se subtiliter et solerter inquirit, vix in se suis facultatibus invenit, unde merito sperare præconium possit. Mortalis quippe conditio undique coarctata atque constricta, quid novit unde possit extolli? Quis enim sciat quid in æternitate fuerit, antequam Deus hunc conderet mundum? Sed cum ignoret quid fuerit ante mundi principium, novit forsitan quid post ejus terminum sit futurum; utrum scilicet in ministerio sui cursus ulterius astra deserviant, et utrumne, post ea quæ nunc sunt alia rursus elementa succedant. Unde et Seraphim illa, quæ Isaias propheta in conspectu Domini stare conspexit, senas alas habuisse describit : « Duabus, inquit, velabant faciem, et duabus velabant pedes, et duabus volabant (*Isa.* VI). » Velabant porro faciem, sive pedes, non suos, sed utique Dei. Et quid per faciem Dei, nisi mundi principium? quid per pedes, nisi ejusdem mundi finis debet intelligi? Alarum ergo seraphim et plures sunt quæ velant et paucæ quæ volant, quia ex divinorum operum celsitudine cum perpauca ad nostram permittantur advolare notitiam, plurima in thesauris secretorum cœlestium servantur occulta. Nam quod funditus ignoremus quid ante mundi principium fuerit et quid jam post consummationem jam sit futurum, idem perhibet Isaias : « Priora, inquit, annuntiate mihi et novissima quæ futura sunt, et dicam quia dii estis (*Isa.* XLI). » De mediis autem pauca utcumque cognoscimus, quæ ex Scripturarum attestatione nobis panduntur. Porro autem et in his ipsis quantam notitiæ patiamur inopiam, qui sapientissimus inter homines exstitit, non erubuit confiteri. Ait enim Salomon : « Sunt justi et sapientes, quorum opera in manu Domini ; et tamen nescit homo utrum amore an odio dignus sit, sed omnia in futurum servantur incerta (*Eccli.* IX). » Ubi notandum quia cum justos dicat et sapientes, qui nimirum debuerant subtilius nosse, ipsos etiam perhibet quæ futura sunt ignorare.

252 CAPUT IV.
In epistola ad Hermisindim, quod ædificium humanæ superbiæ cito destruitur.

Qui, contempta terrenæ conversationis concupiscentiæque structura spiritualis ædificii fabricam construunt, hi quasi lateres in lapidem vertunt ; et non in arena mundanæ spei, sed in petra fidei, quæ Christus est, atria nunquam lapsura constituunt. Unde per Isaiam dicitur : « Lateres ceciderunt, sed quadris lapidibus ædificabimus ; sycomoros succiderunt, sed cedros immutabimus (*Isa.* IX). » Lateribus quippe candentibus et lapidibus quadris ædificat quisquis vitiorum voluptatumque lasciviam districtioris vitæ rigore castigat, qui legem carnis lege spiritus superat, qui fortitudinem corporis animi virtute demutat. Unde rursus per Isaiam dicitur : « Qui confidunt in Domino mutabunt fortitudinem (*Isa.* XL). » Nam dum non assument, sed mutabunt, dixit, patenter innotuit, aliam esse fortitudinem, quæ deponitur, aliam, quæ noviter inchoatur. Hinc electis per Psalmistam dicitur : « Viriliter agite et confortetur cor vestrum, omnes qui speratis in Domino (*Psal.* XXX). » Hinc Salomon ait : « En lectulum Salomonis sexaginta fortes ambiunt ex fortissimis Israel (*Cant.* III). »

CAPUT V.
In libro contra Judæos.

Isaias perhibens testimonium de Christo : « Ponam, inquit, super his qui fuerunt de Moab leonem, et reliquis terræ. Emitte Agnum, Domine, dominatorem terræ de petra deserti ad montem filiæ Sion (*Isa.* XV, XVI). » De hac enim gente Moabitarum egressus est Agnus immaculatus, qui tollit peccata mundi, qui dominatur in orbe terrarum. Nam qui leo propter fortitudinem dicitur, ipse agnus propter mansuetudinem perhibetur. *Petra* autem *deserti* Ruth intelligitur, quæ deserta prioris morte conjugis, Obed de Booz genuit (*Matth.* I) ; de quorum Christus stirpe descendit.

CAPUT VI.
In sermone de S. Luca evangelista.

« Et erit vobis visio omnium sicut verba libri signati, quem cum dederint scienti litteras, dicent : Lege istum ; et respondet : Non possum ; signatus est enim (*Isa.* XXIX). » Quis enim est liber ille signatus, nisi sanctum Evangelium mysticis figuram sententiis obvolutum et ab humanæ mentis intelligentia procul arcana quadam profunditate remotum ? Hic profecto liber ille est, de quo Joannes ait : « Vidi in dextra sedentis super thronum librum scriptum intus et foris, signatum sigillis septem (*Apoc.* V). » Quæ sunt autem sigilla, quibus liber evangelicus obsignatus dicitur, nisi septem illa sacramenta, quibus utique totus ordo Dominicæ dispensationis impletur, videlicet incarnatio Domini, 253 nativitas, passio, resurrectio, ad cœlos ascensio, deinde judicium, postremo regnum ? His itaque sigillis liber evangelicus ita signatus est, ut nisi eum Christus aperuisset cuilibet omnino patere non posset. Unde subjungitur : « Ecce vicit leo de tribu Juda, radix David, aperire librum, et solvere septem signacula ejus (*Ibid.*). »

CAPUT VII.
In eadem epistola.

« Glorificabit me bestia agri, dracones et struthiones, quia dedi in deserto aquas, flumina in invio ; ut darem potum populo meo, electo meo (*Isa.* XLIII). » Quid enim bestia designat agri, nisi gentilitatem utique rationis expertem ? Quid per dracones, nisi malitiosi ? Quid vero per struthiones, qui pennati sunt, sed volare nequeunt, nisi hypocritæ figurantur ? Hæ ergo bestiæ Deum glorificant, dum Christus gentili populo, qui desertus erat et invius, exuberantis Evangelii verba propinat. Scyphus itaque evangelicæ prædicationis in Benjamin datus est Paulo, ut ipse desertum gentilitatis specialiter excolat et ariditatem ejus largo sanctæ prædicationis imbre perfundat. De quo scilicet imbre scriptum est : « Qui operit cœlum nubibus et parat terræ pluviam (*Psal.* CXLVI). »

CAPUT VIII.
In epistola ad Albericum card., de decem quæstionibus.

Illud etiam Isaiæ, quod tibi petis exponi : « Propter scelus populi mei percussi eum, et dabit impium pro sepultura et divitem pro morte sua (*Isa.* LII) ; » ut nobis videtur tale est : Pater omnipotens Filium propter populi sui peccata percussit, quia illum, ut nostra peccata deleret, crucis patibulum subire constituit. Ad hoc enim est Filius a Patre traditus, ut servus fieret absolutus, sicut et Apostolus : « Qui proprio, inquit, Filio non pepercit, sed pro nobis omnibus tradidit illum (*Rom.* VIII). » Ad hoc innocens vulneribus est percussus, ut peccator exsultet a suorum vulnerum livore sanatus. Sicut per eumdem Isaiam dicitur : « Ipse autem vulneratus est propter iniquitates nostras, attritus est propter scelera nostra, cujus livore sanati sumus (*Isa.* LIII). » Sed Redemptor noster pro duobus populis, gentili videlicet et Judaico pati dignatus est, quorum alter impius, alter dives merito dicebatur. Et gentilis quidem populus impius erat ; quia idolis serviens, pietatem divini cultus ignorabat. Hæc autem pietas Græce dicitur θεοσέβειαν. Judaicus vero populus dives exstiterat, quia dum Sabbata, circumcisionem, heomenias omnesque cæremonias divinæ legis accepit, tanquam copiosis thesauri cœlestis divitiis abundavit. Quibus exuberare divitiis Corinthios jam conversus Paulus exsultabat, cum diceret : « Gratias ago Deo meo semper pro vobis in gratia Dei, quæ data est vobis in Christo Jesu, quia in omnibus divites facti estis in illo, **254** in omni verbo et in omni scientia, ita ut nihil vobis desit in ulla gratia (*I Cor.* 1). » Salvator ergo noster pro morte, quam in se suscepit, duos de morte resuscitatos Patri populos reddidit : Gentilem scilicet, qui dæmonibus olim impie serviebat, et Judaicum, qui, quamvis occidentem litteram tenens et vivificantem spiritum nesciens, divinæ tamen legis divitias possidebat.

CAPUT IX.

In homilia de nativitate S. Mariæ virginis.

« Quis est iste, qui venit de Edom, tinctis vestibus de Bosra? » Et paulo post : « Quare ergo rubrum est indumentum tuum, et vestimentum tuum sicut calcantium in torculari? » (*Isai.* LXIII.) Indumentum quippe Christi nihil est aliud, nisi corpus quod sumpsit ex domina et virgine Maria. Nec tamen aliud est vestimentum ejus atque aliud ipse. Nam nostrum quoque vestimentum caro dicitur, sed tamen ipsi nos sumus caro, qua vestimur. De quo vestimento per Joannem dicitur : « Habebat in vestimento et in femore suo scriptum : Rex regum et Dominus dominantium (*Apoc.* XIX). » Per femur quippe propagatio carnis fit. Qui ergo per propaginem generis humani in mundum nunc venit ex Virgine, et per incarnationis suæ mysterium, qui Rex esset et Dominus cunctis gentibus indicavit, in vestimento et femore scriptum habuit : « Rex regum et Dominus dominantium. » Unde enim mundo innotuit, ibi scientiam suæ majestatis inscripsit. Hoc autem indumentum rubrum prophetæ apparuit, quia Redemptor noster proprium pro redemptione nostra sanguinem fudit. Cui ipse respondit : « Torcular calcavi solus et de gentibus non est vir mecum (*Isai.* LXIII). » Solus enim torcular, in quo calcatus est, calcavit, quia sua potentia eam quam sustinuit passionem vicit. Nam qui usque ad mortem crucis patibulum pertulit, de morte ipsa cum gloria resurrexit. Bene autem dicitur : « Et de gentibus non est vir mecum (*Ibid.*); » quia ii, pro quibus pati venerat, passionis ejus esse participes debebant; qui pro eo, quod necdum crediderant, de ipsis in resurrectione conqueritur quorum vita in ejus morte quærebatur.

CAPUT X.

In epistola ad Cunibertum episcopum Taurinensem, de incontinentia clericorum.

In pastoribus quidem inutilis esse castitas jure decernitur, quæ se sic exhibet sterilem, ut aliam non pariat castitatem, præsertim cum ipse Deus omnipotens per Isaiam : « Nunquid ego, qui alios parere facio, ipse non pariam, dicit Dominus? » (*Isai.* LXVI.) Ubi notandum quia dum, non alias, sed alios parere facio, dicat, virorum potius ac pastorum Ecclesiæ fetus exspectat. Malus autem pastor cum eodem propheta potest lugendo cantare : « Non parturivi, et non peperi, et non enutrivi juvenes, nec ad incrementum perduxi virgines (*Isai.* XXIII). »

Expliciunt testimonia Isaiæ.

255-256 INCIPIUNT CAPITULA JEREMIÆ.

1. *De occisione, quam Dominus minatur Hierusalem, quia dereliquerunt eum.*
2. *Præcepit Dominus Jeremiæ, ut vadat ad Euphratem, et abscondat ibi in foramine petræ lumbare quo erat præcinctus.*
3. *De eo quod dicitur : Quod perdix fovit, quæ non peperit : fecit divitias, et non in judicio, in dimidio dierum suorum relinquet eas.*
4. *Quod Dominus ait per Jeremiam : Nunquid non verba mea sunt quasi ignis, dicit Dominus, et quasi malleus conterens petram?*
5. *Quod intentat Dominus habitatoribus Hierusalem gladium, et famem, et pestem : eo quod non audierint prophetas quos miserat ad eos.*
6. *Quod dum Jeremias de puteo in quem projectus fuerat, levatur, funes et veteres pannos ad eum deponunt.*
7. *Maledictus qui prohibet gladium suum a sanguine.*
8. *Inebriavit me absinthio.*
9. *Ex ore Altissimi non exierunt nec bona, nec mala.*
10. *Filii Agar, qui exquisierunt prudentiam, quæ de terra est, viam sapientiæ.*

Expliciunt capitula Jeremiæ.

INCIPIUNT TESTIMONIA.

CAPUT PRIMUM.

In epistola ad P. archipresbyterum, ubi loquitur de animæ egressione a corpore.

« Ecce ego convocabo omnes cognationes regnorum aquilonis, ait Dominus; et venient, et ponent unusquisque solium suum in introitu portarum Hierusalem, et super omnes muros ejus in circuitu, et super universas urbes Juda; et loquar judicia mea cum eis super omni malitia eorum qui dereliquerunt me (*Jer.* 1). » Quæ profecto verba, si præter illos terrenæ Hierusalem cives ad alios non respicerent, nequaquam hodie in sancta Ecclesia resonarent. Quæ sunt igitur illæ cognationes regnorum aquilonis, nisi malignorum spirituum multitudines, in frigidis adeo mentibus superbe regnantes? Hi solium suum unusquisque in introitu portarum Hierusalem ponunt, cum egredientem de corpore infelicem animam, circumposita, ne libera prodeat, obsidione custodiunt, ut eam secum nunc ad ignis supplicium pertrahant, in cujus antea frigida mente regnabant. O quam luctuosa, quam lugubris est sera et infructuosa illa pœnitentia, cum peccatrix anima jam incipiens carnis carcere, quo inclusa tenebatur, absolvi, respicit post se, dirigit oculos ante se ! Videt post se velut angustissimum atque brevissimum stadium vitæ mortalis emensum, videt ante se interminabilium longitudinem sæculorum. Perpendit quasi momentum temporis celeriter advolasse, quod vixit; contemplatur infinitam prolixitatem temporum instare quam incipit. Id enim brevissimum quod est, velut in puncto, transcurrit : huic autem viæ quam nunc ingreditur nullus omnino finis occurrit.

CAPUT II.

In epistola ad P. archipresbyterum, de incontinentia clericorum.

« Vade, inquit Dominus ad Jeremiam, et posside tibi lumbare lineum, et pones illud super lumbos tuos (*Jer.* XIII). » De quo et paulo post : « Surgens, inquit, vade ad Euphratem, et absconde illud ibi in foramine petræ. » Quod cum fecisset, et in Euphrate, sicut jussus fuerat, abscondisset, post plurimos dies ait Dominus ad eum : « Surge, et vade ad Euphratem, et tolle inde lumbare. Et abii, inquit, ad Euphratem, et tuli lumbare de loco ubi absconderam illud ; et ecce computruerat, ita ut nulli usui aptum esset. Et ait Dominus : Sic putrescere faciam superbiam Juda, et superbiam Hierusalem multam, populum istum pessimum, qui nolunt audire verba mea, et ambulant in pravitate cordis sui, et erunt sicut lumbare istud, quod nulli usui aptum est (*Ibid.*). » Quid hic Jeremiæ persona, nisi Dominum? Quid lumbare, nisi ordinem significat clericorum ? Omnis Ecclesia vestis est Christi, de cujus sibi membris per prophetam dicitur : « Omnibus his velut ornamento vestieris (*Isai.* XLIX). » Sed sicut lumbare intimum est humano corpori et arctius adhæret quam reliquæ vestes, ita clericalis ordo familiarius divinis agglutinatur obsequiis, quam cæteri homines ; sicut illic de Israelitico populo divina vox ait : « Sicut enim adhæret lumbare ad lumbos viri, sic agglutinavi mihi omnem domum Israel, et omnem domum Juda, ut esset mihi in populum, et in nomen, et in laudem, et in gloriam ; et non audierunt (*Jer.* XIII). » Quibus, quæso, tam apte, tam expresse, sicut clericis possunt ista congruere, qui nomen Dei, laudem et gloriam specialiter constituti sunt prædicare? Sicut enim Israel, et Juda peculiaris erat populus Deo inter omnes gentes terræ, ita nunc clerici specialiter adhærent 257 Christo præ cunctis membris Ecclesiæ. Isti nempe sunt lumbare lineum arctiori divino corpori familiaritate connexum. Linum siquidem laboriose pervenit ad candorem ; et clerici modo litterarum studiis insudando, modo per intervalla temporum quibusdam gradibus ascendendo, difficile promoventur ad sacri ordinis dignitatem ; alioquin si quis contentiosius astruat hoc juxta Scripturæ seriem historialiter factum, nec spiritualiter intelligendum ; quomodo Jeremias potuit inter innumerabiles Assyriorum Chaldæorumque nationes urbem Hierusalem constipatis agminibus obsidentes, lumbari præcinctus exire, idque in Euphrate qui tam longe decurrit abscondere ? Postmodum quoque profligato diuturni temporis cursu, quo pacto quasi securius rediit illudque putrefactum ; sicut Scriptura testatur, invenit, cum Hierusalem videlicet fossa, vallo, castellis et tam crebra undique esset munitione circumdata ? Nam cum aliquando idem propheta ad Anathoth viculum suum in tertio milliario ab urbe situm conaretur exire, in porta protinus capitur, ad principes trahitur, graviter verberatur et tanquam transfuga, sive patriæ proditor in carcerem truditur (*Jer.* XXXII). Quia ergo non consequitur ut intelligatur historialiter factum, constat procul dubio typicæ figuræ non deesse mysterium. Bene ergo per lumbare lineum, juxta hæc quæ superius dicta sunt, chorus exprimitur clericorum. Quod autem hoc lumbare in Euphrate, hoc est in aquoso loco, et in foramine petræ, id est in obscuritate atque umbra poni jubetur, quid per hoc exprimitur nisi illa clericorum pars quæ sub voluptatis umbra et in fluxu luxuriæ commoratur? De quorum duce in libro Job Dominus dicit : *Sub umbra dormit, in secreto calami, et locis humentibus. Protegunt umbræ umbram ejus, circumdant eum salices torrentis* (*Job* XL); atque ut ostendat quantum cum suis familiaribus in habitatione fluminis delectetur, protinus addidit : *Ecce absorbebit fluvium, et non mirabitur : habet enim fiduciam, quod influat Jordanis in os ejus.* Quod autem dicitur fuisse positum in foramine petræ, potest non inconvenienter intelligi intra septa Ecclesiæ. Quasi enim in foramine petræ clerici recluduntur, dum intra Ecclesiæ limina suis excubare ministeriis sedula frequentatione jubentur. Lumbar ergo in humenti loco positum putruit ; quia de his qui in luxuriæ fluxibus immorantur, propheta testatur : *Computruerunt jumenta in stercore suo* (*Joel.* 1). Jumenta quippe in stercore suo computrescunt, dum quique carnales ac sordidi vitam suam in luxuriæ fetore concludunt. Nulli enim usui aptum repertum est ; quia et Dominus ait : *Nemo mittens manum suam ad aratrum, et respiciens retro, aptus est regno Dei* (*Luc.* IX). Ac si aperte dicat : Quisquis dictante sui ordinis regula pudicitiæ semel arripit stivam, si postmodum per ardorem libidinis oculos reflectit ad Sodomam ; quia jam montana desperat, regno Dei se prorsus inutilem factum esse demonstrat. Ad instar ergo lumbaris in humecto loco positi clerici computrescunt, dum humidos crapula et ebrietate ventres ingurgitant, dum illuvie se libidinis et cœnosæ luxuriæ fluentis inundant ; sicque cunctis usibus redduntur inutiles ; 258 quia quo magis videntur in carne virescere, eo deterius marcescentes obsolescunt in squalentis animæ fœditate. De quibus in psalmo : « Corrupti sunt, inquit, et abominabiles facti sunt in voluptatibus suis (*Psal.* xiii). »

CAPUT III.
In epistola ad P. abbatem.

« Perdix fovit quæ non peperit; fecit divitias, et non in judicio, in dimidio dierum suorum relinquet eas, et in novissimo suo erit insipiens (*Jer.* xvii). » Nempe salvo eo, ut de his qui alienos furantur alumnos hoc possit intelligi, videtur tamen de totius auctore nequitiæ principaliter dici. Diabolus enim tanquam doctor in cathedra pestilentiæ super homines sibi magisterium usurpavit quos ipse non condidit, et errorem eos ducendo quasi fovit quos creando non peperit. Fecit itaque divitias, et non in judicio; quia dum rebus alieni juris ditescere voluit, æquitatis judicium temeravit; sed in dimidio dierum suorum relinquet eos. Diabolus enim quasi adhuc vivit, dum enim ultimi judicii gla îins necdum transfodit. Nondum itaque mortuus suas divitias jam relinquit; quoniam ad Creatorem suum genus humanum ex maxima parte jam rediit. In novissimo autem suo erit insipiens, quem, sicut Apostolus ait : « Dominus Jesus interficiet spiritu oris sui, et destruet illustratione adventus sui (*II Thess.* i). » Et propheta : « Spiritu, inquit, labiorum suorum interficiet impium (*Isai.* xi). » Homo igitur magistrum deserit abusivum et redit ad proprium, cum novum damnat errorem et ad suæ revertitur conditionis originem. Unde illic apte subjungitur : « Solium gloriæ altitudinis a principio, locus sanctificationis nostræ, exspectatio Israel (*Jer.* xvii). » Deus itaque, qui est principium gloriæ, ipse est exspectatio Israel ; quoniam a quo genus humanum prodiit per conditionis revertitur sacramentum. Qui ergo sedebat in solio gloriæ altitudinis a principio et hominem edocebat, ipse est exspectatio Israel, ut in loco sanctificationis nostræ, id est, in sancta Ecclesia eumdem hominem iterum doceat. Unde per Psalmistam dicitur : « Reminiscentur et convertentur ad Dominum universi fines terræ, et adorabunt in conspectu ejus omnes patriæ gentium (*Psal.* xxi). » Quisquis ergo alienum tollit violata fide discipulum, Antichristi procul dubio imitatur exemplum. Et sicut ille, quod alienum est, more perdicis amittit; sic iste, quod usurpatum est, æquitatis interveniente judicio non tenebit.

CAPUT IV.
In epistola ad cardinales episcopos.

Non sufficit, cum a diabolo raptus, ad Deum quisque pia devotione convertitur, nisi mox etiam a status sui duritia, quasi crebro sanctæ prædicationis malleo conteratur. Unde per Jeremiam : « Nunquid non verba mea sunt quasi ignis, dicit Dominus, et quasi malleus conterens petram? » (*Jer.* xxiii.) Verba quippe Domini quasi ignis sunt, quia frigus expellunt, **259** calorem mentibus ingerunt; malleus autem sunt, quoniam obstinationis et pervicaciæ duritiam molliunt.

CAPUT V.
In epistola ad P. archipresbyterum, super egressione animæ de corpore.

« Ecce, ait Dominus, mittam in eos (in cives videlicet Hierusalem) gladium, et famem, et pestem, et erunt in maledictionem, et stuporem, et in sibilum, et in opprobrium. » Cur sit hoc factum, aperit, cum subjungit : « Eo quod non audierint, inquit, verba mea, quæ misi ad eos per servos meos prophetas, de nocte consurgens et mittens (*Jer.* xxix). » Quod autem dicit, de nocte consurgens, mittendi sollicitudinem indicat et velocitatem ut non in verbi prædicatoribus, sed in auditoribus potius torpor desidiæ valeat inveniri. Cum itaque Deus omnipotens humano more hominibus loquens, de nocte consurrexisse se ac per hoc quasi somnum se interrupisse conqueritur; quod nobis opprobrium valet objicere, si nobis in ultimo necessitatis periculo constitutis velut hæc permerito responderet : Ego propter vos, cum essem Creator, factus sum creatura; ego propter vos irrisiones et opprobria pertuli; crucem subii et cuncta quæ vobis debebantur tormenta percurri; vos tamen me non audistis et legis meæ cæremonias et mandata sprevistis. Porro si illis improperabat servos a se missos, quanto terribilius nobis improperabit semetipsum? Si illis somnum improperabat interruptum, quanto magis nobis valet objicere, se pro nobis mortuum se sepultum? Non liberat Deus Judæos vallantium hostium obsidione conclusos, quia destinatos ad se famulos contempserunt : et quomodo Christianos audiet qui missa per Filium evangelica præcepta spreverunt? Nam qui non audit Deum, non auditur a Deo. Unum est quod mens cujusque fidelis debet assidue et solerter attendere, et intra semetipsum sollicita semper inquisitione versare : scilicet utrum placeat Deo quod egit et an in ipsa vita Deus vel operibus delectetur. Quid enim prodest quidquid faciat homo si hoc non placeat Deo? Sic de David dicitur : « Quæsivit sibi Deus virum juxta cor suum (*II Reg.* iii; *Act.* xiii). » Nam si nunc Conditor non delectatur in homine, homo postmodum delectari non poterit in Conditore. Unde legitur in vita Patrum : Quia cum falsus quidam famosus et magni nominis solitarius propinquaret ad exitum, tartareus ad eum spiritus venit qui tridentem igneum in manibus attulit; et ecce vox ad eum facta est : Sicut, inquit, anima ista vel una hora me in se requiescere non permisit, sic neque tu miserearis evellens eam. Tunc nequam spiritus tridentem igneum cordi morientis infixit, et animam ejus, sicut erat jussus, evulsit.

260 CAPUT VI.
In epistola ad fratres Sanvicini, ubi ad patientiam provocat.

Duo sunt, quæ si vigilanter attendimus, facile violentorum quorumlibet insolentias injuriarumque molestias superamus : præcepta videlicet et exempla. Quia et Scripturæ sanctæ nos ad pœnitentiam cohortantur; et electi quique quidquid a furiosis diaboli membris inferri potuit æquanimiter pertulerunt. Nam quod divinis admonitionibus et præcedentium exemplis adjuti, de profundo nobis illatæ tribulationis eripimur, recte Jeremia propheta de puteo prodeunte, signatur : « Projecerant quippe eum, sicut Scriptura testatur, in lacum, in quo non erat aqua, sed lutum; qui postmodum, ut levetur, funes ad eum, et panni veteres deponuntur (*Jer.* XXXVIII). » Quid enim funibus, nisi præcepta Dominica figurantur? Quæ quia nos in mala operatione positos et convincunt et eripiunt, quasi ligant et trahunt, coarctant et levant; sed ne ligatus his funibus dum trahitur, incidatur, simul etiam veteres panni deponuntur: quia ne divina præcepta nos terreant, antiquorum Patrum nos exempla confortant, ut ex eorum nos comparatione facere præsumamus quod ex nostra imbecillitate formidamus. Si ergo nos de hoc profundo tribulantis vitæ levari festinamus, ligemur funibus, id est, præceptis Dominicis astringamur. Intersint etiam panni veteres cum quibus melius teneantur funes, id est, præcedentium confortemur exemplis, ne infirmos nos ac timidos præcepta subtilia vulnerent, dum levant. Quasi quosdam pannos veteres Paulus apostolus subjungebat, cum ad sublevandos discipulos præceptis suis spiritualibus exempla veterum commendaret, dicens : « Justi ludibria, et verbera experti, insuper et vincula, et carceres; lapidati sunt, secti sunt, tentati sunt, in occisione gladii mortui sunt (*Hebr.* XI). » Et paulo post : « Habentes itaque tantam impositam nubem testium, deponentes omne pondus, et circumstans nos peccatum, per patientiam curramus ad propositum nobis certamen (*Hebr.* XII). » Et iterum : « Mementote præpositorum vestrorum, qui vobis locuti sunt verbum Dei, quorum intuentes exitum conversationis, imitamini fidem (*Hebr.* XIII).» Superius videlicet dum spiritualia præcepta loqueretur, quasi funes miserat; postmodum vero memorans exempla majorum, quasi veteres pannos adhibebat. Enimvero servus Dei tunc debet timere cum temporale quid percipit; tunc gaudere cum perdit : quia cui propositum est cœlestia scandere, expeditius procul dubio vacuus, quam gradiatur onustus.

CAPUT VII.
In epistola ad N. papam, super incontinentia clericorum.

Sicut benedictione digni sunt qui culpas corrigunt; ita nihilominus maledictioni obnoxii sunt qui peccantibus blandiuntur, sicut per **261** prophetam dicitur : *Maledictus qui prohibet gladium suum a sanguine* (*Jer.* XLVIII). A sanguine quippe gladium suum prohibet qui se ab inferenda reprobis dignæ sententiæ animadversione coercet. Facti siquidem culpam habet qui, quod potest, negligit emendare. Unde et præfato Eli vir Dei, qui et Phinees fuisse putatur, ait; *Hæc dicit Dominus: Quare calce abjicistis victimam meam, et munera mea, quæ præcepi, ut offerrentur in templo, et magis honorasti filios tuos quam me?* (*I Reg.* II.) Si ergo Eli propter duos duntaxat filios, quos non ea qua digni erant invectione corripuit, cum eis simul et cum tot hominum multitudine periit; qua arbitramur dignos esse sententia qui in aula ecclesiastica et soliis judicantium præsident, et super non ignotis pravorum hominum criminibus tacent? Qui dum dehonestare homines in publico metuunt, ad contumeliam superni judicis divinæ legis mandata confundunt.

CAPUT VIII.
In epistola ad Hermisindem.

Inebriavit me absynthio (*Thren.* III). Ebrius quippe, quod tolerat, velut arreptitius pene vel mente captus ignorat. Quilibet ergo perversus dum mundi lucra phrenetice concupiscit, qui tot laboribus premitur, ea quæ patitur mala non sentit, quoniam ad cuncta delectabiliter ducitur in quibus pœnaliter fatigatur.

CAPUT IX.
In epistola ad Albericum cara. super decem quæstionibus.

Postremo, quod quæris, illud Jeremiæ prophetæ quid sit : « Ex ore Altissimi non egredientur nec bona, nec mala (*Thren.* VIII), » famosa quæstio est pene totius Ecclesiæ. A plurimis enim quæritur et celebris currit per ora multorum. Sed eo largiente : « Qui aperit librum, et solvit signacula ejus (*Apoc.* V), » hæc facile quæstio solvitur, si non ex nobis, sed ex illo confidentia præsumatur. Omnipotens Pater et innocentem filium impiorum manibus tradidit, et tamen a recto justitiæ tramite non recessit; quoniam inde justitiam reflorere constituit, unde illum ad tempus injustitiæ subjacere permisit. Sicut in libro Sapientiæ legitur : « Cum sis, inquit, justus, omnia disponis: ipsum quoque, qui non debet puniri, condemnas (*Sap.* XII). » Pater itaque filium mortem subire permisit, verumtamen ut eum perimerent peremptoribus non præcepit; alioquin inculpabiles exstitissent, dum ministerium impietatis ascriberent pietatis auctori. Potestatem ergo Deus Christi persecutoribus præbuit, sed **262** ut eum persequentes occiderent non mandavit. Unde illic præmittit propheta dicens : « Ut perverteret hominem in judicio suo, Dominus ignoravit. » Perverteret quippe Dominus in judicio hominem, si condemnari præciperet innocentem. Sed aliud est condemnare, aliud a condemnationis supplicio non eripere; aliud in conatus sacrilegos furentes impellere, aliud nequaquam accepti furoris insaniam refrenare. Unde illic non ignorando, sed reprobando subjungitur : « Quis est iste qui dixit, ut fieret Domino non jubente? » Domino dicit non jubente, non tamen prohibente. Non ergo persecutoribus Deus ut Salvatorem nostrum crucifigerent jussit; quia nihil in eo, quod puniendum esset, invenit : non tamen ne crucifigeretur inhibuit, quia pro mundi salute passurum, nullatenus eum ex impiorum manibus liberavit. Unde bene mox additur : « Ex ore Altissimi non egredientur nec bona, nec mala. » Bona quippe procederent, si eum de supplicio quod irrogabatur eriperet; mala vero, si crimen in eo quo suppliciis adjudicandus fuerit reperiret. In passione ergo Christi, ex ore Altissimi nec bona egrediuntur, nec mala; quia Pater eum nec ex potestate liberat, nec ex legis æquitate comdemnat; quia licet non reperiat peccatorem, pro salute tamen mundi in passione positum non eripit innocentem ; nullis videt peccatis obnoxium, nec tamen reddit impiorum manibus absolutum : ut dum subit innocens pœnam, qui peccator est; revertatur ad veniam; et dum unus, qui non debet, solvit omnium debita, omnes qui sub originali vetustæ cautionis fenore tenebantur astricti, rescissi chirographi reddantur legibus absoluti.

CAPUT X.
In epistola ad Bonifacium ut exteriori prudentiæ spiritualis sapientia præferatur.

Sicut cœlestis sapientia cœlestes facit et legitimos Ecclesiæ filios, ita terrena prudentia terrenos reddit et spurios. De quibus per Baruch dicitur : « Filii quoque Agar, qui exquisierunt prudentiam, quæ de terra est ; negotiatores terræ, et Theman, et fabulatores, et exquisitores prudentiæ, viam sapientiæ nescierunt, neque meminerunt semitarum ejus *(Baruch* iii). » Sæcularem ergo prudentiam assequi cupientes et spiritualem sapientiam contemnentes filii sunt Agar, non Saræ : et manzeres facti Israelitæ, jure censendi sunt non Israelitæ. Et quoniam Agar, *advena* interpretatur, ii non sunt sapientiæ filii, sed advenæ et peregrini. Nec ex illis sunt quibus aiebat Apostolus : « Jam non estis hospites et advenæ, sed estis cives sanctorum, et domestici Dei *(Ephes.* ii). »

Expliciunt testimonia ex Jeremia.

263-264 INCIPIUNT CAPITULA DE LIBRIS PROPHETARUM.

1. *Quod domus Israel versa est mihi in scoriam.*
2. *Ibi Assur, et sepulcra ejus.*
3. *Quod terra usque ad fenestras, et fenestræ clausæ.*
4. *Quod judicium sedit, et libri aperti sunt,*
5. *Quod odio habuerunt in porta corripientem.*
6. *Adhuc quadraginta dies, et Ninive subvertetur.*
7. *Quod Domini sunt cardines terræ.*
8. *Quod Jesus indutus erat sordidis vestibus.*
9. *De lapide qui habet septem oculos.*
10. *De quadrigis evangelistarum.*

Expliciunt capitula.

INCIPIUNT TESTIMONIA DE LIBRIS PROPHETARUM.

CAPUT PRIMUM.
In epistola ad V. episcopum.

« Omnis domus Israel mihi versa est in scoriam (*Ezech.* xxii). » Tunc enim domus Israel in scoriam vertitur, cum divina peccator animadversione percussus, vel in desperationis voraginem labitur vel contra juste sævientis imperium per impatientiam effertur. At contra, quasi manente metallo scoria sub divinis percussionibus avolat, cum quilibet pœnitens superno verbere vapulans, et inhorrescentium a se vitiorum rubiginem projicit, et reflorescentium candore virtutum ac resplendentis vitæ nitore clarescit.

CAPUT II.
In sermone de S. Stephano papa et martyre.

« Ibi Assur et sepulcra ejus (*Ezech.* xxxii). » Quid enim per Assur, superbum videlicet regem, nisi diabolus intelligitur : « Qui, juxta quod scriptum est, ipse est rex super omnes filios superbiæ? » (*Job* xli.) Quid sepulcra nisi mortuorum sunt habitacula ? Tunc autem diabolus in mortem corruit cum ab auctore vitæ superbiendo recessit : Quisquis ergo nequitiæ spiritum, qui vere mortuus est, in sui cordis hospitio per pravam voluntatem habitare permittit, procul dubio de semetipso sepulcrum facit. Et necesse est ut cum ipso simul illic tormentorum supplicia perferat, cui semetipsum hic habitaculum per nequitiam perversi operis exhibebat.

CAPUT III.
In sermone primo synodali.

« Terra usque ad fenestras, et fenestræ clausæ (*Ezech.* xxi). » Ait Apostolus : « Templum Dei sanctum est, quod estis vos (*I Cor.* iii). » Hujus autem templi fenestræ sacerdotes sunt qui fideli populo lumen sanctæ prædicationis infundunt. Sed cum terra usque ad fenestras aggeritur, clausis fenestris templum continuo tenebratur; et cum terrena negotia sacerdotes implicant, quasi fenestræ clausæ, templum quod amittit lumen obscuratur. Nos ergo necesse est, inquantum possumus, ab actibus vacare terrenis ut sacris jugiter invigilemus eloquiis. Sicut sponsa dicit in Canticis : « Oculi tui sicut columbæ super rivos aquarum, quæ lacte sunt lotæ, et resident juxta fluenta plenissima (*Cant.* v). »

CAPUT IV.
In epistola ad Blancam.

« Judicium sedit, et libri aperti sunt (*Dan.* vii). » Qui nimirum libri ipsi intelligendi sunt sancti, quorum nunc meritum ab eis per custodiam humilitatis absconditur et tanquam volumen codicis ne legatur involvitur. Tunc autem ad eorum gloriam universorum oculis aperitur, ut in eis prævaricatores tanquam per digestæ scriptionis articulum legant divinæ legis mandata, quæ dum adviverent, servare contempserant. Illic jam compelluntur et legere qui hic per arrogantiæ fastum verba Dei dedignabantur audire.

Illic jugum Domini leve, et onus ejus suave (*Matth.* xi) mitibus et patientibus fuisse considerant, quod hic superbiæ suæ cervicibus intolerabile judicabant. Illic superbum omne confunditur, et quidquid elevatum fuerat sub tantæ majestatis indignatione curvatur. Unde per Isaiam dicitur : « Oculi sublimis hominis humiliati sunt, et incurvabitur altitudo virorum : exaltabitur autem Dominus solus in die illa, quia dies Domini super omnem superbum et excelsum ; super omnem arrogantem, et humiliabitur ; et super omnes cedros Libani sublimes, et erectas, et super omnes quercus Basan, et super omnes colles elevatos, et super omnem turrim excelsam, et super omnem murum munitum, et super omnes naves Tharsis, et super omne, quod visu pulchrum est ; et incurvabitur sublimitas hominum, et humiliabitur altitudo virorum, et elevabitur Dominus solus in die illa, et idola penitus conterentur ; et introibunt in speluncas petrarum, et in voragines terræ a facie formidinis Domini et a gloria majestatis ejus, cum surrexerit percutere terram (*Isai.* II). »

CAPUT V.
In epistola ad Honestum.

« Odio habuerunt in porta corripientem, et loquentem perfecte abominati sunt. » Quibus et paulo post ait : « Domos quadro lapide ædificabitis, et non habitabitis in eis (*Amos* V). » In porta quippe corripit qui ad hoc reprehensibilem quemque castigat, ut eum ad reditum patriæ cœlestis impellat. Sed is qui corripientem odit in domo a se ædificata non habitat ; quia licet ædificium posuerit boni operis, in eo tamen non merebitur habitare, quia per correptionis portam dedignatus est introire ; et qui noluit per angusti aditus asperitatem ingredi, interioris atrii non poterit amœnitate potiri.

CAPUT VI.
In homilia de nativitate B. Mariæ virginis.

« Adhuc quadraginta dies, et Ninive subvertetur (*Jon.* III). » Quod quia tunc non legitur historialiter factum, exspectatur adhuc spiritualiter adimplendum. Per Niniven quippe mundus iste designatur ; per quadraginta vero dies, omnis status vitæ præsentis innuitur. Post quadraginta ergo dies Ninive subvertetur ; quia post hujus mortalis vitæ decursum, completo videlicet electorum numero, mundus iste destruetur.

CAPUT VII.
In sermone I de S. Matthæo apostolo et evang.

« Domini sunt cardines terræ, et posuit super eos orbem (*I Reg.* II). » Orbis enim super terræ cardines ponitur, cum sancta Ecclesia, tanquam super bases doctrinis evangelicis solidatur. De qua et alibi dicitur : « Fundamenta ejus in montibus sanctis (*Psal.* LXXXVI). » Qui enim illic cardines, hic appellati sunt montes. Evangelistarum plane numero congruit, et mundi situs, et temporum cursus ; quia et quatuor mundi partes, et totidem sunt temporum diversitates. Non ergo mirum, si spiritualis mundus visibili huic conferatur ; dum a nonnullas invicem habere similitudines uterque dignoscitur.

CAPUT VIII.
In epistola ad Mainardum abbatem.

Jesus erat indutus vestibus sordidis, et stabat ante faciem angeli : Qui respondit et ait ad eos qui stabant coram se, dicens : Auferte vestimenta sordida ab eo. Et dixit ad eum : Ecce abstuli a te iniquitatem tuam, et indui te mutatoriis. Et dixit : Ponite cidarim mundam super caput ejus (*Zach.* III). » Quid enim per Jesum, sacerdotem videlicet magnum, nisi mediator Dei et hominum debet intelligi ? Plane sicut per Zorobabel filium Salathiel, qui de regali Judæ stirpe processerat, et Jesum filium Josedech, qui jus sacerdotalis administrabat officii, Israeliticus populus per septuaginta annos jugum Babylonicæ captivitatis evasit, templumque Hierusalem quod dirutum fuerat rediviva novitate construxit ; ita numerus electorum post hujus vitæ tempora quæ septenaria dierum repetitione decurrunt, per Jesum Christum, qui verus rex est et sacerdos, de servitute hujus mortalitatis eripitur, et in cœlesti Hierusalem templum Dei, quod est sancta Ecclesia, renovatur. De qua nimirum servitute dicit Apostolus : Nam « et ipsa creatura liberabitur a servitute corruptionis in libertatem gloriæ filiorum Dei (*Rom.* VIII). » Tunc itaque Jesus in corpore suo, quod est Ecclesia, sordida vestimenta deponit ; tunc honoris ac gloriæ regimen assumit, quia omnis electorum chorus a lugubri squalore temporalis tristitiæ liberatur, et immortalitatis stola in illo splendore sempiternæ felicitatis induitur. Quod etiam in psalmo dedicandæ domus apertissime canit Ecclesia : « Convertisti, inquit, planctum meum in gaudium mihi, conscidisti saccum meum et præcinxisti me lætitia ; ut cantem tibi gloria mea et non compungar (*Psal.* XXIX). » Cidaris etiam munda in ejus capite ponitur, quia felicitatis æternæ gloria coronatur.

CAPUT IX.
In epistola ad cardinales episcopos ; de dignitate Romanæ Ecclesiæ.

« Ecce lapis, quem dedi coram Jesu : super lapidem unum septem oculi sunt (*Zach.* III). » Lapis autem iste, illa procul dubio petra est de qua verus Jesus Petro pollicetur, dicens : « Super hanc petram ædificabo Ecclesiam meam (*Matth.* XVI). » Septem igitur oculos habet hæc petra ; quia totidem sancti Spiritus donis sancta præfulget Ecclesia : quibus nimirum velut candelabrum aureum inexstinguibiliter rutilans ignorantiæ tenebras effugat, et ad contemplandum justitiæ Solem hominum mentes illustrat. De quo idem propheta : « Vidi, ait, et ecce candelabrum aureum totum, et lampas ejus super caput ipsius, et septem lucernæ ejus super illud (*Zach.* IV). » Quod utique sacramentum et B. Joannes in Apocalypsi se didicisse non tacuit, cui dictum est : « Mysterium septem stellarum, quas vidisti in dextera mea, et septem candelabra aurea (*Apoc.* 1). » Septem stellæ angeli sunt septem Ecclesiarum, et candelabra septem septem Ecclesiæ sunt.

CAPUT X.
In sermone II de S. Matthæo apost. et evang.

Porro quadrigæ illæ quas Zacharias propheta designat, cum dicit : « Et conversus sum, et vidi, et ecce quatuor quadrigæ egredientes de medio duorum montium, et erant montes ærei. » De quibus et paulo post dicit : « Isti sunt quatuor venti cœli, qui egrediuntur, ut stent coram dominatore omnis terræ (*Zach.* vi). » Et notandum quia non una quatuor evangelistarum quadriga dicitur; sed unusquisque eorum quadriga vocatur, quia et unus in quatuor, et quatuor sunt in uno; dum per ejusdem fidei intentionem quod scribitur a singulis reperitur in cunctis; et quod dicitur ab universis invenitur in singulis. Duo vero montes ærei, de quorum medio dicuntur egressi, duo sunt Testamenta, quæ ad instar æris durabilia sunt et sonora, quia usque ad finem sæculi non inveniunt terminum et per omnia mundi spatia dant tinnitum. « In omnem enim terram exivit sonus eorum, et in fines orbis terræ verba eorum (*Psal.* xviii). » Qui et venti esse referuntur, quia de his scriptum est : « Ubi erat impetus spiritus, illuc gradiebantur (*Ezech.* 1). » Qui etiam egrediuntur ut stent coram Dominatore omnis terræ; quia quod sancti prædicatores ex fidelium fructificatione proficiunt, non sibi tribuunt, sed auctori a quo eorum omnia lucra procedunt. De quibus ad B. Job dicitur : « Nunquid immittes fulgura, et ibunt, et revertentia dicent tibi : Adsumus? » (*Job* xxxviii.)

Expliciunt testimonia de libris prophetarum.

INCIPIUNT

TESTIMONIA DE LIBRO MACHABÆORUM.

CAPUT PRIMUM.

« Cum in Persidem (inquit Scriptura) ducerentur patres nostri, sacerdotes qui tunc Dei cultores erant, acceptum ignem de altari occulte absconderunt in valle, ubi erat puteus altus et siccus, et in eo contutati sunt eum; ita ut omnibus ignotus esset locus. Cum præteriissent autem multi anni, placuit Domino ut mitteretur Nehemias a rege Persidis. Hic misit nepotes sacerdotum illorum, qui absconderant, ad requirendum ignem; et, sicut narraverunt nobis, non invenerunt ignem, sed aquam crassam (*II Machab.* 1). » In quibus omnibus verbis illud unum specialiter attendendum est quod in alto et sicco vallis puteo prius ignis absconditur, et postmodum non ignis, sed aqua crassa a requirentibus invenitur. Mens quippe sincera atque perfecta Domini intentione quærentis, non incongrue per puteum vallis altum designatur et siccum ; quæ nimirum et a fluidis illecebrarum carnalium voluptatibus arida, et terrenæ concupiscentiæ ruderibus alte defossa, et in veræ humilitatis est convalle fundata. Huic itaque puteo sacrificii ignis immittitur, cum in electi cujuslibet mente divini amoris flamma concipitur atque ad cœleste desiderium prius animus inflammatur. Sed hic ignis in aquam vertitur, quia ex igne divini amoris lacrymarum compunctio generatur. Et notandum quod non pura duntaxat aqua, sed crassa aqua narratur illic fuisse reperta. Quid enim crassa est aqua nisi lacrymarum compunctio divinæ gratiæ pinguedine saginata? Qua videlicet saginari pinguedine æstuabat Propheta, cum diceret : « Sicut adipe et pinguedine repleatur anima mea (*Psal.* lxii). » Et per alium prophetam hæc eadem promittitur crassitudo, cum ait : « Delectabitur in crassitudine anima vestra (*Isai.* lv). » Nec prætereundum quod abscondentes hunc ignem, contutati quidem fuisse, non autem funditus exstinxisse referuntur. Quia nimirum ignis divini amoris, quem in anima nostri cordis accendimus, ut ex aromatibus bonorum operum suave Deo sacrificium offeramus, in ipso nostræ conversationis initio intus quidem debet occulte semper ardere, non autem foras se per vanæ gloriæ flammas expandere. Contutatur ergo sopitis flammis, non autem vi privatur ardoris; ut non prorsus intereat, sed sese postmodum mirabiliter ignis in aquam vertat. Hæc porro aqua, compunctio videlicet lacrymarum, non solum a peccatorum nos contagione purificat, sed etiam ut placeant ipsa Deo bona nostra commendat. Omne namque operum sacrificium in conspectu superni Judicis suavius redditur, si contritæ mentis lacrymis aspergatur. Unde illic apte subjungitur : « Et sacrificia, inquit, quæ imposita erant, jussit sacerdos Nehemias aspergi aqua ipsa, et ligna quæ erant superposita. » Protinus historiæ series addidit : « Hoc ut factum est, tempus adfuit, quo sol refulsit, qui prius erat in nubilo; et accensus est ignis magnus, ita ut omnes mirarentur. » Audivimus antea, quia aqua pro igne reperta est; nunc econtrario dicitur, quia per aspersionem aquæ ignis magnus accensus est. Ergo et ex igne aqua nascitur, et ex aqua ignis invicem procreatur. Quia videlicet ex igne divini amoris gratia compunctionis oritur, et rursus ex compunctione lacrymarum desiderii cœlestis ardor augetur. Alterum siquidem pendet ex altero, et sibimet utrumque invicem præstat, dum et ex amore Dei lacrymarum compunctio profluit, et rursus per lacrymas ad amorem Dei mens nostra ferventius inardescit. In qua autem mente hujus alternitatis reciproca varietas agitur, ab omni procul dubio reatus sui squalore purgatur. Unde illic non incongrue postremo subjungitur : « Appellavit autem Nehemias hunc locum, Nephtar, quod interpretatur *purificatio*. » Locus itaque noster ubi sacrificium offertur, ubi aquæ, nec non et ignis, ut dictum est, varietas alternatur, fidelis est anima; quæ profecto non incongrue purificatio dicitur; quia dum nunc superni amoris igne decoquitur, nunc contriti cordis fletibus inundatur et velut secundi baptismi fluentis abluitur. Has autem successionum alternantium vicissitudines et mutationum spiritualium varietates Isaias profunde perspexerat, cum dicebat : « Orietur, inquit, in tenebris lux tua, et tenebræ tuæ erunt sicut meridies, et requiem dabit tibi Dominus semper, et implebit splendoribus ossa tua, et animam tuam liberabit (*Isai.* LVIII). » Ecce ignis in puteo absconditus. Sed aum, ignis hic quomodo vertatur in aquam, protinus subdit : « Et eris quasi hortus irriguus, et sicut fons aquarum, cujus non deficient aquæ. » Postremo ut noveris, quia hæc rursus aqua in ignem convertitur, et per lacrymarum gratiam divini amoris ardor ferventius excitatur, paulo inferius addidit : « Tunc delectaberis super Domino, et sustollam te super altitudinem terræ. »

CAPUT II.
In epistola ad Albericum card.

Illud præterea, quod quæris quid factum sit de arca Domini et tabernaculo fœderis quæ fabrefacta sunt in deserto; sicut hujus rei pene nil officit ignorantia, ita vix aliquid utilitatis probatur conferre notitia. Verumtamen, sicut Scripturæ tradit auctoritas, in monte Abarim, ubi Moyses sepultus agnoscitur, tabernaculum simul cum arca nec non et altare incensi reconditum Jeremiæ prophetæ manibus invenitur. Quod evidenti declaratur indicio, si secundi libri Machabæorum diligenter attendatur exordium : « Erat, inquit, in ipsa Scriptura, quomodo tabernaculum et arcam jussit propheta, divina responso ad se facto, comitari secum, usquequo exiit in montem, in quem Moyses ascendit, et vidit Dei claritatem. Et veniens ibi Jeremias, invenit locum speluncæ, et tabernaculum, et arcam, et altare incensi intulit illuc, et ostium obstruxit (*II Mach.* II; *Deut.* XXXIV). » Hæc igitur tria sacramenta, sicut dictum est, Jeremias in præfato Abarim monte recondidit. Si quid autem ex his aliud postmodum factum fuerit aut certe sic intacta permanserint, quia nusquam Scriptura commemorat, nostra quoque disquirere curiositas non præsumat.

Delicatus siquidem miles est qui ante vult triumphare quam arma conserere, prius trituraré quam rura proscindere. Considerato nempe ordine Scripturarum, rite perpenditur nostrarum series actionum : prius enim lex, deinde judicium, postremo subsequitur historia regum. Nunc sane nos expedit indicta nobis divinæ legis mandata servare; postea compellimur ante tribunal tremendi Judicis rationem de nostris operibus reddere; postremo dabitur in illa supernæ claritatis gloria sine fine regnare. Teneat ergo ordinem qui vitare vult Babylonem. Ille nimirum vitæ suæ ordinem vivendo confundit qui ante vult ridere quam flere. Cum Salomon dicat : « Tempus flendi et tempus ridendi (*Eccle.* III). » Ille etiam recti ordinis lineam deserit qui creatis rebus Creatorem omnium in amore postponit. Sicut perverso homini divina voce dicitur : « Posuisti me post corpus tuum. » Dominum quippe post corpus suum ponit qui magis studet utilitati, vel voluptati carnis suæ consulere quam Dei præcepta servare. Hinc est quod sponsa dicit in Canticis : « Ordinavit in me charitatem (*Cant.* II). » Nusquam certe præceptum in Veteris Testamenti cæremoniis invenitur ut mel sacrificiis misceatur. Per quod intelligitur, quia his, qui vitæ suæ Deo sacrificium offerunt, nullam Deus carnalem vult inesse dulcedinem, nihil in eis vivere quod ad carnalem pertineat voluptatem. Oleum autem frequenter immittitur, ut omnis nostræ operationis oblatio hilariter offeratur. « Hilarem enim datorem diligit Deus (*II Cor.* IX). » In omnibus etiam sal præcipitur admisceri ut omne boni operis sacrificium, rationis, discretionis ac cœlestis sapientiæ sit sale conditum.

DE PETITIONIBUS LINCIDARII ET RESPONSIONIBUS EJUSDEM.
(Opp. tom. III, opusc. 3.)

Quæst. 1. Si Christus non venit solvere legem, sed implere, cur carne non circumciditur Christianus?

Respons. Imo jam se ideo Christianus minime circumcidit; quia quod circumcisione prophetabatur Christus implevit. Exspoliatio quippe vitæ carnalis, quæ in veteri lege fuerat figurata, in Christi jam cernitur resurrectione completa; et quod exspectamus in nostra resurrectione futurum, jam in sacri baptismatis mysterio commendatur. Carnalis itaque circumcisio tanquam superflua jure contemnitur, cum jam spiritualis, propter quam significandam illa præcesserat, figuratur.

Quæst. 2. Cur omittit Christianus Sabbatum colere, si Christus non venit legem solvere, sed implere?

Respons. A nobis Sabbatum ideo non servatur : quia quod tunc erat in figura præmissum, per exhibitionem rei jam videmus impletum. In Christo quippe verum spiritualis otii Sabbatum colimus, cum in eo solo spem ponimus, et sic in illo toto cordis amore ac devotione quiescimus, ut ab omni vitiorum servili opere ac terrenarum rerum ambitione cessemus. Ad quod Sabbatum celebrandum ipse nos provocat, dum clamat : « Venite, inquit, ad me, omnes qui laboratis et onerati estis, et ego reficiam vos. Tollite jugum meum super vos, et discite a me, quia mitis sum et humilis corde, et invenietis requiem animabus vestris (*Matth.* xiii). » Carnalis ergo Sabbati cultum supervacuum dicimus, cum jam illud verum et salutiferum, propter quod institutum est, celebramus.

Quæst. 3. Si Christus non venit legem solvere, sed implere, cur Christianus negligit ciborum differentiam quæ in lege præcipitur observari?

Respons. Imo idcirco hæc a Christianis ciborum differentia non admittitur; quoniam a Christo quod per hanc figurabatur impletur. Immunditia quippe, quæ tunc cavebatur in cibis, nunc in moribus reprobatur humanis. Sicut enim sancti quique ac justi transferuntur in corpus Christi; sic ab eo reprobi et iniqui tanquam cibi repelluntur immundi. Postquam ergo ipsa Veritas quæ significabatur advenit, merito significationis umbra cessavit.

Quæst. 4. Si Christus non venit legem solvere, sed implere, cur et animalium carnibus sacrificium Deo Christianus non curat offerre?

Respons. Imo idcirco a Christianis hujusmodi sacrificium non offertur; quia quidquid in illis hostiis typice gerebatur, totum in immolatione Agni, « qui tollit peccata mundi (*Joan.* iii), » veraciter adimpletur: et quia omnia illa nil aliud salutis habebant, nisi ut ad hoc nostrum sacrificium unanimiter tenderent, hoc unum omnis cæremoniarum diversitas designaret, postquam hostia singularis illuxit, multiplex umbra quæ præcedebat evanuit. Quis enim nesciat eadem sacrificia potius ad hoc inobediendi populo, ne cum idolis fornicaretur, imposita, quam Deo tanquam ipse desideraret oblata?

Quæst. 5. Si Christus non venit legem solvere, sed implere, cur Christianus azymam quam lex præcipit non observat?

Respons. Idcirco a Christianis visibilis illa et corporalis azyma floccipenditur; quoniam expurgato veteris vitæ fermento, nova conspersio spiritualiter adimpletur. Tunc enim erat legis scriptura præceptum, nunc est testimonium, et postquam id quod significabatur advenit, hoc quod significabat interiit.

Quæst. 6. Si Christus legem venit implere, cur Christianus paschalis agni sanguine Pascha non celebrat, cum hoc tantopere lex ipsa decernat?

Respons. Hic idipsum respondendum quod jam superius dictum est; quia postquam verus ille Agnus qui significabatur advenisse cognoscitur, ille qui significabat superfluus judicatur. Cujus utique sanguine non jam ligneas sive lapideas fores inungimus, sed interioris potius hominis viscera consignamus.

Quæst. 7. Si non solvit legem Christus, cur lege mandatam ron celebrat neomeniam Christianus?

Respons. Propter hoc etiam Christianus celebrare contemnit; quoniam id totum, propter quod olim celebratum est, Christus implevit, novæ quippe lunæ solemnitas novam designat in homine fieri creaturam, de qua dicit Apostolus : « Si qua igitur in Christo nova creatura, vetera transierunt, et ecce facta sunt omnia nova (*II Cor.* v). »

Quæst. 8. Si Christus non venit legem solvere, cur Christianus illa ablutionum baptismata quæ lex præcipit non observat?

Respons. Ideo hæc Christianæ non merentur observantiæ cultum, quia tunc umbræ fuerunt futurorum quorum nunc perspicuum possidemus effectum. « Consepulti enim sumus Christo per baptismum in morte; ut quomodo surrexit Christus a mortuis per gloriam Patris, sic et nos in novitate vitæ ambulemus (*Rom.* vi). »

Quæst. 9. Si lex a Christo impleta est, non soluta, quid rationis objicitur ut a Christianis scenopegiæ solemnitas non colatur?

Respons. Tabernaculum Dei societas est populi Christiani, et quoniam illud tabernaculum sanctam præfigurabat Ecclesiam, contemnitur signum postquam venit quod fuerat præsignatum. Nec enim diceretur tabernaculum testimonii, nisi attestaretur alicui quæ declaranda erant suo tempore veritatis. Quod itaque tunc agebatur præcepto figuratum, nunc præsentialiter cernitur testimonio revelatum : et cum jam id quod figurabatur aspicitur, quod figurabat superfluum per omnia judicatur.

Quæst. 10. Si Christus legem solvere noluit, sed implere, quare Christianus septimum remissionis annum, vel etiam jubilæum negligit observare?

Respons. Quoniam Veritas ac Sapientia Dei, quæ cum doceat angelos in cœlo, homines etiam docere venit in terra. Quod prius jusserat carnaliter sub ænigmatis umbra servari, postmodum discipulis suis spiritualiter mandavit intelligi. Sic enim dies septimus feriatus esse præcipitur ut æterna per eum requies designetur. Sic et in anno septimo, sic et in Jubilæo, qui per annorum circulum septenario numero septies replicato et monade superaddita, in quinquagenarium ducitur, secura quies perpetuæ beatitudinis intimatur. Incipiente quippe Jubilæo tubis canitur, omnesque ad possessiones proprias revertuntur. Quia, sicut dicit Apostolus : « Ipse Dominus in jussu, et in voce archangeli, et in tuba Dei descendet de cœlo, canet enim tuba, et mortui resurgent incorrupti (*I Thess.* iv). » Ad possessiones autem suas unumquemque redire, est corpora sua protinus incorrupta recipere. Tunc revertetur Adam ad antiquam carnis suæ terram in qua primitus habitaverat; tunc Noe, Abraham, Moyses cunctisque propria possessio redditur, dum corpus illis incorruptibile reformatur. Redemptor itaque noster, qui « discipulis aperuit sensum, ut intelligerent mysteria Scripturarum (*Luc.* xxiv), » noluit Jubilæum, noluit septimum remissionis annum vel cæteras legalis ritus cæremonias carnaliter observari, postquam hæc omnia spiritualiter fecit intelligi : tunc enim mandata legalia veraciter adimplentur, cum, juxta spiritualem intelligentiam ad quam A scilicet, et imago rei, non ipsa res, cum carnaliter instituta sunt, fiunt. Nam tunc erant vacua, umbra servabantur.

DE MINITATIONIBUS ET PROMISSIONIBUS DEI.

(Opp. tom. III, opusc. 4.)

Nullatenus debuit immutari quod Papa concessit, quod decreto constituit (PET. DAM. *tom.* III, *opusc.* 4.) Quid mirum si homines statuta mutant, quando omnipotens Deus ea quoque, quæ a semetipso constituuntur, immutat? Nam ex eo, quod promittit aliquando minuit, vel etiam totum subtrahit; aliquando mala minatur, et non infligit. Quid est quod Deus nunquam promisit, et minuit? Si non excidit, reminisci potes, quia dixit Dominus ad Noe : « Non permanebit spiritus meus in homine in æternum, quia caro est, eruntque dies illius centum viginti annorum (*Gen.* VI). » Sed cum Scriptura commemoret quingentorum tunc annorum exstitisse Noe, quando hæc sibi Dominus loquebatur; sexcentorum vero tunc jam esse cum cataclismus erupit, liquido patet viginti annos de præscripti 273 numeri spatio fuisse subtractos. Vitæ itaque spatium quod humano generi Deus promisit imminuit, quia perversitatis eorum reatus excrevit. Judæ quoque per os patriarchæ promisit Spiritus sanctus, dicens : « Non auferetur sceptrum de Juda, et dux de femore ejus, donec veniat qui mittendus est (*Gen.* XLIX); » et tamen nec temporibus Judicum legimus viros de tribu Juda semper super Israel tenuisse ducatum; nec reges ex eadem tribu principatum tenuisse usque ad Christi reperiuntur adventum. Constat ergo quia sæpe Deus omnipotens quod homini promisit imminuit, quoniam homo quod Deo debuerat non implevit.

Ubi Deus promisit bonum aliquod, et non implevit? Recordare, quia dixit Dominus ad Josiam regem Juda : « Pro eo, inquit, quod vidisti verba voluminis, et perterritum est cor tuum, et humiliatus es coram Domino, auditis sermonibus contra locum istum et habitatores ejus; et scidisti vestimenta tua, et flevisti coram me, idcirco colligam te ad patres tuos, et colligeris ad sepulcrum tuum in pace; » et tamen paulo post Scriptura dicit : « In diebus ejus ascendit Pharao Nechao rex Ægypti contra regem Assyriorum ad flumen Euphratem, et abiit Josias in occursum ejus, et occisus est in Mageddo, cum vidisset eum (*IV Reg.* XXIII). » Ad Sedechiam quoque regem Juda per Jeremiam dicitur: Audi verbum Domini, Sedechia rex Juda : Hæc dicit Dominus ad te : « Non morieris in gladio, sed in pace morieris, sed secundum combustiones patrum tuorum, regum priorum, qui fuerunt ante te, sic comburent te; quia verbum meo ego locutus sum, dicit Dominus (*Jer.* XXXIV). » Quod nimirum quomodo potuerit fieri, qui seriem scrutatur historiæ nunquam poterit invenire. Nam postquam a rege Babylonis semel est captus, Babyloniamque translatus, ulterius nunquam legitur ab ejus vinculis absolutus. Justo ergo judicio subtraxit Deus homini nonnunquam bona quæ promisit, cum rebellis homo illius servare mandata contempsit.

Prosequere etiam, quomodo Deus quod minatus est non infligit?

Nemo qui limen Ecclesiæ terit ignorat quia Jonas ad Niniven a Domino missus exclamavit, dicens : « Adhuc quadraginta dies, et Ninive subvertetur (*Jon.* III). » Sed quia civitas illa ad Dominum toto est corde conversa, nequaquam juxta minacem Domini sententiam excidii est eversione deleta. Cum ergo Deus omnipotens non modo verax, sed et ipsa sit veritas, inviolato consilii sui manente proposito, exterioris judicii sui sæpe variat ordinem juxta humani, sive probi, sive improbi meriti qualitatem; quatenus et a pravitate correctus, quod Deus juste minatur, evadat : et prolapsus in culpam, nullatenus quæ pollicetur bona percipiat. Hinc est quod per Jeremiam dicit : « Bonas facite vias vestras et studia vestra, et audite vocem Domini Dei vestri, et pœnitebit Dominum mali, quod locutus est adversum vos (*Jer.* XVII). » Hinc est quod ad Heli quoque per virum Dei Dominus ait : « Loquens locutus sum, ut domus tua, et domus patris tui ministraret in conspectu meo usque in sempiternum : nunc autem dicit Dominus : Absit hoc a me, sed quicunque 274 glorificaverit me, glorificabo eum : qui autem contemnunt me, erunt ignobiles (*I Reg.* II). »

Recte plane cuncta quæ proposueras perspicuis roborasti testimoniis Scripturarum, nunc autem de Domini mei regis injuria rationem redde.

Glorioso regi, nobis eligendo pontificem, absit ut nos intulissemus injuriam; cum ad hoc nos necessitas impulerit, non rapina. Ad hoc, inquam, nos invitos attraxit imminens periculum civilis belli, non lædendi livor imperii.

Quid mihi omnia hæc? dum constet quia quidquid acciderit, nullo pacto sancti papæ sententiam debuisti infringere; nulla ratione synodalis decreti mysterium licuit violare? Sicut enim Scriptura perhibet : « Melius est ut oriatur scandalum quam ut veritas relinquatur. » Nam si hoc bellum timuissent beati martyres, fierent procul dubio sanctæ militiæ desertores.

Non ignoras quod inter omnes sanctos martyres, Petrus et Paulus in apostolici senatus culmine possideant principatum. Eorum sunt nobis tenenda vestigia, eorum forma nostris est actibus imprimenda; sub eorum magistra debemus vivere disciplina.

Hoc utique clarum est.

Audi ergo Paulum de coapostolo suo Petro veraciter perhibentem : « Priusquam, ait, venirent quidam a Jacobo, cum gentibus edebat; cum autem venissent, subtrahebat se et segregabat, timens eos qui ex circumcisione erant (*Galat.* II). » Cernimus ergo Petrum non rigidum, sed discretum : timebat enim Judæos ne per occasionem gentium a fide recederent Christianorum ; et ne perderet gregem perditum, boni pastoris est imitatus exemplum : « Factus est enim Judæis tanquam Judæus, ut Judæos lucrifaceret; » sicut Christus apparuit in forma carnis peccati, ut a peccatis hominem liberaret; et cum legem Moysi non ambigeret abolendam, consulens tamen adhuc rudibus et infirmis fratribus, tenuit ad tempus umbram legis ut eos quandoque proveheret ad perfecte noscendam plenitudinem veritatis. In hoc ergo B. Petrus discretionis nobis regulam dedit, quatenus aliquando, ubi tamen non plurimum noceat, declinemus aliquantulum a tramite rectitudinis ut consulere valeamus infirmis.

Qui dicis, quod Petrus aliquando legem Judaicam tenuit; cur non etiam dicis quod in eadem Epistola legitur : Nimirum, quia « Paulus eum in faciem reprehendit ? In faciem, inquit, ei restiti, quia reprehensibilis erat, eique dixi : Si tu cum sis Judæus, gentiliter, et non Judaice vivis, quomodo cogis gentes judaizare ? »

Quod Petrus egit compassione misericordiæ, hoc Paulus arguit pro magisterio disciplinæ. Ille hoc fecit dispensative ut infirmis tolleret scandalum; hoc iste corripuit ne indiscretus quilibet passim adduceret in exemplum. In Petro discamus, ut periculo simus imminente discreti. In Pauli sermonibus instruamur, ut sanis rebus vita nostra mere deserviat rectitudini. Audi etiam consequenter et Paulum, discretionis aureæ lineam nostris oculis opponentem, ejusdemque dispensativæ compassionis auctorem. **275** Sicut enim apostolicorum Actuum testatur historia : « Perambulabat Paulus Syriam et Ciliciam, confirmans Ecclesias, pervenitque in Derben et Lystram, et ecce discipulus quidam erat, nomine Timotheus, filius mulieris viduæ fidelis, patre autem gentili (*Act.* XVI). » Hunc ergo, ut ad compendium veniamus, Apostolus circumcidit; quoniam Judæos, imo Judæis, qui in illis erant regionibus timuit. Cur itaque circumcidit fidelem hominem non Judæum, qui videlicet incircumcisus erat, sed natione gentilem ? nisi ut discretionis studio deserviret, ne Judæi fideles in scandalum corruentes a fide recederent. Hoc etiam nunc ad memoriam redit; quoniam aliquando juxta morem Nazaræorum comam ex voto nutrivit; et postquam navigasset in Syriam, in Cenchris positus, caput juxta legis mandata totondit (*Act.* XVIII). Refert adhuc Lucas sacræ scriptor historiæ : « Cum venissemus, inquit, Hierosolymam, libenter susceperunt nos fratres ; et sequenti die Jacobus et omnes seniores qui cum eo erant, Evangelio illius comprobato, dixerunt ei : Vides, frater, quot millia sunt in Judæa, qui credidere in Christo, et ii omnes æmulatores legis. Audierunt autem de te, quod dissensionem doceas a Moyse eorum, qui per gentes sunt Judæorum, dicens : Non debere eos circumcidere filios suos, neque secundum consuetudinem ingredi. Quid ergo est ? utique oportet convenire multitudinem; audierunt enim te supervenisse. Hoc ergo fac quod tibi dicimus : sunt nobis viri quatuor votum habentes super se ; his assumptis, sanctifica te cum ipsis : et impende in eos, ut radant capita et sciant omnes, quia quæ de te audierunt, falsa sunt; sed ambulas et ipse custodiens legem. Tunc Paulus assumptis viris, posteriori die purificatus cum illis intravit in templum (*Act.* XXI). »

Nulli liceat ignorare : Omne quod Domino consecretur, sive fuerit homo, sive animal, sive ager, vel quidquid semel fuerit consecratum, Sanctum sanctorum erit Domino, et ad jus pertinet sacerdotum ; propter quod inexcusabilis erit omnis qui a Domino et Ecclesia civem petit, aufert, vastat, invadit, vel eripit ut sacrilegus dijudicetur, et si emendare noluerit excommunicetur. Qui abstulerit aliquid patri, homicidæ particeps est. Pater noster sine dubio Deus est qui nos creavit ; mater vero nostra sancta Ecclesia quæ nos in baptismo regeneravit. Ergo qui Christi pecuniam et Ecclesiam aufert, rapit aut fraudat, homicida est atque ante Dominum homicida deputatur. Qui enim res Ecclesiæ abstulerit, sacrilegium facit et ut sacrilegus judicandus est. Ut nos ergo contra malignos spiritus spiritualis certaminis aciem ponimus, summopere necesse **276** est ut per charitatem semper uniti atque constricti, et nunquam interrupti per discordiam inveniamur ; quia quælibet bona in nobis opera fuerint, si charitas desit, per malum discordiæ locus aperitur in acie, unde ad feriendos nos valeat hostis intrare. Antiquus vero inimicus castitatem in nobis, si sine charitate fuerit, non timet; quia ipse nec premitur carne ut ejus luxuria dissolvatur. Abstinentiam non timet, quia ipse cibo non utitur, quia necessitate corporis non urgetur. Distributionem terrenarum rerum non timet, si eidem operi charitas desit; quia divitiarum subsidiis nec ipse eget. Valde autem in nobis charitatem veram, item amorem humilem, quem nobis vicissim impendimus, timet, et nimis concordiæ nostræ invidet ; quia hanc nos tenemus in terra, quam ipse tenere nolens amisit in cœlo. Bene ergo dicitur : « Terribilis ut castrorum acies ordinata; » quia electorum multitudinem eo maligni spiritus pertimescunt, quo eos per charitatis concordiam unitos contra se et conglobatos aspiciunt. Quanta autem sit concordiæ virtus, ostenditur, cum sine illa reliquæ virtutes, virtutes non esse monstrantur. Magna enim est virtus abstinentiæ; sed si quis ita ab alimentis abstineat, ut cæteros in cibo dijudicet, et alimenta eadem, quæ Deus creavit ad percipiendum, cum gratiarum actione fidelibus damnet; quid huic virtus abstinentiæ facta est, nisi laqueus culpæ? Unde Psalmista quoque nullam esse abstinentiam sine concordia designans, ait : « Laudate eum in tympano et choro. » In tympano enim corium siccum resonat, in choro autem voces concorditer cantant. Quid ergo per tympanum nisi abstinentia? quid per chorum nisi charitatis concordia designatur? Qui itaque sic abstinentiam tenet ut concordiam deserat, laudat quidem in tympano, sed non in choro. Quisquis vero vitæ suæ custodiam negligit, discutereque agit quæ loquitur, quæ cogitat, aut despicit, aut nescit, coram se ipse non ambulat; quia qualis sit in suis moribus vel actibus ignorat; nec sibimetipsi præsens est, quia semetipsum quotidie exquirere atque cognoscere sollicitus non est. Illi autem veraciter se anteponit, sibique præsens est qui se in suis A actibus tanquam alium attendit. Nam sunt multa peccata quæ committimus, sed idcirco nobis gravia non videntur, quia privato nos amore diligentes clausis nobis oculis in nostra deceptione blandimur. Unde fit plerumque ut et nostra gravia leviter, et proximorum mala levia graviter judicemus. Erunt homines semetipsos amantes; et scimus quia vehementer claudit oculum cordis amor privatus. Ex quo fit ut hoc quod nos agimus grave esse non æstimemus, et plerumque quod agitur a proximo, nimis nobis detestabile esse videatur.

Cætera desiderantur.

Lectori suo domnus Constantinus *abbas Cajetanus.*

Admonendum te putamus, lector optime, hujusmodi collectanea ex Operibus S. Petri Damiani excerpta, magna cum diligentia a nobis fuisse conquisita. Sed tamen in Vetus duntaxat Testamentum, eaque imperfecta, ut apparet, quæ nunc in lucem damus, fuisse inventa. Nam expositiones Novi Testamenti, quas etiam (ut vetus inscriptio indicat) idem auctor, sancti doctoris discipulus, compilavit, reperiri minime potuerunt (63)*. Vale.*

(63) Hæc nuper ab eminentissimo cardinale Maio edita recudimus supra, ad calcem tomi seu partis III Operum S. Petri Damiani cum duobus aliis opusculis quibus carebat editio Cajetani. Editor Patrologiæ.

INDEX RERUM NOTABILIUM

QUÆ

IN DUOBUS ULTIMIS S. PETRI DAMIANI OPERUM TOMIS SEU PARTIBUS CONTINENTUR.

Numeri arabici lectorem ad cifras crassiores textui intermistas revocant; numeri romani tomum seu partem demonstrant.

A

Abarim interpretatio et allegoria, 369, t. III.
Abbas qua ratione subditos castigare debeat, 305, t. III. Humilitatem debet ostendere, *ibid.* Bona monasterii custodire, *ibid.* Adulationibus non nutriri, *ibid.* Ei virtus patientiæ maxime necessaria, 554, t. III. Abbatum in præsidendo summa difficultas, 489, t. III. Abbatum miseriæ 55, t. IV.
Abimelech cur clericos luxuriosos mystice adumbret, 388, t. III. Quid intelligatur per 70 viros, quos occidit Abimelech, *ibid.* Abimelech allegoriæ interpretatio alia, 388, t. III. In Abimelech Antichristus mystice qua ratione expressus, *ibid.*
Abraham ab accipiendis muneribus aversus, 543, t. III.
Abrenuntiata repetentes monachi m gis peccant, *ibid.*
Absalon designat populum Judæorum. Collect. V. T., 195, t. IV.
Abstinentia Cæsaris Augusti quanta, 578, t. III. Abstinentia quorumdam fratrum eremitarum commendatur, 555, t. III. Abstinentia in rebus despicabilibus est gravissima, 556, t. III. Cujusdam abstin., 557, t. III.
Abundantia rerum necessariarum liberiores facit religiosos in virtutum comparatione, 528, t. III.
Adam idem quod terra rubra, 552, t. III. Adam cur terra rubra, *ibid.*
Adamantis natura, 651, t. III.
Adelbertus martyr episcopus Bohemiensis, 441, t. III.
Adraldus abbas monasterii Bremetensis, 595, t. III.
Adulatio in clericis simonia est, 463, t. III.
Adversa prævisa fortius excipiuntur, 532, t. III.
Ætas requisita in consecrandis virginibus, 367, t. III.
Æternitas Dei, 624, t. II.
Affinitas qua ratione computanda, 188, t. III. In numerandis gradibus una debet abundare persona, 189, t. III.
Agricola laborantis melior status quam nobilis præliantis, 49, t. IV.
Albizo et B. Petrus Damianus quantas difficultates simul passi, 798, t. III.

Albuini Parisiensis episcopi intemperantia divinitus punitur, 601, t. III.
Aliquando aliud est gradus, aliud generatio, 190, t. III. In generationibus supputandis quæ regula servanda, 195, t. III. Quomodo a transmigratione Babylonis ad Christum fuerint generationes quatuordecim, 194, t. III. S. Hieronymi mens super hac re, *ibid.* Item et S. Augustini, *ibid.* Ab eorum sententia quam modeste discedat B. doctor, *ibid.*
Allegoria ad 42 Hebræorum mansiones, 357, t. III.
Altare ædificatum a filiis Ruben et Gad in signum unitatis, 230, t. III. Altaris sacrificium a multis offertur, 227, t. III.
Ambrosii (S.) ordinatio, 70, t. III.
Amicitiæ fœdus quomodo violetur, 63, t. III.
Amore ferventes sæcularibus negotiis se implicare non debent, 808, t. III. Ex amore Dei lacrymæ et ex lacrymis amor Dei nascitur, 301, t. III.
Anachoretarum origo, 331, t. III.
Ananias et Saphyra sola corporum morte mulctati, 245, t. III.
Anathema juste timendum, 589, t. III.
Anatolius CP. post scelerata primordia se dignum suis ordinibus ostendit, 109, t. III. Discrimen anachoretæ et eremitæ, *ibid.*
Andabatarum mos in pugnando, 62, t. III.
Angeli per totum mundum discurrunt in auxilium hominum, 478, t. III. Angeli custodis officium, *ibid. et seq.* Quantum abhorreat sui clientis sordes et peccata, 479, t. III. Comparatio pulchra, *ibid.* Angeli et dæmones morituris adsunt, 74 *et seq.*, t. III. Angelorum præsidium tentatis præsens, 771, t. III.
Anima egrediens, quibus dolorum anxietatibus coarctetur, 774, t. III. Anima ideo debet plangi, quia non plangit, 167, t. III. Anima depositis vitiis radiat virtutibus Collect. V. T., 79, t. IV. Anima sicut et corpora nostra debent esse Spiritus sancti templum, 401, t. III. Animæ rubigo rebus adversis purgatur, 640, t. III. Animæ, mos quæ sit, 563, t. III. Animæ languores qui sunt

ibid. Animarum vivaria quæ dicantur, 803, t. III. Animarum lucra sunt thesauri sacerdotum, 552, t. III. Animarum rectores, quam vigilantes esse debeant, 813 *et seq.*, t. III. Animarum rectorum cur misera conditio, 456, t. III. Judicium quod de illis futurum est quodnam sit, 457, t. III.

Anselmus Lucensis episcopus, prudentia ac sanctitate clarus, 76 *et seq.*, t. III.

Antichristi via quæ sit, 279, t. III. Antichristus in Abimelech mystice adumbratus, 388, t. III. Antichristus synagogæ filius erit, 470, t. III.

Apollinaris hæresis improbatur, 6, t. III.

Apostatarum gesta deflenda potius sunt quam scribenda, 254 *et seq.*, t. III.

Apostoli ut monachi vixere, non ut canonici, 521, t. III. Apostoli in die Pentecostes quid acceperint, 90, t. III. Apostoli simul baptizati et consecrati, *ibid.* Apostoli per fontes duodecim in Elim mystice relati, 385, t. III. Apostoli et discipuli Christi quid figurent, 516, t. III. Eorumdem signatura, *ibid.* Apostoli sunt duces populi Christiani, 562, t. III.

Apostolorum pœnitentia, 291, t. III. Apostolorum cura in pauperes, 205, t. III. Apostolorum laudes, 29, t. IV.

Apostolica doctrina assimilatur frugibus, *Collect. V. T.*, 97, t. IV. Apostolicus senatus, 17, t. IV.

Aquilino ungue palpare quid, 443, t. III.

Arborum insulæ Thilon rami nunquam foliis nudantur, 631, t. III.

Arca Domini et tabernaculum fœderis fabrefacta in deserto quo primum transportata, 645, t. III. Arca reposita fuit in monte Abarim a Jeremia, *Collect. V. T.*, 269, t. IV.

Archiepiscopi Mediolanensis sponsio de abigenda simonia, 80, t. III. Ejus jusjurandum et pœnitentia, 82, t. III.

Archiepiscopi dignitas et sollicitudo, 495, t. III.

Archigenes medicus antiquissimus, 527, t. III.

Ardua tentanda et alta, et cur, 515, t. III.

Aretini mors repentina, 589, t. III.

Argumentum a simili egregium, 280, t III.

Arialdus martyrio affectus, 83, t. III.

Ariani non denuo baptizandi, 118, t. III. Eorum hæresis, *ibid. et seq.*

Arnaldi episcopi terribile exemplum, 589, t. III.

Arnulphus Metensis episcopus, 432, t. III. Idem fuit Pippini pater, et Caroli Magni avus, 433, t. III.

Asbeston Arcadiæ lapis semel accensus non potest exstingui, 650, t. III.

Aseroth interpretatio et allegoria, 564, t. III.

Asiongaber interpretatio et allegoria, 567, t. III.

Assentatorum vitia exsecranda, 465, t. III.

Assur connotat diabolum, *Collect. V. T.*, 263, t. IV.

Athanasius (S.) episcopus Alexandrinus, 458, t. III.

Athanasius (S.) auctor Symboli, 213, t. III.

Auctoritas Romani pontificis, 653, t. III.

Auditus supplet voluntatem defectum, 585, t. III.

Augustini (S.) scriptorum auctoritas quanta, 485, t. III.

Augustini (S.) ordinatio, 70, t III.

Aurea (S.) virgo et martyr, 454, t. III.

Authalopi natura, 807, t. III.

Avari difficultas in eleemosyna, 201, t. III. Avari poena, 202, t. III. Avarorum triplex genus, *ibid.* Avarus quidquid boni fecerit, donec erit avarus, amittet, 544, t. III. Avarus aut sua nimis amat, aut aliena desiderat, 545, t. III. Avarus nummicola potius appellandus quam Christicola, 248, t. III.

Avaritia omnium malorum caput, *ibid.* Avaritia omnia scelera superat, 544, t III. Quam sit Deo exsosa, *ibid.* Avaritia quid sit, *ibid.* Avaritiæ effectus, 545 *et seq.*, t. III. Avaritiæ finis et intentio, 541, t. III. Exhortatio contra avaritiam, *ibid.*

B

Bala interpretatio et allegoria, 296, t. III.

Balaam, etsi impius, prævidit mundi redemptionem, 93, t. III. Simoniacus fuit, et tamen non amisit spiritum prophetiæ, *ibid.*

Banarim interpretatio et allegoria, 567, t. III.

Baptismus origo sacramentorum, 88, t. III. In baptismo et ordine Spiritus sanctus operatur, 89, t III. Præcipuum Ecclesiæ sacramentum, 96, t. III. Quid in baptizatis et consecratis Dei gratia operetur, 89, t. III. Christus cum baptismo sacerdotium suscepit, 90, t. III. Cur rebaptizatio prohibeatur, *ibid.* Apostoli simul baptizati, *ibid.* In baptismo Christi manifestatum est mysterium sanctissimæ Trinitatis, 16, t. III. In baptismo infantium alius pro eis respondet, 254, t. III. Unus pro alio supp ere potest, *ibid.*

Baptizandorum exsufflatio, 117, t. III.

Barunci eremitæ sanctitas, 600, t. III.

Basilica Parmensis SS. Gervasii et Protasii ubi sita, 654, t III.

Basso Aniciensi stupendum exemplum, 575, t. III. Licet peccator sit, B. Virginis intercessione salvatur, *ibid.*

Beatitudinem in spe quinam habeant in hac vita, 564, t. III.

Beda copulavit in ordinem Opera sancti Augustini, *Collect. V. T.*, in præfat, t. IV.

Benedicti (S.) regula ac Patrum Collationes eremitis apprime necessariæ, 343, t. III.

Benedicti (S.) discretio, 293. Idem Spiritu sancto plenus, 570, t. III. Scopus regulæ ipsius, 292, t. III. S. Benedicti miracula, 40 et 41, t. IV.

Benedictinorum eremitarum regula ante S. Romualdum usui erat, 750, t. III.

Benedictio in sacra Scriptura quomodo accipiatur, 527, t. III. Benedictione digni sunt qui culpas corrigunt *Collect. V. T.*, 260, t. IV. Benedictionis sacerdotalis effectus a quo procedat, 536 *et seq.*, t. III.

Benedictus IX papa, 439, t. III.

Beneficia Israeliti o populo concessa, 251, t. III.

Bennonis epitaphium, 52, t. IV.

Berardus marchio, 207, t. III.

Bigamo deest typus Christi et cur, *ibid.* Bigamus a sacerdotio omnino repellitur, et cur, 251, t. III. Traditio Ecclesiæ de bigamis et fornicariis, *ibid.*

Bona quæ ex quiete et dulcedine nascantur, 287 *et seq.*, t. III. Bona quibus in hac vita pauperes fruntur, 250, t. III. Bona nostra in Dei dominium tranferuntur, et quomodo, 245, t. III. Bona pauperum in hac vita quæ sint. Vide *Pauper.*

Boni malorum societate pervertuntur, 517, t. III.

Bonitus Episcopus Arvernorum, 444, t. III.

Bonorum omnium thesaurus Christus, 251, t. III. Bonorum temporalium origo quæ sit, 207, t. III. Bonorum cœlestium dulcedo quanta, 251, t. III.

Botrus delatus ex terra promissionis Christum Dominum significat, *Collect. V. T.*, 125, t. IV.

C

Cadaloi insana ambitio, 410, t. III. Cadalous apostolus Antichristi, 69, t. III.

Cades idem quod *Sin.*, 568, t. III.

Cæsaris abstinentia, 578, t. III.

Caiphas cur simoniacus, 98, t. III.

Caleph spes ingens et exspectatio, 315, t. III.

Canicula ante lectum B. Gregorii peremta, 456, t. III.

Canones apocryphi an benedicantur, 157, t. III.

Canonicorum defensio frivola, 487, t. III. Canonicus is dici nequit qui non est regularis, et cur, 344, t. III.

Canticum B. Virginis cur vespere canatur, 215, t. III.

Canticum quod solæ virgines canunt, quodnam sit, 175 *et seq.*, t. III.

Carbonum natura, 650, t. III.

Carnis prudentia superbiam sapit, 223, t. III. Carnis maceratio per scopas cur salutifera, 793, t III. Caro delicatius nutrita, mortua magis fetet, 780, t. III.

Carpenta ferrata quid adumbrent, 551, t. III.

Casti plerique sunt tenaces, 59, t. IV.

Castitatis præmium quodnam sit, 174 t. III

Castoris natura, 808, t. III.

Castra Dei quæ sint, 515, t. III.

Causa Romanæ Ecclesiæ qualis, 52, t. III. Causæ episcoporum ad quem spectent, 525, t. III.

Cecletha interpretatio et allegoria, 565, t. III.

Cerinthi hæresis, 61, t. III

Chaldæorum etymon, 267, t. III.

Charadrii figura cui similis, 814, t. III.

Charitas S. Pauli in suos perfecta, 63, t. III. Charitas erga defunctos laudatur, 326, t. III. Charitatis studium commendatur, 309, t. III.

Cherubim figuram habent monachorum indumenta, 526, t. III.

Chorus monachorum est pulchra militiæ species, 307, t. III.

Christus passus est, ut ejus exemplum sequeremur, 711, t. III. Solus Christus crucifixus audiendus, *ibid.* Christi ad nos descensio per quos gradus adumbrata, 559, t. III. Christi vulnera sensuum nostrorum medicamenta, 509, t. III. Christi manus non aufugitur, 61, t. IV. Ejus adventus, ut fulgur, 62, t. IV. Idem assimilatur manui Moysis, *Collect. V. T.*, 102, t. IV. Idem significatur in Aaron. *Collect. V. T.*, 125, t. IV. Idem gloria Domini, *Collect. V. T.*, 210, t. IV. In ejus adventu silentium omnia continebat, *Collect. V. T.*, 251, t. IV. Idem cur torcular calcaverit solus, *Collect. V. T.*, 254, t. IV. Idem occisus

INDEX RERUM NOTABILIUM.

peccatum, 47, t. III. Ejus perfecta imitatio, 63, t. III. Ejus præceptum de maxilla offerenda percutienti, 67, t. III. Suscepit sacerdotium cum baptismo, 90, t. III. Ejusdem corpus in altari vivificatur virtute Spiritus sancti, 97, t. III.

Christus verus Dei Filius, 6, t. III. Verus Filius virginis, *ibid.* Mediator Dei et hominum, *ibid* Quomodo solus Filius carnem suscepit ad mortem subivit, 7, t. III. Declaratur exemplo animæ, *ibid.* Solis, *ibid.* Citharæ, *ibid.* Christus natus est, salva matris virginitate, *ibid.* In ipso est una persona ex duabus, et in duabus naturis, 8, t. III. Divina, et humana natura in Christo inconfusa permanserunt, 9, t. III. Est verus Filius Dei, non nuncupativus, aut adoptivus, 11, t. III. In eo divina et humana natura se manifestavit, *ibid.* In ipso duplex nativitas, 12, t. III. In baptismo Christi manifestatum est mysterium sanctissimæ Trinitatis, 16, t. III. Christus quare mediator, 14, t. III Summa rerum, quæ credendæ sunt, 16, t. III. Christus naturam suscepit humanam, non personam, 15, t. III. In Christi resurrectione omnes divinæ personæ concurrerunt, xvii, t. III. Christus est lapis angularis, 31, t. III. Christi mysteria a prophetis prædicta, 45, t. III. Incarnatio, *ibid* Delatio ad Templum, 46, t. III. Deductio in Ægyptum, *ibid.* Reductio, *ibid* Ingressus in Hierusalem, *ibid.* Vis in arguendo, et justitia in judicando, *ibid.* Baptismus in Jordane, *ibid.* Traditio Judæ, *ibid.* Venditio, *ibid.* Pretium, *ibid.* Pro ectio argenti, *ibid.* Judæorum damnatio, *ibid. et seq.* Vulnera, 47, t. III. Crucis patibulum, *ibid.* Vestimentorum divisio, *ibid* Sputa ac lancea, *ibid.* Descensus ad inferos, et Patrum liberatio, *ibid.* Potus fellis, *ibid.* Resurrectio, *ibid.* Lex evangelica, *ibid* Ascensus in cœlum, *ibid.*

Christum occidisse peccatum fuit omnium maximum, 49, t. III. Christus princeps pacis, 267, t. III. Christum quid reddat divitem, et pauperem, 251 *et seq.*, t. III. Christum habere, ut signaculum super brachium, et super cor quid sit, 772, t. III. Christus David assimilatus, 645, t. III *et Collect. V. T.*, 201, t.IV. Christus est nobis David in via, in patria Salomon, 617, t. III. Christus petra est, 810, t. III. Christus miraculo scandalum tollit, 61, t. III. Christus factus pro nobis maledictum, 100, t. III. Christi quinque vulnerum mysteria, 771, t. III. Christus in charadrio cur expressus, 811, t. III. Christus est thesaurus bonorum omnium, 251, t. III. In eum nostra sollicitudo projicienda, *ibid.* Christi patientis potentia, 92, t. III. In Christo sunt omnes thesauri gratiæ, 87, t. III.

Cimici, fumo sanguisuga faucibus adhærens egeritur, 650, t. III.

Clausirum cur catabulum cœlestium pecorum, 805 *et seq.*, t. III.

Clerici luxuriosi cur cum Abimelech comparantur, 388, t. III. Clerici manzeres ac spurii qui dicantur, 507, t. III. Clerici qui sibi licere affirmant uxorem ducere, ex hæresi Nicol. iterum sunt, 410, t. III Clerici pugnacis, insolentis et blasphemi cædes, 592, t. III. Clerici non habent proprietatem rerum quas possident, 512, t. III. Illorum habitatio cur sit juxta ecclesias, 513, t. III. Clericis intemperantibus melius a sacris ordinibus esset cessare, 405, t. III Clericorum etymon, 486, t. III.

Cœlestibus terrena contemnuntur, 514, t. III.

Cœli cum homine pulchra comparatio, 477 *et seq.*, t. III.

Colloquium in cella quam perniciosum, 558, t. III. Pietas erga defunctos inibi exerceri solita, 559, t. III.

Columnarum duarum templi a Salomone constructi sensus, 570, t. III.

Commatres non sunt ducendæ uxores, 593, t. III.

Commenta hominum differunt a sententiis per Spiritum sanctum prolatis, 598 *et seq.*, t. III.

Communio vitæ unionem spiritus et rectitudinem parit, 418, t. III.

Compaternitatis necessitudo, 653, t. III.

Completorium in lecto nec salus est nec profectus, 594, t. III.

Compunctio nascitur de amore Dei, 302, t. III. Concionator. Quid in concionatore requiratur, 726, t. III.

Confessio ad horam primam, si ve completorium, 550, t. III. Confessio s contemptores monentur, 596, t. III.

Confiteri sua crimina eisdem, cum quibus lapsi sunt, peine eorum, 153, t. III.

Consanguineæ non sunt ducendæ uxores, 594, t. III.

Consanguinitas sex gradibus terminatur, 181, t. III. An inter quos sit lex hæreditariæ successionis, nulla sint jura conjugii, 180, t III. Legisperitorum super hac re conclusio, 183, t. III. An quibus est jus hæreditatis, sit et affinitas generis, 182, t. III. An generationes quæ utrimque ab uno prodeunt, debeant simpliciter numerari, 184, t. III. Consanguinitatis gradus varie a variis usurpati, 179, t. III. Quot gradibus terminetur, 184, t. III. Error quorumdam de gradibus consanguinitatis, 179, t. III.

Consecrari denuo nefas est, 129, t. III.

Consecrationis effectus fidei nititur fundamento, 120, t. III.

Constantia in virtutum proposito, 510 *et s q.*, t. III.

Constantini imperatoris pietas, 54, t. III. Ejusdem imperatoris edictum erga Rom. pontificem, 55, t. III.

Consuetudinis antiquæ necessitas aliquando excusat, et quando, 444 *et seq.*, t. III.

Contemptori sæculi quid præstandum, 771, t. III.

Contemptus mundanæ gloriæ, 222, t III.

Continentiæ quomodo excipiendæ, 515. t. III.

Conversationis religiosæ finis, 295, t. III.

Conversio. Cur conversionis initio Deus tentationes non permittat in suis, 775, t. III.

Conversus a SS. Andrea et Gregorio verberatus est, 435, t. III.

Cordis custodia et cogitationum ponderatio utilis, 515, t. III.

Corporis nostri vilitas ac fetor, 711, t. III. Corpus Christi sacrosanctum pollutis manibus tractans particeps crucifigentium Christum est, 507, t. III.

Correptionem amare sapientis est, stulti vero odisse, 735, t. III. Correptiones impatientibus sunt gladii, *ibid. et seq.* Viri ferventis est correptionem sine culpa ad aliorum profectum amplecti, 731, t. III.

Corrigere prius decet se, quam alios, 518, t. III. In correptione moderatio servanda, 787, t. III

Corruptio quod nascitur de corruptione, *Collect. V. T.*, 204, t. IV.

Credenda quæ, 5 et 16, t. III.

Crocodilus cur mortem et tartarum referat, 811, t. III.

Crux instrumentum nostræ salutis, 14, t. IV. In ejus laudem parænelicum carmen, 15, t. IV. Confœderat cœlum terris, *ibid.*

Culpa subditorum in præpositos redundat, *Collect. V.T.*, 155, t. IV.

Cultris dividi homines mystice quid sit, 552, t. III.

D —

Dæmones Vertumni qui dicantur, 268, t. III. Dæmones cur in volucribus expressi, 594, t. III.

Dæmoniacus hominem necans liberatur, 601, t. III.

Dæmonis impositum Eremitæ cuidam, 595, t. III.

Dæmonum illusiones, 659 *et seq.*, t. III.

Damiani (S.) vaticinium de morte Cadaloi admirabiliter impletum, 410, t. III. B. Damiani humilitas profunda, 552, t. III. Ejusdem urbana et modesta expostulatio, *ibid.* B. Damiani in scribendo fides ac religio, 22), t. III.

Damianus (B.) in latere montis Suavicini Eremum construxit, 553, t III. Damianus monachus, frater S. doc oris, 579, t. III. Damianus legatus res suas subjicit judicio sedis apostolicæ, 84, t. III.

Damna quæ a malignis spiritibus proveniunt, *Collect V. T.*, 88, t IV.

Damnatorum supplicia, 782, t. III Mors, *ibid.*

Daniel vir desideriorum, 436, t. III. S. Danielis missa, 24 *et seq.*, t. IV.

David cur dicatur Adeodatus, filius saltus, Polymitarius, et Bethlehemites, 645, t. III, et *Collect. V. T.*, 2.0 et 201, t. IV. David obtinuisse civitatem Rabbath quid sit, 551, t. III. Per David regnum præsens sæculum cur designatum, 647, t. III. David humilitas, 262, t. III. Davidi cur peccatum remissum, non Sauli, *Collect. V. T.*, 195, t.IV. Idem figura Christi, *Collect. V. T.*, 201 *et seq.*, t. IV.

Decollatio S. Joannis Baptistæ quando fuerit, 253, t. III.

Defunctorum alimenta quæ sint, 580, t. III.

Deodatus Trevirensis archiepiscopus, 454, t. III.

Depthca sive *Raphaal* interpretatio et allegoria, 562 *et seq.*, t. III.

De relinquentibus sæculum quænam pacis tranquillitas datur, *Collect., V. T.*, 109, t. IV.

Desperati cujusdam terribile exemplum, 597, t. III.

Desperatio unde inducitur, 172, t. III.

Deus quem decrevit salvare continuo liberat, 1, t. IV.

Deus ac Judas quo discrimine Christum morti tradiderint, 67, t. III. Dei familiaris qualis esse debet, 551, t. III. Dei scientia et providentia rerum omnium simplex et distincta, 623, t. III. Deo non est heri, vel cras, sed hodie sempiternum, 624, t. III. Deus potest virginitatis corruptæ carnem et meritum reparare, 618, t. III. Quomodo fieri potest ut quod factum est non sit factum, 619, t. III. Nullum bonum nisi ab eo, 625 *et seq.*, t. III. Odit sterilitatem in brutis, *Collect. V. T.*, 2:0 et seq., t. IV. Ex ejus ore non egrediuntur nec bona nec mala, *Collect. V. T.*, 261, t. IV. Dei donum nulla ministrorum contagione polluitur, 101, t III. De immundis non accipit sacrificium, 169, t. III. In ejus dominium transferuntur bona nostra per votum, 245, t. III. Per ingressum religionis fit portio monachi, et monachus illius, 246, t. III. Per divitias amittitur, 246 et seq., t. III. Vitat consortium, 247, t. III. In eum nostra sollicitudo proficienda, 251, t. III. In eumdem fervor, et mortificatio, 286, t. III. Ei serviendum amore, non timore pœnæ, 289, t. III. Ex ejus amore nascitur compunctio, 301, t. III. Eidem opera nostra lacrymis sunt gratiora, 302, t. III. Ejus familiaris qualis esse debeat, 531, t. III. Ei odibilis suasor transfugæ, 565, t. III. Idem præsidet in sanctis doctoribus, 564, t. III.

Deum non posse vel nescire aliquod malum, quomodo intelligendum sit, 615, t. III. Deus etiam ulciscitur verba, 591, t. III. Cur Deus alios divites, alios pauperes esse velit, 199, t. III. Cur Deus quod promittit, interdum amminuit, 57, t. III. Cur Deus quæ promisit nonnullis, non tribuit, ibid. Quomodo, et cur Deus pœnas, quas minuatur non j fligit, 38, t. III. Deus omnia potest, sive faciat, sive non faciat, 627 et seq. t. III. Deum posse facta infecta reddere statuitur, 6, III. Dei localitas illocalis, 622, t. III. Cur Deus non restauret virginitatem post lapsum, 617, t. III. Cur Deus alios juvenes, alios senes ad se vocat, 724, t. III. Cur per viros idiotas ac simplices mundum instituit, 725, t. III. Ad Deum accedentes, humanis disciplinis non indigent, 730, t. III.

Deus cujus vult misereatur, et quem vult indurat, 597, t. III. Deum timere, et ejus mandata servare quid sit, 480, t. III. Deus multa potest, quæ non vult, 615, t. III. Deus fit portio hominum, et quomodo, 246, t. III. Deus examinat omnium actiones, 285, t. III Deum dicere non omnipotentem, scandalosum est, 615, t. III. Deus reprobam animam sæcularibus implicari actibus cur permittat, electam vero a laboribus conservet liberam, 267, t. III.

Deus existit in omnibus rebus, et quo pacto, 622, t. III. Cur Deus non pellem. sed interiora sibi viscera jusserit offerri, 267, t. III. Deus una notione omnia comprehendit, distincte tamen, 623, t. III. Non ; osse vel nescire Dei quomodo intelligendum, 616, t. III.

Diaboli technæ ad prosternendum Christi militem, 270, t. III.

Devotio celeris in eleemosyna requiritur, 200 et seq., t. III.

Diaboli interpretatio, 70, t. III. Diabolus incautos bonorum operum fructu privat, 809, t. III. Vulpes est species, et cur, 510, t. III. Cur diabolus novitiis insidietur, 353, t. III.

Diaconus et monachus eadem pœnitentia mulctantur a ca. outibus, 409, t. III.

Dialecticæ n·us in rebus divinis, 621, t. III. Dialecticæ artis ignorantia perturbatur disciplina ecclesiastica, ibid. Dibongad interpretatio et allegoria, 560 et seqq., t. III. Item quis 4, 5 et 7, 561, t. III.

Dilectio Dei cur firmitas dicta, 570, t. III.

Diligentium patrum est filios corripere, 755, t. III.

Dinæ casus omnibus monachis sit exemplum ne vagentur, 263, t. III.

Diogenis Cynici absurda opinio, 683 et seq., t. III.

Dioscori hæresis improbatur, 9, t. III.

Discendum est ab inferioribus non modo a majoribus, 583, t. III.

Disciplinæ humanæ quomodo Deo consecrandæ, 298, t. III.

Discretio cur necessaria, 331, t. III.

Dissidentia Christum experitur pauperem, fides vero divitem, 231 et seq., t. III.

Diversa naturæ bona, 197, t. III.

Diversitas peccantium contra naturam, 149, t. III. Ejusdem peccati gravitas, ibid.

Divites dispensatores sunt, non possessores divitiarum, 199, t. III. Cur alii divites, alii pauperes, ibid. Divitum injustæ querelæ in pauperes, 205, t. III. Divitum condemnatio, 200, t. III.

Divitiæ appetuntur ad luxum, non ad indigentiam, 548, t. III. Nullum usum sæpe afferunt, præter solum aspectum, ibid. Ex divitiis quomodo fructus capiatur, 543, t. III. Divitias relictas repetentes a cœlo arcentur, 218, t. III. Nemo potest Deum et divitias colere, ibid. Divitias appetere quam periculosum, 546, t. III.

Dominico die non jejunandum, 325, t. III.

Dominicus duodecim simul psalteria cum disciplina cantavit, et tertium decimum cœpit, 781, t. III. Ejus judicium de corporis flagellatione, 785 et seq., t. III.

Dominicu- patriarcha G adensis, 655, t. III.

Dominus vobiscum ab utroque Testamento descendit, 223et seq, t. III. Dominus vobiscum unde ortum sit, 123, t. III. Idem non mutatur, ibid. Idem si pio singularitate non dicetur, multa alia necesse est omittantur, 123 et seq., t. III. Si idem recte inter duos proferatur, a solo etiam jure dicetur, 231 et seq., t. III. Ad unicum recte dicitur, 232, t. III.

Domus Israel quomodo vertitur in scoriam, Collect. V. T., 102 et seq., t. IV.

Donatus et Hilarianus (SS), 57, t. IV. S. Donati miracula, 58, t. IV. Ejus laudes, ibid. Utriusque dissimilitudo, ibid.

E

Ebrietas spiritualis quid in anima faciat, 769, t. III.

Ebrona idem quod transitus, 567, t. III. Ejus allegoria, ibid.

Ecclesia a monachis non a canonicis fundata est, 521, t. III. Ecclesia Romana cur dicitur officina labrilis, 84, t. III. Ecclesia non constringitur tempori um lege, nec servit sub elementis, 234, t. III. In Ecclesia recte altus supplet verba alterius, ibid. Ecclesia Christi castra Dei sunt, 515, t III. Ecclesia Romana Christi auctoritate fundatur et fulcitur, 52, t. III. Spiritualis mater est regum, 56, t. III. S. Ecclesia Spiritus S donis repleta, 648, t III. Cur Ecclesia Hierosolymitana cun iis aliis non præcellat, cum ibi passus sit Christus, 610, t. III. Ecc esia est tabernaculum Dei, 513, t. III. Ecclesia Dei in tabernaculo Moysi demonstratur, 44, t. III. Item in urbe Hierus lem, ibid.

Ecclesia multiplex, et una, 225, t. III. Una in multis, et tota videtur in singulis, ibid. In omnibus una et in singulis tota, ibid. Tota est unum corpus, 229, t. III. Respicit ad unitatis sacramentum, 252, t. III. Assimilatur Racheli Collect. V. T., 95, t. IV. Ejus umbilicus qualis. Collect V.T., 244, t. IV. S. Ecclesia quibus vestibus delectetur, 528, t. III.

Ecclesiæ unitas per Christum in Eucharistia, 228, t. III. Eccles æ Romanæ præstantia, 75, t. III. Item et dignitas, 77, t. III. Ejus jura frangere quam perniciosum, ibid. Ecclesiæ filii majorem inter se habent unitatem, quam habuerunt filii Israel, 233, t. III.

Ecclesiasticæ locutiones non subjacent grammaticæ regulis, 232, t. III. Ecclesiasticorum bonorum injusti possessores culpantur, 431, et seq., t. III.

Echini natura, 588, t. III.

Electos suos quantum Deus amet, 779, t. III. Eleemosyna plurimum d functis prodest, 209, t. III. Maxime dæmonibus invisa, ibid. Eleemosyna-app letur justitia, 199, t. III. Eleemosyn mundat animas, 202, t. III. Eleemosyna pauperibus data fructuosior est quam obla to a sacerdote carnali celebrata, 582, t. III. Eleemosyna Walderici martyris miraculo commendata, 2 6, t. III In eleemosyna devotio celeris requiritur, 200, et sqq., t. III. Avari difficultas in eleemosyna, 201, t. III. Eleemosynæ præmium, ibid. Item et lucrum, ibid. Eleemosynæ regula, 204, t. III. Eadem bonorum temporalium affluentia 207, t. III. Reputatur a Deo ut misericordia, 199, t. III. Eleemosynam acceptam per manus pauperis Deus conservat in cœlo, 199, t. III. Eleemosynarius mereatur orationem totius Ecclesiæ, 205, t. III. Eleemosynarum quæ maxima, ibid. Motiva largiendæ eleemosynæ, 204, t. III. Eleemosynis parentum res filiorum crescit, ibid. Exemplum mulieris quæ defuncti viri animam eleemosynis redimere conabatur, 581, t. III.

Elementum aquæ vires suas naturales reprimit. Vide Aqua.

Elisæi prophetæ evangelica paupertas, 273, t. III. Libertas ejusdem et discretio, 272, t. III. Episcopatus ordo an sit alius a sacerdotio, 104, t. III Episcopatus aliquando deponi potest, 422, t. III.

Episcopi officium, 57, t. IV. Ejusdem opera respondeant verbis, ibid. Idem sit acer in reprehendendis vitiis. Collect. V. T., 181, t. IV. Episcopi error docentis monachum ob infirmitatem redire posse ad secularia, 561, t. III. Episcopi male ordinati consecrationis gratiam aliis habent, sed sibi non habent, 121, t. III. Quid episcopi de sacerdotibus indignis cousiltuere debeant, 509, 4. III. In coercendis clericorum flagitiis vigilantes esse decet, 505, et seq., t. III. Episcopo um nequi simorum ordinatio cur rata, et valida, 106, t. III. Episcoporum ma orum deploratio, 444, t. III. Episcoporum causæ ad quem spectent, 553, t. III. Episcopus qui indignum promovet, ejus se peccatis involvit, 505, t. III. Episcopus impudi us et simoniacus miraculorum effector, 111, t. III.

Equarum Cappadociæ natura, 631, t. III.

Eremi origo, 331, t. III. Ejus auctores et professores, ibid.

Eremitæ in urbibus conversantes, amantes cur judicandi, 791, t. III.

Eremiticæ vitæ laus, 256, t. III.

Eremitis præcipue necessaria quies, silentium et jejunium, 555, t. III. Eorum psalmodia, 557, t. 3. Jejunium, 542, t III. Exercitia, 344, t. III. Eis necessariæ collationes Patrum, 515, t. III. Discrimen inter Eremitam et Anachoretam, 352, t. III.

Eremus mors est vitiorum, 238, t. III. Vita virtutum, *ibid.* Balneum animarum, *ibid.* Scala Jacob, *ibid.* Conciliabulum Dei, *ibid.* Habitaculum hominum et angelorum, *ibid.* Testis divini amoris, *ibid.* Dominicæ sepulturæ æmula, *ibid.* Spirituale habitaculum mira efficiens, 159, t. III. Speculum animarum, *ibid.* Thalamus nuptialis, *ibid.* Effugium mundi persequentis, 240, t. III. Castra dæmonibus terribilia, *ibid.* Viridarium animarum, *ibid.* Deus est inhabitator habitantis in eremo, *ibid.* Eremus est schola cœlestis doctrinæ, 236, t. III. Paradisus deliciarum et virtutum, *ibid.* Caminus trium puerorum, 237, t. III. Fornax superni Regis, *ibid.* Apotheca mercium cœlestium, *ibid.* Officina ubi anima restauratur, *ibid.* Militiæ locus, et triumphi, *ibid.*

Esau unde dejectus a jure suo, 264, t. III.
Esculani episcopi fastus et depositio, 549, t. III.
Esther humilitas quanta, 262, t. III.
Ethan sive *Buthan* interpretatio et allegoria, 560, t. III.
Evangelistæ conciliantur in crucifixione Christi, 214, t. III.
Eucharistia præcipuum Ecclesiæ sacramentum, 96, t. III. A multis offertur, 227, t. III. Eucharistiam frequenter suscipiens, dæmonibus est terribilis, 771, t. III.
Eucherius Lugdunensis episcopus, 524, t. III.
Eutychetis hæresis improbatur, 9, t. III.
Evangelium per manna significatum, 565, t. III.
Ex ore Altissimi non egredientur nec bona nec mala, expositio, 646, t. III.
Excommunicati non habent jus ad electionem Pontificis, 68, t. III.
Excommunicatio canonum et pontificum an eadem, 257, t. III. Excommunicatio Pontificum Romanorum cur formidanda, 595, t. III. Cum excommunicatis nulla habenda est conversatio, 275, t. III.
Excusatio in peccatis quantum malum, 483, t. III.
Exempla admirabilis pœnitentiæ, 540, t. III. Exemplum viri pii et canonicarum horarum studiosi, 218, t. III.
Exercitii spiritualis studium, 537, t. III.
Expositio: *Læva ejus sub capite meo*, 607, t. III.
Expositio: *Ego dixi in excessu mentis meæ: Omnis homo mendax*, 574, t. III.

F

Farnulphus Cisterciensis episcopus, 433, t. III.
Festi dies solemnes cur a jejunio immunes, 324, t. III.
Festivitates quædam cur suo tempore non celebrentur, 253, t. III.
Festum S. Jacobi, et S. Petri ad Vincula, 253, t. III.
Ficus imaginem legis quomodo teneat 470 *et seq.*, t. III.
Fidei necessitas, et præstantia, 2, t. III. Eadem origo virtutum, 3, t. III. Fides cur petra, 714, t. III. Fides experitur Christum divitem, et quomodo, 251, *et seq.*, t. III. Fideles omnes quomodo unum sunt, 226, t. III.
Filii autem David erant sacerdotes quomodo exponatur, 615, t. III.
Filius unius anni erat Saul cum regnare cœpisset, etc., expositio, 641, *et seq.*, t. III.
Flagellatio purgatorii genus, 781, t. III.
Fossor, saxorum ruderibus per annum obrutus, vivit propter missæ sacrificium, 581, t. III.
Fructus laboris spiritualis, 296, t. III.
Futura pro præteritis sæpe ponit Scriptura, 625, t. III

G

Gabaonitarum exemplum quinam imitari dicantur, 288, t. III.
Gadgad interpretatio et allegoria, 567, t. III.
Gebarim interpretatio, et allegoria, 569, t. III.
Genebaldus Laudunensis episcopus, 444, t. III.
Gentilis regis evangelicum dictum, 209, t. III.
Gerardi eleemosynarii exemplum, 206, t. III.
Gerardus episc. Florentinæ ecclesiæ, 110, t. III.
Gezonis eremitæ pia exercitatio, 668, t. III.
Giezi a fide cur erraverit, 546, t. III.
Gloriæ cœlestis perfecta descriptio, 784, t. III.
Gondebertus Senonum archiepisc., 434, t. III.
Gothifredus dux, 209, t. III.
Græcorum consuetudo in imperatore creando, 480, t. III. Exhortatio ad hominem, 481, t. III.
Grammaticam regulari disciplinæ præferri a monacho vanum, 298, t. III.
Gregorii (S.) sententia de pœnitentia, 291, t. III.
Guido (S.) abbas Pomposianus, 512, t. III.

H

Hæresis Eutychetis improbatur, 9, t. I. Hæresis origo, 484, t. III. Hæresis Nestorii improbatur, 9, t. III.

Hæretici ut reconciliandi, 79, t. III.
Halus interpretatio et allegoria, 565, t. III.
Herinacii natura, 809, t. III.
Hierusalem cur figura Ecclesiæ Dei, 44, t. III.
Hilariani (S.) miracula, 57, *et seq.*, t. IV.
Hildebrandi cardinalis abstinentia, 536, t. III.
Horarum significationis laudes, 307, t. III.
Humana mens implicata terrenis rebus non est apta contemplationi. *Collect. V. T.*, 151, t. IV.
Humanæ miseriæ conditiones, 47, t. IV.
Humbertus episc. card., 602, t. III.
Humilitatis discipulus quis dicendus, 223, t. III.
Hydrus cur Salvatoris species, 811, t. III.
Hypocrisis abominabile vitium, 254, t. III.
Hypocritæ ad quid vilioribus vestibus utuntur, 261, t. III.

I

Ignis natura, 630, t. III.
Illitteratorum oratio quænam esse debeat, 217, t. III.
Immundi hominis etiam bona opera Deo displicent, 170, t. III. Confirmatur exemplo eremitæ, *ibid* Immundorum manus cur plenæ sanguine, 169, t. III.
Imperatores Romani, qui violenta morte periere, 475, t. III. Imperatorum assensus i electione Rom pont. non est necessarius, 55, *et seq.*, t. III. Romani imperatores, eorumque mors, 54, t. III. Cur B. Gregorio electo assensum præbuit Mauricius imperator. *ibid.* Privilegium concessum Henrico imperatori in pontifice eligendo, 55, t. III.
Incœpta non consummata perduntur, 285, t. III.
Incredulus dicitur, qui misericordiam non amat, 201, t. III.
Indumenta mollia perfectiores cur fastidiant, 262, t. III.
Inferni pœnæ atrocissimæ, 62, t. IV. Inferni, mortisque meditatio extinguit incentiva libidinum, 175, t. III.
Infirmorum causa aufliceat interdum a rectitudine non nihil declinare, 59, t. III.
Ingratitudo hominis in Deum, 179, t. III.
Insidiæ hominum vitari possunt, non item dæmonum, 469, t. III.
Intentio potius scribentis, quam litteræ cortex attendendus, 572, t. III.
Israelitarum mansiones spiritualiter intelligendæ, 558, t. III. Israelitæ quam viriliter contra carnem et sanguinem dimicaverint, 275, t. III. Israelitico populo quæ beneficia concessa, 251, t. III.
Ivo B. Damiani magister, 728, t. III.

J

Jabatha interpretatio, 567, t III.
Jejunii monastici forma, 522, *et seq.*, t. III. Ab eodem excipiuntur dies festi, 323, t. III. Ejus regula, *ibid.* Jejunii ac refectionis regula, 334, t. III. Jejunium laudabile, 311, t. III. Jejunium perfectum quale appellandum, 323, t. III. Jejunium famulorum, *ibid.*
Jezrahelis etymon, 498, t. III.
Joab quod referat, quid *Semei*, 648, t. III.
Joannes (S.) evangelista a nuptiis vocatus, 686, t. III. Joannes cur vitam contemplativam designat, 609, t. III. Cur Joannes evang. quiete obdormivit, 291, t. III. S. Joannes evangelista logotheta Verbi, 27, t. IV. Dilectus præ cæteris a Domino, *ibid.*
Joannes prior monasterii Fontis Avellani, 595, t. III.
Joanni de Anso a dæmone impositum, 595, t. III.
Joseph. Inter Joseph et B. Virginem verum matrimonium intercessit, 685, t. III.
Jube Domne benedicere, cur dicatur, 223, t. III.
Jubilæi mysterium, 43, t. III.
Judæi cur in Christum male affecti, 559, t. III. Judæi quod gravius peccatum perpetrarint, 48, t. III. Christum occidisse peccatum fuit omnium maximum, 49, t. III. Cum Judæis qua ratione disputandum, 23, t. III.
Judex timens Deum, 57 *et seq.* t. IV. Judices ne gratis quidem dona accipere possunt, 511, t. III.
Judicia Dei vere abyssus multa, 601, t. III. Judicii die occulta singulorum patebunt, 61, t. IV. Judicii extremi memoria utilis contra tentationes, 775, t. III. Sententia Scripturarum de die judicii, *ibid. et seq.* Judicium muneribus pervertitur, 542, t. III.
Juniperi virtus in fovendo diutissime igne, 564, t. III.
Juvenes in æstu carnis quibus armis se debent defendere, 311, t. III.
Juvenilis ætas carnis pugnam patitur, *ibid.*
Juventius eremita, vir sanctus, 600, t. III.
Juventus maxime carnis pugnam patitur, *ibid.*

L

Laban filias vendidit, et cur, 486, t. III. *Laban* interpretatio, 293, t. III.
Laboris spiritualis fructus qui sint, 296, t. III.
Lacrymæ animam purificant et fecundant, 299, t. III. Impetrant gratiam et docent, 300, t. III. Vitam producunt, et cur, *ibid.* Steriles fecundant. *ibid.* Spem erigunt, *ibid.* Gratæ sunt Dei auribus, *ibid. et seq.* Earum dulcedo, 301, t. III. Dæmonem terrent ac fugant, *ibid.* Lacrymarum gratia ut acquiri queat, 332, t. III. Lacrymarum et contemplationis studium, 331, t. III. Lacrymarum verarum ac falsarum discrimen, 352, *et seq.*, t. III. Lacrymis sacrificium operum nostrorum Deo fit gratius, 302, t. III. Ex illis amor Dei nascitur, *ibid.*
Lambertus Florentinus episcopus, 454, t. III.
Lamech significat primum parentem, *Collect. V.-T.*, 85, *et seq.*, t. III.
Lamentatio flebilis super animam immunditiæ sordibus dediam, 165, t. III.
Landulphus clericus Mediolanensis, 693, t. III.
Lapides secti sunt, qui respuunt consortium aliorum. *Collect. V. T.*, 112, t. IV. Lapis cur ecclesia, 386, t. III. Cur lapis unus dicatur, *ibid.*
Laudes Dei non sunt cogitationibus fœdis inquinandæ, 594, t. III. Laudis nocturnæ officium, 634, t. III.
Laurentius Sabinensis episcopus, 444, t. III.
Lebetes quomodo vanos homines referant, 501, t III. *Lebna* interpretatio et allegoria, 564, t. III. In *laterem* vertitur, 565, t. III.
Legis divinæ finis, 62, t. III.
Leo (B.) abbas Nonantulanus, 439, t. III. Miraculum ao ej s sepulcrum, 440, t. III.
Leo et Fredericus archiepiscopus Ravennas, *ibid.*
Leo ex Puteolano episcopo eremita, 601, t. III.
Leo Sitriæ monachus, 792, t. III.
Leo eremita Præzensis, 793, t. III. Ejus vita longæva, 794, t. III.
Leonis IX epistola ad B. auctorem, 147, t. III. Ad eamdem responsio, 149, t. III.
Leonis Præsensis admirabile exemplum, 516, t. III. Ejus admiranda in psallendo attentio, *ibid.*
Leonis inclusi cœlestis sapientia, et sanctitas, 729 t. III.
Leonis natura, 807, t. III.
Leprosus osculo sanatus, et a quo, 584, t. III.
Letaniæ. Error aliquorum in recitandis letaniis, 4, t. III.
Levitarum et sacerdotum ministrantium in veteri lege continentia quanta, 400, t. III. A quo instituti, *ibid.*
Lex corporis dominari legi divinæ contraria est, 399, t. III. Lex peccati opponitur legi Domini, *ibid.* Lex divina cur medicamentum plagarum, 716, t. III.
Lia quomodo vitam activam referat, 225 *et seq.*, t. III.
Liberalis cujusdam viri in Deum exemplum, 207, t. III.
Liberalitate liberalitas perit, 308 *et seq.* t. III.
Libidinis domitor quis sit, 682, t. III.
Librorum Scripturæ sacræ ordinis mysterium, 782, t. III.
Lintulphus Gallensis episcopus, 433, t. III.
Litterarum studia sine virtute sunt infecunda, 729, t. III.
Localitas Dei illocalis, 622, t. III.
Loco sacro honorem non dantis exemplum stupendum 190, t. III.
Locutiones ecclesiasticæ non subjacent grammaticæ regulis, 232, t. III. Ad unitatis sacramentum respicit Ecclesia, *ibid.*
Lucidus Ficoclensis episcopus, 443, t. III.
Luciferianorum hæreses, 540, t. III.
Luitprandus Ven. eremita cœlesti auxilio roboratur, ne jejunium possit violare, 600, t. III.
Luxuria divitiis fovetur, 548, t. III. Luxuriæ efficax remedium, 780, t. III.
Lyncium natura, 441, t. III.

M

Magnetis natura, 630, t. III.
Mainardi monachi boni senis exemplum, 316, t. II.
Mainfredi marchionis humilitas, et pietas erga pauperes, 206, t. III.
Majoli abbatis Cluniacensis admiranda obedientia, 585, t. III.
Majora tentanda, ut minora facilia reddantur, 313, t. III.
Mala dicenda sunt potius non esse quam existere, 626, t. III. Mala exigua largissima dona corrumpunt, 219, t. III.
Maledictio in sacra Scriptura quomodo accipitur, 557, t. III.
Mali valide conferunt sacramenta, 534, t. III. Malorum societas quantum bonos lædat, 257, t. III.
Manna Evangelium cur figurat, 565, t. III.
Mansiones Israelitarum quomodo intelligendæ, 558, t. III.
Manus immundorum cur plenæ sanguine dicantur, 169, t. III.
Mara interpretatio et allegoria, 561, t. III.
Marchionissæ cujusdam in pauperes liberalitas, Dei liberalitate in filios multiplicatur, 206 *et seq.* t. III.
Maria præbendam clerico sibi devoto ablatam restitui jubet, 577, t. III. Maria in suæ festivitate Assumptionis innumeros liberat a pœnis Purgatorii, 602, t. III. Ejus apud Deum auctoritas, et misericordia, *ibid.* Mariæ Virg. laudes, 17, 18 *et seq.*, t. IV. Ad eamdem oratio carminica pro tempore nubiloso, 21, t. IV. Mariam laudanti gaudium nuntiatur, 604, t. III.
Marini sacerdotis incontinentis miracula, 111, t. III.
Marinus frater Damiani, ejus ægrotatio et felix obitus, 579, t. III. B. Virgo illum in extremis laborantem invisit, *ibid.*
Martinus (S.) episcopus Turonensis, 438, t. III.
Martinus Storax monachus, 791, t. III. Serpentes duo cum eo familiariter commorantur, *ibid.*
Martyrum vulnera quam gloriosa, 709, t. III. Martyrum opera cur imitanda, *ibid.*
Matutinum cur nocte canatur, *Req. Pet. Hon.* 336, IV.
Mediolanensis Ecclesiæ primordia, 77, t. III.
Meditatio mortis et inferni exstinguit carnis motus, 171 et 349, t. III.
Mens vertitur in illud quod cogitat, 550, t. III. Mens humana ita occupatur circa minima, si sit indigens, sicut erga multa, si dives, 249, t. III. Mentis evagationes, tenebræ et ariditas, quæ monacho sæcularibus implicato nascuntur, 255, t. III.
Menses apud antiquos triginta dierum numerum continebant, 649, t. III.
Mentiri quid sit, 54, t. III.
Metcha interpretatio, et allegoria, 566, t. III.
Milesius episcopus et martyr, 432, t. III.
Militia religiosa quales milites requirat, 247, t. III.
Militis transfugæ pœna, 562, t. III.
Minister Dei non potest donis Dei obsistere, 102, t. III.
Misericordiæ divinæ exempla, 173, t. III. Misericordiam non amans incredulus cur vocandus, 201, t. III.
Missa de sancto Bartholomæo, 28, t. IV. Triginta Missarum solemnia pro defunctis, 539, t. III.
Moab interpretatio et allegoria, 569, *et seq.* t. III.
Modestia in incessu, 512 *et seq.* t. III.
Modus docendi in scolis, 638, t. III. Modus reconciliandi hæreticos, 79, t. III.
Mola cur mundum referat, 566, t. III.
Mollibus vestiti mundo serviunt, non Deo, *ibid.* Sicut pretiosa vestis ad iram, ita humilis Deum ad indulgentiam provocat, 260, t. III.
Monachi ad Vesperas dicunt tantum quatuor psalmos, 213, t. III. In Completorio tantum tres, *ibid.* Iidem pecunias possidentes plus peccant quam Ananias et Saphira, 248, t. III. Eorum animam etiam parva pecunia immaniter lædit, 249, t. III. Qualiter possint pervenire ad veras divitias, 250, t. III. Eos inquietos dæmon urget ad sui et aliorum ruinam, 252, t. III. Eorum pervagatio multis præbet occasionem pereundi, *ibid.* Eorumdem discursio virtutes expellit, et vitiorum multitudinem introducit, 253, t. III. Monachi animam multa mala patitur cum ad inferiora revertitur, 255, t. III. Iidem vagi et instabiles non valent filios spirituales Deo gignere, 269, t. III. Unde decipiantur, 270, t. III. Eidem valde periculosum est sanctum deserere otium, 276, t. III. Monachus non debet se ingerere negotiis sæcularibus, 277, t. III. Debet mundo vale dicere et sacræ lectioni vacare, 282, t. III.
Monachi et canonici significatio, 514, t. III. Monachi discurrentes non monachi dicendi sunt, sed gyrovagi, 513, t. III. Monachi dum flagellis atteruntur, stolis albis ornati videntur, 600, t. III. Monachis in urbe morantibus arrogantiæ tumor obrepit, 790, t. III. Monachorum promissio, 336, t. III. Monachorum vestimenta ad imitationem seraphim cœlestium instituta sunt, 524, t. III. Monachorum quorumdam temeritas, 533, t. III. Inter Monachos vagos et stabiles quid distet, 265, t. III. Monachos pretiosis vestibus indui insania est, 259, t. III. Item rapinæ species, *ibid.* In quo differant ab hypocritis, *ibid.*

38

Monachus Cluniacensis ex inobediente obediens factus, leprosum osculo sanat, 581, t. III. Monachus mediocriter perfectus melior est viro sæculari, etiam pio, 783, t. III. Monachus nequit Christum simul et pecunias possidere, 246, t. III. Perfecte renuntiantibus potestas judiciaria promittitur, *ibid.* Per divitias Deus amittitur, 247, t. III. Cœlestis hospes fugit consortium, *ibid.* Monachus inquietus relinquit exercitium virtutum, exponiturque omnibus vitiis, 253, t. III. Monachus unde bonus fiat, et unde malus, 269, t. III. Monachus sæpe falsa carnalium promissione decipitur, 270, t. III. Monachus frigidus, vilis alga, 782, t. III. Fervidus vitis est fructuosa, *ibid.* Monachus ut dives fieri queat, 250, t. III.

Monasteria sunt animarum vivaria, 803, t. III.
Monastici ordinis defluxus, 322, t. III.
Monastici jejunii regula, *ibid. et seq.*
Mons *Seyher*, sive *Sephar*, idem quod tubicinatio, 555, t. III.
Montes excelsi sunt altæ Scripturarum intelligentiæ, *Collect. V. T.*, 223, t. IV.
Montis Casini peregrinatio quanti facienda, 575, t. III.
Montis Casini cœnobium sacratissimum, 638, t. III.
Montis *Hor* interpretatio, et allegoria, 568, t. III.
Mors et tartarus per crocodilium cur expressa, 811, t. III. Mors horrenda cujusdam comitis, 431, t. III. Mors damnatorum omnium teterrima, 782, t. III. Mors cur nunc citius solito homines adoriatur, 280, t. III. Mortis dies terribilis, 59, t. IV. Eodem die adsunt dæmones in agone, *ibid.*
Mortuorum officium quotidie persolvens in cœleste regnum introducitur, 604, t. III.
Moseroth interpretatio et allegoria, 567, t. III.
Moyses cur videatur fuisse pontifex, 104, t. III. Quod de spiritu suo non per se Moyses, sed Deus dedit septuaginta viris, 105, t. III. Moyses jurisconsultus et cur, 192, t. IV. Moyses monachicam normam tenuit, 512 *et seq.*, t. III. Moyses munera non accepit, 543, t. III. Moysis erga suos amor perfectus, 63, t. III.
Mundi hujus supplicia quæ sint, 279, t. III. Mundi mala, et peccata, 256, t. III. Cum mundanis quomodo, et cur conversandum, 257, t. III. Mundi hujus bona vana, 45, t. IV. Fugienda, *Collect. V. T.*, 182, t. IV. Mundi actiones cur molæ comparantur, 268, t. III. Mundi blandimenta quomodo extinguenda, 778, t. III. Mundo serviunt mollibus vestiti, non Deo, 259, t. III. Contra mundum clypeus fortis mortis imago, 774, t. III.
Munera pervertunt judicium, 512, t. III. Munera Moysi exosa, 813, t. III. Munerum genera quot sint, 264 *et seq.*, t. III.
Mysterium sanctiss. Trinitatis explicatur, 3, t. III. Lucet in hominis creatione, 23, t. III. Manifestatur Abrahamo, *ibid.*

N

Nabo interpretatio et allegoria, 569, t. III.
Naturæ bona diversa sunt, 197, t. III. Naturæ conditor, naturæ etiam est immutator, 629, t. III.
Nazarius et Celsus (SS.) Mediolani martyrio affecti, 77, t. III.
Nestorii hæresis, 9, t. III.
Nicæno (in) Symbolo quomodo dicatur Spiritus sanctus proprie a Patre procedere, 661, t. III.
Nicolaitæ ex Nicolaitarum hæresi qui dicendi sint, 410, t. III.
Nicolaus II. PP. pauperum pedes quotidie lavat, 210, t. III.
Nobiles qui in Religionibus, 289, t. III.
Nominis perpetuitas præmium castitatis, 174, t. III.
Nonus episcopus et martyr, 434, t. III.
Novati hæresis, 118 *et seq.*, t. III.
Novatiani non sunt deponendi, 118, t. III. Novatianorum hæreses, 540, t. III.
Novitiorum modestia in incessu quæ requisita, 312 *et seq.*, t. III.
Numeri quadragenarii mysteria, *Collect. V. T.*, 156, t. IV.
Nummicola quis dicendus, 248, t. III.
Nuptiæ ad quid institutæ, 686, t. III. Pœna celebrantium nuptias quadragesimali tempore, 687, t. III. Nuptiæ secundæ cur non improbantur, 251, t. III. Unus sponsus Ecclesiæ virginis, *ibid.*
Nuptiæ cælibes quæ sint, 686, t. III. Nuptiarum celebrandarum tempus ex sacris canonibus, 683, t. III.

O

Obedientia cur anteponenda bonis operibus, 311, t. III. Obedientia mala quæ, 65 *et seq.*, t. III. Obedientia admiranda Majoli Cluniacensis abbatis, 583, t. III. Obedientiæ vis quanta, 584, t. III. Non obedire Deo an possit nor esse malum, 66, t. III.
Oboth interpretatio et allegoria, 568, t. III.
Obtrectatio, virus animæ, 48, t. IV.
Octaviani Augusti laus et elogium. Vide *Augusti*.
Oculi septem quid exprimant, 586, t. III.
Odium perdit animas, 44, t. IV.
Officium cujuslibet membri speciale est toti corpori commune, 228, t. III. Officium nocturnum, 276, t. III. Officium mortuorum quotidie persolvens in cœleste regnum introducitur, 604, t. III. Olivæ symbolum, 470, t. III.
Oratio fervens quam efficax, 726, t. III. Oratio pro venia peccatorum, 530, t. III. Orationes et suffragia sunt alimenta defunctorum, 580, t. III. In orationibus non corporalis sed spiritualis attendenda præsentia, 256, t. III. Orationis efficacia quanta, 218, t. III.
Ordinatio episcoporum, licet nequissimorum, tamen rata est, 106, t. III.
Ordinis librorum Scripturæ sacræ mysterium, 785, t. III. Ordinis sacramentum ex quo pendeat, ut ratum sit. Vide *Sacramentum*.
Oris parsimonia transitus mystice est in Phinon, 568, t. III.
Osculi impudici pœnitentia quam gravis, 165, t. III.
Otium sanctum deserere quam periculosum, 276, t. III.
Otto II imperator, 436, t. III. Ottonis imperatoris lamentabilis interitus, 596, t. III.
Ozias cur dicatur genitus a Joram, 195, t. III.

P

Pactum inter Deum et monachos violari non debet, 246, t. III.
Palatium Romuli corruens quid referat, 651, t. III.
Palea calida et frigida est, 650, t. III.
Pandulphus et Joannes viri principes in inferno damnati, 436, t. III.
Panis mensura in eremo dari solita, 357, t. III. Exercitii spiritualis studium, *ibid.* Papa justus judex, 45, t. IV.
Parentes legibus Dei resistentes, extranei reputandi sunt, 396, t. III. Parentum eleemosyna filiorum res crescit, 206, t. III.
Partes servient toti et opera partium attribuuntur toti, 223, t. III.
Paschalis computi auctores quinam fuerint, 651, t. III.
Patres (SS.) negant posse monachum ad sæculum redire, 364, t. III.
Pauli (S.) discipuli qui fuerint, *ibid.* B. Pauli basilica a Theodosio et Honorio ædificata, 55, t. III. S. Paulus propriam non habet cathedram, et cur, 610, t. III. Paulus præ cæteris omnibus privilegio admirabili est insignitus, 608, t. III. S. Paulus aliorum scandalorum quantopere verare studuerit, 60, t. III. Paulus evangelica mysteria didicit, sed non ab hominibus, 609, t. III. Paulus cur B. Petrum reprehenderit, 758, t. III. Paulus qua in re similis Christo, 610, t. III.
Paulianistæ cur rebaptizandi, 121, t. III.
Pauperias in vestibus, quibus commendata, 547, t. III.
Paupertatis evangelicæ fructus, 250, t. III. Bona quibus in hac vita fruuntur egeni, *ibid.*
Pauperum pedes lavare saluberrimum est, 209, t. III. Abusus quorumdam in pauperibus excipiendis, *ibid.*
Peccare in fide, et recedere a fide differunt, 119, t. III.
Peccare gravius nemo potest quam sacerdos, 506, t. III.
Peccata levia in quæ etiam justus quotidie labitur, *ibid.* His justitia non amittitur, 212, t. III. Peccata episcopi non recte ordinati in promotoris caput redundant, 468, t. III. Peccata desperationem non inducunt, sed impietas, 172, t. III. Peccati gravitas ex pœnitentia rite statuta cognoscitur, 165, t. III. Peccatorum contemptus mortem interminatur sempiternam, 515, t. III. Peccatorum effectus, 211, t. III. Peccatum nullum impunitum manet, 595, t. III.
Peccator resurgit ad majorem gratiam, 618, t. IV.
Peccatorum arma quæ sint, 751, t. III.
Peculii inter canonicos quanta mala, 490, t. III.
Pellis colubri decocta dolorem aurium mitigat, 630, t. III.
Pennæ hominum quæ sint, 813, t. III.
Peregrinatio Casini montis quanti facienda, 575, t. III.
Perfecte renuntiantibus potestas judiciaria promittitur, 246, t. III.
Personarum coæqualitas, 3, t. III. Earum coæternitas, 4, t. III. Earum proprietates, 5, t. III.
Pertinaciæ effectus, 484, t. III. Oppugnatur pertinacia verbis D. August., *ibid. et seq.*

INDEX RERUM NOTABILIUM.

Petri (S.) aposto.i discretio in Judæorum salute curanda, 59, t. III. S. Petrum tres etiam claves manu tenentem fuisse designatum vetustissima urbis monumenta docent, 74, t. III. Petrus cur a Paulo reprehensus, 60, t. III. Petrus cur vitam activam designat, 609, t. III. S. Petrus Apostolus cuidam apparens eum a dæmonibus liberat, 598, t. III. S. Petrus princeps senatus apostolici, 25, t. IV. Quare se subtrahebat a commercio gentilium, *Collect. V. T.* 274, t. IV. Cur Petrus ad sinistram et Paulus ad dexteram in picturis collocentur, 603, t. III.

Petrus eremita in pavimento nudo semper pernoctans, 795, t. III.

Petrus sacerdos ex monacho Nonantulano eremita, 580, t. III.

Petro Damiani ob dimissos episcopatus quanta pœnitentia injuncta, 443, t. III.

Petrus (S.) Damiani compellat Cadaloum antipapam, 51 et 69, t. III. Ejus zelus pro Ecclesia Romana, 76, t. III. Ejus sermo ad Mediolanenses, 77, t. III. Subjicit res suas judicio sedis apostolicæ, 84, t. III. Ejus allocutio ad episcopos. 135, t. III. Invehitur in Simoniacos, 158, t. III. Laudat suam patriam, 140, t. III. Impugnat apocryphos canones de pœnitentia, 157 *et seq.*, t. III Invehitur in legisperitos, 185, t. III. Ejusdem in scribendo fides et religio, 220, t. III. Construit eremum, 555, t. III. Modestia, 575, t. III. Alter Hieronymus, t. IV, vi, *in princ.* Ejus Festus dies celebratur Ravennæ, 4, t. IV. Ejus Rhythmus Paschalis, 15, t. IV. Ejus epitaphium, 51, t. IV. Ejus stylus, *Collect. V. T.* 75, t. IV. Quare sæpe testimonia sacræ Scripturæ adhibuit, 74, *Collect. V. T.*, t. IV

Phalaridis tyranni crudelitas, 575, t. III.

Phiala aurea quomodo mentem sancti sacerdotis adumbret, 502, t. III.

Philo disertissimus Judæorum, 521, t. III.

Philosophorum nullus tam insanus, ut Dei negaverit omnipotentiam, 621, t. III. Philosophorum lectio ad intelligentiam Scripturæ conducens, 572, t. III.

Phœnix nostri Salvatoris typus, 812, t. III.

Piæ marchionissæ in pauperes liberalitas, 207, t. III.

Pietas simulata molesta, 778, t. III. Pietatis opera munda, *Collect. V. T.*, 117 *et seq.*, t. IV

Pilati nominis etymon, 594, t. III.

Plagæ cur Ægypto inflictæ, 714 *et seq.*, t. II.

Pœnæ clericorum incontinentium, 402, t. III. Eorumdem pravæ objectiones, et earum refutationes, 589, t. III.

Pœnitentia recenter conversis quæ injungi debeat, 290, t. III. Pœniteutia centum auctorum quomodo expleatur, 794, t. III. Pœnitentia unius anni quomodo expleatur, 524, t. III. Pœnitentia immundis statuta a canonibus qualis, 160, t. III.

Polychronius post mala principia optimum finem in sacerdotio habuit, 109, t. III.

Polypi natura, 810, t. III.

Pontifex Romanus est princeps Ecclesiæ, 85, t. III. Romani Pontificis anathema timendum, 589, t. III. Pontificis Romani et regum unio Ecclesiæ universæ salutaris, 71 *et seq.*,, t. III. In pontificis Romani electione non esse necessarium imperatorum assensum, exemplis demonstratur, 55 *et seq.*, t. III. Pontificum Romanorum coronæ tres unde derivatæ, 74, t. III. Pontificum Romanorum vita cur tam brevis, 474, t. III.

Populus Israel cur altare erexerit, 250, t. III. Similitudinis declaratio de illo altari, *ibid.*

Porta Ezechielis clausa quid significet, 45, t. III.

Præceptum Christi de præbenda maxilla percutienti quomodo intelligendum, 67, t. III.

Prædestinationis finis unde acquiratur, 204, t. III.

Prædicatio fervens quam efficax, 726, t. III. Prædicatio juvat ad carnis vitia detergenda, 46, t. IV. Prædicatio nunc inefficacior quam olim, 274, t. III. Apud Christianos verbi Dei prædicatio viluit, 275, t. III. Ad prædicationis officium qui sint idonei, 492, t. III.

Prædicatores ad invicem concordes, 50, t. IV. Prædicatores mali qui, *Collect. V. T.*, 229, t. IV. Mali prædicatores qui censeantur, 492, t. III.

Prædicatur efficacius operibus quam verbis, 794, t. III.

Prælati doctrina exemplo confirmanda, 504, t. III. Qua ratione subditos castigare debeat, 305, t. III.

Prælationis munus obeunti quæ fugienda, quæve appetenda, 450, t. III.

Præsidendi ars facile discitur, sed difficile impletur, 458, t. III.

Præterita pro futuris sæpe ponit Scriptura, 625, t. III.

Preces et sacrificia pro iis qui in Purgatorio cruciantur, 595 *et seq.*, t. III. Preces uniformiter dicendæ, sive a multis, sive a solitariis peragantur, 227, t. III.

Presbyter quanto major monacho in dignitate, tanto deterior est in peccato, 410, t. III. Presbyteri debent esse mundi, 55 et 57, t. IV. De presbytero qui in Vesuvio monte periit, 457, t. III. De alio presbytero qui in ejusdem montis flamma maturis vocem lugentis recognovit. *ibid.*

Principia sinistra sæpe ad felices proveniunt exitus, 114, t. III.

Prior debet esse abbati fidelis, 306, t. III In disciplina regulari sit potius rigidus quam abbas et cur, *ibid.*

Privilegium concessum Henrico imperatori in pontifice eligendo, 55, t. III.

Probatio ad religionem venientium cur exigatur, 371, t. III.

Professio, sive promissio servorum qualis, 356, t. III.

Professio religiosa cur dicatur secundus baptismus, 292, t. III. Professiones sacræ habitus, 778, t. III.

Promissa B. Petri Dam quæ, 325 et 343, t. III.

Propositum monasticum, secundus baptismus, 570, t III.

Prudentia carnis superbiam sapit, 223, t. III.

Prudentia hujus mundi inimica Deo, *Collect. V. T.*, 87, t. IV.

Puer clausis foribus intromissus, *ibid* Puerorum scholæ in monasteriis Benedictinis olim habebantur, 638, t. III.

Pugna cum dæmone et tentationibus laudanda, 316, t. III.

Pulmenta in diebus jejunii quæ præbeantur in eremo, 524, t III.

Pyritis natura, 631, t. III. A quo dicatur, *ibid.*

Pyroboli natura, 808, t. III.

Q

Quadragenarius numerus significat humanæ vitæ cursum, *Collect. V. T.*, 156, t. IV.

Quadragesima duplex, 525, t. III.

Quadraginta duæ mansiones populi Israelitici, *Collect. V. T.*, 140 *et seq.*, t. IV.

Quæstio de zelotypa muliere, 587, t. III. Ejusdem quæstionis egregia solutio, *ibid.* Quæstiones ex sacris litteris doctoribus sunt enodandæ, 641, t. III.

Quercus frugiferæ impios quomodo significent, 777, t. III.

Querela monachorum de canonicis, 522, t III.

Quies animi laboribus acquiritur, 205, t. III.

R

Rabbath civitatem obtentam a David, mystice quid signet, 551, t. III.

Rachel Ecclesiam designat, 606, t. III. Rachel quomodo vitam contemplativam adumbret, 295, t. III.

Raimbaldus Fesulanus episcopus, 110, t. III.

Ramese interpretatio et allegoria, 560, t. III.

Raphidin interpretatio et allegoria, 565, t. III.

Rebaptizatio cur prohibeatur, 90, t. III. Eadem et reconsecratio est par crimen, 129, t. III.

Rectorum animarum judicia, 457, t. III.

Redeuntes ad sæcularem vitam in profundum malorum perveniunt, 362, t. III.

Reges et sacerdotes a Deo præ aliis illuminantur, 99, t. III. Regum negotiis monachus nequaquam se ingerere debet, 277, t. III. Regum et summi pontificis unio Ecclesiæ universæ salutaris, 71, t. III. Regum peccata sæpe consiliariis ascribenda, 68, t. III. Rex clarior quam servus, 44, t. IV.

Regis Scotiæ religio et charitas in Deum, 208, t. III.

Regnum Deo Patri tradi a Christo quid sit, 615, t. III.

Regnum et sacerdotium a Deo institutum, 98, t. III.

Regula S. Benedicti, 287, t. III. Ejus scopus, 292, t. III.

Regulæ religiosæ communitas et discretio, 295, t. III. Religio quos milites requirat, 247, t. III. In religione melius est segniter vivere quam in sæculi conversatione perire, 294, t. III. In religione qui nobiles dicantur, 289, t. III. Religionem accedentes, nisi veterem vitam rejiciant, similes sunt Gabaonitis, *Collect. V. T.*, 164, t. IV. Religionum fundatores sunt organum Spiritus sancti, 282, t. III.

Religiosi curis sæcularibus oppressi difficile valent sacris mysteriis digne assistere, 517, t. III. Religiosi debeant obliviosi mores sæculares, 299, t. III. Religiosorum renuntiatio et debitum, 286, t. III. Fervor in Deum et mortificatio, *ibid.* Religiosum habitum induentem decet veteres mores abjicere, 283, t. III. Ut religiosus debeat mundo valedicere et sacræ lectioni vacare, 282, t. III.

Remon Phares interpretatio et allegoria, 564, t III.

Res adversæ prævisæ æquo animo feruntur, 533, t. III.

Res ex intentione attendendæ, 66, t. III.

Ressa interpretatio et allegoria, 565, t. III.

Rethma sive Pharam interpretatio et allegoria, 564, t. III.

Roma beata corpore S. Petri, 25, t. IV. Eadem obnoxia

ebribus, 43, t. IV. Eadem mundo præfuit donec legibus obedivit, 50, t. IV.

Romana Ecclesia sedes apostolorum, 550, t. III. Romana Ecclesia spiritualis mater Regum, 56, t. III. Ejus præstantia et dignitas, *ibid*.

Romani pontificis et regis unio Ecclesiæ salutaris, 71 *et seq.*, t. III. Idem est princeps Ecclesiæ, 85, t. III.

Romualdi disciplinæ discretio, 542, t. III.

Rubus Moysis Ecclesiam expressit, 714, t. III.

Ruffini (S.) martyris hymni, 57, t. IV.

S

Sabbatum cur b. Virgini dicatum, 579, t. III. Pia devotio B. Virginis officium recitandi, et missarum solemnia ad ejus honorem singulis Sabbatis celebrandi, 577, t. III. Illo die jejunare laudabile est, 578, t. III. Cur non colitur a Christianis, 41, t. III et 270, *Collect. V. T.*, t. IV.

Sabellii hæresis confutatur, 5, t. III.

Sacerdos per unitatem fidei est tota Ecclesia, et ejus vicem gerit, 229, t. III. Sacerdos sacris altaribus appropinquans, ab omni peccato mundus esse debet, *ibid*. Majoribus cavendum est ne ad eos redundeat vitia inferiorum, 506, t. III. Nullus gravius peccat quam presbyter malus vel imperitus, *ibid*. Ad quid dantur illis facultates ecclesiæ, 507, t. III. Quis sit vere sacerdos, *ibid*. Qui de indignis constituendum, 509, t. III. Quam perniciose peccent, 510, t. III. Sacerdos immundus dum pro aliis intercedit, iram Dei in se provocat, 168, t. III.

Sacerdos non commisceat stirpem generis sui vulgo gentis suæ, expositio, 498, t. III. Nobilitas sacerdotum quæ sit, 498, t. III. Quid sit sanguine arietis immolati tangi extremum auriculæ, manus et pedis sacerdotis, 499, t. III. Mens sancti sacerdotis phiala est aurea, 502, t. III. Filii David qua ratione dicantur sacerdotes, 201, t. V. Sacerdos exterius ministrat, Deus invisibiliter consecrat, 88, t. III. Sacerdos cur totius Ecclesiæ utitur verbis, 229, t. III. *Sacerdotem de sanctis egreti*, quid sit, 496, t. III.

Sacerdotes mali similes canalibus lapideis, 101, t. III. Idem faciunt etiam miracula, 110, t. III. Indigni sacerdotis officium est ruina populi, 108, t. III. Sacerdotes ignari qua ratione leonum dentibus exponantur, 503 *et seq.*, t. III. Sacerdotes cur vocantur angeli, 525, t. III. Sacerdotes ac reges dii sunt et Christi, 99, t. III. Sacerdotes Christi qui sint, 507, t. III. Sacerdotes lacerantes sacramenta blasphemant, 558, t. III. Sacerdoti vel minima criminis suspicio est fugienda, 500, t. III. Sacerdotii dignitas, 97, t. III. Idem et regnum a Deo institutum, 98, t. III.

Sacerdotis uxor quæ sit, 497, t. III.

Sacerdotalis salutatio propter pacem, 236, t. III.

Sacerdotium quando a Christo susceptum, 90, t. III. Sacerdotum ignorantia multum nociva, 504, t. III. Sacerdotum incuria circa res sacras, 506, t. III. Sacerdotum aliud vitium, 505, t. III. Sacerdotum thesauri lucra sunt animarum, 552, t. III. Sacerdotum depositio, 123, t. III.

Sacramenta Ecclesiæ valide a malis administrantur, 554, t. III. An a Simoniacis suscipere liceat, 535, t. III. Sacramenti vana species, 129, t. III. In sacramentis ministri officium attendendum, non meritum, *ibid*. In sacramento vera Domini præsentia manifestata, 583, t. III. Sacramentorum effectus ministrorum peccatis non impeditur, 89, t. III. Sacramentorum Ecclesiæ tria præcipua, 96, t. III.

Sacramentorum administratio monachis per omnibus clericis licita fuit, 523, t. III. Probatur sanctorum monachorum exemplis, *ibid*. Confirmatur eorundem auctoritate, *ibid*. Item ex sacris conciliis, 524, t. III. Ex modo consecrandi, *ibid*. Et ex modo vestimentorum, *ibid*. Sacramentum ecclesiasticum quomodo vertiatur in perniciem, 92, t. III. Sacramentum ecclesiasticum nonnullis vertitur in perniciem, et quomodo, 92, t. III.

Sacrificiorum antiqui ritus cur periere, 42, t. III.

Sæculares non sincere amant monachos, et cur, 613, t. III.

Sæculum futurum per regnum Salomonis cur designatum, 647, t. III. Sæculum præsens per regnum David designatum, 640, t. III.

Sagena pro navicula sæpius usurpata a S. doctore, 71, t. III.

Salamandræ natura, 630, t. III.

Salcrointani principis miserandus exitus, 457, t. III.

Salis et chrismatis usus in baptismo, 116, t. III. Salis Agrigentini natura, 631, t. III.

Salmona idem cum umbra, 568, t. III.

Salomon statuit duas columnas in templo, unam a dextris, alteram a sinistris, *Collect. V. T.*, 208, t. IV. Salomonis regnum cur regnum futurum signet, 647, t. III. Ei fuisse reginas 700 et concubinas 300 quid sit, 648, t. III.

Saltus cur dicatur plures consumpsisse quam gladius, 645, t. III.

Salus æterna solis obedientibus debita, 257, t. III.

Salutatio fit et pluraliter et singulariter, 224, t. III.

Salvator per hydrum cur expressus, 811, t. III. Ante Salvatoris adventum genus humanum equus erat infrenis, 499, t. III.

Samson figura Salvatoris, *Collect. V. T.*, 179, t. IV.

Samuelis integritas, 512, t. III.

Sancti plurimi sine litteris illustres, 727, t. III. Sancti viri in singularum virtutum perfectione inæquales, 197 *et seq.*, t. III. Eorum gesta veneranda potius quam imitanda sæpius sunt, 275, t III. Sancti quanto perfectiores, tanto humiliores, 570, t. III. Sanctorum exempla cur proponuntur, 273, t. III Sanctorum apparitio in ecclesia S. Cæciliæ Romæ, 602, t. III. Sanctorum beatitudini omnia serviunt, 786, t. III. Sanctorum vitæ libenter audiendæ, 781, t. III.

Sanctitatis indiscretæ pericula, 540, t. III.

Sanguisuga faucibus hærens qua ratione evo.natur, 630, t. III.

Sapientia humana quot periculis subjaceat, 728, t. III. Sapientia cœlestis cœlestes facit. *Collect V. T.*, 262, t. IV. Cui Deus parum est, nihil illi satis est, 511, t. III. Sapientiæ nimiæ pericula, 540, t. III. Sapientiæ mundanæ contemptus, 222, t. III.

Sapientis est amare correptionem, stulti odisse, 735, t. III. Sapientum peccata graviora et perniciosiora, 152, t. III.

Saul reprobus, et tamen propheta, 94, t. III. Saul tam innocens in principio sui regni, ut diceretur a Scriptura filius unius anni, *Collect. V. T.*, 184, t. IV. Saul superbi pœna, 710, t. III.

Scacchorum ludus, 452, t. III.

Scandala via sunt Antichristi, 279, t. III.

Schismatici sunt qui se a fraterna charitate divellunt, 518, t. III.

Scientiæ cupiditas quam perniciosa, 725, t. III.

Scripta sanctorum Patrum similia viridario, *Collect. V. T., in Præfat.*

Scriptores debent esse veraces, 57, t. IV.

Scriptura non subjacet mutabilitati, 224, t. III. Scripturæ verba interdum non sunt juxta sonum accipienda, 66, t. III. Rex ex intentione attendendæ sunt, *ibid*. Scripturæ cur in carpentis ferratis figuratæ, 551, t. III. Scripturæ sententiæ per ramos arborum mystice expressæ, et quomodo, 587, t. III. Scripturarum intelligentiæ studia philosophorum inseriunt, 572, t. III. Scripturas litteraliter tantum intelligere quid sit, 557, t. III.

Sedis apostolicæ calamitas et ærumnæ, 445, t. III.

Seditionis Mediolanensis causa, 75 *et seq.*, t. III.

Selenitis candor interior cum luna crescit, 651, t. III.

Senibus mors est certo propinqua, 575, t. III. Senum vitium in loquendo, 515, t. III.

Sententiam in melius mutare non est dedecus, 69 t. III.

Seon significat dæmonem. *Collect. V. T.*, 129, t. IV. Ejus urbs præcurva vocatur Esebon, hoc est cogitationes, *Collect. V. T.*, 152, t. IV.

Septem Dormientium (SS.) orationes pro missa, 54, t. IV.

Septem lucernæ candelabri significant septem dona Spiritus sancti, *Collect. V. T.*, 116, t. IV.

Septima generatio in pronepotibus non habetur, 187, t. III.

Seraphim cur velabant pedes Domini. *Collect. V. T.*, 251, t. IV.

Sergius (S.) Damascenus episcopus, 438, t. III.

Serræ natura, 813, t. III.

Serviendum Deo amore, non timore pœnæ, 289, t. III. Servorum professio, 527, t. III.

Severini (S.) Coloniensis archiepiscopi purgatorium ob intempestive coacervata horarum canonicarum officia, 595, t. III.

Silentio et mansuetudine contumeliæ excipiendæ, 315, t. III.

Siloe nominis interpretatio, 595, t. III.

Simon Magus simoniæ auctor, 546, t. III. Simon simoniæ magister, 91, t. III.

Simoniacis bona ipsa nocent, 138 *et seq.*, t. III. Contra Simoniacos sancti omnes irascuntur, 159, t. III. Simoniaca hæresis viguit usque ad tempus S. Petri Damiani, 125, t. III. Simoniacæ hæreseos principes, 555, t. III. Per Simoniacos sanctus Spiritus datur, 556, t. III. Simoniaci pœnam non evadunt, 94, t. III. Per eosdem Spiritus sanctus accipitur, *ibid*. Simoniaci sunt non solum qui paciscuntur, sed etiam qui pecuniam non pactam postulant, 546, t. III. Simoniacorum divina maledictio, et ultio, *ibid*.

Simoniæ gravitas, *ibid.* Simoniæ magistri qui fuerint, 91, t. III.
Simplicitas sancta mundi philosophiæ præfertur, 152, t. III.
Sin interpretatio et allegoria, 562, t. III.
Sin et *Sinai* distinctio, *ibid.*
Sinai interpretatio, et allegoria, 563, t. III.
Siricius pontifex Romanus, 165, t. III.
Sochot interpretatio et allegoria, 560, t. III.
Sodoma peccantes in reprobum sensum labuntur, si post hoc vitium sacros ordines concupiscunt, 152, t. III.
Vituperantur, 163, t. III.
Solemnitates octo Dominus in lege veteri præcepit, *Collect. V. T.*, 133, t. IV.
Solis comparatio cum Romano pontifice, 473, t. III.
Solitarii adversus cogitationes tantum habent dimicare, 270, t. III. Solitarii possunt loqui et orare pluraliter, 226, t. III. Unus pro multis, et multi pro uno, 227 *et seq.*, t. III. In hymnis, lectionibus, etc. *ibid. et seq.*
Solitudo Liæ habet fecunditatem et Rachelis pulchritudinem, 530, t. III. Designatur in muliere forti, 531, t. III. In Magdalena et Martha, *ibid.*
Somni victoria, 729, t. III.
Sophiæ marchionissæ sepultura et ejus fetor intolerabilis, 779, t. III.
Spectaculum Deo jucundum quod sit, 712, t. III.
Spiritualis sapientia exteriori prudentiæ præfertur, *Collect. V. T.*, 103, t. IV.
Spiritus sanctus per improbi ministerium dare potest sua charismata, 436, t. III. Spiritus sanctus super alios venit, in aliis hospitatur, 95, t. III. Spiritus propheticus in Saulem; licet reprobum, descendit, 94, t. III. Spiritus sanctus cur benignus, 101, t. III. Spiritus sanctus, et unus, et multiplex est, 225, t. III. Solitudo pluralis et multitudo singularis per Spiritum sanctum, 226, t. III. Spiritus sancti processio, 5, t. III. Ejus missio, 48, t. III. Idem in baptismo et ordine opera ur, 89, t. III. Spiritus sancti et solis comparatio, 6, t. IV. Spiritus sanctus ad animam se habet, ut eadem anima ad corpus, *ibid*. Spiritus sanctus recte oleum dicitur, *Collect. V. T.*, 224, t. IV. Spiritus sanctus indubitanter a Filio sicut et Patre procedit, 18, t. III. Spiritus sanctus a Patre simul et Filio procedere ut asseratur, 656 *et seq.*, t. III. Quomodo nos doceat, 727, t. III.
Sponsus quare lilium convallium et non montium, *Collect. V. T.*, 257, t. IV.
Stephani cardinalis laudes, 64, t. III.
Stephanus cardinalis presbyter, 575, t. III.
Subditorum diversæ voluntates, 453, t. III.
Sues mystice qui sint vel intelligantur, 777, t. III.
Superbia sibi non aliis ruinam facit, 124, t. III. Superbiæ pœna, 592, t. III.
Syllogismorum robur virtus divina sæpe dissolvit, 628, t. III.
Sylvester lacrymarum inundatione delusus, 303, t. III.
Symbolum cur recitetur in prima hora, 213, t. III.
Synagoga Judæorum cur stola Christi, 471, t. III.
Synodi negotia a Monachis cur non tractanda, 278, t. III. Synodus iniqua contra Romanam Ecclesiam, 64, t. III.

T

Tabernaculi divini ac spiritualis fabricandi ratio, 107, t. III.
Tau littera significat numerum trecentesimum *Collect. V. T.*, 170, t. IV.
Tedaldi episcopi terribile exemplum, 590, t. III.
Templum et sacrificium antiquitus cur perierunt, 44, t. III.
Tempora pervertentium absurditas, 685, t. III. Res varia exigunt tempora, *ibid.*
Tentatio virtuti admixta, et cur, 567, t. III. Tentationes inter psallendum facile franguntur, 348, t. III. In tentationibus vigilantia efficax ratio ad illas vincendas, 775, t. III.
Tentatis angelorum præsidium præsens, 771, t. III.
Terra rubra cur Adam expressus, 552, t. III.
Terra lacte et melle manans mystice quid, 771, t. III.
Terram cordis nostri excolere quid sit, 286 *et seq.*, t. III.
Tertia sexta et Nona ex Daniele acceptæ, 214, t. III.
Testimonium ecclesiasticæ unitatis, 230, t. III.
Thaath interpretatio et allegoria, 566, t. III.
Thaletis casus ridiculus, 632, t. III.
Thare interpretatio, et allegoria, 566, t. III.
Thesaurus bonorum omnium quis dicatur, 231, t. III.
Thesauri sacerdotum qui sint, 552, t. III.

Tigris. Per tigridem quid mystice intelligendum, 814, t. III.
Trinitas. In trinitate veneranda personarum quid fugiendum, 4, t. III. Mysterium sanctissimæ Trinitatis explicatur, 5, t. III. Personarum coæqualitas, *ibid*. Proprietates, 5, t. III. Coæternitas personarum, 4, t. III. Quomodo distinguantur personæ, 8, t. III. Trinitatis mysterium in hominis creatione elucet, 25, t. III. Declaratur in eversione turris Babel, *ibid*. Manifestatur Abrahamo, *ibid*. Item, et Loth, *ibid*.
Turris Thebes mystice quid, 588, t. III.
Tympanum Mariæ prophetissæ assimilatur cruci, *Collect. V. T.*, 109, t. IV.

U

Ugo (S.) abbas Cluniacensis, 208, t. III.
Uguzonis soror, 780, t. III.
Una persona debet abundare in numerandis gradibus, 189, t. III.
Unio animorum per quid tollatur, 514, t. III.
Unitatis ecclesiasticæ testimonium, 230, t. III.
Urbani VIII laus, t. IV *in princip*.
Ursicinus (S.) animarum medicus, 33, t. IV.
Uxorum contactu pollutis Ecclesiam ingredi religio, 654, t. III.

V

Vagatio multis fuit occasio pereundi, 268, t. III. Vagatio multis monachis ruina exstitit, 263, t. III. Esau dejecit, 264, t. III. Jacob stabilitas exaltatur. *ibid.*
Valerius episcopus Hipponensis, 143, t. III.
Vanorum hominum corda lebetibus comparata, 501, t. III.
Vaticinium Damiani de morte Cadaloi admirabiliter impletum. Vide *Damianus.*
Velitrensis Ecclesiæ canonicorum emendatio et profectus, 599, t. III.
Veneti ducis uxor nimium delicata, demum toto corpore computruit, 780, t. III.
Venter ac lingua cur reprimenda, 553, t. III.
Verba consecrationis sacerdotalis, 524, t. III. Verba etiam ulciscitur Deus, 591, t. III.
Verberare se unde natum, 599, t. III.
Verbi incarnationem Pater et Spiritus sanctus operati sunt, 17, t. III. Verbum quomodo generatur a Patre, 10, t. III.
Ver tas de terra orta est, et quomodo, 225, t. III.
Vertumni dæmones qui dicantur, 268, t. III. Vide *Dæmon.*
Vestes quibus S. Ecclesia delectatur quæ sint, 528, t. III. Quas vestes in sponsis suis Deus requirat, 548, *et seq*, t. III. Vestes monachorum ad quorum imitationem institutæ, 526, t. III. Vestibus splendidis indui quam perniciosum, et Deo odibile, 549, t. III. Vestium vilitate vulgarem mercari applausum, hypocrisis est, 264, t. III Vestium sacerdotalium significatio, 258, t. III. Allegorica theoria in sacris vestibus, *ibid*. Quidquid pene in divinis officiis agitur, sub figuris mysticis disponitur, *ibid.*
Vestiti mollibus mundo serviunt non Deo, 259, t. III.
Viduæ an velari possint, 368, t. III.
Vigilantia et fortitudo quibus necessaria, 31, t. III. Vigilantia in tentationibus, 312, t. III.
Vincentii (S.) laudes, 31, t. IV.
Virginem post lapsum Deus reparare potest, 618, t. III.
Virgines prudentes cur in quinque psalmis expressæ, 218, t. III. Virgo voti prævaricatrix, 565, t. III.
Virtus et voluptas sunt duæ hominis uxores *Collect. V. T.*, 155, t. IV. Virtutes inter una est eligienda, 198, t. III. Virtutes sunt hominum pennæ, et cur, 813, t. III Ex perfecta virtutis unius acquisitione omnes acquirimus, 198, t. III. Excusationes tepidorum in virtutibus comparandis.
Visio horribilis cujusdam fratris, 590, t. III.
Vita hominis labilis, 47, t. IV. Vita contemplativa in Joanne expressa, et cur, 609, t. III. Vita activa et contemplativa in cantico designata, 213, t. III. Vita activa et contemplativa mystice adumbratæ, 295, t. III. Vita activa in Petro expressa, et cur, 609, t. III. Vitæ solitariæ laudes, 330, t. III. Vitæ sanctorum libenter audiendæ, 781, t. III. Vitæ beatæ status, 785, t. III. Vitalis (S.) laudes, 32, t. IV.
Vitia ut penitus exstirpentur, amputandæ sunt etiam occasiones, 808, *et seq*, t. III. Vitia omnia mortis meditatione debellantur, 349, t. III. Vidi contra naturam gravitas, 150, t. III. Vitium hoc tenebras interiores inducit, 153, t. III. Post hoc vitium sacrum ordinem concupiscentes in reprobum sensum lapsi sunt, 152, t. III. Vitium quando in hæresim vertitur, 76, t. III.
Vitis symbolum, 470, t. III.

Vitulus ille contractus a Moyse est corpus diaboli. *Collect.* V. T., 114, t. IV.
Vivaria animarum sunt monasteria, 805, t. III.
Volucres mystice quid exprimant, 594, t. III. Volucres ex arbore nascentes, et ubi, 631, t. III.
Voluntas Dei omnibus rebus causa est, ut existant, 616, t. III.
Voluptates quo modo facile contemni possunt, 514, t. III.
Votifragus infirmitate corripitur ut resipiscat, 597, t. III. Redivivus votum persolvit, 599, t. III.

W

Walderici martyris eleemosyna miraculo commendata, 205, t. III.
Vulnera Christi sunt sensuum nostrorum medicamenta, 709, t. III. Vulnera martyrum quid sint, *ibid.* Vulnerum Christi mysteria, 771, t. III.
Vulpes Samsonis significant hæreticos. *Collect.* V. T., 178, t. IV.

Z

Zelpha interpretatio et allegoria, 296, t. III.
Zonis pelliceis et aureis quid signetur, 800, t. III.

ORDO RERUM

QUÆ IN HOC TOMO CONTINENTUR.

SANCTUS PETRUS DAMIANUS S. E. R. CARDINALIS.

OPERUM TOMUS SEU PARS III.

OPUSCULA.

Cajetani epistola nuncupatoria. 11
Cajetani præfatio. 14
Corollaria quædam de vitæ laude ac sanctitate B. Petri Damiani. 16
Cajetanus Scipioni S. R. E. cardinali Burghesio. 19
OPUSCULUM PRIMUM. — De fide catholica ad Ambrosium. 20
CAPUT PRIMUM. — Quæ credenda sint. 21
CAP. II. — Hæresis Arii et Sabellii confutatur. 23
CAP. III. — De sacramento dominicæ Incarnationis. 24
CAP. IV. — Quomodo solus Filius carnem suscepit et mortem subivit. 25
CAP. V. — In Trinitate quomodo distinguantur personæ. 27
CAP. VI. — Quomodo Verbum a Patre generetur. 28
CAP. VII. — In Christo divina et humana natura sese manifestavit. 30
CAP. VIII. — Quare Spiritus sanctus natus non dicitur ex columba, in cujus specie apparuit. 31
CAP. IX. — Christus naturam suscepit humanam, non personam. 34
CAP. X. — Quod Spiritus sanctus indubitanter a Filio, sicut et a Patre procedit. 37
OPUSC. II. — Antilogus contra Judæos, ad Honestum virum clarissimum. 42
CAP. PRIMUM. — De Christo, qui est Filius Dei. 44
CAP. II. — De Christo, qui est lapis angularis. 49
CAP. III. — Refutantur Judæorum errores. 51
CAP. IV. — Confirmatur Christum verum esse Filium Dei. 55
OPUSC. III. — Dialogus inter Judæum requirentem et Christianum e contrario respondentem ad eumdem Honestum. 57
OPUSC. IV. — Disceptatio synodalis inter regis advocatum et Romanæ ecclesiæ defensorem. 67
OPUSC. V. — Actus Mediolani, de privilegio Romanæ Ecclesiæ, ad Hildebrandum S. R. E. cardinalem archidiaconum. 89
OPUSC. VI. — Liber qui appellatur gratissimus ad Henricum archiepiscopum Ravennatem. 99
CAP. PRIMUM. — Quod Christus, et si per plures sua dona discernat, in ipso tamen omnis gratiæ plenitudo permaneat. 100
CAP. II. — Quod sacerdos exterius ministrat, sed Deus invisibiliter consecrat. 101
CAP. III. — Quod sicut unus est, qui baptizat; ita unus idem est, qui principaliter consecrat. 102
CAP. IV. — Quod Dominus cum baptismo simul et sacerdotii jura suscepit. 102
CAP. V. — Quod nulla sit causa, cum rebaptizari quisque non audeat, cur debeat iterum consecrari. 104
CAP. VI. — Quod ordinatio, si sit catholica, sit etiam rata. 105
CAP. VII. — Quod Balaam simoniacus fuit, et tamen prophetiæ spiritum non amisit. 106
CAP. VIII. — Quod reprobum Saulem cum satellitibus suis propheticus spiritus occupavit. 108

CAP. IX. — Quid doctores de baptismo et dominici corporis Eucharistia sentiant. 109
CAP. X. — Quod Spiritus sanctus non ex merito sacerdotum, sed ex ministerio datur. 112
CAP. XI. — Non mirum si Spiritus sanctus ab indignis accipitur, cum et Dei Filius sit ab indignis comprehensus. 113
CAP. XII. — Quod donum Dei nulla ministrorum contagione polluitur. 115
CAP. XIII. — Quod sive verbi, sive sacramenti minister, Dei donis non possit obsistere. 116
CAP. XIV. — Quod de spiritu suo non per se Moyses, sed Deus dedit septuaginta viris. 117
CAP. XV. — Quod ii qui consecrandi accedunt, jam habeant Spiritum sanctum. 118
CAP. XVI. — De nequissimis episcopis, quorum tamen ordinatio rata fuerit. 120
CAP. XVII. — De Anatolio et Polychronio, qui post scelerata primordia bene conversi dignos se suis ordinibus ostenderunt. 123
CAP. XVIII. — Quod per indignos etiam sacerdotes sæpe exhibentur miracula. 124
CAP. XIX. — Quod sæpe sinistra principia ad felices proveniunt exitus. 128
CAP. XX. — Quod per simoniacum, ut Spiritus sanctus dari baptizando possit, consecrando non possit, ratio non admittit. 130
CAP. XXI. — Quod attendendum sit quid sumitur, non unde sumatur. 131
CAP. XXII. — Quod nec novitiani sint deponendi, nec ariani denuo baptizandi. 133
CAP. XXIII. — Quod consecrationis effectus fidei nititur fundamento. 134
CAP. XXIV. — Quod male ordinati episcopi consecrationis gratiam aliis habeant, sed sibi non habeant. 135
CAP. XXV. — Quod ab impiis sæpe hæreticis ordinati, a suis non removeantur officiis. 137
CAP. XXVI. — Quod ii etiam quos post damnationem suam ordinavit Acacius, honoribus non priventur. 138
CAP. XXVII. — Quod usque ad hoc tempus simoniaca hæresis viguit. 139
CAP. XXVIII. — Hic manifeste probatur, quia per simoniacos Spiritus sanctus accipitur. 140
CAP. XXIX. — Quod qui promoti fuerant a simoniacis, miraculis coruscant. 141
CAP. XXX. — Quod rebaptizatio et reconsecratio par crimen est. 143
CAP. XXXI. — Quod sicut rebaptizari, ita et denuo consecrari quisque non potest. 145
CAP. XXXII. — Quod falsum sit, ut quilibet a simoniaco consecratus, a laico nihil differat. 146
CAP. XXXIII. — Quid Innocentius de reconsecratione censeat. 148
CAP. XXXIV. — Episcopos alloquitur, ut per eos summæ sedi discretio suggeratur. 149
CAP. XXXV. — Quid de his qui gratis a simoniacis sunt promoti tandem Leo papa statuerit. 150
CAP. XXXVI. — Ubi imperator Heinricus gloria dignæ laudis attollitur. 151
CAP. XXXVII. — Invehitur scriptor in simoniacos. 154
CAP. XXXVIII. — Ubi in Ravennatem pontificem pe-

racti operis summa concluditur. 154
CAP. XXXIX. — Superiori opusculo superadditum. 155
Scholia. 156
OPUSCULUM VII. — Liber Gomorrhianus, ad Leonem IX Rom. Pontificem. 159
Leonis IX epistola. 159
Præfatio. 161
CAP. I. — De diversitate peccantium contra naturam 161.
CAP. II. — Quod inordinata rectorum pietas lapsos ab ordine non compescat. 161
CAP. III. — Quod usibus immunditiæ dediti, nec ad ordinem provehi, nec persistere debeant jam promoti. 162
CAP. IV. — Si ecclesiastica necessitas poscat, utrum talibus hoc officium peragere liceat. 163
CAP. V. — Quod in reprobum sensum lapsi sunt, qui post hoc vitium habere lucrum ordinem concupiscunt. 164
CAP. VI. — De spiritualibus patribus qui cum filiis suis coinquinantur. 166
CAP. VII. — De illis qui eisdem, cum quibus lapsi sunt, sua crimina confiteantur. 167
CAP. VIII. — Quod sicut sacrilegus virginis violator, ita quoque filii spiritualis prostitutor jure sit deponendus. 168
CAP. IX. — Quod ejusdem criminis reus sit, et qui cum carnali vel baptismatis filia labitur. 168
CAP. X. — De apocryphis canonibus, in quibus quicunque confidunt, omnino decipiuntur. 169
CAP. XI. — Probabilis reprobatio supradictorum canonum. 169
CAP. XII. — Quod hæc ludibria jure a numero canorum excluduntur, quod certum habere non videantur auctorem. 172
CAP. XIII. — De iis qui fornicantur irrationabiliter, id est, qui miscentur pecoribus, aut cum masculis polluuntur. 172
CAP. XIV. — De his qui in pecudes, vel in masculos aut olim polluti sunt, aut hactenus hoc vitio tabescunt. 174
CAP. XV. — De clericis, vel monachis, si fuerint masculorum insectatores. 174
CAP. XVI. — Nefandæ turpitudinis digna vituperatio. 175
CAP. XVII. — Flebilis lamentatio super animam immunditiæ sordibus deditam. 177
CAP. XVIII. — Quod ideo anima debet plangi, quia non plangit. 179
CAP. XIX. — Quod ruina est populi officium sacerdotis indigni. 180
CAP. XX. — Quod de manibus immundorum nolit Deus accipere sacrificium. 181
CAP. XXI. — Quod nulla sanctitatis oblatio a Deo suscipitur quæ immunditiæ sordibus inquinatur. 182
CAP. XXII. — Quod omnes quatuor illi modi superius enumerati contra naturam sunt. 182
CAP. XXIII. — Exhortatio lapsi in peccato hominis, ut resurgat. 184
CAP. XXIV. — Quod ad edomandam libidinem satis prosit castitatis præmia contemplari. 186
CAP. XXV. — Ubi scriptor probabiliter se excusat. 187
CAP. XXVI. — Ubi ad dominum papam sermo reflectitur. 189
Scholia. 190
OPUSCULUM VIII. — De parentelæ gradibus ad Joannem episcopum Cæsenatensem et D. D. Archidiaconum Ravennatem. 192
CAP. I. — Quod inter quos est lex hæreditariæ successionis, nulla sunt jura conjugii. 191
CAP. II. — Quod instar humani corporis sex gradibus consanguinitas terminetur. 193
CAP. III. — Cur Deus in principio unum solummodo creaverit hominem. 193
CAP. IV. — Quod quibus est us hæreditatis est et affinitas generis. 194
CAP. V. — In legisperitos invehitur quos et de propriis legibus convenit. 195
CAP. VI. — Quod generationes, quæ utrinque ab uno prodeunt, debeant simpliciter numerari. 196
CAP. VII. — Ubi adversarios inevitabili argumentatione convincit. 197
CAP. VIII. — Quod septima generatio in pronepotibus non habetur. 199
CAP. IX. — Quod juxta præcedentis personæ gradum, communis debet affinitas computari. 200
CAP. X. — Quod in numerandis gradibus una debeat abundare persona. 200
CAP. XI. — Quod aliud sit aliquando gradus aliud generatio. 202
CAP. XII. — Excusatio longioris opusculi. 203

Dissertatiuncula de gradibus cognationis. 204
CAP. I. — In generationibus supputandis quæ regula servanda. 205
CAP. II. — Quomodo a transmigratione Babylonis ad Christum fuerint generationes quatuordecim. 206
CAP. III. — Quomodo Ozias genitus a Joram dicatur. 207
OPUSCULUM IX. — De eleemosyna ad Mainardum episcopum Urbinatem. 207
CAP. PRIMUM. — Quod ex virtutibus una eligenda cui magis serviamus. 209
CAP. II. — Eleemosynæ præmium quodnam sit. 212
CAP. III. — Quænam eleemosyna major sit. 214
CAP. IV. — Quod qui eleemosynam vel effectu, vel affectu non præstat, charus Deo esse non potest. 216
CAP. V. — Quod parentum eleemosynis filiorum res crescit. 217
CAP. VI. — Quod bonorum temporalium affluentia ex eleemosyna oriatur. 218
CAP. VII. — Eleemosyna defunctis prodest, dæmonibus invisa. 220
CAP. VIII. — Laus eleemosynæ. 222
OPUSCULUM X. — De horis canonicis, ad T... virum clarissimum. 221
CAP. PRIMUM. — Peccatorum effectus. 223
CAP. II. — Horæ canonicæ, quæ sunt? 223
CAP. III. — Cur in prima hora recitetur symbolum. 224
CAP. IV. — Cur a clericis quinque, a monachis quatuor psalmi dicantur. 226
CAP. V. — Cur tres psalmi a monachis dicantur. 226
CAP. VI. — Quod continua ecclesiæ oratio esse debeat. 227
CAP. VII. — Mensuram refectionis excedentium pœna. 228
CAP. VIII. — De viro quodam pio, et canonicarum horarum studioso. 229
CAP. IX. — Orationis efficacitas quanta. 230
CAP. X. — Horarum B. Virginis efficacia quanta. 230
Scholia. 231
OPUSCULUM XI. — Liber qui appellatur, Dominus vobiscum, ad Leonem eremitam. 231
CAP. PRIMUM — Quod sancta simplicitas mundi philosophis jure præfertur. 232
CAP. II. — Quare dicitur, Jube, Domne, benedicere. 233
CAP. III. — Unde ortum sit Dominus vobiscum. 234
CAP. IV. — Quod sicut alia scriptura non subjacet mutabilitati, ita et Dominus vobiscum. 254
CAP. V. — Quod sancta Ecclesia et una in multis, et tota videatur in singulis. 235
CAP. VI. — Item de unitate universalis ecclesiæ. 235
CAP. VII. — Quod si Dominus vobiscum pro singularitate non dicitur, multa alia necesse est dimittantur. 236
CAP. VIII. — Quod sacrificium quod altaribus superponitur, a viris simul et mulieribus offeratur. 237
CAP. IX. — Quod officium membri cujuslibet speciale, toti corpori sit commune. 238
CAP. X. — Quod sacerdos, pars ecclesiastici corporis, totius Ecclesiæ convenienter utitur verbis. 238
CAP. XI. — Quod populus Israel ad ostendendam societatem altaris exstruxere congeriem. 240
CAP. XII. — Cur bigamus a sacerdotio omnino repellitur, cum in fornicationem lapsus sæpe in ordinem revocetur. 240
CAP. XIII. — Quod si Dominus vobiscum inter duos recte profertur, a solo etiam jure dicatur. 241
CAP. XIV. — Quod populus Israel ecclesiasticæ inter se unitatis regulam tenuit. 242
CAP. XV. — Quod quædam festivitates non suo tempore celebrantur. 243
CAP. XVI. — Quod in Ecclesia recte alius supplet verba alterius. 244
CAP. XVII. — Quod quidquid pene in divinis officiis agitur, sub figuris mysticis disponatur. 245
CAP. XVIII. — Peracti opusculi brevis epilogus. 245
CAP. XIX. — Laus eremiticæ vitæ. 246.
CAP. XX. — Clausula disputationis per apostrophen ad Leonem eremitam. 251
OPUSCULUM XII. — Apologeticum de contemptu sæculi ad Albizonem eremitam et Petrum monachum. 251
CAP. PRIMUM. — Queritur de monasticæ disciplinæ apsu. 251
CAP. II. — De monachis, qui ad ea, quæ reliquerant, revertuntur. 255
CAP. III. — Quod minus peccaverunt Ananias et Saphira quam monachi, qui pecunias habent. 253
CAP. IV. — Quod monachus nequeat Christum simul et pecunias possidere. 254
CAP. V. — Quod melius est retinere habita quam ab-

jecta repetere.
Cap. VI. — Quod avarus Nummicola verius quam Christicola nuncupetur. 255
Cap. VII. — Quod etiam parva pecunia monachi animam immanior lædat. 256
Cap. VIII. — Qualiter ad veras possit monachus divitias pervenire. 257
Cap. IX. — De monachis assidue discurrentibus. 258
Cap. X. — Quid Laici de monachis sæcularibus dicant. 260
Cap. XI. — Quod discursio monachi et virtutes expellat, et vitiorum multitudinem introducat. 261
Cap. XII. — Quæ mala infelix anima monachi patiatur, cum ad inferiora revertitur. 263
Cap. XIII. — Quod is qui foras egreditur, cum excommunicatis communicare cogatur. 265
Cap. XIV. — Quod sicut ab excommunicatis, ita etiam ab excommunicandis oporteat declinare. 265
Cap. XV. — De monachis qui pretiosis vestibus delectantur. 267
Cap. XVI. — Quod sicut pretiosa vestis ad iram, ita humilis Deum ad indulgentiam provocat. 268
Cap. XVII. — De his qui vilitatem vestium vulgare mereantur applausum. 269
Cap. XVIII. — De vera humilitate David. 270
Cap. XIX. — Quod mollia indumenta minus perfecti fastidiant, perfectiones aliquando indifferenter admittant. 271
Cap. XX. — Vagatio multis fuit occasio pereundi. 271
Cap. XXI. — Quod Esau vagatio dejecit, Jacob stabilitas exaltavit. 272
Cap. XXII. — In duobus his fratribus patet quid inter vagos monachos et stabiles distet. 274
Cap. XXIII.— Quod divina dispositio sicut bonis spirituale olim tribuit, sic et pravos diffundi in exteriora permittit. 275
Cap. XXIV. — De eremitis, qui in vagatione sunt positi. 277
Cap. XXV. — Quod cellam consuetudo dulcem, vagatio reddat horribilem. 278
Cap. XXVI. — Quod sæpe monachus falsa carnalium promissione decipitur. 279
Cap. XXVII. — Ut monachus se a mundi implicatione custodiat. 280
Cap. XXVIII. — De libertate et discretione Elisei. 281
Cap. XXIX. — Quod hoc tempore prædicatio non sicut olim sit admodum fructuosa. 283
Cap. XXX. — Quod nunc omnium vitiorum monstra feralius vigeant. 285
Cap. XXXI. — Quod in synodo monachus ad episcoporum invidiam libere loqui non audeat. 286
Cap. XXXII. — Quod monachus se a mundo cohibeat, et Dei judicium suis semper oculis anteponat. 287
Cap. XXXIII. — Hic scriptor alloquitur venerabiles monachos Petrum et Albizonem. 289
Scholia. 291
Opusculum XIII. — De perfectione monachorum ad O... abbatem Pomposianum ejusque conventum. 291
Cap. primum. — De remissione fervoris sanctæ religionis. 291
Cap. II. — Quod nisi quisque studeat cœpta perficere, ad amorem Dei nequeat pervenire. 293
Cap. III. — Quod necesse sit terram nostri cordis excolere si de ampla voluminis possessione gaudere. 294
Cap. IV. — De his qui Gabaonitarum imitantur exemplum. 295
Cap. V. — De iis qui eorum tenent figuram, qui ad maledicendum constituti sunt in Stebai. 296
Cap. VI. — De his qui dum perfectionem in sola conversione constituunt, conversis pœnitentiam non imponunt. 298
Cap. VII. — Quod melius est agere quod ex auctoritate præcipitur, quam quod misericorditer indulgetur. 301
Cap. VIII. — De vita activa et contemplativa, sub figura Liæ et Rachelis. 303
Cap. IX. — De Zelpha et Bala. 304
Cap. X. — De his qui vagationibus dediti, ignorant spirituale conjugium. 305
Cap. XI. — De monachis qui grammaticam discere gestiunt. 306
Cap. XII. — De laude lacrymarum. 507
Cap. XIII. — Quod ex amore Dei compunctio nascitur, et rursum ex compunctione divinus amor augetur. 309
Cap. XIV. — De Sylvestro lacrymarum inundatione decepto. 311
Cap. XV. — De diversis officiis monasterii; primo de abbate. 513
Cap. XVI. — De priore monasterii. 514

Cap. XVII. — De significatore horarum. 515
Cap. XVIII. — De mensæ lectore. 516
Cap. XIX. — Quanta cellarium oporteat discretione pollere. 517
Cap. XX. — Admonitio puerorum. 518
Cap. XXI. — Exhortatio juvenum vel adolescentium. 519
Cap. XXII. — De novitiis. 521
Cap. XXIII. — 523
Cap. XXIV. — Ubi omnes in communi ad charitatis studium provocat. 526
Scholia. 528
Opusculum XIV. — De ordine eremitarum et facultatibus eremi fontis Avellani. 528
Opusculum XV. — De suæ congregationis institutis. Ad Stephanum monachum. 533
Caput primum. — De solitariæ vitæ laudibus. 536
Cap. II. — De origine vitæ eremeticæ. 537
Cap. III. — De duplici eremitarum genere. 558
Cap. IV. — Qua diligentia resistendum carnis ac diaboli tentationibus. 558
C p. V. — De quiete, silentio et jejunio, eremitis præcipue necessariis. 559
Cap. VI. — Regula jejunii ac refectionis. 540
Cap. VII. — De servorum disciplina. 542
Cap. VIII. — De panis mensura, et spiritualibus exercitiis. 543
Cap. IX. — De psalmodia. 543
Cap. X. — De silentii rigore. 544
Cap. XI. — De monasticæ institutionis observatione. 544
Cap. XII. — De pietate erga defunctos. 545
Cap. XIII. — Adhortatio. 545
Cap. XIV. — De iis qui arctiori vivendi genere se obstrinxerunt. 545
Cap. XV. — De eremitarum jejunio. 547
Cap. XVI. — Discretio prælati in moderandis subditis. 548
Cap. XVII. — De somni ratione. 519
Cap. XVIII. — De psalmodia privata ac publica, nec non aliis eremitarum exercitiis. 550
Cap. XIX. — De cogitationibus vanis et nocuis non suscipiendis vel expellendis. 552
Cap. XX. — De gulæ illecebris fugiendis. 552
Cap. XXI. — De vestium paupertate, et vilitate amanda. 555
Cap. XXII. — De nihil pro certo definiendo, et de cogitationibus discernendis. 555
Cap. XXIII. — Contra omnes tentationes, mortis sepulturæque memoriam multum prodesse. 555
Cap. XXIV. — Quomodo confiteri debeas. 556
Cap. XXV. — De his quæ ad levandum pondus eremiticæ austeritatis valent. 557
Cap. XXVI. — Quomodo lacrymarum gratia possit acquiri. 558
Cap. XXVII. — De perseverando in eo vitæ modo, quem semel quis arripuerit. 559
Cap. XXVIII. — Qualis eligi et qualis esse debeat eremitarum prior. 560
Cap. XXIX. — De venientibus ex sæculo ad eremum. 561
Cap. XXX. — De his qui ex cœnobitica conversatione ad eremum accedunt. 562
Cap. XXXI. — De patientiæ virtute, illi qui præest maxime necessaria. 563
Cap. XXXII. — Non perfecta et consummata eremeticæ vitæ instituta, sed leviora quædam hujus conversationis principia in hac regula contineri. 564
Opusculum XVI. — Rhetoricæ declamationis invectio in episcopum, monachos ad sæculum revocantem, ad Gislarium episcopum Auximanum. 566
Caput primum. — Quod monacho ægrotanti non liceat ad sæculum reverti. 566
Cap. II. — An ægrotus habitum religiosum induere possit. 567
Cap. III. — Prælati perniciosi deplorandi. 569
Cap. IV. — Quod sponte suscipitur, siue peccato non deseritur. 570
Cap. V. — An filii a parentibus Deo dicati, habitum induti, in religione manere teneantur. 571
Cap. VI. — Quæ ætas requiratur in consecrandis virginibus. 573
Cap. VII. — An viduæ velari possint. 574
Cap. VIII. — Confirmantur supra allata. 575
Cap. IX. — Probatio ad religionem venientium cur exigatur. 577
Scholia. 580

QUÆ IN HOC TOMO CONTINENTUR.

OPUSCULUM XVII. — De cœlibatu sacerdotum. — Ad Nicolaum secundum Romanum Pontificem. 380
CAPUT PRIMUM. — Quod Phines idcirco fœdus æterni meruit sacerdotii, quia in zelum se extulit ultionis. 381
CAP. II. — Quod Heli ideo periit, quia filiis peccantibus, male ipsius indulsit. 383
CAP. III. — Contra sacerdotem luxuriæ deditum. 384
CAP. IV. — Exhortatio ad summum Pontificem, ut in episcopos fornicarios canonicum exeat vigorem. 386
OPUSCULUM XVIII. — Contra intemperantes clericos. 387
Dissertatio prima. 387
CAPUT PRIMUM. — Cur clerici debeant esse casti. 387
CAP. II. — Luxuriosi clerici cum Abimelech comparantur. 389
CAP. III. — Quam perniciosa sit clericorum intemperantia. 391
CAP. IV. — Clericorum pravæ objectiones, et earum refutatio. 392
CAP. V. — Citantur exempla sacræ scripturæ. 394
CAP. VI. — A thortatio ad Petrum cardinalem. 396
Dissertatio secunda. — Contra clericorum intemperantiam. 398
CAPUT PRIMUM. — Hortatur habentem disciplinam ecclesiasticam et castitatem sublevare. 398
CAP. II. — Clerici cur a populo segregantur. 399
CAP. III. — Clericorum inepta defensio. 402
CAP. IV. — Continentia sacerdotum et levitarum ministrantium in veteri lege, quanta. 404
CAP. V. — Quod clericis intemperantibus melius esset a sacris ordinibus cessare. 406
CAP. VI. — De duobus presbyteris incontinentibus. 408
CAP. VII. — Contra pellices clericorum scriptor invehitur. 410
CAP. VIII. — Quod is culpandus sit, qui negligit emendare quod potest. 413
Dissertatio tertia. — Contra clericos intemperantes. 416
CAPUT PRIMUM. — Hortatur Adelaidem clericorum incontinentium libidinem coercere. 416
CAP. II. — Quod concubinæ a templis sint arcendæ. 418
CAP. III. — Quod hæretici ac mali sacerdotes vulpibus sint similes. 419
CAP. IV. — Quod zelus ac pietas in judice moderate esse debeant. 422
OPUSCULUM XIX. — De abdicatione episcopatus. — Ad Nicolaum II Rom. pont. 423
CAPUT PRIMUM. — Probatur exemplis posse dimitti episcopatum. 424
CAP. II. — Quid de dimittendo episcopatu B. Gregorius sentiat. 425
CAP. III. — Quod animæ gehennæ supplicis traditæ, dominicis diebus refrigerio potiuntur. 427
CAP. IV. — De monacho, qui damnatus in inferno, postea liberatus est. 429
CAP. V. — Quod episcopatus arduum sit munus. 430
CAP. VI. — De simoniaco episcopo qui non poterat nominare Spiritum sanctum. 433
CAP. VII. — De Arnulpho Metensi episcopo. 435
CAP. VIII. — De converso qui a SS. Andrea et Gregorio verberatus est. 437
CAP. IX. — De Pandulpho et Joanne principibus in inferno damnatis. 438
CAP. X. — De presbytero qui in Vesuvio monte periit. 439
CAP. XI. — De tribus aulis episcopis ecclesias suas itidem deserentibus. 441
OPUSCULUM XX. — Apologeticus ob dimissum episcopatum. 442
CAPUT PRIMUM. — Quod Petrus Damianus duorum episcopatuum curam habuerit. 443
CAP. II. — Quod episcopatus deponi possit aliquando. 444
CAP. III. — Contra ecclesiastici pecuni dilapidatores. 445
CAP. IV. — Episcopi cujusdam misericordiam in pauperem miraculo Deus remuneratur. 447
CAP. V. — Damianus ob ætatis gravitatem episcopatus labores refugit. 449
CAP. VI. — Quod servus Dei civitatem conflagrandum prædicat, sibi ipsi vero non consulit. 451
CAP. VII. — Quod res sit maxime ardua aliis præesse. 453
Scholia. 456
OPUSCULUM XXI. — De fuga dignitatum ecclesiasticarum. 456
CAPUT PRIMUM. — Quod animarum rectorum misera sit conditio. 457

CAP. II. — Quod præsidendi ars facile discitur, sed difficile impletur. 458
CAP. III. — Quibus artibus dæmon impugnet eos qui se a prælaturis abdicarunt. 461
OPUSCULUM XXII. — Contra clericos, aulicos, ut ad dignitates provehantur. 464
CAPUT PRIMUM. — De clericis obsequio sæcularium principum deditis. 464
CAP. II. — Quod adulatio in clericis sit Simonia. 465
CAP III. — De episcopo quodam Bononiensi. 467
CAP. IV. — Quod peccata episcopi non recte ordinati in promotoris caput redundent. 468
OPUSCULUM XXIII. — De brevitate vitæ pontificum Romanorum et divina providentia. 471
CAPUT PRIMUM. — Cur Romanorum Pontificum vita brevis sit. 473
CAP. II. — Prædicantur divinæ bonitatis et beneficentiæ munera. 475
CAP. III. — Temporum varietates describuntur. 476
CAP. IV. — Quod angeli per totum mundum discurrunt in auxilium hominum. 477
CAP. V. — Quod omnia homini serviunt, etiam infirmis. 478
Scholia. 480
OPUSCULUM XXIV. — Contra clericos regulares proprietarios. 480
CAPUT PRIMUM. — Oppugnat verbis sancti Augustini pertinaciam clericorum. 481
CAP. II. — Idem facit verbis D. Hieronymi. 483
CAP. III. — Canonicorum defensio quam frivola. 484
CAP. IV. — Concilicit rationibus. 485
CAP. V. — Quæ mala ex peculio oriantur inter canonicos. 487
CAP. VI. — Ad prædicationis officium qui sint idonei. 489
OPUSCULUM XXV. — De dignitate sacerdotii. 491
CAPUT PRIMUM. — Quid sit sacerdotem de sanctis egredi. 492
CAP. II. — Quod nobilitas sacerdotum sit vita sancta. 494
CAP. III. — Quod sacerdoti vel minima criminis suspicio sit fugienda. 495
OPUSCULUM XXVI. — Contra inscitiam et incuriam clericorum. 497
CAPUT PRIMUM. — Quod imperiti non sunt ad sacerdotium promovendi. 499
CAP. II. — Quod nullus gravius peccat quam presbyter malus vel imperitus. 500
CAP. III. — Quis sit vere sacerdos. 501
CAP. IV. — Quod episcopi vigilantes esse debent in coercendis clericorum flagitiis. 502
OPUSCULUM XXVII. — De communi vita canonicorum ad clericos Fanensis ecclesiæ. 503
CAPUT PRIMUM. — Quod clerici non habent proprietatem rerum, quas possident. 503
CAP. II. — Quod is nequeat dici canonicus, qui non sit regularis. 506
CAP. III. — Quod monachi discurrentes, non monachi dicendi sunt, sed gyrovagi. 507
CAP. IV. — Quod boni malorum societate pervertuntur. 510
CAP. V. — Quod communio vitæ unionem spiritus et rectitudinem pariat. 511
OPUSCULUM XXVIII. — Apologeticus monachorum adversus canonicos. 512
CAPUT PRIMUM. — Conquestio monachorum de canonicis. 513
CAP. II. — Quod sacramentorum administratio monachis præ omnibus clericis licita fuerit. 514
OPUSCULUM XXIX. — De vili vestitu ecclesiasticorum. 518
CAPUT PRIMUM. — Quibus vestibus sancta ecclesia delectetur. 519
CAP. II. — Indui vestibus splendidis quam animæ perniciosum et Deo odibile. 520
CAP. III. — Dissuadet pretiosarum vestium appetitum. 521
OPUSCULUM XXX. — De sacramentis per improbos administratis. 523
CAPUT PRIMUM. — An ecclesiæ sacramenta per malos conferri possint. 524
CAP. II. — Quod Spiritus sanctus per improbi ministerium dare potest sua charismata. 526
CAP. III. — Quod qui sacerdotes lacerant, sacramenta blasphemant. 527
CAP. IV. — Cur Judæi in Christum male affecti. 529
OPUSCULUM XXXI. — Contra Philargyriam et munerum cupiditatem. 529

ORDO RERUM

CAPUT PRIMUM. — Quod judices ne ratis quidem accipere possunt dona. 551
CAP. II. — Quod fructus ex divitiis capitur, se dispensentur pauperibus. 552
CAP. III. — Quid sit avaritia. 553
CAP. IV. — Quam sit perniciosum divitias appetere. 554
CAP. V. — Quod Simoniaci sunt non solum qui paciscuntur, sed etiam qui pecuniam non pactam postulant. 555
CAP. VI. — Quod divitiæ non appetantur ad indigentiam, sed ad luxum. 557
CAP. VII. — Quod Romana ecclesia sedes sit apostolorum. 540
CAP. VIII. — Epilogus et opusculi conclusio. 541
Scholia. 542
OPUSCULUM XXXII. — De quadragesima et quadraginta duabus Hebræorum mansionibus. 544
CAPUT PRIMUM — Quod in rebus dispicabilibus gravior est abstinentia. 545
CAP. II. — Contra eos qui litteraliter tantum sacram scripturam intelligunt. 546
CAP. III. — Quod descensio Christi ad nos fuerit per quadraginta duo gradus. 547
CAP. IV. — Quod Apostoli sint duces populi Christiani. 550
CAP. V. — Quod languoris animæ sint vitia, mors vero peccata criminalia. 551
CAP. VI. — Quod curo in tentatione subjicienda spiritui. 554
CAP. VII. — Quare tentatio virtuti admisceatur. 556
CAP. VIII. — Quod oris parcimonia transitus sit in Phinen. 557
CAP. IX. — Epilogi et opusculi conclusio. 557
OPUSCULUM XXXIII. — De bono suffragiorum et variis miraculis, præsertim B. Virginis. 559
CAPUT PRIMUM — Quod somniis non sit credendum. 561
CAP. II. — Exemplum stupendum de Basso Aniciensi. 562
CAP. III. — Virgo præbendum clerico sui devoto ablatum restitui jubet. 56
CAP. IV. — Sabbatum cur B. Virgini sit dicatum. 56
CAP. V. — Quod orationes et suffragia sint aliment defunctorum. 567
CAP. VI. — Exemplum mulieris, quæ defuncti viri animam eleemosyna redimere conabatur. 568
CAP. VII. — Quod fructuosior est eleemosyna pauperibus data, quam ablutio a sacerdote carnali celebrata. 569
CAP. VIII. — Quod magna vis sit obedientiæ. 570
OPUSCULUM XXXIV. — De variis miraculosis narrationibus, addita simili disputatione de variis apparitionibus et miraculis. 572
CAPUT PRIMUM. — Terribile exemplum Arnaldi episcopi Aretini calicem Dominicum alienantis et ab Ecclesia subtrahentis. 573
CAP. II. — Aliud terribile exemplum Tetaldi episcopi. 574
CAP. III. — Aliud exemplum cujusdam non dantis honorem loco sacro. 575
CAP. IV. — Clerici pugnacis, insolentis et blasphemi cædes. 576
CAP. V. — Quod Deus nullum peccatum impunitum relinquit. 578
CAP. VI. — Quod Dei laudes fœdis cogitationibus non sint inquinandæ. 579
CAP. VII. — Quod non sunt commatres ducendæ uxores. 580
CAP. VIII. — Terribile exemplum cujusdam hominis desperati ac interficientis se ipsum. 582
CAP. IX. — Votifragus infirmitate corripitur, ut resipiscat. 582
Disputatio de variis apparitionibus et miraculis. 584
CAPUT PRIMUM. — Baruncii eremitæ sanctitas. 584
CAP. II. — Parisiensis episcopi intemperantia divinitus punitur. 586
CAP. III. — B. Virgo Maria in suæ festivitatis assumptione innumeros liberat a pœnis purgatorii. 586
CAP. IV. — Sanctorum apparitio pulcherrima Romæ in ecclesia sanctæ Cæciliæ. 587
OPUSCULUM XXXV. — De picturis principum apostolorum. 589
CAPUT PRIMUM. — Cur Petrus ad sinistram et Paulus ad dextram in picturis collocentur. 589
CAP. II. — Pauli prærogativæ enarrantur. 591
CAP. III. — Paulus præ cæteris omnibus privilegio admirabili est insignitus. 592
CAP. IV. — Cur B. Paulus propriam non habeat cathedram. 594

Scholia. 595
OPUSCULUM XXXVI. — De divina omnipotentia in reparatione corruptæ, et factis infectis reddendis. 595
CAPUT PRIMUM. — Quod Deus multa potest quæ non vult. 598
CAP. II. — Quod voluntas Dei omnibus rebus causa est ut existant. 599
CAP. III. — Quod absque dubio Deus pori lapsum reparare virginem possit. 600
CAP. IV. — Quomodo possst fieri, ut quod factum est, non sit factum. 601
CAP. V. — De futuris contingentibus et philosophiæ usu in sacris disputationibus. 602
CAP. VI. — Quod Deus intra præsentiæ suæ sinum, omnia simul et tempora, et loca concludat. 604
CAP. VII. — De Dei simplici et una, distincta tamen omnium rerum scientia et providentia. 605
CAP. VIII. — De Dei æternitate. 607
CAP. IX. — Quod mala dicenda sunt potius non esse quam existere. 609
CAP. X. — Quod omnia Deus potest, sive faciat sive non faciat. 610
CAP. XI. — Quod naturæ conditor naturæ sit etiam immutator. 611
CAP. XII. — De palatio Romuli et philosopho corruentibus. 614
CAP. XIII. — De his qui Dominum blasphemantes lepra perfusi sunt. 615
CAP. XIV. — De illo quem adulterio commisso, malignus spiritus interemit. 616
CAP. XV. — Concludit asserendum esse Deum posse facta infecta facere. 618
CAP. XVI. — Testatur charitatem suam erga fratres monasterii Casinensis, et virilem eorum virtutem commendat. 620
CAP. XVII. — De puero clausis foribus intromisso. 621
OPUSCULUM XXXVII. — De variis sacris quæstionibus, juncta alia ejusdem argumenti tractatione priorem consequente. 622
Quæstio I. 623
Dubitatio II. 625
Dubitatio III. 625
Dubitatio IV. 624
Dubitatio V. 624
Dubitatio VI. 625
Dubitatio VII. 626
Dubitatio VIII. 627
Dubitatio IX. 627
Dubitatio X. 628
Argumentatio alia de variis sacris quæstionibus. 630
Dubitatio I. 630
Dubitatio II. De die passionis et resurrectionis Christi. 652
OPUSCULUM XXXVIII. — Contra errorem Græcorum de processione Spiritus sancti. 633
CAPUT PRIMUM. — De auctoritate Romani Pontificis 633
CAP. II. — Quæ sit origo Græcorum erroris. 635
CAP. III. — Quod Spiritus sanctus a Patre simul et Filio procedat. 635
CAP. IV. — Amovet dubitationem quæ nasci poterat. 638
CAP. V. — Amovet aliam dubitationem. 638
CAP. VI. — Aliam item amovet dubitationem. 640
CAP. VII. — Quomodo dicatur Spiritus sanctus a Patre proprie procedere, in Nicæno symbolo. 641
OPUSCULUM XXXIX. — Contra sedentes tempore divini officii. 642
CAPUT PRIMUM. — De archiepiscopi Bisuntini magnificentia, et clericorum avaritia. 644
CAP. II. — Quod clericos, dum divina celebrantur officia, sedere, prava consuetudo est. 644
CAP. III. — Quod angeli contra homines in ecclesia sedentes indignantur. 645
CAP. IV. — Quod laici quoque in ecclesia inter divina officia sedere non debent. 647
OPUSCULUM XL. — De frenanda ira et simulatibus stirpandis. 649
CAPUT PRIMUM. — Infirmitates a Deo cur mittantur. 649
CAP. II. — Quod per iram sapientia deperdatur. 650
CAP. III. — Quod ira Spiritum sanctum excludat. 651
CAP. IV. — Exemplum presbyteri iracundiam diabolo mancipati. 653
CAP. V. — Quod ira hominem reddit amentem. 654
CAP. VI. — Prodigium quod contigit presbytero Salernitano missam celebranti. 656
CAP. VII. — Votum solvere contemnens infeliciter perit. 656
CAP. VIII. — Vitri condendi egregius artifex quod a Tiberio imp. præmium reportaverit. 658

Cap. I. — Beatus Petrus Damianus ad iracundiam pronus quo modo moderetur. 658
Opusculum XLI. — De tempore celebrandi nuptias. 659
Cap. primum. — Tempus celebrandi nuptias ex sacris canonibus. 659
Cap. II. — Contra pervertentes tempora. 661
Cap. III. — Nuptiæ ad quid institutæ. 662
Cap. IV. — Pœna celebrantium nuptias quadragesimali tempore. 664
Scholia. 665
Opusculum XLII. — De fide Deo obstricta non fallenda. 667
Cap. primum. — Quod nulla excusatione licet non implere votum. 667
Cap. II. — Arduinus damnatus, quod monasticum habitum, ut voverat, non suscepisset. 668
Cap. III. — Episcopus percussus in gutture, quod perperculæ porcum abstulisset, religioni se dedit. 669
Cap. IV. — Adamus Semproniensis Episcopus inopinate moritur, quod religionis ingressum distulisset. 670
Cap. V. — Christi providentia erga eleemosynarum farem. 671
Cap. VI. — Pambonis Romani furtum furto divinitus punitum. 672
Cap. VII. — Clericus luxuriosus cum pellice incendio periit. 672
Dissertatio de servanda fide Deo præstita. 674
Cap. I. — Quod Dei vota ac promissa violare nefassit. 674
Cap. II. — Quod qui vota non perficit, Deum videtur irridere. 675
Cap. III. — Bona opera fidem frangentium Deo minus placent. 676
Cap. IV. — Conciliorum decretis religiosæ vitæ propositum reliquentes damnantur. 678
Opusculum XLIII. — De laude flagellorum et, ut loquuntur, disciplinæ. 679
Cap. antepenultum. — Dæmonis astutia quanta. 679
Cap. II. — Qui dicantur celari a facie Dei. 680
Cap. III. — Fabri dignum supplicium divino judicio constitutum. 681
Cap IV. — Terribilis judicii comminatio. 682
Cap. V. — Quod Christi vulnera sunt sensuum nostrorum medicamenta. 683
Cap. VI. — Corporis nostri vilitas ac fetor. 684
Opusculum XLIV. — De decem Ægypti plagis atque Decalogo. 686
Cap. primum. — Quod divina lex sit medicamentum plagarum. 687
Cap. II. — De divinæ legis promulgatione. 688
Cap. III. — De prima plaga. 689
Cap. IV. — De secunda plaga. 689
Cap. V. — De tertia plaga. 689
Cap. VI. — De quarta plaga. 691
Cap. VII. — De quinta plaga. 691
Cap. VIII. — De sexta plaga. 691
Cap. IX. — De septima plaga. 691
Cap. X. — De octava plaga. 692
Cap. XI. — De nona plaga. 692
Cap. XII. — De decima plaga. 693
Cap. XIII. — Divinorum præceptorum emolumenta et præconia. 694
Opusculum XLV. — De sancta simplicitate scientiæ inflanti anteponenda. 695
Cap. I. — Scientiæ cupiditas quam perniciosa. 695
Cap. II. — Cur Deus alios juvenes, alios senes ad se vocet. 696
Cap. III. — Cur Deus per viros idiotas ac simplices mundum instituit. 697
Cap. IV. — Quid in concionatore requiratur. 697
Cap. V. — Quomodo Spiritus sanctus nos edoceat. 698
Cap. VI. — Quod humana sapientia multis periculis subjaceat. 699
Cap. VII. — De mundanæ sapientiæ effectibus. 700
Cap. VIII. — Quod ad Deum accedentes humanis disciplinis non indigent. 701
Opusculum XLVI. — De ferenda æquanimiter correptione. 703
Cap. primum. — Correptiones æquo animo ferentium emolumenta. 704
Cap. II. — Quod sapientis est amare correctionem, stulti odisse. 706
Cap. III. — Quod impatientibus correptiones sunt quasi gladii. 706
Cap. IV. — Quod in religiosis conventibus ad regularem disciplinam necessaria sit correptio. 707
Cap. V. — Cur beatus Paulus beatum Petrum reprehenderit. 708
Cap. VI. — An beatus Paulus peccaverit Petrum objurgans. 710
Opusculum XLVII. — De castitate et mediis eam tuendi. 710
Cap. primum. — Quod castitatis virtus junioribus difficilior sit. 714
Cap. II. — Quod frequens Eucharistiæ susceptio est præsidium Castitatis. 712
Cap. III. — Diabolus transfigurat se in Angelum lucis ut monachum decipiat. 713
Cap. IV. — Quod diabolus signo crucis cognoscitur. 713
Cap. V. — Christianæ charitatis exemplum. 714
Cap. VI. — Per unum opus bonum Dei pietas peccatores salvat. 715
Opusculum XLVIII. — De spiritualibus deliciis. 715
Cap. primum — De Jubilæo, ejusque mysteriis. 715
Cap. II. — Quid fuerit manna et quid significet. 717
Cap. III. — Quod in solo Deo est sanctorum spes et requies. 718
Cap. IV. — Quomodo Deus in nobis quiescat. 719
Opusculum XLIX. — De perfecta monachi informatione. 721
Cap. primum. — Quæ cura tuendæ castitatis habenda sit. 721
Cap. II. — Quod sobrietas est castitatis præsidium. 722
Cap. III. — Quod mortis cogitatio turpes abigit motus. 723
Cap. IV. — Quod silentium est loquendi magister. 724
Cap. V. — Quod peccati remedium est confessio. 725
Cap. VI. — Cur Davidis confessio veniam meruit, non Saulis. 726
Cap. VII. — Exemplum Zeuxidis in pingenda Venere. 727
Cap. VIII. — Quod cordis duplicitas fugienda sit. 727
Cap. IX. — S. Romualdi consilium ut sobrietatem servemus, et hypocrisim fugiamus. 728
Cap. X. — Quod sermo de rebus sæcularibus monachos deducat. 729
Cap. XI. — Quod Christiana nobilitas ex Christo, non ex avis petenda est. 730
Opusculum L. — Institutio monialis ad Blancam ex comitissa sanctimonialem. 31
Cap. primum. — Blancam angustias et paupertatem fortiter excipere hortatur. 731
Cap. II. — Quod aliquando justi ab injustis idcirco permittuntur affligi, ut statuant ad Deum vel ex necessitate converti. 733
Cap. III. — Quod quisque contemptor sæculi ad hoc debet semper eniti, ut perveniat ad amorem Dei. 735
Cap. IV. — Exhortatio, ut in cœlestis sponsi semper amplexibus requiescat. 736
Cap. V. — Ad cautelam provocat, ut contra tentationis insidias sit semper accincta. 737
Cap. VI. — De anima, cum egreditur, quibus dolorum anxietatibus coarctetur. 737
Cap. VII. — Sententiæ Scripturarum de die judicii. 739
Cap. VIII. — Hic admonetur ne sub pietatis specie ad sæculum revertatur. 742
Cap. IX. — De monacho, qui de eremo ad cœnobium rediens, per immunditiam lapsus interiit. 742
Cap. X. — De sepultura Sophiæ marchionissæ, et ejus fetore intolerabili. 743
Cap. XI. — De Veneti ducis uxore, quæ prius nimium delicata, demum toto corpore computruit. 744
Cap. XII. — De suppliciis damnatorum. 745
Cap. XIII. — Quod monachus frigidus vilis aiga; monachus autem fervidus, vitis est fructuosa. 746
Cap. XIV. — Quod Dominicus duodecim simul psalteria cum disciplina cantavit, et tertium decimum cœpit. 747
Cap. XV. — De Cœlestis Hierusalem beatitudine sempiterna. 748
Opusculum LI. — De vita eremitica, et probatis cremitis. 748
Cap. primum. — Albizo et B. Petrus Damianus cum quanta sunt difficultate intra limen admissi. 751
Cap. II. — Rursus uterque quam inhoneste fuerint eliminati. 752
Cap. III. — Quod monachis in urbe morantibus arrogantiæ tumor obrepat. 752
Cap. IV. — De abstinentia quorumdam fratrum. 753
Cap. V. — De Martino Storaci. 753
Cap. VI. — De Leone Sitriæ, et aliis tribus monachis. 754
Cap. VII. — De Leone eremita Præcensi. 756
Cap. VIII. — De Dominico Loricato. 756
Cap. IX. — De ratione disciplinæ. 757
Cap. X. — Tenendæ discretionis admonitio necessaria. 759
Cap. XI. — De monacho flumine enecato. 761
Cap XII. — Demonac. qui diaboli patrocinium quæsivit. 761
Cap. XIII. — De patientia monachi excæcati. 762
Cap. XIV. — Ubi scriptor ea quæ dicta sunt, humili atisfactione concludit. 763
Opusculum LII. — De bono religiosi status et variorum

animantium tropologia. 763
CAP. I. — Quod religiosi quasi oves sunt de lupi faucibus ereptæ. 765
CAP. II. — Quod monasteria vivaria sunt animarum. 766
CAP. III. — De natura Leonis. 766
CAP. IV. — De Anthalopo. 767
CAP. V. — Quod feminarum aspectus est fugiendus. 769
CAP. VI. — De hermaceo. 770
CAP. VII. — De vulpecula. 770
CAP. VIII. — De polypo. 771
CAP. IX. — De hydro et crocodilo. 771
CAP. X. — De charadrio. 772
CAP. XI. — De phænice. 773
CAP. XII. — De sarra sive serra. 774
CAP. XIII. — De echino. 774
CAP. XIV. — De tigride, et quid mystice per eum intelligendum. 774
CAP. XV. — De pelicano et quid figuret. 774
CAP. XVI. — De upupa, aquila et fulica. 776
CAP. XVII. — De vulturibus et mustella. 777
CAP. XVIII. — De ascida et alcyone. 778
CAP. XIX. — De columbis, ibide et hyæna. 779
CAP. XX. — De panthera. 780
CAP. XXI. — De salamandra, dorcade et lynce. 781
CAP. XXII. — De natura serpentum. 781
CAP. XXIII. —De onagro, elephante, unicorni, aquila et formica. 783
CAP. XXIV.— De vipera, accipitre, serpente et ursa. 784
CAP. XXV. — De testitudine et variis animalium medicinis. 784
CAP. XXVI. — De lupo et ove. 785
CAP. XXVII. — De vaniloquii temeritate. 786
CAP. XXVIII. — De cancro et ostreo. 788
CAP. XXIX.—De simia et quo pacto simia capi possit. 789
CAP. XXX. — De ceto. 790
CAP. XXXI. — Brevis opusculi conclusio. 791
OPUSCULUM LIII. — De patientia in Insectatione improborum. 791
CAP. PRIMUM. — Quod patientia sit regina virtutum. 791
CAP. II. — Quod ex tribulationibus nobis medicina præparetur. 792
CAP. III. — Quod gaudendum sit in adversis, timendum in prosperis. 793
CAP. IV. — Quod inter religiosos viros amicitia sine muneribus comparanda est. 793
OPUSCULUM LIV. — De jejunio sabbati. 795
CAP. PRIMUM. — Quod omnia serviant in hoc mundo ad usum hominis. 795
CAP. II. — Cur tres dies in hebdomada apud monachos jejunare institutum sit. 797
CAP. III. — Miraculum quo jejunium sabbati approbatum est. 797
CAP. IV. — Majorum negligentia exemplo etiam posteris nocet. 798
CAP. V. — Quod vita nostra sabbatum est ultimæ resurrectionis. 800
OPUSCULUM LV. — De celebrandis vigiliis. 800
CAP. PRIMUM. — Cur in vigiliis assumptionis beatæ virginis et B. Joannis Baptistæ natali jejunamus. 800
CAP. II. — Aliquorum abusus in mulcenda voce, ut melius canant. 802
CAP. III. — Cur in sabbato ex beati Silvestri sententia jejunandum. 803
CAP. IV. — Cur in vigilia resurrectionis Domini Gloria in excelsis Deo canatur. 804
CAP. V. — Quod sabbati jejunium cœlesti visione celebratum est. 804
CAP. VI.—Quomodo B. Jacobus Apostolus mortuussit. 806
CAP. VII. — Cur B. Joannis Baptistæ decollatio vigiliam non habeat. 807
OPUSCULUM LVI. — De fluxa mundi gloria et sæculi despectione. 807
CAP PRIMUM. — Agnetis Imperatricis cum regina Saba comparatio. 807
CAP.II.—Christi et Salomonis sapientia comparatur. 810
CAP. III. — Amovet objectionem. 811
CAP. IV. — Quod per bona exempla corona gloriæ nobis cumulatur. 812
CAP. V. — Bona magnorum virorum et mulierum exempla quantum valeant. 813
CAP. VI. — Qua animi puritate sanctorum reliquiæ venerandæ. 813
CAP. VII. — Exempla regum ac ducum, qui mundi felicitate infeliciorem exitu perdiderunt. 816
CAP. VIII. — Exempla mulierum, quarum gaudia mors occupavit. 817
CAP. IX. — Quod idem sit omnium mortalium initium ac finis. 818

CAP. X. — Ad perseverantiam exhortando perorat. 819
OPUSCULUM LVII.—De principis officio in coercitione improborum, addita alia ejusdem argumenti dissertatione. 819
CAP. PRIMUM. — Quod justitiæ rigor regna conservet. 819
CAP. II. — Quod judex qui male agentes non punit, diaboli minister est. 821
CAP. III.—Quod iniquos castigare est Deo sacrificium. 821
CAP. IV. — Quod regum consiliarii non solum pii, sed etiam prudentes esse debent. 823
CAP. V. — Principis officium quodnam sit. 824
Alia dissertatio. — De eodem p incipis officio in impiis coercendis. 825
CAP. PRIMUM. — Quod justitiæ rigor bonis ac malis utilis est. 826
CAP. II. — Sacræ scripturæ, ac SS. Patrum de plectendis iniquis concors sententia. 827
CAP. III. — Hugonis ducis Tusciæ prudentia in renuntiando ducatu. 827
CAP. IV. — Guillæ matris Hugonis innocentia jucundo miraculo declaratur. 828
CAP. V. — Hugonis ducis mors. 829
OPUSCULUM LVIII. — De vera felicitate ac sapientia. 831
CAP. PRIMUM. — Humana eloquentia quam parvi fit a viris sanctis. 831
CAP. II. — Discrimen inter sapientiam spiritualem et terrenam. 852
CAP. III. — Sapientiæ cœlestis et terrenæ prudentiæ effectus. 833
CAP. IV.— Nostra studia sint ut soli Deo placeamus. 834
CAP. V. — Sæculares viri quomodo se habere debent in amore rerum terrenarum et spiritualium. 835
CAP. VI. — Quod virtutis amor principatum tenere debet in corde. 856
OPUSCULUM. LIX. — De novissimis et Antichristo. 837
CAP. PRIMUM.—De rebus novissimis loqui difficile est. 857
CAP. II. — Novissima meditari quam utile sit. 858
CAP. III. — A morte Antichristi, ad Christi Domini adventum, quot dies intererunt. 839
CAP. IV. — Signa præcedentia judicii diem ex S. Hieronymi sententia. 840
OPUSCULUM LX. — Expositio mystica historiarum libri Geneseos. 841
CAP. PRIMUM. — Dixit Deus : Fiat lux, prima die. 841
CAP. II. — De firmamento et divisione aquarum. 841
CAP. III. — De aquarum congregatione in locum unum sub cœlo. 842
CAP. IV. — De luminaribus quarta die factis in firmamento cœli. 842
CAP. V.— Quod quinta die pisces et aves creati sunt 842
CAP. VI. — De sexto die. 843
CAP. VII. — Quod sabbato, consummatis omnibus, requievit Deus. 843
CAP. VIII. — Immisit Dominus soporem in Adam. 845
CAP. IX. — Quod, deambulante Domino in paradiso, Adam, quia nudus esset, se abscondit. 846
CAP. X. — De Cain septuplum ultio dabitur, de Lamech septuagies septies. 846
CAP. XI. — Fac tibi arcam de lignis lævigatis, et bitumine lines intrinsecus et extrinsecus. 847
CAP. XII. — De mensura arcæ diluvii. 847
CAP. XIII. — Quod cubitis quindecim altior fuit aqua diluvii super omnes montes. 848
CAP. XIV. — Quod diluvium cœpit minui post centum et quinquaginta dies. 848
CAP. XV. — Quod arca requievit mense septimo. 848
CAP. XVI. — De corvo et columba ex arca dimissis. 848
CAP. XVII. — Quod dimisit iterum Noe columbam ex arca. 848
CAP. XVIII. — Venite, faciamus civitatem. 849
CAP. XIX. — De quinque regibus Sodomæ et Gomorrhæ, qui a quatuor regibus interfecti sunt. 850
CAP. XX. — Quod Abraham cum Deo sacrificavit, pecora divisit, aves non. 830
CAP. XXI. — Abraham volucres descendentes super sacrificia abigebat. 850
CAP. XXII. — Cum sol occumberet, sopor irruit super Abraham, et error magnus invasit eum. 850
CAP. XXIII. — Descendam, et videbo an clamorem qui venit ad me opere compleverint. 851
CAP. XXIV. — Quod Sodomitæ, dum conarentur ad angelos violenter irrumpere, cæcitate percussi sunt. 851
CAP. XXV. — Quod Abraham unicum sibi filium sacrificandum Deo obtulit. 852
CAP. XXVI. — De Lia et Rachel uxoribus Jacob. 853
CAP. XXVII. — De Bala et Zelpha. 855
CAP. XXVIII. — Quod Rachel nomen filii sui Benjamin vocavit. 855
CAP. XXIX. — Quod Onan invenit aquas calidas in soli-

tudine, dum pasceret asinos patris sui. 856
Cap. XXX. — Descendit Judas in Thamna ad tondendas ores. 856
ALEXANDRI II DIPLOMA DE LEGATIONE S. PETRI DAMIANI IN GALLIAS. 857
DE ADVENTU PETRI DAMIANI AD CLUNIACENSEM ECCLESIAM. 858
ACTA SYNODI IN GALLIIS CELEBRATÆ A B. PETRO DAMIANO. 859
HYMNUS DE GLORIA PARADISI. 861

ADDITIO AD TOMUM III OPERUM S. PETRI DAMIANI.

De sequentibus opusculis Mai monitum. 865
DE GALLICA PROFECTIONE DOMNI PETRI DAMIANI ET EJUS ULTRAMONTANO ITINERE. 866
Cluniaci deseri tio. 866
EXPOSITIO CANONIS MISSÆ SECUNDUM PETRUM DAMIANI. 880
TESTIMONIA NOVI TESTAMENTI ex operibus B. Petri Damiani excerpta. 892
Testimonia ex Evangeliis. 892
Ex Actibus apostolorum. 901
Ex Epistolis Joannis. 905
Ex Apocalypsi. 905
Ex Epistolis Pauli. 905
De fermentato an possit offerri. 909

OPERUM TOMUS SEU PARS IV. — CARMINA ET PRECES.

Privilegium Pauli papæ V. 912
De festo die S. Petri Damiani domini Constantini Cajetani præmonitio. 913
Testimonia insignia de laudabili S. Petri Damiani operum defatigatione a domno Constantino Cajetano abbate præstita. 913
Constantini Cajetani epistola ad D. Franciscum et D. Antonium Barberinos principes. 916
Cajetani epist. nuncupatoria ad Urbanum Papam VIII 916
B. PETRI DAMIANI CARMINA SACRA ET PRECES. 917
I. — Oratio ad Deum Patrem. 917
II. — Oratio ad Deum Filium. 920
III. — Oratio ad Deum Spiritum sanctum. 922
IV. — Ad sanctam Trinitatem orationes. 924
V. — Secunda oratio. 924
VI. — Tertia oratio. 924
VII. — Idem orationes de sancta Trinitate. 925
VIII. — Alia. 925
IX. — Alia. 925
X. — Alia. 925
XI. — De annuntiatione Domini. 925
XII. — De nativitate Domini. 925
XIII. — De oblatione Domini. 925
XIV. — De baptismo Domini. 925
XV. — De transfiguratione Domini. 925
XVI. — Ubi pueri dicunt Hosanna. 925
XVII. — De cœna Domini. 925
XVIII. — De patena. 926
XIX. — Ubi Judas Dominum tradit. 926
XX. — Ubi Christus rogat Patrem. 926
XXI. — Dominus dicit discipulis suis : Vigilate. 926
XXII et XXIII. — Orationes die Veneris sancto in crucis adoratione dicendæ. 926
XXIV. — In tertia genuflexione. 926
XXV. — De sancta cruce orationes aliæ. 926
XXVI. — Oratio. 927
XXVII. — Oratio. 927
XXVIII. — Oratio. 928
XXIX. — Oratio. 928
XXX. — Oratio. 929
XXXI. — Oratio. 929
XXXII. — Oratio. 929
XXXIII. — Oratio. 929
XXXIV. — Litaniæ. 930
XXXV. — Hymnus de sancta cruce.— Ad nocturnum. 930
XXXVI. — Ad Laudes. 930
XXXVII. — Paractericum carmen de sancta cruce. 931
XXXVIII. — De sancta cruce. 931
XXXIX. — Item, de sancta cruce, duobus invicem inimicis. 931
XL. — Rhythmus paschalis. 931
XLI. — De Ascensione Domini. 933
XLII. — Hymnus in ascensione Domini.— Ad Laudes. 933
XLIII. — Ubi Spiritus sanctus descendit super aposl. 933
XLIV. — In annuntiatione beatissimæ virginis Mariæ. — Hymnus. — Ad nocturnum. 933
XLV. — Ad Laudes. 934

XLVI. — In eadem annuntiatione beatissimæ virginis Mariæ. — Ad missam, præfatio. 934
XLVII. — In assumptione ipsius sanctissimæ Virginis. —Hymnus ad Vesperas. 954
XLVIII. — Ad honorem sanctæ Mariæ virginis. — Officium quotidianis diebus. — Ad Vesperas.—Hymnus 935
XLIX. — Lectiones ad Matutinum. — Lectio prima. 935
L. —
LI. — Lectio secunda. 935
LII. — Hymnus ad Primam. 936
LIII. — Hymnus ad Tertiam 936
LIV. — Hymnus ad Sextam. 936
LV. — Hymnus ad Nonam. 936
LVI. — Hymnus ad Completorium. 957
LVII. — Istæ orationes dicantur per horas diei. 957
LVIII. — Alia. 957
LIX. — Alia. 957
LX. — Alia. 957
LXI. — Rhythmus de S. Maria virgine. 957
LXII. — Rhythmus de eadem sanctissima Virgine. 939
LXIII. — Rhythmus super Salutatione angelica. 939
LXIV. — Ad eamdem sanctissimam Virginem. — Versus contra tempus nubilosum. 940
LXV. — Paractericum carmen de eadem sanctissima Virgine. 940
LXVI. — Missa de S. Daniele propheta. — Oratio. 941
LXVII. — Alia oratio. 941
LXVIII. — Secreta. 941
LXIX. — Postcommunio. 941
LXX. — De S. Joanne Baptista. 941
LXXI. — De S. Petro apostolo. 941
LXXII. — De S. Petro apostolo Hymnus. 941
LXXIII. — De S. Paulo apostolo. 942
LXXIV. — De S. Paulo apostolo Hymnus. 942
LXXV. — De S. Andrea apostolo. — Hymnus. 942
LXXVI. — Divisio. 942
LXXVII. — De S. Joanne apostolo et evangelista. — Hymnus ad Vesperas. 942
LXXVIII. — Ad Nocturnum. 943
LXXIX. — Ad Laudes. 944
LXXX. — Missa in festo S. Bartholomæi. — Oratio. 944
LXXXI. — Alia oratio. 944
LXXXII. — Alia oratio. 944
LXXXIII. — Alia oratio. 944
LXXXIV. — Alia oratio. 944
LXXXV. — Alia oratio. 944
LXXXVI. — Missa in translatione S. Matthæi apostoli. — Oratio. 945
LXXXVII. — Alia oratio. 945
LXXXVIII. — Alia oratio 945
LXXXIX. — Missa de S. Barnaba apostolo. — Oratio. 945
XC. — Secreta. 945
XCI. — Postcommunio. 945
XCII. — Oratio ad Vesperas. 945
XCIII. — Versus de gestis apostolorum. 945
XCIV. — Unde supra. 946
XCV. — Rhythmus de S. Vincentio martyre. 947
XCVI. — De S. Vitale martyre —Hymnus ad Laudes. 949
XCVII. — In festivitate S. Anthimi. — Hymnus. 949
XCVIII. — In solemnitate S. Ursini. — Hymnus. 950
XCIX. — Missa sanctorum septem dormientium. — Oratio. 950
C. — Secreta. 950
CI. — Postcommunio. 951
CII. — De S. Apollinare episcopo et martyre. — Ad Vesperas Responsorium. 951
CIII. — Hymnus ad Vesperas. 951
CIV. — Ad Nocturnum. 951
CV. — In natali S. Apollinaris. — Missa. Introitus. 952
CVI et CVII. — Oratio. 952
CVIII. — Alia oratio. 952
CIX. — Alia oratio. 952
CX. — Alia oratio. 952
CXI. — Hymnus in honorem S. Apollinaris. 952
CXII. — Verba Apollinaris ad vicarium deprecatoria. 955
CXIII. — Alia ejusdem verba deprecatoria. 955
CXIV. — Verba Christi ad apostolos. 955
CXV. — Verba Christi ad aposlolos. 955
CXVI. — Oratio. 955
CXVII. — De S. Ruffino martyre. — Hymnus. 955
CXVIII. — Alius Hymnus in honorem S. Apollinaris. 954
CXIX. — De SS. Donato et Hilariano. — Hymnus. 955
CXX. — Hymnus alius de eisdem. 955
CXXI. — De S. Donato episcopo et martyre sequentia. 955
CXXII. — De S. Fidele martyre. — Hymnus. 956
CXXIII. — De S. Gregorio papa. — Hymnus. 957
CXXIV. — De S. Benedicto abbate —Hymnus ad Vesperas. 957

CXXV. — Ad Nocturnum. 958
CXXVI. — Ad Laudes. 958
CXXVII. — Epitaphium Ludoici sancti presbyteri. 959
CXXVIII. — In natali confessorum Pontificum. — Hymnus. 959
CXXIX. — Ad Laudes. 959
CXXX. — De omnibus sanctis. — Versus. 960
CXXXI. — De annuntiatione Virginis. 960
CXXXII — De nativitate Domini. 960
CXXXIII. — De cœna Domini. 961
CXXXIV. — De baptismo Domini. 961
CXXXV. — De S. Joanne Baptista. 961
CXXXVI. — De oblatione Domini. 961
CXXXVII. — Ubi pueri dicunt : Hosanna. 961
CXXXVIII. — Transfiguratio Domini. 961
CXXXIX.—Dominus dicit discipulis suis. — Vigilate. 961
CXL. — Ubi Judas Dominum tradit. 961
CXLI. — De patena. 961
CXLII. — Ubi Christus rogat Patrem. 961
CXLIII. — De ascensione Domini. 961
CXLIV. — Ubi Spiritus sanctus descendit super apostolos. 961
CXLV. — De S. Petro. 961
CXLVI. — De S. Paulo. 961
CXLVII. — De illo qui moratur in odio. 961
CXLVIII. — De illo qui placet duobus inimicis. 961
CXLIX. — De Hildebrando. 961
CL. — De eodem Hildebrando. 961
CLI. — De illo qui omnia timet vel nihil timet. 961
CLII. — De virga Moysi. 961
CLIII. — De arca Noe. 961
CLIV.— De illo qui prius consit et postea reposcit. 962
CLV.—Dominus papa sine merem incipiebat, et mecum complere volebat; sicque mecum dicebat; sicut erat in principio ; cum mecum non dixisset. — Gloria Patri. 962
CLVI. — Illis hoc dicitur qui falsam pacem faciunt. 962
CLVII. — Quod sæpe amicus videtur irasci, et inimicus fraudulenter blanditi. 962
CLVIII. — Ad papam Alexandrum admonitio. 962
CLIX. — Hoc servus Dei facere debet. 962
CLX. — Pransum dicimus. — Edent pauperes. — Silentium solventes dicimus: Pretiosa in conspectu Domini. 962
CLXI — De odio. 962
CLXII. — Qui castratus est non debet episcopari. 962
CLXIII. — De Romanis febribus. 962
CLXIV. — Quod qui ignorat legem vitiorum nequit evitare perniciem. 962
CLXV. — De triduano jejunio. 962
CLXVI. — Candaloo non pastori sed antiquo Draconi. 963
CLXVII. — Cuidam fratri, cui jejunium et vigiliæ in nauseam venerant. 963
CLXVIII. — Quod quidam benefactis offenduntur, offensione placantur. 963
CLXIX. — De dente et lente. 963
CLXX. — Quod carc sine prædicatione prorumpit in silvam vitiorum. 963
CLXXI. — De baculo rectoris. 963
CLXXII. — De Ecclesia Romana ab antipapa invasa luctus. 963
CLXXIII. — De miseria humanæ conditionis. 964
CLXXIV. — De eo qui prædicat justum et dimittit impium. 964
CLXXV. — Laus eleemosynæ. 964
CLXXVI. — Avaro diviti. 964
CLXXVII. — Viro superbo. 964
CLXXVIII. — Livido obtrectatori. 965
CLXXIX. — Duobus inimicis, ut ad pacem redeant. 965
CLXXX. — Cum idem scriptum bis mittitur. 965
CLXXXI. — De quibusdam antidotis. 965
CLXXXII. — Quod qui sumit munus debet vicem reddere. 966
CLXXXIII. — Quibus benedictio de coclearibus mittitur. 966
CLXXXIV.— Pontificali dextera coclearia mittuntur. 966
CLXXXV. — Quibus benedictio de coclearibus mittitur. 966
CLXXXVI. — Amicum terret. 966
CLXXXVII. — Ad inimicum. 966
CLXXXVIII. — Discretio inter levem et gravem. 966
CLXXXIX. — Quod melius sit agricolæ laboranti quam domino prælianti. 966
CXC. — De his qui non se, sed alios carpunt. 966
CXCI.—Quod esuriens et sitiens vile quodlibet libenter sumit. 966
CXCII. — De illo qui gloriatur in altitudine vocis. 966
CXCIII.—De monachis, qui loricas induuntad carnem. 966
CXCIV. — De Hildebrando, qui parvæ quidem staturæ, sed magnæ videtur esse prudentiæ. 966

CXCV. — De papa et Hildebrando. 967
CXCVI. — De Romano archidiacono, qui mihi medium piscem misit. 967
CXCVII. — Urbano gratulatur, qui Romæ factus est super episcopus. 967
CXCVIII. — De illo qui filium habet. 967
CXCIX.—Ut hi qui prædicant inviceum non discordent. 967
CC. — De stercore turdi fit viscus unde turdus ipse capitur. 967
CCI. — Illi, cui ego prolixam misi epistolam, et ipse mihi parvam. 967
CCII. — De Florentia, in qua papa Stephanus obiit, et Nicolaus papa ex eadem processit. 967
CCIII. — De illo qui semetipsum subjugat, ut reum recipiat. 967
CCIV. — Quod Roma mundo præfuit, donec legibus obedivit. 967
CCV. — Quod plerique casti sint tenaces. 967
CCVI. — De illo qui, nutritus Aretii Pomposiæ abbas fuit. 967
CCVII. — De domno Umberto archiepiscopo, qui sedebat ad dexteram papæ, et ego ad sinistram. 967
CCVIII. — Super sæcularibus elegidia. 967
CCIX. — Contra Cluniacensem abbatem qui eum in Galliam duxit. 968
CCX. — Versus pauperis. 968
CCXI. — De triduano jejunio. 968
CCXII. — Qui dicit quod vult, audit quod non vult. 968
CCXIII. — Epitaphium Petri Damiani. 968
CCXIV. — Bennonis epitaphium. 968
CCXV. — Quod vermis eris, et a vermine voraberis. 969
CCXVI. — Ad pœnitentiam provocat. 969
CCXVII. — Versus de Simoniacis. 969
CCXVIII. — Adversus Simoniacos Rhythmus. 969
CCXIX. — Damiano exhortatio ut monachus fiat. 971
CCXX — Rhythmus pœnitentis monachi. 971
CCXXI. — De abbatum miseria rhythmus. 972
CCXXII. — De omnibus ordinibus omnium hominum in hoc sæculo viventium rubrica. 974
CCXXIII. — In eos qui de regis ultione securi sunt, sed Christum evadere nequeunt — Rhythmus. 977
COLLECTANEA IN VETUS TESTAMENTUM EX OPUSCULIS B. PETRI DAMIANI. 985
Cajetani præfatio. 985
Incipit liber Testim. Veteris ac Novi Testamenti. 987
Incipit prologus. 987
Incipiunt testimonia Libri Genesis. 991
Caput primum. — In epistola ad Hildebrandum et Stephanum cardinales in qua docet qualiter rationalis anima ad perfectionem veniat. 991
Cap. II. — In eadem epistola. 992
Cap. III. — In eadem epistola. 993
Cap. IV. — In eadem epistola. 993
Cap. V. — In eadem epistola. 993
Cap. VI. — In eadem epistola. 994
Cap. VII. — In eadem epistola. 994
Cap. VIII. — In sermone de S. Columba. 995
Cap. IX. — In epistola ad Ariprandum, in qua hortatur ut Dei servus sæcularibus non studeat litteris. 997
Cap. X. — In sermone S. Lucæ. 997
Cap. XI. — In libro de perfectione monachorum. 998
Cap. XII.—In sermone de exaltatione sanctæ crucis. 998
Cap. XIII. — In sermone de S. P. 999
Cap. XIV. — In eodem sermone. 999
Cap. XV. — In eodem sermone. 999
Cap. XVI — In libro de perfectione monachorum. 999
Cap. XVII — In sermone in Cœna Domini. 1000
Cap. XVIII. — In epistola ad Hirmisindiæ sanctimonialem, in qua dicitur quod ædificium humanæ superbiæ cito destruitur. 1000
Cap. XIX. — In epistola ad Bonifacium Causidicum; ubi dicitur ut exteriori prudentiæ spiritualis sapientia præferatur. 1001
Cap. XX. — In epistola ad Alexandrum Papam. 1001
Cap. XXI. — In epistola ad Desiderium abbatem Casinensem. 1001
Cap. XXII. — Ad Alexandrum papam; ubi conqueritur de insolentia pravorum hominum. 1002
Cap. XXIII. — In epistola ad Leonem papam, ubi accusatum se esse conqueritur. 1003
Cap. XXIV. — In libro Gomorrhiano. 1003
Cap. XXV.—In sermone de Inventione sanctæ crucis. 1005
Cap. XXVI. — De Lia et Rachel in libro De perfectione monachorum. 1004
Cap. XXVII.—De Bala et Zelpha, in eodem libro. 1005
Cap. XXVIII. — In epistola ad Desiderium abbatem, ubi dicitur: cur Paulus ad dexteram, Petrus ad sinistram in pictura ponatur. 1006

QUÆ IN HOC TOMO CONTINENTUR.

CAP. XXIX. — Ad Desiderium abbatem, ut vacet studio contemplandi. 1007
CAP. XXX. — In sermone de S. Joanne Baptista. 1008
CAP. XXXI. — In sermone de S. Luca evangelista. 1010
CAP. XXXII. — In sermone de S. Vitale. 1011
CAP. XXXIII. — In sermone de inventione sanctæ crucis. 1012
CAP. XXXIV. — In sermone de S. Eleucadio. 1012
Incipiunt capitula libri Exodi. 1012
Incipiunt testimonia libri Exodi. 1013
CAP. PRIMUM. — In epistola ad Hermisindem sanctimonialem, ubi dicitur quod ædificium humanæ superbiæ cito destruitur. 1013
CAP. II. — In epistola ad H ermisindem, ubi dicitur quod ædificium humanæ sapientiæ cito labatur. 1013
CAP. III. — In sermone de S. Columba. 1014
CAP. IV. — In eodem sermone. 1015
CAP. V. — In epistola ad Canonicos Fanenses. 1015
CAP. VI. — In epistola ad Bonifacium, ubi dicitur ut exteriori prudentiæ spiritualis sapientia præferatur. 1016
CAP. VII. — De decem plagis Ægypti, in epistola ad discipulum Joannem. 1016
CAP. VIII. — In sermone S. E.eucnadii. 1021
CAP. IX. — In sermone de inventione sanctæ crucis. 1021
CAP. X. — In epistola ad Blancam comitissam. 1021
CAP. XI. — In sermone de inventione sanctæ crucis. 1022
CAP. XII. — In eodem sermone. 1022
CAP. XIII. — In eodem sermone. 1023
CAP. XIV. — In sermone de S. Eleuchadio. 1023
CAP. XV. — In epistola ad fratres Cluniacenses. 1023
CAP. XVI. — In sermone de S. Eleuchadio. 1023
CAP. XVII. — In sermone de exaltatione sanctæ crucis. 1024
CAP. XVIII. — In sermone synodali primo. 1024
CAP. XIX. — G. G. 1025
CAP. XX. — In epistola ad canonicos Fanenses. 1025
CAP. XXI. — In sermone de S. Andrea apostolo. 1025
CAP. XXII. — In sermone de S. Matthæo evangelista. 1026
CAP. XXIII. — In sermone de S. Bartholomæo. 1026
CAP. XXIV. — In sermone de S. Eleuchadio. 1026
CAP. XXV. — In eodem sermone. 1028
CAP. XXVI. — In sermone synodali primo. 1028
CAP. XXVII. — In epistola ad Damianum de scurrilitate vitanda. 1028
Incipiunt capitula libri Levitici. 1029
Incipiunt Testimonia libri Levitici. 1029
CAP. PRIMUM. — In sermone de inventione S. crucis. 1029
CAP. II. — In sermone virginum. 1031
CAP. III. — In sermone sancti Donati. 1031
CAP. IV. — Ad Desiderium abbatem. 1031
CAP. V. — In epistola ad Cunibertum Taurinensem episcopum, de incontinentia clericorum. 1031
CAP. VI. — In sermone S. Georgii. 1032
CAP. VII. — In sermone S. Bonifacii. 1032
CAP. VIII. — Ad Cunibertum Taurinensem episcopum de incontinentia clericorum. 1033
CAP. IX. — In sermone in cœna Domini. 1033
CAP. X. — In epistola ad Hildebrandum et Stephanum. 1034
Incipiunt capitula lib. i Numeri. 1034
Incipiunt testimonia libri Numeri. 1034
CAP. I. — In epistola ad Alexandrum papam, ut canonicis proprietatem tollat. 1034
CAP. II. — In sermone de cœna Domini. 1035
CAP. III. — In libro gratissimo. 1035
CAP. IV. — In sermone secundo de S. Matthæo. 1036
CAP. V. — In sermone de nativitate S. Mariæ. 1037
CAP. VI. — In epist. ad Hermisindem sancti nonialem. 1037
CAP. VII. — In sermone de inventione S. Crucis. 1038
CAP. VIII. — In sermone de exaltatione S. Crucis. 1038
CAP. IX. — In eodem sermone. 1039
CAP. X. — In eodem sermone. 1039
CAP. XI. — In sermone S. Christophori. 1040
CAP. XII. — In epistola ad V. Episcopum et ejus canonicos, de quinque sensibus corporis cohibendis. 1044
CAP. XIII. — In eadem epistola. 1045
CAP. XIV. — In epistola ad Albertum, in qua de mansionibus Israelitarum scribit. 1046
CAP. XV. — In epistola ad V. Episcopum et ejus canonicos, quæ est de quinque sensibus corporis cohibendis. 1046
CAP. XVI. — In epistola ad V. Episcopum et suos canonicos, quæ est de octo festivitatibus Veteris Testament. 1047
CAP. XVII. — In epistola ad V. Episcopum et ejus canonicos, de quinque sensibus corporis. 1050
CAP. XVIII. — In eadem epistola. 1052
CAP. XIX. — In epistola ad Hildebrandum. 1052
Incipiunt capitula libri Deuteronomii. 1053
Incipiunt testimonia libri Deuteronomii. 1053
CAP. PRIMUM. — In epistola ad Alexandrum papam, ubi de insolentia malorum. 1063
CAP. II. — In epistola ad fratres Cluniacenses. 1064

CAP. III. — In eadem epistola. 1065
CAP. IV. — In sermone de S. Bartholomæo. 1065
CAP. V. — De S. Anastasio. 1066
CAP. VI. — In sermone de S. Georgio. 1066
CAP. VII. — In libro De perfectione monachorum. 1066
CAP. VIII. — In epistola ad Bonifacium quæ est de eo quod exteriori prudentiæ spiritualis sapientia debeat præferri. 1067
CAP. IX. — In epistola ad Cincium præfectum. 1067
CAP. X. — In epistola ad Petrum monachum. 1068
CAP. XI. — In sermone de S. Anastasio. 1069
CAP. XII. — In sermone de S. Bartholomæo. 1070
Incipiunt capitula libri Josue. 1070
Incipiunt Testimonia libri Josue. 1070
CAP. PRIMUM. — In secundo sermone de S. Joanne evangelista. 1070
CAP. II. — In eodem sermone. 1070
CAP. III. — In sermone primo de S. Bartholomæo. 1071
CAP. IV. — In sermone de sancto Andrea. 1072
CAP. V. — In sermone de S. Bartholomæo. 1073
CAP. VI. — In sermone de S. Andrea. 1074
CAP. VII. — In eodem sermone. 1074
CAP. VIII. — In epistola ad B. Causidicum, ut exteriori prudentiæ spiritualis sapientia præferatur. 1075
CAP. IX. — In libro de perfectione monachorum. 1076
CAP. X. — In epistola ad fratres Gamugni. 1077
Incipiunt capitula libri Judicum. 1078
Incipiunt Testimonia libri Judicum. 1079
CAP. PRIMUM. — In epistola ad V. abbatem. 1079
CAP. II. — In sermone de S. Cassiano. 1079
CAP. III. — In sermone de exaltatione S. Crucis. 1081
CAP. IV. — In sermone de sanctis virginibus. 1082
CAP. V. — In sermone de S. Matthæo. 1083
CAP. VI. — In epistola ad Petrum archipresbyterum de incontinentia clericorum. 1083
CAP. VII. — In epistola ad Bonifacium episcopum de curialibus episcopis. 1084
CAP. VIII. — In epistola ad Petrum archipresbyterum de incontinentia clericorum. 1087
CAP. IX. — In eadem epistola. 1087
CAP. X. — In sermone de sancto Antimo. 1088
CAP. XI. — In epistola ad Adelaidem comitissam, qua eam confœderat episcopo propter incontinentiam clericorum. 1089
CAP. XII. — In sermone de sanctis virginibus. 1090
CAP. XIII. — In epistola ad canonicos Fauenses. 1090
Incipiunt capitula libri primi Regum. 1090
Incipiunt testimonia libri primi Regum. 1091
CAP. PRIMUM. — In epistola ad Nicolaum papam, de incontinentia episcoporum. 1091
CAP. II. — In epistola ad fratres Cluniacenses. 1092
CAP. III. — In epistola ad Albericum, in qua ei super decem quæstionibus respondet. 1094
CAP. IV. — In epistola ad Aliprandum, quæ est de correptione, quam sit utilis in sancti ordinis disciplina. 1095
CAP. V. — In epistola ad Hermisindim, de eo quod ædificium humanæ superbiæ cito destruitur. 1096
CAP. VI. — In sermone de S. Columba. 1096
CAP. VII. — In epistola ad Desiderium abbatem, qua dicitur quod majori sit dignus honore qui dignitatem projicit quam qui in ea persistit. 1097
Incipiunt capitula libri secundi Regum. 1099
Incipiunt testimonia libri secundi Regum. 1099
CAP. PRIMUM. — In libro Gomorrhiano. 1099
CAP. II. — In sermone de S. Matthæo. 1100
CAP. III. — In epistola ad B. quæ est ut exteriori prudentiæ spiritualis prudentia præferatur. 1101
CAP. IV. — In epistola ad Albericum, qua super decem quæstionibus respondet. 1101
CAP. V. — In eadem epistola. 1101
CAP. VI. — In epistola ad Cluniacenses fratres. 1102
CAP. VII. — In epistola ad Marinum. 1102
CAP. VIII. — In epistola de cardinales episcopos. 1103
CAP. IX. — In epistola ad Albericum qua ei super decem quæstionibus respondet. 1105
CAP. X. — In epistola ad Desiderium abbatem quod majori sit dignus honore qui dignitatem projicit quam qui in ea persistit. 1105
CAP. XI. — In eadem epistola. 1106
CAP. XII. — In epistola ad Albericum, in qua super decem quæstionibus respondet. 1107
CAP. XIII. — In epist. ad D. abbatem, quæ paulo supra. 1107
CAP. XIV. — In eadem epistola. 1109
CAP. XV. — In epistola ad Albericum, in qua ei super decem quæstionibus respondet. 1109
CAP. XVI. — In eadem epistola. 1110
CAP. XVII. — In sermone de Virginibus. 1111
CAP. XVIII. — In epistola ad Albericum, in qua ei super decem quæstionibus respondet. 1112

ORDO RERUM QUÆ IN HOC TOMO CONTINENTUR.

Incipiunt capitula libri tertii Regum. 1113
Incipiunt testimonia libri tertii Regum. 1113
Cap. primum. — Ad C. præfectum, ubi eum ad certamen provocat. 1113
Cap. II. — In epistola ad Albericum, ubi super decem quæstionibus tractat. 1114
Cap. III. — In epistola ad Agnetem reginam. 1116
Cap. IV. — In eadem epistola. 1116
Cap. V. — In epistola ad Albericum, ubi dicitur de mansionibus Israelitarum. 1117
Cap. VI — In epistola ad A. P. P. ubi conqueritur de insolentia pravorum hominum. 1118
Cap. VII. — In sermone de nativitate S. Mariæ. 1119
Cap. VIII. — In epistola ad Agnetem reginam. 1120
Cap. IX. — In sermone de S. Antimo. 1120
Cap. X. — In sermone de inventione S. crucis. 1122
Cap. XI. — In sermone de inventione S. crucis. 1122
Incipiunt capitula libri quarti Regum. 1122
Incipiunt testimonia libri quarti Regum. 1122
Cap. primum. — In sermone de exaltatione S. crucis. 1122
Cap. II. — In sermone de S. Cassiano. 1123
Cap. III. — In epist. ad Hildebrandum et Stephanum, ubi dicitur quomodo rationalis anima ad perfectionem veniat. 1123
Cap. IV. — In sermone de inventione S. crucis. 1124
Cap. V. — In sermone de S. Bonifacio. 1125
De libro Esdræ. 1125
De libro Tobiæ. 1127
De libro Job. 1129
Incipiunt capitula de libro Psalmorum. 1129
Incipiunt testimonia de libro Psalmorum. 1129
Incipiunt testimonia libri Psalmorum. 1129
Cap. primum. — In epistola ad Desiderium abbatem, ubi super Dei omnipotentiam disputatur. 1129
Cap. II. — In epistola ad Hermisindim. 1129
Cap. III. — In epistola ad Desiderium abbatem, ubi dicit quod majori sit dignus honore qui dignitatem projicit quam qui in ea manet. 1150
Cap. IV. — In libro de contemptu sæculi. 1131
Cap. V. — Ad Alexandrum papam, de canonicis. 1131
Cap. VI. — Ad Desiderium abbatem, ubi de Dei omnipotentia disputatur. 1151
Cap. VII. — In sermone de S. Anastasio. 1152
Cap. VIII. — In epistola ad Blancam comitissam. 1152
Cap. IX. — Ad Desiderium abbatem, ubi excessum suum excusat. 1152
Cap. X. — In sermone de S. Columba. 1153
Cap. XI. — In sermone de S. Christophoro. 1153
Cap. XII. — In epistola ad Alexandrum papam, de auferenda proprietate canonicis. 1154
Incipiunt capitula de libro Proverbiorum. 1154
Incipiunt testimonia Proverbiorum. 1154
Cap. primum. — In epistola ad Cincium præfectum. 1155
Cap. II. — In eadem epistola. 1155
Cap. III. — In sermone de S. Bartholomæo. 1156
Cap. IV. — In epistola ad Cincium præfectum, super cohortatione ad castitatem. 1156
Cap. V. — In epistola ad fratres Gamugnii, ubi de transgressione suorum mandatorum agit. 1157
Cap. VI. — In epist. ad Alexandrum papam de canonicis. 1157
Cap. VII. — In eadem epistola. 1158
Cap. VIII. — In epistola ad Alexandrum papam, super insolentia malorum hominum. 1140
Incipiunt capitula de Ecclesiaste. 1140
Incipiunt testimonia de Ecclesiaste. 1140
Cap. primum. — In libro gratissimo. 1159
Cap. II. — G. G. 1140
Cap. III. — Ad Mainardum abbatem. 1140
Cap. IV. — In epistola ad Bonifacium Causidicum, ut exteriori prudentiæ spiritualis sapientia præfera ut. 1141
Cap. V. — In epistola ad Alexandrum papam, contra papam ne dijudicet. 1141
Incipiunt capitula de Canticis canticorum. 1142
Incipiunt testimonia de Canticis canticorum. 1143
Cap. primum. — Ex sermone in natali virginum. 1143
Cap. II. — 1143
Cap. III. — In sermone de SS. Flora et Lucilla. 1144
Cap. IV. — Ex sermone in natali virginum. 1145
Cap. V. — 1145
Cap. VI. — 1145
Cap. VII. — 1145
Cap. VIII. — 1146
Cap. IX. — 1146
Cap. X. — 1147

Cap. XI. — 1147
Cap. XII. — Ex sermone in natali virginum. 1147
Cap. XIII. — In sermone de SS. Flora et Lucilla. 1147
Cap. XIV. — Ex sermone in natali virginum. 1148
Cap. XV. — 1148
Cap. XVI. — In sermone ad Blancam et in sermone de SS. Flora et Lucilla. 1149
Cap. XVII. — 1150
Cap. XVIII. — In sermone de S. Joanne apostolo et evangelista. 1150
Cap. XIX. — 1150
Cap. XX. — In homilia de nativitate B. Virginis Mariæ. 1150
Cap. XXI. — In sermone de S. Marco evangelista. 1151
Cap. XXII. — 1151
Cap. XXIII. — 1152
Cap. XXIV. — 1152
Cap. XXV. — In sermone de inventione S. Crucis. 1153
Cap. XXVI. — 1153
Cap. XXVII. — In Epistola ad Blancam et in sermone de sancto Cassiano. 1154
Incipiunt capitula libri Sapientiæ. 1155
Incipiunt testimonia libri Sapientiæ. 1155
Cap. primum — In libro gratissimo. 1155
Cap. II. — In sermone secundo de S. Bartholomæo apostolo. 1155
Incipit capitulum de libro Ecclesiastici. 1155
Caput unicum. — In sermone secundo de S. Matthæo apostolo et evangelista. 1155
Incipiunt capitula libri Isaiæ prophetæ. 1157
Incipiunt testimonia. 1157
Cap. I. — 1157
Cap. II. — In epistola ad Blancam. 1157
Cap. III. — Ad Oldericum, episcopum Firminum. 1158
Cap. IV. — In epistola ad Hermisindim, quod ædificium humanæ superbiæ cito destruitur. 1159
Cap. V. — In libro contra Judæos. 1159
Cap. VI. — In sermone de S. Lucæ evangelistæ. 1159
Cap. VII. — In eadem epistola. 1160
Cap. VIII. — In epistola ad Albericum card., de decem quæstionibus. 1160
Cap. IX. — In homilia de nativitate S. Mariæ virginis. 1161
Cap. X. — In epistola ad Cunibertum episcopum Taurinensem de incontinentia clericorum. 1162
Incipiunt capitula Jeremiæ. 1161
Incipiunt testimonia. 1161
Cap. primum. — In epistola ad P. archipresbyterum, ubi loquitur de animæ egressione a corpore. 1161
Cap. II. — In epistola ad P. archipresbyterum, de incontinentia clericorum. 1165
Cap. III. — In epistola ad P. abbatem. 1165
Cap. IV. — In epistola ad cardinales episcopos. 1165
Cap. V. — In epistola ad P. archipresbyterum, super egressione animæ de corpore. 1166
Cap. VI. — In epistola ad fratres Sanvicini ubi ad patientiam provocat. 1166
Cap. VII. — In epist. ad N. papam, super incontinentia clericorum. 1167
Cap. VIII. — In epistola ad Hermisindem. 1168
Cap. IX. — In epistola ad Albericum card. super decem quæstionibus. 1168
Cap. X. — In epistola ad Bonifacium ut exteriori prudentiæ spiritualis sapientia præferatur. 1169
Incipiunt capitula de libris prophetarum. 1169
Incipiunt testimonia de libris prophetarum. 1169
Cap. primum. — In epistola ad V. episcopum. 1169
Cap. II — In sermone de S. Stephano papa et martyre. 1169
Cap. III. — In sermone primo synodali. 1170
Cap. IV. — In epistola ad Blancam. 1170
Cap. V. — In epistola ad Honestum. 1171
Cap. VI. — In homilia de nativitate B. Mariæ Virginis. 1171
Cap. VII. — In sermone I, de S. Matthæo apostolo et evang. 1171
Cap. VIII. — In epistola ad Mainardum abbatem. 1172
Cap. IX. — In epistola ad cardinales episcopos, de dignitate Romanæ Ecclesiæ. 1172
Cap. X. — In sermone II de S. Matthæo apost. et evang. 1173
Incipiunt testimonia de libro Machabæorum. 1173
Cap. I. — 1175
Cap. II. — In epistola ad Albericum card. 1175
De petitionibus Lincidarii et responsionibus ejusdem. 1177 et 1178
De minitationibus et promissionibus Dei. 1179 et 1180

FINIS TOMI CENTESIMI QUADRAGESIMI QUINTI.

Ex typis MIGNE, au Petit-Montrouge.

www.ingramcontent.com/pod-product-compliance
Lightning Source LLC
Chambersburg PA
CBHW060413230426
43663CB00008B/1475